SÆCULUM XIII

INNOCENTII III

ROMANI PONTIFICIS

OPERA OMNIA

TOMIS QUATUOR DISTRIBUTA

QUORUM PRIORES TRES REGESTORUM BALUZIANAM RECENSIONEM COMPLECTUNTUR, ACCEDENTIBUS ANECDOTARUM EPISTOLARUM LIBRIS, QUOS FRUSTRA OLIM A BALUZIO EXPETITOS EX BIBLIOTHECA VATICANA IN LUCEM EMISERUNT LA PORTE DUTHEIL ET BREQUIGNY; QUARTO VOLUMINI INSUNT EPISTOLÆ EXTRA REGESTUM VAGANTES, PONTIFICIS DENIQUE SERMONES ET OPUSCULA VARIA, TUM JAM OLIM EDITA, TUM RECENTIUS AB EMINENTISSIMO CARDINALI MAIO, D. LUIGI TOSTI, ETC., ETC., TYPIS MANDATA

ACCURANTE J.-P. MIGNE
BIBLIOTHECÆ CLERI UNIVERSÆ
SIVE
CURSUUM COMPLETORUM IN SINGULOS SCIENTIÆ ECCLESIASTICÆ RAMOS EDITORE

TOMUS TERTIUS

VENEUNT 4 VOLUMINA 30 FRANCIS GALLICIS

EXCUDEBATUR ET VENIT APUD J.-P. MIGNE EDITOREM
IN VIA DICTA *D'AMBOISE*, PROPE PORTAM LUTETIÆ PARISIORUM VULGO *D'ENFER* NOMINATAM
SEU PETIT MONTROUGE

1855

ELENCHUS

AUCTORUM ET OPERUM QUI IN HOC TOMO CCXVI CONTINENTUR.

INNOCENTIUS III PONTIFEX ROMANUS.

	Col.
Regestorum continuatio.	
Excerpta de rebus Gallicis.	992
Registrum super negotio Romani imperii.	995
APPENDIX AD REGESTA. — Prima Collectio Decretalium Innocentii III ex tribus primis Regestorum ejus libris composita a Rainerio diacono et monacho Pomposiano.	1173

INNOCENTII III
ROMANI PONTIFICIS
REGESTORUM SIVE EPISTOLARUM
LIBER DUODECIMUS
PONTIFICATUS ANNO XII, CHRISTI 1209.

I.

ABBATI SANCTI THEODORICI REMENSIS DIOECESIS, ET DECANO ET CANTORI MAJORIS ECCLESIÆ REMENSIS.

De conflatione ecclesiæ Ribodimontis.

(Laterani, iv Kal. Martii.)

Cum olim nostris fuisset auribus intimatum quod abbas et conventus Sancti Nicolai de Pratis Laudunensis diœcesis præbendas quæ in ecclesia Sancti Germani de Ribodimonte fuerant institutæ ad ipsorum donationem spectantes, canonicis institutis ibidem sublatis de medio, propriis usibus applicarant, propter quod eadem ecclesia consueto defraudabatur officio, et in populo fuerat scandalum non modicum generatum, dilecto filio H. de Cociaco canonico Sancti Quintini et conjudicibus ejus per litteras nostras dedimus in mandatis ut inquisita super iis plenius veritate, quod canonicum esset appellatione remota statuerent et facerent quod decernerent per censuram ecclesiasticam firmiter observari. Postmodum autem abbas et conventus prædicti sua nobis conquestione monstrarunt quod cum super ipsius ecclesiæ prioratu, quem per annos quadraginta et amplius possederant sine lite, a prædictis judicibus traherentur in causam, nemine comparente qui vellet agere contra eos nisi duntaxat illis qui esse moliebantur et judices et actores, ipsi se videntes tam contra jus commune quam contra privilegia sedis apostolicæ aggravari, sedem apostolicam appellarunt. Unde nos causam super iis venerabili fratri nostro Remensi archiepiscopo et conjudicibus ejus sub certa forma commisimus terminandam. Interim autem præmemorati judices per suas nobis litteras intimarunt quod auctoritate primæ commissionis vocatis quos noverant evocandos, testes receperant et examinaverant diligenter. Quorum depositionibus in scriptis fideliter jam redactis, abbas et prior ejusdem loci commissionis litteras intuentes, asseruerunt seipsas propter lituram modicam et rasuram quæ apparebant in ipsis habere de falsitate suspectas, et ne ulterius illarum auctoritate procederent, pro se pariter et conventu ad nostram audientiam appellarunt, octavas Pentecostes proximo tunc futuras appellationi suæ terminum præfigendo. Cæterum, cum per depositiones hujusmodi videretur ostensum quosdam canonicos sæculares dudum in Ecclesia ipsa fuisse, ac demum eis defunctis per abbatem et conventum prædictos quosdam exstitisse monachos substitutos, et nobis suggereretur quod iidem abbas et conventus diutius exspectati appellationem suam prosequi non curarant, nos depositiones ipsas sub bulla nostra judicibus aliis destinantes, per apostolica eis scripta mandavimus ut nisi abbas et conventus præfati aliquid rationabile ostenderent et probarent per quod licuisset eisdem in prædicta ecclesia monachos canonicis substituere, ipsam in statum pristinum appellatione postposita reducentes, facerent memoratas præbendas per eosdem abbatem et conventum personis idoneis assignari: quod si forsan illi hoc efficere recusarent, iidem judices auctoritate nostra suffulti, sublato cujuslibet contradictionis et appellationis obstaculo, id exsequi non differrent. Nuper autem dilectus filius B. monachus, procurator dictorum abbatis et conventus, cum litteris prædicti archiepiscopi et collegarum suorum processum continentibus eorumdem ad præsentiam nostram accedens, per dilectum filium Petrum, tituli Sancti Marcelli presbyterum cardinalem, per quem fecimus eumdem examinari processum, rescriptum authentici instrumenti Bartholomæi quondam episcopi Laudunensis diœcesani loci sub sigillo venerabilis fratris nostri successoris ejusdem, ac privilegium felicis recordationis Innocentii papæ prædecessoris nostri nobis protulit intuenda : per quæ comperimus abbati et conventui memoratis exstitisse concessum, ut decentibus clericis qui tunc in ecclesia ipsa erant, non clerici, sed monachi de ipsorum cœnobio substituerentur ibidem. Cum igitur ex hoc pateat abbatem et conventum eosdem prædictos instituere monachos in eadem ecclesia licite potuisse, discretioni vestræ per apostolica scripta præcipiendo mandamus quatenus eisdem judicibus auctoritate apostolica inhibere curetis ne in negotio ipso procedant litterarum prætextu per quas eis conditionaliter injunximus procedendum, videlicet nisi abbas et conventus rationabile aliquid objicerent et probarent per quod eis monachos canonicis substituere licuisset. Qui, si forsitan occasione ipsarum aliquid immutarunt, sublato cujuslibet contradictionis et appellationis obstaculo, illud in statum pristinum revocetis; contradictores, si qui fuerint, vel rebelles per censuram ecclesiasticam appellatione postposita compescentes, ita quod eidem ecclesiæ faciatis per monachos congrue deserviri. Quod si omnes, etc. duo vestrum, etc.

Datum Laterani iv Kal. Martii, pontificatus nostri anno duodecimo.

II.

PATRIARCHÆ AQUILEGENSI ET EPISCOPO PADUANO.
De libera peregrinatione ad loca sancta.
(Laterani iii Kal. Martii.)

(1) Angit nos cura sollicitudinis pastoralis ut dilectos filios ducem ac populum Venetorum ab iis quæ famam offuscant et salutem impediunt sollicite revocemus. Quantum enim dudum offenderint abducendo peregrinos damnabiliter et damnose a subsidio terræ sanctæ, non est, sicut credimus, vobis incognitum, cum toti pene sit Ecclesiæ manifestum. Unde cum sperassemus quod præteritæ pœnitentes offensæ, sic eam pœnitendo diluerent quod nequaquam ultra similem attentarent, non possumus non dolere quod, sicut nostris est auribus intimatum, quidam eorum in contrarium spei nostræ nonnullos peregrinos ad terram properantes eamdem in suis navibus receptantes, eos a propria intentione frustratos deduxerunt, non solum in Græciam, sed in Cretam. Qui tandem corde sicut et itinere deviantes, propositum quod contra crucis inimicos conceperant, in servorum crucis oppressionem convertunt, Christianos partium adjacentium ad ducum suorum offendendo suasum, qui eamdem indulgentiam mentiuntur a nobis taliter procedentibus esse concessam, quæ concessa est illis qui ad defensionem terræ sanctæ procedunt. Cum igitur hoc in ejusdem terræ dispendium, opprobrium nostrum, et peccatum redundet illorum, fraternitati vestræ per apostolica scripta præcipiendo mandamus quatenus dictos ducem et populum moneatis prudenter et efficaciter inducatis ut de cætero ab hujusmodi abstinentes, nec Deum provocantes ulterius, quem ex præteritis provocasse graviter dignoscuntur, quin imo retroactam offensam per satisfactionem expiantes sequentem, peregrinos qui terram sanctam visitare disponunt a suo itinere nec in Cretam nec in alias partes distorquere præsumant, sub divini judicii nihilominus et excommunicationis interminatione vetantes ne hujusmodi peregrini opus itineris salutaris mutantes, in væ damnabile, quod ingredienti terram duabus viis sapiens imprecatur, Christianos qui sunt in Creta seu etiam ubicunque locorum audeant impugnare, sed votum suum contra inimicos crucis cum puritate | debita prosequantur. Duci

(1) Vide gesta Innoc. III, cap. 85 et seqq.

a quoque ac populo supradictis simili modo inhibere curetis ne contra inhibitionem præscriptam aut culpabiliter ipsi veniant, aut peregrinos jam dictos damnabiliter venire compellant. Quod si non omnes, etc., alter vestrum ea nihilominus exsequatur.

Datum Laterani iii Kalend. Martii, pontificatus nostri anno duodecimo.

III.

CLERICIS ET LAICIS PEREGRINIS IN CANDIDA CIVITATE CRETÆ MORANTIBUS.
De eodem argumento.
(Laterani ii Kal. Martii.)

Angit nos cura sollicitudinis pastoralis, etc., *ut in alia usque* in contrarium spei nostræ, vos et nonnullos alios peregrinos, etc., *ut supra usque* peccatum redundet illorum, venerabilibus fratribus nostris patriarchæ Aquilegensi et episcopo Paduano dedimus in præceptis ut dictos ducem et populum efficaciter moneant et inducant ut de cætero ab hujusmodi abstinentes, etc., *ut in alia usque* venire compellant. Quocirca universitatem vestram monemus attentius et hortamur, sub eadem vobis interminatione mandantes quatenus et vos quæ superius sunt expressa quantum in vobis fuerit efficaciter observetis, et denuntietis aliis peregrinis inviolabiliter observanda.

Datum Laterani ii Kalend. Martii, pontificatus nostri anno duodecimo.

IV.

NOBILI VIRO HENRICO COMITI MALTÆ.
De negotio Cretæ, et de laudibus ejusdem Henrici.
(Laterani vi Kal. Martii.)

Litteras quas nobis tua devotio destinavit ea qua decuit benignitate recepimus; et earum tenore perspicaciter intellecto, prudentiam tuam in Domino commendamus, quod et ad succursum terræ sanctæ ferventer aspiras, et ad honorem apostolicæ sedis diligenter intendis, devotum in utraque respectum habens ad Deum, pro cujus reverentia hujusmodi propositum concepisti. A quo, si voluntatem ad actum perduxeris, mercedem, non solum æternam, sed temporalem etiam consequeris, cum secundum Apostolum pietas promissionem habeat vitæ quæ nunc est pariter et futuræ. Sane pensatis omnibus circumstantiis rerum et personarum, temporum et locorum, vix aliquid aliud etiam secundum sæculi statum de negotio Cretæ potuisti prudentius meditari quam quod per dilectum filium magistrum Petrum Acconensem nuntium tuum, virum utique providum et fidelem, nostro apostolatui suggessisti. Quia vero in litteris per eumdem directis non expresse vidimus contineri ut ea quæ super eodem negotio idem nuntius nobis ex tua parte proponeret crederemus, quantumcunque te in Domino diligamus et ad tuum velimus intendere commodum et honorem, habito super hoc consilio diligenti, ad præsens non vidimus aliud respondendum nisi quod intellectis quæ idem nuntius a nobis audita tuæ

PATROLOGIÆ
CURSUS COMPLETUS

SIVE

BIBLIOTHECA UNIVERSALIS, INTEGRA, UNIFORMIS, COMMODA, OECONOMICA,

OMNIUM SS. PATRUM, DOCTORUM SCRIPTORUMQUE ECCLESIASTICORUM

QUI

AB ÆVO APOSTOLICO AD INNOCENTII III TEMPORA

FLORUERUNT;

RECUSIO CHRONOLOGICA

OMNIUM QUÆ EXSTITERE MONUMENTORUM CATHOLICÆ TRADITIONIS PER DUODECIM PRIORA
ECCLESIÆ SÆCULA,

JUXTA EDITIONES ACCURATISSIMAS, INTER SE CUMQUE NONNULLIS CODICIBUS MANUSCRIPTIS COLLATAS,
PERQUAM DILIGENTER CASTIGATA;
DISSERTATIONIBUS, COMMENTARIIS LECTIONIBUSQUE VARIANTIBUS CONTINENTER ILLUSTRATA;
OMNIBUS OPERIBUS POST AMPLISSIMAS EDITIONES QUÆ TRIBUS NOVISSIMIS SÆCULIS DEBENTUR ABSOLUTAS
DETECTIS, AUCTA;
INDICIBUS PARTICULARIBUS ANALYTICIS, SINGULOS SIVE TOMOS, SIVE AUCTORES ALICUJUS MOMENTI
SUBSEQUENTIBUS, DONATA;
CAPITULIS INTRA IPSUM TEXTUM RITE DISPOSITIS, NECNON ET TITULIS SINGULARUM PAGINARUM MARGINEM
SUPERIOREM DISTINGUENTIBUS SUBJECTAMQUE MATERIAM SIGNIFICANTIBUS, ADORNATA;
OPERIBUS CUM DUBIIS TUM APOCRYPHIS, ALIQUA VERO AUCTORITATE IN ORDINE AD TRADITIONEM
ECCLESIASTICAM POLLENTIBUS, AMPLIFICATA;
DUOBUS INDICIBUS GENERALIBUS LOCUPLETATA : ALTERO SCILICET RERUM, QUO CONSULTO, QUIDQUID
UNUSQUISQUE PATRUM IN QUODLIBET THEMA SCRIPSERIT UNO INTUITU CONSPICIATUR; ALTERO
SCRIPTURÆ SACRÆ, EX QUO LECTORI COMPERIRE SIT OBVIUM QUINAM PATRES
ET IN QUIBUS OPERUM SUORUM LOCIS SINGULOS SINGULORUM LIBRORUM
SCRIPTURÆ TEXTUS COMMENTATI SINT.
EDITIO ACCURATISSIMA, CÆTERISQUE OMNIBUS FACILE ANTEPONENDA, SI PERPENDANTUR : CHARACTERUM NITIDITAS
CHARTÆ QUALITAS, INTEGRITAS TEXTUS, PERFECTIO CORRECTIONIS, OPERUM RECUSORUM TUM VARIETAS
TUM NUMERUS, FORMA VOLUMINUM PERQUAM COMMODA SIBIQUE IN TOTO OPERIS DECURSU CONSTANTER
SIMILIS, PRETII EXIGUITAS, PRÆSERTIMQUE ISTA COLLECTIO, UNA, METHODICA ET CHRONOLOGICA,
SEXCENTORUM FRAGMENTORUM OPUSCULORUMQUE HACTENUS HIC ILLIC SPARSORUM,
PRIMUM AUTEM IN NOSTRA BIBLIOTHECA, EX OPERIBUS AD OMNES ÆTATES,
LOCOS, LINGUAS FORMASQUE PERTINENTIBUS, COADUNATORUM.

SERIES SECUNDA,

IN QUA PRODEUNT PATRES, DOCTORES SCRIPTORESQUE ECCLESIÆ LATINÆ
A GREGORIO MAGNO AD INNOCENTIUM III.

Accurante J.-P. Migne,

BIBLIOTHECÆ CLERI UNIVERSÆ,

SIVE

CURSUUM COMPLETORUM IN SINGULOS SCIENTIÆ ECCLESIASTICÆ RAMOS EDITORE.

PATROLOGIA BINA EDITIONE TYPIS MANDATA EST, ALIA NEMPE LATINA, ALIA GRÆCO-LATINA. — VENEUNT
MILLE ET TRECENTIS FRANCIS SEXAGINTA ET DUCENTA VOLUMINA EDITIONIS LATINÆ; OCTINGENTIS
ET MILLE TRECENTA GRÆCO-LATINÆ. — MERE LATINA UNIVERSOS AUCTORES TUM OCCIDENTALES,
TUM ORIENTALES EQUIDEM AMPLECTITUR ; HI AUTEM, IN EA, SOLA VERSIONE LATINA DONANTUR.

PATROLOGIÆ TOMUS CCXVI.

INNOCENTIUS III PONTIFEX ROMANUS.

EXCUDEBATUR ET VENIT APUD J.-P. MIGNE EDITOREM,
IN VIA DICTA *D'AMBOISE*, PROPE PORTAM LUTETIÆ PARISIORUM VULGO *D'ENFER* NOMINATAM,
SEU PETIT-MONTROUGE.

1855

discretioni retulerit, et dilectus filius noster Petrus tituli Sancti Marcelli presbyter cardinalis per suas tibi litteras plenius intimabit, super iis omnibus per litteras et nuntios nobis tuam intimare studeas expressius voluntatem, ut ita demum plenius et certius procedere valeamus. Quid autem pro tuo jam emolumento scribamus, litteræ nostræ, cum sint patentes, te poterunt edocere. In quo considerare te volumus nostri circa te cordis affectum. Ad hæc, devotionem tuam rogandam duximus et monendam, per apostolica tibi scripta mandantes, et in remissionem peccaminum injungentes, quatenus ad subventionem et defensionem terræ sanctæ diligens studium et operam efficacem impendas, ut ille dirigat vias tuas a quo gressus hominis diriguntur.

Datum Laterani vi Kal. Martii, pontificatus nostri anno duodecimo.

V.

NOBILI VIRO RICARDO GERMANO NOSTRO SORANO COMITI.

Ei confirmat castrum Soranum.

(Laterani vi Kal. Martii.)

Cum castrum Vallis Montonis pro multa et magna pecuniæ quantitate sub gravibus esset pignoratum usuris, ita ut de alienatione ipsius multiformiter ageretur, nos præcavere volentes ne ad illos forsitan perveniret per quos tam apostolica sedes quam Lateranensis Ecclesia nec non et tota vicinia grande ac grave incurreret detrimentum, cogitavimus emere idem castrum. Sed cognoscentes quod Lateranensi Ecclesiæ dispendium generaretur si castrum ipsum immediate ad sedem apostolicam perveniret, sicut etiam prior et canonici ejusdem Ecclesiæ a nobis consulti sunt multoties protestati, nos habita deliberatione prudenti, ex omni parte providere volentes, castrum ipsum de illorum fecimus emi consensu, partim de bonis tuis, et partim de nostris, ad opus utique tuum, sub nomine nostro, ne venditionem ipsam forte contingeret ab æmulis impediri, qui de tuis successibus typo invidiæ contabescunt. Quia vero per Dei gratiam omnia fuerunt sine turbatione completa, nos castrum ipsum cum omnibus pertinentiis suis, salvo jure Lateranensis Ecclesiæ, tibi ad opus et utilitatem tuam et hæredum tuorum concessimus, assignavimus et tradidimus, tali quidem tenore ut pro pecunia quam nos ad emptionem ipsius castri contulimus, tu et hæredes tui de castro ipso interposito juramento pacem et guerram ad mandatum Romani pontificis contra quoslibet homines faciatis. Tu vero in præsentia nostra et fratrum nostrorum super hoc juramentum corporaliter præstitisti. Et ut devotionem quam ad Romanam habes Ecclesiam plenius demonstrares, de aliis quoque terris quæ ad te proprietario jure pertinent exhibuisti simile juramentum, sicut per publicum instrumentum apparet quod Joannes de Sancto Laurentio sacrosanctæ Romanæ Ecclesiæ scriniarius de nostro ac fratrum nostrorum mandato conscripsit. Quia vero tu, qui germanus noster existis, apud Lateranensem Ecclesiam, cui nos multa et magna bona contulimus, inferioris conditionis esse non debes quam illi fuerunt quibus diversis temporibus de mandato et assensu prædecessorum nostrorum eadem Lateranensis Ecclesia castrum ipsum sub certa forma locavit, jussimus et statuimus ut cum finita fuerit illa locatio, secundum eamdem formam tibi et hæredibus tuis Lateranensis Ecclesia relocet castrum ipsum, nisi forsan in aliam formam super ipsa locatione concordare possitis. Ne igitur in tuum et hæredum tuorum dispendium valeat redundare quod non solum ad vestrum commodum, verum etiam tam apostolicæ sed's quam Lateranensis Ecclesiæ ac totius viciniæ noscitur procuratum, nos et ea quæ præscripta sunt auctoritate apostolica confirmamus et præsenti statuto decernimus ut contra ea nullo unquam tempore quisquam venire præsumat, ita ut sit irritum et inane quidquid de ipso castro contra præscriptam formam foret a quolibet attentatum. Si ergo prior et canonici Lateranensis Ecclesiæ contra statutum apostolicum venientes locatione finita nollent præfatum castrum tibi vel tuis hæredibus relocare, vos nihilominus illud ex hac concessione apostolica teneatis, ne pretium multum quidem et magnum, quod propter utilitatem communem pro emptione ipsius castri partim a nobis et partim a te datum est, amittatur. Ita tamen ut parati sitis locationem recipere secundum præcedentium locationum tenorem, et faciatis illi persolvi annuam pensionem. Prælibati vero instrumenti tenorem ad majorem cautelam huic paginæ fecimus adnotari. Quod quidem est tale : « In nomine Domini. Anno Incarnationis dominicæ millesimo ducentesimo octavo, pontificatus vero Domini Innocentii tertii papæ anno undecimo, indictione undecima, mense Octob. die 6. Acta publica si litterarum memoriæ tradita fuerint nube oblivionis remota, perpetua inspectione clarescunt. Quapropter ego Joannes de Sancto Laurentio S. R. E. scriniarius mandato et præcepto Domini Innocentii III, papæ juramentum præstitum eidem Domino papæ successoribusque suis et Ecclesiæ Romanæ in palatio episcopi Ferentini a comite Ricardo, sicut vidi, audivi et interfui, publicis litteris scribere curavi. Comes Ricardus de Sora juravit fidelitatem et fecit ligium homagium domino papæ Innocentio successoribusque suis et Ecclesiæ Romanæ in præsentia dominorum Joannis Albanensis, Joannis Sabinensis, Nicolai Tusculanensis, Hugolini Ostiensis episcoporum, Cynthii tituli Sancti Laurentii in Lucina, Cynthii tituli Sanctorum Joannis et Pauli, Benedicti tituli Sanctæ Susannæ, Rogerii tituli Sanctæ Anastasiæ, Petri tituli Sanctæ Pudentianæ presbyterorum cardinalium, et Joannis Sanctæ Mariæ in Cosmidin S. R. E. cancellarii, Joannis Sanctæ Mariæ in Via Lata, Pelagii Sanctæ Luciæ in septem soliis diaconorum cardinalium, Rainaldi domini papæ acolythi, et laicorum subscriptorum. Pro Polo et alia terra quæ olim fuit Oddonis de Polo, quam ipse tenet, eo salvo quod si aliqua persona pro dicta terra præfato comiti movere voluerit quæstionem, ipse comes teneatur ei in curia Ecclesiæ Romanæ justitiæ plenitudinem exhibere. Cæterum de castro Vallis Montonis, de Sacco, de Plumbinaria, juravit facere guerram et pacem contra omnes homines ad mandatum eorum, et ad hoc hæredes et successores suos in perpetuum obligavit. De comitatu vero Sorano juravit similiter facere guerram et pacem ad mandatum ipsorum. Salva fidelitate et salvo mandato regis Siciliæ. Et idem dominus papa investivit dictum comitem per cupam argenteam deauratam, præsentibus et consentientibus et approbantibus omnibus præscriptis episcopis, presbyteris, diaconibus cardinalibus, et injungentibus mihi scriniario ut hujusmodi juramentum publicis litteris exararem. Hi interfuerunt in palatio Ferentini coram domino papa, episcopis, presbyteris, diaconibus cardinalibus. Dominus Lotherius, dominus Stephanus Theobaldi, dominus Romanus de dominus Guido de Colle de Medio, Baroncho, nobiles cives Romani; dominus Lando de Montelongo, dominus Lando de Colle de Medio, Benedictus de Aversa, et alii. Et ego Joannes de Sancto Laurentio S. R. E. scriniarius, sicut vidi, audivi et interfui, scripsi, complevi et absolvi. » Nulli ergo omnino hominum liceat hanc paginam nostræ confirmationis, constitutionis, concessionis, et inhibitionis infringere, vel ei ausu temerario contraire. Si quis autem hoc attentare præsumpserit, indignationem omnipotentis Dei et beatorum Petri et Pauli apostolorum ejus se noverit incursurum.

Datum Laterani vi Kal. Martii, pontificatus nostri anno duodecimo.

VI.

ARCHIEPISCOPO, ET ABBATI SANCTI STEPHANI, ET PRIORI SANCTI THEODORI JANUENSIS.

Scribitur eis pro ecclesia S. Mariæ de Castello.

(Laterani ii Kal. Martii.)

Significarunt nobis dilecti filii G. præpositus et fratres Ecclesiæ Sanctæ Mariæ de Castello Januensi quod cum olim inter ipsos ex parte una et clericos Sancti Damiani et Sancti Nazarii ex altera super eo quod prædicti clerici contra decretum bonæ memoriæ Cyri archiepiscopi Januensis in ecclesiis suis in honore beatæ Virginis altaria construere præsumpserunt, coram bonæ memoriæ Hugone archiepiscopo Januensi et G. abbate civitatulæ auctoritate piæ recordationis Alexandri papæ prædecessoris nostri quæstio verteretur, iidem cognitis causæ meritis pro eis diffinitivam sententiam protulerunt, sicut in authentico exinde confecto evidenter apparet. Piæ quoque recordationis Urbanus papa prædecessor noster præfatam confirmans sententiam, cum inter præpositum et fratres ex parte una et clericos Sancti Georgii Januensis ex altera super eodem coram ipso quæstio verteretur, pro eis sententiam promulgavit, decernens in altari quod iidem clerici in honore beatæ Virginis per Bruniacensem episcopum fecerant consecrari, licet idem ob reverentiam sacramenti remanserit consecratum, officium celebrari divinum de cætero non debere. Quocirca discretioni vestræ per apostolica scripta præcipiendo mandamus quatenus præfatas sententias, exigente justitia, promulgatas faciatis per censuram ecclesiasticam sublato appellationis obstaculo firmiter observari. Nullis litteris veritati, etc. Quod si non omnes iis exsequendis, etc., tu ea, frater archiepiscope, cum eorum altero, etc.

Datum Laterani ii Kal. Martii, anno duodecimo.

VII.

FERRARIENSI EPISCOPO.

Respondet ad ejus consulta.

(Laterani iii Non. Martii.)

(2) In quadam nostra epistola decretali asseris te legisse illud esse nefarium opinari quod quidam dicere præsumpserunt, in sacramento videlicet eucharistiæ aquam in flegma converti. Nam de latere Christi, non aquam, sed humorem aquaticum mentiuntur exisse. Licet autem hoc magnos et authenticos viros sensisse recenseas, quorum opinionem dictis et scriptis hactenus es secutus, ex quo tamen in contrarium nos sentimus, nostræ compelleris sententiæ consentire. Sed verbum Joannis apostoli te multum movere fateris dicentis: *Tres sunt qui testimonium dant in terra, spiritus, aqua et sanguis, et hi tres unum sunt (I Joan. v).* Quamvis hoc ultimum in plerisque codicibus minime habeatur, quod dicis ab omnibus sic exponi, illos videlicet esse unum, id est, de una et eadem re, scilicet de humanitate Christi, testari. Porro si vera fuit aqua quæ fluxit de latere Christi, et non humani corporis humor, qualiter per illam probetur quod Christus sit homo (3), non vides. Glossa namque super illum locum sic habet: *Spiritus, id est, humana anima, quam emisit in passione, aqua et sanguis quæ fluxerunt de latere Christi; quod fieri non posset si non haberet veram carnis naturam.* Sic ergo tam ex textu quam ex glosa proponis per illam aquam probari quod Christus sit verus homo. Et ideo si dicatur quod illa non exstitit vera aqua, sed aquaticus humani corporis humor, tam expositoris quam apostoli verba intelligibilia tibi esse videntur. Sed dicto quod fuerit vera aqua, sicut nos credimus et fatemur, nec ista nec illa sufficienter intelligis. Unde nobis humiliter supplicasti quatenus ad generalem utilitatem legentium et nebulam de tuo corde tollendam sufficienter et evidenter hoc exponere dignaremur. Nos igitur ad tuæ supplicationis instantiam respondemus quod quidam dixerunt; sed erraverunt Christum non fuisse verum Deum, sed adoptivum, ut miseri Ariani. Alii vero Christum non fuisse verum hominem, sed phantasticum, ut impii Manichæi. Adversus has hæreses Joannes apostolus in Epistola sua loquitur, dicens: *Tres sunt qui testimonium dant in cœlo, Pater, Verbum, et Spiritus san-*

---

(2) Cap. *In quadam*, De celebr. miss.
(3) In tert. collect. additur, *verus.* Sed tamen vox illa non exstat in codice Andegavensi.

ctus; et hi tres unum sunt (I Joan. v), per hoc intendens ostendere quod Christus sit verus Deus. *Et tres sunt qui testimonium dant in terra, spiritus, aqua et sanguis (ibid.)*, per hoc intendens ostendere quod Christus sit verus homo. Nam ad esse hominis duo principaliter exiguntur, videlicet corpus et anima, ex quorum conjunctione verus homo subsistit. Per hoc autem quod in articulo mortis Christus inclinato capite tradidit spiritum, de quo voce magna clamaverat: *Pater, in manus tuas commendo spiritum meum (Luc.* xxiii), manifeste probatur quod ipse spiritum habebat, non solum vitalem flatum, sed animam quoque rationalem, de qua prædixerat: *Tristis est anima mea usque ad mortem (Matth.* xxvi); et : *Potestatem habeo ponendi animam meam et iterum sumendi eam (Joan.* x). Per hoc autem quod unus militum lancea latus ejus aperuit, et continuo exivit sanguis et aqua, probatur aperte quod Christus verum corpus habebat. Nam de phantastico corpore nec sanguis nec aqua potuisset exire. Unde ille qui vidit, testimonium quidem perhibuit, et testimonium ejus est verum, quod tres sunt qui testimonium dant in terra, spiritus, aqua, et sanguis, quod videlicet Christus sit verus homo ex anima rationali subsistens : quod probatur ex eo quod talem (4) spiritum emiserit ex vero corpore ; quod inde probatur, quoniam ex eo sanguis exivit et aqua. Rationalis quippe anima non posset vivificare nisi corpus humanum, ex quibus verus homo consistit. Cæterum, sicut verus fuit spiritus et verus sanguis, ita procul dubio vera aqua, cum Christus sit veritas, et a veritate omnis fallacia sit penitus aliena. Nam si non fuisset aqua sed flegma quod de latere Salvatoris exivit, ille qui vidit et testimonium verum (5) perhibuit, profecto non aquam sed flegma dixisset. Nec in hoc verum regenerationis sacramentum fuisset ostensum, cum per sacramentum baptismi non regeneremur in flegmate, sed in aqua. Neque per hoc vero (6) posset argumento probari quod in sacramento eucharistiæ admiscenda sit aqua vino, si de latere Christi non aqua sed flegma cum sanguine profluxisset. Sed nec vera fuisset figura quæ super hac re præcessit in veteri testamento, quando videlicet Moyses virga percussit silicem, et ex ea quidem non flegma sed aqua manavit. Restat igitur ut qualiscunque fuerit illa aqua, sive naturalis, sive miraculosa, sive de novo divina virtute creata, sive de componentibus ex parte aliqua resoluta, procul dubio vera fuerit, cum naturaliter possit et compositum in componentia et elementatum in elementa resolvi; quemadmodum verus exstitit sudor ipsius, sicut guttæ sanguinis decurrentis in terram. Cum autem ad compositionem humani corporis quatuor elementa concurrant, videlicet terra et aqua, aer et ignis, et ad vegetationem ejusdem corporis quatuor humores similes illis conveniant, videlicet sanguis et cholera, flegma et melancholia, ut veritatem humani corporis expressius demonstraret, unum ex illis et unum ex istis Joannes expressit, illaque potius ex illis et istis, quæ magis mysterio congruebant, ex elementis aquam, et ex humoribus sanguinem, in quibus duobus duo maxima sacramenta, redemptionis videlicet et regenerationis, elucent.

Datum Laterani iii Non. Martii, anno duodecimo.

VIII.

PATRIARCHÆ HIEROSOLYMITANO APOSTOLICÆ SEDIS LEGATO.

De translatione episcopi Yporiensis ad patriarchatum Antiochenum (7).

(Laterani iii Non. Martii.)

Gratum gerimus et acceptum et tuam prudentiam dignis in Domino laudibus commendamus quod inter imminentia circumquaque discrimina, circa ea quæ tuæ sollicitudini sunt commissa ita te fortiter et prudenter exerces ut ex magna parte tuæ possimus operæ imputare si quid nunc orientali provinciæ vel de persecutione subtrahitur vel ad requiem procuratur. Attendentes igitur quod ad utrumque poterit proficere postulatio quam dilecti filii canonici Antiocheni de venerabili fratre nostro Yporiensi episcopo, tuo (8) studio mediante fecerunt, de consilio fratrum nostrorum illam duximus approbandam, sperantes quod cum ipse sit simplex, rectus ac timens Deum, et in ejus lege probatus, non solum Ecclesiæ quæ vocavit eumdem utiliter præsidebit, verum etiam eo tibi teque illi ad mutuum solatium assistente, per unanimem charitatem duorum generalis terræ sanctæ profectus poterit efficacius promoveri. Quapropter ipsum per litteras apostolicas exhortati ut onus illud cum humilitate prompta suscipiat, per præsentem nuntium, in cujus recessu nondum poterat ad nos ejusdem episcopi recurrisse responsum, fraternitati tuæ super hoc ad præsens aliud non duximus respondendum nisi quod cum, quem firmiter credimus super hoc nostro mandato et consilio pariturum, celerius quam poterimus ad te simul et Antiochenam Ecclesiam transmittemus, non solum patriarchalia sibi conferentes insignia quæ conferri decebit a nobis, verum etiam in necessariis hilariter providentes, in quibus possit commode pertransire. Tu ergo, sicut expedire cognoveris provideas interim diligenter universa quæ negotium hoc contingunt (9). Cæterum super iis quæ de discordia inter illustrem regem Armeniæ ac dilectos filios fratres militiæ Templi, nec non et inter comitem Tripolitanum ac regem eumdem pro nepote suo nostro apostolatui suggessisti, hoc providimus expedire, ut cum, donec fidelium cervicibus imminet

---

(4) In tert. Collect. *vitalem.*
(5) Hæc vox deest in tert. collect.
(6) Hæc item vox deest in tert. collect. Habetur tamen in cod. Andeg.

(7) Vide infra epist. 38, 39.
(8) Vide supra lib. xi, epist. 110.
(9) Vide gesta Innoc. III, cap. 111 et seqq.

gladius paganorum, ii quos illis concorditer oportet opponi sine periculo gravi nequeant ad invicem discordare, adhuc opportune importune prudenter studeas et diligenter insistas ad treugas invicem ineundas, si forte dissensionum causas nequiveris inter eos judiciali calculo terminare, excommunicationis sententiam pro Templariis rationabiliter promulgatam usque ad satisfactionem condignam faciens inviolabiliter observari. Regi quoque prædicto suadeas diligenter ut ea quæ præfatis Templariis ablata detinet minus juste restituat, et alia nec auferre nec detinere præsumat injuste, ex parte tam nostra quam tua sibi fortiter comminando et interminando prudenter quod cum abstulerit illis ea per quæ repugnare possent perfidiæ paganorum, verendum procul dubio sibi erit ne, non obstante quod Christianos non impugnare noverunt, armentur in ipsum, qui sic eos debilitando videtur paganos contra ipsos armare, maxime dum propter hoc est a communione fidelium segregatus. Cum autem de terræ sanctæ necessitatibus, quantum in ea potest ab homine procurari, in tuam specialiter inter homines fiduciam respiremus, rogamus et obsecramus in Domino Jesu Christo quatenus etsi peccata populi tanta sint quod nedum vetus flagellum avertere mereantur, verum etiam novum excipere digni essent, quia tamen Deus infinitæ misericordiæ iniquitates singulas non observat, nec sperantium in se afflictionibus delectatur, tribulationem pauperum pronunties ante ipsum, et in conspectu ejus tuam orationem effundas, ut et culpam diluat et pœnam avertat, cum ipsius adjutorio præbens operam, prout poteris, efficacem ad terram ipsam inter circumstantes angustias conservandam. Nos enim, qui pro suis doloribus mœrore afficimur tota die, nec cessavimus hactenus, nec cessamus, in quantum vires Dominus administrat, opportunum sibi procurare succursum. Et cum jam Philippo quondam duce Sueviæ interempto, ac charissimo in Christo filio nostro illustri rege Ottone in Romanorum imperatorem electo totum imperium obtinente, ipsius discordia sit sedata, quæ succursum ejusdem terræ multipliciter impedivit, insistimus incessanter ut ei plenius et fortius succurratur. Præterea non te lateat quod in proximo quamdam pecuniam non modicam disponimus destinare, assignandam tibi et Templariis ac fratribus Hospitalis, et in utilitates ejusdem terræ, prout expedire videbitur, exponendam.

Datum Laterani iii Non. Martii, pontificatus nostri anno duodecimo.

IX.

CISTERCIENSI, DE FIRMITATE, DE PONTINIACO, DE CLARAVALLE, DE MORIMUNDO, ET UNIVERSIS CISTERCIENSIS ORDINIS ABBATIBUS.

De negotio interdicti Anglican

(Laterani ii Non. Martii.)

(10) Expositis nobis iis quæ ad petitionem vestram super interdicti negotio in regnum Angliæ promulgati nos inductura putastis, intelleximus ea maxime circa quatuor comprehendi. Primo quod privilegium speciale per antiquam, nec aliquando, sicut dicitis, violatam, consuetudinem approbatum, cum nihil demerueritis circa ipsum, conservari vobis humiliter flagitatis. Secundo, quod cum extra communes sitis positi mansiones, tanto sine scandalo quanto sine consortio celebrare poteritis aliorum. Tertio, quod ex dissuetudine celebrandi gravis in religione jactura et in ordine dissolutio secutura timetur. Quarto, quia per immolationem hostiæ salutaris Deus, in cujus manu cor regis est, et quocunque voluerit vertet illud, citius super hoc speraretur esse placandus, ut ipsum a sua duritia revocaret. Habito itaque cum fratribus nostris diligenti tractatu, et iis quæ pro petitione prædicta cum illis quæ contra ipsam facere videbantur mutua compensatione collatis, causas causis invenimus repugnare. Licet enim nobis ab initio placuisset ut circa vos juxta privilegii vestri tenorem ejusdem interdicti fuisset sententia temperata, quia tamen hi qui tulerant eamdem auctoritatem apostolicam habuerunt, nihil in ipsius privilegii præjudicium factum esse videtur, quod salva semper auctoritate prædicta noscitur esse concessum. Propter quod ipsi quoque consuetudini, quæ nimirum et ex ipso et cum ipso processit, non est præjudicialiter derogatum, pro qua in hoc præsertim articulo conservanda rogare sero videmini recordati; quandoquidem super hoc postquam interdictum cœpistis, nec privilegio nec consuetudine vos tuendo, servare, præposteris ad nos precibus recurristis, non attendentes forsitan quod res ipsa multipliciter est ex multis circumstantiis aggravata, propter quas difficile jam est vestris precibus condescendi, quibus forte facile potuisset in principio provideri. Sane si rex, cum quo remisse non est in hac pugna luctandum, ex quacunque parte lentescere nos sentiret, de nostra fortasse sumeret debilitate vigorem, et suspicatus ex pusillanimitate nos facere quod ex providentia faceremus, prævalendi fiducia tanto contra manus arctantis eum pertinacius se opponeret quanto lentius eas suo conamini restitisse putaret. Præterea visum est quod non solum clerici sæculares, sed et alii quoque religiosi, si petitio vestra consequeretur effectum, ad grave possent scandalum commoveri, cum isti religionem vestram quodammodo, ex eo quod decimas ipsorum percipitis, æmulentur, ac solatium reputantes socios habere pœnarum, gravius torquerentur ex eo, si tacentibus ipsis vos intermissa viderent officia resumpsisse, quam si nunquam ab initio cessassetis, quos potius suis vellent moribus conformari, ut sicut gaudetis cum gaudentibus, ita etiam cum lugentibus lugeretis, et illi qui, quantum ad hoc, vobiscum gaudent quasi similibus privilegiis, gratiam vobis factam suam injuriam reputarent, nisi permitteretur eisdem saltem clausis januis

---

(10) Vide supra lib. xi, epist. 259, 260.

et non pulsatis campanis, exclusis excommunicatis et interdictis, secundum sua privilegia celebrare, quia quanquam ista non sint in privilegiis vestris expressa, utraque tamen privilegia, vestra videlicet et illorum, quantum in hoc, ad eumdem tendere videntur effectum, eo quod illa quæ in iis exprimi familiaris hominum monuit habitatio, taceri suasit in vestris remotior solitudo. Alloquin in hujusmodi casu tam accusabiliter excommunicatis vel interdictis accedentibus et præsentibus cantaretur a vobis quam excusabiliter ipsis recedentibus et absentibus celebraretur ab illis. Aliud quoque petitioni vestræ videbatur obstare, confusio scilicet exsecutorum nostrorum. Qui cum in hoc zelum secundum scientiam procul dubio habuisse noscantur, imo cum pro causa præsenti nec iram principis nec exsilium declinarint, sed usque ad mortem obedire parati, quod injunctum est eis laudabiliter et constanter sint hactenus exsecuti, profecto indignissimum reputamus ut quasi quod ab eis bene actum est reprobando, non solum confusionem inducamus in ipsos, verum etiam totum quod in eis ex magna parte consistit negotium enervemus. Illud autem quod de dissolutione ordinis, quæ timetur ex celebrandi dissuetudine proventura, non est visum se usquequaque cum alio periculo compensare; quia cum in hac lucta pro universalis pugnetur Ecclesiæ libertate, periculosius universi quam partis pro universo commoditas læderetur, quanquam et aliter valeatis cum Domini adjutorio a dissolutione vos hujusmodi præservare. Cæterum licet satis religiose credatur quod salutaris hostiæ immolatio finem optatum huic negotio citius impetraret, speratur tamen quod si pœnam hanc indebitam pertuleritis patienter, spiritus qui pro vobis inenarrabilibus gemitibus interpellat, felicem exitum super hoc celeriter obtinebit ab illo qui per pœnæ indebitæ patientiam, quæ non rapuit exsolvendo, redemit nos Dominus Jesus Christus. Quapropter rogamus et obsecramus vos, filii dilectissimi, quatenus attendentes quod jam quasi negotium est in fine, illud interturbare nolitis, sed pensatis omnibus quæ superius sunt expressa propter Deum et nos, qui ferventissima charitate zelamur vos et ordinem vestrum, imo etiam veneramur, hoc in patientia sustinentes, insistatis orationibus apud Deum ut actorem culpæ sic molliat quod pœnæ latores absolvat, pro certo sperantes quod propter indignam pœnam, non solum a Deo, verum etiam et a nobis digna vobis retributio reservatur.

Datum Laterani II Non. Martii, anno duodecimo.

X.

LONDONIENSI, ELIENSI ET WIGORNIENSI EPISCOPIS.
De eadem re.
(Datum ut aliæ.)

Cum Cisterciensis ordinis fratres sinceríssimo diligamus affectu, fraternitatem vestram rogandam duximus et monendam, per apostolica vobis scripta mandantes attente quatenus interdicti rigorem, de quo nobis exstitisset acceptum, si secundum privilegia sua fuisset ab initio temperatum, circa illos temperare curetis, quantum fieri poterit, sine gravi scandalo aliorum, ita quod non rumpatur nervus ecclesiasticæ disciplinæ : quæ nervo propterea comparatur, ut dissolvi non debeat, sed possit inflecti cum necessitas postularit. In quo quanto benignius nos vobis deferimus, tanto vos illis benignius deferatis, quorum providentiæ cuncta quæ ad hunc spectant articulum ab initio commisimus moderanda. Quod si non omnes iis exsequendis potueritis interesse, duo vestrum ea, etc.

Datum ut in alia per totum.

XI.
ROFRIDO TITULI SANCTORUM MARCELLINI ET PETRI, PRESBYTERO CARDINALI, CASMENSI ABBATI ET MAGISTRO ROBERTO DE ALBETO.

Committitur eis causa quædam Marsicana.
(Laterani XV Kal. Aprilis.)

Cum causam quæ inter monasterium Casemarii et Ecclesiam Marsicanam, super eo quod quædam permutatio de ecclesiis de Pertuso et Sancti Nicolai de Capellis facta in ejusdem monasterii præjudicium dicebatur, dilectis filiis priori de Furca et vicedomino Verulano duxerimus committendam, ipsi testes utrinque productos recipere curaverunt. Verum attestationibus publicatis, cœperunt prædicti testes constanter asserere se nequaquam, ut scriptum fuerat, deposuisse : quod parati erant interposito juramento firmare. Unus quoque judicum prædictorum per suas nobis litteras intimavit dicta ipsorum testium per scriptoris incuriam vel malitiam aliter quam testes deposuerint conscripta fuisse. Propter quod ex parte monasterii fuit nobis humiliter supplicatum ut eidem in tanto gravamine succurrentes, interrogari prædictos testes iterum faceremus. Sed ad hoc fuit ex adverso propositum quod cum publicatis attestationibus dicta testium partes didicerint, dicti testes interrogari super veteri articulo secundum juris ordinem non debebant, eo quod possent de facili subornari; maxime cum eorum dictum super hujusmodi articulo esset inutile, quod forent in singulis assertionibus singulares. Sed nec judici esset in hac parte credendum, cum id quod præmissum est absque collegæ sui conniventia scripserit et suam videatur turpitudinem allegare. Nos ergo in hoc æquitatem sequi volentes, discretioni vestræ per apostolica scripta mandamus quatenus si personæ testium tales sunt de quibus ne pejerare velint merito præsumatur, et prædicti judices vel alter eorum, saltem reliquo nequaquam contradicente, de veritate dicenda qualiter testes deposuerint supradicti præstare voluerint juramentum, vos eorum juramento recepto, ea quæ ipsi vel supradicti testes super illo articulo dixerint fideliter conscribatis, sub sigillis vestris eadem ad nostram præsentiam remittentes, ita videlicet ut nullum ex hoc alterutri parti præjudicium generetur. Nos etenim postquam eorum dicta inspexerimus diligenter,

In eodem negotio, prout expedire viderimus, procedemus.

Datum Laterani xv Kal. Aprilis, anno duodecimo.

XII.
NICOLAO ALEXANDRINO PATRIARCHÆ.
Littera consolatoria scribitur.
(Laterani x Kal. Aprilis.)

Fraternitatem tuam in Domino commendamus quod in medio pravæ ac perversæ positus nationis, quasi lilium inter spinas devotionis odorem emittis, et ab uberibus sanctæ Romanæ Ecclesiæ matris tuæ te ac eos qui pro Christi nomine captivi tenentur nihilominus servitute postulas consolari, quorum te angit angustia et scandalum sæpe urit. Deus autem patientiæ ac solatii te ac illos consolari dignetur, et omni gaudio et pace repleat in credendo, ut in spe ac virtute sancti Spiritus abundetis ad æternæ satietatis gaudia perventuri. Licet igitur ipsi variis tribulationibus affligantur, tu tamen, tanquam pius Pater et pastor, eosdem ad patientiam non desinas exhortari, ne in tribulationibus ipsis deficiant; quia id quod in præsenti est momentaneum et leve tribulationis ipsorum, supra modum in sublimitate æternum gloriæ pondus operabitur in eisdem. Non enim sunt condignæ passiones hujus temporis ad futuram gloriam quæ revelabitur in nobis, juxta quod Apostolus protestatur. Hi sane qui tribulationes pro Christi nomine patiuntur, procul dubio conregnabunt, si tamen fiduciam et gloriam spei usque ad finem contineant inconcussam. Virtutum enim tribulatio est adjutrix, et auditui dat vexatio intellectum. Æternitatis namque præmia præstolantes, ex adversitatibus sumunt vires; quia crescente pugna, sibi manere victoriam non ambigunt gloriosam. Sic equidem desideria electorum ex adversitate proficiunt, dum præmuntur, sicut ignis flatu premitur ut excrescat, et ex eo quod exstingui cernitur roboratur. Tu ergo, venerabilis frater, omne gaudium æstimato cum in varias tentationes incideris, sciens quod tribulatio patientiam operatur, patientia probationem, probatio vero spem, spes autem non confundit. Fidelis autem Deus, qui te non patietur tentari supra id quod potes, sed faciet etiam cum tentatione proventum, ut valeas sustinere. Itaque confortare in Domino et in potentia virtutis ipsius, qui etsi te ad modicum dereliquit, educet tamen quasi lumen justitiam tuam et judicium tuum tanquam meridiem, cum venerit cum senatoribus terræ, et impii tunc in tenebris conticescent. Nos enim, qui secundum Apostolum cum infirmantibus infirmamur et cum scandalizatis exurimur, tibi et ipsis, quantum Paracletus concesserit Spiritus, consolationis suffragia curabimus impertiri, sperantes in eo qui diebus istis novissimis antiqua cœpit miracula innovare quod circa vos mirabiliter et misericorditer operabitur ad laudem et gloriam nominis sui, quod est benedictum in sæcula sæculorum.

Datum Laterani x Kal. Aprilis, pontificatus nostri anno duodecimo.

XIII.
EPISCOPO PATAVIENSI, ET ABBATI DE BOVINGARDENBERG PATAVIENSIS DIOECESIS.
De eo qui monachus factus est consensu uxoris.
(Laterani III Non. Aprilis.)

(11) Veniens ad præsentiam nostram dilectus filius L. lator præsentium nobis humiliter intimavit quod cum olim intrandi monasterium propositum concepisset, pluribus sacerdotibus, militibus et aliis bonis viris præsentibus apud uxorem suam precibus institit ut super hoc suum impertiretur assensum, eisdem presbyteris primitus exoratis ne præfatæ mulieri exponerent quod et ipsam oporteret derelinquere sæculum, si viro suo daret licentiam ad monasterium convolandi. Cumque ipsum mulier ne ab ea discederet vice mutua precaretur, ipse asserens quod nisi ab ea posset super hoc obtinere licentiam, non solum ei se inutilem redderet, sed etiam toti mundo, illa deinde tam ipsius quam multorum astantium precibusque devicta, caput ejus altari supposuit manu sua: qui, ea præsente, tonsoratus ibidem monasterium adiit, et, finito probationis tempore, professionem fecit solemniter monachalem; illa vero in sæculo remanens, inhonestos amatores admisit. Unde idem L. metuens ne suæ continentiæ illius incontinentia imputetur, an in monasterio perseverare debeat a nobis consilium postulavit. Quocirca discretioni vestræ per apostolica scripta mandamus, quatenus si est ita, prædictum L. in monasterio quod intravit absque inquietatione cujusquam perseverare libere permittatis. Licet enim videatur in hoc non modicum deliquisse quod captiose asseruit quia, nisi sibi eadem mulier consentiret, tam sibi quam toti mundo se inutilem redderet, et cum presbyteros exoravit ne prædictæ mulieri exponerent quod eamdem relinquere sæculum oporteret, si forte licentiam daret viro, ex quo tamen eadem mulier caput viri altari sponte supposuit, et postmodum, sicut asseritur, vixit incontinenter, super revocatione ipsius non esset aliquatenus audienda, cum ejus intentio, si eumdem forte repeteret, exceptione possit commissæ fornicationis elidi; maxime cum antequam fuerit fornicata, ipsum non duxerit repetendum.

Datum Laterani III Non. Aprilis, anno duodecimo.

XIV.
HUGBALDO ARCHIEPISCOPO RAVENNATI.
De correctione monasterii S. Adelberti.
(Laterani II Non. Aprilis.)

Correctione monasterii Sancti Adelberti supra Padum in Ravennatensi diœcesi, sicut asseris, constituti tibi tunc Faventino episcopo et venerabili fratri nostro episcopo Lucensi et dilecto filio abbati Sancti Joannis evangelistæ Ravennat. dudum auctoritate nostra commissa, cum ad idem monaste-

---

(11) Cap. *Veniens*, De convers. conjugators.

rium venissetis, invenistis illud graviter collapsum in temporalibus et in spiritualibus deformatum. Unde cum non esset ibidem qui faceret bonum usque unum, paucissimos monachos in eodem inventos et viventes in multorum scandalum dissolute juxta mandati nostri tenorem exinde depulistis, cui nequivistis postmodum in rectore idoneo providere, quolibet curam ejusdem monasterii recusante. Cum autem nuper ad sedem apostolicam veniens proposueris coram nobis Ravennatem Ecclesiam olim dictum monasterium tenuisse, quod etiam per privilegium felicis recordationis Innocentii papæ, prædecessoris nostri ei exstitit confirmatum, illud tibi restitui petiisti. Quia vero de jure ipsius Ecclesiæ nobis plene liquere non potuit, volentes tibi gratiam facere specialem, de fratrum nostrorum consilio ex benigna providentia tibi personaliter duximus supradictum monasterium committendum, ut liberam provisionem atque correctionem auctoritate nostra obtineas in eodem. Tu ergo, sicut vir providus et discretus, gratiam tibi factam attendens, per diligentiam sollicitam et sollicitudinem diligentem illud studeas taliter in spiritualibus et temporalibus reformare ut circa idem factum pleniorem apostolicæ sedis gratiam merearis.

Datum Laterani II Non. Aprilis, etc., ut supra.

XV.

ABBATI DE TILIETO.

Eum hortatur ut electioni de se factæ consentiat.

(Laterani anno duodecimo.)

(12) Novariensis Ecclesiæ nova necessitas novum onus et a nobis imponi et a te suscipi persuadet. Quæ pastoris regimine destituta, cum in quemquam de suis concordare nequisset, in te demum unanimi voto convenit, valde quidem et ad promovendum bonum sui regiminis necessarium, et ad removendum malum schismatis opportunum. Proinde licet sedeas ad pedes Domini cum Maria circa unum necessarium meditante, Marthæ tamen erga plurima satagentis non debes ministerium aspernari, quia Dominus et Mariam diligebat et Martham; nec illas duas tantum sorores amabat, sed et Lazarum fratrem earum quatriduanum mortuum et fetidum in monumento jacentem. Qui nisi peccatores amasset, de cœlis ad terras minime descendisset. Non enim venit vocare justos, sed peccatores, ut quæreret quod perierat et salvaret. Cujus utique si te verum discipulum confiteris, et sicut ille dilexit diligere didicisti, non refugies pro fraternæ utilitatis amore ad exterius atrium de cubiculo interiori procedere, quandoquidem illum nosti propter nimiam charitatem quia dilexit nos de secreto Patris ad publicum humanæ conditionis exisse, cum subtrahere tibi de charitate non modicum videreris, si monachum episcopare non valeat quæ Deum potuit humanare. Inter duarum ergo sororum constitutus amplexus, utraque sibi te vendicare volente, subtiliter intuere quod licet Rachel pulchrior esset facie, Lia tamen fecundior erat prole; quoniam etsi contemplativa sit vita suavior, tanquam magis quieta, vita tamen activa est fructuosior, tanquam amplius opportuna. Nam ubi gravior est conflictus, gloriosior est triumphus, Apostolo attestante, quod non coronabitur quis nisi legitime certaverit. Unde Christus secundum carnem non de Rachele natus est, sed de Lia; nec Maria, sed Martha, ipsum in domum suam legitur recepisse. Cum autem dona gratiæ quibus præeminens non pro te tantummodo sed pro aliis accepisse credaris, non te decet ita solius contemplationis studiis inardescere quo minus ubi necesse fuerit utilitatibus proximorum studeas imminere ne, si per speculationis secessum quietem tuam saluti prætuleris aliorum, reus judiceris ex tantis quantis potuisses ad publicum veniendo prodesse.

Quapropter etsi præteritorum oblitus, et ad anteriora cum Apostolo te extendens, retrocedere non disponas, attendere tamen debes quod sanctis animabus præcurrere non valebis, de quibus cum propheta dixisset quod ibant et non revertebantur, quoniam ad virtutes ibant et non revertebantur ad vitia, protinus quod ibant et revertebantur adjunxit, quoniam ad contemplationem ibant et revertebantur ad actionem; quemadmodum Moyses ibat in montem ut loqueretur cum Domino, et confestim revertebatur ad castra ut intenderet necessitatibus populorum. Christus quoque cum ascendisset in montem solus orare, descendit illico ad discipulos periclitantes in mari. Hæc autem, fili charissime, tibi proponimus, ut electionem Ecclesiæ memoratæ canonice de te factam devote recipias, qui tanquam Aaron vocaris a Domino, ne forsan jugum Domini subterfugiens illud alleges quod nemo mittens manum et rescipiens retro, aptus est regno Dei; cum uxor Lot retro respiciens in salis statuam sit conversa; quodque sponsa dicit in Canticis: *Lavi pedes meos, quomodo inquinabo eos* (Cant. v)? cum ille qui lotus est non indiget nisi ut pedes lavet, et mundus est totus. Quantumlibet enim anima tua contemplandi dulcedine delectata inter amœna Domini suavi somno soporata quiescat et quies ejus suscitatore non debeat importuno turbari, velle tamen debet evigilare cum expedit; quoniam sponsus qui dicit: *Adjuro vos, filiæ Jerusalem, per capreas cervosque camporum ne suscitetis nec evigilare faciatis dilectam donec ipsa velit* (Cant. II), non ut penitus non excitetur adjurat, sed cum adjuncto, videlicet *donec velit*. Et utique velle debet cum paucis interpositis idem addat: *Surge, amica mea, sponsa mea, et veni* (ibid.). Et illa inquit: *Surrexi ut aperirem dilecto meo, manus meæ distillaverunt in myrrham, digiti mei probatissima myrrha pleni* (Cant. v). Ad quod signandum cum Dominus dixisset apostolis: *Dormite jam et requiescite*; in continenti, *sur-*

---

(12) Vide lib. XI, epist. 187, et lib. XIII, epist. 134.

gite, inquit, *eamus* (*Matth.* xxvi). Dicente itaque tibi Domino : Surge de somno intermittendæ quietis, et eamus in exercitium necessariæ actionis, quid tibi, quid est aliud faciendum nisi hoc quod animæ tuæ dicitur : *Surge, propera, amica mea, et veni.* Nec tantum *surge* dicitur, sed *propera*, ut sit obedientia sine mora. Post testimonia quoque proponimus et exempla, ut ad majorem firmitatem basis sit sub columna. Beatus quippe Gregorius de monasterio fuit ad apostolatum assumptus, et sanctus Martinus de monachatu ad præsulatum vocatus, cujus verbum te volumus prudenter advertere. *Domine*, inquit, *si adhuc populo tuo sum necessarius, non recuso laborem, fiat voluntas tua*, imitatus Apostolum, qui dicebat: *Cupio dissolvi et esse cum Christo. Necessarium autem est propter vos in carne manere* (*Philip.* I).

Sed dices (13) : Impar sum illis meritis. Monachus enim, non prædicatoris officio me ingerere, sed me ac mundum legendo adventum Domini debeo pavidus exspectare. Sciens enim imbecillitatem meam et fragile vas quod porto, vereor offendere, ne impingens corruam et confringar. Castigator mei sum, ita ut etiam quæ tuta sunt pertimescam. Expertus naufragium ad pelagus redire pavesco. In eremi pace sedeo, quia mundi bella formido. Secessum appeto solitudinis, quia tumultum vereor civitatis. Odorem cœlestis patriæ concupisco, quia fetorem abominor hujus mundi. Quod si responderimus tibi, hoc non est pugnare sed fugere (14). Sta in acie, adversariis armatus obsiste ut postquam viceris coroneris, fortasse subjunges : Fateor, inquiens, debilitatem meam. Nolo spe pugnare victoriæ, ne victoriam aliquando pugnans perdam. Si fugero, devitavi periculum; si stetero, aut vincendum mihi est aut cadendum : qui pugnat, et superari potest et vincere ; sed ego cum fugero, non vincor in eo quod fugio, sed ideo fugio ut non vincar. Non est enim securum vicino serpente dormire ; quoniam etsi possit contingere ut non moriar, potest tamen ut aliquando mordeat evenire. Cæterum si propterea pugnam vitas quoniam utrum superaturus sis vel superandus ignoras, quomodo speras quod in eremo vincere tantum valeas et non vinci, cum certum sit non leviora, licet occultiora, frequenter ibi bella moveri. Nam et Lucifer cecidit ab empyreo ; Adam exsulavit a paradiso ; Lot etiam in monte peccavit, et Christus tentatus est in deserto, non tamen victus, sed vincens, ut post multa perditionis exempla ipse unicum nobis fieret liberationis exemplar. Unde cum utrobique magna sit pugna, sed incerta victoria, cur non potius illud eligis unde, si viceris, gloriosior est corona ? Sed et coluber juxta foramen suum existentem hominem sæpe pertransivit intactum, qui tamen alium suo quandoque thalamo venenavit inclusum. Quocirca discretionem tuam rogandam duximus et monendam, per apostolica tibi scripta præcipiendo mandantes, ac in remissionem peccaminum injungentes (15), quatenus cum communis utilitas sit præponenda privatæ, tuum jactans in Domino cogitatum, ad regimen Ecclesiæ supradictæ promptus accedas, ut cum beatus sit qui seminat super aquas, et maledictus qui frumentum absconderit in populo, talentum tibi a Deo creditum nec in sudario liges nec in terra suffodias, sed nummulariis tribuas ad usuram, pro temporalibus recepturus æterna, diligenter attendens quod nemo accendit lucernam et ponit eam sub modio, sed super candelabrum, ut luceat cunctis qui sunt in domo. Cum autem secundum leges humanas ad suscipienda publica munera quidam sint compellendi, cur non magis secundum leges divinas cogendi sint aliqui ad ecclesiastica officia exsequenda, dicente Scriptura : *Compelle illos intrare* (*Luc.* xiv). Tu ergo coactionem nequaquam exspectes, sed sponte offeras voluntatem ; quoniam et excusatio quam hactenus prætendisti approbari potest ejus exemplo qui dicit : *A, a, a, Domine Deus, nescio loqui, quoniam puer ego sum* (*Jer.* I), et obedientia commendari valebit ad instar ejus qui dixit : *Ecce, Domine, mitte me* (*ibid.*). Illam enim excusationem non credimus admittendam quod ideo nolis de monachatu ad pontificatum transire quia non vis de quiete regredi ad laborem, prætendendo forte verbum Psalmistæ dicentis : *Quis dabit mihi pennas sicut columbæ et volabo et requiescam ; ecce elongavi fugiens, et mansi in solitudine, exspectavi qui me salvum faceret a pusillo animo et tempestate* (*Psal.* LIV). Absit ut illi te non solum præferre sed conferre præsumas qui protinus post baptismum ductus est a spiritu in desertum, et cum quadraginta diebus et quadraginta noctibus jejunasset, mox ad dispensationem sibi creditam exsequendam exivit, factus obediens Deo Patri usque ad mortem crucis. Et tu cave prudenter ne circa bonum obedientiæ, quæ victimis antefertur, inobediens efferaris, ariolis et idololatris comparandus ; præsertim cum non sic semper evoceris ad publicum ut deseras omnino secretum, quin potius quod in otio contemplationis didiceris in exercitio doceas actionis. Nam et unigenitum Patris Verbum non sic a Patre descendit ut non remaneret cum Patre, ipso testante : *Nemo ascendit in cœlum nisi qui de cœlo descendit Filius hominis qui est in cœlo* (*Joan.* III). Flumina quoque non sic egrediuntur de mari ut non revertantur ad mare ; quia, juxta sententiam Salomonis, ad locum unde flumina exeunt revertuntur ; et tu sic frequenter impendes te aliis quod te nonnunquam restitues ipse tibi.

Datum Laterani anno duodecimo.

---

(13) Hieronym. in epist. ad Rustic.
(14) Ex eadem epistola.

(15) Vide supra lib. x, epist. 1.

XVI.
EPISCOPO ET ARCHIDIACONO CUMANIS.
De dissolvendo matrimonio cujusdam.
(Laterani III Non. Aprilis.)

Preces dilecti filii nobilis viri A. Cumani civis nobis accepimus supplicantis ut cum M. mulier Cumana, cum qua matrimonialiter per viginti annos et ultra permansit, consanguinea sua sit, et non solum ipsa Cathara sit effecta, verum etiam ad corrumpendum eum et familiam suam pariter et vicinos die noctuque laborans, quamdam sororem suam ad hæresim provocarit, quinimo ipsi viro suo carnali debito denegato recesserit ab eodem, ac venire ad judicium citata contemnat, eos judicio faceremus Ecclesiæ ab invicem separari. Quocirca discretioni vestræ per apostolica scripta mandamus quatenus si est ita, et consanguinitas inter eos legitime coram vobis accusata fuerit et probata, sublato cujuslibet contradictionis et appellationis obstaculo inter ipsos divortii sententiam promulgetis. Si vero præfata mulier citata legitime præsentiam vestram adire vel judicio vestro parere contempserit, cum excommunicationem non timere dicatur, vos nihilominus testes adversus eam a prædito viro productos recipere procuretis.

Datum Laterani III Non. Aprilis, anno duodecimo.

XVII.
ARCHIEPISCOPO SANCTÆ R. E. CARDINALI ET CAPITULO MEDIOLANENSI.
De negotio Durandi de Osca et sociorum suorum.
(Laterani III Non. Aprilis.)

(16) Ex tuarum, frater archiepiscope, tenore accepimus litterarum quod cum dilectus filius Durandus de Osca et quidam alii socii ejus, qui pauperes catholici nuncupantur, ad te cum nostris litteris accessissent, eos benignitate debita suscepisti, et quod pro illis tuæ fraternitati mandavimus satagens pro viribus adimplere, quosdam de societate ipsorum in Italia commorantes, juxta formam qua idem Durandus reconciliatus fuerat coram nobis, reconciliasti ecclesiasticæ unitati. Idem quoque Durandus et socii ejus suis nobis litteris intimarunt quod reconciliatis Ecclesiæ per te dictis fratribus eorumdem, quidam alii fere centum reconciliari volebant, dummodo quoddam pratum quod commune Mediolanense ipsis olim concesserat, in quo sua schola construcla consueverant convenire ac exhortari fratres adinvicem et amicos, quam bonæ memoriæ prædecessor tuus destrui fecerat dum essent excommunicationis vinculo innodati, et nunc iterum est erecta, ipsi concedere velles, ut ad exhortationem mutuam faciendam fratribus et amicis libere valeant convenire. Unde nobis humiliter supplicarunt ut pratum prædictum eisdem faceremus concedi ad proponendum in schola præfata more solito verbum Dei. Cum igitur non propter rem temporalem, sed propter æternam mercedem, reconciliari debeant ecclesiasticæ unitati, cum nullus salvari valeat extra arcam, petitionem hujusmodi non duximus approbandam, cum in reconciliatione ipsorum conditio non debeat hujusmodi adhiberi. Quocirca discretioni vestræ per apostolica scripta mandamus quatenus si propriæ salutis intuitu Deo et Ecclesiæ reconciliari voluerint, eos juxta formam qua reconciliatus in præsentia nostra Durandus exstitit supradictus, et quam tibi, frater archiepiscope, per alias litteras nostras expressimus, ipsos in Ecclesiæ gremium recipere mansuetudine debita satagatis, et si demum secundum datam vobis a Deo prudentiam tam ecclesiasticæ honestati quam eorum saluti videritis expedire, pratum prædictum seu alium locum idoneum, in quo ad exhortandum seipsos et amicos eorum cum timore Domini valeant convenire, concedatis eisdem sine gravi scandalo aliorum, quoniam aliter est cum conversis quam cum perversis agendum.

Datum Laterani III. Non. Aprilis, anno duodecimo.

XVIII.
PETRO COMPOSTELLANO ARCHIEPISCOPO.
Conceditur ei ut pallio uti possit extra provinciam.
(Laterani IV Non. Aprilis.)

(17) Ex tuarum tenore litterarum accepimus quod cum fuerit in concessione pallei tibi dictum ut ipso infra tuam Ecclesiam utereris, et tibi tam de mandato regio quam etiam pro Ecclesiæ tuæ negotiis procuranti frequenter extra tuam suas provinciam commoranti verecundum sit absque palleo ministrare, cum consuetudo sit, sicut asseris, in Hispania generalis quod archiepiscopi extra provincias palleo indifferenter utantur, ut extra tuam provinciam uti palleo valeas indulgeri tibi a sede apostolica postulasti. Licet autem usus hujusmodi sit abusus, et consuetudo talis dicenda sit potius corruptela, et ii graviter offendere dignoscantur qui utuntur palleis extra suas provincias absque licentia sedis apostolicæ speciali, nos tamen in hac parte volentes fraternitati tuæ facere gratiam specialem, auctoritate tibi præsentium indulgemus ut si quando necessitate aliqua præpeditus ad Ecclesiam tibi subjectam accedere forte nequiveris pro consecrandis suffraganeis tuis vel clericis ordinandis, et ad Ecclesiam alienam propter hoc te contigerit declinare, dummodo is ad quem eadem Ecclesia pertinet id permittat, utendi palleo in jam dictis casibus liberam habeas facultatem.

Datum Laterani IV Non. Aprilis, anno duodecimo.

XIX.
FRISIENSI EPISCOPO, ET PRÆPOSITO ET DECANO MOS-BURGENSI FRISIENSIS DIŒCESIS.
De homicidio casuali.
(Laterani III Non. Aprilis.)

Veniens ad præsentiam nostram dilectus filius

---

(16) Vide lib. VI, epist. 196, et lib. XIII, epist. 77, 78.

(17) Cap. *Ex litteris*. De auctor. et usu pall.

A. humiliter proposuit coram nobis quod cum apud Bononiam causa studii commorans, repetendæ lectionis occasione ad hospitium H. quondam sui socii accessisset, dum ambo in solario domus starent, et verbis jocosis præmissis idem H. manibus collum ejus complexus eum dejicere conaretur, et ipse dicto H. resistendo caput suum de illius manibus abstraxisset, eodem H. in domus parietem corruente ac ad terram cadente, cum ipso ejus tibia fracta fuit; qui postmodum alia superveniente infirmitate, per incuriam medicorum in die quartadecima exspiravit. Quocirca discretioni vestræ per apostolica scripta mandamus quatenus, si est ita, eidem A. ad cautelam injuncta pœnitentia competenti, ipsum et sua beneficia retinere et ad ordines superiores ascendere absque contradictione cujuslibet permittatis. Quod si non omnes, etc., tu, frater episcope, cum eorum altero, etc.

Datum Laterani III Non. Aprilis, pontificatus nostri anno duodecimo.

XX.

CLAROMONTENSI EPISCOPO.

Utrum liceat bona sua dare Ecclesiæ pro beneficio obtinendo.

(Laterani III Non. Aprilis.)

Cum pro beneficiorum ad donationem tuam spectantium paucitate paucissimos possis clericos, velut asseris, ordinare, a nobis sollicite requisisti utrum aliqui possint de bonis suis in aliquibus Ecclesiis mittere in communi, ut ex hoc beneficiis institutis, tam ipsi quam eorum perpetui successores ad eorum titulum valeant canonice promoveri. Super quo tibi duximus respondendum quod quanquam si hujusmodi bona oblata fuerint cum conditione vel pacto, ut videlicet is qui obtulerit ea, illa postmodum pro præbenda retineat, et ad sacros ordines ad titulum promoveatur eorum (18), talis oblatio seu etiam ordinatio fieri non possit absque vitio Simoniæ, cum in talibus omnis pactio ac conventio cessare debeat juxta canonicas sanctiones, si tamen pure ac sine pacto et conditione qualibet quisquam offerat aliqua bona sua rogans humiliter ut ea retinere sibi liceat pro præbenda et ad titulum ordinetur ipsius, procul dubio id fieri poterit absque vitio Simoniacæ pravitatis.

Datum Laterani III Non. Aprilis, etc. ut supra.

XXI.

HUGONI ABBATI ECCLESIÆ SANCTÆ MARIÆ DE GEDDERWRDE EJUSQUE FRATRIBUS TAM PRÆSENTIBUS QUAM FUTURIS CANONICAM VITAM PROFESSIS IN PERPETUUM.

De confirmatione privilegiorum.

(Laterani II Idus. Aprilis.)

Quoties a nobis petitur quod religioni et honestati convenire dignoscitur, animo nos decet libenti concedere et petentium desideriis congruum suffragium impertiri. Eapropter, dilecti in Domino filii, vestris justis postulationibus clementer annuimus, et præfatam ecclesiam beatæ Mariæ, in qua divino mancipati estis obsequio, ad exemplar felicis recordationis prædecessorum nostrorum Eugenii, Adriani, Alexandri et Lucii Romanorum pontificum sub beati Petri et nostra protectione suscipimus et præsentis scripti privilegio communimus. In primis siquidem statuentes ut Ecclesia vestra honore ac dignitate abbatiæ juxta institutionem bonæ memoriæ Herberti quondam Glasguensis episcopi et concessionem successorum ejus perpetuis temporibus potiatur et ordo canonicus, qui secundum Deum et beati Augustini regulam in eadem Ecclesia institutus esse dignoscitur, perpetuo ibi inviolabiliter observetur. Præterea quascunque possessiones, quæcunque bona eadem Ecclesia in decimis, redditibus, aquis, pascuis, silvis, terris cultis et incultis, vel aliis rebus impræsentiarum juste et canonice possidet, aut in futurum concessione pontificum, largitate regum vel principum, oblatione fidelium, seu aliis justis modis, præstante Domino, poterit adipisci, firma vobis vestrisque successoribus et illibata permaneant, in quibus hæc propriis duximus exprimenda vocabulis. Ecclesiam ipsam cum decimis utriusque Geddewrde et Langeton et Nesebith, etc., *usque* sicut chartæ eorum donatorum testantur. Sane novalium vestrorum quæ propriis manibus aut sumptibus colitis, sive de nutrimentis animalium vestrorum, nullus a vobis decimas exigere vel extorquere præsumat. Liceat quoque vobis clericos et laicos, etc., *usque* retinere. Cum autem generale interdictum terræ fuerit, etc., *usque* celebrare. Prohibemus insuper ut nulli fratrum vestrorum post factam in eodem loco professionem fas sit sine abbatis sui licentia, nisi arctioris religionis obtentu, de claustro recedere. Discedentem vero absque communium litterarum cautione nullus audeat retinere. In parochialibus quoque ecclesiis quas habetis liceat vobis sacerdotes eligere et diœcesano episcopo præsentare : quibus, si idonei fuerint, episcopus curam animarum committat, ut ei de spiritualibus, vobis vero de temporalibus debeat respondere. Pro chrismate vero, oleo sancto, consecrationibus ecclesiarum, ordinationibus clericorum qui ad sacros ordines fuerint promovendi, sive pro benedicendo abbate aut deducendo ad sedem, vel quibuslibet aliis ecclesiasticis sacramentis, nullus a vobis sub obtentu consuetudinis aut alio quolibet modo quidquam audeat postulare. Sepulturam præterea ipsius loci, etc., *usque* nullus obsistat, salva tamen justitia illarum ecclesiarum a quibus mortuorum corpora assumuntur. Interdicimus etiam ne quis in vos vel monasterium vestrum excommunicationis, suspensionis, aut interdicti sententias sine manifesta et rationabili causa audeat promulgare. Novas quoque et indebitas exactiones seu consuetudines ecclesiis aut capellis

---

(18) Vide supra lib. x, epist. 169.

vestris nullus imponat. Nulli omnino ecclesiasticæ sæcularive personæ liceat infra terminos parochiarum vestrarum monasterium vel canonicam absque diœcesani episcopi et vestro consensu quomodolibet instituere, seu eremum inclusorum vobis reclamantibus in vestris cœmeteriis ordinare. Obeunte vero te', nunc ejusdem loci abbate vel tuorum quolibet successorum, nullus ibi qualibet subreptionis astutia seu violentia præponatur nisi quem fratres communi consensu vel fratrum pars consilii sanioris secundum Dei timorem et beati Augustini regulam providerint eligendum. Decernimus ergo ut nulli omnino hominum liceat præfatam ecclesiam temere perturbare, etc., *usque* profutura, salva sedis apostolicæ auctoritate et diœcesani episcopi canonica justitia. Ad indicium autem hujus a Romana Ecclesia perceptæ protectionis, marbotinum unum et canivetum singulis annis nobis nostrisque successoribus, sicut constitutum est, persolvetis. Si qua igitur in futurum, etc., *usque* districtæ subjaceat ultioni. Cunctis autem eidem loco, etc., *usque* præmia æternæ pacis inveniant.

Datum Laterani per manum Joannis Sanctæ Mariæ in Cosmidin diaconi cardinalis S. R. E. cancellarii II Idus Aprilis, indictione XII. Incarnationis Dominicæ anno 1209, pontificatus vero domini Innocentii papæ III anno duodecimo.

XXII
JOANNI DE DOMINICO JUDICI SABINENSI.
Ut testes examinet in quadam causa.
(Laterani Idibus Aprilis.)

(19) Significavit nobis dilectus filius B. presbyter Sancti Nicolai diœcesis Sabinensis quod fundatores ejusdem ecclesiæ liberam eam esse volentes, fundationis tempore se in ea nihil juris penitus retinere dixerunt. Unde timens ne processu temporis probationis copia valeat deperire, provideri sibi super hoc idem presbyter postulavit. Quocirca præsentium tibi auctoritate mandamus quatenus testes idoneos, quos dictus presbyter super hoc tibi duxerit præsentandos, examines diligenter, et eorum dicta in publica reduci facias munimenta, denuntiando fundatoribus antedictis vel eorum hæredibus ut receptioni testium, si velint, intersint, et super denuntiatione sic facta confici facias publicum instrumentum.

Datum Laterani Idibus Aprilis, anno duodecimo.

XXIII.
ASCULANO, RAPOLLANO, ET LAVELLINO EPISCOPIS.
De accusatione adversus episcopum Potentinum.
(Laterani XIII Kal. Maii.)

Cum P. et I. presbyteri super intrusione, dilapidatione, Simonia et insufficientia detulissent olim episcopum Potentinum, et super iis venerabiles fratres nostri Acherontinus archiepiscopus et episcopus Venusinus primo de dilecti filii nostri Gregorii Sancti Theodori cardinalis A. S. L. et postea de nostro mandato testes receperint ab utraque parte productos, depositiones eorum demum ad nostram præsentiam transmiserunt. Nos autem easdem, nondum coram partibus publicatas, in secreto perlegi facientes, invenimus testes ipsos de causis et circumstantiis ad negotium facientibus nullatenus interrogatos fuisse, cujus videlicet conditionis, opinionis atque fortunæ denuntiatores existant, et an criminosi, vel episcopi inimici, utrum etiam bono zelo vel odio, et an canonica commonitione præmissa fuerit ad hujusmodi denuntiationem processum. Item utrum ante denuntiationem talis opinionis exstiterit episcopus memoratus. Rursus de personis, causis, loco, tempore, auditu, visu, fama et certitudine; de quibus interrogari prudenter et sollicite debuerunt juxta legitimas et canonicas sanctiones. Volentes igitur ut quod semiplene factum est, per vestram diligentiam suppleatur, arrestationes ipsas sub bulla nostra vobis transmittentes inclusas, præsentium auctoritate mandamus, quatenus eosdem testes jampridem ab utraque parte productos vestro faciatis conspectui præsentari, ad hoc eos, si opus fuerit, per censuram ecclesiasticam compellendo; quibus sub debito præstiti juramenti et excommunicationis pœna firmiter injungatis ut plenam et meram dicant de omnibus veritatem super quibus a vobis fuerint requisiti; vosque tam super circumstantiis prænotatis quam aliis negotium contingentibus inquirentes diligentissime veritatem, universa studiose conscripta sub sigillis vestris nobis fideliter transmittatis, partibus injungendo ut ad præsentiam nostram per se vel procuratores idoneos veniant sic instructæ ut attestationibus publicatis sententiam a nobis, Domino auctore, reportent. Quod si non omnes, etc., duo vestrum, etc.

Datum Laterani XIII Kal. Maii, pontificatus nostri anno duodecimo.

XXIV.
RATISPONENSI EPISCOPO.
De reformandis abusibus in clero.
(Laterani XIV Kal. Maii.)

Cura de pastoralis officii exhortatur ut circa commissum tibi gregem ita diligenter invigiles quod non possis de negligentia reprehendi. Sane ad nostram noveris audientiam pervenisse quod Plebani de rure tuæ diœcesis et quidam eorum Decani, qui eos deberent corrigere et ad pœnitentiam revocare, cohabitationibus manifestis polluti, cum ad generalem synodum singulis annis accedunt, excessus suos nequiter occultantes, et se invicem confoventes, nihil inter se denuntiant, et sic in detrimentum animarum suarum et scandalum plebis in suo peccato permanent pertinaces. Præterea milites quidam, qui se asserunt de suis excessibus non debere sacerdotum judicio subjacere, adulteria, incestus et alia peccata committunt impune, nec

(19) Cap. *Significavit*, De testib.

etiam corriguntur. Plurimi etiam virorum, mulierum ac puerorum, qui pro sacramento confirmationis percipiendo ad episcopalem sedem non consueverunt accedere, indifferenter decedunt sine susceptione hujusmodi sacramenti. Cum igitur eorum diœcesanus existas, et ex injuncto tibi officio tuam debeas parochiam visitare, ac tanquam proprius medicus unde illis infirmitates eveniant cognoscere tenearis, fraternitati tuæ per apostolica scripta mandamus quatenus per teipsum ad inquisitionem infirmitatum hujusmodi et curationem ipsarum sollicitudine diligenti procedas; quia si putredinem vulneris apertione non ejicis, sana caro nequaquam in loco putredinis coalescet. Cæterum, cum nemo teneatur suis stipendiis militare, nec bovi os claudi debeat trituranti, præsentium tibi auctoritate concedimus quatenus, cum propter hoc tuam duxeris diœcesim visitandam, liceat tibi moderatam procurationem percipere; ita quidem quod ex hoc Ecclesiæ non graventur, sed potius per adventum tuum suscepisse se gaudeant tam in spiritualibus quam in temporalibus incrementa.

Datum Lateran. xiv Kalen. Maii, anno duodecimo.

XXV.
EIDEM.
De clericis non residentibus.
(Datum, ut alia.)

Ex parte tua fuit propositum coram nobis quod Ratisponensis Ecclesiæ ac aliorum episcopatuum canonici, qui nolunt in parochiis suis, quas habent in tua diœcesi, residentiam facere, ut tenentur, vicarios instituunt in eisdem. Qui cum nec ad archidiaconum vel decanum respectum habeant, correctionem nolunt aliquam pro suis excessibus sustinere. Quare nobis humiliter supplicasti quod, ne ipsæ Ecclesiæ debito servitio defraudentur, tibi licentiam concedere dignaremur ut auctoritate nostra fraternitati tuæ liceret perpetuos instituere vicarios in eisdem. Cum igitur honori sit onus annexum, et exsequi debeat officium qui beneficium est sortitus, fraternitati tuæ per apostolica scripta mandamus quatenus canonicos ipsos ad debitam in eisdem parochiis residentiam faciendam, vel saltem idoneos vicarios instituendos in illis, per quos dictis parochiis debita servitia impendantur, monitione præmissa per censuram ecclesiasticam appellatione remota compellas.

Datum ut in alia.

XXVI.
ABBATI ET CONVENTUI SANCTI MEDARDI SUESSIONENSIS.
Ut puerum quemdam ad monasterium admittant.
(Laterani xi Kal. Maii.)

Cum ad supplicis petitionis instantiam Mariæ pauperis mulieris dudum vobis direxerimus scripta nostra ut... puero nato ejus victum et vestitum liberaliter ministrantes, erudiri faceretis eumdem in scientia litterali, vos, sicut præfata mulier iterata nobis supplicatione monstravit, mandatum apostolicum circa puerum memoratum juxta pium ejus desiderium non impletis. Nolentes igitur hoc pietatis opus relinquere imperfectum, per iterata vobis scripta mandamus et districte præcipimus quatenus dictum puerum apud monasterium vestrum in litterali pariter et morali scientia prompta facientes instrui charitate, ac interim in victu et vestitu providentes eidem, cum ad quintum decimum annum pervenerit, ipsum in fratrem et monachum admittatis. Alioquin, ne vel ejus vel prædictæ suæ matris anima in dubium suspendatur, quæ gravis infirmitatis incommodo fatigata, circa provisionem ejusdem pueri minus commode potest maternæ sedulitatis officium exhibere, venerabili fratri nostro archiepiscopo Remensi et dilectis filiis abbati Longipontis Suessionensis diœcesis et cantori Remensi dedimus in præceptis ut vos ad id monitione præmissa per censuram ecclesiasticam appellatione remota compellant.

Datum Laterani xi Kal. Maii, anno duodecimo.
Scriptum est illis super hoc.

XXVII.
ILLUSTRI REGI FRANCIÆ.
De succursu terræ sanctæ.
(Laterani ix Kal. Maii.)

Illud quod quidam ad injuriam tuam referunt et incommodum regni tui, ad utriusque procul dubio redundat gloriam et profectum, cum videlicet ingens laus et grandis honor tibi simul et regno ipsi provenerit ex eo quod inter alios mundi reges et regna pro communibus necessitatibus et utilitatibus universalis Ecclesiæ seu etiam populi Christiani et recursum ad te specialiter sit ac illud, et potenter eis sit ab utroque succursum. Propter quod, ut recentia ponamus exempla, gloriam tuam et potentiam regni tui titulis hoc illustrat insignibus quod per Constantinopolitani acquisitionem et detentionem imperii ac subsidia et præsidia terræ sanctæ nec non adjumenta fidei orthodoxæ magnanimitate tuorum fortium procurante, ipsos quasi præcipuos visa est iis temporibus Latinitas habuisse quos adversus Græciam insolentem opponeret aut gentem incredulam seu etiam hæresim sævientem; ut jam pene de omni quæ sub cœlo est natione non desit qui victricem manum tuam fortiumque tuorum vel non laudet in aliis, vel non formidet expertus. Sed et nunc cœlesti consilio, sicut creditur, est provisum quod cætero terrarum orbe postposito, de tuo specialiter regno, quasi de publico virorum thesauro, vir quæritur qui Hierosolymitani regni gubernaculo præferatur (20), dilecto filio nobili viro Joanne Brenensi comite ad dilectæ in Christo filiæ (Mariæ) ipsius regni dominæ conjugium evocato; quasi te simul et regnum tuum specialiter in hoc velit rex altissimus honorare, ut is qui subditus tuus erat, regnum suæ peculiaris hæreditatis accipiat, et orientali provin-

---

(20) Vide Sanutum, lib. iii, part. ii, cap. 5, 4.

ciæ in urgente necessitate succurrat. Quapropter nos pro nihilo reputato quod dicimur a quibusdam regnum tuum prædictorum prætextu viris et viribus destituere ac ope simul et opibus vacuare, serenitatem regiam ad promotionem hujus negotii secure duximus exhortandam, cum ex hoc potior tibi salus et regno ipsi major speretur prosperitas proventura. Quod profecto cum inter cætera regna mundi a temporibus quorum non exstat memoria pro catholicissimorum progenitorum tuorum meritis multa sit rerum ac temporum fecunditate gravisum, sub tuo demum felici regimine directus est Dei munere mundi cursus prosperius circa ipsum, ut inter cæteros mundi reges pro tuis magnificis gestis præfulgeas gloriosus, sola denique, quod tristes referimus, causa conjugii maculam in gloria tua posuit; quam utinam satagas abolere, ut totus omnino ab omni macula sis immunis. Rogamus ergo regalem mansuetudinem et exhortamur attentius, in remissionem tibi peccaminum injungentes, quatenus urgentissima terræ sanctæ necessitate prospecta, injuriosum vel damnosum non reputans quod procul dubio tibi est honorabile ac perutile regno tuo, præfato comiti ad procedendum in hoc non solum impendas auxilium per te ipsum, sed per tuos facias exhiberi. Nos enim, ut quod super ipso negotio maxime pro terræ sanctæ subventione aliis suademus, ipsi quoque in affectu gerere comprobemur, præter alia quæ quantum desuper nobis datur eidem terræ multifarie multisque modis auxilia procuramus, summam mille quadringentarum marcharum, in quibus nobis comes ipse tenetur, in utilitatem prædictæ terræ ita providimus largiendam ut persoluta ea fratribus Templi et Hospitalis ab ipso, per eos deferatur ad illam, et tandem in utilitatem prædictam cum consilio venerabilis fratris nostri patriarchæ Jerosolymitani nec non magistrorum Hospitalis et Templi et ipsius comitis expendatur. Ad hæc, cum, sicut pro certo comperimus, litteræ nostræ tibi sæpe minus fideliter exponantur, in hoc esse te volumus de cætero cautiorem, cum vitiosus interpres aliquando minus, interdum plus, nonnunquam vero aliud et aliter quam in ipsis contineatur exponat, culpabiliter te decipiens, cujus intelligentiam fascinat, et damnabiliter nos offendens, quorum intentionem depravat. Cæterum lator præsentium G. prior de Gaia, vir utique providus et fidelis, quæ super quibusdam aliis a nobis accepit tibi referet viva voce.
Datum Laterani ix Kal. Maii, anno duodecimo.

XXVIII.

PATRIARCHÆ JEROSOLYMITANO ET MAGISTRIS HOSPITALIS AC TEMPLI.
Mittitur eis pecunia.
(Laterani anno duodecimo.)

Ecce mittimus vobis per dilectum filium Joannem de Sambuco fratrem Hospitalis Jerosolymitani, hospitalis Sancti Basilii bis mille ac ducentos et sex obolos et dimidium inter novos, veteres, atque duplices, novem Skifatos, septem marabutinos, et præterea in Skifatis et auro fracto ad pondus Romanum uncias octoginta; quæ videlicet omnia summam octingentorum quinquaginta librarum. Provenientium senatus attingunt (21) discretioni vestræ per apostolica scripta mandantes quatenus ea in necessitatibus terræ sanctæ, prout melius expedire videritis, expendatis, habentes prædictum fratrem in Domino commendatum, et eum ad domum suam, cui satis esse noscitur necessarius, quantocius potueritis remittentes. Tantumdem etiam assignari fecimus magistro et fratribus Aventini, qui per nuntium suum debent illud vobis similiter destinare. Misimus quoque vobis anno præterito per Templarios summam auri mille librarum Proveniensis monetæ valentem, de qua nullum adhuc habuimus responsum a vobis. Disponimus etiam mittere vobis per Hospitalarios et Templarios mille quadringentas marcas argenti, cum consilio vestro et nobilis viri Joannis Brenen comitis, cum ad vos, Deo duce, pervenerit, expendendas. Sed et electo Antiocheno proposuimus pro necessitatibus suis pecuniam mutuare, quam ipse demum reddet pro necessitatibus terræ sanctæ.
Datum Laterani anno duodecimo.

XXIX.

JOANNI ABBATI S. BERTINI, etc.
(*Hanc epistolam ex notis chronologicis libro* II *restituimus. Est nunc in hoc libro ordine* 38 bis.)
EDIT.

XXX.

MILONI SUBDIACONO.
Dispensatur cum eo super defectu natalium.
(Laterani XIII Kal. Maii.)

In iniquitatibus cum Propheta conceptus non erubuisti nobis exponere quomodo in delictis te peperit mater tua; gratiæque redimendo naturam, ad submovendum impedimentum casualis originis, apostolicæ implorasti beneficium pietatis. Nos igitur attendentes ingenuos mores ingenuis natalibus antecellere, nataque conditionis fortunæ virtutis factæ gloriam anteire, intellecto tam ex compatriotarum tuorum laudabili testimonio quam eorum qui apud sedem apostolicam ex conversatione diutina te novere quod fortuitum nativitatis defectum per industrium bonitatis redimis supplementum, de misericordia quæ superexaltat judicio, auctoritate tibi præsentium indulgemus quatenus, dummodo aliud non obviet de canonicis institutis, hoc quod Pater tuus in diaconatu de simplici te genuit concubina non officiat tibi meritis sic adjuto quo minus ecclesiasticum beneficium, cui cura non sit animarum annexa, valeas obtinere canonice ac obtentum libere retinere. Nulli ergo omnino hominum liceat hanc paginam nostræ concessionis infringere, etc. Si quis autem, etc.
Datum Laterani XIII Kal. Maii, pontificatus nostri anno duodecimo.

---

(21) Vide supra lib. I, epist. 109.

XXXI.

HUGONI DE SADURANO RECTORI ECCLESIÆ DE VOLOBRICA.
Suscipitur protectione apostolicæ sedis.
(Laterani x Kal. Maii.)

Sacrosancta Romana Ecclesia devotos et humiles filios, etc., *usque* confovere. Eapropter, dilecte in Domino fili, tuis justis postulationibus grato concurrentes assensu, personam tuam cum omnibus bonis tam ecclesiasticis quam mundanis quæ impræsentiarum rationabiliter possides, aut in futurum justis modis, præstante Domino, poteris adipisci sub beati Petri et nostra protectione suscipimus, specialiter autem ecclesiam de Volobrica cum appendiciis ejus ecclesiis de Masseiano et de Confolenz, ac omnibus aliis pertinentiis suis, sicut ea ex collatione sanctæ recordationis Petri de Castronovo apostolicæ sedis legati ac assignatione bonæ memoriæ E. Uticensis episcopi juste possides et quiete auctoritate tibi apostolica confirmamus et præsentis scripti patrocinio communimus. Nulli ergo, etc., hanc paginam nostræ protectionis et confirmationis infringere, etc., *usque* incursurum.

Datum Laterani x Kal. Maii, anno duodecimo.

XXXII.

ARCHIEPISCOPO ET CAPITULO STRIGONIENSI.
Confirmatur eis donatio facta a rege Hungariæ.
(Laterani xii Kal. Maii.)

In authentico scripto charissimi in Christo filii nostri Andreæ, illustris regis Hungariæ, nobis ostenso perspeximus contineri quod ipse miserationum Domini recordatus, quibus post tribulationes multas et malas recognoscebat se in patrum suorum solio residere, in suæ coronationis memoriam, quam per manum tuam, frater archiepiscope, desursum se recepisse fatetur, ecclesiæ vestræ beati Adelberti martyris religiosa devotione concessit ut annuatim in festo ipsius martyris canonicis servientibus in eadem centum argenti marcæ, contradictione sublata, de regali ærario persolvantur. Nos igitur vestris precibus inclinati concessionem ipsam, sicut pie ac provido facta est, et in prælibato authentico continetur, quod de verbo ad verbum præsenti paginæ duximus inferendum, auctoritate apostolica confirmamus et præsentis scripti patrocinio communimus : cujus tenor est talis : « In nomine sanctæ Trinitatis et individuæ unitatis. ANDREAS Dei gratia Hungariæ, Dalmatiæ, Choroaciæ, Ramæ, Serviæ, Galliciæ, Lodomiriæque rex, in perpetuum.

« Cum ex regiæ dignitatis officio quibuslibet Deo dicatis domibus teneamur manum pietatis clementer porrigere et earum utilitati modis omnibus intendere, cupientes tamen aliquid in gazophylacium cum paupercula mittere, veteris instar testamenti, quo mellis, inter cætera, primitiæ poni videbantur in sacrificio, benigniores regiæ serenitatis oculos illis accommodavimus quas a primis credulitatis nostræ cunabulis et ampliori dignitate præminere et ardentiori orationum affectione pro salute nostra cognovimus assurgere. Sane miserationum Domini, quibus post tribulationes multas et malas in solio patrum nostrorum sedimus, recordantes, ecclesiæ beati Adelberti martyris (22) quam matrem regni esse ac metropolim quamque patribus et prædecessoribus nostris cum insignibus fidei sacramenta regalibus administrasse constat, in nostræ coronationis memoriam, quam desursum capiti nostro per manum venerabilis patris Joannis archiepiscopi Strigoniensis Deus imponere est dignatus, has donorum nostrorum primitias, licet exiguum munus, attribuimus, ut annuatim in supradicti martyris Christi festivitate canonicis Deo illic deservientibus centum marcæ argenti contradictione confusa de regali offerantur ærario. Quod ut ratum et stabile perseveret in posterum, præsentem paginam in argumentum nostri muneris adnotatam sigilii nostri roboravimus impressione.

« Datum per manus Gothfridi Orodiensis præpositi Aulæ regiæ cancellarii anno Dominicæ Incarnationis 1206, venerabili Joanne Strigoniensi archiepiscopo existente, Calano Quinqueecclesiensi, Boleslao, Vaciensi, Petro Geuriensi episcopis, Mochone Palatino et comite Bichoriensi, Chepano filio Muiabano, Benedicto Vayavoda, Chepano comite Baciensi Smaragdo Zodakiensi et comite Curiæ, Gula comite Budrugiensi, Marcello Supruniensi, Tiburcio Albensi, Poth. Musuniensi comite. » Nulli ergo omnino hominum liceat hanc paginam nostræ confirmationis infringere vel ei ausu temerario contraire. Si quis autem hoc attentare præsumpserit, etc., *usque* incursum.

Datum Laterani xii Kal. Maii, pontificatus nostri anno duodecimo.

XXXIII.

ABBATI ET CONVENTUI SANCTI BERTINI.
De electione Abbatis Alciacensis.
(Laterani ii Kal. Maii.)

(23) Abbate Sancti Silvini Alciacensis olim viam universæ carnis ingresso, cum ejusdem loci monachi elegissent quemdam de ipsius gremio in abbatem, et ejusdem confirmationem electionis a bonæ memoriæ Morinensi episcopo nequivissent aliquatenus obtinere, per procuratorem suum confirmationem ipsam a sede apostolica petierunt. Cæterum procurator vester proposuit ex adverso quod cum secundum approbatam consuetudinem et privilegia pontificum Romanorum abbates Alciacenses debeant de monasterio vestro semper assumi, hujusmodi electio erat non immerito reprobanda, utpote contra consuetudinem diuturnam et privilegia sedis apostolicæ attentata, et Alciacenses monachi debeant de jure compelli ut de monasterio vestro personam idoneam sibi eligerent in abbatem. Cumque super hoc iis et aliis coram dilecto filio Guala Sanctæ Mariæ in Porticu diacono cardinali, quem procuratoribus ipsis auditorem concessimus, allegatis

---

(22) Vide lib. xiv, epist. 156.

(23) Cap. *Abbate*, De verbor. signific.

nobis nequiverit fieri plena fides, dilectis filiis de Balantiis, de Longovillari, et Sancti Joannis abbatibus Ambianensis et Morinensis dioecesum dedimus in mandatis ut auditis quæ utraque pars duceret proponenda, causam ipsam cum quibusdam de antiquioribus privilegiis, a quibus alia originem traherent, ad examen nostrum remitterent sufficienter instructam, assignato partibus termino competenti quo nostro se conspectui præsentarent sententiam recepturæ. Qui juxta mandati nostri continentiam in negotio procedentes, receperunt testes ab utraque parte productos, et attestationibus publicatis, demum eamdem causam instructam ad nostram præsentiam remiserunt. Nos vero depositionibus testium diligenter inspectis, invenimus sufficienter esse probatum quod a sexaginta annis et infra monachi Alciacenses abbatem sibi de vestro monasterio elegerunt, ita quod infra præscripti temporis spatium de vestro cœnobio septem fuerunt in Alciacenses abbates assumpti. Unde cum juxta legitimas sanctiones leges ipsas consuetudo antiquitus approbata tenaciter imitetur, et quod collegiis præstitum fuisse cognoscitur perpetuæ legis vicem debeat obtinere, secundum præcedentem usum in Alciacensi cœnobio erat electio celebranda, maxime cum consuetudo hujusmodi diuturno tempore introducta videatur quodam modo contradicto judicio approbata; quia cum quadam vice Guarinum Alciencensem monachum elegissent, ejus electio robur habere non potuit donec apud monasterium vestrum professione facta post aliquantum temporis, quando scilicet abbati et conventui monasterii vestri placuit, in Alciacensem exstitit abbatem assumptus. Ex privilegiis quoque Romanorum pontificum monasterio vestro concessis argui poterat evidenter Alciacensem abbatem fore de vestro collegio eligendum. Nimirum privilegio felicis recordationis Paschalis papæ prædecessoris nostri, hujusmodi capitulum apparet insertum : *Subrogationem abbatis penes monasterium Sancti Silvini apud Alciacum juxta præteriti temporis morem in vestra semper concedimus dispositione persistere.* Cujus verbis bonæ memoriæ Innocentius papa prædecessor noster prorsus inhæsit. In privilegio quoque Calixti secundi papæ capitulum hujusmodi invenitur : *Porro juxta Domini prædecessoris nostri sanctæ memoriæ Paschalis papæ decretum abbatis subrogationem penes Alciacum non aliunde quam de vestro monasterio fieri apostolica auctoritate decernimus.* Ad hæc autem pars adversa respondit quod etsi evidenter per depositiones testium probaretur quod infra prædicti temporis spatium de monasterio vestro semper fuerit abbas Alciacensis assumptus, ex hoc tamen nullum Alciacensibus monachis præjudicium probabatur, cum hoc non ex necessitate aliqua factum fuerit, sed ex libera voluntate. Præterea licet consuetudinis ususque longævi non sit vilis auctoritas, non est tamen usque adeo sui valitura momento ut rationem vincat aut legem. Unde cum lege canonica caveatur, quæ probabilem in se continet rationem, ut abbate defuncto non assumatur extraneus in abbatem, sed de congregatione ipsa, quem propria voluntate concors fratrum societas duxerit eligendum; quod si aptum inter se invenire nequiverint, solerter sibi de aliis monasteriis eligant ordinandum, per usum hujusmodi nequit sacris canonibus derogari. Sed nec dici poterat quod ex eo consuetudo aliqua quasi contradicto judicio fuerit introducta quod prædicto modo exstitit in memorati Guarini electione processum, cum illud pro bono pacis factum extra judicium dignoscatur. Sed ad hæc vestra pars replicavit ex hoc colligi evidenter quod in electione ipsius Guarini, non pro bono pacis, sed ex debito potius fuerat sic processum, quia plures alios postmodum de vestro monasterio Alciacenses monachi elegerunt, cumque filia matri adeo sit conjuncta ut aliena vel extranea non intelligatur ab illa, et ecclesia vestra sit mater Alciacensis Ecclesiæ spiritalis, profecto Alciacensis conventus non intelligitur extraneum vel alienum eligere cum de vestro collegio sibi assumit abbatem. Fuit insuper ex parte Alciacensium allegatum, quod cum Paschalis papa subrogationem abbatis Sancti Silvini monasterio vestro juxta morem præteriti temporis duxerit concedendam, nec de præteriti temporis more seu consuetudine flat fides, per ejus privilegium et similia nullum super hoc Alciacensi monasterio poterat præjudicium generari. Contra quos fuit ex parte vestra responsum quod hæc determinatio *secundum præteriti temporis morem*, et causalis et conditionalis potest intelligi, et tam ad personale quam impersonale verbum referri. Si enim impersonale verbum determinet, conditionaliter intelligitur, et talis est sensus. Concedimus subrogationem abbatis Sancti Silvini apud Alciacum in vestra semper dispositione consistere secundum præteriti temporis morem, id est, si mos præteriti temporis talis fuit. Si vero verbum determinet personale, causaliter debet intelligi, ut sit sensus: Concedimus secundum præteriti temporis morem, id est, quia mos præteriti temporis obtinuit, subrogationem abbatis Sancti Silvini apud Alciacum in vestra semper dispositione consistere. Hic autem sensus rectior esse videtur : Quia, cum privilegium sit lex privata, et lex non debeat esse obscura vel captiosa, sed certa et manifesta, nec esset privata nisi aliquid specialiter indulgeret, profecto sic intelligenda sunt illa verba ut res de qua agitur valere possit potius quam perire; maxime cum supradictus Calixtus papa, qui eidem Paschali e vicino successit, verbis æquioribus usus, determinationem illam prorsus amoverit ut ambiguitas tolleretur; et quod dicebatur in concessione Paschalis, ut videlicet subrogatio abbatis Sancti Silvini apud Alciacum in dispositione vestra semper existeret, ipse mutaverit, decernens subrogationem illius abbatis non aliunde quam de vestro monasterio faciendam, ut electio ad jus commune posset ex parte reduci. Eadem quoque verba sic esse interpretenda subsequens consuetudo declarat, quæ perhibetur esse optima legum interpres. His igitur et aliis ad eamdem causam spectantibus diligenter auditis et perspicaciter intellectis, de consilio fratrum nostrorum monasterio vestro adjudicavimus hujusmodi dignitatem, ut quotiescunque in Alciacensi monasterio abbatis electio imminet facienda, Alciacenses monachi de cœnobio vestro personam idoneam sibi eligant in abbatem, ita videlicet quod tandiu monasterium vestrum hac honoris debeat prærogativa gaudere donec in eo viguerit observantia regularis, ut idoneæ personæ inveniantur in ipso quæ possint in abbates assumi. Nulli ergo omnino hominum liceat hanc paginam nostræ diffinitionis infringere vel ei, etc., *usque* incursurum.

Datum Laterani, ix Kal. Maii, pontificatus nostri anno duodecimo.

Scriptum est episcopo et cantori Atrebatensibus et abbati de Monte Sancti Eligii Atrebatensis diœcesis in modum exsecutionis usque assumi. Quocirca electionem a præfatis Alciacensibus monachis temere attentatam omnino cassantes, præsentium vobis auctoritate mandamus quatenus quod a nobis est sententialiter diffinitum faciatis appellatione remota inviolabiliter observari, contradictores, si qui fuerint, vel rebelles per censuram ecclesiasticam compescentes. Quod si non omnes, etc., tu, frater episcope, cum eorum altero, etc.

Datum ut in alia per totum.

XXXIV.
EPISCOPO SANCTI ANDREÆ.

De testibus admittendis in accusatione matrimonii.
(Laterani, iii Non. Maii.)

Per tuas nobis litteras intimasti quod cum D. laicus tuæ diœcesis S. mulierem trina denuntiatione præmissa juxta consuetudinem Ecclesiæ Scoticanæ duxerit solemniter in uxorem, postmodum E. mulier in tua comparens præsentia constanter asseruit quod prædictus D. prius dederat ei fidem de ipsa ducenda, et postea carnaliter fuerat commistus eidem, suscepta ex ea prole quam sibi prædictam S. publice copulasset, et licet idem D. fuerit de plano confessus se prius illam carnaliter cognovisse ac suscepisse sobolem ex eadem, nihilominus tamen quod fidem ei dederit omnino negavit. Verum, cum ad hoc probandum prædicta E. tres testes induxerit, idem proposuit ex adverso quod cum præsentes exstiterint fidem testes quando denuntiatio facta fuit et matrimonium cum prædicta S. publice celebratum, cum etiam convivio interfuerint nuptiarum, nunc, tanquam suspecti, utpote qui multo tempore tacuerunt, erant non immerito repellendi. Unum quoque ipsorum testium, qui ejusdem D. germanus existit, idem D. repellere nitebatur tanquam adversarium manifestum, pro eo quod ad exhæredationem ipsius modis omnibus intendebat. Præterea fratrem ejusdem D. fuisse confessum in pleno capitulo se perjurum et in fratris sui odium falsum perhibuisse testimonium adjecisti, et quod licet E. primitus fuerit in jure confessa se adversus prædictum D. quæstionem malitiose movisse, postea tamen hujusmodi se dixisse proposuit pecuniæ promissione decepta, quodque sibi constat legitime dictos testes tam denuntiationis tempore quam cum etiam idem D. matrimonium cum prædicta S. contraxisse dignoscitur fuisse præsentes. Licet autem confessio fratris prædicti D. qui post depositionem suam propriam turpitudinem allegando asseruit se perjurum et falsum perhibuisse testimonium in odium fratris sui, sit penitus respuenda, cum hoc modo quilibet posset suum testimonium infirmare, ac mulier confessionem in jure factam eo prætextu revocare non possit quod se fatetur corruptam promissione pecuniæ hoc dixisse, quia tamen an supradicti testes sint contra matrimonium admittendi, apostolicæ sedis oraculo postulas edoceri, fraternitati tuæ insinuatione præsentium innotescat quod felicis recordationis Alexander papa prædecessor noster consultus utrum si de propinquitate illorum qui sunt matrimonio copulandi aliqua fiat mentio, et presbyteri per ecclesias publice dicant ut qui novit aliquid infra terminum qui præfigitur exeat et proponat, an illi qui posterius veniunt, ad accusationem debeant vel testificationem admitti, taliter legitur respondisse, quod si suspicione carent posterius venientes, ab accusatione vel testificatione repelli non debent (24); cæterum si commoniti a presbyteris tacent, et postmodum accusare vel testificari voluerint, tanquam suspecti merito repellentur.

Datum Laterani, iii Non. Maii, pontificatus nostri anno duodecimo.

XXXV.
NOBILI VIRO E. COMITI IRSUTO.

Suscipitur sub protectione apostolicæ sedis.
(Datum ut in alia.)

Ex sincero devotionis affectu quem ad beati Petri apostolorum principis sedem habere dignosceris, villam quæ Sulcem nuncupatur Romanæ Ecclesiæ liberaliter contulisti, unum aureum apostolicæ sedi annuatim ex ipsa solvendo. Nos igitur donationem ipsam tam gratam quam ratam habentes, ut ejusdem apostolicæ sedis præsidium tibi sentias non deesse, personam tuam cum omnibus bonis quæ impræsentiarum rationabiliter possides, aut in futurum justis modis, dante Domino, poteris adipisci, sub beati Petri et nostra protectione suscipimus et præsentis scripti patrocinio communimus. Nulli ergo omnino hominum liceat hanc paginam nostræ confirmationis infringere vel ei, etc., *usque in finem.*

Datum ut in alia per totum.

---

(24) Cap. *Ad hæc,* Qui matrimon. accus. possint, in 1 Collect.

XXXVI.

MELDENSI EPISCOPO ET ARCHIDIACONO PARISIENSI.

Eis committitur causa camerarii Carnotensis.

(Laterani, iv Idus Maii.)

Cum olim venerabilis frater noster episcopus Carnotensis dilectum filium Radulphum quondam camerarium suum decano, cantori, subdecano, et succentori Carnotensis Ecclesiæ ad quamdam præbendam in ipsa vacantem præsentasset ex more, idem decanus offerens se legitime probaturum quod publica quorumdam criminum laboraret infamia, ipsum admittere recusavit. Cumque dilecti filii P. præpositus, S. G. et H. et quidam alii canonici Carnotenses super hoc inquisitionem fieri petiissent, abbas de Sarnaio et conjudices ejus, quibus idem negotium delegavimus, quia dictum camerarium, sicut ex litteris eorum accipimus, non solum publica laborantem infamia, verum etiam illis irretitum criminibus invenerunt, silentium imposuerunt eidem super memorata præbenda, ipsum ab omni officio et beneficio ecclesiastico suspendentes, et retinentes in manibus nostris ecclesiastica beneficia quæ habebat ad restitutionem eorum quos variis rapinis, videlicet usuris, matrimoniorum venditione, ac ruptione testamentorum asserebatur nequiter spoliasse. Qui licet ad præsentiam nostram accedens provideri sibi super sententia præfatorum judicum postulasset, quia tamen nondum ad nos pervenerat relatio judicum eorumdem, nihil a nobis tunc potuit obtinere. Sed tandem eorum relatione recepta, quod factum per ipsos fuerat approbavimus, dantes vobis per nostras litteras in præceptis ut illud per censuram ecclesiasticam faceretis, appellatione remota, firmiter observari. Nuper autem litteras multorum accepimus cum ipso supplicantium et pro ipso, ut cum occasione inquisitionis prædictæ, quam fieri non tam charitatis zelo quam invidiæ typo aliqui procurasse dicuntur, graves incurrerit in persona labores et difficiles in rebus expensas, sed quasi mutatus in virum alterum, per cor contritum et humiliatum sese venia dignum reddat, super beneficiis suis eum respicere misericorditer dignaremur; maxime cum illis pro quorum restitutione in nostris manibus sunt retenta et jam satisfecerit juxta posse, et adhuc sit cuilibet conquerenti paratus satisfactionem debitam exhibere. Nos igitur de consueta sedis apostolicæ pietate misericordiam in judicio facere cum ipso volentes, discretioni vestræ per apostolica scripta præcipiendo mandamus quatenus considerato per contritionem et conversationem ipsius utrum ei vexatio jam tribuerit intellectum, ut appareat emendatus, ad satisfaciendum illis pro quorum restitutione sua beneficia sunt retenta inducatis eumdem, et cum eis competenter fuerit satisfactum, beneficia ipsa pariter et officium sibi restituere non tardetis, contradictores per censuram ecclesiasticam appellatione postposita compescendo.

Datum Laterani, iv Idus Maii, pontificatus nostri anno duodecimo.

XXXVII.

IGNIACENSI ET VALLIS CLARÆ ABBATIBUS CISTERCIENSIS ORDINIS, REMENSIS ET LAUDUNENSIS DIŒCESUM, ET DECANO REMENSI.

Adversus iniquas excommunicationes.

(Laterani, ii Idus Maii.)

Cum simus secundum Apostolum et majoribus et minoribus ex susceptæ servitutis officio debitores, providere tenemur ne contra doctrinam ipsius cujus imitatores debemus existere personas accipere videamur, et nimium deferendo prælatis, indebite gravare subjectos. Sane dilecti filii presbyteri Suessionensis episcopatus nostris auribus intimarunt quod episcopus et archidiaconi eorumdem nonnunquam eis exactiones indebitas imponentes, subito contra juris ordinem, non solummodo per seipsos, verum etiam per suos officiales, eos et eorum Ecclesias irrationabili excommunicationis et interdicti promulgatione fatigant. Unde suppliciter petierunt ut tam super iis quam aliis gravaminibus paterna sollicitudine consuleremus eisdem, auctoritate apostolica prohibendo ut nullus in aliquem eorum absque manifesta et rationabili causa sententiam excommunicationis vel interdicti proferre seu quidquam pro restitutione officii a quolibet eorumdem exigere, aut eos procurationibus, talliis, et aliis exactionibus contra justitiam aggravare præsumat, vel invadere bona cujuslibet qui decederet intestatus quæ intuitu Ecclesiæ acquisisset, aut temere impedire quo minus ea in utilitatem Ecclesiæ convertantur cui præfuisset defunctus, per tres ex ipsis quos ad hoc provide duxerint deputandos. Quocirca discretioni vestræ per apostolica scripta præcipiendo mandamus quatenus cum a presbyteris memoratis vel eorum aliquo super quolibet præmissorum fueritis requisiti, vocatis qui fuerint evocandi, et inquisita et cognita veritate, quod canonicum fuerit statuatis, facientes quod statueritis per censuram ecclesiasticam sublato appellationis obstaculo inviolabiliter observari, excommunicationis, suspensionis aut interdicti sententiam, si quam inveneritis promulgatam injuste, canonice revocando, contradictores, etc. Testes, etc. Nullis litteris, etc. Quod si non omnes, etc., duo vestrum, etc.

Datum Laterani, ii Idus Maii, anno duodecimo.

XXXVIII.

DECANO ET MAGISTRIS R. ET P. CANONICIS ANTIOCHENIS, ET UNIVERSIS CLERICIS IN CASTRO CURSARII COMMORANTIBUS.

Ut patriarcham suum suscipiant reverenter.

(Viterbii vii Kal. Junii.)

(25) Piæ matris officium, quæ non potest propriæ sobolis oblivisci, apostolica sedes adimplens, sic

---

(25) Vide supra epist. 8, et lib. xi, epist. 106.

interdum suæ consolationis uberibus inediam relevat mœrentium filiorum ut, imminente necessitatis articulo, eorum commoda propriis commoditatibus anteponat, in eo sibi aliquid accrescere reputans in quo sibi quidquam ex circumspectione provida subtrahendo profectus considerat subditorum. Hinc est siquidem quod cum Antiochena Ecclesia proprio viduata pastore venerabilem fratrem nostrum Petrum nunc patriarcham Antiochenum, tunc Yporiensem episcopum, postulaverit in pastorem, te, fili decane, cum quibusdam aliis tunc absentibus per litteras tuas venerabili fratri nostro Jerosolymitano patriarcha A. S. L. directas præbentibus eidem postulationi consensum, quanquam a principio durum nobis non immerito videretur tam fructiferam plantam in partibus Italicis transplantare ac illum ad remotas transmittere regiones qui, ut veræ religionis cultor, potens in opere et sermone, vita, scientia et fama præclarus, et in partem nostræ sollicitudinis specialiter evocatus, injunctum sibi visitationis officium in tota provincia Lombardiæ laudabiliter adimplebat, contritioni tamen et angustiis Ecclesiæ supradictæ, quam inter cæteras patriarchales sedes sinceræ charitatis brachiis amplexamur, paterno condescendentes affectu, nutantem quodammodo statum ejus solida volentes columna fulcire, postulationem prædictam ex benignitate apostolica duximus admittendam; quin imo cum Ecclesiæ memoratæ concessimus ex plenitudine apostolicæ potestatis cujus operam diligentem et diligentiam operosam, non solum Ecclesiæ Antiochenæ, verum etiam universæ orientali provinciæ, Domino disponente, speramus firmiter fructuosam, per quam tam in spiritualibus quam etiam temporalibus grata utrique provenient incrementa. Cum igitur patriarcha præfatus cum palleo, insigni videlicet plenitudinis pontificalis officii, de beati Petri corpore sumpto et gratiæ nostræ favore ad Ecclesiam Antiochenam accedat, devotionem vestram rogamus attentius et monemus, per apostolica vobis scripta districte præcipiendo mandantes quatenus ipsum congruo suscipientes honore, ac eidem, utpote patriarchæ Antiocheno, debitam obedientiam et reverentiam exhibentes, ejus salubribus monitis et mandatis intendatis humiliter et devote, castro Cursarii cum pertinentiis suis et rebus mobilibus et immobilibus eumdem contingentibus patriarcham sine difficultate qualibet restitutis, juramento aliquo non obstante, si quod forsan alicui super hoc minus provide præstitistis. Alioquin sententiam quam patriarcha prædictus propter hoc rationabiliter tulerit in rebelles ratam habentes, eamdem præcipimus inviolabiliter observari.

Datum Viterbii, vii Kal. Junii, pontificatus nostri anno duodecimo.

In eumdem modum scriptum est episcopis, abbatibus, prioribus et universo clero Antiochenæ diœcesis.

(26) Vide epist. superiorem.

In eumdem modum scriptum est militibus, burgensibus, servientibus, Sirianis, Armeniis, et aliis ligiis hominibus Ecclesiæ Antiochenæ in castro Cursarii commorantibus.

XXXIX.
NOBILI VIRO COMITI TRIPOLITANO.
Ut patriarcham Antiochenum habeat commendatum.
(Datum ut prima.)

(26) Caput Ecclesiæ Jesus Christus, qui se honorari fatetur in membris et etiam molestari, tunc feliciter diriget actus tuos cum piis locis et viris ecclesiasticis, qui ejus sunt obsequio specialiter deputati, tuum exhibueris auxilium et favorem. Sic utique Regi regum, qui dominatur a mari usque ad mare et a flumine usque ad terminos orbis terræ, gratum te ac devotum ostendis, si ad nominis ejus gloriam et utilitatem Ecclesiæ sponsæ suæ commissa tibi usus fueris potestate. Si enim gloriam tuam quæris et finem tui laboris ponis commodum temporale, formidare non immerito poteris ne, quod absit! is te reddat inglorium qui te fecit successibus temporalibus gloriosum. Tu ergo, fili, quanto majori præemines dignitate, tanto potius in conspectu Altissimi te humilem exhibeas et devotum, Ecclesiam catholicam matrem tuam potentiæ tuæ brachio defensando. Porro inter cæteras Ecclesias quas fovere te convenit, Antiochenam Ecclesiam tanto te decet gratia speciali diligere quanto eam, utpote devotissimam, inter alias parochiales ecclesias apostolica sedes sinceræ charitatis brachiis amplexatur. Quocirca nobilitatem tuam rogamus attentius et monemus, in remissionem tibi peccaminum injungentes quatenus tam Ecclesiam quam venerabilem fratrem nostrum Petrum patriarcham Antiochenum ad ipsam cum gratiæ nostræ plenitudine accedentem habens propensius commendatum, eidem ob reverentiam apostolicæ sedis et nostram ad castrum Cursarium, possessiones et jurisdictiones Antiochenæ Ecclesiæ obtinendas, auxilium tribuas opportunum, ab ipsius et hominum et rerum ejusdem Ecclesiæ per te ac tuos omnimoda molestatione desistens. Alioquin sententiam quam patriarcha præfatus in molestatores hujusmodi vel ecclesiasticarum rerum illicitos detentores rationabiliter duxerit proferendam ratam habentes, eamdem præcipimus inviolabiliter observari.

Datum ut in prima.

XL.
DECANO ET CAPITULO BITURICENSI.
De electione archiepiscopi Bituricensis.
(Viterbii, vii Kal. Junii.)

Audito processu quem circa electionem venerabilis fratris nostri Guillelmi archiepiscopi vestri vos habuisse scripsistis, et intellecto quod ipse pro reverentia dilecti filii nostri Gualæ Sanctæ Mariæ in Porticu diaconi cardinalis, apostolicæ sedis legati, qui volebat ut ab eo prius confirmatio peteretur, oblata sibi regalia recipere noluit ad nostram præsentiam accessurus, cum dilecti filii P. cancellarius A et M. fratres et concanonici vestri, quos pro ipso et cum ipso ad sedem apostolicam direxistis, nobis humiliter supplicassent ut ei munus consecrationis et donum pallei concedere dignaremur, nos secundum morem canonicum in Romana Ecclesia observatum per quosdam ex fratribus nostris factum electionis et meritum electi examinari fecimus diligenter : qui cum [electionis formam canonicam et electi personam idoneam reperissent, sicut nobis fideliter retulerunt, habito tandem tam cum ipsis quam cum aliis fratribus nostris diligenti tractatu, electionem ipsam auctoritate curavimus apostolica confirmare, ac deinde celebrato scrutinio ipsum electum consecravimus in pontificem, eique palleum de corpore beati Petri sumptum, insigne videlicet plenitudinis pontificalis officii, fecimus assignari. Cum igitur cumdem archiepiscopum ad gerendam Ecclesiæ suæ curam cum gratiæ nostræ favore suique officii plenitudine remittamus, devotionem vestram rogandam duximus et monendam, per apostolica vobis scripta mandantes quatenus obedientiam et reverentiam ei debitam impendatis, ipsius salubribus monitis et præceptis humiliter intendentes, ita quod per ejus sollicitudinem circumspectam Bituricensis Ecclesia, favente Domino, et spiritualibus proficiat institutis et temporalibus amplificetur augmentis.

Datum Viterbii, VII Kal. Junii, anno duodecimo.

XLI

ARCHIPRESBYTERO ET CAPITULO GARGANICÆ ECCLESIÆ.

Ut Bartholomæum recipiant in canonicum.

(Laterani, II Idus Maii.)

Dilectus filius D. basilicæ principis apostolorum canonicus præbendam quam olim in Ecclesia vestra tenuerat sponte in nostris manibus resignavit : quam nos dilecto filio Bartholomæo clerico et familiari nostro, quem suæ probitatis obtentu nos et fratres nostri charum habemus admodum et acceptum, de benignitate sedis apostolicæ duximus conferendam, et eum de ipsa cum pertinentiis suis, manibus propriis curavimus investire. Quocirca universitati vestræ per apostolica scripta mandamus atque præcipimus quatenus dictum Bartholomæum in fratrem vestrum et canonicum admittentes, et ei stallum in choro et locum in capitulo assignantes, præbendam ipsam cum integritate omnimoda ipsius nuntio sublato cujuslibet contradictionis et appellationis obstaculo assignetis, mandatum apostolicum taliter impleturi quod idem Bartholomæus, qui vobis et Ecclesiæ vestræ poterit existere fructuosus, teneatur apud nos de cætero vestra negotia promovere, ac nos devotionem vestram debeamus merito commendare.

Datum Laterani, II Idus Maii, pontificatus nostri anno duodecimo.

XLII

JOANNI STRIGONIENSI ARCHIEPISCOPO ET SUCCESSORIBUS EJUS CANONICE SUBSTITUENDIS IN PERPETUUM.

De confirmatione privilegiorum (27).

(Laterani, Idibus Maii.)

Justis petentium precibus dignum est faciliem nos præbere assensum, et vota quæ a rationis tramite non discordant effectu prosequente complere. Cum ergo, venerabilis in Christo frater, postulasses a nobis ut jus coronandi Hungaricos reges, quod ad te ac successores tuos asseris pertinere, tibi et illis apostolico dignaremur privilegio confirmare, nos inspecto regesto felicis recordationis Alexandri papæ prædecessoris nostri, in eo perspeximus contineri quod cum principes et barones Hungarici regni ab eodem prædecessore nostro cum multa precum instantia postularint ut si bonæ memoriæ Laurentius prædecessor tuus juxta mandatum ipsius inclytæ recordationis Belam tunc in regem Hungarorum electum contradiceret coronare, ipsi per alium imponi regni facerent diadema, ne regno et Ecclesiæ Hungaricæ gravia possent pericula provenire si dictus Bela celeriter unctionem non reciperet et coronam, idem prædecessor noster præfato prædecessori tuo per apostolica scripta mandavit et in obedientiæ virtute præcepit ut supradictum electum in regem omni dilatione, contradictione, et appellatione postpositis coronaret, aut si per seipsum eum forte pro debilitate corporis coronare non posset, bonæ memoriæ Colocensi archiepiscopo intimaret ut eum absque præjudicio honoris et dignitatis ipsius ac Strigoniensis Ecclesiæ, congregatis episcopis regni in loco ubi reges coronari consueverunt, in regem inungeret, et sibi coronam imponere non differret, recepto prius ab eodem electo in regem scripto de consilio et assensu ipsorum et principum regni aperte suo sigillo bullato, quod ex hoc nullum ei vel Strigoniensi Ecclesiæ præjudicium fieret quominus Hungarici reges ab archiepiscopis ejusdem Ecclesiæ semper debeant coronari, præfato Colocensi dans nihilominus in præceptis ut si sæpedictus prædecessor tuus coronare nollet eumdem nec in hac parte ipsi committere vices suas, idem auctoritate apostolica fretus, contradictione ac appellatione postpositis, absque præjudicio illius et Strigoniensis Ecclesiæ non postponeret coronare, ita quidem quod idem electus in regem ante coronationem suam Ecclesiæ sæpefatæ scriptum faceret supradictum : quod idem ipsi fecit postmodum in hæc verba. *Ego Bela Dei gratia Hungariæ, Dalmatiæ, Croatiæ, Ramæque rex, divina disponente clementia, suscipio coronam de manu Colocensis archiepiscopi, sed non in præjudicium Strigoniensis Ecclesiæ quominus Hungarici reges ab ejusdem Ecclesiæ archiepiscopis semper debeant in posterum coronari.* Felicis quoque recordationis Clemens et Cœlestinus ad instar prædecessoris nostri dignitatem coronationis regum Hungarorum decessoribus tuis et Ecclesiæ

---

(27) Vide lib. XIV, epist. 156.

missæ auctoritate apostolica confirmarunt. Nos igitur eorumdem prædecessorum nostrorum vestigiis inhærentes, præfatum jus, ut videlicet Hungarici reges ab archiepiscopis Strigoniensibus semper debeant coronari, tibi et successoribus tuis auctoritate apostolica confirmamus et præsentis scripti privilegio communimus. Salva semper apostolicæ sedis auctoritate, a qua Hungarici regni corona processit. Decernimus ergo ut nulli omnino hominum liceat hanc paginam nostræ confirmationis infringere vel ei ausu temerario contraire. Si quis autem hoc attentare præsumpserit, indignationem omnipotentis Dei et beatorum Petri et Pauli apostolorum ejus se noverit incursurum. Cunctis autem vobis jus idem servantibus sit pax Domini nostri Jesu Christi, quatenus et hic fructum bonæ actionis percipiant, et apud districtum judicem præmia æternæ pacis inveniant.

Datum Laterani per manum Joannis Sanctæ Mariæ in Cosmidin diaconi cardinalis S. R. E. cancellarii, indictione XII, Idibus Maii, Incarnationis Dominicæ anno 1209, pontificatus vero domni Innocentii papæ III anno duodecimo.

XLIII.
ARCHIEPISCOPO ET CAPITULO STRIGONIENSI.
De eadem re.
(Laterani VII Idus Maii.)

Sollicitudinis nostræ debitum exigit ut cum ad universalis Ecclesiæ regimen simus, Domino disponente, vocati, sua jura servemus quibuslibet illibata, illos apostolico patrocinio munientes, ne super eis perpeti valeant calumnias malignorum. Inde est, venerabilis frater archiepiscope, quod olim tuis precibus annuentes, jus quod a bonæ memoriæ Alexandro papa prædecessore nostro et inclytæ recordationis Bela Hungarorum rege ac Ecclesia Colocensi, videlicet ut Hungarici reges ab archiepiscopis Strigoniensibus semper debeant coronari, Strigoniensi metropoli fuit manifestate recognitum, sicut in eorum authenticis continetur, et felicis recordationis Clemens et Cœlestinus prædecessores nostri suis litteris confirmarunt, jus quoque quod habes in conferendis ecclesiasticis sacramentis regibus et reginis Hungariæ ac hæredibus eorumdem, et jurisdictionem ecclesiasticam quam in præpositos et officiales regiæ domus habes, quam idem prædecessor noster Cœlestinus Ecclesiam Strigoniensem habere decrevit jurisdictionem etiam quam obtines in præposituris et abbatiis regalibus Ecclesiæ Strigoniensi per Hungariam ubicunque subjectis (28), decimas insuper, primitias, et incensum quæ de camera regis Ecclesiæ memoratæ debentur, sicut omnia de ratione vel consuetudine ad Ecclesiam tuam pertinere noscuntur, tibi suisque successoribus auctoritate curavimus apostolica confirmare. Volentes igitur ea quæ per nos et prædecessores nostros vestræ sunt Ecclesiæ confirmata eidem in perpetuum illibata servari, auctoritate præsentium districtius inhibemus ne vos vel ipsam Ecclesiam super eis præsumat quisquam temere molestare. Nulli ergo omnino hominum liceat hanc paginam nostræ confirmationis infringere vel ei ausu temerario contraire. Si quis autem hoc attentare præsumpserit, etc., *usque* incursurum.

Datum Laterani, VII Idus Maii, pontificatus nostri anno duodecimo.

XLIV.
EPISCOPO ET MAGISTRIS P. CIRCATORI MAJORIS ECCLESIÆ ET CANONICO SANCTI SALVATORIS METENSIS.
Ut J. monachum cogant ad monasterium suum redire.
(Viterbii, VII Kal. Junii.)

Constitutis in præsentia nostra Hysembardo monacho et procuratore abbatis Sancti Vincentii Metensis dilectum filium A. subdiaconum et capellanum nostrum concessimus auditorem. Coram quo monachus proposuit memoratus quod cum olim infra annos existens in monasterio Belliprati Cisterciensis ordinis monachalem habitum suscepisset, et fuisset ibidem aliquandiu conversatus, tandem per abbatem loci ejusdem ab observantia ordinis absolutus, et a parentibus traditus litteralibus disciplinis, postmodum fuit ad servitium Metensis cancellarii evocatus. Tandem vero ad apostolicam sedem accedens, de mandato nostro a præfato abbate receptus exstitit in monachum et in fratrem, et ipso et conventu consentientibus præposituram et administrationem, duobus monachis amotis ex ea, fuit regulariter assecutus. Cujus promotioni dicti monachi plurimum invidentes, quadam nocte cum complicibus suis irruentes in eum, ipsum nequiter verberarunt, et plagis impositis abierunt semivivo relicto. Cumque super hoc per abbatem prædictum suam non posset assequi rationem, tandem querela deposita coram venerabili fratre nostro archiepiscopo Treverensi, ab ipso et judicibus assignatis ab eo ad nostram fuit audientiam appellatum. Quare a Metensi monasterio violenter ejectus, ab ipsis fuit nequiter verberatus, et arrepto itinere ad sedem apostolicam veniendi, dictus abbas de consilio monachorum ipsorum positis eidem insidiis ipsum capi fecit et rebus omnibus spoliatum carceri mancipari: a cujus manibus, prout Domino placuit, liberatus, iter quod incœperat consummavit, et in nostra præsentia constitutus super prædictis et aliis multis excessibus contra præfatum abbatem litteris ad quosdam judices impetratis a nobis, ad propria est reversus. Cumque fecisset citari abbatem, idem ira commotus intempestivæ noctis silentio ad domum in qua manebat destinata multitudine armatorum ostia frangi fecit; nec mortis evasisset periculum, nisi submissus per tectum clanculo recessisset. Cæterum idem abbas per alias litteras iterato citatus ab eis, ipsas projecit in lutum. Propter quod et alia multa dicti judices ipsum excommunicationis sententia

---

(28) Vide Baron. ad an 1169, § 52.

innodarunt. Cum ergo dictus monachus vagus iret et profugus super terram, abbas Mediani ejus mendicitati compatiens, de consensu capituli sui eumdem in monachum recepit et fratrem, donec cum abbatis præfati gratia posset ad suum monasterium remeare. Quo manente ibidem, dictus abbas sibi promisit quod si absolutionis litteras ab abbate Belliprati obtentas ipsi ostenderet, præbendam et locum sibi restitueret sine mora. Quod, visis litteris, noluit adimplere, sumens contra ipsum occasionem ex eo quod nolebat eidem in hæreseos crimine consentire. Tandem vero dictus monachus a quibusdam judicibus, quos pars adversa contra eum obtinuerat, evocatus, ad locum sibi præfixum accessit, uno tantum ibidem invento recedens, et adversarii ejus ad duos reliquos alibi accesserunt, et obtinuerunt ab eis in absentia sua iniquam proferri sententiam contra ipsum. Postmodum autem per alias litteras ipsum iterum citari fecerunt : quas cum haberet de falsitate suspectas, et judices utpote adversæ parti favorabiles et benigni, nollent ejus legitimas exceptiones admittere nec ad probandas causas suspicionis arbitros sibi dare, idem ad nostram audientiam appellavit, festum Omnium Sanctorum proximo præteritum terminum suæ appellationi præfigens : et sic lite minime contestata, nec super principali habita mentione, recessit a præsentia eorumdem, nobis humiliter supplicans ut parcentes ejus laboribus et expensis, ipsum recipi faceremus in pace, ad correctionem abbatis et monachorum ipsorum manus nostras nihilominus apponentes. Cæterum procurator prædictus proposuit ex adverso quod cum idem monachus in duobus monasteriis Cisterciensis ordinis facta professione, in uno illorum monachalem habitum suscepisset, tandem apostatare non metuens, ad præfatum abbatem, hoc tacito, super receptione sua nostras litteras impetravit ; a quo fuit cum summa devotione receptus. Sed cum postmodum comperisset eumdem Cisterciensis ordinis habitum suscepisse, de consilio fratrum eidem injunxit ut rediret ad claustrum et ibidem viveret juxta Cisterciensis ordinis instituta. Idem ergo a monasterio Metensi recedens, boves ejus subripuit fraudulenter; quibus ab ejus manibus postmodum liberatis, cum idem nollet a præfati monasterii vexatione cessare, sæpefatus abbas ad dilectum filium Vilariensem abbatem et conjudices suos contra eum obtinuit scripta nostra, ut videlicet si constaret eisdem dictum J. fuisse monachum ordinis supradicti, auctoritate nostra sibi sub anathematis pœna injungerent quod ad monasterium rediens derelictum, abbatem non præsumeret ulterius infestare.

Qui cum vellent procedere juxta traditam sibi formam, dictus J. ad præsentiam nostram accedens, ad venerabilem fratrem nostrum Tullensem episcopum et conjudices suos nostras litteras impetravit, nullam facientes de aliis mentionem. Quod abbas attendens, ipsis fecit per suos judices inhiberi ne occasione illarum in causa procedere attentarent. Quibus id efficere non curantibus, idem abbas ad nostram audientiam appellavit. At ipsi, appellatione contempta, sententiam excommunicationis in eum nihilominus protulerunt. Quare ipse, nuntio ad sedem apostolicam destinato, ad abbatem Sancti Arnulphi et conjudices suos a nobis obtinuit demandari ut si constaret eisdem præfatum abbatem post appellationem ad nos interpositam a præfato episcopo suisque conjudicibus excommunicatum fuisse et processisse in causa dictorum episcopum post inhibitionem judicum prædictorum, latam sententiam excommunicationis in eum denuntiantes penitus esse nullam, si prædictum monachum invenirent Cisterciensis ordinis habitum suscepisse et quod abbas eum recepisset ignarus, eumdem redire ad claustrum censura ecclesiastica coercerent, ab impetitione ipsius dictum abbatem nihilominus absolventes. Quod ipsi super iis inquisita et cognita veritate fideliter exsequi, procurarunt, nobis humiliter supplicantes ut processum illorum, tanquam legitimum dignaremur auctoritate apostolica confirmare. Cum igitur capellanus prædictus hæc et alia quæ proposita fuerant coram eo nobis plene ac fideliter retulisset, quia per confessionem ipsius J. fuisse receptum in alio monasterio constitit evidenter, discretioni vestræ per apostolica scripta mandamus quatenus ne dictum cœnobium Sancti Vincentii ulterius gravetur laboribus et expensis, ipsum ab impetitione ipsius J. sublato appellationis obstaculo absolvatis, eum ecclesiastica censura cogentes ut ad monasterium suum redeat et suum ibidem impendat domino famulatum. Quod si non omnes, etc., tu ea, frater episcope, cum eorum altero, etc.

Datum Viterbii, vii Kal. Junii, pontificatus nostri anno duodecimo.

XLV.
ILLUSTRI REGI ARMENIÆ.
Persuadetur ut treugas ineat cum comite Tripolitano.
(Viterbii, ii Non. Junii.)

Super discordia quæ de principatu Antiocheno inter te occasione nepotis tui et comitem Tripolitanum peccatis exigentibus est suborta vehementissime contristamur, verentes ne adhuc de ipsa proveniat grave rerum dispendium, multa corporum strages, et ingens periculum animarum, quodque non leviter est timendum, a perfidis Saracenis nobilis Antiochia occupetur in tuam non solum et suam, verum etiam totius Christianitatis injuriam, et jacturam. Quantumlibet autem partem tuam justificare nitaris, sicut per litteras tuas et dilectos filios Tarsensem electum et... fratrem hospitalis Teutonicorum nobis suggerere studuisti, videtur tamen viris prudentibus tam in divino quam in humano jure peritis tua in hoc petitio minus justa quod postulas ante litis ingressum absque judicio nepoti tuo restitui Antiochiam vel apud alium sequestrari, cum etsi alterutrum fuerit faciendum, cognitione habita in judicio per sententiam debeat diffiniri, eo quod cum prædictus comes ipsius civitatis possessionem obtineat, absque judicio non debeat illa destitui secundum leges et consuetudines approbatas. In hoc etiam tua videtur intentio minus recta quod super eodem negotio et justitiam tibi postulas exhiberi et violentiam non desinis exercere, cum simul non sit et armis et legibus contendendum. Hæc autem, fili charissime, sententiando non dicimus, sed multorum sententias referendo, ut intelligas quam benigne curaverimus te tractare, cum te hactenus ab impugnatione Antiochiæ non cessante, ad tuam petitionem jam tertio causam istam diversis judicibus duxerimus committendam, qui semper tibi secundum juris ordinem obtulerunt justitiam exhibere. Unde præfatus comes de nobis conqueritur pro eo quod te per censuram ecclesiasticam non compellimus ab ejus impugnatione cessare, cum ipse paratus sit secundum ordinem juris subire judicium, et tu nolis. Multiplici tamen necessitate pensata, ita duximus providendum, ut dictum comitem precibus, monitis et consiliis efficaciter inducamus quatenus venerabili fratri nostro Petro patriarchæ Antiocheno, viro utique honesto, provido, et fideli, neutri parti de jure suspecto, castellum Antiochiæ tenendum committat donec in judicio de justitia cognoscatur, ut ei tandem illud assignasset pro quo fuerit justa sententia promulgata, provisis sibi expensis a partibus et ipsius castelli custodiam opportunis, et promissione sibi a magistris Hospitalis et Templi solemniter facta quod cum ad custodiendum ipsum castellum pro posse juvabunt.

Nos enim, actore Deo, virum a latere nostro disposuimus destinare qui sine acceptione personarum et munerum de causa ista cognoscat, et eam sublato cujuslibet contradictionis et appellationis obstaculo prævia ratione decidat. Unde serenitatem tuam rogandam duximus et monendam, in remissionem tibi peccaminum injungentes quatenus cum præfato comite treugam ineas et observes, ut præscripta possint discrimina evitari. Sicque Templarii, de quibus valde conquereris, a tua offensione cessabunt, dummodo tu illos desistas offendere, ac de castro Gaston postulatam sæpe justitiam non deneges exhibere (29). Hæc est enim causa præcipua quam contra te habere videntur, quod videlicet castrum illud eis restituere contradicis, nec etiam vis de illo eis exhibere justitiam sæpe monitus et rogatus a nobis. Unde cum vim vi repellere omnes leges et omnia jura permittant, ab iis maxime qui vim repellendo irregularitatem non contrahunt, cum clerici non existant, videtur plerisque quod contra te offendentem se possint defendere tibique impugnanti valeant repugnare; præsertim cum illa eis subtrahas violenter per quæ consueverunt et debent expugnare paganos; cumque tu castrum illud contra eos detineas et defendas, mirabile non videtur si ipsi contra te Antiochiam manuteneant et defen-

dant, in cujus pertinentiis non minimam obtinent portionem, cum longe aliud sit defendere quam offendere, ac repugnare sit quam impugnare diversum. Fatentur enim hoc quoque sibi ex indulgentia bonæ memoriæ Alexandri papæ prædecessoris nostri licere, postulantes id ipsum a nobis in instanti sibi necessitatis articulo indulgeri, alioquin plures ex ipsis terram sanctam se asserunt relicturos. Quos tamen blande studuimus consolari, volentes ut, si super datum fuerit, inter te et illos firma concordia reformetur; quia, cum sint viri strenui et potentes, multum tibi et prodesse possunt et, quod Deus avertat, obesse. Monemus ergo celsitudinem tuam, quam sinceræ dilectionis brachiis amplexamur, et exhortamur in Domino quatenus ad ea quæ prædiximus pium habeas cum devotione respectum. Nec putes quod illa dixerimus in favorem præfati comitis, qui per illud horribile facinus quod in patrem et dominum suum inique commisit (30) favorem demeruit, nec ob gratiam Templariorum, quos magis volumus in suæ religionis puritate persistere quam adversum te hostiliter dimicare. Sed prudenti consilio ista pensavimus propter necessitates urgentes, ut communis utilitas præferatur. Quocirca modis omnibus expedit et oportet ut si etiam dictus comes ad sequestrationem castelli non posset induci, cum ad eam non possit forsan de jure compelli, treugæ nihilhominus fiant et firmiter observentur, donec hujusmodi controversia mediante justitia terminetur; ad quam utique sopiendam virum prudentem, sicut prædiximus, cum Dei auxilio curabimus destinare, per quem testes qui fuerint nominati, si se gratia, odio, vel timore subtraxerint, compelli mandabimus perhibere testimonium veritati. Si qua vero partium tam necessario et sano consilio noluerit acquiescere, per censuram ecclesiasticam et tam per indigenas quam etiam peregrinos eam præcipimus coerceri.

Datum Viterbii, II Non. Junii, pontificatus nostri anno duodecimo.

XLVI.
ABBATI ET CONVENTUI SANCTI BENEDICTI FLORIACENSIS.
Ut bona alienata revocare possint.
(Viterbii Nonis Junii.)

Quoniam per administrationem improvidam et dissolutam incuriam præfatorum pro alienationibus illicitis factis ab ipsis quamplures Ecclesiæ in temporalibus non modicum sustinent detrimentum, nobis, quibus est Ecclesiarum omnium sollicitudo commissa, ex officii debito pastoralis incumbit post causam taliter vulneratam remedium competens invenire, quod obducere possit et debeat hujusmodi vulnerum cicatrices. Cum igitur a nobis duxeritis postulandum ut revocandi ea quæ de nobis Ecclesiæ per abbates ejusdem illicite alienata fuerint vel concessa in ejus præjudicium et gravamen vobis auctoritatem tribuere dignaremur, nos vestris

---

(29) Vide supra lib. II, epist. 259.

(30) Vide supra lib. X, epist. 214.

precibus inclinati, vobis duximus concedendum ut ea quæ ab ipsis abbatibus inveneritis alienata illicite vel concessa vobis liceat ad jus ipsius appellatione remota legitime revocare. Nulli ergo, etc. hanc paginam nostræ concessionis infringere vel ei ausu temerario contraire. Si quis autem hoc attentare præsumpserit, etc. *Usque* incursurum.

Datum Viterbii, Nonis Junii, pontificatus nostri anno duodecimo.

XLVII.
EISDEM.
Confirmatur compositio facta cum archiepiscopo Senonensi.
(Viterbii, III Kal. Junii,)

Solet annuere sedes apostolica piis votis et honestis petentum precibus favorem benevolum impertiri. Eapropter, dilecti in Domino filii, vestris justis postulationibus grato concurrentes assensu, compositionem inter vos ex parte una et bonæ memoriæ Willelmum archiepiscopum et capitulum Senonense ex altera super Ecclesia de Loriaco initum et scriptis authenticis roboratam, sicut sine pravitate provide facta est et ab utraque parte sponte recepta, et in eisdem authenticis plenius continetur, auctoritate apostolica confirmamus et præsentis scripti patrocinio communimus. Nulli ergo omnino hominum liceat hanc paginam nostræ confirmationis infringere vel ei, etc. *Usque* incursurum.

Datum Viterbii, III Kal. Junii anno duodecimo.

XLVIII.
ABBATI ET FRATRIBUS SANCTI BENEDICTI SUPER LIGERIM.
onfirmatur eis quoddam privilegium Alexandri Papæ.
(Viterbii III Kal. Junii.)

In litteris felicis recordationis Alexandri papæ prædecessoris nostri hæc de verbo ad verbum perspeximus contineri.

« ALEXANDER episcopus, servus servorum Dei dilectis filiis abbati et fratribus Sancti Benedicti super Ligerim salutem et apostolicam benedictionem.

« Quod, aliqua necessitate instante, noscitur institutum, postmodum necessitate cessante debet, et quod ejus gratia est inductum simili modo cessare. Hac siquidem consideratione provocati, et Ecclesiæ vestræ, quæ proprie beati Petri juris existit, tranquillitati et paci in posterum præcavere volentes, auctoritate apostolica duximus statuendum ut licet archiepiscopi aut episcopi propter præsentiam nostram aliquod onus ad præsens obedientiis vestris imponant, nulli eorum fas sit post hac occasione illa contra antiquam consuetudinem vestram a fratribus vestris per obedientias constitutis aliquas exactiones imponere aut quidlibet ab eis exigere.

« Datum Senonis, VI Idus Martii. » Quod igitur ab ipso prædecessore nostro provida fuit deliberatione statutum ratum et firmum habentes, ad exemplar ejusdem illud præcipimus inviolabiter observari.

Datum Viterbii, III Kal. Junii, pontificatus nostri anno duodecimo.

XLIX.
EISDEM.
Ut burgenses suos non deprimant onere servitutis.
(Viterbii III Kal. Junii.)

Nemini debet titulus servilis conditionis apponi qui privilegio debet libertatis gaudere. Inde est quod ad exemplar felicis recordationis Alexandri papæ III prædecessoris nostri, auctoritate duximus apostolica prohibendum ne burgenses suos, qui infra tempus statutum legibus, super statu suæ conditionis nulla sunt questione pulsati, deprimere quisquam præsumat onere servitutis.

Datum Viterbii III Kal. Junii, etc.

L.
ABBATI SANCTI BENEDICTI FLORIACENCIS.
De limitatione parochiæ de Villari.
(Datum ut in aliis.)

Ea quæ ratione prævia statuuntur, firma debent et illibata persistere, et in recidivæ contentionis scrupulum relabantur apostolico convenit præsidio communiri. Ea propter, dilecti in Domino filii vestris justis postulationibus inclinati, limitationem parochialis ecclesiæ vestræ de Villari, sicut a bonæ memoriæ Henrico Senonensi archiepiscopo rationabiliter facta est, auctoritate apostolica confirmamus et præsentis scripti patrocinio communimus. Nulli ergo, etc., hanc paginam nostræ confirmationis infringere vel ei, etc., *usque* incursurum.

Datum ut in aliis.

LI.
ABBATI CONVENTUI BEATI GERMANI AUTISSIODORENSIS.
Ut liceat illis revocare bona alienata.
(Viterbii, III Kal. Junii.)

Quoniam per administrationem improvidam et dissolutam incuriam prælatorum pro alienationibus illicitis factis ab ipsis quamplures Ecclesiæ in temporalibus non modicum sustinent detrimentum, nobis, quibus est Ecclesiarum omnium sollicitudo commissa, ex officio debiti pastoralis incumbit, post causam taliter vulneratam, remedium competens invenire quod obducere possit et debeat hujusmodi vulnerum cicatrices. Cum igitur a nobis duxeritis postulandum ut revocandi ea quæ de bonis Ecclesiæ vestræ per abbates ejusdem illicite alienata fuerant vel concessa in ejus præjudicium et gravamen, vobis auctoritatem tribuere dignaremur, nos vestris precibus inclinati vobis duximus concedendum ut ea quæ ab ipsis abbatibus inveneritis alienata illicite vel concessa, vobis liceat ad jus ipsius appellatione remota legitime revocare. Nulli ergo, etc., hanc paginam nostræ concessionis infringere, etc., *usque* incursurum.

Datum Viterbii, III Kal. Junii, pontificatus nostri anno duodecimo.

LII.
ABBATI ET CONVENTUI SANCTI BENEDICTI FLORIACENSIS.
Ne Ecclesiæ illorum possint interdici vel excommunicari.
(Viterbii, vi Idus Junii.)

Justis petentium desideriis dignum est nos facilem præbere consensum, et vota quæ a rationis tramite non discordant effectu prosequente complere. Cum igitur monasterium vestrum, sicut in authentico bonæ memoriæ Alexandri papæ prædecessoris nostri perspeximus contineri, ad jus et proprietatem beati Petri nullo mediante pertineat, nos vestris precibus inclinati, auctoritate præsentium inhibemus ne quis archiepiscopus vel episcopus in Ecclesias monasterio ipsi subjectas absque manifesta et rationabili causa excommunicationis vel interdicti sententias audeat promulgare, vel ab eodem monasterio procurationem exigere, vel correctionem in ipsum exercere præsumat nisi de mandato sedis apostolicæ speciali. Nulli ergo omnino hominum liceat hanc paginam nostræ inhibitionis infringere vel ei, etc., *usque* incursurum.

Datum Viterbii, vi Idus Junii, anno duodecimo.

LIII.
EPISCOPO, ET STEPHANO CANONICO, ET JOANNI ARCHIPRESBYTERO SANCTI JOANNIS SUTRINENSIS.
Confirmatur sententia quædam lata pro ipsis.
(Viterbii, xiii Kal. Julii.)

Cum dilectis filiis Ottoviano et archipresbyteris et cleris ecclesiarum Sancti Laurentii de Capranica ex parte una, et Sancti Christinæ Sutrinensis diœcesis ex altera litigantibus super bonis Vitæ quondam archipresbyteri ejusdem ecclesiæ Sanctæ Christinæ, dilectum filium Alatrinum subdiaconum et capellanum nostrum concesserimus auditorem, ex parte clericorum sancti Laurentii fuit propositum coram eo eumdem V. annum quartumdecimum tunc agentem se suaque obtulisse ipsi Ecclesiæ materno interveniente consensu, ac de bonis illius Ecclesiæ per quatuordecim annos et amplius enutritum, et in ea omnes ordines assecutum, nec non peritiam scribendi adeptum, litteras, cantum et alia officia ecclesiastica didicisse, quorum omnium exercitio hujusmodi acquisierat facultates; et eo intuitu asserebant ad se bona omnia pertinere ipsius, qui decesserat intestatus. Dicti autem clerici Sanctæ Christinæ proponere curaverunt econtra quod cum dictus V. ab Ecclesiæ suæ clericis in eorum concanonicum electus fuerit, et per bonæ memoriæ diœcesanum episcopum translatus ad ipsam nullo penitus reclamante, nec non per decem et septem annos pacifice commoratus ibidem, ac per te, frater episcope, dicti episcopi successorum archipresbyter in sua Ecclesia institutus, archipresbytero Sancti Laurentii preces specialiter interponendo pro ipso, ea quæ postmodum et primitus per parcimoniam, artificiolum, et studium suum, et puerorum doctrinam nactus fuerat ad eamdem Ecclesiam devolvi debebant sine aliqua quæstione. Pars vero altera studuit replicare se a te, frater episcope, postulasse præfatum archipresby terum, tunc simplicem canonicum sibi restitui ut suum oblatum, et te precibus quorumdam devictum id efficere noluisse: sicque suam negligentiam, si qua fuerat, excusabat. Nos igitur iis et aliis a patribus propositis coram auditore præfato intellectis, cum de oblatione ac pacifica translatione archipresbyteri sæpedicti nobis facta fuerit plena fides, ea quæ idem archipresbyter habuerat antequam ad secundam Ecclesiam a prima translatus fuisset primæ, cætera omnia curavimus adjudicare secundæ; ita tamen quod si probatum fuerit de bonis prioribus vel eorum proventibus ab eodem aliqua postea conquisita fuisse, illa ipsi ecclesiæ Sancti Laurentii applicentur. Quocirca discretioni vestræ per apostolica scripta mandamus quatenus id quod a nobis est sententialiter diffinitum faciatis per censuram appellatione remota firmiter observari. Quod si non omnes, etc. tu, frater episcope, cum eorum altero,etc.

Datum Viterbii, xiii Kal. Julii, pontificatus nostri anno duodecimo.

LIV.
ARCHIDIACONO ET W. ET R. PRIMICERIIS CIVITATENSIBUS.
Confirmatur sententia quædam.
(Viterbii, xii Kal. Julii.)

Cum olim inter clericos Sancti Severini de castro Sancti Severi ex parte una, et ecclesiarum Sancti Nicolai, Sanctæ Mariæ, ac Sancti Joannis castri ejusdem Civitatensis diœcesis ex altera, super processionibus in diebus Rogationum tam in eundo quam redeundo ad Sancti Severini ecclesiam exhibendis, celebrando sextam ibidem, et sermonem in Dominica Palmarum ad populum faciendo, nec non etiam pulsationibus campanarum quæstio mota esset, abbas Terræ Majoris ordinarius judex eorum de meritis ipsius causæ sufficienter instructus, clericos prædictarum ecclesiarum super præmissis omnibus ecclesiæ Sancti Severini per diffinitivam sententiam condemnavit: quam profecto sententiam cum iidem clerici recepissent et aliquanto tempore sine contradictione servassent, nitentibus demum eis venire temere contra ipsam, clerici Sancti Severini ad bonæ memoriæ Dragonariensem episcopum et magistrum P. Canonicum Trojanum apostolicas litteras impetrarunt, quarum auctoritate clerici præfatarum ecclesiarum ab episcopo ipso citati, mandato apostolico intellecto promiserunt se supradicta omnia firmiter servaturos, eaque inviolabiliter observare dictus episcopus eis sub excommunicationis pœna præcipit, et sic postmodum quod per antedictum abbatem et eumdem episcopum provide factum fuit, per sedem exstitit apostolicam confirmatum. Nuper autem cum inter Nicolaum ecclesiæ Sancti Severini ex parte una, et Thomam Sancti Nicolai ac Mauritium Sanctæ Mariæ ex altera procuratores, super iis quæstio verteretur, dilecto filio Tullio subdiacono et capellano nostro eos commisimus audiendos: in cujus præsentia procuratores clericorum dictarum ecclesiarum, videlicet Sancti Nicolai et Sanctæ Mariæ, recognoverunt omnia supradicta, eo quod de sexta canenda præmissum est duntaxat excepto. Ne igitur lites quæ justo judicio sunt decisæ calumniantium vitio reviviscant, discretioni vestræ per apostolica scripta præcipiendo mandamus quatenus dictos clericos Sancti Nicolai et Sanctæ Mariæ ad hæc omnia inviolabiliter observandum, secundum quod a prædictis abbate nec non etiam et episcopo est statutum, monitione præmissa per censuram ecclesiasticam sublato appellationis obstaculo compellatis. Quod si non omnes, etc. duo vestrum, etc.

Datum Viterbii, xii Kal. Julii, pontificatus nostri anno duodecimo.

LV.
CONSULIBUS ET CIVIBUS JANUENSIBUS.
Ut treugas ineant cum Pisanis.
(Viterbii, xii Kal. Julii.)

Licet ubicunque locorum scissura discordiæ fraternitatem divideret Christianam, nos, qui secundum Apostolum non valemus, quocunque scandalizante, non uri, ferventi compassionis sartagine frigeremur, de discordia tamen inter vos et cives Pisanos exorta, tanto ardentiori charitatis igne perurimur quanto graviora per eam et provenisse jam et posse adhuc etiam provenire pericula intuemur. Per hanc enim non solum grandia damna rerum et gravia discrimina personarum cum immanibus animarum dispendiis utrique supereminent civitati, verum etiam Ecclesia pene tota colliditur, et necessarium terræ sanctæ subsidium impeditur; quinimo verendum est plurimum ne quatuor illi angeli, quibus datum est secundum Joannem nocere terræ ac mari, lethalia instrumenta sibi de civitatibus vestris faciant, per quæ maris et aridæ universitatem affligant, dum vos utriusque contermini per mutuæ seditionis offensas, sic unius etiam littora suprema concutitis quod alterius quoque non modica spatia conturbatis. Hoc igitur quidam Patrum et prædecessorum nostrorum pro sui officio attendentes, multifarie multisque modis operam impenderunt ut inter vos pacis fœdera reformarent; et cum in aliquibus aliqui profecissent, novissime tandem felicis recordationis Clemens papa prædecessor noster pacem perfecit eamdem. Quæ cum postmodum, superseminante zizania homine inimico, in malum fuerit discordiæ recidivæ relapsa, nos demum, propitiante Domino, ad officium summi pontificatus assumpti pacem inter vos, tum ex officii nostri debito, tum ex sincero quem circa utramque gerimus civitatem dilectionis affectu, zelantes multiformiter laboravimus per sollicitudines utique multiformes, sæpissime dirigendo litteras, nuntios et legatos, ut ad unitatis concordiam et concordiæ unitatem reducere vos possemus : et nisi eo qui operibus pacis invidet faciente processus dilectorum filiorum de Tilieto et Sancti Gualgani abbatum, qui super hoc diu multumque studiosissime laborarunt, impeditus fuisset, utraque jam civitas in deliciis bonæ voluntatis et requie opulenta sederet. Quapropter etsi reipsa per astutias Satanæ in malignum reducta, ne novissima ejus fiant pejora prioribus formidetur, sperantes tamen in eo qui est actor pacis et charitatis amator quod sicut incipere nos permisit, ita quoque nos faciet hujusmodi sanctum pacis negotium consummare, universitatem vestram rogamus et obsecramus in Domino, per apostolica vobis scripta sub divini judicii obtestatione mandantes, quatenus non tam privatis vestris incommodis quam publicis universalis Ecclesiæ dispendiis occurrendo quæ de prædicta noscuntur discordia provenire, cum memoratis civibus saltem treugas interim ineatis, quibus apostolica scripta direximus ut satisfaciant vobis de damnis quæ noviter intulisse dicuntur, vel in manibus venerabilis fratris nostri Pisani archiepiscopi cautionem præstent idoneam quod ad mandatum nostrum competenter satisfaciant super ipsis, et una cum eodem ac venerabili fratre nostro Januensi archiepiscopo simul etiam et abbatibus antedictis ac nuntiis Pisanorum, quos propter hoc ad nostram præsentiam evocamus, usque ad festum Assumptionis beatæ Mariæ proximo venturum, vel ante quam citius posset fieri, aliquos viros providos ad sedem apostolicam destinetis, commissa sibi plenaria potestate ut omnium vestrum vice circa singula contingentia processuri observanda recipiant quæ cum consilio nostro præsentibus archiepiscopis memoratis prædicti abbates super ipso providerint negotio disponenda, de nullo penitus hæsitantes; quia, cum auctoritatem plenariam super eosdem habeamus abbates, eos sicut oportuerit et decuerit inducemus ut non declinantes ad dexteram vel sinistram, regia tantum via, utriusque partis commoditate prospecta procedant, adhuc etiam eis sub interminatione anathematis injuncturi ut in eo quod concorditer statuerunt aut modo statuent, vel in alio, si quod postmodum fuerit statuendum, debitam providentiam et rectitudinis æquitatem observent. Alioquin, ne tantum periculum animarum, rerum damnum, et personarum dispendium negligere videamur, adversus eos qui tam sanctam exhortationem contempserint in enormem jacturam totius populi Christiani, officii nostri debitum exsequemur.

Datum Viterbii, xii Kal. Julii, anno duodecimo.

LVI.
STEPHANO CANTUARIENSI ARCHIEPISCOPO. S. R. E. CARDINALI.
De electione episcopi Lincolniensis.
(Viterbii, xi Kal. Julii.)

Ad nostram noveris audientiam pervenisse quod decanus et capitulum Lincolniensis Ecclesiæ recepto mandato nostro super electione pontificis canonice celebranda, dilectum filium Hugonem Vellensem archidiaconum sibi concorditer in Episcopum elegerunt (31); cujus electioni rex suum assensum dicitur præstitisse. Utrum autem in ipsa electione

---

(31) Vide Matth. Paris ad an. 1209, et infra epist. 91.

canonice sit processum, an illa prava consuetudo servata propter quam interregnum et sacerdotium gravis est suscitata discordia, ignoramus. Tenor enim litterarum præfati regis ad utrumque se habet, cum contineatur in ipsis quod decanus et capitulum Lincolniense, requisito assensu regis ac præstito, prædictum archidiaconum in episcopum elegerunt. Licet autem assensus hujusmodi electioni non factæ sed faciendæ sit præstitus, potest tamen intelligi de assensu qui pro facienda pontificis electione requiritur; et hoc non præjudicat ecclesiasticæ libertati, dummodo sine mora et difficultate præstetur, ne provisio vacantis Ecclesiæ nimium differatur. Et potest intelligi de assensu qui præstatur pro aliqua certa persona in episcopum eligenda. Et hoc ecclesiasticam libertatem impugnat; quoniam electionis perit judicium si eum eligi tantum oporteat quem rex prius duxerat approbandum. Cum igitur a te sit hujus electionis confirmatio postulanda, fraternitati tuæ per apostolica scripta præcipiendo mandamus quatenus tres ad minus canonicos de iis qui præsentes interfuerunt universo ipsius electionis tractatui tibi facias præsentari, et eos super electionis processu diligenter examines, adjurans illos districte in virtute Spiritus sancti sub obedientiæ debito quo nobis et tibi tenentur, ut omni gratia et timore postpositis plenam et meram dicant per omnia veritatem, sub hac ipsa districtione injungens per litteras tuas decano aliisque personis Ecclesiæ memoratæ, ut singuli tibi sub testimonio litterarum suarum plene ac districte referant hujus electionis processum, et si per examinationes hujusmodi electionem ipsam inveneris de persona idonea canonice celebratam, metropolitica illam auctoritate confirmes; alioquin ea penitus irritata, veritatem nobis non differas intimare. Circa personam autem electi quædam præsumptiones videntur esse notabiles, videlicet quod cum ipse in curia regis officium exercuerit cancellarii, multas litteras sigillaverit de spoliationibus clericorum, invasionibus ecclesiarum, mutilatione membrorum, et aliis abusionibus et injuriis multipliciter irrogatis, quod etiam communicaverit illis qui propter expulsionem monachorum Cantuariensium auctoritate nostra sunt excommunicationis vinculo publice innodati, quodque de carnis incontinentia sit suspectus, cum filias habeat matrimonio copulatas. Quia vero præsumptiones hujusmodi validæ non videntur, cum non solum minores clerici, verum etiam plures episcopi sint quorumdam principum cancellarii, quibus tamen non impingitur talis culpa, cum per alios ad hoc etiam deputatos possint hujuscemodi litteræ sigillari, ne facile posset ostendi quod scienter communicaverit excommunicatis in casibus non concessis, quodque incontinentia ejus sit recens, maxime si parvulam prolem non habeat recentis incontinentiæ suæ testem, cum præmissam inconti- nentiam vel excusare conjugium vel pœnitentia potuerit abolere, satis eas poteris pertransire, si non appareat coram te qui velit illas sufficienter opponere ac probare. Illud autem est æquanimiter tolerandum, si forte Lincolniense capitulum præfatum archidiaconum sponte ad preces regis elegit. Ne vero Ecclesiarum substantiam occasione filiarum ipsius deperire contingat, astringi poterit ad indemnitatem earum per idoneam cautionem.

Datum Viterbii, xi Kal. Julii, anno duodecimo.

LVII.

EPISCOPO ET ABBATI SANCTI VEDASTI ATREBATENSIS
De excommunicatione regis Angliæ.
(Datum ut in alia.)

Cum ad nostrum exsequendum mandatum, maxime pro ecclesiastica libertate, promptos vos et paratos esse credamus, discretionem vestram rogandam duximus et monendam, per apostolica vobis scripta præcipiendo mandantes quatenus cum requisiti fueritis a venerabili fratre nostro Stephano, Cantuariensi archiepiscopo S. R. E. cardinali, excommunicationis sententiam in *Joannem regem Anglorum*, assistentibus vobis venerabilibus fratribus nostris Londoniensi, Heliensi et Wigorniensi episcopis, vel saltem duobus ex ipsis, secundum formam litterarum quas illis direximus, publice ac solemniter proferatis. Quod si non ambo, etc. alter vestrum, etc.

Datum ut in alia per totum.

LVIII.

(Viterbii, iii Kal. Julii.)

Requisisti de his quæ testator pro anima sua legat in ultima voluntate, qualiter sint inter episcopum et Ecclesias dividenda. Et quidem regulariter verum est, etc., *ut supra lib.* xi *epist.* CCLXII, *usque ad hæc verba*, patrocinari non debet.

Datum Viterbii, iii Kal. Julii, anno duocimo.

LIX.

ABBATI SANCTÆ TRINITATIS DE MALOLEONE.
Irregularem esse qui alium lethaliter percussit.
(Viterbii, Kal. Julii.)

(32) Significasti nobis per litteras tuas quod cum quidam maleficus ingressus ecclesiam de Bleiseio, Dei timore posthabito, Eucharistiam cum ornamentis altarium et libris ecclesiasticis extra ipsam ecclesiam asportasset, dilectus filius Laurentius presbyter lator præsentium Ecclesiæ tuæ regularis canonicus, quem in præfata ecclesia de Bleiseio institueras capellanum, præfatum iniquitatis filium fossorio arrepto percussit; sed si ad mortem fuerit ictus hujusmodi, tu et ipse penitus ignoratis. Cum autem parochiani ecclesiæ memoratæ viderent prædictum maleficum ornamenta ecclesiæ asportantem, arreptis gladiis et fustibus ipsum in eodem loco protinus occiderunt. Præfatus vero Laurentius de sua salute præcogitans, evoluto anno sub titulo confessionis tibi rei ordinem revelavit. Pro quo nobis humiliter supplicasti ut cum eo misericorditer age-

---

(32) Cap. *Significasti*, De homicidio.

re dignaremur. Licet autem contineatur in canone quod si quatuor (33) homines aut quinque vel plures contra unum hominem rixati fuerint, et ab iis mortuus fuerit vulneratus, quicunque illorum ei plagam imposuit homicida secundum statuta canonum judicetur, quia tamen in alio canone dicitur de presbytero qui diaconum equitantem percussit, et ipse cadens ex equo cervice fracta interiit; quod si non ad mortem percussus est, incaute agenti presbytero est pœnitentia indicenda, ita quod aliquanto tempore a missarum suspensus solemniis, denuo ad sacerdotale officium revertatur; quod si veraciter qualicunque percussione presbyteri mortuus est diaconus, nulla hic ratione more sacerdotis permittendus est ministrare, etiamsi voluntatem non habuit occidendi, nos in præmisso casu credimus distinguendum utrum constare possit quod præfatus sacerdos non inflixit percussionem lethalem, de qua videlicet, si aliorum non fuissent vulnera subsecuta, percussus minime interisset, quodque percussor voluntatem non habuit occidendi, nec ipsius studio, consilio, vel mandato processerunt alii contra illum. Et quidem si hoc ita se habet, quod forsan ex eo posset ostendi si certa apparuisset percussio ab eodem inflicta tam modica et tam levis in ea corporis parte in qua quis leviter percuti non solet ad mortem ut peritorum judicio medicorum talis percussio assereretur non fuisse lethalis, cum de cæteris ipsi credendum sit sacerdoti, qui non accusatus vel denuntiatus ab aliquo, sed per seipsum de sua salute sollicitus consilium expetit salutare, post pœnitentiam ad cautelam injunctam in sacerdotali posset officio ministrare, religionis accedente favore, cum sit canonicus regularis, et sine omni scandalo sacerdotale possit officium exercere. Quod si discerni non possit ex cujus ictu percussus interiit, in hoc dubio tanquam homicida debet ipse sacerdos, etsi forsan homicida non sit, a sacerdotali officio abstinere, cum in hoc casu cessare sit tutius quam temere celebrare, pro eo quod in altero nullum, in reliquo vero magnum periculum timeatur. Utrum autem de illis sit simile sentiendum quorum unus, sed quis omnino nescitur, homicidium perpetravit, si forsan ad recipiendos sacros ordines præsententur, ut omnes sint pariter repellendi, cum discerni non possit qui debeant inculpabiles judicari, diligens investigator advertat, quamvis hic casus sit ab illo valde diversus. Si vero, quemadmodum perhibetur, sacerdos iste prius ab illo percussus sacrilego, mox eum cum ligone in capite repercussit, quamvis vim vi repellere omnes leges et omnia jura permittant, quia tamen id debet fieri cum *moderamine inculpatæ tutelæ*, non ad sumendam vindictam, sed ad injuriam propulsandam, non videtur idem sacerdos a pœna homicidii penitus excusandus, tum ratione instrumenti cum quo ipse percussit, quod cum sit grave, non solet levem plagam inferre, tum ratione partis in qua fuit ille percussus, in qua de modico ictu quis solet lethaliter lædi; maxime cum secundum vulgare proverbium asseratur quod qui ferit primo, ferit tangendo; qui vero ferit secundo, ferit dolendo. Unde, pensatis omnibus, ei creditur expedire ut cum humilitate abstineat a sacerdotali officio exsequendo.

Datum Viterbii Kal. Julii, pontificatus nostri anno duodecimo.

LX.

FRATRI ASTORCIO MONACHO DE MANSO ADÆ CISTERCIENSIS ORDINIS.

De monacho qui medicinam exercuit.

(Viterbii, Kal. Julii.)

Oblata nobis tua petitio continebat quod cum adhuc in sæculo moratoris et medendi officium exerceres, adhibuisti cuidam monacho medicinam, verum cum te illicitis negotiis implicato et tardante regredi ad eumdem, ipse cum purgatus jam esset, mandatum quod ei dederas super sua custodia vilipendens, sibi a prohibitis non cavisset, morbum pariter et mortem incurrit. Licet autem de abbatis tui consilio sacros ordines gradatim fueris assecutus, quia tamen ex eo conscientia te remordet quod si adhibuisses exactiorem diligentiam circa eum, eventum talem forsitan evitasses, nos consulere studuisti an in susceptis debeas ordinibus ministrare. Quo circa discretioni tuæ per apostolica scripta mandamus quatenus si est ita, et aliud canonicum non obsistat, sub timore divino ministres in ordinibus jam susceptis, pro iis et aliis excessibus expiandis monasticam regulam diligentius observando.

Datum Viterbii, Kal. Julii, anno duodecimo.

LXI.

PRIORI S. HONORATI ARELATENSIS.

De causa quadam matrimoniali.

([34] Viterbii, vi Kal. Julii.)

Ex tenore tuarum litterarum accepimus quod cum Petrus et M. mulier in annis majoribus constituti per verba de præsenti matrimonium contraxissent, quidam dicens illos quinto se consanguinitatis gradu contingere, coram te cœpit matrimonium accusare: qui demum juxta formam canonis præstito juramento ad fundandam intentionem suam duos testes inducens, consanguinitatem ipsam taliter computavit. Malenutrita, inquiens, et vir ejus Causitum atque Mariam, Causitus vero Guiscardum, Guiscardus Mariam, Maria Gilium, Gilius nuptam Petro. Item, Maria uxorem Bernardi Amalrisci, quæ Beatricem uxorem Bernardi Aldeberti, quæ Beatricem uxorem Bernardi de Regordano, qui Petrum de quo agitur genuerunt: quem alter testium in omnibus est secutus; reliquus vero consanguinitatis gradus hoc modo distinxit. Malenutrita et vir ipsius Causitum atque Mariam, Causitus autem Guiscardum, Guiscardus matrem Gilii, Gilius sponsam Petri. Item, Maria

---

(33) 23, q. 8, cap. *Si quatuor.*

(34) Cap. *Ex tenore*, De consang., in 4 Collect.

uxorem Bernardi Amalrisci, uxor Bernardi Amalrisci uxorem Bernardi Aldeberti, uxor Bernardi Aldeberti Beatricem matrem Petri genuisse noscuntur (35). Porro accusatoris pars consanguinitatem sufficienter probatam asseruit ex depositionibus prædictorum. Cum enim consanguinitatis gradus competenter distinxerint, nocere non poterat quod nomina quarumdam non expresserunt personarum, cum demonstratio seu circumlocutio loco proprii nominis habeatur (36), adjiciens quod etsi dictum unius testis, qui trium personarum nomina non expressit, reputaretur forsan invalidum assertioni tamen accusatoris et testis alterius in hoc articulo standum erat, cum in decreto Paschalis inveniatur quod in omni (37) negotio principalis persona de re sibi nota veritatem dicens pro teste merito est habenda, cui quidem uno adhibito, duo testes efficiuntur. Præterea supervacuo videretur esse statutum ut cum juramento deberet recipi accusator, nisi ei crederetur in hoc articulo tanquam testi. Ad hæc autem fuit adverso proposito quod cum juxta canonicas sanctiones non solum gradus distinguendi sint sed etiam personarum nomina designanda, et prædicti accusator et testes in quarumdam defecerint nominibus personarum, profecto ex depositionibus eorumdem nihil penitus probabatur (38). Nec obstat quod altera pars proposuit demonstrationem vicem nominis (39) obtinere; quia tunc demum demonstratio seu circumlocutio proprii nominis vicem supplet cum potest de corpore seu persona constare. Unde cum personarum illarum quarum nomina minime sunt expressa nulla prorsus memoria habeatur, utpote longis retroactis temporibus defunctarum, hujusmodi circumlocutio non est pro nomine proprio admittenda, maxime cum videatur ibi obscuritatem ingerere manifestam ubi dicitur: *Maria genuit uxorem Bernardi Amalrisci, uxor Bernardi Amalrisci genuit uxorem Bernardi Adelberti*, cum ista compossibilia esse potuerint, ut et Maria uxorem Bernardi Amalrisci et alia uxor Bernardi Amalrisci uxorem Bernardi Aldelberti genuerit quæ Maria filia non fuisset, ut verbi gratia, si Bernardus Amalrisci diversas habuisset uxores. Ex eadem quoque fuit parte propositum regulariter esse verum ut nulli prorsus accusatori credi debeat tanquam testi, cum juxta sacrorum canonum instituta nullus in eodem negotio simul esse possit accusator et testis. Supradictum vero Paschalis capitulum dicebatur ad fraternæ correctionis causam, in qua non secundum judiciarium ordinem, sed potius juxta regulam evangelicam proceditur, restringendum quod ex ipsius tenore capituli colligitur evidenter. Sic enim in Evangelio continetur: *si peccaverit in te frater tuus, corripe eum inter te et ipsum solum. Si te non audierit, adhibe tibi unum vel duos testes* (Luc. XVII), etc. Et tunc etiam hujusmodi testis adhibitus, non quidem commissi criminis, sed fraternæ commotionis potius testis erit. Fuit quoque subsequenter adjunctum quod non ideo accusator cum juramento recipitur (40) ut ei credi debeat tanquam testi, sed cum in causa matrimonii quoad quædam laxius quam in aliis negotiis procedatur, cum ad testimonium admittuntur tam domestici quam affines, et recipitur etiam testimonium de auditu, cujusdam compensationis intuitu fuit a sacris canonibus introductum ut accusator cum solemnitate quadam, videlicet juramento, reciperetur. Nec tamen ideo ut testis debet recipi dictum ejus. Nam et in aliis controversiis, licet quis præstet calumniæ sacramentum, non tamen ei creditur tanquam testi. Præterea dictum unius testis, qui propinquitatem habere asserit per se notam, ex eo invalidum videbatur quia, cum secundum communem loquendi usum, dum quis dicit librum aliquem per se nosse, intelligatur illum suo studio didicisse, dictus testis videbatur impossibile fuisse statutus: qui cum nondum quinquagesimum annum attigerit, illorum consanguinitatem suo studio se nosse proposuit qui jam centum annis elapsis decessisse noscuntur. Præterea cum alius testis ea quæ super consanguinitate deposuit a Maria Lamberti se didicisse firmaverit, ac Maria jurata postmodum dixerit se de illis nihil scisse penitus vel etiam audivisse, illorum dicta sic asseruit pars altera benigne interpretanda, ne alteruter de perjurio arguatur, ut videlicet ille quæ dixit didicerit a Maria, et Maria de illis nihil omnino novisset aut etiam audivisset, et tamen ea quæ nec scivit nec audivit ab aliquo, per se fingens dixerit ipsi testi. Unde cum ipse de iis fuerit instructus ab ea quæ illa penitus ignorabat, hujusmodi testimonium debet invalidum judicari. Cum igitur nos duxeris consulendos quid tibi sit in præmisso negotio faciendum, nos tam supradictis quam aliis intellectis, devotioni tuæ taliter respondemus, quod cum tolerabilius sit aliquos contra statuta hominum copulatos dimittere quam conjunctos legitime contra statuta Domini separare, per depositiones hujusmodi non est ad divortii sententiam procedendum (41).

Datum Viterbii, VI Kal. Julii, anno duodecimo.

LXII.

H. SCHOLASTICO BREMENSI.
Ei confirmatur sua scholastria.
(Viterbii, VI Non. Julii.)

Cum dilectus filius magister G. in nostra esset præsentia constitutus, coram nobis humiliter est

---

(35) In tert. Collect. *monstratur*. Sed in cod. Colbertino scriptum est *noscitur*.
(36) Cap. *Licet*, De testib.
(37) Cap. *In omni*, eod. tit.
(38) 35 q., cap. *De parentela*. Vide Reginonem, lib. II, c. 251.
(39) In tert. Collect. *proprii nom.* etiam in cod. Colbertino.
(40) In tert. Collect. *admittitur*, etiam in cod. Colbert.
(41) Vide Concil. Lateran. Innoc. III, c. 52.

confessus quod super scholastria Bremensis Ecclesiæ ac præbenda quas aliquando possederat in eadem te nec molestabat nec volebat in posterum molestare, sed observare diligenter arbitrium quod inter te ac ipsum super iis fuerat promulgatum. Unde super eisdem ipsi perpetuum silentium duximus imponendum.

Datum Viterbii, vi Non. Julii, anno duodecimo.

LXIII.
ILLUSTRI REGI OTTONI IN ROMANORUM IMPERATOREM ELECTO.

Adversus Waldemarum episcopum Slewicensem.

(Viterbii, vi Non. Julii.)

Cum vir iniquus et apostata Waldemarus quondam episcopus Slewicensis ad sedem apostolicam accessisset, per eam de durissimo carcere liberatus in quo suis meritis diu fuerat detentus inclusus, et nos ei humanitatem omnimodam ostendere curassemus, exagitatus non divino Spiritu, sed maligno, a nobis clanculo illicentiatus abscessit, collatæ sibi gratiæ se ostendens ingratum, et administrationi Bremensis Ecclesiæ nequiter se ingessit (42), priori Ecclesia temere derelicta, non curans advertere quod secundum canonica instituta qui a cathedra priori deserta sine Romani pontificis conniventia præsumpsit ad aliam se transferre, et prima carere debet, quam per superbiam sprevit, et repelli nihilominus a secunda, quam per avaritiam concupivit, præsertim cum in præsentia nostra dilectus filius præpositus Sancti Lucii Roskildensis ei læsæ majestatis, apostasiæ, adulterii, perjurii, dilapidationis, et conspirationis crimina objecisset, quodque irregularis existeret, utpote de duplici adulterio procreatus, dispensatione ipsius olim ab apostolica sede per subreptionem obtenta, suppresso quod esset spurius et expresso quod existeret naturalis, cum et paternæ incontinentiæ imitator filios habeat post sacros ordines generatos: quæ omnia idem præpositus contra eum se obtulit probaturum.

Quamvis ergo durissime animadvertere potuissemus in eum, quia tamen sedes apostolica consuevit mansuetudine temperare rigorem, pœnam ipsi debitam differentes ad tempus, venerabilibus fratribus nostris Magdeburgensi archiepiscopo suisque ac Bremensis Ecclesiæ suffraganeis, Osnaburgensi præterea et Monasteriensi episcopis districte dedimus in præceptis ut præfato Waldemaro ex parte nostra districte præciperent quatenus omni excusatione ac dilatione cessante infra mensem post commonitionem eorum iter arriperet ad sedem apostolicam veniendi, veniam humiliter petiturus, alioquin ex tunc sublato cujuslibet contradictionis et appellationis obstaculo, depositum et degradatum ab omni ecclesiastico officio et beneficio auctoritate nostra nuntiarent eumdem, et facerent tanquam anathematizatum usque ad satisfactionem condignam arctius evitari; omnibus nihilominus inhibentes ne quis ei communicare præsumeret vel favere, ita quod si qui venire in contrarium attentarent, laicos hujusmodi excommunicationi subjectos et a Bremensi Ecclesia beneficium obtinentes, eo in perpetuum spoliatos: clericos autem auctoritate nostra nuntiarent omni ecclesiastico beneficio et officio destitutos, civitatem vero seu castrum aut hominum quodcunque commune, si contra inhibitionem hujusmodi dicto Waldemaro præsumerent adhærere, supponerent districtissime interdicto, ita quod præter pœnitentias morientium et parvulorum baptisma nullum ibi divinum officium nullumque celebretur ecclesiasticum sacramentum: quod si quis clericus violaret, ab omni ecclesiastico beneficio et officio deponerent violantem, si qui vero super re tam illicita juramentum ei aliquod præstitissent, denuntiarentur eo penitus non teneri. Sed Waldemarus prædictus arcum sic tensum non metuens, nec fugiens a sagitta, in sua damnabiliter pertinacia perseverat, cum Dathan et Abiron, quos terra vivos absorbuit, portionem, nisi resipuerit, habiturus. Cum igitur factum sit adeo insipiens cor ipsius ut videns non videat et auribus non percipiat, nec corde intelligat ut conversus sanetur, sed iram in die iræ ac revelationis justi judicii Dei sibi thesaurizare non cesset, ut ejus cervix indomita et suorum sequacium fortius valeat edomari, serenitatem regiam rogandam duximus et monendam quatenus sicut Deum times et Ecclesiam Romanam diligis et justitiam amplexaris, taliter in eum et complices suos tuæ vim exerceas potestatis, eumdem Waldemarum a civitate Bremensi et ejus finibus potenter expellens, et ubicunque fuerit tandiu persequens tanquam Dei et Ecclesiæ inimicum donec sibi vexatio tribuat intellectum, illosque quos suos constiterit esse fautores, per pœnas quas videris infligendas a tam temeraria præsumptione compescens quod per effectum operis cognoscatur Deo te velle placere, nostramque injuriam vindicare, ac justitiæ sedulo deservire. Insuper dilectos filios A. electum, H. scholasticum, G. cellararium, et H. canonicum Bremenses, qui propter bonum obedientiæ suis redditibus hactenus sunt privati, non permittas eisdem in posterum defraudari.

Datum Viterbii vi Non. Julii, pontificatus nostri anno duodecimo.

In eumdem fere modum venerabilibus fratribus Monasteriensi et Osnaburgensi episcopis et suffraganeis Bremensis Ecclesiæ usque non teneri. Cum igitur Walderamus prædictus arcum sic tensum non metuens, nec fugiens a sagitta ad apostolicam sedem non venerit infra terminum præfinitum a nobis, sed in sua pertinacia damnabiliter perseveret, per apostolica vobis scripta mandamus et districte præcipimus quatenus eumdem sententiam, quam incurrisse dignoscitur, per vestras et vicinas diœceses publicantes, et contra eum et suos complices idem man-

(42) Vide supra, lib. x, cp. 209.

datum per omnia fideliter exsequentes, in locis in quibus fuerint tam divinum officium quam alia ecclesiastica sacramenta præter baptismata parvulorum et pœnitentias morientium ipsis præsentibus faciatis omnino cessare, contradictores appellatione remota per censuram ecclesiasticam compescendo, et illos canonicos qui juxta continentiam ejusdem mandati ad nos accedere contempserunt, ac sæpedicto Waldemaro favere præsumunt, denuntiando in electionis negotio partes aliquas non habere, clericos seu monachos vel etiam laicos qui eidem impertiuntur favorem, excommunicationis vinculo innodetis, nisi admoniti resipiscant, eos qui abbatias vel alias prælaturas aut beneficia receperunt ab ipso, auctoritate nostra dignitatibus et beneficiis talibus sine spe restitutionis in perpetuum spoliantes.

Datum Viterbii, vi Non. Julii, etc. ut in alia.

LXIV.

EPISCOPO CONCORDIENSI.
Ut admittat cessionem episcopi Tervisini.
(Viterbii iv Non Julii.)

(43) Sicut venerabilis frater noster Tervisinus episcopus per suas nobis litteras intimavit, cum biennio jam elapso quidam Ecclesiæ suæ canonicus corporis infirmitate detentus inter cætera cuidam confessus fuerit sacerdoti quod ipse ac quidam laicus, advocatus videlicet Ecclesiæ Tervisinæ, a quodam consanguineo ejusdem episcopi quasdam promissiones et securitates acceperant si eum episcopatum contingeret obtinere, idem consilio sacerdotis inductus hoc in secreto eidem episcopo revelavit. Et licet episcopus apud consanguineum supradictum precibus, terroribus atque minis sæpius institisset ut eidem exponeret an securitatem aliquam seu promissionem pro sua electione fecisset, ipse tamen constanter universa negavit. Nuper autem jamdicto episcopi consanguineo corporis infirmate gravato, cum episcopi conscientiam id quod a canonico audierat stimularet, omni studio ac diligentia cœpit eumdem laicum per eum qui judicaturus est vivos et mortuos obtestari ut si qua pro electione ipsius aliquando promisisset, nullatenus occultaret. Qui postmodum eidem episcopo sic respondit, quod bonæ memoriæ Conrado episcopo Tervisino defuncto, canonico et advocato prædictis quamdam promissionem fecerat si eumdem contingeret ad episcopatum assumi, sed tunc nulla de ipso electio facta fuit, quodam alio E. videlicet nomine in episcopum Tervisinum electo. Sed eodem E. post triennium carnis debitum exsolvente: idem episcopi consanguineus pro electione ipsius quamdam pecuniæ quantitatem advocato supradicto promisit, cujus partem tempore procedente dicto advocato persolvit. Quæ omnia memoratus episcopus, divinum testimonium invocando asseruit se penitus ignorasse, nec solvisse aliquid pro eadem pecunia consanguineo sæpedicto, quin imo pro eo quod se fecisse proposuit, odiosus sibi ex tunc exstitit et ingratus. Et licet idem episcopus ab hujusmodi pravitatis excessu alienum se reputaverit et immunem, ad dubietatis tamen scrupulum amputandum rei seriem nostro censuit apostolatui reserandam. Et sive super præmisso facto culpabilis esset, sive inculpabilis judicandus, per dilectos tamen filios magistrum Gallum et J. Ecclesiæ suæ canonicos, quibus super hoc mandatum dederat speciale, a nobis cedendi licentiam postulavit, utpote qui præ multis angustiis pastoralis sollicitudinis fatigatus ad umbram quietis aspirat. Porro dictus episcopus in multis se reddidit merito commendandum, tum quia tanquam fidelis et diligens dispensator injunctum sibi villicationis officium prudenter implevit, et tanquam arbor fructifera in vinea Domini sabaoth gratos fructus uberesque produxit, sub cujus provisionis umbraculo commissa sibi Ecclesia in spiritualibus et temporalibus dignoscitur floruisse; tum quia studium Simoniacæ pravitatis exacta diligentia investigans, quanto potius erat innocens, tanto minus illud voluit palliari; sed cum bonarum mentium sit ibi culpam propriam formidare ubi culpa non est, alienum excessum, quo lædi timuit, nobis quasi proprium indicavit, ut conscientiæ nubilum, quod peccatum alienum induxerat, apostolicæ responsionis oraculum serenaret; tum etiam quia sub pastoralis officii sarcina ingemiscens, exonerari humiliter petiit ab eadem, et qui laudabiliter injuncti sibi ministerii curam implebat, insufficientem se judicans, subesse appetit potius quam præesse, ac in humili statu devotum exhibere Domino famulatum quam in dignitatis apice gloriari. Licet autem ex ejusdem absentia Ecclesiæ Tervisinæ timeantur dispendia provenire, quæ sub provisione ipsius multa recepisse dignoscitur incrementa, quia tamen se propriis meritis dignum reddidit gratia speciali, nos ipsius supplicationibus inclinati postulationi ejus ex benignitate apostolica duximus annuendum. Quocirca fraternitati tuæ præsentium auctoritate mandamus quatenus cessionem ipsius recipiens vice nostra, eumdem absolvas ab onere officii pastoralis, competentem eidem de bonis episcopalibus provisionem assignans.

Datum Viterbii, iv Non. Julii, pontificatus nostri anno duodecimo.

LXV.

CAPITULO TERVISINO.
De eadem re.
(Datum ut supra.)

Sicut venerabilis frater noster, etc., *in eumdem fere modum ut in alia usque in finem*. Quocirca devotionem vestram rogandam duximus et monendam, per apostolica vobis scripta sub obtestatione divini judicii districte præcipiendo, mandantes quatenus post cessionem ipsius convenientes in unum,

---

(43) Vide lib. xvi, epist. 19, 160.

sancti Spiritus gratia invocata, omni carnali gratia, humano favore, ac commodo privato posthabitis, habentes præ oculis solum Deum, personam idoneam, quæ tanto congruat oneri et honori, et prodesse debeat potius quam præesse, canonice vobis in episcopum eligatis.

Datum, ut supra.

LXVI.
TERRACONENSI ARCHIEPISCOPO ET SUFFRAGANEIS EJUS.
De negotio Durandi de Osca (44).
(Viterbii, III Non. Julii.)

Ejus exemplo, etc., *ut in caterno penultimo regesti undecimi anni usque censuimus proponendum fratribus et amicis*, cum prælatorum conscientia et assensu, ita quod ab eis propter hoc nec ecclesiarum frequentatio, nec clericorum prædicatio postponatur, etc., *usque in finem.* Ad majorem vero cautelam alias quasdam litteras, quas vobis dirigimus incipientes hoc modo : *Si quemadmodum* (45), et quasdam alias quas illis direximus hoc habentes principium : *Gravem contra vos* (46), ab eis volumus præsentari.

Datum Viterbii, III Non. Julii, anno duodecimo.

LXVII.
NARBONENSI ARCHIEPISCOPO ET SUFFRAGANEIS EJUS.
De eadem re.
(Viterbii, III Non. Julii.)

Si, quemadmodum nobis per litteras vestras et duos fratres Cisterciensis ordinis intimastis, Durandus de Osca cum complicibus suis infideliter agit, vel ad fallendum Romanam Ecclesiam, vel ad eludendum canonicam disciplinam, illud sibi profecto continget quod de talibus Scriptura testatur : *In insidiis suis capientur iniqui* (Prov. XI), cum astutias Satanæ non penitus ignoremus. Si vero de pristina superstitione quidquam retineat ad cautelam, ut facilius capere possit vulpeculas quæ moliuntur vineam Domini demoliri, tolerandus est prudenter ad tempus, donec arbor a fructibus cognoscatur, dummodo circa substantiam veritatis de corde puro et conscientia bona et fide non ficta procedat, quandoquidem Paulus apostolus dicat, *cum essem astutus, dolo vos cepi* (II Cor. XII), dolum appellans prudentiam quam multa dissimulando gerebat ut animas diabolica fraude deceptas multifariam multisque modis reduceret ad illum qui via, veritas est et vita, cum et ipse longius se finxerit ire quando duobus discipulis se ostendit in effigie peregrina. Quod si etiam a prisca consuetudine non subito recedat ex toto, aliquid sibi de illa reservans ut verecundiæ parcendo quasi veterem legem sepeliat cum honore, nec sic est penitus confutandus, dummodo, sicut prædiximus, non aberret in substantia veritatis. Consuetudinum quippe diversitas, in habitu præsertim extrinseco, deformitatem in sancta Ecclesia non inducit, cum assistat a dextris Sponsi circumamicta varietate regina, velut castrorum acies ordinata. Verum ista non dicimus quod æmulationem hujusmodi approbemus, sed ut illius sequamur exemplum qui factus est infirmis infirmus, imo qui omnibus omnia factus est ut omnes lucrifaceret ei qui vult omnes homines salvos fieri et ad agnitionem veritatis venire. Nunquid, amantissimi fratres, arguendus est medicus qui aliquid aliquando minus sanum indulget ægroto nimium cupienti? Nequaquam, quoniam, etsi parum obsit ad aliquid, nonnunquam tamen ad aliud valde prodest, cum et crustula non abs re permittatur ad tempus teneram contegere cicatricem donec ipsa sub illa melius solidetur, et renascente novo, vetus unguis non totus pariter excludatur. Vos ergo, fratres, hujusmodi supportetis in spiritu lenitatis, non abjicientes sed allicientes eosdem; quia plerique homines facilius commonitionibus quam comminationibus revocantur, et nonnullos affabilitas gratiæ magis corrigit quam asperitas disciplinæ. Prius enim infundendum est oleum, et, si necesse fuerit, superinfundendum est vinum, quamvis circa conversos hujusmodi modo post vinum infusum sit oleum infundendum, cum dudum perversi excommunicationis fuerint mucrone percussi, nunc vero conversi communionis sint amplexu fovendi. Nam et prudens chirurgicus ad curationem diri vulneris prius adhibet medicamenta mordacia; sed, cum sanari jam cœperit, curam ipsius suavi unguento consummat. Verum, si male sanata cicatrix redit in vulnus, nonnunquam adhibet ferrum vel ignem, ne pars sincera contrahat corruptelam. Sic et vos, fratres, more prudentis medici faciatis, maxime si permiserint etiam cum murmure se curari, non calumniantes conversationis eorum propositum, quod in litteris nostris vobis ostenditur comprehensum, maxime datis eodem tempore cum præsentibus ad cautelam, cum pensatis undique circumstantiis non sit temere improbandum. Quod si vestram contempserint medicinam, relatione fideli nostris quantocius auribus intimetis, ut adhibeamus remedium quod videbimus expedire. Sic enim erroneos ab hæretica pravitate intendimus revocare ut velimus fideles in catholica veritate fovere, cum tolerabilius sit perversos in sua perversitate perire quam justos a sua justitia declinare.

Datum Viterbii, III Non. Julii, etc.

LXVIII.
TERRACONENSI ARCHIEPISCOPO ET SUFFRAGANEIS EJUS.
Super eodem.
(Sicut supra.)

Si quemadmodum venerabiles fratres nostri, Narbonensis archiepiscopus et suffraganei ejus, etc. *sicut supra.*

---

(44) Vide supra lib. XI, epist. 190.
(45) Epist. 67.
(46) Epist. 69.

LXIX.

DURANDO DE OSCA ET FRATRIBUS EJUS RECONCILIATIS ECCLESIASTICÆ UNITATI (47).

De eadem re.

(Viterbii, III Non. Julii.)

Gravem contra vos venerabilium fratrum nostrorum Narbonensis archiepiscopi et Biterrensis, Uticensis, Nemausensis et Carcassonensis episcoporum querelam recepimus quod vos plus debito de gratiæ nostræ favore jactantes, adversus ipsos nimium insolescitis, adeo ut in eorum aspectu quosdam Valdenses hæreticos nondum reconciliato ecclesiasticæ unitati duxeritis ad Ecclesiam ut vobiscum consecrationi Dominici corporis interessent, participantes in omnibus cum eisdem. Quosdam quoque monachos, qui a suis monasteriis exierunt, et alios quosdam sui propositi desertores in vestro vos asserunt consortio retinere. Habitum etiam pristinæ superstitionis scandalum apud Catholicos generantem in nullo vos penitus immutasse testantur. Occasione præterea doctrinalis sermonis, quem in schola vestra proponitis fratribus et amicis, ab Ecclesia multi recedunt, non curantes in ea divinum officium aut sacerdotalem prædicationem audire. Sed et clerici qui sunt de vestro consortio in sacris ordinibus constituti, divinum officium secundum institutiones canonicas non frequentant. Adhuc insuper aliqui vestrum affirmant quod nulla sæcularis potestas sine mortali peccato potest judicium sanguinis exercere.

Nos igitur, iis auditis, tacti sumus dolore cordis intrinsecus, verentes non modicum ne tendat ad noxam quod providimus ad salutem. Ne igitur error novissimus fiat pejor priore, devotionem vestram rogandam duximus et monendam, per apostolica scripta mandantes quatenus memores legis divinæ, secundum quam positi extra castra propter maculam lepræ sine judicio sacerdotis non reducebantur ad illa, vos quoque illos studiose vitetis qui propter labem hæreticæ pravitatis a gremio sunt Ecclesiæ separati, donec ad eam pontificalis auctoritatis judicio revocentur, ne, si secus egeritis, et evangelicam et apostolicam sententiam contemnatis, cum is, qui non audit Ecclesiam, sicut ethnicus sit et publicanus habendus, et hæreticus homo post primam et secundam admonitionem sit penitus devitandus. Nam, qui tangit immundum, immundus efficitur; et qui picem contingit, inquinatur ab ea. Modicum quippe fermenti totam massam corrumpit. Licet autem qui spiritu Dei aguntur non sint sub lege, quoniam ubi spiritus Dei est, ibi libertas, apostatas tamen, qui viri censentur inutiles, a suo proposito leviter recedentes in vestrum non admittatis consortium, nec retineatis admissos, sed eos ad suos remittatis prælatos, ut in ea vocatione permaneant in qua vocati fuerunt; quia tales non agit divinus Spiritus, sed malignus ne, cum ipsi alterius professionis existant, et in quibusdam forsitan arctioris, si associaveritis eos vobis, contra divinum præceptum in bove arctis et asino, serentes agrum diverso semine, ac induentes vestem de lana linoque contextam. Cumque non sit in exteriori habitu sed in interiori potius regnum Dei, scandalum quod de pristino habitu adhuc a vobis retento fortius ingravescit, sedare curetis, ipsum habitum, prout nobis estis polliciti, taliter variando ut sicut interiori habitu, sic etiam exteriori vos ab hæreticis ostendatis esse divisos, ut secundum Apostolum quæ sunt pacis sectemini, et quæ ædificationis sunt invicem observetis, nolentes propter calceamenta destruere opus Dei, memores ejus quod idem Apostolus ait: *Si propter cibum frater tuus scandalizatur, jam non secundum charitatem ambulas. Noli cibo tuo illum perdere pro quo Christus mortuus est* (*Rom.* XIV). Quapropter si esca, inquit, *scandalizat fratrem meum, non manducabo carnem in æternum, ne fratrem meum scandalizem* (*I Cor.* VIII). Si ergo Apostolus hoc præcipit observandum de cibo, quanto magis de calceamento est observandum, ut scandalum evitetur, maxime de cordibus infirmorum, propter quod Veritas ait: *Si quis scandalizaverit unum de pusillis istis qui in me credunt*, etc., (*Matth.* XVIII.) Nam væ homini illi per quem scandalum venit. Ideoque monemus, consulimus et hortamur ut ii qui de vobis nondum signum hujusmodi acceperunt, vel qui vobis fuerint associandi de cætero, non se astringant proposito utendi sandaliis desuper perforatis, neque talibus calceamentis utantur, ut sic scandalum penitus evanescat. Vestros autem amicos et fratres, qui ad audiendum sermonem vestrum conveniunt, moneatis prudenter et efficaciter inducatis ut frequentent ecclesias et in eis audiant verbum Dei, maxime diebus statutis, ne sacrum templum aut sacerdotale officium contemnatur, cum utrumque pia devotione sit a fidelibus veneranda. *Domus enim mea domus orationis vocabitur* (*Matth.* XXI), cunctis gentibus ait Dominus: quæ tantæ credenda est efficaciæ ad orandum in ipsa ut de templo etiam manufacto Salomon dicat ad Dominum: *Si cœlum et cœli cœlorum capere te non possunt, quanto magis domus hæc, quam ego construxi! sed respicias ad orationem servi tui et ad preces ipsius, Domine Deus meus: audi hymnum et orationem quam orat servus tuus coram te hodie, ut sint oculi tui aperti super domum hanc nocte et die, super domum de qua dixisti: Erit nomen meum ibi* (*II Par.* II), et cætera quæ magnifice de ipsius templi commendatione sequuntur. Unde David Prophetarum eximius de se dicit in psalmo: *In conspectu angelorum psallam tibi, adorabo ad templum sanctum tuum* (*Psal.* CXXXVII); quoniam in sacris basilicis angeli sancti orantibus fidelibus creduntur adesse. Ideoque idem Psalmista consulit, dicens: *Adorate Dominum in aula sancta ejus* (*Psal.* XXVIII). Quapropter et clerici

---

(47) Vide lib. XI, epist. 196.

vestri horas diurnas atque nocturnas secundum institutionem canonicam non abnuant in ecclesiis celebrare, ne forte sint clericalis ordinis transgressores. Illud vero, tanquam erroneum, nullus vestrum præsumat asserere, quod sæcularis potestas sine mortali peccato non possit judicium sanguinis exercere, cum lex potius quam judex occidat, dummodo ad inferendam vindictam, non odio, sed judicio, non incaute, sed consulte procedat, Apostolo de sæculari potestate dicente : *Non sine causa gladium portat*. *Dei enim minister est, vindex in iram ei qui malum agit* (*Rom.* XIII). *Ecce*, inquit Apostolus, *gladii duo hic*; de quibus respondit Dominus: *Satis est* (*Luc.* XXII); quia, sicut ab orthodoxis doctoribus et catholicis expositoribus perhibetur, non solum spiritualis gladius, quo utitur sacerdotalis auctoritas, sed etiam materialis, quem exerit sæcularis potestas, est necessarius ad vindictam malefactorum, laudem vero bonorum. Ut autem et vos spiritualem gladium, qui est verbum Dei, adversus hæreticos sine suspicione commodius exeratis, volumus et mandamus ut in prædicationis officio adversus cujusmodi vulpes molientes vineam Domini demoliri aliis catholicis prædicatoribus vos jungatis, ejus exemplo qui jussit segregari sibi Barnabam et Saulum in opus quo illos assumpsit, ut quemadmodum ex præcepto Spiritus sancti antiquus prædicator adjunctus est novo de persecutore ad fidem converso, sic et vobis ab errore nuper ad veritatem conversis prædicatores jamdudum in sana probati doctrina jungantur, ut ipsi vobiscum et vos cum illis sine suspicione qualibet verbum Domini seminetis, archiepiscopis et episcopis aliisque prælatis obedientiam et reverentiam humiliter impendentes, ut super humilitatis fundamentum ædificium boni operis construatis, illius imitantes doctrinam qui de se dicit: *Discite a me quia mitis sum et humilis corde* (*Matth.* XI).

Datum Viterbii, III Non. Julii, anno duodecimo.

LXX.

PRÆPOSITO ET CAPITULO SANCTI MICHAELIS DE BUCCALEONIS CONSTANTINOPOLITAN.

Suscipiuntur sub protectione sedis apostolicæ.

(Viterbii, IV Non. Julii.)

Cum a nobis petitur quod justum est et honestum, etc., *usque* effectum. Eapropter dilecti in Domino filii, vestris justis postulationibus grato concurrentes assensu, personas vestras et locum in quo divino estis obsequio mancipati, cum his quæ impræsentiarum rationabiliter possidetis, aut in futurum justis modis, præstante Domino, poteritis adipisci, sub beati Petri et nostra protectione suscipimus. Specialiter autem casale Sancti Focardi cum pertinentiis suis, sicut illud ex largitione charissimi in Christo filii nostri Constantinopolitani imperatoris illustris juste ac pacifice possidetis, vobis et Ecclesiæ vestræ per vos auctoritate apostolica confirmamus et præsentis scripti patrocinio communimus. Nulli ergo omnino hominum liceat hanc paginam nostræ protectionis et confirmationis infringere, etc., *usque* incursurum.

Datum Viterbii, IV Non. Julii, pontificatus nostri anno duodecimo.

LXXI.

WILLELMO DE ULTRAPORTU PRESBYTERO.

Confirmatur sibi beneficium.

(Viterbii, V Kal. Julii.)

Cum a nobis petitur, etc., *usque* effectum. Eapropter, dilecte in Domino fili, tuis justis postulationibus grato concurrentes assensu, beneficium quod in Caligrant terra nobilis viri G. de Scornai te canonice proponis adeptum, sicut illud juste possides et quiete auctoritate tibi apostolica confirmamus et præsentis scripti patrocinio communimus. Nulli ergo omnino hominum liceat, hanc paginam nostræ confirmationis infringere, etc., *usque* incursurum.

Datum Viterbii, V Kal. Julii, pontificatus nostri anno duodecimo.

LXXII.

PRÆPOSITO ET CAPITULO SANCTÆ MARIÆ DE BLAKERNA CONSTANTINOPOLITAN.

Suscipiuntur sub protectione apostolicæ sedis.

(Viterbii, V Non. Julii.)

Cum a nobis petitur, etc., *usque* effectum. Eapropter, dilecti in Domino filii, vestris justis precibus inclinati personas vestras et dictam Ecclesiam, cujus estis obsequio mancipati, cum iis quæ impræsentiarum rationabiliter possidet, aut in futurum justis modis, præstante Domino, poterit adipisci, sub beati Petri et nostra protectione suscipimus, et præsentis scripti patrocinio communimus. Nulli ergo, etc., hanc paginam nostræ protectionis, etc., *usque* incursurum.

Datum Viterbii, V Non. Julii, pontificatus nostri anno duodecimo.

LXXIII.

ARCHIEPISCOPO ET MAJORI PRÆPOSITO ET CAPITULO MAGUNTINENSI.

Ut Petrum Viterb. inducant in possessionem præbendæ Mogunt.

(Viterbii, XIII Kal. Julii.)

Dilectus filius magister Petrus Viterbiensis capellanus noster in nostra proposuit præsentia constitutus quod cum olim tu, frater archiepiscope, sinceritatem suæ devotionis erga te per exhibitionem operis cognovisses, et forsitan existimares quod pro familiari gratia in quam eum suis meritis evocavimus gratum nobis existeret beneficium quod tua sibi duceret liberalitas impendendum, præbendam quæ primo vacaverat post custodiam in Ecclesia Maguntina ipsi liberaliter concessisti, eoque de ipsa per librum propriis manibus investito, ad osculum pacis recepisti eumdem in canonicum Maguntinum stallum in choro, vocem in capitulo, locum in mensa, et integrum ei stipendium conferendo, sicut per publicum instrumentum ac litteras tuo sigillo munitas evidenter apparet. Cum igitur, si velitis attendere quantum vobis et Ecclesiæ vestræ possit idem capellanus existere fructuosus, qui nobis ac fratribus nostris suæ probitatis obtentu charus et acceptus existit non solum jam concessa servare sibi utile putaretis, verum etiam concedenda largiri, universitatem vestram rogamus attentius et monemus, per apostolica vobis scripta mandantes quatenus concessionem omnium præmissorum vobis [sibi] factam ob reverentiam apostolicæ sedis et notram illibatam servantes, ipsum per dilectum filium Rotaldum cellararium Maguntinum procuratorem suum in corporalem eorum possessionem inducere procuretis, proventus memorati stipendii medio tempore perceptos assignantes eidem, nonobstante illo quod novi canonici præsentialiter facere consuevisse dicuntur ibidem, preces apostolicas et mandatum taliter adimplendo quod et nos gerere possimus acceptum et idem capellanus ad devotionem obsequium vestrum fortius, accendatur. Alioquin dilectis filiis custodi Maguntino, præposito et decano Pinguensi Maguntinensis diœcesis dedimus in mandatis ut quod super hoc duxeritis faciendum nobis rescribere non omittant, ut per eorum relationem instructi, prout procedendum viderimus in ipso negotio procedamus.

Datum Viterbii, xiii Kal. Julii, pontificatus nostri anno duodecimo.

Scriptum est ipsis super hoc in eumdem fere modum, usque fortius accendatur. *Quo circa discretioni vestræ per apostolica scripta mandamus quatenus prædictos archiepiscopum, præpositum et capitulum ad hoc inducere diligentius procurantes, quod super hoc duxerint faciendum nobis rescribere procuretis; ut per vestram relationem instructi, prout procedendum viderimus in ipso negotio procedamus. Quod si non omnes, etc., duo vestrum, etc.*

Datum, ut in alia.

LXXIV.

CUSTODI MAGUNTINENSI, ET PRÆPOSITO ET DECANO PINGUENSI MAGUNTINENSIS DIOECESIS.

De eadem re.

(Viterbii, xiii Kal. Julii.)

Quanto dilectus filius magister Petrus Viterbiensis capellanus noster dudum studuit venerabili fratri nostro Maguntinensi archiepiscopo et adhuc etiam sese studet exhibere devotum tanto speramus quod mandatum apostolicum sibi factum pro ipso debeat adimplere, maxime cum ignorare non debeat quin existat nobis acceptum quidquid honoris et gratiæ sibi duxerit conferendum. Cum igitur, sicut eodem capellano nobis innotuit exponente, dictus archiepiscopus liberaliter concesserit ei dudum Ecclesiam cujus proventus annui valeant decem marcas, sicut per litteras suas et instrumenta publica evidenter apparet, eidem archiepiscopo per scripta nostra mandavimus ut dictam Ecclesiam dilecto filio R. cellarario Maguntinensi procuratori suo non differat assignare. Quocirca discretioni vestræ per apostolica scripta mandamus quatenus prædictum archiepiscopum ad hoc diligenter, etc., *ut in alia* *usque in finem.* Quod si non omnes, etc. duo vestrum, etc.

Datum Viterbii, xiii Kal. Julii, pontificatus nostri anno duodecimo.

Scriptum est eidem archiepiscopo super hoc.

LXXV.

ILLUSTRI REGI OTTONI IN ROMANORUM IMPERATOREM ELECTO.

De peregrinis liberandis.

(Viterbii, vii Idus Julii.)

Sincerissima charitatis affectio quam erga tuam regalem personam gerimus nos inducit quando propensius regium zelamur honorem, tanto sollicitius tibi suadere curemus ne quid unquam per te vel tuos improvide attentetur per quod ei valeat derogari. Sane, cum non solum a nobis, sed ab Ecclesia pene tota speretur quod necessarius terræ sanctæ succursus tanto studiosius et potentius per tuam debeat magnificentiam promoveri quanto misericordius et miserabilius manus Dei specialiter te ob hoc creditur exaltasse, sine grandi et gravi multorum scandalo non est factum quod dilectus filius vicecomes castri Ayrardi et quidam alii peregrini de transmarinis partibus redeuntes de mandato, sicut dicitur, venerabilis fratris nostri patriarchæ Aquilegensis legati tui nuper apud Cremonam, qua de causa nescimus, detenti sunt, nec permissi ad propria libere remeare. Cujus utique detestandi facinoris patriarcham eumdem exsecutorem vix credimus exstitisse, te vero nunquam fuisse credimus præceptorem, cum ille non ignoraverit cruce signatos hujusmodi eundo et redeundo sub speciali sedis apostolicæ protectione consistere ac tam a se quam ab aliis Ecclesiarum prælatis non opprimi sed confoveri debere, tuque dudum excessum similem saltem in illustris memoriæ Richardi regis Angliæ avunculi tui captione didiceris detestari, ut jam ipse committere perhorrescas quod prius in illo damnaveras cui te gaudemus in folio, non in scelere, successisse. Cæterum, cum in detentione peregrinorum ipsorum non ipsi tantum offendantur, sed quivis alius, imo Christus, ut de nostra et apostolicæ sedis taceamus offensa, in cujus contumeliam id noscitur redundare, regali mansuetudini est summopere providendum ne de hujus enormitatis initio non solum gravius scandalizetur Ecclesia, nisi per te, sicut sperat, quam cito fuerit emendatum verum etiam et Dominus irascatur, cum in hoc jam ita graviter sit excessum ut quantalibet peregrini jam dicti festinantia dimittantur, minus plenum remedium videatur adhibitum dispendio terræ sanctæ, nisi detentionem eorum tua regalis modestia ita sibi displicuisse demonstret quod il qui forsan audito qualiter isti fuerint per insidias deprehensi torpere cœperunt in proposito quod conceperant de prædictæ terræ succursu, audito demum quanto zelo illos præceperis liberari, fiduciam succurrendi sibi securiori corde resumant. Quocirca serenitatem regiam rogandam duximus attentius et monendam, per nomen et potentiam Jesu Christi, cui flectitur omne genu, et cujus causam in hoc prosequimur, obtestantes quatenus peregrinos prædictos, quacunque sint occasione detenti, cum omnibus rebus suis protinus facias liberari et in pace dimitti; ut zelus quem ad terram sanctam habere te credimus clareat in effectu, et macula tanti criminis in tua gloria ponatur; sciturus pro certo quod, nisi hoc fuerit quantocius emendatum, nequaquam illud poterimus æquanimiter sustinere quin ad emendationem ipsius adversus impios præsumptores officii nostri debitum exsequamur. Quod utique tuæ regalis prudentiæ non solum non credimus fore molestum, sed speramus potius fore gratum.

Datum Viterbii, vii Idus Julii, anno duodecimo.

LXXVI.
PATRIARCHÆ AQUILEGENSI.
De eadem re.
(Datum ut in alia.)

Sincerissima charitatis affectio quam erga charissimum in Christo filium nostrum illustrem regem Ottonem in Romanorum imperatorem electum gerimus nos inducit ut quanto propensius regium zelamur honorem, tanto sollicitius ea cupimus devitari per quæ derogari possit eidem. Sane, etc., de mandato tuo nuper, etc., facinoris te quidem exsecutorem, etc., redundare, præfato regi et tibi, si veraciter eum diligis, est summopere, etc., nisi detentionem eorum idem rex et tu etiam in eo quod potes per ipsum tibi displicuisse demonstres, quod ii, etc., audito demum quanto zelo jussi fuerint liberari, etc., resumant. Quocirca fraternitatem tuam rogandam duximus et monendam, per apostolica tibi scripta mandantes quatenus cum hoc ad divinam et nostram ac regiam redundet injuriam, dictos peregrinos, quacunque sint occasione detenti, etc., liberari facias ac in pace dimitti, etc., in magnifici regis gloria non ponatur, etc., *usque in finem*.

Datum ut in alia.

In eumdem fere modum scriptum est nobili viro camerario illustris regis Ottonis in Romanorum imperatorem electi usque in finem sicut in illa quæ mittitur patriarchæ. Sperantes igitur quod in hoc tuum studium possit utiliter operari, prudentiam tuam monemus attentius et hortamur, per apostolica tibi scripta mandantes quatenus et dictum patriarcham ad id diligenter inducas, et quantum in te fuerit, per te ipsum operam efficacem impendas.

Datum ut in alia.

LXXVII.
CREMONENSI ET ALIIS EPISCOPIS IN QUORUM DIOECESIBUS PEREGRINI REDEUNTES DE TRANSMARINIS PARTIBUS DETINENTUR.
De eadem re.
(Viterbii, vii Idus Julii.)

Grave gerimus et indignum quod, sicut nostris est auribus, intimatum, dilectus filius vicecomes castri Ayraudi et quidam alii peregrini noviter redeuntes de obsequio Crucifixi apud Cremonam, qua de causa nescimus, detenti sunt, nec permissi ad propria remeare, licet ab aliquibus asseratur quod hoc attentatum fuerit de mandato venerabilis fratris nostri Aquilegensis patriarchæ regalis aulæ legati. Quod utique de sua religione de facili credere non valemus, cum credamus eumdem erga terram sanctam zelum habere ferventem ac nosse quod sine grandi et gravi divina pariter et regali non sit hoc perpetratum offensa, ut de nostra et apostolicæ sedis injuria taceamus, in quam tantum facinus dignoscitur redundare, cum hujusmodi peregrini eundo et redeundo sub ejus speciali protectione consistant. Licet igitur patriarchæ jam dicto pro liberatione ipsorum nostras litteras dirigamus, quia tamen vix jam poterunt ita cito dimitti quin fortasse nonnulli ex auditu captionis eorum in proposito succurrendi prædictæ terræ torpescant, propter quod expedit ut iis quantocius liberatis de insecuritate istorum quasi quædam securitas eis fiat, fraternitati vestræ per apostolica scripta mandamus atque præcipimus quatenus captores et detentores ipsorum auctoritate nostra moneatis prudenter et efficaciter inducatis ut præfatos peregrinos, quacunque sint occasione detenti, cum in omnibus rebus suis sine mora deliberent et in pace dimittant. Quod si usque ad quindecim dies post commonitionem vestram efficere non curaverint, vos ex tunc in eos excommunicationis sententiam proferatis, et civitates seu villas in quibus iidem peregrini seu ipsorum aliqui taliter detinentur supponatis ecclesiastico interdicto, facientes utramque sententiam usque ad satisfactionem condignam inviolabiliter observari, singulis diebus Dominicis ac festivis pulsatis campanis et candelis accensis eam solemniter innovantes. Quod si non omnes, etc., singuli vestrum, etc.

Datum Viterbii, vii Idus Julii, anno duodecimo.

LXXVIII.
ILLUSTRI REGI OTTONI IN ROMANORUM IMPERATOREM ELECTO.
Commendat civitatem Florentinam.
(Viterbii, v Idus Julii.)

Licet venerabilis frater noster Aquilegensis patriarcha regalis aulæ legatus honorem et profectum imperii studiose procuret, ubi tamen cognoscimus quod illum possit prudentius promovere, libenter eum et monitis et consiliis in viam dirigimus meliorem; quoniam, etsi tam ipse quam etiam multi alii sincere te diligant, nullis tamen in hac parte deferimus ut credamus quod eorum circa te charitas sincerior sit quam nostra. Probatio quippe dilectionis est operis exhibitio, et sicut arbor a fructu cognoscitur, ita charitas ab effectu. Cum ergo dilecti filii Potestas et populus Florentinus præfatum patriarcham pro reverentia nominis tui honorifice suscepissent, parati, sicut ab ipsis per publica instrumenta nobis ostensa didicimus, ei nomine tuo fidelitatem plenam et integram exhibere, ac insuper juramentum præstare quod in adventu tuo tam de comitatu quam de omni jure ad imperium pertinente tuo per omnia mandato parerent, ipse hoc minus acceptans, nisi protinus restituerent universa quæ ipse dicebat ad jus imperii pertinere, nam sine admiratione multorum eos in continenti decem millium marcarum banno subjecit, nolens eis induscias indulgere saltem usque ad reditum nuntiorum suorum quos ad tuam præsentiam destinarant. Quia vero civitas Florentina semper ad nostrum consilium devotam se tibi exhibuit et fidelem, prædicto patriarchæ monendo et consulendo mandavimus ut agens modestius circa eam, oblata recipiat quæ a te ipso recipienda fuissent, cum et arcus, ne vires amittat, non semper debeat esse tensus : quod utique verbum a te diligenti volumus meditatione pensari. Et certe, nisi litteris nostris, quas idem patriarcha postulavit et impetravit ad Lombardos et Tuscos, necessario fuisset adjutus, forsan ejus legatio non tam prospere processisset, sicut ipse per suas litteras recognoscens, devotas propter hoc nobis gratiarum retulit actiones. Quocirca, serenitatem regiam rogandam duximus et monendam, fideliter consulentes quatenus prædictam civitatem in his et aliis taliter habeas commendatam quod et devotionem suam et intercessionem nostram apud te sibi sentiat fructuosam.

Datum Viterbii, v Idus Julii, pontificatus nostri anno duodecimo.

In eumdem fere modum scriptum est super hoc patriarchæ Aquilegensi. Licet honorem et profectum imperii studiose procures, etc., *usque* recipienda fuissent, et sic impositum ei bannum remittas, cum et arcus, etc., *usque* propterea curavisti devotas gratiarum actiones referre.

Datum, *ut in alia.*

LXXIX.

PATRIARCHÆ CONSTANTINOPOLITANO.
Super injectione manuum violenta.
(Viterbii, vi Idus Julii.)

Ex tuarum perpendimus serie litterarum quod, cum lator præsentium W. Polverel presbyter post absolutionem obtentam a dilecto filio Benedicto tituli Sanctæ Susannæ presbytero cardinali, qui tunc in partibus illis legationis officio fungebatur, super injectione manuum violenta, in quemdam clericum violentas manus instigante diabolo injecisset, a celebratione non abstinuit divinorum : propter quod tu eum tibi reatum suum humiliter confitentem ab officio beneficioque suspensum ad nostram duxisti præsentiam destinandum. Cum igitur non sine multo labore ac dispendia ad nostram præsentiam properarit, volentes ei de misericordia, quæ superexaltat judicio, gratiam exhibere, per apostolica sibi scripta mandamus quatenus si aliud canonicum non obsistit, facias eum per triennium tantum ab officio manere suspensum, et cum eo postmodum poteris misericorditer dispensare.

Datum Viterbii, vi Idus Julii, anno duodecimo.

LXXX.

POTESTATI ET POPULO URBEVETANO SALUTEM ET SPIRITUM CONSILII SANIORIS.
Redarguuntur de præsumptione.
(Viterbii, v Idus Julii.)

Diu multumque sustinuimus exspectantes si forte benignitas nostra vos ad pœnitentiam revocaret. Sed ecce, quod dolentes referimus, ex patientia nostra gravius insolescitis, ut sint novissima vestra pejora prioribus et error novissimus fiat pejor priore ; quoniam impius, cum venerit in profundum vitiorum, contemnit. Ad plagam quippe vestram curandam diversis sæpe tentavimus uti remediis, quibus vos semper estis abusi, ut jam non supersit nisi apponere ferrum vel ignem. Non enim vestris suffecit offensis nos in multis hactenus provocasse, quæ longum esset per singula numerare, nisi et hoc adjicere præsumpseritis ad cumulum offensarum, ut nuper in oculis nostris prædam abduxeritis ab Aquapendente, nulla nobis exposita vel oblata querela. Nolentes igitur vestram ulterius insolentiam æquanimiter sustinere, per apostolica vobis scripta præcipiendo mandamus quatenus et prædam ex integro restituatis ablatam, et a molestatione prædicti burgi omnino cessetis, de terra insuper Vallis lacus infra quindecim dies satisfacturi nobis ad plenum. Alioquin noveritis nos venerabili fratri nostro episcopo vestro nostris dare litteris firmiter in præceptis ut ex tunc te, fili Potestas, consiliarios et principales fautores tuos solemniter excommunicet et tam civitatem quam castra in quibus temporalem jurisdictionem quomodolibet exercetis districto subjiciat interdicto, vosque denuntiet quatuor millium marcarum banno subjectos, ut de cætero sentiatis pondus apostolicæ gravitatis : quæ contra vos etiam advocabit brachium sæculare, ut duplici contritione vos conterat Dominus ultionum.

Datum Viterbii, v Idus Julii, anno duodecimo.

Scriptum est super hoc episcopo Urbevetano.

Datum, *ut in alia.*

LXXXI.

ABBATI SANCTI FELICIS, ET G. DE BAGNOLO CANONICO BONONIENSI.
Respondetur ad eorum consulta.
(Viterbii, vii Idus Julii.)

(48) Oblatæ nobis vestræ litteræ continebant quod cum quidam judices, quibus causa quæ inter de Sambro et de Rivocornaclanario plebes super quibusdam possessionibus vertebatur absque appellationis remedio fuerat ab apostolica sede commissa, pro plebe Sambri sententiam promulgassent (49), et a procuratore plebis de Rivocornaclario ad nos sine termino fuerit appellatum ab ipsa, nec delatum appellationi fuisset, nec ad prosecutionem ipsius terminus a judicibus partibus assignatus, plebanus de Sambro super observatione dictæ sententiæ, sicut

---

(48) Cap. *Oblatæ*, De appellat.
(49) In quarta Collect. *protulissent*, etiam in cod. Colbert.

rationabiliter lata erat, nostras ad vos litteras, et alia pars (50) super infirmanda vel confirmanda eadem postmodum ad alios judices impetravit, nulla in posterioribus litteris de prioribus habita mentione. Unde in dubium revocato an posteriores judices vel vos de illa cognoscere debeatis, nos super hoc consulere studuistis (51), adjicientes nihilominus a quibusdam sapientibus pro parte fuisse propositum appellante quod cum in tali articulo de legis beneficio annum habeat infra quem secundum se communiterve ipsam exsequi litem possit, medio tempore pro suo arbitrio, quando vellet, prosequi poterat appellationem eamdem, nec ad id compelli debebat antequam idem temporis spatium laberetur. Quare nullius esse valoris primas litteras asserebant, etsi de ipsis nulla sit habita mentio in secundis. Pro parte vero altera quosdam alios jurisperitos dixisse quod cum interesset ejusdem ne tandiu sententia maneret suspensa et ipsius confirmatio differretur, et judices qui eam protulerant appellationem prædictam non duxerint admittendam, tum quia fuerat a nobis inhibita, tum quia frivola videbatur, licite pars potuit appellata hujusmodi litteras interim impetrare; præsertim cum, si aliter diceretur, gravem interdum Ecclesiæ sustinerent jacturam, cum in causis ecclesiasticis secundum canones appellare liceat quoties gravamen occurrit vel alia justa causa. Unde contingere posset ut taliter annus cuilibet provocanti daretur, quod causa usque ad sex vel octo annos debitum non sortiretur effectum. Quosdam insuper alios opinatos quod primæ valebant litteræ, non secundæ, sed pars quæ appellaverat infra annum suam appellationem prosequi minime tenebatur. Licet igitur appellanti legitime a sententia indulgeatur annus a lege aut etiam ex justa causa biennium ad appellationem interpositam prosequendam, quia tamen hujusmodi terminus potest restringi, non solum a provocante, verum etiam a judice a cujus sententia provocatur, cum id fuerit constitutum, non ut terminus ipse præveniri non possit, sed ne valeat prorogari, credimus distinguendum in quo casu litteræ impetrentur. Et quidem quando certus terminus ab appellante vel judice appellationi præfigitur prosequendæ, si eo tacito appellatus litteras impetraverit, hujusmodi litteræ, tanquam tacita veritate subreptæ, obtinere non debent aliquam firmitatem. Si vero non sit aliquis certus terminus a judice vel appellante præfixus, pars appellata potest infra terminum a lege statutum, dummodo nimium non præcurrat ut appellantem in impetranda commissione supplantet, litteras impetrare quarum auctoritate in appellationis causa legitime procedatur; ita quod si appellans in causa voluerit appellationis procedere, oportebit eum agere sub judice sic obtento, nisi possit eum legitime recusare. Quod si agere noluerit appellans, appellatus nihilominus potest prosequi causam ipsam, maxime si ex dilatione sibi sentiat imminere gravamen. Superior quoque judex si videat ex dilatione periculum imminere, potest et debet neutro prosequente appellationem occurrere, ut periculum evitetur. Puta, si a sententia lata super confirmatione alicujus electi fuerit provocatum, et utraque pars velit usque (52) ad annum prosecutionem appellationis differre, potest utique, imo debet judex superior, ad quem fuerat appellatum, tempus (53) provide moderari, ne gregi Dominico diu desit cura pastoris. Ex iis igitur consultationi vestræ noveritis esse responsum, quia per posteriores litteras non derogatur prioribus legitime impetratis, per quas ad confirmandum vel infirmandum sententiam prævia potest ratione procedi.

Datum Viterbii, vii Idus Julii, anno duodecimo.

LXXXII.

ABBATI ET MONACHIS SANCTI BENEDICTI SUPRA PADUM.
Super electione, visitatione et correctione.

(Viterbii, iii Idus Julii.)

Venientibus ad apostolicam sedem dilectis filiis S. monacho Cluniacensi et H. monasterii vestri procuratoribus, idem S. proposuit coram nobis quod cum monasterium vestrum a felicis recordationis Gregorio papa prædecessore nostro Hugoni Cluniacensi abbati ac successoribus ejus fuerit dudum commissum, ut in ejus gubernatione atque custodia potestatem haberent et studium procurationis impenderent, ac obeunte abbate ipsius loci, eorum diligentia provideret ut in loco regiminis juxta beati Benedicti Regulam persona subrogaretur idonea, et quidquid in monasterio ad augmentum et observantiam monasticæ religionis instituti vel emendari etiam oporteret, eorum semper dispositione ac magisterio (54) impleretur, prout in felicis memoriæ Lucii et Clementis prædecessorum nostrorum authenticis asseruit contineri, vos abbati Cluniacensi et Ecclesiæ suæ obedientiam et reverentiam subtrahentes, super præmissis et aliis graves eis injurias irrogatis, a sua et Ecclesiæ suæ subjectione vos ac monasterium vestrum subtrahere molientes; vos quoque, filii monachi, abbatem vobis eligere non veremini absque abbatis Cluniacensis et fratrum suorum conniventia et concensu. Procurator vero monasterii vestri proposuit ex adverso quod cum monasterium ipsum ad jus et proprietatem Ecclesiæ Romanæ pertineat, et per privilegia pontificum Romanorum fuerit ab antiquo libertate donatum, dicto Cluniacensi abbati vel Ecclesiæ suæ respondere vel subesse in aliquo minime tenebatur; quinimo ad fratres ejusdem loci tam dispositio quam abbatis electio pertinebat, adjiciens

---

(50) In quarta Collect. additur, *alias commissionis litteras a nobis sup.* Ita etiam codex Colbertinus.
(51) In quarta Collect., *voluistis*, etiam in cod. Colbertino.
(52) In quarta Collect., *etiam.*
(53) In quarta Collect., *terminum.*
(54) In Bullario Cluniac., *ministerio.*

Insuper quod, etsi jus aliquod prædictorum privilegiorum intuitu Cluniacensi Ecclesiæ competierit, illud penitus est absorptum, cum hactenus neglexerit uti eis et monasterium supradictum longissimo tempore plena fuerit libertate gavisum. Proposuit insuper monasterium vestrum super capitulis prænotatis per bonæ memoriæ Eugenii papæ prædecessoris nostri sententiam (55) absolutum. Cum ergo super iis et quibusdam aliis procuratores ipsi non desinerent altercari, et per venerabiles fratres nostros Joannem Sabinensem et Nicolaum Tusculanum episcopos de mandato nostro de amicabili fuerit compositione tractatum, nobis mediantibus demum inter procuratores ipsos hujusmodi compositio intervenit, ut cum in monasterio vestro fuerit abbatis electio celebranda, fratres ejusdem loci absque requisitione abbatis et conventus Cluniacensis personam idoneam regulariter sibi eligant in abbatem. Qui si concorditer electus exstiterit, munus benedictionis accipiat et libere administret, nulla super iis ab abbate vel conventu Cluniacensi licentia expetita; ita videlicet quod is, qui fuerit in abbatem electus, infra spatium primi anni duos vel unum fratres cum suis litteris ad abbatem et conventum Cluniacense transmittat, in quibus eidem abbati et successoribus suis super observantia monastici ordinis obedientiam repromittat; et tunc Cluniacensis abbas per se vel alium ad monasterium vestrum accedat, ab abbate ipsius loci corporalem super ordinis observantia obedientiam recepturus, vel transmissas sibi litteras, si maluerit, in testimonium obedientiæ sibi promissæ reservet. Quod si abbatis electio fuerit in discordia celebrata, pro dirimendo hujusmodi dissensionis articulo ad sedem apostolicam recurratur. Vos quoque de quadriennio in quadriennium aliquem ex confratribus vestris ad Cluniacense capitulum destinetis, qui audiat et recipiat quæ ibidem fuerint super observantia ordinis constituta. Præterea, quolibet quadriennio Cluniacensis abbas duos ex fratribus suis ad visitandum monasterium vestrum mittat. Quibus decenter ac benigne receptis, ab eodem monasterio moderata procuratio tribuatur, et ipsi abbatis ejusdem loci consilio requisito corrigant si quid in ipso monasterio circa monachos et conversos aliasque personas corrigendum invenerint, et statuant quod circa eos fuerit statuendum; si vero aliquid corrigendum invenerint in abbate, ad Romanum pontificem illud referant, et sicut ipse mandaverit, in ejus correctione procedant. Cum autem Cluniacensis abbas ad monasterium vestrum accesserit, abbas ejusdem ei tanquam Patri abbati cedat in choro, capitulo et in mensa. Abbas vero Cluniacensis in membris corriget quod fuerit corrigendum; si quid forte in abbatis persona correctione dignum invenerit, id ad aures Romani pontificis perferre procuret, ut juxta beneplacitum ejus in ipso negotio procedatur. Præterea Cluniacensis abbas ad monasterium vestrum accedens, viginti quinque equitaturis et triginta personis, fratres vero cum illuc causa visitationis accesserint, quatuor equitaturis et sex personis tantummodo sint contenti. Ut igitur in perpetuum compositio suprascripta de procuratorum assensu facta inviolabiliter observetur, nos eam auctoritate apostolica confirmamus, statuentes ut nulli omnino hominum liceat hanc paginam nostræ confirmationis infringere, etc., *usque incursurum.*

Datum Viterbii, iii Idus Julii, anno duodecimo.

LXXXIII.

NOBILI VIRO PETRO DUCI ET POPULO VENETORUM.

Monet eos ut redeant ad obsequium.

(Viterbii, Idibus Julii.)

Quoniam juxta sententiam Salomonis meliora sunt amici verbera quam oscula inimici, cum ista correctionem, illa vero deceptionem inducant, non debetis ferre moleste si quando nos, qui de corde puro et conscientia bona et fide non ficta vestram diligimus civitatem, vos arguimus et corripimus in spiritu lenitatis; quia non indignationis, sed dilectionis est argumentum, eo quod pater filium quem diligit corripit, et Deus quos amat arguit et castigat; maxime cum ad hoc ex apostolicæ servitutis officio teneamur, juxta quod docet Apostolus, dicens : *Argue, obsecra, increpa in omni patientia et doctrina (II Tim.* 11). Memores igitur obsequiorum quæ apostolicæ sedi civitas vestra reverenter impendit et beneficiorum quæ apostolica sedes civitati vestræ gratanter indulsit, gemimus et dolemus illam intervenisse materiam quæ non sinit ad præsens ut preces quas nobis multoties porrexistis pro palleo destinando abbati Sancti Felicis, quem vos Jadertinum præsulem appellatis, cum nostra possimus admittere honestate, propter excessum quem in divinæ majestatis offensam, apostolicæ sedis injuriam, et terræ sanctæ jacturam in Jadertinæ civitatis excidio commisistis (56). Et certe, nisi correctionem vestram ex paternæ benignitatis affectu voluissemus hactenus exspectare, potuissemus quidem ex canonici juris rigore in eo vos punire quo peccastis, subtrahendo patriarchatui vestro metropolim Jadertinam, quam ei apostolica sedes propter vestrum subjecit honorem. Adhuc autem experiri volentes si hujusmodi plagam medicinali possimus arte curare, disposuimus ad vos nuntium dirigere specialem, sicut dilectus filius B. nuntius vester, vir utique providus et fidelis, pio nobis suggessit affectu, per quem efficacius viva voce nostrum vobis beneplacitum exponamus; quatenus si cor vestrum gratia divina tetigerit ut propriam non excusetis sed accusetis offensam satisfactionem congruam exhibendo, et in iis et in aliis quæ digne duxeritis postulanda mereamini exaudiri. Quocirca devotionem vestram rogandam duximus

---

(55) In Bullario Cluniac. additur *fuisse*.

(56) Vide gesta Innoc. III, capp. 86, 89, 90.

et monendam, obsecrantes in Domino quatenus in ejus vos humiliantes conspectu qui exaltat humiles et deponit elatos, ad satisfaciendum ei vestros animos inclinetis, recepturi ab ipso et gratiam in præsenti et gloriam in futuro.

Datum Viterbii, Idibus Julii, anno duodecimo.

LXXXIV.

GUIDONI SUBDIACONO ET CAPELLANO NOSTRO.

Confirmatur ei ecclesia S. Laurentii.

(Viterbii, xiii Kal. Augusti.)

Auditis et intellectis attestationibus et allegationibus universis in quæstione quam venerabilis frater noster Joannes Albanensis episcopus contra te moverat de ecclesia Sancti Laurentii posita in territorio civitatis Novinæ, te ab ipsius impetitione de fratrum nostrorum consilio decrevimus absolvendum, cum nobis per testes constiterit quod idem episcopus tibi concessit ecclesiam memoratam. Ut autem hæc nostra diffinitio perpetuam obtineat firmitatem, eam auctoritate apostolica confirmamus et præsentis scripti patrocinio communimus, statuentes ut nulli omnino hominum liceat hanc paginam nostræ diffinitionis et confirmationis infringere vel ei, etc., *usque* incursurum.

Datum Viterbii, xiii Kalend. Augusti, anno duodecimo.

LXXXV.

CEPHALUDENSI EPISCOPO.

Dantur ei quædam monita.

(Viterbii, Idibus Julii.)

Etsi secundum rigorem juris potuissemus in inquisitione de te facta procedere, quia tamen super eo quod tibi principaliter est objectum, de castro videlicet Cephaludensi, juxta mandatum nostrum asseritur satisfactum, nos ad preces maxime regias duximus subsistendum, de attestationibus taliter provisuri quod per eas fama nominis tui non poterit denigrari. Quocirca fraternitatem tuam rogandam duximus et monendam, per apostolica tibi scripta mandantes quatenus talem te studeas exhibere quod apostolicæ sedi fias ex devoto devotior et regiæ celsitudini fidelior ex fideli, curam et sollicitudinem pastoralem diligenter ac fideliter exsequendo.

Datum Viterbii, Idibus Julii, pontificatus nostri anno duodecimo.

PROCESSUS NEGOTII RAYMUNDI COMITIS TOLOSANI.

Cap. I. *Prima obligatio comitis facta apud* (57) *Valentiam.*

Manifestum sit universis quod anno Dominicæ Incarnationis 1209, mense Junii, ego Raymundus Dei gratia dux Narbonæ, Tolosæ, marchio Provinciæ, mitto corpus meum et septem castella, scilicet Opedam, castrum de Monteferrando, castrum de Balmis, castrum de Monartio, castrum de Roccamaura, castrum de Furcis, castrum de Argentaria, scilicet Famavum, in misericordia Dei et libera potestate Ecclesiæ Romanæ, domini papæ, et vestra .domini Milonis apostolicæ sedis legati ad satisfaciendum et cavendum vobis super illis capitulis pro quibus sum excommunicatus, et ex nunc confiteor me præfata castra nomine Romanæ Ecclesiæ possidere, et eadem quam cito volueritis et quibus volueritis corporaliter assignabo, et homines eorumdem castrorum, quandiu ipsa castra in Ecclesiæ Romanæ fuerint potestate, custodibus castrorum, sicut ordinaveritis, juramenta faciam securitatis exhibere, nonobstante fidelitate qua mihi tenentur. Insuper memorata castra meis custodiantur expensis.

Cap. II. *Forma juramenti comitis* (58).

In nomine Domini. Anno pontificatus domini Innocentii papæ III duodecimo, xiv Kal. Judii. Ego R. dux Narbonæ, comes Tolosæ, et marchio Provinciæ, sacrosanctis reliquiis, eucharistia, et ligno crucis Dominicæ coram positis, supra sancta Dei Evangelia corporaliter manu tacta juro quod super singulis et universis capitulis pro quibus a domino papa vel ejus legato seu aliis vel ipso jure fui excommunicatus vel sum, stabo omnibus mandatis ipsius domini papæ ac vestris, magister Milo domini papæ notarie, apostolicæ sedis legate, vel alterius legati seu nuntii sedis apostolicæ, ita videlicet ut quidquid per se, litteras suas, nuntium vel legatum mihi præceperit super universis capitulis pro quibus excommunicatus fui vel sum, bona fide sine fraude ac malo ingenio adimplebo, super istis præcipue capitulis quæ hic nomino, videlicet quod pacem aliis jurantibus dicor noluisse jurare; item quod juramenta quæ feci super expulsione hæreticorum vel eis credentium non servasse dicor; item quod hæreticos dicor semper fovisse eisque favisse; item quod de fide suspectus habeor; item quod ruptarios sive mainadas tenui; item quod dies Quadragesimæ, festorum, et Temporum, qui securitate gaudere debebant, dicor violasse; item quod adversariis meis, qui se justitiæ offerebant pacemque juraverant, dicor noluisse justitiam exhibere; item quod Judæis publica commisi officia; item quod monasterii Sancti Willelmi et aliarum ecclesiarum possessiones et ecclesias injuste detineo; item quod incastellavi ecclesias et incastellatas detineo; item quod indebita pedagia vel guidagia colligo vel colligi facio; item quod Carpentoractensem episcopum a propria sede depuli; item quod de interfectione sanctæ memoriæ Petri de Castronovo suspectus habeor, pro eo maxime quod interfectorem ipsius in magnam familiaritatem recepi; item quod Vasionensem episcopum et ejus clericos cepi vel capi feci, et palatium ejusdem episcopi et domos canonicorum destruxi et castrum Vasionense per violentiam abstuli; item quod in religiosas personas manus violentas injecisse dicor et multas rapinas commisisse. Super iis salnariis et aliis, si qua poterunt inveniri, prædicto modo juravi et alios jurare feci, et septem castrorum tradidi cautiones, quorum nomina sunt hæc : Furcæ, Opeda, Balmæ, Roccamaura, castrum Mornacii, Famaus in Argenteria, Mons Ferrandi. Si autem ea, quæ circa supradicta capitula et alia injuncta mihi fuerint, in perpetuum bona fide non servavero, volo et concedo ut septem *comite Tolosano apud sanctum Ægidium in manu domini Milonis.*

---

(57) Vide Historiam Albigensium, cap. 11.
(58) In codice quo Catellus utebatur, hic erat titulus · *Hæc est forma juramenti facta a Raymundo*

supradicta castra cadant in commissum Romanæ Ecclesiæ, et jus quod habeo in comitatu Melgoriensi ad Romanam Ecclesiam plenissime revertatur. Volo etiam ut eadem in persona mea excommunicetur et terra supponatur ecclesiastico interdicto, et conjuratores mei tam consules quam alii et sucessores eorum ex hoc ipse absoluti a fidelitate, jure, ac servitio quibus mihi tenentur, Romanæ Ecclesiæ pro feudis et juribus quæ habeo in villis, civitatibus, et castris de quibus erant tam consules quam alii qui jurarunt fidelitatem facere teneantur pariter et servare. Item sub eodem juramento et eadem pœna stratas publicas securas servabo. Eisdem pœnis subjacere volo si prædicta omnia non servavero vel aliquod prædictorum,

CAP. III. *Mandata ante absolutionem.*

In nomine Domini. Anno pontificatus domini Innocentii papæ III duodecimo, xiv Kal. Julii. Ego Milo domini papæ notarius apostolicæ sedis legatus præcipio tibi domino Raymundo comiti Tolosano sub debito præstiti juramenti et sub pœna ejusdem juramenti adjecta ut dominum episcopum Carpentoractensem tam in civitate quam extra pleno jure restituas, et de damnis datis tam de rebus quam de fructibus eidem episcopo resarciendis fidejussores præstes idoneos, et universos cives Carpentoractenses a juramento quod citra triennium tibi vel alii tuo nomine præstiterunt absolvas omnino, et munitionem quam ibi fecisti fieri mihi vel cui jussero facias assignari. Item præcipio tibi sub eadem pœna ut dominum episcopum, præpositum et canonicos Vasionenses tam in castris quam aliis pleno jure restituas, et de damnis datis, ædificiis destructis, et rebus aliis, et fructibus resarciendis eisdem fidejussores præstes idoneos, castrum autem Vasionense mihi vel cui jussero facias assignari. Item sub eadem pœna tibi præcipio ut Aragonenses, Ruptarios, Cotarellos, Bramenzones, Blascones, Mainadas, vel quocunque alio nomine censeantur, de tota terra tua et posse tuo prorsus expellas, nec in alienam terram eos immittas vel alii concedas, nec eorum auxilio tempore ullo utatis. Item sub eadem pœna tibi præcipio ut universos Judæos in tota terra tua et posse ab omni administratione publica vel privata prorsus amoveas, nec unquam eos ad ipsam vel aliam restituas, vel alios Judæos ad aliquam administrationem assumas, nec eorum consilio ullo tempore contra Christianos utaris. Item sub eodem juramento et eadem pœna tibi præcipio ut stratas publicas securas observes. Salvis iis quæ dominus papa vel ego vel alius de mandato ipsius eodem tempore vel diversis tibi duxerit in posterum injungenda.

CAP. IV. *Mandata post absolutionem.*

In nomine Domini, pontificatus domini Innocentii papæ III anno duodecimo, xiii Kal. Julii. *Hæc sunt præcepta facta domino comiti Tolosano postquam fuit absolutus.* Ego Milo domini papæ notarius, apostolicæ sedis legatus, præcipio tibi domino Raymundo, comiti Tolosano, sub debito præstiti juramenti et sub pœna in forma ejusdem juramenti adjecta ut hæreticos et eorum manifeste credentes in tota ditione tua retineas tradendos cum rebus suis ad arbitrium signatorum (59); reliquos vero hæreticos et eorum credentes cum crucesignatis et sine illis fideliter in perpetuum persequaris. Item præcipio ut hæreticos de cætero nullo tempore foveas vel defendas, nec eis unquam præstes consilium vel favorem. Item præcipio ut dies Dominicales et Quadragesimæ et alios in Lateranensi concilio designatos nullo unquam tempore violes vel ab aliis pro posse tuo violari permittas. Item præcipio ut adversariis tuis et universis ecclesiis et domibus religiosis et miserabilibus personis justitiam facias cum fueris requisitus. Item præcipio ut per bajulos tuos facias coram eis conquerentibus justitiam exhiberi. Item ut ecclesias incastellatas ad arbitrium diœcesanorum episcoporum diruas, vel etiam reserves, si quas duxerint reservandas; quas diœcesanis (placupis) vel aliis Ecclesiarum prælatis ad quos pertinere noscuntur continuo tradas, ut ab eis perpetuo possideantur. Item præcipio ut ecclesias et domos religiosas in libertate plenaria conserves, videlicet quod in eis alberguarias, procurationes vel exactiones quascunque nullatenus exigas vel percipias, et defunctis earum episcopis vel aliis rectoribus, ipsas nullo modo spolies, nec administrationi earum seu custodiæ occasione alicujus consuetudinis vel aliqua alia te immisceas, sed omnia sine diminutione aliqua eorum successoribus reserventur. Electioni etiam episcopi vel alterius rectoris Ecclesiæ faciendæ per te vel per quamcunque personam nullatenus te admisceas, nec aliquam violentiam facias vel impedimentum aliquod præstes quo minus electio libere et canonice celebretur. Item præcipio ut pedagiorum seu guidagiorum exactiones tam in terra quam in aquis penitus dimittas, nisi quas regum vel imperatorum concessione probaveris te habere, nec dimissa guidagia seu pedagia deinceps resumas. Item præcipio ut salnarias, ubicunque habeas, dimittas; nec alicubi de cætero instituas, nec impedias liberum transitum viatorum tam in terris quam in aquis. Item præcipio ut pacem seu treugam, secundum quod tibi injunctum fuerit, observes. Item præcipio ut de te conquerentibus secundum meum vel alterius legati seu judicis ordinarii vel delegati arbitrium justitiam facias. Item præcipio ut stratas publicas securas serves, nec transeuntes ab antiquis stratis deviare compellas. Item præcipio ut hæreticos quos diœcesani episcopi vel alii Ecclesiarum rectores hæreticos, receptatores, vel fautores eorum tibi vel tuis bajulis nominabunt, tanquam hæreticos habeas. Item præcipio ut pacem a legatis statutam vel deinceps statuendam jures et serves inviolabiliter secundum ipsins pacis statuta, et universos homines tuos eamdem pacem jurare facias et secundum statuta pacis servare. Item præcipio ut septem castra quæ mihi nomine Romanæ Ecclesiæ tradidisti vel aliquod non auferas per te vel per aliam quamcunque personam et si aliquod illorum fuerit per quacunque personam ablatum, cum toto posse tuo ad recuperandum illud viriliter laborabis, et statim illud pristinæ custodiæ restituas. Hæc omnia tibi præcipio perpetuo observanda, et si qua alia super prædictis capitulis vel aliis pro quibus excommunicatus fuisti dominus papa vel ejus legatus tibi duxerit in posterum injungenda.

CAP. V. *Juramentum consulum.*

In nomine Domini. Anno pontificatus domini Innocentii papæ III duodecimo, xii Kalend. Julii. Nos consules Avinionenses de consensu et voluntate domini R. comitis Tolosani præcise juramus supra sancta Dei Evangelia manu tacta tibi magistro Miloni domini papæ notario, apostolicæ sedis legato, quod bona fide, sine omni malo ingenio, et sine omni fraude consulemus et operam dabimus pro posse nostro quod dictus dominus comes tam per se quam per successores suos super iis omnibus pro quibus fuit excommunicatus, quæ videlicet exponuntur in forma secundum quam ipse antequam absolveretur juravit, pareat omnibus mandatis Ecclesiæ, et quod ea in perpetuum servet; ita ut si quod illorum non fecerit, vel contra venerit manifeste, nos et nullum consilium vel auxilium se obsequium per nos vel per homines sive amicos nostros aliquatenus impendemus, scientes ex hoc ipso dicti comitis dilecto absolutos nos esse a fidelitate, si qua vel servitio illi ullo modo tenebamur; imo quousque plene paruerit, faciemus contra ipsum pro posse nostro quidquid Romana Ecclesia vel ejus

---

(59) Vide infra epist. 154.

nuntius sive legatus nobis mandaverit faciendum, non obstante fidelitate vel jure aliquo vel servitio, si quo ipsi ullo modo tenebamur; a quo tam tu quam dictus comes nos absolvistis et absolvitis, si forte ipse, ut dictum est, contra præcepta quæ sibi facta sunt vel fuerint venerit manifeste. Tunc etiam pro jure sive servitio, si quod in villis vel castris nostri consulatus et ipsa civitate habere dignoscitur, fidelitatem Romanæ Ecclesiæ faciemus, ipsam eidem fideliter et perpetuo servaturi. Item stratas publicas secutas servabimus et faciemus per totum nostrum districtum inviolabiliter observari. Item pedagia seu guidagia vel exactiones aliquas a transeuntibus per stratas vel etiam per flumina nullatenus accipiemus, nisi quæ vel quas antiqua regum vel imperatorum concessione constiterit nos habere. Item ecclesias omnes et domos religiosas in nostro districtu tam in civitate quam extra in plenaria servabimus libertate, videlicet quod ab eis exactiones aliquas seu tallias nullatenus exigemus, et defunctis earum episcopo vel aliis rectoribus, ipsas vel domos earum nullo modo spoliabimus, nec administrationi earum seu custodiæ occasione alicujus consuetudinis vel aliqua alia, nisi forte rogati ab episcopo vel capitulo, nos immiscebimus, sed omnia sine diminutione aliqua defunctorum successoribus reserventur. Et electioni episcopi vel alterius rectoris Ecclesiæ faciendæ per nos vel per quamcunque aliam personam nos nullatenus immiscebimus, nec aliquam violentiam faciemus vel impedimentum præstabimus quominus electio libere ac canonice celebretur. Item pacem seu treugam, sicut nobis injunctum fuerit, bona fide observabimus. Item, si episcopus vel capitulum vel alia persona ecclesiastica nobis aliquos hæreticos nominaverit vel credentes, vel per nosmetipsos cognoscere poterimus aliquos hæresim prædicare vel facere conventicula aliqua, ipsos persequemur secundum legitimas sanctiones, et eorum bona omnia infiscabimus. Hæc omnia singulis annis per manus episcopi nostri successores nostros faciemus jurare. Si quis autem hæc jurare noluerit, ipsum tanquam hæreticum habebimus manifestum, nec ejus judicium sive auctoritas vigorem in aliquo sortiatur.

In eumdem modum juraverunt alii consules, scilicet Nemausenses et Sancti Ægidii (60)*, et multi alii quos exegi*

Cap. VI. *Hæc est indulgentia.*

Ego R. Dei gratia dux Narbonæ, comes Tolosæ, et marchio Provinciæ, pro animæ meæ remedio et progenitorum meorum omnibus ecclesiis et domibus religiosis provinciarum Viennensis, Arelatensis, Narbonensis, Auxitanensis, Burdegalensis, et Bituricensis immunitatem secundum statuta canonum et plenissimam libertatem concedo (61); ita videlicet quod alberguarias, procurationes, vel exactiones quascunque seu tallias nullo unquam tempore per me vel per alios requiram in eis, et requirentes sive postulantes pro posse meo fideliter coercebo. Defunctis etiam earum episcopis vel rectoribus aliis, ipsas vel domos earum per me vel per alium nullo modo spoliabo, nec administrationi earum custodiæ occasione alicujus consuetudinis vel aliqua alia me ullatenus immiscebo; sed omnia sine diminutione aliqua defunctorum successoribus reserventur. Electioni etiam episcopi vel alterius rectoris Ecclesiæ faciendæ per me vel per quamcunque personam me nullatenus immiscebo, nec aliquam violentiam faciam vel impedimentum præstabo quo minus electio canonice ac libere celebretur. Præterea possessiones omnes et jura ecclesiarum, si qua injuste detineo, eis restituo pleno jure. Promitto insuper quod omnia jura ecclesiarum et domorum religiosarum, sicut decet catholicum principem, in præfatis provinciis totis viribus protegam et defendam. Si quis autem contra præfatam immunitatem et libertatem a me indultam ecclesiis et aliis domibus religiosis venire præsumpserit, ipsum pro posse meo viriliter coercebo. Istam autem concessionem et promissionem feci apud Sanctum Ægidium anno pontificatus domini Innocentii III duodecimo, XIII Kal. Julii, ad mandatum et exhortationem magistri Milonis domini papæ notarii, apostolicæ sedis legati, præsentibus domino Michaele Arelatensi archiepiscopo cum episcopis infrascriptis, videlicet Marsiliensi, Avenionensi, Cavellicensi, Carpentoractensi, Vasionensi, Tricastrinensi, et Nemausensi, et Agathensi, et Magalonensi, Lodovensi, Tolosano, Biterrensi, et domino archiepiscopo Aquensi, et episcopo Forojuliensi, et Niciensi, et Aptensi, et Sisteri censi, et archiepiscopo Auxitano, et episcopo Aurasicensi, et Vivariensi, et Uticensi.

Cap. VII. *Forma pacis.*

In nomine Domini. Anno duodecimo pontificatus domini Innocentii papæ III, x Kalend. Julii. Ego Milo, domini papæ notarius, apostolicæ sedis legatus, præcipio vobis domino R. comiti Tolosano et vobis baronibus, scilicet Villelmo et Hugoni et Raimundo de Baucio, P. Bermundi, Rascatio, et aliis baronibus et coadjutoribus vestris, sub debito præstiti juramenti et pœna in eodem juramento adjecta, quatenus secundum statuta pacis olim a legatis Romanæ Ecclesiæ promulgata, inter vos pacem perpetuam observetis, et eamdem pacem a vestris hominibus et coadjutoribus faciatis jurari pariter et servari. Si vero ortæ sunt inter vos aliquæ quæstiones vel in posterum forsitan orientur, per venerabiles patres Hugonem Regensem episcopum, apostolicæ sedis legatum, ad hoc de voluntate ipsius assumptum et Arelatensem, archiepiscopum, et episcopum Uticensem, et Avinionensem præpositum, vel per alios qui pro tempore per Romanam Ecclesiam fuerint substituti, eas statuo concordia vel judicio terminari. Salvo in omnibus apostolicæ sedis mandato.

Cap. VIII. *Juramentum quod præstiterunt custodes castrorum.*

In nomine Domini. Pontificatus domini Innocentii papæ III anno duodecimo, XII Kal. Julii. Ego Michael Arelatensis archiepiscopus juro tibi Miloni domini papæ notario, apostolicæ sedis legato, quod castra de Mornas et de Furcis sine omni malo ingenio et sine omni fraude pro posse meo faciam fideliter custodiri, nec eadem castra vel eorum aliquod comiti Tolosæ vel alii personæ restituam vel restitui scienter permittam sine mandato domini papæ literis literis ejus inserto, vel sine mandato tuo vel alterius Romani pontificis nuntii sive legati ad hoc specialiter cum literis bullatis deputati. Sane illi vel illis cui vel quibus dominus papa, vel tu, vel alius nuntius sive legatus domini papæ cum supradicta forma ad hoc specialiter destinatus jusserit, prædicta castra restituam, nonobstante eo quod eadem castra dicuntur ad meam Ecclesiam pertinere, tempore legitimo mihi tunc assignato; restitutis tamen prius mihi universis expensis et usurarum gravaminibus pro castrorum custodia tunc factis juramento bajulorum meorum, quos in prædictis castris posuero, absque alia probatione declarandis. Expensas autem de concessione tua intelligo faciendas de redditibus et omnibus proventibus castrorum illorum et mandatorum quos de voluntate comitis, et concessione, et mandato tuo bajuli mei ibidem percipere debent, jurisdictionem plenariam duntaxat pro castrorum custodia et sufficientibus ad expensas redditibus colligendis per omnia exercentes. Porro, si prædicti proventus ad prædicta complenda non sufficient, nec comes nec

---

(60) In Hist. Albig. cap. 13 legitur *S. Georgii.* Male. At in codice Colbertino recte *Sancti Ægidii.*

(61) Hæc clausula deest in editione Catelli.

aliquis pro eo expensas juxta voluntatis meæ moderamina ministraverit, ego ex mutua pecunia expensas faciam, nec prædicta castra tenebor restituere donec prædictæ expensæ cum omnibus suis gravaminibus mihi fuerint plenius restitutæ. Hæc omnia sicut supra scripta sunt bona fide servabo. Sic me Deus adjuvet et hæc sancta Dei Evangelia.

Et ego Milo domini papæ notarius, apostolicæ sedis legatus, hanc fidelitatem auctoritate domini papæ et Romanæ Ecclesiæ accipiens, concedo tibi, Michael Arelatensis archiepiscope, eadem auctoritate ut omnia suprascripta possis exigere et percipere et pro tuæ voluntatis arbitrio bona fide disponere, volens et statuens te et Ecclesiam tuam indemnem super expensis et omnibus gravaminibus occasione custodiæ memoratorum castrorum quocunque tempore factis conservari. Ad perpetuam autem omnium horum firmitatem hanc chartam sigilli mei munimine facio roborari.

In eumdem modum juravit Vivariensis episcopus pro castro de Faniau sibi commisso. In eumdem modum abbas Montis Majoris pro castro de Opeda. In eumdem modum juraverunt episcopus et præpositus Avenionenses pro castris de Roccamaura et de Balnis sibi commissis. In eumdem modum juravit Magalonensis episcopus pro castro de Monteferrando.

CAP. IX. *Juramentum pro principibus crucesignatis et exercitu.*

In nomine Domini. Anno duodecimo pontificatus domini Innocentii papæ III, x Kal. Junii. Ego R. Dei gratia dux Narbonæ, comes Tolosæ, et marchio Provinciæ juro super sancta Dei Evangelia corporaliter manu tacta quod quando principes crucesignati ad partes meas accedent, mandatis eorum parebo per omnia tam super securitate quam aliis quæ mihi pro utilitate ipsorum et totius exercitus duxerint injungenda.

Hoc juramentum exegi a comite cum sibi contra hæreticos crucem imposui.

CAP. X. *Juramentum baronum.*

In nomine Domini. Pontificatus domini Innocentii III papæ anno duodecimo, xiv Kal. Julii. Nos Willelmus de Baucio et Hugo frater ejus, et Raimundus nepos noster, Draconetus, Guillelmus Arnaudi, Raimundus Dagout, Ricavus de Cariumpo, Bertrandus de Launduno, et Willelmus frater meus, Bernardus de Andusia (62), et P. Bermundi filius meus, et Rostagnus de Posqueriis, et Raimundus de Usecia, et filius meus Decanus, et Raimundus Gaucelini de Lunello, et Pontius Gaucelini, juramus tibi magistro Miloni domini papæ notario apostolicæ sedis legato, coram sancta Eucharistia et cruce Dominica et sanctorum reliquiis supra sancta Dei Evangelia corporaliter manu tacta quod stabimus omnibus mandatis Ecclesiæ seu tuis vel alterius nuntii seu legati domini papæ super istis capitulis quæ inferius exprimuntur, videlicet super abjuratione mainadarum perpetua; item super Judæis ab omni administratione seu officio perpetuo amovendis et nullo unquam tempore restituendis, vel aliis Judæis ad aliquam administrationem nullatenus assumendis; item super pedagiis et guidagiis dimittendis et nullo unquam tempore resumendis; item super pace vel treuga juxta mandatum tuum vel alterius legati domini papæ instituenda pariter servanda; item super plena ecclesiarum libertate servanda; item super ecclesiis incastellatis demoliendis et penitus dimittendis et nullo unquam tempore incastellandis; item super damnis per nos datis ecclesiis et aliis personis, sive laicis sive clericis resarciendis; item quod de nobis querelantibus justitiam exhibebimus. Hæc omnia sicut supra scripta sunt, et in omnibus supra scriptis articulis et aliis, si qui forsitan emerserint, et in cautionibus tibi dandis pro posse nostro fideliter adimplebimus. Sic Deus nos adjuvet et hæc sancta omnia. Similiter sub eodem juramento stratas publicas securas servabimus, et eos, quos episcopi nostri hæreticos nominabunt, et receptatores et fautores eorum animadversatione debita puniemus.

In eumdem modum juraverunt alii barones.

CAP. XI. *Præcepta baronum.*

In nomine Domini. Anno pontificatus domini Innocentii papæ III duodecimo, xiv Kal. Julii. Ego Milo, domini papæ notarius, apostolicæ sedis legatus, vobis baronibus, videlicet Willelmo de Baucio, Hugoni de Baucio, R. de Baucio, Draconeto, Willelmo arnaudi, R. Dagout, Ricavo de Cariumpo, B. de Launduno, Willelmo de Launduno, Bernardo de Andusia, Petro Bermundi, R. de Usecia, et Decano filio vestro, R. de Posqueriis, R. Gaucelini, et Pontio Gauzelini, sub debito præstiti juramenti præcipio ut mainadas nullo unquam tempore habeatis, item ut Judæos ab omni administratione publica vel privata removeatis omnino, et nullo unquam tempore eos ad eamdem vel ad aliam restituatis, nec alios Judæos ad administrationem aliquam assumatis, nec eorum consilio contra Christianos utamini. Item ut ecclesias incastellatas ad arbitrium diœcesanorum episcoporum diruatis, vel etiam reservetis si quas duxerint reservandas: quæ diœcesanis episcopis vel aliis Ecclesiarum prælatis, ad quos pertinere noscuntur, tradantur, et ab eis perpetuo possideantur. Item præcipio ut ecclesias et domos religiosas in libertate plenaria conservetis, videlicet quod in eis albergarias, procurationes, vel exactiones quascunque nullatenus exigatis vel percipiatis, de defunctis earum episcopis vel aliis rectoribus ipsas nullo modo spolietis, nec administrationem earum sub custodiæ occasione alicujus consuetudinis vel aliqua alia vos immisceatis, sed omnia sine diminutione aliqua eorum successoribus reserventur, et electioni episcopi vel alterius rectoris Ecclesiæ faciendæ per vos vel per quamcunque aliam personam vos nullatenus admisceatis, nec aliquam violentiam faciatis vel impedimentum aliquod præstetis quo minus electio libere et canonice celebretur. Item præcipio ut pedagiorum seu guidagiorum exactiones penitus dimittatis, nisi quas regum vel imperatorum concessione probaveritis vos habere, nec dimissa pedagia seu guidagia deinceps resumatis. Item præcipio ut pacem seu treugam, secundum quod vobis injunctum fuerit, observetis. Item præcipio ut de vobis conquerentibus secundum meum vel alterius legati vel judicis delegati arbitrium justitiam faciatis. Item præcipio ut stratas publicas securas servetis. Item præcipio ut eos, quos episcopi hæreticos nominabunt, receptatores vel fautores eorum, tanquam hæreticos habeatis.

CAP. XII. *Obligatio castrorum baronum.*

Noscant præsentes et futuri quod anno Dominicæ Incarnationis 1209, mense Junio, apud Sanctum Ægidium, Willelmus de Baucio princeps Aurasicæ, et Hugo de Baucio, et Raimundus de Baucio reddiderunt pro pignoribus pro se et pro proceribus qui morantur ultra Rhodanum, et pro filiis Rostagni de Fabrano, et pro Bertrando de Launduno, et pro Willelmo fratre ejus, castrum de Vitrola, et castrum Montismirati, et castrum de Clarenzaens in manu magistri Milonis apostolicæ sedis legati, promittentes se stare ejusdem mandato et cognitioni de capitulis infrascriptis, scilicet de pedagiis et guidagiis et de Judæis et de mainadis et de ecclesiis incastellatis et earum libertatibus, et quod de querelis comitti justitiam exhibebunt.

CAP. XIII. *Eadem obligatio pro aliis baronibus.*

Noscant præsentes et futuri quod P. Bermundi de Salve, et R. Peleti, et Rascatius de Ucecia, et R. de Posqueriis, et R. Gaucelini reddiderunt pro pignoribus pro se castrum de Grefoila, et castrum de

---

(62) Vide lib. xv, epist. 220.

Roccaforcada, et castrum de Sado in manu magistri Milonis apostolicæ sedis legati, promittentes se stare mandato suo et cognitioni de pedagiis et Judæis et de mainadis et de ecclesiis incastellatis et earum libertatibus, et quod de querelis comitis justitiam exhiberent.

CAP. XIV. *Mandatum episcopis factum.*

Arelatensi archiepiscopo.

Præsentium vobis auctoritate mandamus sub obedientiæ virtute districte præcipimus quatenus ea quæ apud Sanctum Ægidium his diebus statuta sunt clericis et laicis vestrarum diœcesum solemniter et fideliter publicetis, et ea faciatis per excommunicationis et interdicti sententias tam in locis quam in personis inviolabiliter observari. Relaxetis etiam interdicti sententiam secundum formam in eodem colloquio vobis datam, quæ talis est : *De absentibus nominatim excommunicatis vel etiam interdictis,* si magnæ personæ fuerint, hæc forma servetur, ut cum litteris diœcesani veritatem rei continentibus absolvendi ad aliquem legatorum accedant. De minoribus militibus et popularibus personis hæc forma servetur, ut diœcesanus per se vel per interpositam personam idoneam ad loca interdicta accedat, et receptis ab omnibus juramentis quod pareant mandatis Ecclesiæ, prius extumulentur illi per eorum tumulatores qui, interdicto durante, fuerant tumulati, et postmodum relaxato interdicto solemniter tumulentur, nisi nominatim excommunicati fuissent, qui perpetuo careant ecclesiastica sepultura, et statim pacem jurare et ipsius statuta servare sub debito juramenti compellantur. Hæc dicimus observari in locis in quibus non sunt hæretici manifesti.

In eumdem modum scriptum est archiepiscopis et episcopis aliis.

LXXXVI.

ARCHIEPISCOPIS ET EPISCOPIS ET ABBATIBUS ET ALIIS ECCLESIARUM PRÆLATIS ET UNIVERSIS PERSONIS ECCLESIASTICIS QUIBUS HOC SCRIPTUM AB APOSTOLICÆ SEDIS LEGATIS FUERIT EXHIBITUM.

De subsidio præstando crucesignatis.

(Viterbii, v Kal. Augusti.)

Is qui dat omnibus affluenter et non improperat, qui non solum spiritualia dona concedit, sed etiam temporalia bona largitur, ita terrenæ nobis substantiæ admirationem indulsit ut bona nobis ad vitæ sustentationem commissa in necessitatis articulo nostro ministerio proximis dispensentur, et de iis eis quasi de propriis gratiam faciamus quæ communia omnibus fecerat jus naturæ. Licet autem ad succurrendum in necessitatibus proximis fideles quilibet teneantur, personæ tamen ecclesiasticæ, quibus commissum est patrimonium Crucifixi, obligare ad hoc specialiter dignoscuntur, et eo se potius in administratione ipsius exhibeant liberales quo principalius est ad opus indigentium deputatum. Hinc est siquidem quod cum fidelis populi multitudo ad impugnandum orthodoxæ fidei subversores viriliter se accingant assumpto charactere Crucifixi, et absurdum sit procul dubio ut qui pro communi utilitate laborant, propriis tantum debeant stipendiis militare aliquam vestrorum redditum portionem deputare vos convenit in subsidium eorumdem. Cum enim sacris sit canonibus institutum ut thesauri et alia bona ecclesiarum ingruente necessitatis articulo in redemptionem exponi debeant captivorum (63,) tunc procul dubio debent plenius dispensari cum periculis occurritur animarum quæ falsis dogmatibus captivatæ in erroris carceribus detinentur, cum pretiosior sit anima corpore, ac perditioni unius animæ multorum interitus corporum nequeat comparari. Illud etiam in hoc vobis est subtilius advertendum, quod, quamvis illi qui ad capiendas vulpeculas quæ demoliuntur vineam Domini se accingunt, universorum fidelium causam agant, utilitatibus præcipue virorum ecclesiasticorum insistant, dum illi quorum intendunt duritiam inter clades bellicas edomare, apostolicam doctrinam impugnent, ecclesiasticam auctoritatem evacuent, et viris ecclesiasticis astruant non esse aliquatenus intendendum, dominis temporalibus magnifice servientes. Unde, cum videatur consentaneum rationi ut Christi milites, qui pro vestris utilitatibus militant, vestris munificentiis recreentur, universitatem vestram rogandam duximus et monendam, per apostolica vobis scripta in remissionem peccaminum injungentes quatenus illam vestrorum unius anni proventuum portionem quam venerabilis frater noster episcopus Regensis et dilecti filii abbas Cisterciensis et magister Milo notarius noster, apostolicæ sedis legati, quibus super hoc vices nostras committimus, deliberatione provida duxerint designandam, ad crucesignatorum subsidium assignetis. Alioquin, cum sustinere nolimus ut propter necessariorum defectum prædictorum signatorum exercitus dissolvatur, noveritis nos eisdem legatis injungere ut vos ad id ecclesiastica censura compellant. Ne vero gravia vobis onera imponere videamur quæ digito nostro movere nolimus, quantamcunque vos gratis de vestris proventibus consulueritis portionem nos profecto majorem de nostris offerimus largiendam.

Datum Viterbii, v Kal. Augusti, pontificatus nostri anno duodecimo.

LXXXVII.

REGENSI EPISCOPO, ET ABBATI CISTERCIENSI, ET MAGISTRO MILONI NOTARIO NOSTRO, APOSTOLICÆ SEDIS LEGATIS.

De eodem argumento.

(Viterbii, vi Kal. Augusti.)

Ut hi qui orthodoxæ fidei zelo succensi ad expugnandam hæreticam pravitatem vivificæ crucis characterem assumpserunt eo ferventius publicam causam gerant quo se viderint proximorum subsidiis adjuvari efficacius, a vobis, frater episcope ac fili abbas, et a nonnullis aliis nobis fuit sæpe suggestum quod tam clericos quam laicos constitutos in terris nobilium qui contra provinciales hæreticos sunt crucesignati cogi per censuram ecclesiasticam faceremus ut de proventibus suis saltem unius anni

---

(63) S. Greg. lib. VI, epist. 13; q. 2, 12, cap. 70, *Aurum.*

ad tam sanctum et sumptuosum opus implendum dictis crucesignatis portionem decimam largirentur. Et quidem commonitorias litteras super hoc nos meminimus destinasse; sed, ut ad id aliqui cogerentur ad quod erant monitis et exhortationibus inducendi, nobis et fratribus nostris durum admodum videbatur. Cæterum, ad multam vestræ suggestionis instantiam, quam ex devotionis credimus fervore procedere quem habetis ad explendum obsequium Jesu Christi, super hoc committendas vobis duximus vices nostras, ita videlicet quod eosdem non præcise tantum ad decimam, sed quantamlibet vobis expedire videbitur, sollicitis exhortationibus inducatis, ad coactionem, si aliter unquam poteritis minime processuri. Quod si forsan incœptum negotium nequiverit aliter expediri, ne, quod absit! occasione tali dissolvatur exercitus et opus tam utile deseratur, volumus et mandamus quatenus universas personas ecclesiasticas tam regulares quam alias, quibus transmissum ad eos mandatum apostolicum fuerit a vobis exhibitum, ad præstandam illam suorum reddituum portionem quam eisdem duxeritis designandam qua convenit censura cogatis, attentius provisuri ut ad compulsionem hujusmodi nullatenus procedatur a vobis si suscitari grave scandalum timeatur. Laicos vero, si forte ad coactionem fuerit procedendum, compelli nullatenus volumus absque consensu principalium dominorum. Quod si omnes, etc., duo vestrum, etc.

Datum Viterbii, vi Kalend. Augusti, etc., ut in alia.

LXXXVIII.
UNIVERSIS FIDELIBUS CONSTITUTIS IN TERRIS NOBILIUM QUI ADVERSUS PROVINCIALES HÆRETICOS SUNT CRUCESIGNATI.

Super eadem materia.
(Viterbii, vii Kal. Augusti.)

Cum domini vestri pro defensione fidei ortodoxæ personas et res exposuerint ad obsequium Jesu Christi, universorum fidelium communem causam agentes, justum est ut a vobis et aliis recipiant subsidia opportuna, quibus adjuti tam sanctum et fructuosum propositum valeant adimplere. Quocirca universitatem vestram rogandam duximus et monendam, in remissionem vobis peccaminum injungentes quatenus pro ejus amore, qui vobis animam donavit et corpus et bona omnia quæ habetis, imo etiam qui seipsum vobis donavit in pretium ut suo sanguine pretioso redimeret vos a diaboli potestate, aliquam portionem de proventibus vestris, saltem unius anni, juxta dispositionem venerabilis fratris nostri Regensis episcopi et dilectorum filiorum Cisterciensis abbatis et magistri Milonis notarii nostri, sedis apostolicæ legatorum, tam hilariter quam liberaliter conferatis, ut per hæc et alia bona quæ, Domino inspirante, feceritis, ad æternæ beatitudinis præmia mereamini pervenire. Nos enim eisdem legatis vices nostras in hoc duximus committendas, habituri ratum et gratum quidquid pie ac provide super eo duxerint statuendum.

Datum Viterbii, vii Kal. Augusti, anno duodecimo.

LXXXIX.
MAGISTRO MILONI NOTARIO NOSTRO APOSTOLICÆ SEDIS LEGATO.

Mandatur ei ut cœptum negotium persequatur.
(Viterbii, vi Kal. Augusti.)

Sollicitudinis tuæ studium, quod per operis evidentiam declaratur, tanto nobis prudentiam tuam reddit amplius commendatam quanto cœlestis altitudo consilii circa commissum tibi negotium majora dignoscitur per tuum ministerium operata. Illi ergo qui pertingit a fine usque ad finem fortiter et disponit suaviter universa, quique, cum imperet ventis et mari, facit in turbatione tranquillum, quas valemus gratias referentes, discretionem tuam dignis super hoc laudibus commendamus. Licet autem reditus tuus utilis nobis esset et præsentia tua grata, quia tamen in ministerii tui cura multis te fore credimus non solum necessarium sed etiam fructuosum, devotioni tuæ præsentium auctoritate mandamus quatenus prudenter considerans quod non qui cœperit sed qui perseveraverit, salvus erit, et finis non pugna coronat, his quæ ad injunctum tibi spectant officium sollicite ac solerter intendas, ad illum principaliter habens absque intermissione respectum qui pro sua causa, quam agis, diriget gressus tuos, reddetque tibi mercedis æternæ denarium pro labore, a nobis etiam, qui non sumus tuæ devotionis immemores, consolationis solatia percepturus.

Datum Viterbii, vi Kal. Augusti, anno duodecimo.

XC.
NOBILI VIRO R. COMITI TOLOSANO.

Hortatur eum ut perseveret in bono.
(Viterbii, vi Kal. Augusti.)

Gaudemus in Domino et in potentia virtutis ipsius quod licet contra te dudum fuerint multa suggesta quæ famam tuam videbantur multiformiter denigrare, tu tamen, ut eam omnino purgares, totum te nostris exposuisti mandatis, exhibens cautiones quantas et quales dilectus filius magister Milo notarius noster, apostolicæ sedis legatus, exegit; et sic qui multis fueras in scandalum, factus es pluribus in exemplum, ut circa te manus Domini videatur mirabiliter operata. Cum ergo pro certo credamus quod hoc tibi, non solum spiritualiter ad salutem, verum etiam temporaliter ad profectum debeat redundare, ut amodo inter fideles fructifices et abundes in pace catholica qui hactenus inter perfidos dispergebas et consumebas in bellica clade, nobilitatem tuam rogandam duximus et monendam, per apostolica tibi scripta mandantes quatenus talem in omnibus te studeas exhibere quod nos, qui tuum desideramus in Domino commodum et honorem, ad exhibendum tibi gratiam et favorem merito debeamus induci, pro certo confidens quod indebitum tibi nolumus inferri gravamen.

Datum Viterbii, vi Kal. Augusti, pontificatus nostri anno duodecimo.

XCI.
STEPHANO CANTUARIENSI ARCHIEPISCOPO, S. R. E. CARDINALI.
De electione episcopi Lincolniensis.
(Viterbii, iv Kal. Augusti.)

(64) Super negotio Lincolniensis electi non solum discretionis spiritum, verum etiam discretionem spiritus te oportet habere, ne facile credas omni spiritui, sed zelum habeas secundum scientiam, diligenter attendens quod qui nimium emungit, elicit sanguinem, cum tempus et tempus sit omni rei quæ sub cœlo consistit. Unde: Omnia bona in tempore suo. Tuis ergo consultationibus breviter respondemus quod si Lincolniense capitulum alias litteras de assensu regio vel noluerit vel nequiverit impetrare, sufficiunt impetratæ, ne forte sub specie consuetudinis approbatæ quærere videaris utilitatem magis propriam quam communem. Si autem electus canonicam purgationem obtulerit super iis de quibus probabiliter est suspectus vel publice infamatus, purgationem ejus accusatore deficiente recipias, moderando ipsam cum quinta probabilium personarum ordinis sui manu. Quod si nec inquisitionem subire nec purgationem exhibere voluerit super iis de quibus, ut diximus, probabiliter est suspectus vel publice infamatus impedientibus promotionem ipsius secundum canonicas sanctiones, electionem ejus poteris de jure cassare. Ad hæc, si Lincolnienses canonici præcepto tuo juxta formam mandati nostri parere noluerint, in eos tanquam inobedientes et contumaces canonicam poteris proferre censuram. Cæterum, hæc omnia tibi noveris non tanquam delegato, sed quasi ordinario, esse rescripta.

Datum Viterbii, iv Kal. Augusti, anno duodecimo.

XCII.
ABBATI ET CONVENTUI FARFENSI.
Absolvuntur ab impetitione episcopi Sabinensis.
(Viterbii, ii Non. Augusti.)

(65) Cum venerabilis frater noster Sabinensis episcopus coram dilectis filiis nostris Rogerio tituli Sanctæ Anastasiæ presbytero et Pelagio Sanctæ Luciæ ad septa solis diacono cardinalibus, quos sibi et R. procuratori vestro concessimus auditores, ecclesiam Sancti Viti de Granica cum suis possessionibus et suis pertinentiis petiisset, asserens eamdem ad se tam in spiritualibus quam temporalibus pertinere, idem procurator, nondum ejusdem episcopi intentione fundata, præpropere sic respondit, quod, etsi dicta ecclesia dudum fuerit Ecclesiæ Sabinensis, eam tamen episcopus non poterat vindicare, quam ex permutationis causa Farfense monasterium obtinebat, ad hoc probandum quoddam exhibens instrumentum, in quo contineri prima facie videbatur quod Theodo episcopus cum suorum sacerdotum assensu prædictam ecclesiam Sancti Viti proquibusdam ecclesiis et rebus aliis in concambium vestro duxerat monasterio concedendam. Ad hæc autem episcopus proposuit memoratus intentionem suam per responsionem hujusmodi esse fundatam. Cum enim pars vestra responderit se dictam ecclesiam ex permutatione facta per Sabinensem episcopum obtinere quam etiam publico nitebatur instrumento probare, confiteri per consequentiam videtur se credere quod ecclesia sæpedicta tempore permutationis pertinuit ad Ecclesiam Sabinensem, cum permutatio inter contractus bonæ fidei computetur, nec cum alio quam cum domino vel cum eo qui habetur loco domini legitime valeat celebrari, adjiciens quod, etsi confessioni hujusmodi stare vellet in quantum contra vos facere videbatur, instrumentum tamen hujusmodi contra se minime admittebat, quod nec tabellionis auctoritate, nec subscriptione testium dignoscitur esse fulcitum. Sed ad hoc pars vestra respondit quod, cum procurator id in modum exceptionis objecerit, non videbatur ex adversæ partis intentione fuisse confessus; quia juxta legitimas sanctiones, qui exceptione utitur, non æstimatur de intentione adversarii, cum quo agitur, confiteri, adjungens quod, etsi permutationis tempore cœnobium Farfense crediderit dictam ecclesiam Sancti Viti ad Sabinensem Ecclesiam pertinere, procurator tamen prædictus ex certis causis seu verisimilibus conjecturis credulitatem suam postmodum potuit taliter informare ut nunc crederet eamdem ecclesiam ad Sabinensem Ecclesiam tunc temporis non spectasse. Porro memoratus episcopus, ad probandum quod jamdicta ecclesia ad se in temporalibus pertinebat, quosdam testes induxit, per quos nitebatur ostendere quod tam dictam ecclesiam quam molendina, terras et alia bona ejus Sabinenses episcopi diutius possederunt, de illis pro suæ voluntatis arbitrio libere disponendo. Quidam quoque testes ad probandam præscriptionem ex vestra fuerunt parte producti; per quorum aliquos vester procurator asseruit sufficienter ostensum quod a nonaginta annis eamdem ecclesiam cum molendinis et aliis bonis ejus vestrum monasterium possederat in quiete. Sed ad hoc pars episcopi respondebat quod etsi quidam testes de nonaginta annis deponere videantur, quia tamen de juris ordine tempora (66) schismatum quæ temporibus bonæ memoriæ Innocentii et Alexandri Romanorum pontificum intercessisse noscuntur, et de nostra indulgentia speciali episcopo memorato concessa tempus Conradi quondam Sabinensis episcopi, cum propter ejus absentiam, qui pastoralem curam gessit in Ecclesia Maguntinensi, et illorum incuriam quibus Sabinensis episcopatus diversis temporibus fuit cura commissa, ejusdem episcopatus jura neglecta fuerint, debeant de computatione subduci, cum eumdem episcopum in eo statu quoad defendenda Sabi-

---
(64) Vide supra epist. 56.
(65) Vide epist. seq.

(66) Vide supra, lib. xi, epist. 84, 167.

nensis episcopatus jura duxerimus reponendum quem habuit quando idem Conradus Sabinensis Ecclesiæ præsulatum accepit, residuum temporis procul dubio ad legitimæ præscriptionis limitem minime pertingebat. Super iis igitur et aliis propositis coram cardinalibus supradictis deliberatione cum fratribus nostris habita, intelleximus supradictum episcopum intentionem suam minime fundavisse per depositiones testium vel procuratoris supradicti responsionem, qui, sicut præmissum est, exceptionem objiciens, de intentione adversæ partis non intelligitur fuisse confessus, vel etiam per instrumentum ex adverso exhibitum, cum in eo Theodo episcopus, a quo permutatio facta proponitur, non dicatur episcopus Sabinensis, quanquam in transcripto quo procurator utebatur appositum fuerit *Sabinen.* per vitium falsitatis. Licet autem nimis excesserit qui transcriptum illius instrumenti falsavit, quia tamen delictum personæ non debet in damnum Ecclesiæ redundare, ac non solum ante sententiam, verum etiam post, objici potest exceptio falsitatis, cum falsorum instrumentorum prætextu lata sententia usque ad viginti annorum spatium valeat retractari, veritate comperta noluimus ut id vestro monasterio præjudicium generaret. Quia vero nobis constitit supradictam ecclesiam Sancti Viti constitutam esse in diœcesi Sabinensi, episcopale jus in omnibus spiritualibus eidem episcopo adjudicavimus in eadem, illis duntaxat exceptis quæ per authentica scripta ei dignoscuntur esse substracta, cum per privilegium vel præscriptionem legitimam nullatenus probaretur exempta. Verum quia dictus episcopus, qui eamdem ecclesiam sibi quoad temporalia vendicabat, munitum se super hoc præscriptione legitima non ostendit, quanquam probaverit episcopos Sabinenses bona ejusdem ecclesiæ aliquando tempore possedisse, vos ab impetitione ipsius quoad temporalia ejusdem ecclesiæ sententialiter duximus absolvendos. Nulli ergo, etc., hanc paginam nostræ diffinitionis infringere vel ei, etc., *usque* incursurum.

Datum Viterbii, 11 Non. Augusti, anno duodecimo.

XCIII.
EISDEM.
De eadem re.
(Viterbii, 11 Non. Augusti.)

(67) Cum venerabilis frater noster Joannes Sabinensis episcopus coram dilectis filiis nostris Rogerio tituli Sanctæ Anastasiæ presbytero et Pelagio Sanctæ Luciæ ad septa solis diacono cardinalibus, quos sibi et Ricardo procuratori vestro concessimus auditores, ecclesiam Sancti Angeli de Tancia (68) cum suis possessionibus et pertinentiis petiisset, asserens eamdem ad se tam in spiritualibus quam temporalibus pertinere, primo possessorium et post- ea petitorium intentando, allegavit ante omnia jus commune, quia, cum eadem ecclesia sit constructa in Sabinensi diœcesi, ut dicebat, sub ipsius debebat consistere juxta canonicas sanctiones. Verum, cum ex vestra fuisset parte negatum eamdem ecclesiam in prædicta diœcesi constitutam, idem episcopus ad hoc probandum privilegium bonæ memoriæ Anastasii papæ prædecessoris nostri coram ipsis exhibuit, in quo mons Tancia pro Sabinensis episcopatus termino ponitur, et inter alias ecclesias Sabinensis episcopatus eadem ecclesia Sancti Angeli numeratur, ac in prædicto monte dicitur esse constructa, hoc idem per publicum instrumentum quo procurator vester utebatur ostendens, in quo dicitur quod dicta ecclesia sita est in territorio Sabinensi, cum Sabinensis diœcesis longe amplius quam Sabinense territorium extendatur. In temporalibus quoque ad se dictam ecclesiam pertinere idem episcopus nitebatur ostendere per publicum instrumentum, in quo continetur expresse Joannem episcopum Sabinensem (69) Hugoni Farfensi abbati et duobus personis post ipsum Gualdum Pontianellum, in quo est dicta ecclesia, cum suis pertinentiis locavisse pro annua quatuor solidorum Papiensium pensione in Assumptione beatæ Virginis persolvenda. Sed pars vestra proposuit instrumento prædicto nullam fidem penitus adhibendam propter superlinearem scripturam et rasuram in loco suspecto factam, ubi videlicet adnotatio temporis recensetur. Fuit insuper ex episcopi parte propositum quod cum (70) ecclesia Sancti Angeli nomine multo tempore fuerit certa pensio ecclesiæ Sabinensi soluta, manifeste liquebat ad eamdem ecclesiam, a qua locatio facta fuerat, supradictam ecclesiam jure proprietario pertinere. Præterea, cum bonæ memoriæ Lucius papa prædecessor noster injunxerit Sabinensibus ut ad recuperationem Tanciæ, quam eo tempore tenebatis, intenderent, et per eosdem Petro de Bono tunc Sabinensis episcopatus procuratori tam Tancia quam ecclesia Sancti Angeli fuerit restituta, et vos eamdem ecclesiam postea duxeritis occupandam, ejusdem erat episcopo restitutio facienda, sicut idem episcopus ea omnia per idoneos testes asserebat esse probata. Ad hæc autem procurator respondebat prædictus quod, etsi quidam testes se vidisse deponant ecclesiam Sancti Angeli pensionem quatuor solidorum Sabinensi episcopo persolvisse, nullum tamen ex hoc vestro monasterio poterat præjudicium generari, cum non appareat pensionem ipsam ex parte monasterii fuisse solutam. Quanquam etiam testes asserant se vidisse multoties prætaxatam pensionem exsolvi, non tamen ostenditur tanto tempore præstita quod usque ad præscriptionem legitimam porrigatur. Item, sicut ad rei propriæ probationem locatio facta non sufficit, ita nec solutio nec perceptio pensionis. Licet

---

(67) Cap. *Cum venerabilis*, De relig. domib.
(68) In quarta Collect. *Cantia.*
(69) Vide tom. I *Ital. sac.*, pag. 182.

(70) In quarta Collect. *ab ecclesia S. A. nomine monasterii vestri multo tempore.*

etiam idem Lucius prædecessor noster suprascriptum mandatum Sabinensibus dederit circumventus, credens, prout ei suggestum fuerat, ad Sabinensem episcopatum prædictum locum et ecclesiam pertinere, ac Farfenses monachi propulsando injuriam ab eisdem Sabinensibus irrogatam retinere curaverint ecclesiam memoratam, propter hoc non erat episcopo restitutio facienda ; maxime cum e vicino contrariam esset sententiam super petitorio excepturus, et qui petit quod rediturus est, dolum facere dignoscatur, sicut in civilibus legibus continetur. Medietatem quoque oblationum specialium quorumdam dierum idem episcopus in eadem sibi ecclesia vendicabat, quam eidem de plano procurator vestri monasterii recognovit. His igitur et aliis intellectis quæ coram cardinalibus supradictis pars utraque proponere procuravit, quia nobis constitit supradictam ecclesiam Sancti Angeli constitutam esse in diœcesi Sabinensi, de consilio fratrum nostrorum episcopale jus in omnibus spiritualibus eidem episcopo adjudicavimus in eadem, illis duntaxat exceptis quæ per authentica scripta ei dignoscuntur esse subtracta, hoc ad cautelam expresso, ut medietatem oblationum prædictorum dierum, quæ, sicut dictum est, ipsi procurator recognovit jamdictus, in eadem ecclesia percipit [percipiat] annuatim. Quia vero instrumentum prædictum, per quod episcopus supradictam ecclesiam intendebat sibi quoad temporalia (71) vendicare, ad faciendam super hoc fidem invalidum esse cognovimus, utpote propter prædicta de jure suspectum, vos ab impetitione ipsius quoad temporalia ejusdem ecclesiæ sententialiter duximus absolvendos, eidem super hoc silentium imponentes. Nulli ergo, etc. hanc paginam nostræ diffinitionis, etc. *usque* incursurum.

Datum Viterbii XI Non. Augusti, anno duodecimo.

XCIV.

PADUANO ET CENETENSI EPISCOPIS, ET ABBATI SANCTI MARTINI DE COLLE CENETENSIS DIŒCESIS.

Scribitur pro archiepiscopo Duraciensi.

(Viterbii, xv Kal. Septembris.)

Ex litteris venerabilis fratris nostri Duraciensis archiepiscopi nostris est auribus intimatum quod cum Ecclesiæ Duraciensis canonici eumdem in archiepiscopum elegissent, et venerabilis frater noster Constantinopolitanus patriarcha electionem confirmasset ipsius et in episcopum consecrasset, eumque direxisset ad regimen ecclesiæ memoratæ,.. rector Venetorum, qui domos, possessiones, thesaurum et alia bona dictæ Ecclesiæ occuparat, non permisit eumdem Duraciensem ingredi civitatem nec in ejusdem territorio commorari, et cum quadam vice tanquam extraneus eamdem civitatem intrasset, ipsum per suos satellites recedere coegit ab illa : propter quod accedens Venetias, a nobili viro duce Venetorum et consiliariis ejus humiliter petiit ut archiepiscopatum prædictum ipsum permitterent libere possidere, sed iidem non solum preces non admiserunt ipsius, verum etiam noluerunt aliquatenus sustinere quod ipsum quisquam archiepiscopum nominaret, asserentes neminem in suo districtu nisi Venetum debere vel posse perfrui ecclesiastica dignitate, nisi forsan de ipsorum consensu exstiterit ordinatus. Cum igitur hæc, si vera sunt, in præjudicium sint libertatis ecclesiasticæ attentata, discretioni vestræ per apostolica scripta mandamus quatenus prædictos ducem et populum Venetorum ut ipsum in archiepiscopatu prædicto, prout ad ejus officium pertinet, permittant libere ministrare, præcipientes rectori et Venetis apud Duracium commorantibus ut restitutis bonis Duraciensis Ecclesiæ universis, eidem super archiepiscopatu præfato et pertinentiis ejus nullam inferant molestiam vel gravamen, moneatis prudenter et efficaciter inducatis, ipsos ad hoc, nisi aliquid rationabile quare id fieri non debeat objectum fuerit et ostensum, per censuram ecclesiasticam sublato cujuslibet contradictionis et appellationis obstaculo compellentes. Quod si non omnes, etc. duo vestrum, etc.

Datum Viterbii, xv Kal. Septembris, pontificatus nostri anno duodecimo.

XCV.

ALBANIENSI EPISCOPO.

De eadem re.

(Viterbii, xv Kal. Septembris.)

Ex litteris venerabilis fratris nostri Duraciensis archiepiscopi nostris est auribus intimatum quod cum Ecclesiæ Duraciensis canonici eumdem in archiepiscopum elegissent, et venerabilis frater noster Constantinopolitanus patriarcha electionem, etc. *ut in alia usque* rector Venetorum apud Duracium commorantium, etc. *ut in alia usque* recedere coegit ab illa. Cum igitur hæc, si vera sunt, in præjudicium sint libertatis ecclesiasticæ attentata, fraternitati tuæ per apostolica scripta mandamus quatenus memoratum rectorem et Venetos apud Duracium commorantes, ut restitutis bonis Duraciensis Ecclesiæ universis, eidem super archiepiscopatu præfato et pertinentiis ejus nullam inferant molestiam vel gravamen, prudenter moneas et inducas, ipsos ab hoc, etc. *ut in alia usque* compellens.

Datum Viterbii, xv Kal. Septembris, anno duodecimo.

XCVI.

NOBILI VIRO MICHALICIO CUMINIANO ROMANIÆ.

Super eadem materia.

(Viterbii, xvi Kal. Septembris.)

Si te servum recognoscis illius qui servos suos adoptat in filios et coronat in reges, ipsius sponsam, quæ a dextris ejus in vestitu deaurato consistit, non solum te convenit non offendere, verum etiam honoribus prævenire. Inde est quod nobilitatem tuam rogamus attentius et monemus, per apostolica tibi scripta mandantes quatenus venerabilem fratrem

---

(71) In quarta Collect. *spiritualia.* Male. Codex Colbert. habet *temporali*

nostrum Duraciensem archiepiscopum possessiones quas ejus Ecclesia in terra tua obtinere dignoscitur permittas pacifice possidere, fructus quos ex illis a morte prædecessoris ipsius diceris percepisse sibi restituens universos, ejus intuitu qui bonum irremuneratum aliquod non relinquit et malum non præterit impunitum.

Datum Viterbii, xvi Kal. Septembris, pontificatus nostri anno duodecimo.

XCVII.
ABBATI SANCTI PETRI DE LINGRARIGA, ET ARCHIDIACONO DURACIENSI.
De eadem re.
(Viterbii, xvii Kal. Septembris.)

Querelam venerabilis fratris nostri Duraciensis archiepiscopi recepimus continentem quod nobilis vir Dametrius judex Albanorum quasdam possessiones Ecclesiæ suæ ac alia bona contra justitiam detinet occupata. Unde ipsi nostris dedimus litteris in mandatis ut possessiones ipsas et alia cum fructibus perceptis ex eis archiepiscopo memorato restituat, ut tenetur. Quocirca discretioni vestræ per apostolica scripta mandamus quatenus si dictus Dametrius quod mandavimus 'neglexerit adimplere, vos cum ad restitutionem ipsorum per censuram apostolicam appellatione remota, justitia mediante, cogatis.

Datum Viterbii, xvii Kal. Septembris, anno duodecimo.

Scriptum est eidem nobili super hoc.
Datum, *ut in alia.*

XCVIII.
MARTINO ABBATI ET FRATRIBUS MONASTERII SANCTÆ MARIÆ DE SERENA.
De revocatione alienationum.
(Laterani, iv Idus Martii.)

In nostra præsentia constitutis tibi, fili abbas, et dilecto filio F. venerabilis fratris nostri episcopi Lucani procuratori de rato litteras exhibenti audientia benigna concessa, tu alienationem integræ medietatis Podii castelli, curtis de Monte castello, cum omnibus casis, casalinis, terris et rebus ad prædictum castellum et ejus curtem pertinentibus, et cum omnibus casis, casalinis, terris et rebus quas dictum monasterium ullo modo habet vel requirere potest a Cecina usque ad Arnum et usque ad Elsam : scilicet in curte de colle Carelli, et in loco et curte de Taverle, ac in curtibus de Padule, de Capanule, de Sancto Petro de Camuliano, de Ceule, de Perignano, de Lucagnano, de Lavaiano, de Miliano, de Aqui, de Morrono, de Scupeturo et de Cumulo, a Guidone prædecessore tuo Lucano episcopo dudum factam petiisti humiliter revocari; allegans venditionem ipsam in enormem monasterii læsionem, cum ultra quintuplum fuerit tunc deceptum, et contra formam canonicam, utpote cui nec superioris auctoritas, id est Romani pontificis, cui nullo medio suberat, nec consensus seu subscriptio monachorum accessisse dignoscitur, attentatam. Ad quod procurator episcopi sic respondit, quod dicta venditio non in monasterii detrimentum sed utilitatem potius facta fuit, cum de centum libris denariorum veterum solutorum pro ipsa, qui longe chariores erant usualibus denariis qui nunc currunt, utiliores possessiones ad opus monasterii emptæ fuerint, et residivi in ejusdem loci utilitatem conversi. Præterea de consilio fratrum et fidelium monasterii dictus prædecessor tuus ad hujusmodi alienationem processit, sicut evidenter arguitur ex instrumenti tenore super ipsa confecto. Sed hoc ultimum tu prorsus inficians, ad id' quod præmissum est respondebas quod licet abbas in instrumento profiteatur venditionem hujusmodi se fec'sse de fratrum suorum et fidelium voluntate, de illorum tamen assensu non constat, quem intercessisse tabellio non testatur. Adjecit insuper procurator quod cum Ricoverus olim abbas ejusdem loci movisset super hoc Lucano episcopo quæstionem, et bonæ memoriæ C. papa prædecessor noster Wlterrano episcopo et priori Sancti Fridiani Lucanensis et magistro J. Pisano canonico, quibus causam ipsam commiserat, injunxisset ut ante omnia laborarent ad compositionem amicabilem faciendam, per quosdam prudentes viros fuit compositum inter eos, ita quod dictus abbas trecentis et duabus libris ab episcopo de novo receptis, de consilio et assensu G. presbyteri ecclesiæ Sancti Blasii de Bibon, ut dicebatur, ad monasterium pertinentis, et Rusticellis Castaldionis, Hugolini Guidonis, et quorumdam aliorum fidelium ejusdem monasterii, ut dicebant, finem, refutationem, transactionem et pactum de non petendo fecit de omnibus supradictis. Processu quoque temporis inter Lucanum episcopum et monasterium tuum super præmissis quæstione suborta, coram abbate Sanctæ Mariæ de Masio et Mercato judice arbitris electis a partibus Aimericus abbas prædicti loci, sexaginta octo libris ab episcopo Lucano receptis, cum consilio et assensu H. monachi, A. conservi, et laicorum quorumque fidelium monasterii, ut dicebant, eo modo quo Ricoverus abbas fecerat omnia refutavit. Unde cum compositionem prædictam idem prædecessor noster postmodum confirmarit, suam ad id intelligitur præstitisse auctoritatem ; præsertim cum usque adeo conventionem illam duxerit approbandam ut confirmationis suæ litteris tenorem ejus de verbo ad verbum fecerit adnotari.

Præterea coram magistris B. et C. Pisanis canonicis judicibus delegatis a nobis ad observationem compositionis ipsius pœna interposita te astrinxisse dicebat. Unde firmiter asserebat te contra venditionem et compositiones prædictas nullatenus audiendum, sed potius condemnandum ad pœnam tam in alienationis contractu quam in compositionibus comprehensam. Verum ex parte tua fuit ad præmissa responsum quod per compositiones hujusmodi lædi monasterium non debebat, tum quia ipsis quæ speciem alienationis prætendunt nec superioris auctoritas nec capituli consensus accessit, tum etiam etsi prædicti abbates pecuniam componendo receperint, nihilominus tamen monasterium tam in prima compositione quam etiam in secunda ultra quadruplum lædebatur : quod facile probari posse dicebas. Sed nec obstare poterat confirmatio prælibata, utpote per nimiam ejusdem prædecessoris nostri occupationem obtenta : qui licet tenorem compositionis jusserit adnotari, cum tamen deprehendere nequiverit ex eodem quam graviter monasterium lædebatur, absque alterutrius partis injuria vel jactura confirmationem illam intelligitur concessisse. Sic etenim in jure civili reperitur expressum, quod si quis a principe simpliciter impetraverit ut in publico loco ædificet, non est intelligendum ut cum incommodo alicujus id fiat, nisi forsan et hoc fuerit impetratum. Et ideo cum rescriptum contra jus elicitum, nisi tale sit quod petenti prosit nec lædat alium, ab omnibus debeat refutari, ex confirmatione hujusmodi dictus episcopus commodum consequi non debebat.

Præterea irrefragabili argumento videbaris ostendere quod intentionis prædecessoris nostri non exstitit compositionem prædictam in dispendium monasterii confirmare. Cum enim post modicum temporis dictus prædecessor tuus, qui prædicta distraxerat, super diversis fuisset excessibus incusatus, et Suanensis episcopus de mandato ejusdem prædecessoris nostri inquisisset super illis plenius veritatem, ac pro eo præcipue quod confessus est coram eo se medietatem Montis Castelli et trium villarum pro trecentis duodecim libris et una cultra Lucano episcopo vendidisse, ipsum ab administratione removerit, abbatiæ dictus prædecessor noster quod a Suanensi episcopo factum fuerat approbando mandavit ut quamvis venditionem factam Lucano episcopo confirmasset, nihilominus tamen idem episcopus super possessionibus ab abbate prædicto emptis taliter cum substituto componeret ne ad eum propter id querimonia perferretur. Fuit insuper ex tua parte propositum quod monasterio nocere non poterat quod tu nuper compositionem ipsam promisisti coram supradictis delegatis a nobis judicibus observare, cum hoc nimis incaute in monasterii læsionem absque nostra et tui capituli conniventia promisisses. Sed ad hoc pars altera respondebat quod etsi a principio consensum capituli non habuerit, postea tamen litteras super hoc obtinuit ab eodem, licet non fuerint judicibus præsentatæ. Verum tu hoc prorsus inficians allegasti quod cum nobis de promissione hujusmodi postea constitisset, nos nolentes quod incuria vel delictum personæ in damnum Ecclesiæ redundaret, dictis dedimus judicibus in præceptis ut juxta mandati nostri tenorem in negotio procedere non tardarent. Sed nec quadragenaria præscriptio, de qua, licet perfunctorie, mentio facta fuerat, locum sibi poterat contra monasterium vendicare; quia licet quinquaginta et unus anni a tempore venditionis elapsi sint, quia tamen cum quarto anno pontificatus ejusdem C. prædecessoris nostri coram judicibus a sede apostolica delegatis super prædictis possessionibus lis fuerit contestata, tam quatuordecim anni a tempore motæ litis elapsi quam etiam tempus vitæ illicite alienantis debent juxta sanctiones canonicas de computatione subduci, residuum temporis ad quadraginta annorum limitem non accedit. His igitur et aliis intellectis quæ tam tu quam pars altera proponere curavistis, de fratrum nostrorum consilio tam alienationem quam compositiones etiam supradictas duximus revocandas, procuratorem prædictum super iis sententialiter condemnantes, ita videlicet ut tam ad recuperationem supradictæ pecuniæ quam etiam expensarum quæ pro melioratione rerum monasterii forsitan factæ sunt idem episcopus, cum voluerit, suam justitiam prosequatur. Nulli ergo omnino hominum liceat hanc paginam nostræ diffinitionis infringere vel ei, etc. *usque* incursurum.

Datum Laterani, iv Idus Martii, pontificatus nostri anno duodecimo.

XCIX

EPISCOPO ET F. ET V. ARCHIDIACONIS SALAMANTINIS.
Confirmatur sententia lata pro monasterio Colimbriensi.

(Viterbii, iii Non. Augusti.)

Inter dilectos filios, priorem et conventum monasterii Sanctæ Crucis Colimbriensis ex parte una et M. et I. presbyteros, G. I. P. et M. diaconos et P. I. et M. ac quosdam alios clericos capellæ monasterii memorati ex altera, quos ad præsentationem eorumdem prioris et fratrum ad titulum ipsius monasterii dicebatur venerabilis frater noster Colimbriensis episcopus ordinasse, super ordinatione ipsorum et restitutionis sententia a dilecto filio magistro P. priore Sanctæ Mariæ Montis majoris et conjudicibus suis auctoritate nostra lata pro eis exorta materia quæstionis, post altercationes multiplices et varias allegationes propositas coram venerabili fratre nostro episcopo et dilectis filiis decano et cantore Zamorensibus, quibus ultimo commisimus causam ipsam, quasdam ejusdem Colimbriensis episcopi litteras exhibuerunt duo ex clericis memoratis, videlicet P. Bartholomæi et J. Nunonis, in quibus continebatur expresse quod P. Colimbriensis episcopus ad titulum monasterii Sanctæ Crucis et præsentationem prioris et conventus ejusdem promoverat quosdam clericos, unum in Presbyterum, et alios in diaconos et subdiaconos et Ostiarios, quorum nomina in suis litteris exprimebat, inter quæ videbantur præscriptorum clericorum nomina contineri, quibus in ejus præsentia competens fuerat beneficium repromissum. Cumque fuisset a priore et fratribus allegatum easdem litteras nunquam de conscientia episcopi emanasse, ac super hoc fuisset aliquandiu litigatum, in hoc demum partes pariter convenerunt, abrenuntiatis omnibus quæ gesta erant in causa ut si Colimbriensis episcopus tenorem recognosceret litterarum, ipsi judices juxta suum arbitrium facerent clericis ipsis, pro quibus prædicta sententia lata fuerat, in monasterio provideri ; si vero non recognosceret tenorem earum, ex toto absolverent priorem et conventum ab impetitionibus clericorum. Cum autem judices certiorari per dictum episcopum petiissent, licet episcopus nimis obscure primitus rescripsisset, postmodum tamen minus intricate respondit hoc modo : *Recordamur quosdam clericos ecclesiæ Sanctæ Crucis ad titulum monasterii et præsentationem duorum vel trium canonicorum ejusdem loci promovisse ad ordines ac eisdem super ordinatione sua nostras litteras concessisse; sed qui fuerint, et an litterarum tenor de nostra conscientia emanaverit, non recolimus.*

Super hujusmodi vero responsione conscribi fecit idem episcopus tria paria litterarum ; quarum unum sæpedictorum clericorum parti et aliud prioris et fratrum nuntio assignavit, apud se ad cautelam tertio reservato. Verum cum utraque pars traditas sibi ab episcopo litteras judicibus præsentasset, pars prioris et fratrum asseruit litteras Colimbriensis episcopi clericis traditas per eosdem fuisse falsatas, cum in eo loco in quo scriptum fuerat, *utrum litterarum tenor de nostra conscientia emanaverit, non recolimus*, loco negativæ particulæ videlicet *etiam*, litteris quibus utebantur clerici poneretur. Porro cum tam super hoc articulo quam etiam super alio, an videlicet ex iis quæ rescripsit episcopus recognovisset continentiam litterarum, fuisset utrinque diutius allegatum, judices de consilio peritorum sententiando dixerunt episcopum sæpedictum litterarum recognoscere tenorem, priori et fratribus injungentes ut prædictis duobus clericis providerint juxta formam in authentico eorumdem expressam, pro cæteris sententiam confirmationis quam tulerant super prædicta restitutionis sententia, sed ad tempus se suspendisse fatebantur eamdem, in statum pristinum reducendo, et præcipiendo eam firmiter observari. Quorum sententiam magister J. monasterii procurator nuper apud sedem apostolicam constitutus coram dilecto filio nostro Pelagio Sanctæ Luciæ ad septa solis diacono cardinali, quem ipsi et prædicto Joanni Nunonis procuratori clericorum ipsorum auditorem concessimus, petiit revocari, allegans eos contra conventionis seu compromissi tenorem sententiam protulisse ; quia cum Colimbriensis episcopus scripserit se non recolere an litterarum tenor de sua conscientia emanasset, ergo an is tenor litterarum fuerit dubitavit : ergo tenorem ipsum minime recognovit; et ideo mandare judices nequiverunt supradictis clericis provideri, utpote conditione in compromisso apposita non exstante. Proposuit insuper manifeste constare litteras quas judicibus clerici supradicti obtulerant fuisse falsatas, cum litterarum tenor quas nobis nuper Colimbriensis episcopus super eodem facto transmisit litteris quibus pars monasterii usa fuerat, sicut idem episcopus asserit, omnino concordet, a quibus clericorum litteras non est dubium discordasse.

Cæterum procurator clericorum easdem litteras fuisse falsatas prorsus inficians, proponebat alterius tenoris fuisse litteras quibus monasterium usum fuerat quam sint illæ quas ad nos Episcopus destinavit, adjiciens quod etsi ejusdem tenoris forsitan exstitissent, contra sententiam tamen auctoritate apostolica promulgatam in præjudicium clericorum credendum non erat, episcopo in hac parte, cum non juratus extra judicium testimonium dederit, et sit in assertione propria singularis, et ideo sibi soli credendum non erat, quantacunque fulgeat dignitate. Allegavit præterea compromissi verba non captiose, sed sane potius esse intelligenda, ut scilicet verba negative concepta in affirmationem resolvantur hoc modo : Si episcopus tenorem recognosceret litterarum, secundum arbitrium judicum provideretur clericis memoratis ; si vero non recognosceret, id est, si recognosceret, non fuisse illam continentiam litterarum, prior et fratres ab impetitione absolverentur ipsorum. Et hæc interpretatio videbatur merito admittenda, tum quia negantis factum per rerum naturam nulla est probatio juxta legitimas sanctiones, tum quia multi potuissent casus occurrere in quibus episcopus non recognovisset continentiam litterarum, ut, si forsitan interim fuisset mortuus, vel mutus seu mente captus effectus, aut in remotis partibus agens, vel etiam præsens, et requisitus nollet aliquatenus responderi, et sic clerici debita fuissent provisione frustrati, quod intentioni tam partis quam judicum obviasset. Adjecit etiam quod illa verba : *Si episcopus tenorem recognosceret litterarum*, non ad verborum seriem sed ad factum de quo in litteris agebatur erant potius referenda. Unde cum episcopus dixerit se recolere quosdam clericos capellæ Sanctæ Crucis ad præsentationem quorumdam fratrum ejusdem loci ad titulum monasterii ordinasse ac dedisse litteras ordinatis, oblatas sibi litteras super quibus erat contentio recognoscens proprio sigillo munitas, licet dixerit se non recolere an litterarum tenor de sua conscientia emanasset, tenorem recognovisse intelligitur litterarum quas veras et authenticas reputabat ; sicut si aliquæ nobis litteræ offerrentur nostra bulla munitæ, quæ nec rasæ, nec cancellatæ, nec abolitæ viderentur in aliqua sui parte, neque vitium appareret in filo, stylo, charta, vel bulla, nec inhonestum continerent aliquid vel iniquum, etsi non essemus memores sic fuisse in facto processum quemadmodum litterarum series contineret quia omnium habere memoriam divinum est potius quam humanum, procul dubio litteras approbaremus easdem et per consequentiam earumdem intelligeremur continentiam approbare.

His igitur et aliis coram prædicto cardinale propositis plenius intellectis, de fratrum nostrorum consilio sententiam praedictorum judicum Zamorensium approbantes illam auctoritate apostolica confirmamus. Quocirca discretioni vestrae per apostolica scripta praecipiendo mandamus quatenus eamdem sententiam faciatis appellatione remota inviolabiliter observari, contradictores, si quos inveneritis, vel rebelles per censuram ecclesiasticam compescendo. Quod si non omnes, etc., tu, frater episcope, cum eorum altero, etc.

Datum Viterbii III Non. Augusti, anno duodecimo.

C.
CANONICIS REGULARIBUS ECCLESIAE BEATI PETRI DE TORGATONA.
De canonicis instituendis in ecclesiis parrochialibus.
(Viterbii, III Non. Septembris.)

Cum a sede apostolica postulatur quod aequitati sit consonum et conveniat rationi, ad concedendum debemus prompti et faciles inveniri et justa poscentium vota propensiori cura et sollicitudine promovere, ut tanto in amorem et devotionem sacrosanctae Romanae Ecclesiae ferventius exardescant quanto se cognoverint majorem apud eam affectionem et gratiam invenisse. Eapropter, dilecti in Domino filii, vestris justis postulationibus grato concurrentes assensu, ad exemplar felicis recordationis Alexandri papae praedecessoris nostri auctoritate vobis apostolica indulgemus ut in ecclesiis vestris, cum vacaverint, liberum sit vobis quatuor vel tres ad minus de canonicis vestris instituere, ex quibus unum dioecesano Episcopo praesentetis ut ab eo curam suscipiat animarum, et vobis de temporalibus, illi vero de spiritualibus, debeat respondere. Decernimus ergo ut nulli omnino hominum liceat hanc paginam nostrae concessionis infringere vel ei, etc. *usque* se noverit incursurum.

Datum Viterbii, III Non. Septembris, pontificatus nostri anno duodecimo.

CI.
SOFFRIDO PISTORIENSI, EPISCOPO, EJUSQUE SUCCESSORIBUS CANONICE SUBSTITUENDIS IN PERPETUUM.
De confirmatione privilegiorum.
(Laterani, XIV Kal. Novembris.)

Quoniam universalis Ecclesiae curam, Deo prout ipsi placuit, disponente suscepimus, oportet nos fratres nostros episcopos ampliori charitate diligere et Ecclesias eorum gubernationi commissas protectione sedis apostolicae communire, quatenus tam eis quam Ecclesiis quae ipsorum regimini sunt commissae sub apostolica tuitione manentibus et apostolorum principis patrocinium contra pravorum incursus adeptis, et ipsi officii sui prosecutioni valeant propensius imminere, et commissae ipsorum pastioni oves Dominicae vitae pabulum apud eos, cessantibus pravorum molestiis, uberius et quietius possint jugiter invenire. Eapropter, venerabilis in Christo frater Soffride Pistoriensis episcope, et tuae honestatis et antiquae devotionis qua Pistoriensis Ecclesia semper in apostolicae sedis reverentia et veneratione permansit consideratione inducti, ad exemplar felicis recordationis Urbani Paschalis, Innocentii, Anastasii, Alexandri et Urbani tertii praedecessorum nostrorum Romanorum pontificum eamdem Ecclesiam sub beati Petri et nostra protectione suscipimus et praesentis scripti patrocinio communimus, statuentes ut quascunque possessiones, quaecunque bona eadem Ecclesia impraesentiarum juste et canonice possidet, aut in futurum concessione pontificum, largitate regum vel principum, oblatione fidelium, seu aliis justis modis praestante Domino poterit adipisci, firma tibi tuisque successoribus et illibata permaneant. Sancimus etiam ut dioecesis Pistoriensis episcopatus (72), sicut ejus termini praedictorum praedecessorum nostrorum privilegiis distincti sunt, sic in jure et conditione Pistoriensis episcopi sine alicujus molestia vel inquietudine perseverent; per quos nimirum terminos subscriptae capellae et ecclesiae constitutae esse noscuntur, capella videlicet de Capraria, capella hospitalis de Rosaria, plebs de Massa, capella de Vincio, capella de Bucuniano, capella de Castelonovo, capella Sancti Martini in Monteculli, capellae sanctae Mariae Magdalenae in Colle, capella de Valazano, capella de Verruca, super quam praefati praedecessoris nostri Urbani post tertiam et quartam discussionem est prolata sententia, capella hospitalis de Fanano, capella Prati episcopi, capella de Rotie, capella de Cerbaria, capella Montisacuti, capella de Insula, capella Sancti Salvatoris sita prope Pratum juxta flumen Bisentium, capella Sancti Martini in Cojano, curtem etiam quae vocatur Pavana infra Pistoriensem comitatum cum castello Sambucae infra curtis confinia constructo, sanctae Pistoriensis Ecclesiae confirmamus, sicut a venerabilis memoriae comitissa Mathilde beati Petri filia post diu examinatam a compluribus judicibus ac jurisperitis actionem per judicium Bernardi S. R. E. presbyteri cardinalis et jam dicti Paschalis papae vicarii in manus dignae recordationis Ildebrandi praedecessoris tui et fratrum ejus restituta esse cognoscitur. Porro decimationes de Monte murlo, de Prato, de Sancto Paulo, de Colonita, de Montemagno, de Casale, de Lamporecho, de Creti, de Spanareclio, quas de laicorum manibus solertia praedicti praedecessoris tui eripuit, nullus unquam ab Ecclesiae jure et clericorum usibus alienare praesumat. Idipsum de caeteris curtibus praedilsve praecipimus quae hodie in Ecclesiae Pistoriensis possessione persistunt, videlicet de Lizano, de Mammiano, de Caumana, de Batoni, de Satornana, Brandellio, Piscia, Groppule, Vinaciano, Tobiano, publica silva mortua, Vizule, Plathaneze, Celleri, et de terra sita infra episcopatum Bononiensem, quam tenuerunt homines de Valle Biderla, curte de Spalliolo.

---

(72) Vide tom. III Ital. sac., pag. 359.

Insuper confirmamus vobis plebem Sancti Hippolyti in Alpe, plebem Sancti Laurentii, plebem in Montemurlo, plebem de Villiano, plebem Sancti Quirici, plebem in Monte Cucuili, plebem in Satornana, plebem de Brandellio, plebem de Caumana, plebem Sancti Marcelli, plebem de Lizano, plebem de Popillio, plebem de Pitellio, plebem de Furfalo, plebem de Celle, plebem de Calloria, plebem de Vinaziano, plebem de Massa, plebem de Creti, plebem de Lamporecclo, plebem de Limite, plebem de Artimino, plebem de Seiano, plebem de Quarrata, plebem de Montemagno, plebem de Tobiano, plebem Sancti Hippolyti, plebem Sancti Pauli, plebem de Aiolo, plebem Sancti Justi, plebem de Colonica, in Prato plebem Sancti Stephani. Ad hæc adjicientes sancimus ut occasione privilegii quod Pratenses a Romana Ecclesia se habere congaudent, nulla injuria vel diminutio aut inobedientia matri suæ Pistoriensi Ecclesiæ seu cuilibet supradictarum plebium, videlicet Sancti Pauli, Sancti Hippolyti, Sancti Petri de Aiolo, Sancti justi, et de Colonica, vel alicui in aliquo inferatur, nec Pratensis Ecclesia vel clerici ipsius loci eodem scripto contra justitiam vel dignitatem aut obedientiam Ecclesiæ seu episcopi Pistoriensis utantur, sed quemadmodum prædecessorum nostrorum Urbani, Paschalis, Innocentii et Alexandri atque aliorum, seu etiam bonæ memoriæ Petri et Ildebrandi Pistoriensium episcoporum tempore exstitit, ita jam dicta Pratensis Ecclesia absque aliqua diminutione potestatis aut dignitatis Pistoriensis Ecclesiæ vel episcopi, eis in omnibus et per omnia obediens et subjecta permaneat. Prohibemus insuper ne infra episcopatum tuum ullus ecclesiam vel oratorium sine assensu tuo vel successorum tuorum de novo construere audeat: salvis tamen privilegiis Romanæ Ecclesiæ. Liceat quoque tibi et successoribus tuis baptismales ecclesias in eadem diœcesi constituere, si necessitas visa fuerit imminere. Decernimus ergo ut nulli omnino hominum liceat præfatam Pistoriensem Ecclesiam temere perturbare, aut ejus possessiones auferre, vel ablatas retinere, minuere, seu quibuslibet vexationibus fatigare; sed omnia integra et illibata serventur tam tuis quam tuorum fratrum et pauperum usibus profutura, salva sedis apostolicæ auctoritate. Si qua igitur in futurum ecclesiastica sæcularisve persona hanc nostræ constitutionis paginam sciens contra eam temere venire tentaverit, secundo tertiove commonita nisi reatum suum congrua satisfactione correxerit, potestatis honorisque sui dignitate careat, reamque se divino judicio existere de perpetrata iniquitate cognoscat, et a sacratissimo corpore ac sanguine Dei et Domini Redemptoris nostri Jesu Christi aliena fiat, atque in extremo examine districtæ ultioni subjaceat. Cunctis autem eidem loco sua jura servantibus, etc. *usque in finem.* Amen, amen, amen.

Datum Laterani per manum Joannis Sanctæ Mariæ in Cosmidin. diaconi cardinalis S. R. E. cancellarii xiv Kal. Novembris, indictione xiii, Incarnationis Dominicæ anno 1209, pontificatus vero domini Innocentii papæ III anno duodecimo.

CII.

LUNDENSI ARCHIEPISCOPO.
De conversione Fialandæ.
(Laterani, iii Kal. Novembris.)

Ex tuarum perpendimus serie litterarum quod cum quædam terra quæ Finlanda dicitur, operante Patre luminum, a quo omne datum optimum et omne donum perfectum descendit, nuper quorumdam nobilium mediante sollicitudine ad fidem conversa sit Christianam, in qua modo puer Jesus proficit sapientia et ætate, episcopo ejusdem terræ postquam in propagatione catholicæ fidei cursum suum ibidem legitime consummavit, ad cœlestis remunerationis bravium evocato, nullus est ei hactenus substitutus. Nam cum propter novellam plantationem et ejusdem regionis hominum pertinaciam ac loci etiam intemperiem electus ibidem non ad honorem assumptus sed expositus martyrio reputetur, nullus fere ad illius regimen sedis aspirat nisi qui divini verbi zelo successus pati exoptat pro Christi nomine cruciatus. Verum cum vir quidam moribus, ut asseris, et ætate maturus et scientia et virtutibus reditus, qui propter verbum Dei, quod populo illi aliquandiu prædicavit, ab eis plura jam sustinuit piacula passionum, ad illius Ecclesiæ regimen sit vocatus, ut sic præsit aspirans ad illud quod magis consequatur martyrium quam honorem, ipsi, ex eo quod non est de legitimo matrimonio natus, sine licentia nostra munus consecrationis impendere noluisti. Cum igitur urgens exposcat necessitas et evidens utilitas id requirat, nobis humiliter supplicasti ut cum eo dispensare misericorditer dignaremur. Nos igitur tuis postulationibus inclinati, per apostolica scripta mandamus quatenus si est ita, cum eo vice nostra dispenses, injungens eidem ut, sicut incœpit, eamdem novellam plantationem informet verbo pariter et exemplo et insistere studeat diligenter ad exstirpandum paganitatis errorem et terminos Christianæ fidei dilatandos; quia licet omnes virtutes ad bravium, sola tamen perseverantia coronatur.

Datum Laterani, iii Kal. Novemb., pontificatus nostri anno duodecimo.

CIII.

ILLUSTRI REGI DACIÆ.
Suadetur ut pugnet adversus paganos.
(Laterani, ii Kal. Novembris.)

Suggestor scelerum semper antiquus, qui semper quærens quem devoret, tanquam leo absorbet fluvium nec miratur, habens fiduciam quod Jordanis influat in os ejus, quosdam jumentis insipientibus, quibus vere sunt similes, comparandos adeo excæcavit quod factorem suum, qui pelle ac carnibus illos vestit, nervisque compactis et ossibus vitam et misericordiam eis dedit, penitus ignorantes, reverentiam exhibent creaturæ quam deberent impendere Creatori, et damnabiliter idolorum cultibus inhærentes Christiani nominis professores abhorrent; eosque qui sibi prædicant verbum Dei tanquam maleficos persequuntur. Licet autem adversus hujusmodi barbaras nationes regno tuo conterminas prælium Domini præliando multos sæpe labores sustinueris et expensas, nuper tamen imber divinæ gratiæ terram cordis tui sanctæ prædicationis vomere diligenter excultam adeo fecundavit, quod divinæ zelo legis accensus apprehendere arma et scutum iterato proponis, ut juxta parabolam evangelicam debiles et infirmos, cæcos et claudos ad nuptias summi Regis intrare compellas, tractisque barbaris nationibus in sagenam fidei orthodoxæ, illuc viror junci et calami valeat suboriri ubi habitaverant hactenus struthiones. Nos igitur tuum propositum in Domino commendantes, devotionem regiam monemus attentius et hortamur, et in remissionem tibi peccaminum injungimus quatenus amore illius qui captivitatem nostram sua duxit virtute captivam, ad exstirpandum paganitatis errorem et terminos Christianæ fidei dilatandos viriliter te accingas, neque timeas passiones hujus sæculi, quæ condignæ non sunt ad futuram gloriam quæ revelabitur in nobis, sed in forti brachio et extento confundas cum suis idolis spurcitiam paganorum, ac tanquam strenuus miles Christi fortiter et potenter in hujus certaminis agone contendas, gloria sempiterna, quæ in cor hominis non ascendit, si legitime certaveris, coronandus.

Datum Laterani, 11 Kal. Novembr., etc., *ut in alia.*

CIV.
OTTONI ILLUSTRI ROMANORUM IMPERATORI SEMPER AUGUSTO.
De eodem argumento.
(Laterani, 11 Kal. Novembris.)

Suggestor scelerum serpens antiquus, etc. *ut in alia usque* persequuntur. Licet autem charissimus in Christo filius noster Waldemarus, rex Danorum illustris, adversus hujusmodi barbaras nationes regno suo conterminas prælium Domini præliando multos sæpe labores sustinuerit et expensas, nuper tamen imber divinæ gratiæ terram cordis ejus sanctæ prædicationis vomere diligenter excultam adeo fecundavit quod idem zelo divinæ legis accensus apprehendere arma et scutum iterato proposuit, etc. *ut in alia usque* hactenus struthiones. Sed quoniam rege ipso in tam sancta peregrinatione profecto quidam Teutonici regnum ejus crudeliter devastarunt, ex eo forsan sumentes audaciam delinquendi quod rex absens eorum non poterat incursibus obviare, idem nobis devotissimo supplicavit excellentiam tuam nostris litteris admoneri ut ex tua fiat permissione securus quod quandiu fuerit in exsecutione peregrinationis ejusdem, ipsum ab æmulis et persecutoribus regni sui sub imperiali potestate degentibus non oporteat formidare. Cum autem idem rex nostris exhortationibus invitatus magnificentiæ tuæ semper in necessitatibus tuis astiterit, tuumque procuraverit incrementum modis quibus potuit et honorem, decet imperialem excellentiam, tum ex hoc, tum etiam quia pergit in servitium Jesu Christi, tuum favorem impendere ac ipsius petitioni præstare consensum. Monemus igitur celsitudinem tuam attentius et hortamur quatenus universos tibi subditos ab ejusdem regni molestatione ita cohibeas et refrenes quod pium ipsius regis propositum propter infestationem ipsorum non possit vel non debeat impediri, sed interim regnum ejus taliter assecures quod hujus peregrinationis particeps effici merearis, et tam regem ipsum quam alios qui audierint te ipsi vices debitas impendisse per hoc devotius ad servitium imperatoriæ sublimitatis inclines. Quod autem super hoc duxeris faciendum, imperialis nobis celsitudo rescribat.

Datum Laterani, 11 Kal. Novembris, etc. *ut supra.*

In eumdem modum scriptum est universis Christi fidelibus in regno Daciæ constitutis, usque struthiones. Nos ergo pium ipsius regis propositum in Domino commendantes, universitatem vestram monemus attentius et hortamur, vobis in remissionem peccaminum injungentes quatenus amore illius qui captivitatem nostram, etc. *usque* dilatandos, cum ipso rege vos viriliter accingatis, neque timeatis passiones hujus sæculi, quæ condignæ non sunt ad futuram gloriam quæ in nobis revelabitur, sed, in forti brachio et extento confundentes cum idolis suis spurcitiam paganorum, regi vestro taliter assistatis quod tanquam strenuus miles Christi fortiter et potenter in hujus certaminis agone contendat, pro tam sanctæ peregrinationis labore retributionis æternæ præmium recepturi.

Datum Laterani, 11 Kal. Novembris, anno duodecimo.

CV.
LITTERÆ MISSÆ DOMINO PAPÆ.
De negotio terræ sanctæ.

Reverentissimo in Christo Patri ac domino INNOCENTIO Dei gratia sanctæ sedis apostolicæ summo pontifici J. Salembriensis, P. Panedocensis, J. Galiopolensis episcopi, licet indigni, tam promptum quam devotum famulatus obsequium. Sanctitatem vestram scientes nullis in sua velle deesse justitia cunctisque qui vestræ protectionis implorant subsidium pro qualitate suæ petitionis libenter velle semper adesse, quanto magis obedientiæ filium vestræ propitiationis gratitudine credimus confovendum, tanto minus judicamus alicui fore tutum si vel remissus pro viribus adimplere non curaverit quod pro justitia vestra paternitas ei jusserit faciendum. Proinde cum detractoribus, Pater sanctissime, sit a quolibet qui Deum recte colit et sanctorum Patrum regulas custodire dignoscitur studiosius et vivaciter occurrendum, domino patriarchæ Constantinopolitano qualiter quod in vestris super institutione Sanctæ Sophiæ recepit in mandatis fuerit efficaciter prosecutus, ne miscendo falsa veris pestifera maledicorum pernicies vitam maculet innocentis et justus existimetur injustus, testimonium perhibendum duximus veritatis. Litteras igitur ad eumdem super causa quæ vertebatur inter ipsum et clericos peregrinos qui Constantinopolim convenerant moraturi cum vestra paternitas destinasset, eas, sicut in veritate recognovimus, ea qua debuit devotione suscepit, nosque licet indignos episcopos et alios festinanter ad se, secundum quod earumdem litterarum tenor comprehendebat, convocavit. Verum quia temporis asperitas alios qui de longinquo vocati fuerant ad ejus vocationem venire prohibuit, nobis et aliis quibusdam, quos sibi fideliter consulturos sperabat, in sua præsentia constitutis, litteras quas ex parte vestra susceperat, ut ex omni parte, licet ejus sufficientia super hoc interprete non indigeret, certius per vestrum posset irreprehensibiliter adimplere mandatum, præsentavit et fecit perlegi diligenter, a nobis consilium postulans instantissime super eo quod præter eos quos dominus Benedictus institutos a se canonicos et a domino Petro cardinale nominatim recipi præceperat (73), contra quos et nullos alios qui Sanctæ Sophiæ canonicos a prædictis cardinalibus se dicerent institutos, ad vestram per appellationem confugerat audientiam, de quibus tantum vestra præceptio quæ facta fuerat a partibus per ordinem memorando satis aperte, secundum quod arbitramur, faciebat mentionem, nullis aliis etiam ad examen vestræ sanctitatis, qui contra dominum patriarcham super canonicatum Sanctæ Sophiæ moverent querimoniam per se vel per suos nuntios accedentibus comparebant et alii, qui cum litteras concessionis canonicatus Sanctæ Sophiæ demonstrarent quas a domino Benedicto tempore sui recessus, sicut creditur, receperant et hactenus occultaverant, vestrum pro se recipiendis, sicut pro aliis qui per se vel per nuntios suos vestro conspectui præsentarunt, ad dominum patriarcham firmiter astruebant emanasse rescriptum, cujus tenore dicebant se velle canonicatum repetere nominatum. Quocirca licet in jam dicto rescripto nullius dubitationis scrupulus esse videretur, ejus tamen tenore vigilantius examinato, prout ingenii nostri capacitas potuit comprehendere, nos prædictas rationes considerantes, et quia generalis est et juri conveniens hæc apostolicæ sedis consuetudo quod de iis tantum quæ sunt in quæstionem deducta diffiniat ordine judiciario, domino patriarchæ consilium quod nobis rectius videbatur dedimus hujusmodi, vestræ non fuisse scilicet intentionis quod alios dominus patriarcha per litteras vestræ sanctitatis recipere teneretur quam quos dominus Benedictus a se canonicos institutos et a domino Petro cardinalibus nominatim præceperat recipiendos : qui postquam nostro fuit et aliorum prudentum virorum consilio confirmatus, prosequendi mandatum vestrum festinanter sibi præparans opportunitatem, cunctum clerum civitatis convocavit, coramque nobis et illis præsentibus vestræ dispositionis litteras, quas prima die Jovis intrante mense Novembris se recepisse dicebat, clericis peregrinis hæc etiam confitentibus in omnium audientiam decimo octavo Kalend. Januarii fecit a quodam suo capellano publice recitari : quæ plures continentes excessus quibus ab adversariis suis coram vestra paternitate dictus erat fuisse transgressus, ipsum jurasse Venetis memorabant quod in ecclesia Sanctæ Sophiæ nullus nisi foret Venetus vel Venetiis per decennium commoratus institueretur canonicus (74), et canonicos omnes quos in eadem reciperet ecclesia ad consimile faciendum cogeret juramentum, firmiter etiam promittens eisdem quod per totam Romaniam pro posse suo nemo nisi Venetus episcopus crearetur vel archiepiscopus. Dicebatur etiam quod non solum cardinalium, verum etiam jussioni vestræ steterat inobediens, imo, quod deterius est, ut non posset obedire de cætero præstiterat sacramentum. Suam quoque centum millibus marcarum argenti et eo amplius exspolians ecclesiam, non solum dilapidasse, sed et alias, peregrinorum videlicet ecclesias, bonis suis exspoliasse ferebatur. Super quibus omnibus qualiter ab ipso foret procedendum vestræ moderationis provisio cum statuisset, in eisdem litteris eidem super sacramento præmemorato specialiter duxistis districtius præcipiendum quatenus si spontaneus hujusmodi juramentum se fecisse recognosceret, ipsum deberet publice cunctis præsentibus abjurare, et quod illud de cætero non servaret, similiter juramento firmaret. Ad quæ dominus patriarcha sub hac verborum serie, secundum quod tam fideliter quam memoriter potuimus recolligere, vel sub aliis verbis eamdem sententiam continentibus respondit, dicens : « Fratres, tanquam filius obedientiæ, utpote qui præceptis sedis apostolicæ dominoque meo papæ Innocentio cupio semper esse fidelis et devotus existere et ab ejus obedientia pro nulla causa quandoque divertere, coram Deo et vobis vere protestor quod hujusmodi sacramentum quod dominus papa narrando vobis audientibus me fecisse commemorat, in suis litteris non debeo nec possum spontaneus salva conscientia per singulas sui partes recognoscere me fecisse, cum plura contineat quæ tanto magis distant a veritate quanto magis ab adversariis meis ipsa non dubito domino papæ mendaciter fuisse suggesta. Nihil enim de promovendis vel non promovendis episcopis nisi Veneti forent a me fuit per Venetos vel alios aliquando requisitum, nec aliquam feci super hoc eis aliquando sponsionem, nec ullum Venetis præstiti sacramentum per quod aliquo tempore domino papæ reverentiam non exhiberem vel exhibere non possem tam debitam quam devotam, vel quod in aliquo suorum mandatorum mihi licentiam demere videretur ei semper et ubi-

(73) Vide lib. xi, epist. 76, 77.

(74) Vide lib. xi, epist. 76, 77, lib. xiii, ep. 18.

que perfectius famulandi. Nihilominus tamen ea quæ de his quæ per adversarios meos contra me fuerunt proposita, ne super hæc aliqua dubietas in cordibus vestris, quæ me vobis suspectum reddere possit, ulterius remaneat, cum omnimodæ simplicitatis puritate vobis per ordinem declarabo. Me igitur Roma redeunte, priusquam Venetias pervenissem, jam deductis iis ad notitiam Venetorum quæ super ecclesia Sanctæ Sophiæ communiter et indifferenter omnibus participanda dominus papa mihi præceperat, ducis filius cum suis consiliariis et popularium numerositas adversum me, quam cito Venetiis applicui, tumultuosius exclamando surrexerunt, mihi quidquid factum fuerat imputantes. Dolentes etenim multum timere videbantur ne si de natione qualibet in ecclesia jam dicta canonici fierent indifferenter, eadem quæ mediante pactione quam dominus imperator et ipsi tempore divisionis imperii concorditer celebrarunt cesserat in partem suam, tandem multiplicato numero peregrinorum, processu temporis ad alios deveniret. Quocirca remedia laborantes studiosius invenire quibus evacuare vel impedire possent quod dominus papa recte faciendum statuerat, quoddam postularunt a me sibi fieri sacramentum: quod quia sæpius et instantissime requisitus eis facere non consensi, mihi passagium denegabant et civitatis egressum. Creditores quoque mei, quibus sacramento tenebat Venetiis pecuniam reddere mutuatam, cum tanta duritia requirebant eamdem ut inducias ad solutionem pecuniæ vel modicas indulgere mihi nullatenus consentirent; præcipue cum recessum meum, quem Veneti præpedierant, timerent plurimum retardari; et ita creditorum me coarctabat importunitas ut non soluta pecunia, quam solius adjutus patrimonii facultate restituere non poteram, nec aliquis qui me vellet ab eorum manibus absolvere creditor comparebat, mihi, etiamsi copia recedendi cum passagio concederetur, sine perjurio recedere non liceret. Ex alia parte præterea vehementissime perurgebar, pro eo quod si quamlibet moram me Venetiis ulterius detinere contingeret, imminere mihi pariter et Ecclesiæ prævidebam periculum. Nam Veneti properanter Constantinopolim proficisci jam parati, de basilica Sanctæ Sophiæ thesauri residuum quod ibi remanserat, de quo mihi debebat et servitoribus Ecclesiæ in posterum provideri, violenter recipere proposuerant, et hoc se facturos manifestius minabantur. Quod jam dicti creditores evenire posse pertimescentes, prædictum debitum, cum sublato per Venetos memorato thesauro non sperarent aliunde fore solvendum, fortius et instantius repetebant. Inter hæc igitur mihi diutius fluctuanti de consilio prudentum virorum, quorum satis erat celebris auctoritas, occurrit nihil aliud consultius faciendum quam Venetis facere sacramentum, per quod eis quoquo modo satisfieri videretur, et meus Constantinopolim acceleratus accessus efficeret ut quod ipsi se facturos in absentia mea nequiter cogitaverant et etiam prædicebant, me præsente cohibiti facere non attentarent. Quod in veritate, præsentiam meam postmodum reverentes, cum effectu facere nullatenus præsumpserunt; per quod etiam sacramentum sedis apostolicæ vigor in aliquo perdere minime videretur auctoritatem. Juravi siquidem quod nullus in ecclesia Sanctæ Sophiæ per me reciperetur canonicus nisi foret Venetus natione vel in ecclesiis Venetorum decennium commoratus, et quod neminem canonicarem qui simile non faceret sacramentum (75); non ita tamen præcise sicut a principio Veneti postulabant, sed cum tali adjectione, salva scilicet obedientia sedis apostolicæ et juramento quod exhibui domino papæ Innocentio; salvoque speciali mandato quod ipse vel ejus successores mihi super hoc aliquando demandarent; et operam me daturum bona fide promisi quod per totam Romaniam nullus promoveretur in archiepiscopum nisi foret Venetus. Hæc igitur et nulla alia quæ spectant ad præsens negotium, me fecisse salva conscientia spontaneus recognosco: quæ, sicut Dominus papa mihi mandavit, abjurare vobis præsentibus non recuso. »

Quibus dictis, manibusque libro superpositis, prædictum sacramentum, et quod in posterum illud non servaret libenter juramento firmavit, canonicos etiam cogens abjurare quod in sua receptione se juraverant servaturos. Quo facto, clericos omnes super quibus eum vestrum constabat recepisse mandatum, recepit in canonicos, præter illos quos interim gradus sublimior ad episcopalem vocaverat dignitatem, taliter quod illos quos habere potuit præsentes, omnes in osculo pacis recepit, locumque singulis assignans in choro, constanter eisdem contra quoslibet qui mandato vestro contradicentes eis nocere molirentur usque ad mortem suam pro viribus se daturum protectionem promisit. Absentes vero, quos animo jam receperat, se promisit quando Constantinopolim redierint, corporaliter admissurum, dicens etiam quod a principio, si voluissent ejus consiliis acquievisse, longo jam retro tempore peractum fuisset quod videbatur tunc ultimo consummatum. Consequenter, ut per experientiam super Ecclesiæ communitate manifeste monstraret semper observare se velle quod, mediante sacramento, de vestra jussione promiserat, quemdam clericum natione Placentinum, qui dicitur magister Blasius, cunctis præsentibus instituit ibidem canonicum. Ad ea vero quæ contra ipsum super ecclesiarum quarumdam exspoliatione dicebantur sic respondit, suum dirigens ad omnes sermonem: « Vobis universis et singulis ex parte Dei omnipotentis et sub obtentu fidelitatis et obedientiæ quam jam mihi fecistis, districte præcipio quatenus super exspoliatione ecclesiarum, de qua nuntii pere-

---

(75) Vide gesta Innoc. III, cap. 99, et infra epist. 140.

grinorum apud dominum papam me diffamarunt, veritatem non taceatis, sed si quis vestrum scit quod res ecclesiæ suæ vel alterius furtive vel alias injuste vel quoquo modo receperim, palam dicat coram omnibus, in instanti duplicia recepturus. » Nemine vero profitente quod de suis vel ecclesiarum quidquam recepisset, adjunxit, dicens : « Summam thesauri quem de basilica Sanctæ Sophiæ dicor usque ad centum millia marcarum sustulisse, decem et octo millia marcarum cunctis qui tunc erant canonicis præsentibus et scientibus vix fuisse protestor.

Super eo autem quod ab imperatore sexcenta hyperpera dicebatur injuste recepisse, quorum restitutionem, sicut in vestris litteris continebatur, clerici requirebant instanter, respondit, nullius reprehensionis notæ de hoc tali ratione se demonstrans obnoxium, et ab eorum petitione sese penitus absolvendum (76). Dicebat enim quod illa trecenta hyperpera quæ ratione quartæ spectabant ad ipsum, cum nondum tamen per vos quota sit ejus pars futura fuerit terminatum, recepit ideo, nec in procurationem domini cardinalis ejusdem, sicut clerici postulabant, erogaverit, quia computatis iis quæ non adjutus a communitate de suis bonis in procuratione dicti cardinalis expendit, et collatis cum iis quæ dominus imperator, qui communitati clericorum tenebatur in ejusdem sustentationem, de bonis eorumdem distraxit, non eis ipse debitor appareret, sed ipsos ei multa restituere potius oporteret : de quo ne liceret eis aliquatenus dubitare, paratus erat per illos quorum ministerio dominus cardinalis ex parte sua fuerat procuratus, eos manifestius certificare. Alia vero trecenta hyperpera, quæ non sibi sed clericis a debitoribus communitatis cum instantia magna receperat, cuidam clerico nomine Theodorico, qui tunc temporis clericorum fuerat procurator, se fatebatur assignasse : qui præsens ibi confessus fuit eamdem pecuniam se nomine clericorum jam longo retro tempore suscepisse. Silentium vero cunctis tenentibus, cum adversus ea quæ dominus patriarcha tam rationabiliter proposuerat respondere minime prævalerent, surrexerunt illi de quibus supra memoratum est, qui litteras quas dominus Benedictus cardinalis eis super ecclesia Sanctæ Sophiæ concesserat demonstrabant, supplicantes domino patriarchæ quatenus mandatum vestrum, quod in aliis fuerat prosecutus, in eis, ipsos in canonicis recipiendo, similiter observaret. Quibus dominus patriarcha rationes opponens prædictas, rescriptum vestrum super eorum receptione se recepisse penitus denegabat, dicens, quod vestra sanctitas de iis nullatenus diffiniret, de quibus ei per auctores causarum vel eorum nuntios nihil penitus innotuisset, multipliciter etiam astruens quod si de illis ei sicut de cæteris constitisset, licet tanto numero clericorum facultates Ecclesiæ minime suppetere non du- bitentur, tamen in eis integre mandatum vestrum prosequi libentissime non omisisset.

In eumdem fere modum scripsit universitas clericorum apud Constantinopolim commorantium.

CVI.

LITTERÆ MAGISTRI MILONIS MISSÆ AD DOMINUM PAPAM.

De negotio fidei in Provincia.

Sanctissimo Patri et domino Innocentio Dei gratia summo pontifici Milo humilis servus ejus voluntarium debitæ servitutis obsequium. Postquam cum exercitu signatorum a Lugduno per Provinciam usque ad Montempessulanum processi, reverendo Patri Cisterciensi abbati et principibus visum fuit plurimum expedire quod ad terram nobilium virorum comitum Provinciæ et Furcalcariensis, partim pro reformanda concordia inter eos, partim pro collecta facienda per ecclesias ad opus et subsidium exercitus Jesu Christi, celeriter remearem. Cumque ad Arelatensem civitatem venissem, oculata fide perspexi quod alias fama intellexeram nuntiare [nuntiante]; videlicet quod vir nobilis Willelmus Porcelleti munitionem quamdam fortissimam super duabus ecclesiis et in cœmeteria ipsarum constructam in insula quadam juxta ripam Rhodani non longe ab eadem civitate in perniciem transeuntium possidebat, domosque Domini converterat in speluncas latronum. Innumera enim maleficia, rapinæ scilicet, exactiones indebitæ, furta et cæteræ abominationes committebantur in ea, et timebantur nihilominus in futurum committi. Propter quod me cum circumstantibus civitatibus continuo ad ipsam destruendam accinxi. Et quia timuit dictus nobilis ne terra ipsius tota in exterminium et direptionem veniret, non exspectata manu militari, quamvis invitus, præfatam munitionem mihi tradidit subvertendam. Ea igitur funditus demolita, continuo Massiliam properavi, civesque Massilienses diligenter admonui ut pacem et alia quæ circumadjacentia loca juraverant jurarent, et ipsi, et præcipue de facto Roncelini, in quo multum Ecclesiam Dei scandalizaverant, satisfacerent competenter. In quorum nullo preces meas seu mandatum exaudire curarunt, excusationes in peccatis suis frivolas, scilicet Roncelini absentiam, allegantes ; et, quod non sine verecundia multa et rubore sustinui, mihi publice, licet falso, in faciem objecerunt quod cum Romana Ecclesia ei communicasset in multis, non tanquam apostatam seu excommunicatum ipsum vitare debebant (77). Exinde per Aquensem civitatem Avenionem revertens, præfatum comitem Fulcalcariensem vocavi, eum diligenter inducens ut sicut comes Tolosanus, cæteri barones et civitates, se ad observantiam pacis et eorum quæ statuta fuerunt apud Sanctum Ægidium obligaret. Ad quod, licet a principio difficilis multum exstiterit, postmodum tamen secundum voluntatem meam et consilium archiepiscoporum et episcoporum qui apud Avenionem ad concilium fuerant congregati,

---

(76) Vide lib. xi, epist. 78.

(77) Vide lib. xiv, epist. 95.

ad observandum quæcunque volui præcipere tam suam quam multorum commilitum suorum juratoriam mihi et insuper trium castrorum pignorativam exhibuit cautionem : quæ castra quibusdam discretis personis ecclesiasticis nomine vestro custodienda commisi. Circa vero comitem Provinciæ ac terram ipsius, pro eo quod in Siciliam cum sorore profectus fuerat, quæ stabilienda fuerant stabilire nequivi. Ad communem tamen utilitatem et quietem totius Provinciæ multo in præfato concilio statuta fuerunt; et prædictus Roncelinus præcipue tanquam apostata et perjurus cum omnibus fautoribus suis et complicibus fuit nominatim anathematis vinculo innodatus, totaque civitas Massiliensis et terra ipsius ecclesiastico districtissime interdicto subjecta. Præfati quoque domini Cisterciensis abbatis fuit consilium et voluntas ut formam juramenti baronum, civitatum, aliorumque locorum, sicut in authenticis quæ penes me habeo continetur, vobis seriatim transmitterem, ponendam, si vestræ sanctitati videbitur, in Regestis. Quæ forma ab originalibus sumpta et diligenter correcta in quaterno meo sigillo signato, quem attulit lator præsentium, plenius continetur. Quia igitur, sancte Pater, ad hoc res per Dei gratiam jam devenit ut in tota Provincia sit summa pax et tranquillitas reformata, dummodo facile non solvantur quæ multa sunt deliberatione statuta, beatitudinem vestram humili supplicatione deposco quatenus si forsitan, sicut a multis creditur, Tolosanus comes, pacis et justitiæ inimicus, ad præsentiam vestram accesserit pro recuperandis castris quæ mihi vestro nomine assignavit, quod se jactat posse facile obtinere, non vos moveat ejus lingua solis mendaciis et contumeliis erudita ; sed, sicut meruit, de die in diem manus Ecclesiæ sentiat graviores. Cum enim super quindecim ad minus capitulis præter alias juratoriam ab eo receperim cautionem, fere in omnibus manifestissime dejeravit, in his præcipue quæ in aliis litteris continentur factis (78) nomine domini Regensis et meo. Unde a jure quod habet in civitate Melgorii cecidit manifeste, et septem munitissima castra quæ de suis habeo in commissum Romanæ Ecclesiæ ceciderunt. Avenionenses quoque, Nemausenses et homines Sancti Ægidii, sicut in forma juramenti quod mihi vestro nomine præstiterunt plenius continetur, de omni jure quod in civitatibus illis habet hominium Romanæ Ecclesiæ parati sunt exhibere. Verum, sicut in præfatis habetur litteris, adhuc usque ad proximum festum Omnium Sanctorum exspectabitur ; in quo si non venerit satisfacturus de omnibus, contra ipsum tam spiritualiter quam temporaliter procedetur. Castra siquidem quæ de suis habeo adeo sunt artificio et natura loci munita ut cum auxilio civitatum, locorum etiam et baronum, qui Ecclesiæ multa sunt devotione ac juramento astricti, facillimum sit ipsum exterminare de terra quam sua vita turpissima diutius maculavit. Ad hæc, in eo quod Romana Ecclesia tenet castra ullatenus ipse non læditur ; imo per hoc et his diebus extremum evasit supplicium, et illæsa remansit alia terra sua. Comes quoque Fulcalcariensis multique alii barones et nobiles, qui mihi multa castra munitissima reddiderunt, non solum ea non repetunt, sed offerunt alia incessanter, quoniam id tranquillitati Provinciæ admodum expedire cognoscunt. Si autem, quod Deus avertat, idem Tolosanus comes sine alia satisfactione recuperaverit sua castra, quidquid factum est contra hæreticos et pro pace ac quiete Provinciæ stabilitum, prorsus ad nihilum redigetur, et melius esset nihil inchoatum fuisse quam relinquere taliter inchoata. Parcat mihi vestra benignitas, sancte Pater, si prolixius vel aliter quam debuerim forsan scripsi. Nam ex abundantia cordis os loquitur; et zelum bonum habeo, qui utinam scientia sit conditus ! Licet enim tam comes ipse quam præfatus nobilis, cujus adeo munitionem destruxi quod pro centum millibus solidorum in statum pristinum reparari non posset, occulte mihi exitium machinetur, sicut multorum certa relatione cognovi, nihil me tamen ab eo quod cœpi poterit revocare, quamvis uterque mortem fuerit machinatus legati. Nam et comes semper postea interfectorem ipsius familiarem habuit et amicum, cum esset antea inimicus, et Willelmus Porcelleti germanum interfectoris ejusdem postea semper habuit commensalem.

CVII. DOMINO PAPÆ.
Super facto comitis Tolosani.

Sanctissimo Patri ac domino Innocentio Dei gratia summo pontifici Hugo Regensis episcopus, et Milo humilis servus ejus, voluntarium debitæ servitutis obsequium. Cum nuper apud civitatem Avenionensem pro statu Provinciæ cum multis archiepiscopis et episcopis et aliis Ecclesiarum prælatis essemus in concilio congregati, de concilio et assensu reverendi Patris abbatis Cisterciensis et sacri approbatione concilii comitem Tolosanum anathematis vinculo innodavimus et totam ipsius terram ecclesiastico supposuimus interdicto pro eo quod idem comes venerabiles Patres Carpentoratensem et Vasionensem episcopos cum suis clericis non restituit pleno jure, sicut ego Milo ei præceperam sub religione præstiti juramenti et pœna in ipso juramento adjecta, pro eo etiam quod hæreticos et credentes de terra sua non expulit, nec eos ad arbitrium tradidit signatorum, Ecclesiis quoque et religiosis domibus ac personis miserabilibus justitiam, sicut ei præceptum fuerat, non exhibuit, nec ad respondendum de se conquerentibus aliquos constituit responsales, similiter incastellatas ecclesias ad diœcesanorum episcoporum arbitrium non destruxit, et pedagia seu exactiones indebitas non dimisit. Hanc autem sententiam ita duximus moderandam, quod si comes ipse usque ad proximum festum Omnium Sanctorum ad præsentiam nostram accesserit et super prædictis

(78) Vide epist.

satisfecerit competenter, non sit hac excommunicatione ligatus; alioquin tam ipse quam terra ipsius, ut supra diximus, et excommunicationis et interdicti sententia teneatur. Quia igitur, sancte Pater, veridica multorum relatione didicimus quod comes ipse ad sedem est apostolicam accessurus, ut intercessione illustris regis Ottonis, regis quoque Franciæ, ac plurium aliorum, de quorum dilectione se jactat, terræ suæ, quæ tota pene in manibus vestris consistit, restitutionem obtineat et sic esset novissimus error longo priore deterior, totius negotii veritatem vestræ sanctitatis auribus duximus declarandam; ut si forsan idem comes ad vos, sicut speratur, accesserit, in successore Petri petræ, quæ Christus est, inveniat firmitatem, indubitanter scientes quod per Dei ac vestram gratiam taliter est ligatus quod deinceps recalcitrare non poterit nec vestris sanctis jussionibus obviare, nisi forsan, quod Deus avertat, quod circa ipsum factum est aliquorum instantia dissolvatur. Roncelinum quoque Sancti Victoris Massiliensis monachum apostatam et perjurum in eodem concilio anathematizavimus et maleteximus, non solum propter quamdam nobilem quam traduxit, sed propter alias causas multiplices quas, cum sint notoriæ, supervacuum credimus enarrare. Hugonem etiam ferum castaldum ipsius Roncelini seu bajulum excommunicavimus nominatim, et omnes qui ei sicut ipsius gastaldo vel bajulo de cætero responderent. Multos alios quoque nobiles et burgenses Massilienses sententia eadem ligavimus, qui dictum Roncelinum in sua iniquitate defendunt. Civitatem Massiliensem similiter ac totam aliam terram Roncelini prædicti ecclesiastico supposuimus interdicto pro eo quod eumdem Roncelinum de monasterio per violentiam extraxerunt, et ipsum in sua malitia et pertinacia manu tenuerunt, hucusque ejus dominium tanto tempore sustinentes. Item pro eo quod violentiam quam hominibus Montispessulani et peregrinis tam in rebus quam in personis idem fecerat Roncelinus non prohibuerunt, cum possent. Pro eo etiam quod ea quæ statuta fuerant apud Sanctum Ægidium pro quiete ac statu totius Provinciæ noluerunt sicut aliæ civitates et castra jurare. Præfatus etiam dominus abbas de consilio omnium prælatorum Ecclesiæ qui fuerant in exercitu congregati, consules et consiliarios Tolosanos excommunicationis sententia innodavit totam civitatem ecclesiastico supposuit interdicto, pro eo quod hæreticos et credentes, quorum ibi est maxima multitudo, noluerunt cum rebus suis ad arbitrium tradere signatorum. Hæc ideo, Pater sancte, vestris auribus duximus intimanda, ut si forsan aliqui prædictorum ad præsentiam vestram miserint vel accesserint, de his quæ acta sunt circa eos sciatis plenius veritatem.

FORMA JURAMENTI BARONUM, CIVITATUM, ALIORUMQUE LOCORUM, DOMINO PAPÆ DANDA.

Cap. I. In nomine Domini. Anno pontificatus domini Innocentii papæ III duodecimo, xiv Kal. Julii. Nos consules villæ Sancti Ægidii de consensu et voluntate domini Raymundi comitis Tolosani præcise juramus super sancta Dei Evangelia manu tacta tibi magistro Miloni domini papæ notario, apostolicæ sedis legato, quod bona fide, sine omni malo ingenio, et sine omni fraude consulemus et operam dabimus pro posse nostro quod dictus dominus comes tam per se quam per successores suos super iis omnibus pro quibus fuit excommunicatus, quæ videlicet exponuntur in forma secundum quam ipse antequam absolveretur juravit, pareat omnibus mandatis Ecclesiæ, et quod ea in perpetuum servet, ita ut si quod illorum non fecerit vel contravenerit manifeste, nos ei nullum consilium vel auxilium seu obsequium per nos vel per homines sive amicos nostros aliquatenus impendemus, scientes ex hoc ipso dicti comitis delicto absolutos nos esse a fidelitate, si qua vel servitio illi ullo modo tenebamur. Imo quousque plene paruerit, faciemus contra ipsum pro posse nostro quidquid Romana Ecclesia vel ejus nuntius sive legatus nobis mandaverit faciendum, nonobstante fidelitate vel jure aliquo vel servitio, si quo ipsi ullo modo tenebamur; a quo tam tu quam dictus comes nos absolvistis et absolvitis, si forte ipse, ut dictum est, contra præcepta quæ sibi facta sunt vel fuerint venerit manifeste. Tunc etiam pro jure sive servitio, si quod in villis nostri consulatus et Ecclesiæ Sancti Ægidii, scilicet in villa de Seura et de Stagello et de Sancta Columba et de Speirano et de toto territorio Camarinnani, et in aliis, si qua sunt, quæ ipsa villa Sancti Ægidii habere dignoscitur, fidelitatem Romanæ Ecclesiæ faciemus, ipsam eidem fideliter et perpetuo servaturi. Item stratas publicas secur as servabimus, et faciemus per totum nostrum districtum inviolabiliter observari. Item pedagia seu guidagia vel exactiones aliquas a transeuntibus per stratas vel etiam per flumina nullatenus accipiemus, nisi quæ vel quas antiqua regum vel imperatorum concessione constiterit nos habere. Item ecclesias omnes et domos religiosas in nostro districtu tam in villa quam extra in plenaria servabimus libertate; videlicet quod ab eis exactiones aliquas seu tallias nullatenus exigemus, et defunctis earum abbate vel aliis rectoribus, ipsas vel domos earum nullo modo spoliabimus, nec administrationi earum seu custodiæ occasione alicujus consuetudinis vel aliqua alia; nisi forte rogati ab abbate vel capitulo, nos immiscebimus; sed omnia sine diminutione aliqua defunctorum successoribus reserventur, et electioni abbatis vel alterius rectoris Ecclesiæ faciendæ per nos vel per quamcunque aliam personam nos nullatenus immiscebimus, nec aliquam violentiam faciemus vel impedimentum præstabimus quominus electio canonice ac libere celebretur. Item pacem seu treugam, sicut nobis injunctum fuerit, bona fide observabimus. Item si abbas vel capitulum vel alia persona ecclesiastica nobis aliquos hæreticos nominaverit vel credentes, vel per nosmetipsos cognoscere poterimus aliquos hæresim prædicare vel facere conventicula aliqua, ipsos persequemur secundum legitimas sanctiones, et eorum bona infiscabimus. Hæc autem omnia singulis annis per manus abbatis nostri successores nostros jurare faciemus. Si quis autem hæc jurare noluerit, ipsum tanquam hæreticum habebimus manifestum, nec ejus judicium sive auctoritas vigorem in aliquo sortiatur.

Cap. II. Ego Willelmus de Balcio princeps Aurasicensis pro animæ meæ remedio et progenitorum meorum omnibus ecclesiis et domibus religiosis sitis in meo districtu immunitatem secundum statuta canonum et plenissimam libertatem concedo, ita videlicet quod albergarias, procurationes, vel exactiones quascunque seu tallias nullo unquam tempore per me vel per alios requiram in eis, et requirentes sive postulantes pro posse meo fideliter coercebo. Defunctis etiam earum episcopis vel rectoribus aliis, ipsas vel domos earum per me vel per alium nullo modo spoliabo, nec administrationi earum seu custodiæ occasione alicujus consuetudinis vel aliqua alia me ullatenus immiscebo, sed sine diminutione aliqua defunctorum successoribus reserventur. Electioni etiam episcopi vel alterius rectoris Ecclesiæ faciendæ per me vel per quamcunque aliam personam me nullatenus immiscebo, nec aliquam violentiam faciam vel impedimentum præstabo quominus electio canonice ac libere celebretur. Præterea possessiones omnes et jura ecclesiarum, si qua injuste detineo, eis restituo pleno jure. Insuper promitto quod omnia jura ecclesiarum et domorum religiosarum, sicut decet catholicum principem, in præfato meo districtu totis viribus protegam et defendam. Si quis autem contra præfatam immunitatem et libertatem a me indultam ecclesiis et aliis domibus religiosis venire præsumpserit, ipsum pro posse meo viriliter coercebo. Istam autem concessionem et promissionem feci apud Sanctum Ægidium anno pontificatus domini Innocentii papæ III duodecimo, XIII Kal. Julii, ad mandatum et exhortationem magistri Milonis domini papæ notarii, apostolicæ sedis legati.

Cap. III. In nomine Domini. Anno pontificatus domini Innocentii papæ III duodecimo, XII Kal. Julii. Nos consules Nemausenses de consensu et voluntate domini Raymundi comitis Tolosani præcise juramus super sancta Dei Evangelia manu tacta tibi magistro Miloni domini papæ notario A. S. L. quod bona fide, sine omni malo ingenio et sine omni fraude consulemus et operam dabimus pro posse nostro quod dictus dominus comes tam per se quam per successores suos super iis omnibus pro quibus fuit excommunicatus, quæ videlicet exponuntur in forma secundum quam ipse antequam absolveretur juravit, pareat omnibus mandatis Ecclesiæ, et quod ea in perpetuum servet, ita ut si quod illorum non fecerit vel contra venerit manifeste, nos ei nullum consilium, vel auxilium, seu obsequium per nos vel per homines seu amicos nostros aliquatenus impendemus, scientes ex hoc ipso dicti comitis delicto absolutos nos esse a fidelitate si qua vel servitio illi ullomodo tenebamur. Imo quousque plene paruerit faciemus contra ipsum pro posse nostro quidquid Romana Ecclesia vel ejus nuntius sive legatus nobis mandaverit faciendum, nonobstante fidelitate vel jure aliquo vel servitio, si quo ipsi ullomodo tenebamur, a quo tam tu quam dictus comes nos absolvistis et absolvitis, si forte ipse, ut dictum est, contra præcepta quæ sibi facta sunt vel fuerint venerit manifeste. Tunc etiam pro jure sive servitio, si quod in villis et castris nostri consulatus et ipsa civitate habere dignoscitur, fidelitatem Romanæ Ecclesiæ faciemus, ipsam eidem fideliter et perpetuo servaturi. Item stratas publicas securas servabimus et faciemus per totum nostrum districtum inviolabiliter observari. Item pedagia seu guidagia vel exactiones aliquas a transeuntibus per stratas vel etiam per flumina nullatenus accipiemus, nisi quæ vel quas antiqua regum vel imperatorum concessione constiterit nos habere. Item ecclesias omnes et domos religiosas in nostro districtu tam in civitate quam extra in plenaria servabimus libertate, videlicet quod ab eis exactiones aliquas seu tallias nullatenus exigemus, et defunctis earum episcopo vel aliis rectoribus, ipsas vel domos earum nullo modo spoliabimus, nec administrationi earum seu custodiæ occasione alicujus consuetudinis vel aliqua alia, nisi forte rogati ab episcopo vel capitulo, nos immiscebimus, sed omnia sine diminutione aliqua defunctorum successoribus reserventur, et electioni episcopi vel alterius rectoris Ecclesiæ faciendæ per nos vel per quamcunque aliam personam nos nullatenus immiscebimus, nec aliquam violentiam faciemus vel impedimentum præstabimus quo minus electio canonice ac libere celebretur. Item si episcopus vel capitulum vel alia persona ecclesiastica nobis aliquos hæreticos nominaverit vel credentes, vel per nosmetipsos cognoscere poterimus aliquos hæresim prædicare vel facere conventicula aliqua, ipsos persequemur secundum legitimas sanctiones, et eorum bona infiscabimus. Hæc omnia singulis annis per manus episcopi nostri successores nostros faciemus jurare. Si quis autem hæc jurare noluerit, ipsum tanquam hæreticum habebimus manifestum, nec ejus judicium sive auctoritas vigorem in aliquo sortiatur.

Cap. IV. In nomine Domini. Anno pontificatus domini Innocentii papæ III duodecimo, XI Kal. Julii. Ego Milo domini papæ notarius A. S. L. tibi Willelmo Porcellet sub debito præstiti juramenti præcipio ut mainadas nullo unquam tempore habeas. Item ut Judæos ab omni administratione publica vel privata removeas omnino, et nullo unquam tempore eos ad eamdem vel ad aliam restituas, nec alios Judæos ad administrationem aliquam assumas, nec eorum consilio contra Christianos utaris. Item ut ecclesias incastellatas ad arbitrium diœcesanorum episcoporum diruas, vel reserves si quas duxerint reservandas; quæ et diœcesanis episcopis vel aliis Ecclesiarum prælatis, ad quos pertinere noscuntur, tradantur et ab eis perpetuo possideantur. Item præcipio ut ecclesias et domos religiosas in plenaria libertate conserves, videlicet quod in eis albergarias, vel procurationes, aut exactiones quascunque nullatenus exigas vel percipias, et defunctis earum episcopis vel aliis rectoribus, ipsas nullo modo spolies, nec administrationi earum seu custodiæ occasione alicujus consuetudinis vel aliqua alia te immisceas, sed omnia sine diminutione aliqua eorum successoribus reserventur, et electioni episcopi vel alterius rectoris Ecclesiæ faciendæ per te vel per quamcunque aliam personam te nullatenus admisceas, nec aliquam violentiam facias vel impedimentum aliquod præstes quominus electio libere ac canonice celebretur. Item præcipio ut pedagiorum seu guidagiorum exactiones penitus dimittas, nisi quas regum vel imperatorum concessione probaveris te habere, nec dimissa pedagia seu guidagia deinceps resumas. Item pacem seu trengam secundum quod tibi injunctum fuerit observes. Item ut de te conquerentibus secundum meum vel alterius legati vel judicis delegati arbitrium justitiam facias. Item præcipio ut stratas publicas securas serves.

Cap. V. In nomine Domini. Anno duodecimo pontificatus domini Innocentii papæ III, VII Kal. Julii. Nos consules et consiliarii Aurasicenses de consensu et voluntate domini Willelmi de Baucio principis nostri præcise juramus super sancta Dei Evangelia manu tacta tibi magistro Miloni domini papæ notario, apostolicæ sedis legato, quod bona fide, sine omni malo ingenio, et sine omni fraude consulemus et operam dabimus pro posse nostro quod Raymundus comes Tolosanus tam per se quam per successores suos super iis omnibus pro quibus excommunicatus fuit, quæ videlicet exponuntur in forma secundum quam ipse antequam absolveretur juravit, pareat omnibus mandatis Ecclesiæ, et quod ea in perpetuum servet, ita ut si quod illorum non fecerit vel contra venerit manifeste, nos ei nullum consilium vel auxilium seu obsequium per nos vel per homines vel amicos nostros aliquatenus impendemus; imo quousque paruerit plene, faciemus contra ipsum pro posse nostro quidquid Romana Ecclesia vel ejus nuntius vel legatus nobis mandaverit faciendum. Item stratas publicas securas servabimus et faciemus per totum districtum inviolabiliter observari. Item pedagia seu guidagia vel exactiones aliquas a transeuntibus per stratas vel etiam flumina nullatenus accipiemus, nisi quæ vel quas antiqua regum vel imperatorum concessione constiterit nos habere. Item ecclesias omnes et domos religiosas in nostro districtu tam in civitate quam extra in plenaria servabimus libertate, videlicet quod ab eis exactiones aliquas seu tallias nullatenus exigemus, et defunctis earum episcopo vel aliis rectoribus, ipsas vel domos earum nullo modo spoliabimus, nec administrationi earum seu custodiæ occasione alicujus consuetudinis vel aliqua alia, nisi forte rogati ab episcopo vel capitulo, nos immiscebimus, sed omnia sine diminutione aliqua defunctorum successoribus reserventur, et electioni episcopi vel alterius rectoris Ecclesiæ faciendæ per nos vel per quamcunque aliam personam nos nullatenus immiscebimus; nec aliquam violentiam faciemus vel impedimentum præstabimus quo minus electio canonice ac libere celebretur. Item pacem seu treugam, sicut nobis injunctum fuerit, bona fide observabimus. Item si episcopus vel capitulum vel alia persona ecclesiastica nobis aliquos hæreticos nominaverit vel credentes, vel per nos ipsos cognoscere poterimus aliquos hæresim prædicare vel facere conventicula, ipsos persequemur secundum legitimas sanctiones, et eorum bona omnia infiscabimus. Hæc omnia singulis annis per manus principis nostri prædicti successores nostros faciemus jurare. Si quis autem hæc jurare noluerit, ipsum tanquam hæreticum habebimus manifestum, nec ejus judicium sive auctoritas vigorem in aliquo ejus sortietur.

CAP. VI. In nomine Domini. Anno pontificatus domini Innocentii papæ III duodecimo, VI Non. Julii. Ego Artaudus de Rosilo juro tibi magistro Miloni domini papæ notario, apostolicæ sedis legato, quod quidquid dominus papa vel tu seu nuntius alius vel legatus ejus mihi de pedagiis seu guidagiis tam in terra quam in aquis dimittendis præceperit, bona fide observabo. Similiter stratas publicas securas servabo. Item pacem seu treugam, secundum quod mihi injunctum fuerit, jurabo et tenebo. Item hæreticos vel credentes pro posse meo persequar, et eorum bona ubi potero occupabo. Judæos ab administratione publica vel privata penitus in meo removebo districtu, nec illos vel alios unquam ad aliquam administrationem assumam; ecclesias incastellatas secundum mandatum diœcesani episcopi destruam, vel eis restituam, nec aliquas de cætero incastellabo vel incastellatas retinebo. Ecclesias in plena libertate servabo. Et confiteor quod pro his omnibus observandis et aliis, ut quæ mihi præcepta fuerint, ut dictum est; castrum meum de Rosilon vobis nomine Romanæ Ecclesiæ tradidi, quod neque vobis neque custodibus ejusdem castri per me vel per aliam quamcunque personam auferam vel auferri faciam, imo si ab aliquo fuerit ablatum, pro posse meo ad recuperandum illud et restituendum vobis vel custodibus qui pro tempore fuerint dabo operam bona fide. Volo etiam ut idem castrum meis sumptibus custodiatur. Hæc omnia, sicut supra scripta sunt, bona fide observabo. Sic Deus me adjuvet et hæc sancta Dei Evangelia.

CAP. VII. In nomine Domini. Anno duodecimo pontificatus Domini Innocentii papæ III, VI. Non. Julii. Nos episcopus, decanus, vicarius et cæteri canonici Valentini præcise juramus super sancta Dei Evangelia tibi magistro Miloni domini papæ notario, apostolicæ sedis legato, quod si Raymundus comes Tolosanus tam per se quam per successores suos super iis omnibus pro quibus fuit excommunicatus, quæ videlicet exponuntur in forma secundum quam ipse antequam absolveretur juravit, non paruerit omnibus mandatis Ecclesiæ, vel ea in perpetuum non servaverit, vel contra ipsa vel aliquod illorum venerit manifeste, ei nullum consilium vel auxilium seu obsequium per nos vel per amicos seu homines nostros aliquatenus impendemus, imo quousque plene paruerit, faciemus contra ipsum pro posse nostro quidquid Romana Ecclesia vel ejus nuntius sive legatus nobis mandaverit faciendum. Item stratas publicas securas servabimus et faciemus per totum nostrum districtum inviolabiliter observari. Item pedagia seu guidagia vel exactiones aliquas a transeuntibus per stratas vel etiam per flumina nullatenus accipiemus, nisi quæ vel quas antiqua regum vel imperatorum concessione constiterit nos habere. Item pacem seu treugam, sicut nobis a legato vel nuntio Romanæ Ecclesiæ injunctum fuerit, bona fide observabimus, et faciemus nostros homines observare pariter et jurare. Item hæreticos et credentes seu receptores et fautores eorum prout poterimus persequemur, eorum bona omnia, ubi potestatem habebimus, infiscantes. Et hæc omnia faciemus universos cives nostros et alios homines jurare, et faciemus tam eos quam successores eorum in posterum, prout melius poterimus, observare.

CAP. VIII. In nomine Domini. Anno ab Incarnatione Domini 1209, IV Idus Julii, Ego Milo domini papæ notarius A. S. L. vobis G. Aidemari et Lamberto Dominis de Montilio sub debito præstiti juramenti præcipio ut pedagia seu guidagia, in toto vestro districtu tam in terra quam in aquis nullo unquam tempore accipiatis, nisi quæ antiqua regum vel imperatorum concessione probaveritis vos habere. Item præcipio ut pacem seu treugam, secundum quod vobis injunctum fuerit, observetis, et faciatis a vestris hominibus observari pariter et jurari. Item præcipio ut de vobis conquerentibus secundum meum vel alterius legati vel judicis delegati seu ordinarii arbitrium justitiam faciatis. Item præcipio ut stratas publicas securas servetis, et crucesignatos tam in eundo quam in redeundo pro posse vestro ab omnibus defendatis. Item præcipio ut eos quos episcopi vel alii clerici vobis hæreticos nominabunt et receptatores vel fautores aut credentes eorum tanquam hæreticos et puniatis per bonorum infiscationem et alias secundum legitimas sanctiones. item præcipio ut ecclesias et domos religiosas in libertate plenaria conservetis, videlicet quod in eis albergarias, procurationes, vel exactiones quascunque seu tallias nullatenus exigatis vel percipiatis, et defunctis earum rectoribus, ipsas nullo modo spolietis, nec administrationi earum seu custodiæ occasione alicujus consuetudinis vel alia vos immisceatis, sed omnia sine diminutione aliqua defunctorum successoribus reserventur, et electioni rectoris Ecclesiæ faciendæ per vos vel per quamcunque aliam personam vos nullatenus immisceatis, nec aliquam violentiam faciatis vel impedimentum præstetis quo minus electio canonice ac libere celebretur. Item præcipio ut Judæos ab administratione publica vel privata removeatis omnino, et nullo unquam tempore eos ad eamdem vel ad aliam restituatis, nec alios Judæos ad administrationem aliquam assumatis, nec eorum consilio contra Christianos utamini. Item præcipio ut ecclesias incastellatas ad arbitrium diœcesanorum episcoporum diruatis, vel etiam reservetis si quas duxerint reservandas; quas ipsis diœcesanis episcopis tradatis, vel aliis Ecclesiarum prælatis ad quos pertinere noscuntur, ut perpetuo possideantur ab eis. Item præcipio ut si comes Tolosanus tam per se quam per hæredes suos contra præcepta quæ sibi facta sunt vel fient in posterum super iis omnibus pro quibus fuit excommunicatus, quæ videlicet exponuntur in forma secundum quam ipse antequam absolveretur juravit, venerit manifeste, vos nullum consilium vel obsequium per vos vel per vestros homines seu amicos et aliquatenus impendatis, imo quousque plene pa-

fuerit, faciatis contra ipsum pro posse vestro quidquid Romana Ecclesia vel ejus nuntius sive legatus mandaverit faciendum. Item præcipio ut per vos, vel vestros homines, vel aliam quamcunque personam, consilium vel opem non detis ut munitiones vestræ, quas modo facio per Vivariensem episcopum nomine Romanæ Ecclesiæ custodiri, eidem vel custodibus ejus vel aliis qui pro tempore fuerint, auferantur; et si forte aliquo casu eis ablatæ fuerint, modis omnibus quibus poteritis laborabitis ut recuperentur et restituantur eisdem. Item præcipio ut homines de Montilio faciatis Vivariensi episcopo fidelitatem pro custodia munitionis secundum voluntatem ipsius jurare, et pro expensis quas in munitionibus vestris Montilii custodiendis fecerit, cum eas a vobis petierit, secundum suum arbitrium ei etiam antequam factæ fuerint, si voluerit, satisfaciatis. Item præcipio ut si forte per vos vel hæredes vestros contra supradicta vel aliquod prædictorum aliquando veneritis manifeste, jus omne quod habet Ecclesia Romana in Montilio et ejus pertinentiis in ipsius potestate sine contradictione aliqua penitus dimittatis, ita quod dominus papa per se vel legatum suum disponat et faciat de castro illo sicut decreverit faciendum. Similiter tibi G. Ademari præcipio ut si forte, ut dictum est, per te vel hæredes tuos contra supradicta veneris manifeste, jus omne quod habes in castro de Rochamaura Vivariensi episcopo qui pro tempore fuerit penitus sine aliqua questione dimittas, sicut tu ipse, quando mihi jurasti, te ad hoc obligasti spontanea voluntate.

CAP. IX. In nomine Domini nostri Jesu Christi. Anno ejusdem Incarnationis 1209, IX. Kal. Augusti, anno pontificatus domini Innocentii papæ III duodecimo. Nos consules Montispessulani juramus super sancta Dei Evangelia manu tacta tibi magistro Miloni domini papæ notario A. S. L. de mandato et auctoritate tua quod bona fide, sine omni malo ingenio et sine fraude consulemus et operam dabimus pro posse nostro quod dominus Raymundus comes Tolosanus tam per se quam per hæredes suos super iis omnibus pro quibus fuit excommunicatus, quæ videlicet exponuntur in forma secundum quam ipse antequam absolveretur juravit, pareat omnibus mandatis Ecclesiæ, et quod ea in perpetuum servet; ita ut si quod illorum non fecerit, vel contravenerit manifeste, nos ei nullum consilium vel auxilium seu obsequium per nos vel per homines sive amicos nostros aliquatenus impendemus, imo quousque plene paruerit, faciemus contra ipsum pro posse nostro quidquid Romana Ecclesia vel ejus nuntius sive legatus nobis mandaverit faciendum. Item stratas publicas per totum nostrum episcopatum securas servabimus et faciemus inviolabiliter observari. Item pedagia seu guidagia vel exactiones aliquas a transeuntibus per stratas episcopatus nostri vel etiam per aquas nullatenus accipiemus vel accipi permittemus, nisi quæ vel quas antiqua regum vel imperatorum concessione constiterit nos vel alios habere. Item ecclesias omnes et domos religiosas in nostro episcopatu tam in villa Montispessulani quam extra in plenaria servabimus libertate, videlicet quod ab eis exactiones aliquas seu tallias nullatenus exigemus, et defunctis earum rectoribus, ipsas vel domos earum nullo modo spoliabimus, nec administrationi earum seu custodiæ occasione alicujus consuetudinis vel aliqua alia, nisi forte rogati ab episcopo vel capitulo, nos immiscebimus, sed omnia sine diminutione aliqua defunctorum successoribus reservabimus, et electioni episcopi vel alterius rectoris Ecclesiæ faciendæ per nos vel per quamcunque aliam personam nullatenus nos immiscebimus, nec aliquam violentiam faciemus vel impedimentum præstabimus quo minus electio canonice ac libere celebretur. Item pacem seu treugam, sicut nobis per Ecclesiam Romanam vel ejus legatum seu nuntium injunctum fuerit, bona fide observabimus, et faciemus per nostrum episcopatum pro posse nostro in perpetuum observari. Item si episcopus vel capitulum Magalonense vel alia persona ecclesiastica aliquos hæreticos nobis in episcopatu nostro nominaverint vel credentes, vel per nos ipsos cognoscere poterimus aliquos hæresim prædicare vel facere conventicula illicita, ipsos persequemur secundum legitimas sanctiones, et eorum bona omnia pro posse nostro infiscabimus. Item Judæos ab omni administratione publica vel privata omnino removebimus, et nullo unquam tempore eosdem vel alios ad eamdem administrationem vel aliam assumemus, nec eorum consilio contra Christianos utemur, nec in domibus suis Christianos vel Christianas ad servitium suum eos permittemus habere; et si contra hanc prohibitionem habuerint vel tenuerint, tam Judæorum quam Christianorum morantium cum eis bona omnia infiscabimus. Item ecclesias incastellatas nostri episcopatus ad arbitrium diœcesani nostri episcopi vel aliorum prælatorum ad quos pertinere noscuntur penitus diruemus, vel etiam reservabimus si quas duxerint reservandas; quas ipsi episcopo vel aliis prælatis trademus, ut perpetuo possideantur ab eis. Item de nobis conquerentibus secundum tuum vel alterius legati seu judicis delegati seu ordinarii arbitrium justitiam faciemus. Item si quis de nostro episcopatu propter suos excessus excommunicatus fuerit, et communitus ab ecclesiastico judice non satisfecerit infra mensem, ei centum solidos Mulgorienses [Melgor] auferemus; imo quolibet mense in quo excommunicatus permanserit, ei summam auferemus præfatam; si vero solvendo non fuerit, eum sub banno ponemus Hoc autem nos dicimus facturos, si ab ecclesiastico judice certiorati fuerimus. Hæc omnia nostros successores nostros singulis annis faciemus jurare. Si quis autem hæc jurare noluerit, ipsum tanquam hæreticum habebimus manifestum, nec ejus judicium sive auctoritas vigorem in aliquo sortiatur. Et ego supra memoratus Milo domini papæ notarius apostolicæ sedis legatus, auctoritate legationis qua fungor ad prædicta exsequenda vobis prædictis consulibus et successoribus vestris potestatem et auctoritatem concedo. Hæc omnia pro posse suo bona fide et sine aliquo malo ingenio corporaliter juraverunt se observaturos B. Caput de Bove, Deodatus de Rocennaco, P. de Bisanchis, Regordus, P. Belliani, et G. de Planterio consules. Et hoc idem simpliciter juravit se tenere pro posse suo, pro seipso, J. Luciani Montispessulani Bajulus. Actum est hoc in ecclesia Sanctæ Crucis in præsentia domini Willelmi Magalonensis episcopi, B. Præpositi, B. de Mesca sacristæ, P. de Agrifolio, P. de Lunello, J. de Montelauro archidiaconi, B. de Maurino sacerdotis, Michaelis de Sauzeto diaconi, Berengarii Lamberti, J. de Latis, P. de Montelauro Causidicorum, et Vigenis Laurentii notarii publici, qui rogatus hæc scripsit.

CAP. X. In nomine Domini nostri Jesu Christi. Anno ejusdem Incarnationis 1209, III Kal. Augusti, anno pontificatus domini Innocentii papæ III duodecimo. Nos consules civitatis Arelatensis juramus super sancta Dei Evangelia manu tacta tibi magistro Miloni domini papæ notario, apostolicæ sedis legato, de mandato et auctoritate tua quod bona fide, sine omni malo ingenio, et sine fraude, consulemus et operam dabimus pro posse nostro quod dominus R. comes Tolosanus tam per se quam per hæredes suos super iis pro quibus fuit excommunicatus, quæ videlicet exprimuntur in forma secundum quam ipse antequam absolveretur juravit, pareat, omnibus mandatis Ecclesiæ, et quod ea in perpetuum servet, ita ut si quod illorum non fecerit vel contravenerit manifeste, nos ei nullum consilium vel auxilium seu obsequium per nos vel per homines sive amicos nostros aliquatenus impendemus; imo quousque plane paruerit, faciemus contra ipsum pro posse nostro quidquid Romana Ecclesia vel ejus nuntius sive legatus nobis mandaverit faciendum. Item stratas publicas per totum nostrum episcopatum securas servabimus et faciemus inviolabiliter observari. Item pedagia seu guidagia vel exactiones aliquas a transeuntibus per stratas episcopatus nostri vel etiam per aquas nullatenus accipiemus vel accipi permittemus, nisi quæ vel quas antiqua regum vel imperatorum concessione nos vel alios habere constiterit. Item ecclesias omnes et domos religiosas in nostro episcopatu tam in civitate Arelatensi quam extra in plenaria servabimus libertate, videlicet quod ab eis exactiones aliquas seu tallias nullatenus exigemus, et defunctis earum rectoribus, ipsas vel domos earum nullo modo spoliabimus, nec administrationi earum seu custodiæ occasione alicujus consuetudinis vel aliqua alia, nisi forte rogati ab archiepiscopo vel capitulo, nos immiscebimus, sed omnia sine diminutione aliqua defunctorum successoribus reserventur, et electioni archiepiscopi vel alterius rectoris Ecclesiæ faciendæ per nos vel per quamcunque aliam personam nullatenus nos immiscebimus, nec aliquam violentiam faciemus vel impedimentum præstabimus quominus electio canonice ac libere celebretur. Item pacem seu treugam, sicut nobis per Ecclesiam Romanam vel ejus legatum seu nuntium injunctum fuerit, bona fide observabimus et faciemus per nostrum episcopatum pro posse nostro in perpetuum observari. Item si archiepiscopus vel capitulum Arelatense vel alia persona ecclesiastica nobis aliquos hæreticos in episcopatu nostro nominaverint vel credentes, vel per nos ipsos cognoscere poterimus aliquos hæresim prædicare vel facere convent.cula illicita, ipsos persequemur secundum legitimas sanctiones, et eorum bona omnia pro posse nostro infiscabimus. Item Judæos ab omni administratione publica vel privata omnino removebimus, et nullo unquam tempore eosdem vel alios ad eamdem administrationem vel aliam assumemus, nec eorum consilio contra Christianos utemur, nec in domibus suis Christianos vel Christianas ad servitium suum eos permittemus habere; et si contra hanc prohibitionem habuerint vel tenuerint, tam Judæorum quam Christianorum morantium cum eisdem bona omnia infiscabimus. Item ecclesias incastellatas nostri episcopatus ad arbitrium diœcesani nostri archiepiscopi vel aliorum prælatorum ad quos pertinere noscuntur diruemus, vel etiam reservabimus si quas duxerint reservandas, quas ipsi archiepiscopo vel aliis prælatis trademus, ut perpetuo possideantur ab eis. Item de nobis conquerentibus secundum tuum vel alterius legati vel judicis delegati seu ordinarii arbitrium justitiam faciemus. Item si quis de nostro episcopatu propter suos excessus excommunicatus fuerit, et commonitus ab ecclesiastico judice non satisfecerit infra mensem, ei centum solidos Mulgor. auferemus; imo quolibet mense, ex quo excommunicatus permanserit, ei summam auferemus præfatam; si vero solvendo non fuerit, eum sub banno ponemus. Hoc autem nos discimus facturos si ab ecclesiastico judice certiorati fuerimus. Hæc omnia singulis annis successores nostros faciemus jurare. Si quis autem hæc jurare noluerit, ipsum tanquam hæreticum habebimus manifestum, nec ejus judicium sive auctoritas vigorem in aliquo sortiatur. Et ego supra memoratus Milo domini papæ notarius A. S. L. auctoritate legationis qua fungor ad prædicta exsequenda vobis prædictis consulibus et successoribus vestris potestatem et auctoritatem concedo. Hæc omnia pro posse suo bona fide et sine aliquo malo ingenio corporaliter juraverunt se observaturos B. Reniarda, R. Petrus de super Rhodano, Cabritus, B. Ferreoli, R. de Farnaria, R. Garmerus, consules. Et hoc idem iuraverunt simpliciter se tenere pro posse suo cives Arelaten. infrascripti, scilicet Ugo de Arenis Cepo, P. de Leone, R. Berenuus, B. Scopha, P. Bonus, D. de Nemauso, M. Gervasius, P. de Thoro, P. Raymundi, V. de Thoro.

Actum est hoc in palatio domini archiepiscopi super portam Sancti Stephani, in præsentia S. Præpositi Arelatensis Ecclesiæ, Ber. sacristæ, Thedisii canonici Januensis, et P. Fortis notarii Arelatensis, qui rogatus hæc scripsit.

Cap. XI. In nomine Domini nostri Jesu Christi. Anno ejusdem Incarnationis 1209, iv Non. Augusti anno pontificatus Domini Innocentii papæ III duodecimo. Nos consules et omnes homines Argentariæ juramus super sancta Dei Evangelia manu tacta vobis Burno Vivariensi episcopo et G. Bodi ad hoc specialiter delegatis a domino Milone domini papæ notario A. S. L. de mandato et auctoritate ipsius legati quod bona fide, sine omni malo ingenio, et sine fraude, consulemus et operam dabimus pro posse nostro quod dominus R. comes Tolosanus tam per se quam per hæredes suos super iis omnibus pro quibus fuit excommunicatus, quæ videlicet exponuntur in forma secundum quam ipse antequam absolveretur juravit, pareat omnibus mandatis Ecclesiæ, et quod ea in perpetuum servet, ita ut si quod illorum non fecerit vel contravenerit manifeste, nos ei nullum consilium vel auxilium seu obsequium per nos vel amicos nostros aliquatenus impendemus, imo quousque plene paruerit, faciemus contra ipsum pro posse nostro quidquid Romana Ecclesia vel ejus nuntius sive legatus nobis mandaverit faciendum. Item stratas publicas per totum Vivariensem episcopatum securas servabimus et faciemus inviolabiliter observari. Item ecclesias omnes et domos religiosas in Vivariensi episcopatu tam in civitate Vivariensi quam extra in plenaria conservabimus libertate, videlicet quod ab eis exactiones aliquas seu tallias nullatenus exigemus, et defunctis earum rectoribus, ipsas vel domos earum nullo modo spoliabimus, nec administrationi earum seu custodiæ occasione alicujus consuetudinis vel aliqua alia, nisi forte rogati ab episcopo vel capitulo, nos immiscebimus, sed omnia sine diminutione aliqua defunctorum successoribus reserventur, et electioni episcopi vel alterius rectoris Ecclesiæ faciendæ per nos vel per quamcunque aliam personam nullatenus immiscebimus, nec aliquam violentiam faciemus vel impedimentum præstabimus quo minus electio canonice ac libere celebretur. Item pacem seu treugam, sicut nobis per Ecclesiam Romanam vel ejus legatum seu nuntium injunctum fuerit, bona fide observabimus, et faciemus per episcopatum Vivariensem pro posse nostro in perpetuum observari. Item si episcopus vel capitulum Vivariense vel alia persona ecclesiastica nobis aliquos hæreticos in episcopatu Vivariensi nominaverit vel credentes, vel per nosmetipsos cognoscere poterimus aliquos hæresim prædicare, vel facere conventicula illicita, ipsos persequemur secundum legitimas sanctiones, et eorum bona pro posse nostro infiscabimus. Item Judæos ab omni administratione publica vel privata omnino removebimus, et nullo unquam tempore eosdem vel alios ad eamdem administrationem vel aliam assumemus, nec eorum consilio contra Christianos utemur, nec in domibus suis Christianos vel Christianas ad servitium eorum permittemus habere; et si contra hanc prohibitionem habuerint vel tenuerint, tam Judæorum quam Christianorum morantium cum eis bona omnia infiscabimus. Item ecclesias incastellatas Vivariensis episcopatus ad arbitrium diœcesani nostri episcopi vel aliorum prælatorum ad quos pertinere noscuntur penitus diruemus, vel etiam reservabimus si quas duxerint reservandas: quas ipsi episcopo vel aliis prælatis trademus, ut perpetuo possideantur ab eis. Item de nobis conquerentibus secundum arbitrium magistri Milonis domini papæ notarii A. S. L.

vel tuum, domine Vivariensis episcope, vel alterius legati seu judicis ordinarii vel delegati justitiam faciemus. Item, si quis de Vivariensi episcopatu propter suos excessus excommunicatus fuerit, et commonitus ab ecclesiastico judice non satisfecerit infra mensem, ei centum solidos Podienses auferemus; imo quolibet mense, in quo excommunicatus permanserit, ei summam auferemus præfatam; si vero solvendo non fuerit, eum sub banno ponemus. Hoc autem nos dicimus facturos si ab ecclesiastico judice certiorati fuerimus. Hæc omnia singulis annis successores nostros consules faciemus jurare. Si quis autem hæc jurare noluerit, eum tanquam hæreticum habebimus manifestum, nec ejus judicium sive auctoritas vigorem in aliquo sortiatur. Et nos B. Vivariensis episcopus et G. Todi vobis ex parte domini legati supradicti ad prædicta omnia exsequenda auctoritatem et potestatem concedimus vobis prædictis consulibus et toti populo Argentariæ. Hæc omnia pro posse nostro nos observaturos juramus in animam nostram et in animam totius populi ego W. Garns, R. Besceda, Ber. Roquerius, Argentariæ consules, P. Mazel, S. Mascals, R. Chairicus, Bern. Dalbiges, Ermengans, R. de Ribeira, R. Salgues, Ber. de Fijac, W. Esteves, P. Faber, et totus populus Argentariæ.

Cap. XII. Nos Ugo et R. nepos ejus de Baucio promittimus vobis domino Miloni domini papæ notario A. S. L. sub debito juramenti quod vobis apud Sanctum Ægidium præstitimus quod quam cito per vos vel nuntium vestrum fuerimus requisiti, castrum de Alansone vobis vel cui mandaveritis assignari omni occasione postposita faciemus, et ex nunc idem castrum profitemur nos vestro nomine possidere. Volumus etiam ut idem castrum nostris custodiatur expensis.

Cap. XIII. In nomine Domini nostri Jesu Christi. Anno ejusdem Incarnationis 1209, ii Non. Septembris, anno pontificatus domini Innocentii papæ III duodecimo. Ego G. de Fabrano Dei gratia comes Fornealcariensis juro super sancta Dei Evangelia manu tacta tibi magistro Miloni domini papæ notario A. S. L. quod stratas publicas per totum meum districtum securas servabo et faciam inviolabiliter observari. Item pedagia seu guidagia vel exactiones aliquas a transeuntibus per stratas mei districtus vel etiam per aquas nullatenus accipiam vel permittam accipi, nisi quæ vel quas antiqua regum vel imperatorum concessione me habere constiterit. Item ecclesias omnes et domos religiosas in toto meo districtu in plenaria libertate servabo, videlicet quod ab eis exactiones aliquas vel tallias nullatenus exigam vel exigi faciam, et defunctis earum rectoribus, ipsas vel domos earum minime spoliabo vel faciam spoliari, nec administrationi earum seu custodiæ occasione alicujus consuetudinis vel aliqua alia, nisi forte rogatus ab episcopo vel capitulo, me immiscere præsumam, sed omnia sine diminutione aliqua defunctorum successoribus reserventur, nec electioni episcopi vel alterius rectoris Ecclesiæ faciendæ per me vel per quamcunque aliam personam me immisceebo, nec aliquam violentiam faciam vel impedimentum præstabo quo minus electio canonice ac libere celebretur. Item pacem seu treugam, sicut mihi per Ecclesiam Romanam vel ejus legatum seu nuntium injunctum fuerit, bona fide servabo et faciam per meum districtum pro posse meo inviolabiliter observari. Item, si aliqua persona ecclesiastica in meo districtu aliquos hæreticos nominaverit vel credentes, vel per meipsum cognoscere potero aliquos hæresim prædicare vel facere conventicula illicita, ipsos persequar secundum legitimas sanctiones, et eorum bona omnia infiscabo. Item Judæos ab omni administratione publica vel privata penitus removebo, et nullo unquam tempore eosdem vel alios ad eamdem administrationem assumam vel aliam, nec eorum consilio utar contra Christianos, nec in domibus suis Christianos vel Christianas ad servitium suum eos permittam habere; et si contra hanc prohibitionem habuerint vel tenuerint, tam Judæorum quam Christianorum morantium cum eisdem bona omnia infiscabo. Item ecclesias incastellatas mei districtus ad arbitrium diœcesani episcopi vel aliorum prælatorum ad quos pertinere noscuntur penitus diruam, vel etiam reservabo si quas duxerint reservandas; quas ipsis prælatis tradam, ut perpetuo possideantur ab eis. Item de me conquerentibus secundum tuum vel alterius legati, vel judicis delegati seu ordinarii arbitrium justitiam faciam. Item, si quis de meo districtu propter suos excessus excommunicatus fuerit, et commonitus ab ecclesiastico judice non satisfecerit infra mensem, ei centum solidos monetæ cursil. auferam, imo quolibet mense in quo excommunicatus permanserit, ei summam auferam præctaxatam; si vero solvendo non fuerit, eum ponam sub banno. Hæc autem me dico facturum si ab ecclesiastico judice fuero certioratus. Ut autem hæc omnia per me ac successores meos firmius observentur, hæc castra, videlicet castrum de Lursmarin, et Perosum, et Cesaristam, tibi duxi obliganda nomine Romanæ Ecclesiæ, et cuicunque et quandocunque volueris assignabo corporaliter possidenda, meis custodiendo expensis, nec ea per me vel alios auferam, et si ablata fuerint, bona fide recuperabo ea, et restituam custodibus qui per te, vel Romanam Eccesiam, fuerint deputati. Cum comite juraverunt Bertrandus de Vilamauri, Ricavus de Insulæmajor, Raimbaldus Dalfini, W. de Sabrano, W. Gaufridus de Avenione, W. Cucuron, Bertrandus de Sancto Maximo, Guigo Roza, R. de Subrano, W. Raimundi de Vacheriis, Bertrandus de Pertuso.

Cap. XIV. In nomine Domini nostri Jesu Christi. Anno ejusdem Incarnationis 1209, iv Idus Septembris, anno pontificatus domini Innocentii papæ III duodecimo. Nos consules et cives Cavellicenses juramus super sancta Dei Evangelia manu tacta tibi magistro Miloni domini papæ notario A. S. L. de mandato et auctoritate tua quod bona fide, sine omni malo ingenio, et sine fraude, consulemus et operam dabimus pro posse nostro quod dominus R. comes Tolosanus, etc., *sicut in forma juramenti quod præstiterunt homines de Montepessulano plenius continetur.*

CVIII.
DOMINO PAPÆ.
De victoria habita contra hæreticos.

Sanctissimo Patri et domino Innocentio Dei gratia summo pontifici, frater Arnaldus dictus abbas Cisterciï, et Milo humilis servus ejus, tam debitum quam devotum voluntariæ servitutis obsequium.

Benedictus omnipotens Dominus qui cum sit magnus in magnis, mirabilia gloriosius operatus in minimis, prosperum fecit verbum quod egressum est de ore vestro contra fidei subversores, qui peccatis exigentibus nimium pullularant in provincia Narbonensi. Ipso siquidem faciente dissipati sunt inimici ejus, et mox a facie ipsius fugerunt qui eum oderant et dissipaverant legem ejus. Advenientibus sane illustri duce Burgundiæ aliisque magnatibus cum tanta multitudine signatorum quanta inter Christianos non creditur aliquando convenisse, in eorum adventu usque adeo invasit tremor hypocritas ut quasi miraculose fugerent ante faciem subsequentium, maxime post civitatis Biterrensis excidium et ruinam. Licet enim cives civitatis ejusdem per nos et suum episcopum diligenter commoniti fuerint, eisdemque sub excommunicationis pœna duxerimus injungendum ut vel hæreticos quos habebant cum rebus suis crucesignatis traderent, vel, si hoc non possent, exirent de medio eorumdem, alioquin sanguis eorum super capita sua esset, ipsi tamen nostris non acquieverunt monitis et mandatis, imo super defendenda civitate contra signatos cum ipsis hæreticis juramento interposito convenerunt. Appropinquante igitur exercitu civitati, domini quorumdam castrorum adjacentium male sibi conscii, a facie signatorum fugerunt; sed milites et fideles reliqui castrorum ipsorum ad exercitum fiducialiter accedentes, se sua, et ipsa castra in manus signatorum dederunt, fidelitatem eis et hominium facientes; et in vigilia beatæ Mariæ Magdalenæ redditum fuit nobis nobile quoddam castrum quod dicitur Servianum, cui alia plura castra, et ipsa bona admodum, appendebant. In crastino vero, in festo sanctæ Magdalenæ, in cujus ecclesia cives Biterrenses dominum suum (79) dudum proditionaliter interfecerant, mane obsessa est civitas: quæ quidem natura loci, viris et victualibus adeo videbatur munita quod per longum temporis putaretur posse quantumlibet exercitum sustinere. Verum, quia non est fortitudo, non est consilium contra Deum, dum tractaretur cum baronibus de liberatione illorum qui in civitate ipsa catholici censebantur, ribaldi et alii viles et inermes personæ, non exspectato mandato principum, in civitatem fecerunt insultum, et mirantibus nostris, cum clamaretur: Ad arma, ad arma, quasi sub duarum vel trium horarum spatio, transcensis fossatis ac muro, capta est civitas Biterrensis, nostrique non parcentes ordini, sexui, vel ætati, fere viginti millia hominum in ore gladii peremerunt; factaque hostium strage permaxima, spoliata est tota civitas et succensa, ultione divina in eam mirabiliter sæviente. Disseminato ergo rumore tanti miraculi usque adeo territi sunt universi, ut montana petentes et invia, inter Bitterrensem et Carcassonam reliquerunt castra nobilia plusquam centum, referta tamen cibariis et reliqua supellectili quam fugientes secum nequiverant asportare: inter quæ castra erant quamplurima adeo natura loci, viris divitiisque munita ut viderentur insulsum nostri exercitus posse facile longissimo tempore sustinere. Inde, duce Domino, cujus ducebatur amore, in festo sancti Petri ad vincula totus Christi exercitus Carcassonam pervenit (80), civitatem utique populosam et in sua perfidia tam loci fortitudine quam divitiarum abundantia gloriantem. Obsessa igitur civitate in crastinum nostri fecerunt insultum in primum suburbium: quod utique licet vallo, muro et propugnaculis valde munitum esset, nostri tamen inter imbres lapidum, inter tela balistarum, inter lanceas et gladios defendentium, quasi sub duarum horarum spatio omnia transcendentes, tam potenter quam mirabiliter intravere suburbium, ipsumque incendio vastaverunt. Inde vero erectis machinis, octavo die captum est majus suburbium, et ab ipsis civibus incendio devastatum.

Conclusis igitur hostibus infra civitatis angustias, cum supra quam crederetur a nostris multa interius cives ipsius laborarent inedia, se ac sua omnia et civitatem ipsam obtulere signatis, dummodo eis vita ex misericordia servaretur, et deducerentur securi tantummodo una die. Habito itaque communi consilio, quasi necessario principes sunt inducti ad hanc misericordiam faciendam; tum quoniam apud homines non videbatur civitas facile posse capi, utpote loci positione et humana industria munitissima, licet hoc facile Deo esset, qui omnia faciebat; tum quia plurimum timebamus ne si vi civitas caperetur, sicut de aliis locis jam contigerat, etiam invitis principibus, sive ab his qui nobiscum erant corpore sed non mente, sive ab ipsis hostibus omnia incendio vastarentur; et sic hujusmodi necessitate inducti, sub prædicta forma recipi permisimus civitatem, ut ea per catholicos viros munita, reliquæ civitates et castra quæ occupavit exercitus ab hæresi per Catholicorum prudentiam expientur, qua per incolarum nequitiam fuerant hactenus turpiter maculata. Ut igitur terra, quam in servorum suorum manibus Deus dedit, ad honorem ipsius sanctæque Romanæ Ecclesiæ ac totius Christianitatis servetur, nobilis vir Simon de Monteforti, sanctitati vestræ, sicut credimus, bene notus, vir armis strenuissimus, fide devotissimus, ac totis viribus persequi desiderans hæreticam pravitatem, in principem et dominum terræ ipsius de communi consilio est electus; cujus quantum sit desiderium circa reparandum in partibus illis Ecclesiæ Dei statum ex hoc evidenter apparet, quoniam jam ipse disposuit ut de tota terra quam ibidem dederit ei Deus decimæ et primitiæ Ecclesiis cum integritate solvantur (81), ac si quis huic suo proposito contrairet, ipsum tanquam suum et Ecclesiæ inimicum totis viribus impugnaret, ac de singulis laribus terræ suæ vult annuatim Romanæ Ecclesiæ denarios tres persolvi; et, ne possit in ditione sua censura ecclesiastica vilipendi, constituit ut si castellanus per quadraginta dies in excommunicatione permanserit antequam reconcilietur Ecclesiæ, centum solidos, si miles fuerit, vel burgensis quinquaginta, si plebeius quilibet, viginti solidos componat; et in recognitionem dominii Romanæ Ecclesiæ aliorum dominorum in omnibus salvo jure, dis-

---

(79) Trincavellum. Vide Hist. Albig. c. 15 et Guill. de Podio Laur. c. 13.

(80) Vide Hist. Albig. cap. 16.
(81) Vide Hist. Albig. cap. 17.

posuit annis singulis certam vobis solvere pensionem (82). Pro ipso igitur et cum ipso beatitudini vestræ preces offerimus humiles et devotas quatenus in suis petitionibus, quas faciet per solemnes nuntios qui sunt pro eo ad sedem apostolicam accessuri, eum solita pietate dignemini exaudire; ut per favorem Romanæ Ecclesiæ terram illam prorsus emundet ab hæretica pravitate. Licet enim major pars exercitus ad partes suas redierit, expedito per Dei gratiam duorum mensium spatio quod vix sperabitur posse per biennium vel triennium expediri, adhuc tamen tot milites aliique probi homines cum dicto nobili remanserunt quod, dummodo ab Ecclesia, cujus negotium ipse gerit, in expensis juvetur, facile sibi erit non solum acquisitam terram defendere, sed expulsis prorsus hæreticis, præter Tolosam, totam aliam occupare. Cum enim, præter civitates, plusquam ducenta optima castra possideat, ac vicecomitem Biterrensem hæreticorum pessimorum defensorem teneat vinculis compeditum, evidenter apparet eum ad muniendam terram hujusmodi et aliam acquirendam multis viris ac viribus indigere. Multa quæ desunt prædicti nuntii, sanctitati vestræ referent viva voce, sicut qui semper præsentes fuerunt.

CIX.
DOMINO PAPÆ.
De expugnatione hæreticorum.

(83) Sanctissimo Patri et domino INNOCENTIO Dei gratia apostolicæ sedis summo pontifici SIMON comes Leicestriæ, dominus Montisfortis, Biterrensis et Carcassonensis vicecomes, salutem et tam debitæ subjectionis quam reverentiæ plenitudinem.

Noverit sanctitas vestra quod audito mandato vestro mihi specialiter destinato, omni mora postposita ad partes Albienses iter meum super hæreticos præparavi; ubi Dei vocatione et assensu procerum crucesignatorum, quamvis indignus, ad terræ illius regimen et dominatum advocatus et unanimiter electus, ibi ad honorem Dei et fidei catholicæ supplementum, si valeam, proposui remanere, spem habens in Domino præcipuam quod pravitas hæretica in illis partibus funditus destruatur, si vestro fruar auxilio, præveniente gratia Dei, quæ duo mihi conferunt spem totius consilii post laborem. Verumtamen, quia labor est sumptuosus duplici de causa, oportet ut cura pervigili, sicut bono inchoastis principio, fine peroptimo terminetis. A terra enim illa proceres terrarum qui ibi in expeditionem super hæreticos confluxerant, me fere solum inter inimicos Christi per montes et scopulos vagantes cum non multo milite reliquerunt; et terram præ nimia paupertate, cujus bona destructa sunt, sine vestro et fidelium auxilio non potero diutius gubernare. Ipsi enim hæretici partim castella reliquerunt vacua et subversa fugientes, partim vero ex illis fortioribus adhuc tenent, Dei exercitui resistentes, donec ipsorum spurcitia victrice Dei dextera comprimatur. Oportet siquidem me conducere soldarios qui mecum remanserunt grandiori pretio quam in aliis guerris. Vix enim possum aliquos retinere nisi duplici remunerentur remuneratione. Statutum est vero quod Ecclesia Romana, quæ caput nostrum et fidei catholicæ esse dignoscitur fundamentum, solutione trium denariorum ab unoquoque hospitio annuatim per illam terram perenniter congaudebit; et hoc peto a vestra sanctitate firmiter confirmari. Decimas siquidem, quas hucusque hæretici detinuerunt, dignum duxi ecclesiis terræ et ecclesiarum ministris sine aliqua diminutione per totam terram fideliter dispensare. Cæterum, his ita jam pro posse meo ad honorem Dei dispositis, vestram mea parvitas deposcit sanctitatem ut dictam terram quæ mihi ex parte Dei et vestra, et per legatum vestrum abbatem Cistercii, communicato super hoc tenus exercitus consilio, mihi et hæredibus meis, illis etiam qui laboris participes ejusdem terræ secundum merita acceperint portionem, benigne dignemini confirmare. Venerabilem siquidem virum abbatem Cistercii præ cæteris negotio Dei fideliorem et proniorem in omnibus inveni, sermone, opere, consilio, fide integra constantiorem. Et, quia non nocet admisso subdere calcar equo, vestræ supplico paternitati ut de me et de terra sit ipse sollicitus, sicut consuevit, per apostolicam monitionem dignemini commonere. Verum, quia quæ expediunt non valeo penitus prænotare, sanctitati vestræ dilectum et fidelem meum nobilem virum R. latorem præsentium transmittere decrevi, cujus absentiam graviter me expedit sustinere, cum ipse mihi fuerit pars consilii et auxilii supplementum, ut quæ vestræ sanctitati ex parte mea dixerit firmiter rata habeatis.

CX.
ADULPHO QUONDAM COLONIENSI ARCHIEPISCOPO.
Confirmatur ei pensio 250, marcarum.
(Laterani, vii Idus Novembris.)

Solet annuere sedes apostolica piis votis, et honestis petentium precibus favorem benevolum impertiri. Eapropter tuis justis postulationibus grato concurrentes assensu, provisionem ducentarum et quinquaginta marcarum quam tibi venerabilis frater noster Coloniensis archiepiscopus de consilio et assensu priorum et conniventia nobilium terræ ac ministerialium et civium Coloniensium ad mandatum nostrum percipiendam annis singulis assignavit, sicut in ejus authentico continetur, auctoritate tibi apostolica confirmamus et præsentis scripti patrocinio communimus. Nulli ergo, etc., hanc paginam nostræ confirmationis infringere, vel ei, etc. Si quis autem hoc attentare præsumpserit, etc. *usque incursurum.*

Datum Laterani, vii Idus Novembr., pontificatus nostri anno duodecimo.

---

(82) Vide infra epist. 123.

(83) Vide infra, epist. 125.

CXI.

PRIORI ET FRATRIBUS JEROSOLYMITANI HOSPITALIS SANCTI ÆGIDII.

Confirmatur eis donatio facta a comite Forcalcariensi.

(Laterani, 11 Kal. Novembris.)

Cum a nobis petitur quod justum est et honestum, tam vigor æquitatis quam ordo exigit rationis ut id per sollicitudinem officii nostri ad debitum perducatur effectum. Eapropter, dilecti in Domino filii, vestris justis postulationibus grato concurrentes assensu, castrum, burgum et palatium de Manuascha et alia omnia cum suis pertinentiis a Guillelmo quondam comite Forcalcariensi domui vestræ pie concessa, sicut ea juste ac pacifice possidetis, et in instrumento ipsius comitis continetur, vobis et per vos domui vestræ auctoritate apostolica confirmamus, et præsentis scripti patrocinio communimus. Ad majorem autem cautelam instrumentum prædictum de verbo ad verbum huic nostræ paginæ duximus inserendum; cujus tenor est talis : « Ego Guillelmus, Dei gratia comes Forcalcariensis, filius domini comitis Bertrandi et dominæ comitissæ Jaucerandæ, pietatis intuitu et in redemptione peccatorum meorum et parentum meorum, et in compensatione damni Hospitali et fratribus a me illati, dono et jure perfectæ donationis inter vivos trado in perpetuum, sine omni retinemento, Domino Deo et fratribus Hospitalis Jerosolymitani præsentibus et futuris in manus de te fratre Petro de Falcone ejusdem Hospitalis priore propriam domum meam, scilicet palatium de Manuascha, cum omnibus pertinentiis suis, quod meis sumptibus ædificavi, et præterea quidquid quocunque jure ad me pertinet vel quandocunque pertinuit in burgo et castro de Manuascha et in eorum pertinentiis et in totas auras intus et extra, cum terris cultis et incultis, pratis, nemoribus, aquis, aquarum decursibus, et cum hominibus et feminabus, et cum justitiis, firmantiis, et jurisdictione, et explectis, sicut melius generaliter vel specialiter posset nominari, sicut ego vel aliquis de genere meo per nos vel per alium unquam melius vel plenius habuimus vel possedimus vel habere vel possidere visi sumus ubicunque in omnibus suprascriptis territoriis, seu in quolibet eorum, hoc est, usque ad territorium Sanctæ Tuliæ, et usque ad territorium Petræviridis, et usque ad territorium Montisfuronis, et usque ad territorium Sancti Martini, et usque ad territorium Dalfini, et usque ad territorium de Vols, et usque ad flumen Durentiæ : quæ utique omnia in eadem donatione in formam suprascriptam concludo, et profiteor et in veritate recognosco me eamdem dudum domui Hospitalis celebrasse donationem, et a tempore prædictæ donationis omnia prædicta pro domo Hospitalis possedisse. Et modo in præsenti totum prædictum palatium, et burgum, et castrum de Manuascha, et totas auras, et si quid meo nomine in prædictis vel infra prædicta loca possideo, nomine Hospitalis et fratrum ibidem Deo servientium præsentium et futurorum me constituo possidere, tantum dum vixero, ut exinde fratres Hospitalis sua auctoritate, nullius requisito consilio, nec alicujus voluntate exspectata, omnium suprascriptorum possessionem absque contradictione valeant occupare et ut proprium habere ad omnes voluntates suas inde faciendas. Præterea corpus meum vovens et offerens pro sepultura cœmeterio domus Hospitalis, profiteor et in veritate recognosco Guigonem avunculum meum bonæ memoriæ prædictorum locorum omnium domui Hospitalis et fratribus præsentibus scilicet et futuris fecisse donationem, quam specialiter bona fide et sine dolo laudo et in perpetuum confirmo. Omnia itaque et singula sicut superius scripta sunt me perpetuo bona fide servaturum per me successoresque meos nec aliquo jure scripto vel non scripto, vel ratione contraventurum per stipulationem promitto, et me et meos inde devestio, et domum sive domos Hospitalis et fratres scilicet præsentes et futuros inde investio. Et, ut prædicta donatio et omnia suprascripta post obitum meum majori et perpetua gaudeant firmitate, barones et proceres meos et homines de Manuascha, quorum nomina infra scripta sunt, per sacramentum fidelitatis et hominii quo mihi tenentur astricti commoneo, eosque de novo jurare præcipio ut prædictam donationem tam devote factam pro posse suo servent et servari procurent; et, si quis in posterum contra prædictam munificentiam aliquo modo venire tentaret, contra illum vel illos pro posse suo domui et fratribus Hospitalis auxilium et consilium impendant, ab omni violentia defendant, et ipsis Hospitalariis homines de Manuascha in omnibus et per omnia tanquam veris dominis obedientes existant, et de prædictis, si necessitas exigeret, testimonium ferant. Prædictæ quoque donationi specialiter adjicio, scilicet ut jure perfectæ donationis habeant in perpetuum omnes hæreditates, seu possessiones, vel honores qui fuerunt militum vel hominum castri de Manuascha, quas pro malitia seu perfidia vel proditione quam contra me commiserunt jure confiscationis occupavi, ita ut nullus eorum aliquo tempore suas valeat possessiones recuperare, nisi ad cognitionem domini prioris pro tempore in prioratu Hospitalis residentis a crimine tantæ perfidiæ ac proditionis sese purgaverint. Ad majorem omnium suprascriptorum firmitatem atque cautelam hanc chartam præsentari volo domino papæ et domino imperatori, et in eorum notitia quidquid in ea continetur deduci; et ad perpetuam rei memoriam et indubitabilem fidem eorum sigillis præsentem paginam precor communiri. Ad hæc, nos barones et proceres et homines infra scripti piæ domini comitis donationi gratum præbentes assensum, bona fide promittimus et tactis sacrosanctis Evangeliis juramus quod omnia et singula et prædicta pro posse nostro domui et fratribus Hospitalis præsentibus et futuris defendemus, et contra omnes ad tuitionem prædictæ donationis auxilium et consilium ipsis præstabimus, et nos homines de Manuascha ipsis post obitum domini comitis tanquam dominus fideliter obediemus. Illi itaque qui juraverunt sunt ii : W. de Sabrano, Raimbaudus Osasica, et Raimundus frater ejus, Bertrandus de Villamuro, Guigo Roze, Isnardus de Dalfino, Laugerius de Sancto Maximo, et Bertrandus frater ejus, Petrus Ferulfus, Durandus Basili, Tihanus, Guigo Barbatorta, Ugo de Manuascha, Arbetetus Mimus, W. de Cucurone, Guibertus de Rellania, Lambertus de Rellania frater ejus, Ugo de Montejustio, Petrus Nigrellus, Bertrandus Savini, Laugerius Savini, W. Cornuti, W. de Forcalle, Ramundus Riperti, Rostagnus Roze, W. de Villamuro, Bertrandus Cornuti, Bertrannetus de Villamuro, W. Petri de Manuascha, Garnerius, Ramundus Bonustosius, Bertrandus Felicius, W. Vetula Bertrandus de Sannone, W. Garnerii, Joannes Petri, W. Rainaudi, Isnardus Rainaudi, Petrus Rostagni, Geraudus Ebraudi, W. Simon, Bernardus Ricolus, Petrus Niger, W. de Terralo, Stephanus Mercerii, W. de Croso, Paganus, Poncius Rainaudi, Petrus Gaudi, Joannes Capuci, Matthæus, Petrus Bona et filius ejus Petrus, Rainaudus de Bariolo, Rostagnus de Sancto Petro, Bernardus Cassarius, Stephanus Bochiardi, W. Vetus, Imbertus Mazellari, Guerrinus, Petrus Raxenni, Bernardonus, Odo, W. Marquisius, Petrus Scoferius, Joannes Unctor, Isnardus Cusenderius, Petrus Blanchuberius, Ruffus Veridiz, Cor de Roure, Ramundus Sestaronus, W. Bergononus, W. Faber, Bernardus Banniator, Petrus Niger, Croginus, Joannes Rueme, Bertrandus Furnerius, Geraudus Maurelli, Jacobus Malpel, Petrus Rueme, W. de Sancto Martino, Bertrandus de Arelato, W. Micolavi, Redonnus, Geraudus Buerius, Bertrandus Mazellarius, Guigo Arquerius, W. Aurici, Petrus Breti, Petrus Gallina, Petrus Radeire, Fulquerius, Petrus Andreas, W. Benedictus, W. Martelli, Arnaudus Agrena, Joannes Descalcius, Petrus Rascatius, Arbertus de Villamur, Adam, W. Joannes, W. Vincenci, Tedanus, W. de Leuno, Jacobus de Pruneriis, W. Feutrerius, Petrus Barreti, Martinus Croterii, Michael Ginardi, Joannes de Opere, Joannes de Nonai, Stephanus Recobreire, Joannes Saza, Jacobus Breti, Stephanus Rossalpaix, Petrus Stephanus, Bartholomæus monachus, Bonetus Aifre, W. Garemberga, Totas auras, Rogerius, W. Blanc, Petrus Bernardus, Bertrandus Vetus, Rofre, Andreas Paneri, Poncius Sartor, Giraudus Sartor, Petrus Sartor, Raimundus Durandi, Joannes Ricardus, Maurannetus, Stephanus Serrator, W. Rainaudi, Joannes Ruffus, Joannes Raxenni, Petrus Autricus, Petrus Adam, Geraudus de Valanciola, Petrus Monachus, Petrus Bramancionus, Maurannus Rostagnus berbegerius, Petrus Bona, Michael Arnulfi, Bertrandus Gali, Vincentius Sagnator, Joannes Brunelli, Radulfus de Volvei, Ramundus Barreti, Ramundus Barbaroti, Bertrandus Corcosson, Buerius, Bertrandus de Malafogacia, Petrus Botellerius, Michael Cotalonga, Petrus Robaudus, Ugo Bernardus, Joannes Garinus, Joannes Frenerius, Joannes Mercerius, W. Bos, Bernardus de Recluso, Columbus Pipeti, Ugo Martini, Poncius Gebelini, W. Robaudus, Roma Senoreti, Geraudus Furgoni, Bertrandus de Salto, W. Gase, W. Furgoin, Germanus Audebertus de Valentiola, W. Bibensaquam murator, Joannes Faber, Jacobus Borgarelli, W. Imberti, Ramundus Rainaudi, Imbertus Faber, Petrus Barbaroti, W. Felicius Joannes Niger, Petrus Gontardus, W. Bibensaquam berbegerius, Poncius Mexoneri, Aymus Capuci, Guigo Capuci, Petrus Olive, W. Garemberge, Petrus de Curello, Petrus Squeire, Raimundus Motetus, Petrus Remusati, Bernardus Faber, Simon Ramundus Bexonius, Martinus Garini, Ramundus Buerius, Rostagnus Hospitalarius, Bertrandus Testa, W. Recobreire, Petrus Bernardus, W. Ramundus, Geraudus Faiditi, W. Gaufredi, W. Guido, Isnardus Cosini, Martinus Corderii, Joannes Furnerius, Martinus Florentii, Ramundus Arnaudus, Ramundus Sauneri, Isnardus Rostagni, Petrus Revelli, Joannes Fretun, Petrus Robaudi, Geraudus Gerini, Is. Joannes Merceri, W. Bos, Bernardus W. Robaudi, Bernardus Jacobus, Ramundus Guavaudani, Joannes Burseri, Petrus Alvernaci, Poncius Cabreri, Joannes berbegeri, W. Braidun, Gaufredus Ranulfi, Petrus Berni, Ramundus Astorgo, Petrus de Mura. Petrus notarius domini supradicti comitis W. mandato hanc hujus piæ donationis chartam dictavit, et propriis manibus conscripsit, et cum hoc præsenti plumbeo sigillo ipsius comitis corroborando publice sigillavit.) Nulli ergo omnino hominum liceat hanc paginam nostræ confirmationis infringere, vel ei, etc., *usque* incursurum.

Datum Laterani, II Kal. Novembris, pontificatus nostri anno duodecimo.

CXII.

NOBILI VIRO PONCIO LUGDUNENSI.

Datur ei facultas conferendi decimas.
(Laterani, IV Non. Novembris.)

Cum a nobis petitur quod justum est et honestum, tam vigor æquitatis quam ordo exigit rationis, ut id per sollicitudinem officii nostri ad debitum perducatur effectum. Eapropter, dilecte in Domino fili, tuis justis postulationibus grato concurrentes assensu, ut decimas possessionum castri de Keriscoth et Calavath Ecclesiæ ipsius castri cum episcopi diœcesani assensu sine juris præjudicio alieni possis conferre, auctoritate tibi præsentium indulgemus. Nulli ergo omnino hominum liceat hanc paginam nostræ concessionis infringere vel ei, etc., *usque* incursurum.

Datum Laterani, IV Non. Novembr., anno duodecimo.

CXIII.
CONSTANTINOPOLITANO PATRIARCHÆ.
Ut quemdam canonicum recipi faciat
(Laterani, *ut in alia*.)

Si preces apostolicas pro iis tibi dirigimus et mandatum quorum habes notitiam pleniorem, tanto nos convenit facilius exaudiri quanto eis pro quibus scribimus, præter nostra monita, propria merita suffragantur. Inde est quod pro dilecto filio G. clerico charissimi in Christo filii nostri Henrici Constantinopolitani imperatoris illustris fraternitatem tuam rogandam duximus et monendam, per apostolica tibi scripta mandantes quatenus eumdem pro reverentia beati Petri et nostra, intuitu quoque imperatoris ejusdem, qui nobis pro eo humiliter supplicavit, in ecclesia Sanctæ Sophiæ recipi facias in canonicum et in fratrem, mandatum apostolicum taliter impleturus quod tua fraternitas possit exinde merito commendari.

Datum Laterani, etc., *ut in alia*.

CXIV.
VARISSIENSI THEBANO, ET LARISSENSI ARCHIEPISCOPIS.
De fidelitate præstanda imperatori.
(Datum, *ut in alia*.)

Charissimus in Christo filius noster Henricus Constantinopolitanus imperator illustris sua nobis conquestione monstravit quod quidam, tam Latini quam Græci archiepiscopi et episcopi, et imperialium monasteriorum abbates, de toto imperio Romaniæ fidelitatem ei debitam facere contradicunt. Nolentes igitur quod idem sua justitia defraudetur, fraternitati vestræ per apostolica scripta mandamus quatenus, si dictus imperator de aliquo prælatorum ipsorum, qui ei recusant fidelitatem debitam exhibere, suam coram vobis deposuerit quæstionem, vos eos ad id monitione præmissa per censuram ecclesiasticam sublato appellationis obstaculo prævia ratione cogatis. Quod si non omnes iis exsequendis, etc., duo vestrum, etc., *ut in alia*

CXV.
ARCHIEPISCOPO VARISSIENSI, ET EPISCOPO SALIMBRIENSI, ET DECANO SANCTÆ MARIÆ DE BLAKERNA CONSTANTINOPOLITANO.
De præpositis ab imperatore constitutis.
(Laterani, *ut in alia*.)

Gravem ad nos charissimus in Christo filius noster Henricus Constantinopolitanus imperator illustris querimoniam destinavit, quod venerabilis frater noster patriarcha Constantinopolitanus in præpositis ad eum spectantibus pro suæ voluntatis arbitrio volens præpositos ordinare ipso penitus inconsulto, præpositos institutos in eis et earumdem clericos tanquam excommunicatos evitat in ipsius præjudicium et gravamen. Unde eidem dedimus in mandatis ut ab ipsius super præmissis molestatione indebita conquiescens, præpositos institutos in eis taliter in pace dimittat, quod inter eum ac imperatorem ipsum, quod absit! non possit scandalum exoriri. Quocirca discretioni vestræ per apostolica scripta mandamus quatenus dictum patriarcham ad id moneatis attentius et inducere procuretis. Quod si non omnes, etc., duo vestrum, etc.

Datum Laterani, *ut in alia*

CXVI.
PATRIARCHÆ CONSTANTINOPOLITANO.
De eadem re.
(Laterani, II Non. Novembris.)

Gravem ad nos, etc., *in eumdem fere modum usque* gravamen. Cum igitur illius jura debeas servare illæsa qui te super tuis justitiis non molestat, fraternitati tuæ per apostolica scripta mandamus quatenus ab ipsius super præmissis molestatione indebita conquiescens, præpositos institutos in eis taliter in pace dimittas quod inter te ac imperatorem ipsum, quod absit! non possit scandalum exoriri.

Datum Laterani, II Non. Novembris, anno duodecimo.

CXVII.
EIDEM.
Non licere patriarchæ unire sedes episcopales
(Laterani, II Non. Novembris.)

Oblata nobis charissimi in Christo filii nostri Henrici Constantinopolitani imperatoris illustris conquestio patefecit quod episcopatus Dan. et Euthlochi existentes in parte Venetorum unisti, eo penitus inconsulto, in ipsius præjudicium et gravamen. Cum igitur, etc., *ut in alia, usque* mandamus quatenus si est ita, unionem ipsam taliter studeas revocare quod inter te, etc., *usque* suboriri. Alioquin venerabilibus fratribus nostris archiepiscopo Varissiensi et episcopo Salimbriensi et dilecto filio decano Sanctæ Mariæ de Blakerna Constantinopolitano dedimus nostris litteris in mandatis ut quod in præjudicium ipsius imperatoris super præmissis præsumptum invenerint, sublato appellationis obstaculo non differant legitime revocare, significaturi nobis si ad uniendas episcopales sedes, quod sine speciali mandato nostro tibi non licet, procedere attentasti (84).

Datum Laterani, II Non. Novembris, pontificatus nostri anno duodecimo.

Scriptum est ipsis in eumdem modum usque quod. venerabilis frater noster patriarcha Constantinopolitanus, etc., *usque* univit, etc., *ut in alia, usque* gravamen. Unde eidem dedimus in mandatis, ut si est ita, unionem ipsam taliter studeat revocare quod inter eum, etc., *usque* suboriri. Quo circa discretioni vestræ per apostolica scripta mandamus quatenus si dictus patriarcha mandatum nostrum neglexerit adimplere, vos quod in præjudicium ipsius imperatoris super præmissis præsumptum inveneritis, sublato appellationis obstaculo non differatis legitime

---

(84) Vide epistolam 130 libri noni.

revocare, significaturi nobis si ad uniendas episcopales sedes, quod sine speciali mandato nostro sibi non licet, idem patriarcha procedere attentavit. Quod si non omnes, etc., duo vestrum, etc.

Datum Laterani, II Non. Novembris, anno duodecimo.

CXVIII.
OTTONI ILLUSTRI ROMANORUM IMPERATORI SEMPER AUGUSTO.

De negotio episcopi Bambergensis.

(Laterani, Idibus Novembris.)

Quantumcunque sit detestabile illud horribile facinus quod in nece claræ memoriæ Philippi quondam ducis Sueviæ commissum fuit a filiis Belial, (85) detestandum est tamen et illud iniquum judicium quod contra venerabilem fratrem nostrum Pabembergensem episcopum occasione necis illius nimis exstitit inordinate præsumptum; quoniam, etsi forte culpabilis super hoc idem episcopus potuisset ostendi ordinato tamen et æquo debuerat examine judicari. Unde nos ipsum negotium volentes reducere ad tramitem rationis, dudum venerabili fratri nostro Hugolino Ostiensi episcopo, et dilecto filio Leoni tituli Sanctæ Crucis presbytero cardinali tunc apostolicæ sedis legatis, illud commisimus sub hac forma, ut si super nece prædicti ducis, accusatore contra prædictum episcopum legitime comparente, fuisset coram ipsis culpabilis comprobatus, ab omni cum officio et beneficio ecclesiastico sublato cujuslibet contradictionis et appellationis obstaculo deponere procurarent; alioquin indicerent ei purgationem canonicam; in qua si forte deficeret, censura eum simili condemnarent; quod si legitime se purgaret denuntiarent eum subjecto crimine penitus innocentem; ante omnia providentes ut si quid contra eum vel ejus Ecclesiam esset perperam attentatum, in statum debitum revocarent. Cumque postmodum ab eisdem legatis memoratus episcopus evocatus se gravibus exponens periculis, ad ipsorum præsentiam accessisset, ejusdem impedientibus adversariis et ad sedem apostolicam appellantibus, in negotio non exstitit memorato processum. Verum licet præfixo ab illis termino propter hoc idem episcopus ad apostolicam sedem accesserit, hi tamen qui duxerant appellandum, quanquam in comitatu tuo fuerint cum coronandus ad nostram præsentiam accessisti, coram nobis tamen contra dictum episcopum comparere per se vel responsales idoneos minime curaverunt. Licet ergo juxta juris rigorem aliter potuerimus in negotio ipso procedere, ad abundantiorem tamen cautelam venerabilibus fratribus nostris archiepiscopo Maguntino et Herbipolensi episcopo et dilecto filio abbati Fuldensi Herbipolensis diœcesis damus litteris in præceptis ut in statum pristinum revocent quidquid contra sæpefatum episcopum vel ipsius Ecclesiam perperam invenerint attentatum, contradictores, si qui fuerint, vel rebelles per excommunicationis sententiam in personas et interdicti, si necesse fuerit, in terras eorum, appellatione postposita coercendo, nonobstante sententia quæ contra ipsum dicitur promulgata cum ipso jure nulla penitus sit censenda. Denuntiatione vero publice facta, si super nece præfati ducis, accusatore legitimo infra tres menses contra dictum episcopum comparente, culpabilis coram eis fuerit comprobatus, ab omni eum officio et beneficio ecclesiastico sublato cujuslibet contradictionis et appellationis obstaculo deponere non postponant. Alioquin ex tunc omni contradictione, appellatione, ac excusatione cessante, purgationem canonicam eidem indicant: in qua si forte defecerit, cum simili censura condemnent. Quod si legitime se purgaverit, denuntient cum super objecto crimine penitus innocentem, molestatores ipsius per censuram canonicam appellatione postposita compescendo. Quocirca serenitatem tuam rogandam duximus et monendam quatenus diligenter efficias ut quod a nobis rationabiliter est provisum, efficaciter impleatur, non permittens ut quisquam difficultatem ingerat vel impedimentum opponat, universis rebus dictis episcopi et Ecclesiæ suæ quas, prout asseritur, detines, eidem sine difficultate qualibet restitutis.

Datum Laterani, Idibus Novembris, pontificatus nostri anno duodecimo.

CXIX.
MAGUNTINO ARCHIEPISCOPO, ET EPISCOPO HERBIPOLENSI, ET ABBATI FULDENSI HERBIPOLENSIS DIŒCESIS.

De eadem re.

(Datum, *ut in alia*.)

Quantumcunque sit detestabile illud horribile facinus quod, etc., *ut in alia per totum usque* quanquam in comitatu fuerint charissimi in Christo filii nostri Ottonis illustris Romanorum imperatoris cum ad nos coronandus accessit, in nostra tamen præsentia contra dictum episcopum comparere per se vel responsales idoneos, etc., *ut in alia usque* cautelam, discretioni vestræ præsentium auctoritate præcipiendo mandamus quatenus in statum pristinum revocetis quidquid contra sæpefatum episcopum, etc., *in eumdem fere modum ut in alia usque* culpabilis coram vobis fuerit comprobatus, ab omni eum officio et beneficio ecclesiastico sublato cujuslibet contradictionis et appellationis obstaculo deponatis, etc., *in eumdem fere modum ut in alia*, *usque* compescendo. Quod si non omnes, etc.

Datum, *ut in alia.*

CXX.
SALZEBURGENSI ARCHIEPISCOPO.

De eadem re.

(Laterani, *ut in alia*.)

Quantumcunque sit detestabile illud, etc., *ut in alia usque* judicari. Cum igitur dilectus filius nobilis vir dux Austriæ quædam bona ipsius et Eccle-

---
(85) Vide supra lib. XI epist. 220.

siæ suæ occasione hujusmodi detineat, sicut dicitur, occupata, eumdem nobilem rogamus attentius et monemus per apostolica sibi scripta mandantes ut bona ipsa cum fructibus medio tempore perceptis ex eis dicto episcopo vel ejus nuntio sine qualibet difficultate restituere non postponat. Quocirca fraternitati tuæ per apostolica scripta præcipiendo mandamus quatenus si dictus dux quod mandamus neglexerit adimplere, tu eum ad id per excommunicationis sententiam in personam et interdicti, si opus fuerit, in terram suam appellatione remota compellas.

Datum Laterani, etc., *ut in alia.*

CXXI.

NOBILI VIRO DUCI AUSTRIÆ.

De eadem re.

(Laterani, Idibus Novembris.)

Quantumcunque sit detestabile illud facinus, etc. *ut in alia usque* judicari. Cum igitur quædam bona ipsius et Ecclesiæ suæ occasione hujusmodi detineas, sicut dicitur, occupata, nobilitatem tuam rogamus attentius et monemus, per apostolica tibi scripta præcipiendo mandantes quatenus bona ipsa cum fructibus medio tempore perceptis ex eis dicto episcopo vel ejus nuntio sine difficultate qualibet restituere non postponas. Alioquin venerabili fratri nostro Salzeburgensi archiepiscopo nostris damus litteris in præceptis ut te ad id per excommunicationis sententiam in personam et interdicti, si opus fuerit, in terram tuam appellatione remota compellat.

Datum Laterani, Idibus Novemb., pontificatus nostri anno duodecimo.

CXXII.

NOBILI VIRO SIMONI DE MONTEFORTI, COMITI LECESTRIÆ, VICECOMITI BITERRENSI.

Confirmantur ei omnia facta per legatos sedis apostolicæ.

(Laterani, II Idus-Novembris.)

Habuisse bajulos Dominici verbi fidem ad sinapis evangelicæ quantitatem felix tuæ translatio promotionis ostendit, dum nominationis tuæ non solum sed et denominationis vocabula bonis interpretatus operibus, in auditu auris obedisti secundum nomen tuum in locum peregrinationis exire (86), ac sicut mons infirmas partes Ecclesiæ muniturus, ad verbum prædicatorum fidelium es translatus, ut tuæ denominationis deludendo vocabulis in bello Domini fortis esses, pugnandoque cum ministris antiqui serpentis, atrum hæreticorum atrium a forti dudum custoditum armato fortior superveniens de ipsius cruceres potestate, et non solum ejus spolia distribueres, verum etiam arma in quibus confidebat auferres. Hujus itaque considerationis obtentu, cum in manibus tuis et aliorum fortium quos in sanctum exercitum congregatos zelus Domini contra fidei subversores armavit nec non etiam legatorum nostrorum Carcassonensem et Biterrensem civitates ac alias hæreticorum terras mirabiliter Altissimus tradidisset, principes ejusdem exercitus cum præfatorum legatorum consilio tuo ipsas regimini commiserunt, sperantes in Domino quod per providentiam tuam omnis ab ea debeat hæreticæ pravitatis eliminari spurcitia et ibidem salubriter reformari puritatis catholicæ disciplina. Nos igitur quod ab ipsis pie ac provide factum est ratum et gratum habentes, civitates et terras ipsas, sicut tibi sunt ad divinæ majestatis honorem pro tutela pacis et fidei defensione concessæ, tibi et hæredibus tuis in fide catholica et devotione sedis apostolicæ permanentibus auctoritate apostolica confirmamus et præsentis scripti patrocinio communimus, principalium dominorum et aliorum etiam, si quibus forte competit, jure salvo, exceptis prorsus hæreticis, fautoribus, credentibus, defensoribus et receptatoribus eorumdem : in quos etiam secundum sacræ legis censuram auctoritatis est aculeus dirigendus, cum facientes et consentientes pari pœna canonica provisio persequatur. Ad indicium autem quod terras ipsas in devotione apostolicæ sedis et sancta religione conservare disponas (87), tres denarios statuisti per singulas domos ejus annualiter Ecclesiæ Romanæ solvendos, et illorum pravam consuetudinem, qui secundum partium finitimarum abusum decimas et primitias ecclesiasticas hæreditario jure, imo injuria sibi vendicant, abolere, ipsas juxta legitimas sanctiones ad Ecclesias revocando. Decernimus ergo ut nulli omnino hominum liceat hanc paginam nostræ confirmationis, etc., *usque* incursurum.

Datum Laterani, II Idus Novembris, pontificatus nostri anno duodecimo.

CXXIII.

NOBILI VIRO SIMONI DE MONTEFORTI.

Respondet epistolæ 109.

(Laterani, III Idus Novembris.)

Nuntios et apices tuos paterna benignitate recepimus, et suggesta per ipsos intelleximus diligenter, omnipotenti Deo laudes et gratias referentes de iis quæ contra pestilentissimos hostes suos per te simul et alios ad hoc opus orthodoxæ fidei zelo succensos misericorditer est et mirabiliter operatus. Illud autem auditui nostro dedit gaudium et lætitiam quod terris hæreticorum contagione purgatis consilium Altissimi te præfecit, quod speremus in Domino quod per prudentiam tuam in his quæ gesta sunt et gerenda Ecclesia sua sit multipliciter profectura. Quapropter petitiones tuas nobis oblatas, in quantum honestas potuit gratia præstare favorem, gratanter admisimus, terras ipsas tibi ac hæredibus tuis, prout expedire cognovimus, confirmantes, et litteras ad nonnullas provincias et potentes viros ac nobiles mulieres pro tuo succarsu, cum aliis quoque litteris ad idem negotium facien-

---

(86) Vide lib. XIII, epist. 86.

(87) Vide supra epist. 108-109.

tibus (88), concedentes, charissimos in Christo filios nostros Ottonem Romanorum imperatorem, Aragonum ac Castellæ reges illustres ad hoc satis affectuose per speciales litteras exhortando. Et fortassis amplius fecissemus, nisi propter necessitatem urgentissimam terræ sanctæ per magnos et speciales nuntios ad nos inde transmissos pro succursu ejus paulo ante destinassemus litteras generales, quarum procul dubio impediremus effectum, si et alias pro re hac e vestigio mitteremus, cum jam ii, quorum animæ inter ejusdem terræ pene penitus deficientes ærumnas, in sola post Deum auxilii quod hinc vadat exspectatione respirant, nobis graviter sunt conquesti quod ex indulgentia quam concessimus hæreticorum expugnatoribus, succursus prædictæ terræ periculose fuerit impeditus. Monemus ergo strenuitatem tuam et exhortamur attentius, in remissionem tibi peccaminum injungentes quatenus attendendo prudenter quod non minor est virtus quam quærere parta tueri, hoc quod Ecclesiæ Dei tuis et aliorum est laboribus acquisitum, a cunctis expiatum perversitatibus expeditum, in sancta religione studeas conservare, ac taliter juxta mandatum legatorum nostrorum ad exstirpandas reliquias hæreticæ pravitatis intendere quod gratiam divinam et nostram inde possis uberius promereri, sciturus pro certo quod hæc agens, in quibus illud duxeris requirendum, consilium a nobis recipies et auxilium opportunum.

Datum Laterani, III Idus Novembris, pontificatus nostri anno duodecimo.

CXXIV.
OTTONI ILLUSTRI ROMANORUM IMPERATORI SEMPER AUGUSTO.
Ut opem ferat Simoni de Monteforti.
(Datum, ut in alia.)

Licet ad promovendum quælibet opera pietatis prompta debeat imperialis celsitudo consistere, in his tamen quæ fidei causam continent speramus eam, prout etiam exoptamus, voluntariam invenire. Sane cum in provincia Narbonensi hæretica dudum pestis usque adeo pullulasset ut veluti cancer serpens partes etiam timeretur finitimas infectura, quinimo in aliquibus infecisset, multifarie multisque modis eam secundum traditam nobis a Domino sancti Spiritus disciplinam laboraverimus abolere, ita quod post multorum prædicatorum et exhortatorum instantiam (89), post occisionem denique viri justi, qui a nobis missus ad ipsos gloriosius demum creditur occisus profecisse quam vivus, novissime fide magnus et numero catholicorum exercitus per inspirationem divinam et sollicitudinem apostolicam congregatus, de ipsis mirabiliter triumphavit, captisque fere quingentis tum civitatibus, tum castellis, quæ per possessos suos diabolus habitabat, Spiritui paracleto in repletis suis sanctum est ibi habitaculum reparatum. Cum igitur terra ipsa taliter ab hæretica pravitate mandata dilecto filio nobili viro Simoni de Monteforti superno consilio sit commissa, et non solum ad eam in sancta religione servandam, verum etiam ad exstirpandas reliquias hujus pestis, Christianæ fraternitatis ei necessarius sit succursus, parumque prosit lolium de una parte messis avelli si radicaturum in alia transplantetur, imperialem magnificentiam rogamus attentius et monemus, in remissionem tibi peccaminum injungentes quatenus orthodoxæ fidei zelo succensus, per vires et viros imperii tui subditos necessarium opis et opum consilium et auxilium illuc pro tantæ opere pietatis promovendo transmittas, et si quos hæreticorum exinde depulsorum confugere contigerit in imperium, non solum recipi non permittas eosdem, verum etiam piissimam Augustorum in eos facias exerceri censuram, ut per hæc et alia bona quæ Domino feceris inspirante augeat tibi Deus et gratiam in præsenti et gloriam in futuro.

Datum, ut in alia, anno duodecimo.

CXXV.
ILLUSTRI REGI ARAGONUM.
De eadem re.
(Datum, ut supra.)

Licet ad promovendum quælibet opera pietatis prompta debeat regalis celsitudo consistere, etc., ut in alia, usque transplantetur, regalem magnificentiam, etc., usque per vires et viros potentiæ tuæ subditos, etc., ut in alia, usque verum etiam piissimam sacræ legis in eos facias exerceri censuram, etc., ut in alia, usque in futuro. Illud autem te ab hujusmodi non revocet pietate quod pro suspecto paganorum incursu ad exterminandum pestilentes jam dictos tibi sit opera minor danda; cum, etsi reputandi utrique sint hostes, quanto ex his exonerare tibi curaveris unum latus, tanto aliud possis adversus aliorum machinamenta firmare; illo insuper ad tuam fortitudinem accedente, quod in loco vicinorum hæreticorum catholicos amodo vicinos habebis, et tales quorum obsequia domi militiæque gratiosiora tibi esse poterunt quam illorum.

Datum, ut supra.

In eumdem modum scriptum est illustri regi Castellæ

CXXVI.
ABBATIBUS ET ALIIS ECCLESIARUM PRÆLATIS IN PARTIBUS NARBONENSIBUS, BITERRENSIBUS, TOLOSANIS ET ALBIGENSIBUS CONSTITUTIS.
De bonis hæreticorum confiscatis.
(Datum, ut in aliis.)

Optaveramus ut orthodoxæ fidei subversores, qui se in partibus vestris a communione fidelium præciderunt, non solum ea quæ sua dicebant, hæreticam pravitatem imitando, non perderent, sed ad puritatem catholicam redeundo, nobiscum in charitate ac pace quæ nostra sunt etiam possiderent. Verum quia, propter impœnitens cor eorum, super iniqui-

---

(88) Vide epist. 124, 125.

(89) Vidde supra lib. II, epist. 29.

tates suas Dominus de cœlo prospexit, ad exterminationem suam rerumque publicationem suarum secundum constitutiones civiles et canonicas est processum, ut, quemadmodum scriptum est, impiorum spolia justi tollant, et divitias thesaurizent ipsorum. Licet igitur ea, quæ apud vos quidam hæretici deposuisse dicuntur, sicut et aliæ res eorum, pro confiscatis sint merito computanda, quia tamen Christianæ religionis non est ex occasione legalium præceptorum obtentu cupiditatis hoc fieri quod potius causa debet correctionis impleri, universitati vestræ per apostolica scripta præcipiendo mandamus quatenus ea quæ penes vos ab hæreticis sunt deposita, nisi forsan ad hoc præmoniti sine dilatione curaverint ad Ecclesiæ unitatem redire, ut sic de miserationum Domini multitudine sit cum eis misericordia facienda, dilecto filio nobili viro Simoni de Monteforti, cui terra de hujusmodi pestilentium sordibus expiata noviter est commissa, cum consilio et mandato legatorum nostrorum assignare et tradere procuretis, in pios usus pro publicis ejusdem terræ utilitatibus expendenda.

Datum, *ut in aliis.*

CXXVII.

ABBATI SANCTI VICTORIS, ET SANCTÆ GENOVEFÆ ET SANCTI VICTORIS PRIORIBUS PARISIENSIBUS.

Ut tueantur Robertum Malivicini.
(Laterani, II Idus Novembris.)

(90) Attendentes devotionem dilecti filii nobilis viri Roberti Malivicini, qui orthodoxæ fidei zelo succensus contra pestilentes hæreticos non solum laudabiliter jam pugnavit, verum etiam constanter disponit amodo ad ipsorum exterminationem intendere, terram de qua per manum Domini sunt depulsi cum aliis catholicis habitando, dignum duximus eum pro ecclesiastica libertate pugnantem Ecclesiæ patrocinio confovere. Quocirca discretioni vestræ per apostolica scripta mandamus atque præcipimus quatenus si quis eum ac socios suos in his quæ pacifice possidebant cum iter arripuerunt ad hujusmodi Dei servitium exsequendum molestare præsumpserit, aut ea quæ sibi tenentur reddere solvere recusarint, seu etiam unicam ejus filiam auferendo nobilem offenderit memoratum, vos cum ut ab eorum omnino vexatione desistat, et de damnis ac injuriis irrogatis satisfaciat competenter, eisdem per censuram ecclesiasticam sublato appellationis obstaculo, sicut justum fuerit, compellere procuretis, matrem et sororem ejusdem nobilis viduas, quarum ipse solus quasi post Deum tutor et custos existit, in jure proprio defendentes, et quemlibet injuste molestantes easdem appellatione remota districtione simili facientes ab earum indebita molestatione cessare. Quod si non omnes, etc., duo vestrum, etc.

Datum Laterani, II Idus Novembris, pontificatus nostri anno duodecimo.

(90) Vide infra epist. 130, 131, 133.
(91) Vide supra epist. 127 et infra epist. 133, 134, 135.

CXXVIII.

EISDEM.

De simili argumento.
(Datum, *ut in alia.*)

Attendentes devotionem dilecti filii nobilis viri Buchardi, qui orthodoxæ fidei, etc., *ut in alia usque* recusarint, seu etiam alias indebite nobilem offenderit memoratum, etc., *ut in alia, usque* procuretis, matrem et ejusdem nobilis viduam, cujus ipse solus quasi, *etc., usque* injuste molestantem eamdem appellatione remota districtione simili facientes ab ejus indebita molestatione cessare. Quod si non omnes, etc., duo vestrum, etc.

Datum, *ut in alia.*

CXXIX.

NOBILIBUS VIRIS BARONIBUS ET MILITIBUS QUI CUM NOBILI VIRO SIMONE DE MONTEFORTI DE SIGNATORUM EXERCITU REMANSERUNT.

(*Inducuntur ut assistant Simoni de Monteforti.*)
(Laterani, Idibus Novembris.)

Devotionem vestram dignis in Domino laudibus commendamus quod orthodoxæ fidei zelo succensi, contra nostræ fidei subversores tam pie quam strenue certavistis, ac recepto mirabili de ipsorum contritione triumpho, terraque dudum a præambulis Antichristi possessa ad fidem Jesu Christi redacta, in defensionem ipsius cum dilecto filio nobili viro Simone de Monteforti, cujus est commissa regimini, remansistis, attendendo prudenter quod non minor est virtus quam quærere parta tueri. Quia igitur finis, non pugna coronat, nobilitatem vestram rogamus attentius et monemus, in remissionem vobis peccaminum injungentes quatenus laudabile propositum vestrum laudabiliori studente perseverantia coronare, ad protegendum camdem terram præfato nobili viriliter assistatis, expensis contenti a proximo Pascha deinceps, donec novum auxilium, quod multipliciter procuramus vobis et ei, dante Domino, transmittatur.

Datum Laterani, Idibus Novembris, pontificatus nostri anno duodecimo.

CXXX.

ABBATI ET PRIORI SANCTI VICTORIS, ET PRIORI SANCTÆ GENOVEFÆ PARISIENSIS.

De eleemosynis concessis piis locis.
(Laterani, IV Idus Novembris.)

(91) Præsentium vobis auctoritate mandamus quatenus eleemosynas piis locis a nobili viro Roberto Molavicino et matre sua provida pietate concessas faciatis a locis ipsis auctoritate nostra quam juste tam pacifice possideri, contradictores per censuram ecclesiasticam appellatione postposita compescendo. Quod si non omnes, etc., duo vestrum, etc.

Datum Laterani, IV Idus Novemb. anno duodecimo.

CXXXI.

ABBATI CISTERCIENSI APOSTOLICÆ SEDIS LEGATO.
De quodam privilegio concesso R. Malovicino.
(Datum, *ut in alia*.)

(92) Profecturus ad habitandum dilectus filius nobilis vir Robertus Malusvicinus terram ab hæreticis nuper incolis expiatam, nobis humiliter supplicavit ut aliquem clericum religiosum vel sæcularem per tuam faceremus sibi sollicitudinem deputari cujus consilio, quandiu in terra ipsa morabitur, ad salutem animarum suarum in confessionibus et hujusmodi tam ipse quam ejus uxor utatur. Nos igitur annuentes hujusmodi proposito pietatis, discretioni tuæ per apostolica scripta præcipiendo mandamus quatenus petitionem suam in hoc, prout expedire cognoveris, cum consensu diœcesani episcopi auctoritate nostra non differas adimplere.

Datum, *ut in alia*.

CXXXII.

ABBATI DE VALLIBUS CISTERCIENSIS ORDINIS.
Ut accedat ad Simonem de Monteforti.
(Laterani, v Idus Novembris.)

Cum dilectus filius abbas Cisterciensis A. S. L. tibi dare providerit in mandatis ut ad terram nuper ab hæretica pravitate mundatam accedas, dilecto filio Simoni de Monteforti, cujus est commissa regimini, aliis ibidem ad Dei servitium residentibus salutare consilium præbiturus, discretionem tuam monemus attentius et hortamur, per apostolica tibi scripta mandantes quatenus ad exsequendum opus hujusmodi pietatis secundum abbatis prædicti monitionem accedere non postponas.

Datum Laterani, v Idus Novemb., anno duodecimo.

CXXXIII.

NOBILI VIRO ROBERTO DE MALOVICINO, MATRI ET UXORI EJUS.
Ejusdem argumenti cum epistola 130
(Laterani, v Idus Novembris.)

Solet annuere sedes apostolica piis votis et honestis petentium precibus favorem benevolum impertiri. Eapropter, dilecti in Domino filii, vestris justis petitionibus annuentes, eleemosynas piis locis a vobis charitative collatas, sicut eas loca eadem juste possident et quiete, ipsis auctoritate apostolica confirmamus et præsentis scripti patrocinio communimus. Nulli ergo omnino hominum liceat hanc paginam nostræ confirmationis, etc., *usque* incursurum.

Datum Laterani, v Idus Novembris, pontificatus nostri anno duodecimo.

CXXXIV.

MONIALIBUS PARRASII CISTERCIENSIS ORDINIS.
Ejusdem argumenti.
(Datum, *ut in alia*.)

Justis petentium desideriis dignum est facilem nos præbere assensum, et vota quæ a rationis tramite non discordant effectu prosequente complere.

Eapropter, dilectæ in Christo filiæ, vestris justis petitionibus annuentes, eleemosynas quas nobilis vir Robertus de Malovicino et mater ipsius vobis pietatis intuitu contulerunt, et alia bona Ecclesiæ vetræ, sicut ea juste ac pacifice possidetis, vobis et per vos eidem Ecclesiæ auctoritate apostolica confirmamus et præsentis scripti patrocinio communimus. Nulli ergo, etc., hanc paginam nostræ concessionis infringere, etc., *usque* incursurum.

Datum, *ut in alia*.

CXXXV.

GALTERO PRESBYTERO ECCLESIÆ DE CORBERON.
De eodem argumento.
(Datum, *ut in alia*.)

Cum a nobis petitur quod justum est et honestum, tam vigor æquitatis quam ordo exigit rationis ut id per sollicitudinem officii nostri ad debitum perducatur effectum. Eapropter, dilecte in Domino fili, tuis justis petitionibus annuentes, eleemosynas a nobili viro Roberto de Malovicino tibi pietatis obtentu collatas et alia bona Ecclesiæ tuæ, sicut ea juste possides et quiete, auctoritate apostolica confirmamus et præsentis scripti patrocinio communimus. Nulli ergo, etc., hanc paginam nostræ, etc., *usque* incursurum.

Datum, *ut in alia*.

CXXXVI.

ARELATENSI ARCHIEPISCOPO ET SUFFRAGANEIS EJUS.
De negotio hæreticorum.
(Laterani, III Idus Novembris.)

Gloriantes hactenus in malitia et in sua iniquitate potentes destruere tandem incipiens manus Dei, miraculose jam fecit eos de suis tabernaculis emigrare, dum eo terram populi sui misericorditer emundante, pestis hæreticæ pravitatis, quæ serpens ut cancer Provinciam pene totam infecerat, mortificata depellitur, captisque in potentissima manu sua numerosis castris et civitatibus quas per possessos a se diabolus habitabat, in locis expulsorum hæreticorum Spiritui paracleto per repletos ab ipso sanctum habitaculum præparatur. Super quo laudes et gratias Omnipotenti referimus quod in una eademque misericordiæ suæ causa duo dignatus est justitiæ opera exercere, ita perfidis faciendo dignam supervenire perniciem ut quam multi fideles meritam assequerentur ex ipsorum exterminatione mercedem, cum etsi eos in solo spiritu oris sui potuisset quandocunque conterere, suorum tamen exercitui signatorum in illorum contritione dignatus sit salutis causam imo salvationis occasionem præbere: quo nuper sub nostrorum magisterio legatorum de ipsis mirabiliter triumphante, dilectus filius nobilis vir Simon de Monteforti, vir utique strenuus et catholicus, terris a quibus illi depulsi sunt provida est deliberatione præfectus, ut per prudentiam ejus in his quæ gesta sunt vel gerenda negotium pacis et fidei possit ibidem efficacius promoveri. Quia

---

(92) Vide supra epist. 127.

igitur, etsi tantæ pietatis initia prospere hucusque processerint, fine tamen non sunt adhuc necessario solidata, fraternitatem vestram rogandam duximus attentius et monendam, per apostolica vobis scripta præcipiendo mandantes quatenus apud subditos vestros studio sedulæ prædicationis et exhortationis instetis ut ad reliquias hujus pestis penitus exstirpandas, cum ad similitudinem hydræ, quæ locupletior fertur fieri damno capitum gravius possent, si neglectæ fuerint, reviviscere, tam per se quam per sua obsequium Deo devotum et auxilium Ecclesiæ opportunum impendant, scientes remissionem peccaminum a Deo ejusque vicario universis indultam qui orthodoxæ fidei zelo succensi se ad opus accinxerint hujusmodi pietatis, ut eis labor tam sanctus ad operis satisfactionem sufficiat super illis offensis pro quibus cordis contritionem et oris confessionem veram obtulerint vero Deo. Cum autem pro fraterna defensione pugnantes a fraternis deceat injuriis expediri, volumus et mandamus ut si qui nobilium, clericorum, seu etiam laicorum contra pestilentes hujusmodi procedentium ad præstandas usuras juramento tenentur astricti, creditores eorum in vestris diœcesibus constitutos, cum ab ipsis fueritis requisiti, per censuram ecclesiasticam appellatione postposita compellatis ut eos a juramento penitus absolventes, ab usurarum penitus exactione desistant. Quod si quis quam creditorum ad solutionem ipsos coegerit usurarum, cum ad restituendas ipsas, postquam fuerint persolutæ, simili censura sublato appellationis obstaculo coarctetis, creditores talium quam diligentius poteritis inducentes ut terminos ad solutionem debitorum præfixos, donec illi labori vacaverint hujusmodi pietatis, elongent; quo sic demum retributionis eorum gaudeant participio quorum certamen tali promoverint adjumento. Præterea, cum non absonum videatur ut qui publicam causam gerunt, publicis stipendiis sustententur, universos clericos per vestras diœceses constitutos efficaciter moneatis, in remissionem sibi peccaminum suadentes, quatenus cum prædictæ terræ desertæ sint et vastatæ, atque ad defensionem ipsarum sumptus sint non modici necessarii, aliquotam de suis proventibus partem ad ejus sustentationem transmittant, deputatis aliquibus viris providis et fidelibus ad eleemosynam hujusmodi colligendam, qui collectam assignent sicut prædicti legati duxerint disponendum. Quia igitur apud eos districtio forsan proficiet temporalis a quibus super hoc spiritualis inductio non admittitur, illos qui super Judæos in vestris diœcesibus permanentes habere noscuntur dominium temporale diligenter inducere procuretis ut eos inducant et tradita sibi potestate compellant quod suis debitoribus in hujusmodi Dei obsequium profecturis omnino relaxent usuras et terminos ad exsolvendum sortem præfixos, si fieri potest, prorogent competenter.

Datum Laterani, iii Idus Novemb., pontificatus nostri anno duodecimo.

In eumdem modum Bisuntino archiepiscopo et suffraganeis ejus. In eumdem modum scriptum est Viennensi archiepiscopo et suffraganeis ejus. In eumdem modum Aquensi archiepiscopo et suffraganeis ejus. In eumdem modum Narbonensi archiepiscopo et suffraganeis ejus. In eumdem modum Lugdunensi archiepiscopo et suffraganeis ejus. In eumdem modum archiepiscopo Ebredunensi et suffraganeis ejus. In eumdem modum Auxitano archiepiscopo et suffraganeis ejus. In eumdem fere modum Albiensi episcopo. In eumdem modum Ruthenensi episcopo. In eumdem modum episcopo Agennensi. In eumdem modum Caturcensi episcopo.

CXXXVII.

CONSULIBUS ARELATENSIBUS.

Super exstirpatione hæreticorum.

(Laterani, iii Idus Novembris.)

Gloriantes hactenus in malitia, etc., *ut in prima usque solidata*, universitatem vestram rogandam duximus et monendam, in remissionem vobis peccaminum injungentes quatenus ad reliquias hujus pestis penitus exstirpandas, etc., *ut in alia usque* reviviscere, tam per vos quam per vestra obsequium Deo devotum et auxilium opportunum Ecclesiæ impendatis, scientes, etc., *usque* vero Deo. Quapropter expergiscimini, boni filii, et ad palmam hujus gloriosi certaminis festinate, piaque pœnitentia ducti quod tam secundis ejus principiis neglexeritis interesse; felicissimo fini vestram studeatis et operam et præsentiam exhibere; quia, cum evangelicus retributor illis æqualiter retribuerit qui novissime venerunt in vineam et qui primo, licet hi qui cœperunt forsan amplius laborarint, præcedentibus tamen atque sequentibus par merces pro pari devotione reddetur.

Datum Laterani, iii Idus Novembr., anno duodecimo

In eumdem modum Avenionensibus consulibus. In eumdem modum consulibus Sancti Ægidii. In eumdem modum consulibus Nemausensibus. In eumdem modum consulibus Montispessulani. In eumdem modum nobili viro Amalrico et civibus Narbonensibus. In eumdem modum consulibus Terasconensibus. In eumdem fere modum scriptum est nobili viro Folcalcariensi comiti. In eumdem modum nobili viro comiti Sancio. In eumdem modum nobili viro comiti Savoyæ. In eumdem modum nobili viro comiti Gebennensi. In eumdem modum nobili viro comiti Stephano. In eumdem modum nobili viro comiti W. Matisconensi.

CXXXVIII

EPISCOPO SEGUNTINO.

Indicitur ei purgatio super quodam facinore.

(Laterani, viii Kal. Decembr.)

Olim nobis per tuas litteras intimasti quod cum te præsente archipresbyter quidam missam in sua ecclesia celebraret, et populi multitudo in chorum canonicorum et usque ad altare se ingereret importune, tu diligenter monuisti ministros ut turbam irruentem arcerent, quatenus sic divina possent liberius officia celebrari. Quibus id efficere non valentibus, existimans quod super hoc tibi majorem reverentiam exhiberent, populum arcere accepto baculo incœpisti, quosdam impellens, quosdam percutiens leviter, quosdam terrens, ut sic saltem opportunitas præberetur sacris officiis peragendis. Alii siquidem tecum percutiebant cum baculis populum repellendo : inter quos juvenis quidam in capite dicitur fuisse percussus, qui postea per mensem sanus apparens, et indifferenter utens cibis et potibus universis, ad lapides ferendos et calcem in diebus Maii, prout sibi expediebat, locavit operas suas ad vineas fodiendas, intrans nihilominus balnea et tabernas. Post tricesimum vero diem ad suggestionem quorumdam, te quidem inscio et ignaro, quidam medicus imperitus et senex carnem capitis ejus. et testam secuit indiscrete, licet nullum percussionis signum in capite appareret. Quem in sectione illa quatuor supervenientes medici erravisse dixerunt, asserentes hujusmodi sectionem·inducere causam mortis. Juvenis autem quarta decima die post sectionem eamdem diem clausit extremum : post cujus obitum in populo rumor insonuit quod ex percussione tua mortuus fuerat homo ille. Quæ quidem infamia, sicut firmiter per easdem litteras intimasti, a personis vilibus, æmulis atque malevolis dignoscitur initium habuisse. Unde humilitatis causa, licet tua te conscientia minime reprehenderet, abstinendum duxisti a celebratione missarum donec super hoc nostræ reciperes beneplacitum voluntatis. Nos autem dilecto filio Toletano electo nostris dedimus litteris in mandatis ut inquireret super hoc diligentissime veritatem, et si ei de præmissis constaret, tibi daret licentiam cum timore Dei divina officia celebrandi, injungens etiam ut de cætero studiosius vacares operibus pietatis, pro eo quidem quod verbum Apostoli minus provide observasti dicentis: *Oportet episcopum esse non percussorem* (*I Tim.* III), cum etsi non illum, alios tamen leviter percussisse dicaris, ex quo rumor hujusmodi est subortus; oblocutores insuper et infamatores tuos, ut ab hujusmodi præsumptione desisterent, monitione præmissa per censuram ecclesiasticam appellatione remota compellere non differret. Præfatus vero electus, sicut ex litteris ejus accepimus, nostris volens obedire mandatis, accessit ac Ecclesiam Seguntinam, et ab omnibus canonicis quos ibidem invenit amicis et inimicis tuis juramenta exigens, ab unoquoque super prædicto facto rei veritatem diligentissime inquisivit ; et quæ dixerat in scriptis redigens, licet jurisperiti et quidam episcopi ei consulerent ut tibi licentiam concederet celebrandi, quia tamen ei consultius visum fuit ut negotium ipsum ad nos instructum remitteret, dicta canonicorum et aliorum suo sigillo signata nobis destinare curavit. Cæterum nobis inquisitionem

ipsam examinari cum diligentia facientibus, examinatores ipsius nobis fideliter retulerunt quod unus tantum de visu deposuit, alii de auditu. Duo vero chirurgici et unus physicus jurati dixerunt quod non ex percussione, sed indiscreta incisione obierat juvenis memoratus. Nos igitur inter culpam et infamiam distinguentes, quia culpa probata non est, tuæ te conscientiæ relinquimus quoad Deum, et super infamia quoad homines ita tibi duximus providendum ut clero et populo convocatis chirurgicorum et physici testimonia publicentur, qui tuam videntur innocentiam expurgare ; ut cum infamia conquieverit, pontificale officium liberius exsequaris, dantes venerabili fratri nostro episcopo Segobiensi et dilectis filiis Palentino electo et archidiacono Septempublicensi Segobiensis diœcesis in mandatis ut si quis super hoc te præsumpserit temere molestare, ut ab hujusmodi præsumptione desistat monitione præmissa per censuram ecclesiasticam appellatione remota compescant.

Datum Laterani, VIII Kal. Decemb., pontificatus nostri anno duodecimo

CXXXIX.

EPISCOPO SEGOBIENSI, ET PALENTINO ELECTO, ET ARCHIDIACONO SEPTEMPUBLICENSI SEGOBIENSI DIŒCESIS.

De eadem re.

(Datum, *ut in alia*)

Olim per litteras suas significavit nobis venerabilis frater noster episcopus Seguntinus quod cum, eo præsente, archipresbyter quidam missam in sua ecclesia celebraret, et populi multitudo in chorum canonicorum et usque ad altare se ingereret importune, ipse ministros monuit diligenter, etc., *in eumdem fere modum ut in alia usque* subortus, oblocutores, etc. *fere in eumdem modum usque* differret. Præfatus vero electus, sicut ex litteris ejus accepimus, etc., *usque* publicentur. Quocirca discretioni vestræ per apostolica scripta mandamus quatenus in eodem negotio juxta præscriptam formam procedere procuretis. Si quis autem super hoc eum temere molestare præsumpserit, ut ab hujusmodi præsumptione desistat monitione præmissa per censuram ecclesiasticam appellatione postposita compescatis. Quod si non omnes, etc., tu, frater episcope, cum eorum altero, etc.

Datum *ut in alia.*

CXL.

CONSTANTINOPOLITANO PATRIARCHÆ.

Cassatur promissio facta Venetis.

(Laterani, IX Kal. Decembris.)

(93) Sicut ea quæ circa Ecclesias vel ecclesiasticos viros circumspectione provida disponuntur, apostolica dignum est auctoritate fulciri, sic illa quæ præsumptuosa temeritate nequiter attentantur, ejus magisterio convenit in statum rectitudinis revocari. Cum ergo, sicut accepimus, dum per Venetias transitum faciens ad Constantinopolitanam Ecclesiam

---

(93) Vide supra epist. 105, et lib. II, epist. 77

properares, et Veneti tibi passagium denegantes, ad perjurium te consequenter urgendo, qui nisi ad Ecclesiam Constantinopolitanam accederes, creditoribus satisfacere non poteras de pecunia mutuata super confirmatione quarumdam Ecclesiarum quas Constantinopoli detinent coactione multiplici quoddam extorserint publicum instrumentum, nos honestati ecclesiasticæ providere volentes, præsentium auctoritate decernimus instrumentum ipsum per hujusmodi coactionem extortum viribus omnino carere. Nulli ergo, etc., hanc paginam nostræ diffinitionis infringere, etc., *usque* incursurum.

Datum Laterani, ix Kal. Decembris, anno duodecimo.

CXLI.
EIDEM.
De decimis solvendis.
(Datum, *ut in alia*.)

Sacrosancta Romana Ecclesia devotos et humiles filios ex assuetæ pietatis officio propensius diligere consuevit, et ne pravorum hominum molestiis agitentur, eos tanquam pia mater suæ protectionis munimine confovere. Eapropter, venerabilis in Christo frater, tuis justis postulationibus inclinati, præsentium tibi auctoritate concedimus ut ab ecclesiis tuæ diœcesis cathedraticum exigere valeas, et per censuram ecclesiasticam appellatione postposita Græcos cogere ad decimas tibi debitas persolvendas. Nulli ergo, etc., hanc paginam nostræ concessionis infringere, etc., *usque* incursurum.

Datum, *ut in alia*.

CXLII.
EIDEM
Arma non esse tribuenda infidelibus.
(Datum, *ut in alia*.)

Cum avaritiæ fervor in tantum animos quorumdam accenderit ut, sicut nostris est auribus intimatum, ligna et arma prohibita in Alexandriam deferant, per quæ in injuriam nominis Christiani subsidia infidelibus subministrant, fraternitati tuæ præsentium auctoritate concedimus quatenus hujusmodi tibi subjectos ut a sua super hoc temeritate desistant monitione præmissa per censuram ecclesiasticam appellatione remota compellas. Nulli ergo, etc., hanc paginam nostræ concessionis, etc., *usque* incursurum.

Datum, *ut in alia*.

CXLIII.
EIDEM.
De exemptione archiepiscopi Patracensis.
(Laterani, *ut in prima*.)

Requisivit a nobis tua fraternitas an venerabili fratri nostro Patracensi archiepiscopo sit a nobis privilegium exemptionis indultum. Super quo fraternitati tuæ insinuatione præsentium innotescat nos eidem archiepiscopo nullum exemptionis privilegium concessisse. Ipse tamen constanter asseruit coram nobis Patracensem archiepiscopum immediate ad sedem apostolicam pertinere.

Datum Laterani, etc., *ut in prima*.

CXLIV.
ARCHIEPISCOPO ERACLIENSI ET SALIMBRIENSI EPISCOPO, ET DECANO DE BLAKERNA CONSTANTINOPOLITANO
Eis committitur exsecutio cujusdam sententiæ.
(Datum, *ut in aliis*.)

Venerabilis frater noster Constantinopolitanus patriarcha nostro apostolatui reseravit quod cum homines de Spigant, ubi nunquam episcopus exstitit, dari sibi episcopum postularent, idem hoc facere metuens absque nostra licentia speciali, ad eorum instantiam episcopatui de Pario commisit eosdem. Cumque postmodum episcopum de Pario accedentem ad ipsos admittere recusassent, in ipsos post admonitionem sæpius iteratam patriarcha præfatus excommunicationis sententiam promulgavit, quam auctoritate petiit apostolica confirmari. Quocirca discretioni vestræ per apostolica scripta mandamus quatenus dictam excommunicationis sententiam, sicut rationabiliter est prolata, faciatis auctoritate nostra usque ad satisfactionem condignam appellatione postposita firmiter observari. Quod si non omnes, etc., duo vestrum, etc.

Datum, *ut in aliis*.

CXLV.
EISDEM.
De monasteriis patriarchalibus.
(Laterani, ix Kal. Decembris.)

Ex conquestione venerabilis fratris nostri patriarchæ Constantinopolitani ad nostram noveritis audientiam pervenisse quod quidam tam clerici quam laici in partibus Romaniæ quædam patriarchalia monasteria contra justitiam detinent in ejus et Ecclesiæ suæ præjudicium et gravamen. Quocirca discretioni vestræ per apostolica scripta mandamus quatenus tam clericos quam laicos memoratos ut monasteria patriarchalia, videlicet quæ ad patriarchæ jurisdictionem de jure spectant, eidem sine difficultate qualibet restituant, ut tenentur, monitione præmissa per censuram ecclesiasticam appellatione postposita compellatis. Testes autem qui fuerint nominati, etc. Quod si non omnes, etc., duo vestrum ea nihilominus exsequantur.

Datum Laterani, ix Kalend. Decembris, pontificatus nostri anno duodecimo.

CXLVI.
ARCHIEPISCOPO ET DECANO ET P. DE LAGERIO CANONICO REMENSI.
Exsecutoria super quadam Ecclesia.
(Laterani, iii Kal. Decembris.)

Cum dilecti filii magister D. et H. procurator G. presbyteri ad sedem apostolicam accessissent, dilectum filium nostrum Guidonem Sancti Nicolai in carcere Tulliano diaconum cardinalem ipsis concessimus auditorem. Coram quo magister proposuit memoratus quod cum olim in forma communi pro eo bonæ memoriæ Suessionensi episcopo, qui eumdem ordinarat in subdiaconum, scripsissemus, et postmodum dicto episcopo nostris nolente obtemperare mandatis, idem contra ipsum exsecutores obtinuisset a nobis, tandem illis quod mandavimus nolentibus adimplere, dictus magister ad præsentiam nostram iterato accedens, ad judices Cameracenses nostras litteras impetravit, ut videlicet præfatum episcopum vel officiales ejusdem ad providendum ipsi juxta mandati nostri tenorem censura ecclesiastica coercerent. Qui attendentes rebellionem ipsorum, a collatione beneficiorum tam eos quam dictum episcopum tandiu decrevere suspensos donec esset supradicto magistro in beneficio competenti provisum. Verum, cum illi postmodum sibi vellent insufficiens beneficium assignare, dicti judices super hoc veritate comperta præfatam suspensionis sententiam innovarunt. Unde præfati officiales quadraginta solidos et unum modium bladi assignarunt eidem nomine pensionis sub exspectatione beneficii competentis; dicta tamen sententia in suis viribus permanente, donec mandatum nostrum super provisione ipsius foret effectui mancipatum. Demum vero, cum memoratus episcopus a Constantinopolitanis partibus ad propria remeasset, et per biennium moram fecisset ibidem, ipse dicta suspensionis sententia vilipensa, Ecclesiam quamdam vacantem supradicto G. assignare præsumpsit. Quod cum innotuisset judicibus memoratis, ipsi concessionem hujusmodi penitus irritantes, discretis mandavere personis ut dictam Ecclesiam, utpote de jure vacantem, præfato magistro auctoritate apostolica facerent assignari. Quorum mandatum fideliter exsequentes, ipsi eamdem Ecclesiam contulerunt, et tunc abbas de Cartovoro pro sæpefato G. nepote suo in eorumdem apparens præsentia responsalis, illorum factum per quasdam exceptiones frivolas nisus est multipliciter impedire. Sed idem magister nihilominus ad juris sui tuitionem contra eumdem G. nostras postmodum litteras ad decanum et cantorem Sancti Frambaudi et R. de Sancto Medardo Silvanectensem canonicum impetravit. In quorum præsentia cum esset hinc inde diutius disputatum, parte altera proponente dictam Ecclesiam fuisse a suspenso collatam, et alia id negante, tandem testes super hoc recipere curaverunt, depositiones eorum sub sigillis suis nostro apostolatui transmittentes. Quare dictus magister nobis humiliter supplicavit ut præfatam Ecclesiam, concessione a suspenso facta nequaquam obstante, faceremus ab ipso, qui pro beneficio obtinendo toties ad sedem apostolicam laboravit, pacifice possideri. Ad hoc vero procurator prædicti G. proposuit ex adverso quod cum sæpefatus episcopus dictam sibi Ecclesiam canonice contulisset, supradictus magister per subdelegatos ab executoribus quos obtinuerat contra episcopum memoratum post appellationem ad nos rationabiliter interpositam postmodum in ejusdem se fecit possessionem in ipsius gravamen induci, et, ut posset eumdem amplius fatigare, ad præmissos judices contra ipsum super præfata Ecclesia, quam se mentiebatur canonice assecutum, cum id postea non probarit, nostras litteras impetravit: qui causam sufficienter instructam, prout superius est expressum, sub sigillis suis nobis fideliter remiserunt. Unde dictus G. a nobis humiliter postulavit ut super jam dicta Ecclesia sibi a præfato episcopo tunc temporis non suspenso canonice assignata, præsertim cum judices supradicti illum suspendere non valuerint fines mandati apostolici excedendo, jamdicto magistro silentium imponentes, ipsum faceremus ejusdem pacifica possessione gaudere. Cum igitur cardinalis prædictus hæc et alia quæ proposita fuerant coram eo nobis plene ac fideliter retulisset, nos attendentes prædictam suspensionis sententiam in eumdem episcopum latam nullam penitus exstitisse, præfato D. clerico super ipsa Ecclesia silentium duximus imponendum, per apostolica vobis scripta mandantes quatenus quod a nobis est ratione prævia diffinitum faciatis auctoritate nostra firmiter observari, contradictores, si qui fuerint, vel rebelles per censuram ecclesiasticam appellatione postposita compescendo. Quod si non omnes, etc., tu, frater archiepiscope, cum eorum altero, etc.

Datum Laterani, III Kal. Decembris, anno duodecimo.

CXLVII.
FULCONI PRIORI ET CONVENTUI SANCTI MARTINI DE CAMPIS PARISIENSIS.

Adjudicatur eis medietas proventuum Ecclesiæ S. Jacobi de Carnificeria.

(Laterani, XIII Kal. Januarii.)

Olim coram dilecto filio nostro Benedicto tituli Sanctæ Susannæ presbytero cardinale, quem dilectis filiis archipresbytero Sancti Jacobi Parisiensis et magistro H. procuratori vestro concessimus auditorem, idem proposuit procurator quod cum vos, ad quos jus patronatus ecclesiæ Sancti Jacobi pertinet, coram abbate Sancti Joannis de Vallein, archidiacono et cantore Carnotensibus, judicibus delegatis a nobis, medietatem proventuum ejusdem ecclesiæ Sancti Jacobi petissetis, ad vestram fundandam intentionem instrumentum bonæ memoriæ Stephani Parisiensis episcopi ostendistis, in quo videbatur idem episcopus inter cætera profiteri quod concessione antecessorum suorum et sua monasterium vestrum cum præsentatione presbyteri medietatem omnium beneficiorum, quæ pro presbyterio ecclesiæ Sancti Jacobi ad presbyterum vel ejus utilitatem quoquo modo perveniunt, in eadem ecclesia obtinebat. Quod archipresbyter prorsus inficians allegavit se vel ecclesiam suam nonnisi tantum in decem libris annuatim solvendis ecclesiæ vestræ pensionis ratione teneri. Cumque super hoc coram præmissis fuisset judicibus litigatum, super eo utraque pars testes induxit. Verum, cum interim pars vestra proponeret se per dictum archipresbyterum centum solidis pendente judicio spoliatam, et pars altera nullam penitus rationem quare hoc fecerat allegaret, judices archipresbytero præceperunt ut usque ad certum terminum solidos restitueret prætaxatos : qui mandato judicum parere contemnens, excommunicatus exstitit ab eisdem. Sed archipresbytero se postmodum per contumaciam absentante, cum judices de sententia ferenda tractarent, prior Sancti Victoris, archipresbyter Sancti Severini, et magister P. Pulverel canonicus Parisiensis quasdam eis litteras transmiserunt, per quas injungebant eisdem ne in præjudicium jurisdictionis ipsorum, quibus appellationis causa super prædictis centum solidis committebatur a nobis, in causa procederent vel aliquid statuerent in gravamen archipresbyteri memorati. Sed judices attendentes appellationis causam a prædicta interlocutoria interpositæ, quæ tantummodo commissa videbatur eisdem, negotium non contingere principale, maxime cum eo tempore quo archipresbyter procuratorem miserat ad sententiam audiendam partes non fuerint secundarum litterarum auctoritate citatæ, instrumento Parisiensis episcopi diligenter inspecto, et utriusque partis rationibus intellectis, habito prudenti consilio, sæpedictum archipresbyterum ad reddendum annuatim ecclesiæ vestræ medietatem omnium proventuum ecclesiæ Sancti Jacobi condemnarunt : quam sententiam procurator vester petiit confirmari. Cum igitur hæc et illa quæ archipresbyter ad impugnandam tam interlocutoriam quam diffinitivam sententiam judicum prædictorum proposuit coram eo idem cardinalis nobis fideliter retulisset, nos interlocutoriam supradictam, pro eo quod juris ordine non servato a duobus tantum judicibus, tertio se nullatenus excusante, prolata fuerat, irritam decrevimus et inanem. Verum, quoniam archipresbyter ad diffinitivam sententiam reprobandam hanc viam a nobis requisitus elegit ut instrumentum Parisiensis episcopi, quod secuti judices sententiam tulerant, non fuisse jure subnixum ostenderet, dilectis filiis abbati Sanctæ Genovefæ, et W. archidiacono Parisiensi et decano Meldensi dedimus in mandatis ut audirent quæcunque archipresbyter memoratus contra instrumentum, infra sex menses postquam foret exhibitum coram eis duceret proponenda, et si tale quid contra ipsum objectum esset forsitan et ostensum propter quod merito reprobari deberet, ipsi sententiam judicum prædictorum, qui fidem instrumenti sequentes eamdem tulerant, sublato appellationis obstaculo retractarent, ecclesiæ vestræ super medietate proventuum ecclesiæ Sancti Jacobi perpetuum silentium imponentes, cum per depositiones testium, quas inspici fecimus diligenter, vel alio legitimo modo nihil sufficienter constaret esse probatum. Alioquin, cum archipresbyter nihil proposuisset aliud quod valeret contra sententiam supradictam, ipsi eamdem auctoritate nostra appellatione postposita confirmantes, ipsam per censuram ecclesiasticam facerent inviolabiliter observari. In quorum postmodum præsentia partibus constitutis, archipresbyter quædam contra prædictum proposuit instrumentum, propter quæ asseruit nullam ei fidem penitus adhibendam. Primo, quia in sigillo eidem apposito nova cera commista videbatur antiquæ. Secundo, quia legi ejusdem sigilli litteræ non valebant, quanquam contra juris auctoritatem, secundum quod nihil debuit pendente judicio innovari, dictum sigillum inter moras judicii fusatum fuerit et politum. Tertio, quia Parisiensis capituli sigillum non erat eidem instrumento appositum, cujus consensus de jure fuerat in concessione hujusmodi requirendus. Quarto, quia paucorum canonicorum subscriptiones adnotatæ videbantur in ipso. Quinto, quia concessiones prædecessorum Stephani Parisiensis episcopi, de quibus in eodem instrumento fit mentio, nullatenus apparebant. Præscriptionem insuper ad reprobandum instrumentum prædictum archipresbyter memoratus objecit. Sed, licet super iis omnibus fuisset hinc inde coram dictis judicibus litigatum, et archipresbyter quæ objecerat se assereret probaturum, nihil tamen ex ipsis probare curavit infra semestre tempus in nostris litteris comprehensum. Quo transacto, post duos menses præsentium prædictorum judicum, adiens allegavit prædicti episcopi concessionem ipso jure viribus caruisse, cum non constaret ad hoc intervenisse consensum presbyteri ecclesiæ memoratæ, qui requirendus non immerito fuerat, cum ex hoc ei præjudicium pararetur. Unde, cum super his et aliis partes non desinerent altercari, judices de consilio peritorum vos et partem alteram cum negotio sufficienter instructo ad sedem apostolicam remiserunt. Partibus itaque propter hoc nuper in nostra præsentia constitutis, cum archipresbyter supradicta, quæ contra instrumentum objecerat, coram nobis etiam iterasset, adjiciens nihilominus quod prædicta concessio per episcopum absque presbyteri parochialis assensu erat invalida judicanda, pars vestra inter cætera sic respondit, quod super iis quæ archipresbyter contra instrumentum objecerat non erat ulterius audiendus, cum illa nequaquam probaverit infra tempus præfinitum a nobis. Sed et illud pars vestra frivolum reputabat quod de consensu presbyteri, qui non intervenerat, archipresbyter ultimo introduxit, cum non probandi episcopi concessionem invalidam sed reprobandi solummodo instrumentum facultas ei dudum fuerit reservata ; maxime cum infra prætaxati temporis spatium hoc proponere non curarit. His igitur et aliis quæ utraque pars proposuit intellectis, de fratrum nostrorum consilio sententiam prædictorum judicum approbantes, archipresbyterum sæpedictum super medietate omnium proventuum ecclesiæ Sancti Jacobi annuatim monasterio vestro reddenda sententialiter duximus condemnandum. Nulli ergo, etc., hanc paginam nostræ diffinitionis infringere, etc. Si quis autem, etc., *usque* incursurum.

Datum Laterani, xiii Kal. Januarii, pontificatus nostri anno duodecimo.

CXLVIII.
DECANO ATREBATENSI.
Respondetur ad ejus consulta.
(Laterani, Nonas Januarii.)

Cum quidam presbyteri Atrebatensis ecclesiæ altario ministrantes, orarium utrique humero imponendo, illud supra pectus in modum crucis disponant, publice proponentes quod qui aliter portant illud, excommunicationis sunt vinculo innodati, et tam ibidem quam in nonnullis ecclesiis in modum crucis orarium a presbyteris minime præparetur, quid in hac diversitate tenendum sit a nobis tua devotio requisivit. Super quo devotioni tuæ taliter duximus respondendum quod, licet inveniatur in concilio Bracarensi ut sacerdos de uno eodemque orario cervicem pariter et utrumque humerum premens, signum crucis in suo pectore præparet, et quis autem aliter egerit, excommunicationi debitæ sit subjectus, quia tamen juxta Ecclesiæ Romanæ consuetudinem aliter observatur, tam hoc quam illo modo potest orarium a presbyteris absque omni culpa disponi (94).

Datum Laterani, Non. Januarii, anno duodecimo.

CXLIX.
CAPITULO TULLENSI.
De electione episcopi.
(Laterani, Nonas Januarii.)

(95) Impetito dudum (Mahero) quondam vestro episcopo super dilapidatione atque perjurio et super eo etiam quod suspensus proponebatur divina officia celebrasse a Gaufrido Tullensi archidiacono coram nobis, venerabilibus fratribus nostris Cabilonensi et Catalaunensi episcopis et dilecto filio priori Clarevallensi sub certa forma commisimus causam ipsam (96) attestationes quasdam post litem in nostra præsentia super prædictis articulis legitime contestatam receptas eisdem transmittentes inclusas. Coram quibus postmodum partibus constitutis, iidem judices demum tam attestationes ipsas quam alias ab utraque parte receptas ab eis solemniter publicarunt; et licet ambæ partes a judicibus requisitæ se velle in testium personas objicere respondissent, testes tamen aliquos contra testes productos inducere neglexerunt, altercatione inter ipsos exorta utra illarum prius testes producere teneretur. Unde cum super hoc interlocutoriam postularent, judices eidem supersedentes negotio, illud ad nos instructum cum utriusque partis attestationibus remiserunt. Cumque propter hoc nuper tam magister Poncius procurator episcopi quam prædictus archidiaconus ad nostram præsentiam accessissent, quanquam procurator ipse dilationem ad reprobandos testes cum instantia postulasset, quia tamen episcopus coram judicibus memoratis id facere neglexerat sæpius requisitus, et per testes ipsius

fides fiebat non minima contra ipsum, petitioni ejusdem procuratoris non duximus annuendum. Attestationibus ergo diligenter inspectis, intelleximus supradicta, super quibus denuntiatus fuerat episcopus memoratus, sufficientissime fuisse probata. Unde venerabilis frater noster Hugolinus, Ostiensis episcopus, juxta Romanæ morem Ecclesiæ nobis et fratribus nostris in auditorio residentibus, eumdem episcopum per sententiam ab Ecclesia Tullensi prorsus amovit, dando vobis liberam facultatem alium eligendi. Quocirca præsentium vobis auctoritate mandamus quatenus convenientes in unum, sancti Spiritus gratia invocata, personam idoneam, quæ prodesse velit potius quam præesse, ac tanto congruat oneri et honori, eligatis vobis canonice in pastorem. Alioquin venerabili fratri nostro Catalaunensi episcopo et dilectis filiis de Insula Cisterciensis et Flabonimontis Præmonstratensi ordinum abbatibus Tullensis diœcesis nostris damus litteris in mandatis ut nisi infra quindecim dies post commonitionem vobis ab eis factam mandatum nostrum exsecuti fueritis per vos ipsos, ipsi vobis auctoritate nostra sublato cujuslibet appellationis obstaculo personam idoneam in episcopum præferre procurent, contradictores, si quos invenerint, vel rebelles per censuram ecclesiasticam compescendo.

Datum Laterani, Non. Januarii, pontificatus nostri anno duodecimo.

CL.
CATALAUNENSI EPISCOPO, ET DE INSULA CISTERCIENSIS ET FLABONIMONTIS PRÆMONSTRATENSIS ORDINUM ABBATIBUS TULLENSIS DIŒCESIS.
Ejusdem argumenti cum superiore.
(Laterani, Nonas Januarii.)

Impetito dudum... quondam Tullensi episcopo, etc., *ut in alia, usque* coram nobis, tibi, frater Catalaunensis, et venerabili fratri nostro Cabilonensi episcopis ac dilecto filio priori Clarevallensi sub certa forma commisimus causam ipsam, attestationes quasdam, etc., *usque* prorsus amovit, dando dilectis filiis capitulo Tullensi liberam facultatem alium eligendi. Quare per nostras litteras eisdem dedimus in præceptis ut convenientes in unum, etc., *ut in alia, usque* honori, eligant sibi canonice in pastorem. Quocirca discretioni vestræ per apostolica scripta mandamus quatenus nisi ipsi infra quindecim dies post commonitionem eis factam a vobis mandatum nostrum exsecuti fuerint per seipsos, vos eis auctoritate nostra sublato cujuslibet appellationis obstaculo personam idoneam præferre in episcopum procuretis, contradictores, si quos inveneritis, vel rebelles per censuram ecclesiasticam compescendo. Quod si non omnes, etc., tu, frater episcope, cum eorum altero ea nihilominus exsequaris.

Datum Laterani, Non. Januarii, anno duodecimo.

---

(94) Concil. Bracar. III, c. 4.
(95) Vide Richer. lib. III chron. Senon. cap. 1.
(96) Vide supra lib. v, epist. 13.

CLI.

JUDICIBUS, CONSULIBUS, ET UNIVERSO POPULO BENEVENTANO.

Eis confirmatur remissio fidantiarum.
(Laterani, 11 Idus Januarii.)

Solet annuere sedes apostolica piis votis et honestis petentium precibus favorem benevolum impertiri. Cum igitur imperator Henricus, dum ratione claræ memoriæ Constantiæ reginæ Siciliæ conjugis suæ regnum Siciliæ obtineret, tam vobis quam Ecclesiis et personis ecclesiasticis civitatis præstationes quasdam, quæ fidantiæ (97) vulgariter appellantur, remiserit, statuendo ut possessionibus omnibus quæ propter cessationem earum occupatæ fuerant restitutis, pascua vobis habere ac cædua incidere ligna liceret in suo demanio per dictam dimidiam in circuitu Beneventi, et charissimus in Christo filius noster Fredericus Siciliæ rex illustris, prædicti patris sui vestigiis inhærendo, eadem vobis nuper duxerit concedenda, prout in authenticis exinde confectis plenius continetur, nos vestris precibus inclinati concessionem ipsam, sicut pie ac provide facta est, auctoritate apostolica confirmamus et præsentis scripti patrocinio communimus. Nulli ergo, etc., hanc paginam nostræ confirmationis infringere vel ei, etc., *usque* incursurum.

Datum Laterani, 11 Idus Januarii, pontificatus nostri anno duodecimo.

CLII.

NARBONENSI ET ARELATENSI ARCHIEPISCOPIS.

De negotio comitis Tolosani.
(Laterani.)

Veniens ad præsentiam nostram nobilis vir R. Tolosanus comes sua nobis exposuit questione super processu legatorum nostrorum multipliciter aggravatum, et licet bonæ memoriæ magister Milo notarius noster gravia mandata eidem injunxerit (98), illa tamen pro magna parte se asserit implevisse, ad hoc quarumdam Ecclesiarum testimoniales litteras exhibendo in quibus continebatur expresse quod eisdem satisfecerat competenter, adjiciens se paratum ad ea quæ nondum impleverat sufficienter implenda. Unde a nobis suppliciter postulavit ut super fide catholica, de qua dudum, licet injuste, habitus est suspectus, indicta sibi purgatione legitima, in nostra præsentia ipsum purgari ac demum sua sibi castra restitui faceremus, ne sub præstitæ cautionis obtentu in perpetuum illa detineri contingat in ejus præjudicium et gravamen. Quamvis autem juxta obligationis ab eo præstitæ formam castra eadem asserantur ad jus et potestatem Romanæ Ecclesiæ devoluta, cum multa ex iis quæ sibi fuerant injuncta non curaverit adimplere, quia tamen non decet Ecclesiam cum aliena jactura ditari, nos eumdem comitem apostolica benignitate tractantes, de fratrum nostrorum consilio ita duximus providendum, ut propter hoc a prædictorum castrorum jure comes ipse non decidat, nec ei obstet quod quosdam subditorum suorum a jure ac servitio et debito fidelitatis absolvit si ea quæ injuncta fuerant non impleret, dum tamen adhuc devotus adimpleat quæ injuncta sibi esse noscuntur : cui ex eo quoque curavimus utiliter providere quod terram suam illæsam fecimus conservari ab exercitu Christiano qui ad expugnandum hæreticos de mandato nostro processit, et per eumdem adversarii ejus pene penitus sunt destructi. Quia vero inter cæteras causas quæ ad apostolicæ sedis magisterium referuntur, in illa est cum subtiliori examine ac maturiori providentia procedendum in qua de articulis agitur fidei Christianæ, legatis nostris duximus injungendum ut infra tres menses, postquam litteras nostras receperint, in competenti loco archiepiscoporum, episcoporum, abbatum, priorum, baronum, militum et aliorum etiam quorum præsentiam noverint opportunam (99), concilio convocato, si ante completum concilium contra præfatum comitem, quem interim ea quæ injuncta sibi sunt præcipimus adimplere, super deviatione fidei orthodoxæ ac nece sanctæ memoriæ Petri de Castronovo tunc apostolicæ sedis legati legitimus apparuerit accusator (100), ipsi, auditis utrinque propositis, usque ad sententiæ diffinitionem procedant, et remittentes ad nos causam sufficienter instructam, præfigant partibus terminum competentem quo nostro se conspectui repræsentent sententiam recepturæ : quod si accusator non apparuerit contra eum super articulis antedictis (101), ipsi consilio prudenti deliberent cum qualibus et qualiter idem comes legitime debeat se purgare, ut ubi orta est ejus infamia moriatur; et si purgationis formam ab ipsis cum concilii approbatione provisam dictus comes duxerit acceptandam, ipsi eam indicant eidem : in qua si forte defecerit, iidem, præfatis castris in sua potestate retentis, nobis rei seriem intimare procurent, idipsum facturi si forsan ex hujusmodi forma indicendæ sibi purgationis queratur injuste sibi imminere gravamen, et in utroque casu apostolicæ responsionis oraculum exspectetur; quod si legitime se purgaverit, sicut ab ipsis receperit in mandatis, ipsi eum virum catholicum publice nuntient, et super dicti legati nece penitus innocentem, supradicta castra plenarie restituentes eidem cum ea quæ sibi mandata fuerint ab ipso fuerint adimpleta ; recepta tamen super observatione pacis, ad quam se in perpetuum obligavit, alia idonea cautione ; proviso prudenter ne propter malitiosas et frivolas quæstiones mandati nostri valeat exsecutio impediri.

Datum Laterani, (102) pontificatus nostri anno duodecimo.

---

(97) Vide glossar. Dufresnii.
(98) Vide supra pag. 346.
(99) Vide lib. XVI, epist. 59.
(100) Vide lib. XI, epist. 26 et seqq.

(101) Vide hist. Albig. cap. 39.
(102) Deest in hoc loco adnotatio diei quo data est hæc epistola. Verum ex epistola CLXVIII videtur posse colligi istam datam fuisse VIII Kal. Februarii.

CLIII.

EPISCOPO REGENSI, ET MAGISTRO THEDISIO JANUENSI CANONICO.

Super eodem.

Veniens ad præsentiam nostram nobilis vir R. Tolosanus comes sua nobis exposuit questione se super processu vestro et aliorum legatorum nostrorum multipliciter aggravatum, et licet bonæ memoriæ magister Milo notarius noster, etc., *usque* fidei Christianæ, volumus et mandamus ut infra tres menses post susceptionem præsentium, etc., *usque* quorum præsentiam noveritis opportunam, concilio convocato, etc., *ut in alia usque* accusator, vos auditis utrinque propositis, etc., *usque* ad sententiæ calculum procedatis, et remittentes ad nos causam sufficienter instructam, præfigatis partibus terminum competentem, etc., *usque* articulis antedictis, vos prudenti deliberetis consilio cum qualibus et qualiter idem comes, etc., *usque* acceptandam, vos ipsam indicatis eidem : in qua si forte defecerit, vos, præfatis castris in vestra potestate retentis, nobis rei seriem intimetis, etc., *ut in alia in eumdem fere modum usque* mandati nostri valeat exsecutio impediri. Quod si non omnes, etc., duo vestrum sub lato cujuslibet contradictionis et appellationis obstaculo ea, etc.

CLIV.

NOBILI VIRO R. COMITI TOLOSANO.

Declarantur quidam articuli mandatorum Milonis.

(103) Super quibusdam mandatorum articulis tibi a bonæ memoriæ magistro Milone notario nostro tunc apostolicæ sedis legato factorum apud quosdam dubitatione suborta, tua devotio postulavit a nobis qui sint dicendi hæretici manifesti. Super quo tibi duximus respondendum illos in hoc casu intelligendos manifestos hæreticos qui contra fidem catholicam publice prædicant, aut profitentur seu defendunt errorem, vel qui coram prælatis suis convicti sunt vel confessi aut ab eis sententialiter condemnati super hæretica pravitate, quorum bona propria confiscentur, et ipsi juxta sanctiones legitimas puniantur. Præterea cum pedagia, guidagia et salnarias tibi legatus interdixerit memoratus, auctoritate præsentium duximus declarandum illa esse pedagia, salnarias, et guidagia interdicta quæ non apparent imperatorum vel regum ante Lateranense concilium largitione concessa, vel ex antiqua consuetudine a tempore cujus non exstat memoria introducta. Rursum cum ab eodem in mandatis acceperis ut de te conquerentibus secundum suum vel alterius legati seu judicis ordinarii vel etiam delegati arbitrium justitiam exhiberes, hoc taliter intelligendum esse censemus, ut in omni causa quæ ratione personarum vel rerum ad ecclesiasticum forum pertinet, ac super universis capitulis quæ pro pace servanda per jamdictum legatum statuta sunt, vel auctoritate apostolica statuenda, item viduis, pupillis, orphanis et personis miserabilibus tenearis in ecclesiastico judicio respondere. Volumus insuper ut ab ecclesiis et domibus religiosis albergarias vel procurationes nullatenus exigas, sicut in mandatis dignosceris recepisse : quas tu etiam liberalitate proprio remisisti. Item cum incastellatas ecclesias ad arbitrium diœcesanorum episcoporum diruere ac servare, si quas ipsi servandas duxerint, tenearis, volumus ut circa barones et milites alios qui aliquas incastellatas ecclesias detinent censura simili observetur. Præterea cum legatis nostris per alias litteras duxerimus injungendum ut, postquam universa compleveris quæ in eisdem litteris sunt expressa, super observatione pacis, ad quam in perpetuum observandam dignosceris obligatus, idoneam recipiant cautionem, eisdem etiam injungemus ut secundum modum et statum tuum talem a te cautionem recipiant qualem ab aliis magnatibus et baronibus juxta modum et statum suum duxerint exigendam.

Datum Laterani (104).

CLV.

Cum nobilis vir R. Tolosanus comes adversus quosdam injuriatores suos, qui tunc temporis cum excommunicationis erat vinculo innodatus ei damna gravia intulerunt, suam disponat prosequi rationem, præsentium vobis auctoritate mandamus quatenus eumdem agentem vel reconvenientem etiam per seipsum vel procuratorem suum libere admittatis in causis quarum ad vos spectat examen.

Datum Laterani, etc.

CLVI.

CISTERCIENSI ABBATI APOSTOLICÆ SEDIS LEGATO.

Ut absolvat cives Tolosanos a censuris.

(Laterani.)

Litteras tuas paterna benignitate recepimus, et quæ continebantur in eis inteleximus diligenter. Cum autem omnia Dei opera ipsum benedicere nos admoneant, ex his quæ ad honorem nominis sui noviter est per tuam sollicitudinem operatus, benedicere, laudare, ac superexaltare debemus eumdem, instantiæ tuæ laborem et laboris instantiam quam in exstirpatione pravitatis hæreticæ ac reformatione fraternæ pacis hactenus habuisti dignis in eo laudibus commendantes, qui per magnam misericordiam suam fecit ut tantus labor nequaquam infructuosus existeret, quinimo fructum, non solum tricesimum aut sexagesimum, verum etiam centesimum reportaret, reposita tibi corona justitiæ, quam reddet in illa die Dominus justus judex. Scimus equidem et veraciter confitemur quod ea quæ in hujus pietatis opere tu fecisti, tua specialiter bona sunt; quæ vero collegatorum religio seu devotio

---

(103) Cap. *Super quibusdam*, .e verbor. signific. Vide *Processus negotii Raymundi*, cap. 1, supra.

(104) In hoc loco deest adnotatio diei quo data est hæc epistola. Sed cum ea ejusdem ferme tenoris sit cum epistola CLXIX, illa vero data sit x Kal. Februarii, probabile est istam quoque eodem die fuisse scriptam.

signatorum peregit, bona tua sunt communiter et ipsorum, eo quod per gratiæ prævenientis et subsequentis auxilium initiorum tuorum æmulatoribus ipse qui cœperas tribuisti sanctæ consecutionis effectum. Specialiter autem eo quæ recolendæ memoriæ magister Milo notarius noster egit, manifestissimum tuæ perhibent testimonium sanctitati : qui cum ita in Ecclesiæ causa et proficiendo processerit et procedendo profecerit ut per hoc nullatenus ambigamus placuisse Domino vias ejus, tuam non diffitentur ipsius opera sapientiam, utpote qui ad ea viam sibi aperuisti et subministrasti doctrinam. Quapropter exemplo boni navigatoris, qui cum subito gubernaculis destituitur quibus navicula regebatur, ad omnia quæ potest regiminis argumenta confugit, tibi est sollicite providendum ut subito quasi casu boni regiminis adminiculo destitutus, navim inter imminentia circumquaque naufragia sub tuo regimine fluctuantem ita satagas per anchoram providentiæ tuæ regere, ne Dominicas merces in ipsa positas pelagi possit fremitus absorbere, considerando prudenter quod cum aliquem de ferentibus simul pondus deficere sub ipso contigerit, socius bonus statim, ne fascis corruat, humerum suum fortius ipsi suffigit, et tota plerumque fabrica, quæ diversis columnis regitur, una cadente, per aliam sustentatur. Cum ergo jam totum ædificii sancti pondus, quod super incœptionis tuæ fundamentis excrevit, tibi quasi columnæ unicæ innitatur, eoque per alterius subtractionem nutante ruinæ timor immineat, nisi humerus tuus ei fortiter se suffigat, discretionem tuam rogamus attentius et monemus, per apostolica tibi scripta in remissionem peccaminum injungentes quatenus caute proviso quod res est in articulo tali sita ut, si necessaria cautela non adsit, parta metuamus amittere, ne dum quærere alia confidamus, postpositis aliis tuis occupationibus universis quibus per alios intendere poteris opportune, ad loca legationis tuæ sine dilatione qualibet personaliter revertaris, et negotium pacis ac fidei tibi commissum una cum venerabili fratre nostro Regensi episcopo apostolicæ sedis legato studeas, sicut Dominus tibi dederit, efficaciter promovere. Cæterum, licet nobilem virum R. comitem Tolosanum ad sedem apostolicam accedentem ac omnimoda satisfactione promissa veniam humiliter postulantem curaverimus honorare, illud tamen quod impetravit a nobis datæ super hoc ei litteræ te poterunt edocere. Quia vero cautelam quam dudum in reconciliatione ipsius per præfatum notarium adhibuimus, et nunc etiam necessariam esse putamus, dilecto filio magistro Thedisio clerico et familiari quondam antedicti magistri, eo quod instructus est de negotio, et a multis ac bonis ei laudabile testimonium perhibetur quod ferventi zelo et ardenti animo idem negotium æmulatur, sollicitudinem super hoc duximus injungendam ; non utique quod ei legationis officium committamus (105), cum, etsi laudata sit satis ipsius bonitas, nobis tamen per experientiam non sit nota, sed ut tanquam delegatus quod eidem injungimus exsequatur ; ante omnia et in omnibus observato ut prorsus in verbo vel opere non procedat nisi quemadmodum et tu dictaveris procedendum, sed in proponendis gerat se velut organum, et in disponendis se tibi exhibeat instrumentum, in hamo sagacitatis tuæ positus quasi esca, ut per eam piscem capias fluctuantem, cui tanquam saluberrimam tuæ piscationis abhorrenti doctrinam quodam prudenti mansuetudinis artificio severitatis ferrum necessarium est abscondi, quatenus exemplo dicentis Apostoli : *Cum essem astutus, dolo vos cepi* (II Cor. XII), per hujusmodi sancti doli capiatur astutiam, et more languidi, cui mitigat amor medici potionis horrorem, per alterius manum patientius tuam accipiat medicinam. Præterea nolumus te latere quod nuntii Tolosanorum civium ad nostram præsentiam accedentes, super iis pro quibus censuram ecclesiasticam incurrerunt satisfactionem nobis omnimodam obtulere, quamplurium magnorum virorum litteras exhibendo pro ipsis rogantium et cum ipsis ut absolutionis beneficium eis impendere dignaremur. Unde volumus et mandamus ut, secundum quod in aliis litteris continetur expressum, necessaria cautione recepta, lata in eos sententia relaxetur, et injuncto eis quod secundum Deum videbitur expedire, si forsan illud neglexerint observare, non solum in priorem sententiam reducantur, verum etiam vehementius onus temporalis oppressionis inducatur in ipsos.

Datum Laterani, pontificatus nostri anno duodecimo.

CLVII.

ILLUSTRIBUS REGIBUS ET PRINCIPIBUS ET UNIVERSIS DEI FIDELIBUS REGNO DACIÆ CIRCUMPOSITIS CATHOLICAM SERVANTIBUS UNITATEM.

Rex Daniæ suscipitur sub protectione sedis apostolicæ.
(Laterani, III Kal. Februarii.)

(106) Quanto specialius regnum Daciæ ad Romanæ Ecclesiæ noscitur jurisdictionem spectare, tanto ad conservationem ejus propensiori studio debemus intendere ; quia non immerito multa reprehensione digni existere videremur, si quod est juris Romanæ Ecclesiæ pateremur imminui vel turbari. Inde est quod ad exemplar felicis recordationis Alexandri papæ prædecessoris nostri sub interminatione anathematis districtius inhibemus, ne quis præscriptum regnum invadere vel turbare præsumat, aut jura charissimi in Christo filii nostri illustris Danorum regis vel hæredum suorum minuere audeat, vel sibi quomodolibet usurpare. Si qui autem hujus nostræ prohibitionis transgressores exstiterint, indignationem nostram et Romanæ Ecclesiæ se noverint incursuros et anathematis jaculo feriendos.

---

(105) Hinc patet erratum esse in postrema editione Concilior. ubi t. XI, pag. 44, 54, 90, 96 Thedisius vocatur legatus apostolicus.

(106) Vide lib. XIII, epist. 65.

Datum Laterani, iii Kal. Februarii, pontificatus nostri anno duodecimo.

CLVIII.
BONO SENENSI EPISCOPO EJUSQUE SUCCESSORIBUS CANONICE SUBSTITUENDIS IN PERPETUUM.
De confirmatione privilegiorum.
(Laterani, iii Nonas Februarii.)

In eminenti sedis apostolicæ specula, licet immeriti, disponente Domino, constituti fratres nostros tam propinquos quam longe positos fraterna tenemur charitate diligere et Ecclesiis quibus Domino militare noscuntur suam dignitatem et justitiam conservare. Eapropter, venerabilis in Christo frater Bone episcope, tuis justis postulationibus clementer annuimus et præfatam Ecclesiam, in qua Deo auctore, præesse dignosceris, prædecessorum nostrorum felicis memoriæ Cœlestini, Eugenii, Anastasii, Adriani, Alexandri et Clementis Romanorum pontificum vestigiis inhærentes, sub beati Petri et nostra protectione suscipimus, et præsentis scripti privilegio communimus, statuentes ut ecclesiæ, xenodochia et castella cum omnibus bonis et possessionibus quæ inpræsentiarum juste Ecclesia tibi commissa et legitime possidet, aut in futurum concessione, etc., *usque* permaneant; in quibus hæc propriis duximus exprimenda vocabulis: Baptismales siquidem ecclesias cum prioratibus earum atque capellis quæ ad jurisdictionem Ecclesiæ tibi commissæ pertinere noscuntur, plebem videlicet Sanctæ Agnetis cum omnibus antiquis pertinentiis suis, plebem de Liliano, plebem de Lornano, plebem de Sciata, plebem Sancti Andreæ de Bozone, plebem Sancti Martini in Graina cum omni jure quod habes in eodem castello et in Villanova, plebem Sanctæ Christinæ de Liciano, plebem de Sparena, plebem Sancti Nazarii, plebem de Saturniano cum omni jure quod habes in ecclesia Sanctæ Mariæ quæ est in burgo Sancti Quirici in Ozenna et in circumadjacentibus locis, plebem de Oppiano, plebem de Ancaiano, plebem de Monte Codano, plebem Sancti Georgii in Valona, plebem Sancti Valentini, plebem de Coppiano, plebem Sanctæ Innocentiæ, plebem de Karli et Murlo, plebem de Creola, plebem Sanctæ Christinæ in Caio, plebem de Monte Alcino, ecclesiam Sanctæ Mariæ de burgo Sancti Quirici, Cascianum etiam, quod specialiter ad tuam gubernationem et providentiam pertinet, titulum Sancti Angeli de Tressa, plebem de Coartiano, plebem de Ricensa, plebem de Ruscia, plebem de Pentulina, plebem de Suvicelle, plebem de Folliano, plebem Sancti Justi in Casciano, plebem de Marmoraria, cum omnibus rebus et pertinentiis earum. Castellum de Porclano, castellum de Pognia, castellum de Monticlo, castellum de Furcule, castellum de Suvicelle, castellum de Murlo, castellum de Creola cum arce nominis ejusdem, castellum de Monteciano cum curte sua et omnibus eorum pertinentiis. Quod habes in castello Silvulæ. Quod habes in Montepiscino et in Valerano. Medietatem de silva et lacu de Verrano, medietatem de lacu et palude de Vaiano, quintam partem de Aquatico, quartam partem decimarum et oblationum in ecclesiis ad jus Senensis Ecclesiæ pertinentibus, quintam partem de Monte Acutulo, qui est super fluvium de Rusia, tertiam partem de castello et curte de Radi in episcopatu Vulterrano, quartam partem de castello et curte de Valle aspera in episcopatu Massanensi, cum omnibus pertinentiis partium supradictarum. Castella quoque et possessiones quæ a Tradulo filio Bernardi comitis tam in comitatu Senensi quam Vulterrano, Florentino, et Fesulano, Senensi ecclesiæ concessæ sunt. Illud quod dedit Adalasia de Bibiano, quod Rigettus filius Reinaldi dedit in Paterno putido, quod habes de hæreditate Rolandini Longobardi, possessiones quas habes in comitatu castelli Felicitatis, quod habes in castello de Strove et in Castellione, castella et possessiones omnes quas tu vel alius per te tenet in comitatu Senensi, Vulterrano, Florentino, Fesulano et Aretino. Ordinationes etiam ecclesiarum quæ sunt in tua jurisdictione constitutæ, sicut prædecessores tui eas habuerunt, et tu ipsas hactenus habuisti, devotioni tuæ auctoritate apostolica confirmamus. Decernimus ergo ut nulli omnino, etc., *usque* profutura. Salva nimirum per omnia apostolicæ sedis auctoritate. Si qua igitur in futurum ecclesiastica sæcularisve persona hanc nostræ constitutionis, etc., *usque* subjaceat. Cunctis autem eidem loco sua jura, etc., *usque* invenient. Amen.

Datum Laterani per manum Joannis Sanctæ Mariæ in Cosmidin diaconi cardinalis S. R. E. cancellarii iii Non. Februarii, indictione tertia decima, Incarnationis Dominicæ anno millesimo ducentesimo nono, pontificatus vero domini Innocentii papæ III anno duodecimo.

CLIX.
RANERIO PLEBANO PLEBIS DE LORNANO.
Suscipitur sub protectione sedis apostolicæ.
(Laterani, xiii Kal. Februarii.)

Cum a nobis petitur quod justum est et honestum, tam vigor æquitatis quam ordo exigit rationis ut id per sollicitudinem officii nostri ad debitum perducatur effectum. Eapropter, dilecte in Domino fili, tuis justis postulationibus grato concurrentes assensu, personam tuam cum omnibus bonis quæ inpræsentiarum rationabiliter possides, aut in futurum justis modis, præstante Domino, poteris adipisci, sub beati Petri et nostra protectione suscipimus. Specialiter autem concessionem parochiæ ac decimarum tibi pia liberalitate a venerabili fratre nostro Bono Senensi episcopo factam, sicut pie ac provide facta est, et in ipsius authentico plenius continetur, ac tu ea juste possides et quiete, tibi et per te plebi tuæ auctoritate apostolica confirmamus et præsentis scripti patrocinio communimus. Nulli ergo, etc., hanc paginam nostræ protectionis et confirmationis infringere vel ei, etc., *usque* incursurum.

Datum Laterani, xiii Kalend. Februarii, pontificatus nostri anno duodecimo.

CLX.
EIDEM.
Super eodem.
(Laterani, iv Kal. Februarii.)

Cum a nobis petitur, etc., *usque* effectum. Eapropter, dilecte in Domino fili, tuis precibus inclinati, personam tuam, etc., *usque* Specialiter autem ecclesiam Sanctæ Mariæ de Porghian cum pertinentiis suis, sicut eam juste possides et quiete, auctoritate tibi apostolica confirmamus et præsentis scripti patrocinio communimus. Nulli ergo omnino hominum liceat hanc paginam nostræ protectionis et confirmationis infringere vel ei, etc., *usque* incursurum.

Datum Laterani, iv Kalend. Februarii, anno duodecimo.

CLXI.
PRESBYTERO DIETAJUVÆ, RECTORI ECCLESIÆ SANCTI PAULI
De confirmatione privilegiorum.
(Datum ut in alia.)

Cum a nobis petitur, etc., *usque* effectum. Eapropter, dilecte in Domino fili, tuis justis postulationibus grato concurrentes assensu, personam tuam cum omnibus bonis quæ inpræsentiarum, etc., *usque* suscipimus. Specialiter autem concessionem ecclesiæ Sancti Pauli tibi pia liberalitate a venerabili fratre nostro Bono Senensi episcopo factam, sicut pie ac provide facta est, et in ipsius authentico plenius continetur, ac tu eam juste obtines et quiete, tibi auctoritate apostolica confirmamus et præsentis scripti patrocinio communimus. Nulli ergo, etc., hanc paginam nostræ protectionis et confirmationis infringere vel ei, etc., *usque* incursurum.

Datum ut in alia.

CLXII.
SPINELLO RECTORI ECCLESIÆ SANCTI GEORGII SENENSIS.
Confirmatur sententia episcopi Senensis.
(Laterani, iii Non. Februarii.)

Cum a nobis petitur, etc., *usque* effectum. Eapropter dilecte in Domino fili, tuis justis postulationibus gratum impertientes assensum, diffinitivam sententiam quam venerabilis frater noster Bonus episcopus Senensis pro ecclesia Sancti Nicolai de Maiano contra populum ipsius Ecclesiæ super parochiali jure ac aliis controversiis exigente justitia promulgavit, sicut est justa nec legitima provocatione suspensa, et in instrumento publico confecto exinde plenius continetur, auctoritate apostolica confirmamus et præsentis scripti patrocinio communimus. Nulli ergo, etc., hanc paginam nostræ confirmationis infringere vel ei, etc., *usque* incursurum.

Datum Laterani, iii Non. Februari, etc.

CLXIII.
EIDEM.
Ejusdem argumenti.
Laterani, iii Non. Februarii.

Cum a nobis petitur, etc., *usque* tuis justis postulationibus gratum impertientes assensum, diffinitivam sententiam quam venerabilis frater noster Bonus Senensis episcopus pro ecclesia Sancti Georgii Senensis contra ecclesiam Sancti Angeli de Monton super quibusdam domibus, sepulturis, et rebus aliis exigente justitia promulgavit, sicut est justa nec legitima provocatione suspensa, et in instrumento confecto exinde plenius continetur, auctoritate apostolica confirmamus et præsentis scripti patrocinio communimus. Nulli ergo, etc., hanc paginam nostræ confirmationis, etc., *usque* incursurum.

Datum Laterani, iii Non. Februarii, pontificatus nostri anno duodecimo.

CLXIV.
GUIDONI RECTORI ECCLESIÆ SANCTI MATTHÆI SENENSIS
De confirmatione privilegiorum.
(Laterani, iv Kal. Februarii.)

Solet annuere sedes apostolica piis votis et honestis petentium precibus favorem benevolum impertiri. Eapropter, dilecte in Domino fili, tuis justis precibus inclinati, personam tuam et ecclesiam Sancti Matthæi Senensis, in qua divino es obsequio mancipatus, cum omnibus bonis tam ecclesiasticis quam mundanis quæ inpræsentiarum eadem ecclesia rationabiliter possidet, aut in futurum justis modis præstante Domino, poterit adipisci, sub beati Petri et nostra protectione suscipimus. Specialiter autem libertatem quam venerabilis frater noster Bonus Senensis episcopus eidem ecclesiæ provida deliberatione concessit, sicut in authentico confecto exinde plenius continetur, tibi et per te ipsi Ecclesiæ auctoritate apostolica confirmamus et præsentis scripti patrocinio communimus. Nulli ergo, etc., hanc paginam nostræ confirmationis infringere vel ei, etc., *usque* incursurum.

Datum Laterani, iv Kalend. Februarii, anno duodecimo.

CLXV.
JOANNI RECTORI ECCLESIÆ SANCTI ANDREÆ SENENSIS.
Ei confirmatur collatio ipsius Ecclesiæ.
(Laterani, iv Kal. Februari.)

Justis petentium desideriis dignum est nos facilem præbere consensum, et vota quæ a rationis tramite non discordant effectu prosequente complere. Eapropter, dilecte in Domino fili, tuis justis precibus inclinati, concessionem parochiæ tibi et ecclesiæ Sancti Andreæ Senensis pia liberalitate a venerabili fratre nostro Bono Senensi episcopo factam, sicut pie ac provide facta est, et in ipsius authentico continetur, ac eadem ecclesia eam juste obtinet et quiete, tibi et per te ipsi Ecclesiæ auctoritate apostolica confirmamus et præsentis scripti patrocinio communimus. Nulli ergo, etc., hanc paginam nostræ confirmationis infringere vel ei, etc., *usque* incursurum.

Datum Laterani, IV Kal. Februarii, pontificatus nostri anno duodecimo.

CLXVI.
PRIORI MONASTERII DE HIKELINGE, EJUSQUE FRATRIBUS TAM PRÆSENTIBUS QUAM FUTURIS REGULAREM VITAM PROFESSIS IN PERPETUUM.

De confirmatione privilegiorum
(Laterani, III Non. Februarii.)

Religiosam vitam eligentibus apostolicum convenit adesse præsidium, ne forte cujuslibet temeritatis incursus aut eos a proposito revocet, aut robur, quod absit! sacræ religionis infringat. Eapropter, dilecti in Domino filii, vestris justis postulationibus clementer annuimus, et monasterium sanctæ Dei genitricis et Virginis Mariæ Sanctique Augustini de Hikelinge, in quo divino mancipati estis obsequio, sub beati Petri et nostra protectione suscipimus et præsentis scripti privilegio communimus. In primis siquidem statuentes ut ordo canonicus, qui secundum Deum et Beati Augustini regulam in eodem monasterio institutus esse dignoscitur, perpetuis ibidem temporibus inviolabiliter observetur. Præterea quascunque possessiones, quæcunque bona idem monasterium inpræsentiarum juste ac canonice possidet, aut in futurum concessione pontificum, largitione regum vel principum, oblatione fidelium, seu aliis justis modis, præstante Domino, poteritis adipisci, firma vobis vestrisque successoribus et illibata permaneant : in quibus hæc propriis duximus exprimenda vocabulis : Locum ipsum in quo præfatum monasterium situm est cum omnibus pertinentiis suis, parochialem ecclesiam Omnium Sanctorum de Hikelinge, cum capella beatæ Mariæ et omnibus pertinentiis suis, ecclesiam Sanctæ Mariæ et capellam Sancti Andreæ de Perham cum pertinentiis suis, ecclesiam et capellam Omnium Sanctorum de Hachetun cum pertinentiis suis, ecclesiam de Hannewirche cum pertinentiis suis et decimis de Ructon, jus quod habetis in ecclesia Sancti Joannis Baptistæ de Wastonesham, jus quod habetis in ecclesia Sanctæ Margaritæ Norwicensis sita in Westwic, jus patronatus ecclesiæ Sanctæ Margaritæ de Palinge, totam terram quam habetis de feudo de Palinge et de Wastonesham, terras et redditus quos habetis in civitate Norwicensi, terras et redditus quos habetis in villa de Gernemue, et annuum redditum quatuordecim marcarum quas ex dono quondam Hamonis de Valenis debent vobis monachi de Gerwalle nomine villæ de Rocwic. Sane novalium vestrorum quæ propriis manibus vel sumptibus colitis, sive de vestrorum animalium nutrimentis, nullus a vobis decimas exigere vel extorquere præsumat. Liceat quoque vobis clericos vel laicos et absolutos e sæculo fugientes ad conversionem recipere et eos absque contradictione aliqua retinere. Prohibemus insuper ut nulli fratrum post factam in monasterio vestro professionem fas sit sine prioris sui licentia de eodem loco discedere. Discedentem vero absque communium litterarum vestrarum cautione nullus audeat retinere. Cum autem generale interdictum terræ fuerit, liceat vobis clausis januis, exclusis excommunicatis et interdictis, non pulsatis campanis suppressa voce divina officia celebrare. Auctoritate quoque apostolica prohibemus ut nullus in vos vel monasterium vestrum excommunicationis vel interdicti sententias sine manifesta et rationabili causa promulgare, seu novis et indebitis exactionibus vos aggravare præsumat. Chrisma vero, oleum sanctum, consecrationes altarium seu basilicarum, ordinationes clericorum qui ad sacros ordines fuerint promovendi, a diœcesano suscipietis episcopo; siquidem Catholicus fuerit et gratiam et communionem sacrosanctæ Romanæ sedis habuerit, et ea vobis voluerit sine pravitate aliqua exhibere. In parochialibus vero ecclesiis, quas habetis, liceat vobis sacerdotes eligere et diœcesano episcopo præsentare ; quibus, si idonei fuerint episcopus curam animarum committat, ut ei de spiritualibus, vobis vero de temporalibus debeant respondere. Sepulturam quoque ipsius loci liberam esse decernimus, ut eorum devotioni et extremæ voluntati qui illic sepeliri deliberaverint, nisi forte excommunicati vel interdicti sint, nullus obsistat. Salva tamen justitia illarum ecclesiarum a quibus mortuorum corpora assumuntur. Obeunte vero te nunc ejusdem loci priore vel tuorum quolibet successorum, nullus ibi qualibet subreptionis astutia seu violentia præponatur nisi quem fratres communi consensu vel fratrum major pars consilii sanioris secundum Deum et beati Augustini regulam providerint eligendum. Libertates præterea et immunitates antiquas et rationabiles consuetudines Ecclesiæ vestræ concessas et hactenus observatas ratas habemus, et eas perpetuis temporibus illibatas permanere sancimus. Paci quoque et tranquillitati vestræ paterna in posterum sollicitudine providere volentes, auctoritate apostolica prohibemus ut infra clausuras locorum seu grangiarum vestrarum nullus rapinam seu furtum facere, ignem apponere, sanguinem fundere, hominem temere capere vel interficere, seu violentiam audeat exercere. Decernimus ergo ut nulli omnino hominum liceat præfatum monasterium temere perturbare, aut ejus possessiones auferre, vel ablatas retinere, minuere, seu quibuslibet vexationibus fatigare, sed omnia integra conserventur eorum, pro quorum gubernatione ac sustentatione concessa sunt, usibus omnimodis profutura, salva sedis apostolicæ auctoritate et diœcesani episcopi canonica justitia. Si qua igitur in futurum ecclesiastica sæcularisve persona, etc., *usque* subjaceat ultioni. Cunctis autem eidem loco sua jura servantibus, etc., *usque* præmia æternæ pacis inveniant.

Datum Laterani, per manum Joannis Sanctæ Mariæ in Cosmidin diaconi cardinalis S. R. E. cancellarii ut

Non. Februarii, indictione xiii, incarnationis Dominicæ anno 1209, pontificatus vero domini Innocentii papæ III anno duodecimo.

CLXVII

PRIORISSÆ AC MONIALIBUS DE CAMPESSEIA

Ejusdem argumenti.

(Laterani, ii Non. Februarii.)

Justis petentium desideriis dignum est nos facilem præbere consensum, et vota quæ a rationis tramite non discordant effectu prosequente complere. Eapropter, dilectæ in Christo filiæ, vestris justis postulationibus grato concurrentes assensu, personas vestras et locum in quo divino estis obsequio mancipatæ, cum omnibus bonis quæ inpræsentiarum rationabiliter possidet, aut in futurum justis modis præstante Domino, poterit adipisci, sub beati Petri et nostra protectione suscipimus. Specialiter autem terras, possessiones, et alia bona vestra, sicut ea omnia juste ac pacifice possidetis, vobis et per vos eidem loco auctoritate apostolica confirmamus et præsentis scripti patrocinio communimus. Nulli ergo, etc., hanc paginam nostræ protectionis et confirmationis infringere vel ei, etc., *usque* incursurum.

Datum Laterani, ii Non. Februarii, pontificatus nostri anno duodecimo.

CLXVIII

AGENNENSI EPISCOPO.

Super facto comitis Tolosani.

(Laterani, viii Kal. Februarii.)

Veniens ad præsentiam nostram nobilis vir R. comes Tolosanus sua nobis exposuit quæstione se super processu legatorum nostrorum multipliciter aggravatum, et licet bonæ memoriæ magister Milo notarius noster gravia mandata eidem injunxerit, etc., *sicut in alia, per totum, quæ scripta est in tertio tomo* (107) *folio supra usque in finem.*

Datum Laterani, viii Kal. Februarii, pontificatus nostri anno duodecimo.

CLXIX

EIDEM.

Qui sint dicendi hæretici.

(Laterani, x Kal. Februarii.)

Super quibusdam mandatorum articulis dilecto filio nobili viro R. comiti Tolosano a bonæ memoriæ magistro Milone notario nostro tunc apostolicæ sedis legato factorum apud quosdam dubitatione suborta, ipsius comitis devotio postulavit a nobis qui sint dicendi hæretici manifesti; super quo eidem duximus respondendum, etc., *sicut continetur in alia supra in eodem tertio folio usque* puniantur. (108) Præterea cum pedagia, guidagia, et salnarias ipsi comiti legatus interdixerit memoratus, auctoritate litterarum nostrarum duximus declarandum, etc., *ut in ipsa usque* introducta. Rursum cum præfatus comes ab eodem notario receperit in mandatis, etc., *ut in alia, usque* justitiam exhiberet, hoc, ta-

(107) id est, epist. 152 hujus libri.
(108) Id est, epist. 154 oujus libri.

liter intelligendum esse sensimus, etc., *usque* personis miserabilibus teneatur in ecclesiastico judicio respondere. Volumus insuper, etc., *in eumdem fere modum ut in alia, usque in finem.*

Datum Laterani, x Kal. Februarii, pontificatus nostri anno duodecimo.

CLXX

ARCHIEPISCOPO, ET SANCTI ANDREÆ ET SANCTI SEVERINI DECANIS BURDEGALENSIBUS.

Scribitur ei pro episcopo Agennensi.

(Laterani, iv Non. Februarii.)

(109) Cum esset dilectus filius nobilis vir R. comes Tolosanus in nostra præsentia constitutus, venerabilis frater noster Agennensis episcopus adversus eum proposuit quæstionem quod ab ipso ac suis ecclesiis albergarias et procurationes indebitas exigebat. Quia igitur idem comes illas, sicut a bonæ memoriæ magistro Milone notario nostro apostolicæ sedis legato in mandatis dignoscitur recepisse, propria liberalitate remisit, nos remissionem hujusmodi approbantes, auctoritate litterarum nostrarum duximus inhibendum ne quis eumdem episcopum aut suas ecclesias super albergariis et procurationibus hujuscemodi molestare præsumat, sed ipse pariter et successores sui perpetuo earum immunitate lætentur. Quocirca discretioni vestræ per apostolica scripta mandamus quatenus si præfatus comes contra prohibitionem nostram super hoc eumdem episcopum aut suas ecclesias molestaverit, præsumptionem ejus per censuram ecclesiasticam appellatione postposita compescatis. Quod si non omnes, etc., tu, frater archiepiscope, cum eorum altero, etc.

Datum Laterani, iv Non. Februarii, anno duodecimo.

CLXXI

EISDEM.

De eadem re.

(Laterani, ii Non. Februarii.)

Cum esset dilectus filius nobilis vir R. comes Tolosanus in nostra præsentia constitutus, venerabilis frater noster Agennensis episcopus est conquestus quod tam ipse quam nobilis mulier uxor ejus in villa Marmanda et in Villafranca nec non etiam aliis locis diœcesis Agennensis nova passagia extorquebat. Quia igitur idem comes ab hujusmodi passagiorum extorsione desistere se promisit, discretioni vestræ per apostolica scripta mandamus quatenus si forte, quod non credimus, idem comes in memoratis locis contra Lateranensis statuta concilii passagia præsumpserit extorquere, præsumptionem hujusmodi per censuram ecclesiasticam appellatione postposita compescatis. Quod si non omnes, etc., tu ea, frater archiepiscope, etc.

Datum Laterani, ii Non. Februarii, anno duodecimo.

(109) Vide infra epist. 175.

CLXXII.

EPISCOPO VASATENSI, ET PRIORI SANCTI MACHARII ET ARCHIDIACONO VESALMENSI BURDEGALENSIS ET AGENNENSIS DIOECESUM.

Ut hæretici priventur terris quas tenent ab Ecclesia.
(Laterani, v Kal. Februarii.)

Cum manifestis hæreticis a diœcesi Agennensi divina providentia depulsis, quidam credentes et fautores eorum latitent in eadem ecclesiarum et ecclesiasticorum virorum molestationibus insistentes, sicut venerabilis frater noster Agennensis episcopus proposuit coram nobis, præsentium vobis auctoritate mandamus quatenus eis qui legitime convicti fuerint super hujusmodi pravitate feodis, possessionibus, et bonis aliis quæ ab ecclesiis detinent spoliatis, eadem ad jus et potestatem ecclesiarum ad quas pertinent devolvantur, pœnam consimilem ecclesiarum agricolis et hominibus infligentes qui convicti fuerint super hæretica pravitate. Quod si non omnes, etc., tu, frater episcope, cum eorum altero, etc.

Datum Laterani, v Kal. Februarii, pontificatus nostri anno duodecimo.

CLXXIII.

AGENNENSI EPISCOPO.

Ejusdem argumenti cum epistola 170.
(Laterani, IV Non. Februarii.)

Cum esset dilectus filius nobilis vir R. comes Tolosanus in nostra præsentia constitutus, adversus eum proposuisti querelam quod a te ac tuis ecclesiis albergarias et procurationes indebitas exigebat. Quia igitur ipse illas, sicut a bonæ memoriæ magistro Milone notario nostro, apostolicæ sedis legato, in mandatis dignoscitur recepisse, propria liberalitate remisit, nos remissionem hujusmodi approbantes, auctoritate præsentium inhibemus ne quis te aut ecclesias tuas super albergariis et procurationibus hujuscemodi molestare præsumat, sed tu pariter et successores tui earum immunitate perpetuo gaudeatis. Nulli ergo omnino hominum liceat hanc paginam nostræ inhibitionis infringere, etc., *usque* incursurum.

Datum Laterani, IV Non. Februarii, pontificatus nostri anno duodecimo.

CLXXIV.

CAPITULO ECCLESIÆ SANCTI CAPRASII AGENNENSIS.

Super eodem.
(Laterani, IV Non. Februarii.)

Cum esset dilectus filius nobilis vir R. comes Tolosanus in nostra præsentia constitutus, Stephanus canonicus et procurator vester adversus eum proposuit quæstionem quod ab ecclesia vestra albergarias et procurationes indebitas exigebat. Quia igitur, etc., *in eumdem fere modum ut in alia, usque* incursurum.

Datum Laterani, IV Non. Februarii, pontificatus nostri anno duodecimo.

CLXXV.

CAPITULO ECCLESIÆ DE MANSO.

Super eodem.
(Laterani, II Non. Februarii.)

Cum esset dilectus filius nobilis vir R. comes Tolosanus in nostra præsentia constitutus, adversus eum venerabilis frater noster Agennensis episcopus procurator vester proposuit quæstionem quod a vobis albergarias et procurationes indebitas exigebat. Quia igitur ipse illas, sicut a bonæ memoriæ magistro Milone notario nostro, apostolicæ sedis legato, in mandatis dignoscitur recepisse, propria liberalitate remisit, nos remissionem hujusmodi approbantes, auctoritate præsentium inhibemus ne quis vos super albergariis et procurationibus hujuscemodi molestare præsumat, sed vos pariter et successores vestri earum immunitate perpetuo gaudeatis. Nulli ergo omnino hominum liceat hanc paginam nostræ inhibitionis infringere vel ei, etc., *usque* incursurum.

Datum Laterani, XI Non. Februarii, anno duodecimo.

CLXXVI.

PRIORI MEDICINI CLUNIACENSIS ORDINIS.

Super eodem.
(Laterani, Non. Februarii.)

Cum esset dilectus filius nobilis vir R. comes Tolosanus in nostra præsentia constitutus, adversus eum P. monachus procurator tuus proposuit quæstionem quod a te albergarias et procurationes indebitas exigebat. Quia igitur ipse illas, etc., *in eumdem fere modum ut in alia, usque* incursurum.

Datum Laterani, Non. Februarii, anno duodecimo.

CLXXVII.

EPISCOPO ET S. DE AUNES ARCHIDIACONO OSCENSIBUS, ET DECANO TIRASONENSI.

De electione episcopi Pampilonensis.
(Laterani, III Idus Februarii.)

Cum olim tam contra illegitimum processum electionis venerabilis fratris nostri Pampilonensis episcopi quam etiam contra personam ipsius, qui de Simoniaca pravitate, dilapidatione, lapsu carnis, et quibusdam aliis excessibus culpabilis dicebatur, multa fuissent nostris auribus intimata, venerabili fratri nostro Aquensi episcopo et dilectis filiis abbati de Oliva Pampilonensis diœcesis et R. de Luco archidiacono Bajonensi dedimus in præceptis ut ad Pampilonensem Ecclesiam accedentes, tam super præmissis quam aliis proponendis sive contra episcopum sive pro defensione ipsius inquirerent diligentius veritatem, et quæ invenirent fideliter redigentes in scriptis, ad nos sub sigillis propriis destinarent. Qui juxta mandatum nostrum veritatem super propositis inquirentes, depositiones ipsorum per quos inquisitio facta fuit ad nostram transmiserunt præsentiam consignatas. Nuper autem Hel. procuratore dicti episcopi et S. Pampilonensi canonico propter hoc apud sedem apostolicam constitutis, procurator ipse duodecim ex testibus introductis, scilicet G. de Leotz et.. Roscidæ vallis priores, L. de Tafalia et S. de Lios archidiaconos, P. de Navas cantorem, et A. de Ponte, P. de Leoz, P. de Andrequiam, J. Lupi, J. Martini, S. Petri, et Garsiam canonicos Pampilonenses, proposuit repellendos, utpote conspiratores et criminosos ac inimicos episcopi capitales : quod se tempore opportuno asseruit probaturum, adjungens episcopum ipsum super præmissis omnibus præmonitum non fuisse. Verum parte altera respondente quod per testes alios, in quos procurator ipse nihil objecerat, quæ contra episcopum proposita fuerant probabantur, depositiones easdem publicari fecimus et inspici diligenter. Sed idem S. postmodum requisitus a nobis an illorum depositionibus quibus nihil opponebatur vellet esse contentus, respondit male decisionem negotii prorogari quam depositionibus illorum non uti in quos prædicta objecerat procurator, per quas utique quæ fuerant objecta episcopo evidentius asserebat esse probata. Nos igitur de utriusque partis assensu idem negotium sub hac forma vobis duximus committendum, attestationes easdem sub bulla nostra vobis transmittentes inclusas, ut nisi prædicti duodecim testes ab episcopo fuerint legitime reprobati, vos depositionibus omnium, vel si aliqui forsitan reprobati fuerint, residuorum dictis diligenter inspectis, si ea quæ objecta fuerint episcopo memorato vel eorum aliquod quod sufficiat ad condemnationem ipsius probata legitime fuerint, vos eumdem sublato appellationis obstaculo a Pampilonensi Ecclesia removere curetis, facientes eidem de persona idonea per electionem canonicam provideri, contradictores per censuram ecclesiasticam compellendo. Quod si nihil probatum fuerit quod sufficiat ad condemnationem episcopi memorati, vos ab impetitione præfati canonici absolvatis eumdem. Quia vero nobis est aliquatenus de dilapidatione suspectus, volumus et mandamus ut circa temporalium administrationem dilectos filios majorem priorem, R. archidiaconum de Longuida, et A. de Ponte canonicum Pampilonensem coadjutores interim assignetis eidem, sine quibus de bonis episcopalibus disponere nihil possit, et ipsi sibi circa distractionem eorum nullum præsumant adhibere consensum. Quod si alterutra partium maluerit per nostram sententiam negotium diffiniri, vos ipsum sufficienter instructum ad nostram præsentiam remittatis, præfigentes partibus terminum competentem quo nostro se conspectui repræsentent recepturæ a nobis, dante Domino, judicium æquitatis. Quod si non omnes, etc., tu ea, frater episcope, cum eorum altero, etc.

Datum Laterani, iii Idus Februarii, pontificatus nostri anno duodecimo.

APPENDIX LIBRI DUODECIMI.

CLXXVIII.
EPISCOPO REGENSI, CISTERCIENSI ABBATI, ET MAGISTRO MILONI, APOSTOLICÆ SEDIS LEGATIS.

Eis committitur tutela civium Montispessulani.
(Laterani, Kalendis Martii.)

Quanto Montispessulani homines nunc et hactenus sese mundos conservasse noscuntur et nobis et apostolicæ sedi se semper exhibuere devotos, tanto nos decet sollicitius providere ne per alicujus pravæ suggestionis astutiam ab his qui orthodoxæ fidei zelo succensi ad expugnandos hæreticos se accingunt quidquam injuriæ patiantur. Quapropter discretioni vestræ per apostolica scripta mandamus quatenus homines memoratos et terram eorum, tanquam viros Catholicos et Ecclesiæ Romanæ devotos, in quibus expedit confovendo, non permittatis eos a fideli exercitu signatorum in aliquo contra justitiam molestari.

Datum Laterani, Kalendis Martii, pontificatus nostri anno duodecimo.

CLXIX.
MICHAELI ABBATI SANCTI MICHAELIS DE VERRUCA, EJUSQUE FRATRIBUS TAM PRÆSENTIBUS QUAM FUTURIS REGULAREM VITAM PROFESSIS IN PERPETUUM.

De confirmatione privilegiorum.
(Viterbii, vii Idus Junii.)

Cum omnibus ecclesiis et personis ecclesiasticis debitores ex apostolicæ sedis auctoritate existamus, illis tamen attentius providere non convenit, et eas a pravorum incursibus hominum defensando arctiori debemus charitate diligere quas beato Petro et sanctæ Romanæ Ecclesiæ non est dubium specialius adhærere et tanquam jure proprio subjectas esse. Eapropter, dilecti in Domino filii, vestris justis postulationibus clementer annuimus, et beatæ Mariæ semper virginis ac sancti Michaelis monasterium, in quo divino mancipati estis obsequio, ad exemplar prædecessorum nostrorum felicis recordationis Paschalis, Innocentii, Eugenii, Adriani, Urbani et Clementis Romanorum pontificum sub beati Petri et nostra protectione suscipimus et præsentis scripti privilegio communimus, statuentes ut idem cœnobium et monachi ad ipsum pertinentes ab omni sæcularis servitii sint infestatione securi, omnique mundanæ oppressionis gravamine liberi in sanctæ religionis observantia, Domino cooperante, persistant, nec ulli alii nisi Romanæ atque apostolicæ sedi, cujus juris est locus ipse, aliqua teneantur occasione subjecti. Præterea quæcunque bona, quæcunque possessiones a bonæ memoriæ Hugone duce atque marchione ipsius cœnobii fundatore seu ab aliis Dei fidelibus eidem loco pro animarum suarum remedio sunt collatæ, universa etiam quæ inpræsentiarum idem cœnobium juste et canonice possidet, aut in futurum concessione pontificum, largitione regum vel principum, oblatione fidelium, seu aliis justis modis, præstante Domino, poterit adipisci, cum omnibus decimis tam dominicatuum quam earum rerum quas coloni possident, duntaxat ex proprio jure, sicut eas a quadraginta retro annis præfatum monasterium quiete et inconcusse habuisse dignoscitur, firma vobis vestrisque successoribus et illibata permaneant. In quibus hæc propriis duximus exprimenda vocabulis : Locum ipsum in quo præfatum monasterium situm est cum omnibus pertinentiis suis, ecclesiam Sancti Nicolai secus muros Pisanæ civitatis, cum cœmeterio, parochia et oblationibus, cæterisque ad eam pertinentibus, ecclesiam Sancti Leonardi positam in Pratuscello, salvo jure Pisanæ Ecclesiæ, hospitale Sancti Nicolai juxta eamdem ecclesiam Sancti Leonardi positum, ecclesiam Sanctæ Vivianæ juxta fluvium Serchi, ecclesiam Sanctæ Mariæ in Monticulo, ecclesiam Sanctæ Mariæ de Ponticulo super fluvium Arni, ecclesiam Sancti Christophori in pede montis, ecclesiam Sancti Laurentii in silva longa montis, ecclesiam Sancti Hilarii in silva longa, capellam sancti Petri in valle, capellam Sancti Bartholomæi de Gucciano, patronatum ecclesiæ Sancti Petri a Farneti, quidquid juris habetis in ecclesia Sancti Martini de Crespignano, villam de Montemagno, Callare de stagno quod dicitur Bordone, et quidquid inpræsentiarum loco vestro pertinere cognoscitur in Vico, in Beviti, in Selcia, in Cintoria, in Blentina, in Monticulo, in territorio, in vada, in collinis, in aqua viva, in Caprona, in Crispignano, in Macagio, in Sambra, in Grecciano. Placitum quoque de villa de Montemagno et de Bethano, et totum placitum quod habetis a Calci, a Caprona usque ad Ceule, tibi tuisque successoribus regularibus regendum, disponendum, possidendumque firmamus. Pratum quoque Vicalterii, et id quod bonæ memoriæ Baldus quondam Pisanus archiepiscopus vestro monasterio in concambium noscitur tradidisse, nos vobis auctoritate apostolica confirmamus, ita quod nullus archiepiscopus vel aliqua persona super his deinceps vos molestare præsumat, salvo super decimis moderamine concilii generalis. Liceat quoque vobis clericos vel laicos liberos et absolutos a sæculo fugientes recipere et eos sine contradictione aliqua in vestro collegio retinere. Prohibemus ne ulli fratrum vestrorum post factam in eodem loco professionem, nisi arctioris religionis obtentu, sit fas sine abbatis sui licentia de eodem loco discedere. Discedentem vero absque communium litterarum cautione nullus audeat retinere. Cum autem generale interdictum terræ fuerit, liceat vobis januis clausis, non pulsatis campanis, exclusis excommunicatis et interdictis, suppressa voce, dummodo causam non dederitis interdicto, divina officia celebrare. Chrisma vero, oleum sanctum, etc., *usque* Catholico suscipietis episcopo. Ad hæc adjicimus ut nulli episcoporum facultas sit prædicti cœnobii et ejusdem ecclesiarum monachos et conversos seu familiam regulari professioni obnoxiam, quæ intra ipsam Verrucæ arcem ad monasterii custodiam commorantur, interdicto vel excommunicationi subjacere ; siquidem in debita sanctæ Romanæ Ecclesiæ fidelitate persistant. Prohibemus etiam ne ullus in dicta ecclesia Sancti Michaelis et Sanctæ Mariæ aut ejus officinis aliquam violentiam audeat exercere. Sepulturam quoque ipsius loci liberam esse decernimus, ut eorum devotioni et extremæ voluntati qui se illic sepeliri voluerint, nisi forte excommunicati vel interdicti sint aut etiam publici usurarii, nullus obsistat, salva tamen justitia illarum ecclesiarum a quibus mortuorum corpora assumuntur. Obeunte vero te, etc., *usque* vel fratrum major pars consilii sanioris secundum Dei timorem et beati Benedicti Regulam, sive de suo, aut de alieno, si opportunum fuerit, collegio providerint eligendum. Electus autem ad sedem apostolicam benedicendus accedat. Decernimus ergo ut nulli omnino hominum liceat præfatam ecclesiam seu monasterium temere perturbare, etc., *usque* profutura, salva sedis apostolicæ auctoritate et in supradictis ecclesiis diœcesanorum episcoporum canonica justitia. Ad indicium autem hujus a sede apostolica perceptæ libertatis, et quod idem cœnobium beati Petri juris existit, nobis nostrisque successoribus duos aureos annis singulis persolvetis. Si qua igitur in futurum ecclesiastica, etc., *usque* subjaceat. Cunctis autem eidem loco, etc., *usque* inveniant. Amen.

Datum Viterbii per manum Joannis Sanctæ Mariæ in Cosmidin diaconi cardinalis S. R. E. cancellarii, vii Idus Junii, indictione xii, Incarnationis Dominicæ anno 1209, pontificatus vero domini Innocentii papæ III anno duodecimo.

CLXXX.

DILECTIS FILIIS DOCTORIBUS ET UNIVERSIS SCHOLARIBUS PARISIENSIBUS.

Confirmat eorum statuta.

(Anagniæ, iv Non. Julii.)

Quoties pro communi utilitate aliqua statuuntur per quæ paci ac tranquillitati consultum ac publicæ honestatis et honoris procuratur augmentum, conveniens est et decens ut eadem ab omnibus irrefragabiliter observentur. Cum igitur, sicut accepimus, quidam ex vobis ad tractanda negotia universitatis vestræ communiter deputati statuta et ordinationes et alia quæ utilitati et honori vestro congruere noscuntur certa pœna et juramentis interpositis decreverint observanda, universitatem vestram rogamus, monemus et hortamur attente, per apostolica scripta mandantes quatenus si est ita, statuta et ordinationes prædictas et alia perinde ordinata studeatis inviolabiliter observare.

Datum Anagniæ, iv Nonas Julii, pontificatus nostri anno duodecimo.

CLXXXI.

BARTHOLOMÆO EPISCOPO THEATINO, EJUSQUE SUCCESSORIBUS CANONICE SUBSTITUENDIS IN PERPETUUM.

De confirmatione privilegiorum.

(Laterani, xiv Kal. Novembris).

In eminenti sedis apostolicæ specula, disponente Domino, constituti, ex injuncto nobis a Deo apostolatus officio fratres nostros episcopos sincera charitate diligere et Ecclesiis sibi commissis suam debemus justitiam conservare, pro ipsorum quoque statu nos oportet satagere, atque eorum quieti salubriter, auxiliante Domino, providere. Eapropter, venerabilis in Christo episcope, tuis justis postulationibus clementer annuimus, et ad exemplar felicis memoriæ Nicolai, Paschalis, Eugenii, Alexandri et Clementis prædecessorum nostrorum Romanorum pontificum beati Thomæ Theatinam Ecclesiam, cui, Domino auctore, præesse dignosceris, sub beati Petri e' nostra protectione suscipimus et præsentis scripti privilegio communimus, statuentes ut quascunque possessiones, quæcunque bona, etc., *usque* permaneant; in quibus hæc propriis duximus exprimenda vocabulis : Parochiam Theatinæ ecclesiæ, sicut antiquis et justis limitibus terminatur, scilicet a Staffilo inter montes, et ipso monte de Ursa, et quomodo pergit in Cola, et ponit terminum in aqua subtus terra usque ad aquam Sonutam, et quomodo pergit in Cola, et ponit terminum in aqua subtus terra usque ad aquam Sonutam, et quomodo pergit usque in montem de Teste, et cadit per Crinis montem, et qualiter pergit usque montem Sclavi, et quomodo pergit in ipsum flumen quod dicitur Triguum usque ad littora maris, et per littora maris usque in Piscariam, et redit in priorem finem, videlicet in priori Staffello. Præterea ipsam Theatinam civitatem, castellum Trivilianum, Villam Magnam, Montem Filardi, castellum Orvi, castellum Mucela, castellum Sancti Pauli, castellum quod dicitur Furca, castellum Genisteale, castellum Sancti Cesidii, cum eorum pertinentiis. Ultra Piscariam vero castellum montis Silvani, ecclesiam Sanctæ Mariæ in Rigoli, castellum Sculculæ, castellum Lastiniam, ecclesiam Sanctæ Mariæ de Palatio, ecclesiam Sancti Justi cum pertinentiis suis. In Aterno plebem Sancti Leguntiani et Domitiani, ecclesiam Sancti Thomæ, Sancti Salvatoris, ecclesiam Sanctæ Jerusalem et ecclesiam Sancti Nicolai, cum omnibus earum pertinentiis. Decimam pontis et portus Nicini. In Bucelania ecclesias Sancti Salvatoris et Sancti Angeli, cum decimis comitis. Plebem Sancti Silvestri. Decimas comitis in castello Sancti Angeli, in castello Trium-Fontium, et decimas castellorum quæ in Theatino episcopatu sub dominio comitis Roberti de Rotello fuerunt, et quod Theatina ecclesia in castello Septi tenet, ecclesiam Sanctæ Mariæ in Bari, ecclesiam Sancti Blasii in Lanciano, monasterium Sancti Martini de Palectu, ecclesiam Sancti Leciri in Atissa cum omnibus pertinentiis suis, monasterium Sancti Joannis in Aoclano, monasterium Sancti Angeli in Comaculi cum omnibus pertinentiis suis. In monte Oderisii ecclesiam Sancti Nicolai, et medietatem ecclesiæ Sanctæ Mariæ, ecclesiam Sancti Salvatoris, et ecclesiam Sancti Petri cum pertinentiis earum, monasterium Sancti Mauri cum beneficio suo, monasterium Sancti Salvi, ecclesiam Sancti Nicolai de Eremitorio. In Ortona ecclesiam Sanctæ Mariæ et Sancti Georgii cum earum pertinentiis, monasterium Sanctæ Mariæ in basilica. In civitate Luparelli plebem Sancti Petri cum pertinentiis suis, monasterium Sancti Mandi in Palatio, ecclesiam Sancti Jacobi de Turcella cum pertinentiis suis, monasterium Sancti Pancratii, monasterium Sanctæ Mariæ de Lecto cum casali aliisque ad ipsum pertinentibus, monasterium Sancti Martini in Valle, monasterium Sancti Justi in Decosule. In castra Gessi plebem Sanctæ Mariæ cum pertinentiis suis, plebem Sancti Martini filiorum Tresidii, ecclesiam Sanctæ Mariæ de Casa Candidilla, ecclesiam Sancti Petri in castro Lori, ecclesiam Sanctæ Mariæ in Biario, ecclesiam Sancti Blasii, monasterium Sancti Petri in campo, ecclesiam Sancti Nicolai de Suanno viculo, ecclesiam Sanctæ Mariæ de Lacento in Abbateio, plebem Sancti Martini cum pertinentiis suis, ecclesiam Sancti Joannis de plebe, plebem de Juliano, plebem Sancti Cecolidi, plebem de Pizzo Corbario, ecclesiam Sanctæ Luciæ de Argelli, ecclesiam Sancti Lini, plebem de Orcula, plebem Sanctæ Mariæ in Valle, plebem Sanctæ Mariæ de Caramanico, plebem Sancti Joannis de Abbateio, ecclesiam Sancti Cesidii et ecclesiam Sancti Ponti de Sancto Valentino. In castello de Tocco ecclesiam Sancti Eustachii, ecclesiam Sancti Martini de Fara inter montes, ecclesiam Sancti Joannis de Pedara, ecclesiam Sancti Nicolai de Cantalupo, ecclesiam Sancti Salvatoris de Linari, ecclesiam Sanctæ Mariæ de Sparpalia, ecclesiam Sanctæ Mariæ de Ilice, ecclesiam Sancti Salvatoris de Valle Surda, ecclesiam Sanctæ Mariæ de Valle Coruvelli, ecclesiam Sanctissimæ Trinitatis de Fragne, ecclesiam Sancti Joannis de Vicaldo, cum omnibus pertinentiis earum, ecclesiam Sancti Petri de Troia, et ecclesiam Sanctæ Mariæ de Tasso. Decernimus ergo ut nulli omnino hominum liceat prædictam Ecclesiam temere perturbare, etc., *usque* profutura, salvo beati Petri jure proprietatis et apostolicæ sedis auctoritate. Si qua igitur in futurum ecclesiastica sæcularisve persona, etc., *usque* subjaceat. Cunctis autem eidem loco sua jura servantibus, etc., *usque* inveniant. Amen.

Datum Laterani per manum Joannis Sanctæ Mariæ in Cosmidin diaconi cardinalis S. R. E. cancellarii, xiv Kal. Novemb., indictione xii, Incarnationis Dominicæ anno 1209, pontificatus vero domini Innocentii papæ III anno duodecimo.

CXXXII.

ROFFRIDO TITULI SANCTORUM MARCELLINI ET PETRI PRESBYTERO CARDINALI ABBATI CASINENSI.

Dantur ei quædam monita.

Dilecti filii, Joannes et Thomas, monachi Casinenses in nostra proposuerunt præsentia constituti quod cum olim inter cætera opera pietatis quibus monasterium Casinense pollebat, hospitale fuerit ibi ad erogandas eleemosynas deputatum, nunc ad tantam tenuitatem est idem hospitale redactum quod possessionibus et tenimentis ejus alienatis et illicite distractis, vix aliquid in eo reperitur solitæ pietatis. Cum autem apostolica dudum fuerit auctoritate statutum ut notarius qui de contractibus monasterii publica conficeret instrumenta, juramento deberet astringi ne de possessionibus ejus ullum fieret instrumentum præter consensum capituli aut sanioris partis ejusdem, tu, relicto notario, qui monasterio fuerat astrictus hujusmodi, alium sacramento assumpsisti, per quem in detrimentum monasterii supradicti nonnulla sunt instrumenta confecta. Murationes et castra insuper, quæ semper consueverunt per monachos custodiri, de quo grave, quod absit! posset monasterio incommodum evenire, laicorum custodiæ commisisti. Fideles etiam monasterii nonnunquam datiis et talliis aggravasti, cum nec tibi nec eidem monasterio expediret. Quia igitur hæc, sic vera sunt, conniventibus nec volumus nec debemus oculis præterire, discretionem tuam monemus attentius et per apostolica scripta præcipiendo mandamus quatenus hospitale prædictum juxta monasterii facultates ad solitas eleemosynas reformare procurans, quæ de possessionibus et tenimentis ipsius illicite sunt distracta legitime ad ipsum studeas revocare. Notarium vero, quem ab exsecutione commissi sibi officii removisse diceris in præjudicium monasterii, vel resumas ad ipsum, vel illum quem postmodum assumpsisti prælibatum juramentum monasterio facias exhibere, instrumenta illa quæ per eum in detrimentum ipsius confecta dicuntur, sicut justum est, infringi facere non postponens, et memorata castra, sicut ter jam tibi dicimur injunxisse, remotis laicis ab eisdem, reducas ad custodiam monachorum, homines abbatiæ datiarum vel talliarum indebita non præsumas exactione gravare; præsertim ea quæ in utilitatem non fuerint monasterii convertenda, monachos vero, in quorum aliquos interdum diceris ultra quam deceat effervescere, nec capi facias enormiter nec expelli; sed si quos in aliquo constiterit excessisse, in eorum correctione regularis disciplinæ modestiam non excedas, ut erga subditorum languores videaris medici vices agere, non in ejus pœnis ipsis languoribus desævire, sciturus pro certo quod nisi admonitionem nostram curaveris adimplere, nequaquam ea dissimulare poterimus quin ad ipsa te per officii nostri debitum compellamus.

INNOCENTII III

ROMANI PONTIFICIS

REGESTORUM SIVE EPISTOLARUM LIBER DECIMUS TERTIUS.

PONTIFICATUS ANNO XIII, CHRISTI 1210.

I.

SILVANECTENSI EPISCOPO, ET ABBATI LATINIACENSI PARISIENSIS DIŒCESIS, ET DECANO SILVANECTENSI.

Committitur eis causa abbatis Corbeiensis.

(Laterani, VII Kal. Martii.)

(1) Ad petitionem Walteri quondam monasterii Corbeiensis abbatis dilectis filiis magistro scholarum et magistris Roberto de Corzon et P. canonicis Noviomensibus ejusdem loci a nobis dudum correctione commissa, ipsi bis ad idem monasterium accedentes, quibusdam correctis ibidem, nonnulla quæ statuenda fuerant statuerunt, inquisitionis instantiam quorumdam impediente malitia retardando, ad quorum contumaciam reprimendam sæculare intendebant brachium invocare. Verum dilectus filius noster Guala, Sanctæ Mariæ in Porticu diaconus cardinalis, tunc apostolicæ sedis legatus, interim ad idem veniens monasterium, supradicto Waltero præsente nec reclamante, super statu monasterii memorati cœpit inquirere diligenter, et cum inquisitione finita prædictum Walterum Parisius evocasset propositurum contra inquisitionem eamdem si quid rationabiliter duceret proponendum, idem W. præsentiam ejus adiens allegavit quod in monasterii correctione procedere non valebat, quæ prædictis judicibus prius fuerat auctoritate nostra

---

(1) Cap. Ad petition, De accusat.

commissa, et cardinalem ipsum ex justis causis se asserens habere suspectum, vocem ad nos appellationis emisit. Porro cardinalis inspectis his quæ probata fuerant contra eum, de consilio peritorum ipsum amovit a regimine abbatiæ, dando fratribus ejusdem loci liberam facultatem alium eligendi. Qui dilectum filium Joannem abbatem Corbeiensem, tunc priorem de Argentolio, virum providum et honestum, elegerunt concorditer in abbatem. Cum autem dictus W. postmodum ad sedem apostolicam accessisset, asserens se per cardinalem ipsum quorumdam falsis suggestionibus circumventum ab abbatia sine rationabili causa remotum, nos ejusdem cœnobii tranquillitati paterna sollicitudine providere volentes, venerabilibus fratribus nostris archiepiscopo Remensi et Atrebatensi episcopo dedimus in mandatis ut ad compositionem inter eumdem W. et substitutum ei darent studium et operam efficacem, alioquin tam per jam dictum legatum quam per alios inquirerent diligentius veritatem, et eam nobis usque ad festum sancti Remigii proximo tunc venturum fideliter intimarent, ut per eorum relationem certiores effecti, procederemus in eodem negotio prout procedendum utilius videremus. Qui cum super reformatione pacis proficere nequivissent, sicut ex litteris eorum accepimus, processerunt ad inquirendum super præmissis omnibus veritatem, testibus ab utraque parte receptis; et ea quæ tam per se quam per cardinalis inquisitionem invenerant nobis sub sigillis propriis transmiserunt. Nuper autem præfatis W. atque J. in nostra propter hoc præsentia constitutis, idem W. quod a legato post appellationem ad nos interpositam factum fuerat petiit revocari, allegans quod, cum correctio monasterii fuerit judicibus memoratis injuncta, et ipsi quibusdam correctis, et nonnullis statutis ibidem, aliorum correctionem ex causa duxerint rationabili differendam, cardinalis interim de jure non potuit procedere ad eamdem, cum generale mandatum non deroget speciali. Ad quod fuit ex adverso responsum quod, cum, W. præsente nec reclamante, ad inquisitionem processerit cardinalis, idem W. videtur in hoc tacite consensisse ut inquisitione facta corrigeret cardinalis quæ corrigenda videret. Contra quod idem W. taliter proponebat, quod licet statim ut cœpit inquirere cardinalis, non duxerit reclamandum, credens eum nolle procedere contra ipsum, sed absque sui gravamine aliquid in Ecclesia utiliter ordinare, postquam tamen evocatus ab ipso cognovit quod adversus eum procedere intendebat, ejus declinavit examen, ad nostram audientiam appellando. Proposuit insuper pars adversa quod cum prædicti judices omisissent in monasterii correctione procedere, ac periculum traheret ad se mora, cardinalis ipse, ad quem spectabat ex injuncto sibi legationis officio cura ejus, ad reformationem ipsius loci interponere potuit partes suas. Cum enim secundum juris civilis auctoritatem, in illis etiam casibus in quibus solemnis ordo judiciarius observatur, in criminali causa ultra biennium a contestatione litis non sit ejus instantia protrahenda, et nos quoque consulti quandiu delegatus a nobis, qui sententiam tulerat, jurisdictionem suam interponere valeat ut sententiæ pareatur, respondisse noscamur quod usque ad annum integrum jurisdictionem sibi commissam ad exsequendum sententiam valeat exercere, dictis judicibus differentibus in correctione procedere, cum jam decem et septem essent menses elapsi ex quo noscuntur mandatum apostolicum recepisse, ac de criminibus, licet non criminaliter ageretur, correctioni non immerito cardinalis insistere potuit memoratæ (2). Sed ad hoc altera pars respondit quod hoc colorem excusationis haberet si prædicti judices a legato commoniti ad correctionem procedere neglexissent. In quo casu eorum forte defectus per diligentiam potuisset legati suppleri, sicut de metropolitano in canonibus legitur quod tunc demum ea potest facere quæ ad suffraganeos pertinent cum illa suffraganei negligunt adimplere.

His igitur et aliis quæ utraque pars proponere curavit auditis, inquisitione utraque, cardinalis videlicet et archiepiscopi, et episcopi prædictorum, diligenter inspecta, intelleximus ex depositionibus juratorum quod cum tempore promotionis ipsius W. octo millium librarum debito monasterium gravaretur, et non multo tempore post idem debitum usque ad duo millia librarum fuerit diminutum, nunc tamen usque ad sex millium librarum summam excrevit, cum, sicut prius contigerat, de proventibus monasterii debitum potius diminui debuerit quam augeri, nisi rectoris incuria obstitisset. Et quamvis ad excusationem suam proposuerit idem W. quod propter expensas factas in causa quam contra Cluniacense monasterium habuit, in qua quemdam prioratum evicit, idem fuerat debitum augmentatum, fuit tamen ei ex adverso responsum quod propter expensas illas debitum interim augmentari non debuit, cum propter hoc possessiones quasdam ejusdem obligaverit prioratus, maxime cum in ejusdem prosecutione negotii vix expensæ fuerint mille libræ. Adjecit etiam dictus W. quod occasione cujusdam domus quam in villa Corbeiæ de novo construxerat, debitum supradictum excrevit. Ad quod pars adversa respondit quod ex proventibus monasterii expensas hujusmodi facere potuit absque onere debitorum, præsertim cum propter hoc non modicum auxilium a burgensibus fuerit eidem impensum. Præterea cum ex confessione ipsius constiterit quod in capitulo præstiterit juramentum ne debitum de novo contraheret, ac postea contraxerit debitum contra juramentum proprium veniendo, sicut testes deponunt, argui de perjurio videbatur. Ad quod idem W. hoc modo respondit, quod etsi primo hujusmodi præstiterit

---

(2) Cap. *Quærenti*, De off. jud. deleg.

juramentum, postea tamen quoddam factum fuit in capitulo constitutum, per quod juramentum exstitit relaxatum. Sed contra hoc pars altera replicavit quia, cum non constiterit quod per tale statutum revocatum fuerit juramentum, et appareret eumdem W. non solummodo juramentum de debito non contrahendo præstasse, sed venisse postea contra illud, manifeste liquebat ipsum reatum perjurii incurrisse. Sed et ipsius insufficientia et negligentia dissoluta videbantur manifeste probari. Et quanquam aliqui testium eum, quantum in se, dixerint esse bonum, nulli tamen deposuerunt expresso quod utilis esset ejus provisio monasterio sæpedicto. Cum ergo nobis de talibus fuerit sufficiens in tali negotio facta fides propter quæ præfatus W. erat merito amovendus, etsi restituendus foret propter judiciarium ordinem non servatum, ob causas tamen prædictas ipsum providimus manere privatum regimine abbatiæ; Joannem nihilominus supradictum, quem pro eo quod, præfato W. propter juris ordinem non servatum quodammodo inordinate remoto, intelleximus ob eamdem causam per consequentiam minus legitime substitutum, per sententiam amoventes: quem quia non propter personæ vitium vel defectum, sed propter juris solemnitatem, sicut præmissum est, prætermissam amovimus, ipsum postmodum restituimus in abbatem, et memorato W. in loco qui dicitur Guidoc cum pertinentiis suis in imperio constitutis jussimus provideri, ita videlicet quod ibi cum uno Corbeiensi monacho commoretur, et census quinque marcarum ad pondus Coloniense in festo Purificationis beatæ Virginis abbati et successoribus suis annuatim persolvat, et personatibus ac ecclesiæ ejusdem balivæ jamdicti abbatis et successorum suorum donationi liberæ reservatis, eisdem fidelitates et homagia liberorum hominum eorumdem locorum debeant exhiberi, ac in juramento fidelitatis quod eisdem fuerit præstitum exprimetur quod iidem homines supradictum W. super suæ provisionis proventibus nullatenus damnificare præsumant; ita videlicet quod et ipse W. super indemnitate prædictæ balivæ, ne ipsam dilapidet, corporale præbeat juramentum. Si quid autem post sententiam nostram super utriusque amotione prolatam circa electionem abbatis, quam in prolatione ipsius sententiæ nostræ duximus providentiæ reservandam, a Corbeiensibus monachis vel quolibet alio in ejusdem abbatis præjudicium fuerit attentatum, id decernimus non valere. Quocirca discretioni vestræ per apostolica scripta mandamus quatenus quod a nobis est pro ipsius monasterii utilitate provisum faciatis appellatione remota inviolabiliter observari, corrigentes circa priorem et monachos et prioratus monasterii memorati cum consilio abbatis ipsius quæ secundum Deum et beati Benedicti Regulam fuerint corrigenda, et statuentes ibidem quod regulare fuerit et honestum, contradictores, si qui fuerint, vel rebelles per censuram ecclesiasticam appellatione postposita compescendo. Quod si non omnes, etc., duo vestrum ea nihilominus exsequantur.

Datum Laterani, vii Kalend. Martii, pontificatus nostri anno tertio decimo.

II.
SANCTI PETRI LATINIACENSIS ET CAROLI-LOCI ABBATIBUS PARISIENSIS ET SILVANECTENSIS DIŒCESUM, ET DECANO SILVANECTENSI.

De eodem argumento.
(Laterani, v Kal. Martii.)

Cum sicut dilectus filius abbas Corbeiensis nostris auribus intimavit monasterium sibi commissum in spiritualibus et temporalibus non modicam incurrerit læsionem, discretioni vestræ per apostolica scripta mandamus quatenus ad ipsum personaliter accedentes, ad levamen ipsius monasterii ac prioratuum ejus monachos quos et quo transferendos videritis, potestate sæculari ad hoc, si opus fuerit, invocata, donec monasterium respirare valeat inter angustias imminentes, in aliis monasteriis ordinis consimilis collocetis, duos aut tres religiosos monachos, quos de alienis monasteriis duxeritis evocandos, ad reformationem ordinis inducentes ibidem, et abbates nihilominus ad quorum ecclesias ipsos duxeritis transmittendos ad receptionem eorum, si necesse fuerit, censura canonica, sublato appellationis obstaculo, compellentes. Quod si non omnes, etc., duo vestrum, etc.

Datum Laterani, v Kalend. Martii, anno tertio decimo.

III.
EPISCOPO ET DECANO ET R. DE SANCTO MEDARDO CANONICO SILVANECTENSIBUS.

De eodem negotio.
(Laterani, vii Kal. Martii.)

Cum dilectus filius abbas Corbeiensis ad nostram præsentiam, ut Ecclesiæ suæ procuraret negotia, duxerit accedendum, pati aliquatenus non debemus ut si quid, postquam iter arripuit ad nostram præsentiam veniendi, a quoquam est in ipsius Ecclesiæ gravamen et sui præjudicium attentatum, obtineat firmitatem. Ideoque discretioni vestræ, per apostolica scripta, mandamus quatenus si quid, postquam idem abbas iter ad nos veniendi arripuit, attentatum inveneritis in sui præjudicium et Corbeiensis Ecclesiæ detrimentum, illud in irritum sublato appellationis obstaculo revocetis, contradictores per censuram ecclesiasticam appellatione postposita compescentes. Quod si non omnes, etc., tu, frater episcope, cum eorum altero ea, etc.

Datum Laterani, vii Kal. Martii, pontificatus nostri anno tertio decimo.

IV.
R. ABBATI SANCTI MARTINI LAUDUNENSIS PRÆMONSTRATENSIS ORDINIS.

Ut monasterii sui sollicitam curam gerat.
(Laterani, vii Kal. Martii.)

(3) Intelleximus quod cum antequam esses assum-

---

(3) Cap. *Intelleximus*, De ætate, qual. et ordine præficiend.

pius ad regimen abbatiæ in monasterio tuo fueris laudabiliter conversatus, ad monasterium Sancti Vincentii Laudunensis nigri ordinis accessisti ; ubi cum aliquandiu in ipso habitu permansisses, demum ad cor reversus, de metropolitani et aliorum religiosorum consilio ad primam domum curavisti redire ; in qua tandem in regularis observantiæ disciplina taliter Deo et hominibus placuisti quod pro tuorum exigentia meritorum fratres tui te sibi præfecerunt unanimiter in pastorem. Quia igitur in suscepto regimine laudabiliter diceris profecisse, ne occasione moræ quam in prædicto monasterio protraxisti, quasi de ipsa teneram conscientiam retinendo, in susceptæ administrationis exsecutione tepescas (4), attendentes quod in canone (5) cautum est ne quis canonicus regularis, nisi, quod absit ! publice lapsus fuerit, efficiatur monachus, et si factus fuerit, ad ordinem canonicum revertatur, ultimus in choro manendo, cucullam in memoriam delaturus, discretionem tuam monemus attentius et hortamur, per apostolica tibi scripta mandantes quatenus circa curam gregis tibi commissi sollicitudinem gerere studeas indefessam, et taliter sequentia bona continuare prioribus quod dignum exinde possis a Deo meritum exspectare.

Datum Laterani, vii Kal. Martii, pontificatus nostri anno tertio decimo.

V.

RODERICO TOLETANO ARCHIEPISCOPO HISPANIARUM PRIMATI, EJUSQUE SUCCESSORIBUS CANONICE SUBSTITUENDIS IN PERPETUUM.

De confirmatione privilegiorum.

(Laterani, iv Non. Martii.)

Sacrosancta Romana Ecclesia in beato Petro apostolorum principe ab ipso Salvatore omnium Domino Jesu Christo, caput est Ecclesiarum omnium constituta. Unde membra non decet a capite dissidere, sed eminenti rationi et supernæ provisioni capitis obedire. Moderatrix autem discretio capitis, singulorum membrorum officiosas actiones considerans, unicuique jus et ordinem a natura constitutum conservat, et quibuscunque nobilibus venustatis suæ dignitatem sine invidia sociali charitate custodit. Hac igitur ratione prudenter inducti, jura nobilis et famosæ Toletanæ Ecclesiæ apostolicæ sedis propriæ ac specialis filiæ conservare volentes, tuis, venerabilis frater Roderice, quem vera in Christo charitate diligimus, rationabilibus postulationibus paternæ pietatis affectu duximus annuendum. Ideoque per præsentem privilegii paginam, ad exemplar felicis recordationis Urbani, Gelasii, Calixti, Honorii, Eugenii, Adriani, Alexandri I, Alexandri II, Alexandri III, Urbani et Cœlestini prædecessorum nostrorum, primatus dignitatem per Hispaniarum regna tibi et Ecclesiæ Toletanæ auctoritate apostolica confirmamus, teque primatem præsules Hispaniarum respicient, et ad te referent si quid inter eos dignum exortum fuerit quæstione, salva tamen in omnibus apostolicæ sedis auctoritate. Verum personam tuam in manu nostra propensiori gratia retinentes, censemus ut solius Romani pontificis judicio ejus causa, si qua fuerit, decidatur. Sane Toletanam Ecclesiam præsentis privilegii stabilitate munientes, Complutensem parochiam et Concham ei tanquam metropoli subditas esse decernimus cum terminis suis, nec non et ecclesias omnes quas jure proprio ab antiquo possedisse cognoscitur confirmantes. Episcopales præterea sedes quas inpræsentiarum juste et canonice possides, scilicet Palentiam, Segobiam, Oxomam, Seguntiam, reliquas vero quæ ab antiquis ei temporibus subjacebant, cum Dominus omnipotens Christianorum restituerit potestati suæ dignatione misericordiæ, ad caput proprium referendas decreti hujus auctoritate sancimus. Porro illarum diœceses civitatum quæ Saracenis invadentibus metropolitanos proprios amiserunt eo tenore vestræ subjicimus ditioni ut quandiu sine propriis metropolitanis exstiterint, tibi ut proprio debeant subjacere, ita quidem ut in sedibus episcopalibus liberam auctoritate nostra habeas potestatem episcopos, in castellis vero et villis presbyteros instituere, et prout tibi Dominus administraverit ordinare tam in his episcopatibus qui de antiquis Ecclesiæ tuæ terminis esse noscuntur quam in illis qui proprium non habuerint metropolitanum. Si quæ autem metropoles in statum fuerint proprium restitutæ, suo quæque diœcesi metropolitano restituatur, ut sub proprii regimine pastoris super divini collatione beneficii glorietur. Præterea quascunque possessiones, quæcunque bona prædicta Ecclesia Toletana inpræsentiarum juste et canonice possidet, aut in futurum concessione pontificum, largitione regum vel principum, oblatione fidelium, seu aliis justis modis, præstante Domino, poterit adipisci, firma tibi tuisque successoribus et illibata permaneant, in quibus hæc propriis duximus exprimenda vocabulis : Ecclesiam Sanctorum Justi et Pastoris, abbatiam Sanctæ Leocadiæ, ecclesiam Sanctæ Mariæ de Tocha, ecclesiam Sanctæ Mariæ de Batres, ecclesiam Sancti Vincentii de Monte, ecclesiam Sanctæ Mariæ de Valle ecclesiarum, ecclesiam Sanctæ Mariæ de Valadelmech, ecclesiam de Calatrava, castrum quoque Alcala, castrum de Briga, castrum de Canales, castrum Alfamin, cum pertinentiis eorum. Domum reginæ in Toleto, cum hæreditate sibi pertinente. Domum Sanciæ sororis illustris memoriæ regis Aldefonsi, cum hæreditate patris sui Raymundi comitis, quam ipsa consensu fratris sui Ecclesiæ tuæ donavit et scripto confirmavit. Castrum quoque Benecarentiæ, et Aldeam quæ vocatur Azucuch, cum pertinentiis suis, et Alcobrogam. Decimas quoque omnium regalium reddituum de Sancta Eulalia, de Maqueda, de Ascalona. Statuimus etiam ut universi parochiæ tuæ fines qui jam Deo auctore a Christicolis habi-

(4) In quarta Collect. *quasi ipsa te conscientia remordeat, in susc.*

(5) 19. q. 5, cap. *Mandamus.*

tantur, vel qui in futurum a Saracenorum potestate, auxiliante Domino, eripientur, omnino integri tam tibi quam tuis successoribus in perpetuum conserventur. Nomina vero oppidorum quæ in tua diœcesi a Dei fidelibus incoluntur, in præsenti pagina duximus adnotanda : Talavera, Alfamin, Makeda, Sancta Eulalia, Hulmus, Canales, Maieritum, Alcala, Wadalfaiara, Fita, Pennafora, Belegna, Uzeda, Talamanca, Butracum, Calatalifa, Ascalona, Zurita, Calatrava, Almoguera, et Alcolea. Decernimus ergo ut nulli omnino hominum liceat præfatam Ecclesiam temere perturbare, aut ejus possessiones auferre, ablatas retinere, minuere, seu quibuslibet vexationibus fatigare ; sed omnia integra conserventur eorum pro quorum gubernatione ac sustentatione concessa sunt usibus omnimodis profutura, salva sedis apostolicæ auctoritate. Si qua igitur in futurum ecclesiastica sæcularisve persona, hanc nostræ constitutionis paginam sciens, contra eam temere venire tentaverit, secundo tertiove commonita nisi reatum suum digna satisfactione correxerit, potestatis honorisque sui careat dignitate, reamque se divino judicio existere de perpetrata iniquitate cognoscat, et a sacratissimo corpore ac sanguine Dei et Domini Redemptoris nostri Jesu Christi aliena fiat, atque in extremo examine districtæ subjaceat ultioni. Cunctis autem eidem loco sua jura servantibus sit pax Domini nostri Jesu Christi, quatenus et hic fructum bonæ actionis percipiant, et apud districtum judicem præmia æternæ pacis inveniant. Amen.

Datum Laterani, per manum Joannis Sanctæ Mariæ in Cosmidin diaconi cardinalis sanctæ Romanæ Ecclesiæ cancellarii, iv Nonas Martii, indictione xiii, Incarnationis Dominicæ anno millesimo ducentesimo nono, pontificatus vero domini Innocentii papæ III anno tertio decimo.

VI.

ARCHIEPISCOPO ATHENIENSI, ET THERMOPILENSI ET SIDONIENSI EPISCOPIS.

Ut Ecclesia Corinthiensis reducatur ad ritum Latinorum.

(Laterani, iv Non. Martii.)

Cum et alias oves quas habet Dominus nos oporteat in ovili nobis commisso suis ovibus aggregare, de cura Corinthiorum sollicitudinem decet nos gerere pastoralem, ut cum eorum civitas ad dominium Latinorum credatur in proximo perventura vel jam forsitan pervenisse, oves Domini quæ sunt ibi, post greges sodalium non vagentur, sed ad unum redeuntes pastorem, et cognoscant eum secundum evangelicam veritatem, et cognoscantur ab ipso. Quocirca fraternitati vestræ per apostolica scripta præcipiendo mandamus quatenus si civitatem ipsam, velut ex relatis rumoribus spem concepimus, dilecto filio nobili viro G. Romaniæ seneschalco reddere se contingat aut jam reddidit semetipsam, et aliquis archiepiscopus est in ea, prudenter et efficaciter in ducatis eumdem ut ad obedientiam et reverentiam apostolicæ sedis ac nostram humiliter convertatur, juramentum exhibens super hoc quod exhiberi a talibus consuevit. Qui si forsan id perficere recusaverit, vos eo ab administratione pontificali prorsus amoto, cum pro rei novitate non possit ex more aliarum Ecclesiarum ad usitatum electionis modum procedi, dilectum filium H. decanum Catalaunensem, virum utique vita, fama et scientia commendabilem, Ecclesiæ civitatis ejusdem auctoritate nostra sublato cujuslibet contradictionis et appellationis obstaculo in archiepiscopum assignetis, idipsum facturi si forsan, ut accepimus, eamdem Ecclesiam inveneritis defuncto archiepiscopo destitutam, monendo clericos, si qui fuerint, ut ei reverentiam et obedientiam debitam ac devotam impendant. Alioquin eidem decano potestatem auctoritate apostolica conferatis, amotis illis, instituendi tales in locis ipsorum qui sibi studeant sicut membra capiti per devotam obedientiam cohærere. Contradictores, si qui fuerint, vel rebelles per censuram ecclesiasticam appellatione postposita compescendo. Quod si non omnes, etc., duo vestrum ea, etc.

Datum Laterani, iv Non. Martii, pontificatus nostri anno tertio decimo.

VII.

EPISCOPO VENETENSI.

De exemptione monasterii

(Laterani, iii Non. Martii.)

(6) Cum movisses olim adversus Rotonense monasterium quæstionem, asserens monasterium ipsum ac parochiales ecclesias ejus ad te de communi jure spectare, utpote in tua diœcesi constituta, in eisdem jura tibi episcopalia vindicando, et ex parte monasterii diceretur idem monasterium cum parochialibus ecclesiis suis Romanorum pontificum privilegiis ab antiquo libertate donatum, super eadem causa frequenter fuerunt litteræ apostolicæ impetratæ. Denique autem utraque pars in venerabiles fratres nostros Nannetensem et Briocensem episcopos sub certa pœna et juramento interposito compromisit : qui rationibus utriusque partis auditis, et monasterii privilegiis diligenter inspectis, de consilio peritorum illud in capite liberum sententialiter decreverunt. Verum quia ecclesiæ parochiales ipsius exemptæ nullatenus probabantur, pronuntiaverunt easdem ad jurisdictionem tuam sicut alias tuæ diœcesis ecclesias pertinere, nihilominus statuentes ut quatuor procurationes duntaxat tibi a sex ecclesiis monasterii præstarentur, quarum unam perciperes in parochiali ecclesia de Roton, aliam in ecclesia de Sancto Godoalo, aliam in ecclesia de Bani, ac aliam in ecclesia de Langon ; ita videlicet quod abbas et priores ecclesiarum ipsarum tres partes, et capellani quartam partem in procurationibus ipsis ponant, et a duabus ecclesiis, scilicet de

---

(6) Vide cap. *Cum venissent*, De in integr. restit., et quintam compilat. lib. i, tit. 16, c. 4.

Brim. et Sancti Petri de Roton, quatuor solidos pro singulis procurationibus ad sublevationem suam recipiant capellani. Porro cum monasterium ipsum super iniquitate arbitrii ad audientiam dilecti filii nostri Gualæ Sanctæ Mariæ in portico diaconi cardinalis, tunc apostolicæ sedis legati, detulisset postea quæstionem, asserens illud in Romanæ Ecclesiæ præjudicium, ad quam dictum monasterium nullo medio pertinet, inique prolatum, dictus cardinalis illud utraque parte præsente cassavit, fratribus monasterii memorati præcipiens ut jurejurando super observatione ipsius hinc inde præstito non obstante, illud nullatenus observarent. Cum autem super hoc nuper dilectus filius magister Rollandus tuus et P. monachus sæpedicti monasterii procuratores ad sedem apostolicam accessissent, et super præmissis litigassent aliquandiu coram nobis, demum in privilegio monasterii nobis exhibito perspeximus contineri monasterium sæpefatum, quod beati Petri juris existit, sedis apostolicæ privilegio communitum, in quo subsequenter adjungitur ut in parochialibus ecclesiis monasterii liceat abbati et monachis ejusdem loci, cum eas vacare contigerit, idoneos eligere sacerdotes et diœcesano episcopo præsentare, qui ei de spiritualibus, illis vero de temporalibus debeant respondere. Ex quibus verbis arguitur quod etsi dictum monasterium sit exemptum in capite, ipsius tamen parochiales ecclesiæ nullatenus sunt exemptæ.

Iis igitur et aliis quæ utraque pars proposuit intellectis, de consilio fratrum nostrorum pronuntiavimus monasterium sæpedictum in capite liberum et a tua jurisdictione prorsus exemptum, decernentes parochiales ecclesias ejus, quæ minime probantur exemptæ, tibi diœcesana lege subjectas, venerabili fratri nostro archiepiscopo Turonensi et dilecto filio abbati Salmuriensi Andegavensis diœcesis et magistro scholarum Andegavensi nostris dantes litteris in mandatis ut quod a nobis est sententialiter diffinitum faciant appellatione remota firmiter observari, contradictores per censuram ecclesiasticam compescendo. Quia vero ipsæ parochiales ecclesiæ in procuratione ab antedictis episcopis prætaxata nimis, sicut asseritur, aggravantur, ipsis injunximus ut si constaret eisdem procurationem ipsam prædictis ecclesiis existere onerosam, nisi tu ab ipsis commonitus ad æquum volueris condescendere moderamen, ipsi pensatis facultatibus earumdem procurent eam, sublato appellationis obstaculo, moderari. Nulli ergo omnino hominum liceat hanc paginam nostræ diffinitionis infringere vel ei ausu temerario contraire. Si quis autem hoc, etc., *usque incursurum*.

Datum Laterani, iii Nonas Martii, pontificatus nostri anno tertio decimo.

VIII.

ABBATI ET MONACHIS ROTONENSIBUS.

Super eodem.

(Datum, *ut in alia.*)

Cum venerabilis frater noster Venetensis episcopus movisset olim adversus Rotonense monasterium quæstionem, asserens monasterium ipsum ac parochiales ecclesias ejus ad se de communi jure spectare, utpote in sua diœcesi constituta, in eisdem jura sibi episcopalia vindicando, et ex parte vestra proponeretur idem monasterium etc., *ut in alia, usque* pronuntiaverunt easdem ad jurisdictionem episcopi sicut alias suæ diœcesis ecclesias pertinere, nihilominus statuentes ut a sex parochialibus ecclesiis monasterii quatuor procurationes duntaxat eidem episcopo præstarentur, quarum unam perciperet, etc., *usque* recipiant capellani. Porro cum vos super, etc., *usque* apostolicæ sedis legati detulissetis postea quæstionem, asserentes illud in Romanæ Ecclesiæ præjudicium, ad quam idem monasterium, etc., *usque* nonobstante illud nullatenus servaretis. Cum autem propter hoc nuper dilectus filius magister Rollandus ejusdem episcopi et P. monachus monasterii vestri procuratores, etc., *ut in alia, usque* pronuntiavimus monasterium vestrum in capite liberum et ab episcopi juridictione prorsus exemptum etc., *usque* antedicto episcopo diœcesana lege subjectas, venerabili fratri nostro Turonensi archiepiscopo et dilecto filio abbati Salmuriensi, etc., *ut in alia usque* onerosam, nisi præfatus episcopus Venetensis ab ipsis commonitus ad æquum voluerit condescendere moderamen, etc., *ut in alia usque in finem*

Datum, *ut in alia.*

Scriptum est ipsis super hoc in eumdem fere modum usque moderamen. Nullis litteris obstantibus, si quæ apparuerint a sede apostolica præter assensum partium impetratæ. Quod si non omnes, etc., duo vestrum ea nihilominus exsequantur

Datum, *ut in alia.*

IX.

CAPITULO TOLETANO.

Ut procuratorem sui subdiacono mittant in possessionem canonicatus.

(Laterani, Kal. Martii.)

Examinata fides et probata devotio qua se nobis dilectus filius Andreas de Gabiniano subdiaconus et capellanus noster charum exhibuit hactenus et jugiter exhibere non desinit nos inducit ut ad sua commoda promovenda tanto sibi specialius assistamus quanto manifestius hoc exigere sua merita dignoscuntur. Hinc est quod cum placuerit dudum venerabili fratri nostro Roderico archiepiscopo, dilecto filio Hispano decano, et concanonicis vestris qui cum ipso erant apud sedem apostolicam constituti, ipsum ad preces nostras in fratrem et canonicum recipere coram nobis, nos id tanto gratum habuimus et habemus quanto subdiaconus ipse pro suæ merito bonitatis nobis et fratribus nostris charus et acceptus existit. Cum igitur ex hoc non minus Ecclesia in persona quam personæ in Ecclesia credamus esse provisum universalem vestram rogamus attentius et monemus per apostolica vobis scripta præcipiendo mandantes quatenus vobis scripta præcipiendo est hilari prosequentes favore, dictum subdiaconum per procuratorem suum in corporalem possessionem concessi sibi canonicatus inducere procuretis, et cum ad locum residentium sit receptus, vestiarium et alia quæ percipiunt residentes, per eumdem procuratorem sibi cum integritate debita conferatis juramento quod fecisse dicimini non obstante, cum illud mandato nostro nec debeat nec possit obstare. Taliter autem preces et præceptum nostrum super hoc studeatis implere quod et idem subdiaconus, qui vobis et Ecclesiæ vestræ in multis esse poterit fructuosus, ad dilectionem vestram ferventius possit astringi, et nos devotionem vestram exinde valeamus non immerito commendare.

Datum Laterani, Kal. Martii, pontificatus nostri anno tertio decimo.

X.

HISPANO ECCLESIÆ TOLETANÆ DECANO.
Super eodem.
(Datum, *ut in alia.*)

Placuit venerabili fratri nostro Roderico archiepiscopo ac tibi, fili decane, et canonicis Toletanis qui cum ipso erant apud sedem apostolicam constituti, dilectum filium Andream de Gabiniano subdiaconum et capellanum nostrum ad preces nostras in fratrem et canonicum recipere coram nobis. Quod nos tanto gratum, etc., *ut in alia*, usque provisum, dilectos filios Toletanum capitulum per scripta nostra rogavimus attentius et monuimus, nihilominus eis præcipiendo mandantes ut quod per dictos archiepiscopum et canonicos liberaliter, etc., *usque* sibi canonicatus inducant, etc., *usque* debita conferre procurent, juramento quod fecisse dicuntur nequaquam obstante, etc., *usque* obstare. Cum igitur subdiaconus antedictus de tua sinceritate confidens, vices suas super his tibi duxerit committendas, devotionem tuam rogamus attentius et monemus quatenus ea taliter studeas procurare quod et sibi utile et nobis esse possit acceptum.

Datum, *ut in alia per totum.*

XI.

FERNANDO GONDISALVI MAGISTRO MILITIÆ BEATI JACOBI, EJUSQUE FRATRIBUS CLERICIS ET LAICIS TAM PRÆSENTIBUS QUAM FUTURIS COMMUNEM VITAM PROFESSIS IN PERPETUUM.

De confirmatione privilegiorum.
(Laterani, VIII Idus Martii.)

Benedictus Deus in donis suis, et sanctus in omnibus operibus suis, qui ecclesiam suam nova semper prole fecundat, et sic pro patribus filios in ea facit exsurgere, sic a generatione in generationem notitiam nominis sui et lucem fidei Christianæ diffundit ut sicut ante ortum solis stellæ sese ad occasum in firmamento sequuntur, ita in ecclesiasticis gradibus generationes justorum, antequam veniat dies Domini magnus et horribilis et tenebras nostras veri solis splendor illuminet, per tempora sibi succedant, et sicut multi sæpe per caudam draconis dejiciuntur in terram, ita et per adoptionem spiritus quotidiana fiat reparatio perditorum, et de profundo inferni ad quærenda multi cœlestia erigantur, et ita corpore teneantur in terra ut tanquam cives sanctorum et domestici Dei cognatione ac desiderio conversentur in cœlis. Hoc sane temporibus (7) felicis recordationis Alexandri papæ prædecessoris nostri in partibus Hispaniarum de divino factum munere gratulamur; ubi nobiles quidam viri peccatorum vinculis irretiti, ex miseratione illius qui vocat ea quæ non sunt tanquam ea quæ sunt, superna gratia sunt afflati, et tacti super multis transgressionibus suis dolore cordis intrinsecus, et præteritorum agentes pœnitentiam peccatorum, non solum possessiones terrenas, sed et corpora sua in extrema quæque dare pericula pro Domino decreverunt, et ad exemplum Domini nostri Jesu Christi, qui ait: *Non veni facere voluntatem meam, sed ejus qui misit me Patris (Joan. v)*, in habitu et conversatione religionis sub unius magistri statuerunt obedientia commorari, eo utique moderamine propositum suum et ordinem temperantes ut quia universa turba fidelium in conjugatos continentesque distinguitur, et Dominus Jesus Christus non solum pro viris, sed et pro feminis quoque de femina nasci voluit et cum hominibus conversari, habeantur in ipso ordine qui cælibem, si voluerint, ducant vitam, et consilium beati Pauli sequantur qui dicit: *De virginibus autem præceptum Domini non habeo, consilium autem do (I Cor. VII)*, (8) sint etiam qui juxta institutionem Dominicam ad procreandam sobolem et incontinentiæ præcipitium evitandum conjugibus suis utantur, et una cum eis ad incolatum supernæ patriæ de convalle lacrymarum et terrena transire peregrinantur nitantur, et lacrymis diluant et operibus pietatis si eos supra fundamentum suum, quod Christus est, pro cura carnis et affectibus liberorum ligna, fœnum, stipulam ædificare contingat, cum alii expeditiores et continentes ædificent aurum, argentum et lapides pretiosos, et isti tamen et illi militent uni regi, et supra fundamentum cœlestem unam ædificent mansionem, promissione Psalmistæ in Domino roborati, qui minora quoque membra Ecclesiæ confortat, et dicit: *Imperfectum meum viderunt oculi tui, et in libro tuo omnes scribentur (Psal. cxxxviii)*. In horum autem fidelium Christi collegio cum bonæ memoriæ P. Fernandi per voluntatem Dei magisterium super alios et providentiam suscepisset, cum quibusdam fratrum suorum ad præsentiam ejusdem nostri prædecessoris accedens, cum humilitate qua debuit a sede apostolica requisivit ut eos, tanquam peculiares filios, in defensionem suam, et locum in

---

(7) Vide Anton Nebriss. decad. 1, lib. II, c. 9.

(8) Vide Jacob. de Vitriaco, cap. 26 Hist. occidental.

quo caput ordinis factum fuerit, in jus et proprietatem sacrosanctæ Romanæ Ecclesiæ recipere dignaretur. Cum igitur ipse devotionem suam et bonum attendens in Domino desiderium, de communi fratrum suorum consilio piæ petitioni eorum duxerit annuendum, nos humilibus vestris precibus inclinati, ad exemplar præfati prædecessoris nostri, in speciales ac proprios sacrosanctæ Romanæ Ecclesiæ filios vos recipimus, et ordinem vestrum auctoritate apostolica confirmantes, præsentis scripti privilegio communimus, statuentes ut quascunque possessiones, quæcunque bona in præsentiarum juste et legitime possidetis, aut in futurum concessione pontificum, largitione regum vel principum, oblatione fidelium, seu aliis justis modis, præstante Domino, poteritis adipisci, firma vobis vestrisque successoribus et illibata permaneant; in quibus hæc propriis duximus exprimenda vocabulis : Lodium et monasterium cum cauto et pertinentiis suis, burgum de ponte Minii contra Lodium cum suis pertinentiis, Crescente cum cauto et pertinentiis suis, Quintanella de Petro Heres cum cauto et pertinentiis suis, Baria cum cauto et pertinentiis suis, Lintanio cum suis pertinentiis, Sanctum Salvatorem de Listriana cum cauto et pertinentiis suis, Mosot cum cauto et suis pertinentiis, Penagosen cum pertinentiis suis, Sanctam Mariam de Pinel cum suis pertinentiis, Ucles cum suis pertinentiis, Alfarella cum suis pertinentiis, Orella cum suis pertinentiis, Mora cum suis pertinentiis, Moravega cum pertinentiis, decimæ de Valera et de Portalgo cum suis pertinentiis, Alcazar cum suis pertinentiis, Almadana cum suis pertinentiis, Laruda cum suis pertinentiis, Lazarza cum suis pertinentiis. Sancimus præterea ne occasione antiquæ detentionis sive scripturæ quisquam vobis possit auferre quæ ultra memoriam hominum sub Saracenorum detenta sunt potestate, et de munificentia principum seu vestro studio et labore aut jam obtenta sunt aut in futurum, auxiliante Domino, poteritis obtinere.

Cum enim unica sit vobis intentio et singularis cura semper immineat pro defensione Christiani nominis decertare, nec solum res sed et personas ipsas pro tuitione fratrum incunctanter exponere, plurimum posset hoc pium opus et laudabile studium impediri, si labores et stipendia vestra, quæ in commune proficiunt, præriperentur ab aliis, et otiosi ac desides, atque in laboribus suis non quæ Jesu Christi sed quæ sua sunt requirentes, emolumenta illa perciperent quæ pro tantis laboribus vobis et pauperum Christi usibus sunt provisa, dicente Apostolo : *Qui non laborat, non manducet* (*II Thess.* III). Inter ea sane quæ in professionis vestræ ordine statutum est observari primum est ut sub unius magistri obedientia in omni humilitate atque concordia sine proprio vivere debeatis, illorum fidelium exemplum habentes qui ad fidem Christianam apostolorum prædicatione conversi, vendebant omnia, et ponebant pretium ad pedes illorum, dividebaturque singulis prout cuique opus erat, nec aliquis eorum quæ possederat quidquam suum esse dicebat, sed erant eis omnia communia. Ad suscipiendam quoque prolem quæ in timore Domini nutriatur, et infirmitatis humanæ remedium juxta institutionem Domini et indulgentiam Apostoli, qui ait : *Bonum est homini mulierem non tangere, propter fornicationem autem unusquisque uxorem suam habeat, et similiter virum mulier suum* (*I Cor.* VII), qui continere nequiverit conjugium sortiatur, et servet inviolatam fidem uxori, et uxor viro, nec tori conjugalis continentia violetur. Si autem viri præmortui fuerint, et relictæ ipsorum, quæ ordinem susceperunt, nubere voluerint, denuntietur hoc magistro sive commendatori, ut cum illius conscientia cui mulier ipsa vult nubat, secundum verbum apostoli Pauli dicentis : *Mortuo viro, soluta est mulier a lege viri; cui vult nubat, tantum in Domino* (*ibid.*); quod etiam de viris intelligitur observandum. Una etenim utrique lege tenentur.

Statuimus quoque ut nullus fratrum sive sororum post susceptionem ordinis vestri et promissam obedientiam vel redire ad sæculum vel ad alium ordinem sine magistri licentia audeat se transferre, cum sint in ordine vestro loca statuta ubi quisque districtius valeat conversari. Discedentem vero nullus audeat retinere, sed ad ordinem suum per censuram ecclesiasticam qui discesserit redire cogatur. Ut autem in ordine vestro cum majori omnia deliberatione tractentur, statutum est inter vos ut locus aliquis ordinetur in quo per singulos annos in solemnitate Omnium Sanctorum generale capitulum teneatur, et sit ibi clericorum conventus et prior, qui eorum et aliorum clericorum qui de ordine vestro fuerint curam possit habere, ac fratrum, cum necesse fuerit, prævideat animabus; sint autem et tredecim in ordine fratres, qui magistro, cum opus fuerit, in consilio et dispositione domus assistant, et eligendi magistri curam habeant competentem. Prior siquidem clericorum, cum magister de hac luce migraverit, de domo et ordine sollicitudinem gerat; cui sicut magistro omnes obedientes existant, donec per providentiam tredecim prædictorum fratrum magistri electio celebretur. Is, cum transitus magistri fuerint auditus et cognitus, tredecim illos fratres sine dilatione aliqua convocabit; et si quisquam eorum infirmitate vel alia ex causa infra quinquaginta dies adesse nequiverit, cum aliorum consilio qui præsentes fuerint alium absentis loco constituet, ut magistri electio ex aliquorum absentia minime differatur. Illi vero tredecim fratres, si magister qui pro tempore fuerit perniciosus aut inutilis apparuerit, cum consilio prioris clericorum et sanioris partis capituli majoris domus corrigendi aut etiam admonendi eum habeant potestatem. Et si inter eum et capitulum aliquid emerserit quæstionis, debitum ei finem imponant; ne per aliena judicia vel dilabatur ordo, vel temporalis substantia dissipetur. In nullam autem ex hoc fratres illi superbiam eleventur, sed magistro suo devoti et obedientes existant.

Quod si quis eorum ex hac vita transierit, vel pro

culpa seu alia quacunque fuerit occasione mutandus, magister cum consilio reliquorum aut majoris partis alium loco ejus substituat. In capitulo autem, quod annis singulis diximus celebrandum, tredecim isti fratres et commendatores domorum, nisi evidens et magna eos necessitas detinuerit, ad statutum locum incunctanter occurrant, et communiter tractent quæ ad profectum ordinis, animarum salutem, et sustentationem corporum fuerint statuenda; ubi præcipue ad defensionem Christianorum intendere moneantur; et districte præcipiatur ut in Saracenos, non mundanæ laudis amore, non desiderio sanguinis effundendi, non terrenarum rerum cupiditate crassentur, sed id tantum in pugna sua intendant ut vel Christianos ab eorum tueantur incursu, vel ipsos ad culturam possint Christianæ fidei provocare. Eligantur et tunc visitatores idonei, qui domos fratrum per anni circulum fideliter visitent, et quæ ibi digna correctione invenerint, aut ipsi corrigant, aut ad generale capitulum deferant corrigenda. Clerici præterea vestri ordinis per villas et oppida simul maneant, et priori qui super eos fuerit ordinatus obedientes existant, et filios fratrum qui eis a magistro commissi fuerint instruant scientia litterarum, et fratribus tam in vita quam in morte spiritualia subministrent. Induentur autem superpelliciis, et conventum et claustrum sub priore suo tenebunt, et humiliter facient quod ab ipso illis secundum Deum fuerit imperatum; ubi fratres quoque de quibus magistro visum fuerit conversentur, et non sint otiosi, sed vacent orationi et aliis operibus pietatis. Clericis vero de laboribus et aliis bonis a Deo præstitis decimæ reddantur a fratribus, unde libros et congrua ecclesiarum faciant ornamenta, et in necessitatibus corporis convenienter sibi provideant, et si aliquid superfuerit, secundum providentiam magistri in usus pauperum erogetur. Ut autem concordia inter vos charitasque servetur, et a peccato detractionis et murmuris cuncti debeant abstinere, qui commendator in quolibet loco fuerit institutus, pro facultate domus in sanitate et ægritudine quod cuique opus fuerit cum ea sollicitudine ac benevolentia subministret, ut neque in substantia parcitatem nec in verbo amaritudinem gerere videatur. Sit vobis præcipua cura hospitum et indigentium, et necessaria illis pro facultate domus liberaliter conferantur. Exhibeatur prælatis Ecclesiarum honor et reverentia; subministretur cunctis Christi fidelibus, canonicis, monachis, Templariis, Hospitalariis, aliisque in sanctæ religionis observantia positis consilium et auxilium; quorumlibet etiam necessitati, si facultas fuerit, subleveter, ut et Deus in vestris glorificetur operibus, et alii qui viderint, humilitatis et charitatis vestræ provocentur odore.

Ad hæc adjiciendum decrevimus ut si locus aliquis in quo episcopus esse debeat in vestram venerit potestatem, sit ibi episcopus, qui cum ecclesiis et clero suo designatos sibi redditus et possessiones et episcopalia jura percipiat; reliqua vero cedant in usus vestros, et in vestra dispositione sine cujusquam contradictione persistant. Profecto in parochialibus ecclesiis quas habetis nolumus episcopos suo jure fraudari. Si autem in locis desertis aut ipsis terris Saracenorum de novo ecclesias construxeritis, ecclesiæ illæ plena gaudeant libertate, nec aliqua per episcopos decimarum aut alterius rei exactione graventur. Liceatque vobis per clericos vestros idoneos easdem ecclesias cum suis plebibus gubernare; nec interdicto per episcopos vel excommunicationi subdantur, sed fas sit vobis tam in majori ecclesia, quæ caput fuerit ordinis, quam in illis etiam, excommunicatis et interdictis exclusis, divina semper officia celebrare. Præterea ne humanis vexationibus et calumniis a defensione Christianorum retrahi valeatis, apostolica auctoritate decernimus ne personas vestras, præter legatum apostolicæ sedis a latere Romani pontificis destinatum, interdicere quisquam aut excommunicare præsumat. Quod etiam de familiis et servientibus vestris statuimus, qui stipendia vestra percipiunt, donec justitiam parati fuerint exhibere, nisi forte talis fuerit culpa ex qua ipso facto ecclesiasticam censuram incurrant. Chrisma vero, oleum sanctum, consecrationes altarium seu basilicarum, ordinationes clericorum vestrorum qui ad sacros ordines fuerint promovendi, a diœcesano suscipietis episcopo; siquidem Catholicus fuerit, et gratiam atque communionem apostolicæ sedis habuerit, et ea gratis et absque ulla pravitate vobis voluerit exhibere. Alioquin liceat vobis quemcunque malueritis adire antistitem, qui nostra fultus auctoritate quod postulatur indulgeat. Liceat præterea vobis in locis vestris ubi quatuor vel plures fratres fuerint oratoria construere, in quibus fratres et familiæ vestræ tantum et divinum audire officium et sepulturam Christianam possint habere. Ita enim volumus necessitati vestræ consulere ut non debeant ex hoc adjacentes ecclesiæ injuriam sustinere. Cum autem generale interdictum terræ fuerit, liceat vobis clausis januis, exclusis excommunicatis et interdictis, non pulsatis campanis, suppressa voce divina officia celebrare. Præsenti nihilominus decreto sancimus ut si quis in aliquem vestrum, fratrum videlicet vel sororum, violentas manus injecerit, excommunicationis sententia sit astrictus, et illud idem pro tutela vestra tam in sententia quam in pœna servetur quod sub felicis memoriæ papa Innocentio prædecessore nostro de tuitione clericorum in generali concilio noscitur institutum (9).

Decernimus ergo ut nulli omnino hominum liceat jura vel possessiones vestras temere perturbare, aut vestra bona auferre, vel ablata retinere, minuere, seu quibuslibet vexationibus fatigare; sed illibata omnia et integra conserventur eorum pro quorum gubernatione ac sustentatione concessa sunt usibus

---

(9) 17, q. 4, cap. *Si quis suadente.*

omnimodis profutura, salva sedis apostolicæ auctoritate. Ad indicium autem hujus a sede apostolica perceptæ libertatis decem malachinos nobis nostrisque successoribus annis singulis persolvetis. Si qua igitur in futurum ecclesiastica sæcularisve persona hanc nostræ constitutionis paginam sciens, contra eam temere venire tentaverit, secundo tertiove commonita, nisi præsumptionem suam digna satisfactione correxerit, potestatis honorisque sui dignitate careat, reamque se divino judicio existere de perpetrata iniquitate cognoscat, et a sacratissimo corpore ac sanguine Dei et Domini redemptoris nostri Jesu Christi aliena fiat, atque in extremo examine districtæ ultioni subjaceat. Cunctis autem vobis vestra jura servantibus sit pax Domini nostri Jesu Christi; quatenus et hic fructum bonæ actionis percipiant, et apud districtum judicem præmia æternæ pacis inveniant. Amen.

Datum Laterani per manum Joannis Sanctæ Mariæ in Cosmidin diaconi cardinalis, S. R. E. cancellarii, vin Idus Martii, indictione tertia decima, Incarnationis Dominicæ anno millesimo ducentesimo nono, pontificatus vero domini Innocentii papæ III anno tertio decimo.

XII.

CENADIENSI EPISCOPO, ET ABBATI DE CIKEDOR QUINQUECCLESIENSIS DIŒCESIS.

Scribitur pro episcopo Quinquecclesiensi.
(Laterani, vii Idus Martii.)

Cum in juventute sua venerabilis frater noster C. Quinquecclesiensis episcopus adeo se maturum honestum et providum exhibuerit ut propter suavem suæ probitatis odorem ab Ecclesia Romana meruerit ornamento pallei decorari, non est de levi credendum quod postquam ad senilem pervenit ætatem, etc. *Require supra in Regesto noni anni ejusdem domini Innocentii tertii papæ.*

Datum Ferentini Nonis Julii, in eumdem modum per totum usque non duximus iterandum, cum et charissimus in Christo filius noster A. rex Ungarorum illustris eum per suas litteras valde nobis reddiderit commendatum, asserens, etc., *usque* præcipiendo mandamus quatenus cum per episcopum ipsum non steterit quo minus purgaverit semetipsum, quando purgationem curavit offerre, non ut ratum haberet quod a nuntio suo fuerat procuratum, sed ne mandatum apostolicum contemnere videretur, non sinatis ipsum ulterius occasione prædicti mandati ab aliquo molestari, sed si videritis contra eum studia concinnari maligna, non permittatis ipsum iniquis machinationibus conculcari; quia vehementer præsumimus ex verisimilibus conjecturis quod aliqui contra eum invidia torqueantur, dejectionem ipsius exaltationem propriam æstimantes; significaturi nobis, cum expedire videritis, de singulis circumstantiis veritatem.

Datum Laterani vii Idus Martii, pontificatus nostri anno tertio decimo (10).

---

(10) Verba quæ hic desunt, repetenda sunt ex cap. *Cum in juventute.* De præsumptionib. et ex cap. eod. De purgat. canon. in tertia collectione, ubi sic legitur : « Postquam ad senilem pervenit ætatem, turpiter abjecerit jugum Domini, fetores et fœditates libidinis amplexando, cum labes hujusmodi, quæ nonnunquam in juventute contrahitur, in senectute frequentius expietur. Quis præterea de facili crederet quod vir præditus scientia litterarum, propriæ salutis oblitus, ad eam passionis ignominiam se converteret ut cum propria nepte abominabilem perpetraret incestum, cum etiam secundum sententias ethnicorum naturale fœdus inter tales personas nihil permittat scævi criminis suspicari? Licet igitur illustris rex Ungariæ eumdem episcopum nobis interdictum per nuntios et litteras de tali crimine detulisset suppliciter postulans et instanter ut malum hujusmodi perniciosum exemplo de Ungarica Ecclesia tolleremus, quia tamen ejus suggestio non de charitatis radice sed ex odii fomite procedere videbatur, cum ipsum tanquam inimicum persequi non cessaret, sicut est in tota provincia manifestum, noluimus aures nostras quasi malignis delationibus inclinare; sed ut probaremus spiritus si esset ex Deo, bonæ memoriæ Jauriensi (a) episcopo dedimus nostris litteris in mandatis ut prudenter ac caute a coepiscopis indagaret utrum præfatum episcopum crederent tali labe respersum. Qui nobis postmodum rescripserunt quod eum virum honestæ conversationis esse credebant, personam illius multipliciter commendantes. Quia vero pater filium quem diligit corripit, nos eumdem episcopum per litteras nostras corripuimus, injungentes eidem ad majorem cautelam ut ab illius familiaritate cessando, apud Deum et homines taliter se haberet quod sinistra de ipso suspicio non possit haberi. Sed inimicus homo rescriptum litterarum illarum subripiens, apud prædictum regem et magnates regni ipsum nequiter publicavit, ut sic idem episcopus deberet amplius infamari, cum videretur nobis incredibilis et suspectus. Unde nos tantam æmulorum nequitiam attendentes, licet pulsati fuerimus multoties contra eum, nunquam tamen adversus eum potuimus commoveri, scientes quod facile dominium sequitur multitudo. Ubi vero idem episcopus ad Strigoniensem metropolim exstitit postulatus, quidam qui super ipsa postulatione adversabantur eidem, ut promotionem ipsius facilius impedirent, illius criminationis carbones reaccendere sunt moliti. Unde quidam procurator ipsius in nostra præsentia constitutus, de consilio quorumdam amicorum suorum, qui super hoc quidem bonum zelum habebant, sed non secundum scientiam, cœpit a nobis in præsentia fratrum nostrorum cum instantia postulare quatenus eidem episcopo purgationem canonicam faceremus indici, ut suam innocentiam demonstraret. Nos autem hujusmodi postulationem minus providam, imo nimis improvidam reputantes, procuratorem ipsum ab ea sæpe voluimus revocare; tum quia sæpefatus episcopus non videbatur apud bonos et graves de illo crimine infamatus, cum coepiscopi super hoc ex mandato apostolico requisiti laudabile testimonium de ipso nobis curaverint exhibere; tum quia talis infamatio videbatur ab inimicis et æmulis processisse, sicut superius est expressum. Unde cum anteacta ejus vita commendabilis exstitisset et hujusmodi facinus incredibile videretur, non credebamus ei purgationem aliquam indicendam. Cæterum quia procurator instabat, compulsi fuimus, non juris necessitate, sed importunitate

(a) Cod Colb., Georiensi

XIII.
ARCHIEPISCOPO NEOPATRENSI, ET CERMOPILENSI EPISCOPO, ET ELECTO AVELELENSI.
De electione archiepiscopi Thessalonicensis.
(Laterani, v Idus Martii.)

Olim dilecti filii canonici Sanctæ Sophiæ Thessalonicensis suas nobis litteras direxerunt, per quas una cum dilecta filia in Christo filio nobili muliere relicta marchionis Montisferrati necnon et dilectis filiis nobilibus viris comite de Blandraco Bajulo et aliis Thessalonicensis regni baronibus, qui super hoc ipso sua nobis scripta misere, nostro humiliter apostolatui supplicarunt ut postulationem quam iidem canonici, prædictorum accedente favore, de venerabili fratre nostro Verisiensi archiepiscopo se fecisse dicebant admittere dignaremur, cum per ipsius circumspectam prudentiam et circumspectionem prudentem singulariter quasi sperarent non solum Ecclesiæ sed et regni posse necessitatibus provideri. Unde nos venerabilibus fratribus nostris Larissensi et Thebano archiepiscopis dedimus in præceptis ut inquisita diligenter et cognita veritate (11), si postulationem ipsam ab his qui eam celebrare potuerant et debuerant invenirent canonice celebratam, et præfatum archiepiscopum, sicut a quibusdam nobis fuerat intimatum, administrationi Thessalonicensis Ecclesiæ se minime ingessisse, propter multam necessitatem admitterent vice nostra postulationem eamdem. Nuper autem idem archiepiscopus ad præsentiam nostram accedens, litteras nobis non solum charissimi in Christo filii nostri Constantinopolitani imperatoris illustris et præfati Thebani archiepiscopi, verum etiam aliorum multorum præsulum et magnatum causam ejus multipliciter commendantium præsentavit; inter quos specialiter memoratus Thebanus archiepiscopus se scire veraciter fatebatur quod ab illis quos communis clerus et populus habebant in Ecclesia Thessalonicensi canonicos unanimiter fuerat postulatus, assentiente præfata nobili, et prædicto comite tunc Bajulo cum aliis regni baronibus hoc ipsum propter necessitatis instantiam expetente. Qui tandem licet ab eodem imperatore compulsus ad civitatis custodiam remansisset, non tamen in archiepiscopalibus domibus, sed in quadam turri ejusdem civitatis se cum suis militibus et familia recollegit, in qua laudabiliter opus injunctæ sibi custodiæ procuravit implere. Quæ omnia quanquam idem Thebanus plene novisset, nostro tamen mandato recepto, una cum collega suo Larissensi archiepiscopo ad prædictam civitatem accessit: ubi familiares prædicti comitis contra petentis, ut ei per vos purgationem canonicam cum duobus abbatibus mandaremus indici ; quamvis eidem procuratori fuerimus protestati quod ex alia quoque causa talis petitio minus provide tunc flebat, quia videlicet Strigoniensis Ecclesiæ suffraganei vix eo tempore purgarent eumdem, quia in facto postulationis contradicebant eidem, et suffraganei Colocensis Ecclesiæ ipsum minime tunc purgarent, quia inter eum et Colocensem archiepiscopum de Strigo- A postulatum instructi, Albertus videlicet Thessalonicensis canonicus, qui eum canonicare, postulaverat, prout idem Thebanus se a pluribus asserit didicisse, ac etiam imperator illum hoc in sua præsentia recognovisse testatur, et H. qui dicti comitis exstiterat cancellarius, eorum se conspectui præsentarunt, quos vitare minime potuerunt quin attestationes eorum apud conscientiam ipsius Thebani archiepiscopi, prout quidem asserit, minus veras tanquam inquisitores negotii diligenter audirent, easque nostro examini reservantes, eidem postulato administrationem temporalium commisere, considerantes desolationem Ecclesiæ, regni anxietatem, et favorem imperatoris ac etiam omnium Latinorum.

Idem autem Verisiensis archiepiscopus in nostra præsentia recognovit quod statim post postulationem suam requisitus a comite ut sibi unam et cuidam nobili laico aliam daret præbendam, respondit quod ad se minime pertinebat; et subjungente comite quod ratione sedis vacantis ipsemet sibi et illi nobili hujusmodi præbendas conferret, adjecit quod hoc ipse nec concedebat nec etiam denegabat, cum ad se talis concessio vel negatio non spectaret. Recognovit insuper quod in ingressu Thessalonicensis Ecclesiæ canonici et clerici civitatis *Te Deum laudamus,* ipso dicente : *Non mihi, sed vobis cantatis,* motu proprio cecinerunt, et illis eum inthronizare volentibus, non est passus. Temporalia quoque ipsius Ecclesiæ de præfatæ nobilis et bajuli voluntate, clericis Ecclesiæ præsentibus et non contradicentibus, ad sustentandum se ac suos pro civitatis defensione percepit, exigens et recipiens adjutorium nihilominus a Græcis tam clericis quam laicis propter sustentationem eamdem. Et propter necessitatem terræ, ad nimiam commorantium ibidem Instantiam, ad titulum Verisiensis Ecclesiæ, sicut viator, duos presbyteros et totidem diaconos ac subdiaconos unumque acolythum ordinavit; nec non prænominatæ nobili, non utique pro regalibus, sed pro suspicione tollenda, solummodo tutum et honestum, quandiu esset cum ipsa, promisit. Quia igitur archiepiscopo ipso apud sedem apostolicam exspectante, non comparuit pars adversa, nec prælibatæ attestationes nobis præsentatæ fuerunt, nolentes ex tali dilatione Thessalonicensem Ecclesiam sustinere jacturam, discretioni vestræ per apostolica scripta mandamus atque præcipimus quatenus cum memorata nobilis nuper etiam per speciales nobis litteras intimaverit quod et sibi placeat quidquid nobis de negotio ipso placet, attestationes ipsas vel niensi metropoli contento vertebatur. Unde cum non sint alii pontifices in Hungaria, merito videbatur quod per episcopos regni sui non posset in illo articulo se purgare. » *Desunt nonnulla. Cæterum quæ hic descripta sunt ex tertia collectione, emendata sunt ope duorum veterum exemplarium manuscriptorum : quorum unum ad nos pervenit ex urbe Andegavensi, aliud exstat in bibliotheca Colbertina.*

(11) Vide lib. XI, epist. 171.

earum originalia, quæ apud inquisitores credimus remansisse, si forsan interim vobis fuerint destinatæ, faciatis vobis absque dilatione qualibet exhiberi, et facientes interim eumdem archiepiscopum administratione gaudere quæ sibi commissa fuit, sicut superius est expressum, attestationibus ipsis diligenter inspectis, nisi aliquod grave sufficienter inveneritis esse probatum quod postulationem merito impedire debuerit, vice nostra, sublato cujuslibet contradictionis et appellationis obstaculo, admittatis eamdem, et absolventes eum a vinculo quo Verisiensi Ecclesiæ tenebatur, præfigatis ei terminum competentem infra quem palleum quod sub nomine ipsius Ecclesiæ Verisiensis accepit nobis remittere non postponat, aliud, dante Domino, prout convenit, ad nomen Thessalonicensis Ecclesiæ recepturus; facientes eidem a subditis obedientiam et reverentiam debitam exhiberi. Si autem casu aliquo attestationes prædictas vel earum habere originalia nequiveritis, nihilominus ad finem negotii per inquisitionem debitam procedere non tardetis.

Quod si forsan grave aliquid inveneritis esse probatum propter quod eadem postulatio sit merito respuenda, cassata ipsa, illos ad quos pertinet electio Thessalonicensis Ecclesiæ moneatis ut personam idoneam, si quidem in partibus illis reperta fuerit, absque mora per electionem seu postulationem canonicam concorditer sibi præficiant in pastorem. Si vero propter personarum defectum, quo non solum ipsam Ecclesiam, sed et totam provinciam credimus laborare, personam idoneam non potuerint ad ejus regimen invenire, vos in nobis per vestras litteras intimetis. Qui, si canonici memorati cum favore nobilis sæpedictæ per litteras quas a vobis ad hoc diligenter commonita nobis duxerit destinandas expresso poposcerint, eis, auctore Domino, dignum pontificem de nostris manibus consecratum et decoratum palleo, insigni videlicet plenitudinis pontificalis officii, curabimus destinare, qui et sciet et poterit cum sapientiæ divinæ potentia commissam sibi Ecclesiam spiritualiter et temporaliter gubernare. Quod si non omnes, etc., duo vestrum, etc.

Datum Laterani, v Idus Martii, pontificatus nostri anno tertio decimo.

XIV.

R. ET A. ATHENIENSIBUS ET MAGISTRO G. DIMICENSI CANONICIS.

De congrua portione canonicorum Thebanorum.
(Laterani, vii Idus Martii.)

Cum olim ad petitionem dilectorum filiorum canonicorum Ecclesiæ Thebanæ dilecto filio Nazorescen electo et suis conjudicibus dedissemus nostris litteris in mandatis ut venerabilem fratrem nostrum Thebanum archiepiscopum admonerent eisdem canonicis portionem de rebus Ecclesiæ suæ congruam assignare, idem archiepiscopus, prout nostris auribus est relatum, monitionibus illorum inductus, consideratis redditibus ejusdem Ecclesiæ ac facultatibus universis, medietatem earum canonicis contulit memoratis liberaliter : qui tandem humiliter postularunt a nobis ut concessionem hujusmodi dignaremur auctoritate apostolica roborare. Quocirca discretioni vestræ per apostolica scripta mandamus quatenus concessionem ipsam, sicut provide facta est, faciatis firmiter observari, contradictores per censuram ecclesiasticam appellatione postposita compescendo. Quod si non omnes, etc., duo vestrum, etc.

Datum Laterani, vii Idus Martii, pontificatus nostri anno tertio decimo.

XV.

THEBANO ARCHIEPISCOPO.
Mandatur ei ne vexet canonicos
(Laterani.)

Dilecti filii Thebani canonici nobis graviter sunt conquesti quod tu pro qualibet levi causa, juris ordine prætermisso, sententiam excommunicationis in ipsos sæpius jaculari præsumis, cumque propter varia maris et terræ pericula, pro beneficio absolutionis habendo ad nos accedere nequeant, Ecclesia sua sæpissime hæc de causa ulterius quam deceret debito servitio defraudatur. Ne igitur nimium deferendo prælatis, subjectos opprimere videamur, fraternitati tuæ per apostolica scripta mandamus quatenus in canonicos ipsos præcipitare sententiam contra juris ordinem non præsumas, sed ita satisfacias de injuriis super hoc irrogatis eisdem quod justam de te materiam non habeant conquerendi. Alioquin pro certo cognoscas quod si nobis super hoc fuerit iterata querela, officii nostri debitum conquerentibus reddemus.

Datum, ut in alia per totum.

XVI.

ATHENIENSI ARCHIEPISCOPO ET SUFFRAGANEIS EJUS.
Ut Latinis det proprios sacerdotes.
(Laterani.)

Dilectus filius nobilis vir O. de Roca dominus Atheniensis per litteras nostras vestram petiit providentiam admoneri ut in castris suis et villis, in quibus duodecim Latini abundantes certas habuerint mansiones, proprios sacerdotes, quibus integre a Latinis laicis decimæ persolvantur, instituere curaretis; præsertim cum iidem laici sint parati hujusmodi presbyteris, quibus decimæ non sufficerent, providere. Quocirca fraternitati vestræ per apostolica scripta præcipiendo mandamus quatenus petitioni ejusdem nobilis super hoc, prout videritis expedire, benevolum præbeatis assensum. Alioquin dilecto filio magistro R. decano Davaliensi et B. cantori et Terrico canonico Thebanis dedimus in mandatis ut veritate super hoc diligentius inquisita, illam nobis studeant fideliter intimare.

Datum Laterani, etc., ut in alia per totum.

Scriptum est ipsis super hoc in eumdem fere modum usque in finem. Quod si non omnes, etc. Datum ut in alia per totum.

XVII.

PRÆCEPTORI ET FRATRIBUS HOSPITALIS SANCTI SAMSONIS CONSTANTINOPOLITANI.

Confirmat dona facta ab imperatore.

(Laterani, xviii Kal. Aprilis.)

Annuere consuevit sedes apostolica piis votis, et honestis petentium precibus favorem benevolum impertiri. Eapropter, dilecti in Domino filii, vestris justis postulationibus grato concurrentes assensu, castellum quod Garelis vulgariter appellatum vobis cum pertinentiis suis charissimus in Christo filius noster Henricus Constantinopolitanus imperator pia liberalitate donavit, domos quoque, casalia, terras, vineas et possessiones alias, sicut ea omnia juste ac pacifice possidetis, vobis et per vos domui vestræ auctoritate apostolica confirmamus et præsentis scripti patrocinio communimus. Nulli ergo omnino hominum liceat hanc [paginam nostræ confirmationis infringere vel ei, etc., *usque* incursurum.

Datum Laterani, xviii Kal. Aprilis, pontificatus nostri anno tertio decimo.

XVIII.

PATRIARCHÆ CONSTANTINOPOLITANO (12).

De ordinandis clericis ex omni natione.

(Laterani, Idibus Martii.)

(13) Si tua fraternitas consideraret attente quod ab uno patre descenderimus universi, et quod non sit personarum acceptio apud Deum, sed ei de omni gente qui timet Deum et operatur justitiam est acceptus, in dispensando talenta tibi credita non personas sed merita potius attenderet personarum. Verum quia, sicut charissimus in Christo filius noster imperator Constantinopolitanus (14) illustris sua nobis insinuatione monstravit, hoc minus attente considerans quam deceret, prout caro et sanguis revelavit tibi, solos Venetos (15) vel subjacentes eisdem in ecclesia tua promoves, Francos et alios probos viros alterius nationis quam tuæ promovere contemnens, volentes ut ab hujusmodi revoceris abusu, per quem divinam et nostram incurrere posses offensam, fraternitatem tuam monemus attentius et hortamur, per apostolica tibi scripta mandantes quatenus de personis idoneis et honestis undecunque acceptis ecclesiam tuam taliter ordinare procures quod in ordinatione ipsarum magis merita quam personas attendere videaris. Specialiter autem ipsius precibus imperatoris inducti, pro dilectis filiis H. presbytero, Jacobo subdiacono, et Petro de Christo, apostolicas preces tibi duximus destinandas, monentes attentius et hortantes quatenus eis ob reverentiam (16) apostolicæ sedis et nostram in ecclesia tua conferas beneficium præ-

---

(12) *Patriarchæ Constantinop.* Mauroceno Veneto, qui præerat Ecclesiæ Constantinopolitanæ anno Domini 1211, pontificatus domini Innocentii papæ tertii xiii, qui rescripsit hanc epistolam, et Græcos diebus suis in obedientiam sedis apostolicæ revertentes fovere voluit, c. *Licet*, De baptismo et c. 4 concilii Lateranensis. Ideo videmus Constantinopolitanum patriarcham dicto audientem in eodem calculum ferre, qui præerat Innocentius noster, quippe Colonia εὐσεβείας μητρόπολι ex Sozomeno lib. iii, c. 7, scilicet nova Roma seniori cedere debuit apte ad novellam 131, c. 2.

Hinc synodi Nicænæ primæ decreto fretus Julius papa primus in Orientis partibus illibatum spirituale imperium retinet. Si quidem ad sedem apostolicam Athanasius Alexandriæ episcopus appellavit. Socrates, lib. i, c. 2; Sozomen. ibidem, et Damasus papa primus Nectario patriarchæ Constantinopolitano præfuit. Deinde, annuentibus episcopis, Ephesini concilii legati a Cœlestino, eumdem totius Ecclesiæ curam habere, Patresque ἁγιώτατον πατέρα dixerunt apud Evagrium lib. i, c. 4, eodemque elogio donatur Leo papa primus a Lucentio apostolicæ sedis legato nemine prorsus discrepante in Chalcedonensi concilio, Patresque provinciæ proconsularis in codice canonum Ecclesiæ Africanæ cap. 56, vocant Anastasium papam primum προσκύνητον ἅγιον τῆς ἀποστολικῆς. Καθέδρας Ἐπισκόπον. Secundum quæ eleganter Justinianus imperator ejusdem novellæ contextu decrevit, κατὰ τοὺς ἐκκλησιαστικοὺς κανόνας ὅρους, τὸν ἁγιώτατον τῆς πρεσβυτέρας Ῥώμης Πάππαν πρῶτον εἶναι τῶν ἱερέων. Quem secuti Theodosius et Valentinianus novella de episcop. ordinat., et Carolus Calvus imperator rex Christianissimus Joanni universali papæ VIII rescribit apud Hincmarum ep. 9, c. 5.

Recte itaque Innocentius S. R. E antiquæ dignitatis assertor, patriarchæ votum animi suggerit, ut omnia ordine servato in Ecclesia Constantinopolitana ex æquo et bono procedant, quæ alias fuerat inobediens et rebellis c. *Inter*, De majorit. et obedientia.

(13) Vide lib. xii, epist. 105, et Gesta Innoc. III, cap. 99.

(14) *Imperator Constantinopolitanus.* Henricus frater Balduini comitis Flandriæ primi ex Latinis, (sed melius ex Gallis) Byzantio dominati, Nicetas Choniates Annal. lib. ult. Καὶ εἰς βασιλέα χρίουσι τὸν Ἐρρῆν, ὅς ἦν αὐτοκασιγνητος Βαλδουίνου τοῦ πρῶτος ἐκ Λατίνων. Τῆς Κωνσταντίνου κατάρξαντος. Paulus Langius in Chronico Citizensi anno Domini 1200, quo defuncto in carceris custodia, imperium novæ Romæ nactus est Henricus frater a Martino Polono Alcinoe, a Genebrardo S. Pauli comes dictus.

(15) *Solos Venetos.* Quoniam ipsemet patriarcha Venetus. Decretum siquidem fuerat, ut si Gallus imperio potiretur, Venetus Ecclesiæ Constantinopolitanæ primatum obtineret, quod evenit ex mart. Polono et Niceta ibidem et Platina in Innoc. III. Cæterum ad interpretationem hujus epistolæ vide c. *Scriptum*, c. *Ad decorem* De institution., nec obstat l. *in Ecclesiis* c. De episc. et cleri, et c. *Bonæ* § nec cæteri versic. intellevimus de postul. prælatorum, ex quibus clerici unius provinciæ, clericis alterius præpolent; sed ratio decidendi exstat in eodem contextu ex quo desumptus § 4. Ordinationis regiæ, quæ in comitiis Blesensibus sancita fuit, Jo. Ferrantus privil. 9 Liliorum; alienigena non potest in regno beneficiari, sine regis permissione, quæ desumpta sunt ex proœmio Pragmaticæ Sanctionis § 4, in verbo *exterorum*; ideo comitatus Burgundiæ incolæ S. C. 17. Novemb. 1599. Beneficiorum administrationi, quorum titulo in ducatu gaudent, superesse non possunt, donec a rege tanti beneficii gratiam meruerint, ejusdemque rescriptura senatus Divionensis annotarit; pari ratione cautionem judicatum solvi præstare tenentur, priusquam in judicio experiantur, licet inter utramque provinciam fraternitatis, (quam vulgo Neutralitatem vocamus) fœdus S. C. (certo annorum decursu peracto) feriatur, ut faciliori via omnia mutuo peragantur.

(16) *Ob reverentiam*, quæ debetur matri a filia; l. congruentius c. *De pat. potest.*

hendale; preces nostras taliter impleturus quod devotionem tuam inde possimus merito commendare.

Datum Laterani, Idibus Martii, pontificatus nostri anno tertio decimo.

XIX.
DECANO DE BLAKERNA, ET MAGISTRIS P. DE MONTINIACO CANTORI ET G. CANONICO SANCTI PAULI CONSTANTINOPOLITANIS.

Super eodem.
(Datum, *ut in alia.*)

Si venerabilis frater noster Constantinopolitanus patriarcha consideraret attente quod ab uno patre descenderimus universi et quod non sit personarum acceptio apud Deum, sed ei, etc., *in eumdem fere modum ut in alia,* usque in ecclesia sua conferat beneficium præbendale. Ideoque discretioni vestræ per apostolica scripta mandamus quatenus eum ad id monere diligentius et efficaciter inducere procuretis. Quod si non omnes . . . duo vestrum, etc.

Datum, *ut in alia per totum.*

XX.
JOANNI TURONENSI ARCHIEPISCOPO.

Confirmatur compositio facta inter archiepiscopum Turon. et abbatem Cormaria.

(Datum Laterani, IV Kal. Martii.)

Mota jampridem quæstione inter bonæ memoriæ prædecessorem tuum et canonicos Beati Martini Turonensis et Rogerium abbatem Cormariacensem super subjectione ac obedientia quam idem prædecessor tuus a prædicto abbate sibi conquerebatur injuste subtractam, partes ad felicis memoriæ Alexandri papæ prædecessoris nostri præsentiam accesserunt. Qui cum non posset causæ debitum finem imponere, eam bonæ memoriæ Trecensi et Claromontensi episcopis terminandam commisit. Cum autem coram Claromontensi de assensu Trecensis episcopi partes propter hoc constitutæ fuissent, eodem Claromontensi et viris aliis honestis et discretis qui sibi assidebant mediantibus inter prædictum prædecessorem tuum et Sulpicium successorem prædicti abbatis et decanum et canonicos Sancti Martini de libero et spontaneo assensu partium amicabilis facta est compositio et in authentico scripto redacta, sicut ex eodem scripto manifeste comparet. Nos autem quæstionem sopitam nolentes indebite suscitari, qui tenemur litibus finem imponere, ad exemplar prædicti prædecessoris nostri compositionem ipsam, sicut de assensu partium in præsentia prædicti Claromontensis provide facta est, et hinc inde sponte recepta et hactenus observata, et in scripto authentico ipsius episcopi continetur, ratam habemus et firmam, eamque auctoritate apostolica confirmantes, præsentis scripti patrocinio communimus, statuentes quod nulli omnino hominum liceat hanc paginam nostræ confirmationis infringere vel ei, etc., *usque* incursurum.

Datum Laterani, IV Kal. Martii, pontificatus nostri anno tertio decimo.

XXI.
ABBATI DE SICHEM HALBELSTATENSIS DIŒCESIS ET MAJORI DECANO HALBELSTATENSI.

Committitur eis postulatio marchionis Brandeburg.

(Datum Laterani, VII Kal. April.)

Ex parte dilecti filii nobilis viri Marchionis Brandeburgensis nostris est auribus intimatum quod cum non modica terræ pars ad marchiam suam pertinens per suos et fratris ac patris avique sui labores de manibus eruta paganorum sterilis jaceat et inculta, ipsam ad cultum redigere ac de colonis fidelibus disposuit stabilire. Unde nobis humiliter supplicavit ut cum pro ampliatione divini cultus conventualem ecclesiam desideret in terra ipsa construere, licentiam super hoc ei concedere dignaremur, et ipsam ab omni onere pontificalis jurisdictionis exemptam in jus et proprietatem sedis apostolicæ retinere, ita profecto quod duæ partes decimarum ejusdem terræ ad marchionem ipsum et hæredes ipsius pro ecclesiæ fabrica, quam ipsi debent propriis sumptibus reparare, necnon etiam pro stipendiis militum devolvantur, sine quibus terra memorata non posset contra Sclavorum impetum gubernari fidem catholicam impugnantium vel ecclesiasticam unitatem, aut terram ipsam occupare volentium, pro eo quod patres eorum, cum essent pagani, per eumdem marchionem vel progenitores ipsius ab ea fuerunt potenter ejecti, tertia vero pars integra persolvatur ecclesiæ construendæ, quam idem marchio competenter dotabit, ut in ea duodecim canonici commode possint cum suo præposito deservire, qui pro tempore canonice debeat præsentari per eum ac successores ipsius, et per solum Romanum pontificem aut ejus mandato per alium confirmari, ac denique confirmatus gerat administrationem temporalem, quæ poterunt administrari per ipsum in ecclesiis construendis in terra prædicta; alia vero spiritualia, quæ officium episcopale requirunt, idem præpositus exigat et obtineat a quocunque maluerit episcopo apostolicæ sedis gratiam obtinente. In recompensatione autem decimarum illarum, quæ, sicut superius est expressum, ad præfatum marchionem et hæredes ipsius pro ecclesiæ fabrica et stipendiis militaribus devolvuntur, de singulis quinquaginta mansis unam marcam puri argenti nobis et successoribus nostris facient idem marchio et successores ejus annuatim exsolvi. Licet igitur petitionem suam providerimus admittendam, volentes tamen absque gravi alieno præjudicio pium ejus propositum promovere, cum et hoc dilectus filius procurator venerabilis fratris nostri Brandeburgensis episcopi acceptaverit in nostra præsentia constitutus, discretioni vestræ per apostolica scripta præcipiendo mandamus quatenus inquisita diligenter et cognita veritate, si terram illam esse constiterit solitariam aut desertam, maxime quod non sit in memoria hominum illam fuisse per christicolas habitatam, sed paganos habitatores inde fuisse depulsos in memoria hominum teneatur, recipiatis appellatione remota fundum in jus et proprietatem Romanæ Ecclesiæ vice nostra, in quo hujusmodi ecclesia construatur, ac super solemni ejus concessione publico instrumento confecto, et ad opus ejus dotibus competentibus assignatis, tribuatis auctoritate nostra suffulti liberam facultatem præfatam ecclesiam construendi ab omni prorsus onere jurisdictionis episcopalis exemptam, et in jus et proprietatem apostolicæ sedis perpetuo remansuram; ita quod in recompensationem duarum partium decimarum quæ causa præscriptæ necessitatis dimittentur marchioni jam dicto, prælibati census concessionem recipere procuretis, ut de ipso per nostram providentiam disponatur sicut fuerit disponendum. Quod si non ambo his exsequendis volueritis vel valueritis interesse, alter vestrum ea nihilominus exsequatur.

Datum Laterani, vii Kal. April., pontificatus nostri anno tertio decimo.

XXII.
MISSINO FUNDATORI ET FRATRIBUS LEPROSORUM DE MISSINO.

Recipiuntur sub protectione sedis apostolicæ.
(Datum, *ut in alia*.)

Solet annuere sedes apostolica piis votis et honestis petentium precibus favorem benevolum impertiri. Eapropter, dilecti in Domino filii, vestris justis precibus inclinati, domum hospitalis de Missino ad exemplar felicis recordationis Cœlestini papæ prædecessoris nostri in jus et proprietatem beati Petri cum omnibus bonis quæ in præsentiarum rationabiliter possidet, aut in futurum justis modis præstante Domino poterit adipisci, sub beati Petri et nostra protectione suscipimus. Specialiter autem terras, domos, silvas et quidquid in Faventino, Foroliviensi, et Imolensi episcopatibus idem hospitale habere dignoscitur, sicut ea omnia juste ac pacifice possidet, vobis et per vos eidem hospitali auctoritate apostolica confirmamus et præsentis scripti patrocinio communimus. Ad indicium autem hujus perceptæ a sede apostolica libertatis sex denarios obtulisti tu, fili Missine, præfato prædecessori nostro ejusque successoribus annualiter persolvendos, quos pietatis intuitu nos misericorditer relaxamus. Decernimus ergo ut nulli omnino hominum liceat hanc paginam nostræ protectionis et confirmationis infringere vel ei, etc., *usque* incursurum.

Datum, *ut in alia per totum*.

XXIII.
ELECTO ET CAPITULO CORONENSI.

Confirmat remissionem crusticæ.
(Datum Laterani, xi Kal. April.)

Justis petentium desideriis dignum est nos facilem præbere consensum, et vota quæ a rationis tramite non discordant effectu prosequente complere. Eapropter, dilecti in Domino filii, vestris precibus inclinati, remissionem crusticæ a nobili viro Gaufrido de Villa Arduini principe Achaiæ pietate provida vobis factam auctoritate apostolica confirmamus et præsentis scripti patrocinio communimus. Nulli ergo omnino hominum liceat hanc paginam nostræ confirmationis, etc., *usque* incursurum.

Datum Laterani, xi Kal. Aprilis, pontificatus nostri anno tertio decimo.

XXIV.
PATRACENSI ARCHIEPISCOPO, ET EPISCOPO MOTONENSI, ET CORONENSI ELECTO.

Scribitur adversus quosdam præsumptores.
(Datum, *ut in alia*.)

Ad audientiam nostram nobili viro Gaufrido de Villa-Arduini principe Achaiæ significante pervenit quod quidam clerici, milites, et alii ad partes Achaiæ accedentes, receptis in feudum terris ab ipso et aliis, homines suos ad redemptionem indebitam cogere non formidant; sicque maxima pecuniæ quantitate collecta recedunt, deserentes terram penitus desolatam. Præterea quidam ex Latinis ibidem morantibus, ut alios Latinos impugnent, Græcis temere adhærere præsumunt. Quocirca discretioni vestræ per apostolica scripta mandamus quatenus præsumptores hujusmodi, ut a sua præsumptione desistant, monere ac inducere procuretis, eos ad hoc, si necesse fuerit, per censuram ecclesiasticam appellatione remota cogentes. Quod si non omnes... duo vestrum, etc.

Datum, *ut in alia per totum*.

XXV.
THESAURARIO THEBANO, ET R. ATHENIENSI ET T. THEBANO CANONICIS.

De archidiaconatu Andrevillensi.
(Datum Laterani, ix Kal. Apr.)

Preces dilecti filii nobilis viri Gaufridi principis Achaiæ recepimus supplicantis ut archidiaconatum vacantem in Andrevillensi ecclesia dilecto filio magistro Joanni capellano suo, viro scientia et moribus commendabili, et in ejus obsequio pericula multa passo, concedere dignaremur, maxime cum ipse illum concedere dubitaverit, quanquam prædecessor suus eum contulisse dicatur, et dilectus filius noster Benedictus tituli Sanctæ Susannæ presbyter cardinalis, legationis officio fungens ibi, collationem ejus postmodum approbasset. Quocirca discretioni vestræ per apostolica scripta mandamus quod si prædictum archidiaconatum vacare constiterit, amoto ab eo quolibet illicito detentore, sublato cujuslibet appellationis obstaculo, præfato magistro cum integritate debita conferatis eumdem, et faciatis eum ipsius pacifica possessione gaudere, contradictores, si qui fuerint, per censuram ecclesiasticam appellatione postposita compescentes. Testes autem qui fuerint nominati, etc. Quod si non omnes, etc., duo vestrum, etc.

Datum Laterani, ix Kal. Aprilis, etc., *ut in alia*.

XXVI.
UNIVERSIS LATINIS EPISCOPIS IN ACHAIA CONSTITUTIS.
Ut contenti sint suis terminis.
(Datum Laterani, viii Kal. April.)

Quanto novella plantatio Latinorum, quam ad partes Achaiæ transtulit manus Dei, minus firmas habere videtur ex recenti mutatione radices, tanto nobis est magis sollicite præcavendum ne inter vos dissensionis scrupulus oriatur, per quem plantationis hujusmodi novus status valeat impediri. Nolentes igitur quod exortæ super episcopatuum vestrorum finibus, sicut accepimus, quæstiones vestrum valeant impedire profectum, præsentium vobis auctoritate mandamus quod in episcopatibus vestris illis contenti terminis existatis quos Græcos prædecessores vestros constiterit habuisse.

Datum Laterani, viii Kalend. Aprilis, anno tertio decimo.

XXVII.
PRÆLATIS ECCLESIARUM IN ACHAIA CONSTITUTIS.
Ne quis excommunicetur ex levi causa.
(Datum Laterani, x Kal. April.)

Gravem nobis dilecti filii clerici Achaiæ querimoniam destinarunt quod quidam vestrum pro qualibet levi causa, juris ordine prætermisso, sententiam excommunicationis in ipsos sæpius jaculari præsumunt, et quidam etiam nullam in eos jurisdictionem habentes, de facto, cum de jure non possint, gravare ipsos modo simili non verentur. Ne igitur nimium deferendo prælatis, subjectos opprimere videamur, discretioni vestræ per apostolica scripta mandamus quatenus in clericos ipsos de cætero nullus vestrum absque manifesta et rationabili causa sententiam præcipitare præsumat. Qui vero in eos jurisdictionem non habent, ab hujusmodi eorum injuria omnino desistant, ita quod eos justam nobis ulterius querimoniam non oporteat replicare. Alioquin pro certo sciatis quod si nobis super hoc fuerit iterata querela, officii nostri debitum conquerentibus reddemus.

Datum Laterani, x Kal. Aprilis, anno tertio decimo.

XXVIII.
THESAURARIO, ET TERRICO ET W. DE MIRABELLO CANONICIS THEBANIS.
Confirmatur statutum de institutione personatuum.
(Datum Laterani, viii Kal. April.)

Dilecti filii canonici Morthonienses nobis humiliter supplicarunt ut ordinationem quam provide super institutionem personatuum pro ecclesiæ suæ utilitate fecerunt apostolico dignaremur munimine roborare. Quocirca discretioni vestræ per apostolica scripta mandamus quatenus inquisita et cognita veritate, ordinationem ipsam, sicut provide ad utilitatem ejusdem ecclesiæ facta fuerit, auctoritate apostolica faciatis firmitatem debitam obtinere, contradictores appellatione remota censura ecclesiastica compescentes. Quod si non omnes... duo vestrum, etc.

Datum Laterani, viii Kal. Aprilis, anno tertio decimo.

XXIX.
ODDONI PATRACENSI, ET TERRICO ET W. DE MIRABELLO CANONICIS THEBANIS.
De consecratione episcopi Amiclensis.
(Datum Laterani, etc.)

Dilecti filii canonici Amiclenses gravem nobis exposuere querelam quod venerabilis frater noster archiepiscopus Patracensis Gilibertum (17) quondam abbatem de Flaviniaco propter suos enormes excessus apud sedem apostolicam condemnatum in episcopum Amiclensem, Imberto ejusdem loci electo vivente, post inhibitionem canonicorum ipsorum illicite consecrare præsumpsit. Quocirca discretioni vestræ per apostolica scripta mandamus quatenus inquisita et cognita super hoc diligentius veritate, quod canonicum fuerit appellatione postposita statuatis, facientes quod decreveritis auctoritate nostra firmiter observari. Quod si non omnes... duo vestrum, etc.

Datum Laterani, etc., *ut in alia.*

XXX.
EISDEM.
Super eodem.
(Datum Laterani, ix Kal. April.)

Dilecti filii canonici Amiclenses gravem nobis exposuere querelam quod G. quondam abbas de Flaviniaco, qui apud sedem apostolicam propter suos enormes excessus sententialiter condemnari meruit et deponi, post inhibitionem ipsorum in episcopum Amiclensem, Imberto ejusdem loci electo vivente, se fecit per venerabilem fratrem nostrum Patracensem archiepiscopum minus canonice consecrari. Quia igitur nobis non constitit de præmissis, discretioni vestræ per apostolica scripta mandamus quatenus partibus convocatis, et auditis hinc inde propositis, quod canonicum fuerit appellatione postposita statuatis, facientes quod decreveritis per censuram ecclesiasticam firmiter observari. Quod si non omnes... duo vestrum, etc.

Datum Laterani, ix Kal. Aprilis, pontificatus nostri anno tertio decimo.

XXXI.
ANTIPOLITANO EPISCOPO.
Confirmatur concordia inita inter ipsum et abbatem Lirinensem.
(Datum Laterani, Kal. Apr.)

His nos convenit robur apostolicum specialius impertiri quæ aliquando in contentionem deducta, nostra interveniente auctoritate amicabili concordia sopiuntur. Sane cum inter te ac dilectum filium abbatem Lirinensem super ecclesia Sancti Honorati de Grassa et quibusdam aliis fuisset apud sedem apostolicam aliquandiu litigatum, demum de tui et

---

(17) Vide lib. I, epist. 188, et lib. x, epist. 90.

ipsius abbatis assensu, nobis mediantibus, hujusmodi compositio intervenit, ut abbati et monachis Lirinensibus liceat in ecclesia memorata celebrare divina et exercere cætera ecclesiastica sacramenta; ita videlicet ut circuitiones cum aqua benedicta, processiones, et etiam litanias non faciant absque Antipolitani episcopi licentia vel assensu, nec in desponsatione virginum vel purificatione parientium missas cantent vel orationes seu benedictiones exsolvant, nec aliquem etiam, nisi forsan in casu necessitatis, recipiant ad baptismum, campanas quoque ad divina officia celebranda non prius pulsent quam in ecclesia parochiali pulsentur; dummodo clerici ejusdem ecclesiæ horas Dei laudibus deputatas non negligant vel excedant, eisdem abbati et monachis pulsandi ad matutinas et completorium omnimoda libertate servata; præterea dicta Sancti Honorati ecclesia liberam habeat sepulturam; sed eorum quæ in aliquorum ultima voluntate obtentu sepulturæ ipsi obvenerint, præterquam de lectis lignicis, tertiam partem ecclesia illa percipiat a qua mortuorum corpora sunt assumpta; sed si aliquid ecclesiæ parochiali legetur de qui apud memoratam ecclesiam Sancti Honorati elegerit sepulturam, et id excesserit tertiam eorum quæ ipsi ecclesiæ in ultima voluntate legantur, ecclesia parochialis integraliter id obtineat quod ei dignoscitur esse relictum; si vero minus tertia legetur eidem, quod defuerit tertiæ per abbatem et monachos fideliter suppleatur; in præcipuis etiam solemnitatibus, videlicet nativitate Domini, festo Sancti Stephani, Epiphania, Purificatione, Parasceve, Resurrectione Dominica, et die lunæ sequenti, Ascensione, Pentecoste, Assumptione beatæ Mariæ virginis, Omnium Sanctorum festo, et die sequenti, tertia oblationum pars ad Antipolitanum episcopum devolvatur; capellanus vero eorumdem abbatis et monachorum obedientiam Antipolitano episcopo faciet, ac excommunicatos et interdictos ab eo non recipiet ad divina; sed cum generale illius terræ fuerit interdictum, liceat ei voce suppressa, exclusis excommunicatis et interdictis, divina officia celebrare. Ut igitur in perpetuum compositio suprascripta, de utriusque partis assensu nobis mediantibus facta, inviolabiliter observetur, nos eamdem auctoritate apostolica confirmamus et præsentis scripti patrocinio communimus, statuentes ut nulli omnino hominum liceat hanc paginam nostræ confirmationis infringere vel ei, etc., *usque* incursurum.

Datum Laterani, Kal. Aprilis, pontificatus nostri anno tertio decimo.

XXXII.
ABBATI ET MONACHIS LIRINENSIBUS.
Super eodem.
(Datum Laterani, *ut in alia.*)

His non convenit, etc., *ut in alia, usque* sopiuntur. Sane cum inter te, fili abbas, et venerabilem fratrem nostrum Antipolitanum episcopum super ecclesia Sancti Honorati de Grassa, etc., *usque* litigatum, demum de tui et episcopi ipsius assensu nobis mediantibus hujusmodi compositio intervenit, ut vobis liceat in ecclesia memorata, etc., *usque* processiones et etiam litanias non faciatis absque Antipolitani episcopi, etc., *usque* missas cantare vel orationes seu benedictiones exsolvere attentetis, nec etiam, etc., *ut in alia, usque* celebranda, non prius pulsetis quam in ecclesia memorata, etc., *usque* excedant, vobis pulsandi ad Matutinas, etc., *usque* quod defuerit tertiæ per vos fideliter suppleatur; in præcipuis etiam, etc., *usque* devolvatur. Capellanus vero vester obedientiam Antipolitano episcopo faciet, etc., *usque in finem.*

Datum Laterani, etc., *ut in alia per totum.*

XXXIII.
MARIÆ QUONDAM CONSTANTINOPOLITANÆ IMPERATRICI ILLUSTRI (18).
Confirmat donationem propter nuptias
(Datum Laterani, III Kal. Apr.)

Justis petentium desideriis dignum est nos facilem præbere consensum, et vota quæ a rationis tramite non discordant effectu prosequente complere. Eapropter, charissima in Christo filia, tuis justis postulationibus grato concurrentes assensu, donationes propter nuptias a claræ memoriæ Bonifacio (19) marchione Montisferrati in Romaniæ imperio (20) tibi legitime factas auctoritate apostolica confirmamus et præsentis scripti patrocinio communimus. Decernimus ergo ut nulli omnino hominum liceat hanc paginam nostræ confirmationis infringere vel ei, etc., *usque* incursurum.

Datum Laterani, III Kalend. Aprilis, pontificatus nostri anno tertio decimo.

---

(18) *Mariæ Pannoniæ*, cujus meminit Nicetas ibid. in principio quondam Constantinop. quoniam Isaacio Angelo imperatori Constantinopolitano nupta fuerat ex eodem Niceta.
(19) *Bonifacio*, qui una cum sociis Constantinop. cœpit deditione, et Thessalonices regnum adeptus est, apud Nicephorum Gregor. Hist. Rom., l. 1, c. 3.
(20) *Romanæ imperio*, in quo Ῥαβέννη μητρόπολις. Φλαμινίας πόλις ἀρχαία apud Zozimum lib. v, quæ sibi principatum ascripsit apud Anastasium in domno, æmulationis vitio intercepta et Piceni caput provinciæ in veteri inscriptione appellatur, passimque exarchatus Ravennæ, cui primum præfecit Justinus Junior Longinum anno Domini 569, Dec. 1, lib. VIII : quæ dignitas in Italia viguit usque ad annum 726, quo Paulus in prælio εἰκονομαχίας (cui Leo Isauricus subscripserat) una cum filio mortem oppetiit, deinde anno 754, Pipinus rex Christianissimus Astulphum regem Lombardorum tributo Romaniam et Romandiolam prementem ejusdem ditione abdicavit, et Stephano summo pontifici donavit apud Krantzium. Ex quibus patet Cujacium conterraneum nostrum ad lib. IV feudorum, c. 36, et auctorem Provincialis Romani male Romandiolam exarchatum Ravennæ appellasse : distincta siquidem corpora, sed utrumque in Piceni provincia, una cum donatione comitissæ Melchtildis, quæ omnia Ravenna, totoque exarchatu Romani pontificis nomine nuncupantur, licet priscis temporibus Romania diverso sensu usurpata fuerit ad distinctionem barbariæ ex Casaubono ad Lampridium in Alexandro Severo.

XXXIV.

EIDEM.

Confirmat donationem factam ab imperatore.
(Datum Laterani, *ut in alia*.)

Justis petentium desideriis, etc., *ut in alia per totum usque* concurrentes assensu, Vissenam, Dimitriatam, Arcontocoru, duo Almurus tibi et filiis tuis a charissimo in Christo filio Henrico Constantinopolitano imperatore illustri, prout in ejus authentico continetur, concessas, sicut eas juste possides et quiete, auctoritate apostolica confirmamus et præsentis scripti patrocinio communimus. Decernimus ergo... hanc paginam nostræ confirmationis, etc., *usque* incursurum.

Datum Laterani, etc., *ut in alia per totum.*

XXXV.

DEMANVELI INTERPRETI M. QUONDAM CONSTANTINOPOLITANI IMPERATORIS ILLUSTRIS.

Confirmatur ei donatio facta ab imperatore.
(Datum Laterani, II Kal. Apr.)

Solet annuere sedes apostolica piis votis, et honestis petentium precibus favorem benevolum impertiri. Eapropter, dilecte in Domino fili, tuis justis postulationibus grato concurrentes assensu domos apud Stagonicariam, trium barcarum et domus propriæ libertatem, quas tibi charissimus in Christo filius noster Henricus imperator Constantinopolitanus illustris imperiali liberalitate concessit, sicut eas juste possides, auctoritate tibi apostolica confirmamus et præsentis scripti patrocinio communimus. Nulli ergo... hanc paginam nostræ confirmationis, etc., *usque* incursurum.

Datum Laterani, II Kalend. Aprilis, anno tertio decimo.

XXXVI.

ABBATI ET CONVENTUI ACAPNI.

Suscipitur sub protectione sedis apostolicæ.
(Datum Laterani, III Kal. Apr.)

Cum a nobis petitur quod justum est et honestum, tam vigor æquitatis quam ordo exigit rationis ut id per sollicitudinem officii nostri ad debitum perducatur effectum. Eapropter, dilecti in Domino filii, charissimæ in Christo filiæ Mariæ, quondam Constantinopolitanæ imperatricis illustris, nunc dominæ Thessalonicensis, precibus inclinati, personas vestras et monasterium ipsum in quo divino estis obsequio mancipati, cum his quæ in præsentiarum rationabiliter possidetis, aut in futurum justis modis præstante Domino poteritis adipisci, sub beati Petri et nostra protectione suscipimus et præsentis scripti patrocinio communimus. Ad indicium autem hujus a sede apostolica protectionis perceptæ decem hyperpera gratis oblata nobis nostrisque successoribus annis singulis persolvetis. Nulli ergo omnino hominum... hanc paginam nostræ protectionis infringere vel ei, etc., *usque* incursurum.

Datum Laterani, III Kal. Aprilis, anno tertio decimo.

XXXVII.

HERACLIENSI ARCHIEPISCOPO, ET CARDICENSI ET FERMOPILENSI EPISCOPIS.

Maria imper. suscipitur sub protectione sedis apostolicæ.
(Datum, *ut in alia*.)

Cum ex injuncto nobis apostolatus officio generaliter omnibus, et specialiter viduis et pupillis, simus in justitia debitores, charissimam in Christo filiam Mariam quondam Constantinopolitanam imperatricem illustrem, regni Thessalonicensis procuratricem, ac filios suos una cum regno præfato sub beati Petri et nostra protectione suscepimus. Quibus volentes, quantum ad officium nostrum pertinet, paterna sollicitudine providere, ne dictam imperatricem oporteat pro querelis singulis ad sedem apostolicam laborare, fraternitati vestræ per apostolica scripta præcipiendo mandamus quatenus cum ab ea fueritis requisiti super his quæ canonicam censuram exposcunt, malefactores ipsius ac filiorum ejus, ut eis ablata restituant, et de damnis et injuriis irrogatis satisfaciant competenter, vel in aliquos compromittant qui appellatione remota justitia mediante procedant, per censuram ecclesiasticam sublato appellationis diffugio compellatis. Nullis litteris veritati et justitiæ præjudicantibus a sede apostolica impetratis. Quod si non omnes... duo vestrum, etc.

Datum, *ut in alia per totum.*

XXXVIII.

EISDEM.

De eadem re.
(Datum Laterani, II Kal. Apr.)

Cum, sicut charissima in Christo filia Maria quondam Constantinopolitana imperatrix illustris nostris fecit auribus intimari, per casale Agetriade, quod ad Thessalonicensem spectat ecclesiam, terra ipsius gravem sustineat læsionem, fraternitati vestræ per apostolica scripta mandamus quatenus cum præfatæ ecclesiæ provisum fuerit in pastore, ipsum moneatis prudenter et efficaciter inducatis ut illud cum ea sine dispendio juris sui satagat permutare. Quod si nequiverit ad permutationem induci, vos negotii circumstantias nobis fideliter intimetis; ut per relationem vestram instructi, plenius et securius in ipso procedere valeamus. Quod si non omnes... duo vestrum, etc.

Datum Laterani, II Kal. Aprilis, etc.

XXXIX.

EISDEM.

De libertate monasteriorum regalium.
(Datum Laterani, IV Kal. Apr.)

Cum libera monasteria, quæ imperialia nuncupantur, Græcorum quoque dominio nulli essent archiepiscoporum vel episcoporum subjecta, præsentium vobis auctoritate mandamus quatenus inquisita et cognita veritate, in monasteriis illis regalibus regni Thessalonicensis, quæ Græcorum tempore archiepiscopis vel episcopis subjecta non erant, non permittatis archiepiscopos vel episcopos juris aliquid indebite usurpare, facientes ab eis charissimæ in Christo filiæ Mariæ quondam Constantinopolitanæ imperatrici illustri, procuratrici regni prædicti, honorificentiam debitam exhiberi, contradictores appellatione remota censura ecclesiastica compescentes. Si quis autem archiepiscoporum aliquid juris in eis sibi vindicare contenderit, suam per nos poterit justitiam obtinere. Quod si non omnes... duo vestrum, etc.

Datum Laterani, iv Kal. April., etc.

XL.
EISDEM.
De custodia monasteriorum Montis Sancti.
(Datum Laterani, iii Kal. Apr.)

Cum dilectus filius Benedictus tituli Sanctæ Susannæ presbyter cardinalis, tunc apostolicæ sedis legatus, Sebastiensi episcopo salvo mandato nostro custodiam monasteriorum Montis-sancti, quæ ad sedem apostolicam immediate pertinere dicuntur, duxerit committendam, et ipse illa multipliciter aggravarit, easque committat enormitates, quæ non sunt dignæ relatu, fraternitati vestræ per apostolica scripta præcipiendo mandamus quatenus ipsum a custodia monasteriorum ipsorum penitus amoventes, ipsa monasteria cum consilio charissimæ in Christo filiæ nostræ Mariæ quondam Constantinopolitanæ imperatricis illustris, quæ Thessalonicensis regni ratione filii curam gerit, alicui personæ discretæ auctoritate nostra usque ad adventum legati nostri quem in imperium Romaniæ auctore domino destinare proponimus, committatis. Quod si non omnes... duo vestrum, etc.

Datum Laterani, iii Kal. April., anno tertio decimo.

XLI.
FERMOPILENSI ET CARDICENSI EPISCOPIS.
De libertate cleri.
(Datum Laterani, iv Kal. Apr.)

Clerus Græcorum Thessalonicensis diœcesis, qui ad obedientiam sacrosanctæ Romanæ ecclesiæ est reversus, nobis humiliter supplicavit quatenus ipsum ea libertate quam tempore Græcorum habuerant, quamque dilectus filius Benedictus tituli Sanctæ Susannæ presbyter cardinalis, tunc apostolicæ sedis legatus, ipsis concessit, faceremus gaudere, ac ab ecclesiis sustentationem congruam ministrari. Quocirca fraternitati vestræ per apostolica scripta præcipiendo mandamus quatenus eos qui ad obedientiam sedis apostolicæ redierunt super hujusmodi libertate non permittatis a quoquam indebite molestari, et molestatores, si qui fuerint, per censuram ecclesiasticam sublato appellationis obstaculo compescentes, faciatis eisdem in vitæ necessariis ab Ecclesiis juxta facultates ipsarum congrue provideri.

Datum Laterani, iv Kal Aprilis, etc.

XLII.
EISDEM.
Ut archiepiscopus Larissenus desistat ab indebitis exactionibus.
(Laterani, ii Kal. Aprilis.)

Ad audientiam nostram noveritis pervenisse quod venerabilis frater noster archiepiscopus Larissenus Vessinensi ac Damitriado episcopatibus et monasteriis Kelliæ indebitas exactiones imponens, ipsis in aliis injuriosus plurimum et molestus existit. Quocirca fraternitati vestræ per apostolica scripta mandamus quod archiepiscopum memoratum, ut debito et consueto jure contentus, ne ultra id in præfatis episcopatibus vel monasteriis usurpare præsumat, ab eorum injuriis et molestatione indebita penitus conquiescens, monitione præmissa per censuram ecclesiasticam sublato appellationis obstaculo sicut justum fuerit, compescatis.

Datum Laterani ii Kal. Aprilis, anno tertio decimo.

XLIII.
ABBATI SANCTI AMBROSII, ET ARCHIDIACONO MEDIOLANENSI.
Ut relaxent interdictum Pergamense.
(Laterani, Nonis Aprilis.)

Per litteras venerabilis fratris nostri episcopi et dilectorum filiorum capituli Pergamensis ad aures nostras pervenit quod cum civitas Pergamensis, pro eo quod Pergamenses cives ecclesias et ecclesiasticos viros indebitis exactionibus aggravantes, jugum indebitæ servitutis ipsis imponere nitebantur in derogationem ecclesiasticæ libertatis, diu supposita fuerit ecclesiastico interdicto, propter divinorum subtractionem quidam indevotiores effecti, amplius duruerunt, et sectatores hæreticæ pravitatis falsa sui erroris dogmata liberiori fronte proponunt. Cum igitur nuper nobilis vir Lambertinus potestas civitatis ejusdem satisfactionem super præmissis obtulerit misericordiam postulando, et supradicti episcopus et capitulum satisfactionem hujusmodi recipere noluerint absque nostra licentia speciali, præsentium vobis auctoritate mandamus quatenus ad civitatem ipsam personaliter accedentes, et eosdem cives sollicitis exhortationibus inducentes ad concordiæ unitatem, a supradicta potestate ac ipsis civibus recipiatis super prædictis satisfactionem idoneam, prout videritis expedire, relaxantes postmodum sententiam interdicti, et propter hoc excommunicatis absolutionis beneficium impendentes.

Datum Laterani, Nonis Aprilis, pontificatus nostri anno tertio decimo.

XLIV.
EPISCOPO GALIPOLENSI, ET SANCTÆ SOPHIÆ AC DE BLAKERNA DECANIS CONSTANTINOPOLITANIS.
Pro clero Constantinop. adversus patriarcham.
(Laterani, viii Idus Aprilis.)

Suam nobis dilecti filii Constantinopolitanus clerus querimoniam destinarunt, quod cum decimæ ac quintæ decimæ, quæ inter ipsos dividi de jure debent, triennio jam elapso in grave ipsorum incommodum positæ fuerint in sequestro, medietatem earum venerabili fratre nostro patriarcha Constantinopolitano sibi vindicare volente contra statutum dilecti filii nostri Petri tituli Sancti Marcelli presbyteri cardinalis, qui tunc in partibus illis legationis fungens officio quartam partem ipsarum, cum his quæ in castro Danii ad dictum patriarcham pariter et ad clerum spectabant, eidem solvendam decrevit, hactenus dividi, prout decuit, nequiverunt. Propter quod ex earum defectu magnam seipsi querantur necessariorum penuriam sustinere. Quanquam dilectus filius magister B. procurator patriarchæ prædicti negaverit aliquod factum fuisse per eumdem legatum super divisione hujusmodi constitutum; maxime cum quintadecima nondum esset Ecclesiis deputata, nec ipse legationis officio fungeretur quando ad preces clericorum obtinuit ut intuitu paupertatis eorum idem patriarcha maneret quarta decimarum parte contentus. Unde ipsi dedimus in mandatis ut si preces cleri veritate nituntur, statuta decimarum et quintarum decimarum hujusmodi parte contentus, non impediat nec faciat impediri quominus idem clerus assignatas a memorato legato ex eisdem percipiant cum integritate debita portiones. Quocirca discretioni vestræ per apostolica scripta mandamus quatenus si ipse quod mandavimus neglexerit adimplere, vos eum ad id sublato appellationis obstaculo qua convenit districtione cogatis. Quod si non omnes, etc., tu ea, frater episcope, cum eorum, etc.

Datum Laterani, viii Idus Aprilis, pontificatus nostri anno tertio decimo.

XLV.

MORELLO TULLENSI CANONICO

Confirmatur ei præbenda.

(Laterani, viii Idus Aprilis.)

Cum olim de præbenda Tullensi canonice investitus, stallum in choro et vocem in capitulo non haberes, ad judices quosdam litteras super hoc apostolicas impetrasti : coram quibus capitulum Tullense citatum, per clericum quemdam ad nostram fecit audientiam appellari; quorum appellationem judices ipsi frivolam reputantes, in corporalem possessionem ipsius præbendæ te inducere curaverunt, contradictores excommunicationis sententia percellentes. Post hæc autem tibi et F. archidiacono Tullensi procuratori præfati capituli propter hoc in nostra præsentia constitutis, venerabilem fratrem nostrum Hugolinum Ostiensem episcopum concessimus auditorem; coram quo sententiam quam prædicti judices pro te tulerant postulasti humiliter confirmari, adversa parte in contrarium proponente quod minime confirmari debebat, eo quod idem capitulum appellatione quam interponi fecerat persequendo, ad venerabilem fratrem nostrum episcopum et primicerium Virdunensem litteras obtinuisset a nobis, quarum auctoritate tu sententialiter condemnatus, remotus fueras a præbenda quod se loco et tempore competenti adeo constanter proposuit probaturum ut etiam solvere promisisset expensas, nisi per ipsum exceptio hujusmodi probaretur. Quapropter venerabili fratri nostro Catalaunensi episcopo et conjudicibus suis nostris dedimus litteras in mandatis ut inquisita super præmissis plenius veritate, si prædictus procurator in probatione illius exceptionis deficeret quam objecit, ipsi eum juxta promissionem suam in expensis factis post exceptionem oppositam condemnarent. Cumque demum elapso triennio infra quod procurator prædictus peremptorie citatus multoties a judicibus memoratis suam noluit exceptionem probare, tu et præfatus F. iterum in nostra fuissetis præsentia constituti, ac coram dilecto filio Hyacintho subdiacono et capellano nostro, quem vobis auditorem concessimus, hæc et alia retulisses, dictus procurator proposuit ex adverso quod quia procurator esse desierat in hac causa, et ad prosequendam ipsam alius de voluntate capituli ei fuerat substitutus, non tenebatur super hoc ulterius respondere, maxime cum non esset a judicibus ultimis ad nostram audientiam appellatus; qui licet nondum in negotio processissent, adhuc tamen eorum exspectabatur processus. Adjecit insuper quod cum multos habuerit terminos, nullus ei fuit peremptorius assignatus, ex abundanti permittens ut in ipso procederent negotio prout esset procedendum de jure, si tu probares peremptorium sibi diem fuisse præfixum.

Cum igitur testibus tuis coram eodem auditore productis, non solum sufficienter probasses per illos procuratorem ipsum peremptorie fuisse citatum, ita quod sex vel septem hebdomadas sive duos menses terminus peremptorius continuisset ad minus; quinimo judices ipsos in eorum præsentia fuisse confessos quod terminus ille continuit duos menses, ac procuratori sæpefato dixisse quod ei multos terminos et tres peremptorios assignarant ad probandam exceptionem prædictam, unde nisi eam probaret termino prælibato, nullatenus super hoc ulterius audiretur, idem procurator ex adverso respondit quod veniendi ad eos iter arripuerant testes sui, allegans insuper quod etsi peremptoria sibi dies fuerit assignata, non tamen judices per totam diem in loco quem sibi præfixerant exspectarunt. Quod tu probasti penitus esse falsum, nihilominus allegans quod illi procuratori (qui si remansisset in illis partibus post transactum peremptorium, et triennium jam elapsum, nulla facultas exceptionem ipsam probandi de jure remansit) non debuit alius substitui procurator. Adjecisti etiam quod cum judices nec sententiam ferre vellent, nec remittere ad apostolicam sedem de processu causæ rescriptum, demum tibi taliter responderunt, ut ad præsentiam nostram accederes, quia causa debitum finem sortiri non poterat per eosdem. Quos licet procurator prædictus confessus fuerit sic dixisse, subjecit tamen quod id demum iidem judices revocarant, sed revocationem hujusmodi, quam factam esse negabas, probare postmodum non curavit. Cum igitur hæc et alia coram subdiacono ipso proposita hinc inde fuissent, ipse tandem rationibus utriusque partis diligenter auditis et perspicaciter intellectis, facta taxatione ac juramento recepto super prælibatis expensis de consilio dilectorum filiorum nostrorum Gualæ Sanctæ Mariæ in Porticu et Pelagii Sanctæ Luciæ ad septa solis diaconorum cardinalium prænominatum F. tibi pro ipsis in triginta libris denariorum Trecensium sententialiter condemnavit, et confirmavit sententiam pro te super præbenda prædicta prolatam. A cujus sententia licet pars adversa nostram audientiam appellaverit, nos tamen appellationem hujusmodi malitiosam et frivolam reputantes, sententiam approbamus prædictam et auctoritate apostolica confirmamus. Nulli ergo omnino hominum liceat hanc paginam nostræ confirmationis infringere vel ei ausu temerario contraire. Si quis autem hoc, etc., usque incursurum.

Datum Laterani, viii Idus Aprilis, anno tertio decimo.

XLVI.
CAPITULO TULLENSI.
Super eodem.
(Laterani.)

Olim dilectus filius Morellus clericus de præbenda Tullensi canonice investitutus, etc. *ut in alia usque* coram quibus vos citati per quemdam clericum ad nostram fecistis audientiam appellari, cujus appellationem, etc., *usque* ipsius præbendæ dictum M. clericum induxerunt, contradictores, etc., *usque* Post hæc autem eidem clerico, et F. archidiacono Ecclesiæ vestræ procuratori vestro, etc., *in eumdem fere modum ut in alia usque* frivolam reputantes sententiam ejusdem subdiaconi auctoritate apostolica duximus approbandam. Unde dilectis filiis Christianitatis et capellæ ducis decanis et magistro G. canonico Divionensi nostris dedimus litteras in mandatis quatenus dictum F. ad solutionem pecuniæ prætaxatæ per censuram ecclesiasticam appellatione remota compellant, et sæpedictum Morellum inducant in corporalem possessionem præfatæ præbendæ, ac tueri procurent inductum, stallum in choro et locum in capitulo assignantes eidem; contradictores, si qui fuerint, vel rebelles per eamdem censuram sublato cujuslibet contradictionis et appellationis obstaculo compescendo. Quocirca discretioni vestræ per apostolica scripta mandamus quatenus dictis exsecutoribus super hoc vos nullatenus opponatis, sed mandatum eorum recipiatis humiliter et servetis, permittentes eumdem Morellum pacifica ipsius præbendæ possessione gaudere.

Datum Laterani, etc., *ut in alia per totum.*

Scriptum est ipsis exsecutoribus super hoc fere in eumdem modum ut in alia usque compescendo. Quod si non omnes, etc., duo vestrum ea, etc.

Datum Laterani, etc., *ut in alia per totum.*

XLVII.
NEOPATRENSI ARCHIEPISCOPO, ET EPISCOPO CITHONIENSI, ET AVELENSI ELECTO.
Confirmatur sententia quædam.
(Laterani, vi Idus Aprilis.)

Venerabilis frater noster Cermopilensis [Thermopylensis] episcopus nobis humiliter supplicavit ut diffinitivam sententiam quam pro ipso judices delegati a nobis adversus abbatem et monachos monasterii de Chamenun super fundo ejusdem monasterii quem idem episcopus ad suam proponebat ecclesiam pertinere rationabiliter protulerunt, apostolico dignaremur munimine roborare. Quocirca discretioni vestræ per apostolica scripta mandamus quatenus sententiam ipsam, sicut est justa, faciatis per censuram ecclesiasticam appellatione remota firmiter observari. Quod si non omnes, etc., duo vestrum ea, etc.

Datum Laterani, vi Idus Aprilis, anno tertio decimo.

XLVIII.
DONATO CASSELLENSI ARCHIEPISCOPO, EJUSQUE SUCCESSORIBUS CANONICE SUBSTITUENDIS IN PERPETUUM.
Recipiuntur sub protectione sedis apostolicæ.
(Laterani, viii Idus Aprilis.)

Ex commisso nobis a Deo apostolatus officio fratribus nostris episcopis tam vicinis quam longe positis paterna nos convenit provisione consulere, et ecclesiis in quibus Domino militare noscuntur suam justitiam conservare, ut quemadmodum, disponente Domino, Patres vocamur in nomine, ita nihilominus comprobemur in opere. Hujus rei gratia, venerabilis in Christo frater Donate Cassellensis archiepiscope, tuis justis postulationibus clementer annuimus, et Ecclesiam Cassellensem tibi commissam sub beati Petri et nostra protectione suscipimus et præsentis scripti privilegio communimus, statuentes ut quascunque possessiones, quæcunque bona Ecclesia eadem in præsentiarum juste et canonice possidet, aut in futurum concessione pontificum, largitione regum vel principum, oblatione fidelium, seu aliis justis modis, præstante Domino, poterit adipisci, firma tibi tuisque successoribus et illibata permaneant, in quibus hæc propriis duximus exprimenda vocabulis : Cassellum cum omni jure, terris, possessionibus et aliis pertinentiis suis, Ceallmumenoch cum omnibus pertinentiis suis, Ceallmithini cum omnibus pertinentiis suis, Gleannean cum omnibus pertinentiis suis, Geallbecam cum pertinentiis suis, Cealloscathan cum omnibus pertinentiis suis, Cluam Argium cum pertinentiis suis, Caaltulach cum omnibus pertinentiis suis, Ceallehurrigi superior cum omnibus pertinentiis suis, Ceallehurrigi cum pertinentiis suis, et omnes alias possessiones cum pertinentiis suis, *usque* Cathedrales vero ecclesias quæ metropolitico sunt tibi jure subjectæ, sicut hactenus fuisse noscuntur, tibi tuisque successoribus auctoritate apostolica nihilominus confirmamus et præsentis scripti privilegio communimus ; videlicet Ecclesiam Lumnicensem, Laoniensem, Finnabarensem,

Waterfordensem, Ardmorensem, Lesmorensem, Cluanensem, Corcaiensem, Rossensem, Ardfercensem, et Imblicensem. Pallium etiam, plenitudinem videlicet pontificalis officii, fraternitati tuæ apostolicæ sedis liberalitate largimur; quo intra ecclesiam tuam ad missarum solemnia celebranda uti memineris eis diebus quibus prædecessores tuos usos fuisse cognoscis, videlicet in Nativitate Domini, festivitate protomartyris Stephani, Circumcisione Domini, Epiphania, Hypapanti, Dominica de *Gaudete*, Dominica *Lætare, Jerusalem*, Dominica in ramis Palmarum, Cœna Domini, Sabbato sancto, Pascha, secunda feria post Pascha, Ascensione, Pentecoste, tribus festivitatibus beatæ Dei genitricis et virginis Mariæ, natalitio beati Joannis Baptistæ, commemoratione Omnium Sanctorum, solemnitatibus omnium apostolorum, dedicationibus ecclesiarum, consecrationibus episcoporum, ordinationibus clericorum, ecclesiæ tuæ principalibus festivitatibus, et anniversario tuæ consecrationis die.

Convenit ergo te diligentius providere quomodo sit hujusmodi indumenti honor modesta actuum vivacitate servandus, et ut ei morum tuorum ornamenta conveniant, et tu esse valeas utrobique, Deo auctore, conspicuus, et quem pastoralis curæ constringit officium, dilectionem proberis fratribus exhibere, ut ipsi etiam adversarii propter mandatum Dominicum tuo circa te copulentur affectu. Pacem sequaris cum omnibus, piis vaces operibus, virtutibus polleas, fulgeat in pectore tuo rationale judicii cum superhumeralis actione conjunctum. Ita procedas in conspectu Dei et in oculis hominum quatenus gregi tibi commisso virtutis præstes exemplum, ut et ipsi videntes opera tua bona glorificent Patrem nostrum qui est in cœlis. Sit in lingua tua ædificationis sermo, sit zeli fervor in animo. Et præter hæc, cuncta quæ officio tuo conveniunt cum ea temperantia agas ut quæ pallei dignitas expetit videaris ferventer amplecti et gloriam sempiternam acquirere tibi possis in cœlis. Adjicimus quoque ut, cum te vel aliquem suffraganeorum tuorum mori contigerit, baculus pastoralis et annulus in ecclesia remaneant propria sub fideli custodia constituti ad successoris usum, cum, Deo favente, consecrationem acceperit, conservandi. Cœmeteria quoque ecclesiarum ac ecclesiastica beneficia nullus hæreditario jure possideat. Quod si quis hoc facere contenderit, censura canonica compescatur. Obeunte vero te nunc ejusdem loci archiepiscopo vel tuorum quolibet successorum, nullus ad eamdem Ecclesiam in archiepiscopum eligatur, nisi quem suffraganei episcopi et canonici ejusdem Ecclesiæ vel major pars consilii sanioris, sicut est hactenus observatum, secundum Deum providerint eligendum. Decernimus ergo ut nulli omnino hominum liceat præfatam Ecclesiam temere perturbare, aut ejus possessiones auferre, vel ablatas retinere, minuere, seu quibuslibet vexationibus fatigare; sed omnia integra conserventur tuis ac tuorum successorum, usibus omnimodis profutura, salva sedis apostolicæ auctoritate. Si qua igitur in futurum ecclesiastica sæcularisve persona, etc., *usque* districtæ ultioni subjaceat. Cunctis autem eidem loco, etc., *usque* inveniant. Amen, amen, amen.

Datum Laterani per manum Joannis Sanctæ Mariæ in Cosmidin diaconi cardinalis S. R. E. cancellarii, viii Idus Aprilis, indictione xiii, Incarnationis Dominicæ anno millesimo ducentesimo decimo, pontificatus vero domini Innocentii papæ III anno tertio decimo.

XLIX.

MAGISTRO NICOLAO MISNENSI ET BURCARDO WRCINENSI CANONICIS.

Committitur eis quædam causa.

(Laterani, v Idus April's.)

(21) Cum dilecti filii Otto subdiaconus noster et Gualterius, qui se gerit pro Magdeburgensi præposito, coram nobis de sententia litigarent quam super præpositura Magdeburgensi venerabilis frater noster Maguntinus archiepiscopus et condelegati sui pro ipso subdiacono promulgarant, petente illam altero infirmari, reliquo vero ipsam multipliciter defendente, nos tandem volentes de principali negotio et contingentibus illud fieri certiores, cum ex litteris apostolicis, in quibus videbatur processus negotii exaratus, perpendi non posset an super eo lis fuerit contestata, nec coram archiepiscopo et condelegatis suis fuerit contestatio litis facta, sed a jam dicto Gualterio ad declinandum eorum judicium appellatum, decrevimus ut, eadem sententia nonobstante, præfatus Otto facultatem haberet proponendi de novo contra electionem et personam Gualterii si qua vellet et ipse se ad singula defendendi. Proposuit igitur dictus Otto quod electione sua, quæ facta fuerat pluribus canonicis præsentibus et nequaquam contradicentibus, non cassata, cui tamen idem non pro ipsa promovenda, sed pro alia infirmanda tantum insistit, electio memorati Gualterii, dum excommunicationis vinculo teneretur, præsumpta fuit, non solum post diversas appellationes ab ipso rationabiliter interpositas et iter arreptum ab eo pariter et Lodulpho ac Lodoico atque Crascone concanonicis suis ad sedem apostolicam accedendi, verum etiam legitimis eorumdem concanonicorum suorum appellationibus vilipensis, ultra semestre quoque tempus, et circa terminum a venerabili fratre nostro Magdeburgensi archiepiscopo assignatum, infra quem idem Otto et socii sui poterant ad ecclesiam pro facienda electione redire. Super quibus testes suos recipi postulavit. Ad hæc dilectus filius custos Magdeburgensis contra eamdem electionem objecit quod post appellationem ab eo legitime interpositam fuerat attentata, et super hoc quosdam testes coram dilecto filio nostro Pelagio

---

(21) Vide lib. xiv, epist. 31.

Sanctæ Luciæ ad septa solis diacono cardinale eis a nobis auditore concesso produxit, et adhuc alios intendit producere coram nobis. Præfatus vero Gualterius ex adverso respondens, et negans quæ proposita fuerant contra eum, quædam super facto electionis suæ, quædam etiam contra excommunicationis exceptionem sibi objectam proposuit replicando, et ea se obtulit opportuno tempore probaturum, petens interim quosdam testes, quos præsentes habebat, recipi super illis, videlicet quod sæpe dictus Otto appellationi quam fecerat, super eo quod non respondebatur litteris nostris pro ipso directis, renuntiavit expresse, quod archiepiscopus, cum oporteret ipsum legatis nostris occurrere, appellavit, ne capitulum ante reditum suum ad electionem procederet, cui de more interesse debebat, quod major et sanior pars capituli consensit induciis quas idem archiepiscopus postulavit, ut scilicet electio usque ad ejus reditum differretur, et Gonradus et Crasco socii ejusdem Ottonis ipsis induciis consenserunt, et quod demum a majori et saniori parte capituli in præpositum sit electus, adjiciens quod memoratus Otto admittendus non esset ad exceptionem quam de ipsius excommunicatione proponit; tum quia Simoniam in suæ nominationis facto ipsum commisisse dicebat, tum etiam propter alias causas quas asserebat consistere circa factum, cum illum communicasse sibi tam ante causam astrueret quam in causa.

Sed ad hæc idem Otto respondit quod, licet omnino nullam commiserit Simoniam, quin potius ipse Gualterius Simoniacam commiserit pravitatem, per replicationem tamen præmissam de jure non posset excommunicationis probatio impediri, cum exceptionem hujusmodi talis replicatio non contingat. Etsi etiam verum esset quod tam ante causam quam in causa præfato communicasset Gualterio, ipse tamen non debuisset eum in manifesto vitare; tum quia denuntiatus non fuerat, et tam a prælatis quam aliis communicabatur eidem; tum quia, etsi crederet eum in canonem latæ sententiæ incidisse, sicut ei fuerat intimatum, non tamen hoc viderat per se ipsum, sed confidebat per alios id posse probare. Quia igitur replicationes hujusmodi non solum invalidæ sunt, sed et frivolæ reputandæ, nos eis nequaquam obstantibus, quosdam testes super aliquibus præmissorum recipi fecimus utrinque productos, et depositiones eorum sub ejusdem cardinalis sigillo apud sedem apostolicam reservari, discretioni vestræ per apostolica scripta mandantes quatenus recipiatis alios testes, tam super his super quibus jam sunt testes producti, quam etiam super aliis in narrationibus partium comprehensis, et eos insuper quos ad replicationem testium partis adversæ utralibet pars duxerit producendos, et depositiones eorum examinetis prudenter, ac fideliter conscribatis, easque sub sigillis vestris inclusas ad sedem apostolicam destinetis, præfigentes partibus terminum competentem quo se nostro conspectui repræsentent, justam, auctore Deo, sententiam recepturæ. Testes autem qui fuerint nominati, si se gratia, odio vel timore subtraxerint, per censuram ecclesiasticam, appellatione cessante, cogatis veritati testimonium perhibere. Quod si quidquam humanitus alterutri vestrum contingeret, ut his fideliter exsequendis, sicut juramento præstito uterque tenetur, usque ad Kalend. Octobris proximo futuras interesse non posset, extunc dilectus filius Florentius abbas de Sichem omni contradictione ac appellatione cessantibus præmissa cum reliquo auctoritate præsentium exsequatur. Nullis litteris obstantibus, præter assensum partium a sede apostolica impetratis.

Datum Laterani, v Idus April., pontificatus nostri anno tertio decimo.

L.

NOBILI MULIERI A. SORORI NOBILIS VIRI MARCHIONIS MISNENSIS.

De causa divortii cum rege Bohemiæ.

(Laterani, Idibus Aprilis.)

(22) Dudum ad aures nostras ex parte tua quæstione perlata quod cum charissimus in Christo filius noster rex Bohemiæ illustris te duxisset legitime in uxorem, ac decem et octo (23) annis et amplius velut conjugem legitimam pertractasset, filiis et filiabus ex te susceptis, ac venerabilis frater noster Pragensis episcopus ad petitionem et mandatum ejusdem regis, te volente ad causam accedere et tuas coram eo proponere rationes, sed a satellitibus memorati regis prohibita, post appellationem ad nos interpositam divortii sententiam promulgasset, a qua fecisti per capellanum tuum infra decendium [decem dies] appellari, eodem rege superducente postmodum charissimam in Christo filiam C. sororem charissimi in Christo filii nostri regis Hungarorum illustris, post diversas litteras super eodem negotio impetratas, demum venerabilibus fratribus nostris Halberstatensi et Hambembergensi [Havelbergensi] episcopis et dilecto filio abbati de Porca dedimus in mandatis ut vocatis ad suam præsentiam quos noscerent evocandos, inquirerent diligentius veritatem, et quod invenirent, per suas nobis litteras intimarent, ut, ex eorum relatione sufficienter instructi, procedere liberius in negotio valeremus. Ipsi vero testes postea receperunt ex tua parte productos, qui juraverunt pro utraque parte dicere veritatem, et depositiones eorum propriis sigillis inclusas ad nostram præsentiam transmiserunt. Verum cum procurator tuus et nuntius ejusdem regis propter hoc apud sedem apostolicam constituti coram dilecto filio nostro Petro tituli Sancti Marcelli presbytero cardinale, quem ipsis dedimus auditorem, aliquandiu litigassent, et procurator ipse attestationes easdem approbandas assereret, et nuntius ex adverso eas, utpote lite non contestata et post appellationem ad nos legitime interpositam inordinate receptas,

---

(22) Vide supra lib. II, epist. 184.

(23) In quarta Coll. XIV.

peteret reprobari, nos intellectis per cardinalem ipsum utrinque propositis, attestationes præfatas nec approbandas duximus nec etiam reprobandas, sed eas tempori discussionis decrevimus reservari, ut tunc contra illas allegaretur a partibus et pro illis, venerabili fratri nostro Salsburgensi archiepiscopo et ejus conjudicibus injungentes ut partibus ad locum idoneum convocatis, omni excusatione ac occasione [contradictione] cessantibus, reciperent testes quos pars tua vel regis, cum nondum didicissetis testificata, super processu Pragensis episcopi vel prædictorum judicum duceret producendos, ita quod in testes quos prius induxeras, vel alios, si velles, inducere minime vetareris, cum non renuntiasses testibus producendis, et gesta omnia redacta in scriptis ad sedem apostolicam destinarent, præfigentes partibus terminum competentem quo nostro se conspectui præsentarent sententiam recepturæ.

Qui quoniam propter impedimenta varia procedere nequiverunt, venerabilis frater noster Hugolinus Ostiensis episcopus et dilectus filius Leo tituli Sanctæ Crucis presbyter cardinalis, qui tunc legationis officio in Teutonia fungebantur, auctoritate tam nostra quam sua Avelbergensi episcopo tunc electo et Sancti Georgii et de Sichem abbatibus juxta præscriptam formam idem negotium commisere. Qui post multos causæ circuitus, sicut ex litteris prædictorum episcopi et abbatis de Sichem nobis innotuit, memorato regi, qui propter contumaciam manifestam fuerat excommunicatus ab eis, absolutionis beneficium impenderunt, ab eodem recepta juratoria cautione quod pareret justitiæ coram ipsis. Cui cum diem et locum ad prosequendum negotium peremptorie assignassent, propter contumaciam suam demum in priorem eum sententiam reduxerunt, recipientes testes ex tua parte productos. Cum autem postmodum iteratos clamores nostris auribus inculcasses, et nos deliberaverimus cum fratribus nostris quid ad expediendum negotium toties impeditum agere deberemus, hoc tandem occurrit, ut sub examine nostro causa eadem ventilata finem debitum sortiretur. Unde venerabili fratri nostro Maguntinensi archiepiscopo dedimus in præceptis ut ex parte nostra partibus pro termino peremptorio Kalendas Octobris proximo præteritas assignaret, infra quas per se aut responsales idoneos cum omnibus quæ ad causam necessaria noscerent nostro se conspectui præsentarent sententiam recepturæ. Supradictæ quoque C. sorori regis Hungariæ quam sibi rex Bohemiæ copularat, citationis tenorem jussimus intimari, ut si vellet, ad defensionem suam idoneos dirigeret responsales. Porro cum nuper dilecti filii tuus et... ac... tam ipsius regis quam C. sororis regis Hungariæ procuratores propter hoc ad sedem apostolicam accessissent, procurator tuus depositiones testium coram primis et secundis judicibus productorum petiit publicari et tibi beneficium restitutionis impendi, sententia prædicti Pragensis episcopi reprobata, ad assertionem propriam roborandam multis juris canonici et civilis argumentis inductis. Procuratores vero partis adversæ attestationes ipsas aperiendas non esse dicebant, neque secundum eos in negotio procedendum; quoniam judices lite non contestata, et juris ordine prætermisso, ac postposita appellatione ad nos legitime interposita, pro eo quod locum suspectum assignaverant ipsi regi, in negotio processerant memorato, et quia præfata soror regis Hungariæ ad causam evocata non fuerat, ad quam ejusdem negotii defensio pertinebat.

Cum enim ipsa, postquam super sententia divortii inter te ac sæpe dictum regem a præfato episcopo promulgata exstitit coram multis prælatis Hungariæ facta fides, eidem regi fuerit in conspectu ecclesiæ copulata, ea indefensa et non citata, quæ in quasi possessione ipsius regis, cujus restitutio petebatur, tunc temporis existebat, non debuit in supradicto negotio procedi; maxime cum expressum fuerit in litteris transmissis eisdem ut vocarent quos noscerent evocandos. Unde non solum rex, sed et ipsa quoque C. debuit evocari, cum taliter fuisse nostra intentio videretur, ex eo quod ultimæ citationis tenorem non solum regi, sed etiam dictæ nobili mandavimus intimari; ut si vellet, præfixo termino ad defensionem suam idoneos dirigeret responsales. Prædicta vero probare procuratores ipsi multis rationibus nitebantur. Attestationes quoque secundo loco receptas eadem pars proposuit respuendas, cum judices qui testes receperant, postquam ab eis, utpote manifeste suspectis, ad nos fuerat appellatum, ejusdem regis nuntio propter hoc specialiter ad sedem apostolicam destinato, duxerunt in negotio procedendum. Ex eadem insuper fuit parte propositum quod tu nequaquam eras restitutionem postulans audienda, cum spoliata fueris auctoritate judicis, qui præsumitur legitime processisse, nec absque ipsius C. poteras præjudicio et jactura restitui, quæ in præfati regis quasi possessione ecclesiæ auctoritate tunc erat, cum is qui auctore prætore possidet juste possidere regulariter videatur. Eadem quoque pars proponebat te non debere contra sententiam prædicti episcopi Pragensis audiri, quam tua sponte olim duxeras approbandam; maxime cum ex parte prædictæ sororis regis super consanguinitatis linea inter te ac præfatum regem in continenti probationes legitimæ offerrentur; cum, etsi ferretur forsitan sententia contra regem, nihilominus ejus esset executio differenda, ne antedictæ C. circa possessionem regis posset præjudicium generari, sicut in quodam alio casu non multum huic absimili dicimur diffinisse. Cæterum ad hoc quod præmissum est, lite non contestata priores judices processisse, fuit ex tua parte responsum quod hoc pars altera non poterat allegare. Cum enim confiteretur litem coram Pragensi episcopo contestatam, qui divortii sententiam promulgavit, in appellationis causa, quæ intelligitur eadem cum priori, litem non oportuit denuo contestari. Sed etsi litem non fuisse coram episcopo contestatam pars eadem fateretur, cum tamen testes fuerint ab ipsa producti contra te, non poterat allegare quod lite non contestata testes minus legitime produxisses, cum frustra legis auxilium invocet qui committit in legem. Sed nec dicta soror regis Hungariæ, imo rex solummodo debuit a judicibus memoratis citari, quem causa principaliter contingebat; cum principali quæstione decisa, causa ipsius C. quæ accessoria videbatur, per consequentiam sopiretur; maxime cum ad defensionem causæ quæ publice agebatur, si sibi præjudicari timebat, se potuerit obtulisse. Sed nec omnes quos quæstio mota contingit, ad examinationem evocantur ipsius, sicut in multis casibus est videri civilibus legibus comprehensis: quanquam ad cautelam et ex gratia speciali mandaverimus archiepiscopo Maguntinensi ut citationis tenorem supradictæ nobili nuntiaret. Proposuit etiam procurator tuus non posse partem alteram allegare quod attestationes ultimæ post appellationem ad nos interpositam a judicibus fuerint inordinate receptæ, cum postmodum eorumdem judicio se promiserit juramento interposito parituram, propter quod renuntiasse appellationis beneficio videbatur. Contra quod pars adversa dicebat quod sub conditione fuerat præstitum hujusmodi juramentum, nisi videlicet regis nuntius propter hoc specialiter ad nostram præsentiam destinatus mandatum ex parte nostra contrarium reportaret. Restitutionem quoque a te petitam, a dicta sorore regis impediri non posse dicebat, eo prætextu videlicet quod auctore prætore cœperat possidere. Nam ex facto episcopi, qui post appellationem ad nos legitime interpositam inordinate processerat, hujusmodi fuerat auctoritas usurpata. Sed nec consanguinitatis objectu per eam poterat restitutio impediri, cum et rex ipse hoc idem allegans minime audiretur. Illud nihilominus frivolum esse dicebat quod tu approbasse sententiam dicebaris, cum per approbationem tuam sententia nequiverit robur sumere quæ irrita fuerat ipso jure.

Cum igitur super his et aliis utrique propositis nobis nequiverit fieri plena fides super processu Pragensis episcopi coram nobis lite legitime contestata, et quibusdam testibus super ipso pro parte regis receptis, universis exceptionibus salvis, de procuratorum utriusque partis assensu tam tibi quam parti adversæ dilationem usque ad festum Sancti Martini primo venturum duximus concedendam, præsentium tibi auctoritate mandantes quatenus, nisi forsan interim inter vos honesta poterit concordia provenire, in eodem termino, quem tibi peremptorium assignamus, per responsales idoneos et sufficienter instructos super omnibus quæ spectant ad causam compareas coram nobis, ut per nos causa ipsa diligenter examinata, finem debitum sortiatur.

Datum Laterani, Idibus Aprilis, pontificatus nostri anno tertio decimo.

Scriptum est in eumdem fere modum illustri regi Bohemiæ.

Datum Laterani, etc., *ut in alia.*

In eumdem fere modum scriptum est nobili mulieri C. sorori regis Hungariæ, usque duximus concedendam. Unde memoratis regi et nobili dedimus in mandatis quatenus, nisi forsan interim inter vos, etc., *ut in alia in eumdem fere modum usque* finem debitum sortiatur. Tibi quoque mandamus ut, si volueris, procuratorem ad eumdem terminum pro te dirigas sufficienter instructum.

Datum, *ut in alia.*

LI.

RANULPHO PRIORI ET CONVENTUI HOSPITALIS SANCTI THOMÆ MARTYRIS ET BEATI ANTONII ABBATIS DE PORTA MILETI DE CADOMO TAM PRÆSENTIBUS QUAM FUTURIS REGULAREM VITAM PROFESSIS IN PERPETUUM.

De confirmatione privilegiorum.

(Laterani, VIII Idus Aprilis.)

Religiosam vitam eligentibus apostolicum convenit adesse præsidium, ne forte cujuslibet temeritatis incursus aut eos a proposito revocet, aut robur, quod absit! sacræ religionis infringat. Eapropter, dilecti in Domino filii, vestris postulationibus clementer annuimus, et præfatum hospitale, in quo divino estis obsequio mancipati, sub beati Petri et nostra protectione suscipimus et præsentis scripti privilegio communimus. In primis siquidem statuentes ut ordo canonicus, qui secundum Deum et beati Augustini Regulam in eodem loco institutus esse dignoscitur, perpetuis ibidem temporibus inviolabiliter observetur. Præterea quascunque possessiones, quæcunque bona idem hospitale in præsentiarum juste ac canonice possidet, aut in futurum concessione pontificum, largitione regum vel principum, oblatione fidelium, seu aliis justis modis, præstante Domino, poterit adipisci, firma vobis vestrisque successoribus et illibata permaneant; in quibus hæc propriis duximus exprimenda vocabulis: Locum ipsum in quo præfatum hospitale situm est, cum omnibus pertinentiis suis; de dono Willelmi comitis de Magnavilla, dimidium modium frumenti, et dimidium hordei in suo molendino de Molineaus; de dono Roberti de Harecort, unum sextarium frumenti apud Posteiane; de dono Thomæ Malfilaste, nemus suum de Roella et dimidium modium avenæ apud Cussie; de dono venerabilis fratris nostri R. Baiocensis episcopi, pratum quod fuit Radulphi Leveel, et redditum quem inde percipiebat, videlicet quatuor sextarios frumenti; de dono Martini Fobert et Ricardi fratris sui, de assensu et voluntate Petronillæ et Nicolææ uxorum suarum, tres acras terræ et dimidiam; de dono Rogerii de Ammundevilla, octo acras et dimidiam et unam virgam terræ in territorio de Borgesbu; ex dono Wilhelmi de Oilie archidiaconi Andegavensis, unum sextarium frumenti et duos sextarios hordei in molendino suo de Oilie; ex dono Lohulidi de Flamanvill, sex solidos Turonenses in feudo Willelmi filii

Rohäis apud Aumarsnil, ex dono Ricardi filii Ricardi Henrici, decem libratas redditus in villa Cadomi acquisitione Willelmi de Sancto Martino; ex dono Rogerii filii Roberti Tioudi, dimidium modium hordei apud Soliers, et sex solidos Turonenses, et duos capones, duas gallinas et viginti ova; ex dono Simonis de Locheles, terras apud Broie ad dimidium modium frumenti; ex dono Radulphi de Clinchamp et Hugonis fratris ejus, terras apud Rosel ad tredecim sextarios frumenti; ex dono Ricardi militis, apud Colomp. sex sextarios frumenti, et unam gallinam; ex dono Ricardi de Berner. quinque sextarios hordei apud Columbell; ex dono Wilhelmi Motin, quinque acras terræ et dimidiam apud Eschai; ex dono Ivonis de Alemannia, sex sextarios frumenti, duas gallinas et viginti ova, et quartam partem cujusdam molendini apud Maletot; ex dono Reginaldi et Gaufridi Lesblaiers, quinquaginta tres solidos et quatuor denarios in vico Oxomensi; ex dono Thomæ Graverenc, viginti solidos apud Wauceles; ex dono Roberti Gouz, tres sextarios frumenti in molendino suo apud Wadum de Condrei; ex dono Willelmi de Merlai, unam acram terræ et dimidiam apud Audrei; ex dono Walteri de Aignealil, tres minas frumenti et tres minas hordei in territorio Cadomensi; ex dono Simonis de Buesvill, unum sextarium frumenti in molendinis de Buesvill; ex dono Maneri Sellonis, duodecim acras terræ apud Feugeroloes; ex dono Roberti de Briucort, tres sextarios hordei in molendino de Babanvill; ex dono Roberti Jugan, decem et octo acras terræ apud Capellam Engeuger; ex dono Reginaldi de Barneres, duodecim solidos, duos capones, et triginta ova apud Bovealvill; ex dono Ricardi de Audrie, tertiam partem terræ suæ apud Fontenei; ex dono Hurtaudi, unam acram terræ apud Maletot; ex dono Willelmi Bacun de Formignie, unam acram terræ apud Arthence; terras et redditus quos Alanus Lebret, Radulphus Pucras, et Willelmus Lavielle, et fratres ipsius, domui vestræ pietatis intuitu concesserunt. Sane novalium vestrorum quæ propriis manibus aut sumptibus colitis, sive de vestrorum animalium nutrimentis, nullus a vobis decimas exigere vel extorquere præsumat. Liceat quoque vobis clericos vel laicos liberos et absolutos e sæculo fugientes ad conversionem recipere et eos absque contradictione aliqua retinere.

Prohibemus insuper ut nulli fratrum vestrorum post factam in hospitali prædicto professionem fas sit sine prioris sui licentia de eodem loco discedere. Discedentem vero absque communium litterarum vestrarum cautione nullus audeat retinere. Statuimus insuper ut nulli liceat novas et indebitas consuetudines aut exactiones vobis aut capellis vestris imponere, aut in vos vel domum sive capellas prædictas sine manifesta et rationabili causa excommunicationis vel interdicti sententias promulgare. Cum autem generale interdictum terræ fuerit, liceat vobis, clausis januis, exclusis excommunicatis et interdictis, non pulsatis campanis, suppressa voce divina officia celebrare. Obeunte vero te nunc ejusdem loci priore vel tuorum quolibet successorum, nullus ibi qualibet subreptionis astutia seu violentia præponatur, nisi quem fratres communi consensu vel fratrum major pars consilii sanioris secundum Deum et beati Augustini Regulam providerint eligendum. Sepulturam quoque ipsius loci liberam esse decernimus, ut eorum devotioni et extremæ voluntati qui se illic sepeliri deliberaverint, nisi forte excommunicati vel interdicti sint, nullus obsistat, salva tamen justitia illarum Ecclesiarum a quibus mortuorum corpora assumuntur. Decernimus ergo ut nulli omnino hominum liceat præfatam domum temere perturbare, aut ejus possessiones auferre, vel ablatas retinere, minuere, seu quibuslibet vexationibus fatigare; sed omnia integra conserventur eorum, pro quorum gubernatione ac sustentatione concessa sunt, usibus omnimodis profutura, salva sedis apostolicæ auctoritate et diœcesani episcopi canonica justitia. Si qua igitur in futurum ecclesiastica sæcularisve persona, hanc nostræ constitutionis paginam sciens, etc., *usque* districtæ subjaceat ultioni. Cunctis autem eidem loco sua jura servantibus, etc., *usque* præmia æternæ pacis inveniant. Amen, amen, amen.

Datum Laterani per manum Joannis Sanctæ Mariæ in Cosmedin diaconi cardinalis, S. R. E. cancellarii, vιιι Idus Aprilis, indictione decima tertia, Incarnationis Dominicæ anno millesimo ducentesimo decimo, pontificatus vero domini Innocentii papæ III anno tertio decimo.

LII.
R. DE SOUREBI CLERICO.
Ei confirmatur præbenda Eboracensis.
(Laterani, v Idus Aprilis.)

Cum Ecclesia Suwellensis in proventibus et in clericorum numero penuriam pateretur, venerabilis frater noster Galfridus Eboracensis archiepiscopus ad supplendum defectum hujusmodi et cultum divini nominis ampliandum, cum consensu capituli ejusdem Ecclesiæ, de quadam magna præbenda in eadem Ecclesia tunc vacante duas præbendas instituit, duobus clericis in perpetuum conferendas: quarum unam, scilicet ecclesiam de Muskeham cum pertinentiis suis, idem archiepiscopus dudum magistro T. de Disce clerico suo contulit, eoque illam postmodum resignante, ipsam tibi liberaliter assignavit, quam postulasti tibi per sedem apostolicam confirmari. Nos igitur tuis justis postulationibus grato concurrentes assensu, dictam præbendam cum communia pertinente ad ipsam, sicut eam juste possides et quiete, auctoritate tibi apostolica confirmamus, et præsentis scripti patrocinio communimus. Nulli ergo, etc., hanc paginam nostræ confirmationis infringere vel ei; etc., *usque* incursurum.

Datum Laterani, v Idus Aprilis, pontificatus nostri anno tertio decimo.

LIII.
ALBERTO FERENTINATI EPISCOPO.
Conceditur quidam locus pro construendo molendino.
(Laterani, vii Kal. Maii.)

Quia te, sicut venerabilem fratrem, vinculo sinceræ charitatis amplectimur, in his quæ secundum Deum possumus prompta tibi volumus benignitate deferre. Quocirca, venerabilis in Christo frater, tuis precibus inclinati, locum qui dicitur Molendinum de Papa, cum omni jure nostro, ad construendum ibidem molendinum, tibi et duobus successoribus tuis titulo locationis sub annua pensione unius libræ ceræ concedimus; ita videlicet quod post decessum eorumdem successorum tuorum locus ipse cum omni melioratione sua libere ad Romanam Ecclesiam revertatur. Decernimus ergo ut nulli omnino hominum liceat hanc paginam nostræ locationis infringere vel ei ausu temerario contraire. Si quis autem hoc attentare præsumpserit, indignationem omnipotentis Dei et beatorum Petri et Pauli apostolorum ejus se noverit incursurum.

Datum Laterani, vii Kalend. Maii, pontificatus nostri anno tertio decimo.

LIV.
NICIENSI EPISCOPO, ET LIRINENSI CLAUSTRALI ET DE MOGENIS PRIORIBUS ANTIPOLITANÆ DIOECESIS.
Ut mulierem quamdam ad maritum suum redire cogant.
(Laterani, vii Kal. Maii.)

Accedens olim ad apostolicam sedem R. de Fonte laicus sua nobis conquestione monstravit quod cum Rixendam filiam Benedicti de Grassa Antipolitanæ diœcesis duxisset legitime in uxorem, et inter eos fuisset carnalis copula subsecuta, dictus B. in contrarium voluntate mutata, ipsum coram venerabili fratre nostro Antipolitano episcopo traxit in causam, dictam filiam asserens sibi coactam nupsisse. Cujus dictus episcopus favere cupiens voluntati, probationes ejusdem R. admittere recusavit, cum impetu proferens quod antedictæ mulieri nubendi alii licentiam concedebat. A quo gravamine idem vir ad sedem apostolicam appellavit, præfatæ inhibens mulieri ne alii viro se præsumeret copulare. Sed dictus pater eamdem filiam suam clam, non in facie Ecclesiæ, nihilominus cuidam Bertrando nomine minus licite copulavit. Quare venerabili fratri nostro Vigintimiliensi episcopo et dilecto filio abbati Sancti Honorati et magistro R. rectori ecclesiæ Sancti Michaelis Antipolitanæ diœcesis dedimus in mandatis ut inquisita super præmissis diligentius veritate, quod canonicum esset statuere procurarent, facientes quod statuerent per censuram ecclesiasticam firmiter observari. Ad quorum ire præsentiam, sicut eorum antedictæ nobis litteræ continebant, pars mulieris sæpius citata contempsit. Accedens tandem post multum temporis intervallum et asserens mandatum apostolicum per suppressionem veritatis obtentum, proposuit mulierem eamdem dicto R. cui coacta nupserat, minus legitime copulatam, nec intervenisse carnalem copulam inter eos, inficians et improbare contendens quod dictus Antipolitanus probationes ipsius R. admittere recusarit, et quod præcipitarit sententiam contra eum. Præfato igitur R. probationes super omnibus quæ ad obtinendum mandatum nostrum dixerat offerente, ipsi testes receperunt hinc inde. Et quoniam ad multas dilationes quas dederant ad probandum, et ad unum peremptorium pars non venerat mulieris, cum vellent dicta testium publicare, procurator mulieris ipsius, qui venerat ad aliud peremptorium quod assignaverant, appellavit, litteras arguens falsitatis, et bullam volens astruere, quia punctus deerat, esse falsam. Cumque dicti judices appellationi ab eo interpositæ detulissent, eamdem causam cum attestationibus receptis ad nos sufficienter remiserunt instructam, festum beati Lucæ proximo præteritum utrique parti terminum præfigentes, quo cum ipsis nostro se conspectui præsentarent Nos igitur auditis attestationibus ipsis et plenius intellectis, quia nobis constitit per easdem mulierem ipsam in dictum virum suum præstitisse consensum, discretioni vestræ per apostolica scripta præcipiendo mandamus quatenus eamdem, ut ad virum suum redeat et affectui ei adhæreat conjugali, patrem quoque ac matrem, ne consilii et auxilium ei præstent quo minus revertatur ad ipsum, monitione præmissa per censuram ecclesiasticam appellatione remota cogatis. Nullis litteris veritati et justitiæ præjudicantibus a sede apostolica impetratis. Quod si non omnes, etc., tu, frater episcope, cum eorum altero, etc.

Datum Laterani, vii Kal. Maii, pontificatus nostri anno tertio decimo.

LV.
MONACHIS SANCTI JULIANI, ET ... PERSONÆ ECCLESIÆ SANCTI DIONYSII DE AMBASIA.
Confirmatur quædam compositio.
(Laterani, x Kal. Maii.)

Cum inter vos ex parte una et canonicos S. Florentini diœcesis Turonensis ex altera super jure parochiali ejusdem castri per utriusque partis procuratores in nostra præsentia quæstio verteretur, ad hanc tandem concordiam spontanei devenerunt, ut videlicet dominus castri prædicti cum familia sua, quam exhibet, milites vero cum familiis illis quæ percipiunt victum et vestitum ab eis quotidianum, nec non omnes clerici ejusdem castri cum familiis suis quas exhibent, præter illos duntaxat sive clericos sive laicos qui de familia Sancti Thomæ ac Sancti Dionysii et Sancti Salvatoris esse noscuntur, canonicis memoratis et eorum ecclesiæ de cætero parochiali sint jure subjecti; ipsi quoque canonici in quindecim baliis inferius adnotatis habeant decem et octo balivos, cum familiis eorum victum et vestitum quotidianum percipientibus ab eisdem; ita quod id nec minui valeat nec augeri. Nomina vero balivorum et baliarum sunt ista. Præpositura castri, pedagiaria, pontonaria, annonaria, præpositura varannæ, præpositura Joannis de Ambasia, præpositura Peronellæ de Vindocino, villicus domini de Nœreio, præpositura Bertranni militis, carpentaria domini Ambasiæ, calderaria domini, bucheria domini, exclusaria, tabernaria et forestaria. Verum in tribus ultimo nominatis sex habere debebunt, et unum in qualibet præmissarum. Sane corpora parochianorum suorum in cœmeterio ecclesiæ Sancti Dionysii, quod tam vobis quam præfatis canonicis est commune, de cætero tumulabuntur a canonicis memoratis, nisi alias decedentes elegerint sepulturam. Et eadem corpora prius per eos in præfatam Sancti Dionysii ecclesiam inferentur, et missarum officiis, si quidem tempus fuerit celebrandi, a monachis vel presbytero celebratis, oblatio ad monachos et presbyterum devolvetur, quod si tempus non fuerit celebrandi, hujusmodi corpora deferri ad sepulturam ab ecclesia memorata debebunt. Reliquum autem officium ad sepulturam pertinens, pro sui dignitate conventus celebrabunt canonici antedicti, quod non solummodo de parochianis eorum statutum est esse servandum, sed etiam de omnibus aliis ad quorum exsequias in ecclesia Sancti Dionysii celebrandas fuerint evocati. Chrisma vero et oleum sanctum ab ecclesia ipsa recipient simul et semel in anno. De feudatariis insuper est statutum ut quicunque ipsorum habuerit plura feuda vel unum, etsi plura integra feuda ad plures personas devenerint, quicunque habuerit integrum, cum omni familia sua, quam exhibet, si vero integrum feudum in plures fuerit partes divisum, is qui partem tenuerit principalem, ecclesiæ Sancti Florentini parochianus existet. Reliquos autem omnes ecclesia Sancti Dionysii obtinebit. Nos igitur concordiam approbantes eamdem, ipsam auctoritate apostolica confirmamus et præsentis scripti patrocinio communimus. Nulli ergo omnino hominum liceat hanc paginam nostræ confirmationis infringere vel ei ausu temerario contraire. Si quis autem, etc., *usque* incursurum.

Datum Laterani, x Kal. Maii, pontificatus nostri anno tertio decimo.

LVI.

CANONICIS SANCTI FLORENTINI.

Super eodem.

(Datum, *ut in alia.*)

Cum inter vos ex parte una et monachos Sancti Juliani ac... personam ecclesiæ Sancti Dionysii de Ambasia diœcesis Turonensis ex altera, etc., *ut in alia, usque* esse noscuntur, vobis et ecclesiæ vestræ de cætero parochiali sint jure subjecti. Præterea vos in quindecim baliis inferius adnotatis habeatis decem et octo balivos, etc., *ut in alia, usque* ultimo nominatis sex habere debebitis, et unum in qualibet præmissarum. Sane corpora parochianorum vestrorum in cœmeterio ecclesiæ Sancti Dionysii, quod tam vobis quam capellano et monachis est commune, de cætero tumulabuntur a vobis, nisi alias decedentes elegerint sepulturam, et eadem corpora prius per vos in præfatam Sancti Dionysii ecclesiam inferentur, etc., *ut in alia, usque* pertinens pro vestri dignitate conventus celebrabitis. Quod non solummodo de parochianis vestris statutum est, etc., *ut in alia, usque* celebrandas fueritis evocati. Chrisma vero et oleum sanctum ab eadem recipietis ecclesia simul et semel in anno. De feudatariis insuper est statutum, etc., *ut in alia, usque in finem per totum.*

Datum similiter ut in alia per totum.

LVII.

EPISCOPO ET MAGISTRO FLO. ARCHIDIACONO ZAMORENSI, ET ABBATI DE MOREROLA DIŒCESIS ZAMORENSIS.

Committit inquisitionem super excessibus canonicorum Portugalensium.

(Datum Laterani, III Id. Maii.)

Grave gerimus et indignum quod cum venerabilis frater noster, Portugalensis episcopus, post divinas persecutionis angustias quas a charissimo in Christo filio nostro illustri rege Portugalensi et ejus noscitur sustinuisse ministris, evasis demum fugæ præsidio custodiis violentis, bonisque suis, non solum ecclesiasticis, verum etiam patrimonialibus derelictis, compulsus sit pariter cum decano suo et aliis, licet paucis, tribulationis propriæ participibus, pro commissæ sibi ecclesiæ libertate, ad sedem apostolicam confugere quasi nudus, canonici Portugalensis ecclesiæ, quos ejus, utpote boni patris, oppressionibus compati decuisset, non solum filialis compassionis dicuntur ei subtraxisse solatium, quinimo tanto nocentiores aliis quanto pejus familiaris solet lædere inimicus, sæviendi adversus ipsum temeritate sua præbuisse videntur extraneis incentivum, dum tam ipsi quam ecclesiæ memoratæ portionarii excommunicationi subjecti divina non erubuerunt officia celebrare, contempto temere interdicto primo vel secundo per eumdem episcopum promulgato, super quo non relaxando ad sedem fuerat apostolicam appellatum, et perjurio nihilominus vilipenso quod iidem canonici dignoscuntur circa præsens negotium incurrisse. Nolentes igitur tantam præsumptionis audaciam relinquere incorrectam, discretioni vestræ per apostolica scripta mandamus et districte præcipimus quod inquisita et cognita veritate, si rem inveneritis ita esse, canonicos et portionarios memoratos sublato cujuslibet contradictionis et appellationis obstaculo beneficiis ecclesiasticis et officiis spolietis, nisi forsan ad interventum et consilium præfati episcopi temperandum duxeritis hujus canonicæ disciplinæ rigorem. Volumus insuper et præcipimus ut circa omnia quæ præmissa sunt, tam super principali quam super incidenti appellatione postposita procedatis. Quod si non omnes... tu ea, frater episcope, cum eorum altero, etc.

Datum Laterani, III Idus Maii, anno tertio decimo.

LVIII.
BURGENSI EPISCOPO.
De libertate monasterii Oniensis.
(Datum Laterani, x Kal. Maii.)

(24) Orta inter te et monasterium Oniense super statu ipsius monasterii quæstione, cum venerabilis frater noster Segobiensis episcopus et dilectus filius Palentinus electus eam de nostro examinassent mandato, ipsamque sufficienter instructam ad nostrum remisissent examen, nos tandem instrumentis, attestationibus, confessionibus et allegationibus diligenter auditis et perspicaciter intellectis, de communi fratrum nostrorum consilio te ac L. monacho procuratore prædicti monasterii consensum præbentibus, ita duximus providendum ut Burgensis episcopus singulis annis semel ad idem monasterium causa visitationis accedat; ubi devote receptus, et per diem unum honeste de bonis ipsius monasterii procuratus, capitulum intret, et habito ad abbatem et fratres exhortationis sermone, de statu ejusdem diligenter inquirat, ac super his quæ in eo reformanda vel ordinanda cognoverit, abbas episcopi salubre consilium studeat adimplere; si vero infra octo dies illud exsequi non curaverit, totius negotii veritatem idem episcopus Romano pontifici per litteras suas studeat fideliter intimare. Ipse tamen nec in abbatem nec in conventum excommunicationis vel suspensionis aut interdicti sententiam hac vel alia occasione inconsulto Romano pontifice ferre præsumat; sed mandatum ipsius Romani pontificis exspectetur, ut in eodem negotio juxta quod ipse mandaverit procedatur. Et si abbas fuerit inventus culpabilis super eo quod episcopi consilium non admisit, satisfaciat ei de moderatis expensis quas propter hoc eum fecisse constiterit nuntium ad sedem apostolicam destinando. Cum autem post consecrationem suam prima vice Burgensis episcopus ad monasterium ipsum accesserit, recipiatur ab abbate ac monachis cum processione solemni, et si voluerit, celebret ibi missam. Quoties etiam invitatus accesserit pro exhibendis ecclesiasticis sacramentis, procuretur ab eis; ita quod nunquam numerum personarum et evectionum excedat in Lateranensi concilio diffinitum. Omnia siquidem ecclesiastica sacramenta, quoties indiguerint, ab eodem et non ab alio episcopo exigant et recipiant; dummodo gratiam apostolicæ sedis habuerit, et ea gratis voluerit exhibere. Alioquin liceat illis quemcunque maluerint catholicum adire pontificem, qui ea sibi apostolica fretus auctoritate concedat. Oniensis autem electus a Burgensi episcopo benedictionem reverenter exposcat; quam ipse illi gratanter impendat, difficultatem aut moram nullatenus ingerendo; nisi forsan ex publica fama vel manifesta causa seu denuntiatione canonica rationabile quid obsistat. Et tunc etiam Romanus pontifex consulatur, et ipsius beneplacitum exspectetur. Ita quod si constiterit[1] episcopum fuisse culpabilem super eo quod benedictionem impendere noluisset electo, justas ei refundat expensas quas fecisse probabitur sedem apostolicam consulendo. Cum autem ab eo fuerit benedictus, reverentiam ei super his tantummodo quæ præscripta sunt repromittat, professione hujusmodi super altare in scriptis oblata. In cæteris autem præfatum monasterium plena gaudeat libertate. Ne igitur quod a nobis pro parte tam Burgensis ecclesiæ quam monasterii Oniensis salubriter est provisum, occasione qualibet in posterum possit infringi, præsentium auctoritate statuimus ut contra præscriptam formam nulla summorum pontificum privilegia vel sæcularium principum scripta, nulla denique munimenta vel argumenta váleant prævalere. Nulli ergo omnino hominum liceat hanc paginam nostræ provisionis et constitutionis infringere, vel ausu temerario contraire. Si quis autem hoc attentare præsumpserit, indignationem omnipotentis Dei et beatorum Petri et Pauli apostolorum ejus se noverit incursurum.

Datum Laterani, x Kal. Maii, pontificatus nostri anno tertio decimo.

LIX.
ZAMORENSI ET LEGIONENSI EPISCOPIS.
De eadem re.
Laterani, viii Kal. Maii.)

(25) Suscitata super diversis articulis inter venerabilem fratrem nostrum Burgensem episcopum et Oniense monasterium quæstione, cum venerabilis frater noster Segobiensis episcopus et dilectus filius T. Palentinus electus, quibus auctoritate nostra dicta fuit causa commissa, eam sufficienter instructam ad nostram præsentiam remisissent, nos eidem episcopo et L. monacho monasterii procuratori, qui propter hoc ad sedem apostolicam venerant, audientiam concessimus liberam et benignam. Qui cum cœpissent principaliter litigare super statu monasterii memorati, quod ad se de jure communi sperare dictus episcopus proponebat, utpote in sua diœcesi constitutum, cujus juris usum Burgensem ecclesiam longis retroactis temporibus habuisse firmabat, et ex parte monasterii diceretur illud per principes sæculares et Romanos pontifices ab antiquo libertate donatum, et ipsum longissimo tempore usum fuisse plenaria libertate, nos auditis utrinque propositis, de voluntate partium demum ex providentia inter eas duximus componendum; prout in aliis nostris litteris super hoc confectis plenius continetur. Postmodum vero partibus super subjectione ac libertate membrorum ejusdem loci, monasteriorum videlicet, capellarum, cellarum, et prioratuum, persequentibus quæstionem, quatuor sibi dictus episcopus in præfatis locis ad se de jure communi spectantibus, ut dicebat, cujus juris usum habuerat ab antiquo, specialiter vindicabat, eorumdem locorum

---

(24) Vide infra epist. 59 et 69.

(25) Vide epist. seq.

clericos asserendo teneri ad episcoporum, archidiaconorum, et archipresbyterorum Burgensium accedere synodos, excommunicationis vel interdicti servare sententias promulgatas ab eis, procurationes annuas exhibere, ac singulos aureos solvere Burgensi episcopo noviter substituto; ad intentionem propriam roborandam super primis tribus articulis jus commune, secundum quod dictos clericos, sicut et alios suæ diœcesis, ad prædicta teneri dicebat, ac juris ipsius usum liberum ab antiquo, et super quarto antiquam et approbatam consuetudinem allegando. De quibus omnibus per depositiones testium fidem factam esse dicebat. Verum pars altera proposuit ex adverso supradicti monasterii membra, sicut et ipsum cœnobium, ab antiquo fuisse sæcularium principum et Romanorum pontificum Urbani II, Paschalis II, Eugenii III, et Alexandri III privilegiis libertate donata, et longis retroactis temporibus hujusmodi fuisse libertate gavisa; sicut per ipsa privilegia exhibita coram nobis, ac instrumentum Victoris quondam Burgensis episcopi, et suorum depositiones testium manifeste constare dicebat. Nos igitur auditis et intellectis quæ utraque pars proposuit coram nobis, super quatuor præmissis capitulis monasterium Oniense de consilio fratrum nostrorum justitia condemnavimus exigente. Sententia vero lata procurator præfatus ad probandam præscriptionem, tam super quatuor articulis prænotatis, quam etiam super quibusdam decimis post transactionem acquisitis a monasterio, ecclesiis et colonis ipsius ex episcopi parte petitis, quarum controversiam volebamus sententiæ calculo terminare, et in qua fuerat coram judicibus supradictis conclusum, restitutionem in integrum nomine monasterii postulavit. Et cum super hoc coram nobis fuisset aliquandiu litigatum, nos deliberatione præhabita, restitutionem in integrum ad præscriptionem probandam, tam super quatuor articulis prænotatis, quam etiam super controversia decimarum, eidem procuratori nomine monasterii duximus indulgendam; tibi, frater Zamorensis, et dilectis filiis magistris Mauricio archidiacono Toletano et Michaeli canonico Segobiensi dantes nostris litteris in mandatis ut recipiatis testes quos pars monasterii ad probandam præscriptionem legitimam super quatuor articulis sæpedictis et super capitulo decimarum, vel etiam episcopus ad interruptionem probandam duxerit producendos; et si de partium voluntate processerit, causam ipsam appellatione remota fine debito terminetis; alioquin remittatis eamdem ad nos sufficienter instructam, præfigentes partibus terminum competentem quo nostro se conspectui repræsentent sententiam dante Domino recepturæ. Ne vero per excogitatam malitiam, sicut ex quibusdam præsumptionibus pluribus videbatur, effectum sententiæ in damnum episcopi contingeret impediri, neve monasterium per exsecutionem sen-

(26) Cap. *Suscitata*, De in int. restitut.

tentiæ propter ipsas suspiciones incurreret detrimentum, nos æquitate pensata ita duximus providendum, ut ante omnia supradicta sententia a nobis prolata per vos exsecutionis mandetur. Quocirca fraternitati vestræ per apostolica scripta mandamus quatenus sententiam ipsam sublato appellationis obstaculo exsecutioni mandantes, faciatis eamdem inviolabiliter observari, contradictores per censuram ecclesiasticam compescentes. Quod si non ambo his exsequendis potueritis interesse, alter vestrum ea nihilominus exsequatur.

Datum Laterani, viii Kalend. Maii, pontificatus nostri anno tertio decimo.

LX.

ZAMORENSI EPISCOPO ET MAGISTRIS MAURITIO ARCHIDIACONO TOLETANO ET MICHAELI CANONICO SEGOBIENSI.

De eadem re.
(Datum, *ut in alia*.)

(26) Suscitata super diversis articulis, etc., *in eumdem modum ut in alia per totum, usque* duximus indulgendam. Quocirca præsentium vobis auctoritate mandamus quatenus recipiatis testes quos pars monasterii ad probandam præscriptionem legitimam, etc., *ut in alia*, *usque* a nobis prolata sublato appellationis obstaculo exsecutioni mandetur, cujus exsecutionem tibi, frater Zamorensis, et venerabili fratri nostro Legionensi episcopo duximus committendam. Volumus nihilominus et mandamus ut ab episcopo recipiatis idoneam cautionem quod si monasterium in causa ipsa per sententiam prævaluerit, universa quæ medio tempore ipsius sententiæ occasione percepit monasterio restituat memorato. Quod si non omnes, etc. duo vestrum ea, etc.

Datum, *ut in alia per totum.*

LXI.
EISDEM.
De negotio capellæ S. Mariæ de Castro Soris.
(Romæ apud S. Petrum, iv Kal. Maii.)

Cum in causa quæ inter Burgensem ecclesiam et clericos Sanctæ Mariæ de castro Soris super quibusdam ecclesiis et rebus aliis vertitur, ad dilectum filium abbatem de Retorta et priorem de Corrubiis fuerint a sede apostolica litteræ impetratæ, ipsi reputantes venerabilem fratrem nostrum Burgensem episcopum contumacem, in rerum petitarum possessionem causa rei servandæ partem induxerunt adversam. Verum cum super eorumdem processu, quem memoratus episcopus, utpote post appellationem ad nos legitime interpositam attentatum, revocari petebat, inter ipsum et... partis adversæ procuratorem fuisset in nostra præsentia diutius litigatum, taliter fuit demum a nobis de ipsorum voluntate provisum, ut tam super dictarum rerum omnium possessione quam etiam fructibus, quos nunc possunt dicti clerici restituere, præfato episcopo restitutis, de restituendis aliis, quam cito se facultas obtulerit, idoneam exponant dicti clerici cautionem; ad quod eos, si necesse fuerit, per vos volumus et mandamus, appellatione remota, ecclesiastica censura compelli. Postmodum autem episcopus petiit coram nobis ut clericos ejusdem ecclesiæ, qui post interdicti ab eodem episcopo et excommunicationis sententias a Palentino electo et suis conjudicibus delegatis a nobis propter eorum contumaciam rationabiliter promulgatas divina præsumpserant officia celebrare præfatis sententiis vilipensis, pœna dignaremur canonica castigare, ac quorumdam eorum corpora faceremus de cœmeterio ecclesiastico exhumari, quæ interim fuerant tumulata. Procurator vero prædictus tam super libertate libere sibi eligendi prælatum quam etiam super tertiis ipsius ecclesiæ, medietate domorum, molendinorum, vinearum, terrarum et hortorum ad ipsam ecclesiam in eodem castro spectantium, et ecclesiarum ac terrarum ejusdem castri et circumadjacentium eremitarum, item Sancti Nicolai, Sancti Dominici, Sanctæ Cæciliæ, Sancti Jacobi, Sancti Stephani, Sancti Joannis, Sancti Michaelis, et Sanctæ Eulaliæ ecclesiarum et eremitarum circumadjacentium eis, rursum Sancti Michaelis de Tavanera, Sancti Stephani de Castriello, Sanctæ Mariæ de Villaflos, Sancti Martini et Sancti Andreæ ecclesiarum, cum adjacentibus eis eremitoriis universis, terrarum quoque ac vinearum et molendinorum medietatis et de Arnelas et de Palatios et de Fitero ecclesiarum, necnon et de Pontefitero, et de Feneiosa, et Villæ-Viridis, et de Alcobella, et Sancti Cypriani ecclesiarum, ac eremitarum omnium circumadjacentium eis, procurationum quoque et obedientiarum et interdictorum de Valbonella, de Fonte Lesina, et de Valvinchera, et de Valvas ecclesiarum, et medietatis de solaribus, hortis, terris, vineis, molendinis ecclesiarum de villa Serigo, et circumadjacentium eremitarum, de Villimara et de Villaquiran ecclesiarum, terrarum et vinearum ecclesiæ de Valdemoro, cum adjacentibus eis eremitoriis universis, de Quintanella quoque et de Fontan, de Castellanos et de Villa Aios ecclesiarum, medietatis insuper de solaribus, terris, hortis, vineis et molendinis ecclesiæ de Fanos, et de Fenestrosa, cum eremitorio, et de Pedrosa, cum circumadjacentibus eremitoriis, Sanctæ Eugeniæ et Sancti Joannis de Pisverga ecclesiarum, ac instituendi prælatos et archipresbyteros in eisdem, et hæreditatis cujusdam apud Ormaza restitutionem humiliter postulavit. Petiit quoque ut quasdam res mobiles, scilicet thuribulum et scyphum argentea, mulam et mulum, centum oves, et tria juga boum apparatibus suis, duodecim porcos, et sex modios panis, dolium vini, gallinarum quoque et anserum, ac valentiam annonarum quæ prædictus Burgensis episcopus per tres menses in quindecim equitaturis expendit, tapeta duo, linteamina tria, et totidem pulvinaria, mantas tres, culcitram unam, mantilia quatuor, sogam carralem de corio, ferrum caldararum, acetrum, tres aczados, totidem aczadas, quatuor cistas scutellis plenas, quatuor fulcra, et auricularia tria, coopertorium unum, necnon et lectum de corio, cuppam de Villa Aios ad villam de Silos tunc temporis deportatam, duas cuppas alias de civitate Burgensi ablatas, et aliam venditam in Levis, scamna tria, carrum ferratum, quibus omnibus pars sua spoliata fuerat, ei restitui mandaremus. Adjecit insuper quod dictus Burgensis episcopus claves sacristæ abstulit violenter, codicemque privilegiorum ablatum non reddidit donec ea quæ contra ipsum et suam ecclesiam in eo continebantur abrasit; quædam nihilominus detinens quæ delegati a nobis judices sub excommunicationis pœna restitui præceperunt. Quæ omnia sibi procurator prædictus cum fructibus perceptis ex eis restitui postulabat, et super his satisfactionem sibi congruam exhiberi. Lite igitur coram nobis super præmissis legitime contestata, quia super utrinque propositis nobis non potuit fieri plena fides, causam ipsam de ipsorum episcopi et procuratoris assensu vobis duximus committendam, per apostolica vobis scripta mandantes quatenus absolutis clericis ejusdem ecclesiæ ad cautelam, audiatis causam, et eamdem, si de partium voluntate processerit, appellatione remota fine debito terminetis, facientes quod decreveritis per censuram ecclesiasticam firmiter observari. Alioquin ipsam sufficienter instructam ad nostram præsentiam remittatis, præfigentes partibus terminum competentem quo se nostro conspectui repræsentent justam auctore Domino sententiam recepturæ. Testes autem qui ab utraque parte fuerint nominati, si se gratia, odio vel timore subtraxerint, per censuram eamdem appellatione remota cogatis veritati testimonium perhibere. Nullis litteris obstantibus præter assensum partium a sede apostolica impetratis. Quod si non omnes his exsequendis... duo vestrum ea nihilominus exsequantur.

Datum Romæ apud Sanctum Petrum, iv Kal. Maii, anno tertio decimo.

LXI.

EISDEM.

De causa monasterii de Ortega.

(Romæ ap. S. Petrum, iv Kal. Maii.)

Burgensi capitulo dudum ad nos suam querimoniam destinante quod monasterium Sancti Joannis de Ortega ad Burgensem ecclesiam pertinebat, cui G. Martini sacerdos et quidam alii debitam recusabant obedientiam exhibere, violenter ipsum monasterium detinentes, nos bonæ memoriæ episcopo et dilectis filiis archidiacono et thesaurario Palentinis commisimus causam ipsam. Coram quibus P. Joannis Burgensis ecclesiæ procurator contra Petrum Bartholomæi, Petrum Joannis, Dominicum Martini, Joannem et Gundisalvum, singulariter videlicet contra quemlibet, suam exeruit quæstionem; et possessorium judicium intentando, proposuit ab eisdem violentiam Burgensi ecclesiæ fuisse illatam, restitutionem portionis unius canonici petens a quolibet prædictorum; postulans nihilominus ut expellerentur a monasterio memorato, utpote violenter intrusi, et propter inobedientiæ vitium pœna canonica punirentur. Econtra prædicti canonici prorsus inficiantes se aliquam Burgensi ecclesiæ violentiam intulisse aut extitisse inobedientes eidem aliquatenus vel rebelles, dixerunt quod cum essent canonici regulares, nihil penitus possidere poterant, vel agere seu etiam respondere absque sui prioris licentia et mandato. Adjecerunt insuper quod cum divisæ non essent in præfata sancti Joannis ecclesia portiones, ipsi, cum nihil certum penitus possiderent, etiam si essent clerici sæculares, ad restituendam aliquam portionem non poterant condemnari, nec a præfata ecclesia supradicta occasione depelli. Judices vero, utriusque partis attestationibus et allegationibus diligenter inspectis, in tribus primis capitulis, super quibus fuerat possessorium intentatum, antefatos quinque canonicos absolverunt, condemnantes eosdem ad canonicam obedientiam Burgensi episcopo exhibendam. A qua sententia cum Burgensis episcopus appellasset, nos venerabili fratri nostro Oscensi episcopo et dilectis filiis Tirasonensi decano et præposito Iaccensi dedimus in mandatis ut in appellationis causa legitime procedentes, eamdem sententiam sicut justum esset confirmare vel infirmare curarent. Qui utriusque partis confessionibus et rationibus intellectis, et advertentes supradictas petitiones ex parte Burgensis ecclesiæ contra præfatos clericos nimis inepte ac irrationabiliter fuisse conceptas, antedictam sententiam confirmarunt, verba in eadem expressa tenori suæ sententiæ adnectentes : qui sententia in scriptis redacta, et in ejusdem serie annis Incarnationis Dominicæ adnotatis, hujusmodi clausulam subjecerunt: *Præterea de illata Burgensi Ecclesiæ violentia, et interdicto a prædictis quinque clericis non servato, ac expensis a procuratore clericorum de Ortega petitis, reservamus nobis licentiam cognoscendi.* Cum autem nuper venerabilis frater noster Burgensis episcopus et supradictorum clericorum procurator in nostra præsentia super præmissis aliquandiu litigassent, nos utrinque propositis intellectis sententiam ultimorum judicum in eo duximus sententialiter confirmandam in quo supradictorum judicum dignoscuntur sententiam confirmasse. In eo vero quod jam lata sententia sibi licentiam cognoscendi super quibusdam articulis reservarunt, dictum eorum decrevimus irritum et inane. Quocirca discretioni vestræ per apostolica scripta mandamus quatenus supradictam sententiam auctoritate apostolica confirmatam faciatis per censuram ecclesiasticam appellatione remota inviolabiliter observari. Quia vero super libera administratione monasterii memorati et rebus ejusdem, quibus Burgensem ecclesiam dicebat episcopus spoliatam, et super fructibus et rebus aliis quas canonici ab eodem episcopo repetebant, lis coram nobis fuit solemniter contestata, discretioni vestræ per apostolica scripta mandamus quatenus recipiatis testes quos utraque pars duxerit producendos, et causam ipsam, si de partium voluntate processerit, sublato appellationis obstaculo fine debito terminetis, facientes quod decreveritis per censuram ecclesiasticam firmiter observari. Alioquin eamdem ad nos remittatis sufficienter instructam, præfigentes partibus terminum competentem quo nostro se conspectui repræsentent sententiam dante Domino recepturæ. Testes autem qui fuerint nominati, si se gratia, odio, vel timore subtraxerint, per censuram eamdem appellatione cessante cogatis veritati testimonium perhibere. Nullis litteris obstantibus præter assensum partium a sede apostolica impetratis. Quod si non omnes his exsequendis potueritis interesse, duo vestrum, etc.

Datum Romæ apud Sanctum Petrum, IV Kal. Maii, pontificatus nostri anno tertio decimo.

LXIII.
ARCHIEPISCOPO ET SUFFRAGANEIS ECCLESIÆ NARBONENSIS.

De negotio Durandi de Osca.
(Laterani, IV Idus Maii.)

(27) Cum talis esse debeat ars eorum quibus regendæ animæ committuntur, ut non solum a Dominico grege subductas sollicitudine pastorali reducere, verum etiam reductas ad ipsum paterna in eo studeant mansuetudine confovere, procul dubio nobis et vobis est sollicite providendum ut dilecti filii Durandus de Osca et Guillelmus de Sancto Antonino cum sociis suis reconciliatis ecclesiasticæ unitati taliter foveantur in ipso quod cum ipsi se lætabuntur ibidem invenire favorem speratæ dulcedinis, alii eorum inducantur exemplo errorem suæ deserere cæcitatis. Quapropter fraternitatem vestram monemus attentius et hortamur, per apostolica vobis scripta præcipiendo mandantes quatenus ipsos procedentes secundum Deum, charitative tractantes, non permittatis eos aut illos qui suum ipsis intuitu charitatis impenderint beneficium in vestris diœcesibus constitutos hujus occasionis prætextu a quoquam temere molestari, contradictores ecclesiastica censura appellatione postposita compescendo. Quod si non omnes..... singuli vestrum in diœcesi sua ea nihilominus exsequantur.

Datum Laterani, IV Idus Maii, pontificatus nostri anno tertio decimo.

In eumdem modum scriptum est archiepiscopo et suffraganeis ecclesiæ Tarraconensis. Datum ut in alia per totum. In eumdem modum scriptum est archiepiscopo Mediolanensi et suffraganeis ejus.

Datum, *ut in alia per totum.*

---

(27) Vide lib. XI, epist. 196, et lib. XII, epist. 18, 66 et seqq.

LXIV.
PRIORI ET CAPITULO BEATÆ MARIÆ DE SALIS BITURICENSIS.
Confirmat statuta Ecclesiæ de Salis.
(Laterani, vii Idus Aprilis.)

Solet annuere sedes apostolica piis votis, et honestis petentium precibus favorem benevolum impertiri. Sane, sicut ex tenore vestrarum litterarum accepimus, vos ad dissensionis materiam amputandam, quæ pro donationibus præbendarum Ecclesiæ vestræ sæpius emergebat, de assensu venerabilis fratris nostri Guillelmi Bituricensis archiepiscopi communiter statuistis quod postquam Ecclesiæ vestræ præbendæ ad duodenarium devenerint numerum, qui per ipsum archiepiscopum et vos etiam in vestra est Ecclesia institutus, præbendas quæ vacaverint Bituricensis archiepiscopus, qui pro tempore fuerit, personis quibus voluerit secundum Deum conferat et assignet, ita quod is qui ab eodem fuerit institutus, priori obedientiam faciat, et circa eum prior correctionem habeat, quemadmodum circa tales habere hactenus consuevit. In hominibus vero, terris Ecclesiæ ac omnibus aliis prior et capitulum debitam jurisdictionem obtineant, et hactenus consuetam. Vacante vero Bituricensi Ecclesia, si quam in Ecclesia vestra præbendam vacare contigerit, illam absque contradictione cujusquam conferat solus prior. Cedente vero vel decedente priore ipsius Ecclesiæ, canonici ejusdem loci liberam eligendi priorem habeant facultatem, et illa in hoc articulo gaudeant libertate qua Ecclesiæ aliæ in Bituria positæ gaudere noscuntur. Hoc etiam constitutum sacrosanctis tactis Evangeliis servaturos vos in perpetuum promisistis. Nos igitur vestris precibus inclinati, statutum ipsum, sicut pie ac provide factum est, auctoritate apostolica confirmamus et præsentis scripti patrocinio communimus, salvo in omnibus apostolicæ sedis mandato. Nulli ergo, etc., hanc paginam nostræ confirmationis infringere vel ei, etc., *usque* incursurum.

Datum Laterani, vii Idus Aprilis, anno tertio decimo.

LXV.
ILLUSTRI REGI DANORUM.
Recipitur sub protectione sedis apostolicæ.
(Laterani, Nonis Maii.)

(28) Quod orthodoxæ fidei zelo succensus ad laudem divini nominis et Christianæ religionis honorem signo crucis assumpto, ad reprimendam feritatem incredulæ nationis regalis exercere decrevisti gladium potestatis, pium devotionis tuæ propositum in Domino commendamus; illudque favoris apostolici gratia prosequentes, personam et regnum tuum cum omnibus bonis tuis sub beati Petri et nostra protectione suscipimus, statuentes ut quandiu vacaveris operi hujusmodi pietatis, integra maneant, et a cujuslibet temeritatis incursu quieta consistant. Verum tuam regalem prudentiam commonemus ut ita provide tibi et tuis caveas undecunque, ne, quod absit! sub nostræ protectionis prætextu quamlibet te contingat sustinere jacturam.

Datum Laterani, Nonis Maii, pontificatus nostri anno tertio decimo.

LXVI.
ILLUSTRI REGINÆ FRANCORUM (29).
De causa divortii.
(Datum, *ut in alia.*)

(30) Super amaritudine in qua es paterno tibi compatientes affectu, serenitatem tuam consolando monemus ut quæ alios cum rege consorte tuo per matrimonialem ipsius copulam accessisti rectura, veneranda regina tui, te regas in imminentis pugnæ molestia (31), per quam Deus tuam voluit examinare virtutem ; sic in omnibus quæ adversa videntur et dura te formans ut plus ex formidine mentis ea quam ex necessitatis instantia perferendo, non tam pareas quam super his assentias voluntati divinæ, nec unquam tristis excipiens quod acciderit contra votum, tributum tuum hilaris, non invita, persolvas; attendens quod universa quæ in miseriæ hujus mundo a quocunque penduntur, quasi quædam necessaria sunt humanæ vitæ tributa, quorum immunitatem nemo poterit cum effectu vel petere vel sperare. Quapropter, charissima in Christo filia, de tua te consolare fortuna, et animum induendo

---

(28) Vide lib. xii, epist. 103, 104.
(29) *Reginæ Franc.* Enge sive Ingebergæ (quam Botildem Hoveden Anglus vocat) non Gerbæ, ut vult Bzovius ex Æmilio Canuti 6 (non Caini apud Nauclerum), cui successit Waldemars I, Daniæ regis sorori, non filiæ regis Hungariæ, ut vult Belovius in Domanii Francici unione, qua dimissa post obitum Elizabethæ, sive Alisiæ Balduini IV, comitis Hannoniæ filiæ, Philippus Augustus colore affinitatis quæsito, ut in c. *Porro de divort.* Agnetem (non Mariam, ut vult idem Belovius loco supra citato) Bertoldi IV Meraniæ (non Bohemorum ut apud Guaguinum,) ducis filiam (non marchionis, ut apud Surium in Vita S. Hedwigis 15 Octob.) superinduxit. Qua de causa concilium Divione convocatum ad reformationem conjugii, cui præerat Petrus Capuensis apostolicæ sedis legatus, ita ut prius matrimonium copulatum fuerit. Quibus peractis Agnes diem suum obiit, Nauclerus Gen. IV, 1183 (sed dicendum 1198);

Guaguinus, lib. vi Rerum Gallic.; Nic. Vignerius bibl. hist., anno 1199; Bzovius in Innoc. III, 1199, § 3; Krautzius Daniæ, lib. vii, c. 13; Paulus Æmil. lib. xvi, ex quibus facilius conjicies deliria Jacobi Meyeri Annal. Fland., lib. vi, anno Domini 1184 et Naucleri somnium circa Engebergam, dumque unum cumdemque ducem Bohemiæ et Meraniæ constituit, cum apud Joannem Dubravium Histor. Bohem. scriptorem eidem regno aliquem Bertholdum nomine imperasse nusquam reperirem.
(30) Vide supra lib. x, epist. 176; lib. xi, epist. 180, 181, 182, 183.
(31) *Pugnæ molestia* in divortio, de quo Photii Nomocanon tit. 12, c. 4. W. GG. Isidori diffarreatio, dissoluto inter virum et uxorem, Scholiastes Lycophronis in verbo παρθενοκτόνον, Ἀδαμας κατὰ Ἥρας προστάγματα. Ἀποπεμψάμενος τὴν Ἰνώ, καὶ ἐπιγήμας τὴν Νεφέλην.

virilem, ab ipsius constantia non recedas, ut quasi de proprio fato conquesta, illud tibi gemas accidere quod multis indignioribus non videris evenire. Cum enim sine adversario virtus marceat, quæ quanta sit, aut quid valeat, tunc apparet cum illam patientia manifestat, in exaggerationem doloris nequaquam est pervertendum quod verius potest ad consolationis materiam imputari. Pater quippe cœlestis carnalium more parentum, non educantium filios in deliciis, quos intendunt ad virtutem componere, te per hæc voluit experiri, et sibi, non tanquam delicatam, sed sicut electam filiam præparare. Qua de re periculosius reputans quod in reprobis alitur audacia per licentiam quam quod virtus per disciplinam proficit in electis, patientiam tuam feras humiliter exerceri, et quia patientibus patienter passio non est pati, sic æquanimiter sustineas universa quod ille in cujus manu cor regis (32) est, et quocunque voluerit vertet illud, humilitatis tuæ merito provocatus, non solum adversitatis causa submota, conciliando tibi animum viri tui, tuam remuneret patientiam, verum etiam gratia sui (Spiritus), qui verus sponsus est fidelium animarum, exspectationis tuæ angustiam recompenset, secura de nobis quod in quibus oportuerit et decuerit, nequaquam tibi suffragium favoris apostolici subtrahemus.

Datum, ut ni alia per totum.

LXVII.

EBORACENSI ARCHIEPISCOPO.
De negotio Eboracensi.
(Laterani, ii Non. Maii.)

(33) Domus Domini comedit nos tunc zelus et igne illo succendimur vehementer quem Filius hominis mittens in terris voluit ut arderet cum hi contra ecclesiasticam libertatem insurgunt qui, si se recolerent, ut deberent, a Domino suscepisse ad malefactorum vindictam gladii potestatem, illam deberent pro viribus defensare, ut passeres spirituales videlicet nidificarent in eos velut in cedros Libani plantatos a Domino, et turtur nidum ubi suos pullos reponeret inveniret. Sane gravis ex parte tua nobis est oblata querela quod, cum Joannes rex Angliæ ab ecclesiis et domibus eleemosynariis Eboracensis provinciæ tertiam decimam disposuisset recipere, tu id præsentiens, pro ecclesiastica libertate tuenda sedem apostolicam appellasti, te ac tua et universos ejusdem provinciæ clericos nostræ protectioni supponens. Verum rex ipse a proposito quod præconceperat non recedens, non solum de demanio tuo et a te tenentibus, sed etiam a religiosis et plerisque clericis Eboracensis provinciæ tertiam decimam proventuum eorumdem extorsit contra ecclesiasticam libertatem. Cumque tu, hæc ferre non prævalens, recessisses de partibus Anglicanis, ad nostram præsentiam accessurus, idem rex te ac tuos temporalibus mobilibus et immobilibus spolians, jurisdictionem tuam circa spiritualia multipliciter juxta suæ voluntatis arbitrium impedivit, et possessiones et nemora tua in grave præjudicium Eboracensis Ecclesiæ distrahi faciens, in plurimis aliis tibi et tuis injuriosus exstitit admodum et molestus. Cum igitur tantam Dei et Ecclesiæ suæ injuriam, non tantum propter dispendium temporalium quantum propter periculum animarum, nequeamus conniventibus oculis pertransire, qui, si necessitas id exposceret, pro tuenda ecclesiastica libertate non dubitaremus exponere nosmetipsos, licet super hoc venerabilibus fratribus nostris Heliensi, Wigorniensi, et Herefordensi, et postmodum Londoniensi et Roffensi episcopis, et dilecto filio decano Lincolniensi litteras nostras duxerimus destinandas, nihilominus tamen fraternitati tuæ per apostolica scripta mandamus quatenus regem eumdem moneri facias efficaciter et prudenter induci ut suæ saluti consulens et honori, tam tibi quam Ecclesiis et aliis ad te spectantibus ablata restituat universa, et de damnis et injuriis irrogatis satisfaciat competenter. Alioquin prædictis litteris non obstantibus, per quas nondum exstitit plene in negotio ipso processum, tu propter hoc officii tui debitum in Eboracensi provincia exsequaris, quod per appellationis objectum nolumus impediri.

Datum Laterani, ii Non. Maii, anno tertio decimo.

LXVIII.

EPISCOPO, ET ABBATI SANCTI JOANNIS IN VINEIS ET DECANO SUESSIONENSI.
Eis committitur causa præbendæ Casletensis.
(Laterani, viii Kal. Maii.)

Dilectus filius Bartholomæus canonicus Casletensis in nostra proposuit præsentia constitutus quod cum præpositus Casletensis Morinensis diœcesis, qui filiis, nepotibus et cognatis Ecclesiæ suæ conferre præbendam quasi jure hæreditario consuevit, præbendam... filii sui defuncti a sua nolens cognatione disjungi, eam... nato... filiæ suæ tunc lactenti dedisset, nos venerabili fratri nostro Silvanectensi episcopo et conjudicibus suis dedimus in mandatis ut præbendam eamdem, utpote de jure vacantem, apostolica sibi auctoritate conferrent. Ad quorum impediendum processum dictus præpositus et quidam de canonicis ipsi animo et parentela conjuncti, frustratorie nostram audientiam appellantes, appellationem emissam persequi non curarunt, excepto quod unus eorum, R. videlicet pueri dicti pater, tandem ad præsentiam nostram accedens, coram bonæ memoriæ Matthæo Sancti Theodori diacono cardinali, a nobis sibi auditore concesso, ad hoc se asseruit non venisse. Quare dicto præposito et capitulo Casletensi per scripta nostra mandavimus ut eidem præscriptam præbendam sine difficultate conferrent, dilectos filios abbatem Sancti Auberti Cameracensis et collegas ipsius exsecutores

---

(32) *Cor regis*, eisdem verbis alloquitur Joannes papa II Justinianum imperatorem in l. inter c. *De summa Trinit.*

(33) Vide lib. xi, epist. 87, et Matth. Paris, ad an. 1207.

sibi nihilominus concedentes. In quorum præsentia pars adversa comparens, litteras quasdam exhibuit continentes quod præbendam præposito confirmaveramus eamdem, sicut ipsam juste ac pacifice possidebat; per quas ipsum ab intentione sua excludere nitebatur. Verum judices attendentes confirmationem hujusmodi non valere, cum præbendam illam præpositus possidere non posset, et procedentes in nostri exsecutione mandati, in corporalem possessionem præbendæ ipsum inducere curaverunt : propter quod pars adversa vocem ad nos appellationis iterato emisit, quam, sicut et primam, persequi non curavit. Cumque occasione illius possessionem ipsius canonici per annum et amplius multipliciter perturbasset, idem ad abbatem Sancti Nicasii Remensis et conjudices suos nostras litteras impetravit. Qui ex capituli relatione comperto quod sibi periculosum existeret in ecclesia residere, ipsi fecerunt securitatem præstari firmatam præstito juramento. Qua recepta, cum crederet se securum, præpositus et complices ejus in fratrem ipsius in ecclesia coram altari astantem in die Cœnæ Domini manus sacrilegas injecerunt, et tumultu exorto, auxilio canonicorum et presbyterorum astantium vix manus ipsorum effugere potuerunt. Cæterum cum coram dicto abbate Sancti Nicasii suisque collegis super hoc persequeretur jus suum, idem præpositus ad abbatem de Bergis et conjudices suos, nulla de ipso vel negotio memorato habita mentione, nostras litteras impetravit. Quos idem canonicus habens certa ratione suspectos, utpote quorum unus præpositi erat affinis, et alter in eadem causa ipsius exstiterat advocatus, eumque ad loca suspecta vocantes frequenter, præcipitabant sententiam excommunicationis in eum per contumaciam non absentem, et prædictum præpositum a præfatis judicibus excommunicatum pro eo justitia exigente absolverant, licet standi mandatis eorum cautionem juratoriam præstitisset, et nolebant supersedere negotio ad mandatum ipsorum, cum super hoc nullam jurisdictionem habebant, ad nostram duxit audientiam appellandum. Quocirca discretioni vestræ per apostolica scripta præcipiendo mandamus quatenus si est ita, revocato in irritum quidquid occasione litterarum illarum, quæ per veritatem tacitam fuerant impetratæ, ab eisdem judicibus in ejus præjudicium inveneritis attentatum, memoratum canonicum faciatis ejusdem præbendæ auctoritate nostra pacifica possessione gaudere, ac de damnis et injuriis irrogatis eidem satisfactionem debitam exhiberi, tam præfatum præpositum quam contradictores quoslibet per censuram ecclesiasticam sublato appellationis obstaculo compescentes. Non obstantibus aliquibus litteris quæ de his omnibus non faciant mentionem, et in quibus non contineatur insertum quod de nostra certa scientia emanarint. Testes autem, etc. Quod si non omnes, etc., tu, frater episcope, etc.

(34) Vide supra epist. 58, 59, et infra epist. 70.

Datum Laterani, viii Kal. Maii, anno tertio decimo.

LXIX.
FRATRIBUS MONASTERII ONIENSIS.
Confirmatur concordia facta inter episcopum Burgens. et monasterium Oniense.
(Laterani, Nonis Maii.)

(34) His nos convenit robur apostolicum impertiri quæ semel in contentionem deducta, judicio sunt vel concordia terminata, ne sopitæ quærimoniæ reviviscant, et relabantur iterum in recidivæ scrupulum quæstionis. Sane cum olim inter Ecclesiam vestram et bonæ memoriæ Victorem Burgensem episcopum super tertiis decimarum quæstio suborta fuisset, tandem inter eos hujusmodi compositio intercessit, quod videlicet memoratus episcopus de suorum canonicorum assensu concessit et confirmavit Joanni tunc Oniensi abbati ejusque catholicis successoribus in perpetuum tertias decimarum in omnibus ecclesiis suis quas idem abbas eo tempore possidebat, nec non decimas quas usque tunc in villis de Arenis, Sant. Tamaio, Terminon, Ventretea, Solas et Pelluegas recipere consueverat episcopus memoratus. Præfatus vero abbas, cum capituli sui consensu, prænominato episcopo et successoribus ejus villam Ribillam cum omnibus pertinentiis suis concessit perpetuo possidendam. Cum autem nuper venerabilis frater noster Gar. Burgensis episcopus et Lupus procurator vester, inter alias quæstiones utrinque propositas coram nobis, cœpissent super præfatis decimarum tertiis litigare, tandem compositionem præfatam memoratus episcopus recognovit, eamdem se velle servare proponens. Nos igitur vestris precibus inclinati, compositionem jam dictam, sicut pie ac provide facta est et ab utraque parte sponte recepta, ad exemplar bonæ memoriæ Alexandri papæ prædecessoris nostri auctoritate apostolica confirmamus et præsentis scripti patrocinio communimus. Nulli ergo omnino hominum liceat hanc paginam nostræ confirmationis, etc. Si quis autem, etc., *usque* incursurum.

Datum Laterani, Nonis Maii, pontificatus nostri anno tertio decimo.

LXX.
EPISCOPO ZAMORENSI, ET MAURICIO ARCHIDIACONO TOLETANO, ET MAGISTRO MICHAELI CANONICO SEGOBIENSI.
De recipiendis testibus super præscriptione.
(Laterani, Nonis Maii.)

(35) Cum Lupus procurator monasterii Oniensis proposuisset inter alia coram nobis ad illud in suis Ecclesiis ratione cujusdam transactionis inter ipsum et bonæ memoriæ Victorem Burgensem episcopum olim initæ parochiale jus integre pertinere, ac venerabilis frater noster Burgensis episcopus, successor ipsius, in eisdem quædam sibi jura parochialia vindicaret, nos eamdem causam sententiæ curavimus calculo terminare, prout in aliis litteris ad vos directis plenius continetur. Sed cum lata

(35) Vide supra epist. 69.

sententia, procurator ipse ad probandum præscriptionem super quibusdam articulis fuisset a nobis per beneficium in integrum restitutionis admissus, cœpit nobis humiliter supplicare ut per in integrum restitutionis auxilium eum ad probandum admittere dignaremur quod Burgensis Ecclesia ratum habuit et consensit ut Oniense monasterium in omnibus ecclesiis quas tunc temporis possidebat, jus parochiale in integrum obtineret, sicut per quamdam transactionem asserebat sibi fuisse concessum. Quocirca discretioni vestræ per apostolica scripta mandamus quatenus recipiatis testes quos utralibet pars super prædicto ratihabitionis consensu duxerit producendos, et depositiones eorum super jam dicto recipientes articulo, quas per vos nulli penitus volumus revelari, penes vos reservetis fideliter consignatas, donec negotio super cæteris ventilato, de ipsius processu per vos redditi fuerimus certiores, et per nostræ responsionis oraculum qualiter in ipso procedendum sit declaretur; cum non hoc ipso quod testes super dicto capitulo taliter recipi volumus ad cautelam intendamus adhuc in integrum restitutionis auxilium monasterio indulgere. Volumus etiam et mandamus quod si causam eamdem ad nostrum remiseritis examen instructam, attestationes hujusmodi simul ad nos cum aliis remittatis. Quod si non omnes, etc., duo vestrum, etc.

Datum Laterani, Nonis Maii, pontificatus nostri anno tertio decimo.

LXXI.
AURELIANENSI EPISCOPO (36), ET ELEEMOSYNÆ CISTERCIENSIS ET BONÆVALLIS ABBATIBUS.
De electione abbatissæ S. Aviti.
(Laterani, v Nonas Maii.)

Cum post alia circa quæ super correctione monasterii Sancti Aviti de mandato nostro provide processistis, abbatissam ejusdem loci, prout erat exigente justitia faciendum, ab administratione suspensam excommunicationis quoque vinculo curaveritis innodare, ad depositionem ipsius, quamvis expedire plurimum videretis, propter appellationem (37) quæ ab ipsa dicitur interposita, sine conniventia nostra, sicut accepimus, procedere dubitastis. Quia igitur intelleximus abbatissam prædictam a monasterio ipso merito amovendam, eaque ibi præsidente vel residente, statum præfati monasterii commode reformari non posse, discretioni vestræ per apostolica scripta mandamus quatenus eidem ab ipso prorsus amotæ, juxta quod ordini et statui suo congruit, auctoritate nostra sublato appellationis obstaculo provideri alibi facientes, injungatis sororibus monasterii supradicti

ut per regularem electionem (38) sibi præficiant personam idoneam (39) in rectricem. Quod si non omnes, etc., tu, frater episcope, etc.

Datum Laterani, v Nonas Maii, pontificatus nostri anno tertio decimo.

LXXII.
HERVEO TRECENSI EPISCOPO.
De quadam præbenda Trecensi.
(Romæ, Kal. Maii.)

(40) Dilecto filio nostro Petro tituli Sanctæ Pudentianæ presbytero cardinale dilectis filiis R. de Avalon cellarario Senonensi et R. de Noa clerico procuratori tuo auditore concesso, idem cellararius proposuit coram eo quod cum bonæ memoriæ Guillelmus Remensis archiepiscopus, tunc apostolicæ sedis legatus, ad Trecensem accessisset Ecclesiam, in qua G. nepoti suo præbendam concedere intendebat, cum nulla penitus vacaret ibidem, dictus cellararius, non tam ei quam nobis etiam cupiens in hac parte placere, præbendam quam in ipsa obtinebat Ecclesia in ejus manibus resignavit. Qui liberalitati ejus volens postmodum grata vicissitudine respondere, de capituli Trecensis assensu, præsente quoque venerabili fratre nostro Senonensi archiepiscopo, tam præfatum nepotem suum quam etiam cellararium in canonicos Trecenses instituit; et ambobus idem capitulum stallum in choro et locum in capitulo assignavit. Quibus idem Remensis archiepiscopus fructus supradictæ præbendæ tandiu dividendos communiter assignavit donec præfatus G. integrum esset præbendale stipendium assecutus, in eos qui contravenire præsumerent excommunicationis sententia promulgata; quorum receptionem generalis procurator bonæ memoriæ prædecessoris tui in Constantinopolitanis partibus tunc agentis postmodum approbavit. Unde dictus cellararius in eadem ecclesia lectiones et evangelium in hebdomada sua postea legisse dignoscitur, et tam decani quam episcopi electioni et aliorum negotiorum tractatibus sicut canonicus Trecensis interfuit, et domum quamdam per capitulum memoratum obtinuit quæ non nisi canonico consueverat assignari. Tu quoque cum ad eamdem accessisti ecclesiam consecratus, dictum cellararium cum canonicis aliis ad osculum recepisti, cum tamen tunc temporis nonnisi canonici ad osculum admittantur, et eidem super prædictis non movisti per biennium quæstionem. Unde petiit ut te ab ipsius super hoc molestatione indebita compescere dignaremur. Verum dictus R. procurator tuus proposuit ex adverso quod cum idem cellararius præbendam suam in præfati Remensis archiepiscopi manibus resignas-

---

(36) *Aurelianensi* suffraganeo archiepiscopi Senonensis, de quo infra.

(37) *Appellationis* interpositæ ad sedem apostolicam, quæ in civilibus suspendit, ita ut quæ post appellationem facta non valeant, c. *Consideravimus de elect.* Sed in hac parte appellatione nondum terminata, rescribit summus pontifex provideri.

(38) *Electionem,* cui succedit regia nominatio ex pacto Concordatorum.

(39) *Personam idoneam.* Idem statuitur ob electi incapacitatem c. *Priusquam* 28, distinct. et in c. *Archidiaconum,* dist. 85, forte quia corrupta, quæ in abbatissam non est promovenda c. *Juvenculas* 20, q. 1, et decisiones, cap. *Tolos.* q. 295.

(40) Cap. *Dilecto,* De præbend.

set, ipse de medietate illius nepotem suum (41), et de medietate alia dictum cellararium investivit; quam adhuc detinere præsumit in tuum præjudicium et gravamen, non permittens te libere de ipsa disponere, prout ad te dignoscitur pertinere. Et licet ad dilectos filios decanum et magistros G. Cornutum Parisiensem et S. Remensem canonicos super hoc nostræ fuerint litteræ impetratæ, cellararius demum ad nos frustratorie appellavit, ut te posset gravare laboribus et expensis. Idem quoque proposuit procurator quod cum in Trecensi ecclesia institutus olim fuerit certus canonicorum numerus et capituli juramento firmatus, supradictus archiepiscopus, qui etsi legatus fuisset in Theutonia, in Senonensi tamen provincia eidem non fuit officium legationis injunctum, institutionem hujusmodi facere non potuit ut legatus; quinimo, et si legatus in eadem provincia exstitisset, ad unicum tamen spirituale jus, quod vacabat ibidem, duos insimul canonicos instituere sibi non licuit contra canonicas sanctiones. Nam si duo unicam præbendam haberent, id esset contra Turonense concilium, quod præbendarum inhibet sectionem. Si vero duobus in canonicos et fratres receptis, uni tantummodo præbenda daretur sub exspectatione, alius contra Lateranense concilium remaneret. Præterea, licet in Ecclesia in qua non est certus numerus præbendarum, nulla etiam præbenda vacante, in canonicum quis possit assumi, cum intelligatur ad quoddam jus eligi quod ex electorum assensu de novo creatur, et cum electo in canonicum nascitur, et desinit cum defuncto, in ecclesia tamen quæ determinatum habet numerum præbendarum, uno duntaxat individuo jure vacante, duo insimul eligi non possunt ad illud, cum hujusmodi spirituale jus dividi seu communicari nequeat inter eos. Quanquam interdum ii ad quos spectat electio, de communi consensu augmentare valeant numerum præbendarum, quoddam jus spirituale de novo creando; nisi forte statutum aliquod obviaret, quod esset juramento firmatum, vel cui sedis apostolicæ confirmatio accessisset, hujusmodi clausula prohibitionis adjecta, ut si quidquam contra id fieret non valeret. Propter quod institutionem præfatam nullam fuisse dictus asseruit procurator, cum in trecensi ecclesia, sicut præmissum est, certus sit præbendarum numerus, quem capitulum vel legatus augmentare minime intendebat, vel jus aliquod de novo creare, quod ex eo argui proponebat, quia non fuit unus ad vacantem præbendam et alius simpliciter institutus, sed ad præbendam unicam supradicto modo vacantem exstiterunt ambo recepti. Sed nec Trecense capitulum, ad quod præbendarum collatio nullatenus pertinebat, vel dictus procurator prædecessoris tui, receptionem hujusmodi approbare potuit, utpote contra canones attentatam. Tibi quoque nequaquam obfuisse dicebat quod cellararium præfatum ad osculum inter canonicos Trecenses admiseras, vel quod aliquanto tempore super hoc negotio siluisti, cum tunc temporis ecclesiæ tuæ consuetudines, et quæ in ea minus legitime facta fuerant, ignorares. Ad hæc autem cellararius sic respondit, quod cum idem archiepiscopus in Trecensi capitulo suæ legationis litteras legi fecerit, et legatus eo tempore ab omnibus haberetur, an legatus in illa provincia fuerit, non debetur ulterius in dubium revocari; maxime cum tu in prædictis litteris, quas obtinueras contra eum, memoratum archiepiscopum legatum duxeris nominandum. Adjecit insuper, quod licite quis ad spiritualem fraternitatem eligi potest in canonicum et in fratrem, nulla etiam præbenda vacante (42), argumentum ad hoc cujusdam epistolæ decretalis inducens, in qua legitur quod cum T. clericus, nulla in Lingonensi ecclesia præbenda vacante, ab episcopo et canonicis Lingonensibus supradicti archiepiscopi judicis delegati a nobis interveniente auctoritate in canonicum receptus fuisset et fratrem, ita quod nullius præbendæ fructus perciperet nisi loco proximo vacaturæ, nos attendentes quod dictum T. in canonicum et fratrem recipi non occurrebat canonicis institutis et vacaturam exspectare præbendam Lateranensi concilio non esset dubium obviare, illicito reprobato, quod licitum erat duximus approbandum. Unde cum videretur indignum ut is qui receptus erat in canonicum et in fratrem, præbendæ beneficio fraudaretur, episcopo et canonicis Lingonensibus dedimus in mandatis ut si res taliter se haberet, eidem T. præbendam, cum se facultas offerret, assignare curarent. Allegavit insuper quod ab apostolica sede frequenter hujusmodi litteræ impetrantur, ut in ecclesia, in qua certus est numerus præbendarum, nulla præbenda vacante recipiatur quis in canonicum et fratrem, et eidem præbenda, cum se facultas obtulerit, conferatur. Item licet Turonense concilium sectionem inhibeat præbendarum, nihilominus tamen Romana Ecclesia receptionem eorum qui ad dimidias præbendas assumpti sunt in canonicos approbando, nonnunquam sectas præbendas eis præcipit integrari. Sed ad hoc fuit ex adverso responsum quod etsi Romanus pontifex dimidiatam quoad temporalem proventus præbendam contra concilium Turonense illi quandoque præcipiat integrari cui jus spirituale vacans fuerat cum debita integritate collatum, pro eo tamen quod ad hujusmodi jus dimidium de facto, cum de jure non valeat, est receptus, id mandare minime consuevit, et ex plenitudine potestatis ad unicum jus spirituale non vacans aliquem recipi utilitate vel necessitate pensata valeat indulgere; sicut de Augustino in canone invenitur (43), qui novo modo provectus et consecratus episcopus, incolumi Valerio episcopo ecclesiæ Hipponensi accessit in cathedra, non successit. Et sicut de non vacante præbenda, concessa tamen et confirmata per Romanum

(41) In quart. Coll. *medietate una dictum* G. *nep.*
(42) Cap. *Dilectus*, De præbendis.

(43) Cap. *Non autem*, 7, q. 1, c. 12.

pontificem, cuidam clerico in ecclesia Lingonensi et per exsecutorem ipsius ad eamdem etiam non vacantem recepto, in præallegata legitur decretali, præfatus tamen archiepiscopus, qui etsi legatus fuisset in provincia, absque nostra saltem licentia speciali contra juris scripti tenorem ad unicum jus spirituale quod vacabat in ecclesia supradicta, in qua certus erat numerus præbendarum, instituere non potuit nepotem et cellararium supradictos, cum hoc non solummodo Turonensi sed etiam Lateranensi concilio obviaret; maxime cum nec novum jus creare intenderet, nec præbendarum numerum augmentare, quod inde colligitur, quia resignatione cellararii procurata, eosdem instituit ad unicam præbendam vacantem. Unde nos his et aliis intellectis, cellararium antedictum, quem præfatam præbendam constitit prius libere resignasse, ad restitutionem eorum quæ ratione supradictæ investituræ tenebat de consilio fratrum nostrorum sententialiter duximus condemnandum, ei super præbenda ipsa vel ejus parte silentium imponentes; ita quod per hoc supradicto G. nullum præjudicium generetur, maxime cum res inter alios acta non noceat regulariter aliis juxta canonicas et legitimas sanctiones. Nulli ergo omnino hominum liceat hanc paginam nostræ diffinitionis infringere vel ei ausu temerario contraire. Si quis autem hoc attentare præsumpserit, etc., *usque* incursurum.

Datum Romæ apud Sanctum Petrum, Kal. Maii, pontificatus nostri anno tertio decimo.

LXXIII.
EPISCOPO, ET I. ARCHIDIACONO, ET MAGISTRO N. DE DUACO CANONICO CATALAUNENSI.

De eadem re.

(Datum, *ut in alia*.)

Dilecto filio nostro Petro tituli Sanctæ Pudentianæ presbytero cardinali dilectis filiis R. de Avalon cellarario Senonensi et R. de Noa clerico procuratori venerabilis fratris nostri Trecensis episcopi auditore concesso, etc., *ut in alia, usque* bonæ memoriæ prædecessoris supradicti episcopi Trecensis Constantinopolitanis partibus, etc., *ut in alia, usque* assignari. Episcopus quoque, cum ad eamdem accessit ecclesiam consecratus, dictum cellararium cum canonicis aliis ad osculum dignoscitur recepisse, cum tamen, etc., *ut in alia, usque* super prædictis non movit per biennium quæstionem. Unde petiit ut episcopum ipsum ab ipsius super hoc, etc., *usque* dignaremur. Verum dictus R. procurator ejusdem episcopi proposuit ex adverso quod cum, etc., *ut in alia, usque* præsumit in memorati episcopi præjudicium et gravamen, non permittens cum libere de ipsa disponere, prout ad se dignoscitur pertinere. Et licet, etc., *usque* frustratorie appellavit, ut episcopum ipsum posse, etc., *usque* vel dictus procurator prædecessoris ipsius episcopi receptionem hujusmodi, etc., *ut in alia, usque* attentatam. Ipsi quoque episcopo nequaquam obfuisse dicebat, etc., *in eumdem fere modum ut in alia, usque* duxerit nominandum. Adjecit insuper, etc., *ut in alia per totum, usque* sanctiones. Quocirca discretioni vestræ per apostolica scripta mandamus quatenus quod est a nobis sententialiter diffinitum faciatis appellatione remota inviolabiliter observari, contradictores per censuram ecclesiasticam compescentes. Quod si omnes, etc. tu, frater episcope, cum eorum altera ea, etc

Datum, *ut in alia per totum*.

LXXIV.
ROFFENSI ET SARESBERIENSI EPISCOPIS (44).

De dotalitio B. reginæ Anglorum.

(Datum Laterani, IV Idus Maii (45).)

Utinam [charissimus in Christo filius noster] Joannes (46) [rex] Angliæ, nostris acquiescens monitis et consiliis, sic regeret semetipsum ut nos, qui de corde puro, conscientia bona, et fide non ficta ejus salutem diligimus et honorem, in ipsum non cogeret ecclesiasticam exercere censuram (47) nec contra se divinam iracundiam provocaret *illis* injurias inferendo quibus impertiri deberet gratiam et favorem. Compellimur etenim vel inviti scribere contra eum, qui toties nostra monita præteriit aure surda, ut querella charissimæ in Christo filiæ Berengariæ (48) quondam Anglorum reginæ illustris indicat sæpe sæpius nostris auribus inculcata; a cujus clamore nec possumus nec debemus avertere aures nostras, qui sumus omnibus in justitia debitores; illius vicem, licet immeriti, gerentes in terris qui hominis personam non accipit, sed cum tranquillitate judicans, facit misericordiam et judicium omnibus injuriam patientibus, et reddit retributionem superbis. Sæpe namque ipsum recolimus monuisse ut suæ saluti consulens et honori, eidem reginæ super dotalitio suo, medietate mobilium (49) inclytæ recordationis regis Richardi fra-

---

(44) *Episcopis* suffraganeis archiepiscopi Cantuariensis in majori Britannia, cui subditi sunt viginti episcopi provinciales.

(45) Vide lib. II, epist. 223, 224.

(46) *Joannes*, frater Ricardi primi, et patruus Arturi ducis Britanniæ nepotis ex fratre, quem jussit trucidari, ut faciliori via regium apicem sortiretur. Quibus patratis, judicio Parium Franciæ interposito, bellum initum est in regno Franciæ et Angliæ, de quo in c. *Novit. de judiciis*, et c. ex parte *De foro competenti*, ubi legendum auctoritate bonæ memoriæ Innocentii papæ, non Joannis. Illi siquidem Honorius tertius auctor rescripti successit, et primum lis contestata fuit in judicio coram Innocentio III; deinde agitata sub Honorio III, in dicto c. ex parte et c. ex parte *De fide instrumenti*.

(47) *Ecclesiæ censuram*, excommunicationem, ἱερατικὴν χρῆσιν in codice canonum Eccl. Afr. c. 100. V. Hincmarum, epist. 9, c. 38.

(48) *Berengariæ*, quondam uxoris Richardi primi, quæ filia fuit Garsiæ regis Navarræ. Polydorus Virgilius, Hist. Angl., lib. XIV, in principio, de qua in dictis capitibus supra citatis, male Bzovius, qui Berengariam Joannis regis Angliæ uxorem fuisse scribit anno Domini 1228, § 10. Isabellæ siquidem meminisse debuit ex eodem Virgilio lib. XV, quæ nupta fuit Joanni.

(49) *Medietate mobilium*. Quæ consuetudo viget in variis Galliæ provinciis ex jure municipali Parisiensium, Burgundionum et aliarum gentium; mo-

tris sui, et quibusdam aliis quæ ipsa sibi competere asserit, satisfaceret competenter. Sed quia nec id curavit efficere, nec coram judicibus illis quibus negotium ipsum pluries dignoscimur commisisse, ipsi justitiam exhibuit super eis, nos tandem ipsi dedimus in mandatis ut usque ad festum nativitatis beatæ Mariæ proximo tunc venturum per procuratorem idoneum nostro se conspectui præsentaret, exhibiturus præfatæ reginæ vel procuratori ejusdem super præmissis et aliis, si qua forte adversus eum duceret proponenda, quod ordo posceret rationis. Ipse vero, licet dilectus filius prior Wigorniensis de mandato venerabilis fratris nostri Wigorniensis (50) episcopi, exhibitis ei litteris nostris, præfatum terminum ex parte nostra sibi peremptorium assignarit, sicut venerabilis frater noster Eliensis (51) et præfatus Wigorniensis episcopi, quibus super hoc direximus scripta nostra, per suas nobis litteras intimarunt, id tamen facere contempsit omnino, procuratore ipsius reginæ ad prædictum terminum ad sedem apostolicam accedente, ac per quatuor menses et amplius exspectante. Nos igitur in nostræ salutis dispendium nolentes ulterius deferre homini contra Deum, ipsum per litteras nostras monuimus et exhortati sumus attentius, in virtute Spiritus sancti eidem firmiter injungentes ut usque ad sex menses post susceptionem litterarum nostrarum aut præfatæ reginæ satisfaceret congrue de prædictis, aut componeret, si fieri posset, amicabiliter cum eadem, vel per sufficientem et idoneum responsalem (52) apostolico se conspectui præsentaret, exhibiturus eidem vel ejus procuratori super his et aliis quæ adversus eum duceret proponenda justitiæ complementum. Alioquin extunc civitates, villas, castra, et maneria (53) quæ ad dotalitium præfatæ reginæ spectare noscuntur, in ipsis litteris suis nominibus adnotata, licet ex alia causa supposita sint sententiæ interdicti, propter hoc tamen pari sententia specialiter decrevimus alligata; ut in omnibus illis nequaquam interdicti sententia relaxetur, donec super hoc idem rex satisfecerit competenter. Dantes vobis districte nihilominus in præceptis, ut humana gratia et mundano timore postpositis, eamdem publicaretis sententiam, et faceretis sublato cujuslibet contradictionis et appellationis obstaculo auctoritate nostra firmiter observari. Vos autem, licet pridie Idus Julii proximo præterito, sicut ex litteris vestris accepimus, nostras curaveritis eidem litteras præsentare, et ipsarum continentiam sibi exposueritis diligenter, et idem nec præfatæ reginæ satisfecerit, nec amicabiliter composuerit cum eadem, nondum tamen ad publicationem ipsius sententiæ processistis, pro eo quod vobis non consistit regem præfatum infra sex menses non direxisse, juxta nostri mandati tenorem, ad nostram præsentiam responsalem. Cum igitur a tempore quo sibi nostras litteras præsentastis novem mensium spatium et amplius sit elapsum, nec rex idem ad præsentiam nostram propter hoc aliquem direxerit responsalem, procuratore reginæ diutius exspectante, ac eadem per decennium et amplius post nos clamaverit incessanter, fraternitati vestræ per iterata scripta mandamus et districte præcipimus quatenus humano favore ac timore postpositis, ad publicationem ejusdem sententiæ ac observationem ipsius, juxta priorum continentiam litterarum, sublato cujuslibet contradictionis et appellationis obstaculo procedatis; præceptum nostrum taliter impleturi quod plus Deo quam homini deferre probemini, et vestra possit inde obedientia merito commendari. Qualiter autem in exsecutione præcepti apostolici processeritis, tam nobis quam sæpefatæ reginæ curetis litteris vestris fideliter intimare. Quod si non ambo... alter vestrum ea nihilominus exsequatur.

Datum Laterani, iv Idus Maii, anno tertio decimo.

LXXV.

EPISCOPO, ET MAGISTRO FLORENTIO ARCHIDIACONO ZAMORENSI, ET ABBATI DE MOREROLA ZAMORENSIS DIŒCESIS.

Scribitur pro episcopo Portugalensi.
(Datum Laterani, iii Idus Maii.)

(54) Graves oppressiones et enormes injurias a charissimo in Christo filio nostro illustri rege Portugalensi venerabili fratri nostro Portugalensi episcopo irrogatas nec ipso propter hoc ad sedem apostolicam coactus confugere quasi nudus præ ipsarum multitudine facile nobis potuit viva voce sub compendio brevitatis exponere, neque nos vobis præsenti pagina recensere. Cum enim super variis gravaminibus quæ præfatus rex exercuerat in eumdem, dudum compositio inter eos mediantibus delegatis nostris celebrata fuisset, quam idem rex, sicut patet ex authentico suo scripto promisit se fideliter servaturum, ipse demum super articulis contentis in ea veniens contra ipsam, adversus memoratum episcopum graviores innovavit calumnias, et sæviores angustias instauravit. Indignatus siquidem ei pro eo quod illicitis nati sui nuptiis interesse ac eidem transeunti per civitatem processionem facere denegavit, post appellationem ad nos interpositam domos quorumdam canonicorum ipsi episcopo assistentium fecit dirui, ac eis præbendas et equitaturas auferri, seras portarum ecclesiæ violari, ex

---

bilia autem nomine Massarytici continentur lib. iv, c. 16 Constitut. Venet.

(50) *Wigorniensis,* suffraganei archiepiscopi Cantuariensis, de quo in c. *Innotuit de elect.*

(51) *Heliensis,* qui et suffraganeus ejusdem archiepiscopi.

(52) *Responsalem,* procuratorem in litem ad actionem factum. L. *Sed etsi de pactis,* c. *Cum olim,* e.

ex parte *De privileg.*

(53) *Maneria,* cum hic agatur de virtute comprehensiva, late et favorabiliter debemus verba interpretari. Itaque non hic accipiemus manerium pro illa parte domus, quæ habitatur ab ipso patrefamilias, sed pro universa ædificiorum mole.

(54) *Vide supra epist.* 57.

communicatos in ecclesiam intromitti, defunctorum in interdicto corpora sepeliri, et eumdem episcopum ac decanum aliosque tribulationis suæ consocios in episcopali domo quinque pene mensibus per portarium suum et burgenses Portugalenses sic atrociter obsideri ut non solum facultatem exeundi de ipsa, verum etiam superveniente infirmitate ad confitendum et adorandum sacerdotis et crucis copiam nequiverit obtinere, donec multis dehonestatus opprobriis, et magnis periculis circumseptus, inter hæc omnia canonicis et portionariis Portugalensis ecclesiæ post interdictum in appellationis nostræ contemptum ad cumulum doloris sui divina solemniter celebrantibus, compulsus est nuntiis regis dicere quod se illius exponeret voluntati. Qui sic demum a custodia liberatus, intelligens quod rex eum ad compositionem iniquam et appellationum renuntiationem intenderet coarctare, nocturnæ fugæ præsidio, recursurus ad nos, regni sibi præclusos exitus vix evasit. Præfatus autem portarius bona episcopatus invadens et in suos ac regios usus expendens, hominem quem dictus episcopus ad necessaria sibi deferenda transmiserat carceravit. Cum igitur hæc et alia quæ contra sæpe fatum episcopum et ecclesiam, imo Deum, per eumdem regem enormiter attentata dicuntur, ex injuncto nobis apostolatus officio corrigere teneamur, discretioni vestræ per apostolica scripta mandamus et districte præcipimus quatenus ipsum ad restitutionem ablatorum et satisfactionem injuriarum super his et aliis tam debitam quam plenariam episcopo, decano et aliis ejus sociis impendendam, necnon etiam observandam compositionem prædictam monere prudenter et efficaciter inducere procuretis. Qui si forsan infra tempus quod ei duxeritis præfigendum id non curaverit adimplere, extunc eidem ingressum ecclesiæ ac universa interdicatis ecclesiastica sacramenta, prohibentes in locis ad quæ ipse devenerit, eo præsente divina officia celebrari. Et si nec sic duritia sua poterit emolliri, per litteras vestras hoc nobis intimare curetis; ut si morbum, quod absit! contigerit aggravari ad curationem ipsius graviori medicina, quemadmodum expedierit, insistamus. Dictum autem portarium et M. Martini ac G. servientes ipsius, necnon I. Album, P. Fendum. Tirou et omnes alios quos constiterit præfatum episcopum ac decanum et ejus socios inclusos in domo sua temere tenuisse, cum et idem portarius quemdam ejusdem episcopi subdiaconum vinctum catena ferrea tenuisse dicatur, tandiu denuntietis excommunicationi subjectos et ab omnibus faciatis tanquam excommunicatos arctius evitari donec passis injuriam satisfecerint competenter et cum vestrarum testimonio litterarum ad sedem accesserint apostolicam absolvendi; sententiam ipsam singulis diebus Dominicis ac festivis, pulsatis campanis, et candelis accensis, per totam Portugalensem diœcesim facientes solemniter innovari, solli-cite providendo ut præceptum apostolicum taliter impleatis quod Deum videamini potius quam hominem revereri; ne, si aliter ageretis, negligentiam vestram cum exactissima pœna requirere cogeremur. Volumus insuper et præcipimus ut circa omnia quæ præmissa sunt, tam super principalibus quam super incidentibus, appellatione postposita procedatis. Quod si non omnes... tu, frater, episcope, cum eorum altero, etc.

Datum Laterani, III Idus Maii, anno tertio decimo.

LXXVI.
PORTUGALENSI EPISCOPO.
De eadem re.
(Laterani, III Idus Maii.)

Justis petentium desideriis dignum est nos facilem præbere assensum, et vota quæ a rationis tramite non discordant effectu prosequente complere. Eapropter, venerabilis frater, tuis justis postulationibus grato concurrentes assensu, compositionem inter te ac charissimum in Christo filium nostrum illustrem regem Portugalensem super articulis comprehensis in ipsa mediantibus venerabili fratre nostro Zamorensi episcopo et collegis ipsius delegatis ut nobis provide celebratam et ab utraque parte sponte receptam, sicut in authentico scripto plenius continetur, auctoritate apostolica confirmamus et præsentis scripti patrocinio communimus, cujus tenor est talis : Sancius Dei gratia Portugalensis rex M. eadem Zamorensi episcopo et magistro P. Legionensi et I. Zamorensi decanis salutem et sinceram dilectionem. A memoria vestra non credimus excidisse quod super negotio quod inter me et Portugalensem episcopum vertitur, in hunc modum mihi litteras destinastis. Illustrissimo ac venerabili domino Sancio Dei gratia Portugalensi regi M. eadem Zamorensis episcopus et magister P. Legionensis et I. Zamorensis decani salutem et promptum devotionis famulatum. Notum facimus excellentiæ vestræ quod nos, mediantibus procuratoribus vestris, Portugalensem episcopum ad talem induximus compositionis modum, inspecto prius diligenter summi pontificis rescripto, ut vos prius ipsum episcopum et suos in plenitudine gratiæ vestræ bona fide recipiatis, super quo ei tam apertas litteras quam alias similes judicibus transmittatis, et episcopatum suum cum debita integritate eidem et patrimonium suum cum inde ablatis restituatis; de causis religiosorum et quorumcunque clericorum episcopatus sui vos non intromittetis per vos vel per homines vestros, nisi requisitus ab eo, et ab omni ipsorum gravamine deinceps desistetis; et si causam vel querimoniam adversus aliquem de prædictis habueritis, non per vos, sed per eum, justitiam consequemini; si autem adversus episcopum vel adversus suos per archiepiscopum vel per summum pontificem tantum, si ad eum appellatum fuerit, vobis, nisi cum eo aliter conveneritis, satisfaciet; et vobis non recipientibus in protectione vestra contra eum aliquem de suis subditis, nec in aliquo amodo cum gravantibus, neque impedientibus, omnia quæ ad eum et ad officium ejus et ad jus ecclesiæ suæ pertinent habeat, libere exerceat et quiete. Statuimus præterea cum præfato episcopo ut vos ei, cum ad excellentiam vestram destinaverit, equitaturas suas et supellectilia et alia quæ in civitate Portugalensi et ejus patrimonio invenla fuerint ad ipsum et ad suos pertinentia restitui, et P. Roderici militem absolvi facietis. De his vero quæ ad præsens inveniri non poterunt, quæ ad ipsum vel ad suos spectare noscuntur, sic disposuimus; ut a die qua vos viderit, vel vobis innotuerit per nuntium ejus ipsum Portugalensem civitatem intrasse, quando et ipse debet pro se et pro judicibus episcopatum ab interdicto absolvere, usque ad duos menses ipsi episcopo et suis plenariam restitutionem, nam jura sic postulant, facietis. De satisfactione vero sibi exhibenda celsitudinis vestræ discretioni committet, si circa restitutionem sibi faciendam et alia quæ diximus vos promptum invenerit et benignum; ut vestra honestate ac sua pensata, et Dei timore præ oculis habito, quomodo satisfaciendum videritis satisfactionem exhibere curetis. Et si prædicta, quæ pro bono pacis et honestate regia tractavimus, majestati vestræ placuerint, per litteras vestras apertas nobis et per alias domino Portugalensi voluntatem vestram intimare omnino non postponatis. Si autem placuerint, et aliquod de præmissis per vos, quod non credimus, omissum fuerit, apostolici rescripti coertio, circa ea quæ defectum patientur, in suo statu apud nos interim perdurabit; ita ut medio tempore nec vobis nec ipsi liceat super causa quæ inter vos et ipsum vertitur ad appellationis diffugium convolare. Addidimus etiam præterea, ut fabricam ipsius ecclesiæ cum omnibus pertinentiis suis ecclesiæ libere relinquatis. Ipsa enim ecclesia debet de ipsa fabrica disponere prout viderit expedire. Vestram igitur discretionem indubitanter certifico quod omnes præ dictos articulos compositionis inter me et Portugalensem episcopum factæ admitto gratanter et approbo, et promitto firmiter me in omnibus et per omnia sine dubio fideliter servaturum. Si vero, quod Deus avertat! a die qua ipse intraverit super his quæ inventa non fuerint in episcopatu contentio aliqua de restitutione facienda emerserit, concedo ei securitatem bona fide et hominibus atque rebus ejus eundi et redeundi ad vos, quoties voluerit, pro sua justitia super restitutione illorum quæ defuerint consequenda. Nulli ergo omnino hominum liceat hanc paginam nostræ confirmationis infringere, vel ei ausu temerario contraire. Si quis autem hoc attentare præsumpserit, indignationem omnipotentis Dei et beatorum Petri et Pauli apostolorum ejus se noverit incursurum.

Datum Laterani, III Idus Maii, pontificatus nostri anno tertio decimo.

(55) Vide supra epist. 63, et infra epist. 78, 94.

LXXVII.

DURANDO DE OSCA, ET WILLELMO DE S. ANTONINO, EORUMQUE FRATRIBUS IN FIDE CATHOLICA PERMANENTIBUS.

De negotio Durandi de Osca et sociorum.

(Laterani, III Idus Maii.)

(55) Cum a nobis petitur quod justum est et honestum, tam vigor æquitatis quam ordo exigit rationis ut id per sollicitudinem officii nostri ad debitum perducatur effectum. Eapropter, dilecti in domino filii, vestris justis postulationibus grato concurrentes assensu, auctoritate præsentium inhibemus ut nullus vobis qualibet violentia vel subreptionis astutia in præpositum præferatur, nisi quam vos cum consilio diœcesani episcopi, virum quidem idoneum, in fide recta, sana doctrina, et honesta conversatione probatum, duxeritis eligendum. Nulli ergo omnino hominum liceat hanc paginam nostræ inhibitionis infringere vel ei, etc., *usque* incursurum.

Datum Laterani, III Idus Maii, pontificatus nostri anno tertio decimo.

LXXVIII.

ARCHIEPISCOPO ET SUFFRAGANEIS TERRACONENSIS ECCLESIÆ.

De eadem re.

(Laterani, IV Idus Maii.)

Cum inæstimabile pretium sanguinis Jesu Christi teneamur in animabus redemptis ex injuncto nobis apostolatus officio custodire, non solum veraciter pœnitentibus clementer impendere veniam nos oportet, verum etiam pertinaciter delinquentes instanter ad pœnitentiam provocare; ne si vel his paternam consuetudinem, vel illis sollicitudinem subtraxerimus pastoralem, tot videamur ejusdem pretii redemptioni subtrahere quot in salvatione ipsius nostra potuissemus vigilantia conservare. Quapropter venientes dudum ad apostolicam sedem dilectos filios Durandum de Osca et Guillelmum de sancto Antonino et Joannem de Narbona et Ermengaudum et Bernardum Bitterrenses et Raymundum de Sancto Paulo et Ebrinum ac socios eorum paterna benignitate suscepimus, et ea quæ nobis tam pro se quam pro fratribus suis exponere curaverunt pleno concepimus intellectu. Ex his ergo quæ nobis de articulis fidei et sacramentis Ecclesiæ diligenter examinati dixerunt cognovimus eos fidem sapere orthodoxam et catholicam astruere veritatem. Ad majorem tamen expressionem, appositis evangeliis, et scripto confessionis eorum imposito super illa, recepimus ab eis hujusmodi juramentum. *Ego,* inquit, *Durandus de Osca,* etc., *ut supra, lib.* XI, *epist* 196. Scriptum autem confessionis eorum est tale: *Pateat omnibus fidelibus,* etc., *ut supra paucis mutatis, quæ illic adnotata sunt in margine, usque Ecclesiæ debitas persolvendo.* Nos igitur habito fratrum nostrorum consilio, per apostolica vobis scripta mandavimus ut recepto a cæteris fratribus simili juramento, reconciliaretis eos ecclesiasticæ unitati, et denuntiaretis eos vere catholicos ac recte fideles, in præscriptis et aliis ipsos secundum Deum ab omni scandalo et infamia servantes immunes, et in litteris testimonialibus et aliis adminiculis ipsos propter Deum misericorditer juvaretis. Quia vero sicut accepimus, occasionis prætextu quod mandatum hujusmodi communiter susceptis, ad reconciliationem illorum qui sub præscripta forma reconciliari Ecclesiæ poposcerunt nondum a vobis fuit processum, uno se per alium excusante, qua de causa multi qui humiliter petierunt intrare, hactenus remansisse foras ecclesiam asseruntur, nolentes, sicut etiam nec velle debemus, ut qui trahi gratia divina creduntur, per duritiam vestram ab infinita Dei misericordia repellantur; fraternitati vestræ per apostolica scripta mandamus et districte præcipimus quatenus si non omnes his exsequendis potueritis interesse, tu, frater archiepiscope, cum quolibet aliorum constitutos in Terraconensi provincia hujusmodi pœnitentes juxta præscriptam formam appellatione remota reconciliare procures; circa præfatum Durandum de Osca et Willelmum de Sancto Antonino ac eorum socios secundum præmissum mandatum nihilominus procedendo, eis autem in fide recta et sana doctrina manentibus exhortandi licentiam tribuentes competentibus horis et locis.

Datum Laterani, IV Idus Maii, anno tertio decimo.

In eumdem modum scriptum est archiepiscopo et suffraganeis ecclesiæ Narbonensis.

Datum, ut in alia ver totum.

LXXIX.
PRIORI ET CANONICIS SANCTÆ CATHARINÆ WATEFORDENSIS.
Recipiuntur sub protectione apostolicæ sedis.
(Laterani, II Idus Maii.)

(56) Cum a nobis petitur quod justum est et honestum, tam vigor æquitatis quam ordo exigit rationis ut id per sollicitudinem officii nostri ad debitum perducatur effectum. Eapropter, dilecti in Domino filii, vestris justis postulationibus grato concurrentes assensu, ecclesiam sanctæ Catharinæ Waterfordensis et personas ibidem Domino famulantes, cum omnibus bonis quæ inpræsentiarum rationabiliter possidet, aut in futurum justis modis, præstante Domino, poterit adipisci, sub beati Petri et nostra protectione suscipimus. In primis siquidem statuentes ut ordo canonicus, qui secundum Deum et beati Augustini regulam atque institutionem fratrum domus Sancti Victoris Parisiensis in eodem loco institutus esse dignoscitur, perpetuis ibidem temporibus inviolabiliter observetur. Specialiter autem insulam extra muros Waterfordiæ, in qua sita est ecclesia ipsa, cum omnibus pertinentiis suis, ecclesiam de Kiloteran cum omnibus pertinentiis suis, ecclesiam A de Inesbrie cum Killolonan et una carrucata terræ ac aliis pertinentiis, ecclesiam de Kilcronete cum omnibus pertinentiis suis, Mullochpissi cum omnibus pertinentiis suis, ecclesiam de Baliclierechan cum omnibus pertinentiis suis, ecclesiam de Fidum cum omnibus pertinentiis suis, ecclesiam de Kilmedimoc cum omnibus pertinentiis suis, et omnia ecclesiastica beneficia de Odagatha Omilim cum omnibus pertinentiis suis, et unam piscariam in Odagatha Omilin, et duas piscarias apud Fidum, et unum mesuagium cum horto suo, et quamdam terram apud Inesbric ad grangiam construendam, quam nobilis vir Helias filius Northmanni pia vobis liberalitate concessit, sicut in ipsius authentico plenius continetur, et capellam de Radlathgenam cum pertinentiis suis, et unum mesuagium cum sex acris terræ, et duo curtilagia inter insulam et muros Waterfordiæ, sicut ea omnia juste ac pacifice possidetis, vobis et per vos ecclesiæ vestræ auctoritate apostolica confirmamus et præsentis scripti patrocinio communimus. Nulli ergo omnino hominum liceat hanc paginam nostræ protectionis, constitutionis et confirmationis infringere, vel ei ausu temerario contraire. Si quis autem hoc attentare præsumpserit, indignationem omnipotentis Dei et beatorum Petri et Pauli apostolorum ejus se noverit incursurum.

Datum Laterani, II Idus Maii, anno tertio decimo.

LXXX.
HUGONI RAYMUNDI CANONICO EBREDUNENSI.
Absolvitur ab impetitione cujusdam mulieris.
(Laterani, IV Non. Junii.)

Cum M. mulier Bononiensis, quæ te in præsentia dilecti filii nostri Gualæ Sanctæ Mariæ in Porticu diaconi cardinalis, quem ipsi et tibi concessimus auditorem, petebat in virum, tandem post altercationes multiplices coram venerabili fratre nostro Tusculano episcopo libera et spontanea voluntate continentiæ votum emiserit, et tu militaturus Domino in clericali proposueris ordine permanere, a nobis humiliter postulasti ut tibi super hoc paterna dignaremur in posterum sollicitudine providere. Volentes igitur quieti et honestati tuæ de consueta sedis apostolicæ providentia præcavere, tam votum mulieris prædictæ quam propositum tuum gratum habentes et ratum, et cum pro matrimonio, quod te secum contraxisse dicebat, nihil coram auditore probaret, te ab impetitione absolventes ipsius, ne occasione hujusmodi matrimonii molesteris ulterius ab eadem, auctoritate apostolica inhibemus. Nulli ergo omnino hominum liceat hanc paginam nostræ inhibitionis infringere vel ei ausu, etc. Si quis autem hoc, etc., *usque* incursurum.

Datum Laterani, IV Nonas Junii, anno tertio decimo.

---

(56) Vide infra epist. 95.

LXXXI.

ROBERTO ABBATI MONASTERII SANCTI MARTINI TROARNENSIS, EJUSQUE FRATRIBUS TAM PRÆSENTIBUS QUAM FUTURIS REGULAREM VITAM PROFESSIS IN PERPETUUM.

Recipiuntur sub protectione sedis apostolicæ.
(Laterani, Kalendas Junii.)

Quoties a nobis petitur quod religioni et honestati convenire dignoscitur, animo nos decet libenti concedere, et petentium desideriis congruum suffragium impertiri. Eapropter, dilecti in Domino filii, vestris justis postulationibus clementer annuimus, et præfatum monasterium Sancti Martini de Troarno, in quo divino estis obsequio mancipati, sub beati Petri et nostra protectione suscipimus et præsentis scripti privilegio communimus. In primis siquidem statuentes ut ordo monasticus, qui secundum Deum et beati Benedicti Regulam in eodem monasterio institutus esse dignoscitur, perpetuis ibidem temporibus inviolabiliter observetur. Præterea quascunque possessiones, quæcunque bona idem monasterium impræsentiarum juste ac canonice possidet, aut in futurum concessione pontificum, largitione regum vel principum, oblatione fidelium, seu aliis justis modis, præstante Domino, poterit adipisci, firma vobis vestrisque successoribus et illibata permaneant; in quibus hæc propriis duximus vocabulis exprimenda : Locum ipsum in quo præfatum monasterium situm est cum omnibus pertinentiis suis, burgum Troarnense cum honore ac omnibus appendiciis suis, Joanvillam, Sanctum Paternum cum Ramat, Toffrevill, Salnervill, Lirrosa, Bures cum mariscis, boscis, terrariis, piscariis, pasnagiis, vineis, pascuis, pratis, guarandis, mercatis, teloneis, nundinis, molendinis et aliis libertatibus, immunitatibus, consuetudinibus et pertinentiis suis, ecclesias de Sancta Cruce, de Sancto Ægidio Troarnensi, de Joanvilla, de Sancto Paterno de Toffrevill, de Salnervil, de Lirosa, de Buris, et de Sancto Silvino, et capellas de Reinerii Manill et de Folletot ab episcopali jurisdictione per amicabilem compositionem exemptas, ecclesias de Fontenet, de Varavill et de Castrovir, et quidquid ex concessione venerabilium fratrum nostrorum S. Sagiensis et L. prædecessoris ipsius ac bonæ memoriæ... Baiocensis episcoporum habetis in eis; ecclesiam, decimam, et burgum Sancti Samsonis, prioratum de Deserto, maneria de Tallevill, de Diva, de Olnebach, de Cantapia, de Clevill, de Caigneio, de Raimbhom cum tota insula, de Goleto, et de Rigisvill. Et in Anglia, maneria de Horseleia et de Rongentonn, cellas, capellas, redditus et proventus, ac alia, quæ scilicet prædictorum maneriorum ratione ad vestrum monasterium spectare noscuntur, cum omnibus libertatibus et immunitatibus suis; ecclesiam de Airam, ecclesiam de Lengronia, ecclesiam de Trumo, ecclesiam de Croceio, ecclesiam de Piru, ecclesiam de Grantevill, ecclesiam de Gisnervill, ecclesiam de Dumovill, ecclesiam de Allan, ecclesiam de Calidoloco, ecclesiam de Ageneio cum duabus garbis decimæ ipsius villæ, ecclesiam de Milleio, ecclesiam de Campegnol, ecclesiam de Beneio, ecclesiam de Retuleio, ecclesiam de Praeriis, ecclesiam de Muscampis, ecclesiam Sancti Hippolyti, ecclesiam de Burceio et ecclesiam de Caravill cum decimis, capellis, obventionibus et aliis quæ habetis in ipsis, capellam Sanctæ Margaritæ de Ponceio, capellam de Boca, capellam Sancti Thomæ, capellam Sancti Michaelis de Bosco, et capellam Sancti Blasii de Ulmo, cum adjacenti grangia, et aliis pertinentiis earumdem; ecclesiam de Caigneio, cum quibusdam terris et decimis. In Anglia ecclesiam de Weneloch, ecclesiam de Malpedra et ecclesiam Sancti Andreæ de Witteherst, cum decimis et aliis pertinentiis suis, grangiam de Malni, grangiam de Casteller et grangiam de Clevill, capellam de Deserto, cum decimis et aliis pertinentiis suis. Sane novalium vestrorum quæ propriis manibus vel sumptibus colitis, sive de vestrorum animalium nutrimentis, nullus a vobis decimas exigere vel extorquere præsumat. Liceat quoque vobis clericos vel laicos liberos et absolutos e sæculo fugientes ad conversionem recipere, et eos absque contradictione aliqua retinere.

Prohibemus insuper ut nulli fratrum vestrorum post factam in monasterio vestro professionem fas sit, nisi arctioris religionis obtentu, de claustro vestro discedere. Discedentem vero absque communium litterarum cautione nullus audeat retinere. Cum autem generale interdictum terræ fuerit, liceat vobis clausis januis, exclusis excommunicatis et interdictis, non pulsatis campanis, suppressa voce divina officia celebrare. Auctoritate quoque apostolica prohibemus ne ullus in vos vel monasterium vestrum excommunicationis vel interdicti sententias sine manifesta et rationabili causa proferre seu novis et indebitis exactionibus vos aggravare præsumat. Chrisma vero, oleum sanctum, consecrationes altarium seu basilicarum, ordinationes clericorum qui ad sacros ordines fuerint promovendi, a diœcesano suscipietis episcopo, siquidem catholicus fuerit, et communionem et gratiam sacrosanctæ Romanæ sedis habuerit, et ea voluerit vobis sine pravitate aliqua exhibere. Alioquin liceat vobis quemcunque malueritis catholicum adire antistitem communionem et gratiam apostolicæ sedis habentem, qui nostra fretus auctoritate vobis quod postulatur impendat. Prohibemus insuper ut infra fines parochiæ vestræ nullus sine assensu episcopi diœcesani et vestro capellam seu oratorium de novo construere audeat. Salvis privilegiis pontificum Romanorum. In parochialibus vero ecclesiis quas habetis, liceat vobis sacerdotes eligere et diœcesano episcopo præsentare; quibus, si idonei fuerint, episcopus curam animarum committat, ut ei de spiritualibus, vobis vero de temporalibus debeant respondere. Sepulturam quoque ipsius loci liberam esse decernimus, ut eorum devotioni et extremæ voluntati qui se illic sepeliri deliberaverint, nisi forte excommunicati vel interdicti sint, nullus obsistat, salva tamen justitia illarum ecclesiarum a quibus mortuorum corpora assumuntur. Obeunte vero te nunc ejusdem loci abbate vel tuorum quolibet successorum, nullus ibi qualibet subreptionis astutia seu violentia præponatur nisi quem fratres communi consensu vel fratrum pars major consilii sanioris secundum Deum et beati Benedicti Regulam providerint eligendum. Paci quoque et tranquillitati vestræ paterna in posterum sollicitudine providere volentes, auctoritate apostolica inhibemus ut infra clausuras locorum seu grangiarum vestrarum nullus rapinam seu furtum facere, ignem apponere, sanguinem fundere, hominem temere capere vel interficere, seu violentiam audeat exercere. Libertates quoque et immunitates antiquas et rationabiles consuetudines monasterio vestro concessas et hactenus observatas, ratas habemus, et eas perpetuis temporibus illibatas permanere sancimus. Decernimus ergo ut nulli omnino hominum liceat præfatum monasterium temere perturbare, aut ejus possessiones auferre, vel ablatas retinere, minuere, seu quibuslibet vexationibus fatigare; sed omnia integra conserventur, eorum pro quorum gubernatione ac sustentatione concessa sunt usibus omnimodis profutura, salva sedis apostolicæ auctoritate et diœcesani episcopi canonica justitia. Si quis igitur in futurum ecclesiastica sæcularisve persona, hanc nostræ constitutionis paginam sciens, contra eam temere venire tentaverit, secundo tertiove commonita, nisi reatum suum congrua satisfactione correxerit, potestatis honorisque sui dignitate careat, reamque se divino judicio existere de perpetrata iniquitate cognoscat, et a sacratissimo corpore ac sanguine Dei et Domini Redemptoris nostri Jesu Christi aliena fiat, atque in extremo examine districtæ subjaceat ultioni. Cunctis autem eidem loco sua jura servantibus sit pax Domini nostri Jesu Christi, quatenus et hic fructum bonæ actionis percipiant, et apud districtum judicem præmia æternæ pacis inveniant. Amen.

Datum Laterani per manum Joannis Sanctæ Mariæ in Cosmidin diaconi cardinalis, S. R. E. cancellarii, Kalend. Junii, indictione XIII, Incarnationis Dominicæ anno millesimo ducentesimo decimo, pontificatus vero domini Innocentii papæ III anno tertio decimo.

LXXXII.

GNEZNENSI ARCHIEPISCOPO ET UNIVERSIS SUFFRAGANEIS EJUS.

De statuto quodam facto a duce Poloniæ.

(Laterani, v Idus Junii.)

(57) Significavit nobis dilectus filius nobilis vir dux Zlesiæ quod cum (Boleslaus) quondam dux Poloniæ certam dederit singulis filiorum suorum in Polonia portionem, principalem civitatem Cracoviæ majori natu reservans instituit ut semper qui esset de ipsius genere prior natu, civitatem teneret eamdem; ita quod si major decederet, vel cederet juri suo, qui post eum de toto genere major esset, ipsius civitatis possessionem intraret. Hoc autem perpetuis temporibus observari præcipiens, per sedem apostolicam obtinuit approbari, omnes illos faciens excommunicatione percelli qui statutum hujusmodi auctoritate apostolica roboratum præsumerent violare. Unde nobis humiliter supplicavit ut nostris vobis daremus litteris in mandatis quod nec vos ipsi statutum violaretis hujusmodi, nec permitteretis ab aliis violari, illos qui contravenire præsumerent anathematis sententia ferientes. Quocirca fraternitati vestræ per apostolica scripta mandamus quatenus institutionem de majoritatis præeminentia, sicut ad utilitatem et pacem totius provinciæ dignoscitur esse facta, faciatis per censuram ecclesiasticam sublato appellationis obstaculo firmiter observari, contradictores censura simili compescentes.

Datum Laterani, v Idus Junii, pontificatus nostri anno tertio decimo.

LXXXIII.

FREDERICO ILLUSTRI REGI SICILIÆ.

Ut Cathan. episcopum recipiat in gratiam.

(Laterani, VII Kal. Julii.)

Cum jam annos pueriles evaseris, decet te, fili charissime, actus deserere pueriles, et quanto tibi et regno tuo majora pericula imminent, tanto studiosius debes intendere ad illa fortiter evitanda. Consilia quoque discretorum et te diligentium debes diligenter amplecti, et inter ingratos ac bene notos discernere te oportet, ne minus diligentes plus diligas, et qui te ferventius diligunt, illos remissioris charitatis brachiis amplexeris. Cum enim venerabilis frater noster Cathaniensis episcopus, regni Siciliæ cancellarius, te custodierit hactenus et nutrierit, ac pro defensione tua et regni tui labores et angores, anxietates et necessitates multiplices sustinuerit, nunc, si verum est quod asseritur, tot beneficiorum oblitus, a tua ipsum familiaritate recedere permisisti in scandalum et odium pariter plurimorum. Propter quod alii regni nobiles, dum eumdem multis meritis præditum debita intellexerint remuneratione fraudatum, in tua fidelitate lentescent, et nonnulli se a tuis obsequiis subtrahent, qui ad ea ex ipsius poterant retributionibus provocari. Ex his enim quæ post ejus sunt secuta recessum, satis apparet utrum ejus præsentia tibi fuerit opportuna, et nisi quantocius revocetur, secutura dispendia te plenius edocebunt. Ubi namque sunt illi qui tibi mendaciter suggerebant quod illo repulso multi converterentur ad te qui propter familiarem ejus præsentiam a tuis se obsequiis subtrahebant? Unde nisi hæc et alia quæ de te non absque dolore frequenter audimus celeriter reformare studueris, temetipsum ac uberioris frugis exercitium erigendo, non solum

---

(57) Vide Dlugossum, lib. IV Hist. Polonicæ, pag. 405, et lib. VI, pag. 536.

tu gravia detrimenta percipies, sed et nos, licet invitos, oporteret super hoc aliud cogitare, ne ob tuam negligentiam vel defectum Romana, quod absit! Ecclesia graviter læderetur, quæ pro te non solum aliis, sed etiam imperatori, se potenter opponit. Quocirca serenitatem tuam rogamus attentius et monemus sub obtentu gratiæ nostræ firmiter injungentes quatenus cancellarium memoratum ad familiaritatem tuam nullatenus differas revocare, omnimoda sibi, quem sub beati Petri et nostra protectione suscepimus, securitate provisa, ejusque consiliis devotus intendas; ut et ipse tot et tanta pro te sustinuisse se gaudeat, et alii ad similia provocentur, provisurus attentius ne quid a quolibet contra salutem et honorem ipsius valeat attentari; quia cum nos ei districte præcipiendo mandemus ut ad tuæ familiaritatis obsequium revertatur, si quid contra eam fieret a quocunque, nobis reputaremus inferri.

Datum Laterani, vii Kal. Julii, pontificatus nostri anno tertio decimo.

LXXXIV.
CONSTANTIÆ ILLUSTRI REGINÆ SICILIÆ.
De donatione ei facta propter nuptias.
(Laterani, xv Kal. Julii.)

Sacrosancta Romana Ecclesia devotos et humiles filios ex assuetæ pietatis officio propensius diligere consuevit, et ne pravorum hominum molestiis agitentur, eos, tanquam pia mater, suæ protectionis munimine confovere. Sane cum charissimus in Christo filius noster Fredericus Siciliæ rex illustris, sicut in ipsius authentico super hoc confecto plenius contineri perspeximus, in donarium seu donationem propter nuptias in Sicilia Carinum, quod in partibus Panormitanis existit, cum omnibus casalibus, tenimentis, et pertinentiis suis, in valle Demensi Caroniam, Sanctum Filadellum, et Sanctam Mariam cum omnibus casalibus, pertinentiis et tenimentis eorum, nec non et omnia casalia in eadem valle Demensi consistentia quæ ad suum demanium pertinere noscuntur; insuper Oliverium et Montem Albanum cum omnibus casalibus et tenimentis eorum, in servitio vero Sanctum Petrum de Ficara et castrum Ficariæ, Galatum, et Militellum; item Tauromenium cum omnibus tenimentis et pertinentiis suis tam demanii quam servitii, in partibus vero Apuliæ totum honorem comitatus Montis Sancti Angeli, cum omni honore, jure, tenimentis et pertinentiis suis tam demanii quam servitii, videlicet quod in demanio, in demanium, et quod in servitio, in servitium; in demanio siquidem Montis Sancti Angeli, Siponti et Veste civitates atque Casale novum, in servitio autem omnia castra, villas, terras, casalia et totum aliud quod ad honorem ipsius Montis dignoscitur.

pertinere, liberaliter tibi duxerit concedenda, nos tuis precibus inclinati, ad supplicationem ejusdem regis concessionem ipsam, sicut provide facta est, auctoritate apostolica confirmamus et præsentis scripti patrocinio communimus. Decernimus ergo ut nulli omnino hominum liceat hanc paginam nostræ confirmationis infringere vel ei ausu temerario contraire. Si quis autem hoc attentare præsumpserit, indignationem omnipotentis Dei et beatorum Petri et Pauli apostolorum ejus se noverit incursurum.

Datum Laterani xv Kal. Julii, pontificatus nostri anno tertio decimo.

LXXXV
TURONENSI ET BURDEGALENSI ARCHIEPISCOPIS, ET EPISCOPO PICTAVENSI.
Redditur pristinus status presbytero pœnitenti.
(Laterani, x Kal. Julii.)

Ejus exemplo qui cum iratus est, non obliviscitur misereri, nec suas continet miserationes in ira, sed postquam infuderit vinum, superinfundit et oleum vulneribus sauciati, et post virgam correctionis adhibet manus dulcedinis, quæ cum tabulis legis divinæ in arca fœderis reservantur, nos, qui dilectum filium Robertum de Sepulcro presbyterum ex severitate percussimus, volentes ex benignitate sanare, cum longo jam tempore impositam sibi pœnam in multa cordis et corporis humilitate portaverit, non sine magnis laboribus et angustiis, gravi pressus onere paupertatis, apud sedem apostolicam misericordiam exspectando, hanc cum eo duximus misericordiam faciendam ut ad exsecutionem restituatur officii, et si beneficia quæ prius habuerat non sunt aliis rite collata, reddantur eidem, nec ex lata in ipsum impediatur sententia quo minus ad obtinenda ecclesiastica beneficia possit assumi, et tam in civitate ac diœcesi Nannetensi quam in aliis libere conversari. Quocirca fraternitati vestræ per apostolica scripta præcipiendo mandamus quatenus circa eum sublato cujuslibet contradictionis et appellationis obstaculo quæ præscripta sunt exsequi procuretis, contradictores, si qui fuerint, per censuram ecclesiasticam compescendo, non obstante quod in his litteris totius negotii series non narratur, cum hac ad cautelam utamur ex certa scientia brevitate. Quod si non omnes, etc., duo vestrum ea, etc.

Datum Laterani, x Kalend. Julii, anno tertio decimo.

LXXXVI.
NOBILI VIRO SIMONI (58) DE MONTEFORTI, COMITI LECESTRIÆ, VICECOMITI BITERRENSI ET CARCASSONENSI (59).
Confirmat ei civitatem Albiensem.
(Laterani, iv Kal. Julii.)

Habuisse bajulos Dominici verbi fidem ad sinapis evangelicæ quantitatem felix tuæ translatio promo-

---

(58) *Simoni*, cui varias rescripsit epistolas Innocentius. Is originem ducebat ab Almarico filio naturali Roberti regis Christianissimi, Tilius in Roberto a quo Castrum Montisfortis Amalrici in solo Carnutensi denominationem accepit. Hic Albigensium hæresin exstinxit vi armorum et adminiculo verbi evangelici, cujus seriem ore rotundo B. Dominicus Gusmanus ordinis Prædicatorum præsul, et abbates ordinis Cisterciensis diffusiori explanatione docuerunt. Bellum porro initum bonis avibus anno Domini 1209, et inclinante hæresi peneque deleta anni 1218 circulo ad extremum vertente, fere exspiravit.

(59) *Biterrensi et Carcasson.* Investitus ob res egregie

tionis ostendit, dum nominationis tuæ non solum sed et denominationis vocabula bonis interpretatus operibus, in auditu auris obedisti secundum nomen tuum in locum peregrinationis exire, ac sicut mons infirmas partes Ecclesiæ muniturus, ad verbum prædicatorum fidelium es translatus, etc., *in eumdem modum ut in alia littera quæ scripta est in ultimo quaterno regesti* (60) *duodecimi anni, usque* cum in in manibus tuis, quem zelus Domini contra fidei subversores armavit, idem Dominus civitatem tradiderit Albiensem (61), nos super hoc in Domino gratulantes, civitatem ipsam cum omnibus pertinentiis suis, sicut tibi est ad divinæ majestatis honorem pro tutela pacis et fidei defensione concessa, tibi et hæredibus tuis in fide catholica et devotione sedis apostolicæ permanentibus auctoritate apostolica confirmamus, etc., *ut in eadem per totum, usque* Ad indicium autem quod terram ipsam in devotione apostolicæ sedis, etc., *usque in finem*.

Datum Laterani, iv Kal. Julii, anno tertio decimo.

LXXXVII.
REGENSI EPISCOPO ET ABBATI CISTERCIENSI APOSTOLICÆ SEDIS LEGATIS.
Eis committit vices suas in causa fidei.
(Laterani, v Kal. Julii.)

Ut hi qui orthodoxæ fidei zelo succensi ad expugnandam hæreticam pravitatem vivificæ crucis characterem assumpserunt eo ferventius publicam causam gerant quo se viderint proximorum subsidiis efficacius adjuvari, a vobis et a nonnullis aliis nobis fuit sæpe suggestum, etc., *sicut continetur in penultimo quaterno Regesti* (62) *duodecimi anni, de data Viterbii, per totum in eumdem modum, usque* ad explendum obsequium Jesu Christi, in Burdegalensi, Bisuntina et Viennensi provinciis, nec non Pampilonensi, Lemovicensi, Claromontensi, Aniciensi, Mimatensi, Caturcensi et Ruthenensi episcopatibus super hoc committendas vobis duximus vices nostras, etc., *ut in eadem per totum usque in finem.* In aliis vero provinciis monitis et precibus insistatis ut ad tantum fidei Christianæ negotium consummandum de bonis sibi a Deo collatis subsidia conferant opportuna.

Datum Laterani, v Kal. Julii, pontificatus nostri anno tertio decimo.

LXXXVIII.
EISDEM.
Eis committitur accusatio adversus archiepiscopos Narbon. et Auxitanum.
(Laterani, iv Kal. Julii.)

(63) In tantum clamor qui dudum ascendit contra Narbonensem et Auxitanum archiepiscopos invalescit quod dissimulare ipsum ulterius sine periculo non valemus. Ne igitur ex nequitia sua possint commodum aliquod reportare, cum non solum negligentes sint, ut asseritur, sed etiam pestilentes, discretioni vestræ per apostolica scripta mandamus quatenus inquisita super omnibus quæ proponuntur contra eos diligentius veritate, ac habeates præ oculis solum Deum, quod super hoc canonice fuerit statuendum sublato appellationis obstaculo statuatis, facientes quod statueritis per censuram ecclesiasticam firmiter observari.

Datum Laterani, iv Kalend. Julii, anno tertio decimo.

LXXXIX.
ARCHIEPISCOPO STRIGONIENSI.
De ecclesia constituenda in fundo Romanæ Ecclesiæ.
(Laterani, ii Kal. Julii.)

Veniens ad apostolicam sedem dilectus filius nobilis vir Herde comes de Similione quemdam fundum suum beato Petro apostolo et Romanæ Ecclesiæ obtulit humiliter et devote; in quo ad honorem ejusdem apostoli ecclesiam ædificare disponit, et eidem nonnullas de suis possessionibus assignare. Nos igitur pium ejus propositum in Domino commendantes, præsentium tibi auctoritate mandamus quatenus venerabilem fratrem nostrum Cenadiensem episcopum loci diœcesanum monere prudenter et efficaciter inducere non postponas, ut pro suis justitiis, quas de ipsis esset possessionibus percepturus, ab eodem comite moderatam recompensationem recipiat, et superabundantem gratiam recognoscat quam ei facimus in hac parte, cum in hujusmodi fundo absque omni recompensatione libera posset ecclesia fabricari, sicut Hospitalariis et Templariis aliisque nonnullis per privilegia est concessum. Quod si monitis tuis memoratus episcopus acquiescere forte nollet, tu id auctoritate nostra, sublato, cujuslibet contradictionis et appellationis obstaculo, exsequi non omittas, recipiens in utroque casu præfatum fundum in jus et proprietatem apostolicæ sedis per publicum instrumentum, et concedens eidem ædificandi ecclesiam in eodem liberam facultatem. Præterea cum idem comes decimas quas præfato episcopo persolvere consuevit, eidem ecclesiæ cupiat assignari, compensatione propter hoc ipsi exhibita competenti volumus et mandamus ut eumdem episcopum monere ad hoc prudenter et efficaciter inducere non retardes.

Datum Laterani, ii Kal. Julii, anno tertio decimo.

XC.
ABBATI ET CONVENTUI SANCTI GERMANI DE PRATIS PARISIENSIS (64).
De muris urbis Paris.
(Laterani, iv Kal. Julii.)

Cum per medium vinearum vestrarum infra parobigensium vocatur a Nauclereo eodem anno Gener. 40, quæ adhuc nomen retinet.

(62) Id est, lib. xii, epist. 87.
(63) Vide supra lib. x, epist. 63; lib. xiv, epist. 52, et lib. xvi, epist. 5.
(64) *Parisiensis* diœcesis, cujus templum Childebertus rex jussit construi in urbe Parisiaca prope

---

gestas ex regis mandato a sede apostolica, feudo harum civitatum et Albigæ, quæ sitæ sunt in Gallia Narbonensi; Paradinus, Annal Burg., lib. ii; in Odone iv. V. infra epist. 13 et 14, lib. xv. Regest.
(60) Id est, lib. xii, epist. 122.
(61) *Albiensem*. Alba a Matthæo Paris. in Historia Philippi Augusti anno Domini 1213 et regio Al-

chiam Sancti Sulpicii positarum, quæ ad vestrum monasterium pertinet pleno jure, ad munitionem civitatis Parisiensis construantur de novo muri, sicut ex vestra insinuatione didicimus, provideri super hoc vobis auctoritate apostolica petiistis. Ne igitur hujusmodi occasione murorum parochiale jus in monasterii vestri dispendium immutetur, præsentium vobis auctoritate concedimus ut idem jus (65) in ædificiis (66) ejusdem parochiæ construendis et ipsorum habitatoribus habeatis quod in ipsius veteribus ædificiis et habitatoribus eorumdem dignoscimini hactenus habuisse. Nulli ergo, etc., hanc paginam nostræ concessionis infringere vel ei, etc., *usque* incursurum.

Datum Laterani, iv Kal. Julii, pontificatus nostri anno tertio decimo.

XCI.
EISDEM.
Confirmatur eis privilegium Lucii papæ.
(Laterani, v Kal. Julii.)

Quanto specialius monasterium vestrum beati Petri juris existit, et majorem devotionem apostolicæ sedi sæpius exhibetis, tanto celerius, ubi cum Deo possumus, petitiones vestras admittimus, et indemnitati monasterii vestri volumus attentius providere. Eapropter ad exemplar felicis recordationis Lucii papæ prædecessoris nostri auctoritate apostolica prohibemus ne illi qui terras, vineas, aut domos censuales nomine vestro tenent, aliis ad majorem censum sine assensu vestro concedant, neque alienis personis vel Ecclesiis in eis sine vestra licentia pensionem aliquam annuatim solvendam assignent, per quæ monasterio vestro dispendium valeat provenire. Nulli ergo, etc., hanc paginam nostræ prohibitionis infringere vel ei, etc., *usque* incursurum.

Datum Laterani, v Kal. Julii, etc.

XCII.
SANCTÆ MARIÆ DOLENSIS ET SANCTI JOANNIS ANGELIACENSIS ABBATIBUS, BITURICENSIS ET XANCTONENSIS DIŒCESUM, ET ARCHIDIACONO BITURICENSI.
Scribitur adversus episcopum Pictavensem.
(Laterani vi Kal. Julii.)

Ex parte venerabilis fratris nostri Burdegalensis archiepiscopi per dilectum filium G. procuratorem ejusdem fuit propositum coram nobis quod cum venerabilis frater noster Turonensis archiepiscopus de mandato nostro insisteret, et tam gravamen Petragoricensis ecclesiæ metropolitico sibi jure subjectæ, quæ magnis dispendiis et laboribus diu tius fuerat fatigata, quam consueta quorumdam malitia consecrationem Petragoricensis episcopi volentium impedire, accelerandam ipsius consecrationem episcopi perurgerent, et nonnisi tres tantum episcopi essent in Burdegalensi provincia tunc præsentes, venerabili fratri nostro Pictavensi episcopo, qui ex quo promotus fuit in episcopum, nunquam metropolitanam ecclesiam postmodum visitavit, licet pluries vocatus fuerit ad eamdem, in virtute obedientiæ ac sub debito juramenti quo Ecclesiæ Burdegalensi tenetur, pœna suspensionis adjecta, præcepit ut ad consecrationem ipsius episcopi properaret. Et ut omnis occasionis materia tolleretur, licet nullum periculum immineret, cum generales treugæ inter Francorum et Angliæ reges initæ servarentur, tam per litteras seneschalci regis Angliæ, qui regalium negotiorum procurationem habebat in eisdem partibus generalem, quam per venerabilem fratrem nostrum Henricum episcopum Xanctonensem, qui cum securum ducere ac reducere promittebat, securum conductum præparavit eidem. Sed idem et venire postposuit, et suspensionis sententiam non servavit. Cumque postmodum idem archiepiscopus ad locum quem de nuntiorum ipsius episcopi voluntate in Pictavensi diœcesi assignarat, ut tunc saltem præcedentem inobedientiam per obedientiam redimeret subsequentem, præfixo termino cum aliis episcopis convenisset, idem Pictavensis venire contempsit. Ut autem idem archiepiscopus omnem ipsius contumaciam superaret, diem et locum alium in Pictavensi diœcesi assignavit; ubi cum cæteri suffraganei eidem Pictavensi metropolitani sui exponerent quæstionem, ipse quod venire non omiserat propter contemptum vel odium Ecclesiæ vel personæ, sed propter metum regis Angliæ se obtulit juraturum. Sed cum hoc memoratus archiepiscopus sibi ab eisdem suffraganeis expositum acceptaret, idem Pictavensis se obtulisse juramentum hujusmodi contradixit. Propter quod et latam in eum per ipsum suspensionis sententiam confirmari et debitam sibi pœnam infligi pro tanta contumacia postulabat. Procurator vero ejusdem episcopi proposuit ex adverso quod licet olim dicto archiepiscopo dederimus in mandatis ut ad loca suspecta eumdem episcopum non vocaret, ipse tamen mandato nostro contempto ad ea loca pro consecratione ipsius Petragoricensis vocabat eumdem ad quæ,

---

muros civitatis, ut utar verbis rescripti regii 6 Decemb., anno 48, postquam regnare cœpit, scilicet anno Domini 557, apud Aymonium, licet alii scribant solum 45 annorum curricula imperasse, ut patet ex titulo sepulcri, quem ab eodem templo videre licet, Guaguinus lib. vi.

(65) *Idem jus*, fundiarium sive censuale, ejusdem siquidem suburbii verus dominus censetur abbas, ex lucrativa regiæ liberalitatis causa.

(66) *In ædificiis*, quoniam superficies solo cedit, et abbas dominus soli, habet intentionem fundatam. L. *Inferiorem*, c. *De rei vindict.* L. *Adeo*, § *Cum in suo*

de acquir. rerum dominio; nisi sint pacto separabilia, ut in l. *Si servitutes de servitut.*, quoniam tunc diverso jure habentur, adde ex l. certo de servit. præd. rustic. vineam (cujus fit mentio in hac epistola) ad solum magis quam ad superficiem pertinere; ideo sublatis vineis servitus manebit, secus si acquisita esset vitibus non solo, ut eleganter ait Cujacius ad l. III De serviut. : nam in superficie recte servitus imponitur, decis. cap. *Tolos.*, quæst. 161. Secundum quæ pontifex clarissimus legum vates in specie proposita respondit.

propter Brabantionum et capitalium inimicorum suorum insidias, sine proprii corporis periculo accedere non audebat. Unde tam propter hæc quam propter alia quæ inferebat gravamina nostram audientiam appellavit, tam per litteras suas quam per W. archidiaconum suum et alios clericos suos legitime se excusans. Cum autem apud Cheseium, ubi de venerabilium fratrum nostrorum Xanctonensis et Engolismensis episcoporum consilio archiepiscopus et ipse convenerant, excusationes suas esse justas per testes omni exceptione majores fuerit probare paratus, et idem archiepiscopus hoc recipere noluisset, super hoc ab eo exigens juramentum, ipse appellationem primo interpositam innovavit; sed archiepiscopus, appellatione contempta, suspensionis sententiam protulit in eumdem. Unde tam dictam sententiam quam quidquid post appellationem in ejus est præjudicium attentatum petiit irritari. Cum autem nobis non constiterit de præmissis, contentionem hujusmodi de procuratorum consensu tali providimus moderamine sopiendam, ut præfatus episcopus coram vobis exhibeat juramentum quod nec in contemptum archiepiscopi memorati nec ut ipsius se jurisdictioni subduceret, sed propter metum hostilem, ad consecrationem Petragoricensis episcopi accedere detrectavit. Quo præstito coram vobis latam in ipsum suspensionis sententiam revocari faciatis per præfatum archiepiscopum ad cautelam, nec ei deputetur ad pœnam quod post suspensionem hujusmodi divina officia celebravit. Alioquin usque ad satisfactionem Idoneam dicta suspensionis sententia inviolabiliter observetur. Quocirca discretioni vestræ per apostolica scripta mandamus quatenus quod a nobis taliter est provisum, faciatis per censuram ecclesiasticam appellatione remota exsecutioni mandari, nullis litteris obstantibus, si quæ apparuerint a sede apostolica præter assensum partium impetratæ. Quod si non omnes, etc., duo vestrum, etc.

Datum Laterani, vi Kal. Julii, pontificatus nostri anno tertio decimo.

XCIII.
EISDEM.
Adversus eumdem episcopum.
(Laterani, xiv Kal. Julii.)

Significante venerabili fratre nostro Burdegalensi archiepiscopo nos accepisse noscatis quod cum venerabili fratri nostro Pictavensi episcopo suffraganeo suo ad querelam subditorum ipsius pœna suspensionis adjecta inhibere curasset ne pecuniarias procurationes ab ecclesiis quas non visitabat exigeret, vel collectas majores quam prædecessores sui facere consueverant, in subditis sibi ecclesiis exerceret, idem, ejus inhibitione contempta, et pecuniam pro procurationibus et collectas solito majores exegit, suspensionis sententiam, in quam propter hoc incidit, non observans. Ad expellendum quoque Ruptarios et Bramantiones de Burdegalensi provincia sibi auxilium, prout præstita

fide promiserat, non impendit, inhibens et impediens ne ipse Pictavensem diœcesim ex officio suo visitans procurationibus consuetis et debitis honoretur. Clericos quoque quos dictus archiepiscopus ad præsentationem vicarii sui, eodem episcopo non existente in diœcesi, ordinarat, ab ordinum susceptorum ab eo exsecutione suspendit, nec voluit ad mandatum ipsius eamdem suspensionis sententiam relaxare, sententias excommunicationis ab eodem episcopo in subditos suos latas, quas idem archiepiscopus auctoritate metropolitana, justitia exigente, confirmat, eo inconsulto, nullaque super hoc obtenta potestate, relaxans. Quamdam insuper pecuniæ quantitatem ab Helia prædecessore suo mutuatam episcopo Pictavensi et in ultima ejus voluntate ad fabricam Burdegalensis ecclesiæ deputatam sibi restituere contradicit, in his et multis aliis contra juramentum Burdegalensi Ecclesiæ ac prædecessori suo præstitum temere veniendo. Ex parte vero ipsius episcopi fuit propositum ex adverso quod intrans idem archiepiscopus annis singulis pluries diœcesim Pictavensem non vocatus ab eo vel a terræ principe invitatus, nullaque necessaria causa tractus a suis subditis frequentius debito, de leuga fere in leugam dictas faciens, exigit procurari, correctiones tanquam ordinarius faciens per totam diœcesim Pictavensem, in qua ipse, præter ordinariam, delegatam a nobis super correctionibus obtinet potestatem. Sententias quoque in raptores et alios qui injuriantur Ecclesiis vel personis ecclesiasticis, sive illis qui sub Ecclesiæ protectione consistunt, ab eo exigente justitia promulgatas, juris ordine prætermisso relaxans, tractat causas in eadem diœcesi et committit, licet ad eum non fuerit appellatum. Qui, eo quondam apud sedem apostolicam existente, ad ecclesiam Pictavensem accedens, et in ejus et subditorum suorum gravamen procurationes ibidem recipiens, quosdam diœcesis suæ clericos, licet super hoc ab eo mandatum non habuerit, ordinavit. Et licet componentibus inter eos venerabili fratre nostro Nannetensi episcopo et decano Pictavensi aliisque pluribus, idem archiepiscopus promisisset quod nihil unquam contra eum vel honorem suum machinari de cætero attentaret, nisi forsan ipsi primitus requisiti terminare non possent si quid adversus eum proponeret quæstionis, multa tamen, contra compositionem eamdem et promissionem suam temere veniens, in ejus et honoris sui dispendium attentavit, super his et aliis injuriosus existens eidem plurimum et molestus. Quia vero nobis non constitit de præmissis, discretioni vestræ de procuratorum utriusque partis assensu per apostolica scripta mandamus quatenus competenti loco partibus convocatis, et rationibus hinc inde plenius auditis et cognitis, si de partium processerit voluntate, causam ipsam appellatione remota fine canonico decidatis et faciatis quod decreveritis per censuram ecclesiasticam firmiter observari. Alioquin eamdem sufficienter instructam ad nostram præsentiam remittentes, præfigatis partibus terminum competentem quo nostro se conspectui repræsentent recepturæ judicium æquitatis. Testes autem qui fuerint nominati, si se gratia, odio, vel timore subtraxerint, per censuram eamdem appellatione remota cogatis veritati testimonium perhibere. Nullis litteris obstantibus, si quæ apparuerint a sede apostolica præter assensum partium impetratæ. Quod si non omnes, etc., duo vestrum ea, etc.

Datum Laterani, xiv Kal. Julii, pontificatus nostri anno tertio decimo.

XCIV.
UNIVERSIS ARCHIEPISCOPIS ET EPISCOPIS AD QUOS LITTERÆ ISTÆ PERVENERINT.

De negotio Valdensium conversorum.
(Laterani, xviii Kal. Julii.)

Cum inæstimabile pretium sanguinis Jesu Christi, etc. *Require* (67) *supra in littera scripta eodem quaterno per totum, usque* Quapropter venientes ad apostolicam sedem dilectos filios Bernardum Primum, et Willelmum Arnaldi et quosdam alios paterna benignitate suscepimus ac ea quæ nobis, etc. *ut in eadem, usque* intellectu (68), eosque diligenter examinatos atque correptos hoc modo reconciliavimus ecclesiasticæ unitati. *Ego, inquit, Bernardus primus, appositis Evangeliis, et scripto confessionis imposito super illa, hoc præsto inter manus tuas, summe pontifex, juramentum, Deum invocando testem in animam meam, quod ita*, etc., *sicut in ipsa usque pro posse resistam. Hoc autem profiteor non esse juramentum quale Christus legitur prohibuisse in Evangelio, sed quale a sanctis doctoribus Augustino et aliis perhibetur esse præstandum causa necessitatis cum veritate et justitia et judicio.* Scriptum autem confessionis est tale : « Pateat omnibus fidelibus quod ego Bernardus Primus et omnes fratres mei propositis nobis sacrosanctis Evangeliis corde credimus, fide intelligimus, ore confitemur, et simplicibus verbis, id est, sine duplicitate, fideliter affirmamus Patrem et Filium et Spiritum sanctum tres personas esse, unum Deum, et sicut in *Credo in Deum*, et in *Credo in unum Deum*, et in *Quicunque vult* continetur, confitemur esse per omnia sentiendum. Item corde credimus et ore confitemur Patrem et Filium et Spiritum sanctum unum Deum, de quo nobis est sermo, esse creatorem et gubernatorem ac dispositorem omnium rerum visibilium et invisibilium, corporalium et spiritualium. Item corde credimus et ore confitemur Patrem et Filium et Spiritum sanctum unum Deum, legem Moysi dedisse, et ipsum in prophetis locutum fuisse et Joannem Baptistam ab ipso missum esse sanctum et justum et in utero matris suæ Spiritu sancto repletum. Item corde credimus et ore confitemur Incarnationem Domini nostri Jesu Christi, ut qui erat Filius Dei in divinitate, Patri æqualis, fieret homo in utero sanctæ Mariæ matris suæ, veram carnem assumens ex visceribus matris, qui natus est vera carnis nativitate, et manducavit, et bibit, etc., dormivit, et fatigatus ex itinere quievit, et passus est vera carnis suæ passione, et mortuus est vera carnis suæ morte, et resurrexit vera carnis suæ resurrectione; in qua postquam veraciter manducavit et bibit, ascendit in cœlum, et sedet ad dexteram Dei Patris omnipotentis, inde venturus est judicare vivos et mortuos. Item corde credimus et ore confitemur unam esse Ecclesiam catholicam et apostolicam, sanctam et immaculatam, extra quam neminem salvari fatemur. Sacramenta vero quæ in ea celebrantur, inæstimabili atque invisibili virtute Spiritus sancti, licet a peccatore sacerdote ministrentur, dum Ecclesia eum recipit, in nullo reprobamus, neque ecclesiasticis officiis vel benedictionibus ab eo celebratis detrahimus, sed benevolo animo, tanquam a justissimo, amplectimur.

Approbamus quoque baptismum infantium; et si defuncti fuerint post baptismum, antequam peccata committant, fatemur eos salvari. Confirmationem quoque ab episcopo factam, id est impositionem manuum, sanctam et venerande accipiendam esse censemus. In sacrificio eucharistiæ, quæ fuerant panis et vinum ante consecrationem, post consecrationem esse corpus et sanguinem Jesu Christi simpliciter affirmamus et credimus; in quo nihil a bono majus nec a malo minus perficitur sacerdote. Peccatores veraciter pœnitentes veniam a Deo consequi concedimus, et eis libentissime communicamus. Unctionem infirmorum cum oleo consecrato veneramur. Conjugia carnalia esse contrahenda secundum apostolum Paulum non negamus; legitime vero contracta disjungere omnino prohibemus. Ordines ecclesiasticos, id est episcopatum et presbyterium ac cæteros, et omne quod in Ecclesia ordinabiliter sancitum legitur aut canitur, humiliter collaudamus, et fideliter veneramur. Item corde credimus et ore confitemur resurrectionem hujus carnis quam gestamus, et non alterius, et vitam æternam, et unumquemque hominem secundum opera sua esse recepturum. Eleemosynas et sacrificium, cæteraque beneficia fidelibus defunctis prodesse non dubitamus. Et quia fides sine operibus mortua est, ut dicit apostolus Jacobus, sæculo abrenuntiavimus, et quæ habebamus, velut a Domino consultum est, pauperibus erogavimus, et pauperes esse decrevimus. Ita quod solliciti esse de crastino non curamus, nec aurum vel argentum vel aliquid tale præter vestimentum et victum quotidianum a quoquam accepturi sumus. Consilia quoque evangelica velut præcepta servare poposuimus. Remanentes autem in sæculo, et sua possidentes, et hanc fidem supradictam firmiter et integre credentes, præceptaque Domini servantes, salvari fatemur. Ad hæc in nomine Patris et Filii et Spiritus sancti et beatissimæ Virginis Mariæ, ad ædi-

---

(67) Id est epist. 78.

(68) Vide lib. xv, epist. 135.

ficationem universalis sanctæ Dei Ecclesiæ, et ad salutem animarum omnium ad quorum aures pervenit, sicut fideliter credimus corde, fidem prædictam ore firmiter confiteri et nuntiare proposuimus, et usque ad animam et sanguinem adversus omnes sectas hæresium defendere viriliter. Consistentes sub magisterio et regimine unius et veri magistri Domini nostri Jesu Christi ac piissimi vicarii ejus papæ Innocentii et successorum ejus, semper permanentes tam corpore quam spiritu in communione sanctæ Romanæ ac universalis Ecclesiæ, quam sanctam et catholicam, et apostolicam supra diximus, quia credimus esse, omnes baptizatos in nomine Patris et Filii et Spiritus sancti, nisi a supradicta fide recesserunt, ubi boni cum malis conveniant, permista quippe est diversitate filiorum; cui Ecclesiæ præfatum dominum Innocentium papam credimus præesse pastorem, et ipsum et omnes episcopos et sacerdotes et cæteros ordinatos fidem supradictam tenentes, in ipsa Ecclesia ministros esse fatemur et credimus.

Idcirco ab ipsis, et non ab aliis, petimus et cupimus suscipere ecclesiastica sacramenta. Specialiter autem de fractione panis, super qua infamati sumus, diximus et dicimus quia nunquam factum fuit causa præsumptionis, nec causa contemptus sacrificii sacerdotis, sed causa ardoris fidei et charitatis et causa deliberationis, ne indurarentur simplices fideles inter hæreticos permanentes, et sacramentum eucharistiæ non accipientes; sed nunc et in perpetuum abdicamus et abjicimus et abdicabimus a nobis et ab omnibus nobis credentibus, secundum nostrum posse, ab opere et a credulitate, corde credentes et ore confitentes sacramentum corporis et sanguinis Christi nec esse conficiendum nec posse confici nisi a sacerdote per impositionem manus visibilis episcopi secundum morem Ecclesiæ visibiliter ordinato. Habemus autem mandatum orare ut Deus mittat operarios in messem suam, id est, prædicatores in populum suum, qui debent benigne et humiliter impetrare sibi dari ex licentia summi pontificis et prælatorum Ecclesiæ ut possint admonere et exhortari in doctrina sana et adversus omnes hæreticos, gratia Dei adjuvante, cum omni virtute animi et studio ut eos ad fidem catholicam convertant, desudare, et credentes eorum privatis et publicis admonitionibus, sicut decet, ab eorum credulitate et hæresi separare, et Ecclesiæ supradictæ incorporare, et ab omnibus vitiis et peccatis compescere tam seipsos quam suos auditores; a superbia scilicet et inani gloria, invidia, ira, cupiditate et avaritia, gulositate, luxuria, mendacio, detractione, blasphemia, odio, fraude, perjurio et homicidio! Et quamvis ista nos prædicemus, tamen potestatem sæcularem secundum leges officium suum in malefactores peragentem non judicamus, neque ob hoc damnandam esse dicimus vel credimus. Verumtamen, sicut filii Ecclesiæ, reos sanguinis defendimus piis interventionibus, quia scriptum est: *Reos sanguinis defendat Ecclesia.*

Quamvis autem propter vitandum perjurium non sit appetendum juramentum, jurantes tamen ex deliberatione causa necessitatis cum veritate et justitia non culpamus, neque propter hoc credimus condemnandos. In omnibus vero episcopatibus, diœcesibus, vel parochiis in quibus sumus vel fuerimus, disposuimus jejunare secundum morem et consuetudinem prælatorum et catholicorum virorum orthodoxorum illarum provinciarum, tam in vigiliis quam in jejuniis Quatuor Temporum et Quadragesimæ. Denique licet dicat Christus: *Oportet semper orare, non deficere* (*Luc.* XVIII), et Apostolus: *Sine intermissione orate* (*I Thess.* V), tamen quidam nostrorum per viginti quatuor vices inter diem ac noctem, alii quindecies, alii duodecies, qui autem minus, septies pro omnibus hominibus secundum eorum gradus orant. Et quanquam officium nostrum sit præcipue ut omnes discant, et omnes qui sunt idonei exhortentur, tamen cum tempus ingruit, propriis manibus laboramus, ita duntaxat ne pretium accipiamus conventum. Qui autem nobis credunt, a quibuscunque aliquid per aliquam fraudem habuerint, necesse est, si potuerint, et nobis acquiescere voluerint, ut ipsis et non aliis restituant. Decimas siquidem et primitias et oblationes et cætera secundum usum locorum servitia prælatis et aliis clericis sub quorum diœcesibus victitaverint fideliter persolvant: quod omnibus fidelibus Christianis efficaciter suademus.»

Licet autem in suscriptis articulis, sicut a quibusdam accepimus, assererentur errasse, quod videlicet soli Deo esse obediendum, et si homini, soli justo, qui Deum habet in se, ac licere laico ac litterato sine licentia cujuslibet hominis prædicare, bonumque laicum conficiendi eucharistiam potestatem habere, malum autem sacerdotem nequaquam, et ejus orationes aut missas vivis vel mortuis non proficere, ac Romanam Ecclesiam nequaquam Ecclesiam Dei esse, nec non etiam juramentum in quolibet articulo sub Ecclesiæ forma factum peccatum esse mortale dogmatizasse dicantur, ipsi tamen ex præscripta confessione, in qua tanguntur articuli prænotati, super his suam innocentiam excusarunt, illud inficiantes omnino quod videlicet mulieribus Evangelium in Ecclesia licitum esse docere, ac indulgentias quæ fiunt a summo pontifice vel aliis episcopis non proficere, justumque laicum confitentes sibi absolvere posse, quidam eos referunt astruxisse. Cæterum super eo quod nonnullos clericorum scandalizasse dicuntur, eis in plurimis detrahendo, ipsos aspere redarguimus, in virtute obedientiæ quam præstiterunt nobis districtius injungentes eisdem, quod et ipsi sub eadem servare obedientia promiserunt, ut clericos in omni qua convenit habentes reverentia et honore, ab eorum omnino infamatione seu detractione desistant, præcipientes eisdem ne passim sibi præsumant prædicationis officium arrogare, sed præterquam Ecclesiarum rectores in fide recta et sana doctrina noverint esse probatos, licentiam eis tribuant exhortandi competentibus horis et

circa custodiam delinquebant, et quod ad abbatis et locis; cumque continentiam repromiserint, suspectum mulierum consortium prorsus evitent; qui super his et aliis promiserunt devotam et debitam nobis obedientiam exhibere. Nos igitur, habito fratrum nostrorum consilio, per apostolica vobis scripta mandamus quatenus recepto a cæteris fratribus simili juramento, ecclesiasticæ unitati reconcilietis eosdem, et denuntietis ipsos vere catholicos ac recte fideles, in præscriptis et aliis eos secundum Deum ab omni scandalo et infamia servantes immunes, et in litteris testimonialibus et aliis adminiculis ipsos propter Deum misericorditer adjuvetis.

Datum Laterani, xviii Kal. Julii, pontificatus nostri anno tertio decimo.

XCV.

DECANO ET CANONICIS WATERFORDEN.
Recipiuntur sub protectione apostolicæ sedis.
(Laterani, vi Kal. Julii.)

(69) Sacrosancta Romana Ecclesia humiles et devotos filios ex assuetæ pietatis officio propensius diligere consuevit, et ne pravorum hominum molestiis agitentur, eos, tanquam pia mater, suæ protectionis munimine confovere. Eapropter, dilecti in Domino filii, devotionem quam erga beatum Petrum et nos ipsos habere dignoscimini attendentes, personas vestras et universa bona quæ in præsentiarum rationabiliter possidetis, aut in futurum justis modis, dante Domino, poteritis adipisci, sub beati Petri et nostra protectione suscipimus. Specialiter autem locum in quo Ecclesia vestra sita est, cum pertinentiis suis, ecclesiam de Kilros, ecclesiam de Kilmelassi, ecclesiam de Cluoneda, ecclesiam de Tibrada, ecclesiam de Kilimelach, ecclesiam de Kilmaclug, cum omnibus pertinentiis suis, decimas piscium in Waterford, beneficia terrarum Rice, Scadan, et Terri, villam de Corbali, villam de Balikassin, villam de Tachethen, terram de Kaldebech, terram Roberti le Franceis juxta Kilmemilog, cum omnibus pertinentiis suis, et omnia bona communitati et sustentationi vestræ nihilominus assignata, sicut ea juste ac pacifice possidetis vobis et per vos ecclesiæ vestræ auctoritate apostolica confirmamus et præsentis scripti patrocinio communimus. Nulli ergo, etc. hanc paginam nostræ protectionis et confirmationis infringere vel ei, etc., *usque* incursurum.

Datum Laterani, vi Kal. Julii, pontificatus nostri anno tertio decimo.

XCVI.

ABBATI SANCTÆ MARIÆ ROTUNDÆ.
Pineta ei adjudicatur.
(Laterani, Nonis Julii.)

Olim causam quæ inter te ac commune Ravennæ super pineta et quibusdam aliis vertebatur venerabili fratri nostro Cæsenatensi episcopo duximus committendam. Qui licet cum dilecto filio Pomposiano abbate, quem sibi postmodum in causa cogni- tione adjunximus, usque ad receptionem testium et publicationem attestationum processerit in eadem, quia tamen ad sententiam per triennium procedere distulit, venerabili fratri nostro Populiensi episcopo et dilecto filio abbati Sancti Laurentii Cæsenatensi mandavimus ut in ea juxta formam priorum procederent litterarum. Verum quoniam ad Ravennatum instantiam eis tandem dedimus in mandatis ut ad nos instructam remitterent causam, iidem gesta omnia sub sigillis suis cum procuratoribus partium ad nos remittere curaverunt, per quæ cognovimus manifeste quod inter partes de pineta Palazoli et vargo Badareni possessione, in qua fit forum, et sale monasterii, quem commune mutuo acceperat, fuit actum. Nam super vargo Badareni commune petebat ne quid nomine pedagii tuum monasterium a Ravennatibus extorqueret; sed illud ad se pertinere pars ejusdem monasterii respondebat, et se ibi hactenus pedagium accepisse. Cæterum possessionem in qua forum fiebat, dictum monasterium afferens suam esse, ne in ea præter ejus assensum forum de cætero fieret, et quod commune exinde perceperat, sibi restitui cum instantia postulabat. Sed commune dicebat quod nec ad monasterium tota illa possessio pertinebat, nec si pertineret, etiam quo minus in ea forum fieret, commune debebat aut poterat prohiberi, cum hujusmodi tam in ecclesiarum quam privatorum possessionibus exercere soleant in partibus illis communia civitatum. Verum cum commune certam summam salis, quam centum et sexaginta libris emeras, a te mutuo recepisset, ad restitutionem ipsius se obligans juramento, quia pro eo nonnisi centum reddiderat, petebas reliquum tibi reddi. Sed ad hoc pars altera respondebat quod facta ratione salis ad pretium quod valebat quando solutio pecuniæ facta fuit, triginta vel quadraginta solidos eidem ecclesiæ solverat ultra id quod sal tunc temporis vendebatur.

Licet autem utraque partium possessionem pinetæ multipliciter nisa fuerit comprobare, asserente parte communis et ostendente per testes quod pro facto suo de arboribus ejus quoties fuerat opus acceperant et donarant, quod munierant etiam silvam ipsam et fecerant custodiri, et Ravennates ad enucleandas pinos in hebdomada Natalis et portandos truncos arborum, quos ipsi zoccos vel capitones appellant, accedere consueverant annuatim et quod servientes custodum, quos nominant partiates, pinetam pro communi custodire jurabant, pars tua per testes similiter sufficienter ostendit quod pro necessitatibus monasterii libere acceperat, dederat et vendiderat de lignis pinetæ, quod partiates per monasterium certum numerum trabium in feudum percipiebant de silva, et juramento fidelitatis eidem propterea tenebantur, et quod servientes eorum jurabant pro monasterio silvæ custodiam in abbatis præsentia, et amovebantur ad ejus arbitrium quando

---

(69) Vide supra epist. 79

partialum instantiam eam banniorant Ravennates, et qui venabantur in ipsa reddebant eidem annis singulis spallam porci, et cultores agrorum decimas, et gregum pastores certos redditus exsolvebant. Addebat etiam pars communis quod cum partes intentionem suam sufficienter utrinque fundassent, utramque poteramus, imo debebamus in sua de jure possessione tueri cum (70) tantam rem diversi possent quoad diversos usus et varios possidere. Nos igitur attestationibus diligenter inspectis, intelleximus quod monasterium per testes plures numero et aptiora negotio et vero proximiora in suis depositionibus exprimentes possessionem pinetæ respectu præteriti temporis et præsentis evidentius et generalius ostendebat, et cum per privilegia tam archiepiscoporum Ravennatis Ecclesiæ quam pontificum Romanorum ipsam ad se pertinere monstraret, illud juste possedisse constabat, et commune, quod nullum suæ possessionis ostendebat titulum, aliqua in eadem contra justitiam per impressionem vel potentiam usurpasse, cum eamdem rem non possint diversi eodem modo in solidum possidere. Unde cum probationes monasterii existerent potiores, et sic per consequentiam ipsum esse in interdicto superius yconomo communis Ravennæ yconomo monasterii super eadem pineta, quantum ad possessorium, decrevimus condemnandum et imponendum perpetuum silentium yconomo Ravennati, et prohibendum eidem ne monasterium sæpedictum super ea præsumat ulterius molestare. Iterum cum vargum Bardareni ad monasterium pertinere testes utriusque partis ostendant, super eo yconomum monasterii ab impetitione yconomi Ravennatis statuimus absolvendum. Et cum per testes sit sufficienter ostensum quod super sale sufficienter satisfactum fuit monasterio quoad pretium quo solutionis tempore vendebatur, nec viros religiosos deceat inhiare lucris sæcularibus et cum alterius jactura ditari, yconomo monasterii super hoc silentium decrevimus imponendum. Nulli ergo, etc. hanc paginam nostræ diffinitionis infringere vel ei, etc. Si quis autem hoc attentare præsumpserit, etc., *usque* incursurum.

Datum Laterani, Nonis Julii, pontificatus nostri anno tertio decimo.

XCVII.
EPISCOPO CARDICENSI.
Recipitur sub protectione sedis apostolicæ.
(Laterani, III Nonas Julii.)

Justis petentium desideriis dignum est nos facilem præbere consensum, et vota quæ a rationis tramite non discordant effectu persequente complere. Eapropter, venerabilis in Christo frater, tuis justis precibus grato concurrentes assensu, personam et Ecclesiam tuam, cum omnibus bonis quæ impræsentiarum rationabiliter possidet, aut in futurum justis modis, præstante Domino, poterit adipisci, sub beati Petri et nostra protectione suscipimus et præsentis scripti patrocinio communimus. Nulli ergo, etc., hanc paginam nostræ protectionis, infringere vel ei, etc., *usque* incursurum.

Datum Laterani, III Nonas Julii, anno tertio decimo.

XCVIII.
ILLUSTRI CONSTANTINOPOLITANO IMPERATORI.
De libera potestate testandi in favorem ecclesiarum.
(Laterani, VI Idus Julii.)

(71) Gravem venerabilium fratrum nostrorum archiepiscoporum et dilectorum filiorum aliorum prælatorum imperii tui recepimus questionem quod tu et barones tui in eorum inhibuisti gravissimum detrimentum ne quis de possessionibus suis in vita sua conferat, vel in extremo articulo condat ecclesiis testamentum. Cum igitur ex inhibitione hujusmodi et ecclesiarum dispendium et inhibentium interitus procuretur, excellentiam tuam monemus attentius et hortamur quatenus hujusmodi pravam inhibitionem et tu ipse relaxes et a tuis baronibus facias potestate tibi tradita relaxari.

Datum Laterani, VI Idus Julii, anno tertio decimo.

XCIX.
EIDEM.
De restitutione ablatorum facienda ecclesiis.
(Datum, ut in alia.)

Significantibus venerabilibus fratribus nostris archiepiscopis et episcopis ac prælatis aliis Constantinopolitani imperii, nos accepisse cognoscas quod cum barones, milites et alii nobiles Romaniæ monasteria, possessiones, homines, decimas tam Græcorum quam Latinorum, et alia bona ecclesiarum suarum contra justitiam detinerent, eos per venerabiles fratres nostros Larissenum archiepiscopum et Davaliensem episcopum ad restitutionem integram detentorum censura mandavimus ecclesiastica coercendos. Qui licet propter expeditionem ad quam properabant proponerent quod tunc non poterant quod injungebatur implere, quidam tamen in judicium et prælatorum manibus resignarunt, promittentes firmiter quod residua in integrum post reditum restituerent et ab eis ad quos pertinent pacifice possideri permitterent restituta : quod non observarunt postmodum redeuntes; imo detinentes prædicta omnia sicut prius, ea restituere contradicunt. Unde nos venerabilibus fratribus nostris Thebano et Neopatrensi archiepiscopis dedimus nostris litteris in mandatis ut detentores eosdem ad restitutionem integram detentorum cum satisfactione perceptorum fructuum competenti monitione præmissa per censuram ecclesiasticam, sicut justum fuerit, appellatione remota, compellant. Quocirca excellentiam tuam monemus attentius et hortamur quatenus detentores prædictos ad hoc tradita tibi potestate compellas.

---
(70) In Bullario Casin. *eamdem.*
(71) Vide infra epist. 110, et lib. II, epist. 12 et seqq.

Datum, *ut in alia per totum.*

In eumdem fere modum scriptum est ipsis super hoc usque restituere contradicunt. Ideoque discretioni vestræ per apostolica scripta mandamus quatenus detentores eosdem ad restitutionem integram detentorum cum satisfactione perceptorum fructuum competenti monitione præmissa per censuram ecclesiasticam appellatione remota, sicut justum fuerit, compellatis. Testes autem, etc., *usque* prohibere. Nullis litteris veritati et justitiæ præjudicantibus, etc. Quod si non omnes, etc., duo vestrum ea, etc.

Datum Laterani, vi Idus Julii, anno tertio decimo.

C.
EIDEM
De eodem argumento.
(Laterani, Nonis Julii.)

Ad ecclesiastica bona manus extendere non deberes, cum Ecclesiæ sponsus Christus ampliaverit tibi manus, nec gravare debes ecclesias, quarum credis ministrorum precibus flecti Christum, ut te ab hostium gravaminibus tueatur. Inde est quod imperialem celsitudinem rogandam duximus et monendam quatenus restituens Ecclesiæ Larissenæ si qua de ipsius bonis detines minus juste, permittas venerabilem fratrem nostrum Larissenum archiepiscopum et suffraganeos ejus ecclesias, abbatias, clericos et possessiones, decimas et alia jura quæ ad ecclesias pertinent eorumdem, pacifice possidere.

Datum Laterani, Nonis Julii, anno tertio decimo.

CI.
ARCHIEPISCOPO NEOPATRENSI ET PRIORI SANCTI DEMETRII THESSALONICENSIS ET PROCURATORI EPISCOPATUS DIMICENSIS.

Scribitur pro episcopo Cardicensi.
(Laterani, v Idus Julii.)

(72) Lacrymabilem venerabilis fratris nostri Cardicensis episcopi recepimus quæstionem quod cum obtentas a nobis litteras, rediens post labores, captiones, et angustias plurimas quas sustinuit Romaniam, præsentari fecerit fratribus hospitalis Sancti Joannis Jerosolymitani, qui episcopatum ipsius cum Cardicensi castro et res alias detinentes nec restituere volunt ei, nec de perceptis a promotionis suæ tempore proventibus, quos in usus proprios converterunt, in aliquo subvenire, ipsi earum latore gravissime verberato, turpiter ipsas litteras projecerunt, et comminantes ipsum interficere, asseverant quod pro nullis litteris vel mandato episcopatum prædictum ei resignabunt aliquatenus vel dimittent: qui præter hæc quamdam in Armiro cum suis pertinentiis, in qua propriam mansionem faciunt, detinent abbatiam, quam nos ei duximus concedendam. Propter quod idem episcopus factus pauper, et ad extremam deductus inopiam, exsul ab episcopatu suo compellitur mendicare. Verum, quia venerabiles nostri Atheniensis et Thebanus archiepiscopi et episcopus Fermopilensis, quibus episcopus ipse causam super hoc obtinuit delegari, pro eo sententiam protulerunt fratres ipsos super restitutione castri prædicti et pertinentiarum ipsius ac casalium omnium et possessionum omnium pertinentium ad Ecclesiam Cardicensem prædicto episcopo condemnatos, quia contumaciter resistebant, excommunicationis vinculo innodantes, nobis humiliter idem episcopus supplicavit ut tam diffinitivam quam excommunicationis sententiam rite latas auctoritate dignaremur apostolica roborare. Ideoque discretioni vestræ per apostolica scripta mandamus quatenus diffinitivam, sicut est justa, per censuram ecclesiasticam, excommunicationis vero sententiam, sicut rationabiliter est prolata, usque ad satisfactionem idoneam auctoritate nostra faciatis appellatione remota inviolabiliter observari; attentius provisuri ut fructus ecclesiæ suæ, quos iidem fratres percepisse dicuntur, et castrum prædictum, quod detinetur ab ipsis, eidem sublato appellationis obstaculo restitui cum integritate debita faciatis, contradictores censura ecclesiastica compescendo. Quod si non omnes, etc., duo vestrum ea, etc.

Datum Laterani, v Idus Julii, anno tertio decimo (73).

CII.
ARCHIEPISCOPO NEOPATRENSI, ET EPISCOPO DAVALENSI, ET AVALONENSI ELECTO.

Ut bona ablata restituantur ecclesiis.
(Laterani, Nonis Julii.)

Conquesti sunt nobis venerabiles fratres nostri Larissenus archiepiscopus et suffraganei ejus quod abbas de Plaerio (74), nobilis vir Comestabulis Romaniæ, W. de Larissa dominus de Armiro, Balivus charissimi in Christo filii nostri Constantinopolitani imperatoris illustris, dominus de Valestino, et quidam alii Larissenæ diœcesis monasteria, abbatias, ecclesias et possessiones alias ad eos de jure spectantes contra justitiam detinent occupatas, se habere jus patronatus in monasteriis, abbatiis et ecclesiis asserentes: qui etiam quosdam laicos Latinos et Græcos suæ diœcesis nolentes debitas sibi decimas exhibere super hac nequitia confovent et tuentur: contra quos licet pluries obtinuerint scripta nostra, non potuerunt justitiam obtinere, cum illi quibus super hoc scripsimus, postponentes humano timori divinum, plus hominibus quam Deo duxerint deferendum, processum super injuncto sibi negotio non habentes. Ne igitur jura ecclesiastica pereant per insolentiam laicorum, discretioni vestræ per apostolica scripta mandamus quatenus abbatem et nobiles memoratos et alios, ut detenta cum integritate restituant, et ab hujusmodi præsumptione desistant, monitione præmissa per censu-

---

(72) Vide infra epist. 115, 120.
(73) In margine istius epistolæ scriptum erat antiquitus: *Vacat.* Quo vocabulo ostenditur illam hoc loco esse inutilem et alibi melius haberi, nimirum infra num. 115.
(74) Cod. Colbert., *Plarrio.*

ram ecclesiasticam appellatione remota, sicut justum fuerit, compellatis. Quod si non omnes, etc. duo vestrum, etc.

Datum Laterani, Nonis Julii, anno tertio decimo.

CIII.
ARCHIEPISCOPO NEOPATRENSI ET NAZORESCENSI ET CITRENSI ELECTIS.

Scribitur pro archiepiscopo Larisseno.

(Laterani, VI Nonas Julii.)

(75) Jam semel, secundo et tertio dilectæ in Christo filiæ nobili mulieri relictæ bonæ memoriæ marchionis Montisferrati nostras dicimur litteras destinasse ut episcopatus, abbatias et alia jura ecclesiastica quæ ad venerabilem fratrem nostrum Larissenum archiepiscopum pertinentia detinet occupata restitueret Ecclesiæ Larissenæ. Sed ipsa nec ad monitiones venerabilium fratrum nostrorum Atheniensis et Thebani archiepiscoporum, per quos eam ad hoc mandavimus præmissa monitione compelli, voluit restituere supradicta. Quinimo non solum ea detinet, verum etiam quosdam episcopos Græcos suffraganeos ejus et alios abbates et clericos nolentes sibi exhibere reverentiam manu tenet, favorem eis super tanta eorum nequitia exhibens contra ipsum. Nolentes igitur sustinere quod per eamdem nobilem defraudetur idem archiepiscopus jure suo, discretioni vestræ per apostolica scripta mandamus quatenus ipsam ut et detenta restituat et ab hujusmodi præsumptione desistat moneatis attentius et efficaciter inducatis, ipsam ad hoc, si necesse fuerit, censura ecclesiastica sublato appellationis obstaculo, sicut justum fuerit, compellentes, ac cogentes censura simili episcopos, abbates et clericos supradictos ad debitam obedientiam eidem archiepiscopo exhibendam. Quod si non omnes, etc., duo vestrum, etc.

Datum Laterani, VI Nonas Julii, anno tertio decimo.

CIV.
SYDONIENSI ET CARDICENSI EPISCOPIS, ET ELECTO NAZORESCENSI.

Ut Dimicensis episcopus ad Ecclesiam suam redire cogatur.

(Laterani, III Nonas Junii.)

Significarunt nobis venerabilis frater noster Larissenus archiepiscopus et dilecti filii procurator et canonici Dimicensis Ecclesiæ quod venerabilis frater noster episcopus Dimicensis post tertium consecrationis suæ diem ab Ecclesia Dimicensi recedens, bona ejus, quæ ad ipsum spectant, reliquit in manibus nobilis viri comestabuli Romaniæ: ad quam redire cum jam trium annorum spatium præterierit, hactenus non curavit; propter cujus defectum ad tantam devenit eadem Ecclesia paupertatem quod vix possunt in ea tres clerici sustentari. Ideoque discretioni vestræ per apostolica scripta mandamus quatenus, si est ita, episcopum ipsum ut ad suam Ecclesiam revertatur, monitione præmissa, per censuram ecclesiasticam appellatione postposita compellatis. Quod si non omnes etc., duo vestrum, etc.

Datum Laterani, III Nonas Julii, anno tertio decimo.

CV.
NOBILIBUS VIRIS COMESTABULO ROMANIÆ, W. DE LARISSA DOMINO DE ARMIRO, ET DOMINO DE VALESTINO, ET ALIIS BARONIBUS AC MILITIBUS PROVINCIÆ LARISSENÆ.

Scribitur eis ut restituant bona Ecclesiæ Larissenæ.

(Laterani, Nonis Julii.)

Ad ecclesiastica bona manus extendere minime deberetis, cum Ecclesiæ sponsus Christus adampliaverit vobis manus, nec gravare deberetis ecclesias, quarum creditis ministrorum precibus flecti Christum, ut vos ab hostium gravaminibus tueatur. Inde est quod nobilitatem vestram rogandam duximus et monendam quatenus restituentes Ecclesiæ Larissenæ si qua de bonis ipsius minus licite detinetis, permittatis venerabilem fratrem nostrum archiepiscopum Larissenum et suffraganeos suos ecclesias, abbatias, clericos, possessiones, decimas et alia jura quæ ad ecclesias pertinent eorumdem pacifice possidere.

Datum Laterani, Nonis Julii, anno tertio decimo.

CVI.
ARCHIEPISCOPO LARISSENO.

Ut sublevet paupertatem episcopi Cardicensis

(Laterani, III Nonas Julii.)

Cum venerabilis frater noster Cardicensis episcopus multa laboret inopia, multaque paupertate prematur, cum ex Ecclesiæ suæ redditibus vix posset simplex clericus sustentari, fraternitatem tuam rogamus attentius et monemus, per apostolica tibi scripta mandantes quatenus ipsius paupertati compatiens, ejusque indigentiam miseratus, ei procures in aliquo providere, ut mendicare in clericalis ordinis vituperium non cogatur.

Datum Laterani, III Nonas Julii, anno tertio decimo.

CVII.
COMESTABULO ROMANIÆ, DOMINO DE ARMIRO, A. DE PLAERIO, ET ALIIS BARONIBUS ET POPULIS LATINIS ET GRÆCIS IN CARDICENSI DIŒCESI CONSTITUTIS.

Scribitur pro eodem.

(Laterani, II Nonas Julii.)

Sanctam Dei Ecclesiam sponsam Christi honorare vos convenit, non gravare, ne forsan Christus Dominus sponsus ejus, ipsius gravamine provocatus, vos aggravet, et dum auferre sibi modicum quod habet intenditis, plura perdere vos contingat. Cum igitur venerabilis frater noster episcopus Cardicensis quædam Ecclesiæ suæ jura vos asserat minus licite detinere, universitatem vestram monemus atque exhortamur in Domino quatenus detenta omnia divinæ considerationis obtentu et pro sedis apo-

---

(75) Vide infra epist. 112 et lib. XI epist. 152.

stolicæ reverentia eidem Ecclesiæ restituere cum integritate debita procurantes, non impediatis quominus idem episcopus abbatias, ecclesias, possessiones, decimas tam Græcorum quam Latinorum, et alia Ecclesiæ suæ jura valeat pacifice possidere.

Datum Laterani, 11 Nonas Julii, anno tertio decimo.

CVIII.
ILLUSTRI CONSTANTINOPOLITANO IMPERATORI.
De ablatis restituendis episcopo Citrensi.
(Laterani, vi Idus Julii.)

(76) Conquestionem dilecti filii Citrensis electi nobis accepimus præsentatam quod nobilis vir V. Alemannus et quidam alii milites et homines tui ecclesias Citrensem et Platamonensem, castellum etiam de Citro, decimas tam Latinorum quam Græcorum, ac possessiones alias ad ipsum et ecclesias memoratas rationabiliter pertinentes per violentiam invaserunt, et detinent contra justitiam occupatas. Ideoque imperialem excellentiam monemus et exhortamur in Domino quatenus eos ut ecclesias et possessiones easdem ac decimas electo restituant memorato, et de perceptis satisfactionem exhibeant competentem, tradita tibi a Deo potestate compellas.

Datum Laterani, vi Idus Julii, anno tertio decimo.

CIX.
EPISCOPO SIDONIENSI, ET ELECTO NAZORESCENSI, ET PROCURATORI DIMICENSI.
De ablatis restituendis ecclesiæ Cardicensi.
(Datum, ut in alia.)

Conquestus est nobis venerabilis frater noster episcopus Cardicensis quod nobilis vir comestabulus Romaniæ, dominus de Armiro, A. Plaerio, dominus de Valestino, Balivus charissimi in Christo filii nostri Constantinopolitani imperatoris illustris, et quidam alii Cardicensis diœcesis monasteria, abbatias, ecclesias, decimas tam Latinorum quam Græcorum, et possessiones alias ad ipsum de jure spectantes contra justitiam detinent occupatas, se habere jus patronatus in monasteriis, abbatiis et ecclesiis asserentes qui etiam quosdam laicos Latinos et Græcos ipsius diœcesis nolentes decimas sibi debitas exhibere super hac nequitia confovent et tuentur: contra quos, licet pluries obtinuerit scripta nostra, non potuit justitiam obtinere, cum illi quibus super hoc scripsimus, postponentes humano timori divinum, plus hominibus quam Deo duxerint deferendum, processum super injuncto sibi negotio non habentes. Ne igitur jura ecclesiastica pereant per insolentiam laicorum, discretioni vestræ per apostolica scripta mandamus quatenus nobiles prædictos et alios, ut et integre detenta restituant, et ab hujusmodi præsumptione desistant, monitione præmissa, censura ecclesiastica appellatione remota sicut justum fuerit, compellatis. Quod si non omnes, etc., duo vestrum ea, etc.

Datum, ut in alia.

(76) Vide infra epist. 111.
(77) Vide supra epist. 98.

CX.
ARCHIEPISCOPO THEBANO, ET DAVALIENSI ET SYDONIENSI EPISCOPIS.
De libera potestate testandi in favorem Ecclesiarum.
(Datum, ut in alia.)

(77) Venerabilium fratrum nostrorum archiepiscoporum et episcoporum ac dilectorum filiorum aliorum prælatorum Constantinopolitani imperii gravem nuper accepimus quæstionem quod nobilis vir Otto de Roca dominus Athenarum, et alii barones, et milites ipsius imperii communiter inhibuerunt in eorum gravissimum detrimentum ne quis de possessionibus suis in vita sua conferat, vel in extremo articulo condat ecclesiis testamentum. Cum igitur ex inhibitione hujusmodi et ecclesiarum dispendium et inhibentium interitus procuretur, fraternitati vestræ per apostolica scripta mandamus quatenus illos ut eamdem inhibitionem relaxent moneatis attentius et efficaciter inducatis, ipsos ad id, si necesse fuerit, per censuram ecclesiasticam appellatione remota, sicut justum fuerit, compellentes. Quod si non omnes, etc., duo vestrum ea, etc.

Datum, ut in alia.

CXI.
SYDONIENSI ET CARDICENSI EPISCOPIS, ET ELECTO NAZORESCENSI.
De ablatis restituendis Ecclesiæ Citrensi.
(Datum, ut in alia.)

(78) Conquestionem dilecti filii Citrensis electi nobis accepimus præsentatam quod nobiles viri V. Alemannus et quidam alii Citrensis diœcesis ecclesias Citrensem et Platamonensem, castellum etiam de Citro, decimas tam Græcorum quam Latinorum, ac possessiones alias ad ipsum et ecclesias memoratas rationabiliter pertinentes per violentiam invaserunt, et detinent contra justitiam occupatas. Quocirca discretioni vestræ per apostolica scripta mandamus quatenus illos ut ecclesias, decimas et possessiones easdem electo memorato restituant, et de perceptis satisfactionem exhibeant competentem, monitione præmissa per censuram ecclesiasticam, appellatione remota, sicut justum fuerit, compellatis. Testes autem qui fuerint nominati, si se gratia, odio, vel timore subtraxerint, per censuram eamdem, appellatione remota, cogatis perhibere testimonium veritati. Quod si non omnes, etc., duo vestrum ea, etc.

Datum, ut in alia.

CXII.
ARCHIEPISCOPO NEOPATRENSI, ET EPISCOPO DAVALIENSI, ET ELECTO CITRENSI.
De decimis solvendis.
(Datum, ut in alia.)

(79) Conquesti sunt nobis venerabiles fratres nostri Larissenus archiepiscopus et suffraganei ejus quod nobilis mulier relicta bonæ memoriæ marchionis Montisferrati decimas ipsis debitas nec ipsa persol-

(78) Vide supra epist. 108.
(79) Vide supra epist. 103.

vit, nec ab hominibus suis Græcis videlicet et Latinis permittit exsolvi. Cum igitur decimæ, quæ tributa sunt egentium animarum, a laicis sine salutis periculo detinere non possint, discretioni vestræ per apostolica scripta mandamus quatenus eamdem nobilem, ut debitas decimas et ipsa persolvat eisdem, et ab aliis persolvi permittat; monitione præmissa per censuram ecclesiasticam appellatione postposita compellatis. Quod si non omnes, etc., duo vestrum ea, etc.

Datum, *ut in alia*, etc.

CXIII.
ARCHIEPISCOPO NEOPATRENSI ET PRIORI SANCTI DEMETRII THESSALONICENSIS, ET PROCURATORI EPISCOPATUS DIMICENSIS.

(Laterani, Nonis Julii.)

Lacrymabilem venerabilis fratris nostri Cardicensis episcopi, etc., *ut supra epist. CI. per totum.*

Datum Laterani, Nonis Julii, pontificatus nostri anno tertio decimo (80).

CXIV.
CARDICENSI, SYDONIENSI, ET FERMOPILENSI EPISCOPIS.
De subjectione monasterii de Sciro.

(Laterani, Idibus Julii.)

Dilecti filii prior et capitulum Dominici sepulcri suam nobis obtulere querelam quod cum dilectus filius noster Benedictus tituli Sanctæ Susannæ presbyter cardinalis, qui tunc in partibus Romaniæ legationis officio fungebatur, monasterium Sancti Lucæ de Sciro cum pertinentiis suis ipsis et eorum ecclesiæ pia devotione duxerit concedendum, abbas et monachi ejusdem monasterii Græci Davaliensis diœcesis dicti cardinalis concessioni temere obviantes, fulti quorumdam auctoritate potentum, debitam eisdem obedientiam et reverentiam contumaciter denegant exhibere, et tam ipsi quam prædicti potentes ipsis super eodem monasterio graves molestias inferre præsumunt. Nolentes igitur prædictos priorem et fratres in sua pati justitia læsionem, fraternitati vestræ per apostolica scripta mandamus quatenus abbatem et monachos memoratos, ut ipsis priori et capitulo debitam exhibeant obedientiam et honorem, et laicos, ut ab eorum molestationibus indebitis penitus conquiescant, monitione præmissa per censuram ecclesiasticam appellatione postposita compellatis. Nullis litteris veritati et justitiæ præjudicantibus a sede apostolica impetratis. Quod si non omnes, etc., duo vestrum, etc.

Datum Laterani, Idibus Julii, pontificatus nostri anno tertio decimo.

CXV.
ILLUSTRI CONSTANTINOPOLITANO IMPERATORI.
De eadem re.

(Laterani, Idibus Julii.)

Si te servum recognoscis illius per quem datur potentialiter omnis honor et conceditur principatus, honorare te condecet sanctam Dei Ecclesiam, spon-

(80) In veteri exemplari sequens nota adjecta erat in margine superioris epistolæ et duarum quæ se-

sam Christi, et ejus ministros sceptro tuæ potentiæ ab hostium incursibus defensare, ut dum commoditatibus summi Regis pie intenderis ministrorum, in temporali regno te ipsius dextera tueatur. Sane, sicut a dilectis filiis priore ac capitulo Dominici sepulcri nobis exstitit reseratum, cum eisdem monasterium Sancti Lucæ de Sciro cum pertinentiis suis auctoritate sedis apostolicæ sit concessum, imperialis excellentia super eodem monasterio ipsis non exhibet, prout convenit, se benignam, sed potius permittit eos ab aliis indebite molestari. Propter quod nobis humiliter supplicarunt ut pro eis tibi scribere dignaremur. Nos igitur ipsorum supplicationibus inclinati, serenitatem tuam monemus attentius et exhortamur in Domino quatenus divinæ considerationis obtentu, et pro sedis apostolicæ reverentia, et te ipsis exhibeas super eodem monasterio favorabilem et benignum, ac eorum molestatores ab ipsorum vexationibus desistere compellas tibi tradita potestate, non impediens aliquatenus quo minus iidem dictum monasterium valeant pacifice possidere.

Datum Laterani, Idibus Julii, pontificatus nostri anno tertio decimo.

CXVI.
ARCHIEPISCOPO NEOPATRENSI, ET EPISCOPO SIDONIENSI, ET ELECTO NAZORESCENSI.
Dantur conservatores episcopo Cardicensi.

(Laterani, VI Idus Julii.)

Cum venerabilem fratrem nostrum B. Cardicensem episcopum et Ecclesiam sibi commissam sub protectione sedis apostolicæ receperimus, nolumus, sicut nec velle debemus, ut a quoquam temere molestetur. Ideoque discretioni vestræ per apostolica scripta mandamus quatenus non permittatis eum contra tenorem protectionis nostræ ab aliquo indebite molestari. Quod si non omnes, etc., duo vestrum, etc.

Datum Laterani, VI Idus Julii, pontificatus nostri anno tertio decimo.

CXVII.
ILLUSTRI CONSTANTINOPOLITANO IMPERATORI.
De tuitione episcopi Cardicensis.

(Laterani.)

Querelam venerabilis fratris nostri Cardicensis episcopi recepimus continentem quod dilecti filii fratres hospitalis Jerosolymitani sub tua jurisdictione morantes ei super castro Cardicensi, ecclesiis, possessionibus et rebus aliis violentiam inferunt et gravamen, quamvis prædicta sint ipsi episcopo per judices a sede apostolica delegatos sententialiter restituta. Ideoque imperialem excellentiam monemus et hortamur in Domino quatenus prædictum episcopum, ne ab aliquibus super his quæ ipsi sunt ratione prævia restituta indebite molestetur, potestate tibi tradita tuearis.

Datum Laterani, etc., *ut in alia.*

quuntur : *Istæ litteræ fuerunt rescriptæ, et sic correptæ, postquam fuerunt ambæ bullatæ.*

CXVIII.

**SALZEBURGENSI ET MAGDEBURGENSI ARCHIEPISCOPIS (81),
ET ABBATI DE PIGAVIA MERSEBURGENSIS DIOECESIS (82).**

De matrimonio filiæ Marchionis Misnensis.

(Laterani, 11 Kal. Augusti.)

(83) Dilectus filius nobilis vir dux Austriæ (84) per suas nobis litteras intimavit quod cum insignitus sit charactere crucifixi, cum multitudine armatorum proficisci disponens in subsidium terræ sanctæ, ac filium in ætate tenera constitutum et terram suam nulli commodius quam nobili viro marchioni Misnensi (85) valeat commendare, per suos et ejusdem marchionis amicos habitus et tractatus de matrimonio inter filium suum et ejusdem marchionis filiam contrahendo, ut hoc facto securius ei committeret terram suam : Verum nonnullis firmiter asserentibus quod in quinto et quarto consanguinitatis gradu se dicti pueri contingebant, non fuit ulterius in eodem facto processum. Unde tam supradicti nobiles quam multi magnates alii per suas nobis litteras humiliter supplicarunt ut multiplici utilitate pensata quæ speratur ex hujusmodi copula proventura, dispensare cum prædictis personis ex benignitate apostolica dignaremur, quatenus eisdem matrimonialiter copulari ex nostra permissione liceret. Quocirca præsentium vobis auctoritate mandamus quatenus de gradibus consanguinitatum utrinque ac universa genealogiæ serie, a stipite scilicet usque ad personas illas de quarum conjunctione tractatur, et an scandalum ex hoc facto valeat suboriri, et de necessitate urgente ac evidenti utilitate, quæ dispensationis gratiam (86) solent in hujusmodi suadere, inquiratis diligentissime veritatem, et quod inveneritis per vestras litteras fideliter intimetis; ut per vos certiores effecti, prout expedire viderimus in eodem negotio procedamus. Quod si non omnes, etc., duo vestrum, etc.

Datum Laterani, 11 Kal. Augusti, pontificatus nostri anno tertio decimo.

CXIX.

MAGISTRO ET FRATRIBUS JEROSOLYMITANI HOSPITALIS.
Confirmat donationem factam a rege Armeniæ.

(Laterani, 111 Nonas Augusti.)

Ex litteris charissimi in Christo filii nostri Leonis Armeniæ regis illustris accepimus quod ipse ob reverentiam apostolicæ sedis et nostram, et quia necessarium ei contulistis adversus barbarorum multitudinem regnum ejus volentium intrare succursum, civitatem Saleph, castellum novum, et Camard, cum omnibus ipsorum pertinentiis et divisionibus assignatis, et cum omni jure ad ea terra et mari spectante, sicut in privilegio confecto suo exinde continetur, domui contulit Hospitalis. Eapropter, dilecti in Domino filii, vestris justis precibus inclinati, prædicta omnia, sicut juste ac pacifice possidetis, vobis et per vos domui vestræ auctoritate apostolica confirmamus et præsentis scripti patrocinio communimus. Ad majorem autem domus vestræ cautelam, ejusdem regis litteras de verbo ad verbum præsentibus duximus litteris inserendas : quarum tenor est talis : « Reverendissimo in Christo Patri et domino Innocentio Dei gratia sanctæ et universalis Ecclesiæ summo pontifici Leo per eamdem et Romani (87) imperii gratiam rex Armeniæ, sanctitatis suæ servus, sanctæque Romanæ Ecclesiæ nova, devota, et obediens planta, cum omnimoda reverentia grata servitia et pedum oscula. Reverendæ ac recolendæ dominationi vestræ cupimus innotescat venerabiles magistrum et conventum sanctæ domus Hospitalis præterita æstate, mense videlicet Augusto, sanctæ sedis apostolicæ amore atque reverentia, non solum nobis, verum etiam universæ Christianitati magnum et necessarium contulisse succursum contra infinitam paganorum barbariem super nos et regnum nostrum aggregatam, quam Deus disperdat. Pro quo a beatitudine vestra, tanquam viri strenui vicem Machabæorum gerentes, promeruerunt dignius commendari. Eapropter, reverende Pater et domine celeberrime, pro tam fortunato ac necessario succursu nobis et Christianitati ab eisdem collato, Deo, a quo bona cuncta procedunt, sanctæ Romanæ Ecclesiæ et vobis ipsius vices digne gerenti copiosas exsolvimus gratiarum actiones et a beatitudine vestra illos petimus inde regratiari. Unde quia dignus est operarius mercede, ex regalis largitatis nostræ munificentia, pro salute animæ nostræ nostrorumque omnium progenitorum, habentes præ oculis cordis quia sicut aqua exstinguit ignem, ita eleemosyna exstinguit peccatum, donamus et concedimus sanctæ domui

---

(81) *Archiepiscopis* in Germania quorum alter octo, postremus vero quinque suffraganeos habet, quem instauravit Ottho apud Siffridum epist. lib. 1, anno Domini 940.
(82) *Merseburgensi* suffraganeo Magdeburgensis archiepiscopi.
(83) Vide supra epist. 50.
(84) *Dux Austriæ* Lupoldus sive Leopoldus vulgo gloriosus dictus, de quo Nauclerus in expeditione belli Hierosolymitani Gener. 40, et adversus Albigenses in Chronico Hirsaugiensi, post cujus et Friderici obitum Austria cornuto discit servire tributo apud Krantzium Metropo. lib. vIII, c. 13.
(85) *Misnensi*, sive Miseno, Bernardo scil. de quo Naucl. Gener. 40. dubito an is sit qui prope civitatem Euphordiam castra metaturus, resedit anno Domini 1248, apud Lambertum Schafnaburgensem,
porro episcopi Misnensis meminit Goffridus anno Domini 1002, in Henrico II imperatore, et Krantzius Metropo. lib. III, c. 11.
(86) *Dispensationis gratiam*, si forte in quarto gradu constituti reperiantur; nam in quinta generatione recte conjunguntur 35, q. 2, et in computatione chronologica, quæ Siffridi Auctuario subjungitur, Innocentius decrevit, ut ultra quartum gradum licite contrahatur matrimonium, et c. penult., § *Prohibitio* de consang. et affinit. : nam ante concilium Lateranense usque ad sextum gradum prohibitæ nuptiæ, Yvo decreti parte IX, c. 46 et 54, nisi variis de causis ex indulgentia dispensationis ut in c. 3, De cousang. et affinit. v. epist. 10, lib. XVI, Regest.
(87) Vide *Gesta Innoc.* III, cap. 116.

Hospitalis amodo in perpetuum, respectu et reverentia sanctæ sedis apostolicæ, atque bonorum meritorum suorum exigentia, civitatem Saleph, castellum novum, et Camard. cum omnibus pertinentiis ipsorum et divisionibus signatis, et cum omni jure per terram, per mare sibi pertinente', secundum continentiam scripti inde privilegii sigillo nostro regali muniti et corroborati. Insuper de sanctitate ac religione eorum plenam habentes spem et fiduciam, venerabilibus fratribus Garino de Monte Acuto magistro et conventui sanctæ domus Hospitalis specialiter personam nostram et personam dilecti nepotis nostri Raymundi Rupini legitimi hæredis nostri et totam terram nostram; quam modo habemus, et quam, Deo dante, acquisituri sumus, post Deum et Dominum nostrum in vita nostra et post decessum nostrum attentius recommendamus. Cujus donationis et concessionis nostræ beneficium et recommendationem factam venerabilibus prædictis confratribus a circumspecta dominatione vestra flagitamus per apostolica privilegia confirmari et corroborari, ut ne quis deinceps cognito hujus nostræ donationis, concessionis et recommendationis tenore auctoritate apostolica confirmato, in aliquo ausu temerario contraire præsumat. »

« Datum Tharsi Ciliciæ, medio mense Aprilis. » Nulli ergo omnino hominum liceat hanc paginam nostræ confirmationis infringere vel ei, etc., *usque* incursurum. »

Datum Laterani, III Nonas Augusti, pontificatus nostri anno tertio decimo.

CXX.
ARCHIEPISCOPO NEOPATRENSI, ET PRIORI SANCTI DEMETRII THESSALONICENSIS, ET PROCURATORI EPISCOPATUS DIMICENSIS.
Committitur eis causa episcopi Cardicensis adversus Hospitalarios.
(Laterani, XIX Kal. Septembris.)

Lacrymabilem venerabilis fratris nostri Cardicensis episcopi, etc., *ut supra epist.* CI, *usque* Fermopilensis, quibus episcopus ipse causam super hoc obtinuit delegari, cum in possessionem castri prædicti et pertinentiarum ipsius ac casalium omnium et possessionum pertinentium ad Ecclesiam Cardicensem causa rei servandæ miserunt, fratres ipsos, quia contumaciter resistebant, excommunicationis vinculo innodantes, nobis humiliter idem episcopus supplicavit ut eamdem excommunicationis sententiam auctoritate dignaremur apostolica roborare ac ratum habere processum judicum prædictorum. Cæterum quidam de fratribus dicti Hospitalis coram dilecto filio Benedicto tituli Sanctæ Susannæ presbytero cardinale, quem eis dedimus auditorem, mandatum ab eorum magistro procuratorium exhibentes, proposuerunt econtra quod idem episcopus super præmissis composuerat cum eisdem, nobis humiliter supplicantes ut compositionem ipsam auctoritate curaremus apostolica confirmare. Præfatus vero episcopus humiliter supplicavit ut quia eadem compositio redundat in enorme damnum Ecclesiæ Cardicensis et sine consensu capituli facta fuit, pro qua etiam compositione irritanda nuntius et procurator capituli ad hoc specialiter destinatus nobis humiliter supplicavit, illam irritare auctoritate apostolica dignaremur. Ideoque discretioni vestræ per apostolica scripta mandamus quatenus dictam excommunicationis sententiam, sicut rationabiliter est prolata, usque ad satisfactionem idoneam auctoritate nostra facientes appellatione remota inviolabiliter observari, causam convocatis partibus audiatis, et quod canonicum fuerit appellatione postposita decernentes, faciatis quod statueritis per censuram ecclesiasticam firmiter observari; attentius provisuri ut fructus Ecclesiæ suæ, quos iidem fratres percepisse dicuntur, et castrum prædictum, quod detinetur ab ipsis, eidem sublato appellationis obstaculo restitui cum integritate debita faciatis, contradictores per censuram ecclesiasticam compescendo. Quod si non omnes, etc., tu, frater archiepiscope, cum eorum altero ea, etc.

Datum Laterani, XIX Kal. Septembris, pontificatus nostri anno tertio decimo.

CXXI.
MABILIÆ MULIERI JANUENSI.
Ut fructus pignoris in sortem computentur.
(Laterani, XV Kal. Septembris.)

Cum a nobis petitur quod justum est et honestum, tam vigor æquitatis quam ordo exigit rationis ut id per sollicitudinem officii nostri ad debitum perducatur effectum. Eapropter, dilecta in Christo filia, tuis justis postulationibus grato concurrentes assensu, sententiam quam dilectus filius noster Pelagius Sanctæ Luciæ ad septa solis diaconis cardinalis pro causa quæ vertebatur inter te ac dilectum filium Henricum Mallon. super medietate domus et turris de Moneta, terra de Sauri, et quadam summa pecuniæ, de mandato nostro rationabiliter promulgavit, sicut est justa, et in ipsius cardinalis authentico continetur, auctoritate apostolica confirmamus et præsentis scripti patrocinio communimus : cujus tenor est talis : « Pelagius Dei gratia Sanctæ Luciæ ad Septa Solis diaconis cardinalis, dilectæ in Christo Mabiliæ mulieri Januensi salutem in omnium Salvatore. Cum olim ab Ottone judice sexaginta libras mutuo accepisses, Henrico Mallon. fratre tuo et duobus aliis, præter obligationem aliam, fidejussoribus sibi datis, licet sub pœna dupli eos indemnes promiseris conservare, adveniente solutionis termino non solvisti. Propter quod præfatus Henricus frater tuus, creditore sibi suam contra te actionem cedente, in sexaginta libris satisfecit eidem. Cumque post annum, quo in mora fuisti solvendi, dictus Henricus te coram consulibus Januensibus convenisset, centum viginti libras a te nomine sortis et pœnæ seu damni petens, tu sexaginta libras te sibi debere, quas idem pro te creditori solverat, recognoscens, alias sexaginta negasti, asserens nullum cum ex hoc damnum aliquatenus incurrisse. Denuum cardinale marito tuo, quem procuratorem institueras, nec pignus banni dare consulibus nec respondere volente, iidem consules laudaverunt quod idem Henricus valens centum viginti libras in tuis bonis haberet, per civitatem præconizari nihilominus facientes quod quicunque medietatem domus et turris de Moneta et terram de Sauro ad te pertinentem vellet emere, cum prædicto Henrico de pretio conveniret. Interim autem a te ac marito tuo pro centum viginti libris possessionibus quibusdam distractis, memorati consules auferentes vobis sexaginta de illis, memorato Henrico solverunt, pignoribus eidem pro sexaginta libris tantummodo remanentibus obligatis. Cæterum post biennium elapsum a sententia consulum prædictorum, idem Henricus pignora, quæ ducentas quinquaginta libras communi æstimatorum æstimatione valebant, duobus consanguineis suis pro libris sexaginta distraxit, pro eadem summa recomparans postea eadem ab eisdem. Qui cum processu temporis a sæpedicto cardinale, marito tuo super restituendis prædictis possessionibus et usuris fuisset coram venerabili fratre nostro archiepiscopo Januensi conventus, ad sedem apostolicam appellavit. Ubi cum de communi assensu partium ad eumdem archiepiscopum litteræ fuissent obtentæ, idem archiepiscopus, auditis hinc inde propositis, consulum sententiam confirmavit, actione de fraude venditionis eidem cardinali servata; qui ab eodem archiepiscopo reputans se gravatum, ad sedem apostolicam appellavit. Eodem itaque cardinale ac B. adversæ partis procuratore in nostra præsentia ex delegatione apostolica constitutis, idem B. ab observatione judicii memorati petiit se absolvi, cum causa ipsa, sicut idem conabatur astruere, civilis esset et inter personas laicas agitata, et ipsius cognitio ad Ecclesiam nullatenus pertineret; maxime cum jam dudum pro H. fuerit sententia lata, quæ in auctoritatem rei transiit judicatæ. Ex tua vero fuit parte propositum quod cum causa eadem de utriusque partis procuratorum assensu fuerit archiepiscopo memorato commissa, et ab eodem pro Henrico sententia lata, quam etiam idem H. sub eo litigans approbavit, viginti sex libras sex solidis minus, quæ forti sibi debitæ minus licite accesserunt, percipiens ultra fortem adjudicatam eidem, jure ad judicium ecclesiasticum pertinebat. Nos igitur utriusque partis allegationibus, instrumentis, concessionibus et rationibus aliis diligenter inspectis et cognitis, quod a sæpedicti Henrici procuratore de ecclesiastica jurisdictione proponitur omnino frivolum reputantes, cum idem H. in judicium Ecclesiæ consenserit sua sponte, de prudentum virorum consilio sententiam consulum confirmamus. Verum cum post solutionem sexaginta librarum, quas consules eidem H. fecerunt persolvi, nonnisi pro residuis sexaginta memorata pignora remanserint obligata, nec consulum intentio fuerit quod res ducentas quinquaginta libras valentes eidem H. pro sexaginta cederent in solutum, sed satisfacto sibi de ipsis, idem eas restituerit debitori, et eidem H. viginti sex libras sex solidis minus ante distractionem rerum ex fructibus perceperit earumdem, quas in sorte debuit computare, cum fructus a creditore seu fidejussore percepti secundum jura civilia extenuent debiti quantitatem, te ad supplementum sexaginta librarum, viginti sex libris sex solidis minus perceptis ex fructibus computatis in eis Henricum et eumdem Henricum tibi ad restitutionem supradictæ medietatis domus et turris de Moneta cum terra de Sauro sententialiter condemnamus. » Nulli ergo omnino hominum liceat hanc paginam nostræ confirmationis infringere vel ei ausu temerario contraire. Si quis autem hoc attentare præsumpserit, etc., *usque incursurum.*

Datum Laterani xv Kal. Septembris, pontificatus nostri anno tertio decimo.

CXXII.

CATHOLICO, ARCHIEPISCOPIS ET EPISCOPIS PER ARMENIAM CONSTITUTIS.

Datur eis privilegium.
(Laterani, xiii Kal. Septembris.)

Cum juxta canonicas et legitimas sanctiones sententia quæ a non suo judice fertur in quemquam, nec nomen sententiæ mereatur habere, præsentium auctoritate statuimus ut nullus omnino qui ordinariam vel delegatam jurisdictionem in vos vel vestros subditos non habuerit, sententiam ferre præsumat: quæ si forsan lata fuerit, ipsam decernimus irritam et inanem. Firmiter etiam inhibemus ne quis jurisdictionem in vos vel subditos vestros habens, vos aut ipsos injuste molestet. Nulli ergo omnino hominum liceat hanc paginam nostræ constitutionis et inhibitionis infringere, vel ei ausu temerario contraire. Si quis autem hoc attentare præsumpserit, etc., *usque incursurum.*

Datum Laterani, xiii Kal. Septembris, pontificatus nostri anno tertio decimo.

CXXIII.

EPISCOPO CREMONENSI.

De controversia pro principatu Antiocheno.
(Laterani.)

(88) Occasione discordiæ quæ inter charissimum in Christo filium nostrum Leonem illustrem regem Armeniæ nomine R. nepotis sui ex parte una et dilectum filium nobilem virum comitem Tripolitanum ex altera super principatu Antiocheno agitari dignoscitur, gravia personarum et rerum hactenus pericula provenerunt, et nisi fuerit judicio vel concordia terminata, graviora timentur procul dubio proventura. Unde nos, qui juxta verbum Apostoli facti sumus sapientibus et insipientibus debitores, et de regno Dei tollere scandala ex debito tenemur officii pastoralis, diversis personis sæpe super ipso negotio

---

(88) Vide lib. ii epist. 252, 259 et lib. xii epist. 45 et *Gesta* Innoc. III, cap. 111 et seqq.

direxisse meminimus scripta nostra. Sed humani generis inimico, qui paci fidelium invidet, faciente, idem non potuit negotium terminari, sed necdum auspicia judicialis conditionis accepit. Nuper autem praefatus rex, dilectis filiis abbate Sanctae Mariae trium arcuum et Arcivardo milite et Bovone Latino cancellario suo ad sedem apostolicam destinatis, per eosdem nobis humiliter supplicavit ut cum ejus desiderii votum existat ut contra Christianos nullatenus arma sumat, sed acies suas dirigat contra inimicos fidei Christianae, supradicto pupillo nepoti suo super principatu jamdicto justitiae faceremus plenitudinem exhiberi. Cum igitur plenam geramus de tua discretione fiduciam, et ejusdem negotii merita ex magna tibi parte sint nota, de fratrum nostrorum consilio causam ipsam sub hac forma tibi duximus committendam, per apostolica scripta mandantes quatenus cum ad partes illas, Deo duce, perveneris, ad concordiam utramque partem moveas efficaciter et inducas. Quae si forte nequiverit provenire, tu associatis tibi duobus viris providis et honestis in quos partes convenerint, audias causam ipsam, et eamdem cum ipsis vel eorum altero, si ambo nequiverint interesse, sublato cujuslibet contradictionis vel appellationis obstaculo fine debito terminare procures, illud idem neutro eorum interesse valente facturus nihilominus per te ipsum. Quod si partes in hujusmodi viros nequiverint convenire, venerabiles fratres nostros Jerosolymitanum apostolicae sedis legatum et Antiochenum patriarcham in collegas assumas, cum quibus vel eorum altero secundum praescriptam formam eamdem causam appellatione remota decidas, faciens quod decreveris per censuram ecclesiasticam firmiter observari. Si vero alterutra partium duxerit resistendum, tam per indigenas terrae quam etiam peregrinos rebellionem ejus facies edomari. Proviso prudenter ut interim nulla penitus inter dictos regem et comitem guerra fiat, sed treugae ad invicem observentur, ad quas utramque partem volumus et mandamus, si fuerit necesse, compelli, cum simul non sit et armis et legibus contendendum. Caeterum *quidquam humanitus tibi contigerit, propter quod \andatum non possis apostolicum adimplere, illud ipsum duo pariter patriarchae freti auctoritate praesentium exsequantur.

Datum Laterani, etc., *per totum ut in alia*.

(89) *Nigri ordinis*, albi monachi et nigri c. ex parte 10, De decimis, et in bibliotheca S. Benigni Divionensis, quam nuperrime ordinavimus, exstat theorica M. S. Pantegni, monachi nigri, de Physica.

(90) *Per Rothomagensem provinc.*, de qua in Aucharlo Sigeberti, secunda Lugdunensis super Sequanam, id est Rothomagensis, olim Neustria, hodie Northmannia; cujus metropolis Rothomagus, a qua Rothomagensis provincia dicta

(91) *Semel in anno*, ideo Carthusia nunquam reformata, quoniam nusquam deformata, quod ita evenit, dum singulis annis capitulum initur, sub reverendissimo totius ordinis praeposito generali in eremo Allobrogum, quam B. Bruno Spiritu sancto

CXXIV

UNIVERSIS ABBATIBUS NIGRI ORDINIS (89) PER ROTHOMAGENSEM PROVINCIAM (90) CONSTITUTIS.

De capitulo celebrando semel in anno.

(Laterani, xiii Kal. Septembris.)

Ordinem religionis plantare ac fovere plantatum ex officii nostri debito provocamur, et sic religiosorum petitionibus apostolicum nos convenit praebere patrocinium et favorem quod sub regimine ac gubernatione nostra valeant assiduis proficere incrementis. Sane gaudemus in Domino, a quo est omne datum optimum et omne donum perfectum, quod divinitus inspirati ad corrigendos excessus qui aliquando in vestris monasteriis, suadente inimico humani generis, committuntur, studium efficax adhibetis ut inquinamentis malitiae ac dissolutionis vitiis abdicatis, efficacius possitis vos divinae subdere servituti, et per opera pietatis gratiorem praestare Altissimo famulatum. Ut autem per favorem apostolicum regularia suscipiant instituta vigorem, neque possint per alicujus insolentiam enervari, ut liceret vobis de nostra promissione petistis semel in anno (91) sub aliquo abbate (92) religioso et humili ejusdem provinciae capitulum celebrare; ubi per consultationem omnium, tam abbatum excessus quam dissolutiones monachorum, salvo per omnia jure (93) praelatorum comprovincialium, compescantur, volentes de quarto in quartum annum per vos vel nuntios vestros ad apostolorum limina visitanda teneri, recepturi a nobis salubria monita et praecepta, quibus vigor religionis monasticae foveatur. Nos vero vestris postulationibus annuentes, charitati vestrae concedimus ut hoc salutare propositum incipiatis exsequi diligenter, et quid ex ipso proveniat nobis fideliter intimetis, ut si viderimus quod per exsecutionem ipsius religionis honestas suscipiat incrementum, quod ad robur perpetuae firmitatis super eo fuerit statuendum, securius et cautius statuamus.

Datum Laterani, xiii Kal. Septembris, anno tertio decimo.

CXXV.

MAGISTRO ET FRATRIBUS HOSPITALIS TEUTONICORUM ACCONENSI.

Ne alba pallia deferant.

(Laterani, vi Kal. Septembris.)

Suam nobis dilecti filii fratres militiae Templi suadente manu propria et industria sociorum aedificavit, spatium etiam unius anni comitiis regiis concessum. Eginartus in Vita Caroli magni: « Sic ad palatium, sic ad publicum populi sui conventum, qui annuatim ob regni utilitatem celebratur, ire, sic domum redire solebat. »

(92) *Sub aliquo abbate*, ut majori religionis incremento augeatur anachoretarum ordo, ideoque titulo non commenda abbates donentur, nec enim religionis ritum aut humilitatis gratiam novit commenda; et quisque ad ecclesiasticum regimen absque ulla venalitate provehi debet. Hincmarus epist. 3, c. 9.

(93) *Salvo jure*. c. *Hoc tantum*, 18, 4, 2, et c. 1 *De statu monach*.

querimoniam obtulerunt quod cum in primordio institutionis ordinis sui eis fuerit ab apostolica sede concessum ut in religionis signum milites militiæ Templi albis palliis uterentur ad differentiam aliorum, vos, in confusionem ordinis supradicti, nuper alba pallia portare cœpistis. Nolentes igitur ut ex hoc inter vos et ipsos æmulationis seu discordiæ materia suscitetur, præsentium vobis auctoritate præcipiendo mandamus quatenus vestro contenti habitu existentes, hujusmodi alba pallia, quæ, sicut præmissum est, in signum religionis concessa fuerunt Templariis antedictis, nullatenus deferatis. Alioquin venerabili fratri nostro patriarchæ Jerosolymitano apostolicæ sedis legato nostris damus litteris in mandatis ut inquisita plenius et cognita veritate, id appellatione remota super hoc statuat quod religioni pariter et saluti viderit expedire.

Datum Laterani, vi Kal. Septembris, pontificatus nostri anno tertio decimo.

CXXVI.
Super eodem.
(Datum, *ut in alia.*)

Suam nobis dilecti filii, etc., *in eumdem modum ut in alia, usque* ad differentiam aliorum, dilecti filii magister et fratres Hospitalis Teutonicorum Acconensis in confusionem ordinis supradicti nuper alba pallia portare cœperunt. Nolentes igitur ut ex hoc inter prædictos fratres æmulationis seu discordiæ materia suscitetur, eisdem magistro et fratribus Hospitalis dedimus in præceptis ut suo contenti habitu existentes, hujusmodi alba pallia nullatenus deferant, quæ, sicut præmissum est, in religionis signum concessa fuerunt Templariis antedictis. Quocirca fraternitati tuæ per apostolica scripta mandamus quatenus inquisita plenius et cognita veritate, id super hoc statuas appellatione remota quod religioni pariter et saluti videris expedire, faciens quod statueris per censuram ecclesiasticam firmiter observari.

Datum ut in alia per totum.

CXXVII.
ROTHOMAGENSI ARCHIEPISCOPO.
Respondet ad ejus consulta.
(Laterani, Kal. Septembris.)

(94) Cum contingat interdum quod laici ad monasteria convolantes, a suis abbatibus tonsorentur, apostolicæ sedis oraculum requisiti an clericatus ordo in tonsura hujusmodi conferatur. Super quo fraternitati tuæ taliter respondemus, quod cum in septima synodo sit statutum ut lectores per manus impositionem licentia sit unicuique abbati in proprio monasterio solummodo faciendi, dummodo ipsi ab episcopo, secundum morem perficiendorum abbatum, manus impositio facta noscatur, et constet eum existere sacerdotem, per primam tonsuram a talibus abbatibus juxta formam Ecclesiæ datam clericalis ordo confertur. Præterea cum quidam super aliquo litigantes, ad diversos judices litteras impetrant, quorum quidam obtenti a parte altera tibi mandant ut partem adversam denunties excommunicationis sententiæ subjacere, aliis judicibus tibi postmodum injungentibus ut eamdem denunties absolutam (95), quæris a nobis an utriusque, vel neutris, vel alterutris saltem obedire debeas in hac parte. Super quo tuæ prudentiæ respondentes, credimus distinguendum an cum primum mandatum recepisse dignosceris, tibi forsan innotuit inter illos et alios super jurisdictione discordiam suscitatam, an super hoc nihil omnino scivisti. Et quidem si super contentione hujusmodi nihil tibi penitus innotescit cum primum mandatum recipere te contingit, illud debes humiliter exsecutioni mandare. Sed si postea contrarium tibi ab aliis demandetur, tunc litterarum ad utrosque a sede apostolica obtentarum copia postulata, quas auctoritate præsentium districte præcipimus exhiberi, si ex ipsarum tenore deprehenderis evidenter, ita quod non sit aliquatenus hæsitandum, quod litteræ quæ ad illos a quibus secundum mandatum receperis impetratæ noscuntur, expresse revocent litteras aliorum, tu illud intrepidus exsequaris quod secundo tibi loco mandatur. Si vero ex litterarum inspectione manifeste (96) tibi constet quod litteræ obtentæ ad illos qui primum dedere mandatum per alias minime revocantur, secundum mandatum nullatenus exsequaris. Quod si super hoc tibi fuerit merito dubitandum, ad exsequendum secundum mandatum te procedere non oportet donec juxta cujusdam nostræ constitutionis tenorem inter eos hujusmodi contentio sopiatur. Et id ipsum facere debes, si primo mandato recepto, et nondum exsecutioni mandato, tibi forsitan innotuerit quod inter se, super jurisdictione videlicet demandata, cœperint disceptare (97). Cæterum in his omnibus puram et providam te convenit intentionem habere, ne vel ad declinandum mandatum dubitare te dicas ubi dubitandum non est, vel ad mandatum etiam exsequendum te asseras esse certum ubi certus esse non debes. Licet autem ex his certa tibi detur doctrina qualiter in hujusmodi debeas te habere, nulla tamen attribuitur potestas ut inter delegatos aut partes de jurisdictione debeas judicare. Insuper requisisti, cum quis conqueritur in se a suo episcopo post appellationem ad nos legitime interpositam vel alias injuste excommunicationis sententiam promulgatam (98), et nos judicibus damus nostris litteris, in mandatis ut si ita est, vel juxta formam Ecclesiæ illis beneficium absolutionis impendant, vel eamdem sententiam denuntient nullam esse, ac episcopus paratus sit probare se in illum, antequam vocem appellationis emitteret, vel alias juste hujusmodi sententiam protulisse, an probationibus non admissis, judicibus

(94) Cap. *Cum contingat,* De ætate et qual. ord.
(95) Cap. *Cum contingat,* De rescript.
(96) In quarta Collect. *manifestissime.*

(97) Cap. *Pastoralis,* De rescript.
(98) Cap. *Cum contingat,* De causa possess.

liceat excommunicatum absolvere, vel denuntiare sententiam nullam esse. Ad quod tibi taliter respondemus, quod super jam dicto casu non consuevimus, si bene meminimus, sub præscripta forma judicibus scribere, sed sub ista, ut videlicet, si excommunicationis sententiam post appellationem ad nos legitime interpositam invenerint esse latam, ipsam denuntiantes penitus nullam esse, audiant si quid fuerit quæstionis (99); alioquin recepta juxta formam Ecclesiæ cautione impendant absolutionis beneficium conquerenti, et injuncto sibi quod de jure fuerit injungendum, audiant causam, et eamdem fine debito terminare procurent. Sed si forsan appareat nos in jam dicto casu sub prænotata quandoque forma scripsisse, et in altero utique casuum prædictorum, cum videlicet quis conqueritur se post appellationem ad nos legitime interpositam excommunicatione fuisse notatum, semper utriuslibet partis probationes sunt admittendæ antequam ad decernendum super hoc aliquid procedatur; per quas denique apparebit an absolutione indigeat conquerens, vel denuntiandus sit potius non ligatus. In reliquo vero casu, cum videlicet excommunicatum quis se asseverat injuste, vix unquam (100) ejus est, antequam absolutus fuerit, probatio admittenda, nisi tunc tantum cum asserit in excommunicationis sententia intolerabilem errorem fuisse patenter expressum: ad quod probandum admittitur antequam absolutionis gratiam consequatur. Verum si proponat se simpliciter excommunicatum injuste, ac episcopus ad probandum quod juste ipsum excommunicaverit suas postulet probationes admitti, non est ante absolutionem illius aliquatenus audiendus, cum etsi pro certo constaret in illum rationabiliter excommunicationis sententiam promulgatam, nihilominus ei esset absolutio secundum formam Ecclesiæ impendenda (101) humiliter postulanti. Et ideo in hoc casu illum credimus juxta formam Ecclesiæ protinus absolvendum, ut sic demum probationibus utriusque partis admissis, utrum juste an injuste ligatus fuerit decernatur.

Datum Laterani, Kal. Septembris, anno tertio decimo.

CXXVIII.

GNESNENSI ARCHIEPISCOPO.
De Prussis noviter conversis.
(Laterani, II Nonas Septembris.)

(102) Cœlestis agricola Jesus Christus semetipsum vitem veram et fertilem in vinea sua electa plantavit, ex qua multitudo palmitum prodiens, non solum illam amœnam viroribus, verum etiam fructibus redderet gratiosam. Ex ista nimirum vite tot quotidie palmites pullulant quod in ecclesiasticæ unitatis radice fundati, ad sanctæ conversationis studium extendentes se per opera pietatis, non solum internæ gratiæ virore turgescunt, sed etiam laudabili exercitatione fructificant in profectibus proximorum. In hac siquidem laborare vinea dilecti filii Christianus, Philippus et quidam alii monachi pio desiderio cupientes (103), illius dudum amore succensi qui neminem vult perire, ad partes Prussiæ de nostra licentia in humilitate spiritus accesserunt, ut ibidem semen verbi Dominici seminando, in umbra infidelitatis et tenebris ignorantiæ positos ad semitam reducerent veritatis. Quod cum in terram bonam et fertilem cecidisset, fructum protulit opportunum; et ejus gratia præeunte, qui vocat ea quæ non sunt tanquam ea quæ sunt, et ex lapidibus suscitat filios Abrabæ, quidam magnates et alii regionis illius sacramentum baptismatis receperunt, et de die in diem proficere dignoscuntur in doctrina fidei orthodoxæ, sicut iidem monachi nuper ad sedem apostolicam venientes nostro apostolatui reserarunt. Cum igitur hujusmodi novella plantatio beneficio irrigationis indigeat, fraternitati tuæ præsentium auctoritate mandamus quatenus eisdem monachis et fratribus suis nec non et aliis ad fidem de novo conversis in ecclesiasticis sacramentis et aliis quæ ad ampliandum Christianæ religionis cultum spectare noscuntur tandiu curam officii pastoralis impendas, donec, divina faciente clementia, adeo ibidem numerus fidelium augeatur ut proprium possint episcopum obtinere (104). Episcopos etiam et alios ecclesiarum prælatos ac terræ magnates moneas sollicitus et inducas ut pro Deo et propter Deum eis propitii ac favorabiles existentes, ubi dignum fuerit gratiam, solatium et humanitatem impendant.

Datum Laterani, II Nonas Septembris, anno tertio decimo.

CXXIX.

JOANNI EPISCOPO ALBANENSI.
Confirmat quamdam sententiam.
(Laterani, II Kal. Septembris.)

His quæ judicio sunt vel concordia terminata decet nos robur apostolicum impertiri, ne sopitæ querimoniæ reviviscant, et relabantur iterum in recidivæ scrupulum quæstionis. Cum igitur dilectus filius Benedictus tituli Sanctæ Susannæ presbyter cardinalis causam quæ inter te ex parte una et monasterium Cryptæ ferratæ ex altera vertebatur super institutione ac destitutione presbyteri ecclesiæ Sancti Nicolai de Neptuno sententiæ calculo duxerit terminandam nos tuis justis precibus inclinati eamdem sententiam, exigente justitia promulgatam, auctoritate apostolica confirmamus et præsentis scripti patrocinio communimus; cujus tenorem de verbo ad verbum præsentibus fecimus adnotari:

---

(99) In quarta Collect., *inveneritis, et denuntietis, et audiatis.*
(100) Cod. Colbert. *vix aut nunq.*
(101) Cod. Colbert. *Ro. Ec. consuetudinem imp.*
(102) Vide lib. xv, epist. 145, 146.

(103) Vide Raynald. an. 1210, § 27, et an. 1212, § 5.
(104) Eis postea idem Christianus datus est episcopus. Vide Bzovium ad an. 1220, § 5.

« In nomine Patris et Filii et Spiritus sancti. Amen. Cum causam quæ super ecclesia Sancti Nicolai de Neptuno inter dominum Joannem Albanensem episcopum ex una parte et abbatem de Crypta ferrata ex altera, vertebatur nobis Benedicto tituli Sanctæ Susannæ presbytero cardinali dominus papa mandaverit audiendam, procurator episcopi pro parte sua contra abbatem coram nobis proposuit quod abbas et monachi de Crypta ferrata privaverant administratione presbyterum ecclesiæ præenominatæ, quem ad repræsentationem abbatis et monachorum jamdictus episcopus investiverat et instituerat pro persona in jam dicta ecclesia et idem presbyter eidem, ut suo episcopo, fidelitatis more solito præstiterat juramentum. Unde cum prædicta ecclesia de Neptuno sit præfato episcopo diœcesana lege subjecta, petebat restitui sacerdotem ad administrationem et personatum, ut et eidem episcopo de spiritualibus, monachis vero de temporalibus responderet. Yconomus vero monasterii econtra respondebat administrationem tam in temporalibus quam in spiritualibus et ecclesiam sæpe dictam ad monasterium tantummodo pertinere, nec in aliquo episcopo teneri, cum sit ipsum monasterium Romanæ Ecclesiæ speciale, ac exemptum tam in capite quam in membris. Quod probare per sua privilegia intendebat, quæ post multas inducias et terminos peremptorie sibi datos ad probandam suam intentionem coram nobis exhibere in judicio non curavit. Dicebat tandem tantum, de longa consuetudine abbatem et monachos habere potestatem in ecclesiis suis administratorem temporalium libere ordinare. Quod cum probare noluisset, idem Yconomus postmodum confessus fuit in nostra præsentia quod episcopus præfatum sacerdotem in supradicta ecclesia ad repræsentationem abbatis et monachorum instituit et confirmavit. Nos vero visis et auditis allegationibus hinc inde propositis et confessionibus utriusque partis, dicimus presbyterum sæpedictum restituendum ad administrationem et personatum ecclesiæ memoratæ. » Nulli ergo omnino hominum liceat hanc paginam nostræ confirmationis infringere, vel ei, etc., *usque* incursurum.

Datum Laterani, II Kal. Septembris, anno tertio decimo.

CXXX.
EPISCOPO PARISIENSI.
Ut præbenda reservata conferatur consanguineo papæ.

(Laterani, Idibus Septembris.)

Ad signandum devotionis affectum quam erga nos te non ignoramus habere, præbendam in Ecclesia Parisensi vacantem, in manu propria reservasti, cuicunque vellemus, sicut per tuas nobis intimasti litteras, conferendam, habiturus gratissimum si alicui de sanguine nostro conferre dignaremur eamdem, quem ob nostram reverentiam et amorem honoraturum te asseris et sincerissime dilecturum. Super quo liberalitatem tuam in Domino commendantes, de tantæ devotionis indicio gratiarum tibi referimus actiones. Dignum itaque reputantes ut de tuo munere tuo satisfiat affectui, præbendam ipsam dilecto filio Benedicto consanguineo nostro, adolescenti siquidem bonæ indolis, quem non minus signa virtutum, quæ in tenera videntur ætate præludere, quam sanguis aut caro nobis reddunt acceptum, duximus concedendam, sperantes quod tunc maxime prælibatam præbendam ordinatam esse gaudebis ad votum cum per ipsum et ex ipso Domino concedente videbis tibi et Ecclesiæ tuæ gratum provenire profectum. Quocirca fraternitatem tuam monemus, per apostolica tibi scripta mandantes quatenus dilectum filium magistrum Peregrinum capellanum nostrum vice ac nomine præfati Benedicti ad eamdem præbendam recipi facias in canonicum et in fratrem, et stallo chori ac loco capituli sibi assignato, de more ipsum in corporalem ejusdem præbendæ possessionem inducas, et inductum facias eam pacifice possidere. Nos enim eumdem Benedictum ac ipsum, opportunitate recepta, dante Domino, transmittemus.

Datum Laterani, Idibus Septembris, pontificatus nostri anno tertio decimo.

CXXXI.
MAGISTRO PEREGRINO CAPELLANO NOSTRO.
Super eodem.
(Datum, *ut in alia*.)

Ad signandum devotionis affectum quam venerabilem fratrem nostrum Parisiensem episcopum erga nos non ignoramus habere, etc., *in eumdem fere modum ut in alia, usque* profectum. Unde ipsi per scripta nostra mandamus ut te vice ac nomine præfati Benedicti ad eamdem præbendam recipi faciat in canonicum et in fratrem, et stallo chori ac loco capituli ibi assignato, de more te in corporalem ejusdem præbendæ possessionem inducat, et inductum faciat pacifice possidere. Nos enim eumdem Benedictum ad ipsum, opportunitate reperta, dante Domino, transmittemus. Quocirca discretioni tuæ per apostolica scripta mandamus quatenus super hoc quod ad te pertinet exsequaris.

Datum, etc., *ut in alia per totum.*

CXXXII.
TURONENSI ARCHIEPISCOPO, ET EPISCOPO ENGOLISMENSI ET ABBATI GRATIÆ DEI CISTERCIENSIS ORDINIS.
Scribitur adversus canonicos Cellenses.
(Laterani, III Kal. Octobris.)

Detestabile facinus et piaculare flagitium quod a quibusdam filiis Belial, nonnullis canonicis Cellensis Ecclesiæ instigantibus, sicut nobis venerabilis frater noster Pictaviensis episcopus intimavit, nuper exstitit in Cellensi Ecclesia perpetratum, maximam non immerito menti nostræ amaritudinis causam ingessit, dum viperea soboles in proprii parentis necem exarsit, et perditionis filii sui patris interitum inofficioso non sunt veriti malignitatis studio machinari. Quem siquidem tam crudelis horror et horribilis crudelitas audita non moveat, dum pastori ob ovibus, magistro a discipulis, et patri a filiis mortis dispendia procurantur? In hac nimirum parricidii horrendi atrocitate naturalis affectionis juri detrahitur, vituperatur ministerium clericale, ac regularis reverentiæ puritas dissipatur. Sicut enim tenor litterarum ejusdem episcopi nos edocuit, sibi et capitulo Pictavensi multis abbatibus et aliis viris peritis præsentibus est relatum quod Joanne cantore, A. eleemosynario, Guillelmo de Lobea et Guillelmo de Sancto Leodegario canonicis Cellensibus procurantibus, a quatuor sicariis, qui ab illis ob hoc sexaginta libras acceperant, abbas Cellensis, vir providus et honestus, dum ad matutinas accederet, nequiter exstitit interfectus quadraginta plagis et amplius inflictis eidem (105). Cum autem hæc vera esse non solum per bonos viros et sacerdotes, verum etiam per eosdem sicarios, qui dum in carcere principis tenerentur, coram nuntiis suis et multis aliis ea publice confessi fuerant, præfatus episcopus didicisset, et deliberasset cum viris prudentibus et discretis qualiter esset in hoc negotio procedendum, diversa reperit consilia diversorum, nonnullis asserentibus hujusmodi perversitatis actores, non per sæculare brachium, sed per ecclesiasticum judicium puniendos; aliis affirmantibus ipsos propter enormitatem criminis relinquendos curiæ sæculari, ut ultore materiali gladio, pœnam exciperent sibi dignam. Alios quoque canonicos illius malignitatis ignaros asseverabant aliqui in detestationem criminis de ipsa Ecclesia depellendos, ut, secundum evangelicam veritatem malis male perditis, vinea Domini Sabaoth bonis agricolis locaretur; maxime cum paucis quandoque peccantibus, ira Dei desævisse legatur in multos. Quidam vero dicebant quod culpa suos tenere debebat auctores, ne ultra progrederetur pœna quam inveniretur delictum, cum nullius crimen maculet nescientem. Licet autem in tanta varietate consilii cœperit jam dictus episcopus fluctuare, attendens tamen exemplo perniciosum existere si omitteretur tantum facinus impunitum, et quod canonici supradicti longe ante incorrigibiles fuerant et rebelles, et commonitionis suæ iteratæ sæpius contemptores, quodque essent fornicatores, adulteri, negotiatores, et usurii manifesti, tandem consilium hoc providit, ut universis canonicis ab ecclesia memorata depulsis, loco eorum Sancti Victoris Parisiensis canonici subrogentur, hoc ipsum in suspenso tenendo donec super eo nostræ reciperet beneplacitum voluntatis. Volentes igitur ut in tanti criminis pœna discant alii a consimili culpa cessare, communicato fratrum nostrorum consilio, præsentium vobis auctoritate præcipiendo mandamus quatenus illos quos vobis constiterit hujus fuisse iniquitatis actores ab omni ordine clericali sublato cujuslibet appellationis obstaculo degradetis, eosdem si grave scandalum non timetur, apud aliqua monasteria singillatim in arctis carceribus concludentes,

in quibus pane tribulationis et aqua doloris ad agendam perpetuam pœnitentiam sustentetur. Si vero grave scandalum formidetur, quod minime conquiescat postquam etiam reos sanguinis vestris curaveritis intercessionibus defensare, vos eosdem publice degradatos, ad pœnitentiam studiose commonitos, relinquatis curiæ sæculari juxta constitutiones legitimas puniendos. Quod si alii canonici hujus criminis inscii incorrigibiles hactenus exstiterunt, et prælibatis sunt criminibus irretiti de quibus in suis fecit memoratus episcopus mentionem, volumus et mandamus ut per ordinem Sancti Victoris Cellensis Ecclesia reformetur: quem si aliqui ex prædictis canonicis recipere voluerint humiliter et servare, vos eosdem ibidem remanere sinatis. Alioquin ad arctiora monasteria transmittatis eosdem; contradictores, si quos inveniretis, vel rebelles per censuram ecclesiasticam appellatione postposita compescendo. Quod si non omnes, etc., duo vestrum ea, etc.

Datum Laterani, xiii Kalend. Octobris, pontificatus nostri anno tertio decimo.

CXXXIII.

PETRO NIGRO CANONICO SANCTI URSINI BITURICENSI.
Recipitur sub protectione sedis apostolicæ.
(Laterani, x Kal. Octobris.)

Sacrosancta Romana Ecclesia devotos et humiles filios ex assuetæ pietatis officio propensius diligere consuevit, et ne pravorum hominum molestiis agitentur, eos tanquam pia mater, suæ protectionis munimine confovere. Eapropter, dilecte in Domino fili, tuis justis postulationibus gratum impertientes assensum, personam tuam cum omnibus bonis quæ impræsentiarum rationabiliter possides, aut in futurum, præstante Domino, justis modis adipisci, sub beati Petri et nostra protectione suscipimus. Specialiter autem præbendam Sancti Ursini Bituricensis, sicut eam juste possides, et quiete, tibi auctoritate apostolica confirmamus et præsentis scripti patrocinio communimus. Nulli ergo omnino hominum liceat hanc paginam nostræ confirmationis infringere vel ei ausu temerario contraire. Si quis autem hoc attentare præsumpserit, indignationem omnipotentis Dei et beatorum Petri et Pauli apostolorum ejus se noverit incursurum.

Datum Laterani, x Kal. Octobris anno tertio decimo.

CXXXIV.

NOVARIENSI (106) ELECTO.
De causa episcopi Albiganensis
(Laterani, Kal. Octobris.)

(107) Ex litteris venerabilis fratris nostri patriarchæ Antiocheni, tunc Yporiensis episcopi, et tui tunc de Tilieto abbatis, meminimus recepisse quod cum dudum ad Albiganensem Ecclesiam una cum venerabili fratre nostro Pisano archiepiscopo, tunc episcopo Vercellensi, accessissetis, visitationis officium

---

(105) Vide tom. IV, Gall. Christ., pag 257.
(106) Eidem inscripta est epistola 15, lib. xii.

(107) Vide lib, ii, epist. 187.

impleturi, Albiganensis episcopus, inter caetera quae proposita fuerant contra ipsum, hoc vobis ore proprio est confessus, quod cum quidam in villa quadam ad ipsius jurisdictionem spectante infamaretur de furto, et idem illud inficiaretur omnino offerens quod candentis ferri judicio se purgaret, adjiciendo ut suspendio puniretur si defìceret in eodem, dictus episcopus a judice requisivit quid super hoc videretur eidem, et cum judex respondisset ut fieret prout fur ipse petierat, ferrum candens in ipsius episcopi praesentia est allatum : quod cum arripuisset fur ille, combustus est. Unde judex expavefactus, quid sibi super hoc videretur episcoporum consuluit memoratum : qui respondit quod si fur sic evaderet, malum esset, quanquam per litteras quas nobis tunc idem direxit episcopus affirmarit se talibus verbis usum fuisse : *Auditis quantus est clamor populi, omnes dicunt quod malum est si evaserit impunitus;* et sic episcopus et judex eamdem villam cum multitudine populi sunt egressi : in quorum praesentia fur praedictus ipsius fuit episcopi auctoritate suspensus; propter quod eumdem cum vestris litteris ad nostram praesentiam destinastis; sed ipse nihil unquam super his proposuit coram nobis. Quinimo statim ut dictus archiepiscopus ad apostolicam sedem accessit, qui nobis rei seriem plenarie indicavit, idem episcopus a nostra discessit praesentia, et perquisitus non potuit inveniri. Unde nos cum fratribus nostris deliberatione habita diligenti, quia saepefatum episcopum, non solum in candentis ferri judicio, verum etiam in furis suspendio graviter intelleximus deliquisse, cum his non tantum auctoritatem praestiterit, sed etiam praesentiam exhibuerit corporalem, ipsum reputavimus ministerio altaris indignum. Et quia pontificale officium absque altaris ministerio non poterat adimplere, supradicto patriarchae ac tibi tunc dedimus in mandatis ut ad cessionem eumdem episcopum moneretis alioquin auctoritate nostra ipsum ab Albiganensi Ecclesia sublato appellationis obstaculo amoventes, faceretis eidem de persona idonea per electionem canonicam provideri. Dictus vero episcopus postmodum ad sedem apostolicam rediens, apud quam moram fecisse dignoscitur diuturnam, et se multipliciter satagens excusare, inter caetera proposuit coram nobis quod aliter rei veritas se habuerat quam in litteris fuerit supradictis expressum : quod se proposuit opportuno tempore probaturum. Quocirca devotioni tuae praesentium auctoritate mandamus quatenus auditis quae super praemissis idem episcopus duxerit proponenda, et probationibus ejus admissis, si de his tibi per probationes legitimas sufficiens fuerit facta fides per quae constet veritatem rei se aliter habuisse quam in litteris fuerit supradictis expressum, et super praemissis innocentem episcopum exstitisse, cum per sententiam ad falsam suggestionem latam eidem praejudicari non debeat, tu eum super praemissis absolvens, officium suum exsequi libere permittas eumdem. Alioquin quod a nobis dudum super hoc exstitit diffinitum facias appellatione remota executioni mandari contradictores, si qui fuerint vel rebelles censura ecclesiastica appellatione postposita compescendo.

Datum Laterani, Kal. Octobris, anno tertio decimo.

CXXXV.

ARCHIEPISCOPO ET CAPITULO MAGDEBURGENSI.

Confirmatur quaedam concordia.
(Laterani, v Nonas. Octobris.)

Cum dilectus filius nobilis vir Albertus de Harnestem ad sedem apostolicam accessisset, litteris tuis et aliorum frater archiepiscope, qui simul intercessere pro ipso, nobis humiliter praesentatis, absolutionis munus suppliciter postulavit et clementer obtinuit juxta formam Ecclesiae, super eo quod ex violenta detentione dilecti filii praepositi Odonis subdiaconi nostri ecclesiasticam se dolebat incurrisse censuram. Licet autem se multipliciter excusaret, quod videlicet nec ex malitia praeconcepta, nec ex praecogitato consilio, sed ex subita moti pectoris levitate ac repentino cordis ad prolationem quorumdam verborum inflammati colore id fuerit perpetratum, denum tamen ad compositionem hujusmodi pro satisfactione subdiacono ipsi praestanda spontanei devenerunt, ut videlicet idem nobilis honorificentiam illi et sibi verecundiam faciendo, cum ducentis militibus a loco in quo praefatum subdiaconum captivavit usque ad civitatem Magdeburgensem et per omnes conventuales ecclesias portet opprobrium quod harmiscare vulgariter appellatur, detque sibi centum milites in vassallos, qui nunquam a sua fidelitate recedant, ac turris in qua fuerat carceratus, funditus destruatur, et quinque libras usualis monetae cui vel quibus ecclesiis voluerit subdiaconus antedictus, assignet annualiter in perpetuum exsolvendas, petatque ab ipso veniam cum viginti nobilibus, reverentiam corporalem exhibendo de more; cum quibus etiam ipse juret se nequaquam praeconcepisse in persona vel rebus eidem subdiacono laesionem inferre, sed ex quadam vehementia et calore animi quod factum fuerat evenisse : quae omnia infra sex hebdomadas postquam fuerit a praedicto commonitus subdiacono, nisi forsan ipse majus spatium ei duxerit indulgendum, procurabit implere. Cum igitur idem subdiaconus ad preces et praeceptum nostrum haec ei de praescripta forma duxerit remittenda, ut nec turris in qua detentus exstitit diruatur, nec memoratus nobilis reverentiam corporalem, quam sibi apud sedem exhibuit apostolicam, per se cogatur iterum exhibere, ipsum et socios suos qui cum eo ad sedem apostolicam accesserunt ad vos cum gratia et benedictione nostra duximus remittendos, injuncto sibi sub debito praestiti juramenti ut praescriptam compositionem observet, quam spontaneus noscitur iniisse; hanc etiam sibi gratiam ad preces ejusdem subdiaconi facientes, quod caeteri ejus socii, qui propter hoc fuerint absolvendi, pro absolutionis munere obtinendo laborare ad sedem apostolicam non cogantur. Quocirca discretioni vestræ per apostolica scripta mandamus quatenus dictum nobilem de cætero propter hoc nec vos in aliquo molestetis, nec permittatis ab alio molestari, et tu, frater archiepiscope, absolvendos ipsius socios secundum Ecclesiæ formam absolvens, injungas eisdem quod ex tenore compositionis prædictæ videris injungendum.

Datum Laterani, v Nonas Octobris, pontificatus nostri anno tertio decimo.

CXXXVI.

ATHENIENSI ET NEOPATRENSI ARCHIEPISCOPIS, ET EPISCOPO DAVALIENSI.

Scribitur pro Templariis.

(Laterani, xv Kal. Octobris.)

Gravem dilectorum filiorum fratrum militiæ Templi recepimus quæstionem quod cum nobilis vir G. marchio Pelavicinus et Meboffa comestabulus quondam marchionis Montisferrati quemdam locum qui Sydonius dicitur, pertinentem ad ipsos, jamdictis fratribus concesserint intuitu pietatis, et ipsi quoddam castrum ibidem ad defensionem terræ construxerint non absque gravibus laboribus et expensis, charissimus in Christo filius noster imperator Constantinopolitanus illustris castrum ipsum cum pertinentiis suis et quædam alia eis pro suæ abstulit arbitrio voluntatis, quæ quidam nobilis R. de Trabalia Citrensis diœcesis ejus nomine in ipsorum fratrum detinet præjudicium et gravamen : qui licet sæpius super hoc obtinuerint scripta nostra, suam tamen ob ipsius imperatoris favorem et potentiam supradicti R. nequiverunt hactenus consequi rationem. Cum igitur dictos fratres, qui pro servitio Jesu Christi multis laboribus se exponunt, nolimus ab aliquibus indebite prægravari, per apostolica vobis scripta mandamus quatenus detentorem ejusdem castri et aliarum rerum monere prudenter et efficaciter inducere procuretis, ac, si necesse fuerit, per excommunicationis in ipsum et in jam dictum castrum interdicti sententias, sublato appellationis obstaculo, compellatis ea omnia, sicut justum fuerit, fratribus restituere memoratis; supradicto imperatori ex parte nostra nihilominus intimantes ut detentori prædicto vel aliis in eorumdem fratrum injuriam vel gravamen nullum impendat auxilium vel favorem, cum ex hoc graviter oculos divinæ majestatis offendat. Alioquin, quantumcunque sibi, utpote charissimo in Christo filio, deferre velimus, cum eorumdem fratrum tantam dissimulare injuriam nequeamus, in ipsum etiam officii nostri debitum exsequi cogeremur. Quod si non omnes, etc., duo vestrum ea, etc.

Datum Laterani, xv Kal. Octobris, anno tertio decimo.

(108) Vide lib. xiv, epist. 109.

CXXXVII.

EISDEM.

De eodem argumento.

(Datum, *ut in alia.*)

(108) Dilectorum filiorum fratrum militiæ Templi exposita nobis querimonia patefecit quod cum claræ memoriæ Bonifacius marchio Montisferrati eis Ravennicam cum omnibus pertinentiis, honoribus, et juribus suis pia devotione contulerit ad subsidium terræ sanctæ, prout in ejus authentico super hoc confecto plenius continetur, et eamdem terram in vita marchionis ipsius pacifice possiderint et quiete, postmodum charissimus in Christo filius noster imperator Constantinopolitanus illustris ad partes illas accedens, supradictam terram eisdem abstulit violenter, quam quidam nobilis R. de Tribalia Citrensis diœcesis ejus nomine detinere præsumit in eorum præjudicium et gravamen; et licet propter hoc sæpius miserimus scripta nostra, dicti tamen fratres suam nequiverunt hactenus consequi rationem. Cum igitur dictos fratres, qui pro servitio Jesu Christi multis laboribus se exponunt, nolimus ab aliquibus indebite prægravari, per apostolica vobis scripta mandamus quatenus detentorem ejusdem castri et aliarum, etc., per totum ut in alia usque in finem. Quod si non omnes, etc., duo vestrum ea, etc.

Datum, *ut in alia per totum.*

CXXXVIII.

De electione archiepiscopi Thebani.

(Laterani, iv Nonas Octobris.)

Thebana dudum Ecclesia viduata pastore, A. archidiaconus vester cum Gerardo de Besentun, et I. cognato suo propria vota direxit in venerabilem fratrem nostrum Davaliensem episcopum pro vestro pontifice postulandum, appellationem ad sedem apostolicam interponens ne cæteri canonici procederent ad electionem aliam faciendam. Qui tandem convenientes in unum, appellatione hujusmodi pro inutili reputata, dilectum filium A. capellanum charissimi in Christo filii nostri Constantinopolitani imperatoris illustris concorditer in archiepiscopum elegerunt. Postmodum autem electione ipsius venerabili fratri nostro Constantinopolitano patriarchæ præsentata de more, cum sibi demum per testes ab archidiacono et ejus sociis introductos de appellatione interposita constitisset, negotium ipsum ad nostram præsentiam destinavit. Constitutis itaque partibus coram nobis, et quæ fuerunt hinc inde proposita plenius intellectis, postulationem de memorato episcopo tantummodo factam a tribus, quanquam persona commendabilis haberetur, non duximus admittendam, electionem vero de capellano præfato a sedecim regulariter celebratam, quia studiis et meritis potioribus juvabatur, justitia confirmavimus exigente. Quocirca discretioni vestræ per apostolica scripta præcipiendo mandamus quatenus eidem electo tam in spiritualibus quam temporalibus reverentiam et obedientiam debitam impendatis.

Datum Laterani, iv Nonas Octobris, anno tertio decimo.

CXXXIX.
CASTORIENSI ET ZARATORIENSI, EPISCOPIS ECCLESIÆ THEBANÆ SUFFRAGANEIS.
Ut electo Thebano obedientiam præstent.
(Datum, *ut in alia*.)

Thebana dudum Ecclesia viduata pastore, A. ipsius Ecclesiæ archidiaconus cum Gerardo de Besentun. et l. cognato suo propria vota direxit in venerabilem fratrem nostrum Davaliensem episcopum pro Thebano pontifice postulandum, appellationem, etc., *ut in alia per totum, usque* exigente. Quocirca fraternitati vestræ per apostolica scripta mandamus quatenus eidem electo reverentiam et obedientiam debitam impendatis.

Datum, *ut in alia per totum.*

CXL.
PRIORI SANCTI JOANNIS IN MONTE BONONIENSI, ET ARCHIPRESBYTERO DE CAMPO GALLANO MUTINENSIS DIŒCESIS, ET G. DOCTORI DECRETORUM BONONIÆ COMMORANTI.

Adversus abbatem sancti Bartholomæi Ferrariensis.
(Laterani, iii Idus Octobris.)

Ex litteris piæ memoriæ Huguccionis episcopi et dilectorum filiorum archipresbyteri et præpositi Ferrariensium intelleximus quod cum olim inter B. tunc abbatem et monachos Sancti Bartholomæi de Ferraria gravi dissensione suborta, ipsi omnes communicato consilio in eumdem episcopum compromiserint, jurantes in omnibus ejus observare mandata, quæcunque faceret pro statu ipsius Ecclesiæ reformando, proponentibus demum monachis et conversis quod sub ejusdem abbatis cura nunquam proficere posset ecclesia memorata, idem abbas in manu ipsius episcopi administrationi et abbatiæ spontaneus resignavit, assentiens quod alius eligeretur ad ipsam. Ejus itaque cessione recepta, dictus episcopus annuam sibi præbendam cum consensu constituit monachorum, quamdam nihilominus ei capellam assignans, et curam sibi conferens animarum. Cumque postmodum capitulum vota sua in duos fratres et præfatum episcopum contulisset, ipsi sancti Spiritus gratia invocata dilectum filium Joannem tunc priorem Sancti Danielis, virum idoneum, elegerunt concorditer in abbatem; sub cujus tandem regimine cum Ecclesia proficere incœpisset, memoratus B. diabolica suggestione compulsus ad abbatiam cui sic renuntiarat aspirans, litteras apostolicas ad archipresbyterum de Greczano subripuit, facti præmissi tacita veritate. Qui rationabiles substituti abbatis exceptiones recusans admittere per procuratorem suum probare volentis litteras ipsas fuisse per mendacium impetratas, post appellationem ab eodem procuratore ad nostram audientiam interpositam, lite non contestata, pro sæpedicto B. temerariam sententiam promulgavit, præcipiens eam per abbatem Nonantulanum et quosdam alios exsecutioni mandari. Et licet idem abbas appellationem suam postmodum prosecutus, ad abbatem Sancti Michaelis apostolicas litteras obtinuerit, super ea nihilominus tamen præfatus B. ipsum non desiit per quasdam litteras molestare quas super confirmatione prælibatæ sententiæ se a nobis obtinuisse dicebat. Quapropter ad præsentiam nostram memoratus Joannes abbas accedens, non tam sibi quam commissæ sibi Ecclesiæ petiit provideri, quæ hujus occasionis prætextu graviter læsa est et gravius lædenda timetur. Volentes igitur indemnitati et paci ejus, sicut tenemur, adesse, discretioni vestræ per apostolica scripta præcipiendo mandamus quatenus inquisita et cognita veritate, si dictum B. taliter abbatiæ ipsi renuntiasse constiterit, revocantes in irritum quidquid per litteras per ipsum vel pro ipso subreptas inveneritis attentatum, silentium super hoc ei perpetuum imponatis, et pro eo quod abusus gratia sibi facta, repetendo improbe prælaturam cui spontanee resignarat, ecclesiam suam enormiter asseritur offendisse, compellatis eumdem, præbenda et capella memorata dimissa, vacare arctius regularibus disciplinis, ac prædictum abbatem administrationis et loci sui faciatis pacifica possessione gaudere; contradictores, si qui fuerint, vel rebelles per censuram ecclesiasticam appellatione postposita compescentes. Quod si non omnes, etc., duo vestrum ea, etc.

Datum Laterani, iii Idus Octobris, anno tertio decimo.

CXLI.
AL. RIGENSI EPISCOPO.
Confirmatur quædam compositio.
(Laterani, xiii Kal. Novembris.)

Cum inter te ac fratres militiæ Christi super sorte terrarum quæ per gratiam sancti Spiritus nuper sunt ad cultum fidei Christianæ conversæ sub examine nostro controversia verteretur, mediantibus demum nobis ad hanc concordiam devenistis, ut videlicet ipsi fratres tertiam partem earumdem terrarum, Lectiæ scilicet ac Livoniæ, teneant a Rigensi episcopo, nullum sibi ex ea temporale servitium præstituri nisi quod ad defensionem Ecclesiæ ac provinciæ perpetuo contra paganos intendant, verum magister eorum qui pro tempore fuerit obedientiam semper Rigensi episcopo repromittet, sed fratres aut clerici qui eis spiritualia ministrabunt, nec decimas nec primitias nec oblationes nec cathedraticum ei solvent; coloni vero prædictæ sortis, de parte proventuum ad ipsos spectante decimas ecclesiis suis reddent; de quibus quarta pars eidem episcopo persolvetur, nisi hoc idem episcopus, inspecta necessaria et rationabili causa, sponte duxerit remittendum; ipsi autem fratres et successores eorum jus habebunt ad præfatas ecclesias, cum vacaverint, Rigensi episcopo personas idoneas præsentandi, quas ipse de cura investire non differet animarum. Cæterum cum tu ac tuorum quilibet successorum ipsos duxeritis visitandos, in domo sua cum viginti evectionibus semel vos procurabunt in anno; in plebatibus autem suis bis in anno vos exhibere curabunt. De terris vero quas amodo extra Livoniam seu Lectiam cum auxilio Dei dicti fratres acquirent, Rigensi episcopo minime respondebunt, nec ipse de illis eos aliquatenus molestabit; sed cum episcopis creandis ibidem quoquo rationabili modo component, vel observabunt quod apostolica sedes super hoc providerit statuendum. Regulam quoque fratrum militiæ Templi servantes, aliud in habitu signum præferent, ut ostendant se illis nequaquam esse subjectos. Sepulturam quoque ad opus fratrum et familiæ suæ, nec non etiam et eorum qui apud ipsos elegerint sepeliri, liberam prædicti fratres habebunt, salva canonica portione ipsarum ecclesiarum a quibus assumuntur corpora mortuorum. Nos igitur compositionem approbantes eamdem, ipsam auctoritate apostolica confirmamus et præsentis scripti patrocinio communimus. Nulli ergo, etc., nostræ confirmationis, etc., *usque* incursurum.

Datum Laterani, xiii. Kalen. Novembris, pontificatus nostri anno tertio decimo

CXLII.
WOLCUINO MAGISTRO ET FRATRIBUS MILITIÆ CHRISTI IN LIVONIA CONSTITUTIS.
Super eodem.
(Datum, *ut in alia.*)

Cum super sorte terrarum, etc., *ut in alia, usque* conversæ inter vos et venerabilem fratrem nostrum Rigensem episcopum sub examine nostro controversia verteretur, mediantibus demum nobis ad hanc concordiam devenistis, ut videlicet vos tertiam partem earumdem terrarum, Lectiæ scilicet ac Livoniæ, ab eodem episcopo teneatis, nullum sibi, etc. *ut in alia usque* provinciæ contra paganos perpetuo intendetis. Verum magister vester qui pro tempore fuerit, etc., *ut in alia, per totum usque* duxerit remittendum. Vos autem et successores vestri jus habebitis ad ecclesias ipsas vacantes Rigensi episcopo personas idoneas præsentandi, quas ipse de cura investire non differet animarum. Cæterum cum ipse vos duxerit visitandos, in domo vestra cum viginti evectionibus semel in anno eumdem curabitis procurare; in plebatibus autem vestris eum exhibebitis bis in anno. De terris vero quas amodo extra Livoniam seu Lectiam cum Dei auxilio acquiretis Rigensi episcopo minime respondebitis, etc., *in eumdem fere modum ut in alia, usque in finem.*

Datum, *ut in alia per totum.*

CXLIII.
MAGISTRO ET FRATRIBUS MILITIÆ TEMPLI.
Confirmatur eis ecclesia data a legato.
(Laterani, xv Kal. Octobris.)

Cum a nobis petitur quod justum est et honestum, tam vigor æquitatis quam ordo exigit rationis ut id per sollicitudinem officii nostri ad debitum perducatur effectum. Eapropter, dilecti in Domino filii, vestris justis petitionibus annuentes, ecclesiam Sanctæ Luciæ quæ Fotæ Græco vocabulo nuncupatur, extra Thebarum positam civitatem, cum pertinentiis suis, quam dilectus filius noster Benedictus tituli Sanctæ Susannæ presbyter cardinalis, tunc apostolicæ sedis legatus in partibus Romaniæ, vobis ad terræ sanctæ subventionem liberaliter assignavit, sicut eam juste ac pacifice possidetis, vobis et per vos domui vestræ auctoritate apostolica confirmamus et præsentis scripti patrocinio communimus. Nulli ergo, etc., nostræ confirmationis, etc., *usque* incursurum.

Datum Laterani, xv. Kal. Octobris, pontificatus nostri anno tertiodecimo.

CXLIV.
EISDEM.
Confirmat diversas possessiones.
(Datum, *ut in alia.*)

Justis petentium desideriis dignum est nos facilem præbere consensum, et vota quæ a rationis tramite non discordant effectu prosequente complere. Eapropter, dilecti in Domino filii, vestris justis postulationibus inclinati, concessionem terræ de Rupo et Joannis filii Nicolai de Vianet cum fratribus et sororibus suis ac possessionibus et rebus aliis eorumdem a nobilibus viris Rolandino de Canusa et Albertino germano ejus nec non a bonæ memoriæ Hugone de Colongi vobis factam intuitu pietatis, sicut pie ac provide facta est, auctoritate apostolica confirmamus et præsentis scripti patrocinio communimus. Nulli ergo, etc., nostræ confirmationis, etc., *usque* incursurum.

Datum, *ut in alia per totus.*

CXLV.
EISDEM.
De eodem argumento.
(Datum, *ut in alia.*)

Annuere consuevit sedes apostolica piis votis, et honestis petentium precibus favorem benevolum impertiri. Eapropter, dilecti in Domino filii, vestris justis postulationibus grato concurrentes assensu, domum Philocali apud Thessalonicam cum pertinentiis suis, quam dilectus filius noster Benedictus tituli Sanctæ Susannæ presbyter cardinalis, tunc apostolicæ sedis legatus in partibus Romaniæ, vobis ad terræ sanctæ subventionem liberaliter assignavit, sicut eam juste ac pacifice possidetis, vobis et per vos domui vestræ auctoritate apostolica confirmamus et præsentis scripti patrocinio communimus. Nulli ergo, etc., nostræ confirmationis, etc., *usque* incursurum.

Datum, *ut in alia per totum.*

CXLVI.
EISDEM.
Ejusdem argumenti.
(Datum, *ut in alia.*)

(109) Solet annuere sedes apostolica, etc. Eapropter,

---
(109) Vide infra epist. 155.

in Nigroponte, et domum de Lageran, et casale de Oizparis, cum eorum pertinentiis, ac alia quæ tenetis in insula Nigripontis, a nobili viro Ravano et bonæ memoriæ Jacobo de Avenn. et Guberto vobis pia devotione concessa, sicut ea omnia juste ac pacifice possidetis, vobis et per vos domui vestræ auctoritate apostolica confirmamus et præsentis scripti patrocinio communimus. Nulli ergo omnino, etc., hanc paginam nostræ confirmationis, etc., *usque* incursurum.

Datum, *ut in alia per totum.*

CXLVII.
FRATRIBUS MILITIÆ TEMPLI IN ROMANIA.
Confirmat donationem viridarii.
(Datum, *ut in alia.*)

Justis petentium desideriis, etc. Eapropter, dilecti in Domino filii, vestris justis precibus inclinati, viridarium quod est a bonæ memoriæ Thebano archiepiscopo, tunc electo, pia vobis devotione concessum, sicut illud juste ac pacifice possidetis, vobis et per vos domui vestræ auctoritate apostolica confirmamus et præsentis scripti patrocinio communimus. Nulli ergo, etc., nostræ confirmationis, etc., *usque* incursurum.

Datum, *ut in alia per totum.*

CXLVIII.
EISDEM.
Confirmat donum Pasalani.
(Laterani, xiv Kal. Octobris.)

Justis petentium desideriis, etc., *ut in alia, usque* vestris justis precibus inclinati, casale quod dicitur Pasalan cum suis pertinentiis a nobili viro Guillelmo de Resi vobis pia devotione concessum, et a Goffrido de Villa-Arduini postea confirmatum, sicut illud juste ac pacifice possidetis, vobis et per vos domui vestræ auctoritate apostolica confirmamus et præsentis scripti patrocinio communimus. Nulli ergo, etc., nostræ confirmationis, etc., *usque* incursurum.

Datum Laterani, xiv Kal. Octobris, anno tertio decimo.

CXLIX.
EISDEM.
Confirmat donum Paliopolis.
(Datum, *ut in alia.*)

Justis petentium desideriis, etc. Eapropter, dilecti in Domino filii, vestris justis postulationibus inclinati, casale quod Paliopolin dicitur cum suis pertinentiis a nobili viro Hugone de Bezenson vobis pia devotione concessum, et a Goffrido de Villa-Arduini postmodum scripto authentico confirmatum, sicut illud juste ac pacifice possidetis, vobis et per vos domui vestræ auctoritate apostolica confirmamus et præsentis scripti patrocinio communimus. Nulli ergo, etc., *usque* incursurum.

Datum, *ut in alia per totum.*

CL.
EISDEM.
Confirmat casale Laffustan.
(Laterani xiv Kal. Octobris.)

Justis petentium desideriis, etc., *ut in alia, usque* vestris justis precibus inclinati, casale quod dicitur Laffustan cum pertinentiis suis a bonæ memoriæ Guillelmo Campaniensi pia vobis devotione concessum, sicut illud juste ac pacifice possidetis, vobis et per vos domui vestræ auctoritate apostolica confirmamus. Nulli ergo, etc., *usque* incursurum.

Datum Laterani, xiv Kal. Octobris, pontificatus nostri anno tertio decimo.

CLI.
FERMOPILENSI EPISCOPO, ET ELECTO CITRENSI, ET PRIORI SANCTI DEMETRII THESSALONICENSIS.
Scribitur pro Templariis adversus episcopum Citoniensem.
(Datum, *ut in alia.*)

Dilectorum filiorum fratrum militiæ Templi in Romania recepimus quæstionem quod episcopus Citoniensis in quemdam capellanum eorum, pro eo quod ad porrigendum viaticum cuidam confratri eorum accesserat, manus injiciens, calicem cum eucharistia ei abstulit violenter, et ipsum turpiter ac inhoneste tractatum in fovea quadam inclusit in clericalis opprobrium honestatis: præterea cuidam eorum famulo posito in extremis in ipsorum injuriam denegari fecerit ecclesiastica sacramenta; unde absque pœnitentia et viatico diem clausit extremum. Quocirca discretioni vestræ per apostolica scripta mandamus quatenus partibus convocatis, et inquisita super præmissis et cognita plenius veritate, quod canonicum fuerit appellatione postposita statuatis, facientes quod statueritis per censuram ecclesiasticam firmiter observari. Nullis litteris veritati et justitiæ præjudicantibus a sede apostolica impetratis. Quod si non omnes, etc., tu, frater episcope, cum eorum, etc.

Datum, *ut in alia*

CLII.
LARISSENO ET NEOPATRENSI ARCHIEPISCOPIS, ET ELECTO CITRENSI.
Pro iisdem adversus marchionissam Montisferrati
(Datum, *ut in aliis.*)

Inter cæteros religiosos viros, quos quemlibet convenit divinæ retributionis intuitu honorare, dilecti filii fratres militiæ Templi tanto debent speciali gratia confoveri quanto majoribus laboribus se exponunt pro servitio Jesu Christi, ac favorem apostolicum meruisse plenius dignoscuntur. Verum dilecta in Christo filia nobilis mulier relicta claræ memoriæ marchionis Montisferrati, sicut ex ipsorum gravi conquestione didicimus, eos super possessionibus et rebus aliis a claræ memoriæ viro suo de ipsius conniventia et consensu ipsis pia devotione concessis multipliciter aggravat et molestat. Unde nos eidem nobili per scripta nostra mandamus ut ob reverentiam apostolicæ sedis et nostram ab eorumdem fratrum super præmissis indebita molestatione desistat. Quocirca discretioni vestræ per apostolica scripta mandamus quatenus dictam nobilem ad id, monitione præmissa, districtione qua convenit, appellatione remota cogatis. Quod si non omnes, etc., duo vestrum, etc.

Datum, *ut in aliis per totum.*

Scriptum est eidem nobili mulieri super hoc.

CLIII.
DAVALIENSI ET ZARATORIENSI EPISCOPIS, ET ELECTO NAZORESCENSI.

Pro iisdem adversus dominum Nigripontis.

(Laterani, IV Nonas Octobris.)

Suam ad nos dilecti filii fratres militiæ Templi querimoniam transmisere quod nobilis vir Ra. dominus insulæ Nigripontis quasdam possessiones a Jacobo quondam domino de Avenis pietatis intuitu concessas eisdem in animæ suæ dispendium detinere præsumit. Quocirca discretioni vestræ per apostolica scripta mandamus quatenus dictum nobilem ut easdem possessiones sine qualibet difficultate fratribus memoratis assignet monere prudenter et efficaciter inducere procuretis, ipsum ad hoc, si necesse fuerit, per censuram canonicam, sicut justum fuerit, sublato appellationis obstaculo compellentes. Quod si non omnes, etc., duo vestrum ea, etc.

Datum Laterani, IV Nonas Octobris, anno tertio decimo.

CLIV.
ARCHIEPISCOPO NEOPATRENSI ET EPISCOPO DAVALIENSI, ET NAZORESCENSI ELECTO.

Pro iisdem.

(Laterani, XII Kal. Octobris.)

Exposita nobis dilectorum filiorum fratrum militiæ Templi petitio continebat quod nobilis vir Ni. de Sancto Amero diœcesis Thebanæ super quibusdam terris a Rolandino et Albertino fratre ipsius in eleemosynam concessis eisdem ipsos contra justitiam aggravat et molestat. Ideoque discretioni vestræ per apostolica scripta mandamus quatenus dictum nobilem ut ab ipsorum fratrum super eisdem terris indebita molestatione desistat, monitione præmissa, per censuram ecclesiasticam appellatione remota cogatis. Testes autem qui nominati fuerint, si se gratia, odio vel timore subtraxerint, per censuram eamdem appellatione cessante cogatis veritati testimonium perhibere. Quod si non omnes, etc., duo vestrum ea, etc.

Datum Laterani, XII Kal. Octob., anno tertio decimo.

CLV.
GARDICENSI ET DAVALIENSI EPISCOPIS, ET ELECTO (110) ZARATORIENSI.

De causa Templariorum cum archiepiscopo Patracensi.

(Laterani. VII Kal. Novembris.)

Cum olim causam quæ inter dilectos filios fratres militiæ Templi ac venerabilem fratrem nostrum Patracensem archiepiscopum verteretur super domo de Geracomita et rebus mobilibus ad valentiam duorum millium et sexcentorum decem octo hyperberorum, quibus dicti fratres per eumdem se querebantur archiepiscopum contra justitiam spoliatos, venerabilibus fratribus nostris archiepiscopo Atheniensi et Fermopilensi episcopo duxerimus committendam, iidem reputantes archiepiscopum contumacem, memoratos fratres in ipsius domus possessionem causa rei servandæ inducendos sententialiter decreverunt. Licet autem prædicti fratres nuper in nostra præsentia super premissis cum eodem archiepiscopo litigantes, et proponentes se ipso mandato judicum renitente, corporalem ipsius domus possessionem apprehendere nequivisse, petierint auctoritate nostra in eamdem induci, quia tamen idem archiepiscopus standi juri sufficientem exposuit cautionem, petitionem fratrum in hoc nullatenus admittentes, de ipsius archiepiscopi et alterius partis procuratoris assensu per apostolica vobis scripta mandamus quatenus si dicti fratres domo et rebus aliis supradictis se probaverint contra justitiam spoliatos, vos eisdem, sicut justum fuerit, restitutis, audiatis si quid fuerit quæstionis, et illud appellatione remota fine debito decidatis, facientes quod statueritis per censuram ecclesiasticam firmiter observari. *Testes* autem, etc., *usque* appellatione remota cogatis veritati testimonium perhibere. Nullis litteris obstantibus præter assensum partium a sede apostolica impetratis. Quod si non omnes, etc., duo vestrum ea, etc.

Datum Laterani, VII Kalend. Novembris, pontificatus nostri anno tertio decimo.

CLVI.
EISDEM.

Ejusdem argumenti.

(Datum, *ut in alia.*)

Cum inter venerabilem fratrem nostrum archiepiscopum Patracensem et dilectos filios fratres militiæ Templi super abbatia quæ Provata vocatur, de qua per dilectum filium electum Montanensem et archidiaconum Andrevillæ delegatos a nobis jam quædam fuerat contra ipsos Templarios sententia promulgata, sub examine nostro controversia verteretur, auditis et intellectis quæ proposita hinc inde fuerant, sententialiter duximus decernendum ut idem archiepiscopus possessionem ipsius obtineat abbatiæ; reservata prædictis fratribus facultate probandi, sicut dicebant, eam sibi a domino terræ, accedente postmodum consensu archiepiscopi, concessam fuisse. Quocirca discretioni vestræ per apostolica scripta præcipiendo mandamus quatenus dictam abbatiam facientes ab archiepiscopo ipso pacifice possideri, probationes fratrum admittere procuretis. Quod si legitime præscripta probaverint, eumdem archiepiscopum districtione qua convenit, appella-

---

(110) Infra lib. XIV epist. 111, dicitur, *Nazorescensi.*

tione remota, cogatis abbatiam ipsam cum fructibus medio tempore perceptis ex ea fratribus restituere memoratis, in pace perpetuo possidendam. Quod si præfatus archiepiscopus infra mensem post susceptionem præsentium per se vel responsalem idoneum propter hoc coram vobis non curaverit comparere, vos nihilominus, sublato cujuslibet contradictionis et appellationis obstaculo, procedatis, cum iis jam fuerit contestata, contradictores per censuram ecclesiasticam appellatione postposita compescendo. Quod si non omnes, etc., duo vestrum ea, etc.

Datum, *ut in alia per totum.*

CLVII.
EPISCOPO ET CANTORI ZAMORENSI, ET ABBATI DE MOREROLA DIOECESIS ZAMORENSIS.

Confirmatur electio cantoris.

(Laterani, v Kal. Novembris.)

(111) Dilecto filio nostro Petro tituli Sancti Marcelli presbytero cardinale bonæ memoriæ A. thesaurario Salamantino Paschasii et Dominico Garsiæ clericorum procuratoribus apud sedem apostolicam constitutis auditore concesso, idem thesaurarius proposuit coram eo quod cum in Salamantina Ecclesia, in qua cantoris electio ad episcopum et capitulum communiter pertinet, cantoria vacante, dictum capitulum sæpius episcopum monuisset ut ad celebrandam cantoris electionem cum eo pariter conveniret, eodem episcopo infra semestre tempus id facere negligente, capitulum uti cupiens jure suo, in Ecclesiæ memoratæ capitulo, sicut est moris, supradictum Paschasium ejusdem loci canonicum in cantorem elegit, ne quid in ejusdem electionis præjudicium fieret appellando, quam supradictus thesaurarius auctoritate petiit apostolica confirmari, ac electionem quam venerabilis frater noster Compostellanus archiepiscopus post appellationem hujusmodi de G. clerico multis criminibus irretito ac tunc temporis vinculo excommunicationis astricto fecerat, tanquam minus canonice celebratam cassari. Dictus vero Dominicus proposuit ex adverso quod emenso sex mensium spatio, infra quod ad episcopum et capitulum cantoris electio pertinebat, decanus et quidam canonici Salamantini, episcopo, archidiacono et nonnullis canonicis, qui præsentes in civitate aderant, inconsultis, non consueta hora vel in capitulo juxta morem, sed in ecclesia potius, quibusdam laicis advocatis, stulte et inordinate nimis eligere præsumpserunt; et cum jam dicti archiepiscopi, qui eosdem propter hoc evocaverat (112), adire præsentiam noluissent, ipse intelligens eligendi auctoritatem ad se juxta Lateranensis statutum concilii devolutam, supradictum G. in cantorem elegit, et eumdem fecit de cantoria corporaliter investiri. Postmodum autem decanus et sui complices nobis, de his mentione non habita, suggerendo quod episcopus, qui monitus sæpius infra sex menses eligere noluerat in Ecclesiæ detrimentum, cantore qui ab eodem decano cum majori parte capituli institutus fuerat spoliato, alium instituerat in cantorem, ad decanum, archidiaconum et archipresbyterum Abulenses nostras litteras impetrarunt : quarum auctoritate cum supradictus G. ab eisdem fuisset judicibus evocatus, eisdem inhibuit ne per dictas litteras procederent contra eum, cum in eis de sua electione facta per archiepiscopum nulla mentio haberetur, et cum propter hoc, tum etiam quia prima citatione ad loca remota peremptorie citatus exstiterat, tum etiam quia judices quosdam ex electoribus dicti Paschasii consanguinitatis linea contingebat, ad sedem apostolicam appellavit. Sed judices nihilominus ad Salamantinam accedentes ecclesiam, sæpedictum P. in cantoriæ possessionem causa rei servandæ contra justitiam induxerunt. Cum igitur super his et aliis coram eodem cardinale procuratores ipsi aliquandiu litigassent, et ipse nobis fideliter retulisset quæ proposita fuerant coram eo, quia nobis constitit a supradicto decano et ejus sequacibus post elapsum sex mensium spatium infra quod episcopo et capitulo memoratis, prout communiter spectabat ad eos, procedere ad cantoris electionem neglexerant, electionem supradicti P. minus canonice celebratam, eamdem decrevimus irritam et inanem, et appellationem ab eodem decano et suis fautoribus interpositam, factam archiepiscopi, ad quem jam erat eligendi auctoritas devoluta, nequivisse aliquatenus impedire. Quia vero contra personam ipsius G. quædam objecta fuerunt de quibus nobis non potuit fieri plena fides, discretioni vestræ per apostolica scripta mandamus quatenus, nisi jam dicto G. aliquid canonicum obviet, electionem de ipso factam sublato appellationis obstaculo confirmetis, facientes ipsum ejusdem cantoriæ pacifica possessione gaudere, contradictores per censuram ecclesiasticam compescentes. Quod si non omnes, etc., tu ea, frater episcope, cum eorum altero, etc.

Datum Laterani, v Kal. Novembris, anno tertio decimo.

CLVIII.
MINDENSI ELECTO, ET ABBATI LESBURNENSI MONASTERIENSIS DIOECESIS, ET CUSTODI MONASTERIENSI.

De translatione episcopi Osnaburgensis.

(Laterani, III Kal. Novembris.)

(113) Venerabiles fratres nostri Lubicensis et Livoniensis episcopi et dilectus filius major decanus cum cæteris canonicis Bremensis Ecclesiæ suis nobis litteris intimarunt quod cum olim Waldemarum quondam Sleuvicensem episcopum a nobis in archiepiscopum postulassent, quia id non potuit effectui mancipari, quidam ex eis electionis suæ vota in dilectum filium B. ejusdem Ecclesiæ majorem præ-

---

(111) Cap. *Dilecto filio*, De supp. neglig. prælat.
(112) In quarta Collect. *excommunicaverat*, etiam in codice Colbertino.

(113) Vide lib. x, epist. 209, 215; lib. xi, epist. 173; lib. xii, epist. 63, et lib. xv, epist. 3.

positum contulerunt, verum quia ipsius non exstitit electio confirmata, ipsi, quantum in eis exstitit, de alia persona tractantes, Ecclesiæ suæ consulere curaverunt : propter quod non tantum rerum, verum etiam personarum, a laicis adhuc adhærentibus propter diversas causas Waldemaro prædicto graves jamdudum persecutiones sunt et impedimenta perpessi, et adhuc etiam patiuntur. At, quoniam mora præteriti temporis Ecclesiæ viduatæ ad nihilum fere redactæ fuit quamplurimum huc usque damnosa, et futuri protractio perniciosa poterat magis esse, iidem in manus hominum incidere potius eligentes quam pro domo Dei murum non opponere se ac sua, rei quam incœperant insistere fortiter necessarium decreverunt. Unde tam ipsi quam dictus præpositus per suas litteras speciales a nobis humiliter postularunt ut venerabilem fratrem nostrum Osnaburgensem episcopum, eisdem vicinum, et per omnia cognitum, ipsis in archiepiscopum concedere dignaremur : per quem, cum sit vir nobilis, et scientia præditus, ac generis nobilitate præclarus, et Ecclesiam sibi commissam hactenus viriliter defensarit, præfata Ecclesia poterit in statum pristinum reformari, et compesci nihilominus insolentia laicorum. Nos igitur consuli volentes Ecclesiæ diutius desolatæ, discretioni vestræ per apostolica scripta mandamus quatenus inquisita super his et cognita veritate, si res ita se habet, auctoritate nostra eidem episcopo injungatis ut ad præfatam Ecclesiam Bremensem accedat, ejusdem regimen in nomine Domini recepturus : cum quo, propter necessitatem temporis, hanc gratiam duximus faciendam ut usque ad susceptionem pallei Osnaburgensem Ecclesiam sicut proprius pastor retineat et gubernet; injungentes nihilominus clero, ministerialibus et populo Ecclesiæ memoratæ quod eidem usque ad susceptionem pallei tanquam pastori proprio intendant ut hactenus et exhibeant obedientiam debitam et honorem; contradictores per censuram ecclesiasticam appellatione postposita compescendo. Nos enim venerabilibus fratribus nostris suffraganeis et dilectis filiis capitulo ac ministerialibus Bremensis Ecclesiæ nostris damus litteras in mandatis ut postquam idem de mandato nostro per vos sibi facto ad sæpedictam Ecclesiam accesserit gubernandam, tanquam pastori suo ipsi obedientiam et reverentiam debitam exibentes, eidem intendant humiliter et devote. Ad hæc, volumus et mandamus ut contradictores, si qui fuerint, vel rebelles censura simili appellatione postposita compescatis. Quod si non omnes, etc., tu ea, fili electe, cum eorum altero nihilominus exsequaris, etiamsi jam fueris in episcopum consecratus.

Datum Laterani, III Kal. Novemb., pontificatus nostri anno tertio decimo.

Scriptum est ipsis suffraganeis et aliis supradictis hoc modo: Ex litteris vestris, fratres Lubicensis et Livoniensis episcopi, et filii decane ac capitulum, nostro est apostolatui reseratum quod cum olim Waldemarum quondam Sleuvicensem episcopum in archiepiscopum postulassetis a nobis, quidam vestrum electionis suæ vota in dilectum filium B. Ecclesiæ vestræ majorem præpositum contulerunt; verum, quia ipsius non exstitit electio confirmata, vos, quantum in vobis exstitit, de alia persona tractantes, eidem Ecclesiæ consulere curavistis; propter quod, etc., *in eumdem fere modum ut in alia, usque* diutius desolatæ, dilectis filiis Mindensi electo et abbati Lesbernensi Monasteriensis diœcesis et custodi Monasteriensi nostris dedimus litteris in mandatis ut inquisita super his et cognita veritate, si rem invenerint ita esse, dicto episcopo auctoritate nostra injungant ut ad præfatam Ecclesiam Bremensem accedat, ejusdem regimen in nomine Domini recepturus, etc., *ut in alia, usque* gubernet ; injungentes nihilominus clero, ministerialibus et populo Osnaburgensis Ecclesiæ quod eidem episcopo, etc., *in eumdem fere modum ut in alia, usque* honorem, contradictores per censuram ecclesiasticam appellatione postposita compescendo. Quocirca universitati vestræ per apostolica scripta mandamus quatenus postquam idem de mandato nostro sibi facto per exsecutores eosdem ad sæpedictam Bremensem Ecclesiam accesserit gubernandam, etc., *ut in alia, usque* eidem intendatis humiliter et devote. Alioquin dictis exsecutoribus nostris damus litteris in mandatis ut contradictores, si qui fuerint, vel rebelles per censuram ecclesiasticam appellatione remota compescant.

Datum, *ut in alia per totum.*

Scriptum est episcopo Osnaburgensi super hoc in eumdem fere modum ut in prima usque recepturus. Quocirca fraternitati tuæ per apostolica scripta mandamus quatenus cum a præfatis exsecutoribus tibi fuerit injunctum, accedas ad Ecclesiam memoratam, et in Christi nomine regimen ejus suscipias ac fideliter exsequaris. Nos enim tecum propter necessitatem temporis specialem gratiam, etc , *ut in alia, usque* gubernes, dantes supradictis exsecutoribus in mandatis ut injungant clero, etc., *usque* compescendo. Præterea suffraganeis et decano, et capitulo, et nobilibus viris ministerialibus Bremensis Ecclesiæ nostris duximus litteris injungendum ut, etc., *in eumdem fere modum ut in alia, usque in finem.*

Datum, *ut in alia.*

CLIX.
ARCHIEPISCOPO PATRACENSI.
Ut canonicos S. Ruffi instituat in ecclesia Patracensi.
(Laterani, III Kal. Novembris.)

Cum ecclesia cathedralis extra civitatem posita Patracensem, occasione sæcularium clericorum, qui jam in ea pluries ordinati, motu demum propriæ voluntatis dereliquerunt eamdem, debito servitio fraudaretur, nobis humiliter supplicasti ut licentiam instituendi conventum regularium canonicorum in ipsa de collegio Sancti Ruffi tibi concedere dignaremur: quibus ita es pollicitus providere. In primis siquidem terras eis et vineas assignabis de quibus frumentum et annona sufficiens quinquaginta et vinum sufficiens sexaginta personis percipiant, sine suis laboribus aut expensis in corum cellarium deferenda. Praeterea statues ut eis pisces et sal ad sufficientiam sine pretio ministrentur, daturus ipsis nihilominus olivetum de quo percipiant oleum quod ad opus ecclesiae nec non etiam ad victum sexaginta sufficiat personarum, conferens eis quoque villanos trecentos gallinas, ducentas oves, triginta porcos, et centum libras cerae ipsis annualiter tributuros, in praesentiarum ipsis ducentos porcos et oves largiens septingentos; pro vestibus autem assignabis eis in certis locis ducentos perperos [hyperperos] annualiter persolvendos. Caeterum pro recipiendis pauperibus et hospitibus dabis eis quinquaginta carrugatas bonae terrae, quadraginta boves, et totidem vaccas, bubulosque triginta, et tantum vineae de qua vinum pro decem personis proveniat annuatim, assignans nihilominus eis rusticos qui sine mercede vel expensis eorum in domo sua labores exerceant universos, omnium proventuum archiepiscopatus in decimis, mortuariis et eleemosynis eisdem medietate concessa. Quod si haec omnia non duxerint acceptanda, dimidiabis cum eis cunctas possessiones Ecclesiae Patracensis; sic tamen quod ipsi persolvant crosticam annuatim quam principi terrae ipsa Ecclesia persolvere consuevit. Nos igitur piis tuis precibus inclinati, considerato quod non solum Ecclesia memorata poterit in religione sic in se plantanda proficere, verum etiam ad alias quae nuper sunt ad ritum Latinitatis adductae propagationis suae palmites dilatare, de consilio fratrum nostrorum hoc tibi duximus concedendum; ita nimirum ut si qui de canonicis saecularibus qui sunt ad praesens in ipsa voluerint ordinem suscipere regularem, hoc eis libere concedatur, illis autem qui ordinem ipsum suscipere recusaverint, dummodo per continuam residentiam Ecclesiae ipsi curaverint deservire, provideatur de proventibus ejus in congrua portione. Ad haec, praesentium auctoritate statuimus ut fratres ipsi tantum priorem sibi regulariter eligentes, ipsum tibi vel tuis repraesentent successoribus confirmandum, jure apud ipsos in perpetuum residente Patracensem archiepiscopum secundum statuta canonum eligendi. Nulli ergo, etc., nostrae concessionis et constitutionis infringere vel ei ausu temerario contraire. Si quis autem, etc. *usque* incursurum.

Datum Laterani, III Kal. Novemb., pontificatus nostri anno tertio decimo.

CLX.
ABBATI ET CONVENTUI SANCTI RUFFI.
Super eodem.
(Datum, *ut in alia.*)

Cum ecclesia cathedralis, etc., *ut in alia, usque* fraudaretur, venerabilis frater noster Patracensis archiepiscopus nobis humiliter supplicavit ut licentiam, etc., *ut in alia, usque* de collegio Ecclesiae vestrae sibi concedere dignaremur: quibus ita est pollicitus providere. In primis siquidem terras eis et vineas assignabit, de quibus, etc., *usque* deferenda. Praeterea statuet ut eis pisces, etc., *usque* pro vestibus autem assignabit eis in certis locis, etc., *usque* pauperibus et hospitibus dabit eis quinquaginta carrugatas, etc., *ut in alia per totum, usque* acceptanda, dimidiabit cum eis cunctas possessiones, etc., *usque* consuevit. Nos igitur piis ejus precibus inclinati, etc., *usque* de consilio fratrum nostrorum hoc sibi duximus concedendum, ita nimirum, etc., *usque* regulariter eligentes, ipsum sibi vel suis repraesentent successoribus confirmandum, etc., *usque* eligendi. Quocirca devotionem vestram rogamus attentius et monemus, per apostolica vobis scripta mandantes quatenus hujusmodi propositum prompto prosequentes favore, conventum de fratribus vestris eidem archiepiscopo in suis deducendum expensis propter hoc assignare curetis.

Datum, *ut in alia per totum.*

CLXI.
ARCHIEPISCOPO LARISSENO, ET EPISCOPO CITHONIENSI.
Contra nobiles Achaiae detinentes bona ecclesiastica.
(Laterani, II Kal. Novembris.)

Exposuit nobis venerabilis frater noster archiepiscopus Patracensis quod nobilis vir... dominus Achaiae et quidam alii Latini habentes in illa terra dominium corporale, possessiones quas Ecclesiae sub annua certa pensione consueverant Graecorum temporibus retinere, per violentiam auferentes, secundum curiae suae judicium ipsas ordinant et disponunt, cogentes ecclesiarum praelatos de litigiosis possessionibus in foro contendere saeculari et consuetudinibus ac institutionibus quas illic ipsi noviter creavere subesse, nullam inter laicos et clericos aut ecclesias differentiam faciendo. Negotia vero ecclesiastica quae vel apostolicae commissionis auctoritate, vel jurisdictionis ordinariae ratione, a viris ecclesiasticis sunt tractanda, sine licentia sua terminari non sinunt: quae si forsan praeter voluntatem eorum decisa fuerint, quod statuitur non servatur. Qui etiam propriis episcopis inconsultis abbatias, ecclesias ac praebendas, nec non etiam quaelibet ecclesiastica beneficia laicis et clericis indifferenter tribuunt sicut volunt, et vacantes ecclesias per proprium ordinari praelatum minime permittentes, canonicos quoque in nonnullis ecclesiis intrudere non verentur, excommunicatos tam clericos quam et laicos in sua pertinacia confovendo. Cumque dudum ad bellum contra Michalicium processuri, recipientes corpus et sanguinem Jesu Christi, omnes pariter promisissent, quinimo per votum obligaverint se solemne, quod de ipso praelio redituri, decimas ecclesiis suis solverent, et subditos suos tam Latinos quam Graecos cogerent ad solvendum: id postmodum efficere non curarunt. Quocirca fraternitati vestrae per apostolica scripta mandamus quatenus Latinos hujusmodi, ut decimas ecclesiis suis solvant, sicut ex communi jure ac speciali quoque voto tenentur, nec non etiam super universis prænotatis abusibus a sua præsumptione desistant, monere prudenter et efficaciter inducere procuretis, ipsos ad hoc, si opus fuerit, per censuram ecclesiasticam appellatione remota, sicut justum fuerit, compellentes. Si quid autem recurrerit quod apostolica indigere providentia videatur, illud ad nostram audientiam referatis.

Datum Laterani, II Kal. Novemb., anno tertio decimo.

CLXII.

EISDEM.

Super eodem.

(Laterani, IV Kal. Novembris.)

Venerabilis frater noster archiepiscopus Patracensis in nostra proposuit præsentia constitutus quod cum... quondam Constanti. imperator abbatiam Pantocraton in urbe Constantinopolitana fecisset, redditum viginti quinque librarum perperorum, quem antiquitus Patracensis Ecclesia pro quibusdam possessionibus imperiali cameræ persolvebat, eidem contulit abbatiæ: sed cum, tempore procedente, difficile foret Ecclesiæ memoratæ pro possessionibus ipsis quantitatem exsolvere prætaxatam, ad hanc demum compositionem cum eadem abbatia devenit ut pro possessionibus prædictis quinque tantummodo libras perperorum sibi redderet annuatim, et sic possessiones easdem recuperavit et habuit usquequo in Achaiam intravere Latini, per quos illis fuit contra justitiam destituta. Unde nobis idem archiepiscopus supplicavit ut detentores prædictarum possessionum restituere cogeremus easdem Ecclesiæ Patracensi sub præscripto quinque librarum reddito retinendas. Quia igitur nobis non constitit de præmissis, fraternitati vestræ per apostolica scripta mandamus quatenus vocatis quos propter hoc noveritis esse vocandos, audiatis causam, et appellatione remota fine debito terminetis, facientes quod decreveritis per censuram ecclesiasticam firmiter observari. Testes autem qui fuerint nominati, si se gratia, odio, vel timore subtraxerint, censura simili appellatione remota cogatis veritati testimonium perhibere. Nullis litteris veritati et justitiæ præjudicantibus a sede apostolica impetratis.

Datum Laterani, IV Kal. Novembris, pontificatus nostri anno tertio decimo.

CLXIII.

EISDEM.

Ejusdem argumenti.

(Datum, *ut in alia.*)

(114) Querelam venerabilis fratris nostri archiepiscopi Patracensis recepimus continentem quod cum nobiles viri Guiardus et Guillelmus quidquid juris habebant in feudo quod in Constantinopoli-

tanæ urbis acquisierant captione, uni eorum octingentis ob hoc perperis ab eadem archiepiscopo persolutis, Patracensi Ecclesiæ contulissent, nobilis vir Gaufridus de Villa-Arduini Achaiæ dominus feudum ipsum auferens Ecclesiæ memoratæ, illud cuidam militi pro sua voluntate concessit. Ideoque fraternitati vestræ per apostolica scripta mandamus quatenus tam eumdem Gaufridum quam præfatum militem ad restituendum idem feudum, sicut justum est, cum fructibus inde perceptis Ecclesiæ supradictæ monere prudenter et efficaciter inducere procuretis, ipsos ad hoc, si opus fuerit, per censuram ecclesiasticam appellatione remota cogentes. Testes autem, etc.

Datum, *ut in alia per totum.*

CLXIV.

EISDEM.

Super eodem.

(Datum, *ut in aliis.*)

Exposuit nobis venerabilis frater noster archiepiscopus Patracensis quod cum a prima institutione Patracensis Ecclesiæ in ecclesia beati Theodori archiepiscopalis consueverit sedes esse, in qua novi pontifices primo inthronizari solebant, ac certam ibi mansionem nec non etiam sepulturam habere, ædificato castro circa ipsam, non solum ossa tumulatorum ibi pontificum sunt effossa, verum etiam sedes eadem ipsi archiepiscopo est ablata. Unde nobis humiliter supplicavit ut detentores prædictæ sedis ad ejus restitutionem compelli et Ecclesiæ ipsi competens spatium in circuitu dimitti libere mandaremus. Volentes igitur archiepiscopo memorato in Ecclesiæ suæ jure, sicut tenemur, adesse, fraternitati vestræ per apostolica scripta mandamus quatenus detentores prædictos ad restitutionem præfatæ sedis, prout justum fuerit, sublato cujuslibet contradictionis et appellationis obstaculo compellentes, faciatis in canonico circa ipsam spatio provideri.

Datum, *ut in aliis.*

CLXV.

ARCHIEPISCOPO PATRACENSI.

Ejusdem argumenti cum epistola 163.

(Laterani, III Kal. Novembris.)

Justis petentium desideriis dignum est nos facilem præbere consensum, et vota quæ a rationis tramite non discordant effectu prosequente complere. Eapropter, venerabilis in Christo frater, tuis justis precibus inclinati, concessionem Dimossarii Patracensis et totius Autumpnæ ac totius casalium de Exafilina, quæ nobiles viri Guiardus et Guillelmus in captione Constantinopolis acquisisse noscuntur, Ecclesiæ Patracensi liberaliter factam ab ipsis, sicut pie ac provide facta est, tibi ac per te ipsi Ecclesiæ auctoritate apostolica confirmamus et præsentis scripti patrocinio communimus. Nulli ergo omnino

---

(114) Vide infra epist. 165.

hominum liceat hanc paginam nostræ confirmationis infringere vel ei, etc., *usque* incursurum.

Datum Laterani, iii Kalend. Novembris, pontificatus nostri anno tertio decimo.

CLXVI.
DECANO, ARCHIDIACONO DE LOSEO, ET MAGISTRO HUGONI CANONICO CABILONENSI.
De libero accessu laicorum ad ordinem Cisterciensem.
(Laterani, ix Kal. Novembris.)

Dilecti filii abbas et conventus Cisterciensis transmissa nobis petitione monstrarunt quod quidam rectores ecclesiarum provinciæ Lugdunensis ab eis qui vivi et incolumes ad eorum ordinem transeunt, sibi fieri exigunt testamentum, et in eos quos iidem relinquunt in sæculo, propter hoc ecclesiastica exercent censuram, ac capitulum illud quo eis a sede apostolica indulgetur ut licite liberos et absolutos a sæculo fugientes recipiant interpretantes sinistre, asserunt eos, licet alias absoluti existant et liberi, sine ipsorum licentia non posse ad religionem transire, pro eo quod jure parochiali eisdem obligati tenentur. Quocirca discretioni vestræ per apostolica scripta præcipiendo mandamus quatenus præsumptores prædictos a præsumptione hujusmodi, monitione præmissa, per censuram ecclesiasticam sublato appellationis obstaculo compescatis. Quod si non omnes, etc., duo vestrum, etc.

Datum Laterani, ix Kalend. Novembris, pontificatus nostri anno tertio decimo.

CLXVII.
PATRACENSI ARCHIEPISCOPO.
De sustentatione ballivi.
(Laterani, Nonis Novembris.)

(115) Cum S. ballivo quondam tuo, qui pro eo quod jura Ecclesiæ tuæ fideliter defendebat, non solum naso est mutilatus, verum etiam graves alias jacturas incurrit, de bonis Ecclesiæ tuæ disponas liberaliter providere, sicut ex tua insinuatione didicimus, nos in hac parte pium tuum propositum in Domino commendantes, fraternitati tuæ præsentium auctoritate mandamus quatenus de bonis Ecclesiæ tuæ sibi ad sustentationem suam decenter providere procures.

Datum Laterani, Nonis Novembris, anno tertio decimo.

CLXVIII.
ABBATI ET CONVENTUI ALTÆCUMBÆ.
De monachis mittendis ad archiepiscopum Patracensem.
(Datum, *ut in alia.*)

Cum nobilis vir Gaufridus de Villa-Arduini dominus Achaiæ ad suggestionem venerabilis fratris nostri Patracensis archiepiscopi, sicut ipse proposuit coram nobis, multas possessiones et alia bona vobis duxerit concedenda, de quibus conventus valeat sustentari, devotioni vestræ per apostolica scripta mandamus quatenus hujusmodi propositum prompto prosequentes favore, conventum de fratribus vestris

(115) Vide infra epist. 171.

eidem archiepiscopo, in suis deducendum expensis, propter hoc assignare curetis.

Datum, *ut in alia.*

CLXIX.
NOBILI VIRO GAUFRIDO PRINCIPI ACHAIÆ.
De munienda ecclesia Patracensi.
(Datum, *ut in alia.*)

Ad tuitionem ecclesiarum tanto te intendere convenit quanto ex hoc Regi regum dignosceris complacere. Cum igitur Ecclesia Patracensis, in maris littore constituta, incursibus pateat piratarum, et venerabilis frater noster Patracensis archiepiscopus eam intendat ædificiis necessariis communire, ut clerici et servitores ipsius tute ibidem valeant commorari, nobilitatem tuam rogamus attentius et monemus, per apostolica tibi scripta mandantes quatenus super hoc archiepiscopum non impedias memoratum. Alioquin venerabilibus fratribus nostris Larisseno archiepiscopo et episcopo Cithoniensi damus nostris litteris in mandatis ut te ad hoc, monitione præmissa, per censuram ecclesiasticam, appellatione remota, justitia mediante, compellant.

Datum, *ut in alia.*

Scriptum est ipsis super hoc.

CLXX.
LARISSENO ARCHIEPISCOPO, ET EPISCOPO CITHONIENSI.
Ut archiepiscopus Patracensis fruatur terra de Larsa.
(Laterani, Nonis Novembris.)

Ex insinuatione venerabilis fratris nostri archiepiscopi Patracensis accepimus quod, cum bonæ memoriæ Willelmus Campaniensis, dudum in Apuliam transiturus, nobilem virum, Hugonem de Cham. suum ballivum et procuratorem fecerit generalem, promittens firmiter ut quidquid disponeret vel donaret, ratum haberet et firmum, sigillum sibi proprium committendo, idem Hugo positus in extremis terram de Larsa Ecclesiæ Patracensi reliquit, et licet id postmodum nobilis vir Gaufridus princeps Achaiæ approbasset, spontanea voluntate dictum archiepiscopum de terra illa investiens coram multis, cum tamen idem archiepiscopus ad percipiendos fructus illius terræ suum destinasset ballivum, nobilis vir P. de Becciniaco, asserens se terram ipsam auctoritate principis possidere, ballivum ipsum fructus percipere non permisit, eosdem occupans pro suæ arbitrio voluntatis. Quocirca fraternitati vestræ per apostolica scripta mandamus quatenus principem et nobilem memoratos, ut ab ejusdem archiepiscopi super hoc indebita molestatione desistant, permittentes eumdem terram ipsam pacifice possidere, ac eidem de fructibus perceptis ex ea satisfactionem idoneam exhibentes, monere prudenter et efficaciter inducere procuretis, ipsos ad hoc, si necesse fuerit, per censuram ecclesiasticam appellatione remota, sicut justum fuerit, compellentes. Testes autem qui fuerint nominati, etc.

Datum Laterani, Nonis Novembr., pontificatus nostri anno tertio decimo.

CLXXI.
EISDEM.

De satisfactione facienda archiepiscopo Patracensi.

(Datum, *ut in alia.*)

(116) Conquestionem venerabilis fratris nostri Patracensis archiepiscopi recepimus continentem quod C. miles et quidam socii sui Patracensis diœcesis in domum suam nequiter irruentes, manus in ipsum temerarias injecerunt, ac ballivum suum, quem inter brachia contra eorum sævitiam tuebatur, per violentiam capientes, pro eo quod jura Ecclesiæ fideliter defensabat, nasum ei crudeliter amputarunt. Per ipsius quoque militis servientes idem archiepiscopus captus fuit, et per quinque dies in carcere diro retentus, multis aliis eidem ab eodem milite ac suis complicibus damnis et injuriis irrogatis. Quocirca fraternitati vestræ per apostolica scripta mandamus quatenus dictum militem et alios, ut eidem archiepiscopo super datis damnis et irrogatis injuriis satisfactionem exhibeant competentem, monitione præmissa, per censuram ecclesiasticam appellatione remota cogatis. Testes autem, etc.

Datum, *ut in alia.*

CLXXII.
EISDEM.

De reverentia exhibenda prælatis.

(Laterani, VIII Idus Novembris.)

Venerabilis frater Patracensis archiepiscopus proposuit coram nobis, quod domini terræ illius, pro eo quod sacerdotes et monachos Græcos angariare nituntur, eosdem non permittunt sibi et aliis Latinis prælatis debitam obedientiam et reverentiam exhibere in animarum suarum dispendium et gravamen. Quocirca fraternitati vestræ per apostolica scripta mandamus quatenus dictos dominos, ut ab hujusmodi præsumptione desistant, monitione præmissa, per censuram ecclesiasticam appellatione remota, sicut justum fuerit, compellatis. Testes autem, etc.

Datum Laterani, VIII Idus Novembris, anno tertio decimo.

CLXXIII.
EISDEM.

Ut possessiones restituantur Ecclesiæ Patracensi.

(Datum, *ut in alia.*)

Cum nonnullæ possessiones ac jura et pertinentiæ quas Græcorum temporibus habuit Ecclesia Patracensis, quarum etiam possessione in ingressu Latinorum in Achaiam gaudebat, eidem per Latinos asserantur esse subtracta, fraternitati vestræ apostolica scripta mandamus quatenus detentores earum, ut ipsas restituant venerabili fratri nostro archiepiscopo Patracensi, monere prudenter et efficaciter inducere procuretis, ipsos ad hoc, si opus fuerit, per censuram ecclesiasticam appellatione postposita compellentes.

Datum *ut in alia.*

CLXXIV.
MONOTHONENSI ET AMICLIENSI EPISCOPIS.

De piis legatis Ecclesiæ Patracensis.

(Laterani, Nonis Novembris.)

Venerabilis frater noster Patracensis archiepiscopus nobis exposuit conquerendo quod domini terræ illius Ecclesiæ suæ diœcesis ea quæ a Christi fidelibus in ultima voluntate legantur, eisdem contra justitiam auferre præsumunt in suum et Ecclesiæ præjudicium et jacturam. Quocirca fraternitati vestræ per apostolica scripta mandamus quatenus dictos dominos, ut ab hujusmodi præsumptione desistant, monere prudenter et efficaciter inducere procuretis, ipsos ad hoc, si opus fuerit, per censuram ecclesiasticam, sicut justum fuerit appellatione postposita compellentes. Testes autem, etc.

Datum Laterani, Nonis Novembris, pontificatus nostri anno tertio decimo.

CLXXV.
DE CLAROMARISCO ET DE LONGOVILLARI ABBATIBUS CISTERCIENSIS ORDINIS, ET DECANO MOSTEROLI, MORINENSIS ET AMBIANENSIS DIŒCESUM.

De reformatione monasterii S. Judoci (117).

(Laterani, VI Idus Martii.)

Sicut per vestras nobis, filii abbates, litteras intimastis, cum vobis dederimus in mandatis ut ad monasterium Sancti Judoci supra mare personaliter accedentes, corrigeretis in capite ac in membris quæ limam correctionis exposcerent, vos, filii abbates, te, fili decane, tuam absentiam excusante, accedentes ad locum, nostris obtemperantes mandatis, tam abbatem quam universum capitulum invenistis, duobus duntaxat exceptis, Ingelranno et Clalbordo monachis, qui cum essent suis exigentibus culpis per abbatem et conventum ipsius loci excommunicationis vinculo innodati, duos alios seducentes, quos viros perniciosos, rebelles, et contumaces attestatione plurium didicistis, rejecto habitu monachali contumaciter recesserunt, correctione domus nullatenus exspectata. Vos autem capitulo convocato, cum abbas juxta mandatum vestrum universis et singulis fratribus in virtute obedientiæ ac animarum suarum periculo injunxisset ut super conversatione ipsius et statu Ecclesiæ dicerent veritatem, vos singulariter examinantes eosdem super his quæ personam contingebant abbatis, laudabile omnium testimonium invenistis; sed laudabilius juxta nonnullorum assertionem invenissetis, si se circa quosdam perversos et contumaces severius habuisset. Invenistis præterea sub ejusdem abbatis regimine, qui oppressiones multiplices est perpessus, imminutum Ecclesiæ debitum et redditum augmentatum, et tam in ædificiis quam aliis necessariis domus expensas factas, sicut oculata fide perpen-

(116) Vide supra epist. 167.
(117) De monasterio S. Judoci vide notas ad Luppum Ferrar. p. 349.

ditur, quæ usque ad mille librarum Parisiensium summam excrescunt. Conventui quoque, qui major est solito, ac hospitibus et pauperibus abundantius et honestius quam consueverit providetur. Licet autem omnibus inquisitis quædam, prout expedire vidistis, ibidem curaveritis ordinare, quia tamen inevitabilis necessitas vos trahebat accedendi ad capitulum generale, de nonnullis disponere in vestro reditu statuistis. Cum autem abbas et monachi supradicti propter hoc ad sedem apostolicam accessissent, et iidem monachi humiliter petiissent absolvi per venerabilem fratrem nostrum Nicolaum Tusculanum episcopum, recepto prius ab eis corporaliter juramento juxta formam Ecclesiæ ipsis fecimus beneficium absolutionis impendi. Quia vero in multis eosdem culpabiles deprehendimus, nec speratur quod ipsis præsentibus idem locus debita possit pace gaudere, de concilio fratrum nostrorum eos ad vos remittendos duximus in districtioribus monasteriis singulariter collocandos, in quibus in humilitate spiritus sua possint peccata deflere. Quocirca devotioni vestræ per apostolica scripta mandamus quatenus eisdem ad vos redeuntibus injungatis sub debito præstiti juramenti, et eos si opus fuerit, per censuram ecclesiasticam appellatione postposita compellatis ut ad loca quæ singulis deputaveritis transeant, victuri regulariter in eisdem. Abbates quoque ac monachos eorumdem locorum ad suscipiendum eos censura simili, si necesse fuerit, appellatione remota cogatis. Volumus nihilominus et mandamus ut ad sæpedictum monasterium accedentes, corrigatis diligentissime quidquid adhuc inveneritis corrigendum, et ita, Deum habentes præ oculis, ordinetis ut locus ipse debita de cætero valeat tranquillitate lætari. Nullis litteris veritati et justitiæ præjudicantibus, etc. Quod si non omnes, etc., duo vestrum ea, etc.

Datum Laterani, vi Idus Novembris, pontificatus nostri anno tertio decimo.

CLXXVI.
ABBATI ET CONVENTUI MONASTERII SANCTÆ MARIÆ DE CARRAZETO CISTERCIENSIS ORDINIS.
Confirmat concessionem regis Legionensis.
(Laterani, vi Kal. Novembris.)

Charissimus in Christo filius noster A., rex Legionensis illustris, suis nobis litteris intimavit quod cum castrum de Ventosa, ex parte in possessionibus monasterii vestri situm, quod desertum fuerat ab antiquo, reædificare ac in eodem populum congregare cœpisset, idem attendens quod castro populato prædicto, tam vos quam alia loca religiosa vicina et villæ nihilominus adjacentes ex eo paterentur non modicam læsionem, pœnitentia ductus, destitit ab incœpto, vobis et aliis locis religiosis ac adjacentibus villis concedens ne unquam in posterum ibidem populus collocetur, super hoc vobis et aliis fieri faciens publicum instrumentum. Qui etiam nobis humiliter supplicavit ut ad stabilitatem perpetuam concessionem ipsius apostolico dignaremur munimine roborare. Nos igitur paci et quieti monasterii vestri providere volentes, ac devotionem regiam commendantes, concessionem eamdem ad perpetui roboris firmitatem auctoritate apostolica confirmamus et præsentis scripti patrocinio communimus. Nulli ergo, etc., nostræ confirmationis infringere vel ei, etc., *usque incursurum.*

Datum Laterani, vi Kal. Novembris, anno tertio decimo.

CLXXVII.
ADULPHO QUONDAM COLONIENSI ARCHIEPISCOPO.
Conceduntur ei quædam gratiæ.
(Laterani, ii Idus Novembris.)

(118) Ad hoc exemplaria cœlestis imaginis in divinis voluminibus sunt descripta ut ea non solum venerari curemus, sed etiam imitari, non tam auditores verborum quam rerum factores effecti; quia non auditores legis, sed factores, justi sunt apud Deum. Sacra quippe Scriptura docente, didicimus quod in arca fœderis Domini cum tabulis legis virga continebatur et manna; quoniam in pectore summi pontificis, quod per arcam fœderis designatur, cum scientia legis divinæ debet virga correctionis et manna dulcedinis contineri, ut sciat vulneribus sauciati oleum infundere super vinum, et quem novit ex rigore percutere, sciat etiam ex benignitate sanare, humiliando superbos et humiles erigendo. Hinc est igitur quod licet in eo non parum deliqueris quod sine nostra licentia speciali, quin etiam contra nostram prohibitionem expressam, Ottone dimisso, adhæsisti Philippo; quia tamen impositam tibi propter hanc culpam a sede apostolica disciplinam patienter hactenus et humiliter supportasti, dignam pro meritis pœnitentiam peragendo, ac per hoc quod idem Otto contra nos indigne se gerit, qui eum toto conamine studuimus promovere, validissime præsumatur quod etiam contra te indigne se gessit, qui promotionis ipsius inter homines fueras prima causa, post rigorem justitiæ tibi rorem misericordiæ instillare volentes, fraternitati tuæ auctoritate præsentium indulgemus ut cum de mandato nostro non fueris a pontificali ordine degradatus, sed ab officio tantum pontificali remotus, liceat tibi cum pontificalibus celebrare, paleo duntaxat excepto, et ex permissione pontificis vel abbatis in cujus diœcesi vel cœnobio fueris constitutus, clericos vel monachos tibi canonice præsentatos ad minores ordines promovere, benedicere vestes, et vasa sacrare. In quibus omnibus illam te custodire volumus honestatem et modestiam adhibere ut scandalum evitando sic interdum prodesse possis aliquibus ut nullis omnino velis obesse. Ad hæc etiam tibi concedimus ut si citra curam pontificalis officii evocatus fueris ad aliquam ecclesiasticam dignitatem, licenter illam assumas; sed, si ad præsulatum fueris postulatus,

(118) Vide lib. x, epist. 19; et lib. xi, epist. 88; et lib. De negotio imper., epist. 9, 11, 19, 39, 55, 67, 80, 100, 112, 115, 116, 117, 144, 165.

illum suscipere non præsumas nisi de alia Romani pontificis indulgentia speciali, qui super hoc suo discreto consilio providebit quod viderit expedire. Tu ergo talem te studeas in omnibus exhibere ut gratiæ tibi factæ aut etiam faciendæ non reddaris ingratus, sed ad hæc et alia forte majora dignus et idoneus comproberis. Nulli ergo, etc., nostræ concessionis, etc. Si quis autem, etc., *usque* incursurum.

Datum Laterani, II Id. Novemb., anno tertio decimo.

CLXXVIII.
MAGISTRIS PALMARIO ET RICARDO CANONICIS LUCANIS.
De presbytero contra sententiam latam tergiversante.
(Laterani, XVI Kal. Decembris.)

Inter dilectos filios plebanum et clericos de villa Basilica ex una parte ac forensem presbyterum Lucanæ diœcesis ex altera super ecclesia Sancti Genesii de Boellio dudum quæstione suborta, cum dilecti filii prior et magister Zenobius subdiaconus noster canonicus Sancti Fridiani Lucani de nostro eam examinassent mandato, tandem de meritis ipsius sufficienter instructi, electionem rectoris ipsius Ecclesiæ, cum aliis quæ in eorum sententia continentur, plebi supradictæ villæ adjudicare curarunt, dictum presbyterum ab eadem sententialiter removentes. Quin cum ab eorum sententia nostram audientiam appellasset, ei demum in nostra præsentia constituto dilectum filium Angelum subdiaconum et capellanum nostrum concessimus auditorem. Et quia quædam, quæ contra prælibatam sententiam opponebat, asseruit se coram eo probare non posse, idem subdiaconus probationes suas recipiendas Pratensi præposito suoque collegæ commisit, nihilque coram ipsis probato, partes denuo ad ipsius subdiaconi præsentiam redierunt. Et prædictorum plebani et clericorum procuratore petente præfatam sententiam confirmari, eo quod idem presbyter in probatione defecerat objectorum; ipso autem presbytero in contrarium asserente quod probationes suas producere coram eodem præposito et collega ipsius ex causa rationabili recusarat, eo quod contra mandatum suum procurator ejus convenerat in judicem in quem non debuit convenire, subdiaconus ipse, ad convincendam ejus astutiam, alias ei duxit inducias concedendas, infra quas probaret, si vellet, coram aliis judicibus ea quæ coram prioribus non probarat. Super quo dictus presbyter apud subdiaconum memoratum, proprio procuratore dimisso, recessit. Sed hujusmodi procurator, licet vellet in judices convenire, litteras tamen accipere denegavit.

Interim autem sæpefato presbytero in urbe callide latitante, procurator supradictæ plebis apud subdiaconum sæpedictum diu fatigatus instabat ut procederet contra illum; sed respondente ipso quod jam esset officio suo functus, dilectus filius Alatrinus subdiaconus et capellanus noster denuo sibi concessus auditor a nobis citari jussit presbyterum memoratum; eoque coram ipso minime comparente, eum nec procurator ejus sæpius requisitus litteras vellet accipere deferendas ad judices coram quibus objecta contra sententiam probarentur, præmissa nobis ex ordine recitavit. Nos autem priori Sanctæ Reparatæ ac M. canonico Lucanis injunximus ut eamdem sententiam, quemadmodum erat justa, executioni mandarent. Sed idem presbyter ex illa clausula, *quemadmodum erat justa*, diffugii occasionem assumens, ad sedem apostolicam appellavit. Propter quod sententia ipsa non exstitit executioni mandata. Cum autem postea coram dilecto filio G. subdiacono et capellano nostro ad impugnandam supradictam sententiam quasdam exhibuisset litteras venerabilis fratris nostri episcopi Florentini, ex quibus colligi videbatur quod prædictus magister Zenobius tempore latæ sententiæ fuerat excommunicationis sententia innodatus, litteris tamen circa tenorem atque sigillum appensum habitis manifeste suspectis, pronuntiavit subdiaconus antedictus de consilio sapientium sæpedictum presbyterum, qui diutius super ipso negotio litigando hujusmodi litteras nunquam duxerat exhibendas, contra supradictam sententiam nullatenus ulterius audiendum; perpetuum super hoc eidem silentium imponendo. Et licet eidem presbytero ab ipsa sententia provocanti dilectus filius S. subdiaconus et capellanus noster fuerit post hæc concessus auditor, nunquam tamen per se aut procuratorem idoneum, exspectatus diutius, comparuit coram eo. Nuper etiam, licet quidam laicus, cui pro presbytero memorato clamanti dilectum filium Rainaldum acolythum et capellanum nostrum concessimus auditorem, quoddam coram eo exhibuerit instrumentum, in quo in verbo veritatis idem presbyter fatebatur se illa corporis infirmitate gravatum quod sedem non poterat apostolicam visitare, ad defensionem tamen illius nihil aliud allegavit. Volentes igitur finem imponi hujusmodi controversiæ toties suscitatæ, ne sæpedictus presbyter lucrum de tanta tergiversatione reportet, discretioni vestræ per apostolica scripta mandamus quatenus eumdem presbyterum contra dictam sententiam nullatenus audientes, sententiam ipsam appellatione remota executioni mandetis, contradictores per censuram ecclesiasticam compescentes.

Datum Laterani, XVI Kalend. Decembris, anno tertio decimo.

CLXXIX.
COMPOSTELLANO ARCHIEPISCOPO.
De reducendis monialibus in monasterium de Lorbano.
(Laterani, XVII Kal. Decembris.)

Causam, quæ vertebatur inter abbatem et monachos de Lorbano ac illustrem reginam Tarasiam, post multas commissiones tibi duximus delegandam: qui diligenter in illa procedens, eam nobis remisisti sufficienter instructam. Nos igitur utriusque partis attestationibus et allegationibus intellectis, ita duximus sententialiter providendum, ut quia constitit nobis præfatos abbatem et monachos per vim et metum fuisse coactos monasterium de Lorbano deserere disponendum prædictæ reginæ, quæ, sicut conata fuerat ab initio, sic demum quasdam in illud monachas introduxit, quas tanquam propriam familiam ibi continet et gubernat, illis honeste remotis ab ipso, iidem abbas et monachi reducantur in illud et restituantur ad plenum, ita quod ejus bona dilapidare non possint, debitis tamen ab ipsa regina solutis quæ propter justas et moderatas expensas necessario contraxerunt. Cum autem plenam fuerint restitutionem adepti, quia probatum est evidenter prædictum monasterium per eosdem abbatem et monachos multis et magnis criminibus rretitos in spiritualibus et temporalibus esse collapsum, ipsi de illo protinus excludantur, et per monasteria quæ bene sint ordinata singuli collocentur, ut et locus inquinatus ab ipsis ab eorum spurcitiis emundetur, et ipsi in locis aliis dignam agant pœnitentiam pro peccatis; quatenus, hac adhibita providentia, nec libertas ecclesiastica per sæcularem insolentiam ancilletur, nec enormes excessus remaneant incorrecti. Monasterio denique sic vacante, si sæpedicta regina fervore religionis accensa voluerit illud, a debitis liberando, tam in officinis quam aliis necessariis taliter præparare quod conventus quadraginta monialium possit in eo secundum statuta Cisterciensis ordinis congrue sustentari, moniales prædictæ de nostra licentia reducantur in illud, et secundum institutiones prædicti ordinis disponantur. Alioquin per honestos monachos nigri ordinis de diversis monasteriis assumendos idem monasterium reformetur. Volentes igitur ut hæc quæ provide sunt statuta per sollicitudinem tuam fideliter impleantur, fraternitati tuæ, de qua plenam fiduciam obtinemus, per apostolica scripta præcipiendo mandamus quatenus ea sublato cujuslibet contradictionis et appellationis obstaculo facias adimpleri, contradictores, si forsitan apparuerint, sive mulieres fuerint, sive viri, per censuram ecclesiasticam compescendo. Quod si prædicti abbas et monachi secundum præscriptam formam redire noluerint, tu in cæteris mandatum apostolicum prosequaris.

Datum Laterani, xvii Kal. Decembris, anno tertio decimo.

CLXXX.

NOBILI MULIERI BLANCHÆ (119) COMITISSÆ CAMPANIÆ.

Confirmatur compositio facta cum rege.

(Laterani, x Kal. Decembris.)

Justis petentium desideriis dignum est nos facilem præbere consensum, et vota quæ a rationis tramite non discordant effectu prosequente complere. Eapropter, dilecta in Christo filia, tuis justis postulationibus grato concurrentes assensu, compositionem inter te ac charissimum in Christo filium nostrum Philippum regem Francorum illustrem super custodia nati tui (120), et ab ipso nato eidem regi hominio (121) faciendo, et quibusdam aliis articulis initam, sicut provide facta est et ab utraque parte sponte recepta et juramento firmata (122), et in authenticis exinde confectis plenius continetur, auctoritate apostolica confirmamus et præsentis scripti patrocinio communimus. Nulli ergo, etc., nostræ confirmationis, etc. Si quis autem, etc., *usque* incursurum.

Datum Laterani, x Kal. Decembris, anno tertio decimo.

CLXXXI.

EPISCOPO TIBURTINO.

Quod filius censendus est quem pater et mater publice recognoverunt.

(122*) Per tuas (123) nobis litteras intimasti quod cum T. Tiburtinus civis quamdam per septennium habuerit concubinam (124), nec prolem interim susceperit ex eadem, ac ipsa postmodum divertens ab eo, ad ipsum post non multum temporis rediisset, filium quem reversa in domum ipsius peperit, ex eo se asseruit suscepisse. Qui licet a principio dixerit illum nequaquam filium suum esse, cum mulier illa per septennium eidem cohabitans ex eo minime concepisset, mulieris tandem et aliorum devictus instantia, eum suum filium recognovit, Rainaldum eum nomine appellando. Cum autem idem Rainaldus ad virilem pervenisset ætatem, ac domum Saturnellæ sororis ipsius T. frequentaret, quæ ipsum nepotem suum publice nominabat, et Sophiam ipsius Saturnellæ filiam, cum qua quoti-

---

(119) Non Margaretæ, ut vult auctor Theatri principum, quæ fuit filia Sanchii quinti regis Navarræ, qui primus, devictis Sarracenis, avito Stemmati catenas, quibus infidelium castra vallata fuerant, inseruit. Notandum autem Hallanum in extremo vitæ Philippi Augusti et Beloium de domanii Francisci unione non intellexisse istius prosapiæ seriem, dum Joannam, quæ fuit uxor Philippi Pulchri regis Christianissimi, Theobaldi minoris (cujus fit mentio in hac epistola), asserunt filiam. Ista siquidem Henrico Crasso Navarræ regi qui successit Theobaldo hæres exstitit, quæ collegium Navarræ Musarum alumnis dedit Augustæ Parisiorum.

(120) *Nati tui.* Theobaldi minoris, cujus fascibus succurrit, quemadmodum regina Blancha Ludovico Pio, et serenissima regina Maria Medices Ludovico XIII, semper Augusto, ob teneriorem ætatem, infirmiori sceptro fidem præstitere ex senatusconsulto Parisiensi, quod postea edicto regio approbatum, ejusdemque formula actis curiæ sacrata fuit.

(121) Hominio sive homagio (hominatum dixit Yvo Carnutensis) ab homine et vassallo, cujus submissionis sive obedientiæ solemni ritu (ut dicitur in homagio ducis Britanniæ apud Ferrantum De jure regni, privil. 2, et Vinerium in Britannia) hominem ligium regis Christianissimi se constituebat, ut inf. epist. 7, lib. xvi.

(122) *Juramento firmata* per Deum ut in. 3, § ult. et l. III, *De jurejur.* V. infra epist. 5, lib. I.

(122*) Cap. *Per tuas*, De probat.

(123) *Per tuas* corrige et amplia ex hac epistola c. *Per tuas* de probat. et adde epigraphen.

(124) *Concubinam*, v. g. Græcum ἡ συζῶσα. Τèν ἐν τῷ οἴμῳ αὐτοῦ νομίμως χώρις γάμου, de qua in l. CXLIV De verb. signific.

dianam conversationem (125) habuerat, in vinea invenisset, arrhavit (126) et carnaliter cognovit eamdem. Quod cum pervenisset ad notitiam Saturnellæ, acriter increpavit uxorumque; et apud se filiam retinens, supradictum R. removit a domo. Cum autem mater ipsius Rainaldi accepisset quod (127) pater ejusdem Sophiæ dicto R. graviter minabatur, in civitatis platea juravit publice coram multis quod Rainaldus supradictam Sophiam propinquitatis linea minime contingebat, affirmans sub virtute præstiti juramenti se de alio quam de supradicto T. antefatum suscepisse Rainaldum. Cum ergo nos duxeris consulendos an mulieris assertioni standum sit in hac parte, et an memoratus R. supradictam Sophiam habere valeat in uxorem, insinuatione tibi præsentium respondemus quod cum idem Rainaldus, quem dicta mulier filium dicti T. primitus constanter asseruit, et ille, ipsius præcipue devictus instantia, ipsum suum filium publice recognovit, filius dicti T. nominatus communiter fuerit et habitus ab ambobus, ejusdem mulieris jurationi postmodum in contrarium præstitæ non est standum (128), cum nimis indignum sit, juxta legitimas sanctiones (129), ut quod (130) sua quisque voce dilucide protestatus est, id in eumdem casum proprio valeat testimonio infirmare. Unde apparet per consequentiam quod prædictus R. memoratam Sophiam, cujus prima facie præsumitur cousobrinus, habere non potest aliquatenus in uxorem.

Datum Laterani, v. Kal. Decembris, pontificatus nostri anno tertio decimo.

CLXXXII.

ABBATI SANCTI VICTORIS, CANCELLARIO, ET DECANO SANCTI MARCELLI PARISIENSIS.

Confirmatur epistola 147 libri XII.

(Laterani, II Kal. Decembris.)

Cum causam, quæ inter monasterium Sancti Martini de Campis et archipresbyterum ecclesiæ Sancti Jacobi Parisiensis, cujus jus patronatus ad ipsum monasterium pertinet, super medietate proventuum ejusdem ecclesiæ, quam in ea sibi monasterium vindicabat, dilecto filio abbati Sancti Joannis de Vallsia, archidiacono et cantori Carnotensibus olim duxerimus committendam, ipsi demum de meritis causæ redditi certiores, habito prudentum consilio, supradictum archipresbyterum ad reddendam annuatim monasterio antefato medietatem omnium proventuum ecclesiæ Sancti Jacobi condemnarunt. Super qua sententia cum tam coram judicibus delegatis a nobis quam coram nobis diutius fuerit litigatum, nos demum iis quæ utraque pars proposuit intellectis, de fratrum nostrorum consilio sententiam prædictorum judicum approbantes, archipresbyterum antedictum super medietate omnium proventuum ecclesiæ suæ annuatim monasterio Sancti Martini reddenda sententialiter meminimus condemnasse, dilectis filiis abbati et priori Sancti Germani de Pratis et magistro Roberto de Corzon canonico Parisiensi nostris dantes litteras in mandatis ut quod fuit a nobis sententialiter diffinitum facerent appellatione remota inviolabiliter observari, contradictores per censuram ecclesiasticam compescendo. Cum autem archipresbyter, sicut exsecutores ipsi per suas nobis litteras intimarunt, sæpedictam proventuum medietatem monasterio integraliter solvere detrectaret, et ad querimoniam monasterii ejus sæpius iteratam ipsi archipresbyterum pluries monuissent ut apostolico mandato parendo, a monasterii super hoc inquietatione cessaret, ac eidem satisfaceret de subtractis, et id postea sub excommunicationis pœna et sæpe mandassent, quia tamen archipresbyter, eorumdem monitis vilipensis, nostræ præsumebat sententiæ obviare, parochianos suos contra monachos Sancti Martini ad ecclesiam Sancti Jacobi pro suis accedentes justitiis nequiter incitando, eum excommunicationis vinculo innodarunt, facientes per dilectum filium archidiaconum Parisiensem in universis Parisiensibus ecclesiis excommunicatum publice nuntiari. Unde, cum nuper idem archipresbyter ad nostram præsentiam accessisset, recepto ab ipso corporaliter juramento, juxta formam Ecclesiæ ipsi fecimus beneficium absolutionis impendi, firmiter injungentes eidem sub debito præstiti juramenti ut medietatem omnium proventuum ecclesiæ Sancti Jacobi, nulla prorsus vel pro expensis vel pro alia causa deductione facta, reddat integraliter annuatim monasterio memorato. Quocirca discretioni vestræ per apostolica scripta mandamus quatenus faciatis idem sublato appellationis obstaculo adimpleri, contradictores, si qui fuerint, vel rebelles per censuram ecclesiasticam compescentes: ita videlicet quod si dictus archipresbyter mandato nostro præsumpserit ulterius obviare, tam pro perjurio quam pro præsumptione hujusmodi ipsum appellatione remota pœna canonica

---

(125) *Conversationem,* consuetudinem l. XXIV. De ritu nupt. § ult. De nuptiis apud Justinianum.

(126) *Arrhavit* tanquam legitimam uxorem, Hesychius in verbo Μνήστωρ τοῦ γάμου ἀρράβων V. g arrha sponsio conjugalis, et Genes. 38 eadem vox. כלי‎ usurpatur, ubi LXX Interpretes ἐανθῶς ἀρραβῶνα Arrhatæ et pactæ conjugis meminit, Achilles Tatius lib. VIII de amor. Leuc. et Clitoph. et toto tit. De sponsal. et arrhis sponsali.

(127) *In quarta collect.* vir ejusd. *male.*

(128) *Non standum,* quoniam non valet juramentum præstitum in præjudicium juramenti superioris, ut ait glossa in c. *Venientis* De jurejur. et mulieri, quæ præstito juramento asseruit, aliquem in matrimonium consensisse, probationem aliam non habenti minime creditur in c. *Mulieri*, eodem titulo.

(129) Vide l. *Generaliter* Cod. de non numer. pecun. — *Legitimas sanctiones*, jus civile quod vocatur jus legitimum, quoniam a lege 12 Tabularum originem sumpsit, hinc legitimum jus Quiritum apud Tullium pro domo sua.

(130) *Ut quod*, ex l. *Generaliter.* De non numer. pecun.

castigetis. Quod si non omnes, etc., duo vestrum ea, etc.
Datum Laterani ii. Kal. Decembris, anno tertio decimo.

CLXXXIII.
ARCHIEPISCOPIS ET EPISCOPIS PER HISPANIAM CONSTITUTIS.
De subsidio præstando regibus adversus Sarracenos.

(Laterani, iv Idus Decembris.)

(131) Significavit nobis dilectus filius Fernandus primogenitus charissimi in Christo filii nostri Aldefonsi illustris regis Castellæ quod ipse militiæ suæ primitias omnipotenti Deo desiderans dedicare, ad exterminandum inimicos nominis Christiani de finibus hæreditatis ipsius, quam impie occuparunt, intentionis studium toto conamine satagit impertiri, suppliciter postulans et devote requirens ut ei ad hoc opus fideliter consummandum et nos ipsi apostolicum impendamus suffragium et ab aliis faciamus opportunum subsidium exhiberi. Nos igitur pium ejus propositum in Domino commendantes, fraternitati vestræ per apostolica scripta mandamus quatenus reges et principes vestros, qui non sunt cum illis ad treugas observandas astricti, ad opus simile peragendum sedulis exhortationibus inducatis, monentes ex parte Dei et nostra subditos vestros, et in remissionem eis omnium peccaminum injungentes, quatenus tam præfato primogenito regis Castellæ quam aliis regibus et principibus vestris ad hoc opus salubriter intendentibus necessarium impendent auxilium in rebus pariter et personis, ut per hæc et alia bona quæ fecerint, cœlestis regni gloriam consequi mereantur. Pari quoque remissione gaudere concedimus peregrinos qui propria devotione undecunque processerint ad idem opus fideliter exsequendum. Taliter autem studeatis exsequi quod mandamus ut sollicitudo vestra clareat in effectu, nosque devotionem vestram valeamus merito commendare.

Datum Laterani, iv Idus Decembris, anno tertio decimo.

CLXXXIV.
CONSTANTINOPOLITANO PATRIARCHÆ.
Ne Græci faveant Michalicio.

(Laterani, vii Idus Decembris.)

Ex litteris charissimi in Christo filii nostri Henrici Constantinopolitani imperatoris illustris nostro est apostolatui reseratum quod Michalicius, fidelitate quam eidem præstiterat imperatori contempta, hominibus ejus minime diffidatis, et spreto nihilominus juramento quod eidem imperatori et E. fratri ejus, cui idem Michalicius filiam suam primogenitam tradiderat in uxorem, præstiterat, A. imperii comestabulum cum militibus et aliis usque centum in dolo capiens, quosdam flagellavit ex ipsis, quosdam retrusit in carcerem, et quibusdam nequiter interfectis, comestabulum ipsum cum tribus aliis et capellano suo, quod est horribile dictu, suspendit in cruce. His autem ad nequitiam postmodum animatus, Latinorum fretus potentia, qui cupiditate cæcati ad ipsum Michalicium confugerunt, castra ejusdem imperatoris obsedit, villas combussit, et omnes Latinos presbyteros quos capere potuit, et quemdam electum in præsulem et etiam confirmatum, fecit capitibus detruncari. Præterea Lascarus, (132) qui pro imperatore se gerit, stipatus viribus Latinorum, qui postpositis Dei timore ac hominis reverentia, spretis etiam stipendiis quæ idem imperator ipsis poterat exhibere, ab inimicis ejus recepere majora quam ipse illis valeat erogare, quemdam de principibus ejus cepit, et ut dicitur, excoriari fecit eumdem. Quia vero si Græci recuperarent imperium Romaniæ, terræ sanctæ succursum pene penitus impedirent, ne occasione succursus ipsius iterum perderent locum et gentem, cum et antequam idem imperium a Græcis translatum fuerit ad Latinos, ipsi a nobis sæpe moniti et rogati nunquam terræ sanctæ voluerint subvenire, quin etiam Isachius imperator ob gratiam Saladini fieri fecerit in urbe Constantinopolitana meskitam; et quia si possent exterminare Latinos, in apostasiæ suæ vitio fortius perdurarent in odium Latinorum, quos etiam nunc canes appellant, sicque novissimus error fieret pejor priore, cum submurmurare non cessent quod per apostolicæ sedis ingenium exercitus Latinorum in Constantinopolim declinaverit captivandam, fraternitati tuæ per apostolica scripta mandamus quatenus Latinos diligenter moneas, inducas, et eis sub pœna excommunicationis injungas ne Græcis, et præsertim præfato Michalicio, qui faciendo necari presbyteros laqueum excommunicationis incurrit, contra imperatorem prædictum vel fideles ipsius auxilium præbeant vel favorem, commonens nihilominus imperatorem eumdem ut ipsis congrua stipendia subministret, ne se ad Græcos transferre præ inopia compellantur; illos autem qui tua monitione contempta Græcis contra eumdem imperatorem et fideles ipsius præsumpserint adhærere, per censuram ecclesiasticam appellatione remota compescere non postponas; ita quod sententias quas propter hoc tuleris in eosdem nullus relaxare præsumat, nisi de mandato sedis apostolicæ speciali.

Datum Laterani, vii Idus Decembris, pontificatus nostri anno tertio decimo.

In eumdem modum scriptum est archiepiscopis, episcopis, et dilectis filiis universis prælatis Romaniæ per totum, usque captivandam, discretioni vestræ per apostolica scripta mandamus quatenus, etc., *in eumdem fere modum ut in alia, usque* compescatis; ita ut si qui propter hoc laqueum excommunicationis incurrerunt, et postmodum redierint ad cor, offerentes se mandatis Ecclesiæ parituros, auctoritate præsentium juxta formam Ecclesiæ ipsis absolutionis beneficium impendatis.

Datum Laterani, vii Idus Decembris, anno tertio decimo.

---

(131) Vide infra lib. xiv, epist. 3, 4, 154, 155; lib. xv, epist. 15; et lib. ii. Miscellaneor. nostror. pag. 251.

(132) Vide lib. xi, epist. 47.

CLXXXV.

SALIMBRIENSI EPISCOPO, ET SANCTÆ MARIÆ DE BLAKERNA ET SANCTI GEORGII DE MANGONIA DECANIS CONSTANTINOPOLITANIS.

De unione Ecclesiæ Medensis cum Verisiensi.

(Datum, *ut in alia.*)

Cum Ecclesia Verisiensis, quæ metropolitica est prædita dignitate, in redditibus sit exsilis, ne præ nimia paupertate in ea nomen episcopale vilescat, nobis fuit humiliter supplicatum ut Medensem Ecclesiam in ejus provincia constitutam eidem adjungere dignaremur, cum nondum quisquam ejus regimini sit præfectus. Quocirca discretioni vestræ per apostolica scripta mandamus quatenus si eam vacare ac de ipsius provincia esse constiterit, curam ejusdem dilecto filio Varisiensi electo auctoritate apostolica committatis, ut eam teneat commendatam donec de illa nos vel successores nostri aliter duxerimus disponendum ; ita quod distrahendi vel alienandi quoquo modo possessiones ipsius nullam habeat penitus potestatem, contradictores per censuram ecclesiasticam appellatione postposita compescendo. Quod si non omnes, etc., tu ea, frater episcope, cum eorum altero, etc.

Datum, *ut in alia per totum.*

CLXXXVI.

SALIMBRIENSI EPISCOPO.

De dividendis proventibus ecclesiasticis.

(Laterani, VII Idus Decembris.)

(133) Cum clerici præ nimia paupertate non valeant, sicut dicitur, apud Constantinopolim remanere, nobis fuit humiliter supplicatum quatenus decimas et quintas decimas inter venerabilem fratrem nostrum Constantinopolitanum patriarcham et ipsos clericos dividi congrue faceremus, ut de ipsis valeant sustentari. Quocirca præsentium tibi auctoritate mandamus quatenus, duobus tecum assumptis, quorum unus ab eodem patriarcha et alter ab ipsis clericis eligatur, componas una cum illis super his, si fieri poterit, infra mensem amicabiliter inter eos ; alioquin ex tunc tu et illi usque ad adventum legati, quem ad partes illas in brevi proponimus destinare, super eis auctoritate nostra sublato appellationis obstaculo, de plano, sine strepitu litis, provide arbitremini quod utrique parti videritis expedire ; ita quod si non omnes potueritis concordare, quod duo vestrum statuerint robur obtineat firmitatis, contradictores per censuram ecclesiasticam appellatione postposita compescendo. Quod si alterutra partium noluerit eligere arbi-

A trium, tu nihilominus cum eo qui fuerit electus a reliqua præscripto modo procedas.

Datum Laterani, VII Idus Decembris, pontificatus nostri anno tertio decimo.

CLXXXVII.

PALENTINO ET BURGENSI EPISCOPIS, ET ABBATI DE MORIMUNDO CISTERCIENSIS ORDINIS.

De benedictione monialium et prædicatione vetita abbatissis.

(Laterani, III Idus Decembris.

(134) Nova quædam nuper, de quibus miramur non modicum, nostris sunt auribus intimata, quod abbatissæ videlicet in Burgensi et Palentinensi diœcesibus constitutæ moniales proprias benedicunt, ipsarumque confessiones criminalium audiunt, et legentes Evangelium præsumunt publice prædicare. Cum igitur id absonum sit pariter et absurdum, nec a nobis aliquatenus sustinendum, discretioni vestræ per apostolica scripta mandamus quatenus ne id de cætero fiat auctoritate curetis apostolica firmiter inhibere ; quia licet beatissima virgo Maria dignior et excellentior fuerit apostolis universis, non tamen illi, sed istis, Dominus claves regni cœlorum commisit.

Datum Laterani, III Idus Decembris, anno tertio decimo.

CLXXXVIII.

NOBILI VIRO COMITI TOLOSANO (135).

Ut hæreticos de terris suis ejiciat.

(Laterani, XVI Kal. Januarii.)

Non decet tanti nominis virum super justis promissionibus suis desistere vel tepere, quin eas sic studiosus adimpleat prout factas sibi desiderat promissiones impleri. Cum igitur de terris tuis hæreticos promiseris amovere, miramur non modicum et dolemus quod ipsi adhuc in terris eisdem, sicut accepimus, tua faciente negligentia, ne, te permittente, dixerimus, commorantur. Quia vero præter animæ tuæ periculum, quod ex hoc posses incurrere, grave famæ suæ dispendium patereris, nobilitatem tuam rogamus, monemus attentius et hortamur, per apostolica tibi scripta mandantes quatenus exterminare a terris eisdem hæreticos, prout te coram nobis promisisse recolimus, non postponas. Alioquin exterminatoribus eorumdem terras ipsorum noveris esse concessas divino judicio possidendas.

Datum Laterani, XVI Kalend. Januarii, anno tertio decimo.

---

(133) Vide supra epist. 44.
(134) Cap. *Nova quædam*, De pœnit.
(135) Raymundo quarto, qui S. Ægidii comes Tolosæque vocatur apud Guill. Britonem Philipp. lib. VIII. Comes sani Ægidii a Polyd. Virgilio Hist. Angl. lib. XIII, ann. 1162. Male S. *Eligii* apud Guaguinum, lib. VI. Item in Fastis consul. Tolosan. dux Narbonæ et marchio Provinciæ dicitur, et Raymundus senior in chronico de præclaris Francorum facinoribus, ubi insepultum videmus, quoniam vinculo excommunicationis innodatus, « ejusdemque caput in turri S. Joannis Hierosolymitani usque in hanc diem servatur. » Ex eodem chronico. Vide Holagarii Historiam.

CLXXXIX.

NOBILI VIRO SIMONI COMITI LEICESTRIÆ (136), **DOMINO MONTISFORTIS.**

Ut censum exigat apostolicæ sedi debitum.

(Laterani, xv Kal. Januarii.)

Ut tuæ nobilitatis devotio, quam expertam habemus in multis, nobis sit semper obnoxior, ea tibi duximus committenda per quæ nobis et apostolicæ sedi possis et debeas amplius complacere. Ideoque nobilitati tuæ, de qua plene confidimus, per apostolica scripta mandamus quatenus cum fideliorem te non possimus in ipsis partibus invenire, istud onus pro nobis assumas ut censum trium denariorum (137) quos de unaquaque domo de terra contra hæreticos acquisita sedes apostolica debet recipere annuatim fideliter colligas et reserves, ipsum nobis per fidelem nuntium transmissurus, vel assignaturus eis quibus per nostras litteras tibi duxerimus injungendum (138).

Datum Laterani, xv Kal. Januarii, anno tertiodecimo.

CXC.

PHILIPPO ILLUSTRI REGI FRANCORUM.

Ut regalia restituat episcopis Aurelian. et Antissiodorensi.

(Laterani, xvii Kal. Januarii.)

(139) Cum alii reges et principes rationes et libertates ecclesiasticas persequuntur, nos, fili charissime, te illis objicimus in exemplum quod eas in regno tuo custodis illæsas : propter quod et Dominus justus judex te ac regnum tuum hactenus custodivit illæsum, quin etiam magnifice augmentavit, nec augmentare ac custodire desistet quandiu tu et hæredes tui fideliter curaveritis in hoc laudabili proposito permanere (140), quod et apud Deum est meritorium et apud homines gloriosum. Nam, si ad regna vicina pariter et remota oculos tuæ considerationis extendas, manifeste videbis quam graviter Deus illa contriverit quorum reges et principes rationes et libertates ecclesiasticas infringere præsumpserunt. Nuper autem, quod dolentes referimus nostris est auribus intimatum quod tua regalis sublimitas contra venerabiles fratres nostros Antissiodorensem et Aurelianensem episcopos indignata rem agi præcepit non utique sui moris, sed nec etiam sui juris, dum eorum saisiri fecisti regalia (141), imo etiam quædam alia præter illa ; cum nedum de aliquo foris facto confessi fuerint vel convicti, nec etiam ad satisfaciendum commoniti vel inducti, levi occasione prætensa, quod quidam eorum milites (142) in tuo exercitu constituti ad locum, quem eos adire præceperas, ire cum aliis noluerunt, absentibus eisdem episcopis per licentiam a te liberaliter impetratam. Et cum tam per seipsos quam etiam per venerabiles fratres nostros Senonensem (143) archiepiscopum et coepiscopos (144) suos tibi humiliter supplicaverint ut faceres eis reddi regalia (145) sic

---

(136) *Comiti Leicestriæ*, qui uxorem duxerat Eleonoram sororem Henrici III, regis Angliæ, ex his restituo Bzovium 1212, § 15, qui vult comites Montisfortis et Leicestriæ census sedis apostolicæ a Volcis debitos misisse, sed dicendum esse comitem Montisfortis et Leicestriæ. Unus enim et idem ut patet ex hac epistola.

(137) *Censum trium denariorum.* Qui jampridem in desuetudinem abiit, ab eo tempore, quo Gallia Narbonensis regno Liliorum fasces subjecit, sub imperio Philippi III anno Domini 1272, post obitum Agnati ex Alphonso patruo, qui Joannam Raymundi quinti sive junioris filiam, uxorem duxerat, sub ea conditione, ut si sine liberis decederent, Lantgotthia, sive Occitania, cæteræque provinciæ ditioni comitis Tolosani subditæ, regno Christianissimo, jure accrescendi adjicerentur : quod ita evenit, ut patet ex Fastis consularibus Tolosatum. Cum enim feudum ad originem a qua fluxerat rediisset (siquidem a Carolo Magno Torsino sive Tortinus feudo Galliarum nobilissimo investitus anno Domini 778, postquam aqua regenerationis intinctus est), ejusdem naturæ et qualitatis factum est, cujus censentur regis imperio subditæ nationes. Censum autem accipiemus hic tributum capitis, qui viritim et ratione personæ per singula capita, sive, ut ait Innocentius, pro unaquaque domo præstatur, ut in l. cum antea de agric. et cens. lib. xi, *Non autem*, tributum soli pro modo jugerum, ut in l. *immunitates* G. e. t. Itaque hic intelligitur capitatio, non vigatio, quæ obtinet in reditu annuo Ruparæ quarto a Divione lapide, quam vulgo nuncupamus *les Matroces de Rouvre.*

(138) Vide lib. cxx, epist. 108, 109, 122.

(139) Vide lib. x, epist. 195 ; lib. xiv, epist. 52, 162, 106, 107 ; et lib. xv, epist. 39, 40.

(140) *Proposito permanere.* Quod ita evenit ; etenim in fluvium projeci divini nominis pejera-

tores sancivit, Hebræos regno expulit, Albigenses deleri mandavit, et Hierosolymitanæ expeditioni milites suos accinxit. Guaguinus in ejus Vita.

(141) *Regalia* jura scilicet, sive regalias, quas, ut rescribit Philippus IV in ordinatione regia nos et nostri, prædecessores percipere consuevimus et habere in aliquibus Ecclesiis regni nostri, quando eas vacare contingit, quæ confirmata est a Joanne anno Domini 1351, in ordinat. reg. parte in veteris styli parlam. tit. 31, et ex locorum fundatione et antiqua consuetudine jura hujusmodi vindicantur c. *Generali*, § *Qui autem de elect.* in 6, et c. *Hinc* 16, q. 1, et c. *Adrianus*, distinct. 63, v. infra epist. 7 lib. xvi.

(142) *Milites*, quia desertores exercitus regii, quod ex præsumptione nunquam tentassent, nisi volentibus aut conniventibus episcopis contra fidelitatis jusjurandum quod ab initio regi præstiterant, ratione feudi, stola ad collum posita, et manu ad pectus. Jo. Ferrautus De jurib. reg., privil. 10, nosque et alios prælatos de regno, quorum quidam per homagium et fere omnes juramento sumus fidelitatis astricti, ad jus et honorem ipsius, et regni servandum teneri ex cod. ms. Sancti Victoris Parisiensis in epistola prælatorum Franciæ ad Bonifacium papam VIII.

(143) *Senonensem.* Quarta Lugdunensis Senonis super Icaniam in Auctuario Sigiberti, super quam prima Lugdunensis primatum obtinet.

(144) *Coepiscopo*, sive suffraganeos, c. *Hæc quippe*, 8 q. 6, qui sunt intra proviciam Senonensem, c. *Si quis* 23, q. 8, ad cujus judicium omnes causæ episcoporum et sacerdotum ejusdem provinciæ referuntur. c. *Scitote* 6, q. 3, ad cui secundum canones subjecti sunt in lege Longobard. C. *De episc. et cleri* et can. 25 concil. Chalcedon.

(145) *Regalia*, quæ competunt regi in diœcesi Senonensi. Jo. Ferrautus, De juribus regni, privil. 5,

subtracta, paratis postmodum curiæ tuæ (146) subire judicium, sicut in talibus fieri consuevit, tu supplicationes eorum admittere noluisti, sed cogis eos miserabiliter exsulare. Propter quod ipsi de prudentum virorum consilio terram tuam in eorum diœcesibus constitutam supposuerunt ecclesiastico interdicto; sed nec sic potuerunt a te satisfactionem aliquam obtinere : unde coacti sunt apostolicum patrocinium implorare. Quocirca serenitatem tuam rogandam duximus et monendam, in remissionem tibi peccaminum injungentes, quatenus pro divini nominis gloria et apostolicæ sedis honore facias præfatis episcopis subtracta restitui universa, et eos secundum consuetudinem approbatam juste ac modeste tractari, donando, nobis intercedentibus, pro Deo et propter Deum, si quam præfati pontifices adversum te commiserunt offensam, ne hac occasione contingat inter regnum et sacerdotium (147) scandalum exoriri; quia non in majoribus tibi curabimus grata, favente Domino, vicissitudine respondere.

Datum Laterani, xvii Kalend. Januarii, pontificatus nostri anno tertio decimo.

CXCI.

ARCHIEPISCOPO ET SUFFRAGANEIS ECCLESIÆ SENONENSIS.
Super eodem.
(Datum, *ut in alia.*)

Scribimus charissimo in Christo filio nostro Philippo illustri regi Francorum quod cum alii reges et principes rationes et libertates ecclesiasticas persequuntur, nos eumdem regem illis objicimus in exemplum quod eas in regno suo custodit illæsas : propter quod et Dominus justus judex ipsum, etc., *in eumdem fere modum ut in alia, usque in finem.* Quocirca fraternitati vestræ per apostolica scripta præcipiendo mandamus quatenus præfatum regem ad hoc moneatis prudenter et efficaciter inducatis quod super his Deo et Ecclesiæ satisfaciat ut tenetur, impendentes, auctoritate nostra suffulti, prædictis episcopis in jure suo consilium et auxilium opportunum, ne vigor ecclesiasticæ libertatis per novæ præsumptionis insolentiam violetur.

Datum, *ut in alia per totum.*

CXCII.

ATHENIENSI, NEOPATRENSI, ET LARISSENO ARCHIEPISCOPIS, ET DAVALIENSI, FERMOPILENSI, AVALONENSI, SYDONIENSI, GASTORIENSI, ET ZARATORIENSI EPISCOPIS, ET THEBANO, CITRENSI, NAZORESCENSI, ET VALACENSI ELECTIS.

De resignationibus ecclesiarum factis per nobiles Thessalonicenses.

(Laterani, xii Kal. Januarii.)

Cum a nobis petitur quod justum est et honestum, tam vigor æquitatis quam ordo exigit rationis ut id per sollicitudinem officii nostri ad debitum perducatur effectum. Eapropter, venerabiles fratres archiepiscopi et episcopi, et dilecti in Domino filii electi, vestris justis precibus inclinati, resignationem ecclesiarum, monasteriorum, possessionum cum pertinentiis suis, nec non etiam presbyterorum et ecclesiasticarum personarum cum omni jure suo, quam nobiles viri principes et barones commorantes a confinio Thessalonicensis regni usque Corinthum in manus venerabilis fratris nostri Constantinopolitani patriarchæ, consentiente ac approbante charissimo in Christo filio nostro Henrico Constantinopolitano imperatore illustri (salvo tamen terrarum censu qui crustica Græco vocabulo nuncupatur, et dudum solvebatur a Græcis), unanimi voluntate fecerunt, sicut provide facta est, et vos eam juste ac pacifice obtinetis, vobis et per vos ecclesiis vestris auctoritate apostolica confirmamus et præsentis scripti patrocinio communimus. Nulli ergo, etc., nostræ confirmationis, etc. Si quis autem, etc., *usque* incursurum.

Datum Laterani xii Kal. Januarii, anno tertio decimo.

CXCIII.

S. G. POTESTATI, CONSILIARIIS, ET UNIVERSO POPULO PISANIS.

Ne Ottoni imperatori excommunicato dent favorem.
(Laterani, xi Kal. Januarii.)

Per vestras nobis litteras intimastis quod, cum sacrosanctæ Romanæ Ecclesiæ in omnibus et per omnia fidelissimi exstiteritis hactenus, et illæsa modis omnibus servaveritis jura ejus, credere non debuimus quod apostolicæ sedis jura velletis, sicut nec convenit, usurpare, ad cujus honorem atque profectus tanto vos decet intendere quanto civitas vestra per eam majora dignoscitur commoda recepisse; adjicientes quod mirari non debuimus vel

---

cujus ambitu Aurelianensis quondam et Altissiodorensis episcopatus, de quibus quæstio continentur.

(146) *Curiæ tuæ.* Parlamenti Parisiensis, cujus jurisdictioni diœceses, de quibus quæstio, subjacent. Octo siquidem curiis supremis, quas parlamenta vulgo nuncupamus, Gallia temperatur, quæ ad instar præfecti prætorio hodierna die, secundas partes, ut utar verbis Cassiodori in imperio tenent, sed omisso judiciorum ordine primo ac per se de causis quando aliquod beneficium vacat in regalia cognoscere solet curia Augustæ Parisiorum parte ii, vet. styl. parlam., c. 3; ideo addidit Innocentius, sicut in talibus fieri consuevit, καὶ ἀπὸ τῶν ἀναβασμῶν τούτων οἱ συνιόντες τῶν Φωκέων κατέχονται, apud Phocenses ex Paus. in Phocaicis et magistri cameræ parlamenti vocantur a Joan. Fabro in l. fin. *De legibus.*

(147) *Regnum et sacerdotium,* quæ sunt a Deo et tanquam frater et soror, Bartolus novella 6, in principio, et duo sunt, quibus principaliter hic mundus regitur, auctoritas summa pontificum, et regalis potestas. G. *Duo sunt,* distinct. 86, in quibus personis sicut ordine sunt divisa vocabula, ita et in unaquaque professione ordinationum officia. Hincmarus epist. 4, c. 1, et c. *Solitæ,* § præterea *De major. et obedient.*

moveri, si nobilem virum marchionem Calaritanum, quem ad jurisdictionem diximus apostolicam pertinere, super quæstionibus quæ pro parte communitatis vel specialium personarum contra ipsum plerumque moventur, ad examen nostrorum (non) permisistis judicium evocari. Nam idem marchio, cum vester civis existat et de vestra sit civitate, in qua domicilium obtinet, oriundus, et pater ac avus ejus vestri concives exstiterint, super quibusdam conventionibus quas cum plerisque vestris civibus Pisis fecit, fori præscriptione nequaquam opposita, nec aliquo privilegio allegato, coram vestræ civitatis judicibus voluntarie suscepit judicium sicut civis, et lite postea contestata, sponte subivit calumniæ juramentum; ita quod mutuis interrogationibus et responsionibus interpositis, aliquatenus habuit dicta causa processum. Unde, cum de jurisdictione Sardiniæ nulla fuerit quæstio ab ipsius marchionis parte tractata, et non suum judicem quisque suum faciat ejus sponte judicium subeundo, non est verisimile quod coactus exstiterit sub vestrorum examine judicum super aliquibus quæstionibus respondere : propter quod juxta quod scripsimus non creditis nos scripsisse, si quæ præmissa sunt ad nostram notitiam pervenissent. Cum itaque de nostra misericordia, sicut filii et famuli fidelissimi, super his omnibus confidere vos dicatis, nobis humiliter supplicastis ut aures nostras vestris precibus inclinantes, super his quæ venerabili fratri nostro Florentino episcopo super facto dicti marchionis injunximus, vobis et civitati vestræ dignaremur taliter providere quod in excommunicationis sententiam incidere non possetis, et promptissimos vos semper inveniremus ad nostra mandata et beneplacita exsequenda. Ex his itaque, quod gaudentes referimus, si dictis facta respondeant, intelleximus evidenter quod beneficiorum apostolicæ sedis esse non vultis ingrati, nec jurisdictionem vobis in Sardiniam vindicare, seu etiam excommunicationis sententia innodari. Verum, si proposito illi duxeritis insistendum ut contra nos et Romanam Ecclesiam Ottoni dicto imperatori excommunicato et maledicto, qui qualem post factum benefactoribus suis vicem rependat opera manifestant, impenderitis auxilium ad regnum Siciliæ occupandum, nec ingratitudinis vitium neque pœnam ob hoc contra vos et civitatem vestram statutam, nec etiam excommunicationis sententiam possetis procul dubio evitare.

Quocirca devotionem vestram rogamus attentius et monemus, per apostolica vobis scripta mandantes quatenus tam saluti vestræ quam famæ nec non etiam utilitatibus vestris provide consulentes, taliter in devotione Romanæ Ecclesiæ persistere studeatis, ab ejusdem excommunicati vos auxilio subtrahendo, a cujus fidelitate jam estis per censuram canonicam et denuntiationem apostolicam absoluti, ut nec notam ingratitudinis nec excommunicationis sententiam seu pœnam aliam incurratis. Nos enim non mutamus, sed roboramus sententiam quam per alias vobis litteras fecimus intimari. Super eo vero pro quo nobis humiliter supplicastis, ut providere vobis super mandato quod dicto episcopo fecimus dignaremur, ita duximus providendum, quod eidem episcopo nostris damus litteris in mandatis ut audiat super excusationibus vestris et his quæ proposita fuerint ex adverso quæ utraque pars duxerit proponenda, et illa nobis, dummodo interim vos contra mandatum nostrum minime procedatis, fideliter intimare procuret ut, utriusque partis rationibus intellectis, quod statuendum fuerit statuamus. Illud autem pro certo noveritis, quia, sicut jurisdictionem nostram nobis subtrahi nolumus, ita rationem vestram vobis volumus conservari, ne forte, quod absit! inde nascantur injuriæ unde jura nascuntur.

Datum Laterani, xi Kalend. Januarii, anno tertio decimo.

Scriptum est super hoc episcopo Florentino in eumdem fere modum ut in alia, usque in finem, verbis competenter mutatis. Alioquin, in negotio ipso procedas juxta quod per alias tibi litteras est injunctum.

CXCIV.

GIMMUNDO (148) MILITI ALATRINO.

Clerici defuncti patrimonium pertinet ad ejus hæredes.

Cum inter œconomum Sancti Stephani de Alatro ac te nomine bonæ memoriæ Heleazari canonici Sancti Pauli Alatrini super acquisitionibus præfati Heleazari coram venerabili fratre nostro Verulano episcopo ex delegatione nostra quæstio verteretur, idem auditis hinc inde propositis, receptis testibus et eorum depositionibus publicatis, causam ipsam ad nostrum remisit examen sufficienter instructam. Tibi ergo et procuratori præfati œconomi in nostra præsentia constitutis dilectum filium nostrum A. subdiaconum et capellanum nostrum concessimus auditorem. Coram quo proposuit procurator œconomi antedicti, sicut et propositum fuerat coram episcopo memorato, quod cum Heleazarus memoratus administrationem et prælaturam habuerit in præfata ecclesia Sancti Stephani, de bonis ejus disponens pro suæ arbitrio voluntatis, et antequam in ipsa ecclesia fuerit institutus, pauper exstiterit, et postmodum acquisierit plurima, dives factus, præsumi non immerito poterat quod de bonis ipsius ecclesiæ illa fuerant acquisita : quod tam per depositiones testium, qui dixerunt dictum Heleazarum defraudasse plura de bonis ecclesiæ supradictæ ac ea in suis acquisitionibus erogasse, quam etiam per famam publicam astruere nitebatur. Unde dicebat ea quæ dictus Heleazarus acquisierat, ad eamdem ecclesiam pertinere, postulans illa, terras videlicet de Pede montis in Acolis, de Torreta et ante Sanctum Quintianum a flumine, ac domum

---

(148) Cod. Colbert., *Guirando.*

quam tenet Grimaldus, adjudicari eidem. Quia etsi expresse illa in initio causæ petita non fuerint, quia tamen ea constat sæpedictum Heleazarum habuisse, cum ipsius acquisita petita exstiterint et hæc acquisisse de bonis ecclesiæ præsumatur, ea merito intelliguntur fuisse petita. Nec obstare dicebat quod dictus Ile. fuerat ad ecclesiam Sancti Pauli translatus, cum simplex tantum canonicus ibidem existens, in tantum tenues redditus receperit ab ipsa quod ex ipsis vix sibi poterat in necessariis providere, nedum quod exinde potuerit tot et tantas possessiones emisse; adjiciens etiam privatæ personæ prodesse non posse, si de bonis secundæ ecclesiæ fuerunt aliqua acquisita. Porro ex parte tua fuit propositum ex adverso quod super petitione incerta certa sententia non poterat promulgari, sed potius debebas absolvi, cum contra te probatum non exstiterit quidquam certum. Nam quid vel quantum de bonis ecclesiæ Sancti Stephani præfatus Heleazarus in suis acquisitionibus erogarit, nec per testes, nec modo aliquo est ostensum. Præterea, cum sæpedictus Heleazarus a supradicta ecclesia Sancti Stephani fuerit ad ecclesiam Sancti Pauli translatus, et quoddam feodum obtinuerit ab eadem, in qua per triginta fere annos permansit, et in quibusdam bonis successoris patri suo, ex quorum proventibus possessiones aliquas comparavit, sicut testes tui deposuerant evidenter, elisa erat præsumptio quam opposuit pars adversa, cum constet eumdem Heleazarum aliunde bona quæ habuit acquisisse, præsertim cum eum habuisse vel acquisisse aliquid non probetur dum in prima ecclesia resideret, sed colpotius tempore quo in secunda permansit. Unde, si pro aliqua illarum ecclesiarum præsumi deberet, præsumendum esset potius pro secunda; propter quod ab ipsius impetitione postulabas absolvi. Nos igitur his et aliis quæ fuerant proposita coram auditore prædicto per relationem ipsius plenius intellectis, te ab impetitione œconomi memorati et ipsius ecclesiæ Sancti Stephani super acquisitionibus memoratis sententialiter absolventes, perpetuum illis silentium imponimus super eis. Nulli ergo, etc., nostræ diffinitionis, etc. Si quis autem, etc., *usque* incursurum.

Datum Laterani, xii Kalend. Januarii, anno tertiodecimo.

CXCV.

LAONIENSI (149) ET FINDBARENSI EPISCOPIS, ET ABBATI DE MAGIO LIMIRICENSIS DIŒCESIS.

Cassat electionem episcopi Ymilicensis.

(Laterani, Nonis Januarii.)

(150) Dilectus filius W. Ymilicensis canonicus noster dudum apostolatui reservavit quod Ymilicensi Ecclesia suo viduata pastore, concanonici sui de substituendi pastoris electione tractantes, ipsum unanimiter elegerunt. Qui, cum esset citra sacros ordines constitutus, venerabilis frater noster Casselen-

sis archiepiscopus metropolitanus eorum episcopo Roffensi mandavit ut eum uno eodemque die ad tres sacros ordines promoveret. Quod cum ille non ausu proprio, sed de mandato ipsius archiepiscopi perfecisset, demum idem archiepiscopus requisitus, consecrationis ei munus, hujusmodi ordinationis occasione prætensa, impendere recusavit. Unde fuit nobis humiliter supplicatum ut super hoc circa præfatum W. dignaremur de benignitate sedis apostolicæ dispensare; maxime cum ad ordines ita suscipiendos non ex voluntatis propriæ diceretur festinantia properasse, sed tam de magna necessitate quam de utili providentia pene omnium ibi præsentium se permiserit taliter ordinari, pro eo quod Ecclesiæ Ymilicensi multiplex periculum imminebat si ejusdem W. citra presbyteratus officium ordinatio differretur. Licet autem contra normam ecclesiasticam in facto ipso enormiter fuisset excessum, de misericordia tamen, quæ superexaltat judicio, venerabili fratri nostro Armachano archiepiscopo et episcopo Midensi et dilecto filio archidiacono Armachano dedisse recolimus in mandatis ut, inquisita super præmissis diligentius veritate, si rem invenirent taliter se habere ac eumdem W. alias idoneum et utilem Ecclesiæ Ymilicensi, dispensative ipsi tribuerent licentiam consecrandi, et quidquid in hoc per eumdem invenirent archiepiscopum attentatum per suas nobis litteras intimarent, ut per eorum relationem certiores effecti, providere in eo, sicut esset expediens, curaremus. Ipsi vero vocatis quos noverant evocandos, et investigata plenius veritate, depositiones testium productorum utrinque ad nostram præsentiam transmiserunt. Quibus inspectis, intelleximus evidenter quod celebrata de prædicto W. electione, cum die sequenti fuisset idem W. a supradicto Roffensi episcopo ad ordinem subdiaconatus promotus, idem episcopus archidiacono et canonicis Ymilicensibus seorsim vocatis, dicens quod propter turbationem terræ ac multos malevolos, qui eidem W. insidias præparabant, nolebat ipsum circa ordinem presbyteratus relinquere, juramento firmavit id supradictum archiepiscopum tam metu mortis ipsius W. quam propter imminens periculum Ymilicensis Ecclesiæ præcepisse, et quod officialis ejusdem archiepiscopi ex parte ipsius episcopo memorato inhibuit ne jam dictum W. jam in subdiaconum ordinatum, tunc ad ulteriores ordines promoveret. Cui eodem episcopo respondente quod plus archiepiscopo, qui hoc ei ore suo mandaverat quam illi crederet in hac parte, extensa super altare manu, per sacrosancta juravit quod id mandaverat archiepiscopus sæpedictus; et sic in diaconem et presbyterum W. sæpedictum promovit. Probatum insuper sufficienter invenimus quod dictus archiepiscopus Joanni decano de Hely injunxit ut de præfato episcopo inhiberet ne dictum W. eo die quo ad tres ordines promotus exstitit, nisi ad sub-

(149) Cod. Colbert., *Laornen.*

(150) Cap. *Dilectus*, De tempor. ordinandor.

diaconatus ordinem promoveret, eidem W. nihilominus inhibendo ne se promoveri ulterius pateretur. Verum, cum idem decanus ad Ymilicensem Ecclesiam accessisset, tam sæpedicto episcopo, qui jam subdiaconos ordinarat, vocatis his qui erant in diaconos promovendi et silentio cunctis indicto, ex parte Dei ac archiepiscopi Cassellensis inhibuit ne tamdictum W. ad ulteriores ordines promoveret, quam præfato W. ne se promoveri ulterius sustineret. Constitit quoque nobis ex litteris judicum prædictorum quod sæpefatus episcopus interrogatus in jure respondit quod archiepiscopus non mandarat eidem ut W. eodem die ad tres ordines promoveret, sed ex verbis archiepiscopi eum credidit illud velle. Hoc idem etiam dictus episcopus per suas nobis litteras intimavit. Præterea ex ipsorum judicum litteris intelleximus quod idem episcopus ultro juravit in jure quod universa quæ continebantur in ejusdem W. attestationibus vera erant. Ex litteris quoque tam supradicti archiepiscopi quam capituli Ecclesiæ Ymilicensis accepimus quod cum tam super electione ac ordinatione sæpedicti W. quam etiam super quibusdam ejus excessibus in concilio apud Kelmoelloco celebrato coram præfato archiepiscopo inter dictum W. et canonicos quæstio suborta fuisset, et demum ab utraque parte ad nostram audientiam appellatum, idem W., non exspectato termino quem appellationi suæ duxerat præfigendum, supradictas a nobis litteras veritate tacita impetravit. Cum igitur ex præmissis nobis constiterit sæpedictum Roffensem episcopum in pluribus deliquisse, tum quia sine mandato archiepiscopi, sicut ipse confessus exstitit, ad hujusmodi ordinationem inordinate processit; tum quia, etsi de archiepiscopi mandato constaret, cum illi hujusmodi dispensatio a canone minime sit permissa, quam ad solum Romanum pontificem non est dubium pertinere, ipsi obtemperare non debuit in hac parte; tum etiam quia cum reatu perjurii sæpius variavit, jurando prius quod archiepiscopus id præceperat et postea quod illud non mandaverat in judicio confitendo : ipsum de fratrum nostrorum consilio tandiu ab ordinandi suspendimus potestate donec nostram meruerit gratiam obtinere. Sæpedictum quoque W. per falsitatis suggestionem et suppressionem etiam veritatis litteras supradictas a nobis intelleximus extorsisse. Suggessit siquidem nobis supradictum archiepiscopum episcopo memorato mandasse ut ipsum uno die ad tres ordines promoveret, de quo nobis non exstitit facta fides; quinimo contrarium, quod videlicet archiepiscopus id prohibuerit, fuit manifeste probatum. Nonnulla quoque vera suppressit, quod videlicet tam episcopo memorato quam sibi fuerit ex archiepiscopi parte prohibitum ne promoveretur nisi ad subdiaconatus ordinem illo die, quodque coram archiepiscopo super electione ac ordinatione ipsius quæstio mota fuisset, et tam a se ad certum terminum quam ab Ymilicensibus canonicis appellatum. Sed nec, sicut asseruit, quod urgens necessitas Ymilicensis Ecclesiæ id exposceret demonstravit. Cum igitur illa expresserit et suppresserit quæ si fuissent tacita vel expressa tales litteras minime dedissemus, per quod apparet ipsum exstitisse indignum gratia quam duxeramus ei ex benignitate apostolica faciendam, et eumdem constet nimis præsumptuose ad supradictos ordines irrepsisse, ab executione diaconatus et presbyteratus ordinum, donec a nobis misericordiam obtinuerit, decrevimus manere suspensum, super electione de ipso ad Ymilicensem Ecclesiam illicite celebrata perpetuum illi silentium imponentes. Quia vero præfatum archiepiscopum circa hæc non invenimus deliquisse, ipsius innocentiam commendamus. Quocirca discretioni vestræ per apostolica scripta mandamus quatenus quod a nobis est sententialiter diffinitum faciatis, appellatione remota, inviolabiliter observari. Quod si non omnes, etc. duo vestrum ea, etc.

Datum Laterani, Nonis Januarii, pontificatus nostri anno tertio decimo.

CXCVI.
EPISCOPO ET GERVASIO ARCHIDIACONO SUESSIONENSI, ET ABBATI VALLIS CLARÆ CISTERCIENSIS ORDINIS LAUDUNENSIS DIŒCESIS.

Prorumpens contra judicem arbitrio superioris puniatur.

(Laterani, Nonis Januarii.)

(151) Dilectus filius Jacobus, electus Sancti Petri ad montes, ad apostolicam sedem accedens, gravem querelam contra dilectos filios Molismensem (152) abbatem et J. archidiaconum Catalaunensem exposuit, asserens eos adversus ipsum in causa sua, quæ fuerat illis commissa, perperam processisse. Cumque dilectus filius T. clericus Catalaunensis diœcesis cum litteris eorumdem continentibus causæ processum ad nostram præsentiam accessisset, et idem Jacobus niteretur processum ipsum multipliciter improbare, relationem eorum in quibusdam asserens esse falsam, nos, quia præfatus clericus non habebat nisi ad contradicendum vel impetrandum mandatum, ad majorem cautelam processum ipsum nec confirmandum decrevimus nec cassandum, per apostolica vobis scripta mandantes quatenus, partibus convocatis, et auditis hinc inde propositis, si præfatos judices inveneritis rationabiliter processisse, ipsorum confirmetis processum et faciatis illum per censuram ecclesiasticam, sublato appellationis obstaculo, firmiter observari. Alioquin eo, sicut justum fuerit, irrito, juxta formam priorum litterarum in causa procedatis eadem facientes quod decreveritis firmitatem debitam obtinere. Si quos autem ex monachis propter hoc inveneritis excommunicationis vinculo innodatos, secundum formam Ecclesiæ absolvatis, injungentes eisdem quod de jure fuerit injungendum. Quia vero sæpe con-

---

(151) Cap. *Dilectus*, De pœnis.

(152) In quart. Coll., *G. Decan. Morin.*, etc.

tingit quod contra falsam assertionem inique judicis innocens litigator veram non potest negationem probare, cum negantis factum per rerum naturam nulla sit directa probatio, ne falsitas veritati præjudicet aut iniquitas prævaleat æquitati, necessarium videtur et æquum ut cum quis legitimam exceptionem opponit, illam probare paratus, vel ad declinandum judicium, vel intentionem alterius elidendam, si forsan verbo vel facto ab illa recesserit, vel eam non probaverit infra terminum competentem a judice præfigendum, modestus judex non ante procedat quam super hoc instrumentorum vel testium cautelam adhibeat opportunam, per quam, si necesse fuerit, possit de veritate constare ut si contra relationem seu processum ipsius fuerit suborta contentio, hujusmodi probationibus ipsius judicis possit assertio roborari; quatenus hoc adhibitio moderamine, sic honestis et discretis deferatur judicibus quod per improbos et iniquos innocentum justitia non lædatur; et ne judicialis vilescat auctoritas, cum de litigatoris improbitate constiterit adversus assertionem judicis temere prorumpentis, juxta superioris arbitrium digna poterit animadversione puniri. Testes autem, etc. per censuram eamdem appellatione cessante cogatis veritati testimonium perhibere. Quod si non omnes, etc. tu frater episcope, cum eorum altero, etc.

Datum Laterani, Nonis Januarii, anno tertio decimo.

CXCVII.
PRIORI ET FRATRIBUS SANCTORUM QUATUOR CORONATORUM.

Confirmatur concordia.
(Laterani, II Idus Decembris.)

(153) Cum super usu et jure parochiæ inter vos et priorem ac conventum Lateranensem controversia verteretur, dilectum filium nostrum C. tituli Sanctorum Joannis et Pauli presbyterum cardinalem dedimus partibus auditorem. Qui petitiones audivit, et testes utrinque recepit, ac demum attestationibus publicatis et exhibitis instrumentis, nos ad talem concordiam vos et ipsos induximus, ut videlicet vos non extendatis jus et usum parochiæ citra ecclesiam Sancti Nicolai de formis ex parte illa, nec citra arcum Joannis Basilii ex parte altera intra formam, et ipsi similiter ultra eosdem terminos versus vos jus et usum parochiæ non extendant. Hanc ergo concordiam a nobis pro bono pacis provisam, et a vobis ut illis sponte receptam, auctoritate apostolica confirmamus et præsentis scripti patrocinio communimus, ita ut per eam non derogetur in aliis limitationi parochiæ quam felicis memoriæ Calixtus papa suo privilegio designavit. Statuentes ut nulli omnino, etc. nostræ provisionis et confirmationis, etc. *usque* incursurum.

Datum Laterani, II Idus Decembris, pontificatus nostri anno tertio decimo.

(153) Vide lib. xv, epist.

CXCVIII.
MAGISTRO ET FRATRIBUS MILITIÆ TEMPLI IN HUNGARIA CONSTITUTIS.

Confirmatur commutatio
(Laterani, XI Kal. Februarii.)

Justis petentium desideriis dignum est nos facilem præbere consensum, et vota quæ a rationis tramite non discordant effectu prosequente complere. Eapropter, dilecti in Domino filii, vestris justis petitionibus inclinati, commutationem inter vos et venerabilem fratrem nostrum Zagabriensem episcopum super quibusdam decimis et aliis rebus initam, sicut pie ac provide facta est, et in authentico super hoc confecto plenius continetur, auctoritate apostolica confirmamus. Nulli ergo, etc., nostræ confirmationis, etc., *usque* incursurum.

Datum Laterani, XI Kal. Februarii, pontificatus nostri anno tertio decimo.

CXCIX.
EISDEM.

Confirmantur eis donationes factæ a rege Hungariæ.
(Datum, ut in alia.)

Solet annuere sedes apostolica piis votis et honestis petentium precibus favorem benevolum impertiri. Eapropter, dilecti in Domino filii, vestris justis petitionibus inclinati, locum Sancti Martini cum appendiciis suis, villas, possessiones et alia vobis a charissimo in Christo filio nostro illustri rege Hungariæ pia devotione collata, sicut ea juste ac pacifice possidetis, et in ipsius authentico super hoc confecto plenius continetur, vobis et per vos domui vestræ auctoritate apostolica confirmamus et præsentis scripti patrocinio communimus. Nulli ergo, etc., *usque* incursurum.

Datum, ut in alia.

CC.
ABBATI ET CONVENTUI SIMIGIENSI.

Recipiuntur sub protectione B. Petri.
(Laterani, VII Kal. Februarii.)

Cum a nobis petitur quod justum est et honestum, tam vigor æquitatis quam ordo exigit rationis ut id per sollicitudinem officii nostri ad debitum perducatur effectum. Eapropter, dilecti in Domino filii, vestris justis postulationibus grato concurrentes assensu, personas vestras et Simigiense monasterium, in quo divino estis obsequio mancipati, sub beati Petri et nostra protectione suscipimus et præsentis scripti patrocinio communimus, libertates et immunitates a regibus et principibus monasterio vestro concessas, dignitates quoque ac antiquas et rationabiles consuetudines obtentas et hactenus observatas auctoritate vobis apostolica confirmantes. Ad indicium autem hujus nostræ protectionis et confirmationis perceptæ fertonem auri gratis oblatum nobis et successoribus nostris annis singulis persolvetis. Nulli ergo, etc. nostræ protectionis et confirmationis, etc., *usque* incursurum.

Datum Laterani, vii Kalend. Februarii, pontificatus nostri anno tertio decimo.

CCI.
MAGISTRO PETRO BOIOL CANONICO LEMOVICENSI.
Confirmatur ei prœbenda.
(Laterani, ix Kal. Februarii.)

Proposuisti dudum coram dilecto filio Pelagio Sanctæ Luciæ ad septa solis diacono cardinale, quem tibi et pœnitentiario Lemovicensi concessimus auditorem, quod cum dilecto filio nostro Gualæ Sanctæ Mariæ in Porticu diacono cardinali, tunc in partibus illis apostolicæ sedis legato, quidam de Lemovicensibus canonicis supplicassent ut in eorum ecclesia, quæ debito fraudabatur servitio, clericos ordinaret, pro te ac magistro Andreæa scriptore nostro preces specialiter porrigentes, ipse Lemovicensem civitatem ingressus, canonicis interpositis precibus monuit ut vos reciperent in socios et in fratres; maxime cum quinque præbendæ vel quatuor ab ultima ipsius ecclesiæ ordinatione vacassent. Qui monitione ipsius devote suscepta, deliberatorias inducias petierunt; post quas primo et secundo concessas, eis non curantibus respondere, de præbendis Lemovicensibus vos investivit cardinalis prædictus, stallum in choro et locum in capitulo vobis præcipiens assignari: quod quorumdam impediente malitia non exstitit exsecutioni mandatum. Unde cum instantia postulasti ut quod a legato factum fuerat faceremus firmitatem debitam obtinere. Verum pœnitentiarius proposuit ex adverso quod, antequam legatus præbendas contulisset easdem, Lemovicense capitulum ab ejus gravamine appellavit, tam episcopi quam multorum canonicorum Lemovicensium qui erant in exercitu contra hæreticos absentiam allegando. Asseruit insuper facultates Ecclesiæ diminutas et vos sufficienter in aliis ecclesiis præbendatos, proponens te forte Simoniacum et ingratum Lemovicensi Ecclesiæ, ac eo tempore quo fueras de præbenda Lemovicensis Ecclesiæ investitus excommunicatum ab eodem episcopo exstitisse.

His autem et aliis per cardinalis relationem auditis, cum convenissemus postmodum eumdem pœnitentiarium per nos ipsos, per responsiones ipsius cætera esse frivola, præter id quod de sententia excommunicationis contra te proposuerat, intelleximus evidenter. Unde venerabili fratri nostro archiepiscopo et dilectis filiis magistro M. canonico Bituricensi et H. cellarario Sancti Frontonis Petragoricensis dedimus in mandatis ut nisi pœnitentiarius infra mensem post commonitionem eorum te legitime a sæpefato episcopo tempore investituræ tuæ excommunicatum fuisse probaret, quod per dictum legatum de te factum exstiterat, sublato appellationis obstaculo, confirmarent; si vero probaret te excommunicatum tunc temporis exstitisse, non postponerent quod de te factum fuerat revocare.

Qui mandatum apostolicum exsequentes, utriusque partis receptis testibus, et confessionibus ac allegationibus intellectis, eamdem causam sufficienter instructam ad nostrum remiserunt examen. Cum autem propter hoc nuper tam tu quam dilectus filius G. Lemovicensis capituli procurator in nostra fuissetis præsentia constituti et acta ipsa inspici fecerimus diligenter, per pœnitentiarii testes intelleximus factam fidem quod Lemovicensis episcopus pluribus annis antequam tu de præbenda jam dicta fueris investitus, clericos et burgenses castri Lemovicensis et te nominatim, quem eorum dicebat consiliarium et fautorem, vinculo excommunicationis astrinxit. Per testes vero tuos exstitit manifeste probatum quod, etsi dictus episcopus in burgenses et eorum fautores excommunicationis sententiam tulerit, et tu apud sedem apostolicam adjutor exstiteris eorumdem, idem tamen episcopus generaliter universos burgenses et eorum fautores tam clericos quam laicos ante tres annos absolvit, quibusdam presbyteris usque ad certum tempus retentis qui contra interdicti sententiam præsumpserant celebrare, quodque idem episcopus tibi communicavit postea in ecclesia et in mensa.

His igitur et aliis quæ fuerunt hinc inde proposita intellectis, quia juxta mandati nostri tenorem te investituræ tuæ tempore a præfato excommunicato episcopo exstitisse dictus pœnitentiarius, sicut obtulerat, non probavit, cum ex adverso de absolutione ac communione dicti episcopi fuerit facta fides, quod per dictum legatum de te factum est de fratrum nostrorum consilio per diffinitivam sententiam duximus approbandum. Nulli ergo omnino hominum liceat hanc paginam nostræ diffinitionis infringere vel ei ausu temerario contraire. Si quis autem hoc attentare præsumpserit, indignationem omnipotentis Dei et beatorum Petri et Pauli apostolorum ejus se noverit incursurum.

Datum Laterani, ix Kalend. Februarii, pontificatus nostri anno tertio decimo.

Scriptum est super hoc in eumdem fere modum, decano et subdecano Pictavenensi et magistro Americo de Longovado canonico Petragoricensi (154). Proposuit olim dilectus filius magister Petrus Boiol clericus venerabilis fratris nostri episcopi Tusculani coram dilecto filio Pelagio Sanctæ Luciæ ad septa solis diacono cardinali, quem sibi et pœnitentiario Lemovicensi, etc., *in eumdem fere modum ut in alia, usque* approbandum. Quocirca discretioni vestræ per apostolica scripta mandamus quatenus quod a nobis est sententialiter diffinitum faciatis appellatione remota inviolabiliter observari, eidem magistro P. stallum in choro et locum in capitulo assignantes, contradictores per censuram ecclesiasticam, appellatione postposita, compescendo. Quod si non omnes iis exsequendis potueritis interesse, duo vestrum ea nihilominus exsequantur.

---

(154) Cap. *Proposuit*, De cler. excom.

Datum Laterani, vi Kalend. Februarii, anno tertio decimo.

CCII.
MAGISTRO ANDRÆÆ SCRIPTORI NOSTRO CANONICO LEMOVICENSI.
Super eodem.
(Laterani, x Kal. Februarii.)

Proposuit dudum dilectus filius magister P. clericus venerabilis fratris nostri episcopi Tusculanen., etc., *ut in prima, usque* ordinaret, pro te ac eodem magistro preces specialiter porrigentes, etc., *in eumdem fere modum ut in alia, usque* intelleximus evidenter. Cum ergo dilectus filius G. Lemovicensis capituli procurator propter hoc nuper apud sedem apostolicam constitutus contra te nihil prorsus objecerit, nos quod per dictum legatum de te factum esse dignoscitur, de fratrum nostrorum consilio duximus per diffinitivam sententiam approbandum. Nulli ergo omnino hominum liceat hanc paginam nostræ diffinitionis infringere vel ei ausu temerario contraire. Si quis autem hoc attentare præsumpserit, indignationem omnipotentis Dei et beatorum Petri et Pauli apostolorum ejus se noverit incursurum.

Datum Laterani, x Kal. Februarii, pontificatus nostri anno tertio decimo.

Scriptum est super hoc majori archidiacono, cantori, magistro Manfredo canonico Bituricensi. Proposuit olim dilectus filius magister P. clericus, etc., *ut in alia in eumdem fere modum, usque* evidenter. Cum ergo dilectus filius G. Lemovicensis capituli procurator propter hoc nuper ad sedem apostolicam constitutus contra prædictum magistrum Andrææam nihil prorsus objecerit, nos, etc. *ut in alia usque* approbandum. Ideoque discretioni vestræ per apostolica scripta mandamus quatenus quod a nobis, etc., *ut in alia, usque* observari, eidem magistro Andreæ stallum in choro, etc., *ut in alia, usque* compescendo. Quod si non omnes iis exsequendis potueritis interesse, duo vestrum ea nihilominus exsequantur.

Datum ut in prima præcedenti per totum.

CCIII.
ABBATI ET CONVENTUI SANCTI STEPHANI DIVIONENSIS LINGONENSIS DIOECESIS.
Adversus Herveum canonicum Divionensem.
(Laterani, vii Kal. Februarii.)

Cum Herveus et R. canonici Ecclesiæ vestræ pro se ac dilectus filius magister Hugo, procurator vester, pro vobis in nostra essent præsentia constituti, nos intellecto inquisitionis processu quæ contra ipsum Herveum ad venerabilem fratrem nostrum Lingonensem episcopum et dilectum filium Virziliacensem abbatem emanarat a nobis, ab ipso Herveo, pro eo quod erat vinculo excommunicationis astrictus, ut quod nostris mandatis pareret recipi fecimus corporaliter juramentum, et eidem injunximus viva voce ut ad monasterium Sanctæ Genovefæ

(155) Vide lib. xiv, epist. 12, 26, 27, 161.

Parisiensis accederet; quatenus in eo dignos pœnitentiæ fructus perageret, et etiam regularia, quæ nondum plene novit, disceret instituta, emendando in melius vitam suam. Quod licet idem primitus acceptarit, spiritu tamen postmodum suo ductus, a nobis illicentiatus recessit ad præfatum Sanctæ Genovefæ monasterium, a nobis super receptione sua litteris non obtentis. Nos igitur quieti monasterii vestri paterna volentes sollicitudine præcavere, ipsum Herveum a præfato monasterio, prioratibus et ejus obedientiis removentes, vos et monasterium ipsum, obedientias ac prioratus pertinentes ad illud, ab impetitione dicti R. tam super receptione sua quam expensis et aliis super quibus vos hactenus fatigavit decernimus absolutos. Nulli ergo omnino hominum liceat hanc paginam nostræ diffinitionis infringere vel ei ausu temerario contraire. Si quis autem hoc attentare præsumpserit, indignationem omnipotentis Dei et beatorum Petri et Pauli apostolorum ejus se noverit incursurum.

Datum Laterani, vii Kal. Februarii, anno tertio decimo.

CCIV.
ABBATI ET CONVENTUI SANCTI BERTINI.
Nihil esse dandum pro benedictione abbatum.
(Laterani, ii Kal. Februarii.)

Justis petentium desideriis dignum est nos facilem præbere consensum et vota quæ a rationis tramite non discordant effectu prosequente complere. Eapropter, dilecti in Domino filii, vestris justis postulationibus grato concurrentes assensu, auctoritate vobis præsentium indulgemus ne vel episcopo aut archidiacono, seu capitulo Morinensi pro consequenda benedictione abbatis monasterii vestri, qui benedicendus pro tempore fuerit, cappam sericam, palefridum, pastum et his similia seu aliam consuetudinem persolvatis, districtius inhibentes ne ipsi a vobis ea exigere vel extorquere præsumant, sed munus benedictionis abbati ab eodem episcopo gratis et sine pravitate qualibet impendatur. Alioquin, liceat vobis quemcunque malueritis catholicum adire antistitem gratiam et communionem apostolicæ sedis habentem, qui nostra fretus auctoritate ipsi electo munus benedictionis impendat. Ita tamen quod per hoc nullum Morinensi Ecclesiæ in posterum præjudicium generetur. Nulli ergo omnino hominum liceat hanc paginam nostræ concessionis et inhibitionis infringere vel ei ausu temerario contraire. Si quis autem hoc attentare præsumpserit, indignationem omnipotentis Dei et beatorum Petri et Pauli apostolorum ejus se noverit incursurum.

Datum Laterani, ii Kalend. Februarii, anno tertio decimo.

CCV.
EISDEM.
Ne beneficia non vacantia promittentur.
(Laterani.)

(155) Cum ex injuncto nobis apostolatus officio

Ecclesiarum omnium sollicitudinem gerere teneamur, ea corrigere nos oportet quæ interdum in gravamen ipsarum temere seu etiam improvide attentatur. Sane ad audientiam nostram vobis referentibus est delatum, quod ad importunam instantiam nobilium et potentium et etiam prælatorum, quibusdam beneficia non vacantia promisistis, annuam pensionem eisdem ipsorum nomine concedentes in vestri monasterii læsionem. Quia igitur id contra statuta Lateranensis concilii noscitur attentatum, promissiones hujusmodi decernentes irritas et inanes, et pensiones concessas beneficiorum non vacantium nomine non solvendas, auctoritate præsentium districtius inhibemus ne contra præfatum concilium beneficia promittere non vacantia vel pensionem cuiquam taliter assignare de cætero præsumatis. Nulli ergo omnino hominum liceat hanc paginam nostræ concessionis et inhibitionis infringere, vel ei ausu temerario contraire. Si quis autem hoc attentare præsumpserit, indignationem omnipotentis Dei et beatorum Petri et Pauli apostolorum ejus se noverit incursurum.

Datum Laterani, etc., *ut in alia per totum.*

CCVI.

EISDEM.

Confirmat quasdam possessiones.

(Datum, *ut in alia.*)

Solet annuere sedes apostolica piis votis et honestis petentium precibus favorem benevolum impertiri. Eapropter, dilecti in Domino filii, vestris justis postulationibus grato concurrentes assensu, terragium et decimam de Felchinel, quæ vobis R. de Alneto miles pia liberalitate donavit, terram quoque quam a G. Bacon laico acquisistis, terram etiam et mansuras monasterio vestro in eleemosynam a Gi. de Clusa collatas, sicut ea juste ac pacifice possidetis, vobis et per vos eidem monasterio auctoritate apostolica confirmamus et præsentis scripti patrocinio communimus. Nulli ergo omnino hominum liceat hanc paginam nostræ confirmationis infringere vel ei ausu temerario contraire. Si quis autem hoc attentare præsumpserit, indignationem omnipotentis Dei et beatorum Petri et Pauli apostolorum ejus se noverit incursurum.

Datum, *ut in alia per totum.*

CCVII.

UNIVERSIS MONACHIS OBEDIENTIARUM MONASTERII SAXIVIVI.

De reformatione monasterii ejusdem.

(Laterani, xii Kal. Martii.)

(156) Quantum et quandiu laboraverimus pro reformando statu monasterii Saxivivi vestra devotio non ignorat. Licet etiam ad id dilectus filius abbas vester operam adhibuerit diligentem et non parum profecerit super eo, quorumdam tamen habitantium in eodem impediente nequitia, qui ei non solum inobedientes et rebelles existere præsumpserunt,

(156) Vide lib. xi, epist. 92, et lib. xv, epist. 218.

contra ipsum multa nequiter machinando, verum etiam mortis periculum detestandis conspirationibus intentarunt, non potest perficere quod incœpit. Unde non absque dolore dicere possumus cum propheta: *Curavimus Babylonem, et non est sanata* (*Jer.* LI); quia impii cum venerint in profundum peccatorum contemnunt, ut qui in sordibus sunt, sordescant adhuc. Cum igitur dictus abbas in præfato monasterio Saxivivi proficere nequeat, illorum, tanquam olla succensa, subbulliente malitia qui cum sint origine Fuliginates, confisi de potentia propinquorum, non verentur contra stimulum calcitrare, excutientes a cervicibus jugum obedientiæ insolenter: de fratrum nostrorum consilio ita duximus providendum, ut ad aliquam ejusdem monasterii obedientiam ad hoc aptam cum deliberatione seniorum et saniorum ejusdem cœnobii monachorum se transferre procuret, illis secum in Dei servitio aggregatis, qui sub jugo monasticæ regulæ dignum Deo cupiunt impendere famulatum; cui omnes ejusdem professionis et ordinis fratres tanquam abbati suo intendant humiliter et devote in loco hujusmodi de nostra licentia commoranti; aliquos vero de gravioribus fratribus dimittat apud Ecclesiam Saxivivi, per quos locus ipse regatur. Supradictæ vero perversitatis acteres tandiu tanquam anathematizatos et maledictos ab omnibus volumus et mandamus arctius evitari et a monasterio supradicto manere dejectos donec illam eidem abbatis satisfactionem obtulerint quam de graviorum ipsius fratrum consilio merito valeat acceptare. Ita videlicet quod postquam eadem fuerit, prout decet, exhibita, ipsos in loco quem elegerit secum, vel etiam in ecclesia Saxivivi commorari nullatenus patiatur; sed eosdem in aliis locis collocet, in quibus sua possint peccata deflere. Quocirca universitati vestræ per apostolica scripta præcipiendo mandamus quatenus quod a nobis est provida deliberatione provisum, vos prompta devotione servetis, et præfato abbati vestro in loco quem elegit ad exhibendum dignum Domino famulatum obedientiam et reverentiam impendatis tam debitam quam devotam.

Datum Laterani, xii Kal. Martii, pontificatus nostri anno tertio decimo.

CCVIII.

ABBATI DE RIEVALLIS CISTERCIENSIS ORDINIS EBORACENSIS DIOECESIS ET DECANO ET THESAURARIO EBORACENSIBUS.

Ecclesia quædam deputatur usibus hospitalitatis

(Laterani, Idibus Decembris.)

Cum dilecti filii prior et canonici Giseburnenses, qui, sicut ex multorum testimonio litterarum accepimus, omni petenti se tribuunt et bona sua hospitalitatis usibus applicant incessanter, ita quod nullus recedit vacuus ab eisdem, ut hospitalitatis uberius exsequantur officium nobis humiliter supplicarint ut ecclesiam de Hesel, quam de mandato nostro bonæ memoriæ magistro Britio subdiacono et notario nostro liberaliter contulerunt, deputare hospitalitatis usibus dignaremur, nos eorum precibus inclinati, discretioni vestræ per apostolica scripta mandamus quatenus cum per vicinitatem loci veritatem possitis super hoc plenius indagare, dictam Ecclesiam, si sine scandalo fieri poterit, auctoritate nostra hospitalitatis usibus, sublato appellationis obstaculo, applicetis, ministro ejusdem congrua sustentatione de ipsius proventibus reservata. Contradictores autem, si qui fuerint, per censuram ecclesiasticam appellatione postposita compescatis. Quod si non omnes iis exsequendis potueritis interesse, duo vestrum ea nihilominus exsequantur.

Datum Laterani, Idibus Decembris, anno tertio decimo.

CCIX.

MORINENSI EPISCOPO ET MORINENSI ET SANCTI AUDOMARI MORINENSIS DIOECESIS DECANIS.

De congrua portione danda capellanis.

(Laterani, XII Kal. Martii.)

Ex parte dilecti filii abbatis et conventus Sancti Bertini fuit nobis humiliter supplicatum ut cum quædam parochiales ecclesiæ ipsis fuerint in eleemosynam assignatæ ut in usus suos et pauperum proventus cederent earumdem, et ipsæ ante paucos annos ita pauperes fuerint, quod ipsorum monasterium in eisdem servientibus necessaria ministrarit, et nunc, divina disponente clementia, frequentatione ac multiplicatione hominum valde sint in temporalibus augmentatæ, ipsos faceremus divitiarum esse participes qui fuerunt socii paupertatis. Cum igitur satis congruat rationi ut sint emolumenti participes qui oneris fuere consortes, discretioni vestræ per apostolica scripta mandamus quatenus earumdem ecclesiarum facultatibus diligenter inspectis, secundum eas ipsarum servitoribus assignetis ad sustentationem eorum honestam et congruam, sublato appellationis obstaculo portionem, ut reliquum ad usum prædictorum fratrum cedat et pauperum juxta desiderium et voluntatem illorum qui eis præfatas ecclesias contulerunt, contradictores per censuram ecclesiasticam, appellatione postposita, compescentes. Quod si non omnes, etc. tu, frater episcope, cum eorum altero ea nihilominus exsequaris.

Datum Laterani, XII Kal. Martii, pontificatus nostri anno tertio decimo.

APPENDIX LIBRI TERTII DECIMI.

CCX

ARCHIEPISCOPO RAVENNATENSI ET SUFFRAGANEIS EJUS.

Adversus Ottonem imperatorem.

(Laterani, IV Non. Martii.)

(157) Deo et vobis de imperatore conquerimur, qui beneficiorum nostrorum ingratus, et promissionum suarum oblitus, retribuit nobis mala pro nobis, odium pro dilectione, offensam pro gratia, injuriam pro honore, tanquam filius indevotus a persecutione piæ matris incœpit, quæ ipsum contra communem pene omnium voluntatem toto conamine studuit ad imperium sublimare, sicut vobis et aliis est plenissime manifestum, multis insultantibus nobis quod merito ea patimur, cum nos fecerimus gladium de quo graviter vulneramur. Sed insultatoribus nostris respondeat pro nobis Altissimus, qui puritatem animi nostri plene cognoscit, nec sine causa legitur de se ipso dixisse: *Pœnitet me fecisse hominem* (Gen. VI). Illudque debet ab omnibus iniquum et impium reputari quod ad occupandum regnum Siciliæ manus extendit, quod a nobis charissimus in Christo filius noster rex Fridericus illustris, orphanus et pupillus, obtinet ex successione materna, tanquam sibi nequaquam sufficiat quod ejus patrimonium injuste detinet occupatum. Quis ergo de cætero sibi credat aut quis de ipso confidat, quandoquidem nobis fidem non servat qui, licet indigni, locum Christi tenemus in terris, qui tot et tanta sibi contulimus beneficia? etc.

Datum Laterani, IV Non. Martii, anno tertio decimo.

CCXI.

AUTISSIODORENSI EPISCOPO.

De erectione novarum parochiarum.

(Laterani, XIII Kal. Octobris.)

Solet annuere sedes apostolica piis votis et honestis petentium precibus favorem beneficia! impertiri. Sane, sicut ex tua insinuatione recepimus, cum in tribus capellis quæ sunt apud burgum de Charitate unicus consueverit presbyter ministrare, ut multitudini populi ejusdem loci exhiberi possent commodius ecclesiastica sacramenta, maxime cum idem locus infectus dudum fuerit fermento hæreticæ pravitatis, (158) de tuo et prioris atque conventus de Charitate consensu exstitit constitutum ut in quacunque capellarum ipsarum sacerdos proprius ministraret, certis parochianis earum cuilibet assignatis. Nos igitur tuis precibus inclinati constitutum ipsum, sicut pie ac provide factum est, auctoritate apostolica confirmamus et præsentis scripti patrocinio communimus. Nulli ergo omnino hominum liceat hanc paginam nostræ confirmationis infringere vel ei ausu temerario contraire. Si quis autem hoc attentare præsumpserit, indignationem omni-

(157) Vide supra epist. 177, 193.

(158) Vide lib. II, epist. 63, 99, et lib. X, epist. 206.

potentis Dei et beatorum Petri et Pauli apostolorum ejus se noverit incursurum.

Datum Laterani, XIII Kal. Octobris, pontificatus nostri anno tertio decimo.

GUILLELMUS, Dei gratia Antissiodorensis episcopus, omnibus praesentes litteras inspecturis, in Domino salutem.

Universitatem vestram scire volumus quod cum villa de Charitate ab antiquo non habuisset nisi unicam parochialem ecclesiam, tanquam novella plantatio quae paucos habebat inhabitatores, tandem crescente multitudine plebis in tantum quod unus non sufficiebat ad eam regendam sollicitudo pastoris, de assensu et voluntate dilecti filii Gaufridi prioris et conventus ibidem constituimus tres parochiales ecclesias, scilicet ecclesiam beatae Mariae, ecclesiam Sancti Petri et ecclesiam Sancti Jacobi, salvo jure monachorum, videlicet ut id juris habeant in singulis trium quod habebant in una, tam in praesentationibus personarum quam in aliis. Quod ut ratum sit et firmum, praesentem chartam fecimus sigillo nostro firmari.

Actum anno gratiae 1209, IV Kal. Martii.

INNOCENTII III
ROMANI PONTIFICIS
REGESTORUM SIVE EPISTOLARUM
LIBER DECIMUS QUARTUS.

PONTIFICATUS ANNO XIV, CHRISTI 1211.

I.

EPISCOPO BASILIENSI (159), ET DE LUZILA ET DE TANNIBACH ABBATIBUS CISTERCIENSIS ORDINIS, CONSTANTIENSIS (160) ET BASILIENSIS DIOECESUM.

Confirmat electionem praepositi Constantiensis.

(Laterani, VIII Kal. Martii.)

Dilectus filius Walterus Constantiensis praepositus (161) nuper proposuit coram nobis quod Constantiensi praepositura vacante, cum ejusdem canonici ad celebrandam electionem praepositi convenissent, vota dividi contigit eorumdem, et tredecim ex praesentibus canonicis, quorum erant quinque presbyteri, ac tres diaconi, et quinque subdiaconi, eumdem Walterum concorditer eligentibus, sex alii, quorum unus erat decanus et presbyter, et quatuor subdiaconi, ac unus acolythus, vota sua in A. praepositum de Sindolvingen et Ecclesiae supradictae canonicum contulerunt, et subsequenter praedictus A. vocem ad nos appellationis emisit, ne venerabilis frater noster Constantiensis episcopus ad examinandam seu confirmandam electionem ipsius Walteri procederet inhibendo. Sed episcopus electionem ipsam, utpote a majori parte capituli celebratam, nihilominus confirmavit. Cum autem dictus Walterus nuper electionem ipsam auctoritate peteret apostolica confirmari, praefatus A. quasdam causas proposuit, propter quas eamdem asseruit reprobandam; quia videlicet, electores ipsius Walteri non fuerant, juxta Ecclesiae consuetudinem, in virtute obedientiae requisiti, et quia idem Walterus erat ultimus in capitulo, et nondum integrum stipendium obtinebat, nec etiam ad dispensationem praepositurae videbatur idoneus, cum nondum domui suae bene praepositus exstitisset, et quoniam ad carnales preces episcopi fuerat nominatus; item quia post appellationem ad nos interpositam ejus fuerat electio confirmata, et ipse ante confirmationem obtentam stallum (162) sibi praepositi usurpavit. Ad haec autem ex ipsius Walteri fuit parte responsum quod, etsi canonici non fuerint adjurati, ex eo tamen ejus non debebat electio vitiari, quae alias fuerat canonice celebrata. Sed nec id ei nocere debebat quod fuerat ultimus in capitulo, cum et inferiores loco, dum modo alias reputentur idonei, ad dignitates eligi non sit in sacris canonibus interdictum; maxime cum dictus W. illius aetatis (163) existat quae in ea sufficeret si fuisset ad episcopatum electus; qui curam quoque rei familiaris provide habuisse dixit. [1] Ubi vide Cujacium.

(162) *Stallum* in choro et locum in capitulo c. *Dilecto* De praeb. et dignit. Stella itaque legendum apud Petrum Vall. Sarn., c. 16, Hist. Albig., ubi Camuzatius perperam restituit perystilia, et Sorbinus in periphrasi Gallica ejusdem Historiae, stabula vertit.

(163) *Illius aetatis*, triginta annorum ex concilio

---

(159) *Basil.*, suffraganeo archiepiscopi Bizuntinensis.

(160) *Constantiensis*, provincialis archiepiscopi Moguntini.

(161) *Praepositus*, qui administrationi rerum temporalium incumbit ex antiqua decretali c. *Salvator* 1, q. 3, et primus ab episcopo censetur lib. I feud.,

gnoscitur, dum scholasticis studiis laudabiliter insudavit. Nec preces ab episcopo memorato interpositæ carnales sunt reputandæ, quas pro digno dignoscitur porrexisse. Propter appellationem etiam interpositam minime videbatur confirmatio episcopi revocanda, cum id ei licere prima facie videretur, ex eo quod a majori et saniori (164) parte capituli eadem videbatur electio celebrata; cum in Lateranensi concilio inveniatur expressum ut nisi a paucioribus et inferioribus aliquid rationabiliter objectum fuerit et ostensum, semper appellatione remota prævaleat et suum consequatur effectum quod a majori et saniori parte capituli fuerit constitutum (165). Quinimo, etsi episcopus minus provide processisset, id eidem W. officere non debebat. Præterea, etsi processus episcopi foret per appellationem hujusmodi retractandus, eadem tamen electio, utpote a majori et saniori parte capituli celebrata, a nobis confirmari debebat. Illis igitur et aliis intellectis quæ utraque pars proposuit coram nobis, de fratrum nostrorum consilio electionem de ipso W. celebratam duximus confirmandam, memorato A. super hoc silentium imponentes. Quocirca discretioni vestræ per apostolica scripta mandamus quatenus, quod a nobis est sententialiter diffinitum, faciatis per censuram ecclesiasticam firmiter observari, contradictores per censuram ecclesiasticam appellatione postposita compescentes. Quod si non omnes, etc., tu ea, frater episcope, cum eorum altero, etc.

Datum Laterani vIII, Kal. Martii, pontificatus nostri anno quarto decimo.

II.
WALTERO (166) PRÆPOSITO CONSTANTIENSI.
Super eodem.
(Datum, *ut in alia.*)

In nostra nuper proposuisti præsentia constitutus quod Constantiensi præpositura vacante, cum ejusdem canonici ad celebrandam electionem præpositi convenissent, vota dividi contigit eorumdem, et tredecim ex præsentibus canonicis, quorum erant quinque presbyteri, ac tres diaconi, et quinque subdiaconi, te concorditer ligentibus, etc., *in eumdem fere modum ut in alia, usque* silentium imponentes. Nulli ergo, etc., diffinitionis et confirmationis, etc., *usque* incursurum.

Datum, *ut in alia.*

III.
ARCHIEPISCOPO TOLETANO ET TIRASONENSI, COLIMBRIENSI, ET ZAMORENSI EPISCOPIS.
De subsidio præstando regibus adversus Saracenos.
(Laterani, vIII Kal. Martii.)

Significavit nobis dilectus filius F. primogeni-

tus, etc., *ut supra lib.* XIII, *epist.* CLXXXIII, *usque* exhortationibus inducere minime postponatis, monentes ex parte Dei et nostra subditos vestros, in remissionem eis omnium peccaminum injungendo, ut tam præfato primogenito regis Castellæ, etc. *usque* exsequendum. Cæterum ne ipsius F. laudabile propositum ab aliquo possit temere impediri, præsentium vobis auctoritate præcipiendo mandamus quatenus si forte aliquis regum Hispaniæ, cum quo prædictus rex Castellæ treugam vel pacem firmavit, tempore quo idem rex vel filius ejus Saracenos impugnant, ipsum præsumpserit violare, vos eum per censuram ecclesiasticam sublato appellationis obstaculo compescatis.

Datum Laterani, vIII Kal. Martii, pontificatus nostri anno quarto decimo.

In hunc etiam fere modum scriptum est pro charissimo in Christo filio Petro illustri rege Aragonum quibusdam prælatis Hispaniæ.

IV.
ALDEFONSO ILLUSTRI REGI CASTELLÆ.
Super eodem.
(Laterani, vIII Kal. Martii.)

Cum personam tuam inter Christianissimos reges et catholicos principes specialis dilectionis prærogativa in Domino amplexemur, preces ac petitiones tuas, in quibus possumus, libenti animo exaudimus, et ad ea gratanter intendimus quæ serenitati regiæ novimus placere. Sane venientem ad apostolicam sedem dilectum filium Palentinum electum nuntium tuum, virum utique providum et honestum, benigne recepimus, et petitiones quas nobis ex parte tua porrexit libenti animo curavimus promovere. Super eo autem quod ex parte tua legatum requisivit a nobis ad partes Hispaniæ destinandum, ad præsens propter tempora impacata nequivimus regiæ satisfacere voluntati; sed opportunitate accepta, petitioni regiæ, dante Domino, satisfiet. Nos vero, ne laudabile tuum et F. filii tui propositum valeat ab aliquibus aliquatenus impediri, venerabili fratri nostro archiepiscopo Toletano et Zamorensi, Tirasonensi et Colimbriensi episcopis nostris damus litteris in mandatis ut si quis regum Hispaniæ, cum quo treugam vel pacem firmasti, tempore quo tu vel filius tuus Saracenos impugnatis, ipsam præsumpserit violare, ipsi eum per censuram ecclesiasticam, sublato appellationis impedimento, compescant. Monemus igitur serenitatem regiam attentius et hortamur, quatenus in devotione nostra et sacrosanctæ Romanæ Ecclesiæ matris tuæ firmiter perseveres; quia nos in his quæ a nobis secundum Deum duxeris postulanda, regiæ serenitati assensum apostolicum libenti animo impendemus.

Lateranensi c. 98, *De pactis secundo*, et c. *Quicunque*, distinct. 77, et c. *Cum in cunctis* De election., et § 2 ordinationis Blesensis.

(164) *A majori et saniori*, d. c. *Constitutis* et c. *Dudum* De elect., in quibus continentur decreta Innocentii nostri super electione præpositi, quæ elucidantur ex contextu hujus epistolæ. Vide infra epistolam 2.

(165) Cap. *Cum in cunctis*, De his quæ si a ma. par. Capit.

(166) Cod. Colbert., *Woltero*.

Datum Laterani, viii Kal. Martii, pontificatus nostri anno quarto decimo.

V

F. PRIMOGENITO CHARISSIMI IN CHRISTO FILII NOSTRI A. ILLUSTRIS REGIS CASTELLÆ.

Super eodem.
(Laterani, viii Kal. Martii.)

Cum personam tuam inter Christianissimos principes speciali prærogativa in Domino amplexemur, preces ac petitiones tuas, in quibus possumus, libenti animo exaudimus, et ad ea gratanter intendimus quæ devotioni tuæ novimus complacere. Sane venientem ad apostolicam sedem, etc., *ut in alia, usque* promovere. Nos vero, ne laudabile tuum et patris tui propositum valeat ab aliquibus aliquatenus impediri, etc., *usque* Hispaniæ, cum quo idem pater tuus treugam vel pacem firmavit, tempore quo ipse vel tu Saracenos impugnatis, etc., *usque* compescant. Monemus igitur discretionem tuam, etc., *ut in alia, usque* postulanda, tibi assensum apostolicum libenti animo impendemus.

Datum Laterani, viii Kal. Martii, pontificatus nostri anno quarto decimo.

VI.

ABBATI ECCLESIÆ SANCTÆ CRUCIS SITÆ SUPER FLUVIUM ANGLIÆ JUXTA OPPIDUM EJUSDEM NOMINIS, EJUSQUE FRATRIBUS TAM PRÆSENTIBUS QUAM FUTURIS REGULAREM VITAM PROFESSIS IN PERPETUUM.

De confirmatione privilegiorum.
(Laterani, viii Idus Martii.)

Quoties a nobis petitur quod religioni et honestati convenire dignoscitur, animo nos decet libenti concedere et petentium desideriis congruum suffragium impertiri. Eapropter, dilecti in Domino filii, vestris justis postulationibus clementer annuimus, et Sanctissimæ Crucis ecclesiam a bonæ memoriæ Isemberto quondam Pictaviensi episcopo et matre ejus Theberga ejusque fratribus Senebaldo et Manasse constructam, ad exemplar piæ recordationis Urbani papæ secundi prædecessoris nostri, cujus privilegium inspeximus, licet in parte corrosum, sub beati Petri et nostra protectione suscipimus et præsentis scripti privilegio communimus. In primis siquidem statuentes ut ordo canonicus, qui secundum Deum et beati Augustini Regulam in eodem loco institutus esse dignoscitur, perpetuis idem temporibus inviolabiliter observetur. Præterea quascunque possessiones, quæcunque bona eadem ecclesia inpræsentiarum juste ac canonice possidet, aut in futurum concessione pontificum, largitione regum vel principum, oblatione fidelium, seu aliis justis modis, præstante Domino, poterit adipisci, firma vobis vestrisque successoribus et illibata permaneant. In quibus hæc propriis duximus exprimenda vocabulis : Locum ipsum in quo ecclesia ipsa sita est, cum omnibus pertinentiis suis, Sancti Martini, Beatæ Mariæ et Sancti Petri ecclesias in Anglia, cum omnibus pertinentiis suis ; Sancti Mau-ricii et Sancti Leodegarii ecclesias de Vico, cum suis pertinentiis ; ecclesiam Sancti Petri de Buxeria sitam super fluvium Gartimpæ cum pertinentiis suis ; Sancti Aniani de Rampeio, Sancti Martini de Tornum et de Izorio ecclesias sitas super fluvium Crosæ cum omnibus pertinentiis suis; Sancti Petri de Capella rubea et Sancti Petri de Longoprato ecclesias cum omnibus pertinentiis suis, de ecclesia Sancti Nicolai de Letone septem solidos censuales Pictaviensis monetæ, in ecclesia Sanctæ Mariæ Magdalenæ de Ruffiaco decem solidos Andegavensis monetæ, in ecclesia Sancti Vincentii de Noum quinque solidos Andegavensis monetæ, decimas de campagnia Fontisterlandi, de Tornum, de Izorio e de Vico, decimas de Exodun, de Podio Ergnos, de Saleriis, de Lestap, de Closo Petri, de Cenius, e. de Closo Samuelis de Thaeco, molendina de Tornum et de Beraut, grangias de Monte-alto, de Berault, de Villena, de Bileteria, de Fontanis, de Rocha et de Perereio cum omnibus pertinentiis suis. Præpositum autem seu abbatem vel cujuslibet dispensationis ecclesiasticæ ministrum, nisi quem suæ professionis communis electio fratrum vel pars consilii sanioris secundum Deum et beati Augustini Regulam elegerit, vobis præferri auctoritate apostolica prohibemus. Decernimus ergo ut nulli omnino hominum liceat hanc præfatam Ecclesiam temere perturbare, etc., *usque* profutura, salva sedis apostolicæ auctoritate et diœcesani episcopi canonica justitia. Si qua igitur in futurum ecclesiastica, etc., *usque* subjaceat ultioni. Cunctis autem eidem loco sua jura, etc., *usque* inveniant. Amen.

Datum Laterani per manum Joannis Sanctæ Mariæ in Cosmidin diaconi cardinalis, S. R. E. cancellarii, viii Idus Martii, indictione xiv, Incarnationis Dominicæ anno 1210, pontificatus vero domini Innocentii papæ III, anno quartodecimo.

VII.

RAYNALDO BRANCALEONI SITINO.

Recipitur sub protectione beati Petri.
(Laterani, v Kal. Martii.)

Cum a nobis petitur quod justum est et honestum, tam vigor æquitatis quam ordo exigit rationis ut id per sollicitudinem officii nostri ad debitum perducatur effectum. Eapropter, dilecte in Domino fili, tuis justis precibus inclinati, personam tuam cum omnibus bonis quæ inpræsentiarum rationabiliter possides, aut in futurum justis modis, præstante Domino, poteris adipisci, sub beati Petri et nostra protectione suscipimus. Specialiter autem possessiones tuas, sicut eas juste possides et quiete, auctoritate tibi apostolica confirmamus et præsentis scripti patrocinio communimus. Nulli ergo, etc., protectionis et confirmationis, etc., *usque* incursurum.

Datum Laterani, v Kal. Martii, pontificatus nostri anno quarto decimo.

VIII.
ILLUSTRI REGI PORTUGALENSI.
Redarguitur de quibusdam excessibus.
(Laterani, vii Kal. Martii.)

(167) Si te diligenter attenderes, ut deberes, quod cum ejus sponsam offendis qui te ad regni solium sublimavit, sponsi etiam indignationem incurris, ecclesias, quarum sponsus est Christus, vel ministros earum nullatenus aggravares, ne dum eas ancillare niteris et redigere sub tributo, ob ingratitudinis vitium Dominus in servitutem redigat regnum tuum, et in potestatem antiqui te tribuat exactoris; quia non oppressor esse debes, sed defensor potius earumdem, utpote qui ad malefactorum vindictam, laudem vero bonorum suscepisti gladium bajulandum. Verum, sicut ex litteris venerabilis fratris nostri episcopi Colimbriensis accepimus, tu hæc prout convenit non attendens, nec saluti tuæ consulens et honori, omissa reverentia Redemptoris, te de rebus ecclesiasticis plus debito intromittens, ecclesias et ecclesiastica beneficia confers quibusvis personis et aufers, destituendo illos qui sunt canonice per dictum episcopum in ecclesiis suæ diœcesis instituti, ac per proprios homines proventus earum faciens occupari, balistarios, canes, aves et equos tuos in illis, quarum nulli vel pauci sunt redditus, introducis, ut ipsis provideatur de proventibus earumdem. Præterea clericos capi faciens et publicæ custodiæ mancipari, eos coram te et tuis judicibus sæcularibus litigare compellis, atque ipsos in exercitum tecum trahis, eisdem injurias et opprobria multa inferens et gravamen, et, quod sine dolore non dicimus, pro diro reputans nonnunquam augurio cum tibi vides religiosum aliquem vel clericum occurrentem. Cæterum in animæ tuæ periculum detinens pythonissam, excommunicatos defendis et usurarios atque Ecclesiæ inimicos, continentes viduas invitas hominibus tuis tradens, et liberos nihilominus deputans perpetuæ servituti, personas insuper ecclesiasticas a regno exire prohibes et intrare : et si forte illarum aliqua licentiam tenet excundi, ne ad apostolicam sedem accedat prius præstat corporaliter juramentum, et si secus attentet agere, capitur, spoliatur, et publicæ custodiæ mancipatur. Quæ omnia dictus episcopus personaliter est expertus. Cum enim super his non immerito fueris redargutus ab eo, et monitus diligenter ut dimitteres pythonissam, quam quotidie consulebas, ita quod licet vocatus ob hoc ad te accedere noluisset, tu quærens malignandi occasionem in eum, dari tibi in quadam villula ecclesiæ suæ ab eo procurationem indebitam petiisti : quam cum præstare renuerit, sicuti nec debebat, tam suam quam canonicorum ejusdem loci domos dirui faciens, atque equitaturas eis proprias auferens, ecclesiam, quam jam pro magna parte spoliaveras, eis quæ remanserant fecisti bonis omnibus spoliari. Quare idem suam diœcesim sententiæ supposuit interdicti, et ne Bracarensis electus ipsam præsumeret relaxare, vocem ad nos appellationis emisit.

Quod cum ad tuam notitiam pervenisset, more solito quoslibet hujusmodi sententiam observantes et nolentes etiam celebrare mandasti rebus omnibus spoliari, illos tuos reputans inimicos et etiam proditores qui quemlibet illorum recipere attentarent. Postmodum vero præfatus electus ipsum, missis ei suis et tuis litteris de conductu, apud Bracaram evocavit, promittens quod ibidem ipsi et Ecclesiæ satisfaceres competenter. Qui cum ad ejus præsentiam accessisset, et dictus quæsivisset electus ab eo quare protulisset sententiam supradictam, idem innovans appellationem emissam, ei causas prædictas pro quibus hoc fecerat explicavit. Die vero sequenti electus a te cautione recepta, mandavit eidem ut dictam sententiam relaxaret : quod idem efficere noluit, præsertim cum nulla esset satisfactio de tot et tantis injuriis subsecuta, nec tu etiam ab inceptis quiesceres, licet ipsam postmodum, pro eo quod clericos ad mandatum electi, qui eam relaxare volebat, celebrare nolentes coram propriis parentibus et amicis, ut asserebatur etiam, exoculari mandaveras, et crudelitates alias exerceri, ne punirentur insontes, ad tantum evitandum periculum relaxarit, in his et aliis damna plurima sustinens et gravamen; et, ut adderes afflictionem afflicto, eumdem pro gravaminibus ipsis volentem ad sedem apostolicam properare fecisti sub publica custodia detineri. Hæc autem de tua regali magnificentia non facile crederemus, nisi nuper quasdam nobis litteras indiscretione plenas et præsumptione non vacuas direxisses; quibus inter cætera quæ non sunt digna relatu, hæc nobis scribere præsumpsisti, quod cuilibet de te sinistra suggerenti aurem libenter apponere consuevimus, et coram omnibus contra te non erubescimus in verba prorumpere inhonesta. Quod nostram non illustrat providentiam, sed offuscat; quia sancti successores Petri non consueverunt inferre convicia, sed ea exemplo Christi cum patientia sustinere. Sane nullus principum, quantumlibet magnus, nisi forsan hæreticus aut tyrannus, tam irreverenter et arroganter nobis aut prædecessoribus nostris scribere attentavit, propter ejus reverentiam et honorem cujus repræsentamus in apostolatu personam. Sed et illud quod in eisdem litteris subscripsisti non sapit catholicam puritatem, sed hæreticam videtur perfidiam exhalare; quod videlicet nullatenus in eis qui religionem simulant, et maxime in prælatis et clericis, melius potest frangi vel comminui simulacrum luxus atque superbiæ quam si eis nimia superabundantia temporalium, quam a te habent et patre tuo in regni tui ac successorum tuorum maximum præjudicium, subtrahantur, et filiis tuis ac regni defensoribus in

---

(167) Vide infra epist. 68, 69.

multis patientibus indigentiam assignetur. Nobis autem pro minimo est ut a te vel ab humano die, sicut dicit Apostolus, judicemur, quoniam qui nos judicat Dominus est; nec agere desistemus quod idem Apostolus ait: *Argue, increpa, obsecra, in omni patientia et doctrina (II Tim.* iv). Quare arguentes et increpantes more pii patris, qui filium quem diligit corripit, obsecramus te, fili charissime, per misericordiam Jesu Christi quatenus, illa mensura contentus quam Deus tibi donavit, ad ecclesiastica jura non extendas aliquatenus manus tuas, sicut nec nos ad regalia jura manus nostras extendimus, relinquens nobis judicium clericorum, sicut et nos laicorum judicium tibi relinquimus; quia secundum Apostolum servus suo domino stat aut cadit, ne si alienum tibi officium usurpaveris, exemplo Oziæ regis divinam sentias ultionem.

Quoniam igitur excessus hujusmodi multipliciter apud homines obnubilant famam tuam et conscientiam maculant apud Deum, serenitatem tuam rogamus attentius et monemus, salubriter consulentes, quatenus habens respectum ad illum cui nuda sunt quælibet et aperta, qui etiam nec falli poterit nec corrumpi, prædictum episcopum propriæ restituens libertati, ablata eidem restituas universa, et de damnis, injuriis et gravaminibus sibi et Ecclesiæ irrogatis satisfaciens competenter, ab eisdem et similibus sic desistas, ut majestatem divinam, quam propter hoc graviter offendis, valeas complacare, ac, cum defeceris, in tabernacula recipiaris æterna. Alioquin, quantumcunque te in Domino diligamus et honori tuo deferre velimus, quia magis est regi Deo quam regi homini deferendum, noveris quod in jure suo non deerimus episcopo memorato, qui sumus omnibus in justitia debitores.

Datum Laterani, vii Kal. Martii, anno quarto decimo.

.A.

COMPOSTELLANO ARCHIEPISCOPO.
Super eodem.
(Datum, *ut in alia.*)

Vehementer nos comedit zelus domus Dei, ad cujus sumus, licet immeriti, custodiam deputati, cum ab illis affligitur qui eam deberent potius confovere, ac gravatur ab eis per quos deberet ab aliis defensari, quibus paterno compatientes affectu, non minus urimur pro eisdem quam pro domo Domini quam affligunt. Sane, sicut ex litteris venerabilis fratris nostri episcopi Colimbriensis accepimus, charissimus in Christo filius noster rex Portugalensis illustris hoc prout convenit non attendens, nec saluti suæ consulens et honori, omissa reverentia Redemptoris, se de rebus ecclesiasticis plus debito intromittens, ecclesias, et ecclesiastica beneficia confert quibus vult personis et aufert, destituendo illos qui sunt canonice per dictum episcopum in ecclesiis suæ diœcesis instituti, etc., *in eumdem fere modum ut in alia, usque* detineri. Quapropter dilectum filium M. capellanum suum, qui cum ipso in hujusmodi tribulationibus specialius permanebat, de nocte latenter mutato habitu quasi nudum ad sedem apostolicam destinavit. Cum autem dictus episcopus appellationem interpositam per procuratorem idoneum memoratum capellanum suum fuerit prosecutus, dictus rex non curavit idoneum mittere responsalem, licet quidam simplex nuntius ipsius P. dictus abbas nobis ex parte sua litteras minus providas præsentarit. Quia vero quanto prædictum regem ampliori charitate diligimus, tanto majori dolore turbamur quoties nobis ea de ipsius actibus referuntur quæ famam ejus obnubilant apud homines et conscientiam maculant apud Deum, fraternitati tuæ per apostolica scripta mandamus atque præcipimus, quatenus eumdem regem moneas attentius et efficaciter inducere non postponas ut memoratum episcopum propriæ restituat libertati, ablata eidem restituens universa, et de damnis, injuriis et gravaminibus supradictis sibi et Ecclesiæ irrogatis satisfaciens competenter; ab eisdem et similibus de cætero sic desistat quod offensam divinæ majestatis evitet, quam propter hoc creditur incurrisse, et apud homines ejus opinio, quæ per prædicta maculata fuerat, relevetur. Alioquin, quantumcunque ipsius velimus honori deferre, quia tamen homini contra Deum deferre nolumus aliqua ratione, omni gratia, timore ac amore postpositis ipsum ad hoc per illam quam magis videris expedire censuram et per pœnam in compromisso statutam, qua se, sicut ex litteris Bracarensis electi nuper accepimus, voluntarie obligavit, sublato cujuslibet contradictionis et appellationis obstaculo compellere non postponas.

Datum, *ut in alia per totum.*

X.

EIDEM.

De negotio episcopi Colimbriensis cum Egitaniensi.
(Datum, *ut in alia.*)

Licet venerabilis frater noster Colimbriensis episcopus, pro eo quod inter ipsum et Egitaniensem episcopum suffraganeum tuum super limitatione episcopatuum suorum et quibusdam aliis quæstio ventilatur, te in causa sua possit judicem recusare, nos tamen de discretione tua ac prudentia plene confisi, causam suam, quam habet contra charissimum in Christo filium nostrum regem Portugalensem illustrem, tibi de certa scientia duximus committendam. Quocirca fraternitati tuæ per apostolica scripta mandamus quatenus habens præ oculis solum Deum, taliter in negotio ipso procedas quod et idem episcopus suam et Ecclesiæ suæ justitiam prosequatur, et nos devotionem tuam possimus exinde merito commendare. Cæterum, quia, sicut accepimus, cancellarius ejusdem regis litteras nostras vel delegatorum nostrorum, quæ mittuntur eidem, ob favorem ipsius aut interpretatur aliter quam se habeant, aut omnino subticet quod noscit regiis auribus displicere, volumus et mandamus quatenus litteras quas super eodem negotio ipsi regi dirigimus, per tuum clericum ei præsentari facias, et legi etiam continentiam earumdem; ipsum cancellarium monens auctoritate nostra pariter et inducens ut sicut divinam non vult et nostram indignationem incurrere ab opere tam iniquo de cætero conquiescat.

Datum, *ut in alia.*

XI.
ARCHIEPISCOPO ET SUFFRAGANEIS ECCLESIÆ SENONENSIS.

De clericis promotis ab episcopis non suis.
(Laterani, II Kal. Martii.)

Adversus quosdam clericos vestrarum diœcesum, qui dudum ad sedem apostolicam accedentes, a vicinis episcopis, Castellano videlicet, et Ortano, Sutrino, et Nepesino, temere se fecerunt ad sacros ordines promoveri, gravi fuimus indignatione commoti, pro eo maxime quod quosdam eorum per falsas litteras et Simoniacam pravitatem accepimus fuisse promotos. Unde ordinatores a potestate suspendimus ordinandi, et ordinatis exsecutionem interdiximus ordinum taliter susceptorum, super hoc vobis litteras apostolicas destinantes. Nuper autem multi de ipsis ad nostram præsentiam reverlentes, cum multo fletu et ejulatu quotidie non cessabant ad nos opportune importune clamare, suppliciter obsecrantes ut cum eis misericorditer agere dignaremur. Quibus diu nos difficiles exhibuimus et severos in tantum quod eis sub pœna excommunicationis injunximus ut redirent, nec nos super hoc diutius molestarent. Sed nec sic quidam eorum ab obsecrationis instantia desistere voluerunt, quo magis repellebantur a nobis, eo magis apud nos ut misereremur instantes. Ejus denique nos exemplo qui cum iratus fuerit non obliviscitur misereri, rigorem mansuetudine providimus temperandum; cum et ipsi, exemplo Jacob luctantis cum angelo, nullatenus nos dimitterent, nisi eis benedicere curaremus. Quocirca fraternitati vestræ per apostolica scripta mandamus quatenus his qui de prædictis duobus criminibus canonice se purgaverint, falsitate videlicet litterarum et Simoniaca pravitate, suspensionis sententiam quam in eos tulimus relaxetis, ut si alias digni sint et idonei, et vos eis concedere volueritis, in vestris possint diœcesibus ministrare. Ad hæc, per diœceses vestras ex parte tam nostra quam vestra publice ac districte vetetis ne quis ulterius se faciat taliter ordinari. Et ne facilitas veniæ incentivum tribuat delinquendi, quicunque de cætero fuerit taliter ordinatus, eo ipso se noverit ab ordinis exsecutione suspensum.

Datum Laterani, II Kal. Martii, pontificatus nostri anno quarto decimo.

XII.
ABBATISSÆ ET MONIALIBUS AURIGNIACENSIBUS.

Ne beneficia non vacantia promittantur.
(Laterani, VI Nonas Martii.)

Cum ex injuncto, etc., *ut supra lib.* XIII *epist.* CCV, usque attentantur. Sane, te, filia abbatissa, referente ad nostram audientiam est delatum quod abbatissa quæ te præcessit et vos ad multorum instantiam importunam quibusdam non vacantia beneficia promisistis, pensionem eisdem ipsorum nomine concedentes in vestri monasterii læsionem. Quia igitur id contra statuta, etc., *ut supra, usque* incursurum.

Datum Laterani, VI Nonas Martii, anno quarto decimo.

XIII.
HENRICO ELECTO SANCTI STEPHANI HERBIPOLENSIS.

Ejus electio confirmatur.
(Laterani, VI Idus Martii.)

(168) Olim in dilecti filii nostri Benedicti tituli Sanctæ Suzannæ presbyteri cardinalis, quem tibi et O. (169) procuratori venerabilis fratris nostri Wirzeburgensis episcopi auditorem concessimus, præsentia constitutus, proponere curavisti quod cum in abbatem monasterii Sancti Stephani fuisses electus, et electionem tuam prædictus noluisset episcopus confirmare, ad venerabilem fratrem nostrum Heistetensem episcopum et dilectum filium abbatem Halsbrunensem (170) commissionis litteras impetrasti, cumque coram ipsis inter te ac quosdam monachos adversarios tuos lis fuisset legitime contestata, quoniam pars adversa non solum comparere noluit in terminis peremptorio etiam assignatis, sed quemdam alium in prædictum monasterium intrusere, judices receptis ex parte tua quibusdam testibus, te in possessionem causa rei servandæ mittentes, cum quem adversarii tui duxerant in monasterio intrudendum cum omnibus fautoribus suis excommunicationis sententiæ subjecerunt. Ad hæc autem respondebat episcopi procurator quod et tu per falsi suggestionem prædictas litteras impetraveras, et inordinate processerant judices memorati, quia cum inter te ac episcopum fuisset causa commissa, ipsi, episcopo non citato, contra prædictos monachos, de quibus in commissione mentio non fiebat, post appellationem ad nos interpositam præsumpserant judicium exercere. Nos igitur his et aliis quæ coram eodem cardinale proposita fuerant plenius intellectis, tam id quod de illo exstiterat attentatum qui lite pendente per adversarios tuos intrusus fuerat in abbatem, quam illud quod te in possessionem causa rei servandæ judices induxerant memorati, decrevimus irritum et inane ac de consensu partium venerabili fratri nostro episcopo et dilectis filiis majoris ecclesiæ et Sanctæ Crucis præpositis Augustensibus dedimus in mandatis ut vocatis ad præsentiam suam quoscunque noscerent evocandos, te ac sociis tuis ad stipendia restitutis,

---

(168) Cap. *Cum in præsentia,* De sent. et re Jud. in 4 Collect.

(169) In quart. Coll. C. etiam in cod. Colbertino.
(170) In quart. Coll. *Aspertinen.*

et absolutis secundum formam Ecclesiæ absolvendis, audirent causam, et tam recipiendis attestationibus quam receptis legitime publicatis, eam fine canonico sublato appellationis obstaculo terminarent. Ipsi vero receptis per quosdam viros discretos testibus, et per se tandem attestationibus publicatis, post multas exceptiones et alia utrinque proposita, quia quidam testes eis contrarii videbantur, causam ad nos remiserunt instructam, vigiliam Beati Andreæ partibus terminum præfigentes quo nostro se conspectui præsentarent sententiam recepturæ. Quamvis autem tu propter hoc ad sedem apostolicam accessisses, pro parte tamen altera nullus comparuit responsalis. Quare te oportuit diutius exspectare. Tandem vero, ne pars altera lucrum de contumacia reportaret, sed ejus absentia Dei præsentia suppleretur, aperiri gesta fecimus et examinari omnia diligenter. Contra te igitur videbatur propositum et probatum quod cum juri eligendi renuntiatum in episcopi manu fuisset, ipse monachis sub hac forma licentiam tribuerat eligendi si possent in personam idoneam de gremio ipsius Ecclesiæ convenire, alioquin, ne sine ipso vel nuntio suo procedere attentarent districtius curaverat inhibere. Ipsis ergo super electione tractantibus, in quatuor arbitros fuit ab omnibus compromissum, sic videlicet ut si unus etiam ab aliis discordaret, quod tres facerent non valeret. Qui, cum in quadam camera convenissent nec potuissent adinvicem concordare, sed recessissent de loco ipso discordes, Joannes cum sociis suis accedens ad eos, ex episcopi parte prohibuit ne ulterius ad arbitrium consederent, quia ipsi de cætero eorum arbitrium non servarent.

Cæterum tres eorum prohibitioni factæ minime deferentes, contradicente quarto, absentia Joannis et Cononis captata, te illico eligere præsumpserant in abbatem. Quare quod ab eis factum fuerat, videbatur penitus non valere; quia, cum in manu episcopi renuntiatum juri eligendi fuisset et sub hac forma duntaxat electionis restituta, facultas si possent unanimiter convenire, ipsi non fecerant electionem concordem, sed contra formam præscriptam convenerunt in arbitros; quorum tres contra compromissi tenorem, contradicente quarto et arbitrandi licentia revocata, contemptis absentibus, te, qui bona cellarii, cujus administrationem prius habueras, asserebaris enormiter dissipasse, in abbatem præsumpserant nominare. Verum ad hoc fuit ex tua parte responsum quod non fuerat sufficienter ostensum vos juri eligendi renuntiasse in manu episcopi, quod ipsis secundum canones competebat, præsertim cum nullus testium quod tu cum parte tua renuntiaveris ausus fuerit affirmare, licet aliquis dixerit se ab episcopo sic audisse. Præterea si fuisset renuntiatum ab omnibus, episcopus tamen facultatem restituerat eligendi si possent concorditer convenire. Ipsi quoque quatuor arbitros concorditer assumpserunt, qui etiam intelligendi sunt concorditer processisse; cum, etsi quartus dixerit quod te, obstante juramento quod abbati præmortuo de te non eligendo præstiterat, eligere non valebat, personam tamen tuam multipliciter commendarit et sibi dixerit complacere. Præterea concorditer illud intelligitur esse factum a quo non poterant obstante juramento ab omnibus unanimiter præstito resilire, cum fuisset juratum ab omnibus quod eum in quem quatuor vel tres arbitri convenirent, etiamsi quartus contradiceret, reciperent in abbatem. Eadem quoque ratione dicebas quod arbitrandi seu eligendi facultas revocata non fuerat, nec potuerat revocari, præsertim cum, etsi arbitrii nondum publicassent arbitrium, jam tamen in te pariter convenissent. Nec nocet in aliquo quod quibusdam absentibus arbitri processerunt, cum Joannes, qui abfuisse dicitur, staret præ foribus, et Cono scienter se duxerit absentandum, illaque hora instaret qua electionem publicare debebant, et qua elapsa, eligendi arbitrium expirasset. Super dilapidatione vero etsi nihil contra te fuerit sufficienter ostensum, per testes tamen tuos erat aperte probatum quod officium tuum melioratum reliqueras, et de omnibus sufficientem reddideras rationem. Nos igitur his et aliis diligentius et plenius intellectis, electionem de te factam auctoritate apostolica confirmamus et præsentis scripti patrocinio communimus. Nulli ergo, etc., confirmationis, etc., *usque* incursurum.

Datum Laterani, VI Idus Martii, pontificatus nostri anno quarto decimo.

XIV.

RATISPONENSI EPISCOPO, ET DE SANCTO EMMERANNO RATISPONENSI ET PRWENINGENSI RATISPONENSIS DIŒCESIS ABBATIBUS.

Super eodem.
(Datum, *ut in alia.*)

Olim dilectus filius Henricus electus monasterii Sancti Stephani Herbipolensis in dilecti filii nostri Benedicti tituli Sanctæ Susannæ presbyteri cardinalis, quem sibi et O. procuratori venerabilis fratris nostri Wirseburgensis episcopi auditorem concessimus, præsentia constitutus proponere curavit quod cum in abbatem ejusdem monasterii fuisset electus, et electionem suam prædictus noluisset episcopus confirmare, etc., *in eumdem fere modum ut in alia, usque* examinari omnia diligenter. Itaque contra eumdem electum videbatur propositum et probatum, etc. *usque* manu fuisset, ipse monachis dicti monasterii sub hac forma, etc., *usque* captata, eum sibi eligere præsumpserant in abbatem. Quare, etc., *in eumdem fere modum ut in alia, usque* contemptis absentibus, ipsum, qui bona cellarii, cujus administrationem prius habuerat, asserebatur enormiter dissipasse, in abbatem præsumpserant nominare. Verum ad hæc fuit ex sua parte responsum quod, etc., *in eumdem fere modum ut in alia, usque* plenius intellectis, electionem de dicto electo factam auctoritate apostolica per diffinitivam duximus sententiam confirmandam. Ideoque discretioni vestræ per apostolica scripta mandamus quatenus sententiam ipsam exsecutioni mandantes, eumdem Henricum in corporalem abbatiæ possessionem inducere procuretis, et ab universis monachis ei faciatis obedientiam exhiberi, contradictores per censuram ecclesiasticam appellatione postposita compescentes. Quod si non omnes, etc., duo vestrum ea, etc.

Datum, ut in alia per totum.

XV.
ARCHIEPISCOPO SENONENSI, ET NIVERNENSI EPISCOPO, ET MAGISTRO ROBERTO DE CORZON CANONICO PARISIENSI.

De presbytero Lingonensi accusato de hæresi.
(Laterani, xvi Kal. Aprilis.)

Venerabilis fratrer noster Lingonensis episcopus quædam nobis contra G. canonicum Lingonensem presbyterum de Mussiaco per suas litteras intimavit quæ sapere præsumuntur hæreticam pravitatem: quarum tenorem de verbo ad verbum vobis sub bulla nostra remittimus interclusum. Unde, cum dictus episcopus eumdem G. suspectum de hæresi habuisset, coegit eumdem cautionem tam juratoriam quam fidejussoriam exhibere quod terminis quos sibi præfigeret, ejus se conspectui præsentaret, prout deceret super his omnibus responsurus. Sed, cum dictus episcopus apud Barrum super Secanam die quo terminum assignarat sibi cum multis viris religiosis et prudentibus, quos ad hoc convocaverat, convenisset, idem G. juramenti religione contempta, nec comparuit, nec suam absentiam excusavit. Quare sæpedictus episcopus, pensatis omnibus quæ tam prima die quam secunda servato juris ordine, ac præ oculis habito Dei timore, acta fuerant coram eo, et toto processu diligenti deliberatione pensato, de consilio et consensu tam religiosorum quam jurisperitorum omnium qui assistebant eidem, sæpedictum G. super his de quibus fuerat accusatus pro convicto decrevit habendum, ipsum sententia diffinitiva pronuntians tanquam hæreticum condemnandum, et sententiam in scriptis redigi faciens, et multorum sigillis, episcoporum videlicet, abbatum et archidiaconorum reservari munitam. Dictus autem G. in nostra præsentia constitutus proposuit quod præfatus episcopus eum post appellationem ad nos interpositam ceperat, et præfatam præstare compulerat cautionem, nitens se multipliciter excusare. Nos igitur attendentes quod ea quæ circa ipsum fuerint inquirenda vos plenius poteritis indagare, illum ad vos duximus remittendum, per apostolica scripta præcipiendo mandantes quatenus nisi usque ad festum Pentecostes comparuerit coram vobis, super his quæ sapiunt hæreticam pravitatem suam sufficienter, si poterit, innocentiam ostensurus, vos sublato cujuslibet contradictionis et appellationis obstaculo exerceatis in ipsum rigorem ecclesiasticæ disciplinæ : quod si se ostenderit inculpabilem, ejus innocentiam opprimi non sinatis, cum sincera diligentia et diligenti sinceritate in negotio fidei processuri. Quod si non omnes, etc. duo vestrum ea, etc.

Datum Laterani, xvi Kal. Aprilis, anno quarto decimo.

XVI.
MAGISTRO GILIBERTO CANONICO SANCTORUM APOSTOLORUM CONSTANTINOPOLITANO.

Confirmatur ei præbenda.
(Laterani, xi Kal. Aprilis.)

Justis petentium desideriis dignum est nos facilem præbere consensum, et vota quæ a rationis tramite non discordant effectu prosequente complere. Eapropter, dilecte in Domino fili, tuis justis postulationibus grato concurrentes assensu, præbendam quam in ecclesia Sanctorum Apostolorum Constantinopolitana es canonice assecutus, sicut eam juste possides et quiete, auctoritate tibi apostolica confirmamus et præsentis scripti patrocinio communimus. Nulli ergo, etc., usque incursurum.

Datum Laterani, xi Kal. Aprilis, anno quarto decimo.

XVII.
A. CANONICO SANCTÆ SOPHIÆ CONSTANTINOPOLITANO.

De eodem argumento.
(Datum, ut in alia.)

Solet annuere sedes apostolica piis votis, et honestis petentium precibus favorem benevolum impertiri. Eapropter, dilecte in Domino fili, tuis justis precibus inclinati, præbendam quam in Constantinopolitana Ecclesia obtines, sicut eam, etc., *ut in alia, usque* incursurum.

Datum, ut in alia per totum.

XVIII.
HUGONI ABBATI MONASTERII SANCTI SALVATORIS RAROFFENSIS, EJUSQUE FRATRIBUS TAM PRÆSENTIBUS QUAM FUTURIS REGULAREM VITAM PROFESSIS IN PERPETUUM.

De confirmatione privilegiorum.
(Laterani, xii Kal. Aprilis.)

Venerabilium locorum cura nos admonet de eorum perpetua securitate tractare, et quæ pro ipsorum quiete recte statuta sunt, cooperante Domino, stabilire. Eapropter, dilecti in Domino filii, vestris justis postulationibus clementer annuimus, et præfatum monasterium Sancti Salvatoris, in quo divino estis obsequio mancipati, ad exemplar felicis recordationis Alexandri secundi, Urbani secundi, Calixti, Lucii secundi, Anastasii et Alexandri tertii, prædecessorum nostrorum Romanorum pontificum, sub beati Petri et nostra protectione suscipimus et præsentis scripti privilegio communimus. In primis siquidem statuentes ut ordo monasticus, etc. *usque* perpetuis ibidem temporibus inviolabiliter observetur. Præterea quascunque possessiones, quæcunque bona idem monasterium inpræsentiarum juste et canonice possidet, aut in futurum, etc., *usque* permaneant, in quibus hæc propriis duximus vocabulis exprimenda : Locum ipsum in quo præfatum monasterium situm est cum omnibus pertinentiis suis, burgum videlicet ipsi cœnobio adjacentem cum ecclesiis et parochiis suis, ecclesiam de Aneis, de

Plevilia, de Genuliaco, de Suiriaco, de Lubiliaco, Sancti Martini Arsi, de Enerciaco, cum terra de Podio calvo, ecclesias do Melen, de Maslerant, de Marcellaco, de Bellomonte, de Argentunio, de Clareia, de Parisiaco, de Goia, de Chel, de Exactiis, de Malopresbytero, de castro Garnerii, de Solmeria cum Brenaco, de Siurim, de Benajas, de Loa, de Claromonte, de Belloloco, de Camboira et de Adaco; ecclesias Sancti Fermerii, Sancti Maxentii, Sanctæ Mariæ et Sanctæ Sophiæ de Niorto cum parochia sua; Sancti Leodegarii, Sancti Cirici, Sanctæ Mariæ de Cornu cum ecclesiis suis et parochia; Sancti Nicolai de Monte Maurilii, Sancti Martini de Heremo, de Tursarco, et de Basiano. In Lemovicensi episcopatu monasterium castri de Rupe Cavardi cum cœmeterio et pertinentiis suis; monasterium Sancti Angeli cum castro et ecclesiis sibi pertinentibus; ecclesias de Colongia, de Magnaco, de Monasterio et de Cella; ecclesiam Sanctæ Mariæ de Tellicio cum appendiciis suis de Oratorio et de Asneriis; ecclesias Sanctæ Eulaliæ et Sancti Vincentii de Sancto Germano, cum capella de insula; castrum de Nuntronio et monasterium cum ecclesiis suis; oratorium Sancti Laurentii de Tolia cum villis de Arbergiis, de Pollac, de Gaschonholas, de Brillac et de Campellis cum terris, vineis, decimis, redditibus, nemoribus et aliis pertinentiis suis; oratorium Sancti Nicolai de Aubis cum vineis, terris, pratis, molendinis et aliis pertinentiis suis. In Xantonensi diœcesi ecclesiam de Jarniaco cum villa et aliis pertinentiis suis; ecclesias de Marviaco, de Claun, de Cadenaco, de Fornes, de Solunianes, de Cressiaco, de Colunes et de Avia cum pertinentiis suis; ecclesias Sanctæ Columbæ et Sanctæ Leverinæ cum decimis, redditibus et aliis pertinentiis suis; ecclesias de Macovilla, de Ribaniaco cum terris et aliis pertinentiis suis; ecclesias Sancti Florentii et Sancti Bibiani cum omnibus pertinentiis suis. In episcopatu Petragoricensi monasterium Sancti Petri de Sorziaco cum villa, terris, vineis, decimis, molendinis et aliis pertinentiis suis; ecclesiam Sanctæ Mariæ de Moscidanio cum decimis et aliis pertinentiis suis; ecclesiam Sancti Medardi cum villa et aliis pertinentiis suis; ecclesiam Sanctæ Columbæ cum pertinentiis suis; ecclesiam novam de Fractojoco, ecclesiam Sanctæ Mariæ de Capella Fulcherii cum pertinentiis suis; ecclesias de Ladas et Sancti Præjecti de Faugas et de Paracollo cum villa et aliis pertinentiis suis; ecclesiam de Cosa cum altaribus et aliis pertinentiis suis. In diœcesi Caturcensi monasterium de Monte-Pesato cum decimis et aliis pertinentiis suis; ecclesias de Bonolocó et de Misericordia Dei cum pertinentiis suis. In episcopatu Agennensi ecclesiam de Vitraco cum appendiciis suis, ecclesias de Artaldo, de Margarola et de Bertinio cum pertinentiis suis. In Engolismensi diœcesi ecclesiam de Voerta cum villis, decimis et aliis pertinentiis suis; ecclesias de Fontaniliis, de Canumet, de Sargucoco, de Donazaco de Suriaco monasterio et de Caleias cum pertinentiis suis. In Burdegalensi diœcesi ecclesias de Tella et de Ribaniaco cum pertinentiis suis. In Andegavensi diœcesi ecclesiam Sancti Saturnini cum appendiciis suis. In Belvacensi diœcesi ecclesiam de Fraxineto cum villa, terris, decimis, redditibus, et altari suo de Oddonis curte et aliis pertinentiis suis; domum de Audecuria cum villa, vineis et aliis pertinentiis suis. In Remensi diœcesi ecclesiam de Villa Dominica cum altari et aliis pertinentiis suis. In Morinensi diœcesi abbatiam quæ dicitur Ham, statuentes ut abbatis qui in eodem loco successerit electio in Karrofensis abbatis provisione consistat; quia ab ipso pene fundationis exordio Hamensis ecclesia Karroffensi monasterio oblata, Karroffensium fratrum studio expensis excrevisse cognoscitur. Abbatiam de Andria, ecclesiam de Beureria cum terris pratis et aliis pertinentiis suis. Ecclesiam de Aloannia cum villa, terris et aliis pertinentiis suis. In Anglia, in episcopatu Lincolniensi, monasterium de Dardunaco cum pertinentiis suis; ecclesias de Tantunaco, de Cantunaco, de Cauflo et de Canturbeio. In Bituricensi diœcesi ecclesiam Sancti Vincentii de Monz cum villa, terris, molendinis et omnibus pertinentiis suis; ecclesiam de Monsterolo cum villa, pratis, molendinis et omnibus pertinentiis suis; In Claromontensi diœcesi castellum Sancti Ivonii, abbatiam Wodorensem, ecclesias de Cadilogio, de Morengia, de Nobiliaco; de Grossogilo, de Perusia, de Gadiniaco et de Plevis cum omnibus pertinentiis suis; ecclesiam Sancti Dionysii de Lascesas, ecclesiam Sancti Petri de Noallac, ecclesias de Ambernac, unam beatæ Mariæ, alteram beati Petri; ecclesiam Sancti Martini de Ambazac super fluvium Dronæ, ecclesiam de Macovilla et ecclesiam de Cella cum omnibus pertinentiis suis. In Rothomagensi diœcesi ecclesiam Sanctæ Mariæ de Alneto cum decimis et aliis pertinentiis suis. Anbianensi diœcesi ecclesiam de Boaressia cum villa, terris, decimis, nemoribus; et ecclesia Sanctæ Mariæ de Formariis cum tertia parte decimarum totius parochiæ.

Ad hæc, supradictorum Patrum vestigiis insistentes interdicimus ne diœcesis ipsius episcopus, nisi ab abbate invitatus fuerit, in eodem monasterio missas publicas aut consecrationes vel ordinationes quaslibet agat, neque sanctiones [stationes] indicat, neque paratas vel mansionaticos exinde requirat, salva hospitalitatis gratia competenti. Liceat quoque vobis clericos vel laicos liberos et absolutos e sæculo fugientes ad conversionem recipere et eos in vestro monasterio absque contradictione aliqua retinere. Prohibemus insuper ut nulli fratrum vestrorum post factam in loco vestro professionem fas sit absque licentia abbatis sui, nisi obtentu arctioris religionis, discedere. Discedentem vero absque communium litterarum vestrarum cautione nullus audeat retinere. In parochialibus vero ecclesiis quas tenetis liceat vobis sacerdotes eligere et episcopis præsentare : quibus, si Jonci fuerint, episcopi curam animarum committant, ita ut de plebis quidem cura ipsis, vobis vero pro temporalibus debeant respondere. Interdicimus etiam ne in altare ecclesiæ vestræ, quod prædicti antecessoris nostri Urbani manibus consecratum est, secundum constitutionem ejus quisquam præter apostolicæ sedis pontificem vel ejus legatos excommunicationis vel interdictionis audeat proferre sententiam. Obeunte vero te nunc ejusdem loci abbate, etc., *usque* providerint eligendum : qui a diœcesano episcopo benedicatur, siquidem gratiam et communionem apostolicæ sedis habuerit, et si benedictionem gratis ac sine pravitate aliqua voluerit exhibere. Alioquin liceat vobis pro benedictione eadem catholicum quem malueritis adire antistitem. Decernimus ergo ut nulli omnino hominum liceat præfatum monasterium temere perturbare aut ejus possessiones, etc., *usque* profutura, salva sedis apostolicæ auctoritate. Si qua igitur in futurum ecclesiastica sæcularisve persona, etc., *usque* ultioni. Cunctis autem eidem loco sua jura servantibus, etc., *usque* inveniant. Amen.

Datum Laterani, per manum Joannis Sanctæ Mariæ in Cosmidin diaconi cardinalis, S. R. E. cancellarii, xii Kal. Aprilis, indictione xiv, Incarnationis Dominicæ anno 1210, pontificatus vero domini Innocentii papæ III anno quartodecimo.

XIX.
HUGONI ABBATI ET CONVENTUI KARROFENSI.
De electione abbatis Andrensis.
(Laterani, x Kal. Aprilis.)

(171) Inter ecclesiam vestram et Andrense cœnobium super jure eligendi abbatem Andrensem dudum quæstione suborta, postquam super ea fuit in nostra præsentia diutius disceptatum, dilectis filiis decano Saresberiensi et archidiacono et magistro P. Pulverel canonico Parisiensi dedimus in mandatis ut auditis hinc inde propositis, si ex parte vestra talis foret consuetudo probata quæ juri communi præjudicaret, merito in hac parte ipsi secundum consuetudinem eamdem decernerent electionem Andrensis abbatis ulterius faciendam : quod si talis consuetudo, per quam in hoc casu præjudicaretur juri communi, minime probaretur, ipsi Andrensibus monachis jus eligendi abbatem, sublato appellationis obstaculo, adjudicare curarent, ut sic postmodum obtinerent liberam facultatem vel de Ecclesiæ suæ gremio vel etiam aliunde per electionem canonicam eligendi personam idoneam in abbatem, præsentandam capitulo Karroffensi, ut si esset canonica confirmaretur ab ipsis. Quod si forsitan partes mallent ut nobis sententia servaretur, ipsi causam instructam ad nostrum examen remittere procurarent, præfigentes partibus terminum competentem quo in nostra comparerent præsentia receptura judicium æquitatis; quod si omnes his exequendis interesse non possent, duo eorum ea nihilominus exsequi procurarent. Qui postmodum testibus utriusque par-

(171) Vide lib. xi, epist. 205.

tis receptis, et tam instrumentis et rationibus quam confessionibus et allegationibus etiam diligenter inspectis, cum judices super sententia proferenda tractarent, et unus eorum, videlicet decanus, astrueret sibi de causæ meritis non liquere, quam ad nostrum cupiebat examen remitti, reliqui duo judices, sicut ex litteris intelleximus eorumdem, cupientes negotium expedire, prout partes pluries instanter petierant, postquam in causa renuntiatum fuerat et conclusum, auditis specialiter postea quæ fuerunt a partibus proposita coram eis, cum jam sententiam quam de consilio peritorum conscripserant intenderent promulgare, Andrensis monasterii procurator quasdam suspicionis causas proposuit contra eos, de quibus ante nullam fecerat mentionem, et ad cognoscendum de ipsis, arbitris non petitis, recessit ab eis. Sed dicti judices nihilominus sententialiter decreverunt ut cum in Andrensi cœnobio immineret abbatis electio facienda, Andrenses monachi ab abbate et capitulo Karroffensi eligendi abbatem licentiam peterent, et eligerent postmodum personam idoneam de gremio et professis Ecclesiæ Karroffensis, ita quod in capitulo Karroffensi eligere minime tenerentur. Cum autem nuper dilecti filii Gaufridus Daubis monachus vester et Willelmus Andrensis Ecclesiæ procuratores propter hoc ad sedem apostolicam accessissent, et super antedicta sententia litigassent aliquandiu coram nobis, nos, qui ex officii nostri debito his quæ pacis sunt tenemur insistere, compositionem amicabilem et utrique monasterio utilem fecimus inter eos, quam ipsi demum pariter acceptarunt, ut videlicet Andrenses monachi qui nunc sunt, et qui pro tempore fuerint, Karroffensi abbati professionem faciant apud Andrense cœnobium, promittendo eidem obedientiam et reverentiam regularem. Cum autem in Andrensi Ecclesia occurrerit electio facienda, Andrenses monachi de professis monasterii Karroffensis, sive de suo, sive de monasterii Karroffensis collegio, personam idoneam libere sibi eligant in abbatem. Electus vero Karroffensi præsentetur abbati : qui electionem de illo factam confirmare vel infirmare procuret, sicut de jure fuerit faciendum. Confirmatus autem a diœcesano benedicatur episcopo, et singulis trienniis monasterium visitet Karroffense, ac census nomine viginti solidos sterlingorum annuatim persolvat eidem. Præterea Karroffensis abbas annis singulis, si voluerit, per seipsum vel per duos ex suis monachis Andrense monasterium visitet : cui Andrensis abbas in choro, capitulo, refectorio, et aliis locis, utpote Patri abbati, cedat. Qui cum consilio Andrensis abbatis corrigat si quid in membris Andrensis cœnobii fuerit corrigendum. Quod si quidquam corrigendum fuerit in abbate, id cum seniorum et saniorum fratrum ipsius loci consilio abbas corrigat Karroffensis. Nos igitur compositionem eamdem a præfatis procuratoribus approbatam de communi fratrum nostrorum consilio auctoritate apostolica confirmamus et præsentis scripti patrocinio communimus, statuentes eamdem perpetuis temporibus inviolabiliter observandam. Nulli ergo, etc., confirmationis et constitutionis, etc., *usque* incursurum.

Datum Laterani, x Kal. April. pontificatus nostri anno quartodecimo.

XX.
FRATRIBUS MILITIÆ TEMPLI SANCTI PHILIPPI DE PLANO AUXIMANÆ DIŒCESIS.

De concordia inter eviscopum et Templarios Auximanos.

(Laterani, x Kal. Aprilis.)

Inter vos ac venerabilem fratrem nostrum Auximanum episcopum super quibusdam mortuariis, decimis, synodalibus et aliis episcopalibus juribus, ac super eo quod excommunicatos et interdictos recipiebatis, ut idem episcopus asserebat, ad divina officia et ecclesiasticam sepulturam, venerabilibus fratribus nostris, Esino, Anconitano, et Fanensi episcopis dedisse recolimus in mandatis ut auditis utrinque propositis causam ipsam ad nos remitterent sufficienter instructam, præfigentes partibus terminum competentem quo nostro se conspectui præsentarent sententiam recepturæ. Cum autem partes comparuissent postmodum coram eis, prædictus episcopus per procuratorem suum in Sancti Philippi, Sanctæ Mariæ, ac Sanctæ Marinæ ecclesiis episcopale sibi jus vindicando, tam sextam partem ecclesiæ Sancti Philippi, quam ex donatione ecclesiæ Sancti Coronati asserebat ad se de jure spectare, quam tertiam mortuariorum quæ vobis obveniunt in diœcesi Auximana, nec non fructuum quarumdam terrarum decimam, quas vos obtinetis ab ipso, ratione terragii sibi debitam postulavit, et ut tam decimas Sanctæ Mariæ ac Sanctæ Marinæ ecclesiarum sibi huc usque subtractas quam etiam cathedraticum, quod integre sibi hactenus solutum non fuerat, vos restituere cogeremini et compelli ad præstandum de cætero integraliter supradicta. Institutionem præterea et destitutionem etiam clericorum in præfata Sancti Philippi ecclesia vindicavit, petens vobis nihilominus inhiberi ut excommunicatos et interdictos ab eo non reciperetis ad divina officia vel ecclesiasticam sepulturam. Quadringentos quoque perperos pœnæ nomine petiit, quam ex eo dicebat esse commissam quod vos contra conventionem inter vos et ipsum initam venientes, circa culturam agrorum, quos in emphyteosim ab ecclesia tenetis ipsius, non impenderatis operam diligentem, et castellanos atque villanos suos in suum receperatis præjudicium et gravamen, postulans vos ad illos dimittendum compelli ac compesci, ne illos absque ipsius recipiretis de cætero voluntate. Verum vos tamen decimas a rivo montis Marii usque in flumen et pontem Consæ ac usque ad Planum, quam etiam quasdam terras ac pascua quæ vobis concessisse dignoscitur, nec non etiam pratum de Walvadrono, et campos Rigibertæ

et Aternani præter quatuor araturas, quibus per ipsum spoliatos vos contra justitiam querebamini, vobis restitui postulastis. Judices vero, receptis super his testibus ab utraque parte productis, eamdem causam ad nos remiserunt sufficienter instructam.

Cum autem propter hoc nuper vester et alterius partis procuratores in nostra præsentia constituti super præmissis aliquandiu litigassent, nos utriusque partis inspectis attestationibus diligenter et rationibus intellectis, de communi fratrum nostrorum consilio vos super sexta parte ecclesiæ Sancti Philippi duximus absolvendos; quia, etsi per testes ipsius episcopi fuerit facta fides quod ecclesia Sancti Coronati eamdem sibi sextam partem donaverit, ex aliorum tamen testium depositionibus consistit quod anteriori tempore vobis donaverat partem illam. Decrevimus etiam ut quarta mortuariorum quæ in ipsius diœcesi vobis obveniunt debeat manere contentus, armis et equis ex eadem quarta deductis, quæ juxta indulgentias Romanorum pontificum vobis indultas retineri debent in subsidium terræ sanctæ. Et ut vos pro singulis ecclesiis supradictis unum quartum grani et unum annonæ pro decimationis quarta, et duos solidos usualis monetæ annis singulis cidem episcopo pro cathedratico persolvatis, inhibentes vobis ut excommunicatos et interdictos ad divina non recipiatis officia vel ecclesiasticam sepulturam, salvis indulgentiis super hoc vobis ab apostolica sede concessis. Super institutione vero et destitutione clericorum in ecclesiis supradictis vos ab impetitione absolvimus episcopi memorati, cum in Romanorum pontificum privilegiis vobis indultis id occurreret manifeste. Ad restitutionem quoque prati et camporum supradictorum, quibus vos probastis contra justitiam spoliatos, sæpedictum episcopum sententialiter condemnavimus, super proprietate sibi defensione legitima reservata. Quia vero procurator ipsius episcopi requisitus a nobis prætaxatam pœnam vobis sponte remisit, dummodo vos castellanos et villanos suos sine difficultate dimittere curaretis et illos absque sua non reciperetis de cætero voluntate, ac procurator vester a petitione subtractarum vobis hactenus decimarum destiterit, dummodo ipsas de cætero idem episcopus percipere vos permittat pacifice, nos in hac parte ipsorum desideriis concurrentes, et vos ab impetitione ipsius episcopi super prædicta pœna et eumdem episcopum super decimis vobis subtractis duximus absolvendos, firmiter injungentes ut et vos castellanos et villanos illius absque ipsius recipiatis minime voluntate, ac ipse vobis prædictorum locorum spirituales percipere decimas sine difficultate permittat, salvo prædicto decimo quod ipsi episcopo terragii ratione debetur. Nulli ergo, etc. *usque* diffinitionis, constitutionis et inhibitionis, etc. *usque* incursurum.

Datum Laterani, x Kal. Aprilis, pontificatus nostri anno quartodecimo.

XXI.

CANTORI, MAGISTRO. E. DE HENNIN. ET HER. PEDIARGENTI CANONICIS ATREBATENSIBUS.

De quadam præbenda Ariensi.

(Laterani, iii Kal. Aprilis.)

(172) Dilectus filius magister Wibertus presbyter coram dilecto filio nostro Joanne Sanctæ Mariæ in Via lata diacono cardinale, quem sibi et I. nuntio decani et capituli ecclesiæ Ariensis, Morinensis diœcesis auditorem concessimus, proponere procuravit quod cum ei sacerdotalis præbenda in eadem ecclesia dudum canonice collata fuisset, ac decanus et capitulum memorati nollent ei postmodum fructus reddere præbendales, ad conquestionem ipsius dilectis filiis magistro scolarum et Waltero et Joanni de Albengi canonicis Morinensibus commisimus causam ipsam. Qui decano et capitulo Ariensi, postquam citati sæpius et demum edicto peremptorio evocati comparere noluerant coram eis, inhibere curarunt ne quid in apostolici mandati elusionem vel supradicti magistri gravamen, quæstione pendente super eisdem fructibus, innovarent. Verum in præsentia eorumdem judicum postea partibus constitutis, cum præfatus magister suam edidisset super eisdem fructibus actionem, Willelmus de Duaco capituli procurator respondit quod quæstio super fructibus coram eisdem judicibus procedere non debebat donec causa super concessione sex sacerdotalium præbendarum, de quarum numero erat præbenda illa quæ præfato dignoscebatur magistro collata, quæ venerabili fratri nostro episcopo Atrebatensi et conjudicibus suis auctoritate nostra fuerat commissa, utpote præjudicialis, finem debitum sortiretur. Cum autem judices de partium voluntate quorumdam peritorum consilium, an illa quæstio præjudicialis existeret, requirere studuissent, nondum ab eisdem recepto responso præpositus Ariensis B. clerico primam tantummodo tonsuram habenti præbendam supradictam concessit, cujus fructus magister petierat memoratus, ejusdem præbendæ fructibus post inhibitionem judicum assignatis eidem, contra ecclesiæ privilegia temere veniendo. Post hæc vero judices memorati causam Atrebatensibus judicibus delegatam quæstioni sibi commissæ nequaquam præjudicialem existere, prout in consilio receperant a peritis, per interlocutoriam sententiam declararunt : a qua non fuit pro parte capituli provocatum, sed lite super quæstione fructuum contestata, utraque pars præstitit calumniæ juramentum.

Cumque privilegiorum transcripta magister obtulerit supradictus, per quæ fidem facere intendebat quod præbendam illam canonice fuerat assecutus procurator capituli ea esse vera privilegiorum transcripta coram judicibus recognovit. Quibus procuratori mandantibus ut authentica privilegia exhiberet, ipse certum ad hoc diem sibi petiit assignari, a quem obtinuit, et recessit. Et licet procurator ipse postea sæpefato magistro præscriptionem objecerit decennalem, et ad illam probandam dies sibi fuerit assignatus, illam tamen seu aliam exceptionem legitimam ille vel alius procurator capituli non probavit. Quinimo magister Ingebertus ultimus capituli procurator, constanter affirmans illa vera transcripta privilegiorum existere, ac ea rata grataque haberi a capitulo Ariensi, ut secundum ea procederent judices ad sententiam postulavit. Unde ipsi habito consilio sapientum, sæpedicto magistro per diffinitivam sententiam fructus adjudicavere prædictos : quam idem magister petiit auctoritate apostolica confirmari, relationem judicum exhibendo supradicta et alia plenius continentem. Ad hoc nuntius proposuit memoratus quod processus illorum debebat non immerito retractari ; tum quia in litteris obtentis ad eos de prioribus litteris ad Atrebatenses judices impetratis super sex præbendarum collatione, de quarum numero fuerat dicta præbenda cujus fructus idem magister petiit, mentio non fiebat ; tum quia illa quæstio, videlicet de præbendarum concessione, utpote præjudicialis alterius, fuerat primitus dirimenda, cum et causa fructuum quæstionis super præbenda sit accessoria, et causarum continentia non sit juxta sanctiones legitimas dividenda ; tum etiam quia idem magister nunquam ad eamdem fuerat præbendam admissus. Verum ad hoc pars altera respondebat, allegationes hujusmodi ex eo esse supervacuas judicandas, quia judicum prædictorum examen partes spontanee subierunt. Proposuit insuper idem nuntius dictos judices minus rite ob causas alias processisse ; quia videlicet in causa spirituali præstari fecerant calumniæ juramentum, et capitulo memorato mandaverant sua coram eis privilegia exhibere, in decanum ob hoc excommunicationis et in capitulum suspensionis sententias proferendo, cum nemo ad fundandam adversæ partis intentionem suas teneatur edere rationes : item, quia nullo pro capituli parte præsente, post appellationem ad nos interpositam, non in procuratorem, sed in capitulum sententiam protulerunt, adjiciens quod nequaquam relationi judicum standum erat, quæ cum in publicum non sit redacta scripturam, non in prima persona sed tertia dignoscitur esse concepta ; præsertim cum asserant judices se privilegiorum tenore cognito processisse, quæ minime inspexerunt. Cæterum ad prædicta pars adversa respondit quod in præfata quæstione fructuum, utpote temporali, non incompetenter præstari potuit calumniæ juramentum ; sed et mandari a judicibus potuit privilegia exhiberi, quorum transcripta per magistrum memoratum oblata vera esse procurator capituli fatebatur, cum et ultimus procurator ipsius petierit secundum ea negotium terminari.

His igitur et aliis quæ coram eodem cardinale utrinque proposita fuerant per ejusdem relationem

(172) Vide lib. xi, epist. 255.

plenius intellectis, cætera hinc inde proposita frivola reputantes, per apostolica vobis scripta mandamus quatenus supradicto clerico convocato, seu aliis qui fuerint evocandi, inquisita plenius et cognita veritate, si vobis constiterit quod præfato B. lite pendente præbenda concessa fuerit memorata, vel quod præbenda ipsa, quæ sacerdotibus duntaxat consueverat assignari, eidem collata fuerit in sacris nondum ordinibus constituto vel aliud canonicum obviet propter quod præbendam ipsam nequeat obtinere, vos supradictam sententiam pro eodem magistro super fructibus latam a judicibus sæpedictis faciatis appellatione remota firmiter observari, contradictores per censuram ecclesiasticam appellatione postposita compescendo. Quod si non omnes, etc. duo vestrum, etc.

Datum Laterani, iii Kalend. Aprilis, pontificatus nostri anno quartodecimo.

XXII.
ABBATI ET CONVENTUI FOSSÆNOVÆ.
Confirmatur compositio facta cum Pipernensibus.
(Laterani, iv Kal. Aprilis.)

Istis petentium desideriis dignum est nos facilem præbere consensum, et vota quæ a rationis tramite non discordant effectu prosequente complere. Eapropter, etc. *usque* assensu, compositionem seu transactionem inter vos ex parte una et consules ac populum Pipernensem ex altera super possessionibus constitutis in loco qui Laurentii vulgariter appellatur amicabiliter initam, sicut provide facta est et ab utraque parte sponte recepta, et in instrumento publico exinde confecto plenius continetur, auctoritate apostolica confirmamus et præsentis scripti patrocinio communimus. Ad majorem autem evidentiam tenorem ipsius instrumenti de verbo ad verbum huic nostræ paginæ duximus inserendum. « In nomine Domini. Amen. Anno ejus millesimo centesimo nonagesimo tertio, anno tertio domini Cœlestini papæ III, indictione xi, mense Augusto, die tertia. Quoniam ea quæ refutationibus sive transactionibus vel aliis conventionibus inter homines fiunt, plerumque memoriæ commendari non possunt, idcirco ego Guido sanctæ Romanæ Ecclesiæ scriniarius transactionem sive refutationem vel etiam conventionem inter fratres Fossænovæ et populum Pipernensem habitam rogatus in hoc publicum scriptum reduco, ut si de ea dubitatum fuerit, per hoc scriptum veritas rei ostendatur. Conventio itaque sive transactio vel refutatio talis est. Fratres Fossænovæ dant Pipernensibus centum tres libras bonorum Provesinorum pro molendinis communibus recolligendis, quæ pignori tenebantur. Et consules Piperni, scilicet Petrus domini Leonis, Belbellus, Transmundus Donnæ Nuvæ, Philippus domini Gregorii milites, Roscemannus, Staldo, Jordanus, Roffridus, Guastapane, Massarii nomine universitatis refutant monachis omnem litem et querimoniam et omnem actionem quam habebant vel habere possent in Laurentiis, scilicet inter hos fines sicut vadit in directum a Gorga Palumbi in Mazoclam, et inde pergit per Mazoclam usque ad aquam quæ descendit de Fontana de Ficu, sine omni conditione, et inde ascendit usque in lacum. Concedit etiam populus quidquid juris habet commune inter Fontanam de Ficu, et Lirecaduti, salvo unicuique jure proprietatis, si quis ibi aliquid habet. Concedunt etiam a Gorga palumbi inferius ut sandalariam faciant sine contradictione aliqua usque flumen majus; sicut melius viderint expedire: quæ tamen sandalaria communis erit et fratribus et civibus. Silva quæ est a fontana Gricilli usque ad Recaduti est monachorum absolute, sicut hactenus fuit; præter consuetudinem quam habet in ea populus in venando, pascendo, ligna cædendo, et salva consuetudine tabulandi. Silvam quæ est a Fontana de Ficu usque ad Recaduti non incidant monachi ad cæsas faciendas studiose, sed remanebit ad communes usus et civium et monachorum ad ligna cædenda, et ad venandum, et pascendum. Si tamen aliquo modo pervenerit quod sit apta ad agriculturam, monachorum erit. Piscaria lacus libera est monachorum, sicut hactenus fuit. Per sandalariam totam liberum erit omnibus Pipernensibus sine apparatura aliqua piscari, non in illis locis ubi et monachi et certæ personæ civitatis habent suas proprietates. Et quidem non licebit alicui nisi monachis aliquod ædificium facere ad piscandum a Gorga Palumbi usque ad lacum; pœna trecentarum librarum Provesinorum ab utraque parte promissa, si aliqua pars contra hanc conventionem vel refutationem seu etiam transactionem amicabili pace firmatam venire voluerit vel etiam observare noluerit; et pœna soluta, hæc charta conventionis sive transactionis in sua stabilitate perpetuo perseveret. Unde rogati sunt testes, Gregorius Paganus, Rainone Sancti Laurentii, Joel de Sitio, Bertraymus Laudini, Berardus Romane, Guido de Arnaria. Ego Guido sanctæ Romanæ Ecclesiæ et Piperni scriniarius interfui et subscripsi. » Nulli ergo, etc. nostræ confirmationis, etc. *usque* incursurum.

Datum Laterani, iv Kal. Aprilis, anno quartodecimo.

XXIII.
PRIORI ET CONVENTUI ANDRENSI.
De fidejussione vetita monachis.
(Laterani, ii Kal. Aprilis.)

Cum a nobis petitur quod justum est, et honestum, etc. *usque* effectum. Eapropter, dilecti in Domino filii, vestris justis postulationibus grato concurrentes assensu, auctoritate apostolica prohibemus ne aliquis (173) monachus sive conversus sub professione vestræ domus astrictus sine consensu (174)

---

(173) *Ne aliquis*, c. 1, et c. *Quod quibusdam*, De fidejuss., quod desumptum est ut hæc epistola ex concilio Lateranensi sub Innocentio III, c. 59, De fidejussion.

(174) *Sine consensu*, qui est requirendus. c. *Pastoralibus*, De donat. sine quo abbatis gesta non ob-

et licentia abbatis et majoris partis vestri capituli pro aliquo fidejubeat, vel ab aliquo pecuniam mutuo accipiat ultra pretium capituli vestri providentia constitutum, nisi propter manifestam (175) domus vestræ utilitatem. Quod si facere forte præsumpserit, non teneatur conventus pro his aliquatenus respondere. Nulli ergo, etc. nostræ prohibitionis, etc. *usque* incursurum.

Datum Laterani, II Kal. Aprilis, pontificatus nostri anno decimo quarto.

XXIV.
EISDEM.

Ut eis liceat divina officia celebrare tempore interdicti.
(Datum, *ut in alia*.)

Solet annuere, etc, *usque* impertiri. Eapropter, etc. *ut in alia usque* assensu, ut quotiescunque terram nobilis viri comitis Gisnensis patroni monasterii vestri pro suis excessibus, debitis, aut aliquibus causis aliis subjici contigerit ecclesiastico interdicto, juxta quod vobis est a felicis recordationis Alexandro papa (176) prædecessore nostro indultum, exclusis excommunicatis et interdictis, non pulsatis campanis, suppressa voce, divina vobis liceat officia celebrare, devotioni vestræ auctoritate præsentium indulgemus (177). Decernimus ergo, etc. nostræ concessionis, etc. *usque* incursurum.

Datum, *ut in alia*.

XXV.
ABBATI ET CONVENTUI SANCTI AUBERTI CAMERACENSIS.

Confirmat eorum possessiones.
(Laterani, Kal. Aprilis.)

Cum a nobis petitur, etc. *ut in alia usque* assensu, altare Sanctæ Bovæ vobis a bonæ memoriæ Vu. Rotomagensi archiepiscopo de assensu capituli sui collatum, altaria de Wildebroc et de Vrimede, quæ bonæ memoriæ R. Cameracensis episcopus, et altare de Herentoth, quod venerabilis frater noster J. successor ipsius in eleemosynam consentiente Cameracensi capitulo vestro monasterio canonice contulerunt, duas domos de Grievecuer, Barastro, et de Hapelaincort ad ipsum monasterium de manu laica rationabiliter consensu ipsius Cameracensis episcopi revocatas, et partem decimæ de Kion, et omnia alia bona vestra, sicut ea omnia juste ac pacifice possidetis, vobis et per vos eidem monasterio vestro auctoritate apostolica confirmamus et præsentis scripti patrocinio communimus. Nulli ergo, etc. confirmationis, etc. *usque* incursurum.

Datum Laterani, Kal. Aprilis, pontificatus nostri anno decimoquarto.

XXVI.
ABBATI ET CONVENTUI SANCTI QUINTINI BELVACENSIS.

Ne beneficia non vacantia promittantur.
(Laterani, II Idus Aprilis.)

Cum ex injuncto nobis apostolatus officio Ecclesiarum omnium curam et sollicitudinem gerere teneamur, ea in ipsis corrigere nos oportet quæ in gravamen earum noscuntur plurimum redundare. Sane ad nostram audientiam vobis referentibus est delatum quod tam vos quam vestri prædecessores ad multorum instantiam importunam quibusdam promissiones de non vacantibus Ecclesiis facientes, pensiones eisdem quasdam interim contulistis. Quia igitur id contra statuta, etc. *ut supra lib.* XI, *epist.* 205, *usque* auctoritate vobis apostolica districtius inhibemus ne contra, etc. inhibitionis, etc., *usque* incursurum.

Datum Laterani, II Idus Aprilis, pontificatus nostri anno quartodecimo.

XXVII.
ABBATI ET CONVENTUI SANCTI ELIGII NOVIOMENSIS.

Super eodem.
(Datum, *ut in alia*.)

Cum ex concessa nobis a Domino potestate ad omnium Ecclesiarum curam aciem nostræ considerationis extendere teneamur, ea corrigere nos oportet quæ interdum in ipsarum gravamen temere attentantur. Sane ad nostram audientiam vobis referentibus est delatum quod, etc. *ut in alia per totum usque in finem.*

Datum, *ut in alia.*

XXVIII.
PETRO (178) ILLUSTRI REGI ARAGONUM.

Revocat donationes ab eo factas in minori ætate.
(Laterani, II Idus Aprilis.)

Cum donationes (179) nonnullas intra ætatis tuæ (180) legitimæ tempora te fecisse proponas in enorme tui dispendium redundantes, majorem partem tuorum reddituum sic donando, nec expedire te nimis egere, quem oportet graves et grandes expensas subire in expugnando (181) Christiani nominis inimicos, præsentium tibi auctoritate concedimus ut omnes donationes prædictis temporibus illi-

---

tinent firmitatem c. *Ea noscitur*, De his quæ fiunt a præ. sine, etc.

(175) *Manifestam*, ut in pupillo cui meliorem conditionem facere licet sine tutoris auctoritate, deteriorem vero minime, § 1 De auctor. tut. apud Justinian.; et Ecclesia more minoris debet semper illæsa servari, c. 1 De restit. in integ. ideoque pari beneficio adjuvatur, c. 4 *uditis*, eod. tit.

(176) *Indulgemus.* Ut episcopis et aliis qui nullam ullatenus ipso jure incurrunt sententiam excommunicationis, nisi in ipsa de iisdem expressa mentio habeatur, in c. *Quia periculosum*, De senent. excommunic. in 6, et c. *Quod in te*, De pœnit. et remiss.

secundum quæ rescribit Innocentius in hac epistola.
(178) *Petro*, secundo filio Alfonsi secundi, de quo infra lib. xv, epist. 13.
(179) *Donationes* ex lege quam nobilitas imponit c. 1 De donation.
(180) *Ætatis*, c. *Ex præsentia*, § præterea de probat.
(181) *In expugnando.* Secus tamen evenit : alligatus enim vinculo excommunicationis et pravitatem Albigensium sectatus prope Murellum (rectius Muretum) quæ est civitas Convenarum, occubuit in exercitu comitis Tolosani, Petrus Vallis Sarn. c. 72, adversus quem armata vi manus consererentem (sed male) describit Tarafa De reg. Hispan. in Alfonso IX.

cite (182) a te factas legitime valeas revocare. Hoc expresso specialiter ad cautelam, ut donationes factæ ecclesiis vel aliis piis locis, si quæ fuerint revocandæ, per ecclesiasticum judicem (183) revocentur.

Datum Laterani, II Idus Aprilis, anno quartodecimo.

XXIX.
EPISCOPO LINGONENSI (184), ET NOBILI VIRO DUCI BURGUNDIÆ (185.)
De reformatione monasterii S. Benigni Divionensis.
(Laterani, xvi Kal. Maii.)

Sicut ex litteris dilectorum filiorum abbatis (186) et conventus Sancti Benigni (187) Divionensis diœcesis Lingonensis accepimus, cum tu, frater episcope, in tuæ promotionis initio ad monasterium eorumdem, de cujus miserabili lapsu multa didiceras, accessisses gratia visitandi, memoratus conventus in te ac eumdem abbatem et priorem ejusdem loci nec non et duos alios clericos super reformatione domus tam in capite quam in membris compromittere curaverunt, promittentes interposito juramento se ordinationi vestræ humiliter parituros. Vos autem compromissioni hujusmodi a festo Sancti Remigii tunc proximo adfuturo usque ad annum terminum præfigentes, communiter statuistis ut quod super debitorum solutione a vobis ordinaretur, interim servaretur; et capitulo inter cætera injungentes ut ordo monasticus, qui relaxatus ibidem aliquatenus fuerat, districtius servaretur, duo millia librarum et eo amplius infra annum pro debitis monasterii persolvistis. Appropinquante vero termino compromissioni præfixo, cum fuisset a vobis primitus constitutum ut omnes obedientiarum (188) proventus insimul adunati ad solutionem cederent debitorum, quodque obedientiarii, ne statutum hujusmodi præpedirent, ad suas obedientias mitterentur earumdem proventus fideliter servaturi, ipsi proventus illius anni in usus proprios vel potius in abusus nequiter converterunt. Unde cum adhuc multa debita superessent, pro quibus nondum fuerat satisfactum, quæ nonnisi cum multarum possessionum distractione ac maximo Ecclesiæ detrimento poterant expediri, et malitia creditorum nonnisi per te, fili dux, cujus jurisdictionis existunt, posset ulterius refrenari, vobis pariter exstitit ab eisdem abbate ac fratribus cum instantia supplicatum ut ascito vobis tertio viro provido et potente, in manu vestra tandiu possessiones ecclesiæ teneretis donec absque rerum ecclesiæ venditione seu obligatione aliqua ipsius debita solverentur (189), et quinquaginta monachis (190) faceretis honeste in eadem ecclesia juxta loci consuetudinem provideri; ipsique ad prædicta servanda se juramento præstito astrinxerunt, tibi, frater episcope, patentes super hoc litteras concedentes : quod vos demum eorum devicti precibus acceptastis.

Cum igitur idem abbas et fratres devote nobis duxerint supplicandum ut quod præmissum est auctoritate dignaremur apostolica confirmare, cum ad

---

(182) *Illicite* propter lubricum ætatis l. ult. c. De filiof. min. in tantum, ut etiam donatio facta matri non valeat ex SC. 13 Martii 1594, propugnante Joanne Bury in Ecclesia Nivernensi canonico adversus Philibertum Catin, cui benevolo animi affectu, in teneræ ætatis nimis facili et proclivi assensu, bona et substantiam patris dederat. Exceptiones tamen a 'hibe ad dictam regulam, nec enim minor adversus minorem aut universitatem in integrum restituitur, et mulctæ æremodicii subjicitur SC. 16 Maii 1611, ex cujus decreto cancellariæ præfectus diplomata regia in hac parte imposterum largiri prohibetur; sed in continenti et ex apposito in sacro senatoriæ amplitudinis auditorio palam sancitum fuit tutorem et curatorem a pupillo et minore in eadem hypothesi jure optimo actione subsidiaria recte posse conveniri.

(183) *Per eccl. jud.* Argumento ducto ex rubricæ C. ubi et apud quem cog. in integ. restit. agitanda sit.

(184) *Lingonensi* duci et pari Franciæ, provinciali archiepiscopi Lugdunensis, de quo in c. *Cum capella,* De privileg., et passim in decreto Gratiani.

(185) *Duci Burgundiæ* Otthoni sive Odoni IV, de quo infra lib. xv, epist. 12.

(186) *Abbatis.* Quis ille fuerit non facile dignosci potest in Chronico Sancti Benigni Divionensis cujus series anno Domini 1212 (quo Innocentius hanc rescripsit epistolam) exspirat in abbatum elogiis; sic, reguante Roberto rege Christianissimo, Maiolo abbati Cluniacensi a Brunone pontifice Lingonensi suggestum est, ut monasterium egregium matyris Benigni juxta Divionense castrum, ad reintegrandum divini cultus ordinem, qui in eodem loco omnino defecerat, susciperet, qui beato Willelmo anno Domini 1055 dulci imperio paternam ovilis Christi curam commisit ex vet. cod. ms. S. Benigni.

(187) *S. Benigni* Burgundionum apostoli in cod. ms. vitæ B. Gregorii episcopi Lingonensis, cujus templum Guntramnus Clotarii filius, eorumdem rex, liberalissime auxit, Vignerius in biblioth. histor. anno Domini 566.

(188) *Obedientiarum* sive administrationum, ut in Clement. I De supl. neg. præl. vel officiorum, c. *Cum singula,* De præb. et dignit. in 6, quæ nulli conferri possunt, nisi expresse professus fuerit ordinem monachalem, Clem. I ne in agro, § sane de statu monach. et religiosis idoneis assignari debent in pragmatica sanctione de Collat., § illi vero Rebuffus De nominat., q. 15, n. 13, quoniam, ut abbas debent monachari c. *Cum ad nostram,* De election, ut monasteriorum utilitatibus præpositi sint in cod. ms. Vitæ B. Guilielmi abbatis S. Benigni, de adhuc obedientiæ vocabuli vis in eremo Allobrogum eodem sensu usurpatur.

(189) *Solverentur,* ut in c. *Cum ad nostram,* De jurejur., fructus siquidem imputantur in sortem, non autem cedunt lucro creditoris jure pontificio, in vicem usurarum, et in ἀντίχρησει, quæ jure civili comprobata l. si ea lege C. De usuris W. GG. Labbaei ex Bassil. Ἀντίχρησις ἡ ἀπὸ τοῦ ἐνεχοριασθέντος ἀγροῦ καρπῶν, ὑπὲρ τούτων ἀνάληψις, ubi lege ἐνεχυριασθέντος, et ὑπὲρ τόκου. j. super legitimum modum usuræ.

(190) *Monachis,* qui a nobili prosapia, ut monasterio S. Benigni libertatis Christianæ gratia mancipentur, originem ducere debent, ideo subjungit (honeste) ut honesto loco natos decet, inter quos (illud per transennam subjiciam) Walisdaus dux Albus Casimiri et Walisdai Poloniæ regum, proximus agnatus Dei Opt. Max. misericordiam in solitudinis aula ambivit; dein a principibus in imperium accitus in æde S. Benigni voti reus sepeliri voluit, ut patet ex Chronico ejusdem cœnobii et titulo sepulcri; Cromerus, lib. XIII Polon. in Ludovico, et in oratione ad Gallos et Sarmatas, quæ in calce libri reperitur.

præsens alio modo nequeat monasterio consuli memorato, nos, qui super ejusdem loci sumus reformatione solliciti, provisionem hujusmodi ratam habentes et gratam, cum credamus eamdem ad ipsius monasterii commodum redundare, devotionem vestram rogandam duximus et monendam, per apostolica vobis scripta præcipiendo mandantes quatenus suprascripta taliter ad honorem Dei et utilitatem monasterii supradicti ad debitum perducatis effectum, quæ ad reformationem loci statuta sunt facientes in suo robore perdurare, ut diligentiæ vestræ studium clareat in effectu, ac divinam et apostolicam gratiam propter hoc vobis uberius comparetis; contradictores, si qui fuerint, vel rebelles, tu, frater episcope, censura ecclesiastica, et tu, fili dux, si necesse fuerit, potestate tibi tradita (191), sublato appellationis obstaculo compescentes.

Datum Laterani, xvi Kal. Maii, anno quartodecimo.

XXX.
LINGONENSI EPISCOPO.
Super eodem.
(Datum, *ut in alia*.)

Cum, igitur nostris est auribus intimatum, Willelmus de Bregdum monachus, qui seditiosus et dilapidator existit, a multis retro diebus cum quibusdam suis fautoribus, qui ab aliis monasteriis ad Sancti Benigni cœnobium convolarunt, irregulariter vixerit, contra juramentum proprium, quod super servanda provisione ipsius Ecclesiæ præstiterat, veniendo, nec eisdem præsentibus pax possit in eodem monasterio reformari, fraternitati tuæ per apostolica scripta præcipiendo mandamus quatenus, si est ita, supradictum W. et ejus complices ab eodem monasterio et membris ejus sublato appellationis obstaculo penitus amovendo, ipsos in aliis monasteriis ejusdem observantiæ collocare procures, contradictores, si qui fuerint, vel rebelles per censuram ecclesiasticam appellatione remota comoescens.

Datum, *ut in alia per totum.*

XXXI.
MAGISTRO NICOLAO MISNENSI ET ARNALDO DE STENDAL HALBERSTATENSIS DIŒCESIS CANONICIS.
Ejusdem argumenti cum epistola 49 libri XIII.
(Laterani, xi Kal. Aprilis.)

Causam quæ inter dilectos filios Ottonem subdiaconum nostrum et Walterum, qui pro præposito Magdeburgensi se gerit, super Magdeburgensi præpositura dignoscitur agitari, tibi dudum, fili magister Nicolae, et bonæ memoriæ Broccardo Wrecinensi canonico de partium voluntate sub certa forma meminimus commisisse, vobis inter cætera injungentes quod si quidquam humanitus alterutri vestrum contingeret, ut mandato nostro fideliter exsequendo, sicut uterque vestrum juramento præstito tenebatur, usque ad Kalendas Octobris proximo præteritas interesse non posset, ex tunc dilectus filius Florentius abbas de Sichem, omni contradictione vel appellatione cessante, quæ vobis injuncta fuerant cum reliquo vestrum earumdem litterarum auctoritate exsequi procuraret. Interim vero prædicto Broccardo subtracto de medio, subdiaconus memoratus nobis exposuit se habere præfatum abbatem certa ratione suspectum, nobis humiliter supplicans ut loco præfati B. subrogare alium dignaremur. Nos igitur attendentes nullum ex hoc præjudicium parti alteri generari, ut judicium sine suspicione procedat, te, fili magister Arnalde, obtentu prædicti O. loco præfati B. duximus subrogandum, per apostolica vobis scripta districte præcipiendo mandantes quatenus in ipso negotio juxta priorum continentiam litterarum, appellatione remota, ratione prævia procedatis. Quod si alteruter vestrum his exsequendis noluerit vel nequiverit interesse, loco ejus a parte sua infra triduum alius eligatur; et si pars illa noluerit eligere, vel electus ab ea procedere non curaverit, residuus nihilominus in causa procedat. Nisi vero tu, fili Arnalde, simile præstiteris juramentum, tu, fili magister Nicolae, a juramento quod præstitisti te noveris absolutum.

Datum Laterani, xi Kal. Aprilis, pontificatus nostri anno quartodecimo.

XXXII.
AUXITANO ARCHIEPISCOPO.
Ut cedat oneri episcopali.
(Laterani, xvii Kal. Maii.)

(192) Sicut is qui sufficiens est ad curam sollicitudinis pastoralis, si forsan episcopatum affectet, desiderat bonum opus, sic is qui non sufficit ad hujusmodi oneris sarcinam supportandam, utiliter sibi consulit, si eamdem prius caute deponat quam sub ea in suum et aliorum dispendium comprimatur. Cum igitur ad pontificalis curam regiminis cognoscere te debeas minus aptum, fraternitatem tuam rogamus attentius et monemus, per apostolica tibi scripta mandatenus salutem tuam et aliorum lucris temporalibus anteponens, et compatiens nihilominus contritioni Ecclesiæ Auxitanæ, quæ sub tuæ provisionis umbra in temporalibus et spiritualibus graviter est collapsa, pontificalem curam spontaneus resignare procures, ut ex hoc divina u

---

(191) *Potestate tradita* a rege Christianissimo; cujus imperio hominem ligium se, et successores ex jure coronæ regiæ devoverat. Ideo post obitum Caroli, feudum deficientibus masculis domanio, reique privatæ principis a quo fluxerat, ex lege Salica redeundo, accrevit. Cæterum potestatem hic accipe publicum auxilium, de quo in c. 1 De offic. jud. ordin. sive invocationem brachii sæcularis apud Ærod. lib. I, c. 11 in π. ex constitutione Henrici III 1580.

§ 24. Nam privilegium clerici cessat in crimine, de quo extra ordinem sit quæstio, c. 6 De homic. in 6 ; sic publica judicia in concil. Tolet. c. 5 dicuntur jurisdictiones magistratus sæcularis quæ diversæ sunt ab ecclesiasticis cognitionibus. c. *Placuit* 11, q. 1. Vide decisiones capellæ Tolos., q. 162 et infra epist. 2, lib. xvi.

(192) Vide lib. v, epist. 96, et lib. xvi, epist. 5.

et apostolicam gratiam tibi valeas comparare. Alioquin, cum tam tuæ saluti quam Ecclesiæ memoratæ utilitati ex apostolicæ teneamur servitutis officio providere, super hoc, prout expedire viderimus, disponemus.

Datum Laterani, xvii Kal. Maii, pontificatus nostri anno quartodecimo.

In eumdem modum scriptum est episcopo Valentinensi. Scriptum est etiam in eumdem fere modum venerabili fratri Uticensi episcopo et dilecto filio abbati Cisterciensi apostolicæ sedis legatis, ut dictum archiepiscopum ad id moneant efficaciter et inducant.

Datum, *ut in alia.*

XXXIII.
Super eodem.
(Datum, *ut in alia.*)

In eumdem modum scriptum est sicut in prima episcopo Ruthenensi usque procures, cum jamdudum ad tuam instantiam cedendi tibi licentiam per nostras duxerimus litteras concedendam. Alioquin, ne videaris nobis forsitan illusisse, venerabili fratri nostro Uticensi episcopo et dilecto filio abbati Cisterciensi apostolicæ sedis legatis litteris nostris injungimus ut te ad id per censuram ecclesiasticam appellatione remota compellant.

Datum, *ut in alia.*

Scriptum est ipsis legatis in eumdem fere modum super hoc. Quod si non ambo, etc., alter, etc.

Datum, *ut in alia.*

XXXIV.
UTICENSI EPISCOPO APOSTOLICÆ SEDIS LEGATO.
De electione episcopi Carcassonensis.
(Datum, *ut in alia.*)

Cum venerabilis frater noster Carcassonensis episcopus, supportare nequiens sarcinam sollicitudinis pastoralis, multis incommodis et defectibus præpeditus, officii sui curam resignare disponat, sicut per tuas litteras nobis intimasti, fraternitati tuæ per apostolica scripta mandamus quatenus cessionem ipsius accipiens vice nostra, ipsum a cura Ecclesiæ Carcassonensis absolvas, ejusdem Ecclesiæ capitulo injungendo ut infra octo dies post commonitionem tuam cum tuo consilio talem sibi personam eligant in pastorem per quam hoc tempore maxime Carcassonensi Ecclesiæ utiliter consulatur, alioquin ex tunc personam idoneam appellatione remota præficias Ecclesiæ memoratæ; contradictores, si qui fuerint, vel rebelles per censuram ecclesiasticam appellatione postposita compescendo.

Datum, *ut in alia.*

Scriptum est super hoc Carcassonensi capitulo in eumdem fere modum usque compescendo. Quocirca discretioni vestræ per apostolica scripta præcipiendo mandamus quatenus talem vobis personam juxta præscriptam formam eligatis canonice in pastorem quæ tanto congruat oneri et honori.

Datum ut in alia.

XXXV.
UTICENSI EPISCOPO ET ABBATI CISTERCIENSI APOSTOLICÆ SEDIS LEGATIS.
Ut comitatum Melgoriensem recipiant.
(Datum, *ut in alia.*)

Præsentium vobis auctoritate præcipiendo mandamus quatenus comitatum Melgoriensem, qui beati Petri juris existit, in vestris recipiatis manibus, et tandiu faciatis fideliter custodiri donec super eo nostræ rescripserimus beneplacitum voluntatis.

Datum ut in alia.

XXXVI.
ARELATENSI ARCHIEPISCOPO (193) ET SUFFRAGANEIS EJUS.
De sententia lata contra comitem Tolosanum.
(Datum, *ut in alia.*)

Cum exspectaverimus hactenus ut nobilis vir Raymundus Tolosanus comes, tanquam arbor fructifera commonitionum nostrarum rivulis irrigata, fructus ederet opportunos, et tanquam princeps catholicus honoraret sanctam Ecclesiam sponsam Christi, ipse pravo circumventus consilio, non solum damna sterilitatis (194) incurrit, ad honorem Dei et utilitatem Ecclesiæ exspectatos fructus nullatenus producendo, verum etiam dispositionibus ecclesiasticis nequiter se opponit, contra promissa (195) et juramenta sua veniens impudenter. Unde cum in ipsum a venerabili fratre nostro episcopo Uticensi (196) et dilecto filio Cisterciensi abbate (197) apostolicæ sedis legatis de multorum prælatorum consilio sententia promulgata fuerit ob ejusdem contumaciam manifestam, per apostolica vobis scripta mandamus quatenus eamdem sententiam rationabiliter promulgatam publicari per vestras diœceses faciatis, et appellatione remota per

---

(193) *Arelatensi*, qui olim primas et Ἔξαρχος Galliarum, cum Flavius Constantinus (qui etiam nomen urbi dedit) Galliarum septem provincias vi armorum sibi vindicavit apud Hincmarum epist. 6, cap. 17, et ejusdem privilegia confirmantur a Symmacho papa, epist. ad Cæsarium Arelatensem episcopum, et a beato Gregorio epist. ad Vergilium. Ideo vocat unum primatem Gallicanum idem Hincm. in ead. epist. c. 16, cum in Cisalpinis provinciis, delegatio vice sedis apostolicæ, propter Simoniacam hæresim fuit exorta c. 17 ejusdem epist. Fuit et posteriori sæculo urbs regia dicta Nauclerus vol. I. Gener. 62, Arelatum Burgundiæ regni caput. Vide Josephum Scaligerum Auson. lect. lib. I, cap. 24.

(194) *Sterilitatis*, quæ usuras reddidit, dum post obitum Joannæ Richardi I regis Anglorum germanæ, Eleonora Petri II Aragonum regis soror, Raymundum, qui postea junior dictus est, cœlo pœnitentiam siadente procreavit, ut patet ex Fastis consularibus Tolosanum, Marinus lib. x De reb. Hisp. in Alfonso II.

(195) *Promissa*, dum Albigenses protegit, quorum memoriam monet Innocentius lib. XIII, epist. 9. V. Petrum Vall. Sarn., c. 59.

(196) *Uticensi* suffraganeo archiepiscopi Narbonensis.

(197) *Cisterc. abb.* Arnaldo sive Arnaldo, idem Petrus Vall. Sarn. c. 5, qui postea Narbonensis archiepiscopus apud eumdem c. 60. Vide infra lib. xv, epist. 6 et lib. xvi, ep. 5.

censuram ecclesiasticam usque ad satisfactionem condignam firmiter observari.

Datum, *ut in alia.*

XXXVII.
EISDEM.
Super eodem.

Cum exspectaverimus, etc. *usque* manifestam et nos mandemus eamdem sententiam usque ad satisfactionem condignam appellatione remota firmiter observari, fraternitati vestræ per apostolica scripta præcipiendo mandamus quatenus ad recuperanda castra et alias possessiones et terras quæ ab ecclesiis vestris tenet insistatis viriliter et prudenter.

XXXVIII.
VIVARIENSI EPISCOPO.
Super eodem.
(Datum, *ut in alia.*)

Cum exspectaverimus hactenus ut nobilis vir R. Tolosanus comes, tanquam arbor fructifera, etc. *in eumdem fere modum ut in alia usque in finem.*

Datum, *ut in alia per totum.*

XXXIX.
UTICENSI EPISCOPO ET ABBATI CISTERCIENSI APOSTOLICÆ SEDIS LEGATIS.
Ne indebita pedagia exigantur.
(Datum, *ut in alia.*)

Cum in nobiles viros comitem Folcalcariensem G. Ademari, Lambertum de Montilio, dominos et dominas Castri Novi et Dozaræ, Silvium de Crista, Alasiam de Roca, præpositum Valentinensem, Artaldum de Russillon,.. fratrem ipsius, et quosdam alios, propter pedagia, exactiones indebitas, et alias iniquitates quas in stratis publicis et fluminibus committere non verentur, a te, fili abbas, de multorum prælatorum consilio sententia fuerit promulgata, discretioni vestræ per apostolica scripta mandamus quatenus eamdem sententiam rationabiliter latam faciatis appellatione remota per censuram ecclesiasticam usque ad satisfactionem condignam firmiter observari.

Datum, *ut in alia.*

XL.
EISDEM.
De sententia lata contra Roncelinum.
(Laterani, xvii Kal. Maii.)

Cum in Roncelinum apostatam et perjurum et cives Massilienses, pro eo quod vi obediunt et favent in suis abominationibus manifeste, a vobis de multorum prælatorum consilio, etc. *ut in alia usque in finem.*

Datum Laterani, xvii Kal. Maii, anno quartodecimo.

XLI.
CAPITULO ECCLESIÆ ROMANENSIS.
Confirmantur eis regalia dona.
(Laterani, xiii Kal. Maii.)

Justis petentium desideriis dignum est nos facilem præbere consensum, et vota quæ a rationis tramite non discordant effectu prosequente complere. Eapropter, dilecti in Domino filii, vestris justis postulationibus inclinati, regalia vobis ab imperatoribus et aliis principibus sæcularibus, in foro videlicet et in nundinis, nec non et transitu fluminis Isaræ, pia vobis devotione concessa, sicut et ea juste ac pacifice possidetis, vobis et per vos Ecclesiæ vestræ auctoritate apostolica confirmamus et præsentis scripti patrocinio communimus. Nulli ergo, etc. confirmationis, etc. *usque* incursurum.

Datum Laterani, xiii Kal. Maii, pontificatus nostri anno quartodecimo.

XLII.
EISDEM.
Confirmantur eorum statuta.
(Datum ut in alia.)

Solet annuere sedes apostolica piis votis, et honestis petentium precibus favorem benevolum impertiri. Eapropter, dilecti in Domino filii, vestris justis precibus inclinati, laudabiles et honestas consuetudines ac statuta quæ ad Ecclesiæ vestræ utilitatem provide facta esse noscuntur, sicut hactenus pacifice sunt obtenta, et in authenticis super his confectis plenius continetur, auctoritate apostolica confirmamus et præsentis scripti patrocinio communimus. Nulli ergo, etc. *usque* incursurum.

Datum ut in alia per totum.

XLIII.
GNEZNENSI ARCHIEPISCOPO.
De confirmatione privilegiorum.
(Laterani, xi Kal. Maii.)

Cum illius locum, licet immeriti, teneamus in terris qui sanctam Ecclesiam sponsam suam absque macula et ruga conservat, his nos convenit ex officii nostri debito robur apostolicum impertiri quæ ad statum ipsius pertinent et quietem, et ad conservationem ecclesiasticæ libertatis. Cum igitur dilecti filii nobiles viri Lesco, Conradus, et Waldislavus Oddonis, duces Poloniæ, tibi et suffraganeis Ecclesiæ tuæ nec non et successoribus vestris privilegium super ecclesiastica libertate pia devotione ad statum debitum revocando concesserint, nos tuis precibus inclinati, concessionem ipsorum, sicut pie ac provide facta est, ac in authenticis continetur, auctoritate apostolica confirmamus et præsentis scripti patrocinio communimus. Quia vero in eodem privilegio est expressum ut si aurum vel argentum sive pretiosas vestes aut palafridos decedentium episcoporum supradicti duces invenerint, et episcopus decesserit intestatus, in usus suos omnia convertantur, dum tamen hoc ipsum eis a nobis fuerit vel a legato nostro concessum, dictis ducibus consulimus et mandamus ut nequaquam in usus suos supradicta convertant, cum id in suæ salutis cederet detrimentum, sed Ecclesiæ qui defunctus episcopus præfuit illa faciant integraliter assignari. Nulli ergo, etc. confirmationis et jussionis, etc. *usque* incursurum.

Datum Laterani, xi Kalend. Maii, pontificatus nostri anno quartodecimo.

XLIV.
EPISCOPO QUONDAM HALBERSTATENSI, ET ABBATI DE SICHEM.
Scribitur ei pro archiepiscopo Gneznensi.
(Datum, *ut in alia*.)

Is qui paci ecclesiasticæ invidet et quieti quam in cœlis non potuit sua præpediente malitia retinere, non solum adversarios manifestos sæpe concitat contra ipsam, verum etiam proprios filios ad molestationem ipsius nonnunquam instigat, a quibus defensionis præsidia exspectabat; ut eo dispendiosior sit illius infestationis offensa, quo minus de ipsius molestia timebatur. Sane, sicut venerabilis frater noster Gneznensis archiepiscopus gravi nobis conquestione monstravit, nobilis vir Wadislavus dux Poloniæ, qui diuturnis eum injuriis et molestiis lacessivit, dudum thesaurum Gneznensis Ecclesiæ occupavit, ex hoc damna ipsi gravia inferendo, quasdam insuper villas Ecclesiæ memoratæ combussit, et quibusdam aliis nequiter devastatis, multa canonicis et hominibus Gneznensis Ecclesiæ damna et injurias irrogare præsumpserit, homines quoque de Gnezna ad eamdem Ecclesiam pertinentes bonis suis per violentiam spoliavit postquam idem archiepiscopus iter arripuit ad sedem apostolicam veniendi. Cum igitur dissimulare tot ejusdem Ecclesiæ gravamina nequeamus, per apostolica vobis scripta præcipiendo mandamus quatenus eosdem archiepiscopum atque ducem personaliter, secundum quod in prioribus litteris nostris vobis injunximus, adeuntes, dictum ducem ut eidem archiepiscopo et suis hominibus super datis damnis et injuriis irrogatis satisfaciat competenter, ablatis omnibus restitutis, monere prudenter et inducere procuretis, ipsum ad hoc, si necesse fuerit, per censuram ecclesiasticam appellatione postposita ratione prævia compellentes. Testes autem, etc. *usque* perhibere.

Datum, *ut in alia per totum.*

XLV.
ABBATISSÆ AUREGNIACENSI.
Ne monasterium temere excommunicetur.
(Laterani, v Kal. Maii.)

Ex assuetæ benignitatis officio sedes apostolica consuevit eas quæ montana religionis ascendunt, ut cum Maria secus pedes Domini sedeant, confovere, ac illis, ne cujusquam temeritatis incursu quies vel profectus impediatur earum, apostolicum præsidium impertiri. Eapropter, dilecta in Christo filia, tuæ ac monasterii tibi commissi tranquillitati paterna volentes sollicitudine præcavere, auctoritate præsentium inhibemus ne diœcesanus episcopus vel archidiaconus loci seu quilibet alius ordinarius judex sine manifesta et rationabili causa in te vel monasterium tibi commissum excommunicationis vel interdicti sententiam promulgare præsumat, statuentes ut si te in aliquo gravari persenseris, libere tibi liceat sedem apostolicam appellare. Si quis vero post appellationem ad nos legitime interpositam in te vel Ecclesiam tuam excommunicationis vel interdicti sententias contra præscriptam formam præsumpserit promulgare, ipsas decernimus non servandas. Nulli ergo, etc. inhibitionis et constitutionis, etc. *usque* incursurum.

Datum Laterani, v Kal. Maii, anno quartodecimo.

XLVI.
ABBATISSÆ AC CONVENTUI AUREGNIACENSI.
Ne quid exigatur pro benedictione abbatissæ, etc.
(Datum, *ut in alia*.)

Justis petentium desideriis, etc. Eapropter, dilectæ in Domino filiæ, vestris justis postulationibus grato concurrentes assensu, auctoritate præsentium inhibemus ne pro consequenda benedictione vel installatione abbatissæ monasterii vestri, quæ benedicenda pro tempore fuerit, consecrationibus altarium vel ecclesiarum, sive pro oleo sancto, vel quolibet alio ecclesiastico sacramento diœcesanus episcopus vel archidiaconus loci sub obtentu consuetudinis vel quolibet modo alio quidquam exigere vel extorquere præsumant; sed hæc omnia gratis et sine pravitate qualibet vobis impendant. Nulli ergo, etc. *usque* incursurum.

Datum, *ut in alia per totum.*

XLVII.
ABBATI ET CONVENTUI SANCTI QUINTINI BELVACENSIS.
De electione abbatis.
(Laterani, iv Kal. Maii.)

Justis petentium, etc. Cum igitur, sicut ex parte vestra nostro est apostolatui reseratum, a felicis recordationis Alexandro et Clemente Romanis pontificibus vestro monasterio sit indultum, ut obeunte ipsius loci abbate, nullus ibi qualibet subreptionis astutia seu violentia præponatur nisi quem fratres communi consensu vel fratrum pars consilii sanioris secundum Deum et beati Augustini Regulam providerint eligendum, et inter vos ac venerabilem fratrem nostrum Belvacensem episcopum super possessione electionis abbatis in monasterio vestro dudum quæstione suborta, et per dilectos filios abbatem de Briostel Cisterciensis ordinis, M. præpositum Remensem, R. Meldensem decanum ex delegatione dilecti filii nostri Gualæ tituli Sancti Martini presbyteri cardinalis, tunc apostolicæ sedis legati, de voluntate ipsius episcopi taliter exstiterit causa ipsa sopita, ut eligendi abbatem plenam habeatis et liberam facultatem, petita tamen prius a Belvacensi episcopo licentia eligendi: nos vestris precibus inclinati, quod per eosdem judices super hoc est cum episcopi memorati assensu deliberatione provida diffinitum, auctoritate apostolica confirmamus et præsentis scripti pagina communimus, inhibentes ne quis contra diffinitionem hujusmodi super abbatis electione vos audeat molestare. Nulli ergo, etc., confirmationis et inhibitionis, etc. *usque* incursurum.

Datum Laterani, IV Kal. Maii, pontificatus nostri anno quarto decimo.

XLVIII.

EPISCOPO BRIXINENSI, ET AQUILEGENSI DECANO, ET MAGISTRO HUG. CANONICO RATISPONENSI.

De causa capituli Gurcensis.

(Laterani, XI Non. Maii.)

(198) Diligenter auditis et perspicaciter intellectis quæ a dilecto filio procuratore venerabilis fratris nostri Salzeburgensis archiepiscopi ex parte una et procuratore Gurcensis capituli ex parte altera super excommunicationis sententia quam idem archiepiscopus in ipsum capitulum promulgavit fuere proposita coram nobis, sic duximus providendum, ut cum a tribus ex majoribus ipsius ecclesiæ canonicis fuerit requisitus, infra quindecim dies ipsum capitulum absolvi faciat ad cautelam, mittens aliquem ad Gurcensem ecclesiam qui recepta secundum formam Ecclesiæ juratoria cautione quod nostro vel vestro mandato parebit, eidem capitulo beneficium absolutionis impendat, exceptis præposito et V. et F. canonicis, qui de mandato nostro fuerunt apud sedem apostolicam absoluti; ac deinde coram vobis, quibus hoc negotium duximus committendum, tam de principali causa quam de ipsa sententia nec non et de ecclesia Sancti Laurentii, qua post commissionem factam a nobis et post appellationem ad nos interpositam spoliati fuerunt per nuntios ipsius archiepiscopi, cognoscatur; et si de partium voluntate processerit, fine canonico terminetur: alioquin negotium ipsum sufficienter instructum ad nostrum remittatur examen, præfixo partibus termino competenti quo nostro se conspectui repræsentent justam, auctore Deo, sententiam recepturæ; quod si infra præscriptum tempus archiepiscopus ipse non fecerit illos absolvi, per dilectum filium Junensem præpositum Aquilegensis diœcesis eos absolvi jubemus. Cæterum interrogatus in judicio coram nobis procurator Gurcensis episcopi utrum idem episcopus pro excommunicato se haberet, respondit quod revera Salzeburgensis archiepiscopus excommunicavit episcopum et capitulum quarta feria, et post tertiam vel quartam diem dedit ipsi licentiam audiendi divina et ut divinis officiis interesset, quia ipse propter debilitatem manus celebrare non potest; et ex tunc divina sibi fecit officia celebrari, et exercuit ea quæ consueverat exercere. Nos autem interloquendo respondimus quod si res taliter se haberet, episcopus idem pro absoluto esset habendus, nisi postea excommunicationis sententiam excepisset. Testes autem qui fuerint nominati, etc. *usque* perhibere, nullis litteris obstantibus præter assensum partium a sede apostolica impetratis. Quod si non omnes, etc. tu, frater episcope, cum eorum altero ea, etc.

Datum Laterani XI Non. Maii, pontificatus nostri anno quarto decimo.

XLIX.

ABBATI ET CONVENTUI MONASTERII CAURIENSIS.

Recipiuntur sub protectione apostolicæ sedis

(Laterani, Nonis Maii.)

Cum a nobis petitur quod justum est et honestum, etc. Eapropter, dilecti in Domino filii, vestris justis postulationibus grato concurrentes assensu, monasterium et personas vestras cum omnibus bonis tam ecclesiasticis quam mundanis quæ inpræsentiarum rationabiliter possidetis, aut in futurum, dante Domino, justis modis poteritis adipisci, sub beati Petri et nostra protectione suscipimus. Specialiter autem villas Sancti Tirsi, Sanctæ Mariæ de villa Cibran, Sancti Salvatoris de Cinvio, Sancti Michaelis de Varzen, Sancti Salvatoris de Bergundio, Sancti Michaelis de Canneru, Sancti Antonini de Villanova, Sanctæ Mariæ de Miudes et Sancti Salvatoris de Mari Mortuo, cum omnibus pertinentiis earumdem, et universas possessiones vestras, sicut eas juste ac pacifice possidetis, vobis et per vos monasterio vestro auctoritate apostolica confirmamus et præsentis scripti patrocinio communimus. Ad indicium autem hujus a sede apostolica protectionis et confirmationis perceptæ duos obolos aureos gratis oblatos persolvetis nobis nostrisque successoribus annuatim. Decernimus ergo ut nulli omnino, etc. confirmationis et protectionis, etc. *usque* incursurum.

Datum Laterani, Nonis Maii, pontificatus nostri anno quartodecimo.

L.

SORORIBUS DE MURCEDO (199).

Confirmatur quoddam statutum.

(Laterani, VII Idus Maii.)

Justis petentium desideriis, etc. Cum igitur dilectus filius Albanensis electus ad locum vestrum, in quo relictis sæculi vanitatibus Domino militatis, de mandato nostro dudum accedens, quoddam fecerit institutum secundum quod vivere debeatis, nos vestris supplicationibus inclinati, institutum ipsum, sicut pie ac provide factum est, approbantes, illud statuimus robur debitum obtinere, inhibentes ne quis contra illud vos audeat molestare. Nulli ergo, etc. constitutionis et inhibitionis, etc. *usque* incursurum.

Datum Laterani, VII Idus Maii, pontificatus nostri anno quartodecimo.

LI.

NOBILI VIRO WLADISLAO (200) NATO QUONDAM NOBILIS VIRI ODDONIS (201) DUCIS POLONIÆ.

Recipitur sub protectione beati Petri.

(Laterani, III Idus Maii.)

Cum a nobis petitur, etc. Eapropter, dilecte in

---

(198) Vide lib. X, epist. 54, et lib. XI, epist. 99.
(199) Cod. Colbert. *Murdeco.*
(200) *Wladislao.* Sputatori. Cromerus lib. VII Polon. in Lesco Albo.

(201) *Odonis* sive Ottonis ducis Pomeraniæ, cujus dominium explosto patre Miesislao sene sibi vindicaverat, Cazimiri partes secutus. Porro ducem Poloniæ vocat Innocentius, quia Pomerania major Pau-

Domino fili, devotionis tuæ sinceritatem quam circa libertatem ecclesiasticam geris, et quam Ecclesiis et personis ecclesiasticis in tuo ducatu recognovisse dignoscerís (202), attendentes, ut ab Ecclesia protectioris, gratiam sentias quam satagis honorare, personam tuam cum universis bonis quæ inpræsentiarum rationabiliter possides, aut in futurum justis modis poteris adipisci, sub beati Petri et nostra (203) protectione suscipimus et præsentis scripti patrocinio communimus. Ad indicium autem hujus a sede apostolica protectionis perceptæ quatuor marcas gratis oblatas singulis trienniis nobis nostrisque successoribus ad Poloniæ pondus persolves. Decernimus ergo ut nulli omnino hominum, etc. *usque* incursurum.

Datum Laterani, III Idus Maii, anno quartodecimo.

LII.

ARCHIEPISCOPO SENONENSI (204) ET SUFFRAGANEIS EJUS.
De negotio episcoporum Aurelianensis et Antissiodorensis.

(Datum, *ut in alia.*)

(205) Ille sinceræ dilectionis affectus qua charissimi in Christo filii nostri Philippi regis Francorum illustris zelamur salutem nos vehementer inducit ut si quando contra rationes et libertates ecclesiasticas, quas in regno suo illæsas hactenus custodivit, aliquid dicitur commisisse, apud ipsum opportune monitis et precibus insistamus; quatenus illius intuitu in cujus oculis nuda sunt omnia et aperta, qui propter progenitorum suorum (206) devotionem et suam Ecclesiæ suæ reverenter exhibitam regnum suum custodivit illæsum, quin etiam magnifice augmentavit, contritis graviter regnis illis quorum reges rationes et libertates ecclesiasticas infringere præsumpserunt, illud corrigat et emendet, vincens salubriter semetipsum pro Deo et propter Deum; cum sic vinci sibi non cedat ad dedecus, sed potius ad honorem, sitque nihilominus sibi apud homines magis quam vincere gloriosum. Sane cum dudum nonnulla dicitur a Cromero ibidem et lib. VI in Cazimiro.

(202) *Dignoscens.* Dispari consilio patrui sui Wallisdai Magni, sive Losconogi, qui Dei templa vi armata conculcaverat.

(203) *B. Petri et nostra* male igitur Bzovius qui in Honorio III 1218, § 6, vult eumdem pontificem Ladislaum dic. Wallisdaum sputatorem ducem et Ecclesiam Calistiensem in Polonia x Kal. Junii sub protectione B. Petri suscepisse, sed aliter sensisset eruditus vir si sorte magistra epistolæ istius contextum legisset. Hæc enim gesta fuere anno Domini 1212, Innoc. pontificatus anno 14.

(204) *Senonensi* de quo lib. XIII, epist. 14, quam vide ad interpretationem hujus epistolæ, et epist. I, lib. XVI.

(205) Vide lib. XIII, epist. 190, 191

(206) *Progenitorum* Pippini et Caroli Magni, qui orthodoxus imperator in tumuli inscriptione ex Chron. S. Benigni Divionensis dicitur, adde Robertum et alios qui regiæ munificentiæ liberalitate S. R. E. imperium auxere. Vide lib. XVI, epist. 2 et Ferrantum, De juribus regni privil. 2, c. *Adrianus,* c. *In synodo* 63, distinct.

stris fuisset auribus intimatum quod ipse contra venerabiles fratres nostros Antissiodorensem et Aurelianensem episcopos indignatus, rem agi præceperit non utique sui moris, sed nec etiam sui juris, eorum faciens saisiri regalia, nec non etiam quædam alia præter illa, licet nondum essent confessi de forisfacto aliquo vel convicti, nec ad satisfaciendum commoniti vel inducti, pro eo quod quidam milites eorumdem in suo exercitu constituti ad locum quem eos adire præceperat cum aliis accedere recusarunt, absentibus ipsis episcopis per licentiam ab ipso liberaliter impetratam, ac super his ipsorum et vestris supplicationibus minime acquiescens, coegerit eos miserabiliter exsulare; nos serenitatem suam rogandam duximus et monendam, et in remissionem sibi suorum injunximus peccatorum, ut pro divini nominis gloria et apostolicæ sedis honore faceret præfatis episcopis subtracta restitui universa, et eos secundum consuetudinem approbatam juste ac modeste tractari, donando nobis intercedentibus pro Deo et propter Deum si quam præfati pontifices adversus eum commisissent offensam, ne hac occasione contingeret inter regnum et sacerdotium scandalum suboriri, quia nos in majoribus curaremus grata eidem, faciente Domino, vicissitudine respondere. Ipse vero inter cætera per suas litteras se excusavit quod alia quam regalia saisiri non fecerat, nec ipsos coegerat exsulare, cum libere possent in suis diœcesibus commorari, et si super his curiæ suæ vellent subire judicium; quod quandoque acceptarent audire, ob reverentiam nostram condonare paratus erat emendare, si forsitan tenerentur sibi aliquam exhibere. Licet autem iidem episcopi in regno suo libere commorentur, ex eo tamen exsules possunt dici quod a propriis domibus sunt ejecti et rebus aliis spoliati. Alia etiam quam regalia saisisse videtur cum domos episcopales, quæ eadem immunitate qua ecclesiæ gaudent (207), et eorum utensilia et mobilia undecunque deducta fecerit occupari. Judicium autem spoliati subire non debent, cum ex ge-

(207) *Gaudent:* quamvis privilegii metas transgredi non liceat, c. *Porro,* De privilegiis, quoniam lex priva. 1, de privato lata apud Gellium lib. x Noct. Attic. c. 20, imo nec privati regni metas excedit ex S. C. adversus unum aut alterum Helvetiorum, quorum limite Bernensi senatus augusti purpurata jurisdictio terminatur. Abnuebant siquidem in suprema curia contestari, quod apostolicam Romanæ Ecclesiæ religionem non sectarentur, ideoque privilegio sociorum, qui regis imperio famulari gloriantur, fori præscriptionem proponebant, sed publice pro tribunali liliato, eo quod in judicio ex citationis libello non stetissent, contumacia notati sunt, patronoque eorumdem in excusationis allegatione, attestatio coram omnibus concessa fuit 9 Julii 1609. Cæterum animadverte ex hac epistola, ubi majus conceditur privilegium, minus concessum videri c. ex parte XXVII De decimis, et ibidem glossa. Quod si domus augusta privilegio gaudet toto tit. De privileg. dom. aug. lib. XII. cod. Ecclesia parem titulum immunitatis consequetur, quem Trajani nostri Christianissimi eidem jamdudum concessere.

nerali, sicut accepimus, consuetudine regni sui (208) fidelis a domino sine judicio (209) spoliatus nec diem ab ipso super spoliatione sua vel alio teneatur recipere, nec in ipsius curia experiri, nec etiam vinculum fidelitatis servare.

Cum igitur super prædictis se duxerit excusandum, et illud silendo transierit quod eorum fecit saisiri (210) regalia, cum necdum de aliquo forisfacto confessi fuerint vel convicti, nec etiam ad satisfaciendum commoniti vel inducti, tacite id concessisse videtur. Quod etiam ex tenore litterarum suarum, quas præfatis episcopis direxit, evidenter apparet; in quibus continetur expresse quod militibus eorum præceperat ut irent cum baronibus (211) illis quos ad quemdam locum duxerat destinandos et quia illi ad præceptum ipsius illuc accedere noluerunt; dixit ipsos episcopos erga se de exercitu defecisse, et propterea illorum saisivit regalia et illa quæ in eis pertinent ad jurisdictionem terrenam. Unde præsumitur quod in causa et modo minus ordinate processerit contra eos, cum pro aliena culpa, videlicet militum, si qua fuit, spoliasset eosdem non convictos nec monitos vel citatos. Verum quia suæ saluti magis expedit et honori in intuitu pretiosi sanguinis Jesu Christi, quo sibi sponsam suam, Ecclesiam videlicet, desponsavit, eidem condonet si ab ipsius ministris in ipsum aliquid sit commissum quam illi molestiam inferat indebitam vel gra-

vamen, apud eum iterata partium instantia duximus insistendum, excellentiam regiam rogantes attentius et monentes, hoc a sua magnificentia petentes in donum, ut pro reverentia nostra judicio supersedeat, salvo jure tam illorum quam suo, illosque restituat, donata nobis emenda (212), sicut per litteras suas promisit, si quam sibi exhibere tenentur, ut ex quo intendit facere nobis gratiam faciat eam plenam, prout eum facere ac nos recipere decet; ita quod propter hoc magnificentiæ suæ grata teneamur vicissitudine respondere. Credentes igitur prudentiam et sollicitudinem vestram apud eumdem regem posse proficere in hac parte, fraternitati vestræ per iterata scripta præcipiendo mandamus quatenus dictum regem ad ea quæ pacis sunt sollicite ac prudenter rogantes, ipsum sedulis exhortationibus et monitionibus inducatis ut nostris precibus acquiescens exsequatur promissa liberaliter ac libenter, ut ex hoc divinam consequatur gratiam in præsenti et gloriam in futuro; exhibentes auctoritate nostra suffulti prædictis episcopis auxilium et consilium necessarium ad libertatem ecclesiasticam conservandam, ita ut non debeatis de timiditate (213) vel remissione (214) redargui, sed de rigore ac sollicitudine commendari.

Datum Laterani, II Idus Maii, pontificatus nostri anno XIV.

Scriptum est in eumdem fere modum super hoc regi

---

(208) *Consuetudine regni sui*, quæ dicitur jus non scriptum ἄγραφοι νόοι τὰ ἔθη apud schol. Thucydidis in illa verba Periclis καὶ ὅσοι ἄγραφοι ὄντες αἰσχύνῃ ὁμολογουμένην φέρουσι, jus consensu et moribus καὶ τῶν λόγων νομοθεσία receptum, Theophilus, § 1 De officio judicis apud Justinian.

(209) *Sine judicio*. Malo more aliquem interpretationem adulteram juris municipalis Innocentio suggessisse patet ex illis verbis (sicut accepimus). Nam si subjiciamus Philippum regni consuetudini, ex ejusdem formula, rite et jure optimo sine judicis auctoritate feudum prehendere potuit, ratione directi dominii, cujus intentionem habet fundatam in re. 1. in universo regno; feudorumque omnium est dominus directus ut ipse, ideoque proprietatem dominii habet per vassalium (sicut cæteri feudi domini) cum is possideat, cujus nomine quid possidetur, argumento ducto a filiofamilias et servo, quorum nomine pater et dominus possidere dicuntur l. XXIV, quod servus de acquir. vel omitt. poss. quæ non tantum est corporis, quod remanet penes vassallum, sed etiam juris et directi dominii in hac specie, cujus illibatum imperium sibi dominus feudi retinuit l. ait prætor, § ult. deprecario. Plurimum enim ex jure possessio mutuatur l. *Possessio* 49. De acquir. vel omitt. possess. ; sed et jure communi idem præstare potuit, cum prehendens nullum judicium exerceat, sed suo jure utatur argumento l. 1 C. *si servus export. van.* Etenim via facti, 1. extra judicium concepta jure suo utenti conceditur apud Chass. in consuet. Burg. § 4 et ult. De feudis. Mansuerius in praxi de feudis § 1; deinde agit coram judice, ex constitutione regia Philippi IV. De feudis et Caroli IX anno Domini 1563, § 11, cujus sententia decernitur, an bene vel male, prehensio sive feudi vindicatio facta fuerit. Lucius Plac. tit. 5, c. 1. quæ omnia ordine judiciario in suprema curia processere, cum nobilis vir Gaspardus Lourdinus de Saligny ratione castri Sancti Joannis in comitatu Cadrolensi siti experie-

batur adversus Theophilam du Bois mense Decembri anno Domini 1613. Nam etiamsi in jure municipali Burgundiæ, præscriptis verbis non concipiatur feudi prehensio, tamen ab emphyteusi ad feudum argumento ducto obtinet, utpote, quæ dominium directum privative spectet, in tantum ut ab eodem cedi, et tanquam privatum commodum domini transferri aliquo titulo possit, quidquid sentiat interpres consuetudinis Parisiensis § 1, glossa 4, in verbo *le Seigneur*, n. 54 ; secus in jure gentilii retractus ex S. C. 15 Junii 1607, quia proximus agnatus læditur ex jure municipali, cujus religio in hac parte adversatur juri communi vulgata l. *Dudum* C. de contrah. empt.

(210) *Saisiri*. Prehensionem, saisinam vocat.

(211) *Baronibus*. Proceribus Franciæ, plures etiam optimates et barones congregari fecit Aymonius lib. V De gestis Francorum c. 53. V. Boerium in consuetud. Biturig. et jurisd. omni jud. § 3, glos. 5.

(212) *Emenda* 60 librarum Parisiensium si super appellationis causa episcopi non obtinuisset ex præscripto constitutionis regiæ § 4, parte I vet. St. parlam., tit. De appell. et emenda, vel si vadimonio contracto in judicio dicta die non stetissent, tunc enim æremodicii vinculo astricti fuissent. Hujusmodi autem multas, fructus jurisdictionis vocat Baldus l. 1, C. De fruct. et litium exp. Tacitus, XIV Annal., c. 10 : « Auxitque Patrum honorem statuendo, ut qui a privatis judicibus ad senatum provocassent, ejusdem pecuniæ periculum facerent, cujus ii qui imperium appellavere. Nam antea, multa pecuniaria nequaquam irrogata temere appellantibus reperitur : » quod justus Lipsius non animadvertit, dum in genere, loco supra citato, de appellationibus tractat.

(213) *Timiditatem* quæ a cunabulis regni florentissimi damnata est, ut libertatem seu franchisiam, quæ eidem Franciæ nomen imposuit, oculis et sinu oscularetur.

(214) *Remissione* quam diligentissimi Ecclesiæ Gallicanæ Patres ingenua virilis animi sanctitate

usque grata teneamur vicissitudine respondere. In eumdem fere modum ut supra scriptum est Carnotensi et Trecensi episcopis et dilecto filio Willelmo archidiacono Parisiensi usque gloriam in futuro, ac sollicitudo et diligentia vestra clareat in effectu, cumulusque vobis ex hoc æternæ retributionis accrescat, et nos devotionem vestram possimus non immerito commendare.

Datum, ut in alia.

LIII.
TURRITANO ARCHIEPISCOPO.
Datur episcopo Sorrano facultas cedendi.
(Laterani, viii Kal. Junii.)

Supplicavit nobis venerabilis frater noster Sorranus episcopus ut ei cedendi licentiam concedere dignaremur. Quocirca fraternitati tuæ per apostolica scripta mandamus quatenus si videris expedire, cum etiam dilectus filius nobilis vir Turritanus judex sæpius hoc per suas litteras nos rogarit, eidem auctoritate nostra licentiam cedendi concedas, injungens eidem ut ad claustrum suum redeat et ibidem suum impendat Domino famulatum.

Datum Laterani, viii Kal. Junii, pontificatus nostri anno quartodecimo.

LIV.
ABBATI ET CONVENTUI REOMENSI.
Adversus exactiones episcoporum.
(Laterani, viii Kal. Junii.)

(215) Cum a nobis petitur quod justum est, etc. Eapropter, dilecti in Domino filii, vestris justis postulationibus grato concurrentes assensu, præsentium auctoritate districtius inhibemus ne venerabiles fratres nostri Lugdunensis archiepiscopus et episcopus Lingonensis vel aliquis vester prælatus procurationes aut exactiones indebitas a vobis extorquere præsumat, sed his quæ juxta Lateranensis statuta concilii debentur eisdem contenti existant, statuentes ne aliquis in vos vel villas vestras sine manifesta et rationabili causa excommunicationis, suspensionis vel interdicti sententiam audeat promulgare. Decernimus ergo ut nulli omnino hominum, etc. inhibitionis et constitutionis, etc. usque incursurum.

Datum Laterani, viii Kalen. Junii, anno quarto decimo.

LV.
ABBATI THEOLOGI, ET PRIORI CISTERCIENSI.
De reformatione monasterio Reomensis.
(Datum, ut in alia.)

(216) Quoties per suggestionem falsitatis et veritatis suppressionem circumvenire nos aliqui satagunt, circumveniunt potius semetipsos; quia cognita veritate, quidquid taliter impetrant, nullius decernitur esse valoris, cum mendax precator carere debeat impetratis. Sane cum olim ad fulti, a negotiis quæ sæpius reipublicæ Christianæ incrementa, aggressi sunt, totis viribus abdicarunt, ita ut de vigore et sollicitudine, debitæ laudis elogio nostram audientiam pervenisset quod Reomense monasterium tam in spiritualibus quam in temporalibus non modicum foret collapsum, venerabili fratri nostro Eduensi episcopo et dilecto filio abbati de Buxeria dedimus in mandatis ut ad idem monasterium accedentes, quæ ibidem corrigenda essent corrigerent tam in capite quam in membris. Ipsi vero, sicut ex litteris eorum accepimus, mandatum apostolicum exsequentes, ad locum personaliter accesserunt, et inquisitione præhabita diligenti, præfatum monasterium tam in spiritualibus quam in temporalibus invenerunt multo melius se habere quam se longe retroactis temporibus habuisset. Quosdam etiam de fratribus, qui cum dilecto filio ejusdem cœnobii abbate discordes erant, ad veram pacem et firmam concordiam revocarunt. Nuper autem nuntius venerabilis fratris nostri episcopi Lingonensis ad præsentiam nostram accedens, a nobis inquisitionem contra dictum abbatem ad vos, prædictorum mentione non habita, impetravit. Cum igitur, sicut ex multorum religiosorum virorum testimonio nec non et capituli Reomensis accepimus, idem abbas monasterium ipsum, sicut vir providus et discretus, tam in spiritualibus quam in temporalibus per Dei gratiam non modicum augmentarit, discretioni vestræ per apostolica scripta præcipiendo mandamus quatenus supersedentes negotio memorato, in facienda inquisitione auctoritate litterarum nostrarum nullatenus procedatis, ne innocentia confundatur aut veritas conculcetur.

Datum, ut in alia per totum

LVI.
SANCTÆ COLUMBÆ SENONENSIS ET SANCTI GERMANI ANTISSIODORENSIS ABBATIBUS, ET DECANO ANTISSIODORENSI.
Ejusdem argumenti cum epistola. 54.
(Laterani, xvi Kal. Junii.)

Cum dilectis filiis abbati et monachis Reomensibus duxerimus indulgendum ne venerabiles fratres nostri Lugdunensis archiepiscopus et episcopus Lingonensis vel aliquis eorum prælatus procurationes aut exactiones indebitas ab ipsis extorquere præsumat et districtius inhibuerimus auctoritate apostolica statuendo, ne aliquis in eos vel villas ipsorum sine manifesta et rationabili causa excommunicationis, suspensionis et interdicti sententiam audeat promulgare, discretioni vestræ per apostolica scripta mandamus quatenus illos qui contra inhibitionem et constitutionem nostram duxerint temere veniendum, ut ab hujusmodi præsumptione desistant, censura canonica sublato appellationis obstaculo compescatis. Quod si non omnes, etc. duo vestrum ea, etc.

Datum Laterani, xvi Kal. Junii, anno xiv.

a pontif. max. commendentur.
(215) Vide infra epist. 56.
(216) Vide infra epist. 61.

LVII.

TOLETANO ARCHIEPISCOPO.

Excusat se quod non possit de primatia judicare.

(Laterani, Kal. Junii.)

(217) Quod petitiones quas obtulisti nobis per M. clericum tuum super negotio primatiæ nondum admisimus, non ex duritia, sed ex providentia noveris processisse, cum et in his et in aliis opportuno tempore te velimus, quantum cum Deo possumus, exaudire. Sed cum ex Saracenorum incursu grave nunc timeatur Hispaniæ dispendium imminere, non oportet occasione hujusmodi primatiæ aliud in Hispania modo scandalum suscitari; præsertim cum tibi jus tuum minime negligenti providentiam ipsam nolimus esse damnosam. Ejus igitur exemplo qui ait: *Cum accepero tempus, ego justitiam judicabo* (*Psal.* LXXIV), cum opportunum tempus advenerit, tibi judicium et justitiam faciemus.

Datum Laterani, Kal. Junii, pontificatus nostri anno quartodecimo.

LVIII.

ILLUSTRI REGI PORTUGALIÆ.

Confirmat ejus testamentum.

(Laterani, VI Kal. Junii.)

(218) Is qui tangit montes et fumigant cor tuum tetigisse videtur ad pœnitentiam salutarem, dum corporali ægritudine te affligens, ad sanandas spirituales ægritudines te induxit, quatenus recogitando annos tuos, in amaritudine animæ tuæ pro excessibus tuis, quibus Creatorem tuum multipliciter offendisti, offerres ei sacrificium vespertinum. Unde licet infirmus corpore, animo tamen sanus, legitimum condidisti, sicut accepimus, testamentum, in quo, pro tuorum remedio peccatorum, piis locis et viris religiosis nec non infirmis et indigentibus multa legasti, de filiis et filiabus, nepotibus et neptibus tuis, nec non et aliis quibusdam personis, ac etiam ipso regno provida deliberatione disponens. Quæ omnia suppliciter postulasti per sedem apostolicam confirmari, sicut in scriptis authenticis continentur expressa. Nos autem ipsius scriptum testamenti coram nobis perlegi fecimus diligenter, et intelleximus omnia rite disposita; illis duntaxat exceptis quæ de quibusdam monasteriis disponere præsumpsisti, nisi forsan de jure intellexeris patronatus, cum juxta canonicas sanctiones nulla sit laicis de rebus ecclesiasticis attributa facultas disponendi. Quare tuis supplicationibus inclinati, testamentum ipsum in cæteris omnibus approbantes, illud juxta finale tuæ dispositionis arbitrium statuimus et præcipimus inviolabiliter observandum. Nulli ergo, etc., approbationis, constitutionis et præceptionis, etc., *usque* incursurum.

Datum Laterani, VI Kal. Junii, anno quartodecimo.

LIX.

SANCIO ILLUSTRI REGI PORTUGALENSI.

Super eodem et aliis.

(Laterani, VII Kal. Junii.)

(219) Ex tenore litterarum tuarum accepimus evidenter quod cum apostolica sedes inclytæ recordationis Adelfonsum progenitorem tuum nomine regio ac regalibus insigniis decorarit, et ipsum ac successores suos adoptans in beati Petri filios speciales, eos et regnum Portugalense specialibus privilegiis suaque protectione curaverit communire, tu in regno, Domino disponente, succedens eidem, ad clementiam ejus recurris sub confidentia speciali, non hæsitans ullo modo te ab ipsa in justis petitionibus exaudiri. Inde est quod volens animæ tuæ saluti et regni tibi commissi tranquillitati consulere, nec non in posterum tuo generi providere, ne intestatus decederes, de rebus tuis mobilibus et immobilibus testamentum, episcoporum et baronum terræ tuæ consilio, ac assensu etiam primogeniti filii tui, qui tibi debet in regno succedere, condidisti: postulans illud per sedem apostolicam confirmari, ne ipsum cujusquam temeritas violare præsumat. Et quoniam ex humana fragilitate pro violentia clericorum et religiosorum virorum captione in canonem sæpius incidisti sententiæ promulgatæ, in gravi adeo ægritudine constitutus quod de proprii corporis salute desperas, a venerabili fratri nostro Baracensi electo absolutionem humiliter postulasti; qui tibi eamdem impendit juxta formam Ecclesiæ consuetam. Verum quia nullatenus dubitas quin quod in excessibus hujusmodi et aliis quampluribus, quæ, instigante humani generis inimico, te commisisse vehementissime doles, divinam gravissime offenderis majestatem nobis humiliter supplicasti ut pœnitentiam tibi a præfato electo injunctam et absolutionem impensam ratam dignaremur habere, teque absolvere a debito quo teneris pro excessibus memoratis apostolicam sedem adire. Nos igitur existimantes præfatum electum, utpote virum providum et honestum, circa te in prædictis provide processisse ac maturitatem debitam observasse, processum ejus ratum habentes, serenitati tuæ duximus injungendum ut injunctam tibi ab eo pœnitentiam salutarem humiliter exsequaris. Et quoniam saluti tuæ credimus expedire ut ea quæ pro tuorum peccatorum remedio in testamento legasti, te vivente facias erogari, excellentiæ tuæ consulimus bona fide ut id adimpleri facias cum præsens vita vegetat tuos artus, non exspectans ut post mortem tuam ea alii exsequantur quæ potes facere per te ipsum.

Datum Laterani, VII Kal. Junii, anno quartodecimo.

---

(217) Vide lib. XIII, epist. 5.
(218) Vide infra epist. 60, 115 et seqq.

(219) Vide supra epist. 8 et lib. I, epist. 99, et lib. XV epist. 24.

LX.
COMPOSTELLANO ARCHIEPISCOPO, ET BRACARENSI ELECTO, ET ZAMORENSI EPISCOPO.
Ut faciant observari testamentum regis.
(Laterani, vi Kal. Junii.)

Is qui tangit montes et fumigant cor charissimi in Christo filii nostri illustris regis Portugaliæ tetigisse videtur ad pœnitentiam salutarem, dum ipsum affligens ægritudine corporali, eumdem ad sanandas ægritudines spirituales induxit; quatenus, etc., *in eumdem fere modum ut in* (220) *prima, usque* illis duntaxat exceptis quæ de quibusdam monasteriis ordinare præsumpsit, nisi forsan de jure intellexerit patronatus, cum juxta canonicas sanctiones, etc., *in eumdem fere modum ut in eadem, usque* inviolabiliter observandum. Quocirca fraternitati vestræ per apostolica scripta præcipiendo mandamus quatenus testamentum ipsius faciatis auctoritate nostra firmiter observari, contradictores, si qui fuerint, per censuram ecclesiasticam sublato appellationis obstaculo compescendo. Quod si non omnes, etc., singuli vestrum ea nihilominus exsequantur.

Datum Laterani, vi Kal. Junii, pontificatus nostri anno quarto decimo.

LXI.
GUIDONI ABBATI MONASTERII SANCTI JOANNIS REOMENSIS, EJUSQUE FRATRIBUS TAM PRÆSENTIBUS QUAM FUTURIS REGULAREM VITAM PROFESSIS IN PERPETUUM.
De confirmatione privilegiorum.
(Laterani, ii Kal. Junii.)

(221) Desiderium quod ad religionis propositum et animarum salutem pertinere monstratur, actore Deo, sine aliqua est dilatione complendum. Eapropter, dilecti in Domino filii, vestris justis postulationibus clementer annuimus, et præfatum beati Joannis monasterium, in quo divino mancipati estis obsequio, gloriosorum virorum Clodovei et Caroli et aliorum regum Francorum præceptis munitum, et fratrum nostrorum Segoaldi, Brunonis, Joceranni, Guillenci et aliorum Lingonensium episcoporum scriptis roboratum, ad exemplar Patrum et prædecessorum nostrorum sanctæ recordationis Alexandri (222), Innocentii et Eugenii, Romanorum pontificum, cum possessionibus et bonis suis sub beati Petri et nostra protectione suscipimus et præsentis scripti privilegio communimus, statuentes ut quascunque possessiones, quæcunque bona idem monasterium impræsentiarum juste et canonice possidet, aut in futurum, etc., *usque illibata permaneant*; in quibus hæc propriis duximus exprimenda vocabulis: Ecclesiam videlicet de villa quæ dicitur Corpus Sancti, ecclesiam Atteiensem, ecclesiam Sancti Georgii de Simiriaco, ecclesiam de Biriaco, ecclesiam de Vineis, ecclesiam de Trultriaco, ecclesiam de Asiaco, ecclesiam de Niudis, ecclesiam de Asinariis, ecclesiam de Cortemmiaco, capellam Montis Barri, ecclesiam de Buciaco, ecclesiam de Riciaco, ecclesiam

(220) Supra ep. 58.
(221) Vide supra epist. 54, et seqq.

A de villiaco [Juliaco], capellam Sancti Medardi, ecclesiam de Scolis, ecclesiam Estivei, ecclesiam Camedonensem, ecclesiam de Stez [Estet], ecclesiam de Beleun cum capella de Reu, ecclesiam de Barro cum capella de Torcelo, quidquid juris habetis in villis Sancti Remigii, videlicet Betfontis, Visarnei, Teleliaci; quidquid etiam frater noster Godefridus Lingonensis episcopus vobis juste concessit et scripto suo firmavit. In Eduensi episcopatu ecclesiam de Jonaio, ecclesiam de Suiciaco, ecclesiam de Sancto Germano de Mondavit [Mundaum], ecclesiam de Tisiaco, ecclesiam Sanctæ Magnentiæ, capellam de Rouredo, ecclesiam de Cadriaco cum capella ejusdem villæ, ecclesiam Sancti Medardi, ecclesiam Sanctæ Mariæ in villa Jovis. In episcopatu Matisconensi, in Saturniaco ecclesiam Sancti Andreæ cum capella Sancti Leodegarii, ecclesiam Sancti Martini de Cereis cum capellis ad eam pertinentibus, capellam de Bucheriis [Bufariis] cum appendiciis suis, in episcopatu Nivernensi monasterium Sancti Petri de Gianno. In Tullensi episcopatu ecclesiam Sancti Stephani. Concordiam præterea inter vos et sorores ecclesiæ Sanctæ Mariæ de Rubeomonte de parochia Asiaca a fratre nostro Gottefrido Lingonensi episcopo utriusque partis assensu rationabili providentia factam favoris nostri munimine roboramus. Ex donatione Galteri quondam Lingonensis episcopi ecclesiam de villa Morien. cum appendiciis suis. Ex donatione Manasserii quondam Lingonensis episcopi ecclesiam de Marmajaus, Ecclesiam de Santingne, ecclesiam de Pise cum appendiciis suis, capellam Sancti Thomæ apud Montem [Turin] Barrum, ecclesiam de Columble. Ex donatione Hilduini quondam Lingonensis episcopi domum Dei de Espessia. Ex donatione Hugonis quondam ducis Burgundiæ gestium quod habebat in villa monasterii Sancti Joannis, et domum beati Thomæ juxta capellam apud Montem Barrum, furnagium hominum ultra pontem manentium, jus quod nullus ibi furnum ædificet præter vos, pressoria Montis-Barri, et proventus ipsorum. Ex donatione Oddonis ducis Burgundiæ filii prædicti Hugonis gestia quæ habebat in villis, scilicet Vineis, Barro, et Atheis, tam in hominibus quorumlibet aliorum. Ex donatione Galteri quondam Lingonensis episcopi, in ecclesia de Esposse quatuor libras, in ecclesia de Pisa quatuor libras, in ecclesia de Columble quadraginta solidos monetæ Divionensis Compositionem. [ducis. Concordiam] quoque inter vos et canonicos de Espissia super decem libris censualibus usualis monetæ per terram nobilis viri ducis Burgundiæ et aliis rebus, sicut in authentico Hilduini quondam Lingonensis episcopi continetur, rationabili providentia factam, nec non et compositionem inter vos et nobilem virum Guidonem de Capis super capella quam idem nobilis construxit apud Juleium [Juliacum], sicut provide factæ sunt

(222) Apud Roverium pag. 241, *Innoc., Eug., Alexandri et alior. pont.*

et ab utraque parte sponte receptæ. Ad hoc etiam prohibemus ne aliquis monachus vel conversus sub professione, etc., *ut supra epist.* 23, *usque* responderc. In parochialibus vero ecclesiis quas habetis liceat vobis sacerdotes eligere et diœcesano episcopo præsentare, quibus, si idonei fuerint, episcopus curam animarum committat, ut ei de spiritualibus, vobis vero de temporalibus debeant respondere. Obeunte vero te nunc ejusdem loci abbate, etc., *usque* providerint eligendum. Decernimus ergo ut nulli omnino hominum liceat præfatum monasterium temere perturbare, etc., *usque* profutura, salva sedis apostolicæ auctoritate et diœcesanorum episcoporum canonica justitia. Si qua igitur in futurum ecclesiastica *usque* æternæ pacis inveniant. Amen.

Datum Laterani, per manum Joannis Sanctæ Mariæ in Cosmidin diaconi cardinalis, S. R. E. cancellarii, 11 Kal. Junii, indictione XIV, Incarnationis Dominicæ anno 1211, pontificatus vero domini Innocentii papæ III anno decimo quarto.

LXII.

GUIDONI ABBATI MONASTERII SANCTI MICHAELIS DE TORNODORO, EJUSQUE FRATRIBUS TAM PRÆSENTIBUS QUAM FUTURIS REGULAREM VITAM PROFESSIS IN PERPETUUM.

Super eodem.
(Laterani, Kal. Junii.)

Quoties a nobis petitur quod religioni et honestati convenire dignoscitur, animo nos decet libenti concedere et petentium desideriis congruum suffragium impertiri. Eapropter, etc., *usque* clementer annuimus, et prædecessorum nostrorum felicis recordationis Innocentii, Lucii et Clementis Romanorum pontificum vestigiis inhærentes, præfatum monasterium Sancti Michaelis de Tornodoro, in quo divino mancipati estis obsequio, sub beati Petri et nostra protectione suscipimus et præsentis scripti privilegio communimus; statuentes ut quascunque possessiones, quæcunque bona, etc. *ut in alio privilegio, usque* illibata permaneant; in quibus hæc propriis duximus exprimenda vocabulis : Locum ipsum in quo præfatum monasterium situm est, cum terris, hominibus in eodem burgo manentibus, et aliis omnibus suis pertinentiis. Quidquid Guillelmus filius Guidonis quondam comitis et Mathildis comitissæ Nivernensis in eodem burgo libere vobis concessit, scilicet totum territorium quod infra metas continetur. Decem libras censuales, et ventas illius terræ, de qua census colligitur in villa Tornodori; ecclesiam Sancti Ambrosii de Atheiis, cum terris, decimis et pertinentiis suis; ecclesiam de Laniaco villa cum pertinentiis suis, et tertiam partem decimæ de Laniaco castro; capellam et villam de Scisciaco cum pertinentiis suis, capellam de Melleniaco cum pertinentiis suis, ecclesiam de Valle Pelletana cum terris et molendino, capellam de Floigniaco, et villam, et molendinum, cum justitia, terris et appendiciis suis; villam quæ Carriacus dicitur, cum molendinis, terris et justitia; ecclesias et villas de Caniaco, cum justitia et appendiciis suis; ecclesiam de Spincolo cum duabus partibus decimæ, et decimam molendini Camelli; ecclesiam Sanctæ Columbæ cum decimis et appendiciis suis; capellam Sancti Winemari, cum decimis et redditibus suis; ecclesiam de Anziaco servili, cum tertia parte decimæ et tertia parte molendinorum, et molendinum quod juxta castrum situm est, cum terris et possessionibus suis; ecclesiam de Pinella, et villam, cum justitia et omnibus appendiciis suis; decimam finagii de Passum, et tertiam partem ejusdem nemoris, cum terris et justitia; ecclesiam de Crusiaco, cum decimis et redditibus suis; ecclesiam de Puteis, cum domo; ecclesiam et villam de Curtegradu, cum justitia et omnibus appendiciis suis; ecclesiam de Ebroillo, et medietatem decimæ, terras et redditus, cum pertinentiis suis; ecclesiam de Turgeio, cum tertia parte decimæ, cum terris, pratis et silvis; ecclesiam Sancti Laurentii de Corz, et tertiam partem decimæ; usuarium silvarum de Wanlai et de Turceio et de Ebroiolo ad omnes usus et officinarum ecclesiæ Sancti Michaelis, et molendinorum de burgo Tornodori, et ad omnes usus domus et furni de Curtegradu, et pasturam animalium ejusdem villæ, et pastiaticum sexaginta porcorum, duas partes decimæ de villa quæ dicitur Viros. Quidquid juris habetis in ecclesia de Lentagio tam in redditibus quam in decimis; ecclesiam de Prataleno, cum tertia parte decimæ, terris et possessionibus suis; decimam finagii quod Stet dicitur; ecclesiam Sanctæ Trinitatis de Barro supra Secanam, cum terris et molendinis ad eamdem ecclesiam pertinentibus, et nundinis festivitatis sanctæ Trinitatis, id est Dominica, secunda et tertia feria, et tertiam partem molendinorum de Villa Morini, cum terris et pratis; terras et redditus de Valeriis et de Chaale et de Estorviaco; terras cum pratis et redditibus de Sanctis Virtutibus; capellam de Monasteriolo, cum terris, pratis, silvis, cum tertia parte justitiæ; capellam et medietatem villæ Campaniaci, cum justitia, terris, aquis, sylvis ad eamdem villam pertinentibus. In episcopatu Trecensi ecclesiam Sancti Petri in villa quæ dicitur Jassanz, cum decimis, terris, molendinis, pratis et omnibus appendiciis suis. Et in eadem parochia, in villa quæ Trena dicitur, capellam Sancti Michaelis; molendina de burgo Beraldi et de burgo Tornodori, et molendina Bernerii; duas partes sedis molendini quod Chamelli dicitur; capellam de Capa, et totum finagium, cum justitia et vineis; et terram quæ dicitur Charum, et campum Bamfredi, et tertiam partem communis justitiæ, Vallis Planæ. Sanæ novalium vestrorum, etc., *usque* exigere ac extorquere præsumat. Liceat quoque vobis clericos vel laicos liberos et absolutos e sæculo fugientes ad conversionem recipere, et eos absque contradictione aliqua retinere. Prohibemus insuper ut nulli fratrum vestrorum post factam in eodem loco professionem, etc., *usque* discedere. Discedentem vero, etc., *usque* retinere. Cum autem generale interdictum terræ fuerit, etc., *usque* officia celebrare. In parochialibus vero ecclesiis quas habetis liceat vobis, etc., *ut in alio privilegio, usque* debeant respondere.

Statuimus præterea ut quicunque in castro Tornodori et in parochia Sancti Aniani moriuntur, sicut antiquitus obtentum est et hactenus pacifice observatum, non alibi quam ad vestrum monasterium deferantur, nisi sui compotes alibi elegerunt sepulturam. Indulgemus etiam vobis ut in toto castro Tornodori nulli liceat cœmeterium benedicere seu ecclesiam vel oratorium de novo construere, salvis tamen privilegiis Romanorum pontificum. Obeunte vero te nunc ejusdem loci abbate, etc., *usque* providerint eligendum. Decernimus ergo ut nulli omnino, etc., *ut in alio, usque* profutura, salva sedis apostolicæ auctoritate et diœcesani episcopi canonica justitia. Si qua igitur in futurum, etc., *in eumdem modum ut in alio, usque* præmia æternæ pacis inveniant. Amen.

Datum Laterani, per manum Joannis Sanctæ Mariæ in Cosmidin diaconi cardinalis, S.R.E. cancellarii, Kalend. Junii, indictione XIII, Incarnationis Dominicæ anno 1211, pontificatus vero domini Innocentii papæ III anno quarto decimo.

LXIII.

ELECTO ET CLERO LAUDUNENSI.

De non temere excommunicando.
(Laterani, III Kal. Junii.)

Sic nervo ecclesiasticæ disciplinæ coerceri debet insolentia perversorum ut eo non opprimantur insontes, cum censura ecclesiastica non debeat esse innocentum oppressio, sed correctio delinquentum, ut servus amputata sibi auricula dextera, gladio, quem Petrus per seipsum exerit fiat Malchus se gerens et dirigens in Dei semitam mandatorum. Sane dilectis filiis Majore, Juratis, Scabinis, et universitate communiæ Laudunensis conquerentibus, nostro est apostolatui reseratum quod vos et alii viri ecclesiastici sæpe in eos et in terras ac familias eorum excommunicationis et interdicti sententias sine causa rationabili ac prætermisso juris ordine promulgatis, ipsos per hujusmodi sententias multipliciter contra justitiam aggravantes, licet super his de quibus impetuntur a quoquam sint exhibere parati quod postulat ordo juris. Nolentes igitur eosdem ecclesiastica districtione indebite prægravari, cum ex apostolicæ servitutis officio sublevare teneamur injuste depressos, vobis et aliis auctoritate præsentium districtius inhibemus ne in ipsos vel eorum quemlibet seu terras aut familias eorumdem sine manifesta et rationabili causa excommunicationis vel interdicti sententias proferatis, decernentes hujusmodi sententias, si quæ post appellationem ad nos propter hoc legitime interpositam fuerint promulgatæ, penitus non tenere.

Datum Laterani, III Kalend. Junii, pontificatus nostri anno quarto decimo.

LXIV.

PATRIARCHÆ JEROSOLYMITANO APOSTOLICÆ SEDIS LEGATO.

De excommunicatione regis Armeniæ.
(Laterani, XV Kal. Junii.)

(225) Cum inter Armeniæ regem illustrem et dilectos filios magistrum et fratres militiæ Templi super castro Gastonis et rebus aliis quæstio verteretur, tibi nostris dedimus litteris in mandatis ut quæstionem ipsam concordia vel judicio terminares, faciens quod statueres per censuram ecclesiasticam firmiter observari. Cum igitur quidam ex fratribus ipsis ad hoc a magistro et aliis fratribus constituti fuissent ut in eisdem causis agendo contra ipsum regem, ac eidem respondendo, procederent, et parati essent hæc omnia, prout eis injunctum fuerat, adimplere, idem rex respondere noluit quibusdam petitionibus eorumdem; et sic judicio non recepto, ad quod se Templarii offerebant, bona ipsorum quæ habebant in portu Bonelli et aliis Armeniæ locis, ex quibus pro majori parte sustentabantur fratres deputati ad subsidium terræ sanctæ, per violentiam occupavit, ponens in domibus eorum custodes, qui suis rebus illos uti more solito prohiberent. Cæterum, quia neque precibus neque monitis idem rex ab hujusmodi proposito potuit revocari, eidem regi ex parte nostra et auctoritate qua fungebaris mandasti ut custodibus a domibus et rebus Templariorum amotis, eosdem circa dispositionem rerum suarum consuetæ restitueret libertati. Sed, quia nec sic aliquatenus flecti potuit aut induci, diem præfixisti eidem infra quem desisteret ab hujusmodi male cœptis, et res suas dimitteret pacifice possidendas; quia paratus eras, si quid adversus eos vellet proponere quæstionis, exhibere ipsi quod postulat ordo juris; alioquin, si duceret in sua injustitia persistendum, se sciret excommunicationis sententiæ subjacere. Cumque ipse in sua contumacia perduraret, ac tu eumdem excommunicationis vinculo innodasses, auctoritate Dei et nostra omnibus indigenis et peregrinis in Jerosolymitanis partibus commorantibus districtius inhibere curasti ne ipsi regi ad faciendam aliquam injuriam vel violentiam Templariis vel rebus eorum impenderent auxilium vel favorem; alioquin, postquam ad eorum notitiam perveniret, cum ipso rege pariter se scirent excommunicationis vinculo innodatos. Propter quod contra Templarios magis ipsius regis ira desæviit. Nam cunctis possessionibus earumque fructibus, quas in regno habebant Armeniæ, sunt iidem fratres ipso auferente privati, exceptis duabus illorum munitionibus, quas dictus rex non potuit obtinere. Ut autem ipse illos amplius affligeret et gravaret, cum ad partes Antiochenas jam dicti Templarii accessissent ad arces suas, quas adhuc in illis partibus obtinent, victualibus necessariis muniendas, idem rex, sicut ex litteris tuis accepimus, destruxit penitus casalia eorumdem, quæ adhuc integra permanebant, licet

(225) Vide lib. II, epist. 259, et lib. XII, ep. 43, et Gesta Innoc. III, cap. 113.

ad ipsum omnes eorum redditus devenirent; et sic cultoribus effugatis ipsorum, usque hodie deserta et absque habitatore perdurant. Alia quoque vice cum ivissent sæpedicti Templarii ut unam de suis arcibus victualibus communirent, homines regis aggressi sunt eos in quibusdam locorum angustiis constitutos, et magistrum ac plures de fratribus et suis sociis vulnerarunt, unum ex eisdem fratribus crudeliter occidentes, præter alia damna rerum, quæ tunc ipsis gravia irrogarunt. Nos igitur sustinere nolentes ut sæpefati fratres suis possessionibus spolientur, quæ ad defensionem terræ sanctæ sunt potissimum deputatæ, præsertim cum ipsi semper parati fuerint eidem regi justitiam exhibere, ac ipso contempta justitia possessiones easdem per violentiam occuparit, venerabilibus fratribus nostris patriarchæ Antiocheno et archiepiscopo Tyrensi, et Sidoniensi, Tripolitano, Anteradensi, Nimociensi, et Famagustanensi episcopis nostris damus litteris in præceptis ut auctoritate nostra prædictam excommunicationis sententiam tam apud peregrinos quam apud indigenas terræ solemniter publicantes, eamdem faciant per censuram ecclesiasticam usque ad satisfactionem condignam sublato appellationis obstaculo inviolabiliter observari. Charissimum quoque in Christo filium nostrum Joannem regem Jerosolymitanorum illustrem per scripta nostra monendum duximus et hortandum, universis etiam tam indigenis quam peregrinis in Jerosolymitanis partibus commorantibus dedimus in mandatis ut pro reverentia beati Petri et nostra nec non et intuitu terræ sanctæ fratribus ipsis, quorum subsidium eidem terræ noscitur non modicum profuturum, juxta quod tuo consilio discreto duxeris providendum, ad recuperandum jura sua præstent suum auxilium et favorem. Quocirca fraternitati tuæ præsentium auctoritate mandamus quatenus tam prædictum regem Jerosolymitanum quam alios ad prædicta efficaciter adimplenda moneas diligentius et inducas.

Datum Laterani, xv Kal. Junii, pontificatus nostri anno quarto decimo.

LXV.
PATRIARCHÆ ANTIOCHENO.
De eadem re.
(Datum, ut in alia.)

Cum inter Armeniæ regem illustrem, etc., *ut in alia, usque* quæstio verteretur, venerabili fratri nostro Jerosolymitano patriarchæ apostolicæ sedis legato nostris dedimus litteris in mandatis ut quæstionem ipsam concordia vel judicio terminaret, faciens quod statueret per censuram ecclesiasticam firmiter observari. Cum igitur, etc., *in eumdem fere modum ut in alia, usque* per violentiam occuparit, fraternitati tuæ per apostolica scripta præcipiendo mandamus quatenus prædictam excommunicationis sententiam tam apud peregrinos quam apud indigenas terræ solemniter publicans, eamdem facias auctoritate nostra usque ad satisfactionem condignam per censuram ecclesiasticam sublato appellationis obstaculo inviolabiliter observari.

Datum, *ut in alia per totum.*

In eumdem fere modum scriptum est archiepiscopo Tyrensi et episcopo Sydoniensi. *In eumdem modum scriptum est* Tripolitano et Anteradensi episcopis. *In eumdem modum scriptum est* Nimociensi et Famagustano episcopis.

LXVI.
JOANNI REGI JEROSOLYMITANO ILLUSTRI.
Super eodem.
(Laterani, xiv Kal. Junii.)

Cum inter Armeniæ regem illustrem, etc., *in eumdem fere modum ut in littera patriarchæ Antiocheni, usque* occuparit, venerabilibus fratribus nostris archiepiscopo Tyrensi et Sidoniensi episcopo nostris damus litteris in præceptis ut auctoritate nostra prædictam excommunicationis sententiam tam apud peregrinos quam apud indigenas terræ solemniter publicantes, eamdem faciant per censuram ecclesiasticam usque ad satisfactionem condignam sublato appellationis obstaculo inviolabiliter observari. Quocirca serenitatem regiam monemus attentius et hortamur quatenus pro reverentia beati Petri et nostra nec non et intuitu terræ sanctæ fratribus ipsis, quorum subsidium eidem terræ noscitur non modicum profuturum, ad recuperandum jura sua regium præstes auxilium et favorem, juxta quod supradictus patriarcha suo discreto consilio duxerit providendum.

Datum Laterani, xiv Kal. Junii, anno quarto decimo.

In eumdem fere modum scriptum est ipsis super hoc. In eumdem modum ut in littera regis Jerosolymitani scriptum est universis tam indigenis quam peregrinis in Jerosolymitanis partibus commorantibus usque observari. Quocirca universitatem vestram rogamus attentius et hortamur, per apostolica vobis scripta mandantes quatenus, etc., *ut in eadem regis Jerosolymitani, usque* jura sua vestrum præstetis auxilium et favorem, juxta quod supradictus patriarcha suo discreto consilio duxerit providendum.

Datum, *ut in alia per totum.*

LXVII.
DECANO ET CONVENTUI CASINENSI.
De electione abbatis Casinensis.
(Laterani, ii Nonas Junii.)

Cum electionis confirmatio postulatur, is qui præsidet examinare debet et processum eligentium et personam electi, ut si canonicum processum invenerit et personam idoneam, electionem rite celebratam confirmet; quandoquidem unum sine altero non sufficiat, sed necessarium sit utrumque. Licet ergo dilectum filium Adinulphum Casertanensem omnes pariter elegeritis in abbatem, quia tamen in ejus electione præter formam quam nobis præfiximus processistis, et ipse, quamvis de industria plurimum commendetur, nobis tamen ad plenum cognitus non existit, volentes et traditionem canonicam et consuetudinem apostolicam observare, tam processum eligentium quam personam electi examinare disposuimus diligenter. Verum, cum temporis instantis necessitas hoc exposcat ut ipse, qui de nostro consilio et mandato rector est vestri monasterii constitutus, ad ipsius regimen diligenter intendat, ne, absente pastore, vicinus lupus gregem invadat, volumus et mandamus ut urgente hujus necessitatis articulo, se a provisione monasterii Casinensis personaliter non absentet, sed eo prudentius ad ejus gubernationem intendat quo propensius propter electionem de ipso factam ad ejus obsequium obligatur. Nos enim, cum viderimus opportunum, ex causa quam vobis magis subintelligendam quam exprimendam relinquimus, tam ipsum quam quosdam e vobis ad nostram præsentiam curabimus evocare, ut diligenti examinatione præmissa, in hoc negotio procedamus sicut, Domino inspirante, noverimus procedendum; id vobis ex speciali gratia intimantes, quod quantum cum Deo poterimus, vestris desideriis concurremus. Quocirca devotioni vestræ per apostolica scripta præcipiendo mandamus quatenus in vestro laudabili proposito persistentes, et contra electionem ipsam nihil penitus attentantes, taliter illi adesse curetis, reverentiam et obedientiam ei debitam impendendo, quod ipse vestro suffultus auxilio commissum sibi officium utiliter exsequatur, et nos interim prudentiam et honestatem ipsius valeamus plenius experiri.

Datum Laterani, II Nonas Junii, pontificatus nostri anno quarto decimo.

LXVIII.

ILLUSTRI REGI AVOGUIÆ (224).

Hortatur ad defensionem terræ sanctæ.

(Laterani, VII Idus Junii.)

Rex noster potentissimus Jesus Christus, qui dominatur a mari usque ad mare et a flumine usque ad terminos orbis terræ, postquam pro redemptione humani generis semetipsum exinanivit, formam servi accipiens, et mortis demum angustias spontanea voluntate subivit, in cruce positus sacratissimi sui corporis brachia expansa tenuit, ad signandum quod non solum postquam assumptus esset, omnia, prout promiserat, traheret ad seipsum, verum etiam suæ fidei sectatores in hæreditatis suæ subsidium, in qua salutem fuerat operatus, assidua imitatione vocaret, ut ad ipsius patrimonium defensandum anxia devotione concurrerent, pro quorum redemptione pretiosissimi sui sanguinis pretium ineffabili pietate persolvit. Propter quod universos principes Christianos, qui sub ipsius tuitionis umbraculo salubri dispositione proficiunt, tanto sollicitius ad terræ Jerosolymitanæ subsidium intendere convenit quanto ex eo quod inimici Christianæ fidei conculcantur, non tam apud homines tituli eis laudis accrescunt quam apud cœlestem Dominum, cui militant, æternæ retributionis præmia cumulantur. Cum igitur, progenitorum tuorum vestigiis inhærendo, ad patrimonium Jesu Christi contra perfidos detentores ipsius tam devote quam potenter insistas, propter quod devotionis tuæ propositum dignis in Domino laudibus commendamus, celsitudinem tuam rogamus attentius et monemus, in remissionem tibi et tuis peccaminum injungentes quatenus inspiratum tibi divinitus tuæ salutis propositum peramplius et perfectius prosequaris ad paganorum perfidiam comprimendam, ut per inquietudinem sollicitudinis temporalis, æternæ felicitatis quietem tibi valeas comparare, ac is pro cujus obsequio laboras in terris, in participium sui regni te admittat in cœlis.

Datum Laterani, VII Idus Junii, anno quarto decimo.

LXIX.

NOBILI VIRO SOLDANO DE ALAPIA, AD VERITATIS PERVENIRE NOTITIAM, ET IN EA SALUBRITER PERMANERE.

Commendat ei patriarcham Antiochenum.

(Laterani, VII Idus Junii.)

Sicut veridica multorum relatione didicimus, etsi nondum Christianæ religionis susceperis sacramenta, fidem tamen catholicam veneraris, in multis Christi fidelibus deferendo. Unde de illius immensa pietate confidimus quod te suæ visitationis radiis illustrabit, ut gratia divinæ cognitionis accepta, ad cultum æterni et veri Dei, qui pro salute hominum factus est temporaliter verus homo, devotus aspires. Quapropter, in nomine Jesu Christi te attentius exhortamur quatenus justitiam excolas et diligas veritatem, quæ in salutis semitam dirigent gressus tuos, et venerabilem fratrem nostrum Antiochenum patriarcham, quem suæ probitatis intuitu inter cæteros fratres et coepiscopos nostros sincera diligimus in Domino charitate, habens ob reverentiam nostram propensius commendatum, ipsum et Ecclesiam ejus non permittas, quantum in te fuerit, ab aliquibus indebite molestari, quinimmo eidem exhibeas auxilium et consilium opportunum, ut per hoc divinæ majestatis gratiam et apostolicæ sedis favorem tibi valeas comparare.

Datum Laterani, VII Idus Junii, pontificatus nostri anno quarto decimo.

LXX.

PETRO PATRIARCHÆ ANTIOCHENO (225).

Ut duas præbendas creare possit in sua Ecclesia.

(Datum, *ut in alia*.)

Cum præter decem et octo præbendas, quæ in Ec-

---

(224) Cod. Colbert. *Anoguiæ.*
(225) *Anticheno.* Rodulpho II, ex Genebrardi chronologia, alteri patriarcharum Orientis. Primus siquidem Constantinopolitanus, secundus Hierosolymitanus, tertius Alexandrinus, quartus Antiochenus in synodo Constantinopolitana I, licet in concilio Nicæno, primus Eustathius Antiochenus, Macarium Hierosolymitanum præcedat in synopsi οἰκουμενικῶν Συνόδων, cui subscripsit Innocentius noster in concilio Lateranensi c. 5, ubi tertium pariter locum obtinet Antiochenus patriarcha

clesia tua esse noscuntur, duas de novo de redditibus mensæ tuæ creare disponas et de tuorum canonicorum assensu statuere, ut vicesimo canonicorum numero eadem Ecclesia sit contenta, fraternitati tuæ, de cujus discretione plenam fiduciam obtinemus, per apostolica scripta mandamus quatenus id super his, sublato cujuslibet appellationis et contradictionis obstaculo, de tuorum canonicorum assensu constituas quod animarum saluti et ejusdem Ecclesiæ utilitati videris expedire.

Datum, *ut in alia*.

LXXI.
EIDEM.
De possessionibus dandis in emphyteosin.
(Datum, *ut in alia*.)

Cum quædam possessiones Ecclesiæ tuæ deterioratæ sint plurimum propter guerras (226), et concedendi easdem in emphyteosin vel ad firmam a nobis licentiam duxeris postulandam, fraternitati tuæ, de cujus discretione plenam fiduciam obtinemus, per apostolica scripta mandamus quatenus super his ad Ecclesiæ tuæ commodum cum capituli tui assensu (227) facias quod videris expedire.

Datum, *ut in alia per totum*.

LXXII.
EIDEM.
Hortatur eum ad constantiam.
(Laterani, vii Idus Junii.)

Si terra illa, in qua vera pax nostra Dominus Jesus Christus, qui fecit utraque unum, pro salute humani generis nasci dignatus est, illo perturbante qui noviter universa pene orbis terræ fundamenta commovit, pressuris diversis exponitur, perturbationibus conquassatur, et impugnatur etiam ab inimicis nominis Christiani, non sic tuus animus debet pro his dejici et interius commoveri quin te taliter per spiritus fortitudinem ad tentationes exponas quod idem circa tribulationes hujusmodi potius dilatetur, in infirmitatibus gloriando, quia fidelis Deus, qui non patitur servos suos ultra posse tentari, te ac alios, quorum fidem per instantem tentationem examinat, consolabitur citius quam credatur et sustinentium se timoribus in abundantia votivæ securitatis occurret. Vasa namque figuli probat fornax, et justi opera tribulationibus enitescunt; et unde justitia interdum exstingui creditur, roboratur. Monemus igitur fraternitatem tuam et in Domino propensius exhortamur, per apostolica tibi scripta mandantes quatenus in illo sperans qui servos suos edocuit, cum audirent seditiones et prælia, non terreri, et altissimum refugium tuum ponens, in tribulationibus, quæ tibi cedent ad gloriam, non deficias, sed conforteris in eo qui bella conterit, et cui nomen est

Dominus, quique multorum superbiam paucorum humilitate prostravit; sicut vir strenuus et robustus dans studium diligens et operam adhibens cum aliis fidelibus efficacem ad eliminandam a terra sancta, divina præeunte potentia, spurcitiam paganorum, de gratiæ nostræ favore securus quod apostolicum tam tibi quam illi terræ non deerit auxilium in his quæ viderimus expedire ac nobis divina misericordia ministrabit. Quia vero dilectus filius S. thesaurarius Antiochenus se multis pressuris exposuit pro tuis negotiis apud sedem apostolicam laborando, et ea tanquam vir prudens exsecutus est diligenter, ipsum tibi apostolicis litteris duximus commendandum, rogantes quatenus ob reverentiam beati Petri et nostram taliter habeas commendatum eumdem quod idem apostolicas preces apud te sibi sentiat profuisse, ac alii exemplo ipsius ad tua et Ecclesiæ Antiochenæ obsequia fortius animentur. Ad hæc, de cruce aurea et diaspro nobis ex parte tua per eumdem liberaliter præsentatis gratiarum tibi referimus actiones.

Datum Laterani, vii Idus Junii, pontificatus nostri anno quarto decimo.

LXXIII.
NIDROSIENSI ARCHIEPISCOPO ET SUFFRAGANEIS EJUS.
Super dissensione de regno Norwegiæ.
(Laterani, vii Idus Junii.)

Ad nostram noveritis audientiam pervenisse quod obeunte Swero, qui Norwegiæ regno præsederat, fautores ejus, qui Birkibani dicuntur, quemdam ipsius nepotem Ingonem nomine sublimare nitebantur in regem. Quorum conatibus viri prudentes et nobiles, qui genus regium Norwegiæ plene noverant, resistentes juvenem quemdam Philippum nomine, a claræ memoriæ Magno et Ingone antiquis et catholicis Norwegiæ regibus trahentem originem, insignem genere, ac morum honestate præclarum, in regem concorditer elegerunt. Ipsis itaque pro regno certantibus et destruentibus male terram, tandem divina ex alto prospiciente clementia per tuam, frater archiepiscope, ac venerabilis fratris nostri Aloensis episcopi sollicitudinem et operam diligentem sic sunt inter eos pacis fœdera reformata ut utroque dignitatem et nomen regium retinente, si hoc tamen ex dispensatione noster approbaret assensus, Ingo in quadam, Philippus vero in altera Norwegiæ parte regnet. His igitur ita dispositis contigit quod idem Philippus, ad quem regnum, sicut accepimus, hæreditario jure spectat, cum adversariis suis colloquium habiturus accessit: quem iidem adversarii sui cum innumera multitudine circumdantes, licet prius fuerit datis obsidibus diffinitum cum quantis deberent utrique copiis convenire, assere-

---

(226) *Guerras.* Quoniam in luctuoso belli examine diminutæ fuerunt, ideo dantur in emphyteusin perpetuam ut in c. *Hoc jus*, § *Perpetua* 10, q. 2, vel hæreditario jure sub annuo censu tenendæ c. *Ad aures* 7, De rebus eccles. alienand. quæ exceptio firmat regulam in c. *Nulli*, codem titulo, ubi lege conditionem ex specie c. 9, ad audientiam cod. tit.

quidquid Cujacius deleri censeat ad interpretationem ejusdem capitis.

(227) *Capituli sens.* Iisdem fere verbis rescribit Cœlestinus papa tertius in c. *Ut super*, § ultimo, cod. tit. Vide librum 1 Constitutionum Venetarum c. 1 et seqq., et supra epistolam 2 hujus libri, et infra epist. 1 lib. xv Regest.

bant firmiter se cum ipso Philippo pacis fœdus nullatenus inituros, nisi a se nomen regium abdicaret. Qui constitutus in arcto, ne nobilitatem sui generis macularet infamia et fœdus pacis initæ violaret, ad appellationis remedium convolavit, committens causam suam nostro arbitrio terminandam, ut videlicet quem magis idoneum judicaremus, ille regio sublimaretur nomine ac honore. Quod principes Birkibanorum penitus renuentes, se nostro nunquam stare velle judicio proponebant. Licet autem super his quorumdam testimoniales litteræ nobis fuerint destinatæ, quia tamen per eas non est facta nobis sub tali et tanto negotio plena fides, per apostolica vobis scripta præcipiendo mandamus quatenus Deum habentes præ oculis, inquiratis super his plenissime veritatem, et eam nobis per litteras vestras fideliter intimetis, ut per vestram relationem instructi, secuvius in ipso negotio procedere valeamus.

Datum Laterani, vii Idibus Junii, pontificatus nostri anno quarto decimo.

LXXIV.
NEAPOLITANO ARCHIEPISCOPO.
Quid liceat tempore interdicti.
(Laterani, xvi Kal. Julii.)

Ex parte tua fuit nobis humiliter supplicatum ut cum civitatem Neapolitanam supposueris interdicto, et credatur a pluribus quod secundum tenorem litterarum nostrarum, quæ continent excommunicationem Ottonis (228) dicti imperatoris et ejus sequacium, civitas ipsa non debuerit interdici, tibi exponere dignaremur utrum illud debeat observari. Ad quod tibi breviter respondemus quod cum Neapolitani, jurando et præstando favorem eidem, sententiam excommunicationis incurrerint (229), et excommunicatis sint absque dubio interdicta divinia officia et ecclesiastica sacramenta, illud est usquequaque ad satisfactionem idoneam observandum, nec morientes sunt ad pœnitentiam admittendi, nisi jurent se mandatis Ecclesiæ parituros, et abjurent dicto imperatori præstita juramenta; nec etiamsi juraverint, tradi debent ecclesiasticæ sepulturæ, si absque excommunicatorum et interdictorum obsequio nequeunt tumulari (230). Ad hoc autem (231), utrum pueri, cum patrimi (232) excommunicationi sint et interdicto suppositi, debeant baptizari, fraternitati tuæ taliter duximus respondendum quod cum baptismus sacramentum necessitatis (233) existat, propter patrimorum delictum illud non debet talibus denegari.

Datum Laterani, xvi. Kal. Julii, anno quarto decimo.

LXXV.
CYRINO SCRINIARIO URBIS.
Ne gravetur ab aliquo ob acta rupta jussu papæ.
(Laterani, iv Idus Julii.)

Super commissa nobis Ecclesiarum cura, et earum specialiter quæ in Urbe consistunt, quarum debemus potissimum indemnitatibus præcavere, gerentes sollicitudinem, prout convenit, diligentem, tibi dedimus in præceptis ut dicta quæ super locatione ab abbatissa monasterii Sancti Cyriaci de urbe de bonis ipsius monasterii consanguineis suis facta confeceras, destrueres et deleres. Ne igitur tibi propter hoc, vel ab illis quibus locatio facta fuit, aut etiam a senatu, sive a quolibet alio, aliquo tempore gravamen aliquod inferatur, præsentium auctoritate statuimus, sub excommunicationis pœna districtius inhibentes ne quis te super hoc præsumat aliquo tempore molestare. Nulli ergo, etc., institutionis, etc., *usque* incursurum.

Datum Laterani, iv Idus Julii, anno quarto decimo.

LXXVI.
CREMONENSI EPISCOPO, ET ALBANENSI ELECTO APOSTOLICÆ SEDIS LEGATO, NEC NON ET ABBATI DE COLUMBA.
Ut Ferrariensi Ecclesiæ idoneum pastorem præficiant.
(Laterani, vii Idus Junii.)

Per litteras quas nobis olim vos, frater Cremonensis et fili abbas, transmittere procurastis, intelleximus evidenter vos gratum et acceptum pariter habuisse quod de eligendo in Ecclesia Ferrariensi pastore, nominando Sancti Joannis priorem, archidiaconum Parmensem et magistrum Jordanum Rheginum doctorem, aut quemlibet alium secun-

---

(228) *Otthonis* quarti imperatoris, quem Innocentius anathemate feriit certis de causis, quas videre licet apud Pandulfum Collenutium Histor. Neapol. lib. iv, Fazellum De rebus Siculis poster. decad., lib. viii, cap. 2, et tandem profligatus fuit a Philippo Augusto rege Christianissimo relicta imperatoria aquila apud Guaguinum lib. vi.
(229) *Incurrerint* ex. c. *Cum desideres,* De sent. excommun., adhibenda tamen distinctio ex c. *Sciens,* De his quæ vi metusve causa fiunt.
(230) *Tumulari,* quoniam cœmeterii aditus religiosus c. *Consuluisti,* De consec. eccl. vel altaris et toto tit. De reli. et sumpt. funer. tunc geminæ aræ Hectoreum ad tumulum in Æneid. Vv. GG. Isidori. Areæ mortuorum pulvinaria, lego Aræ, καὶ βωμοὶ ἐνερυμένοι τοῖς νεκροῖς apud Artemid. in ὄνειρ. Ideo locus cujus religioni cineres fidelium usque ad novissimam diem commendantur, excommunicationi subditis intercluditur, argumento ducto ex c. *Sicut apostoli* 11, q. 3, et Fabius papa in decreto qui non deb. admi. ad recusand. idem rescribit. Vide infra epist. 2 lib. xvi.
(231) *Ad hoc autem,* c. 11, non est de sponsal. et matrim., ad cujus interpretationem Matthæus Parisiensis in Joanne rege. Cessarunt in Anglia omnia ecclesiastica sacramenta, præter confessionem et viaticum in ultima necessitate, et baptisma parvulorum, quod evenit sub Alexandro papa III dicto c. *Non est,* quæ exceptio cuilibet censuræ ecclesiasticæ subnectitur, c. *Responso,* De sentent. excommunicat.
(232) *Patrimi* ex c. *Venerabili* 52, De sentent. excommun. Τὰ νομιζόμενα τῶν νεκρῶν (ut est in V. Glossario) intelligit, καὶ τὰ περὶ τοὺς θνήσκοντας ὅσια apud Plutarchum in Numa.
(233) *Sacramentum necessitatis* necessarium est visibile sacramentum aquæ c. 1, distinct. 4, De consecrat.; et lex tinguendi imposita obstrinxit fidem ad baptismi necessitatem, Tertull. *De baptis.* c. 13

dum quod vobis melius videretur, benigna vos instructione curavimus erudire. Vos autem cupientes mandatum nostrum exsecutioni mandare, quia priorem et archidiaconum præficere nimis grave propter consanguineos uni parti contrarios videbatur, ad promovendum illorum aliquem cautius evitastis; Jordanum vero apud Rheginum doctorem neminem invenire valentes, fratrem Jordanum Paduanum, quem sciebatis opere ac sermone potentem, elegistis concorditer in pastorem. Verum, cum hoc idem penitus recusarit, et Estensis marchio capta Ferraria instanter peteret dilationem hujus electionis propter novitatem eventus nostris auribus intimandam; cumque præterea quidam assererentur parati objicere vos vestro esse functos officio, quia vobis magis congruum videbatur ut cautionem reciperetis de rebus episcopii gubernandis ac disponendis, eidem electioni supersedere curastis, et quid superesset agendum, nostræ reliquistis beneplacito voluntatis. Nolentes igitur ut dicta Ferrariensis Ecclesia diutius pastoris solatio defraudetur, discretioni vestræ per apostolica scripta mandamus quatenus ante omnia Deum præ oculis habentes, eidem Ecclesiæ provideatis personam idoneam in pastorem, ut ex hoc apud Deum et homines debeatis merito commendari. Quod si non omnes, etc., tu, fili electe, cum eorum altero ea, etc.

Datum Laterani, vii Idus Junii, anno quarto decimo.

LXXVII.
ARCHIEPISCOPO RAVENNATI.
Ut castrum Argentæ custodiat.

Fraternitati tuæ præsentium auctoritate mandamus quatenus castrum Argentæ taliter custodire studeas et munire quod ex eo non possis incurrere aliquod detrimentum. Si vero id non poteris efficere per teipsum, a dilecto filio nobili viro marchione Estensi sufficienti cautione recepta quod ipsum fideliter custodiat ad opus Ecclesiæ Ravennatis, illud eidem committere non postponas.

Datum Laterani, ii Non. Junii, anno quarto decimo.

LXXVIII.
ALBANENSI ELECTO APOSTOLICÆ SEDIS LEGATO.
De excommunicatione Ottonis imperatoris.

Cum Otto dictus imperator, maledictus et excommunicatus, non cesset Romanam Ecclesiam impugnare, venerabilibus fratribus nostris Aquilegensi et Gradensi patriarchis, Ravennati et Januensi archiepiscopis, eorumque ac Mediolanensis Ecclesiæ suffraganeis, nostris damus litteris in mandatis et in virtute obedientiæ districte præcipimus ut excommunicationem in ipsum et fautores ejus prolatam postposita omni occasione solemniter innovent et a suis faciant subditis innovari. Quocirca discretioni tuæ per apostolica scripta mandamus quatenus si aliquis eorum, quod non credimus, mandati nostri exstiterit negligens exsecutor, tu eum, appellatione remota, canonica pœna percellas.

Datum Laterani, vii Idus Junii, anno quarto decimo.

In eumdem fere modum scriptum est ipsis super hoc.

LXXIX.
POTESTATI ET POPULO BONONIENSI, SPIRITUM CONSILII SANIORIS.
Ut relinquant partes Ottonis.
(Datum, ut in alia.)

Mirari cogimur et moveri quod, cum Otto dictus imperator, excommunicatus et maledictus, non cesset Romanam Ecclesiam impugnare, vos non tantum ei sed et fautoribus ejus, qui sunt excommunicati cum ipso, vestrum impenditis auxilium et favorem. Quocirca universitatem vestram monemus attentius et hortamur, per apostolica vobis scripta præcipiendo mandantes quatenus ab hujusmodi proposito desistentes, nullum sibi vel suis auxilium aut consilium impendatis. Alioquin noveritis nos dilecto filio Albanensi electo apostolicæ sedis legato nostris dedisse litteris in mandatis ut personas excommunicationi et terram subjiciat interdicto; quod si nec sic duxeritis resistendum, scholas de ipsa faciant civitate transferri.

Datum, ut in alia.

Scriptum est ipsi super hoc in eumdem modum.

LXXX.
ALBANENSI ELECTO, APOSTOLICÆ SEDIS LEGATO.
De ædificatione castri Ferrariæ.
(Laterani, vii Idus Junii.)

Dilectus filius nobilis vir marchio Estensis nobis humiliter supplicavit ut in Ferrariensi civitate construendi castrum, per quod ipsam melius defendere valeat et ad fidelitatem Romanæ Ecclesiæ conservare, licentiam concedere dignaremur. Nos igitur id tuæ prudentiæ committentes, discretioni tuæ per apostolica scripta mandamus quatenus super hoc statuas ad honorem et profectum Ecclesiæ quod videris expedire.

Datum Laterani, vii Idus Junii.

LXXXI.
EPISCOPO CAPUAQUENSI, ET ABBATI CAVENSI SALERNITANÆ DIŒCESIS.
De electione episcopi Policastrensis.
(Laterani, xv Kal. Julii.)

Policastrensi Ecclesia dudum proprio viduata pastore, cum ipsius capitulum, sicut pro ejus parte fuit propositum coram nobis, obtenta licentia eligendi dilectum filium archipresbyterum de Saponaria in episcopum unanimiter elegissent, quosdam ex canonicis in Siciliam transmiserunt ad assensum regium obtinendum. Unde cum rex nec super hoc nec super quibusdam personis aliis postea, quod non licuit, nominatis ad eorum potuisset desideria inclinari, et ex parte ipsius regis suggestum fuisset eisdem, comminationibus intentatis, ut Jacobum ejus medicum nominarent, ipsi regis metuentes indignationem incurrere, dolentes pariter et inviti, dictum Jacobum elegerunt, qui cum dilecti filii nostri Gregorii tituli Sancti Theodori diaconi cardinalis, apostolicæ sedis legati et regis litteris ad venerabilem fratrem nostrum archiepiscopum Salernitanum accessit pro confirmationis et consecrationis gratia obtinenda. Sed archiepiscopus priusquam in negotio ipso procederet, nostræ responsionis oraculum requisivit. Cui dedisse recolimus in mandatis ut super electionibus in Policastrensi et Sarnensi Ecclesiis celebratis procedere retardaret, cum disponeremus ad regis præsentiam nostros nuntios destinare, per quos super his et quibusdam aliis nostram plenius intelligeret voluntatem. Unde cum archiepiscopus memorato Jacobo responsum apostolicum rescripsisset, propriis litteris nostrarum tenore litterarum inserto, idem commotus dicitur respondisse: *Revertar ad regis curiam, et ab his qui eligi me fecerunt, super consecratione mea favorem et auxilium obtinebo.* Verum eodem postmodum apud regis curiam multipliciter laborante pro consecrationis munere obtinendo, supradicti capituli nuntii cardinali præfato mandatum nostrum ad archiepiscopum memoratum directum exponere curaverunt, et supplicantes eidem ne dicto Jacobo ad consecrationis gratiam obtinendam auxilium vel favorem impenderet, ad sedem apostolicam appellarunt. Cum autem cardinalis nostras ab eis litteras quæsivisset, et ipsi earum penes se authenticum non haberent, ipse inducias eisdem indulsit, infra quas dictas ei litteras vel earum tenorem sub sigillo supradicti archiepiscopi præsentarent. Quorum recessu propter turbationem temporis retardato, ad cardinalis præsentiam redeuntes, cum peterent inducias prorogari, cardinalis ipse respondit se nullum eis terminum assignare, sed ipsi bona fide quam cito possent ad ipsius præsentiam cum nostris litteris vel earum transcripto redire curarent.

Cumque maris turbatione pacata se ad iter accingerent redeundi, in ejusdem cardinalis præsentia provocationem primitus interpositam innovarunt. Dictus vero Jacobus apud Messanensem remanens civitatem, per venerabiles fratres nostros Tarentinum et Sanctæ Severinæ archiepiscopos et episcopum Gerontinum de mandato cardinalis ipsius obtinuit consecrari; et prædictis canonicis reversis ad propria, e vestigio subsecutus, ad Policastrensem Ecclesiam consecratus accessit; quanquam eum Policastrenses canonici tanquam episcopum recipere renuissent. Porro cum iidem nobis postmodum supplicassent ut quod de dicto Jacobo tam perperam factum fuerat auctoritate dignaremur apostolica retractare, venerabili fratri nostro Cusentino archiepiscopo et dilecto filio abbati Floris dedimus in mandatis ut tam sæpedicto Jacobo et Policastrensi capitulo quam etiam Salernitano archiepiscopo evocatis, ut comparerent per se vel responsales idoneos coram eis, inquirerent super præmissis plenius veritatem, et quod invenirent per suas nobis litteras fideliter intimarent, ut per ipsos certiores effecti, prout expediret in eodem negotio procedere curaremus. Unde archiepiscopus, conjudice non valente propter guerrarum pericula interesse, de ipsius tamen consensu in negotio jam dicto procedens, admissis testibus super ipso productis, indagavit diligentius veritatem, quam sub suo sigillo ad nostram præsentiam destinavit. Cum autem propter hoc nuper procuratores partium ad sedem apostolicam accessissent, per dilectum filium nostrum Benedictum tituli Sanctæ Susannæ presbyterum cardinalem ipsis auditorem concessum acta inspici fecimus diligenter. Qui cum nobis quæ invenerat explicasset, intelleximus per depositiones testium et litteras cardinalis prædicti coram archiepiscopo Cusentino exhibitas manifeste probatum quod Ecclesia Policastrensi vacante, de præfato archipresbytero concors fuerat electio celebrata, et quod nuntii destinati ad assensum regium obtinendum, illum cum instantia requisitum obtinere minime potuerunt, quodque per regis familiares ipsius cognita voluntate quod prædictum Jacobum eligi cupiebat, eum postmodum nominarunt; item quod postquam innotuit dicto Jacobo per apostolici rescripti tenorem eidem ab archiepiscopo Salernitano transmissum quod archiepiscopo memorato a nobis inhibitum fuerat ne super electionibus Policastrensis et Sarnensis Ecclesiarum procederet, ipse ad regis curiam rediit pro consecrationis munere obtinendo; rursum quod postquam cardinali præfato hujusmodi prohibitio exstitit per Policastrensis ecclesiæ nuntios reserata, et dilatio ad nostras super hoc litteras vel earum tenorem sub sigillo Salernitani archiepiscopi exhibendas ab eodem nuntiis ipsis indulta, nec non post appellationem ad nos interpositam, dictus Jacobus fuerat in episcopum consecratus.

Cum ergo nobis constiterit electionem ipsius Jacobi non solum contra statuta canonica (234), verum etiam contra constitutionis tenorem inter Romanam Ecclesiam et illustris memoriæ imperatricem Constantiam super episcoporum electionibus initæ, quæ procul dubio dicto innotuit cardinali, cum et nos illam sibi miserimus, et ipse in litteris quas Cusentino archiepiscopo destinavit, de illa fecerit mentionem, minus canonice celebratam, alia non cassata, de consilio fratrum nostrorum, inquisitione super gravibus quæ in personam ipsius Jacobi publice dicebantur omissa, cum factum in se ipso existeret vitiosum, electionem ipsam irritam decrevimus et inanem, interdicentes eidem exsecutionem pontificalis officii non rite suscepti; Policastrensi capitulo nostris litteris injungendo ut in electionis negotio de præfato archipresbytero celebratæ concorditer procedentes, eamdem metropolitano suo præsentare procurent confirmandam vel infirmandam ab ipso prout de jure fuerit faciendum.

---

(234) Vide lib. I, epist. 410, 411, 412, et lib. II, epist. 208, et Gesta Innoc. III, cap. 21.

Quocirca discretioni vestræ per apostolica scripta mandamus quatenus quod a nobis est sententialiter diffinitum, faciatis appellatione remota firmiter observari, contradictores per censuram ecclesiasticam appellatione postposita compescendo.

Datum Laterani, xv Kal. Julii, anno quarto decimo.

Scriptum est super hoc in eumdem fere modum Policastrensi capitulo. Ecclesia vestra dudum, etc., usque de jure fuerit faciendum.

Datum Laterani, etc.

In eumdum fere modum scriptum est super hoc Salernitano archiepiscopo.

Datum, etc.

LXXXII.

EPISCOPO UTICENSI APOSTOLICÆ SEDIS LEGATO, ET P. DE MONTE LAURO AQUENSI ARCHIDIACONO, ET MAGISTRO THEDISIO NUNTIO NOSTRO CANONICO JANUENSI.

De reformatione monasterii Massiliensis.
(Laterani, vii Idus Junii.)

Cum super reformatione monasterii Massiliensis, de cujus lapsu multa nobis fuerant intimata, venerabilibus fratribus nostris Tolosano et Aurasicensi episcopis et dilectis filiis priori Sancti Honorati Arelatensis dudum direxerimus scripta nostra, priusquam fuisset illorum auctoritate in negotio memorato processum, D. monachus Massiliensis ad sedem apostolicam veniens, pro se ac magna parte conventus nobis denuntiando monstravit quod cum in eodem loco videret per abbatis incuriam enormia quamplurima committi, utpote furta, perjuria, simonias et dissolutionem ordinis miserabilem, bonaque ipsius loci multiplici nihilominus dilapidatione vastari, et alia plurima fieri contra monasticam honestatem, et apud abbatem, quem super his charitative monuerat, nullatenus profecisset, ad sedem apostolicam appellavit. Unde venerabilibus fratribus nostris Regensi, Missiliensi et Aurasicensi episcopis dedimus in mandatis ut ad monasterium ipsum personaliter accedentes, inquirerent super præmissis et aliis plenius veritatem, et appellatione remota corrigerent tam in capite quam in membris quæ corrigenda viderent. Interim autem priores judices ad monasterium accedentes, cum multorum discretorum virorum consilio inter abbatem et monachos ejusdem loci amicabiliter componere curaverunt, interposito a monachis juramento ut contra compositionem hujusmodi non venirent, et si quas litteras dictus D. reportaret, qui ad sedem apostolicam venerat, essent cassæ. Cum autem postea iidem Massiliensis et Aurasicensis episcopi, cum interesse tertius nequivisset, litteris nostris acceptis, quas præfatus monachus reportavit, procedere vellent super articulis in eisdem expressis, ejusdem loci monachi ad nostram audientiam appellarunt. Abbas quoque post citationes multiplices in eorum comparens præsentia, vocem ad nos appellationis emisit, allegans quod illæ litteræ nullius prorsus erant momenti, in quibus de prioribus, quarum auctoritate compositio inter abbatem et monachos facta fuerat, mentio non fiebat. Sed, cum judices, exceptionem hujusmodi ac quasdam alias frivolas reputantes, intenderent in inquisitione procedere ac recipere a fratribus juramenta, major prior et quidam alii responderunt se super hoc nullum posse juramentum præstare, utpote qui se juramento astrixerant compositionem interpositam observare ac non uti litteris a præfato monacho impetratis. Unde judices, propter exceptiones propositas et intricationem negotii dubitantes procedere in eodem, nos super ipso consulere curaverunt; nosque dilecto filio Arelatensi præposito, qui ob hoc nostram præsentiam adiit, dicimur respondisse quod propter causas hujusmodi judices supersedere negotio non debebant.

Qui amissis in via litteris quas super hoc recepisse proponitur, tam viva voce quam suis litteris dictis judicibus nuntiavit ut nonobstantibus exceptionibus supradictis, in negotio procederent memorato. Unde judices in negotio procedentes, receptis testibus super articulis prænotatis, abbatem ipsum tandem ab abbatiæ regimine removerunt. Porro dilectis filiis P. camerario Arcellæ et S. priore Muræ ejusdem abbatis et B. priore de Tritis ac D. monacho partis adversæ procuratoribus propter hoc nuper in nostra præsentia constitutis, petierunt procuratores abbatis processum judicum prædictorum, qui contra eum sententiam tulerant, irritum judicari; tum quia post appellationem ad nos interpositam per antedictas litteras, in quibus de prioribus mentio non fiebat, tum quia consultatione ad nos directa, priusquam apostolicæ responsionis oraculum per nostras litteras recepissent in eodem negotio processerunt, cum assertioni dicti præpositi judices minime stare debuerint in hoc casu, super quo nostræ responsionis litteras exspectabant; tum etiam quia conspiratores, excommunicatos, perjuros et capitales etiam inimicos, in testimonium adversus abbatem admiserant memoratum. Sed ad hæc procuratores partis responderunt adversæ quod cum priores litteræ super lapsu monasterii generales fuerint, et posteriores exstiterint super certis excessibus speciales, in subsequentibus non oportuit fieri de præcedentibus mentionem, cum speciale mandatum deroget generali; adjiciens quod, etsi consultatione ad nos delata, non fuerit super responsione nostra supradicti præpositi verbo standum, quia tamen juramento quod monachi super servanda compositione præstiterant juramentum quod super illis excessibus præstabatur nullatenus occurrebat, nec promissio quam de non utendo litteris a dicto D. monacho impetratis mandatum nostrum potuit impedire quod super inquisitione dictorum excessuum feceramus, iidem judices de consilio peritorum non immerito procedere in negotio potuerunt; et asserens nihilominus falsum esse quod conspiratores, excommunicati, perjuri et capitales inimici adversus abbatem admissi fuerint memoratum.

His igitur et aliis quæ fuerunt coram nobis utrinque proposita intellectis, quia cognovimus dictum cœnobium in spiritualibus et temporalibus graviter collapsum existere, per apostolica vobis scripta mandamus quatenus cum providendum sit non tam personis in Ecclesiis quam Ecclesiis in personis, si per hanc viam facilius et utilius ad restaurationem ipsius monasterii poterit perveniri, ut videlicet de alia persona idonea jam probata eidem monasterio consulatur, vos auctoritate nostra suffulti, sublato cujuslibet contradictionis et appellationis obstaculo, id exsequi procuretis. Alioquin præfatum restituatis abbatem; et in utroque casu exclusis de ipso cœnobio personis indignis, quas merito videritis excludendas, inducatis in illud ex aliis monasteriis personas idoneas, per quas idem monasterium debeat reformari; contradictores, si qui fuerint, vel rebelles appellatione remota censura ecclesiastica compescendo. Taliter autem mandatum apostolicum exsequamini ut in novissimo districti examinis die super hoc dignam Deo possitis reddere rationem. Quod si non omnes, etc., duo vestrum ea, etc.

Datum Laterani, vii Idus Junii, pontificatus nostri anno quarto decimo.

LXXXIII.

PRIORI SANCTI HILARII DE CELLA, ET B. SANCTI PETRI ET MAGISTRO STEPHANO GASCHET SANCTÆ MARIÆ MAJORIS CANONICIS PICTAVENSIBUS.

De quodam recipiendo in canonicum.

(Laterani, xii Kal. Junii.)

Accedentibus ad apostolicam sedem dilectis filiis R. Rozelini dilecti filii P. Xantonensis decani procuratori et magistri R. Bovi pro se dilectum filium nostrum Benedictum tituli Sanctæ Susannæ presbyterum cardinalem concessimus auditorem. Coram quo dicti decani proposuit procurator quod cum idem magister obtentu mandati nostri præbendale beneficium obtinuerit olim in ecclesia Xantonensi, et in receptione ipsius juramento firmarit se nihil unquam ulterius in eadem Ecclesia petiturum, processu temporis ingratus gratiæ sibi factæ, ac præstiti juramenti oblitus, a dilecto filio nostro Guala tituli Sancti Martini presbytero, tunc Sanctæ Mariæ in Porticu diacono, cardinali et apostolicæ sedis legato, litteras impetravit, nulla in eis de juramento præstito habita mentione; per quas importuna molestabat instantia Ecclesiam memoratam, ut ex eo quod præbendæ integræ commodum adeptus fuerat, in eadem jus obtineret canonici et honorem; sumens inde materiam jurgii unde devotior erga ipsam Ecclesiam effici debuisset. Cæterum, cum dictus magister per litteras cardinalis ipsius in hac parte nequivisset consequi suæ voluntatis effectum, sub venerabilis fratris nostri episcopi et quorumdam canonicorum Xantonensium nomine super canonicatu præmisso litteras apostolicas, tacita de juramento præstito veritate, ad decanum Burdegalensem et suos conjudices postmodum impetravit : quas procurator jam dictus asserebat ratione multiplici non valere; tum quia in ipsis talis exstiterat veritas occultata qua expressa obtentum rescriptum apostolicum non fuisset, tum etiam quia quorumdam canonicorum litteræ, quas prænominatus magister se nostro apostolatui exhibuisse asseruit, per falsi suggestionem et circumventionem quamdam obtentæ fuerant ab eodem mendaciter asserente quod ad ipsum canonicandum dictorum canonicorum vota convenerant singulorum. Sed falsum id esse procurator jam dictus se proposuit probaturum.

Præterea, prætaxatus magister præmissis aliquatenus non contentus, infra decem dies a prioris impetratione rescripti ad b. canonicum Pictavensem et suos collegas super eodem canonicatu apostolicas litteras obtinuit delegari, quæ nullam faciebant de prioribus mentionem. Propter quod asserebat ipsas procurator prædictus pluribus de causis nullius esse valoris quoad antefatum decanum, magistrum scholarum, et contradictores cæteros Xantonensis Ecclesiæ compellendos; tum quia priorum jurisdictio judicum minime fuerat per secundas litteras revocata; tum etiam quia per illam generalem clausulam I. canonicus et quædam personæ majores aliæ Xantonenses vocari ad judicium non debebant, nec non et dictus decanus ad sedem super hoc apostolicam provocarat. Unde ipsorum factum erat merito irritandum, et sæpedictus magister carere debebat utriusque rescripti commodo, in quorum altero de alio mentio non fiebat, postulans ob hæc et alia decanum, magistrum scholarum, et contradictores prædictos ab ipsius magistri super hoc impetitione prorsus absolvi. Ad hæc præfatus magister ex adverso respondit quod cum ad Xantonenses canonicos nostrarum precum et mandati primitias de conferenda eidem præbenda integra reportasset, ipsi canonici medietatem tantum ipsius, in elusionem mandati apostolici potius quam ex devotione quam haberent ad illud, eidem magistro, sicut rei effectus indicat, contulerunt. Et licet idem nullum tunc beneficium obtineret, præfati tamen canonici eumdem sic jurare fecerunt quod nihil ulterius ab ipsis absque communi totius voluntate capituli postularet, quemadmodum nominatus decanus ad mandatum venerabilis fratris nostri Bituricensis archiepiscopi et suorum a nobis delegatorum conjudicum coram dilectis filiis cantore ac priore Sancti Viviani Xantonensis firmavit proprio juramento. Sane quia ipsius præbendæ medietatem reliquam ad interventum prædicti Xantonensis episcopi, post præstationem juramenti jam dicti, eidem magistro prænominati canonici unanimiter contulerunt, cum ipsi temporali spirituale beneficium sit annexum, licite illud memoratus magister se posse petere proponebat, præsertim cum nec etiam postulet, sed petatur potius ab universis fere canonicis antedictis, sicut per viginti trium ipsorum, episcopi, archidiaconorum et cantoris litteras, et relationes prænotatorum judicum evidentissime ostendebat, subjungens quod cum plures vacent in Xantonensi Ecclesia canoniæ, ac nullus sit de tanto numero qui posset in perceptione spiritualium, si receptus fuerit, prægravari, nec alius appareat in hujusmodi contradictor, prænominatus decanus, qui aliquando consenserat in eumdem, prout coram judicibus Pictavensibus confessione propria propalarat, solus in hac parte non debebat audiri, maxime cum ad exceptiones probandas, si quas vellet contra ipsum proponere, fuisset pluries evocatus, nec ex ipsis aliquas, sicut promiserat, probavisset, nec etiam usus fuerit apostolicis litteris quas super hoc impetraverat contra eum. Verum, cum idem magister ad canoniam ipsam vocetur per capitulum sæpefatum, sicut ipsorum litteræ clarius manifestant, nullusque per nos canonicatus fuerit in ecclesia supradicta de novem clericis pro quibus nostras litteras jam recepit nisi magister G. Natalis, qui per episcopum et archidiaconum specialiter obtinuit canoniam, et ad id obtinendum apud sedem apostolicam per annorum quatuordecim spatium undecies accesserit personaliter laborando, nobis humiliter supplicabat ut suis laboribus providere misericorditer dignaremur. Nos igitur intellectis per cardinalem prædictum quæ proposita fuerant coram eo, de consensu partium discretioni vestræ per apostolica scripta præcipiendo mandamus quatenus, si vobis infra tres menses post harum susceptionem legitime constiterit ipsum magistrum simpliciter et absolute jurasse quod nihil amplius peteret in ecclesia Xantonensi, eidem super petitione sua silentium imponatis. Alioquin, cum major et sanior pars capituli suum ipsi præstet assensum, nonobstante contradictione paucorum, eumdem recipi faciatis in canonicum et in fratrem, ipsi stallum in choro et locum in capitulo, sublato cujuslibet contradictionis et appellationis obstaculo, assignantes; et decanum in expensis factis pro negotio isto condemnetis eidem, ipsumque ut eas præfato magistro restituat per censuram ecclesiasticam appellatione postposita compellatis; contradictores, si quos inveneritis, vel rebelles, remoto appellationis obstaculo, censura simili compescendo; nullis litteris obstantibus a sede apostolica præter assensum partium impetratis. Quod si non omnes... duo vestrum ea, etc.

Datum Laterani, XII Kal. Julii, anno quarto decimo.

LXXXIV.

ANDREÆ ILLUSTRI REGI UNGARIÆ.

De discordia inter Ecclesias Strigoniensem et Colocensem.

(Laterani, Idus Julii.)

(235) Receptis et intellectis litteris regiis, hoc tibi, fili charissime, duximus respondendum, quod si forsan inter Strigoniensem et Colocensem Ecclesias super dignitatibus suis aliqua pullulat dissensionis materia, gratum nobis existet ut tu cum prælatis ac suffraganeis et capitulis earumdem ad amicabilem secundum Deum compositionem intendas sine præjudicio utriusque; in qua, si ex privilegiis quæ alterutri sunt Ecclesiæ ab apostolica sede concessa quidquam difficultatis occurrerit, quia de ipsis nobis est solummodo judicium reservatum, illud ad nostrum referatur examen. Nos enim, qui pacem eorum et tranquillitatem tuam et regni tui ferventi desiderio affectamus, ad eam, quantum cum ratione poterimus, impendemus operam efficacem.

Datum Laterani, Idibus Julii, anno quarto decimo.

LXXXV.

ULTRASILVANO EPISCOPO.

Confirmatur electio præpositi Scibiniensis.

(Datum, ut in alia.)

(236) Significatum est nobis quod Scibiniensi præpositura vacante, quæ ad Romanam Ecclesiam nullo pertinet mediante, dilectus filius magister R. cui honesta merita suffragantur, ad eam canonice est electus. Unde supplicatum est nobis ut electionem ipsius auctoritate dignaremur apostolica confirmare. Quocirca fraternitati tuæ per apostolica scripta mandamus quatenus veritate diligentius inquisita, si rem inveneris ita esse, ipsam auctoritate nostra confirmes, eique concedas ut in spiritualibus administret.

Datum, ut in alia.

LXXXVI.

NOBILI VIRO PETRO ANIBALDI SENESCALCO NOSTRO.

Concedit ei dominium et regimen castri Corani.

(Laterani, XI Kal. Augusti.)

Cum dilecti filii consules populusque Corani per litteras suas et nobiles viros Rainaldum consulem et Albericum militem instantissime nos rogassent ut pro ipsorum defensione, qua plurimum indigebant, te illis in dominum et rectorem concedere dignaremur, nos devotionem et fidem quam erga nos et Romanam Ecclesiam habere dignosceris attendentes, eique volentes nihilominus providere, de communi fratrum nostrorum consilio justitias et rationes quas habemus in castro Corano tibi pro illorum regimine duximus concedendas, quandiu Romano pontifici complacebit. Tu igitur ita semper proficere studeas circa obsequium apostolicæ sedis ut apud eam te non solum hoc sed majori beneficio dignum reddas. Nulli ergo... nostræ concessionis, etc., *usque* incursurum.

Datum Laterani, XI Kalend. Augusti, pontificatus nostri anno quarto decimo.

---

(235) Vide infra epist. 156, et lib. XII, epist. 32, 42, 43.

(236) Vide infra epist. 153.

LXXXVII.
HUGONI ABBATI ET CONVENTUI MAJORI MONASTERII TURONENSIS.
Confirmat eis monasterium Fontis Giardi.
(Laterani, 11 Idus Julii.)

Cum causam quæ inter dilectos filios eremitas Fontis Giardi ex parte una et vos et Juellum de Meduana patronum Fontis Giardi Cenomanensis diœcesis super eodem loco ex altera vertebatur dilectis filiis abbati de Chalocheio, G. archidiacono et B. magistro scholarum Andegavensibus olim duxerimus committendam, partibus in ipsorum præsentia constitutis, ipsius Fontis Giardi fratres ejusdem diœcesis coram eis exponere curarunt quod cum ab institutione ipsius domus secundum beati Augustini regulam conversantes vixissent ibidem vita et habitu in ordine regulari, venerabilis frater noster Hamelinus Cenomanensis episcopus vos introduxit pro suæ voluntatis arbitrio in eamdem, quibusdam ex ipsis fratribus per violentiam consentire compulsis, aliis per Simoniacas et illicitas pactiones a vobis inductis ut ordinem susciperent monachalem, nonnullis de ipso collegio reclamantibus et invitis propter quod petebant se ac domum suam in statum pristinum auctoritate apostolica reformari. Ad quæ a parte vestra fuit et converso responsum quod cum olim præmissa domus tam in temporalibus quam in spiritualibus ob vitam et conversationem in eadem habitantium inhonestam fere ad nihilum devenisset, jam dictus episcopus, ejusdem domus consentientibus fratribus, vos ibidem statuit in humilitatis spiritu Domino servituros, domum ipsam assignans vobis cum suis pertinentiis universis. Sed his postmodum coram ipsis judicibus propositis, seriatim de causa mutationis illius, et an fratres Fontis Giardi consensissent spontanei vel inviti, nec non et de aliis circumstantiis, ex parte ipsorum fratrum exstiterunt producti testes in præsentia eorumdem. Quorum tandem attestationibus publicatis, quia eisdem judicibus arduum negotium et ad expediendum per ipsos difficillimum quodam modo videbatur, sicut eorum transmissæ nobis litteræ continebant, causam ipsam cum attestationibus, actis et instrumentis ad nos dicti judices transmiserunt. Cumque demum dilecti filii Gaufridus et Galterus monachi vestri et I. fratrum de Linceio procuratores propter hoc se nostro conspectui præsentassent, dilectum filium L. capellanum nostrum eis concessimus auditorem. Coram quo prædicti procuratores vestri proponere curarunt quod is qui ex parte dictorum eremitarum una cum priore de Linceio se sibi contrarium opponebat, non erat idoneus procurator, cum esset a fratribus de Linceio tantum constitutus in lite quæ a prædictis fratribus Fontis Giardi fuerat contestata, licet illorum nullum posset exhibere mandatum. Nam, quanquam locus ille, Linceius videlicet, Fonti Giardi tanquam capiti sit subjectus, et de ipso commissionis litteræ faciant mentionem, quia tamen actum exstitit super capite atque membris, procurator membri non poterat agere pro capite ubi lis per caput exstiterat contestata; nihilominus hac salva exceptione iidem procuratores adjicientes nihil horum fuisse probatum de his quæ fuerant in litteris commissionis expressa, quia, cum super hoc essent litteræ impetratæ quod præfati fratres Fontis Giardi fuerant, ut dicebant, violenter ejecti, lis exstitit super aliis prorsus coram ipsis judicibus quam super ejectione ac violentia contestata, et testes etiam omnino de aliis deponebant; procurator vero a vobis concessus ad causam coram sæpedictis judicibus peragendam in his videbatur tantummodo institutus quæ in litteris fuerant commissionis expressa, unde, si super aliis lis exstitit contestata, non potuit illorum judicum jurisdictio prorogari. Et propter id firmiter asserebant judices ipsos minus ordinate in eodem negotio ac perperam processisse. Quare vos ab ipsis judicibus ad nostram audientiam postmodum appellatis, licet testes, qui fuerant ab adversa parte producti, tam super motu quam illicita pactione deponere videbantur, essent in suo testimonio singulares. Proinde, cum nihil esset de alterius intentione probatum, et ex litteris bonæ memoriæ Willelmi Cenomanensis episcopi manifeste constaret, confirmationibus quoque felicis recordationis Eugenii et Alexandri prædecessorum nostrorum pontificum Romanorum postmodum subsecutis, sæpefatum locum cum pertinentiis suis de consensu fratrum habitantium in eodem monasterio vestro fuisse collatum, et præmissus Hamelinus Cenomanensis episcopus modernis temporibus, pro eo quod loci ejusdem fratres vitæ ac conversationis exstiterant dissolutæ, duorum confirmationibus metropolitanorum obtentis, eumdem locum de consensu fratrum vestro monasterio concessisset, prædicti procuratores vestri a nobis postulabant instanter ut sæpefatis Fontis Giardi fratribus perpetuum silentium imponere dignaremur. Ad hæc autem pars adversa respondit quod prædictus procurator fratrum de Linceio satis erat idoneus ad agendum, cum rescriptum illud tam nomine ipsorum de Linceio quam Fontis Giardi fratrum fuisset communiter impetratum; præsertim, cum assereretur domus eadem unum corpus, et causa inter eos proponeretur communis; allegans illud firmiter non obstare quod a parte vestra exstitit tunc objectum, procuratorem dictum, a vobis videlicet constitutum, non potuisse litem super aliis contestari quæ non fuerant in litteris commissionis annexa, nec judices etiam partes suas interponere potuisse, cum ad ipsos nequiverit jurisdictio prorogari. Nam, cum lis per principales personas contestata fuisset, sicut in relatione judicum conspicitur contineri, non enim in litis contestatione nec post publicationem testium id exstitisset objectum, nec quod per procuratorem eumdem factum fuerat, a vobis protinus contradictum, hujusmodi objectio debebat frivola reputari. Demum autem ex parte dictorum fratrum Fontis Giardi in modum exceptionis exstitit allegatum quod litteræ præmissi Willelmi Cenomanensis episcopi erant falsæ, pro eo scilicet quod sigillum ejus erat positum ex transverso, petens ad id probandum judices sibi dari. Quam exceptionem, quia frustratoria videbatur, nullatenus duximus admittendam. Nos igitur intellectis his et aliis per prædictum capellanum quæ a partibus proposita fuerant coram eo, et habito cum fratribus nostris diligenti tractatu, vos et monasterium vestrum ab impetitione præmissorum fratrum Fontis Giardi prorsus absolvimus, perpetuum ipsis super hoc silentium imponentes. Donationem vero bonæ memoriæ Guillelmi Cenomanensis episcopi a felicis recordationis Eugenio et Alexandro nostris prædecessoribus confirmatam, nec non et concessionem quam prædictus Hamelinus Cenomanensis episcopus cum assensu fratrum et l. patroni Fontis Giardi fecit, confirmatam postmodum a Gaufrido quondam Turonensi archiepiscopo et Joanne successore ipsius, ratam habentes auctoritate apostolica confirmamus et præsentis scripti patrocinio communimus. Decernimus ergo, etc., diffinitionis, etc. *usque* incursurum.

Datum Laterani, 11 Idus Julii, pontificatus nostri anno quarto decimo.

LXXXVIII.

EPISCOPO ET DECANO ET CANTORI ANDEGAVENSIBUS.

Super eodem.

(Datum, *ut in alia*.)

Cum causam quæ inter dilectos filios eremitas Fontis Giardi ex parte una et abbatem et conventum majoris monasterii Turonensis et Juellum de Meduana patronum Fontis Giardi Cenomanensis diœcesis super eodem loco ex altera verteretur, etc., *in eumdem fere modum ut in alia, usque* confirmamus. Volentes igitur ut quod a nobis est ratione prævia diffinitum debitam obtineat firmitatem, discretioni vestræ per apostolica scripta mandamus quatenus id faciatis auctoritate nostra firmiter observari, contradictores per censuram ecclesiasticam appellatione postposita compescentes. Quod si non omnes... tu, frater episcope, cum eorum altero ea, etc.

Datum, *ut in alia per totum.*

LXXXIX.

HENRICO GNEZNENSI ARCHIEPISCOPO.

De electione episcopi Poznaniensis.

(Datum, *ut in alia*.)

(237) Cum Posnanienses canonici electionem quam de dilecto filio magistro Paulo celebrasse noscuntur auctoritate peterent apostolica confirmari, dilectus filius S. cantor Posnaniensis Ecclesiæ pro se ac procuratorio nomine pro G. ejusdem loci præposito petitioni hujusmodi se opposuit, proponendo electionem ipsam fuisse post appellationem ad nos legitime interpositam celebratam. Cum enim ad nos fuerit appellatum ut nonnisi de Ecclesiæ gremio et in loco tuto electio fieret, supradicti canonici non solum de persona extranea, verum etiam in loco non tuto, electionem celebrarunt eamdem, quia, dum dominus terræ, persecutor et impugnator ecclesiasticæ libertatis, in civitate tunc temporis esset præsens, libera ibidem non poterat electio celebrari. Proposuit insuper idem cantor quod se ac præposito memorato contemptis, in eadem fuerat electione processum, et electores tunc temporis excommunicationis erant vinculo innodati. Cum enim tu, [Philippo] quondam episcopo et... decano Posnaniensibus nec non et suffraganeis plerisque præsentibus, V. cancellarium Posnaniensem in plena synodo vinculo excommunicationis astrinxeris, iidem canonici diutius communicaverunt eidem, quanquam ipsis non licuerit ignorare sententiam in provinciali concilio solemniter promulgatam. Sed ad hæc fuit ex adverso responsum quod contra provocationem prædictam nihil fuerat attentatum, cum et de canonico ipsius Ecclesiæ, et in loco consueto et tuto, videlicet in ecclesia cathedrali, electio celebrata fuisset. Licet enim dux in civitate præsens exstiterit, nullam tamen vim sive impressionem canonicis intulit, sed pro quibusdam tantummodo preces fudit. Unde tanta in electione usi sunt canonici libertate quod omissis his pro quibus dux preces porrexerat, supradictum magistrum libere elegerunt. Duo quoque canonici, qui electioni contradixere præfatæ, libere recesserunt sine quibuslibet injuriis et jacturis. Dictus autem cantor contemptus non fuerat, ut dicebat; cum, sicut ipsemet proposuit coram nobis, tribus hebdomadibus ante electionem de provincia exiens, iter arripuisset ad sedem apostolicam veniendi; maxime cum juxta confessionem suam, etiamsi præsens in provincia tunc fuisset, propter metum principis ad præfatam nullatenus accessisset Ecclesiam, etiam evocatus. Sed nec præpositus dicendus erat fuisse contemptus, quem ad electionem canonici vocaverunt. Sicut enim Lambertus et Matthias Posnanienses canonici apud sedem apostolicam interposito juramento dixerunt, Geras eorum concanonicus per tres dies ante electionem exstitit ad vocandum præpositum destinatus, qui rediens, in capitulo constanter asseruit quod præpositus venire nolebat, eo quod ibat in Calis, ubi capellam et fratrum regimen obtinet, sed consensum et verba sua in ore decani ponebat, et loco præpositi postmodum decanus elegit. Unde, cum decanus vice ipsius elegerit, ipse per illum præsens intelligitur elegisse. Insuper ad canonicorum notitiam non pervenerat hactenus excommunicatio cancellarii supradicti de qua nuper iidem Lambertus et Matthias mentionem apud sedem apostolicam audierunt; cum etiam præfatus episcopus usque ad mortem suam et decanus usque nunc in ipsius cancellarii communione permanserint, qui

---

(237) Vide Dlugossum, lib. VI *Histor. Polon.*, pag. 544.

dicuntur in præfata synodo fuisse præsentes. Sed, etsi dictos canonicos excommunicato communicasse constaret, cum per hoc nonnisi minori essent excommunicatione ligati, non ideo esset eis actus legitimus interdictus. In personam quoque prædicti magistri objectum exstitit quod excommunicatus erat pariter et perjurus, quia præfato duci, non solum in verbo, sed et in crimine communicaverat contra ecclesiasticam libertatem, et quia cum excommunicatis se non communicaturum juraverit, contra proprium veniens juramentum, eidem duci excommunicato communicare præsumpsit. Fuit insuper propositum contra eum quod aute confirmationem obtentam receperat annulum et baculum pastoralem. Pro eo vero fuit responsum ad primum quod præfato duci nequaquam communicaverat, nisi tantum in his quæ ad correctionem spectabant ipsius, ut videlicet ab Ecclesiæ persecutione desistens, ad tua mandata rediret. Sed, etsi communicasset eidem in aliis, ex eo tamen esset non immerito excusandus quod idem dux per omnes ecclesias cathedrales Poloniæ fecerat nuntiari, priusquam in eum excommunicationis sententia promulgata fuisset, se ad sedem apostolicam appellasse. Unde merito potuit opinari quod non fuerit sententia supradicta ligatus, cum et adhuc super hoc controversia ventiletur. Sed nec illud poterat magistro sæpedicto nocere quod ante confirmationem receperat annulum et baculum pastoralem; cum non hoc ex ambitione factum fuerit, sed cautela. Cum enim dux episcopatum consueverit pro sua voluntate conferre, insigniis hujusmodi assignatis, ad hujusmodi consuetudinem imo corruptelam potius abolendam super altare posita fuerunt insignia supradicta, ne ad illa dux manus extendens, electionem ipsam, quæ ibidem tunc primo celebrata regulariter fuerat, impediret: quæ postmodum magister exinde decano porrigente recepit, ne dux illa præcipiens secundum consuetudinem sibi tradere niteretur abusum. Proposuit insuper dictus cantor quod cum electionis decretum nobis minime offerretur, petitioni hujusmodi annuere nullatenus debebamus. Ad quod altera pars respondit ex ejusdem S. confessione constare quod decretum confectum fuerat et oblatum tibi apud Bononiam constituto, a quo ad nostrum examen fuerat idem negotium per appellationem delatum. Supradicti quoque Lambertus et Matthias jurati dixerunt quod viginti unus ex canonicis Posnaniensibus qui præsentes electioni consenserant, subscripserant in decreto; uno tantum excepto, qui recedens proposuit se nolle propter tuam offensam in capitulo remanere. Contra quod pars altera replicavit quod decretum hujusmodi nullius momenti exstitit, cum illo non fuerit sigillo munitum quod capitulum consuevit habere. Sed ad hoc pars adversa respondit quod, etsi sigillo absque litteris uti consueverit capitulum memoratum, quod non canonicorum sigillum sed potius **jumentorum** cauterium videbatur, habito tamen ab ipsis ante electionem de illo innovando tractatu, post electionem exstitit innovatum, et sic electionis decretum novo sigillo postea munierunt.

His igitur et aliis intellectis quæ utrinque fuere proposita coram nobis, licet electio supradicta suspecta nobis quodam modo prima facie videretur ex eo quod tuum ei favorem impendere noluisti, præsertim cum eo amplius in his et aliis disponamus favorem tibi apostolicum exhibere quo promptius, propria quiete postposita, multis laboribus et periculis te exponis ob defensionem ecclesiasticæ libertatis, quia tamen cum Posnaniensi Ecclesia, quæ in electione prædicta nova cœpit libertate gaudere, benigne agere nos oportet, postquam probationibus et allegationibus fuit renuntiatum hinc inde, admonitione multiplici imo districta jussione præmissa, ut idem electus ad libertatem ecclesiasticam conservandam assistere tibi studeat fideliter et devote, de fratrum nostrorum consilio electionem ipsam sententialiter duximus confirmandam: Quocirca fraternitati tuæ per apostolica scripta mandamus quatenus eumdem electum devote tibi obsequi cupientem habens ob nostram reverentiam commendatum, circa eum tempore opportuno quæ ad tuum officium pertinent exsequaris. Nos enim tam Posnaniensi capitulo quam clero et populo civitatis et diœcesis Posnaniensis nostris damus litteris in mandatis ut eidem tanquam electo suo reverentiam et obedientiam exhibentes, ejus intendant salubribus monitis et mandatis.

Datum Laterani, xvi Kal. Augusti, anno quarto decimo.

In eumdem fere modum scriptum est super hoc capitulo Posnaniensi. Cum electionem, quam de dilecto filio magistro Paulo noscimini celebrasse, etc., *usque* novo sigillo postea communistis. His igitur, etc., *in eumdem fere modum, usque* confirmandam Quocirca devotioni vestræ per apostolica scripta mandamus quatenus eidem tanquam electo vestro reverentiam et obedientiam exhibentes, ejus intendatis salubribus monitis et mandatis. Nos enim præfato archiepiscopo litteris nostris injungimus ut eumdem electum devote sibi obsequi cupientem habens ob nostram reverentiam commendatum, circa eum tempore opportuno quæ ad suum officium pertinent exsequatur.

Datum, *ut in alia per totum.*

In eumdem fere modum scriptum est clero et populo civitatis et diœcesis Posnaniensis. Cum Posnanienses canonici electionem, etc., *in eumdem fere modum ut in prima, usque* confirmandam. Quocirca universitati vestræ per apostolica scripta mandamus quatenus eidem tanquam electo vestro, etc., *sicut in secunda usque in finem.*

Datum, etc.

XC.

EPISCOPO SALIMBRIENSI, ET VARISIENSI ELECTO, ET THEODERICO CANONICO CONSTANTINOPOLITANO.

Confirmatur electio episcopi ; Nicomediensis.

(Laterani, vii Kal. Augusti.)

Tam ex litteris dilectorum filiorum capituli Nicomediensis Ecclesiæ quam charissimi in Christo filii nostri illustris Constantinopolitani imperatoris accepimus quod... ejusdem loci electo viam universæ carnis ingresso, iidem capitulum convenientes in unum, dilectum filium S. ejusdem ecclesiæ thesaurarium, sancti Spiritus gratia invocata, elegerunt unanimiter in pastorem; sed, cum electionem ipsam a bonæ memoriæ patriarcha Constantinopolitano petierint confirmari, ipse nihil objiciens quare id fieri non deberet, eamdem confirmare penitus recusavit. Unde cum tam a prædicto imperatore quam aliis exoratus ipsam hujusmodi adjecta conditione voluerit postmodum confirmare ut sibi partem possessionum ejusdem ecclesiæ retineret, ipsi deliberatione præhabita id facere penitus recusantes, dictum S. ad sedem apostolicam destinarunt, electionem ipsam auctoritate postulantes apostolica confirmari. Quocirca discretioni vestræ per apostolica scripta mandamus quatenus si electionem eamdem de persona idonea repereritis canonice celebratam, vos eam auctoritate nostra sublato cujuslibet contradictionis et appellationis obstaculo confirmetis. Quod si non omnes... tu ea, frater episcope, cum eorum altero, etc.

Datum Laterani, vii Kal. Augusti, pontificatus nostri anno quarto decimo.

XCI.

FRATRIBUS MILITIÆ TEMPLI DE AVENTINO.

Confirmatur quædam transactio.

(Laterani, iv Non. Augusti.)

Examinata causa quæ inter vos ex una parte ac dilectos filios abbatem et monachos Criptæ ferratæ ex altera super ecclesia Sanctæ Mariæ de Sorresco cum pertinentiis suis in nostra præsentia vertebatur, testibus et instrumentis utrinque productis, tandem inter vos et eos compositio nobis mediantibus intervenit, ut vos ecclesiam memoratam cum omnibus ad ipsam spectantibus perpetuo habeatis libere ac quiete, quibus abbas et monachi supradicti omni liti et petitioni cedentes remiserunt quodlibet jus, quin etiam concesserunt quod habere videbantur in eis; ita quod vos triginta solidos Proveniensium senatus, census nomine, annuatim eisdem in festo Assumptionis beatæ Mariæ persolvatis in urbe. Nos igitur compositionem ipsam ab utraque parte sponte receptam auctoritate apostolica confirmantes eamdem decernimus inviolabiliter observari. Nulli ergo... nostræ confirmationis et diffinitionis, etc., *usque incursurum*

Datum Laterani, iv Non. Augusti, pontificatus nostri anno quarto decimo.

XCII.

ABBATI ET MONACHIS CRIPTÆ FERRATÆ.

Super eodem.

(Datum, *ut in alia*.)

Examinata causa quæ inter vos ex una parte ac dilectos filios fratres militiæ Templi de Aventino ex altera, etc., *per totum ut in alia*, usque intervenit, ut iidem fratres ecclesiam memoratam cum omnibus ad ipsam exspectantibus perpetuo habeant libere ac quiete, quibus vos omni liti et petitioni cedentes remisistis quodlibet jus, quin etiam concessistis quod habere videbamini in eisdem; ita quod dicti fratres triginta solidos Proveniensium senatus, census nomine, annuatim vobis in festo Assumptionis beatæ Mariæ persolvant in urbe. Nos igitur, etc., *per totum ut in alia usque in finem*.

Datum, *ut in alia per totum*.

XCIII.

PATRIARCHÆ GRADENSI, ET EPISCOPO CASTELLANO.

De electione episcopi Durachiensis.

(Laterani, iv Non. Augusti.)

Ex litteris dilectorum filiorum capituli Durachiensis accepimus quod bonæ memoriæ M. ipsorum archiepiscopo viam universæ carnis ingresso, iidem, ne dicta ecclesia, quæ jamdudum per tempora ex defectu pastoris lapsum gravem senserat et ruinam, patris absentiam diutius deploraret, convenientes in unum, et Spiritus sancti gratia invocata, dilectum filium A. Constantinopolitanum præpositum Venetiis existentem sibi elegerunt concorditer in pastorem, nobis humiliter supplicantes ut quia Constantinopolitana Ecclesia noscitur nunc vacare, a qua fuerat confirmationis gratia expetenda, et ipsam electionem confirmare auctoritate apostolica dignaremur, et electo faceremus munus consecrationis impendi. Quocirca fraternitati vestræ per apostolica scripta mandamus quatenus inquiratis de ipsa electione diligentius veritatem, et si eam inveneritis canonice de persona idonea celebratam, ipsam auctoritate nostra sublato appellationis obstaculo confirmetis, electo consecrationis munus postmodum impendentes.

Datum Laterani, iv Non. Augusti, anno quarto decimo.

XCIV.

ARCHIEPISCOPO HERACLIENSI (258), ET DECANO SANCTORUM QUADRAGINTA CONSTANTINOPOLITANO.

De ablatis Ecclesiæ Sanctæ (259) Sophiæ restituendis.

(Laterani, ii Non. Augusti.)

Dilecti filii capitulum Sanctæ Sophiæ ecclesiæ Constantinopolitanæ nostris auribus intimarunt quod nobilis vir comes Bertoldus (240) ac nobilis mu-

---

(258) *Heracliensi* qui μητροπολίτης, πρόεδρος καὶ ὑπερτημῶν (sic) καὶ ἔξαρχος τῆς πάσης Θρᾴκης καὶ Μακεδονίας dicitur in veteri epistolæ subscriptione apud Crusium in Turcogræcia lib. iv.

(259) *Sanctæ Sophiæ.* De quo proxima epistola.
(240) *Bertoldus*, alter procerum qui in expeditione Constantinopolitana Bonifacium marchionem Montisferrati comitati fuerant.

lier (241) relicta Marchionis Montisferrati (242) et quidam alii Constantinopolitanæ ac Thessalonicensis diœcesum quasdam possessiones ecclesiæ suæ, de quibus ipsis debent necessaria ministrari, in ipsorum detinent præjudicium occupatas. Quocirca discretioni vestræ per apostolica scripta mandamus quatenus detentores prædictos ad restitutionem debitam detentorum, monitione præmissa, per censuram ecclesiasticam appellatione remota cogatis. Testes autem qui fuerint nominati, etc., *usque* testimonium perhibere.

Datum Laterani, ii Non. Augusti anno quarto decimo.

XCV.
EBREDUNENSI ARCHIEPISCOPO, ET UTICENSI APOSTOLICÆ SEDIS LEGATO ET REGENSI EPISCOPIS.
De absolutione Roncelini.
(Laterani, ii. Non. Augusti.)

(243) Cum Roncelinus, qui habitu monachali rejecto Massiliensis civitatis dominium sibi temere usurparat, propter apostasiam, perjurium, et incestum, nec non rapinas, et quædam alia dudum a nobis et postmodum a te, frater Regensis, et bonæ memoriæ magistro Milone notario nostro tunc apostolicæ sedis legatis excommunicatus exstiterit, tam civitate Massiliensi quam universa terra ipsius ecclesiastico supposita interdicto, sano consilio tandem ductus, ... nobili muliere dimissa, rejectum habitum reassumpserit humiliter et devote, ac a te, frater Uticensis, excommunicationis et interdicti sententias petierit relaxari, tu sufficienti ab ipso cautione recepta, in civitate Massiliensi relaxasti sententiam interdicti, eidem R. firmiter injungendo ut per se ipsum vel per fidelem nuntium, si forsan infirmitate vel alia justa causa personaliter ad nos accedere non valeret, nostro se curaret conspectui præsentare, apostolicæ benignitatis misericordiam petiturus. Qui humiliter tuis mandatis obtemperans, laborem subiit ad sedem apostolicam veniendi; sed tam propter viarum pericula quam propter invaliditudinem corporis præpeditus procedere non potuit ultra Pisas. Propter quod exinde dilectos filios P. de Montelauro Aquensem archidiaconum et cellarium monasterii Sancti Victoris et V. canonicum Massiliensem procuratores suos ad nostram præsentiam destinavit; per quos fuit nobis humiliter supplicatum ut et absolutionis beneficium dicto R. faceremus impendi, et patrimonii sui curam habere permitteremus eumdem, tam tuis, frater Uticensis, et metropolitani ac abbatis sui quam venerabilis fratris nostri episcopi, capituli, ac militum, et universi populi Massiliensis, necnon et aliorum quamplurium prælatorum nobis super hoc litteris præsentatis, qui nos ad id triplici præcipue ratione inducere satagebant. Cum enim nullus præter ipsum in domo sua masculus sit superstes, si terræ suæ hominibus, qui eamdem sincerissime diligunt, non præesset, ecclesiis, piis locis, et aliis gravia possent dispendia provenire. Cum etiam multas violentias commiserit et rapinas, et magna subierit hactenus onera debitorum, si prohiberetur eidem provisio terræ suæ, vix quisquam inveniretur qui satisfaceret de prædictis, et multi multipliciter, non absque gravi scandalo, suis justitiis fraudarentur. Quoniam igitur sacrosancta Romana Ecclesia nulli humiliter redeunti gremium suum claudit, nos illius exemplo qui non vult mortem peccatoris, sed potius ut convertatur et vivat, cum majus gaudium sit angelis Dei super uno peccatore pœnitentiam agente quam super nonaginta novem justis qui se credunt pœnitentia non egere, de jam dicti R. pœnitentia exsultantes, qui diu fuerat in vanitatibus sæculi evagatus, venerabili fratri nostro Pisano archiepiscopo dedimus in mandatis ut ipsi juxta formam ecclesiæ beneficium absolutionis impendat, et injungat eidem ut mandatis vestris humiliter pareat quæ super prædictis ipsi duxeritis facienda. Porro super patrimonii sui cura ita duximus ex benignitate apostolica providendum, ut idem R. cum comparticipibus suis prius dividat totam terram infra civitatem et extra, et de portione quæ ipsum de jure continget, cum abbatis sui conniventia et assensu eidem cœnobio alia congrua portio designetur, de residuo vero cum vestro et ejusdem abbatis consilio pro prædictorum omnium satisfactione disponat prout melius videbitur expedire. Portionis vero monasterio designandæ provisio, propter necessitatem urgentem et evidentem utilitatem, eidem R. a suo committatur abbate; ita quod ipse ob gratiam sibi factam novæ conversationis studio se reddere studeat omnibus gratiosum, tam in habitu quam in aliis nihil prorsus attentans contra monasticam honestatem. Quocirca fraternitati vestræ per apostolica scripta mandamus quatenus juxta formam præscriptam in ipso negotio sublato appellationis obstaculo procedatis, contradictores censura ecclesiastica compescendo.

Datum Laterani, ii Non. Augusti, pontificatus nostri anno quarto decimo.

XCVI.
PISANO ARCHIEPISCOPO.
Super eodem.
(Datum, *ut in alia.*)

Cum Roncelinus etc., *ut in alia*, *usque* a nobis et postmodum a venerabili fratre nostro Regensi episcopo et bonæ memoriæ magistro Milone notario nostro, etc., *usque* humiliter et devote, ac a venerabili fratre nostro Uticensi episcopo apostolicæ sedis legato excommunicationis et interdicti sententias petierit relaxari, memoratus legatus sufficienti ab ipso cautione recepta in civitate Massiliensi relaxavit sententiam interdicti, eidem R. firmiter injungendo,

Vide eamdem epistol.

(243) Vide lib. xii, epist. 106, 107.

---

(241) *Nobilis mulier.* Maria Pannonia, de qua superiori libro epist. 2.
(242) Montisferrati Bonifacii III, marchionis 8.

etc., *usque* petiturus. Qui humiliter legati mandatis obtemperans, etc., *per totum ut in alia, usque* permitteremus eumdem tam supradicti legati et metropolitani ac abbatis sui, etc., *per totum ut in alia, usque* in vanitatibus sæculi evagatus, fraternitati tuæ per apostolica scripta mandamus quatenus ipsi juxta formam ecclesiæ beneficium absolutionis impendas, et injungas eidem ut mandatis venerabilis fratris nostri Ebredunensis archiepiscopi ac dictorum Uticensis et Recensis episcoporum, quibus super hoc dirigimus scripta nostra, humiliter pareat quæ super prædictis ei duxerint facienda.

Datum, *ut in alia per totum.*

XCVII.

CAPITULO SANCTÆ SOPHIÆ (244), AC UNIVERSIS PRÆLATIS CONVENTUALIUM ECCLESIARUM CONSTANTINOPOLITANARUM.

De electione patriarchæ Constantinopolitani.

(Laterani, Non. Augusti.)

Per litteras vestras, filii Prælati, nostro nuper apostolatui reserastis quod bonæ memoriæ Thoma (245) patriarcha Constantinopolitano apud Thessalonicam extrema ægritudine laborante, vos, ne circa patriarchæ substituendi electionem vobis præjudicium fieret metuentes, in ecclesia Sanctæ Sophiæ, decano et canonicis ejusdem præsentibus, nostræ constitutionis authenticum, quod super forma electionis in Constantinopolitana ecclesia celebrandæ a nobis dudum obtentum fuerat, perlegistis; sed cum propter quorumdam canonicorum absentiam certum recipere nequiveritis tunc responsum, auctoritate studuistis apostolica prohibere ne super electione in vestrum præjudicium sive contra mandati nostri tenorem aliquid fieret, ad sedem apostolicam appellantes; cumque die tertia pro recipiendo responso, prout condictum fuerat, venissetis, multitudinem Venetorum in eadem ecclesia invenistis tam in stallis quam circa altare irreverenter armatam, et eis qui electioni se Venetorum opponerent, membrorum truncationem ac mortem non absque multis clamoribus intentantem. Vobis autem exspectantibus deforis, quædam Venetorum canonicorum pars prosiliens subito de conclavi, ubi fuerant obserati, nonnullis ex canonicis aliis recedentibus a consilio eorumdem, decanum ejusdem ecclesiæ nominavit. Quod vos extrinsecus positi sentientes, electioni hujusmodi studuistis contradicere juxta posse, in crastino appellationem prius ad nos interpositam coram Constantinopolitani cleri multitudine innovando. Postmodum vero tres personas, videlicet venerabilem fratrem nostrum Cremonensem episcopum et dilectos filios Petrum tituli Sancti Marcelli presbyterum cardinalem (246) et magistrum Robertum de Corzon canonicum Parisiensem, unanimiter nominantes, easdem a sede apostolica postulastis ut earum aliqua juxta nostræ voluntatis arbitrium præficeretur ecclesiæ memoratæ. Cum autem nuper utriusque partis procuratoribus propter hoc ad sedem apostolicam constitutis super electione ac postulationibus memoratis inquisissemus plenius veritatem, licet ex parte vestra, filii capitulum, propositum fuerit quod prius quam statutum apostolicum vobis ostensum aut aliqua prohibitio facta fuerit, tractatus habitus fuerat super prædicti electione decani, quæ nondum exstiterat publicata, quia nobis constitit evidenter electionem ipsam a vobis, filii capitulum, post statutum apostolicum vobis ostensum et appellationem ad nos legitime interpositam, quibusdam exclusis atque contemptis qui volebant et debebant pariter interesse, minus canonice celebratam, ut de cæteris quæ tam contra electionis processum quam contra personam electi fuere proposita taceatur, et ad postulationes præfatas a vobis, filii prælati, inconsulte processum, tam illam quam istas de fratrum nostrorum consilio duximus reprobandas, devotioni vestræ per apostolica scripta districte præcipiendo mandantes quatenus omni vitio simultatis exploso, tam loco quam voto convenientes in unum, et sancti Spiritus gratia invocata, talem vobis personam eligatis canonice in pastorem quæ scientia, vita et fama præpollens, tanto congruat oneri et honori, ut vestris parcatis laboribus et expensis, et apostolicum vobis favorem ex hoc valeatis plenius comparare, pro certo scientes quia si vel persona non esset idonea vel forma canonica, nos defectum vestrum auctoritate apostolica suppleremus.

Datum Laterani, Non. Augusti, anno quarto decimo

XCVIII.

EPISCOPO ZARATONIENSI ET DECANO THEBANO, ET CANTORI DAVALIENSI.

Delegat inquisitionem contra episcopum Neopatrensem.

(Apud Cryptam ferratam, xii Kal. Septembris.)

Dilecti filii decanus et capitulum Neopatrensis Ecclesiæ nobis denuntiando monstrarunt quod venerabilis frater noster... eorum archiepiscopus, antequam ad dignitatis apicem ascendisset, licet esset in sacerdotali officio constitutus, comam tamen nutriens, contra Latinos in Græcorum auxilium cum Arguro quondam Corinthi Domino tanquam laicus pariter arma sumpsit, et circa eumdem in militis officio per annum et amplius serviens, nonnullos Latinos dicitur occidisse. Verum cum postmodum per electionem quorumdam canonicorum, qui ejusdem flagitia penitus ignorabant, adeptus fuit regimen Ecclesiæ memoratæ, abjecta pene penitus modestia pastorali, neglexit prorsus consulere famæ suæ; sed ipsam potius evacuans vivendo perverse,

---

(244) *Sophiæ.* Quæ a Crutio lib. i, Turcogr. ἐπιγαῖος οὐρανὸς, καὶ ἡ νέα Σιὼν, καὶ τὸ ἄγαλμα τῶν ἐκκλησιῶν appellatur.

(245) *Thomæ.* Mauroceno Veneto, de quo superiori lib. epistol. prima.

(246) Petrum tit. Sancti Marcelli cardinalem quondam apostolicæ sedis legatum in Constantinopolitani patriarchæ curia, ad quem rescribit Innocentius in c. *Ad decorem,* De institut. Vide superiori libro epistolam primam.

contemnit tanquam hæreticus celebrare ac audire divina, nec, ut tenetur, per se ipsum horas canonicas Deo reddit, nec coram eo ipsas facit per ministros Ecclesiæ decantari, bona ipsius ecclesiæ dilapidans enormiter pro suæ voluntatis arbitrio et devastans. Præter hæc autem, cum in præsentia bonæ memoriæ Thomæ Constantinopolitani patriarchæ præstitisset astantibus pluribus corporaliter juramentum quod tam possessionum quam proventuum ipsius ecclesiæ portionem, per eumdem patriarcham sententialiter adjudicatam eisdem, ipsos permitteret pacifice possidere, nec super ea eosdem aliquatenus molestaret, ipse suis perversitatibus volens iniquitatum cumulum aggregare, dicto patriarcha carnis debitum exsolvente, præfatos canonicos eadem portione auctoritate propria spoliavit, contra juramentum proprium temere veniendo. Insuper etiam idem archiepiscopus quemdam monachum in habitu monachali et quemdam alium sacerdotem, quem ad presbyteratus officium fecerat promoveri, et tres alios laicos homines ecclesiæ supradictæ per quosdam servientes suos suspendio jussit tradi, funem qua iidem exstiterunt suspensi eisdem servientibus manu propria tribuendo, et ipsos compellendo ad hoc flagitium in salutis suæ dispendium et scandalum plurimorum. Unde nobis dicti canonici humiliter supplicarunt ut ad excessus hujusmodi corrigendos manus nostras apponere dignaremur. Nolentes igitur hæc, si vera sunt, conniventibus oculis pertransire, qui nedum arbores exstirpare inutiles, verum etiam plantare fructiferas in dominico agro tenemur, discretioni vestræ per apostolica scripta mandamus quatenus inquiratis super præmissis diligentissime veritatem, et quæ inveneritis fideliter redigentes in scriptis, ea nobis sub sigillis vestris transmittatis inclusa; ut per vestram relationem instructi, securius in his procedere valeamus. Quod si non omnes . . . tu, frater episcope, cum eorum altero, etc.

Datum apud Cryptam ferratam, xii Kal. Septembris, pontificatus nostri anno quarto decimo.

XCIX.
ABBATI ET CONVENTUI DE FLORE.
Confirmatur eis Ecclesia Calabromariæ.

(Ap. Cryptam ferratam, xi Kal. Septembris.)

Inter vos et monachos Curacenses super Ecclesia Calabromariæ, quam ipsi cum suis pertinentiis ad suum monasterium de jure spectare dicebant et a vobis minus licite detineri, diu est quæstio agitata, sed tandem venerabilibus fratribus Squillacensi et Marturano episcopis et dilecto filio abbati Sambucinæ de consensu partium a nobis sub hac forma commissa, ut partibus convocatis audirent hinc inde proposita, et usque ad calculum diffinitivæ sententiæ appellatione postposita procedentes, si de partium voluntate existeret, causam ipsam fine debito terminarent, alioquin eamdem sufficienter instructam sub sigillis suis nobis transmittere procurarent, præfigentes partibus terminum com- petentem quo se nostro conspectui præsentarent sententiam recepturæ. Partibus igitur in ipsorum præsentia constitutis, proposuerunt Curacenses monachi coram ipsis quod cum ipsi pro notitia mutua et charitate fraterna quam cum abbate ac monachis Calabromariæ habuerant, eisdem abbati et monachis penuria laborantibus opportuna frequenter subsidia ministrassent, demum eodem abbate defuncto, œconomus ejusdem et monachi, tum quia eorum monasterium collapsum erat in rebus temporalibus, tum quia ob paucitatem eorum illud per ipsos regi non poterat opportune, dictum monasterium, quantum eisdem licuit, obtulerunt cellario Curacensi, recipientes ab ipsis postmodum per eorum œconomum tam indumenta, calceamenta, corrigias, quam etiam alia necessaria, præter victum, qui suppetebat eisdem monachis competenter. Sed quia id sibi absque regis consensu, quem asserebant patronum ipsius ecclesiæ principalem, ad vindicandum prorsus ipsam ecclesiam sufficere non credebant, charissimi in Christo filii nostri Frederici Siciliæ regis illustris privilegium per manus venerabilis fratris nostri Gualteri de Palearia regni Siciliæ cancellarii super eadem ecclesia impetrarunt, confirmationem capituli Sanctæ Severinæ, in cujus diœcesi dictum monasterium est constructum, super eodem per litteras post obtenta. Insuper etiam adjecerunt ipsi monachi Curacenses quod metropolitanus eorum, videlicet archiepiscopus Sanctæ Severinæ, secundo die post consecrationem suam factum præfati capituli et dictam eisdem ecclesiam confirmavit, ipsis exinde privilegio assignato. Et cum hæc omnia per testes ab eis sint sufficienter probata, super proprietate ecclesiæ memoratæ proponebant suam his plenius intentionem esse fundatam. Præter hæc autem Curacenses ipsi adversus vos etiam intentarunt quod cum vobis in his omnibus suum consilium propalarint, et vos super narratis fraternum eisdem auxilium et consilium promiseritis impensuros, vestræ postmodum promissionis obliti, ad nobilem virum Petrum Guiscardi, qui erat illius terræ dominus, accedentes, monasterium illud ab eo concedi vobis cum instantia postulastis. Sed cum idem id vobis primitus denegasset, interventu conjugis suæ tandem benivole annuit votis vestris. Eo itaque sic obtento, jamdictæ Sanctæ Severinæ canonicos pro ipsa vobis ecclesia conferenda precibus propulsastis. Super quo licet emissæ preces, pro eo quod electus eorum erat apud sedem apostolicam constitutus, a principio frustrarentur, comminationibus tamen ejusdem nobilis de propriis eis auferendis uxoribus, cum sint Græci, sibi acriter intentatis, ipsam vobis ecclesiam iidem postremum confirmaverunt inviti. Post hæc vero prænominato electo a sede apostolica redeunti extra sedem propriam occurristis, prædictam ab eo ecclesiam petituri. Sed cum repulsam pateretur vestra petitio in hac parte, pro eo quod idem electus nondum sedem propriam visitarat, per impressionem tandem et violentiam nobilis memorati prædictam vobis ecclesiam compulsus est confirmare. Ad hæc autem vos in nostra præsentia respondistis econtra quod licet ecclesia ipsa per œconomum et monachos supradictos concessa fuisset monasterio Curacensi, prout ipsius monachi astruebant, concessionem talem his rationibus dicebatis penitus non tenere; tum quia per illos eadem facta fuerat qui personæ non exstiterant principales, ecclesia tunc vacante; tum etiam quoniam longe ante per Kirolum quondam dicti loci Calabromariæ abbatem, de consensu et voluntate suorum fratrum, tempore bonæ memoriæ Joachim (247) primi abbatis vestri, dicta ecclesia vobis concessa fuerat, et post ipsius Kiroli obitum per ejusdem monachos ipsius concessio exstiterat pluries innovata, processu temporis, primo quidem capituli, et secundo electi confirmationibus accedentibus, non per impressionem vel violentiam nobilis antedicti, sed potius mera eorum et libera voluntate, assignando nihilominus rationes quod privilegium antedictum Curacensibus non suffragaretur in aliquo, quia prædicta concessio, quæ facta fuerat minus juste, per illud non intelligitur rationabiliter confirmata; maxime cum notam expressæ contineat falsitatis, cum legatur in ipso quod Panormi per manus jam dicti cancellarii eo tempore datum fuerit quo idem utique non Panormi sed alibi longe a Panormo manebat, et rex, cujus auctoritate fieri videbatur, tunc temporis non custodiretur ab ipso, sed a Guillelmo Capparone temere teneretur, qui etiam verum sigillum detinebat ipsius (248). Ad excusandum nempe privilegium supradictum præmissis pars monachorum Curacensium replicando respondit quod, cum dictus cancellarius a claræ memoriæ Constantia imperatrice ordinarius totius regni et regis administrator exstiterit constitutus, id potuit facere ipsius regis auctoritate licenter, utpote qui vices gerebat regias in hac parte. Insuper etiam Curacenses monachi addiderunt quod, etsi dictum privilegium per manus cancellarii ob præmissa obtinere non posset robur debitæ firmitatis, censeri debebat validum pro eo quod dictus rex illud ex certa scientia postmodum confirmavit, cum ratihabitio retrotrahatur et mandato comparetur juxta legitimas sanctiones; nihilominus proponentes quod, et si neutrum privilegiorum deberet legitimum judicari, ultimum debebat eis sufficere, quod idem rex, postquam uxorem reduxit, super eadem ecclesia concessit monasterio Curacensi. Cæterum pars vestra ex adverso respondit quod, si confirmationem aliquam obtinuerint de privilegio supradicto monachi Curacenses, ipsa nullius erat roboris vel vigoris; quia, cum ipsum privilegium a principio irritum exstitisset, rata esse non poterat obtenta taliter confirmatio; super eo assignantes talem de privilegio ultimo rationem quod de ipso non emolumentum sed pœnam deberent ipsi monachi potius reportare, quia, cum jam quæstio ipsius ecclesiæ ad nostrum fuerit examen deducta, petierunt sibi rem litigiosam per potestatem sæcularem concedi seu etiam confirmari. Contra confirmationem autem seu concessionem archiepiscopi allegastis quod rem a vobis possessam, et ab eodem etiam confirmatam, ipse illis concedere vel confirmare non debuit; maxime postquam in litem deducta exstitit, et ad censuram examinis nostri perlata. Unde concessio vel confirmatio hujusmodi nullius debebat censeri valoris. Propter quæ super ecclesia supradicta silentium imponi Curacensibus monachis et ab ipsorum impetitione absolvi penitus petebatis. Cum vero dicti judices super causæ meritis adinvicem discordarent, et partes causam ipsam nostro potius quam eorum optarent judicio terminari, tam ipsam causam quam partes cum rationibus quæ pertinebant ad eam juxta mandati nostri tenorem ad nostram præsentiam remiserunt. Demum itaque dilectis filiis Nicolao Curacensi et Hugone priore Sancti Georgii et Joseph vestris monachis nostro conspectui præsentatis, et quæ acta fuerant coram judicibus supradictis et rationes alias nobis exponere procurantibus, nos illis diligenter auditis et perspicaciter intellectis, vos ab impetitione Curacensium super eadem Ecclesia per diffinitivam sententiam prorsus absolvimus, eisdem super ipsa perpetuum silentium imponentes; præsertim cum illis regulam et institutionem Cisterciensis ordinis ab ipsa monasterii fundatione professis, absque superioris dispensatione non exstiterit ad obtinendum sic ecclesiam laborare. Nulli ergo... diffinitionis infringere, etc., *usque incursurum*.

Datum apud Cryptam ferratam, 11 Kal. Septembris, pontificatus nostri anno decimo quarto.

C.

ARCHIEPISCOPO ET DECANO ET CANTORI CUSENTINIS.
Super eodem.
(Datum ut in alia.)

Inter dilectos filios abbatem et conventum de Flore ac monachos Curacenses super Ecclesia Calabromariæ, quam ipsi cum suis pertinentiis, etc., *in eumdem fere modum ut in alia usque laborare*. Quocirca discretioni vestræ per apostolica scripta mandamus quatenus quod a nobis est sententialiter diffinitum, vos per censuram ecclesiasticam sublato cujuslibet contradictionis et appellationis obstaculo faciatis inviolabiliter observari. Quod si non omnes... tu ea, frater, archiepiscope, cum eorum altero, etc.

Datum, *ut in alia per totum.*

---

(247) Is est Joachim abbas cujus vaticinationes celebres sunt.

(248) Vide Gesta Innoc. III, cap. 23, 36.

CI.
NOBILI VIRO C. JUDICI TURRITANO.
Adversus Ottonem imper. Siciliæ inhiantem.
(Datum ap. Cryptam ferratam, III Non. septembris.)

Cum Pisani contra prohibitionem et excommunicationem nostram Ottoni dicto imperatori ad impugnandum regnum Siciliæ, quod ecclesiæ patrimonium esse dignoscitur, navalem exercitum destinarint, et sit tibi et aliis Sardiniæ principibus sollicite præcavendum ne si forsan contra vos vel aliquem vestrum, paci quorum invident et quieti, vellent aliquid machinari, vos inveniant imparatos, nobilitatem tuam monemus et exhortamur attentius, per apostolica scripta præcipiendo mandantes quatenus si dicti Pisani Sardiniam ingredi attentarint, tu ipsis una cum aliis magnatibus Sardiniæ totis viribus resistere non omittas. De terra vero Galuari quam tenes, nullum cum Pisanis vel aliis sine nostro speciali mandato contractum inire præsumas.

Datum apud Cryptam ferratam, III Non. Septembris, pontificatus nostri anno decimo quarto.

In eumdem fere modum scriptum est nobili viro Hugoni de Basso usque non omittas.
Datum, *ut in alia ver totum.*

CII.
TURRITANO ET ARBORENSI ARCHIEPISCOPIS.
Quod consilium tribuant judici Calaritano.
(Datum, *ut in alia.*)

Fraternitati vestræ præsentium auctoritate mandamus quatenus auditis his quæ dilectus filius nobilis vir W. judex Calaritanus super negotio Arborensi vobis duxerit proponenda, et pensatis prudenter circumstantiis rerum et personarum, temporum et locorum, salutare sibi consilium auctoritate apostolica tribuatis.

Datum, *ut in alia.*

CIII.
TURRITANO ARCHIEPISCOPO.
De matrimonio ejusdem judicis.
(Datum, *ut in alia.*)

Dilectus filius nobilis sir W. Calaritanus judex petitorio nobis oblato suggessit quod inter ipsum et nobilem mulierem G. filiam comitis Guidonis, quam duxerat in uxorem, illa consistit linea parentelæ quæ inter eos legitimum existere conjugium non permittit. Unde nobis humiliter supplicavit ut super hoc apostolico dignaremur ei suffragio providere. Quocirca fraternitati tuæ per apostolica scripta mandamus quatenus assumptis venerabili fratre nostro Arborensi archiepiscopo et alio viro prudente quem dicta mulier duxerit eligendum, audias causam cum illis vel eorum altero, si ambo nequiverint vel noluerint interesse, et eam appellatione remota canonico fine decidas, faciens quod decreveris per censuram ecclesiasticam firmiter observari. Quod si præfata nobilis infra terminum quem duxeris præfigendum tibi neglexerit conjudicem assignare, tu nihilominus secundum formam præscriptam in causa procedas; præsertim si carnalis commistio, sicut accepimus, inter eos non fuerit subsecuta.

Datum, *ut in alia.*

CIV.
HIEROSOLYMITANO PATRIARCHÆ APOSTOLICÆ SEDIS LEGATO.
De causa Comestabuli regni Cypri.
(Laterani, VIII Kal. Octobris.)

Gravi nobis dilectus filius nobilis vir G. Montis-Bellardi regni Hierosolymitani comestabulus conquestione monstravit quod cum ipse charissimum in Christo filium nostrum Hugonem Cypri regem illustrem et regnum ejus sicut bajulus fideliter custodierit, idem rex, postquam ad legitimam pervenit ætatem, ipsi pro bonis mala retribuens, eumdem et suos, licet in ipsum defectum aliquem non invenerit, sine judicio curiæ a regno ejus ejecit, et sibi abstulit terram suam. Licet autem dictus nobilis viribus, sicut asserit, jus suum recuperare potens existat, ob reverentiam tamen apostolicæ sedis et terræ sanctæ necessitatem, cui ex hoc posset periculum imminere, viribus adhuc uti noluit contra eum, sed potius ratione. Quocirca fraternitati tuæ per apostolica scripta mandamus quatenus dictum regem efficaciter moneas et prudenter inducas ut pro reverentia apostolicæ sedis et nostra necnon terræ sanctæ subsidio, in quo idem nobilis strenue proponitur laborare, ipsum in gratiam suam recipiens, sine difficultate sibi restituat jura sua; injungendo nihilominus nobili memorato ut eidem regi servitium exhibeat et honorem. Licet autem non intelligamus ad præsens super hoc aliud expressius injungendum, tibi tamen, de quo plene confidimus, vices nostras duximus committendas ut prævia ratione procedas sicut providentia dictaverit procedendum.

Datum Laterani, VIII Kal. Octobris.

CV.
PATRIARCHÆ ANTIOCHENO.
De revocanda uxore O. de De Impera.
(Laterani, VIII Kal. Octobris.)

Querelam dilecti filii nobilis viri O. de Dempera (249) recepimus continentem quod, licet ipse nobilem mulierem E. sororem charissimi in Christo filii nostri Hugonis Cypri regis illustris legitime duxerit in uxorem, et inter eos matrimonium consummatum exstiterit commistione carnali, nobilis tamen vir R. nepos illustris regis Armeniæ sibi eamdem illicite copulans, in animæ suæ periculo ipsam detinere præsumit. Quocirca fraternitati tuæ per apostolica scripta mandamus quatenus partibus convocatis audias causam, et si de partium fuerit voluntate, ipsam canonico fine decidas; alioquin inquisita super his plenius veritate, nobis eam fi-

---
(249) In Cod. Colb. *de Imper.*

deliter nuntiare procures, ut de vultu nostro judicium prodeat æquitatis.

Datum Laterani, viii Kalend. Octobris.

CVI.

PRIORI ET FRATRIBUS SANCTI BARTHOLOMÆI DE TRISULTO CARTHUSIENSIS ORDINIS TAM PRÆSENTIBUS QUAM FUTURIS EREMITICAM VITAM PROFESSIS IN PERPETUUM.

De confirmatione privilegiorum.

(Laterani, II Kal. Octobris.)

Vinea culturæ cœlestis, in qua manu divina Carthusiensis est ordo plantatus, ita jam palmites suos longe lateque diffudit flores producentes et fructus uberes ac suaves ut eorum delectati fragrantia decreverimus juxta nos ipsius desiderabile germen habere, non solum ut ejus intercessionibus apud Dominum efficacius adjuvemur, verum etiam ut ipse ordo ex apostolicæ sedis vicinitate familiarius sibi jungatur in visceribus charitatis. Unde nos ecclesiam Sancti Bartholomæi de Trisulto jamdudum ordini vestro concessimus, facientes ibidem construi monasterium secundum ipsius ordinis instituta. Vestris igitur justis precibus annuentes, præfatum Sancti Bartholomæi monasterium, in quo divino estis obsequio mancipati, sub beati Petri et nostra protectione suscipimus et præsentis scripti privilegio communimus. In primis siquidem statuentes ut eremiticus ordo, qui secundum Deum et institutionem Carthusiensium fratrum in eodem loco per nos institutus esse dignoscitur, perpetuis ibidem temporibus inviolabiliter observetur. Præterea quascunque possessiones, quæcunque bona idem monasterium inpræsentiarum rationabiliter obtinet, aut in futurum, etc., *usque* consistant. Terminos autem qui domui vestræ provide sunt statuti, auctoritate apostolica confirmamus. Qui profecto sunt hi, videlicet Rivus veniens de Guarcino usque dum jungitur flumini Colopardi apud Sanctum Calixtum de Antonna, inde tenditur circumeundo per Sanctum Gregorium de Obscurano, per Lavacellum, per Sanctum Ægidium de colle, per collem de Arella, inde descenditur ad rivum Vallis ex parte Casemarii, ad ecclesiam Sanctæ Mariæ de Macena. Ibi ex altera parte vallis incipiunt quædam montana usque contra Petrammalam pervenientia per hæc loca, videlicet Sanctum Joannem de Pratellis, Sanctum Angelum de Mortaria, vallem Fraxinorum. A Petramala itur circumeundo per montana usque dum venitur ad Campum vanum supra Guarcium; et inde descenditur per vallem citra Guarcinum usque ad rivum ejusdem castri in principio nominatum. Ad instar quoque felicis memoriæ Cœlestini papæ prædecessoris nostri, qui capitula subsequentia ordini vestro concessit, sicut in ejus privilegio nos ipsi perspeximus contineri, auctoritate apostolica interdicimus et sub interminatione anathematis prohibemus ne quis infra prædictos terminos domus vestræ hominem capere, furtum seu rapinam committere, aut ignem apponere, vel homicidium perpetrare audeat, aut homines venientes ad domum vestram vel redeuntes, ab ea quomodolibet perturbare, ut ob reverentiam Dei et domus vestræ infra præfatos terminos non solum vos et fratres vestri, sed etiam alii plena pace gaudeant et quiete. Liceat quoque vobis clericos vel laicos liberos et absolutos e sæculo fugientes ad conversionem vestram recipere, et eos absque ullius condradictione in vestro collegio retinere. Prohibemus insuper ut nulli fratrum vestrorum post factam in eodem loco professionem absque licentia sui prioris fas sit de claustro vestro discedere. Discedentem vero absque litterarum communium cautione nullus audeat retinere. Sane laborum vestrorum quos propriis manibus vel sumptibus colitis, sive de vestrorum animalium nutrimentis, nullus a vobis, etc., *usque* præsumat. Adjicientes quoque statuimus ut infra dimidiam leugam a terminis possessionum vestrarum nulli religioso liceat quodlibet ædificium de novo construere vel possessiones acquirere sine vestro consensu vel Romani pontificis licentia speciali. Consecrationes vero altarium seu basilicarum, ordinationes clericorum vestrorum qui ad sacros ordines fuerint promovendi, a diœcesano suscipiatis episcopo communionem et gratiam apostolicæ sedis habente, si ea vobis gratis et absque pravitate aliqua voluerit exhibere. Alioquin liceat vobis quemcunque malueritis catholicum adire antistitem, qui nimium nostra fultus auctoritate vobis quod fuerit postulatum impendat. Insuper auctoritate apostolica inhibemus ne diœcesanus episcopus vel alia quæcunque persona vos ad synodos vel conventus ire forenses, seu judicio sæculari de vestra propria substantia vel possessionibus vestris subjacere compellat, nec ad domum vestram non vocatus ratione ordinis celebrandi, causas tractandi, vel aliquos publicos convocandi conventus venire præsumat, nec regularem electionem vestri prioris impediat, aut de instituendo vel removendo eo qui pro tempore fuerit contra statuta Carthusiensis ordinis se aliquatenus intromittat. Porro si diœcesanus episcopus vel alii ecclesiarum rectores in monasterium vestrum, etc., *usque* decernimus irritandam; nec litteræ illæ habeant firmitatem quas tacito nomine Carthusiensis ordinis contra tenorem apostolicorum privilegiorum constiterit impetrari. Statuimus etiam ut propter interdictum terræ commune monasterium vestrum, excommunicatis et interdictis exclusis, a divinis non cogatur officiis abstinere. Obeunte vero te nunc ejusdem loci priore, etc., *usque* profutura. Salva sedis apostolicæ auctoritate. Si qua igitur in futurum, etc. Cunctis autem eidem loco, etc. *usque in finem.*

Datum Laterani per manum Joannis Sanctæ Mariæ in Cosmidin diaconi cardinalis S. R. E. cancellarii II Kal. Octobris, indictione XIV, Incarnationis Dominicæ anno 1211, pontificatus vero domini Innocentii papæ III anno quarto decimo.

CVII.

PRIORI ET FRATRIBUS CARTHUSIENSIBUS

De presbytero qui causavit aborsum.

(Laterani, iv Non. Octobris.)

(250) Sicut ex vestrarum tenore perpendimus litterarum, cum quidam presbyter vestri ordinis, qui prius fuerat niger monachus, quamdam mulierem prægnantem, cum qua contraxerat consuetudinem inhonestam, et quæ asserebat se concepisse ab eo, per zonam arripuerit quasi ludens, ipsa postmodum mulier sic ex eo se asserit fore læsam quod occasione hujusmodi abortivit. Propter quod idem presbyter proborum virorum usus consilio, se ipsum duxit ab altaris ministerio sequestrandum. Quare nobis humiliter supplicastis ut cum eo misericorditer agere dignaremur. Nos vero devotioni vestræ insinuatione præsentium respondemus quod, si nondum erat vivificatus conceptus, poterit ministrare; alioquin ab altaris officio (251) debet abstinere.

Datum Laterani, iv Non. Octob. pontificatus nostri anno quarto decimo.

CVIII.

UNIVERSIS ARCHIEPISCOPIS ET EPISCOPIS AD QUOS LITTERÆ ISTÆ PERVENERINT.

De terminandis pacifice litibus Carthusiensium et Cisterciensium.

(Laterani, iv Non. Octobris.)

Cum inter omnes religiosos nostri temporis viros Cisterciensis et Carthusiensis ordinum fratres magna per Dei gratiam polleant honestate, si quam forsitan inter eos, humani generis inimico disseminante zizania, materia litis exoritur, per quam apud eos sanctæ quietis otium perturbetur, nos, qui puritatem religionis ipsorum ferventi charitate zelamur, non possumus non moveri, scientes quod contentiones hujusmodi, a suo proposito alienæ, religionis maculant puritatem, cum secundum Apostolum servum Dei non oporteat litigare. Ut igitur diabolicæ fraudis astutia quæ, ut in eis religionem commaculet, lites suscitat inter ipsos, per apostolicæ sollicitudinis studium celeriter elidatur, universitati vestræ per apostolica scripta mandamus quatenus, cum in diœcesibus vestris aliqua fuerit inter eos materia litis exorta, vos sine mora partes vestras interponatis ad pacem inter eos amicabiliter reformandam. Quod si forsan hoc modo provenire non poterit, sine sumptu et strepitu causam inter eos mediante justitia terminetis, facientes quod decreveritis per censuram ecclesiasticam sublato cujuslibet contradictionis et appellationis obstaculo firmiter observari.

Datum Laterani, iv Non. Octobris, pontificatus nostri anno quarto decimo

---

(250) Cap. *Sicut ex litterarum*, De Homicid.
(251) In quart. Coll., *ministerio*. Sed Colbert. ha-

CIX.

CHARISSIMO IN CHRISTO FILIO NOSTRO HENRICO ILLUSTRI CONSTANTINOPOLITANO IMPERATORI.

Ut castrum de Situm restituat Templariis.

(Laterani, iii Non. Octobris.)

(252) Grave gerimus et molestum quod, cum tu et alii crucesignati ad hoc debueritis circa captionem et detentionem imperii Romaniæ intendere principaliter ut per illud subveniretis commodius terræ sanctæ, tu non solum eidem nullum curasti adhuc subsidium ministrare, verum etiam fratribus militiæ Templi, qui pro ipsius terræ defensione totis viribus elaborant, infers molestias et jacturas, castrum de Situm super Ravenica cum pertinentiis suis ipsis auferens pro tuæ arbitrio voluntatis. Et licet jam sæpe pro restitutione ipsius tibi direxerimus scripta nostra, tu tamen preces nostras pertransisti hactenus aure surda, prout debueras non attendens quam benigne ac efficaciter tuas preces curaverimus exaudire, quantumve nostrum auxilium tibi fuerit hactenus opportunum: quod si tibi forsan, tua promerente duritia, duxerimus subtrahendum, experimento cognosces quantum tibi utile fuerit, quantumve subtractum afferat detrimentum. Quocirca serenitatem tuam rogamus atque monemus et exhortamur in Domino quatenus castrum præfatum cum pertinentiis ejus sine difficultate restituas fratribus antedictis et nullam super eo de cætero ipsis molestiam inferas vel gravamen. Alioquin, cum eis ulterius nolimus, sicuti nec debemus, in suo jure deesse, qui sumus omnibus in justitia debitores, pro certo cognoveris quod super hoc officii nostri debitum exsequemur.

Datum Laterani, iii Non. Octobris, pontificatus nostri anno quarto decimo.

CX.

THEBANO CAPITULO.

Confirmat remissionem crusticæ.

(Laterani, Kal. Octobris.)

Ex parte vestra fuit propositum coram nobis quod, cum vos nobilibus viris Oddoni de Roca domino Atheniensi et G. nepoti ejus trecenta viginti hyperpera et amplius teneremini nomine crusticæ reddere annuatim, dictus Oddo medietatem ipsius crusticæ pertinentem ab ipsum vobis pia liberalitate remisit; pro remissione vero medietatis alterius præfato G. quingenta hyperpera solvere certo termino promisistis. Unde cum nobilis vir Gaufridus princeps Achaiæ, ad quem ratione feudi dicta crustica pertinebat, remissionem hujusmodi liberaliter acceptarit, nobis humiliter supplicastis ut remissionem eandem dignaremur vobis auctoritate apostolica confirmare. Nos igitur vestris precibus inclinati, remissionem crusticæ memoratæ, sicut pie ac provide facta est, et in authenticis inde confectus plenius continetur, auctoritate apostolica confirmamus et præsentis scripti patrocinio communimus.

bet *officio*.
(252) Vide lib. 13, epist. 135.

Nulli ergo... nostræ confirmationis, etc., usque incursurum.

Datum Laterani, Kal. Octobris pontificatus nostri anno quarto decimo.

CXI.
ARCHIEPISCOPO ET DILECTIS FILIIS DECANO ET T. CANONICO THEBANIS.

Ejusdem argumenti cum epistola 155 libri XIII.

Venerabiles fratres nostri Davaliensis et Cardicensis episcopi per suas nobis litteras intimarunt quod, cum causam quæ super domo de Iheracomite ac rebus aliis valentibus duo millia sexcenta et decem et octo hyperpera inter dilectos filios fratres militiæ Templi ex parte una et venerabilem fratrem nostrum Patracensem archiepiscopum ex altera vertebatur, eis et dilecto filio Nazarocensi (253) electo duxerimus committendam, ipsi, cum idem electus eis commiserit vices suas, et eisdem constiterit plenius prædictos fratres rebus præfatis fuisse contra justitiam spoliatos, possessionem earum salva quæstione proprietatis, de prudentum virorum consilio sententialiter adjudicarunt eisdem, et condemnantes præfatum archiepiscopum in moderatis expensis, in eos qui præsumerent eorum sententiæ contraire excommunicationis sententiam promulgarunt. Quocirca discretioni vestræ per apostolica scripta mandamus quatenus prædictas sententias, diffinitivam videlicet, sicut est justa, per censuram ecclesiasticam, et excommunicationis, sicut rationabiliter est prolata, usque ad satisfactionem idoneam faciatis auctoritate nostra sublato appellationis obstaculo firmiter observari. Quod si non omnes... tu, frater archiepiscope, cum eorum altero ea, etc.

Datum Laterani, II Kal. Octobris pontificatus nostri anno quarto decimo.

CXII.
AVELONENSI EPISCOPO, ET DILECTO FILIO THESAURARIO ET T. CANONICO THEBANIS.

Confirmatur compositio facta inter archiepiscopum et capitulum Atheniense.

(Laterani, II Kal. Octobris.)

Dilecti filii Atheniense capitulum nobis humiliter supplicarunt ut compositionem inter eos ex parte una et venerabilem fratrem nostrum eorumdem archiepiscopum ex altera super ipsius ecclesiæ redditibus ac facultatibus amicabiliter initam auctoritate dignaremur apostolica confirmare. Quocirca discretioni vestræ per apostolica scripta mandamus quatenus compositionem ipsam, sicut ad utilitatem Ecclesiæ sine pravitate provide facta est et ab utraque parte sponte recepta, ac in authentico inde confecto plenius continetur, faciatis per censuram ecclesiasticam appellatione remota firmiter observari. Quod si non omnes... tu ea, frater episcope, cum eorum altero ea, etc.

Datum Laterani, II Kalend. Octobris, pontificatus nostri anno quarto decimo.

CXIII.
ARCHIPRESBYTERO SANCTI LAURENTII, ABBATI SANCTI GEMINI ET SANCTÆ MARIÆ NOVÆ ET SANCTI ANGELI DE SPATA, SANCTI STEPHANI DE PLATEA FRAIANORUM.

Confirmatur eis relaxatio procurationum.

(Laterani, VIII Id. Octobris.)

Cum a nobis petitur, etc., usque effectum. Eapropter, dilecti in Domino filii vestris justis postulationibus grato concurrentes assensu, relaxationem procurationum quam venerabilis frater noster Raynerius Viterbiensis episcopus sponte ac provide vobis indulsit, sicut pie ac provide facta est, et in instrumentis publicis noscitur contineri, auctoritate apostolica confirmamus et præsentis scripti patrocinio communimus. Decernimus ergo, etc., usque nostræ confirmationis, etc., usque incursurum.

Datum Laterani, VIII Idus Octobris, pontificatus nostri anno quarto decimo.

CXIV.
ABBATI SANCTI STEPHANI BONONIENSIS, ET MAGISTRO GREGORIO DECRETORUM DOCTORI BONONIÆ COMMORANTI.

Ut suspendant episcopum Alexandrinum.

(Laterani, IV Id. Octobris.)

Illius testimonium invocamus qui testis est in cœlo fidelis quod quantum ipse nobis donare dignatur, a quo est omne datum optimum et omne donum perfectum, negotia quæ ad sedem apostolicam perferuntur cum puritate ac honestate tractare ac expedire curamus, venalitatis vitium, quod ex cupiditate procedit, quæ radix est omnium vitiorum, omnimodis detestantes; sicut etiam illi possunt perhibere testimonium veritati qui pro diversis negotiis exsequendis ad Romanam Ecclesiam frequenter accedunt, quam per divini muneris gratiam ab hujusmodi labis contagio servare satagimus expiatam; ut quod gratis accepimus, gratis demus, nullatenus sustinentes quod in causis ecclesiasticis aliqua pactio vel conventio seu etiam promissio intercedat, quatenus si quid interdum post finem negotii fuerit exhibitum, non per necessitatem extortum, sed per devotionem appareat esse collatum. Verum mirari cogimur et moveri super eo quod ab Alexandrino episcopo didicimus attentatum, ex juramento quod ipsemet præstitit in causa quæ inter ipsum et quosdam mercatores Romanos coram vobis ex delegatione nostra exstitit ventilata; qui cum ab eo quamdam repeterent pecuniæ quantitatem, quam Romæ suis procuratoribus mutuaverant litteras ejus habentibus de mutuo contrahendo, ipse suum recognoscens esse sigillum, quod litteris erat impressum, sed negans eas de sua conscientia processisse, constanter asseruit quod centum libras eis solverat pro expensis, et potestatem illis concesserat ut si possent forsitan obtinere quod

---

(253) Supra lib. XIII, epist. 155, *Zaratoricn.*

Ecclesiæ quæ ad Alexandrinam Ecclesiam, sicut olim statutum fuerat accedebant, ire ad eam minime tenerentur, et quod idem episcopus octo locorum Ecclesias pacifice possideret, usque ad centum quinquaginta libras mutuum contrahere liceret eisdem; si vero impetrare possent ut omnes possessiones ecclesiæ Sancti Martini de Foris ad Alexandrinam ecclesiam pertinerent, usque ad trecentarum librarum summam possent libere a mercatoribus mutuare. Ex his quidem evidenter apparet quid de nobis idem episcopus senserit, quos ad bona ecclesiastica concedenda per interventum pecuniæ induci posse putabat, quidve dari mandaverit pro bonis ecclesiasticis obtinendis, cum expresse taxaverit quantam pro istis et quantam pro illis possent pecuniam mutuare. Quia vero non solum a malo, sed ab omni specie mali præcipit Apostolus abstinere, nos zelo ecclesiasticæ honestatis accensi, tantæ præsumptionis ac turpitudinis malum corrigere cupientes, per apostolica vobis scripta præcipiendo mandamus quatenus auctoritate nostra suffulti præfatum episcopum ab exsecutione pontificalis et sacerdotalis officii, sublato cujuslibet contradictionis et appellationis obstaculo, publice suspendatis, et ejus exemplo similia cæteri agere pertimescant, facientes sententiam suspensionis hujusmodi per censuram ecclesiasticam firmiter observari.

Datum Laterani, IV Idus Octobris, pontificatus nostri anno quarto decimo.

CXV.

NOBILI MULIERI M. FILIÆ SANCII QUONDAM REGIS PORTUGALENSIS.

Recipitur sub protectione sedis apostolicæ.
(Laterani, III Id. Octobris.)

(254) Olim ad petitionem inclytæ memoriæ Sancii patris tui regis Portugalensis testamentum quod fecerat in mortis articulo constitutus duximus confirmandum. Verum quia dubitas ne super his quæ tibi eodem testamento legavit ab aliquibus tibi molestia inferatur, nobis humiliter supplicasti ut eadem tibi auctoritate dignaremur apostolica confirmare. Nos igitur tuis precibus inclinati, personam tuam cum omnibus bonis quæ inpræsentiarum rationabiliter possides, aut in futurum justis modis præstante Domino poteris adipisci, sub beati Petri et nostra protectione suscipimus; et tam Baucias, Tuias et Aoruca cum pertinentiis suis, quæ jamdictus pater et mater tua cum omnibus filiis et filiabus suis tibi donavit, quam hæreditates quas tibi nobilis mulier, V. Egee nomine, quæ te nutrivit et adoptavit in filiam, hæreditario tibi jure concessit, sicut juste ac pacifice possides, devotioni tuæ auctoritate apostolica confirmamus et præsentis scripti patrocinio communimus. Nulli ergo, etc., nostræ protectionis et confirmationis, etc., *usque* incursurum.

Datum Laterani, III Idus Octobris, pontificatus nostri anno XIV.

CXVI.

ARCHIEPISCOPO COMPOSTELLANO, ET ULIXBONENSI ET EGITANIENSI EPISCOPIS

Super eodem.
(Laterani, Non. Octobris.)

Olim ad petitionem inclytæ memoriæ Sancii regis Portugalensis testamentum quod fecerat in mortis articulo constitutus duximus confirmandum. Verum quia nobilis mulier M. filia regis ipsius dubitat ne super his quæ sibi eodem testamento legavit ab aliquibus ei molestia inferatur, nobis humiliter supplicavit ut eadem sibi confirmare auctoritate apostolica dignaremur. Nos igitur ipsius precibus inclinati, personam suam cum omnibus bonis, etc., *ut in confirmatione in eumdem fere modum usque* sicut ea juste ac pacifice possidet, eidem curavimus auctoritate apostolica confirmare. Quocirca fraternitati vestræ per apostolica scripta mandamus quatenus, si quis prædictam nobilem super bonis prædictis præsumpserit temere molestare, vos illum a præsumptione sua per censuram ecclesiasticam sublato appellationis obstaculo ratione prævia compescatis. Quod si non omnes his exsequendis, etc., duo vestrum ea nihilominus exsequantur.

Datum Laterani, Nonis Octobris, pontificatus nostri anno quarto decimo.

CXVII.

NOBILIBUS MULIERIBUS TARASIÆ REGINÆ ET S. FILIABUS S. QUONDAM REGIS PORTUGALENSIS.

Super eodem.
(Laterani, III Non. Octobris.)

Olim ad petitionem inclytæ memoriæ Sancii patris vestri regis Portugalensis testamentum quod fecerat in mortis articulo constitutus duximus confirmandum. Verum quia dubitatis ne super his quæ vobis eodem testamento legavit ab aliquibus vobis molestia inferatur, nobis humiliter supplicastis ut eadem vobis confirmare auctoritate apostolica dignaremur. Nos igitur vestris precibus inclinati, personas vestras cum omnibus bonis quæ inpræsentiarum rationabiliter possidetis, aut in futurum justis modis præstante Domino poteritis adipisci, sub beati Petri et nostra protectione suscipimus, et castrum Montismajoris et villam Hisguerra, quod tibi reginæ Tarasiæ, et castrum de Alanquer, quod tibi S. cum pertinentiis eorumdem dictus pater cum omnibus filiis et filiabus suis donavit, sicut ea juste ac pacifice possidetis, devotioni vestræ auctoritate apostolica confirmamus et præsentis scripti patrocinio communimus. Nulli ergo, etc., nostræ protectionis et confirmationis, etc., *usque* incursurum.

Datum Laterani, III Nonas Octobris, pontificatus nostri anno quarto decimo.

---

(254) Vide supra epist. 58.

CXVIII.

COMPOSTELLANO ARCHIEPISCOPO, ET ZAMORENSI ET ASTORICENSI EPISCOPIS.

De eodem.

(Laterani, Non. Octobris.)

Olim ad petitionem inclytæ memoriæ Sancii regis Portugalensis testamentum quod fecerat in mortis articulo constitutus duximus confirmandum. Verum quia nobiles mulieres, Tarasia Regina et S. filiæ regis ipsius, dubitant ne super his quæ sibi dictus rex eodem testamento legavit ab aliquibus eis molestia inferatur, nobis humiliter supplicarunt ut eadem eis confirmare auctoritate apostolica dignaremur. Nos igitur ipsarum precibus inclinati, personas suas cum omnibus bonis, etc., *ut in confirmatione in eumdem fere modum, usque* sicut ea juste ac pacifice possident, ipsis curavimus auctoritate apostolica confirmare. Quocirca fraternitati vestræ per apostolica scripta mandamus quatenus, si quis prædictas nobiles super bonis prædictis præsumpserit temere molestare, vos illum a præsumptione sua per censuram ecclesiasticam, sublato appellationis obstaculo, ratione prævia compescatis. Quod si non omnes, etc., nihilominus exsequantur.

Datum Laterani, Non. Octobris, pontificatus nostri anno quarto decimo.

CXIX.

PRIORI ET CONVENTUI SANCTI VINCENTII ULIXBONENSIS.

Confirmatur compositio facta cum episcopo Ulixbonensi.

(Laterani, Non. Octobris.)

Cum a nobis petitur quod justum est, et honestum, etc., *usque* effectum. Eapropter, dilecti in Domino filii, etc., *usque* assensu, compositionem quam dilecti filii F. prior et P. cantor Alcobatiæ judices a sede apostolica delegati super libertate, exemptione ac aliis rebus monasterii vestri inter vos et venerabilem fratrem nostrum episcopum Ulixbonensem fecerunt, sicut sine pravitate provide facta est et ab utraque parte sponte recepta, et in eorum authentico continetur, auctoritate apostolica confirmamus et præsentis scripti patrocinio communimus. Nulli ergo, etc., nostræ confirmationis, etc., *usque* incursurum.

Datum Laterani, Non. Octobris, pontificatus nostri anno quarto decimo.

CXX.

ABBATI, SUPERIORI ET SACRISTÆ ALCOBATIÆ ULIXBONENSIS DIOECESIS.

Super eodem.

(Laterani, Non. Octobris.)

Dilecti filii prior et conventus monasterii Sancti Vincentii Ulixbonensis a nobis humiliter postularunt ut compositionem quam dilecti filii F. prior et P. cantor Alcobatiæ, judices a sede apostolica delegati super libertate, exemptione ac rebus aliis ejusdem monasterii, inter ipsos et venerabilem fratrem

A nostrum episcopum Ulixbonensem fecerunt, prout in eorum authentico continetur, apostolico dignaremur munimine roborare. Ideoque discretioni vestræ per apostolica scripta mandamus quatenus compositionem ipsam, sicut sine pravitate provide facta est et ab utraque parte sponte recepta, faciatis per censuram ecclesiasticam, sublato appellationis obstaculo, inviolabiliter observari. Quod si non omnes, etc., *usque* exsequantur.

Datum Laterani, Non. Octobris, pontificatus nostri anno quarto decimo.

CXXI.

LUNDENSI ARCHIEPISCOPO, ET EPISCOPO RIGENSI

De dispensatione obtenta per falsitatem.

(Laterani, VII Id. Novembris.)

Ad nostram noveritis audientiam pervenisse quod Strango civis Lundensis, per suggestionem falsitatis et veritatis suppressionem, in quarto affinitatis gradu, quo suam contingit uxorem, a nobis dispensationis litteras impetravit. Asseruit namque quod ante contractum matrimonium gradum affinitatis ejusdem ignoraret omnino, ac sibi vitæ periculum imminebat nisi cohabitaret eidem. Quod utique a veritate, sicut accepimus, est penitus alienum. Quin potius, si hujusmodi copula permittatur, quamplures exemplo ipsius ad contractus illicitos aspirabunt, nec ab eis poterunt cohiberi. Quocirca fraternitati vestræ per apostolica scripta mandamus quatenus, vocatis qui fuerint evocandi, si præmissis veritas suffragatur, cum intentionis nostræ non fuerit hujusmodi precatori mendaci dispensationis beneficium indulgere, litteris illis nequaquam obstantibus, quod canonicum fuerit sublato appellationis obstaculo statuatis, facientes quod decreveritis per censuram ecclesiasticam firmiter observari.

Datum Laterani, VII Idus Novembris, pontificatus nostri anno quarto decimo.

CXXII.

CESARAUGUSTANO ET TYRASONENSI EPISCOPIS, ET R. LAIN ARCHIDIACONO JACCENSI OSCENSIS DIOECESIS.

De electione episcopi Pampilonensis.

(Laterani, Non. Novembris.)

Ne vinea Domini Sabaoth redigatur in solitudinem ex neglectu, et uvas non valens producere, tribulos germinet atque spinas, oportet nos in eam mittere operarios, cum ipsam personaliter excolere non valeamus, qui exstirpatis nocivis et amputatis superfluis, ac propaginibus subrogatis, ad fructus producendum optatos habilem eam reddant. Sane ex litteris Pampilonensis conventus nostris est auribus intimatum quod, cum venerabilis frater noster episcopus et dilecti filii de Aoeics (255) archidiaconus Oscensis et decanus Tyrasonensis judices delegati a nobis, Joannem quondam eorum episcopum a Pampilonensi Ecclesia removissent, ac sub pœna excommunicationis injunxissent eisdem ut electionem de persona idonea celebrarent, ipsique

---

(255) Supra lib. XII, epist. 177, *Aunes*.

charissimo in Christo filio illustri regi Navarræ mandatum hujusmodi ostendissent, idem id non sustinens patienter, ad sedem apostolicam appellavit, et inhibuit eis ne aliquatenus eligerent sine ipso, graves minas intentans tam illis qui eligerent quam ei qui electionem reciperet de se factam. Propter quod ipsi ultra terminum ad eligendum sibi præfixum eligere differentes, excommunicationis sententiam incurrerunt. Postmodum vero redeuntes ad cor, et Deum homini præferentes, absolutionis beneficium impetrarunt, juratoria juxta formam Ecclesiæ præstita cautione : ex qua sumpta occasione rex idem totum fere conventum, præter septem qui favebant eidem, et divina officia celebrarant excommunicationis sententia parvipensa, a regno suo prorsus ejecit, personatus eorum, beneficia ac quælibet bona Ecclesiæ, quæ ad dispositionem pertinebant illorum, pro suæ occupans arbitrio voluntatis. Præterea idem episcopus, defuncto bonæ memoriæ P. Eximinii mensæ ipsorum archidiacono, archidiaconatum illius fretus regis potentia eisdem contradicentibus occupavit, ipsum M. Petri post interpositam ad nos appellationem assignans, licet de antiqua et approbata consuetudine Pampilonensis Ecclesiæ assignatio archidiaconatus ejusdem simul ad episcopum et capitulum pertineret. Propter quod non modicum scandalum est exortum, quia, sicut fama publica protestatur, dictus M. pro collatione archidiaconatus illius quatuor millia præfato episcopo præstitit obolorum, et conventus nihil de sua mensa recepit a tempore quo dictus archidiaconatus fuit collatus eidem. Unde non immerito metuunt quod bona mensæ ad nihilum redigi debeant, si dictus M. non removeatur ab illo. Ipse namque eleemosynæ ac infirmariæ bona destruxit dissolute vivendo, et archidiaconatum Sanctæ Gemmæ, cui tunc temporis præsidebat, ignorante capitulo pro magna pecuniæ quantitate pignori cuidam militi obligavit, quem jam per octo annos detinuit et adhuc detinet idem miles. Idem quoque episcopus ad alienationes illicitas manus extendens, castra de Huarch et Montejardin, quæ inter bona Pampilonensis Ecclesiæ pretiosissima reputantur, irrequisito capitulo prædicto regi concessit, qui ea detinet violenter in enorme ipsius Ecclesiæ detrimentum. In cujus præjudicium præfatus episcopus, ante latam in eum remotionis sententiam, multa de bonis ejus illicite alienare præsumpsit, non solum capituli verum etiam illorum irrequisito assensu quos ei coadjutores duximus deputandos. Porro præfatus M. quia idem conventus mandato prædictorum judicum paruerunt, in eorum Ecclesia sæculares clericos introduxit, qui spreta sententia judicum eorumdem, in ipsa cum excommunicatis præfatis divina non metuunt celebrare. Cum igitur sæpedicta Ecclesia sit adeo, sicut asseritur, desolata, quod, nisi ei per nostræ sollicitudinis studium succurratur, vix addicere valeat ut resurgat, et excommunicatorum illorum malitia faciente quasi redacta in solitudinem, spinas et tribulos jam cœperit germinare, discretioni vestræ per apostolica scripta mandamus et districte præcipimus quatenus ad præfatam Ecclesiam personaliter accedentes, et habentes præ oculis solum Deum, ac super statu ipsius inquisita plenius et cognita veritate, auctoritate nostra, gratia, odio, et mundano timore postpositis, ex ea evellatis nociva, et plantetis utilia, ac, revocatis ejectis, detis capitulo eligendi sibi pontificem liberam facultatem, injungentes eisdem ut vobis præsentibus electionem de persona idonea canonice satagant celebrare; ea vero quæ de bonis ipsius Ecclesiæ tam ab ipso episcopo quam ab aliis alienata inveneritis illicite vel distracta, ad jus et proprietatem ipsius legitime revocantes, et illa quæ sunt per violentiam occupata cum fructibus perceptis ex eis, sicut justum fuerit, capitulo restitui facientes, super mensæ archidiaconatu prædicto quod canonicum fuerit statuatis : in his omnibus appellatione postposita processuri, contradictores, si qui fuerint, vel rebelles per censuram ecclesiasticam compescendo, nullis litteris veritati et justitiæ præjudicantibus a sede apostolica impetratis. Quod si non omnes, etc., duo vestrum, etc.

Datum Laterani, Non. Novembris, pontificatus nostri anno quarto decimo.

CXXIII.

EPISCOPO ET DILECTIS FILIIS ABBATI SANCTI VICTORIS ET CANCELLARIO PARISIENSI.

Scribitur pro monachis Vezeliacensibus.
(Laterani, II Id. Novembris.)

(256) Dilecti filii abbas et conventus Virziliacensis sua nobis insinuatione monstrarunt quod, cum nobilis vir comes Nivernensis ab eorum monasterio pro ipsius custodia duas procurationes, in Pascha videlicet et festo beatæ Mariæ Magdalenæ, exigeret annuatim, et in receptione ipsarum ipsum monasterium enormiter aggravaret maxima militum et servientum multitudine constipatus, iidem mille quingentas marcas argenti super procurationibus illis ei tali conditione mutuo concesserunt ut in unaquaque prædictarum solemnitatum, si Virziliacum accederet, quinquaginta libris Antissiodorensis monetæ pro moderata esset procuratione contentus, nec plus pro illa posset exigere donec ipsi monasterio redderet prætaxatam pecuniæ quantitatem. Verum nunc, sicut dicitur, ut dictum possit monasterium in præfatis procurationibus aggravare, terræ suæ questam indixit pro eadem pecunia persolvenda. Cum igitur jus suum in injuriam convertere non debeat idem comes, discretioni vestræ per apostolica scripta mandamus atque præcipimus quatenus, si forsitan sæpedictum monasterium per immoderatam procurationem gravare voluerit, vos ipsius immoderantiam, gratia, odio et timore postpositis, redi-

(256) Vide infra epist. 126.

gatis ad justum sublato appellationis obstaculo moderamen, contradictores per censuram ecclesiasticam appellatione postposita compescendo. Quod si non omnes, etc., tu, frater episcope, cum eorum altero, etc.

Datum Laterani, ii Idus Novembris, pontificatus nostri anno decimo quarto.

CXXIV.
EPISCOPO, ET DILECTIS FILIIS ABBATI SANCTI LUPI, ET DECANO TRECENSI.
Pro iisdem.
(Laterani, ii Id. Novembris.)

Cum, sicut dilectis filiis abbate et conventu Virziliacensibus intimantibus nostro est apostolatui reseratum, nobilis vir dux Burgundiæ gravia eis damna et injurias inferens, ter vel quater in anno villas eorum faciat deprædari occasione cujusdam consuetudinis, quam in eisdem villis falso asserit se habere, et nimis dispendiosum esset et grave fratribus antedictis pro singulis querelis toties apostolicam sedem adire, discretioni vestræ per apostolica scripta præcipiendo mandamus quatenus, cum ab eis fueritis requisiti, dictum ducem, ut eis de damnis et injuriis irrogatis coram vobis exhibeat justitiæ complementum, monitione præmissa per censuram ecclesiasticam appellatione postposita compellatis, jurisdictione hujusmodi usque ad biennii tempus usuri. Quod si non omnes, etc., tu, frater episcope, cum eorum altero, etc.

Datum Laterani, ii Idus Novembris, pontificatus nostri anno quarto decimo.

CXXV.
GEBENNENSI EPISCOPO, ET DILECTIS FILIIS ABBATI DE ABUNDANTIA ET PRIORI DE CONDAMINA GEBENNENSIS DIOECESIS.
Committitur eis inquisitio contra archiepiscopum Bisuntinum.
(Laterani, xvi Kal. Decembris.)

(257) Dilectis filiis Humberto, Stephano et Petro presbyteris Bisuntinæ diœcesis denuntiantibus nos accepisse noscatis quod venerabilis frater noster Bisuntinus archiepiscopus, qui deberet esse in dignitate pontificali ex susceptæ administrationis officio suis subditis ad exemplum, ipsam non tantum negligens famam suam evacuat vivendo perverse, verum etiam probrosis et diversis excessibus factus multarum laqueus animarum, turpiter ac publice sic coinquinare præsumit quod de candelabro in quo sedet fumum quibus præest emittit in salutis suæ dispendium potius quam splendorem. Nam usque adeo est deditus Simoniacæ pravitati quod penes eum sine ipsa vix ecclesiæ aliquæ consecrantur vel alicui aliquid spirituale confertur, compellens clericos, in apostolicæ sedis contemptum, ad sacros ordines promovendos jurare quod per litteras aliquas, a sede apostolica impetratas, aliquod ab eo beneficium petere non præsumant, et illos sustinens qui religionem exuunt, et alios in sacris ordinibus constitutos ac etiam moniales contrahere matrimonium et in sæculo sæculariter conversari; cujus frater uxorem legitimam, eo sciente, relinquens, cum quadam moniali contraxit, eam in domo publice detinens ut uxorem; et ut patratum scelus ab alio fratre suo difficilius revocari valeret, relictam ab eo, licet illitteratam, in cujusdam consecravit monasterii abbatissam, ipso fratre manente in sæculo et continentiam non servante; presbyteros et clericos suos exactionibus jugibus adeo defatigans quod ipsi onere paupertatis depressi, tanquam rustici viliter in ignominiam honestatis ecclesiasticæ incedere compelluntur. Præter hæc autem cuidam presbytero conferens interveniente pecunia decanatum, quemdam presbyterum qui manus in alium injecerat violentas, et eum custodiæ tradiderat carcerali, sustinet celebrare, scienter communicans et participans capientibus et vendentibus sacerdotes, et legalium matrimoniorum divortium, si pecunia interveniat, celebrari permittens. Et cum quidam Bisuntini ac fere omnes presbyteri civitatis et diœcesis suæ publice detineant concubinas, ipse corrigere illorum aliquem non attentat, graviori contagio maculatus; quia cum abbatissa Romarici Montis consanguinitatis eum linea contingente incestum perpetrat impudenter, sicut fama publica ipsum vexat, et prolem a quadam moniali suscepit, cum cujusdam sacerdotis filia quasi publice fornicando. Et cum in ejus domo interfectus fuerit quidam presbyter, nullam suscepit de ipsius interfectoribus, quos bene noverat, ultionem, et excommunicatos in mensa sua recipiens, ac possessiones laicorum titulo pignoris detinens obligatas, quas recepta sorte reddere contradicit. Incendiarios autem omnes, qui ei pecuniam pollicentur, absolvit, se de absolvendis illis potestatem asserens obtinere; ac nullam vel modicam residentiam faciens in Ecclesia Bisuntina, sæpissime in diebus solemnibus, quibus eamdem Ecclesiam sua deberet honorare præsentia, se absentat, sic lubricæ vitæ patenter deserviens et intendens carnis luxui manifeste quod laici scandalizati ex eo fornicationem non esse peccatum astruunt criminale. Quia vero super his clamor ad nos frequenter ascendit, volentes exemplo Domini descendere ac videre, discretioni vestræ per apostolica scripta mandamus quatenus vocatis qui fuerint evocandi, et inquisita super his et aliis diligentius veritate, quod canonicum fuerit appellatione postposita statuatis, causam ipsam sufficienter instructam ad nostrum remittentes examen, præfigentes partibus terminum competentem quo se nostro conspectui repræsentent æquitatis judicium recepturæ. Quod si non omnes, etc., tu, frater episcope, cum eorum altero, etc.

(257) Vide lib. 1, epist. 277

Datum Laterani, xvi Kal. Decembris, pontificatus nostri anno quarto decimo.

CXXVI.

EPISCOPO ET DILECTIS FILIIS ABBATI SANCTI VICTORIS, ET MAGISTRO ROBERTO DE CORZON CANONICO PARISIENSI.

Scribitur pro monachis Vezeliacensibus.

(Laterani, Id. Novembris.)

(258) Non solum zelus domus Domini, qui nos comedit quoties ab illis opprimitur per quos deberet ab opprimentibus extento brachio defensari, nos vehementer inducit : verum etiam ille sincerae dilectionis affectus, quo dilecti filii nobilis viri comitis Nivernensis zelamur salutem et honorem diligimus, exhortatur ut, si quando nobis aliqua de ipsius actibus referuntur quae famam suam obnubilant apud homines et conscientiam maculant apud Deum contra libertatem ecclesiasticam attentando, apud eum monitis et exhortationibus insistamus; quatenus praedecessorum suorum sequens vestigia, qui Ecclesiam Dei studuerunt honore congruo venerari, ea pro Deo et propter Deum per se ipsum corrigat et emendet, diligenti meditatione considerans quod Dominus justus judex principes illos, qui se in conspectu ejus humiliant et Ecclesiae suae exhibent se devotos, non solum glorificat in futuro, verum etiam magnificat in praesenti, et illorum posteritas est praecisa de terra qui libertatem ecclesiasticam infregerunt. Ad nostram sane audientiam dilecto filio Gualterio abbate Virziliacensi significante pervenit quod, cum comes praefatus monasterii Virziliacensis defensor esse deberet et pro eodem se murum defensionis opponere ascendentibus ex adverso, ipse non solum opprimentibus non obsistit, verum etiam de defensore factus est, quod non sine amaritudine cordis referimus, persecutor, non minus compatientes eidem quam monasterio memorato, quia, etsi monasterio intulerit damna rerum, sibi tamen damnum innocentiae, quod est gravius, irrogavit. A quadriennio namque quo ad regimen monasterii assumptus exstitit idem abbas, eumdem favorabilem non potuit invenire, quin potius ipsum monasterium in rebus interioribus graviter molestavit, licet per partes de bonorum virorum consilio in quingentis libris Proveniensium et amplius servierit sibi gratis, cum ad nullum servitium ex debito teneretur, nec novus abbas, sicut comes eidem objecerat, aliquod sibi deberet servitium exhibere. His igitur non contentus, cuidam civi Bituricensi nongentas libras, in quibus ei monasterium minime tenebatur, abbatem eumdem solvere compulit idem comes, asserens se fidejussorem illi fuisse de praedicta pecuniae quantitate. Cuidam quoque Judaeo, qui baptismi suscipiens sacramentum praefato monasterio dimiserat centum libras, reverso ad Judaismum quasi canis ad vomitum, abbatem ipsum coegit persolvere praefatam quantitatem pecuniae pro suae libito voluntatis, et servientes ipsius praedas, somarios, quadrigas et res alias ejusdem monasterii et suorum hominum de terra monasterii saepenumero acceperunt, in quibus etsi per eum illa fuerint restituta, monasterium tamen damnum non modicum noscitur incurrisse. Iidem etiam servientes nemora monasterii pro libito destruunt; et quadrigas ejusdem pro castrorum ipsius comitis munitionibus capientes, ipsas interdum per tres hebdomadas, et quandoque per mensem detinere praesumunt. Praeterea ejusdem monasterii malefactores saepedictus comes receptans, ipsius homines contra illud agentes manutenere ac defensare contendit, qui saepe dicti coenobii jura deberet ubique illibate servare. Et licet nec ad ejusdem comitis nec ad alterius curiam idem abbas et monachi super aliquibus trahi debeant saecularem, sicut patet per privilegia pontificum Romanorum, ipse tamen eosdem ad forum suum super multis multoties evocavit, moliens ejusdem infringere monasterii libertatem. Pluries quoque vias et semitas circa Virziliacum fecit arcte adeo custodiri quod nec ligna nec aqua illuc afferri neque alia necessaria potuerunt, anno praeterito locum eumdem vindemiarum tempore sic constringens quod monasterii homines nec ad vindemiandum egredi poterant, nec somarii ad mustum vel ad aliud deferendum, impediendo mercatum, et capiendo somarios victualia et quaelibet alia necessaria deferentes. Et cum ad mandatum charissimi in Christo filii nostri Philippi Francorum regis illustris a molestatione hujusmodi destitisset, quamplures ipsis et eorum hominibus multas et enormes injurias manifeste ac clanculo intulerunt. Quidam namque praedones per terram ejusdem comitis ingressum et egressum habentes, qui comedentes in quadam villa ipsius cum praeda monasterii sunt inventi, Virziliacum per aliquantulum temporis sic vallarunt quod nec monachis nec aliquibus hominum monasterii tutus patebat egressus. Porro cum Jocelinus miles, homo ejusdem comitis, equitaturis et rebus aliis quosdam de monachis spoliarit, eisdem opprobria inferendo, quemdam prioratum ad ipsum monasterium pertinentem invaserit violenter et subripuerit bona ejus, idem ab eodem abbate et ipsius fratribus humiliter requisitus, nec illius nec aliorum malefactorum malitiam voluit refrenare, licet id solo verbo facere potuisset. Quin potius afflictionem superaddens afflictis, prioratum de Dornetiaco sasivit ad idem monasterium pertinentem; et bona ipsius per dimidium annum detinens occupata, ipsos decimis ejusdem villae, quas per annos plurimos possederant, spoliavit; et extendens ad hactenus inaudita postmodum manus suas, molendinorum eorumdem ferros per servientes suos fecit exinde asportari. Propter quod coenobii supradicti conventus adeo fuit arctatus quod nisi ad preces quorumdam virorum bonorum restituisset eosdem, necessitate cogente claustrum fuisset

---

(258) Vide supra epist 124, et lib. xv, epist. 83.

egressus. Cæterum Joanni nato quondam præpositi Asconii, qui hæreditario jure in ipsius loci præpositura succedere nititur, qui potius deberet obsistere, se favorabilem exhibens idem comes, abbatem et conventum prædictos compellere nititur ut eidem in foro civili respondeant super illa; licet coram civili vel ecclesiastico judice super ipsa cuiquam respondere non debeant nisi de mandato sedis apostolicæ speciali. Verum cum ab eis ipse fuerit sæpius requisitus ut super his et aliis injuriis ipsis multipliciter irrogatis satisfieri faceret competenter ab ipsorum indebita molestatione quiescens, preces eorum surdis auribus pertransivit : quin imo priorem monasterii et quasdam personas alias in stagnum suum est projicere comminatus. Et licet fere conventus medietas Nivernum accedens, et coram eo humi prostrata, eidem super hoc humiliter supplicarit, eorum tamen precibus nequivit aliquatenus inclinari. Demum ejus consiliariis præfati monachi supplicarunt ut cum eo tractarent de pace inter se et sæpedictum monasterium reformanda : qui eis, post multos tractatus habitos cum eodem, taliter responderunt, quod ejus non possent benevolentiam obtinere nisi ab eis sibi et a burgensibus Virziliaci mille libræ Proveniensium solverentur, quod iidem exsequi utique nequivissent sine gravi et enormi monasterii detrimento. Ex hoc siquidem prædicti burgenses perterriti adeo exstiterant quod nisi abbas præfatus arripuisset propter hoc iter ad sedem apostolicam veniendi, se deserto Virzeliaco in urbibus et oppidis regiis recepissent, præsertim cum per archiepiscopos et episcopos, abbates, et alios viros religiosos, et per nobilem virum ducem Burgundiæ ac barones alios, ac tandem per regem præfatum moneri eum fecerint et rogari, ut ab ipsorum molestatione desistens et satisfaciens eis de damnis et injuriis irrogatis, monasterium ipsum cum villa et suis hominibus manuteneret et defenderet, ut tenetur, nec sic potuerit ad hæc ejus animus inclinari. His etiam non contentus, hoc anno, postquam idem abbas iter arripuit ad sedem apostolicam veniendi, per ministros suos comes ipse vindemias Virziliaci fecit adeo impediri quod ejusdem loci burgenses vindemiare tempore congruo nequiverunt, ipsis ministris mercenarios de vineis expellentibus, et uvas spargentibus per plateas, quampluribus de hominibus monasterii vulneratis, captis somariis et ex eis pluribus interfectis. Unde idem monasterium damnum ad valentiam quingentarum librarum, et burgenses trium millium marcarum et amplius incurrisse dicuntur. Illud autem quod monasterium et burgenses de vindemiis habuerunt, regis prædicti beneficio est obtentum, qui hujusmodi prohibuit malefactum. Præterea iidem ministri molendinum præpositi ejusdem monasterii confringentes, molas et ferrum ipsius per violentiam asportarunt.

De quibus omnibus tanto gravius sumus moti quanto magis sæpedictum monasterium majori amplectimur in Domino charitate. Cum igitur hæc noscantur in salutis ejusdem comitis dispendium redundare, et ejus honori non congruat hoc tempore tam nobile membrum sedis apostolicæ, videlicet ipsum monasterium, persequi quo iidem et alii catholici principes in persecutione quam Dei Ecclesia patitur a tyranno (259), ipsi viriliter adesse deberent, sicut devoti filii piæ matris, nobilitatem ejus per nostras litteras rogamus attentius et monemus et exhortamur in Domino, in remissionem sibi peccaminum injungentes ut, ob ejus reverentiam et honorem qui dat humilibus gratiam et superbis resistit, se in conspectu ejus humilians, præfatis abbati et conventui sic per se ipsum satisfaciat de prædictis, ab ipsorum et monasterii sui indebita molestatione quiescens, quod eis de ipso nulla remaneat justa materia conquerendi, et divinam, quam in his offendit graviter, majestatem valeat complacare, ac per hoc apostolicæ sedis mereatur propensius gratiam et favorem. Ideoque discretioni vestræ per apostolica scripta mandamus et districte præcipimus quatenus, nisi rex præfatus, cui super hoc dirigimus scripta nostra, infra duos menses pacificare et terminare sine firmatione duelli ortas inter eumdem comitem et abbatem et monachos memoratos poterit quæstiones, vos ex tunc, cognita veritate, ipsum comitem ad satisfaciendum eisdem de datis damnis et irrogatis injuriis, et ab ipsorum molestatione indebita desistendum, per excommunicationis sententiam in personam, et, si necesse fuerit, interdicti in terram suam, sublato appellationis obstaculo, compellere absque moræ dispendio non tardetis, commissione ista, quoties opus fuerit, usque ad triennii tempus usuri, jurisdictionem vestram ad alia maleficia, si qua interim contra idem monasterium commiserit, extendendo, ita quod ea quæ sibi a sede apostolica sunt indulta faciatis per districtionem ecclesiasticam firmiter observari, nonobstantibus litteris, si quæ apparuerint, harum tenore tacito, a sede apostolica impetratæ. Quod si non omnes, etc., duo vestrum ea sublato cujuslibet contradictionis et appellationis obstaculo nihilominus exsequantur.

Datum Laterani, Idibus Novembris, pontificatus nostri anno quarto decimo.

Scriptum est super hoc nobili viro comiti Nivernensi. Scriptum est super hoc regi Francorum illustri.

CXXVII.
SENONENSI ARCHIEPISCOPO ET SUFFRAGANEIS EJUS.
Super eodem.
(Laterani, xiv Kal. Decembris.)

Cum quieti Virziliacensis monasterii, quod sedem apostolicam nullo respicit mediante, paterna volentes sollicitudine providere, inter cætera quæ nos prædecessorum nostrorum sequentes vestigia, eidem

---

(259) Id est, Ottone. Vide lib. xv, epist. 20, 51, 138.

monasterio duximus indulgenda, auctoritate apostolica interdicere curaverimus, sub excommunicationis vinculo inhibentes ut infra ejusdem monasterii pertinentias crucibus terminatas nullus hominem capere, invadere, seu bona sua auferre, sive assultum facere, vel quamlibet offensionem irrogare præsumat, et nonnulli filii Belial, Dei timore posthabito, tempore hoc, quo superabundat iniquitas, refrigescente charitate multorum, apostolica inhibitione contempta, contravenire præsumant immunitatem hujusmodi sæpius infringendo, sicut dilectorum filiorum abbatis et conventus ejusdem loci nobis conquestio patefecit, fraternitati vestræ per apostolica scripta mandamus atque præcipimus quatenus, cum ab ejusdem monasterii abbate ac fratribus fueritis requisiti, quilibet vestrum parochianos suos, quos constiterit immunitatem prædictam temere infregisse, tandiu faciat, nisi congrue satisfecerint, excommunicationis sententiæ subjacere excommunicatos ab omnibus arctius evitari donec satisfactione de perpetratis excessibus exhibita competenti, per eum beneficium absolutionis obtineant, vel si forte delicti quantitas id exegerit, ad sedem accesserint apostolicam absolvendi.

Datum Laterani, xiv Kal. Decembris, pontificatus nostri anno quarto decimo.

In eumdem modum scriptum est Lugdunensi archiepiscopo et suffraganeis ejus.

CXXVIII.

ARCHIEPISCOPO SENONENSI, ET EPISCOPO ET DILECTO FILIO DECANO TRECENSI.

De negotio episcopi Aurelianen. et camerarii regis.

(Laterani, xvi Kal. Decembris.)

Sicut dilectus filius nobilis vir Ursio Camerarius charissimi in Christo filii nostri Philippi Francorum regis illustris transmissis nobis suis litteris indicavit, cum a venerabili fratre nostro Aurelianensi episcopo super duobus feodis quæ dicebat ad se dictus episcopus pertinere coram dilecto filio decano Carnotensi et conjudicibus suis auctoritate nostra traheretur in causam, memoratus episcopus proposuit in ipsorum judicum præsentia contra ipsum quod domum quamdam eorum feodorum alteri pertinentem idem camerarius devastarat, deportans ibidem inventa pro libito violenter, et alterum feodum occupans minus juste, licet dictus episcopus de suis hominibus nunquam sibi debitam justitiam denegasset. Propter quod et domum reædificari destructam cum ablatorum restitutione ac feodum taliter occupatum sibi ab eodem restitui cum instantia postulabat. Sed ad hæc ex parte ipsius responsum fuit taliter ex adverso, quod non debebat super his coram ipsis judicibus litigare, pro eo quod si quid in ipsis vel de ipsis feodis fecerat, prætextu castellaniæ de Merevilla potuit fecisse licenter, et id tanto tempore obtinuerat quod non exstabat memoria aliter esse factum. Proposuit in-

super quod ipsam castellaniam de feodo regio possidebat, et tale jus erat castellaniæ ipsius quod si quis infra ejusdem metas homicidium perpetraret, Dominus Merevillæ in homicidam exercens publicam ultionem, non tantum bona ipsius capere, verum etiam suas potest possessiones positas infra metas dictæ castellanæ diripere, sive in feodum sive modo alio illas a quocunque teneat homicida, et id sibi etiam licet illi facere vel inferre qui dicto domino castri Merevillæ debitam custodiam denegaret. Propter quæ si domum vastaverat memoratam, sibi vindicatis bonis, in homicidam, cujus erat ipsa, vindictam publicam exsequendo, et de feodo alio, pro eo quod ipsi debita dicti castri custodia negabatur, se posuit in saisinam, nullam ob hoc dicto episcopo injuriam irrogabat, imo in his utebatur potius jure suo; præsertim cum in præsentia dicti regis de feodo ipso dicto episcopo justitiæ plenitudinem obtulerit se facturum, et ipsum regem asseruerit inhibuisse sibi ratione dominii viva voce ne de præmisso feodo spectante ad ipsum nonnisi coram eo alicui responderet, exhibens litteras ejusdem regis monitorias judicibus memoratis ut præfato supersederent negotio, quia paratus erat eidem episcopo super feodo justitiam exhibere, sed causam ipsam ad eumdem regem remitterent audiendam. Sed ipsi judices, non contestata lite, ipsius camerarii exceptiones hujusmodi minime admittentes, terram suam sub interdicti sententia posuerunt. Propter quod gravamen idem camerarius verebatur ne adversus eum præsumerent graviora. Quocirca discretioni vestræ per apostolica scripta mandamus quatenus, si vobis constiterit cognitionem et decisionem ipsius negotii, non ad ecclesiasticum, sed ad sæcularem judicem pertinere, ipsumque camerarium paratum fuisse hoc in delegatorum præsentia comprobare, vos interdicti sententiam prolatam ab eis in terram ipsius faciatis sublato appellationis obstaculo non servari. Nullis litteris veritati et justitiæ præjudicantibus a sede apostolica impetratis. Quod si non omnes his exsequendis potueritis interesse, duo vestrum ea, etc.

Datum Laterani, xvi Kal. Decembris, pontificatus nostri anno quarto decimo.

CXXIX.

EPISCOPO ESCULANO.

Ne clerici sint tabelliones.

(Laterani, vi Kal. Decembris.)

(260) Sicut te accepimus referente, cum venerabilis frater noster episcopus Hostiensis olim per tuam transiens civitatem tibi dederit in mandatis ut presbyteros, diaconos, et subdiaconos, quos ibidem invenit passim tabellionatus officium exercentes, excommunicationis vinculo innodares et eos qui ab illis publica reciperent instrumenta, tu licet id feceris, ex mandato tamen episcopi dicti dissimulasti postmodum de subdiaconis, donec qualiter contra ipsos et alios in sacris ordinibus constitutos

(260) Cap. *Sicut*, Ne clerici, etc.

deberes procedere sedem duceres apostolicam consulendam. Quocirca fraternitati tuæ per apostolica scripta mandamus quatenus clericis in sacris ordinibus constitutis tabellionatus officium per beneficiorum suorum subtractionem appellatione postposita interdicas.

Datum Laterani, VI Kalend. Decembris, pontificatus nostri anno quarto decimo.

CXXX.

ALBANENSI ELECTO, APOSTOLICÆ SEDIS LEGATO.

Ut juniores canonici cogi possint ad fortiorem gradum.

(Laterani, III Non. Decembris.)

Ad audientiam nostram te significante pervenit quod, licet quamplures Ecclesiæ Lombardiæ certum numerum habeant præbendarum, illarum tamen canonici dictum numerum excedentes, plerumque ad unam præbendam plures de suis eligunt consanguineis et amicis: qui cum sint juvenes et insufficientes ad obsequium earumdem, et nolint vel forte non debeant ad superiores ordines promoveri, contingit ibidem propter eorum schismata idonearum personarum interesse defectum, et maxime sacerdotum. Quare in spiritualibus et temporalibus non modicum sustinent detrimentum. Unde nobis humiliter supplicasti ut certo numero nonobstante, dictas Ecclesias de personis idoneis, quæ velint et possint onus hujusmodi sustinere, tibi liceat ordinare. Quocirca discretioni tuæ per apostolica scripta mandamus quatenus, si quos inveneris, in ipsis idoneos ad gradum sacerdotii assumendum, tu illos, ut se ad superiores ordines faciant promoveri, per subtractionem beneficiorum appellatione cessante compellas. Alioquin in præfatis Ecclesiis personas idoneas, per quas hujusmodi possint suppleri defectus, juxta quod videris expedire, appellatione postposita ordines, removendo prorsus ab illis eos qui ad unam eamdemque præbendam contra statuta canonica insimul sunt assumpti, nonobstante contradictione insufficientium vel eorum qui tales eligere vel assumere præsumpserunt.

Datum Laterani, III Non. Decembris, pontificatus nostri anno quarto decimo.

CXXXI.

ILLUSTRI REGI FRANCORUM.

De libertate testandi in favorem ecclesiarum.

(Laterani, IV Non. Decembris.)

(261) Sinceræ charitatis affectio quam erga personam tuam gerimus nos inducit ut quanto propensius regium zelamur honorem, tanto sollicitius tibi suadere curemus ne quid unquam per te vel tuos erga sanctam Ecclesiam Christi sponsam aut ipsius jura improvide attentetur per quod ei valeat derogari, præsertim cum illius intuitu a quo ad ipsius defensionem Ecclesiæ gladium suscepisti, eamdem tenearis potius defensare. Sane ad nostram noveris audientiam referente venerabili fratre nostro Rothomagensi archiepiscopo pervenisse quod justitiari tui per Northmaniam constituti et quidam alii regiæ ditioni subjecti, postponentes penitus zelum Dei, præpediunt laicos ægritudine laborantes ne de terris suis vel hæreditatibus aliquid in eleemosynam alicui largiantur sive pro suarum animarum salute, secundum ecclesiasticam sanctionem, vel condant testamentum exinde in ultima voluntate, imponentes illis post obitum crimen, sicut asserit, usurarum qui pœnitentes judicio Ecclesiæ satisfactione præmissa, viam sunt universæ carnis ingressi, ut prætextu criminis usurarum decedentium bona fisco regio in detrimentum juris ecclesiastici applicentur. Quia igitur te non decet hujusmodi sustinere, cum hoc vergat in derogationem ecclesiasticæ libertatis, serenitatem regiam rogamus et monemus quatenus exsecutores præfatos taliter ab hujusmodi temeritate tradita tibi potestate compescas quod moderamine regio hæc detestanda extorsio exstirpetur, et præter æternam gloriam, quam ex hoc promereberis in futuro, gratiam tibi Dominus augeat in præsenti.

Datum Laterani, IV Non. Decembris, pontificatus nostri anno quarto decimo.

Super hoc scriptum est dilectis filiis abbati Sancti Victoris, W. archidiacono, et cancellario Parisiensi, ut dictum regem ad hoc efficaciter moneant et prudenter inducant.

CXXXII.

ABBATI ET CONVENTUI SANCTI GERMANI DE PRATIS PARISIENSI.

Confirmatur quædam sententia lata pro eis.

(Laterani, Id. Decembris.)

Cum olim ex parte vestra nobis fuisset querimonia præsentata quod nobilis mulier H. de Nongento et filii ejus ac quidam alii Suessionensis diœcesis homines monasterii vestri sua potentia deprimentes carceri manciparent, et eis imponentes exactiones indebitas, prata, vineas et alias possessiones vestras invaderent violenter, venerabili fratri nostro episcopo et dilectis filiis decano Sancti Frambaldi et magistro I. canonico Silvanectensi nostris dedimus litteris in mandatis ut præfatam nobilem et alios, monitione præmissa, per censuram ecclesiasticam appellatione remota compellerent ab hujusmodi præsumptione desistere et, ut tenebantur, restituere occupata. Cum igitur iidem prædictam nobilem legitime citavissent, et ipsa per magistrum H. procuratorem suum ipsorum se conspectui præsentasset, super diversis capitulis et querelis quæ in eorumdem judicium sententia continentur expressæ hinc inde propositis lis exstitit contestata, et legitimis induciis assignatis, testes quos pars utraque produxit iidem judices receperunt. Quorum depositionibus postmodum de consensu partium publicatis, et competentibus terminis disputatione pluries habita super eis, tandem partibus injunxerunt ut suas redigerent allegationes in scriptis, et eas sibi termino

---

(261) Vide supra epist. 110, et infra lib. XV, epist. 76

quem eis assignaverant præsentarent. Verum procurator nobilis antedictæ statuto termino comparuit coram eis, et temporis præscriptionem allegans, ad probandum eamdem inducias postulavit. Judices vero, quia jam erant depositiones testium publicatæ, interloquendo dixerunt quod super hoc testes non erant aliqui admittendi, sed si haberet aliqua instrumenta, illa exhibere curaret. At procurator prædictus ab interlocutoria ipsa vocem ad nos appellationis emittens, appellationi suæ certum terminum assignavit. Verum quia in nostris litteris remotus erat appellationis objectus, dicti judices, habito super hoc juris peritorum consilio, appellationem ipsam frivolam reputantes, et ad proferendam sententiam certum terminum præfigentes, præfatam nobilem peremptorie citaverunt; in quo vobis comparentibus, ipsa nec per se nec per aliquem responsalem ipsorum se conspectui præsentavit. Propter quod iterato illam peremptorie citaverunt; sed quia tunc comparere contempsit, tertio peremptorie evocarunt eamdem ad sententiam audiendam. Cum ergo tunc etiam eorum contempsisset adire præsentiam per se vel idoneum responsalem, ipsi habito prudentum virorum consilio, visis et auditis attestationibus, et utriusque partis rationibus diligenter inspectis, diffinitivam in scriptis sententiam protulerunt. Postmodum vero cum B. procurator monasterii vestri a nobis postulasset eamdem sententiam confirmari, et H. ejusdem nobilis procurator se opposuisset eidem, dilectum filium I. subdiaconum et capellanum nostrum eis concessimus auditorem. In cujus præsentia licet procurator præfatæ nobilis nihil rationabile objecisset, sicut ab eodem didicimus auditore, occulte tamen, ut dicitur, super ipso negotio contra inhibitionem auditoris ejusdem litteras impetravit, et illicentiatus abscessit. Nos igitur, ne idem ex fraude sua videretur commodum reportasse, dilectis filiis Sancti Dionysii et de Strata et Sancti Dionysii prioribus Parisiensis diœcesis dedimus in mandatis ut hujusmodi litteris non obstantibus inquirerent de prædicta sententia diligentius veritatem, et si justam reperirent eamdem, ipsam auctoritate apostolica confirmarent, et facerent per censuram ecclesiasticam appellatione postposita firmiter observari. Partibus igitur in eorum præsentia constitutis, pars vestra postulavit instanter ut juxta mandatum apostolicum inquirerent de sententia memorata, et confirmarent eamdem, si juste ac rite cognoscerent promulgatam, ipsam sententiam producens in medium sigillis prædictorum judicum communitam. Cæterum procurator nobilis sæpedictæ sententiam ipsam sibi petiit exhiberi et terminum assignari infra quem plenius super transcripto ipsius deliberare valeret. Quibus ipsi concessis, cum tandem post altercationes multiplices adinvicem habitas, pluribus terminis partibus assignatis, eamdem essent in ipsorum præsentia constitutæ, ac pars vestra in postulatione confirmationis sententiæ perseverans, super ea veritatem petiisset inquiri, judices ipsi a procuratore ipsius nobilis quæsierunt utrum aliquid sententiæ vellet objicere propter quod ad ipsius confirmationem procedere non deberent. Qui se nihil contra sententiam coram eis proponere velle respondens, nec aliquid agere in ipsorum præsentia, in vocem appellationis prorupit, et recessit contumaciter ab eisdem. Ipsi vero eamdem nobilem peremptorie citaverunt. Coram quibus procurator ipsius comparens, appellationem quam prius emiserat innovavit, recedens ab eorum præsentia contumaciter iterato. Porro judices ipsi attendentes quod hujusmodi frustratoriæ appellationis obtentu non esset negotium differendum, cum in nostris litteris appellationis esset diffugium interclusum, inquisiverunt de præfata sententia, diligenter inspicientes dicta testium coram prioribus judicibus productorum; et cum nihil rationabile invenissent propter quod deberet ipsius confirmatio retardari, de prudentum consilio juste ac rite prolatam pronuntiaverunt eamdem et auctoritate apostolica confirmarunt, juxta quod in eorum authentico plenius continetur. Postmodum autem vos gravem in auditorio nostro fecistis querimoniam recitari quod cum super præfatis querelis ad dictum episcopum et conjudices suos nostras litteras impetraveritis, et ipsi testibus hinc inde receptis, sicut superius est expressum, et rationibus utriusque partis plenius intellectis, in quibusdam pro dicta nobili et in quibusdam pro monasterio vestro sententiam promulgarint, et præfatus abbas Sancti Dionysii et collegæ ipsius de mandato sedis apostolicæ sententiam confirmarint eamdem, præfata nobilis, confisa potius de sua potentia quam de jure, utrique sententiæ se contumaciter opposuerat, nec monasterium vestrum super rebus adjudicatis eidem desierat molestare. Propter quod ex parte vestra fuit nobis humiliter supplicatum ut finem litibus imponentes, quod a prædictis judicibus nostra fuerat auctoritate statutum apostolico dignaremur munimine roborare. Econtra vero R. dictæ nobilis procurator tunc proposuit coram nobis quod cum eadem nobilis a primis judicibus manifeste sentiens se gravari, nostram audientiam appellasset, ipsi appellationi ejus minime deferentes, tam diffinitivam quam excommunicationis tulerunt sententiam contra eam, quam cum postmodum per judices posteriores confirmari peteretis instanter, ac ipsa coram eis legitimas exceptiones proponeret, quas offerebat se coram arbitris continuo probaturam, quia ipsi judices hujusmodi noluerunt exceptiones admittere, ab eis tanquam sibi certa ratione suspectis, nostram iterum audientiam appellavit. Sed ipsi appellatione contempta nihilominus in negotio processerunt. Nos igitur finem litibus volentes imponi, dilectis filiis decano et magistris Gualtero Cornuto et Roberto de Corzon canonicis Parisiensibus nostris dedimus litteras in mandatis ut si constaret eisdem posteriores judices perperam processisse, revocato in statum debitum quidquid factum esset per eos, sententiam a prioribus judicibus promulgatam, prout justum foret, appellatione remota confirmare vel infirmare curarent, alioquin quod a posterioribus judicibus auctoritate nostra provide factum esset per censuram ecclesiasticam facerent subiato appellationis obstaculo inviolabiliter observari. Nullis litteris obstantibus præter assensum partium a sede apostolica impetratis. Sane duo illorum, decanus videlicet, et magister Gualterus, tertio collega ipsorum se legitime excusante, partibus convocatis, examinatis testibus, et publicatis attestationibus eorumdem, ac allegationibus diligenter auditis, jurisque ordine in omnibus observato, de prudentum virorum consilio processum posteriorum judicum per diffinitivam sententiam confirmarunt, auctoritate qua fungebantur firmius inhibentes ne quisquam in præjudicium confirmationis ipsius temere aliquid præsumeret attentare. Tunc vero dicta nobilis per suas est patentes litteras protestata quod præfatæ sententiæ parebat atque paret. Demum nos sæpedictam sententiam a secundis et tertiis judicibus approbatam auctoritate apostolica confirmantes, dilectis filiis abbati Sanctæ Genovefæ ac priori Sancti Martini de Campis per scripta nostra mandavimus ut eamdem, sicut et justa, auctoritate nostra, sublato appellationis obstaculo, facerent firmiter observari, contradictores per censuram ecclesiasticam appellatione postposita compescentes. Qui Willelmum militem filium ejusdem nobilis legitime citaverunt; et eo in ipsorum præsentia constituto, ex parte vestra propositum exstitit contra cum quod ipse contra sæpedictam sententiam temere veniens, non servabat eamdem, sed ipsam potius per violentiam infringebat. Unde pars vestra postulavit ut juxta mandatum apostolicum ipsum compellerent ad observationem ejusdem. At ipse contra sententiam rationabile nihil objiciens, quasdam opposuit exceptiones frivolas ad negotium differendum, asserens dictum priorem Sancti Martini sibi esse suspectum, pro eo quod tu, fili abbas, in causa Sancti Martini exsecutor tunc eras, quod tamen verum non fuerat, sicut ex parte vestra exstiterat negatum omnino. Adjecit etiam quod cum monachi Sancti Martini accedunt ad monasterium vestrum, tanquam fratres recipiuntur in eo, et e converso monasterii vestri monachi recipiuntur ab illis, propter quod super his arbitros postulavit. Ad hoc autem ultimum pars vestra respondit quod non alio fraternitatis vinculo monachis Sancti Martini quam aliorum monasteriorum monachis nigri ordinis eratis astricti. Prædicti vero judices, licet hujusmodi causæ frivolæ viderentur, et primam scirent penitus esse falsam, ad malitiam tamen ipsius militis convincendam quæsiverunt ab eo utrum se vellet pœnæ alicui obligare si forsan in probatione deficeret prædictorum, si probandi sibi hæc concederent facultatem, quod idem facere recusavit omnino. Unde judices ipsius evidens subterfugium attendentes, auctoritate sibi apostolica præceperunt ut sæpedictam diffinitivam sententiam firmiter observaret, nec venire præsumeret contra eam; alioquin ipsum et omnes contradictores et excommunicationis vinculo innodabant. Sed idem non solum contra ipsam sententiam venire præsumpsit, verum etiam vobis et hominibus vestris graves injurias irrogavit. Propter quod idem judices in ipsum, tanquam in rebellem et contumacem, excommunicationis sententiam proferentes, fecerunt eumdem excommunicatum publice nuntiari, id ipsum suis litteris nuntiantes. Ipse vero iniquitatem iniquitati et contemptui contemptum apponens, monachos vestros qui apud Nongentum manebant crudeliter petractavit, et in domibus suis detinuit sic inclusos quod ipsi nec exire poterant nec ad eos aliqui introire; quos postmodum violenter ejiciens, rebus suis nequiter spoliavit, alias eis damna et injurias inferendo. Et ut monasterium vestrum fatigaret laboribus et expensis, quasdam a nobis veritate suppressa et suggesta nihilominus falsitate ad dilectos filios Sancti Lupi et Sancti Martini abbates et R. de Sancto Quintino canonicum Trecensem fecit litteras impetrari; in quibus continebatur quod cum vos eum super quibusdam possessionibus et rebus aliis coram præfatis abbate Sanctæ Genovefæ ac priore Sancti Martini de Campis auctoritate nostra traxissetis in causam, iidem legitimas exceptiones admittere recusantes, in ipsum et quosdam homines suos excommunicationis et in terram ejus interdicti sententias post appellationem ad nos legitime interpositam promulgarant. Propter quod nos præfatis abbatibus et canonico nostris dedimus litteras in mandatis ut si sententias ipsas invenirent post appellationem ad nos legitime interpositam esse latas, denuntiantes eas auctoritate nostra penitus nullas esse, in causa ipsa procederent juxta priorum continentiam litterarum; alioquin partes remitterent ad judicum priorum examen. Cum igitur dicti posteriores judices vos ad suam præsentiam citavissent, procurator vestri monasterii in ipsorum præsentia constitutus ne occasione hujusmodi litterarum procederent inhibuit appellando, eo quod falsa suggestione ac veritate suppressa fuerant impetratæ, cum de his omnibus quæ superius sint expressa nullam facerent mentionem. Quia igitur mendax precator carere debet penitus impetratis, dilectis filiis A. archidiacono, succentori, et decano Sancti Germani Antisiodorensis Parisiensis nostris dedimus litteras in præceptis quatenus prædictis litteris, quas constat veritate tacita impetratas, nequaquam obstantibus, et revocato in irritum si quid occasione ipsarum invenerint attentatum, latum in eum et alios contradictores excommunicationis sententiam tandiu faciant auctoritate nostra sublato appellationis obstaculo firmiter observari donec de damnis et injuriis irrogatis monasterio vestro satisfaciat competenter, et sufficienter exhibeat cautionem quod nec ipse nec ejus hæredes contra sæpedictam diffinitivam sententiam venient, sed eam de cætero firmiter observabunt. Ne igitur super sententia toties confirmata possitis ulterius molestari, nos eamdem sententiam, veritate perspicaciter intellecta, inviolabili confirmationis munimine roboramus, perpetuum alteri parti silentium imponentes, ac decernentes irritum et inane si quid de cætero apparuerit impetratum. Nulli ergo... nostræ confirmationis et constitutionis infringere, etc., *usque* incursurum.

Datum Laterani, Idibus Decembris, pontificatus nostri anno quarto decimo.

CXXXIII.
MAGISTRO ROBERTO DE CORZON CANONICO PARISIENSI ET CONJUDICIBUS SUIS.
Dantur induciæ ad exsecutionem voti.
(Laterani, III Idus Decembris.)

Dilectus filius nobilis vir Walterus dominus de Avesnis transmissa nobis petitione monstravit quod cum affixo suis humeris signo crucis ad subsidium terræ sanctæ voverit proficisci, et se ad iter peregrinationis accinxerit exsequendum, B. (262) subdiaconus frater suus cantor quondam Ecclesiæ Laudunensis, qui devastaverat, Dei timore postposito, et abjecto habitu clericali, hostiliter terram suam incendio multiplici et rapinis, accinctus balteo militari, ab ipso Waltero monitus assecurare noluit usque ad ejus reditum dictam terram, sed ab eo recedens animo indignanti, eidem fratri ac ejus terræ graviter adversatur. Unde cum ex discessu suo irreparabile damnum per ipsum B. sibi ac ejus terræ timeat proventurum, nobis humiliter supplicavit ut propter necessitatem hujusmodi ad exsequendum votum emissum sibi et familiæ suæ concedere dignaremur inducias competentes. Unde nos venerabilibus fratribus nostris Suessionensi et Meldensi episcopis et dilecto filio abbati Longipontis Suessionensis diœcesis nostris dedimus litteris in mandatis ut auctoritate nostra dilationem exsequendi votum peregrinationis prædictæ, quandiu eis constiterit durare hujusmodi absque dolo et fraude necessitatis articulum, concedant eidem, ipsum et familiam suam non permittentes super hoc ab aliquo molestari ; ita quod, eo cessante, ad nostrum consilium et mandatum reddat Domino quod promisit, in terræ sanctæ subsidium properando, et interim ad subventionem ipsius juxta possibilitatem suam, quemadmodum cum fratre Aimaro thesaurario domus militiæ Templi Parisiensis, cui super hoc scribimus, poterit convenire, competens mittat subsidium ; cum, sicut pro certo didicimus, eo plus solito indigeat ipsa terra. Ne igitur occasione cautionis quam recepistis ab ipso cum relaxastis excommunicationis sententiam, quam pro eo quod votum non exsequebatur emissum tulistis in eum, mandatum nostrum valeat impediri, præsentium vobis auctoritate mandamus quatenus permittatis ut juxta præscriptam formam in ipso negotio procedatur.

Datum Laterani, III Id. Dec., anno quarto decimo.

(262) Bochardus. Vide Meyer. lib. VIII *Annal ad an.* 1212 ; et appendicens hujus libri.

CXXXIV.
HIEROSOLYMITANO PATRIARCHÆ APOSTOLICÆ SEDIS LEGATO.
De electione archiepiscopi Nicosiensis.
(Laterani, III Kal. Januarii.)

Præsentata nobis electione quam dilecti filii capitulum Nicosiensis Ecclesiæ de dilecto filio magistro Durando ejusdem Ecclesiæ thesaurario celebrarunt, licet ejusdem capituli et suffraganeorum ac charissimi in Christo filii nostri Cypri regis illustris et plurium aliorum litteras receperimus super ea, quia tamen nonnisi unus de electoribus se nostro conspectui præsentavit, electionem eamdem sufficienter examinare nequivimus secundum apostolicæ sedis morem. Unde nec ipsam valuimus confirmare, cum et nobilis vir Gualterus de Monte-Beliardo, qui dicitur parochianus ipsius, de persona ejusdem electi per litteras suas quædam nobis suggerit quæ idem electus asseruit esse malitiose conflicta propter odium quo idem nobilis regem persequitur memoratum. Verum quia onerosum esset et grave, propter maris et viarum pericula, ob hoc itefato ad sedem apostolicam laborare, pallium, insigne pontificalis officii, ad te, tradendum eidem, duximus destinandum ; fraternitati tuæ per apostolica scripta mandantes quatenus si post denuntiationem super hoc a te factam talis infra mensem apparuerit persona quæ legitime velit et possit aliquod impedimentum canonicum objicere contra ipsum, tu causam audias, et eam appellatione remota canonico fine decidas ; et si vel impetitus non fuerit, vel exstiterit absolutus, tu ipsum præcipias consecrari, ac deinde conferas et pallium sub forma quam tibi transmittimus nostris litteris interclusam.

Datum Laterani, III Kal. Januarii, pontificatus nostri anno quarto decimo.

CXXXV.
ABBATI ET CONVENTUI SANCTI VEDASTI ATREBATENSIS.
Confirmatur quædam compositio.
(Laterani, IX Kal. Januarii.)

Cum a nobis petitur quod justum est et honestum, etc., *usque* effectum. Eapropter, dilecti in Domino filii, vestris justis precibus, etc., *usque* assensu (263), compositionem quæ inter bonæ memoriæ Martinum abbatem vestrum ex parte una et I. (264) quondam et ejus hæredes Bethunienses advocatos ex altera super quibusdam transactionibus talliarum, rogationum, violentarum exactionum, et aliarum rerum, in præsentia bonæ memoriæ Samsonis Remensis archiepiscopi de assensu partium amicabiliter intervenit, sicut sine pravitate provide facta est et ab utraque parte sponte recepta, necnon et in ipsius archiepiscopi super hoc confecto authentico declaratur, auctoritate apostolica confirmamus ;

(263) Exstat in probationib. Hist. Bethun., p. 32.
(264) Leg. *Robertum.*

et præsentis scripti patrocinio communimus. Nulli ergo, etc., *usque* incursurum.

Datum Laterani, ix Kal. Januarii, pontificatus nostri anno quarto decimo.

CXXXVI.
PRÆPOSITO ECCLESIÆ SANCTI EVASII DE CASALI, EJUSQUE FRATRIBUS TAM PRÆSENTIBUS QUAM FUTURIS REGULAREM VITAM PROFESSIS IN PERPETUUM.

De confirmatione privilegiorum.
(Laterani, III Kal. Januarii.)

Piæ postulatio voluntatis effectu debet prosequente compleri ; quatenus et devotionis sinceritas laudabiliter enitescat, et utilitas postulata vires indubitanter assumat. Eapropter, dilecti in Domino filii, petitionibus vestris benignitate debita gratum impertientes assensum, præfatam Ecclesiam, in qua divino mancipati estis obsequio, sub beati Petri et nostra protectione suscipimus, et ad exemplar prædecessorum nostrorum bonæ memoriæ Calixti, Paschalis, Innocentii, Lucii, et Urbani Romanorum pontificum præsentis scripti privilegio communimus. In primis siquidem statuentes ut ordo canonicus, qui secundum Deum et Beati Augustini Regulam in eadem ecclesia institutus esse dignoscitur, perpetuis ibidem temporibus inviolabiliter observetur. Præterea quascunque possessiones, quæcunque bona eadem ecclesia vestra inpræsentiarum juste et canonice possidet, aut in futurum concessione pontificum, etc., *usque* illibata permaneant, in quibus hæc propriis duximus exprimenda vocabulis. In eodem loco Casalis, ecclesiam Sanctæ Mariæ, et ecclesiam Sancti Stephani, cum hospitali ibidem ædificato et omnibus suis pertinentiis. Omnes ecclesias sitas in curia Casalis, cum omnibus suis pertinentiis. Ecclesiam Sancti Hilarii, et domum laboris ecclesiastici. In Paciliano, ecclesiam Sancti Germani, ecclesiam Sancti Michaelis de Castenelo. In loco Sancti Georgii, ecclesiam Sancti Martini, Sanctæ Mariæ, Sancti Hilarii, Sancti Vitalis et Sancti Petri. In Cinaglo, ecclesiam Sanctorum Cosmæ et Damiani, cum quatuor mansis et omni decima totius loci. In Rodolasco, ecclesiam Sancti Michaelis, cum pertinentiis suis. In Torcello, ecclesiam Sancti Clementis et Sancti Nicolai. In loco Casalis, tres mansos terræ quos propriis bobus excolitis, sex jugera vinearum ad proprios labores, mansum Brisce, mansum Gramine, mansum Officiani, mansum Ambrosii Tisinasci, mansum filiorum Gisi, mansum Hilarii, mansum Adæ Duamani, mansum Spatecaldarii, mansum Henrici Fine, mansum Setacharii, mansum Cavatorte, mansum Oberti Prisiliani, mansum Quirici Balde, mansum Radulphi Keke, cum pertinentiis et tertia parte decimarum totius loci Casalis, et tota decima terrarum familiæ Sancti Evasii, et quidquid ecclesia de Paciliano de jure vel longa consuetudine vestræ ecclesiæ facere consuevit. Villam Liuventini, cum decimis et omnibus pertinentiis suis. In Sancto Georgio, quatuordecim mansos, sextam decimam partem Torcelli, et tenimentum quondam Petri Crassi, cum omnibus pertinentiis suis. In Monteclo, tres mansos. In Marabello, quinque mansos. In pertinentia Cellæ, septem mansos. In Sermacia, quinque mansos. In Paciliano, quatuor mansos. In vico Borroni, mansum unum. In Luco, mansum unum. In Ageldo, mansum unum. In Ozano, mansum unum. In Rubiano, mansum unum. In Otimiano, mansum unum, In Fraxeneto, mansum unum et dimidium. Sane novalium vestrorum quæ propriis manibus aut sumptibus colitis, sine de nutrimentis vestrorum animalium, nullus a vobis decimas præsumat auferre. Liceat quoque vobis, etc., *usque* in ecclesia vestra sine contradictione qualibet retinere. Prohibemus insuper, etc., *usque* in loco vestro professionem fas sit absque præpositi sui licentia de claustro vestro discedere. Discedentem vero sine communi litterarum cautione nullus audeat retinere. Chrisma vero, oleum sanctum, etc.; *usque* gratiam atque communionem apostolicæ sedis habuerit, et ea gratis et absque pravitate aliqua vobis voluerit exhibere. Alioquin liceat vobis catholicum quemcunque malueritis adire antistitem, qui nimirum nostra fultus auctoritate quod postulatur indulgeat. Obeunte vero te nunc ejusdem loci præposito vel tuorum, etc., *usque* providerint eligendum. Decernimus ergo, etc., *usque* integra et illibata serventur, eorum pro quorum gubernatione, etc., *usque* profutura. Salva sedis apostolicæ auctoritate et diœcesani episcopi canonica justitia. Si qua igitur in futurum, etc., *usque* subjaceat. Cunctis autem eidem loco, etc., *usque* præmia æternæ pacis inveniant. Amen.

Datum Laterani, per manum Joannis Sanctæ Mariæ in Cosmidin diaconi cardinalis, S. R. E. cancellarii, III Kal. Januarii, indictione xv, Incarnationis Dominicæ anno 1211, pontificatus vero domini Innocentii papæ III anno quarto decimo.

CXXXVII.
CAPITULO SANCTI EVASII DE CASALI.

De subjectione Ecclesiæ Pacilianensis.
(Laterani, IV Non. Januarii.)

Cum dilecti filii V. ecclesiæ vestræ ac Guaz et A. Sancti Germani et communis de Paciliano procuratores ad sedem apostolicam accessissent, nosque illis benignam audientiam dedissemus, prædictus procurator ecclesiæ vestræ proposuit coram nobis quod cum olim inter ecclesiam vestram ex parte una et ecclesiam Sancti Germani de Paciliano ex altare coram venerabili fratre nostro patriarcha Hierosolymitano, tunc episcopo Vercellensi, super subjectione quam vestra ecclesia petebat ab illa quæstio verteretur, syndicus ecclesiæ vestræ proposuit coram eo quod eadem ecclesia ecclesiæ vestræ in omnibus debebat esse subjecta, ut utpote suæ plebi, et tempore solemnis baptismi, videlicet vigilia Paschæ ac Pentecostes, expensis Paciliacensis ecclesiæ vestræ fontes debebant repleri, ac presbyter Paciliacensis pro scrutiniis faciendis tempore constituto et pueris baptisandis temporibus supradictis ad ecclesiam vestram accedere tenebatur, et indifferenter præsentatos sibi pueros baptizare, chrisma sibi suo scholari vel clerico ministrante; clerici autem ejusdem ecclesiæ, qui vellent ad ordines promoveri, ad eos debebant per vestram ecclesiam præsentari ac vobis omnem reverentiam exhibere; cum autem Casalensis præpositus in synodo steterit, clerici Pacilianensis ecclesiæ cum eo surgere tenentur et stare quandiu Casalensis præpositus steterit in eadem. Præpositus vero Pacilianensis proposuit ex adverso quod ecclesia sua nullo tempore fuit titulus Ecclesiæ Casalensis, nec unquam tanquam plebi subjecta; sed etsi aliquo tempore rei veritas se aliter habuit, hujusmodi tamen quæstio per bonæ memoriæ Gisulphum Vercellensem episcopum concorditer exstitit terminata, qui statuit ut in tribus solummodo ecclesia sua esset obnoxia Casalensi, videlicet quod baptismi tempore unus sacerdos Pacilianensis ecclesiæ ad fontes intersit cum clericis Casalensis Ecclesiæ, baptizaturus pueros tantummodo suæ villæ, et qui ordinandi fuerint de Pacilianensi ecclesia, per Casalensem ad ordines præsententur; nisi forsan præpositus aut canonici Casalenses a præsentatione callide se subtraxerint eorumdem; ac in synodo, ubicunque sedeant, surgant surgente præposito Casalensi, adjiciens quod idem præpositus chrisma debebat facere ministrari Pacilianensi presbytero baptizanti. In his ergo tantum Ecclesia sua ecclesiæ vestræ et non aliis tenebatur. Syndicus vero prædictus super hujusmodi prorsus inficians intervenisse concordiam, instrumentum quod super hoc ecclesia Pacilianensis exhibuit, suspectum asseruit falsitatis, adjiciens quod post tempus illud Pacilianenses impleri fecerant fontes ecclesiæ Pacilianensis. Porro ex parte fuit Pacilianensis ecclesiæ replicatum quod instrumentum prædictum fide dignum et authenticum erat, ac etiam a Vercellensi capitulo approbatum, et transactionem quæ continebatur in eo bonæ memoriæ Lucius papa prædecessor noster auctoritate apostolica confirmarat, sicut per ipsius authenticum apparebat. Quod autem post tempus transactionis aliquando fuerint fontes impleti, ex ignorantia facti processit; cum postmodum in thesauraria Beati Eusebii instrumentum fuerit transactionis inventum, cujus tenorem primitus ignorarant. Et quia istud specialiter in illa controversia fuit antiqua petitum, et omnia remissa fuerant a Casalensibus præter tria prædicta, repletio fontium postmodum indebite facta non debebat Pacilianensem ecclesiam ad id præstandum in posterum obligare. Cum igitur coram patriarcha prædicto super his fuisset ab utraque parte diutius litigatum, idem visis et auditis allegationibus et instrumentis ac depositionibus testium quos pars utraque produxit, habito fratrum suorum et aliorum juris peritorum consilio, sic decrevit, ut Pacilianensis sacerdos tempore solemnis baptismi cum baptizandis pueris terræ suæ ad ecclesiam Casalensem accederet, et indifferenter quoscunque pueros baptizaret oblatos, ordinandi vero de sæpe dicta Pacilianensi ecclesia per vestram præsententur ad ordines; nisi forte præpositus qui pro tempore fuerit, aut capitulum a præsentatione ipsorum callide se duxerint subtrahendos; ita tamen quod clericus Pacilianensis qui esset ad ordines præsentandus, præsentatorem procurare minime teneretur, et si clericus Casalensis sine dilatione vellet accedere ad præsentandum eumdem, præsentandus cum eo accederet sine mora; quod si præsentator ire differret, ordinandus accederet sine ipso, et usque ad tempus repræsentationis exspectaret eumdem. Statuit etiam ut Pacilianenses clerici in synodo surgerent cum Casalensi præposito, starent cum eo quandiu ipse steterit, sicut clerici Casalenses. Chrisma quoque idem præpositus Pacilianensi presbytero baptizanti sicut aliis sacerdotibus faceret ministrari, et celebrato baptismate, chrisma et oleum sanctum Pacilianenses clerici de manu præpositi reciperent sæpedicti. A repletione vero fontium et aliis quæ a vestra ecclesia fuerant postulata ecclesiam Pacilianensem prorsus absolvit. Propter quod ab ecclesia vestra fuit ad sedem apostolicam appellatum; et eadem prosequente appellationem emissam, bonæ memoriæ Clemens prædecessor noster appellationis causam Mortariensi præposito et magistro Jacobo Papiensi canonico delegavit. In quorum præsentia partibus constitutis, magister Garganus syndicus Pacilianensis ecclesiæ proposuit coram illis quod a præfata sententia ab ecclesia vestra nec prima die qua lata fuit coram præfato judice viva voce, nec postmodum infra decem dies in scriptis in ejus præsentia exstitit appellatum, et appellationem ipsam ecclesia vestra non fuerat infra tempus legitimum prosecuta. Unde ab impetitione ipsius Pacilianensis ecclesia debebat absolvi. Judices vero prædicti, visis et intellectis rationibus utriusque partis, et depositionibus testium prædictorum diligenter inspectis, præfato magistro præstante corporaliter juramentum quod a præfata sententia nec prima die nec infra decem dies, sicut superius est expressum, ab ecclesia vestra fuerat provocatum, eumdem magistrum nomine Pacilianensis ecclesiæ ab impetitione Casalensis ecclesiæ sententialiter absolverunt, præfatam diffinitivam sententiam confirmantes. Cum igitur sæpedicti Pacilianenses per decennium et amplius præfatæ sententiæ paruissent, et postmodum ipsam servare temeritate propria recusassent, nos ecclesiæ vestræ querela super hoc proposita coram nobis, venerabili fratri nostro Lothario Pisano archiepiscopo, tunc Vercellensi electo, nostris dedimus litteris in mandatis ut eos ad observationem ipsius sententiæ per censuram ecclesiasticam, sicut justum esset, compelleret, appellationis diffugio non obstante. In cujus præsentia partibus constitutis, G. syndicus ecclesiæ vestræ petiit ut præfatam sententiam a prædicto episcopo promulgatam et confirmatam per judices a sede apostolica delegatos, sicut per instrumenta publica exinde confecta plenius apparebat, faceret exsecutioni mandari. Sed pars altera proposuit ex adverso quod cum tam diffinitiva sententia quam ea quæ lata exstiterat pro confirmatione ipsius, sicut nisa est probare per testes, fuerit per appellationem suspensa, præfata diffinitiva non erat exsecutioni mandanda, sed potius de causa ex integro cognoscendum. Cæterum ecclesiæ vestræ syndicus objectum appellationis inficians, asseruit quod si fuisset etiam provocatum, nihilominus tamen ipsa sententia in rem transierat judicatam, cum non solum biennium, sed decennium etiam fuerit a tempore prolationis elapsum. Nec illud debebat obstare quod allegaverat pars adversa, videlicet quod lis quæ speratur in consistorio principis absque damno moræ manet intacta ; eo quod id locum habet, si postquam ad principis venit notitiam, causæ tractatum distulerit variis occupationibus præpeditus. Præterea syndicus asseruit memoratus quod de prædictæ sententiæ viribus non erat amplius inquirendum, cum clerici Pacilianensis ecclesiæ proprio motu in omnibus capitulis paruerint sententiæ memoratæ, quod nisus est testium assertione probare. At Pacilianensis præpositus id penitus negans, proposuit quod hoc verisimile minime videbatur, cum semper a longis retro temporibus in Sabbato vigilia Paschæ ac Pentecostes solemne baptismum Pacilianensis ecclesia celebrarit, quod et voluit probare per testes, adjiciens quod etsi omnia vera essent quæ pro vestra ecclesia fuerant allegata, parti suæ tamen non debebant obesse; cum præpositus vester, vobis assentientibus, super his quæ præfata sententia vel ratione alia vestræ competebant ecclesiæ transegerit cum eodem, et bonæ memoriæ Cœlestinus papa prædecessor noster transactionem super his habitam confirmarit, quasdam litteras nomine ipsius prædecessoris nostri confectas producens in medium ad suam intentionem fundandam. Ad hoc præfatus syndicus ecclesiæ vestræ respondit quod hoc nec verum erat nec verisimile videbatur, cum tempore quo patriarcha prædictus præfuerat ecclesiæ Vercellensi plures de clericis Pacilianensis ecclesiæ suspensi fuerint pro eo quod dictam sententiam non servarent, et ab eis usque tunc id non exstiterit allegatum, firmiter asseverans instrumentum super transactione confectum et præfatas confirmationis litteras esse falsas. Verum præfatus archiepiscopus de litterarum illarum dubitans falsitate, ipsas examinandas ad nostram præsentiam destinavit cum suarum testimonio litterarum (265). Nos igitur litteris ipsis diligenter inspectis, ipsis rescripsimus quod eas tam ex dictamine, quod a stylo cancellariæ nostræ discrepabat omnino, quam ex bulla quæ fuerat extracta ex litteris aliis, et illis fraudulenter inserta, falsas esse comperimus manifeste. Porro archiepiscopus memoratus, visis et intellectis his et aliis quæ hinc inde fuere proposita coram eo, et habito prudentum virorum consilio, super præmissis pronuntiavit quemadmodum dictus pronuntiaverat patriarcha, ecclesiæ vestræ syndicum sententialiter ab impetitione syndici communis Pacilianensis absolvens super eo quod proposuerat quod vestra perturbarat ecclesia quasi possessionem Pacilianensis communis super suorum baptismate parvulorum. Licet autem præfati Pacilianenses a prædicta sententia postmodum appellarint, iidem tamen appellationem emissam infra biennium prosequi non curarunt, et eis non deferentibus pueros suos ad vestram ecclesiam baptizandos, juxta quod a patriarcha et archiepiscopo memoratis fuerat sententialiter diffinitum, nos super hoc ecclesiæ vestræ querela recepta, venerabili fratri nostro Papiensi episcopo dedimus in mandatis ut partibus convocatis, causam audiret et appellatione remota fine debito terminaret. A quo, libello sibi oblato, ecclesiæ vestræ syndicus postulavit ut cum commune Pacilianense pueros suos ad Casalensem Ecclesiam baptizandos contemnerent destinare, ipsos ecclesiastica censura compelleret ut tempore solemnis baptismi pueros suos ad eamdem ecclesiam baptizandos transmitterent, ut tenentur. Lite igitur coram eo solemniter contestata, et productis testibus, et exhibitis instrumentis, præfatus episcopus, visis et intellectis rationibus utriusque partis, et habito prudentum virorum consilio, nonobstantibus litteris quos venerabiles fratres nostri Terdonensis et Alexandrinus episcopi miserunt eidem, quasque sibi præpositus Pacilianensis ecclesiæ in die tertio præsentavit, cum post impetrationem ipsarum pars Pacilianensis testium depositiones receperit a vestra ecclesia productorum, et postulatis induciis et obtentis ad faciendos extractus et super depositionibus testium disputandum sibi sua tradiderit instrumenta, depositiones testium et extractus, de præfatis litteris non faciens mentionem, syndicum Pacilianensem communis eorum nomine sententialiter condemnavit ut de cætero singulis annis tempore solemnis baptismi , videlicet vigilia Paschæ ac Pentecostes, parvulos suos ad ecclesiam vestram mitterent baptizandos. Postmodum autem Pacilianensis præpositus suam nobis querimoniam destinavit quod Casalensis præpositus injuriabatur eidem super quadam pecuniæ quantitate. Verum nos dilecto filio Raynerio subdiacono nostro Astensi canonico nostris dedimus litteris in mandatis ut causam audiret, et appellatione remota, usuris cessantibus, fine debito terminaret. Quibus in ejus præsentia constitutis, B. syndicus Pacilianensis ecclesiæ oblato libello proposuit coram eo quod cum transactionem habitam inter magistrum Stephanum ecclesiæ vestræ nomine et magistrum Gar. tunc syndicum Pacilianensis ecclesiæ super baptismate parvulorum et capitulis aliis minime servaretis, incideratis in pœnam trecenta-

(265) Vide lib. I, epist. 349, et lib. II, epist. 57; et Gesta Innoc. III, cap. 42.

rum librarum Papiensis monetæ, quæ fuerat in compromisso expressa. Unde postulavit instanter ut vos compellet ad solutionem ejusdem, repetens nihilominus centum quinquaginta libras Papienses quas præfatus magister G. nomine Pacilianensis ecclesiæ dederat ecclesiæ vestræ pro bono pacis et expensis quas fecerat super præfatis capitulis litigando; et quod ecclesia vestra teneretur ad hæc nisus est probare per testes et per publicum instrumentum. Syndicus vero ecclesiæ vestræ proposuit ex adverso quod instrumentum quod idem exhibuerat, erat falsum, et contractus, qui continebatur in illo, nunquam habitus fuerat inter partes, et si habitus esset, non debebat tenere de jure, eo quod super spiritualibus, quæ remitti non poterant, factus esset; nec præfatus magister ad pœnam ecclesiam vestram quiverat obligare, nec etiam licitum fuerat super re transigere judicata. Judex vero prædictus, auditis his et aliis quæ fuerunt proposita coram eo, et utriusque partis rationibus diligenter inspectis, præfatum ecclesiæ vestræ syndicum, ipsius ecclesiæ nomine, ab impetitione partis alterius super prædictæ pecuniæ quantitate per sententiam diffinitivam absolvit. Verum procurator prædictus postulavit a nobis ut præfatas sententias auctoritate dignaremur apostolica confirmare, ac super præmissis parti adversæ perpetuum silentium imponentes, ipsos nihilominus puniremus pro eo quod instrumentis et litteris pluries in judicio fuerant usi falsis, eosque vobis condemnaremus nihilominus in expensis, revocando in irritum quod per Petracium et Morandum occasione litterarum falsarum contra Ecclesiam vestram exstiterat attentatum. Ad hæc præfati procuratores Pacilianenses responderunt quod licet præfatæ sententiæ latæ fuerint contra eos, ipsi tamen appellarant ab illis, et eædem iniquitatem nihilominus continebant, et de dolo præsumi poterat manifeste, eo quod contra transactionem exstiterant promulgatæ. Unde petebant easdem auctoritate apostolica irritari, cum instrumentum transactionis ipsius ut falsum non fuerit in judicio reprobatum; nihilominus postulantes ut, prædictis sententiis nonobstantibus, transactionem eamdem, quæ fuerat pœna pecuniaria et sacramenti religione firmata, faceremus servari, per quam Pacilianenses et eorum ecclesia ab ecclesiæ vestræ subjectione reddebantur immunes. Procurator vero vester proposuit ex adverso quod de juribus sententiarum illarum non erat de cætero inquirendum, cum in rem jam transierint judicatam, et licet pars adversa, sicut asserit, a sententia Mortariensis præpositi et ejus conjudicis appellarit, nihilominus tamen per decennium et amplius ipsi Pacilianenses præfatæ sententiæ paruerunt, propter quod et appellationi suæ ac transactioni, si qua facta exstitit, renuntiasse videntur. Præterea cum de instrumento transactionis archiepiscopus cognoverit memoratus, et eo nonobstante pronuntiaverit contra ipsos, illud merito præsumitur reprobasse; et si ab ipsius, ut asserunt, sententia provocarunt, appellationem tamen infra biennium non fuerunt postmodum prosecuti. Sed a sententia præfati Papiensis episcopi eis licuit appellare, quia cum jam secundo appellaverint, sicut dicunt, in eadem causa ipsis provocare, tertio non licebat: contra quos etiam subdiaconus memoratus, ad quem ipsi nostras litteras impetrarant, super transactione prædicta sententiam promulgavit, ab impetitione ipsorum vestram ecclesiam absolvendo. Procuratores vero Pacilianenses replicarunt quod appellationem quam emiserant a sententia quam præfatus archiepiscopus tulerat contra eos infra tempus legitimum fuerant prosecuti, sed eodem impediente archiepiscopo, qui tunc temporis apud sedem apostolicam morabatur, non potuerunt aliquid impetrare. Unde quia lis inferri sperabatur in consistorio principis, sine damno moræ morabatur intacta. Præterea cum præsentiam judicis formidarent pro falsitate in judicio deprehensa, et timor talis existeret qui cadere poterat in constantem, a prosecutione appellationis ipsius merito poterant excusari. Ad hæc autem procurator vester respondit non esse verisimile quod infra biennium appellationem prosequi nequivissent, quia licet aliquando princeps exstiterit occupatus, non tamen consuevit instantibus justitiam denegare; nec metum quem ob vitium falsitatis incurrebant allegare valebant, cum iidem hujusmodi incusserant, sibi metum, nec ex eo erant aliquatenus excusandi unde debebant potius condemnari. Nos igitur, his et aliis diligenter auditis quæ partes coram nobis proponere voluerunt, de consilio fratrum nostrorum prædictas sententias, qua manifeste cognovimus esse justas, decrevimus confirmandas. Nullo ergo, etc., *usque incursurum.*

Datum Laterani, iv Non. Januarii, pontificatus nostri anno quarto decimo.

CXXXVIII.
EPISCOPO ET CUSTODI ARGENTINENSI.
Ne vulgaria judicia exerceantur a presbyteris.
(Laterani, v Id. Januarii.)

Licet apud judices sæculares vulgaria exerceantur judicia, ut aquæ frigidæ, vel ferri candentis, sive duelli, hujusmodi tamen judicia Ecclesia non admisit; cum scriptum sit in lege divina: *Non tentabis Dominum Deum tuum* (Deut. vi). Hoc igitur observato, circa purgationem Reimboldi latoris præsentium, qui super hæretica pravitate asseritur infamatus, taliter procedatis quod morbus iste, qui serpit ut cancer, per vestram sollicitudinem circumspectam perfecte curetur; ita quod eum nec iniquum gravet judicium, nec misericordia dissoluta confundat.

Datum Laterani, v Idus Januarii, pontificatus nostri anno quarto decimo.

CXXXIX.
P. PRÆPOSITO EBREDUNENSI SUBDIACONO NOSTRO
Recipitur sub protectione B. Petri
(Laterani, iv Id. Januarii.)

Cum a nobis petitur quod justum est et honestum,

etc. Eapropter, dilecte in Domino fili, etc., *usque* inclinati, personam tuam cum omnibus bonis tam ecclesiasticis quam mundanis quæ inpræsentiarum rationabiliter possides, aut in futurum justis modis dante Domino poteris adipisci, sub beati Petri et nostra protectione suscipimus. Specialiter autem præposituram et canonicam Ebredunensis ecclesiæ cum pertinentiis suis, sicut eas juste possides et quiete, auctoritate tibi apostolica confirmamus et præsentis scripti patrocinio communimus. Nulli ergo, etc., *usque* protectionis et confirmationis, etc., *usque* incursurum.

Datum Laterani, iv Idus Januarii, pontificatus nostri anno quarto decimo.

CXL.

P. SUBDIACONO NOSTRO PRÆPOSITO, ET CAPITULO EBREDUNENSI.
De supplenda negligentia prælatorum.
(Laterani, iv Id. Januarii.)

Postulastis per sedem apostolicam edoceri ut cum ad vos simul et archiepiscopum vestrum donatio præbendarum ecclesiæ vestræ pertineat (266), utrum præbendæ vacantis donatio penes archiepiscopum ipsum remaneat, si eam infra semestre tempus neglexeritis pariter ordinare. Ad quod vobis breviter respondemus quod cum vos et idem archiepiscopus infra tempus præscriptum negligentes existitis circa collationem vocantium præbendarum, sicut nec ab illo ad vos, ita nec a vobis ad illum potestas devolvitur conferendi, sed secundum statuta Lateranensis concilii ad superiorem transit donatio earumdem; nisi forte archiepiscopus, non ut prælatus, sed ut canonicus, vobiscum jus habeat conferendi; et in hoc casu, si dolose forsitan impedierit, dolus ei suffragari non debet.

Datum Laterani, iv Idus Januarii, pontificatus nostri anno quartodecimo.

CXLI.

ABBATI ET CONVENTUI CORBEIENSI.
Confirmatur quædam sententia.
(Laterani, ii Kal. Januarii.)

Cum a nobis petitur quod justum est et honestum, etc., *usque* perducatur effectum. Eapropter, dilecti in Domino filii, vestris justis postulationibus, etc., *usque* assensu, sententiam diffinitivam quam pro vobis contra nobilem virum W. advocatum Bethuniæ super quibusdam talliis et exactionibus quas dictus advocatus indebite vestris hominibus imponebat, dilecti filii Sancti Martini de Gemellis et Sancti Acheloi abbates et præcentor Ambianensis, a nobis judices delegati, exigente justitia protulerunt, sicut est justa, nec legitima provocatione suspensa, auctoritate apostolica confirmamus et præsentis scripti patrocinio communimus. Nulli ergo, etc., *usque* incursurum.

Datum Laterani, ii Kal. Januarii, pontificatus nostri anno quarto decimo.

CXLII.

UNIVERSIS EPISCOPIS IN QUORUM EPISCOPATIBUS MALEFACTORES CORBEIENSIS MONASTERII COMMORANTUR.
Adversus malefactores monasterii Corbeiensis.

Quanto amplius Corbeiense monasterium ad jus et proprietatem sacrosanctæ Romanæ Ecclesiæ noscitur pertinere, et specialius ad ejus curam respicit et tutelam, tanto ad defensionem et conservationem ipsius propensiori cura nos oportet intendere, et ejus jura illibata et integra conservare. Inde est quod universitati vestræ per apostolica scripta mandamus quatenus illos parochianos vestros qui possessiones et bona præfati monasterii auferre præsumpserint et ea temerarie molestare, cum omni studeatis diligentia convenire ut et ablata restituant et ab eorum molestia et infestatione desistant. Quod si juxta commonitionem vestram facere forte contempserint, eos usque ad condignam satisfactionem censura ecclesiastica arceatis.

Datum Laterani, iii Non. Decemb., pontificatus nostri anno quarto decimo.

CXLIII.

ABBATI ET CONVENTUI SANCTI MAGLORII PARISIENSIS.
Ne quid exigatur pro installatione abbatis.

Cum ex injuncto nobis apostolatus officio Ecclesiarum omnium sollicitudinem gerere teneamur, ea corrigere nos oportet quæ interdum contra sacrorum canonum sanctiones in eis per ipsarum ministros improvide attentantur. Sane ad audientiam nostram vobis referentibus est delatum quod cum abbatem vestrum contingit de novo in sede, prout moris est, collocari, archidiaconus Parisiensis pro installatione ipsius centum solidos Parisiensis monetæ a vobis nititur extorquere, hujusmodi exactionem in jus annuum convertendo. Quia igitur talis exactio est rationi contraria et sanctorum Patrum institutionibus inimica, ne id de cætero attentetur, auctoritate præsentium districtius inhibemus. Nulli ergo... inhibitionis, etc., *usque* incursurum.

Datum Laterai, iii Non. Octob., pontificatus nostri anno quarto decimo.

CXLIV.

PRIORI GRANDI MONTENSI.
Confirmantur quædam statuta
(Laterani, iv Id. Januarii.)

Cum quædam capitula in authentico nostro contenta per litteras tuas, quæ coram nobis recitatæ fuerunt, ad majorem duxeris evidentiam exponenda, nos attendentes te illa et intellexisse fideliter et salubriter explanasse, devotioni tuæ præsentium auctoritate mandamus, quatenus ipsa secundum expositionem hujusmodi facias observari. Ad majorem vero cautelam expositiones illas de verbo ad verbum præsenti scripto jussimus adnotari; quarum tenor est talis. Quia de pulsatione ad collationem prima fiebat quæstio, taliter videtur determinare privile-

---

(266) Cap. *Postulastis*, De concess. præb.

gium, quod procurator domus secundum tenorem mandati apostolici debet propria manu pulsare, cum in domo præsens fuerit, hora statuta a priore; nisi infirmitas corporis manifesta vel necessitas inevitabilis ipsum detinuerit, ne collationi valeat interesse. Si vero interesse nequiverit, alius conversus, quem prior statuerit, pulset hora statuta. Ita siquidem ut de negligentia jure non valeant reprehendi. Prior autem clericum instituet qui procuratori vel alteri converso hora statuta præcipiat ut pulsetur; vel si clericus negligens fuerit, hoc idem injungat alius clericus loco ejus. Per quod manifeste datur intelligi quod clericus auctoritatem habet injungendi converso ut pulset hora statuta, vel si forte hora transierit, conversus tenetur pulsare ad denuntiationem clerici sine dilatione qualibet vel quæstione; et si quilibet horum negligens fuerit vel contemptor, de mandato summi pontificis tanquam transgressor puniatur. Visitatores computationes audiant de receptis pariter et expensis, eo modo quo prior computationes consuevit audire, quem modum, quamvis satis notus sit universis, plane coram omnibus in capitulo generali exposuimus. Si clericis placuerit ut exeant ad laborem, cum conversis exeant, et cum eis pariter revertantur; sed semper hebdomadarius in cella remaneat, cujus nomine intelligimus interiorem ambitum vel clausuram, vel, si clausura non fuerit, loca adjacentia officinis. Si vero clerici vel conversi excesserint exeundo, quod intelligimus si nimis frequenter et sine causa honesta, in capitulo proclamentur a clerico vel converso, et per hebdomadarium regulariter et rationabiliter judicentur. Cætera vero expositione aliqua indigere non videntur cum mutationes clericorum de voluntate prioris cum consilio clericorum discretorum fieri debeant, et cum mutati fuerint, nihil prorsus secum ferre debeant nisi pannos simplices, nec Scripturam, nec quodlibet aliud, nec conversi pariter sine speciali permissione vel mandato prioris, cum, sicut aperte sonat privilegium, nihil sibi proprium debeant vindicare. Quia vero computationis capitulum, fili prior, minime fuit in tuis litteris explanatum, illud nos in aliis litteris nostris plenius duximus explanandum.

Datum Laterani, iv Idus Januarii, pontificatus nostri anno quarto decimo.

CXLV.

PRIORI ET CONVENTUI GRANDIMONTENSI.
Super reformatione ejusdem monasterii.
(Laterani, xi Kal. Januarii.)

Venientes ad apostolicam sedem aliqui clerici de quibusdam cellis ordinis vestri nobis proponere curaverunt quod in multis statuta vestri ordinis violantur; propter quod scandalum oritur inter fratres, et rixæ ac contentiones exinde oriuntur. Nos autem, quia ipsos tu, fili prior, sicut per tuas litteras intimasti, excommunicationis vinculo innodaras, ut super his quæ proponebant melius instrui valeremus, eisdem beneficium fecimus absolutionis impendi, mandantes ut eos in locis suis recipi facias salva ordinis disciplina. Volentes igitur ut si qua in ecclesia vestra corrigenda sunt, in melius corrigantur, venerabili fratri nostro archiepiscopo Bituricensi et dilectis filiis de Pratea et de Varenis abbatibus Cisterciensis ordinis Bituricensis diœcesis dirigimus scripta nostra, ut ad vestram ecclesiam accedentes, quæ ibidem invenerint contra regulam deformata, nostra freti auctoritate sublato appellationis obstaculo studeant reformare, contradictores censura ecclesiastica compescendo. Tales itaque vos in his exhibere curetis quod zelari merito videamini vestri ordinis honestatem, et hujusmodi contentiones et rixæ penitus sopiantur, quia servos Dei non oportet, secundum Apostolum, litigare. Illud autem quod in rescripto nostro de computatione annis singulis facienda conditionaliter dicitur, intelligi volumus absolute nihilominus injungentes ut clericus sive laicus de ordine vestro, quem constiterit in canonem latæ sententiæ incidisse, tanquam excommunicatus ab omnibus evitetur donec per hebdomadarium sacerdotem vel per te, fili prior, fuerit absolutus.

Datum Laterani, ix Kal. Januarii, pontificatus nostri anno quarto decimo.

CXLVI.

PATRIARCHÆ ALEXANDRINO.
Consolatur captivos Christianos.
(Laterani, xv Kal. Februarii.)

Gratum gerimus et acceptum, et fraternitatem tuam dignis in Domino laudibus commendamus, quod, sicut ex litteris tuis nobis directis accepimus, circa illos qui Alexandriæ ac Babyloniæ sunt captivi diligentiam adhibes pii patris, et ad liberationem ipsorum impendis operam diligentem; et ne periculum negationis incurrant, nobis humiliter supplicasti ut calamitates eorum et angustias quas sustinent attendentes, pro liberatione ipsorum fratribus militiæ Templi et Hospitalis necnon regibus et principibus orientalis provinciæ scribere dignaremur. Nos autem, qui cum Apostolo dicere possumus; *Quis infirmatur, et ego non infirmor, quis scandalizatur, et ego non uror?* (*II Cor.* xi) etsi in tribulationibus eorumdem paterno compatiamur affectu, in eo tamen consolationem recipimus qui secundum Apostolum Pater misericordiarum et totius consolationis est Deus, qui nos in omni tribulatione nostra misericorditer consolatur, illud in eis sperantes implendum quod veritas, quæ mentiri non novit, in Evangelio protestatur: *Beati qui persecutionem patiuntur propter justitiam, quoniam ipsorum est regnum cœlorum. Beati qui lugent, quoniam ipsi consolabuntur* (*Matth.* v). Sane habito super hoc cum fratribus nostris diligenti tractatu, petitionem tam tuam quam captivorum ipsorum favore perpendimus apostolico prosequendam, venerabili fratri nostro patriarchæ Hierosolymitano apostolicæ sedis legato nostris dantes litteris in mandatis quatenus ex parte tam nostra quam sua præscriptos fratres ac reges et principes in nomine Domini exhortetur, consulendo fideliter et efficaciter inducendo ut ad redemptionem illorum per congruam commutationem intendant, et contra persecutores fidei Christianæ his pro fide Christi potentibus armis utantur quibus utique Dominus vim suæ virtutis creditur facilius impensurus, cumque hoc acceptabile opus populus intellexerit Christianus, ad subventionem eorum liberalius suas manus extendat, et nos, si devote fuerimus exauditi, debeamus eos in petitionibus suis plenius exaudire; quidquid autem super hoc actum fuerit idem patriarcha nobis non differat intimare; ut per suam relationem instructi, juxta quod nobis divina suggesserit inspiratio, procedamus. Cum igitur tanquam aurum in fornace Dominus suos probet electos, fraternitatem tuam rogandam duximus et monendam, per apostolica scripta mandantes quatenus captivos ipsos efficaciter exhorteris ut non deficiant in tribulationibus suis, quia non sunt condignæ passiones hujus temporis ad futuram gloriam quam in nobis Apostolus asserit revelandam; et fidelis est Deus, qui eosdem supra id quod possunt tentari minime patietur, sed faciet cum tentatione proventum, ut valeant sustinere. Id enim quod in præsenti sustinent, est utique momentaneum, sed in eis pondus æternæ gloriæ operatur, si tamen usque in finem viriliter in incœpto certamine duxerint persistendum, quia si legitime consummaverint bonum certamen quod hactenus certaverunt, de reliquo ipsis corona justitiæ reponetur. Quædam autem de ipsis audimus quæ cum dolore referimus et pudore, quia ipsi nonnulla committunt impia et nefanda, per quæ non solum divinam majestatem offendunt, verum etiam apud incredulos Christianam religionem infamant, propter quod maxime circa liberationem ipsorum supernæ miserationis retardatur effectus, a quibus tu eos salubribus monitis et consiliis studeas revocare, talem te ipsum in servitute divina satagens exhibere, ut ab his qui sunt intus et ab his qui sunt foris bonum habere testimonium merearis. Cæterum, sicut nobis scripsisti, præfati captivi non habent nisi quemdam vetulum sacerdotem qui eis possit ministrare divina. Unde fraternitatem tuam humiliter rogaverunt ut unum ex ipsis in ecclesiasticis ministeriis eruditum in diaconum promoveres, quod tu sine nostra licentia facere noluisti. Nos autem ut in hoc eorum adimpleas desiderium suademus, ordinandi eum tibi liberam concedentes auctoritate apostolica facultatem.

Datum Laterani, xv Kal. Februarii, pontificatus nostri anno quarto decimo.

CXLVII.

PATRIARCHÆ HIEROSOLYMITANO APOSTOLICÆ SEDIS LEGATO.

De commutatione captivorum.

(Laterani, Id. Januarii.)

Recepimus litteras doloribus plenas et miseriis cumulatas quas apostolatui nostro miserunt venerabilis frater noster patriarcha Alexandrinus et qui Alexandriæ sunt captivi, ærumnas et pressuras quas sustinent exponentes, et postulantes suppliciter cum gemitu et mœror quatenus ad liberationem eorum misericorditer intendamus, inducendo fratres Templi et Hospitalis ac reges et principes Orientalis provinciæ ut per commutationem captivorum ad liberandum illos inclinent animos cum effectu; ne propter acerbitatem pœnarum quas longo tempore sunt perpessi apostatare cogantur, cum prompto sint spiritu parati tantum illis exhibere servitii quantum solet eisdem ab infidelibus captivis impendi; nihil amplius postulantes ab eis quam quod ipsi sunt soliti hujusmodi exhibere captivis, ut saltem hoc modo periculum negationis evadant. Nos autem super hoc habito cum fratribus nostris diligenti tractatu, petitionem eorum favore perpendimus apostolico prosequendam, cum ipsi pro defensione fidei Christianæ captivitatem incurrerint et teneantur quasi pro Christo captivi, qui fidelibus suis dicturus est in judicio: *Venite, benedicti Patris mei, percipite regnum quod vobis paratum est ab origine mundi; quia in carcere eram, et venistis ad me, quandiu enim fecistis hoc uni de fratribus meis minimis, mihi fecistis* (Matth. xxv). Et econtra dicturus est reprobis: *Discedite a me, maledicti, in ignem æternum qui paratus est diabolo et angelis ejus (ibid.).* Quasi diceret manifestius: Qui quempiam meorum fidelium a carcere liberaverit, et ego illum eripiam ab inferno, ne cum diabolo et angelis ejus perpetuo crucietur in igne gehennæ, sed cum angelis sanctis in regno Dei perenniter glorietur. Cum ergo captivis hoc humanitatis solatium et ex officio charitatis et ex præcepto Domini debeatur, transgressores profecto videntur qui nolunt, cum possint, ad redemptionem intendere captivorum, pro qua secundum constitutiones canonicas et legitimas distrahi debent ecclesiastica bona, quæ in aliis casibus alienari non licet. Verendum est enim ne secundum Apostolum non sint justitiæ divinæ subjecti, si qua forsitan contra hoc suam justitiam statuerunt, legem Dei propter traditiones hominum dimittentes, volendo plus rebus consulere quam personis, pecunias magis quam animas diligentes, quod irrefragabili videtur argumento convinci, si certe quos liberant pro pecuniis acquirendis, nolent pro redimendis fratribus liberare. Cupientes igitur utrorumque providere saluti, fraternitatem tuam rogandam duximus et monendam, per apostolica scripta mandantes quatenus ex parte tam nostra quam tua præscriptos fratres ac reges et principes in nomine Domini exhorteris, consulendo fideliter et efficaciter inducendo ut ad redemptionem illorum per congruam commutationem intendant et contra persecutores fidei Christianæ his pro fide Christi potentibus armis utantur quibus utique Dominus vim suæ virtutis creditur facilius impensurus, cumque hoc acceptabile opus populus intellexerit Christianus, ad subventionem eorum liberalius suas manus extendant, et nos, si devote fuerimus exauditi, debeamus

CXLVIII.
UNIVERSIS CAPTIVIS IN ALEXANDRIA ET BABYLONIA CONSTITUTIS.
Super eodem.
(Laterani, xiv Kal. Februarii.)

Recepimus litteras doloribus plenas et miseriis cumulatas quas tam vos quam venerabilis frater noster Alexandrinus patriarcha nostro apostolatui direxistis, ærumnas et pressuras, etc., *in eumdem fere modum ut in superiori quæ mittitur patriarchæ Hierosolymitano, usque* periculum negationis evadant. Nos autem, qui cum Apostolo dicere possumus : Quis infirmatur, etc., *in eumdem fere modum ut in superiori quæ mittitur patriarchæ Alexandrino usque*. Cum igitur tanquam aurum in fornace Dominus suos probet electos, universitatem vestram monendam duximus et hortandam quatenus non deficiatis in tribulationibus vestris, etc., *usque* supernæ miserationis retardatur effectus, a quibus vos sub obtestatione divini judicii obsecramus penitus abstinere, ne per vos inter gentes sanctum nomen Domini blasphemetur. Alioquin frustra profecto vel a Deo misericordiam vel a nobis solatium exspectatis.

Datum Laterani, xiv Kal. Februarii, pontificatus nostri anno quarto decimo.

CXLIX.
MAGISTRO ET FRATRIBUS MILITIÆ CHRISTI IN RIGA.
Differt erectionem episcopalis sedis.
(Laterani, viii Kal. Februarii.)

Gratias eximias bonorum omnium referimus largitori quod conatus vester contra barbaras nationes inutilis non existit, sed de die in diem in vestris manibus prosperatur ; ita ut gressus vestros Domino dirigentes, plures vobis subjeceritis ex eisdem, et ad unum adduxeritis cultum Dei, recepto baptismatis sacramento. Verum dilectus filius... confrater vester lator præsentium a nobis cum instantia postulavit ut in terris illis quas vobis nuper divina præeunte clementia subjugatis dignaremur episcopum ordinare. Sed preces ipsius, cum arduum sit negotium, non duximus protinus admittendas ; quin potius usque ad tempus exspectandum providimus opportunum ; universitatem vestram monentes et exhortantes attentius quatenus in Domino confortemini et in potentia virtutis ipsius, prælia Domini viriliter pugnaturi ; scientes quod nostrum vobis non deerit auxilium in quibus cum Domino viderimus expedire.

Datum Laterani, viii Kal. Februarii, pontificatus nostri anno quarto decimo.

CL.
ABBATI SANCTI VICTORIS PARISIENSIS.
Interpretatur quoddam privilegium eidem abbati concessum.
(Laterani, x Kal. Februarii.)

Sicut ex litteris tuis nuper accepimus, cum olim ex parte dilectorum filiorum scholarium Parisiensium nobis fuerit humiliter supplicatum ut cum interdum eorum aliqui ex mutua injectione manuum in canonem incidant sententiæ promulgatæ, pro qua sine gravi dispendio, et præsertim sine scholastici studii detrimento, non possent ad apostolicam sedem accedere, super hoc dignaremur eisdem misericorditer providere, nos tibi dedimus in mandatis ut cum esses a talibus requisitus, auctoritate nostra suffultus juxta formam, Ecclesiæ absolutionis eis munus impenderes, et injungeres ipsis quod hujusmodi consuevit injungi, nisi forsan tam gravis esset et enormis excessus quod merito propter eum deberent ad sedem apostolicam laborare. Tu vero quorumdam consilio asserentium beneficia principum latissime fore interpretanda, scholaribus Parisiensibus qui inciderant in hujusmodi canonem quocunque loco, injiciendo temere manus in clericos violentas juxta formam præscriptam absolutionis beneficium impendisti. Nos igitur his auditis de tua non potuimus prudentia non mirari, quod ad sic intelligendum litteras nostras tuum animum inclinasti, cum in eisdem litteris non dicatur inciderint, sed *incidant in canonem sententiæ promulgatæ ;* ut de illis solis intelligatur scholaribus qui Parisiis existentes hujusmodi committunt excessum. Quocirca præsentium tibi auctoritate mandamus quatenus scholares illos absolvere de cætero non præsumas qui alibi quam Parisiis taliter deliquerunt sciens quod illi pro absolutis haberi non debent quos alibi delinquentes quam Parisiis absolvisti cum de talibus nullam acceperis potestatem.

Datum Laterani, x Kal. Februarii, pontificatus nostri anno quarto decimo.

CLI.
DECANO ET CAPITULO BEATI ANIANI.
Quis residere censendus sit.
(Laterani, xiii Kal. Februarii.)

Sicut exhibita nobis ex parte vestra petitio declaravit, ecclesia vestra occasione cujusdam consuetudinis perversæ ibidem hactenus observatæ debito canonicorum servitio sæpius defraudatur. Cum enim Ph. quondam decanus et capitulum ipsius ecclesiæ statuissent ut illi tantum præbendarum suarum integre perciperent redditus qui assiduum impenderent eidem ecclesiæ famulatum, adjungentes insuper quod tantum illi diceretur et esset assiduus qui eidem soli ecclesiæ canonici servitium exhiberet, se servaturos hæc omnia præstito juramento firmantes, nonnulli vestrum exinde occasione fraudulenter assumpta, cum extra civitatem Aurelianensem frequenter moram faciant longiorem, ita quod per totum annum continuo vel interpolatim, dierum numero computato, nec etiam per tres menses ecclesiæ serviunt memoratæ, integre fructus suarum percipiunt præbendarum, dicentes se juxta statutum præfatum assiduitatem servitii ecclesiæ impendisse. Verum postulastis a nobis ut nulli canonicorum vestrorum præbendæ suæ fructus nisi per dimidium annum ad minus, dierum numero interpolatim vel continue computato, residentiam in Ecclesia vestra fecerit, persolvatis; cui etiam nisi matutinalibus horis vel missarum solemniis seu vespertinis laudibus personaliter interfuerit, dies inutiles computentur. Nolentes igitur Ecclesiæ vestræ tantum sustinere gravamen, discretioni vestræ per apostolica scripta præcipiendo mandamus quatenus id de cætero inter vos firmiter observetur. Salvo in omnibus apostolicæ sedis mandato.

Datum Laterani, xiii Kal. Februarii, pontificatus nostri anno quarto decimo.

CLII.
ABBATI SANCTI SALVATORIS DE BREDA GERUNDENSIS DIŒCESIS, ET MAGISTRIS VITALI SUBDIACONO NOSTRO ET ARNALDO CANONICIS ILERDENSIBUS.

Delegat correctionem monasterii S. Cucufatis.

(Laterani, Kal. Februarii.)

Cum B. monachus monasterii Sancti Cucufatis et procurator abbatis et monachorum ejusdem monasterii ad nostram præsentiam accessissent, eis dilectum filium nostrum Petrum tituli Sanctæ Cæciliæ presbyterum cardinalem concessimus auditorem. Coram quo monachus proposuit antedictus quod cum ad venerabiles fratres nostros Gerundensem et Vicensem episcopos et sacristam Gerundensem a nobis litteras impetrassent, ut ipsi ad dictum monasterium personaliter accedentes ibidem corrigerent quæ tam in capite quam in membris corrigenda viderent, ipsi accedentes ad locum, et litteris nostris in conventus audientia communi perlectis, præstari sibi juramenta de dicenda veritate super statu monasterii exegerunt. Abbas vero et monachi tria objecerunt mendaciter contra ipsum, videlicet quod excommunicationis vinculo tenebatur, nec super objectis abbatem præmonuerat et conventum, et quod ante præscientiam litterarum suos contra ipsum nuntios ad nostram præsentiam destinarant, et se ac monasterium sub nostra protectione ponentes, ne contra ipsos procederent, appellarunt. Quorum appellationi cum unus eorum, videlicet Vicensis episcopus, detulisset, duo reliqui attendentes appellationem fuisse in litteris nostris inhibitam, in eos, quia jurare nolebant, excommunicationis sententiam protulerunt, ipsos excommunicatos per venerabilem fratrem nostrum Barchinonensem episcopum diœcesanum eorum facientes per Barchinonensem diœcesim nuntiari. Deinde sex de monachis excommunicationis sententiam metuentes, coram prædictis episcopo et sacrista Gerundensibus, dicto Vicensi episcopo appellationi interpositæ deferente, de dicenda veritate super statu monasterii juraverunt: quorum aperiri depositiones instanter idem monachus et puniri abbatem et monachos, quia excommunicati divina celebraverant, postulabat. Procurator vero abbatis et conventus proposuit ex adverso quod idem monachus non erat aliquatenus audiendus, cum propter excessus suos sententiam excommunicationis incurrerit prius etiam quam inquisitionis litteras impetrasset, quod ipsi abbas et conventus tunc coram dictis inquisitoribus probavissent, nisi fuisset eis audientia denegata. Ostendebat insuper procurator prædictus charissimi in Christo filii nostri Petri Aragonum regis illustris et venerabilis fratris nostri Terraconensis archiepiscopi et aliorum episcoporum litteras, qui monasterium ipsum de hospitalitate, abbatem vero de honestate vitæ ac multa providentia tam circa spiritualia quam temporalia plurimum commendabant. Idem quoque B. monachus ab auditore interrogatus eodem, non negavit abbatem tulisse sententiam excommunicationis in ipsum, licet eam asseruerit post appellationem ad nos legitime interpositam esse latam. Propter quæ idem procurator postulabat instanter ut quidquid a prædictis duobus inquisitoribus post appellationem ad nos legitime interpositam factum fuerat cassaretur. Econtra idem B. monachus excommunicationem a procuratore abbatis sibi non posse objici replicabat, cum idem abbas triplici esset excommunicationis vinculo innodatus. His igitur omnibus fideliter nobis ab eodem auditore relatis, perlectis quoque attestationibus et inspectis, quia per eas nihil contra abbatem efficaciter probabatur, attendentes quod inquisitores præfati post appellationem ad nos legitime interpositam processissent auctoritate litterarum, quas dictus excommunicatus tacita subripuerat veritate, processum cassavimus eorumdem, memoratas attestationes destrui facientes. Verum ne curam prædicti monasterii negligere videamur, discretioni vestræ per apostolica scripta mandamus quatenus ad ipsum monasterium personaliter accedentes, corrigatis, appellatione remota tam in capite quam in membris, quæ secundum Deum et instituta canonica ibidem inveneritis corrigenda, et statuatis quod regulare fuerit et honestum, facientes quod statueritis per censuram ecclesiasticam firmiter observari; contradictores, si qui fuerint, vel rebelles per censuram eamdem sublato appellationis obstaculo compescentes. Ad hæc præfatum monachum, si absque scandalo fieri poterit, faciatis recipi, salva ordinis disciplina, in monasterio antedicto. Alioquin ipsum in alio monasterio ejusdem ordinis collocetis. Nullis litteris veritati et justitiæ præjudicantibus a sede apostolica impetratis. Quod si non omnes, etc. duo vestrum ea, etc., *usque exsequantur.*

Datum Laterani, Kal. Februarii, pontificatus nostri anno quarto decimo.

CLIII.

ELECTO ET PRÆPOSITO COLOCENSIBUS.
Confirmatur electio præpositi Cibiniensis.
(Laterani, xvi Kal. Februarii.)

(267) Sicut dilectus filius magister R. nobis exponere procuravit, charissimus in Christo filius noster Ungariæ rex illustris ipsum ad præposituram Cibiniensem duxit canonice præsentandum. Verum quia præpositura eadem ad nos in spiritualibus nullo pertinet mediante, nobis humiliter supplicavit ut sibi eam in his quæ ad nos pertinent conferremus. Nos autem quod per dictum regem factum canonice fuerat approbantes, per apostolica vobis scripta mandamus quatenus dictum R. in eadem præpositura instituere auctoritate apostolica procuretis.

Datum Laterani, xv Kal. Februarii, pontificatus nostri anno quarto decimo.

CLIV.

ILLUSTRI REGI CASTELLÆ.
Consolatur eum in tribulatione sua, et dat indulgentias.
(Laterani, ii Non. Februarii.)

Cum personam tuam inter Catholicos reges speciali diligamus in Domino charitate, in his quæ secundum Deum requiris a nobis favorem tibi apostolicum libenti animo impertimur. De infortuniis ergo quæ nuper serenitati regiæ acciderunt paterno tibi condolemus affectu. Et ut favorem apostolicum excellentiæ regiæ sentias non deesse, juxta petitionem tuam et instantiam dilecti filii Segobiensis electi nuntii tui, qui circa promotionem ejusdem negotii exstitit sollicitus et attentus, archiepiscopis et episcopis, per regnum Franciæ ac Provinciam constitutis, nostris damus litteris in mandatis ut subditos suos sedulis exhortationibus moneant et inducant (268), in remissionem omnium peccatorum ex parte Dei et nostra vere pœnitentibus injungentes, ut cum Saracenis in octavis Pentecosten proximo adfuturis campestre bellum indixeris, in hoc tibi necessitatis articulo succurrentes, necessarium impendant auxilium in rebus pariter et personis, ut per hæc et alia quæ fecerint, cœlestis regni gloriam consequantur. Pari quoque remissione gaudere concedimus peregrinos qui propria devotione undecunque processerint ad idem opus fideliter exsequendum. Monemus igitur serenitatem regiam et hortamur quatenus totam spem tuam ponens in Domino Deo tuo, te humilis coram ipso, qui gratiam suam dat humilibus, et reddit retributionem superbis ; quia potens est ut te faciat de inimicis crucis Christi magnifice triumphare. Cæterum quia nunc fere totus mundus turbatus est et positus in maligno, consulimus et monemus ut si competentes treugas inveneris, ipsas recipias, donec opportunius tempus adveniat quo ipsos valeas securius expugnare.

Datum Laterani, ii Nonis Februarii, pontificatus nostri anno quarto decimo.

CLV.

SENONENSI ARCHIEPISCOPO ET SUFFRAGANEIS EJUS.
Super eodem.
(Laterani, ii Kal. Februarii.)

(269) Recepimus litteras dolore plenas et timore non vacuas quibus charissimus in Christo filius noster Aldephonsus rex Castellæ illustris significare curavit quod Saraceni hoc anno intrantes Hispaniam in multitudine gravi, quoddam castrum Cisterciensis ordinis fratrum, quod Salvaterra vocatur, hostiliter obsederunt, quod bellicis machinis infestantes ad ultimum occuparunt. Attendens ergo præfatus rex quod nisi eis campestri bello fortiter resistatur, ipsi tum propter innumerabilem multitudinem personarum, tum propter irruptionem machinarum durissimam, universas munitiones suæ possint nefandæ subjicere ditioni, campestre illis bellum indixit in octavis Pentecosten proximo adfuturis, eligens mori potius quam Christianæ gentis mala videre. Unde nobis humiliter supplicavit quatenus ei necessarium faceremus auxilium impertiri per catholicæ fidei professores. Nos igitur pium ejus propositum in Domino commendantes, fraternitati vestræ per apostolica scripta mandamus quatenus subditos vestros sedulis exhortationibus moneatis, in remissionem omnium peccatorum ex parte Dei et nostra vere pœnitentibus injungentes, ut ei præscripto termino in hoc necessitatis articulo succurrentes, necessarium impendant auxilium in rebus pariter et personis ; ut per hæc et alia bona fecerint, cœlestis regni gloriam consequi mereantur. Pari quoque remissione gaudere concedimus peregrinos, qui propria devotione, undecunque processerint ad idem opus fideliter exsequendum. Taliter autem studeatis exsequi quod mandamus ut sollicitudo vestra clareat in effectu, nosque devotionem vestram valeamus merito commendare.

Datum Laterani, ii Kalend. Februarii, pontificatus nostri anno quarto decimo.

(269 *) *Cum Jacobus et Marcus viduas matres haberent, uterque matrem alterius duxit legitime in uxorem, et prolem suscepit ex ipsa. Quæris igitur utrum filius et filia sic suscepti possint adinvicem matrimonialiter copulare. Nos autem breviter respondemus, quod cum inter eos consanguinitas primi et secundi gradus existat, legitime conjungi non possunt.*

---

(267) Vide infra epist. 85, et infra epist. 156.
(268) Vide lib. xiii, epist. 183; lib. xiv, epist. 3, 4; lib. xv, epist. 15.
(269) Vide Rodericum Tolet. lib. vii, cap. 35, 36; et lib. viii, cap ―, et seqq.
(269 *) Nulla istius decretalis mentio exstat in codice Colbertino, et puto additam a quodam studioso.

CLVI.
ILLUSTRI REGI HUNGARIÆ.
De concordia inter Ecclesias Strigoniensem et Colocensem.
(Laterani, 11 Id. Februarii.)

Illa e, fili charissime, charitatis prærogativa diligimus, cum inter alios mundi principes erga personam nostram et sacrosanctam Romanam Ecclesiam devotissimum te sciamus, quod preces et petitiones ex parte tua nobis oblatas intendimus libenter admittere, quantum cum nostra possumus honestate. Inde siquidem fuit quod venerabilem fratrem nostrum Vesprumiensem episcopum ad sedem apostolicam accedentem paterna benignitate suscepimus, et quæ tam per eum quam per tuas nobis litteras intimasti pleno concepimus intellectu. Qui denique inter cætera proposuit coram nobis, quod cum de pace perpetuo statuenda inter Strigoniensem et Colocensem Ecclesias diu fuerit te mediante tractatum, tandem venerabilis frater noster Strigoniensis archiepiscopus de consensu et voluntate suffraganeorum Strigoniensis Ecclesiæ, videlicet Agriensis, Georiensis, et præfati Vesprumiensis episcoporum ex parte una, et dilectus filius Colocensis electus de voluntate suffraganeorum Colocensis Ecclesiæ, Waradiensis videlicet, Cenadiensis, et Ultrasilvani episcoporum ex altera, in certam formam concordiæ devenerint, quam per præfatos Georgiensem et Vesprumiensem episcopos redigi mandaverunt in scriptis, cum illam in scriptis redactam in medium produxissent, et super ea fuisset diutius disputatum, tandem ita correcta exstitit et conscripta quod eam pars approbavit utraque, et tam Strigoniensis archiepiscopus quam Colocensis electus (270) cum Ecclesiarum suarum suffraganeis ad sancta Dei Evangelia juraverunt quod formam pacis quæ continebatur in illo scripto posito coram eis firmiter observarent, et laborarent ad hoc nihilominus bona fide ut nos compositionem confirmaremus eamdem. P. quoque Quinqueecclesiensis præpositus, ab episcopo suo missus pro eo, et Benedictus præpositus Sancti Thomæ, nec non et Jacobus scholasticus Strigoniensis pro capitulo ejusdem Ecclesiæ, a quo sub debito juramenti se asseruerunt habere mandatum, et Hubaldus Posoniensis præpositus juraverunt etiam illud idem. Pro Colocensi vero Ecclesia Jacobus Colocensis et Hosmundus Sancti Laurentii præpositi præstiterunt consimile juramentum. Unde præfatus episcopus ex parte tua nobis humiliter supplicavit ut compositionem eamdem, quam sigillorum prædictorum electi et Waradiensis, Cenadiensis, Ultrasilvani, Agriensis, et ipsius Vesprumiensis episcoporum, nec non capitulorum Colocensis et Bachiensis nobis exhibuit munimine roboratum, auctoritate dignaremur apostolica confirmare; cujus tenor talis est (271).

« In nomine Patris et Filii et Spiritus Sancti,

Amen. Hæc est forma pacis inter Strigoniensem et Colocensem archiepiscopos. Prima coronatio regum Hungariæ specialiter spectat ad solam Strigoniensem Ecclesiam. Verumtamen si Strigoniensis archiepiscopus non posset vel malitiose nollet regem coronare, vel Strigoniensis Ecclesia vacaret, coronet regem Colocensis, nullum ex tali coronatione jus sibi vindicando in prima coronatione. Secunda coronatio ei deinceps æqualiter pertineat ad utramque. De proventu monetæ decima pertineat ad Ecclesiam Strigoniensem, ubicunque in regno Hungariæ cudatur. Quod si cudi desierit generalis moneta totius Hungariæ, quidquid loco generalis monetæ successerit, decimam habeat Strigoniensis Ecclesia. Strigoniensis archiepiscopus renuntiat omni jurisdictioni et juri spirituali quod habebat vel habere videbatur in provincia Colocensi; præter decimam monetæ, si ibi contingeret fabricari. Judicium officialium domus regiæ quilibet episcopus habeat in sua parochia. Exhibitio sacramentorum regibus et reginis et eorum liberis tam ad ipsos archiepiscopos quam ad alios episcopos in suis parochiis pertineat pro voluntate regis. In omnibus aliis utrique Ecclesiæ jura sua conserventur illæsa et consuetudines antiquæ. Si qua autem privilegia vel rescripta quandocunque prolata fuerint contra hanc formam, vires non habeant, salva in omnibus auctoritate apostolica. Quod si papa non approbaverit, res sit in eo statu in quo nunc est. Juraverunt ambo archiepiscopi et eorum suffraganei qui præsentes erant, nec non et præpositus Quinqueecclesiensis qui vice domini sui episcopi intererat, nec non et procuratores capitulorum utriusque Ecclesiæ, quod secundum formam præscriptam bona fide pacem præscriptam observabunt, et sine fraude ad confirmationem laborabunt. »

Cumque super his cum fratribus nostris deliberare vellemus, dilecti filii Jacobus scholasticus et Nicolaus canonicus præfati archiepiscopi nuntii, et M. thesaurarius et Jo. archidiaconus Strigonienses procuratores ejusdem loci capituli petierunt a nobis audientiam sibi dari. Qua ipsis de more concessa nuntii proposuere prædicti quod inter præfatos archiepiscopum et Colocensem electum et eorum suffraganeos talis compositio intervenit, ut prima coronatio regum Hungariæ, ubicunque in ipso regno eos primum contingeret coronari, solius Strigoniensis Ecclesiæ juris esset, et monetæ, ubicunque cuderentur in regno, vel illius quod loco colligeretur monetæ decima ad eamdem Ecclesiam pertineret; ac tu et charissima in Christo filia Hungarorum regina per vestras a nobis litteras peteretis quatenus primam sedem primamque vocem cum juribus supradictis, quæ tu et dicta regina nec non et pars Colocensis (272) publice præfatæ Strigoniensi recognovistis Ecclesiæ, ipsi perpetui dignaremur privilegii munimine roborare, super aliis

(270) Vide supra epist. 84.
(271) Vide lib. xii, epist. 42, 43.

(272) Vide lib. xii, epist. 32, 42, 43.

vero de quibus inter eos esse videbatur contentio, propter bonum pacis sic exstitit ordinatum, ut nec Colocensis in Strigoniensi provincia, nec Strigoniensis in Colocensi præter prædicta sibi juris aliquid vindicaret, auctoritate in omnibus apostolicæ sedis salva; ita quod si hæc non approbarentur a nobis, res in eo statu in quo tunc fuerat remaneret. Unde quidquid sit scriptum vel juratum esse dicatur, hoc actum et intellectum esse a partibus asserebant, et illud ex parte archiepiscopi confirmari a nobis suppliciter postulabant, asserentes sic actum et intellectum fuisse, idem archiepiscopus et præfati Agriensis et Geuriensis episcopi suis litteris declararant. Procuratores vero Strigoniensis capituli proposuere constanter quod tam illa compositio, quam redactam in scriptis præfatus episcopus nobis exhibuit, quam illa in quam præfati nuntii dixerunt archiepiscopum consensisse, inita fuerat sine assensu capituli et in enorme dispendium Strigoniensis ecclesiæ redundabat. Unde contradicentes utrique, nobis humiliter supplicarunt ut auctoritate apostolica cassaremus utramque. Nos igitur attendentes quod olim nobis multa precum instantia supplicaras ut super jure coronandi reges Hungariæ Strigoniensi Ecclesiæ privilegium concedere dignaremur, nosque tuis precibus inclinati, ei super hoc privilegium concesserimus fratrum nostrorum subscriptionibus roboratum, considerantes etiam quod si potestas coronandi regis Hungariæ penes diversas Ecclesias resideret, toti regno grave periculum et hæredibus tuis grande posset dispendium generare, cum, sicut plenius ipse nosti, frequenter inter regum Hungariæ cohæredes super obtinenda regni corona scandalum sit exortum, quod utique posset facilius suboriri, si eos diversos coronatores contingeret invenire, propter contradictiones et rationes præscriptas compositionem hujusmodi non potuimus, sicut nec debuimus, confirmare. Super episcopatu quoque de novo creando apud Cibiniensem Ecclesiam in Ultrasilvana diœcesi, qui metropoli Colocensi subdatur, petitionem regiam nequivimus exaudire, quoniam sive apostolicæ sedi, sicut tu ipse firmiter protestaris, sive Strigoniensi metropoli, sicut procuratores ipsius fortiter asserebant, Cibiniensis præpositura sit in spiritualibus immediate subjecta, id absque dubio in alterutrius præjudicium redundaret. Sed et quidam qui se nuntium venerabilis fratris nostri Ultrasilvani episcopi faciebat, contradicebat omnino, gravem et enormem Ultrasilvani episcopatus diminutionem allegans. Serenitatem igitur regiam rogamus, et exhortamur attentius quatenus ad duritiam nobis non imputes quod compositioni prædictæ robur non attribuimus firmitatis, sed tam providentiæ quam justitiæ id ascribas, quibus regni et hæredum tuorum indemnitatibus duximus præcavendum et juris ordinem observandum, cum omnibus facti simus in justitia debitores, sciturus pro certo quod in nullo unquam a nobis patieris repulsam in quo quisquam principum debeat exaudiri.

Datum Laterani, II Idus Februarii, pontificatus nostri anno quarto decimo.

Scriptum est capitulo Strigoniensi super hoc in eumdem fere modum, videlicet : Venerabilis frater noster Vesprumiensis episcopus in nostra proposuit præsentia constitutus quod cum de pace perpetuo statuenda, etc., *usque* non potuimus, sicut nec debuimus, confirmare.

In eumdem fere modum scriptum est Strigoniensi archiepiscopo : Venerabilis frater noster Vesprumiensis episcopus in nostra proposuit præsentia constitutus quod cum de pace, etc., *usque* nec debuimus confirmare.

CLVII.

SANCTÆ GENOVEFÆ PARISIENSIS ET BONI RADII CISTERCIENSIS ORDINIS DIŒCESIS ANTISSIODORENSIS ABBATIBUS, ET DECANO AURELIANENSI

De quadam venditione infirmanda vel confirmanda.

(Laterani, VI Kal. Martii.)

Venientes ad apostolicam sedem I. syndicus et quidam monachi Cluniacensis cœnobii nobis exponere curaverunt quod G. prior et quidam monachi monasterii de Charitate, abbatis et conventus Cluniacensis, ad quod idem monasterium nullo pertinet mediante, interveniente consensu, absentibus tamen multis ex fratribus de Charitate, quorum intererat, nec vocatis, ac quibusdam contradicentibus et ad sedem apostolicam appellantibus ex eisdem, quasdam possessiones, redditus, et alia bona militiæ Templi fratribus in gravem ipsius monasterii læsionem vendiderunt. Unde nobis syndicus et monachi memorati humiliter supplicarunt ut vel revocare contractum eumdem in dicti monasterii præjudicium temere attentatum, vel restituere in integrum vice minoris idem monasterium dignaremur, præsertim cum Cluniacensis abbas templariis ipsis restituere solutam ab eis pro prædictis bonis et possessionibus pecuniam sit paratus. Dicti vero fratres e contrario responderunt quod petentibus ipsis olim contractum venditionis inter ipsos ex parte una et monachos de charitate ex altera legitime ac solemniter celebratum auctoritate apostolica confirmari, tam abbate ac conventu Cluniacensi, quorum ad hoc auctoritas intervenerat et consensus, quam priore ac conventu de Charitate per suas litteras postulantibus illud idem, quia nobis ad plenum de ipsius contractus meritis et circumstantiis non liquebat, venerabili fratri nostro Parisiensi episcopo et suis conjudicibus hoc commisimus inquirendum, facientes in inquisitionis litteris mentionem de litteris ad venerabilem fratrem nostrum Senonensem archiepiscopum et conjudices suos super lapsu ipsius monasterii destinatis : quorum utrique in exsecutione mandati apostolici processerunt. Demum partibus in nostra præsentia constitutis, pars templariorum contractum ipsum confirmari petebat, parte altera multipliciter impugnante contractum. Contra quod fuit ex adverso responsum quod communis juris remedium super deceptione malitiose pars altera implorabat, cum expresse per lationem judicum et depositiones testium probaretur possessiones venditas diu et publice fuisse venales, nec usque tunc temporis emptores occurrerant qui tantum pro ipsis possessionibus largirentur. Ipsos quoque fratres ad emptionem jam dictam sola misericordia et monachorum illorum preces, non cupiditas, induxerunt. Probatum etiam esse asserebant legitime dicti fratres quod venditionis tempore monasterium de Charitate tanto debito premebatur quod de omnibus mobilibus pars vicesima non potuisset exsolvi, in debitorum solutionem conversam illam totam pecuniam asserentes; ex cujus accelerata solutione usque ad summam trium millium librarum et ultra monachis de Charitate a creditoribus est remissum. Proponentes insuper quod venditionis rescissio non expediebat Ecclesiæ memoratæ, cum vix posset tanta pecunia sine majori gravamine ipsius Ecclesiæ inveniri. Adjiciebat præterea quod monachi restitutionis beneficium ex eo implorare non poterant, cum super hoc mandatum non receperint speciale, quia secundum legitimas sanctiones petitio restitutionis in integrum jure minoris mandato non concluditur generali. Nos igitur intellectis quæ partes voluerunt proponere coram nobis, quia de præmissis nobis non potuit fieri plena fides, discretioni vestræ per apostolica scripta mandamus quatenus diligenter auditis quæ partes infra quatuor menses a primæ citationis edicto coram vobis duxerint proponenda, si sufficienter fuerit ostensum quod ex ipsa venditione monasterium de Charitate sit enormiter læsum, vos ipsum restituentes vice minoris, venditionis contractum legitime rescindatis, ita quod pretium absque templariorum gravamine restituatur eisdem secundum terminos quibus ipsi pecuniam persolverunt, et de melioratione, si qua forsan apparuerit, facta per illos eis congrue satisfiat, proviso prudenter ne pro invenienda pecunia eædem possessiones vel aliæ distrahantur, ac recipiatur pecunia sub voragine usurarum, ne forte residuum locustæ comedat brucus, et unde crederetur adhiberi remedium, inde periculum incurratur. Alioquin præscriptum venditionis contractum ratum et firmum faciatis haberi, contradictores, si qui fuerint, per censuram ecclesiasticam sublato appellationis obstaculo compescentes. Testes autem qui fuerint nominati, tam monachi quam templarii et alii, si se gratia, odio vel timore subtraxerint, per districtionem eamdem appellatione remota cogatis veritati testimonium perhibere. Nullis litteris obstantibus, si quæ apparuerint præter assensum partium a sede apostolica impetratæ. Quod si non omnes his exsequendis, etc., duo vestrum, etc., *usque* exsequantur.

Datum Laterani, xv Kalend. Martii, pontificatus nostri anno quarto decimo

(273) Supra, *cancellario.*

CLVIII

AURELIANENSI ET ANTISSIODORENSI EPISCOPIS ET MAGISTRO W. DE VIENNÆ CANONICO ANTISSIODORENSI.

Beneficiorum superfluitas damnata.

(Laterani, xv Kal. Martii.)

Intellecta ratione quam nobis venerabilis frater noster Remensis archiepiscopus et ejus condelegati miserunt super controversia quæ de præbenda Trecensis Ecclesiæ vertitur inter venerabilem fratrem nostrum Trecensem episcopum et dilectum filium cancellarium Senonensem non duximus eidem episcopo aliud rescribendum nisi quod idem episcopus diligenter advertat qua ratione sustinere possemus ut ipse aliquod ecclesiasticum beneficium cuiquam de cætero personæ concedat plura beneficia obtinenti, si propterea nolit ad mandatum nostrum præfato cellarario (273) in ecclesia sua conferre præbendam quia plura dignoscitur beneficia obtinere. Licet enim circa eamdem personam beneficiorum sit semper superfluitas improbanda, nonnunquam tamen est toleranda pluralitas, statu personæ provida consideratione pensato. Quare idem prudenter attendat utrum magis expediat ut eidem cellarario ex mandato nostro liberalitatem exhibeat conferendo præbendam quam ex suo judicio necessitatem incurrat ut ultra non possit alicui plura beneficia obtinenti ecclesiasticum beneficium elargiri, nisi fuerit sufficienter ostensum quod ipse superflua beneficia secundum suum statum possideat. Quod ex eo forsan non poterit ostendi de facili, quoniam etsi plures præbendas obtineat, ipse tamen pene nullam habere proponitur cujus proventus libere possit percipere nisi residentiam in ea faciat personalem. Et ex hoc fortassis pendet judicium utrum et pro Trecensi præbenda condigne recompensatum exstiterit in præbenda Remensi. Quidquid ergo super his duxerit faciendum, nobis infra tres menses post susceptionem litterarum nostrarum absque dilatione rescribat. Ideoque discretioni vestræ per apostolica scripta mandamus quatenus dictum episcopum ad hoc moneatis attentius et efficaciter inducatis. Quod si non omnes, etc., duo vestrum, etc., *usque* exsequantur.

Datum Laterani, xv Kal. Martii, pontificatus nostri anno quarto decimo.

CLIX.

GEBENNENSI EPISCOPO.

Respondet ad ejus consulta.

(274) Tua nos duxit fraternitas consulendos utrum illorum sufficiat testimonium ad matrimonium dirimendum qui consanguinitatis gradus ab avunculo et nepote, videlicet fratris filio vel sororis, cum de fratribus vel superioribus nihil noverint vel audierint, inceperint computare. Nos igitur inquisitioni tuæ taliter respondemus, quod cum conjugium multum favoris obtineat, testes qui ad divortium celebrandum producti consanguinitatis com-

(274) Cap. *Tua nos,* De consang. et affin.

putant gradus, a stipite debent incipere, id est a parentibus vel germanis, et sic per ordinem distinguere gradus, nominibus propriis vel æquipollentibus indiciis designando personas, præsertim cum sæpius testimonium perhibeant de auditu, quod quia minus est validum, non est in articulo hujuscemodi nimium laxanda facultas, cum qua ratione computationem inciperent a secundo, eadem ab ulterioribus possent gradibus inchoare. (275) Consequenter autem quæsisti, ut cum quidam mulierem quamdam aliter inducere nequivisset ut sibi commisceretur carnaliter nisi desponsaret eamdem, nulla solemnitate adhibita vel alicujus præsentia dixit illi, *Te Joannes desponsat*, cum ipse Joannes minime vocaretur, sed finxit se vocari Joannem, non credens esse conjugium, eo quod ipse non vocaretur hoc nomine, nec haberet propositum contrahendi sed copulam tantum extorquendi carnalem, utrum inter prædictos sit matrimonium celebratum, cum mulier consenserit et consentiat in eumdem, et ille dissenserit et dissentiat, nec aliud quidquam egerit quam quod superius est expressum, nisi quod cognovit eamdem. Super quo fraternitati tuæ taliter respondemus, quod cum præfatus vir dictam desponsavit mulierem in propria quidem persona, etsi sub nomine alieno, quo tamen vocari se finxit: et inter eos carnalis sit copula subsecuta, videretur forte pro conjugio præsumendum, nisi tu nobis expresse scripsisses quod ille nec proposuit nec consensit illam ducere in uxorem, quod qualiter tibi constiterit non videmus. Nos tamen quid juris sit rescribentes, hoc dicimus, quod si res ita se habuerit, videlicet quod ille nec proposuit eam ducere in uxorem nec unquam consensit, inter prædictas personas non deberet ex illo facto conjugium judicari, cum in eo nec substantia conjugalis contractus nec etiam forma contrahendi conjugii valeat inveniri; quoniam ex altera parte dolus solummodo adfuit, et defuit omnino consensus, sine quo cætera nequeunt fœdus perficere conjugale (276). Tertio quæsivisti (277) per sedem apostolicam explicari quid sit de quodam monacho sentiendum qui credens se posse mulierem quamdam a gutturis tumore curare, ut chirurgicus cum ferro tumorem illum aperuit, et cum tumor ille aliquantulum recedisset, monachus ipse mulieri præcepit ne se vento exponeret ullo modo, ne forte ventus gutturis apertionem subintrans sibi causam mortis inferret, sed mulier, ejus mandato contempto, dum messes colligeret, vento se exposuit incaute, et sic per apertionem gutturis sanguis multus effluxit, et mulier diem finivit extremum, quæ tamen confessa est quod quia vento exposuit semetipsam ipsa sibi dederat causam mortis, utrum videlicet cum prædictus monachus sit sacerdos, liceat ei sacerdotale officium exercere. Nos ergo tibi taliter respondemus, quod licet monachus ipse deliquerit alienum officium usurpando quod sibi minime congruebat, si tamen causa pietatis et non cupiditatis id egit, et peritus erat in exercitio chirurgiæ, omnemque studuit diligentiam quam debuit adhibere, non est ex eo quod per culpam mulieris contra consilium ejus accidit adeo reprobandus quin post satisfactionem condignam cum eo misericorditer agi possit ut divina valeat celebrare, alioquin interdicenda est ei sacerdotalis ordinis exsecutio de rigore. Ad ultimum ex parte tua fuit propositum coram nobis quod quidam scholaris metuens, ne latrones in hospitio suo essent, parvo assumpto gladio, ut ignem quæreret, de strato surrexit, et cum venisset ad ostium, ignarus reperit ibi furem, qui cum scholari incipiens colluctari, non solum ipsum scholarem prostravit ad terram, verum etiam pene ad mortem vulneravit eumdem. Scholaris vero provocatus ab illo, vim vi incontinenti repellens, extorto latroni gladio eumdem servato juris moderamine repercussit; qui perterritus fugam quam cito potuit maturavit. Mane itaque lucescente, conscholares latronem quæsierunt eumdem quem vulneratum inventum potestati Vicentiæ tradiderunt; coram qua constanter negavit quod præmissa minime perpetrarat. Verum præfata potestas ad eumdem scholarem suos nuntios destinavit, ut exponeret si qua sciret de fure prædicto, vel traderet intersignia; qui cultellum quem ipsi latroni abstulerat, et solulares ab eodem in ipsius domo dimissos, quos abstraxerat sibi ne pedum strepitus audiretur, nuntiis tradidit memoratis, super eodem facto se nihil amplius intromittens. Potestas itaque receptis talibus intersigniis, latronem apparitoribus suis tradidit puniendum, qui sibi amputarunt virilia et oculos eruerunt. Latro vero se ad quoddam cœnobium transtulit; et ibi per triduum, ira et dolore commotus nec potum sumpsit nec cibum, et sic de medio est subtractus. Unde per nostrum postulas oraculum edoceri utrum præfatus scholaris ad sacros ordines valeat promoveri. Nos igitur inquisitioni tuæ taliter respondemus, quod si præfatus scholaris dignis meritis adjuvatur, propter præscriptum eventum a susceptione sacrorum ordinum nullatenus est arcendus.

Datum Laterani, Idibus Februarii, pontificatus nostri anno quarto decimo (278).

---

(275) Cap. *Tua nos*, De sponsal. et matrim.
(276) Cap. *Tua nos*, De homicid.
(277) In quart. coll. *apostolicæ sedis responso expl.*
(278) Hoc loco statim post epistolam 159 sequebantur epistolæ duæ scriptæ ad capitulum Lingonense; sed is qui regestum anni XIV composuit, admonuit illas pertinere ad annum sequentem, in margine earum ascribens vocem VACAT. Eas propterea vir illustris Franciscus Bosquetus, qui primus hunc librum edidit, rejecit in sequentem. Sane in veteri codice ms. bibliothecæ Colbertinæ, in quo descripti sunt tituli istorum regestorum, duæ illæ epistolæ ad capitulum Lingonense non referuntur

CLX.

EPISCOPO ET DILECTIS FILIIS ET CANONICIS PARMENSIBUS.

De præbenda collationi papæ reservata.

(Laterani, xvi Kal. Martii.)

Gratum gerimus et acceptum quod, sicut tu, frater episcope, per tuas nobis litteras intimasti, bonæ memoriæ Gerardus Albanensis electus apostolicæ sedis legatus auctoritate legationis qua fungebatur, tam suæ quam nostræ donationi collationem primæ præbendæ in Parmensi Ecclesia vacaturæ, vobis, filii canonici, consentientibus, reservavit, injungens vobis primitus viva voce, et mandans suis litteris subsequenter, quod ipsam præbendam, cum eam vacare contingeret, G. clerico nato G. quondam germani sui, cui mores laudabiles ac scientia suffragantur, duceretis libere assignandam. Propter quod tu, frater episcope, nobis supplicasti humiliter per easdem ut præbendam eamdem dicto clerico de benignitate sedis apostolicæ concedere dignaremur. Nos igitur vestram diligentiam commendantes, et volentes etiam præfati electi super hoc statutum firmiter observari, universitati vestræ præsentium auctoritate mandamus quatenus primam præbendam in vestra Ecclesia vacaturam donationi nostræ reservare curetis, personæ idoneæ conferendam.

Datum Laterani, xvi Kal. Martii, pontificatus nostri anno quarto decimo.

APPENDIX LIBRI QUARTI DECIMI.

CLXI.

HUGONI PRIORI ET CONVENTUI ANDRENSI.

Ut beneficia non vacantia non promittantur.

(Laterani, III Kal. Aprilis.)

(279) Cum ex injuncto nobis apostolatus officio ad ecclesiarum profectum et religiosorum locorum commodum aciem nostræ considerationis extendere teneamur, ea corrigere nos oportet quæ interdum in gravamen ipsorum temere seu etiam improvide attentantur. Sane ad audientiam nostram vobis intimantibus est delatum quod ad multorum instantiam importunam de non vacantibus beneficiis promissiones sæpius facere vos contingit. Unde nobis humiliter supplicastis ut vobis super his dignaremur misericorditer providere. Volentes igitur vestræ devotioni super hujusmodi gravamine præcavere, ac attendentes quod id contra statuta Lateranensis concilii attentatur, promissiones hujusmodi decernimus irritas et inanes, auctoritate vobis præsentium districtius inhibentes ne contra præfatum concilium beneficia promittere non vacantia cuiquam de cætero præsumatis. Nulli ergo, nostræ inhibitionis, etc., *usque* incursurum.

Datum Laterani, III Kalendas Aprilis, anno quarto decimo.

CLXII.

EISDEM.

Confirmat quamdam redemptionem reddituum ecclesiasticorum.

(Datum, *ut supra.*)

Justis petentium desideriis dignum est, etc., *usque* complere. Eapropter, dilecti in Domino filii, vestris justis precibus inclinati, redditus annuos qui nobili viro Eustachio de Campania et suis prædecessoribus cum quibusdam consuetudinibus onerosis olim a vestro monasterio debebantur, et quos ab ipso nobili et hæredibus ejus, accedente assensu nobilium virorum comitis Gisnensis et Willelmi de Fielnes, de quorum feodo ipsi proveniebant redditus, redemistis, et relaxationem ipsarum consuetudinum, sicut ea juste ac pacifice possidetis, vobis et per vos monasterio vestro auctoritate apostolica confirmamus et præsentis scripti privilegio communimus. Nulli ergo confirmationis, etc., *usque in finem.*

Datum, *ut supra.*

CLXIII.

PHILIPPO ILLUSTRI REGI FRANCIÆ.

De negotio comitis Tolosani

(Apud Cryptam ferratam, VIII Kal. Septembris.)

(280) Noverit regalis prudentia quod Tolosanus comes dudum ad præsentiam nostram accedens, se super hæretica pravitate nisus est multipliciter excusare. Unde nos ad petitionem ipsius legatis nostris rescripsimus ut denuntiatione solemniter facta, nisi contra eum legitimus accusator infra certum terminum compareret, ipsi congregato concilio canonicam purgationem indiceret; qua recepta, non permitterent eum super hujusmodi crimine propulsari; alioquin tanquam hæreticum ecclesiastica districtione punirent. Scimus autem quod purgationem non præstitit; sed utrum per ipsum steterit ignoramus: quanquam universaliter prædicetur quod ipse in partibus illis pro hæretico habeatur. Unde terram suam pene totam amisit; nosque legatis nostris injunximus ut terram ipsam ad eorum quibus pertinet opus diligenter faciant custodiri. Nos igitur ad tuæ petitionis instantiam legatis nostris super hoc negotio litteras apostolicas destinamus quales ad tuum commodum et honorem credimus expedire. (281) Super negotio quoque venerabilium fratrum nostrorum Antisiodorensis et Aurelianensis episcoporum hoc tuæ regali prudentiæ innotescat, quod cum tu sine curiali judicio nolis remittere pœ-

---

in libro XIV, sed in initio sequentis. Unde apparet rectam fuisse mutationem quam hoc loco fecit idem vir illustrissimus.

(279) Vide lib. XIII, epist. 205.

(280) Vide lib. XII, epist. 152, 153; et lib. XVI, epist. 59.

(281) Vide lib. XIII, epist. 190, 191.

nam quam eisdem episcopis intulisti, nec nos absque judiciali cognitione valemus salva justitia revocare sententiam interdicti quam in terram tuam iidem episcopi protulerunt; sed sicut dudum rogavimus, ita nunc quoque rogamus, ut postposito utrinque judicio, quia certe sic expedit, negotium amicabiliter sopiatur. (282) Verumtamen scribimus super hoc venerabili fratri nostro archiepiscopo Senonensi secundum formam quam providimus opportunam. Datum apud Cryptam ferratam, VIII Kalend. Septembris, anno quarto decimo.

CLXIV.
DECANO ET CAPITULO CAPELLÆ DUCIS DIVIONENSIS.
Confirmantur eis bona concessa a duce Burgundiæ.
(Laterani, II Non. Decembris.)

(283) Cum a nobis petitur quod justum est, et honestum, etc., *usque* effectum. Eapropter, dilecti in Domino filii, vestris justis postulationibus grato concurrentes assensu, possessiones, redditus, exemptiones, libertates et immunitates quas bonæ memoriæ Hugo dux Burgundiæ prædictæ capellæ pia liberalitate concessit, sicut ea juste ac pacifice obtinetis, et in authentico inde confecto, cujus tenorem præsentibus jussimus litteris adnotari, plenius continetur, vobis et per vos eidem capellæ auctoritate apostolica confirmamus et præsentis scripti patrocinio communimus. Tenor autem authentici memorati est talis : « In nomine Patris et Filii et Spiritus sancti. Amen. Ego Hugo dux Burgundiæ notum esse volo præsentibus et futuris quoniam Jerosolymam proficiscens, præ nimia maris turbatione et imminentis periculi acerbitate tam ego quam omnes qui mecum in navigio erant graviter perterriti fuimus. Eapropter votum faciens Deo promisi me constructurum in mea curte apud Divionem ecclesiam in honorem sanctæ Dei Genitricis Mariæ et beati Joannis evangelistæ. Unde factum est ut in reditu meo Romam veniens, quod voveram, per manum bonæ memoriæ Alexandri summi pontificis Deo obtuli, et apostolica auctoritate, quemadmodum in (284) authentico scripto quod ab eo impetravi continetur, confirmari feci. Cum autem gratia Dei redirem, convocatis amicis meis et multis honestis viris, decem clericos pro remedio animæ meæ et prædecessorum successorumque meorum salute Deo in perpetuum servituros apud Divionem institui : quibus, laudante Aalide uxore mea et Odone primogenito meo, in eadem villa in proprios usus redditus assignavi, videlicet quidquid habebam de ventis, et ostellagium quod mihi debebant panifici et calceamentorum constructores, et placitum generale. Concessi etiam eisdem clericis ut eamdem habeant apud Divionem libertatem quam habent ecclesiæ principales, scilicet duæ quæ in ea sunt, et milites. Quoniam autem ecclesia ista specialiter mea est et præcipuum tribulationis meæ refugium et oblatio votiva Deo et libertati meæ, concessi ei plus quam cæteris, ut videlicet clerici ei deservientes liberum habeant attractum in villa Divionensi eodem modo quo ego habeo, id est libertatem retinendi homines eamdem quam ego habeo in villa Divionensi. Dedi etiam eisdem clericis tres de hominibus meis ad sufficiendum ecclesiæ suæ thus, oleum, et ceram, quia nullos adhuc habebant homines. Qui videlicet tres homines et servientes clericorum, qui de domo et mensa eorum erunt, alii quoque eorum homines, quos, Deo largiente, prædicto vel alio justo modo poterunt requirere, ab omni exactione et tallia seu quacunque consuetudine omnimodo liberi erunt, plenarium usum fori habentes sicut homines ducis : quorum videlicet hominum vel servientium clericorum si quisque in causam trahatur, non respondebit nisi per dominos suos, qui si culpabilis inveniatur, lex ejus in manu dominorum suorum erit. Quidquid vero iidem clerici de meo casamento poterunt acquirere, liberum habebunt. Ut vero iidem capellani mei de mensa mea et domo esse manifestius cognoscantur, in festis annalibus, id est in Nativitate Domini, in Pascha, in Pentecosten, et in Omnium Sanctorum, si dux vel ducissa Divioni fuerint, accipient de expensa curiæ, tanquam commensales ducis, in perpetuum duos solidos pro pane, quatuor sextarios vini, quatuor solidos pro coquina, vel æquivalens. Oblationes omnes et beneficia capellæ ducis et ducissæ, ubicunque sint, sicut apud Divionem, ex integro ipsorum erunt; nec capellanus ducis vel ducissæ in eis quidquam habebit nisi jure canonicatus, et non jure capellaniæ ; siquidem nec dux nec ducissa capellanum habebit nisi decanum capellæ vel aliquem de canonicis ipsius ; qui videlicet decanus vice domini papæ curam animæ ducis et animæ ducissæ debet habere, sicut in præsenti habet curam animæ meæ Nicolaus capellanus meus et decanus capellæ ; quam curam ipse a domino papa Alexandro suscepit. Quoniam igitur ecclesiam istam ad honorem Dei et tutamen animarum ducum Burgundiæ et ad illustrationem domus illorum non dubito pertinere, ipsam tanquam ducatus caput et turrim salutis ducum cupio erigere, potestatem ducum tantum exinde sperans ampliari quantum ad honorem suum retributor omnium honorem eam ab ipsis ducibus viderit largius exaltari. Unde provide statuo et posteritati meæ in salutem suam mando ut quam cito quis dominium ducatus susceperit, statim tanquam felix operum suorum munimentum adeat ecclesiam suam, consortium spirituale canonicorum suorum recipiat, fidelitatem ei et statuta præsentis scripti se servaturum juret, singulos canonicos in signum fraternitatis in osculo sancto recipiat, tam illos quam res illorum in speciale tutamen amplectens. Hoc ipsum ducissa quoque in initio promotionis suæ, quam cito fuerit Divioni, faciat; ut a sancto et pio opere

---

(282) Vide lib. XV, epist. 108, 109.
(283) Vide cap. *Cum capella.*, De privil.

(284) Exstat apud Miræum in *Notitia ecclesiar. Belgii*, pag. 428.

incipientibus, cætera agenda auctore Domino deinceps prospere succedant; ecclesiamque istam tanquam cubile et reclinatorium animæ suæ custodiant, ut sicut cætera corpori, ita hæc animæ profectura conserventur. Ut autem hoc in posterum ratum habeatur, præsentem paginam sigilli mei et sigilli Odonis primogeniti mei impressione feci muniri. Testes sunt Odo filius meus primogenitus, cujus laude hoc totum factum est, Maria venerabilis quondam ducissa Burgundiæ mater mea, Aymo de Divione, Willelmus de Orgeolo milites, item Bartholomæus cambellanus meus, Raynaldus de Edua burgensis; de presbyteris, magister Nicolaus capellanus meus et decanus capellæ, Vibertus, magister Hugo, magister Guido Maluspanis, magister Richardus diaconus. Actum est hoc anno Incarnationis Dominicæ 1172. » Nulli ergo ... confirmationis, etc., *usque* incursurum.

Datum Laterani, ıı Non. Decemb. anno decimo quarto.

CLXV.

JOANNI ABBATI ET CONVENTUI SANCTI PAULI.

De confirmatione privilegiorum.

(Laterani, iv Non. Januarii.)

Illos Christiana devotio dignissime veneratur et honorat in terris quos habere desiderat patronos et intercessores in cœlis. Inter quos beatus Paulus apostolus, vas electionis, et doctor gentium, cujus nos meritis adjuvari et fulciri intercessionibus cupientes, ob ipsius reverentiam et honorem monasterium Sancti Benedicti sub Pentoma constructum in territorio Nepesino, quod ad jus et proprietatem Ecclesiæ Romanæ nullo mediante dignoscitur pertinere, sicut in privilegio bonæ memoriæ Cœlestini papæ prædecessoris nostri continetur expresse, vobis de apostolicæ sedis munificentia duximus concedendum, ut per monachos vestros de cætero idem monasterium ordinetur. Vestris ergo precibus inclinati, prædictum monasterium sub beati Petri et nostra protectione suscipimus et præsentis scripti privilegio communimus, statuentes ut quascunque possessiones, quæcunque bona idem monasterium inpræsentiarum juste et canonice possidet, aut in futurum concessione pontificum, etc., *usque* illibata permaneant, in quibus hæc propriis duximus exprimenda vocabulis. Locum ipsum in quo prædictum monasterium situm est, cum omnibus suis pertinentiis et omnibus aliis quæ idem monasterium habere dignoscitur a via Carraria, quæ pergit ante monasterium supradictæ ecclesiæ, usque in viam publicam, et via quæ pergit ad Canale et ad Linarium. Omnem competentem portionem in integrum de quatuor fundis, id est Tetricano, Mione, Anticione et Romaniano. Salva pensione unius denarii Nepesino episcopo persolvenda. Fundum de Tuniano in integrum, cum terris, campis, pascuis. Omnem portionem competentem in integrum de fundo Puliano et Solaro, cum casis, terris cultis et incultis. Omnem portionem de fundo Lucrizano. Unam clausuram vineæ cum omnibus suis pertinentiis in loco qui vocatur Pastina juris Nepesinæ Ecclesiæ, præstantem vini decimas tres. Omnem portionem de fundo Bevicano. Omnem portionem in integrum de fundo Crasiano, cum suis pertinentiis. Sex in integrum uncias de fundo Corliano. Tertiam partem in integrum de fundo Monte Vari, cum omnibus suis pertinentiis, posito in territorio Nepesino et Sutrino, juris Sanctæ Mariæ in agro, præstantem solidum unum, Fundum Pulianum, fundum Minianum, et fundum Sulferata in integrum, cum suis pertinentiis, in territorio Nepesino, juris monasterii Sancti Adriani et Laurentii, præstantem denarios quinque. Fundum Rotulæ in integrum juxta Sulferatam. Fundum Opplanum in integrum. Casale unum in integrum quod vocatur Burdanum, cum vineis, terris, pascuis, silvis et molendino uno et dimidio in rivo suo, et aliis suis pertinentiis. In fundo de Valle juxta Insulam terram modiorum quatuor ad sementem. Portionem omnem integram de fundo qui appellatur Insula, et de fundo qui appellatur Scrutano et Antico et Tribuniano, cum omnibus suis pertinentiis, et cum piscaria in Janula. Fundum Cispano in integrum. Fundum Linianum in integrum cum omnibus suis pertinentiis, et cum molendino in Treta, seu medietatem ipsius aquæ a loco qui dicitur Mezano usque ad portam castelli de Capracora. Tertiam partem casalis Cisapini, cum omnibus suis pertinentiis, positi territorio Nepesino. Fundum Triquizanum in integrum, cum appendiciis suis, positum territorio Nepesino. De fundo montis Grezani omnem portionem in integrum. Fundum Servilianum in integrum, cum cella Sanctæ Mariæ, cum casis, vineis, et terris sibi pertinentibus, positum territorio Collinense. Omnem portionem de fundo Crispoliti in integrum, cum terris et vineis ad ipsum pertinentibus. Medietatem fundi Formicosi in integrum, et omnem portionem de fundo Charano et de fundo Morizano et Casanovula et Cesarano, posita territorio Collinense, via Campana vetere, juris ipsius monasterii. Præterea in civitate Roma trans Tiberim cellam Sanctæ Agathæ in integrum, ab uno latere via publica, a secundo latere hæredes Sergii, sicut est interpositus murus antiquus, a tertio latere fluvius Tiberis, a quarto latere res juris basilicæ majoris Sancti Petri apostoli. In territorio Castellano casale Simpronianum in integrum, sicut supradicto monasterio obtulit cum Gregorius dux Gratiani filius, et omnes portiones de casalibus et fundis de loco qui vocatur Transpartana. Fundum Flanarellum, fundum Vinianellum, cum suis pertinentiis in integrum, positum in territorio Sutrino. Cellam Sancti Pauli in integrum, cum vineis, terris et silvis, cum rivo et molendino suo et omnibus suis pertinentiis, positum territorio Nepesino. Casale unum in integrum in fundo qui vocatur Zinzolia, cum ecclesia Sancti Secundi, cum terris, silvis et aliis suis pertinentiis, positum in territorio Nepesino. Medietatem in integrum de casale uno qui vocatur Lucilianum, cum vineis, terris et aliis suis pertinentiis, positum in territorio Nepesino. In Casamala ecclesiam Sanctæ Mariæ, cum vineis, terris et aliis suis pertinentiis, positam in fundo Cæsano et Altello, et Domoras infra castellum ejusdem. Decernimus ergo ut nulli omnino hominum liceat prædictum monasterium temere perturbare, etc., *usque* profutura. Salva sedis apostolicæ auctoritate. Si qua igitur in futurum eccle- siastica, etc., *usque æternæ* pacis inveniant. Amen.

Datum Laterani, per manum Joannis Sanctæ Mariæ in Cosmidin diaconi cardinalis, S. R. E. cancellarii, IV Nonas Januarii, indictione XV, Incarnationis Dominicæ anno 1211, pontificatus vero domini Innocentii papæ III anno quarto decimo.

APPENDIX AD LIBRUM XIV.

Quoniam supra in epistola 133 hujus libri agitur de negotio Bochardi de Avesnis, cujus matrimonium cum Margareta sorore Joannæ comitissæ Flandrensis passum est multam contradictionem, libuit huic addere aliquot epistolas in eadem causa scriptas ab Innocentio nostro et successoribus ejus, quas invenimus in membranis antiquis et authenticis bibliothecæ Colbertinæ; ex qua etiam habuimus vetera quædam monumenta ad eam historiam pertinentia quæ illic authentica quoque sunt.

I.

INNOCENTIUS episcopus, servus servorum Dei, venerabili fratri episcopo et dilectis filiis SIMONI archidiacono, et... præposito Atrebatensibus, salutem et apostolicam benedictionem.

Dilecta in Christo filia nobilis mulier Joanna comitissa Flandriæ horrendi facinoris quæstione nuper aures nostras pulsavit, quod cum olim Fernandus comes vir suus B. de Avennis Cameracensis diœcesis, ipsius consanguineum comitissæ, balivum terræ suæ de Hainonia ordinasset, ac eadem comitissa nobilem mulierem Margaretam sororem suam parvulam in quodam suo castro morantem præfati consanguinei sui custodiæ fiducialiter commendasset, idem B. agitatus diabolica furia et furore puellam camdem de castro prædicto fraudulenter extractam in alienis partibus præsumit illicite detinere asserens se cum ipsa matrimonium contraxisse de facto, cum de jure non valeat, eo quod sibi, qui subdiaconus et cantor Laudunensis fuisse dignoscitur, proxima consanguinitatis linea est conjuncta. Quocirca discretioni vestræ per apostolica scripta mandamus quatenus, inquisita super hoc diligentius veritate, quod canonicum fuerit appellatione postposita statuatis, facientes quod decreveritis per censuram ecclesiasticam firmiter observari. Testes autem qui fuerint nominati, si se gratia, odio, vel timore subtraxerint, censura simili appellatione cessante cogatis veritati testimonium perhibere. Quod si non omnes iis exsequendis potueritis interesse, tu, frater episcope, cum eorum altero ea nihilominus exsequaris. Tu denique, frater episcope, super te ipso et credito tibi grege taliter vigilare procures, exstirpando vitia et plantando virtutes, ut in novissimo districti examinis die coram tremendo judice, qui reddet unicuique secundum opera sua, dignam possis reddere rationem.

Datum Laterani, X Kal. Martii, pontificatus nostri anno septimo decimo.

II.

INNOCENTIUS episcopus, servus servorum Dei, venerabilibus fratribus Remensi archiepiscopo et suffraganeis ejus salutem et apostolicam benedictionem.

Horrendum et exsecrabile facinus auribus nostris insonuit quod cum B. de Avesnes quondam cantor Laudunensis sit in subdiaconatus ordine constitutus, nobilem mulierem Margaretam sororem dilectæ in Christo filiæ nobilis mulieris Joannæ comitissæ Flandrensis consanguineam suam in quodam castro suæ fidei commendatam non est veritus fraudulenter abducere, et eam detinere non metuit, impudenter mentiens se cum ea matrimonium contraxisse. Cum igitur ex testimonio plurium prælatorum et aliorum proborum vivorum qui ad sacrum generale concilium accesserunt constiterit nobis plene dictum B. esse subdiaconum et fuisse cantorem Ecclesiæ Laudunensis, nos moti pietatis visceribus circa dictam puellam et volentes exsequi debitum pastoralis officii adversus tam nefandi sceleris præsumptorem, per apostolica vobis scripta præcipiendo mandamus quatenus præfatum B. apostatam (285), in quem tulimus excommunicationis sententiam sua nequitia exigente, singulis diebus Dominicis et festivis, pulsatis campanis, et candelis accensis, cum suis fautoribus faciatis per vestras diœceses tandiu excommunicatum publice nuntiari, ab omnibus arctius evitandum, loca in quibus prædictus B. præsens fuerit et puella præfata detenta, etiamsi ad partes alias extra vestram provinciam divertere vel illam abducere forte præsumpserit, faciendo cessare interim a divinis donec idem B. præfatam M. liberam dictæ restituerit comitissæ congruæ satisfaciens de commissis, et humiliter revertatur ad conversationem honestam et observantiam ordinis clericalis. Sic autem universi et singuli hoc exsequi efficaciter studeatis quod diligere justitiam et iniquitatem videamini detestari, nec possitis de inobedientia vel negligentia reprehendi.

Datum Laterani, XIV Kal. Februarii, pontificatus nostri anno octavo decimo.

III.

HONORIUS episcopus, servus servorum Dei, venerabilibus fratribus archiepiscopo Remensi et suffraganeis ejus salutem et apostolicam benedictionem.

Utinam apostata ille B. de Avesnis, perfidus, impudicus vel percussus doleret, vel attritus acciperet disciplinam ; ut vexatio sibi pareret intellectum, et repleta ejus facie ignominia, verteretur impius, et non esset, ne vituperaretur per eum ministerium ordinis clericalis, nec operiret confusio vultum cleri, sed a voce exprobrantis et obloquentis esset immunis, cum per illum nomen clericale in gentibus blasphemetur, et vos pro eo de quadam negligentia videamini arguendi! Ille namque dum esset subdiaconus et cantor Ecclesiæ Laudunensis, prout notorium esse constat, totus dicatus vitiis, virtutibus abdicatis, proditionem simul commisit et raptum, dum nobilem mulierem Margaretam germanam nobilis mulieris Joannæ comitissæ Flandrensis suæ fidei commendatam de quodam castro fraudulenter et violenter abducens, eam matrimonii velamento, quod nequaquam contrahere poterat, illicito sibi commercio copulavit, quam, ut apostasiam prodi-

(285) Vide Meierum et Buccliuum ad annum 1215.

tioni et raptui cumularet, spreto divino timore et abjecta reverentia ordinis clericalis, detinet impudice in animæ suæ periculum et enorme scandalum plurimorum. Unde cum hoc ad audientiam felicis memoriæ Innocentii papæ predecessoris nostri pervenisset ex relatione multorum, imo ex testimonio quamplurium prælatorum et aliorum fide dignorum qui ad generale concilium convenerant plenarie constitisset, in præfatum apostatam ore proprio excommunicationis sententiam promulgavit, dans vobis suis litteris in præceptis ut dictum B. cum suis fautoribus singulis diebus Dominicis et festivis, pulsatis campanis, et candelis accensis, per vestras dioeceses excommunicatum faceretis publice nuntiari ab omnibus arctius evitandum, et loca in quibus præfatus B. moram faceret et puella foret detenta, etiamsi ad partes alias extra vestras dioeceses transferretur, supponentes ecclesiastico interdicto cessare faceretis interim a divinis, utramque sententiam tandiu inviolabiliter observando donec idem prædictam M. liberam ipsi restitueret comitissæ, et congrue satisfaciens de commissis, reverteretur humiliter ad conversationem honestam et observantiam ordinis clericalis. Sed licet, sicut comitissa prædicta nostris auribus intimavit, memoratum B. excommunicatum feceritis nuntiari, quia tamen in aliis non minus necessariis non estis plenarie præceptum apostolicum exsecuti, ille non est reversus ad percutientem se, nec Dominum exercituum requisivit; sed cum sit nervus ferreus, cervix ejus et frons sua ænea, nec divino timore nec humano est pudore percussus ut vel signa prætenderet pœnitentis. Propter quod præfata comitissa dolore ac rubore confusa gemit se sororem suam non potuisse hactenus rehabere. Ut igitur gravior pœna pungat quem pœnitudo hactenus non compunxit, fraternitati vestræ per apostolica scripta firmiter præcipiendo mandamus quatenus juxta præcedens prædecessoris nostri præceptum contra sæpedictum apostatam sublato appellationis obstaculo procedatis, ita quod tot et tanta facinora vos abominari probetis, et comitissa præfata super hoc non cogatur iterare querelam, nosque rectitudinis vestræ zelum possimus merito commendare.

Datum Anagniæ, XVI Kal. Augusti, pontificatus nostri anno primo.

IV.

HONORIUS episcopus, servus servorum Dei, dilectis filiis abbati Sancti Bartholomæi, priori Sancti Eligii, et cantori Noviomensi, salutem et apostolicam benedictionem.

Si divinæ pietatis immensa benignitas sustineret ut B. de Avesnes apostata, vir iniquus, somno exsurgeret et obscuratos oculos aperiret ut suam iniquitatem perpenderet, cerneretque spurcitias quibus a planta pedis usque ad verticem capitis est respersus, infixus in limo profundi, laboraret forsan clamans ad Dominum ut ipsum de lacu miseriæ et de fæcis luto educere dignaretur. Verumtamen, quod dolentes referimus, induratum est cor ipsius; quoniam putrescens in stercore sordidus ut jumentum, erecta cervice obturat ad modum surdæ aspidis aures suas, ne disciplinam exaudiat et increpationes advertat quibus a sua deberet nequitia, si datum esset a Domino, revocari. Propter quod potest miser non immerito formidare ne Deo et hominibus exsecrabilis contritione duplici conteratur, temporali pœna videlicet et æterna. Jam enim pudor est dilectæ in Christo filiæ nobili mulieri Joannæ Flandriæ et Haynoniæ comitissæ toties repetere scelera quæ in ejus contumeliam dictus apostata in nobilem mulierem Margaretam sororem ipsius exercuit impudenter, dum idem dudum in subdiaconatus ordine constitutus eamdem M. linea sibi consanguinitatis conjunctam, in quodam castro suæ fidei commendatam, fraudulenter abduxit, ipsamque detinet inhoneste, mentiendo se cum ea matrimonium contraxisse. Cum autem ex testimonio plurium prælatorum et aliorum proborum virorum qui ad sacrum generale concilium accesserunt felicis recordationis Innocentio papæ predecessori nostro plene constiterit dictum B. fuisse subdiaconum et cantorem Ecclesiæ Laudunensis, idem motus pietatis visceribus circa dictam puellam, volensque debitum pastoralis officii exsequi contra nefandi sceleris præsumptorem, bonæ memoriæ Remensi archiepiscopo et suffraganeis ejus suis dedit litteris in præceptis ut prædictum apostatam, in quem ore proprio sua exigente nequitia excommunicationis sententiam ipse tulit, singulis diebus Dominicis et festivis, pulsatis campanis, et candelis accensis, per suas dioeceses facerent cum suis fautoribus excommunicatum publice nuntiari ab omnibus arctius evitandum, loca in quibus prædictus B. moram faceret et puella foret detenta, etiamsi ad partes alias extra ipsas dioeceses divertiret, vel ipsam forte abduceret, facientes cessare interim a divinis donec idem B. præfatam M. liberam ipsi restitueret comitissæ, congrue satisfaciens de commissis, et rediret humiliter ad conversationem honestam et observantiam ordinis clericalis. Et licet exsecutores ipsi præceptum præfati prædecessoris et nostrum super eodem negotio postmodum eis directum fuerint exsecuti, quia tamen nobiles viri Walerannus, Tierricus de Heufalis, et quidam alii Laudunensis, Cameracensis, et Leodiensis dioecesum eumdem apostatam, excommunicatum, claves Ecclesiæ penitus contemnentem, in malitia sua fovent, receptacula in quibus dictam M. detinet aliaque subsidia sibi dando, in quibus vir Guido germanus ejusdem apostatæ ac quidam alii eorumdem dioecesum eum pro viribus manutenent, et quidam sacerdotes et clerici eidem et familiæ suæ aliisque ipsius fautoribus in locis in quibus dicta M. detenta exstitit, non sunt veriti divina officia tenere celebrare, sæpedictus apostata, quasi delinquens impune, satisfacere penitus vilipendit, in suæ iniquitatis pertinacia obstinatus. Unde nobis comitissa præfata humiliter supplicavit ut ne ipsa inter multas angustias, quibus dignoscitur esse afflicta, ex detentione ac pudore dictæ sororis suæ ignominiosæ confusionis respersa opprobrio, in mœrore deficiat, si non habuerit adjutorem, ad comprimendam apostatæ prædicti malitiam insistere dignaremur. Quocirca discretioni vestræ per apostolica scripta mandamus quatenus dictam excommunicationis sententiam per singulas circumadjacentes provincias et dioeceses singulis diebus Dominicis et festivis, pulsatis campanis, et candelis accensis, tandiu faciatis auctoritate nostra solemniter publicari, loca in quibus ipse B. moram fecerit et dictam M. detineri contigerit supponentes ecclesiastico interdicto, donec idem vir iniquus ab errore suo, si a Deo datum fuerit, resipiscens, juxta præscriptam formam dictam M. ipsi restitueret comitissæ, satisfaciens congrue de commissis, et ad conversationem honestam et observantiam ordinis clericalis revertatur. Dictos autem nobiles et alios fautores apostatæ supradicti, necnon et dictam etiam Margaretam, si tanto flagitio inventa fuerit consentire, nec monita studuerit, cum poterit, a suo recedere corruptore, per excommunicationis nominatim in personas, et in terras et familias eorum interdicti sententias, a favore ipsius sublato appellationis obstaculo compescatis, et faciatis utramque sententiam usque ad satisfactionem condignam inviolabiliter observari; præfatos sacerdotes et clericos et alios, si qui forsan similia perpetrare præsumpserint, pœna canonica sublato cujuslibet contradictionis et appellationis obstaculo percellentes; mandatum nostrum taliter impleturi quod non possitis de negligentia reprehendi, et nos sollicitudinis vestræ studium dignis possimus in Domino laudibus commendare. Quod si non omnes iis exsequendis potueritis interesse, duo vestrum ea nihilominus exsequantur.

Datum Romæ, apud Sanctum Petrum, octavo Kal. Maii, pontificatus nostri anno tertio

V.

GREGORIUS episcopus, servus servorum Dei venerabilibus fratribus Tornacensi et Cameracensi episcopis et dilecto filio magistro Girardo canonico Tornacensi salutem et apostolicam benedictionem.

Matrimonii copula, imo verius contubernii, quod olim inter Buchardum de Avesnis et sororem dilectæ in Christo filiæ nobilis mulieris comitissæ Flandriæ fuit de facto contractum, quondam per bonæ memoriæ Innocentium papam prædecessorem nostrum exigente justitia reprobata, nos, quod super hoc ab eodem prædecessore nostro factum esse dignoscitur, approbamus, et prolem ex copula tali susceptam illegitimam esse censemus.

Datum Viterbii, 11 Kal. April., pontificatus nostri anno undecimo.

VI.

Epistola Honorii III de matrimonio Guillelmi de Dampetra cum Margareta sorore comitissæ Flandrensis.

HONORIUS episcopus, servus servorum Dei, dilectis filiis de Ripatorio Cisterciensis ordinis et Arremarensi abbatibus Trecensis diœcesis, et cantori Lingonensi, salutem et apostolicam benedictionem.

Ad aures nostras multorum relatione pervenit quod nobilis mulier Margareta soror dilectæ in Christo filiæ nobilis mulieris comitissæ Flandrensis, quæ olim cum Bochardo de Avennis matrimonium de facto contraxit, cum de jure non posset, nunc simili modo contraxit cum alio, Willelmo de Donnapetra (286) videlicet, qui proxima consanguinitatis linea sibi juncto ut secundum statutum generalis concilii non debeat hujusmodi copula tolerari. Nolentes igitur id vel indiscussum relinquere vel, si verum est, sub dissimulatione transire, discretioni vestræ per apostolica scripta mandamus quatenus, vocatis quos propter hoc videritis evocandos, et inquisita super hoc diligentissime veritate, si inveneritis rem taliter se habere, injungatis utrique ut se ab invicem abjurantes, nullatenus cohabitare præsumant : qui nisi vobis paruerint, in eos appellatione remota excommunicationis sententiam proferentes, et facientes eos usque ad satisfactionem condignam arctius evitari, prout, si quam ex hujusmodi copula incestuosa forte susceperint, illegitimam publice nuntietis et in hæreditate paterna nullo unquam tempore successuram. Quod si non omnes iis exsequendis potueritis interesse, duo vestrum ea nihilominus exsequantur.

Datum Laterani, xvii Kal. Decembris, pontificatus nostri anno octavo.

VII.

Honorii III papæ epistola ad archiepiscopum Senonensem et episcopum Catalaunensem.

HONORIUS episcopus, servus servorum Dei, venerabilibus fratribus Senonensi archiepiscopo et episcopo Cathalanensi salutem et apostolicam benedictionem.

Ad audientiam nostram noveritis pervenisse quod licet nobilis vir Willelmus de Donnapetra et charissima in Christo filia nostra illustris regina Cypri se in eo gradu propinquitatis attingant ut secundum canonicas sanctiones nequeant matrimonialiter copulari, nihilominus tamen tractatur de contrahendo matrimonio inter eos. Cum igitur melius sit ante tempus occurrere quam post vulneratam causam remedium implorare, vosque, in quorum provincia et diœcesi terra nobilis prædicti consistit, super iis investigare possitis facilius veritatem, fraternitati vestræ per apostolica scripta mandamus quatenus si res ita se habet, præfato nobili auctoritate nostra inhibeatis publice ac expresse ne ad hujusmodi copulam procedere aliquo modo præsumat; denuntiantes etiam quod si secus facere attentaret, nos non solum illegitimam nuntiaremus prolem ex tali conjunctione susceptam, verum etiam procederemus alias contra eos, prout ratio postularet. Idipsum autem eidem reginæ inhibere ac denuntiare curetis, si forte ad partes venerit Gallicanas.

Datum Signiæ, xv Kal. Septembris, pontificatus nostri anno octavo.

VIII.

LUDOVICUS, Dei gratia Francorum rex.

Noverint universi præsentes pariter et futuri quod nos litteras dilectæ consanguineæ et fidelis nostræ Joannæ comitissæ Flandriæ inspeximus sub hac forma. Ego Joanna Flandriæ et Haynoniæ comitissa notum facio universis præsentes litteras inspecturis quod cum inter me, charissimam sororem meam M. dominam de Dampetra et filios et filias quos suscepit de viro nobili Guillelmo quondam domino de Dampetra ex una parte, et virum nobilem dominum B. de Avesnis et filios quos habet de prædicta M. ex altera, discordia esset orta, tandem mediantibus bonis viris facta fuit bona pax et concordia in huncmodum. De terra quam præfata M. domina de Dampetra tenet de propria hæreditate sua, accipiet ipsa quingentas libratas ad faciendam voluntatem suam ; et residuum debet æstimari per bonos viros, et dividi in septem partes æquales, de quibus duæ partes erunt duorum filiorum quos dicta M. habet de domino B. post decessum ipsius M. et residuæ quinque partes erunt filiorum et filiarum quos suscepit de domino Guillelmo de Dampetra post discessum ipsius similiter. Et illas duas partes quas filii domini B. debent habere debebo assignare ad voluntatem meam, ubi magis videro expedire, infra hæreditatem prædictæ sororis meæ. Et si forte contingeret quod post diem hujus pacis unus vel plures de filiis aut filiabus prædicti domini Guillelmi de Dampetra obirent, pars illius vel partes illorum qui ita decederent ad superstites fratres germanos et sorores germanas redirent. Similiter si obire contingeret unum de filiis domini B. pars ejus ad alium fratrem suum germanum rediret. Et nonobstante ista pace et divisione retinet dicta domina M. domina de Dampetra potestatem in hæreditate prædicta donandi eleemosynas suas sicut ante habebat; ita tamen quod si aliquas fecerit eleemosynas, irent communiter et æqualiter super septem partes ante nominatas. Pacem istam et concordiam in omnibus firmiter et fideliter observare præfatus B. de Avesnis et filii sui, prius sufficienter probata in curia mea ætate filiorum ipsius B. et per judicium hominum nostrorum legitima judicata, laudaverunt et juraverunt coram dominis suis, videlicet coram. me, quæ sum prima et proxima domina hæreditatis prædictæ et feodi, et coram domino rege Franciæ, qui superior est dominus feodi Flandriæ. Et idem debent laudare et jurare coram domino episcopo Leodiensi, qui superior est dominus feodi Haynoniæ. Tali scilicet modo quod nihil de cætero poterunt reclamare in

---

(286) Guillelmus de Dampetra erat frater Archambaldi de Borbon. Fuit autem constabularius Campaniæ anno 1220, sed non hæreditarius. De matrimonio ejus cum sorore comitissæ Flandrensis mentionem reperimus in litteris Ingerranni domini Conciaci ad Theobaldum comitem Campaniæ et Briæ, ubi sic scriptum est : *Sciatis insuper quod ipsa die quando litteræ vestræ ad me venerunt, mihi verissime*

dictum fuit quod dominus Willelmus de Dampetra sororem comitissæ Flandrensis, dominam Hanoniæ, duxerat in uxorem. Ante porro quam Margaretam duceret, cogitaverat de matrimonio cum Aalaide regina Cypri, ut patet ex sequentibus Honorii III litteris ad Senonensem archiepiscopum et Catalaunensem episcopum

hæreditate jam dicta præter id quod assignatum fuerit eis per pacem et divisionem prædictam, nec guerram movere poterunt contra me vel meos aut contra M. sororem meam, vel contra dictos filios et filias domini Guillelmi de Dampetra vel suos; sed pacem mihi et meis et dictæ M. dictis filiis et filiabus dicti Guillelmi de Dampetra et suis debebunt in posterum tenere. Et dominus B. de Avesnis pro se fecit securitatem eamdem. Et de his omnibus firmiter observandis dominus rex et ego dedimus ad petitionem domini B. et filiorum ejus litteras nostras, ita quod si ibidem B. vel filii sui irent contra pacem prædictam, de cætero non haberent audientiam in curiis nostris de querela de qua pax facta est, sicut est supradictum. Et sub eadem forma dictus B. et filii sui debent quærere litteras domini episcopi Leodiensis. Et si unus de ipsis filiis vel etiam ambo venirent contra pacem eamdem, ego saisirem partem vel partes illorum assignatas illis vel illi qui contra veniret, ad opus filiorum et filiarum domini Guillelmi de Dampetra. Pacem istam similiter laudaverunt et juraverunt dominus B. et filii sui, quantum pertinet ad Christianitatem ipsorum, coram domino archiepiscopo Remensi et suffraganeis suis et domino episcopo Leodiensi; et eis Christianitates suas taliter obligaverunt quod si irent contra pacem prædictam, et de hoc constaret per bonam veritatem domino archiepiscopo Remensi aut domino episcopo Cameracensi aut episcopo Atrebatensi aut episcopo Morinensi aut episcopo Tornacensi, dominus archiepiscopus vel episcopus cui sic de hoc constaret excommunicaret illum vel illos qui contra pacem venirent sine appellatione, et archiepiscopus Remensis vel quilibet episcoporum qui supra notati sunt daret litteras suas quod ipsos denuntiarent excommunicatos per suas diœceses ad testimonium et denuntiationem illius episcopi cui, sicut dictum est, constaret. Præterea idem archiepiscopus vel episcopi debent domino papæ scribere et testari quod dominus B. et filii sui pacem istam servare in eorum præsentia juraverunt. Insuper dominus B. juravit quod bona fide dabit operam ad hoc quod dominus papa confirmet pacem istam, et eidem supplicabit per litteras suas totam pacem continentes ut eam confirmet, et per exsecutores appellatione remota eamdem pacem faciat per censuram ecclesiasticam inviolabiliter observari. Istam pacem tenere similiter juraverunt Th. de Rufalize et Henricus filius ejus, Th. de Walecort et duo filii ejus, Nicolaus de Rumygniaco et duo fratres ejus et duo filii ejus majores natu, A. Domina de Roseco et Rogerius filius ejus, comitissa de Chygniaco soror domini B. et filiæ ejus, Jacobus de Grandiprato Castellanus de Sancto Audomaro et Guillelmus frater ejus, Hugo de Anthonio, Arnulphus de Moretania, Sygerus de Ayghen et duo filii ejus ante nati, Philippus de Orchi et frater ejus major natu post eum, et Arnulphus de Longovillari. Omnes isti supra nominati, juraverunt, ut dictum est, pacem istam tenere; et etiam juraverunt quod si dictus B. vel duo filii ejus vel alter eorum venirent contra pacem præfatam, eis vel ei qui contra veniret, ut dictum est, non essent in auxilium nec in consilium; et Christianitates suas obligaverunt prædictis archiepiscopo et episcopis tali modo, et etiam litteras suas dederunt patentes quod si forte contingeret quod Dominus B. aut filii ejus vel alter eorum iret contra pacem prædictam, et aliquis prædictorum qui pacem juraverunt, ut dictum est, esset eos adjuvans vel confortans, et de hoc constaret per bonam veritatem archiepiscopo Remensi vel uni de subnotatis episcopis, videlicet episcopo Cameracensi, aut episcopo Atrebatensi, aut episcopo Morinensi, aut episcopo Tornacensi, ille cui, sicut dictum est, constaret, excommunicaret eos; et dicti ostagii renuntiaverunt et B. et ejus filii omni appellationi, supplicationi, et omni juris adminiculo; et omnes alii ad testimonium et denuntiationem illius denuntiarent illos vel illum excommunicatum per suas diœceses usque ad satisfactionem condignam. Similiter dominus Galterus comes Blesensis promisit in fide quam mihi debet tanquam dominæ suæ pacem istam tenere, hoc modo quod si dominus B. aut filii ejus aut alter eorum iret contra pacem eamdem, ipse nec in auxilium nec in consilium eis esset, imo saisiret feodum quod dominus B. tenet de ipso, nec permitteret eos gaudere eodem feodo vel valorem habere ejusdem quousque hoc emendassent per me vel per meum hæredem, et si forte comitem Blesensem obire contingeret, hæres ejus ad ea facienda quæ dicta sunt teneretur. Petiit etiam dictus comes ab archiepiscopo Remensi et episcopo Silvanectensi, qui erant præsentes, ut omnia quæ promiserat, ut dictum est, suis testificarentur litteris et sigillis. Sciendum similiter quod ego et prædicta soror mea et amici filiorum et filiarum domini Guillelmi de Dampetra, videlicet dominus Archembaldus, Guido frater ejus, Guillelmus de Melloto, et Droco frater ejus, I. comes Carnotensis, et dominus G. de Asperomonte, juravimus pacem istam tenere et firmiter observare; ita quod si dicti pueri vel aliquis eorum iret contra pacem eamdem, nos omnes nec in auxilium nec in consilium eis essemus. Dicti quoque filii domini Guillelmi laudabunt et jurabunt coram domino rege et coram me et coram domino Leodiensis super querela de qua pax facta est, sicut est prænotatum. Et de hoc debent per se vel per amicos suos quærere litteras domini regis et aliorum dominorum qui nominati sunt supra. Ut autem memoriter teneatur et firmiter observetur continentia dictæ pacis, ego et charissima soror mea, dominus B. et filii sui eam sicut facta est coram me fideliter et plene conscriptam propriis confirmavimus sigillis, Actum apud Asnerias, anno Domini 1234, mense Januario, die Veneris proxima post festum beati Hilarii. Hac pace, prout superius continetur, proposita et a partibus recognita coram nobis, ipsæ partes supplicaverunt nobis ut eam sigilli nostri appensione testificaremur. Ad quarum preces et instantiam in hujus rei testimonium sigillum nostrum præsenti paginæ duximus apponendum.

Actum apud Asnerias, anno Dominicæ Incarnationis 1234, mense Januario.

IX.

INNOCENTIUS episcopus, servus servorum Dei, dilecto filio abbati Clarifontis Præmonstratensis ordinis Laudunensis diœcesis salutem et apostolicam benedictionem.

Constitutus in præsentia nostra dilectus filius nobilis vir Joannes de Avesnis Cameracensis diœcesis pro se et Balduino fratre suo nobis humiliter supplicavit ut cum status eorum super natalibus diffametur, ne per hoc posset eis in posterum præjudicium generari, providere ipsis in hac parte paterna sollicitudine curaremus. Quocirca discretioni tuæ per apostolica scripta mandamus quatenus nobilem mulierem Margaritam matrem ipsorum ex parte nostra peremptorie citare procures ut, si voluerit vel sua crediderit interesse, infra mensem post citationem tuam per se vel per procuratores idoneos cum omnibus munimentis et rationibus suis compareant coram nobis, si quid eis super hoc rationabiliter competit ostensuri. Alioquin extunc in eodem negotio prout de jure fuerit procedemus. Tu autem infra eumdem terminum citationis diem nobis tuis litteris continentibus tenorem præsentium intimare procures.

Datum Lugduni, xv Kalend. Januarii, pontificatus nostri anno secundo.

X.

LUDOVICUS, Dei gratia Francorum rex, et Oto eadem gratia Tusculanus episcopus apostolicæ sedis legatus, universis præsentes litteras inspecturis salutem in Domino.

Notum facimus quod cum inter liberos nobilis Margaretæ comitissæ Flandriæ et Haynoniæ, quos de nobili viro Bucchardo de Avesnis susceperat, ex una parte, et eos quos de nobili viro Guillermo de Domnapetra eadem comitissa susceperat, ex altera, mota esset contentio super eo quod utraque partium prædictarum comitatus Flandriæ et Haynoniæ et totam terram quam tenet dicta comitissa dicebat ad se post obitum ipsius matris eorum jure hæreditario pertinere, tandem de voluntate et assensu præfatæ comitissæ et utriusque partis amicorum consilio supradicti liberi in nos duos unanimiter compromiserunt tali modo quod secundum formam juris vel judicii non esset in hoc arbitrio procedendum cum tota dicta terra per viam juris parti alteri debere cedere dignosceretur, sed de terra prædicta debebamus taliter ordinare quod utrique partium de dicta hæreditate partem assignaremus secundum quod nobis videretur bonum esse; ita videlicet quod ambo capita dictorum comitatuum uni eorum dare, vel alterum uni, et reliquum alii, vel partem alteri in comitatu altero vel utroque, prout nobis bonum videretur, possemus assignare. Condictum fuit etiam et concessum quod si comitatu Flandriæ alteri parti per dictum nostrum assignato, alii vellemus in eodem comitatu partem terræ assignare, ille qui partem illam haberet, comitatum habenti de ea hominagium faceret, et partem illam teneret de eodem. Similiter si comitatu Haynoniæ per dictum nostrum alicui eorum assignato, in comitatu illo alii partem assignaremus, ille qui partem illam in comitatu haberet, comitatum habenti hominagium faceret, et partem suam de illo teneret, nisi terræ consuetudo in contrarium se haberet; quod si esset, hominagium faceret, et partem suam teneret, secundum quod terræ requireret consuetudo. Insuper est sciendum quod partes in hoc unanimiter convenerunt, quod si sine liberis de uxore sua desponsata procreandis contingeret aliquem prædictorum decedere, frater ejus germanus vel soror ejus germana, si decedens fratrem non haberet germanum, eidem decedenti succederet in tota terra quam haberet. Fuit etiam concorditer concessum quod si nos O. legatum iis exsequendis contingeret non adesse, vir nobilis Robertus comes Attrebatensis frater domini regis ad hæc exsequenda reciperetur sine contradictione aliqua loco nostri. Voluerunt autem partes et concesserunt quod illud quod ordinaretur fieret salvo honore utriusque partis; ita tamen quod propter hoc non remaneret quin partes et divisiones terrarum et totius hæreditatis prædictæ manerent stabiles et firmæ prout a nobis esset ordinatum. Concesserunt etiam partes quod contentæ essent divisionibus illis et partibus quas eis assignaremus, nec contra ordinationem nostram venirent aliquo modo, nec unus in parte alii assignanda sive in proprietate sive in possessione aliquid per se vel per alium reclamaret, nec moveret quisquam eorum contra alterum super iis in ecclesiastica vel sæculari curia quæstionem aliquo modo vel aliqua ratione juris aut facti. Concessimus autem nos rex quod nos reciperemus in hominem de comitatu Flandriæ, vivente dicta comitissa, si ipsa hoc peticrit, illum qui per ordinationem nostram dictum comitatum haberet, salva vita comitissæ, et salvo in omnibus jure nostro. Propter absentiam autem utriusque partis vel alterius non dimitteremus quin, si vellemus, in eodem arbitrio procederemus, et quidquid fieret vel ordinaretur per nos duos, tantum valeret et ita tenerentur partes firmiter observare ac si ipsis partibus præsentibus factum esset. Hæc autem omnia facta fuerunt, et concessa eo salvo quod comitissa prædicta, nonobstantibus dicta compromissione vel arbitrio nostro aut ordinatione quam super his faceremus, plenam quandiu vixerit habeat potestatem et administrationem prædictorum comitatuum et totius terræ suæ, et de ipsis possit pro voluntate sua facere sicut poterat ante compromissionem prædictam. Salvo eo quod prædicta comitissa nulli prædictorum liberorum suorum possit terram aliquam seu redditum dare præter partes quæ per nos eis essent assignatæ, nec alicui eorum aliquid dare super partem alteri assignatam. Supradicta autem omnia et singula promiserunt nobis et sibi adinvicem dictæ partes se firmiter servaturas et contra nullo unquam tempore quocumque modo venturas, præstito coram nobis super iis corporaliter juramento. Nos autem in nomine Patris et Filii et Spiritus sancti, amen, in negotio præfato taliter ordinamus, et per dictum nostrum assignamus Joanni de Avesnis militi totum comitatum Haygnoniæ cum omnibus pertinentiis, ita quod Balduino fratri suo militi tenetur de eodem comitatu in proportione hæreditaria providere. Guillelmo vero de Domnapetra militi assignamus totum comitatum Flandriæ cum omnibus pertinentiis, ita quod fratribus suis germanis, Guidoni scilicet et Joanni, tenetur de eodem comitatu in portione hæreditaria providere. Hæ autem provisiones fient secundum consuetudines comitatuum prædictorum. Hæc siquidem pronuntiamus, retenta nobis potestate declarandi et exponendi ea quæ in dicto nostro continentur, si forte inter partes super eo aliqua dubietas oriretur. Prænominatæ autem partes dictum nostrum, sicut prolatum est, approbaverunt, et ratum et gratum habuerunt, promittentes se dictum istud fideliter servaturas et nullo unquam tempore contraventuras. Et ad majorem securitatem litteras suas super iis nobis dederunt sigillis suis sigillatas. In cujus rei testimonium præsentibus litteris sigilla nostra duximus apponenda.

Actum Parisiis, anno Domini 1246, mense Julio.

XI.

INNOCENTIUS episcopus, servus servorum Dei, venerabili fratri episcopo Cameracensi et dilectis filiis abbati Cisterciensi et decano Laudunensi salutem et apostolicam benedictionem.

Dilecti filii nobiles viri G. comes Flandriæ et I. dominus de Dampetra fratres nobis significare curarunt quod nobilibus viris Joanne de Avesnis et Balduino germanis, dictorum G. et I. fratribus uterinis, intimantibus olim nobis quod a quibusdam ipsorum æmulis malitiose, ut a bonis ad eos hæreditario jure spectantibus excludi possent, illegitimitatis macula impingebatur eisdem, nos venerabili fratri nostro (287) Cathalaunensi episcopo suoque collegæ nostris dedimus litteris in mandatis ut quanto magis possent de plano super causa natalium eorumdem nobilium inquirerent veritatem, et quod esset canonicum statuere appellatione remota curarent, nonobstante quod super hoc inter prædictos I. et B. ex parte una et fratres eorumdem ex altera fuerat coram nobis aliquando litigatum et processum, cum nihil inde terminatum fuisset, sed idem episcopus et abbas monasterii de Lessies Cameracensis diœcesis, cui dictus collega commiserat, sicut dicitur, super hoc totaliter vices suas, prædictis G. et I. minoribus viginti quinque annis et existentibus in tali loco unde commode citari poterant et de jure debeant, cum eos principaliter hujusmodi negotium contingeret, non citatis, nec se occultantibus, neque per contumaciam absentantibus, quondam Willelmo germano ipsorum Flandrensi comite infra annos hujusmodi existente et tunc in ultramarinis partibus terræ sanctæ subsidio insistente, cum nullus etiam alius legitime citatus fuerit seu comparuerit qui se Joanni et Balduino

(287) Exstat apud Miræum in Codice diplomatum Belgicor., cap. 82.

fratribus super hoc opponerent supradictis, in eodem negotio procederent, et eorumdem Joannis et B. natalia legitima declarantes, ipsos fore legitime ac legitime genitos in dictorum G. et I. magnum præjudicium et gravamen per diffinitivam sententiam, ad quam audiendam minime vocati fuerant, decreverunt, nosque sententiam ipsam auctoritate apostolica dicimur confirmasse, certo super hoc conservatore concesso. Unde nobis iidem G. et I. humiliter supplicarunt ut cum ab hujusmodi sententia, postquam ad eorum pervenit notitiam, quamvis nullam eam esse dicerent et protestarentur, ad sedem apostolicam ad cautelam pro sui juris conservatione duxerint appellandum, providere super hoc ipsis apostolica sollicitudine curaremus. Ideoque discretioni vestræ per apostolica scripta mandamus quatenus, ad locum tutum et securum vocatis qui fuerint evocandi, inquiratis super prædicto processu sollicite veritatem, nobis quod exinde inveneritis vestris litteris fideliter rescripturi, præfigendo partibus terminum competentem quo per se vel procuratores idoneos nostro se conspectui repræsentent facturæ ac receptura super iis quod ordo dictaverit rationis; contradictores per censuram ecclesiasticam appellatione postposita compescendo; nono'stante indulgentia quibuscunque personis ab apostolica sede concessa quod interdici, suspendi, vel excommunicari non possint per litteras dictæ sedis non facientes plenam de hujusmodi indulgentia mentionem, seu si tibi, fili abbas, vel ordini tuo in futurum existat quod de causis tibi a sede committendis eadem cognoscere minime tenearis, et constitutione de duabus dietis edita in consilio generali. Quod si non omnes iis exsequendis potueritis interesse, duo vestrum ea nihilominus exsequantur.

Datum Perusii, xiii Kalendas Septembris, pontificatus nostri anno decimo.

XII.

Littera missa domino papæ Innocentio IV, pro causa comitis Guidonis, ut abbas Cistercii possit committere alicui, et duo procedant sine tertio.

Sanctissimo Patri ac domino Innocentio divina providentia sacrosanctæ Romanæ et universalis Ecclesiæ summo pontifici, Margareta Flandriæ et Haynoniæ comitissa, pedum oscula beatorum. Cum causam quæ inter charissimos filios nostros G. comitem Flandriæ et I. dominum de Dampetra ex una parte et I. et B. de Avesnis ex alia, quæ super examinatione cujusdam sententiæ quam Cathalanensis episcopus et ejus collega vel subdelegatus ab eo super declaratione natalium dictorum I. et B. contra naturalem, solitum, et debitum judiciorum ordinem auctoritate apostolica promulgarunt, qui quidem G. comes et I. dominus de Dampetra ad cautelam pro sui juris conservatione sedem apostolicam appellarunt, venerabilibus episcopo Cameracensi, abbati Cistercii, et decano Laudunensi duxeritis committendam, timentes ne propter debilitatem ejusdem abbatis et locorum distantiam idem abbas cognitioni ejusdem sæpius nequeat interesse, ac propter hoc in grave periculum partium, dispendium et gravamen contingat negotium retardari, sanctitatem vestram duximus attentius deprecandam quatenus eidem abbati dignemini per speciales litteras indulgere ut quotiescunque nequiverit interesse examinationi ejusdem causæ, personæ idoneæ sui ordinis vel alii vices suas valeat delegare, nonobstante quod in vestris litteris contineatur insertum, *inquiratis sollicite veritatem*, sanctitati vestræ attentius supplicantes ut eidem episcopo, abbati et decano dare dignemini in mandatis quatenus in eadem causa secundum juris ordinem procedentes, ipsam fine debito debeant terminare, alioquin eam instructam ad vestræ sanctitatis examen remittere non postponant.

INNOCENTII III

ROMANI PONTIFICIS

REGESTORUM SIVE EPISTOLARUM LIBER DECIMUS QUINTUS.

PONTIFICATUS ANNO XV, CHRISTI 1212.

I.

CAPITULO LINGONENSI.

De revocandis possessionibus alienatis.

(Laterani, vii Kal. Martii.)

Ad hoc sumus disponente Domino in plenitudinem potestatis (1) assumpti ut si quando ab his qui sunt in partem sollicitudinis evocati, in ecclesiarum suarum dispendium quidquid perperam fuerit attentatum, per sollicitudinis nostræ studium emendetur, et præcaveatur indemnitatibus earumdem. Cum igitur, sicut vobis intimantibus nostro est apostolatui reseratum, quædam possessiones ecclesiæ vestræ ab episcopis qui pro tempore præfuerint eidem alienatæ sint vobis penitus inconsultis, nos eidem ecclesiæ paterna volentes sollicitudine providere, auctoritate vobis præsentium indulgemus quatenus possessiones ipsius ecclesiæ, quas sine assensu vestro (2) alienare dicti episcopi præsumpserunt, ad jus et proprietatem illius legitime revocetis. Nulli ergo... concessionis, etc., *usque incursurum*.

---

(1) *Plenitudine potestatis.* C. *Proposuit*, De concess. præb. Rebuffus in Concord. de regia nominat., § 1, in verbo *Plenitudinis.*

(2) *Sine assensu.* Ut supra lib. xiv, epist. 2, et 9.

Exceptio tamen datur in c. *Terrulas satis superque in foro decantato* 12, q. 2, et si bona non sunt divisa aut distincta, decis. cap. Tolos., q. 79.

Datum Laterani, vii Kal. Martii, pontificatus nostri anno quinto decimo.

II.
EISDEM.
De electione decani.
(Laterani, vii Kal. Martii.)

Cum causam quæ vertebatur inter dictum filium H. cantorem Eduensem et H. Barensem archidiaconum super decanatu ecclesiæ vestræ, ad quem fuerat electus uterque, dilectis filiis decano et magistris W. de Vienna et Jacobo de Tornodoro canonicis Antisiodorensibus commiserimus sine debito terminandam, ipsi cognitis causæ meritis, de juris peritorum consilio electionem utramque sententialiter cassaverunt. Verum cantor præfatus, qui ante prolationem sententiæ appellarat, ad apostolicam sedem accedens, a nobis audientiam petiit sibi dari, quam cum ei duxerimus concedendam, dilectus filius magister Hugo canonicus vester in nostra præsentia constitutus, licet procurator non esset, quod tamen de parte altera fuerat, se opponens eidem, sententiam nobis exhibuit cum actis judicii a præfatis judicibus promulgatam. Nos igitur auditis quæ dictus cantor proposuit coram nobis, cassationem electionis ipsius justam esse cognovimus, et ideo ipsam auctoritate duximus apostolica confirmandam.

Datum Laterani, vii Kal. Martii pontificatus nostri anno decimo quinto.

III.
MAGDEBURGENSI ET MAGUNTINO ARCHEPISCOPIS, ET EORUM SUFFRAGANEIS.
Contra Waldemarum intrusum Bremensem.
(Laterani, iii Kal. Martii.)

(3) Sicut venerabilis frater noster Osnaburgensis episcopus Bremensis electus nobis intimare curavit, Waldemarus, cum in profundum jam devenerit peccatorum, contemnit, et non solum non adjicit ut resurgat, verum etiam, tanquam si ex adipe prodeat ejus iniquitas, adversus Romanam Ecclesiam supplantationes exampliat, et graviores quam hactenus præsumptiones intentat; ut in die iræ accumulans iram sibi, damnabili gladio perdatur illius cujus misericordi fuerat studio a durissimi damnatione carceris liberatus. Ponens enim, inductus in Bremam per nobilis viri Saxoniæ ducis potentiam, tanquam ab Aquilone in Bremensi Ecclesia sedem suam, ac sedens super eam, velut super plumbi talentum sedet iniquitas, præter administrationem quam in eadem Ecclesia tam in spiritualibus quam temporalibus sibi damnabiliter usurpavit, ad ecclesias et clericos in reprobum sensum datus manus extendit, ipsorum bona præsumptuosis ausibus occupans ac dividens inter laicos et dispergens; de quorum confidens violentia, facilis est ad scelera, nec quid faciat abhorrescit. Expulsis etenim quibusdam canonicis et aliis Bremensibus clericis ab eorum ecclesiis et præbendis, ipsas præbendas et ecclesias de facto, cum de jure non potuerit, quibusdam fautoribus suis contulit, ut eos habeat in malefactis participes quos habet in errore fautores. Licet autem in Waldemarum eumdem per te, frater Magdeburgensis, et venerabiles fratres nostros tuos et Bremensis ecclesiæ suffraganeos, necnon et per prædictum Osnaburgensem et Monasteriensem episcopos anathematis vinculo innodatum depositionis et degradationis sententia fuerit auctoritate apostolica promulgata, ipse tamen, qui sub tanta manus divinæ potentia humiliari debuerat, cornua elationis assumens, in eadem pertinaciter persistit sententia, et eam, quam saltem timere debuerat vilipendit. Cujus exemplo decanus et quidam alii sacerdotes Bremenses et clerici latam in eos super beneficiorum perceptione suspensionis sententiam, [ante quam] communicabant eidem, improvide contemnentes, ei communicare non desinunt, ipsumque fovere in sua nequitia non desistunt. Ne igitur idem Waldemarus et fautores ipsius plene valeant de sua nequitia gloriari, fraternitati vestræ per apostolica præcipiendo mandamus quatenus in eos latas sententias singulis diebus Dominicis et festivis per vestras ecclesias innovetis et faciatis per vestras diœceses innovari.

Datum Laterani, iii Kal. Martii, pontificatus nostri anno decimo quinto.

In eumdem fere modum scriptum est Padeburnensi, Mindensi, Verdensi, et Halberstadensi episcopis, et dilectis filiis Corbeiensi et de Campo Sanctæ Mariæ abbatibus Monasteriensis et Padebuensis diœcesum usque plene valeant de sua nequitia gloriari, discretioni vestræ per apostolica scripta mandamus quatenus infra duos menses post receptionem præsentium ad Bremensem civitatem personaliter accedentes, sive omnes simul, sive singuli, latas in dictum Waldemarum et fautores suos sententias publice innovetis ibidem, et mandetis per totam Bremensem provinciam innovari.

Datum Laterani, iii Kal. Martii, pontificatus nostri anno decimo quinto.

IV.
EPISCOPO ET CAPITULO PICTAVENSI.
Confirmatur quædam concordia.
(Laterani, vi Kal. Martii.)

Causam quæ vertebatur inter vos ex parte una et dilectos filios Cluniacensem et monasterii novi Pictavensis abbates et conventus ex altera super exemptione monasterii novi Pictavensis diversis judicibus nos recolimus commisisse. Super qua licet diversis temporibus fuerit multipliciter laboratum, testes tamen ex mandato nostro ab utraque parte recepti fuerunt, et demum depositiones eorumdem apud sedem apostolicam publicatæ. Verum quia pars monasterii novi privilegia sua tunc præ manibus non habebat, partibus postmodum nostris dedi-

---

(3) Vide lib. xiii, epist. 158, et quintam compilat. Decretal. lib. i, tit. 9.

mus litteris in mandatis ut super eadem causa, munitæ privilegiis et aliis rationibus quæ ad ipsius decisionem spectabant, per se vel sufficientes procuratores in festo beati Martini proxime præterito nostro se conspectui præsentarent, tam super prædicta causa quam super aliis articulis æquitatis judicium dante Domino recepturæ. Demum igitur dilectis filiis magistris Joanne et Hugone canonicis Sanctæ Radegundis Pictavensis vestris, et Petro, Salatiele, ac Jo. monachis prædictorum Cluniacensis et Monasterii novi abbatum et conventuum procuratoribus in nostra præsentia constitutis, audivimus diligenter quæ voluerunt proponere coram nobis; et cum hinc inde super præmissis fuisset diutius disputatum, tandem idem negotium de consensu partium nobis mediantibus taliter est sopitum. Quod dicti abbas et conventus monasterii novi, ut Pictavensis episcopus favorabilior sit eis et efficacior ad justitiam de suis malefactoribus faciendam, semel in anno per dicm unum cum moderato equitaturarum numero, prout in Lateranensi concilio est statutum, eumdem exhibeant et procurent. In cæteris vero idem monasterium ab ejus jurisdictione sit liberum et exemptum; nisi quod chrisma, oleum sanctum, consecrationes altarium, dedicationes basilicarum, ordinationes monachorum seu clericorum qui ad sacros ordines fuerint promovendi, necnon et benedictionem abbatis sine professione aliqua recipiant ab episcopo memorato; si quidem Catholicus fuerit, et gratiam apostolicæ sedis habuerit, ac ea ipsis gratis et sine pravitate aliqua voluerit exhibere. Alioquin liceat eis quemcunque maluerint catholicum adire antistitem gratiam et communionem apostolicæ sedis habentem, qui nostra fretus auctoritate ipsis quod postulatur impendat; sicut in authenticis privilegiis continetur, quæ nos ipsi perspeximus et examinavimus diligenter. Cum autem Pictavensis episcopus in civitate Pictavensi generale posuerit interdictum, iidem illud servabunt; ita quod illo durante non celebrabunt divina nisi clausis januis, non pulsatis campanis, suppressa voce, interdictis et excommunicatis exclusis, quos caute vitare curabunt. Ad synodum quoque Pictavensis episcopi abbas monasterii novi secundum generalem consuetudinem regionis accedet ratione capellarum vel ecclesiarum suarum quæ ipsi episcopo sunt subjectæ. Sed si forsitan capellani ea quæ statuta fuerint in synodo neglexerint aut contempserint observare, non in abbatem vel monasterium, sed in ipsos capellanos, episcopus poterit canonicam exercere censuram. Ne igitur quod nobis mediantibus est statutum valeat ab aliquo temere violari, illud auctoritate apostolica confirmamus et præsentis scripti patrocinio communimus. Nulli ergo... confirmationis, etc., *usque* incursurum.

Datum Laterani, vi Kal. Martii, pontificatus nostri anno decimo quinto.

(4) In quart. coll. S.
(5) *Laudunensibus.* Ecclesiæ Laudunensis suffraganeæ diœceseos Remensis.

In eumdem modum scriptum et Cluniacensi et monasterii Novi Pictavensis abbatibus et conventibus, causam quæ vertebatur, etc., *usque in finem.*

In eumdem modum scriptum est super hoc abbati Sancti Sulpicii, decano et archidiacono Bituricensibus. Causam quæ vertebatur, etc., *usque* ab aliquo temere violari, discretioni vestræ per apostolica scripta præcipiendo mandamus quatenus id observari per censuram ecclesiasticam appellatione postposita firmiter faciatis, contradictores censura simili compescendo. Quod si non omnes... duo vestrum, etc., *usque* exsequantur.

Datum Laterani, vi Kalend. Martii, pontificatus nostri anno decimo quinto.

V.

ELECTO ET MONACHIS SANCTÆ MARIÆ DE PEROALLO.

Recipiuntur sub protectione B. Petri.
(Laterani, v Kal. Martii.)

Cum a nobis petitur, etc., *usque* perducatur effectum. Eapropter, dilecti in Domino filii, vestris justis postulationibus grato concurrentes assensu, personas et monasterium vestrum cum omnibus bonis quæ inpræsentiarum rationabiliter possidet, aut in futurum justis modis præstante Domino poterit adipisci, sub beati Petri et nostra protectione suscipimus et præsentis scripti patrocinio communimus. Libertates præterea et immunitates quas venerabilis frater noster episcopus Terdonensis cum capituli sui assensu provida vobis deliberatione concessit ratas habemus, et eas illibatas decernimus permanere. Nulli ergo... protectionis et constitutionis, etc., *usque* incursurum.

Datum Laterani, v Kal. Martii, pontificatus nostri anno decimo quinto.

VI.

(4) G. DE VALLIBUS, MAGISTRO G. ET P. DE FIMIIS CANONICIS LAUDUNENSIBUS (5).

Quod clausula Si est ita ad omnia rescripti refertur.
(Laterani, vi Non. Martii.)

Olim (6) ex litteris dilectorum filiorum Sancti Nicasii Remensis, Igniacensis et Vallis regiæ abbatum nostris fuit auribus intimatum quod cum ad eos semel et iterum a nobis litteræ processissent (7), super eo videlicet quod R. clericus Sancti Remensis parochiam de Salice Sancti Remigii, quam R. de Cruncio clericus sibi per interpositam personam ab abbate Sancti Remigii collatam fuisse proposuit, detinebat, ipsi partes semel, secundo, et tertio citaverunt, et dictum R. de Sancto Remigio, quia citatus pluries comparere noluit per se vel responsalem aliquem coram eis, excommunicationis vinculo innodantes, fecerunt fructus ipsius parochiæ sequestrari, cumque postmodum idem R. accedens ad eos, se juri promiserit pariturum, ac obtinuerit se absolvi, ipsi absolutionis ei litteras conce-

(6) *Olim.* Corrige ex formula hujus epistolæ titulum et seriem. C. *Olim,* De rescript.
(7) Cap. *Olim,* De rescript.

dentes, diem ei assignarunt et locum quibus coram eis quod promiserat adimpleret; qui diem et locum (8) ex litteris illis radens (9), in loco rasuræ rescripsit quod ipsi ei (10) sequestratos (11) fructus exhiberi mandabant, quod demum coram duobus eorum, tertio sui absentiam excusante, per litteras est confessus. Nos igitur, cum tantæ temeritatis excessus falsitatis scrupulo (12) non careret, vobis dedimus in mandatis ut si res taliter se haberet, ipsi præsumptori super dicta parochia perpetuum silentium imponentes, præfato R. de Cruneio clerico assignaretis eamdem cum fructibus sequestratis, Verum, sicut vos filii S. et P. per vestras nobis litteras intimastis, cum dictus R. de Cruneio rasuram præfatam coram vobis per testes idoneos (13) probavisset, et ob hoc postulasset sibi dictam Ecclesiam assignari, vos utrum clausula illa, *si ita est*, de omnibus superioribus, an de articulo tantum rasuræ deberet intelligi dubitantes, in negotio ipso procedere ulterius distulistis, eligentes secundum hoc potius apostolicæ sedis oraculum implorare quam aliquid temere diffinire. Nos ergo diligentiam vestram in Domino commendantes, taliter duximus respondendum, quod clausula illa debet ad omnia superiora referri, ad hoc ut ipsi præfata ecclesia conferatur, quia licet vitium falsitatis ad imponendum illi perpetuum silentium super ecclesia ipsa sufficiat (14) qui falsitatem (15) hujusmodi perpetrarat, non tamen propter hoc eadem ecclesia est adversario assignanda (16), nisi super aliis facta fuerit plena fides.

Datum Laterani, vi Non. Martii, pontificatus nostri anno quinto decimo.

VII.

COLOCENSI ELECTO, ET SOKSARDIENSI ET DE SEKUDWOR CISTERCIENSIS ORDINIS ABBATIBUS QUINQUECCLESIENSIS DIŒCESIS.

Dirimit litem inter episcopum Vesprimiensem et abbatem S. Martini.

(Laterani, v Non. Martii.)

(17) Veniens ad præsentiam nostram dilectus filius [G.] (18) abbas Sancti Martini de Pannonia sua nobis conquestione monstravit quod venerabilis frater noster Vesprimiensis episcopus conditionales homines, qui certa ei servitia exhibent, eximit a præstatione integra decimarum, et eos, cum jurisdictionem in ipsos habeat, ad solvendas integre sibi prædictas decimas et ad satisfaciendum congrue de subtractis pontificali auctoritate non cogit, præstare sibi recusans consilium et auxilium in expensis et aliis contra silvestres homines in extremis prædictæ parochiæ finibus commorantes, qui se a solutione subtrahunt decimarum. Quare humiliter postulabat ut ne id de cætero idem episcopus attentaret injungere sibi auctoritate apostolica dignaremur. Petebat insuper quod idem episcopus sacerdotibus illius parochiæ inhiberet ne quosdam homines, sibi prout tenentur decimas non solventes, servili conditione falso ad suam excusationem objecta, et ne pulsatores et exsequiales in eodem articulo delinquentes recipiant ad divina, vel ab eis percipiant partem aliquam decimarum, ipsi de subtractis satisfactionem congruam impedentes, humiliter supplicans ut hoc per delegatos a nobis judices fieri mandaremus, si dictus episcopus id efficere non curaret, compellentes eumdem ad satisfactionem congruam prædictorum, si auctoritate sua dicti cappellani hoc præsumerent attentare. Postulabat præterea quod idem episcopus parochianos capellarum suarum in jure spirituali et quarta decimarum recipi ad capellas alias non permittat, satisfaciens de subtractis eidem si aliquid est in hoc hactenus ipsius auctoritate præsumptum. Alioquin a suis sibi faciat capellanis super his satisfactionem congruam exhiberi. Et ne de parochianis dubitatio aliqua oriretur, sic petiit distinguendo, ut parochianos de villis Fayz et de Gurbei a capella Thapey non subtrahat episcopus memoratus, parochianos autem de prædio dominici de Mogh. et de Udwornicis regis et de villa illorum qui dant regi Martinum a capella de porcorum custodia non subducat, inhibens sacerdotibus ne recipiant capetias aliquas vel cubulos vini a regis vel

---

(8) *Diem et locum*. Quæ pertinent ad personam, et sunt diligenter attendenda. C. *Abbate*, § *Præfatus*, De sentent. et re judic.

(9) *Ex litteris radens*. Ubi scilicet adnotatio temporis recensetur, c. *Cum venerabilis*, De relig. dom. in adnotatione indictionis c. *Inter dilectos*, § *Sed contra*, De fide instrum. Dies enim et consul, ut hodie indictio instrumentis adjiciebantur, quæ materiam falso fabricando instruere potest, l. *Tabularum*, § *Diem*, Quemad. testam. aperi.

(10) *Ipsi ei*. Falso nomen inscribens, ut in l. *Titio ad municip*. et falso allegans ut in l. *Si prætor*, *Marcellus*, De judic. Aufrer. ad Decis. cap. Tolos., q. 423.

(11) *Sequestratos*. Ut restituantur ei qui finalem in causa victoriam obtinuerit. Clem. unica, De sequestrati poss. et fruct.

(12) *Scrupulo*. Suspicione c. *In conscientia*, De crimine falsi, cum litteris bullatis aliquid per rasuram immutatum sit c. *Licet*, eod. tit., propter superlinearem scripturam et rasuram in loco suspecto factam d. c. *Venerabilis*, ut in rescripto Pauli quinti pontif. max. concesso Carolæ de Gelan moniali ad illa verba v *Kal. Aug.*, quæ litteris Gallicis non Romanis exarata legebantur, ideoque nob lis Perona de Gelan S C. germanam vicit 13 Augusti 16.3, quæ bonorum partem petebat.

(15) *Idoneos*. Ex l. *Judices*, l. *Cum quidam*, C. De fide instrum. et l. *Ubi* D., eod. tit. Vide infra lib. XVI, epist. 9.

(14) *Sufficiat*. C. *Ad falsatiorum*, De crimine falsi. Guymierius in compend. benefic. expressit, n. 53. Rebuffus De pacif. possess., n. 204.

(15) *Falsitatem*. Ex qua deprehendi possit immutatio veritatis, dolus, et damni illatio.

(16) *Assignanda*. Cum et privilegia in propositionibus (sic legendum ex v. ms. Sancti Benigni Divionensis, non *possessionibus*,) abradantur, et litteræ in narratione facti (si error intervenerit), possint incunctanter abradi. C. *Ex litteris*, De fide instrument., ubi vide glossam, vel ut dicitur in dicto c. *Ex conscientia*, quoniam paucarum litterarum rasuræ nequaquam sapientis animum in dubitationem vertere debent.

(17) Cap. *Veniens*., De præscript.

(18) Hæc littera addita est ex cod. Colbert.

reginæ conditionalibus, qui vulgo regales servi vocantur, ab ipso ea recipi permittentes, cogens insuper regis sagittarios et bissenos ad decimas integre persolvendas. Petiit etiam postmodum et humiliter postulavit ut memoratus episcopus non impediat vel faciat impediri quo minus omnes qui in Simigiensi parochia vel comitatu consistunt, de omnibus quæ possident decimas integras sibi solvant; sicut in privilegiis felicis memoriæ Paschalis papæ et sancti regis Stephani plenius continetur. Præfatus vero episcopus in nostra præsentia constitutus e contrario postulavit ut decimas Simigiensis comitatus infra suæ diœcesis terminos consistentis (19), quas detinet idem abbas, sibi restitui faceremus, nisi dictus abbas aliquo speciali jure se ipsas juste possidere monstraret, mandantes ipsum per eumdem abbatem, cum dictum comitatum visitat, in suis ecclesiis procurari. Petebat insuper deputatam quartam fabricæ sibi restitui ad ecclesias reparandas. Capellas in villa subulcorum et Sancti Ladislai de Fizgoi destrui postulans, tanquam sine auctoritate ac consensu episcopi diœcesani constructas, et petens ecclesiam de Keurishyg, in qua sibi dictus abbas spiritualem jurisdictionem usurpat, ecclesiam etiam de Thapey, in cujus possessione ipsum fuisse idem abbas confessus fuerat, repetebat. Reconciliationes etiam pœnitentium et ordinationes clericorum ad se asserens pertinere, humiliter postulabat ut chrisma, oleum sanctum, et alia ecclesiastica sacramenta capellani et homines Sancti Martini in Vesprimensi diœcesi constituti ab eo tanquam a suo diœcesano perciperent, sibi cognitiones causarum spiritualium relinquendo. Nos autem intellectis per venerabilem fratrem nostrum Hugolinum Hostiensem episcopum, quem partibus concessimus auditorem, quæ proposita fuerant coram eo, objectiones propositas ab episcopo contra privilegia prædictorum Paschalis papæ ac sancti regis Stephani, quibus abbas sufficienter respondit, invalidas esse decrevimus, ut eis non obstantibus privilegia ipsa valida reputentur, si authenticum prædicti regis tale repertum fuerit quale nobis rescriptum ipsius sub bulla charissimi in Christo filii nostri Hungarorum regis illustris exstitit præsentatum. Quantum tamen ad fundandam intentionem abbatis proficiat opportuno tempore decernemus. Interim autem nihil circa statum monasterii secundum perceptionem decimarum, quam idem monasterium possidet, immutetur. Chrisma vero, oleum sanctum, consecrationes altarium seu basilicarum, ordinationes clericorum qui ad sacros ordines fuerint promovendi, clerici ecclesiarum vel capellarum ipsius monasterii quæ sunt in Vesprimiensi diœcesi constitutæ a Vesprimiensi episcopo postulabunt; si quidem Catholicus fuerit et gratiam atque communionem apostolicæ sedis habuerit, et ea gratis et sine pravitate aliqua voluerit exhibere. Alioquin ab alio quem maluerint catholico præsule suscipiendi ea liberam habeant facultatem, sicut in privilegiis prædicti Paschalis et bonæ memoriæ Alexandri papæ prædecessorum nostrorum perspeximus contineri. Non obstante privilegio Clementis papæ (20), qui mentionem non fecit de prædictis prædecessorum suorum privilegiis, sed de privilegio Sancti Stephani regis; cui, quantum ad hoc capitulum, per sæpefatos Romanos pontifices exstitit derogatum; præsertim cum ipse Clemens privilegium illud concesserit salvis institutionibus, non solum Romanæ Ecclesiæ, sed ipsius etiam legatorum. Nec obstante præscriptione quam idem abbas in suum subsidium opponebat, quia si consummata erat præscriptio quando abbas Sancti Martini ab Alexandro papa privilegium impetravit, juri præscriptionis renuntiasse videtur; præsertim cum coram nobis privilegio illo sit usus quod suæ intentioni, quantum ad hunc articulum, contradicit. Si vero nondum (21) consummaverat præscriptionem, sed erat in præscribendo post impetratum hujusmodi privilegium, bonam fidem non habuit, et ideo secundum canones non præscripsit. Cæterum interdictos vel excommunicatos Vesprimiensis episcopi prædicti clerici studeant evitare, ac parochianos ecclesiarum ad eumdem episcopum pertinentes contra voluntatem ipsius ad divina officia non recipiant, nec illis impendant ecclesiastica sacramenta. Super cæteris autem quia nobis non potuit fieri plena fides, per apostolica vobis scripta mandamus quatenus recipiatis testes quos partes duxerint producendos, et tam attestationes quam alias prolationes earum fideliter redigatis in scriptis, easque nobis sub vestris sigillis dirigere procuretis, præfigentes eis terminum competentem quo cum ipsis nostro se conspectui repræsentent sententiam auctore Domino recepturæ. Testes autem qui ab utraque parte fuerint nominati, si se gratia, odio vel timore subtraxerint, per censuram ecclesiasticam cessante appellatione cogatis veritati testimonium perhibere. Nullis litteris obstantibus præter assensum partium a sede apostolica impetratis. Quod si non omnes... duo vestrum ea, etc.

Datum Laterani, v Non. Martii, pontificatus nostri anno quinto decimo.

VIII.
PRIORI ET FRATRIBUS DE BALNEOLIS.
Confirmat eorum bona.
(Laterani, Non. Martii).

Justis petentium desideriis dignum, etc., *usque effectu prosequente complere.* Eapropter, dilecti in Domino filii, vestris justis postulationibus grato concurrentes assensu, domum et redditus a nobili viro Herveo comite Nivernensi pia vobis liberalitate collatos, sicut eos juste ac pacifice possidetis, et in litteris ejusdem comitis ac nobilis mulieris Mathildis

---

(19) In quart. coll. *constitutas.*
(20) In quart. coll. *per quod privilegiis prædecessorum suor, non exstitit derogatum cum, de ipsis*

nulla fecerit mentionem; præsertim cum, e'c.
(21) In quart. coll. *consummata erat præscriptio.*

comitissæ uxoris suæ noscitur contineri, vobis et per vos domui vestræ *auctoritate apostolica* confirmamus et præsentis scripti patrocinio communimus. Nulli ergo... confirmationis, etc., *usque* incursurum.

Datum Laterani, Non. Martii, pontificatus nostri anno decimo quinto.

IX.
EPISCOPO MAGALONENSI.
Ut de terris in comitatu Melgorii cognoscat.
(Laterani, vii Id. Martii.)

Sicut dilectus filius Joannes Buccados nobis conquerendo monstravit, quidam potentes super proventibus et rebus aliis sitis in comitatu Melgorii, quos legitime possidet et quiete, ipsum sine causæ cognitione intendunt nequiter aggravare. Cum igitur jurisdictio terræ illius ad nos nullo pertineat mediante, fraternitati tuæ per apostolica scripta mandamus quatenus, vocatis qui fuerint evocandi, et auditis hinc inde propositis, quod justum fuerit, appellatione remota, decernas, faciens quod decreveris per censuram ecclesiasticam firmiter observari, nullis litteris veritati et justitiæ præjudicantibus a sede apostolica impetratis.

Datum Laterani, vii Idus Martii, pontificatus nostri anno decimo quinto.

X.
ABBATI ET PRIORI SANCTI VICTORIS, ET MAGISTRO G. CORNUTO CANONICO PARISIENSI.
De corpore B. Lupi archiepiscopi Senonensis.
(Laterani, ii Id. Maii.)

(22) Dilecti filii abbas et conventus Sanctæ Columbæ Senonensis nobis conquerendo monstrarunt quod licet in ecclesia sua totum corpus beati Lupi confessoris archiepiscopi Senonensis una cum capite requiescat, sicut per authenticum bonæ memoriæ Hugonis Senonensis archiepiscopi, qui convocatis quibusdam episcopis, et clero et populo adunatis, ipsum corpus ac caput omnibus astantibus demonstravit, evidenter apparet, abbas tamen et monachi Sancti Petri Vivi Senonensis in ipsorum gravamen per prædicatores suos caput et quædam membra confessoris ipsius esse apud quemdam prioratum suum, videlicet Sanctum Lupum de Nando, per episcopatus longe lateque diffusos faciunt publice nuntiari, quod siquidem est a veritate penitus alienum. Quia igitur falsitas tolerari non debet sub velamine pietatis, discretioni vestræ per apostolica scripta mandamus quatenus memoratos abbatem et monachos ut ab hujusmodi præsumptione desistant auctoritate nostra moneatis, attentius et efficaciter inducatis; ipsos ad hoc, si necesse fuerit, per censuram ecclesiasticam appellatione remota cognita veritate cogentes; cum male saluti nec famæ congruat eorumdem quæstum acquirere de prædicatione mendacii. Nullis litteris veritati, etc., a sede apostolica impetratis. Quod si non omnes... duo vestrum ea, etc.

Datum Laterani, ii Idus Martii, pontificatus nostri anno decimo quinto.

XI.
MORIMONTENSI ET SANCTI STEPHANI DIVIONENSIS ABBATIBUS LINGONENSIS DIOECESIS, ET MAJORI ARCHIDIACONO LINGONENSI.
Ut cognoscant de falsitate litterarum.
(Laterani, xii Kal. Aprilis.)

Venerabili fratri nostro Bisuntinensi archiepiscopo et dilecto filio... procuratori nobilis viri comitis Stephani benignam audientiam concedentes, intelleximus evidenter per ea quæ fuerunt coram nobis proposita et ostensa quod litteræ illæ quæ dilectis filiis Sancti Sequani et de Aceio abbatibus et priori Cisterciensi super absolutione ipsius comitis sub nomine nostro fuerunt exhibitæ, sicut in eorum litteris citatoriis de verbo ad verbum erant insertæ, aut falsæ aut falsatæ fuerunt. Et certe si veras litteras accepissent, quales nos eis recolimus destinasse, formam earum in suo processu minime observassent. Quare nos eorum processum decernentes irritum et inanem, per apostolica vobis scripta mandamus quatenus litteras illas faciatis vobis per censuram ecclesiasticam sublato appellationis obstaculo exhiberi, et inquiratis diligentissime veritatem quis eas obtinuit vel exhibuit aut falsavit; tam litteras ipsas quam inquisitam super his veritatem nobis fideliter transmissuri, ut ad hujusmodi puniendum excessum, sicut procedendum viderimus, procedamus. Latam autem in prædictum comitem excommunicationis sententiam ab archiepiscopo memorato et interdictum positum in terram ipsius mandetis inviolabiliter observari donec de damnis et injuriis præfato archiepiscopo ab eodem comite irrogatis inquisita plenius et cognita veritate, faciatis satisfactionem congruam exhiberi; et sic demum præfatas sententias juxta formam Ecclesiæ relaxantes, audiatis si quid inter eos remanserit quæstionis, et appellatione remota mediante justitia decidatis, facientes quod decreveritis per censuram ecclesiasticam firmiter observari. Testes autem, etc., *usque* subtraxerint, per censuram eamdem cessante appellatione cogatis veritati testimonium perhibere. Quod si non omnes, etc., *usque* exsequantur.

Datum Laterani, xii Kal. Aprilis, pontificatus nostri anno decimo quinto.

XII.
R. DE BELLOVIDERE CAMERARIO ET S. DE BEROV. ET S. DE BURGO GUARIN. CANONICIS CARNOTENSIBUS.
De interdicto prolato ab episcopo Aurelianensi.
(Laterani, xvi Kal. Aprilis.)

Cum venerabilis frater noster Aurelianensis episcopus diœcesim suam supposuerit ecclesiastico interdicto, et capitulum Sancti Aniani illud neglexerint observare, sed interdictos ab ipso receperint ad divina, sublimi voce, pulsatis campanis, et

---

(22) Vide Chronicon S. Petri Vivi, pag. 726.

apertis januis celebrantes, idem episcopus contra eos ad venerabilem fratrem nostrum Trecensem episcopum et conjudices suos nostras litteras impetravit : qui ecclesiam Sancti Aniani interdicti sententiæ supponentes, decanum et ejusdem loci capitulum ab officio suspenderunt, eosdem in expensis quas episcopus fecerat condemnando. Unde dilectus filius R. de Noa procurator ipsius episcopi postulabat ut præfatas sententias dignaremur apostolico munimine roborare. Verum B. et R. procuratores ejusdem capituli ex adverso proposuere in nostra præsentia constituti quod cum præfata Ecclesia sedi apostolicæ sit immediate subjecta, sicut apparet per privilegia pontificum Romanorum, non tenebantur interdictum ejusdem episcopi observare. Propter quod, ne super hoc possint ab episcopo prægravari, nostram audientiam appellarunt. Et licet non receperint scienter ab ipso interdictum aliquem ad divina, nihilominus tamen episcopus eorum homines et ecclesias supposuit interdicto, eis divina penitus interdicens. Verum cum præfatæ litteræ, quas episcopus impetravit ad judices supradictos, falsitate suggesta et veritate tacita fuerint impetratæ, et ab eisdem judicibus legitimas exceptiones admittere recusantibus fuerit ad sedem apostolicam rationabiliter provocatum, sententias latas, propter appellationis objectum, petebant penitus irritari. Nos autem utrique parti providere volentes, discretioni vestræ per apostolica scripta mandamus quatenus cum procuratores prædictorum decani et capituli promiserint coram nobis sub pœna centum librarum, pro qua obligaverunt præbendas suas quas habent in Ecclesia memorata, quod dicti decanus et capitulum vestro parebunt mandato, si hoc ipsi ratum habuerint, vos auctoritate nostra sublato appellationis obstaculo relaxetis omnes sententias in ipsos et Ecclesias et homines eorum hac occasione prolatas, ac deinde inquisita et cognita veritate, si illos culpabiles inveneritis, faciatis ipsos sublato cujuslibet contradictionis et appellationis obstaculo, præfato episcopo satisfactionem debitam exhibere; ita quod interdicto durante alta voce non celebrent, sed submissa, januis clausis, non pulsatis campanis, ac excommunicatis et interdictis exclusis. Alioquin pœnam promissam a dictis procuratoribus exigatis, et sententias nihilominus usque ad satisfactionem condignam faciatis appellatione remota per censuram ecclesiasticam firmiter observari. Testes autem, etc., *usque* subtraxerint, per censuram eamdem cessante appellatione cogatis veritati testimonium perhibere. Nullis litteris obstantibus præter assensum partium a sede apostolica impetratis. Quod si non omnes, etc., duo vestrum ea, etc.

Datum Laterani, xvi Kal. Aprilis, pontificatus nostri anno decimo quinto.

XIII.
POTESTATI ORTANENSI.
Contra nobilem quemdam detinentem castra Ecclesiæ.
(Laterani, xiii Kal. Aprilis.)

Cum bonæ memoriæ M. socer nobilium virorum Cazaguerræ de Orta, B. de Canalio, I. Raynaldi, et P. Iaczonis, castra Basanelli, Palatioli, Bassani, et Aliani ab Ecclesia Romana in feudum tenuerit, et ex illis perceperit multa bona, ipsi prædicta castra post ejus obitum pro suæ voluntatis arbitrio detinentes, ad nostram præsentiam, ut nobis responderent de ipsis, accedere noluerunt, cum exinde fecerimus requiri eosdem. Quia vero id nolumus in patientia sustinere, ne jus Ecclesiæ Romanæ negligere videremur, eisdem nobilibus nostris dedimus litteris in mandatis ut usque at cathedram Beati Petri proximo præteritam, quem eis terminum peremptorium assignavimus, responsuri nobis de castris ipsis nostro se conspectui præsentarent, dilecto filio Cynthio de Insula nostris dantes litteris in mandatis, ut si prædicti nobiles eodem termino ad nostram præsentiam non venirent, eadem castra nostro nomine recipere non differret. Universis insuper hominibus eorumdem castrorum injunximus ut eidem extunc de castris ipsis ad nomen et opus nostrum respondere curarent. Quocirca discretioni tuæ per apostolica scripta mandamus quatenus eidem Cynthio ad mandatum apostolicum exsequendum tuum præstes auxilium et favorem.

Datum Laterani, xiii Kalend. Aprilis, pontificatus nostri anno decimo quinto.

XIV.
LUNDENSI ARCHIEPISCOPO APOSTOLICÆ SEDIS LEGATO.
Constituitur legatus apostolicæ sedis.
(Laterani, ii Non. Aprilis.)

Illam de probitate ac honestate tua fiduciam obtinemus ut tibi vices nostras secure in arduis negotiis committamus, sperantes quod ad divini nominis gloriam et apostolicæ sedis honorem ea satages promovere. Cum igitur Christianæ fidei zelo succensus, ad convertendum circumstantes paganos ab errore ad veritatem non modicum laboraveris et adhuc laborare disponas, ut hoc plenius et efficacius exsequaris, nos tibi vices nostras duximus committendas, venerabilibus fratribus nostris Upsalensi archiepiscopo et suffraganeis ejus episcopis ac aliis Ecclesiarum prælatis per Daciam et Suethiam constitutis per scripta nostra mandantes ut tibi ad hoc opus fideliter laboranti tanquam legato apostolicæ sedis intendant, ut eorum adjutus auxilio, talentum tibi commissum cum multiplici nobis lucro resignes, cum te a predicationis officio Deo duce contigerit remeare. Nos enim liberam tibi concedimus potestatem ut, juxta verbum propheticum, evellas et destruas, et ædifices et plantes, prout utrumque secundum Dominum videris faciendum.

Datum Laterani, ii Non. April., pontificatus nostri anno quinto decimo.

XV.

TOLETANO ET COMPOSTELLANO ARCHIEPISCOPIS.
De bello adversus Saracenos.
(Laterani, Non. Aprilis.)

(23) Quanta nunc necessitas terræ Hispaniarum immineat, eo plenius prudentia vestra novit quo ipsam vicinius experitur. Eapropter fraternitati vestræ per apostolica scripta mandamus et districte præcipimus quatenus reges Hispaniarum moneatis prudenter et efficaciter inducatis ut pacem aut treugam servent ad invicem illibatam, præsertim hac imminenti Saracenorum guerra durante; ad quod eos per censuram ecclesiasticam appellatione remota, si necesse fuerit, compelli volumus et mandamus; quin etiam mutuum auxilium sibi præstent adversus crucis Dominicæ inimicos, qui non solum ad destructionem Hispaniarum aspirant, verum etiam in aliis fidelium Christi terris comminantur suam sævitiam exercere ac nomen (quod absit!), si possint, opprimere Christianum, auctoritate nostra tam ipsis regibus quam aliis Christianis omnibus sub pœna excommunicationis et interdicti firmiter inhibentes ne se præsumant jungere Saracenis, vel contra Christianos illis consilium vel auxilium impertiri. Quod si forte rex Legionensis, de quo specialiter dicitur, sive alius cum Saracenis offenderet præsumpserit Christianos, denuntietis, sublato appellationis obstaculo personam ipsius excommunicationis vinculo, innodatam et interdicto suppositam terram ejus; hominibus suis, ne in hoc sequantur eumdem, sub interminatione anathematis inhibentes; denuntiaturi* nihilominus reges alios et quoslibet Christianos ac terras eorum eisdem sententiis subjacere, si forsitan ipsi præfatum regem offendere attentarent, homines eorumdem ab ipsorum sequela prohibitione consimili retrahendo. Præterea ex parte nostra injungatis eisdem ut si aliquas habent ad invicem quæstiones, propter instantem necessitatem illas ad tempus persequi differant, et tempore opportuno, cum potentes existant, ad præsentiam nostram tam procuratores quam testes et alia quæ ad causam fuerint necessaria destinantes, suam coram nobis justitiam prosequantur, cum per alios ortæ inter eos, quanquam multoties sit tentatum, terminari nequeant quæstiones, et nos ipsis Deo auctore curabimus justitiæ plenitudinem exhibere. Sic autem præceptum apostolicum circumspecte persequamini ac districte, ut sollicitudo et diligentia vestra clareant in effectu, et reprehendi merito non possitis de negligentia vel contemptu, sed de studio et obedientia potius commendari.

Datum Laterani, Non. April., pontificatus nostri anno quinto decimo.

---

(23) Vide lib. XIV, epist. 3, 4.

XVI.

PETRO ABBATI MONASTERII SANCTI ANGELI QUOD SITUM EST IN SUBURBIO PISTORIENSI, EJUSQUE FRATRIBUS TAM PRÆSENTIBUS QUAM FUTURIS REGULAREM VITAM PROFESSIS IN PERPETUUM.
De confirmatione privilegiorum.
(Laterani, III Kal. Aprilis.)

Quoties a nobis petitur quod religioni et honestati convenire dignoscitur, animo nos decet libenti concedere et petentium desideriis congruum suffragium impertiri. Eapropter, dilecti in Domino filii, vestris justis postulationibus clementer annuimus, et præfatum monasterium Sancti Angeli, in quo divino estis obsequio mancipati, ad exemplar felicis recordationis Clementis papæ prædecessoris nostri sub beati Petri et nostra protectione suscipimus et præsentis scripti privilegio communimus. In primis siquidem statuentes ut ordo monasticus, qui secundum Deum et beati Benedicti Regulam atque institutionem fratrum Vallisumbrosæ in eodem loco institutus esse dignoscitur, perpetuis ibidem temporibus inviolabiliter observetur. Præterea quascunque possessiones, quæcunque bona idem monasterium, etc., *usque* illibata permaneant: In quibus hæc, etc., *usque* exprimenda vocabulis. Locum ipsum, etc., *usque* pertiner.tiis suis. Massaritiam de pecuniis, cum vinea et nemore ac hominibus ad districtum vestrum pertinentibus. Clausuras etiam, molendina, caufagium totum ecclesiam Sancti Marci prope monasterium sitam cum parochia et sepultura omnium tam majorum quam minorum ibidem commorantium, debitis honoribus et omni jure suo sicut ea hactenus a quadraginta annis retro juste ac pacifice possedistis. Terram de Moso, cum clausura et omnibus pertinentiis suis. Redditus de Guliano, et omne jus quod habetis in eadem villa, sicut in instrumentis publicis continetur. Decimas etiam possessionum vestrarum, quas a quadraginta annis hactenus pacifice tenuistis, vobis auctoritate apostolica confirmamus. Sane novalium vestrorum quæ propriis manibus aut sumptibus colitis vel de nutrimentis, etc., *usque* extorquere præsumat. Liceat quoque vobis, etc., *usque* contradictione aliqua retinere. Prohibemus insuper ut nulli fratrum vestrorum, etc., *usque* sine abbatis sui licentia, nisi arctioris religionis obtentu, de eodem loco discedere. Discedentem vero, etc., *usque* nullus audeat retinere. Cum autem generale interdictum, etc., *usque* divina officia celebrare. Sepulturam præterea illius loci, etc., *usque* nullus obsistat. Salva tamen justitia illarum ecclesiarum a quibus mortuorum corpora assumuntur. Obeunte vero te nunc ejusdem loci abbate, etc., *usque* secundum Dei timorem et beati Benedicti Regulam providerint eligendum. Præterea libertates et immunitates antiquas et rationabiles consuetudines monasterio vestro collatas, sicut hactenus observatæ sunt, ratas habemus, et eas perpetuo temporibus illibatas manere præsenti decreto sancimus. Auctoritate quoque apostolica interdicimus ne quis infra fines parochiæ vestræ, præsertim a Sancto Leonardo usque ad Sanctam Christinam, ullatenus sine assensu diœcesani episcopi et vestro capellam seu oratorium de novo ædificare præsumat, salvis tamen privilegiis pontificum Romanorum. Prohibemus etiam ne quis in vos vel monasterium vestrum excommunicationis, suspensionis, seu interdicti sententiam sine manifesta et rationabili causa promulgare præsumat, vel novas et indebitas exactiones vobis vel hominibus vestris imponat. Decernimus ergo ut nulli omnino hominum liceat præfatum monasterium temere perturbare, etc., *usque* usibus omnimodis profutura. Salva sedis apostolicæ auctoritate et Vallisumbrosæ abbatis debita reverentia. Si qua igitur in futurum, etc., *usque* districtæ subjaceat ultioni. Cunctis autem eidem loco, etc., *usque* præmia æternæ pacis inveniant. Amen.

Datum Laterani per manum Joannis Sanctæ Mariæ in Cosmidin diaconi cardinalis S. R. E. cancellarii III Kal. April., indictione XV, Incarnationis Dominicæ anno 1212, pontificatus vero domini Innocentii papæ III anno XV.

XVII.
EPISCOPO LINGONENSI, ET ABBATI VILLARIENSI METENSIS DIŒCESIS, MAGISTRO N. CANONICO VIRDUNENSI.

De quadam præbenda Metensi.
(Laterani, II Kal. Aprilis.)

Cum per alias litteras collationem octo præbendarum quæ in Metensi Ecclesia tanto tempore vacaverunt quod juxta Lateranensis statuta concilii, ad nos est earum donatio devoluta sub certa forma vobis duxerimus committendam, quia nos dilecto filio P. clerico nepoti bonæ memoriæ Henrici Albanensis episcopi, qui multorum testimonio perhibetur idoneus, unam contulimus earumdem, sicut in eisdem litteris fecimus mentionem, discretioni vestræ per apostolica scripta mandamus quatenus unam de prædictis præbendis ipsi sublato cujuslibet contradictionis et appellationis obstaculo assignetis, et faciatis eumdem pacifica possessione gaudere, nonobstante quod Metense capitulum dicitur fructus ipsarum usque ad quadriennium obligasse; contradictores per censuram ecclesiasticam appellatione postposita compescentes. Quod si non omnes, etc., tu ea, frater episcope, cum eorum altero nihilominus exsequaris.

Datum Laterani, II Kal. Aprilis, pontificatus nostri anno quinto decimo.

XVIII.
G. THESSALONICENSI ARCHIEPISCOPO EJUSQUE SUCCESSORIBUS CANONICE SUBSTITUENDIS IN PERPETUUM.

Eum constituit primatem et legatum sedis apostolicæ.
(Laterani, VI Id. Aprilis.)

(24) Quantæ dignitatis Thessalonicensis antistes fuerit ab antiquo, per authentica scripta prædecessorum nostrorum evidenter apparet. Quod ut plenius declaretur, pauca de multis in medium duximus proponenda. Scribens enim sanctæ memoriæ Leo papa Anastasio antistiti Ecclesiæ Thessalonicensis sic ait (25) : *De persona consecrandi episcopi et de cleri plebisque consensu, metropolitanus episcopus ad fraternitatem tuam referat, quodque in provincia bene placuit scire te faciat, ut ordinationem rite celebrandam tua quoque confirmet auctoritas, quæ rectis dispositionibus nihil moræ aut difficultatis debebit afferre, ne gregibus Domini diu desit cura pastorum. Metropolitano vero defuncto, cum in loco ejus fuerit alius subrogandus, provinciales episcopi ad civitatem metropolim convenire debebunt, ut omnium clericorum atque omnium civium voluntate discussa, ex presbyteris ejusdem Ecclesiæ vel ex diaconibus optimus eligatur, de cujus nomine ad tuam notitiam provinciales referant sacerdotes, impleturi vota poscentium cum quod ipsis placuit tibi placuisse cognoverint. Sicut enim justas electiones nullis dilationibus volumus fatigari, ita nihil permittimus te ignorante præsumi. De conciliis autem episcopalibus non aliud indicimus quam sancti Patres salubriter ordinarunt, ut scilicet bini conventus per annus singulos habeantur, in quibus de omnibus querelis quæ inter diversos Ecclesiæ ordines nasci assolent judicetur. Ac si forte inter ipsos qui præsunt de majoribus (quod absit!) peccati causa nascitur, quæ provinciali nequeat examine diffiniri, fraternitatem tuam de totius negotii qualitate metropolitanus curabit instruere; ut si coram positis partibus, nec tuo fuerit res sopita judicio, ad nostram cognitionem quidquid illud est transferatur.*) Præterea in diffinitione quondam fidei Orthodoxæ Joannes Thessalonicensis antistes primus post apostolicæ sedis legatos et quatuor patriarchas, quorum aliqui per seipsos et alii per suos vicarios adfuerunt, sic legitur subscripsisse (26) : *Joannes Dei misericordia episcopus Thessalonicensis et vicarius apostolicæ sedis Romæ legatus, diffiniens subscripsi.* Licet autem præfatus antistes satis profecto fuerit ex Ecclesiæ suæ dignitate conspicuus, magis tamen utique fuit ex apostolicæ sedis familiaritate præclarus, sicut etiam ex scriptis ostenditur pontificum Romanorum, qui sæpissime vices suas eidem antistiti commiserunt. Nicolaus etenim papa inter cætera scribens Michaeli imperatori Græcorum, sic ait (27) : *Oportet imperiale vestrum decus, quod in omnibus ecclesiasticis utilitatibus vigere audivimus, ut antiquum morem quem nostra Ecclesia habuit vestris temporibus restaurare dignemini, quatenus vicem, quam nostra sedes per episcopos vestris in partibus constitutos habuit, videlicet Thessalonicensem, qui Romanæ sedis vicem per Epirum veterem, Epirumque novam, atque Illyricum, Macedoniam, Thessaliam, Achaiam, Daciam Riperensem, Daciam mediterraneam, Misiam, Dardaniam, et Prævalim, beato Petro apostolorum principi contradicere nullus præsu-*

---

(24) Vide lib. v. De concord. sacerd. et imp. cap. 19, et seqq.
(25) Leo I, epist. 84.

(26) Concil. VI act. 16 et 18.
(27) Nicol. I epist.

mat quæ antecessorum nostrorum temporibus, scilicet *Damasi, Siricii, Innocentii, Bonifacii, Cœlestini, Sixti, Leonis, Hilari, Simplicii, Felicis,* atque *Hormisdæ* sanctorum pontificum sacris dispositionibus agebatur. Præfatus quoque Leo scripsit supradicto Anastasio in hæc [verba (28) : *Quanta fraternitati tuæ a beati Petri apostoli auctoritate commissa sunt, et qualia etiam nostro tibi favore sunt, credita, si vera ratione perspiceres, et justo examine ponderares, multum possemus de injunctæ tibi sollicitudinis devotione gaudere, quoniam sicut prædecessores mei prædecessoribus tuis, ita etiam ego dilectioni tuæ, priorum seculus exemplum, vices mei moderaminis delegavi, ut curam quam universis Ecclesiis principaliter et divina institutione debemus, imitator nostræ mansuetudinis effectus adjuvares, et longinquis a nobis provinciis præsentiam quodam modo nostræ visitationis impenderes.* Cæterum etsi præfata Thessalonicensi Ecclesia a devotione ac familiaritate sedis apostolicæ se subduxerit per schisma illud diutinum quo Ecclesia Græcorum a via veritatis ad erroris invium declinavit, quia tamen hoc tempore per Dei gratiam ad devotionem pristinam est reversa, et ipsam in eadem te studiosius operante credimus permansuram cum familiaritatis gratia nobis specialiter tenearis astrictus, utpote in diaconum et presbyterum per manuum nostrarum impositionem promotus, et in episcopum nostræ humilitatis ministerio consecratus, nec non et pallio, pontificalis videlicet officii plenitudine, insignitus, postulationem ab eadem Ecclesia de te factam, inquisitione super ea præhibita diligenti, ratam et gratam habentes, ipsam auctoritate curavimus apostolica confirmare. Pallium quoque de corpore beati Petri sumptum, insigne pontificalis officii fraternitati tuæ de apostolicæ sedis liberalitate concessimus; quo utique infra tuam Ecclesiam ad missarum solemnia uti memineris illis diebus quibus prædecessores tuos usos fuisse cognoscis, videlicet in Nativitate Domini, festivitate protomartyris Stephani, Circumcisione Domini, Epiphania, Hypapanti, Dominica in ramis Palmarum, Cœna Domini, Sabbato Sancto, Pascha, feria secunda post Pascha, Ascensione, Pentecoste, tribus festivitatibus beatæ Mariæ, Natali beati Joannis Baptistæ, solemnitatibus omnium apostolorum, commemoratione Omnium Sanctorum, Dedicationibus ecclesiarum, consecrationibus episcoporum, ordinationibus clericorum, Ecclesiæ tuæ principalibus festivitatibus, solemnitate beati Demetrii, et consecrationis anniversario tuæ die. Ad hæc ipsi Thessalonicensi metropoli suam confirmamus provinciam; in qua subscriptos episcopatus specialibus nominibus duximus exprimendos, videlicet Citrensem, Beriensem, Campaniensem, Vardariensem, Serviensem, Petrensem, Platomonensem, Langardensem, Adrameriensem, Nerisiensem et Cassadriensem. Jura quoque ac bona ejus, dignitates et libertates ipsius, nec non antiquas et rationabiles consuetudines auctoritate apostolica roboramus, et tam tibi quam eidem Ecclesiæ firma et illibata manere sancimus. Cœmeteria quoque earumque beneficia nullus hæreditario jure possideat. Quod si quis hoc facere contenderit, censura canonica compescatur. Prohibemus autem ne presbyteri capellani Ecclesiarum ad jus Ecclesiæ tuæ pertinentium possessiones earum absque assensu tuo, salvis tamen canonicis institutionibus, distrahere, vendere, vel obligare, seu alio quolibet modo alienare præsumant. Quod si factum fuerit, irritum habeatur. Prohibemus insuper ne interdictos vel excommunicatos tuos ad officium vel communionem ecclesiasticam sine conscientia et consensu tuo quisquam admittat, aut contra sententiam tuam canonice promulgatam aliquis venire præsumat; nisi forte periculum mortis immineat, aut dum præsentiam tuam habere nequiverit, per alium, secundum formam Ecclesiæ, satisfactione præmissa oporteat ligatum absolvi. Porro Dominicæ crucis vexillum per tuam diœcesim et episcopatus tibi subditos ante te deferendi fraternitati tuæ licentiam impertimur. Decernimus ergo ut nulli omnino hominum liceat præfatum Thessalonicensem Ecclesiam temere perturbare, etc., *usque* usibus omnimodis profutura, salva sedis apostolicæ auctoritate. Si qua igitur in futurum, etc., *usque* districtæ ultioni subjaceat. Cunctis autem eidem loco, etc., *usque* præmia æternæ pacis inveniant. Amen.

Datum Laterani per manum Joannis, Sanctæ Mariæ in Cosmidin diaconi cardinalis S. R. E. cancellarii, vii Idus Aprilis, indictione xv, Incarnationis Dominicæ anno 1212, pontificatus vero domini Innocentii papæ III anno quinto decimo.

XIX.

EPISCOPO HAVELBERGENSI, ET DE SICHEM ET DE LAPIDE SANCTI MICHAELIS CISTERCIENSIS ORDINIS ABBATIBUS ALBERSTATENSIS DIOECESIS.

De restitutione præbendæ.

(Laterani, vi Id. Aprilis.)

Veniens ad præsentiam nostram dilectus filius W. imperialis aulæ protonotarius sua nobis insinuatione monstravit quod cum æmuli sui, occasione accepta ex eo quod idem ex negligentia potius quam malitia in cerei benedictione commisit, multis suggestis nequiter contra eum, ad venerabilem fratrem nostrum Brandeburgensem episcopum et dilectos filios præpositum de Mildens et H. canonicum Sancti Petri Magdeburgensis nostras litteras impetrassent, iidem Sancti Nicolai Magdeburgensis ipsum destituere præbenda, et per unius momenti spatium ipsi rescripti apostolici copiam denegantes, postquam fuerunt officio suo functi, cuidam ipsam assignando præbendam, iterum aliquot diebus elapsis eamdem cuidam alii contulerunt in ejus præjudicium et gravamen. Quocirca discretioni vestræ per apo-

(28) Leo I, ibid.

stolica scripta mandamus quatenus si cum inveneritis præfata præbenda præter formam mandati apostolici destitutum vel alias contra justitiam spoliatum, ipsum sublato appellationis obstaculo restitui faciatis; contradictores, si qui fuerint, per censuram ecclesiasticam compescentes, de prædicta negligentia vel contemptu pœnam ei debitam infligendo. Nos enim ipsum fecimus ad cautelam a vinculo excommunicationis absolvi, et ad vos remittimus absolutum; præsertim cum, sicut idem asseruit, præfati judices excommunicatum denuntiarint eumdem postquam per venerabilem fratrem nostrum Magdeburgensem archiepiscopum apostolicæ sedis legatum fuit juxta formam Ecclesiæ ab eodem vinculo absolutus. Testes autem, etc., *usque* per censuram eamdem appellatione cessante cogatis veritati testimonium perhibere. Quod si non omnes, etc. tu ea, frater episcope, cum eorum altero ea, etc.

Datum Laterani vi Idus Aprilis, pontificatus nostri anno quinto decimo.

XX.

MAGUNTINENSI ET MAGDEBURGENSI ARCHIEPISCOPIS APOSTOLICÆ SEDIS LEGATIS.

De conservandis beneficiis eorum qui ab Ottone recedunt.

(Laterani, II Non. Aprilis.)

Ut inter devotos et indevotos, obedientes et inobedientes discretio habeatur, oportet quod agatur severe cum illis, et adhibeatur benignitas circa istos. Cum igitur quidam in imperiali aula officia et beneficia obtinentes, ob reverentiam apostolicæ sedis jam recesserint ab Ottone tyranno, ne sibi communicando contagione maculentur ipsius, et quidam sint in proximo recessuri, fraternitati vestræ per apostolica scripta præcipiendo mandamus quatenus ne inde jacturam incurrant unde gratiam meruerunt, per totam Theutoniam faciatis auctoritate nostra districtius inhiberi ne aliquis officia et beneficia eorumdem præsumat a tyranno recipere memorato. Quod si aliqui ea recipere attentarint, ipsos sublato cujuslibet contradictionis et appellationis obstaculo beneficiis et officiis ecclesiasticis, si qua obtinent, spolietis, et faciatis eosdem tamquam excommunicatos ab omnibus arctius evitari; contradictores per censuram ecclesiasticam appellatione postposita compescendo. Quod si non ambo, etc., alter vestrum ea nihilominus exsequatur.

Datum Laterani, II Non. April., anno xv.

XXI.

NOBILI VIRO GAUFRIDO DE VILLA ARDUINI PRINCIPI ACHAIÆ.

Scribitur pro Canonicis Patracensibus.

(Laterani, VII Id. Aprilis.)

(29) Ex parte dilectorum filiorum canonicorum regularium Patracensis Ecclesiæ nobis est oblata querela quod cum de mandato nostro et abbatis Sancti Ruffi cum venerabili fratre nostro archiepiscopo Patracensi ad partes accesserint Romaniæ, præfatus archiepiscopus honeste locavit eosdem in Ecclesia Patracensi sed procurantibus canonicis sæcularibus loci ejusdem et R. presbytero de Supteno ab eadem Ecclesia per laicalem potentiam sunt ejecti, et præfati saculares et quidam alii, quorum quidam fuere monachi, in eadem post appellationem ad nos legitime interpositam sunt intrusi: qui statuentes oculos suos declinare in terram (*Psal.* XVI), spiritualibus non intendunt. Ideoque discretioni tuæ per apostolica scripta mandamus quatenus, si est ita, eosdem reduci facias in Ecclesia memorata, et non permittas ipsos a quoquam, quantum in te fuerit, indebite molestari.

Datum Laterani VII Idus April. pontificatus nostri anno xv.

In eumdem modum scriptum est episcopo Zaratoniensi : Ex parte dilectorum filiorum, etc., *usque* spiritualibus non intendunt. Quocirca fraternitati tuæ per apostolica scripta mandamus quatenus si est ita, revocato in irritum quidquid post appellationem ad nos legitime interpositam inveneris attentatum. memoratos canonicos regulares in præfatam Ecclesiam sublato appellationis obstaculo reducere non postponas, et facias eosdem ibidem pacifice commorari; contradictores, si qui fuerint, vel rebelles per censuram ecclesiasticam appellatione postposita compescendo.

XXII.

EIDEM.

De possessionibus restituendis Ecclesiæ Landrevillensi.

(Laterani, V Id. Aprilis.)

Ad nostram noveris audientiam pervenisse quod, cum episcopatus de Landrevilla unus sit de ditioribus et nobilioribus episcopatibus Romaniæ, tu et quidam alii possessiones et alia bona ipsius in animarum vestrarum periculum detinentes, ibidem episcopum non permittitis ordinari, occasione sumpta ex eo quod dilectus filius noster Benedictus tituli Sanctæ Susannæ presbyter cardinalis, tunc apostolicæ sedis legatus, quatuor canonicos instituit in ecclesia cathedrali, asserentes præfatam ecclesiam ordinari aliter non debere. Quocirca nobilitati tuæ per apostolica scripta mandamus quatenus possessiones et alia bona quæ ad præfatam ecclesiam pertinere noscuntur, ei sine difficultate facias resignari. Nos enim venerabili fratri nostro Zaratoniensi episcopo nostris damus litteris in mandatis ut super statu prædictæ ecclesiæ inquisita plenius et cognita veritate, quod canonicum fuerit sublato appellationis obstaculo statuant, et faciat quod statuerit per censuram ecclesiasticam firmiter observari.

---

(29) Vide lib. XIII, epist. 159-160

Datum Laterani v Idus Aprilis, anno quinto decimo.

In eumdem fere modum scriptum est super hoc episcopo Zaratoniensi : Ad nostram, etc., usque ordinari aliter non debere. Unde ipsi principi nostri damus litteris in mandatis ut possessiones et alia bona quæ ad præfatam ecclesiam pertinere noscuntur, ei sine difficultate faciat resignari. Quocirca fraternitati tuæ etc., usque mandamus quatenus super statu, etc., usque firmiter observari.

XXIII.
CAPITULO PIVERENSI.
De quadam præbenda.
(Laterani, III Non. Aprilis.)

Dilectus filius W. clericus veniens ad apostolicam sedem dilectorum filiorum abbatis et prioris Sanctæ Mariæ ac decani Sancti Salvatoris Blesensis nobis litteras præsentavit, per quas iidem nostro apostolatui reserarunt quod cum vos auctoritate nostra monuerint diligenter ut præfato W. pro quo vobis tertio scripseramus, præbendam, si qua in vestra vacaret Ecclesia, juxta mandatum apostolicum liberaliter conferretis, mandantes ut eis super hoc curaretis certo termino respondere, et in vestra Ecclesia quædam præbenda interim vacavisset, inhibuerunt vobis ne in elusionem mandati apostolici alii quam dicto W. ipsam præsumeretis aliquatenus assignare, ac idem W. id idem vobis inhibuit ad sedem apostolicam appellando. Porro cantor et succentor cum quibusdam aliis canonicis ecclesiæ vestræ ob reverentiam apostolicæ sedis et nostram humiliter consenserunt ut supradictus W. ad eamdem præbendam in vestra admitteretur ecclesia in canonicum et in fratrem; alii vero ad preces dilecti filii nobilis viri Ludovici nati charissimi in Christo filii nostri Philippi regis Francorum illustris ad dictam præbendam Henricum clericum nominarunt, illud magistro Stephano fratre suo ejusdem ecclesiæ canonico procurante. Cum ergo jvota vestra divisa essent in partes, P. de Nangevilla canonicus vester ex parte nostra inhibuit appellando ne quisquam de præfata præsumeretis ordinare præbenda quo minus posset mandatum apostolicum adimpleri. Petrus quoque Senonensis præfati nobilis nobis porrexit litteras continentes quod cum ipse pro præfato Henrico vobis precum suarum primitias porrexisset antequam pro prædicto W. mandatum ad vos apostolicum emanasset, vos, licet plures vacarint præbendæ in Ecclesia supradicta, nec mandatum nostrum nec preces ipsius effectui mancipastis. Demum cum quædam vacasset præbenda, minor pars, ut preces, sicut credit, evacuaret ipsius, prætextu litterarum nostrarum in sæpedictum W. consensit, majore ac saniore parte tam mandatum nostrum quam preces ipsius parata exsequi existente. Sed cum pars adversa non potuisset induci ut ambo ad præbendam admitterentur vacantem, vos in sæpe-

dictum Henricum unanimiter consensistis. Unde nobis humiliter supplicabat ut de præfata præbenda sic disponere dignaremur quod preces non evacuarentur ipsius, et mandatum apostolicum nihilominus impleretur. Nos igitur attendentes quod jam tertio pro præfato W. vobis direximus scripta nostra, et sagitta Jonathæ non debet redire retrorsum, sed dirigi potius in directum, discretioni vestræ per apostolica scripta præcipiendo mandamus quatenus memoratam præbendam conferentes eidem, ipsum ad illam in fratrem et canonicum admittatis. Alioquin noveritis nos dilectis filiis decano, G. archidiacono, et magistro Henrico canonico Trecensibus nostris dedisse litteris id mandatis ut prædicto W. memoratam præbendam auctoritate nostra sublato appellationis obstaculo conferentes, faciant ipsum ad illam in canonicum recipi et in fratrem, contradictores censura ecclesiastica appellatione postposita compescendo. Scituri nihilominus quod nobis gratum erit pariter et acceptum si præfato Henrico ad preces memorati nobilis in alia præbenda duxeritis providendum.

Datum Laterani, III Non. Aprilis anno quinto decimo.

Super hoc scriptum est in eumdem fere modum eisdem, usque appellatione postposita compescendo, denuntiaturi nihilominus capitulo sæpedicto quod nobis gratum, etc., *usque* duxerint providendum. Quod si non omnes... duo vestrum, etc.

XXIV.
A. ILLUSTRI REGI PORTUGALENSI ET HÆREDIBUS EJUS IN PERPETUUM.
Recipitur sub protectione sedis apostolicæ.
(Laterani, XVI Kal. Maii.)

(30) Manifestis probatum est argumentis quod inclytæ recordationis Alphonsus avus tuus per sudores bellicos et certamina militaria inimicorum Christiani nominis intrepidus exstirpator, et propagator diligens fidei orthodoxæ, sicut devotus filius et princeps Catholicus multimoda obsequia impendit sacrosanctæ Ecclesiæ matri suæ, dignum nomen et exemplum imitabile posteris derelinquens. Æquum est autem ut quos ad populi regimen et salutem dispensatio cœlestis eligit, apostolica sedes sincero prosequatur affectu, et in justis postulationibus studeat efficaciter exaudire. Proinde nos tuam attendentes personam ornatam prudentia, justitia præditam, atque ad regni gubernationem idoneam eam sub beati Petri et nostra protectione suscipimus, et regnum Portugalense cum integritate honoris regni et dignitate quæ ad reges pertinet, necnon et omnia loca quæ cum auxilio cœlestis gratiæ de Sarracenorum manibus eripueris, in quibus jus sibi non possunt Christiani principes circumpositi vindicare, ad exemplar felicis memoriæ Alexandri papæ prædecessoris nostri, qui hæc præfato avo tuo per privilegii paginam concessisse dignoscitur,

---

(30) Vide lib. I, epist. 99, 441, 448, 449; et lib. II miscellaneor. nostror. p. 220.

tuæ sublimitati concedimus et auctoritate apostolica confirmamus. Ut autem ad devotionem et obsequium beati Petri apostolorum principis et sacrosanctæ Romanæ Ecclesiæ vehementius accendaris, hæc ipsa hæredibus tuis duximus concedenda, eosque super his quæ concessa sunt Deo propitio pro injuncto nobis apostolatus officio defendemus. Tua itaque intererit, fili charissime, ita circa honorem et obsequium matris tuæ sacrosanctæ Romanæ Ecclesiæ humilem et devotum existere, et sic te ipsum in ejus opportunitatibus et dilatandis Christianæ fidei finibus exercere, ut de tam devoto et glorioso filio sedes apostolica gratuletur, et in ejus amore quiescat. Ad indicium autem quod præscriptum regnum beati Petri juris existat, pro amplioris reverentiæ argumento, progenitorum tuorum vestigiis inhærendo, statuisti duas marcas auri annis singulis nobis nostrisque successoribus persolvendas, quem utique censum ad utilitatem nostram et successorum nostrorum Bracarensi archiepiscopo, qui pro tempore fuerit tu et successores tui curabitis assignare. Decernimus ergo ut nonnulli omnino hominum liceat personam tuam aut hæredum tuorum vel etiam præfatum regnum temere perturbare, aut ejus possessiones auferre, vel ablatas retinere, minuere, aut aliquibus vexationibus fatigare. Si qua igitur, etc., *usque* districtæ ultioni subjaceat. Cunctis autem eidem regno et regi sua jura servantibus, etc., *usque* præmia æternæ pacis inveniant. Amen.

Datum Laterani per manum Joannis Sanctæ Mariæ in Cosmidin diaconi cardinalis S. R. E. cancellarii xvi Kal. Maii, indictione xv, Incarnationis Dominicæ anno 1212, pontificatus vero domini Innocentii papæ III, anno quinto decimo.

XXV.
NOBILI VIRO GUIDONI DE POLENTA.
Recipitur sub protectione B. Petri.
(Laterani, ii Id. Aprilis.)

Cum a nobis petitur, etc., *usque* perducatur effectum. Eapropter, etc., *usque* assensu, personam tuam cum omnibus bonis quæ inpræsentiarum rationabiliter possides, aut in futurum justis modis præstante Domino poteris adipisci, sub beati Petri et nostra protectione suscipimus. Specialiter autem fundum Burgandent, Frassenetum, Casacutulam, et res alias in Lucensi diœcesi constitutas, quas felicis memoriæ Gregorius papa prædecessor noster tuis progenitoribus intuitu devotionis quam ad Romanam habebant Ecclesiam dignoscitur concessisse, prout in ipsius privilegio continetur, sicut prædicta omnia juste ac pacifice possides, nos tibi sub annuo censu duodecim solidorum Lucensium auctoritate apostolica confirmamus et præsentis scripti patrocinio communimus. Nulli ergo... protectionis et confirmationis, etc., *usque* incursurum.

Datum Laterani, ii Idus April. anno decimoquinto.

XXVI.
THEBANO ARCHIEPISCOPO.
(Laterani vi Id. Aprilis.)
De sublevanda paupertate episcopi Zaratoniensis.

Venerabilis frater noster Zaratoniensis episcopus in nostra proposuit præsentia constitutus quod Ecclesiæ suæ adeo sunt tenues facultates quod ex eis vix posset honeste unus canonicus sustentari. Ne igitur propter inopiam temporalium nomen episcopale vilescat, fraternitati tuæ per apostolica scripta mandamus quatenus eidem provisionem honestam studeas assignare, ut idem curæ populi sibi commissi commodius intendere valeat sollicitudine pastorali, nec propter defectum temporalium compellatur se sæcularibus negotiis implicare.

Datum Laterani, vi Idus Aprilis, anno decimoquinto.

In eumdem fere modum scriptum est super hoc archiepiscopo Thessalonicensi et episcopo et archidiacono Davaliensibus, usque sæcularibus negotiis implicare. Quocirca discretioni vestræ per apostolica scripta mandamus quatenus dictum archiepiscopum ad hoc moneatis prudenter et efficaciter inducatis. Quod si non omnes duo, etc.

XXVII.
NOBILI VIRO M. DOMINO DE GRAVIA.
Ut quosdam malefactores corrigat.
(Laterani, vi Id. Aprilis.)

Magister Hugo archidiaconus Daaliensis gravi nobis conquestione monstravit quod quidam Græci de Gravia in eum, Dei timore postposito, manus temerarias injecerunt, et sibi graves injurias irrogarunt. Cum igitur iidem, sicut accepimus, excommunicationis sententiam vilipendant, et iidem, qui spiritualem non metuunt, temporali districtione debeant castigari, nobilitati tuæ per apostolica scripta mandamus quatenus malefactores prædictos, ut super his conquerenti satisfaciant competenter, tradita tibi potestate compellas.

Datum Laterani, vi Idus Aprilis, anno decimoquinto.

XXVIII.
ARCHIEPISCOPO ET CAPITULO THEBANIS.
De non recipiendis excommunicatis.
(Laterani, vii Id. Aprilis.)

Ad audientiam nostram venerabili fratre nostro Zaratoniensi episcopo significante pervenit quod cum milites et Latini Zaratoniensis diœcesis mansionem habeant apud Thebas, si quando præfatus episcopus in eos propter suos excessus sententiam excommunicationis promulgat, vos ipsos non facitis evitari. Propter quod idem episcopus et Ecclesia sibi commissa ex eis suam non potest consequi rationem. Quia igitur non est malitiis hominum indulgendum, discretioni vestræ per apostolica scripta mandamus atque præcipimus quatenus parochianos ipsius episcopi ab eo excommunicationis laqueo rationabiliter innodatos non præsumatis de cætero recipere ad divina, sed eos faciatis potius evitari,

Datum Laterani, vii Idus Aprilis, pontificatus nostri anno decimo quinto.

XXIX.
EPISCOPO DECANO, ET CANTORI DAVALIENSIBUS.
Ut quisque finibus suis sit contentus.
(Laterani., v Id. Aprilis.)

Cum, sicut venerabilis frater noster Zaratoniensis episcopus proposuit coram nobis, venerabilis frater noster archiepiscopus et canonici Thebani Zaratontensem diœcesim, cum sit Thebanæ [vicina] continuo occupare præsumant in eumdem episcopum multipliciter indebite molestare, nos volentes ut utrisque jus suum conservetur illæsum, discretioni vestræ per apostolica scripta mandamus quatenus, partibus convocatis, inquisita plenius et cognita veritate, utrumque faciatis sua diœcesi manere contentum, contradictores per censuram ecclesiasticam appellatione postposita compescendo. Testes autem qui fuerint nominati, etc., *usque* perhibere. Quod si non omnes, etc., tu, frater episcope, cum eorum altero, etc.

Datum Laterani, v Idus Aprilis, pontificatus nostri anno decimo quinto.

XXX.
ARCHIEPISCOPO THESSALONICENSI, ET ELECTO DETNICIACENSI, ET THESAURARIO SANCTI DEMETRII THESSALONICENSIS.
Delegat cognitionem de injectione manuum violenta.
(Laterani, v Id. Aprilis.)

Venerabilis frater noster Zaratoniensis episcopus nobis conquerendo monstravit quod decanus et canonici Thebani eum multipliciter molestantes, ipsum præsumpserunt multipliciter infamare quod bladum comburi fecit eorum, ac manu armata terram intrantes ipsius, et quemdam suum hominem capientes, ipsum afflictum crudeliter tradiderunt judici sæculari, qui diu eumdem detinuit mancipatum custodiæ carcerali. Præterea dictus decanus et G. de Besens et G. de Pictavia canonici cum G. de Sancta Cruce castellano Thebano et quibusdam aliis laicis Thebanæ diœcesis in domum ipsius episcopi nequiter irruentes, et manus temerarias injicientes in ipsum, quemdam hominem suum, quem propter eorum sævitiam brachiis tenebat propriis amplexatum, capere præsumpserunt et arctæ custodiæ manciparunt. Cum igitur hæc, si vera sunt, non debeamus conniventibus oculis pertransire, discretioni vestræ per apostolica scripta mandamus quatenus vocatis qui fuerint evocandi, et inquisita plenius et cognita veritate, quod canonicum fuerit appellatione postposita statuatis, facientes quod decreveritis per censuram ecclesiasticam firmiter observari. Si vero vobis constiterit de injectione manuum violenta, dictos sacrilegos tandiu appellatione remota excommunicatos publice nuntietis et faciatis ab omnibus arctius evitari, donec passo injuriam satisfecerint competenter, et cum vestrarum testimonio litterarum ad sedem venerint apostolicam absolvendi. Quod si non omnes, etc., duo vestrum, etc.

Datum Laterani v Idus Aprilis, pontificatus nostri anno decimo quinto.

XXXI.
EPISCOPO TAURINENSI, ET PRÆPOSITO SANCTI GAUDENTII NOVARIENSIS.
Cassat Ottonis imp. sententiam in episcopum Cumanum.
(Laterani, Non. Aprilis.)

Sicut ea quæ a Catholicis et devotis principibus rationabiliter ordinantur, firma debent et illibata servari, sic ea quæ a perfidis tyrannis improbe statuuntur, illo maxime tempore quo excommunicationis vinculo tenentur astricti, carere debent robore firmitatis, cum tales legitime nequeant jurisdictionis officium exercere ab unitate fidelium separati. Cum igitur Otto, non jam nominandus imperator, sed impius persecutor, cum suis fautoribus anathematis sit vinculo innodatus, et a debito fidelitatis ipsius absoluti sint universi, nos omnia quæ idem excommunicatus vel aliquis ejus officialis contra clericos vel Ecclesias statuit aut statuerit, sive contra principes aut eorum fautores, qui memorato tyranno suum subtraxerint obsequium ut libertatem et justitiam tam Ecclesiæ quam imperii tueantur, denuntiamus irrita et inania, eaque de communi fratrum nostrorum consilio auctoritate apostolica omnino cassamus. Specialiter autem sententiam quam idem Otto contra venerabilem fratrem nostrum Cumanum episcopum super causa quæ vertitur inter ipsum et capitaneos de Arzago, pro eo quod ad ipsius excommunicati præsentiam idem episcopus non accessit, cum vocatus fuisset ab eo, nequiter promulgavit, decernimus nullam esse, nec per eam aliquod Cumanæ Ecclesiæ in posterum præjudicium generari. Quocirca discretioni vestræ per apostolica scripta præcipiendo mandamus quatenus capitaneos ipsos, ut dictum episcopum vel ejus Ecclesiam occasione ipsius sententiæ non aggravent vel molestent, monitione præmissa per censuram ecclesiasticam appellatione remota cogatis.

Datum Laterani, Non. Aprilis, pontificatus nostri anno decimo quinto.

XXXII.
ABBATI MONASTERII SANCTI SEVERINI, EJUSQUE FRATRIBUS TAM PRÆSENTIBUS QUAM FUTURIS REGULAREM VITAM PROFESSIS IN PERPETUUM.
De confirmatione privilegiorum.
(Laterani, xii Kal. Maii.)

Piæ postulatio voluntatis, etc., *usque* indubitanter assumat. Eapropter, dilecti in Domino filii, vestris justis postulationibus clementer annuimus, et præfatum monasterium Sancti Severi a bonæ memoriæ Willelmo Sancii quondam Wasconiæ comite (51) fundatum, et beato Petro ab eodem comite perpetuo jure oblatum, ad exemplar felicis memoriæ Pascha-

---
(51) Vide lib. xiii, Hist. Bearn. cap. 8 ubi charta fundationis refertur.

lis et Alexandri papæ prædecessorum nostrorum sub beati Petri et nostra protectione suscipimus, et præsentis scripti privilegio communimus. In primis siquidem statuentes ut ordo monasticus, qui secundum Deum et beati Benedicti Regulam in eodem monasterio, etc., *usque* inviolabiliter observetur. Præterea quascunque possessiones, etc. *usque* illibata permaneant. In quibus hæc propriis, etc. *usque* vocabulis: in episcopatu Adurensi Sancti Petri, Sancti Joannis, Sancti Germani et Sancti Joannis, Sancti Laurentii, Sanctæ Mariæ, Sancti Eugenii et Sanctæ Mariæ, Sancti Vincentii, Sancti Martini et Sancti Vincentii et Sancti Medardi, et aliam Sancti Medardi ecclesias; in episcopatu Aquensi, Sancti Martini, Sancti Petri et Sancti Martini, Sancti Joannis, Sancti Leonis et Sancti Vincentii ecclesias; in episcopatu Burdegalensi, Sanctæ Mariæ, Sanctæ Eulaliæ et Sanctæ Mariæ, et Sancti Michaelis ecclesias; in episcopatu Basatensi, ecclesiam Sancti Laurentii; in episcopatu Agennensi Sancti Felicis, Sanctæ Fidis, Sanctæ Quintillæ, Sancti Christophori, Sancti Petri, et Sancti Joannis ecclesias. Chrisma vero, oleum sanctum, etc. *usque* voluerit exhibere. Alioquin liceat vobis quemcunque, etc. *usque* quod postulatur impendat. Missas sane publicas in eodem monasterio per episcopum fieri vel stationes celebrari præter abbatis ac fratrum voluntatem omnimodis prohibemus, ne in servorum Dei recessibus popularibus occasio præbeatur ulla conventibus. Ad hæc adjicimus ut alicui personæ magnæ vel parvæ facultas non sit milites vel pedites de villis eidem cœnobio pertinentibus in hostem vel expeditionem ducere, nec de sylvis, pratis, landis, piscationibus, pinetis, et vineis censum quærere vel arcetum. In parochialibus vero ecclesiis quas habetis, etc., *usque* temporalibus debeant respondere. Adjicimus autem ut nec episcopo vel episcoporum ministris liceat consuetudines novas præter abbatis ac fratrum voluntatem vel exactiones quaslibet in eodem monasterio ponere. Hoc quoque subjungimus, ut idem monasterium absque Romani pontificis licentia minime interdicto vel excommunicationi subdatur. Ad indicium autem hujus a Romana Ecclesia perceptæ libertatis quinque solidos Pictaviensis monetæ nobis nostrisque successoribus annis singulis persolvetis. Obeunte vero te, etc., *usque* secundum Dei timorem et beati Benedicti Regulam providerint eligendum. Decernimus ergo ut nulli omnino hominum, etc., *usque* omnimodis profutura, salva sedis apostolicæ auctoritate. Si qua igitur in futurum, etc., *usque* districtæ ultioni subjaceat. Cunctis autem eidem loco, etc., *usque* præmia æternæ pacis inveniant. Amen.

Datum Laterani per manum Joannis, Sanctæ Mariæ in Cosmidin diaconi cardinalis, S. R. E. cancellarii, xii Kal. Maii, indictione xv, Incarnationis Dominicæ anno 1212, pontificatus vero domini Innocentii papæ III anno quinto decimo.

XXXIII.
SALIMBRIENSI EPISCOPO.
Ut exhibeat sacramenta ecclesiastica quibusdam exemptis.
(Datum Laterani, xviii Kal. Maii.)

Cum Buccæ Leonis et de Blakerna ecclesiæ ad Romanam Ecclesiam nullo pertineant mediante; fraternitati tuæ per apostolica scripta mandamus quatenus chrisma, oleum sanctum, et alia ecclesiastica sacramenta, cum necesse fuerit studeas ipsis liberaliter exhibere.

Datum Laterani xviii Kal. Maii, pontificatus nostri anno quinto decimo.

XXXIV.
DECANO ET CAPITULO SANCTI MACUTI DE DARRO.
Recipiuntur sub protectione B. Petri.
(Laterani, ii Id. Aprilis.)

Cum a nobis petitur quod justum est et honestum, etc., *usque* ad debitum perducatur effectum. Eapropter, etc., *usque* inclinati, personas vestras et ecclesiam beati Macuti, in qua divino estis obsequio mancipati, cum his quæ in præsentiarum rationabiliter possidet, aut in futurum justis modis præstante Domino, etc., *usque* nostra protectione suscipimus. Specialiter autem possessiones quas claræ memoriæ Henricus comes Trecensis fundator ipsius ecclesiæ pia liberalitate concessit eidem, sicut eas juste ac pacifice possidetis, vobis et eidem ecclesiæ per vos auctoritate apostolica confirmamus, etc., *usque* communimus. Libertates quoque ac immunitates, nec non rationabiles consuetudines in eadem ecclesia hactenus observatas, firmas vobis illibatas manere sancimus. Nulli ergo, etc. protectionis et confirmationis, etc., *usque* incursurum.

Datum Laterani ii Idus April., pontificatus nostri anno quinto decimo.

XXXV.
PRÆPOSITO, CUSTODI, ET SCHOLASTICO MONASTERIENSIBUS.
De electione præpositi Bunnensis.
(Laterani, xi Kal. Maii.)

Dilectus filius F. Bunnensis canonicus in nostra proposuit præsentia constitutus quod electione Willelmi quondam in præpositum Ecclesiæ Bunnensis electi rationabiliter in præsentia nostra cassata, capitulo ejusdem Ecclesiæ ut ad electionem procederent dedimus in mandatis: qui cum in diversos contulerint vota sua, et ex hoc quæstio mota fuerit inter eos, causam ipsam archidiacono tunc cantori Treverensi, et conjudicibus suis duximus committendam: de quorum assensu interveniente collutia inter partes, alter electorum duxerit alteri, pecunia mediante, cedendum, præstito tam ab electis quam ab electoribus, qui de pecunia illa portionem receperant, juramento quod factum hujusmodi firmiter observarent; licet dictus canonicus postmodum contradixerit, et ad nostram audientiam appellarit, præposituram ipsam cum præbendis et obedientiis suis protectioni apostolicæ supponendo,

Unde nobis idem canonicus humiliter supplicavit ut in irritum revocato quod per pravitatem simoniacam est præsumptum, eligendi potestate Bunnense capitulum privaremus, supradictum electum canonice punientes, paratus obligare se ipsum ad pœnam arbitrio judicum moderandam, si non probaverit quod intendit. Quia vero nobis non constitit de præmissis, discretioni vestræ per apostolica scripta mandamus quatenus, vocatis qui fuerint evocandi, et inquisita super his plenius veritate, causam ipsam sufficienter instructam, si de partium processerit voluntate, ad nostrum remittatis examen, præfigentes partibus terminum competentem quo nostro se conspectui repræsentent æquitatis judicium recepturæ. Alioquin eam, sublato appellationis obstaculo, fine canonico terminetis. Testes autem, etc., usque subtraxerint, per censuram eamdem appellatione remota cogatis veritati testimonium perhibere, nullis litteris veritati et justitiæ præjudicantibus a sede apostolica impetratis. Quod si non omnes, etc. duo vestrum ea nihilominus exsequatur.

Datum Laterani, xi Kal. Maii, pontificatus nostri anno quinto decimo.

XXXVI.
ARCHIDIACONO PAPIENSI.
Ne judices ab Ottone dati procedant.
(Laterani, vi Kal. Maii.)

Homines de domo Oxole Ecclesiæ Novariensi subjecti gravi nobis exposuere querela quod, cum N. de Castello Novariensi diœcesis eisdem gravamina plurima et injurias irrogasset, tandem volens addere afflictionem afflictis, ab Ottone dicto imperatore anathematizato et maledicto ad quosdam judices commissionem obtinuit contra ipsos. Quocirca discretioni tuæ per apostolica scripta mandamus quatenus dictos judices, ne contra dictos homines occasione ipsius commissionis procedant, monitione præmissa per censuram ecclesiasticam sublato cujuslibet contradictionis et appellationis obstaculo compellere non omittas. Si vero ipsi judices in contemptum mandati nostri aliter duxerint faciendum, quidquid per eosdem in hac parte fuerit ordinatum decernas auctoritate nostra irritum et inane.

Datum Laterani, vii Kal. Maii, pontificatus nostri anno quinto decimo.

XXXVII.
ABBATI DE NONANTULA MUTINENSIS DIŒCESIS.
Confirmat reservationem vacaturæ præbendæ.
(Laterani, x Kal. Maii.)

Dilectus filius G. nobilis viri F. de Corrigia natus sua nobis petitione suggessit quod bonæ memoriæ Gerardus Albanensis electus apostolicæ sedis legatus eidem carenti omni ecclesiastico beneficio desiderans providere, collationem primæ præbendæ in Bononiensi Ecclesia vacaturæ tam suæ quam sedis apostolicæ donationi per suas litteras reservavit.

Nos igitur volentes quod per eumdem legatum provide factum est in hac parte obtinere debitam firmitatem, per apostolica tibi scripta mandamus quatenus illud facias auctoritate nostra inviolabiliter observari.

Datum Laterani, x Kal. Maii, pontificatus nostri anno quinto decimo.

XXXVIII.
EPISCOPO ET CAPITULO XANCTONENSIBUS.
De quadam præbenda Xanctonensi.
(Laterani, ii Kal. Maii.)

Cum de ordinanda Ecclesia vestra per dilectos filios archidiaconum et A. Fulcherii canonicos vestros ex parte una et magistros A. vestrum et P. decani Ecclesiæ vestræ procuratores ex altera habitus fuisset in præsentia nostra tractatus ex utriusque partis assertione nobis consistit evidenter decem in eadem Ecclesia vacare præbendas quarum septem vacavere tandiu quod earum ad nos secundum statuta Lateranensis concilii est donatio devoluta. Nos ergo unam ex illis dilecto filio magistro Fulcherio archipresbytero de Mastatio conferentes, et facientes ipsum a præfatis procuratoribus in præsentia vestra recipi ad eamdem, sic duximus statuendum, ut dilecti filii de Talemundo et de Batiaco abbates Pictavensis et Xantonensis diœcesum et Hel. de Græcia canonicus Engolismensis, quibus super hoc dirigimus scripta nostra, revocato in irritum si quid de ipsis, postquam ad nos devoluta exstitit donatio eorumdem, invenerint attentatum, reliquas sex personis idoneis conferant et assignent, et faciant appellatione remota tam præfatum Fulcherium quam illos quibus ipsi præbendas easdem contulerint pacifica ipsarum possessione gaudere; quod si tres aliæ per vos non fuerint ordinatæ, nec in ordinatione ipsarum poteritis concordare, ipsas personis idoneis sublato appellationis obstaculo assignare procurent, contradictores per censuram ecclesiasticam compescendo. Quocirca universitati vestræ per apostolica scripta mandamus atque præcipimus quatenus quod ab eis de dictis præbendis fuerit ordinatum ratum habentes, sine contradictione qualibet firmiter observetis.

Datum Laterani, ii Kal. Maii, pontificatus nostri anno xv.

XXXIX.
ARCHIEPISCOPO SENONENSI.
Scribitur vro episcopis Aurelianensi et Antissiodorensi (32).
(Laterani, iii Id. Maii.)

Ex serie litterarum quas ad petitionem charissimi in Christo filii nostri Philippi, regis Francorum illustris tibi transmisimus pro relaxanda sententia interdicti quam venerabiles fratres nostri Aurelianensis et Antissiodorensis episcopi tulerant in diœceses suas perpendere potuisti, et etiam ipse rex ex litteris quas ipsi direximus cognoscere valuit mani-

---

(32) Vide lib. xiii, epist. 160, et lib. xv epist. 108, 109.

feste quod intentionis nostræ non fuit ut sine causæ cognitione in negotio ipso procederes, sed potius utriusque partis rationibus auditis et cognitis, juxta traditam tibi formam negotio finem imponeres competenter. Verum quia prætermissa forma judicii, sicut ex parte ipsorum episcoporum fuit propositum coram nobis, in eodem negotio procedebas, iidem ad sedem apostolicam appellarunt. Quocirca fraternitati tuæ per apostolica scripta præcipiendo mandamus quatenus in statum pristinum revocato si quid post appellationem ad nos legitime interpositam in eorumdem episcoporum præjudicium exstitit attentatum, præfatam interdicti sententiam non permittas a quoquam temere violari, sed litteras quas eidem regi dirigimus tu ipse sibi fideliter et prudenter exponas, monens eum efficaciter et inducens ut pro divini nominis gloria et apostolicæ sedis honore pacem in regno suo conservet Ecclesiæ quæ nunc in multis aliis mundi partibus peccatis exigentibus perturbatur.

Datum Laterani, III Non. Maii, pontificatus nostri anno XV.

XL.

PHILIPPO ILLUSTRI REGI FRANCORUM.
Ejusdem argumenti cum superiore.
(Laterani, III Non. Maii.)

(33) Eo te credimus erga Dominum Deum tuum et sanctam ejus ecclesiam fervore devotionis ascensum, sicque libertates Ecclesiasticas illibatas velle, ut virum catholicum, custodire quod si litteræ nostræ, quas pro venerabilibus fratribus nostris Aurelianensi et Antissiodorensi episcopis regiæ serenitati direximus expositæ tibi pleniter ac fideliter exstitissent, non utique necesse fuisset nos propter hoc tibi scribere iterato; cum firmam geramus fiduciam quod si episcopi memorati adversum te commisissent offensam pro Deo et propter Deum nobis donasses eamdem, in his et majoribus etiam nobis gratiam faciendo, nec illud ad preces nostras corrigere distulisses quod contra eos diceris inordinate fecisse. Quod enim inordinate processeris contra eos ex modo spoliandi et causa et ex rebus etiam occupatis arguitur multis modis, sicut nobis est ex eorum parte suggestum. Ex modo siquidem, quia nec monitione nec citatione præmissa ipsos absentes nec convictos nec confessos de aliquo forisfacto regalibus spoliasti. Ex causa vero, quia eadem saisiri fecisti pro facto tantummodo alieno, super quo nec confessi fuerant nec convicti quod factum fuerit per eosdem; quin immo illud nec constat nec constitit exstitisse delictum. Ex rebus etiam occupatis quoniam quædam (34) alia quam regalia occupasti, quod episcopatibus non vacantibus tibi non licuit, etiam si episcopi deliquissent. Quod autem eos spoliaveris nondum confessos, nec convictos, vel ad satisfaciendum commonitos, ex tenore litterarum tuarum, quas præfatis episcopis direxisti manifeste perpenditur : in quibus continetur expresse quod militibus eorum præceperas ut irent cum baronibus illis quos ad quemdam locum duxeras destinandos, et quia illi ad præceptum tuum illuc accedere noluerunt, dixisti dictos episcopos erga te de exercitu defecisse, ac propterea illorum saisisti regalia et illa quæ in eis pertinent ad jurisdictionem terrenam. Ex eo ergo quod ipsorum militibus præcepisti ut cum aliis irent constat quod episcopi milites suos in tuum exercitum destinarunt, nec ex illis vel aliis verbis apparet quos iidem suis militibus prohibuerint aliquem tibi servitium exhibere quod facere debuissent. Et ex hoc quod dixisti eos de tuo exercitu defecisse, quia illorum milites ad præceptum tuum noluerunt accedere quo mandaras, et propter hoc regalia saisivisti, considera diligenter utrum recte decreveris adversus absentes et non monitos vel citatos, quinetiam ignorantes quod eorum milites deliquissent ; cum et ipsi se tibi obtulerint juraturos quod iidem de illo exercitu secundum suas conscientias servitium tibi fecerant quod debebant, et iidem milites suos fecisse credebant. Ex eisdem quoque verbis apparet quod ex causa minus justa dictos episcopos spoliasti, quia pro facto militum, quod nec constat nec constitit fuisse delictum, vel quod factum fuerit ex episcoporum mandato. Super quo videris hactenus dubitasse; sicut apparet ex responsione quam in scriptis venerabilibus fratribus nostris Carnotensi et Trecensi episcopis tradidisti nostro apostolatui transmittendam, quamque ipsi nobis fideliter destinarunt. Super quo etiam a militibus præfati Aurelianensis episcopi certiorari petiisti. Sed cum ipsi dixissent quod coram domino suo super hoc dicerent veritatem, a curia tua recesserunt immunes, et sic processisti de delicto nescius ad vindictam. Super eo autem quod te nisus es excusare quod aliud non saisieris quam regalia, dicens quod quam cito regalia ad manus tuas deveniunt, domos et omnia facis saisiri, illud forte, cum sedem episcopalem vacare contingit, fieri tantummodo consuevit, et tunc non solummodo domos, verum etiam decimas et oblationes, necnon et quæque alia quæ invenis, facis omnino saisiri, et in quibusdam Ecclesiis confers præbendas vacantes. Quæ quidem constat non debere regalium nomine nuncupari; ad quæ, etiam si constaret episcopos deliquisse, sede nequaquam vacante manus non debueras extendisse. Cum ergo domos et domorum supellectilem ac alia plurima quæ inter regalia numerari non debent saisieris, quorum partem restituisse ac partem adhuc retinere diceris occupatam, ex occupatione quidem rerum ipsarum minus rationabiliter processisse videris. Præterea ex præfata responsione, quam memoratis episcopis tradidisti, potest manifeste perpendi quod eis nec monitis nec citatis, nec convictis neque confessis de aliquo foris facto, ipsorum saisisti regalia, cum dixeris quod

---

(33) Vide lib. XIV, epist. 50.
(34) Episcopos falsa suggessisse papæ paret ex Rigordo ad an. 1209.

in te non remansit, imo stetit per eos; quia postquam milites eorumdem defecerunt de servitio exercitus faciendo, emendationem ipsorum vel satisfactionem per quadraginta dies exspectare curasti. Ex quibus verbis manifeste præsumitur ipsos citatos vel convictos nullatenus exstitisse. Et quanquam per quadraginta dies emendationem vel satisfactionem eorum te asseras exspectasse, ipsi tatem ad exhibendum emendationem vel satisfactionem se teneri nullatenus æstimabant, eo quod nec se nec milites suos crediderant deliquisse; super quo juramentum celsitudini regiæ obtulerunt. Nec etiam videtur quod per quadraginta dies exspectaris eosdem, cum ad Kalendas Augusti apud Medontam facta fuerit exercitus convocatio, et eodem mense regalia occuparis; sicut ex data litterarum tuarum, quas ipsis episcopis pro saisina regalium destinasti, evidenter apparet. Cum ergo taliter processeris contra eos, et iidem tam per seipsos quam per secretarios tuos necnon venerabiles fratres nostros Senonensem archiepiscopum et coepiscopos suos te monuerint diligenter, humiliter supplicantes ut faceres eis reddi regalia sic subtracta, paratis postmodum curiæ tuæ subire judicium, sicut in talibus fieri consuevit, et tu supplicationes eorum noluisses admittere, ad sententiam interdicti, quam in terram tuam in eorum diœcesibus constitutam tulerunt, videntur non immerito processisse, cum jura et libertates Ecclesiarum suarum teneantur juramento præstito defensare. Pro cujus relaxatione non satis videris offerre, cum tantummodo judicium in curia tua offeras ipsis remanentibus spoliatis, quod utique spoliati non debent de jure subire; cum etiam ex generali consuetudine regni tui fidelis a domino sine judicio spoliatus nec diem ab ipso super spoliatione sua vel alio teneatur recipere nec in ipsius curia experiri, Nos ergo serenitatem tuam rogandam duximus et monendam, pro magno dono potentes quatenus pacem Ecclesiæ in tuo regno conserves, hoc maxime tempore quo ipsa in aliis multis regnis nimium perturbatur; ita quod dictis episcopis restitutis, et interdicti sententia relaxata, nisi hoc nobis velis ex toto donare, in curia tua de ipso negotio secundum approbatam consuetudinem cognoscatur; cumque aliis oporteat te intendere quæ ad honorem et commodum tuum magis respiciunt, expedias te ab istis, quæ tibi modicum afferunt utilitatis et audis; ne propter tantam patientiæ nostræ moram, ex qua propter favorem tuum dictorum episcoporum gravamen non solum dissimulasse, verum etiam neglexisse videmur, apostolicæ auctoritatis cogamur adhibere censuram. Quia quantacunque necessitas nobis immineat, et tibi forte non minor, nolumus esse, juxta verbum prophetiæ, canes muti non valentes latrare (*Isa*. LVI), scientes quod beati sunt qui persecutionem patiuntur propter justitiam (*Matth*. v), quoniam cum probati fuerint, accipient coronam vitæ, quam repromisit Deus diligentibus se (*Jac*. I). Nec injuriosum reputes, sed potius gloriosum, prudenter corrigere quod improvide statuisti, quia non vivit homo sub cœlo qui aliquando non excedat. Unde apud nos dicitur in proverbio generali quod « humanum est peccare, sed diabolicum perdurare (35).»

Datum Laterani, III Non. Maii, pontificatus nostri anno quinto decimo.

XLI.
ARCHIDIACONO, SUCCENTORI ET MAGISTRO R. DE REMIS CANONICIS PARISIENSIBUS.
De jure patronatus Ecclesiæ de Sanctis.
(Laterani, III Kal. Maii.)

Dilecti filii abbas Sanctæ Genovefæ, W. archidiaconus, et B. canonicus Sancti Marcelli Parisiensis suis nobis litteris intimarunt quod cum prior et monachi de Columberiis nobis conquerendo monstrassent quod venerabilis frater noster Meldensis episcopus, tunc electus, dilectum filium B. diaconum, quem per bonæ memoriæ prædecessorem ejus fecerant ordinari ad ecclesiam de Sanctis vacantem, in qua ipsi jus obtinent patronatus, ad canonicam præsentationem ipsorum admittere recusarat, quin potius T. intrusum tuebatur in ipsa in eorumdem præjudicium et gravamen, nos eis dedimus in mandatis ut vocatis quos propter hoc cognoscerent evocandos, audirent causam, et eam appellatione remota fine canonico terminarent. Cum ergo partes propter hoc in eorum essent præsentia constitutæ, et pars monachorum proposuisset ad se jus patronatus ipsius Ecclesiæ pertinere, postulans præfatum diaconum, quem jam dudum dicto episcopo præsentarant, recipi ad eamdem, super his et aliis quæ ad causam facere videbantur, et lite solemniter contestata, ipsi receptis testibus, et depositionibus eorum ac instrumentis diligenter inspectis, auditis confessionibus, et utriusque partis rationibus perspicaciter intellectis, de prudentum virorum consilio sententialiter decreverunt jus patronatus Ecclesiæ memoratæ ad præfatos priorem et monachos pertinere, ipsum episcopum condemnantes ut memoratum diaconum præsentatum ab illis reciperet ad eamdem. Sed quoniam jam dictus episcopus sæpius requisitus eorum sententiæ parere contempsit, dicti judices eumdem diaconum qua fungebantur auctoritate ad præfatam Ecclesiam receperunt, ipsum episcopum a collatione ac institutione ecclesiasticorum beneficiorum, considerata ejus manifesta contumacia, suspendentes. Quocirca discretioni vestræ per apostolica scripta mandamus quatenus utramque sententiam, diffinitivam videlicet, sicut est justa, per censuram ecclesiasticam, suspensionis vero, sicut rationabiliter est prolata, usque ad satisfactionem condignam auctoritate nostra faciatis sublato appellationis obstaculo firmiter observari, non permittentes eumdem diaconum su-

---

(35) Ex auctore libri De visitat. Infirm. lib. II. c. 5. inter opera S. Augustini.

per receptione sua per judices ipsos facta temere molestari. Quod si non omnes, etc. duo vestrum ea nihilominus exsequantur.

Datum Laterani, III Kal. Maii, pontificatus nostri anno quinto decimo.

XLII.
THESSALONICENSI ARCHIEPISCOPO.
Dimitriacensis electus absolvitur a vinculo.
(Laterani, Non. Maii.)

Veniens ad præsentiam nostram dilectus filius B., Thessalonicensis archidiaconus nobis humiliter supplicavit ut cum in Dimitriacensem episcopum fuisset electus, et ipsius electio confirmata, nec episcopatum ipsum posset pacifice obtinere, illum a vinculo quo Dimitriacensi Ecclesiæ tenebatur, absolvere dignaremur. Cum igitur ibidem proficere nequeat in officio pastorali, quanquam in primis ipsius petitioni non duxerimus annuendum, quia tamen institit vehementer, ipsum a vinculo absolvimus supradicto.

Datum Laterani, Non. Maii, pontificatus nostri anno quinto decimo.

XLIII.
CAPITULO PANORMITANO.
De electione episcopi.
(Laterani, VI Id. Maii.)

Cum nuper Parisius Panormitanus electus cum quibusdam ex fautoribus suis in nostra esset præsentia constitutus et Gentilis de Pretorio concanonicus vester contra factum electionis et personam ipsius postularet audiri, nos eis dilectos filios Petrum tituli Sancti Marcelli presbyterum et Joannem Sanctæ Mariæ in Via Lata diaconum cardinales deputavimus auditores. Coram quibus lite inter eos legitime contestata, dum vellemus in illa procedere, ipse potius abire præsumpsit quam causæ insistere terminandæ mandatum nostrum transgrediens, per quod ei districte præcepimus ut ad nostram rediret præsentiam pro expediendo negotio memorato. Consideratis igitur universis quæ circa factum electionis et personam ipsius consideranda cognovimus, ipsum ab ecclesiæ vestræ regimine decrevimus amovendum. Et ne ipsa pastoris solatio diutius maneat viduata, discretioni vestræ per apostolica scripta præcipiendo mandamus quatenus invocata Spiritus sancti gratia personam idoneam per electionem canonicam præficiatis vobis infra triginta dies post susceptionem præsentium in pastorem. Alioquin dilecto filio nostro Gregorio Sancti Theodori diacono cardinali apostolicæ sedis legato nostris damus litteris in mandatis ut ipse vobis virum idoneum præficiat in pastorem; contradictores, si qui fuerint, per censuram ecclesiasticam sublato appellationis obstaculo compescendo.

Datum Laterani, VI Idus Maii, pontificatus nostri anno quinto decimo.

Super hoc scriptum est eidem G. Sancti Theodori diacono cardinali ut si prædictum capitulum mandatum nostrum neglexerit adimplere, ipse eis virum idoneum præficiat in pontificem; contradictores, si qui fuerint, per censuram ecclesiasticam sublato appellationis obstaculo, compescendo.

XLIV.
ATHENIENSI ET THEBANO ARCHIEPISCOPIS, ET DECANO DE THEBIS.
Ut ablata restituantur Ecclesiæ Motoniensi.
(Laterani, V Id. Maii.)

Venerabilis frater noster Mothoniensis episcopus nobis conquerendo monstravit quod T. miles et quidam alii Mothonensis, Coronensis, Amiclensis diœcesum quædam de terris et possessionibus Mothoniensis Ecclesiæ, ipso de licentia nostra in itinere beati Jacobi constituto, in ipsius præjudicium occuparunt. Nolentes igitur ipsum episcopum suo jure fraudari, discretioni vestræ per apostolica scripta mandamus quatenus invasores prædictos ad restitutionem rerum occupatarum debitam eidem episcopo faciendam, monitione præmissa, per censuram ecclesiasticam, sublato appellationis obstaculo, compellatis. Testes autem, etc., *usque* simili districtione cessante appellatione cogatis perhibere testimonium veritati. Quod si non omnes... duo vestrum, etc.

Datum Laterani, V Idus Maii, pontificatus nostri anno quinto decimo.

XLV.
BITURICENSI ARCHIEPISCOPO (36).
Adversus episcopum Burdegalensem.
(Laterani, XVI Kal. Junii.)

Diligenter auditis et perspicaciter intellectis quæ tu et dilectus filius magister Amaneus procurator ex itinerario Antonini, et Bitnrigum civitas primæ Aquitaniæ sit metropolis, prima caput Biturix, Aquitaniam secundam et Novempopulaniam, quæ tertia est Aquitania, et metropolitas earumdem primati suo subjici debere ex c. *Nulli* c. *Provinciarum*, distinct. 99, ad instar patriarchæ Lugdunensis qui primæ sedis pontifex primatum super quatuor Lugdunenses per annorum longa curricula obtinuisse dignoscitur; subnectit non insolita sibi patriarchæ nomen dari, cum Nicolaus papa secundum Nicænas regulas Sigedodum Narbonensem archiepiscopum sibi patriarchæ subjiciat c. *Conquestus* 9, q. 3, et Boetius De auctor. mag. consil. n. 52 et 53 solum archiepiscopum Bituricensem patriarcham et primatem Galliarum vocari jure optimo posse protestatus sit.

Hujus actionis molimina in hunc modum, exce-

---

(36) *Bituricensi*. Avaricensi qui regit in spiritualibus Biturigas Cubos, sicut Burdegalensis Biturigas Viviscos non villicos ut vult Cujac. ad c. ult. *De dilation*. qui Οὐΐσκοι a Ptolomeo, et Vivisca gens ab Auson. in Mosella dicuntur. Ex hac epistola patet quo tempore inchoata fuerit lis inter eosdem archiepiscopos super jure primatiæ, quæ deinde contestata fuit, non cœpta, ut vult ibidem Cujacius, sedente Gregorio papa nono anno Domini 1226, ubi decretum ejusdem pontificis super hac quæstione continetur, sed adhuc incertæ litis exitus sententia religiosam fidem desiderat. Atque hæc quidem ab archiepiscopo Bituricensi coram pontif. Max. dici possunt, olim Viviscos Biturigum Cuborum fuisse Coloniam : Μόνον γὰρ δὴ τὸ τῶν Βιτουρίγων ἔθνος ἐν Ἀκουίτοις τάνοις ἀλλόφυλον καὶ οὐ συντελεῖ αὐτοῖς, apud Strabon. lib. IV. Deinde cum Aquitania triplex fuerit

venerabilis fratris nostri Burdegalensis archiepiscopi coram nobis proponere voluisti super sententia quam auctoritate (37) primatiæ in eumdem archiepiscopum promulgasti (38), suspendendo (39) ipsum ab officio metropoliticæ dignitatis pro eo quod ad tuum vocatus concilium (40) accedere non curavit, nec pro se aliquem responsalem idoneum destinare, de communi fratrum nostrorum (41) consilio sententiam ipsam ratam habemus et usque ad satisfactionem idoneam præcipimus observari; hoc ad cautelam expresso, quod lis coram nobis non de primatia, sed de sententia exstitit ventilata. Nulli ergo etc., diffinitionis, etc., *usque incursurum*.

Datum Laterani, xvi Kal. Junii, pontificatus nostri anno quinto decimo.

XLVI.
EPISCOPO MOTHONIENSI.
De residentia canonicorum.
(Laterani, v Id. Maii.)

Proposuistis nobis in nostra præsentia constitutus quod licet canonici tui suarum percipiant redditus præbendarum, ab ecclesiæ obsequio se subducunt,

ptionis adminiculo elidere tentat Burdegalensis archiepiscopus: Civitatem cujus ecclesiæ præest, licet colonia fuerit, ejusdem juris censeri potuisse, ac Biturigum; quæ sibi privilegia et ornamenta sicuti Roma Constantinopoli et aliis civitatibus dare debuit l. 1 De jure Ital. urb. Constantinop.; C. Theod. l. 1, C. De privil. urbis Constantinop.; l. 1, vi et vii. De censibus, Καὶ τὴν νέαν Ἰουστινιάνου πόλιν ἔχειν τὸ δίκαιον τῆς Κωνσταντινουπόλεως in concil. Ephes. c. 59, 6 in Trullo. Nec obstat denominatio facta a Nicolao papa, nec decisio Boetii, cum in dicto c. *Conquestus* suæ sedis mentio facta non fuerit, et res inter alios acta nemini nocere debeat, Boetiique decisio solo παραδόξῳ non rei veritate aut senatusconsulti auctoritate nitatur. Postremo libera voce sibi hanc epistolam minime obesse profitetur, utpote quæ privati et alterius præsulis Burdegalensis abdicationem ad tempus præ se ferat, licet confirmatio super jure primatiæ (de qua quæstio) vires suas non commiserit. Quæ omnia perturbato naturæ ordine præcepit Innocentius III in hac epistola et lib. xvi, epist. 6, et Gregorius nonus in dicto c. ult. *De dilation.*, etc., venerabilis de dolo et contumn. et in c. *humilis* De majorit. et obedient. sicuti Honorius tertius controversiam de primatis inter Toletanum et Brachariensem archiepiscopos in Hispania c. *Coram* De restit. in integ. pontif. opt. max. Urbani VIII judicio examinanda reliquere, ac tandem aliquando decidenda est quæstio ex vestigiis Alexandri papæ tertii, qui, [dum Cantuariensis et Eboracensis archiepiscopi sibi primatum Angliæ vindicarent, prohibitionis litteras ad petitionem Cantuariensis (qui primatum obtinuit) Eboracensi direxit c. 1, ut lite pendente nihil innovetur, ut scilicet sacræ Πολιτείας ordo ecclesiasticus rite servetur. Nec enim in eadem provincia plures patriarchæ, ut metropolitæ constitui debent, sed unus ἔξαρχος διοικήσεως ex concil. Chalced. c. 9 et 17. Nam et olim (si sacra Christianorum ritibus irreligiosis contaminare datum est) sacrificuli dæmonum, qui æmulationis desiderio Dei sponsam suspiciebant ἀρχιερέα habuere ut patet ex V. l. Divionensi.

Μίτρας ἐν ὀργαῖς χῶμα τὸ σῶμα καλύπτει
Χονδόνακτος ἱερέων ἀρχηγοῦ, δυσσεβής ἀπέχου, etc.

Quod si quis astruat plures primates dari ex Evagrio Histor. eccles. lib. iv, c. 11, Τοὺς τῶν πόλεων Ἐπισκόπους τοῖς ἰδίοις Ἐξάρχοις ἕπεσθαι. Respondeo metropolitanos ut loquar cum Hincmaro epist. 6, c. 5, primates multoties in sacris canonibus appellari, ut in c. 1, 7 et 9, q. 3. Metropolitanus primatis curam suscipit, et in l. Decernimus C. De sacros. Eccles. privilegium metropolitanum vel patriarchicum dicitur, secundum quæ eleganter Zonaras ad dictum can. Τινὲς μὲν οὖν ἐξάρχους τῶν διοικήσεων, τοὺς Πατριάρχας εἶναί φασιν, ἄλλοι δὲ τοὺς Μητροπολίτας. Nec dicendum patriarchas sive primates in Ecclesia Orientali ejusdem dignitatis fuisse qua pollebant metropolitani in Ecclesia Africana. Si quidem hæc Προτεύοντας suos et primates ut Numidia et Mauritania Sitifentis in cod. Can. Eccles. Afric. c. 17, et Μητροπολίτας distinctos habuit, quibus Ἐπισκόποις φανερώτατα ἐπεμψαν in epistola ejusdem concilii ad Cœlestinum papam I. Dicamus igitur plurium imperio, unius potestatem præferri debere. Ut enim Lugdunensis sub quo consilium Matisconense celebratum c. 20 ejusdem in quatuor Lugdunenses (adde Maximum Sequanorum) quas olim solus proconsul administrabat, primam habet; sic et unus primas Biturigum exploso altero in triplici Aquitania constitui debet ut ad similitudinem patriarchæ Anthiocheni τῆς ἀνατολικῆς διοικήσεως ἔξάρχου omisso Thema qui dicitur Tyri πρωτόθρονος c. 14, concil. Chalced. a metropolitis solus patriarcha conveniatur, et ab eodem formatæ et dimissoriæ τετυπωμέναι καὶ συστάτικαι ex triplici Aquitania petantur.

(37) *Auctoritate*, c. *Si episcopus* 18, q. 2.
(38) Vide infra epist. 150 et lib. xvi, epist. 65 et t. I *Galliæ Christ.* pag. 174.
(39) *Suspendendo*, c. *Si quis* et seqq. ead. distinct.
(40) *Concilium* provinciale, c. *Sicut olim* De accus. et denuntiat. quod placet per singulas provincias bis in anno fieri propter Ecclesiæ causas et altercationum solutiones c. *Propter* 18, distinct. Καλῶς ἔχειν ἐδόξεν ἕκαστου ἐνιαυτοῦ κατὰ ἑκάστην ἐπαρχίαν δίς τοῦ ἔτους συνόδους γίνεσθαι. ex concilio Nicæno c. 5 et c. 9 concilii Antiocheni. Quoniam non oportet negare audientiam roganti c. *Si episcopus* 11, q. 2; sed in Gallia per triennii spatium solum indicitur ex ordinatione regia Blesensi c. 10 et 11 secundum ea quæ dicuntur c. *In singulis* de statu monach.

(41) *Fratrum nostrorum* Narbonensis ex dicto c. *Conquestus* 9, q. 3, qui sub imperio Visigothorum Toletani archiepiscopi conciliis ex mandato cum suffraganeis interfuit c. *Inter* 10, q. 3 et Conc. Tolet. Nigerius Narbonensis metropolitanus cum provincialibus subscripsit, ita ut pudere eum non debeat si Bituricensi archiepiscopo vero ac legitimo primati morem gerat, Tolosanum quoque antistitem fratrum nomine contineri putarim, cui jus metropolitæ dedit Joannes papa XXII cum antea suffraganeus esset archiepiscopi Narbonensis. Nam in beneficiis divisis habet quis eadem jura, quæ habebat in integris, Franc. de Pavinis apostilla in extravag. ad apostolatus: Continebuntur et metropolitæ secundæ Narbonensis et Augustæ Ausciorum in Novempopulania seu tertia Aquitania, sub qua, non sub secunda ut in Chronico Isidori, Tolosam primæva ætate Ecclesiæ comprehensam fuisse comperimus ex Severo Sulpitio archiepiscopo Bituricensi. Verba facturus coram vobis Aquitanis mundis et politis in homilia ad Tolosates, qui etiam mundi usque in hunc diem ἰδίῳ τρόπῳ appellantur. Quibus metropolitis adde eorumdem suffraganeos in prima et secunda (quæ curta et longa Aquitania dicebatur), et in Novempopulania opere et verbo docentes.

debitam residentiam in eadem minime facientes. Nolentes igitur ipsam ecclesiam fraudari obsequio servitorum, fraternitati tuæ per apostolica scripta mandamus quatenus canonicos supradictos ad debitam residentiam in dicta ecclesia faciendam monitione præmissa per subtractionem beneficiorum appellatione remota compellas.

Datum Laterani, v Idus Maii, pontificatus nostri anno quinto decimo.

XLVII.
ARCHIEPISCOPO PATRACENSI, ET EPISCOPO AMICLENSI.

Adversus decanum Mothoniensem.
(Laterani, v Id. Maii.)

Venerabilis frater noster Mothoniensis episcopus nobis denuntiando monstravit quod decanus suus, qui reatu perjurii et adulterii publice irretitur, in quosdam monachos et presbyteros injecit manus temere violentas, committens præter hæc talia quæ canonicam correctionem exposcunt, et licet super his dictus decanus admonitus exstiterit sæpius ab eodem, ex eo tamen excessus proprios aliquatenus non correxit, sed extrema ipsius deteriora prioribus postmodum sunt effecta. Quia vero hæc, si vera sunt, non debemus clausis oculis pertransire, fraternitati vestræ per apostolica scripta mandamus quatenus partibus convocatis, et inquisita super præmissis et cognita veritate, quod canonicum fuerit appellatione postposita statuatis, facientes quod decreveritis per censuram ecclesiasticam firmiter observari.

Datum Laterani, v Idus Maii, pontificatus nostri anno quinto decimo.

XLVIII.
ARCHIEPISCOPO ET B. ARCHIDIACONO, P. CANTORI THESSALONICENSIBUS.

De causa Ecclesiæ Calidoniensis.
(Laterani, xv Kal. Junii.)

42) Exposita nobis venerabilis fratris nostri Sidoniensis episcopi querimonia patefecit quod cum venerabilis frater noster archiepiscopus Larissenus Ecclesiam Calidoniensem de mandato nostro concessisset eidem, venerabilis frater noster episcopus Dimicensis super hoc ad nostram audientiam appellavit, sed appellationem interpositam nec per se nec per alium est legitime prosecutus. Ideoque discretioni vestræ per apostolica scripta mandamus quatenus partibus convocatis audiatis causam et appellatione remota fine canonico decidatis, facientes quod statueritis per censuram ecclesiasticam firmiter observari. Nullis litteris veritati et justitiæ præjudicantibus a sede apostolica impetratis. Quod si non omnes... tu, frater archiepiscope, cum eorum altero, etc.

Datum Laterani, xv Kal. Junii, pontificatus nostri anno quinto decimo.

XLIX.
ARCHIEPISCOPO ARELATENSI, ET SANCTI ÆGIDII ET PSALMODII ABBATIBUS NEMAUSENSIS DIOECESIS.

De electione abbatis Sancti Victoris Massiliensis.
(Laterani, xii Kal. Junii.)

Dilecti filii G. abbas Sancti Pontii et B. monachus procuratores monasterii Sancti Victoris Massiliensis ad nostram præsentiam accedentes, postulationem ac electionem quam per se ac alios confratres eorum de abbate Sancti Stephani Bononiensis canonice celebratam ac approbatam a delegatis a nobis judicibus asserebant, postulabant auctoritate apostolica confirmari, plurimas et diversorum litteras deprecatorias exhibentes, quarum interventu promovere petitionem propositam cum instantia nitebantur, qui nobis denium eorum petitionem non admittentibus in hac parte, cum fratres ipsos, etsi super hoc zelum Dei, non tamen secundum scientiam, noverimus habuisse, porrexerunt alias litteras continentes quod dicti monasterii fratres duas electiones seu nominationes eodem tempore successive, tamen canonice ac concorditer, celebrarant, unam videlicet de abbate prædicto puram, aliam vero de [Bonifilio] priore Sancti Honorati Arelatensis, viro utique honesto, bene litterato, et ad singula circumspecto, conditionem hujusmodi apponentes, si videlicet abbatem eumdem non possent forsitan obtinere. Unde supplicabant instanter ut cum conditio jam exstaret, eorum a nobis postulatione super dicto abbate repulsa, electionem prioris ipsius confirmare misericorditer dignaremur. Eis igitur et B. de Novis quondam monacho et majori priori dicti monasterii ac aliis duobus monachis qui se super hoc opponebant eisdem electioni ipsam minus canonicam asserentes, tum quia de persona minus idonea, tum quia eis absentibus fuerat celebrata, dilectos filios nostros Gualam tituli Sancti Martini et Petrum tituli Sanctæ Cæciliæ presbyteros cardinales concessimus auditores. In quorum præsentia procuratores prædicti processum electionis, sicut dictum est superius, proponentes, confirmari præmissam electionem cum instantia postulabant. Monachi vero præfati contra electionem eamdem quod eis absentibus fuerat celebrata, contra personam vero electi quædam honestati contraria proponentes, excommunicationis sententiam a dictis judicibus in se latam ipso jure non tenere dicebant; tum quia post appellationem ad nos legitime interpositam lata fuit, tum quia ex tribus judicibus quibus fuerat causa commissa, duo tantummodo processerunt, tertio quod decisioni causæ interesse volebat per suas litteras protestante. Contra quos sic procuratores excipiebant præfati, quod non tenebantur imo potius non debebant super his prædictis monachis respondere, cum et omnes excommunicationis vinculo tenerentur, et duo ex eis nihil haberent cum monasterio ipso commune, a quo eos sententia judicialis

---

(42) Vide lib. ii, epist. 114.

exclusit, sicut ex litteris eorumdem judicum et tenore sententiæ apparebat. Ex abundanti tamen ad prædicta taliter respondebant. Primo, quod ex prædicta causa non poterat nec debebat eos obesse quod electioni non interfuerant monachi memorati, consequenter ea quæ in personam electi objecerant penitus falsa erant, super ipsius honestate ac idoneitate testimonia plurima fide digna et valde idonea in nostra præsentia offerentes, et confitentes post appellationem judices processisse; quos ea potuisse procedere ratione dicebant quia interdicta fuerat appellatio in rescripto, et quia in appellationis libello nullum allegabant monachi supradicti gravamen, sicut ejus series ostendebat. Duos quoque processisse sine tertio fatebantur, et ex eo ipsos potuisse procedere asserebant quia mandatum apostolicum continebat in fine quod si omnes interesse non possent, duo exsequi negotium procurarent, nec sibi retinuisse poterat judex tertius ut decisioni negotii interesset in exsecutionis mandati apostolici præjudicium et tam grave ipsius monasterii detrimentum, cum res videlicet talis esset cujus dilatio ipsum monasterium in confusionem maximam adducebat. Quod iidem procuratores ratione multiplici ostendere nitebantur, asserentes quod et hoc ipsum fuerat præsente capitulo a quibusdam fratribus sanioris consilii coram dictis judicibus propositum et petitum, ne ab eis decisio causæ ac ordinatio monasterii differretur, sed secundum quod eis erat injunctum, reformationi dicti monasterii celerius providerent. Unde ipsos asserebant non tam voluntarios quam coactos ad supplicationem capituli processisse. Nos igitur his et aliis quæ nobis fideliter relata fuerant ab eisdem cardinalibus intellectis, per apostolica vobis scripta mandamus quatenus cæteris capitulis quæ in sententia judicum continentur in suo robore duraturis, summatim et sine omni judiciorum strepitu inquireretis de electione sollicite veritatem, si eam inveneritis canonice de persona idonea celebratam, nonobstantibus his quæ sæpedicti monachi opponebant, ipsam sublato cujuslibet contradictionis et appellationis obstaculo confirmetis. Alioquin de alia persona idonea et honesta eidem monasterio faciatis auctoritate apostolica infra quadraginta dies per electionem canonicam provideri; mandatum apostolicum taliter impleturi quod in novissimo districti examinis die dignam retributori omnium super hoc possitis reddere rationem. Quod si non omnes... duo vestrum ea nihilominus exsequantur.

Datum Laterani, xii Kal. Junii, pontificatus nostri anno decimo quinto.

L.

PHILIPPENSI ARCHIEPISCOPO.
De revocandis alienationibus.
(Laterani, xv Kal. Junii.)

Proposuisti nobis in nostra præsentia constitutus quod nonnullæ possessiones et alia bona ecclesiæ tuæ per præcessores tuos et alios minus legitime sunt distracta in ipsius ecclesiæ non modicum detrimentum. Volentes igitur ecclesiæ Philippensis utilitatibus providere, fraternitati tuæ præsentium auctoritate concedimus quatenus ea quæ taliter alienata reperis valeas appellatione postposita legitime revocare.

Datum Laterani, xv Kal. Junii, pontificatus nostri anno decimo quinto.

In eumdem modum scriptum est pro archiepiscopo Serrensi.

LI.

BALDUINO ARCHIDIACONO THESSALONICENSI.
Ei confirmat archidiaconatum.

Cum a nobis petitur, etc., *usque* perducatur effectum. Eapropter, dilecte in Domino fili, tuis justis precibus inclinati, archidiaconatum Thessalonicensis ecclesiæ, sicut ipsum juste possides et quiete, devotioni tuæ auctoritate apostolica confirmamus et præsentis scripti patrocinio communimus. Nulli ergo... confirmationis, etc., *usque* incursurum.

Datum Laterani, xv Kalend. Junii, pontificatus nostri anno decimo quinto.

LII.

RADULPHO THESAURARIO CITRENSI.
Ei confirmat thesaurariam.

Justis petentium desideriis, etc., *usque* effectu prosequente complere. Eapropter, dilecte in Domino fili, tuis justis postulationibus inclinati, thesaurariam Citrensis ecclesiæ, sicut ipsam juste possides et quiete, devotioni tuæ auctoritate apostolica, etc., *usque* incursurum.

Datum Laterani, xv Kalend. Junii, pontificatus nostri anno decimo quinto.

LIII.

ARCHIEPISCOPO THEBANO ET DAVALIENSI EPISCOPO, ET LECANO DAVALIENSI.
Ut abbates Græci obediant archiepiscopo Corinthiensi.
(Laterani, xii Kal. Junii.)

Ex parte venerabilis fratris nostri Corinthiensis archiepiscopi fuit propositum coram nobis quod abbates Græci Corinthiensis diœcesis debitam sibi obedientiam et reverentiam, superbiæ accensi spiritu, non impendunt. Quocirca præsentium vobis auctoritate mandamus quatenus abbates jam dictos ut ipsi archiepiscopo reverentiam et obedientiam debitam impendere non postponant, monitione præmissa per censuram ecclesiasticam sublato appellationis obstaculo compellatis. Quod si non omnes... duo vestrum, etc.

Datum Laterani, xii Kal. Junii, pontificatus nostri anno decimo-quinto.

LIV.

CLERO ET POPULO NAZAROCENSI
Ut obediant episcopo Sidoniensi.

Cum episcopatus vester sit pastorali sollicitudine destitutus, eum venerabili fratri nostro Sidoniensi episcopo duximus committendum injungentes eidem ut ea quæ spectant ad curam officii pastoralis vobi vigilanter studeat exhibere. Ideoque discretioni vestræ per apostolica scripta præcipiendo mandamus quatenus ei sicut prælato vestro intendatis humiliter et devote. Alioquin noveritis nos venerabilibus fratribus nostris Thebano archiepiscopo et Zaratoniensi et Cardicensi episcopis in mandatis dedisse ut vos ad id monitione præmissa per censuram ecclesiasticam appellatione remota compellant.

Datum Laterani, XII Kal. Junii, pontificatus nostri anno decimo-quinto.

Super hoc scriptum est in eumdem fere modum Sidoniensi episcopo, usque duximus committendum, fraternitati tuæ per apostolica scripta mandantes quatenus ea quæ spectant ad curam officii pastoralis gregi tibi commisso vigilanter sic studeas exhibere ut magis comprobetis prodesse in omnibus quam præesse.

Super hoc scriptum est in eumdem fere modum Thebano archiepiscopo, et Zaratoniensi et Cardicensi episcopis, usque intendant humiliter et devote. Quocirca fraternitati tuæ per apostolica scripta præcipiendo mandamus quatenus si dicti clerus et populus quod mandavimus neglexerint adimplere, exhibere ipsi episcopo reverentiam et obedientiam contemnentes, vos eos ad id monere diligentius et inducere procuretis, et si opus fuerit, per censuram ecclesiasticam appellatione remota cogatis. Quod si non omnes, etc., duo vestrum, etc.

Scriptum est in eumdem fere modum Larissensi archiepiscopo. Cum episcopatus Nazarocensis sit pastorali, etc., *usque* studeat exhibere. Quocirca fraternitati tuæ per apostolica scripta mandamus quatenus ipsi episcopo fraterna charitate assistens, non permittas eumdem super dicto episcopatu ao aliquo molestari.

LV.
JOAN. EPISCOPO MOTHONIENSI, EJUSQUE SUCCESSORIBUS CANONICE SUBSTITUENDIS IN PERPETUUM.
Recipitur sub protectione sedis apostolicæ.
(Laterani, XIII Kal. Maii.)

Cum a nobis petitur, etc., *usque* perducatur effectum. Eapropter, venerabilis in Christo frater episcope, tuis justis postulationibus clementer annuimus, et Mothoniensem ecclesiam, cui, Deo auctore, præesse dignosceris, sub beati Petri et nostra protectione suscipimus et præsentis scripti privilegio communimus, statuentes et quascunque possessiones, quæcunque bona eadem Ecclesia, etc., *usque* illibata permaneant, in quibus hæc, etc., *usque* vocabulis. Locum ipsum in quo præfata Ecclesia sita est cum omnibus pertinentiis suis, ecclesiam Sancti Georgii cum pertinentiis suis, ecclesiam Sanctæ Annæ cum omnibus pertinentiis suis, possessiones vallis Mothoniensis et de Valetoque, possessiones de Corseval cum pertinentiis suis, casale quod vocatur Miquelis, casale quod vocatur Murmura cum omnibus pertinentiis suis possessiones de Asagora, de Aldesequi, de Niclines, de Levoudist, de Escaminges, de Boncham et de Lestarona cum omnibus pertinentiis earumdem. Decernimus ergo ut nulli omnino hominum fas sit præfatam Ecclesiam, etc., *usque* usibus omnimodis profutura, salva sedis apostolicæ auctoritate et Patracensis archiepiscopi canonica justitia. Si qua igitur in futurum, etc., *usque* districtæ ultioni subjaceat. Cunctis autem eidem loco, etc., *usque* præmia æternæ pacis inveniant. Amen.

Datum Laterani per manum Joannis Sanctæ Mariæ in Cosmidin diaconi cardinalis, S. R. E. cancellarii, XIII. Kalend. Maii, indictione XV, Incarnationis Dominicæ anno 1212, pontificatus vero Domini Innocentii papæ III anno decimo quinto.

LVI.
WILLELMO PHILIPPENSI ARCHIEPISCOPO, EJUSQUE SUCCESSORIBUS CANONICE SUBSTITUENDIS IN PERPETUUM.
Recipitur sub protectione sedis apostolicæ.
(Laterani, XI Kal. Junii.)

Si humilitatis exemplum studueris imitari, sacrosanctæ Romanæ Ecclesiæ matri tuæ reverentiam et obedientiam impendendo, sicut Philippenses Apostolus exhortatur: *Hoc*, inquiens, *in vobis sentite quod et in Christo Jesu, qui cum in forma Dei esset, non rapinam arbitratus esse se æqualem Deo, exinanivit se formam servi accipiens, factus obediens usque ad mortem, mortem autem crucis*, absque dubio exaltaberis apud eum qui superbis resistit, humilibus autem dat gratiam; *propter quod exaltavit illum Deus, et donavit illi nomen quod est super omne nomen, ut in nomine Jesu omne genu flectatur cœlestium, terrestrium et infernorum, quia Dominus Jesus est in gloria Dei Patris* (*Philipp.* II.). Hanc igitur formam doctrinæ quam Apostolus tradidit Philippensibus tu eorum factus antistes diligenter observa, ne ab obedientiæ bono, de cætero avertaturo, memor semper illius gratiæ specialis quam tibi dignanter impendimus, cum a Nazarocensi Ecclesia te transtulimus ad metropolim Philippensem, teque propriis manibus consecravimus in pontificem, et pallio insignivimus, pontificalis videlicet officii plenitudine, ut nihil tibi ex aliqua parte desit quod ad metropoliticam pertineat dignitatem. Quia vero, venerabilis frater in Christo, nos suppliciter exorasti ut eamdem Philippensem Ecclesiam, cui Deo auctore præesse dignosceris, dignaremur apostolici privilegii munimine roborare, nos tuis justis postulationibus annuentes, eam sub beati Petri et nostra protectione suscipimus et præsentis scripti privilegio communimus, statuentes ut quascunque possessiones, quæcunque bona eadem Ecclesia, etc., *usque* illibata permaneant, in quibus hæc, etc., *usque* vocabulis: locum ipsum, etc., *usque* pertinentiis suis, casale quod dicitur Candaca cum omnibus pertinentiis suis, abbatias, piscaturas, terras et vineas quas habet apud Chrysopolim, casale quod dicitur Stravo, casale quod dicitur Pravicaresta, casale quod dicitur domus quæ dicitur Platon, casale quod dicitur Caresta, cum omnibus pertinentiis suis, ecclesias quas habet in castro Christopoli. Episcopatus quoque inferius adnotandos Ecclesiæ tuæ metropolitico jure subjectos tibi tuisque successoribus nihilominus confirmamus, videlicet Eleutheropolim, Casiropolim, Polistrios, Vilikios, Morenos. Palleo vero quod tibi ex apostolicæ sedis benignitate contulimus infra tuam ecclesiam ad missarum solemnia uti memineris his diebus, videlicet Nativitate Domini, festivitate protomartyris Stephani, Circumcisione Domini, Epiphania, hypapanti, Dominica in ramis palmarum, Cœna Domini, Sabbato sancto, Pascha, feria secunda post Pascha, Ascensione, Pentecoste, tribus festivitatibus beatæ Mariæ, natali beati Joannis Baptistæ, solemnitatibus omnium apostolorum, commemoratione Omnium Sanctorum, dedicationibus Ecclesiarum, consecrationibus episcoporum, ordinationibus clericorum, ecclesiæ tuæ principalibus festivitatibus, et consecrationis tuæ anniversario die. Jura quoque ac bona ejus, dignitates et libertates ipsius, nec non antiquas et rationabiles consuetudines auctoritate apostolica confirmamus, et tam tibi quam eidem ecclesiæ firma et illibata manere sancimus. Cœmeteria quoque ecclesiarum earumque beneficia, etc., *usque* censura canonica compescatur. Prohibemus insuper ne presbyteri capellani ecclesiarum, etc., *usque* irritum habeatur. Prohibemus insuper ne interdictos vel excommunicatos tuos, etc., *usque* oporteat ligatum absolvi. Decernimus ergo ut nulli omnino hominum, etc., *usque* usibus omnimodis profutura, salva sedis apostolicæ auctoritate. Si qua igitur in futurum, etc., *usque* districtæ subjaceat ultioni. Cunctis autem eidem loco, etc., *usque* præmia æternæ pacis inveniant. Amen.

Datum Laterani per manum Joannis Sanctæ Mariæ in Cosmidin diaconi cardinalis, S. R. E. cancellarii, xi Kal. Junii, indictione xv, Incarnationis Dominicæ anno 1212, pontificatus vero domini Innocentii papæ III anno quinto decimo.

LVII
ARNULPHO SARRENSI ARCHIEPISCOPO, EJUSQUE SUCCESSORIBUS CANONICE SUBSTITUENDIS IN PERPETUUM.
Recipitur sub protectione sedis apostolicæ.
(Laterani, viii Kal. Junii.)

Quanto devotius Sarrensis Ecclesia in apostolicæ sedis obedientia nunc persistit, ad quam nuper est Domino faciente reversa, tanto propensius eam cupimus honorare, ut affluentem in nobis paternæ benignitatis affectum se gaudeat invenisse. Quocirca, venerabilis frater in Christo, tuam volentes personam propensius honorare, te ad Sarrensem metropolim ab Ecclesia transtulimus Thermopilensi, teque apud sedem apostolicam constitutum palleo insignivimus, pontificalis videlicet officii plenitudine, ut nihil tibi ex parte aliqua desit quod ad metropoliticam pertineat dignitatem. Quia vero nos suppliciter exorasti ut eamdem Sarrensem Ecclesiam, cui, Deo auctore, præesse dignosceris, dignaremur apostolici privilegii munimine roborare, nos tuis justis postulationibus annuentes, eam sub beati Petri et nostra protectione suscipimus et præsentis scripti privilegio communimus, statuentes ut quascunque possessiones, etc., *usque* illibata permaneant. Palleo vero quod tibi ex apostolicæ sedis benignitate contulimus infra tuam ecclesiam ad missarum solemnia uti memineris iis diebus, videlicet Nativitate Domini, festivitate protomartyris Stephani, Circumcisione Domini, Epiphania, hypapanti, Dominica in ramis palmarum, Cœna Domini, Sabbato sancto, Pascha, feria secunda post Pascha, Ascensione, Pentecoste, tribus festivitatibus beatæ Mariæ, natali beati Joannis Baptistæ, solemnitatibus omnium apostolorum, commemoratione Omnium sanctorum, dedicationibus ecclesiarum, consecrationibus episcoporum, ordinationibus clericorum, ecclesiæ tuæ principalibus festivitatibus, solemnitatibus beatorum Theodori Stratilatis et Theodori Tyronis martyrum, et consecrationis tuæ anniversario die. Ad hæc, ipsi Sarrensi metropoli suam provinciam confirmamus. Jura quoque ac bona ejus, dignitates et libertates ipsius, nec non antiquas et rationabiles consuetudines auctoritate apostolica roboramus, et tam tibi quam eidem ecclesiæ firma et illibata manere sancimus. Cœmeteria quoque ecclesiarum earumque beneficia nullus hæreditario jure possideat. Quod si quis facere contenderit, censura canonica compescatur. Prohibemus autem ne presbyteri capellani, etc., *usque* irretitum habeatur. Prohibemus insuper ne interdictos vel excommunicatos, etc., *usque* oporteat ligatum absolvi. Decernimus ergo ut nulli omnino hominum, etc., *usque* usibus omnimodis profutura, salva sedis apostolicæ auctoritate. Si qua igitur in futurum, etc., *usque* districtæ subjaceat ultioni. Cunctis autem eidem loco, etc., *usque* præmia æternæ pacis inveniant. Amen.

Datum Laterani per manum Joannis Sanctæ Mariæ in Cosmidin diaconi cardinalis, S. R. E. cancellarii, viii Kal. Junii, indictione xv, Incarnationis Dominicæ anno 1212, pontificatus vero domini Innocentii papæ III anno quinto decimo.

LVIII.
GUALTERO CORINTHIENSI ARCHIEPISCOPO, EJUSQUE SUCCESSORIBUS CANONICE SUBSTITUENDIS IN PERPETUUM.
Recipitur sub protectione sedis apostolicæ.
(Laterani, xi Kal. Junii.)

Quanto diligentius et utilius vas electionis et doctor gentium Corinthiorum instruxit Ecclesiam, sicut ejus ad illos epistolæ missæ declarant, tanto studiosius et cautius nos oportet insistere ut eam in ipsius forma doctrinæ sub apostolicæ sedis magisterio conservemus, quæ nuper eamdem ad ipsius obedientiam revertentem affluenti benignitate suscepit. Quocirca, venerabilis frater in Christo, propter specialem ipsius Corinthiensis Ecclesiæ charitatem tuam volentes personam propensius honorare, propriis manibus consecravimus in pontificem, et palleo insignivimus, pontificalis videlicet officii plenitudine, ut nihil tibi ex aliqua parte desit quod ad metropoliticam pertinet dignitatem. Quia vero nos suppliciter exorasti ut eamdem Corinthiensem Ecclesiam, cui, Deo auctore, præesse dignosceris, dignaremur apostolici privilegii munimine roborare, nos tuis justis postulationibus annuentes, eam sub beati Petri et nostra protectione suscipimus et præsentis scripti privilegio communimus, statuentes ut quascunque possessiones, etc., *usque* illibata permaneant; in quibus hæc, etc., *usque* vocabulis: Locum ipsum, etc., *usque* pertinentiis suis, casale quod dicitur Enoria, casale quod dicitur Petricia, casale quod dicitur Palagia, casale quod dicitur Calesmata, casale quod dicitur Cyrilla, casale quod dicitur Snechyna, casale quod dicitur Sorados, casale quod dicitur Lavenicia, casale quod dicitur Clenna, casale quod dicitur Sarman, casale quod dicitur Crata, casale quod dicitur Quarrata, et casale quod dicitur Saudyca, cum omnibus pertinentiis eorumdem. Episcopatus quoque inferius adnotandos Ecclesiæ tuæ metropolitico jure subjectos tibi tuisque successoribus nihilominus confirmamus, videlicet Cephalonensem, Jacint, Damelant, Malavesia, Argos, Gilas et Gimenes. Palleo vero quod tibi ex apostolicæ sedis benignitate contulimus infra tuam ecclesiam, etc., *usque* solemnitatibus beatorum Theodori et Stratilatis martyrum et consecrationis tuæ anniversario die. Ad hæc, ipsi Corinthiensi metropoli suam provinciam confirmamus. Jura quoque ac bona ejus, dignitates et libertates ipsius, nec non antiquas et rationabiles consuetudines auctoritate apostolica roboramus, et tam tibi quam eidem ecclesiæ firma et illibata manere sancimus. Cœmeteria quoque ecclesiarum, earumque beneficia, etc., *usque* censura canonica compescatur. Prohibemus autem ne presbyteri capellani, etc., *usque* irritum habeatur. Prohibemus insuper ne interdictos vel excommunicatos, etc., *usque* oporteat ligatum absolvi. Decernimus ergo ut nulli omnino hominum, etc., *usque* usibus omnimodis profutura, salva sedis apostolicæ auctoritate. Si qua igitur in futurum, etc., *usque* districtæ subjaceat ultioni. Cunctis autem eidem loco, etc., *usque* præmia æternæ pacis inveniant. Amen.

Datum Laterani per manum Joannis Sanctæ Mariæ in Cosmidin diaconi cardinalis, S. R. E. cancellarii, xi Kal. Junii, indictione xv, Incarnationis Dominicæ anno 1212, pontificatus vero domini Innocentii papæ III anno quinto decimo.

LIX.
JACOBO ARCHIDIACONO CORINTHIENSI.
Confirmat ei archidiaconatum.
(Laterani, x Kal. Junii.)

Cum a nobis petitur, etc., *usque* perducatur effectum. Eapropter, dilecte in Domino fili, tuis justis postulationibus grato concurrentes assensu, archidiaconatum Corinthiensem, quem per venerabilem fratrem nostrum Corinthiensem archiepiscopum es canonice assecutus, sicut ipsum juste possides et quiete, devotioni tuæ auctoritate apostolica confirmamus et præsentis scripti privilegio communimus.

Nulli ergo, etc., confirmationis, etc., *usque* incursurum.

Datum Laterani, x Kal. Junii, pontificatus nostri anno quinto decimo.

LX.
THEBANO ARCHIEPISCOPO ET ZARATONIENSI ET DAVALIENSI EPISCOPIS.
Committitur eis quædam causa.
(Laterani, xii Kal. Junii.)

Venerabilis frater noster Corinthiensis archiepiscopus proposuit coram nobis quod eo ad regimen Ecclesiæ Corinthiensis assumpto, decanus et canonici ejusdem ecclesiæ obtinuerunt ab eo callide circumvento medietatem omnium decimarum monasteriorum et papatuum in quibus tres monachi vel pauciores morantur sibi, salva tamen sedis apostolicæ auctoritate, concedi. Verum quia ex concessione hujusmodi dictus archiepiscopus se sentit enormiter esse læsum, nobis humiliter supplicavit ut super hoc ei providere misericorditer dignaremur. Quocirca fraternitati vestræ per apostolica scripta mandamus quatenus vocatis qui fuerint evocandi, et inquisita super his et cognita veritate, quod canonicum fuerit appellatione postposita statuatis, facientes quod statueritis per censuram ecclesiasticam firmiter observari. Quod si non omnes, etc., duo vestrum, etc.

Datum Laterani, xii Kalend. Junii, pontificatus nostri anno decimo quinto.

LXI.
ARCHIEPISCOPO PATRACENSI ET AMICLENSI EPISCOPO.
Ut suffraganei Corinthienses obediant suo archiepiscopo.
(Laterani, xv Kal. Junii.)

Cum venerabilem fratrem nostrum Corinthiensem archiepiscopum ad propria cum gratiæ nostræ plenitudine remittamus, venerabilibus fratribus nostris suffraganeis ejus nostris dedimus litteris in præceptis ut eidem tanquam metropolitano suo debitam obedientiam et reverentiam impendere non omittant. Quocirca fraternitati vestræ per apostolica scripta mandamus quatenus si dicti suffraganei præceptum nostrum neglexerint adimplere, vos eos ad id monitione præmissa per censuram ecclesiasticam appellatione remota cogatis.

Datum Laterani, xv Kal. Junii, pontificatus nostri anno decimo quinto.

LXII.
CAPITULO CORINTHIENSI
Ut obediant archiepiscopo suo.
(Laterani, xv Kal. Junii.)

Cum venerabilem fratrem nostrum Corinthiensem archiepiscopum ad propria cum gratiæ nostræ plenitudine remittamus, universitati vestræ per apostolica scripta præcipiendo mandamus quatenus eidem tanquam archiepiscopo vestro debitam obedientiam et reverentiam impendere procuretis. Alioquin noveritis nos venerabilibus fratribus nostris archiepiscopo Patracensi et Amiclensi episcopo in mandatis dedisse ut vos ad id monitione præmissa per censuram ecclesiasticam appellatione remota compellant.

Datum Laterani, xv Kal. Junii, pontificatus nostri anno decimo quinto.

Super hoc scriptum est eisdem archiepiscopo et episcopo, ut si capitulum ipsum præceptum nostrum neglexerit adimplere, ipsi eum ad id monitione præmissa per censuram ecclesiasticam appellatione remota compellant.

LXIII.

EPISCOPO DE JACINTHO.

Ut obediat eidem archiepiscopo.

(Laterani, xv Kal. Junii.)

Cum venerabilem fratrem nostrum Corinthiensem archiepiscopum ad propria cum gratiæ nostræ plenitudine remittamus, fraternitati tuæ per apostolica scripta mandamus, quatenus eidem tanquam metropolitano tuo debitam obedientiam et reverentiam impendere non omittas. Alioquin noveris nos venerabili fratri nostro episcopo Cephaloniæ et dilectis filiis archidiacono et magistro L. canonico de Andrevilla in mandatis dedisse ut te ad id monitione præmissa per censuram ecclesiasticam appellatione remota compellant.

Datum Laterani, xv Kal. Junii, pontificatus nostri anno decimo quinto.

Scriptum est super hoc eisdem ut si dictus episcopus de Jacintho quod mandatum est ei neglexerit adimplere, ipsi cum ad id monitione præmissa per censuram ecclesiasticam appellatione remota compellant. Quod si non omnes, etc., tu ea frater episcope, cum eorum altero, etc.

LXIV.

EPISCOPO CEPHALONIÆ.

Super eodem.

(Laterani, xv Kal. Junii.)

Cum venerabilem fratrem nostrum Corinthiensem archiepiscopum, etc., *ut supra in eumdem modum, usque* impendere non omittas. Alioquin noveris nos archiepiscopo Patracensi et archidiacono et magistro L. canonico de Andrevilla in mandatis dedisse ut te ad id monitione præmissa per censuram ecclesiasticam appellatione remota compellant.

Datum Laterani, xv Kal. Junii, pontificatus nostri anno decimo quinto.

In eumdem modum scriptum est eisdem. Cum venerabilem, etc., usque non omittat. Quocirca discretioni vestræ per apostolica scripta mandamus quatenus si dictus episcopus præceptum nostrum neglexerit adimplere, vos eum ad id monitione præmissa per censuram ecclesiasticam appellatione ant posita compellatis. Quod si non omnes, etc., tu ea, frater archiepiscope, cum eorum altero, etc.

LXV.

NOBILI VIRO GAUFRIDO DE VILLA ARDUINI.

Ut restituat bona Ecclesiæ Corinthiensi.

(Laterani, xv Kal. Junii.)

Cum quædam casalia, possessiones, homines, abbatias, ecclesias, etc., alia bona Corinthiensis Ecclesiæ dicaris non sine tuæ periculo animæ ac ipsius præjudicio retinere, nobilitatem tuam, monendam duximus et hortamur, per apostolica tibi scripta mandantes quatenus illius intuitu qui tibi manus suas magnifice ampliavit, ac pro reverentia beati Petri et nostra, venerabili fratri nostro Corinthiensi archiepiscopo restituens ipsa bona, et compellens ad restitutionem debitam alios potestate tibi tradita detentores, eumdem archiepiscopum et Ecclesiam suæ curæ commissam taliter contra impugnatorum malitiam protegas et defendas quod ipsa Ecclesia sub tuo patrocinio ab incursibus hostium conquiescat, et tua exinde prudentia possit non immerito commendari. Alioquin venerabilibus fratribus nostris Thebano archiepiscopo et episcopo et dilecto filio decano Davaliensibus dedimus in mandatis ut te ad id monitione præmissa per censuram ecclesiasticam appellatione remota, justitia mediante, compellant.

Datum Laterani, xv Kal. Junii, pontificatus nostri anno decimo quinto.

In eumdem modum scriptum est super hoc eisdem, usque non immerito commendari. Quocirca discretioni vestræ per apostolica scripta mandamus quatenus si dictus nobilis mandatum nostrum neglexerit adimplere, vos eum ad id monitione præmissa per censuram ecclesiasticam appellatione remota, justitia mediante, cogatis. Quod si non omnes, etc., duo vestrum, etc.

LXVI.

NOBILI VIRO O. DE ROCCA.

De eodem.

(Laterani, xv Kal. Junii.)

Cum quædam casalia, possessiones, homines, etc., *ut supra, usque* non immerito commendari. Alioquin venerabilibus fratribus nostris Thebano archiepiscopo et episcopo et dilecto filio decano Davaliensibus dedimus in mandatis ut te ad id monitione præmissa per censuram ecclesiasticam appellatione remota, justitia mediante, compellant.

Datum Laterani, xv Kal. Junii, pontificatus nostri anno decimo quinto.

In eumdem modum scriptum est super hoc eisdem, usque non immerito commendari. Quocirca discretioni vestræ per apostolica scripta mandamus quatenus si dictus nobilis, etc., usque in finem ut in præcedenti conclusione.

LXVII.

SANCTÆ MARIÆ IN REGULA ET SANCTI PAULI ABBATIBUS, ET PRÆPOSITO IMOLENSI.

Judices sæculares non posse cognoscere de decimis.

(Laterani, x Kal. Junii.)

Dilectus filius præpositus Nonantulanus transmissa

nobis conquestione monstravit quod cum venerabilis frater noster Mutinensis episcopus possessores et colonos terrarum de Seneida, quarum decimæ ad Nonantulanam plebem pertinere noscuntur, super solutione decimarum ipsarum coram judicibus sæcularibus convenisset, idem contra præfatum episcopum super hoc ad dilectum filium abbatem Sancti Stephani et conjudicem suum nostras litteras impetravit: qui præfatis judicibus inhibere curarunt ne in negotio ipso procederent, cum hujusmodi causa ad forum sæculare minime pertineret. Sed memorati judices, eorum inhibitione contempta, homines supradictos in decimarum solutionem sententialiter condemnarunt. Quocirca discretioni vestræ per apostolica scripta mandamus quatenus si est ita, sententias a sæcularibus judicibus super re spirituali contra sanctiones canonicas promulgatas auctoritate nostra sublato appellationis obstaculo decernatis irritas et inanes, inhibentes episcopo memorato et clericis suis ne sententiis a sæcularibus judicibus super decimis promulgatis utantur. Quod si non omnes, etc., duo vestrum, etc.

Datum Laterani, x Kal. Junii, pontificatus nostri anno decimo quinto.

LXVIII.

ABBATI ET FRATRIBUS SANCTÆ MARIÆ DE PARVO PONTE BRUNDUSIN. PRÆMONSTRATENSIS ORDINIS.

Confirmat donationem eis factam.

(Laterani, x Kal. Junii.)

Cum a nobis petitur, etc., *usque* perducatur effectum. Eapropter, dilecti in Domino filii, etc., *usque* concurrentes assensu, terras, vineas, homines, domum, molendinum et alia bona quæ nobilis vir N. de Sancto Audomaro apud Thebas et casale quod dicitur Hermocastrum, pia vobis devotione concessit, sicut ea juste ac pacifice possidetis, vobis et per vos Ecclesiæ vestræ auctoritate apostolica confirmamus et præsentis scripti patrocinio communimus. Nulli ergo, etc., 'confirmationis *usque* incursurum.

Datum Laterani, x Kal. Junii, pontificatus nostri anno decimo quinto.

XIX.

THESSALONICENSI ET PHILIPPENSI ARCHIEPISCOPIS, ET EPISCOPO SITHONIENSI.

Scribitur pro episcopo Cardicensi.

(Laterani, VIII Kal. Junii.)

(43) Olim venerabili fratre nostro Cardicensi episcopo, cum rediisset post labores, captiones et angustias plurimas Romaniam, Jerosolymitani Hospitalis fratribus faciente quasdam obtentas a nobis litteras præsentari super eo quod ipsi episcopatum suum cum castro Cardicensi et res alias detinentes nec restituere volunt ei, nec de perceptis a promotionis suæ tempore proventibus, quos in usus proprios converterunt, in aliquo subvenire, ipsi earum latore graviter vulnerato, turpiter ipsas litteras projecerunt, et comminantes ipsum interficere asserebant quod pro nullis litteris vel mandato episcopatum prædictum ei aliquatenus resignarent, quamdam insuper præter hæc detinentes in Armiro cum suis pertinentiis abbatiam quam nos duximus eidem episcopo concedendam. Propter quod idem episcopus factus pauper et ad extremam deductus inopiam, exsul ab episcopatu suo compellebatur et adhuc compellitur mendicare. Verum cum venerabilis frater noster Atheniensis archiepiscopus et conjudices ejus delegati a nobis eumdem episcopum causa rei servandæ in possessionem castri prædicti et pertinentiarum ipsius ac casalium omnium et possessionum ad ecclesiam Cardicensem pertinentium induxissent, fratres ipsos, quia contumaciter resistebant, excommunicationis vinculo innodarunt. Cum autem postmodum dictus episcopus et quidam de fratribus Hospitalis coram dilecto filio Benedicto tituli Sanctæ Susannæ presbytero cardinale, quem eis in nostra præsentia constitutis dedimus auditorem, aliquandiu litigassent, tandem venerabili fratri nostro Neopatrensi episcopo et conjudicibus suis causam super his commisimus terminandam. Qui, sicut præsentatæ nobis eorum litteræ continebant, legitime in negotio procedentes, post trinam citationem partium, latam in fratres ipsos excommunicationis sententiam, quia nolebant possessiones Cardicensis ecclesiæ injuste detentas ipsi episcopo restituere, confirmarunt. Sed ipsi ad consuetæ fraudis astutias se vertentes, cum eodem episcopo pariter venerabilis fratris nostri episcopi et dilecti filii archidiaconi Davaliensis arbitrio se taliter, sicut ex eorum litteris accepimus, commiserunt quod nisi videlicet infra festum Pentecostes proximo tunc futurum prolatum ab eis arbitrium observarent, et ducentarum marcarum pœnam quæ in compromisso statuta fuerat solverent, et excommunicationis prædictæ vinculo tenerentur. Implorantibus demum ipsis fratribus a præfato Neopatrensi et suis conjudicibus se absolvi, ac promittentibus præstito juramento quod usque ad festum Pentecostes quod tunc proximo sequebatur possessiones Cardicensis ecclesiæ restituerent universas, alioquin datæ sententiæ subjacerent, ipsi absolventes eosdem, eis ante juramenti præstationem in expensis factis ab eodem episcopo condemnatis firmiter injunxerunt ut fructus ab ipsius episcopi promotione perceptos ei restituere integre procurarent.

Qui juramenti religione contempta, non solum dictas possessiones restituere noluerunt, verum etiam excommunicationis sententiam, in quam eos conditio præmissa reduxit, penitus contemnentes, a divinorum celebrationibus hactenus non cessarunt. Accedentes igitur ad locum personaliter ipsi arbitri, sicut nobis eorum litteræ reserarunt, taliter sunt utriusque partis intellectis rationibus arbitrati quod tertiam partem castri Cardicensis cum libero introitu

---

(43) Vide infra epist. 71, 80 et lib. XIII, epist. 120, et lib. XVI, epist. 115.

et exitu suo, prout in instrumento confecto exinde continetur, episcopo adjudicarunt eidem; ita quod ipsi fratres totum castrum perficere, munire ac tueri amodo suis sumptibus tenerentur, usum aquæ cisternæ consistentis ibidem communem episcopo et fratribus decernentes. Ecclesiam vero castri ejusdem, cum territorio circa se certis finibus intercluso, eidem episcopo per arbitrium concesserunt. Et cognito per testes idoneos quod domus de Armiro, quæ Valestino dicitur, fuerat abbatia, ipsam sine crustica adjudicaverunt eidem episcopo perpetuo possidendam, mandantes ut ipsius episcopi homines, cum rebus ablatis eisdem, ei sine difficultate qualibet redderentur, et injungentes insuper quod duo molendina cum perceptis ex eis medio tempore fructibus et quingentas libras purgati bombasii restituerent ipsi episcopo, cum quorumdam fructuum quantitate. In fructibus quoque, quos de terra ipsius episcopi a promotionis suæ tempore per indigenas loci juratos fratres ipsos percepisse constabat, et in expensis quas eorum faciente malitia idem episcopus in eundo et redeundo a sede apostolica fuerat subire coactus, fratres condemnantes eosdem, de medietate usque ad festum Pentecostes proximo tunc futurum, et de residuo usque ab subsequens festum Assumptionis beatæ Virginis a fratribus ipsi episcopo decreverunt. Ex hujus ergo prolatione arbitrii moti plurimum fratres ipsi, alterum arbitrorum, episcopum scilicet, interficere sunt conati; alteri vero ad partes eorum ad pronuntiandum arbitrium accedenti, quia reprehendit eosdem ex eo quod sæpefato Cardicensi, qui ad suam justitiam prosequendam in festo Pentecostes ad locum accesserat, mortis insidias præpararunt, gravibus præmissis contumeliis sunt carceris angustiam comminati. Cæterum, cum demum ipsi judices ad episcopi clamores ipsius ad locum personaliter accedentes, ipsum in possessionem quorumdam casalium, possessionum, hominum et decimarum, quæ per depositiones plurium fide dignorum testium pertinere constabat ad Cardicensem ecclesiam, induxissent, fratres prædicti non solum ea in quorum possessionem idem episcopus per eosdem delegatos inductus exstitit tenuerunt, verum etiam quibusdam aliis possessionibus et rebus ecclesiæ Cardicensis, quarum ipse pacifica possessione gaudebat, per violentiam spoliarunt, insurgentes cum armatorum multitudine in delegatos eosdem et ad internecionem eorum tam Latinorum quam Græcorum populum concitantes.

Qui cum postmodum elapso mense et amplius eumdem episcopum ad nostram audientiam appellassent, suæ appellationi terminum præfigentes, ipse episcopus nostro se curavit conspectui præsentare; sed ipsi Hospitalarii nec venerunt, nec miserunt aliquem responsalem. Propter quod idem episcopus, præter alia, passus est damna plurima et expensas. Cum igitur sæpefatus episcopus, qui pro ecclesiæ suæ jure tuendo captiones, spoliationes, alia quoque gravia pericula terra et mari sæpius est perpessus, jam non possit ulterius, exhaustus rebus et affectus angustiis, laborare, præsertim cum quoties novos præceptores ad partes illas contingit accedere, toties ipsius angustiæ innoventur, nobis humiliter supplicavit ut ejus laboribus et periculis finem imponere dignaremur. Quocirca fraternitati vestræ per apostolica scripta præcipiendo mandamus quatenus prædictum episcopum in possessionem rerum petitarum causa rei servandæ auctoritate apostolica inducatis, et inductum tueri per districtionem ecclesiasticam firmiter procuretis, et dictos fratres ad pœnam ducentarum marcarum in compromisso statutam eidem episcopo persolvendam per censuram canonicam compellentes, eosdem sicut excommunicatos faciatis ab omnibus arctius evitari, et ne illi qui talia præsumpserunt, de sua valeant malitia gloriari, ipsos ad satisfaciendum nobis de contemptu cum vestrarum testimonio litterarum ad nostram præsentiam dirigatis, contradictores, si qui fuerint, per excommunicationis sententiam compescendæ. Sublato in omnibus supradictis omni subterfugio appellandi. Quod si non omnes, etc., duo vestrum ea nihilominus exsequantur.

Datum Laterani, VIII Kal. Junii, pontificatus nostri anno decimo quinto.

LXX.

ABBATI ET FRATRIBUS DE LOCEDIO.
Restituitur eis quædam possessio.
(Laterani, VIII Kal. Junii.)

Dilectus filius nobilis vir W. marchio Montisferrati sua nobis insinuatione monstravit quod claræ memoriæ pater ejus, dum adhuc viveret, monasterio vestro cœnobium de Curhiat, quod erat in regno suo prope Thessalonicam constitutum, cum assensu bonæ memoriæ Soffridi tituli Sanctæ Praxedis presbyteri cardinalis, tunc apostolicæ sedis legati, quantum in eo fuit, pro suorum concessit remedio peccatorum: quod etiam idem cardinalis prout potuit confirmavit. Postmodum autem dilecto filio fratre Rog. monacho vestro cum quibusdam aliis fratribus suis illud vice Locediensis monasterii possidente, charissimus in Christo filius noster Constantinopolitanus imperator illustris prædictos fratres de monasterio ipso violenter ejecit. Quia vero dissolvi nolumus nec debemus quod in favorem religionis factum est intuitu pietatis, venerabilibus fratribus nostris Philippensi et de Serra archiepiscopis nostris damus litteris in mandatis quatenus monasterium ipsum vobis restituere obstaculo appellationis sublato procurent, contradictores censura ecclesiastica compescendo. Nos enim volentes ut ordinis Cisterciensis religio, quæ tanquam vitis abundans palmites suos longe lateque diffudit, et velut lucerna non absconsa sub modio perlucide radios claritatis ostendit, in Romaniæ partibus propagetur, ut oves quæ de novo sunt in unum reductæ, patrem qui est in cœlis glorificent, cum Latinos viderint sanctioris vitæ propositum elegisse, statuimus quod per vos in dicto monasterio de cætero serventur Cisterciensis ordinis instituta, ut temporibus nostris melius in partibus illis religio Christiana proficiat, et instituta regularia per vos de die in diem et propagentur fortius et amplius convalescant. Decernimus ergo ut nulli omnino hominum, etc., *usque* incursurum.

Datum Laterani, viii Kal. Junii, pontificatus nostri anno decimo quinto.

Scriptum est in eumdem modum Philippensi et Sarrensi archiepiscopis. Dilectus filius nobilis vir W. marchio Montisferrati, etc., *usque* intuitu pietatis, fraternitati vestræ per apostolica scripta mandamus quatenus monasterium ipsum fratribus de Locedio, sublato cujuslibet appellationis obstaculo, restituere procuretis, contradictores censura ecclesiastica compescendo. Nos enim volentes, etc., *usque* amplius convalescant.

In eumdem fere modum scriptum est super hoc imperatori Constantinopolitano illustri. Dilectus filius nobilis vir W. marchio Montisferrati, etc., *usque* intuitu pietatis, serenitatem tuam rogamus atque monemus, per apostolica tibi scripta mandantes quatenus dictos fratres super dicto monasterio non molestes, sed eos habens propensius commendatos, a malefactorum incursibus protegas et defendas. Nos enim volentes, etc., *usque* amplius convalescant.

LXXI.
NOBILI VIRO GAUFRIDO DE VILLA ARDUINI PRINCIPI ACHAIÆ.

Ejusdem argumenti cum epistola 69.
(Laterani, viii Kal. Junii.)

Cum plerumque expediat ut mandati ecclesiastici contemptores ad observandum quod ecclesiastica censura decrevit temporalis terrore gladii compellantur, nobilitatem tuam rogandam duximus atque monendam quod, cum nos venerabilem fratrem nostrum Cardicensem episcopum in possessionem rerum illarum, de quibus inter ipsum ex parte una et fratres Hospitalis Jerosolymitani ex altera quæstio vertebatur, mandamus induci, eum in eadem possessione manuteneas et tuearis inductum, non permittens ipsum super eadem possessione a dictis fratribus vel aliis molestari.

Datum Laterani, viii Kal. Junii, pontificatus nostri anno xv.

In eumdem modum scriptum est nobili viro comiti Bertholdo. Cum plerumque, etc., *usque* molestari.

In eumdem modum scriptum est illustri Constantinopolitano imperatori. Cum ad vindictam malefactorum, laudem vero bonorum, gladium susceperis bajulandum, et plerumque expediat ut mandati ecclesiastici contemptores, etc., *usque* compellantur, serenitatem tuam rogandam duximus atque monendam quatenus cum nos venerabilem fratrem nostrum Cardicensem episcopum, etc., *usque* molestari.

LXXII.
ARCHIEPISCOPO LARISSENO.
Ecclesia Dimitriac. commendatur episcopo Cardicensi.
(Laterani, viii Kal. Junii.)

Venerabilis frater noster Cardicensis episcopus proposuit coram nobis quod tu ad mandatum nostrum Dimitriacensem Ecclesiam cum suis pertinentiis eidem multam inopiam patienti liberaliter contulisti. Volentes igitur factum tuum per te ipsum fortius stabiliri, fraternitati tuæ per apostolica scripta præcipiendo mandamus quatenus quod per te auctoritate nostra provide noscitur esse factum, firmiter facias observari.

Datum Laterani, viii Kal. Junii, pontificatus nostri anno decimo quinto.

LXXIII.
ARCHIEPISCOPO LARISSENO, ET EPISCOPO SITHONIENSI, ET ARCHIDIACONO CERMOPILENSI.
Adversus archiepiscopum Patracensem.
(Laterani, viii Kal. Junii.)

Venerabilis frater noster Cardicensis episcopus proposuit coram nobis quod, cum pro venerabili fratre nostro Patracensi archiepiscopo ad sedem apostolicam laborando graves labores subierit et expensas, idem archiepiscopus recompensare sibi pro laboribus et expensis quas subiit contradicit, contra juramentum præstitum veniendo. Ideoque discretioni vestræ per apostolica scripta mandamus quatenus partibus convocatis audiatis causam, et appellatione postposita fine canonico terminetis, facientes quod decreveritis per censuram ecclesiasticam firmiter observari. Testes autem, etc., *usque* testimonium perhibere. Quod si non omnes, etc., duo vestrum, etc.

Datum Laterani viii Kalend. Junii, pontificatus nostri anno decimo quinto.

LXXIV.
ILLUSTRI CONSTANTINOPOLITANO IMPERATORI.
Ne foveat excommunicatos.
(Laterani, x Kal. Junii.)

Honori tuæ celsitudinis non credimus expedire ut qui suis excessibus provocant iram Dei, sustinentes excommunicationis sententiam in se ferri, sub imperiali gratia foveantur; quia cum in eos quos ecclesiastica censura non corrigit sæcularis sit gladius exerendus, si eos quos Ecclesia persequitur confoveres, institutionibus divinis contrarius videreris. Cum igitur, sicut accepimus, in Constantinopolitano imperio nonnulli consistant qui ex Ecclesiarum destructionibus ac aliis excessibus excommunicationis sententiam incurrerunt, quos mentis cæcitate correptos resipiscere contemnentes debes, tanquam princeps catholicus, a pertinaci proposito temporalis terrore gladii revocare, celsitudinem tuam rogandam duximus et monendam quatenus hujusmodi homines non foveas vel sustineas, sed corrigas et compescas tanquam salutis propriæ contemptores, ipsos ad mandatum Ecclesiæ minis et terroribus, monitione non proficiente, reducens.

Datum Laterani, x Kal. Junii, pontificatus nostri anno decimo quinto.

LXXV.
ARCHIEPISCOPO THESSALONICENSI, ET CARDICENSI ET SITHONIENSI EPISCOPIS.

De restituendis abbatiis et aliis.
(Laterani, x Kal. Junii.)

(44) Sicut venerabiles fratres nostri Philippensis, Sarrensis, Thessalonicensis, Larissensis, Atheniensis, Corinthiensis, et Patracensis archiepiscopi et eorum suffraganei sua nobis relatione monstrarunt, cum venerabilibus fratribus nostris Thebano et Neopatrensi archiepiscopis et dilecto filio Nazarocensi electo dederimus in mandatis ut detentores abbatiarum, monasteriorum, ecclesiarum, decimarum, et aliarum possessionum pertinentium ad eosdem, tam Latinos quam Græcos, qui jus in eis habere se asserunt patronatus, ad restitutionem dictarum rerum monitione præmissa per censuram ecclesiasticam appellatione remota compellere procurarent et facerent ipsos, humano timore postposito, ab hujusmodi præsumptione cessare, præfati archiepiscopi et electus mandatum apostolicum exsequi non curarunt in eorumdem præjudicium et gravamen. Volentes igitur id per vestram sollicitudinem exsecutioni mandari, discretioni vestræ per apostolica scripta præcipiendo mandamus quatenus præmissa secundum formam prioris mandati nostri taliter exsequi procuretis quod jam dicti archiepiscopi et corum suffraganei super his non cogantur amplius laborare, et vos de virtute obedientiæ possitis non immerito commendari. Quod si non omnes, etc., duo vestrum ea, etc.

Datum Laterani, x Kal. Junii, pontificatus nostri anno decimo quinto.

LXXVI.
CARDICENSI ET SITHONIENSI EPISCOPIS ET ARCHIDIACONO DAVALIENSI.

De libertate testandi in favorem Ecclesiarum.
(Laterani, x Kal. Junii.)

(45) Ad nostram noveritis audientiam pervenisse quod charissimus in Christo filius noster Henricus Constantinopolitanus imperator illustris constitutionem suis baronibus edidit quæ vergit in periculum animarum, et est contraria prorsus ecclesiasticæ libertati, videlicet ut nullus possit de suis possessionibus in vita vel ultimo testamento aliquid ecclesiis elargiri. Cum igitur constitutio hujusmodi tam divinis quam humanis sit legibus inimica, discretioni vestræ per apostolica scripta mandamus quatenus ipsam auctoritate nostra decernatis frivolam et inanem et penitus non servandam.

Datum Laterani, x Kal. Junii, pontificatus nostri anno decimo quinto.

LXXVII.
ARCHIEPISCOPO THEBANO, ET DAVALIENSI ET ZARATONIENSI EPISCOPIS.

De thesauro Ecclesiæ Corinthiensis.
(Laterani, VIII Kal. Junii.)

Venerabilis frater noster Corinthiensis archiepiscopus proposuit coram nobis quod, cum nobilis vir Theodorus Græcus quondam dominus Corinthi, de proditione convictus, castrum de Argos nuper tradiderit, quod tenebat, thesaurus Corinthiensis Ecclesiæ, quem illuc idem Græcus detulerat, est inventus ibidem; quem nobiles viri Gaufridus princeps Achaiæ, Odo de Rocca, et quidam alii Latini Thebanæ et Corinthiensis diœcesum in propriæ salutis dispendium detinentes, eidem Ecclesiæ restituere contradicunt. Ideoque fraternitati vestræ per apostolica scripta mandamus quatenus nobiles supradictos et alios, ut thesaurum ipsum Ecclesiæ restituant antedictæ, monitione præmissa per censuram ecclesiasticam, sicut justum fuerit, appellatione remota cogatis. Testes autem, etc., usque testimonium perhibere. Quod si non omnes, etc., duo vestrum ea, etc.

Datum Laterani, VIII Kal. Junii, pontificatus nostri anno decimo quinto.

LXXVIII.
EPISCOPO, DECANO ET ARCHIDIACONO DAVALIENSIBUS.

Ut de pecunia episcopo credita cognoscant.
(Laterani, IX Kal. Junii.)

Dilectus filius N. canonicus Dominici sepulcri Jerosolymitani, prior Sancti Demetrii Thessalonicensis, sua nobis exposuit quæstione quod, cum bonæ memoriæ Thebano archiepiscopo quamdam summam pecuniæ mutuo concessisset, ac per ipsum duo nobis exameta census nomine destinasset, credita sibi quadam summa pecuniæ pro suis agendis apud sedem apostolicam promovendis, quia dictus archiepiscopus interim subtractus est ab hac luce, sibi de prædictis non exstitit satisfactum. Propter quod nobis fuit supplicatum humiliter ab eodem ut venerabilem fratrem nostrum successorem ipsius ad horum redditionem mandaremus apostolicis litteris compelli. Ideoque discretioni vestræ per apostolica scripta mandamus quatenus vocatis ad præsentiam vestram quos propter hoc videritis evocandos, et inquisita diligentius veritate, quod justum fuerit appellatione remota usuris cessantibus statuatis, facientes quod decreveritis per censuram ecclesiasticam firmiter observari. Testes autem, etc., usque perhibere testimonium veritati. Quod si non omnes, etc., tu, frater episcope, cum eorum altero, etc.

Datum Laterani, IX Kal. Junii, pontificatus nostri anno decimo quinto.

---

(44) Vide lib. XVI, epist. 98, et quintam compilationem lib. I, tit. 20, c. 1.

(45) Vide lib. XIV, epist. 131.

LXXIX.

AMATÆ ABBATISSÆ MONASTERII SANCTÆ MARIÆ ET SANCTORUM MATTHÆI APOSTOLI ET ANTONII IN LOCO QUI DICITUR FONSADLUMUM IN ESCULANA DIŒCESI CONSTITUTI, EJUSQUE SORORIBUS TAM PRÆSENTIBUS QUAM FUTURIS REGULAREM VITAM PROFESSIS IN PERPETUUM.

De confirmatione privilegiorum.
(Laterani, VII Kal. Junii.)

Prudentibus virginibus, etc., *usque* sacræ religionis enervet. Eapropter, dilectæ in Christo filiæ, vestris justis postulationibus clementer annuimus, et præfatum monasterium Sanctæ Dei genitricis et virginis Mariæ et Sanctorum Matthæi apostoli et Antonii, in quo divino estis obsequio, etc., *usque* communimus. In primis siquidem statuentes ut ordo monasticus, qui secundum Deum et beati Benedicti regulam atque institutionem Cisterciensium fratrum in eodem monasterio, etc., *usque* inviolabiliter observetur. Præterea quascunque possessiones, quæcunque bona, etc., *usque* illibata permaneant; in quibus hæc, etc., *usque* vocabulis: Locum ipsum in quo præfatum monasterium situm est cum omnibus pertinentiis suis, vineam et hortum de Fonte ulmi, vineam de colle super prata, beneficium et totum tenimentum quod fuit filiorum Petri Actonis Massonis, in Toleniaco molendinum in loco qui dicitur Beblum, vineam et terram quæ fuit de beneficio Benedicti Tiniosi, medietatem totius tenimenti quod olim fuit Deuteguardi Ardengi cum domibus et hominibus et aliis pertinentiis suis, campum de Panicale cum vinea et terra in prædicto loco Toleniaco, terram quæ jacet in pertinentiis de Octavo, campum de Murro, terram de Cantalupo, vineam quæ fuit Raynaldi Leonis in colle de ulmo. In pertinentiis mercati, et infra civitatem Esculanam in Truvo, domum quæ fuit ejusdem Raynaldi, terram quæ fuit Vinciguerræ Aquæ vivæ, et terram de colle Tuccini. In valle Truncti duas grangias cum omnibus pertinentiis et appendiciis suis; ecclesiam Sancti Petri in Caprano, cum decimis, possessionibus, tenimentis et omnibus rationibus pertinentibus ad eamdem, quam idem monasterium antequam Cisterciensis ordinis instituta susciperet possidebat, cum pratis, vineis, terris, nemoribus, usuagiis et pascuis in bosco et plano, in aquis et molendinis, in viis et semitis, et omnibus aliis libertatibus et immunitatibus suis. Sane laborum vestrorum quos propriis manibus, etc., *usque* extorquere præsumat. Ad hæc, personas liberas et absolutas e sæculo fugientes liceat vobis in monasterio vestro ad conversionem recipere et eas absque contradictione aliqua retinere. Prohibemus insuper ut nulli sororum vestrarum, etc., *usque* nullus audeat retinere. Illud districtius inhibentes ne terras seu quodlibet beneficium, etc., *usque* eas irritas esse censemus. Insuper auctoritate apostolica inhibemus

A ne ullus episcopus, etc., *usque* se aliquatenus intromittat. Si vero episcopus in cujus parochia, etc., *usque* vobis conferre renuerit, licitum sit vobis omnia ab alio episcopo percipere quæ a vestro fuerint indebite denegata. Pro consecrationibus vero altarium, etc., *usque* propriis episcopis in posterum generetur. Quia vero interdum proprii episcopi copiam non habetis, etc., *usque* recipere valeatis. Porro si episcopi vel alii ecclesiarum rectores, etc., *usque* indulta prolatam duximus irritandam; nec litteræ illæ firmitatem habeant, etc., *usque* constiterint impetrari. Præterea cum commune interdictum terræ fuerit, etc., *usque* divina officia celebrare. Paci quoque et tranquillitati, etc., *usque* audeat exercere. Præterea omnes libertates, etc., *usque* et præsentis scripti privilegio communimus. Decernimus ergo ut nulli omnino hominum, etc., *usque* usibus omnimodis profutura, salva sedis apostolicæ auctoritate et in prædicta ecclesia Sancti Petri in Caprano diœcesani episcopi canonica justitia. Si qua igitur in futurum, etc., *usque* districtæ subjaceat ultioni. Cunctis autem eidem loco, etc., *usque* præmia æternæ pacis inveniant. Amen.

Datum Laterani per manum Joannis Sanctæ Mariæ in Cosmidin diaconi cardinalis, S. R. E. cancellarii, VII Kal. Junii, indictione XV, Incarnationis Dominicæ anno 1212, pontificatus vero domini Innocentii papæ III anno decimo quinto.

LXXX.

THESSALONICENSI ET PHILIPPENSI ARCHIEPISCOPIS, ET EPISCOPO SITHONIENSI.

Ejusdem argumenti cum epistola 69.
(Laterani, VII Kal. Junii.)

Venerabilis frater noster Cardicensis episcopus nobis humiliter supplicavit ut, cum fratres hospitalis Jerosolymitani, qui cum super causa quæ inter ipsos et eumdem episcopum vertebatur ad nostram audientiam appellarunt, nec venerint, nec miserint aliquem ad appellationem interpositam prosequendam, ipso episcopo apud nos diutius post præfixum terminum exspectante, sibi de damnis et expensis quas ex ipsius prosecutione appellationis incurrit satisfieri faceremus. Ideoque fraternitati vestræ per apostolica scripta mandamus quatenus vocatis qui fuerint evocandi, et auditis hinc inde propositis, quod justum fuerit appellatione postposita statuatis, facientes quod decreveritis per censuram ecclesiasticam firmiter observari. Quod si non omnes, etc., duo vestrum, etc.

Datum Laterani, VII Kal. Junii, pontificatus nostri anno decimo quinto.

LXXXI.

ABBATI SANCTI PAULI.
De divisione parochiarum.
(Laterani, VII Kal. Junii.)

(46) Cum Lateranensem et sanctorum quatuor Coronatorum Ecclesiarum parochias certis duximus

---

(46) Vide lib. XIII, epist. 197.

limitibus terminandas, et ecclesia Sancti Nicolai de Formis, quæ ad monasterium tuum spectat, inter hos limites parochiam possidere dicatur, auctoritate præsentium declaramus quod per limitationem hujusmodi nullum eidem ecclesiæ in sua parochia volumus præjudicium generari; quia res inter alios acta præjudicare non debet aliis secundum legitimas sanctiones.

Datum Laterani, VIII Kal. Junii, pontificatus nostri anno decimo quinto.

LXXXII.
ILELENENSI EPISCOPO.
De negotio Durandi de Osca et sociorum.
(Laterani, VII Kal. Junii.)

(46*) Dilectus filius Durandus de Osca in nostra præsentia constitutus et D. de Naiaco et Guillelmus Sancti Antonini et alii pauperes catholici suis nobis litteris intimarunt quod ad exhortationem eorum nonnulli tuæ diœcesis de suis excessibus pœnitentiam agere cupientes, post confessionem peccatorum suorum, pro posse suo proposuerunt restituere quidquid possident minus juste nec non male quælibet acquisita, non habendo proprium, sed omnia in communi, et nemini malum de cætero inferentes, castitatem seu virginitatem observare promittunt, a mendacio et juramento illicito abstinendo, tunicis quoque albis vel griseis uti proponunt sub disciplina et visitatione catholicorum pauperum permansuri; in fulcris autem, nisi eos ad id infirmitas coegerit, non cubabunt; et a festo Sanctorum Omnium usque ad Nativitatem Dominicam jejunantes in qualibet sexta feria, nisi forte Natalem Domini aut Epiphaniam seu aliud festum habens vigiliam evenire contingat, a piscibus abstinebunt; secunda vero, quarta feria, et Sabbato, nisi Natalis Domini intervenerit, carnibus non vescentur, nec in Quadragesima ante Pascha comedent pisces, Dominicis diebus exceptis; octo diebus ante Pentecosten vacabunt jejuniis, et alia jejunia observabunt a sancta Romana Ecclesia instituta; singulis quoque diebus Dominicis exhortationis verbum convenient audituri, et septies orantes in die, quindecies *Pater noster* et *Credo in Deum* ac *Miserere mei, Deus* qui litterati fuerint decantabunt; et clerici, prout eis convenit, canonicas horas Domino Deo solvent. Et quoniam sex opera pietatis proficiunt ad salutem, proposuerunt pro Deo pauperibus deservire; quorum quidam in hæreditate propria vult domum construere, in qua ex parte una viris, et ex alia mulieribus religiosis mansio competens habeatur, et juxta illam sit nihilominus xenodochium, in quo reficiantur fessi et pauperes recreentur, juventur infirmi, et nutriantur infantes a matribus derelicti, et mulieres pauperes laborantes in partu, donec abire valeant, sustententur in eo, ac juxta possibilitatem domus ipsius adveniente hieme præbeantur pauperibus indumenta; pannos quoque ad quinquaginta lectos de suis justis rebus ministrabit ibidem, et Ecclesiam, ubi fratres domus ipsius possint audire divina, in honore Dei genitricis Mariæ juxta domum ipsam construi faciet, quæ in signum subjectionis apostolicæ sedi reddet unum Bisantium annuatim. Unde nobis humiliter supplicarunt ut exsequendi prædicta licentiam eis concedere dignaremur. Nos igitur attendentes quod hæc omnia sunt in se bona, fraternitati tuæ per apostolica scripta mandamus quatenus, cum loci diœcesanus existas, cognita plenius veritate, si ea emanare cognoveris de fonte catholicæ puritatis, ipsis assensum super his auctoritate nostra præbeas et favorem; proviso prudenter ut quod de verbo exhortationis singulis diebus Dominicis audiendo prædicitur, taliter et a talibus fiat quod derogari non possit fidei orthodoxæ seu canonicæ disciplinæ; adhibita nihilominus prudenti cautela inter viros et mulieres de quibus mentio est præmissa, ut utrorumque ad alteros accessus haberi nequeat illicitus vel suspectus. Illudque diligenter observa, quod memorati viri dicuntur sub disciplina et visitatione catholicorum pauperum permansuri, ut hujusmodi disciplina et visitatio sanæ doctrinæ conveniant et ecclesiasticæ honestati.

Datum Laterani VII Kal. Junii, pontificatus nostri anno decimo quinto.

LXXXIII.
EPISCOPO, ET ABBATI SANCTI VICTORIS, ET CANCELLARIO PARISIENSI.
Scribitur pro comite Nivernensi.
(Laterani, III Kal. Junii.)

(47) Cum nuper vobis contra insolentiam nobilis viri comitis Nivernensis Virziliacense monasterium opprimentis sub certa forma direxerimus scripta nostra, dilectus filius magister J. clericus, diligens et fidelis procurator ipsius, formam ipsam intelligens, gravi fuit dolore turbatus, humiliter nobis supplicans, cautionem quam poterat offerendo, ut quod mandabamus in illis de inquisitione consanguinitatis inter eumdem comitem et comitissam auctoritate apostolica facienda, de litteris illis adimere dignaremur, promittens quod idem comes, voluntate nostra plenius intellecta, cessabit ab indebita molestatione monasterii memorati. Quocirca discretioni vestræ per apostolica scripta mandamus quatenus, si nondum processistis ad inquisitionem hujusmodi faciendam, et ipse comes satisfecerit competenter, sufficienter cavendo quod a procurationis immoderantia, quam ad justum reduci mandavimus moderamen, de cætero conquiescat, vos ad inquisitionem illam minime procedatis. Alioquin mandatum apostolicum exsequi procuretis prout videritis expedire. Quod si non omnes, etc., tu ea, frater episcope, etc.

Datum Laterani, III Kalend. Junii, pontificatus nostri anno decimo quinto

(46*) Vide infra epist. 90 et seqq. 96, 137, et lib. XIII, epist. 77, 78.

(47) Vide lib. XIV, epist. 125, 126, et lib. XVI, epist. 22.

LXXXIV.
EPISCOPO ARIMINENSI.
Statuta Othonis decernuntur irrita.
(Laterani, IX Kal. Junii.)

Cum ea omnia quæ Otho, non jam nominandus imperator, sed impius persecutor, contra clericos vel ecclesias statuit aut statuerit, denuntiaverimus irrita et inania, fraternitati tuæ per apostolica scripta mandamus quatenus, si quis concessione, sententia, privilegio, vel mandato ejusdem Othonis uti voluerit in præjudicium vel damnum ecclesiæ Ravennatis, tu ipsum ab hujusmodi præsumptione per censuram ecclesiasticam appellatione remota compescas.

Datum Laterani, IX Kal. Junii, pontificatus nostri anno decimo quinto.

LXXXV.
EIDEM.
Ejusdem argumenti cum superiore.
(Laterani, X Kal. Junii.)

Venerabilis frater noster Liniensis (48) episcopus nobis significare curavit quod, cum O. dictus imperator propter latam in se a nobis excommunicationis sententiam quasdam terras et res alias Liniensis episcopatus comitibus et communi de castro Cario Liniensis diœcesis concessisset, et secundum hoc privilegium suum dedisset eisdem, ipsi comites et commune facientes Liniensem Ecclesiam super his per judices suos sententialiter condemnari, res occuparunt easdem, et distribuerunt pro velle aliis possidendas in enorme sui et Liniensis Ecclesiæ detrimentum. Quocirca fraternitati tuæ per apostolica scripta mandamus quatenus quidquid occasione privilegiorum prædicto excommunicati noveris attentatum in præjudicium Ecclesiæ Liniensis, auctoritate apostolica sublato appellationis obstaculo non differas irritare, et ne dicti comes et commune privilegiis ipsis utantur, eis firmiter inhibere procures, contradictores, si qui fuerint, vel rebelles per censuram ecclesiasticam appellatione postposita compescendo.

Datum Laterani, X Kal. Junii, pontificatus nostri anno decimo quinto.

LXXXVI.
PRIORI ET CAPITULO DOMINICI SEPULCRI JEROSOLYMITANI.
Confirmatur quædam compositio.
(Laterani, VII Kal. Junii.)

Cum a nobis petitur, etc., *usque* perducatur effectum. Eapropter, dilecti in Domino filii, vestris justis precibus grato concurrentes assensu, compositionem inter vos ex una parte et venerabilem fratrem nostrum Thessalonicensem archiepiscopum ex altera super ecclesia Sancti Demetrii Thessalonicensis amicabiliter initam, sicut sine pravitate provide acta est et ab utraque parte sponte recepta, auctoritate apostolica confirmamus et præsentis scripti patrocinio communimus. Ad majorem autem caute-

A Jam, litterarum tenorem quas idem archiepiscopus nobis transmisit de verbo ad verbum præsenti paginæ duximus inserendum. « Sanctissimo Patri et domino Innocentio Dei gratia sacrosanctæ et universalis Ecclesiæ summo pontifici G. ejusdem patientia et vestra Thessalonicensis Ecclesiæ minister, licet indignus, seipsum ad pedes cum obedientia filiali. Cum propter schismaticam inobedientiam summi Regis vindicta terram Græcorum correctionis funiculo flagellasset, et ipsam de secreto atque inæstimabili consilio suo ad manus reduxisset Latinorum, multi religiosi de diversis partibus accedentes diversa beneficia tam per dominos cardinales quam per principes et barones et alios fideles adepti sunt. Inter quos sacrosancti sepulcri canonici ecclesiam Sancti Demetrii Thessalonicensis quoquo modo gavisi sunt adipisci, quam usque ad inthronizationem meam cum multis laboribus et, ut verum fatear, illi terræ multum necessarii possederunt. Sane quamvis prædicta ecclesia Sancti Demetrii ad jurisdictionem meam pertinere noscatur, tamen ob reverentiam Dominici sepulcri, ubi redemptio humani generis operata est, et ad cujus subventionem crucesignatorum exercitus terram Romaniæ dicitur acquisisse, ne etiam dicti canonici sua spe et laboribus penitus fraudarentur, et ut omnis quæstio et controversia, qualis inter me et ipsos super hoc exorta, quæ de facili ordine judiciario non poterat tempore instanti propter causæ perplexitatem diffiniri, per pacem et æquitatem facilius sopiatur, præsertim cum in sæpedicta ecclesia tanti martyris corpore decorata tam favorabilis ecclesiæ canonici regulares honorificentius quam sæculares valeant deservire, prudentum virorum fretus consilio, videlicet Ar. Cermopilensis episcopi Sarrensis postulati, W. Nazarocensis electi Philippensis postulati, et magistri R. Citrensis electi, mihi, quantum in me est, visum est utile pariter et honestum ut memorati canonici Dominici sepulcri de universis possessionibus, proventibus, fructibus, redditibus, legatis et eleemosynis quocunque justo modo ad dictam ecclesiam Sancti Demetrii pertinentibus, sicut per instrumenta vel per testes idoneos sive alio justo modo probari legitime poterit, insuper de omnibus illis quæ aliquo tempore archiepiscopis Thessalonicensibus nomine ecclesiæ prædicti Sancti Demetrii collata fuerint, vel in posterum conferentur, sicut, ut supra dictum est, legitime probari poterit, talem pro servitio sæpedictæ ecclesiæ percipient portionem qualem canonici Sanctæ Sophiæ Thessalonicensis metropolis de possessionibus ejusdem percipient, cum eam contigerit ordinari. Domos siquidem quas clerici Sancti Demetrii tempore Græcorum intra Thessalonicam habebant, canonici Sancti sepulcri extra partem possidebunt; oblationes quoque manuales et quæcunque eis legata fuerint nominatim, sive nomine Sancti sepulcri, similiter extra partem recipient. Ea vero quæ super tumbam Sancti Demetrii offerentur vel ecclesiæ ejusdem

(84) Cod. Colbert. *Lirien. forte Lucen.*

nominatim legata fuerint, secundum supradictam divisionem partientur. Adjuncto tantum, quod cum dicti canonici in ecclesia illa capellanos vel clericos pro tempore instituent, sub eadem fidei religione qua ipsis tenebuntur, eis injungent quod nullatenus aliquibus in testamento vel alias persuadebunt ut ipsis canonicis magis quam ecclesiæ in præjudicium et damnum archiepiscopi debeant erogare. Expensis, quantum ad sarta tecta vel luminare ecclesiæ et justa tumbæ custodia, de communi pro rata faciendis. Præterea prior qui in ecclesia sæpedicta Sancti Demetrii pro tempore a patriarcha Jerosolymitano et capitulo suo fuerit delegatus, mihi et successoribus meis canonice intrantibus obedientiam et reverentiam tenebitur exhibere. Matrici insuper Ecclesiæ Thessalonicensi et mihi meisque successoribus in dicta ecclesia omni jure et libertate nostra, sicut et in aliis ecclesiis ejusmodi, plenarie reservatis, salva domini patriarchæ Jerosolymitani et capituli sui in omnibus obedientia in ipsum priorem et canonicos et alios religiosos ibidem commorantes. Igitur cum ordinationes ecclesiarum quæ per inferiores prælatos fieri nequeunt, Ecclesiæ Romanæ, quæ disponente Domino, omnium Ecclesiarum mater est et magistra, debeant reservari, dictam compositionem sive dispositionem, quam per me facere vel firmare non præsumpsi, sanctitati vestræ duxi transmittendam, paternitatem vestram flexis genibus mentis exorans attentius et obnixe quatenus causa Dei et ob Dominici sepulcri reverentiam et precum mearum interventu, si sanctitati vestræ competens et honestum videbitur, ipsam auctoritate vestra facere vel inceptam perficere dignemini, et ut majorem habeat firmitatem, eamdem auctoritate prædicta roborantes. » Nulli ergo, etc., confirmationis, etc., *usque contraire.* Si quis autem, etc., *usque incursurum.*

Datum Laterani, vii Kalen. Junii, pontificatus nostri anno decimo quinto.

LXXXVII.
DECANO, THESAURARIO, ET MAGISTRO SCHOLARUM NIVERNENSIBUS.

De procuratione quæ debetur pro visitatione.
(Laterani, vii Kal. Junii.)

Significavit nobis venerabilis frater noster Bituricensis archiepiscopus quod, cum ex officii sui debito suam ducit provinciam visitandam, nonnullæ ecclesiæ metropolitico sibi jure subjectæ, procurationem debitam sibi denegant exhibere, hoc ad suæ negationis defensionem tantummodo allegantes, quod non recordantur se procurationem hujusmodi ejus prædecessoribus exsolvisse, sed nec ab eis aliquando fuisse petitam (49). Cum igitur contra procurationem quæ ratione visitationis debetur præscribi non valeat, quemadmodum nec contra visitationem ipsam potest aliquo modo præscribi, etsi alius contra eum præscribere posset utramque, discretioni vestræ per apostolica scripta mandamus quatenus rectores ecclesiarum ipsarum ut eidem archiepiscopo ipsas ex officio debito visitanti procurationes quæ sibi visitationis ratione debentur exhibeant, nisi aliud rationabile objectum fuerit et ostensum, monitione præmissa per censuram ecclesiasticam appellatione remota cogatis. Quod si non omnes, etc., duo vestrum, etc.

Datum Laterani, vii Kal. Junii, pontificatus nostri anno decimo quinto.

LXXXVIII.
BITURICENSI ARCHIEPISCOPO.

De congrua portione presbyterorum parochialium.
(Laterani, xi Kal. Junii.)

Ad nostram noveris audientiam pervenisse quod patroni (49*) parochialium ecclesiarum tuæ diœcesis (50) tantum de proventibus (51) sibi retinent earumdem quod sacerdotes ministrantes in eis non possunt de residuo sustentari. Propter quod nonnullæ remanent pastoribus (52) destitutæ, eo quod non sunt qui curam velint recipere (53) earumdem. Quocirca fraternitati tuæ per apostolica scripta mandamus quatenus patronos ecclesiarum ipsarum, ut de illarum proventibus sacerdotibus in eisdem ministrantibus congruam provisionem (54) assignent, moneas et inducas, ipsos ad id, si necesse fuerit, per censuram ecclesiasticam appellatione remota compellens; cum non ad opus patronorum (55), sed ad opus potius servientium in eisdem, fuerint ecclesiis redditus deputati.

Datum Laterani, xi Kal. Junii, pontificatus nostri anno decimo quinto.

---

(49) Vide cap. *Cum ex officii*, De præscript.
(49*) *Patroni* fundatores ecclesiarum ex concil. Lateran. in c. *Quoniam* De jure patron. c. *ad Audientiam* De eccles. ædific. V. l. ipsius hæredibus jus patronatus in hoc sacellum concessit.
(50) *Diœcesis* sibi in spiritualibus et regimine animarum subdita eodem sensu accipit diœcesim Hincmarus epist. 5 et 6, quas rescribit ad diœcesis Rhemensis archiepiscopos et in c. *Lugdunensi* 9, q. 2 qui habent Παροικίας c. 9 ex concilii Antiocheni sive ἀπροϊχοδ ut in l. οἷς ἑκάστη. C. De episc. et cler. id est territorium quod hodie malo more diœcesim dicimus, et parochia Aurelianensis in hoc sensu accipi debet apud Theodulphum episc. Aurelian. ad compresbyteros suæ diœceseos.
(51) *De proventibus*, cum nihil in illis præter antiquos et moderatos reditus a locorum episcopis institutos exigere debeant, c. *Præterea* De jure patronatus.
(52) *Pastoribus* rectoribus c. *Decernimus* 16, q. 7.
(53) *Recipere*, c. *Cum secundum*, c. *Exstirpandæ*, De præb. et dignit. et I ad Corinth. c. 9.
(54) *Congruam provisionem*. Portio presbyteris ipsis sufficiens assignetur de c. *Exstirpandæ* ubi vide glossam, et sit competenter provisum c. *Postulasti* De rescriptis certam assignet portionem c. *Ad hæc* De offic. vicar. de beneficiis assignet unde possit congrue sustentari c. *Prævenit* De appellat. decis. cap. Tol. q. 168, De patrono ecclesiastico ex specie hujus epistolæ.
(55) *Ad opus patronorum*. Quid si vergant ad inopiam? ab Ecclesia illis moderate succurritur in c. *Nobis* De jure patron. et c. *Quicunque* 16, q. 7. Adde in compensationem dotis, quam illibatam sacerdos

LXXXIX.
ABBATI DE MACENEIRA VISIENSIS DIŒCESIS, CANTORI ET P. RODERICI CANONICO COLIMBRIENSIBUS.
De remotione abbatis.
(Laterani, v Kal Junii.)

Diligenter auditis et perspicaciter intellectis quæ coram nobis proposita sunt a partibus super intrusione prioris Sancti Petri Auriensis diœcesis in monasterio Cellæ novæ ac excommunicatione in ipsum a venerabili fratre nostro episcopo Auriensi prolata, et delegatorum processu, qui eumdem electum removerunt a monasterio Cellæ novæ, ac præscriptam excommunicationis sententiam confirmarunt, pensatis nihilominus natura et qualitate negotii, quibus potius duximus inhærendum, ipsorum delegatorum sententiam ratam habentes, per apostolica vobis scripta mandamus quatenus eam auctoritate nostra faciatis inviolabiliter observari; contradictores, si qui fuerint, per censuram ecclesiasticam appellatione postposita compescendo. Quod si non omnes, etc. Tu, frater episcope, cum eorum altero, etc.

Datum Laterani, v Kalen. Junii, pontificatus nostri anno decimo quinto.

XC.
MASSILIENSI EPISCOPO.
De negotio Durandi de Olca et sociorum
(Laterani, III Kal. Junii.)

(56) Cum dilectus filius Durandus de Osca acolytus et socii sui a secta Waldensium per nos reconciliati sint ecclesiasticæ unitati, fraternitati tuæ per apostolica scripta mandamus quatenus ipsos infra catholicum gregem admittens, et benigne pertractans, ob notam quam de pristina conversatione contraxerant non permittas eos a quoquam temere molestari; sed ab omni eos infamia et scandalo servans immunes, tam ex litteris testimonialibus quam aliis adminiculis iosos misericorditer adjuves propter Deum.

Datum Laterani, III Kal. Junii, pontificatus nostri anno decimo quinto.

In eumdem modum scriptum est Barchinonensi episcopo. Cum dilectus filius Durandus de Osca, etc., *usque* propter Deum.

In eumdem modum scriptum est Oscensi episcopo. Cum dilectus filius, etc., *usque* propter Deum.

XCI.
DURANDO DE OSCA ET DURANDO DE NAIACO.
Super eodem.
(Laterani, IV Kal. Junii.)

Cum quidam de fratribus vestris reconciliati ecclesiasticæ unitati, sicut nostris est auribus intimatum, interdum delinquant et vacent operibus inhonestis, discretioni vestræ, de qua firmam fiduciam obtinemus, per apostolica scripta mandamus quatenus cum ipsos contingit excedere, id loci episcopo

ministrans sibi retineat; imo et si pactum intervenerit super retentione fructuum, valet nominatio et censetur rite et canonice facta ex senatusconsulto

A nuntietis, et de consensu et auctoritate ipsius delinquentium excessus salubriter appellatione postposita corrigatis. Quod si non ambo, etc., alter vestrum ea nihilominus exsequatur.

Datum Laterani, IV Kal. Junii, pontificatus nostri anno decimo quinto.

XCII.
ILLUSTRI REGI ARAGONENSI.
De eodem.
(Laterani, v Kal. Junii.)

Ut illi complaceas in cujus miseratione regni gubernacula suscepisti, te convenit confovere humiles et devotos, et excessus corrigere delinquentium. Inde est quod serenitatem tuam rogamus atque monemus quatenus pauperes catholicos et hospites eorumdem in orthodoxa fide ac pia operatione manentes non permittas a quoquam temere opprimi vel a justitiariis tuis injuste gravari.

Datum Laterani, v Kal. Junii, pontificatus nostri anno decimo quinto.

XCIII.
NARBONENSI ARCHIEPISCOPO ET EPISCOPO UTICENSI APOSTOLICÆ SEDIS LEGATIS.
Super eodem.
(Laterani, IV Kal. Junii.)

Cum catholici pauperes Durandus de Osca, Durandus de Naiaco, Guillelmus Sancti Antonini, et socii sui reconciliati ecclesiasticæ unitati, quasi nova planta sint benigne fovendi, per apostolica vobis scripta mandamus quatenus vos eis in fide catholica et pia operatione manentibus exhibeatis favorabiles et benignos, et non permittentes eosdem a quoquam indebite molestari, in litteris testimonialibus et aliis adminiculis ipsos propter Deum misericorditer adjuvetis.

Datum Laterani, IV Kal. Junii, pontificatus nostri anno decimo quinto.

XCIV.
JANUENSI ARCHIEPISCOPO ET SUFFRAGANEIS EJUS.
Super eodem.
(Laterani, II Kal. Junii.)

Cum talis esse debeat ars eorum quibus regendæ animæ committuntur ut non solum a Dominico grege subductas sollicitudine pastorali reducere, verum etiam reductas ad ipsum paterna in eo studeant mansuetudine confovere, procul dubio nobis et vobis est sollicite providendum ut dilecti filii Durandus de Osca et Guillelmus de Sancto Antonino cum sociis suis reconciliatis ecclesiasticæ unitati taliter foveantur in ipso quod, cum ipsi se lætabuntur ibidem invenire favorem speratæ dulcedinis, alii eorum inducantur exemplo errorem suæ deserere cæcitatis. Quapropter fraternitatem vestram monemus attentius et hortamur, per apostolica vobis scripta præcipiendo mandantes quatenus ipsos procedentes secundum Deum charitative tractetis, nec permit-

3 Martii 1594 sancito, Antonio Viard agente adversus Benignum Viard.

(56) Vide supra epist. 82, et lib. XI, epist. 196.

tatis eos aut illos qui suum ipsis intuitu charitatis impenderint beneficium in vestris diœcesibus constitutos hujus occasionis prætextu a quoquam temere molestari, contradictores censura ecclesiastica appellatione postposita compescendo. Quod si non omnes, etc., singuli vestrum in diœcesi sua ea nihilominus exsequantur.

Datum Laterani, II Kal. Junii, pontificatus nostri anno decimo quinto.

XCV.

SANCTI MARTINI CANONICENSIS [*leg.* CANIGONEN.] ET SANCTÆ MARIÆ ELECTENSIS ABBATIBUS, ET W. DECANO IN CONFLUENTI, NARBONENSIS ET HELENENSIS DIŒCESUM.

De decimis tribuendis hospitali.

(Laterani, IV Kal. Junii.)

Ad nostram noveritis audientiam pervenisse quod B. miles decimas quasdam, quas progenitores ac ipse hactenus ab abbate Sancti Genesii tenuerunt, hospitali quod ad sustentationem infirmorum pauperum ædificare proposuit desiderat assignare, si nostræ sederit beneplacito voluntatis. Quocirca discretioni vestræ per apostolica scripta mandamus quatenus dictum militem, ut decimas ipsas ecclesiis illis ad quas noscuntur pertinere resignet, moneatis prudenter et efficaciter inducatis; quod si ad id induci non poterit, et abbatis prædicti et diœcesan episcopi super hoc assensum quiverit obtinere ut eas conferat hospitali præfato, auctoritate nostra concedatis eidem liberam facultatem. Quod si non omnes, etc., duo vestrum ea, etc.

Datum Laterani, IV Kalen. Junii, pontificatus nostri anno decimo quinto.

XCVI.

DURANDO DE OSCA, ET DURANDO DE NAIACO, GUILLELMO SANCTI ANTONINI, JO. NARBONENSI, ET B. BITERRENSI, ET ALIIS PAUPERIBUS CATHOLICIS.

Recipiuntur sub protectione sedis apostolicæ.

(Laterani, IV Kal. Junii.)

Cum a nobis petitur, etc., *usque perducatur effectum.* Eapropter, dilecti in Domino filii, vestris justis postulationibus, etc., *usque* assensu, personas vestras et specialium amicorum vestrorum in fide catholica et pia operatione manentes ac res eorum sub beati Petri et nostra protectione suscipimus et præsentis scripti patrocinio communimus. Nulli ergo, etc., protectionis, etc., *usque* incursurum.

Datum Laterani, IV Kal. Junii, pontificatus nostri anno decimo quinto.

XCVII.

EPISCOPO ET CAPITULO PETRAGORICENSI.

Ut J. de Veteri Morolio in canonicum recipiant.

(Laterani, VII Kal. Junii.)

Si circumspectius curaretis advertere quantum sit obedientiæ bonum, quantumve ipsius contrarium detestandum, utpote idololatriæ sceleri comparatum, mandatum nostrum forsitan citius studeretis effectui mancipare, ut exuto veteri homine, vos in illius transformaretis imaginem qui usque ad mortem factus est obediens Deo Patri, nec vos excusaretis exceptionibus frivolis in ejusdem elusionem mandati. Sane cum pro dilecto filio magistro J. de Veteri Morolio, qui diu cancellariæ nostræ servitio laudabiliter insudavit, et laboravit multoties pro Ecclesiæ vestræ negotiis promovendis, vobis direxerimus scripta nostra, ut ob reverentiam apostolicæ sedis et nostram ipsum in canonicum reciperetis et fratrem, sibi stallum in choro et locum in capitulo assignantes, vos mandatum nostrum surdis auribus transeuntes, sicut dilecti filii prior Grandimontensis et G. archidiaconus et S. Mauricii canonicus Lemovicenses, quos eidem concessimus monitores, per suas nobis litteras intimarunt, quanquam vos monuerint diligenter, id efficere non curastis, per vestras litteras allegantes tenuitatem reddituum et canonicorum numerum competentem et de mandato nostro quosdam alios suscepisse ac prænominatum magistrum in diœcesi vestra redditus alios obtinere, proponendo quod ad recipiendum eumdem vos nullatenus cogeremus si hæc ad nostram notitiam pervenissent, licet monitores præfati de plurium assertione didicerint quod in Ecclesia vestra canonicorum numerus non excesserat, quin potius alios proposueratis recipere in canonicos et in fratres, et præfatus magister redditus sufficientes non habeat, et ipsius obsequium ecclesiæ vestræ possit existere fructuosum. Nolentes igitur exceptionibus frivolis mandatum nostrum eludi, universitati vestræ per apostolica scripta mandamus atque præcipimus quatenus eumdem magistrum juxta mandati nostri tenorem in fratrem et canonicum Ecclesiæ vestræ liberaliter admittatis. Alioquin, cum sagitta Jonathæ non debeat redire retrorsum, sed dirigi potius in directum, venerabili fratri nostro episcopo et dilectis filiis... subdiacono nostro, archidiacono Xanctonensi et priori Sulbisiensi Xanctonensis diœcesis damus nostris litteris in præceptis ut vos ad id, nisi aliquod rationabile objectum fuerit et ostensum quare id fieri non debeat vel non possit, per censuram ecclesiasticam appellatione remota compellant.

Datum Laterani, VII Kal. Junii, pontificatus nostri anno decimo quinto.

In eumdem fere modum scriptum est super hoc eisdem.

XCVIII.

LANDON. COLLIS DE MEDIO ET G. FILIO EJUS.

Profertur sententia pro eis.

(Laterani, IV Kal. Junii.)

Cum inter vos et nobiles viros Philippum et Jordanum de Insula controversia verteretur super eo quod tu, fili Lande, eis irrequisitis emeras quasdam partes castri quod dicitur Prun. ab aliis ejusdem castri consortibus contra bonam consuetudinem, ut dicebant, in illis partibus approbatam, in eorum præjudicium et gravamen, et habitatores ipsius castri, qui prius eis et aliis consortibus tenebantur communiter juramento, vobis tantum feceratis jurare, et prohibebatis ne ipsos sequerentur in guerra sicut prius facere consueverant, domum insuper eorum, quam in castro habent eodem, per vestros feceratis destrui servientes, et in loco communi turrim ædificare incœperatis, in cujus ædificatione processeratis post prohibitionem factam vobis ex parte nostra, vos tandem et illi compromisistis nostris super his stare mandatis sub pœna ducentarum librarum, fidejussoribus inde datis, et post altercationes multiplices, testes produxistis utrinque numero quadraginta, quos per dilectum filium Petrum tituli Sanctæ Cæciliæ presbyterum cardinalem examinari fecimus diligenter : quorum attestationibus publicatis, cognovimus absque contradictione probatum quod consortes illius castri libere et absolute cuicunque volebant consueverant vendere partes suas, et quod habitatores ipsius castri eis et aliis consortibus tenebantur communiter juramento. Quidam vero testes ex parte ipsorum producti dixerunt quod omnes ipsius castri habitatores tam ipsos quam alios dominos sequi debebant in guerra; sed per testes longe plures ex parte vestra productos determinatum est manifeste quod utique tam eos quam alios dominos sequi debebant, nisi proprii eorum domini contradicerent. Dictum est autem a quibusdam testibus eorumdem quod vos ædificare cœperatis turrim in loco communi; sed testes multo plures ex parte vestra dixerunt quod turrim ædificare cœperatis in proprio vestro fundo, designantes personas a quibus quasdam fundi emeratis partes ipsius, et quod post prohibitionem factam vobis ex parte nostra ædificare cessaveratis omnino. Per quosdam etiam eorum est testes probatum quod quidam servientes vestri de domo eorum quasdam scandulas et quædam alia ligna dejecerant, quamvis asseratur per vestros testes quod fuerant dejecta per ventum.

His igitur diligenter auditis, sententialiter diffinivimus, sub præscripta pœna mandantes quatenus faciatis homines vestros illis jurare secundum quod jurare consueverant consortibus in communi et illi similiter homines suos vobis, et quod malitiose non prohibeatis hominibus vestris quominus eos contra alios in eorum guerra sequantur, quod et ab hominibus eorum similiter fiat vobis, quodque vestris expensis domum reparari faciatis eorum, quatenus a vestris servientibus læsa fuit ; ipsi autem super emptione ipsius castri vos de cætero non molestent, vosque ab impetitione ipsorum super ædificatione turris reddidimus absolutos. Ut igitur hæc nostra diffinitio perpetuam obtineat firmitatem, ipsam auctoritate apostolica confirmamus.

Datum Laterani, iv Kal. Junii, pontificatus nostri anno decimo quinto.

XCIX.

NOBILIBUS VIRIS R. ET A. DE CANOSA.
Ut monasterium S. Angeli restituatur Cruciferis
(Laterani, xi Kal. Junii.)

Oblata nobis dilecti filii prioris Sanctæ Mariæ Cruciferorum Bononiensium conquestio declaravit quod, cum dilectus filius noster Benedictus tituli Sanctæ Susanæ præsbyter cardinalis, tunc legationis officio fungens in partibus Romaniæ, monasterium Sancti Angeli de Saga cum pertinentiis suis ordini suo concesserit perpetuo possidendum, nosque concessionem ipsam duxerimus confirmandam, charissimus in Christo filius noster imperator Constantinopolitanus illustris, post mortem claræ memoriæ marchionis Montisferrati, dictum monasterium eidem abstulit pro suæ libito voluntatis, illudque vobis assignare curavit : quod vos in ipsius præjudicium detinentes, et juxta vestræ voluntatis arbitrium disponentes de ipso, consumitis nequiter bona sua. Cum igitur id non debeamus conniventibus oculis pertransire, per apostolica scripta mandamus quatenus dictum monasterium cum pertinentiis suis præfato priori et ordini suo, prout tenemini, restituere procuretis. Alioquin venerabilibus fratribus nostris Davaliensi et Sidoniensi episcopis et dilecto filio archidiacono Davaliensi nostris damus litteris in mandatis ut vos ad id per censuram ecclesiasticam, sicut justum fuerit, sublato cujuslibet contradictionis et appellationis obstaculo compellant.

Datum Laterani, xi Kal. Junii, pontificatus nostri anno quinto decimo.

Super hoc scriptum est in eumdem fere modum eisdem. Oblata nobis, etc., *usque* conniventibus oculis pertransire, præfatis nobilibus nostris dedimus litteris in mandatis ut dictum monasterium cum pertinentiis suis præfato priori et ordini suo, prout tenentur, restituere non omittant. Quocirca discretioni vestræ per apostolica scripta mandamus quatenus si dicti nobiles quod mandavimus super hoc neglexerint adimplere, vos eos ad id per censuram ecclesiasticam, sicut justum fuerit, sublato cujuslibet contradictionis et appellationis obstaculo compellatis. Quod si non omnes, etc., duo vestrum, etc.

In eumdem fere modum scriptum est super hoc imperatori Constantinopolitano. Oblata nobis, etc., *usque* restituere non omittant. Quocirca serenitatem tuam rogandam duximus attentius et monendam quatenus monasterium ipsum cum pertinentiis suis eidem priori et ordini suo sine difficultate facias resignari.

C.

ARCHIEPISCOPO ATHENIENSI (57).
De non temere excommunicando.
(Laterani, x Kal. Junii.)

Sic nervo ecclesiasticæ disciplinæ coerceri debet

---

(57) *Athenicnsi* Michaelis Choniatæ, qui temporibus Innocentii III, Athenarum summus pastor erat apud Nicetam Choniatem de imperio Balduini, qui eumdem fratrem vocat. Sic in epist. 39 apud Crusium lib. iv Turcogr. Atnenarum metropolitana Nicanor dicitur, Aristides orat. in Herculem, Ἀθῆναι πόλις καὶ ἡ πρεσβυτάτη τῶν Ἑλληνίδων, καὶ τῆς εἰς τοὺς θεοὺς εὐσεβείας ἡγέμων.

insolentia perversorum ut eo non opprimantur innocentes, cum censura ecclesiastica non debeat esse innocentum oppressio, sed correctio potius delinquentum. Inde est quod fraternitati tuæ auctoritate præsentium inhibemus ne in nobilem virum R. dominum insulæ Nigripontis (58) vel terram ipsius sine manifesta et rationabili causa (59) excommunicationis vel interdicti sententias (60) proferre præsumas.

Datum Laterani, x Kal. Junii, pontificatus nostri anno quinto decimo.

CI.
EIDEM (61).
Ut ducere possit eam quam prius cognovit per adulterium.
(Laterani, vııı Kal. Junii.)

Supplicavit nobis dilectus filius nobilis vir R. dominus Nigripontis ut, cum pietatis intuitu quamdam nobilem, quam ipsius viro vivente (62) cognovit, velit modo ducere in uxorem, dignaremur cum eo super hoc misericorditer dispensare. Quocirca fraternitati tuæ per apostolica scripta mandamus quatenus præfato nobili, nisi forsan eidem vivente viro suo fidem (63) dederit, seu mulierem ipsam in nece viri constituerit machinatam (64), ut cum ipsa legitime contrahat, concedas auctoritate nostra liberam facultatem (65) dummodo aliud canonicum non obsistat.

Datum Laterani, vııı Kal. Junii, pontificatus nostri anno decimo quinto.

CII.
RAIMUNDO UTICENSI (66) EPISCOPO ET NARBONENSI ELECTO APOSTOLICÆ SEDIS LEGATIS.
De negotio comitis Tolosani.
(Datum.)

Licet Raimundus Tolosanus comes in multis contra Deum et Ecclesiam culpabilis sit inventus, et pro eo quod legatis nostris (67) inobediens exstitit et rebellis, sit excommunicatus ab ipsis et exposita terra ejus (68), si forte vel sic ei vexatio tribueret intellectum, unde jam ex parte non modica terram amisit, quia tamen nondum est damnatus de hæresi vel de nece sanctæ memoriæ Petri de Castronovo (69), etsi de illis sit valde suspectus (quare mandavimus ut si contra eum infra certum tempus appareret legitimus accusator, indiceretur illi purgatio secundum formam in litteris nostris (70) expressam, definitiva nobis sententia reservata, in qua necdum est ex mandato illo processum), non intelligimus qua ratione possemus adhuc alii concedere terram ejus, quæ sibi vel hæredibus suis abjudicata non est, præsertim ne videremur in dolo castra nobis exhibita (71) de suis manibus extorsisse, cum non solum a malo, sed ab omni specie mali præcipiat Apostolus abstinere. (72) Nam si super duobus articulis quos commisimus aliqua contra eum præter formam mandati nostri sententia lata fuisset, illa procul dubio non valeret. Quocirca discretioni vestræ per apostolica scripta mandamus quatenus, cum nondum sit locus illi petitioni quam de terra ejus alii concedenda fecistis modis quibus honeste poteritis studeatis prudenter et efficaciter laboretis ut negotium bene incœptum dissolvi non possit, sed in suo potius robore convalescat. Nos enim venerabili fratri nostro Regensi episcopo (73) et dilecto filio magistro Thedisio canonico Januensi nostris damus litteris in mandatis ut secundum formam sibi datam in negotio isto procedant, et si per comitem steterit antedictum quo minus ipsum negotium possit habere processum, ei et aliis publice protestentur quod nos, auctore Domino, procedemus prout pacis et fidei causa requiret, ipsique nobis non different meram et plenam rescribere veritatem.

Datum.

In eumdem fere modum scriptum est illis usque, in finem, sollicite providentes ne in nostri exsecutione mandati sitis tepidi et remissi, sicut hactenus dicimini exstitisse.

CIII.
MILITIBUS ET POPULO CASTRI MELGORII.
Hortatur eos ad obedientiam.
(Laterani, Non. Junii.)

(74) Gaudemus plurimum devotionem vestram

---

(58) *Nigri pontis,* maris Euxini in quo plures insulæ.
(59) *Causa* ex c. *Nemo* ii, q. 3, et judicatur magno cum pondere, ut apud certos de Dei conspectu, Tertull. in Apolog. c. 58.
(60) *Sententias.* Qua pœna in Ecclesia nulla major est c. *Corripiantur* 34, q. 3 summique futuri judicii præjudicium vocat ibid. Tertullianus.
(61) Vide titulum *De eo qui duxit,* etc.
(62) *Vivente viro,* c. relatum 54, q. 1.
(63) *Fidem* plenam tristissimi et periculosi eventus lib. ult. c. *De pactis.*
(64) *Machinatam,* c. *Si quis,* ead. causa, et quæst. et in c. *Veneris* de eo qui duxit in matri.
(65) *Liberam facultatem,* ex c. *Denique* 51, q. 1. ut ex vatic. C¹ ms. optimæ notæ delenda particula negativa, non ex mente Gratiani ut vult Cujacius ad c. 1 de eo qui duxit in matrimon.
(66) *Uticensi suffraganeo Narbon.,* archiepiscopi Narbonensi electo Arnaldo cœnobiarchæ Cisterciensi de quo supra lib. xiv, epist. 6, et infra lib. xvi,
epist. 5. Petrus Vallissern. c. 60 cujus nomen omisit Paradinus lib. ii Annal. Burg. in Odone IV.
(67) *Legatis* cum mandati formula ut patet ex contextu epistolæ, non a latere, ut in c. ult. *de offic. legati* c. *Ad eminentiam* De sentent. excommunic. Ἐκ τοῦ πλεύρου πρεσβύτερον ἀποστεῖλαι in procemio et c. 138, cod., Can. Eccles. Afric. missos nominat Carolus magnus in capitulari sancito Aquisgrani.
(68) *Exposita terra,* primo principi fideli occupanti, quam postea papa expugnandam regi Franc. dedit Mart. Polonus in Innoc. III.
(69) *Cujus* meminit Petrus Valissern. tanquam legati summi pontif. c. 4 et 8, et Mart. Polonus in Innoc. III.
(70) *In litteris* quæ continentur apud Petrum Valsern. dicto cap. 8.
(71) *Exhibita* tanquam pignora ad majorem cautelam ut in c. *Ex rescripto* De jurejur.
(72) Vide lib. xii post epistolam 85, et epist. 107.
(73) *Regensi* episcopo in Lombardia.
(74) Vide infra epist. 173.

et fidelitatem in Domino commendantes, quod pari ac unanimi, prout accepimus, voluntate congratulamini vos et comitatum vestrum ad jus et proprietatem Ecclesiæ Romanæ ac nostram specialiter pertinere, suppliciter exorantes ne vos jurisdictioni alterius supponamus. Nos igitur vicem gerentes illius qui cum dilexisset suos in finem dilexit eos, monemus universitatem vestram et exhortamur attentius, et per apostolica vobis scripta mandamus quatenus in fidelitate ac devotione sacrosanctæ Romanæ Ecclesiæ ac nostra firmiter ac unanimiter persistentes, tales in omnibus et per omnia vos exhibere curetis quod de die in diem gratiam et benevolentiam sedis apostolicæ mereamini ampliorem, scituri quod nos de pace ac statu vestro et terræ vestræ sollicitudinem cupimus gerere diligentem.

Datum Laterani Non. Junii, pontificatus nostri anno quinto decimo.

CIV.
MARIÆ ILLUSTRI REGINÆ ARAGONENSI ET HOMINIBUS MONTISPESSULANI.

De dominio Montispessulani

(Laterani, viii Idus Junii.)

Gravem dilecti filii nobilis viri Willelmi de Montepessulano fratris tui, filia regina, recepimus questionem quod possessionem villæ Montispessulani ac alterius terræ jure ad ipsum hæreditario pertinentis, quam ipse pridem pacifice noscitur habuisse, contra justitiam detinetis et restituere denegatis eidem. Cum igitur terræ ipsius jurisdictio ad nos spectare noscatur, ivolentes prædicto Willelmo in suo jure adesse, qui sumus omnibus in justitia debitores, discretioni vestræ per apostolica scripta mandamus quatenus vel dictam possessionem restituatis eidem, vel usque ad festivitatem Omnium Sanctorum proximo venturam per responsales idoneos nostro vos conspectui præsentetis, exhibituri et recepturi justitiæ complementum. Alioquin ex tunc in ipso negotio, quantum de jure poterimus, auctore Domino, procedemus.

Datum Laterani, viii Idus Junii, pontificatus nostri anno quinto decimo.

CV.
ARCHIEPISCOPO TARANTASIENSI, ET EPISCOPO GEBENNENSI, ET ABBATI SANCTI MAURITII DE CABLASIO.

De pravis moribus monachorum Montis Jovis.

(Laterani, iii Kal. Junii.)

Dilectus filius P. de Sancto Albino in nostra proposuit præsentia constitutus quod domus Montis Jovis, quæ olim sanctæ religionis effundebat odorem, facta mutatione dexteræ in sinistram, adeo miserabiliter in spiritualibus et temporalibus est collapsa quod jam pene penitus corruit quæ multorum consueverat relevare ruinam, facta nunc scandali et dissensionis exemplum quæ quietis et pacis exstiterat documentum. Cum igitur idem P. quem domus ipsius ruina gravabat, laborare dudum intenderet ut status reformaretur ejusdem, fratres existentes ibidem, qui regularis disciplinæ relaxatis habenis, correctionis onera non ferentes, per campum licentiæ vagabantur, suarum sequentes impetum voluntatum, dictum P. ab incœpto minis, terroribus et pactionibus illicitis retrahere nitebantur, bonum malum, correctionem vexationem, et justitiam injuriam reputantes, et existentes ingrati, cui tenebantur ad grates, ibi simultatis mendicabant indicia ubi religiosi propositi plenam habere poterant conjecturam. Quem demum blanditiarum fallaciis interceptum, promittentes eidem videlicet quod expurgarent veteris corruptelæ fermentum et ad frugem melioris vitæ redirent, ad dictam domum secum pariter reduxerunt, et, ut parerent de concepto dolore nequitiam, duos perditionis filios ad internecionem ipsius P. procurarunt induci. Qui, licet idem P. mortis periculum metuens confugerit ad altare, credens quod saltem locum illum revererentur iniqui ubi hostia salutaris quotidie mactabatur, eum aggressum hostiliter, lethaliter vulnerarunt, semivivum, putantes eum mortuum, impii relinquentes. Fratres autem ad tam crudele convenientes spectaculum, vulneratoribus, nullum retinentes humanitatis vestigium, assistebant, plagas impositas terribilibus oculis intuentes. Cumque demum a quibusdam secum misericordiam facientibus delatus Augustam, ope convaluerit medicorum, ac demum Vercellas venerit, memorati fratres, quorum crudelitas mitigari non poterat. in eum acrius sævientes, ore ipsius dormientis obstruso ne vocem redderet vel clamorem, eum ligatis manibus Yporegiam deduxerunt; extra quam postmodum ipsum sub silentio noctis eductum, præsumptione nimis damnabili, et omni humanitate postposita; fecerunt oculis exorbari.

Quod cum ad venerabilis fratris nostri Vercellensis episcopi et dilecti filii Novariensis electi, qui ex delegatione nostra reformationi domus intendebant ejusdem, notitiam pervenisset, doloribus compatientes ipsius, statuerunt ei per supradictam domum in quadraginta libris Papiensis monetæ annis singulis providendum : quam provisionem idem P. sibi auctoritate petiit apostolica confirmari. Nos autem ipsius condolentes doloribus et miseriæ miserantes, discretioni vestræ per apostolica scripta præcipiendo mandamus quatenus quod circa ipsum per delegatos eosdem misericorditer est provisum, faciatis inviolabiliter observari, et apud Tarantasiensem Ecclesiam, in qua ei provideri mandamus, dictam pecuniæ quantitatem ipsi sine labore personæ ac expensarum incommodo annuatim absque diminutione persolvi. Cæterum quoniam ad nos sanguis clamat ipsius, ne tam enormis excessus transeat impunitus, auctores tanti sceleris et fautores excommunicationis vinculo innodamus, mandantes ut tam ipsos quam Boninum et alios excommunicatos publice nuntietis, et faciatis ab omnibus arctius evitari. Præterea quia vix aliquis de fratribus Montis Jovis a culpa vel negligentia est immunis, quorum quidam principaliter vulneratoribus astiterunt, quidam vero enormia quæ acciderant neglexerunt deferre ad nos aut ad nostrorum audientiam legatorum, eorum ecclesiam, si est ita, supponatis auctoritate apostolica interdicto, præcipientes interdictum in ea tandiu firmiter observari donec fratres ipsi per excusatores vel potius per satisfactores idoneos nostro se conspectui repræsentent. Inquiratis etiam nihilominus de statu ipsius Ecclesiæ veritatem, et reformetis tam in capite quam in membris quæ inveneritis reformanda, et quæ statuenda videritis statuatis; præpositum et alios quos in ea inveneritis pestilentes, omnino removentes ab illa, et alios inducentes in ipsam, ut perditis inde malis, vinea Domini Sabaoth bonis locetur agricolis, qui gratum proferant fructum in tempore opportuno, mandatum apostolicum sublato cujuslibet contradictionis et appellationis obstaculo fideliter et efficaciter exsequentes. Quod si non omnes, etc., duo vestrum, etc.

Datum Laterani, iii Kal. Junii, pontificatus nostri anno decimo quinto.

CVI.
PHILIPPO ILLUSTRI REGI FRANCORUM.
De divortio Philippi regis.
(Laterani, v Idus Junii.)

Diligenter auditis et perspicaciter intellectis quæ nobis ex parte regia dilecti filii abbas de Trapa et J. clericus tuus proponere curaverunt, et habito cum fratribus nostris studioso tractatu, non occurrit nobis aliqua via per quam in his quæ ipsi pro te postulaverunt a nobis, tuæ secundum Deum possemus concurrere voluntati, sub obtestatione divini judicii protestantes quod libentissime, si possemus cum Deo, ab illo te curaremus vinculo expedire a quo desideras vehementer absolvi. Sed in carnali commercio inter te ac reginam conjugem tuam adeo est processum quod si etiam illi tantum confessioni vellemus insistere quam nuper eadem regina fecisse proponitur coram prædicto abbate de Trapa et dilecto filio magistro Roberto de Corzon, nunc tituli Sancti Stephani in Cælio monte presbytero cardinale, non auderemus super hujusmodi casu de nostro sensu pro te aliquid diffinire, propter illam sententiam evangelicam quam ipse Christus expressit, videlicet: *Quod Deus conjunxit, homo non separet* (Luc. x), cum absque dubio nec sanctorum exempla nec Patrum decreta intentioni tuæ in hoc articulo suffragentur (75). Verum si super hoc absque generalis deliberatione concilii determinare aliquid tentaremus, præter divinam offensam et mundanam infamiam, quam ex eo possemus incurrere, forsan ordinis et officii nobis periculum immineret, cum contra præmissam veritatis sententiam nostra non possit auctoritas dispensare (76). Quamvis et aliæ confessiones, sicut pro certo didicimus, ab eadem regina sub jurejurando sint factæ, secundum quas conjugium declaratur carnali copula consummatum. Quocirca serenitatem regiam rogandam duximus et monendam quatenus ab eorum falsis insaniis avertas auditum qui caput tuum oleo peccatoris impinguant, et volentes tibi placere secundum hominem, Deo te faciunt displicere, cum aperire tibi non audeant veritatem, ne forte movearis graviter contra eos. Nos autem, qui de te coram Deo reddituri sumus in novissimo districti examinis die plenissimam rationem, falsis te nolumus circumveniri commentis, ne simul in unum et animam tuam perdamus et nostram scientes quod juxta sententiam veritatis nihil prodest homini si mundum universum lucretur, animæ vero suæ detrimentum patiatur. Quare, prudentissime rex, ab eo quæsumus proposito conquiescas quod perpetuum animæ tuæ periculum generaret, et Dominus justus judex in eo te forte puniret in quo contra ipsum tali modo peccares ipsamque reginam pro Deo et propter Deum habeas propensius commendatam, quæ pro servanda lege conjugii, quam Deus ante peccatum in paradiso constituit, longo est martyrio macerata. Nos quoque super hoc negotio gravius non molestes, ne propter instantem persecutionem quam patimur, ad extorquendum istud a nobis insistere videaris. Quia sicut nolumus tibi negare quod sit merito concedendum, ita nolumus tibi concedere quod merito sit negandum, præsertim hoc tempore, ne propter persecutionis instantiam declinare videamur a tramite veritatis.

Datum Laterani, v Idus Junii, pontificatus nostri anno decimo quinto.

CVII.
FRATRI GUARINO.
Super eodem.
(Laterani, v Idus Junii.)

Illius testimonium invocamus qui scrutator est cordium et cognitor secretorum quod charissimum in Christo filium nostrum Philippum regem Francorum illustrem tam sincera diligimus charitate, ut nihil ei negare velimus quod esset alicui concedendum. Verum cum ea petit a nobis quæ in salutis suæ dispendium redundare noscuntur, quo sincerius illum diligimus, eo cautius ea negare debemus, ne videamur ipsum non diligere, sed odire (77). Cum ergo per quosdam adulatores veritatis et justitiæ inimicos in eum sit errorem inductus ut credat se licite posse jurare quod reginam uxorem suam carnaliter non cognovit, pro eo forte quod etsi commistio sexuum in eorum carnali commercio intercesserit, commistio tamen seminum in vase muliebri non exstitit subsecuta, nos confessiones ejusdem reginæ sub jurejurando factas subtiliter attendentes, et salutem ipsius regis paterno zelantes affectu, per nostras eum litteras exhortamur ut suum de cætero ab hujusmodi falsis insaniis avertat auditum et præfatam reginam pro Deo et propter Deum habeat commendatam, quæ pro servata lege conjugii, quam Deus in paradiso ante peccatum constituit, longo est martyrio macerata, quam et

---

(75) Vide lib. iv De concord. sac. et imper., cap. 17, § 4.

(76) Vide lib. xi, epist. 181, et lib. xiii, epist. 66.
(77) Vide lib. xi, epist. 182.

tibi recommandatam esse volumus et mandamus, discretionem tuam monentes et obsecrantes in Domino quatenus in consilium et consensum iniquitatis non veniat ulterius anima tua, nec permittas, quantum in te fuerit, ipsum regem falsis circumveniri commentis, eique contra ipsius salutem et tuam secundum hominem placere non quæras, ne ipsum Deo facias displicere, diligenter attendens quod juxta sententiam veritatis nihil prodest homini si mundum universum lucretur, et detrimentum animæ patiatur, eumdem regem, quem sincerum, quantum in ipso est, animum habere credimus et devotum, placare studeas et in bono fovere; ita quod divinam et apostolicam gratiam propter hoc uberius merearis, pro certo cognoscens quod si te juxta latus ipsius sano et salubri noverimus consilio innitentem, ad honorem et profectum tuum efficaciter intendemus, cum te, quasi virum religiosum, non semper oporteat sæcularibus negotiis implicari.

Datum Laterani, v Idus Junii, pontificatus nostri anno decimo quinto.

CVIII.
PHILIPPO ILLUSTRI REGI FRANCORUM.
De negotio episcoporum Aurelianensis et Antissiodorensis.
(Laterani, v Idus Junii.)

(78) De prudentia Senonensis archiepiscopi non possumus non mirari, qui post appellationem ad nos legitime interpositam, et contra nostri formam mandati, perverse processit in causa quam ad petitionem tuam sibi duximus committendam, super relaxanda sententia interdicti quod in terram tuam venerabiles fratres nostri Antissiodorensis et Aurelianensis episcopi protulerunt, si tu eis illud offerres quod esset merito acceptandum, et licet ipsi jusserimus ut, si fieri posset, postposito utrinque judicio ad amicabilem compositionem intenderet, ipse tamen, turbato negotio potius quam sedato, nec compositionem facere studuit nec judicium exercere. Unde nisi tuæ voluissemus serenitati deferre, taliter eum corripere curassemus quod ejus profecto non remansisset impunitus excessus. Quod igitur est ab eo inordinate præsumptum non potuimus confirmare, cum ipso jure sit irritum et inane; sed, sicut celsitudinem tuam sæpe rogavimus, ita nunc quoque rogamus, pro magno dono petentes quatenus pacem Ecclesiæ in tuo regno conserves, hoc maxime tempore quo ipsa in aliis multis regnis nimium perturbatur, ita quod dictis episcopis restitutis, et interdicti sententia relaxata, nisi hoc nobis velis ex toto donare, in curia tua de ipso negotio secundum approbatam consuetudinem cognoscatur (79); cumque aliis oporteat te intendere quæ ad tuum magis respiciunt commodum et honorem, expedias te ab istis quæ modicum tibi afferunt utilitatis et laudis, nec injuriosum reputes, sed potius gloriosum, prudenter corrigere si quid improvide

statuisti, quia non vivit homo sub cœlo qui aliquando non excedat.

Datum Laterani, v Idus Junii, pontificatus nostri anno quinto decimo.

CIX.
ANTISSIODORENSI ET AURELIANENSI EPISCOPIS.
Super eodem.
(Laterani, v Idus Junii.)

Licet processum archiepiscopi Senonensis propter ordinem non servatum duxerimus irritandum, fraternitati tamen vestræ consuluimus bona fide quatenus cum charissimo in Christo filio nostro Philippo rege Francorum illustri quanto melius poteritis componere studeatis; quoniam arcus qui semper est tensus, vires amittit, nisi aliquoties extendatur, et nonnunquam reges et principes melius vincuntur mansuetudine quam rigore. Nos enim mediatoris fungentes officio, sicut illum, sic et vos monitis et exhortationibus ad amicabilem debemus concordiam invitare, quam utrique parti credimus expedire.

Datum Laterani, v Idus Junii, pontificatus nostri anno decimo quinto.

CX.
BAIOCENSI ET CONSTANTIENSI EPISCOPIS, ET ABBATI DE PERSENIA.
De removendis episcopo et priore Ecclesiæ Sagiensis.
(Laterani, v Idus Junii.)

Contra præsulem et priorem Ecclesiæ Sagiensis tot et tanta sunt auribus nostris enormia inculcata ut ulterius non possimus dissimulare clamores qui ad nos de suis perversis actibus pervenerunt, cum non solum inutiles, verum etiam perniciosi esse dicantur. Ne igitur sanguis eorum de nostris manibus requiratur si eos in suis duxerimus perversitatibus tolerandos, discretioni vestræ per apostolica scripta præcipiendo mandamus quatenus inquisita plenius et cognita veritate, si tales eos esse noveritis, a suis eos removeatis officiis, et eis viros faciatis idoneos subrogari. Quod si non omnes, etc., duo vestrum sublato cujuslibet contradictionis et appellationis obstaculo exsequantur.

Datum Laterani, v Idus Junii, pontificatus nostri anno decimo quinto.

CXI.
BERNARDO ABBATI MONASTERII SANCTI PETRI PSALMODIENSIS, EJUSQUE FRATRIBUS TAM PRÆSENTIBUS QUAM FUTURIS REGULAREM VITAM PROFESSIS IN PERPETUUM.
De confirmatione privilegiorum.
(Laterani, VIII Idus Junii.)

Quoniam ex commisso nobis divinitus apostolatus officio tam vicinis existimus quam longe positis debitores, viris quidem religiosis tanto specialius adesse nos convenit quanto ipsi majori desiderant quiete potiri, et apostolicæ sedis præsidio noscuntur plenius indigere. Eapropter, dilecti in Domino filii, vestris justis postulationibus clementer annuimus, et præfatum monasterium Sancti Petri Psalmodien-

---

(78) Vide supra epist. 59, et infra epist. 123.

(79) Vide lib. XIV, epist. 163.

sis, in quo divino mancipati estis obsequio, ad exemplar felicis recordationis Stephani, Joannis, Urbani, Paschalis, Honorii et Innocentii prædecessorum nostrorum Romanorum pontificum sub beati Petri et nostra protectione suscipimus et præsentis scripti privilegio communimus. In primis siquidem statuentes ut ordo monasticus, qui secundum Deum et beati Benedicti Regulam, etc., *usque* inviolabiliter observetur. Præterea quascunque possessiones, etc., *usque* illibata permaneant; in quibus hæc, etc., *usque* vocabulis: Locum ipsum, etc., *usque* pertinentiis suis; in pago Nemausensi, in villa Cornelianica, ecclesiam Sancti Juliani cum cellis suis, id est Sancti Salvatoris et Sancti Laurentii, Sancti Felicis, Sancti Clementis, Sancti Vincentii de silva, cum ipsa silva, et plaia maris, sicut eidem cœnobio a regibus libere concessum est; in villa Atascianica, ecclesiam Sanctæ Mariæ; in castro Salignano, ecclesiam Sancti Juliani, cum capella de Monte rotundo; in asperas, ecclesiam Sancti Petri; in Andusenco, ecclesiam Sancti Andreæ; in Aquaviva, ecclesiam Sancti Petri; in margines, ecclesiam Sancti Siricii; in Malaspelles, ecclesiam Sancti Romani cum suis appendiciis, in Telliano, ecclesiam Sancti Silvestri; in Ripa stagni, ecclesiam Sancti Sebastiani; in Tovena, ecclesiam Sancti Thomæ; in Candiaco, ecclesiam Sancti Petri; in Vitrico, ecclesiam Sanctæ Mariæ. Item ecclesiam Sancti Boniti cum suis appendiciis; in Verunas, ecclesiam Sancti Salvatoris; in Veuranico, ecclesiam Sancti Michaelis; in Valle, ecclesiam Sanctæ Mariæ; in Portu villa, ecclesiam Sancti Petri. Item in alia Portu, ecclesiam Sanctæ Mariæ (80); in villa Noveta, ecclesiam Sancti Sisinnii; in villa Angulari, ecclesiam Sancti Martini; in Codonniano, ecclesiam Sancti Andreæ; in Noceto, ecclesiam Sancti Joannis; inter vineas, ecclesiam Sancti Andreæ; in castro Albasio, ecclesiam Sancti Petri et ecclesiam Sancti Nazarii de Marezanegues; in castro Salvinianico, ecclesiam Sancti Andreæ; in pago Arelatensi, prioratum Sancti Romani cum cellis suis, id est, ecclesiam Sancti Laurentii, et Sancti Vincentii, et Sancti Michaelis de valle Junceria, et Sancti Stephani de Eremo, et ecclesiam Sancti Xisti de Rocca. Et in Avenionensi pago, ecclesiam Sanctæ Mariæ de Urbana; et in villa termino, ecclesiam Sancti Petri cum appendiciis suis; et juxta Tarasconem, ecclesiam Sancti Vincentii, et ecclesiam Sancti Marcelli, et ecclesiam Sancti Petri de Limaisa, et ecclesiam Sanctæ Mariæ inter aquas, et Sancti Romani de Bellomonte, et Sancti Leodegarii, quæ sunt in Aquensi pago, et ecclesiam Sancti Salvatoris de Fossa cum suis appendiciis sitam in pago Sisterico; in Sinanicis, ecclesiam Sancti Petri; in pago Avenionensi, ecclesiam Sancti Saturnini apud castrum Vellanis; in pago Aquensi, valle Amata, cellulam Sancti Salvatoris cum suis appendiciis et ecclesiam Sancti Michaelis de castro Cucu-

A rone, et ecclesiam de Vergerio; in castro Ansuis, ecclesiam Sancti Stephani, item ecclesiam Sancti Lamberti, et ecclesiam Sancti Petri de Pomairols; in pago Attensi, ecclesiam Sancti Pauli, et ecclesiam Sancti Andreæ de Reclus, et ecclesiam Sancti Michaelis extra civitatem Attensem. Apud Oppedam, ecclesiam Sancti Andreæ; in pago Sisterico, ecclesiam Sanctæ Mariæ de Haulis, cum suis capellis et appendiciis, id est, Sanctæ Mariæ Magdalenæ de castro, et Sancti Cannati, et Sancti Saturnini; in castro Delfino, ecclesiam Sancti Jacobi cum ipsa parochia, et ecclesiam Sanctæ Mariæ de Camarlais; in pago Sustantionensi, in villa Mutatione, ecclesiam Sancti Asciscli; in Candelianicis, ecclesiam Sancti Damiani, et Sanctæ Mariæ; in Mizanichas, ecclesiam Sanctæ Columbæ; in Varrenicas, ecclesiam Sanctæ Agathæ; in Cercelles, ecclesiam Sanctæ Mariæ et Sancti Matthæi; in Sofolcinas, ecclesiam Sancti Stephani, item ecclesiam Sancti Erigii cum suis pertinentiis; in villa Corni, ecclesiam Sancti Joannis; in castro Lupiano, ecclesiam Sanctæ Cæciliæ cum suis capellis, id est, Sanctæ Mariæ, et Sanctæ Margaritæ; in Marignano, Biterrensi pago, ecclesiam Sancti Christophori cum omnibus ad eam pertinentibus. Et in Peirorio, ecclesiam Sancti Joannis de Cassiano, et ecclesiam Sanctæ Eulaliæ, cum earum decimis, primitiis et possessionibus; in pago Narbonensi, castro Anitiano, ecclesiam Sancti Saturnini, et ecclesiam Sanctæ Mariæ de Fulquiano; in pago Euletico, in valle Cumbatis, ecclesiam Sancti Britii, item ecclesiam Sancti Petri de Taraus, cum omnibus ad eam pertinentibus. In territorio Gapinco, villa de Balma, ecclesiam Sancti Marcelli. Porro prædictum monasterium Psalmodiense nullius alterius Ecclesiæ juri ditionique subjaceat quam Romanæ. Obeunte vero te nunc ejusdem loci abbate, etc. *usque* providerint eligendum. Cui nimirum a diœcesano episcopo, omni professione ac exactione seposita, benedictio impendatur. Sepulturam quoque ipsius loci, etc. *usque* a quibus mortuorum corpora assumuntur. Decernimus ergo, etc. *usque* usibus omnimodis profutura, salva sedis apostolicæ auctoritate. Si qua igitur in futurum, etc. *usque* districtæ subjaceat ultioni. Cunctis autem eidem loco, etc. *usque* præmia æternæ pacis inveniant. Amen.

Datum Laterani per manum Joannis Sanctæ Mariæ in Cosmidin diaconi cardinalis, S. R. E. cancellarii, VIII Idus Junii, indictione XV, Incarnationis Dominicæ anno 1212, pontificatus vero domini Innocentii papæ III, anno quinto decimo.

CXII.

EPISCOPO, ET ABBATI SANCTI JOANNIS, ET ARCHIDIACONO PARMENSIBUS.

De electione archiepiscopi Mediolanensis.

(Laterani, VII Idus Junii.)

Ecclesia Mediolanensi vacante, vota providere

---

(80) Illic habitum concilium anno 897.

volentium eidem Ecclesiæ in pastore divisa sunt in tres partes, quibusdam venerabilem fratrem nostrum Vercellensem episcopum postulantibus, aliis autem dilectum filium Mediolanensem archidiaconum, et nonnullis Mediolanensem archipresbyterum eligentibus in pastorem. Pro quibus procuratores partium ad sedem apostolicam destinati, non solum diversa, sed adversa, tam de consuetudine quam de pluribus aliis proponere curaverunt; sicut ea omnia vobis sub bulla nostra mittimus adnotata. De quibus, cum non possent facere nobis fidem, inquisitionem eorum nos oportuit delegare. Quocirca discretioni vestræ per apostolica scripta mandamus quatenus vocatis qui fuerint evocandi, et inquisita super omnibus diligentissime veritate, specialiter autem utrum de antiqua et approbata consuetudine omnes et singuli tam abbates quam præpositi ac etiam capellani parem cum ordinariis (81) in electione Mediolanensis archiepiscopi vocem habeant, et si nec omnes nec parem, qui et quantam, utrum videlicet non in singulis ordinum, sed in ordinibus singulorum, sit paritas attendenda, vel potius jus eligendi penes ordinarios tantum resideat, et cæteri propter honestatem solummodo vocari consueverint ad cautelam, utrumve omnes vocati fuerint, an aliqui prætermissi, quid etiam potestatis aut juris episcopi suffraganei habeant in negotio memorato; et quæ inveneritis, per vestras nobis litteras fideliter intimetis, ut per relationem vestram instructi, commodius in ipso negotio procedamus, præfigentes partibus terminum competentem quo recepturæ sententiam nostro se conspectui repræsentent. Quod si non omnes, etc. tu ea, frater episcope, cum eorum altero ea, etc.

Datum Laterani, VII Idus Junii, pontificatus nostri anno decimo quinto.

CXIII.

ARCHIEPISCOPIS ET EPISCOPIS PER REGNUM FRANCIÆ CONSTITUTIS.

De concubinariis absolvendis.

(Laterani, VII Idus Junii.)

Rigorem mansuetudine temperantes præsentium vobis auctoritate concedimus ut transgressores statuti quod dilectus filius Guala tituli Sancti Martini presbyter cardinalis tunc apostolicæ sedis legatus in concubinarios promulgavit, et a vinculo excommunicationis secundum formam Ecclesiæ absolvere valeatis et cum eis misericorditer dispensare, si urgens necessitas aut evidens utilitas postulaverint, qui hactenus præsumpserunt aut amodo præsumpserint excommunicati celebrare divina, injungendo eis pœnitentiam competentem, attentissime provisuri quatenus in hoc articulo sic flectatis ut non rumpatis nervum ecclesiasticæ disciplinæ, ne facilitas veniæ peccandi tribuat incentivum. Volumus igitur et præcipimus ad cautelam ut dispensationem eorum sedi apostolicæ reservetis qui publice delinquentes, non verentur in populo scandalum generare.

Ne vero peccantes sua non audeant propter pecuniariam pœnam confiteri peccata, fraternitatem vestram monemus et obsecramus in Domino, per apostolica vobis scripta mandantes quatenus gratiam indulgentiæ in quæstum avaritiæ nullatenus convertatis, fines hujus mandati fideliter observantes; quoniam si aliter egeritis, non solum divinam, verum etiam apostolicam incurretis offensam.

Datum Laterani VII Idus Junii, pontificatus nostri anno decimo quinto.

CXIV.

NOBILI VIRO JACOBO CONSOBRINO ET MARESCHALCO NOSTRO.

Conceditur ei in feudum quoddam castrum Ecclesiæ Romanæ.

(Laterani, VI Idus Junii.)

Cum ejus vices geramus in terris qui unicuique secundum sua merita legitur redditurus, his qui apostolicæ sedis obsequio et pro ea etiam periculis se exponunt magnifice debemus et volumus respondere, quatenus sic labores eorum remuneremus in ipsis ut alios ad nostrum servitium inducamus. Olim siquidem cum Marcualdus, Dei et Ecclesiæ inimicus, in devotos apostolicæ sedis et charissimi in Christo filii nostri Frederici Siciliæ regis illustris fideles quasi desæviret impune, ac Siciliam ex multa parte ferro flammaque vastaret, regnum sibi usurpare disponens, ut eidem regi, quem inclytæ recordationis Constantia imperatrix tutelæ nostræ commisit, et regno, cujus balium nobis testamento reliquit, necessarium et exspectatum diutius subsidium præstaremus, militibus quos pecunia nostra conduximus te duximus præferendum, et in Siciliam curavimus destinare (82). Tu ergo de mandato nostro regnum ingressus, post multas anxietates, sollicitudines, et labores, de Frederico in Calabria et Marcualdo in Sicilia, faciente Domino, mirabiliter triumphasti, memoriale comparans nomen tibi, et famam apostolicæ sedis extollens, quam prædictus iniquus nitebatur in illis partibus abolere. Cumque per viarum discrimina, sub inclementia temporis et aeris intemperie, victor ad nostram præsentiam redivisses, eam gratiam in fratrum nostrorum oculis invenisti ut diligentius attendentes quantum pro te apostolicæ sedi accessisset honoris, laboribus tuis magnifice respondendum assererent, et non solum consulerent, sed cum instantia plurima postularent ut tibi curaremus magnifice respondere. Nos ergo tuis respondere laboribus et utilitatibus providere volentes, castrum Nimphæ, quod quondam inclytæ recordationis Cencio Frajapani et O. et C. ejus nepotibus bonæ memoriæ Eugenius papa prædecessor noster pro octingentis libris denariorum Lucensium obligarat, et nos ab eorum hæredibus jampridem recollegimus, pecunia consignata, et apud nobilem virum Bononem Bonifilii de mandato senatus judiciaria auctoritate deposita, pro qua fuerat obligatum, cum omnibus pertinentiis et utili-

---

(81) Vide lib. I, epist. 569.

(82) Vide gesta Innoc. III, cap. 37, 38.

tatibus suis tibi pro summa mille librarum Provenientium de senatu de fratrum nostrorum consilio obligavimus, tandiu tam a te quam tuis hæredibus detinendum donec prædicta pecunia tibi vel eis esset integre persoluta ex tunc ad Romanam Ecclesiam libere reversurum. Ne autem si fructus quos ex eodem castro perciperes computare cogereris in sortem, plus ad incommodum quam commodum tuum hæc obligatio redundaret, vel si aliud faceres, pro temporali lucro animæ dispendium patereris, cum sis obsequiis nostris in mareschalciæ officio deputatus, prædictum castrum in feudum tibi tanquam mareschalco nostro de solita sedis apostolicæ liberalitate concessimus; ita tamen quod hæc nostra concessio nec nobis nec successoribus nostris præjudicium generaret quo minus illud recolligere valeremus, feudo tamen tua vita durante. Cum igitur tibi persolverimus pecuniam prætaxatam, et tu nobis legitimam refutationem feceris super ea, ne super feudo ipso propter hoc valeas molestari, illud tibi juxta prædictæ concessionis tenorem auctoritate apostolica confirmamus et præsentis scripti patrocinio communimus. Nulli ergo, etc., concessionis et confirmationis, etc., *usque* incursurum.

Datum Laterani, vi Idus Junii, pontificatus nostri anno decimo quinto.

CXV.
EPISCOPO MURANO.
Scribitur adversus episcopum Melfiensem.
(Laterani Non. Junii.)

(83) Circa radices infructuosæ arboris stercora submisimus fodientes, et per tempora plurima sustinuimus si forsan fructum produceret exoptatum. Verum quia non potest arbor mala bonos fructus facere juxta sententiam veritatis, arbor eadem sic fota stercoribus, et tandiu exspectata, non solum fructum bonum non protulit, sed prorupit in spinas, quæ satis acriter pupugere cultorem. Hæc autem pro episcopo Melfiensi proponimus, de quo nobis sunt sæpius nefanda et scelesta suggesta. Et cum in ipsum, propter suorum exigentiam meritorum, manum nostram debuerimus merito aggravare, tanta erga eum patientia usi sumus quod porrectum nobis suorum scelerum codicillum sibi duximus transcribendum, ut illud quasi suo admoventes aspectui, eum suis oculis monstraremus, ipseque videns in eo quibus et quantis sua foret facies obnubilata palloribus, de cujus hoc putredinis corruptela procederet, in latibulo conscientiæ scrutaretur. Acceperamus autem, et accepta rescripseramus eidem, qualiter habitus fuerat de bonæ memoriæ Jacobi prædecessoris sui morte suspectus, quid et qualiter post obitum successoris ejusdem Jacobi firmaverit juramento, qualiter contra id venerat quod jurarat, et quomodo tandem in sua fuerat electione processum, qualiter etiam vitula, in qua tunc arabat et arat adhuc ipsam publice retinendo, sicut manifestum est suis civibus universis, fuerit die suæ consecrationis enixa, et quomodo qui post eum venerat et descenderat ex eodem, ante ipsum fuerat factus presbyter, et ante patrem accesserat filius ad altare.

Cum autem nobis annuntiata renuntiataque sibi eum corrigere debuissent, in tantum ipse nostros post sua projecit terga sermones quod postmodum, sicut fuit nostris auribus intimatum, deposita pene penitus modestia pastorali, virtutibus hostis et vitiis amicus effectus, licet in Ecclesia sua plures personæ honorabiles haberentur tam ætate, scientia quam moribus idoneæ, ad officium cantoriæ dictum fecit filium in Ecclesia Melfiensi cantorem. Quo secum pariter in choro sedente, mutua visione perpenditur quam carnaliter alter ab altero diligatur; præsertim cum idem cantor nullam dicatur gravitatem morum et disciplinæ modestiam in commissa sibi dignitate servare, sed discurrat potius levitate propria, tanquam simplex clericus, in contemptum Ecclesiæ ac plurimorum scandalum jugiter per plateas. Insuper etiam episcopus supradictus nepotibus suis in cunabulis vagientibus, in gravamen eorum qui ecclesiæ famulantur, majores præbendas tribuit et beneficia meliora. Et licet super his a capitulo suo conventus coram judicibus et aliis probis viris pluribus civitatis, mensa et rationibus aliis quibus per eumdem spoliati fuerant restitutis, se promiserit præmissa emendaturum omnia sub fidei sponsione, ipse tamen faciens ad pejora processum, mensam canonicis subtraxit eamdem, et tam ipsos quam clericos præbendis et beneficiis spoliatos, juris ordine prætermisso, præbendas ecclesiæ dividit contra concilium Turonense, eas quibus vult conferens sic divisas, ipsis canonicis inconsultis, et subripiens eis judicia mortuorum, pœna pecuniaria clericos suos mulctat contra sanctorum Patrum canonicas sanctiones. Matrimonia insuper tam licita quam illicita passim prohibet, nisi pro quibus pecunia intercedit. Adulterorum quoque publica peccata dissimulat, quia non solum in talibus, verum etiam et in aliis, promisso munere vel oblato, redimentes se in errore dimittit, usque adeo deditus Simoniacæ pravitati quod penes eum sine ipsa nec in ecclesiis immolatur nec aliquod spirituale confertur. Appellationes etiam, quantumcunque rationabiliter ad sedem apostolicam interpositas, vilipendit.

Licet autem super tantis excessibus eum duximus hactenus in patientia supportandum, nec exeruerimus ultorem gladium in eumdem, exspectantes ut, si forsan pœniteret, sibi clementia nostra ignosceret ne periret, ipse tamen patientia nostræ benignitatis abusus, ut nos acrius provocaret, de reddenda civitate Melfiæ, quam in fidelitate regia per innovata juramenta primitus solidarat, ab Ottone

---

(83) Vide infra epist. 235.

maledicto et excommunicato pulsari precibus non sustinuit, sed praevenit eumdem ; et movens in ipsa civitate discordiam, et provocans bello cives, eis de praestanda fidelitate ipsi Ottoni ab eodem commonitis, et cur hoc faceret sciscitantibus, sic respondit, quod malebat honoris proprii quam rerum suarum incurrere detrimentum , et reddi sibi faciens civitatem, ad exhibendam ei fidelitatem et hominium spontaneus et sine inductione alicujus accessit , ad idem suos concives, quos revocare debebat, inducens , et nec excommunicationis sententiam nec perjurii notam metuens, quam ex hoc incurrere se sciebat, ei familiarius prae caeteris Apuliae praelatis adhaesit, sibi manifeste in nostram injuriam et regium dispendium obsequendo. Nolentes igitur ut dictus episcopus ex eo quod malle se asseruit honoris proprii quam rerum suarum detrimentum incurrere mentiatur, fraternitati tuae per apostolica scripta mandamus et districte praecipimus quatenus eumdem omni appellatione cessante ab officio pontificali suspendas, ex parte nostra firmiter injungens eidem ut infra tres menses nostro se conspectui repraesentet. Alioquin ipsum ex tunc vinculo excommunicationis innodans, mandes capitulo Melfiensi ut sibi provideant personam idoneam per electionem canonicam in pastorem.

Datum Laterani, Non. Junii, pontificatus nostri anno quinto decimo.

In eumdem fere modum scriptum est super hoc capitulo Melfiensi usque per electionem canonicam in pastorem. Ideoque discretioni vestrae per apostolica scripta mandamus et districte praecipimus quatenus mandatum apostolicum per eumdem Muranum episcopum suscipiatis humiliter et fideliter observetis.

CXVI.
LUGDUNENSI ARCHIEPISCOPO.
Nemo cogi debet invitus ad monachatum.
(Laterani, Idibus Junii.)

Attestationes quas nobis super monachatu dilecti filii P. de Boton Viennensis canonici transmisisti legi fecimus coram nobis, et universa notavimus diligenter ; et licet quidam de monachis deponerent contra ipsum quod eum ut monachum in monasterio de Insula in triplici statu viderint, in scholis videlicet, forma et choro , et quod annum sextum decimum cum ab eodem recessit monasterio complevisset, plures tamen pro eo quam contra de testibus faciebant. Probabatur etenim quod profiteri noluerit et a monasterio aufugerit memorato , se nolle respondens in monachum secundum consuetudinem monasterii benedici et facere professionem ibidem , ex parte requisitus abbatis, quia ibi et positus fuerat et morabatur invitus, et quod abbas etiam, hoc audito, illum invitum monachum se dixerit non facturum. Ad haec mater ejus P. et.. frater.. soror , et alii consanguinei, qui de ipsius aetate notitiam habere poterant pleniorem , quod in monasterio invitus positus fuerit se scire firmiter asserentes, ipsum in mense Augusto proximo adfuturo tricesimum tertium vel ad plus tricesimum quartum annum suae completurum fatebantur aetatis , addentes jam annum vicesimum effluxisse quod a monasterio idem P. habitu abjecto recesserat, ad illud ulterius non reversus. Ex quorum depositione patebat eumdem P. nondum annum quartum decimum , cum recessit ultimo a memorato monasterio, complevisse. Nos insuper ad cautelam super investiganda plenius veritate ipsum conscientiae propriae committentes , ex ejus responsione tenuimus quod invitus in monasterio positus, nec in medio consenserat, nec in fine (84). Cum igitur cautum reperiatur in canone ut minoris aetatis filiis , qui oblati monasterio fuerint, suscipientes habitum vel tonsuram, si a praelatis suis anno quinto decimo requisiti, se in assumptae religionis proposito consenserint permansuros, poenitendi licentia praecludatur, alioquin eis non adimatur ad saeculum redeundi facultas, ne coacta praestare Deo servitia videantur, fraternitati tuae per apostolica scripta mandamus quatenus saepedictum P. occasione monachatus illius a nemine molestari permittas, quem ob hoc nolumus temere impediri quominus ecclesiasticum valeat beneficium obtinere, si quis alias illud sibi duxerit canonice conferendum.

Datum Laterani, Idibus Junii, pontificatus nostri anno quinto decimo.

CXVII.
G. ABBATI MONASTERII SANCTI ANGELI DE PLANO
FIRMANAE DIOECESIS.
Eum restituit suae abbatiae.
(Laterani, v Idus Junii.)

Cum dilectus filius B. venerabilis fratris nostri Firmani episcopi procurator tecum ad sedem apostolicam accessisset , et dilectum filium G. subdiaconum et capellanum nostrum vobis concessissemus pariter auditorem, coram eo proponere procurasti quod cum idem episcopus te amoverit absque causa rationabili a regimine abbatiae, post appellationem ad nos legitime interpositam te carceri mancipato, Theobaldum monachum ejusdem Ecclesiae ibidem intrusit per Simoniacam pravitatem. Verum cum venerabilibus fratribus nostris Esculano primo et demum Anconitano episcopis causam ipsam terminandam commiserimus singillatim, et idem Anconitanus, cognitis causae meritis, te auctoritate nostra sententialiter ad dictam restituendum decreverit abbatiam, dando H. Farfensi monacho in mandatis ut ad locum accedens personaliter, executioni mandaret sententiam promulgatam , idem monachus id non potuit adimplere, pro eo quod praefatus Theobaldus manu sibi restitit violenta. Quare dicti episcopi Anconitani sententiam petebas a nobis supplicationibus attentis confirmari. Ex

(84) Cap. *Illud autem*, 20, q. 1, c. 10

parte vero altera responsum ad hæc exstitit ex adverso quod cum ab eadem sententia per ipsius Firmani procuratorem ad nostram fuerit audientiam provocatum, et nos, pro eo quod nobis de ipso non poterat fieri plena fides, abbati Clarevallensi de Flastra nostris dederimus litteris in præceptis ut inquisita super hoc plenius veritate, quod inveniret nobis per suas litteras fideliter intimaret, idem abbas testibus super appellatione receptis, ipsorum depositiones nobis postmodum destinavit: ex quibus probari videbatur aperte quod Philippus, qui probabatur procurator fuisse per publicum instrumentum Theobaldi præmissi, qui etiam inveniebatur per jam dictum Firmanum episcopum in ipsum monasterium institutus, appellaverat a sententia memorata, quamvis tu tam contra ipsum Philippum quam etiam contra productos testes objecisses quamplura, et dicta nitereris ipsorum testium multipliciter impugnare. Verumtamen an dictus Philippus fuerit Firmani episcopi procurator, et ob quam causam ad nos exstiterit appellatum, nec ex depositionibus illis nec aliquo etiam modo alio monstrabatur. Subjungens ipsius Firmani episcopi procurator in ejusdem præsentia capellani sententiam fuisse iniquam, præsertim cum coram antedicto Anconitano episcopo ex parte Firmani episcopi evidenter extitisset probatum te tam appellationi objectæ quam etiam renuntiasse regimini abbatiæ, ac jurasse te suis omnino jussionibus pariturum, sicut ex depositionibus ab eodem Anconitano episcopo constare videbatur testium] receptorum. Propter quod supplicabat nobis humiliter præfatam sententiam infirmari. Ad hoc vero replicando ex opposito respondisti quod a jam dicto episcopo exstitisti carceri mancipatus, et ab ipsius servientibus detentus tandiu donec tam appellationi quam ipsi etiam abbatiæ renuntiasti compulsus, et idem episcopus Theobaldum præmissum intrusit ibidem vitio Simoniæ, sicut hæc clarebant ex depositionibus ipsorum testium evidenter. Propter quod postulabas instanter intrusum jam dictum a memorata Ecclesia penitus amoveri, et exsecutioni mandari sententiam nominatam; præsertim cum non inveniretur probatum procuratorem Firmani episcopi ab ipsa sententia provocasse: quod, sicut superius est expressum, idem episcopus coram abbate Clarevallensi prædicto probare debebat, et is qui appellaverat, videlicet Theobaldus, nunquam fuisset appellationem interpositam prosecutus. Intellectis igitur his et aliis capellanus præmissus quæ a partibus proposita fuerant coram eo, et nobis fideliter recitatis, de mandato nostro sæpefati episcopi Anconitani sententiam confirmavit, decernens omnes illos auctoritate apostolica compescendos qui hujusmodi sententiæ contradictores inventi fuerint vel rebelles, Theobaldo præfato prorsus amoto a monasterio memorato.

Volentes igitur quod per capellanum prædictum auctoritate nostra diffinitum est in hac parte robur obtinere debitæ firmitatis, sententiam ipsam auctoritate apostolica confirmamus et præsentis scripti patrocinio communimus. Nulli ergo, etc., confirmationis, etc., *usque* incursurum.

Datum Laterani, v Idus Junii, pontificatus nostri anno quinto decimo.

In eumdem fere modum scriptum est super hoc abbati Farsensi usque robur obtinere debitæ firmitatis, sententiam ipsam auctoritate duxerimus apostolica confirmandam, discretioni tuæ per apostolica scripta mandamus quatenus eamdem facias per censuram ecclesiasticam appellatione postposita firmiter observari; contradictores, si qui fuerint vel rebelles, censura simili sublato appellationis obstaculo compescendo.

CXVIII.

LINGONENSI EPISCOPO.

Respondetur ad ejus consulta.
(Laterani, VII Idus Junii.)

(85) Postulasti per sedem apostolicam edoceri qualiter contra Judæum procedere debeas qui manus injecit in quemdam presbyterum violentas. Ad quod fraternitati tuæ breviter respondemus quod si dictus Judæus tuæ jurisdictionis existit, ipsum pœna pecuniaria punias vel alia, secundum quod convenit temporali, faciens percusso satisfactionem congruam exhiberi. Alioquin dominum ejus moneas et inducas ut passo injuriam et Ecclesiæ ab eo satisfieri faciat competenter. Quod si dominus ejus id neglexerit adimplere, tu Christianis per censuram ecclesiasticam interdicas ne cum ipso Judæo, antequam satisfaciat, præsumant commercia exercere. Consequenter quæsisti quid (facere) debeas de quodam captivo, qui se falso episcopum asserens, altaria consecravit, et alia plura exercuit quæ ad officium pertinent præsulatus. Ad quod tibi taliter respondemus, ut illa quæ taliter egit irrita nunties, et ipsum perpetuo carceri facias mancipari, pane doloris et aqua angustiæ sustentandum (86). Tertio quæsivisti utrum illi qui in annis minoribus constituti novitiorum habitum susceperunt, et infra annum postmodum facta professione (87) ad sæculum sunt reversi, et ab episcopis suis hoc scientibus ad sacros ordines sunt promoti, sustineri debeant in illis ecclesiis ministrare in quibus fuerint ab eisdem episcopis instituti. Nos ergo fraternitati tuæ breviter respondemus quod propter hoc non sunt ab ipsis ecclesiis amovendi, sed in eis possunt libere ministrare, nisi forte prudentia suppleverit in illis ætatem, ut saltem transire debeant ad regulam laxiorem, cum ipsi absque protestatione religionis habitum assumendo vitam præsumantur proposuisse mutare.

(85) Cap. *Postulasti*, De Judæis.
(86) Vide lib. XVI, epist. 10. Cap. *Postulasti*, De regular.

(87) In quart. Coll. *non facta prof.* etiam in codice Colbertino.

Datum Laterani vii Idus Junii, pontificatus nostri anno quinto decimo.

CXIX.

DECANO, ET MAGISTRO HENRICO CANONICO TRECENSIBUS, ET THESAURARIO VILLÆ MAURI TRECENSIS DIŒCESIS.

Adversus monachos S. Germani Antissiodorensis.

(Laterani, iv Idus Junii.)

Constitutus in præsentia nostra dilectus filius I presbyter ecclesiæ Sancti Christophori de Sessiaco (88) lacrymabili nobis conquestione monstravit quod quia contra priorem ejusdem loci Antisiodorensis diœcesis, qui tantum percipiebat de proventibus ecclesiæ memoratæ quod de residuo nullatenus poterat sustentari, nostras ad venerabilem fratrem nostrum Aurelianensem episcopum et conjudices suos litteras impetravit; idem prior sic ei fecit in ipsa villa commercia denegari ut a domo quam conduxerat, cum propriam non haberet, fuerit exire compulsus ac in ipsa ecclesia diutius habitare, cunctis ei humanitatis officia ob metum prioris et monachorum timentibus exhibere. Denique cum in solemnitate Omnium Sanctorum pro necessitatibus suis a præfata ecclesia paululum discessisset, a D. et aliis familiaribus memorati prioris ita fuit lapidibus impetitus quod mortis, ut credit, non evasisset periculum nisi in eamdem ecclesiam se subito recepisset. Porro cum præfati episcopus et conjudices sui mandatum nostrum volentes exsequi statuissent ut de proventibus ipsius ecclesiæ æstimationem decem librarum Parisiensis monetæ omnibus computatis perciperet annuatim, et in terram prioris ac homines, quia facto se opponebant ipsorum, promulgassent sententiam interdicti, J. monachus, S. cellerarius, Cle. et quidam alii servientes prioris, eum in ipso Dominicæ Nativitatis die durissime verberatum, demum adeo graviter in capite vulnerarunt ut præter dolores alios et læsuras, irremediabilem auditus incurrerit læsionem : qui ad eumdem priorem semivivus adductus, ut vel sic posset evadere, juramento firmavit quod sibi vel suis præterquam I. monacho et Constant. quæstionem super iis de cætero non moveret. Propter cujus enormitatem excessus venerabilis frater noster Antissiodorensis episcopus, qui loci diœcesanus existit, ecclesiam et villam Sessiacensem supposuit interdicto. Postmodum vero cum idem presbyter jam convaluisset utcunque, abbas Sancti Germani, ad quem Sessiacensis pertinet prioratus, auctoritate quarumdam generalium litterarum obtentarum antequam dictus presbyter præfatam Ecclesiam habuisset, coram judicibus Aurelianensibus eumdem traxit in causam; sæpedicto priore occasione aliarum litterarum similiter generalium ipsum nihilominus citari Bituricas faciente, ut sic jugibus deficeret laboribus et expensis. Unde consumpto modico patrimonio quod habebat, necesaria tandem coactus est mendicare. Et licet consta- ret eum malitiose vexatum, judices tamen ei cum instantia postulanti expensas restitui non fecerunt.

Cæterum prior a jam dicto Aurelianensi episcopo et conjudicibus suis auctoritate nostra excommunicationis sententia innodatus pro eo quod pertinaciter veniebat contra ordinationem eorum factam super provisione presbyteri memorati, per nuntium suum nobis suggerere procuravit quod iidem judices post appellationem ad nos legitime interpositam supposuerant terram suam et homines interdicto ; et sic de lata in eum excommunicationis sententia, diœcesani etiam interdicto¹, ac ordinatione provisionis, dicti presbyteri non habita mentione, nostras ad abbatem Sancti Benigni Divionensis et conjudices suos litteras impetravit. Qui eidem presbytero personaliter coram eis præfixo sibi termino comparenti petitas deliberandi inducias denegarunt et legitimas exceptiones ipsius, quas tam super excommunicatione prioris quam suspicione litterarum, quarum filum ruptum certius videbatur, ac etiam interdicto diœcesani episcopi opponebat, admittere recusantes, post appellationem ad nos his et aliis causis a prædicto presbytero interpositam, sententiam interdicti, quam Aurelianensis episcopus et conjudices ejus in terram prioris protulerant, in ejus præjudicium revocarunt. Quo prætextu jam dictus prior, licet excommunicationis sententia, quam idem Aurelianensis episcopus et conjudices sui protulerant in eumdem, remanserit innodatus, et interdictum in ecclesiam et villam de Sessiaco a diœcesano episcopo pro verberatione dicti presbyteri promulgatum relaxatum non fuerit, divina tamen celebrare præsumit, et per se ac monachos suos parochianis sæpefati presbyteri ecclesiastica sacramenta ministrans, oblationes pertinentes ad ipsum in proprios usus convertere non veretur. Quia igitur hæc, si vera sunt, sub dissimulatione transire nec volumus nec debemus, discretioni vestræ per apostolica scripta mandamus quatenus si vobis constiterit de præmissis, revocato in statutum debitum quidquid per dictos abbatem Sancti Benigni et conjudices ejus post appellationem ad nos legitime interpositam in præjudicium præfati presbyteri exstitit attentatum, interdicti et excommunicationis sententias tam a sæpefato episcopo Aurelianensi et conjudicibus suis quam a loci diœcesano in villam et homines de Sessiaco promulgatas faciatis usque ad satisfactionem condignam firmiter observari. Illos vero quos in sæpefatum presbyterum constiterit manus temerarias injecisse tandiu excommunicatos publice nuntietis et faciatis ab omnibus arctius evitari donec passo injuriam satisfecerint competenter, et cum vestrarum testimonio litterarum ad sedem venerint apostolicam absolvendi, non obstantibus litteris quas a venerabili fratre nostro episcopo Tusculano super absolutione sua obtinuisse dicuntur tacita veritate. Priorem vero, si eum in hoc constiterit fuisse culpabilem vel excommunica-

---

(88) Vide lib. i, epist. 286.

tum celebrasse divina, ab officio beneficioque suspensum ad nostram præsentiam cum vestris litteris veritatem plenius continentibus transmittatis. Expensas autem quas eumdem presbyterum fecisse constiterit per malitiosam vexationem abbatis Sancti Germani et antedicti prioris, sicut justum fuerit, restitui faciatis eidem, in præmissis omnibus sublato appellationis obstaculo processuri. Testes autem, etc., *usque* subtraxerint, per censuram ecclesiasticam, appellatione cessante, cogatis veritati testimonium perhibere. Quod si non omnes, etc., duo vestrum, etc.

Datum Laterani, IV Idus Junii pontificatus nostri, anno decimo quinto.

CXX.

ABBATI SANCTI COSMÆ DE VICOVARIO, EJUSQUE FRATRIBUS TAM PRÆSENTIBUS QUAM FUTURIS REGULAREM VITAM PROFESSIS IN PERPETUUM.

Recipiuntur sub protectione sedis apostolicæ.
(Laterani, Idibus Junii.)

Quoties postulatur a nobis quod religioni et honestati convenire dignoscitur, animo nos decet libenti concedere et juxta petentium voluntatem consentaneum rationi congruum suffragium impertiri. Eapropter, dilecti in Domino filii, vestris justis postulationibus clementer annuimus, et monasterium ipsum Sancti Cosmæ, quod ad jus et proprietatem beati Petri specialiter pertinet, ad exemplar felicis memoriæ Cœlestini papæ prædecessoris nostri sub beati Petri et nostra protectione suscipimus et præsentis scripti privilegio communimus. In primis siquidem statuentes ut ordo monasticus, etc., *usque* illibata permaneant, in quibus hæc, etc., *usque* vocabulis : Locum ipsum in quo præfatum monasterium situm est cum omnibus pertinentiis suis, ecclesias Sancti Viti de Vicovaro cum omnibus pertinentiis suis, Sanctæ Mariæ de Marcianello, Sancti Petri de Ferrata, Sanctæ Mariæ de Cantalupo, et Sancti Felicis ecclesias cum omnibus pertinentiis suis, jus quod habetis in ecclesiis Sancti Salvatoris et Sancti Nicolai de Cantalupo, ecclesiam Sancti Angeli de Rocca Jovere, quatuor denarios Papienses propensione ab eadem Rocca, in Vicovaro ecclesiam Sanctæ Luciæ cum pertinentiis suis, ecclesiam Sancti Januarii de Catiniano cum pertinentiis suis, ecclesiam Sanctæ Eugeniæ cum pertinentiis suis, quinque denarios Papienses quos a monasterio Sancti Clementis Tiburtini percipere debetis, casalem Cerriti Plani, et casalem in Martianello cum pertinentiis suis. Ad hæc statuimus ut idem monasterium vestrum nulli nisi Romano pontifici sit subjectum, nec ab eo quidquam ab alio aliquo clerico seu laico exigatur, excepto uno prandio quod Tiburtino episcopo cum septem tantum personis semel in anno, si ipsum ad monasterium vestrum forte venire contigerit, persolvetis. Chrisma vero, oleum sanctum, etc., *usque* quod postulatur impendat. Præterea quatuor molendina de Precis, quæ sedent in pede ripæ Sanctorum Cosmæ et Damiani, molendinum quod sedet sub fonte Picci-

caroli, sedium molendini in rivo de Runci, molendinum in eodem loco quod habetis cum Joanne de Runci, et terram quam habetis in tenimento Sambuci, vobis nihilominus auctoritate apostolica confirmamus. Sepulturam præterea ipsius loci, etc., *usque* nullus obsistat, salva tamen justitia illarum ecclesiarum a quibus mortuorum corpora assumuntur. Decernimus ergo, etc., *usque* usibus omnimodis profutura, salva sedis apostolicæ auctoritate. Ad indicium autem hujus perceptæ a sede apostolica libertatis duas libras ceræ nobis nostrisque successoribus annis singulis persolvetis. Si qua igitur in futurum, etc., *usque* districtæ subjaceat ultioni. Cunctis autem eidem loco, etc., *usque* præmia æternæ pacis inveniant. Amen.

Datum Laterani, per manum Joannis Sanctæ Mariæ in Cosmidin diaconi cardinalis, S. R. E. cancellarii, Idibus Junii, indictione XV, Incarnationis Dominicæ anno 1212, pontificatus vero domini Innocentii papæ III anno decimo quinto.

CXXI.

GLASGUENSI ET BRECHINENSI EPISCOPIS.

De electione episcopi Dunkeldensis.
(Laterani, Idibus Junii.)

Dilecti filii H. archidiaconus et capitulum Ecclesiæ Dunkeldensis, et abbas de Scona, prior de Insula, et universus clerus Dunkeldensis diœcesis suis nobis litteris intimarunt quod bonæ memoriæ R. episcopo eorumdem viam universæ carnis ingresso, ipsi convenientes in unum de substitutione pontificis tractaturi, dilectum filium Joannem archidiaconum Laodoniæ, invocata Spiritus sancti gratia, in episcopum sibi concorditer elegerunt, et charissimus in Christo filius noster Willelmus Scotiæ rex illustris electioni eorum benignum assensum præbuit, sicut ipsius litteræ testantur. Unde dilecti filii J. et R. nuntii eorumdem nobis humiliter supplicarunt ut cum præfata Ecclesia sedem apostolicam, nullo mediante, respiciat, electionem ipsam auctoritate apostolica confirmantes, ipsum faceremus in episcopum consecrari. Verum P. nuntius venerabilis fratris nostri episcopi Sancti Andreæ in nostra præsentia constitutus postulavit instanter ut cum de consuetudine hactenus observata idem episcopus, ut dicebat, episcopos Scotiæ debeat consecrare, præfatum electum consecrandum ad eum mittere dignaremur. At nuntii memorati, bonæ memoriæ Cœlestini papæ ac nostrum privilegium allegantes, in quo continetur expresse quod omnes episcopatus Scotiæ immediate apostolicæ sedi subsunt, inter quos connumeratur et iste, asseruerunt quod præfatus episcopus id sibi de jure non poterat vindicare. Sed et nuntius supradictus proposuit quod idem episcopus super hoc apostolicæ sedis erat scripto munitus. Quia igitur idem nuntius intentionem suam fundare non potuit, et Ecclesiæ memoratæ tandiu differre consecrationem electi sui posset esse valde damnosum, fraternitati vestræ per apostolica scripta mandamus quatenus examinata electione pariter et electo, si eam inveneritis de persona idonea canonice celebratam, ipsam, sublato appellationis obstaculo, auctoritate apostolica confirmetis, et sine utriusque partis præjudicio alter vestrum, si ambo nequiveritis interesse, accersitis sibi duobus vicinis episcopis, ipsum in præsulem studeat consecrare, ac juramentum fidelitatis nomine nostro recipiat ab eodem sub forma quam vobis sub bulla nostra mittimus interclusam.

Datum Laterani, Idibus Junii, pontificatus nostri anno quinto decimo.

CXXII.
POPULO MEDIOLANENSI, SPIRITUM CONSILII SANIORIS.
Adversus Ottonem imperatorem.
(Laterani, Idibus Junii.)

Mirari cogimur et moveri quod præteritorum immemores et improvidi futurorum, conversi estis in arcum perversum et in reprobum sensum dati, sacrosanctæ Romanæ Ecclesiæ matri vestræ devotionem et obedientiam subtrahendo, quæ vos multis beneficiavit honoribus et magnis beneficiis honoravit, et ei pertinaciter adhærendo qui suis benefactoribus consuevit retribuere mala pro bonis, offensam pro gratia, et injuriam pro honore; sicut ex iis quæ contra nos egisse dignoscitur potuistis perpendere manifeste. An forte putatis quod alia vobis retribuet quam reddit ipse nobis? Nam si hoc fecit in viridi, quid in arido est facturus? Licet autem ex iis quæ nunc agitis gratia nostra vos reddatis indignos, quia tamen mater oblivisci non potest filiorum uteri sui, universitatem vestram monemus et exhortamur in Domino, per apostolica vobis scripta mandantes quatenus saniori utentes consilio revertamini ad devotionem et obedientiam matris vestræ, super excessibus vestris, et specialiter super eo quod dilectos filios ordinarios Mediolanensis Ecclesiæ nuper ejicere præsumpsistis, Deo et nobis taliter satisfacere satagentes ut pœnam vitare possitis et gratiam adipisci.

Datum Laterani, Idibus Junii, pontificatus nostri anno quinto decimo.

CXXIII.
TRECENSI EPISCOPO, ET ABBATI CLAREVALLENSI CISTERCIENSIS ORDINIS LINGONENSIS DIOECESIS, ET MAGISTRO HENRICO CANONICO TRECENSI.
De negotio episcoporum Aurelianensis et Antissiodorensis.
(Laterani, Idibus Junii.)

(89) De prudentia Senonensis archiepiscopi non possumus non mirari, qui post appellationem ad nos legitime interpositam, et contra nostri formam mandati, perverse processit in causa quam ad petitionem charissimi in Christo filii nostri Philippi Francorum regis illustris sibi duximus committendam super relaxanda sententia interdicti quod in terram ejus venerabiles fratres nostri Aurelianensis et Antissiodorensis episcopi protulerunt, si prædictus rex eis illud offerret quod esset merito acceptandum, et licet ipsi jusserimus ut, si fieri posset, postposito utrinque judicio ad amicabilem compositionem intenderet, ipse tamen, turbato negotio potius quam sedato, nec compositionem facere studuit, nec judicium exercere. Unde, nisi regiæ voluissemus serenitati deferre, taliter eum corripere curassemus quod ejus profecto non remansisset impunitus excessus. Cum igitur quod ab eo est inordinate præsumptum, ipso jure sit irritum et inane, discretioni vestræ per apostolica scripta præcipiendo mandamus quatenus ejus processum et quidquid occasione ipsius inveneritis attentatum, sublato cujuslibet contradictionis et appellationis obstaculo irritum nuntietis, contradictores, si qui fuerint, vel rebelles per censuram ecclesiasticam appellatione postposita compescendo. Quod si non omnes, etc. tu ea, frater episcope, cum eorum altero, etc.

Datum Laterani, Idibus Junii, pontificatus nostri anno decimo quinto.

CXXIV.
ATREBATENSI EPISCOPO.
Ejusdem argumenti cum epistola 63, libri xiv.
(Laterani, 11 Idus Junii.)

Dudum dilectis filiis Majore, Juratis, Scabinis, et universitate communiæ Laudunensis conquerentibus nostro est apostolatui reseratum quod dilecti filii electus et clerus Laudunensis aliique viri ecclesiastici sæpe in eos et in terras ac familias eorum excommunicationis et interdicti sententias sine causa rationabili ac juris ordine prætermisso promulgant, ipsos per hujusmodi sententias multipliciter contra justitiam aggravantes, licet super his de quibus impetuntur a quoquam sint exhibere parati quod postulat ordo juris. Nolentes igitur eosdem ecclesiastica districtione indebite prægravari, cum ex apostolicæ servitutis officio sublevare teneamur injuste depressos, eis et aliis auctoritate apostolica curavimus districtius inhibere ne in ipsos vel eorum quemlibet seu terras aut familias eorumdem sine manifesta et rationabili causa excommunicationis vel interdicti sententias promulgarent, decernentes hujusmodi sententias, si quæ post appellationem ad nos propter hoc legitime interpositam fuerint promulgatæ, penitus non tenere. Quia vero eisdem conquerentibus intelleximus quod præfati electus et clerus, inhibitione nostra contempta, nituntur eis modis omnibus obviare, fraternitati tuæ per apostolica scripta mandamus quatenus si forsan illi vel alii contra formam inhibitionis præmissæ præsumpserint eos indebite molestare, tu sententias in eos temere promulgatas secundum formam Ecclesiæ auctoritate nostra relaxes, ita quod conquerentibus satisfaciant competenter, quia dissolvi nolumus nervum ecclesiasticæ disciplinæ. Hanc autem jurisdictionem tibi concessam usque ad triennium volumus prorogari, ut interim cognoscamus utrum illi

---

(89) Vide supra epist. 108, 109.

temere contra istos, an isti contra illos indebite moveantur, salvis semper sententiis ex delegatione apostolica promulgatis.

Datum Laterani, 11 Idus Junii, pontificatus nostri anno decimo quinto.

CXXV.
NOBILI VIRO W. MILITI DE TIGNE.
De jure patronatus.
(Laterani, 11 Idus Junii.)

Cum causam quæ inter te ex parte una et Andegavense capitulum ex altera super jure patronatus Ecclesiæ de Tigne vertebatur felicis memoriæ Cœlestinus papa prædecessor noster venerabili fratri nostro Mauricio quondam Nannetensi, nunc vero Pictaviensi episcopo et conjudicibus suis duxerit committendam, ipsi partem citantes utramque, quia dictum capitulum termino constituto non comparuit coram eis, te causa rei servandæ in possessionem ejusdem ecclesiæ induxerunt, et licet idem capitulum infra annum cautionem exposuerit standi juri, non tamen possessionem ejusdem ecclesiæ potuit adipisci, te super hoc violentiam inferente. Unde cum utriusque partis procuratores demum ad nostram præsentiam accessissent, dilectum filium nostrum Benedictum tituli Sanctæ Susannæ presbyterum cardinalem eis concessimus auditorem. Qui auditis et intellectis partis rationibus utriusque, te de mandato nostro ad restituendam ecclesiam Andegavensi capitulo condemnavit. Cujus exsecutionem sententiæ venerabili fratri nostro episcopo Nannetensi et conjudicibus suis commisimus, salvis rationibus tuis, si quas coram ipsis duceres proponendas. Super quibus iidem judices te audire nullatenus voluerunt nisi prius fructus ipsius Ecclesiæ, quos nec tu nec alius nomine tuo perceperat, sicut firmiter asserebas, dicto capitulo resarcires, te nihilominus ad restitutionem quinque millium solidorum post appellationem ad nos legitime interpositam, nomine fructuum condemnantes. Sed postmodum ad priorem Sancti Hilarii de Cella et collegas suos delegari nostras obtinuisti litteras sub hac forma, ut si constaret te post appellationem ad nos legitime interpositam ab episcopo Nannetensi et conjudicibus suis condemnatum fuisse, ipsorum revocato processu, de negotio cognoscerent principali, alioquin partes per eos ad priorum judicum remitterentur examen. Coram quibus cum in tantum fuerit litigatum quod jam sola sententia deberet proferri, placuit partibus ut priorum processu judicum remanente interim in suspenso, iidem judices de principali cognoscerent, et tota demum causa fideliter ad nos remitteretur instructa.

Testibus igitur productis ab utralibet partium coram eis, et de consensu ipsorum postmodum publicatis, post disputationem diutinam, tam eorum quam etiam priorum processum judicum sub sigillis ad nos propriis iidem judices remiserunt. Post hæc vero tibi ac procuratori dicti capituli in nostra præsentia constitutis dilectum filium nostrum Petrum tituli Sanctæ Cæciliæ presbyterum cardinalem concessimus auditorem. Coram quo interrogari petisti procuratorem prædictum utrum in villa tua sita esset ecclesia memorata, super cujus patronatu inter te ac præmissum capitulum quæstio vertebatur: quod utique dictus concessit procurator de plano. Et secundo interrogatus ac tertio utrum crederet progenitores tuos aliquid juris habuisse in ecclesia memorata, vel ab eisdem fuisse fundatam, utrumque credere se respondit, protestans te audiendum non esse nec ad diffinitivam sententiam procedendum nisi prius restitueres Andegavensi capitulo quinque millia solidorum in quibus eidem per dictum Nannetensem episcopum et suos collegas fueras condemnatus; præsertim cum appellationem quam te ab eisdem interposuisse dicebat legitimo tempore non fueris prosecutus: quo suppresso, apostolicas litteras obtinuisti ad priorem Sancti Hilarii de Cella et suos conjudices delegari. Quorum processum nullum asserebat omnino pro eo quod fines apostolici mandati transgressi, priusquam eis constaret de appellatione legitima, de proprietate cognoscere præsumpserunt, cum aliter jurisdictioni ordinariæ non præessent, ratione cujus in eos posset a partibus consentiri. Nec factas confessiones coram auditore capitulo præjudicare dicebat, cum in eo processu, qui subsistere non poterat constitutus fuerit procurator, et si etiam processus teneret, quod tamen instructa remissa fuerat causa ipsa, interrogationes ulterius fieri non debebant, sed esset potius ad diffinitivam sententiam procedendum. Ad hæc autem per ordinem respondisti non esse tibi aliquatenus imputandum si infra annum appellationem non fuisti prosecutus objectam, cum eo tempore captus fueris, sed quam cito fuisti redditus libertati, appellationem fuisti interpositam prosecutus, sicut tuis probatur testibus evidenter; ad restitutionem dictorum quinque millium solidorum te asserens non teneri, tum quia post appellationem ad nos legitime interpositam sententia lata fuit, tum quia fructus ipsius Ecclesiæ ad sæpefatum capitulum minime pertinebant; et si etiam pertinerent, non tamen probatum exstitit te vel alium tuo nomine ipsis idem capitulum spoliasse vel fructus aliquos ex eadem Ecclesia per te vel per alium percepisse. Ad id vero quod dictum est contra processum judicum ultimorum, videlicet quod formam apostolici rescripti transgressi, prius de proprietate quam de appellatione cognoverant, nec aliter iidem judices jurisdictioni præerant ut in eos posset de consensu partium consentiri, frivolum est omnino, cum de partium voluntate, priorum judicum remanente processu, jurisdictio fuerit prorogata. Quod fit quandoque, de tempore ad tempus, de quantitate ad quantitatem, de re ad rem, de persona ad personam, de contractu etiam ad contractum, sed alio modo, prout tam in jure canonico quam civili colligitur evidenter. Quorum aliquis etsi aliter jurisdictioni forsitan non præesset, constabat tamen eos ex nostra delegatione jurisdictionem habere. Nec obstat quod pars adversa dicebat interrogationes ulterius fieri non debere postquam instructa remittitur ipsa causa, cum contrarium obtineat tam de consuetudine Romanæ Ecclesiæ, quæ usque ad diffinitivam sententiam quoties expedit partes interrogat, quam de jure.

Nos igitur intellectis per auditorem prædictum quæ proposita fuerant coram eo, quia nobis constitit ex confessionibus procuratoris capituli sæpefati intentionem tuam fuisse fundatam, et etiam usum qualemcunque probasti, nec ex parte capituli quidquam de proprietate, neque aliquid probatum fuit sufficienter de usu, jus patronatus tibi adjudicamus Ecclesiæ memoratæ, perpetuum super hoc silentium Andegavensi capitulo imponentes. Ad hæc, ab impetitione ejusdem capituli super quinque millibus solidorum te duximus absolvendum, cum non probaverint de fructibus ejusdem Ecclesiæ te aliquid percepisse. Nulli ergo, etc., *usque* diffinitionis, etc.

Datum Laterani, II Idus Junii, pontificatus nostri anno decimo quinto.

In eumdem fere modum scriptum est super hoc dilectis filiis Aureæ vallis, Sancti Launi Toharcensis et de Ferraria abbatibus Pictaviensis diœcesis usque aliquid percepisse. Quocirca discretioni vestræ per apostolica scripta mandamus quatenus quod a nobis est ratione prævia diffinitum, faciatis per censuram ecclesiasticam appellatione remota observari. Quod si non omnes, etc., duo vestrum, etc.

CXXVI.
BITURICENSI ARCHIEPSCOPO.
De juridictione ecclesiastica burgi Dolensis.
(Laterani, XVII Kal. Julii.)

(90) Cum inter te ex parte una et dilectos filios abbatem et conventum Dolensis monasterii ex altera super ecclesiastica jurisdictione quam in clericos et laicos burgi Dolensis tam de jure communi quam ex privilegiis Bituricensi Ecclesiæ ab apostolica sede concessis tibi competere proponebas, asserendo quod abbas et conventus prædicti te super eadem præsumpserant molestare, parte monasterii in contrarium proponente jurisdictionem eamdem ad se per privilegia multorum Romanorum pontificum pertinere, et quod tu super ipsa idem monasterium molestabas, controversia coram nobis et etiam coram judicibus delegatis fuerit diutius agitata, et ab eisdem ad nos causa remissa sufficienter instructa, nos tandem te ac ipsius monasterii procuratoribus componendi plenariam habentibus potestatem in nostra præsentia constitutis, pro bono pacis, de consensu vestro et fratrum nostrorum consilio sic duximus providendum, ut videlicet cum in burgo Dolensi tres sint parochiales ecclesiæ, una illarum, scilicet ecclesia Sancti Stephani, cum capellano inibi serviente ad Dolense monasterium pertineat pleno jure, ac omnes homines ipsius monasterii manentes impræsentiarum in burgo Dolensi, et etiam homines monasterii qui aliunde ad burgum ipsum accesserint habitandum, nec non et alii quilibet qui homines monasterii fient et inhabitaverint burgum, cum omni posteritate sua ad ejusdem dominium pertinente ac manente in burgo, clerici quoque qui sunt vel fuerunt vel fuerint filii hominum monasterii, manentes in burgo, erunt parochiani ecclesiæ supradictæ, et abbas monasterii memorati in eos omnimodam jurisdictionem ecclesiasticam in casu quolibet obtinebit; ita quod tu ac ministri tui in eadem ecclesia, capellano, et aliis hominibus tam clericis quam laicis, qui juxta determinationem nostræ provisionis existunt vel erunt parochiani ejusdem, quandiu in eodem burgo manserint, nullam habebitis jurisdictionem omnino, et eosdem vobis excommunicare seu absolvere non licebit; super his abbati a nobis plenaria potestate concessa.

Quod si Clerici filii hominum monasterii extra burgum manentium ad ipsum inhabitandum accesserint, et in domibus parochianorum monasterii manserint, vel ad manendum domos emerint, vel conduxerint ab eisdem, parochiani erunt ecclesiæ supradictæ, alioquin iidem erunt tuæ jurisdictioni subjecti. In reliquis vero duabus ecclesiis, videlicet Sancti Germani et Sanctæ Mariæ parvæ, abbas et monachi monasterii sæpedicti præsentationem capellanorum habebunt tantummodo et census ac obventiones quas in eis hactenus habuerunt; in quibus et capellanis earum, clericis et omnibus aliis hominibus tam clericis quam laicis in ipso burgo vel extra manentibus, præter illos qui secundum determinationem præfatam pertinent ad ecclesiasticam jurisdictionem abbatis, omnimodam jurisdictionem episcopalem et consuetudines tam in denariis pentecostalibus quam in treuga, communia, et ipsa sequenda jurandis, ac in aliis, nec non procurationibus tuis archidiaconi et archipresbyteri et omnimoda obedientia, sicut habes in aliqua ecclesia vel persona Bituriæ, obtinebis. Quod si homo monasterii alterius domini feminam vel alterius domini homo monasterii feminam duxerit in uxorem, quandiu legi viri fuerit alligata, cum liberis susceptis ex eo forum sequetur et parochiam viri sui; cum autem a lege viri soluta, ad jurisdictionem ecclesiasticam et parochiam ad quam pertinebat primitus revertetur.

Præterea si monasterium alterius hominem in burgo manentem quomodolibet acquisierit, vel homo abbatis ad alterius dominium transferatur, homo ille sub illius jurisdictione ecclesiastica sub cujus in burgo primitus fuerat remanebit, nec propter mutationem domini temporalis ecclesiasticam jurisdictionem mutabit. Si vero aliquis monasterii et alterius domini homo communis existat, in uno anno tuus, et in alio sit parochianus abbatis; nisi forsan per exæquationem tuam et abbatis ipsius

---

(90) Vide quintam compilationem lib. I, tit. 1, c. 6.

aliter statuatur. Cum autem abbas clericum ad suam jurisdictionem ecclesiasticam pertinentem tibi ad ecclesiam aliquam præsentarit, ipse ad eamdem admissus ex toto tuæ jurisdictioni ecclesiasticæ subjacebit, salvo jure abbatis in rebus patrimonialibus, si quæ habet. In repræsentando vero quemlibet clericum ad vacantem ecclesiam dicet abbas : *Clericum istum ad ecclesiam illam vacantem elegi, et eumdem tibi præsento.* Homines vero abbatis vel alterius extra burgum manentes, qui fuerant parochiani ecclesiæ Sancti Stephani supradictæ, parochiani alterius illarum ecclesiarum quæ tibi subsunt existent. Sed ecclesia Sancti Germani, quia in ipsa majorem quam in ecclesia beatæ Mariæ parvæ monasterium habet censum, plures quam illa parochianos habebit. Quod si forte homo aliunde in burgo veniens pro aliqua causa, priusquam maneret in burgo, a te vel a tuis citatus fuerit, vel excommunicationis vinculo seu alia sententia innodatus, quantum ad jurisdictionem ecclesiasticam coram te causa hujusmodi decidetur, et eadem forma de homine monasterii manente in burgo, si se transtulerit alias, servabitur pro abbate.

Cæterum homines monasterii in illa parte burgi manentes quæ Raschaz dicitur, erunt parochiani ecclesiæ sancti Dionysii, sicut primitus exstiterunt, et tuæ in omnibus jurisdictioni subjecti, sicut alii ejusdem parochiæ qui habitant extra burgum. Et sic tota illa parochia Sancti Dionysii cum omnibus hominibus habitantibus in eadem, cujuscunque dominii sint, sive monasterii, sive alterius, tuæ jurisdictioni ecclesiasticæ in omnibus, sicut alia qualibet de Bituria, de cætero subjacebit. Tu vero pro illis hominibus monasterii qui ad præsens in eadem parte burgi morantur, de hominibus militum vel aliorum tuæ jurisdictioni subjectis in burgo manentibus totidem homines æquipollentes eisdem juxta bonorum virorum arbitrium recompensabis monasterio memorato, qui cum omni posteritate sua tam clericis quam laicis de cætero ecclesiæ Sancti Stephani parochiani existant, et in ecclesiastica jurisdictione omnimodo, sicut ejus homines, ipsi monasterio sint subjecti : et super his ejusdem loci abbati tuas litteras assignabis. Si vero in capella de Petrina monachus sacerdos vel clericus prius ad juridictionem abbatis pertinens ministraverit, ejusdem abbatis jurisdictioni ecclesiasticæ subjacebit ; alioquin tuæ jurisdictionis existet. In eadem quoque capella in præcipuis festivitatibus et beatæ Mariæ ac apostolorum nec non diebus Dominicis non admittetur quispiam ad divina, nisi infirmi tantummodo ibidem manentes, et servientes eorum. In privatis vero diebus, si quis in ea divina ex devotione audire voluerit, non vetetur. Præterea si quando tu vel officiales tui ecclesiam Sancti Germani supposueritis interdicto, in eadem capella celebrabitur voce submissa, clausis januis, non pulsatis campanis, et nullo admisso nisi pauperibus et infirmis, et servientibus eorumdem. Cæterum si forsan terra domini Castri Radulfi interdicto supposita generali fuerit, in ecclesia Sancti Stephani, submissa voce, clausis januis et non pulsatis campanis, celebrabuntur divina, dummodo interdictum illud in aliis duabus ecclesiis, videlicet Sancti Germani et Sanctæ Mariæ parvæ, facias observari. De quæstionibus vero ad invicem motis super his quæ sunt extra burgum taliter est provisum, ut capellani ecclesiarum quarum ad monasterium jus pertinet patronatus, omnia mobilia sive immobilia specialiter sibi legata integre sine percunctatione percipiant, et priores faciant illud idem de his quæ sibi specialiter legabuntur (91). Illud autem quod legatum fuerit ecclesiæ, ac determinatum exstiterit ad usum aliquem, utpote ad fabricam, luminare, vel hujusmodi, usui illi cedet ; si vero simpliciter ecclesiæ legatum fuerit, inter priorem et capellanum æqualiter dividetur. In ecclesia vero illa in qua prior non residet, in usum capellaniæ convertetur totaliter, nisi fuerit specialiter priori legatum. Bona quoque capellanorum decedentium per ecclesias acquisita penes capellanias, sive condiderint testamentum, sive intestati decesserint, remanebunt. Determinari etiam debet quid ad capellanum et quid ad priorem pertineat, ac super hoc scriptum authenticum fieri, quod tuo sigillo signabitur et abbatis. Et si forsan inter priorem et capellanum super jure capellaniæ vel ecclesiarum proventibus temporalibus quæstio aliqua oriatur, prior coram abbate, capellanus vero in tua vel officialium tuorum curia respondebit. Porro capellæ beatæ Mariæ de Cuslenc major capellanus, qui est de Praa, a te totam curam recipiet, et onus illius pariter sustinebit, ac officiabit eamdem vel officiari faciet per idoneum sacerdotem, ita quod cultus divini nominis ibidem nullatenus minuetur ; et illius vicarius præstito juramento promittet se tua jura et sententias servaturum. Insuper domus de Chamin de Cloys, cum illa de Perer Crocet ac illa de Cloys et quolibet alio jure suo, tibi libere remanebit. Domum etiam de Oblinquo, quæ in cœmeterio dicitur esse constructa, voluntati et provisioni abbatis et ejusdem loci prioris relinques, nec ipsum priorem super eadem per te vel aliquem ministrorum tuorum de cætero molestabis. Ad hæc autem est renuntiatum hinc inde quibuslibet privilegiis et indulgentiis utrinque super præmissis omnibus a sede apostolica impetratis, et nos ipsa, quantum ad præmissa omnia, viribus carere decernimus, salva tamen temporali jurisdictione abbatis in omnibus quæ infra cruces burgi consistunt. Ut igitur hæc nostra provisio robur perpetuæ obtineat firmitatis, ipsam auctoritate apostolica confirmamus et præsentis scripti patrocinio communimus. Decernimus ergo, etc., *usque* incursurum.

Datum Laterani, xvii Kal. Julii, pontificatus nostri anno quinto decimo.

---

(91) Vide lib. xi, epist. 262.

CXXVII.

ARCHIEPISCOPO BITURICENSI, ET EPISCOPO LEMOVICENSI, ET ABBATI DALONENSI CISTERCIENSIS ORDINIS LEMOVICENSIS DIOECESIS.

De electione abbatis Tutellensis.

(Laterani, Idibus Junii.)

Diligenter auditis et perspicaciter intellectis quæ coram nobis proposita sunt a patribus super duabus electionibus in Tutellensi monasterio celebratis, et delegatorum processu, qui unam cassantes, aliam confirmarunt, pensatis nihilominus natura et qualitate negotii, quibus potius duximus inhærendum, ipsorum delegatorum sententiam ratam habentes, per apostolica vobis scripta mandamus quatenus eam auctoritate nostra faciatis inviolabiliter observari, contradictores, si qui fuerint, vel rebelles per censuram ecclesiasticam appellatione postposita compescendo, nullis litteris veritati et justitiæ præjudicantibus a sede apostolica impetratis. Quod si non omnes, etc., duo vestrum, etc.

Datum Laterani, Idibus Junii, pontificatus nostri anno decimo quinto.

CXXVIII.

ANGELO ABBATI ET CONVENTUI SANCTI ALEXII DE URBE.

Confirmat illis vineas montis Aventini.

(Laterani Idibus Junii.)

Coram dilecto filio nostro Petro tituli Sanctæ Cæciliæ presbytero cardinale, quem syndico ecclesiæ Sanctæ Priscæ ac œconomo monasterii vestri concessimus auditorem, idem syndicus nomine ecclesiæ Sanctæ Priscæ omnes vineas in monte Aventino positas, quas idem monasterium possidebat, ab œconomo ipso petebat, quas pertinere ad ecclesiam Sanctæ Priscæ per instrumenta donationum Philippi et Epiphanii ostendere nitebatur. Verum pars vestra respondens dictas vineas juris esse monasterii Sancti Alexii, prout per instrumentum donationis Eufimiani, cujus donatio prædictorum Philippi et Epiphanii donationem tempore longo præcesserat, liquido apparebat, possessionem insuper longissimam allegabat, quam per instrumenta locationum et privilegia pontificum Romanorum et testes plurimos manifeste probavit. His igitur nobis per cardinalem eumdem fideliter explicatis, nos visis et auditis instrumentis ac confessionibus utriusque partis, et attestationibus et allegationibus intellectis, de fratrum nostrorum consilio œconomum vestrum nomine ipsius monasterii ab impetitione syndici Sanctæ Priscæ super dictis vineis sententialiter duximus absolvendum. Nulli ergo, etc., diffinitionis, etc., usque incursurum.

Datum Laterani, Idibus Junii, pontificatus nostri anno decimo quinto.

CXXIX.

MAGISTRO ET FRATRIBUS MILITIÆ TEMPLI.

De violenta manuum injectione in clericos.

(Signiæ, ix Kal. Julii.)

Ea quæ pro defensione nominis Christiani susti-

(92) Vide supra epist. 45.

netis discrimina nos inducunt ut vos et ordinem vestrum favore continuo prosequentes, quieti vestræ propensius intendamus, et studeamus auferre vobis materiam gravaminis et laboris. Hinc est quod vobis auctoritate præsentium indulgemus ut si qui e fratribus vestris in se invicem, sive in alios religiosos quoslibet, seu etiam in clericos sæculares manus injecerint violentas, per diœcesanos episcopos absolutionis beneficium assequantur, etiamsi eorum aliqui prius quam habitum vestrum susciperent, tale aliquid commiserint propter quod ipso actu excommunicationis sententiam incurrissent, nisi excessus ipsorum esset difficilis et enormis, utpote si esset ad mutilationem membri vel sanguinis effusionem processum, aut violenta manus in episcopum vel abbatem injecta, cum excessus tales et similes sine scandalo nequeant præteriri. Nulli ergo, etc., concessionis, etc., *usque* incursurum.

Datum Signiæ ix Kalend. Julii, pontificatus nostri anno decimo quinto.

CXXX.

BITURICENSIS ARCHIEPISCOPO.

Adversus archiepiscopum Burdegalensem.

(Signiæ, v Idus Julii.)

(92) Diligenter auditis et perspicaciter intellectis quæ tu et dilectus filius magister Amaneus procurator venerabilis fratris nostri Burdegalensis archiepiscopi coram nobis proponere voluistis super sententia quam auctoritate primatiæ in eumdem archiepiscopum promulgasti, suspendendo ipsum ab officio metropoliticæ dignitatis pro eo quod ad tuum vocatus concilium accedere non curavit, nec pro se aliquem idoneum destinare, de communi fratrum nostrorum consilio sententiam ipsam ratam habuimus et usque ad satisfactionem idoneam præcepimus observari, hoc ad cautelam expresso quod lis coram nobis non de primatia, sed de sententia, exstitit ventilata. Credentes igitur ad satisfactionem sufficere competentem pro prædicta sententia relaxanda ut memoratus archiepiscopus per seipsum aut alium virum idoneum ad tuam accedat præsentiam, relaxationem ejusdem sententiæ humiliter petiturus, et promissurus firmiter sub suarum, si necesse fuerit, testimonio litterarum quod ad tuum concilium vocatus accedet, facturus quod de jure fuerit faciendum, fraternitati tuæ per apostolica scripta mandamus quatenus cum ab eo fueris taliter requisitus, sententiam ipsam non differas relaxare, nullam ei pœnam infligens, si forte ipsam sententiam non servabit, antequam per nos fuerit declaratum an eadem esset sententia observanda, cum hoc apostolicæ providentiæ duxerimus reservandum. Alioquin venerabili fratri nostro Turonensi archiepiscopo et dilectis filiis decano et subdecano Pictaviensibus dedimus in mandatis ut illam appellatione remota relaxent absque præjudicio juris tui.

Datum Signiæ, v Idus Julii, pontificatus nostri anno decimo quinto.

Scriptum est super hoc eisdem in eumdem fere modum usque duxerimus reservandum. Quocirca discretioni vestræ per apostolica scripta mandamus quatenus si dictus archiepiscopus mandatum nostrum neglexerit adimplere, vos illam appellatione postposita relaxetis absque præjudicio juris archiepiscopi memorati. Quod si non omnes, etc., tu ea, frater archiepiscope, cum eorum altero, etc.

CXXXI.
FRATRIBUS JEROSOLYMITANI HOSPITALIS ET MILITIÆ TEMPLI IN REMENSI DIŒCESI CONSTITUTIS.
Ne interdictos vel excommunicatos tradant sepulturæ.
(Signiæ, Kal. Julii.)

Religionis intuitu, et etiam devotionis obtentu quam circa nos geritis, vos et domos vestras sincera charitate diligimus. Sed quantumcunque vos diligamus et prompta vobis velimus benignitate deferre, sustinere non possumus nec debemus ut si quid interdum contra Deum et justitiam attentatis, remaneat incorrectum. Audivimus autem, et audientes non potuimus non moveri, quod parochianos Corbeiensis Ecclesiæ, quæ specialiter beati Petri juris existit, sub prætextu confraternitatis, etiamsi vinculo teneantur excommunicationis astricti, ecclesiasticæ præsumitis tradere sepulturæ. Quoniam igitur tanto id gravius ferimus quanto vobis amplius indecens reputamus et vestræ saluti contrarium, per apostolica vobis scripta mandamus et districte præcipimus quatenus de cætero parochianos Corbeiensis ecclesiæ qui vinculo tenentur excommunicationis astricli ad sepulturam recipere nullatenus præsumatis, scituri quod si ipsos vel alios excommunicatos sepulturæ tradere præsumpseritis, honestati domus vestræ gravissime derogabitis, et tandem non sine indignatione nostra hujus præsumptionis correctionem, auctore Domino, sentietis.

Datum Signiæ, Kal. Julii, pontificatus nostri anno decimo quinto.

CXXXII.
RODULPHO PRESBYTERO.
Dantur ei monita.
(Signiæ, VI Non. Julii.)

Diligenter auditis et perspicaciter intellectis quæ circa te super voto ac professione monastici ordinis per inquisitionem delegatorum nostrorum reperta fuerunt, te ad observantiam regulæ monachalis decernimus non cogendum, quanquam saluti tuæ magis expedire credamus ut ad illud regnum feliciter obtinendum vim tibi facias et bellum indicas de quo legitur quod a diebus Joannis Baptistæ regnum cœlorum vim patitur, et illud diripiunt violenti. Tu ergo, sive licentia in sæculo remanendi, sive providentia exeundi de sæculo usus fueris, divinæ te subjicias servituti, et per mandatorum Dei semitas gradiaris ne forte, si secus egeris, teipsum decepisse proberis.

Datum Signiæ, VI Nonas Julii, pontificatus nostri anno decimo quinto.

CXXXIII.
FRATRIBUS HIEROSOLYMITANI HOSPITALIS IN HIBERNIA CONSTITUTIS.
(Signiæ, XIII Kal. Augusti.)

Cum a nobis petitur, etc. *usque* perducatur effectum. Eapropter, dilecti in Domino filii, vestris justis precibus inclinati, de Killemainan, de villa Turmot, de Ysoude, Sancti Michaelis de Krevach, Sancti Clementis Dublinensis, de Taverach, de Dovenachpatic, de Kilteltan, de Legno, de Moylbochen, de Moyllach, de terra Adæ Dullart et Pagani fratris sui, de Cluchihunche, de Knocduine, de Clunif, de Bernemeche Adæ de Lenz, de Dunler, de Ken, de Cloch, de terra Amauri de Feypo juxta Luvech, Sanctæ Mariæ in Arch., de terra quæ fuit R. filii W. Sancti Joannis Arch., de Rashmulin, de Incheme Kargi, de Maniblos, de terra Walteri de Logan, de terra W. Forestarii in Magelin, Sancti Joannis evangelistæ in Crafferg, de Bruach, de Glorie, de Batmolin, de Kilhiele, de Killuvarin, de Rathenans, de Tachsixan, de Rathsuln, de terra Philippi Vituli, de terra Thomæ Vituli, de terra Joannis de Peinkoyt, de Adcor, de villa Aufrid. in Ardrie, Sancti David de Nas., de terra Ricc. filii Alvered., de villa W., de Keldif, de Clane, de Juthe, de Killebech, de terra W. Cirencestre, de Dunig, de Kernach, de Marachem, de villa Sirloc, de Tuly, de Killemelin, de Rathbrid, de Kilros, de terra quæ fuit Radulfi de Offali, de Dunheve, de Finovere, de Orengam, de terra Thomæ filii Maur., de Killergi, de Struhan, de Dorric, de Foder, de villa David de Dunetham, de villa David Boch, de terra Ricc. Pmene, de Gilachnescop. in Obuy, de Archimen. Triech., de tota terra Reug. Poherii in Lagen., de Archemang, de Cavelmuy, de terra Ricc. de Hemfort, Sancti Petri de Selescar, Sancti Michaelis de Wescfort, Sancti Joannis, Sancti Patricii, Sanctæ Brigidæ, Sanctæ Mariæ Magdalenæ Wesfort, Sancti Joannis de Balischauc, de Inchescorch, Sancti Joannis de terra Ifeliæ de Pondlg, de Dufer, Sanctæ Mariæ de Slefcultre, de terra Rog. Valen., de terra Osbati God, de terra W. Bruselanc., de Senerab, de Kildium, Sancti Joannis Wateford, de Drukun, de Kesllivor, Sanctæ Mariæ de Tibh., de Arfinan, de Radron, de Magdevuin, de Stangenach, de terra W. Auguill., de terra Adæ Martel., de Obrid., de terra Alex. Carpentar., de Dumereth, de Typar, de Karketel, de Hules, de Cathan, de Kilguban, de terra Roberti Silwim., de Lunc., de Kilkallan, de Carcorchin, de terra Ricc. de Mora, de terra Thomæ filii Rad., de terra Henrici Pmen., de feudo decem militum in honore Cathan., de Addar., de terra Galf., de Exse., de terra Tancardcor., Sancti Marchach. Linurin., Sanctæ Brigid. Linurin., de terra Godeberti de Rupe., de imo Gantard. Inker, de Lachmecger., de Holegr., de toto tuedo de Amerit, de toto tuedo de Tulachleys, de toto tuedo de Horr., de toto tuedo de Maycr., Sancti Joannis de Corcang. de Roskelan, et de Senegart, Clencan, ecclesias cum omnibus villis, decimis, capellis, pertinentiis et appendiciis suis, nec non et alia bona vestra, sicut ea juste ac pacifice possidetis, vobis et per vos domui hospitalis auctoritate apostolica confirmamus et praesentis scripti patrocinio communimus. Nulli ergo, etc., confirmationis, etc., *usque* incursurum.

Datum Signiae, xiii Kalend. Augusti, pontificatus nostri anno decimo quinto.

CXXXIV.

JOANNI REDOSTONENSI EPISCOPO.

De graeco episcopo ad Ecclesiae unitatem reverso.

(Signiae, ii Idus Julii.)

Cum ad obedientiam sacrosanctae Romanae Ecclesiae redieris, sicut ex parte tua fuit propositum coram nobis, auctoritate tibi praesentium indulgemus ut in apostolicae sedis devotione persistens, illa gaudeas libertate qua gaudent Latini episcopi Romaniae, illamque jurisdictionem in subditos tuos obtineas quam et ipsi in dioecesibus suis habent. Nulli ergo, etc. concessionis, etc., *usque* incursurum.

Datum Signiae, ii Idus Julii, pontificatus nostri anno decimo quinto.

CXXXV.

EIDEM.

Ut Graecos hortetur ad unitatem Ecclesiae.

(Signiae, ii Idus Julii.)

Cum ad obedientiam apostolicae sedis redieris, ut quod audisti alii dicas : *Veni*, et trahas quasi cortina cortinam, fraternitati tuae praesentium auctoritate mandamus quatenus coepiscopos tuos nec non monachos et clericos Graecos, ut ad obedientiam sedis apostolicae revertantur, exhortationibus sedulis efficaciter moneas et prudenter inducas, ita quod diligentia tua clareat in effectu, et gratiam nostram merearis plenius et favorem.

Datum Signiae, ii Idus Julii, pontificatus nostri anno decimo quinto.

CXXXVI

BOIANENSI EPISCOPO.

De quodam instrumento corroso.

(Signiae, xiii Kal. Augusti.)

Significante venerabili fratre nostro episcopo Venafrano ad nostram noveris audientiam pervenisse quod ecclesia sua ignis incendio devastata, ipsius privilegia coactus est alias deponere conservanda : inter quae privilegium quoddam, quod inter Ecclesiam Venafranam et Hospitalarios civitatis ejusdem compositionis et pacis foedera continebat, repertum est ex conservatorum incautela corrosum. Unde quia ex ipsius abolitione magnum posset Ecclesiae Venafranae dispendium provenire, ac nonnulli, qui dum idem conderetur privilegium interfuerant, dictos Hospitalarios simile habere privilegium asseverent, nobis humiliter supplicavit ut inducere dictos Hospitalarios ad exhibendum idem privilegium dignaremur. Volentes igitur Ecclesiae Venafranae dispendiis praecavere, fraternitati tuae per apostolica scripta mandamus quatenus Hospitalarios antedictos ad praefatum privilegium exhibendum, secundum quod Ecclesiae antedictae privilegium reformetur, moneas efficaciter et inducas. Alioquin depositiones praedictorum testium audiens, efficias et procures ut eorum dicta in scripturam publicam ad perpetuam memoriam redigantur.

Datum Signiae, xiii Kal. Augusti, pontificatus nostri anno decimo quinto.

CXXXVII.

BERNARDO PRIMO ET FRATRIBUS EJUS.

Forma religionis quam tenent describitur.

(Signiae, x Kal. Augusti.)

(93) Ne quis de caetero vestrum valeat calumniari propositum, sicut olim diligenter examinavimus fidem vestram,[1] ita nunc conversationem vestram prudenter investigare curavimus, et utramque litteris apostolicis fecimus comprehendi, ut illas in testimonium habeatis. Conversationis ergo vestrae propositum tale est : « In nomine Patris et Filii et Spiritus sancti, et beatissimae semper virginis Mariae, ad aedificationem universalis sanctae Dei Ecclesiae, et ad salutem animarum nostrarum et omnium ad quorum aures pervenerit. Sicut fideliter credimus corde, fidem catholicam per omnia et in omnibus integram et inviolatam, quemadmodum in litteris nostrae examinationis expressum est, ore firmiter confiteri et nuntiare et praedicare proposuimus, et usque ad animam et sanguinem adversus omnes sectas haeresum defendere viriliter promisimus, consistentes sub magisterio et regimine unius et veri magistri Domini nostri Jesu Christi ac piissimi vicarii ejus papae Innocentii et successorum ejus, semper permanentes tam corpore quam spiritu in communione sanctae Romanae ac universalis Ecclesiae, quam sanctam et catholicam et apostolicam semper et ubique confitemur et praedicamus, extra quam neminem salvari fatemur. Sed quia fides sine operibus mortua est, saeculo abrenuntiavimus, et quae habebamus, velut a Domino consultum est, pauperibus erogavimus, et pauperes esse decrevimus, ita quod solliciti esse de crastino non curamus, nec aurum vel argentum vel aliquid tale, praeter vestimentum et victum quotidianum, a quoquam accepturi sumus. Consilia quoque evangelica velut praecepta servare proposuimus. Et quanquam officium nostrum sit praecipue ut omnes discant Scripturas sacras et omnes idonei, exhortentur tamen, dum tempus ingruit, propriis manibus laboramus, ita duntaxat ne pretium accipiamus conventum. Nam cum ex magna parte clerici simus, et pene omnes litterati, lectioni, exhortationi, doctrinae, disputationi contra omnes errorum sectas decrevimus desudare, disputationes tamen a doctoribus fratribus in fide catholica comprobatis et in-

---

(93) Vide lib. xiii, epist. 94, et lib. xv, epist. 82, 146.

structis in lege Domini dispensari, ut adversarii catholicæ et apostolicæ fidei cognoscant veritatem, et resipiscant a laqueis diabolici erroris, quibus tenentur capti. Cum prælatorum vero licentia et veneratione debita per idoneos fratres et in sacra pagina instructos, qui potentes sint in sana doctrina arguere gentem errantem, et ad fidem modis omnibus trahere, et in gremio sacrosanctæ Romanæ Ecclesiæ studebimus revocare. Denique licet dicat Christus : *Oportet semper orare et non deficere* (*Luc.* XVIII), et Apostolus : *Sine intermissione orate* (*I Thess.* v), tamen quidam nostrorum per vigenti quatuor vices inter diem et noctem, alii quindecies, alii duodecies, qui autem minus septies, pro omnibus hominibus secundum eorum gradus orant. Continentiam perpetuam et castimoniam vel virginitatem inviolabiliter conservando, suspectum mulierum consortium devitando, ut nemo nostrum solus ad solam, nec etiam ad loquendum, nisi audientibus aut videntibus legitimis testibus et certis personis, accedat. Nunquam in una domo fratres et sorores præsumant dormire, nunquam ad unam mensam residere. Ecclesiastica sacramenta suscipiemus ab episcopis et sacerdotibus in quorum diœcesibus et parochiis commorabimur, et eis obedientiam debitam et reverentiam exhibebimus. Per honestiores autem et instructiores in lege Domini et in sanctorum Patrum sententiis verbum Domini censuimus proponendum, de prælatorum Ecclesiæ conscientia et consensu, fratribus et amicis, clericis et laicis, ut discant necessaria pro hæreticis convertendis. In omnibus vero episcopatibus, diœcesibus, vel parochiis in quibus sumus vel fuerimus, disposuimus jejunare secundum morem et consuetudinem prælatorum et catholicorum virorum orthodoxorum illarum provinciarum, tam in vigiliis, quam in jejuniis Quatuor Temporum et Quadragesimæ. Ad mensam quoque semper legendum in domo qua fuerimus conversati, ex quo numerum excedimus octonarium. Silentium similiter data benedictione usque ad peragendas gratias observandum, nisi ob correctionem lectoris aut ob explanationem lectionis. Qui vero sæcularium nobis credunt, a quibuscunque aliquid per aliquam fraudem habuerint, necesse est, si potuerint et nobis acquiescere voluerint, ut ipsis et non aliis restituant. Decimas siquidem et primitias et oblationes et cætera secundum usum locorum servitia prælatis et aliis clericis sub quorum diœcesibus vel parochiis victitaverint fideliter persolvant : quod omnibus fidelibus Christianis efficaciter suademus. Religiosum et modestum habitum ferre decrevimus, qualem ex voto consuevimus deportare, utendo de cætero calceamentis communibus, ad consilium et mandatum summi pontificis, pro tollendo scandalo quod contra nos movebatur de calceamentis desuper apertis, quibus uti hactenus solebamus.» Vos ergo præscriptum conversationis propositum de corde puro et conscientia bona et fide non ficta taliter observetis ut Deo gratum obsequium et hominibus utile præbeatis exemplum. Datum Signiæ, x Kalend. Augusti, pontificatus nostri anno decimo quinto.

CXXXVIII.

POPULO ALEXANDRINO, SPIRITUM CONSILII SANIORIS.

Ut ab Ottone imperatore recedant.

(Signiæ, III Idus Julii.)

(94) Apostolicæ sedis erga vos ab ipsis civitatis vestræ primordiis gratiam et favorem ipsius quoque civitatis vocabulum protestatur, quam felicis memoriæ Alexander papa prædecessor noster, utpote novam plantationem Ecclesiæ, tanta charitatis prærogativa dilexit ut in perpetuam suæ gratiæ ac vestræ devotionis memoriam, eam suo curaverit nomine insignire. Qualiter autem nos ejus in vestra exaltatione vestigia non solum imitati fuerimus, verum etiam supergressi, licet operibus vos exhibeatis immemores, in vestris tamen cordibus memores, sicut credimus, permanetis ; quippe cum talia sint quæ vobis contulimus ut eorum nullo debueritis tempore oblivisci. Miramur igitur, nec satis admirantes sufficimus admirari, quod conversi in arcum perversum, et in reprobum sensum dati, sic cito recessistis a fidelitate nostra et sanctæ Romanæ Ecclesiæ matris vestræ, cui non solum debita minime præstitistis, verum et in impiorum consiliis abeuntes, facti estis inimici ejus, in capite impugnantes eam una cum persecutoribus ejus, et Ottoni tyranno et excommunicato et maledicto in nostram injuriam et animarum ac rerum vestrarum periculum adhærentes. Quanquam igitur merita vestra non exigant ut vos patris mansuetudine revocemus, sed potius severitate judicis puniamus, quia tamen pater filium diligit etiam offendentem, imitantes longanimitatem illius cujus patientia, quantum in ipso est, ad veniam peccatores adducit, universitatem vestram exhortamur attentius, per apostolica vobis scripta mandantes quatenus a præfato tyranno, qui, sicut per ea quæ circa nos egit, nisi esset cor vestrum insipiens obscuratum, advertere potuistis, benefactoribus suis mala pro bonis retribuit, atque ab ejus complicibus sano utentes consilio recedatis, et redeatis humiliter ad sinum sanctæ Romanæ Ecclesiæ matris vestræ, offensam præteritam obsequiis subsequentibus expiantes. Alioquin indubitanter noveritis vos privilegiis omnibus vobis ab eadem indultis perpetuo spoliandos, cum propter ingratitudinis vitium libertas in servitutis compedem revocetur.

Datum Signiæ, III Idus Julii, pontificatus nostri anno decimo quinto.

CXXXIX.

CREMONENSI EPISCOPO APOSTOLICÆ SEDIS LEGATO.

Confirmat depositionem episcopi Vicentini.

(Signiæ, Non. Julii.)

(95) Per tuas nobis litteras intimasti quod cum

---

(94) Vide infra epist. 189, et Baron. ad an. 1168, § 85.

(95) Vide lib. XVI, epist. 15.

contra episcopum Vicentinum tam per publicam famam quam per canonicos ipsius Ecclesiæ multa tuis fuissent auribus inculcata, licet notorium esset eumdem episcopum clamorem qui de ipso ascenderat opere complevisse, ad cautelam tamen eidem terminum præfixisti quo se tuo conspectui præsentaret, suam super objectis, si posset, innocentiam ostensurus. Quo demum pluribus sibi terminis assignatis in tua comparere præsentia non curante, in eum depositionis sententiam promulgasti, capitulo Vicentino alium eligendi liberam tribuens facultatem. Quamvis igitur ad id fine nostro speciali mandato procedere non debueris, cum hoc sit unum ex illis quod sibi sedes apostolica specialiter reservavit, quia tamen nota est ejus enormis dilapidatio, et deformis insufficientia non ignota, et antequam tuas litteras acceperimus, nos super ipsius depositione nostras feceramus litteras jam notari, fraternitati tuæ per apostolica scripta mandamus quatenus eumdem facias ab Ecclesiæ Vicentinæ regimine perpetuo remanere remotum, monens idem capitulum diligenter ut in nullo de cætero eidem intendens, personam idoneam et Ecclesiæ Romanæ devotam sibi per electionem canonicam infra mensem præficiant in pastorem. Alioquin tu id auctoritate nostra sublato cujuslibet contradictionis et appellationis obstaculo exsequaris, nihilominus dictum episcopum per censuram ecclesiasticam districtissime cogens ut pecuniam quam de alienatis Ecclesiæ possessionibus congregavit refundat in ejusdem Ecclesiæ debita persolvenda.

Datum Signiæ, Non. Julii, pontificatus nostri anno decimo quinto.

Super hoc scriptum est capitulo Vicentino.

CXL.

EPISCOPO AURASICENSI.

Delegat causam matrimonii mulieris bigamæ.

(Signiæ, ii Idus Julii.)

Ex tuarum perpendimus serie litterarum F. mulierem Aurasicensem coram te fuisse conquestam quod, cum B. Garinus parochianus tuus eam duxisset legitime in uxorem, eamdem non curabat maritali affectione tractare; cumque partes ad tuam præsentiam convocasses, dicta mulier juramento firmavit quod idem B. per verba de præsenti contraxerat cum eadem, testibus nihilominus ad hoc probandum productis, quorum depositiones eisdem duxisti litteris inserendas. Econtra vero B. memoratus juravit se nunquam contraxisse cum muliere jam dicta, nec eamdem annulo subarrhasse, producens nihilominus testes ad reprobationem testium productorum ab ipsa, dicta quorum eisdem inserere litteris procurasti. Proposuit etiam B. prædictus quod eadem mulier cuidam Sthephano in Ecclesiæ facie fuerat matrimonialiter copulata, qui carnaliter eamdem cognoverat, et eam tenebat in domo propria ut uxorem, quod in jure confessa fuit mulier sæpe dicta, asserens tamen se cum B. sæpedicto primitus contraxisse. Cumque postmodum mulier eadem ad testes interim producendos diem sibi peteret assignari, dictus B. asserens eamdem audivisse dicta testium productorum ab ipso, ac propter hoc non debere rursum ad testium productionem admitti, sedem apostolicam appellavit, octavas sancti Martini proximo venturas terminum suæ appellationi præfigens : quem terminum arctans ad festum Ascensionis proximo tunc futurum, nobis humiliter supplicasti ut causam eamdem fine terminare debito dignaremur. Nos igitur iis tam per litteras tuas quam per relationem dilecti filii G. subdiaconi et capellani nostri, quem eidem B. concessimus auditorem, plenius intellectis, easdem litteras tuas sub bulla nostra tibi remittentes inclusas, fraternitati tuæ per apostolica scripta mandamus quatenus, si de hoc principaliter coram te actum fuerit, quod videlicet sæpe nominatus B. memoratam F. maritali non curabat affectione tractare, et vera sunt quæ in præfatis tuis litteris continentur, dictum B. ab impetitione prædictæ mulieris absolvas. Quia sive ipsa mulier primus cum Stephano quam cum B. sæpedicto contraxit, primum factum debet præjudicare secundo; sive constet eam primo cum B. postmodum cum Stephano contraxisse, nihilominus ejus petitioni obviat adulterium de quo est manifeste confessa. Si vero de hoc principaliter fuit actum, utrum scilicet inter dictum B. ac mulierem præfatam legitimum fuerit matrimonium, cum super hoc causa non fuerit sufficienter instructa, eam plenius audias, et fine canonico appellatione remota decidas, faciens quod decreveris per censuram ecclesiasticam firmiter observari.

Datum Signiæ ii Idus Julii, pontificatus nostri anno decimo quinto.

CXLI.

NORWINCENSI IN HIBERNIA COMMORANTI, CLUANFERTENSI ET ENACTUNENSI EPISCOPIS.

Adversus episcopum Waterfordensem.

(Signiæ, vi Kal. Julii.)

Cum causam quæ inter venerabilem fratrem nostrum Lesmorensem et Davidem quondam Waterfordensem episcopos vertebatur venerabilibus fratribus Laoniensi et Corcagiensi episcopis et dilecto filio archidiacono Cassellensi sub certa forma duxerimus committendam, ipsi mandatum nostrum, tanquam obedientiæ filii, diligenter; sicut ex litteris eorum accepimus, exsequi cupientes, ad instantiam ipsius Lesmorensis episcopi eumdem Waterfordensem episcopum citaverunt ut juxta mandati apostolici formam in jure dicto episcopo responderet. Sed eo postmodum in eorum præsentia comparente, idem Waterfordensis præfatum Lesmorensem episcopum ob quasdam adulterinas litteras nomine bonæ memoriæ Joannis tituli Sancti Stephani in Cœlio monte presbyteri cardinalis, tunc in partibus Iliberniæ apostolicæ sedis legati confectas, quas idem Lesmorensis per collationem aliarum litterarum ipsius cardinalis veracium coram eisdem judicibus aperte redarguit falsitatis, probare nitebatur excommunicationis nexibus irretitum. Sed cum nec hanc nec etiam alias exceptiones objectas dictus Waterfordensis probare aliquatenus potuisset, lite super principali præsentibus partibus contestata, diem ipsis dicti judices statuerunt infra quam dictus Waterfordensis a quibusdam Satanæ satellitibus, instigante diabolo, exstitit immaniter trucidatus. Postmodum autem cum Robertus clericus fuisset ad Ecclesiam Waterfordensem electus, et venerabilis frater noster Cassellensis archiepiscopus vellet imponere sibi manus, quia dictus electus, sequens sui prædecessoris vestigia, occupatas possessiones invaserat per potentiam laicalem, præfatus Lesmorensis episcopus pro sui juris tuitione adversus eumdem reclamavit electum. Sed antefato archiepiscopo respondente quod ipsum tantum ad Waterfordensem et non ad Lesmorensem Ecclesiam consecrabat, præfati judices præmissum Robertum jam in episcopum consecratum suis citatoriis litteris ad eorum præsentiam evocarunt, super possessionibus a prædecessore suo nequiter occupatis eidem episcopo responsurum. Eo itaque coram ipsis ad præfixum sibi terminum comparente, citationem ipsam non fuisse canonicam his rationibus allegavit; tum quia eadem nonnisi viginti et septem dies a termino continebat, tum etiam quod tantum ab uno ipsorum judicum et quodam abbate alio, cui prænominatus Corcagiensis commiserat vices suas, exstiterat evocatus. Verum, cum dictis judicibus constitisset quod triginta et novem dierum fuerat citatio prænotata, et quod etiam licet judici delegato citationis officium cuilibet committere ac punire ratione prævia contemptorem, exceptionem illam esse frivolam decreverunt.

Qua de re dictus Waterfordensis accensus, sedem apostolicam appellavit; et suæ appellationi terminum aliquatenus non præfigens, et nullam aliam rationabilem causam objectæ appellationis allegans, recessit contumaciter a præsentia eorumdem. Judices autem appellationem hujusmodi, pro eo quod in litteris commissoriis fuerat remedium appellationis sublatum, frustratoriam attendentes, et advertentes etiam quod per sui prædecessoris procuratores et per ipsum episcopum demum in eorum præsentia lis fuerat contestata, testes ipsius Lesmorensis episcopi super duobus articulis eisdem ab apostolica sede commissis, videlicet quod Ecclesia Lesmorensis a tempore cujus non exstat memoria fuerat cathedralis, et super ipsius electione canonica receperunt; tertio articulo prætermisso, videlicet quod excommunicatus exstiterat præfati Waterfordensis episcopi prædecessor, cum inhumanum sit persequi odio jam defunctum. Testes etiam super violenta manuum injectione ipsius Lesmorensis episcopi de novo præsumpta post factam illis commissionem recipere decreverunt, cum ad eorum spectaret officium corrigere male acta circa negotium sibi ab apostolica sede commissum.

Testibus itaque sic receptis et attestationibus publicatis, dicti judices attestationes ipsas Waterfordensi episcopo transmiserunt, diem præfigentes eidem quo in eorum præsentia compareret, in testes, si vellet, aut dicta testium aliquid objecturus. Eodem itaque Waterfordensi minime comparente, nec mittente aliquem idoneum responsalem, iidem judices tam attestationibus a nobis sibi transmissis quam etiam aliis quas ipsi receperant fideliter publicatis, cum per inspectionem earum et litteras venerabilium fratrum nostrorum archiepiscopi Tuamensis et episcopi Duacensis, qui super eodem negotio a nobis judices fuerant instituti, et restitutionem Lesmorensis Ecclesiæ adjudicarant eidem, et in possessionem induxerant corporalem, de intentione præfati Lesmorensis episcopi plenissime constitisset, communicato virorum prudentum et jurisperitorum consilio, possessionem Lesmorensis Ecclesiæ cum suis omnibus pertinentiis adjudicarunt auctoritate nostra episcopo memorato, sæpefatum Waterfordensem episcopum ad solutionem centum et sexaginta marcarum argenti, taxatione ab ipsis ultra dimidiam partem quantitatis provide facta, expensarum et ablatorum nomine condemnantes, et charitate fraterna, quæ cum scandalizatis uritur et cum patientibus infirmatur, exsilio diutino et miseriis compatientes continuis episcopi sæpefati, dictus Corcagiensis episcopus et dilectus filius Laoniensis decanus loco alterius judicis in corporalem possessionem ipsius Lesmorensis Ecclesiæ ipsum episcopum induxerunt. Cæterum cum paulo post idem Lesmorensis episcopus, in Sabbato quo *Sitientes* cantatur, celebraret solemniter ordines in eadem, quidam familiares dicti Waterfordensis episcopi una cum Rog. Christophori ipsius episcopi seneschalco ab ipso specialiter destinato dictum episcopum aliquandiu in ipsa ecclesia obsidentes, demum in eumdem ab ecclesia sacris indutum vestibus exeuntem actu nefario irruerunt et ecclesiam ipsam bonis tam intrinsecis quam extrinsecis per violentiam spoliantes, et ab ipso episcopo indumenta pontificalia viliter manu sacrilega extrahentes, cum duobus presbyteris de loco ad locum per invia usque ad castrum de Dungarvan, in quo erat Waterfordensis episcopus, captivum immaniter abduxerunt eumdem. Cujus pedibus idem Waterfordensis, deponens modestiam pontificis, et induens nequiter carnificis feritatem, compedes tradens ferreos manu sua, et juvans fabrum clavos ipsis compedibus defigentem, sic ipsum carceris ergastulo mancipavit. Post hæc autem dicti judices apud Cassellum una cum dicto Cassellensi archiepiscopo in majori ecclesia convenientes in unum, hujus iniquitatis auctores et etiam consentientes eidem, præsente Waterfordensi episcopo et pariter assentiente, accensis candelis, excommunicationis vinculo solemniter innodarunt. Evadente itaque post septem hebdomadas Lesmorensi episcopo Dei auxilio carcerem supradictum, in quo siti, fame ac penuria multiplici acriter fuerat maceratus, iidem judices præfatum Waterfordensem episcopum ut eidem Lesmorensi episcopo satisfaceret de injuriis irrogatis suis duxerunt citandum litteris iterato.

Quo in die statuto in ipsorum præsentia comparente, ac post comminationes quamplurimas ex parte regis Angliæ intentatas temere in eosdem contumaciter ab ipsorum auditorio recedente, ipsi judices, licet hujus facti enormitas esset notoria et fere omnibus manifesta, quia tamen idem Waterfordensis patratum scelus de ascensu ipsius factum fuisse negabat, testes contra ipsum, utpote lite super hoc articulo contestata, cum solemnitate debita receperunt: quorum depositionibus publicatis, et transmissis etiam ad Waterfordensem episcopum supradictum, diem sibi et locum denuo præfixerunt, ut si duceret in testes aut eorum depositiones aliquid opponendum, ad ipsorum præsentiam accederet id acturus. Qui comparens in statuto termino coram eis, minas comminationibus et convitia præmissis injuriis aggregavit, parans instinctu diaboli eidem episcopo latenter insidias per Thomam suum clericum in coemeterio Limiricensi; cumque Lesmorensis prædictus esset in ostio Limiricensis ecclesiæ constitutus, dictus Thomas Dei timore postposito manus injecit temerarias in eumdem, et sibi litteris jamdictorum archiepiscopi Tuamensis et episcopi Duacensis a manibus ipsi violenter avulsis, evaginato gladio sic ipsum conatus est decollare quod ictus aspere ferientis, a quo divina potentia ipsum episcopum liberavit, in ostium defluens memoratum, ibidem perennis memoriæ vestigia dereliquit. Quem, quia id præsumpserat ipsis judicibus astantibus et cernentibus tantum scelus, denuntiarunt publice anathemati subjacere; ipsi Waterfordensi episcopo arctius inhibentes ne communicare in aliquo præsumeret clerico memorato. Sed idem episcopus inhibitionem hujusmodi vilipendens, tam in corporali quam in spirituali mensa eadem die ac deinceps ipsi Thomæ communicare non metuit, quemadmodum per testes didicerant judices supradicti. Et licet idem episcopus in testes et eorum testificata eadem die objicere noluisset, ac ab ipsorum conspectu contumax discessisset, ad ipsius malitiam convincendam non solum ei alterum, sed etiam tertium et quartum diem ad ultimum eidem peremptorium indixerunt.

Quo nullatenus comparente, nec sufficientem ad eos responsalem mittente, dum ipsis per attestationes quas nobis sub sigillis suis dicti judices destinarunt, de violentia ipsi Lesmorensi a Walterfordensi episcopo irrogata et injectione violentarum manuum constitisset, assidentibus eis viris prudentibus et discretis, tam ipsum in canonem latæ sententiæ incidisse quam omnes fautores suos, candelis accensis et pulsatis campanis excommunicatos publice nuntiarunt, auctoritate nostra præmisso archiepiscopo injungentes ut ipsum excommunicatum per suam faceret provinciam nuntiari, et sibi rerum spiritualium curam, donec in sententia perdurandum duceret, interdicens, sæpefatum Lesmorensem episcopum in corporalem possessionem auctoritate nostra induceret Ecclesiæ Lesmorensis, adjicientes eidem ut tam clero quam populo Waterfordensi sub interminatione anathematis districtius inhiberet ne ipsi episcopo in excommunicatione pertinaciter existenti præsumerent in aliquibus obedire, sed potius ipsi metropolitano reverentiam omnimodam exhiberent. Sed ipsi clerici facti salutis propriæ contemptores, dicto episcopo participare ausu temerario præsumentes, eidem archiepiscopo in unctam ipsis reverentiam impendere noluerunt. Propter quod idem archiepiscopus in ipsos excommunicationis sententiam promulgavit, quam ipsi judices duxerunt postmodum auctoritate apostolica confirmandam. Quocirca fraternitati vestræ per apostolica scripta præcipiendo mandamus quatenus prædictas sententias, sicut rationabiliter sunt prolatæ, faciatis usque ad satisfactionem condignam per censuram ecclesiasticam appellatione remota inviolabiliter observari, contradictores, si qui fuerint, vel rebelles per subtractionem beneficiorum, si necesse fuerit, sublato appellationis obstaculo compescendo. Ut autem dictus Waterfordensis episcopus de sua non possit malitia gloriari, eumdem cum litteris vestris ad nostram præsentiam dirigatis. Quod si non omnes, etc., duo vestrum, etc.

Datum Signiæ, vi Kal. Julii, anno xv.

CXLII.

CREMONENSI ET VERCELLENSI EPISCOPIS APOSTOLICÆ SEDIS LEGATIS, ET REGINENSI ELECTO.

Ut Brixiensis episcopus ad cessionem cogatur.

(Signiæ, ii Non. Augusti.)

Licet secundum Apostolum, qui episcopatum desiderat, bonum opus desiderat, si tamen episcopus nominis non exsequatur effectum, unde dolere possit invenit; quia de primatu quem in terris obtinet, confusionem exspectat in cœlis. Cum enim esse debeat ut oliva fructifera in domo Domini, et tanquam lignum plantatum secus decursus aquarum, reddere fructum tempore suo, si non fructificat, non absurde comparatur ficulneæ quæ fructus non edit acceptos, et terram sterilem reddit sub umbra nociva inutiliter occupatam. Talis episcopus tanto gravius cadit interius apud Deum quanto altius videtur exterius apud homines ascendisse. Periculosus est talibus ad episcopatum ascensus; sed tanto periculosior est episcopatus retentio, cum quis sollicitudini non sufficit pastorali, quanto efficacius per experientiam suæ insufficientiæ didicit onera præsulatus; et retinentem accusat ambitio quem recipientem exactio debuerat excusare; cum in talibus adesse debeat coacta voluntas et voluntaria coactio non deesse, ut se cogi non renuat et velle non audeat ni cogatur. Expedit ergo prælato qui nequit in prælatione proficere quod efficiatur unus de parvulis, et descendat exterius ut intus ascendat, et in minori proficiat qui deficit in majori; quia non in sublimitate graduum, sed in amplitudine charitatis acquiritur regnum Dei, apud quem non gradus elegantior, sed vitæ melioris actio comprobatur. Unde prudenter animæ suæ consulet et honori (Joannes) Brixiensis episcopus, si episcopatui corpore cedet cui videtur utilitate cessisse. Cum enim, sicut ex litteris vestris accepimus, linguæ sit officio destitutus, et lingua prælati esse non debeat alligata, exsequi non poterit prædicatoris officium mutus et annuntiare populo scelera sua, cujus sanguinem Deus de manu prælati requiret; cum etiam grandævus ætate, confectus senio, et præ longæ infirmitatis angustia sit effectus inutilis Ecclesiæ Brixiensi, nequit ascendere ut in die belli pro domo Domini se murum opponat ascendentibus ex adverso. Si sic est, sponsi caret amplexibus, licet habere sponsum videatur, ecclesia memorata, cum sponso carere tolerabilius sit quam sub inutili sponsi nomine incommoda viduæ sustinere. Ne igitur sub umbra matrimonii diu portet onera viduitatis ecclesia supradicta, cum sit providendum non tam prælatis in Ecclesiis quam Ecclesiis in prælatis, discretioni vestræ per apostolica scripta mandamus quatenus, si præmissis veritas suffragatur, su pradictum episcopum ad resignationem episcopatus moneatis prudenter et efficaciter inducatis. Qui si prudenti meditatione prævidere voluerit quid expediat, voluntate præveniet cessionem, et cessio longæ monitionis instantiam nullatenus exspectabit, ut non quæ sua sunt, sed quæ Jesu Christi quærere videatur, et voluntaria cessio notam ambitionis excludat. Sed si cedere sponte noluerit, cum frequenter petierit a cura et sollicitudine per nos Ecclesiæ Brixiensis absolvi, et in manu bonæ memoriæ Geraldi Albanensis electi, tunc apostolicæ sedis legati ordinationem posuerit Ecclesiæ supradictæ, nec liberum sit suæ voluntatis arbitrium in superioris judicium jam translatum, quia frequenter nobis illuderetur a subditis si deambulatoria esset subjectorum voluntas ad examen cognitionis nostræ delata, ab eodem episcopo Ecclesia sæpedicta soluta, faciatis eidem juxta formam prioris mandati nostri de tali persona per electionem canonicam provideri per quam auferatur temporis jactura præteriti et futuri commoditas conferatur, ipsaque nobis et Ecclesiæ Romanæ manifeste fidelis sit et devota, providentes nihilominus eidem episcopo in certis redditibus, de quibus competenter valeat sustentari. Quod si non omnes, etc., duo vestrum, etc.

Datum Signiæ, ii Non. Augusti, anno xv.

CXLIII.

ABBATI MONASTERII SANCTÆ MARIÆ DOLENSIS, EJUSQUE FRATRIBUS TAM PRÆSENTIBUS QUAM FUTURIS REGULAREM VITAM PROFESSIS IN PERPETUUM.

De confirmatione privilegiorum.
(Datum Signiæ.)

Effectum justa postulantibus indulgere non solum vigor æquitatis, verum etiam ordo exigit rationis, præsertim quando petentium voluntates et pietas adjuvat et veritas non relinquit. Quocirca, dilecti in Domino filii, vestris justis postulationibus clementer annuimus, et ad exemplar prædecessorum nostrorum felicis recordationis Paschalis, Calixti, Anastasii, Adriani, Alexandri, Lucii et Cœlestini Romanorum pontificum præfatum monasterium Sanctæ Dei genitricis sempérque virginis Mariæ Dolensis, quod ad jus et proprietatem beati Petri pertinere dignoscitur, in quo divino mancipati estis obsequio, cum omnibus ad ipsum pertinentibus apostolicæ sedis privilegio roboramus, statuentes ut quascunque possessiones, quæcunque bona idem monasterium, etc., *usque* omnino consistant; in quibus hæc propriis duximus vocabulis exprimenda: Ecclesiam videlicet Sancti Martialis, ecclesiam Sancti Andreæ apostoli et Sancti Martini sitas apud castrum Radulphi, ecclesiam Sancti Dionysii extra castrum prædictum, cum sexaginta solidis censualibus ab altero capellanorum ipsius ecclesiæ reddendis; ecclesiam Sancti Stephani protomartyris, Sancti Germani confessoris, et aliam ecclesiam beatæ Mariæ in burgo Dolensi. In episcopatu Bituricensi; Vodolense monasterium cum pertinentiis suis, videlicet ecclesiam parochialem beati Petri de Bennet, ecclesiam de Ambraus, ecclesiam de Chodac, ecclesiam de Condé cum aliis suis appendiciis, monasterium de Cella cum parochia sua et capellam Sancti Petri de Brioria, capellam Sancti Germani cum pertinentiis, ecclesiam de Meulent cum capella Sancti Romuli, monasterium de Uriaco cum ecclesiis et capellis suis, Sancti Martini de castro, Sancti Nicolai Sancti Christophori, Sancti Martiani, Sancti Silvei, ecclesiam de Olcas, et novam ecclesiam; ecclesiam de curte Sancti Victoris cum parochia sua, ecclesiam de Sargiaco cum appendiciis suis, ecclesiam de Mesple, ecclesiam de Ortenay, ecclesiam de Arfolio, ecclesiam de Parnay, ecclesiam de Sosbers, ecclesiam de Arconcio, capellam Sanctæ Mariæ et Sancti Hilarii, ecclesiam de Farvargines, ecclesiam Sancti Pauli extra muros civitatis Bituricensis cum parochia sua, ecclesiam de Vorle, ecclesiam de Prada cum capellis de Cusiene, Sanctæ Mariæ, Sancti Ursini et Sancti Christophori, cum ecclesiis de Visdon; ecclesiam Sancti Stephani de castro Melani cum ecclesiis et capellis suis et capellam Sanctæ Mariæ, Sancti Silvani, Sancti Petri et Sancti Martini; ecclesiam Sancti Januarii, ecclesiam de Utriaco, ecclesiam de Vico cum capella de Albeis, ecclesiam Sancti Petri de Bosco, ecclesiam Sancti Hilarii de Borneis cum capellis suis Sanctæ Mariæ de castro Lineriis, Sancti Martini de Borneis. Capellam de Cosnec, ecclesiam de Reciaco cum capella Sancti Juliani, ecclesiam sancti Karterii, ecclesiam de Noent, ecclesiam de Vico juxta Sanctum Karterium, ecclesiam Sancti Aigulphi, ecclesiam Sancti Salvatoris de Masuilio cum appendiciis suis, ecclesiam Sancti Stephani, de Cassagnolis, ecclesiam de Maesnio cum capellis suis et parochia, ecclesias de Ardenta, ecclesiam de Campiliaco, ecclesiam Sancti Symphoriani de Creissac, ecclesiam de siam de Mosterolj, ecclesiam de Cercillat, ecclesiam Novo vico paludoso, ecclesiam de Jaugeth, ecclesiam de Linars, ecclesiam de Genollæ cum capellis suis de Duno, ecclesiam Sanctæ Sericleræ, et capellam Sancti Martialis, Sanctæ Mariæ de Capellula, monade Cumps, ecclesiam de Bussolio cum capella de sterium de Pontiaco cum capella Sanctæ Mariæ, Azeis, Ecclesiam de Baudra, ecclesiam de Roura, ecclesiam Sancti Martini, Sancti Desiderii, ecclesiam de Polignet, ecclesiam de Brittannia, ecclesiam de Nozerolis, ecclesiam de Meanis, ecclesiam de Briona, ecclesiam de monasterio Causina, de oratorio Sancti Michaelis, ecclesias de Salgiaco, ecclesiam de Vilers, ecclesiam de Diors, ecclesiam ecclesiam de Bonis cum ecclesia parochiali, ecclede Nuce, ecclesiam de Floriaco, ecclesias et capel- siam de Fortio cum ecclésiis et appendiciis súis, las omnes utriusque Closis, ecclesiam de Marto- ecclesiam de Artreio, ecclesias de Roca cerveria, niaco, nec non ecclesiam de Grunay, ecclesiam de de Graula, de Lorge, de Veteri vinea, de Garineria, Besselgia, ecclesias de Challac cum parochiis suis, ecclesiam de Malavalle, ecclesiam de Cosdra, ecclesiam de Vigo, ecclesiam de Celon, ecclesiam siam de Brennaio, ecclesiam de Ligolio, ecclesiam de Luserich', ecclesiam de Musnay cum capella Sancti Flodovei, insulam de Andria cum ecclesia, Ivernali, ecclesiam de Niernum cum capella de Su- capellam de castro Begonis, ecclesiam de Boia, ectrinum, ecclesiam de Chambona cum parochia sua, clesiam de Musterles cum capella sua, ecclesiam ecclesiam de Claudioniaco cum capella de Cambo- Sancti Gereonis Aurelianis, ecclesiam Sancti Vinnio, ecclesiam de Thausiliaco cum parochia sua, centii, ecclesiam Sancti Leonardi de insula Bucardi, ecclesiam Sancti Sigiranni de Chambot, ecclesiam cum ecclesia de Lamere, ecclesiam de Domo FagiSancti Laurentii de Gargelossa', ecclesiam de Cu- nea cum capellis Sancti Petri et Sancti Michaelis zuin, Ecclesiam de Bairezia, ecclesiam de Damper, de Duno, cum terra, hominibus, burgo, libertate ecclesiam de Ortena, ecclesiam Sancti Pantaleonis et immunitate ipsius, et cum omnibus ad eamdem cum capellis suis de Fero et de Bonavilla, eccle- ecclesiam pertinentibus.

siam de Pomerio, ecclesiam de Crosent cum capellis suis, ecclesiam de Aguzun, ecclesiam de Copdallia, ecclesiam de Capellula, capellam Sancti Eligii cum appendiciis suis, ecclesiam de Amuclero, ecclesiam Sancti Austregisili de Castellonovo, ecclesiam Sancti Genitoris de Oblinquo, capellam Sanctæ Mariæ, Sancti Petri et Sancti Sigiranni in eodem castro, ecclesiam de Tremsals, ecclesiam de Arthaim, ecclesiam de Oratorio, ecclesiam Sancti Severi cum ecclesiis et capellis suis, ecclesiam Sancti Martini, capellam Sancti Petri, Sancti Joannis, ecclesiam Sanctæ Mariæ de Polinic, ecclesiam Sancti Martini de Polinic, ecclesiam de Sazerech, ecclesiam de Pairaziaco, ecclesiam Sancti Projecti, ecclesiam Vigionensem, ecclesiam de Crevent, monasterium de Spinocolero cum appendiciis suis, pro quo singulis annis duodecim denarios Ecclesiæ persolvetis, sicut est antiquitus constitutum.

Præterea Virsionensem monasterium vobis vestrisque successoribus perpetuo providendum et regendum committimus. Donum quoque et concessiones Emenonis Exolduneu. senioris quas fecit Emenoni et Alberto abbatibus Dolensibus de monasterio beatæ Mariæ apud castrum Exolduni sito, quemadmodum prædicti prædecessoris nostri piæ recordationis Calixti papæ privilegio continetur, vobis nihilominus confirmamus, adjicientes insuper ecclesias de Brivis, ecclesiam de Plancis, ecclesiam de Maron, ecclesiam Sancti Austregisili de Turre clerici, capellam Sancti Michaelis, et ecclesiam Sancti Desiderii ejusdem castri, ecclesiam de Vigevilla cum parochia sua, monasterium de Pradellis cum parochia sua, capellam de Bortiaco, ecclesiam de Noent, ecclesiam de Magniaco cum appendiciis suis, ecclesiam Sancti Petri de Duno, ecclesiam de Latapetra, ecclesiam de Nozelio, ecclesiam de Mosterio, eccle-

Præterea Andezesmensem ecclesiam cum ecclesiis et capellis suis, quæ utique beati Petri juris esse cognoscitur, ex apostolicæ sedis benignitate vobis et successoribus vestris regendam disponendamque concedimus, quemadmodum a supradictis Romanis pontificibus Paschali, Calixto, Adriano, Alexandro, Lucio et Cœlestino noscitur institutum eorumque privilegiis confirmatum, ut videlicet ex eadem ecclesia duos solidos, ex Dolensi vero monasterio unum Lateranensi palatio persolvatis. Ad hæc, felicis memoriæ Eugenii, Adriani, Alexandri, Lucii et Cœlestini prædecessorum nostrorum vestigiis inhærentes, sententiam quam bonæ memoriæ Galfridus Burdegalensis archiepiscopus et Lambertus Engolismensis episcopus super capella Sancti Nicolai de Rocella, super qua inter vos et Cluniacenses monachos controversia vertebatur, ex mandato ipsius Eugenii papæ rationabiliter protulerunt et scripti sui pagina roborarunt, auctoritate apostolica confirmamus et sicut ab eis judicatum est, capellam ipsam a vobis vestrisque successoribus inconcusse perpetuo decernimus possidendam. Capellam quoque Sancti Thomæ martyris Cantuariensis archiepiscopi juxta præfatam capellam Sancti Nicolai de novo constructam nihilominus vobis duximus confirmandam. Decernimus etiam ut quod idem Dolense monasterium ab initio fundationis suæ privilegiis prædecessorum nostrorum obtinuit, perpetuis futuris temporibus inviolabili obtineat firmitate, ut scilicet nullus episcoporum, nec etiam Bituricensis archiepiscopus, in cujus parochia idem monasterium situm est, abbatem seu etiam monachos suspendere vel excommunicare vel ad synodum vocare judiciaria potestate, aut divinum officium interdicere præsumat ibidem; sed si necesse fuerit eidem præsuli totum comitatum Bituricensem interdicto subjicere, omnes monachi et familia ejusdem monasterii immunes ab eodem interdicto semper existant, liceatque illic Deo famulantibus monachis divina officia celebrare et jam dictam familiam tumulare; ita tamen ut excommunicati vel interdicti ad ea nullatenus admittantur. Chrisma vero, oleum sanctum, consecrationes altarium, basilicarum dedicationes, benedictiones abbatum, ordinationes quoque monachorum et clericorum vestrorum burgi Dolensis cæteraque ecclesiastica sacramenta a quocunque malueritis catholico suscipietis episcopo gratiam et communionem apostolicæ sedis habente, qui nostra fretus auctoritate sine cujuslibet contradictionis vel appellationis objectu quod postulabitur non differat exhibere; sicut a præfato Cœlestino papa vobis dignoscitur esse concessum.

Præterea compositionem quæ inter monasterium vestrum et bonæ memoriæ Stephanum Bituricensem archiepiscopum super ecclesiis et decimis de quibus quæstio vertebatur facta est, et hinc inde recepta, et in scriptis authenticis prædicti archiepiscopi nec non decani et capituli Sancti Stephani Bituricensis continetur expressa, auctoritate apostolica confirmamus. (96) Provisionem quoque inter vos et venerabilem fratrem nostrum G. Bituricensem archiepiscopum nobis mediantibus factam super ecclesiis, clericis, et aliis hominibus burgi Dolensis nec non pluribus aliis, sicut in nostro continetur authentico, per hujus privilegii paginam auctoritate apostolica confirmamus, et in perpetuum ratam manere censemus. In parochialibus vero Ecclesiis vestris vacantibus liceat vobis personas eligere et episcopo præsentare; quibus, si idonei fuerint, episcopus animarum curam committat, ut de plebis quidem cura episcopo, vobis autem de temporalibus debeant respondere; quibus nullo modo permittimus, sed sicut antiquis canonibus constat inhibitum nihilominus inhibemus, ut bona per ecclesias acquisita in alios transferre nulla ratione præsumant; sed sive intestati decesserint, sive condiderint testamentum, penes capellanias suas debeant modis omnibus remanere. Liceat autem vobis clericos vel laicos et sæculo fugientes liberos et absolutos ad conversionem recipere, et eos absque contradictione aliqua retinere. Sepulturam quoque illius loci, etc., *usque* a quibus mortuorum corpora assumuntur. Prohibemus insuper nec cui liceat infra parochias ecclesiarum vestrarum sine assensu diœcesani episcopi et vestro ecclesias vel oratoria de novo construere seu etiam cœmeteria benedicere, salvis tamen scriptis apostolicæ sedis. Decernimus ergo, etc., *usque* usibus omnimodis profutura, salva sedis apostolicæ auctoritate et in præscriptis ecclesiis diœcesanorum episcoporum canonica justitia. Si qua igitur, etc., *usque* divinæ subjaceat ultioni. Cunctis autem eidem loco, etc., *usque* præmia æternæ pacis inveniant. Amen.

Datum Signiæ, per manum Joannis Sanctæ Mariæ in Cosmidin diaconi cardinalis, S. R. E. cancellarii, indictione xv, Incarnationis Dominicæ anno 1212, pontificatus vero domini Innocentii papæ III anno quinto decimo.

CXLIV.
TRECENSI ET MELDENSI EPISCOPIS, ET ABBATI LATINIACENSI PARISIENSIS DIŒCESIS.

Confirmatur sententia lata contra Gaufridum priorem de Charitate.

(Signiæ, IV Kal. Julii.)

Ex parte dilecti filii Cluniacensis abbatis fuit propositum coram nobis quod cum ipse ad probandam coram dilecto filio abbate Sanctæ Genovefæ Parisiensis ac conjudicibus suis monasterii de Charitate læsionem enormem, quam in alienatione possessionum suarum incurrerat, et inveniendam pecuniam Templariis refundendam diligenter et sollicite laboraret, jamque magnam partem pecuniæ sine ipsius monasterii gravamine invenisset, ac spem concepisset de inveniendo residuo meliorem, Gaufridus tunc prior ejusdem monasterii Antissiodorensis diœcesis, ne ipsius abbatis studium super hoc sortiretur effectum, nequiter studuit impedire. Nam cum abbas præcepisset eidem ut de his et aliis quæ ad ordinem pertinent tractaturus ad capitulum generale accederet, quod instabat, ipse quemdam clericum alienigenam et ignotum post eumdem abbatem apud Sezanniam ad appellandum transmisit, sicut idem clericus asserebat. Tunc abbas prædictus per hujusmodi machinationes et studia videns super probatione læsionis enormis et solutione Templariis facienda nec non et aliis utilibus procurandis impediri processum, disciplinamque monasticam dissolvi penitus et elidi, versus idem monasterium, licet jam instaret dies celebrandi capituli generalis, duxit celerius festinandum, volens super hoc cum ejusdem loci conventu habere tractatum ac de mandato nostro corrigenda corrigere ac statuere statuenda; præsertim cum de novo nostris fuisset litteris redargutus (97) quod se in corrigendis excessibus subditorum in abbatis et prioratibus sibi subjectis exhiberet tepidum et remissum, ac nos mandassemus eidem ut appellatione remota corrigeret et reformaret in illis quæ correctionis et reformationis officio cerneret indigere. Verum Gaufridus prædictus captato favore servientium nobilis viri comitis Nivernensis prævenit abbatem, et conventum suis mendaciis circumvenit, in capitulo asserens quod abbas de monasterio ipso omnes proponebat ejicere et de Cluniaco inducere alios numero pauciores.

Cum ergo abbas prædictus per servientem quem præmiserat suum ipsis annuntiasset adventum, iidem servientem ipsum cum injuria expellentes, villæ et claustri portas firmiter obserarunt, et cum illic abbas postmodum advenisset, ipsi et aliis viris religiosis qui comitabantur eumdem villæ impuden-

(96) Vide supra epist. 126.

(97) Supra epist. 6.

ter et claustri denegarunt ingressum. Verumtamen quidam de monachis monasterii antedicti zelo devotionis accensus quamdam portam villæ, postquam abbas et socii ipsam et alios circumierant, reverenter reseravit eidem : quam iidem ingressi primam partem claustri, quam quidam monachi eodem zelo ducti aperire curarunt, secundum consuetudinem ordinis intraverunt. Hoc comperto Gaufridus et monachi ac servientes armati, quos idem Gaufridus ad hanc præparaverat victimam, de campanilibus et eminentioribus locis in abbatem et socios lapides grandes et densos crudeliter projecerunt. Verumtamen misericors Dominus miraculose abbatem servavit illæsum, licet in equum ejusdem plures magni ponderis projecti lapides exstitissent, adeo quod idem equus in quatuor locis apparuit vulneratus. Tunc abbas tam atrocibus affectus injuriis, cum illi projicere lapides non cessarent, censuit furori cedendum, et equo laxato fugam petiit, et se recepit in villam. Quem quidam burgensis errantem inveniens, et quasi de mortis periculo erutum trementem totis artubus et pallentem, misericordia motus duxit in domum suam, et curam ejus egit filialiter et devote. In illo autem conflictu, quando abbatem et socios lapidibus voluerant obruere, quidam servientes et monachi majorem portam cum gladiis et fustibus exeuntes, sarcinulis oneratos retinuere tres equos, uno de abbatis servientibus vulnerato. Sed et iis Gaufridus et ejus complices non contenti, quinimo malis adjicientes pejora, Balivos comitis memorati in grave præjudicium monasterii atque villæ ad suorum defensionem facinorum et juris oppressionem nec non abbatis et ordinis advocarunt : quorum præsentia et favore campanilia et alia loca editiora armis, arcubus, balistis et lapidibus munierunt de nocte, ita celebrantes excubias cornibus, cantilenis, fistulis , et clamore ac si castrum obsessum ab hostibus custodirent, quanquam abbas per violentiam irrumpere claustrum, etsi posset, nullatenus noluisset, sed nobis vindictam potius reservare. Attendens igitur idem abbas quod Gaufridus et sui nullam admonitionem admitterent, semper claustri, curiæ ac majoris ecclesiæ, nec non omnibus aditibus obseratis per quos ad eos haberi posset accessus, habito virorum religiosorum consilio, ipsius Gaufridi et complicum ejus culpis clarescentibus evidenter, ipsum tanquam inobedientem, rebellem, contumacem et dilapidatorem sententialiter amovit a regimine prioratus, et tam ipsum quam omnes sibi taliter adhærentes vinculo excommunicationis innodans, ecclesiam supposuit interdicto, donec redeuntes ad cor condigne satisfacerent de tam enormibus excessibus et offensis. Ipsi vero semper proniores ad pejus, sententias in eos sic latas rationabiliter non servantes, pulsatis campanis divina præsumunt solemniter celebrare.

Cæterum cum equi abbatis ducerentur ad aquam, ab hominibus comitis antedicti, quos introduxerunt in villam contra ipsius et monasterii libertatem, septem ex eis capti fuerunt, reliquis effugatis. Iidem etiam ceperunt servientes abbatis in villa, in qua comes præfatus nullam habet justitiam , licet in nullo præfati excesserint servientes, omnes præterea villæ portas et aditus, per quos intratur in eam, postmodum obstruxerunt, non patientes intrare quempiam peditem vel equitem ad abbatem. Quod si quisquam portam ingrederetur ignotus, custodes perquirebant ipsarum ne ferret litteras vel mandatum. Abbas igitur taliter impeditus, et affectus tædio ac languore, quoniam Cluniaci capitulum annuum non poterat celebrare, in quo de sæpedicti monasterii reformatione potissimum et pecunia Templariis refundenda tractare ac ordinare cum abbatibus et prioribus disposuerat, ne tunc abbates et priores inaniter laborassent, neve propositum ejus circa relevationem ejusdem monasterii suo privaretur effectu , vocatis ad se abbatibus et prioribus idem capitulum apud Charitatem celebrare decrevit, credens auctoritate ac præsentia tantorum virorum posse præfatos rebelles a sua pertinacia revocari. Venerabilis quoque frater noster Gebennensis episcopus et H. Remensis archidiaconus, sicut suis nobis litteris intimarunt, accesserunt Cluniacum ad capitulum generale ; sed cum abbas se per suas litteras excusasset quod illud ire nequiverat a priore ac monachis de Charitate, quos inobedientes et rebelles invenerat, graviter impeditus et diffinitores capituli ad Charitatem cum congregatis ibidem prioribus evocasset, ut ibi tam de rebellione prioris et monachorum quam de aliis agendis communiter tractaretur, iidem diffinitores cum prioribus ad mandatum abbatis , et episcopus, et archidiaconus ad preces ipsorum , cum ipsis usque ad castrum quod marchia dicitur accesserunt. Ibidem diffinitoribus et prioribus remanentibus, iidem episcopus et archidiaconus ad præfatam villam iverunt, de pace cum sæpedicto abbate et priore ac monachis ipsius monasterii locuturi ; sed invenerunt januas obseratas. Rogaverunt autem eos quos viderant supra muros ut ipsos permitterent introire. Qui responderunt eisdem quod sine prioris mandato nullatenus ipsis pateret ingressus.

Cum ergo quidam serviens comitis memorati interrogasset qui essent, et ipsis respondentibus didicisset, rogatus ab eis ad priorem accessit ut ipsis ingrediendi licentiam impetraret. Quo moram diutius protrahente, idem archidiaconus divertit ad aliam villæ portam, tentans si alium ingressum possent habere ; sed nihil omnino profecit. Ad ultimum vero post exspectationem non modicam serviens comitis responsum hujusmodi reportavit, quod non ingrederentur ullo modo, eo quod ad capitulum accesserant generale. Sic ergo passi repulsam, ad marchiam redierunt. Die vero sequenti præfatus episcopus magistrum Philippum officialem Nivernensem rogavit ut priorem adiret, et sibi et archidiacono impetraret ingressum, quia loqui de pace cum eo et suis fratribus affectabant. Ipse vero cum priore locutus, sic respondit eisdem, quod prior ipsos nullo modo intrare permitteret, nec ipse ad episcopum iret, neque loqueretur cum eo. Tertia quoque die cum diffinitores et priores ad sæpedictam villam simul proposuissent accedere, tentaturi si cum priore ac monachis possent loqui et habere ad abbatem accessum, servientes sæpedicti comitis advenerunt, inhibentes eisdem ne ad villam accederent sæpedictam, in personis et equis eorum gravia pericula intentando. Adjecerunt etiam quod, si possent, eosdem episcopum et archidiaconum introducerent, sed si cum diffinitoribus et prioribus irent nullo modo permitterentur intrare. Ipsis igitur illuc venientibus occurrit thesaurarius Turonensis, et ad quamdam portam duxit eosdem : ad quam post exspectationem non modicam cum difficultate maxima stipatus militibus et servientibus, equis armatis, et monachis magnos ferentibus baculos, venit prior, cui proposuerunt, præsentibus thesaurario supradicto, Bituricensi cantore, Antissiodorensi archidiacono et aliis pluribus, verbum pacis, ostendentes damna quæ poterant ex hac discordia provenire, et quam gravis infamia occasione dissensionis ipsius, non solum eis, sed et religiosis aliis imminebat.

Ad hæc obtulerunt eidem ex parte diffinitorum ipsorum quod parati erant corrigere si qua essent tam circa ipsum abbatem quam eosdem priorem et monachos corrigenda, cum auctoritate capituli generalis per sedem apostolicam approbati potestatem haberent corrigendi excessus tam in capite quam in membris. Ipse vero respondit quod de diffinitorum correctione vel generalis capituli non curabat, cum nonnisi coram nobis, ad quem appellaverat, ut dicebat, de spiritualibus responderet, et de temporalibus nonnisi coram comite memorato, in cujus erat custodia constitutus, nec aliquod verbum pacis aut compositionis alicujus admitteret quandiu abbas in eadem villa maneret. Asseruit enim quod monasterium Cluniacense aliquando gravaret eosdem, et ipsi priori exstiterat nuntiatum quod abbas illum a prioratu proposuerat amovere et monachos in domibus aliis collocare : propter quod ipsum illic noluerunt recipere venientem.

Ad hæc autem rogaverunt eumdem ut ipsos loqui permitteret cum abbate. Qui post multa consilia dixit eis quod ipsum episcopum solum loqui cum eo præsentibus suis et comitis servientibus pateretur, ita quod quandocunque ipsi vellent exiret. Porro extra villam præfato archidiacono remanente, ad abbatem episcopus solus accessit, proponens eidem quæ sibi videbantur in facto hujusmodi expedire: Abbas vero respondit quod monachos ejusdem monasterii tanquam bonus Pater in spiritu mansuetudinis paratus erat recipere, si tanquam boni filii venirent ad ipsum, et cum eis, quantum secundum Deum posset, cum religiosorum virorum consilio dispensaret, atroces injurias quas eidem intulerant

remissurus. Cum enim pro ipsorum utilitate ad eorum accesserit monasterium, portas villæ sibi clauserunt; quibus per quosdam ex fratribus reseratis, cum monasterium sicut pastor Ecclesiæ ac villæ dominus ingredi voluisset, violenter a monachis est repulsus, qui equos capientes ipsius, et a turribus monasterii in eum ingentes lapides jacientes, equum suum graviter vulnerarunt, ipsum divina misericordia protegente, ac tres servientes capti a servientibus comitis villam cum monachis observantibus exstiterunt : unde ad domum cujusdam burgensis, in qua manebat, declinaverat necessitate compulsus. Præterea asseruit plurimum se dolere quod executio mandati apostolici de alienatis possessionibus revocandis exstiterat impedita, cum propter hoc ad deliberandum et tractandum cum ipsis specialiter accessisset, proponens se jam magnam partem pecuniæ, nisi staret per eos, sine difficultate ac damno monasterii invenisse.

Audito igitur abbatis responso, ad priorem et monachos rediit in curia monachorum, et verbum pacis illis proposuit diligenter, dicens quod benignum responsum receperat ab abbate; ac ex parte generalis capituli dixit eis quod libenter corrigerent circa eumdem abbatem vel ipsos si esset aliquid corrigendum. Monachi vero dixerunt quod de abbate vel diffinitoribus seu generali capitulo non curabant, nec pacem ipsorum vel per eos etiam requirebant. Prior vero addidit sicut prius quod quandiu abbas esset in villa, sive in prioratus officio remaneret, sive removeretur ab illo, nullum admitteret verbum pacis. Cum igitur aliud a priore ac monachis responsum habere dictus episcopus nequivisset, priorem interrogavit eumdem si ab ipso et suis essent securi ad suum abbatem monachi venientes. Ipse vero respondit quod guerram nemini faciebat. Et cum idem episcopus instituisset ut sibi plenius responderet, sic ait, quod securitatem alicui non præstabat. Et statim Lethericus serviens comitis antedicti, ipso priore præsente nec contradicente, subjunxit quod si Cluniacenses monachi de cætero tangerent villæ portas, et equos amitterent et personis periculum immineret, prohibens nihilominus ne amplius apud marchiam ejusdem comitis castrum, in quo prius hospitati fuerant, remanerent. Egressus igitur villam episcopus antedictus, ad diffinitores et priores rediit cum archidiacono memorato : a quibus interrogati si boni aliquid invenissent aut profecissent in aliquo commonendo, exposuerunt eisdem quod fecerant diligenter, ipsi vero juxta muros villæ sedentes suum capitulum ordinarunt, et habito diligenti tractatu suam sententiam formaverunt : quam diffinitores redactam in scriptis, præfatis episcopo et archidiacono convocatis et audientibus promulgarunt, Gaufridum priorem ejusdem monasterii, quia vocatus ad generale capitulum venire contempsit, et abbatem suum accedentem ad idem monasterium non admisit, sed cum armis violenter rejecit, et eosdem illuc correctionis gratia properantes portis turpiter repulit obseratis, auctoritate Dei et sua nec non et generalis capituli propter inobedientiam, rebellionem, et contumaciam manifestam, ac causas alias excommunicationis vinculo innodantes, et deponentes a regimine prioratus, sigilla ejusdem G. pariter et conventus ejusdem monasterii condemnando, et omnes complices suos pari excommunicationis sententia involvendo nisi infra septem dies a præsumptione hujusmodi non resipiscerent et regulariter emendarent. Et ne ipsius monasterii negotia deperirent, dilectum filium W. Cluniacensem priorem præfecerunt eidem, ipsius sibi administratione concessa.

Ne igitur tantæ præsumptionis excessus remaneant incorrecti, discretioni vestræ per apostolica scripta præcipiendo mandamus quatenus ad locum ipsum personaliter accedentes, et inquisita super iis plenius et cognita veritate, si rem inveneritis ita esse, prolatam in sæpedictum G. depositionis sententiam a regimine prioratus auctoritate apostolica confirmantes, et approbantes nihilominus quod de substitutione prioris et sigillorum damnatione per præfatos diffinitores est factum, excommunicationis sententiam in præfatum G. ac ejus complices promulgatam faciatis appellatione postposita usque ad satisfactionem condignam firmiter observari, contradictores quoslibet aut rebelles, sive monachi vel clerici fuerint, sive laici, per censuram ecclesiasticam sublato cujuslibet contradictionis et appellationis obstaculo compescendo. Et quoniam audivimus præfatum Gaufridum multas sibi pecunias congregasse, volumus nihilominus et mandamus quatenus ad resignationem earum per distractionem ecclesiasticam appellatione remota compellatis eumdem, facientes ipsas pecunias in solutionem debitorum converti vel in aliam utilitatem monasterii memorati. Eos vero quos excommunicatos constiterit temere celebrasse divina pœna canonica percellatis. Testes autem qui fuerint nominati, etc. *usque* subtraxerint, per censuram eamdem, appellatione cessante, cogatis veritati testimonium perhibere. Nullis litteris veritati et justitiæ præjudicantibus a sede apostolica impetratis. Quod si non omnes, etc., duo vestrum, etc.

Datum Signiæ, vi Kal. Julii, pontificatus nostri anno decimo quinto.

CXLV.

ASTORICENSI EPISCOPO ET PALENTINENSI ELECTO.

Ut partibus assignent terminum competentem.

(Signiæ, ii Kal. Augusti.)

Cum decisæ in nostra præsentia quæstiones pati non valeant recidivam, quæ interdum gravius litigantes affligit, discretioni vestræ per apostolica scripta mandamus quatenus venerabili fratri nostro Legionensi episcopo et dilecto filio abbati Sancti Facundi Legionensis dicto, quorum causam super

(98) Vide supra epist. 157.

burgo et cauto ecclesiis interdicto et rebus aliis venerabilibus fratribus nostris Ovetensi et Burgensi episcopis et conjudicibus eorum duximus committendam, peremptorium terminum præfigatis quo per se vel procuratores idoneos nostro se conspectui repræsentent, causam eamdem in nostra præsentia tractaturi. Quod si forsan lis jam contestata exstitit coram ipsis, vos eosdem auctoritate nostra diligenter monere curetis ut in causa juxta primi mandati nostri tenorem usque ad diffinitivam sententiam ratione prævia procedentes, ipsam ad nos sufficienter instructam remittant, præfigentes partibus terminum quo compareant coram nobis justam, auctore Domino, sententiam recepturæ.

Datum Signiæ ii Kal. Augusti, pontificatus nostri anno decimo quinto.

CXLVI.

EPISCOPO CREMONENSI.

De negotio Bernardi primi et sociorum.

(Signiæ, Kal. Augusti.)

(98) Si cæci et claudi ac debiles ad nuptias filii summi Patris intrare non solum invitandi sunt, sed etiam compellendi, multo fortius illi qui ad illas properant per seipsos, repellendi non sunt ullatenus ab eisdem. Hæc utique attendentes, cum olim dilectus filius Bernardus primus et socii ejus, qui super hæresis crimine fuerant infamati, ad magisterium sacrosanctæ Romanæ Ecclesiæ confugissent, proponentes se fore paratos nostræ correctionis disciplinam recipere humiliter ac devote, fidem eorum examinavimus diligenter, ac demum investigavimus perspicaciter propositum eorum; et sic ordinatis prudenter quæ super iis vidimus ordinanda, utrumque fecimus apostolicis litteris comprehendi, ut essent illis in testimonium, ne quis eos calumniaretur de cætero sine causa sub protectione beati Petri et nostra suscipientes eosdem in fide catholica et devotione apostolica persistentes. Cum igitur membra capiti et partes debeant congruere suo toti, fraternitatem tuam monemus et exhortamur attentius, per apostolica tibi scripta mandantes quatenus habens eos propensius commendatos, ipsis tanquam viris fidelibus et vere catholicis impendas consilium et auxilium et favorem secundum præscriptam formam in domo Domini ambulantibus cum consensu.

Datum Signiæ, Kal. Augusti, pontificatus nostri anno quinto decimo.

CXLVII.

UNIVERSIS ABBATIBUS IN GENERALI CISTERCIENSI CAPITULO CONSTITUTIS.

De libera prædicatione verbi Dei in Prussia.

(Signiæ, iv Idus Augusti.)

(99) Dilecti filii Christianus, Philippus ac eorum socii vestri ordinis fratres advertentes eos appellari beatos qui seminant super aquas, et eos qui frumentum abscondunt in propriis maledici, faciente-

(99) Vide lib. xiii, epist. 128.

illo qui ubi vult spirat, et nemo scit unde veniat aut quo vadat, olim de nostra licentia incœperunt seminare in partibus Prussiæ verbum Dei, ut eundo et flendo mittentes semina sua, demum possent cum exsultatione venire portantes manipulos suos, confisi quod ille qui venit salvum facere quod perierat, in inferiores partes terræ descendens ut hominem ad regna cœlestia revocaret, qui omni creaturæ suum jussit Evangelium prædicari, sicut per prophetam promiserat, in virtute multa evangelizantibus daret verbum, et ora in portis filiæ Sion laudantium adimpleret. Benedictus autem Deus, qui sperantes in sua misericordia non relinquens, speciosos fecit pedes evangelizantium pacem, evangelizantium bona, et expandens manus suas ad populum non credentem, non solum usque in Idumæam, verum etiam usque in Prussiam suum calceamentum extendit, dans gratiam fratribus memoratis ut sint ministri Christi Jesu in gentibus, sanctificantes Evangelium Dei, ut fiat oblatio gentium accepta et sanctificata in Spiritu sancto. Sicut enim comperimus veridica relatione multorum, Dominus eisdem fratribus aperuit ostium; ita ut per ministerium eorumdem intelligentibus qui non audierant et videntibus quibus non fuerat nuntiatum, multi ad agnitionem pervenerint veritatis. Licet autem eorum opera de ipsis perhibeant testimonium, quia tamen vos eos, sicut accepimus, acephalos reputatis, quidam vestri ordinis fratres in illis partibus constituti eisdem in hospitiis et aliis debita humanitatis solatia non impendunt, quinimo adeo verbis exasperatis eosdem ut propter increpationes vestras multiplices nonnulli eorum dicantur ab illis partibus abscessisse. Volentes igitur juxta pastoralis officii debitum eam in iis adhibere cautelam ut nec sub specie prædicantium valeant subintrare girovagi aut fidei subversores, nec propter suspicionem hujusmodi Evangelio Dei offendiculum præbeatur, venerabili fratri nostro Gnesnensi archiepiscopo, de cujus discretione fiduciam gerimus pleniorem, nostris damus litteris in mandatis ut non subito credens omni spiritui, sed probans spiritu si ex Deo sunt, eos quos noverit esse idoneos ad prædicandum gentibus verbum Dei et ad id studio veræ charitatis inductos, vobis et vestri ordinis fratribus aliisque fidelibus Christi constitutis per Pomeraniam et Poloniam recommendet et suarum muniat testimonio litterarum. Quocirca universitati vestræ per apostolica scripta mandamus quatenus eos quos præfatus archiepiscopus vobis per litteras suas duxerit commendandos non impediatis ullatenus vel ab aliis ordinis vestri fratribus permittatis aliquatenus impediri quominus in Evangelii prædicatione procedant, ut, bajulantibus ipsis, currat velociter sermo ejus qui emittit eloquium suum terræ.

Datum Signiæ, IV Idus Augusti, pontificatus nostri anno decimo quinto.

In eumdem fere modum scriptum est super hoc monachis Cisterciensis ordinis per Poloniam et Pomeraniam constitutis. Scriptum est super hoc Gnesnensi archiepiscopo.

CXLVIII.
NOBILIBUS VIRIS DUCIBUS POLONIÆ ET POMERANIÆ.
De earem re.
(Signiæ, Idibus Augusti.)

Licet, teste Apostolo, impossibile sit Deo sine fide placere, ad placendum tamen ei fides sola non sufficit, sed charitas est præcipue necessaria : de qua idem testatur Apostolus, quod si qui linguis hominum et angelorum loquatur, etsi habeat, omnem fidem ita ut montes transferat, et in cibos pauperum omnes suas distribuat facultates, charitatem autem non habeat, ei penitus nihil prosit. Cum autem hæc exercenda sit sollicite circa omnes, utpote mandatum Domini latum nimis, quod etiam ad inimicos extenditur, circa eos tamen qui nuper relicto gentilitatis errore ad cognitionem veritatis, quæ Christus est, pervenerunt, eo debet propensius exerceri quo facilius retro aspicerent inhumane tractati. Hoc utique quidam vestrum, sicut accepimus, minime, attendentes, et quærentes quæ sua sunt non quæ Christi, quam cito intelligunt aliquos e gentilibus per Prussiam constitutis novæ regenerationis gratiam suscepisse, statim oneribus eos servilibus aggravant, et venientes ad Christianæ fidei libertatem deterioris conditionis efficiunt quam essent dum sub jugo servitutis pristinæ permanserunt, per hoc multorum impedientes salutem qui fuerant credituri, et temporale commodum angelorum gaudiis præferentes, qui super pœnitentiam agentibus gloriantur. Ideoque universitatem vestram monendo rogamus et exhortamur in Domino, per apostolica vobis scripta mandantes quatenus intuitu ejus qui venit salvum facere quod perierat et dare animam suam redemptionem pro multis, hujusmodi novellæ plantationis filios non gravetis, sed agatis tanto clementius cum eisdem quanto memoria pristinæ conversationis infirmi facilius in antiquum relaberentur errorem, cum veteres utres vix novum vinum contineant juxta evangelicam veritatem. Nos enim venerabili fratri nostro H. Gnesnensi archiepiscopo nostris damus litteris in mandatis ut tales foveat propensius propter Deum, et defendat eosdem a molestiis indebitis et pressuris, oppressores eorum indebitos monitione præmissa per censuram ecclesiasticam sublato appellationis impedimento compescens.

Datum Signiæ, Idibus Augusti, pontificatus nostri anno decimo quinto.

Scriptum est super hoc archiepiscopo Gnesnensi.

CXLIX.
CAMERACENSI EPISCOPO.
De decimis Ecclesiæ constituendis.
(Signiæ, XIV Kal. Septembris.)

Significavit nobis N. miles quod ad sublevandam inopiam capellaniarum de Gellen et Bialluel ecclesiarum, quæ multa paupertate gravantur, quasdam eis decimas conferre desiderat, si ad hoc favor apostolicæ benignitatis accedat. Volentes itaque sic ecclesiis prædictis adesse quod in suo jure alii deesse minime videamur, fraternitati tuæ per apostolica scripta mandamus quatenus eumdem militem, ut illi Ecclesiæ reddat decimas cui debentur, diligenter inducas. Quod si ad hoc induci non poterit, et tales decimæ sunt quæ juxta consuetudinem regionis in feudum perpetuum a laicis detinentur, conferendi eas ipsis capellaniis tribuas facultatem.

Datum Signiæ, xiv Kalend. Septembris, pontificatus nostri anno decimo quinto.

CL.
EPISCOPO ET DECANO ET CANTORI ATREBATENSIBUS.
Causæ cognitionem ad eos remittit.
(Signiæ, xvii Kal. Septembris.)

Cum causam quæ inter B. viduam et Lambertum laicum Morinensis diœcesis super dotalitio ipsius viduæ vertitur dilectis filiis Ph. G. et G. canonicis Morinensibus olim duxerimus committendam, ac ipsi receptis testibus et attestationibus publicatis, disputationes hinc inde propositas audivissent, tandem, sicut ex relatione comperimus judicum eorumdem, tam ab episcopo Morinensi quam a præfato Lamberto ne ipsi ad sentiendum procederent exstitit appellatum, eo quod cum res quæ ducebatur in judicium esset feudalis, et ad jurisdictionem spectaret episcopi, non ecclesiastico jure, sed potius sæculari, ejus forum prædicta vidua declinare non poterat, cum esset paratus eidem justitiæ plenitudinem exhibere. Dicti quoque judices appellationibus deferentes, causam cum utriusque partis attestationibus et allegationibus suis sigillis inclusis ad nostram præsentiam remiserunt. Verum quia per relationes judicum, attestationes et allegationes partium, et alia per nuntium viduæ memoratæ coram dilecto filio nostro Angelo Sancti Adriani diacono cardinale sibi a nobis auditore concesso proposita, quæ idem cardinalis in præsentia nostra fideliter retulit, nequivimus plene de causæ meritis instrui, cum causarum merita partium assertione pandantur, et pro neutra parte comparuerit aliquis procurator multaque fortassis in partibus ipsis sunt nota quæ nobis sunt prorsus incognita, discretioni vestræ per apostolica scripta mandamus quatenus partibus convocatis, non obstantibus appellationibus prænotatis, quia etsi res de qua agitur dicatur esse feudalis, de ipsa tamen non tanquam feudali, sed dotali, tractatur attestationibus et allegationibus quas sub bulla nostra transmittimus vobis inclusas et aliis rationibus utriusque partis inspectis causam ipsam appellatione remota fine debito terminetis, facientes quod decreveritis per censuram ecclesiasticam firmiter observari. Testes autem, etc. subtraxerint, per censuram eamdem cessante appellatione, etc., *usque* perhibere, quod si non omnes, etc., tu ea frater episcope, cum eorum altero, etc.

Datum Signiæ, xvii Kal. Septembris, pontificatus nostri anno decimo quinto.

CLI.
PRÆPOSITO SANCTI LAURENTII LAUDENSIS ET J. ET A. CANONICIS DE CAVENNACHO DIŒCESIS LAUDENSIS.
Ut excommunicationis sententiæ mandentur exsecutioni.
(Signiæ, xii Kal. Septembris.)

Dilectus filius magister Ambrosius de Canturio diaconus plebis de Gallian. constitutus in præsentia dilecti filii nostri Angeli Sancti Adriani diaconi cardinalis, quem sibi dedimus auditorem, proposuit coram ipso quod cum ad mandatum sedis apostolicæ per venerabilem fratrem nostrum Hierosolymitanum patriarcham, tunc episcopum Vercellensem, de canonicatu ecclesiæ Sancti Vincentii de Gallian. Mediolanensis diœcesis fuerit investitus, et idem patriarcha præposito et fratribus ejusdem ecclesiæ mandaverit ut dicto A. quantum uni de residentibus ibidem de communibus proventibus assignarent, ac ipsi per eumdem, pro eo quod ejus parere mandato contumaciter recusabant, fuissent ab officio beneficioque suspensi, et excommunicationis demum vinculo innodati, licet postmodum investituram ejusdem ratam asseruerint se habere, partem tamen ei debitam subtraxerunt: quibus cum postmodum per venerabilem fratrem nostrum Laudensem episcopum et conjudices suos delegatos a nobis sententialiter fuisset injunctum ut eidem tantum de proventibus ecclesiæ præfatæ conferrent quantum perciperet unus ex aliis in eadem, ipsi, ut eum fatigarent laboribus et expensis, ad sedem apostolicam appellarunt, dicentes se nihil daturos eidem nisi continue in Ecclesia resideret, ex eo sub specie justæ causæ materiam malignandi sumentes quod ibidem ei mora periculosa nimis existit occasione banni cujusdam, cui eum Mediolanenses consules subjecerunt. Propter quod idem ad sedem apostolicam iterato laborans, ad dilectos filios abbatem de Capite lacus et collegam suum nostras litteras reportavit. Qui secundum tenorem litterarum ipsarum præposito et capitulo prænotatis sententialiter injunxerunt ut ipsi Ambrosio quantum uni ex residentibus assignarent de communibus proventibus ecclesiæ sæpefatæ, ubicunque maneret, donec prædicta necessitate cessante tute residere valeret ibidem, et nihilominus de subtractis satisfacerent competenter: in quos, quia mandatum eorum surdis auribus pertransibant, judices excommunicationis sententiam promulgarunt, sicut per instrumenta coram auditore memorato exhibita liquido edocebat. Unde idem Ambrosius nobis humiliter supplicavit ut finem suis laboribus imponentes, ipsas sententias dignaremur apostolico munimine roborare. Nos autem auditis iis et aliis quæ idem cardinalis fideliter retulit coram nobis, communicato fratrum nostrorum concilio, prædictas sententias confirmantes, discretioni vestræ per apostolica scripta præcipiendo mandamus quatenus ipsas faciatis sublato appellationis obstaculo firmiter observari. Quod si præpositus et clerici supradicti contraire præsumpserint, ipsos auctoritate nostra per subtractionem beneficiorum appellatione remota parere sententiæ compellatis. Nullis litteris harum expressa mentione non habita obsistentibus, si quæ apparuerint a sede apostolica impetratæ. Quod si non omnes, etc., duo vestrum, etc.

Datum Signiæ, xii Kal. Septembris, pontificatus nostri anno decimo quinto.

CLII.
PRIORI ET CONVENTUI LATERANENSI.
De limitibus Ecclesiæ Lateranensis.
(Signiæ, Idibus Augusti.)

Coram dilecto filio Petro tituli Sanctæ Cœciliæ presbytero cardinale, quem vobis et clericis basilicæ Sancti Laurentii de Palatio dedimus auditorem, œconomus ejusdem basilicæ petiit vos arceri ab inquietatione quam dictis clericis circa spiritualium administrationem in sua parochia præsumebatis inferre, ab arcu videlicet Sancti Danielis usque ad domum Joannis Matii citra et extra formam ex utraque parte viæ, et a scala episcopi Albanensis usque ad domum Joannis et Mutina, et a domo Jordanis Petri Leonis usque ad hospitale Sanctæ Mariæ in Spaczolaria tam ex una quam ex altera parte viæ: qui, ut de jure posset basilicæ supradictæ docere, decem testes induxit, per quos ostendit clericos Sancti Laurentii habitantibus infra prædictos terminos spiritualia ministrasse. Ad hæc œconomus vester respondit quod cum præfata parochia juris esset Lateranensis Ecclesiæ, prout per privilegium felicis memoriæ Calixti papæ prædecessoris nostri continens fines parochiæ vestræ probabat, et a longissimo tempore Lateranensis Ecclesia eamdem parochiam possederit sine lite, vos possessioni ligitimæ incumbentes non videbamini aliquos indebite molestare, cum non intelligatur injuriam facere qui utitur jure suo; et ad probandum usum longissimum et præsentem testes induxit, per quos sufficienter edocuit Lateranensem Ecclesiam a quadraginta sex annis usque ad tempus motæ litis et post exercuisse jura spiritualia in parochia sæpedicta. Dicebat etiam quod si medio tempore infra fines prædictos pars altera præsumpsisset aliqua parochialia exercere, cum nihil de proprietate doceret, et ex parte vestra longissima et continua possessio probaretur, et duo in solidum eamdem rem simul et eodem modo possidere non possint, convincebantur adversarii prædicta clanculo usurpasse. Contra tenorem vero cujusdam scripti sub nomine bonæ memoriæ Alexandri prædecessoris nostri coram eodem cardinali a parte adversa exhibita respondebat quod non erat authenticum, cum nec esset bulla munitum, et haberetur merito in stylo suspectum. Verum cum Ecclesia Lateranensis inveniretur in possessione parochiæ supradictæ, et actore non probante, reus, etsi nihil præstiterit, debeat obtinere, cum instantia postulabat parti adversæ imponi silentium et compesci ne super

(100) Vide lib. xvi, epist. 112.

possessione præfatæ parochiæ vestram Ecclesiam ulterius molestaret; præsertim cum nomine præfatæ basilicæ, in qua solus Romanus pontifex celebrat missarum solemnia, et intra suum palatium est constructa, parochiam vendicare non possent, nec etiam nomine inferioris ecclesiæ, quam ipsi de quadam crypta vel stabulo in oratorium a non longo tempore converterunt. Nos autem auditis iis et aliis quæ idem cardinalis fideliter retulit coram nobis, et habito fratrum nostrorum concilio, œconomum vestrum nomine Lateranensis Ecclesiæ ab impetitione prædicta, quam contra vos œconomus præfatæ basilicæ movit, decrevimus absolvendum. Nulli ergo, etc., diffinitionis, etc., usque incursurum.

Datum Signiæ, Idibus Augusti, pontificatus nostri anno decimo quinto.

CLIII.
MAGISTRO MAXIMO NOTARIO NOSTRO.
Ut possit absolvere excommunicatos.
(Signiæ, xii Kal. Septembris.)

Nonnisi testimonio laudabilis famæ notis vel experimento vitæ commendabilis approbatis consuevit sedes apostolica committere vices suas in iis quæ sibi specialiter reservavit. Cum igitur prudentiam tuam officii executione fideli et longa conversatione simus experti, volentes per te obviare periculis quæ incidentibus in canonem sententiæ promulgatæ necessitas posset inferre, de gratia speciali auctoritate tibi præsentium indulgemus ut illis quos pro injectione manuum violenta inveneris vinculo excommunicationis astrictos in partibus Romaniæ auctoritate sedis apostolicæ juxta formam Ecclesiæ beneficium absolutionis impendas; nisi excessus eorum fuerint adeo difficiles et enormes ut merito sunt ad sedem apostolicam destinandi.

Datum Signiæ, xii Kal. Septemb., pontificatus nostri anno quinto decimo.

CLIV.
UNIVERSO CLERO CONSTANTINOPOLITANO.
Ut pareant notario legato apostolico.
(Signiæ, xi Kal. Septembris.)

(100) Etsi dilectum filium magistrum maximum notarium nostrum pro negotio patriarchalis specialiter destinemus, volentes tamen ut in vobis fructum faciat generalem, qui nunc et patriarcha pariter et legato caretis, vices nostras ei duximus committendas ut quandiu apud vos pro illo speciali negotio moram eum facere oportuerit, necessitatibus et utilitatibus vestris studeat providere. Quocirca universitati vestræ per apostolica scripta mandamus quatenus super iis ad ipsum recursum habentes, rectis ipsius dispositionibus obedire curetis, quas ratas haberi volumus et jubemus. Unde sententias quas rationabiliter tulerit in rebelles usque ad satisfactionem condignam præcipimus inviolabiliter observari.

Datum Signiæ, xi Kal. Septemb. pontificatus nostri anno decimo quinto.

CLV.

ILLUSTRI CONSTANTINOPOLITANO IMPERATORI.

Ei commendat eumdem notarium.

(Signiæ, xi Kal. Septembris.)

Licet secundum Apostolum instantia nostra sit omnium Ecclesiarum sollicitudo continua, ad illas tamen Ecclesias præcipue debemus aciem nostræ provisionis extendere quæ viciniores sunt apostolicæ sedi, etsi non loco, privilegio dignitatis. Sane cum Ecclesia Constantinopolitana secundum locum obtineat post Romanam, ejus provisioni libenter intendimus, ut non sit a cura remotior cum sit vicinior dignitate. Unde ipsius negotium tam super electione quam postulatione celebrata de novo personæ non duximus committendum ignotæ; sed a nobis mittimus hominem longa conversatione notum et officii sui fideli exsecutione probatum, magistrum videlicet Maximum notarium nostrum, nobis ac fratribus nostris merito suæ probitatis et fidei charum admodum et acceptum : in quo et honori tuo prospeximus, et utilitati providemus Ecclesiæ memoratæ : quem etiam quanto chariorem habemus, tanto attentius tuæ magnificentiæ commendamus, rogantes quatenus sic eum ob reverentiam apostolicæ sedis et nostram habeas commendatum quod in ipso tuæ serenitatis affectum, quem probaris ad nos gerere, sentiamus, adhibens ei fidem super iis quæ a nobis accepit tuæ imperiali prudentiæ proponenda.

Datum Signiæ, xi Kal. Septembris, pontificatus nostri anno decimo quinto.

CLVI.

MAGISTRO MAXIMO NOTARIO NOSTRO.

De electione patriarchæ Constantinopolitani.

(Signiæ, xv Kal. Septembris.)

(101) Scriptum est in Apocalypsi Joannis quod in medio sedis et in circuitu sedis erant quatuor animalia plena oculis ante et retro. Primum animal simile leoni, secundum animal simile vitulo, tertium animal habens faciem quasi hominis, et quartum animal simile aquilæ volanti; et quatuor animalia singula eorum alas senas habebant. Sedes ista Romana Ecclesia intelligitur, quæ usitato vocabulo sedes apostolica nuncupatur, utique sedes agni, sedes viventis in sæcula sæculorum; in medio cujus quasi filiæ in gremio resident et in circuitu astant quasi famulæ in obsequio quatuor patriarchales Ecclesiæ, Alexandrina, Antiochena, Jerosolymitana et Constantinopolitana, quæ per illa quatuor animalia designantur. Marcus enim Alexandrinam fundavit, et rexit Ecclesiam, qui secundum visionem Ezechielis accipitur per leonem, eo quod Evangelium inceperit a rugitu dicendo : *Vox clamantis in deserto* (*Marc.* 1), et quia quemadmodum leo catulum suum post diem tertium suo asseritur excitare rugitu, sic Deus Pater Filium suum, qui leo de tribu Juda esse describitur, de cujus resurrectione principaliter tractat Marcus, divinitatis suæ potentia post triduum a mortuis suscitavit. Unde in die resurrectionis Dominicæ ipsius Evangelium autonomastice in Ecclesia recitatur. Lucas autem fuit natione Antiochenus : qui propterea in vituli figura describitur, in quo sacerdotalis hostia designatur; quoniam a sacerdotio inchoans Evangelium, de immolatione tractavit præcipue summi sacerdotis et veri, qui est hostia salutaris, vitulus videlicet saginatus, quem pater jussit occidi pro filio prodigo redeunte. Unde bene per ipsum Antiochena Ecclesia designatur, in qua primum apostolorum princeps in summi sacerdotii cathedram a fidelibus exstitit sublimatus, Matthæus quidem fuit natione Judæus, et Evangelium primus descripsit etiam Hebraice in Judæa ; et ob hoc per hominis speciem designatur, quod ab incarnatione Christi suum inchoans Evangelium, principaliter humanam ejus nativitatem ostendit, quam ipse Christus de Judæis et in Judæa pro nobis assumens, Hierosolymitanam Ecclesiam metropolim Judæorum sua humana præsentia consecravit, de qua dictum fuerat per Prophetam : *Homo factus est in ea, et ipse fundavit eam Altissimus* (*Psal.* LXXXVI). Joannes vero Asianam fundavit Ecclesiam, et Apocalypsim septem Ecclesiis quæ sunt in Asia ipse descripsit : quibus et cæteris Græcorum Ecclesiis Constantinopolitana tandem præferri meruit et præponi per aquilam merito designata; quia, sicut aquila volatu omnes aves excellit, et oculorum ejus intuitum solis radius non offendit, sic Joannes tribus aliis animalibus in terra relictis, supra cœlos cœlorum ascendens, veram lucem oculis irreverberatis aspexit, et a divina Verbi Nativitate suum Evangelium inchoavit : qui licet inter universos evangelistas fuerit ultimus tempore, præcipuus tamen exstitit dignitate; quoniam in cœna supra pectus Christi recumbens, fluenta doctrinæ de ipso sacri Dominici pectoris fonte potavit. Sic Constantinopolitana Ecclesia licet posterior tempore, postmodum propter honorificentiam piissimi Constantini prælata est aliis dignitate; sicque facti sunt primi novissimi, et novissimi primi. Ut merito ipsi dicatur : *Multæ filiæ congregaverunt divitias, sed tu sola supergressa es universas* (*Prov.* XXXI), ad cujus Ecclesiæ regimen talis est pontifex assumendus qui ad similitudinem illorum quatuor animalium ante et retro plenus sit oculis, ut pleno lumine veteris et novi testamenti mysteria contempletur, per experientiam videns præterita, et futura prævidens per cautelam. Debet etiam habere sex alas, scilicet sex legum notitiam, naturalis Mosaicæ et propheticæ, evangelicæ, apostolicæ et canonicæ : quibus perfecto libramine inter cœlum volans et terram, de terris ad cœlestia et de temporalibus transvolet ad æterna. Sane ad hanc Ecclesiam duo

---

(101) Vide lib. XIV, epist. 97, et lib. XVI, epist. 112, et *Gesta Innocent. III*, cap. 102.

quædam animalia sunt vocata, utinam plena oculis et alas habentia, videlicet venerabilis frater noster Heracliensis archiepiscopus et dilectus filius plebanus Sancti Pauli de Venetiis, sicut per procuratores tam postulantium archiepiscopum quam eligentium plebanum fuit propositum coram nobis, proposuerunt siquidem procuratores electorum plebani quod cum, Ecclesia Constantinopolitana vacante, canonici Ph. decanum suum sibi elegerint in pastorem, et nos cassaverimus electionem eamdem, quia quibusdam exclusis qui adesse debuerant exstitit celebrata, ne diu gregi fidelium deesset cura pastoris, tam canonici quam quidam alii qui se in electione Constantinopolitani patriarchæ jus habere dicebant, ut de electione tractarent, adinvicem convenerunt. Cumque septem personæ pro septem præpositis se offerrent, et quidam alii pro cæteris prælatis se tractatui electionis ingererent, post multam concertationem tam illas septem personas quam duas alias ad universitatis instantiam, quæ tamen duas tantum voces haberent, salvo in omnibus jure suo, tam in præsenti quam in futuro, pro bono concordiæ receperunt.

Sed factum est quod humani generis inimico, qui unitatem Ecclesiæ scindere nititur, superseminante zizania messi Dominicæ, in duas partes sunt vota divisa, novem de canonicis et novem aliis prænominatis personis postulantibus archiepiscopum memoratum, et quindecim canonicis et præposito sanctorum apostolorum plebanum eligentibus supradictum : cujus electioni cantor, qui pro utilitate absens erat Ecclesiæ, et ante tractatum electionis per litteras suas consensum expresserat de plebano, si aliis complaceret, et octo alii canonici, qui electionis tempore non fuere præsentes, suum præstitere consensum; et sic in plebanum prædictum vota viginti quatuor canonicorum et unius præpositi convenerunt. Dicebant ergo postulantium numerum esse minorem, cum decem et octo tantum archiepiscopum postularent : de quibus quosdam eorum, quos cum præfata protestatione sui juris admiserant, excludere nitebantur, duos videlicet de Blakerna et Buccaleone præpositos; quia cum per exemptionis privilegium a sede apostolica impetratum se subtraxerint oneri, tacite renuntiasse videbantur honori, ut ad electionem non pertinerent illius cui electo nullatenus subjacerent. Alii quatuor non erant præpositi, sed aliarum Ecclesiarum clerici, qui se tractatui electionis suorum præpositorum nomine ingerebant, quia eorum domini adeo erant absentes quod ad tractatum electionis vocari commode nec poterant, nec debebant; quoniam si absentes possent per procuratores adesse, vix jura devolverentur absentium ad præsentes, cum raro contingeret quod per se vel per alios interesse non possent. Septimus autem qui præsens exstiterat, jam electus et confirmatus in archiepiscopum Vericensem, et translatus ad suam Ecclesiam possessionem ejusdem adeptus fuerat corporalem. Et licet universitas clericorum quatuor prius pro se postularet admitti, quia tamen pars canonicorum tot nolebat admittere, ne numerus aliorum nimis excresceret, ita tandem pro bono pacis exstitit ordinatum, ut duo tantum admitterentur ex illis cum protestatione prædicta; et ideo eligentes asserebant illos duas tantum voces et non cæterorum habere, maxime cum triginta præpositurœ fuerint ad septem redactæ, quæ tamen nondum fuerunt auctoritate sui judicis approbatæ. Conventuales autem ecclesias ultra quinque vel sex tunc temporis esse negabant, et si plures fuissent, tempore tamen electionis prædictæ prælatos earum dicebant non fuisse præsentes.

De malo denique zelo intendebant arguere postulantes, eo quod, ut proponebant, illitteratum et impudicum ex certa scientia postularant : cujus incontinentiam dicebant per filium in monachatu genitum paternæ libidinis testem posse probari. Eumdem etiam archiepiscopum de ambitione notabant, eo quod in vigilia nativitatis Dominicæ se suæ subtraxit Ecclesiæ, ut esset in urbe regia, ubi tunc erat postulatio celebranda, et passus est cum hymno *Te Deum laudamus* se in sede locari in qua profestis diebus residere consueverat patriarcha. Qui etiam auctoritate propria bona patriarchatus post mortem patriarchæ distribuens, ejusdem sigillo violenter arrepto de scrinio camerarii, litteras quasdam quibus illud impressit misit Ravennam, et quamdam pecuniæ summam ibi depositam auctoritate litterarum illarum sibi fecit afferri, eamdemque distribuit pro suæ voluntatis arbitrio in Ecclesiæ Constantinopolitanæ præjudicium et gravamen : quod totum et alia in capitula fuere proposita cum quidam de ipso postulando tractarent. Unde petebant ut cum pars postulantium archiepiscopum esset numero minor, inferior zelo, et a suo jure ceciderit postulando scienter indignum, electionem confirmare factam de dicto plebano canonice dignaremur; maxime cum ipsi usi fuerint jure communi personam eligibilem eligendo, quod ordinarii juris existit, et alii juris communis contempto beneficio, ad extraordinarium auxilium transvolarint. Ad hæc procuratores partis alterius responderunt quod universi prælati conventualium ecclesiarum apud Constantinopolim existentium per nostram constitutionem in electione Constantinopolitani patriarchæ jus habent. Unde universitas prælatorum, de qua in eadem constitutione cavetur expresse, restringi, non debet ad septem, cum ratione suæ dignitatis in hoc bene fuerit Ecclesiæ memoratæ provisum; tum ut sanior haberetur super electione tractatu, quæ integrum sit judicium plurimorum sententiis confirmatum; tum etiam ut per numerum prælatorum illis posset occurri qui Dei sanctuarium jure volebant hæreditario possidere. Addebant etiam quod præfatæ constitutionis beneficium duo exempti præpositi per exemptionis privilegium nullatenus amiserunt, cum ea quæ in favorem alicujus introducta sunt, in ejus læsionem non debeant redundare, et per privilegia pontificum Romanorum addi, non subtrahi, consueverit illis quibus specialiter indulgentur, propter prædictam maxime rationem, ut illis obsisterent prudenter qui Domini sanctuarium moliuntur in jus hæreditarium usurpare.

Unde iidem excludi non poterant nec debebant, ea etiam ratione quod septem nomine septem præpositorum et duo vice ac nomine viginti trium prælatorum pro ipsa universitate fuerint a canonicis ad tractatum electionis admissi. Et sic cum in postulatum vota septem præpositorum et decem et octo prælatorum præsentium et aliorum sex absentium, quorum procuratores erant in civitate præsentes, consensu mediante illorum duorum concurrerint, pro parte sua ultra duplo majorem numerum allegabant; cum in plebanum quindecim tantum canonici et unus præpositus a principio consensissent, nec aliquid ei juris accreverit in hoc casu per subsequentem consensum novem canonicorum, qui electionis tempore non fuere præsentes, nec vocari potuerint commode nec deberent; præsertim cum octo ex illis tanto tempore fuissent absentes quod secundum constitutionem patriarchæ ac capituli Constantinopolitanorum pro canonicis nullatenus haberentur. Auctoritatem etiam introducebant pro se, cum regulariter majoris auctoritatis prælatus quam simplex canonicus habeatur. Bonum vero zelum ea ratione probabant quod Venetum pro vitando scandalo longa conversatione notum, laudabili administratione probatum, charum clericis, et acceptum laicis postularant; in quem assensus principis, suffraganeorum vota, plebisque desiderium concurrebant; nec debebant aliquid sinistrum de illo præsumere quem et excellentia dignitatis et communis reddebat fama preclarum. Nec etiam erant adversarii audiendi qui promotionis ejus tempore tacuerunt, nisi forte aliquid novum proponerent vel quod postmodum didicissent; maxime cum objectam notam incontinentiæ, si qua forsitan præcessisset in ipso, quod tamen inficiabantur omnino, subsequens longæ conversationis delevisset honestas. Proposuerunt etiam quod nisi pars altera se ab injuriis temperaret, intendebant quædam proponere tam in personas eligentium quam electi. Ad excusationem vero ejusdem archiepiscopi super objectione ambitus proponebant quod idem ex honesta et probabili causa Constantinopolim venerat, et habebat necesse frequenter accedere, tum propter negotia patriarchalis Ecclesiæ, tum etiam propter exsecutionem ultimæ voluntatis patriarchæ defuncti suæ discretioni commissæ; qui licet interfuerit vesperis et matutinis in patriarchali Ecclesia ob solemnitatem diei, in loco tamen decani resedit, nec aliquid de patriarchalibus usurpavit. Ipsum etiam litteratum, etsi non eminenter, competenter tamen esse dicebant, sufficientem intelligentiam et eloquentiam de scripturis et in scripturis habentem; nihilominus allegantes quod etsi quædam conventuales ecclesiæ tunc vacarent, aut forsan propter pauperiem non haberent numerum clericorum, ipsum capitulum, aut etiam unus qui vicem capituli retineret, ad electionem pro prælato deberet admitti, cum in talibus sæpe capitulum vicem consueverit supplere prælati, et nomen ac jus universitatis multoties devolvatur ad unum et retineatur in uno.

De malo nihilominus zelo arguebantur electores plebani eo quod hominem elegerant quem electionis tempore credebant in minoribus ordinibus constitutum, asserentes quod in vigilia Nativitatis Dominicæ altera pars apud Constantinopolim consenserat in plebanum, qui se paulo ante apud Venetias fecerat in subdiaconum promoveri (102). Ex quo inferebatur quod si hoc actum fuerit ex condicto, non poterat ambitione carere. Si vero præordinatum non exstitit, cum propter locorum distantiam hoc ad eligentes tam brevi tempore nequiverit pervenisse, sequitur quod secundum conscientias suas ineligibilem eligebant; vel si error ad excusationem accusatione non vacuam allegetur, in confessionem negligentia veniet, quæ super iis non multum distat a culpa. Adjiciebant etiam quod magis erat extraordinarium consentire in hominem, non solum extra totum patriarchatum, verum etiam extra totum imperium constitutum quam in vicinum et familiarem suffraganeum ejusdem Ecclesiæ de cujus pastoris electione tractatur. Personam quoque plebani de vehementi ambitione notabant, dicentes quod ipse per litteras suas quosdam Constantinopolitanos canonicos expresse rogaverat ut eum in suum eligerent patriarcham : quod pars adversa negabat. Unde petebant postulatores archiepiscopi sæpedicti, ut cum esset pars altera zelo, auctoritate, ac numero minor, cassato quod factum fuerat de plebano, postulationem ipsorum admittere dignaremur. Verum quia de iis quæ per assertiones partium in judicium deducta fuerunt nobis non potuit fieri plena fides, quamvis super iis quæ de numero dicta sunt postulantium per quoddam publicum instrumentum et litteras Constantinopolitani vicarii, nec non confessionem procuratoris partis adversæ, in judicio quidem factam, sed postea revocatam, pars altera suam intentionem assereret esse fundatam, causam ipsam discretioni tuæ duximus committendam, per apostolica scripta mandantes quatenus super iis et aliis inquiras, sublato cujuslibet appellationis obstaculo, diligentissime veritatem de meritis electi et postulati apud Venetias, ubi nati fuerunt et diutius conversati, de studiis autem eligentium et postulantium et omnibus generaliter quæ causam possint instruere apud Constantinopolim, ubi hujusmodi postulatio et electio celebratæ fuerunt; et si partes consenserint, procedas hoc modo, ut, si constiterit de mutuo convenisse consensu quod ad ele-

(102) Vide lib. x, epist. 164.

ctionem patriarchæ septem admitterentur præpositi, sive per seipsos, sive per alios, et duo alii ex parte universitatis pro cæteris conventualium ecclesiarum prælatis, totque tunc temporis conventuales ecclesias habuisse prælatos quod cum septem præpositis et novem canonicis, quos quidem canonicos constat in postulatione præfati archiepiscopi convenisse, duplo majorem facerent numerum quam sedecim electores plebani, tu vice nostra postulationem admittas, nisi probatum fuerit postulato aliquid obviare de canonicis institutis quod promotionem ipsius debeat impedire, ac plebani electione cassata, ipsum archiepiscopum absolvas a vinculo quo Heracliensi tenetur Ecclesiæ, concedendo ipsum Constantinopolitanæ Ecclesiæ in pastorem, et faciendo ipsi per censuram ecclesiasticam appellatione remota reverentiam et obedientiam debitam exhiberi.

Quod si ad faciendum duplo majorem numerum simul omnes prædicti minime suffecerunt, sive dignus sive indignus sit postulatus, tu, postulatione repulsa, electionem plebani auctoritate nostra confirmes, dummodo nihil obsistat eidem quod ipsum tanto præsulatu reddat indignum, ad impendendum sibi reverentiam et obedientiam sibi debitam ac devotam quoslibet sibi subjectos, si necesse fuerit, sublato appellationis obstaculo canonica districtione compellens. Si vero numerus postulantium inventus fuerit duplo major, quemadmodum est prædictum, et persona postulata indigna reperta fuerit, tu tam postulationem quam electionem non differas reprobare; nisi forsan omnes aut major pars postulantium præsumptione damnabili postulaverint scienter indignum, ut hac vice merito debeant eligendi seu postulandi potestate privari; et in hoc quoque casu electionem confirmes, si de persona idonea constiterit celebratam. Porro si tam electionem quam postulationem cassari contigerit, ut altera partium postulante causam ad nos instructam referri, tu ex parte nostra districte præcipias canonicis et prælatis ut procuratores idoneos ad apostolicam sedem studeant destinare, per quos aut unum ex istis, si contigerit approbari, aut alium quem nos eis duxerimus præferendum, aut quem ipsi forte postulaverint vel elegerint, si eis de benignitate nostra fuerit postulandi vel eligendi concessa potestas, in patriarcham recipiant, cum tantam Ecclesiam nolimus manere diutius pastoris solatio destitutam, et ad hæc et alia quæ ipsorum consensum desiderant, eis vices suas plene committant. Tu ergo Deum solum habens præ oculis, cum omni studio et secundum præscriptam formam procedas in negotio memorato nisi forsan apostolicæ sedis legatus prævenerit, per quem una tecum ipsum negotium expediri secundum præscriptam formam volumus et mandamus.

Datum Signiæ, xv Kalend. Septemb., pontificatus nostri anno quinto decimo.

CLVII.

ABBATI ET CONVENTUI MONASTERII SANCTI MICHAELIS CLUSINI.

Confirmatur quædam unio.

(Signiæ, vi Kal. Septembris.)

His quæ ad Ecclesiarum utilitatem et statum pertinere creduntur tanto libentius apostolicum favorem impendimus requisiti quanto earum sollicitudo continua nobis propensius noscitur imminere. Eapropter, dilecti in Domino filii vestris justis postulationibus grato concurrentes assensu, unionem monasterii Sancti Solutoris Taurinensis et vestri, consentientibus venerabili fratre nostro episcopo et dilectis filiis capitulo Taurinensibus factam, sicut sine pravitate provide facta est, et per bonæ memoriæ Gerardum electum Novariensem auctoritate nostra exstitit approbata, prout in ipsius litteris plenius continetur, auctoritate apostolica confirmamus et præsentis scripti patrocinio communimus. Ad majorem autem evidentiam, rei gestæ litteras prædicti electi de verbo ad verbum huic nostræ paginæ fecimus adnotari. « In nomine Domini. Gerardus divina gratia Novariensis electus omnibus ad quos litteræ istæ pervenerint in vero salutari salutem. Divina providentia, quæ nec fallit nec fallitur, humanæ conditionis mobilitati compatiens, post apostolorum principem in Romana sedis cathedra lucernam et speculum summum pontificem ordinavit, per quem et lapsa reparari et destituta restitui mereantur. Residentis itaque sanctissimi patris Innocentii III super unione abbatiæ Sancti Solutoris Taurinensis ad Clusinum monasterium mandatum accepimus in hac forma : « INNOCENTIUS
« episcopus, servus servorum Dei dilecto filio electo
« Novariensi salutem et apostolicam benedictionem.
« Ex tenore litterarum venerabilis fratris nostri
« episcopi et dilectorum filiorum capituli Taurinen-
« sium accepimus quod olim venerabili fratri
« nostro Mediolanensi archiepiscopo et eidem epi-
« scopo dederimus in mandatis ut reparationi mo-
« sterii Sancti Solutoris Taurinensis, quod ita in
« temporalibus et spiritualibus collapsum fuerat et
« attritum ut desolatum sine levaminis spe jaceret,
« intendere prout melius possent et plenius procu-
« rarent, illud, si ejus aliter restaurationi providere
« non possent, translaturi in canonicam Ripalten-
« sem, ipsi prudentum plurimum requisito consilio,
« cum canonicam supradictam minus sufficientem
« ad hoc variis impedimentis emergentibus inveni-
« rent, modico tandem monachorum grege qui in
« jam dicto monasterio supererant cum lacrymis
« postulante, sub disciplina et regimine Clusinæ
« Ecclesiæ, per quam plenarie poterat respirare,
« dictum monasterium in præfatam Clusinam Eccle-
« siam, jure Taurinensis Ecclesiæ, ad quam pertinet
« nullo medio, et exemptione Clusini monasterii
« per omnia illæsis manentibus, memoratus episco-
« pus et Taurinense capitulum transtulerunt. Cum
« igitur in solvendis debitis quibus præfatum Sancti

« Solutoris monasterium detinetur manum apponere
« Clusina Ecclesia contradicat nisi factum hujus-
« modi apostolico munimine roboretur, nos id tuæ
« discretionis prudentiæ committentes, per aposto-
« lica tibi scripta mandamus quatenus, inquisita
« super iis omnibus diligentius veritate, quod utili-
« tati Ecclesiæ utriusque secundum Deum noveris
« expedire, nostra fretus auctoritate, appellatione
« remota, statuas et facias quod statueris per cen-
« suram ecclesiasticam firmiter observari. »

« Datum Laterani, vnı Kal. Januarii, pontificatus
« nostri anno tertio decimo. »

Nos igitur mandatis apostolicis in omnibus et per omnia, sicut condecet, parere volentes, præfatæ unionis instrumento viso et diligenter inspecto, quod per Bartholomæum imperialis aulæ notarium confectum esse constabat, quæ in eo continentur canonice et legitime facta approbantes, sicut inter contrahentes sancitum est et statutum, præfati instrumenti tenorem auctoritate apostolica, qua fungimur in hac parte, confirmamus, adjicientes et statuentes ut duodecim fratres et prior cum eis sub Regula beati Benedicti et sub disciplina et regimine Clusini monasterii ibidem Deo servituri perpetuo maneant; ita quod abbas Clusinus præfatum priorem in ordinatione spiritualium et observatione ordinis ibi instituat et destituat, sicut per alias ecclesias seu cellas Clusino monasterio subditas consuevit. Verum quia refectio quædam quam Taurinense capitulum a præfato Sancti Solutoris monasterio in solemnitate martyrum Solutoris, Adventoris et Octavii recipere consuevit in ordinis præjudicium et jacturam regulæ nobis cedere videtur, ordinamus et statuimus ut pro præfata refectione jam dictum Taurinense capitulum a memorato monasterio viginti solidos Segusiensium veterum, si ad processionem venerit die festo, recipiat annuatim, et sic a refectione tacitum maneat et contentum : et hæc de profestis diebus dicta intelligantur. Si tamen die Dominico festum prædictum venire contigerit, sicut a longis retro temporibus inter Taurinensem Ecclesiam et jam dictum monasterium constat esse statutum et consuetum, aut canonici intersint processioni, aut non, censum vice refectionis recipiant supradictum. Adjicimus etiam et statuimus quod si Taurinensis episcopus electo Clusino post collatam sibi confirmationem Clusini monasterii, secunda et tertia requisitione per intervalla decem et decem dierum præcedente sæpedictam abbatiam Sancti Solutoris quovis ingenio confirmare distulerit, non obstante tali dilatione electus Clusinus tam in spiritualibus quam temporalibus et tam in capite quam in membris Sancti Solutoris generaliter administret. Nulli ergo omnino hominum liceat hanc paginam nostræ confirmationis sive constitutionis infringere vel ei ausu temerario contraire. Quod si quis attentare præsumpserit, indignationem omnipotentis Dei et beatorum Petri

(103) Vide lib. xii, epist. 99.

et Pauli apostolorum ejus et summi pontificis se noverit incursurum. Contradictores vero et a præfata forma resilientes, sicut in mandatis accepimus, appellatione cessante, excommunicationis vinculo innodamus. Unde actum est hoc anno Incarnationis Dominicæ 1211, indictione xiv, die sexto exeunte mense Januarii. Interfuerunt dominus Albertus Brusatus Novariensis canonicus, dominus Raynerius abbas Fructuariensis, dominus Willelmus de Fibinis monachus Tilieti, et dominus Joannes monachus Cassænovæ, et alii plures. Unde plura instrumenta idem dominus electus uno tenore, sicut necesse fuerit, fieri præcepit. Ego Guala Muricula sacri palatii notarius hanc chartulam de mandato prædicti domini electi scripsi et subscripsi. Nulli ergo, etc., confirmationis, etc., *usque incursurum.*

Datum Signiæ, vi Kal. Septembris, pontificatus nostri anno decimo quinto.

CLVIII.
RAINERIO MILITI DE VICO.
Remittitur ei infamia.
(Signiæ, vii Idus Septembris.)

Cum te a Bartholomæo injuriarum actione conventum, eo quod dixeris equum tuum non esse minoris pretii quam capillos ipsius, Jacobus de Guarino et L. de Vico judices, qui super hoc cognoscebant, in decem solidis condemnassent, tu timens ne ipsorum sententia te notarit infamia, pro beneficio restitutionis ad famam sedem apostolicam implorasti. Nos autem considerantes quod pene nulla vel minima fuerit injuria supradicta, volumus et concedimus te ob hoc nota infamiæ non teneri.

Datum Signiæ, vii Idus Septembris, pontificatus nostri anno decimo quinto.

CLIX.
EPISCOPO ET P. ET A. ARCHIDIACONIS AURIENSIBUS.
Eis committitur quædam causa.
(Signiæ, ii Non. Septembris.)

(103) Conquerentibus olim dilectis filiis M. et J. presbyteris, G. I. P. et M. diaconis, P. I. et M. ac quibusdam aliis clericis monasterii Sanctæ Crucis Colimbriensis se a priore ac fratribus ejusdem monasterii debita provisione fraudari, prior Sanctæ Mariæ Montis majoris et conjudices ejus, qui super hoc receperant scripta nostra, eosdem ad quoddam beneficium quo fuerant spoliati restituendos sententialiter decreverunt, eadem capella, nisi præfatæ sententiæ pareretur, supposita interdicto. Priore autem et conventu dictas restitutionis et interdicti sententias contemnentibus, et procurantibus etiam ut iidem clerici suam persequi justitiam non auderent, venerabili fratri nostro episcopo et dilectis filiis decano et cantori Zamorensibus dedimus in mandatis ut easdem facientes usque ad satisfactionem condignam inviolabiliter observari, super aliis causam audirent et fine canonico terminarent. Qui rationibus partium plenius intellectis, jamdictas sententias

confirmarunt, Jo. Salvati cum duodecim aliis canonicis et clericis Sanctæ Crucis ab officio et beneficio suspendentes si, post interdicti sententiam, in præfata capella divina convincerentur officia celebrasse; priore nihilominus et conventu ad restitutionem jam dictæ capellæ centum et quinque modiorum frumenti, centum viginti quinque quinalium vini, quinque millium et octoginta quatuor solidorum, et quingentarum oblatarum, quinque almuldarum vini, sexcentarum oblatarum, trecentarum et sexaginta candelarum, quatuor marabutinorum, cujusdam domus, et duorum lectorum, quibus omnibus iidem clerici fuerant spoliati, nec non quinquaginta marabutinorum, quos suam justitiam persequendo expenderant, condemnatis et reprobatis quibusdam litteris quasi supradictorum judicum nomine ad nos missis, in quibus iidem judices proprium circa processum suum confitebantur errorem, et priorem ac conventum excusare propensius nitebantur. Porro cum prior et conventus jamdicti litteras quasdam Colimbriensis episcopi a duobus e clericis memoratis, P. Bartholomæi et J. Nunonis videlicet, coram judicibus ipsis exhibitas allegarent nunquam de conscientia episcopi emanasse, in hoc tandem partes pariter convenerunt ut abrenuntiantes omnibus quæ gesta erant in causa, si Colimbriensis episcopus tenorem recognosceret litterarum, ipsi judices juxta suæ voluntatis arbitrium clericis pro quibus prædicta sententia lata erat in monasterio ipso facerent provideri; alioquin priorem et conventum ab impetitionibus absolverent eorumdem.

Cum ergo iidem judices litteras Colimbriensis episcopi, per quem super hoc certiorari petierant, recepissent, eisdem diligenter inspectis, de peritorum consilio sententiando dixerunt sæpedictum episcopum litterarum recognovisse tenorem, priori et fratribus injungentes ut prædictis duobus clericis providerent juxta formam in authentico earumdem expressam, pro cæteris sententiam confirmationis quam tulerant super jamdicta restitutionis sententia, sed ad tempus se suspendisse fatebantur, eamdem in statum pristinum reducendo, et præcipiendo eam inviolabiliter observari. Quorum sententiam cum magister I. monasterii procurator postmodum apud sedem apostolicam constitutus, coram dilecto filio nostro Petro tituli Sanctæ Luciæ ad Septa solis diacono, nunc vero tituli Sanctæ Cæciliæ presbytero cardinale, quem ipsi et prædicto Joanni Nunonis procuratori clericorum ipsorum concessimus auditorem, peteret revocari, et coram eodem tam super quibusdam litteris Colimbriensis episcopi, quas idem procurator falsatas esse dicebat a clericis memoratis, quam super aliis fuisset diutius litigatum, nos iis quæ coram eodem cardinale fuere proposita plenius intellectis, de fratrum nostrorum consilio sententiam prædictorum judicum Zamorensium approbantes, illam auctoritate apostolica confirmavimus dantes venerabili fratri nostro episcopo Salamantinensi et ejus conjudicibus in præceptis ut eamdem inviolabiliter facerent observari. Qui cum ad locum propter impedimenta evidentia personaliter accedere non valerent, præfatis priori et conventui sub anathematis pœna et suspensione officii et beneficii dederunt districtius in præceptis ut eamdem sententiam, sicut per nos fuerat confirmata, inviolabiliter observarent, denuntiantes quoslibet qui a tempore quo eadem sententia lata fuit in monasterio Sanctæ Crucis vel ejus capella præsumpserant vel etiam tunc temporis præsumebant celebrare divina, officio beneficioque privatos, excommunicationis sententiæ subjacere, et præcipientes nihilominus exhumari corpora defunctorum quæ in dictis monasterio vel capella fuerant tumulata; concedentes insuper exsecutores clericis memoratis, per quos expensæ quas litigando fecerant restituerentur eisdem cum fructibus qui a tempore latæ sententiæ ab eisdem percipi debuerant, et denuntiantes etiam omnes ecclesias de Lairena et terminis ejus, ac omnes ecclesias in Portugalia constitutas, pertinentes ad monasterium sæpedictum, a festo Nativitatis beatæ Mariæ proxime tunc futuro suppositas interdicto, si sæpedictæ sententiæ obviare in aliquo attentarent.

Quibus demum jam dictam sententiam temere contemnentibus, iidem judices omnibus episcopis et prælatis in regno Portugaliæ constitutis ea qua fungebantur auctoritate præcipiendo mandarunt ut diebus Dominicis ac festivis, candelis accensis et pulsatis campanis, eosdem excommunicatos publice nuntiarent, et ab omnibus facerent arctius evitari in omnes qui præsumerent impedire similem sententiam proferentes. Ad hæc, cum sæpedictus J. Nunonis in procinctu esset pro se ac sociis suis ad sedem apostolicam veniendi, eo juxta præfatum monasterium transitum faciente, quidam iniquitatis filii crudeliter irruentes in eum, et ipsum funestis gladiis configentes, eodem semivivo relicto ad monasterium confugere præfatum: quos cum officiarii civitatis vellent juxta terræ consuetudinem trahere ad vindictam, prior et conventus jam dicti eos corporaliter defendere præsumpserunt. Denique cum idem Joannes gravibus afflictus vulneribus camisiam suam infectam sanguine et signatam ictibus cultellorum sub sigillis episcopi et aliorum prælatorum Colimbriensium cum testimonialibus litteris eorumdem per P. Bartholomæi et Joannem Suerii clericos tam ad persequendam corporalem injuriam ejus quam ad causam communem sibi et aliis promovendam procuratores a se ac aliis constitutos oculis nostris transmitteret intuendam, uno eorum, Petro Bartholomæi videlicet apud sedem apostolicam decedente, reliquus contra proprium veniens juramentum, communi causa penitus derelicta, camisiam et litteras antedictas suis adversariis triginta aureorum pretio vendere non expavit. Unde idem J. pro se ac sociis supplicavit nobis humiliter et devote ut finem eorum angustiis imponentes, prædictorum prioris et fratrum rebellionem et contumaciam pœna castigare debita dignaremur, et præfato Joanni pro fide violata pœnam canonicam infligentes, tam ea quæ de camisia memorata recepit, quam illa quæ ad opus itineris et causæ prosecutionem ei ab ipsis assignata fuerunt, faceremus sibi restitui ab eodem. Quocirca discretioni vestræ per apostolica scripta præcipiendo mandamus quatenus vocatis qui fuerint evocandi, et quæ super his et aliis utrinque duxerint proponenda plenius intellectis, causam ad nos remittatis sufficienter instructam, præfigentes partibus terminum competentem quo se nostro conspectui repræsentent justam, auctore Domino, sententiam recepturæ. Quia vero prædicta, cum nimis sint gravia, relinquere nolumus indiscussa, volumus et mandamus ut si etiam per colludium vel aliam forte causam actores desisterent aut deficerent, vos nihilominus ad inquirendam diligenter super omnibus veritatem sublato cujuslibet contradictionis et appellationis obstaculo procedatis, eos qui se gratia, odio vel timore subtraxerint per censuram ecclesiasticam compellentes veritati testimonium perhibere, ut per relationem vestram certificati de ipsis, sine personarum acceptione quod justum fuerit auctore Domino statuamus. Nullis litteris obstantibus hactenus a sede apostolica impetratis. Quod si non omnes, etc., tu, frater episcope, cum eorum altero, etc.

Datum Signiæ, 11 Non. Septembris, pontificatus nostri anno decimo quinto.

CLX.
ABBATI DE TILIETO.
Ut Albinganenses reverentiam exhibeant archiepiscopo Januensi.

(Signiæ, VIII Idus Julii.)

Cum dilectis filiis electo et clericis Albinganensibus nostris dederimus litteras in mandatis ut venerabili fratri nostro Januensi archiepiscopo tanquam suo metropolitano impendant obedientiam et reverentiam debitam ac devotam, sicut a prædecessoribus nostris Romanis pontificibus est statutum, devotioni tuæ per apostolica scripta mandamus quatenus eos ad hoc diligenter moneas et inducas, et, si necesse fuerit, per censuram ecclesiasticam, sublato appellationis obstaculo, prævia ratione compellas.

Datum Signiæ, VIII Idus Julii, pontificatus nostri anno quinto decimo.

CLXI.
XANTONENSI EPISCOPO, ET PRIORI SULBISIENSI XANTONENSIS DIOECESIS
De ordinanda ecclesia Sulbisiensi.

(Signiæ, XIV Kal. Octobris.)

Sicut tu, fili prior, transmisso nobis petitorio intimasti, cum ecclesia Sulbisiensis ob guerrarum discrimina cum suis omnibus ædificiis olim fuerit devastata, consumptis penitus bonis ejus, sic

(104) Cap. *Petiistis*, De privileg.

ipsam de bonis tuis obtentu retributionis æternæ tam in ædificiis quam aliis necessariis procurasti salubri studio postmodum reparare quod in ea requiri potest hodie non immerito cultus Dei. Propter quod a te nobis exstitit humiliter supplicatum ut ibidem faceremus personas idoneas ordinari, quæ in eadem præstarent Domino devotum jugiter famulatum; maxime cum eidem ecclesiæ vix octo canonici serviant, cui solebant dudum viginti et amplius personali residentia deservire, ac quidam non residentes ibidem ipsius ordinationem nitantur nequiter impedire. Nos igitur, fili prior, tuas preces humiles admittentes, et cultum etiam zelantes domus Dei, discretioni vestræ præsentium auctoritate mandamus quatenus tot in præfata ecclesia canonicos idoneos ordinare sagaci providentia studeatis quot ipsius expetunt facultates, et qui possint ibidem per jugem residentiam impendere Domino tam gratum obsequium quam devotum, contradictores, si qui fuerint, vel rebelles per censuram ecclesiasticam appellatione postposita compescentes. Verum cum dilectus filius W. de Sancto Albino clericus peroptet in eadem ecclesia ordinari, devotionem vestram rogandam duximus et monendam, per apostolica vobis scripta mandantes quatenus ob reverentiam apostolicæ sedis et nostram ipsum cum aliis ordinandis, si fuerit idoneus, admittatis in canonicum et in fratrem ipsi ecclesiæ serviturum.

Datum Signiæ, XIV Kal. Octobris, pontificatus nostri anno quinto decimo.

CLXII.
EPISCOPO ET CAPITULO TRIPOLITANIS.
Respondet ad eorum consulta.

(Signiæ, XIV Kal. Octobris.)

(104) Petiistis per sedem apostolicam edoceri utrum cum propter Hospitalarios vel Templarios civitas vestra generali supponitur interdicto, eisdem non servantibus, vos illud teneamini observare. Ad quod sic duximus respondendum, quod illorum excessus vobis non præbet licentiam excedendi; sed si præfati Hospitalarii vel Templarii privilegiorum suorum fines excesserint, violando temere interdictum quod pro illis fuerit promulgatum, ne ipsi videantur de aliorum fletu ridere, vos in pœnam præsumptionis eorum, quandiu ipsi violaverint interdictum, de nostra licentia celebretis.

Datum Signiæ, XIV Kal. Octobris, pontificatus nostri anno quinto decimo.

CLXIII.
EISDEM.
De stato numero canonicorum.

(Laterani, IV Kal. Octobris.)

Significantibus vobis ad audientiam apostolatus nostri pervenit quod cum olim in ecclesia vestra duodecim canonicorum numerus et totidem præbendarum fuerit rationabiliter institutus, et vos, quorumdam inducti precibus, sex canonicos receperiisis ultra numerum constitutum in ejusdem ecclesiæ non modicam læsionem, ut possetis hujusmodi relevare gravamen et excludere materiam concedendi beneficia vacatura, antiquum numerum duodecim canonicorum et præbendarum in eadem servari ecclesia de cætero statuistis : quod petiistis humiliter apostolico munimine roborari. Nos igitur vestris precibus inclinati, statutum ipsum, sicut absque præjudicio alieno utiliter et provide factum est, præsentium auctoritate præcipimus inviolabiliter observari, nisi adeo excreverint ejusdem Ecclesiæ facultates quod pluribus possint sufficere competenter. Nulli ergo, etc., *usque* incursurum.

Datum Laterani, iv Kal. Octob., pontificatus nostri anno decimo quinto.

CLXIV.
SIDONIENSI ET ACCONENSI EPISCOPIS, ET THESAURARIO ACCONENSI.
De eadem re.
(Laterani, iv Kal. Octobris.)

Ad petitionem dilecti filii J. thesaurarii et W. canonici Tripolitanorum, quos venerabilis frater noster episcopus et dilecti filii capitulum Tripolitanum ad sedem apostolicam transmiserunt, fraternitati vestræ per apostolica scripta mandamus quatenus si quid contra statutum de servando numero in Tripolitana Ecclesia duodecim canonicorum et totidem præbendarum utiliter et provide factum ab episcopo et capitulo memoratis post appellationem ad nos a nuntiis prædictis legitime interpositam et capitulo in communi receptam antequam iter arriperent ad sedem apostolicam veniendi fuit temere attentatum, cognita legitime veritate, decernatis auctoritate nostra carere robore firmitatis. Quod si non omnes, etc.

Datum Laterani, iv Kal. Octob., pontificatus nostri anno decimo quinto.

CLXV.
LEONARDO PRESBYTERO DE SANCTO ELIA ET FRATRIBUS EJUS.
Confirmat immunitatem.
(Laterani, iii Non. Octobris.)

Cum a nobis petitur, etc., *usque* perducatur effectum. Eapropter, dilecti in Domino filii, etc., *usque* assensu, libertatem et immunitatem quas domus vestra obtinuit ab antiquo, et dilectus filius A. Casinensis electus de, consensu fratrum suorum vobis provide confirmavit, sicut in ipsius confirmationis authentico plenius continetur, auctoritate apostolica confirmamus et præsentis scripti patrocinio communimus. Nulli ergo, etc., confirmationis, etc., *usque* incursurum.

Datum Laterani, iii Non. Octob., pontificatus nostri anno quinto decimo.

CLXVI
ARCHIEPISCOPO (105) ET CAPITULO BISUNTINENSIBUS.
Respondet ad eorum consulta.
(Laterani, Non. Octobris.)

(106) Ligneis ædificiis ecclesiæ vestræ casu quodam igne consumptis, parietibus tamen illæsis (107), ac mensa principalis altaris (108) in sui extremitate modicam passa fracturam, quæsivistis (109) per sedem apostolicam edoceri si propter hoc ipsius altaris vel etiam totius ecclesiæ deberet consecratio innovari. Ad quod sic duximus respondendum, quod cum parietes in sua integritate permanserint, et altaris tabula (110) mota vel enormiter læsa non fuerit, ob casum prædictum nec ecclesia nec altare debet denuo consecrari.

Datum Laterani, Non. Octob., pontificatus nostri anno quinto decimo.

CLXVII.
NOBILI VIRO SIMONI DE MONTEFORTI (111) COMITI LEICESTRIÆ ET VICECOMITI BITERRENSI.
Ut P. Marcum cancellariæ suæ præficere possit.
(Signiæ, iii Idus Septembris.)

(112) Cum dilectum filium magistrum Petrum Marcum (113) subdiaconum nostrum correctorem litterarum nostrarum pro colligendis Ecclesiæ Romanæ censibus (114) aliisque negotiis destinemus, nobilitatem tuam, de qua plene confidimus, rogamus attentius et monemus, per apostolica tibi scripta mandantes quatenus ipsi ob reverentiam apostolicæ sedis et nostram diligenter assistens, consilium ei efficax et auxilium opportunum impendas ut et ipse injuncta sibi negotia ope tua suffultus valeat, au-

(105) *Archiepiscopo* hæc epigrapha restituenda in c. *Ligneis*, De consecr. Eccles., vel alter Bisuntinæ Ecclesiæ c. *Licet*, De accusat. quæ civitas imperialia novit jura apud Vigner. in biblioth. hist. anno Domini 1253 in imperiali Burgundia urbs vetustissima apud Krantzium Saxon. lib. xiii, c. 25 a Julio Cæsare Vesontio, posteriori sæculo Chrysopolis, Ierlandus Chrysopolitanus Sancti Pauli scholarum præceptor in C. m. s. biblioth. Janninianæ S. Benigni Divionensis, eo quod Alduabis qui eam, non ut priori tempore quasi circino circumductus cingit, sed magna ex parte intersecat, arenas aureas imbrium præcipiti agmine aliquando volvat. Est autem metropolis Maximæ Sequanorum quæ quinta Lugdunensis dicitur.

(106) Cap. *Ligneis*, De consecr. Eccles.

(107) *Illæsis*, secus si mutentur, tunc enim exseeratur sive exorcizatur Ecclesia c. *Si motum*, De consecr., dist. 1. Vide glossam ad d. c. *Ligneis* in verbo parietibus, et si a fundamentis fuerint innovati cum labinam minarentur, ecclesia consecratur c. *De fabrica* ead. distinct.

(108) *Altaris* quod iterum consecratur si motum fuerit, vel lapis, qui sigillum continet, imminutus reperiatur c. 1 De consecrat. Eccles.

(109) *Quæsivistis*, restituenda sunt hæc verba in d. c. *Ligneis* 1.

(110) *Tabula* lapidea in c. *Altaris* 31 De consecrat., distinct. 1.

(111) *Monteforti* de quo supra lib. xiii, not. 24

(112) Vide Hist. Albig., cap. 66.

(113) *Marcum* legatum a latere qui fuerat Notarius Innocentii III, Nemauso oriundus; Petrus Valsern. (multoties repetitus quoniam Albigensium historiam aprime descripsit) c. 70.

(114) *Censibus* qui sunt pauperum, quorum procurationem gerit quodammodo summus pontifex c. ult. 12, q. 1; eadem ratione de exterioribus suis quæ palam cunctis apparent Ecclesia tributum reddit c. *Tributum*, c. *Convenior* 23, q. 8; quibus de causis

ctore Deo, feliciter consummare, ac nos sollicitudini tuæ grata debeamus exinde vicissitudine respondere. Verum quia dilectus filius frater Constantinus conversus (115) Carthusiensis (116) nos ex parte tua suppliciter exoravit ut dictum magistrum, quem pro eo quod in cancellaria nostra laudabiliter conversatus, per diutinum exercitium in hujusmodi plenius est instructus, cancellariæ tuæ præficere cupiebas, tibi concedere dignaremur, nos devotæ fidei tuæ ac devotionis fidelis sinceritatem perspicuam sicut convenit attendentes, quæ personam tuam tanquam specialis apostolicæ sedis filii et fidelis nobis advehit specialiter diligendam, et preces tuas persuadet quantum cum Deo possumus efficaciter exaudire, ipsum magistrum, quanquam non solum plurimum utilis, verum etiam valde necessarius nobis exstiterit et existat, utpote cujus fidei puritatem et discretionis prudentiam jamdiu in multis experti, negotia nostra parva et magna eidem committimus incunctanter, devotioni tuæ duximus liberaliter concedendum, discretionem tuam rogantes affectuosius et monentes quatenus ipsum, quem propriæ probitatis merita recommendant, habens propensius commendatum, taliter eum studeas honorare quod et nos, qui honorari reputamus in ipso, ad honorem et profectum tuum magis intendere debeamus, et idem, cujus obsequium tibi ac terræ tuæ quamplurimum credimus profuturum, ad devotionem tuam fortius astringatur.

Datum Signiæ, III Idus Septemb., pontificatus nostri anno quinto decimo.

CLXVIII.

NARBONENSI ARCHIEPISCOPO ET EPISCOPO UTICENSI APOSTOLICÆ SEDIS LEGATIS.

Commendat eis eumdem Marcum.

(Datum, *ut supra.*)

Etsi minime dubitemus quin nuntios nostros quoslibet et in quibus convenit honoretis, quia tamen illos volumus propensius honorari quos pro suorum exigentia meritorum habemus inter alios chariores, pro iis affectuosius vos rogamus. Hinc est quod cum dilectum filium magistrum Petrum Marcum subdiaconum nostrum correctorem litterarum nostrarum pro colligendis censibus Ecclesiæ Romanæ ac aliis negotiis destinemus, ipsum tanto vobis attentius duximus commendandum quanto et personam ipsius probitatis suæ merito charius amplexamur et negotia ipsi committimus potiora. Ideoque fraternitatem vestram rogamus attentius et monemus, per apostolica vobis scripta mandantes quatenus eumdem magistrum ob reverentiam apostolicæ sedis et nostram tanquam specialem nuntium nostrum habentes propensius commendatum, impendatis ipsi consilium

efficax et auxilium oportunum, ut ipse injuncta sibi negotia ope vestra suffultus valeat, auctore Domino, feliciter consummare, ac nos devotionem vestram merito commendare possimus.

Datum, *ut supra.*

CLXIX.

UNIVERSIS PRÆLATIS ECCLESIARUM ECCLESIÆ ROMANÆ CENSUALIUM PER NARBONENSEM, ARELATENSEM, AQUENSEM, ET EBREDUNENSEM PROVINCIAS, ET ALBIENSEM, RUTENENSEM, CATURCENSEM, ET AGENNENSEM DIŒCESES CONSTITUTIS.

De eadem re.

(Datum, *ut supra.*)

Cum dilectum filium magistrum Petrum Marcum subdiaconum nostrum pro colligendis Ecclesiæ Romanæ censibus et aliis negotiis destinemus, universitati vestræ per apostolica scripta præcipiendo mandamus quatenus ipsum, qui suæ merito probitatis nobis et fratribus nostris charus et acceptus existit, ob reverentiam apostolicæ sedis et nostram tanquam specialem nuntium nostrum recipientes benigne ac honorifice pertractantes, census nobis debitos fideliter exsolvatis eidem; ita quod gratiam vobis ex debito comparetis, et nos id merito gerere debeamus acceptum.

Datum, *ut supra.*

CLXX.

NARBONENSI ARCHIEPISCOPO APOSTOLICÆ SEDIS LEGATO ET SUFFRAGANEIS EJUS.

Super eodem.

(Datum, *ut supra.*)

Licet summi patrisfamilias exemplo, cujus vicem immeriti eodem gerimus disponente, quod uni ex minimis nostris fit, nobis factum rationabiliter reputemus, illos tamen volentes propensius honorari quos propriæ merita probitatis nobis advehunt charius amplexandos et honore constituunt digniores, pro iis specialius devotis nostris, cum expedit, preces dirigimus et mandata. Cum igitur dilectum filium magistrum Petrum Marcum, etc., *ut supra usque* destinemus, fraternitatem vestram rogamus attentius et monemus, per apostolica vobis scripta præcipiendo mandates quatenus ipsum, qui suæ merito probitatis nobis et fratribus nostris charus et acceptus existit, ob reverentiam apostolicæ sedis et nostram tanquam specialem nuntium nostrum recipientes benigne ac honorifice pertractantes, de censibus nostris faciatis eidem in diœcesibus vestris fideliter responderi; ita quod sollicitudinis vestræ studium pareat in effectu, et nos devotionem vestram debeamus exinde merito commendare.

Datum, *ut supra.*

In eumdem modum scriptum est archiepiscopo diœ sponte addicti (donec vitæ dulci officio fungantur), Dei Opt. Max. misericordiam silentii religione contemplantur, de quibus specul. in hæc verba tit. De testib. jus vetat in re propria dicendi testimonii fidem adhiberi, sed fallit in monachis Cisterciensibus et Carthusianis propter eorum sanctimonium.

---

census solvatur Ecclesiæ. Vide c. [*Reperimus*, De privileg., et c. *Omni*, De censibus.

(115) *Conversus* Deo devotus c. *Duo* 12, q. 1, et religionis conversus c. *Non dubium*, De sententia excommunic.

(116) *Carthusiensis* eremita ordinis beati Brunonis cujus anachoretæ cœlestis carceris liberæ custo-

Arelatensi et suffraganeis ejus, Aquensi archiepiscopo et suffraganeis ejus. In eumdem modum suffraganeis et capitulo Ebredunensis Ecclesiæ.

CLXXI.
NOBILI VIRO SIMONI DE MONTEFORTI COMITI LEICESTRIÆ, VICECOMITI BITERRENSI.
Accipit munus ejus.
(Datum, ut supra.)

(117) Nobilitati tuæ gratiarum dignas referimus actiones quod, sicut dilectus filius frater Constantinus conversus Carthusiensis nobis exposuit, tu volens nobis in mille marcis argenti liberaliter subvenire, Raimundum et Eliam de Caturcio fecisti juramento præstito corporaliter obligari ut eas cui voluerimus nomine nostro persolvant. Ideoque devotionem tuam rogamus attentius et monemus, per apostolica tibi scripta mandantes quatenus dilecto filio magistro Petro Marco subdiacono nostro correctori litterarum nostrarum, cui hoc duximus committendum, sine difficultate facias nostro nomine assignari.

Datum, ut supra.

CLXXII.
TOTIUS PROVINCIÆ ET MONTISPESSULANI, SANCTI ÆGIDII, ET ARELATENSIS DOMORUM MILITIÆ TEMPLI MAGISTRIS.
Ut pecuniam apostolicam tradant thesaurario templi Paris.
(Datum, ut supra.)

(118) Devotionem vestram monemus attente, per apostolica vobis scripta præcipiendo mandantes quatenus cum a dilecto filio magistro Petro Marco subdiacono nostro correctore litterarum nostrarum fueritis requisiti, pecuniam quam vobis nostro nomine duxerit assignandam, dilecto filio fratri Aymaro thesaurario domus militiæ Templi Parisiensis secure mittere procuretis, vestras super hoc eidem magistro litteras in testimonium assignantes. Quod si non omnes, etc., quilibet vestrum ea nihilominus exsequatur.

Datum, ut supra.

CLXXIII.
MAGALONENSI EPISCOPO.
De comitatu Melgorii.
(Datum, ut supra.)

Dilectus filius frater Constantinus conversus Carthusiensis nobis proposuit quod tu quingentas marcas pro comitatu Melgoriensi tibi et Ecclesiæ tuæ a nobis sub annua pensione viginti marcarum locando ei nostro nomine obtulisti. Cum igitur dilecto illio magistro Petro Marco subdiacono nostro correctori litterarum nostrarum super hoc mandatum dederimus speciale, volumus ut cum ipso tractatum super eo habeas diligentem. Quidquid enim idem secundum mandatum nostrum provide tecum duxerit faciendum, nos ratum habentes volumus firmiter observari.

Datum, ut supra.

(117) Vide infra epist. 174.
(118) Vide infra epist. 175.

CLXXIV.
RAYMUNDO ET HELIÆ DE CATURCIO.
Ejusdem argumenti cum epistola.
(Datum, ut supra.)

Dilectus filius frater Constantinus conversus Carthusiensis nobis exposuit quod vos de mandato dilecti filii Simonis Montisfortis comitis Leicestriæ juramento corporaliter præstito mille marcas ad pondus Trecense cui voluerimus nomine nostro solvere promisistis. Ideoque devotionem vestram monemus attentius, per apostolica vobis scripta mandantes quatenus eas dilecto filio magistro Petro Marco subdiacono nostro correctori litterarum nostrarum latori præsentium nomine nostro, sine qualibet difficultate, solvatis; ita quod devotionem vestram debeamus merito commendare.

Datum, ut supra.

CLXXV.
MAGISTRO PETRO MARCO SUBDIACONO NOSTRO.
Super eodem.
(Datum, ut supra.)

(119) Devotioni tuæ præsentium auctoritate mandamus quatenus a dilectis filiis Raymundo et Elia de Caturcio mille marcas argenti ad pondus Trecense recipias, et receptas dilecto filio fratri Aymaro thesaurario domus militiæ Templi Parisiensis secure transmittas, nostro nomine deponendas.

Datum, ut supra.

CLXXVI.
NARBONENSI ARCHIEPISCOPO ET EPISCOPO UTICENSI APOSTOLICÆ SEDIS LEGATIS
De censu Simonis de Monteforti.
(Laterani, v Idus Octobris.)

(120) Præsentium vobis auctoritate præcipiendo mandamus quatenus omnia scripta super censu terræ dilecti filii nobilis viri Simonis de Monteforti comitis Leicestriæ et alia nobis a bonæ memoriæ magistro Milone olim transmissa quæ vobis meminimus postmodum remisisse, dilecto filio magistro Petro Marco subdiacono nostro correctori litterarum nostrarum libere assignatis.

Datum Laterani v Idus Octobris, pontificatus nostri anno decimo quinto.

CLXXVII.
EPISCOPO GEBENNENSI.
Eum transfert ad Ecclesiam Ebredunensem.

Scientiæ donum tibi a patrefamilias quasi talentum negotiaturo commissum nequaquam in terra cum servo inutili fodiens, in sollicitudinem pastoralem assumptus, sic secundum Apostolum opus implens pontificis, tuum honorificare ministerium et præesse in sollicitudine studuisti ut, sicut credimus, vere possis dicere cum propheta: *Super speculam Domini ego sum stans jugiter per diem, et super custodiam meam ego sum stans totis*

(119) Vide supra epist. 172.
(120) Vide lib. XII. epist. 108, 122.

noctibus (*Isa.* xxi), ita te fidelem exhibens super pauca ut merearis constitui super multa. Quod dilecti filii canonici Ebredunensis Ecclesiæ provide attendentes, cum bonæ memoriæ eorum archiepiscopo ab hac luce subtracto de substitutione pontificis tractatum diutinum habuissent, tandem, operante illo qui facit utraque unum, cleri, populi et suffraganeorum desideriis concurrentibus, te in suum archiepiscopum et pastorem unanimi postulavere consensu, supplicantes nobis humiliter et instanter ut cum episcoporum translatio fieri non possit vel debeat absque sedis apostolicæ licentia speciali, te, per cujus circumspectionem sollicitam, et sollicitudinem circumspectam multa credunt Ecclesiæ suæ commoda proventura, ipsis in pastorem concedere dignaremur. Licet autem in litteris quas olim nobis super hoc tua fraternitas destinavit expresseris aliquos a postulatione hujusmodi primitus dissensisse, quia tamen per litteras eorumdem ipsos in postulatione jamdicta nunc unanimes esse cognovimus et concordes, eamdem, ipsorum inclinati precibus, duximus admittendam; teque a regimine Gebennensis Ecclesiæ absolventes, ipsis concessimus in pastorem. Ideoque fraternitati tuæ per apostolica scripta mandamus atque præcipimus quatenus vocationem recipiens de te factam, ne divinæ dispositioni resistere videaris, ad præfatam Ecclesiam Ebredunensem accedas, eidem ita sollicite curam studens impendere pastoralem ut ejusdem status juxta ipsius exspectationem et nostram per tuæ sollicitudinis providentiam temporaliter et spiritualiter augeatur, et tu, sicut de gradu ad gradum, ita de virtute in virtutem proficere videaris. Palleum quoque, plenitudinem scilicet pontificalis officii, per dilectum filium magistrum Petrum Marcum subdiaconum nostrum correctorem litterarum nostrarum, Ecclesiæ jam dictæ canonicum, virum utique litteratum, providum et discretum, tuæ fraternitati transmittimus, sub ea forma tibi tradendum ab ipso quam eidem sub bulla nostra dedimus interclusam.

In eumdem fere modum scriptum est capitulo Ebredunensi usque interclusam. Quocirca mandamus quatenus ei sicut archiepiscopo vestro humiliter intendentes, obedientiam et reverentiam exhibeatis eidem tam debitam quam devotam.

In eumdem fere modum clero et populo Ebredunensi. In eumdem modum suffraganeis Ebredunensis Ecclesiæ, tanquam metropolitano vestro.

CLXXVIII.
GEBENNSI EPISCOPO IN ARCHIEPISCOPUM EBREDUNENSEM ELECTO.
De stato numero canonicorum.

Dilecti filii capitulum Ebredunense nobis humiliter supplicarunt ut statutum de non excedendo duodenario canonicorum numero in eorum Ecclesia dudum factum, et a bonæ memoriæ Clemente papa prædecessore nostro postmodum confirmatum, apostolico dignaremur munimine roborare. Volentes igitur ut ea quæ rationabiliter statuuntur robur obtineant firmitatis, mandamus quatenus statutum ipsum, salvo in omnibus apostolicæ sedis mandato, faciatis appellatione remota firmiter observari.

CLXXIX.
CAPITULO, CLERO ET POPULO TROJANIS.
De electione episcopi Trojani.
(Laterani, iii Idus Octobris.)

Licet præsentia venerabilis fratris nostri Philippi episcopi vestri tanto esset nobis acceptior quanto ipsum ad obsequia nostra longa consuetudo aptiorem reddiderat, et suæ devotionis ac fidei puritas nobis et fratribus nostris effecerat chariorem, ex quo tamen vestra in eum desideria convenerunt, ipsum vobis paterna benignitate duximus concedendum, sperantes quod per ejus sollicitudinem circumspectam grata sint vobis et Ecclesiæ vestræ commoda proventura. Ut autem ipsum in nostris esse oculis gratiosum exhibita sibi specialis gratia demonstraret, eum in Lateranensi basilica manibus propriis consecravimus, vos quoque in hoc, si diligenter attenditis, honorantes. Quocirca universitatem vestram monemus et exhortamur attentius et per apostolica vobis scripta præcipiendo mandamus quatenus ei sicut pastori et episcopo animarum vestrarum, humiliter intendentes, obedientiam et reverentiam exhibeatis eidem tam debitam quam devotam, ejus salubria monita et statuta suscipientes humiliter et devote servantes. Nos enim eidem dedimus in mandatis ut in contradictores, si qui fuerint, vel rebelles censuram curet ecclesiasticam sublato appellationis obstaculo exercere.

Datum Laterani, iii Idus Octobris, pontificatus nostri anno quinto decimo.

CLXXX.
CLERO ET POPULO FOIETANIS.
Super eodem.
(Laterani, iii Idus Octobris.)

De dissensione inter vos et clerum ac populum Trojanum exorta et illo dolemus debito generali quo inter omnes Ecclesiæ filios desiderare ac procurare tenemur unitatem et pacem, et affectu etiam speciali, quo cupimus ut venerabilis frater noster Philippus episcopus vester populum obsequentem habeat et concordem. Nuper igitur... Archipresbytero et quibusdam clericis vestris ac decano et quibusdam Ecclesiæ Trojanæ canonicis, apud sedem apostolicam constitutis, ad procurandam concordiam inter vos et clerum ac populum antedictos interponere voluimus partes nostras; sed dictis decano et canonicis respondentibus se super hoc non habere mandatum, nec etiam propter hoc fuisse vocatos, finalem super iis non potuimus habere processum. Volentes autem ut prædicta dissensio per nostræ sollicitudinis studium sopiatur, vobis et ipsis proximum festum Epiphaniæ terminum peremptorium assignamus; per apostolica vobis scripta præcipiendo mandantes quatenus eodem termino procuratores vestros sufficienter instructos ad nostram curetis praesentiam destinare, ut hujusmodi quaestio per nos compositione amicabili vel judiciali calculo terminetur. Interim autem eidem episcopo vestro humiliter intendentes, obedientiam et reverentiam exhibeatis tam debitam quam devotam. Alioquin sententiam quam rationabiliter tulerit in rebelles ratam et firmam habebimus, et eam, auctore Domino, faciemus firmiter observari.

Datum Laterani, iii Idus Octobris, pontificatus nostri anno quinto decimo.

In eumdem fere modum scriptum est capitulo et populo Trojanis usque terminetur. Eisdem autem Fogetanis nostris damus litteras in mandatis ut ipsi episcopo humiliter intendentes, obedientiam et reverentiam exhibeant tam debitam quam devotam. Alioquin sententiam quam idem episcopus rationabiliter tulerit in rebelles ratam et firmam habebimus, et eam, auctore Domino, faciemus firmiter observari.

CLXXXI.
PATRIARCHÆ ANTIOCHENO.
De querelis adversus eum excitatis.
(Laterani, vi Idus Octobris.)

Eam gerimus de tua religione fiduciam ut te nullum ex certa scientia gravare contra justitiam arbitremur, nec credamus quod propter incrementum quantumlibet temporalium, æternorum velis incurrere detrimentum, cum Dominus in te dudum ignem accenderit charitatis, ut non quæras quæ tua sunt, sed quæ Christi, atque ad suscipiendum Antiochenæ Ecclesiæ regimen non respectus temporalis commodi te induxerit aut patriarchalis ambitio dignitatis, sed charitatis et obedientiæ virtus, et zelus ac devotio nominis Christiani, cupientem prodesse potius quam præesse, ac memorem quod secundum testimonium veritatis nihil prodest homini si cum detrimento animæ mundum lucratus fuerit universum. Si ergo querela de te aliquando proponitur coram nobis, aut injustam fore credimus querimoniam, aut innocentiam tuam per ignorantiam facti seu modo alio circumventam. Unde nulli fiducialius facta tua committimus discutienda quam tibi, qui ut futurum securus possis exspectare judicium, in præsenti, consilio utens Apostoli, sollicite judicas temetipsum. Noveris autem dilectum filium Iterium Ecclesiæ tuæ canonicum nobis humiliter intimasse quod cum felicis memoriæ Petrus avunculus ejus prædecessor tuus, qui propter justitiam non solum persecutionem passus est, sed et mortem (121), sibi et... fratri suo mille bisantios Saracenatos dedisset in studiis scholasticis expendendos, tu ipsos a magistro recipiens Hospitalis, penes quem cum rebus aliis depositi fuerant, eos dicto canonico et ejus fratri hactenus restituere non curasti, eumdem Iterium quadam quarta, quam patriarcha prædictus in augmentum præbendæ suæ sibi de consensu capituli Antiocheni contulerat, et quadam gastina quæ Naria vulgariter appellatur, pro tuæ voluntatis arbitrio spoliando. Insuper cum idem patriarcha redditus sui fratris et suos, quos ante captionem suam tempore longo perceperat, restitui præcepisset eisdem, tu redditus ipsos de castro Corsarii, ubi repositi fuerant, faciens asportari, tam illos quam proventus qui de beneficiis suis post captivitatem et mortem ejusdem patriarchæ biennio provenerunt ad mille aureorum valentiam, ac etiam coopertorium quoddam et alia quæ custodiæ bonæ memoriæ... decani Antiocheni deputata fuerant, in ejusdem et fratris sui detinens detrimentum, ea sibi restituere contradicis. Unde nobis humiliter supplicavit ut super hoc eorum gravaminibus succurrere dignaremur Credentes igitur quod eis justitiam suam melius conservare non possumus quam si prædicta providentiæ tuæ judicio committamus, fraternitatem tuam monendam duximus attentius et rogandam, per apostolica tibi scripta mandantes quatenus super præmissis sollicite studeas inquirere veritatem, et si quereclam eorum inveneris esse justam, cum super iis decipi potueris tanquam homo, taliter eis satisfacias de prædictis quod ex hoc tua, quod absit! apud homines non lædatur opinio, nec apud Deum gloria tua, quæ est tuæ conscientiæ testimonium, minuatur; nos quoque, quos susceptæ servitutis officium universis constituit debitores, eisdem super his querimoniam replicantibus alium non cogamur concedere cognitorem.

Datum Laterani, vi Idus Octobr., pontificatus nostri anno xv.

In eumdem fere modum scriptum est super hoc patriarchæ Jerosolymitano apostolicæ sedis legato usque cogamur concedere cognitorem. Ideoque fraternitati tuæ per apostolica scripta mandamus quatenus ipsum ad id diligenter moneas et inducas.

Datum, ut supra.

Indicitur supplicatio generalis.

In nomine Patris et Filii et Spiritus sancti. Amen. Quarta feria infra octavam Pentecostes fiat generalis processio virorum ac mulierum pro pace universalis Ecclesiæ ac populi Christiani, specialiter autem ut Deus propitius sit illis in bello quod inter ipsos et Saracenos dicitur in Hispania committendum, ne det hæreditatem suam in opprobrium, ut dominentur eis nationes. Et ad hanc processionem omnes omnino moneantur venire, nec ab ea quisquam excuset præter illos qui habent inimicitias capitales. Summo itaque mane conveniant mulieres apud Sanctam Mariam Majorem; clerici vero apud basilicam Duodecim Apostolorum, et laici apud Sanctam Anastasiam; et post collectas, pulsatis simul istarum ecclesiarum campanis, procedant omnes in campum Lateranensem hoc ordine. Mulieres omnes et solas præcedat crux Dominica Sanctæ Mariæ Majoris; et in prima parte processionis sint sanctimoniales, in ultima vero reliquæ mulieres, quæ sine auro et gemmis et sericis indumentis procedant, orando cum devotione ac humilitate, in fletu et gemitu, nudis pedibus omnes quæ possunt; et per Merulanum et ante Sanctum Bartholomæum veniant in campum Lateranensem, et collocent se ante Felloniam, in silentio permi-

(121) Vide lib. x, epist. 214, et lib. xii, epist. 45.

nantes. Clericos autem crux fraternitatis præcedat; et in prima processionis parte sint monachi et canonici regulares; in ultima vero rectores et cæteri clerici procedentes prædicto modo, et per viam majorem et arcum Basilii veniant ante palatium episcopi Albanensis; et ibi directe in medio campi se collocent. Laicos autem præcedat crux Dominica Sancti Petri; et post illam sequantur primi Hospitalarii, et postremi cæteri laici, sicut præscriptum est incedentes, et per Sanctos Joannem et Paulum et ante Sanctum Nicolaum de Formis in campum veniant, et collocent se ab altera parte. Interim vero Romanus pontifex cum episcopis et cardinalibus et capellanis ingrediatur basilicam quæ dicitur Sancta Sanctorum; et inde reverenter assumpto ligno vivificæ crucis, processionaliter veniat ante palatium episcopi Albanensis, et sedens in scalis exhortatorium faciat sermonem ad populum universum. Quo finito, mulieres, sicut processionaliter venerant, ita procedant ad basilicam Sanctæ Crucis; et ibi præsto sit presbyter cardinalis, qui celebret eis missam dicendo illam orationem: *Omnipotens, sempiterne Deus, in cujus manu sunt omnium potestates,* etc. Et sic ipsæ mulieres in pace ad propria revertantur. Romanus autem pontifex cum episcopis et cardinalibus et capellanis per palatium descendat in Lateranensem basilicam. Clerici vero per porticum, et laici per burgum, ingrediantur in illam; et celebrata venerabiliter missa, ipse cum omnibus nudis pedibus procedat ad Sanctam Crucem, ita quod eum præcedant clerici et laici subsequantur, et, facta oratione, unusquisque revertatur ad sua. Jejunetur autem ab omnibus, ita ut nemo, præter infirmos, comedat pisces aut quodcunque pulmentum; sed qui possunt, pane sint et aqua contenti; qui vero non possunt, bibant vinum bene lymphatum et modice sumptum, et vescantur herbis et fructibus aut etiam leguminibus; omnesque aperiant manus et viscera indigentibus, ut per orationem, jejunium et eleemosynam misericordia Conditoris reddatur populo Christiano placata.

CLXXXII.

DOMINO PAPÆ.
De bello Saracenico in Hispania.

(122) Sanctissimo Patri ac domino Innocentio Dei gratia summo pontifici Aldephonsus eadem rex Castellæ et Toleti, cum osculo manuum atque pedum, salutem. A sanctitate vestra credimus non excidisse propositum impugnandi Saracenæ gentis perfidiam vobis per nostros nuntios devote et humiliter intimasse, in omnibus tanquam patris et domini vestrum subsidium expectantes, quod sicut a patre pro nos recognoscimus benigne et pie pariter impetrasse. Quocirca cum litteris vestris nuntios nostros, quos ad hoc exsequendum idoneos reputavimus, ad partes Franciæ non distulimus destinare; addentes etiam ut omnibus militibus venientibus ad bellum et omnibus servientibus, prout decebat, expensas victui necessarias largiremur, quibus possent commode sustentari. Unde fuit quod audita remissione peccatorum quam vos venientibus indulsistis, venit magna multitudo militum de transmontanis partibus, nec non et archiepiscopi Narbonensis et Burdegalensis et episcopus Nannetensis (123). Fuerunt qui venerunt usque ad duo millia militum cum suis armigeris, et usque ad decem millia servientium in equis, et usque ad quinquaginta millia servientium sine equis; quibus omnibus nos oportuit in victualibus providere. Venerunt etiam illustres amici nostri et consanguinei rex Aragonum et rex Navarræ cum potentatu suo in fidei catholicæ auxilium et juvamen; quibus nobiscum aliquanto tempore apud To-letum facientibus moram, exspectabamus quippe homines nostros qui venturi erant ad bellum, omnia necessaria, prout per nuntios nostros promisimus, non defecimus ministrare, licet expensæ essent propter sui multitudinem nobis et regno nostro fere importabiles et onerosæ. Non enim solum in iis quæ promiseramus, verum etiam in pecuniis specialiter et in dextrariis, quibus fere omnes tam milites quam servientes pariter indigebant, nos oportuit providere. Sed Dominus, qui multiplicat incrementa frugum justitiæ, ministravit nobis abunde secundum suæ gratiæ largitatem, et dedit omnia posse perficere perfecte pariter et abunde (124). Congregata itaque nostra et suorum multitudine, viam Domini cœpimus proficisci; et venientes ad turrim quamdam quæ Magalon nuncupatur satis munitam, ultramontani antequam nos pervenerunt per unum diem, et illam cum Dei auxilio impugnantes in continenti cœperunt.

Licet autem nos eis in omnibus necessariis largissime provideremus, ipsi tamen attendentes laborem terræ, quæ deserta erat et aliquantulum calida, voluerunt a cœpto proposito retroire et ad propria remeare (125). Tandem ad magnam instantiam nostram et regis Aragonum processerunt usque ad Calatravam, quæ non distabat a prædicto castro nisi per duas leugas; eamque nos ex parte nostra, et rex Aragonum ex sua, ei ipsi ex sua in Dei nomine cœpimus expugnare. Saraceni autem qui intus erant, attendentes se Dei exercitui non posse resistere, disposuerunt villam nobis tradere, ita, quod personæ eorum salvæ discederent, verumtamen sine rebus; cumque nos istud nulla ratione vellemus acceptare, rex Aragonum et transmontani habentes super hoc consilium, viderunt villam esse munitam muris et antemuralibus, profundis fossatis, et excelsis turribus, et quod non posset capi nisi suffoderentur muri et sic ruerent. Quod cedere in grave damnum fratribus Salvæterræ, quorum fuerat, et non posset, si necessitas incumberet, retineri. Unde apud nos institerunt firmissime ut villa salva et integra cum armis et magna copia victualium quæ ibi erant, quibus satis indigebat exercitus, nobis redderetur, et personæ Saracenorum vacuæ et inermes recedere permitterentur. Nos autem attendentes eorum in hoc firmam voluntatem, votis eorum annuimus, ita quod medietas omnium eorum quæ intus habebantur cederet in partem regis Aragonum, et alia medietas in partem ultramontanorum, et nec nobis nec nostris aliquid voluimus retinere. Ipsi autem propositum repatriandi apud se renitentes, licet Dominus Deus nobis exhiberet gratiam et honorem, et nos vellemus omnibus eis sufficientissime necessaria ministrare, desiderio patriæ coacti, omnes pariter signo crucis relicto cum archiepiscopo Burdegalensi et episcopo Nannetensi, licet certitudinem de bello Saracenorum haberemus, ad propria redierunt, exceptis admodum paucis, qui remanserunt cum archiepiscopo Narbonensi et Tibaldo de Blazon, qui naturalis noster erat (126), cum suis et quibusdam aliis militibus qui erant de Pictavia; et ii omnes qui remanserunt, vix erant inter milites et servientes centum quinquaginta; de peditibus autem eorum nullus remansit. Cumque rex Aragonum apud Calatravam moram faceret exspectando quosdam milites suos et regem Navarræ, qui nondum ad nos pervenerat, nos cum nostris processimus et pervenimus ad quoddam castrum eorum quod Alarcos dicitur. Illud castrum, licet bene munitum esset, cepimus, et alia tria castra, quorum unum dicitur Caracovia, aliud Benaventum, et aliud Petrabona. Inde procedentes pervenimus ad Salvamterram; ibique pervenerunt ad nos rex Aragonum, qui de suis hominibus non duxit in exercitui nisi tantum mili-

---

(122) Vide lib. xiii, epist. 18.
(123) Vide Roderic. Tolet., lib. viii, c. 1, 2.
(124) Ibid., c. 5.

(125) Vide tom. V. Duchesnii, pag. 426 et seq.
(126) Id est natione Hispanus, ut scribit Rodericus Tolet., lib. viii, c. 6.

tes generosos, et rex Navarræ, qui similiter vix fuit in exercitu de suis plusquam ducentis militibus comitatus. Et quia rex Saracenorum in vicino erat nobis, Salvamterram noluimus expugnare; sed procedentes contra Saracenorum multitudinem, pervenimus ad quædam montana in quibus non erat transitus aliquis, nisi in certis locis.

Cumque nos essemus ad pedem illius montis ex parte nostra, Saraceni venientes ex parte alia obtinuerunt summitatem montis, volentes nobis transitum impedire. Sed milites nostri ascendentes viriliter, quia adhuc pauci Saraceni ad locum illum pervenerant, eos cum Dei auxilio viriliter expulerunt, et castrum quoddam munitum, quod propter transitum impediendum Saracenorum rex construxerant, ceperunt, quod Ferrat (127) dicitur : quo occupato, exercitus Domini secure potuit ad cacumina montis ascendere, ubi multum laboravit propter defectum aquarum et loci ariditatem. Saraceni autem videntes quod transitum illum occupare non possent, alium transitum qui erat in descensu montis arctissimum et invium occuparunt. Talis quippe erat quod mille homines possent defendere omnibus hominibus qui sub cœlo sunt, et juxta transitum illum ex altera parte erat totus Saracenorum exercitus, et sua tentoria jam fixa. Cumque nos ibi facere moram ob defectum aquæ non possemus, nec procedere propter transitus difficultatem, quidam ex nostris consuluerunt quod iterum ad pedem montis descenderemus, et alium transitum ad duas vel tres dietas quæreremus. Nos autem attendentes fidei periculum et personæ nostræ dedecus, noluimus huic parere consilio, eligentes potius in difficultate transitus mori pro fide quam faciliorem transitum quærendo qualitercunque in fidei negotio retroire (128). Cumque jam quidem propositum firmassemus, ad indicium cujusdam rustici, quem Deus nobis ex insperato misit, in eodem loco alium transitum satis facilem magnates nostri, qui primos ictus in bello habituri erant, invenerunt, et in quodam loco exercitui eorum vicino, licet aridus esset et siccus, Saracenis hunc transitum ignorantibus, tentoria posuerunt. Quod cum Saracenorum exercitus attendisset, processit ut mansionem illam impediret. Nostri autem, licet pauci essent, se viriliter defenderunt. Nos autem et rex Aragonum et rex Navarræ armati cum militibus nostris in loco primæ mansionis, quæ erat in summitate montis, exspectavimus donec totus exercitus Domini pervenit secure ad locum ubi anteriores nostri castrametati sunt; et ita, dante Domino, factum est quod licet via esset invia et inaquosa, lapidosa et nemorosa, nihil de nostris amisimus. Hoc autem factum est die Sabbati xviii Kal. mensis Augusti. Circa serotinam vero horam Saraceni attendentes quod omnia tentoria nostra tute fixeramus, dispositis aciebus suis venerunt ante loca castrorum, et ibidem quædam præludia belli in modum torneamenti cum nostris exercuerunt. Attendentes autem ipsi quod nos illa die nollemus habere bellum, ad castra sua reversi sunt. Sequenti autem die Dominica summo mane venit Saracenus cum infinita multitudine dispositis aciebus suis. Nos autem volentes considerare multitudinem gentis suæ, et dispositionem et statum et qualiter in omnibus se haberent, habito prudentum virorum consilio et in iis exercitatorum, exspectavimus usque ad sequentem diem lunæ. Ipsis autem sic existentibus, posuimus milites nostros cum peditibus, ut extremos agminis nostri non possent in aliquo molestare : quod quidem, divina operante gratia, sic evenit. Sequenti die, scilicet secunda feria, omnes in Dei nomine armati processimus, dispositis aciebus, cum eis pro fide catholica pugnaturi. Ipsi autem promontoria quædam obtinuerunt valde ardua et ad ascendendum difficilia propter nemora quæ inter nos et ipsos erant, et propter alveos torrentium profundissimos, quæ omnia nobis erant magno impedimento, ipsis vero maximo expedimento. Verumtamen ille a quo omnia, in quo omnia, per quem omnia, fecit mirabiliter, et direxit manus sui exercitus contra inimicos suos, et anteriores nostri necnon et medii multas acies eorum, quæ in minoribus promontoriis existebant, in virtute crucis Dominicæ prostraverunt. Cum autem pervenissent ad extremam aciem eorum, infinitæ siquidem multitudinis, in qua rex Carthaginis erat, ibidem difficilimos conflictus militum, peditum, et sagittariorum invenerunt, quos sub maximo periculo et vix, imo etiam jam non poterant tolerare (129). Nos autem attendentes bellum illud eis omnino importabile, impetu equorum processimus, signo crucis Dominicæ præeunte, et vexillo nostro, in quo erat imago beatæ Virginis et filii sui in signis nostris superposita.

Cumque nos jam pro fide Christi mori constanter eligeremus, attendentes crucis Christi et imaginis suæ matris ignominiam, quas lapidibus et sagittis irruere impetebant, in arma furentes aciem illorum infinitæ multitudinis divisimus; et licet ipsi essent constantes in bello et firmi super domino suo, Dominus illorum infinitam multitudinem crucis suæ gladio trucidavit; et sic rex Saracenorum cum paucis in fugam conversus fuit. Sui autem impetus nostros interim sustinebant, sed statim post maximam stragem suorum reliqui in fugam conversi sunt. Nos autem insequentes eos usque ad noctem, plures tamen insequendo interfecimus quam in bello; et sic bellum Domini a solo Domino et per solum Dominum est feliciter consummatum. Deo autem honor et gloria, qui cruci suæ dedit victoriam per Jesum Christum Dominum nostrum. Fuerunt autem milites Saraceni, ut postea vera relatione didicimus a quibusdam domesticis regis Saracenorum, quos captivos cepimus 185 millia, peditum vero non erat numerus. Occubuerunt autem in bello ex parte sua centum millia armatorum et amplius secundum æstimationem Saracenorum quos postea cepimus. De exercitu autem Domini, quod non sine grandi gratiarum actione recitandum est, et quod incredibile est, nisi quia miraculum est, vix viginti quinque Christiani aut triginta de toto nostro exercitu occubuerunt.

O quanta lætitia! o quot gratiarum actiones! nisi de hoc dolendum sit quod tam pauci martyres de tanto exercitu ad Christum martyrio pervenerunt. Ut autem magna eorum multitudo credatur, cum exercitus noster in castris eorum post bellum per biduum fecerit moram, ad omnia incendia quæ necessaria erant in coquendis cibis et pane et aliis non composuerunt aliqua ligna nisi de sagittis et lanceis eorum quæ remanserant, et vix potuerunt comburere medietatem. Cumque dicti exercitus propter longam moram factam in locis heremis et incultis deficeret in victualibus et aliis, ibidem tantam invenerunt tam ciborum quam armorum, nec non etiam dextrariorum et aliorum jumentorum copiam quod accipientes ad suam unusquisque de iis omnibus voluntatem, plus ibi dimiserunt ex magna abundantia quam ceperunt (130). Tertio autem die procedentes venimus ad quædam castra eorum, scilicet Bilche, Bannos, Tolosa, quæ incontinenti cepimus. Tandem pervenimus ad duas civitates, quarum altera dicitur Biacia, altera Ubeda; quibus non erant majores cira mare præter Cordubam et Hispalim; quarum alteram, scilicet Biaciam, destructam invenimus; ad alteram vero, scilicet Ubedam, quia situ loci et artificio fortissima erat, confugerat multitudo hominum infinita ex omnibus villis adjacen-

---

(127) *Ferrat*. apud Rodericum.
(128) Roder. Tolet., lib. vııı, c. 7, 8.
(129) Roder. Tolet., lib. vııı, c. 10.
(130) Roder. Tolet., *ibid.*, c. 12.

tibus. Cum enim villa illa nunquam ab imperatore vel ab aliquo regum Hispaniæ expugnata sciretur vel subjugata, in eadem posse salvari sua corpora se credebant. Sed et hanc in brevi, divina gratia faciente, cepimus et funditus destruximus, quia non possemus habere tantam multitudinem gentium quæ ad illas populandas sufficere possent : et bene perierunt ibi sexaginta millia Saracenorum ; quorum quosdam interfecimus, quosdam captivos duximus ad servitium Christianorum et monasteriorum quæ sunt in marchia reparanda. Hæc igitur, sanctissime Pater, vobis scribenda decrevimus, pro auxilio toti Christianitati impenso gratias quas possumus exhibentes, et humiliter supplicantes ut vos, quem Dominus ad summi sacerdotii gradum elegit, ei cum sacrificio laudis pro salute populi immoletis vitulos labiorum.

ORATIO.

Omnipotens et misericors Deus, qui superbis resistis, humilibus autem das gratiam, digna tibi laudum præconia et devotas gratiarum referimus actiones quod antiqua innovando miracula, gloriosam tribuisti victoriam de perfidis gentibus populo Christiano, te suppliciter exorantes ut quod mirabiliter incœpisti, misericorditer prosequare ad laudem et gloriam nominis tui sancti, quod super nos famulos tuos fideliter invocatur. Per Dominum nostrum, etc.

CLXXXIII.

ILLUSTRI REGI CASTELLÆ.

Respondet epistolæ superiori.

(Laterani, vii Kal. Novembris.)

Protector in se sperantium, Deus, sine quo nihil est validum, nihil firmum, multiplicans misericordiam suam super te ac populum Christianum, et effundens iram suam in gentes quæ Dominum non noverunt et in regna quæ non invocaverunt sanctissimum nomen ejus, juxta quod dudum fuerat Spiritu sancto prædictum, irrisit gentes quæ temere fremuerant contra eum, et subsannavit populos inania meditatos, humiliando arrogantiam fortium, et infidelium superbiam quiescere faciendo ; qui sperantes in equis, quia multi sunt ; et equitibus, quia prævalidi nimis, super sanctum Israel non fuere confisi, et Dominum exquirere contempserunt ; quinimo Deo vivo et vero ausi sunt exprobrare, exaltantes contra eum tumide vocem suam et suorum levantes altitudinem oculorum. Benedictus autem Deus, qui posuit in eorum naribus circulum et in labiis suis frenum, dans eis secundum opera corumdem, et ipsis retribuens secundum suorum nequitiam studiorum, ut cognoscat Moab quoniam major est ejus indignatio et superbia quam fortitudo et virtus, et sperent in Domino cuncti qui diligunt nomen ejus, videntes quod in sua sperantes misericordia non relinquit, sed prope est omnibus ipsum in veritate vocantibus, dans lapsis fortitudinem, et robur multiplicans ; ut jam non dubitent verum esse quod legitur, quoniam qui sperant in Domino habebunt fortitudinem, current et non laborabunt, ambulabunt et non deficient ; quia Dominus virtutem populo suo dabit. Nos autem per tuæ serenitatis litteras plenius intellecto qualiter is qui docet manus suorum ad prælium et digitos eorum ad bellum, instauratis Veteris Testamenti miraculis, in tanto et tam horribili prælio salvum fecit populum humilem, et humiliavit oculos superborum, exsultavimus Domino adjutori nostro, et ei quantum suâ donavit gratia jubilantes, gavisi fuimus gaudio magno valde. Convocantes ergo urbis clerum et populum universum, ei qui facit mirabilia magna solus etsi non quantas debuimus, quantas tamen potuimus, una cum illis gratiarum exsolvimus actiones, ipsas tuæ celsitudinis litteras legi coram universa multitudine facientes, et ore proprio exponentes easdem : in quo, post divinæ virtutis magnalia, quantum magnificentiæ tuæ præconia extulerimus, ab aliis potius quam a nobis regali excellentiæ volumus intimari. De cætero, fili charissime, prudentiam tuam monemus, rogamus, et exhortamur in Domino quatenus datam tibi et populo Christiano victoriam Domino exercituum reverenter ascribas, ore simul et corde humiliter confitendo quod non manus tua excelsa, sed Dominus fecit hæc omnia, juxta quod in lege divina præcipitur (*Deut*. VIII). Ne dicas in corde tuo, fortitudo mea et potentia manus meæ fecit mihi virtutem hanc magnam ; sed memoreris Domini Dei tui, quia ipse tibi dat facere fortitudinem et virtutem. Ista enim victoria procul dubio non humani operis exstitit, sed divini ; et gladius Dei, non hominis, imo verius Dei hominis inimicos crucis Dominicæ devoravit. Quis enim dedit eos in direptionem et prædam ut unus mille et duo decem millia effugaret nisi Deus, qui subdidit illos et tradidit, suam super eos indignationem effundens pro eo quod peccaverunt eidem et in ejus noluerunt semitis ambulare? Non igitur tibi veniat pes superbiæ, quia ibi ceciderunt qui operantur iniquitatem. Sed affer Domino gloriam et honorem, dicens humiliter cum Propheta : *Zelus Domini exercituum fecit istud* (*Isa*. XXXVII), ut aliis exsultantibus in curribus et in equis, tu exsultes et glorieris in nomine Domini Dei tui, et considerans vindictam impiorum factam a Domino, laves manus tuas in sanguine peccatorum. De nobis autem pro certo cognoscas quod personam tuam semper de corde puro et conscientia bona et fide non ficta dileximus, et jugiter in tua crescimus charitate, in cunctis negotiis tuis tuæ serenitati adesse, quantum cum Deo et honestate poterimus, proponentes. Tu ergo ea semper agere studeas quæ apostolicum promereantur favorem, et per quæ gloriam temporalis regni transitoriam et caducam in æterni regni beatitudinem, quæ nunquam deficiet, valeas commutare. Quod utinam ore prophetante dixerimus, et eventum rei tetigerimus immobili veritate.

Datum Laterani, vii Kalend. Novemb., pontificatus nostri anno XV.

CLXXXIV.

EPISCOPO BELIACENSI.

Respondet ad ejus consulta.

(Laterani, IV Kal. Novembris.)

(131) Cum in tua diœcesi quædam monasteria et

(131) Cap. *Cum in tua,* De decimis. Vide cap. *Cum contingat,* De decimis.

conventuales ecclesiæ in multis parochiis majores decimas percipiant et minutas, et de quibusdam fructibus annuatim perceptis decimæ non fuerint persolutæ, quæ tamen modo solvuntur, quæsivisti per sedem apostolicam edoceri utrum decimæ fructuum prædictorum ad parochiales ecclesias, quæ nec majores percipiunt nec minutas, an ad monasteria et illas ecclesias conventuales, quæ decimas alias percipiunt ab antiquo, debeant pertinere. Ad quod sic duximus respondendum, quod si fructus prædicti de illis terris proveniunt de quibus monasteria seu conventuales ecclesiæ aliquos percipiebant ratione decimarum proventus, eis procul dubio debentur decimæ fructuum eorumdem, cum ipsis ab antiqua terra illa fuerit decimalis, et non debeat una eademque substantia diverso jure censeri (132). Alioquin parochialibus ecclesiis exsolvantur, ad quas de jure communi spectat perceptio decimarum. Sane quia contingit interdum quod aliquibus volentibus matrimonium contrahere, bannis, ut tuis verbis utamur, in ecclesiis editis secundum consuetudinem Ecclesiæ Gallicanæ, ac nullo contradictore publice comparente, licet fama privatim impedimentum deferat parentelæ, cum ex parte contrahentium juramenta majorum de sua propinquitate, ut suspicionis tollatur materia, offerantur, quid tibi sit faciendum in casibus hujusmodi quæsivisti (133). Ad hæc taliter respondemus, quod si persona gravis, cui fides sit adhibenda, fraternitati tuæ denuntiet quod ii qui sunt matrimonio copulandi se propinquitate contingant, et de fama vel scandalo doceat, aut etiam per te ipsum possis certificari de plano, non solum debes juramenta parentum sponte oblata recipere, verum etiam eos qui contrahere sic nituntur, si monitis induci nequiverint, compellere ut vel a tali contractu desistant, vel contra famam hujusmodi secundum tuæ discretionis arbitrium juramenta exhibeant propinquorum. Alioquin, si persona denuntians non exstiterit talis ut duximus, et de fama vel scandalo non poterit edoceri, ad desistendum monere poteris, non compellere contrahentes (134). Si vero post contractum matrimonium aliquis appareat accusator, cum non prodierit in publicum quando banni secundum præfatam consuetudinem in ecclesiis edebantur, utrum vox debeat suæ accusationis admitti merito quæri potest. Super quo sic duximus distinguendum, quod si tempore denuntiationis præmissæ is qui jam conjunctos impetit extra diœcesim existebat, vel alias denuntiatio non potuit ad ejus notitiam pervenire, ut puta si nimiæ infirmitatis fervore laborans, sanæ mentis patiebatur exsilium, vel in annis erat tam teneris constitutus quod ad comprehensionem talium ejus ætas sufficere non valebat, seu alia causa legitima fuerat impeditus, ejus accusatio debet audiri. Alioquin, cum rationabiliter præsumatur quod denuntiationem publice factam idem existens in ipsa diœcesi minime ignorarit, tanquam suspectus est procul dubio repellendus, nisi proprio firmaverit juramento quod postea didicerit ea quæ objicit, et ad hoc ex malitia non procedat; quia tunc, etiamsi didicisset ab illis qui denuntiationis tempore siluerunt, claudi non deberet eidem aditus accusandi; quoniam etsi ab impetitione hujusmodi culpa de silentio tali contracta illos excluderet, iste tamen amoveri nequiret cum culpabilis non existat (135). Utrum autem si, accusatore idoneo comparente, per tres vel quatuor testes inter jam conjunctos parentela probetur, per depositiones eorumdem posteriorum testium derogetur fidei, sex vel duodecim propinquorum, qui antiquiores tempore ac præstantiores meritis ante contractum matrimonium in contrarium juraverunt, distinguendo personas et gradus a quibus directe ii de quorum agitur copula descenderunt, an primi posterioribus præferantur, non immerito quæri posset, quanquam ad aliud et ob aliud juraverint illi quam isti. Si tamen in secundo judicio priores personæ juratæ deponerent illa eadem quæ primo dixerunt, absque dubio eorum testimonia prævalerent, nec eo possent pretextu repelli quod partes testificata didicerint, cum talis exceptio locum non habeat in hoc casu.

Datum Laterani, iv Kalend. Novembris, pontificatus nostri anno decimo quinto.

CLXXXV.

PATRIARCHÆ JEROSOLYMITANO APOSTOLICÆ SEDIS LEGATO.

Quod indulgentia sit stricto modo accipienda.
(Laterani, vm Kal. Novembris.)

Cum felicis recordationis Alexander papa prædecessor noster Simoni quondam priori Sancti Georgii de Xisto quotidianum usum annuli, virgæ quoque pastoralis, et mitræ infra missarum solemnia concesserit, sicut accepimus, de indulgentia speciali, ac postmodum idem locus Ecclesiæ Sancti Thomæ martyris Acconensis cœperit esse subjectus et quandoque cum illa unum solum habere priorem, is qui nunc habet in eisdem ecclesiis prioratum, cum a nobis obtinuerit ipsam indulgentiam confirmari, etiam in ecclesia supradicta Sanctæ Thomæ uti nitebatur eadem, eo quod priori Sancti Thomæ martyris Acconensis et Sancti Georgii de Xisto confirmationis nostræ pagina mittebatur. Cui se opposuit obicem venerabilis frater noster episcopus Acconensis proponens quod ad hoc per confirmationem nostram extendi usus memoratæ indulgentiæ non valebat. Unde ad petitionem partium quæstionem ipsam ad examen sedis apostolicæ transtulisti. Nos igitur attendentes quod præfatus prædecessor noster priori Sancti Georgii de Xisto, prioratum ipsum tantummodo exprimendo, indulserit supradicta, ipsius vestigiis inhærentes, habendo ratum quod factum

---

(132) In quart. Coll. *Ecclesia*, etiam in cod. Colbert. Cap. *Cum in tua*, De sponsal.
(133) Vide Reginonem, lib. ii, c. 231.
(134) Cap. *Cum in tua*, Qui matrim. accus. possint.
(135) Cap. *Cum in tua*, De testib.

exstitit per eumdem, prædictæ indulgentiæ de novo nihil addidimus, sed quod competebat ex illa duximus confirmandum. Quocirca fraternitati tuæ per apostolica scripta mandamus quatenus supradictum priorem abuti præfata indulgentia non permittas.

Datum Laterani, viii Kal. Novembris, pontificatus nostri anno decimo quinto.

CLXXXVI.

EPISCOPO PICTAVENSI.

Eum hortatur ad emendationem

(Laterani, xvi Kal. Novembris.)

(136) Non est Deus in conspectu tuo, nec viæ tuæ rectæ sunt coram eo, si clamoribus de te ad nostram audientiam ascendentibus facta respondent, quæ præsentibus duximus adnotanda, ipsa tuis oculis admoventes, ut te contra tuam faciem statuendo, qui te ipsum abjecisti post terga, famæ contemptu et consuetudine, sicut dicitur, delinquendi, qualis sis, et utrum ascensum pares subditis ad virtutes, an descensum ad vitia per exemplum, accusationi operum conscientia respondente, tibi tuo judicio demonstrarius. Ecce audivimus quod anno præterito antequam ordines celebrares, per magistrum J. Gabart officialem tuum a ducentis fere clericis ordinandis in elusionem constitutionis apostolicæ, qua ordinatis sine titulo per ordinatores vel repræsentatores aut successores eorum volumus provideri, fecisti exigi et recipi juramentum quod nullam a te provisionem exigerent ratione ordinationis illius. In quo cum non habueris judicium nec justitiam, sed juri et sedi apostolicæ injuriam feceris manifestam, transgressioni canonum adaperiens aditum, et nitens claudere viam provisioni pauperum clericorum, quam eis per constitutionem nostram misericorditer curavimus aperire, inspice ac despice temetipsum, eo quod hujusmodi exegeris juramenta quæ sponte oblata recipere minime debuisses ; nisi forte laudetur exactio ubi receptio condemnatur. Accepimus etiam quod excommunicatis indifferenter communicans, G. pro injectione manuum in clericum violenta vinculo excommunicationis astrictum de facto absolvere auctoritate, imo potius temeritate propria præsumpsisti, et laicis in præjudicium clericorum tam favorabilis es effectus quod filios quorumdam burgensium de Mirebello subtraxisti servitio clericalis militiæ, ut occasione hujusmodi factos laicos sub servitute redigeres laicorum. Clericis vero tyrannus, decimas eis debitas laicis adjudicas contra jura ; et ab abbatibus, prioribus et aliis ecclesiarum prælatis tuæ ditioni subjectis indebitas procurationes extorquens, si quando tibi non visitandi parochiam pretium expensarum quas in tua procuratione facerent, si eorum visitares ecclesias, non exsolvunt, paratas ad omnem impetum tuum excommunicationis et interdicti sententias illico fulminas in eosdem, vel cum tam onerosa multitudine, non ut ædifices et plantes, sed ut si qua congregata sunt dissipes et disperdas,

ad defectum, non ad profectum, talis eis hospes accedis quod longi temporis victum hora brevi consumens (137), tuos mendicare cogis post exitum receptores ; et ut manus tuas in Pictavensi diœcesi nulla possit exactio præterire, archidiaconis, archipresbyteris et decanis quosdam de novo præponis vicarios, usurpans officia singula ut commoda sentias singulorum et facilius te tuorum manibus ad turpia lucra et infames exactiones extendas, aliarumque gravium exactionum novus inventor, sicut fertur, ad te et aliquos simplices tibi collegas adversus eos quos offendere niteris nostras facis litteras impetrari quorumdam nomine, ipsis omnino irrequisitis ac insciis, qui nullam habent causam agendi ; et cum nullus appareat actor vel accusator seu denuntiator contra eos quorum nomina nostris litteris inseruntur, tu tamen in ipsos et alios qui nominatim non exprimuntur in litteris, occasione illius clausulæ *Quidam alii*, quæ in litteris nostris sæpe solet apponi, collegis tuis ad excogitatam malitiam præ simplicitate nimia inclinatis sententias jacularis, non qualis vigor exigit rationis, sed quales motus ingerit voluntatis.

Cum autem aliqui ex delegatione nostra aliquam sententiam proferunt quæ tibi displiceat, statim eos tanquam inimicos prosequeris capitales, et infers eis per te et tuos quascunque potes injurias et jacturas, inhibens subditis ne sententias delegatorum nostrorum observent. Illud inter alia non duximus omittendum, quod cum excommunicaveris quemdam presbyterum et omnes qui fuere præsentes quando Elias de Vernia miles cum filia R. de Cella contraxit, qui se proxima consanguinitatis linea contingebant, mutato judicio receptione pecuniæ, tanquam impedimentum evanuerit parentelæ adveniente qui manum judicantis implevit, contractum quem debito justitiæ reprobasti, non erubuisti per injustitiam tibi contrarius approbare (138). In his quidem et aliis quæ de tua conversatione frequenter audivimus nostram non videris patientiam agnovisse, quam in te de gratia multa et speciali habuimus super aliquibus quæ tempore inquisitionis factæ adversus personam tuam videbantur esse probata ; sed exspectavimus tunc, et adhuc illius sequentes exemplum qui misericors et miserator existens, peccatoris quærit reditum, et neminem vult perire, misericorditer exspectamus, si forte reversus ad cor, actus tuos reformes in bonum. Tu igitur aperi oculos tuos, et vide quæ feceris, ac tuo commissus examini sic corrigas temetipsum quod non oporteat te sentire dexteram apostolicæ disciplinæ ; quia tanto severius tunc delinquentis corrigemus excessum quanto benignius exspectavimus longiori tempore corrigendum. Dilectis filiis abbati Nucariensi Turonensis diœcesis et subdecano et magistro Stephano de Castro Ayraldi canonico Pictavensibus nostris damus litteris in mandatis ut te ad hoc diligenter ex parte

---

(136) Vide lib. xvi, epist. 12.
(137) Cap. *Cum Apostolus*, De censib.

(138) Vide lib. x, epist. 191. et lib. xiii, epist. 293.

nostra moneant et inducant, et qualiter admonitiones nostras admiseris nobis rescribere non omittant.

Datum Laterani, xvi Kalend. Novembris, pontificatus nostri anno decimo quinto.

Illis scriptum est super hoc.

CLXXXVII.
CONRADO METENSI EPISCOPO, IMPERIALIS AULÆ CANCELLARIO.
Conceduntur sibi plura privilegia.
(Laterani, xv Kal. Novembris.)

Tanto in hoc tempestatis articulo efficacius nos oportet fratribus et coepiscopis nostris adesse quanto pro sedis apostolicæ reverentia majoribus se pressuris et jacturis exponunt. Eapropter, venerabilis frater in Christo, tuis cupientes necessitatibus providere, auctoritate præsentium tibi personaliter indulgemus, ut tuæ malefactores Ecclesiæ, cujuscunque diœcesis, ut ab ipsius et tam clericorum quam laicorum ad ipsam spectantium indebita molestatione desistant, si diœcesani episcopi eos compescere neglexerint requisiti, tu legitima monitione præmissa per censuram ecclesiasticam valeas coercere, quam usque ad satisfactionem condignam volumus et præcipimus inviolabiliter observari, proviso prudenter ut in hoc prævia ratione procedas. Præterea prohibemus ne Treverensis archiepiscopus inconsulto Romano pontifice in te suspensionis vel excommunicationis sententiam jaculetur; ita tamen ut tu ei debitam reverentiam exhibere procures. Nec cuiquam liceat castra tua subjicere interdicto, quandiu conquerentibus justitiæ plenitudinem feceris exhiberi. Hanc autem durare volumus indulgentiam dum imminens imperii tempestas duraverit; quia, cessante causa, cessare debet effectus. Nulli ergo, etc., concessionis, etc., *usque* incursurum.

Datum Laterani, xv Kal Novemb., pontificatus nostri anno decimo quinto.

CLXXXVIII.
NOBILIBUS VIRIS VIVIANO, GAILLARDO, ET ALIIS DOMINIS SCURIENSIS CASTRI.
Eis concedit multa privilegia.
(Laterani, iii Idus Novembri.)

Manifestum est castrum quod Scuria dicitur temporibus sanctæ memoriæ Sylvestri papæ, sicut ex inspectione litterarum antecessoris nostri felicis recordationis Sergii papæ cognovimus, regia liberalitate per manus ejusdem beato Petro quondam fuisse collatum, et a Vediano quondam ejusdem castri domino memorato prædecessori nostro papæ Sergio per innovationem sub annuo censu decem solidorum Raymundensis monetæ fuisse recognitum et oblatum. Idem etiam castrum Humbertus, Raymundus et Sicardus domini ipsius loci prædecessori nostro beatæ memoriæ papæ Calixto et per manum ipsius beato Petro et sanctæ Romanæ Ecclesiæ recognoverunt et obtulerunt. Nos itaque eorumdem antecessorum nostrorum Sergii, Calixti, Innocentii et etiam Adriani Romanorum pontificum, qui castrum ipsum ad jus et proprietatem beati Petri pertinens sub apostolicæ sedis protectione ac munimine receperunt, vestigiis inhærentes, præfatum castrum sub beati Petri et nostra protectione suscipimus et præsentis scripti patrocinio communimus, statuentes ut neque comiti, neque alicui personæ facultas sit ipsum castrum auferre, minuere, infestare, vel suis usibus vendicare; sed quietum et integrum vobis in fide catholica et fidelitate apostolica permanentibus, sicut a jam dictis prædecessoribus nostris et a nobis concessum est, sub beati Petri jure ac defensione consistat. Sane si quis vestrum gravius aliquid, quod absit! forte commiserit pro ejus culpa, sicut a præfato prædecessore nostro Alexandro papa statutum est, nisi et alii ejusdem iniquitatis participes fuerint, ipsi et honores eorum minime a divinis interdicantur officiis: quod et de subjectis militibus vestris præcipimus observari. Statuimus etiam ut nulli nisi dominis et hominibus ejusdem castri liceat infra terminos tenimenti vestri castrum ædificare vel munitionem construere. Si qua vero ecclesiastica sæcularisve persona adversus homines ejusdem castri querimoniam deposuerit, apud metropolitanum vestrum (159) vel legatum a latere Romani pontificis destinatum quod justum fuerit experiri procuraret. Nos autem a dilecto filio nobili vero Ademaro uno dominorum ejusdem castri, ad nostram præsentiam accedente, pro ipso castro fidelitatis recepimus juramentum, et ab aliis per manum dilecti filii magistri Petri Marci subdiaconi nostri, olim correctoris litterarum nostrarum, et archidiaconi Forojuliensis, recipi viva voce mandamus. Si quis igitur clericus sive laicus temere, quod absit! adversus ista venire tentaverit, secundo tertiove commonitus si non satisfactione congrua emendaverit, honoris et officii sui patiatur periculum, aut excommunicationis ultione plectatur. Qui vero conservator exstiterit, omnipotentis Dei ac beatorum Petri et Pauli apostolorum ejus gratiam consequatur.

Datum Laterani, iii Idus Novembris, pontificatus nostri anno decimo quinto.

CLXXXIX.
CONSULIBUS ET POPULO MEDIOLANENSIBUS, SPIRITUM, CONSILII SANIORIS.
Redarguuntur de quibusdam excessibus
(Laterani, xii Kal. Novembris.)

Cum illam recolimus exuberantiam charitatis et gratiæ specialis qua sedes apostolica Mediolanensem ab antiquo dilexit et extulit civitatem, quaque nos specialiter eam fuimus hactenus amplexati, cumque illum reverentiæ ac devotionis fervorem quem civitas eadem ad apostolicam sedem et personam nostram usque ad hæc habuit tempora cogitamus, meditantes quantum utraque per reli-

---

(159) In bulla ipsa additur *aut episcopum Carcassonensem.* Exstat in archivo episcopi Albiensis.

quam in negotiis suis proficere consuevit, vehementer angimur et turbamur, ita ut sit nobis tristitia magna et dolor continuus cordi nostro, eo quod dum hujus unitatis vinculum vestra rumpitur imprudentia, hæc prorsus in contrarium cernimus esse versa, in tantum ut vobis devotionem pristinam subtrahentibus imo erigentibus vos temere ad injuriam, non modo gratiam vobis subtrahere, verum etiam accingi compellamur ad pœnam, ad quam non sine magno dolore, Deo teste, procedimus, cum præteritis vestris obsequiis et præsentibus, quibus lacessimur, injuriis concertatione quadam in pectore nostro sibi adinvicem occursantibus, hæc mentem nostram infringant interdum ad veniam, illæ vero econtra provocent ad vindictam, quam alienam non esse ab apostolicis viris manifeste demonstrat Apostolus, qui ad ulciscendam omnem inobedientiam, sicut ipso testante didicimus promptus erat. Licet autem fateamur vos non parva nobis et apostolicæ sedi obsequia præstitisse, beneficia tamen quæ recepistis ab ea ipsis minora obsequiis non fuerunt. Quare si vos illa spiritualis devotio qua cuncti fideles apostolicam sedem reverende suspiciunt non induceret, temporalis saltem prudentia, qua præcipue pollere solebatis, inducere vos deberet ne pro quodam reprobo et ingrato (140), imo Deo et hominibus odioso, qui nunquam nisi mala pro bonis retribuit, quique, cum impii non dimidient dies suos, cras forte sicut pulvis quem projicit ventus a facie terræ aliquo turbine auferetur e medio, eos qui pertinaciter ruituro adhæserint tracturus secum pariter in ruinam, opponeretis vos Ecclesiæ matri vestræ, adversus quam prævalere non poterunt portæ mortis; cum eam Dominus super se petra stabili firmitate fundaverit, et usque ad consummationem sæculi cum eadem promiserit se mansurum. Timemus autem, et utinam vos etiam timeretis, ne in vobis impletum sit quod legitur in Propheta: *Excæca cor populi hujus, et aures ejus aggrava, et oculos ejus claude, ne forte videat oculis suis, et auribus suis audiat, et corde suo intelligat, et convertatur, et sanem eum* (Isai. vi).

Vobis enim videtur Dominus miscuisse calicem vertiginis et soporis, ut erretis in cunctis vestris operibus, contra Dominum consilia cogitantes, quæ procul dubio nequibitis stabilire; quia non est consilium, non est sapientia, non est prudentia contra Deum. Licet autem multipliciter contra vos divinæ majestatis oculos provocetis, in tribus tamen præcipue thesaurizatis vobis confusionem et iram in die revelationis justi judicii magni Dei, et in præsenti non solum nos, quibus Petri gladius est commissus, ut vindictam in nationibus et increpantes in populis faciamus, verum etiam cunctos Christianæ fidei zelatores ad vestrum et vestræ civitatis excidium incitatis. Primo enim cum Scriptura præcipiat capi vulpeculas quæ dominicam volunt vineam demoliri, hæreticos scilicet, qui ob dolositates multiplices vulpium nomine designantur, vos spiritibus attendentes erroris, facti estis hæreticæ pravitatis præcipui defensores. Nec solum vulpeculas memoratas non capitis, verum usque adeo fovetis et defenditis easdem ut apud vos mutatæ sint de vulpibus in leones et de locustis in equos ad prælium præparatos; dum, vobis faventibus, doctrinæ suæ fermentum publice prædicare non metuunt, et in messem Dominicam jam non occulte zizania seminare non præsumunt. Unde cum de aliis mundi partibus a zelatoribus fidei expelluntur, ad civitatem vestram quasi quamdam erroris sentinam confugiunt, ubi pro religione suscipitur quidquid discordare a fide catholica demonstratur. Porro iidem felle draconis vobis in aureo Babylonis calice propinato inebriarunt adeo mentes vestras ut Mediolanensem Ecclesiam matrem vestram, quæ divina vobis exhibens sacramenta generat vos in hæreditatem æternam, irreverenter et impie conculcantes, eam in servitutis opprobrium deducere studeatis, sancientes impie contra eam pessima instituta, eamque duris angariis affligentes, ut nunc apud vos longe pejoris conditionis existat quam olim populus Israelis sub Pharaone fuerat in Ægypto. Postremo a devotione apostolicæ sedis, cujus nomen reverendum est etiam apud gentes quæ Dominum non noverunt, vos penitus subtraxistis. Imo sicut filii alieni manifeste vos opposuistis eidem, et eam vobis contrariam posuistis, facti graves utique vobis ipsis, dum per hoc eum vobis reddidistis offensum qui eam super omnem terram principatum voluit obtinere. Ecce funiculus triplex, qui difficile rumpitur; et utinam vos illum vel cum difficultate rumpatis, ut aliquando possitis dicere cum Propheta: *Laqueus contritus est, et nos liberati sumus* (Psal. cxxiii). Verum vos de die in diem magis ac magis in eo pedes vestros irretire nitimini, qui, quasi aliæ quas nobis intuleratis injuriæ non sufficerent, nuper cum dilecti filii cives Papienses charissimum in Christo filium nostrum Fredericum Siciliæ regem illustrem de nostro mandato conducerent, imo jam conduxissent et recessissent ab eo, vos offensam cumulantes offensæ, rupto vinculo fœderis atque pacis quæ olim procurante priore Camaldulensi a nobis propter hoc specialiter destinato, inter vos et eosdem celebrata exstitit et juramento firmata, abjecta denique reverentia nostra prorsus, qui per legatum nostrum, qui nostram in partibus illis repræsentat personam, præsentes eramus, dictos cives nequiter invasistis, et quosdam eorum, utpote qui bellum non suspicantes in pace fuerant imparati, cepistis et detinetis captivos, ipsos indecenter, ut dicitur, et inhumane tractantes. In quo licet ipsi quidem gravamina sentiant, nos tamen dissimulare non possumus injuriam esse nostram.

Nec vos excusare potestis, tanquam ad hoc inducti

(140) Id est, Othone, ut patet ex calce hujus epistolæ.

fueritis ex debito fidelitatis quo præfato reprobo teneamini, cum ab ejus fidelitate sitis per constitutionem canonicam et denuntiationem apostolicam absoluti; quoniam ei qui Deo et Ecclesiæ fidem non servat, fidelitas servanda non est a communione fidelium separato. Quanquam ergo merita vestra non exigant ut vos paterna revocare dulcedine studeamus, cum sit vester furor adeo contumax et indignatio vestra dura ut non fovenda oleo, sed potius urenda cauterio videatur, quia tamen pater paternum nequit affectum deponere, licet provocatus a filiis et offensus, universitatem vestram adhuc etiam commonendam duximus et obsecrandam in Domino, per apostolica vobis scripta districte præcipiendo mandantes quatenus expulsis hæreticis manifestis et reformatis quæ contra Mediolanensem Ecclesiam attentastis, redeuntes ad sacrosanctam Romanam Ecclesiam matrem vestram, et tot offensarum injurias aliquo devotionis indicio redimentes, si qua remansit in vobis devotionis scintillula in præsenti, si ullam habetis præteritorum memoriam, si denique apud nos spem aliquam vobis reservare cupitis in futurum, nobis cives restituatis jam dictos, imo nos ipsos dimittatis in ipsis, ut per hoc animus noster efficiatur proclivior ad dandam vobis pœnitentibus super aliis indulgentiam, et vobis detur fiducia plenior ad petendam. Alioquin noveritis nos excommunicationis sententiam in vos, consules et consiliarios vestros ac alios hujus iniquitatis actores a legato nostro, licet ex alia causa simili astricti sint vinculo, promulgatam auctoritate apostolica roborare ac dare universis episcopis Lombardiæ firmiter in præceptis ut eam candelis accensis, et pulsatis campanis, singulis diebus Dominicis et festivis faciant singuli per suas diœceses publicari, dantes nihilominus charissimo in Christo filio nostro Philippo regi Francorum illustri et aliis Galliarum ac Italiæ principibus et baronibus nec non universis Lombardiæ civibus, in mandatis ut nullum vobiscum faciant colloquium vel contractum, nec præsumentes aliquem vestrum in potestatem assumere vel rectorem, res mercatorum vestrorum et vestras, ubicunque fuerint inventæ, detineant et faciant detineri, et solvi vobis debita non permittant, cum sit dignum et justum ut qui non sinitis alios requiescere, apud eos non possitis requiem invenire.

Ut autem metropolis vestra obedientiam, quam vos superiori vestro subtrahitis, in sibi subditis non inveniat, universis episcopis eidem subjectis metropoli nostris damus litteris in præceptis ut in pœnam vestram ipsi omnem obedientiam et reverentiam subtrahentes, eidem in aliquo non intendant. Denique cum non solum honore metropolitico, sed etiam pontificali vos reddatis indignos, quoniam ad præsens generale concilium commode convocare non possumus, per Januensem, Gradensem, Remensem, Senonensem, Rothomagensem, Turonensem, Bituricensem et Burdegalensem provincias dirigimus scripta nostra, ut habito super his archiepiscoporum et episcoporum, quos propter hoc congregari mandamus, consilio, in tanto negotio cum maturitate debita procedamus.

Ad ultimum pro certo noveritis quod clamor, qui de vobis super facto hæreticæ pravitatis ascendit, adeo concussit aures et animos populorum ut clamatum fuerit jam frequenter quatenus sicut eos in Provinciam misimus ad pestem hujusmodi exstirpandam, sic eosdem Christi charactere insignitos ad exterminium terræ vestræ in suorum remissionem peccaminum transmittamus. Unde vobis est merito formidandum ne is qui civitati sanctæ Hierusalem, ejus provocatus iniquitatibus, non pepercit, super vestris vos disponat malitiis visitare, cum peccatorum vestrorum turris procul dubio ascenderit jam in cœlum. Nec vos decipiat magnificentia cordis vestri, ut nostra hæc verba, quæ non absque mentis dolore proferimus, deliramenta putetis, in virtute vestra et multitudine gloriantes; sed potius cogitetis quod Domino exercituum nulla potest resistere multitudo : qui, ut exempla testamenti veteris taceamus, sicut in Provincia nuper hæreticos et in Hispania fidelium exercitui tam mirabiliter quam misericorditer innumeros dignatus est subdere Agarenos (141), sic potens est vestram ad nihilum deducere civitatem. Inspiret ergo Dominus vobis consilium salutare, ne inducatis vos ipsos in illum necessitatis articulum quod mox frustra clamantes exaudire denique non possimus, et sit sera pœnitentia post ruinam.

Datum Laterani, xii Kalen. Novembris, pontificatus nostri anno decimo quinto.

Scriptum est in eumdem fere modum illis omnibus super hoc. In eumdem fere modum archiepiscopo Remensi scriptum est et suffraganeis ejus usque civitatem. Quocirca monemus atque præcipimus quatenus convenientes in unum, et habito super iis diligenti tractatu, vestrum nobis consilium rescribatis.

(142) *In eumdem fere modum scriptum est populo Alexandrino*, usque *spiritum consilii sanioris*. Cum illam recolimus, etc., *usque* convertatur et sanem eum. Cum enim nuper paterna vos curaverimus benignitate monere ut a sequela Othonis et ejus sequacium penitus recedentes, ad devotionem rediretis Ecclesiæ matris vestræ, alioquin privilegiis vobis ab eadem concessis scireris vos perpetuo spoliandos, cum propter ingratitudinis vitium libertas in servitutis compedem revocetur, vos monitis nostris prorsus contraria facientes, offensam cumulastis offensæ, et injuriam injuriæ addidistis, contra dilectos filios cives Papienses, quibus ecclesiasticæ unitati, sicut lucis filiis, adhærentibus adhærere pro nostra reverentia deberetis, insurgere præsumentes. Cum igitur ex utraque parte fuerint qui-

(141) Vide supra, epist. 182, 183.

(142) Vide supra, epist. 138.

dam capti, volentes, sicut ad nostrum officium spectat, ut suæ parti restituantur utrique, universitatem vestram monemus attentius et rogamus, sub debito fidelitatis quo nobis tenemini vobis districte præcipiendo mandantes quatenus si qua remansit in vobis devotionis scintillula in præsenti, si ullam habetis præteritorum memoriam, si denique apud nos spem aliquam vobis reservare cupitis in futurum, ad sinum Ecclesiæ matris vestræ humiliter redeuntes, concives suos sine difficultate restituatis eisdem, vestros ab eis mutuo recepturi, ita ut plena fiat restitutio hinc et inde, mandatum nostrum taliter adimplentes ut vobis offensas vestras hoc devotionis indicio redimentibus, nobis fiat proclivior animus ad dandam super aliis veniam, et vobis detur fiducia plenior ad petendam. Alioquin, si super præmissis de cætero inobedientes nobis et rebelles fueritis, noveritis nos venerabili fratri nostro episcopo et archidiacono Parmensibus nostris dare litteris in mandatis ut unionem Ecclesiæ Aquensis et vestræ nostra fulti auctoritate dissolvant (143), vestramque terram pontificali dignitate denuntient perpetuo esse privatam. Quod si nec sic vestra poterit rebellio edomari, manum apostolicam alias super vos taliter aggravare curabimus quod eam abbreviatam non esse, vexatione intellectum dante auditui, cognoscetis.

Datum Laterani, IV Kalend. Novembris pontificatus nostri anno decimo quinto.

CXC.

EPISCOPO PARMENSI (144).

Dispensat super cognatione.

(Laterani, II Kal. Novembris.)

Joanne laico et G. muliere in tertio affinitatis gradu distantibus, idem Joannes volens filiam ipsius G. natam (145) ex secundis nuptiis ducere in uxorem, ac timens ne hujusmodi copula alicui posset calumniæ subjacere, nobis humiliter supplicavit ut pro bono pacis (146), quam ex eorum matrimonio asserit proventuram, eamdem ducendi sibi licentiam (147) concedere dignaremur. Quocirca mandamus quatenus, si aliud impedimentum canonicum (148) non obsistit, ipsis licentiam tribuas contrahendi.

Datum Laterani, II Kalend. Novembris, pontificatus nostri anno quinto decimo.

CXCI.

EPISCOPO GEBENNENSI, ET VIENNENSI SACRISTÆ.

Respondet ad eorum consulta.

(Laterani, XIII Kal. Januarii.)

(149) Inquisitionis negotium quam de venerabili A fratre nostro episcopo et canonicis Valentinensibus vobis commisimus faciendam sine conscientiæ scrupulo exsequi cupientes, apostolico petiistis oraculo edoceri utrum eorum publicanda sint dicta et nomina quos interrogari contingit, prout de testibus in publicis causis fieri consuevit, an sola dicta eorumdem publicari sufficiat (150), cum idem episcopus et canonici manifeste sciant qui fuerint inquisiti, et utrum contra dicta eadem debeant exceptiones seu replicationes admitti, cum contra personas dicentium admittantur. Ad quod breviter respondemus, non solum dicta, sed etiam ipsa nomina, ut quid a quo sit dictum appareat, publicanda, et exceptiones seu replicationes legitimas admittendas, ne per suppressionem nominum infamandi, per exceptionum vero exclusionem deponendi falsum audacia præbeatur. Secundo quæsistis quid a vobis sit statuendum si contra quempiam per inquisitionem probatum fuerit tale crimen quod deponeret accusatum criminaliter et convictum. In quo quidem duximus distinguendum, utrum videlicet tale crimen contingat adversus aliquem inveniri quod ordinis exsecutionem suscepti aut retentionem beneficii etiam post peractam pœnitentiam impediret, puta si homicidium commisisset, vel adeptus esset ordinem aut beneficium vitio Simoniæ: quo casu erit sicut in accusationis judicio procedendum. Alioquin secundum personæ merita et qualitatem excessus pœnam poterit judicantis discretio moderari. Tertiæ dubitationis articulus continebat utrum, cum duo vel tres jurati affirmant alium crimen aliquod eisdem videntibus commisisse, de quo tamen aliqua infamia non laborat, aliquam illi pœnam infligere debeatis, et utrum ad petitionem quorumdam quasdam schedulas vobis occulte tradentium infamationem episcopi continentes sit ad inquisitionem eorum quæ in ipsis continentur schedulis procedendum, et an fides eorum dictis debeat adhiberi qui post juramentum interrogati secreto utrum sint eorum de quibus inquiritur inimici, respondent quod non diligunt illos, vel directe inimicos se asserunt eorumdem, aut etiam ante juramentum id publice confitentur, nullas tamen inimicitiarum causas probabiles ostendentes.

Ad hæc autem pariter respondemus nullum esse pro crimine super quo aliqua non laborat infamia, seu clamosa insinuatio non præcessit, propter dicta hujusmodi puniendum, quinimo super hoc depositiones contra eum recipi non debere, cum inquisitio fieri debeat solummodo super illis de quibus clamores aliqui præcesserunt, nec ad petitionem et affiniti.

(143) Vide tom. IV *Italiæ sacræ*, pag. 447 et seqq.

(144) *Parmensi*, in Lombardia sub ditione serenissimi ducis Farnesii, qui fidelitatis juramento sanctæ sedi apostolicæ, feudi dominæ, obstrictus est.

(145) *Natam*, quæ est affinis Joannis in quarto gradu.

(146) *Pro bono pacis* quam nobis Christus reliquit priusquam nube assumeretur. Idem dicendum si grave scandalum immineat c. *Quia*, De cousang.

(147) *Licentiam*: indulgentiam c. *Quod*, eod. tit., quoniam prohibitio copulæ conjugalis quarto gradu restringitur cap. penult. eod. tit. eaque de causa divortii sententia promulgatur.

(148) *Canonicum* ut in c. *Super eo*, eod. tit. Vide infra lib. XIII, epist. 10.

(149) Cap. *Inquisitionis*, De accusat.

(150) In quart. coll. additur, *nominibus tacitis*.

eorum qui libellum infamationis porrigunt in occulto procedendum esse ad inquisitionem super contentis ibidem criminibus faciendam, aut etiam adversus eos contra quos fit inquisitio fidem dictis adhibendam illorum qui post juramentum vel ante tacite vel expresse inimicos se asserunt eorumdem, nisi forsan ante juramentum in fraudem id facere præsumantur. Quæsistis præterea quid statui debeat si nihil per certam scientiam, sed tantum per famam et eorum qui fuerint inquisiti credulitatem juratam contigerit inveniri (151), utrum ne aliquis super eo crimine reputari debeat infamatus de quo ipsum duo vel tres aut plures dixerint infamatum, licet de ipso nihil sinistrum in publico audiatur. Ad quod est nostra responsio (152), quod propter famam et deponentium credulitatem duntaxat non erit ad depositionis sententiam procedendum, sed infamato canonica poterit indici purgatio secundum arbitrium judicantis, qui propter dicta paucorum eum infamatum reputare non debet cujus apud bonos et graves læsa opinio non existit. Tu denique, frater episcope, super te ipso et credito tibi grege taliter vigilare procures, exstirpando vitia et plantando virtutes, ut in novissimo districti examinis die coram tremendo judice, qui reddet unicuique juxta opera sua, dignam possis reddere rationem.

Datum Laterani, XIII Kal. Januarii, pontificatus nostri anno quinto decimo.

CXCII.

EPISCOPO ET ABBATI SANCTI VEDASTI ATREBATENSIS, ET MAGISTRO H. DE ATREBATO CANONICO ATREBATENSI.

Confirmatur quædam sententia.
(Laterani, XIV Kal. Januarii.)

Accedens ad nostram præsentiam dilectus filius magister A. venerabilis fratris nostri Noviomensis episcopi procurator, vir providus et discretus, proposuit coram nobis quod, cum olim causam quæ inter eumdem episcopum ex parte una et dilectos filios capitulum Ecclesiæ Sancti Quintini Noviomensis diœcesis, super subjectione ipsius Ecclesiæ, quam idem episcopus asserit diœcesano sibi jure subesse, ac propter hoc ipsum capitulum ad obediendum ei ut episcopo proprio in sententiis interdicti et aliis debere compelli, ex altera vertitur, lite prius in nostra præsentia contestata, vobis, frater episcope, et dilectis filiis abbati Sancti Vedasti Atrebatensis ac magistro scholarum Tornacensi duxerimus committendam, vos, quia pars capituli jurisdictionem vestram eludere ac processum impedire judicii frivolis exceptionibus super contestatione litis oppositis nitebatur, ipsum capitulum pro sua contumacia interdicti sententiæ subjecistis: quam cum iidem temere violarint, petebat episcopi procurator ut faceremus eamdem firmiter observari, violatores ipsius pœna canonica percellentes, ut in eis pœna cresceret in quibus crevisse

(151) Sequens vox deest in codice S. Remigii Rem.
(152) Cod. S. Remigii: *Ad quæ etiam certa re-*

contumaciam asserebat. Procurator autem ejusdem capituli litem fuisse contestatam inficians ex adverso respondit quod, cum tu, frater episcope, ac fili abbas, se conjudice tertio excusante, exceptiones legitimas pro sua parte propositas nolletis admittere, tanquam ab evidenti gravamine ad sedem fuit apostolicam pro ipso capitulo appellatum. Unde prædictam dicebat sententiam penitus nullam esse, nec etiam sententiæ nomen habere mereri, cum præter rationabilium exceptionum et legitimæ appellationis obstaculum fuerit promulgata. Propter quod humiliter supplicabat eamdem irritam nuntiari. Auditis igitur et intellectis iis et aliis quæ fuere proposita coram nobis, pronuntiavimus litem per procuratores partium alia vice propter idem negotium nostro conspectui præsentatos fuisse legitime contestatam, et decernentes appellationem ad sedem apostolicam super hoc interpositam ex parte supradicti capituli non tenere, præfatam interdicti sententiam duximus approbandam, ipsius violationem nostræ reservando censuræ, si forsan eam dictum capitulum non servavit; teque, fili magister H., subrogato loco prænominati magistri scholarum, eamdem causam vobis committimus terminandam, per apostolica scripta mandantes quatenus ex parte capituli supradicti quod juri pareat sufficienti cautione recepta, memoratam interdicti sententiam relaxetis, et in aliis juxta formam prioris nostri mandati ratione prævia procedentes, causam ipsam, si de partium processerit voluntate, fine canonico terminetis. Alioquin eam sufficienter instructam ad nostram præsentiam remittatis, præfigentes partibus terminum competentem quo nostro se conspectui repræsentent justam, dante Domino, sententiam recepturæ. Quod si non omnes, etc., duo vestrum, etc. Vos denique, frater episcope, et fili abbas, etc.

Datum Laterani, XIV Kal. Januarii, pontificatus nostri anno decimo quinto.

CXCIII.

PRULIACENSI CISTERCIENSIS ORDINIS ET SANCTÆ COLUMBÆ ET SANCTI SATYRI ABBATIBUS SENONENSIS ET BITURICENSIS DIŒCESUM.

Ejusdem argumenti cum epistola 144.
(Laterani, XIV Kal. Januarii.)

Cum olim grandes et graves, deformes et enormes injuriæ quas Gaufridus tunc prior et conventus monasterii de Charitate dilecto filio Cluniacensi abbati dicebantur temere irrogasse seriatim fuissent expositæ coram nobis, nos eisdem in apostolicis litteris per ordinem comprehensis, venerabilibus fratribus nostris Trecensi et Meldensi episcopis ac dilecto filio Latiniacensi abbati per ipsas dedimus litteras in præceptis ut ad locum ipsum personaliter accedentes, et inquirentes super iis plenius veritatem, si rem invenirent taliter se habere, latam propter hoc in dictum Gaufridum depositionis a regimine prioratus sententiam auctoritate apostolica confirsponsio est.

mantes, et approbantes nihilominus substitutionem de Willelmo in ipsius loci priorem et damnationem sigillorum eorumdem Gaufridi ac conventus per diffinitores generalis capituli factam, excommunicationis sententiam in jam dictum Gaufridum ac ejus complices promulgatam ab ipsis facerent usque ad satisfactionem condignam firmiter observari, contradictores quoslibet aut rebelles, sive monachi sive clerici seu laici essent, per censuram ecclesiasticam appellatione postposita compescendo. Cum igitur iidem judices ad prædictum monasterium accessissent mandatum apostolicum impleturi, monachi loci ejusdem, sicut nuper Elias monachus et magister Guido procuratores Cluniacenses in nostro auditorio recitarunt, ipsis januas monasterii, quemadmodum abbati Cluniacensi fecerant, obserantes, eosdem ingredi nullatenus permiserunt. Ipsi vero mandatum nostrum exsequi cupientes, in villa ipsius loci curaverunt super propositis inquirere sollicite veritatem; et cum plene constitisset eisdem præfatos monachos ea quæ de ipsis nobis insinuata fuerant et graviora etiam commisisse, dictam depositionis sententiam ac substitutionem prioris, damnationem etiam sigillorum, appellatione cujusdam qui se pro conventus procuratore gerebat reputata frivola, confirmarunt, excommunicationis sententiam in sæpe dictum Gaufridum ac ejus complices promulgatam præcipientes firmiter observari. Sed ipsis divina nihilominus officia celebrantibus, iidem judices attendentes quod per districtionem canonicam eorum emollire duritiam non valebant, charissimum in Christo filium nostrum Philippum regem Francorum illustrem per suas litteras rogaverunt ut nobilem virum comitem Nivernensem, qui dictos monachos in hujusmodi fovere malitia videbatur, ab ipsorum injusto favore compescens, regali potentia insolentiam comprimeret eorumdem.

Cum ergo idem rex præfato comiti præcepisset ut substituto priori temporalia faciens assignari, dictos monachos in sua ulterius malitia non foveret, ac idem mandatum differret regium adimplere, rex zelo justitiæ ac fervore nostræ devotionis accensus, contra dictum comitem, cujus fulti potentia monachi memorati latis auctoritate nostra sententiis temere obviabant, præcepit exercitum congregari: cujus metu licet temporalia dicto priori per præfatum comitem fuerint assignata, monachi tamen in sua nihilominus contumacia persistentes, tam ipsi priori quam Cluniacensi abbati debitam exhibere obedientiam contradicunt. Unde nobis humiliter supplicarunt ut ad rebellionem hujusmodi edomandam apostolicam manum apponere dignaremur. Pro monachis vero de Charitate fuit a Joanne et Nicolao monachis procuratoribus eorumdem ex adverso responsum quod jam dictis sententiis in eorum priorem et ipsos post appellationem ad nos legitime interpositam promulgatis, Cluniacenses nuntii prævenientes terminum qui fuerat ad prosequendam appellationem præfixus, nostras ad præfatos judices litteras impetrarunt, multis expressis mendaciis, et suppresso quod ipsi episcopi, nostro non exspectato mandato, quod in litteris continebatur eisdem jamdudum auctoritate propria fuerant exsecuti. Licet autem dicti prior et monachi non solum suspectos haberent judices memoratos, verum etiam manifestos adversarios reputarent, pro reverentia tamen apostolicæ sedis ipsos in monasterio cum moderato numero sociorum benigne ac devote recipere voluerunt. Sed quia ipsis a pluribus fuerat nuntiatum quod abbas et monachi Cluniacenses, qui non parva multitudine stipati advenerant, monasterium per violentiam decreverant occupare, iidem volentes hujusmodi obviare periculo, præfatis judicibus humiliter supplicarunt et obtinuerunt ab eis ut in eorum ecclesia Sancti Petri sita juxta idem monasterium convenirent.

Partibus igitur ibidem in eorum præsentia constitutis, monachorum proposuit procurator quod dicti judices litterarum nostrarum auctoritate procedere non debebant; quia si nobis reseratum fuisset eosdem quod mandabamus in ipsis auctoritate jam esse propria exsecutos, causam nullatenus commisissemus eisdem. Unde cum impetratores ipsarum talem suppresserint veritatem qua expressa jam dictas litteras ad ipsos minime impetrassent, eis non erat auctoritate illarum ullatenus procedendum, præsertim cum ejusdem monasterii nuntii propter hoc dudum ad sedem apostolicam accessissent; opponens nihilominus alias exceptiones legitimas, et multiplices contra eos causas suspicionis allegans, ad quas probandas arbitros postulavit instanter, quibus, contempto jure canonico pariter et civili, sibi penitus denegatis, nostram audientiam appellavit, personas et bona monasterii sæpedicti apostolicæ protectioni supponens. Sed iidem nihilominus uno eodemque die ad receptionem et publicationem testium, deliberationem consilii et decisionem negotii temere properantes, quod per abbatem et diffinitores prædictos factum exstiterat pro suæ voluntatis libito confirmarunt. Ad hæc apostolici mandati finibus non contenti, cum comitem supradictum ad oppressionem monasterii, utpote qui processus iniquitatem noverat, inculcatis precibus et præceptis inducere nequivissent, ad regem se convertere prædictum, et regiam puritatem circumvenire multipliciter præsumpserunt, suggerentes eidem veritati contraria, et ipsum quasi ex parte nostra precibus onerantes. Qui credens eosdem accensos zelo justitiæ sic instare, comiti memorato præcepit ut substituto W. prædicta temporalia faceret assignari. Sed viris peritis, quorum consilium idem comes accedens Parisius sollicite requisivit, processum judicum prædictorum exstitisse iniquum concorditer respondentibus, eodemque comite propter hoc mandatum regium exsequi differente, rex ipsorum judicum et Cluniacensis abbatis suggestionibus iterum circumventus, contra comitem sæpedictum præcepit exercitum congregari; et sic comes vi metuque compulsus ad monasterium accessit cum regio mareschalco circa mandatum regis quam propriam voluntatem et conscientiam expleturus. Monachi vero subito visa multitudine armatorum conterriti, se vestibus ecclesiasticis induerunt, et sic induti occurrerunt ad monasterii portas, opponentes armatis imagines crucifixi et reverendas sanctorum reliquias, ac ipsum Christi corpus sanctissimum obtendentes, ac ex parte Dei et nostra prohibentes eisdem ne monasterium apostolicæ protectioni suppositum præsumerent violare.

Qui licet primo facinus exhorruerint, postea tamen per alium competentiorem aditum calcata reverentia irrumpentes, sacras ecclesiæ valvas a usu nefario confregerunt, et insano tumultu singula perscrutantes, præfato W. assignaverunt granarium, cellarium, dormitorium et officinas monasterii universas, fratres loci ejusdem vix in oratorio claustri, quo stupefacti confugerant, relinquentes, ubi necessariis nova eis inhumanitate subtractis, et prohibito ne quisquam ipsis audeat aliquid ministrare, in tantæ sunt necessitatis articulo constituti ut ad vitæ sustentamentum non habeant nisi quod quidam boni viri eisdem misericordia moti furtim porrigunt per fenestras. Unde nobis fuit ex parte ipsorum humiliter supplicatum ut tam gravi calamitati et calamitoso gravamini secundum consuetam apostolicæ sedis clementiam succurrere dignaremur. Nos igitur iis et aliis quæ a partibus fuere proposita plenius intellectis, quia manifeste cognovimus prædictos judices perperam processisse, cum, ut exceptiones alias taceamus, causam nullatenus commisissemus eisdem si nobis revelatum fuisset quod ea quæ per ipsos exsequenda mandavimus auctoritate propria publice denuntiaverant per diœceses suas et districte mandaverant observari, unde occasione rescripti per talem subreptionem obtenti nequaquam procedere debuissent, quia etiam fines nostri excedentes mandati, brachii sæcularis auxilium invocarunt, dum eorum ad nos appellatione pendente partes super ipsorum processu in nostro auditorio litigabant, cum etiam graviter posset impediri ecclesiastica utilitas et libertas, si quolibet judice imperito forsan aut etiam malitiose temere jaculante sententiam, rex seu quicunque alius princeps ad ecclesiastica bona manum extenderet, quasi eamdem executioni sententiam mandaturus, ac etiam ex hoc grave posset inter sacerdotium atque regnum scandalum generari, quidquid ab eisdem judicibus taliter factum est vel ab aliis per studium eorumdem, de fratrum nostrorum consilio irritum decrevimus et inane.

Verum quia per expressam confessionem monachorum de Charitate nobis constitit evidenter Cluniacensem abbatem possessionem instituendi ac destituendi pro suæ libito voluntatis in monasterio de Charitate priores, et corrigendi ac ordinandi quæ corrigenda vel ordinanda vidisset, per viginti annos, licet ipsi monachi de Charitate eamdem usurpatam asserant, habuisse, nos exigente justitia, sibi ejusdem possessionis commodum conservantes, tam destitutionem dicti Gaufridi a regimine prioratus quam substitutionem præfati W. et sigillorum damnationem jam dictam, excommunicationis quoque sententiam quam in eumdem Gaufridum et ejus complices idem abbas propter rebellionem hujusmodi promulgavit, auctoritate apostolica duximus confirmandas. Ideoque monemus quatenus præmissa destitutionis et institutionis ac damnationis sigillorum sententias facientes per censuram ecclesiasticam sublato appellationis obstaculo firmiter observari, ac thesaurum, privilegia, libros, chartas et universa ecclesiastica ornamenta, a quibuscunque alienata fuerint vel subtracta, monasterio restitui memorato, dicto abbati ex parte nostra firmiter injungatis ut possessionibus et aliis quibus monachi memorati per dictos comitem et mareschalcum seu quoscunque alios spoliati fuerunt, eorum priori ac ipsis plenarie restitutis, eisdem beneficium absolutionis impendant, et paterna ipsos benignitate pertractet, ac possessiones alienatas in enormem ejusdem monasterii læsionem ad jus et proprietatem ipsius secundum formam in nostris litteris comprehensam, juxta quod in nostra præsentia ejus monachi anno præterito promiserunt, studeat revocare. Cæterum si dicti prior et monachi de charitate omnes, vel major aut sanior pars eorum, super libertate monasterii sui de jure voluerint experiri, nos eos benigne, cum requisiti fuerimus, audiemus, sicut videbimus expedire. Taliter autem satagat ipse abbas pacificare ac reformare statum monasterii memorati, conservando rationes et immunitates ipsius, ne nos propter ejus negligentiam aut insolentiam compellamur de ipso monasterio aliud ordinare. Quod si non omnes, etc., duo vestrum, etc. Vos denique, filii abbates, etc.

Datum Laterani, xiv Kalend. Januarii, pontificatus nostri anno decimo quinto.

CXCIV.

NOBILI MULIERI MATHILDÆ QUONDAM UXORI PHILIPPI COMITIS FLANDRENSIS.

Jus patronatus concedit, præbendarum collationem negat.

(Laterani, 11 Ncn. Januarii.)

Etsi precibus tuis favorem præstare secundum Deum benevolum intendamus, eas tamen quas repellit justitia nos admittere non debemus, cum ejus locum qui justus est et justitiam diligit, licet immerili, teneamus in terris. Oblata quidem nobis ex tua parte petitio continebat quod, cum in quodam loco tui dotalitii, Nepa nomine, ad honorem Dei ecclesiam fundare proponas et de bonis tuis sic plena manu dotare quod canonicis qui Deo ibidem pro tempore servient necessaria vitæ non desint, jus patronatus et præbendarum collationem in ea tibi ac successoribus tuis reservari petebas. Quorum primum admittimus. Secundum vero non duximus concedendum, cum tuæ non expediat saluti

concedi. Quia cum ex oevotione te asseras assumpsisse propositum in loco prædicto ecclesiam construendi, acquires eo plus animæ quo minus in ea corpori reservabis. Unde devotionem tuam exhortamur in Domino quatenus illud perficere studeas quod ad tuam salutem et ecclesiasticam pertinere dignoscitur honestatem.

Datum Laterani, II Nonas Januarii, pontificatus nostri anno quinto decimo.

CXCV.
EPISCOPO TERVISINO.
Ei concedit administrationem temporalium.
(Laterani, XI Idus Januarii.)

(153) Licet venerabilis frater noster episcopus Cremonensis apostolicæ sedis legatus te ab administratione temporalium propter dilapidationis suspicionem duxerit suspendendum, quia tamen mandatum ipsius nondum ad te pervenisse proponitur, præsentium tibi auctoritate concedimus ut, donec super hoc mandatum recipias episcopi memorati, dummodo non impedias quo minus idem ad te possit pervenire mandatum, Ecclesiæ tuæ negotia fideliter administres; fraternitati tuæ nihilominus injungentes quatenus contra Guertium et quoslibet alios possessionum ejusdem Ecclesiæ invasores pro ipsarum defensione te opponas efficaciter et prudenter. Tu denique, frater episcope, super te ipso, etc.

Datum Laterani, VI Idus Januarii, pontificatus nostri anno quinto decimo.

CXVI.
ABBATI SANCTI REMIGII, H. ARCHIDIACONO ET MAGISTRO G. CANONICO REMENSIBUS.
De electione episcopi Virdunensis
(Laterani, XIII Kal. Januarii.)

(154) Constitutis in nostra præsentia dilecto filio Anselmo abbate Sanctæ Mariæ de Stanno Præmonstratensis ordinis procuratore venerabilis fratris nostri Virdunensis episcopi ex parte una, et magistris H. et G. canonicis Ecclesiæ Virdunensis ex altera, pro parte fuit episcopi propositum coram nobis quod, cum causam quæ inter eumdem episcopum super electione ipsius et dictos canonicos ac A. eorum consocium vertebatur venerabili fratri nostro Meldensi episcopo et suis conjudicibus sub certa forma duxerimus committendam, ac coram eisdem judicibus in negotio procederetur eodem, quibusdam viris religiosis interponentibus partes suas ut ad honorem Dei et utilitatem Ecclesiæ Virdunensis inter eos posset concordia reformari, bonorum virorum consilio habito, salva in omnibus apostolicæ sedis auctoritate, in venerabiles fratres nostros Catalaunensem, Lingonensem et Trecensem episcopos ac dilectum filium abbatem Trium-Fontium compromiserint juramento interposito sub hac forma, videlicet quod ea quæ super illo negotio dicti episcopi cum abbate simul et concorditer usque ad festum Purificationis statuerent, ipsæ partes firmiter observarent, ita tamen si usque ad festum Pentecostes quod illi decernerent impleretur, alioquin liceret litigantibus ad causæ munimenta reverti, episcopi vero et abbas jamdicti procedere noluerunt quousque intellexerunt nostro speciali responso nos in patientia sustinere ut juxta quod in eos fuerat a partibus compromissum, dummodo nihil penitus attentaretur contra Deum et canonicas sanctiones, in negotio procederent supradicto. Qui tandem concorditer decreverunt ut in episcopatu Virdunensi episcopus remaneret ac magistrum I. de Vitreio usque ad festum Pentecostes in spiritualibus assumeret adjutorem. Sed licet illum diligentissime requisitum episcopus habere non possit, cum alium idoneum recipere sit paratus, petebat procurator ejusdem ut quod præfati episcopi cum abbate decreverant dignaremur apostolico munimine roborare.

Ad hæc vero dicti canonici responderunt præscriptum compromissum minime tenuisse, quia sicut de famoso delicto vel ea re de qua publicum est judicium constitutum non est eundum ad arbitrium secundum legalia instituta, sic et in hujusmodi spiritualibus de jure, non potuit in arbitros compromitti qui minus idoneum nec per dispensationis gratiam tolerare nec amovere per rigorem justitiæ potuissent, cum ista in talibus sedes apostolica sibi specialiter reservarit. Allegabant præterea quod, etiamsi compromissio tenuisset, cum tamen arbitrium infra diem præfixum latum non fuerit nec constituto tempore adimpletum, conditione non existente apposita, stare arbitrio minime tenebantur; præsertim cum fuerit, ut dicebant, evidenter iniquum, eo quod cum in talento scientiæ specialiter debeat Domino negotiari prælatus, ac nimium patiatur litteraturæ defectum episcopus supradictus, aliisque de causis electio ejus caruerit robore firmitatis, eum sub spe auxilii alieni, coadjutoris videlicet, in honore ac onere pastoralis officii tolerari et Deo fuit contrarium et honestati ecclesiasticæ inimicum. Pro tertio quidem socio adjecerunt ipsum nec arbitros compromisisse prædictos, nec ratum ipsorum arbitrium habuisse, cujus ad minus nomine procuratores existentes ipsius, dicta testium quæ memorati Meldensis episcopus et sui conjudices ad sedem apostolicam destinarant publicari petebant, ut idem posset negotium in nostra præsentia terminari.

Pars autem adversa respondit quod hæc causa, licet spiritualis existeret, satis tamen canonice potuit per dictorum ordinationem decidi, quos non ut arbitros, sed pacis provisores, viris religiosis mediantibus elegerunt; qui approbare poterant electionem ac consecrationem episcopi cui nihil obviabat de canonicis institutis, et etiamsi forte minus idoneum invenissent, tacite reprobare, mandantes eidem sub debito præstiti juramenti ut cedendi licentiam a sede apostolica postularet. Diem

(153) Vide infra, epist. 197, et lib. XVI, epist. 19 160.

(154) Vide lib. II, epist. 161.

quoque prædictorum ordinationi præfixum dicebat fuisse de voluntate partium prorogatum eo ipso quod suspendi processum negotii voluerunt, donec super eo sedem apostolicam ordinatores consuluere præfati : quod infra diem statutum fieri non valebat; præsertim cum utraque pars etiam post terminum instanter petierit a provisoribus antedictis ut ordinationis suæ beneplacitum promulgarent. Ex eo autem quod ordinatum ab illis de coadjutore præfato non fuit impletum tempore quo debuit adimpleri, proponebat idem procurator nullum episcopo præjudicium generari, quod nec fuit in mora nec aliqua negligentia laboravit, dans operam juxta posse ut memoratum assumeret adjutorem. Unde cum verisimile minime videatur ut partes ad id quod suæ possibilitatis fines excederet se intellexerint obligare, nec imputari debeat voluntas alterius ei cui propria voluntas non defuit, quoad ipsum pro impleto debebat haberi, ad instar ejus qui ea conditione institutus est hæres, si dederit decem, quo dare parato, si accipere nolit cui jussus est solvere, habetur conditio pro impleta; nec per hoc quod ei provisus est coadjutor, insufficiens quoad scientiam esse probatur : sed cum propter imminentis temporis tempestatem oporteat eum mundanis necessitatibus occupari, ac per hoc minus sufficiat spiritualium sollicitudinem exercere, quod per seipsum non poterat, utile videbatur et erat ut per alium expediret, cum et Apostolus coadjutorem suum asserat fuisse Clementem, qui tamen ob hoc non præsumitur insufficiens exstitisse. Quare petebat episcopi procurator imponi adversæ parti silentium, ne per contentiones hujusmodi fatigaretur diutius Ecclesia Virdunensis; ad cujus commodum et quietem ut plene dissensiones et jurgia sedarentur, quæ tunc eidem Ecclesiæ imminebant, pars habuit utraque respectum tempore compromissi, sicut ab ipsis accepimus in nostra præsentia constitutis.

Auditis igitur iis et aliis quæ fuere proposita coram nobis, sic duximus providendum, ut vos, quibus in hac parte vices nostras committimus, inquiratis diligentissime veritatem, et si vobis constiterit quod ex ea causa et in eo casu provisus fuit eidem episcopo coadjutor ex qua et in quo dari debuit secundum Deum et canonicas sanctiones, utpote si forte pro senectutis defectu vel perturbatione temporis, ut dictum est, seu alio impedimento consimili præpeditus sufficere non possit ad plenum laboribus officii pastoralis, et operam diligentem infra tempus statutum impendit ut provisum sibi assumeret adjutorem, ac tertius prædictorum canonicorum consocius compromisit in provisores præfatos, seu ratum habuerit vel adhuc ratum velit habere quod ordinatum est ab eisdem, adhibito ipsi episcopo prædicto magistro I. vel alio viro idoneo loco suprascripti magistri, ordinationem faciatis prædictam auctoritate apostolica firmiter observari, contradictores per censuram ecclesiasticam appellatione postposita compescendo. Quod si per eumdem stetit episcopum quo minus coaccesserit ei deputatus adjutor, seu tertius prædictorum canonicorum in provisores non compromisit eosdem, nec ordinationem ipsorum ratam habuit nec velit habere, cum ejusdem etiam nomine in eodem negotio sit processum, vos auditis et examinatis depositionibus testium quos supradicti Meldensis episcopus et sui conjudices receperunt, et intellectis hinc inde propositis, habentes præ oculis solum Deum, causam sine canonico appellatione postposita terminetis. Cæterum si non ex ea causa et in eo casu de coadjutore fuit episcopo memorato provisum ex qua et in quo secundum Deum et instituta canonica debuit provideri, ut si competentis litteraturæ defectum, cujus sufficientia specialiter exigitur in prælato, vel aliud impedimentum canonicum idem episcopus patitur, in quibus casibus vel similibus, etiam prædictis tacentibus, de nostro procederemus officio contra ipsum, vos, cum animal cæcum vel claudum Deo non sit secundum legis testimonium offerendum, ipsum appellatione cessante ab ejus sanctuario depellatis, facientes Ecclesiæ Virdunensi de persona idonea per electionem canonicam proviceri. Quod si non omnes, etc., duo vestrum, etc. Tu denique, fili abbas, super te ipso et credito tibi grege taliter vigilare procures, exstirpando vitia, et plantando virtutes, ut in novissimo districti examinis die coram tremendo judice, qui reddet unicuique secundum opera sua, dignam possis reddere rationem.

Datum Laterani, xiii Kal. Januarii, pontificatus nostri anno decimo quinto.

CXCVII.
MAGISTRO MAXIMO NOTARIO NOSTRO, ET VENTURÆ THESAURARIO VERONENSI, SUBDIACONIS NOSTRIS, ET PRIMICERIO GRADENSI.

De negotio episcopi Tervisini.
(Laterani, iii Non. Januarii.)

(155) Venerabilis frater noster episcopus Cremonensis apostolicæ sedis legatus olim apostolatui nostro insinuare curavit, quibusdam publicis scriptis nobis ad suæ insinuationis assertionem transmissis, quod idem inquisitionem dudum a bonæ memoriæ Gerardo Albanensi electo super dilapidatione ac aliis de quibus infamatus erat venerabilis frater noster episcopus Tervisinus incoeptam juxta commissæ sibi legationis officium prosecutus, per idoneos testes didicerat manifeste quod, cum idem episcopus Tervisinam Ecclesiam octo millium et quadringentarum librarum oneratam debito invenisset, idem debitum ipsum plusquam totidem librarum millibus ampliarat, quanquam... tria millia librarum ex alienatis possessionibus et collecta quam fecit in clericos habuisset, præter tria librarum millia quæ de proventibus episcopatus percepe-

---

(155) Vide supra, epist. 195.

rat annuatim, et octingentas libras quas de quodam receperat molendino alienato in enormem ipsius Ecclesiæ læsionem. Propter quod idem legatus ipsum habens de dilapidatione suspectum, eumdem a temporalium administratione suspendit, quibusdam collationibus præbendarum et institutionibus quas in Tervisina Ecclesia de filiis excommunicatorum et aliis personis minus idoneis eumdem asserebat illicite attentasse penitus irritatis. Unde nos eidem legato nostris dedimus litteris in mandatis ut ea quæ provide super suspensione ipsius episcopi et institutionum hujusmodi cassatione statuerat faciens firmiter observari, super aliis locum et terminum assignaret eidem episcopo competentem; in quo, tributa sibi copia defendendi, diligenter audiret quæ coram ipso duceret proponenda, et quod canonicum esset nostra decerneret auctoritate suffultus. Si vero idem episcopus ad nos forsan duceret appellandum, ei terminum ad appellationem præfigeret prosequendam, totius negotii seriem et processum nobis fideliter rescripturus. Quod si appellationem emissam idem episcopus infra terminum sibi præfixum persequi forte negligeret, idem legatus in negotio ipso appellatione remota procederet prævia ratione. Nuper autem idem episcopus ad apostolicam sedem accedens in nostra proposuit præsentia constitutus se ab eodem legato fuisse multipliciter et injuste gravatum ; qui cum super objectis eidem plena fuisset inquisitio facta per dictum Albanensem electum, per quam ipse legatus sufficienter instrui potuisset, idem inimicorum ejus instantiæ plus debito acquiescens, ad inquisitionem de novo contra eumdem episcopum faciendam post appellationem ad nos legitime interpositam pro sua voluntate processit, personis ad ejusdem accusationem admissis quibus super iis de quibus coram ipso legato infamare nitebantur eumdem impositum fuerat olim silentium per judices a sede apostolica delegatos, et receptis nihilominus quibusdam ad testimonium contra eum merito suspectis eidem et alias jure a testimonio repellendis. Ipsa quoque inquisitio eodem absente in loco sibi suspecto, utpote in quo erat inimicorum ejus potentia et frequentia, facta fuit, inquisitoribus in partem alteram adeo declinantibus ut dicta testium quæ pro ipso facere videbantur aut omnino non scriberent, aut scribentes mutatione aliqua depravarent. Unde nobis idem episcopus humiliter supplicavit ut ipsius legati processum tanquam iniquum penitus revocantes, negotium ipsum personis suspicione carentibus, Guertio ejus et Ecclesiæ suæ, ut asserit, persecutore notissimo aliisque personis merito suspectis eidem tam a testimonio quam accusatione, diffamatione vel denuntiatione repulsis, committere dignaremur.

Quoniam igitur ab ipsius episcopi justis querelis et precibus auditum avertere nec possumus nec debemus, quos susceptæ servitutis officium debitores constituit universis, mandamus quatenus assignatis eidem episcopo loco et termino competenti, et vo-catis qui propter hoc fuerint evocandi, plenam ipsi episcopo defendendi copiam tribuatis, et facientes exhiberi vobis inquisitionem factam per præfatum Albanensem electum, tam ipsam quam illam quam fieri fecit supradictus episcopus Cremonensis examinetis perspicaciter et prudenter, et quæ super præmissis et aliis coram vobis proposita fuerint plenius intellectis, ad canonicam sententiam proferendam, si de ipsius episcopi voluntate fuerit, remoto appellationis obstaculo procedatis. Quod si forte idem episcopus nostrum maluerit subire judicium, sub sigillis vestris transmittatis nobis fideliter totius negotii seriem et processum, ut de vultu nostro procedat judicium æquitatis. Quia vero legatus eumdem episcopum habens de dilapidatione suspectum, ipsum, ut dictum est, a temporalium administratione suspendit, nos episcopatui pariter et episcopo paterna volentes sollicitudine providere, mandamus quatenus interim eamdem administrationem aliquibus de capitulo Ecclesiæ Tervisinæ utilibus et idoneis ad hoc auctoritate apostolica committatis, qui proventus episcopales et alia colligentes fideliter et servantes, necessarias et moderatas expensas de ipsis proventibus episcopo sine difficultate ministrent, omnem omnino alienationis speciem interdicentes eisdem; recepto ab eis super hoc corporaliter juramento. Si vero dictus Guertius aut soror ejus possessiones seu alia bona Ecclesiæ Tervisinæ temere occupavit, vos ad restitutionem earum per censuram ecclesiasticam appellatione remota veritate cognita compellatis. Quod si non omnes, etc., duo vestrum, etc.

Datum Laterani, iii Nonas Januarii, pontificatus nostri anno decimo quinto.

CXCVIII.
PISTORIENSI EPISCOPO.
Confirmat consuetudinem quamdam Ecclesiæ Pisanæ.

(Laterani, ii Non. Januarii.)

Venerabilis frater noster Pisanus archiepiscopus per suas nobis litteras intimavit quod in ejus Ecclesia fuit ab antiquis temporibus observatum ut nullus in canonicum reciperetur ejusdem nisi prius ecclesiis, si quas haberet in Pisana diœcesi, resignatis, ut per hoc subtracta eis evagandi materia, quasi necessitate interposita residendi, sedula ipsi Ecclesiæ obsequia exhiberent. Nunc autem canonici ejusdem Ecclesiæ quærentes quæ sua sunt, non quæ Christi, per amicos suos ambitiose procurant ut ad ecclesias quas in præfata diœcesi vacare contingit contra dictam consuetudinem eligantur. Propter quod Pisana Ecclesia debitis obsequiis defraudatur, et erga eam populi devotio refrigescit. Unde nobis humiliter supplicavit ut V. Pisano canonico, qui nuper est in plebanum Ecclesiæ Calcensis electus, super eadem silentium imponentes, præfatam consuetudinem observari firmiter faceremus; præsertim cum ex Ecclesiæ Pisanæ proventibus ejusdem canonici valeant congrue sustentari. Quocirca mandamus quatenus sollicite de consuetudine inquirens præfata, si eamdem fuisse talem constiterit, et Ecclesiæ memoratæ proventus ad congruam provisionem canonicorum sufficiunt prædictorum, præcipiens eamdem consuetudinem inviolabiliter observari, jam dicto canonico super plebe jam dicta perpetuum silentium sublato appellationis impedimento imponas. Testes autem qui fuerint nominati, etc. Tu denique, frater episcope, etc.

Datum Laterani, II Non. Januarii, pontificatus nostri anno decimo quinto.

CXCIX.
EPISCOPO MELDENSI, SANCTI PHARONIS MELDENSIS ET DE LATINIACO PARISIENSIS DIŒCESUM ABBATIBUS.
Adversus fraudem Crucesignatorum.
(Laterani, Non. Januarii.)

Insinuante Mathilda nobili muliere, quondam uxore inclytæ recordationis Philippi comitis Flandrensis, nos accepisse noscatis quod, cum H. mercator in nundinis Insulæ a quibusdam suis creditoribus super debitis traheretur in causam, res suas de mandato judicum ejusdem loci detentas petiit in pace dimitti, asserens in eodem foro se juri per omnia pariturum. Cumque respondere cœpisset sub examine Scabinorum, et uni satisfecerit creditori, ut instantiam eluderet alterius debitum non modicum exigentis, signum crucis vesti, non menti, latenter affixit, nitens ob hoc judicio se subtrahere inchoato. Justitiarius autem, ne dolus illius legi loci ejusdem servatæ diutius ac juramento firmatæ fraudem pareret in posterum, et ipse de sua malitia commodum reportaret in alterius detrimentum, ipsum modo detinuit consueto, suoque tradidit creditori vinculis astringendum, ut bene detentus redderet quod fugitivus nisus fuerat asportare. Cujus facti occasione venerabilis frater noster Remensis archiepiscopus memoratum locum supposuit interdicto, personam præfatæ nobilis excommunicari totamque terram illius interdicti præcipiens nisi prænominatum H. de sui creditoris manibus eriperet violenter. Propter quod eadem nobilis ad apostolicæ sedis recurrens auxilium, a nobis in hoc suæ provideri justitiæ postulavit; maxime cum nihil habeat, sicut dicit, in diœcesi archiepiscopi memorati. Nolentes autem quod eadem nobilis sui juris dispendium patiatur, discretioni vestræ per apostolica scripta mandamus quatenus, cum ipsa se asserat nihil habere in Remensi diœcesi ratione cujus præfati archiepiscopi debeat jurisdictioni subesse, nisi per appellationem fuerit ad eum causa delata vel exstiterit delegatus, cum legatus non fuerit, tam interdicti quam excommunicationis sententias supradictas cognita veritate, appellatione remota, denuntietis penitus esse nullas. Alioquin ab eadem nobili quod juri pareat idonea cautione recepta, easdem sententias relaxetis, injuncto nobili memoratæ quod de jure videritis injungendum. Super aliis vero, vocatis qui fuerint evocandi, et auditis hinc inde propositis, quod justum fuerit appellatione postposita statuentes, sic occurratis malitiis quod salva justitia nec lædatur immunitas crucesignatis indulta, nec immunitatis beneficium ad iniquitatis defensionem trahatur ab aliquo in alterius læsionem. Nullis litteris veritati et justitiæ præjudicantibus a sede apostolica impetratis. Quod si non omnes, etc., tu, frater episcope, cum eorum altero, etc.

Datum Laterani, Nonis Januarii, pontificatus nostri anno quinto decimo.

CC.
ARCHIDIACONO GRADENSI, ET ARCHIPRESBYTERO CAPITIS AGERIS CLUGIENSIS DIŒCESIS.
Ei confirmatur plebanatus de Rivoalto.
(Laterani, IV Non. Januarii.)

Supplicavit nobis dilectus filius Petrus Pino subdiaconus noster canonicus Sancti Marci ut, cum venerabilis frater noster episcopus Cremonensis apostolicæ sedis legatus plebanatum ecclesiæ Sancti Joannis de Rivoalto, cujus donatio ad nos erat secundum statuta Lateranensis concilii devoluta, canonice sibi duxerit concedendum, concessionem ipsam apostolico dignaremur munimine roborare. Ideoque discretioni vestræ per apostolica scripta mandamus quatenus plebanatum ipsum ei, sicut justum fuerit, confirmantes, faciatis ab eo pacifice possideri, contradictores, si qui fuerint, vel rebelles per censuram ecclesiasticam sublato appellationis obstaculo, mediante justitia, compescendo.

Datum Laterani, IV Non. Januarii, pontificatus nostri anno quinto decimo.

CCI.
ABBATI SANCTI FELICIS ET ARCHIPRESBYTERO CAPITIS AGERIS TORCELLANÆ ET CLUGIENSIS DIŒCESUM.
Similis argumenti.
(Laterani, IV Non. Januarii.)

Significavit nobis... archidiaconus Gradensis, quod cum plebanatus ecclesiæ Sancti Apollinaris de Venetiis tanto tempore vacavisset quod secundum Lateranensis statuta concilii ad nos ejus erat donatio devoluta, venerabilis frater noster episcopus Cremonensis, apostolicæ sedis legatus, attendens redditus archidiaconatus ejusdem pene penitus esse nullos, plebanatum præfatum sibi legationis auctoritate concessit. Unde nobis humiliter supplicavit ut concessionem eamdem apostolico dignaremur munimine roborare. Ideoque discretioni vestræ per apostolica scripta mandamus quatenus vocatis qui fuerint evocandi, et inquisita plenius et cognita veritate, si redditus archidiaconatus ejusdem adeo esse inveneritis tenues et exiles quod non possit de ipsis dictus archidiaconus congrue sustentari, plebanatum prædictum eidem, sicut justum fuerit, confirmetis, et faciatis ipsum pacifica ejusdem possessione gaudere, contradictores, si qui fuerint, per censuram ecclesiasticam appellatione postposita compescentes. Tu denique, fili abbas, etc.

Datum Laterani, IV Non. Januarii, pontificatus nostri anno decimo quinto.

CCII.

MORINENSI EPISCOPO.

Adversus eos qui abutuntur privilegio clericali.

(Laterani, v Idus Januarii.)

(156) Contingit interdum quod dum clericali charactere insigniti ad turpia lucra divertunt et sæcularibus negotiis se immiscent, clericale nomen abominabile redditur cordibus infirmorum. Sane, sicut accepimus insinuantibus nobili viro comite Flandrensi ac nobili muliere Mathilda relicta quondam Philippi Flandrensis comitis, in diœcesi tua quidam existunt qui nec in modo tonsuræ nec in vestium forma nec in qualitate negotiorum de clerico quidquam ostendunt, ad pœnæ subterfugium se clericos exhibentes; quia, cum super excessibus quos sæculari luxu committunt ad publica judicia pertrahuntur, circumcisis crinibus, ut possint circumvenire vindictam, se pro clericis repræsentant, clericalis fori privilegium labiis allegantes, qui factis paulo ante negaverant clericatum; dumque repentina tonsura pœnas eludunt quas intonsi perversis actibus meruerunt, per impunitatis fiduciam nutritur in eis audacia delinquendi, et dum impune delinquunt, quibusdam efficiuntur in scandalum et aliis in exemplum. Unde quia privilegium meretur amittere qui permissa sibi abutitur potestate, ac frustra legis auxilium invocat qui committit in legem, volumus et mandamus ut tales, si tertio a co commoniti seipsos contempserint emendare, illius efficiantur immunitatis expertes quæ pro clericorum tutela et laicorum violentia coercenda noscitur instituta. Tu denique, frater episcope, etc.

Datum Laterani, v Idus Januarii, pontificatus nostri anno decimo quinto.

In eumdem modum scriptum est [*Atrebatensi episcopo. In eumdem modum scriptum est Tornacensi episcopo.*

(156) Cap. *Contingit*, De sent. excomm.

(157) *Capellæ ducis* Odonis sive Otthonis IV de quo supra epistola 5, lib. xiv, qui Innocentio sedente, Burgundiæ imperabat. Vulgo Sancta capella dicitur, in qua sacratissimæ Eucharistiæ miraculis claræ divinum palladium florentissimum, liliorum regnum protegit, de qua [Innocentius noster in c. *Cum capella*, De privileg. Chassaneus De gloria mundi, parte xii, considerat. 63.

(158) Vide infra epist. 205.

(159) *Christianitatis Divionensis* decanus Sancti Joannis Baptistæ, sed et hodierna die Viri aliquot Divionenses Christianitatis antiquo nomine (ut in hac epistola), compellantur. A pluribus divorum templis Divio noscitur nuncupatum, in Vita divi Gregorii episcopi Lingonensis ex vet. c. ms., biblit. S. Benigni.

(160) *Matisconensi* suffraganeo archiepiscopi Lugdunensis.

(161) *Testimonium.* Primum dubium super hujuscemodi testimonio moveri potest in hunc modum : Monachi sine juramenti exhibitione testes esse non possunt in c. *Tuis*, De testibus, ex regula l. jurisjurandi C. eod. tit. Secundo objici potest [testibus non testimoniis aut tabellis credendum esse l. testium, § *Idem divus*, eod. tit., sed dicendum istud obtinere in judicio non extra judicium, ut in hac epistola, in cujus explanatione testimonium, attestationem non de re aliqua circumscriptam dispositionem ut in jure accipere debemus.

CCIII.

ABBATI ET PRIORI CISTERCIENSIBUS, ET DECANO CAPELLÆ DUCIS DIVIONENSIS (157), CABILONENSIS ET LINGONENSIS DIŒCESUM.

Scribitur pro decano Divionensi.

(Laterani, Idibus Januarii.)

(158) Dilectus filius I. decanus Christianitatis Divionensis (159) in nostra proposuit præsentia constitutus quod cum olim L. I. et H. canonicis capellæ ducis Divionensis Lingonensis diœcesis, non ad correctionem, sed potius ad infamationem ipsius, nobis quædam denuntiantibus contra ipsum, venerabili fratri nostro Matisconensi (160) episcopo et suis conjudicibus dederimus in mandatis ut vocatis qui essent propter hoc evocandi, quod invenirent super objectis per suas nobis litteras intimarent, partibus in ipsorum præsentia constitutis, et eodem inficiante decano quod denuntiationem ipsam monitio charitativa præcesserit, et firmiter asserente prædictos canonicos factæ denuntiationis tempore inimicos ejus et æmulos exstitisse, tandem fuit ad sedem apostolicam appellatum : cujus appellationi memorati judices detulerunt. Idem vero decanus quorumdam religiosorum litteras repræsentans, qui de vita et conversatione ipsius laudabile testimonium (161) perhibebant, nobis humiliter supplicavit ut occurrere adversariorum suorum malitiæ ac laboribus ejus finem imponere dignaremur. Nolentes autem ipsum indebite fatigari, discretioni vestræ per apostolica scripta mandamus quatenus, si denuntiatores præfati monitionem (162) charitativam præmisisse super objectis probare nequiverint, aut decanus ipse docuerit illos suos exstitisse denuntiationis (163) tempore inimicos (164), eumdem ab

(162) *Monitionem* quæ dicitur fraterna correctio ; c. *Licet*, De Simonia, et præmittitur priusquam aliquis per censuram ecclesiasticam compellatur c. 1, De treuga et pace, etc. *Grande* De suppl. neglig. prælat. in 6.

(163) *Denuntiationis* : inscriptionis l. in senatusconsulto, § qui post ad SC. Turpill. hinc inscriptionum libelli l. ex lege, § penult. ad leg. Jul. *De adult.* vinculum inscriptionis l. ult. c. *De accus. et inscript.* Γραφὴ κατηγορίας apud Harmenopulum lib. I, tit. 2, § 10; syngrapha calumniæ a Symmacho lib. v, epist. 63; βίβλιον αἰτήσεως in basilicis et perperam Theophilus in § Tripli de action. apud Justin. ubi restituendum pnto βιβλίῳ αἰτήσεων, non αἰτιάσεων, scilicet in libello conventionis W. GG. Isidori elogium textum malorum dictorum, quod notoriam dicunt, et alibi elogium, ordo criminum. Vide in hanc rem Symmachum lib. x, epist. ult., et ea quæ docte pro more suo animadvertit Franciscus Juretus et Hincmar. epist. 7, c. 5 et 6, ubi repetit vetus scholion Aniani ad l. xv concessum *De accus. et inscript.* C. Theodos. posteriori sæculo solemnibus non adhibitis denuntiationem dixere ut hic, delationem Symmachus lib. xx, epist. 7, nominationem. D. Augustinus *De pœnit. medic.* c. 3, et abiit in desuetudinem formula inscriptionis, nisi in crimine falsi ex constitutione regia.

(164) *Inimicos*, ne innocentiæ puritas confusa succumbat dicto c. *Licet*.

illorum denuntiatione, sublato appellationis obstaculo, absolvatis (165). Alioquin in eodem negotio juxta priorum continentiam litterarum appellatione remota ratione prævia procedatis. Quod si non omnes, etc., duo vestrum, etc., tu denique, fili abbas, super te ipso, etc.

Datum Laterani, Idibus Januarii, pontificatus nostri anno quinto decimo.

CCIV.

ILLUSTRI REGI CYPRI.

De electione episcopi Nicosiensis.
(Laterani, Idibus Januarii.)

(166) In litteris nobis ex parte tua per dilectum filium archidiaconum Famagustanum exhibitis querebaris venerabilem fratrem nostrum patriarcham Jerosolymitanum apostolicæ sedis legatum electionem de thesaurario Nicosiensis Ecclesiæ secundum antiquam consuetudinem celebratam pro suæ voluntatis arbitrio irritasse. Sed si electionis ipsius merita et dicti patriarchæ judicium, non in commotione spiritus, sed quiete, ad rationis detulisses examen et sanæ conscientiæ testimonium produxisses, approbasses utique de jure processum ejusdem, quem per injuriam nisus es reprobare, nec laborasses ad talem prosilire querelam per quam adversus te ipsum formasti tacite quæstionem, uno eodemque libello constitutus actor et reus. Quia dum non contentus iis quæ Cæsaris esse debent, ad ea quæ Dei sunt manus extendis, actionem contra libertatem Ecclesiæ intentando, de calumnia te reum exhibes apud Deum, super ingratitudine nihilominus reconventum, eo quod Ecclesiam, quæ te per sacramentum baptismi, solutis vinculis servitutis quibus morti peccati tenebaris astrictus, in libertatem salutis eripuit et regeneraverit ad vitam, in duram et asperam redigere niteris servitutem; cum absurdum sit et ingratum ut matrem filius et sponsam regis cœlestis rex terrenus ancillet, in terra præsertim quæ funiculus Domini hæreditatis existit. Ecce Nicosiensem Ecclesiam tam duræ conditionis subjicere jugo laboras quod ei non pateris per electionem canonicam de persona idonea provideri, ejusdem canonicis eligendi necessitatem indicens illum quem de duobus tibi nominandis ab ipsis tu primo duxeris eligendum. Sed si carnale conjugium liberas exigit contrahentium voluntates, et personis sæcularibus ad contrahendum legitimis absoluti consensus non est interdicta libertas, ridiculosum est et probrosum ut Ecclesia compellatur alterius contrahere voluntate, ac spirituale conjugium de arbitrio pendeat laicali. Porro, sicut accepimus, tanquam ad privilegium et auctoritatem istius excessus inducis usurpatam a quibusdam tuis prædecessoribus et obtentam hactenus corruptelam, quasi sicut et in jura sic et in injuriam succedere deberes eisdem, si eam ipsi forsitan inferebant. In quo quia diuturnitas temporis non minuit peccatum, sed auget, peccati vetustas, non rationabilis usus antiquitas allegatur. Cæterum quia hæc nec pati volumus nec dissimulare debemus, præsertim cum tuæ sit saluti contrarium, ut hæc tibi adversus te in novissimo districti examinis die coram tremendo judice reserventur, serenitatem tuam rogandam duximus et monendam, per apostolica tibi scripta mandantes quatenus Nicosienses canonicos personam idoneam in patrem et episcopum animarum suarum eligere canonice sine qualibet contradictione permittas. Nec credas excellentiæ regiæ aliquid deperire si Regi regum, qui aufert spiritum principum et in regno Cypri te sæcularibus prætulit, sua jura conservans, ecclesiastica non usurpes, quæ ipsi Domino specialiter ascribuntur.

Datum Laterani, Idibus Januarii, pontificatus nostri anno decimo quinto.

CCV.

EPISCOPO ET PRIORI SANCTI PETRI ET ARCHIDIACONO MATISCONENSIBUS.

Scribitur pro decano Divionensi.
(Laterani, xiv Kal. Februarii.)

(167) Ad audientiam nostram dilecto filio I. decano Christianitatis Divionensis significante pervenit quod nonnulli Judæi Eduensis, Lingonensis et Cabilonensis, diœcesum super quibusdam debitis, fidejussionibus, et rebus aliis ipsum in sæculari foro convenire nituntur, quanquam paratus existat coram ecclesiastico judice stare juri. Quocirca discretioni vestræ per apostolica scripta mandamus quatenus, si est ita, dictum decanum non permittatis super hoc ulterius molestari, quandiu paratus fuerit in foro ecclesiastico respondere. Quod si non omnes, etc., tu, frater episcope, cum eorum altero, etc. Tu denique, frater episcope, super teipso, etc.

Datum Laterani, xiv Kalend. Februarii, pontificatus nostri anno decimo quinto.

CCVI.

CAPITULO NICOSIENSI.

Ejusdem argumenti cum epistola 204.
(Laterani, xviii Kal. Februarii.)

Si carnale conjugium liberas exigit contrahentium voluntates, et personis ad contrahendum legitimis absoluti consensus non est interdicta libertas, durum nimis est et absurdum ut Ecclesia non suo sed alieno judicio contrahat, et spiritalis contractus conjugii ex arbitrio pendeat laicali. Sane, sicut accepimus ex litteris venerabilis fratris nostri patriarchæ Jerosolymitani apostolicæ sedis legati, cum tractaretis de præficiendo vobis aliquo in pastorem in duos unanimiter convenistis, charissimo in Christo filio nostro illustri regi Cypri primitus nominandos, ut quem ipse prius de illis duobus eligeret, præficeretis vobis in præsulem electione solemni. Sed cum hoc canonicis obviet institutis et ecclesiasticæ sit contrarium libertati, idem patriarcha

(165) Absolvatis. Exc. 1 *De exceptionibus.*
(166) Vide infra, epist. 206.

(167) Vide supra, epist. 203.

electionem quam sub tali forma de vestræ thesaurario Ecclesiæ celebrastis, non personæ, sed electionis vitio, auctoritate nostra irritam nuntiavit. Cæterum, etsi pœnam merueritis, cum super hæc non sitis immunes a culpa, quos nequit hujusmodi corruptelæ non consuetudinis antiquitas excusare, nos tamen de benignitate sedis apostolicæ agentes vobiscum misericorditer in hac parte, universitati vestræ per apostolica scripta mandamus quatenus convenientes in unum, et sancti Spiritus gratia, sicut moris est, invocata, in patrem et episcopum animarum vestrarum vobis personam canonice ac concorditer eligatis, quæ prodesse valeat et præesse, per cujus circumspectionem providam et providentiam circumspectam Nicosiensis Ecclesia, præveniente divina gratia et sequente, salubriter valeat in spiritualibus et temporalibus gubernari : cujus electionem, si vestris volueritis parcere laboribus et expensis, memorato patriarchæ ac venerabilibus fratribus nostris Cæsariensi archiepiscopo et episcopo Acconensi, quibus super hoc vices nostras committimus, præsentare curetis, ut ipsi, remoto appellationis obstaculo, confirment vel infirment eamdem, secundum quod de jure fuerit faciendum.

Datum Laterani, xviii Kalend. Februarii, pontificatus nostri anno decimo quinto.

In eumdem modum scriptum est super hoc eisdem usque temporalibus gubernari. Ideoque fraternitati vestræ per apostolica scripta mandamus quatenus cum prædictum capitulum electionem prædictam vobis curaverint præsentare, vos auctoritate nostra sublato appellationis obstaculo confirmetis vel infirmetis eamdem, secundum quod de jure fuerit faciendum. Quod si non omnes, etc., duo vestrum, etc. Vos denique, fratres patriarcha, archiepiscope et episcope, super vobis ipsis, etc

Datum, *ut supra.*

CCVII.
PATRIARCHÆ ET CAPITULO ANTIOCHENIS.
Ne quid exigatur pro confirmatione electionis.
(Laterani, xviii Kal. Februarii.)

Quanto Antiochena Ecclesia majori, Domino disponente, præeminet dignitate, tanto vobis est sollicitius providendum ne fieri contingat aliquid in eadem quod alicujus pravitatis exemplo mentes possit corrumpere subditorum, qui ea quæ vident fieri a majoribus facile solent trahere in exemplum. Ad nostram siquidem audientiam noveritis pervenisse quod, cum aliquis eligitur in abbatem ecclesiæ Sancti Pauli, vos occasione confirmationis, procurationem extorquetis ab ea trecentorum Byzantiorum valentiam excedentem. Cum igitur in canonicam non sapiat puritatem, universitati vestræ auctoritate præsentium districtius inhibemus ne procurationem hujusmodi, nisi vobis alias debeatur, occasione hujusmodi exigere de cætero ullatenus præsumatis. Tu denique, frater patriarcha, super te ipso, etc.

Datum Laterani, xviii Kal. Februarii, pontificatus nostri anno decimo quinto.

CCVIII.
ILLUSTRI REGI CYPRI.
Ut a Christianorum oppugnatione desistat.
(Laterani, vii Idus Januarii.)

Quantum expediat ut tibi et charissimo in Christo filio nostro regi Hierosolymitano illustri, aliis principibus et baronibus in ultramarinis partibus constitutis sit in Domino cor unum et anima una, ipsa docere te potest circumfrementis barbariæ multitudo et innumerorum etiam regum ac populorum exempla, qui leguntur illis succubuisse divisi quibus poterant restitisse conjuncti. Licet in hac parte nequaquam exemplis egeas peregrinis, utpote qui manifeste cognoscis quod inter cætera peccata populi Christiani, quibus exigentibus gentes in hæreditatem Domini venientes templum Domini, quod non absque dolore recolimus, polluerunt, plurimum nocuit discordia et contentio quæ super principes et magnates ibi consistentes effusa eos fecit in invio aberrare, dum proprias persequentes injurias, injuriarum obliti sunt crucifixi, et per adinventionum suarum malitias divinæ majestatis oculos provocantes, illo meruerunt spoliari thesauro in quo solo Apostolus gloriatur, cruce videlicet Domini Jesu Christi. Si enim mandata Domini attendentes in unitatis vinculo perstitissent, facta fuisset eorum pax juxta verbum propheticum sicut flumen. Sed dum vir non curat parcere fratri suo, dum unusquisque carnem sui brachii devorat, dum transgrediuntur leges fœdere dissipato, terram maledictio devoravit et habitatoribus ipsius peccantibus, homines pauci relicti sunt in eadem, coram quibus regionem ipsorum devorant alieni; meritoque timendum est ne in iis omnibus nondum sit Domini furor aversus, sed adhuc manus divinæ ultionis extenta, cum populus ad percutientem se necdum plene redierit, sed quasi hostis desit, converterit in se manus, ibique Christianus Christianum captivare non dubitet ubi tot principes aliique fideles sua pro defensione nominis Christiani corpora tradiderunt, imo etiam ubi ipse Christus pro nobis tradidit semetipsum. Ecce enim tu ipse, qui eo devotius teneris Regi militare cœlesti quo idem tibi majorem contulit potestatem, dilectum filium nobilem virum O. consanguineum dicti regis et quosdam alios vassallos ejusdem, qui Saracenis eos armatis ac igne urgentibus, ad terram tuam quasi tutum Christiani populi receptaculum confugerunt, carcerali custodiæ, sicut accepimus, mancipasti, et spreto nomine Christi, quod invocatum est super eos, ipsos tractari facis adeo inhumane ut eis nil videatur prodesse quod effugerint sævitiam barbarorum. Quinimo ipsis ad cumulum doloris accedit, et eorum pœnas hoc ipsum non modicum exacerbat, quod ibi repererunt supplicium ubi refugium debuerant invenisse. Ad hæc, regnum ipsius, homines suos, qui sibi rebelles existunt, contra eum, ut dicitur, manutenendo, perturbas, divinæ legi obviare non metuens, qua quisque id alii facere quod ipse sibi nollet fieri prohibetur.

Quia igitur per hoc inter te ac ipsum regem grave posset non sine populi Christiani periculo et jactura scandalum generari, serenitatem tuam monemus, rogamus et exhortamur in Domino, tibique in remissionem injungimus peccatorum, quatenus dictum O. et alios regis memorati vassallos, quos licet non generatio carnis, baptismi tamen regeneratio efficit tibi fratres, ob reverentiam beati Petri et nostram, imo potius ob ipsius Christi timorem pariter et amorem, a quo nomen tecum accipere meruerunt, liberos abire permittens, ipsius regis hominibus nullum contra eum impendas auxilium vel favorem, quinimo potenter assistas eidem ad jura sua contra perturbatores indebitos defendenda, ut idem ad tuam per hoc amicitiam provocatus, non odiis tecum teneatur contendere, sed obsequiis, ex quibus utique fructus temporales provenire poterunt et æterni. Taliter autem apostolicum audire cures et exaudire mandatum ut te tanquam obedientiæ filium charitatis brachiis fortius amplexantes, preces tuas, si quas aliquando nobis duxeris porrigendas, admittere merito teneamur.

Datum Laterani, vii Idus Januarii, pontificatus nostri anno decimo quinto.

CCIX.
MAGISTRO ET FRATRIBUS MILITIÆ TEMPLI.
De eadem re.
(Laterani, vi Idus Januarii.)

Quantum expediat ut vobis et charissimo in Christo filio nostro regi Hierosolymitano illustri aliisque principibus, etc., *usque* alieni. Ne igitur vobis in vos ipsos divisis terra eadem, quod absit! amplius desoletur, universitatem vestram monemus, rogamus et exhortamur in Domino, et per apostolica scripta præcipiendo mandamus quatenus regi prædicto contra quoslibet regni sui perturbatores indebitos fideliter et viriliter assistentes, terram ejus et jura sicut vestra propria defendatis, memores quod vestra res agitur paries cum proximus ardet, et dum præfatum nitimini regnum defendere, propriam securitatem noscimini procurare. Nos enim venerabili fratri nostro patriarchæ Hierosolymitano, apostolicæ sedis legato, nostris damus litteris in mandatis ut vos ad id efficaciter moneat et inducat, et si viderit expedire, per censuram ecclesiasticam sublato appellationis impedimento compellat.

Datum Laterani, vi Idus Januarii, pontificatus nostri anno quinto decimo.

In eumdem modum scriptum est magistro et fratribus Hierosolymitani Hospitalis. In eumdem modum scriptum est comiti Tripolitano.

Super hoc scriptum est patriarchæ Hierosolymitano apostolicæ sedis legato ut eos ad id efficaciter moneat et inducat, et si viderit expedire, per censuram ecclesiasticam sublato appellationis impedimento compellat.

CCX.
PATRIARCHÆ JEROSOLYMITANO APOSTOLICÆ SEDIS LEGATO ET SUFFRAGANEIS EJUS.
Ut populos in regis fide confirment.
(Laterani, v Idus Januarii.)

Quanto ex dissensionibus principum et magnatum Jerosolymitanæ provinciæ graviora sæpius discrimina evenisse conspicimus, tanto sollicitius quieti ac paci ejusdem intendere affectamus. Ne igitur propter obitum claræ memoriæ... reginæ uxoris charissimi in Christo filii nostri Jerosolymitani regis illustris aut alia quacunque causa regnum ejus, ad cujus regimen vobis postulantibus est assumptus, a quoquam temere perturbetur, ac per hoc contingat scissuras et scandala in eadem provincia generari, universitati vestræ per apostolica scripta mandamus quatenus universos regni fideles ut in ipsius regis et... filiæ suæ fidelitate firmi stabilesque persistant, sedulis exhortationibus inducentes, rebelles, si qui fuerint, aut alios quoslibet ipsius regis aut regni molestatores indebitos, cum ab eo fueritis requisiti, per censuram ecclesiasticam sublato appellationis obstaculo compescatis. Vos denique, fratres patriarcha et episcopi, super vobis ipsis, etc.

Datum Laterani, v Idus Januarii, pontificatus nostri anno quinto decimo.

CCXI.
ILLUSTRI REGI HIEROSOLYMITANO.
Hortatur eum ad defensionem terræ sanctæ.
(Laterani, v Idus Januarii.)

Venientem ad apostolicam sedem venerabilem fratrem nostrum Sidoniensem episcopum consueta benignitate recepimus, et super obitu claræ memoriæ... reginæ uxoris tuæ nobis nuntiato per ipsum paterno tibi condolentes affectu, ea quæ idem episcopus super tuis ac regni tui negotiis sollicite ac prudenter, sicut vir providus et fidelis, proposuit coram nobis, quantum decuit curavimus exaudire. Monemus autem serenitatem tuam, rogamus et exhortamur in Domino quatenus sollicite pensans discrimina et jacturas quas Hierosolymitana provincia ex dissensione regum ac principum consistentium in eadem multoties noscitur incurrisse, ad arma contra Christianos movenda non quibuslibet pertraharis injuriis aut ampliandi regni cupidine inciteris, sed in sapientia vincens malitiam, et de regno cogitans sempiterno, ad ea pro quibus natalis soli dulcedinem reliquisti, defensionem videlicet terræ sanctæ, tota mente diligenter intendas, nec cautelam in prosperis nec constantiam deserens in adversis; sed omni tempore Dominum benedicens, et petens ab eo ut dirigat vias tuas et omnia consilia tua stabiliat in seipso, qui suos non solum a tribulationis angustia liberat, sed etiam in ipsa tribulatione dilatat, ut timentibus Deum omnia cooperentur in bonum, et cum se consumptos putaverint, ut Lucifer oriantur. Nos vero in proposito gerimus et habemus in votis honores tuos et jura tam in cismarinis partibus quam etiam transmarinis defendere et ad subventionem tuam efficaciter, si desuper datum fuerit, laborare.

Datum Laterani, v Idus Januarii, pontificatus nostri anno quinto decimo.

CCXII.
ARCHIEPISCOPO NARBONENSI APOSTOLICÆ SEDIS LEGATO, ET EPISCOPO REGENSI, ET MAGISTRO THEDISIO CANONICO JANUENSI.

De reconciliatione comitis Tolosani.

(Laterani, xv Kal. Februarii.)

Etsi resecandæ sint putridæ carnes, ne ad partes sinceras corruptionis contagium extendatur, sic tamen caute debet et provide manus medentis apponi ut abscidantur ea cautela corrupta quod sincera per improvidentiam non lædantur. Accepimus sane per litteras et nuntios charissimi in Christo filii nostri Petri illustris regis Aragonum quod postquam adversus provinciales hæreticos mandatum apostolicum emanavit, crucesignatis terram ingredientibus vicecomitis Biterrensis, eidem ipsius regis subsidium imploranti tanquam domini specialiter dexteram subtraxit auxilii et omnis consilii remedium denegavit, et ne super hoc Ecclesiæ propositum impediret, elegit tunc quibusdam deesse Catholicis, ne adesse commistis hæreticis videretur. Unde vicecomes prædictus terram perdidit auxilio destitutus, ad ultimum miserabiliter interfectus (168). Tu autem, frater archiepiscope, ac nobilis vir Simon de Monteforti crucesignatos in terram Tolosani comitis inducentes, non solum loca in quibus habitabant hæretici occupastis, sed ad illas nihilominus terras quæ super hæresi nulla notabantur infamia manus avidas extendistis, et cum ab hominibus terrarum illarum fidelitatis exegeritis juramenta, et terras sustineatis inhabitare prædictas, hæreticos illos existere verisimile non videtur. Dicebant præterea nuntii supradicti quod sic indifferenter aliena contra justitiam minus provide usurpastis quod vix remanserit comiti memorato castrum Montisalbani et civitas Tolosana.

Inter ea vero quæ idem rex sic asseruit occupata, expressis vocabulis designavit terram quam claræ memoriæ Richardus Angliæ in dotem suæ sororis comiti dederat supradicto (169), item terras comitis Fuxensis, comitis Convenarum et Gastonis Bearnensis. Deduxit etiam specialiter in querelam quod tu, frater archiepiscope ac nobilis memoratus, licet jam dicti tres comites vassalli regis ejusdem existerent, ab hominibus terrarum suis iidem amiserant petebatis ut juramentum fidelitatis ex ipsis terris alii exhiberent. Adjecit etiam quod cum de prælio Saracenorum obtenta victoria redeuntem comes adiit supradictus (170), expositis damnis ei per crucesignatos illatis, imputabat suorum merito peccatorum quod satisfactionem ejus non admittebat Ecclesia, cum partus existeret facere quæcunque sibi possibilia mandaremus; et ne solus tantæ confusionis ferret opprobrium, terram, filium et uxorem sororem regis ipsius relinquebat eidem, ut eos, si vellet, defenderet vel permitteret exsulare. Sed quia ex hoc confusio sibi non minima immineret, et pœna suos tenere debet actores, nec ultra extendi vindicta quam inveniatur in excedente delicto, humiliter supplicabat Tolosanum comitatum filio memorati comitis reservari, qui nec unquam venit, nec veniet, Deo dante, in hæreticæ pestis errorem. Promisit præterea quod tam filium comitis quam etiam comitatum in sua tenebit, quandiu nobis placuerit, potestate, ut circa fidem plenius instrui et moribus faciat melius informari, et Aragonensem totam terram jam dictam committet ut hæreticæ contagionis sordibus penitus expurgatam ad cultum plene reducat fidei orthodoxæ, securitate oblata super iis omnibus observandis quam sedes apostolica decerneret exhibendam. De comite quoque subjunxit quod paratus est agere pœnitentiam de commissis, qualem decreverimus injungendam; sive quod partes adeat transmarinas, sive quod sit in Hispania circa frontariam contra gentis perfidiam Saracenæ. Cæterum quia negotium arduum est, et multa in ea fuit deliberatione processum, ac per Dei gratiam satis est prosperatum, ne de levi, quod absit! deperire valeret quod multis laboribus est patratum, in ipso non debet sine gravi cautela et maturitate procedi. Quocirca mandamus quatenus in loco securo et apto archiepiscoporum, episcoporum, abbatum, comitum, baronum, consulum et rectorum et aliorum virorum prudentium, quos ad hoc necessarios et idoneos esse videritis, concilio convocato (171), et propositis coram eis quæ rex proponit et offert, odio, timore, gratia et amore carnalibus omnino postpositis, quæ super præmissis provisa et deliberata fuerint in communi, et in quo convenerint omnes, vel pars consilii sanioris, nobis fideliter rescribatis, ut intellecto vestro consilio statuamus quæ secundum Deum viderimus statuenda; cum videatur procul dubio expedire ut hoc modo vel alio dictæ terræ de rectore idoneo consulatur. Quod si non omnes, etc., duo vestrum, etc. Vos denique, fratres archiepiscope et episcope, super vobis ipsis, etc.

Datum Laterani, xv Kal. Februarii, pontificatus nostri anno decimo quinto.

---

(168) Vide lib. xii, epist. 108.
(169) Vide lib. xiii, epist. 74.
(170) Vide supra, epist. 182.

(171) Fuit convocatum apud Vaurum. Vide lib. xvi, epist. 39 et seqq.

CCXIII.

NOBILI VIRO SIMONI COMITI MONTISFORTIS.
Ut restituat ablata vassallis regis Aragonum.
(Laterani, xvi Kal. Februarii.)

(172) Ex parte charissimi in Christo filii nostri Petri (173) illustris regis Aragonum per nuntios ejus fuit propositum coram nobis quod tu convertens in Catholicos manus tuas, quibus suffecisse debuerat in homines hæreticæ pravitatis extendi, per crucesignatorum (174) exercitum ad effusionem justi sanguinis et innocentum injuriam provocatum terras vassallorum regis ipsius, videlicet comitis Fuxensis (175), comitis (176) convenarum (177), et Gastonis Bearnensis (178), in ejus grave præjudicium occupasti; licet in eis nec hæretici aliqui habitarent, nec habitatores earum super hæreticæ pestis errore infamia conspersisset. Asserebant præterea nuntii regis præfati quod cum ab hominibus terrarum illarum fidelitatis exegeris juramenta, et

A terras patiaris inhabitare prædictas, eos esse Catholicos tacite confiteris, ut hæreticorum abneges te fautorem; vel hæreticos te fovere quodam modo responderes, si legitime occupasse terram illorum alleges. Formabant nihilominus ex eo querimoniam specialem quod, dum rex servitio Jesu Christi contra Saracenos (179) insisteret, et effusioni suum et suorum sanguinem exponeret pro reverentia fidei Christianæ, tu bona vassallorum ejus in propria usurpabas, eoque fortius ad depressionem instabas illorum quo minus rex poterat eis opem suæ protectionis impendere, vires suas expendens contra Saracenæ gentis perfidiam in auxilium populi Christiani. Et cum adhuc rex idem partes suas contra Saracenos intendat armare, ut adversus eos, Deo

B duce, tanto efficacius possit insurgere quanto majori quoad alios quiete gaudebit, in pace sibi restitui per sedem apostolicam quæ vassallorum ejus exstiterant postulabat. Nolentes igitur ipsum suo jure (180)

---

(172) Vide lib. xvi, epist. 48.
(173) *Petri*, de quo supra epist. 4, lib. xiv. Petrus Valsern., c. 66.
(174) *Crucesignatorum*, signatis in Francia ad vindicandam Dei nostri injuriam tot fidelium millibus et signandis, idem Petrus c. 13, Guaguinus lib. vi, ubi Milone lego, non Gallone, qui fuit Innocentii legatus.
(175) *Fuxensis*. Raymundus Rogerius, cui successit Rogerius Bernardus sextus comes, de quo Petrus Valsern., c. 50.
(176) *Comitis*. Bernardi qui Bernardum de Ponte monomachiæ et duelli solitario congressu ex S. C. Parisiensi, fortuna duce, prostravit in veteri stylo parlam. parte 1, cap. De duello, § 29.
(177) *Convenarum*. Garumnos populos vocat Cæsar De bello Gall. quorum cunabula reperies apud D. Hieronymum epist. 2 adversus Vigilantium.
(178) *Gastoner a Bearno*, Benearno Petrus Valsern., c. 56. Bearnenses autem nominantur Vaccates Cæsari eod. lib. quos Joannes Rossetus notis in eumdem existimat esse Vasates; sed melius si Vaccates dixeris, quos Eginarthus in Carolo Magno Vaccenses vocat, puta ob insignia provinciæ, quæ vaccarum gravitate imperii Vaccensis hodie Bearnensis molem demonstrant.
(179) *Contra Særacenos*, dum Alfonso VIII, Legionis et Castellæ regi adversus Mimamolinum Saracenorum regem, exercitus instructam aciem duxit, male Memmolinum auctor Centuriarum centur. 13, et Paulus Constantinus in Chronico Ilmamolinum vocant; hujusmodi autem pugna dicta fuit de navibus Tolosæ apud Roder. Santium *Histor. Hispan.*

D parte iii, c. 38, quo vocabulo nava, vocem Ibericam intelligit, quæ montis planitiem et æquor significat; sed cur Tolosæ? forsan inditum nomen ea tempestate, qua Narbonensis archiepiscopus, ut supra diximus lib. xv Regest. epist. 3, Tolosanam synodum sub imperio Wisigotthorum cum suffraganeis vi armorum perterritus adnotabat. Tunc enim Gallia Narbonensis, citerior Hispania vocabatur circa æram 609, ut vult Constantinus in Hispaniarum divisione, secundum quæ interpretare Æmilii verba lib. vi Albianorum hæresis quæ in comitatu Tolosano Hispaniæ regione invaluit, sed male; etenim ab anno Domini 774 Gallia Narbonensis imperii Francici regno moderabatur, quam colore fucatæ religionis quæsito a vero tramite error Albigensis plus solito avertit anno Domini 1205, sub imperio Philippi Augusti, quo tempore Innocentius hæc epistola rescribebat. Nauclerus gener. 40; Matthæus Paris circa annum Domini 1212 et 1213, emersisse hæresim in illa regione scripsere.

(180) *Suo jure*, in armis, non legitimo, nec enim comites prædicti alium dominum feudi habuere quam Torsinum aut Tortinum, qui a Carolo Magno (ut jam diximus lib. xiii *Regest.*, epist. 13), feudum comitatus Tolosani accepit, in quo idem Torsinus et posteri comites Fuxensem, Convenarum et insulæ (quæ Jordana dicitur) et vicecomitem Bearnensem subordinarunt. Ac ut a Fuxensi incipiam, ex fastis consularibus Tolosatum animadvertere licet, Bernardum Rogerii filium dominum Castri Pendentis anno Domini 1062, licentiam a Raymundo secundo comite Tolosano petiisse ut sibi dignitatem comitis Fuxensis vindicare liceret, a quo deinde cæteri eodem privilegio potiti sunt. Holagarayus in Hist. Fuxensi Raymundum (de quo quæstio) ab homagii munere liberatum scribit ex stipulatu Raymundi minoris Comitis Tolosani: sed postquam mortuo Alphonso comite Tolosano Ludovici Pii germano ad primordium tituli Provincia Occitana rediit, Rogerius Bernardus, Raymundi Rogerii filius, de quo supra, vinculo dominii se suosque in manibus Ludovici Pii religiosissima coram Deo et hominibus attestatione obstrinxit, cujus filius idem officium ex debito post obitum patris Philippo tertio reddidit anno Domini 1274. Convenarum comitem, vassallum quoque comitis Tolosani fuisse, patet ex Annalibus Hispaniæ, in quibus anno Domini 1116 idem domino suo assidet, qui Alphonso adversus Mauros suppetias ferebat. Deinceps transactione quæ asser-

D vatur in capitolio Tolosatum, inita inter Carolum VII regem Christianissimum et Matthæum comitem Convenarum anno Domini 1442, feudum dominio et patrimonio principis accrevit jure fideicommissi, cujus formulam rogaverat inseri tabulis testamenti anno Domini 1375 ejusdem regis intuitu Petrus Bernardus comes, si sine liberis Margareta et Eleonora filiæ dulcissimæ fatis cessissent, sub modo vel conditione; ne insposterum a liliorum regno feudum distraheretur, quo casu Gregorium papam XI ex asse hæredem instituit. Reperio tamen in iisdem fastis Joannem (Nothum illustris domus Armaniacæ) comitem Convenarum obviam accurrisse cum proceribus totius Aquitaniæ Ludovico XI, cum Tolosam peregre proficisceretur, qui comitum Convenarum novissimus fuit. Progrediamur ex continenti ad insulam quæ Jordana dicitur, ut liquet ex pagina in qua jura Boconiæ silvæ continentur. Eadem sita est in jurisdictione comitis Tolosani, quem dominis Insulæ usum in eadem concessisse, et octo viros

fraudari nec jam dictum ejus propositum impediri, nobilitati tuæ per apostolica scripta mandamus quatenus eidem regi et vassallis ejus terras restituas supradictas, ne ad tuum specialem, non generalem (181) catholicæ fidei, laborasse profectum per retentionem illicitam videaris.

Datum Laterani. xvi Kal. Februarii, pontificatus nostri anno decimo quinto.

CCXIV.
NOBILI VIRO SIMONI COMITI MONTISFORTIS.
Ut regi Aragonum faciat homagium de civitate Carcassonensi.

(Laterani, xviii Kal. Februarii.)

(182) Cum ad mandatum sedis apostolicæ charissimus in Christo filius noster Petrus illustris rex Aragonum in feudum tibi concesserit Carcassonam (183), quam ab eo vicecomes tenuerat Biterrensis, postulabat ut ea sibi faceres quæ dictus vicecomes ei suisque prædecessoribus facere consueverat et debebat. Quis vero intentionis nostræ non exstitit quod ei de jure suo per talem feudatarium aliquid deperiret, nec te subtrahere debes illius oneribus in cujus quoad feudum ipsum successisti commodum et honorem, cum possessionum onera mutari de levi non consueverint mutationibus possessorum, quia res cum onere suo transit, per apostolica tibi scripta mandamus quatenus ea dicto regi facere non recuses ad quæ memoratus vicecomes tenebatur eidem (184); quoniam quantumcunque te in Domino diligamus, sic tibi nec volumus nec debemus adesse ut ipsi regi deesse in sua justitia videamur.

Datum Laterani, xviii Kal. Februarii, pontificatus nostri anno decimo quinto.

CCXV.
ARCHIEPISCOPO NARBONENSI APOSTOLICÆ SEDIS LEGATO.
Commendatur ei negotium fidei adversus Saracenos.

(Laterani, xviii Kal. Februarii.)

Cum jam captis vulpeculis demolientibus vineam Domini Sabaoth in Provincia, quam virus infecerat hæreticæ pravitatis, et instantia bellicæ cladis satis per Dei gratiam sit negotium fidei prosperatum, quia causa nunc magis urgens occurrit, expedit ut ad illam manus Christiani populi convertantur. Accepimus siquidem quod rex Saracenorum partes suas armat ad prælium, nitens eo fortius in fidei Christianæ cultores insurgere quo lapsu graviore succubuit sub populo Christiano, imo sub Christo causam suam propitio nobis judicio judicante.

(qui vulgo Capitolini) cum Joanne Jordano comite Insulæ super ejusdem χρήσεως solito moderamine pactum iniisse certissimum est. Ex quibus colligere debemus comitem Tolosanum dominum feudi directum dominium una cum reliquo usus mancipiique integro jure, sibi retinuisse. Denique, si attentiori diligentia inspiciamus prædictos comitem Tolosanum privatis armis in hac expeditione tueri, nemo dixerit ejusdem vassallos non exstitisse.

Secus vero existimarim de vicecomite Bearnensi, qui amicitiæ vicinitæque nexu astrictus, Raimundo comiti opitulatur, ita ut eumdem non quidem Tectosagum dynastis, sed regibus Christianissimis fidelitatem præstitisse dicamus. Ferronius Auctuario ad Paulum Æmilium in Ludovico XII judicatum fuisse scribit senatusconsulto Tolosano eosdem supremæ curiæ jurisdictione ordinaria contineri. Quod si rem ab origine repetere licet, quis nescit Aquitaniam ex una parte Pyrenæis montibus concludi, ad quorum radices situs est limes Bearnensis? ita ut ex his recte concludamus, olim reges Aquitaniæ, usque ad imperium Eudonis, Waliæ, Vaifri, Ludovici, Caroli Calvi (qui duces in eadem provincia instituti) Vaccensibus leges dedisse, probatio etiam elicitur ex concilio Matisconensi sub Guntranno rege altero filiorum Clotharii, cui Lucerius episcopus Oloronensis et Aurelius episcopus Ecclesiæ Bigerritanæ, subscripserunt. Porro Bigerrones proximi sunt Bearnensibus, apud quos floruit Ecclesia Oloronensis, et fœderis sancita pactione inter Childebertum et Guntrannum Lemovices, Caturci, Vaccates et Bigerrones (quorum provincias liberali titulo morganaticæ donationis Chilpericus rex Gaiselindi uxori suæ dederat) subditi fuere eidem Guntranno apud Gregorium Turonensem lib. ix, c. 10, et in veteri Regesto cameræ computorum Parisiensis anno Domini 1275. Vicecomites de Bearno dominus de Moncata et Castriveteris fidelitatis hominium jurejurando præstitit Edoardo primo regi Angliæ et duci Aquitaniæ. Ex quibus colligere est easdem nationes semper Galliarum imperii ambitu comprehensas fuisse, quidquid ex privilegio Caroli Martelli vicecomitem merum et mistum imperium cum jure gladii

meruisse incolæ profiteantur. Si quidem contrarium liquet ex superioribus et ex Chronico sancti Benigni Divionensis anno 741. Concludamus itaque Aragonum regem summi pontificis religionem in hac epistola circumscripsisse. Nihil enim juris habuit in his provinciis, nec in comitatu Carcassonensi (de quo proxima epistola) licet comes Barcinonæ fuerit, a quo hujusmodi speciem directi dominii sibi finxit : libere enim profiteri debemus (si verum amamus) supremum jus in Aragoniæ regno et comitatu Barcinonensi ad hæredes Ludovici primi spectasse, quod postea Ludovicus nonus, qui vitæ sanctimonia floruit, eisdem regibus concessit, retento sibi jure in omnibus provinciis quæ cis Pyrenæos montes regni Franciæ moribus et legibus gubernantur.

(181) *Non generalem.* Sed postquam Innocentius litteras synodi Vaurensis accepit, contrariæ voluntatis judicio, Petro Aragonum regi dare vetuit, quæ antea eidem roganti concesserat. Si quidem in gratiam germanæ, quam sibi uxorem coemerat Raymundus senior hujusmodi jura dominicalia Petrus sibi commentitio mancipii nexu obligata effinxit, ut scilicet expositam terram ex rescripto Innocentii supra, epistola sexta, hoc eodem libro, primo occupantis armata manu eximeret : nec enim jus gladii aut merum imperium privato titulo in eisdem feudis legitima ratione sibi vindicare potuit.

(182) Vide lib. xii, epist. 108, et *Hist. Albig.*, cap, 47.

(183) *Carcassonam.* Galliæ Narbonensis urbem nobilem, quamvis in itinerario Hierosolymitano Castellum dicatur. Nam Sergius episcopus Carcassonensis concilio Toletano III subscripsit. Eadem comites suos habuit, de quibus superiori epistola, comites Fuxenses, de quibus superiori epistola, horum alter Bernardus Atho Carcassonam et Biterras Bernardo primo comiti Fuxensi venditionis titulo transtulit, qui eorumdem comitatuum simul ex Fuxensis ratione regem Christianissimum dominum feudi professus est, ut superiori epistola satis superque probavimus.

(184) *Eidem.* Secus ex his quæ superiori epistola ex veterum monumentis et fastis animadvertimus.

Terra etiam quæ funiculus est hæreditatis Dominicæ, cum auxilio multum indigeat, expetit et exspectat suffragia populi Christiani. Quia vero frequenter, et quidem frequentius, vires collectæ proficiunt in quibus sparsæ de levi deficerent, ut Christicolarum generali ac speciali negotio contra Saracenæ gentis perfidiam tanto efficacius intendamus quanto minus erimus aliis occupati, fraternitati tuæ per apostolica scripta mandamus quatenus habito cum charissimo in Christo filio nostro Petro illustri rege Aragonum et tam comitibus quam baronibus aliisque viris prudentibus, quos ad hoc noveris necessarios, de pace ac treugis sollicito et diligenti tractatu, per pacis fœdera vel treugarum firma securitate vallata studeas diligenter toti Provinciæ providere; sic quod per indulgentias sedis apostolicæ, quæ adversus hæreticos emanarunt (185), Christianum populum non convoces aut fatiges, nisi forte a sede apostolica super hoc mandatum susciperes speciale. Tu denique, frater archiepiscope, super te ipso, etc.

Datum Laterani, xviii Kal. Februarii, pontificatus nostri anno decimo quinto.

CCXVI.
MAGISTRIS LAMBERTO ET JACOBO DE LAUDUNO ET JACOBO DE MAIDEIRES, CANONICIS VIRDUNENSIBUS.
De portione congrua presbyterorum parochialium.
(Laterani, xvi Kal. Februarii.)

Ad audientiam nostram, dilecto filio N. presbytero significante, pervenit quod cum animarum cura parochianorum ecclesiæ de Noerae sit ei commissa, patronis ipsius ecclesiæ plena manu recipientibus proventus spectantes ad ipsam, ei tam mediocriter est provisum quod sustentari nequit de assignatis sibi redditibus competenter. Unde cum sit æquitati contrarium ut ecclesiarum patroni bonis ecclesiasticis inebrientur et ministri jejunare cogantur, qui secundum Apostolum suis non tenentur stipendiis militare, discretioni vestræ per apostolica scripta mandamus quatenus dictos patronos ecclesiæ memoratæ, qui proventus ipsius percipere dignoscuntur, ad supplendum eidem presbytero quod ei deest in beneficio competenti, monitione prævia, per censuram ecclesiasticam sublato appellationis obstaculo compellatis. Quod si non omnes, etc., duo vestrum, etc.

Datum Laterani, xvi Kal. Februarii, pontificatus nostri anno decimo quinto.

In eumdem modum scriptum est eisdem judicibus ut supra pro A. presbytero ecclesiæ de Mori, usque commissa, prælato ac patronis ejusdem plena manu, etc., usque competenter. Unde cum sit æquitati contrarium ut ecclesiarum prælati ac patroni bonis ecclesiasticis, etc., usque quatenus dictos prælatum et patronos, etc., usque in finem.

(185) Vide Hist. Albig. cap. 66.

CCXVII.
BERTHOLDO ARCHIDIACONO ET ARNULFO ET AUBERTO CANONICIS METENSIBUS.
Ejusdem argumenti.
(Laterani, xiv Kal. Februarii.)

Ex parte dilecti filii J. presbyteri ecclesiæ de Possessa fuit propositum coram nobis quod cum animarum cura parochianorum ejusdem ecclesiæ ipsi canonice sit commissa, de ipsius proventibus ei tam mediocriter est provisum, patronis ejusdem retinentibus sibi decimas aliosque proventus ad ipsam ecclesiam pertinentes, quod nequit ibidem commode sustentari. Unde quia prælati et ecclesiarum patroni bonis ecclesiasticis inebriari non debent et jejunare ministri, qui secundum Apostolum militare suis stipendiis non tenentur, discretioni vestræ per apostolica scripta mandamus quatenus patronos ecclesiæ memoratæ, etc., *ut in alia, usque* compellatis. Quod si non omnes, etc., duo vestrum, etc.

Datum Laterani, xiv Kal. Februarii, pontificatus nostri anno decimo quinto.

In eumdem modum scriptum est decano, archidiacono, et cantori Treverensibus pro J. presbytero ecclesiæ de Bausci usque provisum, prælato ac patronis ejusdem, etc., usque quatenus prælatum et patronos ecclesiæ memoratæ, etc., ut in alia, usque in finem.

CCXVIII.
EPISCOPO GLASCUENSI.
De clericis promotis ab episcopis non suis.
(Laterani, x Kal. Februarii.)

(186) Adversus quosdam clericos, qui dudum ad sedem apostolicam accedentes, a vicinis episcopis, Castellano videlicet, et Ortano, Sutrino, et Nepesino, temere se fecerunt ad sacros ordines promoveri, gravi fuimus indignatione commoti, pro eo maxime quod quosdam eorum per falsas litteras et Simoniacam pravitatem accepimus fuisse promotos. Unde ordinatores a potestate suspendimus ordinandi, et ordinatis exsecutionem interdiximus ordinum taliter susceptorum. Nuper autem quidam ex ipsis Walterus lator præsentium ad nostram revertens præsentiam, cum magno fletu quotidie non cessabat ad nos opportune, importune clamare, suppliciter obsecrando ut cum eo misericorditer agere dignaremur. Cui diu nos difficiles exhibuimus et severos in tantum quod eidem injunximus ut rediret, nec nos super hoc diutius molestaret. Sed nec sic ab obsecrationis instantia desistere voluit; quo magis repellebatur a nobis, eo magis apud nos ut miseraremur instabat. Ejus denique nos exemplo qui cum iratus fuerit non obliviscitur misereri, rigorem mansuetudine providimus temperandum; cum et ipse, exemplo Jacob luctantis cum angelo, nullatenus nos dimitteret nisi ei benedicere curaremus. Quocirca fraternitati tuæ per apostolica scripta mandamus quatenus si præfatus W. de prædictis duobus criminibus canonice se purgaverit, falsitate videlicet litterarum et Simoniaca

(186) Vide lib. xiv, epist. 11.

pravitate, suspensionis sententiam quam in sic promotos protulimus circa ipsum debeas relaxare, ut si alias dignus sit et idoneus, et ei concedere volueris, in tua possit diœcesi celebrare. Ad hæc, per diœcesim tuam publice ac districte prohibeas ne quis ulterius se faciat taliter ordinari. Et ne facilitas veniæ incentivum tribuat delinquendi, quicunque de cætero taliter fuerit ordinatus, eo ipso se noverit ab ordinis exsecutione suspensum. Tu denique, frater episcope, super te ipso, etc.

Datum Laterani, x Kal. Februarii, pontificatus nostri anno decimo quinto.

CCXIX.

NOBILI VIRO COMITI TRIPOLITANO.

De electione abbatis Sancti Pauli Antiocheni.

(Laterani, v Kal. Februarii.)

Cum secundum Apostolum antiquis patribus omnia contigerint in figura et ad nostram eruditionem sint scripta, per Oziam regem, qui sacerdotum volens officium usurpare suæ temeritatis pœnam, lepra percussus a Domino, non evasit, manifeste confunditur quorumdam præsumptio laicorum, qui dum negotiis ad personas ecclesiasticas pertinentibus se temere immiscere non metuunt, procul dubio lepram, id est, gravis peccati maculam, non evadunt. Pervenit autem ad audientiam nostram quod cum in ecclesia beati Pauli Antiochensis abbatis electio celebratur, tres facis ab ipsius loci monachis nominari : quorum unum, illum videlicet quem potius acceptaveris, confirmandum præsentas una cum monachis memoratis. Volentes igitur tam tuæ saluti quam ejusdem monasterii libertati juxta officii nostri debitum providere, ne ipsorum electioni te de cætero immiscere præsumas, vel impedias quominus eum quem sibi magis utilem reputaverint libere valeant eligere in abbatem, præsentium auctoritate districtius inhibemus.

Datum Laterani, v Kalen. Februarii, pontificatus nostri anno quinto decimo.

CCXX.

N. ABBATI ET CONVENTUI SAXIVIVI.

Confirmat quoddam arbitrium.

(Laterani, x Kal. Februarii.)

(187) Cum a nobis petitur, etc., *usque perducatur effectum.* Eapropter, dilecti in Domino filii, vestris justis postulationibus grato concurrentes assensu, arbitrium quod dilectus filius noster Petrus tituli Sanctæ Cæciliæ presbyter cardinalis inter vos et venerabilem fratrem nostrum Spoletanum episcopum super quibusdam ecclesiis, episcopali jure, possessionibus, oblationibus, decimis, primitiis, mortuariis, visitationibus, procurationibus, institutione clericorum et correctione ipsorum, ac rebus aliis rationabiliter promulgavit, sicut in authentico inde confecto, cujus tenorem de verbo ad verbum præsenti jussimus paginæ adnotari, plenius continetur, auctoritate apostolica confirmamus et præsentis scripti patrocinio communimus. Tenor autem arbitrii memorati est talis : « Petrus miseratione divina tituli Sanctæ Cæciliæ presbyter cardinalis omnibus præsentem paginam inspecturis in vero salutari salutem. Cum olim religioso viro N. abbati monasterii Saxivivi et J. procuratori venerabilis patris Spoletani episcopi nos dominus papa concesserit auditorem, idem J. procurator episcopi petiit coram nobis ut Sancti Anastasii de Colle ac Sancti Laurentii de Spoleto ecclesias cum earum possessionibus et fructibus perceptis ex ipsis, nec non etiam cuncta jura episcopalia in omnibus ecclesiis infra notatis, videlicet Sancti Nicolai Interamnensis, Sancti Angeli de Montepublico, Sanctæ Trinitatis, Sancti Apollinaris, Sancti Salvatoris de Ensinio, Sancti Laurentii eremitæ Cervariæ, Sanctæ Mariæ Montis Caballi, Sancti Venantii de Spello, Sancti Nicolai de Guduliano, Sancti Petri de Flaminiano, Sancti Clementis de Matilia, Sancti Petri de Azan, Sancti Nicolai de Nera, Sancti Nicolai de Menania, Sancti Andreæ cum capellis suis; item Sancti Fortunati cum capellis suis, quæ sunt Sanctus Euticius Vespiæ, Sancta Maria de Primocasu, Sanctus Ægidius, Sancta Lucia de Ferro; item Sancti Martini de Narro, cum medietate capellæ Sancti Saviniani de Aiano, in iis, inquam, ecclesiis aliisque rebus et possessionibus quæ in diœcesi Spoletana tenentur ab ecclesia Saxivivi, faceremus eidem episcopo restitui et persolvi. Ad hæc vero cum abbas donationem episcopi Spoletani, patronorum concessionem, apostolica privilegia, et temporis longævitatem allegans, petitionem procuratoris episcopi multipliciter excludere niteretur, dilecto in Christo filio Urbevetano archidiacono et conjudicibus suis eadem fuit causa commissa : qui receptis testibus ab utraque parte productis, et confessionibus ac rationibus intellectis, causam ipsam ad examen summi pontificis remiserunt sufficienter instructam. Igitur partibus iterum in nostra præsentia constitutis, cum procurator episcopi eum ad prædicta restitui postulasset, quibus juxta suam assertionem fuerat contra justitiam spoliatus, idem abbas in præfatis ecclesiis ac earum parochiis et capellis diuturno usu et præscriptione longæva omnem sibi rationem episcopalem acquisitam allegans, procuratori episcopi super prædictis ecclesiis atque rebus imponi silentium postulabat. At quod idem proposuit procurator quod cum ejus intentio communi esset jure fundata, præscriptio temporis opposita ex adverso eam non potuit impedire, cum per suorum depositiones testium probaretur Transaricum, Matthæum et Benedictum Spoletanos episcopos medio tempore in quibusdam prædictis ecclesiis hospitium recepisse. Iis igitur et aliis quæ coram nobis fuere proposita per nos fideliter domino papæ relatis, quia procurator ipse non probavit legitime Spoletanum episcopum supradictis rebus, ad quæ restitui petiit, spoliatum fuisse, de fratrum consilio super prædictis, quoad posses-

---

(187) Vide lib. XIII, epist. 207.

sorium, abbatem absolvit, reservata sibi nihilominus declaratione an petitorio actum fuerit super omnibus supradictis, nisi interim inter partes ainicabilis posset compositio provenire. Post hæc vero cum partes iterum in nostra comparuissent præsentia, et tam super depositionibus testium quam privilegiis ac instrumentis fuisset fere per biennium disputatum, tandem partes volentes parcere laboribus et expensis, nostro se præcise commiserunt arbitrio, promittentes sub pœna centum librarum Perusinarum nostro parere arbitrio in quæstione prædicta. Nos autem utriusque partis voluntate diligentius indagata, et intelligentes quo quælibet partium foret contenta, a voluntate partium in nullo fere vel modico discordantes, tale duximus arbitrium promulgandum. Videlicet quod episcopus Spoletanus in Sancti Petri de Azano, Sancti Petri de Flaminiano, Sancti Clementis de Matilia, Sancti Nicolai de Nera ecclesiis plenum jus episcopale et habeat et possideat, nec unquam sibi super hoc a monasterio Saxivivi quæstio referatur, juris patronatu in eisdem ecclesiis monasterio reservato. Item præcipimus quod monasterium Saxivivi restituat episcopo Spoletano centum libras Lucanæ monetæ, in quibus idem episcopus propter suam contumaciam monasterio fuerat condemnatus. Omnes vero reliquas ecclesias enumeratas superius cum possessionibus et capellis suis, oblationibus, decimis, primitiis, mortuariis, visitationibus, procurationibus, institutione clericorum et correctione ipsorum, et aliis pertinentiis suis adjudicamus monasterio Saxivivi, inhibentes episcopo Spoletano ne de cætero in prædictis ecclesiis ac earum clericis et aliis pertinentiis suis ratione episcopalis juris sibi audeat aliquid vindicare vel petere, sed pleno jure ad prædictum pertineant monasterium in futurum. Actum Laterani in palatio domini papæ, præsentibus Nucerino et Colimbriensi episcopis et aliis quampluribus clericis, præsentibus etiam Rainaldo vicedomino Spoletanæ Ecclesiæ et magistro P. Spoletano canonico, et consentientibus, anno ab Incarnatione Domini millesimo ducentesimo decimo tertio, pontificatus vero domini Innocentii papæ III anno quinto decimo, septimo decimo Kal. Januarii. Hoc autem omnibus notum fieri volumus, nos ab utriusque ecclesiæ capitulo specialiter litteras recepisse se ratum habituros arbitrium sivo concordiam per nos factam. » Nulli, ergo, etc., confirmationis, etc., *usque* incursurum.

Datum Laterani x Kal. Februarii, pontificatus nostri anno decimo quinto.

CCXXI.
MARIÆ ILLUSTRI REGINÆ ARAGONUM.
De causa divortii.
(Laterani, xiv Kal. Februarii.)

(188) Novit ille qui est testis in cœlo fidelis, cui omne cor patet, et nullum latet secretum, quod in causa matrimonii quæ inter te ac charissimum in Christo filium nostrum Petrum illustrem regem Aragonum virum tuum diutius noscitur agitata, via recta semper incessimus, nec ad dexteram declinavimus vel sinistram. Quod, teste conscientia, in causis facimus universis quæ ad nostrum perferuntur examen, cum illius vices, disponente ipso, exerceamus in terris qui justus et justitiam diligens, sine acceptione judicat personarum, nec ignoremus legis divinæ mandatum, quo habere pondus et pondus, mensuram et mensuram, quorum utrumque apud Deum est abominabile, prohibemur, et æqua lance causas et merita pensare præcipimur singulorum. Licet igitur inter alios mundi principes prædictum regem, sicut opera ipsa declarans, amplexemur specialis dilectionis affectu, et ad personæ ipsius honorem et commodum aspiremus, ubi tamen ad judicii pervenitur examen, in quo nec respicere pauperem nec potentis vultum honorare permittimur, nullam ei vel alii gratiam facere possumus aut debemus; et maxime ubi agitur de matrimonii sacramento, quod ante peccatum in paradiso a Domino institutum, præter propagationis humani generis fructum, illud ineffabile sacramentum, conjunctionis Christi videlicet ad sanctam Ecclesiam, Dei ad fidelem animam, et ipsius verbi ad humanam naturam, noscitur figurare, Apostolo attestante, qui de bono matrimonii agens, inquit: *Ego autem dico, magnum in Christo et Ecclesia sacramentum* (*Ephes.* v). Dudum igitur cum idem rex matrimonium contractum inter te ac ipsum proponeret se habere suspectum, pro eo quod tu ferebaris maritum alium habere superstitem, videlicet nobilem virum comitem Convenarum, ac idem rex prius carnaliter mulierem quamdam cognoverat te ipsam consanguinitatis, ut dicebatur, linea contingentem, et super hoc conscientiæ ac saluti suæ consuli postularet, causam bonæ memoriæ Pampilonensi episcopo et Petro de Castronovo et fratri Radulpho monachis Fontisfrigidi, qui duo tunc erant apostolicæ sedis legati, nos meminimus commississe. Coram quibus cum lis fuisset super duobus præfatis articulis per partium procuratores legitime contestata, nobili viro Hugone de Turrerubea consanguineo regis tunc matrimonium, ut dicitur, accusante, legatis eisdem iterim ab hac luce subtractis, et episcopo pro suis et Ecclesiæ suæ negotiis apud sedem apostolicam occupato, causam ipsam venerabilibus fratribus nostris Narbonensi archiepiscopo, tunc Cisterciensi abbati, et Uticensi apostolicæ sedis legatis, ac Regensi, tunc officio legationis fungenti, episcopis duximus committendam sub ea forma qua præfato Pampilonensi et suis conjudicibus fuerat ante commissa, nullo in posterioribus litteris addito vel mutato; ut videlicet si appareret legitimus accusator, causam convocatis partibus audientes, eam, si de partium voluntate

---

(188) Vide Guillel. de Podio-Laur., cap. 11.

procederet, fine canonico terminarent; alioquin gesta omnia fideliter conscribentes, ea nobis sub suarum testimonio transmitterent litterarum, præfigentes partibus terminum competentem quo per procuratores idoneos nostro se conspectui præsentarent justum, Deo auctore, judicium recepturæ.

Te igitur ac eodem rege, sicut ex actis intelleximus, personaliter in ipsorum judicum præsentia constitutis, rex proposuit memoratus quod tu sibi de jure sociari non poteras fœdere maritali; tum quia carnaliter consanguineam tuam ante cognoverat, ex quo sequebatur te sibi forte affinitate conjunctam; tum quia dicto comiti Convenarum adhuc superstiti fueras in Ecclesiæ facie matrimonialiter copulata; per quod constabat te cum ipso contrahere nequivisse, cum ab eodem comite separata per judicium Ecclesiæ non fuisses. Tu vero ibidem fuisti absolute confessa quod revera patre tuo vivente ac procurante contraxeras cum comite memorato; sed adjecisti quod hujusmodi matrimonium de facto contractum fuerat, non de jure, cum idem comes tibi esset consanguinitate pariter et affinitate conjunctus, et insuper duas haberet uxores tempore quo tecum noscitur contraxisse : ad quæ probanda tibi dari terminum postulasti. Et licet fuerit ex regis parte responsum quod tuæ super hoc exceptiones recipi non debebant donec esses præfato comiti, cum quo te contraxisse confessa fueras, restituta, nec ipse exceptionibus tenebatur hujusmodi respondere, ad ultimum tamen ita fuit de partium voluntate provisum, ut scilicet salva regi exceptione seu replicatione prædicta, utriusque partis probationes super præmissis articulis audirentur. Postmodum B. Aimerii, quem rex procuratorem in negotio constituerat memorato, de consensu regis tria se obtulit probaturum, scilicet matrimonium prius fuisse contractum inter te ac comitem Convenarum, et matrimonium, si quod fuit inter eumdem comitem et G. filiam A. de Barca, fuisse judicio Ecclesiæ separatum antequam te sibi rex idem matrimonialiter copulasset, et filiam comitis Bigorræ uxorem quondam comitis antedicti fuisse prædicto regi consanguinitate conjunctam. Et sic terminus fuit partibus assignatus, facta promissione hinc inde quod alias dilationes non peterent ad proponendum aliud vel probandum. Cumque partes termino constituto in duorum judicum prædictorum præsentia, tertio litteratorie suam excusante absentiam, convenissent, tu proponens te infirmitate gravatam testes tuos medio tempore producere nequivisse, dilationes alias postulasti : quas licet dictus procurator regis assereret tibi non esse ullatenus concedendas, pactionem factam de non petendis dilationibus allegando, ac super hoc fuisset diutius disputatum, tandem de consensu partium concessa fuit sub præfata conditione seu pactione dilatio et terminus assignatus : ad quem cum venisset R. procurator tuus, ac rursus dilationes alias postularet, dicto procuratore regis eas tibi non debere concedi omnimodis contendente, judices ad Montempessulanum una cum ipsis procuratoribus accesserunt, ut ibi, te præsente, negotium tractaretur : ubi cum super dandis vel non dandis dilationibus fuisset a partibus diutius litigatum, tandem dicto procuratore regis adhibente consensum, judices sub conditione præmissa dilationes alias concesserunt, locum et terminum partibus assignantes.

Porro partibus præfixo termino in judicum præsentia constitutis, te absente, tuo tamen procuratore præsente, procurator regis de novo proposuit quod dictus Convenarum comes ipsum regem consanguinitatis linea contingebat, per hoc inter te ac ipsum probare aliam affinitatem intendens ; super quo quanquam lis minime contestata fuisset, et convenisset, ut dictum est, inter partes quod aliquid de novo proponere non deberent, judices tamen testes, qui nequaquam juraverant nisi super illis duntaxat articulis super quibus lis fuerat contestata, recipere præsumpserunt. Super quo de ipsorum prudentia non possumus non minari, etsi procurator regis coram nobis multipliciter conatus fuerit demonstrare in hoc articulo legitime fuisse processum. Demum cum probationibus et allegationibus fuisset renuntiatum hinc inde, licet tu quod non opponeres appellationis obstaculum juramento præstito promisisses, quia tamen facultas a nobis sententiam audiendi, si malles, in nostris tibi fuerat litteris reservata, uti volens beneficio earumdem, humiliter postulasti ut ad nos causa remitteretur instructa, præfixo partibus termino competenti. Cujus petitione, sicut jus exigebat, admissa, dicti judices acta omnia, prout a nobis in mandatis acceperant, ad nos sub sigillis suis fideliter transmiserunt. Cum ergo tu et dilectus filius magister Columbus procurator regis, vir utique litteratus, providus et fidelis, ac de sollicita diligentia et diligenti sollicitudine in eodem negotio habita merito commendandus, propter hoc ad nostram præsentiam venissetis, causam in consistorio publico solemniter examinavimus et attente. His igitur quæ a partibus prudenter, subtiliter ac fideliter tam super actis in præsentia judicum prædictorum quam coram nobis fuere proposita diligenter auditis et subtili examinatione discussis, quia nobis constitit evidenter quod comes Convenarum prædictus te in distantia tertii et quarti gradus consanguinitatis et affinitatis contingit, et idem comes prius in conspectu Ecclesiæ cum nobili muliere Beatrice contraxerat, a qua non est probatum ipsum Ecclesiæ fuisse judicio separatum, cum super proposito affinitatis articulo nihil contra te legitime sit probatum, de communi fratrum nostrorum consilio te ab impetitione regis super iis quæ in judicium fuere deducta sententialiter duximus absolvendam, te ex eo nequaquam ream esse perjurii decernentes quod causam instructam ad nostram remitti præsentiam postulasti, cum id, sicut est expressum superius, in nostris fuisset tibi litteris reservatum.

Nulli ergo omnino hominum liceat hanc paginam

nostræ diffinitionis infringere vel eis, etc., *usque* contraire. Si quis autem, etc., *usque* incursurum.

Datum Laterani, xiv Kal. Februarii, pontificatus nostri anno decimo quinto.

In eumdem fere modum scriptum est charissimo in Christo filio nostro Petro illustri Aragonum regi. Novit ille qui est testis in cœlo fidelis, etc., *usque* in nostris sibi fuisset litteris reservatum. Monemus igitur serenitatem tuam, rogamus et obsecramus in Domino, celsitudini tuæ nihilominus ex animo consulentes quatenus non moleste sustinens nec admirans quod tibi non detulimus contra Deum, sed potius cogitans quod non tam tuæ curavimus voluntati consulere quam saluti, ac ideo nostris acquiescens consiliis, quæ tibi semper utilia exstiterunt, reginam eamdem in plenitudinem gratiæ regalis admissam benigne recipias et maritali affectione pertractes; præsertim cum filium susceperis ex eadem, et sit mulier Deum timens, multa prædita honestate. Unde pro certo speramus multa ex ipsius consortio, maxime si ad Deum respectum habens, ipsam sicut reginam honorifice ac decenter tractaveris, serenitati tuæ commoda proventura; cum vir etiam infidelis per fidelem mulierem salvetur, Apostolo attestante. Alioquin nec tu videreris a principio motæ litis tuam, prout asserebas, voluisse sanare conscientiam, sed potius sauciare; nec nos, quantumcunque tuæ deferre sublimitati velimus, quod Deus conjunxit humana sustineremus præsumptione sejungi. Denique noveris nos venerabilibus fratribus nostris Carcassonensi, Avenionensi, et Aurasicensi episcopis per nostras dedisse litteras in mandatis ut si nostrum super hoc, quod non credimus, neglexeris adimplere mandatum, ipsi te ad id per censuram ecclesiasticam sublato appellationis impedimento compellant.

Datum, *ut supra*.

In eumdem fere modum scriptum est super hoc eisdem. Novit ille, etc., *usque* fuisset litteris reservatum. Unde serenitatem regiam rogandam duximus et monendam, per apostolica scripta mandantes, celsitudini ejus nihilominus ex animo consulentes, quatenus non moleste sustinens nec admirans quod ei non detulimus contra Deum, sed potius cogitans quod non tam ejus curavimus voluntati consulere quam saluti, ac ideo nostris acquiescens consiliis, quæ sibi semper utilia exstiterunt, reginam eamdem in plenitudinem gratiæ regalis admissam benigne recipiat et maritali affectione pertractet; præsertim cum filium susceperit ex eadem, et sit mulier Deum timens, multa prædita honestate. Unde pro certo speramus multa ex ipsius consortio, maxime si ad Deum respectum habens ipsam sicut reginam honorifice ac decenter tractaverit, serenitati ejus commoda proventura; cum vir etiam infidelis per fidelem mulierem salvetur, Apostolo attestante. Alioquin nec ipse videretur a principio motæ litis suam, prout asserebat, voluisse sanare conscientiam, sed potius sauciare; nec nos, quantumcunque ei deferre velimus, quod Deus conjunxit humana sustineremus præsumptione sejungi. Ideoque fraternitati vestræ per apostolica scripta mandamus quatenus si rex ipse nostrum super hoc, quod non credimus, neglexerit adimplere mandatum, vos ipsum ad id per censuram ecclesiasticam sublato appellationis obstaculo compellatis. Quod si non omnes, etc., duo vestrum, etc. Vos denique, fratres episcopi, super vobis ipsis, etc.

Datum, *ut supra*.

CCXXII.
LITTERÆ AD DOMINUM PAPAM MISSÆ PER PETRUM BERMUNDI DOMINUM DE ANDUSIA.
De negotio comitis Tolosani.
(Andusiæ.)

Sanctissimo in Christo Patri et domino suo specialissimo Innocentio Dei gratia summo pontifici Petrus Bermundi filius Bernardi de Andusia, dominus de Salve, obedientissimus et devotissimus miles ejus, salutem et omnimodæ devotionis affectum. Cum nos et progenitores nostri homines speciales simus sanctæ Ecclesiæ Romanæ, terramque nostram pro majori parte teneamus ab ipsa, certum censum debentes, et semper fuerimus obedientes et devoti eidem, firmiter credimus et speramus, omni scrupulo dubitationis amoto, quod sanctitas vestra velit omnia jura nostra servare illæsa. Noverit igitur paternitas vestra, Pater sanctissime, quod nos in uxorem habemus quamdam filiam comitis Tolosani, præter quam idem comes legitimam prolem non habet. Unde terra dicti comitis ad nos melius quam hæredem alium de jure noscitur pertinere. Vestram itaque beatitudinem quanta possumus humilitate deposcimus quatenus Raimundum filium memorati comitis Tolosani ad preces vel potius ad fraudes alicujus supplicantis, imo supplicum Ecclesiæ postulantis pro ipso nullatenus instituatis hæredem, si placet, nec eum, quod non sit, sicut legitimum habeatis. Nam, durante matrimonio legitimo inter matrem uxoris nostræ ac sæpefatum comitem ex superinducta sibi attingente in tertio gradu eum ipse comes suscepit; scientes quod non tantummodo jus nostrum periret in institutione illius, verum etiam illa eadem novella plantatio fidei orthodoxæ, quæ per Dei gratiam et vestram providam sollicitudinem sollicitamque providentiam necnon et devotionem fidelium, qui ad vindicandam injuriam Christi de diversis mundi climatibus arma sumpserunt in nostris partibus, videlicet provincia Narbonensi, pullulare incœpit, suffocaretur penitus, et essent novissima prioribus longe pejora. Quidquid autem vestra sanctitas super iis duxerit statuendum, nos sumus semper parati vestris et Ecclesiæ per omnia et in omnibus obtemperare mandatis. Præterea benignitatem vestram volumus non latere quod Christianissimum virum dominum Simonem comitem Montisfortis, tum obtentu gratiæ vestræ, tum suæ intuitu probitatis, et longæ familiaritatis contractu cum ipso antequam ad partes nostras veniret, curavimus et curamus sincere diligere ac honorare in omnibus et habere ut verum et charum amicum.

Datum Andusiæ, in vigilia beati Thomæ.

CCXXIII.

VERCELLENSI EPISCOPO APOSTOLICÆ SEDIS LEGATO, ET ARCHIDIACONO PERGAMENSI.

Adversus quemdam falsis litteris utentem.
(Laterani, xv Kal. Februarii.)

Coram dilecto filio nostro Angelo Sancti Adriani diacono cardinale, quem magistro B. procuratori præpositi et quorumdam canonicorum plebis de Bripio et Sal. clerico concessimus auditorem, idem proposuit procurator quod cum idem Sal. litteras quasdam sub nomine nostro confectas tam ipsis quam quibusdam exsecutoribus pro assequendo ejusdem Ecclesiæ beneficio præsentasset, idem præpositus et canonici litteras ipsas habentes de falsitate suspectas, eas ad nos per proprium nuntium destinarunt: quarum falsitate comperta, dilectis filiis archipresbytero de Nembro et conjudici suo dedimus in mandatis ut tam impetratorem quam eum qui fuerat usus eis punirent secundum constitutionis tenorem quam edidimus ad falsariorum malitiam confutandam (189), qui mandatum nostrum fideliter exsequentes, dictum S. ab officio et beneficio perpetuo privaverunt. Propter quod idem apostolicam sedem appellans, non exspectato termino qui fuerat ad prosequendam appellationem præfixus, ad abbatem Sancti Celsi et ejus conjudicem nostras litteras impetravit: qui ejusdem præpositi legitimis exceptionibus non admissis, dictorum judicum sententiam post appellationem ad nos legitime interpositam infirmarunt. Postmodum vero archipresbytero Pergamensi et ejus conjudicibus dedimus in mandatis ut nonobstantibus litteris ad abbatem Sancti Celsi et ejus conjudicem per S. memoratum obtentis, præfatam archipresbyteri de Nembro et conjudicis sui sententiam confirmare vel infirmare curarent, sicut de jure cognoscerent faciendum. Qui causæ meritis plenius intellectis, eamdem sententiam confirmarunt; a quorum processu idem S. vel non appellavit omnino, vel appellationem suam non fuit infra tempus legitimum prosecutus. Denique bonæ memoriæ Gerardus Albanensis electus apostolicæ sedis legatus, ad cujus præsentiam partes accesserant, terminum præfixit eisdem, quo cum causa sufficienter instructa nostro se conspectui præsentarent. Sed nuntio præpositi ab Ecclesiæ hostibus in itinere præpedito, dictus S. ad cancellarium Mediolanensem et ejus conjudices litteras reportavit, qui pro eo iniquam post appellationem ad nos legitime interpositam sententiam protulerunt. Unde procurator idem humiliter supplicavit ut eorum sententiam irritam decernentes, quod per præfatum archipresbyterum de Nembro et ejus conjudicem fuerat de clerico memorato statutum faceremus firmiter observari. Dictus vero clericus ex adverso respondit quod cum olim in præfata ecclesia, in qua idem a pueritia fuerat titulatus, quædam præbenda vacaret, idem ne alii conferretur ad audientiam nostram appellans, quemdam qui se dicebat ad sedem apostolicam accessurum rogavit ut super hoc sibi nostras litteras impetraret. Quod sibi litteras præceptorias et exsecutorias reportante, alteras ecclesiæ memoratæ capitulo, reliquas vero exsecutoribus præsentavit: quibus ipsas habentibus de falsitate suspectas, idem clericus renuntiavit eisdem, nec earum occasione aliquid fuit actum.

Elapso vero quinquennio præpositus et capitulum ejusdem ecclesiæ ipsum Bononiæ commorantem liberaliter in canonicum receperunt, ei partem beneficii assignantes. Sed quia postmodum ipsos traxit in causam super quadam pecuniæ summa quam solvere tenebantur eidem, ipsi nimio commoti graviter contra eum, præfatas litteras, quibus ipse renuntiaverat, ad nostram præsentiam destinarunt: quas nos falsas esse censentes, dicto archipresbytero de Nembro et conjudici suo dedimus in mandatis ut impetratorem ipsarum et eum qui fuerat usus illis punirent secundum constitutionis memoratæ tenorem, qui eum officio beneficioque privarunt. Cumque abbas Sancti Celsi et conjudex ipsius eorumdem sententiam decrevissent irritam et inanem, et archipresbyter Pergamensis et conjudex suus eamdem rursus sententiam confirmassent, tandem post litteras ad præpositum Sancti Leonardi et conjudicem ejus obtentas coram præfato Albanensi electo partes concorditer statuerunt ut certo termino nostro se conspectui præsentarent. Sed cum præpositus nec veniret nec mitteret responsalem diutius exspectatus, causam dicto cancellario Mediolanensi et ejus conjudicibus duximus committendam, qui dictum clericum ab impetitione partis adversæ sententialiter absolverunt. Unde clericus idem humiliter supplicavit ut præpositum et canonicos antedictos ab ipsius super hoc molestatione compescere dignaremur. Nos igitur iis et aliis quæ coram cardinale prædicto fuere proposita plenius intellectis, quia nobis constitit evidenter quod præfatus S. falsas litteras præsentarat, et ita præsentando fuerat usus illis, quarum falsitas adeo erat evidens et aperta quod etiam cujusque simplicis indagatione poterat deprehendi, eumdem S. duximus in perpetuum beneficio ecclesiæ memoratæ privandum; præpositum nihilominus, qui postquam jam dictas litteras credidit esse falsas, ipsum recepit in fratrem, a collatione beneficiorum ejusdem ecclesiæ suspendentes. Ideoque discretioni vestræ per apostolica scripta mandamus quatenus quod a nobis sententialiter est statutum faciatis per censuram ecclesiasticam appellatione remota firmiter observari. Tu denique, frater episcope, super te ipso, etc.

---

(189) Cap. *Ad falsarior.* De falsar.

Datum Laterani, xv Kal. Februarii, pontificatus nostri anno decimo quinto.

CCXXIV.
ANDREÆ ILLUSTRI REGI HUNGARIÆ.
Dantur ei induciæ ad solvendum votum.
(Laterani, III Non. Februarii.)

Oblatis nobis ex parte tua petitionibus, quantum cum Deo possumus grato concurrentes assensu, ad exsequendum votum quo Domino promisisti te ad terræ sanctæ subsidium profecturum serenitati tuæ triennium indulgemus; infra quod sic te studeas præparare ut ad magni regis obsequium tu, quasi rex magnus, magnifice proficiscens, dilationis incommodum subventionis commoditate restaures, et sequenti doceas apparatu te non ad voti dilationem emissi sed subventionem plenariam inducias postulasse. De principibus vero tuis non præcessuris te in subsidium terræ sanctæ nil ad præsens providimus statuendum, cum adhuc nihil certi de ipsorum proposito teneamus; sed cum opportuno tempore fuerimus requisiti, necessarium consilium apponemus (190). Inter venerabiles autem fratres nostros Strigoniensem et Colocensem archiepiscopos concordia grata nobis existit, cum non solum inter eos, sed etiam quoslibet alios, sopiri velimus contentiones et lites. Unde cum, disponente Domino, simus in sede justitiæ constituti et omnibus in justitia debitores, neutri eorum, si de jure suo voluerint experiri, negare debemus quod postulat ordo juris.

Datum Laterani, III Non. Februarii, pontificatus nostri anno decimo quinto.

CCXXV.
EIDEM.
De negotio episcopi Bambergensis.
(Laterani, III Non. Februarii.)

Licet Bambergensis episcopus in multis offenderit, nos tamen interventu precum tuarum rigorem justitiæ temperantes, venerabili fratri nostro Maguntinensi archiepiscopo, apostolicæ sedis legato nostris damus litteris in mandatis ut non procedat adversus eumdem, sed inquisita super facto ipsius, de quo ei mandavimus, plenarie veritate, quidquid invenerit fideliter nobis scribere non postponat, ut circa ipsum secundum quod expedierit procedamus: in quo tuæ non erimus deprecationis immemores; nisi forsitan ipse suis excessibus intercessoris affectum impediat, et effectum intercessionis excludat.

Datum Laterani, III Non. Februarii, pontificatus nostri anno decimo quinto.

CCXXVI.
MAGUNTINENSI ARCHIEPISCOPO APOSTOLICÆ SEDIS LEGATO.
Ei dat certa mandata.
(Laterani, III Non. Februarii.)

Licet ad depositiones quorumdam episcoporum bono, sicut credimus, zelo processeris, quid tamen super iis secundum justitiæ regulam sentiamus per alia scripta nostra tibi directa percipere potuisti. Nuper autem per dilectum filium Othonem decanum de Onoltisbach, virum providum et fidelem, litteras tuæ fraternitatis accepimus, et intelleximus inter alia quod super negotio Herbipolensis ecclesiæ suggessisti (191). Quæ autem a nobis idem audierit, ipsius potueris fideli ratione doceri. Cæterum cum, disponente Domino, simus in sede justitiæ constituti et omnibus in justitia debitores, negare non debemus alicui quod postulat ordo juris. Unde si forsan ille qui substitutus asseritur et qui dicitur destitutus de jure suo voluerint experiri, præfigas eis terminum competentem quo per se vel responsales idoneos nostro se conspectui repræsentent justum, dante Domino, recepturi judicium.

Datum Laterani, III Non. Februarii, pontificatus nostri anno decimo quinto.

CCXXVII.
EPISCOPO ET DECANO ET CANTORI PARISIENSIBUS.
De relaxando interdicto capellæ regiæ.
(Laterani, IV Kal. Februarii.)

Ex litteris charissimi in Christo filii nostri Philippi illustris regis Francorum accepimus quod venerabilis frater noster Aurelianensis episcopus in capellam regiam de Castro novo supra Ligerim pro suæ voluntatis arbitrio interdicti sententiam promulgavit, licet eo tempore inclytæ recordationis Ludovici patris ejusdem nec etiam suo fuerit ab aliquo attentatum, ut si forte capellani regalium capellarum excederent, ipsæ capellæ subjicerentur ecclesiastico interdicto, cum parochialia jura non habeant, et ministris ipsarum rex ipse de proprio faciat necessaria ministrari. Unde quod super hoc episcopus fecerat memoratus, per sedem apostolicam irritari petebat, et ei ne præsumat de cætero talia inhiberi. Quocirca discretioni vestræ per apostolica scripta mandamus quatenus auctoritate nostra sublato appellationis obstaculo prædictam interdicti sententiam relaxetis; cum si forsan capellanus memoratæ capellæ deliquerit, ut suum pœna teneret auctorem, non locus in regis præjudicium, sed ille debuerit interdici. Quod si non omnes, etc., tu, frater episcope, cum eorum altero, etc. Tu denique, frater episcope, super te ipso, etc.

Datum Laterani, IV Kal. Februarii, pontificatus nostri anno decimo quinto.

CCXXVIII.
SANCTI JOANNIS ANGELIACENSIS ET SANCTI FLORENTII SALMURIENSIS ABBATIBUS XANTONENSIS ET ANDEGAVENSIS DIŒCESUM, ET MAGISTRO STEPHANO DECANO SANCTI HILARII PICTAVENSIS.
Varia litis implicitæ capita decidit.
(Laterani, II Kal. Novembris.)

(192) Ex litteris venerabilis fratris nostri Pictavensis episcopi nos accepisse noscatis quod cum ipse Walterum canonicum Pictavensem ad personam

---

(190) Vide lib. XIV, epist. 156.
(191) Vide lib. XVI, epist. 50.
(192) Vide lib. XVI, epist. 12.

tum ecclesiæ de Airaon tunc vacantis præsentatum ab abbatissa Sanctæ Crucis de Pictavi, quæ se in eadem jus patronatus habere dicebat, admittere noluisset, eo quod idem W. existens Talamundensis decanus, canonicus Engolismensis et Pictavensis et Sanctæ Mariæ Majoris de Pictavi, et pensionibus beneficiatus quamplurimis, aliam habebat ecclesiam in diœcesi Pictavensi, et abbatissa præfata infra tempus in Lateranensi concilio constitutum personam non curaverit idoneam præsentare, ac præsentando indignum, illa vice jus amiserit præsentandi, de prudentum virorum consilio Philippo pauperi clerico nullum aliud habenti ecclesiasticum beneficium, quem bonæ indolis esse suis litteris describebat et per se ac suos valde utilem ecclesiæ memoratæ, ipsius ecclesiæ contulit personatum. Walterus vero prædictus ad Sanctæ Radegundis et Sancti Hilarii de Cella priores et magistrum Stephanum Gaschet canonicum Sanctæ Mariæ Majoris de Pictavi nostras litteras super eadem ecclesia impetravit : quas procuratores episcopi in modum exceptionis proposuerunt in eorum præsentia non valere, pro eo quod impetratæ fuerant tali falsitate suggesta et tali veritate suppressa qua tacita vel expressa impetrari minime potuissent. Asseruerat enim in sua narratione W. quod dictam ecclesiam fuerat canonice assecutus, cum non esset institutus per episcopum, nec etiam præsentatus propter causas prædictas, et quia non erat talis persona cui deberet parochialis ecclesiæ cura committi, cum non posset ad sacerdotium promoveri. Veritatem quoque dicebant eumdem suppressisse W. eo quod suppresso nomine decanatus, et de beneficiis quibus abundat non habita mentione, super minori beneficio litteras impetravit, et quia si dixisset quod eidem nequiret Ecclesiæ in persona propria deservire, qui aliquam habet residentiam non exhibet corporalem, a sede apostolica tale non potuisset obtinere mandatum. Præterea in tenore litterarum illarum de illis indulgentiis mentio non fiebat quibus episcopo concessimus memorato beneficiatos compellere clericos personaliter in suis Ecclesiis deservire, et non compelli ad curam animarum admittere aliquos qui non possint in Ecclesiis continue residere. Contra judices siquidem exceptiones ad declinandum eorum judicium fuere propositæ a procuratoribus episcopi supradicti. Contra priorem Sanctæ Radegundis videlicet, quod inimicus episcopi et persecutor existens, eodem tempore adversus eumdem arduam causam super patrimonio suo et feodis habebat : qui mortalem reputabat episcopum inimicum, sicut in litteris ab eo ad dilectum filium Hug. archidiaconum Bituricensem transmissis apparet; et ob hoc potissime quod quidam de clericis suis ipsius auctoritate denuntiarunt ipsum priorem prioratum et præbendam obtinuisse per Simoniacam pravitatem. Magistrum quoque Stephanum Gaschet procuratores episcopi recusabant, eo quod in causa quadam ardua et famosa, in qua de furto et perjurio et amissione feodi secundum terræ consuetudinem agebatur, B. avunculo suo præstando patrocinium assistebat contra ipsum episcopum et Ecclesiam Pictavensem; quia cum nondum esset exorcista, in causis episcopi, qui quasi columna est Ecclesiæ, tam inferior non deberet pro judice residere; maxime cum indifferenter ad omne munus manus extendens, a laicis vili conductus salario consueverit opponere se contra justitiam ecclesiis, viduis, orphanis et pupillis. Unde timebat episcopus ne corruptus muneribus a semita justitiæ deviaret; quia si Deum pro modico in miserabilibus personis offendit, pro multo non præteriret episcopum inoffensum, sui adversarii concanonicus et amicus specialis existens.

Et quia suspecti et inimici judices esse non debent, cum procuratores prædicti ad hæc probanda non potuerint a prænominatis judicibus arbitros obtinere, quos cum instantia postulabant, tam pro episcopo quam pro dicto Philippo ad sedem apostolicam appellarunt, episcopum, clericos suos, dignitatem episcopalem et totum episcopatum, nec non et præscriptam ecclesiam de Airaon sub nostra protectione ponentes. Unde ipsi judices post appellationem interpositam et bis a procuratoribus episcopi, cum citabatur ad judicium, innovatam, et post mandatum prioris de Partiniaco veteri et suorum conjudicum delegatorum nostrorum mandantium primis judicibus ut eidem supersederent negotio quousque per collationem litterarum de judicum priorum et posteriorum jurisdictione constaret, talem tulerunt sententiam in episcopum memoratum, quod nec suspendere posset, nec excommunicare subjectos, nec procurationes exigere ab eisdem; quam posteriores judices propter causas prædictas multorum usi consilio decreverunt irritam et inanem, et primos judices, eo quod processum impediebant ipsorum, et ea quæ attentaverant revocare nolebant, licet ipsi parati essent quæ medio tempore fecerant retractare, excommunicationis sententiæ subjecerunt. Proponebatur etiam contra priorem sanctæ Radegundis prædictum quod ipse odii fomite, non zelo justitiæ, suos induxit conjudices ut in episcopum ferrent sententiam supradictam, subditis ne impenderent episcopo reverentiam debitam inhibentes. Ex quo gravis immineret jactura toti diœcesi Pictavensi; quia tyranni, raptores, incendiarii, et alii pestilentes per Pictaviam debacchantes non possent coercitionis debitæ freno compesci, si restringerentur in tantum jurisdictionis episcopalis habenæ. Fuit etiam propositum coram nobis quod cum nominatus episcopus personaliter ad sedem apostolicam accessisset, nobis humiliter supplicavit ut Sanctæ Radegundis et Sancti Hilarii de Cella priores et abbatem Novi monasterii, qui nimia familiaritate conjuncti eum persequebantur injuste, inhiberemus de cætero dari judices contra ipsum : quod tunc ad preces ipsius episcopi, sicut ejus nuntius proponebat, in cancellaria nostra fecimus inhiberi. Unde cum de hoc nulla fieret mentio, dicebat litteras non valere, nec aliquam jurisdictionem habere in ipso priores superius prænotatos.

Propter hæc igitur et alia nuntius episcopi supplicavit ut ea quæ post appellationem ad nos legitime interpositam a primis judicibus fuerant attentata faceremus in irritum revocari. Ex adverso W. litteras prioris Sanctæ Radegundis et conjudicum suorum exhibuit, qui dicebant quod dictus episcopus citatus legitime ab eisdem, licet per procuratorem quasdam exceptiones fori declinatorias opponeret, quas ratione prævia iidem judices frivolas judicarunt laborans tamen contumacia evidenti, noluit propositis respondere; sed post multarum citationum edicta præscriptam Ecclesiam Philippo de Calciata, lite pendente, conferre præsumpsit, et cum præfati episcopus et Philippus ad judicium citarentur, ut tam super principali quam translatione rei litigiosæ in alium fieret quod deberet, episcopo per se vel responsalem idoneum minime comparente, Philippus die sibi statuta comparuit, et intentione ipsius W. proposita respondit in jure quod per episcopum Pictavensem auctoritate Lateranensis concilii fuerat eamdem Ecclesiam assecutus, et ad ejus instantiam indulto ei termino super collatione illius Ecclesiæ plenius respondendi, nec venit, nec curavit mittere responsalem. Unde iidem judices malitiam episcopi attendentes, quia ipsorum jurisdictioni nimis contumaciter illudebat, ut ad standum juri aliqua pœna compellerent quem monitis et exspectationibus plurimis et multis edictis peremptoriis inducere non valebant, talem in eum sententiam protulerunt, ut interim nec procurationes posset exigere a subjectis, nec suspendere, nec excommunicare subjectos; subjectis ejusdem nihilominus inhibentes ne ipsi super iis aliquatenus obedirent, donec ipse plene satisfaceret de præmissis. In Philippum autem pro sua contumacia interdicti sententiam promulgarunt: pro quo cum ad abbatem de Absia et suos collegas, commensales et ministeriales episcopi, sub forma sumpti quædam litteræ a nobis super eadem Ecclesia emanassent, primi judices, quia in secundis litteris de prioribus ac de processu negotii et de episcopo actoris vel rei nomine mentio non fiebat, et quia per suggestionem falsi fuerant impetratæ, cum ipsarum data præcederet diem quo ipse Philippus primo comparuit coram eis, abbati et collegis suis inhibuere prædictis ne in eadem causa procederent donec plena fieret collatio litterarum. Ipsi vero scriptum authenticum exhibere nolentes, in tantam insaniam proruperunt quod sententiam in episcopum latam de facto, cum de jure non possent, irritam temere nuntiantes, in primos judices excommunicationis sententiam fulminarunt.

Unde cum propter impedimenta hujusmodi primi judices mandatum nostrum exsequi non valerent, generaliter omnes illos qui eos super processu illius causæ impedire præsumerent excommunicationis vinculo subjecerunt, ad generalem synodum nihilominus accedentes, ut præmissis omnibus coram multis jurisperitis expositis, et innocentiam suam ostenderent, et tam episcopi quam illorum qui pro judicibus se gerebant malitiam et sententiam quam in episcopum tulerant publicarent, Verum idem episcopus, W. de Sablolio præpositus, Hugo Levini, magistri I. Gabart et Ar. de Mogon. et P. Acelini canonici Pictavenses et quidam alii sui complices in synodo clamorem et strepitum excitantes, litteras nostras multoties incipiente lectore, quoties *Innocentius episcopus* dicebatur, vocem ejus tantis clamoribus confundebant quod aliorum audientia perturbata, mandatum apostolicum poterat vix audiri garcionibus et ministerialibus episcopi, qui cum gladiis et fustibus ad synodum venerant, insultantibus in eosdem, et paratis litteras apostolicas de manibus ipsorum eripere ac in eos manus injicere violentas. Propter quæ iidem judices episcopum pontificali officio suspendentes, W. et acclamatores alios excommunicationis vinculo innodarunt. Sed episcopus, suspensione contempta, ordines solemniter celebravit, et exsequi sicut prius officium pontificale præsumit. At Joannes Lavini canonicus Pictavensis in litteras judicum præsentatas capitulo Pictavensi bis expuit impudenter, ac Marcus clericus de mandato Hugonis Levini magistrum Stephanum Gaschet unum de judicibus supradictis, cum non haberent ipsi judices alium qui auderet litteras præsentare, ab ecclesia violenter ejiciens, postmodum de equo projecit in terram. Ad hæc W. supradictis adjecit quod tempore præsentationis ipsius episcopus ei vel abbatissæ nihil opposuit nisi quod in ecclesia de Airaon medietas patronatus spectabat ad ipsum. Dixit etiam quod prænominatus Philippus, cui, pendente lite, fuit ecclesia præscripta collata, insufficiens est ad curam animarum habendam, et parentes ejusdem ipsam ecclesiam et monasterium Sanctæ Crucis multis injuriis et damnis affligunt. Super aliis autem exceptionibus tam contra ipsum quam contra judices ab episcopo per litteras suas oppositas sic respondit, quod licet se minime justificare præsumat, nihil tamen ei obviat de canonicis institutis quin valeat ad sacerdotium promoveri; nec in confessione vel administratione decanatus, nec quando diaconatus officio publice fungebatur in Ecclesia Pictavensi, aliquid objecit eidem episcopus supradictus. Sed nec indulgentias prælibatas ipsi opponere posset, quibus per abusum faciendo contrarium tacite renuntiasse videtur, multis clericis pluribus beneficiis abundantibus in parochialibus ecclesiis curam animarum committens, licet non deserviant in eisdem, nostris indulgentiis in charis ejus robur amittentibus firmitatis, et in illis rigorem servantibus a quibus aliquid nititur extorquere. Contra priorem quoque Sanctæ Radegundis nullam causam habebat tempore quo prædicta quæstio sub ejus et suorum conjudicum erat examine ventilanda; sed paratus fingere causas, ut se causæ subtraheret, adversus ipsum dixit habiturum se quæstionem et magistrum Stephanum Gaschet vilem esse personam et inimicum ipsius, cujus patrocinio et consilio contra suum archiepiscopum usus fuerat paulo ante; a quibus et tertio conjudice procuratores episcopi minime appellarunt, nec se promiserunt exceptiones propositas probaturos, et nullam fecerunt de eligendis arbitris mentionem. De suspensione quidem ipsius episcopi dixit gravem non imminere jacturam, cum ipse non intendat compescere sed confovere tyrannos, noxios relevans, et opprimens innocentes. (193) Addidit etiam quod cum episcopus fuerit ab officio pontificali suspensus, per parochiales ecclesiæ Pictavensis urbis sententia publicata, ipse divina celebrare præsumpsit in animæ suæ dispendium et ecclesiasticæ disciplinæ contemptum. Unde petebant ut jure abbatissæ præfatæ, cum in nullo peccasse probetur, illæso servato, prædictam sententiam faceremus usque ad satisfactionem condignam firmiter observari, violatores ipsius et indulgentiarum nostrarum ac alios qui manus in judicem temerarias injecerunt, abbatem quoque de Absia et complices ejus propter ea quæ in judices præsumpserunt tali pœna plectentes quod alii per impunitatis fiduciam talia de cætero non attentent.

Auditis igitur et intellectis iis et aliis quæ fuere proposita coram nobis, prænominato Waltero propter solam multitudinem beneficiorum quæ noscitur obtinere super ipsa ecclesia de Araon silentium duximus imponendum; jure monasterii Sanctæ Crucis prædicti super repræsentatione alterius, amoto Philippo, qui, lite pendente, sine præsentatione patroni obtinuit eamdem ecclesiam minus juste, illæso servato. Episcopo vero, ut observet in aliis quod in dicto Waltero voluit observare, interdicimus ne conferat parochialem ecclesiam alicui ecclesiasticum beneficium obtinenti, nisi illud voluerit resignare; et si vobis constiterit ipsum fuisse præfatis indulgentiis nostris abusum, ipsarum beneficio privetis eumdem. Abbatem quoque de Absia, priorem de Partiniaco veteri, et cantorem Sancti Hilarii Pictavensis, qui sic contra præfatos judices temere processerunt, ab officio suspendentes quousque per sedem apostolicam misericordiam valeant obtinere, Marcum clericum, si manus injecit, ut dicitur in unum de judicibus violentas, et H. Levini, si de mandato ipsius hoc exstitit attentatum, excommunicatos publice nuntietis, et faciatis ipsos ab omnibus arctius evitari donec passo injuriam satisfecerint competenter et cum vestrarum testimonio litterarum nostro se conspectui repræsentent. Super strepitu vero et clamore in synodo factis ut nostrarum litterarum lectio et processus impediretur judicum prædictorum, inquisita diligentius veritate, si ex hoc in episcopo culpam agnoveritis, ipsum a collatione ordinum suspendatis, cum post sententiam judicum prædictorum ob hoc in ipsum prolatam ordines præsumpserit celebrare, ut in quo deliquisse dignoscitur, puniatur. Testes autem qui fuerint nominati, etc. Quod si non omnes, etc., duo vestrum, etc.

Datum Laterani, II Kal. Novemb., pontificatus nostri anno decimo quinto.

CCXXIX.
CAPITULO BEATI MARTINI TURONENSIS.
De immunitate monasterii Bellimontis.
(Laterani, II Idus Februarii.)

Olim causam quæ inter vos ex parte una venerabilem fratrem nostrum archiepiscopum Turonensem super jurisdictione in monasterio Bellimontis ex altera vertebatur ad nos ab examine dilectorum filiorum abbatis de Eleemosyna Carnotensis diœcesis Aurelianensis decani et S. de Bero canonici Carnotensis, delegatorum nostrorum per appellationem delatam, S. Cantori et H. majori et O. de Graciaco archidiaconis Bituricensibus sub certa forma duximus committendam. Interim autem abbatissa de Bellomonte per suas nobis litteras intimante quod cum archiepiscopus supradictus sibi jurisdictionem indebitam in ipso monasterio usurparet, ac ipsa propter hoc ad sedem apostolicam appellasset, et archiepiscopus, ejus appellatione contempta, in eam et communicantes eidem excommunicationis sententiam protulisset, jam dictis posterioribus judicibus nostris dedimus litteris in mandatis ut ipsam abbatissam ad cautelam juxta formam Ecclesiæ absolventes, et injungentes eidem quod injungendum de jure videretur, eam super quibusdam in quibus asseruerat per dictum archiepiscopum se gravatam non paterentur per ipsum vel per alios indebite molestari, audituri postmodum et fine canonico decisuri si quis esset alius inter partes scrupulus quæstionis. Cujus auctoritate rescripti cum partes fuissent in eorum præsentia constitutæ, abbatissa juxta mandatum apostolicum absoluta, idem archiepiscopus eam et conventum sui monasterii super jurisdictione quam in eodem se proponebat habere per easdem litteras reconvenit. Tandem post altercationes plurimas et diversas archiepiscopus et capitulum Turonense ex una parte, abbatissa et conventus Bellimontis ex altera, et vos, contra quos memoratus archiepiscopus coram eisdem judicibus proposuerat per alias litteras antedictas quod jurisdictionem impediebatis quam habebat in monasterio prænotato, ut litium circuitus vitaretur, adinvicem convenistis ut sine omni cavillatione litis contestatio fieret super libellis hinc inde circa dicti monasterii jurisdictionem oblatis. Lite quidem coram eis legitime contestata, et testibus productis a partibus coram dilectis filiis magistro B. concanonico vestro, eorumdem auctoritate judicum, ipsi judices ad nos instructum negotium volentibus partibus remiserunt.

Procuratoribus itaque partium in nostra præsentia constitutis, et attestationibus quas judicum sigillis inclusas recepimus publicatis, pro parte ar-

---

(193) Vide lib. XIII, epist. 92.

chiepiscopi et capituli Turonensis fuit propositum coram nobis quod cum monasterium Bellimontis infra Turonensis archiepiscopatus limites concludatur, tam in eo quam in abbatissa jurisdictionem episcopalem habebat archiepiscopus memoratus, et ea tam ipse usus fuerat quam prædecessores ipsius. Unde procuratores archiepiscopi et capituli proponebant quod cum esset suæ partis intentio de jure communi fundata, et per depositiones testium probaretur quod electionem Math. abbatissæ monasterii Bellimontis Turonensis archiepiscopus confirmasset, et munus benedictionis impendisset eidem, ipsamque obedientiam, reverentiam et subjectionem manu posita super altare archiepiscopo impendisse, ac archiepiscopum consecrasse altare, nec non publice prædicasse in ecclesia Bellimontis, et alia etiam esse probata quæ ad jurisdictionem episcopalem spectare noscuntur, petebant in hoc jure ac sua possessione archiepiscopum conservari, et nec per abbatissam vel moniales Bellimontis seu per vos turbetur ei hoc jus et usus jurisdictionis, sed uti libere permittatur. Ad hæc ab W. et Matthæo abbatissæ ac monialium Bellimontis et ecclesiæ vestræ procuratoribus fuit ex adverso responsum quod archiepiscopus et Ecclesia Turonensis nihil prælationis vel jurisdictionis in monasterio habebant eodem, et si quando aliquibus idem archiepiscopus fuit usus quæ jurisdictionis existere viderentur, eis abutendo usus fuerat, et per injuriam usurpando. Propter quod querebamini tam vos quam abbatissa et moniales præfatæ, cum ad ecclesiam vestram monasterium ipsum, sicut asserebatis, pleno jure spectaret, proponentes per depositiones vestrorum testium docuisse quod moniales ipsius monasterii obitum abbatissæ vobis denuntiant, petentes licentiam eligendi, et canonicis auctoritate vestra præsentibus, abbatissæ celebratur electio, quæ a vobis postmodum confirmatur, et cantor incipiens *Te Deum laudamus*, personam installat electam, cui de mandato vestro promittunt obedientiam moniales, vobis præsentantes eamdem quæ in capitulo jurat Ecclesiæ vestræ obedientiam, subjectionem et reverentiam Gallicis verbis, promittens de se conquerentibus exhibere jus etiam coram vobis quoties fuerit requisita, et a vobis curam recipit abbatiæ ac baculum pastoralem, chrisma, oleum et ignem novum in pascha, quorum interdictum moniales observant et correctionem admittunt. Unde se asserentes de iis et aliis quæ ad jurisdictionem et usum jurisdictionis pertinent plene probasse, ab impetitione archiepiscopi et Ecclesiæ Turonensis absolvi petebant. Hoc etiam in petitionem procuratores vestri specialiter deduxerunt, ut cum ecclesia vestra plena jurisdictione in eodem monasterio usa fuerit et utatur, archiepiscopus et capitulum Turonense possessionem eidem non turbent, sed ipsam ea pacifice uti permittant; præsertim cum bonæ memoriæ Alexander papa prædecessor noster eidem jus suum recognoverit in monasterio Bellimontis, quæ- dam, salva sedis apostolicæ auctoritate nec non ecclesiæ vestræ canonica reverentia et thesaurarii justitia, ipsi monasterio indulgendo.

Nos igitur auditis iis et aliis quæ fuere proposita coram nobis, cum archiepiscopus et capitulum Turonense adversus abbatissam et monasterium Bellimontis de suo jure docuerint, quoad possessorium judicium, quo tantum actum est inter partes, abbatissam et conventum monasterii prænotati de fratrum nostrorum consilio condemnantes, inhibemus eisdem ne impediant archiepiscopum Turonensem in eodem monasterio eis uti quæ jurisdictionis episcopalis existunt. Cæterum cum inter archiepiscopum et capitulum Turonense ex parte una et vos ex altera interdicto uti possidetis vel ad instar potius illius interdicti actum sit in hac causa, quia plura capitula et magis ad rem facientia plenius et evidentius probavistis, vos in eo cognovimus potiores. Quapropter vos ab impetitionibus archiepiscopi et capituli Turonensis absolventes, archiepiscopo et capitulo inhibemus ne turbent vobis possessionem in monasterio Bellimontis, sed iis quæ ad jurisdictionem spectare noscuntur vos in eodem libere uti permittant, quæstione proprietatis tam archiepiscopo et Ecclesiæ Turonensi contra ecclesiam vestram quam abbatissæ ac conventui Bellimontis contra archiepiscopum et capitulum Turonensis Ecclesiæ reservata. Nulli ergo, etc., diffinitionis et inhibitionis, etc., *usque* incursurum.

Datum Laterani, II Idi. Februarii, pontificatus nostri anno decimo quinto

In eumdem fere modum scriptum est super hoc archiepiscopo et capitulo Turonensi, verbis competenter mutatis.

In eumdem fere modum scriptum est super hoc episcopo Aurelianensi et abbati de Curia Dei Aurelianensis diœcesis, et decano Sancti Aniani Aurelianensis, verbis competenter mutatis, usque reservata. Quocirca discretioni vestræ per apostolica scripta mandamus quatenus quod a nobis est sententialiter diffinitum faciatis per censuram ecclesiasticam sublato appellationis obstaculo inviolabiliter observari. Quod si non omnes, etc., duo vestrum, etc. Vos denique, frater archiepiscope ac fili abbas, super vobis ipsis, etc.

Datum Laterani, Idibus Februarii, pontificatus nostri anno decimo quinto.

CCXXX.
SENONENSI, ROTOMAGENSI, TURONENSI, ET BURDEGALENSI ARCHIEPISCOPIS, ET EORUM SUFFRAGANEIS.
Scribitur pro monasterio Vindocinensi.
(Laterani, XVI Kal. Martii.)

Licet apostolatus officium nos universis generaliter constituat debitores, religiosis tamen personis, et locis præsertim quæ ad sedem apostolicam nullo pertinent mediante, sollicitudinem tenemur et curam impendere specialem. Sane dilecti filii abbas et conventus Vindocinenses nostris auribus intimarunt quod cum possessiones, homines et ecclesias habeant in diœcesibus vestris, super quibus plerumque a multis indebite molestantur, vos molestatores eorum, prout ad vos pertinet, compescere non curatis, quinimo latas in eos interdicti et excommunicationis sententias nulla sibi satisfactione impensa relaxatis interdum in eorum præjudicium et gravamen : quod tanto molestius ferimus quanto ipsos nostræ considerationis intuitu deberetis in sua justitia benignius confovere. Ideoque fraternitati vestræ per apostolica scripta præcipiendo mandamus quatenus hujusmodi latas pro eis sententias absque congrua satisfactione relaxare nullatenus præsumentes, de malefactoribus suis singuli per vestras diœceses, quoties ab ipsis vel eorum nuntiis fueritis requisiti, eisdem curetis justitiæ plenitudinem exhibere; mandatum nostrum taliter impleturi quod illud sibi sentiant profuisse, et nos super hoc providere aliter non cogamur. Vos denique, fratres archiepiscopi et episcopi, super vobis ipsis, etc.

Datum Laterani, xvi Kal. Martii, pontificatus nostri anno decimo quinto.

In eumdem modum scriptum est Carnotensi, Aurelianensi, Cenomanensi, Andegavensi, Pictavensi, et Xantonensi episcopis.

CCXXXI.

ABBATI MONASTERII SANCTÆ MARIÆ SILVÆ MAJORIS, EJUSQUE FRATRIBUS TAM PRÆSENTIBUS QUAM FUTURIS REGULAREM VITAM PROFESSIS IN PERPETUUM.

De confirmatione privilegiorum.

(Laterani, Kal. Decembris.)

Quoties a nobis petitur quod religioni et honestati convenire dignoscitur, animo nos decet libenti concedere, et petentium desideriis congruum suffragium impertiri. Eapropter, dilecti in Domino filii, vestris justis postulationibus clementer annuimus, et præfatum monasterium, in quo divino mancipati estis obsequio, ad exemplar felicis recordationis Lucii et Cœlestini Romanorum pontificum prædecessorum nostrorum, sub beati Petri et nostra protectione suscipimus et præsentis scripti privilegio communimus. In primis siquidem statuentes ut ordo monasticus, qui secundum Deum et beati Benedicti Regulam in eodem monasterio noscitur institutus, perpetuis ibidem temporibus inviolabiliter observetur. Præterea quascunque possessiones, quæcunque bona idem monasterium impræsentiarum juste ac canonice possidet, aut in futurum concessione pontificum, largitione regum vel principum, oblatione fidelium, seu aliis justis modis, præstante Domino, poterit adipisci, firma vobis vestrisque successoribus et illibata permaneant : in quibus hæc propriis duximus exprimenda vocabulis : Locum ipsum in quo præfatum monasterium situm est, cum omnibus pertinentiis suis; in eadem villa, ecclesias Sancti Petri et Sancti Joannis, grangias ad ipsum monasterium pertinentes, scilicet Malforat cum terra de Bunasse, grangiam de Daniaco et de Carenzac cum ecclesia de Narizan, grangiam de Fongravosa et Sancti Nicolai de Genizaco et de Montfarto cum pertinentiis earum. Decimas, molendina, colonos et homines, quæ specialiter ad monasterium vestrum spectant. Prioratus quoque de Senou, de Sancto Lupo, de Castelleto, de Avaron, de Cronhon, de Foncambalada, de Madiraco, de Lopiac, de Belabat, de Banhals, de Benaugias veteri, de Guibon, de Aguliaco, de Ardeniaco, de Darvaco cum omnibus pertinentiis eorumdem prioratuum; ecclesias etiam de Spineto, de Camiac, de Sancto Leone, de Montiniaco, de Corbeliaco, de Sancto Sidonio, de Plazaco, de Sancto Germano de Campetez; prioratus quoque Sancti Andreæ de nomine Domini, de Podio Dodon, cum ecclesiis suis, Sancti Christophori et Sancti Severini, prioratum Sancti Martini et Sancti Saturnini de Boenes, et Sancti Vincentii de Porreto, et Sancti Laurentii de Scaras, et Sancti Joannis de Campanhas cum omnibus pertinentiis eorum. Quidquid habetis apud Brojam et Ialam domum de Artelea, de Montelauri, ecclesiam et decimam de Villanova cum omnibus pertinentiis suis. In Xantonensi diœcesi prioratum Sancti Nicolai de Roiano, furnum et terram contiguam burgo Sancti Petri, villam de Castellars, sicut concluditur duabus viis, cum grangia et agriculturis; terras, vineas et redditus quos habetis in insula quæ dicitur Oleron. Molendinum vobis in mari collatum a Joanne Martin.; vineas vobis collatas ab Arnaldo Viverevult, vineas de Valera, prioratus Sanctæ Mariæ de insula quæ est in Averto, et de Praifornel cum possessionibus eorum. In Vasatensi diœcesi ecclesiam de Brana cum aliis possessionibus vestris; prioratus Sancti Joannis de Blaniaco et Sancti Petri de Castet cum ecclesia sua de Siurac; prioratus de Rius, de Sorraco, de Coriaco, de Fescals, de la Gardera, de Viaco, de Linguon cum omnibus pertinentiis eorum, et prioratum de Bellofonte. In Petragoricensi diœcesi prioratus Sancti Martini, Campi Martini, et de Scaurniaco, et de Prisone, et Sancti Ulrici, et Sancti Nicolai de Gorson, de Lopehac, cum ecclesia sua de Murzac; prioratus Sancti Saturnini de Puteo cum ecclesiis suis Sanctæ Mariæ de Belpojet et de Punacio; prioratum de Lavernhia cum ecclesiis suis Sancti Martini de Cumbis et de Croisa; prioratum Sancti Pastoris cum ecclesiis sibi pertinentibus, et prioratum de Atenac et de Nausis cum omnibus pertinentiis eorum, et de Siuriaco cum pertinentiis suis. In Agennensi diœcesi prioratum Sancti Antonini cum ecclesia Sanctæ Rufinæ, et de Runaut, et Maureliaco, et Sanctæ Mariæ de Culturis; prioratus Sancti Silvestri de Peno, Sancti Petri de Guntaldo, de Escassafort, cum ecclesiis et aliis pertinentiis suis; prioratus etiam de Manuforti, de Calesu, Sancti Caprasii de Savarzac, Sanctæ Mariæ de Lafita, et de Caus Beosa cum ecclesia ejus Sancti Andreæ, cum omnibus pertinentiis eorum. In Caturcensi diœcesi monasterium monialium, scilicet Pomaredus, cum prioratibus, ecclesiis et aliis possessionibus suis; salvitatem de Blancafort. In Auxitanensi diœcesi prioratum Gavarretus cum decima et censu totius villæ, furnis et aliis possessionibus suis; prioratus de Leucader, de Malvezi, de Gilo, de Perquer, de Boga, del mont de Canenx, de Senguer. In regno Aragonum prioratus de Rosta, de Pintan, de Unocastello, de Exera, de Pradella, de Alcala, cum ecclesiis, decimis et aliis possessionibus suis. In Lincolniensi diœcesi in Anglia prioratum de Boroella cum pertinentiis suis. In Cameracensi diœcesi, abbatiam Sancti Dionysii de Brocares cum ecclesiis, decimis, et aliis pertinentiis suis. In Suessionensi diœcesi prioratus Sancti Leodegarii et Sancti Pauli de Nemore et Bellævallis. In Laudunensi diœcesi prioratum Girei, et Sanctæ Probæ, et de Lapion. In Remensi diœcesi prioratum de Noveio cum pertinentiis suis. In Catalaunensi diœcesi prioratum Chantici. In Senonensi diœcesi prioratum Neronis villæ cum pertinentiis suis. In Aurelianensi diœcesi prioratum de Semeio cum ecclesiis suis Sancti Joannis de Eureis et Sancti Symphoriani de Camblois. Sane novalium vestrorum quæ propriis manibus aut sumptibus colitis, sive de nutrimentis animalium vestrorum nullus a vobis decimas exigere vel extorquere præsumat. Liceat quoque vobis clericos vel laicos liberos et absolutos e sæculo fugientes ad conversionem recipere et eos absque contradictione aliqua retinere.

Cum autem generale interdictum terræ fuerit, liceat vobis clausis januis, exclusis excommunicatis et interdictis, non pulsatis campanis, suppressa voce, divina officia celebrare. In parochialibus autem ecclesiis quas habetis liceat vobis sacerdotes eligere et diœcesano episcopo præsentare : quibus, si idonei fuerint, episcopus animarum curam committat, ut ei de spiritualibus, vobis autem de temporalibus debeant respondere. Chrisma vero, oleum sanctum, consecrationes altarium seu basilicarum, ordinationes monachorum vel clericorum qui ad sacros fuerint ordines promovendi, a diœcesano suscipietis episcopo ; siquidem catholicus fuerit, et gratiam atque communionem apostolicæ sedis habuerit, et ea vobis gratis et absque pravitate aliqua voluerit exhibere. Alioquin liceat vobis quemcunque malueritis catholicum adire antistitem, qui nostra fretus auctoritate, quod postulatur indulgeat. Ad hæc, præsenti decreto statuimus ut, obeunte te nunc ipsius loci abbate vel tuorum quolibet successorum, nullus ibi qualibet subreptionis astutia seu violentia præponatur nisi quem fratres communi consensu vel fratrum major pars consilii sanioris secundum Dei timorem et beati Benedicti Regulam providerint eligendum. Inhibemus quoque ne infra terminos parochiarum vestrarum ecclesiam vel oratorium sine assensu diœcesani episcopi et vestro quisquam ædificare præsumat, salvis tamen privilegiis apostolicæ sedis. Libertates præterea et immunitates a felicis recordationis Alexandro papa prædecessore nostro, sive ab archiepiscopis, a ducibus Aquitaniæ, nec non et aliis illius terræ baronibus monasterio et hominibus vestris pietatis et religionis consideratione indultas ratas habentes,

auctoritate apostolica confirmamus, statuentes ut sicut ab eisdem prædecessoribus nostris statutum fuisse dignoscitur, nulla ecclesiastica sæcularisve persona habitatores vestros ad arma compellere vel indebitas exactiones ab eis extorquere præsumat. Sepulturam præterea ipsius loci liberam esse decernimus, ut eorum devotioni et extremæ voluntati qui se illic sepeliri deliberaverint, nisi forte excommunicati vel interdicti sint, nullus obsistat, salva tamen justitia illarum ecclesiarum a quibus mortuorum corpora assumuntur. Decernimus ergo ut nulli omnino hominum fas sit præfatam Ecclesiam temere perturbare, aut ejus possessiones, etc., *usque* profutura, salva sedis apostolicæ auctoritate et diœcesani episcopi canonica justitia. Si qua igitur in futurum ecclesiastica sæcularisve persona hanc nostræ constitutionis paginam sciens, etc., *usque* subjaceat ultioni. Cunctis autem eidem loco sua jura, etc., *usque* æternæ pacis inveniant. Amen.

Datum Laterani, per manum Joannis Sanctæ Mariæ in Cosmidin diaconi cardinalis, S. R. E. cancellarii, Kal. Decemb., indictione prima, Incarnationis Dominicæ anno 1212, pontificatus vero domini Innocentii papæ III, anno quinto decimo.

CCXXXII.
ABBATI ANIANENSI.
De relevanda paupertate monasterii.
(Laterani, III Idus Februarii).

Ex susceptæ nobis imminet officio servitutis ut cum ecclesiarum omnium curam Domino susceperimus disponente, ad illarum gravamina relevanda specialiter intendamus quæ apostolico noscuntur amplius præsidio indigere. Cum igitur, sicut accepimus, monasterium tuum adeo sit in temporalibus diminutum ut tibi et fratribus Domino servientibus in eodem in vestitu et victu de ipsius proventibus providere non possis, auctoritate præsentium liberam tibi concedimus facultatem ut sacristiam et ecclesias monasterii memorati, quæ a monachis seu clericis sæcularibus detinentur, ad manus tuas de consensu conventus vel majoris et sanioris partis ipsius appellatione remota valeas legitime revocare; quatenus de ipsarum proventibus provideatur fratribus competenter, ut releventur etiam onera debitorum. Tu denique, fili abbas, super te ipso, etc.,

Datum Laterani, iv Kal. Februarii, pontificatus nostri anno quinto decimo.

Scriptum est super hoc abbati Sancti Willelmi, et priori et sacristæ de Salve Lodovensis et Nemausensis diœcesum, sic., Cum dilecto filio abbati Sancti Salvatoris Anianensis duxerimus concedendum ut sacristiam et ecclesias monasterii sui, quæ a monachis seu etiam clericis sæcularibus detinentur, etc., *usque* revocare, nec non ipsius monasterii possessiones et alia quæ a prædecessoribus suis vel aliis illicite alienata invenerit vel distracta, discretioni vestræ per apostolica scripta mandamus quatenus, si qui super hoc contradictores apparuerint vel rebelles, vos ipsos, cum ab eo fueritis requisiti, ratione prævia per censuram ecclesiasticam appellatione postposita com pescatis. Quod si non omnes, etc., duo vestrum, etc. Tu denique, fili abbas, super te ipso, etc.

Datum III Idus Februarii, pontificatus nostri anno decimo quinto.

CCXXXIII.

CANTUARIENSI ARCHIEPISCOPO S. R. E. CARDINALI ET (194) COEPISCOPIS SUIS CUM IPSO PARITER EXSULANTIBUS.

Eos consolatur in afflictione.

Omne gaudium existimare debetis cum in tentationes varias incideritis, eorum exemplo qui gaudentes ibant a conspectu concilii, quoniam digni sunt habiti contumelias pro nomine Jesu pati. Beati namque sunt illi qui persecutionem propter justitiam patiuntur; quoniam cum probati fuerint, accipient coronam vitæ, quam repromisit Deus diligentibus se. Fidelis enim est Deus, qui suos fideles non patitur supra posse tentari, sed facit in tentatione proventum. Nam quod facit flagellum grano et fornax auro, id efficit persecutio viro justo, qui ratione fidei, ex qua vivit, similis est grano sinapis, quod quanto plus tunditur, tanto fortius inardescit, ut probatio suæ fidei multo pretiosior fiat auro, quod per ignem non consumitur, sed probatur. Vos ergo, fratres, non deficiatis in tribulationibus vestris, quas pro libertate ac justitia Ecclesiæ toleratis; quoniam in servis suis Dominus consolabitur, qui misericordiarum est pater et totius consolationis est Deus, in gaudio meti faciens quod in lacrymis seminatur. Ipse quidem post nubilum facit serenum, et post tempestatem tranquillum. Ipse post lamentationem et fletum, gaudium et exsultationem inducit; qui lucem creavit post tenebras, et post vesperam fecit mane; quoniam ad vesperum demorabitur fletus, et ad matutinum lætitia. Quod ille bene noverat qui dicebat: *Convertisti planctum meum in gaudium mihi; præcinxisti me lætitia, ut cantet tibi gloria mea, et non compungar* (Psal. XXIX). O quantæ mercedis est apud Deum, quantæ laudis est apud homines, spiritualia temporalibus anteferre, ut temporalia spiritualibus postponantur! Exsilium sustinere pro patria, pro divitiis paupertatem, injuriam pro honore, pro quiete laborem! Verum attendite diligenter quid ille gloriosus martyr et pontifex vester pertulerit pro hac causa, et intelligetis pro certo quod in vestro certamine ipsius est martyrium innovatum, imo ipsius agonis palma vobis est feliciter reservata, qui ducem certaminis tanquam fortis athletæ sequimini ad triumphum. Nisi enim hujus causæ is esset effectus, quæ utilitas in sanguine suo, qui gladiis effusus est impiorum? Non enim sub altari Dei frustra clamat anima interfecti propter verbum Domini et propter testimonium quod habebat, voce magna dicendo: *Usquequo, Domine sanctus et verus, non judicas, et vindicas sanguinem meum de iis qui habitant super terram? et dictum est illi ut requiesceret modicum adhuc tempus, donec impleantur con-*

servi (*Apoc.* VI): quod ad vos sano potest intellectu referri, qui conservi ejus existitis, servitutem exsequendo divinam, ut sponsam Christi a servitute liberetis humana. Quia non sumus filii ancillæ, sed liberæ, qua libertate nos unigenitus Dei Filius liberavit.

Interrogate, quæso, conscientiam ipsi vestram, nisi respondeat ipsa vobis quod tolerabilius est honorabilem persecutionem extra patriam sustinere quam in patria perpeti vilissimam servitutem, longe profecto pejorem sub Pharaone in luto et latere sustinebat. Et nunc induratum est cor Pharaonis, nec dimittet Israeliticum populum nisi tandem in manu valida, ut post sordes Ægypti sacrificet Domino in deserto. Confidite, fratres, quod idem Deus per alterum Moysem liberabit populum suum de servitute novi Pharaonis in manu forti; et cum fuerit mirabiliter liberatus, cantabit Domino gloriose quod equum et ascensorem projecit in mare, qui Deum sibi non posuit adjutorem, sed in sua prævaluit vanitate; qui gloriatur cum male fecerit, et in pessimis rebus exsultat; qui factus est sicut equus et mulus, in quibus nullus est intellectus; ita in reprobum sensum datus ut cor ejus commutatum sit ab humano, eique cor feræ sit datum, ut de ipsius conversione pene penitus desperetur, nisi cum misericorditer et mirabiliter in virum alium ille mutet qui vocat impios et non sunt et de lapidibus suscitat filios Abrahæ; aut gravior illi vexatio tribuat intellectum, si forte oculos suos levet in cœlum et sensus suus illi reddatur et Altissimo benedicat. Nos sane, qui ex intimo cordis affectu passionibus vestris compatimur et doloribus condolemus, non cessamus extendere manus nostras et in virga percutere donec vos liberet Dominus in mirabilibus suis: quod non in longinquum futurum esse credimus et speramus. Et licet cogitatum vestrum jactare debeatis in Deum et sollicitudinem vestram in illum projicere qui non deserit sperantes in se nec de sua misericordia præsumentes, ne tamen ipsum fortasse tentetis si cooperari negligatis eidem, satagite operari, quantum juste ac honeste potestis, cum omni diligentia et cautela, nihil de contingentibus omittentes, ut ille vos et in præsenti et in futuro remuneret pro cujus gloria et honore graves et grandes suffertis injurias et pressuras. Mittimus autem vobis litterarum rescriptum quas nuntiis nostris pro pace reformanda tribuimus præsentibus interclusum.

CCXXXIV.

JOANNI ILLUSTRI REGI ANGLIÆ, SPIRITUM CONSILII SANIORIS.

De negotio archiepiscopi Cantuariensis.

(195) Auditis verbis nuntiorum tuorum, qui ad nostram præsentiam pervenerunt, etsi non illa nobis ex parte tua sufficienter obtulerint quæ sunt ad sa-

---

(194) Vide infra pag. 772.
(195) Vide infra epist. 237 et seqq. Gesta Innoc. III cap. 131, 132, et Matthæum Paris. ad an. 1212.

tisfactionem sufficientia competentem super multis et magnis injuriis et jacturis quas longo jam tempore intulisti Ecclesiæ Anglicanæ contra divini nominis gloriam et apostolicæ sedis honorem, in periculum animæ ac dispendium famæ tuæ, adhuc tamen experiri volentes utrum te revocare possimus ab errore ad veritatem, ecce tibi benedictionem et maledictionem proponimus, ejus exemplo qui per Moysem famulum suum benedictiones et maledictiones proposuit filiis Israel, ut eligas quam malueris, vel benedictionem, si satisfeceris, ad salutem, vel maledictionem, si contempseris, ad ruinam. Licet enim quasdam nobis litteras destinaveris, quibus asseruisti habiturum te ratum quidquid abbas de Belloloco et frater A. Marcel et alii quatuor nuntii tui super negotio Cantuariensis Ecclesiæ agerent coram nobis, quia tamen ex iis nonnisi tres ad nostram pervenere præsentiam, ii sine aliis nihil facere poterant secundum earumdem continentiam litterarum. Præterea non agitur tantum de negotio Cantuariensis Ecclesiæ, sed totius Ecclesiæ Anglicanæ, quam impie persequendo niteris ancillare : propter quod anathematis meruisti vinculo innodari. Ii vero tres nuntii nobis ad ultimum obtulerunt quod secundum illam formam satisfacere promittebas quam per dilectos filios Pandulphum subdiaconum et fratrem Durandum familiares nostros tibi curavimus destinare. Verum cum per te steterit quo minus secundum eamdem formam pax fuerit reformata, et postea pejora prioribus attentaveris, nos ad eam, quæ pro majori parte gratiam continebat, minime jam tenemur, cum ipsa gratia reddideris te indignum. Ut autem vincamus in bono malum et omnem tibi excusationis materiam auferamus, adhuc eam parati sumus servare, si usque ad Kalendas Junii proxime venturas per juramenta quatuor baronum tuorum jurantium (196), te præsente ac mandante, in animam tuam, et per patentes tuas litteras repromiseris quod eam fideliter et efficaciter adimplebis secundum expositiones et explanationes quas ad omnis dubitationis scrupulum removendum duximus adhibendas, et infra eumdem terminum hoc totum significaveris per tuas patentes litteras venerabili fratri nostro Stephano Cantuariensi archiepiscopo et qui cum eo sunt episcopis suis. Alioquin ejus exemplo qui populum suum de servitute Pharaonis in manu valida liberavit, Anglicanam Ecclesiam in forti brachio de servitute tua studebimus liberare; prædicentes nunc tibi veraciter et constanter quod si pacem recipere, cum vales, non vis, cum volueris non valebis, eritque inutilis pœnitentia post ruinam; sicut per eorum exempla potes cognoscere qui diebus istis similia præsumpserunt. Formam vero quam præfatis nuntiis nostris injunximus præsentibus tibi litteris mittimus interclusam.

(196) Vide lib. xvi, epist. 76, et Matthæum Paris. ad. an. 1213.

(197) Sacramentum regis secundum hanc formam

PACIS ET RECONCILIATIONIS LEGES.
(Laterani, III Kal. Martii.)

(197) Expositiones autem et explanationes sunt istæ. In primis itaque solemniter et absolute jurabis stare mandatis nostris coram legato vel delegato nostro super omnibus pro quibus a nobis excommunicatus existis, et veram pacem ac plenam securitatem præstabis venerabilibus fratribus Stephano Cantuariensi archiepiscopo, Willelmo Londoniensi, Eustachio Eliensi, Ægidio Herefordensi, Jocelino Bathoniensi, et Huberto Lincolniensi episcopis, ac dilectis filiis priori et monachis Cantuariensibus, Roberto quoque filio Walteri, et Eustachio de Vesci, nec non cæteris clericis et laicis hoc negotium contingentibus, præstandis simul coram eodem legato vel delegato nostro publice juramentum quod ipsos cum suis nec lædes nec lædi facies aut permittes in personis et rebus, eisque omnem indignationem dimittes, et in gratiam tuam eosdem recipies, ac bona fide tenebis, quodque præfatos archiepiscopum et episcopos non impedies nec permittes aut facies impediri quo minus ipsi libere suum exsequantur officium, et plena suæ jurisdictionis auctoritate, prout debent, utantur; et super iis tam nobis quam ipsi archiepiscopo et singulis episcopis tuas patentes litteras exhibebis, faciens ab episcopis et comitibus ac baronibus tuis, quot et quos præfati archiepiscopus et episcopi postulaverint, juramenta et patentes eorum litteras exhiberi quod ipsi bona fide studebunt ut hæc pax et securitas firmiter observetur. Et si forte (quod Deus avertat), per te ipsum vel alios contraveneris, ipsi pro Ecclesia contra violatores securitatis et pacis mandatis apostolicis inhærebunt, tuque perpetuo custodiam vacantium Ecclesiarum amittes. Quod si forte nequiveris eos ad hanc ultimam juramenti partem inducere, videlicet quod si per teipsum vel alios contraveneris, ipsi pro Ecclesia contra violatores securitatis et pacis mandatis apostolicis inhærebunt, tu propter hoc nobis ac Romanæ Ecclesiæ per tuas patentes litteras obligabis omne jus patronatus quod habes in Ecclesiis Anglicanis. Omnes autem litteras quæ pro securitate prædictorum sunt exhibendæ præfatis archiepiscopo et episcopis ante suum ingressum in Angliam destinabis. Si vero tibi placuerit, sæpefati archiepiscopus et episcopi præstabunt, salvo honore Dei et Ecclesiæ, juratoriam et litteratoriam cautionem quod ipsi nec per se nec per alios contra personam vel coronam tuam aliquid attentabunt, te illis prædictam securitatem et pacem illibatam servante. De ablatis autem plenam restitutionem et de damnis recompensationem sufficientem omnibus impendes, tam clericis quam laicis universis ad hoc negotium pertinentibus, non solum rerum, verum etiam libertatum, eisque libertates redditas conservabis, archiepiscopo quidem et episcopo Lincolniensi a tempore suæ confirma-

exstat lib. xvi, epist. 76, et apud Matthæum Paris. ad. an. 1213.

tionis (198), aliis autem a tempore discordiæ inchoatæ.

Nec obstabit aliqua pactio vel promissio seu concessio quominus et damna recompensentur et restituantur ablata tam vivorum quam etiam defunctorum. Nec de ablatis aliquid retinebis prætextu servitii quod tibi debuerit impendi; sed postea tibi debita pro servitio recompensatio tribuetur; statimque facies omnes quos detines clericos absolute dimitti ac restitui propriæ libertati, et etiam laicos qui occasione hujus negotii detinentur. Incontinenti quoque post adventum illius qui te debebit absolvere facies de parte restitutionis ablatorum octo millia librarum legalium sterlingorum, pro persolvendis debitis et faciendis expensis, nuntiis prædictorum archiepiscopi et episcoporum ac monachorum Cantuariensium assignari sine impedimento quolibet per tuam potestatem ad eos libere deferenda, ut expediti revertantur in Angliam honorifice revocati, videlicet Stephano Cantuariensi archiepiscopo duo millia et quingentas libras, Willelmo Londoniensi episcopo septingentas et quinquaginta libras, Eustachio Eliensi mille et quingentas libras (199), Ægidio Herefordensi septingentas et quinquaginta libras, Jocelino Bathoniensi septingentas et quinquaginta libras. Huberto Lincolniensi septingentas et quinquaginta libras, priori et monachis Cantuariensibus mille libras. Sed protinus absque mora postquam pacem istam duxeris acceptandam resignari facies archiepiscopo et episcopis, et clericis ac Ecclesiis universis in manibus nuntiorum vel procuratorum ipsorum omnia immobilia (200) cum administratione libera eorumdem, et in pace dimitti Interdictum etiam vulgariter utlagatio nuncupatum, quod proponi fecisti contra personas ecclesiasticas, publice revocabis, protestando per tuas patentes litteras archiepiscopo tribuendas id ad te de personis ecclesiasticis nullatenus pertinere, quodque illud de cætero contra personas ecclesiasticas non facies promulgari. Revocabis præterea utlagationem laicorum ad hoc negotium pertinentium, et remittes hominia quæ post interdictum ab ecclesiarum hominibus recepisti præter regni consuetudinem et ecclesiasticam libertatem. Si vero super damnis vel ablatis aut eorum quantitate vel æstimatione quæstio fuerit de facto suborta, per legatum aut delegatum nostrum receptis probationibus publice terminetur. Et his omnibus rite peractis, relaxabitur sententia interdicti. Super cæteris autem capitulis si quæ fuerint dubitationes subortæ, de quibus merito valeat dubitari, nisi per legatum vel delegatum nostrum de partium fuerint voluntate sopitæ, ad nostrum referantur arbitrium, ut quod super iis decreverimus observetur. Remittimus igitur ad tuam regalem præsentiam præfatum subdiaconum et familiarem nostrum Pandulphum, nobis et fratribus nostris merito suæ probitatis acceptum, fideliter consulentes ut his quæ tibi ex parte nostra suggesserit omni dubitatione postposita benevolum impertiaris assensum.

Datum Laterani, III Kal. Martii, pontificatus nostri anno quinto decimo.

FORMA QUIDEM EST TALIS : DILECTIS FILIIS PANDULPHO SUBDIACONO ET FRATRI DURANDO FAMILIARIBUS NOSTRIS.

Illam gerimus de vestra discretione fiduciam ut secure vobis ardua negotia committamus, pro certo sperantes quod ea secundum Deum ad honorem et profectum apostolicæ sedis curabitis promovere. Quocirca discretioni vestræ per apostolica scripta præcipiendo mandamus quatenus proficiscentes in Angliam una cum venerabili fratre nostro Wintoniensi episcopo et dilecto filio priore Conventrensi vel eorum altero, si forsan ambo interesse non possent, regis præsentiam adeatis monentes et exhortantes eumdem efficaciter et prudenter ut Deo et Ecclesiæ satisfaciat secundum formam subscriptam inter nos et nuntios suos multimoda deliberatione provisam. Ipse quidem cum suas patentes litteras vobis tradiderit, et vos nostras patentes litteras sibi tradatis secundum capitularis tenorem quod ei pridem direximus sub alphabeto distinctum, vobisque tradimus ad cautelam. Sed si rex maluerit ut nec ipse tradat hujusmodi litteras suas vobis, nec vos tradatis hujusmodi litteras nostras sibi, acquiescatis eidem; et sic cum prædictis episcopo et priore vel eorum altero, recepto ab eo publice juramento quod super iis pro quibus de mandato nostro excommunicatus existit nostris mandatis absolute parebit, tu, fili subdiacone, beneficium ei absolutionis impendas, reconcilians eum ecclesiasticæ unitati; ac deinde recipientes ab eo tam pro venerabili fratre nostro Cantuariensi archiepiscopo quam pro coepiscopis ejus et monachis Cantuariensibus ac omnibus aliis ad hoc negotium pertinentibus plenam securitatem ac idoneam cautionem per honorabiles nuntios faciatis eos in Angliam revocari; quibus idem rex omnem rancorem et indignationem remittat; ac recepto a præfato archiepiscopo juramento quod a suis prædecessoribus consuevit illius progenitoribus exhiberi, universa ei concedat et tradat et faciat ab eo pacifice possideri quæ ad ipsum pertinere noscuntur, ita quod super ablatorum restitutione ac recompensatione damnorum satisfactionem plenariam tam ipsi quam aliis universis faciat exhiberi; et sic tu relaxes sententiam interdicti. Si vero circa horum aliquid de quo merito valeat dubitari quidquam emerserit quæstionis, nostro reservetur mandato; injungendo super hoc ipsi regi ex debito præstiti juramenti ne propter hujusmodi dubium relaxatio interdicti nimium differatur. Testes autem qui super eo fuerint nominati, si se gratia, odio vel timore subtraxerint quo minus perhibeant testimonium veritati,

(198) Apud Matth. Paris., *consecrationis*.
(199) Male ap. Paris., *septingentas et quinquaginta*.

(200) Apud Paris., *mobilia*.

ad hoc per censuram ecclesiasticam appellatione remota compellas; quatenus inquisita et cognita veritate, si quid super ablatorum restitutione vel recompensatione damnorum propter quæstionem subortam remanserit imperfectum, per apostolicum tandem mandatum consultius impleatur. Quod si forte præfatus rex infra mensem præscriptam formam non duxerit acceptandam, sed in sua maluerit duritia perdurare, vos ex tunc recedentes ab ipso, significetis ex parte nostra prædictis archiepiscopo et episcopis ut negotium Ecclesiæ, prout melius poterunt, persequantur, vosque non differatis ulterius ad nostram præsentiam remeare.

CCXXXV.
CAPITULO MELPHIENSI
Ut alium episcopum eligant.
(Laterani, iii Kal. Februarii.)

Aures habuit et non audivit, nares et non odoravit, ille qui præfuit et obfuit Ecclesiæ Melphiensi, cum operum ejus clamores, qui usque ad nos in longinquo insinuatione clamosa communis fere opinionis vallata testimonio pervenerunt, in proximo noluerit intelligere ut bene ageret, comparatus jumentis insipientibus, et similis illis effectus, et nostræ commonitionis surdus auditor, inter virtutum odorem et fetorem non discreverit vitiorum. Acceperamus siquidem olim qualiter R. tunc Melfiensis episcopus, si episcopus, dici debet quem opera mercenarium exibueruut, non pastorem, habitus fuerat de bonæ memoriæ Jacobi prædecessoris sui morte suspectus, quid et qualiter post obitum illius proprio firmaverat juramento, et contra id venerat quod jurarat, quomodo tandem in sua fuerat electione processum, qualiter etiam illa quam in oculis populi ad publicæ infamiæ testimonium detinebat, in die consecrationis ejus enixa, et libidinis testem produxerat, et quasi recentis ediderat incontinentiæ argumentum, et quomodo alius qui post eum venerat et descenderat ex eodem, ante ipsum factus est presbyter, ante patrem ascendens filius ad altare. Nos autem erga ipsum tanta patientia sumus usi quod qui poteramus descendere ac videre utrum clamor qui ad nos de ipso ascenderat, opere compleretur, et respondente facto sermoni, vibrare ultionis gladium in eumdem, virgam correctionis remisimus, rigorem judicii suspendentes, et affectu ei patris spiritualis exhibito, ipsi charitative monitionis manna porreximus præ gustandum. Et ne quid de contingentibus omittere videremur, oblatum nobis infamiæ suæ libellum sibi duximus transcribendum, audita suis oculis admoventes, ut ingressus conscientiæ suæ judicium, idem sibi testis et judex existens, humiliatus et pœnitentiam sic apud se caderet quod resurgeret apud Deum. Ipse vero, tanquam aspis surda, quæ vocem non exaudit incantantium sapienter, usque adeo nostros projecit post sua terga sermones quod, sicut postmodum nostris fuit auribus intimatum, deposita pene penitus modestia pastorali, carnem et sanguinem sapiens, filium voluptatis et sanguinis, et alias prorsus indignum et moribus onerosum, dignis et honorabilibus prætulit officio cantoriæ; sicque factus est post episcopum primus inter alios excellentia dignitatis qui meritis novissimus existebat, et primi prærogativa virtutum facti sunt novissimi beneficii qualitate. Nepotibus quoque suis vagientibus in cunabulis, licet ad plus vix valentibus balbutire, nedum quod in ecclesia legerent vel cantarent, nisi forte legat balbutiens expedite, ac dulces choro concinentium resonet vagiens melodias, majores præbendas tribuit et beneficia meliora; portantibus aliis pondus diei et æstus, et istis ubi non seminaverunt metentibus plena manu.

Hæc autem licet se promiserit correcturum sub fidei sponsione, faciens tamen ad ulteriora processum, imo magis excessum, tam vos quam alios clericos præbendis et beneficiis prætermisso juris ordine spoliavit, et contra Turonensis statuta concilii, quod sectionem inhibet præbendarum, dividebat et divisas conferebat præbendas, non secundum rationis judicium, sed pro suæ arbitrio voluntatis. Sponsalia sane, nisi de solvenda sibi pecunia præcederent sponsiones, contrahi prohibebat; ac factus in templo Domini venditor columbarum, qui nummulariorum mensas evertere debuisset, opibus, non operibus, pensatis in subditis, in collatione beneficiorum et aliorum quæ juris spiritualis existunt, non quid exigeret meritum, sed quid munus suggereret attendebat, ut qui plus de temporalibus in stateris ejus dolosis posset appendere, plus de spiritualibus reportaret; sicque ad Simonem Magum imitatione Simoniacæ pravitatis accessit quod a Simone Petro penitus visus est discessisse. In iis autem et aliis quæ licet in publicum malitia sua prodiderit, nos tamen fastidio subticemus, in patientia supportavimus, illi locum veniæ reservantes, ut si forsan actus suos reformaret in bonum, sibi nostra clementia ignosceret, ne periret. Sed ipse gratia nostræ benignitatis abusus, ut nos acrius provocaret, Ottoni reprobo et maledicto, nec pulsatus precibus, nec sufficienti metu commotus, Melfiensem subdidit civitatem; factusque proditione præcursor, cives quos revocasse debuerat prævenit temere ad jurandum, imo potius dejurandum (cum dici non debeat juramentum per quod justitia læditur, fides alii debita violatur, et cujus adhuc manus, ut verbis cujusdam solitæ locutionis utamur, de recenti juramento calebat quod charissimo in Christo filio nostro Frederico illustri regi Siciliæ paulo ante præstiterat), traxit post se plurimos ad ruinam, et excommunicato prædicto tanto principalius inter alios regni prælatos adhæsit quanto plus aliis ab Ecclesiæ devotione ac memorati regis fidelitate recessit (201). Porro ut pœna revocaret a culpa quem

(201) Vide supra epist. 115.

culpa traxit ad pœnam, et sentiret fulgura qui tonitrua non timebat, venerabili fratri nostro Murano episcopo nostris dedimus litteris in præceptis ut ipsum ab officio pontificali suspendens, firmiter eidem injungeret quod infra tres menses nostro se conspectui præsentaret; alioquin ex tunc cum vinculo excommunicationis astringens, vobis ex parte nostra præciperet ut provideretis Ecclesiæ vestræ ac vobis personam idoneam canonice in pastorem. Cumque per supradictum Muranum episcopum nostra fuisset auctoritate suspensus, infra trium mensium spatium eidem indultum per nuntios institit et humiliter supplicavit ut terminum quo nostro se debebat præsentare conspectui dignaremur usque ad octavas beati Martini proximo præteritas prorogare. Cui non solum illas, sed etiam usque ad octavas Epiphaniæ, ad convincendum ejus malitiam, alias inducias duximus indulgendas.

Interim autem ipse iram sibi accumulans in die iræ, nedum quod a præmissis non destitit, sed etiam, sicut accepimus, tanquam fœdus cum morte pepigerit, in profundum veniens vitiorum, in contumaciam se majorem erexit, et prioribus pejora commisit, medio tempore bona Ecclesiæ sibi commissæ tam prodiga dispensatione dispergens, quod eventu secuto præmissæ petitionis interprete, ad dissipandum, non ad comparendum in nostra præsentia, visus est prorogationem termini non absque illusione sedis apostolicæ postulasse. Cum igitur idem mortuus per peccatum, et evidentia suorum actuum perversorum extra civitatem delatus, jamque delinquendi consuetudine compeditus in monumento jaceat fetidus, non adjiciens ut resurgat, ut excidatur ficus fatua, quæ nec verba salutis enuntians, nec opera virtutis exercens, non protulit fructus aut folia, sed terram sterilem reddidit sub occupatione nociva, dictum R. ab Ecclesia Melfiensi perpetuo duximus amovendum, ut nec etiam ut subjectus in ea remaneat cui sic præesse noluit ut prodesset, excommunicationis vinculo innodantes si quis ei de cætero præsumpserit intendere ut pastori. Contractus præterea venditionis, donationis, vel cujuslibet alterius alienationis, quos in damnum celebravit ejusdem Ecclesiæ, irritamus; et ut terra quæ sub umbra inutilis arboris sterilis habebatur, per novam plantationem ad fructificandum culturam recipiat congruentem, per apostolica scripta districte præcipiendo mandamus quatenus in talem personam de prudentum virorum consilio vota vestra per electionem canonicam conferatis per quam et præteriti temporis valeat reparari jactura et futuri commoditas provideri.

Datum Laterani, III Kal. Februarii, pontificatus nostri anno decimo quinto.

—

(202) Vide supra epist. 234.

CCXXXVI.

STEPHANO CANTUARIENSI ARCHIEPISCOPO S. R. E. CARDINALI, WILLELMO LONDONIENSI, EUSTACHIO ELIENSI, AIGIDIO HEREFORDENSI ET HUBERTO LINCOLNIENSI EPISCOPIS.

Pacta iniqua denuntiat irrita.
(Datum, ut supra.)

Ea quæ illicite præsumuntur contra honestatem canonicam aut ecclesiasticam libertatem merito debent per auctoritatem apostolicam irritari, ne forte transeant præsumptoribus in exemplum. Quocirca fraternitati vestræ per apostolica scripta mandamus quatenus concessiones, pactiones, sive promissiones quas clerici seu religiosi viri cujuscunque professionis vel ordinis Joanni regi Angliæ super ablatis vel extortis post interdictum fecerunt, quo minus ipsa restituantur ad plenum, denuntietis irritas et inanes. Auctores etiam, et procuratores illarum, nisi moniti satisfecerint, excommunicationis vinculo innodetis. Si qui vero prædictorum noluerint ablata vel extorta repetere, detentores eorum nihilominus ipsa restituere compellatis, in terræ sanctæ subsidium juxta mandatum apostolicum reservanda. Quod si non omnes, etc., tres aut duo vestrum appellatione remota, etc.

Datum, ut supra.

CCXXXVII.

EISDEM.

De negotio archiepiscopi Cantuariensis.
(Datum, ut supra.)

(202) Nisi præsumptorum temeritas puniretur, nimis insolesceret audacia malignorum: qui nolentes fas et nefas discernere, vitium pro virtute ac vanitatem pro veritate sequuntur. Nos igitur, quibus imminet ex apostolicæ servitutis officio errata corrigere ac prava reducere in directa, per apostolica vobis scripta mandamus quatenus viros ecclesiasticos qui Joanni regi Angliæ anathematis vinculo innodato ministerium, consilium, vel auxilium præstiterunt in iis quæ sunt contra justitiam et libertatem ecclesiasticam attentata, illosque qui ab eodem rege post excommunicationem vel ab aliis excommunicatis scienter per collationem vel præsentationem ecclesiastica beneficia sunt adepti, et similiter eos qui ob causas excommunicati prædictas, excommunicationis suæ tempore beneficia ecclesiastica receperunt, necnon ecclesiasticos viros qui scienter excommunicatis ecclesiastica beneficia contulere, similiter clericos et viros religiosos qui publice communicaverunt præfato regi et aliis excommunicatis auctoritate apostolica nominatim in casibus non concessis, ab officiis et beneficiis ecclesiasticis suspendatis, donec se apostolico conspectui repræsentent cum vestrarum testimonio litterarum plenam et meram continentium veritatem; illis duntaxat exceptis qui per satisfactionem condignam ad mandatum Ecclesiæ redierunt. Quod si non omnes, etc.

Datum, ut supra.

CCXXXVIII.
EISDEM.
Super eodem.
(Datum, *ut supra*)

Sæpe contingit ut dum hostilis malignitas se reperit coarctatam, pacem in dolo dissimulet, dolumque post pacem attentet, ut eos fraudibus circumveniat quibus non potuit viribus prævalere. Volentes itaque contra dolositates hujusmodi diligenti providere cautela, præsentium vobis auctoritate concedimus quod si Joannes rex Angliæ violaverit pacem postquam inter ipsum et Ecclesiam Anglicanam provisione fuerit apostolica reformata, nisi rex ipse legitime monitus satisfecerit competenter, consulto interim Romano pontifice, regem ipsum et regnum ejus in eum statum interdicti et excommunicationis in quo ante reformationem pacis fuerunt auctoritate apostolica reducatis. Quod si non omnes, etc.

Datum, *ut supra.*

CCXXXIX.
EISDEM.
Super eodem.

Quia nonnunquam malignorum perversitas per successionem sanguinis a parentibus in filios derivatur, sicut evidenter apparet ex eo quod olim rex Anglorum Henricus beatum Thomam Cantuariensem archiepiscopum justitiam et libertatem ecclesiasticam defendentem longo fuit tempore persecutus, interemptum tandem gladiis impiorum, et Joannes rex Angliæ natus ejus propter eamdem causam vos ac dilectos filios monachos Cantuarienses cum multis aliis a multo jam tempore inique persequitur, cogens vos bonis omnibus spoliatos miserabiliter exsulare, nos ecclesiasticæ vobis scripta mandamus et districte præcipimus quatenus si dictus rex violaverit pacem quæ inter ipsum et Ecclesiam Anglicanam provisione fuerit apostolica reformata, vos aut quilibet alii nullum de hæredibus suis ungere vel coronare præsumatis in regem, salvo semper in omnibus apostolicæ sedis mandato.

CCXL.
EPISCOPO MAGALONENSI.
De erigendis novis parochiis.
(Laterani, VII Kal. Februarii.)

Dilecti filii consules Montispessulani nobis humiliter supplicarunt ut cum sola ecclesia beati Firmini, quæ infra muros villæ suæ parochialis existit, multitudini populi non sufficiat sacramenta ecclesiastica ministrare, in quatuor aut quinque villæ ipsius ecclesiis dari pœnitentias et sacramenta ecclesiastica faceremus. Volentes igitur in hac parte fraternitati tuæ deferre, per apostolica tibi scripta mandamus quatenus super hæc taliter providere procures quod exinde non emergat periculum animarum.

Datum Laterani, VII Kal. Februarii, pontificatus nostri anno decimo quinto.

INNOCENTII III
ROMANI PONTIFICIS
REGESTORUM SIVE EPISTOLARUM LIBER DECIMUS SEXTUS.

PONTIFICATUS ANNO XVI, CHRISTI 1213.

ZAMORENSI ET PORTUGALENSI EPISCOPIS, ET MAGISTRO FLORENTIO ARCHIDIACONO ZAMORENSI.
De limitatione episcopatuum Egitan. et Colimbriensis.
(Laterani, VI Kal. Martii.)

Venerabilis frater noster Colimbriensis episcopus in nostra proposuit præsentia constitutus quod, cum olim Auriensi episcopo et suis conjudicibus nostris dederimus litteris in mandatis ut universa in quorum possessionem per Cauriensem et Civitatensem episcopos venerabilis frater noster Egitaniensis episcopus fuerat adversus eumdem Colimbriensem inductus, vel eorum occasione auctoritate propria occuparat, ipsi Colimbriensi cum fructibus medii temporis restitui facientes, supplerent si quid per ipsius Egitaniensis malitiam defuisse constaret exsecutioni sententiæ pro eodem contra Egitaniensem eumdem arbitrali examine super restitutione fructuum promulgatæ, ad limitationem episcopatuum quam cito possent sub omni diligentia processuri, prædictus Auriensis et sui conjudices super restitutione facienda vices suas abbati de Sertia et suis consociis commiserunt, limitationem episcopatuum sibi specialiter reservantes. Possessionibus itaque per eumdem abbatem et suos collegas Colimbriensi Ecclesiæ restitutis, iidem judices dictum Egitaniensem, nisi fructus omnes medii temporis ad plenum restitueret infra terminum ad hoc ei præfixum, excommunicationis vinculo innodarunt, contradictores censura simili percellentes. Transacto vero termino infra quem Egitaniensis episcopus eidem debuerat parere sententiæ, ipsius contumacia exigente prolata prius sub conditione sententia fuit, postmodum præcise et simpliciter innovata. Partibus sane a delegatis nostris prædictis interim convocatis, procurator Colimbriensis Ecclesiæ et pars altera ad hoc ad ultimum convenerunt ut idem Colimbriensis in possessione quam per memoratum abbatem et suos collegas fuerat assecutus, non obstante modo processus, videlicet sive juste sive injuste processerint, tunc pacifice permaneret, si tamen ea restituta fuissent quæ secundum mandatum apostolicum restitui debuerant hinc inde; subtractione vel suppletione nihilominus facienda, si fuisset aliquid quoad possessiones plus vel minus debito restitutum. Pro restitutione vero fructuum idem Egitaniensis obligavit ablantes, hoc tamen adhibito, quod si cautio illa insufficiens videretur, secundum delegatorum ipsorum caveret arbitrium per pignoratitiam vel fidejussoriam cautionem. Præfixo quoque termino quo se partes eorumdem judicum conspectui præsentarent, propter discordiam quæ inter charissimos in Christo filios nostros Portugalensem et Legionensem reges excreverat, idem Colimbriensis quod neque per se neque per procuratorem idoneum apud Auriam poterat proficisci per quemdam nuntium fere nudum judicibus intimavit. Ipsi vero eumdem Colimbriensem in mille ac sexcentis solidis monetæ Legionensis expensarum nomine condemnarunt, et alias procedentes minus legitime contra ipsum, episcopatus non sine Colimbriensis Ecclesiæ præjudicio post appellationem legitimam limitarunt.

Quapropter idem postulabat instanter processum judicum eorumdem tam super expensis quam limitibus irritari. Nos autem considerantes utrique partium expedire ut non secundum rigorem justitiæ, sed secundum æquitatis providentiam in isto negotio procedatur, discretioni vestræ per apostolica scripta præcipiendo mandamus quatenus apud vos possessionibus sequestratis, Egitaniensem episcopum, ut Colimbriensi fructus juxta formam alterius nostri mandati restituat, vel de restitutione facienda sufficientem præstet et idoneam cautionem, monitione præmissa, districtione qua convenit, appellatione postposita, compellatis, et sic auditis, et intellectis quæ partes hinc inde duxerint proponenda, si vobis constiterit quod Auriensis episcopus et sui conjudices provide diœceses prædictorum episcopatuum limitarint, faciatis eas auctoritate nostra secundum illum modum manere perpetuo limitatas. Alioquin tam per testes, instrumenta, et famam quam antiquas divisiones et quæcunque alia adminicula, inquisita et cognita veritate, plenius ipsos episcopatus, solum Deum habentes præ oculis, limitetis, facientes quod decreveritis per censuram ecclesiasticam firmiter observari. Cæterum si prænominatus Colimbriensis de legitimo impedimento docuerit propter quod Aurisiensis episcopi et conjudicum ejus conspectui se nequiverit præsentare, vos eum absolvatis a pœna, qua propter contumaciam per illos exstitit condemnatus. Alioquin ipsum in legitimis et moderatis expensis, quas pars altera fecit in causa ex quo idem Colimbriensis cœpit laborare contumacia, condemnetis. Proviso prudenter ut Colimbriensem episcopum super possessionibus laicalibus quas in Coniliano et in ejus terminis legitime acquisivit non patiamini ab aliquo indebite molestari. Quod si non omnes, etc., duo vestrum, etc. Vos denique, fratres episcopi, super vobis ipsis, etc.

Datum Laterani, vi Kal. Martii, pontificatus nostri anno sexto decimo.

II.

REGI ARMENIÆ.

Eum redarguit de quibusdam excessibus.

(Laterani, ii Kal. Martii.)

Inviti ac dolentes tibi negamus apostolicæ salutationis et benedictionis alloquium, cui benedictionem et salutem æternam in Domino affectamus. Verum id exposcit tuorum excessuum magnitudo; quia, cum devotum ei deberes impendere famulatum qui te ad regni solium sublimavit, ad vindictam malefactorum, laudem vero bonorum, commissum tibi ab eo gladium exercendo, tu illum conversione damnabili convertens in viscera Ecclesiæ matris tuæ, nuper, ut ad præsens alia taceamus quæ nobis sunt de tuis actibus sæpius nuntiata, in Ecclesiam et populum Antiochenum tantæ immanitatis atrocitate violatis treugis et regia promissione posthabita desævisti ut ad confusionem tuam non possit in memoriam non redire quod legitur: *Unusquisque a suo proximo se custodiat, et non habeat fiduciam in quolibet fratre suo; quia omnis frater et proximum supplantabit, et studebit incedere fraudulenter* (Jer. ix). Sicut enim ex litteris venerabilis fratris nostri patriarchæ Antiocheni et multorum aliorum nobis innotuit, cum treugæ inter te ac Antiochenos præfatos per ipsius patriarchæ studium factæ fuissent et juramento firmatæ, tuque promisse quod eas inviolabiliter bona fide servares usque ad terminum constitutum, super hoc litteras eidem patriarchæ bulla munitas regia destinasses, tandem oblitus quantam habere debeat regalis promissio firmitatem, quantumque sit indecens et nefarium hujusmodi pacis aut treugarum fœdera violare, in terram Antiochiæ Rupinum nepotem tuum cum non parvo exercitu transmisisti (1), qui terram immunitam, utpote nihil hostile metuentem, ingressi, non solum civium, sed et ecclesiarum casalia, supergressi sævitiam paganorum, redegerunt in cinerem et favillam, et flagitiis quæ recitare nec

---

(1) Vide lib. xii, epist. 8, et lib. xiii, epist. 123.

libet nec expedit perpetratis, prædam valentem centum millia Byzantiorum et amplius abduxerunt. Prius etiam quædam quæ dictus patriarcha malum in bono vincere studens usque modo siluerat attentatas, quibus apostolicam sedem, imo eum qui Ecclesiarum omnium eam matrem constituit et magistram, non leviter quidem nosceris offendisse. Cum enim venerabilis frater noster patriarcha Hierosolymitanus apostolicæ sedis legatus quemdam, qui se patriarcham Antiochenum appellat (2), de speciali mandato nostro duxerit, exigente justitia, deponendum, et in omnes qui eidem tanquam patriarchæ intenderent excommunicationis sententiam promulgarit, tu nihilominus eum non sine apostolicæ sedis injuria recepisti, eidem quasi patriarchæ temere intendendo. Ad hæc, electo Tharsensi sublato de medio, cum patriarcha sæpedictus speraret ut juxta promissionem tuam archiepiscopus institueretur ibidem, tu redditibus et casalibus ipsius Ecclesiæ militibus tuis sacrilega præsumptione divisis, et Latinis clericis expulsis penitus ab eadem, in ipsa Græcos quosdam intrudere præsumpsisti.

Quoniam igitur hæc sub dissimulatione transire nec volumus nec debemus, quos apostolatus officium non solum Ecclesiis, verum etiam fidelibus universis constituit debitores, ne nobis negligentibus impietatem tuam tibi, prout ad nos pertinet, nuntiare, tu in tua moriaris iniquitate, quod absit! et sanguis tuus de nostris manibus a Domino requiratur, serenitatem tuam monemus, rogamus et exhortamur in Domino, et sub divini judicii obtestatione tibi præcipiendo mandamus quatenus prædicto patriarchæ ac Ecclesiis suis taliter satisfacere studeas de præmissis ut majestatem divinam, quam ea committendo tibi offensam procul dubio reddidisti, placatam tibi reddere valeas eadem corrigendo, et nos te tanquam obedientiæ filium charitatis brachiis amplexantes, favorem tibi teneamur apostolicum impertiri. Alioquin, cum Domino disponente in eo simus loco et officio constituti ut vindictam in nationibus et increpationes in populis facere teneamur, ac secundum Apostolum omnem inobedientiam prompti simus ulcisci, venerabilibus fratribus nostris patriarchæ Hierosolymitano prædicto et suffraganeis ejus ac episcopis Cypri nostris damus litteris in mandatis ut te, licet ex alia causa vinculo excommunicationis astrictum, ex hac quoque usque ac satisfactionem condignam appellatione postposita faciant excommunicationis sententiæ subjacere; nihilominus in præfatum nepotem tuum ac omnes principales fautores et consiliarios tuos consimilem sententiam proferentes, ac facientes eamdem usque ad satisfactionem idoneam inviolabiliter observari. Insuper charissimis in Christo filiis Hierosolymitano et Cypri regibus illustribus et baronibus eorumdem nec non dilectis filiis Templariis et Hospitalariis et peregrinis constitutis in provincia Hierosolymitana, mandamus ut interim tibi nullum impendant consilium, auxilium, vel favorem, quinimo te tanquam excommunicatum arctius evitantes, patriarchæ prædicto ac Ecclesiis ejus assistant ad suam justitiam obtinendam, præfato patriarchæ Hierosolymitano mandantes ut ipsos ad id compellat per censuram ecclesiasticam, si necesse fuerit et viderit expedire. Tu igitur sensus tuos colligens in te ipso, sicut vir providus, studeas præcavere ne te in illum articulum necessitatis inducas quod te sero pœniteat apostolicis non obtemperasse monitis et mandatis.

Datum Laterani, xi Kalendas Martii, pontificatus nostri anno sexto decimo.

III.
REMENSI ARCHIEPISCOPO ET SUFFRAGANEIS EJUS.
De coercenda jurandi temeritate.
(Laterani, II (3) Idus Martii.)

Etsi apostolatus officium nos universis constituat debitores et erga omnes paternum affectum gerere teneamur, regnum tamen Franciæ prærogativa (4) quadam diligimus charitatis, utpote quod præ cæteris mundi regnis apostolicæ sedi ac nobis obsequiosum semper exstitit et devotum; ideoque ab eodem regno specialiter amovere cupimus scandala universa quæ contra illud divinæ possent majestatis oculos provocare. Noveritis autem ad nostram audientiam pervenisse quod ejusdem regni homines quasi ex consuetudine generali, frequenter ex ira, et interdum animi levitate (5), quibusdam utuntur nefandis et horribilibus juramentis; et cum veritas doceat per seipsam non esse jurandum per terram, quia scabellum est pedum Dei (6), ipsi non solum per divinos pedes et manus jurare non metuunt, verum etiam ipsius Christi et sanctorum ejus secretiora membra lingua sacrilega perscrutantes, ea non formidant intonare jurando quæ nos scribendo sumus veriti nominare. Cum igitur sacri canones in præsumptores hujusmodi constituant graves pœnas et episcopos (7) nihilominus, qui hæc emendare negligunt, asserant acerrime arguendos, fraternitatem vestram monendam duximus attentius et hortandam, per apostolica vobis scripta præcipiendo mandantes quatenus subditis vestris ut ab hujusmodi temeritate desistant curetis districtius inhibere, et inhibitionibus comminationes addendo, eorum præsumptionem taliter corrigatis quod di-

---
(2) Vide lib. II, epist. 9, 110; lib. XII, epist. 8, 38, 59.
(3) *Apostolatus* B. Petri quem obtinet pont. Max. sic Joannes XXII extravag. ad apostolatus De concess. præb. et extravag. ad nostri de privileg.
(4) *Prærogativa.* Vide supra lib. XII, epist. 14, et Joannem Ferraultum De juribus et privil. regni, et ordinationes regias, tit. 44, De privileg. apostol. regi concessis, et c. *Per venerabilem* qui filii sint legit.
(5) *Levitate,* l. unica C. *Si quis* imperat maledix.
(6) *Scabellum.* Matthæi v, et in c. *Et si Christus,* De jurejur.
(7) *Episcopos,* in fine d. cap. *Si quis per capillum.*

vini nominis zelus vos tangere videatur, et eorum temeritas divinam contra ipsos et regnum (8) præfatum non provocet ultionem. Vos denique, fratres archiepiscope (9) et episcopi, super vobis ipsis, etc.

Datum Laterani, 11 Idus Martii, pontificatus nostri anno decimo sexto.

IV.

EPISCOPO FLORENTINENSI, ET PRIORI CAMALDULENSI ET MAGISTRO B. PLEBANO CASTRI FLORENTINI.

De electione præpositi Aretini.

(Laterani, 11 Idus Martii.)

Cum olim nuntius dilectorum filiorum præpositi et canonicorum Aretinorum in nostra præsentia constitutus sententiam quam super electione facta de ipsos præposito in pastorem Ecclesiæ Aretinæ venerabiles fratres nostri archiepiscopus Ravennas et episcopus Liviensis delegati a nobis pro dicto præposito promulgarant postularet auctoritate sedis apostolicæ confirmari, magistro R. procuratore partis alterius, præter alia contra modum electionis ipsius et processum judicum prædictorum, objecta, proponente ipsum præpositum in Ecclesiam Aretinam ingressum Simoniacum habuisse, ac tempore quo de ipso fuit electio celebrata, excommunicationis fuisse vinculo innodatum, et natalium pati defectum, quia nobis super iis non poterat fieri plena fides, vobis dedimus in mandatis ut tam super processu judicum et electioni modo quam super obstaculis aliis quæ partes ducerent proponenda, receptis probationibus eorumdem ipsas sub vestris sigillis fideliter nobis transmitteretis inclusas, præfigentes partibus terminum competentem quo nostro se conspectui præsentarent sententiam recepturæ. Adjecimus etiam quod testes quos utraque pars super modo electionis, processu judicum, et aliis quæ crimina non contingerent, ducerent nominandos, si se gratia odio vel timore subtraherent, per censuram ecclesiasticam, appellatione postposita, cogeretis veritati testimonium perhibere. Partibus itaque in nostra præsentia constitutis, narratione ac responsione aliisque partium confessionibus super processu judicum et modo electionis auditis, cum velletis, sicut ex litteris vestris accepimus, ad aliorum inquisitionem procedere, a parte præpositi fuit objectum se non teneri super aliis respondere, cum hæc, sicut dicebat, coram primis judicibus objecta fuerint nec probata; præsertim cum induciæ datæ ad hæc probanda fuissent, et super iis pars eadem protestata fuerit coram vobis quod absque sui præjudicio super articulis aliis responderet; et adjecit ei non debere obesse si nuntius ejus cum adversario litteras impetravit, qui non ad hoc, sed tantum ad impetrandam confirmationem sententiæ, fuerat destinatus. Quibus pars adversa respondit quod cum hæc sub judicibus memoratis in modum exceptionis dilatoriæ fuerint ad judicium declinandum objecta, quod etiam pars altera concedebat, contra personam nihilominus ipsius præpositi ad excludendum eum a dignitate poterant peremptorie nunc opponi; præsertim cum nuntius partis præpositi in litteris impetratis cum adversario convenisset, et primo vobis præsentasset easdem, ac vos forma cogeret litterarum.

Addidit insuper quod pars præpositi contestando litem approbasse litteras et a dilatoriis exceptionibus recessisse liquido videbatur: quod pars adversa negabat, cum super aliis respondendo, ut dictum est, de jure suo circa exceptiones hujusmodi fuerit protestata, et, sicut dicebat, commissionis litteras approbare pro parte, ac pro parte poterat reprobare. Quia vero super iis diversi videbantur diversa sentire, quid vobis sit faciendum postulastis per sedem apostolicam edoceri; quærentes nihilominus an defectus natalium et excommunicatio judicari debeant ad crimina pertinere, cum de crimine non filii, sed patris, agatur in primo, et de pœna criminis in secundo; ut sic instrui valeatis utrum super iis nominandos testes secundum formam præcedentium litterarum debeatis compellere perhibere testimonium veritati. Quæsivistis etiam, si ad testimonium debeat archidiaconus supradictus admitti, cum per procuratorem agant idem et ejus socii coram vobis. Nolentes igitur per tales inutiles et vanos anfractus decisionem causæ in gravamen Ecclesiæ Aretinæ differri, per apostolica vobis scripta præcipiendo mandamus quatenus, non obstantibus hujusmodi vanis et frivolis occasionibus, secundum formam vobis datam cræ denominationis titulum interdixit, et judicis ordinarii super hac re attestationem actis curiæ referri præcepit mense Februario anno Domini 1600, ut in posterum nemo tantæ protervie percussus audacia, sacri nominis tremendum judicium prosapiæ titulis inferere tentaret, sed et maledicta in principem severæ legis judicio vindicavit 17 Novemb. 1605 et 5 Octob. 1519. Diis non detrahes, neque principi populi tui maledices, Exodi XXII. Majestatis sunt anrei qui de nostris regibus secus aliquid murmurarunt, ut ait Arnob. 4, Adv. gent.

(9) *Archiep.* Qui primati Remensi subditi sunt, Hincm. dicta epist. 6, c. 20 De primatu quoque in aliis provinciis idem Zacharias papa ad eumdem Bonifacium scripsit, qui anno Domini 741 legatus a latere Gregorii II, III et Zachariæ summorum pontificum in Gallia et Bajoaria vices gessit.

---

(8) *Regnum,* cujus principes Christianissimi sacratissimas leges tulere, quibus nefandæ procacitatis libido coercetur. Rhenanus in apolog. Tertull. 33 refert Clodovæi, Childeberti et Clotharii leges, quibus jurare prohibitum est, et posteriori sæculo, idem obtinuit, imo novissime Ludovicus Justus, cujus imperium, naturæ ornamenta gentiumque innumeræ nationes incredibili admiratione suspiciunt, prima quam edi jussit constitutione sacri nominis Dei Opt. Max. pejeratores (quippe solus assertor ab inimicorum telis et insidiis Gallias vindicavit) gravi multa puniri voluit cujus edicto senatus subscripsit anno Domini 1611, eisdem ferro candente lingua perforatur, postquam a Deo rege et a justitia sacerdotibus veniam petiere, ut mox laqueo suspensi flammarum vindice incendio suffocentur, ex placito senatus 25 Januarii 1610, qui non immemor avitæ religionis, Joanni Deo, sa-

procedatis in causa, testes in præmissis articulis, illo de Simoniaco ingressu duntaxat excepto, ad perhibendum testimonium veritati per censuram ecclesiasticam compellentes; cum etsi a criminibus forte descenderint, quoad istud negotium crimina non contingant. Archidiaconi vero testimonium, cum pro parte ipsius et sociorum ejus non per eum, sed per procuratorem, agatur, et in causa Ecclesiarum suarum clerici etiam adversus extraneos admittantur, cur in hac repelli debeat, nisi aliud rationabile obviet, non videmus. Tu denique, frater episcope, super teipso, etc.

Datum Laterani, II Idus Martii, pontificatus nostri anno sexto decimo.

V.

ARCHIEPISCOPO BURDEGALENSI, ET EPISCOPO AGENNENSI, ET ABBATI CLARIACENSI AGENNENSIS DIŒCESIS.

Adversus archiepiscopum Auxitanum.
(Laterani, xii Kal. Junii.)

(10) Cum gemitus Ecclesiæ Auxitanæ gementis sub nocte cæcitatis sui archiepiscopi et plorantis olim ad aures apostolicas ascendisset, a multis nobis multoties inculcatus, eumdem archiepiscopum monuimus diligenter ut cum ad pontificalis curam regiminis se deberet cognoscere minus aptum, suam et aliorum salutem lucris temporalibus anteponens, et compatiens Ecclesiæ memoratæ, quæ sub umbra ejus graviter in spiritualibus et temporalibus erat lapsa, pontificalem curam spontaneus resignaret, venerabilibus fratribus nostris archiepiscopo Narbonensi et bonæ memoriæ Uticensi episcopo apostolicæ sedis legatis nostris dantes litteras in mandatis ut ipsum ad id inducere procurarent. Sed idem archiepiscopus citatus pluries ab eisdem, non solum ad ipsos accedere non curavit, verum etiam, sicut nobis innotuit per ipsius litteras Narbonensis, cum excommunicatus fuerit ab eisdem, divina in animæ suæ periculum celebrare officia non desistit, præesse quidem desiderans, non prodesse; cum non modo subditum sibi populum juxta pontificale officium non erudiat, quinimo detestabilis vitæ ac conversationis exemplo inficiat et corrumpat, tot circumdatus flagitiis et opertus ut si etiam correctioni vellet intendere subditorum et bona prædicare opera quæ non agit, ipso verba sua operibus impugnante, ad eum reverteretur vacuus sermo ejus, cum cujus vita despicitur, etiam prædicatio contemnatur. Et ut de multis quæ objiciuntur eidem aliqua exprimamus, hæreticorum esse dicitur receptator et fautor, aleator et dilapidator notissimus, Simoniacus etiam et perjurus, atque adeo deditus ad carnalium flagitia voluptatum ut, sicut aqua effusus, incestuosa quoque commercia non evitet. Luget ergo non solum Ecclesia, verum etiam tota diœcesis, quinimo tota provincia Auxitana; cum idem quærens in ovibus solummodo lac et lanam, nec curans gregem sibi creditum pascere, sed seipsum, infirma nequaquam consolidet, vel reducat abjecta, confracta non alliget, et perdita non requirat, sed cum austeritate imperans et potentia, factus sit illis odor mortis in mortem quibus se odorem vitæ in vitam debuerat exhibere. Propter quod capitulum ipsius Ecclesiæ nobis humiliter supplicavit ut eorum miseriæ miserentes, ad radicem hujusmodi sterilis imo pestiferæ arboris securim tandem apponere ac in eadem Ecclesia plantare arborem fructiferam dignaremur.

Licet autem idem archiepiscopus in nostra præsentia constitutus nuntium destinaverit, qui quamdam inanem appellationem et aliquas frivolas excusationes proponere conaretur, ne tamen dicta conqueratur Ecclesia quod usque ad raucedinem faucium clamans non fuerit exaudita et quærens non invenerit consolantem, et nos, quibus esse dictum credimus in propheta: *Ecce constitui te super gentes et regna, ut evellas et dissipes, ædifices atque plantes (Jer. 1)*, officium nostrum negligere videamur, eumdem archiepiscopum, cum super criminibus multis et gravibus sit publice infamatus, et habeatur nihilominus de gravi dilapidatione suspectus, ab administratione spiritualium et temporalium duximus suspendendum, per apostolica scripta præcipiendo mandantes quatenus, si legitimus accusator vel etiam denuntiator apparuerit contra eum, inquiratis super præmissis et aliis quæ adversus eumdem proponi contigerit sollicite veritatem; et si eum constiterit aliqua seu aliquid quod ad depositionem sufficiat commisisse, in eum depositionis sententiam, sublato appellationis obstaculo, proferatis, et faciatis Ecclesiæ supradictæ per ipsius capituli electionem canonicam cum consilio vestro de persona idonea provideri. Si vero infra mensem post denuntiationem vestram contra ipsum nec accusator, nec denuntiator etiam apparuerit, cum frequentes clamores qui ad nos de ipsius actibus ascenderunt dissimulare nec debeamus ulterius nec velimus, vos eidem purgationem canonicam cum quinta manu vicinorum episcoporum, qui ejus vitam et conversationem noverint, indicatis; eumdem, nisi secundum formam prædictam infra unius mensis spatium se purgaverit, a jam dicta Ecclesia penitus amoventes, et de persona idonea provideri facientes eidem juxta formam superius comprehensam. Taliter autem mandatum apostolicum exsequamini quod zelus domus Dei vos comedere comprobetur. Quod si non omnes, etc., duo vestrum, etc. Vos denique, fratres archiepiscope et episcope, super vobis, etc.

Datum Laterani, xii Kal. Junii, pontificatus nostri anno sexto decimo.

---

(10) Vide lib. 14, epist. 52, 53.

VI.

UNIVERSIS ABBATIBUS ET PRIORIBUS CLUNIACENSIS ORDINIS AD GENERALE CAPITULUM CONVENIENTIBUS.

Hortatur eos ad meliorem frugem.

(Laterani, Idibus Martii.)

(11) Si diligenti meditatione pensabitis qualiter vita monastica sub primis ordinis Patribus pullulavit, et palmites longe lateque producens, ad mortifera circumquaque venena pellenda flores bonorum operum protulit et boni nominis effudit odores, pervigili cura studebitis eorum inhærere vestigiis, per quos in deserto mundi hujus plantata est et fructificavit in pluribus vitis monasticæ honestatis. Ii nimirum monastica frugalitate contenti, et optimum ponentes in paupertate principium, assecuti sunt in Domino totius sufficientiæ complementum, ecclesiarum prælatis accepti, ante reges et præsides vita et merito gloriosi. Nunc autem, quod mœrentes dicimus, etsi non a cunctis in omnibus, a plerisque tamen ex vobis in pluribus dicitur declinatum in tantum quod contra vestri ordinis regulam manu nimis avida colligentes ubi forsitan non sparsistis, dum loculos proprios replere nitimini, bona Ecclesiarum, quæ vestro committuntur regimini, vacuatis, sic ambitioni vacantes quod in locis quibus præestis, terrenæ paupertatis opes quæritis, non opem impenditis consilii salutaris (12). Ecce inter alia loca vestra præsidentium culpa depressa, prioratus de Charitate, qui olim in spiritualibus florens, in temporalibus abundabat, tanta corruptela marcescit et tam arida deprimitur paupertate quod nisi aliorum relevetur auxilio, vix adjicere poterit ut resurgat. Alias etiam, sicut accepimus, tam in vobis quam aliis curæ vestræ commissis adeo perniciosi facti estis exemplo quod antiquis Patribus loco tantum et habitu, non prærogativa virtutum, videmini successisse, sed eo plures contagio corruptionis inficitis quo pluribus illi quorum loca tenetis correctionis exempla vitæ magisterio exhibebant. Ne vero indigne illorum privilegiis gaudeatis quorum non servatis in moribus disciplinam, per apostolica vobis scripta mandamus quatenus incipientes facere quod possitis liberius edocere, in vobis et subditis hæc et iis similia corrigatis, tantoque plus luceant opera vestra bona coram hominibus ut glorificent Patrem vestrum qui est in cœlis quanto magis mala præterita facti evidentia publicavit, et ubi major ruina præcessit, ibi majoris reparationis sollicitudo sequatur, et damnum quod divulgata malitia intulit, manifestæ bonitatis suffragio restauretur. Quia vero integrum consuevit esse judicium quod plurimorum sententiis confirmatur, et quæ profectum communem respiciunt, tractari solent melius in communi, annuatim interesse capitulo generali omni occasione postposita studeatis, quæ ibidem secundum Deum et beati Benedicti regulam fuerint instituta firmiter servaturi, et tam in iis quam in aliis dilecto filio abbati Cluniacensi tanquam devoti filii patri et membra convenientia capiti obedientiam et reverentiam debitam impendentes, circa reformationem prioratus de Charitate manum auxilii et consilii apponatis, tantaque in præmissis diligentia vigiletis quod nec in vobis per culpam nec in subjectis per negligentiam offendentes, corrigatis in posterum quod in præterito commisistis. Vos denique, filii abbates, super vobis ipsis, etc.

Datum Laterani, Idibus Martii, pontificatus nostri anno sexto decimo.

VII.

PATRIARCHÆ HIEROSOLYMITANO APOSTOLICÆ SEDIS LEGATO.

De causa regis Armeniæ.

Sollicitudinem tuam in Domino commendamus, eo quod circa terræ sanctæ profectum adeo sollicitus et studiosus existis ut ei tam in spiritualibus quam temporalibus te pro viribus exhibeas fructuosum. Accepimus sane per litteras tuas quod, postquam venerabilis frater noster episcopus Sidoniensis iter arripuit ad sedem apostolicam veniendi, tu a rege illustri Armeniæ multa plenas humilitate verborum litteras recepisti, quibus significabat se pro reverentia nostra ad consilium et precum tuarum instantiam pacem cum Templariis reformasse, querelis eorum satisfaciens competenter (13); et quoniam per excommunicationis sententiam diu fuerat ab Ecclesia separatus, unde se plurimum contristari dicebat, absolutionis beneficium humiliter postulabat, supplicans nihilominus et instanter ut, sicut a nobis receperas in mandatis, comitem Tripolitanum ad faciendum sub examine tuo nepoti suo justitiam de Antiochia et principatu ejus ecclesiastica, si opus esset, districtione compelleres, cum idem nepos ipsius super iis paratus existeret sub tuo judicio litigare. Verum cum prædictum comitem convenisses ut pro tantis malis tantisque periculis evitandis in jam dicta controversia juxta mandatum et dispositionem nostram ad justitiam se offerret, respondit se Antiochiam ab imperatore Constantinopolitano tenere, nec sibi videri tutum aut justum ut de ipsa conventus in alterius quam ejusdem domini sui judicio responderet. Addidit etiam ipsum imperatorem hanc a nobis indulgentiam impetrasse ut deinceps comitem non cogeremus eumdem de Antiochia sub ecclesiastico judice litigare. Quid autem super iis tibi esset agendum, certificari responso sedis apostolicæ postulasti (14). Ad quæ sic duximus respondendum, quod cum memoratum regem Armeniæ propter gravissimam offensam quam Deo et Ecclesiæ Antiochenæ asseritur intulisse mandaverimus vinculo excommunicationis astringi donec satisfaceret competenter, tu, si ante hujus mandati susceptionem ex alia causa ligatus non fuerit, quoad illam qua modo tenetur secundum formam Ecclesiæ beneficium ei absolutionis impendas, injungens

(11) Vide infra epist. 144.
(12) Vide lib. XV, epist. 144.

(13) Vide lib. II, epist. 259.
(14) Vide supra epist. 2.

eidem quod de jure fuerit injungendum (15). Super eo vero quod a comite Tripolitano super Antiochia et principatu ejus petit sibi pro nepote suo justitiam exhiberi, per grave delictum quod commisit ibidem, reddidit se ad præsens indignum, ut ad tempus ei auxilium Ecclesiæ denegetur qui contra eam ad atrocem injuriam manus præsumptuosas extendit. Illud autem quod præfatus comes Tripolitanus nos imperatori Constantinopolitano asserit indulsisse, non dubites penitus esse falsum; et quod dicit se non teneri de Antiochia et principatu ejus ecclesiasticum subire judicium, reputes omnino frivolum et inane.

VIII.

EPISCOPO LICIENSI, ET PRIORI SANCTÆ MARIÆ ROCCÆ MATURÆ HYDRUNTINENSIS.

De quodam monacho recipiendo.

(Laterani, xi Kal. Aprilis.)

Cum abbati Neritonensi nostris dederimus litteris in mandatis ut A. monachum suum reciperet salva ordinis disciplina, idem mandatum nostrum et monitiones venerabilis fratris nostri Castrensis episcopi et aliorum quos monitores deputaveramus eidem præteriens aure surda, id efficere non curavit. Præterea utens pontificalibus indumentis, officium quoque pontificis non metuit usurpare, confirmando pueros, crucem in populo faciendo solemnem, subditos sibi benedicendo abbates et minores etiam ordines conferendo, asserens super his se nuper a nobis privilegium impetrasse, sicut dilectus filius Neritonensis archidiaconus, per quem de iis inquiri mandamus, per suas nobis litteras plenius intimavit. Ideoque discretioni vestræ per apostolica scripta mandavimus quatenus ipsum ut monachum salva ordinis disciplina recipiat antedictum per censuram ecclesiasticam appellatione postposita compellentes, auctoritate nostra injungatis eidem ut usque ad duos menses nostro se conspectui repræsentet, qua ratione prædicta exerceat ostensurus. Quod si forte infra prædictum terminum ad nostram venire præsentiam non curarit, vos ipsum ex tunc ad id per suspensionis sententiam sublato appellationis obstaculo compellatis. Tu denique, frater episcope, super te ipso, etc.

Datum Laterani, xi Kal. Aprilis, pontificatus nostri anno sexto decimo.

IX.

CAPITULO SUESSIONENSI.

De redemptione decimarum.

(Laterani, xii Kal. Aprilis.)

Præsidium favoris apostolici petitiones illæ merentur, per quas jus non læditur alicujus et alteri subvenitur. Postulastis sane vobis a sede apostolica indulgeri licentiam redimendi decimas quæ infra metas parochiarum vestrarum in feudum a laicis detinentur. Nos autem volentes super hoc ecclesiis, quibus hujusmodi debentur decimæ providere, præ-

ferri eas volumus in redemptione talium decimarum : quod si nolint, vel forte non possint, redimendi eas ad opus illarum ecclesiarum vobis concedimus facultatem; proviso nihilominus ut consueta servitia ad quæ laici pro decimis illis ecclesiis tenebantur, etiam post contractum talis venditionis impendant, cum ad eos pretium perveniat earumdem, nisi forte tam modico pretio velint esse contenti quod ob hoc ecclesiæ ab exactione servitiorum illorum, tanquam pro redemptione majoris incommodi, commode valeant abstinere. Nulli ergo, etc., concessionis, etc., *usque* incursurum.

Datum Laterani, xii Kalendas Aprilis, pontificatus nostri anno sexto decimo.

X.

LUNDENSI ARCHIEPISCOPO APOSTOLICÆ SEDIS LEGATO.

Adversus quemdam falsum legatum.

(Laterani, xii Kal. Aprilis.)

Per tuas nobis litteras intimasti te quemdam falsarium in vinculis detinere, qui sedis apostolicæ mentiens se legatum, nomine ac officio episcopi usurpatis, in multis pontificale præsumpsit officium exercere. Super quo tibi rescribi desideras nostræ beneplacitum voluntatis. Nos igitur sollicitudinem tuam in Domino commendantes, fraternitati tuæ per apostolica scripta mandamus quatenus, quidquid factum est taliter ab eodem denuntians habendum penitus pro infecto, ipsum, sicut charam habes gratiam divinam et nostram, perpetuo carceri facias mancipari, pane doloris et aqua angustiæ sustentandum (16). De aliis vero qui, sicut asseris, suspecti habentur de crimine falsitatis, diligenter inquiras, et quos inveneris esse tales., punias appellatione remota secundum constitutionem a nobis editam ad falsariorum malitiam confutandam. Tu denique, frater archiepiscope, super te ipso, etc.

Datum Laterani, xii Kal. Aprilis, pontificatus nostri anno sexto decimo.

XI.

VEGLENSI EPISCOPO.

De modo procurationis episcopalis.

(Laterani, xiv Kal. Aprilis.)

Cum olim causam quæ inter te ex parte una et clericos castri Musculi Veglensis diœcesis ex altera vertebatur super eo quod asserebas dictos clericos te, quoties ad ipsos accedis, extra portam castri debere cum processione recipere, ac tam tuis quam sociorum equis annonam ministrare in domo et ipsos in pascuis custodire, emendaturos si eorum aliquem quoquo modo perdi contingeret, et tibi ac tuis, si ultra unum diem, in quo te debent integre procurare, moram ibidem duxeris faciendam usque ad diem quartum panem et vinum procurationis nomine præbituros, asserens nihilominus eosdem tibi, sicut laicos potestatibus sæcularibus, ad banna teneri, et te a Spalato usque Venetias, cum illuc ire volueris, propriis debere sumptibus navigio de-

---

(15) Vide lib. ii, epist. 110.

(16) Vide lib. xv, epist. 118.

portare, abbati de Melta et plebano Sanctæ Mariæ Majoris Jadertinensis et archidiacono Veglensi sub certa forma duxerimus committendam, iidem, cognitis causæ meritis, dictos clericos ad prædicta omnia exsolvenda tibi sententialiter condemnarunt : quorum sententia per venerabilem fratrem nostrum episcopum et dilectum filium archidiaconum Polenses auctoritate nostra postmodum exstitit approbata. Verum ipsis clericis ad sedem apostolicam provocantibus, et partium procuratoribus demum propter hoc in nostra præsentia constitutis, nos auditis quæ fuerunt proposita per eosdem, venerabilibus fratribus nostris Traguriensi et Nonensi episcopis et dilecto filio abbati Sancti Damiani Jadertinensis diœcesis dedisse recolimus in mandatis ut inquirentes super totius causæ processu in litteris tunc directis ad ipsos plenius comprehenso diligentius veritatem, causam ipsam ad præsentiam nostram remitterent sufficienter instructam, præfigentes partibus terminum competentem quo se nostro conspectui præsentarent sententiam recepturæ. Cum igitur procuratores partium nuper ad nostram præsentiam accessissent, processum judicum eorumdem ab eisdem procuratoribus nobis exhibitum per dilectum filium nostrum Petrum tituli Sanctæ Cæciliæ presbyterum cardinalem examinari fecimus diligenter, et eodem per relationem cardinalis ipsius plenius intellecto, sententiam a præfato abbate de Melta et ejus conjudicibus pro te latam de fratrum nostrorum consilio duximus confirmandam. Nulli ergo, etc., usque incursurum.

Datum Laterani, xiv Kal. Aprilis, pontificatus nostri anno decimo sexto.

XII.
DECANO SANCTI HILARII, ET SANCTI PETRI ET SANCTI HILARII SUBDECANIS PICTAVIENSIBUS.

Adversus episcopum Pictaviensem.

(Laterani, x Kal. Aprilis.)

Inter cætera quæ contingebant antiquis patribus in figuram, et ad doctrinam nostram, Apostolo attestante, sunt scripta, dux Israelitici populi Moyses in deserto pulchre præsentem statum Ecclesiæ figuravit : qui cum nequaquam sufficeret universas ejusdem populi discutere quæstiones, ne solus inani consumptus labore deficeret, populo inutiliter exspectante, viros providos et Deum timentes elegit, qui populi querimonias audientes, judicarent tantummodo leviora, majora vero ejus examini reservarent. Universorum etenim Conditor, qui omnia simul ab æterno providit, sciens sacrosanctam Romanam Ecclesiam futuram caput omnium fidelium et magistram, ejus pastorem, per quem populum suum ad repromissionis terram, eam videlicet in qua propheta suam esse desiderat portionem, per hujus mundi solitudinem properantem regere disponebat, jam tunc benignus instruere dignabatur, qualiter [quia] conditionis humanæ lex hominem simul in diversis locis existere aut ad loca remotiora transvolare subito non permittit, redimeret tarditatem, sua videlicet onera dispensando per alios, et quæ per seipsum non posset, per legatos suos vel delegatos judices exsequendo, ut sic multis vocatis in partem sollicitudinis, penes eum plenitudo consisteret potestatis ; et ne quis contra ejus potestatem temere aliquid attentaret, per pœnam Core, Dathan et Abiron, qui contra dictum Moysen, stimulante invidia, calcaneum erexerunt, liquido præmonstravit qua damnatione vel interitu digni forent qui Romani antistitis jurisdictionem præsumerent impedire (17). Hæc si Pictaviensis episcopus diligenti et debita meditatione pensaret, nec diceret quod in sua vellet diœcesi papa esse, nec delegatos a nobis judices, quo minus commissa sibi exsequerentur negotia, imo nos verius in eisdem temere impediret. Sed ipse dilecto filio priori Sanctæ Radegundis Pictaviensis ad ea quæ sibi exsequenda commisimus non solum objecit obstaculum, sed et pœnam inflixit, nobis in eo nihilominus injuriam inferendo. Sicut enim idem prior lacrymabili nobis exposuit questione, cum dictus episcopus, qui olim ipsum diligere videbatur, tandem gravi concepto rancore ac odio contra eum pro eo quod commissionibus ad ipsum et conjudices suos contra eumdem episcopum et ejus clericos sæpius a sede apostolica impetratis, mandatum nostrum sicut obedientiæ filius exsequi procurabat, eum et suos latentibus machionationibus et insidiis diutius oppressisset, demum, quoniam idem prior in causa quam dilectus filius magister Walterus familiaris noster super Ecclesia de Araon adversus eumdem habebat episcopum (18), post ipsius multiplicem contumaciam, una cum collegis suis juxta formam apostolici mandati processit, manifesto exarsit odio in eumdem ; et qui dolorem conceperat, iniquitatem peperit contra ipsum.

Cum enim nepos ipsius episcopi et Baillivi castri de Mirebello, terras ejusdem prioris excoli nullatenus permittentes, quemdam colonum ipsius capere præsumpsissent, episcopus, ad quem castri dominium et nepotis correctio pertinebat, non solum ipsi satisfactionem super hoc non fecit aliquam exhiberi, verum etiam satellitibus dicti castri duos colonos ipsius carceri postmodum mancipantibus et bladum ejus portantibus per violentiam intra castrum, idem episcopus omnia sub dissimulatione transivit, non attendens quod non caret scrupulo societatis occultæ qui, cum possit, manifesto facinori negligit obviare (19). Unde servientes ipsius episcopi et hujusmodi dissimulatione audaciam assumentes, uvas, etiam antequam ad maturitatem venissent, de ipsius vineis asportavere non paucas ; ac demum vindemiarum tempore, cum homines et clerici sæpedicti prioris quod residuum fuerat colligere incœpissent, satellites dicti castri extra vineas ejicientes eosdem et quemdam de clericis suis verberatum

---

(17) Vide lib. xv, epist. 186.
(18) Vide lib. xv, epist. 228.

(19) Cap. *Error.* dist. 83.

atrociter veste propria spoliantes, et graviter vulnerantes alium in sacris ordinibus constitutum, usque ad quingentas saumas uvarum, quæ in vineis remanserant antedictis, pro suæ voluntatis arbitrio asportarunt. Cum autem his et aliis gravaminibus dicto priori et suis nequiter irrogatis necdum satiatus esset animus episcopi memorati, nec aversus furor ejus ab ipso, sed adhuc ad ejusdem oppressionem manus ejus extenta, servientes illius paternas domos sæpedicti prioris, quæ magni fuisse valoris et pretii memorantur, funditus everterunt, trabes et ligna cætera eorumdem ad munitionem castri dicti episcopi deferentes. Prior igitur tantis injuriis lacessitus, coram eodem episcopo de se ipso fecit deponi querelam : qui quod in corde gerebat non valens dissimulare vel nolens, sibi placere respondit si ei damnum accideret vel gravamen ; et ut quod ore dicebat, opere demonstraret, in nullo sibi fecit satisfieri de præmissis, quanquam damna eidem irrogata priori summam trecentarum marcarum excedere asserantur, præter ea quæ sui occasione hujusmodi pertulerunt. Denique adeo insolens effectus esse episcopus dicitur sæpedictus ut publice prædicans quod in episcopatu suo esse vult episcopus atque papa, et asserens quod per judices delegatos a nobis, quos papæ judicellos appellat, in sua diœcesi nihil fiet, capellanis de Mirebello præsumpserit inhibere ne observent sententias quas delegati a nobis judices protulerunt et præceperunt firmiter observari. Cujus præsumptionis excessum si quis diligentius curaverit intueri, gravem in eo cognoscet apostolicæ sedis injuriam, et eorum nihilominus qui ei tanquam membra capiti adhærentes in Christo efficiuntur unum corpus, advertere poterit dispendium et offensam. Si enim delegatos a nobis judices pro mandatorum exsecutione nostrorum tanto discrimini subjacere contigerit, quis commissiones nostras recipere aut mandata exsequi non timebit? Incircumscriptibilis siquidem et immensus, etsi cœlum impleat atque terram, et suæ divinitatis virtute penetret universa, spiritus tamen angelos suos facit, et ad explenda varia officia mittit illos ; sic miro ordine ipsorum ministeria hominumque dispensans ut a quibus sibi ministrantibus in cœlo semper assistitur, ab iis in terra vita fidelium muniatur. Si ergo nos, quos humana conditio simul in diversis locis corporaliter esse non patitur, hujusmodi naturæ defectum per angelos nostros redimere nequiverimus, quomodo judicium et justitiam et alia quæ ad summi pontificis officium pertinent in gentibus longe positis faciemus? Non nostram igitur, sed apostolicæ sedis, imo illius qui eamdem in terris obtinere voluit principatum, persequentes injuriam, et prædicti prioris et clericorum ipsius damnis et gravaminibus, quæ sustinuerunt non sine nostra injuria, condolentes, in omnes tam clericos quam laicos qui eis prædicta gravamina intulerunt, quique ad hoc dederunt operam auxilio, consilio vel mandato, excommunicationis sententiam, fratribus nostris nobis assistentibus, curavimus ore proprio promulgare, decernentes ut clerici quos eadem ligat sententia, cujuscunque ordinis aut dignitatis existant, si post publicationem ipsius præsumpserint celebrare divina, hoc ipso in perpetuum ab omni officio et beneficio ecclesiastico sint privati, et tam ipsi quam laici præterquam in supremæ necessitatis articulo absolutionis beneficium nequeant obtinere, nisi ad sedem apostolicam venerint illud humiliter petituri, saltem per procuratores idoneos, si forte nequiverint per seipsos.

Quocirca discretioni vestræ per apostolica scripta præcipiendo mandamus quatenus, dictam sententiam solemniter publicantes et præcipientes usque ad satisfactionem condignam firmiter observari, super damnis et injuriis priori sæpedicto et clericis ejus illatis inquiratis sollicite veritatem ; et si dictum episcopum in hoc inveneritis culpabilem exstitisse, ipsum per censuram ecclesiasticam, sublato appellationis obstaculo, ad satisfactionem plenariam compellentes, eumdem suspensum ad nostram præsentiam transmittatis. Quod si forsan per se vel suos, de quorum potentia gloriatur, præsumpserit impedire quominus id probare valeat dictus prior, vos, cum ipsum propter frequentes variosque clamores qui de illo ad aures nostras super hujusmodi excessibus ascenderunt, suspectum et incredibilem habeamus, purgationem super iis cum quinta manus episcoporum indicatis eidem, ipsum nihilominus, si forsan in ea defecerit, suspensum ad sedem apostolicam transmissuri. Quia vero idem episcopus, persecutor sæpedicti prioris et clericorum suorum asseritur manifestus, volumus et mandamus ut quoties ab eodem fueritis requisiti, episcopum memoratum et suos ab ipsius et clericorum suorum molestatione indebita, monitione præmissa, per censuram ecclesiasticam appellatione remota, veritate cognita, compescatis. Taliter autem super præmissis omnibus apostolicum studeatis adimplere mandatum, postpositis gratia, odio et timore, quod de negligentia redargui non possitis, sed potius de diligentia commendari. Testes autem, etc. Quod si non omnes, etc., duo vestrum, etc.

Datum Laterani, x Kal. Aprilis, pontificatus nostri anno sexto decimo.

XIII.
PRIORI SANCTÆ RADEGUNDIS PICTAVIENSIS
Eum fovet in causa sua.
(Laterani, VI Kal. Aprilis.)

Cum olim ab M. quondam prædecessore tuo fuisses coram bonæ memoriæ Willelmo Burdegalensi archiepiscopo publice impetitus super eo quod dictus prior asserebat te canoniam ipsius Ecclesiæ fuisse per Simoniacam pravitatem adeptum, ipso in probatione deficiente omnino, ac te, secundum quod injectum tibi exstiterat, canonice te purgante, ab impetitone illius fuisti sententialiter absolutus, sicut ipsius archiepiscopi litteræ nobis exhibitæ protestantur. Porro cum ejusdem Ecclesiæ prioratum fuisses postmodum assecutus et diu pacifice possedisses, magister P. de Chistre asserens quod prioratum ipsum obtinueras, mediante vitio Simoniæ, te super hoc coram abbate Novi monasterii Pictaviensis et conjudicibus suis delegatis a sede apostolica impetivit. Sed cum idem magister post multas dilationes ipsi ad id probandum indultas fidem non posset facere de objectis, ac tu ad mandatum judicum eorumdem canonice te purgasses, præfati judices te ab ejusdem accusatione ac impetitione magistri sententialiter absolverunt: quorum processum diligenter inspectum duximus confirmandum, sicut ex nostris apparet litteris manifeste. Postmodum vero cum bonæ memoriæ Octavianus Ostiensis episcopus legationis officium exerceret in partibus Gallicanis, D. et P. canonici Ecclesiæ supradictæ te super hoc in præsentia ejusdem episcopi accusarunt. Coram quo cum lis fuisset legitime contestata, et tibi objecta minime probarentur, idem episcopus, cognito quod a prædictis judicibus sententialiter, ut præmissum est, fueras absolutus, et processum ipsorum a nobis obtinueras confirmari, omnibus fere canonicis ipsius Ecclesiæ tuam protestantibus innocentiam et alias tibi laudabile testimonium perhibentibus, te ab impetitione hujusmodi auctoritate qua fungebatur absolvit, accusatoribus perpetuum super iis silentium imponendo; sicut in ejus litteris perspeximus contineri. Nuper vero Hugo de Sancto Maxentio, W. de Sancto Benedicto, et W. Barrilers canonici ecclesiæ sæpedictæ suscitantes sopitam toties, quæstionem, ad Bituricensem archidiaconum et conjudices suos super hoc contra te nostras, de præmissis mentione non habita, litteras impetrarunt: quorum duobus per electos arbitros a causæ cognitione repulsis, cum interim tu et Hugo prædictus, aliis tamen tracti negotiis, ad nostram præsentiam venissetis, tu, quod non parvum innocentiæ credimus argumentum, in nostra voluisti præsentia experiri. Nos igitur quæ a partibus fuere proposita coram nobis plenius intellectis, quia cognovimus evidenter præfatas litteras directas ad dictum archidiaconum et ejus conjudices fuisse per subreptionem obtentas, eas carere viribus decernentes, præfati Hugonis denuntiationem non duximus admittendam ; tum quia nos tacita veritate circumvenire præsumpsit, tum quia commonitionem canonicam non præmisit, tum etiam quia excommunicationis sententiæ subjacebat ; statuentes ut litteræ, si quas contra te de cætero super hoc contigerit impetrari, nullius penitus sint valoris, nisi tam de præsenti processu nostro quam de aliis superius comprehensis plenam et expressam fecerint mentionem. Decernimus ergo ut nulli omnino, etc., constitutionis, etc., *usque* incursurum.

Datum Laterani, vi Kalend. Aprilis, pontificatus nostri anno sexto decimo.

In eumdem fere modum scriptum est super hoc priori Sancti Hilarii de Cella, et decano Sancti Hilarii, et subdecano Sancti Petri Pictaviensis, verbis competenter mutatis, usque mentionem. Ideoque discretioni vestræ per apostolica scripta mandamus quatenus, quod a nobis est super hoc provida deliberatione statutum, faciatis per censuram ecclesiasticam appellatione remota firmiter observari. Quod si non omnes, etc., duo vestrum, etc.

Datum Laterani, ut supra.

XIV.

EPISCOPO HEREFORDENSI.

Ne beneficia dentur eis qui sunt sufficienter beneficiati.

(Laterani, v Kal. Aprilis.)

Cum Christi patrimonium inter eos qui sunt in hæreditatem ejus assumpti sit provide dispensandum, nec deceat ut aliis existentibus ebriis, alii esurientes remaneant aut jejuni, auctoritate tibi præsentium districtius inhibemus ne ad ecclesias lege tibi diœcesana subjectas sufficienter beneficiatos admittas, si forte tales præsentari contigerit ad easdem ; gaudentes in Domino quod, sicut pro certo comperimus, ad id prompta sis voluntate paratus. Nulli ergo, etc., inhibitionis, etc., *usque* incursurum.

Datum Laterani, v Kalend. Aprilis, pontificatus nostri anno sexto decimo.

XV.

EPISCOPO CREMONENSI APOSTOLICÆ SEDIS LEGATO.

Ecclesia Vicentina committitur electo Reginensi.

(Laterani, vi Idus Aprilis.)

(20) Licet quondam episcopum Ecclesiæ Vicentinæ, suis exigentibus culpis, mandaverimus amoveri penitus ab eadem, adhuc tamen, sicut accepimus, ipsam detinere non metuit occupatam, et cum dilapidatione multiplici pene penitus exhauserit bona ejus, residuum semper proficiens in deterius consumere non desistit. Quoniam igitur ad præsens aliud non videmus consilium superesse nisi ut dilecto filio Reginensi electo, qui prudentia et honestate per gratiam Dei viget, et est in partibus illis potens, dicta Ecclesia committatur, eidem nostris litteris dedimus in præceptis ut, quasi navem confractam gubernaturus in fluctibus, assumens onus et curam Ecclesiæ memoratæ, ad eam reformandam in spiritualibus et temporalibus relevandam, Reginensem nihilominus regens Ecclesiam, sic intendat provide ac potenter quod eadem in utroque per suæ sollicitudinis studium resurgente, ipse crescat et nomine apud homines et merito apud Deum, ac de die in diem gratiam nostram plenius assequatur. Ideoque fraternitati tuæ per apostolica scripta mandamus quatenus monens eumdem efficaciter et inducens ut laborem hujusmodi non recuset, ejusdem Ecclesiæ Vicentinæ capitulo et clero civitatis ac diœcesis universæ injungas ut eidem intendant humiliter ac devote, contradictores, si qui fuerint, per censuram ecclesiasticam, appellatione postposita, compescendo.

---

(20) Vide lib. xv, epist. 139.

Tu denique, frater episcope, super te ipso, etc.

Datum Laterani, vi Idus Aprilis, pontificatus nostri anno sexto decimo.

XVI.

ELECTO REGINENSI, ET PRIORI SANCTI GEORGII IN BRADIA VERONENSIS DIŒCESIS, ET VENTURÆ SUBDIACONO NOSTRO CANONICO VERONENSI.

De correctione monasterii de Vangaditia.

(Laterani, vi Idus Aprilis.)

In correctione monachorum monasterii de Vangaditia piget nos ulterius inanem assumere operam vel laborem ; cum nihil hactenus in ea proficere potuerimus, multum multoties laborantes, et hujusmodi Babylon, quam studio multo curavimus, minime sit sanata, quinimo eorum adeo computruerint cicatrices ut vicinos etiam laicos fetor ad nauseam provocet eorumdem. Quia igitur ferro resecanda sunt vulnera quæ fomentorum non sentiunt medicinam, discretioni vestræ per apostolica scripta mandamus quatenus tam E. quondam ejusdem loci abbatem, quem archipresbyter Estensis et conjudex ipsius nostri auctoritate mandati a regimine ipsius monasterii amoverunt, quam etiam monachos universos per alia monasteria collocantes, virum aliquem religiosum bonæ opinionis et vitæ, sollicitum in spiritualibus, et in temporalibus circumspectum præficiatis monasterio sæpedicto, quod, secum viris prudentibus et religiosis assumptis, monasterium ipsum spiritualiter et temporaliter cum consilio vestro studeat reformare ; contradictores, si qui fuerint, vel rebelles per censuram ecclesiasticam, appellatione postposita, compescentes. Quod si non omnes, etc., duo vestrum, etc. Tu denique, fili electe, super teipso, etc.

Datum Laterani, vi Idus April. pontificatus nostri anno sexto decimo.

XVII.

ARCHIEPISCOPO SENONENSI, ET EPISCOPO NIVERNENSI, ET DECANO SEREBERIENSI DOCENTI PARISIUS SACRAM PAGINAM.

De quodam canonico Lingonensi suspecto de hæresi.

(Laterani, iv Idus Aprilis.)

(21) Venerabilis frater noster Lingonensis episcopus olim quædam nobis contra G. canonicum Lingonensem presbyterum de Musiaco per suas litteras intimavit quæ sapere videbantur hæreticam pravitatem : quarum tenorem de verbo ad verbum vobis, fratres archiepiscope et episcope, ac dilecto filio nostro Roberto tituli Sancti Stephani in Cœlio monte presbytero cardinali, tunc Parisius commoranti, sub bulla nostra misimus interclusum. Unde cum dictus episcopus eumdem suspectum de hæresi habuisset, coegit eumdem cautionem tam juratoriam quam fidejussoriam exhibere quod terminis quos sibi præfigeret ejus se conspectui præsentaret, prout deceret, super iis omnibus responsurus. Sed cum idem episcopus apud Barrum super Sequanam die

a quo sibi terminum assignarat cum multis viris religiosis et prudentibus, quos ad hoc convocaverat, convenisset, dictus G. juramenti religione contempta, neque comparuit, neque suam absentiam excusavit. Quare sæpedictus episcopus, pensatis omnibus quæ tam prima die quam secunda, servato juris ordine, ac præ oculis habito Dei timore, acta fuerant coram eo, et toto processu diligenti deliberatione pensato, de consilio et consensu tam religiosorum quam juris peritorum omnium qui assistebant eidem, sæpedictum G. super iis de quibus fuerat accusatus pro convicto decrevit habendum, ipsum sententia diffinitiva pronuntians tanquam hæreticum condemnandum, et sententiam in scriptis redigi faciens, et multorum sigillis, episcoporum videlicet, abbatum et archidiaconorum, reservari munitam. Cumque idem G. postmodum in nostra proposuisset præsentia constitutus quod præfatus episcopus eum post appellationem ad nos interpositam ceperat, et præfatam præstare compulerat cautionem, nitens se multipliciter excusare, nos attendentes quod vos, fratres archiepiscope ac episcope, cum cardinale prædicto ea quæ circa ipsum fuerant inquirenda poteratis plenius indagare, illum ad vos duximus remittendum, dantes vobis per nostras litteras in præceptis ut, nisi usque ad festum Pentecostes proximo tunc futurum in vestra præsentia compareret, super iis quæ sapiunt hæreticam pravitatem suam sufficienter, si posset, innocentiam ostensurus, vos sublato cujuslibet contradictionis et appellationis obstaculo, exerceretis in ipsum rigorem ecclesiasticæ disciplinæ ; quod si se ostenderet inculpabilem, ejus innocentiam nequaquam opprimi sineretis, cum sincera diligentia et diligenti sinceritate in negotio fidei processuri. Nuper autem idem G. proposuit coram nobis quod præfato termino ad præsentiam vestram non fuit ausus accedere metu mortis, cum zelus fidelium in hæreticæ pravitatis labe notatos, esset in partibus illis tunc temporis sic accensus ut incendio traderent non solum manifestos hæreticos, sed etiam quoslibet de hujusmodi pravitate suspectos. Unde nobis humiliter supplicavit ut ejusdem purgationem recipi facientes, ipsum diu malitiose vexatum non sustineremus ulterius indebite molestari. Licet autem eumdem ex eo quoque habeamus valde suspectum quod ad vestram præsentiam termino quem ore proprio sibi præfixerunt non accessit, quia tamen non congregata dispergere, sed dispersa potius congregare debemus, discretioni vestræ per apostolica scripta præcipiendo mandamus quatenus convocatis ad locum idoneum præfato episcopo Lingonensi et aliis qui fuerint convocandi, circa ipsum, cui viva voce præcepimus ut infra octavas Pentecostes proximas propter hoc vestro conspectui se præsentet, secundum formam superius comprehensam, appellatione postposita, procedatis, eidem in eundo, redeundo et morando facientes auctoritate

---

(21) Vide lib. xiv, epist. 15.

nostra usque ad decisionem negotii securitatem plenariam exhiberi. Testes autem, etc. Quod si non omnes, etc., duo vestrum, etc. Vos denique, fratres archiepiscope ac episcope, super vobis ipsis, etc.

Datum Laterani, iv Idus Aprilis, pontificatus nostri anno sexto decimo.

XVIII.

EPISCOPO ARGENTINENSI, ET ABBATI DE BONGARTEN ET PRIORI DE SALEM ARGENTINENSIS ET CONSTANTIENSIS DIOECESUM.

De electione abbatissæ Buchaugiensis.

(Laterani, iii Idus Aprilis.)

Accedentibus olim ad præsentiam nostram dilectis filiis C. procuratore G. et C. nuntio L. et canonicarum cœnobii in Bocchove dilectum filium Angelum tunc subdiaconum et capellanum nostrum, nunc Sancti Adriani diaconum cardinalem concessimus auditorem. Coram quo ipsius G. proposuit procurator quod olim cœnobio prædicto abbatissa vacante, sorores, ad quas spectabat electio abbatissæ, ad locum ad celebrandam electionem statutum pariter convenerunt, et habito diligenti tractatu, licet in principio a diversis diversæ fuerint nominatæ, majori tamen et saniori parte ipsarum dictam G. in abbatissam suam postmodum eligente, quatuor duntaxat dictam L. temere nominarunt. Verum cum ipsius electionis quæstio ad examen venerabilis fratris nostri Constantiensis episcopi diœcesani sui deducta fuisset, et idem cognitis causæ meritis electionem ipsius G. de prudentium virorum consilio confirmasset, ac induxisset eamdem in corporalem possessionem cœnobii antedicti, officiales nobilis viri comitis Marcoaldi, dicta L. procurante, ipsam G. a jam dicto cœnobio ejecerunt. Unde procurator C. ejusdem G. electionem, quæ de ipsa facta fuerat, petiit confirmari. Nuntius vero L. prædictæ proposuit ex adverso quod cum major et sanior pars personarum ad quas pertinebat electio in ipsam L. voto unanimi convenissent, ne prænominata G. quæ se sibi adversariam opposuerat, prætextu qualis nominationis ipsius in præjudicium ejusdem aliquid attentaret, ad venerabilem fratrem nostrum Maguntinensem archiepiscopum, apostolicæ sedis legatum, suspectum habens diœcesanum pro eo quod erat ipsius G. consanguineus et manifestus adjutor, vocem appellationis emisit. Cumque partes postmodum in arbitros convenissent, arbitris ipsis gratia diœcesani jam dicti ad arbitrium debitum procedere non curantibus, dicta L. sedem apostolicam appellavit. Cujus appellatione contempta, dicta G. administrationi abbatiæ fulta potentia brachii sæcularis temere se ingessit. Unde ipsius L. nuntius causam personis suspicione carentibus petiit delegari. Quare venerabili fratri nostro Basiliensi episcopo et dilectis filiis de Novocastro et de Parisius abbatibus causam ipsam sub certa forma duximus committendam. Partibus igitur in præsentia præfati Basiliensis episcopi et abbatis de Parisius ac F. præpositi de Trutinhusen, cui abbas de Castronovo vices suas, sententia tamen sibi reservata, commiserat, constitutis, et utra illarum prius deberet proponere contendentibus, tandem interlocuti fuerunt judices antedicti præfatam L. primo debere suam proponere quæstionem, utpote quæ actoris personam gerere videbatur. A quorum sententia dicta G. ad sedem apostolicam appellavit. Et licet præfatus Basiliensis episcopus ejusdem appellationi duxerit deferendum, dicti tamen abbas de Parisius et præpositus eamdem frivolam reputantes, et attendentes quod secundum formam rescripti procedere poterant sine ipso, testes ab L. sæpedicta productos, altera parte absente per contumaciam, receperunt : quorum depositionibus dicti abbates diligenter inspectis, pro eadem L. sententiam proferentes, tam electionem, quæ de præfata G. facta exstiterat, quam confirmationem diœcesani superius nominati penitus irritarunt : a quorum sententia non fuit a parte altera provocatum. Nuper autem cum procuratores partium ad nostram præsentiam accessissent, procurator ipsius G. interlocutoriam a præfatis judicibus promulgatam conatus est multipliciter impugnare, inter cætera præcipue allegando quod cum dictus abbas de Castronovo vices suas alii commisisset, licite potuerat ad sedem apostolicam provocari. Nos igitur iis et aliis quæ fuere proposita coram nobis plenius intellectis, et inspecto nihilominus processu judicum prædictorum, attendentes appellationem ipsam, qua provocatum fuit ab interlocutoria tanquam iniqua, frivolam exstitisse, cum absque dubio recte interlocuti fuerint tres judices memorati, licet unus appellationi duxerit deferendum, et quod abbas de Castronovo, quamvis præfato præposito commiserit vices suas, tamen non totam jurisdictionem suam commisit eidem, sicut apparet ex eo quod diffinitivam postmodum una cum collega suo sententiam promulgavit, unde si a subdelegato appellandum fuisset, non ad nos sed ad eumdem abbatem debuerat appellari, appellatione hujusmodi non obstante, tam interlocutoriam quam diffinitivam sententiam pro præfata L. rationabiliter promulgatam, de fratrum nostrorum consilio duximus confirmandam. Ideoque discretioni vestræ per apostolica scripta mandamus quatenus quod a nobis est sententialiter diffinitum, faciatis per censuram ecclesiasticam appellatione remota firmiter observari. Quod si non omnes, etc., tu ea, frater episcope. Vos denique, frater episcope et fili abbas, super vobis ipsis, etc.

Datum Laterani, iii Idus Aprilis, pontificatus nostri anno sexto decimo.

XIX.

PATRIARCHÆ GRADENSI, ET EPISCOPO CASTELLANO.

Adversus episcopum Tervisinum.

(Laterani, vi Idus Aprilis.)

(22) Exhibitæ coram nobis dilectorum filiorum

---

(22) Vide infra epist. 160, et lib. xii, epist. 64, 65 ; lib. xv, epist. 195, 197.

magistri Maximi notarii et V. thesaurarii Ecclesiæ Veronensis subdiaconorum nostrorum et S. Gradensis primicerii litteræ continebant quod, cum cognitionem processus venerabilis fratris nostri Cremonensis episcopi apostolicæ sedis legati contra venerabilem fratrem nostrum episcopum Tervisinum eis duxerimus committendam, iidem in ipso legitime procedentes, quia ipsis per testes et instrumentum publicum constitit evidenter quod adversus supradictum episcopum ad inimicorum ejus instantiam, loco suspecto, eodem absente, ac post appellationem ad nos legitime interpositam, fuit in inquisitione processum, et per quosdam, qui adeo in partem alteram declinarunt ut ea recusarent scribere quæ pro episcopo facere videbantur, supradicti legati processum in irritum revocarunt. Nos autem processum eorum, cum nihil rationabile objectum fuerit contra ipsum, in hac parte duximus approbandum. Intelleximus etiam ex litteris eorumdem, in inquisitione facta per bonæ memoriæ Albanensem electum apostolicæ sedis legatum adversus eumdem episcopum, quam coram se aperiri fecerunt, quosdam testes deposuisse juratos quod, cum Tervisina civitas statuisset ut de feudis venditis sexta pars pretii ad feudorum dominos volveretur, et sic feudum fieret emptoris allodium, bonæ memoriæ Conradus Tervisinus episcopus a sede apostolica et claræ memoriæ Henrico imperatore privilegia impetravit ut contra episcopatum non haberet statutum hujusmodi firmitatem, et successores ejusdem Conradi de sic venditis feudis Ecclesiæ sextam partem recipere noluerunt, sed episcopus iste recepit ex illis. Adjecerunt etiam testes prædicti quod, cum commune civitatis ejusdem Ambrosio quondam episcopo Tervisino abstulerit teloneum, episcopus, qui nunc præest, pro ipso duo millia librarum ab eodem communi recepit: quod memoratus Ambrosius facere recusavit. Ad hæc autem sic eumdem episcopum respondisse judices retulerunt, quod dicta privilegia nec habuit neque vidit, et cum ipse super statuto hujusmodi communiti resistere non valeret, et sic nisi sextam acciperet, in Ecclesiæ suæ potius præjudicium redundaret tam partem quam totum etiam amittendo, ejusdem Ecclesiæ necessitate ac utilitate pensata, de venerabilis fratris nostri Aquilegiensis patriarchæ licentia, cujus super hoc litteras illis exhibuit ejusdem sigilli munimine roboratas, de venditis feudis sextam recepit pretii portionem, adjiciens ut cum pro recuperando teloneo a communi ejus prædecessori sublato sollicite laborarit, nec potuerit aliquem consequi super hoc ex suo labore profectum, tandem teloneum ipsum in duobus millibus librarum obtinuit æstimari; sed ex ipsis denariis aliquid non recepit, nisi quod commune septingentas libras, quas extorquere ab ipso volebat, sibi recompensavit ex illis. Quia vero super iis dicti judices nihil specialiter decreverunt, cum judex de ea re de qua cognovit pronuntiare debeat secundum legitimas sanctiones, eorum negligentia in hac parte robur favoris apostolici non meretur.

Licet autem eumdem episcopum tam propter hoc quam alienationem ejusdem molendini valde utilis Ecclesiæ Tervisinæ ac debita quibus tam brevi tempore post promotionem suam eamdem Ecclesiam plurimum oneravit, nec non beneficia ecclesiastica, sicut accepimus, personis indignis collata, de dilapidatione suspectum, quinimo quodammodo culpabilem secundum canonica et legalia instituta suspendere ab administratione possemus, ne tamen vir nobilis Guercius, quem ab impetitione ipsius episcopi propter causas inimicitiarum alia vice repulimus, et nunc etiam nuntios ejus non duximus admittendos, tanquam inimicus super eum hac occasione gauderet si forsan idem episcopus reduceretur in pœnam quam ad clamores ejus incurrerat, providimus sic rigorem mansuetudine temperandum quod in illo insultationis non superabundet occasio, et circa istum non videatur omitti super administratione cautela. Hinc est quod omnis alienationis speciem sub interpositione anathematis interdicentes eidem, ipsum ab alienandi suspendimus potestate, ut ipso jure contractus alienationis sit irritus, si quis forte per ipsum medio tempore fuerit attentatus. Interim autem dilectos filios decanum et magistrum Gall. canonicum Tervisinos circa curam et administrationem temporalium ei præcepimus adhiberi, sine quorum consilio et assensu in temporalibus non ministret, præstito ab illis corporaliter juramento quod ei circa temporalium administrationem assistent fideliter et prudenter. Super eo autem quod quædam ecclesiastica beneficia, non solum indignis, sed etiam indigne asseritur concessisse, veritatem nihilominus inquiratis, et eam ad nostrum referatis examen, interim ipsum a potestate conferendi ecclesiastica beneficia suspendentes. Cæterum ut plene indemnitatibus provideatur Ecclesiæ Tervisinæ, fraternitati vestræ per apostolica scripta mandamus quatenus, super rebus alienatis, videlicet quot et quanta quantique valoris exstiterint, quodve dispendium ex hoc incurrerit Ecclesia Tervisina, nec non et aliis circumstantiis inquisita per canonicos Tervisinos juramento interposito sollicite veritate, depositiones ipsorum ad nos sub sigillis vestris inclusas fideliter transmittentes, præfigatis episcopo terminum competentem infra quem per se vel procuratorem idoneum nostro se conspectui repræsentet, ut super hoc secundum quod expedire viderimus, procedamus. Vos igitur tam prudenter in præmissis, sublato contradictionis et appellationis obstaculo, procedere studeatis, quod circumspectionem vestram ex hoc possimus in Domino commendare. Nullis litteris veritati, etc. Vos denique, fratres patriarcha et episcope, super vobis ipsis, etc.

Datum Laterani, vi Idus Aprilis, pontificatus nostri anno sexto decimo.

XX.

ARCHIPRESBYTERO DE GRAVALONA NOVARIENSIS DIŒCESIS.

De interdicti sententia relaxanda.

(Laterani, vi Kal. Aprilis.)

Ex parte communis de Gravalona Novariensis diœcesis fuit propositum coram nobis quod licet terra ipsorum fundata sit in solo habili et fecundo, adeo tamen infortunata est et infausta ut nec in rebus multiplicari valeat nec personis, et cum, fortuna sibi aliquatenus arridente, speratur quod ab hujusmodi debeat infelicitate consurgere, casibus semper opprimitur improvisis : quod ex eo existimant provenire quia terra eadem olim, sicut fama est, propter excessus dominorum ipsius supposita fuit sententiæ interdicti, quæ non creditur fuisse postmodum relaxata. Unde apostolatui nostro humiliter supplicarunt ut cum nobis in beato Petro apostolo ab ipsa fuerit veritate promissum quod quæcunque solveris super terram, soluta erunt pariter et in cœlis, eos ab hujusmodi vinculo absolvere dignaremur, præsertim cum animarum quoque periculum ex hoc sibi metuant imminere. Cum igitur majores propter minorum offensam et culpa majorum minores quandoque puniri sacræ Scripturæ doceamur exemplis, piam eorum sollicitudinem et timorem commendamus in Domino, et speramus quod fides quam de clavibus Petri gerunt ipsis utilis esse debeat ad veniam promerendam, cum paralyticum ad pedes Jesu Christi submissum per tegulas fides salvaverit aliena. Verum quia David ad placandam indignationem divinam, quæ culpa ipsius in populum fuerat concitata, sacrificium Domino legitur obtulisse, nos factis ejusdem, quæ ad nostram eruditionem scripta esse testatur Apostolus, inhærentes, discretioni tuæ per apostolica scripta mandamus quatenus populum dicti loci, ut ad expiandam culpam hujusmodi et divinam propitiationem facilius impetrandam, aliquam Domino satisfactionem impendant, monens efficaciter et inducens, præfatam interdicti sententiam auctoritate nostra denunties relaxatam, eosdem sollicite commonendo ut sic in divino timore permaneant, ne quos apud homines apostolica solvit auctoritas, propria liget iniquitas apud Deum.

Datum Laterani, vi Kal. Aprilis, pontificatus nostri anno sexto decimo.

XXI.

ARCHIEPISCOPO SALZEBURGENSI, ET DE RERTHTHERSGADME SALZEBURGENSIS DIŒCESIS PRÆPOSITIS.

Eis committitur quædam causa.

(Laterani, vii Idus Aprilis.)

Causam quæ inter dilectos filios A. presbyterum et C. scholarem Ratisponenses super Ecclesia in Buchkirchen vertitur, ab examine dilecti filii præpositi Sancti Nicolai et suorum conjudicum delegatorum nostrorum ad nos per appellationem delatam, dilecto filio Angelo Sancti Adriani diacono cardinali commisimus audiendam. Coram quo presbyter proposuit memoratus quod cum olim venerabilis frater noster Pataviensis episcopus prædictam Ecclesiam de Buchkirchen, quam ad commonitionem ejusdem episcopi dictus C. nullo tunc ordine fungens, pro eo quod quamdam puellam desponsaverat publice, per litteras et proprium nuntium resignarat, sicut per ejusdem episcopi litteras ostendebat, eidem canonice concessisset vacantem quidem et nemine reclamante, ac ipsam idem presbyter aliquandiu possedisset in pace, tandem prædictus C. ad quosdam judices apostolicas litteras super restitutione ipsius Ecclesiæ adversus memoratum episcopum impetravit, mendaciter se clericum exprimens in eisdem, cum tempore impetrationis ipsarum clericali non esset charactere insignitus. Et licet hujusmodi abrenuntiaverit litteris, data fide quod eis nullatenus uteretur dummodo sibi dictus episcopus de ipso presbytero faceret justitiæ plenitudinem exhiberi, postmodum tamen idem C. coram eo traxit in causam presbyterum ante dictum : qui cum sentiret indebite se gravari, sedem apostolicam appellavit. Eo vero prosequente appellationem emissam, dictus C. per judices ad quos litteras quibus abrenuntiaverat impetrarat, prænominatam Ecclesiam occupavit. Cumque super hoc idem presbyter ad decanum Pataviensem et collegas ipsius nostras litteras reportasset, et de spoliatione ipsius presbyteri constituisset eisdem, ipsi restituendam ei prænominatam Ecclesiam decreverunt, mittentes duos decanos cum eodem presbytero qui auctoritate nostra ipsum in possessionem Ecclesiæ mitterent corporalem. Quibus sæpedictus C. una cum quibusdam armatis se violenter opponens, ipsos turpiter repulerunt. Sed cum judices ipsum C. pro temeritate hujusmodi ad eorum præsentiam citavissent, et idem appellans frustratorie, manifesta contumacia laboraret, tam in eum quam in ejus fautores excommunicationis sententiam proferentes, eumdem presbyterum cum securitate nobilis viri ducis Bavariæ ad prænominatam Ecclesiam remiserunt. D. vero subdiaconus et quidam alii ejusdem C. servi, et patris ejus amici, eodem C. procurante, noctis tempore ipsum aggressi presbyterum, adhuc nudum, in lecto jacentem, ligatis a tergo manibus, equis et aliis rebus ejus ablatis, traxerunt impositis ei plagis ad silvam, et inter ungues spinis immissis, cum multis aliis affecere tormentis, et tanto tempore, procurantibus F. E. et W. militibus et quibusdam aliis Pataviensis diœcesis, tenuere captivum donec prædicti ducis et quorumdam aliorum nobilium precibus pro quadam summa pecuniæ se redemit. Quare tam ejus diœcesanus quam judices memorati ipsius miseriis miserentes, præsumptores præfatos et fautores ipsorum excommunicationis vinculo innodarunt. Unde nobis humiliter supplicavit ut ejus adversarii malitiis occurrentes, laboribus ipsius imponere finem dignaremur.

Ad hæc autem per D. procuratorem partis alterius fuit ex adverso responsum quod cum prædictus C. memoratam Ecclesiam ab ipso Pataviensi canonice sibi collatam duobus annis pacifice possedisset, tandem eo insistente scholasticis disciplinis, eamdem idem episcopus contulit presbytero memorato. Super quo tam contra ipsum quam contra presbyterum ad Ratisponensem præpositum et suos conjudices litteras impetravit, qui propter contumaciam ipsius presbyteri eumdem C. in possessionem causa rei servandæ miserunt. Interim autem idem C. citatus a decano Pataviensi et suis conjudicibus per quasdam nostras litteras ipsis per suum adversarium præsentatas, in quibus tamen nulla de prioribus mentio habebatur, in ipsa citatione bis fuit per eumdem presbyterum spoliatus. Propter quod ad præfatos judices Ratisponenses recurrens, eumdem fecit presbyterum excommunicationis vinculo innodari, et ad cautelam a secundis judicibus ad nos per nuntium proprium appellavit, tum propter causam præmissam, tum quia exceptiones ejus legitimas admittere recusabant. Unde petebat ut revocato in irritum quod per decanum Pataviensem et suos conjudices temere fuerat attentatum, Ratisponensis præpositi et conjudicum ejus processum robur faceremus firmitatis habere. Nos igitur per fidelem narrationem cardinalis prædicti auditis iis et aliis quæ fuere proposita coram eo, possessionem ejusdem Ecclesiæ cum fructibus perceptis adjudicavimus presbytero memorato, discretioni vestræ per apostolica scripta mandantes quatenus in corporalem possessionem ipsius Ecclesiæ presbyterum mittatis eumdem, et auctoritate nostra defendatis inductum, super fructibus quod a nobis est sententialiter diffinitum facientes per censuram ecclesiasticam appellatione remota firmiter observari. Cæterum quia de damnis et injuriis supradictis nobis non potuit fieri plena fides, per apostolica vobis scripta mandamus quatenus vocatis qui fuerint evocandi, et auditis hinc inde propositis, si de iis legitime vobis constiterit, de damnis satisfieri competenter eidem presbytero facientes, pro hujusmodi detestandis injuriis præfato C. si per eum illatæ fuerunt, super Ecclesia ipsa perpetuum silentium imponatis. Alioquin eo, sicut dictum est, primitus restituto, super proprietate ipsius Ecclesiæ audiatis causam; et quod canonicum fuerit sublato appellationis obstaculo decernatis, facientes quod statueritis, etc. Tu autem, etc. Quod si non omnes, etc., tu ea, frater archiepiscope, etc. Tu denique, frater archiepiscope, super te ipso, etc.

Datum Laterani, vii Idus Aprilis, pontificatus nostri anno decimo sexto.

XXII.

NOBILI VIRO COMITI NIVERNENSI, SPIRITUM CONSILII SANIORIS.

De causa monasterii Vezeliacensis cum comite Nivernensi.

(Laterani, ii Idus Aprilis.)

(23) Cum pro quæstione quæ inter te ex parte una et dilectos filios abbatem et conventum monasterii Virziliacensis diœcesis Eduensis ex altera super quibusdam procurationibus annuis, damnis et injuriis vertebatur, tui et partis alterius procuratores ad nostram præsentiam accessissent, et in ea fuisset aliquandiu coram nobis prudenter et provide disputatum, tandem ex parte tua relatione tuorum procuratorum accepimus quod tu volens per omnia complacere nostræ beneplacito voluntatis, paratus eras in hac causa nostris obtemperare mandatis. Nos autem communicato fratrum nostrorum consilio hoc duximus injungendum, ut cum tu et successores tui comites Nivernenses in festo paschali ad monasterium accesseritis memoratum, nomine procurationis centum librarum usualis monetæ, quæ pro tempore curret, sitis summa contenti, tantumdem in festo beatæ Mariæ Magdalenæ procurationis nomine recepturi, si ad monasterium accesseritis supradictum, ad protectionem ejusdem monasterii, secundum quod de jure tenemini, dantes operam efficacem. Ut ergo super hoc nulla possit in posterum via patere calumniæ, tu et uxor tua per authenticum instrumentum abbati et conventui ejusdem monasterii promittatis vos id firmiter observaturos, vestros nihilominus successores ad hujus rei observantiam obligantes, et ad majorem cautelam faciatis hoc per charissimum in Christo filium nostrum [Philippum] illustrem regem Francorum auctoritate regia confirmari; mandatum nostrum taliter impleturi quod divinam et apostolicam gratiam possitis exinde uberius promereri. Damus itaque venerabili fratri episcopo et dilectis filiis abbati Sancti Victoris et cancellario Parisiensi nostris litteris in mandatis ut postquam super hoc tu et uxor tua litteras secundum formam concesseritis supradictam, te juxta formam Ecclesiæ a vinculo excommunicationis absolvant quo propter idem negotium nostra es auctoritate ligatus, injungentes tibi sub debito præstiti juramenti ut ad impetrandam super hoc confirmationem regiam des operam bona fide. Abbatem vero et conventum prædictos ab omni decrevimus impetitione cessare; omnemque remittere quæstionem quæ ipsis adversus te comitem super damnis et injuriis competebat; decimis de Dornitiaco duntaxat exceptis, super quibus eis satisfieri volumus et mandamus.

Datum Laterani, ii Idus Aprilis, pontificatus nostri anno decimo sexto.

Scriptum est super hoc episcopo, abbati Sancti Victoris, et cancellario Parisiensi, verbis competenter

---

(23) Vide infra epist. 154, 9, lib. i, epist. 141, et lib. xv, epist. 83.

mutatis. Quod si non omnes, etc., tu, frater episcope, etc. Tu denique, etc.

XXIII.
ARCHIEPISCOPO ET ABBATI SANCTI PAULI NARBONENSIS, ET PRIORI FONTISFRIGIDI, NARBONENSIS DIOECESIS.

Adversus homines Montispessulani.

(Laterani, vi Idus Aprilis.)

Charissima in Christo filia illustris regina Aragonum de hominibus Montispessulani plenam injuriis nobis obtulit quæstionem, qui, sicut asserit, redditus loci ejusdem, castrorum et villarum in districtu Montispessulani existentium, ad eamdem reginam de jure spectantes, eisdem a viro suo illustri rege Aragonum titulo pignoris obligatos, contra justitiam detinent et ei reddere contradicunt, cum ipsa pignoris obligatio, utpote de re dotali, de jure robur non habuerit firmitatis : quæ si aliquem sortita fuisset effectum, tanto tempore ipsarum rerum redditus perceperunt quod non solum extenuatum est debitum, verum etiam non modicam summam pecuniæ restituere tenentur eidem; castrum nihilominus, quod ibidem habebat funditus diruerunt (24), inde lapides et cæmenta in majoris contemptus opprobrium asportantes, et ad jura dominii manibus suis extensis, notarium et consules in Montepessulano fecerunt contra voluntatem ipsius, et in damnum ejus pisces vendi faciunt in locis aliis quam consuetum fuerit ab antiquo, nomine consulum, et non reginæ, facientes banna et edicta proponi. Præterea castrum de Latis, quod multis inhabitabatur hominibus, partim ruina, partim incendio destruxerunt, pluribus ex ejusdem loci hominibus interfectis. In iis autem et aliis eadem asserebat regina se damna multorum millium marcarum et plurium solidorum per illorum injurias incurrisse : qui etiam, tanquam hæc non sufficerent ad offensam, de quodam castro ipsius reginæ charissimam in Christo filium nostrum illustrem regem Aragonum expulerunt, ut sic eum adversus eam tacite provocarent; et ut inter eos contra jura matrimonii majoris incentivum discordiæ suscitarent, regem jurare fecerunt eumdem ut Montempessulanum infra biennium non intraret. Volentes autem eidem reginæ in suo jure adesse, qui sumus omnibus in justitia debitores, discretioni vestræ per apostolica scripta mandamus quatenus partibus convocatis, et auditis hinc inde propositis, quod justum fuerit, appellatione postposita decernatis, facientes quod decreveritis per censuram ecclesiasticam firmiter observari ; præfatos etiam homines Montispessulani per eamdem censuram appellatione postposita compellentes ut super expensis quas propter hæc eadem fecit regina, ipsi satisfaciant ut tenentur. Interim autem eosdem homines ad solvendam ipsi reginæ medietatem omnium reddituum patrimonii ejus, et ut de subtractis satisfaciant competenter, per districtionem ecclesiasticam, sicut justum fuerit, sublato appellationis obstaculo compellatis. Testes autem, etc. Quod si non omnes, etc., tu, frater archiepiscope, cum eorum altero, etc. Vos denique, frater archiepiscope et fili abbas, super vobis ipsis, etc.

Datum Laterani, vi Idus Aprilis, pontificatus nostri anno sexto decimo.

XXIV.
MARBACENSI ET DE SALEM ABBATIBUS BASILIENSIS ET CONSTANTIENSIS DIOECESUM, ET H. CELLERARIO BASILIENSI.

Quod spoliatus restituendus est ante judicium.

(Laterani, viii Idus Aprilis.)

Accedentibus ad sedem apostolicam dilectis filiis R. præposito Marbacensi et Henrico procuratore Marbacensis Ecclesiæ dilectum filium Robertum tituli Sancti Stephani in Cœlio monte presbyterum cardinalem concessimus auditorem. Coram quo proposuit præpositus memoratus quod, cum olim de mandato venerabilis fratris nostri Basiliensis episcopi litterarum nostrarum contra Ottonem maledictum et reprobum, fidus et verus interpres, coram universo clero et terræ nobilibus et aliis multis astantibus latam a nobis in reprobum suprâdictum excommunicationis sententiam constanti mente ac voce intrepida divulgaret, canonici ejus ibi occasionem odii medicantes ubi eis dilectionis materia poterat abundare, in ipsum unanimiter conspirarunt, et quorumdam laicorum favore suffulti, eum a Marbacensi Ecclesia jam annis elapsis duobus turpiter ejecerunt. Cumque idem præpositus a nobis obtinuerit dari Luzelacensi abbati et suis conjudicibus nostris litteris in mandatis ut fratres prædictos per censuram ecclesiasticam cogerent eidem reverentiam et obedientiam debitam exhibere, nec non ad venerabilem fratrem nostrum Metensem episcopum, tunc Spirensem, nostras litteras impetrarit ut quoslibet imperiales ecclesiastica districtione compelleret ne ipsum in aliquo molestarent, interim dicti canonici adversus eum ad abbatem (25) Parisiensem et suos conjudices a sede apostolica quasdam litteras impetrarunt. Iidem vero judices terminum peremptorium præmittentes, locum ei assignavere suspectum; et licet tam propter hoc quam alias causas recusationis legitime illorum potuisset judicium declinare, tamen coram eis in modum exceptionis objecit quod prius deberet restitui quam adversarium petitionibus respondere, cum nec nudus contendere nec inermem se deberet opponere inimicis; et ne ipsum judices ad respondendum restitutione non prævia cogerent, ad sedem apostolicam appellavit. Ipsi vero, licet tractatum de compositione præmiserint, tamen adversariis ipsius præpositi ab examine venerabilis fratris nostri episcopi Basiliensis, in quem sub interpositione fidei fuerat a partibus compromissum, ad judices eosdem reversis in ipsum præpositum absentem et non restitutum, lite nullatenus contestata, post appellationem ad nos legitime interpositam, depositionis

(24) Recte, ut patet ex actis editis a Gariello pag. 279.

(25) Vide supra epist. 18.

sententiam promulgarunt, dantes canonicis de facto continentiam eligendi alium in pastorem. Unde petebat idem præpositus ut cum ipsa sententia, si sententia dici deberet, contra solitum ordinem judiciorum fuerit promulgata, denuntiare dignaremur eamdem irritam et inanem, et ipso plenarie restituto, ejus adversarios perjuros, excommunicatos, participantes excommunicatis, et conspiratores, et possessiones Ecclesiæ contra tenorem confirmationis nostræ minus licite distrahentes, faceremus per aliquos canonicæ subjici ultioni.

Procurator autem canonicorum proposuit ex adverso quod cum canonici Marbacenses dictum R. super perjurio duplici, dissolutione vitæ, furtiva subtractione privilegiorum Ecclesiæ, ac dilapidationis vitio, coram dicto abbate Parisiensi et suis conjudicibus delegatis a nobis impeterent, ipse de meritis causæ diffidens ad exceptiones divertit inanes, quibusdam causis suspicionis adversus unum de judicibus allegatis, in quarum probatione defecit. Judices autem, ne viderentur mandati apostolici contemptores, se ad principalis quæstionis examen exigente justitia converterunt. Nec opus erat ut eum ad petitionem restitutionis admitterent, quem dilapidationis objectu pars altera repellebat, ne daretur eidem in re familiari grassandi facultas. Cum enim de dilapidatione suspectus debeat ab administratione suspendi, memoratus R. evidens dilapidator existens ab administrationis petitione levi poterat exceptione repelli, contra quem, ut amoveretur ab ea, daretur actio ad agendum, nec super spoliatione hujusmodi poterat coram eisdem judicibus litigare, cum ad alios super hoc nostras litteras impetrasset. Præterea si præpositus idem de spoliatione in modum actionis agebat, canonicorum quæstio, quæ ordine propositionis præcesserat, præcedere terminatione debebat. Quod si spoliatio fuit in modum exceptionis objecta, non propter hoc erat ei restitutio facienda. Unde judices ipsius præpositi, frivolæ appellationis diffugio non obstante, cum esset in litteris nostris appellationis obstaculum interdictum, cognitis causæ meritis, in eum depositionis sententiam protulerunt. Quapropter dictus procurator instabat ut sententiam ipsam, pro qua præsumi debebat donec contrarium probaretur, dignaremur apostolico munimine roborare.

Nos igitur auditis iis et aliis per fidelem narrationem cardinalis prædicti quæ fuere proposita coram eo, cum non debuerit adversus eumdem præpositum spoliatum post appellationem legitimam et lite non contestata procedi, maxime occasione litterarum quæ veritate tacita fuerant impetratæ, processum judicum eorumdem et quidquid ex eo secutum est, vel ob id decrevimus irritum et inane. Cæterum quia se restitui principaliter petiit præpositus memoratus, cum constaret ipsum fuisse ab adversariis spoliatum, nos sententialiter restituentes eumdem, discretioni vestræ per apostolica scripta mandamus quatenus ipsum in corporalem possessionem Marbacensis præpositruæ sublato appellationis obstaculo inducatis, et auctoritate nostra defendatis inductum, contradictores per censuram ecclesiasticam appellatione postposita compescentes, proviso prudenter ut si præfatus præpositus merito fuerit de dilapidatione suspectus, adhibeatis eidem circa curam temporalium duos viros providos et fideles, sine quorum consilio et assensu administrationem temporalium nequeat exercere, ne per usum administrationis inutilis, bona Marbacensis Ecclesiæ dissipentur. Deinde super aliis quæ hinc inde fuere proposita, quia de ipsis nobis constare non potuit, vos partibus convocatis, et auditis quæ duxerint proponenda, quod canonicum fuerit, appellatione postposita, statuatis. Et si præscripta crimina contra dictum præpositum legitima probatione patuerint, vos ipsum a regimine Marbacensis Ecclesiæ in perpetuum amoventes, appellatione remota, faciatis Ecclesiæ supradictæ de alio viro idoneo in præpositum per electionem canonicam provideri, nullis litteris obstantibus præter assensum partium a sede apostolica impetratis. Quod si non omnes, etc., duo vestrum, etc. Vos denique, filii abbates, super vobis ipsis, etc.

Datum Laterani, VIII Idus Aprilis, pontificatus nostri anno sexto decimo.

XXV.
ABBATI ET CONVENTUI VINDOCINENSIBUS.
Laudat reformationis propositum.
(Laterani, V Idus Aprilis.)

(26) Dilectus filius W. monachus vester, quem in promovendis Ecclesiæ vestræ negotiis sollicitum comperimus et prudentem, ex parte vestra proposuit coram nobis quod in proposito et desiderio geritis ecclesiam Sanctæ Priscæ de monte Aventino ad vestrum monasterium pertinentem reformare in temporalibus et spiritualibus ordinare, instituendo monachos in eadem juxta beati Benedicti Regulam Domino servituros; dummodo dignitates et jura quæ monasterio vestro competunt ex eadem, vobis et ipsi monasterio integra conservemus. Unde nobis humiliter supplicavit ut super hoc nostræ voluntatis beneplacitum vobis rescribere dignaremur. Nos igitur propositum vestrum commendantes in Domino, et desiderium favore benevolo prosequentes, insinuatione vobis præsentium intimamus quod cum super eadem Ecclesia nostrum vobis privilegium concesserimus, gratum nobis et acceptum existet si efficaciter intenderitis ad ipsius commodum et augmentum. Tu denique, fili abbas, super te ipso, etc.

Datum Laterani, V Idus Aprilis, pontificatus nostri anno sexto decimo.

---

(26) Vide Sirmond. in Notis ad Goffrid. Vindoc., lib. I, epist. 9.

XXVI.

SLESWICENSI EPISCOPO (27).

Rescribit ad ejus consulta
(Laterani, III Kal. Maii.)

(28) Postulasti per sedem apostolicam edoceri utrum sacerdos ecclesiam habens in una diœcesi, et residens in eadem, domicilium vero patrimonii ratione in alia, ibique delinquens, ab episcopo in cujus habet diœcesi patrimonium pro delicto ibidem commisso debeat judicari, præsertim in causis (29) quæ officii seu beneficii privationem exposcunt. Ad quod breviter respondemus quod per episcopum in cujus deliquit diœcesi (30) sententia promulgari poterit in eumdem, sed ab episcopo in diœcesi cujus ecclesiam obtinet, erit quoad ipsam ecclesiam hujusmodi exsecutio sententiæ facienda (31). (32) Quæsivisti præterea utrum contra quosdam contempta excommunicationis sententia debitas ecclesiis decimas subtrahentes tibi regiam implorare liceat potestatem, cum ad solutionem ipsarum vix absque sanguinis effusione (33) valeant coarctari. Ad quæ tibi duximus respondendum, quod si te de hujusmodi querimoniam simpliciter deponente, rex (34), cui ad bonorum laudem et malefactorum vindictam gladius est commissus, in eosdem rebelles traditam sibi exercuerit potestatem, eorum erit duritiæ imputandum (35). Cœmeteria vero in quibus excommunicatorum corpora sepeliuntur (36) per suorum violentiam propinquorum, reconcilianda erunt aspersione aquæ solemniter benedictæ, sicut in ecclesiarum dedicationibus consuevit (37). Procurationes autem quæ visitationis ratione debentur, sine manifesta et necessaria causa non exigas, nisi cum personaliter (38) officium visitationis impendis. Tu denique, frater episcope, super te ipso, etc.

Datum Laterani, III Kal. Maii, pontificatus nostri anno sexto decimo.

XXVII.

EPISCOPO ET CAPITULO MASSILIENSI.

Ut mandatario apostolico assignent præbendam.
(Laterani.)

Apostolicæ sedis benignitas, quæ curam gerit et sollicitudinem singulorum, suam gratiam specialiter circa illos ampliare tenetur qui noscuntur diutius in ejus obsequiis laudabiliter insudasse. Dignum est enim ut ipsius domestici ab ejusdem uberibus repleantur, et sibi eam inveniant affluentem quam etiam in benignitatis affluentia sibi sentiunt exuberantem ignoti. Cum igitur pro dilecto filio magistro R. scriptore nostro, cujus fidelitas et devotio in cancellariæ nostræ servitio est probata, jam tertio vobis scripserimus ut eidem, quem dudum ad mandatum nostrum nullo sibi beneficio assignato in fratrem et canonicum recepistis, curaretis tam in domibus quam in aliis sicut uni ex vobis providere, ac postmodum quibusdam vestrum in nostra præsentia constitutis hoc idem injunxerimus viva voce, grave gerimus et indignum quod vos, more aspidis surdæ aures penitus obturantes, id hactenus efficere non curastis. Volentes igitur adhuc utrum in vobis aliqua obedientiæ scintilla remanserit experiri, universitati vestræ per apostolica scripta mandamus et districte præcipimus quatenus ipsi magistro saltem hac vice juxta præscriptam formam providere curetis. Alioquin noveritis nos dilecto filio magistro Thedisio nuntio nostro per nostras dedisse litteras in præceptis ut de bonis Ecclesiæ vestræ secundum formam eamdem competentem sibi provisionem nostra fultus auctoritate assignet, contradictores, si qui fuerint, vel rebelles

---

(27) *Slewicensi.* Suffraganeo episcopi Londensis in Dania, qui Ecclesiæ primas; sic autem legendum in rubrica, c. *Postulasti*, De foro compet. Marchionis Slewicensis sive Slewici (quæ olim Heideba) meminit Krantzius, Metropol. lib. III, c. 5.

(28) Cap. *Postulasti*, De foro compet.

(29) *Causis.* C. *Si quis* amodo et sequentibus 81 distinct.

(30) *In cujus del. diœcesi.* Auth. qua in †provincia C. ub. de crim. agi oport. Vide glossam in Clem. *Pastoralis*, et § *Quod si*, versic. de more, De sentent. et re judic., et c. fin., De foro. compet., licet aliter Orestes sentiat apud Euripidem in hæc verba :
οὐ προσήκομεν κολάζειν τοῖς δὲ Φωκέων δὲ γῆ, τοῖς δὲ
Argivis scilicet, apud quos impii parricidii scelus horrendo matris vulnere perpetrarat. Videndus Aufrerius ad decis. Capel. Tolos., q. 423.

(31) *Facienda*, ut in l. a Divo Pio, § 1. De re judic. 21, l. *Cum unus*, § *Is qui possidere*, De rebus auct. jud. possid., ex quibus legibus ordinationis Aurelianensis, § 90 et § 172 Blesensis, descripti sunt.

(32) Cap. *Postulasti*, De homicidio.

(33) *Sanguinis effusione.* Clericis, judicium sanguinis agitare non licet, cap. *Clericis*, ne cler. vel mon.; suffundit sanguinem siquidem non effundit Ecclesia apud Tertull.

(34) *Rex.* Daniæ Valdemarus II. De quo Krantzius, Daniæ lib. VII, c. 13. Vide supra lib. XIII, epist. 5, et infra epistolam 8.

(35) Vide cap. *Sacris*, De sepultur., et cap. *Proposuisti*, De dedicat. eccl.

(36) *Sepeliuntur*, corrige dictum c. *Consuluisti* : neque enim absque vi armata aut metu qui in constantem cadere potest, clerici excommunicatos tumulo commendabunt, sic lib. XIV, epist. 10, cum interdictorum obsequio terræ reddiitur quod suum est, forte quia interdicto subditi cognationis vinculo junguntur, ad quos cura sepeliendi spectat. V. l. Græca quæ Herodi rhetori a Salmasio nostro ascribitur :

Οὐ θέμις ἀμφὶ νέκυσσι βαλεῖν ἐρόχθονα βῶλον
Πλὴν ὅκεν αἵματος ἦσι καὶ ἔγγονος εἰσαμενοίω,

Quod probatur ab Isocrate in panegyrico : ἠνάγκασαν ἀποδοῦναι θάψαι τοὺς νέκρους τοῖς προσήκουσι. Vide eumdem in oratione de pace. Hinc collatio et unctio cognationis partes fuere, et familiaria sepulcra ex V. l. Romæ apud Alberinos, *Ut quando ego etiam esse desicero pariter cum eis ponar*, et in c. *Ebron* et in c. sequenti 13, q. 2, vel ideo adesse deliberant, quoniam obsequii ultimi tralatitia humanitate lapidare festinant, aut eumdem componunt in arcula, non in pergula, ut vult Lipsius apud Petronium in funere Democriti; si quidem hæc omnia humanitatis officia non scripta sed nata lege decernuntur.

(37) Vide cap. *Procurationes*, De censib.

(38) *Personaliter*, sic leg. in d. c. 33, concil. Lateran. *non præsentialiter*.

per censuram ecclesiasticam appellatione postposita compescendo. Tu denique, frater episcope, super te ipso et credito tibi, etc.

Datum Laterani.

Scriptum est super hoc dilecto filio magistro Thedisio nuntio nostro, verbis competenter mutatis.

XXVIII.
UNIVERSIS CHRISTI FIDELIBUS PER MAGUNTINENSEM PROVINCIAM CONSTITUTIS.
De negotio terræ sanctæ.

Quia major nunc instat necessitas quam unquam exstiterit ut terræ sanctæ necessitatibus succurratur, et de succursu speratur major quam unquam provenerit utilitas proventura, ecce resumpto clamore clamamus ad vos, et pro illo clamamus qui moriendo voce magna clamavit in cruce, factus obediens Deo Patri usque ad mortem crucis, clamans ut nos ab æternæ mortis eriperet cruciatu, qui clamat etiam per seipsum, et dicit: *Si quis vult venire post me, abneget semetipsum, et tollat crucem suam, et sequatur me (Matth. xvi)*; ac si diceret manifestius: Qui vult me subsequi ad coronam, me quoque subsequatur ad pugnam, quæ nunc ad probationem proponitur universis. Poterat enim omnipotens Deus terram illam, si vellet, omnino defendere, ne in manus traderetur hostiles. Posset et illam, si vellet, de manibus hostium facile liberare, cum nihil possit ejus resistere voluntati. Sed cum jam superabundasset iniquitas, refrigescente charitate multorum, ut fideles suos a somno mortis ad vitæ studium excitaret, agonem illis proposuit in quo fidem eorum velut aurum in fornace probaret, occasionem salutis, imo salvationis causam præstando, ut qui fideliter pro ipso certaverint, ab ipso feliciter coronentur, et qui ei noluerint in tantæ necessitatis articulo debitæ servitutis impendere famulatum, in novissimo districti examinis die justam mereantur damnationis sententiam sustinere. O quanta jam provenit utilitas ex hac causa! quam multi conversi ad pœnitentiam pro liberatione terræ sanctæ mancipaverunt se obsequio crucifixi, et quasi per agonem martyrii coronam gloriæ sunt adepti, qui forte in suis iniquitatibus periissent, carnalibus voluptatibus et mundanis illecebris irretiti! Vetus est hoc artificium Jesu Christi, quod ad suorum salutem fidelium diebus istis dignatus est innovare. Si enim rex aliquis temporalis a suis hostibus ejiceretur de regno, nisi vassalli ejus pro eo non solum res exponerent, sed personas, nonne cum regnum recuperaret amissum, eos velut infideles damnaret, et excogitaret in eos inexcogitata tormenta, quibus perderet male malos? Sic Rex regum, Dominus Jesus Christus, qui corpus et animam et cætera vobis contulit bona, de ingratitudinis vitio et infidelitatis crimine vos damnabit, si ei quasi ejecto de regno, quod pretio sui sanguinis comparavit, neglexeritis subvenire. Sciat ergo se culpabiliter durum et dure culpabilem quicunque in hoc necessitatis articulo suum negaverit obsequium Redemptori. Nam et quomodo secundum præceptum divinum diligit, proximum suum sicut seipsum qui scit fratres suos fide ac nomine Christianos apud perfidos Saracenos ergastulo diri carceris detineri ac jugo deprimi gravissimæ servitutis, et ad liberationem eorum efficacem operam non impendit, transgrediendo illius naturalis legis mandatum, quod Dominus in Evangelio declaravit: *Quæcunque vultis ut faciant vobis homines, et vos facite illis (Matth. vii)*. An forte nescitis quod apud illos multa millia Christianorum in servitute ac carcere detinentur, qui tormentis innumeris cruciantur? Et quidem omnes pene Saracenorum provincias usque post tempora beati Gregorii Christiani populi possederunt; sed ex tunc quidam perditionis filius, Machometus pseudopropheta, surrexit, qui per sæculares illecebras et voluptates carnales multos a veritate seduxit; cujus perfidia etsi usque ad hæc tempora invaluerit, confidimus tamen in Domino, qui jam fecit nobiscum signum in bonum, quod finis hujus bestiæ appropinquat, cujus numerus secundum Apocalypsin Joannis intra sexcenta sexaginta sex clauditur, ex quibus jam pene sexcenti sunt anni completi.

Certe præter priores injurias grandes et graves Redemptori nostro pro nostris offensis a perfidis Saracenis illatas, nuper in monte Thabor, ubi discipulis suis futuræ glorificationis speciem demonstravit, iidem perfidi Saraceni quamdam munitionis arcem in confusionem Christiani nominis erexerunt, per quam civitatem Accon sibi valde vicinam de facili cogitant occupare, ac deinde sine omni contradictionis obstaculo residuum terræ hujus invadere, cum sit viribus et opibus pene penitus destituta. Eia igitur, dilectissimi filii, dissensiones et æmulationes fraternas in pacis et dilectionis fœdera commutantes, accingimini ad obsequium crucifixi, non dubitantes pro illo res exponere ac personas qui pro vobis animam suam posuit et sanguinem suum fudit, certi pariter et securi quod si vere pœnitentes fueritis, per hunc temporalem laborem, quasi quodam compendio, ad requiem pervenietis æternam. Nos enim de omnipotentis Dei misericordia et beatorum apostolorum Petri et Pauli auctoritate confisi, ex illa quam nobis Deus, licet indignis, ligandi atque solvendi contulit potestate omnibus qui laborem istum in propriis personis subierint et expensis plenam suorum peccaminum, de quibus veraciter fuerint corde contriti et ore confessi, veniam indulgemus, et in retributione justorum salutis æternæ pollicemur augmentum. Eis autem qui non in personis propriis illuc accesserint, sed in suis duntaxat expensis juxta facultatem et qualitatem suam viros idoneos destinarint, et illis similiter qui licet in alienis expensis, in propriis tamen personis accesserint, plenam suorum concedimus veniam peccatorum. Hujus quoque remissionis volumus et concedimus esse participes juxta quantitatem subsidii et devotionis affectum omnes qui ad subventionem terræ sanctæ de bonis suis congrue ministrabunt (59). Personas quoque ipsorum et bona ex quo crucem assumpserint sub beati Petri et nostra protectione suscipimus, nec non et sub archiepiscoporum et episcoporum et omnium prælatorum Ecclesiæ Dei defensione consistant, statuentes ut donec de ipsorum obitu vel reditu certissime cognoscatur, integra maneant et quieta consistant. Quod si quisquam contra præsumpserit, per ecclesiarum prælatos appellatione postposita censura ecclesiastica compescatur. Si qui vero proficiscentium illuc ad præstandas usuras juramento tenentur astricti, creditores eorum per ecclesiarum prælatos, ut remittatur eis præstitum juramentum, et ab usurarum exactione desistant, eadem præcipimus districtione compelli. Quod si quisquam creditorum eos ad solutionem coegerit usurarum, eum ad restitutionem earum simili cogi animadversione mandamus. Judæos vero ad remittendas ipsis usuras per sæcularem compelli præcipimus potestatem; et donec illas remiserint, ab universis Christi fidelibus tam in mercimoniis quam in aliis per excommunicationis sententiam eis omnino communio denegetur.

Ut autem terræ sanctæ subsidium divisum in plurimos facilius impendatur, obsecramus omnes et singulos, per Patrem et Filium et Spiritum sanctum, unum solum verum, unum æternum Deum postulantes, vice Christi, pro Christo, ab archiepiscopis et episcopis, abbatibus et prioribus, et tam cathedralium quam aliarum conventualium ecclesiarum capitulis et clericis universis, nec non civitatibus, villis et oppidis competentem numerum bellatorum cum expensis ad triennium necessariis secundum proprias facultates. Et si ad hoc unum quodlibet non suffecerit, plura conjungantur in unum; quia pro certo speramus quod personæ non deerunt, si expensæ non desint. Postulantes hoc ipsum a regibus et principibus, comitibus et baronibus, aliisque magnatibus, qui forsitan per seipsos personaliter non accesserint ad obsequium Crucifixi. A civitatibus vero maritimis navale subsidium postulamus. Et ne aliis onera gravia et importabilia imponere videamur quæ digito nostro movere nolimus, protestamur veraciter coram Deo quia quod ab aliis exigimus faciendum, hoc ipsi prompto animo faciemus. Clericis autem ad hoc negotium necessariis providimus indulgendum ut, omni contradictione cessante, beneficiorum suorum proventus propter hoc valeant usque ad triennium pignori obligare. Quia vero subsidium terræ sanctæ multum impediri vel retardari contingeret si ante susceptionem crucis examinari quemlibet oporteret an esset idoneus et sufficiens ad hujusmodi votum personaliter prosequendum, concedimus ut, regularibus personis exceptis, suscipiant quicunque voluerint signum crucis (40); ita quod cum urgens necessitas aut evidens utilitas postulaverit, votum ipsum de apostolico possit mandato commutari aut redimi vel differri. Et propter eamdem causam remissiones et indulgentias hactenus a nobis concessas procedentibus in Hispaniam contra Mauros vel contra hæreticos in Provinciam revocamus; maxime cum illis concessæ fuerint ad tempus quod jam ex toto præteriit, et istis ob causam quæ jam ex majori parte cessavit; utroque negotio per Dei gratiam adeo prosperato ut vehementem instantiam non requirat; et si forte requireret, nos ingruenti necessitati prospicere curaremus.

Concedimus tamen ut hujusmodi remissiones et indulgentiæ apud provinciales remaneant et Hispanos. Cæterum quia cursarii et piratæ nimis impediunt subsidium terræ sanctæ capiendo et spoliando, transeuntes ad illam et revertentes ab illa, nos eos et principales adjutores et fautores eorum excommunicationis vinculo innodamus, sub interminatione anathematis inhibentes ne quis cum eis scienter communicet in aliquo venditionis vel emptionis contractu, et injungentes rectoribus civitatum et locorum suorum ut eos ab hac iniquitate revocent et compescant. Alioquin, quia nolle perturbare perversos nihil est aliud quam fovere, nec caret scrupulo societatis occultæ qui manifesto facinori desinit obviare, nos in personas et terras eorum severitatem ecclesiasticam curabimus exercere, cum tales non minus quam Saraceni adversentur nomini Christiano. Innovamus præterea excommunicationis sententiam in Lateranensi concilio promulgatam adversus eos qui Saracenis arma, ferrum et lignamina deferunt galearum, quique piraticis Saracenorum navibus curam gubernationis exercent, eosque rerum suarum privatione multari et capientium servos, si capti fuerint, fore censemus; præcipientes ut per omnes urbes maritimas diebus Dominicis et festivis hujusmodi sententia publice innovetur. Verum cum longe plus de divina clementia quam de humana potentia confidere debeamus, oportet nos in tali conflictu non tam corporalibus armis quam spiritualibus dimicare. Ideoque statuimus et mandamus ut singulis mensibus semel fiat generalis processio seorsum virorum, ac seorsum, ubi fieri poterit, mulierum, in humilitate mentis et corporis, cum devota orationum instantia postulantium ut misericors Deus auferat a nobis hoc confusionis opprobrium, liberando terram illam in qua universæ redemptionis nostræ sacramenta peregit de manibus paganorum, restituendo eam ad laudem et gloriam nominis sui sancti populo Christiano, proviso prudenter ut semper in ipsa processione verbum salutiferæ crucis cum diligenti exhortatione populo proponatur. Orationi vero jejunium et eleemosyna conjungantur; ut iis quasi aliis facilius et celerius ipsa volet oratio ad piissimas aures Dei, qui nos clementer exaudiat in tempore opportuno. Singulis

---

(59) Gregor. VIII, epist. 1.

(40) Vide infra epist. 108.

quoque diebus intra missarum solemnia, post pacis osculum, cum jam pro peccatis mundi offerenda vel sumenda est hostia salutaris, omnes tam viri quam mulieres humiliter prosternantur in terram, et a clericis psalmus iste, *Deus venerunt gentes in hæreditatem tuam* (Psal. LXXVIII), alta voce cantetur: quo cum hoc versu devote finito : *Exsurgat Deus, et dissipentur inimici ejus, et fugiant a facie ejus qui oderunt eum* (Psal. LXVII), sacerdos qui celebrat, orationem istam super altare decantet:

Deus, qui admirabili providentia cuncta disponis, te suppliciter exoramus ut terram quam unigenitus Filius tuus proprio sanguine consecravit de manibus inimicorum crucis eripiens, restituas cultui Christiano, vota fidelium ad ejus liberationem instantium misericorditer dirigendo in viam salutis æternæ. Per eumdem Dominum nostrum, etc.

In illis autem ecclesiis in quibus conveniet processio generalis, truncus concavus statuatur tribus clavibus consignatus, una penes honestum presbyterum, alia penes devotum laicum, et tertia penes aliquem regularem fideliter conservandis, in quo clerici et laici, viri et mulieres, eleemosynas suas ponant in terræ sanctæ subsidium convertendas secundum dispositionem eorum quibus hæc fuerit sollicitudo commissa. Porro super processu et transitu modesto et ordinato, congruo loco et tempore faciendo, nondum oportet aliquid diffinire, donec exercitus Domini cruce signetur; sed tunc pensatis undique circumstantiis, quæcunque viderimus opportuna de prudentum virorum consilio statuemus. Ad hæc igitur exsequenda dilectos filios... de Salem et... quondam de Novocastro abbates et C. decanum Spirensem et præpositum Augustensem, viros utique probatæ honestatis et fidei, deputamus : qui ascitis secum viris providis et honestis, auctoritate nostra statuant et disponant quæcunque ad hoc negotium promovendum viderint expedire, facientes quæ statuerint in singulis diœcesibus, per viros idoneos ad hoc specialiter deputatos fideliter ac sollicite procurari. Quocirca universitatem vestram rogando monemus et obsecramus in Domino, per apostolica vobis scripta mandantes et in virtute Spiritus sancti injungentes quatenus eis pro Christo legatione fungentibus tales vos exhibere curetis, necessaria ministrantes eisdem, quod per vos et in vobis fructum faciant exoptatum.

In eumdem modum per Magdeburgensem et Bremensem provincias. In eumdem modum per Coloniensem provinciam. In eumdem modum per Sardiniam. In eumdem modum per Salzeburgensem provinciam. In eumdem modum per Dalmatiam. In eumdem modum per Treverensem provinciam. In eumdem modum per Ravennatem. In eumdem modum per Poloniam. In eumdem modum per Mediolanensem et Januensem provincias constitutis. In eumdem modum per Sueciam. In eumdem modum per Marchiam Anconitanam. In eumdem modum per Lundensem provinciam. In eumdem modum per Hungariam. In eumdem modum per Angliam. In eumdem modum Pragensi episcopo, et abbatibus, prioribus et universis Christi fidelibus per Boemiam constitutis. In eumdem modum per Tusciam. In eumdem modum per Hiberniam. In eumdem modum per Norwegiam. In eumdem modum per Calabriam. In eumdem modum per Scotiam. In eumdem modum universis per regnum Franciæ constitutis.

XXIX.

DE SALEM ET P. QUONDAM DE NOVOCASTRO ABBATIBUS, ET DECANO SPIRENSI, ET PRÆPOSITO AUGUSTENSI, EXSECUTORIBUS.

Super eodem.

Pium et sanctum propositum quod de subventione terræ sanctæ pro communi salute, Deo inspirante, concepimus et perducere satagimus ad effectum, ex generalibus litteris poteritis advertere manifeste. Cum ergo de sinceritate ac sollicitudine vestra geramus fiduciam pleniorem, vosque reputemus idoneos ad fungendum pro Christo legationis officio in hac causa, devotionem vestram monemus, rogamus et obsecramus in Domino, per apostolica vobis scripta districte præcipiendo mandantes et in remissionem peccaminum injungentes quatenus, accensi zelo fidei Christianæ, per Maguntinensem provinciam portetis in humilitate cordis et corporis verbum crucis, et ad vindicandam injuriam crucifixi fideles ipsius, prout in generalibus litteris continetur, cura sollicita et accurata sollicitudine inducatis, exsequentes diligenter et efficaciter universa quæ ad subsidium terræ sanctæ in eisdem litteris videbitis comprehensa, quæ a vobis volumus studiose notari. Ut autem operum exhibitione monstretis vos portare in cordibus vestris stigmata Jesu Christi, districte præcipimus quatenus, excutientes ab omni munere manus vestras, nec aliquid præter victum et alia necessaria recipientes a quoquam, qui etiam moderate sumentes hæc eadem et modeste, in evectionibus quaternarium et in personis senarium numerum singuli vestrum nullatenus excedatis; ita modum atque modestiam in iis aliisque servantes ut in vobis nihil reprehensibile valeat inveniri per quod offendiculum credito vobis Evangelio præbeatur; promoventes eo studio ac vigilantia causam Christi ut multorum et magnorum bonorum quæ de ipsa credimus proventura participes existatis. Si quid autem pro terræ sanctæ succursu fuerit vobis oblatum, faciatis illud apud aliquem religiosum locum studiose reponi, significaturi nobis in fine anni processum et profectum sollicitudinis vestræ, ut cognoscere valeamus apud quos profeceritis in personis aut rebus ad hoc salutare negotium deputatis, nostrumque vobis beneplacitum rescribamus, docentes qualiter in antea procedere debeatis.

In eumdem modum episcopo quondam Halberstatensi, et F. quondam abbati de Sichen, per Magdeburgensem et Bremensem provincias. In eumdem modum magistris Oliverio Coloniensi scholastico, et Hermanno decano Bunnensi, per Coloniensem provinciam. In eumdem modum episcopo Ratisponensi, et præposito Salzeburgensi. In eumdem modum Vilariensi et de Romerdorf abbatibus per Treverensem provinciam. In eumdem modum archiepiscopo Gneznensi. In eumdem modum Upsallensi archiepiscopo. Pium et sanctum, etc., usque rescribamus. Sane volumus et mandamus ut per totam Suetiam cum consilio venerabilis fratris nostri Ludensis archiepiscopi apostolicæ sedis legati, secundum præscriptam formam hoc negotium exsequaris. Nos enim eidem archiepiscopo nostris damus litteris in mandatis ut tibi super hoc consilium tribuat opportunum.

In eumdem modum Lundensi archiepiscopo apostolicæ sedis legato. Pium, etc., *usque* accensus zelo fidei Christianæ adjungas tibi viros idoneos, cum quibus per totum regnum Danorum portes, etc., *usque* fideles ipsius diligenter inducas, etc., *usque* in evectionibus, cum pro hac causa processeris, vicenarium numerum non excedas, etc., *usque* causam Christi, ut particeps fias multorum et magnorum, etc., *usque* rescribamus. Sane scribimus venerabili fratri nostro Upsallensi archiepiscopo ut ipse per totam Suetiam cum tuo consilio secundum præscriptam formam hoc negotium exsequatur. Quare volumus et mandamus ut super hoc ei consilium tribuas opportunum.

In eumdem modum Galtero Londoniensi archidiacono, cancellario et magistro Phi. de Oxoniæ per Angliam. In eumdem modum episcopo Florentino, et archiepiscopo Pistoriensi per Tusciam. In eumdem modum archiepiscopo Dubliniensi et abbati Mellifontis per Hiberniam. In eumdem modum Nidrosiensi archiepiscopo per Norwegiam. In eumdem modum Ariminensi et Anconitano episcopis per Anconitanam marchiam. In eumdem modum Sancti Andreæ et Glasquensi episcopis per Scotiam. In eumdem modum Calaritano et Turritano archiepiscopis per Sardiniam. In eumdem modum Spalatino et Ragusino episcopis per Dalmatiam. In eumdem modum Parmensi episcopo et abbati Sancti Stephani Bononiensis. In eumdem modum archiepiscopis et episcopis Hungariæ, ita quod quilibet in diœcesi sua. In eumdem modum Nicolao subdiacono nostro. In eumdem modum Cusentino archiepiscopo et abbati Sambucinensi. In eumdem modum Roberto tituli Sancti Stephani in Cœlio monte presbytero cardinali, apostolicæ sedis legato.

XXX.

ARCHIEPISCOPO ET EPISCOPIS, ABBATIBUS, PRIORIBUS PER VIENNENSEM PROVINCIAM CONSTITUTIS.

Indictio concilii generalis.

(Laterani, XIII Kal. Maii.)

Vineam Domini Sabaoth multiformes moliuntur bestiæ demoliri, quarum incursus adeo invaluit contra ipsam ut ex parte non modica pro vitibus spinæ succreverint, et, quod gementes referimus, ipsæ jam vites proferant pro uva labruscam, infectæ multipliciter et corruptæ. Illius ergo testimonium invocamus qui testis est in cœlo fidelis quod inter omnia desiderabilia cordis nostri duo in hoc sæculo principaliter affectamus, ut ad recuperationem videlicet terræ sanctæ ac reformationem universalis Ecclesiæ valeamus intendere cum effectu : quorum utrumque tantam requirit provisionis instantiam ut absque gravi et grandi periculo ultra dissimulari nequeat vel differri. Unde supplicationes et lacrymas frequenter effudimus coram Deo, humiliter obsecrantes quatenus super iis suum nobis beneplacitum revelaret, inspiraret affectum, accenderet desiderium, et propositum confirmaret, facultatem et opportunitatem præstando ad ea salubriter exsequenda. Quapropter habito super iis cum fratribus nostris et aliis viris prudentibus frequenti ac diligenti tractatu, prout tanti sollicitudo propositi exigebat, hoc tandem ad exsequendum prædicta de ipsorum consilio providimus faciendum, ut quia hæc universorum fidelium communem statum respiciunt, generale concilium juxta priscam sanctorum Patrum consuetudinem convocemus propter lucra solummodo animarum opportuno tempore celebrandum : in quo ad exstirpanda vitia et plantandas virtutes, corrigendos excessus, et reformandos mores, eliminandas hæreses, et roborandam fidem, sopiendas discordias, et stabiliendam pacem, comprimendas oppressiones, et libertatem fovendam, inducendos principes et populos Christianos ad succursum et subsidium terræ sanctæ tam a clericis quam a laicis impendendum, cum cæteris quæ longum esset per singula numerare, provide statuantur inviolabiliter observanda circa prælatos et subditos regulares et sæculares quæcunque de ipsius approbatione concilii visa fuerint expedire ad laudem et gloriam nominis ejus, remedium et salutem animarum nostrarum, ac profectum et utilitatem populi Christiani.

Quia vero ante biennium universale non posset concilium commode congregari, disposuimus interim per viros prudentes in singulis provinciis plenius explorare quæ apostolicæ provisionis limam exposcunt, et præmittere viros idoneos ad terræ sanctæ negotium procurandum, ut si, exigente necessitate sacrum concilium approbaverit, personaliter ipsum negotium assumamus efficacius promovendum. Credentes igitur hoc salutare propositum ab illo descendere a quo est omne datum optimum et omne donum perfectum, universitati vestræ per apostolica scripta præcipiendo mandamus quatenus vos taliter præparetis quod a præsenti Dominicæ Incarnationis millesimo ducentesimo decimo tertio anno usque ad duos annos et dimidium, præfixis vobis pro termino Kalendis Novembris, nostro vos conspectui præsentetis cum modestia et cautela, ita quod in vestra provincia unus vel duo de suffraganeis valeant episcopi remanere pro Christianitatis ministeriis exercendis; et tam illi quam alii qui canonica forte præpeditione detenti personaliter venire nequiverint, idoneos pro se dirigant responsales, personarum, et evectionum mediocritate servata quam Lateranense concilium definivit, ut nullus omnino plures, quivis autem pauciores secum adducere possit; nec quisquam superfluas faciat et pomposas, sed necessarias tantum et moderatas expensas, ostendendo se actu et habitu verum Christi cultorem, cum non sæcularis applausus, sed spiritualis profectus in hoc sit negotio requirendus. Injungatis autem vos, fratres archiepiscopi et episcopi, ex parte nostra universis Ecclesiarum capitulis, non solum cathedralium, sed etiam aliarum, ut præpositos vel decanos aut alios viros idoneos ad concilium pro se mittant, cum nonnulla sint in ipso tractanda quæ specialiter ad Ecclesiarum capitula pertinebunt. Interim vero et per vos ipsos et per alios viros prudentes universa subtiliter inquiratis quæ correctionis aut reformationis studio indigere videntur, et ea fideliter conscribentes, ad sacri concilii perferatis examen, circa subventionem necessariam terræ sanctæ, ubi Deus rex noster ante sæcula salutem in medio terræ dignatus est operari, opem et operam efficaciter impensuri, assistendo fideliter et prudenter iis quos deputaverimus ad hoc negotium specialiter procurandum. Nullus itaque se fallaciter excusando ab exsecutione tam sancti operis subtrahat, si canonicam vult effugere ultionem. Nemo dissensionum obstacula vel itinerum impedimenta causetur, quæ, Domino faciente signum in bonum, ex magna jam parte cessare cœperunt. Nam et quanto imminent majora pericula, tanto potiora remedia convenit adhiberi. Nunquam enim navigavit per æquora qui semper exspectat ut mare non concitet ex se fluctus.

Datum Laterani, xiii Kal. Maii, pontificatus nostri anno decimo sexto.

In eumdem modum scriptum est archiepiscopo et episcopis, abbatibus, prioribus constitutis per provincias Maguntinensem, Bremensem, Gneznensem, Salzeburgensem, Treverensem, Magdeburgensem, Coloniensem, Eboracensem, Tarantasiensem, Armachanensem, Ravennatensem, Ragusiensem, Mediolanensem, Arelatensem, Narbonensem, Jadrensem, Nidrosiensem, Januensem, Bisuntinensem, Arborensem, Aquilegensem, Cantuariensem, Spalatinensem, Gradensem, Turritanensem, Dubliniensem, Upsallensem, Ebredunensem, Casselensem, Heracliensem, Atheniensem, Thessalonicensem, Larissensem, Patracensem, Cretensem, Tuamensem, Lundensem, Strigoniensem, Calaritanensem, Andrinopolitanensem, Lugdunensem, Aquensem, Antibarensem, Macrensem, Neupratensem, Messinopolitanensem, Pisanam, Tripolitanam, Verisiensem, Tyrensem, Philippensem, Terraconensem, Toletanensem, Bracarensem, Compostellanam, Corinthiensem, Nazarensem, Senonensem, Rotomagensem, Turonensem, Bituricensem, Burdegalensem. In eumdem modum archiepiscopo, episcopis, abbatibus et prioribus constitutis per Cyprum, Calabriam, Siciliam, Bulgariam et Blachiam, Scotiam. In eumdem modum Catholico et archiepiscopis et episcopis nec non abbatibus per Armeniam. In eumdem modum episcopo Pragensi, episcopo Regensi, et Maronitanensi, Sertensi, et Miditensi archiepiscopis, et episcopo Cofonensi, ita quod unicuique seorsim. In eumdem modum episcopis per Tusciam et Marchiam Anconitanam et ducatum Spoleti constitutis. In eumdem modum patriarchæ et Archiepiscopis et episcopis et abbatibus tam Latinis quam Græcis per Constantinopolitanam provinciam constitutis.

In eumdem modum illustri Constantinopolitano Imperatori, usque ex se fluctus. Cum ergo deceat et expediat ut tua imperialis sublimitas ad synodum tam solemnem nuntios dirigat speciales, serenitatem tuam monemus et exhortamur attentius quatenus præscripto termino, vita comite, viros idoneos dirigere non postponas, per quos tuæ nobis aperias beneplacitum voluntatis; quia, quantum cum honestate poterimus, ad tuum libenter et efficaciter intendemus commodum et honorem.

Datum.

In eumdem modum Philippo illustri regi Francorum. In eumdem modum regibus Aragonum, Navarræ, Castellæ, Legionensi, Portugalensi, Cypri, Norwegiæ, Corkaiæ, Lumbricensi, Conacciæ, Mindiensi, Suetiæ, ita quod unicuique seorsim. In eumdem modum magistro et fratribus militiæ Templi. Vineam Domini Sabaoth, etc., *usque donum perfectum, universis archiepiscopis et episcopis ac aliis ecclesiarum prælatis per universas fere Christianorum provincias constitutis per apostolica scripta præcipiendo mandamus ut se ipsos taliter præparent*, etc., *verbis competenter mutatis, usque requirendus. Injungant etiam archiepiscopi et episcopi ex parte nostra universis Ecclesiarum capitulis,* etc., *usque fluctus.* Cum igitur in hoc generali concilio sint multa tractanda quæ ad statum vestri ordinis pertinebunt, decet et expedit ut ad idem concilium viros idoneos destinetis, qui negotia vestra debeant fideliter procurare.

In eumdem modum magistro et fratribus Hospitalis Jerosolymitani. In eumdem fere modum abbati et conventui Cisterciensi, et abbati et conventui Præmonstratensi, unicuique seorsim. In eumdem modum capitulo Constantinopolitano, usque cum modestia et cautela. Qui vero canonica forte præpeditione detenti personaliter venire nequiverint, idoneos pro se dirigant responsales; nec quisquam superfluas, etc., *usque requirendus.* Ideoque discretioni vestræ per apostolica scripta mandamus quatenus ei qui, auctore Deo, Constantinopolitanæ Ecclesiæ præsidebit, ex parte nostra quæ præmissa sunt fideliter nuntietis, ut et ipse juxta priscam formam nostro se conspectui repræsentet; nihilominus de collegio vestro viros idoneos pro vobis ad hoc sacrum concilium transmissuri, cum nonnulla sint in ipso tractanda quæ specialiter ad Ecclesiarum capitula pertinebunt. Interim vero per vos ipsos et alios viros prudentes, etc., *usque* perferatis examen. Nullus posset periculo liberari. Ut ergo super hoc amplius itaque se fallaciter, *usque* ex se fluctus. securus reddaris et certus, mittimus ad tuam regalem præsentiam dilectum filium nostrum Robertum tituli Sancti Stephani in Cœlio monte presbyterum cardinalem, apostolicæ sedis legatum, virum utique probatæ honestatis et fidei, qui ea quæ plenius accepit a nobis, expressius tibi referat viva voce; serenitatem tuam rogantes et exhortantes in Domino quatenus eum benigne recipias et honeste pertractes, ipsius acquiescendo salubribus monitis et consiliis propter Deum.

Datum.

XXXI.

ARCHIEPISCOPIS, EPISCOPIS, ABBATIBUS, PRIORIBUS, CÆTERISQUE CLERICIS PER REGNUM FRANCIÆ CONSTITUTIS.

Super eodem.
(Datum.)

Pium et sanctum propositum quod de subventione terræ sanctæ pro communi utilitate, Deo inspirante, concepimus et perducere satagimus ad effectum, ex generalibus litteris poteritis advertere manifeste. Ad hoc igitur salutare propositum exsequendum dilectum filium nostrum Robertum tituli Sancti Stephani in Cœlio monte presbyterum cardinalem, apostolicæ sedis legatum, virum utique probatæ honestatis et fidei, destinamus, merito suæ probitatis speciali gratia nobis acceptum, per apostolica vobis scripta præcipiendo mandantes quatenus eum vice nostra, imo potius vice Christi, devote suscipere ac honeste tractare curetis, ipsius salubribus monitis et mandatis humiliter intendentes, præsertim in iis quæ pertinent ad subsidium terræ sanctæ. Nos enim quod super iis et aliis ad suæ legationis officium pertinentibus provida deliberatione statuerit præcipimus inviolabiliter observari; concedentes eidem ut evellat et destruat, ædificet atque plantet, quæ sibi evellenda et destruenda, ædificanda occurrerint et plantanda.

Datum, etc.

Datum.

In eumdem modum nobili viro Ludovico charissimi in Christo filii nostri Philippi regis Francorum illustris primogenito. In eumdem modum nobili mulieri Blancæ uxori nobilis viri Ludovici charissimi in Christo filii nostri illustris regis Francorum primogeniti.

XXXIV.

PATRIARCHÆ ALEXANDRINO.

Consolatur eum et invitat ad concilium.

Ex litteris quas aliquoties tua nobis fraternitas destinavit et aliis quoque indiciis cognovimus evidenter te non solum ad sacrosanctam Romanam Ecclesiam matrem tuam, verum etiam ad personam nostram specialiter devotionem habere debitam et devotam. Propter quod habentes te in visceribus charitatis, tibi compatimur in tribulationibus quas pateris et pressuris: quamquam et tibi et nobis sit in eis ipsius gloriandum, cum id quod in præsenti est momentaneum et leve tribulationis hujusmodi supra modum in sublimitate pondus æternæ gloriæ operetur, nec sint condignæ passiones hujus temporis ad futuram gloriam revelandam in illis qui pro Christi nomine patiuntur. Propter quod Apostolus sibi placebat in infirmitatibus suis, in contumeliis, in necessitatibus, in persecutionibus et angustiis quas sustinebat pro Christo, et cum infirmabatur, tunc maxime potens erat, sciens quod virtus in infirmitate perficitur, et quod licet per eam homo corrumpatur exterior, interior tamen per eamdem jugiter renovatur. Timentibus enim Deum omnia cooperantur in bonum, qui suos non solum de tribulationis angustia liberat, sed etiam in ipsa tribulatione dilatat, ut quasi meridianus fulgor consurgat eis ad vesperam, et cum se consumptos putaverint, ut lucifer oriantur. Benedicas igitur Deo et Patri Domini nostri Jesu Christi, qui te in omni benedictione spirituali secundum gratiæ suæ divitias benedixit, et ut esses immaculatus in conspectu ipsius, dedit tibi ut non solum credas in Christum, sed pro Christo etiam patiaris. Porta ergo, charissime frater, in corpore tuo stigmata Jesu Christi, per quem mundus tibi crucifixus est et tu mundo. Stabilis esto et adversus mundanas adversitates immobilis, abundans in opere Dei semper, sciens quod labor tuus non est inanis in Domino, et sicut in te Christi passiones abundant, ita et per Christum abundet

XXXII.

ROBERTO TITULI SANCTI STEPHANI IN CŒLIO MONTE PRESBYTERO CARDINALI APOSTOLICÆ SEDIS LEGATO.

Super eodem.
(Datum.)

Ut efficacius possis intendere ad subsidium terræ sanctæ, præsentium tibi auctoritate concedimus ut iis qui ad tuam vocationem devote convenerint ad audiendum verbum salutiferæ crucis, de injunctis sibi pœnitentiis vice nostra certam valeas indulgentiam impertiri. De torneamentis autem hoc tibi duximus concedendum, ut de virorum prudentum consilio salubriter statuas quod terræ sanctæ utilitati secundum Deum videris expedire.

Datum, etc.

XXXIII.

ILLUSTRI REGI FRANCORUM.

Ei commendat legatum apostolicum.
(Datum.)

Quam sincerum dilectionis affectum erga te ac filium tuum et regnum Franciæ habeamus novit ille qui testis est in cœlo fidelis, cujus super hoc testimonium secure possumus invocare. Adeo quippe regni tui exaltationem diligimus, privilegiata semper opera commendantes quæ processerunt de ipso, quod æquanimius Ecclesiæ Romanæ quam ipsi regno sustineremus magnum aliquid adversitatis accidere, cum facilius hæc quam illud ab imminenti

consolatio tua, qui te supra id quod potes non patietur tentari, sed faciet in ipsa tentatione proventum, ut valeas sustinere; cum jam ipso docente didiceris in quibus es esse sufficiens, et cum Apostolo scias satiari, scias et esurire, et abundare, et penuriam pati, ac possis in eo qui te confortat omnia tolerare. Fideles quoque ab infidelibus in captivitate detentos sedulis exhortationibus corrobora et confirma, ne deficiant in tribulationibus suis, sed cogitantes in lucta victoriam et præmium in labore, bonum certamen certare, non desinant, et cursum servando fidem feliciter consummare, ut de reliquo coronam justitiæ merito valeant exspectare, quam reddet eis in illa die Dominus justus judex; scientes quod nos ab liberationem eorum studium diligens et operam efficacem, si desuper datum fuerit, satagimus adhibere. Denique ad tuam duximus notitiam perferendum quod cum inter omnia desiderabilia cordis nostri duo in hoc sæculo principaliter affectemus, ut ad recuperationem videlicet terræ sanctæ ac reformationem universalis Ecclesiæ valeamus intendere cum effectu, hoc ad exsequendum prædicta de fratrum nostrorum consilio providimus faciendum, ut scilicet quia hæc universorum fidelium communem statum respiciunt, generale concilium juxta priscam sanctorum Patrum consuetudinem convocemus opportuno tempore celebrandum: in quo ad exstirpanda vitia et plantandas virtutes, corrigendos excessus, et reformandos mores, eliminandas hæreses, et roborandam fidem, sopiendas discordias, et stabiliendam pacem, comprimendas oppressiones, et libertatem fovendam, inducendo pii cipes et populos Christianos ad succursum et subsidium terræ sanctæ tam a clericis quam laicis impendendum, cum cæteris quæ longum esset per singula numerare, provide statuantur, inviolabiliter observanda circa prælatos et subditos regulares et sæculares, ad divini nominis gloriam et honorem, remedium et salutem animarum nostrarum, ac profectum et utilitatem populi Christiani; patriarchis, archiepiscopis et episcopis per universas fere Christianorum provincias constitutis per scripta nostra mandantes ut se taliter studeant præparare quod a præsentis Dominicæ Incarnationis millesimo ducentesimo tertio decimo anno usque ad duos annos et dimidium, præfixis sibi pro termino Kalendis Novembris, nostro se conspectui repræsentent cum modestia et cautela; ita quod qui canonica forte præpeditione detenti personaliter venire nequiverint, aut remanserint pro Christianis ministeriis exercendis, idoneos pro se dirigant responsales. Quia igitur in tanto negotio tuam desideramus habere præsentiam, fraternitatem tuam rogandam duximus et monendam, per apostolica tibi scripta mandantes quatenus, si fieri poterit, personaliter ad præsentiam nostram accedas termino suprascripto. Quod si forsan venire nequiveris, saltem aliquem virum idoneum pro te ad concilium mittere non postponas. Tu denique, venerabilis frater in Christo, tuarum nobis apud justissimum judicem et piissimum Patrem orationum impertire suffragium, quo plurimum indigemus.

XXXV.
DUCI ET POPULO VENETORUM.
De negotio terræ sanctæ.

A memoria vestra non excidit quam solemni voto vos ad terræ sanctæ subsidium astrinxistis. Licet autem propositum vestrum ad alia postmodum declinaverit, votum tamen nihilominus in sua firmitate permansit; quia etsi cuique sit in vovendo libertas, est tamen necessitas in reddendo, cum sit scriptum: *Vovete et reddite Domino Deo vestro (Psal.* LXXV): quorum primum pertinet ad consilium, secundum pertinet ad præceptum. Cum igitur opportunum vobis tempus immineat reddendi Domino vota vestra, universitatem vestram rogamus, monemus et exhortamur in Domino, per apostolica vobis scripta præcipiendo mandantes quatenus vos taliter præparetis quod non transgressores voti, sed exsecutores diligentes inveniamini et fideles; pro certo scientes quod si forte divino timore postposito negligeretis efficere quod mandamus, grave vobis immineret salutis dispendium apud Deum et infamiæ quoque opprobrium apud mundum; quemadmodum econtrario, si quod vobis injungimus curaveritis adimplere, et laudem apud homines temporalem et mercedem apud Deum merebimini sempiternam.

XXXVI.
ALBERTO JEROSOLYMITANO PATRIARCHÆ APOSTOLICÆ SEDIS LEGATO.
De negotio terræ sanctæ, et ut accedat ad concilium generale.

Pium et sanctum propositum quod de subventione terræ sanctæ pro communi utilitate, Deo inspirante, concepimus et perducere satagimus ad effectum, ex generalibus litteris ad universas pene Christianorum provincias destinatis, quorum tibi transcripta dirigimus, intelliges manifeste. Super quo tanto pleniori gaudio hilaresces quanto profecto id ardentiori desiderio affectasti. Ne vero detestabilis conversatio quorumdam inhabitantium terram ipsam hujus salutaris exsecutionem propositi aut impediat aut retardet, cum Deum suis nefandis operibus non ad indulgentiam provocent, sed ad iram, charissimam nobis tuæ fraternitatis prudentiam obsecramus in Domino quatenus more prudentis medici ad lethalem eorum plagam curandam diversis experimentis utaris, eosque studeas ad veram pœnitentiam revocare, si forte salubribus acquiescendo consiliis divinæ virtutis accipiant medicinam, per quam divinæ sentiant medicinæ virtutem. Licet autem dura Saracenorum perfidia non consueverit humilibus Christianorum precibus emolliri, ut tamen ille nostram humilitatem respiciat qui superbis resistit, humilibus vero dat gratiam, de virorum prudentum consilio divinum præ oculis timorem habentium, Soldanum Damasci et Babyloniæ, qui hæreditatem Christi detinet occupatam, apostolicis providimus litteris humiliter præmonendum secundum formam quam in ipsis litteris videbis expressam. Nam et dispositionibus nostris auditis, quæ utinam cum possent omnino latere, fortassis omnipotens Deus suum in eum terrorem immittet, et benigne rogatus ostendet facere se spontaneum quod dure compulsus facturum se putaret invitum. Unde, volumus et mandamus quatenus cum nuntiis nostris viros providos et fideles ad eum facias destinari, qui apud ipsum nostrum studeant promovere mandatum. Interim autem charissimum in Christo filium nostrum Joannem Jerosolymitanum regem illustrem et tam Hospitalis quam militiæ Templi fratres, cum peregrinis pariter et indigenis, ad defensionem et custodiam hujus terræ prudenter moneas et inducas; ne (quod avertat Dominus) ei quidquam adversi valeat evenire, divino semper auxilio invocato. Quia vero tuam nobis præsentiam ad hoc salutare propositum exsequendum valde credimus necessariam, imo quammaxime fructuosam, fraternitatem tuam rogandam duximus et monendam, per apostolica tibi scripta mandantes quatenus, si videris posse fieri absque gravi dispendio terræ sanctæ, præfixum ad universale concilium celebrandum quam cito poteris satagas terminum prævenire, ducens aliquos viros tecum in consilio providos et in commisso fideles, qui plene noverint circumstantias causarum et rerum, temporum et locorum: quibus undique circumspectis, ad liberationem hæreditatis Dominicæ utilius intendere valeamus. Tu denique, venerabilis frater in Christo, tuarum nobis apud justissimum judicem et piissimum Patrem orationum impertire suffragium, quo plurimum indigemus.

XXXVII.

NOBILI VIRO SAPHILDINO SOLDANO DAMASCI ET BABYLONIÆ, TIMOREM DIVINI NOMINIS ET AMOREM.

Ejusdem fere argumenti cum superiore.

Daniele propheta testante, didicimus quod est Deus in cœlo, qui revelat mysteria, mutat tempora, et transfert regna, ut universi cognoscant quod dominatur Excelsus in regno hominum, et cui voluerit dabit illud. Hoc autem evidenter ostendit quando Jerusalem et fines ipsius in manus fratris tui tradi permisit, non tam propter ejus virtutem quam propter offensam populi Christiani Deum ipsum ad iracundiam provocantis. Nunc autem ad illum conversi speramus quod ipse miserebitur nostri, qui secundum Prophetam cum iratus est, non obliviscitur misereri. Unde illum imitari volentes qui de se dicit in Evangelio : *Discite a me quia mitis sum et humilis corde* (*Matth.* XI), magnitudinem tuam humiliter obsecramus quatenus ne propter violentam detentionem præfatæ terræ plus adhuc effundatur humani sanguinis quam hactenus est effusum, saniori utens consilio restituas eam nobis, de cujus detentione, præter inanem gloriam, forte plus tibi difficultatis quam utilitatis accrescit ; ipsaque reddita, et dimissis utrinque captivis, quiescamus a mutuis impugnationum offensis; ita quod apud te non sit deterior conditio gentis nostræ quam apud nos est conditio gentis tuæ. Latores ergo præsentium ad tuam præsentiam destinatos rogamus ut benigne suscipias et honeste pertractes, dignum illis responsum tribuens cum effectu.

XXXVIII.

ABBATI DE BAZACO XANTONENSIS DIŒCESIS, ET ELIÆ DE GRÆCIA ENGOLISMENSI CANONICO.

De collatione præbendarum.

(Laterani, II Non. Junii.)

Ex vestris accepimus litteris quod cum ordinationem de quibusdam præbendis in Ecclesia Xantonensi vacantibus vobis duobus et dilecto filio abbati de Talemundo duxerimus committendam,.. archidiacono et A. Fulcerio canonico Xantonensibus, instantibus vobis duobus, tertio per litteras excusato, ut mandatum apostolicum impleretis, pars capituli facultatum insufficientiam allegavit, producens nihilominus quoddam privilegium felicis recordationis Alexandri papæ prædecessoris nostri, per quod ei videbatur indultum ne plures recipere cogerentur quam suppeterent Ecclesiæ facultates. Vos tandem, auditis hinc inde propositis, de assensu partium ipsum negotium cum attestationibus quas ad præsentationem capituli recepistis de insufficientia facultatum et transcripto memorati privilegii vestris sigillis inclusis ad sedem apostolicam remisistis. Cum autem nobis fuerit pro capitulo supplicatum ut secundum hoc dignaremur illi Ecclesiæ providere, discretioni vestræ per apostolica scripta mandamus quatenus, inquisita super præmissis plenius veritate, de omnibus vel aliquibus præbendarum illarum secundum facultates Ecclesiæ ordinetis juxta cursum in Xantonensi Ecclesia consuetum. Quod si forte de omnibus vel aliquibus nequiveritis ordinare, ordinationem ipsam usque ad tempus concilii differatis; præfato capitulo injungentes ut tunc nuntios mittant ad nostram præsentiam speciales, super hoc mandatum apostolicum recepturos. Nullis litteris veritati et justitiæ præjudicantibus, etc. Tu denique, fili abbas, super te ipso, etc.

Datum Laterani, II Non. Junii, pontificatus nostri anno XVI.

DE NEGOTIO COMITUM TOLOSÆ, CONVENARUM FUXI, ET GASTONIS DE BEARNO.

XXXIX.
De negotio comitis Tolosani.

(41) Sanctissimo Patri et benignissimo domino Innocentio Dei gratia summo pontifici Hugo sola Dei permissione Regensis episcopus et Thedisius canonicus Januensis, humiles servi ejus, cum longitudine dierum et vita perenni, ad oscula pedum seipsos. Sanctitati vestræ insinuatione præsentium innotescat quod de facto comitis Tolosani, quod olim insufficientiæ nostræ providentia vestra commisit, processimus in hunc modum. Sane prius apud Sanctum Ægidium infra tres menses secundum tenorem apostolici rescripti concilium habuimus archiepiscoporum, episcoporum et aliorum prælatorum Ecclesiæ, baronum etiam, et aliorum quorum præsentiam novimus opportunam; ante omnia per litteras nostras comiti memorato mandantes ut hæreticos et rotarios de terra sua expelleret, alia etiam mandata impleret humiliter ad quæ tenebatur astrictus pluribus juramentis; ne si forte mandata illa implere negligeret, purgationi suæ impedimentum præstaret. Cumque vocatus venisset ad concilium, et per operis evidentiam manifeste nobis et toti concilio constitisset quod mandata quæ de hæreticis et rotariis expellendis et aliis causis multis et negotiis diversis temporibus a diversis legatis, et præcipue a bonæ memoriæ magistro Milone, sibi facta fuerant non impleverat nec implebat, consilium fuit omnium et communis deliberatio, ipsum non debere tunc temporis ad purgationem admitti. Non enim verisimile videbatur quod in tantis criminibus, videlicet super hæresi et nece legati, bene juraret qui toties in minoribus causis et articulis sua fuerat juramenta transgressus. Injunctum itaque sibi fuit a prælatis qui convenerant ad colloquium et a nobis ut hæreticos et rotarios de suo districtu expelleret, et alia nihilominus impleret humiliter et devote de quibus constabat ipsum juramentis plurimis obligatum fuisse; quatenus cum in iis et aliis se dignum fecisset, requisiti ab ipso circa personam ejus apostolicum exsequeremur mandatum. At ipse recedens a nobis, non solum non implevit quæ mandavimus, verum datus in reprobum sensum ex toto, et oblitus multam gratiam et misericordiam quam ultra suorum exigentiam meritorum apud apostolicam sedem invenit, cœpit iniquitati iniquitatem apponere ac præteritis abominationibus et criminibus committere graviora: propter quæ a legatis de communi consilio prælatorum multoties fuit anathematis mucrone percussus, et exposita terra ejus. Nec credat apostolica circumspectio nos in exsequendo mandato vestro exstitisse aliquatenus desides vel remissos. Sæpissime enim dictum comitem ex parte vestra citavimus, et ad præsentiam nostram venire contempsit; nec venerabilibus Patribus Carpentoractensi et Vasionensi episcopis et clericis eorum, quibus usque ad summam fere mille marcharum per me Regensem et bonæ memoriæ magistrum Milonem sub pœna excommunicationis quondam fuerat condemnatus, et aliis ecclesiasticis et miserabilibus personis, quas exhæredaverat, voluit satisfacere coram nobis, quæ omnia per venerabilem Patrem Nemausensem episcopum, tunc Sancti Ruffi abbatem, et litteras nostras et per me Thedisium, qui postmodum ad pedes vestros accessi, benignitati vestræ curavimus diligentissime intimare. Postquam autem a beatitudine vestra hoc anno recepimus super eodem negotio iteratum mandatum, licet a comite ipso nunquam fuerimus requisiti, apud Avenionensem civitatem in Provincia continuo vocavimus Ecclesiarum prælatos, quorum consilio et deliberatione mandatum vestrum tutius exsequi valeremus. Verum ego Thedisius gravissima infirmitate præventus, et multi ex prælatis, quia generalis corruptio aeris ibi erat, nequivimus colloquio interesse; sicque factum est ut necessario negotium differretur. Deinde quando tempus habuimus opportunum, venerabiles Patres Narbonensis apostolicæ sedis legatus et Burdegalensis archiepiscopi, multi præterea episcopi, et alii Ecclesiarum prælati, juxta Tolosam apud Vaurum ad citationem nostram ad concilium convenerunt: a quibus, prout tenebamur, in tanto negotio consilium requisivimus diligenter. Ipsi vero post multam deliberationem et diligentem tractatum consilium suum nobis in scriptis dederunt, quatuor, nomine omnium, sigillatum sigillis, sicut de verbo ad verbum inferius plenius continetur.

In nomine Domini nostri Jesu Christi. Amen. Hoc est consilium quod dominus Narbonensis archiepiscopus, apostolicæ sedis legatus, et alii Ecclesiarum prælati qui fuerunt in concilio apud Vaurum, dederunt Regensi episcopo et magistro Thedisio canonico Januensi judicibus delegatis a domino papa super negotio comitis Tolosani. Consuluerunt enim eis quod comes Tolosanus propter multiplices causas et rationes non debebat ab eis ad purgationem admitti, tam super crimine hæreticæ pravitatis, quam super nece legati. Constat enim et notorium est quod de expellendis hæreticis et rotariis de terra sua et aliis multis articulis multoties præstitit juramenta in manibus legatorum, quorum nullam servavit. Imo postquam ab apostolica sede rediit, apud quam multam misericordiam et gratiam invenit ultra suorum exigentiam meritorum, iniquitatem iniquitati apponens, adauxit pedagia, impugnavit Ecclesiam et pacem cum rotariis et hæreticis incessanter impugnat, receptavit hæreticos, fovet et fovet, et quanta potuit et potest virtute defendit. Mille insuper et ultra de crucesignatis clericis et laicis rotarii ejus et complices occiderunt. Præterea abbatem de Montealbano fere per annum captum detinuit, abbatem de Moysiaco cœpit, episcopum Agennensem de propria sede cum rotariis ejecit, et civitate sua et aliis bonis omnibus spoliavit, et damnificavit eum in valentia quindecim millium solidorum. Adeo præterea infamatus fuit et est de hæresi a longis retro temporibus apud bonos et graves quod invincibiliter præsumitur contra ipsum. Propter istas et alias plurimas enormitates et manifestos excessus ipsius, quæ omnia longum est enarrare, dixerunt prælati et concorditer responderunt quod adeo se fecit indignum ut ei fieri copia Evangeliorum non deberet a legatis vel judicibus delegatis, et etiam quia tali excommunicationis genere propter ea quæ dicta sunt tenetur astrictus quod ab eis sine speciali mandato domini papæ non potest absolvi. Placuit enim toti concilio ut præsens scriptum sigillis dicti domini Narbonensis archiepiscopi et Albiensis, Tolosani, et Convenarum episcoporum suo et aliorum nomine signaretur.

Et quia non poteramus ad purgationem injungendam comiti procedere, juxta consilium prælatorum per litteras nostras bis protestati fuimus comiti sæpe dicto quod per ipsum stabat et impedimentum præstiterat ne factum ipsius posset ulterius habere progressum absque summi pontificis licentia speciali. Profecto, præter alias iniquitates et abominationes ipsius, abbatem de Montealbano fere per annum tenuerat vinculis mancipatum, nec non de sede propria bonis omnibus spoliatum ejecerat episcopum Agennensem. Ipse tamen nobis

---

(41) Vide lib. xii, epist. 152, 153; lib. xiv, epist. 163; lib. xv, epist. 212.

postea per quemdam notarium suas litteras destinavit, in quibus misericordiam potius quam judicium implorabat, postulans a nobis ut vel mitteremus Tolosam ad ipsum, aut ei assignaremus locum alium competentem. Quibus diligenter in scriptis rescripsimus quod in causa ejus propter rationes præfatas procedere nullatenus poteramus, et idcirco noluimus eum gravare vel etiam nos ipsos inutiliter laboribus et expensis. Volentes igitur fines mandati diligentissime custodire, meram et plenam veritatem, scilicet totius facti seriem et processum, beatitudini vestræ breviter intimamus, cui soli Dominus imponendi finem tantis claudibus plenissimam scientiam et potestatem concessit. Ecclesiæ suæ omnipotens præsidentiam vestram in longitudinem dierum conservet.

XL.
De eadem re.
(Arausicæ, x Kal. Martii.)

Sanctissimo Patri ac benignissimo domino Innocentio Dei gratia summo pontifici, Michael divina promissione Arelatensis archiepiscopus, Willelmus Avenionensis, Burnus Vivariensis, Raimundus Uticensis, Arnaldus Nemausensis, Guillelmus Magalonen. Guillelmus Carpentoractensis, Guillelmus Aurasicensis, Gaufridus Tricastinensis et Bertrandus Cavellicensis episcopi, et Raibaldus Vasionensis electus, et Pontius monasterii Sancti Ægidii abbas, humiles servi sanctitatis ipsius, longitudinem dierum cum vita et salute perenni. Utinam infallibiliter et oculata fide posset vestra sanctitas sicut nos possumus intueri qualiter videlicet partes nostras et fere totam provinciam Narbonensem, terras olim miseriæ tenebrarum et umbræ mortis, in quibus nullus ordo, sed confusio inerat sempiterna, per ministerium vestrum et illorum quos ad exstirpandum lolium agro Dominico ante faciem vestram operarios destinastis, Rex gloriæ, Dominus fortis et potens, Dominus potens in prælio, ad cultum fidei, ad statum quietis et pacis, et ad debitam reformationem potenter et mirabiliter revocavit. Sane regiones et provinciæ quæ traditæ fuerant Satanæ et ministris ejus hæreticis, rotariis et cæteris criminosis in exterminium et direptionem, præcipue, quod detestabilius erat, in conculcationem et contemptum nominis Christiani modo sub vigilantia vestra, per gratiam Jesu Christi, qui oriens eas visitavit ex alto, translatæ quasi de morte in vitam et de tenebris et caligine ad lucem, in religionis fervore, in tranquillitate temporum, et in multis aliis benedictionibus vestris exsultant adeo et respirant ut quæ prius partes et hæreditas dæmonum poterant non immerito appellari, nunc hæreditas sancta et pacis visio rectissime appellentur. Et ut brevitate succincta plurima colligamus magnalia Dei et vestra, quibus de doloribus inferi erepti sumus et ab Ægyptiaca servitute, vix possent auribus apostolicis per alicujus scientiam vel facundiam intimari ad plenum. Pro iis et aliis beneficiis vestris et vere operibus vicarii Jesu Christi, quæ ab oriente in occidentem illuminant totum mundum, et a mari usque ad terminos orbis terræ coruscant, firmiter credimus et speramus pro certo quod in retributione justorum reposita est vobis co-

A rona justitiæ, quam in illum diem redditurus est vestræ beatitudini justus Judex.

Verum, Pater sanctissime, adhuc summopere timendum est et cavendum ne venenum hydræ, hoc est, dolosissimæ civitatis Tolosæ, si non tanquam membrum putridissimum succidatur, et ipsa circumstantia loca jam plene purgata et salubria inficiat iterum et corrumpat, et quod ædificatum est et reformatum a vobis multis laboribus et expensis, in antiquum chaos recidat, aut in multo deterius relabatur. Proinde benignitati vestræ cum devotione omnimoda flexis genibus et profusis lacrymis supplicamus quatenus secundum zelum Phinees, quem habetis, arripiat judicium manus vestra, et fermentatissima civitas illa cum sceleratis omnibus spurcitiis et sordibus quæ se infra tumidum ventrem viperæ receperunt, cum in sua malitia non sit inferior Sodoma et Gomorrha, debito exterminio radicitus explantetur. Si enim laqueus ille contritus fuerit, et

B nos erimus liberati. Alioquin in veritate, quæ Deus est, vobis loquimur et testamur quod si forte peccatis nostris exigentibus tyrannus ille vel potius hæreticus Tolosanus, aut etiam filius ejus, contritum caput et fortius conterendum erigeret, assumptis aliis septem spiritibus nequioribus se, ut singularis ferus et leo rugiens et quærens quos devoret, singula devastaret, et subverteret universa; ut longe tolerabilius esset Ecclesiam quæ est in partibus nostris esse vel habitare inter barbaras nationes quam ad pristinam confusionem redire. Provideat igitur apostolica circumspectio futuris cladibus et occurrat, ne prævaleat inimicus, nec a tam pio, tam sancto, et tam utili opere manus vestra desistat quousque draco Moysi prorsus devoraverit Pharaonis dracones, et fugato Jebusæo cum incircumcisis aliis et immundis, populus acquisitionis pacifice terra promissionis fruatur. Ad hæc, discretioni ma gistri Thedisii plurima paternitati vestræ referenda

C commisimus; qui super negotiis et necessitatibus totius provinciæ tanquam nobis ipsis indubitanter credatis, si placet. Ipse enim novit in omnibus plenissime veritatem. Conservet Deus sanctitatem vestram Ecclesiæ sanctæ suæ per tempora multa.

Datum Aurasicæ, decimo Kalendas Martii, anno Domini 1212.

XLI.
Super eodem.

(42) Sanctissimo (43) in Christo Patri ac beatissimo domino suo Innocentio Dei gratia summo pontifici, devoti et humiles servi ejus archiepiscopi, episcopi et alii Ecclesiarum prælati in concilio apud Vaurum (44) pro sanctæ fidei congregati negotio, cum omni affectione longum vitæ spatium et salutem. Ad agendas paternitatis vestræ sollicitudini dignas grates cum nec lingua nec calamus nobis sufficiat, retributorem omnium bonorum exoramus ut nostrum

D in hac parte suppleat defectum, et abunde vobis retribuat omne bonum quod nobis et nostris aliisque partium nostrarum ecclesiis tribuistis. Cum enim in partibus ipsis pestis hæretica ibi antiquitus (45) seminata nostris temporibus usque adeo succrevisset quod cultus divinus ibidem haberetur omnino in opprobrium et derisum, et in clerum et bona ecclesiastica hinc hæretici, inde rotarii (46) grassaren-

(42) Vide *Hist. Albig.*, cap. 66.
(43) *Sanctissimo.* Hujus epistolæ seriem truncam et mutilam habes apud eumdem Petrum, c. 66, quam variis in locis restitues ope c. ms. ex quo eamdem in hunc modum transcribi curavimus.
(44) *Vaurum.* Castrum Vauri apud Petrum Valsern. c. 52, oppidum in Gallia Narbonensi quod idem nomen hodie retinet, sicut et castra quæ in hac epistola continentur. Distat septimo cum semisse unius a Tolosa, milliario, id est quinque leucarum itinere, si credimus Isidoro qui lib. xv *Orig.*

c. ult. leucam mille et quingentis passibus coarctari scribit.
(45) *Antiquitus.* Aureliæ primum Albianensis error exortus est anno Domini 1017. Glaber Rad., *Hist. Franc.*, lib. III, c. 8; deinde per universi regni orbem pestis incrementum latens emersit.
(46) *Rotarii*, quibus adde balistarios qui ἰδίῳ τρόπῳ Wasconum adhuc nomen retinent *arroutez*, et Pyrenæorum scopulis tanquam Ithacæ addicti peregre proficiscentes non solum vestibus et nummis, sed interdum vitæ usu spoliant, ita ut vere Innocentius

tur, et tam princeps quam populus in reprobum sensum dati a fidei rectitudine deviarent, tandem vigilantiæ vestræ sollicitudine faciente, ita nos ex altis oriens misericordia visitavit per sanctos exercitus signatorum, quos ad emundandas spurcitias pestis hujusmodi sapientissime deputastis, et Christianissimum eorum principem comitem Montisfortis, intrepidum Christi athletam, et invictum Dominici prælii bellatorem, Ecclesia, quæ tam miserabiliter corrueral, caput incœperit relevare, et in parte maxima jam destructis adversitatibus et erroribus universis, terra dudum a cultoribus falsorum dogmatum conculcata, nunc divino cultui laudabiliter assuescat. Restant vero adhuc reliquiæ dictæ pestis. Tolosana videlicet civitas, cum castris aliquot, ubi tanquam sordes in sentinam cadentes residuum pravitatis hæreticæ se collegit: quorum princeps, comes scilicet Tolosanus, qui ab antiquis temporibus, sicut multoties jam audistis, hæreticorum et fautor exstitit et defensor, pro viribus quæ sibi remanserunt impugnat Ecclesiam, et quoad potest, pro fidei hostibus, ejus cultoribus se opponit. Ex quo enim a sanctitatis vestræ rediit præsentia cum mandatis in quibus ultra omnem suorum exigentiam meritorum egeratis misericorditer cum eodem, introivit, sicut manifeste videtur, angelus Satanæ in cor ejus, et gratiæ vestræ beneficiorum ingratus, de iis quæ eorum vobis promiserat nil implevit. Imo pedagia (47) sæpius abjurata vehementer adauxit, et ac si mandatorum ipsorum beneficio renuntiasse intenderet, ad omnes quos scivit vestros et Ecclesiæ Dei adversarios se convertit. Sane per Ottonem (48) Dei et Ecclesiæ inimicum, opinatus contra ipsam Ecclesiam vires assumere sub ipsius confidentia, manifeste, sicut asseritur, minabatur quod Ecclesiam de finibus suis et clerum radicitus exstirparet, hæreticos et rotarios, quos multoties abjuraverat, ex tunc ferventius solito fovere studuit et tenere.

Cum enim Catholicorum exercitus obsideret Vaurum, ubi sedes erat Satanæ atque erroris hæretici primatia, ipse in subsidium perversorum misit milites et clientes, et in castro suo quod Gasseri appellatur fuerunt inventi et combusti a crucesignatis plusquam quinquaginta hæretici de vestitis (49), præter credentium eorum multitudinem copiosam. Invocavit etiam contra Dei exercitum Savaricum (50) regis Angliæ (51) inimici Ecclesiæ senescallum (52), cum quo Christi pugilem prædictum comitem Montisfortis apud Castrum novum Arii obsidere præsumpsit; sed, Christi dextera faciente, cito fuit ejus præsumptio in confusionem conversa, ita ut pauci Catholici infinitam Arianorum (53) multitudinem effugarent. Prædictorum autem Ottonis et regis confidentia defraudatus, ut qui baculo arundineo nitebatur, cogitavit iniquitatem abominabilem et catholicis auribus detestandam et ad regem Marrochitanum (54) suos nuntios destinavit, subsidium ejus, non solum in terræ nostræ, sed totius Christianitatis excidium, implorando. Sed conatum ejus et damnabilem intentionem superna pietas impedivit. Episcopum Agennensem a sede propria expellendo, bonis omnibus spoliavit. Abbatem de Moissiaco cœpit, et abbatem Montsalbani fere per annum tenuit captivatum. Rotarii quoque ipsius et complices peregrinos clericos et laicos innumerabiles variis affecero martyriis, et nonnullos detinent ac diutius tenuere captivos. In omnibus iis non est aversus furor ejus, sed adhuc manus ejus extenta; ita ut fiat quotidie semetipso deterior, et omnia mala quæ potest per seipsum et filium (55) ac complices suos Fuxensem et Convenarum comites et Gastonem de Bearno, viros sceleratissimos et perversos, contra Dei Ecclesiam operetur. Cum autem ultione divina et censura ecclesiastica memoratus athleta fidei, comes Christianissimus Montisfortis, terram ipsorum tanquam hostium Dei et Ecclesiæ sancto et justo prælio occupaverit fere totam, ipsi adhuc persistentes in sua malitia, et humiliare se sub potenti manu Dei contemnentes, nuper ad regem Aragonensem recurrerunt, per quem forte intendunt vestram circumvenire clementiam et Ecclesiam suggillare. Adduxerunt enim ipsum Tolosam nobiscum, qui de mandato legati et delegatorum vestrorum apud Vaurum conveneramus, colloquium habiturum. Qui quæ ac qualia proposuerit, et quæ nos ei duxerimus respondenda, ex rescriptis quæ vobis sigillata mittuntur plenius cognoscetis. Mittitur etiam sanctitati vestræ consilium quod delegatis vestris super facto comitis Tolosani tribuimus requisiti. Omnes igitur unanimiter et concorditer hæc præmissa sanctitati

cos viros sanguinum dicat in c. *Sententiam*, ne cler. vel monach., et in c. 18 concil. Lateran., ubi lege rotariis, non ruptariis. Ideo divus Hyeronimus epist. 2 adversus Vigilant. sui originem exprobrat, quæ fuit in Convenarum comitatu (de quo supra epist. 13, lib. xv), ubi et rotarii aliique gregarii milites, viatores aggrediuntur. Sed unde dicti fuerint, patet ex Niceta Choniate lib. ult. "De imperio Balduini. Itaque partem exercitus quæ utilitatis suæ causa ultro sequi vellet (rotam ipsi vocant) ablegarunt, potestate data urbes quæ defecissent suo arbitratu tractandi, ea cohors antegressa a nullo scelere et a nullo piaculo abhorruit. Inde Rogerius comes Fuxensis Ruptarius dictus est quod abbatum quorumdam suprema jura pro parte vi non jure sibi vindicasset. Vide Beloium in prosapia Fuxensi. Et Biterrensis episcopus infra epist. 4, rotarios sacrilegos, homicidas et omnium flagitiorum generibus irretitos exsecratur. A rota igitur veteri vocabulo, (cujus nomine pars exercitus intelligebatur) rotarios dicemus.

(47) *Pedagia*, fiscus enim bonorum principum non sacerdotum damnis, sed hostium spoliis augetur. Symmachus, lib. x, ep. 54, ideo multatur ut in c. *Si quis Romipetas* 24, quæst. 36.

(48) *Othonem* IV imperatorem, Martinus Pol. in Innoc. III.

(49) *Vestitis* lege perfectis. Quidam enim in Albigensi hæresi perfecti sive boni homines, alii vero credentes dicebantur, Petrus Valsern. c. 2.

(50) *Severicum*. Savaricum de Malleone vocat idem Petrus c. 56, qui Savarus Malleonensis Pictonum natione oriundus a Polid. Virg. *Hist. Angl.*, l b. xv dicitur, et Savaricus Mauleonus a Guaguino, lib. vii in Ludovico VIII.

(51) *Regis*. Joannis.

(52) *Seneschallum*, diverso munere functus seneschalcus, qui postea senescallus dictus est, ex varietate temporum. Siquidem in aula Caroli Magni apud Hinc. in epist. 1, c. 213. maxima cura ad eum spectabat, eo quod cætera (præter potus et victus caballorum) eumdem senescallum respicerent, ita ut lateri principis ex his dicamus adhæsisse. Sic Guillelmus de Nogaretho seneschallus regis Francorum (Philippi Pulchri scilicet) dicitur a Thoma Walsingham in Edoardo I, rege Angliæ; sed alia censetur ejusdem dignitas ex ordinationibus regiis de offic. baillivorum et seneschallorum, tit. 6, qui præerant foro, in quo nobilium et militum jurgia dirimuntur, et in constitutione Ludovici Pii anno Domini 1254, ubi senescalli Bellicadri et Carcassonæ fit mentio.

(53) *Arianorum* seu potius Ariomanorum, a quorum hæresi Albianensis error emanavit. Nam et in eadem regione Wisigothi Arianam pravitatem amplexi sunt.

(54) *Marochitanum*. Mimamolinum, de quo supra Æmilius in Philippo II. Advolavit ille manu Saracenorum sub Mimamolini signis armatus.

(55) *Filium*. Raymundum juniorem.

vestræ intimamus, liberantes animas nostras, ne per defectum significandi in negotio fidei de contingentibus aliquid omittatur. Demum vero pro animabus nostris ac commissarum nobis Ecclesiarum substantiis vestræ misericordiæ supplicantes exposcimus per viscera misericordiæ Dei nostri ut liberationis et pacis, imo vitæ nostræ negotium, quod in parte maxima jam feliciter promovistis, cum manifesta justitia et potentia sit in prompto, feliciori fine dignemini consummare, ponentes ad radicem arboris damnosæ securim, et eam, ne noceat ultra, perpetuo succidentes. Pro certo namque sciatis quod si terra quæ dictis tyrannis cum tanta justitia et multa Christianorum effusione sanguinis est ablata, ipsis aut eorum hæredibus restituatur, præter scandalum fidelium qui hoc negotium promoverunt, non solum fieret novissimus error pejor priore, sed excidium exinde clero et Ecclesiæ inæstimabile immineret. Ad hæc, quoniam enormitates, blasphemias, abominationes et alia scelera prædictorum per singula præsenti paginæ non credidimus adnotanda, ne librum texere videremur, quædam in ore nuntiorum posuimus, quæ sanctis auribus vestris poterunt viva voce referre.

XLII.

Epistola prælatorum qui fuerunt in concilio apud Vaurum, ad Innocentium.

Sanctissimo in Christo Patri ac beatissimo domino Innocentio Dei gratia summo pontifici, devoti et humiles servi ejus, Willelmus Burdegalensis, Vasatensis et Petragoricensis episcopi, cum omni affectione vitæ spatium et salutem. Ad agendas paternitatis vestræ sollicitudini dignas grates cum nec lingua nec calamus nobis sufficiat, retributorem bonorum omnium exoramus ut nostrum suppleat in hæc parte defectum, et abunde vobis retribuat omne bonum quod in Narbonensi et Auxitanensi provinciis et etiam in partibus nostris tam Ecclesiis quam Ecclesiarum prælatis paterna misericordia tribuistis. Cum enim in dictis partibus pestis hæreticæ pravitatis jam adeo pullulasset quod eisdem corruptis penitus, partes affines affectura morbo simili videbatur, cumque rotariorum violentia, principibus omnibus ejusdem terræ consentientibus et hoc idem facientibus, Ecclesias fidemque catholicam omnemque religionem Christiani nominis impugnaret, vestræ providæ discretioni placuit has incommoditates sapienti consilio refrenare, quia fidelium signatorum et comitis Montisfortis mediante labore, mandatum vestrum in parte maxima tam hæreticos quam rotarios de sedibus suis ejecit; ita quod divinus cultus et pax ecclesiastica videantur in dictis partibus reflorere, nec jam aliud restat nisi illud quod per sanctitatem vestram feliciter est incœptum, per eamdem felicius consummetur. Quocirca paternæ sanctitati cum omni devotionis affectu duximus supplicandum quatenus ad exstirpandas reliquias pestium prædictarum dignemini salubre consilium adhibere; ita quod flores pacis, qui jam videntur oriri, in hoc quod in isto negotio est incœptum, ad consummationem fructus faciant exspectatos. Si vero, quod absit! opus tam laudabiliter incœptum cum manifesta justitia et potentia sic in prompto imperfectum relinqueretur, non solum foret novissimus error pejor priore, sed excidium exinde clero et Ecclesiæ irrecuperabile immineret. Bene et diu valeat sanctitas vestra.

PETITIONES REGIS ARAGONENSIS IN CONCILIO APUD VAURUM.

(Tolosæ, xvii Kal. Fabruarii.)

(56) Quoniam sacrosancta mater Ecclesia non solum verbera sed ubera quoque docetur habere, devotus Ecclesiæ filius Petrus Dei miseratione rex Aragonensis pro comite Tolosano ad sinum ejusdem matris Ecclesiæ cupiente redire a sanctitate vestra petit humiliter et rogat instanter quatenus faciendo satisfactionem personalem pro excessibus quamcunque ipsi Ecclesiæ visum fuerit expedire, ac pro damnis et injuriis illatis diversis Ecclesiis et prælatis satisfaciendo secundum quod clementia matris Ecclesiæ ipsi comiti duxerit injungendum, restituatur clementer et misericorditer ad possessiones suas et alia quæ amisit. Quod si forte pro persona comitis nollet Ecclesia ipsius regis petitionem audire, petit et rogat hoc idem pro filio, ita tamen quod Pater nihilominus satisfaciat personaliter pro excessibus suis, vel in frontaria Saracenorum eundo in subsidium Christianorum cum militibus suis, vel in partibus transmarinis, secundum quod Ecclesia melius arbitrabitur expedire, et infans de terra sua in tam fideli cura et tam diligenti custodia ad honorem Dei et sanctæ matris Ecclesiæ habeatur usquequo de bonitate sua signa compareant manifesta.

Et quoniam comes Convenarum nec fuit unquam hæreticus nec eorum susceptor, sed potius impugnator, et ideo terram dicitur amisisse quia astitit consobrino et domino suo comiti Tolosano, petit idem rex et rogat pro eo sicut pro vassallo suo, ut restituatur ad terram suam, satisfaciendo quoque ad arbitrium Ecclesiæ, si apparuerit eum in aliquo deliquisse.

Item cum comes Fuxensis nec hæreticus fuerit nec sit, pro eo memoratus rex petit et rogat sicut pro consanguineo suo charissimo et vassallo, cui sine verecundia in jure suo deesse non potest, quatenus pro reverentia ipsius et gratia restituatur ad sua, satisfaciendo nihilominus ad arbitrium Ecclesiæ in iis et pro iis super quibus clementiæ matris Ecclesiæ eumdem apparuerit deliquisse.

Item pro Gastone de Bearno vassallo suo petit sæpedictus rex et rogat affectuose quatenus restituatur ad terram suam et fidelitates vassallorum suorum, maxime cum paratus sit juri parere et ad arbitrium sanctæ matris Ecclesiæ satisfacere coram judicibus non suspectis, si vobis causam ipsius audire et expedire non licet.

In omnibus tamen præmissis duxit memoratus rex misericordiam potius quam judicium invocandum, mittens ad clementiam vestram episcopos, clericos et barones suos super præmissis, ratum habiturus quidquid a vobis cum eis fuerit ordinatum; supplicans ut talem habere dignemini circumspectionem et diligentiam in hoc facto ut in negotio Christianitatis in partibus Hispaniæ ad honorem Dei et sanctæ Ecclesiæ dilatationem prædictorum baronum et comitis Montisfortis subsidium possit habere.

Datum Tolosæ, xvii Kalend. Februarii.

RESPONSUM PRÆLATORUM IN CONCILIO APUD VAURUM.

(Vauri, xv Kal. Februarii.)

Illustri et dilecto in Christo Petro Dei gratia regi Aragonum, comiti Barchinonensium, concilium apud Vaurum, salutem et sinceram in Domino dilectionem. Petitiones et preces vidimus quas pro Tolosano et ejus filio, et Fuxensi et Convenarum comitibus, et nobili viro Gastone de Bearno vestra regalis serenitas destinavit; in quibus etiam litteris inter cætera Ecclesiæ filium dicitis vos devotum. Super quo multiplices Domino Jesu Christo ac regali vestræ celsitudini gratiarum referimus actiones, et in cunctis in quibus secundum Deum possemus, propter illam mutuam dilectionem qua vos sancta Romana Ecclesia mater, sicut intelligimus, amplectitur, et vos ipsam, nec non et ob reverentiam excellentiæ vestræ regalis admitteremus affectuosius preces vestras. Super eo quod pro comite Tolosano et ejus filio petitis et rogatis, hoc duximus serenitati regiæ respondendum. Quod tam

(56) *Hist. Albig.*, cap. 66.

causa comitis quam causa filii, quæ pendet ex facto Patris, auctoritate superioris exstat nobis exempta ; cum idem comes Tolosanus venerabili fratri Regensi episcopo et magistro Thedisio a domino papa negotium suum fecerit sub certa forma committi. Unde, sicut credimus, memoriter retinetis quot et quantas gratias dicto comiti post multos excessus ipsius dominus papa fecit, nec non et quam gratiam ad intercessionem vestram et preces venerabilis Pater Narbonensis archiepiscopus, apostolicæ sedis legatus, tunc abbas Cisterciensis, apud Narbonam et Montempessullanum eidem comiti faciebat biennio, si bene meminimus, jam transacto. Volebat siquidem idem legatus omnes dominicaturas et proprietates eidem comiti remanere integras et illæsas, et ut illa jura quæ habebat in castris aliorum hæreticorum, quæ de feudo ejus erant, sive alberga, sive quista, sive cavalgata, eidem integra remanerent. De illis præterea castris quæ erant aliorum hæreticorum, quæ de feudo ejus non erant, quæ idem comes dicebat esse ad minus quingenta (57), volebat præfatus legatus ut quarta vel etiam tertia pars eorum cederet in proprietatem comitis supradicti. Spreta vero idem comes illa magna gratia domini papæ ac prædicti legati et Ecclesiæ Dei, veniens directo contra omnia juramenta quæ olim præstiterat in manibus legatorum, et addens iniquitatem iniquitati, crimina criminibus, mala malis, Ecclesiam Dei et Christianitatem, fidem et pacem cum hæreticis et rotariis et aliis pestilentibus fortius impugnavit et damnificavit, adeo ut omni gratia et beneficio reddiderit se indignum. Quod autem petitis et rogatis pro comite Convenarum, taliter super hoc [duximus respondendum. Pro certo intelleximus quod, cum post excessus suos multiplices et juramenti transgressionem fœdus cum hæreticis et eorum fautoribus contraxisset, et ipsam Ecclesiam, tanquam in aliquo læsus esset, cum eisdem pestilentibus impugnasset, licet postmodum fuerit diligenter admonitus ut cessaret a cœptis, et rediens ad cor, reconciliaretur tandem ecclesiasticæ unitati, nihilominus idem comes in sua nequitia exstitit et existit excommunicationis et anathematis vinculo innodatus ; de quo quidem, ut dicitur, comes Tolosanus asserere consuevit quod eum ipse comes Convenarum ad guerram impulit et induxit. Unde idem comes auctor exstitit per hoc guerræ et malorum quæ inde Ecclesiæ multipliciter provenerunt, et existit. Verumtamen si taliter se exhibuerit ut absolutionis beneficium mereatur, postmodum, cum fuerit absolutus et habuerit personam standi in judicio, si de aliquo quereletur, Ecclesia ei justitiam non negabit. Petiit præterea et rogavit pro comite Fuxensi regia celsitudo. Ad quod taliter 'respondemus quod constat de ipso quod hæreticorum exstitit a longo tempore receptator, et impræsentiarum etiam receptator est eorum et defensor; præsertim cum non sit dubium quin credentes hæreticorum hæretici sint dicendi: qui etiam post multiplices excessus suos et gravissimos, post dirutionem et spoliationem ecclesiarum, post præstita corporaliter juramenta et obligationes tam personarum quam rerum, post injectionem manuum in clericos et detrusionem eorum in carcerem, pro quibus causis et multis aliis excommunicationis et anathematis est mucrone percussus, post illam etiam gratiam quam idem legatus ad intercessionem et preces vestras olim ipsi comiti faciebat, cruentam cædem exercuit in signatos tam clericos quam laicos, qui in paupertate et simplicitate sua in Dei servitium contra Vauri hæreticos ambulabant.

Qualis autem et quanta erat illa gratia bene recolit, sicut credimus, vestra regia celsitudo, ad cujus intercessionem et preces cum eodem comite compositionem legatus faciebat; sed quod non fuit facta illa compositio, per comitem ipsum stetit. Exstant etiam litteræ vestræ ad dominum comitem Montisfortis, regali sigillo munitæ, talem super illa gratia clausulam continentes : *Dicimus etiam vobis quod si comes sæpedictus noluerit stare placito illi, et vos postea non audiveritis preces nostras quas pro eo faciemus, non erimus inde ultra dispacati.* Verumtamen si dederit operam ut absolutionis beneficium consequatur, si postmodum, cum absolutionis fuerit gratiam consecutus, de aliquo quereletur, justitiam ei Ecclesia non negabit. Postulastis insuper et rogastis pro Gastone de Bearno ut restitueretur ad terram suam et ad fidelitates vassallorum suorum. Super quo vobis taliter respondemus, ut alia multa, imo potius infinita, quæ in ipsum Gastonem dicuntur ad præsens, silentio transeamus, confœderatus est cum hæreticis et receptatoribus seu defensoribus eorumdem contra Ecclesiam et signatos. Est Ecclesiarum et personarum ecclesiasticarum manifestissimus et gravissimus persecutor. Venit ad obsidionem Castrinovi in auxilium Tolosani et Fuxensis comitum contra eos qui de mandato domini papæ insequebantur hæreticos et fautores eorum. Interfectorem sanctæ memoriæ fratris Petri de Castronovo apostolicæ sedis legati habuit secum, rotarios diu tenuit atque tenet, in anno præterito rotarios suos in cathedralem ecclesiam Oloronis induxit ; ubi amputato fune de quo pendebat pyxis continens corpus Domini nostri Jesu Christi, in terram cecidit, et, quod nefas est dicere, ipsum corpus Domini est per terram expansum. Rotarius quidam in irrisionem et contumeliam ordinis clericalis se induit pontificalibus ornamentis, pontificem cantantem missam repræsentare intendens : qui etiam dicitur prædicasse ibidem, et oblationes rotariorum recepisse. Transgressus quoque juramenta, manus in clericos violentas injecit. Pro quibus et aliis causis pluribus, quas ad præsens tacemus ; idem Gasto excommunicationis est et anathematis nexibus innodatus. Verumtamen si satisfecerit Ecclesiæ, prout debet, et absolutionis beneficium consequatur, postmodum, cum fuerit absolutus, et conquestus fuerit de aliquo, audietur de jure suo. Aliter siquidem pro prædictis sic excommunicatis, charissime princeps, vestram regiam majestatem intercedere non deceret, nec nos pro talibus et in talibus auderemus aliter respondere (58). Ad hæc, serenitatem vestram regalem monemus in Domino et hortamur quatenus ad memoriam dignemini revocare honorem quem vobis apostolica sedes fecit, et illum quem impræsentiarum illustri regi Siciliæ sororio vestro facit, quid etiam domino papæ in vestra promisistis unctione, et quid apostolica sedes vobis dederit in mandatis. Oramus ut Deus ad honorem suum et sanctæ Romanæ Ecclesiæ per multa tempora vos conservet. Quod si per hanc nostram responsionem vestræ regiæ majestati non fuerit satisfactum, nos ob reverentiam vestram et gratiam factum domino papæ curabimus intimare.

Datum Vauri, xv Kal. Februarii.

XLIII.

Ut abstineat a defensione hæreticorum.

Serenissimo viro ac Christianissimo principi domino PETRO Dei gratia illustrissimo regi Aragonensi, frater ARNALDUS divina miseratione Narbonensis archiepiscopus, apostolicæ sedis legatus, salutem in charitate animi et visceribus Jesu Christi.

Intelleximus non sine multa turbatione ac amaritudine animi quod civitatem Tolosanam ac castrum Montisalbani et terras alias propter crimen hæreseos

---

(57) In *Hist. Albig.*, cap. 66, legitur *quinquaginta*, male. Nam in codice Colbertino legitur *quinginta*.

(58) Vide *Gesta Innoc. III*, cap. 120 et seqq.

ac alia multa nefanda facinora traditas Satanæ, ac omni communione sanctæ matris Ecclesiæ separatas, et crucesignatis auctoritate Dei, cujus nomen graviter in eis blasphemabatur, expositas, dispositis in protectione ac custodia vestra recipere ac eas contra Christi exercitum et Ecclesiæ defensare. Cum igitur hæc, si vera sint (quod Deus avertat), non solum in salutis vestræ dispendium, sed in honoris regii ac opinionis et famæ possint cedere detrimentum, nos qui salutem vestram et gloriam et honorem zelamus totis visceribus charitatis, celsitudinem regiam rogamus, consulimus, monemus et exhortamur in Domino et in potentia virtutis ejus, et ex parte Dei et Redemptoris Domini Jesu Christi ac sanctissimi vicarii ejus Domini nostri summi pontificis, auctoritate legationis qua fungimur, inhibemus, et modis quibus possumus obtestamur ne, per vos vel alios, terras recipiatis vel defendatis prædictas. Optamus autem quatenus tam vobis quam vestris taliter dignemini providere ne communicando excommunicatis et maledictis hæreticis et fautoribus eorumdem, labem excommunicationis incurrere vos contingat. Vuum autem volumus serenitatem regiam non latere, quod si quos de vestris hominibus in defensionem prædictæ terræ duxeritis relinquendos, cum omnes excommunicati sint ipso jure, nos ipsos denuntiari excommunicatos, tanquam defensores hæreticorum, publice faciemus.

XLIV.
Ut deleat reliquias hæreticorum.

(59) Sanctissimo in Christo Patri ac domino suo reverendissimo INNOCENTIO Dei gratia summo pontifici, BERTRANDUS dictus episcopus Bitterrensis (59), servus ejus humilissimus et fidelis, cum sanctissimorum pedum osculo (60) salutem et vitam.

Cum ineffabili Dei clementia vestræque ministerio sanctitatis terra nostra ac aliæ circumpositæ, in quibus diabolus peccati populi exigentibus tantam sibi potentiam usurparat ut omnem in eis rectitudinem pervertisset, et per ministros ipsius sponsa Christi opprobriis, blasphemis, et quæcunque possint excogitari afficeretur injuriis, et omnis divinis cultus esset in opprobrium et derisum, in lucem pacis ac fidei tam feliciter cœperint respirare ut errorum et aliarum perversitatum auctoribus jam pro parte maxima exturbatis, vexilla ibi Ecclesiæ sint erecta et ad divini cultus augmentum pax et securitas habeatur, remansit adhuc ibi magna quædam errorum omniumque vitiorum sentina (61), Tolosa videlicet civitas, et alia quædam loca, in quibus totius pravitatis hæreticæ reliquiarum spurcitia se collegit, quæ nisi fuerit per longanimitatem vestræ sanctæ sollicitudinis avulsa funditus et radicitus exstirpata, geminina procul dubio viperarum et spuria vitulamina iterum pullulabunt, et longe deteriorem priore morbum facient recidivum. Nos igitur, beatissime pater, quos tanquam propius positos magis negotium istud tangit, sanctissimam pietatem vestram rogamus, fusisque votivis lacrymis exoramus in visceribus Jesu Christi, quatenus nostro aliorumque prælatorum jugulis et Ecclesiarum substantiis, quibus comitis Tolosani et filii ejus, si resurgerent, gladius inexorabiliter immineret, misericorditer prospicientes in posterum, negotio pacis et fidei, quod tam

(59) *Biterrensis* suffraganeus archiepiscopi Narbonensis.

(60) *Osculo*, sic in vet. ms bibliothecæ Sancti Victoris Pariensis, in quo exstat epistola prælatorum Franciæ (de qua supra) ad Bonifacium papam VIII : *Sanctissimo patri et domino suo charissimo do. Bonifacio divina providentia S. R. E. ac universalis summo pontifici sui humiles devoti archiepiscopi, episcopi*, etc., *devota pedum oscula beatorum.*

(61) *Sentina*, quæ hodie pietatis omniumque di-

prudenter ac potenter hactenus promovistis, finem perfectum et stabilem imponatis. De infidelitate namque dicti comitis et immanitate quam per satellitem suum exercuit in legatum (62), super quo per ratihabitionem et honorem et beneficia quæ ipsi occisori exhibuit convincitur manifeste, satis potest vestræ sanctitati constare. Provideat quoque vestræ paternitas ne rex Aragonensis, qui, ut salva reverentia unctionis (63) loquamur, factus videtur filius infidelis, et præsumptuose se jactat quod dicto comiti et complicibus ejus hæreticis, rotariis sacrilegis, homicidis et omnium flagitiorum generibus irretitis restitutionis terrarum suarum et gratiæ vestræ beneficium obtinebit, ad vestram præsentiam eos ducens, aliquatenus vos circumveniat. Profecto namque, si dicta civitas, quæ nidus hæreticorum (64) existit et exstitit ab antiquo, ita quod, sicut legitur, ob causam similem fuit olim eversa funditus et etiam exarata, remanserit pestilentibus memoratis, adhuc flamma egredietur de ipsa, quæ partes nostras et alias circumpositas pejus solito profligabit.

XLV.
De negotio Comitis Tolosani.

Sanctissimo Patri et domino suo INNOCENTIO Dei gratia summo pontifici, BERMUNDUS sola Dei miseratione minister Aquensis humilis, salutem et seipsum ad pedes.

Compendiosa narratione beatitudini vestræ duximus intimandum quod reformatio pacis et Ecclesiæ ac alia bona quæ per sollicitudinem vestram in partibus nostris dignatus est dominus operari, nulla possent ratione, secundum inferiores causas, durare in posterum, si forte Tolosanus comes aut filius ejus, peccatis nostris exigentibus, terram quovis ingenio recuperaret amissam. Ideoque sanctitati vestræ humiliter supplicamus quatenus super hoc taliter et tam caute dignemini providere, si placet, quod novissimus error non sit pejor priore. Conservet Dominus sanctitatem vestram Ecclesiæ sanctæ suæ.

EPISCOPORUM IN OPPIDO VAURENSI CONGREGATORUM CONSILIUM.

In nomine Domini nostri Jesu Christi, Amen. Hoc est consilium quod dominus Narbonensis archiepiscopus, etc., *ut supra in epistola* 39.

XLVI.
De absolutione comitis Tolosani.

Nobili viro RAIMUNDO comiti Tolosano, HUGO Dei gratia Regensis episcopus, et magister THEDISIUS canonicus Januensis, spiritum consilii sanioris.

Nuper litteras vestras per quemdam militem, Quam bonum nomine, recepimus, in quibus licet contineretur expresse quod parati eratis mandatis nostris humiliter obedire, vos tamen neque mandatis domini papæ secundum tenorem rescripti quod olim obtinuistis ab ipso, neque mandatis quæ vobis fecimus in concilio apud Sanctum Ægidium, neque insuper mandatis et monitis legatorum et Ecclesiæ quæ vobis apud Narbonam et Montempessulanum postmodum facta fuerunt, obedistis in aliquo vel etiam obeditis, sicut per evidentiam operis manifeste apparet. Sane postquam recessistis a nobis, abjurata pedagia in vestræ famæ ac animæ præjudicium multipliciter adauxistis, et, ut in paucis multa

sciplinarum nutrix et domicilium.

(62) *Legatum* Petrum de Castronovo, de quo supra lib. XIV, epist. 7 et 8; et lib. XV, epist. 6.

(63) *Unctionis* quam acceperat Romæ ab Innocentio III, qui eum coronavit corona panis azymi in ecclesia Sancti Pancracii apud Marinæum *De rebus Hisp.*, lib. XX.

(64) *Hæreticorum* hodie religionis Ecclesiæ Gallicanæ patria.

breviter concludamus, fere nihil ex iis quæ diversis temporibus in manibus legatorum jurastis, et præcipue tempore bonæ memoriæ magistri Milonis, prout satis manifestum est, curastis implere; imo, quod dolentes et inviti dicimus, rotarios et hæreticos contra fidem et Ecclesiam et pacem etiam tenuistis postmodum et tenetis; a quibus et aliis complicibus vestris mille signati et ultra clerici et laici in gravissimam Creatoris injuriam et contemptum occisi fuerunt. Iniquitatem etiam iniquitati addentes, abbatem de Montealbano longo tempore tenuistis in vinculis, venerabilem Patrem Agennensem episcopum civitate sua et bonis aliis spoliatum cum rotariis vestris a sede propria ejecistis. Ad nos etiam aliquando auctoritate domini papæ citati contempsistis venire; nec super negotio vestro quod nobis a summo pontifice postulastis commiti, fuimus aliquando requisiti a vobis. Quamvis enim sciveritis nos per octo dies fecisse moram propter factum vestrum iis temporibus in concilio apud Vaurum, ad nos neque litteras vestras direxistis neque nuntium specialem. Propter igitur supradicta et alia multa adeo vos fecistis indignos quod in negotio vestro ad purgationem secundum mandatum domini papæ procedere non valemus, prout fuit coram nobis a toto concilio diffinitum. Ideoque vobis per præsentes litteras protestamur quod hæc omnia per proprium nuntium litteris nostris domino papæ curabimus diligentissime intimare, ut ipse circa personam vestram et factum secundum quod suæ beneplacitum fuerit sanctitati procedat.

XLVII.
De juramento comitis Tolosani.

Sanctissimo Patri et domino INNOCENTIO Dei gratia summo pontifici, RAIMUNDUS per eamdem Tarraconensis archiepiscopus et episcopi et abbates qui secum præsentes fuerunt, summa cum devotione subjectionem et debitum famulatum.

Sanctitati vestræ notum facimus dominum regem Aragonensem, cum Tolosam accessit ut comites Tolosanum et Fuxensem et Convenarum et Gastonem de Bearno ad beneplacitum et mandatum vestrum libere et absolute recipiendum induceret et pro viribus fideliter adimplendum, ad abundantem cautelam securitatem in scriptis redactam ab eisdem recepit in hunc modum :

Ego Raimundus Dei gratia comes Tolosæ, dux Narbonæ, marchio Provinciæ, et ego Raimundus filius ejus, gratuita voluntate, non coacti, nec vi nec dolo inducti, mittimus personaliter nos ipsos et Tolosam civitatem et suburbium et villam Montisalbani cum omnibus eorum pertinentiis, terminis sive adjacentiis, et totam aliam terram nostram quam habemus et habere debemus, cum militibus et hominibus singulis et universis nunc vel in futurum habitantibus, et ad ultimum cum omnibus juribus et rationibus quæ ad nos ubique pertinent vel pertinere debent aliquo jure sive aliqua ratione, in manu et posse vobis domino Petro Dei gratia regi Aragonensi et comiti Barchinonensi et eis qui de voluntate vestra vel mandato vices vestras obtinuerint, mittimus, inquam, in posse vestro ac potestate prædictam terram totam sicut dictum est, et aliam quam, Deo præstante, recuperabimus. Tradentes vobis etiam et in vos eosque qui locum vestrum tenuerint transferentes corporalem possessionem horum omnium et jura omnia seu rationes cum plena jurisdictione (65) ac potestate, tali modo quod tam in personis nostris quam in omnibus nominatis voluntati Domini papæ et mandato possitis obtemperare et satisfacere et cogere cum effectu nos, si forte proni et acclines ad mandatum ejus prosequendum, quod Deus avertat, noluerimus adesse. Promittentes vobis bona fide quod tam ea quæ dominus papa vel vos pro eo vobis mandaveritis pro posse nostro faciemus et adimplebimus sine dolo et fraude. Hæc omnia, quemadmodum superius scripta sunt, attendemus et observabimus bona fide et sine malo ingenio (66) pro posse nostro, et contra non veniemus per nos vel per aliam quamcunque personam vel venire contra faciemus, nec aliquid contra machinabimus. Quæ omnia prædicta per Deum (67) et hæc sacrosancta Evangelia (68) corporaliter a nobis tacta juramus. Mandamus præterea capitulo (69) et universitati Tolosæ urbis et suburbii ut vobis domino Petro regi prædicto faciant fidelitatem et sacramentum ad omnia supradicta exsequenda, adimplenda et fideliter observanda.

Hoc fuit ita appositum (quinta die Januarii in exitu, feria prima, Philippo Francorum rege regnante, et eodem Raimundo Tolosano comite, et Fulcone episcopo (70), anno ab Incarnatione Domini millesimo ducentesimo decimo secundo.

CONSULUM TOLOSÆ JURAMENTUM.

Nos consules (71) Tolosæ urbis et suburbii (72), Bertrandus de Sancto Lupo, Arnaldus de Castronovo, et Bernardus Petrus de Toytius, et Arnaldus Gilabertus, et Petrus de Sancto Romano, et Guillelmus de Pozano, et Arnaldus de Roaisio filius Arnaldi de Roaisio qui fuit, et Raimundus de Roaisio, et Guillelmus Arnaldus de Monte Totino, et B.

---

(65) *Cum plena jurisdictione* alta, media et bassa in vet. styl. parlam. parte I, c. 31, et in sanctione Caroli V, quæ continet privilegium concessum ab eodem Ecclesiæ Sancti Benedicti in *Fastis Parisiensibus*.

(66) *Malo ingenio*, sic in sacramento fidelitatis ex capitularibus Caroli Magni, *Quia fidelis sum et ero diebus vitæ meæ, sine fraude vel magno ingenio*.

(67) *Per dominum* ut habeat in sacramento suæ purgationis testem, quem habebit et judicem. Gregorius papa tertius ad Bonifacium III, Moguntinum archiepiscopum.

(68) *Sancta Evangelia*. Carolus Magnus in capitulari vocat juramentum in sacro Evangelio, Balsamo ὅρκους σωματικούς in Nomocano. Photii. Vide c. Ego De jurejur.

(69) *Capitulo*, hodie consistorium vocant.

(70) Tolosano.

(71) *Consules* hujus dignitatis nomen Galliis Roma dedit, et perpetuum a principe geri consulatum Justinianus rescribit Nov. 105. Eutropius lib. I. brev. Hist. Rom.; sed labente imperio hujusmodi dignitas imminuta est: nec enim genuino muricis fuco hodierna die, ut in antiqua Roma, civium oculos perstringit. Horum meminit Innocentius in c. *Venientes* De jurejur. et nomen consulum hodie usurpatur in Occitania et Aquitania, sed in civitate Tolosana nomen a Capitolio, non a capitulo, ut vult Aufrerius, Capitolini vocantur, quorum vestis bipartiti coloris apud eumdem ad decis. Capel. Tolos., q. 52. Hujus molem, imperator Antonius colonia Nemausensi oriundus attolli curavit in gratiam patriæ, cujus primam sedem Tolosa ut, ut et nostris temporibus, occupabat, ita ut Urbis nomen sicut Romæ meruerit, ut patet ex Fastis consularibus, et ex V. l. quæ in peristilio marmoreo claustri ecclesiæ metropolitanæ stylo incisa est in hæc verba

Petrus pontificem benedicens misit ad Urbem,
Pro populi cura, concessit ei sua jura.

Pontificem autem interpretare divum Saturninum, quem de summo gradu capitoliorum præcipitatum legimus apud Sidon. Apollin.

(72) *Urbis et suburbii*, quod et hodierna die observatur.

Arnaldus Rainaldus, et Stephanus Vitalis de Dealbata, et B. Petrus de Cozan, et Guillelmus Isarnus, et Raimundus Robertus de Tauro, et Vitalis de Princhaco (73), et P. Embrinus, et G. Pontius Astro, et Bernardus Raimundus, et R. de Schalchensibus, et Arnaldus de Roaisio filius B. (74) de Roaisio qui fuit, et Hugo Surdus, et Bernardus Gerardus, et Stephanus Signarius (75), de voluntate expressa et mandato domini Raimundi Dei gratia Tolosæ comitis, ducis Narbonæ, marchionis Provinciæ, et Raimundi filii ejus, de communi consensu universitatis Tolosæ promittimus vobis domino Petro Dei gratia regi Aragonensium et comiti Barchinonensium quod ad omnia tenenda et habenda et plenarie exsequenda et potenter possidenda quæ dominus Raimundus comes Tolosæ et Raimundus ejus filius vobis promiserunt, quemadmodum in superiori instrumento ab eis vobis facto plenius continetur, curam dabimus et operam, et diligentiam quam poterimus adhibebimus, ut tam de personis suis quam de honoribus suis, quos nunc habent vel habere debent, vel, Deo præstante, recuperabunt, possitis satisfacere voluntati et mandato domini papæ, et vobis in iis quæ eisdem dominus papa decreverit injungenda promittimus bona fide et sine dolo ac fraude auxilium, consilium et opem quantum poterimus et juvamen, et ad omnia adimplenda omnimodam fidelitatem vobis et eis qui locum vestrum tenuerint. Promittimus etiam vobis nos singuli et universi prænominati consules et tota Tolosæ universitas quod in iis omnibus quæ ex parte domini papæ et sanctæ Romanæ Ecclesiæ nobis mandaveritis vos vel illi qui vices vestras tenuerint, voluntati domini papæ stemus in omnibus et per omnia et arbitrio seu cognitioni unusquisque per se, et contra non veniemus aliqua ratione. Hæc omnia superius scripta attendemus et observabimus ac complebimus bona fide, et contra aliquid non machinabimus per nos vel per aliam quamcunque personam. Sic nos Deus adjuvet et hæc sacrosancta Evangelia, a nobis singulis jurejurando corporaliter tacta. Et ad hujus negotii fidem pleniorem, hanc paginam sigillorum comitis et filii ejus et capituli Tolosæ auctoritate roboramus.

Hoc fuit ita positum quinta die Januarii in exitu, feria prima, Philippo rege Francorum regnante, et eodem Raimundo Tolosano comite, et Fulcone episcopo, anno ab Incarnatione Domini millesimo ducentesimo decimo secundo.

PROFESSIO COMITIS FUXENSIS.
(Tolosæ, vi Kal. Februarii.)

In Dei nomine. Cunctis pateat quod nos Raimundus Rogerii Dei gratia comes Fuxensis, et Rogerius Bernardi filius ejus, ad honorem Dei et sanctæ Matris Ecclesiæ et domini Innocentii, qui sacrosanctæ Romanæ sedis obtinet præsulatum, ponimus et mittimus personas nostras et universa castra nostra et munitiones et fortias et caunas, scilicet castrum de Fuxo, de Montegalardi, de Monteolivo, de Castropendenti, de Tarascone, de Aifnasco (76), de Ravato, de Miramonte, de Mereglos, de Cenacto, de Ugenacco, de Vico, de Monteregali, de castro Virdunensi, de Lurdat, de Unacco, et de Haus, et universas caunas de Solobria, de Subitan, de Onolacco, de Verdun, de Agnavis, et de Heliato, et montana et valles, et omnem aliam terram quæ ad nos et nostros quocunque jure vel causa pertinet aut pertinere debet aut potest, in manu et potestate vestri domini nostri regis Aragonensis et comitis Barchinonensis, ut ea omnia plenarie et potenter teneatis et

(73) Apnd Catel. *Prunhaco*.
(74) Apud Catel. *Arnaldi*.
(75) Viginti quatuor consules ab initio sub imperio Torsini, de quo supra lib. XIII, epist. 13 usque ad annum Domini 1438, quamvis medio tempore interdum quatuor, aliquando sex, iterum, duodecim clavum gestarint, sed per ducentos fere annos usque

possideatis. Eo tamen pacti tenore apposito et forma, ut per detentionem prædictorum honorum et nostrarum personarum possitis compellere et urgere nos ad omnia illa exsequenda et observanda quæ dominus papa et sacrosancta Romana Ecclesia de personis nostris et rebus decreverit statuenda. Sub periculo ergo commissionis et pœna omnium prædictorum castrorum et totius terræ nostræ, vobis stipulantibus per solemnem stipulationem bona fide promittimus quod omnia quæ dominus papa nobis de personis aut de terra nostra injunxerit fideliter curabimus adimplere et in perpetuum modis omnibus observare; et quod ita totum adimpleamus, et contra non veniamus, vel aliqua arte vel ingenio vel ab aliqua persona veniri sustineamus, de omnibus concedentes vobis potestatem plenariam, per Deum et hæc sancta Evangelia, corporaliter tacta, sponte juramus, cognoscentes per idem sacramentum vobis pridem nos eamdem potentiam concessisse. Et ad majorem hujus facti evidentiam hanc paginam nostri sigilli præsentia communimus.

Actum est hoc et ita concessum apum Tolosam, vi Kal. Februarii, anno Dominicæ Incarnationis millesimo ducentesimo decimo secundo. Bernardus de Ugenacco prædicti domini comitis Fuxensis notarius existens hanc scripsit et sigillo ejusdem corroboravit.

PROFESSIO COMITIS CONVENARUM.
(Tolosæ, vi Kal. Februarii.)

In Dei nomine. Cunctis sit manifestum quod nos Bernardus comes Convenarum et Bernardus filius ejus ad honorem Dei et sanctæ matris Ecclesiæ et domini Innocentii, qui sacrosanctæ Romanæ sedis obtinet præsulatum, ponimus et mittimus personas nostras in manu et potestate vestri domini nostri Petri Dei gratia regis Aragonensis et comitis Barchinonensis, cognoscentes et veraciter confitentes nos quidem tradidisse terram nostram vobis et militi vestro nomine P. de Alcano speciali nuntio a vobis ad hoc misso, ut eam plenarie teneatis et potenter possideatis; eo tenore apposito et forma, ut per detentionem personarum nostrarum et terræ nostræ possitis compellere et urgere nos ad omnia illa exsequenda et observanda quæ dominus papa et sacrosancta Romana Ecclesia de personis nostris et rebus decreverit statuenda. Sub periculo ergo commissionis et pœna totius terræ nostræ, vobis stipulantibus per solemnem stipulationem bona fide promittimus quod omnia quæ dominus papa nobis de personis aut terra nostra injunxerit fideliter curabimus adimplere et in perpetuum modis omnibus observare. Et quod ita totum adimpleamus, et contra non veniamus, vel aliqua arte aut ingenio ab aliqua persona veniri sustineamus, de omnibus concedentes vobis potestatem plenariam, per Deum et hæc sancta Evangelia, corporaliter tacta, sponte juramus. Et ad majorem hujus facti evidentiam hanc paginam nostri sigilli præsentia confirmamus.

Hæc acta sunt apud Tolosam, vi Kal. Februarii, anno Dominicæ Incarnationis millesimo ducentesimo decimo secundo.

PROFESSIO GASTONIS DE BEARNO.
(Tolosæ, vi Kal. Februarii.)

In Christi nomine. Sit notum cunctis quod ego Gasto Dei gratia vicecomes Bearnensis et comes Bigorræ ad honorem Dei et sanctæ matris Ecclesiæ et

in hanc diem *Octoviri*, dulcissimæ patriæ (*Nonnunquam altricem nostri reticebo Tolosam cum Ausanio*) dignitati municipali capessendæ incubuerunt, ut patet ex Fastis consularibus, ubi ad exemplum Romanæ dignitatis famosas patrum imagines ornatas purpura videre licet.
(76) Apud Catel. *Dasnaco*.

domini Innocentii, qui sacrosanctæ Romanæ Ecclesiæ sedis obtinet præsulatum, pono et mitto personam meam et castra de Lurda, de Olerone, de Montanerio, de Miramon, de Cadelo, et omnem aliam terram quam habeo et habere debeo, vel ad me vel meos pertinet aut pertinere debet et potest aliqua ratione, aliquo jure vel causa, et illam totam quam habere et recuperare potero, Deo dante, in manu et potestate vestri domini Petri Dei gratia regis Aragonensis et comitis Barchinonensis, ut ea omnia plenarie et potenter teneatis et possideatis; eo pacti tenore apposito et forma, ut per detentionem prædictorum bonorum et meæ personæ possitis compellere et urgere me ad omnia illa exsequenda et observanda quæ dominus papa et sacrosancta Romana Ecclesia de persona mea et rebus decreverit statuenda. Sub periculo ergo commissionis et pœna omnium prædictorum castrorum et totius terræ meæ, vobis stipulantibus per solemnem stipulationem bona fide promitto quod omnia quæ papa mihi de persona aut terra mea injunxerit curabo fideliter adimplere et in perpetuum modis omnibus observare; et quod ita totum adimpleam, et contra non veniam, vel aliqua arte vel ingenio ab aliqua persona veniri sustineam, de omnibus concedens vobis potestatem plenariam, per Deum et hæc sancta Evangelia, corporaliter tacta, sponte juro. Et ad majorem hujus facti firmitatem hanc paginam mei sigilli auctoritate confirmo.

Actum est hoc apud Tolosam, vi Kal. Februarii, anno Dominicæ Incarnationis millesimo ducentesimo decimo secundo.

Et quoniam visum est domino regi ejusque curiæ ipsa originalia penes se potius retinere quam incertis casibus fortunæ committere, ad pedes sanctitatis vestræ eorum mittit scripta sigillis nostris communita verba ad verbum fideliter sumpta, nullo addito, vel diminuto, vel in aliquo immutato.

Hoc autem transcriptum factum fuit apud Perpinianum fideliter, II Kal. Aprilis, anno ab Incarnatione Domini millesimo ducentesimo tertio decimo.

XLVIII.

ILLUSTRI REGI ARAGONENSI.

Suadetur ut faveat hæreticis.

Laterani, Kal. Junii.)

Is in cujus manu sunt omnium corda regum inspiret tibi humiliter exoratus ut prudenter attendens quod juxta mandatum apostolicum nos oportet obsecrare, arguere, increpare, nostras increpationes, quas paterna in te affectione deponimus, devotione recipias filiali, et sic nostris obtemperes salubribus monitis et consiliis ut correctionem apostolicam devote recipiendo, demonstres te in iis etiam affectum habuisse sincerum in quibus absque dubio et effectum nosceris deliquisse. Sane ad totius fere mundi notitiam jam pervenit, nec serenitatem tuam ignorare credimus aut etiam diffiteri, quod inter cæteros principes Christianos te specialiter studuimus honorare : per quod et potentia tibi accrevit et fama. Utinamque cum iis prudentia et devotio tibi amplius accrevissent : quod licet utile nobis existeret, tibi tamen potius expediret. Verum in hoc neque tibi providisse dignosceris, neque nobis, ut decuit, detulisse, quod cum cives Tolosani a corpore Ecclesiæ sint excommunicationis mucrone præcisi, et ipsorum civitas supposita interdicto pro eo quod quidam eorum sunt hæretici manifesti, plures vero credentes, fautores et receptatores ipsorum ac etiam defensores, adeo ut alii quoque, quos Christi exercitus, imo verius ipse Christus, quem contra seipsos suis adinventionibus provocarunt, a suis fecit tabernaculis emigrare, ad Tolosanam quasi quamdam erroris sentinam confugerint civitatem, observantes tempus et opportunitatem captantes quo fidem in partibus illis quasi de novo plantatam, velut locustæ de puteo abyssi egressæ, valeant exstirpare, tu divini timoris oblitus, quasi prævalere valeas contra Deum vel avertere manum ejus contra eos exigentibus suis culpis extentam, ipsos et eorum complices in defensionem, quasi sub specie pietatis impietatem exercens, in scandalum populi Christiani et propriæ famæ dispendium recepisti, post inhibitionem a legato nostro ex parte Dei et nostra districtissime tibi factam, non sine nota gravis infamiæ ac suspicionis scrupulo gravioris.

Nuper igitur auditis quæ venerabilis frater noster Segobricensis episcopus et dilectus filius magister Columbus nuntii tui ac nuntii legati nostri ac nobilis viri Simonis comitis Montisfortis in præsentia nostra proponere voluerunt, et litteris directis hinc inde plenius intellectis, habito cum fratribus nostris tractatu atque consilio diligenti, volentes honori tuo quantum ad famam, saluti quantum ad animam, et indemnitati quantum ad terram paterna sollicitudine præcavere, serenitati tuæ in virtute Spiritus sancti sub obtentu divinæ ac apostolicæ gratiæ districte providimus injungendum ut sine mora prænotatos deseras Tolosanos et complices eorumdem, non obstante promissione vel obligatione quacunque præstita vel recepta in elusionem ecclesiasticæ disciplinæ, ipsis, quandiu tales exstiterint, non impensurus per te vel aliis consilium, auxilium, vel favorem. Si vero iidem ad Ecclesiæ redire desiderant unitatem, prout fuit a dictis nuntiis tuis propositum coram nobis, nos venerabili fratri nostro Fulconi Tolosano episcopo, viro integræ opinionis et vitæ, qui testimonium habet non solum ab iis qui sunt intus, sed ab iis etiam qui sunt foris, nostris damus litteris in mandatis ut, adjunctis sibi duobus viris prudentibus et honestis, eos qui voluerint de corde puro et conscientia bona et fide non ficta redire, sufficienti ab eisdem cautione recepta, reconciliet ecclesiasticæ unitati; illos vero quos in erroris sui tenebris persistentes idem episcopus de labe notaverit hæreticæ pravitatis, exterminari præcipimus a civitate jam dicta, et bona eorum omnia confiscari; ita quod nullo unquam tempore recipiantur in ipsa, nisi forte divinitus inspirati se viros fidei orthodoxæ cultores exhibitione operum demonstrarent; et sic civitas ipsa reconciliata pariter et purgata sub apostolicæ sedis protectione consistat non molestanda de cætero a comite supradicto vel aliis fide Catholicis, sed defendenda potius et fovenda (77).

Miramur insuper et movemur quod tu pro terra

---

(77) Vide lib. xv, epist. 212, 213 et *Hist. alb.* cap. 70.

nobilium virorum Convenarum et Fuxensis comitum ac Gastonis de Bearno restituenda sibi apostolicum per nuntios tuos suppressa veritate mendacium exprimentes subripi fecisti mandatum, cum propter multa et magna eorum flagitia, ob hæreticorum favorem, quos manifeste defendunt, excommunicationis sint vinculo innodati. Verum cum mandatum pro talibus sic obtentum non teneat, illud tanquam subreptum penitus revocamus. Si vero iidem ecclesiasticæ unitati reconciliari desiderant, prout dicunt, venerabili fratri nostro Narbonensi archiepiscopo, apostolicæ sedis legato nostris damus litteris in mandatis ut recipiens ab ipsis non solum juratoriam cautionem, cum jam sua sint juramenta transgressi, sed et aliam quam viderit expedire, beneficium eis absolutionis impendat. Et iis rite præmissis tanquam veræ devotionis indiciis, cardinalem de latere nostro legatum, virum honestum, providum et constantem, juxta petitionem tuam ad partes illas curabimus destinare: qui non declinans ad dexteram vel sinistram, sed incedens regia via semper; quæ recte facta invenerit approbet et confirmet, errata vero corrigat et emendet, et tam nobilibus antedictis quam aliis conquerentibus exhiberi faciat justitiæ complementum. Interim ergo inter te et terram tuam et dictum comitem Montisfortis ac suam volumus et mandamus firmas treugas fieri ac servari, hæreticis prorsus exceptis; cum quibus, cum nulla sit societas lucis ad tenebras, nec participatio Christi ad Belial, aut pars fideli cum infideli, orthodoxæ fidei professores treugas habere non convenit sive pacem. Mandantes nihilominus comiti antedicto ut tibi pro terra quam a te tenet reverenter exhibeat quod exhibere tenetur. Illud autem excellentiam tuam volumus non latere, quod si Tolosani ac nobiles sæpedicti adhuc quoque in errore suo duxerint persistendum, nos per indulgentias innovatas crucesignatos et fideles alios præcipimus excitari ut ad exstirpandam pestem hujusmodi divino freti auxilio insurgentes, tam contra ipsos quam quoslibet alios receptatores aut defensores ipsorum, qui plus ipsis hæreticis sunt nocivi, procedant in nomine Domini Sabaoth. Monemus igitur serenitatem tuam, rogamus et obsecramus in Domino quatenus quæ præmisimus prompto animo, quantum ad te pertinet, exsequaris, sciturus pro certo quod si aliter, quod non credimus, duceres faciendum, præter indignationem divinam, quam ex hoc facto contra te procul dubio provocares, grave ac irreparabile posses incurrere detrimentum, nec nos, quantumcunque tuam diligamus personam, tibi contra fidei Christianæ negotium possemus parcere vel deferre. Quantum enim tibi periculum immineret, si Deo et Ecclesiæ, præsertim in causa fidei, te opponeres, ut consummationem sancti operis impedires, non solum vetera sed et moderna te possunt exempla docere.

Datum Laterani, Kal. Junii, pontificatus nostri anno sexto decimo.

In eumdem fere modum nobili viro Simoni comiti Montisfortis. Is in cujus manu, etc. *usque* Sabaoth. Si enim prædictus rex aliter duceret faciendum, etc. *usque* docere. Monemus igitur nobilitatem tuam et exhortamur attentius, per apostolica tibi scripta mandantes quatenus quæ præmisimus prompto animo, quantum ad te pertinet, exsequaris.

Datum, *ut supra.*

In eumdem fere modum scriptum est Narbonensi archiepiscopo apostolicæ sedis legato. Is in cujus manu, etc., *usque* docere. Unde nos regem et comitem sæpedictos per litteras nostras monuimus ut quæ præmisimus prompto animo, quantum ad eos pertinet, exsequantur. Ideoque fraternitati tuæ per apostolica scripta mandamus quatenus præfatos regem et comitem monens ad id efficaciter et inducens, procedas circa tres nobiles antedictos secundum formam superius comprehensam Tu denique, frater archiepiscope, etc.

In eumdem fere modum scriptum est Tolosano episcopo. Is in cujus manu, etc., *usque* inducens, procedas circa cives prædictos secundum formam superius comprehensam. Tu denique, frater episcope, etc.

Datum, *ut supra.*

XLIX.

DE REFLORIIS ET DE PALMI ABBATIBUS, ET PRIORI DE REFLORIIS, BRACARENSIS ET TUDENSIS DIŒCESUM.

De sepeliendo excommunicato qui pœnitentiæ signa dederat.

(Laterani, III Idus Maii.)

Oblata nobis M. mulieris petitio continebat quod cum olim S. frater suus una cum quibusdam aliis morti cujusdam interfuisset presbyteri, diabolo suadente, tandem reversus ad cor, humiliter suum recognovit excessum, et paratus ut iter arriperet ad sedem apostolicam veniendi, præveniente mortis articulo exsequi non potuit quod intendit; juramento tamen promiserat quod nostris staret super excessu sæpedicto mandatis. Unde nobis dicta mulier supplicavit ut cum illum non religionis contemptus, sed necessitatis articulus impedierit quo minus ad sedem accesserit apostolicam absolvendus, super absolutione ac sepultura ipsius dignaremur misericorditer providere. Quia vero sicut in contumacia persistentibus rigidos esse nos convenit, sic humiliatis ad pœnitentiam negare gratiam Ecclesiæ non debemus, discretioni vestræ per apostolica scripta mandamus quatenus si prædictus S. dum adhuc viveret, satisfactionem condignam promisit vel sufficiens de satisfactione mandatum, et alias manifesta in eo pœnitentiæ indicia præcesserunt, cum psalmi pœnitentiali, Oratione Dominica, et aliis consuetis, defuncto absolutionis beneficium impendatis, tradi facientes corpus ejusdem ecclesiasticæ sepulturæ, dummodo (78) contra terræ consuetudinem ex hoc grave non debeat scandalum generari. Quod si non

(78) Vide cap. *Sincerum*, De sepultur. in 4 Collect.

omnes, etc., duo vestrum, etc. Vos denique, filii abbates, etc.

Datum Laterani, iii Idus Maii, pontificatus nostri anno xvi.

L.
ARCHIEPISCOPO MAGUNTINENSI APOSTOLICÆ SEDIS LEGATO.
De negotio episcopi Herbipolensis.
(Laterani, viii Idus Junii.)

Licet injunctæ tibi legationis processum in pluribus commendemus, super negotio tamen Herbipolensis Ecclesiæ, quantumcunque tuæ fraternitati deferre velimus, non possumus salva conscientia commendare: in quo et si forte zelum habueris, non tamen secundum scientiam habuisti, cum in destitutione unius et substitutione alterius processeris minus juste (79). Nos quidem receptis olim super hoc litteris tuis per dilectum filium decanum de Onoldesbath meminimus respondisse quod cum, disponente domino, simus in sede justitiæ constituti et omnibus in justitia debitores, negare non debemus alicui quod postulat ordo juris. Unde mandavimus ut si forte substitutus et destitutus de jure suo vellent in judicio experiri, præfigeres eis terminum competentem quo se nostro conspectui præsentarent justum judicium recepturi. Accedente autem ad nostram præsentiam dilecto filio Deutautto clerico procuratore venerabilis fratris nostri Ottonis Herbipolensis episcopi super eo quod diceris nolle ratum habere processum venerabilis fratris nostri Magdeburgensis archiepiscopi, apostolicæ sedis legati, circa episcopum memoratum ad communionem et gratiam Ecclesiæ de mandato nostro receptum et ad regimen Herbipolensis Ecclesiæ restitutum, fuit inter alia propositum coram nobis et in nostro Regesto repertum quod cum olim apostolica sedes ad vindicandam crudelem et lacrymabilem mortem bonæ memoriæ Conradi Herbipolensis episcopi, Petri exeruerit gladium, ut sicut notorius erat interfectorum excessus (80), sic memorialis esset in generationem ac generationem sceleris perpetrati vindicta, inter cætera statuit ut tam homicidæ ipsi quam hæredes eorum universis feudis et beneficiis Herbipolensis Ecclesiæ, quam specialiter offenderant, et ecclesiarum etiam cæterarum, cum in ea læserint ecclesiam generalem, carerent in perpetuum, illa nullo tempore habituri, nisi forsan aliquando de speciali apostolicæ sedis indulgentia secutura posteritas misericordiam mereretur. Et cum nec tutum nec honestum existeret ut iste Henricus, qui dicitur substitutus, filius Henrici de Ravesburg fratris Botonis, cujus pater et patruus fuerunt in necem memorati episcopi machinati, consiliis Herbipolensis Ecclesiæ interesset, bonæ memoriæ Guidoni Penestrinensi episcopo, tunc apostolicæ sedis legato, dedimus in mandatis ut ei auctoritate nostra per commutationem idoneam in alia Ecclesia ab Herbipolensi remota, appellatione postposita, provideret, præbendam illius alii collaturus. Et quidem eam gerimus de tua circumspectione fiduciam quod si hoc in tuam deductum fuisset notitiam, sic circa prædictum Henricum, quantumcunque ipsum dilectionis brachiis amplectaris, nullatenus processisses. Verum ne demus Herbipolensi Ecclesiæ labores pariter et dolores, et memoratum Henricum inutiliter laborare contingat, eum quem a præbenda Herbipolensis Ecclesiæ olim decrevimus amovendum, a regimine ipsius Ecclesiæ perpetuo removemus, per apostolica tibi scripta mandantes quatenus supradictum Herbipolensem episcopum, cum, parte Othonis reprobi penitus abdicata, publice ad Ecclesiæ devotionem reversus catholicæ parti patenter adhæserit et potenter, super Ecclesia sæpedicta de cætero non molestes; ut qui persequebaris vitium in averso, amplectaris in converso virtutem. Sic etenim decrevimus expedire, quoniam speramus quod si beneficiorum non erit ingratus, se tanto devotiorem exhibere studebit quanto majorem invenit gratiam post offensam. Tu denique, frater archiepiscope, etc.

Datum Laterani, viii Idus Junii, pontificatus nostri anno decimo sexto.

LI.
NOVARIENSI CAPITULO.
De electione episcopi Novariensis.
(Laterani, xii Kal. Junii.)

Auditis olim et intellectis quæ a procuratoribus partium super duabus electionibus in vestra ecclesia celebratis fuere proposita coram nobis, de communi fratrum nostrorum consilio electionem factam de præposito Sanctæ Mariæ cassavimus, et electionem de (81) præposito Sancti Gaudentii celebratam duximus confirmandam, si quoddam instrumentum reprobaretur infra temporis certum spatium contra ipsum super cujusdam arbitrii forma productum, quod venerabili fratri nostro archiepiscopo Januensi et dilectis filiis de Tillieto et de Ceretro abbatibus sub bulla nostra misimus interclusum. Ipsi vero receptis probationibus exhibitis coram eis, causam sufficienter instructam ad nostram audientiam remiserunt. Procuratoribus igitur partium in nostra præsentia constitutis et auditis hinc inde propositis, quia per ea quæ contra prædictum instrumentum objecta sunt et ostensa idem adeo redditum est suspectum quod ad fidem in judicio faciendam debeat invalidum reputari, et ita reprobatum quod ad [l. quoad] illud ad quod probandum erat inductum, cum proniora sint jura ad absolvendum quam ad condemnandum, electionem factam de prædicto præposito Sancti Gaudentii confirmavimus, per apostolica scripta vobis præcipiendo mandantes quatenus ipsi obedientiam et reverentiam debitam impendatis, eidem reverenter in spiritualibus et temporalibus intendentes. Alioquin, venerabili fratri

---

(79) Vide lib. xv, epist. 226.
(80) Vide Chronicon Hirsaug. ad an. 1202, et

Odor. Raynal. ad an. 1202, § 45 et seqq.
(81) Vocabatur Odelbertus.

nostro Vercellensi episcopo, apostolicæ sedis legato, nostris damus litteris in mandatis ut vos ad id monitione præmissa per censuram ecclesiasticam appellatione remota compellant.

Datum Laterani, XII. Kal. Junii, pontificatus nostri anno sexto decimo.

Illi scriptum est super hoc, verbis competenter mutatis.

LII.
DE SPINA ET DE URSARIA ABBATIBUS PLACENTINENSIS ET AURIENSIS DIOECESUM.

De absolutione regis Portugaliæ.
(Laterani, XII Kal. Junii.)

(82) Accepimus ex litteris vestris quod, cum causam quæ inter illustrem regem Portugaliæ ex parte una, et nobiles mulieres Tarasiam et S. sorores ipsius ex altera, super castris Montismajoris et Alanker, damnis et rebus aliis vertitur, sub certa forma vobis duxerimus committendam, vos ad locum debitum accedentes, cum velletis ad regis et regni absolutionem procedere, dictæ regis sorores proposuere per litteras scriptum apostolicum vobis exhibitum falsitate suggesta et veritate tacita impetratum, et ad hoc probandum locum securum et competentem terminum postularunt. Vobis autem de prudentum virorum consilio diem et locum congruum eis et regi volentibus assignare, rex ex hoc asserens se gravari, cum crederet se ac regnum suum præstito juramento quod nostris pareret mandatis ab excommunicationis et interdicti sententiis sine dilatione absolvi debere, petiit et impetravit a vobis ut totum negotium ad nostram audientiam referretur. Constitutis itaque procuratoribus partium coram nobis, et auditis hincinde propositis, utrique parti volentes in sua justitia providere, discretioni vestræ per apostolica scripta præcipiendo mandamus quatenus, accedentes ad locum et recepto ab ipso rege corporaliter juramento quod super iis pro quibus excommunicatus existit et terra ejus supposita interdicto nostris mandatis absolute parebit, excommunicationis et interdicti sententias relaxetis, inter ipsum et prædictas sorores ipsius treugarum fœdera statuentes, quæ juramentis et aliis idoneis cautionibus faciatis utrinque firmari, et ad illa firmiter observanda eos per districtionem ecclesiasticam, sublato contradictionis et appellationis obstaculo, compellatis, ut nec per se nec per alios sibi invicem nocere præsumant; ac deinde facientes utrique parti de manifestis damnis et injuriis satisfieri competenter, super dubiis audiatis quæcunque duxerint proponendo; et nisi per vos inter eos amicabilis poterit concordia reformari, causam sufficienter instructam ad nostrum remittatis examen, præfigentes partibus terminum competentem quo nostro se conspectui repræsentent mandatum apostolicum recepturæ. Vos denique filii abbates, etc.

Datum Laterani, XII Kal. Junii, pontificatus nostri anno decimo sexto.

LIII.
ABBATI DE CARRARIA PADUANÆ DIOECESIS, ET ARCHIPRESBYTERO PADUANO.

Adversus impetrantem rescriptum per obreptionem.
(Laterani, XII Kal. Junii.)

Martini clerici, qui se olim pro archipresbytero plebis de Sacco gerebat, pluribus nota malitia transire non debet inulta; quoniam latum pandit delinquentibus sinum qui non condemnat errata, et nutrit in perversis impunitas audaciam delinquendi. Suffecisse quidem ei poterat ad infamiæ suæ notam quod auctoritate sedis apostolicæ per venerabilem fratrem nostrum episcopum Cenetensem et suos conjudices ob falsitatis vitium quod commiserat officio beneficioque suspensus, ipsius exigente contumacia, vinculo fuit excommunicationis astrictus. Sed sibi accumulans iram in die iræ, procuratorem venerabilis fratris episcopi Paduani apud sedem apostolicam constitutum adeo circumvenit quod cum ad eligendos judices in quibusdam litteris, quas sub forma communi contra processum supradicti Cenetensis episcopi et suorum conjudicum de causa suspensionis et excommunicationis tacita veritate ad venerabilem fratrem nostrum episcopum Civitatis novæ ac collegas ipsius impetrarat, fraudulenter induxit. Qui, ut aliqua ipsi ad impetrationem litterarum illarum via pateret, interposuit personam extraneam, quæ nomen repræsentans ipsius, Martini videlicet, super ecclesia Sancti Martini de plebe, hoc additamento, scilicet de Sacco, suppresso, ne per agnomen loci, ejus impediretur propositum, litteras impetravit, intendens nihilominus et non prudenter occasione istius clausulæ, *rebus aliis*, quæ nostris litteris inseri consuevit, sub quodam involucro super falsitatis vitio quæstionem suscitare sopitam. Ac licet ei graviter increpato mandaverimus viva voce ut nullatenus ab apostolica sede recederet absque nostra licentia speciali, ipse tamen clanculo talibus litteris obtentis, imo potius obreptis, aufugit. Ut autem nobis longas intelligat esse manus, qui absentes per contumaciam pœna comprimimus, præsentes, quos humiliatos aspicimus, relevantes, per apostolica vobis scripta præcipiendo mandamus quatenus dictum Martinum ab omni officio et beneficio ecclesiastico sublato appellationis obstaculo perpetuo deponatis, non obstante clausula illa, videlicet *nullis litteris obstantibus præter assensum partium a sede apostolica impetratis*, quæ, sicut accepimus, litteris fuit inserta supradictis; nec obstantibus in posterum quibuslibet litteris, harum expressa mentione non habita, si quæ quovis ingenio apparuerint impetratæ. Tu denique, fili abbas, etc.

Datum Laterani, XII Kal. Junii, pontificatus nostri anno sexto decimo.

---

(82) Vide lib. XV, epist. 117.

LIV.

ELECTO ET CAPITULO LAUDUNENSIBUS.

Ut fructus præbendæ conferant consanguineo papæ.

(Laterani, 11 Kal. Junii.)

Cum dilectus filius Leonardus nepos dilecti filii nostri Joannis Sanctæ Mariæ in Cosmidin diaconi cardinalis, S. R. E. cancellarii, consanguineus noster præbendam in vestra noscatur Ecclesia obtinere, decuisset quidem et forsitan expedisset ut proventus illius, præfati cancellarii et nostræ considerationis obtentu, non exspectatis nostris super hoc precibus aut mandato, curassetis eidem offerre liberaliter et conferre. Monemus igitur universitatem vestram attentius et rogamus, per apostolica scripta vobis præcipiendo mandantes quatenus, nullius prætextu consuetudinis obsistente, proventus eosdem tam perceptos hactenus quam percipiendos in posterum sibi vel ejus nuntio sine difficultate vel diminutione qualibet assignetis, preces apostolicas et mandatum taliter impleturi quod idem cancellarius, qui, sicut vestra discretio non ignorat, vobis et Ecclesiæ vestræ potest esse plurimum fructuosus, ad ejusdem obsequia fortius animetur, et nos devotionem vestram teneamur merito commendare. Tu denique, fili electe, etc.

Datum Laterani, 11 Kal. Junii, pontificatus nostri anno sexto decimo.

LV.

NOBILI VIRO RAIMUNDO PELET.

De comitatu Melgorii.

(Laterani, x Kal. Junii.)

Accedens ad præsentiam nostram nobis humiliter supplicasti ut comitatum Melgorii, quem ex successione aviæ tuæ jure ad te asseris hæreditario pertinere, tibi faceremus integre assignari, sub annuo censu in feudum ab Ecclesia Romana tenendum. Verum quia super iis fidem nobis facere nequivisti, nobilitati tuæ duximus respondendum quod, cum legatum de latere nostro proponamus ad partes illas in proximo destinare, tu ad præsentiam ejus accedens tuas coram eo rationes ostendas, et ipse tibi faciat exhiberi justitiæ complementum.

Datum Laterani, x Kal. Junii, pontificatus nostri anno sexto decimo.

LVI.

ARCHIEPISCOPO REMENSI.

De relaxanda sententia excommunicationis.

(Laterani, viii Kal. Junii.)

(83) Ex parte nobilis viri ducis Brabantiæ fuit nobis humiliter supplicatum ut cum venerabilis frater noster Maguntinensis archiepiscopus apostolicæ sedis legatus ipsum contra Ecclesiam Ottoni reprobo adhærentem excommunicationis vinculo innodarit et terram ejus supposuerit interdicto, tam prædictas sententias quam eas quas pro damnis venerabili fratri nostro Leodiensi episcopo irrogatis, relaxari misericorditer faceremus, cum

(83) Vide Chron. Hirsaug. ad an. 1212 et seq.

A paratus existat super primo articulo nostris obedire mandatis et super secundo satisfactionem congruam prædicto episcopo exhibere. Ad hæc, ex parte ipsius fuit propositum coram nobis quod cum causam quæ inter G. clericum et quosdam laicos Leodiensis diœcesis super quadam terra noscitur agitari, decano Sancti Joannis in Burgo et conjudicibus suis fine commisissemus debito terminandam, orta discordia inter quosdam servientes ipsius ducis et clericum memoratum, unus eorum eumdem clericum ausu temerario usque ad sanguinis effusionem et gravem læsionem oculi verberavit. Propter quod præfati judices in dictum ducem, licet absentem et inscium hujus facti, excommunicationis et in terram ejus interdicti sententias protulerunt : pro quibus relaxandis fuit nobis nihilominus supplicatum. Ideoque fraternitati tuæ per apostolica scripta mandamus quatenus memoratum ducem moneas attentius et inducas ut sequela præfati Ottonis penitus abjurata, se catholicæ parti potenter et patenter adjungens, super damnis quæ irrogavit episcopo antedicto ei satisfaciat competenter, vel componat amicabiliter cum eodem : quæ cum fuerint adimpleta, præfato duci juxta formam Ecclesiæ auctoritate nostra beneficium absolutionis impendas, et relaxes sententiam interdicti. Illum vero qui verberavit clericum jam dictum, tandiu appellatione remota, etc. Tu denique, frater archiepiscope; etc.

Datum Laterani, viii Kal. Junii, pontificatus nostri anno sexto decimo.

LVII.

ARCHIDIACONO PRÆPOSITO, ET H. DE NOVAVILLA CANONICO AMBIANENSIBUS.

De absolutione majoris et juratorum Laudunensium.

(Laterani, iii Idus Junii.)

Dilecto filio nostro Petro Sanctæ Mariæ in Aquiro diacono cardinale dilecto filio Guidoni canonico Laudunensi procuratori capituli et Anselmo nuntio majoris et juratorum Laudunensium auditore concesso, pro parte capituli fuit propositum coram eo quod, cum major et jurati prædicti quemdam hominem Ecclesiæ minus juste cepissent, et eum, monente capitulo, nec reddere nec saltem recredere secundum approbatam consuetudinem Laudunensis Ecclesiæ voluissent, licet offerretur eisdem in omnibus justitiæ complementum, capitulum auctoritate ipsis ab apostolica sede concessa, per quam in molestatores eorum ecclesiasticam possunt exercere censuram, in ipsos excommunicationis sententiam promulgarunt, quam dilectus filius Laudunensis electus exigente justitia confirmavit. Unde petebat procurator jam dictus ut sententiam faceremus eamdem usque ad satisfactionem condignam firmiter observari. Nuntius autem adversæ partis proposuit quod, cum olim major et jurati, scabini et universitas communiæ Laudunensis transmissa nobis intimaverint quæstione quod per excommunicationem et interdictum sine causa rationabili ab electo et clero Laudunensis sæpius gravarentur, illis duximus inhibendum ne in ipsos seu terras et familias eorumdem sine rationabili causa excommunicationis et interdicti sententias promulgarent, decernentes hujusmodi sententias, si quæ post appellationem ad nos legitime interpositam proferrentur, penitus non tenere, super hoc venerabili fratri nostro Atrebatensi episcopo usque ad triennium eis conservatore concesso. Unde ad ipsum pro prædictam sententiam habuere recursum. Sed licet fuisset coram ipso a partibus diutius disputatum, parte capituli ad sedem apostolicam appellante, per eum, cum appellationi detulerint major et jurati, nequiverunt justitiam obtinere. Unde petebat nuntius supradictus per nos denuntiari sententiam esse nullam. Intellectis igitur iis et aliis coram cardinale propositis memorato, discretioni vestræ per apostolica scripta mandamus quatenus a majore ac juratis sæpedictis super iis pro quibus est in eos lata sententia sufficienti cautione recepta, sententiam ipsam secundum formam Ecclesiæ protinus relaxetis, et nisi sufficienter ostenderint infra tres menses eamdem sententiam irrationabiliter fuisse prolatam, vos eos ad satisfaciendum capitulo, sublato appellationis obstaculo, per censuram ecclesiasticam compellatis; auditori postmodum si quid fuerit quæstionis, et illud, appellatione remota, fine canonico decisuri, facientes quod decreveritis districtione simili firmiter observari. Quod si non omnes, iis, etc., duo vestrum, etc.

Datum Laterani, III Idus Junii, pontificatus nostri anno sexto decimo.

LVIII.
CAPITULO ALEXANDRINO.
Confirmat sententiam legatorum.
(Laterani, II Non. Junii.)

(84) Gratia quam apostolica sedes terræ vestræ ab ipsa sui fundatione noscitur impendisse, adeo est vobis et aliis manifesta ut nos eam, quam abunde opera protestantur, verbis nequaquam oporteat recensere. Verum habitatores ejusdem, quos si etiam prædecessorum nostrorum erga eos beneficia universa cessarent, ea sola quæ nos ipsis contulimus ad perpetuam apostolicæ sedis devotionem et nostram sufficienter poterant obligasse, omnino præteritorum ingrati, et improvidi futurorum, non solum debitum nobis censum, quem nonnisi semel recepimus, subtraxerunt, verum etiam, in nostram injuriam et contemptum, Ottoni reprobo adhærentes, W. de Pusterula exigentibus culpis suis vinculo excommunicationis astrictum et nihilominus super hæreseos crimine infamatum in rectorem suum, post inhibitionem auctoritate apostolica sibi factam, præsumpserunt recipere ac tenere, iis et aliis modis reddentes nobis offensam pro gratia et injuriam pro honore. Non solum igitur providum et rationabile factum legatorum nostrorum debitam volumus firmitatem habere, verum etiam super terram ipsam alias, si diutius in suæ præsumptionis errore perstiterint, aggravabimus taliter manus nostras quod sicut nos senserunt promptos ad gratiam, ita pronos sentient ad vindictam, Apostolum utique imitantes, qui ad ulciscendam omnem inobedientiam promptus erat.

Datum Laterani, II Nonas Junii, pontificatus nostri anno decimo sexto.

LIX.
ENGOLISMENSI EPISCOPO.
Ut pauperi diacono beneficium assignet.
(Laterani, Idibus Junii.)

Pauperibus clericis apostolicæ provisionis subsidium denegare nec possumus nec debemus, qui, secundum Apostolum, facti sumus sapientibus et insipientibus debitores. Hinc est quod pro dilecto filio magistro G. de Sancto Sigismundo diacono, cui et vitæ meritum et talentum scientiæ suffragari dicuntur, fraternitatem tuam rogamus attentius et monemus, per apostolica tibi scripta mandantes quatenus ob reverentiam apostolicæ sedis et nostram auctoritate nostra eidem, qui a te fuit, prout asserit, in diaconum ordinatus, vel in Ecclesia Engolismensi provideas, vel in alio ecclesiastico beneficio competenti: preces et mandatum nostrum taliter auditurus quod idem assecutum se gaudeat quod intendit, et nos devotionem tuam possimus non immerito commendare. Tu denique, frater episcope, etc.

Datum Laterani, Idibus Junii, pontificatus nostri anno decimo sexto.

Scriptum est super hoc priori Sulbisiensi Xantonensis diœcesis, et pœnitentiario et magistro F. canonico Xantonensibus, ut dictum episcopum ad id moneant et inducant. Quod si non omnes, etc., duo vestrum, etc.

Datum, ut supra.

LX.
DECANO ET CAPITULO EBORACENSIBUS.
Ejusdem argumenti cum epistola 54.
(Laterani, XVIII Kal. Julii.)

Felicis recordationis Joanne in Cosmidin diacono cardinale, S. R. E. cancellario, de medio Domino vocante sublato, præbendam quam idem in Eboracensi obtinebat Ecclesia dilecto filio Leonardo ipsius ac nostro nepoti duximus concedendam, ac de ipsa eumdem manu propria curavimus investire, credentes quod per ipsum et suos multa vobis et Ecclesiæ vestræ poterunt commoda provenire. Ideoque universitati vestræ per apostolica scripta mandamus atque præcipimus quatenus dictum Leonardum de cætero vestrum concanonicum habeatis, et tu, fili decane, de ipsa præbenda ejus procurator existas. Quod autem super hoc dilectus filius Pandulphus,

---

(84) Vide lib. XV, epist. 138, 189.

subdiaconus noster duxerit disponendum recipiatis humiliter et inviolabiliter observetis.

Datum Laterani, xviii Kal. Julii, pontificatus nostri anno sexto decimo.

Illi scriptum est super hoc, ut super hoc ordinare procuret quod utilitati ejusdem Leonardi viderit expedire.

In eumdem modum scriptum est episcopo apostolicæ sedis legato et capitulo Vercellensibus. Felicis recordationis, etc., *usque* sublato, præbendam quam idem habebat in Ecclesia Vercellensi dilecto filio Gregorio nato nobilis viri L. de Montelongo consobrini nostri duximus concedendam, credentes, etc., *usque* provenire. Ideoque universitati vestræ per apostolica scripta mandamus atque præcipimus quatenus dictum G. de cætero vestrum concanonicum habeatis, et tu, frater episcope, fructus ejusdem præbendæ ad opus ipsius colligi facias et servari. Tu denique, frater episcope, super teipso, etc.

Datum Laterani, xviii Kal. Julii, pontificatus nostri anno decimo sexto.

LXI.

ABBATI ET CONVENTUI NONANTULANIS.
De confirmatione privilegiorum.
(Laterani, Idibus Junii.)

Exhibita nobis ex parte vestra quædam felicis memoriæ Adriani, Joannis atque Marini prædecessorum nostrorum authentica scripta diligenter inspeximus, et per dilectum filium Henricum sanctæ Romanæ Ecclesiæ scriniarium jussimus fideliter exemplari; qui ea quæ de ipsis scriptis papyriis ex quadam parte præ nimia vetustate consumptis colligere potuit, in publicam formam redigere procuravit: quibus nos apostolici favoris præsidium impendentes, in hac pagina fecimus sub bulla nostra conscribi, supplendo quædam quæ secundum litteræ circumstantias in integris præsumebantur originalibus fuisse descripta, quæ causa discretionis mandavimus in hac charta tonsis litteris exarari.

« IN NOMINE Domini nostri Jesu Christi. Amen. Anno Dominicæ Incarnationis millesimo ducentesimo decimo tertio, pontificatus vero domini Innocentii III papæ, anno ejus sexto decimo, indictione prima, mense Januarii exeunte, die quarta decima. Privilegium domini Adriani papæ domibus atque familiis, servis originalibus, simulque rebus atque possessionibus, nec non aquimolis, olivetis, vel quidquid IN QUIBUScunque locis habere vel tenere videtur, vel si quid in potestate legaliter donatum vel largitum fuit, aut quolibet modo juste evenerit, tenere et possidere sine qualibet controversia perpetuis temporibus valeat, et nulli unquam liceat regum, episcoporum, ducum vel actorum parvæ vel magnæ personæ in prædicto venerabili monasterio vel in eis quæ eidem venerabili monasterio pertinere...... STABILITATE permaneant. Interdicentes omnino EPISCOPO in cujus parochia esse videtur supradictum monasterium CONSTITUTUM....... contra tenorem præsentis decreti pia postulatione indulti quidquam attentet, neque ullo modo ejus baptismales ecclesias sibi vindicet, neque ipse suique successores præsumant prohibita contingere; sed neque missarum solemnia ibidem persolvere præSUMAT, nisi ab abbate suprascripti monasterii fuerit invitatus; neque ordinationem sacerdotum quilibet episcoporum in PRæfato monasterio vel ejus in re..... celebrare audeat, nisi, ut prædictum est, ab abbate fuerit invitatus. Chrisma igitur vel quidquid ad sacra ministeria pertinet, si a Patre monasterii fuerit postulatus, a quocunque præviderit concedimus tribuenda. Sed neque decimas usquam dare concedimus nisi ecclesiis supradicti venerabilis monasterii ad nostram diœcesim pertinentis. Sed et hoc statuimus et inviolabili sanctione auctoritate apostolica firmamus, ut nullus aliquando in prædicto monasterio de aliis monachis seu quibuscunque Ecclesiis........ Abbas......... divina vocatione abbas præfati monasterii pertransierit, et resolutionis TEMPUS advenerit, de propria semper congregatione eligatur abbas, qui ab omni..... (85)

« JOANNES episcopus, servus servorum Dei, BENEDICTO religioso abbati monasterii Sancti SILVESTRI DE NONANTULA et in eodem venerabili monasterio in perpetuum... Salvatoris nostri Jesu Christi pertinere noscuntur, et ad stabilitatem venerabilium locorum respiciunt cum magno sollicitudinis studio nos convenit apostolica et rationali censura PROCUrare; quatenus ex hoc juges eidem propitiatori nostro Domino Deo efficacius persolvi possint carminum laudes, et nobis, qui, licet immeriti, divina tamen gratia præveniente, pastoralis regiminis curam gerimus, opima in sidereis arcibus remunerationis præmia ascribantur. Igitur quia constat tuam nobis religiositatem detulisse præceptum prædecessoris nostri domini Adriani et Joannis sive Stephani reverendæ memoriæ pontificum de præfato monasterio et omnibus ei pertinentibus locis ac possessionibus, quæ petiistis ut per nostri privilegii paginam confirmaremus. Unde nos precibus vestris inclinati, et a præsenti quarta decima indictione in perpetuum prædictum monasterium successorum tuorum abbatum ditione et potestate cum omnibus sibi pertinentibus confirmantes irrefragabili jure decernimus permanenda, id est, monasterium Sancti Silvestri de Nonantula territorio MUTINENSI. Quapropter auctoritate beati Petri apostoli, cui a Domino Deo nostro cœlorum regni claves traditæ sunt, et potestas ligandi atque solvendi cœlo terraque tradita est, promulgantes decernimus et firma stabilitate et censura statuimus ut ipsum venerabile monasterium cum omnibus locis..... fundis, casis, casalibus, domibus atque familiis, servis originalibus, simulque rebus et possessionibus, nec non

---

(85) Cætera desunt.

aquismolis, olivetis, vel quidquid in quibuscunque locis..... habere vel tenere videtur, vel si quid in potestate legaliter donatum vel largitum fuerit, aut quolibet modo juste evenerit, tenere et possidere sine qualibet controversia perpetuis temporibus valeat. Et nulli unquam liceat regum, episcoporum, ducum vel actorum parvæ vel magnæ personæ in prædicto monasterio vel in eis quæ eidem monasterio pertinere noscuntur quocunque modo incumbere..... invasionem facere, aut quispiam sacerdotum ibidem præsumat accedere vel missarum solemnia celebrare. Et neque episcopus, neque abbas, vel comes aut quælibet magna parvaque persona in præfato monasterio vel in ejus cellis aut ecclesiis mansiones facere aut expensas expetere aut aliquod per potestatem servitium præter peregrini et legitimi hospites. Sed neque colloquium qualecunque aut placitum in ipso monasterio aut in ejus prænominatis locis esse quis audeat, nisi ab abbate fuerit invitatus. Quatenus hoc quod ad laudem Dei et stabilitatem prædicti monasterii statuimus firma stabilitate permaneat: interdicentes omnino episcopo in cujus parochia esse videtur supradictum monasterium constitutum ut nihil contra tenorem præsentis decreti pia postulatione indulti quidquam attentet, neque ullo modo baptismales ecclesias sibi vindicet, neque ipse suique successores præsumant probibita contingere. Sed neque missarum solemnia ibidem persolvere præsumat, nisi ab abbate suprascripti monasterii fuerit invitatus; neque ordinationem sacerdotum quilibet episcoporum in præfato monasterio vel ejus jure aut de suo clero celebrare audeat, nisi, ut prælatum est, ab abbate fuerit evocatus. Chrisma igitur vel quidquid ad sacra ministeria pertinet, si a Patre monasterii fuerit postulatus, quibuscunque præviderit concedimus .... nisi ecclesiis supradicti venerabilis monasterii ad nostram diœcesim pertinentis. Sed et hoc statuimus et inviolabili sanctione apostolica auctoritate firmamus, ut nullus aliquando in prædicto monasterio de aliis monachis seu quibuscunque ecclesiis. ...... esse præsumat, neque a quacunque potestate in postero ducantur. Sed cum divina vocatione abbas præfati monasterii perstrinxerit, et resolutionis tempus advenerit, de propria semper congregatione eligatur abbas, qui ab omnium monachorum. .... eorum pro Dei amore arantium monachico ordine militantium. Nihilominus omnibus huic nostri pontificii interdictione inhibemus aliquam scripturam vel confirmationem de prædicti monasterii rebus vel de prænominata abbatia quo ingenio contra hoc præceptum petere. Si qua scriptura vel petitio impetrata fuerit, aut in reliquo apparuerit, has irritas esse vacuasque omni robore jubemus. Si quis præterea, quod non credimus, præsumpserit hoc nostrum privilegii constitutum in aliquo transgredi aut contemnere, sciat se auctoritate beatorum Petri et Pauli apostolorum principum anathematis

vinculo esse innodatum et a regno Dei penitus segregatum. Porro qui observator et custos exstiterit, benedictionis gratiam a misericordissimo Deo nostro et vitam perpetuam feliciter consequatur. Scriptum per manum Sergii sanctæ Romanæ Ecclesiæ scriniarii in mense Januarii, indictione suprascripta. Bene valete. Ego Sergius Idus Januarias per manum Anastasii primicerii defensoris sanctæ sedis apostolicæ, anno, Deo propitio, pontificatus domini Joannis summi pontificis et universalis noni papæ in sacratissima sede beati Petri apostoli secundo, indictione secunda.

« Marinus episcopus, servus servorum Dei, Theodorico religioso abbati venerabilis monasterii Sancti Silvestri.... territorio Mutinensi nec non omnibus subjacentibus et in perpetuo. ..... quæque ad laudem Redemptoris Dei et Domini Salvatoris nostri Jesu Christi pertinere noscuntur, et ad stabilitatem venerabilium locorum respiciunt, cum magno sollicitudinis studio nos convenit apostolica et rationali censura procurare, quatenus ex hoc juges eidem propitiatori nostro Domino Dei efficacius persolvi possint carminum laudes, et nobis, qui, licet immeriti, divina tamen gratia præveniente, pastoralem regiminis curam gerimus, opima in sidereis arcibus remunerationis præmia ascribantur. Igitur quia constat religiositatem tuam nobis detulisse præceptum prædecessoris nostri domini Adriani et Joannis reverendæ memoriæ pontificum de prædicto monasterio et omnibus ei pertinentibus locis ac possessionibus, quæ petistis ut per nostri apostolici privilegii paginam confirmaremus. Unde nos precibus vestris inclinati, et a præsenti prima indictione in perpetuum, sæpedictum monasterium successorum tuorum abbatum ditione et potestate cum omnibus sibi pertinentibus confirmantes irrefragabili jure decernimus permanenda, id est, monasterium Sancti Silvestri qu.... a Nonantula territorio Mutinensi. Quapropter auctoritate beati Petri apostoli, cui a Domino Deo nostro cœlorum regni claves traditæ sunt, et potestas ligandi atque solvendi cœlo terraque concessa est, promulgantes decernimus et firma stabilitatis censura statuimus ut ipsum venerabile monasterium cum omnibus locis, mansis, fundis, casis, casalibus, domibus atque familiis, servis originalibus, simulque rebus et possessionibus, nec non aquis molis, olivetis, vel quidquid in quibuscunque............... videtur vel potestate legaliter donatum vel largitum fuerit, aut quolibet modo juste evenerit, tenere et possidere sine qualibet controversia perpetuis temporibus valeatis. Et nulli unquam liceat regum....
.... episcoporum. ..... vel actorum parvæ vel magnæ personæ in prædicto venerabili monasterio vel in eis quæ eidem venerabili monasterio pertinere videntur quocunque modo incumbere aut invasionem facere. .... accedere vel missarum solemnia celebrare, nisi ab abbate fuerit invitatus; quatenus hoc quod ad laudem et stabilitatem supradicti sancti monasterii statuimus

firma stabilitate permaneat: interdicentes omnino episcopo in cujus parochia esse videtur supradictum monasterium constitutum ut nihil contra tenorem præsentis decreti pia postulatione indulti quidquam attentet, sed neque ullo modo baptismales ecclesias sibi vindicet. Et ego Henricus sacrosanctæ Romanæ Ecclesiæ scriniarius una cum Bartholomæo clerico Sancti Petri ad Vincula horum supradictorum exemplorum authentica privilegia, dominorum videlicet Adriani, Joannis atque Marini papæ, videns et perlegens, ut in eis continebatur, sic in suprascriptis continetur exemplis, et ea fideliter exemplavi, et signum feci. » Nulli ergo, etc., conscriptionis, etc., *usque* incursurum.

Datum Laterani, Idibus Junii, pontificatus nostri anno sexto decimo.

LXII.
WARADIENSI ET NITRIENSI EPISCOPIS, ET ABBATI DE EGRIS CENADIENSIS DIŒCESIS.
Ut dirimant controversiam super decimis.
(Laterani, VII Kal. Junii.)

Ex vestris accepimus litteris quod, cum causam, quæ inter venerabilem fratrem nostrum Vesprimiensem episcopum ex parte una, et dilectos filios Strigoniense capitulum ex altera, super quarumdam decimis vinearum positarum juxta Strigonium vertitur, experientiæ vestræ sub certa forma duxerimus committendam, vos in ipso negotio propter quasdam exceptiones adversus eumdem episcopum ex parte capituli propositas coram vobis, quas sub vestris sigillis ad nostrum transmisistis examen, et nos sub bulla nostra vobis remittimus interclusas, procedere distulistis. Volentes igitur ut finis litibus imponatur, vobis per apostolica scripta præcipiendo mandamus quatenus, non obstantibus exceptionibus supradictis, in causa ipsa juxta prioris mandati nostri tenorem ratione prævia procedatis, recipientes testes et alias probationes episcopi, quibus uti voluerit; cum per narrationem ejusdem episcopi et responsionem capituli asserentis bonæ memoriæ K. prædecessorem episcopi sæpedicti a quæstione quam super eisdem decimis coram bonæ memoriæ I. Strigoniensi archiepiscopo adversus idem capitulum moverat, cum decimas illas sui juris non esse recognosceret, humiliter destitisse, lis intelligi debeat contestata. Si quid autem prætextu decimarum ipsarum venerabilis frater noster Strigoniensis archiepiscopus contra ipsum episcopum proponere forte voluerit audiatis, et auditis hinc inde propositis, causam, si de partium processerit voluntate, fine canonico terminetis. Alioquin, eam sufficienter instructam ad nostram audientiam remittatis, præfigentes partibus terminum competentem quo per se vel procuratores idoneos nostro se conspectui repræsentent justam, dante Domino, sententiam recepturæ. Vos denique, fratres episcopi et filii abbas, super vobis ipsis, etc.

Datum Laterani, VII Kalendas Junii, pontificatus nostri anno sexto decimo.

LXIII.
EPISCOPO LINGONENSI ET ABBATI MORIMUNDENSI LINGONENSIS DIŒCESIS.
Canonica purgatio indicitur archiepiscopo Bisuntino.
(Laterani, IV Kal. Junii.)

(86) Auditis et intellectis quæ super inquisitione facta contra venerabilem fratrem nostrum archiepiscopum Bisuntinum fuere proposita coram nobis, quia per depositiones testium constitit evidenter ipsum clericos, cum eos promovebat ad ordines, fecisse promittere data fide quod eum per sedem apostolicam vel per alium super obtinendo beneficio non vexarent, ut puniatur in quo deliquit, eumdem a collatione ordinum duximus suspendendum, et quandiu nobis placuerit volumus manere suspensum. Interim autem per aliquem de suffraganeis Ecclesiæ Bisuntinæ, cum necessitas postulaverit, clericis Bisuntinæ diœcesis ordines conferri mandamus. Cæterum quoniam idem archiepiscopus super vitio Simoniæ ac lapsu carnis nec non venditione justitiæ dignoscitur infamatus, super iis ei purgationem cum tertia manu episcoporum suæ provinciæ vel etiam vicinarum et trium abbatum Bisuntinæ diœcesis bonæ opinionis et vitæ, qui conversationem ejus cognoverint, indicentes, discretioni vestræ per apostolica scripta mandamus quatenus ab eo infra tres menses præfixos a nobis hujusmodi recepta, ipsum super illis articulis boni testimonii publice nuntietis. Quod si forte in purgatione defecerit, ipsum a pastorali regimine amoventes, faciatis Ecclesiæ Bisuntinæ de persona idonea provideri. Vos denique, frater episcope et fili abbas, super vobis, etc.

Datum Laterani, IV Kalend. Junii, pontificatus nostri anno sexto decimo.

LXIV.
ABBATI SANCTI FLORENTII SALMURIENSIS (87).
De primatia Bituricensi.
(Laterani, VI Idus Junii.)

(88) Constitutus in præsentia nostra, venerabilis frater noster Burdegalensis archiepiscopus nobis humiliter supplicavit quatenus, cum venerabilis frater noster Bituricensis archiepiscopus in provincia sua jus primatiæ ad se asserat pertinere, super hoc causam inter eos committere dignaremur. Quocirca discretioni tuæ per apostolica scripta mandamus quatenus duobus viris providis et honestis, quorum unus a parte una, reliquus vero ab altera tibi præsentetur, assumptis, causam super hoc audias cum eisdem, et usque ad diffinitivæ sententiæ calculum procedens in ipsa, eamdem ad nos remittas suffi-

---

(86) Vide infra epist. 158 et lib. I, epist. 277; et lib. IV, epist. 125.
(87) *Abbati* delegat judicem pont. max. qui litis contestationem super jure primatiæ, de quo supra lib. xv, epist. 3 usque ad judicii ferendi calculum audiat.
(88) Vide epist. seqq.

cienter instructam, præfixo partibus termino competenti quo per se vel procuratores idoneos nostro se conspectui repræsentent justam, auctore Domino, sententiam recepturæ. Tu denique, fili abbas, etc.

Datum Laterani, vi Idus Junii, pontificatus nostri anno decimo sexto.

LXV.
EPISCOPIS PER BURDEGALENSEM PROVINCIAM CONSTITUTIS.
De eadem re.
(Laterani, viii Idus Junii.)

(89) Cum olim venerabilis frater noster Bituricensis archiepiscopus auctoritate primatiæ quam in provincia vestra sibi asserit pertinere venerabilem fratrem nostrum Burdegalensem archiepiscopum a metropoliticæ dignitatis officio suspendisset pro eo quod ad suum vocatus concilium accedere non curavit nec pro se aliquem responsalem idoneum destinare, ac super hujusmodi suspensionis sententia fuisset inter eumdem Bituricensem et dilectum filium magistrum Amaneum procuratorem ipsius Burdegalensis archiepiscopi coram nobis diutius disputatum, tandem de fratrum nostrorum consilio sententiam ipsam ratam habuimus et usque ad satisfactionem idoneam præcepimus observari, hoc ad cautelam expresso, quod lis coram nobis, non de primatia, sed de sententia exstitit ventilata. Postmodum vero credentes ad satisfactionem sufficere competentem, pro prædicta sententia relaxanda, ut memoratus Burdegalensis archiepiscopus per seipsum aut alium virum idoneum ad præsentiam dicti Bituricensis accederet, relaxationem ejusdem sententiæ humiliter petiturus, et promissurus firmiter sub suarum, si necesse foret, testimonio litterarum quod ad ejus concilium vocatus accederet, facturus quod foret faciendum de jure, per litteras nostras ipsi Bituricensi dedisse meminimus in præceptis ut cum a Burdegalensi prædicto foret taliter requisitus, prædictam non differret sententiam relaxare; nullam pœnam inflicturus eidem, si forte dictam sententiam non servaret, antequam per nos declaratum fuisset an esset eadem observanda; venerabili fratri nostro Turonensi archiepiscopo et conjudicibus suis per scripta nostra mandantes ut, Bituricensi jam dicto in mandati nostri exsecutione cessante, ipsi sæpedictam sententiam relaxarent absque præjudicio juris sui. Nuper autem idem Burdegalensis archiepiscopus ad nostram præsentiam accedens proposuit coram nobis quod de hujusmodi confirmatione sententiæ nihil unquam per litteras ipsius Bituricensis aut nuntium sibi fuerat intimatum. Propter quod ipsam petiit a nobis humiliter relaxari. Nos igitur volentes utrique paterna sollicitudine providere, sententiam relaxamus memoratam firmam promissionem recipientes a Burdegalensi prædicto quod vocatus accedet ad ipsius Bituricensis concilium, facturus quod de jure fuerit faciendum.

Vos denique, fratres episcopi, super vobis ipsis, etc.

Datum Laterani, viii Idus Junii, pontificatus nostri anno sexto decimo.

LXVI.
ABBATI DE MELLIO PATAVIENSIS DIŒCESIS ET PRÆPOSITO SANCTÆ CRUCIS AUGUSTENSIS.
De institutione episcopatus in insula Chiemensi.
(Laterani, xii Kal. Junii.)

(90) Oblata nobis ex parte venerabilis fratris nostri Salzeburgensis archiepiscopi petitio continebat quod infra fines parochiæ suæ in insula quæ Chiemense vocatur duo sunt monasteria constituta; quorum unum moniales inhabitant, aliud vero canonici regulares. Verum moniales abjecto pene penitus jugo modestiæ regularis, sine freno pudoris et verecundiæ obice evagantur per campos licentiæ dissolutæ, ac sic se motibus exposuere carnalibus quod locus in quo habitant dici potest lupanar potius quam oratorium ab effectu. Dictus autem archiepiscopus ad expurgandam tantam labem volens extendere manus suas, ut eædem moniales divisæ per alia religiosa cœnobia forte proficiant, quæ in suo collegio merito deficiunt et exemplo, mutuo contagio corruptelæ, proposuit quod ipsis per alia loca, in quibus religio floreat, collocatis, cathedram ibi pontificalem instituat, et bonis ipsius monasterii cum possessionibus quas ipse proponit sufficienter adjicere ad mensam futuri episcopi deputatis, illuc canonicos alterius monasterii transferat, cum ibi fuerit ecclesia cathedralis, facultatibus quas nunc possident ad eorum sustentationem integre conservatis. Causas autem hujus sui propositi allegabat, zelum religionis, quam in altero prædictorum monasteriorum asserebat penitus dissolutam, et utilitatis evidentiam, quæ in partibus illis hiemali maxime tempore impeditur. Cum enim ejus provincia sit longe lateque diffusa, frequenter iis quæ limam correctionis exposcunt visitationis et reformationis officium nequit impendere competenter, cum propter hiemalis asperitatis obstaculum et propter annonæ defectum locum ipsum multoties adire non possit et ibidem prout utilitas exigit immorari. Ne igitur locus prædictus visitationis officio et sacramentis ecclesiasticis per episcopum conferendis plus debito defraudetur, ideo archiepiscopus supplicavit ut ejus proposito dignaremur favoris apostolici præsidium impertiri. Quia vero in talibus sine deliberatione provida procedere non debemus, discretioni vestræ per apostolica scripta mandamus quatenus inquiratis sollicite veritatem de lapsu monasterii supradicti, et utrum ordo monialium ibi valeat reformari, et si moniales aliquas defensiones ostendunt, quantumque ad opus episcopalis mensæ bonis ejusdem monasterii de suis facultatibus velit adjicere archiepiscopus memoratus, et si canonici supradicti negotio isti suum impertiantur assensum, et si non, quam causam contradictionis allegent, qualem et quantam partem de

(89) Vide lib. xv, epist. 47, 130.
(90) Vide tom. II. Metrop. Salizburg. pag. 231, 232.

diœcesi sua conferre disponat ad episcopalem diœcesim faciendam, si expressus consensus capituli Salzeburgensis cum voluntate archiepiscopi conveniat in hoc facto, et si etiam in electione futuri episcopi sibi velit archiepiscopus jus aliquod vindicare, privilegia quoque utriusque monasterii transcribi fideliter faciatis, super iis et aliis circumstantiis quod inveneritis nobis prudenter et veraciter rescribentes, ut super hoc, prout expedire viderimus, procedamus. Tu denique, fili abbas, etc.

Datum Laterani, xii Kal. Julii, pontificatus nostri anno sexto decimo.

LXVII.

PRÆPOSITO ET FRATRIBUS MONTIS JOVIS (91).
Confirmatur eis domus Vallis Suisionis.
(Laterani, xii Kal. Julii.)

Ortam dudum inter vos ex parte una et abbatem et conventum Sancti Secani Lingonensis diœcesis super domo Vallis Sussionis ex altera quæstionem venerabili fratri nostro Senonensi archiepiscopo duximus committendam. Cum igitur idem causam remisisset ad nos sufficienter instructam, te, fili præposite, ac procuratore partis alterius propter hoc in nostra præsentia constitutis, eamdem examinavimus diligenter; et tam actis coram dicto archiepiscopo quam iis quæ coram nobis fuere proposita plenius intellectis, de fratrum nostrorum consilio domum vobis sententialiter adjudicavimus supradictam. Nulli ergo, etc., diffinitionis, etc., *usque* incursurum.

Datum Laterani, xii Kal. Julii, pontificatus nostri anno sexto decimo.

LXVIII.

PRÆPOSITO ET CAPITULO GURCENSIBUS.
Confirmat quamdam permutationem.
(Laterani, xv Kal. Julii.)

Cum a nobis petitur, etc., *usque* perducatur effectum. Eapropter, dilecti in Domino filii, etc., *usque* assensu, concambium inter vos ex parte una et bonæ memoriæ Romanum Gurcensem episcopum et nobilem virum Poponem de Waldethe ex altera super quondam castro et rebus aliis celebratum, prout continetur in authentico scripto ejusdem episcopi sigilli munimine roborato, cujus tenorem de verbo ad verbum præsentibus jussimus litteris annotari, auctoritate apostolica confirmamus et præsentis scripti patrocinio communimus. Tenor autem scripti prædicti talis existit : « In nomine sanctæ et individuæ Trinitatis. Amen. Ego Romanus sanctæ Gurcensis Ecclesiæ humilis episcopus, humanæ pia facta conditionis, dum incertis casibus rapiantur, ne cum obeuntibus pereant, scriptis digno annotantur. Unde omni ævo notum esse cupimus qualiter fratres nostri præfatæ Ecclesiæ canonici super Popone de Waldethe ministeriali Ecclesiæ ob damnosam violentiam quam ipsis in bonis eorum præfato castro adjacentibus, sicut et nobis in nostris intulit, flebilem querimoniam multoties nobis deferentes, aliquod pacis suffragium tibi disponi rogaverunt. Nos vero tanquam pastor ovium et qualiscunque dispensator, ab incursu tali obsecrando, increpando, arguendo, ipsum Poponem mitigavimus, donec tandem conscientia delicti sui compunctus, ipsum castrum cum bonis adjacentibus in aliquod placabile concambium se daturum eis asseruit. Hoc audito, fratres præfati tali consilio cum illo coram nobis sunt coadunati, ut quodcunque de commutatione utrorumlibet disponeremus, utraque pars consentiret. Hoc utrinque confirmato, prædictus Popo castrum cum decem novalibus nec non et incultis quibusdam infra hos terminos, via qua itur in Hylamibus, et ultra castrum usque in cacumen montis, ubi adjacet prædium Rodolphi de Albekke, deinde in vertice montis contra Tlatniz, et ex altera parte montis Zobodin, qui infra terminos est usque in vallem, quoniam iis infeudatus erat ab Ecclesia, ut res gesta seriatim procederet, nobis primum resignavit, hac conditione, ut ea fratribus nostris contraderemus, et exsecutionem promissi eorum illi similiter exigeremus. Quod et factum est. Dederunt enim ei duos mansos apud Meterekke, duos in Grivinaralbe, duos in Urezenuelt, et septem marchas, quadraginta modios frumenti, centum urnas brazzii, undecim porcos, ducentos caseos. Præterea fratres prædicti conscientiam nostram de institutione pontificalis sedis commonentes, rogaverunt ut justitiam quam a prima institutione in nemore Wispriach per hos terminos, a nemore Moderic usque in locum quo dividitur ipsum nemus a nemoribus Moteniz et Fuziris pertinentibus; obtinuerant, scilicet hanc, nullum custodem sine consensu eorum ibi fore instituendum, vel si consentirent, custodem quoque suum cum custode episcopi simul injungendum, et jus foresti æque illis dividendum, successoribus nostris in hac præsenti pagina notificaremus, et tam ea quam prædicta impressione sigilli nostri certificaremus. Hujus rei testes sunt Sanson, Duringus, fratres, Rodulphus de Dunvunsperch, Ernestus de Pilstam, Hermannus de Wolchenburch, Engelbertus et filii ejus Purcardus, primo Henricus, Engelscus, Nudungus, Eglolfus, Walterus, Walfridus et filius ejus, Engelbertus, Purcardus, Franco et filii ejus, Marchwardus, Walchinus Firtel et frater ejus, Rainhalin, Pertholdus, Sevus, Siboto de Sininge, et alii quamplures. » Nulli ergo, etc., confirmationis, etc., *usque* incursurum.

Datum Laterani, xv Kal. Julii, pontificatus nostri anno sexto decimo.

LXIX.

CONRADO EPISCOPO QUONDAM HALVERSTADENSI ET ABBATI DE SICHEM, ET PRÆPOSITO DE HILDEBURGERODEN HALVERSTADENSIS DIŒCESIS.
De concessione præbendæ.
(Laterani, ii Idus Junii.)

Accedens olim ad præsentiam nostram, dilectus filius Brun Fridesleriensis canonicus nobis humili-

---

(91) Vide lib. xv, epist. 105.

ter intimavit quod, cum in Ecclesia Frideslerieusi praebendam quam auctoritate apostolicae sedis fuerat assecutus per octo annos et amplius pacifice possedisset, venerabilis frater noster Maguntinensis archiepiscopus, apostolicae sedis legatus, ad instantiam R. presbyteri causam quae super dicta praebenda inter eos fuerat auctoritate apostolica judiciali calculo terminata G. praeposito et A. scholastico Frideslariensibus delegavit; a quibus, tum quia ipsos habebat certa ratione suspectos, tum quia causa, ut dictum est, auctoritate apostolicae sedis fuerat terminata, nostram duxit audientiam appellandum. Sed iidem judices, ipsius exceptionibus et appellatione contemptis, dictum R. in praebendam ipsam n..xudere praesumpserunt. Unde nos ad supplicationem canonici memorati praefato archiepiscopo dedimus in mandatis ut praedicta corrigeret per seipsum; nihilominus abbati de Valle Sancti Georgii et suis conjudicibus per scripta nostra mandantes ut ipso in mandati nostri exsecutione cessante, ipsi, amoto a dicta praebenda quolibet illicito detentore, praefatum Brun facerent ejusdem pacifica possessione gaudere. Verum sicut idem in nostra proposuit praesentia constitutus, dictus archiepiscopus non solum praedicta juxta mandatum nostrum corrigere non curavit; quinimo, cum dictus R. carnis debitum exsolvisset, idem archiepiscopus Ecclesiae praefatae capitulo suis dedit litteris in mandatis ut Henricum clericum suum ad praebendam reciperent saepedictam. Propter quod jam dictus canonicus coactus est rursus ad nostram praesentiam laborare. Nos igitur laboribus compatientes ejusdem, irritum prorsus decernimus et inane si quid de praebenda ipsa in praejudicium suum exstitit post mandatum hujusmodi attentatum, per apostolica vobis scripta praecipiendo mandantes quatenus eumdem B. faciatis auctoritate nostra praebendam ipsam pacifice possidere, fructus quoque medio tempore perceptos ex ipsa ei, sicut justum fuerit, per censuram ecclesiasticam restitui faciatis; contradictores, si qui fuerint, per censuram eamdem sublato appellationis obstaculo compescentes. Quod si non omnes iis exsequendis potueritis interesse, duo vestrum ea nihilominus exsequantur.

Datum Laterani, ii Idus Junii, pontificatus nostri anno sexto decimo.

LXX.

ABBATI DE PIGUAVIA MERSBURGENSIS DIOECESIS, ET PRÆPOSITO MAGDEBURGENSI.

Adversus episcopum Hildeshemensem.
(Laterani, vi Idus Junii.)

Si utile ac sincerum membrum Ecclesiæ... dictus Hildesemensis episcopus exstitisset, et voluisset prudenter advertere quod praecisus ab arbore ramus beneficium radicis amittit, non solum in devium excommunicati et reprobi non declinasset Ottonis, sed adhuc in unitate ac devotione fideliter Ecclesiæ Romanae persisteret, quae, disponente Domino, mater est omnium fidelium et magistra. Verum cum adversus eamdem calcaneum praesumptuosus erexerit, non intelligens quod bestia, si montem tetigerit, lapidabitur, et durum est contra stimulum calcitrare, nec se magistrum per opera exhibet, nec discipulum recognoscit. Et quidem si vitium ingratitudinis in eo beneficiorum nostrorum non abolevisset memoriam, licet timorem amiserit, forte reverentiam conservasset. Sed utrumque, sicut perpendimus, amisisse dignoscitur, cum nec timoris indicia nec alicujus devotionis scintilla remansisse videatur in ipso. Pro sua enim rebellione ac inobedientia, sicut accepimus, primo suspensus, ac deinde vinculo excommunicationis astrictus, contra nobiles viros Lanteravium Thuringiae et Albertum comitem de Hevesten devotos et fideles Ecclesiae per suos cum exercitu, ac si hoc deceret episcopum, insurrexit, et non sine ridiculo, qui de pastoribus habebatur, lupum inducebat in oves quas Petri concludebat ovile, dum eo impugnante per suos, pro excommunicato praedicto, terras nobilium praefatorum, multi fuerint interempti pro Ecclesiae libertate, quam ancillare assistendo (92) tyranno talis episcopus nitebatur. Et quasi haec non suffecissent ad injuriam et offensam, non sine contemptu sedis apostolicae ad curiam Ottonis accessit, in judiciis et aliis episcopus excommunicato communicans quem laicorum pars potior evitabat. Ut autem Romanam Ecclesiam factus hostis agnoscat, quam sprevit qui videbatur amicus, et culpam in poenis intelligat, qui beneficia non agnovit, cum etiam tanto tempore non sine gratia exspectatus, pro tantis excessibus nec unum curaverit nuntium ad sedem apostolicam destinare, discretioni vestrae per apostolica scripta mandamus quatenus, inquisita plenius veritate, si vobis constiterit de praemissis aut aliis quae ad ejus amotionem sufficiant, auctoritate nostra ipsum a regimine Hildesemensis Ecclesiae perpetuo amoventes, faciatis eidem Ecclesiae de persona idonea et Ecclesiae Romanae plene devota, sublato cujuslibet contradictionis et appellationis obstaculo, per electionem canonicam provideri, contradictores per censuram ecclesiasticam appellatione postposita compescentes. Tu denique, fili abbas, super teipso, etc.

Datum Laterani vi, Idus Junii, pontificatus nostri anno sexto decimo.

LXXI.

EISDEM.

Adversus episcopum Halberstatensem.
(Laterani, vii Idus Junii.)

Si utile ac sincerum membrum Ecclesiae.. dictus Halberstatensis episcopus exstitisset, etc., *ut supra in eumdem modum, usque* scintilla remansisse videatur in ipso. Pro sua enim inobedientia et rebellione, sicut accepimus, primo suspensus, ac deinde vin-

---

(92) Vide lib. xiv, epist. 126.

culo excommunicationis astrictus, publice divina praesumpsit officia celebrare, oleum sacrum et chrisma conficiens, aliaque sacramenta Ecclesiae temerarius administrans. Et quasi haec non suffecissent ad injuriam et offensam, non sine contemptu sedis apostolicae ad curiam Ottonis accessit, in judiciis et aliis episcopus excommunicato communicans quem laicorum pars potior evitabat. Cum eodem etiam Ottone contra nobilem virum lantgravium Thuringiae, devotum et fidelem Ecclesiae, intrepidus cum exercitu, ac si hoc deceret episcopum, insurrexit, et non sine ridiculo, qui de pastoribus habebatur, lupum inducebat in oves quas Petri concludebat ovile, dum eo impugnante cum excommunicato praedicto castrum quod Wreen vocatur et terram nobilis memorati, multi fuerint interempti pro Ecclesiae libertate, quam ancillare assistendo tyranno talis episcopus nitebatur. Ut autem Romanam Ecclesiam factus hostis agnoscat, etc., *ut supra usque in finem.*

Datum Laterani, vii Idus Junii, pontificatus nostri anno sexto decimo.

LXXII.

PRAEPOSITO ET CAPITULO BRIVATENSIBUS.

Decidit litem quam ipsi habebant cum episcopo Claromontensi.

(Laterani, xiii Kal. Julii.)

(93) Cum olim causam quae inter vos ex parte una et venerabilem fratrem nostrum Claromontensem episcopum ex altera super ecclesiis villae Brivatensis et Sancti Ferreoli et Sancti Germani et de Bajassa et de Brassac et de Paulac et de Bellomonte, quas idem ad se dioecesana lege spectare dicebat, et vos eas legitime praescripsisse, Casae-Dei, Bellaequae, ac Novemfontium abbatibus sub certa forma duxerimus committendam, judices ipsi, receptis testibus et attestationibus publicatis, causam ipsam sufficienter instructam ad nostram audientiam remiserunt. Nos igitur, auditis et intellectis quae a vestris et partis alterius procuratoribus fuere proposita coram nobis, quia super ecclesiis villae Brivatensis et Sancti Ferreoli et de praescriptione legitima docuistis, vos quoad illas ab impetitione ipsius duximus sententialiter absolvendos, eidem episcopo super illis perpetuum silentium imponentes. In ecclesiis autem Sancti Germani, de Bajassa, de Brassac, et de Paulac, et de Bellomonte, quia in probatione praescriptionis canonicae defecistis, cum intentio partis alterius sit eo ipso de communi jure fundata quod eaedem Ecclesiae infra limites Claromontensis dioecesis concluduntur, super illis jus episcopale adjudicavimus episcopo memorato, vobis in eis, quoad jus episcopale, perpetuum silentium imponentes. Nulli ergo, etc., diffinitionis, etc., *usque* incursurum.

Datum Laterani, xiii Kal. Julii, pontificatus nostri anno sexto decimo.

LXXIII.

PRAEPOSITO ET CAPITULO ECCLESIAE SANCTI JULIANI BRIVATENSIS TAM PRAESENTIBUS QUAM FUTURIS IN PERPETUUM.

De confirmatione privilegiorum.

(Laterani, Kal. Julii.)

Etsi debito pastoralis officii pro universarum Ecclesiarum statu satagere compellamur, illis tamen quae apostolicae sedi specialius adhaerere noscuntur studiosius nos convenit providere. Eapropter, dilecti in Domino filii, vestris justis postulationibus benigne duximus annuendum, et praefatam ecclesiam Sancti Juliani, quae ad apostolicam sedem nullo mediante noscitur pertinere, ad exemplar felicis recordationis Calisti papae praedecessoris nostri sub beati Petri et nostra protectione suscipimus et praesentis scripti privilegio communimus, statuentes ut quascunque possessiones, etc., *usque* duximus exprimenda vocabulis: Ecclesias villae Brivatensis et Sancti Ferreoli cum parochiis suis, super quibus vos ab omni impetitione dioecesani episcopi sententialiter judicavimus absolutos (94), abbatiam Sancti Germani de Hebron, abbatiam Sancti Marcellini de Cantogila, abbatiam Sanctae Mariae de Pebrac, abbatiam Sancti Juliani Turonensis, ecclesiam de Brassac, ecclesiam de Valle cum decima, ecclesiam de Solmiac cum decima, ecclesiam de Spelenco cum decima, villam Tarazas, ecclesiam de Favereles cum decima, ecclesiam de Soleto cum decima, ecclesiam de Cultus cum decima, ecclesiam de Bellomonte cum decima, ecclesiam de Fontibus. Porro ecclesiae ac praedia quae per praepositorum aut aliarum ecclesiasticarum personarum temeritatem vel per laicorum violentiam sunt distracta, ad jus et proprietatem ipsius ecclesiae revocentur, et sine contradictione alicujus personae illibata in posterum conserventur. Statuimus etiam ut nullus infra terminos parochiarum vestrarum domum religiosam vel capellam aut oratorium sine assensu vestro aedificare praesumat, salvis privilegiis pontificum Romanorum. Sane ut eadem ecclesia libera semper et quieta permaneat, omnem prorsus episcopum aliquam in ea ditionem habere, praeter Romanum pontificem, prohibemus chrisma quoque, oleum sanctum, consecrationes altarium vel ecclesiarum, ordinationes clericorum qui ad sacros fuerint ordines promovendi, a quocunque malueritis catholico suscipietis episcopo; si quidem gratiam et communionem apostolicae sedis habuerit, et ea gratis et sine pravitate voluerit exhibere. Obeunte vero te nunc ejusdem loci praeposito, etc., *usque* secundum Deum duxerint eligendum. Ad indicium autem juris et proprietatis Romanae Ecclesiae et libertatis vestrae aureum unum nobis et successoribus nostris annis singulis persolvetis. Decernimus ergo, etc. *usque* usibus omnimodis profutura, salva sedis apostolicae auctoritate. Si qua igitur, etc., *usque* districtae subjaceat ultioni. Cunctis au-

(93) Vide lib. ii, epist. 225, 228.

(94) Vide epist. 72.

tem, etc. *usque*, pacis inveniant. Amen. Amen. Amen.

Datum Laterani per manum Raynaldi acolythi et capellani domini Innocentii III papæ, Kal. Julii, indictione prima, Incarnationis Dominicæ anno 1213, pontificatus vero ejusdem domini Innocentii anno sexto decimo.

LXXIV.

ST. MAGISTRO SCHOLARUM BRIVATENSI.

Dispensat super defectu natalium.

(Laterani, Kal. Julii.)

Divina Providentia sacrosanctam Romanam Ecclesiam omnium fidelium caput constituens et magistram, potestatis plenitudinem penes eam voluit residere; ut quæ pro puniendis seu cohibendis excessibus humana solertia statuenda providit, ejus auctoritas, nunc pensatis rerum circumstantiis et meritis personarum, severe faceret observari, nunc severitati detrahens, dispensando rigorem mansuetudine temperaret. Cum igitur ad sacros ordines desideres promoveri, ac in iniquitatibus cum propheta conceptus nobis humiliter duxeris exponendum quomodo in peccatis te peperit mater tua, contra impedimentum casualis originis apostolicæ benignitatis remedium implorando, nos attendentes quod per litteraturam tuam et vitam ac conversationem honestam, super quibus laudabile tibi testimonium perhibetur, redimis hunc defectum, de misericordia, quæ superexaltat judicio, auctoritate tibi præsentium indulgemus ut, dummodo impedimentum aliud canonicum non obsistat, quod natus de legitimo matrimonio non fuisti tibi non officiat quo minus ad sacros ordines valeas promoveri et ecclesiastica beneficia canonice obtinere ac etiam ad ecclesiasticas dignitates assumi; ita tamen quod si te ad honorem vocari contigerit præsulatus, illum nequaquam recipias absque sedis apostolicæ licentia speciali. Nulli ergo, etc., concessionis, etc., *usque* incursurum.

Datum Laterani, Kal. Julii, pontificatus nostri anno sexto decimo.

LXXV.

ARCHIEPISCOPO ET CAPITULO COMPOSTELLANIS.

De collatione præbendæ.

(Datum, ut supra.)

Felicis recordationis Joanne Sanctæ Mariæ in Cosmedin diacono cardinale, S. R. E. cancellario, de medio Domino vocante sublato, præbendam quam idem habebat in ecclesia Compostellana dilecto filio Normano nato nobilis viri G. de Gualera consanguinei nostri duximus concedendam, credentes quod per ipsum et suos multa vobis et ecclesiæ vestræ poterunt commoda provenire. Ideoque universitati vestræ per apostolica scripta mandamus atque præcipimus quatenus dictum Normanum de cætero vestrum concanonicum habeatis, et tu, frater archiepiscope, fructus ejusdem præbendæ ad opus ipsius colligi facias et servari.

Datum ut *supra*.

In eumdem modum priori et conventui Sancti Pancratii de Leges pro Tholomeo consanguineo nostro, super vicaria quam idem cancellarius in eorum ecclesia de Coningeburc ad præsentationem nostram fuerat assecutus, sicut in litteris bonæ memoriæ Eboracensis archiepiscopi continetur, *usque* provenire. Ideoque universitati vestræ per apostolica scripta mandamus atque præcipimus quatenus quod a nobis factum est in hac parte ratum habeatis et firmum, et tu, fili prior, fructus ejusdem vicariæ ad opus ipsius colligi facias et servari.

Datum Laterani, xviii Kal. Julii, pontificatus nostri anno decimo sexto.

LXXVI.

LITTERÆ REGIS ANGLIÆ.

Approbat conditiones absolutionis.

(Doveræ, xiii die Maii.)

(95) Joannes Dei gratia rex Angliæ, dominus Hiberniæ, dux Northmanniæ et Aquitaniæ, comes Andegavensis, omnibus præsentes litteras inspecturis salutem. Per has patentes litteras sigillo nostro munitas volumus esse notum quod nobis præsentibus et mandantibus ii quatuor nostri barones, scilicet Walterus comes Sarisberiæ frater noster, Reginaldus comes Bononiensis, Willelmus comes Warennæ, Willelmus comes de Ferraria, juraverunt in animam nostram quod nos subscriptam pacis formam bona fide curabimus per omnia observare. In primis itaque solemniter et absolute jurabimus stare mandatis domini papæ coram ejus legato, vel delegato super omnibus pro quibus excommunicati sumus ab ipso, et veram pacem ac plenam securitatem præstabimus venerabilibus viris Stephano Cantuariensi archiepiscopo, Willelmo Londoniensi, Eustachio Eliensi, Ægidio Herefordensi, Jocelino Bathoniensi et Huberto Lincolniensi episcopis, priori quoque ac monachis Cantuariensibus, et Roberto filio Walteri, ac Eustachio de Vesci, nec non et cæteris clericis ac laicis hoc negotium contingentibus, præstando simul coram eodem legato vel delegato publice juramentum quod ipsos cum suis nec lædemus nec lædi faciemus vel permittemus in personis vel rebus, eisque dimittemus omnem indignationem, et in gratiam nostram recipiemus eosdem ac tenebimus bona fide, quodque præfatos archiepiscopum et episcopos non impediemus nec faciemus aut permittemus aliquatenus impediri quo minus ipsi libere suum exsequantur officium et plena suæ jurisdictionis auctoritate, prout debent, utantur; et super iis tam domino papæ quam ipsi archiepiscopo et singulis episcopis nostras patentes litteras exhibebimus, facientes ab episcopis et comitibus ac baronibus nostris, quot et quos præfati archiepiscopus et episcopi postulaverint, juramenta et eorum patentes litteras exhiberi quod ipsi bona fide studebunt ut hæc pax et securitas firmiter observetur. Et si forte (quod Deus aver-

(95) Vide lib. xv, epist. 254, et Matth. Paris, ad an. 1213.

tat), per nos ipsos vel alios contravenerimus, ipse pro Ecclesia contra violatores securitatis et pacis mandatis apostolicis inhærebunt, nosque perpetuo vacantium ecclesiarum custodiam amittamus.

Quod si forte nequiverimus eos ad hanc ultimam juramenti partem inducere, videlicet quod si per nos ipsos vel alios contravenerimus, ipsi pro Ecclesia contra violatores securitatis et pacis mandatis apostolicis inhærebunt, nos propter hoc domino papæ ac Ecclesiæ Romanæ per nostras patentes litteras obligavimus omne jus patronatus quod habemus in ecclesiis Anglicanis. Et omnes litteræ quæ pro securitate prædictorum sunt exhibendæ præfatis archiepiscopo et episcopis ante suum ingressum in Angliam transmittemus. Si vero nobis placuerit, sæpefati archiepiscopus et episcopi præstabunt, salvo honore Dei et Ecclesiæ, juratoriam et litteratoriam cautionem quod ipsi nec per se nec per alios contra personam vel coronam nostram aliquid attentabunt, nobis prædictam eis securitatem et pacem servantibus illibatam. De ablatis autem plenam restitutionem et de damnis recompensationem sufficientem omnibus impendemus, tam clericis omnibus quam etiam laicis universis ad hoc negotium pertinentibus, non solum rerum, sed etiam libertatum, et restitutas conservabimus libertates, archiepiscopo quidem et episcopo Lincolniensi a tempore suæ confirmationis (96), aliis autem a tempore discordiæ inchoatæ. Nec obstabit aliqua pactio vel promissio seu concessio quo minus et damna recompensentur et restituantur ablata tam vivorum quam etiam defunctorum. Nec de iis aliquid retinebimus prætextu servitii quod debuerit nobis impendi, sed postea debita nobis pro servitio recompensatio tribuetur. Statimque omnes quos detinemus clericos faciemus absolute dimitti ac restitui propriæ libertati, et etiam laicos qui occasione hujus negotii detinentur. Incontinenti quoque post adventum illius qui nos debebit absolvere faciemus de parte restitutionis ablatorum octo millia librarum legalium sterlingorum pro persolvendis debitis et faciendis expensis nuntiis prædictorum archiepiscopi et episcoporum ac monachorum Cantuariensium assignari, sine impedimento quolibet per potestatem nostram ad eos libere deferenda, ut expediti revertantur in Angliam honorifice revocati, videlicet Stephano Cantuariensi archiepiscopo duo millia et quingentas libras, Willelmo Londoniensi septingentas et quinquaginta libras, Eustachio Elensi mille et quingentas libras, Ægidio Herefordensi septingentas et quinquaginta libras, Jocelino Bathoniensi septingentas et quinquaginta libras, Huberto Lincolniensi septingentas et quinquaginta libras, priori et monachis Cantuariensibus mille libras. Sed protinus absque mora postquam pacem istam duxerimus acceptandam resignari faciemus archiepiscopo et episcopis et clericis ac ecclesiis universis in manibus nuntiorum vel procuratorum ipsorum omnia immobilia cum administratione libera eorumdem et in pace dimitti. Interdictum vero vulgariter utlagatio nuncupatum, quod proponi fecimus contra personas ecclesiasticas, publice revocabimus, protestando per nostras patentes litteras archiepiscopo tribuendas id ad nos de personis ecclesiasticis nullatenus pertinere, quodque illud de cætero contra personas ecclesiasticas nullatenus faciemus proponi. Revocantes præterea utlagationem laicorum ad hoc negotium pertinentium, et remittentes hominia quæ post interdictum recipimus ab ecclesiarum hominibus præter regni consuetudinem et ecclesiasticam libertatem. Si vero super damnis vel ablatis aut eorum quantitate vel æstimatione quæstio fuerit de facto suborta, per legatum vel delegatum domini papæ receptis probationibus publice terminetur. Et his omnibus rite peractis, relaxabitur sententia interdicti. Super cæteris autem capitulis si quæ fuerint dubitationes subortæ, de quibus merito valeat dubitari, nisi per legatum vel delegatum domini papæ de partium fuerint voluntate sopitæ, ad ipsius referantur arbitrium, ut super iis quod ipse decreverit observetur. Teste me ipso, apud Doveram 13 die Maii, anno regni nostri quarto decimo.

LXXVII.

LITTERÆ REGIS ANGLIÆ.

Super eodem.

(Doveræ, 15 die Maii.)

(97) Joannes, Dei gratia rex Angliæ, dominus Hiberniæ, dux Northmanniæ (98) et Aquitaniæ, comes Andegaviæ, omnibus Christi fidelibus præsentem chartam inspecturis salutem. Universitati vestræ per hanc chartam nostram sigillo nostro munitam volumus esse notum ; quia, cum Deum et matrem nostram sanctam Ecclesiam offenderimus in multis, et proinde divina misericordia plurimum indigere noscamur, nec quid digne offerre possimus pro satisfactione Deo et Ecclesiæ debita facienda nisi nos ipsos habeamus et regna nostra, volentes nos ipsos humiliare pro illo qui se pro nobis humiliavit usque ad mortem, gratia sancti Spiritus inspirante, non vi inducti, nec timore coacti, sed nostra bona spontaneaque voluntate, ac communi consilio baronum nostrorum, offerimus et libere concedimus (99) Deo et sanctis aposto-

---

(96) Apud Paris. *consecrationis.*
(97) Vide infra epist. 131, 132, et Matth. Paris. ad an. 1213.
(98) *Northmanniæ*, regionum istarum nomine, reges majoris Britanniæ vassalli et homines ligii regis Christianissimi, fuere, quas Philippus secundus Henrico III restituit, sed postea feudum regno accrevit cum homagio, et fidelitati (cui astringebantur) renuntiarunt. V. C. ms. Sancti Victoris Parisiensis De gestis Philippi Pulchri Polyd. Virgil. lib. XXIII, anno Domini 1451 et 52.
(99) *Concedimus*, Nauclerus generat. 40 anno 1214, obtulit et concessit cum omni suo jure proque dictis regiis Innocentio tertio homagium fecit, cujus ἀντιουμίαν vide cum Polyd. Virgil. in Joanne anno Domini 1212, super hujusmodi deditione.

lis ejus Petro et Paulo et sanctæ Romanæ Ecclesiæ matri nostræ ac domino nostro papæ Innocentio ejusque catholicis successoribus totum regnum Angliæ et totum regnum Hiberniæ cum omni jure et pertinentiis suis pro remissione peccatorum nostrorum et totius generis nostri, tam pro vivis quam defunctis. Et amodo illa a Deo et Ecclesia Romana tanquam feodatarius recipientes et tenentes, in præsentia prudentis viri Pandulphi domini papæ subdiaconi et familiaris fidelitatem exinde prædicto domino nostro papæ Innocentio ejusque catholicis successoribus et Ecclesiæ Romanæ secundum subscriptam formam facimus et juramus; et homagium ligium (100) in præsentia domini papæ, si coram eo esse poterimus, eidem faciemus; successores et hæredes nostros de uxore nostra in perpetuum obligantes ut simili modo summo pontifici, qui pro tempore fuerit, et Ecclesiæ Romanæ sine contradictione debeant fidelitatem præstare et homagium recognoscere. Ad indicium autem hujus nostræ perpetuæ oblationis et concessionis volumus et stabilimus ut de propriis et specialibus redditibus prædictorum regnorum nostrorum pro omni servitio et consuetudine quod pro ipsis facere deberemus, salvo per omnia denario beati Petri (101), Ecclesia Romana mille marcas (102) sterlingorum (103) percipiat annuatim, scilicet in festo sancti Michaelis quingentas marcas, et in Pascha quingentas marcas, septingentas scilicet pro regno Angliæ, et trecentas pro regno Hiberniæ, salvis nobis et hæredibus nostris justitiis, libertatibus et regalibus nostris. Quæ omnia, sicut supra dicta sunt, rata esse volentes perpetuo atque firma, obligamus nos et successores nostros contra non venire. Et si nos vel aliquis successorum nostrorum hoc attentare præsumpserit, quicunque fuerit ille, nisi rite commonitus resipuerit, cadat a jure regni, et hæc charta oblationis et concessionis nostræ semper firma permaneat.

Ego Joannes Dei gratia rex Angliæ et dominus Hiberniæ ab hac hora inantea fidelis ero Deo et beato Petro et Ecclesiæ Romanæ ac domino meo papæ Innocentio ejusque successoribus catholice intrantibus. Non ero in facto, dicto, consensu, vel consilio ut vitam perdant vel membra, vel mala captione capiantur. Eorum damnum, si scivero, impediam, et remanere faciam, si potero. Alioquin eis quam citius potero intimabo, vel tali personæ dicam quam eis credam pro certo dicturam. Consilium quod mihi crediderint per se vel per nuntios seu litteras suas secretum tenebo, et ad eorum damnum nulli pandam me sciente. Patrimonium beati Petri, et specialiter regnum Angliæ et regnum Hiberniæ, adjutor ero ad tenendum et defendendum contra omnes homines pro posse meo. Sic Deus me adjuvet et hæc sancta Dei Evangelia (104). Teste me ipso, apud domum militiæ templi (105) juxta Doveram (106) coram domino Henrico archiepiscopo Dublinensi (107), domino Joanne episcopo Norwicensi (108), Galfrido filio Petri comitis Essex, justitiario nostro (109), Willelmo comite Saresberiensi fratre nostro (110), W. Marescallo comite Pembroc., R. comite Bonon., W. comite Warenæ, G. comite Wintoniensi, W. comite Arundell., W. comite de Ferrariis, W. Broubert, Petro filio Heiberti, Warino filio Geroldi, 15 die Maii, anno regni nostri XIV.

---

(100) *Homagium ligium* eadem ratione fidelitatis ligiæ sacramento soli regi astringimur quamvis quidam prælatorum et procerum, homines ligios ex privilegio habere profiteantur. Colombetus Colo. Celtic. 3, et sic dicti domini abbates habent jura regalia seu ducalia, præsertim in Bressia seu Foro Segusianorum, cujus limitem Henricus Magnus I. Non. Julii 1601, una cum regionibus vicinis supremæ senatus jurisdictioni adjecit. Quæ controversia nuperrime agitata fuit dum litis ordinem reverendi Joannis de Cussigni abbatis Ambroniacensis adversus Claudiam femelat collegis nostris (quos veræ et non fucatæ philosophiæ antistites purpuratos nullo adulationis lenocinio ductus dixerim), ex officii debito recitarem.

(101) *Denario* B. Petri propter visitationem B. Petri denariorum collecta in c. *Ea quæ* De censibus, ubi, glossa in hæc verba : Præstatio quædam est quam solvunt Angli Romanæ Ecclesiæ. Jo. Major lib. IV. Hist. Scot. c. 3, atque tunc omnium primo Petrini, hoc est denarii sancto Petro dati, hisce regnis impositi sunt, et Baleus Cent. I Hist. Brit., c. 97, vectigal (denarios Petri vocant) ex singulis regni domibus primus persolvit et c. v, concil. Lateran. sub Alexandro III. Quod in collectione denariorum B. Petri Ecclesiæ vel personæ gravari non debent.

(102) *Mille marcas*. Nauel. eadem gener. illud adjiciens ut pro omni servitio dictorum regnorum centum auri marcas solverent.

(103) *Sterlingorum*, sterlingus nummus argenteus, apud Anglos pendere unius unciæ argenti Polyd. Virg., lib. XVI; sed hallucinatur dum hujusmodi monetæ, usum imperio Henrici III ascribit. Siquidem Joannes Henrici pater mille marcarum sterlingorum in hac charta oblationis præstare profitetur. Ex quibus patet censum B. Petri Angliæ nummo publico argenteo, non privato pensum fuisse, ut vult Cujacius ad c. *Auditis*, De præscript.

(104) *Evangelia*, paginam hujus concessionis descriptam habes apud Bzovium tomo I, anno Domini 1212, § 4 quam ex Regestorum Innocentii archetypo desumptam edidit eadem forma et contextu quibus epistolam hanc conceptam describi curavimus priusquam ejusdem Annales legeremus.

(105) *Templi*, a quo Templarii, quorum ordo institutus Gelasii papæ II temporibus, et in desuetudinem abiit sub pontificatu Clementis papæ V ad an 4517, horum fit mentio in c. *Deputasti*, De judic., quibus successere partim equites Rhodii (hodie Melitenses) quos Joanitas sive Hispitalarios vocat item Pantaleon lib. III, De ord. milit. Joannit. partim milites Jesu Christi in Lusitania.

(106) Etiam hodierna die nomen retinet.

(107) *Dublinensi* altero metropolitarum in regno Hiberniæ.

(108) Suffraganeo archiepiscopi Cantuariensis.

(109) *Justitiario* cujus munium publicum describit Pol. Virgil. lib. IV, in Guillelmo.

(110) Naturali, erat enim filius ex concubina Henrici II. Idem Virg., lib. XIII.

LXXVIII.
LITTERÆ REGIS ANGLIÆ AD DOMINUM PAPAM.
Super eodem.
(Well., 15 die Maii.)

(111) Sanctissimo Patri et domino suo Innocentio Dei gratia summo pontifici suus devotus et fidelis Joannes eadem gratia rex Angliæ, dominus Hiberniæ, dux Northmanniæ et Aquitaniæ, et comes Andegaviæ, salutem et tam debitum quam devotum obsequium. Sanctæ paternitati vestræ significamus quod cum magister Pandulphus nuntius et familiaris vester formam pacis nobis transmissam ostendisset, nos ob reverentiam sanctæ Romanæ Ecclesiæ illam admisimus sine aliqua diminutione pro voluntate vestra observandam. Cæterum inspirante gratia sancti Spiritus ad perpetuam Ecclesiæ pacem et exaltationem regna nostra, scilicet Angliæ et Hiberniæ, de vobis et successoribus vestris et sancta Romana Ecclesia tenenda suscepimus, annuatim vobis et successoribus vestris mille marcas reddendo, sicut ex transcripto chartæ nostræ, quam inde fecimus, perpendere poteritis. Rogamus ergo sanctam paternitatem vestram quatenus de cætero nos in gratiam vestram recipere dignemini et misericorditer nobiscum agere velitis de onere nobis imposito, quod gratanter suscepimus. Teste me ipso, apud templum de Well. 15 die Maii.

LXXIX.
ILLUSTRI REGI ANGLIÆ.
Respondet epistolæ superiori.
(Laterani, II Non. Julii.)

(112) Ei qui de malis novit eligere bona gratiarum referimus actiones quod tibi misericorditer inspiravit ut idonee satisfaceres de damnis et injuriis Ecclesiæ irrogatis; cum non solum formam satisfactionis receperis multimoda deliberatione provisam, verum etiam personam et terram tuam apostolicæ subdideris ditioni, conferendo in perpetuum jure dominii sacrosanctæ Romanæ Ecclesiæ regna tua per ipsam et ab ipsa tenenda sub annuo censu septingentarum marcarum de Anglia et de Hibernia trecentarum sicut in instrumento tuo legitime inde confecto, plenius et expressius continetur. Quis enim te docuit, quis induxit nisi Spiritus ille divinus, qui ubi vult, spirat, et nescis unde veniat aut quo vadat, dividens dona singulis prout vult, ut tam discrete, tam pie simul in unum et tibi consuleres et Ecclesiæ provideres? Ecce sublimius et solidius nunc obtines ipsa regna quam hactenus obtinueris, cum jam sacerdotale signum et sacerdotium sit regale; sicut in epistola Petrus et Moyses in lege testantur. Eia igitur, magnifice princeps, comple promissa et concessa confirma, ut omnipotens Deus tuum semper et rectum compleat desiderium et propositum confirmet honestum, sicque te faciat per temporalia bona transire ut non amittas sed acquiras æterna (113). Nos ergo juxta tuæ petitionis instantiam legatum ad te de nostro latere destinamus, quasi angelum salutis et pacis, venerabilem fratrem nostrum Tusculanum episcopum, virum Deo gratum, et acceptum hominibus, quem inter fratres nostros merito suæ religionis et honestatis speciali diligimus charitate, ut in missi persona mittentis cognoscas affectum. Ipsum igitur, quem ad tuum commodum et honorem, quantum cum Deo potuit, promptum cognovimus et attentum, benigne recipias et honeste pertractes, ejus monitis et consiliis acquiescens quæ si fuerint reverenter admissa, procul dubio tibi proficient et temporaliter ad quietem et æternaliter ad salutem. Speramus autem in eo qui non vult mortem peccatoris, sed ut convertatur et vivat, quod sicut misericorditer ac mirabiliter cœpit in virum alterum te mutare, sic tibi pium inspirabit devotionis affectum; ut quo vehementius contra eum sanctam Ecclesiam offendisti, eo reverentius propter ipsum sanctam Ecclesiam honorabis, cum jam in tantum processeris ut bonum principium finem optimum repromittat. Prædictus vero legatus, qui conscientiam nostram plene cognoscit, de nostro te beneplacito reddet certum pariter et securum; cui nos vices nostras commisimus, ut juxta verbum propheticum evellat et destruat, et ædificet et plantet quæ secundum Deum evellenda et destruenda nec non ædificanda cognoverit et plantanda, concessa sibi plenaria potestate ut absque contradictione cujuslibet universa quæ pertinent ad legationis officium efficaciter exsequatur. Nos enim sententias quas rite protulerit in rebelles ratas haberi præcipimus et inviolabiliter observari.

Datum Laterani, II Non. Julii, pontificatus nostri anno sexto decimo.

LXXX.
ARCHIEPISCO ET EPISCOPIS, ABBATIBUS, PRIORIBUS ET ALIIS ECCLESIARUM PRÆLATIS PER ANGLIAM CONSTITUTIS.
De eadem re, et de legatione episcopi Tusculani.
(Laterani, III Non. Julii.)

Gaudere debetis nobiscum in Domino et in virtutis ejus potentia gloriari quod post noctis tenebras adversitatum angustias dies serenus illuxit, et optata cœpit prosperitas arridere. Vero quidem nunc scimus quod etsi quatiatur interdum Petri navicula, nunquam tamen submergitur; quoniam invalescentibus fluctibus procellarum, et jam pene naufragio imminente, justorum meritis Christus ad auxilium excitatur, qui paulo ante propter quorumdam dormiebat offensas. Inter alia siquidem in quibus de plenitudine gratiæ ac misericordiæ ubertate fecit nobiscum signum in bonum, is qui non vult mortem peccatoris, sed ut convertatur et vivat, illustri regi Angliæ inspiravit ut sufficienter Ecclesiæ satisfaciat de damnis et injuriis irrogatis. Formam enim pacis a nobis cum multa deliberatione provi-

---

(111) Vide infra epist. 130.
(112) Vide infra epist. 131.

(113) Vide infra epist. 89.

sam cum magna devotione recepit, et ad eam exsecutioni mandandam legatum a latere nostro petiit destinari. Unde nos venerabilem fratrem nostrum episcopum Tusculanum apostolicæ sedis legatum, quasi pacis et salutis angelum, destinamus, virum utique gratum Deo, et acceptum hominibus, quem inter alios fratres nostros merito suæ religionis et honestatis speciali diligimus charitate, pro certo credentes sic eum via regia incessurum quod non declinabit ad dexteram vel sinistram ; eique, de quo plenam fiduciam obtinemus, commisimus vices nostras, ut juxta verbum propheticum evellat et destruat, ædificet et plantet quæ secundum Deum evellenda et destruenda, nec non ædificanda viderit et plantanda ; plenaria sibi potestate concessa ut absque contradictione cujuslibet ea quæ pertinent ad legationis officium exsequatur. Laudem igitur dicite Domino Deo nostro, qui bona de malis eliciens, fecit cum tentatione proventum ; et cum humilitate suscipite prospera, qui cum fortitudine sustinuistis adversa, prædictumque legatum recipiatis benigne ac honeste tractetis; quia, cum nos recipiamur in ipso, in misso notabimus devotionis affectum quem geritis ad mittentem. Ipsius ergo monitis et mandatis humiliter intendentes, tales vos erga eum exhibere curetis quod non solum eidem, sed etiam nobis esse possit acceptum, scientes quod cum ei plenæ legationis officium commiserimus, sententias quas rite protulerit in rebelles, ratas haberi præcipimus et inviolabiliter observari.

Datum Laterani, iii Non. Julii, pontificatus nostri anno sexto decimo.

LXXXI.
CANTUARIENSI ARCHIEPISCOPO S. R. E. CARDINALI ET COEPISCOPIS SUIS.
De eadem re.
(Laterani, ii Non. Julii.)

Ei qui non vult mortem peccatoris, sed ut convertatur et vivat, devotas gratiarum referimus actiones quod ipse Joanni regi Angliæ misericorditer inspiravit ut formam pacis a nobis cum multa deliberatione dispositam devote reciperet, sicut per suas nobis litteras intimavit, humiliter postulans ad eam exsecutioni mandandam idoneum a latere nostro destinari legatum. Ut autem in missi persona mittentis cognoscatis affectum, ecce nos memores verbi vestri, mittimus quasi angelum salutis et pacis, virum Deo gratum, et acceptum hominibus videlicet venerabilem fratrem nostrum Tusculanum episcopum, apostolicæ sedis legatum, quem inter fratres nostros merito suæ religionis et honestatis speciali diligimus charitate, pro certo credentes quod ipse via regia sic incedet quod non declinabit ad dexteram vel sinistram. Cum igitur bonum pacis tam regno quam sacerdotio sit maxime necessarium, fraternitatem vestram rogandam duximus et monendam, per apostolica vobis scripta mandantes quatenus ad illud efficaciter promovendum exhibeatis vos promptos per omnia et paratos, nihil ingerentes difficultatis aut moræ propter quod hujusmodi bonum impediri valeat vel differri. Nos enim ad justitiam et libertatem ecclesiasticam conservandam prompto semper et pio animo intendemus, ut qui pugnam exercuere legitimam, palmam consequantur optatam. Vos ergo prædicti legati monitis et mandatis humiliter intendentes, tales vos erga eum exhibere curetis quod ipse ad vestrum commodum et honorem merito debeat aspirare, scientes quod, cum ei plenæ legationis officium commiserimus, sententias quas rite protulerit in rebelles, ratas haberi præcipimus et inviolabiliter observari. Vos denique, fratres archiepiscope et episcopi, etc.

Datum Laterani, ii Non. Julii, pontificatus nostri anno sexto decimo.

LXXXII.
COMITIBUS, BARONIBUS, ALIISQUE MAGNATIBUS PER ANGLIAM CONSTITUTIS.
Ejusdem argumenti cum superioribus.
(Laterani, ii Non. Julii:)

Quanto specialius regnum Angliæ ad Romanam Ecclesiam dignoscitur pertinere, tanto ferventius aspiramus ut per nostræ sollicitudinis studium grata prosperitate lætetur. Cum igitur ad reconciliationem regis ac regni venerabilem fratrem nostrum Tusculanum episcopum, apostolicæ sedis legatum, quasi pacis et salutis angelum destinemus, virum utique gratum Deo et acceptum hominibus, quem inter alios fratres nostros merito suæ religionis et honestatis speciali diligimus charitate, universitatem vestram rogandam duximus et monendam per apostolica vobis scripta mandantes quatenus eum recipiatis benigne ac honeste tractetis, ipsius monitis et mandatis humiliter intendentes, ut bonum pacis tam regno quam sacerdotio maxime necessarium feliciter consummetur, scientes quod cum per eum illustris rex vester juxta mandatum nostrum fuerit absolutus, omnimodam ei gratiam et plenum intendimus exhibere favorem. Unde volumus et mandamus ut vos ei fidelitatem devotam et fidelem devotionem exhibere curetis, ad defensionem et exaltationem ipsius regni prudenter et patenter assistentes eidem.

Datum Laterani, ii Non. Julii, pontificatus nostri anno sexto decimo.

LXXXIII.
ILLUSTRI REGI FRANCORUM.
De eadem re.
(Laterani, iii Non. Julii.)

Cum pro reconciliatione regis ac regni venerabilem fratrem nostrum episcopum Tusculanum, virum Deo gratum et acceptum hominibus, quem inter alios fratres nostros merito suæ religionis et honestatis speciali diligimus charitate, in Angliam destinemus, et expedire credamus quod inter te ac regem Angliæ pacis fœdera reformentur, serenitatem tuam rogandam duximus et monendam quatenus super hoc intendas humiliter monitis et consiliis ejusdem legati, ut preces et monitiones apostolicas, sicut hactenus fecisse dignosceris, nunc etiam admittere comproberis; ita quod devotio tua semper ad sedem apostolicam devotior approbetur.

Datum Laterani, in Non. Julii, pontificatus nostri anno sexto decimo.

LXXXIV.
ARCHIEPISCOPO SENONENSI.
De Judæo ad fidem Christi converso.
(Laterani, VI Idus Junii.)

Operante illo qui semper suam fecundat Ecclesiam nova prole, dilectum filium N. latorem præsentium, qui ad nos de partibus tuis Judæus accesserat, ad te remittimus Christianum: cujus conversationis modum et ordinem, quia delectat Dei magnalia enarrare, præsenti paginæ secundum quod accepimus ab eodem duximus inserendum. Nuper igitur in domo patris ejusdem habitabat quædam mulier Christiana, quæ a Catholica fide adeo facta fuit Judæis seducentibus aliena ut constanter assereret, erroris Judaici tenebris obvoluta, quod Christus sibi nec prodesse poterat nec obesse, ac tantum valere panem de cujuslibet mensa sumptum quantum Christianorum hostia quæ sumitur in altari. Hæc pœnam incurrere metuens si fidem Christi publice abnegaret, in festo Resurrectionis Dominicæ tunc instantis ad Ecclesiam cum Christianis accessit, et acceptam eucharistiam, ac reservatam in ore, in manu patris prædicti N. qui tunc Isaac vocabatur projiciens, in hæc verba prorupit: *Ecce Salvator meus, ut asserunt Christiani*. Qui cum in quadam pyxide vacua, quam habebat in arca, reponere vellet illam, idem, quodam ad ostium suum interim vocante, formidans ne inveniretur casu fortuito apud ipsum, in alia pyxide, in qua erant septem libræ Parisienses, ipsa nescienter præ festinatione reposita, pulsanti ostium reseravit. Cum expeditus ab eo rediisset ad arcam, et in pyxide vacua, in qua se dictam hostiam posuisse credebat, non inveniret eamdem, inspecta reliqua, in qua pecuniam posuerat antedictam, eam non utique denariis, sed hostiis, vidit plenam. Amicos igitur stupefactus et trepidus convocavit, et eis revelans per ordinem supradicta, cœpit in eorum præsentia hostias vertere cum festuca, ut illam quam viderat aliquantulum humefactam, cum tradita sibi fuit, ab aliis segregaret, sperans denarios ad naturam redire propriam, hac amota. Quo eam discernere ab aliis non valente, circumstantes magnitudinem divini miraculi advertentes, deliberaverunt ad fidem accedere Christianam. Sed aliis cum Abrahæ pueris exspectantibus, idem N. nobili viro regio marescallo uxorem suam filiosque commendans, et rogans eumdem ut eos omnes faceret baptizari, ad nostram duxit præsentiam accedendum quem post multas collationes super lege ac prophetis habitis cum eodem venerabilis frater noster Tusculanus episcopus diligenter instructum in fide catholica baptizavit. Cum igitur hujusmodi nova plantatio non solum rore doctrinæ riganda sit, sed etiam temporalibus beneficiis nutrienda, ut ei Dominus tribuat incrementum, fraternitati tuæ per apostolica scripta mandamus quatenus ei ac familiæ suæ ad fidem Christianam conversæ taliter facias in vitæ necessariis provideri quod pro defectu temporalium retro aspicere non cogantur vel propter hoc ad sedem apostolicam denuo laborare, inquisiturus super præmisso miraculo plenius veritatem, et cam nobis fideliter rescripturus. Tu denique, frater archiepiscope, super te ipso, etc.

Datum Laterani, VI Idus Junii, pontificatus nostri anno sexto decimo.

LXXXV.
MONACHIS CISTERCIENSIS ORDINIS ET HOSPITALARIIS (114) QUINQUECCLESIENSIS DIŒCESIS.
De immunitate decimarum.
(Laterani, XII Kal. Julii.)

Venerabilis frater noster Quinqueecclesiensis (115) episcopus nobis intimare curavit quod vos extendentes ad lucra turpia manus vestras, multitudinem emitis vinearum, de quibus sibi vel ecclesiis suæ diœcesis decimæ solvi debent; quarum vinum licet nequaquam in usus proprios (116) expendatis, sed vendendum ad alias faciatis provincias deportari, decimas tamen sibi vel ipsis ecclesiis subtrahitis ex eisdem. Cum igitur ex hoc ordini vestro plurimum detrahatur, universitati vestræ per apostolica scripta mandamus quatenus ab iis de cætero taliter desistatis quod materia scandali auferatur, et super hoc de vobis clamor ad nos ulterius non ascendat; scientes vobis esse merito formidandum ne propter clamores hujusmodi sacrum concilium (117), auctore Domino, in proximo celebrandum privilegia vestra coarctanda provideat vel etiam revocanda, cum pri-

---

(114) *Hospitalariis*, de quibus superiori epistola.
(115) *Quinqueecles*. Quinque-Ecclesiensis qui suffraganeus archiepiscopi Strigonensis in Hungaria c. *Bonæ memoriæ* 4, De postulat. prælat. etc. *Cum in juventute*, De præsumpt. etc. 12 De purgat. canon.
(116) *Ad proprios usus*, adde hæc verba c. *Ex parte*, c. *Licet*, c. *Ad audientiam*, De decimis. Nec enim consentaneum esse videtur, ut ordinis Cisterciensis fratres qui privilegio gaudent, etiam de novalibus (quæ ad proprios usus sive suis sive colonorum manibus excoluunt) decimas persolvant nisi jure emphyteuseos alienaverint, ita ut ab his liberati sint majori beneficio Innocentii nostri in hac epistola, cujus contexti et Honorii tertii bullatis litteris (quæ exstant in cœnobio Cisterciensi) diligentius perpensis S. C. decretum fuit die 25 Junii, anno Domini 1604. Abbatem de Firmitate, cujus fit mentio in c. *Licet*, De accusat. liberari a decimis quibus episcopus Cabilonensis vinetum quod habet dictus abbas in vico Gevrineti jure communi subditum proponebat, et alio S. C. abbas Macerarum idem juris obtinuit die 28 Junii 1617, propugnante rectore Ecclesiæ Remigneii.
(117) *Sacrum concilium* Lateranense cujus c. **55** refertur in c. ult. De decimis.

vilegium mereatur amittere qui concessa sibi abutitur libertate (118).

Datum Laterani, xii Kal. Julii pontificatus nostri anno decimo sexto (118).

LXXXVI.
PRÆPOSITO ET CANONICIS SANCTÆ MARIÆ IN VINEIS, JANUENSIBUS.

Confirmat illis parochiam.
(Laterani, xiii Kal. Julii.)

119) Justis petentium, etc., *usque* concurrentes assensu, parochiam quam Ecclesia vestra noscitur obtinere, sicut eam juste ac pacifice possidetis, et in litteris confirmationis bonæ memoriæ H. Januensis archiepiscopi plenius continetur, vobis et per vos Ecclesiæ vestræ auctoritate apostolica confirmamus et præsentis scripti patrocinio communimus. Ad majorem autem evidentiam litteras archiepiscopi memorati huic paginæ nostræ de verbo ad verbum duximus inserendas. « In nomine sanctæ et individuæ Trinitatis Patris et Filii et Spiritus sancti. Amen. Hugo, divina dignatione Januensis archiepiscopus, dilecto in Christo fratri Ottoni præposito Ecclesiæ Sanctæ Mariæ de Vineis et ejusdem ecclesiæ canonicis [dilectis] filiis, benedictionem in perpetuum. Libenter modis omnibus præbemus assensum quoties est vox justa poscentium. Proinde considerata devotione quam erga nos et Ecclesiam Januensem geris, nec non et honorificabilitudinitate (120) Ecclesiæ tuæ, parochiam quam Ecclesia jam dicta in præsentiarum noscitur obtinere, et a quadraginta annis possedit, tibi et successoribus tuis confirmamus et præsentis scripti patrocinio communimus. Decernimus itaque præscriptam parochiam a Balneo Balduini Guercii inferius, a domo Alpanum cum carubio corrigialium ex utraque parte usque ad littus maris, omnes stationes Malocelli, atque domum quondam Petri Capellani, deinde littus maris continue usque ad carubium Sardenarum, et ipsum carubium totum, et inde usque ad domum quondam Embronis, insuper a domo piperum cum domo. Benedicti Larabiæ inferius, populus vero desuper via a domo piperum usque ad domum Donati pictoris de Castelleto, et inde usque ad domum Guillelmi de Litero inferius cum tota domo Ribaldi de Pinasca et eorum qui habitant in insula filiorum de infantibus, cum toto locali et parte Mortedi, et cum vertigine campi Liberi usque ad domum filiorum Donati quondam patris Oliverii septem linguæ, cum eadem. Iterum domum Joannis Loripedis, et ipsum carubium inferius ex utraque parte a domo Guillelmi Sagonen. undique inferius. Præterea a domo quondam Rainaldi Auriæ totum inferius cum eadem domo. Tandem carubium totum de Reflatis a domo Nebularii inferius, et omnes qui habitant infra prædictos fines, parochianos Sanctæ Mariæ de Vineis de cætero firmiter decernimus. Nulli ergo omnino liceat hanc parochiam invadere ac temere perturbare, seu oratorium aliquod infra præscriptam parochiam ædificare. Ut autem cunctis hæc confirmatio liqueat, eam scribi fecimus et nostro sigillo muniri mandavimus, anno millesimo centesimo octogesimo septimo, indictione quinta, viii Kalend. Decembris. Ego Hugo Januensis archiepiscopus subscripsi. » Nulli ergo, etc., *usque* incursurum.

Datum Laterani, xiii Kal. Julii, pontificatus nostri anno sexto decimo.

LXXXVII.
PETRO ILLUSTRI REGI ARAGONENSIUM.

Confirmat privilegium ab Urbano II concessum.
(Laterani, iv Non. Julii.)

In privilegio felicis recordationis Urbani papæ II, prædecessoris nostri de verbo ad verbum perspeximus contineri. « Urbanus episcopus, servus servorum Dei charissimo filio Petro Pampilonensium et Aragonensium regi ejusque successoribus in eadem beati Petri fidelitate permansuris in perpetuum. Cum universis sanctæ Ecclesiæ filiis ex apostolicæ sedis auctoritate ac benevolentia debitores existimus, illis tamen personis quæ familiarius ac devotius Romanæ adhærent Ecclesiæ propensiori nos convenit charitatis studio imminere. Quia igitur bonæ memoriæ patris tui [Sancti, cujus regno temporaliter successisti, fidem quoque ac devotionem erga Romanam Ecclesiam efficaciter sequeris, nos eadem benignitate qua patris tui postulationem implevimus, tuæ quoque petitioni adesse curamus. Te enim tanquam regem beato Petro devotissimum et omne tuum regnum in tutelam sedis apostolicæ speciali dilectione suscipimus. Constituimus ergo auctoritate apostolica sancientes ut omnes tui successores regnum illud de manu nostra nostrorumve successorum accipiant, eumdem censum, quingentorum scilicet mancusorum, rependant, et se beati Petri ministros ac famulos recognoscant. Quapropter nullus deinceps viventium et fidem Christianam tenentium regnum illud temere perturbare, invadere, aut diminuere quolibet occasione præsumat, nec molestiam ullam tibi tuisve successoribus, qui in eadem sedis apostolicæ fidelitate permanserint, inferre audeat, ne Dei et apostolorum ejus indignationem incurrat. Tuam vero personam in beati Petri et nostræ manus tutelam ita omnino suscipimus ut nulli episcoporum, nulli archiepiscoporum, nulli sanctæ Romanæ Ecclesiæ legato liceat sine certo præcepto nostro adversum te vel tuam conjugem excommunicationis aut interdictionis proferre sententiam. Tu igitur, fili in Christo charissime, in ea qua cœpisti devotione persistens, ita regnum sæculare sub cœlestis justitiæ lege coerce, ita semper tuæ et Catholicorum omnium matris Romanæ Ecclesiæ gratiam excole ut et in præsenti, annuente Domino, majora merearis, et in futuro sanctorum apostolorum intercessionibus æterni regni gloriam consequaris.

---

(118) *Libertate,* potestate in c. *Tuarum,* § Verum, De privileg.

(119) Vide infra epist. 169.
(120) F'. *honorificabili dignitate.*

Sane ad indicium hujus perceptæ a Romana Ecclesia libertatis quingentos Jaccensis monetæ mancusos aureos per annos singulos Lateranensi palatio, ut superius dictum est, persolvetis. Hoc igitur nostræ privilegium sanctionis si quis in crastinum agnoscens archiepiscopus aut episcopus, imperator aut rex, princeps, dux vel marchio, comes aut vicecomes, judex aut persona quælibet sæcularis vel ecclesiastica, contra eam temere venire tentaverit, et regni tui bona, quæ in præsenti ex paterna successione, retines, seu quæ in futurum, largiente Domino, juste acquirere poteris, invadere, molestare, vel suis usibus applicare præsumpserit, secundo tertiove commonitus, si non satisfactione congrua emendaverit, a Christi cum et Ecclesiæ corpore auctoritatis apostolicæ potestate segregamus et honoris sui periculo subjacere decernimus. Cunctis autem conservantibus hæc pax a Deo et misericordia præsentibus ac futuris sæculis conservetur. Amen. Datum Placentiæ per manum Joannis, S. R. E. diaconi cardinalis XVII Kal. Aprilis, indictione III, anno Dominicæ Incarnationis millesimo nonagesimo quinto, pontificatus autem domini Urbani II papæ octavo. Cum autem adeo personam tuam dilexerimus et diligamus in Domino charitate sincera quod nostris manibus coronavimus te in regem, tuis petionibus, quantum cum Deo possumus, favorabilem impertientes assensum, prædictum privilegium ratum habemus et præcipimus inviolabiliter observari. Tu ergo, ne inde nascantur injuriæ unde jura nascuntur, talem te circa usum præscripti privilegii studeas exhibere, præsertim circa id quod de interdicti et excommunicationis sententiis est prædictum, ne propter abusum, quod absit! privari ejusdem privilegii beneficio merearis, quia juxta canonicas sanctiones privilegium meretur amittere qui permissa sibi abutitur potestate. Nulli ergo, etc., præceptionis, etc., *usque incursurum.*

Datum Laterani, IV Nonas Julii, pontificatus nostri anno sexto decimo.

LXXXVIII.
EPISCOPO CAMERACENSI.
Dispensat super defectu natalium.
(Signiæ, V Idus Julii.)

Cum Nicolaum diaconum latorem præsentium per abbatem et conventum Lexiensem ad ecclesiam Sanctæ Mariæ de Brafe et Bavegnies præsentatum tuus nollet officialis admittere pro eo quod filius fuerat sacerdotis, idem diaconus ad misericordiam sedis apostolicæ convolans, supplicationibus et lacrymis institit ut ei multa inopia laboranti, ne ipsum ad sæcularia divertere negotia instigante paupertate contingat, ad obtinendum beneficium aditum dignaremur per dispensationis gratiam aperire. Licet autem ad tales peccata parentum promotionis impedimenta transmittant, eo quod propagatio criminis in tali prole timetur, dum vitiati ramusculi de vitiosa radice procedunt, quia tamen aliquando ex sic genitis aliqui virtute propria redimunt quod de natalibus parentum vitio perdiderunt, quandoque in eis apostolica sedes de plenitudine potestatis notam originis abolet quam intulere parentes. Cum igitur præfato diacono, sicut per litteras dicti officialis accepimus, non desint suffragia bonæ vitæ, fraternitati tuæ per apostolica scripta mandamus quatenus eidem diacono, si non est paternæ incontinentiæ imitator, et bona sibi merita suffragantur, dummodo aliud canonicum non obsistat, auctoritate nostra Ecclesiam supradictam dispensative concedas. Tu denique, frater episcope, etc.

Datum Signiæ, V Idus Julii, pontificatus nostri anno decimo sexto.

LXXXIX.
STEPHANO CANTUARIENSI ARCHIEPISCOPO S. R. E. CARDINALI.
De legatione episcopi Tusculani.
(Signiæ, Idibus Julii.)

(121) Quarto decimo die Julii litteras tuas recepimus eorum quæ gesta sunt seriem usque ad missionem earum plenarie continentes. Illud autem pro certo noveris esse verum quod dilectus filius Pandulphus subdiaconus et familiaris noster super absolutione regia tibi suggessit, in tantum etiam quod antequam nobis de transitu ejus in Angliam constitisset, tibi et ipsi litteras nostras per proprium nuntium destinavimus, quas ad vos jam credimus pervenisse, mandantes ut ambo vel alter vestrum de assensu reliqui, propter instantem necessitatem quæ tunc videbatur urgere, ad absolutionem procederetis personæ regiæ, si videretis negotio expedire. Cæterum, antequam ad nos tuæ litteræ pervenissent, receptis nuntiis et litteris regiis, nos memores verbi tui et coepiscoporum tuorum, venerabilem fratrem nostrum Tusculanum episcopum legatum in Angliam, duximus destinandum: qui jam a præsentia nostra recesserat, accepta licentia procedendi. Tu ergo de reliquo, sicut vir providus et fidelis, agere studeas quæ ad salutem et pacem regis et regni videris pertinere, cum honore ac utilitate apostolicæ sedis et Ecclesiæ Anglicanæ, significaturus nobis de singulis quam cito poteris plenarie veritatem, ut ea cognita, si quid viderimus addendum, addamus. Tu denique, frater archiepiscope, super te ipso, etc.

Datum Signiæ, Idibus Julii, pontificatus nostri anno sexto decimo.

XC.
PATRIARCHÆ HIEROSOLYMITANO APOSTOLICÆ SEDIS LEGATO.
Ne quid exigatur pro religionis ingressu.
(Signiæ, VIII Kal. Augusti.)

Vitium pravitatis in Giezi lepræ morbo et in Si-

---
(121) Vide supra epist. 79 et seqq.

mone Mago perditione damnatum in regularibus transire non debet inultum; quoniam eo damnabilius ab illis committitur quo periculosius tales cadunt sibi per meritum et aliis per exemplum. Licet autem contra pestem istam mortiferam diversis temporibus a praedecessoribus nostris diversa prodierint instituta, nondum tamen usque adeo mortificari potuit quin etiam in terra quae funiculus est haereditatis Dominicae multos infecerit et effecerit sic habitus religiosi participes quod sanctae religionis expertes (122). Ipsam quoque domum militiae Templi, ad quam oculi respiciunt plurimorum, quosdam intelleximus Simoniace introisse, simplicitate tamen potius quam malitia, prout ex litteris tuae fraternitatis accepimus, simplicitate occasionem praestante delicto. Ad excludendum igitur talis simplicitatis periculum, fraternitati tuae per apostolica scripta mandamus quatenus magistro et fratribus militiae Templi ex parte nostra districte prohibeas et ab eis facias per omnes domos sui ordinis firmiter inhiberi ne pro alicujus receptione aliquid exigatur, nec etiam sub praetextu subventionis ad exactionem procedatur hujusmodi, cum superficies nominis reatum criminis non immutet. Si quis autem de caetero quemquam taliter admiserit ad ordinem supradictum, utque tam admittens videlicet quam admissus puniatur in quo deliquit, ab eo sine spe restitutionis perpetuo expellatur, ad alium districtioris regulae ordinem transferendus, in quo tam exsecrabilis culpae reatum poenitentia condigna deploret. Cum his autem qui hactenus simplicitate peccarunt, si urgens necessitas aut evidens utilitas postularit, mitius agere poteris, prout tuae discretionis prudentia viderit expedire. De illis autem fratribus qui deputati usui militari secreta confessione fatentur se in subdiaconatus ordine constitutos, consultationi tuae sic duximus respondendum, quod nisi de hoc legitima probatione constiterit, propter confessionem hujusmodi non est illis injungendum in publico ut ab usu militiae debeant abstinere : quod si legitimis id probaverint documentis nisi effusione sanguinis impedimentum irregularitatis incurrerint, aut aliud obviet de canonicis institutis, juxta ordines suos in habitu clericali, quod si forsan irregulares exstiterint, nihilominus juxta quod possunt servitiis domus insistant; ne si ob hoc pateret talibus exitus, aliis egrediendi occasio praestaretur.

Datum Signiae, viii Kal. Augusti, pontificatus nostri anno sexto decimo.

XCI.

NOBILI VIRO PETRO ZIANI, DUCI VENETORUM.
Respondet ad varia ejus postulata.
(Signiae, iv Non. Augusti.)

Venientem ad apostolicam sedem dilectum filium M. Jacobi nuntium tuum, virum utique providum et fidelem, ac de circumspectione sollicita et sollicitudine circumspecta merito commendandum, benignitate recepimus consueta, eique audientiam tribuimus facilem et benignam. Inter caetera vero quae idem M. in nostra et fratrum nostrorum praesentia ex parte tua proposuit fideliter et prudenter, asseruit quod tu litteras apostolicas nuper tibi et populo Venetorum pro exhortatione subsidii terrae sanctae directas recepisti prompta et hilari voluntate, sperans et concepta fiducia de divina miseratione promittens terram eamdem a te populoque praedicto tantum in personis et rebus auxilium habituram ut ex maritimis civitatibus universis nulla prorsus majorem in hoc negotio sit exhibitura Domino famulatum; quippe cum tu ipse proposueris tollere crucem tuam ac tuum sequi, ut ejus comproberis esse discipulus, Redemptorem. Quod quidem tanto ampliori gaudio nos replevit quanto inter omnia desiderabilia cordis nostri specialius affectamus ut terra eadem ab impiorum manibus, si desuper datum fuerit, liberetur, ut restituatur populo Christiano ad divini nominis gloriam et honorem. Tuae igitur devotionis fervorem dignis in Domino laudibus commendantes, nobilitatem tuam monemus attentius et hortamur quatenus in hoc sancto proposito perseverans, ad Crucifixi obsequium te accingas viriliter et potenter, navigium et alia necessaria ea cura et studio faciens praeparari ut cum tempus advenerit opportunum, affectum quem tibi Dominus inspiravit valeas ipso prosequente perducere in effectum. Super eo autem nequivimus non mirari quod cum per Dei gratiam et sapientia vigeas, et circa te copiam habeas sapientum, electionem (123) de dilecto filio L. Sancti Pauli plebano in Constantinopolitana Ecclesia celebratam confirmari simpliciter postulasti, cum scias causam super hoc anno praeterito fuisse in auditorio nostro praesentibus procuratoribus partium diutius ventilatam, nosque ad ejus decisionem procedere non valentes, pro eo quod super propositis coram nobis de studiis eligentium et meritis electorum non potuit fieri plena fides, eam sub certa forma de consensu partium commisisse, non parvam, si bene consideres, ut hoc tibi gratiam facientes quod illum cui causam eamdem commisimus, per Venetias ad tuam et partis quam foves instantiam curavimus destinare (124). Quantam autem idem sine culpa sua traxerit ibi moram, magnitudinis tuae discretio non ignorat : quem si per partes alias, prout petebat pars altera, misissemus, jam forte ad consummationem negotium pervenisset, quod non absque grandi et gravi dispendio est dilatum. Quoniam igitur preces tuas in hac parte nec decuit nec licuit exaudiri, per legatum, aut etiam per delegatum, si forte legati transitum nimis differri contingeret, juxta formam in litteris nostrae commissionis expressam in proximo, Deo dante, idem expediri negotium faciemus. Super renovatione vero

(122) Vide cap. *Dilectus*, De Simon.
(123) Vide lib. xv, epist. 156

(124) Vide infra epist. 112.

privilegii Gradensis Ecclesiæ, confirmatione abbatis in monasterio Sancti Hilarii per delegatos a nobis judices instituta, et electi Jadertinensis negotio precibus tuis benignius annuentes, ecce, dilectis filiis fratri Jordano de Padua et fratri Hugolino quondam priori Sancti Joannis in Monte nostris dedimus litteris in mandatis ut a te tuisque civibus juratoriam recipiant cautionem quod super excessibus contra Jadertinam civitatem commissis mandatis nostris curabitis obedire: (125) quod cum fuerit humiliter adimpletum, nos ipsi electo pallium transmittemus, quod propter dictos excessus hactenus sibi distulimus destinare; habentes in firmo proposito petitiones tuas in iis et aliis, quantum cum Deo et honestate poterimus, exaudire, illa præcipue ratione quod intelleximus te virum esse catholicum et zelatorem fidei Christianæ ac honestatis ecclesiasticæ amatorem. Tu ergo te talem studeas exhibere, semper de bono in melius et de virtute proficiens in virtutem, quod de die in diem magis ac magis divinam et apostolicam gratiam assequi merearis.

Datum Signiæ, iv Non. Augusti, pontificatus nostri anno sexto decimo.

XCII.
PATRACENSI ARCHIEPISCOPO.
Scribit pro episcopo Cefalonensi.
(Signiæ, Non. Augusti.)

Exhibita nobis ex parte venerabilis fratris nostri Kefalonensis episcopi petitio continebat quod cum Kefalonensis Ecclesia ad apostolicam sedem immediate spectaverit ab antiquo, et distet per septem dietas, duobus archiepiscopatibus mediis, a Corintho, venerabilis frater noster Corinthiensis archiepiscopus per quasdam litteras ad te contra Cefalonensem Ecclesiam super impendenda obedientia impetratas ipsum indebita molestatione fatigat. Quocirca fraternitati tuæ per apostolica scripta mandamus quatenus, inquisita et cognita veritate, non permittas eumdem super hoc indebite molestari. Tu denique, frater archiepiscope, super te ipso, etc.

Datum Signiæ, Nonis Augusti, pontificatus nostri anno sexto decimo,

XCIII.
GEBENNENSI ELECTO.
De voto reddendo.
(Signiæ, vi Idus Augusti.)

Per tuas nobis litteras intimasti quod cum in Gratianopolitana Ecclesia suscipiendi habitum regularem votum solemniter emisisses, et postmodum promisisses in manibus episcopi ejusdem Ecclesiæ te infra duos menses postquam apostolica sede rediisses, ad quam eo tempore accedebas, votum quod emiseras impleturum, ac termino ipso transacto non curasses quod voveras adimplere, tandem existens in voti transgressione hujusmodi, vocatus fuisti ad regimen Ecclesiæ Gebennensis. Super quo a nobis tuæ saluti postulas provideri. Nos igitur discretioni tuæ breviter respondendo consulimus quatenus si tuam omnino sanare desideras conscientiam, regimen resignes Ecclesiæ memoratæ, ac reddas altissimo vota tua, in hoc tibi gratiam facientes, quod si capitulum ejusdem Gebennensis Ecclesiæ te postmodum canonice duxerit eligendum, concedimus ut electionem recipias taliter de te factam.

Datum Signiæ, vi Idus Augusti, pontificatus nostri anno sexto decimo.

XCIV.
EPISCOPO NARNIENSI.
Non valere sententias latas a judicibus excommunicatis.
(Signiæ, Non. Augusti.)

(126) Cum excommunicatis communicari non debeat, et personam in judicio standi non habeant ii qui vinculo sunt excommunicationis astricti, fraternitati tuæ per apostolica scripta mandamus quatenus constitutiones et sententias Narniensium judicum, quos sententia excommunicationis involvit, auctoritate nostra decernas irritas et inanes. Tu denique, frater episcope, super te ipso, etc.

Datum Signiæ, Non. Augusti, pontificatus nostri anno sexto decimo.

XCV.
POTESTATI ET POPULO VITERBIENSIBUS.
Confirmat eis quamdam immunitatem.
(Signiæ, xii Kal. Septembris.)

Memores devotionis et fidei quam erga personam nostram et Ecclesiam Romanam habetis, mandatum quod dilectus filius Stephanus basilicæ Duodecim Apostolorum presbyter cardinalis camerarius noster super immunitate vendendi et emendi apud Cornetum pro vobis edidit, quatenus res hujusmodi ad nos spectat, ratum habemus et gratum; ita quod cum ad nos totaliter pertinere claruerit, immunitate ipsa totaliter gaudeatis. Quod si forte in aliqua parte ad Cornetanos pertineat, quia iidem omnimodis contradicunt, justitiam offerentes, ne alienum injuste concedere videamur, exhiberi vobis exinde faciemus quod ordo dictaverit rationis. Tales igitur vos exhibere curetis quod divinam et apostolicam gratiam ulterius mereamini, dilecto filio nobili viro Jacobo consobrino et mareschalco nostro, rectori patrimonii beati Petri in Tuscia, efficaciter intendendo in iis quæ ad honorem et profectum Ecclesiæ Romanæ pertinere noscuntur, scientes pro certo quod multa per gratiam, per violentiam vero nihil apud nos poteritis obtinere.

Datum Signiæ, xii Kal. Septembris, pontificatus nostri anno sexto decimo.

---

(125) Vide Gesta Innoc. III, cap. 86 et seqq.

(126) Vide infra epist. 115.

XCVI.
ARCHIPRESBYTERO ET CLERICIS ECCLESIÆ SANCTÆ CÆ-CILIÆ TRANSTIBERINÆ.
Eos absolvit a petitione quadam pecuniaria.
(Signiæ, x Kal. Septembris.)

Coram dilecto filio nostro Petro Sanctæ Mariæ in Aquiro diacono cardinale, quem Romano Barunci et P. œconomo Ecclesiæ vestræ concessimus auditorem, idem Romanus ab ipso œconomo petiit triginta tres libras ex nonaginta quinque libris quas sibi dudum ad certum terminum solvere promisistis: quæ videlicet nonaginta quinque libræ a vobis debebantur eidem pro locatione quarumdam possessionum ab ipso Ecclesiæ vestræ facta. Œconomus vero proposuit ex adverso quod cum dictus Romanus quoddam tenimentum terrarum pro trecentis triginta libris provenientium Ecclesiæ vestræ in perpetuum locavisset, centum quadraginta quinque libras ipsi Romano et triginta octo Petro Monaldi, cui quamdam pedicam terræ de ipso tenimento prædictus R. obligaverat, persolvistis: quibus etiam idem R. in instrumento locationis mandavit ut Joanni Oddonis decem et septem et Joanni Leonis triginta quinque libras proveniensium solveretis, quibus tenimentum reliquum obligaverat. Præterea nonaginta quinque libras prædicto R. usque ad duos annos et duos menses solvere promisistis per publicum instrumentum, ab ipso eodem tempore obligatione recepta quod totum tenimentum quod vobis et Ecclesiæ vestræ locaverat, usque ad duos annos recolligeret et scaloniaret, ac deliberaret a Joanne Leonis et Joanne Oddonis atque ab omni persona sine vestro et Ecclesiæ vestræ gravamine vel expensis; adjecto quod si terram illam quæ a Joanne Oddonis fuerat obligata, eodem anno liberam et absolutam sine aliquo gravamine vestro nequaquam vobis deliberaret, ipse redditus quos ex ea deliberetis percipere vobis daret; alioquin ipsos redditus et expensas de pecunia ipsius R. quæ penes vos eidem solvenda remanserat, vobis de suo mandato liceret auctoritate propria retinere. Porro cum præfato termino idem R. quod vobis promiserat non implesset requisitus a vobis, sicut dictus œconomus asserebat, recursum habuistis ad B. tunc temporis senatorem; qui dicto R. et Joanne Leonis ac præfato œconomo ad suam præsentiam convocatis, a Petro Malpilii et Nicolao Tullii judicibus palatinis, quibus specialiter cognitionem ejusdem causæ commisit, et coram quibus a sæpedicto R. confessiones factæ fuerunt, ante alia consilium tale recepit, ut videlicet vobis liberam et absolutam concederet potestatem luendi et recolligendi terras Joanni Leonis et Joanni Oddonis seu personis aliis a prædicto R. pignori obligatas, de illis denariis qui de mercede locationis factæ ab eodem R. Ecclesiæ memoratæ remanserant apud illam, et ut liceret vobis de denariis ipsis retinere atque deducere damna omnia et expensas factas et faciendas earumdem occasione terrarum, nec non æstimationem quindecim rublorum frumenti, quæ a tempore factæ locationis de pignore Joannis Oddonis percipere debuistis, et ut idem senator cogeret Joannem Leonis et alios creditores ut recepta pecunia et omnibus quæ pro ipsis pignoribus a dicto R. debebantur eisdem, pignora ipsa vobis libere ac quiete dimitterent, et vobis nihilominus restituerent prædictorum pignorum instrumenta.

Demum primo P. Malpilii, Oddone de Insula, N. Tullii, N. Joannis Bonifacii, ac Joanne Betti, et secundo eodem O. Andrea de Bulgaminis, et dictis N. Joannis Bonifacii et Joanne Betti, ac tertio P. Stephano Ciceronis et prædictis O. et N. Joannis Bonifacii et Joanne Betti dictum consilium postmodum confirmantibus, quidam ex ipsis illud fuerunt plenius prosecuti, adjicientes videlicet ut senator Joannem Leonis juxta consuetudinem senatus cogeret reddere ac restituere vobis totum illud tenimentum terrarum positum in Turricli, in loco qui dicitur Vallis Longari, quod per Joannem de Cerracela quondam socerum suum et hæredes ipsius titulo pignoris detinebat, cui Joanni de Cerracela tenimentum ipsum ab eodem Romano fuerat obligatum, et clericos ipsos compelleret eidem Joanni solvere triginta quinque libras Proveniensium veterum vel denarios senatus summam æquivalentes eamdem, et usuras duorum denariorum omni mense pro libra a secundo anno pontificatus felicis memoriæ Lucii papæ III prædecessoris nostri usque ad diem solutionis implendæ, pro duabus videlicet partibus quinque partium totius pecuniæ mutuatæ. Quia cum tenimentum ad viginti modia terræ a Romano fuerit obligatum, facta consideratione a prædictis O. de Insula, P. Malpilii, N. Tullii, N. Joannis Bonifacii, et Joanne Betti, tanta modaitio reperta non fuit propter quod usura pro prædictis duabus partibus debebatur, et etiam quod tam ipse quam successores ipsius prohiberent dictum Romanum et ejus hæredes ac omnes alias personas submissas vel submittendas ab ipsis nihil repetere contra ipsam Ecclesiam de omnibus denariis qui pro recolligendis terris prædictis soluti fuerant ab eadem, et de retentis ab ea pro expensis et æstimationibus fructuum quos de pignore Joannis Oddonis a tempore locationis factæ percipere debuistis.

Unde cum vos tam ratione mandati ab R. sæpedicto recepti, et quia ad repignorandum et liberandum possessiones prædictas ab eodem R. vobis cessæ fuerant actiones, prout in instrumento locationis plenius reperitur, quam etiam per consilia sapientum sæpius confirmata, a quorum ultimo idem R. se non asseruit appellasse, de centum octoginta quinque libris quæ penes vos de supradicta locationis mercede remanserant, centum quinquaginta duas libras creditoribus solveritis supradictis, sicut in instrumentis publicis continetur, et decem et octo libras vobis retinueritis, tam pro quibusdam expensis factis de conscientia judicum prædictorum, prout scriptum eorum indicat evidenter, quam pro damnis et expensis aliis quas ex partium confessione constitit vos subiisse, ac quantitatem residuam post computationem ab ipso cardinale exactissime factam eidem cardinali ad opus sæpedicti R. curaveritis assignare, idem œconomus ab impetitione præfati R. Ecclesiam vestram postulavit absolvi.

Cum igitur super præmissis coram cardinale jamdicto lite contestata legitime, ac præstito calumniæ juramento, fuisset a partibus diutius litigatum, et idem auditis earum confessionibus, et inspectis publicis instrumentis, ac consiliis hinc inde exhibitis, nec non rationibus et allegationibus plenius intellectis, nobis quæ super iis invenerat fideliter retulisset, nos, habito cum fratribus nostris consilio diligenti, Ecclesiam vestram ab impetitione prædicti Romani sententialiter absolvimus, justitia exigente, injuncto vobis ut vel pro usuris quas Joanni Leonis præfati R. creditori solvistis, eidem R. satisfactionem congruam impendatis, vel ad repetendas easdem dicto R. contra ipsum Joannem Leonis, quas habetis, curetis cedere actiones. Nulli ergo, etc., diffinitionis, etc., *usque* incursurum.

Datum Signiæ, x Kal. Septemb, pontificatus nostri anno sexto decimo.

XCVII.

EPISCOPO, ARCHIDIACONO, ET CANTORI DAVALIENSIBUS.

De electione episcopi Nazarocensis.

(Signiæ, ix Kal. Septembris.)

(127) Dilecti filii decanus et cantor Nazarocensis ecclesiæ suis nobis litteris intimarunt quod cum olim curam ejusdem ecclesiæ Sidoniensi episcopo duxerimus committendam, idem Ecclesiam ipsam frumento, animalibus, possessionibus et rebus aliis spoliare præsumens, et muris obstrui faciens portas ejus, eam in usum cellarii, reverentia divini cultus posthabita, redigere non expavit, præfatis decano, cantore, aliisque fratribus ejectis penitus ab eadem. Cumque propter hæc et alia nonnulla gravamina nostram audientiam appellassent, ipse appellationi nequaquam deferens eorumdem, quinimo in apostolicæ sedis injuriam et contemptum eos durius aggravans et affligens, tantæ persecutionis sævitiam exercuit in eosdem quod in præfata ecclesia nisi unus ex præfatis canonicis non remansit. Ideoque discretioni vestræ per apostolica scripta mandamus quatenus, si est ita, præfatum episcopum, ut ea quæ abstulit ecclesiæ memoratæ restituat universa, per censuram ecclesiasticam appellatione postposita compellentes, ecclesiæ sæpedictæ capitulo eligendi sibi personam idoneam canonice in pastorem tribuatis auctoritate nostra liberam facultatem. Testes autem qui fuerint, etc., *usque* perhibere. Quod si non omnes, etc., tu, frater episcope, etc.

Datum Signiæ, ix Kal. Septembris, pontificatus nostri anno decimo sexto.

(127) Vide lib. xv, epist. 54.
(128) Vide lib. xv, epist. 75.

XCVIII.

EPISCOPO AMYCLENSI, ELECTO KERNICENSI, ET PRIORI PATRACENSI.

De retractanda sententia interdicti.

(Signiæ, vii Kal. Septembris.)

(128) Venerabilis frater noster archiepiscopus Patracensis pro se ac venerabilibus fratribus nostris Philippensi, Sarrensi, Thessalonicensi, Neupatrensi, Thebano, Atheniensi et Corinthiensi archiepiscopis, ac suffraganeis eorumdem in nostra proposuit præsentia constitutus quod cum præfato Thessalonicensi archiepiscopo et Sidoniensi et Cardicensi episcopis nostris dedissemus litteris in mandatis ut nobilem virum Gaufridum de Villa Arduini Achaiæ principem aliosque abbatiarum, ecclesiarum, papatuum, decimarum et possessionum ad eorum Ecclesias pertinentium illicitos detentores per censuram ecclesiasticam ad restitutionem compellerent eorumdem, dicti principes et alii citati legitime ab eisdem in eorum noluerunt præsentia comparere. Propter quod judices ipsi excommunicationis in eos et in terram eorum interdicti sententias protulerunt, quas idem archiepiscopus apostolico petiit munimine roborari, adjiciens nihilominus conquerendo quod per dictum principem et homines suos sede propria et castro et dimossario Patracensi, possessionibus et fructibus earum, et rebus aliis contra justitiam fuerat spoliatus, et quod tam idem princeps quam nobilis vir Oddo de Roca dominus Athenarum jura ecclesiarum suarum graviter perturbantes, ea quæ donantur, venduntur, vel legantur eisdem, ab ipsis possideri pacifice non permittunt. Ex adverso autem dilecti filii W. decanus Mothonensis, magister I. de Borbonio, et W. de Bitis miles procuratores principis et nobilium prædictorum ac omnium Latinorum sub illorum dominio consistentium respondentes confessi fuerunt judices quidem antedictas sententias protulisse, sed asseruerunt quod ante tempus infra quod earum fuit suspensus effectus, cum fuerint sub conditione prolatæ, ab eis ex legitimis causis exstitit appellatum; videlicet quia judices ipsi dicto principi et parti suæ suspecti merito videbantur, cum eamdem haberent penitus quæstionem, et quia nostrarum copiam litterarum nequiverint ullatenus obtinere, licet eas cum instantia postularent, nec in eorum transcripto, quod solum fuit eis exhibitum, de compositione (129) quæ super præmissis inter ipsos et præfatum archiepiscopum intercesserat aliqua mentio habebatur. Unde procuratores ipsi humiliter postularunt ut cum propter causas prædictas merito fuerit appellatum, sententias ipsas decerneremus irritas et inanes. Ad ea vero quæ præfatus archiepiscopus super propria spoliatione proposuit responderunt quod ipsum nequaquam spoliatum credebant, sed si de ipsius spoliatione constaret, quod

(129) Vide appendicem hujus libri.

ei debita fieret restitutio promiserunt. Cumque ipse archiepiscopus fateretur contra jam dictas fuisse sententias provocatum, sed provocationem ipsam negaret ex causis propositis factam esse, ac procuratores prædicti per duos ex ipsis et archidiaconus Argolicensis, qui procurator non erat, se id in præsentia nostra dicerent probaturos, et propter hoc etiam parati essent obligare omnia bona sua, nos, licet per hoc ad decisionem negotii legitime procedere non possumus, cum iidem in una eademque causa de jure non possent esse procuratores et testes, ad cautelam tamen ipsorum juramentis receptis, de fratrum nostrorum consilio sic duximus providendum, ut videlicet dicti nobiles corporaliter exhibeant juramentum quod parebunt præcise mandatis quæ ipsis per litteras aut legatum vel delegatum nostrum super hoc duximus facienda, et tunc relaxatæ denuntientur sententiæ supradictæ, cognitione negotii principalis et aliorum quæ idem archiepiscopus proposuit coram nobis, legato quem ad partes illas de latere nostro destinare proponimus reservata. Ideoque discretioni vestræ per apostolica scripta mandamus quatenus recepto a præfatis nobilibus secundum formam expressam superius juramento sententias ipsas denuntietis auctoritate apostolica relaxatas, et si præscriptæ appellationis causæ coram ipso fuerint probatæ legato, nihil eis occasione dictarum sententiarum injungatur, sub debito præstiti juramenti. Quod si non omnes, etc., duo vestrum, etc. Vos denique, frater episcope et fili electe, super vobis ipsis, etc.

Datum Signiæ, vii Kal. Septembris, pontificatus nostri anno sexto decimo.

XCIX.

ABBATI ET CONVENTUI DE VALLE SANCTI PETRI CISTERCIENSIS ORDINIS.

Committitur ei exsecutio cujusdam sententiæ.

(Signiæ, ix Kal. Septembris.)

Justis petentium desideriis, etc., *usque* assensu, diffinitivam sententiam quam pro vobis major decanus Coloniensis et conjudices ejus contra nobilem virum Arnoldum de Hukenswage (130) super allodio in Cassele rationabiliter promulgarunt sicut est justa nec legitima provocatione suspensa, auctoritate apostolica confirmamus et præsentis scripti patrocinio communimus. Nulli ergo, etc., confirmationis, etc., *usque* incursurum.

Datum Signiæ, ix Kal. Septembris, pontificatus nostri anno sexto decimo.

C.

ABBATI ET CONVENTUI DE ALBA CISTERCIENSIS ORDINIS.

Confirmantur eis quædam possessiones.

(Signiæ, ix Kal. Septembris.)

Solet annuere sedes apostolica, etc., *usque* as-

(130) Col. Colbert. *Hubbeſwage.*

sensu, possessiones de Ottefvuilre, de Rastede, de Winkil, de Hart, de Malse, de Lindehart, de Schivenhart, de Brecheim, de Terdingen, de Bernardesvuilre, de Diethenhusen, de Delenbrunnnen et pe Mosebruunne, ac alia bona vestra, sicut ea omnia juste ac pacifice possidetis, vobis et per vos monasterio vestro auctoritate apostolica confirmamus et præsentis scripti patrocinio communimus. Nulli ergo, etc., confirmationis, etc., *usque*, incursurum.

Datum Signiæ, ix Kal. Septembris, pontificatus nostri anno sexto decimo.

CI.

PRÆPOSITO FERRARIENSI.

Eum admonet sui officii.

(Signiæ, vii Kal. Septembris.)

(151) Cum tibi curam et administrationem massæ de Ficarolo duxerimus committendam, mandantes ut proventus ejus recipiens, ad opus nostrum reservares eosdem, miramur quod nihil nobis super hoc rescribere curavisti. Quocirca per apostolica tibi scripta præcipiendo mandamus quatenus quidquid super hoc feceris nobis quantocius scribere non omittas, et loci prædicti curam et administrationem habeas diligentem ; contradictores aut detentores, si qui fuerint, per censuram ecclesiasticam appellatione remota compescens.

Datum Signiæ, vii Kal. Septembris, pontificatus nostri anno sexto decimo.

CII.

NOBILI VIRO MARCHIONI ESTENSI.

De marchia Anconitana revocanda.

(Signiæ, v Kal. Septembris.)

Inter alias rationes eas consideratione potissimum claræ memoriæ patri tuo Anconitanam marchiam in feudum duximus concedendam, quia promiserat nobis quod eam valida manu ingrediens, ipsam ad Ecclesiæ Romanæ dominium revocaret. Sperantes autem te in eodem negotio processurum, sicut tuis nobis litteris intimasti, super hoc litteras tibi transmisimus quales vidimus expedire. Verum cum in hoc nondum processeris, et de levi, maxime temporibus istis, marchiam ipsam ad dominium nostrum revocare possimus, nobilitati tuæ per apostolica scripta mandamus quatenus in negotio ipso procedas. Alioquin, ne diutius Ecclesia spoliata remaneat, nos procedemus in ipso sicut videbimus expedire.

Datum Signiæ, v Kal. Septembris, pontificatus nostri anno sexto decimo.

CIII.

ARCHIEPISCOPO, JUDICIBUS ET CONSULIBUS BENEVENTANIS

De negotio Thomasii de Aquino.

(Signiæ, iii Kal. Septembris.)

Licet nobilis vir Thomasius de Aquino cum sociis suis de mandato nostro captus non fuerit, volentes

(131) Vide infra epist. 143.

tamen indemnitati vestræ paternæ sollicitudine præcavere, sæpe vobis super hoc scripta nostra direximus, qualia pro tempore novimus expedire. Ipse vero, etsi quoddam modicum castrum germani nostri, quod dicitur Broccus, injuste detineat contra regiam jussionem, unde gratum nobis existeret si per vos ad illud reddendum posset induci, ut non vestrum solummodo commodum, sed etiam nostrum procuraretis honorem, liberationem tamen ipsius, qui propter hanc causam captus non fuit, nolumus impedire; sed vobis utique credimus profuturum si nobis curaveritis in hac parte deferre, ut nos propensius ad vestrum inducatis profectum, etiamsi conditionem ipsius oporteret vos propter hoc in aliquo facere meliorem, cum per divinæ miserationis auxilium potentes simus vobis in majoribus respondere. Vos ergo, intellecto beneplacito nostro, tanquam viri providi et fideles, agatis quod utile fuerit et honestum, necessariam adhibentes cautelam ne circumveniri possitis; quia quantum vobis valeat compositio inter vos et illum tractata sine nostro favore prodesse, vestra, sicut credimus, discretio non ignorat.

Datum Signiæ, III Kal. Septembris, pontificatus nostri anno sexto decimo.

CIV.
ILLUSTRI CONSTANTINOPOLITANO IMPERATORI.
Ei commendat legatum.
(Signiæ, III Kal. Septembris.)

Ipse summus angularis lapis Jesus Christus, in quo omnis ædificatio constructa crescit in templum sanctum in Domino, Ecclesiæ fundamentum et fundator existens, inter cætera quibus salutaria providit remedia populo Christiano ad consolidandam fidei unitatem, ut et unus pastor esset et unum ovile, sedem apostolicam totius Christianitatis caput instituit et magistram: a qua sicut unguentum in capite, quod descendit in barbam Aaron, et ad oram etiam vestimenti, panis intellectus et vitæ ad alias procedat Ecclesias, cum doctrina fidei et aqua sapientiæ salutaris. Sane pastor ipsius et rector, cum ab eo plus Dominus exigat cui plura committit, ut in talento sibi credito negotietur utiliter, portat onera gravia cum plenitudine potestatis, sic in uno loco personaliter residens quod propter eventus plures et varios in spiritu per plura diffunditur et trahitur ad remota; quantoque magis potestas extenditur, tanto majori sollicitudine occupatur. Verum ne inter curas continuas et prægrandes pro defectu imperfectionis humanæ deficeret, si solus consumendus inani labore ad suam sollicitudinem omnia revocaret, attendens quod messi multæ operarius unus non sufficit, multos sibi operarios et coadjutores adjungit, ac per eos exsequitur quod per se non potest personaliter adimplere. Porro expedit ut cum fratribus onera partiatur, sic vices suas aliis committendo ut intelligatur ipsomet facere quod per alios fieri decernit, illius instructus exemplo qui discipulos suos in universum mundum ad prædicandum direxit. Cum igitur non solum necessitas Ecclesiæ, sed etiam utilitas Constantinopolitani imperii postularit illuc a latere nostro destinari legatum, nos ad exaltationem et commodum Ecclesiæ pariter et imperii, nec non personæ tuæ specialiter intendentes, ut in missi persona mittentis notetur affectus, illum ad partes ipsas duximus destinandum quem inter fratres nostros speciali diligimus charitate, videlicet venerabilem fratrem nostrum Pelagium episcopum Albanensem, virum litteratum, providum et honestum, nobis et fratribus nostris charum admodum et acceptum. Ipsum igitur magnum Ecclesiæ Dei membrum, imo personam nostram in ipso, benigne recipias et honeste pertractes: cui nos vices nostras commisimus, ut juxta verbum propheticum evellat et destruat, ædificet et plantet quæ secundum Deum evellenda et destruenda, nec non ædificanda cognoverit et plantanda. Ipsius itaque salubribus monitis et consiliis reverenter intendas, de cujus circumspectione provida et providentia circumspecta plenam fiduciam obtinemus quoniam, dirigente Domino, gressus ejus sic via regia curabit incedere quod non declinabit ab dexteram vel sinistram.

Datum Signiæ, III Kal. Septembris, pontificatus nostri anno sexto decimo.

In eumdem fere modum nobilibus viris comitibus, baronibus et universis Christi fidelibus sub Constantinopolitano imperio constitutis, verbis competenter mutatis.

CV.
UNIVERSIS ARCHIEPISCOPIS, ET EPISCOPIS, ABBATIBUS, PRIORIBUS, ET ALIIS ECCLESIARUM PRÆLATIS PER CONSTANTINOPOLITANUM IMPERIUM CONSTITUTIS.
Super eodem.
(Signiæ, III Kal. Septembris).

Inconsutilis Domini tunica uni cessit in sortem, ut in ipsus Ecclesia servaretur unitas illibata. Ad conservandum autem in ea mysterium unitatis, unum eidem, beatum Petrum videlicet, Dominus caput instituit et magistrum, cui oves Christi, dicente Domino: *Pasce oves meas (Joan. xxi)*, sunt sine distinctione commissæ, alienis ab ovili Dominico reputatis qui Petrum in suis successoribus non agnoscunt esse pastorem. Ab hac unitate Græcorum Ecclesia quondam divertens, et Petri magisterio se subducens, exivit ovile Dominicum, post gregem sodalium evagando; et sic quæ primo sanis affluebat doctrinis et pene magistra vocari poterat propter tempus, errorum postmodum circumfusa caligine, cœpit plurimum indigere, rursus divini eloquii rudimenta mendicans. Sane Patre luminum, a quo est omne datum optimum et omne donum perfectum, ipsam misericorditer illustrante, ad Petri magisterium, unitatem et devotionem videlicet Romanæ Ecclesiæ, salubriter est reducta; et cum in novam quodammodo infantiam sit renata, plenis eam lactare volentes uberibus, ad reformationem ipsius opem et operam impendere nitimur efficacem. Et licet instantia nostra quotidiana sit omnium Ecclesiarum sollicitudo continua, tanto tamen ad illam specialius aciem nostræ provisionis extendere volumus quanto plus reformationis officio indigere dignoscitur post errorem. Unde quod in abstentia possumus per nos ipsos, et quod præsentialiter non valemus, alterius præsentia exsequentes, venerabilem fratrem nostrum Pelagium Albanensem episcopum, virum litteratum, providum et honestum, quem inter fratres nostros speciali diligimus charitate, a latere nostro legatum in Constantinopolitanum imperium destinamus, pro certo credentes sic eum via regia incessurum quod non declinabit ad dexteram vel sinistram; eique, de quo plenam fiduciam obtinemus, commisimus vices nostras, ut juxta verbum propheticum evellat et destruat, ædificet et plantet quæ secundum Deum evellenda et destruenda, nec non ædificanda viderit et plantanda; plenaria sibi potestate concessa ut absque contradictione cujuslibet ea quæ pertinent ad legationis officium exsequatur. Ipsum ergo legatum recipiatis benigne ac honeste tractetis; quia cum nos recipiamur in ipso, in misso notabimus devotionis affectum quem geritis ad mittentem; et ipsius monitis ac mandatis humiliter intendentes, quæ inter vos duxerit statuenda, tanquam devotionis filii studeatis reverenter admittere, firmiterque servare, ac tales vos erga eum exhibere curetis quod non solum eidem, sed etiam nobis esse possit acceptum; scientes quod cum ei plenæ legationis officium commiserimus, sententias quas rite protulerit in rebelles, ratas haberi præcipimus et inviolabiliter observari.

Datum Signiæ, III Kal. Septembris, pontificatus nostri anno sexto decimo.

CVI.

GAUFRIDO PRINCIPI ACHAIÆ.
Super eodem.
(Signiæ, II Kal. Septembris.)

Licet olim Ecclesia Græca elongaverit se ab uberibus matris suæ, a capite membrum et pars a suo toto divertens, quia tamen per illius misericordiam qui venit drachmam quærere perditam, et errantem ovem in deserto mundi hujus propriis humeris reportavit ad cautam, ad devotionem sanctæ Romanæ Ecclesiæ, quæ, instituente Domino, mater est omnium et magistra, salubriter est reducta, sedes apostolica maternos affectus non exuens, ad reformationem ipsius tanto plus impendere nititur opem et operam efficacem quanto plus reformationis officio indiget post errorem. Sane cum utilitas, non solum spiritualis, sed etiam temporalis exigeret legatum a latere nostro in Græciam destinari, nos illum ad partes illas duximus destinandum quem inter fratres nostros speciali diligimus charitate, videlicet venerabilem fratrem nostrum Pelagium episcopum Albanensem, virum litteratum, providum et honestum, nobis et fratribus nostris charum admodum et acceptum. Ipsum igitur magnum Ecclesiæ Dei membrum, imo personam nostram in ipso benigne recipias et honeste pertractes; cui nos vices nostras commisimus, ut juxta verbum propheticum evellat et destruat, ædificet et plantet quæ secundum Deum evellenda et destruenda, nec non ædificanda cognoverit et plantanda. Ipsius itaque salubribus monitis et mandatis reverenter intendas; de cujus circumspectione provida et providentia circumspecta plenam fiduciam obtinemus, quoniam, dirigente Domino gressus ejus, sic via regia curabit incedere quod non declinabit ad dexteram vel sinistram.

Datum Signiæ, II Kalend. Septembris, pontificatus nostri anno sexto decimo.

In eumdem modum scriptum est principibus, comitibus, baronibus.

CVII.

H. LANGRAVIO THORINGIÆ.
Ei justitiam promittit.
(Signiæ, III Non. Septembris.)

Illa te obtentu tuæ devotionis et fidei, quas in arduis sumus rebus experti, charitatis sinceritate diligimus ut non solum pro tuis, verum etiam pro aliorum negotiis preces tuas parati simus, quantum cum Deo et honestate possumus, exaudire, cum diligenter ad tuum aspiremus commodum et honorem. Sane quod a.. Bambergensi episcopo pro Ecclesiæ devotione pertulisse diceris gravamina et jacturas eo nobis amplius est molestum quo serviendo Ecclesiæ a viro ecclesiastico non gravamen sed præmium nosceris meruisse. Cum ergo a venerabili fratre nostro Maguntinensi archiepiscopo, apostolicæ sedis legato, qui super absolutione ipsius episcopi recepérat scripta nostra, duxeris appellandum, et eodem appellationi tuæ humiliter deferente, negotium ad nostrum sit delatum examen, justitiam tuam tibi, auctore Deo, diligenter curabimus conservare. Tu ergo termino tibi et episcopo ipsi a præfato archiepiscopo præfigendo talem ad nostram præsentiam dirigas responsalem qui causam tuam agat fideliter et prudenter. De cætero nobilitatem tuam monemus atque hortamur quatenus in nostra et apostolicæ sedis devotione firmus et stabilis perseveres, ut negotio quod magnanimiter inchoatum est, et maxima jam ex parte promotum, feliciter consummato, de toleratis laboribus manipulos reportare valeas exspectatos.

Datum Signiæ, III Non. Septembris, pontificatus nostri anno sexto decimo.

CVIII.

C. DECANO SPIRENSI.
Respondet ad ejus consulta.
(Signiæ, V Idus Septembris.)

Quod juxta verbum Apostoli non videris altum sapere, sed timere, ac tuum cum propheta cognoscere imperfectum, et tamen confisus de illo qui dans affluenter omnibus, et non improperans, balbutientium linguas facit esse disertas, injunctum tibi exhortationis officium et suscepisti humiliter et sollicite niteris adimplere, tuam nobis commendat prudentiam, et quod sis laudabiliter in ipso negotio processurus, fiduciam tribuit pleniorem. Tuis ergo consultationibus benignius intellectis, de iis qui suscepto crucis signaculo proposuerunt contra hæreticos in provinciam proficisci, necdum suum fuerunt exsecuti propositum, respondemus ut tales ad assumendum itineris Hierosolymitani laborem sedulo inducantur, cum illum majoris meriti esse constet: ad quod si forsan induci nequiverint, votum prosequi compellantur emissum. De illis vero qui uxoribus reclamantibus volunt suscipere signum crucis, de quibus dubitas an propter hoc eorum debeat propositum impediri, sic duximus respondendum, quod cum rex cœlestis major sit rege terreno, et constet quod vocatos ad terreni regis exercitum uxorum non impedit contradictio, liquet quod ad summi Regis exercitum invitatos et ad illum proficisci volentes prædicta non debet occasio impedire, cum per hoc matrimoniale vinculum non solvatur, sed subtrahatur ad tempus cohabitatio conjugalis: quod in multis aliis casibus fieri frequenter oportet. Quid autem agendum sit de mulieribus et personis aliis quæ crucis signaculum susceperunt, et ad prosequendum votum non sunt idoneæ vel potentes, ex generalibus litteris (132) conjicitur manifeste, in quibus continetur expressum ut, regularibus personis exceptis, suscipiant quicunque voluerint signum crucis, ita quod cum urgens necessitas aut utilitas evidens postularit, votum ipsum de mandato possit apostolico commutari aut redimi vel differri. Quia vero collegam tuum ab hac luce Dominus evocavit, abbatem de Sconovuia eidem juxta petitionem tuam duximus subrogandum; et ut fructuosior valeat existere labor vester, tam tibi quam abbati prædicto concedimus ut incendiariis et iis qui manus temerarias in clericos aut alias personas ecclesiasticas injecerunt, volentibus suscipere signum crucis, satisfactione passis injuriam exhibita competenti, auctoritate nostra libere absolutionis beneficium impendatis; nisi forsan aliquorum excessus adeo graves existerent et enormes quod merito essent ad sedem apostolicam transmittendi.

Datum Signiæ, v Idus Septembr., pontificatus nostri anno sexto decimo.

CIX.

DECANO ET CAPITULO SPIRENSIBUS.
Approbat quamdam commutationem.
(Signiæ, vii Idus Septembris.)

Justis petentium desideriis, etc. *usque* complere. Accepimus sane quod Spirensis Ecclesia duo possidebat monasteria in Thuringia, quorum abbatissis Spirensis episcopus regalia porrigebat, et imperium abbatiam de Wizkenburch ad se in temporalibus pertinentem in Spirensi diœcesi obtinebat, de quibus inter ipsum imperium et præfatam Spirensem Ecclesiam commutatio facta proponitur de communi et libera voluntate, quam charissimus in Christo filius noster Fredericus Siciliæ rex illustris in Romanum imperatorem electus obnixe petiit auctoritate apostolica confirmari. Ejus igitur precibus inclinati, commutationem ipsam, sicut sine pravitate provide facta est et ab utraque parte sponte recepta, et in ipsarum abbatiarum dispendium non redundat, auctoritate apostolica confirmamus et præsentis scripti patrocinio communimus. Nulli ergo, etc., confirmationis, etc., *usque* incursurum.

Datum Signiæ, vii Idus Septembris, anno xvi.

CX.

GREGORIO SANCTI THEODORI DIACONO CARDINALI APOSTOLICÆ SEDIS LEGATO.
Transfert archiepiscopum Barensem ad Ecclesiam Panormitanam.
(Signiæ, iv Idus Septembris.)

Grave gerimus et indignum quod cum jam multoties mandaverimus per te Panormitanæ Ecclesiæ in pastorem de persona idonea provideri, sicut accepimus, mandatum nostrum nondum exstitit effectui mancipatum. Nolentes igitur ejusdem Ecclesiæ provisionem ulterius prorogari, si forte nondum est illi de pastore provisum, venerabilem fratrem nostrum [Berardum] Barensem archiepiscopum, virum, sicut experimento cognovimus, providum et honestum, ac nobis et charissimo in Christo filio nostro Frederico illustri regi Siciliæ in Romanum imperatorem electo, devotum pariter et fidelem, eidem Ecclesiæ concedimus in pastorem, capitulo ejusdem Ecclesiæ nostris dantes litteris in præceptis ut eidem tanquam pastori suo intendant humiliter et devote. Ideoque discretioni tuæ per apostolica scripta præcipiendo mandamus quatenus præceptum nostrum sublato cujuslibet contradictionis et appellationis obstaculo facias effectui mancipari, contradictores, si qui fuerint, vel rebelles per censuram ecclesiasticam appellatione postposita compescendo.

Datum Signiæ, iv Idus Septemb., pontificatus nostri anno sexto decimo.

Scriptum est super hoc capitulo Panormitano.

CXI.

EPISCOPO RATISPONENSI.
De numero evectionum.
(Signiæ, iv Idus Septembris.)

Gaudemus in Domino et in virtutis ejus potentia gloriamur quod in commisso tibi negotio crucis Christi te laudabiliter diceris exercere ac, bene divina cooperante gratia, proficere in eodem, charitatem tuam monentes attentius et hortantes quatenus supernæ retributionis intuitu illud, calcatis pro Christi nomine cunctis difficultatibus, taliter exsequaris ut cum illis qui euntes ibant et flebant mittentes semina sua exsultationis manipulos valeas reportare. Quia vero propter diei malitiam evectionum numero, quem tibi taxavimus, contentus esse non potes, utpote qui cum eo longe a civitate tua per duo milliaria, sicut tuis nobis insinuasti

---

(132) Supra epist. 28.

litteris, procedere non auderes, nos remedium quod contra impedimentum hujusmodi tua providit discretio approbantes, fraternitati tuæ per apostolica scripta mandamus quatenus ubi personaliter negotium exsequi nequiveris memoratum, auctoritate nostra, prout ipse cogitasti, committas viris honestis et providis vices tuas. Et quoniam de tuæ circumspectionis modestia fiduciam gerimus pleniorem taxandi tam tibi quam illis evectionum numerum quem secundum locorum et temporum qualitatem videris expedire liberam tibi concedimus facultatem, moderamine quod ipse providisti circa eos qui ministrabunt procurationes, cum res ita videbitur postulare, servato; ut videlicet duarum vel trium aut etiam plurium parochiarum populis in unum ad audiendum verbum Domini convocatis, eorum prælati simul, ubi singuli non suffecerint, expensas bajulis verbi Dei exhibeant moderatas. Concedimus etiam ut incendiariis et iis qui manus temerarias in clericos aut alias personas ecclesiasticas injecerunt, volentibus suscipere signum crucis, satisfactione injuriarum exhibita competenti, auctoritate nostra munus absolutionis impendas; nisi forsan aliquorum excessus adeo graves existerent et enormes quod merito essent ad sedem apostolicam transmittendi. Ad hæc, omnes qui, te circa hujusmodi negotium occupato, possessiones aut alia Ecclesiæ tuæ bona temere præsumpserint invadere vel turbare, in quacunque fuerint diœcesi constituti, tibi liceat appellatione remota per districtionem ecclesiasticam coercere. Taliter ergo in omnibus exhibere te studeas prudentem, sollicitum et modestum, quod per hoc crescas et nomine apud homines et merito apud Deum, nosque fraternitatem tuam magis ac magis apostolica prosequamur gratia et favore.

Datum Signiæ, IV Idus Septemb., pontificatus nostri anno sexto decimo.

CXII.

ALBANENSI EPISCOPO APOSTOLICÆ SEDIS LEGATO.

De electione patriarchæ Constantinop.

(Signiæ, XIV Kal. Octobris.)

Cum causam super postulatione de venerabili fratre nostro Heracliensi archiepiscopo et electione de dilecto filio plebano Sancti Pauli de Venetiis in Constantinopolitana Ecclesia celebratis dilecto filio magistro Maximo notario nostro duxerimus committendam, et idem proficiscens usque Venetias in negotio pro parte processerit (133), quia tamen per Venetias Constantinopolim transitum habere non potuit, causam ipsam tuæ fraternitati, de qua plene confidimus, duximus committendam, per apostolica tibi scripta mandantes quatenus in eadem secundum formam comprehensam in litteris directis ad eumdem magistrum appellatione remota procedas. Tu denique, frater episcope, super teipso, etc.

Datum Signiæ, XIV Kal. Octobris, pontificatus nostri anno sexto decimo.

CXIII.

PRIORI ET CONVENTUI CAMALDULENSIBUS.

De reformatione monasterii de Vangaditia.

(Signiæ, VII Kal. Octobris.)

(134) Cum dudum ad correctionem et reformationem monasterii de Vangaditia laborantes proficere non possemus, nec hujusmodi Babylon, quam studio multo curavimus, ad sanitatem ullatenus perveniret, quinimo ejus computruissent adeo cicatrices ut earum fetor etiam laicos ad nauseam provocaret, demum attendentes ferro debere vulnera resecari quæ fomentorum non sentiunt medicinam, venerabili fratri nostro Nicolao Reginensi episcopo, tunc electo, et dilectis filiis priori Sancti Georgii et Venturæ subdiacono nostro canonico Veronensi dedimus in mandatis ut tam E. quondam ejusdem loci abbatem, qui a regimine ipsius nostra fuerat auctoritate amotus, quam etiam monachos universos per alia monasteria collocantes, virum aliquem religiosum, bonæ opinionis et vitæ, sollicitum in spiritualibus, et in temporalibus circumspectum, monasterio præficerent antedicto, qui secum viris prudentibus et religiosis assumptis monasterium ipsum spiritualiter et temporaliter reformaret. Qui mandatum apostolicum fideliter exsequentes, dilectum filium S. domus vestræ de Verona priorem, virum utique providum et honestum, ipsi monasterio præfecerunt, injungentes eidem ut ad minus duodecim viris idoneis de ordine vestro assumptis, ad ejusdem reformationem intenderet sollicite ac prudenter; nobis nihilominus per suas litteras quod fecerant intimantes, ut eorum processus per approbationem nostram stabilitatem debitam sortiretur. Volentes igitur sic ejusdem monasterii reformationi ac statui providere quod ex hoc juri apostolicæ sedis, ad quam nullo medio pertinet, minime derogetur, de fratrum nostrorum consilio ipsum priorem concedentes dicto monasterio in abbatem, liberam ejusdem monasterii correctionem et plenam tibi, fili prior, et successoribus tuis duximus committendam, ita tamen quod qui pro tempore fuerit electus ibidem, Romano pontifici præsentetur, ab eo confirmationis et benedictionis gratiam recepturus; ad cujus amotionem, si quando propter excessus suos fuerit amovendus, inconsulto Romano pontifice nullatenus procedatur.

Datum Signiæ, VII Kal. Octobris, pontificatus nostri anno sexto decimo.

In eumdem fere modum scriptum est Reginensi episcopo, priori Sancti Georgii, et V. subdiacono nostro canonico Veronensi, verbis competenter mutatis, usque nullatenus procedatur. Ideoque discretioni vestræ per apostolica scripta mandamus quatenus monachos qui adhuc in præfato monasterio commorantur in aliis monasteriis recipi facientes, in corporalem possessionem ipsius prædictum inducatis abbatem, et ad reformationem ejusdem opportunum im-

---

(133) Vide supra epist. 91.
(134) Vide supra epist. 46, et lib. II *Hist. Camaldul.* pag. 182 et seq.

pendentes sibi consilium et favorem, faciatis ei de ipsius monasterii justitiis ab ejus fidelibus et subditis plenarie responderi ; contradictores, si qui fuerint, vel rebelles per censuram ecclesiasticam appellatione postposita compescendo. Quod si non omnes, etc., tu, frater episcope, etc. Tu denique, frater episcope, super teipso, etc.

Datum, *ut supra.*

CXIV.
NOBILI VIRO COMITI (135) GUIDONI, SPIRITUM CONSILII SANIORIS.
Ut a Camaldulensium injuriis abstineat.
(Signiæ, xii Kal. Octobris.)

(136) Cum tuum in multis offenderis redemptorem, et traditam tibi potestatem ab ipso multoties contra eum præsumpseris exercere, deberes saltem in vitæ vespera constitutus tuæ delicta corrigere juventutis, et Domini faciem in confessione oris et satisfactione operis taliter prævenire ut in tremendi necessitate judicii, ab ipso, qui reddet singulis secundum opera sua, posses indulgentiæ gratiam exspectare. Tu vero, quod dolentes referimus, necdum a via mala cohibes pedes tuos, sed quasi propriæ salutis curam ac divini nominis timorem abjeceris et amorem, contempta Dei patientia, quæ, quantum in ipsa est, ad pœnitentiam te adducit, confusionem tibi thesaurizas et iram, religiosos viros, quorum patrocinium tibi deberes beneficiis et obsequiis comparare, ut apud Dominum allegarent precibus causam tuam, in tuæ famæ ac salutis dispendium affligendo. Ecce enim, sicut multorum relatione didicimus, fratres Camaldulenses, qui sæculi vanitatibus abdicatis, mortificarunt cum vitiis et concupiscentiis membra sua, crucifigentes sibi mundum cum Apostolo et se mundo, multipliciter opprimens et affligens, nuper fecisti juxta ipsorum eremum quamdam viam, per quam non solum armatos, sed etiam histriones cum mulierculis ire facis, cum accessus terminorum suorum mulieribus ab antiquo fuerit interdictus. Nuper quoque quosdam boves ipsorum eisdem fecisti violenter auferri, nec eos, donec a quibusdam conversis eorum quamdam quantitatem bladii recepisti pro illis, reddere voluisti, his et aliis modis eorum quietem per te ac tuos adeo inquietans ut, nisi aliter provideatur eisdem, sui ordinis instituta nequeant observare. Volentes igitur et eorum tranquillitati et tuæ saluti pariter providere, nobilitatem tuam monemus, rogamus et exhortamur in Domino, in remissionem tibi peccaminum injungentes quatenus, brevitatem considerans vitæ tuæ, quæ cum jam senilem pervenerit ad ætatem, omne autem quod antiquatur et senescit prope interitum esse constet, procul dubio longa esse non potest, recogites in amaritudine annos tuos, et attendens quod ex universis quæ habere videris sola tua opera te sequentur, quæ si bona fuerint, ad æterna gaudia te perducent ; si vero mala, perpetuam te pertrahent ad gehennam, tui tandem incipias misereri, et satisfacere studens Domino de commissis, ab ecclesiasticorum virorum et specialiter dictorum Camaldulensium molestatione de cætero conquiescas, ne forte præoccupatus subito die mortis, pœnitentiæ spatium quæras, nec valeas invenire. Alioquin, cum pater filium quem diligit corrigat et castiget, nos specialiter ob salutem tuam, quam sollicitudine paterna zelamur, venerabilibus fratribus nostris archiepiscopo Pisano et episcopo Florentino et dilecto filio electo Aretino nostris damus litteris in mandatis ut tam super prædicta via quam aliis te ab eorumdem Camaldulensium vexatione cessare per censuram ecclesiasticam, appellatione remota, prævia ratione compellant.

Datum Signiæ, xii Kal. Octobris, pontificatus nostri anno sexto decimo.

Illis scriptum est super hoc, verbis competenter mutatis.

CXV.
EPISCOPO ET CAPITULO CARDICENSIBUS.
Confirmat quamdam compositionem.
(Signiæ, v Kal. Octobris.)

Cum a nobis petitur quod justum est, *usque* perducatur effectum. Sane oblata nobis ex parte vestra petitio continebat quod cum causam quæ inter vos ex parte una et fratres domus Hierosolymitani hospitalis de Phitalea ex altera, super castro Cardicensi, casalibus et rebus aliis vertebatur, venerabilibus fratribus nostris Thessalonicensi et Philippensi archiepiscopis et episcopo Sidoniensi duxerimus commitendam, tandem mediante præfato archiepiscopo Philippensi, cui vicem suam supradicti conjudices sui, qui negotio interesse non poterant, commiserunt, inter vos et prædictos Hospitalarios utrinque præstito juramento amicabilis compositio intervenit, quam vos et pars altera per proprias litteras postulastis apostolico munimine roborari. Eapropter vestris justis postulationibus grato concurrentes assensu, compositionem ipsam, sicut sine pravitate provide facta est, et ab utraque parte sponte recepta, et juramento firmata, ut in litteris inde confectis supradicti archiepiscopi Philippensis sigillo munitis, quarum tenorem de verbo ad verbum præsentibus jussimus litteris adnotari, plenius continetur, auctoritate apostolica confirmamus et præsentis scripti patrocinio communimus. Tenor autem litterarum ipsarum talis existit (137). « Guillelmus Dei gratia Philippensis archiepiscopus universis Christi fidelibus ad quos præsens scriptum advenerit salutem in vero salutari. Cum causam inter venerabilem fratrem nostrum Bartholomæum Cardicensem episcopum et fratres Hospitalis Sancti Joannis Hierosolymitani vertentem nobis et venerabilibus fratribus nostris archiepiscopo Thessalonicensi et Sidoniensi episcopo papa commisisset, et

(135) Casertanensi.
(136) Vide lib. ii *Hist. Camaldul.* pag. 182.

(137) Vide lib. ii, epist. 151, lib. xiii, epist. 101, 113, 120 et lib. xv, epist. 69, 71, 80.

cum ipsi tum valetudine corporis, tum negotiorum frequentia impediti, ad hæc exsequenda personaliter venire non possent, nobis mandarunt ut dictam causam effectui mandaremus. Quod cum facturi Armiro venissemus, de communi assensu et voluntate utraque pars nostro sicut judicis delegati se dedit mandato, ut quidquid super controversia inter ipsos habita statueremus, ratum haberent et firmum. Recepta igitur ab utraque parte juratoria cautione nostro stare mandato, auditaque simul et diligentius veritate discussa, tam per idoneos et legitimos testes in præsentia nostra juratos quam etiam per privilegium Constantini quondam cognati Alexii imperatoris concessum Ecclesiæ Cardicensi perpendimus casalia de quibus quæstio erat ad eamdem Ecclesiam pertinere. Pro quo mandamus ut Ecclesia Cardicensis teneat, habeat et proprietario jure possideat casalia septem cum suis pertinentiis, scilicet Toliasiki, Jajadinami, Toalopocori, Olongos, Icanapiza, Iconzobi, Stenes, duoque molendina integra, et tria inædificata in loco qui dicitur Suppettusu, cum fructibus exinde duobus annis perceptis. Super ducentis marchis argenti olim in compromisso statutis et nomine pœnæ solvendis, nec non et expensis factis cum dictus episcopus Romam accessit, quas dominus papa mandaverat nobis ut dicto episcopo solvi faceremus, taliter duximus statuendum. Episcopus enim antefatus et Ecclesia Cardicensis percipiant, teneant, et habeant proventus fori Armironensis per sex annos; ita tamen quod si dicti fratres episcopo et Ecclesiæ per quemlibet annum solverint quatuor libras hyperperorum, dum idem episcopus debet tenere proventus, sic quod simul et una vice solvant, pro residuis annis percipiant fructus fori præfati. Frumentum vero, vinum, hyperperi, et quidquid de bonis Ecclesiæ dictæ præsenti et præterito anno sæpedicti fratres perceperunt, jubemus præfato episcopo reddi; sic tamen ut impræsentiarum restituant quinque vegetes vini, quartam partem triginta septem modiorum frumenti et dimidii, centum quinquaginta tres modiorum hordei, cicerum quatuordecim, nucum quatuor, hinc ad Martium, tres alias residuas partes per totum mensem Augusti ad magnum modium mensuratas exsolvant. Quia vero constituit nobis quod Hospitalarii habebant septem homines Ecclesiæ Cardicensis, scilicet papam Leonem, Joannem Fot, Laviotissam et filium ejus, Parasque, Pifanum, Erinium, Nilciforum, jubemus illos a dictis fratribus episcopo restitui. Præterea omnes abbatias et papates in tenimento hospitalis constitutas et existentes, dum tamen sint infra fines episcopatus Cardicensis, præcipimus reddi. Præsertim enim quamdam abbatiam in Armiro quæ Valestinum dicitur, quam dominus papa eidem episcopo duxit concedendam, mandamus episcopum præfatum habere; et quidquid dominus papa ipsi adjudicavit episcopo vel concessit, eidem duximus auctoritate qua fungimur confirmandum. Litteras domini papæ nobis et conjudicibus nostris transmissas, nec non et litteras imperiales domino Galterio Camerario delegatas præcipimus sæpedictis fratribus reddi; ita ut ipsi fratres dominum papam et imperatorem precentur quod hanc pacem et compositionem custodiant, suarumque robore muniant litterarum. Idem etiam fratres omnes barones regionis precabuntur quod hanc custodiant pacem, ut si qua partium hoc non observarit contra eam existerent observanti parti faventes. Ut autem quod mandavimus majoris firmitatis robur assumat, magister Nicolaus tam pro episcopo quam pro se, magister Gregorius Signinus et Joannes clericus canonici Cardicenses juraverunt tactis sacrosanctis Evangeliis hanc pacem, compositionem, conventionem, seu mandatum observare, et contra nullo tempore venire; et promisit episcopus ab omnibus canonicis Cardicensibus hoc juramentum præstari. Quod similiter frater Stephanus præceptor, fratres Petrus et Oddo juraverunt observare; et promisit idem Stephanus sacramentum istud a cunctis fratribus exhiberi. Nos vero ad majorem hujus rei firmitatem habendam jubemus tam sigillo nostro quam sigillo venerabilis fratris nostri Thessalonicensis archiepiscopi, et hoc utriusque partis voluntate, præsens scriptum communiri. Omnia quidem prædicta jubemus esse rata, salva utrique parti agendi potestate, si qua sunt inter ipsos agenda, exceptis iis quæ pagina præsenti notantur. Nos Bartholomæus Cardicensis episcopus una cum capitulo ejusdem Ecclesiæ huic paci vel conventioni assentimus, ratamque et firmam semper habere promittimus; et præterea tam apostolicæ clementiæ quam imperatoriæ supplicamus majestati ut hanc pacem custodire suarumque munimine litterarum roborare dignentur. Barones insuper eodem modo precamur, scilicet dominos Conum seneschallum, Gaufridum de Villa-Arduini mareschalcum, Milonem de Brabant, et omnes alios barones, quod hanc custodiant pacem, suoque roborent sigillo, et parti observanti hanc pacem faventes contra non observantem existant. Nos frater Stephanus præceptor domus de Phitalea et aliarum domorum hospitalis Sancti Joannis Hierosolymitani in Romania, una cum fratribus nostris huic paci vel conventioni assentimus, ratamque et firmam semper habere promittimus; et præterea tam apostolicæ clementiæ quam imperatoriæ supplicamus majestati quod hanc pacem custodire et suarum munimine litterarum roborare dignentur. Barones insuper eodem modo precamur, scilicet dominos Conum seneschalcum, Gaufridum de Villa-Harduini mareschalcum, Milonem de Brabant, et omnes alios barones, quod hanc custodiant pacem, suoque roborent sigillo, et parti observanti hanc pacem faventes contra non observantem existant. Datum et recitatum apud Armiro in præsentia domini Gualterii camerarii, Nicolai Rugulusu, Theobaldi, Yvonis, Thomæ, et multorum aliorum, anno Domini millesimo ducentesimo duodecimo, anno xv pontificatus domini Innocentii papæ III mense Decembri, die undecima. » Nulli ergo omnino hominum liceat hanc paginam nostræ confirmationis infringere vel ei ausu temerario contraire. Si quis autem, etc., *usque* incursurum. Datum Signiæ, v Kal. Octobr., pontificatus nostri anno sexto decimo.

CXVI.
EPISCOPO NARNIENSI.
Ejusdem fere argumenti cum epistola 94.
(Signiæ, vi Non. Octobris.)

Cum excommunicatorum communio sit aliis interdicta, ipsi officia publica exercere non debent. Quocirca fraternitati tuæ per apostolica scripta mandamus quatenus, constitutiones et sententias Narniensium judicum, quos sententia excommunicationis involvit, tam promulgatas quam promulgandas in posterum auctoritate nostra decernas irritas et inanes. Prohibemus etiam ne quis extraneus in elusionem mandati nostri apud Narniam officium judicis exercere præsumat. Porro quia fraus et dolus cuiquam patrocinari non debet, constitutiones et sententias talium inanes et irritas decerni mandamus. Tu denique, frater episcope, super teipso, etc.

Datum Signiæ, vi Non. Octobris, pontificatus nostri anno decimo sexto.

CXVII.
PATRIARCHÆ GRADENSI.
Commendat marchionem Estensem.
(Signiæ, vi Non. Octobris.)

(138) Credebamus hactenus quod Paduani cives nobis et apostolicæ sedi desiderarent reverentiam majorem impendere quam exhibere probentur, cum, sicut accepimus, dilectum filium nobilem virum marchionem Estensem nobis et Ecclesiæ Romanæ devotum contra justitiam vehementer impugnent : cujus pater et ipse pro Ecclesiæ defensione se laboribus et periculis multis exponere minime dubitarunt. Porro si Paduani prædicti aliquid contra præfatum marchionem habebant, poterant saltem in hoc apostolicæ sedi deferre quod illud in nostram notitiam deduxissent, ut nos eis satisfieri faceremus, antequam contra eum, quem pro certo sciebant nos, quasi specialiter nostrum, charum et acceptum habere, cum Ecilino et aliis et excommunicatis processerint nobis penitus inconsultis et quasi omnino contemptis. Quocirca fraternitati vestræ per apostolica scripta mandamus quatenus Paduanos eosdem ut a memorati marchionis impugnatione desistant diligenter moneas et inducas, eis ex parte nostra firmiter repromittens quod nos ipsis faciemus satisfactionem impendi, cum nobis ostenderint se contra eum aliquam justam causam habere. Alioquin, ne marchionem ipsum pro derelicto videamur habere, qui post Deum non habet alium ad quem pro justitia consequenda in hac tempestate recurrat, tu cognita veritate Paduanos prædictos ab injusta ipsius impugnatione per censuram ecclesiasticam appellatione remota compescas.

Datum Signiæ, vi Non. Octob., pontificatus nostri anno sexto decimo.

CXVIII.
ARCHIEPISCOPO LUNDENSI (139) APOSTOLICÆ SEDIS LEGATO.
Respondet ad ejus consulta.
(Signiæ, v Non. Octobris.)

(140) Quia circa minima et maxima frequenter humanus deficit intellectus, prudentis est quærere ubi scrupulus dubitationis occurrit. Sane (141) postulasti per sedem apostolicam edoceri si presbyteri successive duas (142) concubinas habentes, bigami censeantur, ut cum eis, tanquam cum irregularibus, quoad exsecutionem sui officii nequeas dispensare, et si presbyterorum filii sint indifferenter ad sacros ordines promovendi, et utrum sacerdotes Suetiæ in publicis debeas tolerare conjugiis, qui super hoc se asserunt cujusdam summi pontificis privilegio communitos. Ad quæ sic duximus respondendum, quod cum sacerdotes prædicti, sive uno sive diversis temporibus, plures habuerint concubinas, irregularitatem non incurrerint bigamiæ, cum eis, tanquam simplici fornicatione notatis, quoad executionem sacerdotalis officii poteris dispensare, si vivere curaverint continenter (143). De presbyterorum vero filiis tam ex decreto Urbani papæ secundi quam ex concilio colligitur Pictavensi quod ad sacros non sunt ordines promovendi, nisi aut in cœnobiis aut in canonica regulari religiose fuerint conversati (144). De presbyteris autem Suetiæ non possumus dare responsum, nisi viderimus privile-

---

(138) Vide Sigonium, lib. xvi *De regno ital.*, ad an. 1213.
(139) *Lundensi* in Dania et primati Ecclesiæ, cui præerat Andreas, a quo Waldemarus II rex Daniæ post mortem Canuti tertii fratris, regalem de more benedictionem accepit A. D. 1202 apud Krantz, lib. vii Daniæ, c. 13. Vide supra lib. xiii, epist. 3.
(140) Cap. *Quia circa*, De bigamis.
(141) *Sane* corrige epigraphen et contextum c. *Quia*, De bigamis, ex beneficio istius epistolæ, cujus prima pars continet tres species, quarum alteram reperies in d. c. *Quia*, secundam in c. 1 et c. *Ad abolendam*, De filiis præsbyt. Tertia solvitur ex c. *Cum olim* 14, De privil., ubi privilegii bullam inspiciendam esse priusquam jus dicatur rescribat Cœlestinus PP. III, quoniam forte verbis dubiis conceptum est, ut in c. *Audilis*, De præscript., aut subreptum, ut in c. *Cum olim secundo*, De sentent. et re jud., aut contra jus commune Ecclesiæ ut in hac hypothesi ex c. *Necesse* 1, q. 1, quamvis sciam ex indulgentia summi pontif. in regno Norvegiæ et Angliæ circa consanguineorum matrimonium aliquid necessitatis causa ad majorem Dei gloriam in cunabulis Ecclesiæ adhuc in fide vagientis concessum fuisse, ex c. *Quod dilecto* et c. ult. De cons. et affin., quæ accipi debent de regno Norvegiæ, quod postea coadunatum est Daniæ, ut in c. *Quædam lex* 35, q. 2 et 3, et De regno Angliæ disertis verbis d. c. Vide ad dictum c. *Quia*, De bigamis, Decis. Cap. Tolos. q. 234, 254 et 56.
(142) In quart. Coll. *plures*.
(143) Cap. *Ut filii*, De filiis presb.
(144) Cap. *Presbyteror*, dist. 56.

gium quod prætendunt (145). Quæsivisti (146) A sit subortum (153). Porro (154) de nobili viro N. præterea utrum in canonem incidant laici sententiæ promulgatæ qui sacerdotes aut alios clericos in manifesto furto comprehensos contrectaverint violenter, si citra violentiam nequeant comprehendi, et si clericus, quem vehementer præsumis esse falsarium (147), ad tuam præsentiam citatus legitime venire contemnens, citra excommunicationis sententiam ad judicium per violentiam trahi possit. Ad hæc taliter respondemus, quod in neutro casuum prædictorum sententia excommunicationis incurritur, dummodo mandatum interveniat prælatorum, quorum tales clerici sunt jurisdictioni subjecti, cum hoc non ipsi laici, sed illi potius quorum auctoritate id faciunt facere videantur, nec amplius laicorum violentia extendatur quam defensio seu rebellio exegerit clericorum (148). Subsequenter (149) etiam quæsivisti utrum monachi Omnium Sanctorum privilegium bonæ memoriæ E. prædecessoris tui super episcopalibus decimis retinendis indultum, extendere valeant ad possessiones postmodum acquisitas et in posterum acquirendas. Super quo tale damus tuæ fraternitati responsum, quod si decimarum illarum remissio facta exstitit secundum canonicas sanctiones, prædecessor tuus indefinite decimas episcopales monasterio remittendo, cum nihil exceperit, et poterat excepisse, ac in beneficiis plenissima sit interpretatio adhibenda, nec debeat una eademque substantia diverso jure censeri, intellexisse videtur non solum de decimis possessionum illius temporis, sed futuri. Sane (150) quia contingit interdum quod nullo accusatore publice comparente qui matrimonium impetat jam contractum, ad te privata quorumdam assertio defert consanguinitatis vel affinitatis impedimentum, an sub silentio præterire, an ad denominationem jumentalium, ut tuis verbis utamur, procedere debeas, quæsivisti. Ad hoc sic breviter respondemus, quod si personæ graves (151), quibus fides sit merito adhibenda, tuæ fraternitati denuntient quod ii qui matrimonio sunt conjuncti se propinquitate contingant, etiamsi nullus manifestus appareat accusator, ex tuo procedere potes officio, ut veritate sollicite inquisita, quod postulaverit juris ordo decernas, maxime si ex tali copula scandalum (152) pro cujus dispensatione, indulgentia scilicet remanendi cum ea quæ ipsum quinto gradu consanguinitatis contingit, a sede apostolica obtinenda, falsa nobis causa fuerat allegata, proles videlicet, cum tamen ante dispensationem obtentam unica filia, quam habebat, viam fuerit universæ carnis ingressa, prout tua consultatio continebat, dissimulare poteris ut remaneat in copula sic contracta, cum ex separatione, sicut asseris, grave videas scandalum imminere (155). Tu denique, frater archiepiscope, super teipso.

Datum Signiæ, v Non. Octobris, pontificatus nostri anno sexto decimo.

CXIX.

ABBATI, PRIORI, ET CUSTODI SANCTI NICOLAI RIGENSIS DIŒCESIS.

Ut causæ sibi commissæ diligenter intendant.

(Signiæ, vi Idus Octobris.)

(156) Cum olim dilecti filii magister et fratres militiæ Christi de Livonia transmissa nobis conquestione monstrassent quod venerabilis frater noster episcopus et præpositus Rigenses in insula quæ Holme dicitur ecclesiam construi non permitterent populo suæ partis, nec ad eam præsentare plebanum, ac dictus episcopus in civitate Rigensi ecclesias, decimas, advocatiam, monetam, piscationes, et ipsius civitatis tertiam partem eos non sineret, prout ad ipsos pertinet, possidere, contra compositionem inter episcopum et fratres prædictos nobis mediantibus initam veniendo, eisdem episcopo et præposito per apostolica scripta mandavimus ut supradicta, juxta quod in authentico de præfata compositione confecto plenius continetur, possidere permitterent fratres ipsos libere ac quiete, nullam eis de cætero super illis inferentes molestiam indebitam et gravamen, ac idem episcopus in procurationibus quas ab ipsis et eorum Ecclesiis debet recipere annuatim sic se modeste haberet quod non gravaret eosdem, cum adhuc illorum et Ecclesiarum ipsarum sint tenues facultates. Vobisque nihilominus dedimus in mandatis ut si memorati episcopus et præpositus mandatum apostolicum negligerent adimplere, vos eos a prædictorum fratrum super iis molestatione indebita per censuram ecclesiasticam appellatione remota compescere curare-

---

(145) Cap. *Quæsivisti,* De sent. excom.; in 4, Collect.
(146) *Quæsivisti,* eadem species et idem decretum in c. *Ut famæ,* § *Laici,* De sent. excomm., cujus epigraphe corrigenda est. Nec enim Londonensi, sed Lundensi archiepiscopo rescribit Innocentius III.
(147) *Falsarium,* c. *Ad audientiam,* De crimine falsi; v. supra epist. 2, lib. xv: ideo publicum auxilium implorator ut aut pœnæ legis Corneliæ de falsis subjiciantur aut incisis digitorum nervis manum amittant, ut lib. II feudorum, tit. 55, § *Callidis.* Nec enim δακτυλον ἐκτείνειν a contrario sensu, Stoicorum malo debuerant, ideo ad instar athletarum victi ostensione digiti, eos veniam petere necesse fuit priusquam fato funguntur.
(148) Cap. *Quia circa,* De privileg.
(149) *Subsequenter;* c. *Quia circa,* De privileg.,

ubi vide gloss. et corrige inscriptionem d. capitis.
(150) *Sane* matrimonium in gradu prohibito colligatum dissolvitur c. 1 et c. *Non debent,* De cons. et aff. supra lib. xv, epist. xi, et infra epist. 10.
(151) *Personas graves,* c. *Nostra,* § *Si vero,* De test. et attestat.
(152) *Scandalum* ex fama publica c. *Illud 1,* De præsumpt.
(153) Cap. *Quia circa,* De consanguin. et affin.
(154) *Porro,* idem contextus et eadem hypothesis in c. *Quia,* De cons. et affin., cui epigraphen ex hac epistola subjungo.
(155) *Imminere* ob privilegii indulgentiam, de qua supra in hac epist. quæ violaretur ex copulæ dissolutione.
(156) Vide lib. XIII epist. 141

tis. Sed miramur quod, sicut accepimus, cum episcopus et præpositus sæpedicti ab eorumdem fratrum injuriis non revocaverint manus suas, eoque fortius persequantur eosdem quo difficilius possunt habere recursum ad sedem apostolicam tuam remoti, vos mandatum nostrum exsequi non curastis, ex absentia unius vestrum occasione dilationis assumpta, satis siquidem frivola et inani, cum in litteris pro eisdem fratribus ad vos missis contineretur expresse quod si non omnes iis exsequendis interesse possetis, duo vestrum ea exsequi procurarint, et sic fratres prædicti ob moræ dispendium ad sedem apostolicam appellarunt. Nolentes igitur eorumdem fratrum differri justitiam, per iterata vobis scripta districte præcipiendo mandamus quatenus in prædicto negotio secundum tenorem præcedentium litterarum omni occasione et appellatione cessantibus procedatis, memoratum episcopum ad prædictæ compositionis observantiam per suspensionem pontificalis officii et etiam, si opus fuerit, excommunicationis sententiam compellentes. Tu denique, fili abbas, super teipso, etc.

Datum Signiæ, vi Idus Octobris, pontificatus nostri anno sexto decimo.

CXX.

ARCHIEPISCOPO, DECANO, ET PRÆPOSITO LUNDENSIBUS.
De institutione novi episcopatus in Livonia.
(Signiæ, v Idus Octobris.) (157)

Cum eo faciente qui venit salvum facere quod perierat et Ecclesiam suam nova semper prole fecundat, Sackela et Hugenhusen de novo receperint verbum Dei, et per illius misericordiam qui veste nostræ humilitatis indutus, dignatus est peregrinari pro subditis, ut eos supernæ patriæ cives et æternæ beatitudinis faceret cohæredes, Dei Evangelium quasi semen cadens in terram bonam per partes illas sit longe lateque diffusum, nec huic novellæ plantationi diligentis agricolæ cura desit, nostro fuit apostolatui supplicatum ut et locis per episcopalis dignitatis insignia et populis per circumspecti prælati sollicitudinem faceremus sine moræ dispendio provideri. Ne igitur gregi Dominico desit cura pastoris, cum adhuc lupus rapax circumeat quærens quem devoret, paratus eo fortius ad rapinam quo recentius perdidit quod diu tenuerat occupatum, discretioni vestræ per apostolica scripta mandamus quatenus inquisita et cognita veritate, si qualitas locorum poposcerit, ac facultates sufficiant, et expedire videritis, episcopatum auctoritate nostra constituatis ibidem, et vocatis qui fuerint evocandi, per electionem canonicam faciatis loco et populo provideri de persona idonea in pastorem, et jura quæ debent ad episcopum et Ecclesiam pertinere assignari eis integre ac quiete. Quod non si omnes, etc., tu, frater archiepiscope, etc. Tu denique, frater archiepiscope, super teipso, etc.

(157) Vide infra epist. 124, 127, et lib. xiv, epist. 149.

Datum Signiæ, v Idus Octobris, pontificatus nostri anno sexto decimo.

CXXI.

ABBATI, PRIORI, ET CELLARIO DE MONTE SANCTI NICOLAI RIGENSIS DIŒCESIS.
Ut protegant neophytos.
(Signiæ, v Idus Octobris.)

Cum pastores Ecclesiæ oves per devium infidelitatis errantes ad ovile Dominicum, non solum prædicationis officio, sed etiam beneficiorum gratia, debeant invitare, grave gerimus et indignum quod, sicut accepimus, venerabilis frater noster Rigensis episcopus quosdam neophytos, vix adhuc plene in sanctæ fidei eruditione plantatos, in injuriam fratrum militiæ Christi exhæredat in Riga, et alias indebita molestatione fatigat (158). Unde contingit quod respicientes retro qui ad aratrum jam manum posuerant, Christi jugum abjiciunt, relabentes in pristinæ gentilitatis errorem, cum in jam Christianos ea præsumat memoratus episcopus quæ in gentiles nullatenus attentaret. Volentes igitur prædictos neophytos debita quiete gaudere, discretioni vestræ per apostolica scripta mandamus quatenus supradictum episcopum ab ipsorum injuriis districtione qua convenit, sublato appellationis obstaculo, compescatis. Quod si non omnes, etc., duo vestrum, etc. Tu denique, fili abbas, super teipso, etc.

Datum Signiæ, v Idus Octobris, pontificatus nostri anno sexto decimo.

CXXII.

ABBATI DE GOTHLANDA, ET DE NORTHLANDA, ET DE SUTHERLANDA PRÆPOSITIS LUNDENSIS DIŒCESIS.
Dantur conservatores fratribus militiæ Christi.
(Signiæ, v Idus Octobris.)

Quoniam nimis dispendiosum est et grave dilectis filiis fratribus militiæ Christi de Livonia, cum sint in remotis partibus constituti, pro singulis querelis apostolicam sedem adire, cum frequenter a multis tam clericis quam laicis gravibus sint injuriis lacessiti, ad supplicationem eorum super hoc eis duximus providendum. Quocirca discretioni vestræ per apostolica scripta præcipiendo mandamus quatenus, cum a dictis fratribus fueritis requisiti, malefactores eorum in Bremensi provincia constitutos, ut eis ablata restituant, et de damnis et injuriis irrogatis satisfaciant competenter, vel in aliquos compromittant qui appellatione remota, justitia mediante, procedant, per censuram ecclesiasticam, sublato appellationis diffugio, compellatis (159). Quia vero venerabilis frater noster Rigensis episcopus eos, sicut accepimus, in multis opprimere consuevit, volumus ut cum vobis constiterit memoratum episcopum malitiose vexare fratres eosdem, eum ipsis in expensis legitimis condemnetis. Quod si non omnes, etc., duo vestrum, etc. Tu denique, fili abbas, super teipso, etc.

(158) Vide epist. seq.
(159) Vide supra epist. 121.

Datum Signiæ, v Idus Octob., pontificatus nostri anno XVI.

CXXIII.
MAGISTRO ET FRATRIBUS MILITIÆ CHRISTI IN LIVONIA CONSTITUTIS.

Confirmat eis possessiones.

(Signiæ, v Idus Octobris.)

Cum a nobis petitur, etc., *usque* assensu, Saccale ac Hugenhusen Gutlandiæ adjacentes et omnia bona quæ obtinetis in Gutlandia, sicut ea omnia juste ac pacifice possidetis, salvo jure quod debet ad episcopum et Ecclesiam pertinere, vobis et per vos ordini vestro auctoritate apostolica confirmamus et præsentis scripti patrocinio communimus. Nulli ergo, etc., confirmationis, etc., *usque* incursurum.

Datum Signiæ, v Idus Octob., pontificatus nostri anno decimo sexto.

CXXIV.
UNIVERSIS CHRISTI FIDELIBUS PER SAXONIAM CONSTITUTIS.

Quod subveniant episcopo Estiensi prædicanti fidem.

(Laterani, III Kal. Novembris.)

(160) Quoniam juxta sententiam Sapientis ab adolescentia prona est vita hominis ad peccandum et diversis inquinamentis obnoxia vitiorum, multa ei charitatis opera proponuntur, ut ibi multiplicentur remedia ubi morborum diversitas invalescit. Sane ad vestram domum credimus notitiam pervenisse quod Dominus noster, qui neminem vult perire, sed omnes ad agnitionem pertingere veritatis, calceamentum suum in Livoniam miseratus extendit, ad partes illas novos apostolos dirigendo, per quos populus, qui usque nunc ambulabat in tenebris cerneret lucem magnam ortam ambulantibus in medio umbræ mortis. Inter cæteros autem per quos in gentibus illis revelavit Dominus brachium sanctum suum, ut viderent salutare Domini Dei sui, venerabilis frater noster Estiensis episcopus plurimum laborasse dignoscitur, et, divina cooperante gratia, profecisse : qui quanquam sibi liceat eorum carnalia metere quibus spiritualia seminat, cum os bovis alligari non debeat triturantis, et Dominus iis qui annuntiant Evangelium de Evangelio vivere ordinarit ; quia tamen, cum sit neophytorum episcopus, hac uti metuit potestate, ne quod offendiculum de Evangelio Christi, eumdem sine baculo atque pera portantem coram regibus et gentibus nomen Dei universitati vestræ duximus propensius commendandum, charitatem vestram monentes et obsecrantes in Domino, atque in remissionem vobis peccaminum injungentes, quatenus ipsum tanquam Jesu Christi legatum recipiatis benigne ac sincera tractatis in Domino charitate, suam et coadjutorum ejus in Evangelio ex abundantia vestra in hoc præsenti tempore supplentes inopia, ut et illorum abundantia vestra sit supplementum inopiæ in futuro.

(160) Vide supra epist. 210, et infra epist. 125.
(161) Vide supra epist. 124.

Datum Laterani, III Kal. Novemb., pontificatus nostrii anno sexto decimo.

CXXV.
EPISCOPO MONASTERIENSI.

Recipitur sub protectione sedis apostolicæ.

(Laterani, III Kal. Novembris.)

(161) Ab eo qui neminem vult perire, sed ut omnes ad agnitionem perveniant veritatis, tibi esse audivimus et credimus inspiratum ut venerabili fratri nostro Estiensi episcopo, qui sicut servus fidelis et prudens, in Domini vinea fideliter operatur, cooperator accedens, cum eo portare proposueris coram gentibus et regibus nomen Dei et dare salutis scientiam plebi suæ. Nos igitur tuum pium propositum dignis in Domino laudibus commendantes, fraternitatem tuam monemus attentius et hortamur quatenus accensus zelo fidei Christianæ, ac sperans quod qui affectum tibi dedit, adjiciet et effectum, evangelistæ aggrediaris opus et officium confidenter, ut cum illis qui euntes ibant et flebant mittentes semina sua, exsultationis manipulos valeas reportare. Ut autem prædicationis officium valeas liberius exercere, statuimus ut, te hujusmodi pietatis operi mancipato, Ecclesia et persona tua cum omnibus bonis suis sub apostolicæ sedis protectione consistant. Tu denique, frater episcope, super teipso, etc.

Datum Laterani, III Kal. Novemb., pontificatus nostri anno sexto decimo.

In eumdem modum scriptum est episcopo Verdensi.
In eumdem modum scriptum est episcopo Paderburnensi.

CXXVI.
ABBATIBUS, ARCHIDIACONIS, DECANIS, PRIORIBUS, ET ALIIS ECCLESIARUM PRÆLATIS PER SAXONIAM CONSTITUTIS.

Eis commendat episcopum Estiensem.

(Laterani, III Kal. Novembris.)

(162) Ad vestram jamdudum notitiam credimus pervenisse quod Dominus noster, qui neminem vult perire, sed ut omnes ad agnitionem perveniant veritatis, ad partes Livoniæ calceamentum suum miseratus extendit, et nonnullos gentilitatis tenebris obvolutos, ab eis ostensa sibi luce magna, quæ ipse est misericorditer liberavit. Cum autem venerabilis frater noster Estiensis episcopus, qui prædicando in jam dictis partibus verbum Dei multum laboravit in Evangelio et divina gratia cooperante profecit, animo indefesso desideret portare coram gentibus et regibus verbum Dei, et, ad messem, quæ multa est, sufficere operarii pauci non possint, universitatem vestram monemus in Domino, apostolica vobis scripta mandantes quatenus cum idem episcopus aliquos de fratribus vestris ad hujusmodi ministerium utiles et idoneos a vobis duxerit exigendos, sibi duos aut saltem unum de vestris collegiis singuli concedatis, ut cooperantibus ipsis, currat velociter sermo ejus qui emittit eloquium suum

(162) Vide epist. 124.

terræ. Vos denique, filii abbates, super vobis ipsis.
Datum Laterani, III Kal. Novemb., pontificatus nostri anno sexto decimo.

CXXVII.
EPISCOPO ESTIENSI.
Confirmat ejus ordinationem.
(Laterani, II Kal. Novembris.)

(163) Commissi nobis officii sollicitudo deposcit ut iis quæ ad divini cultus ampliationem pertinere noscuntur favorem studeamus benevolum impartiri. Cum ergo venerabiles fratres nostri Padeburnensis, Verdensis, Raskeburgensis et Rigensis episcopi te in episcopum Estiensis provinciæ duxerint ordinandum, sicut ex litteris accepimus eorumdem, nos quod super hoc ab ipsis provide atque canonice factum est ratum habentes et gratum, præsentium tibi auctoritate concedimus ut in ea libere officium exerceas pastorale.

Datum Laterani, II Kal. Novembr., pontificatus nostri anno sexto decimo.

CXXVIII.
DILECTIS FILIIS MILITIBUS CHRISTI IN LIVONIA.
Eis commendat eumdem episcopum.
(Laterani, II Kal. Novembris.)

(164) Etsi cunctis fidelibus cor unum in Domino et anima debeat esse una, specialiter tamen ii qui sæcularibus desideriis abnegatis in medio nationis habitant infidelis, putantes necessarium in carne manere solummodo propter fratres, servare debent spiritus unitatem; ut se tanquam Dei ministros irreprehensibiles omnibus exhibentes, ac lucentes sicut luminaria inter eos, ipsos ad æmulationem fidei valeant provocare. Noveritis autem ad nostram audientiam pervenisse quod, cum venerabiles fratres nostri Padeburnensis, Verdensis et Raskeburgensis episcopi T. quondam montis Sancti Nicolai abbatem, qui calceatus pedes in præparationem Evangelii pacis, infidelium multitudinem ad fidem, Domino cooperante, convertit, in episcopum Estiensis provinciæ, quæ per Dei gratiam jam pro magna parte conversa est, auctoritate nostra duxerint ordinandum, vos eidem in Evangelio laboranti non solum vestrum denegatis auxilium, sed etiam impedimenta paratis, nisi vobis certam concedat in eadem provincia portionem, non tam solliciti propagare nomen fidei Christianæ quam conjungere domum ad domum et agrum agro usque ad loci terminum copulare, quasi soli habitare in terræ medio debeatis. Præterea cum quosdam receperitis obsides ipsi episcopo præsentandos, ipsos sibi præsentare postmodum renuistis, temporale lucrum ex eorum retentione captantes, qui lucra hujusmodi detrimenta deberetis credere propter Christum. Denique Christi Evangelio præbere offendiculum non timetis, dummodo vestras possitis possessiones et redditus ampliare. Ne igitur qui Christi milites appellamini, militare probemini contra Christum, universitatem vestram monemus attentius et hortamur,

(163) Vide supra epist. 120.
(164) Vide supra epist. 120 et seqq.

A per apostolica vobis scripta præcipiendo mandantes quatenus attendentes quod non est regnum Dei possessiones et villæ, sed pax atque justitia et gaudium in Spiritu sancto, exstincto prorsus cupiditatis ardore, præfato episcopo et aliis bajulis verbi Dei pro viribus impendatis consilium et auxilium opportunum, ab eorum impedimento sic penitus abstinentes quod de vobis ad aures nostras clamores hujusmodi de cætero non ascendant; ne, si secus duxeritis faciendum, concessis vobis a sede apostolica privilegiis, ex quibus assumere dicimini audaciam excedendi, vos reddatis indignos, et a gratia quam hactenus vobis exhibere curavimus excidatis.

Datum Laterani, II Kal. Novemb., pontificatus nostri anno sexto decimo.

CXXIX.
EPISCOPO ESTIENSI.
Eximitur a jurisdictione metropolitani.
(Laterani, IV Non. Novembris.)

(165) Cum in memoria hominum non existat quod Estiensis provincia cuiquam fuerit metropolitico jure subjecta, præsentium tibi auctoritate mandamus ne cuiquam tanquam metropolitano respondeas absque mandato sedis apostolicæ speciali. Tu denique, frater episcope, super teipso, etc.

Datum Laterani, IV Non. Novemb., pontificatus nostri anno XVI.

CXXX.
JOANNI ILLUSTRI ANGLORUM REGI.
Ejusdem argumenti cum epistola 78.
(Laterani, II Non. Novembris.)

Sicut in arca fœderis Domini cum tabulis Testamenti virga continebatur et manna, sic in pectore summi pontificis cum scientia legis divinæ rigor districtionis et favor dulcedinis continetur. Unde semper hanc consuevit moderantiam observare ut verbera patris et ubera matris habens, sic in rebelles et induratos severitatem exerceat quod benignitatem exhibeat erga humiles et correctos, ejus exemplo qui vinum superinfudit et oleum vulneribus sauciati. Gaudemus autem in Domino et in potentia virtutis ipsius quod adeo tibi nostra medicamina profecerunt ut tua per illa sanasse vulnera videamur, et qui medico fuisti molestus cum asperitatem medicaminis sentiebas, jam gratus existis ex quo percepisti gratiam sanitatis. Plane gratus, quia ut perfecte satisfaceres de commissis, te ipsum et tua Deo et Ecclesiæ obtulisti. Et ecce, qui te jam quasi dejecerat, subito te erexit, humiliando sublimem, et humilem sublimando: quinetiam adeo te firmavit, super illam petram stabiliens pedes tuos de qua ipsa Veritas inquit ad Petrum: *Tu es Petrus, et super hanc petram ædificabo Ecclesiam meam, et portæ inferi non prævalebunt adversus eam* (*Matth.* XVI), quod si non retraxeris pedes ab illa, nullum oportebit te casum aliquatenus formidare. Venientes igitur ad apostolicam sedem venerabilem fratrem nostrum

(165) Vide supra epist. 182.

Joannem Norwicensem episcopum, et dilectos filios H. abbatem Belliloci et fratrem A. Martel, et nobiles viros H. de Bova et P. de Maulay nuntios tuos paterna benignitate suscepimus, et petitiones tuas per ipsos nobis prudenter expositas, quantum cum honestate potuimus, curavimus exaudire, firmum gerentes invito propositum ea semper efficere quæ ad tuum commodum et honorem debeant pervenire; cum pro certo speremus quod et tu in devotione ac obedientia sacrosanctæ Romanæ Ecclesiæ matris tuæ non solum persistere sed et proficere pura intentione studebis : quod utique tibi et spiritualiter et temporaliter ad magnum proficiet incrementum. Serenitatem itaque regiam rogamus attentius et monemus quatenus sanctam Ecclesiam sponsam Christi semper in regno tuo studeas honorare, faciens eam debita libertate gaudere, ut vere specialis Ecclesiæ filius comproberis, quia tunc tibi regalis dignitas integra conservabitur cum ecclesiasticam libertatem integram conservabis; diligenter attendens quod principes illi pene penitus defecerunt qui ecclesiasticam præsumpserunt infringere libertatem, ii vero semper de bono profecerunt in melius qui jura studuerunt ecclesiastica confovere. Illum autem tuæ regali prudentiæ consulimus ad cautelam, ut cum archiepiscopis et episcopis regni tui contentiose non agas, maxime super negotiis spiritualibus et ecclesiastico jure ; cum ad nos possis habere recursum, per quos multa poteris honeste perficere quæ honeste non potes efficere per te ipsum; pro certo confidens quod nos petitiones et preces tuas, quantum honestas permiserit, intendimus efficaciter exaudire. Quid denique prædictis nuntiis responderimus super tua non excommunicanda persona neque tua interdicenda capella nisi de mandato sedis apostolicæ speciali, aliisque nonnullis de quibus cum eis studiose contulimus, ipsi, tanquam viri providi et fideles, tuæ poterunt excellentiæ viva voce referre, quos merito suæ probitatis et fidei tibi reddidimus commendatos.

Datum Laterani, II Non. Novembris, pontificatus nostri anno sexto decimo.

CXXXI.

JOANNI ILLUSTRI ANGLORUM REGI, EJUSQUE DE SUA UXORE LIBERIS HÆREDIBUS IN PERPETUUM.

Ejusdem argumenti cum epistola 79.

(Laterani, II Non. Novembris.)

Rex regum et Dominus dominantium Jesus Christus, sacerdos in æternum secundum ordinem Melchisedech, ita regnum et sacerdotium in Ecclesia stabilivit ut sacerdotale sit regnum et sacerdotium sit regale, sicut in Epistola Petrus et Moyses in lege testantur, unum præficiens universis, quem suum in terris vicarium ordinavit; ut sicut ei flectitur omne genu cœlestium, terrestrium, et etiam infernorum, ita illi omnes obediant et intendant, ut sit unum ovile et unus pastor. Hunc itaque reges sæculi propter Deum adeo venerantur ut non reputent se rite regnare nisi studeant ei devote servire. Quod tu, fili charissime, prudenter attendens, illo misericorditer inspirante in cujus manu sunt corda regum, et quo voluerit vertit illa, teipsum et regna tua etiam temporaliter ei subjicere decrevisti cui noveras spiritualiter esse subjecta; ut in unam vicarii Christi personam, quasi corpus et anima, regnum et sacerdotium uniantur ad magnum utriusque commodum et augmentum. Ille utique hoc dignatus est operari qui cum sit alpha et omega, finem retulit ad principium, et principium protraxit ad finem ; ut illæ provinciæ quæ olim sacrosanctam Romanam Ecclesiam propriam in spiritualibus habuere magistram, nunc etiam in temporalibus dominam habeant specialem. Tu quippe, quem Deus ad hoc idoneum ministrum elegit, tam te quam etiam regna tua, Angliæ videlicet et Hiberniæ, cum omni jure ac pertinentiis suis devota et spontanea voluntate ac communi consilio baronum tuorum Deo et sanctis apostolis ejus Petro et Paulo sanctæque Romanæ Ecclesiæ nobisque ac successoribus nostris in jus et proprietatem sub annuo mille marcharum censu offerens concessisti, sicut in tuo continetur authentico scripto (166), cujus de verbo ad verbum talis tenor existit : *Joannes Dei gratia rex Angliæ, dominus Hiberniæ, dux Northmaniæ et Aquitaniæ, comes Andegaviæ, omnibus Christi fidelibus præsentem chartam inspecturis salutem. Universitati vestræ per hanc chartam* (167) *nostram sigillo nostro munitam volumus esse notum, quia cum Deum et matrem nostram sanctam Ecclesiam offenderimus in multis, etc., ut supra epist.* 77. Nos autem oblationem et concessionem hujusmodi pie ac provide factas gratas et ratas habentes, personam tuam et personas hæredum tuorum cum prædictis regnis et pertinentiis eorumdem et omnibus bonis aliis rationabiliter nunc possessis et in posterum possidendis sub beati Petri et nostra protectione suscipimus, tibi et ipsis secundum præscriptam formam de communi consilio fratrum nostrorum supradicta regna concedentes in feudum et præsenti privilegio confirmantes; ita quod quilibet hæredum tuorum, cum regni coronam acceperit feudum hujusmodi summo pontifici et Romanæ Ecclesiæ publice recognoscat, et eis fidelitatis exhibeat juramentum. Nulli ergo omnino hominum liceat hanc paginam nostræ concessionis et confirmationis infringere vel ei usu temerario contraire. Si quis autem, etc., *usque incursurum.*

Datum Laterani, per manum Rainaldi acolythi et capellani domini Innocentii III papæ, II Non. Novembris, indictione secunda, Incarnationis Dominicæ anno millesimo ducentesimo decimo tertio, pontificatus vero ejusdem domini Innocentii anno sexto decimo.

---

(166) Tom. V. Spicilegii Dacheriani, pag. 574. Additur, *aurea bulla munito.*

(167) In Spicilegio, *aurea bulla munitam.*

CXXXII.

DUBLINENSI ARCHIEPISCOPO ET NORWICENSI ET WINTONIENSI EPISCOPIS, ET NOBILIBUS VIRIS GUILLELMO SARESBERIENSI, G. FILIO PETRI ESSEXIÆ, R. BOLONIÆ, R. CESTRIÆ, W. VUARANNIÆ, W. MARESCALLO PAMBROCIÆ, R. LI BIGOT NORFOLCIÆ, W. ARUNDELLI, GUILLELMO DE FERR. ET SACRO WINTONIÆ COMITIBUS, ET R. FILIO ROGERI; W. BRIGERTE, R. DE ROS, G. FILIO RAUFREDI, R. DE MORTUOMARI. P. FILIO HEBERTI, ET W. DE ALBINIACO.

De eadem re.
(Laterani, II Kal. Novembris.)

In forma concordiæ qua cum multa deliberatione providimus pro reformanda pace inter charissimum in Christo filium nostrum Joannem Anglorum regem illustrem et Ecclesiam Anglicanam hoc inter cætera continetur expressum, quod idem rex veram pacem et plenam securitatem præstabit venerabilibus viris Stephano Cantuariensi archiepiscopo, Willelmo Londoniensi, Eustachio Eliensi, Ægidio Herefordensi, Jocelino Bathoniensi et Huberto Lincolniensi episcopis, priori quoque ac monachis Cantuariensibus et Roberto filio Walteri, ac Eustachio de Vesci, nec non cæteris clericis ac laicis hoc negotium contingentibus, præstando simul coram legato vel delegato nostro publice juramentum quod ipsos cum suis nec lædet nec lædi faciet vel permittet [in personis vel rebus, eisque omnem indignationem dimittet, et in gratiam suam eosdem recipiet ac bona fide tenebit, quodque præfatos archiepiscopum et episcopos non impediet nec faciet aut permittet aliquatenus impediri quominus ipsi libere suum exsequantur officium et plena suæ juridictionis auctoritate, prout debent utantur, et super iis tam nobis quam ipsi archiepiscopo et singulis episcopis suas patentes litteras exhibebit, faciens ab episcopis et comitibus ac baronibus suis, quot et quos præfati archiepiscopus et episcopi postulaverint, juramenta et eorum patentes litteras exhiberi quod ipsi bona fide studebunt ut hæc pax et securitas firmiter observetur, et si forte (quod Deus avertat), idem rex per seipsum vel alios contravenerit, ipsi pro Ecclesia contra violatores securitatis et pacis mandatis apostolicis inhærebunt, ac dictus rex perpetuo custodiam vacantium Ecclesiarum amittat. Sane intelleximus vos pro præscripta securitate ac pace jurasse vestrasque patentes litteras tradidisse. Unde per apostolica vobis scripta mandamus quatenus ad consummandam et conservandam formam ejusdem securitatis et pacis diligens studium impendatis et operam efficacem. Ne quis autem ex hujus vinculo cautionis occasionem assumat contra præfatum regem aliquam turbationis materiam suscitandi, cum per eam sic illis ad necessariam securitatem et pacem velimus esse provisum quod isti ad gravamen indebitum vel incommodum non redundet, præsentium vobis auctoritate præcipimus quatenus, si quid forsan emerserit quod contra præscriptam securitatem et pacem facere proponatur, a non ante cujusquam instinctu adversus eumdem regem aliquatenus moveamini quam consulto Romano pontifice ipsius recipiatis cum responso mandatum qui omnia consuevit æquo libramine moderari, cum hoc ipsum in prædicta forma contineatur expressum, quod vos pro Ecclesia contra violatores securitatis et pacis debetis mandatis apostolicis inhærere.

Datum Laterani, II Kal. Novemb., pontificatus nostri anno sexto decimo.

CXXXIII.

NICOLAO TUSCULANO EPISCOPO APOSTOLICÆ SEDIS LEGATO.

De absolutione regis Angl.
(Laterani, II Kal. Novembris.)

Cum de charissimo in Christo filio nostro Joanne illustri Anglorum rege ac ejus regno, quod ad Romanam Ecclesiam ex ejus dono jure pertinet speciali, oporteat nos curam et sollicitudinem gerere diligentem, fraternitati tuæ per apostolica scripta mandamus quatenus, postquam relaxatum fuerit interdictum, venerabilibus fratribus nostris Stephano Cantuariensi archiepiscopo, S. R. E. cardinali et coepiscopis ejus ex parte nostra districte præcipias quatenus omnes litteras, tam priores quam posteriores, impetratas a nobis contra eumdem regem si formam pacis non duceret admittendam, illasque præsertim quæ sic incipiunt : *Exspectantes hactenus exspectavimus*, per regnum Franciæ, Angliam, Scotiam et Hiberniam ad archiepiscopos et episcopos, nec non Leodiensem et Trajectensem pontifices destinandas, tibi sine diminutione aliqua repræsentent, easque protinus facias minutatim incidi vel igne comburi, ne contra eum ipsarum occasione quidquam sinistri valeat attentari; ipsos ad hoc, si necesse fuerit, districtione qua convenit compellendo.

Datum Laterani, II Kalend. Novemb., pontificatus nostri anno sexto decimo.

CXXXIV.

EIDEM.

De eadem re.
(Laterani, II Kal. Novembris.)

Fraternitati tuæ præsentium auctoritate mandamus quatenus postquam interdictum Angliæ fuerit relaxatum, omnes conjurationes et factiones, si quæ occasione discordiæ inter regnum et sacerdotium factæ sunt, denunties auctoritate nostra irritas et inanes, cum causa cessante, cessare debeat et effectus.

Datum Laterani, II Kal. Novemb. pontificatus nostri anno sexto decimo.

CXXXV.

ARCHIEPISCOPO ET EPISCOPIS ET NOBILIBUS VIRIS BARONIBUS, MILITIBUS, NEC NON ET UNIVERSIS POPULIS PER ANGLIAM ET WALLIAM CONSTITUTIS.

Super eodem.
(Laterani, V Kal. Novembris.)

Cum per ipsius gratiam qui discordantes parietes in se angulari lapide copulavit, vera pax et plena concordia sit inter regnum et sacerdotium in Anglia reformata, nos, qui tenemur curam et sollicitudinem gerere specialem de charissimo in Christo nostro Joanne illustri Anglorum ac ejus regno, quod ad Romanam Ecclesiam per donum ipsius speciali jure noscitur pertinere, sibi et hæredibus suis providere volentes per apostolica vobis scripta mandamus atque præcipimus quatenus in fidelitate ipsius regis ac hæredum suorum prompto animo et corde sincero perseverare curetis, tales vos circa devotionem ipsius per omnia exhibentes quod tam a nobis quam ipso debeatis merito commendari ; scientes pro certo quod nos ad ipsius commodum et honorem efficaciter aspiramus.

Datum Laterani, v Kal. Novembris, pontificatus nostri anno sexto decimo.

In eumdem modum scriptum est archiepiscopis, episcopis, et abbatibus, et cæteris Ecclesiarum prælatis et nobilibus viris principibus, comitibus, baronibus et universis militibus, et populis per Hiberniam constitutis. In eumdem modum Willelmo illustri regi Scotiæ, et nobili viro Alexandro filio ejus.

CXXXVI.
ROBERTO TITULI SANCTI STEPHANI IN COELIO MONTE PRESBYTERO CARDINALI APOSTOLICÆ SEDIS LEGATO.
Super eodem.
(Laterani, v Kal. Novembris.)

Cum per ipsius gratiam, etc., *ut supra usque* mandamus quatenus nobis inconsultis in cismarinam terram ipsius non proferas aliquo modo sententiam interdicti.

Datum Laterani, v Kal. Novemb., pontificatus nostri anno sexto decimo.

CXXXVII.
NICOLAO TUSCULANO EPISCOPO APOSTOLICÆ SEDIS LEGATO.
Super eodem.
(Laterani, III Kal. Novembris.)

Olim venerabilibus fratribus nostris Stephano Cantuariensi archiepiscopo S. R. E. cardinali, Willelmo Londoniensi, Eustachio Eliensi, Ægidio Herefordensi et Huberto Lincolniensi episcopis apostolicis dedimus litteris in mandatis quatenus concessiones, pactiones, sive promissiones quas clerici seu religiosi viri cujuscunque professionis vel ordinis Joanni regi Angliæ super ablatis vel extortis post interdictum fecerunt quo minus ipsa restituantur ad plenum denuntiarent irritas et inanes auctores etiam et procuratores illarum, nisi moniti satisfecerint, excommunicationis vinculo innodarent, si qui vero prædictorum noluerint ablata vel extorta repetere, detentores eorum nihilominus ipsa restituere compellerent in terræ sanctæ subsidium juxta mandatum apostolicum reservanda. Cum igitur ad subsidium terræ sanctæ totis affectibus aspiremus, volentes id per tuæ sollicitudinis studium effectui mancipari, per apostolica tibi scripta mandamus quatenus ea quæ taliter fuerint reservanda facias apud domos Hospitalii et Templi accurate deponi et fideliter custodiri, recipiens super ipsis depositis testimoniales litteras magistrorum; contradictores, si qui fuerint, vel rebelles per censuram ecclesiasticam, sublato appellationis obstaculo, compellens.

Datum Laterani, III Kal. Novemb., pontificatus nostri anno sexto decimo.

CXXXVIII.
EIDEM.
Super eodem.
(Laterani, II Kal. Novembris.)

(168) Cum non possit Ecclesiis melius provideri quam si eis præficiantur pastores idonei, qui non tam præesse cupiant quam prodesse, fraternitati tuæ, de qua plenam fiduciam obtinemus, per apostolica scripta mandamus quatenus episcopatus et abbatias Angliæ nunc vacantes facias cum tuo consilio de personis idoneis per electionem vel postulationem canonicam ordinari, quæ non solum vita et scientia sint præclaræ, verum etiam regi fideles et regno utiles, nec non ad consilium et auxilium efficaces, assensu regio requisito. Cum ergo vacantium Ecclesiarum capitulis nostris demus litteris in præceptis ut tuo consilio acquiescant, tu Deum habens præ oculos, consulas super hoc viros providos et honestos, qui plene norint merita personarum, ne te cujusquam astutia circumveniri contingat. Si qui vero contradictores fuerint vel rebelles, tu eos per censuram ecclesiasticam, appellatione remota, compescas.

Datum Laterani, II Kal. Novemb., pontificatus nostri anno sexto decimo.

Scriptum est super hoc vacantium Ecclesiarum capitulis.

CXXXIX.
NEAPOLITANO ARCHIEPISCOPO.
De accusatione adversus archiepiscopum Surrentinum.
(Laterani, VIII Idus Novembris.)

(169) Constitutis in nostra præsentia venerabili fratre nostro Alferio archiepiscopo et dilecto filio Matthæo canonico Surrentinis, dum idem M. accusationis concepto libello eumdem archiepiscopum deferret de crimine Simoniæ, asserens nihilominus eum crimini læsæ majestatis obnoxium, eo quod, ut dicebat, eodem archiepiscopo machinante Surrentina civitas a regia fidelitate recessit et reprobo juravit Othoni, ac ipsum archiepiscopum excommunicatum celebrasse divina, cum post talem machinationem per quam machinatores hujusmodi latam a sede apostolica excommunicationis sententiam incurrerunt, divina præsumpserit celebrare, archiepiscopus, antequam describendi libellum fieri sibi copiam postularet, in personam accusatoris quod esset inimicus et conspirator excepit, allegans interdi-

(168) Vide Matth. Paris. ad an. 1215, ubi hæc epistola refertur.

(169) Cap. *Constitutis*, De testib.

cendum ei aditum accusandi, cum secundum instituta canonica inimici et conspiratores in nullius debeant accusationem admitti (170). Ad quod pars adversa respondit quod cum tanta sit labes simoniacæ pravitatis ut servi adversus dominos et criminosi quilibet admittantur, et in prodendo crimine læsæ majestatis socius etiam initæ factionis non solum auditur, quinimo præmio et honore donatur, super præmissis exceptiones hujusmodi accusationem elidere non valebant, præsertim cum publicæ utilitatis intersit ne crimina remaneant impunita (171). Fuit autem ad hæc ex adverso responsum quod cum in decreto Anacleti papæ caveatur expresse accusatores esse non posse qui ante hesternum diem aut nudiustertius inimici fuerunt, ne irati nocere cupiant vel læsi ulcisci, et inoffensus accusatorum quæratur affectus, et non suspectus, ac constitutio Calisti (172) papæ generaliter interdicat conspirationem in alicujus accusationem admitti, nec in aliquo canone sit expressum quod inimicus ac conspirator in exceptis criminibus audiatur, ne quod sanctorum Patrum documento sancitum non est superstitiosis adinventionibus attentetur, circa præmissa prohibitioni standum est generali, præsertim secundum æquitatem canonicam, quæ viam non debet malignitatibus aperire.

Inter hæc autem de causis inimicitiarum et conspirationis archiepiscopus interrogatus respondit quod memoratus M. ipsi archiepiscopo et cum in archidiaconum et cum in archiepiscopum fuit assumptus se opposuit adversarium manifestum. Præterea cum quidam Neapolitanus fuisset in mortem fratris archiepiscopi machinatus, et per amicos ipsius ejiceretur de propria civitate, quidam magnates quos dictus Neapolitanus consanguinitatis linea contingebat ejectionem illius ad injuriam reputantes eumdem induxere Matthæum ut cum quibusdam aliis in damnationem ipsius archiepiscopi conjuraret. Porro priorem causam non duximus admittendam, maxime cum reconciliatio fuerit subsecuta; prout ex narratione ipsius archiepiscopi notabatur (173). Super alia vero quam inficiabatur M. fuit pro ipsius parte propositum quod non est interdicta subjectis omnis conjuratio in prælatum; quia, cum secundum decretum Gelasii papæ quisdam clericorum confidere non debeat offensæ apostolicæ se immunem, si in iis quæ sequenda salubriter apostolica deprompsit auctoritas episcopum viderit excedentem, et non protinus ad aures Romani pontificis deferre curaverit, in pestilentem prælatum non immerito possunt conjurare subjecti, exemplo quadraginta episcoporum Illyrici ac Græciæ, qui per professionem in scriptis factam convenientes in unum, a Timotheo, qui per metum imperatoris Anastasii fuerat in Constantinopolitanum assumptus episcopum, discesserunt (174). Verum asserente archiepiscopo ex fomite malignitatis in eum conjurasse Matthæum et hoc se legitime probaturum, ad ultimum consentientibus partibus sic duximus providendum, ut archiepiscopus porrectum libellum accipiens, super objectis criminibus responderet, reservata sibi facultate probandi quod idem M. ex malignitate conjuravit in ipsum. Libelli vero conceptio talis erat. « In nomine Domini, Amen. Anno Domini millesimo ducentesimo decimo tertio, pontificatus domini Innocentii III summi pontificis anno sexto decimo, mense Octobris, septimo Idus ejusdem. Apud vos, domine Innocenti Dei gratia summe pontifex, ego Matthæus canonicus Surrentinus defero dominum Alferium Surrentinum archiepiscopum lege canonica reum de Simonia; quia dico ipsum promisisse archidiaconatum Surrentinum Joanni Ciroleon olim canonico Surrentino ut consentiret electioni suæ in civitate Surrenti in camera, juxta triclinium episcopii, tempore domini Cœlestini tertii summi pontifis, mense Januarii. Item defero eum reum de crimine læsæ majestatis; quia civitas Surrentina recedendo a fidelitate regia, juravit Othoni, ipso hoc procurante, tempore domini Innocentii tertii summi pontificis in civitate Surrenti, in palatio suo, mense Maii. Et defero eum postmodum multoties celebrasse divina in ecclesia Surrentina, cum per sententiam vestram credam eum ob hoc excommunicationis vinculum incurrisse. Ego dictus M. profiteor me hunc libellum inscriptionis dedisse. » Oblato tandem libello, pars archiepiscopi allegavit quod erat minus legitime in quadam sui parte conceptus, eo quod non continebatur in ipso quo anno fuerint crimina objecta commissa. Cum enim libelli conceptio continere debeat mensem et consules sub quibus crimen dicitur fuisse commissum et antiquitus consules constituerentur annales, videtur quod admissi criminis annus exprimi debeat in libello.

Frustra etiam mensis juberetur apponi, si anni cujus est mensis non habetur aliqua certitudo. Ad quod pars accusatoris respondit quod cum in forma concipiendi libellum de anno non inveniatur expressum, sicut nec dies, ita nec annus admissi criminis debet apponi ne subornationi testium occasio præbeatur. Nec propter hoc quod in foro civili debent exprimi consules, licet consules essent antiquitus annui, sequitur quod certus annus sit exprimendus, cum idem consul diversis vicibus et pluribus annis gerere potuisset officium consulatus; unde per expressionem nominis ejus de certo anno constare non posset. Et cum in denominatione mensis non constet cujus anni mensis existat, non ita per expressionem mensis, sicut et anni, ad subornandum testes occasio posset assumi. His autem et aliis hinc inde propositis, cum ad ultimum accusator expresserit archiepiscopum eo anno commisisse Simoniæ crimen objectum quo fuit archiepi-

(170) Cap. *Tanta* et cap. *Licet Heli*, De Simonia.
(171) 5, q. 5, c. *Accusatores*.
(172) Callistus I, epist. 2, cap. 1.

(173) 2. q. 7, cap. *Quapropter*.
(174) 16, q. 7, c. *Sane Thessalonicensi*.

scopatum adeptus, promittendo archidiaconatum Ecclesiæ Surrentinæ J. Ciroleon quondam canonico Surrentino si consentiret in ipsum, ac de tempore quo prædicta civitas juravit Othoni, satis manifeste constaret, ad contestationem litis, inficiante archiepiscopo crimina sibi opposita, est processum. Confessus est tamen quod postquam civitas juravit Othoni, multoties celebravit.

Productis autem ex parte archiepiscopi quibusdam testibus ad probandam exceptionem objectam cum hujusmodi protestatione M., scilicet quod post publicationem depositionum illorum, si vellet, posse objicere in personas, quia illis archiepiscopus contentus esse nolebat, depositiones ipsorum minime publicantes, receptionem testium tam super principali quam super exceptione prædicta de consensu partium fraternitati tuæ duximus committendam, per apostolica tibi scripta mandantes quatenus testes quos utraque pars duxerit producendos diligenter examines, et eorum dicta conscripta fideliter ad nos sub tuo conclusa sigillo transmittas, præfigens partibus terminum competentem quo nostro se conspectui repræsentent. Cæterum quoniam a principio protestatus est præfatus M. nobilem virum Simonem de Surrento germanum archiepiscopi memorati et quosdam alios ipsius archiepiscopi consanguineos multa impedimenta per suam potentiam præstitisse quo minus probationis copiam in nostra præsentia secum habuerit, cum quosdam induxerint ad jurandum ne adversus archiepiscopum aliquid dicerent, et alios minis ac terroribus a perhibendo testimonio nitantur arcere, nos ex officio nostro super hoc providere volentes, mandamus ut generalem feras excommunicationis sententiam in omnes qui aliquod impedimentum ipsi M. præstare præsumpserint in testibus producendis. Illos autem quos, sicut dictum est, jurasse constiterit quod contra archiepiscopum nihil dicerent denunties juramento hujusmodi non teneri quominus valeant in hac causa perhibere testimonium veritati. Si quis autem de consanguineis archiepiscopi aliquos de testibus præsumpserit impedire, quia verisimile non videtur ut eo invito talia fierent, et ob hoc non caret scrupulo societatis occultæ, eo quod, si voluerit, poterit prohibere cum secundum legitimas sanctiones ostendat se iniquam litem fovere, ac experiri debeat judicis auctoritatem elusam qui defensionis copiam subtrahit adversario, eumdem archiepiscopum ab officio pontificali suspendas, et facias, sublato appellationis obstaculo, manere suspensum donec illum fecerit a tali præsumptione cessare. Tu denique, frater archiepiscope, etc.

Datum Laterani, VIII Idus Novembris, pontificatus nostri anno sexto decimo.

(175) Vide lib. xv, epist. 189.

CXL.

EPISCOPO TAURINENSI.

Ut recipiat cessionem episcopi Aquensis.

(Laterani, II Idus Novembris.)

Venerabilis frater noster Aquensis episcopus nobis per litteras suas humiliter supplicavit ut eumdem senectute confectum a sollicitudine pontificalis officii absolvere dignaremur. Quocirca fraternitati tuæ per apostolica scripta mandamus quatenus cessionem ipsius recipias vice nostra, ipsum, si a cedendi proposito forte destiterit, ad id per censuram ecclesiasticam, appellatione postposita, compellendo. Ejus autem cessione recepta, relaxes suspensionis sententiam quam dilecti filii abbas Sancti Stephani Bononiensis et magister Gra. in eum auctoritate nostra protulisse noscuntur; ac sibi de proventibus Aquensis Ecclesiæ juxta facultates ipsius et necessitatem personæ provisionem congruam facias assignari (175); injungens capitulo ejusdem Ecclesiæ ut personam idoneam sibi per canonicam electionem præficiant in pastorem non obstante privilegio Alexandrinis ab apostolica sede concesso, cum eodem reddiderint se indignos. Tu denique, frater episcope, etc.

Datum Laterani, II Idus Novembris, anno decimo sexto.

CXLI.

CAPITULO MEDIOLANENSI.

Dat eis archiepiscopum.

(Laterani, VII Idus Novembris.)

(176) Receptis litteris nostris quibus vobis dedimus in mandatis ut causam electionum et postulationis in vestra celebratarum Ecclesia, quam dudum ad petitionem vestram duximus committendam, coram judicibus quibus illam commisimus usque ad festum Sanctæ Crucis proximo præteritum finaliter prosequi studeretis, alioquin ex tunc procuratores idoneos ad nostram curaretis præsentiam destinare, pastorem quem Domino inspirante vobis et eidem providerimus Ecclesiæ recepturos, nuper dilectos filios Alkerium subdiaconum nostrum, Stephanum Balbum, et Willelmum canonicos vestros ad sedem apostolicam cum vestris litteris destinastis, cum multimoda gratiarum actione, mandatum nostrum humiliter admissuros, suppliciter postulantes ut quem mallemus de gremio Ecclesiæ vestræ vobis dignaremur concedere in pastorem. Nos autem super hoc deliberatione habita diligenti, suspicionis et dissensionis materiam vitare volentes, dilectum filium Henricum cimiliarcham Ecclesiæ vestræ, virum providum et honestum, in pastorem vobis duximus concedendum, per apostolica scripta mandantes quatenus ei tanquam pastori vestro reverentiam et obedientiam impendatis debitam ac devotam.

Datum Laterani, VII Idus Novembris, anno XVI.

(176) Vide lib. xv, epist. 112.

CXLII.

PRIORI ET CONVENTUI FARFENSIBUS.
De electione abbatis.
(Laterani, xvi Kal. Decembris.)

Quam graviter et enormiter intrinsecam et extrinsecam pestem in spiritualibus et temporalibus a longo jam tempore Farfense monasterium sit collapsum manifesta demonstrant indicia et certa comprobant argumenta. Nos autem quibus divinitus omnium Ecclesiarum est sollicitudo commissa frequenter ad ejus curationem intendimus; sed propter lethalem plagam cordis et capitis, quae quasi a planta pedis usque ad verticem corpus infecit, nondum illam potuimus ex toto curare, ut dicere valeamus : *Curavimus Babylonem, et non est sanata* (*Jer.* LI). Nunc vero tempus advenit ut si ei caput praeficiatur idoneum totum corpus valeat a languore curari. Verum mirari cogimur et moveri quod nobis irrequisitis penitus et contemptis, qui Deo teste ad reformationem ipsius monasterii pura semper intentione processimus, vos ad electionem abbatis de praeposito faciendam praepropere processistis, qui, ut de caeteris taceamus, in tantae praesumptionis et ambitionis arrogantiam est elatus ut antequam confirmatio postularetur a nobis, quin etiam prius quam quidquam nobis de ipsius fuisset electione relatum, praesumpserit monachorum obedientias et laicorum fidelitates recipere, in choro, in capitulo, in refectorio, et in camera locum abbatis usurpans, recipiendo munitiones et castra, seque Farfensem electum non solum gerere sed et scribere non expavit; sicut per juramenta constitit monachorum, quorum nonnulli super pravitate Simoniaca requisiti, tam de auditu quam etiam de crudelitate testimonium perhibuere jurati. Nos igitur ecclesiasticae puritatis zelo succensi, quod tam improbe factum est irritantes, universos ab obedientia et fidelitate illi praestita decernimus auctoritate apostolica penitus absolutos; districte praecipientes eidem ut, si periculum vult ordinis evitare, de ipsa electione se nullatenus intromittat, sed incontinenti universa resignet quae tali occasione recepit, ac deinde vocatis omnibus ad quos spectat electio Deum habentes prae oculis, talem personam, sive de ipso monasterio sive de alio vobis eligatis regulariter in abbatem cui nihil obsistat de canonicis institutis. Nos enim ex parte Dei omnipotentis Patris et Filii et Spiritus sancti, auctoritate quoque beatorum apostolorum Petri et Pauli ac nostra, excommunicamus et anathematizamus omnes et singulos qui contra conscientiam suam quemquam nominare vel eligere praesumpserint in abbatem, maxime pro quo sciant aut credant donationem sive promissionem factam esse aut etiam faciendam; et si aliquo tempore de tali fuerint reatu detecti, sciant se ab ipso monasterio perpetuo removendos. Has denique litteras districte praecipimus coram clero et populo publice a legi et diligenter exponi, ne valeant excusari si qui forte praesumpserint mandatis apostolicis obviare.

Datum Laterani, xvi Kal. Decemb., pontificatus nostri anno xvi.

CXLIII.

G FERRARIENSI PRAEPOSITO.
Constituitur rector massae Ficaroli.
(Laterani, xii Kal. Decembris.)

(177) De tua confisi prudentia et potentia, post obitum bonae memoriae Ferrariensis episcopi curam et administrationem massae Ficaroli tibi duximus committendam, mandantes ut redditus tam ipsius massae quam civitatis Ferrariensis, quos Romana Ecclesia percipere consuevit, nomine nostro colligeres et fideliter conservares. Verum, sicut ex tuis accepimus litteris, ad te non pervenit illud mandatum. Unde credimus ipsum non sine malitia fuisse suppressum. De illis autem redditibus ad Ecclesiam Romanam spectantibus quos quidam Ferrarienses, sicut intelleximus, ex concessione clarae memoriae marchionis Estensis percipiunt, scire te volumus concessiones hujusmodi non esse factas de nostrae arbitrio voluntatis. Unde nos ipsas decernimus, et tu de mandato nostro denunties irritas et inanes. Tu igitur redditus ipsos et alios ad Romanam Ecclesiam pertinentes tam in Ferraria quam in massa praedicta nomine nostro recolligas et studeas conservare. Quae vero male alienata vel concessa repereris, auctoritate sedis apostolicae revoces; contradictores, si qui fuerint, vel rebelles per censuram ecclesiasticam appellatione postposita compescendo. Quidquid autem super his feceris, nobis rescribere non postponas.

Datum Laterani, xii Kal. Decemb., pontificatus nostri anno sexto decimo.

CXLIV.

ABBATI SANCTI PETRI ALTISIODORENSIS, DECANO TRECENSI ET SACRISTAE ALTISIODORENSI.
Ut cives Senonenses satisfaciant Ecclesiae.
(Laterani, Idibus Novembris.)

Significavit nobis venerabilis frater noster archiepiscopus Senonensis quod cum dilectus filius abbas Sancti Petri Vivi olim bona quondam Menardi defuncti, hominis Ecclesiae suae, tanquam res proprias et sibi debitas accepisset, et ipsas ad mandatum majoris et parium Senonensium reddere vel recredere non curasset, ipsi homines Ecclesiae jam dictae auctoritate propria capere praesumpserunt, et licet postmodum ad mandatum dilecti filii P. officialis praefati archiepiscopi restituerint viros illos, quia tamen post haec dicti cives admoniti saepius recusarunt abbati praedicto injuriam de captione suorum hominum emendare, prout idem officialis per sententiam diffinivit, excommunicavit officialis eosdem. Propter quod ipsi plusquam duodecim homines Ecclesiae Sancti Petri capere iterum praesumpserunt, ipsos Senonis in carcerem detrudentes : quos quia pluries

---

(177) Vide supra epist. 101.

requisiti reddere vel recredere noluerunt, denuo dictus officialis eos excommunicationis pœnæ subjecit, et civitatem Senonensem, in qua tenebantur in carcere religati homines Ecclesiæ memoratæ, supposuit interdicto. Consequenter vero dicti cives propter suam contumaciam manifestam, quia respondere in Senonensi curia contempserunt, occasionem frivolam prætendendo, et quia noluerunt securos reddere homines Ecclesiæ Sancti Petri, sicut per officialis præfati sententiam fuerat diffinitum, nec non et quia reddere noluerunt res cujusdam feminæ ipsius Ecclesiæ quas ceperant, iterato per dictum officialem insuper triplici excommunicationis laqueo sunt astricti; sicque tam gravi pœnæ quinquies subjici meruerunt. Postmodum autem ad partes illas accedens dilectus filius Robertus tituli Sancti Stephani in Cœlio monte presbyter cardinalis, apostolicæ sedis legatus, et coram se utramque partem faciens præsentari, præscriptis majori et paribus, recepto prius ab ipsis corporaliter juramento quod mandatis ejus in omnibus et per omnia obedirent, beneficium absolutionis impendit, præcipiens eis firmiter in virtute præstiti juramenti quod ecclesiæ prædictæ captos homines liberarent et emendas tribuerent, ac insuper de solvendis excommunicationum emendis nec non et de restituendis integre universis quæ restituenda forent, fidejussores idoneos exhiberent, sicut præsentatæ nobis ipsius legati litteræ continebant. Ipsi vero, licet homines liberarint, spreta tamen postmodum in suarum periculum animarum religione præstiti juramenti, mandatum ipsius cardinalis implere de faciendis emendis et fidejussionibus exhibendis penitus contempserunt, sicut per litteras exsecutorias præfati legati nobis constitit manifeste. Cum igitur cardinalis prædictus in negotio crucis Dominicæ promovendo multipliciter occupatus, decisioni hujus causæ non valeat absque dispendio interesse, nec velimus tantam contumaciam totque injurias, quæ asseruntur Christi Ecclesiæ irrogatæ, surdis auribus pertransire, volentes etiam dictorum majoris et civium spirituali periculo præcavere, discretioni vestræ per apostolica scripta præcipiendo mandamus quatenus nisi dicti major et pares emendas fecerint, et de solvendis emendis et restituendis integre universis quæ propter hæc restituere tenebuntur, fidejussores idoneos dederint archiepiscopo memorato, prout eis dictus cardinalis præcepit sub debito præstiti juramenti, vos ipsos auctoritate nostra in priores excommunicationum sententias appellatione postposita reducatis, facientes easdem cum interdicti sententia usque ad satisfactionem congruam inviolabiliter observari. Si vero præscripti major et pares prædicta fecerint universa, sicut superius est expressum, audiatis quæ partes hinc inde contra suprascriptas sententias vel pro ipsis duxerint proponenda. Et si forsan infra certum tempus quod eis duxeritis præfigendum legitime vobis constiterit injuste fuisse latas sententias antedictas, ipsos cives ac fidejussores eorum ab emendis penitus absolvatis, et faciatis ei congrue satisfieri de injuriis irrogatis. Alioquin tam ipsos quam fidejussores eorum ad satisfaciendum plenarie de injuriis et emendis et restituendum omnia quæ propter hoc restituere tenebuntur per censuram ecclesiasticam appellatione postposita compellatis. Quod si non omnes, etc., duo vestrum, etc. Tu denique, fili abbas, etc.

Datum Laterani, Idibus Novemb., pontificatus nostri anno sexto decimo.

CXLV

DE CLARO MARISCO ET DE LONGOVILLARI ABBATIBUS, ET DECANO CHRISTIANITATIS DE MOSTEROLO, MORINENSIS ET AMBIANENSIS DIŒCESUM.

De reformatione monasterii S. Judoci.

(Laterani, xviii Kal. Decembris.)

(178) Dilectus filius abbas Sancti Judoci proposuit coram nobis quod cum olim propter alleviationem oneris debitorum quibus ejus monasterium premebatur, et deprimendam quorumdam contumaciam monachorum, apostolicæ sedis auxilium implorasset, ad petitionem ipsius vobis dedimus in mandatis ut ad dictum monasterium personaliter accedentes, ei vice nostra visitationis impenderetis officium, corrigendo et reformando in ipso quæ inveniretis correctionis et reformationis officio indigere. Vos autem hujus auctoritate mandati quædam pro parte in ipso monasterio correxistis, jurisdictione vobis in aliis reservata, ut certo tempore redirectis ad statum ipsius monasterii plenarie reformandum. Interim autem per nuntium venerabilis fratris nostri Ambianensis episcopi ad abbatem et priorem de Gardo diœcesana sibi lege subjectos et Atrebatensem præpositum quondam suum concanonicum et speciali sibi familiaritate conjunctum a sede apostolica quibusdam generalibus litteris impetratis super inquisitione facienda in monasteriis per Ambianensem diœcesim constitutis, iidem occasione litterarum ipsarum in memorato monasterio Sancti Judoci volebant correctionis officium exercere. Verum cum abbas et conventus ad eorum citati præsentiam rescripti apostolici copiam sibi fieri, ut ex ipsius tenore constaret si tales inquisitores haberent aliquid jurisdictionis in ipsis, et dari sibi ad deliberandum inducias postularent, nec obtinere valerent, ad sedem apostolicam appellarunt; sed illi, appellatione contempta, in eumdem abbatem suspensionis, sicut audivit, sententiam promulgarunt, alias in ipsius et quorumdam aliorum de monasterio præjudicium perperam procedentes. Unde petebat a nobis abbas prædictus eorumdem processum irritum nuntiari. Auditis igitur iis et aliis propositis coram nobis tam per abbatem eumdem quam per magistrum P. nuntium episcopi memorati, qui tamen nuntius de iis quæ proposuit non potuit facere nobis

---

(178) Vide lib. xiii, epist. 175.

fidem, quia generale mandatum non derogat speciali, præsertim cum in eo de speciali mentio non habetur, prædicti abbatis de Gardo et collegarum ejus processum decrevimus irritum et inanem. Verum ne sæpedictum monasterium tali prætextu plenariæ correctionis officio defraudetur, per apostolica vobis scripta mandamus quatenus cum intersit episcopi ne in sua diœcesi monasteria remaneant incorrecta, prædicto Ambianensi vocato, ut per se vel per nuntium, si velit, intersit, non ut impediat, sed ut in præsentia vestra proponat si quid viderit corrigendum, ad ipsum monasterium personaliter accedatis, eidem secundum tenorem præcedentium litterarum plenæ visitationis officium impensuri. Vos denique, filii abbates, super vobis ipsis, etc.

Datum Laterani, xviii Kal. Decembris, pontificatus nostri anno sexto decimo.

CXLVI.

WILLELMO ABBATI GEMBLACENSIS MONASTERII, EJUSQUE FRATRIBUS TAM PRÆSENTIBUS QUAM FUTURIS RELIGIOSAM VITAM PROFESSIS IN PERPETUUM.

De confirmatione privilegiorum.

(Laterani, xvii Kal. Decembris.)

Religiosis desideriis dignum est facilem præbere consensum, ut fidelis devotio celerem sortiatur effectum. Eapropter dilecti in Domino filii, vestris justis postulationibus clementer annuimus, et prædecessorum nostrorum felicis memoriæ Innocentii, Eugenii et Cœlestini, Romanorum pontificum, vestigiis inhærentes, præfatum monasterium, in quo divino mancipati estis obsequio, sub beati Petri et nostra protectione suscipimus et præsentis scripti privilegio communimus, statuentes ut quascunque possessiones, quæcunque bona, etc. *usque* et illibata permaneant : in quibus hæc propriis duximus exprimenda vocabulis : Ipsum videlicet monasterium in beatorum Petri et Exuperii honore fundatum, quod utique ipsius burgi principalis ecclesia esse dicitur, cum capella sua, quæ vocatur Sancti Salvatoris, juxta providentiam tuam et successorum tuorum, fili abbas, tam in temporalibus quam in spiritualibus libere et absque contradictione aliqua disponenda, salvo nimirum jure debito Leodiensis episcopi. Similiter etiam villas et capellas de Corcis, de Esnagia, et de Salveniriis, et de Lircil, et de Arentin, ad prædictum locum tam parochiali quam sæculari jure pertinentes. Præterea fundum ipsius burgi et terras adjacentes, cum banno et justitia, percussura monetæ, mercato et teloneo, foragio vini; cambatico et materia, positione villici sive scabinorum atque cæterorum officialium ad eumdem locum pertinentium. Piscarias et vivaria, cum molendinis, terris cultis et incultis, pratis, pascuis et silvis, ac partem allodii Gemblacensis quæ fuit Ægidii et Joannis fratrum de Corcis et comparticipum suorum. Ecclesiam quoque de Castris, Pictam villam, villam quæ dicitur Eineis, vicum qui dicitur Boferolus, vicum qui dicitur Maisnil, censum de Roscriis, villam quæ dicitur Soe cum ecclesia, banno, justitia, terris, silvis, pratis, pascuis et piscaria. Censum villæ quæ dicitur Templiacus, cum tribus placitis annualibus, villam quæ dicitur Ferolt, villam de Molenrivo cum ecclesia, villam Sancti Gaurerici cum ecclesia, villam de Niele cum ecclesia, allodium de Walchem, villam de Bellorivo, montem qui dicitur Sancti Wiberti cum ecclesia et appendiciis suis, decimas quorumdam sartorum de Sumbresia, villam de Diona cum ecclesia, terris, pratis et silvis, allodium de Jandrenolio, apud Puccium viginti duos solidos Leodiensis monetæ, ecclesiam de Bossuth, ecclesiam de Baverechicum cum terris ad eam pertinentibus, villam de Stirs. Apud Leodium duos mansos, unum in insula juxta Sanctum Paulum, altera Sanctum Lambertum, et vineam unam apud Viniacum. Apud Namucum aliam vineam; villam de Soffri cum ecclesia, eremum Sanctæ Mariæ apud Brenam cum ecclesia. In episcopatu Cameracensi villam de Turp cum ecclesia. Adjicientes vicesimam partem totius allodii de Bevenchin, quam tenetis de ecclesia Sancti Lamberti sub annuo censu viginti quinque solidorum Leodiensis monetæ; ecclesias quoque de Bossuth et de Bavenchien cum omni jure quod habetis in eis tam ex patronatu quam ex donatione piæ recordationis Alberti Leodiensis episcopi, quam vobis specialiter sedes apostolica confirmavit, decimam sartorum totius silvæ episcopi Leodiensis apud Bavenichen; decimam quoque in villa Smirci, quadraginta bunuariorum terræ et amplius, cum decimis quas habetis in monte Sancti Wiberti a parochianis mansionariis vestris; medietatem ecclesiæ de Uvares cum dominio dotis et terræ et census et Gallianorum. Præterea libertatem, donationes et possessiones ab illustri quondam viro imperatore Ottone et Wilbodone Leodiensi episcopo rationabiliter eidem venerabili loco collatas, et prædecessoris nostri bonæ memoriæ Benedicti papæ privilegio roboratas, et usque ad hanc diem quiete a vestro monasterio habitas, nos quoque vobis concedimus et firmamus, sicut in eorum scriptis et privilegiis authenticis continetur. Sane novalium vestrorum, etc., *usque* exigere vel extorquere præsumat. Liceat quoque vobis clericos vel laicos, etc., *usque* contradictione aliqua retinere. Prohibemus insuper, etc., *usque* nullus audeat retinere. Cum autem generale interdictum, etc., *usque* divina officia celebrare. Chrisma vero, oleum sanctum, etc., *usque* voluerit exhibere. Alioquin liceat vobis, etc., *usque* quod postulatur impendat. Adjicimus etiam ut si quando in aliquo negotio vos gravari senseritis, sedem apostolicam vobis libere liceat appellare. Quoties etiam sanctam Romanam Ecclesiam pro gravaminibus vestris aut certa utilitate adire volueritis, idipsum faciendi facultatem liberam habeatis. Sancimus etiam ut bonæ atque canonicæ consuetudines quæ in vestro monasterio hactenus viguerunt, eidem venerabili loco in perpetuum illibatæ serventur. Obeunte vero te nunc ejusdem loci abbate, etc., *usque* providerint eligendum. Decernimus ergo, etc., *usque om*nimodis profutura, salva sedis apostolicæ auctoritate et diœcesani episcopi canonica justitia. Si qua igitur in futurum, etc., *usque* districtæ subjaceat ultioni. Cunctis autem eidem loco, etc., *usque* pacis inveniant.

Datum Laterani, per manum Rainaldi acolyti et capellani domini Innocentii papæ III, xvii Kal. Decembris, indictione II, Incarnationis Dominicæ anno millesimo ducentesimo decimo tertio, pontificatus vero domini Innocentii papæ III, anno sexto decimo.

CXLVII.
EPISCOPO ET ARCHIPRESBYTERO ET B. CANONICO FLORENTINIS.

Scribitur pro judice Calaritano.
(Laterani, vi Kal. Decembris.)

Cum olim cives Pisani ad apostolicæ sedis jura manus avidas extendere cupientes, dilectum filium nobilem virum judicem Calaritanum, qui ab Ecclesia Romana terram quam habet in Sardinia in feudum tenere dignoscitur, super quibusdam ejusdem terræ partibus coram potestate Pisana per suum syndicum convenissent, ac pro suæ voluntatis arbitrio quasdam promulgari fecissent sententias contra eum in juris apostolici læsionem, nos attendentes quod idem judex super iis quæ a Romana tenet Ecclesia nonnisi sub Romano pontifice debuit conveniri, sententias ipsas, tanquam a non suo judice latas, denuntiari fecimus irritas et inanes, ac inhiberi nihilominus civibus antedictis ne ipsarum occasione præfatum judicem de cætero molestarent. Nuper autem ad audientiam nostram eodem significante pervenit quod dicti cives uti volentes sententiis antedictis, nuntios suos in Sardiniam postmodum transmiserunt, ut per ipsos eorum possessionem apprehenderent quæ ipsis per sententias adjudicata fuerant sæpedictas. Præterea B. Cajetanus Pisanus civis super fructibus cujusdam partis quam in Caleri se habere proponi, coram rectoribus Pisanis in causam traxit nobilem memoratum, eumque sibi obtinuit condemnari. Ideoque discretioni vestræ per apostolica scripta mandamus quatenus nobilem sæpedictum sententiarum occasione dictarum non sinatis ab aliquo molestari, molestatores, quoties ab eo fueritis requisiti, per censuram ecclesiasticam appellatione postposita compescentes. Quod si non omnes, etc., tu ea, frater episcope, etc., Tu denique, frater episcope, super teipso, etc.

Datum Laterani, vi Kal. Decembris, pontificatus nostri anno sexto decimo.

CXLVIII.
ABBATI SANCTI MAURICII AGAUNENSIS SEDUNENSIS DIŒCESIS.

De diacono promoto extra tempora.
(Laterani xvi Kal. Januarii.)

Constitutus in præsentia nostra dilectus filius P. Ecclesiæ tuæ canonicus nobis humiliter intimavit quod cum bonæ memoriæ Sedunensis episcopus olim in eadem ecclesia in solemnitate beati Mauricii celebraret, idem ad præsentationem bonæ memoriæ Willelmi prædecessoris tui eum in subdiaconum ordinavit, a quo ad ejusdem præsentationem abbatis in festo Annuntiationis beatæ Mariæ in diaconum fuit postmodum ordinatus; nec recolit utrum dies qua ordinem subdiaconatus accepit esset Sabbatum Quatuor Temporum, utrumve dies quo fuit in diaconum ordinatus esset Sabbatum quo canitur *Sitientes*. Unde licet statuto tempore in sacerdotem promotus divina diu officina celebrarit, postmodum tamen, ut a conscientia sua dubitationis scrupulum amoveret, a divinorum celebratione duxit humiliter abstinendum, quousque super hoc nostræ recepisset beneplacitum voluntatis. Quocirca discretioni tuæ per apostolica scripta mandamus quatenus, si super ijs veritas ignoratur, eumdem in susceptis permittas ordinibus libere manifestare; quia ubi contrarium non apparet, episcopus rite præsumitur processisse; præsertim cum et solemnitas beati Mauricii Quatuor jejuniorum Temporibus, et festum Annuntiationis Sabbato quo *Sitientes* canitur, frequenter occurrant. Verum ex anno quo exstitit ordinatus per diligentem computationem posset veritas indagari; etsi constaret quod extra statuta fuisset Sabbata ordinatus, quanquam sustineri posset quod fuit de ordine subdiaconali præsumptum, diaconalis tamen ordinis ei deberet executio interdici. Tu denique, fili abbas, etc.

Datum Laterani, xvi Kal. Januarii, pontificatus nostri anno decimo sexto.

CXLIX.
EPISCOPO SUESSIONENSI, ABBATI LONGIPONTIS CISTERCIENSIS ORDINIS SUESSIONENSIS DIŒCESIS, ET G. DECANO SUESSIONENSI.

De negotio comitatus Campaniæ et Briæ.
(Laterani, ii Idus Decembris.)

(179) Dilecta in Christo filia nobilis mulier Blancha, comitissa Campaniæ, ac Theobaldus natus ejus nostris auribus intimarunt quod inclytæ recordationis Henricus comes Campaniæ atque Briæ profecturus in terram sanctam, baronibus et militibus suis jussit ut si eum de transmarinis partibus contingeret non redire, claræ memoriæ Theobaldo fratri suo intenderent, utpote terræ domino, faciens eos super hoc præstare corporaliter juramentum: qui post mortem ejusdem comitis præfato Theobaldo, tanquam Campaniæ ac Briæ comiti, terris suis receptis ab ipso, fidelitatem ad homagium præstiterunt. Verum quia præfatus Henricus in partibus transmarinis duas filias ex claræ memoriæ [Isabella] regina Hierosolymitana sibi, ut dicitur, minus legitime copulata suscepit (180), comitissa præfata et filius ejus timentes sibi ab illis vel a viris earum, cum fuerint matrimonio copulatæ, moveri super eisdem comitatibus quæstionem, ne pro defectu testium jus eorum valeat deperire, nobis humiliter supplicarunt

---

(179) Vide infra epist. 151.

(180) Vide Gesta Innoc. III, cap. 58.

ut valitudinarios testes et senes recipi faceremus. A Nos igitur eorum volentes indemnitatibus præcavere, ne veritas valeat occultari, discretioni vestræ per apostolica scripta mandamus quatenus testes senes et valitudinarios, quos super iis iidem producendos duxerint, admittatis, et diligenter examinantes eosdem, ac depositiones ipsorum fideliter redigentes in scriptis, ipsa sigillorum vestrorum munimine roboratas faciatis cautius custodiri. Quod si non omnes, etc., tu, frater episcope, etc. Vos denique, frater episcope, ac fili abbas, super vobis ipsis et creditis vobis gregibus taliter, etc.

Datum Laterani, II Idus Decemb., pontificatus nostri anno sexto decimo.

In eumdem modum Vindocinensi et de eleemosyna abbatibus Carnotensis diœcesis, et subdecano Sancti Martini Turonensis usque in finem.

Datum Laterani, *ut supra.*

CL.

PATRIARCHÆ JEROSOLYMITANO APOSTOLICÆ SEDIS LEGATO, ET TYRENENSI ARCHIEPISCOPO.

De matrimonio Erardi de Brena.

(Laterani, XVII Kal. Januarii.)

(181) Ex parte dilectæ in Christo filiæ nobilis mulieris Blanchæ comitissæ Campaniæ ac Theobaldi nati ejus nostro est apostolatui reseratum quod nobilis vir Erardus de Brena nuper ad partes vestras accessit ut unam de filiabus claræ memoriæ Henrici comitis Campaniæ accipiat in uxorem, quæ ipsum dicitur in eo gradu consanguinitatis attingere quod secundum sanctorum Patrum statuta legitime nequeunt copulari, cum inclytæ recordationis Ludovicus rex Grossus, proavus videlicet comitis supradicti, frater exstiterit Florii, cujus pronepos est Erardus : quod ut asserunt, satis est in Galliarum partibus manifestum, et constare de facili poterit evidenter. Cum igitur ipsi, si necesse fuerit, id probare in eisdem partibus sint parati, et satius sit in hujusmodi ante tempus occurrere quam post tempus remedium mendicare, fraternitati vestræ per apostolica scripta præcipiendo mandamus quatenus sub pœna excommunicationis appellatione remota inhibere curetis hujusmodi contrahi copulam inter eos, ne scandalum oriatur ex eo ex quo debet utilitas provenire. Quod si non ambo, etc., alter vestrum, etc. Vos denique, fratres patriarcha et archiepiscope, super vos ipsis, etc.

Datum Laterani, XVII Kal. Januarii, pontificatus nostri anno sexto decimo.

In eumdem modum Suessionensi et Catalaunensi episcopis, et decano Suessionensi usque ad partes ultramarinas accessit, etc., *usque* probare in vestris partibus, etc., *usque* quatenus si forte idem Erardus in Galliam venerit cum puella, sub pœna excommunicationis, etc., *usque* provenire. Quod si non omnes, etc., duo vestrum, etc. Vos denique, fratres episcopi, etc.

(181) Vide Appendicem hujus libri.
(182) Vide Appendicem hujus libri.

Datum Laterani, etc., *ut supra.*

CLI.

NOBILI MULIERI BLANCHÆ, COMITISSÆ CAMPANIÆ, AC THEOBALDO NATO EJUS.

Ejusdem argumenti cum epistola 149.

(Laterani, III Idus Decembris.)

(182) Ex parte vestra fuit propositum coram nobis quod dilectus filius noster Robertus, tituli Sancti Stephani in Cœlio monte presbyter cardinalis, apostolicæ sedis legatus, adjunctis sibi quibusdam episcopis et aliis bonis viris, super hoc quod inclytæ recordationis comes Henricus ad partes ultramarinas iturus terram suam Theobaldo fratri suo fecit jurari si de illis partibus non rediret, et quod prædictus comes cum claræ memoriæ [Isabella] regina Hierosolymitana post mortem [Conradi] marchionis Montisferrati, qui eam Unfredo de Toron (183) legitimo viro ejus violenter abstulerat, ipso Unfredo vivente contraxit, quosdam testes recepit, pro eo quod de morte quorumdam illorum, cum essent senes, poterat merito dubitari, et de longa timeri absentia aliorum, nec non et periculis aliis quæ propter guerras poterant imminere. Nos igitur vestris precibus annuentes, quod super iis provide ac legitime factum est per cardinalem prædictum, robur habere præcipimus firmitatis.

Datum Laterani, III Idus Decembris, pontificatus nostri anno sexto decimo.

CLII.

MAGISTRO RADULPHO CLERICO.

Confirmatur sententia lata pro eo.

(Laterani, IV Idus Decembris.)

Ex multarum tenore perpendimus litterarum quod cum olim causam quæ inter te ex parte una et G. militem de Curi et Majorem, Scabinos, Oisellum et magistrum domus Dei de Bancinguis diœces's Laudunensis ex altera super terris, pratis, frumento, pomœrio, foragiis, minuta decima, et rebus aliis vertebatur, dilecto filio abbati Sancti Eligii Noviomensis et conjudicibus suis duxerimus committendam, ipsi rationibus utriusque partis auditis, et causæ meritis intellectis, pro te super prædictis omnibus diffinitivam sententiam promulgarunt, condemnantes partem alteram in expensis. Cumque postmodum super hoc a nobis plures litteræ ad diversos judices emanassent, demum dilecto filio cantori Noviomensi et suis conjudicibus nostris litteris dedimus in mandatis ut dictam sententiam, sicut esset justa, exsecutioni mandantes, ipsam facerent firmiter observari, contradictores appellatione remota per censuram ecclesiasticam compescendo. Coram quibus proposuit pars adversa quod ab eadem sententia fuerat ad nostram audientiam appellatum. Sed quamvis ad hoc probandum testes plurimos produxisset, penitus tamen in probatione defecit. Propter quod iidem judices invenientes eamdem sententiam juste latam, ipsam auctoritate apostolica

(183) Vide Willel. Tyr., lib. XXII, cap. 5.

confirmarunt, prædictos militem, majorem et alios, eo quod parere diffinitivæ sententiæ contempserunt diutius et contemnunt, excommunicationis laqueo innodantes. Ne igitur de cætero causa ista semper repullulet, adversariorum malitia procurante, in tuum præjudicium et gravamen, tuis laboribus finem imponere volumus atque liti. Unde quod ab ipsis rationabiliter factum esse dignoscitur approbantes, diffinitivam sententiam justitia exigente prolatam auctoritate apostolica confirmamus et præsentis scripti patrocinio communimus. Nulli ergo, etc., confirmationis, etc., *usque* incursurum.

Datum Laterani, iv Idus Decemb., pontificatus nostri anno sexto decimo.

CLIII
ARCHIEPISCOPO TOLETANO.
De diœcesibus recuperatis a Christianis.
(Laterani, xiii Kal. Januarii.)

(184) Cum quædam diœceses olim Ecclesiæ Toletanæ subjectæ, quas, Christianorum exigentibus culpis, inimici nominis Christiani tenuerunt diutius occupatas, nuper dextera Domini faciente virtutem, per studium et prudentiam charissimi in Christo filii nostri Adelphonsi, illustris regis Castellæ, sint extortæ de manibus impiorum, ne cura pastoris desit fidelibus positis in eisdem, eas sollicitudini tuæ duximus committendas ut, donec apostolica sedes de illis aliter duxerit disponendum, curam eis exhibeas pastoralem. Ideoque fraternitati tuæ per apostolica scripta mandamus quatenus eas habeas taliter commendatas quod divini nominis cultus in eis per tuam sollicitudinem amplietur, ad restaurandum tamen in eis episcopos impendas studium et operam efficacem. Tu denique, frater archiepiscope, etc.

Datum Laterani, xiii Kal. Januarii, pontificatus nostri anno decimo sexto.

CLI
NOBILI VIRO HERVEO COMITI (185), ET MATHILDI (186) UXORI EJUS COMITISSÆ NIVERNENSI.
Dispensat super cognatione.
(Laterani, xiii Kal. Januarii.)

(187) Ascitis aliis in partem sollicitudinis, summus pontifex assumptus est in plenitudinem potestatis : qui cum moderator sit canonum, juri non facit injuriam si dispensat; præsertim cum dispensatio sic juris vincula laxet in aliquo quod in aliis non dissolvit, et sic beneficium gratiæ specialis inducat quod vigorem constitutionis non perimit generalis. Sane supplicastis nobis ut cum per tredecim annos in conspectu Ecclesiæ cohabitaveritis vobis adinvicem, de cohabitatione hujusmodi sobole (188) procreata, impedimentum ex eo quod vos quarto gradu parentelæ vel remotiori contingitis amovere per dispensationis gratiam dignaremur, maxime ob reverentiam crucifixi, ad cujus vos obsequium devovistis, signo crucis assumpto in subsidium terræ sanctæ (189). Quia vero dignum est ut in ejus vicario cujus causam in isto negotio specialiter assumpsisse videmini favorem inveniatis gratiæ specialis, considerato etiam quod super facto Virziliacensis (190) Ecclesiæ circa procurationes mandatum apostolicum implevistis (191), vobiscum in gradu prædicto et remotiori, si eo vos forte contingitis, auctoritate apostolica de fratrum nostrorum consilio dispensamus (192). Nulli ergo, etc., dispensationis, etc., *usque* incursurum.

Datum Laterani, xiii Kal. Januarii, pontificatus nostri anno sexto decimo

CLV.
DECANO ET CAPITULO EBORACENSIBUS.
De electione episcopi.
(Laterani, x Kal. Januarii.)

Cum Ecclesiam vestram speciali diligamus in Domino charitate, utpote maximum Ecclesiæ Dei membrum, ipsius commodum et honorem sollicite volumus procurare, cupientes ut eidem præficiatur, annuente Domino, talis pastor qui sibi non sit oneri sed honori, et qui magis prodesse desideret quam præesse, plebem sibi subjectam ædificans verbo pariter et exemplo. Cum igitur in cujuslibet electione pastoris cum multa sit discretione ac prudentia procedendum, et omni carnalitate, timore, ac amore mundano exclusis, timor Domini sanctus præ oculis sit habendus, universitati vestræ per apostolica scripta mandamus et sub divini judicii obtestatione præcipimus quatenus convenientibus vobis in unum in capitulo ad tractandum de vestri electione pastoris, et Spiritus sancti gratia invocata, electionem canonicam de persona idonea celebretis cum consilio venerabilis fratris nostri episcopi Tusculani apostolicæ sedis legati; districtius inhibentes ne per

---

(184) Vide lib. xv, epist. 182, 183.
(185) *Herveo* baroni de Donzi.
(186) *Matildi*, filiæ Petri de Courtenaio comitis Altissiodorensis et Nivernensis (qui post mortem Henrici imperium Orientis adeptus est supra epistola 1, lib. xiii), eamdem accepit uxorem Herveus, postquam in agro Cosnensi socerum superavit, et hostium deditioni mancipavit. Obiit anno Domini 1223, ut patet ex epitaphio in cœnobio Pontiniaco, ordinis Cisterciensis.

Hic lapis Hervei comitis celat faciei
Formam, forma Dei clarificetur ei.

(187) Vide lib. xv, epist. 83.
(188) *Sobole.* Cujus intuitu, partim hæc indulgentia concessa fuit in c. *Quia circa*, De cons. et aff. et et Trismeg. c. 12.

(189) *Sanctæ* in exercitu Joannis Brenni regis Hierosolymitani, a quo Heliopolis (Damietam vocant) liberata fuit A. D. 1218. Idem etiam Herveus adversus Albienses præliarat A. D. 1209. Petrus Valsern. c. 10. Odo Nivernensis; sed legendum puto Herveus, qui tunc temporis dies agebat cum dignitate comitis Altissioderensis et Nivernensis.

(190) *Vezeliacensis* ordinis S. Benedicti diœcesis Æduensis.

(191) Vide supra epist. 22, et infra epist. 159.

(192) *Dispensamus* certis de causis, quas videre est in hac epist. V lib. xv, epist. 11.

violentiam aliquam sive fraudem mandatum nostrum deludere quis præsumat.
Datum Laterani, x Kalend. Januarii, pontificatus nostri anno sexto decimo.

CLVI.
JOANNI CANONICO SANCTI PETRI LEODIENSIS.
Ei adjudicat præbendam.
(Laterani, ix Kal. Januarii.)

Diligenter examinatis et perspicaciter intellectis meritis causæ quæ inter te ac G. subdiaconum Leodiensis diœcesis super præbenda ejusdem Ecclesiæ vertebatur, tibi exigente justitia præbendam adjudicantes eamdem, super ea perpetuum silentium memorato subdiacono duximus imponendum. Nulli ergo, etc., diffinitionis, etc., *usque* incursurum.
Datum Laterani, ix Kalend. Januarii, pontificatus nostri anno decimo sexto.

CLVII.
MAGISTRO ET FRATRIBUS HOSPITALIS TEUTONICORUM.
Decimas illis donatas confirmat.
(Laterani, v Kal. Januarii.)

Cum a nobis petitur, etc., *usque* concurrentes assensu, hospitale apud Frisacum et decimas omnium victualium quæ solent adduci in castrum Frisaci, quæ venerabilis frater noster Eberhardus Salzeburgensis archiepiscopus, præpositi et capituli Salzeburgensis Ecclesiæ assensu legitimo accedente, ordini vestro intuitu obtulit pietatis, sicut ea omnia juste ac pacifice possidetis, et in authentico scripto prædictorum archiepiscopi et capituli continetur, vobis et per vos ordini supradicto auctoritate apostolica confirmamus et præsentis scripti patrocinio communimus. Nulli ergo, etc., confirmationis, etc. Si quis autem, etc.
Datum Laterani, v Kal. Januarii, pontificatus nostri anno sexto decimo.

CLVIII.
LINGONENSI EPISCOPO, ET ABBATI MORIMUNDENSI CISTERCIENSIS ORDINIS LINGONENSIS DIŒCESIS.
De purgatione canonica archiepiscopi Bisuntini.
(Laterani, iv Nonas Januarii.)

(193) Recepimus litteras vestras, quibus nobis intimare curastis quod apostolico suscepto mandato super indicenda purgatione venerabili fratri nostro archiepiscopo Bisuntinensi, ad diem sibi præfixum comparuit coram vobis, juramentum purgationis offerens sub hac forma, videlicet quod immunis erat ab illis criminibus super quibus se purgare debebat. Cumque vos diceretis hanc non esse formam canonicam, et super hoc fuisset aliquandiu disputatum, ipse tandem ad nos vocem appellationis emisit, cui de prudentum virorum consilio detulistis. Ipse vero ad præsentiam nostram accedens humiliter supplicavit ut saltem super purgatione incontinentiæ dignaremur temperare rigorem, quia non audebat asserere quod a nativitate sua nunquam passus fuerit lapsum carnis. Porro cum ab eo non credatur exactum fuisse hujusmodi juramentum, potius forte præsumitur quod alia de causa volebat sub præscripta forma jurare, videlicet quod immunis esset ab illis criminibus de quibus fuerat infamatus, tanquam dimissis per pœnitentiam jam esset immunis ab illis. Sed hoc jurare non parvæ temeritatis existeret, cum beatus Job dicat: *Etiamsi simplex fuero, hoc ipsum ignoravit anima mea* (Job ix). Et Salomon: *Quis potest dicere, mundum est cor meum, et purus sum a peccato* (Prov. xx). Unde Psalmista dicebat: *Delicta quis intelligit, ab occultis munda me, Domine* (Psal. xviii). Apostolo attestante: *Nihil mihi conscius sum, non tamen in hoc justificatus sum* (I Cor. iv). Ideoque præscriptam purgationis formam, secundum quam idem archiepiscopus coram vobis obtulit se purgare, penitus reprobamus, utpote indiscretam et temerariam nec non incongruam et ineptam; injungentes eidem ut si potuerit et voluerit, sub hac forma se purget secundum sanum intellectum quem ei duximus exprimendum, videlicet quod illa crimina graviora, id est Simoniam, venditionem justitiæ atque incontinentiam, de quibus infamatus existit, juret se minime commisisse postquam ad archiepiscopalem promotus est dignitatem, et compurgatores sic jurent, quod credunt eum verum jurasse. Quo facto, vos illum dimittatis in pace. Alioquin eum sublato cujuslibet contradictionis et appellationis obstaculo removere curetis a regimine pastorali, processuri secundum formam in prioribus litteris nostris expressam. Quod si forte non ambo iis exsequendis potueritis interesse, tu, frater episcope, cum dilecto filio priore Morimundensi ea nihilominus exsequaris. Vos denique, frater episcope et fili abbas, etc.
Datum Laterani, iv Nonas Januarii, pontificatus nostri anno sexto decimo.

CLIX.
ABBATI ET CONVENTUI VIRZILIACENSI.
Approbat concordiam initam cum comite Nivernensi.
(Laterani, iv Non. Januarii.)

(194) Cum litigantium utilitatis intersit ne sopitæ judicio vel concordia quæstiones iterum suscitentur, si ea quæ provida sunt deliberatione firmata, auctoritatis nostræ robur exposcant, eis grato concurrentes assensu, favoris apostolici præsidium impertimur. Sane postulastis a nobis ut concordiam quæ inter vos ex parte una et comitem ac comitissam Nivernenses ex altera super procurationibus, damnis et injuriis intervenit, sicut per litteras vestras accepimus, quas de verbo ad verbum jussimus præsentibus adnotari, dignaremur apostolico munimine roborare. Tenor autem litterarum talis existit: « Sanctissimo patri et domino reverendo Innocentio Dei gratia summo pontifici, devoti et humiles filii frater Galterius dictus abbas et conventus Virziliacensis, devota pedum oscula. Noverit sanctitas vestra quod dominus Herveus comes et Mathildis

(193) Cap. *Accepimus*, De purgatione canonica. Vide supra epist. 63.

(194) Vide supra epist. 22.

comitissa Nivernenses fecerunt nobis authenticum instrumentum, cujus tenor est talis : Universis Christi fidelibus ad quos praesens scriptum pervenerit, Herveus comes et Mathildis comitissa Nivernenses salutem in Domino. Noverit universitas vestra quod cum inter nos ex una parte et abbatem et conventum monasterii Virziliacensis ex altera super quibusdam procurationibus annuis, damnis et injuriis quaestio verteretur, tandem mandavimus domino papae quod per omnia volebamus in hac causa ipsius obtemperare mandatis. Ipse vero, communicato fratrum suorum consilio, scripsit in hunc modum : Innocentius episcopus, servus servorum Dei, venerabili fratri episcopo et dilectis filiis abbati Sancti Victoris et cancellario Parisiensi salutem et apostolicam benedictionem. Cum pro quaestione quae inter nobilem virum Herveum comitem Nivernensem ex parte una et dilectos filios abbatem et conventum monasterii Virziliacensis dioecesis Eduensis ex altera super quibusdam procurationibus annuis, damnis et injuriis vertebatur, ipsius nobilis et partis alterius procuratores ad nostram praesentiam accessissent, et in ea fuisset aliquandiu coram nobis prudenter et provide disputatum, tandem ex parte nobilis antedicti relatione suorum procuratorum accepimus quod ipse volens per omnia complacere nostrae beneplacito voluntatis, paratus erat in hac causa nostris obtemperare mandatis. Nos autem communicato fratrum nostrorum consilio hoc duximus injungendum, ut cum ipse et successores sui comites Nivernenses in festo paschali ad monasterium accesserint memoratum, nomine procurationis centum librarum usualis monetae, quae pro tempore curret, sint summa contenti tantumdem in festo beatae Mariae Magdalenae procurationis nomine recepturi si ad monasterium accesserint supradictum, ad protectionem ejusdem monasterii, secundum quod de jure tenentur, dantes operam efficacem. Ut ergo super hoc nulla possit in posterum via patere calumniae, mandavimus ut praedictus nobilis et uxor ipsius per authenticum instrumentum abbati et conventui monasterii ejusdem promittant se id firmiter servaturos, suos nihilominus successores ad hujus rei observantiam obligantes, et ad majorem cautelam faciant hoc per charissimum in Christo filium nostrum illustrem regem Francorum auctoritate regia confirmari. Ideoque discretioni vestrae per apostolica scripta mandamus quatenus postquam nobilis memoratus et uxor sua litteras secundum formam concesserint supradictam, eumdem nobilem juxta formam Ecclesiae ab excommunicationis vinculo absolvatis quo propter idem negotium nostra est auctoritate ligatus, injungentes eidem sub debito praestiti juramenti ut ad impetrandam super hoc confirmationem regiam det operam bona fide. Abbatem vero et conventum praedictos ab omni decrevimus impetitione cessare, omnemque remittere quaestionem quae ipsis adversus no-

bilem saepedictum super damnis et injuriis competebat; decimis de Dornitiaco duntaxat exceptis, super quibus eis satisfieri volumus et mandamus. Quod si non omnes, etc. Datum Laterani II Idus Aprilis, pontificatus nostri anno sexto decimo. Nos autem, ut promisimus, volentes, sicut decuit, mandatum apostolicum adimplere, mediante venerabili patre Roberto, tituli Sancti Stephani in Coelio monte presbytero cardinale, apostolicae sedis legato; solemni coram eo praestito corporaliter sacramento concessimus quod pacem praescriptam cum maxima deliberatione a domino papa et cardinalibus ordinatam observabimus bona fide, et litteris praesentibus ad praedictae pacis observationem successores et haeredes nostros in perpetuum obligamus, volentes modis omnibus et liberaliter concedentes ut suprascriptae pacis forma a nobis et successoribus et haeredibus nostris in aeternum firmiter et inviolabiliter penitus observetur. Ut igitur quae praedicta sunt majori gaudeant firmitate, ista omnia... filia nostra laudavit, et nos ea praesenti scripto et sigillorum nostrorum appositione roboravimus. Actum apud Leigniacum castrum anno gratiae millesimo ducentesimo decimo tertio, mense Octobris. » Inde est quod sanctitatem vestram quo humilius possumus exoramus quatenus pacem istam per vos et a vobis factam ita dignemini confirmare quod firma et stabilis permaneat in aeternum. » Nos igitur precibus vestris favorem benevolum impendentes, id auctoritate apostolica confirmamus et praesentis scripti patrocinio communimus. Nulli ergo, etc., confirmationis, etc. Si quis autem, etc.

Datum Laterani, IV Non. Januarii, pontificatus nostri anno decimo sexto.

CLX.

CAPITULO TERVISINO.

De negotio episcopi Tervisini.

(Laterani, V Idus Januarii.)

(195) Licet dilectus filius magister Maximus notarius noster et collegae ipsius, per quos inquisitionem quam venerabilis frater noster Cremonensis episcopus, tunc apostolicae sedis legatus, fecerat contra venerabilem fratrem nostrum episcopum Tervisinum, ac etiam illam quae primo contra eumdem facta exstiterat auctoritate bonae memoriae Albanensis electi apostolicae sedis legati, examinari mandavimus, ejusdem Cremonensis processum exigente justitia irritarint, et nos postmodum quod super hoc factum exstitit ab eisdem duxerimus approbandum, quia tamen eumdem episcopum propter alienationes quasdam et debita quibus suam dicebatur Ecclesiam onerasse habuimus de dilapidatione suspectum, super hoc venerabilibus fratribus nostris patriarchae Gradensi et episcopo Castellano direximus scripta nostra, Qui, juxta formam sibi traditam procedentes, veritatem super iis et aliis per Tervisinos canonicos juramento praestito sollicite inquisitam sub suis no-

(195) Vide supra epist. 19.

his destinavere sigillis, certo termino ipsi episcopo assignato quo personaliter vel per procuratorem 'toneum nostro 'se conspectui præsentaret. Ipso igitur in nostra præsentia constituto, et inquisitione acta per patriarcham et episcopum antedictos plenius intellecta, nobis manifeste innotuit per eumdem vetus debitum quo tenetur Ecclesia Tervisina tredecim millium librarum summam attingere, computatis usuris, ac præfatum episcopum debito ipso in quinque librarum millibus ampliato, molendinum quoddam Ecclesiæ ipsi perutile octingentarum librarum pretio vendidisse, ac sustinuisse vassalos suos circa duorum millium librarum valentiam alienare de feudis quæ ab Ecclesia tenebant eadem, data ipsi episcopo juxta Tervisinæ civitatis statutum pretii sexta parte; quanquam et a subditis suis quædam receperit pro collecta, et episcopii redditus circa duo millia librarum valeant annuatim. Civibus etiam Tervisinis teloneum ipsi Ecclesiæ auferentibus se nequaquam opposuit, ut debebat, quinimo illud duobus millibus librarum æstimari obtinuit ab eisdem; quanquam de ipsa pecunia nihil receperit, nisi quod commune septingentas libras, quas extorquere nitebatur ab ipso, sibi recompensavit ex illis. Ad hæc, post confirmationem suam nobili viro Guercio duo millia librarum, Ecclesiæ suæ onere non considerato, donavit quietem propriam ipsius Ecclesiæ dispendio satagens procurare.

Etsi ergo eumdem episcopum ab administratione possemus merito removisse, utpote qui de dilapidatione non suspectus solummodo, vero etiam procul dubio culpabilis est inventus; quia tamen vexationes quas a dicto Guercio pertulisse dignoscitur aliquatenus extenuant culpam ejus, et quia etiam a vobis testimonium sibi laudabile perhibetur, eum, rigore juris mansuetudine temperato, adhuc in administratione ipsa duximus tolerandum, volentes cum evangelico illo agricola experiri utrum arbor hujusmodi fructum missis circa eam stercoribus sit factura; ut dimittamus eamdem, siquidem fructum fecerit exspectatum, alioquin ipsam, ne terram inutiliter occupet, succidamus. Ne autem Ecclesia sæpedicta sub voragine pereat usurarum, ipsius necessitate ac utilitate pensatis, licentiam dedimus episcopo memorato ut cum consilio dilectorum filiorum Jordani prioris Sancti Benedicti et Jacobi archidiaconi Paduani et assensu vestro, tantum de possessionibus ejusdem Ecclesiæ remotioribus ac minus utilibus alienet quod decem millia librarum veteris debiti de pretio solvi valeant earumdem, omnem aliam alienationis speciem penitus interdicentes eidem; ita ut ipso jure contractus alienationis sit irritus, si quem forte alium a prædicto de bonis Ecclesiæ sæpedictæ præsumpserit attentare. Ipse vero sic suas moderetur expensas quod mille libras proprii debiti de proventibus solvat episcopalibus annuatim quousque totum fuerit persolutum, ac usuras trium millium librarum, quæ remanent de antiquo, interim excrescere non permittat; proviso sollicite ut dictarum possessionum pretium in solutionem debiti prænotati sine diminutione qualibet convertatur. Ideoque discretioni vestræ per apostolica scripta mandamus quatenus ipsi, quem ad vos cum favore gratiæ nostræ remittimus, in his et aliis quæ ad ejus spectant officium fideliter assistatis, impendentes ei consilium et auxilium opportunum.

Datum Laterani, v Idus Januarii, pontificatus nostri anno decimo sexto.

In eumdem modum scriptum est Jordano priori Sancti Benedicti et Jacobo archidiacono Paduano, usque et quia etiam a capitulo suo testimonium sibi laudabile, etc., usque ut cum consilio vestro et assensu capituli sui tantum de possessionibus, etc., usque convertatur. Ideoque discretioni vestræ per apostolica scripta mandamus quatenus prædicta faciatis ab ipso episcopo firmiter observari, alioquin eumdem ab administratione curetis sublato appellationis obstaculo removere.

Datum, ut supra.

CLXI.

ARCHIEPISCOPO STRIGONIENSI ET UNIVERSIS EPISCOPIS IN HUNGARIA CONSTITUTIS.

Adversus eos qui manus injiciunt in clericos.
(Laterani, vii Idus Januarii.)

In illis non modicum superabundat iniquitas qui præsumunt Christos Domini tangere, in prælatis Ecclesiæ malignantes. Sane intelleximus quosdam Hungaros in tantum prorupisse furorem quod inter alia quæ commiserunt enormia, in venerabilem fratrem nostrum Colocensem archiepiscopum manus præsumpserunt injicere temere violentas, et audacter desævientes in gregem, qui non timuerant in pastorem, ipsius archiepiscopi clericos nec non et monachos verberibus, damnis, et aliis injuriis afflixerunt. Volentes igitur eosdem sacrilegos in præsenti confundi, si forte resipiscant, ne pereant in futuro, fraternitati vestræ per apostolica scripta mandamus quatenus si est ita, ipsos singulis diebus Dominicis et festivis, pulsatis campanis, et candelis accensis, per vestras diœceses excommunicatos denuntiari publice faciatis et tandiu ab omnibus arctius evitari, etc., *usque* absolvendi. Vos denique, fratres archiepiscope ac episcopi, etc.

Datum Laterani, vii Idus Januarii, pontificatus nostri anno decimo sexto.

In eumdem modum scriptum est nobilibus viris universis ducibus Poloniæ, usque et aliis injuriis afflixerunt. Quia vero dignum est ut suffragiis et solatio careant devotorum qui se adversus Dei ministros in tantæ indevotionis malitiam erexerunt, nobilitatem vestram rogandam duximus et monendam, per apostolica scripta mandantes quatenus si quos de memoratis sacrilegis ad vos confugere forte contigerit, eos in vestræ salutis dispendium nullatenus admittatis, ne illicito favore, quod absit! eorum videamini communicare peccatis.

Datum, ut supra.

CLXII.

ALBANENSI EPISCOPO APOSTOLICÆ SEDIS LEGATO.
Scribitur pro monasterio de Chortato.
(Laterani, II Idus Januarii.)

(196) Ex relatione dilectorum filiorum abbatis et monachorum monasterii Sanctæ Mariæ de Chortato (197) Thessalonicensis diœcesis nos noveritis accepisse quod cum ipsorum monasterium, sicut et alia multa, juxta morem patriæ a jurisdictione quorumlibet ecclesiasticorum prælatorum exemptum fuerit ab antiquo et soli Constantinopolitano imperatori subjectum, tanta quondam bonorum omnium affluentia redundabat quod idem magna temporalium ubertate refertum, et jucunda spiritualium venustate præclarum, ducentorum monachorum collegium sustentabat. Sed olim claræ memoriæ [Willelmo] marchione Montisferrati partium illarum, sicut Domino placuit, dominium obtinente, ipsisque a facie hominum fugientibus in solitudinem præ timore, P. abbas Lucetii Cisterciensis ordinis ab eodem marchione dare sibi dictum monasterium interim impetravit, et ipsius Ecclesiæ præsumens infringere libertates, G. monachum suum instituit in eodem : qui, tanquam lupus rapax et prædo crudelis, abbatis thesauro et omnibus aliis Ecclesiæ ipsius ornamentis, venditisque victualibus et cæteris bonis quibus ipsa Ecclesia copiosissime affluebat, exinde furtive recessit ; nec, quæsitus a marchione, ut pœnas solveret de commissis, potuit inveniri. Verum quia peccatis exigentibus in iis omnibus aversus furor Domini nondum erat, sed ad percutiendum extenta fortius manus ejus, pessimus successit iniquo. Nam R. monachus de Lucetiis tunc temporis superveniens, et nequiter se humilians, cum interiora ejus existerent plena dolo, ac se in lucis angelum transfigurans, ab eodem marchione obtinuit monasterii custodiam antedicti : cujus iniquitas postmodum tanta fuit ut prioris prædonis non videretur frater vel discipulus, sed magister. Nempe cellis dirutis et domibus desolatis, ac eradicato quodam funditus oliveto, quod repræsentabat quodammodo terrestris delicias paradisi tanquam mercator improbus ligna vendebat clibanis impudenter. Nec sic tamen potuit ejus inexpleta cupiditas satiari quin omnibus animalibus venditis et inique distractis ita consumpserit omnia bona domus quod novissimi exactoris crudelitas priore pejor exstitit in universum ; quia lupi rapacitas præcedentis, subsequentis respectu somnium potuit reputari. Cumque ad aures marchionis hæc omnia pervenissent, idem considerans se fore a dictis monachis circumventum, et dolens per se factam ruinam miserabilem tantæ domus, exinde dictum monachum expelli præcepit, et supradicto abbate ac monachis convocatis, præfatum ipsis monasterium disposuit resignare perpetuo possidendum. Sed eodem morte prævento, charissimus in

A Christo filius noster Henricus, imperator Constantinopolitanus illustris, cui præmissa constabant, ipsos restituit in eodem, confirmans postmodum factum suum privilegio aurea bulla munito. Porro cum ipsi nihil invenissent ibidem unde possent unius diei esuriem saturare, ac propter hoc ad eleemosynarum suffragia convolantes, multa ibidem denuo congregassent, pestis alia supervenit, quorumdam videlicet monachorum de Lucetiis ; qui se spoliatos dicto monasterio asserentes, auctoritate litterarum nostrarum se in ipso restitui et exinde monachos Græcos expelli fecerunt : quibus ob reverentiam apostolici mandati non fuit ausus contradicere imperator. Cum igitur tantæ calamitatis immensitas non solum ad compatiendum corda movere, sed auribus horrorem incutere debeat ex auditu, nobis humiliter supplicarunt ut tantis ipsorum miseriis atque malis finem imponere dignaremur, sub nostra protectione suscipientes eosdem, et a dicto monasterio ejectis malignis invasoribus memoratis, ipsos in eodem restitui faceremus et pacifica possessione gaudere. Quia vero nobis non constitit de præmissis, fraternitati tuæ per apostolica scripta mandamus quatenus inquisita plenius et cognita veritate, auctoritate nostra super iis statuas et disponas quæ secundum Deum videris expedire ; contradictores, si qui fuerint, vel rebelles per censuram ecclesiasticam appellatione postposita compescendo, Tu denique, frater episcope, super teipso, etc.

Datum Laterani, II Idus Januarii, pontificatus nostri anno sexto decimo.

CLXIII.

EPISCOPO ET CAPITULO MASSILIENSIBUS.
Ut præbendam assignent Raimundo scriptori.
(Laterani, XIII Kal. Februarii.)

Quantum sit inobedientiæ culpa gravis et obedientiæ virtus magna protoplasti transgressoris pœna demonstrat, quam adhuc solvit tota sua posteritas et deplorat, ei secundi Adæ obedientia humilis et devota, quam usque ad mortem Patri exhibuit, protestatur : propter quam Deus Pater super omnes ipsum exaltans, non solum dedit ei nomen quod est | super omne nomen, et omnem sibi principatum et potestatem subjecit, verum etiam sibi concessit ut genus humanum perpetua morte damnatum sua morte redimeret et ad gaudia æterna transferret. Cum igitur contra inobedientiæ gradus, qui præcipitant in infernum, per Christum scala sit obedientiæ præparata, per quam conscendere valeamus in cœlum, de vobis non sufficimus admirari quod vos viam regiam declinantes, ambulare per devia in contemptum nostrum et animarum vestrarum salutis dispendium contumaciter elegistis. Nam cum vobis pro dilecto filio magistro Raimundo scriptore ac familiari nostro, cujus fidelitatem et prudentiam laudabilem et devotam diutius sumus experti, jam

(196) Vide lib. XV, epist. 70.

(197) In cod. Colb., *Cotharo.*

quartum direxerimus scripta nostra, ut eidem, quem dudum ad mandatum nostrum nullo sibi beneficio assignato in fratrem et canonicum recepistis, curaretis, sicut uni ex vobis, tam in domibus quam in aliis providere, ac postmodum quibusdam ex vestris in nostra præsentia constitutis hoc idem injunxerimus viva voce, vos, quod grave gerimus et indignum, tanquam inobedientiæ filii pingui cervice ac armato collo jugum præcepti nostri excutientes a vestris humeris impudenter, id hactenus efficere non curastis. Quocirca discretioni vestræ per apostolica scripta districte præcipiendo mandamus quatenus juxta præscriptam formam ipsi magistro non differatis ulterius providere. Alioquin tantarum transgressionum non effugietis debitam ultionem; scientes nos dilecto filio Petro tituli Sanctæ Mariæ in Aquiro diacono cardinali, apostolicæ sedis legato, per apostolica scripta districte præcipiendo mandasse ut si vos mandatum nostrum neglexeritis adimplere, ipse de bonis Ecclesiæ vetræ secundum formam eamdem competentem sibi provisionem nostra suffultus auctoritate assignare procuret; contradictores, si qui fuerint, vel rebelles sublato cujuslibet contradictionis et appellationis obstaculo per censuram ecclesiasticam compescendo.

Datum Laterani, xiii Kal. Februarii, pontificatus nostri anno sexto decimo.

CLXIV.
NICOLAO TUSCULANO EPISCOPO APOSTOLICÆ SEDIS LEGATO.
De relaxando interdicto Angliæ.
(Laterani, x Kal. Februarii.)

Cupientes secundum officii nostri debitum tam regno quam sacerdotio in Anglia providere, fraternitati tuæ præsentium auctoritate mandamus atque præcipimus quatenus, cum charissimus in Christo filius noster Joannes illustris rex Angliæ persolverit in manibus tuis et venerabilium fratrum nostrorum Cantuariensis archiepiscopi S. R. E. cardinalis ac episcopi Eliensis nec non dilecti filii Pandulphi subdiaconi nostri centum millia marcharum argenti ad opus eorum quibus facienda est restitutio ablatorum, computatis iis quæ ipse jam tradidit præfato archiepiscopo et episcopis aut aliis hoc negotium contingentibus de ipsorum conscientia vel mandato, ita quod si facta inquisitione constiterit plus ablatum, suppleatur ab ipso, si vero minus, refundatur eidem, tu receptis ejus patentibus litteris suo sigillo munitis, quibus se profiteatur ad hoc etiam inter alia ex præstito pridem nobis juramento teneri quod tam super restituendis ablatis quam super recompensandis damnis mandatis nostris absque refragatione parebit, relaxes protinus sententiam interdicti, et super utrisque inquisitionem fieri facias diligentem, quam nobis mittere non postponas, prætaxatam vero pecuniam distribui

(198) Cap. *Postulasti*, De rescriptis.
(199) Lib. i. epist. 76.

facias secundum proportionem ablatorum inter eos quibus est restitutio facienda. Cum igitur hoc mandatum de certa scientia faciamus, volumus et jubemus ut illud sublato cujuslibet contradictionis et appellationis obstaculo exsequaris, nisi jam aliter sit de communi voluntate provisum vel adhuc convenerit providendum pro relaxando celeriter interdicto; quia tali ac tanta cautione præmissa servari non decet ob hujusmodi causam diutius circa populum sententiam interdicti, quam circa regem absque mandato nostro idem archiepiscopus relaxavit, celebrando illi divina, ut alia taceamus in quibus ipse fines nostri mandati asseritur excessisse; per quæ tamen ecclesiasticæ libertati nolumus impedimentum afferri, pro qua est summopere insistendum.

Datum Laterani, x Kal. Februarii, pontificatus nostri anno sexto decimo.

CLXV.
EPISCOPO WRATISLAVIENSI.
Vicaria perpetua est beneficium.
(Laterani, vi Idus Januarii.)

(198) Postulasti per sedem apostolicam edoceri utrum alicujus Ecclesiæ perpetuo vicario de proventibus vicariæ bonisque paternis habenti unde valeat commode sustentari teneatis per illam communem formam, *Cum secundum Apostolum* (199), in ecclesiastico beneficio providere. Ad quod sic duximus respondendum, quod cum per formam prædictam necessitatibus pauperum clericorum qui nullum sunt ecclesiasticum beneficium assecuti, sicut ibidem exprimi consuevit, sedes apostolica duxerit succurrendum, perpetuus vicarius, nisi de vicaria fecerit mentionem, commodum reportare non debet de hujusmodi litteris, utpote veritate tacita impetratis. Non enim carere beneficio ecclesiastico dici debet cui competenter de perpetuæ vicariæ proventibus est provisum; et pro habente beneficii sufficientis subsidium ex certa scientia super obtinendo alio beneficio de levi non scribimus, quin faciamus de primo in nostris litteris mentionem. Tu denique, frater episcope, super te ipso, etc.

Datum Laterani, vi Idus Januarii, pontificatus nostri anno sexto decimo.

CLXVI.
EIDEM.
Sectio præbendarum quomodo intelligatur vetita.
(Datum, ut supra.)

(200) Vacante quadam in Ecclesia tua præbenda, duas ex ea constituens, ad illas de assensu capituli tui duos canonicos assumpsisti: quorum altero apud sedem apostolicam viam universæ carnis ingresso, præbendam quam defunctus habuerat, quidam clericus Hippolytus nomine fuit auctoritate sedis apostolicæ assecutus. Verum cum idem Hippolytus te super integratione præbendæ per quasdam nostras litteras inquietet, et alius idem jus

(200) Cap. *Vacante*, De præbendis.

adversus te se habere proponat, quid facere debeas postulasti per sedem apostolicam edoceri. Super quo fraternitati tuæ sic duximus respondendum, quod cum Turonensis statuta concilii sectionem inhibeant præbendarum, teneris utique de his quæ vacare contigerit integrare præbendam; nisi forte rationabili causa de vacante præbenda prædictæ duæ fuerint constitutæ, ac tot sint utriusque proventus quod per utramque sit utrique provisum in beneficio competenti. Tu denique, frater episcope, super te, etc.

Datum, ut supra.

CLXVII.

EBREDUNENSI, ARELATENSI, AQUENSI, ET NARBONENSI ARCHIEPISCOPIS, ET EORUM SUFFRAGANEIS, ET ABBATIBUS, PRIORIBUS, DECANIS, ARCHIDIACONIS, ET ALIIS ECCLESIARUM PRÆLATIS IN EBREDUNENSI, ARELATENSI, AQUENSI, ET NARBONENSI PROVINCIIS CONSTITUTIS.

Eis commendat legatum.

(Laterani, xvi Kal. Februarii.)

Equo rufo, de quo loquitur in Apocalypsi Joannes, jamdudum in provincia et convicinis partibus exeunte, qui super eum sedebat discordiæ seminator pacem sumpsit de terra, prout sibi datum fuerat exigentibus meritis habitantium in eadem, ut se ad invicem interficerent, et terra penitus vastaretur, et non solum privata bona essent in direptionem et prædam, verum etiam ad sacra extenderent manus suas, ac Ecclesiæ, quæ domus orationis esse debebant et refugium miserorum, incastellarentur in castra, et fierent Satanæ satellitibus munimentum. Huic autem pesti se niger equus adjunxit, videlicet hæreticorum perversitas: qui quamvis multi sint numero, sunt tamen diabolo unus equus; quoniam etsi Samsonis vulpeculæ significantes eosdem facies gerant diversas, caudas tamen habent ad invicem, quoniam in idipsum perversitatis conveniunt colligatas, ut qui super eum sedebat hostis antiquus, bilibrem tritici læderet; eos scilicet qui alios verbo et exemplo reficiunt, ac tres bilibres hordei minores fidem sanctæ Trinitatis habentes, et etiam vinum et oleum, mansuetos pariter et austeros, quos omnes Christus uno denario, proprio videlicet sanguine, comparârat. Verum cum se nullus pro domo Domini opposuisset eidem, facta est fames in terra, et parvuli petierunt panem; sed qui eis frangeret, nullus erat, pastoribus in mercenarios commutatis. Luxit et defluxit et infirmata est terra pariter et infecta, depopulata est regio, luxit humus, quoniam devastatum est triticum; confusum est vinum, elanguit oleum, et agricolæ sunt confusi. Invaserunt enim gregem Domini lupi rapaces in vestimentis ovium venientes; et pastores, pascentes seipsos, illos nec canum latratu nec baculo ab ovili Dominico effugarunt; sed tanquam mercenarii, lupis dispergentibus oves, sunt in fugam conversi, qui debuerant accingi gladio super femur in ultionem illorum qui vitulum conflaverant adorandum.

Nos igitur, quibus omnium sollicitudo imminet generalis, attendentes eos quos apostolica sedes in partem sollicitudinis evocavit, super gregem suum noctis vigilias non servare, sed dormitare potius ac dormire, utrique pesti volentes occurrere, ad partes illas pacis et fidei angelos curavimus destinare, ut alteros per exhortationis studium reducerent ad concordiam, et alteros per sanam doctrinam revocarent ad fidem, ac lædi triticum, hordeum, vinum et oleum prohiberent. Sed quoniam in verbo Domini pugnando cum bestiis proficere non valebant, super montem caliginosum signum fecimus elevari, contra eos sanctificatis Domini et fortibus evocatis: qui fines ejus ingressi conculcaverunt superbiam Chaldæorum, hæreticis ex maxima parte destructis, et ab illis partibus effugatis, virisque catholicis in locum succedentibus eorumdem. Pacis quoque fœdera inter eos qui ad invicem dissidebant, pacis evangelistæ prædicti, eo qui est pax nostra præstante auxilio, reformarunt, ut non æmularetur Ephraim Judam, et Judas Ephraim minime impugnaret. Verum quia ille qui paci hominum invidet et saluti, novas illic dissensionis materias seminavit, ne superexcrescente zizania triticum suffocetur cum labore tanto et studio seminatum, dilectum filium nostrum Petrum, tituli Sanctæ Mariæ in Aquiro diaconum cardinalem, apostolicæ sedis legatum, virum utique litteratum, providum et honestum, quem inter cæteros fratres nostros specialis charitatis brachiis amplexamur, ad partes illas a latere nostro destinamus, qui auctoritate ac vice nostra pacis fœdera jampridem inita corroboret et confirmet, et ut vir potens in opere et sermone, novellam plantationem irrigans in fide foveat et consolidet orthodoxa, et generaliter destruat et evellat, ædificet atque plantet quæ destruenda et evellenda, nec non ædificanda viderit et plantanda, corrigendo et reformando quod correctionis et reformationis officio cognoverit indigere. Quocirca universitatem vestram monemus et exhortamur attentius, per apostolica vobis scripta districte præcipiendo mandantes quatenus legatum ipsum sicut personam nostram, imo nos in ipso, recipientes benigne ac honorifice pertractantes, ea quæ statuenda duxerit vel etiam corrigenda recipiatis humiliter et inviolabiliter observetis. Alioqui sententiam quam rationabiliter tulerit in rebelles ratam habebimus et faciemus, auctore Domino, inviolabiliter observari.

Datum Laterani, xvi Kal. Februarii, pontificatus nostri anno sexto decimo.

CLXVIII.

SANCTI ATHANASII CÆTERISQUE ABBATIBUS ET MONACHIS MONTIS-SANCTI.

Recipiuntur sub protectione sedis apostolicæ.

(Laterani, viii Kal. Februarii.)

Relatione illustrium et magnorum virorum nostrorum est apostolatui declaratum quod ille qui est mons domus Domini præparatus in vertice montium, ad eum confluant omnes gentes, Sanctus videlicet sanctorum, qui Ecclesiæ fundamenta in sanctis montibus collocavit, montem vestrum super mare situm ad inhabitandum suis fidelibus præelegit: qui effectum sui nominis et numinis in se habens, licet aridus sit et asper ac temporalis fertilitatis gratia destitutus, est tamen inter alios mundi montes maxima spiritualium ubertate mirabiliter fecundatus. Nam cum trecentis monasteriis et gloriosa religiosorum virorum multitudine arctam et pauperem vitam ducentium decoretur, tanta usque modo refloruit excellentia honestatis, tanta religionis eximiæ claritate refulsit, ut de ipso cum Jacob recte possit quis dicere admirando: *Vere sanctus est iste locus* (Gen. xxviii); quia hic est domus Dei, et quædam quodammodo porta cœli, ubi multitudo cœlestis exercitus, tanquam castrorum acies ordinata, et parata suscitare Leviatan, victoriose pugnat jugiter cum dracone, psallens Domino sapienter. Propter quod cum jamdudum fama vestri nominis, quæ fuerat effusa sicut oleum circumquaque, multos populos ad se traxerit in odorem unguentorum vestrorum, ipsos currere faciens a remotis, Ecclesiarum prælati et imperatores Constantinopolitani pluresque principes sæculares per privilegia sua multa olim tantæ libertatis præeminentia vos dotarunt ut post Deum, cui vos volebant libere famulari, nullius unquam essetis jurisdictioni subjecti. Cæterum, peccatis exigentibus nunc ex parte has infregit mundana potentia libertates per quemdam Dei et Ecclesiæ inimicum, qui latrunculis congregatis in quodam castro quod idem in monte vestro construxerat per auxilium brachii sæcularis, non solum ecclesias vestras tanquam prædo sacrilegus et crudelis, auro, argento et ornamentis omnibus spoliavit, verum etiam ut pecuniam exhauriret, quam vos credebat ille perditionis filius congregasse, tanquam insanus carnifex atque tortor peremit crudeliter quosdam vestrum multiplici genere tormentorum; sed tandem sua prava intentione frustratus, quam in camino cupiditatis ignis avaritiæ succendebat, exinde justitia exigente per imperatoris potentiam est dejectus. Unde ne cujusquam præsumptoris audacia volentis jurisdictionem aliquam super vos sibi temere usurpare vestra pax et tranquillitas de cætero perturbetur, nobis humiliter supplicastis ut vestris vobis libertatibus confirmatis, sub beati Petri ac nostra protectione vos suscipere dignaremur. Volentes igitur paci et quieti vestræ paterna sollicitudine providere, vestris justis postulationibus inclinati, personas et locum in quo divino estis obsequio mancipati, possessiones etiam et omnia bona vestra quæ impræsentiarum rationabiliter possidetis, vel in futurum justis modis, dante Domino, poteritis adipisci, sub beati Petri et nostra protectione suscipimus. Libertates autem et immunitates rationabiles et antiquas ac etiam approbatas, prout in vestris privilegiis dicitur contineri, vobis et per vos monasteriis vestris auctoritate apostolica confirmamus et præsentis scripti patrocinio communimus. Nulli ergo, etc., nostræ protectionis et confirmationis, etc. Si quis autem, etc.

Datum Laterani, xvi Kal. Februarii, pontificatus nostri anno sexto decimo.

CLXIX.

PRÆPOSITO ET CAPITULO SANCTÆ MARIÆ IN VINEIS, JANUENSIBUS.

Eis conservat jura parochialia.

(Laterani, xvii Kal. Februarii.)

(201) Olim ad instantiam S. de Camilla civis Januensis asserentis quod ad Ecclesiam vestram, cujus parochianus existit, sine periculo vitæ accedere non valebat, venerabili fratri nostro Januensi archiepiscopo dedimus in mandatis ut si dictus civis tantum annui redditus juxta bonorum virorum æstimationem assignare vellet Ecclesiæ memoratæ quantum a domo sua Ecclesia ipsa percipere consueverat annuatim, daret eidem licentiam oratorium in fundo proprio construendi sine juris præjudicio alieni. Cum igitur inter eumdem S. ac vos proponentes quod hujusmodi litteræ per veri suppressionem et expressionem mendacii fuerant impetratæ coram dicto archiepiscopo fuisset diutius disputatum, ac idem rei seriem per suas nobis litteras intimasset, nos iis quæ W. concanonicus vester et W. presbyter procuratores partium in nostra proposuere præsentia plenius intellectis, præfatam Ecclesiam vestram ab ipsius civis impetitione super hoc duximus absolvendam. Nulli ergo, etc., nostræ diffinitionis, etc. Si quis autem, etc.

Datum Laterani, xvii Kal. Februarii, pontificatus nostri anno sexto decimo.

CLXX.

PETRO SANCTÆ MARIÆ IN AQUIRO (202) DIACONO CARDINALI APOSTOLICÆ SEDIS LEGATO.

De vicecomitatu Nemausensi.

(Laterani, xiii Kal. Februarii.)

Cum dilectus filius nobilis vir Simon, comes Montisfortis, vicecomitatum Nemausensem, qui nomine nostro tenetur, ad vicecomitatum Biterrensem asserat pertinere, discretioni vestræ per apostolica scripta mandamus quatenus inquiras super hoc plenius veritatem, et quod inveneris, cures nobis fideliter intimare.

Datum Laterani, xiii Kal. Februarii, pontificatus nostri anno sexto decimo.

CLXXI.

EIDEM.

De absolutione quorumdam nobilium.

(Laterani, xi Kal. Februarii.)

(203) Etsi nobilium virorum comitis Convenarium et Gastonis excessus graves sint plurimum et enormes, quia tamen humiliter pulsantibus non est ecclesiæ aditus præcludendus, discretioni tuæ per apostolica scripta mandamus quatenus sufficienti ab eis, juxta quod videris expedire, cautione recepta, ipsos reconcilies ecclesiasticæ unitati, et disponas de illis

---

(201) Vide supra epist. 86.
(202) Aliis, *Aquino, Aquario*; sed dicendum in *Equiro*, quod olim in eo loco fierent equiria. Vide Fabricii Chemnicensis Romam.
(203) Vide Hist. Albig., cap. 77.

secundum Deum prout de prudentum virorum consilio videris disponendum.

Datum Laterani, xi Kal. Februarii, pontificatus nostri anno sexto decimo.

In eumdem modum scriptum est nobili viro Simoni comiti Montisfortis ut supra (204) *uno folio*. Equo rufo, etc., *usque* orthodoxa, et natum inclytæ recordationis Petri regis Aragonum, quem tu detines, restitui faciat regno suo, ut de ipsius custodia provideat et disponat. Quocirca nobilitatem tuam rogando monemus et exhortamur attentius per apostolica scripta mandantes quatenus legatum ipsum sicut personam nostram, imo nos in ipso, honorifice ac benigne recipias et pertractes, et ejus monitis ac præceptis intendas humiliter et devote. Et quoniam amodo indecens esset ut quacunque occasione natum retineres regis prædicti, eumdem in manibus legati memorati resignes, ut de ipso provideat sicut viderit expedire. Alioquin super hoc idem legatus procedet prout in mandatis a nobis viva voce recepit.

Datum Laterani, x Kal. Februarii, pontificatus nostri anno sexto decimo.

CLXXII.

PETRO SANCTÆ MARIÆ IN AQUIRO DIACONO CARDINALI APOSTOLICÆ SEDIS LEGATO.

De absolutione Tolosanorum.

(Laterani, viii Kal. Februarii.)

(205) Etsi Tolosanorum excessus gravis sit enormis, quia tamen sæpe et nuper per dilectos filios P. Guilardum et B. Gilaberti nuntios suos pulsarunt ad januam, et humiliter pulsantibus non est Ecclesiæ aditus præcludendus, discretioni tuæ per apostolica scripta mandamus quatenus sufficienti ab eis, juxta quod videris expedire, cautione recepta, ipsos reconcilies ecclesiasticæ unitati, et sic civitas ipsa reconciliata sub apostolicæ sedis protectione consistat, non molestanda de cætero a comite Montisfortis vel aliis fide catholicis, dum in fide catholica et ecclesiastica pace duxerint persistendum. Quod si forte satisfacere noluerint, et in errore suo duxerint persistendum, nos per indulgentias innovatas crucesignatos et fideles alios præcipimus excitari ut ad exstirpandam pestem hujusmodi divino freti auxilio insurgentes, tam contra ipsos quam quoslibet alios receptatores aut defensores eorum, qui plus ipsis hæreticis sunt nocivi, procedant in nomine Domini Sabaoth.

Datum Laterani, viii Kal. Februarii, pontificatus nostri anno sexto decimo.

CLXXIII.

NICOLAO TUSCULANO EPISCOPO APOSTOLICÆ SEDIS LEGATO, ET P. SUBDIACONO ET FAMILIARI NOSTRO.

De denario B. Petri in Anglia.

(Laterani, v Kal. Februarii.)

Cum, sicut vestra discretio plene novit, singulæ domus totius Angliæ singulos denarios pro censu beati Petri annuatim nobis solvere teneantur, prælati Angliæ, qui eum nostro nomine collegerunt, rem invito domino contrectantes, majorem sibi exinde partem non sunt veriti retinere, cum nonnisi trecentas marcas nobis persolverint, et sibi mille vel amplius usurparint. Ut igitur jus Ecclesiæ Romanæ servetur illæsum, discretioni vestræ præsentium auctoritate districte præcipiendo mandamus quatenus prius recipientes ab eis denarium ipsum, prout hactenus exsolverunt, et eos ad id, si necesse fuerit, per censuram ecclesiasticam appellatione postposita compellentes, firmiter postmodum ex parte nostra injungatis eisdem ut residuum cum integritate persolvant. Non enim videmus quo jure valeant se tueri, cum nec concessionem possint ostendere a sede apostolica sibi factam, nec centenariam (206) contra Romanam Ecclesiam prescriptionem probare, maxime si tempora (207) schismatum (208) subducantur. Si tamen de jure voluerint experiri, præfigatis eis terminum competentem quo per responsales idoneos nostro se con-

---

(204) Id est supra epist. 167.
(205) Vide Guillelm. de Podio. Laur., cap. 24.
(206) *Centenariam*, quæ pollet jure legitimo non humano, ideoque titulus aut tempus immemoriale dicitur non præscriptio ᾗ γὰρ τοῦ αἰῶνος μᾶλλον ἤπερ τοῦ χρόνου παραγραφή Νουικι cujus contextu novella 3. abrogatur et l. ult. C. De sacros. Eccles. et rursus introducta revivisceit c. *Ad audientiam*, c. *Cum vobis De præscript*, cujus species plurimum facit ad explanationem hujus clausulæ. Vide l. xii inter C. de sacros. Eccles. et ibi glossam sed Ecclesiæ, adversus alium patrocinatur præscriptio, si triginta annorum spatio ætas possessionis incanuerit in rebus in eadem sine ulla interruptione possessis, ex capitulari Caroli Magni. Itaque centenaria, everriculum omnium actionum, Ecclesiæ causam submovebit; secus si quæstio vertatur de censu emphiteutico, quoniam sic constanter inolevit (ut verbis codicis Visigothorum de tricennali utar, ex lib. x, c. 2), ut jam non quasi ex instructione humana, sed velut ex ipsa rerum natura processisse videatur; secundum quæ in auditorio curiæ decretum fuit SC. 29 Januarii 1607, agente Francisco de Moroges adversus Franc. Clerget, ubi super eadem re perpetuæ voluntatis constanti elogio judicatum fuit in hunc modum. Sed in regno Christianissimo res privata principis, et jura filiorum nullo tempore præscribi possunt, ordinatione regia 1559. Chopinus, De dom. lib. iii, tit. 9, etiamsi aliquo liberali titulo distracta fuerint, secundum quæ judicatum fuit 13 Junii 1619. SC. in hæreditate Francisci Loriot quem advenam dicebant, cujus censum magistratus municipalis (quem Majorem vocant) describi jusserat ex beneficio ducum Burgundiæ, quorum munificentiam Carolus VIII Christianissimus confirmarat. Rescripto etiam SC. approbato die 20 mens. Decemb. 1492. Sed viceprocurator fisci coram judice ordinario contraria festinatione, ἐλλόγενείας jura regalia esse proposuit, quæ neque distrahi, neque jugi aliquo tempore præscribi possunt, secundum quæ sententia lata est cujus formulæ propugnante viro erudito Hugone Picardet fisci procuratore regio, senatus primi judicii elogio subscripsit.

(207) Vide lib. xii, epist. 92.
(208) *Schismatum* d. c. *Cum nobis*, sicut tempus hostilitatis c. *Ex transmissa* eod. tit. Tyrannidis l. decernimus c. De sacros. Eccles. belli intestini, ex ordin. regia Blesensi, § 50, pupillaris ætatis l. sicut C. De præscr. 30, vel 40 annorum.

speciui repræsentent, quidquid juris super iis habuerint ostensuri; protestatione præmissa, quod si judicio duxerint contendendum, nos quidquid hactenus est subtractum, in ipso judicio repetemus.

Datum Laterani, v Kal. Februarii, pontificatus nostri anno sexto decimo.

CLXXIV.
TUSCULANO EPISCOPO APOSTOLICÆ SEDIS LEGATO, ET NORWICENSI ET WINTONIENSI EPISCOPIS.
Scribitur pro Richardo de Marisco.
(Laterani, v Kal. Februarii.)

(209) Cum quidam pontifices et ecclesiarum prælati de Anglia, qui a dilecto filio Richardo de Marisco jamdudum regiis obsequiis insudante in multis existimant se offensos, in quibus forte culpabilis non existit, moliantur eidem sicut accepimus, gravamina irrogare, nos ipsi volentes super hoc paterna sollicitudine providere, fraternitati vestræ præsentium auctoritate mandamus quatenus quoslibet molestatores ipsius ab ejus indebita molestatione per censuram ecclesiasticam appellatione postposita compescatis. Quod si non omnes iis, etc. Vos denique, fratres episcopi, etc.

Datum Laterani, v Kal. Februarii, pontificatus nostri anno sexto decimo.

CLXXV.
TUSCULANO EPISCOPO APOSTOLICÆ SEDIS LEGATO.
Super eodem.
(Laterani, *ut supra*.)

Licet olim duxerimus providendum ut clerici Angliæ, qui pro discordia inter sacerdotium et regnum exorta excommunicationis fuerunt vinculo innodati, cum litteris venerabilis fratris nostri Stephani Cantuariensis archiepiscopi, S. R. E. cardinalis, rei veritatem plenarie continentibus ad apostolicam sedem accederent absolutionis beneficium petituri, et dilectus filius Richardus de Marisco clericus regis sine hujusmodi litteris ad nostram venisse præsentiam dignoscatur, quia tamen non creditur id ex contemptu fecisse, sed ejusdem regis potius urgente mandato, qui ad nos cum festinantia destinabat eumdem, nolumus ut ea occasione ab aliquo molestetur; maxime cum ratiociniis et aliis regiis negotiis impeditus, facile non valeat super hoc denuo ad sedem apostolicam laborare: propter quod nos sibi de speciali gratia super præmissis fecimus beneficium absolutionis impendi. Ideoque fraternitati tuæ per apostolica scripta mandamus quatenus si eumdem propter hoc ab aliquibus contigerit molestari, tu eos ab ipsius molestatione, monitione præmissa, per censuram ecclesiasticam appellatione remota compescas. Tu denique, frater episcope, super teipso, etc.

Datum Laterani, *ut supra*.

CLXXVI.
RICHARDO DE MARISCO ARCHIDIACONO NORUMBRIÆ.
Recipitur sub protectione B. Petri.
(Laterani, II Kal. Februarii.)

Sacrosancta Romana Ecclesia, etc., *usque* concurrentes assensu, personam tuam cum omnibus bonis quæ impræsentiarum rationabiliter possides, aut in futurum justis modis, præstante Domino, poteris adipisci, sub beati Petri et nostra protectione suscipimus et præsentis scripti patrocinio communimus, ut donec te dignum reddideris, apostolica valeas protectione gaudere. Nulli ergo, etc., nostræ protectionis, etc. Si quis, etc.

Datum Laterani, II Kal. Februarii, pontificatus nostri anno sexto decimo.

CLXXVII.
PATRIARCHÆ ET CAPITULO ANTIOCHENIS.
De præbenda quadam Antiochena.
(Laterani, IV Kal. Februarii.)

Constitutus in nostra præsentia dilectus filius I. diaconus nobis humiliter supplicavit quod cum in Antiochena Ecclesia per novem annos et amplius in regimine scholarum et divinis officiis fideliter servierit et devote, diaconatus ordinem suscipiens in eadem, ipsum in canonicum ejusdem Ecclesiæ recipi faceremus. Quia vero ei non solum venerabiles fratres nostri patriarcha Hierosolymitanus et Tripolitanus et Antaradensis episcopi per litteras suas, verum etiam tu, frater patriarcha, per tuas laudabile testimonium perhibes, asserens quod nisi propositum assumpsisset redeundi ad propria, cum tibi, frater patriarcha, et vobis, filii capitulum, servitium ejus gratum esset non modicum et acceptum, posset apud vos de facili beneficium adipisci, cum dignum sit ut ubi laborasse dignoscitur, ibi pro labore stipendium consequatur, devotionem vestram rogandam duximus et monendam, per apostolica vobis scripta mandantes quatenus ob reverentiam apostolicæ sedis et nostram, nec non ejusdem prudentiam, ipsum recipiatis in canonicum et in fratrem, ei stallum in choro et locum in capitulo assignantes. Alioquin venerabili fratri nostro Sidoniensi episcopo et dilectis filiis priori Sancti Michaelis et cantori Tripolitano damus nostris litteris id mandatis ut vos ad id, nisi aliquid canonicum obviet, per censuram ecclesiasticam appellatione remota compellant. Tu denique, frater patriarcha, super teipso, etc.

Datum Laterani, IV Kal. Februarii, pontificatus nostri anno sexto decimo.

Illis scriptum est super hoc.

CLXXVIII.
GRIMALDO ET SOCIIS SUIS CRUCESIGNATIS.
Ut votum suum exsequantur.
(Laterani, XV Kal. Martii.)

Cum in cruce Domini nostri Jesu Christi gloriari oporteat Christianos, eis non deerit doloris materia

---

(209) Fuit is postea episcopus Dunelmensis ann. 1219, ut docet Matthæus Paris.

dum lignum salutiferæ crucis, in quo salus mundi pependit et æternæ mortis chirographum vita moriendo delevit, sub manu tenetur hostili, sepulcro Dominici corporis glorioso utcunque facto inglorio et ab impiis profanato. Venerunt siquidem gentes in hæreditatem Dominicam, et loca sancta proles polluit Chananæa. Sed cum in Christo simus hæredes, satis in publico nostrum, si volumus, videmus opprobrium, eo quod hæreditas nostra versa est ad alienos, et domus nostræ ad extraneos devenerunt; et sic nobis injuriarum actiones abundant, cum et Dominicas persequi teneamur et nostras omittere minime debeamus, ne in illo minus devoti et in nobis desides reputemur, si super hoc non exsolverimus Domino debitum, et interesse neglexerimus nostræ fidei speciale; præsertim cum, etsi utriusque merita se contingant, utraque tamen felices et suos habet effectus, eo quod in hujusmodi casu causa Dei temporalis honoris commodum non excludit, et nostra æternæ gloriæ præmio non privatur. Unde ferventer et provide currendum est in hujusmodi stadio, ut tale possit bravium comprehendi, feliciter et constanter est in hoc agone pugnandum, ut tanti præmii corona sequatur. Quapropter gaudere potestis in Domino vobis esse divinitus, sicut credimus, inspiratum ut vos ad tanti regis devoveritis obsequium, signo crucis assumpto in subsidium terræ sanctæ, ibi peregrinaturi pro Domino ubi Rex regum et Dominus dominantium dignatus est peregrinari pro servis, ut eos supernæ patriæ cives et æternæ beatitudinis faceret cohæredes. Eia igitur, viri prudentes, jactate in Domino cogitatum, et ipse diriget gressus vestros, non in viribus vestris sive prudentia, sed in illius potentia et misericordia confidentes qui currum et exercitum Pharaonis projecit in mare, gloriosus in sanctis suis, et in majestate mirabilis, cujus verbo cœli firmati sunt, et cum imperat mari et ventis, cessat tempestas. Nec est vobis de adversæ partis multitudine desperandum, si puro corde prælium Domini Sabaoth curaveritis præliari, memores quod in Gedeonis prælio sub brevi satis numero suum Dominus restrinxit exercitum, et de inermis funda David emissi lapides armati Philisthæi superbiam depresserunt. Cæterum cum procedatis in Domino parare viam exercitui generali, ea remissionis et immunitatis gratia volumus vos gaudere quam in generalibus litteris (210) duximus exprimendam.

Datum Laterani, xv Kal. Martii, pontificatus nostri anno sexto decimo.

CLXXIX.

NOBILI VIRO DUCI ET CONSILIARIIS VENETORUM.
Ut navigia commodent crucesignatis.
(Datum, *ut supra.*)

Cum in cruce Domini, etc., *ut supra, usque* debeamus. Sane dilectus filius nobilis vir Grimaldus de

(210) Supra epist. 28.

Monte Silicis et quamplures socii sui zelati Christianæ gentis honorem, humeris suis signo crucis impresso, se devoverunt ad obsequium crucifixi, Hierosolymam profecturi, ut ibidem sub crucis vexillo militent Deo regi, qui pro nobis triumphavit in cruce. Verum cum ipsi non in viribus suis nec virorum multitudine, sed in illius potentia confidentes qui currum et exercitum Pharaonis projecit in mare, gloriosus in sanctis, et in majestate mirabilis, proponant cum cautela procedere ac parare viam exercitui generali, nobis cum multa devotionis instantia supplicarunt ut cum navigio egeant super hoc vobis scribere dignaremur. Porro a tanti regis obsequio manus vestra non debet esse remota quoniam sic causa Dei agitur quod cujuslibet fidelis commoditas geritur in hoc casu. Absurdum quoque videretur et absonum si prudens potentia et potens prudentia vestra, quæ in multis temporalibus eminet, lateret, quod absit! in negotio Jesu Christi, ubi dum temporale præstatur obsequium, æternæ felicitatis præmium exspectatur. Eia igitur, viri prudentes et providi, ad factum tam laudabile auxilii manum porrigite, ut prædicti crucesignati pro competenti naulo vestro navigio transeant, vel de vestra licentia naves emant a Venetis, quibus valeant transfretare. Verum quia jacula imprævisa plus nocent, transitus talium ante tempus in publicam deduci non debet notitiam, ut prælium Domini eo salubrius præliantur quo minus præscientiæ clypeo adversarii fuerint præmuniti.

Datum, *ut supra.*

CLXXX.

ARCHIEPISCOPIS ET EPISCOPIS PER LOMBARDIAM ET TUSCIAM CONSTITUTIS.
Super eodem.
(Romæ, xi Kal. Martii.)

Quam laudabile, quam pium et favorabile pro subsidio terræ sanctæ propositum lator præsentium nobilis vir Grimaldus assumpserit, ipsius relatione poteritis edoceri. Cum igitur res sit digna favore, imo dignissima, universitati vestræ per apostolica scripta mandamus quatenus habentes ad illum respectum cujus causa specialius geritur in hoc casu, opem detis et operam ut viros inveniat secundum cor suum, cum quibus in divinæ virtutis potentia quod pio concepit proposito in subsidium terræ sanctæ salubri persequatur effectu. Cæterum quia prævisa jacula minus nocent, expedit ut quod idem vobis secreto retulerit in publicam non deducatur notitiam ante tempus ut, dante Domino, exsequatur efficacius quod intendit quo minus adversarii fuerint præmuniti. Vos denique, fratres archiepiscopi et episcopi, etc.

Datum Romæ, apud Sanctum Petrum, xi Kal. Martii, pontificatus nostri anno sexto decimo.

CLXXXI.
ARCHIEPISCOPO LUNDENSI APOSTOLICÆ SEDIS LEGATO.
Ut veniat ad concilium generale.
(Romæ, ix Kal. Martii.)

Inter cætera devotionis obsequia quæ tenentur episcopi et præcipue archiepiscopi sedi apostolicæ tanquam matri fideliter exhibere, hoc unum præcipue debet esse, ut ad concilium veniant evocati : ad quod archiepiscopi juramento præstito sunt astricti. Unde plurimum admiramur quod te super hoc excusare aliquatenus voluisti, cum etiam non vocatus deberes modis omnibus laborare ut tam sancto concilio interesses, ad quod ex omni parte cum desiderio multo current principes et prælati et totius cleri generaliter flos et decus, ut tot et tantos patres conscriptos ad ædificationem suam videre valeant et audire, ac mereantur esse participes orationum suarum et bonorum omnium quæ sancta synodus duxerit statuenda. Non ascendat igitur in cor tuum vel cujusquam pontificis aut prælati ut tam ignominiosam maculam in gloria sua ponat quod se a tanta solemnitate ac opere sic necessario et tam pio qualibet occasione subducat ; quia præter inobedientiæ culpam et pœnam, indignationem Dei et nostram et confusionem incurreret ac opprobrium sempiternum. Ideoque per apostolica scripta mandamus et districte præcipimus quatenus tam tu præcipue quam cæteri Ecclesiarum prælati per tuam provinciam constituti juxta primi mandati nostri tenorem a Kalendis Novembris proximo nunc futuris usque ad annum, sive per mare, sive per terram, quocunque modo poteritis, ad sedem apostolicam venire pro viribus laboretis. Speramus enim in Domino quod interim ille qui potenter imperat ventis et mari, frementis freti fluctus sedabit, ut fiat optata tranquillitas navigantibus, et inimicos reducet ad pacem, ut fiat iter agentibus via tuta. Ad hæc, quoniam consimiles litteras venerabili fratri nostro archiepiscopo misimus Upsalensi, fraternitati tuæ per apostolica scripta mandamus quatenus ei et suffraganeis ejus districte præcipias ut usque prædictum terminum quocunque modo poterint ad apostolicam sedem venire pro viribus elaborent. Sane, quia, ut asseris, ad crucis negotium promovendum tibi non sufficit evectionum numerus nostris litteris designatus, et usque ad tricesimum numerum postulas licentiam tibi dari, nos hoc tuæ conscientiæ duximus committendum, ut super hoc procedas sicut videris expedire. Tu denique, frater archiepiscope, etc.

Datum Romæ apud Sanctum Petrum, ix Kal. Martii, pontificatus nostri anno sexto decimo.

CLXXXII.
RIGENSI EPISCOPO.
Quod Ecclesia Rigensis nulli metropolitano est subjecta.
(Romæ, x Kal. Martii.)

Cum in memoria hominum non existat Rigensem Ecclesiam alicui metropolitico jure subesse, volumus et mandamus ut donec in generali concilio super hoc aliquid certum duxerimus statuendum, nulli tanquam metropolitano interim respondere cogaris. Tu denique, frater episcope, super teipso, etc.

Datum Romæ apud Sanctum Petrum x Kalend. Martii, pontificatus nostri anno sexto decimo.

In eumdem modum scriptum est Estoniensi episcopo pro Estoniensi Ecclesia (211.)

APPENDIX LIBRI DECIMI SEXTI.

CLXXXIII.
SANCTI PETRI DE MONASTERIO ET DE CHANTILA PRIORIBUS BITURICENSIS ET NIVERNENSIS DIŒCESUM, ET THESAURARIO NIVERNENSI.
De subjectione monasterii Menatensis.
(Laterani, v Kal. Junii.)

Cum causa quæ inter Cluniacensem Ecclesiam ex parte una et monasterium Menotense ac venerabilem fratrem nostrum Claromontensem episcopum ex altera super ejusdem monasterii subjectione noscitur agitari diversis judicibus fuisset ab apostolica sede commissa, tandem ad instantiam Cluniacensium dilectum filium W. abbatem præfati monasterii ad præsentiam nostram vocavimus responsurum. Ipso igitur et dilectis filiis H. et P. monachis et procuratoribus ipsius Ecclesiæ in nostra præsentia constitutis, et tam super petitorio quam possessorio lite legitime contestata, quia super hinc inde propositis per assertiones eorum fieri nobis non potuit plena fides, causam eamdem de ipsorum assensu vobis duximus committendam, per apostolica scripta mandantes quatenus partibus convocatis, et auditis hinc inde propositis, quod canonicum uerit appellatione postposita decernatis, et faciatis quod decreveritis per censuram ecclesiasticam firmiter observari. Testes autem, etc., *usque* perhibere. Nullis litteris obstantibus, etc. Quod si non omnes, etc., duo vestrum, etc.

Datum Laterani, v Kal. Junii, pontificatus nostri anno sexto decimo.

CLXXXIV.
ARCHIEPISCOPO RAVENNATI ET EPISCOPO CREMONENSI.
Ut Bononiensem episcopum compellant ad cessionem.
(Laterani, iv Idus Junii.)

Cum Bononiensis episcopus olim ad consilium et

---

(211) Vide supra epist. 129.

suggestionem bonæ memoriæ Gerardi Albanensis electi, suam insufficientiam recognoscens, sarcinam pontificalis officii, quam sine suo et commissi sibi gregis periculo portare non poterat, infra certum tempus deponere promisisset, idem præesse gaudens potius quam prodesse, post recessum illius promissionem inficiari non metuit supradictam, adeo ut a tabellione qui fecit super hoc publicum instrumentum, illud, sicut accepimus, faciat occultari. Cum igitur dicta promissio dubia non existat, et insuper ejus sit insufficientia manifesta, fraternitati vestræ per apostolica scripta mandamus quatenus ex parte nostra moneatis eumdem ut Bononiensem Ecclesiam exoneret de seipso, cum, si monitis vestris infra quindecim dies acquiescere forte noluerit, ab eadem sublato cujuslibet contradictionis seu tergiversationis diffugio penitus amoventes, et compellentes eumdem ut in manibus vestris resignet pecuniam quam pro terræ sanctæ succursu noscitur congregare, injungatis capitulo Ecclesiæ memoratæ ut virum scientia, vita et fama præclarum sibi per electionem canonicam infra octo dies præficiant in pastorem. Alioquin vos ex tunc auctoritate nostra, sublato cujuslibet contradictionis et appellationis obstaculo, personam quæ tanto congruat oneri et honori præficiatis eidem, contradictores per censuram ecclesiasticam appellatione postposita compescentes. Vos denique, fratres archiepiscope et episcope, super vobis ipsis ac credito vobis grege taliter vigilare curetis, exstirpando vitia, plantando virtutes, ut in novissimo districti examinis die coram tremendo judice, qui reddet unicuique secundum opera sua, dignam possitis reddere rationem.

Datum Laterani, iv Idus Junii, anno decimo sexto.

CLXXXV.

ROBERTO TITULI SANCTI STEPHANI IN COELIO MONTE PRESBYTERO CARDINALI, APOSTOLICÆ SEDIS LEGATO.

Scribitur pro comitissa Campaniæ.

(Signiæ, v Idus Augusti.)

Dilecta in Christo filia nobilis mulier Blancha, comitissa Campaniæ, nobis conquerendo monstravit quod quidam clerici et laici crucesignati homines suos super feodis quæ immediate ab ipsa tenere noscuntur auctoritate nostrarum conveniunt litterarum in ipsius non modicum præjudicium et gravamen, quod res de quibus agitur ad eamdem pertineant nullam facientes in commissionis litteris mentionem. Quocirca discretioni tuæ per apostolica scripta mandamus quatenus super hoc indemnitati ejusdem comitissæ, prout expedire videris, sublato appellationis obstaculo, studeas providere.

Datum Signiæ, v Idus Augusti, pontificatus nostri anno decimo sexto.

—

Epistola Honorii III, in qua continetur compositio cujus mentio fit supra epist. 98, nunc primum edita ex veteri codice ms. bibliothecæ Colbertinæ.

(Signiæ, 11 Non. Septembris.)

HONORIUS episcopus, servus servorum Dei, venerabilibus fratribus archiepiscopis et episcopis et dilectis filiis capitulis eorumdem in terra nobilis viri G. de Villa Arduini principis Achaiæ citra passum Megaræ Corinthiensis constitutis, salutem et apostolicam benedictionem.

Sedis apostolicæ circumspectio constituta super gentes et regna ut evellat et destruat, ædificet atque plantet, ubique retinens moderamen, interdum rigore, interdum mansuetudine utitur, interdum consideratis circumstantiis temporum et locorum, medium faciens ex utroque, aspera in vias planas et prava dirigit in directa, et lite confusionis implicita explicans et dirimens, litem ipsam ad certas imaginem, et rectitudinis normam provida distinctione reducit, ut quæ sunt Cæsaris Cæsari et quæ sunt Dei Deo congrua dispensatione reddantur. Sane cum ex principum imperii Romaniæ insolentia confutanda hujusmodi confusionis inoleverit corruptela ut nunc iidem bona conferrent Ecclesiis, et nunc ea ipsis auferrent pro suæ libito voluntatis, et collata præcipue abbatiis juxta beneplacitum suum propriis usibus applicarent, ac Græci prælati receptis muneribus indifferenter quoslibet ad sacerdotium promoverent, et dilectus filius nobilis vir G. de Villa Arduini princeps Achaiæ innisus hujusmodi corruptelæ abbatias et possessiones ecclesiasticas in suis manibus retinens, et fructus earum propriis usibus applicans (212), et quibus volebat pro libito tribuens, papates tanquam rusticos retineret, quia monitus ab abolenda corruptela prædicta nolebat desistere, ipsum contigit excommunicationis laqueo innodari; sed non tactus ab eo qui tangit montes et fumigant, se mandatis Ecclesiæ obtulit saniori usus consilio pariturum. Et quia humiliter redeuntibus non est Ecclesiæ additus præcludendus, juxta formam Ecclesiæ intra castra ipsius obtinuit per humilitatem reduci, a quibus ejectus fuerat per contumaciam et contemptum. Nos ergo non minus ipsius principis saluti quam Ecclesiarum utilitatibus providere volentes, sibi præcipimus ut vel resignationem Ravenicæ auctoritate sedis apostolicæ ampliatam reciperet, vel pacem quam ecclesiastici inierunt, Constantinopolitani barones qui erga Romanam Ecclesiam majorem devotionem habentes in servitiis defensionis imperii potius sunt gravati. Verum licet resignationem prædictam, quæ gravior videbatur, dictus princeps se dixerit recepisse, quia tamen eam nullatenus effectui mancipavit, sed vobiscum compositionem iniit valde illicitam et penitus inhonestam, nos de ipsius salute solliciti, ipsumque de confusione consilii Achitofel volentes eruere et ad devotionem Ecclesiæ revocare, duximus concedendum ut per venerabilem fratrem Pelagium Albanensem episcopum et dilectos filios nostros Thomam tituli Sanctæ Sabinæ et Joannem tituli Sanctæ Praxedis presbyteros cardinales cum dilectis filiis clericis Ecclesiarum vestrarum apud sedem apostolicam existentibus, nec non P. de Altomagno milite ac nuntio principis memorati, inter principem ipsum ac clericos memoratos pax tractaretur honesta, et eisdem episcopo et cardinalibus mediantibus, post tractatum diutius habitum, in pacem hujusmodi convenerunt, ampliata resignatione Ravenicæ de assensu vestro, deducta terra nobilis viri Oddonis de Roccha domini Athenarum taliter moderata, ut videlicet omnes Ecclesiæ vestræ omnes possessiones suas quas obtinent in

---

(212) Vide quintam Collect. Decretal. lib. I, tit. 20, c. 1.

habuisse aliquando dignoscuntur a tempore coronationis Alexii Bambacoratii ab omni exactione ac jurisdictione liberas habeant laicali (213), salvis justis et debitis acrosticis secundum moderationem inferius adnotatam, non obstantibus compositionibus, si quæ reperiantur factæ perpetuo, ne illis super quibus non apparent aliqua instrumenta nisi a vobis et subditis vestris eorum aliquæ merito acceptentur; ita tamen quod super possessionibus quas in præsenti eædem tenent Ecclesiæ nulla eis prorsus a quoquam quæstio moveatur. In casali vero xxv et ultra usque ad LXX lares habenti duo erunt papates cum uxoribus, filiis et familiis suis, nisi forte filii manserint extra domos paternas sub Ecclesiarum dominio a laicali jurisdictione omnino liberi et immunes. Quilibet vero papas unum ennicarium in scalia sua liberum habeat, si illum nunc habet vel habuerit a tempore supradicto. Quod si larium numerus septuagenarium excesserit, in casali quatuor papates erunt in illo liberi et immunes cum singulis ennicariis, sicut superius est expressum. Quod si ultra centenarium et vicesimum quintum excesserit, numerus papatum excrescet in sextum. Et sic deinceps papates addentur cum libertate præscripta. At si casalis XXV lares non habeat, de vicinioribus casalibus seu locis tot adjungantur eidem quod præfatus xxv numerus impleatur; et sic erunt duo papates in illo præscripta libertate gaudentes.

Cæterum reliqui rurales papates cuncta servitia et auxilia consueta et præstita hactenus laicis exhibebunt; eo tamen salvo, quod ipsorum dominus temporalis et sui in personas eorum manus mittere non audebunt, nec permittent quod in terra contra Latinorum clericorum celebretur voluntatem. Papates vero seu clerici Græci ecclesiarum cathedralium viventes a tempore quo mandatum apostolicum emanavit ad quod resignationem Ravenicæ dictus princeps dicitur recepisse erunt omnino liberi, ut de aliis superius est expressum. Sed et circa reliquos papates civitatum illud idem servetur quod est de ruralibus ordinatum. Prælati quoque de laicorum hominibus contra voluntatem ipsorum tam in ecclesiis cathedralibus quam in aliis civitatum seu casalium de cætero aliquem non instituent nec ad ordines promovebunt ultra papatum numerum prætaxatum. Sed et papates a jurisdictione liberi laicorum debitum et antiquum acrosticum, si quod debent pro terris quas nunc tenent ex illis quas a prædicto tempore tenuerunt, laicis sine difficultate persolvent. Sæpedictus vero princeps et Latini sibi subjecti decimas integre solvent et facient a Græcis sibi subditis et non rebellantibus simili modo persolvi. Porro vos eidem principi et suis ecclesiarum thesauros et alia mobilia vestra nec non et injurias irrogatas, præter personales, remittetis omnino. Verumtamen de personalibus fructibusque perceptis et damnis datis tempore quo princeps ipse fuit a dilecto filio nostro Joanne tituli Sanctæ Praxedis presbytero cardinale, nunc apostolicæ sedis legato, excommunicationis sententia innodatus, nec non de perceptis fructibus ex possessionibus et bonis ecclesiasticis et damnis illatis a tempore quo mandatum emanavit prædictum, princeps ipse ac sui vobis competentem satisfactionem impendent et dimittent vobis si in aliquo reputant se offensos, ac in recompensationem omnium prædictorum vestris cathedralibus ecclesiis, deducta Argolicensi Ecclesia pro parte nobilis memorati, mille hyperperorum annuum redditum assignare curabunt; ita quod cuilibet cathedrali ecclesiæ sors quæ ipsam contingit, videlicet centum septuaginta Ecclesiæ Patracensi, Corinthiensi totidem, nec non centum quinquaginta Lacedæmonensi et Amiclensi Ecclesiis, Coronensi quoque centum quinquaginta, et totidem Mothonensi, nec non Olenensi Ecclesiæ totidem ; et Argolicensi Ecclesiæ sexaginta octo certo loco et congruo in ejus diœcesi assignetur, nisi forte eadem Ecclesia in acrostico teneatur, quod pro quantitate ipsius eadem sibi reputabit in sortem; si quid ex ipsa defuerit, loco idoneo de aliis suppleturi. Quod si sæpefatus princeps ac sui ab Ecclesiis acrosticum duxerint exigendum, de ipso et quantitate ipsius, nisi jam sit remissum, erit prius veritas inquirenda. Et cum constiterit de illo et quantitate ipsius, inquiri debet nihilominus utrum possessiones et bona pro quibus illud debetur acrosticum deteriorata sint propter malitiam temporis seu etiam imminuta ; et juxta quantitatem deteriorationis vel diminutionis illorum acrosticum pro illis debitum minuatur; reliquis in suo robore remanentibus in prædicta resignatione Ravenicæ ac prædicto mandato apostolico comprehensis, nec non et privilegio quod super Ecclesiarum et clericorum libertatibus voluntarie princeps ipse concessit. Ipse quoque ac sui et illi quibus de novo terra dabitur vel baliva pacem præscriptam servare bona fide jurabunt ac contra ipsam penitus non venire. Quod si eidem principi vel suis quisquam subjectus contravenire præsumpserit, et ob hoc laqueo excommunicationis ligatus super eo non satisfecerit infra annum, dictus princeps vel ille cui noscitur immediate subesse compellet ad satisfactionem competentem et debitam exhibendam, quem tanquam excommunicatum ipse et sui in omnibus evitabunt præterquam in perceptione servitii quod sibi vel illis exhibere tenetur.

Cum igitur vos ex parte una nec non et memoratus princeps ac sui ex altera præscriptam pacem sponte duxeritis acceptandam, et tam ex parte vestra quam sua fuerit nobis humiliter supplicatum ut eamdem dignaremur apostolico munimine roborare, nos vestris et ipsius precibus inclinati, ne negotium possit iterate labyrinthum confusionis immergi, pacem ipsam sive concordiam prædictis episcopo et cardinalibus mediantibus auctoritate nostra provide factam et ultro receptam, gratam et ratam habentes, auctoritate apostolica confirmamus et præcipimus firmiter observari. Ad majorem autem evidentiam sæpedictam resignationem Ravenicæ, prout exinde confecto authentico continetur, huic nostræ paginæ de verbo ad verbum fecimus adnotari. « In nomine Domini. Amen. Ad honorem Dei et sanctæ matris Ecclesiæ et domini papæ Innocentii tertii. Hoc est pactum sive conventio super universis ecclesiis positis sive sitis vel fundatis in Thessalonica usque Corinthum, quod intervenit inter dominum Thomam Dei gratia Constantinopolitanæ Ecclesiæ patriarcham et archiepiscopos Atheniensem, Larissensem, Neopatrensem et episcopos infra ponendos et barones inferius propriis nominibus declarandos. Renuntiaverunt quidem domini Nameus Roffredus comestabulus regni Thessalonici, Otto de Roccha dominus Athenarum, Guido marchio, Ravanus dominus insulæ Nigripontis, Raynerius de Traval, Albertinus de Canosa, Thomas de Stromoncort, comes Bertuldus, Nicolaus de Sancto Omer, Guillelmus de Blanel, Guillelmus de Arsa pro se et hominibus suis et fidelibus et vassalis, in manibus supradicti domini patriarchæ recipientis pro Ecclesia nomine domini papæ et suo et archiepiscoporum et episcoporum infra dictos terminos positorum et ecclesiarum cunctarum, omnes ecclesias et monasteria, possessiones, redditus, mobilia et immobilia bona, et universa jura Ecclesiæ Dei, volentes et firmissime promittentes dictas ecclesias et monasteria cum omnibus rebus suis habitis et habendis, et personas in eis positas et ponendas, et claustra ecclesiarum, et servientes et servos et ancillas et homines, et universa suppellectilia et bona libera et absoluta per se successoresque suos, homines, milites, vassallos, fideles, servientes et servos in perpetuum permanere ab omnibus angariis et parangariis, taliis, serviliis et servitutibus universis, excepto acrostico tantum, quod eis de-

(213) Vide Raynald. ad. an. 1221, § 25.

bent cuncti sive Latini sive Græci tam in dignitatibus quam in minoribus officiis et ordinibus constituti propter terras quas tenent ab ipsis, si quas tenent vel tenuerunt, quod tempore captionis civitatis regiæ Constantinopolitanæ solvebatur a Græcis, et nihil aliud debent et nihil aliud præfati barones per se, successores suos, vassallos, homines, fideles, servientes et servos, sibi in prædictis ecclesiis sive monasteriis vindicare nihil in posterum usurpare, sed si qui ex prædictis clericis tam prælatis quam cæteris ecclesias vel monasteria destruere voluerint, debent quantum eis licuerit repugnare decenter et turbare ne compleant quod nequiter conceperunt. Si qui vero fuerint de clericis Latinis vel Græcis, sive monachis, papatibus vel calogeris, in dignitatibus vel minoribus ordinibus vel officiis constituti, qui dictorum baronum terras detineant et laborent et acrosticum solvere noluerint, termino inter eos statuto, nisi solverint quod tenentur, potestatem habeant nominati barones accipiendi de bonis eorum tantum quod eorum debitum et nihil amplius persolvatur; sed in cunctis absoluti et liberi quantum ad personas et res ipsorum et ecclesiarum quæ superabundant debitum perpetuo in posterum perseverent. Hæredes quoque sive filios clericorum sive papatum et uxores eorum non capiant vel detineant vel faciant detineri vel capi quandiu ad mobilia eorum suas poterit extendere manus, sive de eorum mobilibus eis poterit super debiti quantitate satisfieri competenter. Filii quoque laicorum Græcorum sive clericorum seu papatum in baronum servitio juxta morem solitum perseverent, nisi per archiepiscopos vel episcopos vel de eorum licentia fuerint ordinati. Post ordinationem vero eodem privilegio gaudeant quo funguntur clerici in obedientia Romanæ Ecclesiæ constituti. Si qui vero papatum vel monachorum Græcorum baronum detinuerint et laboraverint terras quæ ad ecclesiarum vel monasteriorum non pertineant jura, eodem modo prædictis respondeant dominis quo fecerint laici qui eorum terras detinent et laborant. Alioquin, si præfati barones contra jam dicta venerint vel aliquod præmissorum, post admonitionem per suos excommunicentur prælatos, et tandiu in excommunicatione persistant quandiu de damnis et injuriis canonice satisfecerint irrogatis. Ut autem præmissis fides plenior habeatur, de voluntate et consensu et auctoritate dominorum Thomæ patriarchæ et imperatoris Henrici Constantinopol. et archiepiscoporum et omnium baronum in præsenti chartula positorum appensa sigilla consistunt, salvis in omnibus domini papæ auctoritate, reverentia et honore. Acta sunt hæc apud Ravenicam anno Domini 1210, indictione XIII, præsentibus archiepiscopis et episcopis, et electis, et clericis, et militibus, videlicet Heracliensi, Atheniensi, Larissensi, Neopatrensi archiepiscopis, Avallonensi, Fermopilensi, Davaliensi, Zaratoriensi, Castoriensi, Sidoniensi episcopis, Nazariensi, Citrensi electis, de quorum consensu et voluntate et auctoritate sunt præmissa peracta et præsentibus cantore Leonardo, Jacobo presbytero, Henrico, magistro Bonifacio canonico ecclesiæ Sanctæ Sophiæ de Constantinopoli, et priore cruciferorum Bononiæ, archidiacono Thebano, decano Davaliensi, domino Arduino et Arnuldo capellanis imperatoris præfati, et præsentibus Guiffredo mareschalco totius imperii Romaniæ et Rolandino de Canosa et Rainerio de Gumbulla et Guillelmo de Sarz et Bonuz de Sancto Sepulcro et Gerandino de Gummula et Jacobe de Assesso et Hugone de Settenguen, Albuin de Plunges et Philippo de Mombis et aliis pluribus. Hæc autem completa sunt mense Maii die secundo intrante. » Nulli ergo omnino hominum liceat hanc paginam nostræ confirmationis et jussionis infringere vel ei ausu temerario contraire. Si quis autem hoc attentare præsumpserit, indignationem omnipotentis Dei et beatorum Petri et Pauli apostolorum ejus se noverit incursurum. Datum Signiæ secundo Nonas Septembris, pontificatus nostri anno octavo.

Quoniam supra in epistola 149 et duabus sequentibus agitur de magna illa controversia quæ ævo Innocentii nostri ac postea fuit de comitatibus Campaniæ et Briæ inter Blancham eorumdem comitatuum comitissam filiumque ejus Theobaldum ex una parte et Erardum de Brena uxoremque ejus Philippam ex alia, res postulare videtur ut negotium intricatissimum explicemus data occasione.

Moriens Hierosolymorum rex Amalricus anno 1174, regnum Balduino filio reliquit istius nominis quarto, Is vero lepræ morbo laborans, uxorem ducere noluit. Sed cum duas haberet sorores, Sybillam et Isabellam, in his quæsivit posteritatem. Primam ergo collocavit Guillelmo cui Longæ-spatæ cognomen fuit: quæ dein, eo mortuo, nupsit Guidoni Luziniano nobili Aquitano. Isabellam, vero, octo tum annorum puellam, despondit Henfredo de Torono nobili Hierosolymitano, filio Henfredi regii constabularii, anno 1180, ut Willelmus Tyrius tradit. Mortuo denique Balduino anno 1183, succedens Sibylla maritum Guidonem nominavit regem. Tandem ista filiabusque ejus in obsidione Acconensi mortuis anno 1191, regnandi jus ad Isabellam transiit. Quod ubi Conrado Montisferrati marchioni, penes quem major ac præcipua auctoritas erat in regno Hierosolymitano, notum fuit, a matre Isabellæ patriarchaque Hierosolymorum Heraclio petiit eam sibi conjugem dari. Haud ægre impetratum; tamen etsi proxima consanguinitatis linea conjuncti forent, et tamen etsi Henfredus valde repugnaret, fieri id clamitans contra sacrosanctas connubii leges. Celebrato itaque divortio, Conradus duxit Isabellam, ac mox in regium nomen invasit. Anno demum 1192. Conradus occisus est in oppido Tyrio a duobus Assassinis. Post interfectionem vero prædicti Conradi, inquit Rogerius de Hoveden, *uxor illius nupsit Henrico comiti de Campania, nepoti regis Angliæ et regis Franciæ. Et statim per communem totius exercitus electionem prædictus Henricus est electus in regem terræ Hierosolymitanæ.* Matrimonium illud approbatum in Occidente non fuit, ut patet ex epistola 75, libri secundi, tum etiam ex epistolis Honorii III quæ exstant in quinta compilatione *Decretalium* lib. II, tit. 5, cap. 5. et apud Odoricum Raynaldum ad an. 1219, in quibus Honorius docet motam fuisse coram se ac pendere adhuc controversiam de natalibus Alaydis reginæ Cypri et Philippæ uxoris Erardi de Brena, quæ erant Henrici et Isabellæ filiæ. Unde et in Actis illorum temporum cum retractatur controversia de comitatu Campaniæ inter Theobaldum fratris Henrici filium et Philippam, quia nuptias Henrici cum Isabella vitio coiisse nonnulli contendebant, cum ad Henrici nomen ventum est, additur, *quem ipsa Philippa patrem suum esse dicebat.* Ex quo colligitur statum liberorum Henrici fuisse incertum, neque satis constitisse inter Gallos nostros justum fuisse illius matrimonium. Nam si istud constitisset, dubium esse non poterat quin Philippa adire patris hæreditatem posset, quando Alaydis, quæ Henrici filia natu major erat, hæredem se patris non ferebat, regno Cyprio contenta. Quanquam et ipsa quoque postea litem movit de comitatu Campaniæ, quæ in initiis regni sancti Ludovici sopita est. Cæterum Theobaldi causam adversus Philippam multa juvabant. Primum, mortuo Henrico, nulla filiarum ejus adivit hæreditatem, quæ Theobaldo Henrici fratri venit, secundum quod ipse statuerat paulo ante quam in Orientem proficisceretur. Theobaldo vero mortuo, Blancha vidua ejus anno 1211 homagium Philippo Francorum regi præstitit pro comitatibus Campaniæ et Briæ, investituramque ab eo accepit nomine liberorum suorum. Aliquanto post enixa est filium, cui Theobaldo quoque nomen fuit. Rursum vero Philippus Blancham filiosque ejus agnovit ut legitimos comitum Campaniæ successores et hæredes, nullo contra tendente. Res in eo statu mansit donec, anno 1311, Erardus de Brena dominus Rameruci, qui anno proximo in Orientem profectus erat ut favore adjctus Joannis regis Hierosolymitani, cujus consanguineus erat, duceret unam ex filiabus Henrici regis Hierosolymitani, captata dein occasione mortis Alberti patriarchæ, qui tum recenter obierat, Philippam sibi junxit, quam vivente Alberto habere non potuerat. Gravem quippe eum adversarium expertus erat Erardus, dicentem non posse Philippam ei nubere cui proxima affinitatis linea conjuncta erat. Ita quippe Albertum edocuerat Innocentius in epistola ad eum scripta, quæ est 150 hujus libri, ex relatione Romam e Galliis missa. Quin et illud ipsum ad Joannem regem Hierosolymorum scripsit etiam Ludovicus Philippi Francoruum regis primogenitus, ut postea videbimus. Durante ergo controversia inter Theobaldum et Philippam, matrimonium illud ratum non fuit. Unde in Actis illorum temporum ita vulgo legitur : *Erardus de Brena, et Philippa, quæ dicitur uxor ejus.* Rediit tandem concordia anno 1121 ope et industria Giroldi episcopi Valentini, qui postea fuit Hierosolymorum patriarcha. Tum vero reperio Philippam vocari simpliciter uxorem Erardi, aut Philippam dominam Rameruci, Erardum vero dominum Rameruci. Denique Alaydis regina Cypri anno 1234 jus omne quod habere poterat in comitatibus Campaniæ et Briæ transtulit in Theobaldum Blanchæ filium posterosque ejus. Et sic omnino conquievit magna illa controversia. Ista nos collegimus ex historicis illorum temporum et ex certissimis monumentis quæ exstant in antiquis chartulariis comitum Campaniæ : quorum unum exstat Parisiis in camera computorum, aliud in bibliotheca regia, tertium in Colbertina. Hinc ergo descripsimus vetera monumenta quæ sequuntur.

I.

Epistola Innocentii III de vetitis nuptiis Erardi et Philippæ.

(Laterani, x Kal. Martii.)

INNOCENTIUS episcopus, servus servorum Dei, venerabili fratri patriarchæ Hierosolymitano, salutem et apostolicam benedictionem.

Cum olim ex parte dilectæ in Christo filiæ nobilis mulieris Blanchæ comitissæ et Theobaldi nati ejus comitis Campaniæ nostro fuisset apostolatui reseratum quod nobilis vir Erardus de Brena in partes Hierosolymitanas accesserat ut unam de filiabus bonæ memoriæ Henrici comitis Campaniæ acciperet in uxorem, quæ ipsum dicitur in eo consanguinitatis gradu attingere quod, secundum sanctorum Patrum statuta, legitime nequeunt copulari, cum inclytæ recordationis Ludovicus Grossus rex, proavus videlicet comitis supradicti, frater exstiterit Florii, cujus pronepos est Erardus, quod, ut asseverant, satis est in Galliarum partibus manifestum, et ipsi, si necesse fuerit, parati erant in eisdem partibus id probare, nos, quia satius est in hujusmodi ante tempus occurrere quam remedium mendicare post tempus, bonæ memoriæ prædecessori tuo et venerabili fratri Tyrenensi archiepiscopo nostris dedimus litteris in præceptis ut sub pœna excommunicationis, appellatione postposita, inhiberent hujusmodi contrahi copulam inter eos (214), ne scandalum oriretur ex eo ex quo debebat utilitas provenire. Ipsi vero, sicut præfata comitissa et filius suus nobis intimare curarunt, receptis litteris hujusmodi prohibitionem fecere privatim, sed non processerunt ad eamdem publice ac solemniter faciendam, cum interim prædecessor jam dictus rebus fuerit humanis exemptus. Cum igitur tibi constet, ut dicunt, per dictos prædecessorem tuum et archiepiscopum jam factam fuisse prohibitionem prædictam, et ministros Christi, qui veritas est, deceat veritati testimonium perhibere, fraternitati tuæ per apostolica scripta mandamus quatenus, si est ita, litteras tuas in testimonium tuum super hoc concedas eisdem. Tu denique, frater patriarcha, super te ipso et credito tibi grege taliter vigilare procures, exstirpando vitia et plantando virtutes, ut in novissimo districti examinis die coram tremendo judice, qui reddet unicuique secundum opera sua, dignam possis reddere rationem.

Datum Laterani, x Kalend. Martii, pontificatus nostri anno septimo decimo.

II.

Ejusdem epistola ad archiepiscopum Cæsariensem, ut prædicta inhibitio publicetur in regno Hierosolymitano.

(Laterani, x Kal. Martii.)

INNOCENTIUS, etc. venerabili fratri Cæsariensi archiepiscopo et dilectis filiis priori Dominici sepulcri et cantori Acconensi, salutem et apostolicam benedictionem.

Cum olim ex parte dilectæ in Christo filiæ nobilis mulieris Blanchæ comitissæ ac Theobaldi nati ejus comitis Campaniæ nostro fuisset apostolatui reseratum quod nobilis vir Erardus de Brena in provinciam Hierosolymitanam accesserat ut unam de filiabus claræ memoriæ Henrici comitis Campaniæ acciperet in uxorem, quæ ipsum dicitur in eo consanguinitatis gradu attingere quod, secundum sanctorum Patrum statuta, legitime nequeunt copulari, cum inclytæ recordationis Ludovicus rex Grossus, proavus videlicet comitis supradicti, frater exstiterit Florii, cujus pronepos est Erardus, quod, ut asseverant, satis est Galliarum partibus manifestum, et ipsi, si necesse foret, parati erant in eisdem partibus id probare, nos, quia satius est in hujusmodi ante tempus occurrere quam remedium mendicare post tempus, bonæ memoriæ Hierosolymitano patriarchæ ac venerabili fratri nostro Tyrenensi archiepiscopo nostris dedimus litteris in præceptis ut sub pœna excommunicationis, appellatione postposita, inhiberent hujusmodi contrahi copulam inter eos, ne scandalum oriretur ex eo ex quo deberet utilitas provenire. Ipsi vero, sicut præfata comitissa et filius ejus nobis intimare curarunt, receptis litteris nostris hujusmodi prohibitionem fecere privatim, sed non processerunt ad eamdem publice ac solemniter faciendam, cum interim patriarcha prædictus rebus fuerit humanis exemptus. Ne igitur ad hujusmodi copulam aspirantes excusationem assumere valeant in peccatis, discretioni vestræ per apostolica scripta præcipiendo mandamus quatenus sub pœna prædicta, occasione qualibet et excusatione ac appellatione cessantibus, infra quindecim dies post susceptionem præsentium publice inhibere curetis hujusmodi contrahi copulam inter eos, facientes in ecclesiis et locis in quibus videritis expedire inhibitionem prædictam solemniter publicari. Quod si non omnes, etc. tu ea, frater archiepiscope, cum eorum altero nihilominus exsequaris. Tu denique, frater archiepiscope, super te ipso, etc.

Datum Laterani, x Kal. Martii, pontificatus nostri anno septimo decimo.

(214) Supra epist. 150

III.

Quod Gaufridus, thesaurarius domus Templi, accepit litteras Domini papæ super negotio domini Erardi de Brena et dominæ Philippæ filiæ Henrici quondam comitis Trecensis, quas reddidit patriarchæ Hierosolymitano et archiepiscopo Tyrenensi.

Sanctissimo in Christo Patri et domino INNOCENTIO, Dei gratia summo pontifici, frater GAUFRIDUS, thesaurarius domus Templi, pedum sanctitatis apostolicæ pulvis exiguus, se ipsum ad pedes, cum osculo eorumdem.

Sciat vestræ sanctitatis superexcellens pietas me libertatis apostolicæ litteras accepisse super negotio domini Erardi dominæque Philippæ, ipsasque domino patriarchæ Hierosolymitano Alberto bonæ memoriæ et archiepiscopo Tyrenensi humiliter reddidisse. Ipsi vero auctoritate apostolica convocatis domino rege prædictoque Erardo, utrique divisim et separatim sub pœna excommunicationis inhibuerunt ne iste consentiret vel alter contraheret matrimonium in vestris litteris denegatum. Ad hæc, dominus patriarcha Tyrenensem archiepiscopum ad dominam Philippam direxit in regis palatio, qui eidem auctoritate sua et apostolica pœna prohibuit sub eadem. His autem omnibus exsecutis, mihi pedum vestrorum pulveri duo supradicti domini, patriarcha videlicet et archiepiscopus, prout ex mandato sedis apostolicæ habuerunt et exsecuti fuerunt, exponere penitus curaverunt. Dictus vero Erardus non multo post, ut contumax et rebellis ductus, ut opinor, non bono spiritu, contra prohibitionem apostolicam et sententiam in factores vel consentientes huic matrimonio promulgatam, cum dicta domina contraxit Philippa matrimonium inde Veneris clandestinum et occultum. Quocirca coram sanctitatis apostolicæ clementia hujus rei provise, habui veritati testimonium perhibens, quantum scio, explico et ostendo, paternæ pietati significans cum omni supplicatione ut quod super hoc viderit faciendum paterna sanctitas provideat et disponat.

IV.

Ludovicus primogenitus Philippi regis Francorum significat regi Jerusalem quod comes Theobaldus non debet trahi in causam de terra patris sui donec impleverit viginti unum annos.

(Compendium, mense Martio.)

Excellentissimo et charissimo consanguineo suo JOANNI, Dei gratia illustri regi Hierosolymitano, LUDOVICUS, domini regis Franciæ primogenitus, salutem et sinceri amoris constantiam.

Scire vos volumus quod consuetudo antiqua et per jus approbata talis est in regno Franciæ, quod nullus ante viginti et unum annos potest vel debet trahi in causam de re quam pater ejus teneret sine placito cum decessit. Hujus igitur ratione consuetudinis charissimus dominus et genitor noster et nos statuimus et concessimus charissimæ amissæ nostræ comitissæ Trecensi et Theobaldo filio ejus, præsentibus et audientibus vobis ipsis, quod si filiæ comitis Henrici vel aliqui pro ipsis vellent prædictum Theobaldum vel matrem ejus in causam trahere de terra quam pater ejus tenuit, nos non audiremus inde verbum donec idem Theobaldus haberet viginti et unum annos, nec ipsum vel matrem ejus in antea in causam trahi permitteremus; præcipue cum de testimonio multorum nobilium virorum, quibus fidem bene adhibere debemus, bene constet quod charissimus quondam consanguineus noster comes Henricus, cum vellet Hierosolymam proficisci, totam terram suam dimisit et dedit fratri suo Theobaldo quondam comiti Trecensi, si ipsum comitem Henricum de transmarinis partibus contingeret non redire. Ad hæc, nullo modo volumus

A quod Erardus de Rameruco filiam comitis Henrici habeat in uxorem, sed id fieri modis omnibus prohibemus; quia, si fieret, contra nos fieret. Et præterea dictum est nobis quod in eo gradu consanguinitatis se attingunt quod non possunt nec debent legitime copulari.

Actum apud Compendium, anno 1214, mense Martio.

V.

Litteræ Philippi regis Francorum de eadem re ad papam Innocentium.

Parisius, mense Martio.)

Reverendo Patri ac domino suo charissimo INNOCENTIO, Dei gratia summo pontifici, PHILIPPUS, eadem gratia Francorum rex, salutem et debitam in Christo reverentiam.

Noverit paternitas vestra quod nos cum dilecta et fideli nostra Blancha comitissa Campaniæ per concilium baronum nostrorum et per consuetudinem in regno Franciæ hactenus approbatam tales conventiones fecimus et habemus. Videlicet quod si aliquis dictam comitissam vel dilectum et fidelem nepotem nostrum Theobaldum comitem Campaniæ filium ejus in causam traheret super comitatu Campaniæ et Briæ vel eorum altero, nos non audiremus inde clamorem nec placitum teneremus donec idem Theobaldus compleverit vicesimum primum annum, et quod dicta comitissa habeat tutelam filii sui et dictorum comitatum usque ad terminum supradictum, et tam ipsa quam ipse filius ejus interim..... que possideant et teneant pacifice comitatum. Cum igitur secundum prædictam consuetudinem nullus possit vel debeat in causam trahi de re quam pater ejus teneret sine placito cum decessit, antequam compleverit vicesimum primum annum, paternitatem vestram rogamus et attente requirimus quatenus prædictam consuetudinem et conventiones prædictas præfatis comitissæ et comiti auctoritate apostolica confirmare velitis.

Actum Parisius, anno Domini 1214, mense Martio.

VI.

Innocentii III epistola qua excommunicari mandat fautores et coadjutores Erardi de Brena et Philippæ ejus uxoris.

(Laterani, III Non. Februarii.)

INNOCENTIUS episcopus, servus servorum Dei, venerabili fratri episcopo Carnotensi et dilectis filiis abbati Sanctæ Genovefæ et priori Sancti Martini de Campis Parisiensis, salutem et apostolicam benedictionem.

Cum nostris dudum fuisset auribus intimatum quod Erardus de Brena Hierosolymitanas partes adierat ut sibi duceret in uxorem unam de duabus filiabus Henrici quondam Trecensis comitis procreatis de illegitima copula quam cum filia regis Hierosolymitani, ad quam regnum spectabat, contraxerat idem comes, quæ antea modo simili Conrado quondam marchioni Montisferrati copulata fuerat per incestum, propter quod gravis pœna peremit utrumque, per hoc intendens Erardus prædictus sibi comitatum Trecensem et aliam terram pertinentem ad eumdem quondam comitem vindicare, quoniam intelleximus quod illa ipsum proxima linea consanguinitatis attingit, fecimus et ex parte nostra per sanctæ memoriæ Albertum Hierosolymitanum patriarcham solemniter interdici ne præsumeret cum illa contrahere, cum mandaverimus testes recipi super linea consanguinitatis prædictæ, ut redderemur de impedimento legitimo certiores. Ipse vero post prædicti obitum patriarchæ, captata successoris absentia, non est veritus eam sibi clandestine copulare, ambitiosa cupiditate cæcatus, cum non sit filia primogenita, quæ utcunque succederet si jus haberet alterutra succedendi. Et cum idem nuper cum multis aliis applicuisset Gaietam, cæteris ad nostram præsentiam accedentibus, ipse tanquam conscius male sibi nostrum declinavit aspectum, cursu concito ad Januensem navigans civitatem, ut opportunitate adepta quantocius transalpinans, contra dilectum filium nobilem virum Theobaldum Trecensem comitem suscitet schisma, si possit, non solum in grave scandalum regni Franciæ, verum etiam in grande dispendium terræ sanctæ. Sed speramus in Domino et in potentia virtutis ipsius quod ejus machinatio non poterit prævalere, cum et charissimus in Christo filius noster Philippus rex Francorum illustris per suas nobis litteras intimarit quod cum præfatum Theobaldum ad suum comitatum remisit, per privilegium sibi regale concessit, quod auctoritate petiit apostolica confirmari, ut usque ad legitimam ejus ætatem nullam de his contra ipsum querelam audiret. Unde nos volentes imminentibus periculis obviare, venerabilibus fratribus nostris archiepiscopis et episcopis per regnum Franciæ constitutis olim dedimus nostris litteris in præceptis ut dictum Erardum, sublato cujuslibet contradictionis et appellationis obstaculo, per ecclesiasticam censuram compescerent, si forte occasione præscripta præsumeret malignari. Consulibus etiam et populo Januensibus districte dedimus in præceptis ut cum dictus Erardus, sicut nostris fuit auribus intimatum, moram faciat apud ipsos, ut juxta iniquitatem conceptam ipsorum fretus auxilio intendat, si poterit, arcum suum, ipsi eidem intendere volenti malignitati prædictæ omnino suum subtrahant auxilium et favorem, sicut charam habent apostolicæ sedis gratiam et Dei ac nostram, terræ sanctæ ac regis Franciæ volunt offensam et dispendium evitare, attentius præcaventes ne si forsan, quod absit! inveniri fuerint tantæ iniquitatis fautores, tunc facile non possint pœne consortium, ut nunc culpæ participium, declinare. Nos autem hujus rami male pullulantis radices debilitare volentes, dilectis filiis abbati Sancti Andreæ de Sexto et Sancti Theodori et Sanctæ Mariæ de Albaria prioribus Januensis diœcesis dedimus in mandatis ut si quos ex ipsis culpabiles invenerint in hoc facto, per censuram ecclesiasticam, appellatione remota, cessare a sua præsumptione compellant. Quocirca discretioni vestræ per apostolica scripta districte præcipiendo mandamus quatenus cum, sicut creditur, tota illius Erardi circa hoc versetur intentio ut aliquibus sibi ascitis complicibus et fautoribus comparatis, præfatum comitem molestet, si poterit et offendat, de terra sua cupiens aliquid sibi subripere, sicut prædo in insidiis latitando, vos auctoritate nostra suffulti, si quos in Senonensi provincia inveneritis qui prædicto Erardo super hoc inique præsumpserit impendere auxilium vel favorem, ab hujusmodi præsumptione cessare, appellatione remota, per censuram ecclesiasticam compellatis. Volumus enim malis obviare principiis, nec per negligentiam vires sumant seu per insolentiam invalescant. Quod si non omnes iis exsequendis potueritis interesse, tu, frater episcope, cum eorum altero ea nihilominus exsequaris.

Datum Laterani, iii Non. Februarii, pontificatus nostri anno octavo decimo.

In eumdem modum scriptum est episcopo Cabilonensi, et abbati Cisterciensi et priori de Vergiaco Cabilonensis et Eduensis diœcesum in Lugdunensi provincia, etc. ut in alia per totum.

In eumdem modum episcopo Cabilonensi, et abbati Sancti Joannis in Vineis, et decano Suessionensi, in Remensi provincia, etc. ut in prima per totum.

VII.

Scribitur prælatis Franciæ ut Erardum a sua præsumptione compescant.

(Ferentini, ii Kal. Augusti.)

(215) INNOCENTIUS episcopus, servus servorum Dei, venerabilibus fratribus archiepiscopis et episcopis per regnum Franciæ constitutis, salutem et apostolicam benedictionem.

Olim cum ageretur coram nobis in publico consistorio de quadam incestuosa copula quæ contracta fuerat in Hispania, pronuntiasse meminimus, præsente clericorum et laicorum multitudine copiosa, quod sicut in Syria una fuerat incestuosæ copulata duobus, sic in Hispania unus sibi duas copulaverat per incestus. Et quidem peccatum quod fuerat in Oriente commissum graviter est punitum, quia Conradus marchio Montisferrati gladio et Henricus comes Trecensis præcipitio perierunt, qui filiam regis Hierosolymitani, ad quam regnum spectabat, sibi præsumpserant illegitime copulare. Unde illorum exemplum alium debuerat deterrere ne similem culpam in Occidente committeret; qui forsan idcirco pœnam similem non incurrit, quia pœnitens de commissis, utramque a suo consortio separavit. Nuper autem cum nostris fuisset auribus intimatum quod Erardus de Brena Hierosolymitanas partes adierat ut unam de duabus filiabus præfati comitis, quas de tali copula procreaverat, sibi duceret in uxorem, ut comitatum Trecensem et aliam terram ad eumdem quondam comitem pertinentem sibi occasione hujusmodi vindicaret, quoniam intelliximus quod illa ipsum proxima linea consanguinitatis attingit, fecimus ei ex parte nostra per sanctæ memoriæ Albertum Hierosolymitanum patriarcham solemniter interdici ne præsumeret cum illa contrahere, cum mandaverimus testes recipi super linea consanguinitatis prædictæ, ut redderemur de impedimento legitimo certiores. Ipse vero post prædicti obitum patriarchæ, captata successoris absentia, etc., *ut in superiore usque* aspectum, sed concito cursu Januam navigavit, ut celeriter transalpinans, etc., *usque* querelam audiret. Volentes igitur imminentibus periculis obviare, universitati vestræ per apostolica scripta præcipiendo mandamus quatenus dictum Erardum, si forte occasione præscripta præsumeret malignari, vos Deus habentes præ oculis, sublato cujuslibet contradictionis et appellationis obstaculo, per censuram ecclesiasticam compescatis, mandatum apostolicum taliter impleturi quod de diligentia studiosa mereamini commendari.

Datum Ferentini, secundo Kal. Augusti, pontificatus nostri anno octavo decimo.

VIII.

Mandatur ut comitissa et Erardus Romam veniant aut mittant.

(Perusii, xiii Kal. Junii.)

INNOCENTIUS, etc., venerabili fratri episcopo Suessionensi et dilectis filiis Cluniacensi et Longipontis abbatibus, Masticonensi et Suessionensis diœcesum, salutem et apostolicam benedictionem.

Querelam nobilis mulieris Blanchæ comitissæ Campaniæ pro nobili viro Theobaldo nato suo pupillo comite Campaniæ recipimus continentem quod Erardus de Brena et Philippa illegitima filia quondam Henrici comitis Campaniæ ipsum et sua molestare nituntur, moliente prædicta Philippa in terra quam possidet idem comes succedere occasione incestuosæ copulæ quam mater ipsius Philippæ cum prædicto comite, alio etiam legitimo viro vivente, contraxit, ex qua non sine duplici nota progenita, cum manifestum habeat defectum natalium, suc-

(215) Lib. ii, epist. 75.

cessionis titulum non meretur. Volentes autem in causa natalium publicam exhiberi justitiam, discretioni vestræ per apostolica scripta mandamus quatenus comitissæ pro filio suo et prædictis Erardo et Philippæ ex parte nostra præcipiatis expresse quod usque ad terminum competentem, quem vos eis peremptorium assignetis, per se vel procuratores idoneos nostro se conspectui repræsentent, ut, auditis et plenius intellectis quæ fuerint hinc inde proposita, utrum ipsa Philippa ex copula prædicta suscepta illegitima debeat reputari, justo judicio declaretur. Cæterum cum successionis causa ex ista dependeat, ne forte negotium confundi contingat, terram prædictam in statu in quo nunc esse dignoscitur conservetis, molestatores interim per censuram ecclesiasticam, appellatione postposita, compescendo.

Datum Perusii, xiii Kal. Junii, pontificatus nostri anno nono decimo.

IX.

Testimonium receptum ab abbatibus Arremarensis monasterii et Quinciaci et Vallislucentis super linea consanguinitatis inter Erardum et Philippam,

(Anno 1213.)

Universis Christi fidelibus ad quos præsentes litteræ pervenerint, R. Arremarensis monasterii, O. Quinciaci, et G. Vallislucentis dicti abbates, salutem et sinceram in Domino dilectionem.

Universitati vestræ notum facimus et testificamur quod nos de mandato venerabilis Patris Roberti tituli Sancti Stephani in Cœlio monte presbyteri cardinalis, apostolicæ sedis legati, recepimus testimonium virorum nobilium Simonis de Corpalais, Petri de Bauveoir et Guidonis Gasteble juratorum quod inter nobilem domicellam filiam bonæ memoriæ comitis Henrici et Erardum de Rameruco tanta et talis est parentela quod inter eos non potest nec debet matrimonium celebrari. Hujus autem parentelæ lineam computaverunt tali modo, quod rex Franciæ qui cognominatur Grossus rex fratrem habuit nomine Florium. Hujus Florii filia fuit Isabellis de Nangies. Hujus Isabellæ filia fuit domina de Venisiaco, mater præfati Erardi. Ex alia parte Grossi regis filius, Ludovicus rex. Regis Ludovici filia fuit comitissa Maria ; comitissæ Mariæ filius fuit comes Henricus, pater præfatæ domicellæ. In testimonium igitur eorum quæ in nostra præsentia testificati sunt præsentes litteras emisimus sigillorum nostrorum munimine roboratas.

Actum anno Verbi incarnati 1213, mense Julio.

X.

Testimonium Roberti cardinalis de eadem re.

(Meleduni, mense Augusto.)

ROBERTUS, servus crucis Christi, miseratione divina tituli Sancti Stephani in Cœlio monte presbyter cardinalis, apostolicæ sedis legatus, universis Christi fidelibus præsentes litteras inspecturis, salutem et sinceram in Domino charitatem.

Noverit universitas vestra quod plures nobiles viri juramento interposito testificati sunt coram nobis quod inter nobilem domicellam filiam quondam inclytæ recordationis comitis Henrici, qui decessit in partibus transmarinis, et Erardum de Brena tanta est consanguinitas quod inter eos non potest nec debet matrimonium celebrari. Lineam autem hujus consanguinitatis computant hoc modo : Grossus rex fratrem habuit nomine Florium. Hujus Florii filia fuit Elisabeth de Nainville. Cujus Elisabeth filia fuit domina Venisiaci. Hujus dominæ Venisiaci filius est præfatus Erardus. Ex alia parte, Grossi regis filius fuit rex Ludovicus. Regis Ludovici filia fuit comitissa Maria. Comitissæ Mariæ filius fuit comes Henricus prædictus, pater domicellæ præfatæ.

Datum Meleduni, anno gratiæ 1213, mense Augusto.

XI.

Litteræ ejusdem de incestuoso matrimonio comitis Henrici.

(Anno 1200.)

Universis præsentes litteras inspecturis, ROBERTUS, servus crucis Christi, divina miseratione tituli Sancti Stephani in Cœlio monte presbyter cardinalis, apostolicæ sedis legatus, salutem in Domino.

Noverit universitas vestra quod nos, habito virorum prudentium consilio, adjunctis etiam nobis venerabilibus fratribus H. Suessionensi et G. Meldensi episcopis et aliis bonis viris, audivimus testes, et eorum depositiones sub nostro et dictorum episcoporum sigillis inclusimus. Audivimus autem eos super his articulis nobis expressis, scilicet quod comes Henricus, iturus ultra mare, terram suam fecit jurari Theobaldo fratri suo et de pertinentibus ad hoc, et quod regina Hierosolymitana per marchionem ablata fuit per violentiam Umfredo de Thorun viro suo, et, eodem Umfredo adhuc vivente, habuit eam comes Henricus post mortem marchionis, et de pertinentibus ad hoc. Hoc autem fecimus quia de morte quorumdam ex illis testibus, qui erant senes, poterat merito timeri, et de longa absentia aliorum, et propter guerras et propter alia pericula quæ imminebant et poterant imminere et propter negotii qualitatem. Hi sunt autem testes :

Guido de Dampetra vir nobilis juratus dixit quod non interfuit quando comes Henricus fecit jurari terram fratri suo comiti Theobaldo, audivit tamen dici. Requisitus de causa Henrici, quomodo habuit reginam, respondit quod vivebat Umfredus prior ejus maritus quando cum ea contraxit : qui Umfredus eam in matrimonio tenuerat per tres annos et amplius. Et adjunxit quod audivit præfatum Umfredum conquerentem sæpe per exercitum de eo quod uxor sua erat ablata a marchione. Et adjecit quod quando Umfredus tenuit eam tanquam uxorem, ipsa erat ducem et octo annorum. Et hoc totum vidit in obsidione Accon et in Tyro, testificatus etiam quod fama publica erat in exercitu quod ipsa uxor erat Umfredi. Et hoc idem bene sciebat ipse comes. Et adjunxit quod comes fuit in auxilium eorum qui rapuerunt eam, et ipse comes adduxit eam cum aliis ut traderetur marchioni. Et hoc fuit factum apud Accon.

Nobilis vir Odardus marescallus Campaniæ juratus dixit idem quod Guido de terra jurata. De Umfredo autem, an viveret quando comes cum ipsius uxore contraxit, idem. De conquestione Umfredi idem dixit, et adjecit quod præsente comite et coram multis baronibus repetebat idem Umfredus sibi restitui uxorem suam per os domini Reginaldi de Tabaria, et fere omnes comminati sunt ipsi Umfredo dicentes : « Domine, vultis vos ut nos omnes pereamus in exercitu fame propter vos solum. Melius est ut domina tradatur alicui bono viro qui regat exercitum, ne fame pereat. » De ætate, loco et aliis idem quod primus. Adjecit etiam quod tres filiæ illius reginæ natæ fuerunt, vivente Umfredo. Iste nuntius fuit ad impetrandum illud matrimonium marchioni ; et nuntiavit quod nisi hoc fieret, exercitus fame periret.

Guido de Capis juratus dixit quod præsens fuit apud Sezanniam quando comes Henricus fecit jurari terram Theobaldo fratri suo. Nam et ipse juravit. De vita Umfredi et loco ablationis, de ætate, idem cum prædictis. Et dixit quod fere exercitus clamans conquerebatur : « O quantum flagitium commissum est in exercitu quod abstulerunt Umfredo uxorem suam per violentiam ! » aliis dicentibus quod factum fuit pro meliorando foro exercitus per marchionem. Et adjunxit quod nec audivit, nec credit quod unquam factum fuerit divortium per Ecclesiam inter Umfredum et reginam uxorem suam.

Petrus Turkinus nobilis vir dicit idem quod Guido de Capis de juratione terræ, et quod credit se ipsum jurasse. De vita Umfredi et ætate reginæ et loco ablationis idem quod alii.

Willelmus comes Jonviniacensis juratus de juratione terræ et vita Umfredi idem quod primus. De aliis nihil scit nisi de auditu. Tamen adjecit quod audivit magnum clamorem sæpe fieri per exercitum ide eo quod Umfredus perdidit tam turpiter uxorem suam ei per violentiam ablatam.

Hugo de Sancto Mauritio juravit et dixit de juratione terræ idem quod Guido de Capis. De vita Umfredi, ætate reginæ, de conquestione Umfredi quam fecit ubique pro uxore sua ablata, idem per omnia quod Guido de Capis. Et adjecit quid [quod] in eodem tentorio fuit cum Umfredo quando ab alio tentorio vicino fuit uxor ejus violenter ablata, et dixit ei Umfredus : « Domine Hugo, timeo ne illi qui sunt cum uxore mea faciant illam dicere aliquid diabolicum. » Et tunc venit quidam miles suus dicens ei : « Ecce illi abducunt uxorem tuam. » Et cum ipse Umfredus insequeretur eam, dixit illi : « Domina, non est hæc recta via ad hospitium tuum ; redeas ad me. » At illa submisso capite in aliam viam se convertit. In omnibus aliis concordat cum Guidone de Capis.

Robertus de Miliaco vir nobilis juravit et dixit idem de juratione terræ; de vita Umfredi, de loco ablationis, idem quod Guido de Capis. De ætate idem quod alii; nec credit nec audivit quod unquam factum divortium fuerit inter Umfredum et reginam uxorem suam.

Dominus Rogerius de Sancto Karauno juravit et dixit de juramento terræ, de vita Umfredi, de ætate reginæ, idem quod G. de Capis, et audivit barones sæpe dicentes : « Umfredus nihil valet ad regnum tenendum. » Et ideo dicebant : « Auferamus ei uxorem suam et demus eam marchioni, qui bene reget regnum, et faciet bonum forum per exercitum. » De conquestione Umfredi idem quod alii.

Lambertus de Barro juratus dixit idem de juramento terræ quod Guido de Capis, excepto quod tunc apud Sezanniam non juravit. De aliis nihil scit.

Omnes istis concordant in hoc, præter Robertum, quod dicebatur publice per exercitum quod propter peccatum illud, scilicet quia ablata erat Umfredo uxor sua, multa mala evenerunt exercitui, videlicet quod die nuptiarum multi milites et alii homines capti sunt a Saracenis et occisi, in modico tempore succedente ipse marchio ab Assacinis interfectus est, et ipse comes Henricus, postquam contraxit cum ea, similiter a fenestra corruit et mortuus est.

Nos igitur attendentes prædictas rationes et utilitatem regni et totus Ecclesiæ Gallicanæ, et pro bono pacis in posterum melius conservandæ, communicato etiam prudentum et virorum religiosorum consilio, de auctoritate legationis nostræ volumus ut attestationes istæ vim ac fidem habeant, quando necesse fuerit, ac si essent auditæ post litem inchoatam, et ipsas eadem auctoritate ad hanc virtutem habendam confirmamus.

Actum anno gratiæ 1200, tertio decimo, mense Octobri.

XII.

Abbas Prulliaci fecit hujusmodi inquestam super parentela inter Erardum et Philippam filiam comitis Henrici.

(Prulliaci, anno 1213.)

Universis Christi fidelibus præsentes litteras in-

(216) Girardus Aventatus sive Eventatus, cujus testimonium refertur in superioribus litteris, erat antiquissimus monachus monasterii Prulliacensis, et specturis, frater A. dictus abbas Prulliaci, in Domino salutem.

Noverit universitas vestra quod venerabilis pater Robertus Dei providentia tituli Sancti Stephani in Cœlio monte presbyter cardinalis, apostolicæ sedis legatus, mandavit nobis per litteras suas et præciperemus dilecto fratri Gerardo Aventato (216) monacho nostro quatenus interposito sacramento perhiberet testimonium veritati super eo quod a nobis esset requisitus de parentela quæ est inter nobilem domicellam Philippam filiam quondam inclytæ recordationis comitis Henrici, qui decessit in partibus transmarinis, et Erardum de Brena. Qui vocatus coram nobis, tactis sacrosanctis reliquiis cum juramento parentelam Erardi prænominati et domicellæ præfatæ ad inquisitionem nostram per sacramentum quod fecerat taliter enarravit. Grossus et Florius fuerunt fratres. Hujus regis qui cognominabatur Grossus filius fuit Ludovicus rex qui sepultus est apud Sanctum Portum. Hujus regis Ludovici filia fuit comitissa Maria. Comitissæ Mariæ filius fuit præfatus comes Henricus, pater prædictæ domicellæ. Ex alia parte, de Florio exiit Ysabiaus (217). Mater fuit Aalaidis dominæ Venisiaci. Aalaidis domina Venisiaci mater est prædicti Erardi. In cujus rei memoriam præsentes litteras fecimus sigilli nostri charactere consignatas.

Actum Prulliaci anno gratiæ millesimo ducentesimo tertio decimo, in festo Assumptionis beatæ Mariæ virginis.

XIII.

Inhibitio Honorii Papæ III facta contra Erardum de Brena et Philippam uxorem.

(Laterani, vi Non. Maii.)

HONORIUS episcopus, servus servorum Dei, venerabilibus fratribus archiepiscopis et episcopis per regnum Franciæ constitutis, salutem et apostolicam benedictionem.

Anima nostra turbata est valde, ac impletus amaritudine venter noster, conturbataque sunt viscera nostra, et lumbi nostri dolore repleti, quoniam filii venerunt usque ad partum, et ecce virtus videtur deficere parienti et efflorere cui benedixerat Dominus ager satus exhortationis apostolicæ semine ante messem. Leviathan enim sanctificatis Domini, qui super montem caliginosum signum levaverunt, ut redderent Ægypto et habitatoribus ejus malum quod fecerunt in Sion et Hierusalem in conspectu Domini Dei nostri, iter rectum per anfractus ut serpens tortuosus distorsit et observavit ut vectis, coram eis ponens offendiculum quo impingant et convertantur retrorsum. Attendite igitur et videte si sicut dolor noster est dolor, cum exercitus ad obsequium Domini præparatus tanto studio et labore, passagio imminente, quasi regione albescente ad messem, astutia diabolica retrorsum videatur converti, ne ascendant in palmam et colligant fructus ejus, quodque nos magis monet ac turbat, vos videntes hoc malum, non solum non habeatis, sicut dicitur, ex hoc luctum, et eidem nequaquam, prout ad vestrum officium pertinet, obvietis, verum etiam, sicut accepimus, quidam vestrum tanto malo incentivum potius tribuunt et fomentum. Olim sane felicis recordationis Innocentius papa prædecessor noster volens imminentibus periculis obviare, audito quod Erardus de Brena, cui per sanctæ memoriæ Albertum Hierosolymitanum patriarcham solemniter fecerat interdici ne cum Philippa, quam comes quondam Henricus de copula incestuosa susceperat, contrahere præsumeret, cum, sicut acceperat, eadem ipsum proxima consanguinitatis linea contingeret,

fuerat olim miles, ut notatur in codice Colbertino.
(217) *In codice Colbertino :* Isabella de Nangies. Isabella mater fuit Aalidis.

et ipse prædecessor noster mandaverit testes recipi super consanguinitate prædicta, cupiditate ambitiosa cæcatus eamdem Philippam sibi clandestine copularat, et de partibus rediens transmarinis, in regnum Franciæ festinaret accedere, ut, si posset, schisma contra dilectum filium nobilem virum Theobaldum Campaniæ comitem suscitaret, non solum in grave scandalum regni ejusdem, verum etiam in grande dispendium terræ sanctæ, apostolicis vobis dederit litteris in præceptis ut dictum Erardum, Deum habentes præ oculis, sublato cujuslibet contradictionis et appellationis obstaculo, per censuram ecclesiasticam compescere curaretis, si forte occasione præscripta præsumeret malignari; cujus nos vestigiis inhærentes, ne hujusmodi occasione posset ejusdem terræ sanctæ impediri succursus, contra dictum Erardum et eamdem Philippam nuper vobis præceptum simile recolimus direxisse (218). In generali quoque concilio, quoniam ad crucis negotium exsequendum est permaxime necessarium ut principes populi Christiani ad invicem pacem observent, provida fuit deliberatione statutum ut saltem per quadriennium in toto orbe Christiano pax generaliter servaretur, ita quod per Ecclesiarum prælatos discordantes reducerentur ad plenam pacem aut firmam treugam inviolabiliter observandam, et qui acquiescere forte contemnerent, per excommunicationem in personas et interdictum in terras arctissime cogerentur; nisi tanta esset injuriatorum malitia quod ipsi tali non deberent pace gaudere.

Licet igitur dictus Erardus cum complicibus et coadjutoribus suis, sicut ex litteris dilecti filii nobilis viri Odonis, ducis Burgundiæ crucesignati, nobis innotuit, terram comitis memorati nuper hostiliter intrans, quasdam villas incendio devastarit, et mercatores euntes ad nundinas in strata publica fuerit deprædatus, eumdem comitem et terram suam infestare non cessans, quanquam dilecta in Christo filia Blancha comitissa mater ipsius comitis, quæ ballium gerit ejusdem, parata sit secundum approbatam regni Franciæ consuetudinem stare juri, vos tamen tam præceptum ejusdem prædecessoris nostri et nostrum quam constitutionem præfati concilii surdis auribus transeuntes, non tantum prædicti Erardi et fautorum ipsius temeritatem et malitiam, sicut dicitur, compescere non curatis, sed et quidam vestrum, quod grave gerimus et molestum, omissa pontificalis officii gravitate, ambulantes secundum carnem et luctum viarum Sion ducentes pro nihilo, eidem auxilium tribuunt et favorem, qui, ut de prædictis rationibus taceamus, ratione homagii quod receperunt ab eo, debent eumdem comitem defensare. Adjunxit etiam idem dux quod nisi huic morbo citius apponatur remedium, plusquam credatur terræ sanctæ impediatur succursus, eo quod ex hujusmodi guerra non ipsius et suorum duntaxat, qui, sicut asserit, propter hoc etiam de partibus transmarinis rediret ad propria festinanter, cum tum ratione hominii quo idem comes tenetur astrictus, tum propter juramentum quod ipse de illo juvando pro viribus præstitit, tum propter necessitudinem sanguinis, eidem ullatenus deesse non possit, et dictus comes defensionem et auxilium debitum instanter postulet ab eodem, voti exsecutio retardatur, verum etiam omnium baronum regni Franciæ, qui affixerunt suis humeris signum crucis, et qui adhuc ad ipsum habent in proposito faciendi, quoniam guerra ista plures quam æstimetur involvet, et pecunia pro votorum exsecutione parata in expugnationem hostium crucis Christi consumetur in interitionem populi Christiani dextras in sua viscera convertentis. Ecce quomodo astutia Satanæ lætitiam afferre nititur Philisthæis, quasi percussoris eorum comminuta sit virga, dum ii qui signum levaverant contra eos, a via in invium declinando fiunt in adjutorium filiis Loth, eis videlicet qui disponentes adversus Dominum testamentum dicunt : *Hæreditate possideamus sanctuarium Dei nobis* (Psal. LXXXII). Nos igitur, qui ex hoc tacti sumus dolore cordis intrinsecus, et de tanto scandalo urimur vehementer, illius volentes, prout ad nostrum officium pertinet, versutiis obviare, qui lætatur cum male fecerit et in pessimis rebus exsultat, ne modico malignitatis fermento tota massa eorum qui de regno Franciæ ad obsequium Jesu Christi facta est quasi nova conspersio corrumpatur, sed in azymis sinceritatis et veritatis potius epulando reddat Domino vota sua, fraternitati vestræ per apostolica scripta firmiter præcipiendo mandamus quatenus Deum habentes præ oculis, gratia, odio ac timore postpositis, contra eorumdem Erardi et Philippæ præsumptionem malignam juxta prædecessoris nostri mandatum et nostrum taliter sine moræ dispendio procedatis, quod zelum habere videamini terræ sanctæ, cujus ex hujusmodi temeritate auxilium impeditur, et expiasse nihilominus inobedientiam quæ dicitur præcessisse per obedientiam subsecutam, ac nos vobis scribere durius non cogamur, qui habemus in promptu omnem inobedientiam vindicare, spiritualibus armis et Deo potentibus militantes.

Datum Laterani, VI Non. Maii, pontificatus nostri anno primo.

In eumdem modum scriptum est episcopo Silvanectensi et abbati Sanctæ Genovefæ et priori Sancti Martini de Campis, verbis competenter mutatis, usque Domino vota sua, discretioni vestræ per apostolica scripta firmiter præcipiendo mandamus quatenus Deum habentes præ oculis, gratia, odio ac timore postpositis, dictos Erardum et Philippam nec non et fautores eorum ut ab infestatione prædicti comitis et terræ suæ et suorum ob Christi reverentiam desistentes, firmam treugam inviolabiliter observandam usque ad tempus in prædicto concilio diffinitum ineant cum eodem, monitione præmissa per excommunicationis sententiam in personas et interdictum in terras eorum, sublato appellationis obstaculo, sine moræ dispendio compellatis, præsertim cum comitissa præfata parata existat pro eo ubi debuerit secundum consuetudinem regni ejusdem ipsis justitiæ plenitudinem exhibere. Et quoniam sæpe contingit quod illis præbet temporalis vexatio intellectum quos a malis non retrahit amor Dei nec ecclesiastica censura compescit, illustrem regem Francorum moneatis prudenter et efficaciter inducatis, ut tactus injuria Jesu Christi, cujus ex præsumptione hujusmodi negotium impeditur, eorumdem Erardi et Philippæ ac fautorum ipsorum malignitatem temerariam tradita sibi cœlitus potestate compescat; in hoc Deo potius quam homini serviendo. Taliter autem sine dilatione mandatum apostolicum exsequi procuretis quod zelus terræ sanctæ vos comedere videatur, et reprehendi de negligentia non possitis, sed de diligentia potius commendari. Quod si non omnes iis exsequendis potueritis interesse, tu, frater episcope, cum eorum altero ea nihilominus exsequaris.

Datum, *ut in alia.*

XIV.

Prohibet papa ne regina Cypri audiatur in causa successionis donec probetur esse legitima.

(Reate, VIII Kal. Julii.)

HONORIUS, etc. venerabili fratri episcopo Catalaunensi et dilectis filiis sancti Joannis in Vineis et Vallis secretæ Præmonstratensis ordinis Suessionensis diœcesis abbatibus, salutem et apostolicam benedictionem.

Dilecta in Christo filia nobilis mulier Blancha comitissa et dilectus filius nobilis vir Theobaldus natus ejus, comes Campaniæ, nobis insinuare curarunt quod charissima in Christo filia nostra illustris regina Cypri, illegitima filia Henrici quon-

---

(218) Vide Odor. Raynald. ad an. 1216, § 41.

dam comitis Campaniæ, ipsos et sua nititur molestare, molliendo in terram quam possidet idem comes succedere occasione incestuosæ copulæ quam mater ipsius reginæ cum Henrico comite supradicto, alio etiam legitimo viro vivente, contraxit, ex qua non sine duplici nota progenita, cum manifestum patiatur defectum natalium, successionis titulum non meretur. Volentes igitur in causa natalium justitiam publicam exhiberi, per apostolica vobis scripta mandamus quatenus ipsi reginæ, si ad partes accesserit Gallicanas, auctoritate nostra injungatis expresse ut, usque ad terminum competentem quem ipsi peremptorium assignetis, personaliter vel per procuratores idoneos apostolico se conspectui repræsentet; id ipsum injungentes ejus procuratori, si aliquem forte propter hoc ad partes destinaverit supradictas; ut auditis et plenius intellectis quæ fuerint hinc inde proposita, justo declaretur judicio utrum ipsa regina ex copula prædicta suscepta debeat illegitima reputari. Quod si forte dicta regina vel aliquis nomine seu etiam occasione ipsius super ipsa causa successionis litigare vellet in partibus Gallicanis, ipsos non permittatis audiri quousque causa natalium, ex qua illa dependet, per apostolicæ sedis judicium terminetur. Quinimo, ne forte negotium confundi contingat, præfatam terram in statu in quo nunc esse dignoscitur conservantes, illam non permittatis hujusmodi occasione ab aliquo perturbari; perturbatores, si qui fuerint, per censuram ecclesiasticam, appellatione postposita, compescendo. Quod si non omnes, etc. tu, frater episcope, cum eorum altero, etc.

Datum Reatæ, VIII Kal. Julii, pontificatus nostri anno tertio.

XV.

Ad Philippum regem, ne audiat in causa successionis donec terminetur causa natalium reginæ Cypri.

(Viterbii, IV Kal. Novembris.)

HONORIUS, etc. charissimo in Christo filio PHILIPPO, regi Francorum illustri, salutem et apostolicam benedictionem.

Licet indubitanter noverimus te promptum esse ad justitiam cunctis petentibus exhibendam, ex abundanti tamen nuper ad preces charissimæ in Christo filiæ nostræ illustris reginæ Cypri serenitatem tuam rogavimus et adhuc quoque rogamus ut eamdem reginam, cum ipsam ad præsentiam tuam venire contigerit, cures benigne recipere, et tam eam quam A. nuntium suum in ipsius reginæ justis petitionibus exaudire. Verum, sicut dignum est ut exaudiantur a te in petitionibus justis, ita etiam dignum est ut eis audientiam deneges in injustis. Injusta autem esset petitio si forsitan peterent ut super successione comitatus Campaniæ audires ipsius reginæ hoc tempore quæstionem; quia, cum ad examen nostrum jam deducta sit causa natalium, quæ ad forum ecclesiasticum pertinet, et ex qua illa dependet, nihil aliud esset antequam hæc sit terminata illam incipere quam diversis processibus intricare negotium et confusione quadam ordinem judicii perturbare. Ideoque serenitatem tuam præmonendam duximus et rogandam quatenus, si forsan ab ipsa regina seu a præfato nuntio ejus vel alio super hoc fueris requisitus, eorum precibus aures regias, donec jam dicta causa natalium apostolico judicio finem acceperit, non inclines.

Datum Viterbii, IV Kal. Novembris, pontificatus nostri anno quarto.

XVI.

Ludovico regi, ne ipsos audiat in causa successionis donec terminetur causa natalium.

(Laterani, XVII Kal. Decembris.)

(219) HONORIUS, etc. charissimo in Christo filio

---

(219) Quinta compil. *Decretal.* lib. II, tit. 5, c. 1.

A LUDOVICO, regi Francorum illustri, salutem et apostolicam benedictionem.

Tuam non credimus latere prudentiam causam natalium charissimæ in Christo filiæ nostræ illustris reginæ Cypri ad examen nostrum, utpote quæ ad forum ecclesiasticum pertinet, jamdudum esse delatam. Unde claræ memoriæ Philippum regem Franciæ patrem tuum litteris nostris curavimus præmonere ut, si forsan regina ipsa super successione comitatus Campaniæ quæstionem proponeret coram eo, non audiret eamdem quousque terminata esset prædicta causa natalium, ex qua illa noscitur dependere. Licet ergo, sicut eidem patri tuo scripsimus, velimus reginam ipsam in suis justis petitionibus, exaudiri, quia tamen antequam natalium causa terminata sit, dependentem ex illa successionis causam incipere nihil aliud esset quam diversis processibus intricare negotium et confusione quadam ordinem judicii perturbare, tuam quoque serenitatem præmonendam duximus et rogandam quatenus, si forte ab ipsa regina vel nuntio ejus seu quolibet alio super hoc fueris requisitus, eorum precibus aures regias, donec jam dicta causa natalium apostolico judicio finem acceperit, non inclines.

Datum Laterani, XVII Kal. Decembris, pontificatus nostri anno octavo.

XVII.

Charta Erardi de Brena qualiter quitavit Theobaldo comiti Campaniæ et rectis hæredibus ejus quidquid clamabat ex parte Philippæ uxoris suæ in comitatibus Campaniæ et Briæ.

Ego Erardus de Brena notum facio universis tam præsentibus quam futuris quod cum discordia exstitisset inter me et dominam Philippam uxorem meam ex una parte, et nobilem virum Theobaldum Campaniæ et Briæ comitem Palatinum ex altera, super comitatibus Campaniæ et Briæ et pertinentiis eorumdem, super quibus coram domino rege Franciæ traxeramus in causam ego et prædicta uxor mea comitem supradictum, et etiam guerram moveramus contra eum: tandem propria et spontanea voluntate mea, nullo metu, nulla coactione compulsus, de consensu et voluntate prædictæ uxoris meæ quitavi penitus et remisi supradicto Theobaldo comiti et hæredibus ex corpore suo successive in perpetuum descendentibus quidquid clamabam seu clamaveram ex parte dictæ Philippæ uxoris meæ in comitatibus et pertinentiis supradictis; tali conditione apposita, quod si forte contingeret prædictum Theobaldum comitem sine hærede corporis sui vel hæredes ex corpore suo successive descendentes sine hærede corporum suorum decedere, nullum mihi nec prædictæ uxori meæ nec hæredibus ex corpore ipsius successive descendentibus fieret præjudicium ex quitatione et remissione prædictis quin ad jus nostrum, si quod unquam habuimus vel habere debuimus super præmissis, libere possemus redire, non obstantibus prædictis; ita tamen quod nobilis domina Blancha comitissa mater comitis supradicti libere ac pacifice sine contradictione ac molestatione aliqua teneret et possideret quandiu viveret totum doarium suum cum omnibus pertinentiis, sicut ei factum fuit a comite Theobaldo quondam marito ipsius, et insuper omnes conquestus suos quos habere debet de juro consuetudinario sive scripto, idem esset de doario et conquestibus uxoris Theobaldi comitis, quæcunque illa foret. Et sciendum quod si soror prædictæ uxoris meæ regina Cypri vel hæredes ipsius venient ad partes istas, et de comitatibus Campaniæ et Briæ ac pertinentiis supradictis aliquid acquirerent per guerram vel placitum sive pacem, postquam essent in saisina et teneura illius conquestæ seu acquisitionis quas ad remanentiam, id est, sine contradictione prædictorum comitissæ et comitis et hæredum ex corpore ejusdem comitis successive descendentium retinerent, si ego vel prædicta uxor mea seu hæredes ex corpore successive descendentes aliquo modo a prædicta regina vel hæredibus suis aliquid de prædicta conquesta seu acquisitione possemus acquirere, illud nobis remaneret pacifice non obstantibus prædictis. Sic autem intelligimus quod contradictio dictorum comitissæ et comitis non valeret, si prius laudassent et concessissent prædictam conquestam seu acquisitionem aliquo prædictorum modorum factam. Prædictus autem comes Theobaldus propter quitationem et remissionem prædictas dedit prædictæ Philippæ uxori meæ et hæredibus ex corpore suo successive in perpetuum descendentibus mille et ducentas libratas terræ in feodum ligium; tali conditione apposita, quod si contingeret eamdem Philippam sine hærede corporis sui vel hæredes ex corpore suo successive descendentes sine hærede corporum suorum decedere, terra prædicta ad ipsum Theobaldum comitem vel ad hæredes ex corpore suo successive descendentes sine contradictione aliqua reverteretur. Præterea idem comes Theobaldus dedit mihi et prædictæ Philippæ uxori meæ quatuor mille libras Pruvinenses, et quitavit nobis damna omnia quæ intulimus ei per guerram nos et coadjutores nostri. Et quitavit etiam grueriam quam clamabat in propriis nemoribus meis. Et insuper quitavit me de omni debito quod debebam Judæis et burgensibus ipsius, qui scilicet Judæi et burgenses sui erant in vigilia Omnium sanctorum proximo præterita : quod quidem debitum contraxeram antequam ivissem ultra mare. Per hæc itaque supradicta mihi et prædictæ Philippæ uxori meæ data et quitata tenui et teneo me pro pagato per consensum et voluntatem ejusdem uxoris meæ de omni eo quod clamabam seu clamaveram ex parte ipsius Philippæ in comitatibus Campaniæ et Briæ et in pertinentiis eorumdem, salva tamen conditione quæ superius est expressa. Præterea concessi propria et spontanea voluntate mea, et etiam de consensu prædictæ uxoris meæ, ut si forte, quod absit! contigerit me vel eamdem uxorem meam aut hæredes ex corpore ipsius successive descendentes vel alium nomine nostro contra quitationem vel remissionem prædictas venire movendo placitum seu guerram, prædictus Theobaldus comes vel hæredes ex corpore suo successive descendentes sine mesfacere et sine fidem mentiri possint accipere prædictas mille et ducentas libratas terræ et debita superius quitata repetere ac quidquid juris habebant in memorata grueria reclamare. Et teneremur etiam in hoc casu ego et prædicta uxor mea vel hæredes ex corpore ipsius successive descendentes reddere eidem comiti Theobaldo vel hæredibus ex corpore suo successive descendentibus quatuor millia librarum Pruvinensium, et de damnis quæ idem comes incurrit per guerram prædictam essemus in eodem statu et puncto in quo eramus ego et prædicta uxor mea antequam dicta quitatio seu remissio facta esset. Hæc omnia et singula, sicut supra sunt expressa, propria et spontanea voluntate mea, et etiam de consensu et voluntate supradictæ Philippæ uxoris meæ, juravi me in perpetuum observaturum et nunquam contra venturum. Quod ut notum permaneat et firmum teneatur, litteris adnotatum sigilli mei munimine roboravi.

Actum anno ab Incarnatione Domini 1220 primo mense Novembri.

XVIII.

Litteræ ejusdem Erardi et Philippæ ejus uxoris, quibus promittunt sigillare ad voluntatem patriarchæ Hierosolymitani pacem et concordiam factam inter ipsos et comitissam et filium.

(Anno 1226.)

Nos Erardus de Brena et ego Philippa uxor ejus notum facio universis tam præsentibus quam futuris quod cum dies esset assignata apud Calvummontem in recessu venerabilis Patris Giroldi patriarchæ Hierosolymitani, quo mediante facta fuit pax, dum esset episcopus Valentinensis, inter charissimam dominam nostram Blancham comitissam Trecensem palatinam et charissimum dominum nostrum Theobaldum comitem Campaniæ et Briæ palatinum ex una parte, et nos Erardum et Philippam uxorem ejus ex altera, nos dicto loco, videlicet apud Calvummontem, eidem patriarchæ promisimus per præsentes litteras quod quantumcunque dominus Theobaldus comes Campaniæ super hoc monebit, et ubicunque voluerit, veniemus, et pacem prædictam cum correctione quam apposuerit dominus patriarcha per suas litteras patentes, nos concedemus de novo et sigillabimus iterum quando fuerimus requisiti. Quod ut notum permaneat et firmum teneatur, litteris adnotatum sigillorum nostrorum fecimus munimine roborari.

Actum anno gratiæ 1226, die Veneris in festo Sancti Vincentii.

XIX.

Confirmatio pacis initæ inter partes supradictas.

(Signiæ, iv Kal. Septembris).

Honorius, etc. dilecto filio nobili viro Theobaldo, comiti Campaniæ, salutem et apostolicam benedictionem.

Si pedes evangelizantium pacem pulchri voce prophetica nuntiantur, facientium illam seu etiam conservantium tanto pulchriores possunt non immerito æstimari quanto præeminet opus verbo. Propter quod nobis, qui licet immeriti, ejus locum tenemus in terris qui pacificavit quæ in terris et quæ in cœlis sunt per sanguinem crucis suæ, ex officio apostolatus incumbit ad ea quæ sunt pacis intendere, ut videlicet discordantes reducamus ad pacem, et ad concordiam revocatos circumspectione apostolica foveamus in illa, ne sopita patiatur discordia recidivum in discrimen corporum et periculum animarum, consecuturi ex hoc pulchritudinem præmii amplioris, cum in pace principum sæcularium Ecclesiarum tranquillitas ex magna parte consistat, et ex ipsorum discordia eædem incurrant frequenter oppressiones non modicas et jacturas. Cum igitur gravis et periculosa discordia, quæ inter te ac dilectam in Christo filiam nobilem mulierem Blancham comitissam Campaniæ, matrem tuam, ex parte una, et nobilem virum Erardum de Brena et Philippam uxorem ejus ex altera vertebatur, sit, eo faciente ad cujus imperium spiritus procellæ subsistit, et fluctus silent ejusdem, amicabili pace sopita, et prædicti Erardus et uxor ejus suis nobis litteris supplicarint ut eamdem dignaremur apostolico munimine roborare, nos tam tuis quam eorum precibus inclinati pacem ipsam, sive concordiam, sicut provide facta est et ab utraque parte sponte recepta et hinc inde confectis plenius continetur, auctoritate apostolica confirmamus et præsentis scripti patrocinio communimus. Nulli ergo, etc. confirmationis, etc. *usque incursurum.*

Datum Signiæ, iv Kal. Septembris, pontificatus nostri anno octavo.

XX.

Litteræ reginæ Cypri de renuntiatione comitatuum Campaniæ et Briæ.

(Anno 1234.)

Ego Ælidis Dei gratia regina Cypri notum facio universis tam præsentibus quam futuris quod ego dedi et do, quitavi et quito, cessi et cedo, concessi et concedo Theobaldo, comiti Campaniæ et Briæ palatino, et hæredibus suis quos habet et habiturus est ab ipso et uxore sua et uxoribus jam habitis vel habendis linea matrimoniali descendentibus perpetuo habendum et possidendum omne jus quodcunque habebam vel habueram vel habere poteram in comitatibus Campaniæ et Briæ et pertinentiis eorumdem in tota terra quam habuit, tenuit, seu possedit in proprietate, dominio, et feodis bonæ memoriæ Henricus avus meus, quondam comes Trecensis, si quod jus habebam vel habueram vel habere poteram in dictis comitatibus et pertinentiis eorumdem in terra jam dicta; ita quod de cætero nec ego nec hæredes mei in dictis comitatibus et pertinentiis eorumdem ac terra prædicta aliquid poterimus reclamare contra dictum comitem vel hæredes supradictos, sicut dictum est, ab ipso linea matrimoniali descendentes. Et me devestivi de omni jure, si quod habebam vel habueram in dictis comitatibus et pertinentiis eorumdem et terra jam dicta, in manu charissimi domini mei Ludovici Dei gratia regis Francorum illustris. Et hæc omnia feci in mea propria et libera potestate constituta et spontanea voluntate, nullo timore, captione, violentia, vel compulsione alia inducta. Promisi etiam et promitto dicto comiti quod procurabo bona fide sine meo ponendo quod hæredes mei omnia quæ continentur in charta ista laudabunt et approbabunt comiti supradicto et hæredibus ejus jam dictis, et juri suo, si quod habent in dictis comitatibus et pertinentiis eorumdem et jam dicta terra, renuntiabunt et quitabunt ac cedent dicto comiti et ejus hæredibus jam dictis; et hæc facient coram aliquibus authenticis personis, quæ dicto comiti litteras suas patentes dabunt omnia quæ in charta ista exprimuntur continentes. Promisi et promitto etiam me rogaturum dominum papam et alias personas quas dictus comes, hæredes ejus, vel eorum mandatum mihi nominabunt, ut super dictis conventionibus sive promissionibus suas patentes litteras confirmatorias testimoniales conficiant et tradant comiti supradicto et hæredibus suis jam dictis. Suppono etiam me jurisdictioni prælatorum quorumcunque qui mihi a dicto comite vel hæredibus suis supradictis vel eorum mandato fuerint nominati, in quorum diœcesibus fuero vel terram habuero, petendo supplicando humiliter eisdem ut si contra prædictas conventiones sive promissiones vel aliquam earum aliquo tempore contingeret me venire, in personam meam excommunicationis et in terram meam interdicti sententias promulgarent et usque ad condignam satisfactionem easdem facerent inviolabiliter observari. Volo etiam et concedo quod me et hæredes meos ad restitutionem omnium damnorum et expensarum hujusmodi occasione factarum dicto comiti et hæredibus ejus supradictis compellant, cessionibus et conventionibus supradictis nihilominus in suo robore duraturis. Juravi etiam quod ante confectionem harum litterarum dictos comitatus vel alterum eorum vel etiam partem dictæ terræ nemini dederam, vendideram, vel concesseram; excepto hoc quod promisi septingentas libratas terræ ante confectionem istarum litterarum quæ non poterunt capi nec solvi in terra a dicto comite mihi assignata; nisi forte centum libratæ terræ quas promisi et concessi Florentio de Villa militi per litteras meas sub certo modo, quæ etiam ibidem non assignabuntur nisi jus domini regis ad hoc me compellat, et ego me defendam in causa quantumcunque potero bona fide. Nec jus, si quod ibi habebam vel habere poteram, vel actiones meas, si quas habebam, alicui concesseram, vel quocunque alio modo alienaveram; nec de cætero cedam vel alienabo jus vel actiones, si quas habebam vel habueram ante confectionem istam ad petendos dictos comitatus vel alterum eorum.

Prædicta omnia universa et singula juravi tactis sacrosanctis Evangeliis me servaturam et impleturam, et quod nullo tempore per me vel per alium contra non eam, et quod non procurabo quod ab hoc juramento absolvar, vel quod mihi aliquid jus petendum in supradictis restituatur, et quod si quod horum ab aliquo esset pro me impetratum per me vel per alium, non utar, et quod nec jamdictum comitem nec supradictos hæredes ipsius super præmissis per me vel per alium de cætero molestabo; sub eodem juramento renuntians litteris impetratis et impetrandis super præmissis, et omni privilegio et omni auxilio juris canonici et civilis. Propter cessiones autem, quitationes et conventiones et alia supradicta dedit mihi dictus comes quadraginta millia librarum Turonensium in pecunia numerata, et plene satisfecit mihi de dicta pecuniæ summa. Dedit insuper mihi et assignavit duo millia libratarum terræ in terra plana in comitatibus Campaniæ et Briæ; in qua nec habebo fortericiam, nec potero facere, quam teneo et teneho in allodio ad usus et consuetudines aliorum allodiorum Campaniæ et Briæ quandiu vixero. Post decessum autem meum hæres meus, si citra mare fuerit, homagium ligium inde faciet dicto comiti vel hæredi ejus. Si autem citra mare non venerit, dictus hæres requiret per nuntium suum et suas litteras patentes a comite Campaniæ vel hærede ejus terram. Et tunc dictus comes vel hæres ejus sine dilatione remittet nuntium suum cum litteris suis patentibus, qui loco ejus recipiet homagium ligium a dicto hærede. Et dictus hæres nuntio comitis vel hæredis ejus faciet homagium ligium, quod recipiet nuntius nomine comitis. Et dabit dictus hæres dicto nuntio litteras suas patentes de facto homagio, et super hoc litteras testimoniales Templi vel Hospitalis vel patriarchæ Hierosolymitani. Et hæc debent fieri infra annum a morte mea vel hæredis mei qui dictam terram post me tenuerit; et simili modo in perpetuum fiet hærede meo vel eo qui terram tenuerit moriente, et simili modo comite seu hærede suo moriente. Mortuo autem eo qui dictam terram mihi assignatam tenuerit, si ultra mare decesserit, omnes proventus intermedii temporis per manum dicti comitis vel ejus hæredis reservabuntur, et successori meo, scilicet hæredi meo, restituentur. Si autem hæres meus infra annum non mitteret pro homagio faciendo, sicut prædictum est, proventus terræ essent dicti comitis vel hæredis usque ad factum homagium. Si autem per comitem vel hæredem ejus staret quominus ipsi fieret homagium infra annum, cum fuisset competenter requisitus, nihil hæredi meo deperiret, sed omnes proventus totius temporis intermedii hæredi meo salvi essent, et saisina terræ ballivo ejusdem hæredis mei traderetur. Nihilominus tamen cum ad hæredem meum dictus comes vel hæres ejus nuntium mitteret, ipsi nuntio homagium facere eo modo quo dictum est hæres meus teneretur. Insuper ballivus hæredis mei in terra dicta comiti jurabit fidelitatem se servaturum quandiu erit ballivus, et de dicta terra dicto comiti vel hæredi ejus competentia servitia se facturum quandiu hæres meus moram fecerit ultra mare. Sciendum autem est quod si dictus comes decederet sive hærede vel hæredibus de uxore vel uxoribus, sicut supra dictum est, propter ista quæ in charta ista continentur mihi vel hæredi meo non minueretur jus vel augmentaretur in aliquo quin ego et hæres meus essemus in eodem puncto prosequendi jus nostrum, si quod haberemus, in quo eramus ante hæc omnia supradicta, salvo doario Margaretæ comitissæ Campaniæ uxoris dicti comitis, filiæ domini Archambaudi de Borbon, quod tale est: Sparnacum, Virtutum, Sesannia, Cantumerula, Pontes, Nogentum, Meriacum, Peantium et castellaniæ et pertinentiæ, eorumdem locorum, Semonia et Barbona, salvis etiam pactionibus initis super maritagio dictæ Margaretæ pro triginta et sex millibus librarum Parisiensium in maritagio eidem Margaretæ a dicto patre suo datis. Ita tamen quod de dicta pecunia data in maritagio nihil poterit capi in terra prædicta mihi assignata. Super prædictæ terræ assignatione nec non quadraginta millium librarum satisfactione teneo me pro pagata, et confiteor me gratum meum recepisse, renuntians exceptioni terræ non assignatæ et pecuniæ non numeratæ et omni privilegio et auxilio juris canonici et civilis et omni alii exceptioni quæ posset objici contra factum hujusmodi vel præsens instrumentum et omni penitus suffragio quod mihi vel hæredibus meis posset in hoc facto prodesse et dicto comiti vel hæredi ejus obesse. Et sciendum quod post mortem meam dictus comes dictam terram teneret et retineret usque dum dictus hæres meus omnia supradicta laudasset et approbasset, si hæres meus requisitus nollet conventiones supradictas laudare et approbare. Facta vero sunt et dicta hæc omnia præmissa in præsentia domini Ludovici Dei gratia regis Francorum illustris : quem rogavi et rogo ut super præmissis omnibus litteras suas patentes totam seriem istarum litterarum continentes et omnia supradicta confirmantes conficiat et tradat dicto comiti sigilli sui munimine roboratas, et quod faciat omnia supradicta in feodis suis et baronum Franciæ tanquam dominus firmiter observari, et quod de cætero aliquem contra prædicta venientem non audiat, nec in regno suo ab aliquo audiri permittat. Item sciendum quod charissimus dominus meus Ludovicus, Dei gratia rex Francorum illustris, prædictum Theobaldum regem Navarræ, Campaniæ et Briæ comitem palatinum investivit de prædicto jure, de quo, ut continetur superius, me in manu ipsius devestivit secundum conventiones supradictas. In cujus rei testimonium præsentes litteras fieri volui sigilli mei munimine roboratas.

Actum anno gratiæ 1234, mense Septembri.

XXI.

Litteræ Ludovici regis de renuntiatione reginæ Cypri.

(Anno 1234.)

Ludovicus Dei gratia Francorum rex. Noverint universi præsentem paginam inspecturi quod nobilis mulier Aleydis regina Cypri, in præsentia nostra constituta, quitavit charissimo consanguineo et fideli nostro Theobaldo Campaniæ et Briæ comiti palatino omne jus quod habebat vel dicebat se habere in comitatibus [Campaniæ] et Briæ et pertinentiis eorumdem, et de eodem jure se devestivit in manu nostra, et nos ad petitionem dictæ reginæ investivimus de eodem jure dominum Archembaudum de Borbonio, nomine dicti comitis, salvo hoc, quod si dictus comes decederet sine hærede ab ipso linea matrimoniali descendente, supradicta non obessent dictæ reginæ quin posset petere dictos comitatus sicut poterat ante, nec propter supradicta jus suum minueretur vel augmentaretur. Pronuntiamus etiam quod quando assisia duorum millium libratarum terræ...... facta dictæ reginæ, nos ita sicut continentur in charta dictæ reginæ tradita dicto comiti faciemus scribi et sigillari et tradi dicto comiti. Et his omnibus supradictis scriptis et sigillatis et dicto comiti traditis, præsentes litteræ nobis reddentur.

Actum anno gratiæ 1234, mense Septembris.

Desiderantur Libri XVII, XVIII *et* XIX.

EXCERPTA DE REBUS GALLICIS

Ex fragmento indicis quod vulgo *Rubricella* appellatur, Regesti ms. Innocentii PP. II an. XVIII et fortasse etiam XIX; quorum annorum libri cum perierint, maximi faciendum est hoc fragmentum in quo argumenta multarum epistolarum, quando epistolis ipsis uti non licet, habentur.

(Ex edit. Brequigny, t. II, col. 1103.)

Regi Francorum scribitur et hortatur ut dictis baronibus, inimicis dicti regis Anglorum, nullum impendat auxilium seu favorem.

Eidem, super eodem, et fortius exhortando ut filio suo primogenito inhibeat ne dictis inimicis præstet auxilium vel favorem.

Super eodem, Philippo et filio suo primogenito.

Super eodem negotio, duci Burgundiæ et diversis archiepiscopis et episcopis, per Franciam et Angliam constitutis.

Episcopo Silvanectensi.

Regi Anglorum scribitur quod ad petitionem nuntiorum suorum mittitur sibi legatus.

Rothomagensi archiepiscopo, et suffraganeis ejus.

Regi Franciæ, super dicto negotio regni Angliæ, ut desistat.

Super eodem negotio, prælatis regni Franciæ.

Super eodem, baronibus Angliæ.

Super eodem, Cameracensi, Leodiensi et Trajectensi episcopis.

Super eodem, regi Franciæ.

Super eodem, clero Londoniensi.

Universis Christi fidelibus significatur ordinatio facta, quod comes Tolosanus, propter hæresim, comitatu Tolosano perpetuo sit privatus, et quod uxor sua habeat dotalitium suum.

Eodem modo scribitur archiepiscopo Narbonensi, et quod faciat CL marcas comitissæ, uxori dicti comitis, et hoc de Castro Bellicadri, assignari.

Eodem modo, comiti Montisfort. et quod ipse observet dictam ordinationem.

Tolosano et Consentin. episcopis mandat quod comiti Convenarum super quibusdam gravaminibus, sibi per comitem Montisfortis illatis, ministrent justitiam, vel remittant causam ad curiam

Eodem modo, episcopo Nemausensi et duobus archidiaconis, pro comite Fuxi.

Comiti Montisfortis quod Castrum Fuxense ponat in manibus abbatis Sancti Tiberii, nomine Ecclesiæ et ad utilitatem comitis Fuxi tenendum, donec aliud fuerit ordinatum.

B. reginæ Anglorum antiquæ, scribitur, et, ad petitionem suam et regis Anglorum, confirmatur quædam compositio, inter ipsos regem et reginam, super ipsius dotalitio facta.

Abbati et conventui monasterii Sancti Dionysii in Francia scribitur, et, quia ab aliquibus dubitabatur, an corpus beati Dionysii, quod in eodem monasterio requiescit, fuerit corpus beati Dionysii Areopagitæ, qui mortuus fuit in Græcia, vel alterius, dominus papa mittit eis de veris reliquiis, sive corpus illius beati Dionysii Areopagitæ, et concedit omnibus visitantibus quadraginta dies.

Archiepiscopo Narbonensi mandatur ut, si aliqua de bonis comitatus Melgorii alienata invenerit, ad jus et proprietatem Ecclesiæ Magalonensis revocare procuret.

Universis baronibus et militibus, in comitatu Melgorii constitutis, quod episcopo Magalonensi præstent, sicut vero domino, fidelitatis juramenta.

Remensi archiepiscopo et ejus suffraganeis, quod B. de Anisnis, subdiaconum excommunicatum, pro eo quod cum Margarita, sorore comitissæ Flandriæ, consanguinea sua, matrimonium fraudulenter contraxit, denuntient excommunicatum.

Eodem modo, episcopo Leodiensi.

Abbati et conventui Cluniacensibus declaratur et ordinatur quod electio et institutio prioris de Charitate ad dictum abbatem pertineat.

Albiensi et Caturcensi episcopis datur in mandatis ut aliqua bona, ablata Duaco Alamanno per S. comitem Montisfortis, ad restituendum eidem Duaco dictum comitem compellant.

Archiepiscopo et capitulo Turonensibus confirmatur quædam compositio super electione decani et præpositura inter ipsos facta.

Certis judicibus mandatur ut quosdam campsores Caturcenses, qui, in fraudem nonnullorum suorum creditorum, ad claustrum Irecense confugerant, si reperiantur hujusmodi fugam in fraudem fecisse, de dicto Claustro ejiciant, et ejici permittant per curiam temporalem.

Regi Francorum scribitur et hortatur, ut Jacobum, natum regis et reginæ Aragonum et hæredem, super dominio Montispessulani non impediat, seu molestet, nec ab aliis molestari permittat.

Priori Grandimontensi scribitur et ordinatur quod in quibuslibet cellulis Grandimontensis ordinis per ipsum priorem et successores suos unus presbyter ordinetur, et quædam aliæ ordinationes scribuntur in ipsis litteris.

Bituricensi, Senonensi et Turonensi archiepiscopis mandatur ut quoscunque rebelles contra priorem Grandimontensem et ejus ordinis statuta rebellione cessare compellant.

Capitulo Remensi confirmantur eis quædam decimæ, et alia bona quæ juste possident.

Archiepiscopo Remensi et ejus suffraganeis mandatur quod nihil attentent contra libertates suarum Ecclesiarum et capitulorum.

Eodem modo, archiepiscopo Senonensi et ejus suffraganeis.

Archiepiscopo Bituricensi et ejus suffraganeis mandatur ut, juxta ordinationem factam in concilio, solvant certo termino vicesimam partem omnium proventuum suorum, et eorum (220) nuntiis ad hoc deputatis, in subsidium terræ sanctæ

Sacristæ et capitulo ecclesiæ Sanctæ Crucis Cameracensis. Recipiuntur una cum bonis suis, sicut ea juste possident, sub protectione beati Petri.

Archiepiscopis et episcopis, per regnum Franciæ constitutis, mandatur ut inhibeant universis Christianis, maxime crucesignatis, ne Judæos seu eorum familias molestent.

Archiepiscopo Rothomagensi, et ejus suffraganeis mandatur ut cum magistro H. de Andelesio, canonico Rothomagensi, deputato ad prædicandum verbum crucis, alium sibi fidelem et idoneum adjungant.

Abbati Majoris Monasterii Turonensis, mandatur, ut super usu primatiæ Bituricensis et Burdegalensis (221), cum senis et valetudinarius, per se vel alios se informet (221), et informationem transmittat.

Abbati et conventui monasterii Sancti Egidii confirmatur quædam sententia pro eis lata, et contra comitem Tolosanum, super villa Sancti Egidii.

Archiepiscopo Narbonensi et diversis aliis episcopis ut sententiam excommunicationis, latam contra Regianum, fratrem Ademari de Nayco, per episcopum Albiensem, publicent, et eam faciant observari.

Archiepiscopo Remensi et ejus suffraganeis ut sententias, latas contra Ludovicum, primogenitum regis Franciæ et sequaces suos, qui invadunt regnum Angliæ, publicent et eas faciant observari.

Eodem modo, diversis archiepiscopis et eorum suffraganeis, per regnum Franciæ constitutis.

Episcopo et abbati Sancti Victoris, Parisiensibus mandatur ut cancellario Londoniensi et quibusdam aliis suspectis de iniquitate, quæ contra regem Angliæ perpetratur, assignent terminum, ut se conspectui apostolico repræsentent.

Archiepiscopis et episcopis per regnum Franciæ constitutis mandatur ut permittant Judæos talem gestare habitum, per quem possint inter Christianos discerni, nec ad talem portandum compellant, per quem possint vitæ dispendium sustinere.

---

(220) Sic legitur in apograpno.
(221) Sic legitur in apographo mendose ut videtur.

REGISTRUM
DOMINI INNOCENTII III
SUPER
NEGOTIO ROMANI IMPERII.

(Baluz., *Epist. Innocentii III*, tom I, p. 687,)

I.

ARCHIEPISCOPO MOGUNTINO EPISCOPO SABINENSI.
De electione imperatoris.
(Laterani, v Non. Maii.)

Solidata in devotione sedis apostolicæ fides tua, et in obsequio ejus probata tempore juventutis, non deficiet, imo proficiet fortius in ætate matura; nec frigescet etiam frigescente corpore, sed de die in diem amplius incalescet. Qui enim, cum Petri quondam navicula jactaretur fluctibus, et venti et mare insurgerent contra eam, ita ut nunc de scopulosis fluctibus pendere videretur in præceps, nunc inter intumescentes undas, imas formidaret arenas, cum reges terræ ac principes astitissent in unum adversus eam et Christum ejus, illi fideliter et inseparabiliter adhæsisti, pro ea in mortem et in carcerem ire paratus, nec minas principis nec latentes insidias nec proprium exsilium expavescens, jam nunc, cum cadentibus fluctibus et vento spirante propitio æquora noscitur sulcare pacata, et Petrus, veteri timore deposito, super undas maris incedat, quis te poterit a charitate sedis apostolicæ separare? Sane nec persecutio, nec gladius, nec fames, nec aliud te ab Ecclesiæ devotione divellet, in qua post summum pontificem locum nosceris præcipuum obtinere. Fortis est enim ut mors dilectio, et dura sicut infernus est æmulatio, nec aquæ multæ possunt exstinguere charitatem. Unde cum inter cæteros fratres nostros apud nos primus existas, licet a nobis, etsi non mente, corpore tamen multo sis spatio separatus, in arduis tamen negotiis quæ nobis incumbunt, tuo uti volumus consilio et favore. Noveris igitur, imo jam nosti, quod post Henrici quondam imperatoris decessum vota se principum diviserunt, ita quod quidam eorum Othonem H, quondam ducis Saxoniæ filium, quidam vero Philippum, quondam fratrem dicti Henrici imperatoris, nominarunt in regem. Venerabilis autem frater noster Coloniensis archiepiscopus et alii qui in nominatione prædicti Othonis favorem præstiterant et assensum, congregato exercitu obsederunt pariter Aquisgranum, et eo capto, prædicto Othoni in sede posito augustali dictus archiepiscopus regni coronam imposuit, sicut ad ipsum de jure dicitur pertinere: qui in die electionis suæ apud Coloniam de conservando jure Romanæ Ecclesiæ et aliarum etiam Ecclesiarum per seipsum præstitit juramentum, et postmodum etiam se astrinxit juratoria cautione quod Ecclesiis et principibus, quæ dicti imperatores injuste abstulerunt, restitueret universa, pravam etiam consuetudinem relaxavit, per quam iidem imperatores bona ecclesiasticorum principum decedentium occupabant. Dictus vero Philippus, et qui eum nominarunt regem, venerabilem fratrem nostrum Tarantasiensem episcopum vocaverunt, qui regalem imposuit eidem Philippo coronam. Et licet ipsi duo, Philippus scilicet et Otho, semel et iterum inter se invicem dimicarint, neuter tamen plenam victoriam est adeptus. Nos autem, qui non ad destructionem imperii, sicut quidam pestilentes homines mentiuntur, intendimus, sed ad conservationem et provisionem ipsius potius aspiramus, cum etsi quidam imperatores persecuti fuerint Ecclesiam, alii tamen multipliciter honorarunt, exspectavimus hactenus, et in neutram partem voluimus declinare, licet uterque de favore nostro et benevolentia glorietur, exspectantes si forsan principes redirent ad cor, et imperio super tantæ dissensionis incommodo providerent. Sed quidam eorum adhuc in sua obstinatione persistunt, et non minus quam nominati prædicti partem quam fovent, juste vel injuste tuentur. Ex quo spoliantur Ecclesiæ, pauperes opprimuntur, strages corporum provenit et periculum animarum.

Cum igitur non expediat de cætero populo Christiano, nec nobis etiam dissimulare incommoda tantæ dissensionis sit tutum, tibi facti seriem duximus intimandam, ut cum non tam Maguntinensis archiepiscopatus quam, Sabinen. episcopatus consideratione, post Romanum pontificem maximum Ecclesiæ Dei membrum existas, in tam arduo negotio favorem tuum habeamus pariter et assensum. Quia vero necessitates terræ orientalis, et quid ei expediat, plenius cognovisti, super mora vel reditu tuo fraternitati tuæ nihil expresse mandamus, quam credimus id acturam quod magis viderit expedire. Monemus igitur fraternitatem tuam et exhortamur attentius, per apostolica tibi scripta mandantes, quatenus cum huic tractatui non possis personaliter interesse, arbitrium tuum nobis per litteras tuas apertas committas, ratum habiturus et firmum quod in tanto negotio, prout Dominus nobis dignatus fuerit inspirare ac de fratrum nostrorum consilio et voluntate processerit, statuemus. Universis etiam officialibus tuis, canonicis, prælatis, comitibus, baronibus et aliis tibi et Ecclesiæ Maguntinensi subjectis per litteras tuas districte præcipias ut eum cujus nominatio per sedem fuerit apostolicam approbata, in regem recipiant et partem ejus potenter foveant et viriliter tueantur. Credimus enim quod sic, dante Domino, in hoc negotio procedemus, quod Deo et hominibus erit acceptum, et apud Deum meritum et apud homines ex hoc gloriam consequemur. Tuum etiam et tuorum profectum pariter et honorem in ipso negotio diligenti curabimus studio promovere. Nec erit de facili qui se statutis nostris opponat, si tuus nobis suffragetur assensu, et devotio tuorum accedat, cum et tanta sit per Dei gratiam apostolicæ sedis auctoritas, ut quasi certum ab omnibus habeatur quod ille prævalebit omnino cui suum dignata fuerit favorem præstare.

Datum Laterani, v Nonas Maii, pontificatus nostri anno secundo.

II.

UNIVERSIS TAM ECCLESIASTICIS QUAM SÆCULARIBUS PRINCIPIBUS ALEMANNIÆ.

De eodem argumento.

(Laterani.)

Quanta debeat esse concordia inter regnum et sacerdotium in seipso Christus ostendit, qui est Rex regum et Dominus dominantium, sacerdos in æternum secundum ordinem Melchisedech, qui et secundum naturam carnis assumptæ de sacerdotali pariter et regali stirpe descendit. Ad quod etiam designandum beatissimus Petrus ad fidem Christi conversis dicebat : *Vos estis genus electum, regale sacerdotium (I Petr.* II). Et ad Christum in Apocalypsi clamatur : *Fecisti nos, Deo nostro regnum et sacerdotium (Apoc.* I). Hæc enim sunt duo cherubin, qui versis vultibus in propitiatorium, super ipsum duabus alis conjunctis mutuo se describuntur respicere. Hæc sunt duæ mirabiles et speciosæ columnæ positæ juxta ostium in vestibulo templi, quas ambit linea duodecim cubitorum (1). Hæc sunt duo magna luminaria, quæ Deus in firmamento cœli constituit : luminare majus, ut præesset diei ; et luminare minus, ut nocti præesset. Isti sunt duo gladii de quibus apostoli responderunt : *Ecce gladii duo hic (Luc.* XXII). Quorum omnium rationem aliorumque multorum quæ de sacris libris excerpta concordiam expresse significant inter Ecclesiam et imperium, exponere prætermittimus, cum utilitas ex ipsa proveniens expressius hanc exponat. Per hanc enim concordiam propagatur fides, hæresis confutatur, plantantur virtutes, vitia succiduntur, servatur justitia, iniquitas propulsatur, viget tranquillitas, persecutio conquiescit, cum pace populi Christiani paganorum barbaries subjugatur, cum incremento imperii Ecclesiæ libertas accrescit, cum incolumitate corporum salus proficit animarum, et tam clero quam populo sua jura servantur. Et licet Romanam Ecclesiam quasi matrem universa regna respiciant, in quibus nomen colitur Christianum, Romanum tamen imperium eam arctius debet ac devotius amplexari, ut et ipsa per illud accipiat defensionis auxilium et illud per ipsam in suis necessitatibus adjuvetur. Ille vero qui paci semper invidet et quieti, sicut Romanam tunc divisit Ecclesiam, ita nunc Romanum divisit imperium, et tantam inter vos discordiam seminavit, ut duos vobis in reges præsumpseritis nominare, quibus inter vos ipsos divisi pertinaciter adhæretis, non attendentes quot et quanta discrimina per hoc non solum Romano contingant imperio, sed universo proveniant populo Christiano. Et ecce per hujus dissensionis materiam imperii libertas minuitur, jura depereunt, et dignitas decurtatur, destruuntur ecclesiæ, læduntur pauperes, principes opprimuntur, universa terra vastatur, et, quod est longe deterius, strages corporum imminet et periculum animarum. Ex hoc etiam inimici fidei Christianæ non modicam audaciam contra fideles assumunt.

Nos igitur, hujusmodi auditis et cognitis, tacti fuimus dolore cordis intrinseco, et nimio mœrore turbati ; quia non, ut quidam pestilentes homines mentiuntur, ad imperii destructionem vel depressionem intendimus, sed ad conservationem et exaltationem ipsius potius aspiramus, cum, etsi quidam imperatores Ecclesiam vehementer afflixerunt, alii tamen eam multipliciter honorarunt. Exspectantes autem hactenus exspectavimus si forte vos ipsi saniori ducti consilio, tantis malis finem imponere curaretis, videlicet ad nostrum recurreretis auxilium, ut per nos, ad quos ipsum negotium principaliter et finaliter noscitur pertinere, vestro studio mediante, tanta dissensio sopiretur. Verum quia vos in hac parte negligentes et desides hactenus exstitistis, nos, qui, juxta verbum propheticum, constituti sumus a Deo super gentes et regna, ut evellamus et destruamus, ædificemus etiam et plantemus, officii nostri debitum exsequi cupientes, universitatem vestram monemus attentius et exhortamur in Domino, per apostolica scripta mandantes, quatenus Dei timorem habentes præ oculis et honorem zelantes imperii, ne libertas ejus depereat et dignitas annulletur, ad provisionem ipsius melius intendatis : ne fovendo discordiam, per vos imperialis sublimitas destruatur, quæ per vestrum deberet studium conservari. Alioquin, quia mora de cætero trahit ad se grave periculum, nos quod expedire noverimus procurantes, ei curabimus favorem apo-

---

(1) Vide lib. I, epist. 401, et cap. *Solitæ*, De major. et obedientia.

stolicum impertiri quem credemus majoribus studiis et meritis adjuvari.

Datum Laterani, etc., pontificatus nostri anno II.

III.
LITTERÆ REGIS OTTONIS AD D. PAPAM.

Sanctissimo in Christo Patri ac domino spirituali INNOCENTIO, sacrosanctæ Romanæ Ecclesiæ summo pontifici, OTTO, divina faciente gratia Romanorum rex et semper Augustus, salutem ac filialis devotionis affectum cum debita reverentia.

Navicula Petri quibusdam retro temporibus persecutionum fluctibus est agitata, et nisi Ecclesia Dei in petra Christo fundata fuisset et solidata, jam pravorum persecutionibus inclinata funditus corruisset. In ipsa etenim persecutione progenitor noster Henricus dux Saxoniæ in fide sanctæ Romanæ Ecclesiæ indesinenter perseverans, et voluntati atque iniquæ dominationi Friderici quondam imperatoris nullatenus acquiescens, matrem suam spiritualem, sanctam videlicet Romanam Ecclesiam, in omnibus est imitatus; ideoque prævalente impiorum persecutione, honoris sui dignitate privatus, exsilio cum liberis et familiaribus suis addictus fuit et expositus. Volens igitur Dominus Ecclesiæ suæ statum in melius reformare et fidem ac devotionem jam dicti patris nostri in suis posteris remunerare, sua ineffabili clementia effecit quod nos ab optimatibus et principibus imperii, ad quos de jure spectat electio, ad regni gubernacula ex inopinato vocati sumus et electi; in sede quoque Augustorum apud Aquisgranum locati, consecrationem et coronationem a manu Adolfi Coloniensis archiepiscopi, præsentibus principibus, ea quæ decuit solemnitate cum plenitudine regiæ dignitatis accepimus. Cupientes igitur gressus nostros ab ipso dirigi per quem reges regnant, et potentes scribunt justitiam, dignum duximus ipsa electionis nostræ hora juramento firmare quod possessiones et jura Romanæ Ecclesiæ aliarumque Ecclesiarum imperii firma et illibata servabimus, et quod consuetudinem illam detestabilem, qua episcoporum, abbatum, principum de hac vita migrantium bona tempore mortis relicta quidam nostri antecessores hactenus occupabant, omnino in posterum dimittemus, et de beneficentia nostra principibus ecclesiasticis in perpetuum relaxamus. Petimus ergo et cum instantia paternitati vestræ supplicamus quatenus fidem ac devotionem nostram considerantes, merita quoque patris et avunculi nostri regis Angliæ, qui nunquam ab obsequio Ecclesiæ Romanæ recesserunt, ad memoriam revocantes, injurias etiam Philippi ducis Sueviæ quondam ducis Tusciæ et patris et fratris ejus non dissimulantes, nos regiam dignitatem adeptos ad imperii consecrationem vocare dignemini, illos insuper episcopos et abbates ac laicos principes qui jam dictum Philippum ducem Sueviæ in excommunicatione vestra detentum in regem nominare et fidelitatem ei jurare præsumpserunt, ab observatione illiciti juramenti absolvatis, et majestati nostræ obedire ecclesiastica censura compellatis, et excommunicationem ipsius ducis Sueviæ per Teutoniam et universos fines imperii publice denuntiari faciatis. Vestris quoque precibus, Pater sanctissime, Altissimum exoretis ut vias et actus nostros in pace et tranquillitate dirigat, et quod justitia, constantia et veritas in corde nostro vigeat; ut per ipsius auxilium, de vultu Domini judicium nostrum prodeat, et promissum nostrum perpetua et inviolabili firmitate ad honorem Dei et Ecclesiæ ipsius nobis adimplere et conservare concedat. Ad hæc, paternitati vestræ significamus quod dilectos et fideles nostros legatos, videlicet G. principem nostrum abbatem Indensem, B. præpositum Bunnensem, H. Sancti Gereonis in Colonia scholasticum, H. priorem Werdinensem, et H. Aquilegiensem gloriosissimi regis Angliæ avunculi nostri capellanum, et fidelem nostrum M. de Villa civem Mediolanensem, pro consummatione honoris nostri ad vestram transmittimus sanctitatem. Quidquid igitur cum præfatis legatis nostris a vestra tractatum vel ordinatum fuerit providentia, id majestatem nostram in omnibus et per omnia ratum et firmum habituram præsentibus litteris sanctitati vestræ significamus.

IV.
LITTERÆ REGIS ANGLIÆ.

Excellentissimo domino suo et universali Patri INNOCENTIO, Dei gratia catholicæ Ecclesiæ summo pontifici, devotissimus suæ majestatis filius RICHARDUS, eadem gratia rex Angliæ, dux Northmanniæ et Aquitaniæ, et comes Andegaviæ, salutem et debitum in omnibus cum reverentia et desiderio famulatum.

Quanto de apostolicæ gratia majestatis, tum per fideles nuntios, tum etiam per inter signa munerum vestrorum in interiorem sinum et cubiculum animæ nostræ plenior certitudo devenit, tanto præcordiis nostris major exsultatio vestræque fiducia charitatis innascitur, qua non solum ad referendas grates, verum etiam ad exhibenda totius devotionis obsequia jugi responsione tenemur. Qualescunque etenim cæteri reges et principes vestræ se paternitati exhibeant, nos et devotissimum filium vestrum Ottonem nepotem nostrum regnum et coronam regni Alemaniæ ad perpetuam devotionem vestram et Ecclesiæ Romanæ nuper adeptum præceptis vestris atque obsequiis invenietis omnifariam mancipatos; nec vivunt in mundo duo principes Christiani qui adeo desiderabiliter vestræ majestati studeant deservire, et quorum ministerio facilius possitis totius Christianæ pacis adversarios expugnare. Huc accedit quod inter omnia et præ omnibus quibus spiritus noster majori sollicitudine studiosius invigilat, et ad quorum efficientiam favorem apostolicum indulgentius inclinando suspirat, ipsius est Ottonis negotium, ut scilicet beneficio apostolicæ pietatis ad promotionem ipsius dexteram dignemini sublevationis extendere, filium vestrum devotissimum imperialis munere diadematis insignire. Nos enim, in quantum fides Christiana et regalis devotio apud Deum et apud vos ipsamque Romanam Ecclesiam cavere potest aut poterit, quidquid ad nos spectat in anima et corpore honore terreno pro ipso vobis in perpetuum fœdus astringimus atque juxta dispositionem vestram et beneplacitum astringemus quod vobis tanquam unico domino suo et Ecclesiæ Romanæ debitam et juratam fidelitatem impendet, et quæcunque ab aliis imperatoribus detracta sunt et diminuta restituet, restituta quoque inviolabili firmitate servabit, omnemque pravitatem sæcularis potentiæ juxta consilium vestræ paternitatis eliminare curabit. Super præmissis autem et super annulis quos nobis per episcopum Lexoviensem vestra tam nobilis quam liberalis magnificentia destinavit, super litteris etiam qualitates lapidum designantibus, eosque reddentibus, licet admodum pretiosi existant, longe amplius pretiosos, tanquam a supremo et superexcellenti descriptore distinctos (2), grates totius cordis affectione referimus, et de tantæ dignationis vestræ gratia gloriamur : cui utinam vota cordis nostri, quæ ad plenum per litteras aut nuntios explicare non possumus, viva voce permittente Deo, et devotis obsequiis reserare possemus ; in cujus utique spe et desiderio spiritus noster assiduis vexationibus debellatus continue refovetur, et salutari suspensus exspectatione quiescit. Dominus personam vestram Ecclesiæ suæ diu servet incolumem.

V.
LITTERÆ REGIS ANGLIÆ.

Sanctissimo in Christo Patri INNOCENTIO, Dei gratia summo pontifici, RICHARDUS, eadem gratia rex angliæ, dux Northmaniæ et Aquitaniæ, et comes Andegaviæ, salutem et sinceram semper devotionem.

Sanctitatem vestram credimus non latere, totius etiam curiæ Romanæ, sicut credimus, tenet memoria, quanto non minus antecessorum nostrorum quam nostri devotio sanctæ sedi apostolicæ et Romanæ præceptis Ecclesiæ affectu semper benignissimo fuerit alligata. Illud etiam paternitatis vestræ novit discretio, quanto ducis Saxoniæ pridem sublati de medio Romanæ fuit Ecclesiæ semper devotio studio dilectionis astricta. Econtrario vero imperatoris ultimi antecessorum suorum sequentis vestigia et in vexationibus sanctæ Romanæ Ecclesiæ non minori quam pater suus repugnantia patrissantis cura fuit, sicut et antecessorum suorum, præcepta apostolica non curare et jura ipsius curiæ non servare. Inde est quod in sanctitatis vestræ conspectu devotionis nostræ spiritum totum supplicationibus exhaurimus quatenus Ottoni nepoti nostro prælibati ducis filio, quem ad regnum Alemanniæ celebris eorum vocavit electio quorum interest regem eligere, et quem eorumdem consensus in loco ad hoc debito sublimavit in regem, favore velitis apostolico consentire et regnum sibi Alemanniæ auctoritatis vestræ munimine confirmare, electionem ipsius et coronationem approbantes, et propositum ducis Sueviæ et sequacium suorum super hoc reprobantes. Vel t itaque sanctitas vestra omnes qui ci-

(2) Vide lib. x, epist. 218.

dem duci in hac prærogativa sua consenserint anathematis, si placet, vinculo innodare et... magnates apostolica commonitione ad hoc inducere ut ei tanquam domino sine difficultate adhæreant, quem electio debita in loco debito coronavit. Hoc siquidem vobis in spiritu quo vestri sumus pollicemur, et nos super hoc fidejussores statuimus, quod idem nepos noster, dum nostro consilio acquiescet, non solum sanctæ Romanæ Ecclesiæ jura conservabit præsentialiter possessa, sed in præterito habita ad statum debitum revocabit. Teste meipso apud Barnevillam 19 die Augusti.

VI.
LITTERÆ JOANNIS RUSCÆ MEDIOLANENSIS POTESTATIS.

Clementissimo domino et Patri reverendissimo INNOCENTIO divina dispositione sacro sanctæ Romanæ Ecclesiæ summo pontifici, JOANNES RUSCHA Mediolanensis potestas, ejus per omnia devotissimus, cum consilio ejusdem civitatis, cum vero animi famulatu tam promptum quam fidelissimum obsequium.

Ex pagina litterarum Adolphi Coloniensis Ecclesiæ archiepiscopi et aliorum plurimorum principum insinuatione indubitanter cognovimus quod ipsi principes, ad quos electio pertinet, sæpius tractantes de rege subrogando et substituendo, dominum Ottonem Henrici ducis Saxoniæ filium in inclytum Romanorum regem unanimiter, sicut ad eos de jure spectat electio, utpote divinæ placuit dispositioni, clementer elegerunt, et in consuetam Augustorum sedem ipsum collocaverunt. Verum, cum ipse et ejus prædecessores erga civitatem nostram paternam et sinceram semper habuerint affectionem, ut frequenter pluribus cognovimus experimentis, sanctitati vestræ, de qua fidem gerimus indubitatam, preces devotissimas suppliciter transmittimus ut nobiles et magnos ac honorabiles Alamanniæ viros, quos ipse et principes Teutoniæ ad vestram clementiam transmittunt pro ejusdem consecratione et coronatione ac electione confirmanda, quam jure factam non ambigimus, adeo ejusdem domini Ottonis meritis et suorum prædecessorum, ac domini regis Angliæ, qui sanctæ Romanæ Ecclesiæ fidelissimus ac devotissimus semper exstitit, ac nostræ civitatis interventu, quæ ad sanctæ universalis Ecclesiæ Romanæ promotionem ac sublimationem vigilans ac intendens jugiter perseverabit, sic benigne eos legatos et ipsorum vota exaudiatis quod debite ac consecrationem sacri imperii ipsum sine prorogatione convocetis, ut pro exauditis precibus, quæ jucundam fuerint sortitæ eventum, innumerabiles gratiarum actiones obnoxii teneamur perpetuo vestræ sanctitati exhibere. Insuper D. monachus de Villa, nostræ urbis magnus et nobilis civis, qui est vir providus et circumspectus, pro hoc facto ad vestram properat accedere clementiam cum eisdem viris prudentibus. Quidquid super iis ex parte nostra vestræ exposuerit benignitati, eidem indubitanter fidem adhibeatis.

VII.
LITTERÆ BALDUINI COMITIS FLANDRIÆ ET HAYNOVIÆ ET MARCHIONIS NAMURCIÆ.

Sanctissimo Patri ac domino INNOCENTIO, sacrosanctæ Romanæ Ecclesiæ summo pontifici, BALDUINUS, comes Flandriæ et Haynoviæ et marchio Namurciæ, salutem et promptum cum omni devotione famulatum.

Post obitum Henrici imperatoris nos, una cum principibus imperii, ad quos de jure spectat electio, de eligendo rege sæpius tractavimus. Post varios tandem affectus, sicut Domino placuit, in serenissimum dominum nostrum regem Ottonem vobis et Ecclesiæ Romanæ devotissimum vota nostra celeberrime concurrerunt : qui postmodum in sede Augustorum Aquisgrani coronationis ac consecrationis plenitudinem per manum domini Coloniensis archiepiscopi, cujus hoc interest, cum omni qua decuit solemnitate meruit obtinere. Nos igitur dicti regis electionem quandoquidem juste factam esse non dubitamus, ratam habentes, terras nostras, quas de imperio tenemus, a manu sua recipientes, facto hominio illi fidelitatem juravimus. Sanctitati ergo vestræ, Pater reverende, omni qua possumus affectione supplicamus quatenus rationabilem ipsius electionem, coronationem, ac consecrationem ratam habere volentes, eam confirmare atque ipsum regem ad imperii consecrationem vocare paterna pietate dignemini, ut ad obsequium vestrum et Ecclesiæ Romanæ in perpetuum amplius invitemur et arctius obligemur.

VIII.
LITTERÆ A. COMITIS DE DASBURG ET METENSIS.

Sanctissimo domino et Patri sacrosanctæ Romanæ Ecclesiæ summo pontifici, et venerabilibus dominis universis cardinalibus, A. comes de Dasburg et Metensis, debitam reverentiam, et paratum in omnibus obsequium.

Cum fuisset rebus humanis Henricus imperator exemptus, nos et alii principes dominum Ottonem quondam Henrici ducis Saxoniæ filium in regem Romanorum elegimus, et ipsum ea qua decuit solemnitate per dominum Adolphum Coloniensem archiepiscopum apud Aquisgranum consecratum in sede regia, sicut a Carolo constitutum erat, locavimus (3). Rogamus ergo sanctitatem vestram ut habita consideratione ad miserias et oppressiones quas per novissimos imperatores Fridericum et Henricum filium ejus sustinuimus, electionem domini nostri regis Ottonis confirmare et ad imperialem consecrationem vocare dignemini, et partem adversam a fidelitate quam duci Sueviæ fecerunt absolvatis, et per censuram ecclesiasticam nostræ electionis consentire compellatis.

IX.
LITTERÆ COLONIENSIS ARCHIEPISCOPI.

Sanctissimo Patri ac domino INNOCENTIO sacrosanctæ Romanæ Ecclesiæ summo pontifici ADOLPHUS Dei gratia sanctæ Coloniensis Ecclesiæ minister humilis, devotum obsequium et orationes in Domino.

Post obitum Henrici imperatoris nos una cum aliis principibus de substituendo rege sæpius tractantes quod sanctæ Romanæ Ecclesiæ expediret subditisque imperii, qualiter quoque priorum imperatorum oppressiones evitare possemus sollicite deliberavimus. Protendimus igitur animos nostros ad diversos imperii principes, et sicut Domino placuit, serenissimum dominum Ottonem Henrici ducis Saxoniæ filium in Romanorum regem rationabiliter elegimus. Postmodum vero in Augustorum sede Aquisgrani vocavimus, et sicut debuimus, ea qua decuit solemnitate consecravimus ac coronavimus. Ipso vero dominus rex in timore Dei et reverentia sanctæ Ecclesiæ omnia jura Romanæ Ecclesiæ aliarumque Ecclesiarum bona fide conservare et manutenere juravit. Nobis etiam aliisque episcopis pravam illam consuetudinem aliorum imperatorum, qui decedentibus episcopis et abbatibus principibus in mobilibus rebus seseque moventibus succedebant, liberaliter remisit. Paternitatem igitur vestram attente rogamus quatenus, rationabile factum nostrum aliorumque principum qui de jure eligere debent attendentes, merita quoque domini nostri regis, patris ac fratris sui palatini, regis quoque Angliæ avunculi sui, qui a servitio et unitate Ecclesiæ nunquam separati fuerunt, considerantes, quoque injurias ducis Sueviæ, patris ac fratris ejus, non dissimulantes, magnos et honorabiles viros quos ipse ac principes de communi consilio ad pedes sanctitatis vestræ transmittunt benigne recipiatis ac benignius remittatis, et rationabilem ipsius electionem, consecrationem, ac coronationem confirmetis, et ad imperii consecrationem vocetis, nostros quoque adversarios et Ecclesiæ a fidelitate duci Sueviæ præstita absolvatis et nostro regi obedire ecclesiastica censura compellatis. Nos etiam pro patrimonio Ecclesiæ Romanæ dimittendo ac conservando pro ipso domino rege spondemus atque fidejubemus.

X.
LITTERÆ PRINCIPUM AC BARONUM ALAMANNIÆ CLERICORUM ET LAICORUM.

Sanctissimo Patri ac domino INNOCENTIO, sacrosanctæ Romanæ sedis summo pontifici, principes et barones Alamanniæ clerici et laici, debitam in Christo reverentiam et sinceritatem obsequii.

Cum placuisset ei qui aufert spiritum principum, et magnus et terribilis est super reges terræ, dominum Henricum imperatorem de medio auferre, necessarium nobis visum fuit de substituendo rege tractatum et colloquium habere. Convenimus ergo sæpius, et miserias et oppressiones, quas hactenus sustinueramus, recensentes, per universos principes regni animos nostros ereximus, et quid honori

---

(3) Vide Gesta Innoc. III, cap. 22.

Ecclesiæ Dei et paci ac quieti subjectorum potissimum expediret deliberantes, nunc unum, nunc alium quasi finaliter eligere putabamus. Verum, quia non est prudentia, non est potentia, non est consilium nisi per Deum, placuit ei qui Abrahæ filium immolare volenti victimam providit, et David fratribus juniorem de postfetantes accepit, atque Matthiam ex discipulorum numero ad sortem apostolatus elegit, serenissimum dominum nostrum Ottonem quodam Henrici ducis Saxoniæ filium ad regimen Romani imperii de terra peregrinationis suæ ex inopinato offerre nobis. Invocata itaque sancti Spiritus gratia prædictum dominum Ottonem, Christianæ fidei cultorem devotissimum, atque sanctæ Romanæ Ecclesiæ advocatum et defensorem fidelissimum, et judiciariæ potestatis observatorem justissimum, de longa et antiqua regum prosapia ex utraque linea spectabiliter editum, ad Romani regni fastigium juste ac rationabiliter elegimus, et, sicut debuimus, ipsius electioni consensimus, ipsumque in Augustorum sede a Carolo magno apud Aquisgranum huic dignitati deputata locavimus, et corona et regni diademate per manum domini Adolphi Coloniensis archiepiscopi ea qua decuit solemnitate feliciter decoravimus. Nos autem principes, qui jam dictum dominum Ottonem in regem eligimus, feoda nostra quæ ab imperio tenemus a manu ipsius recipientes, hominium sibi fecimus et fidelitatem juravimus. Tantæ igitur dignitatis munus excellentissimus princeps divinæ potius gratiæ quam suis meritis ascribens, primitias hujus honoris offerens Domino, propria voluntate juramento firmavit in primis sacrosanctæ Romanæ Ecclesiæ, deinde omnium Ecclesiarum jura bona fide servare ac manutenere et subjectos imperii exhæredatos maxime et a suis possessionibus violenter ejectos in sua justitia pro posse juvare et conservare. Pravam insuper illam consuetudinem, quam imperatores antecessores sui in occupandis rebus mobilibus vel sese moventibus decedentium episcoporum vel abbatum principum huc usque servaverant, penitus exstirpans, nos ecclesiasticos principes ab hac indebita vexatione regali benevolentia liberos dimisit, et decedentium bona suis successoribus servanda liberaliter statuit. Paternitati ergo vestræ dignum supplicare duximus quatenus fidem et devotionem domini nostri regis attendentes, merita quoque illustrissimi patris sui Henrici ducis Saxoniæ, qui ab obsequio sacrosanctæ Romanæ Ecclesiæ nunquam recessit, memoriter tenentes, paci et quieti vestræ et nostræ intuitu Dei ac nostri obsequii providentes, ipsius electionem et consecrationem auctoritate vestra confirmare, et imperiali coronationi annuere paterna pietate dignemini. Sanctitatem insuper vestram obnixe rogamus quatenus principes ac barones a tam rationabili electione discordantes ecclesiastica censura ad concordiam revocetis, et ab illicita fidelitate partis adversæ clave Petri resolutos ad præstandam domino nostro regi fidelitatem et subjectionem auctoritate vestra compellatis. Ut autem a domino rege nostro jura Romanæ Ecclesiæ, ut prædictum est, integra et illibata serventur, nos in bona fine spondemus, et pro domino rege nostro fidejubemus.

† Ego Adolfus Coloniensis archiepiscopus elegi et subscripsi.

† Ego Gerardus Indensis abbas elegi et subscripsi.

† Ego Heribertus Werdensis abbas elegi et subscripsi.

Ego Henricus dux Lotharingiæ, qui et Brabantiæ, marchio Romani imperii, elegi et subscripsi.

Ego Henricus comes de Kuke consensi et subscripsi.

† Ego Berhardus Padeburnensis episcopus elegi et subscripsi.

† Ego Thietmarus Mindensis episcopus elegi, et consecrationi cooperatus fui.

† Ego Widikindus Corbeiensis abbas elegi et subscripsi.

XI.
COLONIENSI ARCHIEPISCOPO.

Gratum gerimus et acceptum quod tu et alii multi principes Alemanniæ dilectos filios G. abbatem Indensem, B. Bunnensem præpositum, H. priorem de Werdt, H. Sancti Gereonis scholasticum, M. de Villa civem Mediolanensem, et H. capellanum quondam inclytæ recordationis Richardi regis Anglorum, G. canonicum Sanctæ Mariæ ad gradus in Colonia, et magistrum P. viros providos et fideles, ad sedem apostolicam destinatis, per eos et litteras vestras et electionis modum et coronationis processum charissimi in Christo filii nostri Ottonis, quem elegistis in regem, plenius intimantes, ac petentes ut, quod a vobis factum fuerat ratum habentes et firmum, auctoritate vellemus apostolica confirmare, ac ipsum Ottonem ad suscipiendam coronam imperii vocaremus. Nos autem nuntios ipsos propter honorem imperii et tam ipsius Ottonis quam tuam et aliorum principum, a quibus missi fuerant, devotionem, honestatem etiam et probitatem ipsorum, benigne recipimus, et sicut ipsi referre poterunt, curavimus benignius pertractare. Id autem per hæc apostolica scripta tam tibi quam ipsis duximus respondendum, quod ad honorem et profectum ipsius libenter et efficaciter, quantum cum Deo poterimus, intendemus, sperantes quod ipse, sicut catholicus princeps, in devotione quam progenitores ipsius circa Romanam Ecclesiam habuerunt non solum persistere sed proficere cum honoris augmento curabit.

Datum Laterani, xiii Kalendas Junii, pontificatus nostri anno secundo.

In eumdem modum comiti Flandriæ. In eumdem modum duci Lotharingiæ et Brabantiæ marchioni. In eumdem modum abbati Verdensi, Mindensi episcopo Padeburnensi episcopo, comiti palatino Rheni, comiti de Dasburg, ita quod unicuique seorsim. Scriptum est super hoc aliis quampluribus principibus Alemanniæ in eumdem fere modum.

Bremensi Archiepiscopo et suffraganeis ejus. Gratum gerimus et acceptum quod venerabilis frater noster Coloniensis archiepiscopus et alii multi principes Alemanniæ dilectos filios, etc., *in eumdem fere modum usque in finem.*

XII.
LITTERÆ PHILIPPI.

Reverendo in Christo Patri et domino INNOCENTIO sacro sanctæ Romanæ Ecclesiæ summo pontifici, PHILIPPUS, Dei gratia Romanorum rex et semper Augustus, salutem et filialem devotionem.

Paternitatis vestræ nuntios Sutrinensem episcopum et abbatem Sanctæ Anastasiæ, viros religiosos et discretos, quos ad nostram destinastis præsentiam, benigne recepimus, tum propter vestram et Romanæ Ecclesiæ reverentiam, tum etiam ob ipsorum honestatem, et ea quæ ex parte vestra ipsi nobis intimarunt ad plenum liquidoque collegimus intellectu. Quod autem præfatos viros tandiu nobiscum detinuimus, nec eos vestræ remisimus sanctitati, scire vos cupimus id alia de causa non accidisse nisi quod nostrorum hactenus præstolantes finem negotiorum, vobis eos post hæc remittere disposueramus, et per eos quid Ecclesiæ et imperii commodis conduceret et dilectioni discretioni vestræ insinuare. At nunc, quia, divina faciente clementia, per quam universos actus nostros cupimus feliciter prosperari, honor noster debitum sumpsit incrementum et quidquid contra nos adversitatis hactenus emerserat pene sopivimus et pro nostra credimus deducere voluntate, accepto concilio familiarium nostrorum et fidelium curiæ nostræ præmominatos viros ad vos usque remittimus : de quorum non immerito confidentes prudentia, verbum nostrum per eos vestræ edisserendum duximus sanctitati, rogantes attentius et hortantes vos ut verbis ipsorum fidem adhibeatis indubitatam, et ea quæ a nobis acceperunt vobis proponenda pie, sicut convenit, et affectuose audire procuretis.

XIII.
LITTERÆ PHILIPPI REGIS FRANCORUM.

Sanctissimo Patri et domino INNOCENTIO Dei, gratia sacrosanctæ et universalis Ecclesiæ summo pontifici, charissimo consanguineo nostro, PHILIPPUS eadem gratia Francorum rex, salutem et tam debitæ quam devotæ subjectionis obsequium.

Novit sancta paternitas vestra, novit et mundus quomodo nos et progenitores nostri Ecclesiæ Romanæ obedientiam, reverentiam, et in omnibus et per omnia exhibuimus famulatum, nec unquam cessavit devotio nostra, nec cessabit : quod non solum tempore serenitatis, sed et adversitatis, nos et regnum nostrum efficaciter comprobavit. Inde est quod nos de meritis regni nostri et prædecessorum nostrorum et nostris plenius confidentes, sanctitatem vestram quanta possumus affectione rogamus et attentius supplicamus quatenus, devotionem nostram et patrum nostrorum, regni etiam nostri sincerius intuentes, vice mutua nos et regnum nostrum et negotia honorem nostrum contingentia oculo benignitatis vestræ dignemini contemplari. Ad hæc, cum rex Angliæ per fas et nefas pecunia sua mediante nepotem suum ad imperialem apicem conetur intrudere, vos nullatenus intrusionem illam si placet, debetis admittere quod in opprobrium et detrimentum coronæ nostræ cognoscitur redundare ; nec nos credimus quod vos quidquam in præsenti statu in præjudicium nostrum debeatis sustinere, cum nos vel nostri nihil unquam contra Romanam Ecclesiam attentaverimus, nec unquam per Dei gratiam curabimus attentare. Porro, de Philippo rege Alemanniæ noverit sanctitas vestra quod si aliquando pater ejus vel frater Romanam Ecclesiam in aliquo offenderint, nos dolemus. De querelis autem quæ inter Ecclesiam et imperium diutius actitatæ sunt prædictus rex Alemanniæ Philippus consilio nostro, sicut asserit, paratus est acquiescere, et pro vestra gratia et Ecclesiæ obtinenda in terris, castellis, possessionibus, pecunia etiam competenti, de consilio nostro se perpetuo fœdere vobis et Ecclesiæ obligare. Quod si ipse in hoc consilio nostro non acquiesceret, ipse nos nullatenus amicum inveniret. Ad hæc, de mandato vestro et auctoritate usque ad quinquennium treugas dedimus et fiduciavimus, tanquam qui nolumus in iis vel in aliis voluntati apostolicæ contraire, et sicut lator præsentium et alii vobis poterunt intimare, mandatum vestrum firmiter fuimus prosecuti.

XIV.
LITTERÆ PRINCIPUM ALEMANNIÆ.

Reverendo in Christo Patri et domino INNOCENTIO, sanctæ Romanæ Ecclesiæ summo pontifici, Germaniarum principes et magnates, in Christo filii, Magdeburgensis archiepiscopus, Trevirensis archiepiscopus, Bisuntinæ sedis archiepiscopus, Ratisponensis episcopus, Frisingensis episcopus, Augustensis episcopus, Constantiensis episcopus, Eistedensis episcopus, Wormatiensis episcopus, Spirensis episcopus, Brixiensis electus, Hildesemensis episcopus imperialis aulæ cancellarius, abbas Fuldensis, abbas Hersveldensis, abbas de Tegerse, abbas Elwacensis, item rex Bohemiæ, dux Saxoniæ, dux Bawariæ, dux Austriæ, dux Meraniæ, dux Lotharingiæ, marchio Missenensis, marchio Brandeburgensis, marchio Moraviæ, marchio de Rumesperc, aliique totius Alemanniæ nobiles, debitum et paratum cum omni devotione et obsequio famulatum.

Apostolicæ beatitudinis eminentia, quæ piis supplicantium desideriis et affectibus gratam semper consuevit impertiri benevolentiam et assensum, firmam universitati nostræ certitudinem administrat quod in iis quæ a sanctitate vestra justissime postulamus benignitatem apostolicam debeamus et in exaudiendo persentire facilem et in exsequendo quod petimus fructuosam. Quocirca magnitudini vestræ duximus declarandum quod, mortuo inclyto domino nostro Henrico Romanorum imperatore Augusto, collecta multitudine principum, ubi nobilium et ministerialium imperii numerus aderat copiosus, illustrem dominum nostrum Philippum in imperatorem Romani solii rite et solemniter elegimus, quo nec ingenuitate sublimiorem nec honorum luce magis conspicuum neque ad sceptra et regimina sacri imperii gubernacula nec ad Ecclesiam Dei, sicut dignum est et expedit, defensandam potiorem potuimus invenire. Verum, quoniam propter paucos principes justitiæ resistentes ad negotia imperii utiliter pertractanda ad hæc usque tempora non convenimus, nunc deliberatione habita cum prædicto domino nostro rege Philippo apud Nurenberc solemnem curiam celebravimus, unanimiter, ita domino nostro, disponente Altissimo, contra turbatores suos adjutorium præstituri quod nullus in imperio et in terris quas serenissimus frater suus habuit ipsius audebit dominium recusare. Quocirca, dignitatis apostolicæ clementiam omni studio et attentione rogamus ut precum nostrarum interventu, qui Romanæ Ecclesiæ statum optimum semper dileximus, ad jura imperii manum cum injuria nullatenus extendatis, diligentius attendentes quod non sustinemus jus Ecclesiæ ab aliquo diminui aut infringi. Igitur favorem vestrum et benevolentiam excellentissimo domino nostro fructuosius impendatis, et ejus honores ac commoda ita, ubi potestis, erigere dignemini cum effectu ut justitiæ non dominetur iniquitas, sed subdatur semper falsitas veritati. Monemus insuper et precamur ut dilecto amico nostro devoto et fideli domini nostri regis Philippi Marcualdo marchioni Anchonensi, duci Ravennensi, procuratori regni Siciliæ, imperialis aulæ seneschalco (4), in negotiis domini nostri apostolicam præstetis benevolentiam et favorem, nec resistentibus ei præbeatis adjutoria, sicut de vestra confidimus sanctitate ; certissime scientes quod omnibus viribus quibus possumus Romam in brevi cum ipso domino nostro, Divinitate propitia, veniemus pro imperatoriæ coronationis dignitate ipsi sublimiter obtinenda. Hæc omnia vobis tam ex nostra, qui præsentes existimus, quam ex parte aliorum principum scripsimus, quorum nuntios et litteras habuimus; qui etiam domino nostro fidelitatem fecerunt et hominium, quorum nomina sunt hæc : Patriarcha Aquilegiensis, archiepiscopus Bremensis, Verdensis, Halverstadensis, Merseburgensis episcopi; Nuwenburgensis, Monasteriensis, Osnaburgensis, Babeburgensis episcopi; Pataviensis, Curiensis, Tridentinus episcopi ; Metensis, Tullensis, Verdunensis, Leodiensis episcopi; comes palatinus Burgundiæ, dux Caringiæ, dux Karinthiæ, dux de Bites, Marchio de Lanesperc, Marchio de Voheberc, comes palatinus de Tuing, comes palatinus de Witelinesbach et alii quamplures comites et nobiles, quorum hic nomina reticemus.

Datum Spiræ, v Kal. Junii.

XV.
PRINCIPIBUS ALEMANNIÆ.

Litteræ, quæ nobis fuerunt ex parte quorumdam vestrum per dilectum filium P. judicem Placentinum nuper oblatæ diligenter investigantibus in multis apparuere suspectæ; sicut idem judex, qui causas suspicionis a nobis audivit, viva voce vobis poterit explicare. Quatuor autem capitula memoratæ litteræ principaliter continebant, ad quæ per ordinem de consueta benignitate sedis apostolicæ duximus respondendum. In primo capitulo exprimebatur quomodo multi principes Alemanniæ nobilem virum Philippum ducem Sueviæ sibi præfecerunt per electionem in regem, cui postulabant a nobis favorem apostolicum impertiri. In secundo rogabant ut non extenderemus manus nostras ad jura imperii cum injuria, cum ipsi jura Ecclesiæ vellent illibata servari. In tertio intimabant quod Romam erant in brevi venturi pro corona imperii præfato Philippo solemniter obtinenda. In quarto monebant ut marchioni præstaremus benevolentiam et favorem, nec ei resistentibus auxilium præberemus. Nos autem, sicut per alias vobis litteras meminimus plenius intimasse, super discordia quæ inter vos peccatis exigentibus est suborta paterna compassione dolemus, cum ex ipsa, nisi Deus averterit, multa prævideamus pericula proventura. Audivimus tamen et merita electorum et studia eligentium, videlicet quis et qualis, a quibus et qualiter sit electus, ubi et a quo etiam coronatus; ut non penitus ignoremus si cui favor sit apostolicus impendendus. Fuerunt autem quidam homines pestilentes, et adhuc multi sunt tales, qui nunquam vellent videre concordiam inter Ecclesiam et imperium, ut liberius suas possent iniquas perficere voluntates, mentientes quod nos ad diminutionem et depressionem imperii nequiter laboremus, cum potius ad promotionem et conservationem ipsius efficaciter intendamus; quia, licet quidam imperatores Ecclesiam vehementer afflixerint, alii tamen eam multipliciter honorarunt; atque utinam ita nobis Ecclesiæ jura servata fuissent illæsa sicut nos imperii volumus illibata jura servari; quia sic jura nostra et recuperare volumus et servare ut aliena nec invadere nec impedire velimus. Cum autem imperialis corona sit a Romano pontifice concedenda, eo rite prius electo in principem et prius in regem legitime coronato, talem secundum antiquam et approbatam consuetudinem libenter ad coronam suscipiendam vocabimus, et iis de more perfectis quæ ad coronationem principis exiguntur, eam sibi, favente Domino, solemniter conferemus. Dignum vero responsione non credimus quod scriptum fuit super negotio mar-

---

(4) Vide lib. II, epist. 168, et Gesta Innoc. III, cap. 24.

chionis, cum, si plenius iis qui scripserant ejus iniquitas et perfidia patuissent, non pro ipso sed contra ipsum nos debuissent per suas litteras exorare, quia juramenta, quæ jam tertio nobis exhibuit, tanquam perfidus violavit, atque regnum Siciliæ, quod ad jus et proprietatem apostolicæ sedis non est dubium pertinere, contra fidelitatem et hominium quæ fecerat charissimo in Christo filio nostro Friderico illustri regi Siciliæ ratione terræ quam tenebat in regno, et nobis et ipsi moliebatur auferre, volens seipsum, sicut pro certo cognovimus, facere regem : qui cujus conditionis existat, vestra prudentia non ignorat (5). Propter quod et ab inclytæ recordationis Constantia imperatrice meruit publice diffidari, et a nobis propter hæc et alia facinora, quæ in gravem imperii commisit et committit injuriam, cum suis fautoribus excommunicationis laqueis irretiri; qui suis exigentibus culpis ita cum suis fautoribus per Dei gratiam est compressus ut quasi diffidens longe aliud cogitare cogatur. Monemus ergo vestram universitatem et exhortamur in Domino quatenus in devotione sacrosanctæ Romanæ Ecclesiæ matris tanquam speciales filii persistentes, de ipsa quid rectum et honestum est sentiatis, avertentes aures ab iis qui fallaciis et mendaciis innocentiam et justitiam subvertere moliuntur : quia per merita beatissimi Petri, cui, licet indigni, successimus in apostolatus officio, præcedente Christi gratia et sequente illa, curabimus diligenter efficere quæ ad divini nominis gloriam, apostolicæ sedis honorem, imperialis excellentiæ magnitudinem, salutem animarum et corporum redundabunt.

XVI.

COLONIENSI ARCHIEPISCOPO.

Mirabile gerimus et indignum quod, cum de statu regni Teutonici referantur tam varia et diversa ut adversa et contraria videantur, tu nec per litteras nec per nuntios curasti nobis exprimere veritatem. Quamvis autem inter innumeras sollicitudines nostras de temporalibus etiam nos oporteat cogitare, quia tamen spiritualia, tanquam digniora, volumus, ut debeamus, omnibus anteferre, nemo inaniter existimet quod prælatorum tam ecclesiasticorum quam sæcularium manifestos excessus, et præsertim perjuria quæ recenter a quibusdam vel infra annum commissa vel de cætero committenda nulla tergiversatione poterunt excusari, clausis velimus oculis præterire, quæ cordi nobis est, cum per Dei gratiam tempus acceperimus justitiam judicandi, animadversione debita castigare. Ut autem interim a te negligentiam excutias et torporem, fraternitati tuæ per apostolica scripta mandamus quatenus status principum, rerum eventus, et negotiorum processus et per litteras et per nuntios intimare procures.

Datum Laterani..... Novembris.

In eumdem modum nobili viro duci Lovaniæ.

(5) Vide gesta Innoc. III, § 23.

XVII.

LITTERÆ PHILIPPI DUCIS SUEVIÆ.

Reverendo in Christo Patri domino INNOCENTIO, sacrosanctæ Romanæ Ecclesiæ summo pontifici, PHILIPPUS, Dei gratia Romanorum rex et semper Augustus, salutem et filialem dilectionem.

Pro negotiis imperii cum sanctitate vestra pertractandis familiares et dilectos capellanos nostros Fridericum præpositum Sancti Thomæ apud Argentinam et Joannem sanctæ Romanæ Ecclesiæ subdiaconum latores præsentium transmittimus ad apostolicam præsentiam, cum plena fiducia universa negotia quæ cum paternitate vestra decrevimus pertractanda ipsorum providentiæ commendantes, et verba nostra in ore ipsorum ponentes. Rogamus igitur et monemus benignitatem apostolicam quatenus ea quæ præfati capellani nostri ex parte nostra vobis intimaverint, attenta aure intelligatis, et verbis ipsorum tanquam a proprio ore nostro prolatis fidem indubitatam adhibeatis.

XVIII.

RESPONSIO DOMINI PAPÆ FACTA NUNTIIS PHILIPPI IN CONSISTORIO.

In Genesi legimus quod Melchisedech fuit rex et sacerdos, sed rex Salem, et sacerdos altissimi, civitatis videlicet rex, et Deitatis sacerdos. Sane, si distat inter civitatem et Deitatem, distat utique inter regnum et sacerdotium. Nam, etsi Melchisedech in figura Christi præcesserit, qui habet in vestimento et in femore suo scriptum Rex regum et Dominus dominantium, sacerdos in æternum secundum ordinem Melchisedech, ad notandam concordiam quæ inter regnum et sacerdotium debet existere, propter quod et ipse Christus secundum naturam carnis assumptæ de stirpe regali pariter et sacerdotali descendit, ad notandum tamen præeminentiam quam sacerdotium habet ad regnum, cum Abraham rediret a cæde regum, dedit Melchisedech ex omnibus decimas, qui benedixit ei proferens panem et vinum. Erat enim sacerdos Altissimi. Dignior autem est qui decimas recipit quam qui decimas tribuit, et minor qui benedicitur quam ille qui benedicit, juxta quod probat Apostolus, qui de hoc ipso loquitur dicens : *Sine ulla contradictione minus a meliore benedicitur* (Hebr. VII). Qui volens ostendere sacerdotium evangelicum dignius esse Levitico, probat illud per hoc quod Levi fuit in lumbis Abrahæ decimatus, quando Abraham dedit decimas Melchisedech quasi minor majori. Licet autem tam reges quam sacerdotes ungantur ex lege divina, reges tamen unguntur a sacerdotibus, non sacerdotes a regibus. Minor est autem qui ungitur quam qui ungit, et dignior est ungens quam unctus. Propter quod et ipse Christus, cui dictum est per Prophetam : *Unxit te Deus Deus tuus oleo lætitiæ præ consortibus tuis* (Psal. XLIV), Patrem ungentem asserit se uncto majorem. *Pater,* inquit, *major me* est (*Joan.* xiv). Nam Pater est ungens secundum quod Deus, Filius autem est unctus in quantum est homo : *Qui, cum in forma Dei esset, non rapinam arbitratus est esse se æqualem Deo, sed semetipsum exinanivit formam servi accipiens, in similitudinem hominum factus, et habitu inventus ut homo* (*Philip.* ii). Hinc est quod Dominus sacerdotes vocavit deos, reges autem principes appellavit. *Diis,* inquit, *non detrahes, et principi populi tui non maledices* (*Exod.* xxii). Et de servo, qui maluerit remanere cum domino dicit ut offerat cum diis, hoc est, sacerdotibus, et perforabit aurem ejus subula, et erit ei servus in sæculum. Sed et propter dignitatem officii sacerdos angelus appellatur, dicente Domino per Prophetam : *Labia sacerdotis custodiunt scientiam et legem requirunt ex ore ejus. Angelus enim Domini exercituum est* (*Malach.* ii). Dictum est etiam, non a quolibet, sed a Deo, nec cuilibet, sed prophetæ, non utique de semine regio, sed de sacerdotibus qui erant in Anathot : *Constitui te super gentes et regna, ut evellas et destruas, ædifices et plantes* (*Jer.* i). Simile dicitur Petro, sed excellentius : *Tu es,* inquit, *Petrus, et super hanc petram ædificabo Ecclesiam meam ; et quodcunque ligaveris super terram, erit ligatum et in cœlis ; et quodcunque solveris super terram, erit solutum et in cœlis* (*Matth.* xvi). Illi dictum est : *Constitui te super gentes et regna.* Isti dictum est : *Tu es Petrus, et super hanc petram ædificabo Ecclesiam meam.* Illi dictum est : *Evellas et destruas, ædifices et plantes.* Isti dicitur : *Quodcunque ligaveris super terram, erit ligatum et in cœlis ; et quodcunque solveris super terram, erit solutum et in cœlis.* Illi dictum est : *Ne timeas a facie eorum , quia tecum ego sum ut eruam te* (*Jer.* i). Isti dicitur : *Portæ inferi non prævalebunt adversus eam* (*Matth.* xvi). Principibus datur potestas in terris, sacerdotibus autem potestas tribuitur et in cœlis. Illis solummodo super corpora, istis etiam super animas. Unde quanto dignior est anima corpore, tanto dignius est etiam sacerdotium quam sit regnum. Petro legitur vas ostensum quatuor initiis submissum de cœlo, in quo continebantur omnia animantia volatilia, quadrupedia et reptilia, munda pariter et immunda ; et dictum est ei : *Macta et manduca* (*Act.* x). Macta vitia, et manduca virtutes ; macta errorem, et manduca fidem ; quasi evellas et destruas, ædifices et plantes. Quia singuli proceres singulas habent provincias, et singuli reges singula regna ; sed Petrus, sicut plenitudine, sic et latitudine præeminet universis, quia vicarius est illius cujus est terra et plenitudo ejus, orbis terrarum et universi qui habitant in eo. Porro, sicut sacerdotium dignitate præcellit, sic et antiquitate præcedit. Utrumque tam regnum quam sacerdotium institutum fuit in populo Dei ; sed sacerdotium per ordinationem divinam, regnum autem per extorsionem humanam. De sacerdotio namque præcepit Dominus Moysi : *Applica,* inquit, *ad me Aaron fratrem tuum et filios*

ejus de medio filiorum Israel, ut sacerdotio mihi fungantur (*Exod.* xxviii). De regno vero dixit Dominus Samueli : *Audi vocem populi petentis regem. Non enim te abjecerunt, sed me, ne regnem super eos* (1 *Reg.* viii). Verum inter Moysem et Samuelem, inter Aaron primum sacerdotem et Saulem primum regem fuerunt tempora Judicum, in quibus multi anni fluxerunt.

Ne quis autem objiciat quod, etsi sacerdotium præcesserit regnum in populo Judæorum, regnum tamen præcessit sacerdotium in populo gentium. (Nam Belus cœpit primo regnare super Assyrios post turrem Babel et divisionem linguarum tempore Sarug proavi Abrahæ, cui Ninus filius ejus successit in regnum, qui civitatem magnam construxit quam a suo nomine Ninivem appellavit. Sed et de Nemroth dicit Scriptura quod principium regni ejus exstitit Babylon.) Respondemus profecto secundum fidem historiæ quod et hos præcessit Noe, qui fuit rector arcæ, quasi sacerdos Ecclesiæ. Sed, ne figuram pro veritate mendicare videamur, proponamus in medium quod Moyses de illo testatur : *Ædificavit,* inquit, *Noe altare Domino, et obtulit holocaustum super altare* (*Gen.* viii). Sem quoque primogenitus ejus dicitur fuisse sacerdos : quem Judæi tradunt fuisse Melchisedech, et vixisse usque ad tempora Abrahæ. De Cain quoque natus est Enoch, qui primus civitatem ædificavit. Sed de Seth natus est Enos, qui cœpit nomen Domini invocare. Sed utrumque præcessit Abel, qui obtulit de primogenitis gregis sui et de adipibus eorum munera Domino ; et respexit Dominus ad Abel et ad munera ejus. Verum in regno et sacerdotio non solum causam institutionis sed et ordinem processus notare debemus. Contra utrumque siquidem in principio motum est scandalum et suscitatum est schisma. Contra sacerdotium Aaron schisma moverunt Core, Dathan et Abiron cum complicibus suis ; sed statim eos ultio divina damnavit ; quia quosdam ignis consumpsit, alios terra vivos absorbuit. Contra regnum autem Saulis schisma movit David, non tamen temeritate propria, sed auctoritate divina : qui licet diu fuerit, Saulis persecutionem perpessus, demum tamen prævaluit, quia manus Domini erat cum illo. Quid est hoc quod schisma contra sacerdotium non prævaluit, sed succubuit, schisma vero motum contra regnum non succubuit, sed prævaluit? Magnæ rei magnum est sacramentum, et forsitan instantis temporis est parabola. Sed, ne aliud intendere videamur, dicamus quod ideo schisma contra sacerdotium non prævaluit quia sacerdotium institutum fuit per ordinationem divinam ; schisma vero prævaluit contra regnum, quia regnum fuit extortum ad petitionem humanam. Sacra vero Scriptura docente didicimus quia non est sapientia, non est scientia, non est consilium contra Deum. Cæterum, tempore procedente divisum est simul regnum et sacerdotium. Nam post obitum Salomonis divisum est regnum, et duæ tribus solummodo Roboam adhæserunt; cæteræ vero tribus secutæ sunt Jeroboam. Sed qui pauciores obtinuit, ipse habuit Jerusalem sedem regiam, templum et sacerdotium. Reliquus autem, quoniam iis omnibus caruit, etsi plures haberet, sicut regnum divisit, voluit etiam dividere sacerdotium, et fecit duos vitulos aureos, quorum unum posuit in Dan, alterum in Bethel, fanumque construxit, et ædificavit altare, constituens sacerdotes non de Levitis; sed venit propheta in sermone Domini, et Jeroboam stante super altare et thus jaciente, inter cætera dixit: *Hoc erit signum quod locutus est Dominus. Ecce altare scindetur, et effundetur cinis qui est in ipso* (*III Reg.* XIII). Quod cum rex audisset, extendit manum, et ait: *Apprehendite eum* (*ibid.*); et exaruit manus ejus quam extenderat contra ipsum, altare quoque scissum est, et effusus est cinis. Ecce statim a Deo vindicatum est schisma contra sacerdotium suscitatum. Divisio vero regni permansit inter Judam et Israel usque ad transmigrationem et captivitatem Judaicam. Porro, quod accidit in Veteri Testamento, contingit in Novo. Et ne longe petantur exempla, divisum est simul regnum et sacerdotium tempore Innocentii papæ et regis Lotharii. Contra Innocentium intrusus est Anacletus, contra Lotharium vero Conradus. Sed prævaluit uterque Catholicus, Innocentius videlicet et Lotharius, quoniam Innocentius coronavit Lotharium; et succubuit uterque schismaticus, Anacletus videlicet et Conradus, quia veritas præjudicat falsitati. Deinde schisma dividit Ecclesiam tempore Alexandri, et imperium in unitate permansit tempore Frederici. Sed idem imperator, non ut defensor, sed persecutor Ecclesiæ, schisma fovit et favit schismaticis. Porro schisma periit cum schismaticis, et fomentum cum fautoribus est confusum. Nunc autem Ecclesia per Dei gratiam in unitate consistit, et imperium peccatis exigentibus est divisum. Verum Ecclesia non sic illi retribuit quemadmodum illud Ecclesiæ; quia super ejus divisione condolet et compatitur, pro eo maxime quod principes ejus maculam posuerunt in gloria et infamiam in honore, libertatem et dignitatem ipsius pariter confundentes. Verum ad apostolicam sedem jampridem fuerat recurrendum, ad quam negotium istud principaliter et finaliter dignoscitur pertinere; principaliter, quia ipsa transtulit imperium ab oriente in occidentem; finaliter, quia ipsa concedit coronam imperii. Verum verbum tuum audivimus. Videbimus litteras domini tui, deliberabimus cum fratribus nostris, et dabimus tibi responsum. Inspiret autem nobis omnipotens Deus honestum consilium, et revelet nobis beneplacitum suum; quatenus in hoc negotio ad honorem ipsius, ad utilitatem Ecclesiæ, et salutem imperii procedamus.

XIX.
LITTERÆ OTTONIS REGIS.

Sanctissimo et reverendissimo Patri INNOCENTIO, sacrosanctæ Romanæ sedis summo pontifici, OTTO, Dei gratia Romanorum rex et semper Augustus, cum omni fidelitate et humilitate, subjectionem, filialem dilectionem et reverentiam.

Significamus paternitati vestræ quod nos per Dei gratiam et vestram in bono et prospero sumus statu, et nunquam in meliori quam modo sumus. Unde vestræ multum regratiamur sanctitati quod nuntios nostros cum magno gaudio nobis remisistis. Rogamus itaque dominationem vestram ut negotium nostrum, quod per Dei adjutorium et vestrum bene est inchoatum, feliciter consummare dignemini. Testis enim nobis sit Deus quod post mortem avunculi nostri regis Richardi unicum nobis estis solatium et adjutorium; quia scimus veraciter, dum tantum vos habeamus propitium, negotium nostrum promovebitur, et ad finem bonum, felicem et optatum, auxiliante Domino, perducetur. Unde vos sicut Patrem charissimum et dominum omnibus modis honorare proponimus, et omnia jura vestra, sicut audivistis in litteris nostris, conservare. Negotium enim nostrum vestrum reputetis; quia vobis adjutorio nunquam deesse volumus, et omnia negotia nostra, quæ vestra sunt, secundum consilium vestrum terminabimus. Quod sanctitati vestræ litteras nostras raro transmittimus, inde est quod terra Suevi est inter nos et vos, et si sæpe mitteremus, a Suevis possent auferri: quod tamen in brevi mutabimus. Sed hoc intimo corde rogamus ut sicut per nuntios vestros nobis mandastis, negotium nostrum, quod est vestrum, ad effectum perducatis.

XX.
LITTERÆ OTTONIS REGIS.

Reverendissimo in Christo Patri ac domino INNOCENTIO Dei gratia summo pontifici, OTTO, Dei gratia Romanorum rex et semper Augustus, ex toto sibi devotus, debita cum reverentia salutem, et quidquid patri filius.

Quantam affectionem erga Romanum imperium vestra gerat clementia, quantumque ipsius exaltationi intendatis, ex vestrarum litterarum inspectione, quas principibus Alemanniæ tam laicis quam clericis destinatis, manifeste potest perpendi. Quanto etiam desiderio, quantoque mentis affectu vestra nos amplectatur paternitas ex plurium litterarum tenore, quas multis principibus Teutoniæ pro nobis destinastis, in quibus continebatur quod ad honorem et profectum nostrum libenter et efficaciter, quantum cum Deo possetis, intenderetis, sperantes quod nos in devotione quam progenitores nostri circa Romanam Ecclesiam habuerunt non solum persistere, sed etiam proficere cum honoris augmento curaremus, et ex B. præpositi Bunnensis ac M. de Villa civis Mediolanensis dilectorum nostrorum relatione ipsisque rerum experimentis manifeste cognovimus et intelleximus: qui quam benigne ipsos aliosque nuntios receperitis, qui cum eis a nobis ad vos transmissi fuerunt, quamque benignius eos tractare curaveritis, sigillatim ac diligenter nobis intimarunt. Eapropter nos ex devotis devotissimi, paternitatis vestræ beneficia sentientes, utilitatemque exinde nobis provenientem dilucide cognoscentes, sanctitati vestræ grates referimus uberrimas, excellentiæ vestræ omni omnino exsultante mendacio notificantes quod inter principes inferiores et superiores qui sunt circa Rhenum tam ex parte nostra quam ex parte ducis Sueviæ, mediante Maguntinensi archiepiscopo, qui ad hoc plurimam adhibuit operam, quo tamen nondum plene novimus affectu usque ad festum beati Martini treugæ sunt firmatæ.

Inter principes tamen Saxoniæ tam nobis quam duci Sueviæ adhærentes (quam cum festinatione intrare disposuimus ut regi Dacorum dilecto sororio nostro occurramus, qui in auxilium nostrum ad debellandos inimicos nostros eamdem terram procul dubio intraturus est) nullæ treugæ sunt factæ. Ad hoc etiam Maguntinensem archiepiscopum elaborasse nostrosque consensisse juxta admonitionem vestram, ut colloquium esse debeat inter Andernacum et Confluentiam in proxima sexta feria post festum beati Jacobi apostoli, vestram nolumus latere pietatem : in quo debent convenire, secundum quod inter eos conditum est, ex parte nostra Coloniensis archiepiscopus, Monasteriensis episcopus, Leodiensis electus, Trajectensis episcopus, Paderburnensis episcopus, abbas Corbeiensis, dux Brabantiæ et comes Flandriæ, ex parte vero ducis Sueviæ, Salzburgensis archiepiscopus, episcopus Frisingensis, episcopus Basiliensis, Argentinensis episcopus, Treverensis archiepiscopus, dux Meraniæ, marchio (6), Corradus de Landisberc, B. dux Ceringiæ, et ipse Maguntinus tanquam mediator, qui huic rei hactenus sollicitudinem quam potuit impendit. Qui principes finaliter de facto imperii in eo colloquio tractare debent et præsentibus dissidiis omnino finem imponere ; et quod a majori parte ipsorum de corona Romani imperii statutum fuerit, hoc ab ipsis cæterisque Alemanniæ principibus inviolabiliter volunt observari. Inde est quod licet de prædictorum principum nostrorum fide ac devotione nullatenus dubitemus, ac de voluntate eorum qui ex parte ducis Sueviæ in eo debent interesse colloquio pro majori parte bene confidamus, tamen, quia paternitatis vestræ protectionem ac Romanæ Ecclesiæ auxilium et auctoritatem in omnibus nostris desideramus negotiis, cogitantes utilius esse pietatem vestram in tempus occurrere quam post causam vulneratam remedium quærere, cognoscentes etiam concessum fore medentibus ægrotantibus subvenire, non tamen eos a mortuis suscitare, a sanctitate vestra petimus et devotissime supplicamus quatenus dum se temporis offeret opportunitas, supradictis omnibus principibus tam ecclesiasticis quam sæcularibus aliisque, si quos prædicto colloquio interesse contigerit, auctoritate apostolica magnificentiæ vestræ a Deo collata sub pœna et interminatione qua potestis præcipere dignemini ut ipsi negotium nostrum promovere nobisque adhærere nullatenus postponant et coronam Alemanniæ, quam nos juste adeptam indubitanter existimamus ab eo qui debuit et in loco quo debuit nobis impositam, defendere et manutenere totis viribus adjuvent ac nitantur; ne prædicta admonitio, quam ad imperii concordiam nostræque utilitatem a mansuetudine vestra factam intelligimus, ad noxam tendat nostramque incommoditatem non modicam. Nos enim paratos in totum et ex toto ea omnia adimplere quæ a nuntiis nostris cum sanctitate vestra sunt condicta et conscripta et eorum sigillis sigillata præsentibus scriptis paternitati vestræ significamus et in perpetuum nos observaturos promittimus. Clementiæ insuper vestræ notificandum duximus quod ex quo coronam regni adepti sumus, nunquam adeo fortes fuimus sicut impræsentiarum existimus, nec principes nostrique barones nobis unquam fidelius astiterunt quam nunc in præsenti assistunt. Præterea, paternitati vestræ notificamus nos præsentium latoribus dedisse licentiam jurandi in nostram animam quod ea vera esse credimus quæ de colloquio quod fieri debet proxima sexta feria post festum beati Jacobi apostoli inter Andernacum et Confluentiam superius scripsimus (7).

Ad hæc, sanctitati vestræ preces porrigimus affectuosas quatenus in negotio Conradi quondam Hildesemensis episcopi et Wirzeburgensis electi taliter vos habeatis ut ejus exemplo similia committere cæteri terreantur, et ipsius pœna in Alemannia et per imperii universos fines multorum sit metus, et ut in eo vigor Romanæ Ecclesiæ ejusque auctoritas nullatenus enervetur vel depereat. Qualiter enim conversatus fuerit in partibus ultramarinis, Apuliæ, Tusciæ cæterisque partibus imperii, ad quas ipse unquam divertit, quamque flagitiosa persona in omnibus quæ unquam egit exstiterit, quamque reprehensibilis conversationis semper fuerit, adeo etiam quod in ore ipsius nunquam veritas vel fides deprehendi potuerit, cumque noster perjurus sit, et a nobis de infidelitate in veritate argui possit, cum hoc omnibus sit notum, vestram non putamus latere sanctitatem. Nuntiis vero nostris dedisse nos in mandatis vestræ innotescere volumus mansuetudini, quod qualitercumque vos in prædictis habueritis, de quo tamen nihil nisi paternum, nisi bonum, nisi bonis utile unquam suspicati fuimus vel in præsenti suspicamur, ut octo diebus ante diem supradicto colloquio præfixam conspectui nostro se repræsentare nulla unquam occasione postponant. Quidquid autem præsentium latores, præpositus scilicet de Mersen. et H. de Aquileia vel alter eorum ex parte nostra sanctitati vestræ retulerint, tanquam ab ore nostro processerit, pro constanti et firmo habere dignemini.

(6) Id est, marchaldus.

(7) Vide lib. II, epist. 201, 204.

XXI.

UNIVERSIS TAM ECCLESIASTICIS QUAM SÆCULARIBUS
PRINCIPIBUS ALEMANNIÆ.

Cum de discordia quæ diebus nostris peccatis exigentibus super imperio est suborta vehementius doleamus, quia non, ut aliqui mentiendo confingunt, ad depressionem ejus intendimus, sed ad exaltationem potius aspiramus, cogitavimus sæpius intra nos ipsos, deliberavimus quoque frequenter cum fratribus nostris, et cum aliis viris prudentibus et discretis non semel tantum tractavimus qualiter ad sopiendam dissensionem hujusmodi possemus impendere operam efficacem. Fuerunt autem quamplures qui nobis suggererent ut cum duo fuissent per discordiam in reges electi, de studiis diligentium et meritis electorum inquireremus sollicite veritatem, quatenus intelligeremus plenius cui esset favor apostolicus impendendus. Dicebatur enim de altero quod receptus esset a pluribus et insignia imperialia obtineret. Sed opponebatur protinus contra eum quod nec ab eo qui potuit, nec ubi debuit, fuerit coronatus, cum Tarantasiensis archiepiscopus, tanquam extraneus, et ad quem id minime pertinet, evocatus, ei regni præsumpserit imponere diadema. Præterea objiciebatur eidem quod contra proprium juramentum, super quo nec consilium a sede apostolica requisierat, regnum sibi præsumpserat usurpare, cum super illo juramento sedes apostolica prius consuli debuisset, sicut et eam quidam consuluere prudenter, apud quam ex institutione divina plenitudo residet potestatis (8). Addebatur etiam contra ipsum quod cum bonæ memoriæ Cœlestinus papa prædecessor noster ipsum pro temeritate sua excommunicationis sententia publice innodasset, et nuntii nostri, quos pro liberatione venerabilis fratris nostri Salernitani archiepiscopi quondam in Teutoniam miseramus, datam sibi formam a nobis in absolutione ipsius, qui jam in regem se fecerat nominari, minime servavissent, contra quam nihil agere poterant, idem profecto et excommunicatus electus fuerat in regem et adhuc excommunicationis sententia tenebatur astrictus. Unde, juxta sanctorum Patrum canonicas sanctiones ei qui talis existit non obstante juramento fidelitatis est obsequium subtrahendum. Hoc quoque contra eumdem non modicum facere proponebant quod contra libertatem imperii regnum sibi jure nitebatur hæreditario usurpare. Unde si, prout olim frater patri successerat, sic nunc succederet frater fratri, libertas principum deperiret, cum non per eorum electionem, sed per successionem potius, regnum videretur adeptus; ut cætera benignis taceamus quæ contra genus ipsius super oppressione tam Ecclesiarum quam principum opponuntur, ne ipsum persequi videamur. Cæterum proponebatur pro altero quod ab eo qui potuit et ubi debuit fuerat coronatus, cum a venerabili fratre nostro Coloniensi archiepiscopo, ad quem id pertinet, apud Aquisgranum in solio augustali fuerit inunctus et coronatus in regem. Sed opponebatur eidem quod pauciores eum principes sequerentur.

Licet autem nobis fuissent talia sæpe suggesta, et ut sic procederemus consultum a viris prudentibus et discretis, volentes tamen honori vestro deferre, universitatem vestram paterno commonuimus dilectionis affectu et per apostolica vobis scripta mandavimus ut Dei timorem habentes præ oculis, et honorem zelantes imperii, ne annularetur dignitas ejus et libertas etiam deperiret, melius intenderetis ad provisionem ipsius, ne, dum foveretis discordiam, per vos destrueretur imperialis sublimitas, quæ per vestrum erat studium conservanda ; alioquin, quia mora periculum ad se grave habebat, nos quod expedire sciremus sollicite procurantes, ei curaremus favorem apostolicum impertiri quem crederemus majoribus studiis et meritis adjuvari. Gaudemus autem quod licet monita nostra distuleritis hactenus exaudire, nunc tamen redeuntes ad cor et quid potius expediat attendentes, juxta commonitionem nostram proposuistis, ut accepimus, de imperii pace tractare. Monemus igitur universitatem vestram et exhortamur in Domino, et per apostolica scripta mandamus, in remissionem vobis peccaminum injungentes quatenus iis quæ præmisimus diligenti meditatione pensatis, ad eum vestræ dirigatis considerationis intuitum qui merito strenuitatis et probitatis ad regendum imperium est idoneus ; quod quasi præcipuum in hoc negotio procurare debetis, cum præsertim hoc tempore, non solum imperium probum et strenuum exigat habere rectorem, sed et Ecclesia nec possit nec velit diutius justo et provido defensore carere, quem nos possimus et debeamus merito coronare; ab eo penitus animum removentes cui propter impedimenta patentia favorem non debeamus apostolicum impertiri, alioquin, unde crederetis discordiam vos sopire, inde contingeret vos majus scandalum suscitare; quoniam præter id quod si fieret forte contrarium, urbi et pene penitus toti displiceret Italiæ, Ecclesia quoque id ferret graviter et moleste, nec se dubitaret pro justitia et veritate potenter opponere, quæ Deo desiderat potius quam hominibus complacere. Essetis etiam perditionis occasio terræ sanctæ, ad cujus recuperationem totis viribus aspiramus.

Hæc autem vobis prædicimus, non ut libertatis, dignitatis, et potestatis vestræ privilegio derogare velimus, sed ut dissensionis et scandali materiam amputemus, cum is sit a vobis assumendus in regem quem nos in imperatorem possimus et debeamus merito coronare, ne, si secus accideret, fieret error novissimus pejor priore. Si vero salubribus monitis nostris, quæ de corde puro et conscientia bona et fide non ficta procedant, prudenter ac reverenter curaveritis acquiescere nos cum eo pariter et pro

---

(8) Vide Gesta Innoc. III, c. 22, et infra epist. 62.

eo qui rite sic fuerit promotus in principem ad honorem exaltationem imperii efficaciter intendemus, cum et ipse nobiscum pariter et pro nobis ab honorem et exaltationem Ecclesiæ intendere debeat, ut speramus; ita quod eo faciente qui est Rex regum et Dominus dominantium, sacerdos in æternum secundum ordinem Melchisedech, regnum et sacerdotium diebus nostris mutuis subsidiis optatum recipient incrementum. Super juramentis etiam illud auctoritate apostolica statuemus quod ad purgandam et famam et conscientiam redundabit. Unde non permittatis vos aliquo modo seduci sub specie pietatis ab iis qui non communem sed specialem utilitatem inquirunt; quoniam ad hoc principaliter debet principis electio procurari, non ut provideatur certæ personæ, sed ut reipublicæ consulatur : quod utique fieri non potest, nisi persona principis provida sit et justa, strenua et honesta. Ut autem de nostro beneplacito et consilio reddamini certiores, dilectum filium Ægidium acolythum nostrum virum providum et discretum, nobis et fratribus nostris merito suæ probitatis acceptum, de cujus plene fidelitate confidimus, ad vos duximus destinandum, cui in iis quæ vobis ex parte nostra proponet indubitata fide credatis. Quia vero per falsarios multa solent sæpius obtineri, si forsan, quod non credimus, aliquæ litteræ contra tenorem præsentium ante datam istarum quasi a nobis apparuerint impetratæ, ipsas noveritis esse falsas.

Datum Laterani.

XXII.
MAGUNTINO ARCHIEPISCOPO, EPISCOPO SABINENSI.

Sicut frequenter tibi proposuimus viva voce, non est qui post Romanum pontificem vel in Ecclesia Romana vel in imperio Romano tantum locum obtineat quantum obtines in utroque. Unde te oportet sollicite vigilare ut juxta quod de tua fraternitate confidimus, et honorem imperii cum Ecclesiæ exaltatione procures, et augmentum Ecclesiæ cum imperii promoveas incremento ; quatenus per tuæ sollicitudinis studium inter Ecclesiam et imperium pax perpetua conservetur. Miramur autem non modicum quod cum publice nobis coram fratribus promiseris viva voce quod nihil prius finaliter de imperii ordinatione tractares quam per litteras et nuntios tuos nostræ consuleres beneplacitum voluntatis, nuper, in colloquio quod fuit inter Andernacum et Confluentiam, te procurante, sicut pro certo didicimus, celebratum, aliquid diceris quasi finaliter tractavisse, cum facta compromissione in quosdam principes tam ecclesiasticos quam etiam sæculares, quod illi decreverint in colloquio quod in proximo est condictum ab universis debeat observari. Quia vero nec litteras nec nuntios super hoc, licet expectassemus non modicum, a tua fraternitate recepimus, ne videremur merito negligentes si propositum nostrum antequam prædictum colloquium celebretur non exprimeremus

A principibus, dilectum filium Ægidium acolythum nostrum, virum providum et discretum, nobis et fratribus nostris merito suæ probitatis acceptum, ad te principaliter et ad alios principes destinamus, per ipsum et litteras quas dirigimus principibus universis intentionis nostræ beneplacitum et salubre consilium, sicut ex eis colligere poteris, apertius innuentes. Rogamus igitur fraternitatem tuam, monentes attentius et exhortantes in Domino, et per apostolica tibi scripta mandamus quatenus cum plene intentionem nostram, cum adhuc præsens apud nos existeres, intellexeris, taliter annuas votis nostris, taliter in hoc negotio te habere procures ut contra communem utilitatem tam Ecclesiæ quam imperii nihil penitus attentetur. Ad hæc, prædictum acolythum nostrum benigne recipias, et ea quæ tibi ex parte nostra duxerit proponenda et sine dubitatione credas et studeas efficaciter adimplere, ut zelus quem in juventute tua circa honorem Ecclesiæ prædecessorum nostrorum temporibus habuisti, diebus etiam nostris in tua senectute prosiliat in effectum; et qui pro illa hactenus legitime certavisti, cursum studeas tui certaminis laudabiliter consummare ; ut secure cum Apostolo clames : *Bonum certamen certavi, cursum consummavi, fidem servavi ; ideoque reposita est mihi corona justitiæ, quam reddet mihi Dominus in illa die justus judex* (II Tim. IV).

Datum Laterani.

XXIII.
NOBILI VIRO DUCI BRABANTIÆ ET UXORI EJUS.

(9) Ad vestram noveritis audientiam pervenisse quod quidam genealogiam vestram a longe calculantes, dilectam in Christo filiam nostram nobilem mulierem [Mariam] filiam vestram charissimo in Christo filio nostro Ottoni filio quondam illustris memoriæ [Henrici] ducis Saxoniæ sponso suo electo et coronato in regem affinitatis linea ultra quartum gradum, quod vos non recognoscitis, mussitant pertinere, licet matrimonium ipsum nullus accuset. Ut autem conscientia vestra non tam purgetur quam consolidetur, fuit postulatum a nobis ut super hoc dignaremur misericorditer dispensare. Si ergo res ita se habet, secure, propter multam et magnam utilitatem quæ de ipso matrimonio proventura speratur, ad consummationem ipsius cum divini nominis reverentia procedatis.

Datum Laterani.

XXIV.
PRINCIPIBUS ALAMANNIÆ.

Ut ii qui super provisione imperii, quam fore laudabilem in omnibus affectamus, nostris monitis salubribus acquiescent, apostolicæ sedis patrocinio specialius foveantur, præsentibus litteris duximus intimandum quod omnes qui cum eo, qui assumptus in principem, nostram obtinuerit gratiam et favorem, compositionem inierint, super possessionibus,

(9) Vide infra epist. 63.

dignitatibus et honoribus, dante Domino, manutenere curabimus et fovere, facientes eam auctoritate apostolica inviolabiliter observari, cæteris nihilominus secundum officii nostri debitum apostolicæ sedis gratiam impensuri.

Datum Laterani.

XXV.
EPISCOPO OSTIENSI APOSTOLICÆ SEDIS LEGATO.

Ut charissimos in Christo filios nostros Philippum Francorum et Joannem Anglorum reges illustres ad apostolicæ sedis obsequium plenius inducere valeas et in ejus devotione firmius solidare, præsentium tibi auctoritate concedimus, per apostolica scripta mandantes quatenus si qua forsan inter se vel cum aliis obligatione tenentur illicita, eam secure dissolvas, cum secundum prophetam dissolvere debeamus colligationes impietatis et fasciculos deprimentes. Illam enim colligationem censemus illicitam quæ regiæ devotionis obsequium erga sedem apostolicam impediret, præsertim in illo negotio quod super imperii Romani ordinatione versatur. Nulli ergo, etc, nostræ concessionis, etc. Si quis autem, etc.

Datum.

XXVI.
TREVIRENSI ARCHIEPISCOPO.

Gravem contra te nobis venerabilis frater noster Coloniensis archiepiscopus querimoniam destinavit, quod cum ei juramento præstito promisisses te recepturum et habiturum pro rege quem ipse reciperet et haberet, et ut hoc plenius observares, thesaurum Coloniensis Ecclesiæ pro certa tibi pecunia obligasset, tu hactenus nec juramentum servasti, nec restituisti thesaurum. Quia vero secundum Apostolum sapientibus sumus et insipientibus debitores, unde nec volumus nec debemus postulantibus justitiam denegare, fraternitati tuæ per apostolica scripta præcipiendo mandamus quatenus si res ita se habet, eidem archiepiscopo taliter satisfacias de præmissis quod ei justa de te non ramaneat materia conquerendi. Alioquin et thesaurum illi restituas, et de juramento non observato te nostro conspectui responsurum usque ad initium Quadragesimæ repræsentes. Quod si facere forte contempseris, noveris nos venerabili fratri nostro Cameracensi episcopo dedisse firmiter in mandatis, ut, sublato contradictionis et appellationis obstaculo, te ab officio pontificali suspendat, tuamque nobis non differat contumaciam intimare.

Datum.

Cameracensi episcopo scriptum est super hoc.

XXVII.
MAGUNTINO ARCHIEPISCOPO, EPISCOPO SABINENSI.

Charissimus in Christo filius noster Otto, de quo in regem electo et coronato quid nobis complaceat, tua, sicut credimus, fraternitas non ignorat, gravem nobis querelam contra Landtgravium Thuringiæ destinavit, quod cum ei fecisset hominium et fidelitatem jurasset, de manu ejus multis præsentibus regalia recipiens cum vexillo, et ut plenius et firmius quod juraverat observaret, certam illi dedisset pecuniæ quantitatem et Northusiam contulisset in feudum, ipse tamen et quod juraverat non servavit, et adhuc detinet quæ recepit. Nos autem in hoc fraternitati tuæ cupientes deferre, quam sincera diligimus charitate, cum idem Landgravius neptem tuam habeat in uxorem, fraternitati tuæ per apostolica scripta mandamus quatenus ipsum ex parte tam nostra quam tua moneas attentius et inducas ut si forte juramenti religionem contra salutem et famam suam transgredi non veretur, saltem restituat quæ recepit. Alioquin, quatumcunque sibi deferre pro tuo velimus honore, quia tamen facti sumus secundum Apostolum sapientibus et insipientibus debitores, unde nec volumus nec debemus postulantibus justitiam denegare, ipsum ad alterum prædictorum per excommunicationem in personam et interdictum in terram secundum officii nostri debitum compellemus.

Datum, etc.

Cameracensi episcopo scriptum est super hoc.

XXVIII.
ILLUSTRI REGI ANGLORUM.

Illa te cordis puritate diligimus ut quoties ea nobis de tuis actibus referuntur quæ prudentiam resonant et virtutem, jucundo tibi congratulemur affectu, et si quid forte de tuis audimus operibus quæ famæ tuæ derogant et honori, mœsto tibi spiritu condoleamus, cupientes ea te semper efficere quæ ad profectum et exaltationem regiæ sublimitatis accedant, et ab iis penitus abstinere quæ tibi vergunt ad injuriam et jacturam (10). Sane quid egeris circa charissimum in Christo filium nostrum Ottonem nepotem tuum tua te conscientia conveniat et accuset; et utinam ita satagas super hoc tuum errorem corrigere ut infamiam aboleas et jacturam. Quia vero, quantumcunque tibi deferre velimus, postulantibus justitiam nolumus denegare, cum secundum Apostolum sapientibus simus et insipientibus debitores, ad gravem prænominati nepotis tui querelam paternum respectum habentes, serenitatem tuam monemus attentius et exhortamur in Domino, per apostolica scripta mandantes quatenus pecuniam quam inclytæ recordationis Richardus rex frater tuus ei testamento legavit, ad cujus solutionem juramento diceris obligatus, ipsi solvere non omittas, ut sua saltem illi restituas qui de tuis ei debueras subvenire. Alioquin nos in sua sibi justitia nulla decrimus ratione quo minus secundum officii nostri debitum procedamus.

Datum.

Cantuariensi archiepiscopo scriptum est super hoc.

---

(10) Vide Roger de Hoveden ad an. 1200, pag. 799 et 802, edit. Francof.

XXIX.

Deliberatio Domini papæ Innocentii super facto imperii de tribus electis.

In nomine Patris et Filii et Spiritus sancti. Interest apostolicæ sedis diligenter et prudenter de imperii Romani provisione tractare, cum imperium noscatur ad eam principaliter et finaliter pertinere: principaliter, cum per ipsam et propter ipsam de Græcia sit translatum, per ipsam translationis actricem, propter ipsam melius defendendam; finaliter, quoniam imperator a summo pontifice finalem sive ultimam manus impositionem promotionis proprie accipit, dum ab eo benedicitur, coronatur, et de imperio investitur. Quod Henricus optime recognoscens, a bonæ memoriæ Cœlestino papa prædecessore nostro, post susceptam ab eo coronam, cum aliquantulum abscessisset, rediens tandem ad se, ab ipso de imperio per pallam auream petiit investiri. Sicut autem nuper tres sunt in reges electi, puer (11), Philippus et Otto, sic tria sunt circa singulos attendenda, quid liceat, quid deceat, quid expediat. Circa puerum quidem filium imperatoris Henrici facie prima videtur quod non liceat contra ejus electionem venire, quæ juramento est principum roborata (12). Nam, etsi juramentum illud videatur violenter extortum, non est tamen ideo non servandum, cum licet juramentum quod Gabaonitis præstiterunt filii Israel fuerit per fraudem subreptum illud tamen nihilominus decreverint observandum. Præterea, etsi a principio fuerit sic extortum, postmodum tamen pater ejus intelligens se perperam processisse, juramentum relaxavit principibus, et litteras super ipsius electione remisit: qui postmodum puerum ipsum, patre absente, sponte ac concorditer elegerunt, fidelitatem ei pene penitus omnes et quidam hominium exhibentes. Unde non videtur licere contra licita juramenta venire. Videtur etiam non decere ut cum ipse apostolicæ sedis sit tutelæ commissus, et sub ejus protectione receptus, per eam privetur imperio per quam in jure suo fuerat confovendus, maxime cum sit scriptum : *Pupillo tu eris adjutor* (Psal. x). Quod non expedit contra ipsum venire illa præsertim ratione videtur quod cum idem puer ad annos discretionis perveniens intellexerit per Romanam Ecclesiam imperii se honore privatum, non tantum non exhibebit ei reverentiam consuetam, sed ipsam potius modis quibus poterit impugnabit, et regnum Siciliæ retrahet a devotione ipsius, et negabit ei obsequium consuetum. Verum contrarium econtra videtur, quod liceat videlicet, deceat et expediat venire contra electionem ipsius. Quod liceat videtur ex eo quod juramenta illa fuerunt illicita et electio indiscreta. Elegerunt enim personam non idoneam, nec non solum imperio, sed nec alicui officio congruentem, puerum videlicet vix duorum annorum, et nondum sacri baptismatis unda renatum. Unde non videntur tam illicita et indiscreta juramenta servanda.

Nec obest quod de Gabaonitis objicitur, cum juramentum illud potuerit sine Israelitici populi læsione servari, hæc autem servari nequeant absque gravi jactura, non unius gentis, sed Ecclesiæ damno et dispendio populi Christiani. Nec obstat quod opponitur juramenta illa licita secundum intentionem jurantium exstitisse. Intelligebant enim quod, etsi eum tunc in imperatorem eligerent, non tamen ut tunc imperaret, sed postquam ad legitimam perveniret ætatem. Sed qualiter de ipsius idoneitate poterant judicare? Nonne potuisset esse stultus, vel usque adeo improvidus ut esset indignus minori etiam dignitate? Sed pone illos intellexisse ut tandem imperaret cum esset idoneus ad imperium gubernandum, interim autem pater reipublicæ provideret. Casus postmodum intervenit propter quem non potest nec debet juramentum hujusmodi observari, de quo principes nullatenus cogitabant, scilicet patris decessus. Unde, cum per procuratorem non possit imperium procurari, nec imperator debeat fieri temporaliter, nec possit aut velit Ecclesia imperatore carere, videtur quod liceat imperio in alio providere. Quod non deceat ipsum imperare, patet omnibus manifeste. Nunquid enim regeret alios qui regimine indiget aliorum? Nunquid tueretur populum Christianum qui est alienæ tutelæ commissus? Sed nec obstat quod objicitur ipsum esse tutelæ nostræ commissum, cum non sit nobis commissus ut ei obtineamus imperium, sed regnum Siciliæ potius defendamus. Patet enim illud idem ex verbo Scripturæ dicentis: *Væ terræ cujus rex puer est* (Eccli. x); et rursus: *Cujus principes mane comedunt* (ibid.). Quod non expediat ipsum imperium obtinere patet ex eo quod per hoc regnum Siciliæ uniretur imperio, et ex ipsa unione confunderetur Ecclesia. Nam, ut cætera pericula taceamus, ipse propter dignitatem imperii nollet Ecclesiæ de regno Siciliæ fidelitatem et hominium exhibere, sicut noluit pater ejus. Nec valet quod opponitur, quod non expediat venire contra electionem ipsius ne postmodum molestet Ecclesiam, per quam imperium se cognoverit amisisse. Nunquam enim vere dicere poterit quod Ecclesia imperialem ei abstulit dignitatem, cum potius patruus (13) ejus non solum imperium, sed et paternam hæreditatem invaserit, et maternam possessionem occupare per suos satellites machinetur, ad cujus defensionem Ecclesia Romana non sine multis laboribus et expensis prudenter et potenter intendit. De Philippo videtur similiter quod non liceat contra ejus electionem venire. Cum enim in electionibus circa electores zelus, dignitas, et numerus attendatur, et de zelo non sit facile judicare, cum ipse a pluribus et dignioribus sit electus, et adhuc plures et digniores principes sequantur monac. S. Pantaleon. ad ann. 1196 et 1199.

---

(11) Id est, Fridericus rex Siciliæ.
(12) Vide Gesta Innoc. III, cap. 19, et Godefrid.
(13) Id est, Philippus.

eumdem, juste videtur electus. Unde contra justam et legitimam electionem non videtur licere venire. Quod non deceat videtur similiter, ne videlicet videremur nostrarum injuriarum ultores si, quia pater et frater ejus fuerunt Ecclesiam persecuti, eum persequi nos vellemus et aliorum culpam in pœnam ejus præter officii nostri debitum immutare, cum potius præcipiatur a Domino : *Diligite inimicos vestros, benefacite his qui oderunt vos, et orate pro persequentibus et calumniantibus vos* (*Matth.* v). Quod non expediat, patenter apparet. Cum enim potens sit tam terra quam opibus et personis, non videtur expedire ut contra torrentem brachia dirigamus, tam potenti nos taliter opponentes, ut eum reddamus nobis et Ecclesiæ inimicum, et ne majorem videremur discordiam suscitare, fieretque novissimus error pejor priore, cum nos potius pacem inquirere et persequi et evangelizare aliis debeamus, quæ fovendo illum posset de facili provenire. Verum, contra videtur quod liceat nos ei opponere (14). Fuit enim juste ac solemniter per prædecessorum nostrorum excommunicationis sententia innodatus : juste, quia B. Petri patrimonium partim per violentiam occuparat, partim damnificarat incendiis et rapinis, et super hoc commonitus semel et iterum per fratres nostros satisfacere non curarat ; solemniter, quoniam in celebratione missarum in ecclesia beati Petri in festivitate non parva, quod ipse postmodum recognovit cum pro absolutione sua nuntium ad sedem apostolicam destinavit, et cum tandem per delegatos nostros contra formam mandati nostri post electionem suam se fecit absolvi. Unde patet quod fuerit excommunicatus electus.

(15) Videtur quoque forsan aliquibus quod nondum sit ab excommunicationis vinculo absolutus, cum quondam Sutrinus episcopus in absolutione ipsius formam non servaverit sibi datam, cum forma data eidem fuerit hæc, ut pro absolutione venerabilis fratris nostri Salernitani archiepiscopi, quem ante absolutionem ipsius mandabamus ab ergastulo suæ captivitatis absolvi, ei laborem itineris veniendi ad sedem apostolicam relaxaret, et postmodum recepto ab eo publice secundum formam Ecclesiæ juramento quod super iis pro quibus excommunicatus fuerat mandato nostro pareret, munus ei absolutionis impenderet ; sed ipse nondum archiepiscopo absoluto, et nullo ab eo juramento recepto, non in publico, sed clam, ipsum absolvere de facto solummodo, quia de jure non potuit, est conatus : propter quem ejus excessum, cum ipsum rediens recognoverit, ab episcopatu remotus in monasterio illum clausit extremum. Præterea, cum nos Marcualdum et omnes fautores ipsius tam Teutonicos quam Latinos excommunicationis sententia sæpius innodemus, et ipse non solum fautor, sed auctor iniquitatis ejus existat, patet eum excommunicationis sententiæ subjacere. Præterea, cum notorium sit ipsum juramentum fidelitatis puero præstitisse, et nunc regnum Teutonicum et, quantum in eo est, imperium occupasse, constat eum perjurii esse reum.

Sed objicitur quod si, quemadmodum superius est expressum, juramentum illud illicitum reputemus, quomodo dicimus eum reum esse perjurii et transgressorem præstiti juramenti quod dicitur non servandum ? Sed respondetur quod, etsi juramentum illud illicitum fuerit, non tamen ab eo temeritate propria resilire, sed nostram prius debuisset consulere voluntatem, ad exemplum illius juramenti quod filii Israel Gabaonitis præstiterant ; quod licet fuerit per fraudem subreptum, non tamen sua temeritate resilierunt ab eo, sed dominum consulere decreverunt. Præterea, cum omne quod contra conscientiam fit ædificet ad gehennam, quia, secundum Apostolum, omne quod non est ex fide peccatum est, et idem Philippus super hoc negotio taliter se excuset quod regnum aliter nullatenus accepisset nisi nosset quod illud invadere alii disponebant, patet eum credidisse juramentum illud fuisse servandum, et ex eo quod venit taliter contra illud, ejus esse conscientiam vulneratam. Sic ergo videtur quod licite nos excommunicato et perjuro debeamus opponere et ejus conatibus obviare. Quod ei nos opponere deceat manifeste videtur ex eo quod si, prout olim patri filius, sic nunc immediate succederet frater fratri, videretur imperium ei non ex electione conferri, sed ex successione deberi, et sic efficeretur hæreditarium quod debet esse gratuitum, præsertim cum non solum Fredericus substituerit sibi filium, sed Henricus etiam filium sibi voluerit subrogare ; et per hoc forsan in posterum abusio traheretur in usum. Quod autem expediat opponere nos Philippo liquet omnibus manifeste. Cum ipse persecutor sit et de genere persecutorum fuerit oriundus, si non opponeremus nos ei, videremur contra nos armare furentem et ei gladium in capita nostra dare. Henricus enim, qui primus imperium de genere hoc accepit, persecutionem gravissimam in Ecclesiam suscitavit, et bonæ memoriæ Paschalem papam, qui eum coronavit, cum episcopis cardinalibus et multis nobilibus Romanorum cepit per violentiam et perfidiam, et tandiu tenere præsumpsit donec pro liberatione non sua, sed eorum qui fuerant capti secum, quos minabatur mutilare tyrannus, privilegium quodcunque voluit ei fecit. Cumque postmodum idem Paschalis, a detentionis suæ vinculis liberatus, prædictum privilegium, quod dicendum erat potius pravilegium (16), revocasset, dictus Henricus præter cardinalium electionem hæresiarchas quosdam dati sibi privilegii occasione creavit, et idolum contra Ecclesiam Romanam erexit (17) ; et extunc schisma usque ad Calixtum tempore longo

---

(14) Vide infra epist. 53.
(15) Vide Gesta Innoc. III, c. 22, et infra epist. 62.

(16) Vide concil. Lateran., ann. 1212.
(17) Id est Burdinum ; de quo vide lib. III Miscellaneor. nostror. pag. 472.

duravit. Huic de eodem genere successit in imperium Fridericus; qui cum Tiburtinos tunc rebelles post coronationem suam promisisset ad subjectionem Ecclesiae revocare, eos sibi postmodum vendicavit, dicens quod civitatem ipsam vellet in specialem imperii cameram retinere; et sic eos contra Ecclesiam Romanam armavit (18). Qui etiam cum bonae memoriae Alexander praedecessor noster, tunc Ecclesiae Romanae cancellarius, ad eum a felicis recordationis Adriano papa, qui eum coronaverat, destinatus fuisset, lectis litteris in quibus continebatur quod imperator deberet Ecclesiae Romanae deferre, cum re ipsa ei coronae beneficium contulisset dicitur cum furore et iracundia respondisse : *Nisi essemus in Ecclesia, jam scirent qualiter Teutonicorum enses inciderent*. Et protinus eum, infecto negotio pro quo iverat, terram suam jussit exire; et eumdem Adrianum moliebatur, sed frustra, cum quibusdam deponere, opponens ei quod esset filius sacerdotis.

Ipse idem postmodum contra eumdem Alexandrum longo tempore schisma fovit, et quoscunque potuit contra eum conjurare coegit, in juramento opponens quod nullo tempore poenitentiam reciperent de hujusmodi juramento; et ipse idem sub eadem forma juravit. Ipse quoque, cum Venetiis terram Cavalca comitis, quam occupaverat, et alia quaedam Ecclesiae Romanae restituere per juramenta principum promisisset, ipsam postmodum fortius occupavit, et bonae memoriae Lucio praedecessori nostro accedenti in Lombardiam satis fraudulenter illusit, ipsum et successorem ipsius apud Veronam quasi obsessos tenens. Henricus autem filius et successor ipsius in Ecclesiae persecutionem suae dominationis exsecravit primitias, cum beati Petri patrimonium violenter ingressus, illud multipliciter devastavit qui etiam quosdam familiares fratrum nostrorum naso fecit in injuriam Ecclesiae mutilari (19). Ipse occisores bonae memoriae Alberti Leodiensis episcopi, quem ipse coegerat exsulare, post interfectionem ipsius in multa familiaritate recepit, et publice participavit eisdem, et beneficia postmodum majora concessit. Ipse venerabilem fratrem nostrum Auximanum episcopum, quia confessus est coram eo quod episcopatum per sedem apostolicam obtineret, alapis in praesentia sua caedi fecit, et de barba ejus pilis avulsis, ipsum inhoneste tractari (20). Conradus Musca in cerebro venerabilem fratrem nostrum Ostiensem episcopum cepit, et in vinculis posuit, et inhoneste tractavit de mandato ipsius, sicut idem Conradus publice testabatur, et sicut melius apparuit ex postfacto, cum non solum non fuerit evitatus aut punitus ab ipso, sed honoribus et possessionibus dilatatus. Ipse postmodum Siciliae regnum adeptus, publice proponi fecit edictum ut nullus vel clericus vel laicus ad Ecclesiam Romanam accederet, nec ad eam aliquis appellaret. Philippus autem de quo agitur ab Ecclesiae persecutione incoepit, et adhuc in ea persistit. Olim enim patrimonium Ecclesiae sibi usurpare contendens, ducem Tusciae et Campaniae se scribebat, asserens quod usque ad portas urbis acceperat potestatem et etiam illa pars urbis quae Transtiberim dicitur ejus erat jurisdictioni concessa. Nunc etiam per Marcualdum, Diupuldum et fautores eorum nos et Ecclesiam Romanam persequitur, et regnum Siciliae nobis auferre conatur. Si ergo id facit in arido, in viridi quid faceret? Et si adhuc aridus et exsanguis, utpote cujus adhuc est messis in herba, nos et Ecclesiam Romanam persequitur, quid faceret si, quod absit ! imperium obtineret? Unde videtur non irrationabiliter expedire ut prius nos ejus violentiae opponamus quam amplius invalescat. Quod autem etiam in regibus filii pro patribus sint puniti divina pagina protestatur. Nonne propter peccatum Saulis dictum est a Domino per Samuelem : *Stulte egisti, nec custodisti mandata Domini Dei tui quae praecepit tibi. Quod si non egisses, jam nunc praeparasset Dominus regnum tuum super Israel in sempiternum ; sed nequaquam regnum tuum ultra consurget (I Reg. XIII).* Salomoni quoque legitur a Domino esse dictum : *Quia non custodisti pactum meum et praecepta mea quae mandavi tibi, dirumpens scindam regnum tuum, et dabo illud servo tuo; verumtamen in diebus tuis non faciam propter David patrem tuum, de manu filii tui scindam illud (III Reg. XI).* De Jeroboam similiter dictum fuit a Domino per Achiam : *Ecce ego inducam mala super domum Jeroboam, et percutiam de Jeroboam mingentem ad parietem (III Reg. XIV).* Et ibidem legitur quod interfecit Baasa Nadab filium Jeroboam, et percussit omnem domum Jeroboam, non dimisit nec unam quidem animam de semine ejus, donec deleret eam propter peccata Jeroboam quae peccaverat, et quibus peccare fecerat Israel, et propter delictum quo irritaverat Dominum Deum Israel. De Baasa quoque scribitur dixisse Dominus : *Quia ambulasti in via Jeroboam, et peccare fecisti populum meum Israel, ecce ego demetam posteriora Baasa et posteriora domus ejus (III Reg. XVI).* Achab etiam dictum invenitur a Domino per Eliam : *Ecce ego inducam super te malum, et demetam posteriora tua, et interficiam de Achab mingentem ad parietem (III Reg. XXI).* Nam et Dominus dicit : *Ego sum Deus zelotes, vindicans peccata patrum in filios usque in tertiam et quartam progeniem in his qui oderunt me (Deut. V),* id est in his qui circa me paternum odium imitantur. De Ottone videtur quod non liceat ipsi favere, quoniam a paucioribus est electus; quod non deceat, ne videamur, non ob gratiam ejus, sed alterius odium, ipsi favorem apostolicum exhibere; quod non expediat, quia respectu alterius videtur pars ejus debilis et infirma.

Verum, cum tot vel plures ex his ad quos principaliter spectat imperatoris electio in eum consensisse noscantur quot in alterum consenserunt, cum non

---

(18) Vide Radevic. lib. I, cap. 8, 9, 10.
(19) Vide Albericum ad an. 1192.
(20) Vide Gesta Innoc. III, cap. 9.

minus idoneitas seu dignitas electæ personæ, imo plus quam eligentium numerus sit in talibus attendendus, nec tantum pluralitas quoad numerum, sed salubritas quoad consilium in eligentibus requiratur, et Otto magis sit idoneus ad regendum imperium quam Philippus, cum Dominus etiam puniat peccata patrum in filios usque in tertiam et quartam progeniem in his qui oderunt eum, id est, in his qui patrum peccata sequuntur, et Philippus progenitorum suorum peccata in Ecclesiæ persecutione sequatur, cum, etsi non debeamus reddere mala pro malis, sed benefacere malefacientibus nobis, non tamen debeamus honorem pro injuria in his qui in solita perseverant malitia compensare aut contra nos armare furentes, cum Dominus, ut confunderet fortia, humilia elegisse legatur, utpote qui David in regem de postfetantes accepit, videtur quod et liceat, deceat et expediat ipsi favorem apostolicum exhibere. Absit enim ut deferamus homini contra Deum aut timeamus vultum potentis, cum secundum Apostolum non solum a malo, sed ab omni specie mala nos oporteat abstinere. Scriptum est enim : *Maledictus qui confidit in homine, et qui ponit carnem brachium suum* (Jer. XVII). Nos igitur ex prædictis causis pro puero non credimus insistendum ut ad præsens debeat imperium obtinere. Personam vero Philippi propter impedimenta patentia penitus reprobamus, et obsistendum ei ducimus ne imperium valeat usurpare. De cætero vero agendum per legatum nostrum apud principes ut vel conveniant in personam idoneam, vel se judicio aut arbitrio nostro committant. Quod si neutrum elegerint, cum diu exspectaverimus, cum monuerimus eos ad concordiam, cum instruxerimus eos per litteras et nuntium nostrum, et consilium nostrum eis duxerimus exponendum, ne videamur eorum fovere discordiam et dicere cum Isaia : *Sit pax et veritas in diebus nostris* (Isa. XXXIX), ne, si secuti fuerimus a longe ut videamus finem, cum Petro tandem veritatem, quæ Christus est, negare cogamur, cum negotium istud dilationem non capiat, cum Otto et per se devotus existat Ecclesiæ, et ex utraque parte trahat originem ex genere devotorum, ex parte matris de domo regum Angliæ, ex parte patris de prosapia ducum Saxoniæ, qui omnes Ecclesiæ fuere devoti, et specialiter Lotharius imperator proavus ejus, qui bis pro apostolicæ sedis honore Apuliam est ingressus, et in obsequio Ecclesiæ Romanæ decessit, ei manifeste favendum, et ipsum recipiendum in regem, et præmissis omnibus quæ pro honorificentia Ecclesiæ Romanæ debent præmitti, ad coronam imperii evocandum.

XXX.

COLONIENSI ARCHIEPISCOPO ET SUFFRAGANEIS EJUS, ET NOBILIBUS VIRIS PRINCIPIBUS IN COLONIENSI PROVINCIA CONSTITUTIS.

Nec vos nec alios credimus dubitare quin imperii Romani provisio principaliter et finaliter nos contingat; principaliter quidem, quoniam per Romanam Ecclesiam de Græcia fuit specialiter pro Ecclesiæ defensione translatum; finaliter, quia, etsi alibi coronam regni recipiat, ab apostolica tamen sede ultimam manus impositionem et coronam imperii recipit imperator. Unde audito quondam quod vota principum in imperatoris fuissent electione divisa, tanto magis fuimus de ipsorum divisione turbati quanto bonus status imperii ex causis prædictis specialius ad nos spectat, et pro multis et magnis necessitatibus populi Christiani non solum Ecclesia devotum habere desiderat defensorem, sed et imperium totum indigere cognoscitur idoneo provisore. Verum, quantumcunque grave nobis existeret et molestum quod imperii provisio videbatur in commune religionis Christianæ dispendium ex tali divisione differri, ne tamen principum dignitatem ignorare vel lædere videremur, exspectavimus aliquandiu si forsan ipsi usi consilio saniori, vel per seipsos, si fieri posset, dissensioni suæ finem imponerent, vel super hoc saltem nostrum consilium implorarent, ut per eorum studium nobis mediantibus discordiæ malum bono concordiæ purgaretur, et rogam schismatis unitatis simplicitas aboleret. Cum autem exspectatio nostra nec nobis, nec vobis, imo nec imperio ipsi prodesset, sed obesse potius videretur, ne dissimulando videremur hujusmodi fovere discordiam, ad concordiam vos curavimus per litteras apostolicas invitare, quas ad multos principum novimus pervenisse. Postmodum vero audito quod per sollicitudinem bonæ memoriæ Conradi archiepiscopi Maguntini a nostra præsentia redeuntis disposuissent principes ad colloquium convenire super ordinatione imperii tractaturi, ne quid ex contingentibus omittere videremur, litteras nostras ad eos per proprium nuntium duximus destinandas, consilium nostrum eisdem fideliter exponentes. Cæterum, cum nec sic hactenus inter eos bonum concordiæ potuerit provenire aut utiliter imperio provideri, deliberavimus cum fratribus nostris quid esset agendum et qualiter posset malis imminentibus obviari. Tandem vero in hoc resedit consilium, ut venerabilem fratrem nostrum Prænestinum episcopum, apostolicæ sedis legatum, religione conspicuum, præditum honestate, magnum Ecclesiæ Dei membrum, quem inter cæteros fratres nostros specialis dilectionis brachiis amplexamur, et cum eo dilectum filium magistrum Philippum notarium nostrum, virum providum et discretum, nobis et fratribus nostris merito suæ probitatis acceptum, ad partes Germaniarum ex nostro latere mitteremus. Quia vero quanto negotium istud magis est arduum, tanto majores et maturiores exigit tractatores, venerabili fratri nostro Octaviano Ostiensi episcopo, apostolicæ sedis legato, qui post nos in Ecclesia Romana obtinet primum locum, dedimus in mandatis ut si a negotiis illis quibus intendit in regno Francorum se poterit expedire, cum ipsis pariter et per ipsos nuper a nostro latere venientes instructus plenius ad partes vestras accedat, et ambo episcopi simul, vel alter eorum, si ambo non poterint interesse, cum eodem notario vestrum consilium audiant, et vobis beneplacitum nostræ voluntatis exponant. Ideoque universitati vestræ per apostolica scripta mandamus quatenus cum ab eis vel eorum altero fueritis evocati, ad præsentiam evocantium aut etiam evocantis accedere non tardetis.

Datum Laterani, Non. Januarii, pontificatus nostri anno quarto.

In eumdem modum scriptum est capitulo et suffraganeis Ecclesiæ Maguntinæ, et principibus in Maguntina provincia constitutis. In eumdem modum Saltzburgensi et suffraganeis ejus, et principibus in Saltzburgensi provincia constitutis. In eumdem modum Bremensi et suffraganeis ejus, et principibus in Bremensi provincia constitutis. In eumdem modum Trevirensi et suffraganeis ejus, et principibus in Trevirensi provincia constitutis.

XXXI.
UNIVERSIS TAM ECCLESIASTICIS QUAM SÆCULARIBUS PRINCIPIBUS ALEMANNIÆ.

Quantum ex imperii divisione dispendium, non solum nobis et vobis, sed etiam universo populo Christiano proveniat, instantis temporis malitia manifestat. Jam etenim contra Catholicos invalescunt hæretici, Christianæ religionis termini coarctantur, contra fideles pagani super occupatione ac detentione terræ nativitatis Dominicæ gloriantur. Pax et justitia, quondam invicem se complexæ, particulare nunc deplorant exsilium, et in earum sedes violentia et seditio conjuratis manibus impune se jactitant successisse. Unde jam violenti bona Ecclesiarum sacrilega tam mente quam manu diripiunt, potentiores impotentium colla premunt, et loculi pauperum in thesauros divitum inopem coguntur copiam vel copiosam inopiam parturire, ac in eorum explicationibus plicas veteres, ut jam ad litteram quod legitur impleatur: *Ei qui non habet id etiam auferetur quod videtur habere* (*Matth.* xxv). Et ut singula brevius perstringamus, jam sibi juris locum injuria vendicavit, et legem facit, non ratio, sed voluntas; ita ut quidam totum sibi licere putent quod noverint complacere. Nos autem jampridem hæc omnia prævidentes, et volentes præcavere sollicite ne hujusmodi venirent abusiones in usum, licet exspectantes exspectaverimus aliquantum ut vos usi consilio saniori hæc mala per utilem provisionem imperii tolleretis et in partu perimeretis hujusmodi geninina viperarum, tandem tamen, ne dissimulando fovere discordiam videremur, cum non ad depressionem sed exaltationem imperii, sicut novit Dominus, intendamus, per litteras nostras, quas ad multos vestrum novimus pervenisse, vos ad concordiam curavimus invitare, ne imperialis sublimitas per eos, non solum attenuari, sed et destrui videretur per quos magnificari debuerat et extolli. Tandem autem audito quod per studium et sollicitudinem bonæ memoriæ Conradi archiepiscopi Maguntini a nostra præsentia redeuntis quidam vestrum disposuissent ad commune colloquium convenire super ordinatione imperii tractaturi, litteras nostras ad vos per proprium nuntium duximus destinandas, consilium nostrum vobis exponentes fideliter, et super iis quæ videbantur necessaria vos diligentius instruentes. Cæterum cum nec per exspectationem diutinam, nec per exhortationem honestam, nec per instructionem plenariam sit hactenus concordiæ prioris incommodum sequentis concordiæ commoditate purgatum, ne quid ex contingentibus omittamus, venerabilem fratrem nostrum Prænestinum episcopum, etc., *ut in præcedenti usque* acceptum, ad partes Germaniarum duximus destinandos, ut ipsi cum venerabili fratre nostro Octaviano Ostiensi episcopo, apostolicæ sedis legato, si tamen a negotiis quibus tenetur in regno Francorum se poterit expedire, aut etiam sine ipso, si forsan non poterit interesse, vos ex parte nostra diligenter moneant et inducant ut per vos ipsos cum eorum, si necesse fuerit, consilio et præsidio ad concordiam efficaciter intendatis, concordantes in eum quem nos ad utilitatem imperii cum Ecclesiæ honestate merito coronare possimus, vel si forte per vos desiderata non posset concordia provenire, nostro vos saltem consilio vel arbitrio committatis, salva in omnibus tam libertate vestra quam imperii dignitate, cum neminem magis quam Romanum pontificem super hoc deceat vos mediatorem habere, qui voluntatibus et rationibus intellectis, quid justum foret et utile provideret, vosque per auctoritatem cœlitus sibi datam super juramentis exhibitis quoad famam et conscientiam liberaret, cum et negotium imperii ad nos principaliter et finaliter pertinere noscatur: principaliter quidem, quia per Romanam Ecclesiam fuit a Græcia pro ipsius specialiter defensione translatum; finaliter autem, quoniam etsi ab alio regni coronam recipiat, a nobis tamen coronam imperii recipit imperator. Monemus ergo universitatem vestram et exhortamur in Domino, et per apostolica vobis scripta mandamus, quatenus legatos ipsos vel eorum alterum in Teutoniam accedentem, et eumdem notarium recipiatis hilariter, et sicut decet, honorifice pertractetis, ipsorum monita et consilia recipientes humiliter et inviolabiliter observantes. Nos enim eis dedimus in mandatis ut ad concordiam vestram et utilem ordinationem imperii prudenter et diligenter intendant.

Datum, *ut supra.*

XXXII.
ILLUSTRI REGI OTTONI IN ROMANORUM IMPERATORE ELECTO.

Ut non solum dispositio rerum et temporum omnipotentem Dominum demonstraret, sed ipsa quasi conformitas operum et eventuum ad se invicem eumdem omnium fateretur auctorem, cœlestibus Dominus terrestria conformavit, ut dum mirabili quadam similitudine respondere viderimus ima summis, unum et eumdem factorem et actorem omnium cognoscamus. Ipse etenim licet sit magnus in magnis, ut mirabilis tamen etiam in minimis appareret, sicut circa mundi creationem et sæculorum initia duo magna luminaria in firmamento cœli constituit, unum quod illuminaret diem, alterum quod in tenebris radiaret, sic processu temporum ad firmamentum Ecclesiæ, quæ cœli nomine designatur, duas magnas instituit dignitates; primam quæ illuminet diem, id est, in spiritualibus spirituales informet et animas diabolica fraude deceptas a peccatorum catenis absolvat, cum ex privilegio sibi traditæ potestatis quos ipsa ligat et solvit in terris, Deus ligatos habeat et solutos in cœlis; alteram quæ in tenebris radiet, dum in hæreticos mentis cæcitate percussos et hostes fidei Christianæ, quos nondum oriens ex alto respexit, Christi et Christianorum punit injuriam, et ad vindictam malefactorum, laudem vero bonorum, materialis gladii potestatem exercet. Unde sicut in eclipsi lunæ tenebræ amplius tenebrescunt et majoris caliginis obscuritas invalescit, sic ex imperatoris defectu hæreticorum vesania et violentia paganorum contra Catholicos et fideles perfidius et crudelius malitia multiplicata consurgunt. Hoc autem attendentes sollicite, ac volentes malis imminentibus obviare, circa provisionem imperii solliciti fuimus, sicut per frequentes litteras directas ad principes et legatos transmissos ad eos omnibus credimus patuisse; in quo quantum celsitudini tuæ duxerimus deferendum, et tu ipse nosti, et res perhibet testimonium veritati. Novimus enim qualiter inclytæ recordationis Lotharius imperator proavus tuus Ecclesiæ Romanæ devotus exstiterit, qualiter pro defendendo ejus honore non solum semel sed et secundo vocatus accesserit, qualiter in ipsius subsidio finierit dies suos, qualiter avus et pater tuus ejus vestigiis inhærentes prædecessoribus nostris exhibuerint se devotos, qualiter etiam Anglicana domus, ex qua ex parte matris es ortus, in devotione sedis apostolicæ fere semper perstiterit et persistat, et ei tempore grandis persecutionis obsequium impenderit opportunum. In te igitur progenitorum tuorum devotionem suscitare plenius et abundantius remunerare volentes, credimus, et quasi pro certo tenemus, quod non solum in ea te verum ostendes hæredem eorum et legitimum successorem, sed tanto ipsos in hoc præcedes amplius quanto te a nobis magis intelligis honoratum. Inspiret autem cordi tuo is qui corda principum habet in manu sua, et per quem reges regnant et principes obtinent principatum, ut affectum nostrum penses plenius per affectum quam nostro tibi explicemus vel explicare possimus affatu, et ea quæ acta sunt hactenus et aguntur, et adhuc, dante Domino, per nos circa te agentur in posterum, fideliter in tuo corde reponas, et ita memoriæ recommendes ut nec obliviosus videri valeas vel ingratus, sed ad apostolicæ sedis exaltationem et honorem potenter intendas, et ejus plene benevolentiam recognoscas, quæ cum defecissent fere penitus vires tuæ, in tua dilectione non tepuit, nec te deseruit in adversis, sed tandiu fovit donec juxta tuum te desiderium exaltaret. Nos enim serenitatem tuam in eo de consilio fratrum nostrorum honorare volentes ultra quod in sæculo sæcularis princeps nequeat honorari, auctoritate Dei omnipotentis nobis in beato Petro collata te in regem recipimus, et regalem tibi præcipimus de cætero reverentiam et obedientiam exhiberi; præmissisque omnibus quæ de jure sunt et consuetudine præmittenda, regiam magnificentiam ad suscipiendam Romani imperii coronam vocabimus, et eam tibi, dante Domino, humilitatis nostræ manibus solemniter conferemus. Monemus igitur celsitudinem regiam et exhortamur in Domino quatenus spem tuam ponas in illo qui, reprobato Saule, David elegit in regem, et talem te studeas exhibere ut de te quoque dicere valeat: *Inveni virum secundum cor meum.* (*I Reg.,* XIII; *Act.* XIII). Ad hæc, venerabilem fratrem nostrum Prænestinum episcopum, apostolicæ sedis legatum, etc., *ut in præcedenti usque* acceptam, quos pro negotiis tuis specialiter et principaliter duximus destinandos, benigne recipias et pertractes, et honorificentiam eis, sicut te decet et ipsos, impendas; dilectum quoque filium Ægidium acolythum nostrum, cujus fidem et sollicitudinem jam in pluribus es expertus, habeas propensius commendatum.

Datum Laterani, Kal. Martii.

XXXIII.

UNIVERSIS TAM ECCLESIASTICIS QUAM SÆCULARIBUS PRINCIPIBUS ALEMANNIÆ.

Etsi quidam imperatores Romani Ecclesiam in multis afflixerint, multi tamen eam in pluribus honorarunt, ita quod per devotionem et liberalitatem ipsorum magnifica beneficia novimus Ecclesiæ provenisse. Unde non est aliquo modo credendum quod, sicut pestilentes aliqui mentiuntur volentes inter Ecclesiam et imperium immortalem discordiæ materiam suscitare, ad depressionem intendamus imperii: per quod, si fuerit bene ordinatum, Ecclesiam non solum defendi credimus, sed etiam exaltari. Novimus etenim, et vos nostis, quod ejus provisio principaliter et finaliter nos contingit: principaliter quidem, quia per Ecclesiam de Græcia pro ipsius specialiter fuit defensione translatum; finaliter autem, quoniam etsi alibi coronam regni accipiat, a nobis tamen imperator imperii recipit diadema in plenitudinem potestatis. Attendentes autem olim quantum dispendium ex defensoris defectu pateretur Ecclesia, quantumque detrimentum ex imperatoris carentia sentiret religio Christiana, licet exspectaverimus exspectantes si forte vos ipsi saniori usi consilio tantis malis finem imponere curaretis, vel ad divinum et nostrum saltem recurreretis auxilium, ut per Deum et nos, vestro studio mediante, tanta dissensio sopiretur, quia vos super hoc negligentes invenimus et remissos, ut nostrum exsæqueremur officium, vos per litteras nostras paterna curavimus sollicitudine commonere ut timorem Domini habentes præ oculis, et imperii zelantes honorem, ne vel annullaretur dignitas vel libertas deperiret ipsius, ad provisionem ipsius melius intendere curaretis, alioquin, quia mora trahebat periculum ad se grave, nos quod expedire sciremus utiliter procurantes, curaremus ei apostolicum impertiri favorem quem crederemus majoribus studiis et meritis adjuvari.

Cum autem nobis ad litteras istas, quas ad multos vestrum novimus pervenisse, nec verbo fuisset nec facto responsum, exspectavimus iterum donec audivimus quod per studium et sollicitudinem bonæ memoriæ Conradi archiepiscopi Maguntini a nostra præsentia redeuntis fuerit procuratum ut quidam vestrum ad commune colloquium convenirent de provisione imperii tractaturi. Unde, ne videremur ab incœpto desistere, litteras nostras ad vos per proprium nuntium duximus destinandas, consilium nostrum vobis exponentes fideliter, et super iis quæ necessaria videbantur diligentius instruentes. Cæterum cum nec per exspectationem diutinam, nec exhortationem honestam, nec instructionem plenariam fuerit discordiæ prioris incommodum sequentis concordiæ commoditate purgatum, ne quid ex contingentibus omittere videremur, venerabilem fratrem nostrum Prænestinum episcopum, apostolicæ sedis legatum, virum religione conspicuum, præditum honestate, magnum Ecclesiæ Dei membrum, quem inter cæteros fratres nostros specialis dilectionis brachiis amplexamur, et cum eo dilectum filium magistrum Philippum notarium nostrum, virum providum et discretum, nobis et fratribus nostris merito suæ probitatis charum admodum et acceptum, ad partes vestras duximus destinandos, qui cum venerabili fratre nostro Octaviano Ostiensi episcopo, apostolicæ sedis legato, primum locum post nos in Ecclesia Romana tenente, si tamen ipse a negotiis illis quibus tenebatur in regno Francorum se posset utiliter expedire, ad vos simul accederent, et ex parte nostra monerent salubriter et inducerent diligenter ut per vos ipsos cum eorum, si necesse foret, consilio et præsidio ad concordiam intendere curaretis, vel si forte per vos desiderata non posset concordia provenire, nostro vos committeretis arbitrio vel consilio, salva in omnibus tam libertate vestra quam imperii dignitate, cum neminem magis quam Romanum pontificem mediatorem in hoc vos habere deceret, qui voluntatibus et rationibus intellectis provideret quod esset justum et utile, vosque per auctoritatem cœlitus sibi datam super juramentis exhibitis quoad famam et conscientiam liberaret, et ad quem negotium imperii ex causis superius assignatis non est dubium pertinere. Cæterum quoniam hactenus nec exspectationis nostræ modestia, nec exhortationis studium, nec consilii maturitas, nec instructionis discretio vos commovit, nec legatorum nostrorum usque adeo sollicitudo profecit ut vel per vos ipsos sepulta discordia, sicut vos sæpe monuimus, concorditer ad provisionem intenderetis imperii, vel consilio aut arbitrio nostro committere vos velletis, cum dispendium Ecclesiæ, quæ diutius nec vult nec debet idoneo defensore carere, sustinere nolimus ulterius vel dissimulare jacturam populi Christiani, cum alteri de vestris electis favorem impendere non possimus propter excommunicationem publicam, perjurium manifestum, et vulgatam persecutionem quam progenitores ejus et ipse in apostolicam sedem et Ecclesias exercere nullatenus dubitarunt, propter insolentiam etiam quam exercuerunt in principes et alios sibi subjectos, et ne libertas principum in imperatoris electione vilescat si non per electionem, sed successionem transferri a patribus in filios et in fratres a fratribus imperium videatur, consentire in alterum nos oportet.

(21) Fuit enim nobilis vir Philippus dux Sueviæ a bonæ memoriæ Cœlestino papa prædecessore nostro propter invasionem et devastationem patrimonii beati Petri commonitione secundo præmissa publice ac solemniter excommunicationis sententia innodatus, cum in Tuscia moraretur: quod ipse postmodum recognovit, dum per nuntium suum ab ipso prædecessore nostro absolutionis beneficium postulavit, et postmodum a tunc Sutrino episcopo (22), quem cum abbate Sancti Anastasii pro liberatione venerabilis fratris nostri Salernitani archiepiscopi miseramus, contra formam mandati nostri de facto solummodo, quia de jure non potuit, post suam electionem apud Warmatiam occulte se fecit absolvi. Unde patet quod fuerit excommunicatus electus, et videtur non immerito quod adhuc sit ex eadem causa excommunicationis sententia innodatus, cum prædictus episcopus eum auctoritate sua non posset absolvere, auctoritate vero nostræ delegationis nec plus nec aliter liceret hoc ipsi quam quod ei fuerat ab apostolica sede concessum. Ex eo etiam excommunicationis sententiæ subjacere creditur manifeste quod cum perfidus Marcualdus, Dei et Ecclesiæ inimicus, cum universis fautoribus tam Teutonicis quam Latinis excommunicationis vulgatæ vinculis suæ iniquitatis meritis sit astrictus, sicut jam vobis per litteras nostras directas per P. judicem Placentinum ipsius Philippi nuntium intimasse meminimus, quas ad ipsius Philippi audientiam credimus pervenisse, ipse nihilominus, quamvis id non tantum ex relatione ipsius judicis, sed etiam per publicam famam ad notitiam ejus devenerit, eidem excommunicato non solum communicat, sed eum in malitia sua fovet, et per nuntios et litteras suas exacuit furorem ipsius ut charissimum in Christo filium nostrum Fridericum Siciliæ regem

---

(21) Vide supra epist. 29.

(22) Vide Gesta Innoc. III, cap. 22.

illustrem nepotem suum, quem jam hæreditate paterna privavit, adhuc privet possessione materna. Idem etiam contra proprium juramentum, super quo nec consilium a sede apostolica requisivit, ambitionis vitio regnum sibi usurpare præsumpsit, non alium causa necessitatis in regem eligere. Quod utcunque tolerabilius videretur, cum super illo juramento sedes apostolica prius consuli debuisset, sicut et eam quidam consuluere prudenter, apud quam ex institutione divina plenitudo residet potestatis.

Nec valet ad plenam excusationem ipsius, si juramentum illud dicatur illicitum, cum nihilominus super eo nos prius consulere debuisset quam contra ipsum propria temeritate venire; illo præsertim exemplo, quod cum Gabaonitæ a filiis Israel per fraudem subripuerint juramentum, ipsi tamen, cognita fraude, noluerunt contra illud sua temeritate venire. Quod autem de genere persecutorum existat, vos non credimus dubitare, cum Henricus, qui primus imperium de genere hoc accepit, bonæ memoriæ Paschalem papam prædecessorem nostrum cum episcopis, cardinalibus et multis nobilibus Romanorum præsumpserit captivare. Fredericus autem pater ipsius Philippi contra felicis recordationis Alexandrum prædecessorem nostrum longo tempore schisma fovit (23). Henricus frater ipsius Philippi qualiter se habuerit circa interfectores sanctæ memoriæ Alberti Leodiensis episcopi, quem ipse prius coegerat exsulare, ac Conradus, qui prædictum Ostiensem episcopum ceperat, satis nostis: qui etiam qualiter venerabilem fratrem nostrum Auximanum episcopum alapis cædi fecerit, et pilos de barba ejus avelli et tractari eum in pluribus inhoneste, qualiter quoque quosdam familiares Ecclesiæ Romanæ naso fecerit mutilari, qualiter prædictum Salernitanum archiepiscopum captivarit, et quosdam viros ecclesiasticos flammis torreri fecerit, quosdam vero vivos in mare submergi, ad vestram credimus audientiam pervenisse. Illæ sunt paucæ de multis injuriis personales quas apostolicæ sedi circa viros ecclesiasticos irrogarunt. Reales autem injurias subticemus, quas ei circa possessiones ecclesiasticas intulerunt, ne cui posset perverse intelligenti videri quod pro jure ac honore imperii defendendo injurias hujusmodi perpetrarint, cum nos jus et honorem imperii conservare velimus per omnia illibatum. Quod idem Philippus Ecclesiæ persecutor exstiterit et existat, ex iis quæ præmisimus satis patet. Quod pater et frater ejus vobis imposuerint grave jugum, vos ipsi perhibete testimonium veritati. Nam ut cætera taceamus, hoc solum quod vobis in substitutione imperatoris eligendi voluerint adimere facultatem, libertati et honori vestro non modicum derogarunt. Unde si, sicut olim patri filius, sic nunc immediate succederet frater fratri, videretur imperium non ex electione conferri, sed ex successione deberi.

(23) Vide supra epist. 29.

Nos igitur, quoniam duobus ad habendum simul imperium favere nec possumus nec debemus, nec credimus personæ in imperio, sed imperio in persona potius providendum, quia etiam ad hoc dignior reputatur qui magis idoneus reperitur, ex causis prædictis, non amaritudinis sed rectitudinis zelo, sicut is novit qui renum est scrutator et cordium, personam Philippi, tanquam indignam quoad imperium præsertim hoc tempore obtinendum, penitus reprobamus, et juramenta quæ ratione regni sunt ei præstita decernimus non servanda, non tam propter paternos vel fraternos excessus quam propriam ejus culpam. Quamvis non ignoremus dictum a Domino: *Ego sum Deus zelotes, vindicans peccata patrum in filios usque in tertiam et quartam progeniem in iis qui oderunt me* (*Exod.* xx), id est in iis qui contra me paternum odium imitantur. Cum autem charissimus in Christo filius noster Otto vir sit industrius, providus et discretus, fortis et constans, et per se devotus existat Ecclesiæ, ac descendat ex utraque parte de genere devotorum, cum etiam electus in regem, ubi debuit et a quo debuit fuerit coronatus, et ipse suæ strenuitatis et probitatis meritis ad regendum et exaltandum imperium idoneus esse nullatenus dubitetur, nos auctoritate beati Petri et nostra eum in regem recepimus, et regalem ei præcepimus honorificentiam exhiberi, ipsumque ad coronam imperii, sicut decet, vocare curabimus et eam ipsi solemniter et honorifice ministerio nostro, Domino concedente, conferre. Monemus igitur universitatem vestram et exhortamur in Domino et in remissionem vobis injungimus peccatorum quatenus ei de cætero sicut regi vestro in Romanorum imperatorem electo reverenter et humiliter deferatis, regalem ei honorificentiam et obedientiam impendentes. Si enim salubribus monitis et consiliis nostris, quæ de corde puro et conscientia bona et fide non ficta procedunt, prudenter ac reverenter curaveritis acquiescere, nos cum eodem et pro eodem rege ad honorem et exaltationem imperii efficaciter intendemus, cum et ipse nobiscum pariter et pro nobis ad honorem et exaltationem Ecclesiæ intendere debeat, ut speramus; ita quod, eo faciente, qui est Rex regum et Dominus dominantium, sacerdos in æternum secundum ordinem Melchisedech, regnum et sacerdotium diebus nostris mutuis subsidiis optatum recipient incrementum. Super primis etiam juramentis illud auctoritate apostolica statuemus quod ad purgandam et famam et conscientiam redundabit. Eis autem qui super hoc monitis, consiliis, et mandatis nostris humiliter acquieverint, super honoribus, dignitatibus et possessionibus suis apud prædictum regem et suos curabimus utiliter providere. Quod si etiam idem nobilis vir Philippus de plano acquiescere vellet, et Deo et Ecclesiæ satisfacere competenter, paterna eum curaremus sollicitudine confovere et ad honorem et profectum ejus intendere diligenter.

Datum, *ut supra*.

Scriptum est in eumdem modum eisdem, usque ne quid ex contingentibus omittere videamur, cum dispendium Ecclesiæ, quæ diutius nec valet, etc., usque in finem.

Scriptum est in eumdem fere modum ministerialibus.

XXXIV.
ELECTO ET CAPITULO HILDESEMENSI.

Quantum gratiæ et favoris vobis exhibuerit apostolica sedes non oportet nos litteris explicare, cum res ipsa testimonium perhibeat veritati. Unde tanto vos credimus faciliores et devotiores ad implendum nostrum beneplacitum invenire quanto magis benevolentiam nostram experti, de ipsa sumpsistis expressius argumentum. Cum ergo Ecclesiæ Romanæ dispendium, quæ diutius nec vult nec potest idoneo defensore carere, sustinere nolimus ulterius vel dissimulare jacturam tam imperii quam populi Christiani, cum etiam eorum utrique qui in Teutonia electi dicuntur favere ad obtinendum imperium non possimus, nec credamus tam personæ in imperio quam imperio in persona idonea providendum, sitque reputandus ad hoc dignior qui magis idoneus reperitur, personam nobilis viri Philippi ducis Sueviæ propter impedimenta patentia quoad imperium obtinendum, præsertim hoc tempore, penitus reprobamus, et juramenta quæ ipsi ratione regni sunt præstita decernimus non servanda, et charissimum filium nostrum Ottonem, quem esse novimus virum industrium et prudentem, fortem et strenuum, in regem recipimus, et regalem ei præcipimus ab omnibus honorificentiam exhiberi. Monemus igitur discretionem vestram et exhortamur in Domino, et per apostolica vobis scripta præcipiendo mandamus quatenus ipsi firmiter adhærentes tanquam regi vestro in Romanorum imperatorem electo et a nobis, dante Domino, coronando, honorem et reverentiam impendatis et fideliter assistatis eidem, ac quoscunque poteritis ad favorem et fidelitatem ipsius verbo et opere prudenter et efficaciter inducatis. Cum enim gratum nobis fuerit et acceptum quidquid auxilii et favoris ei hactenus est impensum, de cætero grave nobis existeret et molestum si quis seipsi duceret opponendum aut ei fideliter non adesset.

Datum, *ut supra*.

In eumdem fere modum scriptum est Saltzburgensi archiepiscopo.

XXXV.
NOBILI VIRO ALBERTO COMITI DE THAISBURG.

Si nec simplex promissio quam viri nobiles et prudentes fecerint in re tam licita quam honesta revocari debeat, sed firmiter potius observari, ea multo magis est tenenda quæ sub obtestatione divini nominis, Evangeliis coram positis, exhibetur, cum nemo in vanum debeat assumere nomen Dei. Gaudemus ergo quod charissimo in Christo filio nostro illustri regi Ottoni in Romanorum imperatorem

(24) Id est epist. 54.

electo juramentum fidelitatis, sicut accepimus, præstitisti, et ei disposuisti fideliter et firmiter adhærere. Sane cum Ecclesiæ Romanæ dispendium, quæ diutius, etc., *in eumdem fere modum ut supra, usque* exhiberi. Monemus igitur nobilitatem tuam et exhortamur attentius, et per apostolica tibi scripta præcipiendo mandamus quatenus in ejusdem regis fidelitate fideliter et devote persistas, et ipsi de cætero regalem honorificentiam studeas exhibere, ad honorem et exaltationem ipsius per te ac tuos prudenter et potenter intendens, nonobstante juramento si quod duci prædicto ratione regni forsitan præstitisti, cum nos illud, eo reprobato, decreverimus non servandum.

Datum, *ut supra*.

In eumdem modum R. comiti de Thuvesburc. In eumdem modum nobili viro Langravio.

XXXVI.
NOBILI VIRO COMITI DE VIANNA.

Exspectantes exspectavimus olim ut principes vel per seipsos imperio utiliter providerent, vel super eo saltem divinum et nostrum auxilium implorarent. Ne autem exspectando diutius dissimulare discordiam et dissimulando fovere forsitan videremur, eos ad concordiam per litteras nostras curavimus exhortari; ac postmodum, cum audissemus quod quidam eorum disposuerant ad commune colloquium convenire, consilium nostrum eis per proprium nuntium et litteras nostras fideliter duximus exponendum; tandem quoque legatos nostros in Teutoniam destinantes, ipsos super utili provisione imperii mandavimus diligenter et efficaciter commoneri. Cum ergo Ecclesiæ Romanæ dispendium, etc., *in eumdem modum ut in illa quæ sic incipit* (24): Quantum gratiæ, *usque* exhiberi. Monemus ergo nobilitatem tuam et exhortamur in Domino et per apostolica tibi scripta præcipiendo mandamus quatenus ob reverentiam apostolicæ sedis et nostram ipsi de cætero fideliter et constanter adhærens et tanquam regi in Romanorum imperatorem electo et a nobis opportuno tempore, dante Domino, coronando reverentiam et honorem impendas, et nonobstante juramento, etc., *in eumdem modum ut in prima* (25) *præcedenti, usque* non servandum, per te ac tuos potenter et efficaciter intendas ad exaltationem ipsius, ut et nos pro tuæ nobilitatis honore apud eum intendere merito debeamus.

Datum, *ut supra*.

In eumdem modum scriptum est comiti Hirsuto. In eumdem modum comiti de Zuanburc. In eumdem modum comiti de Salzburg. In eumdem modum comiti de Neojur. In eumdem modum comitibus de Spanahim. In eumdem modum Trevirensi archiepiscopo et suffraganeis ejus. In eumdem modum Salzburgensi archiepiscopo et suffraganeis ejus. In eumdem modum capitulo et suffraganis Ecclesiæ Magun-

(25) Id est epist. 55.

tinæ. *In eumdem modum Magdeburgensi archiepiscopo et suffraganeis ejus. In eumdem modum nobili viro duci Bernardo. In eumdem modum Adulfo comiti de Lovenburch. In eumdem modum duci Bavariæ.*

XXXVII.
NOBILI VIRO GUARNERO DE BOLLAND.

Gaudemus in Domino et in potentia virtutis ipsius, quæ tibi et quibusdam aliis amicis et consanguineis tuis misericorditer inspiravit ut ab eo discederes cui nos coronam imperii, salva conscientia, imponere non possemus, et adhæreres illi quem nos intendimus honorare. Sane cum Romanæ Ecclesiæ dispendium, etc., *ut in præcedenti usque in finem.*

In eumdem modum Guttifredo de Appelstaim.

XXXVIII.
MAGDEBURGENSI ARCHIEPISCOPO.

Licet charissimum in Christo filium nostrum illustrem regem Ottonem in Romanorum imperatorem electum sincera diligamus in Domino charitate, et ad honorem intendamus ipsius, Magdeburgensis tamen Ecclesiæ incrementum nihilominus affectamus, et indemnitati ejus paterna volumus sollicitudine providere. Ne igitur promotio ejus eidem Ecclesiæ sit damnosa, et tu metu damni a devotione ipsius et obsequio retraharis, nos pro eo et fratribus ejus de ipsorum voluntate promittimus quod super possessionibus et honoribus ejus in ipsius præjudicium nihil temere attentabunt. Quod si forsan contrarium præsumerent, nos contra eos apostolici favore subsidii Magdeburgensem Ecclesiam juvaremus. Monemus igitur fraternitatem tuam et exhortamur attentius et per apostolica tibi scripta præcipiendo mandamus quatenus cum nos eidem Ecclesiæ taliter providere velimus ut de cætero nobis humiliter deferas, et devote eidem regi fideliter et constanter adhæreas, regalem ei honorificentiam et devotionem impendens. Alioquin ex quo nos eum in regem recipimus, sicut per alias tibi litteras plenius intimamus, non possemus ei contra illos qui seipsi opponerent favorem apostolicum denegare, imo cogeremur in eos rigorem ecclesiasticum exercere.

Datum, etc.

In eumdem fere modum suffraganeis ejus. In eumdem fere modum nobili viro duci Bernardo. In eumdem modum Adulfo comiti de Lovenburc. In eumdem modum duci Bavariæ.

XXXIX.
COLONIENSI ARCHIEPISCOPO.

Gaudere debes in Domino et nobis et Ecclesiæ Romanæ in actionibus assurgere gratiarum quod tuum et Coloniensis Ecclesiæ judicium commendantes, reprobare quod reprobastis et quod approbastis curavimus approbare. Ecce etenim cum duobus favere ad obtinendum imperium non possimus, et cum non tam personæ in imperio quam imperio in persona deceat provideri, sitque reputandus ad hoc dignior qui magis idoneus reperitur, persona nobilis viri Philippi ducis Sueviæ propter impedimenta patentia reprobata, charissimum in Christo filium nostrum Ottonem in regem recipimus, et regalem ei præcipimus ab omnibus obedientiam exhiberi. Monemus igitur fraternitatem tuam et exhortamur in Domino et per apostolica tibi scripta præcipiendo mandamus quatenus sicut hactenus, imo fortius quam hactenus in ejus de cætero dilectione ac devotione persistas, et ad honorem et profectum ipsius per te ac tuos efficaciter et potenter intendas, et quoscunque potes ad favorem ejus et fidelitatem inducas. Cum enim gratum nobis fuerit et acceptum si quid auxilii ac favoris ei hactenus est impensum, de cætero grave nobis existeret et molestum si quis scipsi duceret opponendum, cum imperii Romani nolimus ulterius sustinere jacturam, cujus ei disposuimus conferre coronam.

Datum.

In eumdem fere modum suffraganeis Coloniensis Ecclesiæ.

XL.
NOBILI VIRO DUCI BRABANTIÆ.

Gaudere debes in Domino, etc., *usque* gratiarum, quod tuam et aliorum principum charissimo in Christo filio nostro illustri regi Ottoni in Romanorum imperatorem electo faventium discretionem et industriam commendantes, reprobare quod reprobastis, etc., *usque in finem.*

In eumdem modum comiti Flandriæ, duci de Limburg, comiti Hollandiæ, comiti de Sen et fratri ejus, comiti de Aare, comiti de Hostade, comiti de Bergh, comiti de Arnebergh, comiti de Arnesbergh, comiti de Thereneburgh, comiti de Uvolpia, comiti de Everstan, ita quod unicuique seorsim. In eumdem modum comitibus in Saxonia constitutis. In eumdem modum comitibus in Bruneswich.

XLI.
HENRICO COMITI PALATINO RHENI.

Gaudere debes in Domino et in actionibus nobis assurgere gratiarum quod is cujus imperii non est finis, per nos, licet indignos vicarios suos, genus tuum exaltare disposuit, et de fructu ventris illustris memoriæ Henrici ducis Saxoniæ patris tui super sedem imperii stabilire. Quantum autem id ad gloriam tui nominis spectet et honoris tui pertineat incrementum satis intelligit tua nobilitas per seipsam, cum excepto nomine imperatoriæ dignitatis, cætera tibi et charissimo in Christo filio nostro illustri regi Ottoni, in Romanorum imperatorem electo, quem nos in regem recipimus, et regalem ei præcipimus honorificentiam exhiberi, communia sint futura. Cum igitur negotium ejus proprie proprium debeas reputare, nobilitatem tuam monemus et exhortamur in Domino et per apostolica tibi scripta mandamus quatenus ad honorem et exaltationem ejus, imo tuam in eo, viriliter et potenter intendas et ita promotionem ejus studeas procurare quod idem rex expertus in te fraternæ devotionis affectum, fratrem se tibi debeat in omnibus in quibus cum eo Dominus misericordiam fecit exhibere. Sane cum hactenus, dum adhuc negotii ejus esset finis incertus, viriliter pro eo steteris et cum eo, tanto de cætero ei fortius assistere ac favere teneris quanto de incremento ejus certior es effectus. Sic igitur nos in eo et ipsum in nobis studeas devote ac efficaciter honorare sicut a nobis et ipso in tuis desideras desiderabilibus exaudiri.

Datum.

XLII.
PATRIARCHÆ AQUILEGENSI.

Gratum gerimus et acceptum quod, sicut dilectus filius noster Gregorius tituli Sancti Vitalis presbyter cardinalis nobis exposuit, super facto imperii noluisti hactenus in partem alteram declinare, sed super eo disposuisti potius acquiescere consiliis nostris et monitis obedire, quod et tu prius nobis per tuas litteras intimaras. Super quo fraternitatem tuam dignis in Domino laudibus commendamus et prosequimur actionibus gratiarum, cum id certum nobis sic tuæ devotionis indicium et sinceritatis evidens argumentum. Sane cum Ecclesiæ Romanæ dispendium, etc.

XLIII.
DUCI ZARINGIÆ.

Meminimus nos olim tuæ nobilitatis litteras recepisse, quibus nos monebas humiliter et efficaciter inducebas ne nobili viro Philippo duci Sueviæ super facto imperii præstaremus assensum, cum genus ipsius tam Ecclesiam quam principes multipliciter fuerit persecutum. Nos autem ex iis intelleximus mentem tuam, videlicet quod etsi ei favere forsitan, tum propter ejus potentiam, tum propter vicinitatem et alias circumstantias, videreris, ipsi tamen animo non favebas. Cum ergo nos, quia duobus ad imperium obtinendum favere non possumus, nec est tam personæ in imperio quam imperio in persona providendum, quia etiam ad hoc dignior reputatur qui magis idoneus reperitur, personam prædicti ducis quoad imperium, præsertim hoc tempore, obtinendum penitus propter impedimenta patentia quæ per litteras generales exprimimus reprobamus, sicut tu per tuas nos litteras monuisti, sic nobilitatem tuam rogamus, monemus, et exhortamur, et per apostolica scripta mandamus quatenus nonobstante juramento, si quod eidem duci ratione regni forsitan præstitisti, cum nos illud, eo reprobato, decreverimus non servandum, de cætero charissimo in Christo filio nostro illustri regi Ottoni in Romanorum imperatorem electo et a nobis opportuno tempore, dante Domino, coronando fideliter et constanter adhæreas, et partem ejus viriliter et potenter studeas confovere; ita quod devotionem tuam possimus in Domino commendare, et ad honorem et profectum tuum et tuorum apud ipsum intendere merito debeamus. Sane si aliter, quod non credimus, ageres, videreris scripsisse nobis aliud quam sentires, et sic illudere voluisse: propter quod contemptum nostrum non possemus sub dissimulatione transire.

Datum.

(26) Vide Dubravium lib. xv.

XLIV.
DUCI BOHEMIÆ.

Etsi commendabilis in eo videaris quod ad honoris et dignitatis tuæ profectum et augmentum intendis, reprehensibilis tamen appares ex eo quod ab eo imponi tibi petisti regium diadema qui nondum legitime dignitatem regiam est adeptus (26). Qualiter enim posset nobilis vir Philippus dux Sueviæ conferre alii quod nondum ipse accepit, cum non colligantur de spinis uvæ nec de tribulis ficus, nec sit facile sugere mel de petra vel oleum de saxo durissimo, tua nobilitas satis intelligit per seipsam. Licet autem quia duobus, etc., *in eumdem modum ut in præcedenti usque reprobemus*; volentes tamen honori tuo sollicitudine paterna consulere, nobilitatem tuam monemus et exhortamur attentius et per apostolica tibi scripta mandamus ut charissimo in Christo filio nostro illustri regi Ottoni in Romanorum imperatorem electo et a nobis opportuno tempore, dante Domino, coronando fideliter et constanter adhæreas, et ab ipso imponi tibi postules regium diadema. Cum autem apostolica sedes post fundamentum illud de quo inquit Apostolus: *Fundamentum positum est præter quod aliud poni non potest, quod est Christus Jesus (I Cor. III)*, fundamentum totius Christianitatis existat, juxta illud Evangelii: *Tu es Petrus, et super hanc petram ædificabo Ecclesiam meam (Matth. XVI)*, nos, qui, licet insufficientibus meritis, ad ejus sumus regimen evocati, procurabimus ex collata nobis plenitudine potestatis ut quod factum fuit etiam posteriorum tuorum temporibus obtineat firmitatem; eumdemque regem per venerabilem fratrem nostrum episcopum Prænestinum, apostolicæ sedis legatum, virum scientia præditum, conspicuum honestate, religione laudandum, quem inter cæteros fratres nostros specialis dilectionis brachiis amplexamur, et dilectum filium magistrum Philippum notarium nostrum, virum providum et discretum, nobis et fratribus nostris acceptum, duximus commonendum ut se tibi facilem et benevolum studeat exhibere: quod ex quanta benignitate procedat, industriæ tuæ relinquimus discernendum.

Datum, *ut supra.*

XLV.
ARGENTINENSI EPISCOPO.

Certo jampridem experimento didicimus quod etsi nobili viro Philippo duci Sueviæ quadam quasi necessitate coactus favere forsan videaris, charissimo tamen in Christo filio nostro illustri regi Ottoni in Romanorum imperatorem electo, et a nobis opportuno tempore, dante Domino, coronando interius mente faves, utpote cui te adhæsisse ab initio et fidelitatis juramentum intelleximus præstitisse. Quia vero necessitate cessante cessare debet pariter quod urgebat, fraternitatem tuam per apostolica scripta et exhortamur attentius et per scripta nostra præcipiendo mandamus quatenus cum nos, quia duobus, etc., *sicut supra, usque* reprobemus, et praedictum Ottonem recipiamus in regem, nonobstante juramento, etc., *usque* non servandum, eidem regi publice non differas adhaerere ac fovere potenter et viriliter partem ejus. Alioquin, cum ei, sicut praediximus, fidelitatis praestiteris juramentum, si, quod non credimus, imo de quo nec etiam dubitamus, de caetero proprii fieres juramenti transgressor, in te procedere durius cogeremur.

Datum, *ut supra.*

In eumdem modum scriptum est Basiliensi episcopo, et nobili viro Alberto comiti de Thaisburc, et nobili viro R. comiti de Thavesburch, verbis competenter mutatis, ita quod unicuique seorsim.

XLVI.
ARCHIEPISCOPIS, EPISCOPIS, PRIORIBUS, ABBATIBUS ET ALIIS ECCLESIARUM PRAELATIS.

Adversarius noster diabolus, qui tanquam leo rugiens circuit quaerens quem devoret, animarum profectibus invidens et saluti, ne unde ipse per vitium superbiae cecidit, homo per humilitatis meritum et opera pietatis ascendat, quae Dominus ad salvationem nostram potenter et mirabiliter operatur, quantum in eo est, dolose ac callide in materiam perditionis assumit, dum in agro Dominico zizania seminat, ne messis in manipulos tandem collecta recondatur in horrea, sed in fasciculos alligata cremetur. Habet enim mille nocendi modos, utpote qui mala suggerit, bona turbat, osculum simplicem scandalizare nititur, et veritatis et sinceritatis azyma fermento malitiae ac nequitiae fermentare. Ecce siquidem cum Dominus noster terram nativitatis suae tradi permiserit in manibus Paganorum, ut fidei Christianae cultores peccatum suum saltem in poena cognoscerent, et inter flagella tandem a suis iniquitatibus poeniterent, haberentque materiam non solum praeterita expiandi delicta, sed causam etiam commutandi temporalia in aeterna et per martyrii palmam immarcescibilem promerendi coronam, inimicus homo ad solitae malignitatis versutiam se convertens, inter catholicos principes et populos Christianos discordiae materiam adinvenit, fraternas acies contra se invicem et bella commovens intestina; ut dum frater in fratrem, proximus in amicum, et Christianus in Christianum leves niteretur injurias vindicare, obliviscerentur injuriae Jesu Christi, et sanguis Domino consecrandus, quo debuerant coelestia comparari, funderetur quasi daemonibus, et temporalibus perditis gehennae supplicium emeretur. Nos autem, quibus secundum Apostolum non est colluctatio adversus carnem et sanguinem, sed adversus principes et potestates, adversus mundi rectores tenebrarum harum, et quibus est fidelium Christi sollicitudo commissa, fraudibus versuti hostis, quantum concesserit Dominus, obviare volentes, sicut olim pro variis non tam Ecclesiae quam totius populi Christiani necessitatibus fratres nostros ad varias et diversas direximus regiones, ut de agro Domini zizania quae homo superseminaverat inimicus avellerent, ne triticum, si cresceret, suffocarent; sic nunc venerabilem fratrem nostrum Praenestinum episcopum, apostolicae sedis legatum, etc., *in eumdem modum ut in tertia* (27) *praecedenti usque* acceptum, principalius et specialius pro facto imperii, ex cujus divisione multa incommoda fere toti Christianitati provenisse noscuntur, de fratrum nostrorum consilio destinavimus, injuncto eidem episcopo plenae legationis officio, ut evellat quae evellenda cognoverit, et plantet quae ipsius viderit sollicitudo plantanda. Monemus igitur universitatem vestram et exhortamur attentius et per apostolica scripta praecipiendo mandamus quatenus eum cum eodem notario sicut legatum apostolicae sedis, imo nos in eo recipientes humiliter et devote ac honorifice pertractantes, quae vel super negotio pro quo specialiter mittitur vel aliis inter vos statuenda duxerit vel etiam corrigenda, inviolabiliter observetis. Alioquin sententiam quam propter hoc tulerit in rebelles, ratam haberi volumus, et faciemus, auctore Domino, inviolabiliter observari.

Datum Laterani, *ut supra.*

XLVII.
ILLUSTRI REGI FRANCORUM.

Cum te, tanquam Christianissimum principem, regem catholicum, et specialem filium, noverimus nobis et Ecclesiae Romanae devotum, utpote quem devotionis affectus exhibendus apostolicae sedi jure sibi haereditario vendicavit, a progenitoribus tuis inclytae recordationis Francorum regibus, etsi successive per singulos, in te tamen totus et integer derivatus, qui hujus puritatis succum contrahis a radice, vellemus ut et tibi, sicut saepe jam scripsimus, plene mentis nostrae pateret arcanum; ut cum intelligeretur quod filialem reverentiam exhibes non ingratis, nobis fieres de devoto devotior, et piae intentionis propositum de die in diem in corde tuo radicaretur amplius, et in germen uberius prosiliret. Pro certo igitur noveris et habeas pro constanti quod inter caeteros reges et principes Christianos te specialis amoris praerogativa de corde puro, conscientia bona, et fide non ficta diligimus, et ad honorem, profectum, et exaltationem tuam ardentius aspiramus. Unde ne vel levem etiam maculam in gloria tua poneres, si super ordinatione imperii Romani, quod ad nos principaliter et finaliter noscitur pertinere, ne diceremus nostrae dispositioni resisteres, sed nostrae non sequereris beneplacitum voluntatis, et sic cum apostolica sede regnum Franciae non sentiret, cui super arduis negotiis semper adhaesit, licet multa et magna nobis et nostris fuerint utrinque promissa, nec ad munera tamen flecti potuimus nec ad preces induci ut alterutram partem praeter conscientiam tuam vellemus assumere, cum velimus tecum favere alteri et cum eodem tecum pariter praevalere.

---

(27) Id est epist. 44.

Ut ergo serenitati tuæ nostræ pateat dispositionis arcanum, noveris quod examinantes merita personarum, invenimus quod alterius promotio, (28) præter alias rationes sufficientes et validas quibus ejus debet promotio impediri, et quas venerabilis frater noster Octavianus Ostiensis episcopus, apostolicæ sedis legatus, tibi poterit plenius explicare, nec nobis nec tibi nec regno tuo etiam expediret; cum si, quod absit! imperium obtineret, saltem occasione nepotis ad regnum Siciliæ ardentius aspiraret, cum ad illud jam manifestis indiciis ardenter aspiret. Quod autem hujusmodi unio vel confusio potius non expediat regno tuo, satis intelligit regia serenitas per seipsam. Promotionem autem alterius ad honorem et commodum regni tui credimus pertinere, cum inter eum (et charissimum in Christo filium nostrum Ludovicum filium tuum affinitatis vinculum sit contractum, et inter te et charissimum in Christo filium nostrum Joannem, Anglorum regem illustrem, per Dei gratiam plenæ pacis sit concordia reformata. Præterea nos tam sumus certi de ipso quod pro formanda et servanda tecum concordia mandatis nostris et consiliis acquiescet; nec nos ut fidejussores, si necesse fuerit, inter te et ipsum constituere recusamus. Cum igitur negotium ipsum dilationem non capiat, cum nobis a plurimis detrahatur credentibus et dicentibus eis quod nos hujusmodi discordiam foveamus, cum jam te duxerimus requirendum, nec duobus ad habendum simul imperium favere possimus, nec credamus tam personæ in imperio quam imperio in persona, sicut expedit, providendum, disposuimus manifeste de cætero reprobare factum alterius propter multas rationabiles causas, et personam reliqui approbare. Monemus igitur serenitatem regiam et exhortamur attentius et consulimus bono zelo quatenus ea quæ prædictus episcopus, apostolicæ sedis legatus, qui ad honorem tuum et profectum intendit, tibi ex parte nostra proponet, audiat diligenter et exaudiat hilariter regia celsitudo, et monitis et consiliis ejus, imo nostris verius, acquiescat; et ut nobiscum, dante Domino, super instanti negotio valeas prævalere, teneas occultum, sicut de tua discretione confidimus, quod super his regali magnificentiæ duximus intimandum.

Datum, ut supra.

XLVIII.
OSTIENSI EPISCOPO, APOSTOLICÆ SEDIS LEGATO.

Gaudemus in Domino et tuæ fraternitatis prudentiam commendamus quod ad ea feliciter consummanda quæ vel tibi sunt a nobis injuncta, vel quæ de beneplacito nostro procedere intelligis per teipsum, impendis studium diligens et operam efficacem. Accepimus siquidem ex litteris tuis quod licet charissimum in Christo filium nostrum Philippum Francorum regem illustrem super negotio

(28) Id est Philippi.

imperii primo inveneris nimis gravem, utpote qui per domum Anglicanam sibi multa evenisse gravamina recolebat, sperans tamen, tum eo quod nobis placere desiderat, tum quia tuis libenter consiliis acquiescit, tum etiam quia mediatores inter ipsum et alium bonos habes, quod ad nostrum beneplacitum inclinetur, si indemnitati ejus per cautelam nostræ providentiæ consulatur. Unde per easdem litteras consulebas quod ipsi et tibi super hoc nostras litteras mitteremus. Quid igitur ipsi scribamus ex transcripto litterarum, quod tibi præsentibus mittimus interclusum, tuæ poterit discretioni patere. Monemus igitur fraternitatem tuam et exhortamur attentius et per apostolica tibi scripta mandamus quatenus apud regem ipsum interponas efficaciter partes tuas ut super hoc monitis nostris et consiliis acquiescat, cum sufficienter velimus ejus indemnitati cavere, et dispositionem nostram ad honorem, profectum et gloriam ejus pertinere credamus. Sane cum dispendium Ecclesiæ, quæ nec vult nec debet diutius idoneo defensore carere, sustinere non debeamus ulterius nec negligere incommoda populi Christiani, cum diu exspectaverimus, cum præmonuerimus principes, cum eis etiam consilium nostrum per proprium nuntium et litteras duxerimus exponendum, nec profecerimus apud ipsos, de communi consilio fratrum nostrorum statuimus quod per rescriptum litterarum directarum ad principes Alemanniæ negotium istud plenarie continentium plene poterit tuæ discretioni patere, cum illud tibi mittamus præsentibus litteris interclusum. Quia vero per tuas nobis litteras intimasti ut si crederemus forsitan expedire, apostolicis tibi litteris mandaremus quod archiepiscopos et episcopos Alemanniæ ad tuam præsentiam convocares, quatenus si animum regis ad nostrum posses desiderium inclinare, nostrum eis beneplacitum aperires, volumus et mandamus ut si a negotiis illis quæ tibi exsequenda commisimus in regno Francorum utiliter te poteris expedire, cum venerabili fratre nostro Prænestino episcopo, apostolicæ sedis legato ad partes Germaniarum accedas, cum eo juxta formam litterarum nostrarum pariter processurus, cum non videatur alius locus idoneus in quo principes ad tuam deberes præsentiam convocare. Nolumus tamen ut hac occasione causas legationis injunctæ negligenter omittas; cum etsi magna sint ista, illa tamen non debeant minima reputari. In omnibus autem occulte procedas et caute, sicut de tua fidelitate confidimus et speramus.

Datum.

XLIX.
ILLUSTRI REGI ANGLORUM.

Quod promotio charissimi in Christo filii nostri illustris regis Ottonis, nepotis tui, in Romanorum imperatorem electi ad tuum pertineat incrementum, et exaltatio ejus tibi proveniat ad honorem, nullus dubitat sanæ mentis. Cum enim de domo descenderit Anglicana, et usque adeo te proxima linea consanguinitatis attingat ut etsi alios consanguineos habeas et propinquos, nullum tamen propinquiorem habere noscaris, ad promovendum negotium ejus tanto libentius deberes tam res exponere quam personam quanto genus tuum facilius magnificare potes in eo et per cum amplius extendere memoriam tui nominis et tibi perpetuæ laudis titulos comparare. Nam etsi, quod non credimus, ingratitudinis vitio laboraret, nec vellet tuis meritis respondere, negari tamen non posset quin saltem honorem nominis participaretis ad invicem, dum et tu diceretis tanti principis patruus, et tantus princeps vocaretur ab omnibus nepos tuus, ut cætera taceamus ex quibus tam tibi quam regno tuo et robur maximum et augmentum non modicum proveniret. Ne igitur debitum ei negare in derogationem tui nominis videaris cui teneris gratis etiam beneficia plurima liberaliter elargiri, rogamus serenitatem regiam et exhortamur in Domino quatenus pecuniam quam inclytæ recordationis Richardus rex Anglorum, frater tuus, ipsi testamento legavit, pro tot et tantis necessitatibus, quæ incumbunt eidem, nuntiis ejus tam hilariter quam celeriter largiaris.

Datum, ut supra.

Scriptum est Cantuariensi archiepiscopo ut inducat eum ad hoc.

L.
REGI FRANCORUM.

Quanto major utilitas de concordia inter te et charissimum in Christo filium nostrum Ottonem regem, volente Domino, reformanda creditur proventura, tanto serenitatem regiam ad ea quæ pacis sunt libentius invitamus. Cæterum magnitudinem tuam præsentibus litteris volumus reddere certiorem quod si pacis fœdera inter vos divinitus fuerint stabilita, et ipse, quod absit! ab eis præsumeret resilire, nos eum ad observantiam pacis per censuram ecclesiasticam cogeremus. Quod ne in oblivionem deveniat, sub cautione præsentium pollicemur.

Datum Laterani, v Idus Junii.

LI.
LITTERÆ EPISCOPI PRÆNESTINI DOMINO PAPÆ.

Beatitudinis vestræ mandatum devotione debita prosequentes, cum venissemus Trecas, periculorum eventus et viarum dispendia fere ubique passi; venerabilem fratrem nostrum dominum Ostiensem episcopum et magistrum Ægidium acolythum vestrum ibidem nos contigit invenisse. Quibus communicatis omnibus quæ a vobis suscepimus in mandatis, de communi consilio magister Philippus et magister Ægidius cum vestris et nostris litteris præcesserunt locuturi cum rege pro facto Ecclesiæ quod novistis et principibus ad certum locum et terminum evocandis. Nos vero cum in Galliæ partibus exspectandum duceremus, domino Ostiensi similiter ad expediendum suæ legationis officium secedente, donec a vobis et ab antedictis sociis nostris responsum acciperemus, propter sæpissimas inculcationes nuntiorum Ecclesiæ Romanæ, ne Gallicis nos quoque essemus oneri, coacti sumus versus Leodium festinare; ubi triduo commorantes, nuntios domini regis Ottonis et prædictorum sociorum nostrorum accepimus, nos litteris pariter et precibus urgentissime sollicitantes, ut, quia negotium nullam ulterius capiebat dilationem, et mora irrecuperabiliter apparebat damnosa, cum omni festinatione accelerare deberemus. Cæterum quia dominus Ostiensis huic negotio maxime necessarius erat, directis ad eum tam regis quam nostris et sociorum nostrorum litteris ut veniret, nos arrepto itinere apud Aquisgranum regi obviavimus congratulanti nimis de adventu nostro et cum devotione plurima se nobis offerenti: cum quo ingressi Coloniam, principes quosdam ibidem die ipsis præfixa recepimus. Ad quosdam enim mandatum nostrum pervenire non potuit, quidam suscepto etiam mandato penitus accedere nequiverunt, et quidam venire noluerunt: et hoc eos noluisse deprehendimus, quia ne nostros reciperent nuntios, civitates et domus suas clausisse feruntur, Maguntinus præcipue, Spirensis, et Wamaciensis. Quidam præterea nuntii super eodem negotio a quibusdam principibus directi, suspendio perierunt. Hoc etiam sanctitatem vestram latere non volumus, quod si negotium dilatum fuisset, quorumdam corda principum sic immutata videbantur quod in odium Romanæ Ecclesiæ tertium procreassent, nec nobis hoc in principio ita patere potuit sicut postea ipsorum intentio est plenius per assiduam familiaritatem comperta. Quare accepto consilio ab his qui honorem Ecclesiæ ac vestrum diligunt, in conspectu omnium qui convenerant litteras vestræ sanctitatis regi et de ipsius receptione et approbatione cunctis exhibuimus, et eum de cætero auctoritate vestra publice denuntiavimus regem Romanorum et semper Augustum, excommunicatis omnibus qui se ei ducerent opponendos. Quod utique tota quæ aderat universitas gratanter accepit, et super eo Deo et providentiæ vestræ benedictionum et gratiarum vota persolvit. Sane quia factum hoc necesse erat melius solidari, aliud colloquium apud Corbeiam indiximus: quo ad taxatum terminum accedentes, coram iis qui ibidem convenerunt eodem modo processimus. Eos vero qui se absque rationabili causa jam tertio citati absentaverant sub pœna suspensionis et excommunicationis iterum duximus evocandos: quos, si non venerint, aut mandato vestro non obedierint, secundum quod vobis placere noverimus, auctore Domino, puniemus. Eapropter ad factum hoc laudabiliter consummandum, cujus gloriosus finis etiam gloriam pariet Ecclesiæ, nomenque vestrum continuabit in ævum, supplicamus celsitudini vestræ et quantum possumus suademus quatenus ad stabiliendum id quod factum est et feliciter expediendum quod restat, secundum quod providentiæ vestræ melius visum fuerit, et præsentium latores, de quorum discretione confidimus, frater Gub. monachus Cirterciensis, frater F. canonicus Mortariensis, nuntii nostri suggesserint, qui quod in litteris minus est verbo supplere poterunt, manum consilii et auxilii apponatis, et propositionibus adversæ partis, si accesserit, intendere non dignemini ; istud pro certo scientes, quia si soli ecclesiastici principes domino regi Ottoni a principio fideliter adhæsissent, vel adhuc eidem vellent viribus et animis adhærere, nulla vel modica esset difficultas in ipsius progressu negotii, finisque desideratus nostris principiis et nostris laboribus arrideret. Hoc præterea certum sit paternitati vestræ, dominum regem expositum esse fecisseque omnia quæ imperastis, et facturum libenter singula quæ vita sua comite sibi duxeritis imperanda.

LII.
LITTERÆ MAGISTRI PHILIPPI NOTARII DOMINO PAPÆ.

(29) Post pronuntiationem excellentissimi domini Ottonis, Dei et vestra gratia illustris Romanorum regis semper Augusti, Coloniæ in multorum præsentia solemniter celebratam, quia et nobis et domino Coloniensi episcopo ac aliis qui de consilio nostro erant videbantur quasi modicum profecisse, nisi matrimonii negotium, quod inter eumdem regem illustrem et nobilem virum ducem Brabantiæ olim initiatum fuerat, per vigilantiam nostram et sollicitudinem compleretur, accessimus et dominus Prænestinus et ego apud Trajectum superius super Mosam, ubi multorum principum, comitum baronum et nobilium ex remotis partibus multitudine congregata, pronuntiatio illa quæ Coloniæ solemniter facta fuerat, ibidem fuit fere solemnius repetita, et dispensatione præmissa, per juramenta nobilium ex utraque parte matrimonii fuit negotium confirmatum (30). Ex tunc autem præfatus dux, qui cum domino rege non æquis passibus ambulabat, ita per gratiam Dei et merita vestra fuit in dilectione ipsius et benevolentia solidatus ut et in filium suum regem ipsum assumpserit, et negotium imperii apud quoslibet esse proprium sub voce præconia protestetur, dicens : *Quicunque me diligit et meus esse voluerit consanguineus et amicus, in hujus mihi totis viribus articulo necessitatis assistat;* ita quod ex hoc de Los et Gelren comites, viri nobilissimi et potentes, qui nobis se manifestissime opponebant et partem Suevi totis viribus tuebantur, incontinenti ubi eis innotuit de hoc verbo, ad mandatum domini regis et beneplacitum sunt reversi. Fecit etiam præfatus dux edictum generale per totam terram suæ jurisdictioni subjectam in quacunque domo duo, tres, quatuor, quinque aut sex homines essent, uno tantum relicto, reliqui secum egrederentur ad pugnam. Omnes etiam amicos suos et consanguineos invitavit ad bellum, ita quod publice dicitur, dominus rex tam cum duce quam cum domino Coloniensi et comite Palatino fratre suo, qui

in omnibus potior pars consilii regis et consilii nostri semper existit, et aliis episcopis, comitibus et magnatibus terræ in expeditionem producet centum millia armatorum; nec creditur quod eis aliquis resistere valeat, si duntaxat omnipotens Deus, a quo factum est istud, quod in oculis omnium est mirabile, Ægyptiorum illorum, Suevorum videlicet, castra respiciat et ea dejiciat in profundum, et partis dexteræ justitiam, causam scilicet sacrosanctæ Romanæ Ecclesiæ, tueatur. Nam de Suevo, ut verum fatear, sicut testis est Deus, mentio non habetur, nisi quod aliquando adscitis aliquibus episcopis, quos potest difficulter habere, Wormatiensi videlicet, Spirensi, et cancellario suo, lantgravio etiam, et quibusdam comitibus qui cum eo non ambulant recto corde. Nam dux Bohemiæ potior pars auxilii sui, et dominus Argentinensis, ac plures de superioribus nobiscum sunt per illius gratiam qui recte cuncta disponit. Conqueritur autem de vobis idem dux Sueviæ et de Romana Ecclesia coram ipsis, dicens quod ea sola ratione invehimini contra ipsum, quia sine licentia vestra voluerit imperare, eos intelligere faciens quod ex hoc deperit libertas eorum, et nemo præter voluntatem Romani pontificis poterit imperare. Sed, sicut per illos qui in consilio sunt ipsius frequenter accepimus, in nullo per Dei gratiam nec proficit nec profecit, nec potest exercitum congregare. Cæterum dominus Prænestinus et ego cum magistro Ægidio in itinere sumus Bingam, quæ civitas est prope Maguntiam, accedendi ; ubi credimus Maguntinum, Warmaciensem, multos comites et barones ad mandata sacrosanctæ Romanæ Ecclesiæ et ad vestrum et ad domini regis servitium facile per amicos nostros inducere ; nec laborare desistimus, nec etiam desistemus donec negotium Ecclesiæ et imperii, Deo propitio, feliciter consummetur. Quidquid autem profecerimus apud istos, processum etiam hujus negotii per ordinem cito per alias litteras vobis intimare curabo. Vestrum igitur est in Lombardiam honorabiles nuntios et litteras destinare ; ut sicut in Alemannia, ita et ibi negotium Ecclesiæ et imperii procuretur.

LIII.
LITTERÆ REGIS OTTONIS.

Reverendissimo in Christo Patri et domino charissimo INNOCENTIO, Dei gratia summo pontifici et universali papæ, OTTO, eadem gratia Romanorum rex et semper Augustus, debitam devotionem et fidelem subjectionem.

Primitias nostræ promotionis et beneficia paternitatis vestræ mente sollicita recolentes, et attribuentes benignitatis vestræ beneficio totum quod dignitati aut viribus nostris accrevit vel in posterum accrescere poterit, tam devotas quam uberes sanctitati vestræ gratiarum referimus actiones, quia in boni principii proposito perseverare dignati estis et

---

(29) Vide Godefrid. monach. S. Pantal. ad an. 1202. Vide infra epist. 106.

(30) Vide eumdem ad an. 1199, et supra epist. 25.

illud per venerabilem patrem nostrum dominum Præneslinum episcopum laudabiliter consummare quod ad Deum tantum et ad prosecutionem mandati vestri, suo respectu habito, ita prudenter et circumspecte in iis quæ legationis suæ ministerio expedienda erant se gessit quod licet factum nostrum nimis implicitum in suo ingressu repererit, Deo et orationum vestrarum cooperante suffragio sic per opera studiorum suorum effecit quod promotionem nostram ex parte maxima solidavit. Et quia Maguntinus et Leodiensis electi, Siffridus videlicet et Hugo, nobis potissime necessarii videbantur, tum per se, tum per consanguineos suos, et quia factum nostrum omnino sine ipsorum conniventia turbationem timebat, apud eumdem Patrem nostrum dominum Præneslinum effecimus quod Siffrido administrationem Ecclesiæ Maguntinæ concessit, et Hugoni spem bonam, de gratia vestra confisus, in sua electione donavit (31). Ne igitur quod bene incœpit paternitas vestra in nobis aliquo, quod absit! impedimento turbetur, et facta manuum vestrarum detrimentum patiantur, humiliter imploramus ut præfatis electis pro honore vestro et robore vestro, quod idem ipsum est, totum vestrum assensum et favorem apostolicum impertiri dignemini, sicque de nobis speciali plasmate Romanæ matris Ecclesiæ providere quod diadematis nostræ purpura totus orbis, auxiliante Deo, per vestræ miserationis gratiam se gaudeat insignitum. Nec miretur sanctitas vestra si totam seriem facti præsenti paginæ non inseruimus. In proximo enim, concedente Domino, qui vos plene super omnibus instruent, solemnes nuntios ad pedes vestros duximus destinandos.

LIV.
LITTERÆ EJUSDEM AD DOMINUM PAPAM.

Sanctitati vestræ præsentium insinuatione innotescat quod dilectus et fidelis noster Cameracensis electus de mandato vestro ad nostram accessit præsen.iam, et de manu nostra regalia sua solemniter recepit. Quoniam autem et in aliis ipsum Romanæ Ecclesiæ fidelem esse cognovimus et devotum, paternitati vestræ pro ipso preces affectuosas porrigimus quatenus eum in justis petitionibus suis exaudire et negotia ipsius et Ecclesiæ suæ benigne dignemini promovere. Ipsius etenim negotia tanquam et nostra propria reputamus, et promotionem ejus nobis credimus admodum profuturam.

LV.
COLONIENSI ARCHIEPISCOPO.

Ex uno eodemque negotio te nobis et nos tibi credimus debitores, cum nos tuo deferentes honori plantam irrigaverimus quam plantaras, et tu irrigatam a nobis, sicut plantator diligens, diligenter studueris conservare, dante Domino incrementum. Multum Ecclesiæ Romanæ teneris ex eo quod ipsa, quasi judicium tuum sequens, reprobavit quod reprobaveras, et quod approbaveras approbavit, et charissimum in Christo filium nostrum illustrem regem Ottonem in Romanorum imperatorem electum, et a te coronatum in regem, in imperatorem proposuit coronare ; ut quod per te, faciente Domino, feliciter est incœptum, per ipsam felicius consummetur. Nos ergo tuæ fraternitati tenemur, quæ voluntate nostra plenius intellecta, in suo proposito convalescens, tanto amplius in ejusdem regis dilectionem et devotionem exarsit quanto factum suum ex favore nostro intellexit amplius roborari. Cum ergo rex ipse tibi post Deum sui honoris primitias, nobis autem consummationem ascribere debeat et ascribat, ad exaltationem ipsius mutuum nobis auxilium exhibere tenemur, ut status ejus prosperitatis de die in diem suscipiat incrementum; ne si respiceremus retro, quod absit! de levitate redargui merito deberemus, et illud evangelicum in nostrum sæpius opprobrium legeretur : *Hic homo cœpit ædificare, et non potuit consummare* (Luc. xiv). Quod si nobis persistentibus, sicut firmiter persistimus, in incœpto, tu ab aratro retraheres manum tuam, quod credere non valemus, tanto amplius ficurreres apostolicæ sedis offensam et mereveris districtione severiori feriri quanto turpius nobis videveris illudere voluisse, si contra id qualibet occasione veniros ad quod nos sæpius tam per litteras tuas quam nuntios induxisti. Credimus enim quod tu ipse in milite tuo proditionis vitium reputares, si is qui te induxisset ad arma, recederet armato, et qui te præcessisset in hostem, et tibi procedendi causam et audaciam præstitisset, recederet in congressu, et terga verteret hoste viso. Hæc autem non scribimus tanquam de te talia suspicemur, sed ut ex verbis nostris sumas materiam per quam alios, si qui forsan retro abire voluerint, increpare valeas vel potius revocare. Cum ergo in facto ipso usque adeo sit processum quod venerabilis frater noster episcopus Præneslinus, apostolicæ sedis legatus, jam approbationem nostram in Teutonia publicavit, fraternitatem tuam monemus et exhortamur attentius et per apostolica tibi scripta mandamus atque præcipimus quatenus in bono proposito perseverans, non deficias, sed proficias potius, et ad honorem et exaltationem ejusdem regis viriliter et potenter intendas, ut cum perseveraveris usque in finem, ex opere tuo fructum recipias et ex labore mercedem.

Cum enim propter favorem personæ hactenus impensum eidem, non solum redditus tuos pro eo duxeris expendendos, sed thesaurum etiam Ecclesiæ Coloniensis pro ipso curaveris obligare, et jam per Dei gratiam, tuo studio faciente, negotium ejus ad finem perducatur optatum, totis debes viribus imminere ut quod restat tam feliciter quam celeriter compleatur; quatenus sicut idem rex hactenus in necessitatibus suis auxilium est tam tuum quam Ecclesiæ Coloniensis expertus, sic de cætero in uti-

---

(31) Vide Godefrid. ad. an 1201.

litatibus tuis et ejusdem Ecclesiæ opem salutarem impendat, et tantis obsequiis digna studeat vicissitudine respondere. Tanto amplius fervere debes in dilectione regis ejusdem quanto nosti certius quod si, quod absit! dux Sueviæ prævaleret, in te ac Coloniensem Ecclesiam et tuos consanguineos et vassallos effervesceret ira ejus, utpote quibus totam turbationem præteritam imputans, suam in vos sævitiam sæviens exerceret. Nec te moveant maledicta quorumdam, qui nos asserunt libertatem electionis adimere principibus voluisse, cum libertati eorum detulerimus potius in hoc facto, et illæsam eam duxerimus conservandam. Non enim elegimus nos personam, sed electo ab eorum parte majori, qui vocem habere in imperatoris electione noscuntur, et ubi debuit et a quo debuit coronato, favorem præstitimus et præstamus, cum apostolica sedes illum in imperatorem debeat coronare qui rite fuerit coronatus in regem. In eo quoque stamus pro principum libertate quod ei favorem penitus denegamus qui sibi jure successionis imperium nititur vindicare. Videretur enim imperium non ex principum electione conferri, sed sanguinis successione obtineri, si, prout olim patri filius, sic nunc fratri frater vel natus patri nullo succederet mediante. Frustra ergo bene facta depravant qui falso nos impugnare confingunt; quoniam defendimus potius libertatem, sicut facti evidentia manifestat. Nec desperent obedientiæ filii, nec alii qualibet occasione præsumant quod adversus Ecclesiam, quæcunque possit maligna potentia prævalere, quæ super firmam petram fundata consistit, eam videlicet de qua legitur: *Petra autem erat Christus* (I Cor. x). Nam, juxta verbum Apostoli, *Fundamentum positum est præter quod aliud poni non potest, quod est Christus Jesus* (I Cor. iii). Unde portæ inferi non prævalebunt adversus eam, quoniam conteret Dominus omnem multitudinem se adversus Ecclesiam extollentem, nec sævire permittet virgam peccatorum super sortem justorum, sed in baculum arundineum hanc convertet, ut manum perforet innitentis. Præterea non est Ecclesia in hoc sola. Imo præter principes Alemanniæ qui regi favent eidem, pene penitus tota Italia, quæ non modica imperii pars existit, nostræ prorsus est exposita voluntati, et alii multi principum nostræ super hoc sequuntur propositum voluntatis. Unde non est aliquatenus dubitandum quin perseveranti constantiæ finem tribuat exoptatum. Volumus etiam ut quidquid idem legatus super hoc duxerit statuendum recipias humiliter et inviolabiliter studeas observare. Nos etenim sententiam quam rationabiliter tulerit in rebelles ratam habebimus, et faciemus, auctore Domino, inviolabiliter observari.

Datum Anagniæ.

LVI.

EPISCOPO PRÆNESTINO APOSTOLICÆ SEDIS LEGATO, MAGISTRO PHILIPPO NOTARIO, ET ÆGIDIO ACOLYTHO NOSTRO.

Bonorum omnium largitori, licet exiles, tamen quas possumus gratiarum exsolvimus actiones, quod super negotio imperii affectum vobis tribuit mandatis apostolicis obsequendi, et effectum affectus pro parte tam magna benignus indulsit, et in manibus vestris nostrum dignatus est propos'tum prosperare. Sollicitudinem quoque ac diligentiam vestram in Domino commendamus quod nec parcendo rebus, nec indulgendo personis, injuncto vobis negotio promovendo diligenter et prudenter insistitis, iniquorum frustrantes consilium, et machinationes vacuantes eorum. Gaudemus etiam et vestram prudentiam commendamus ex eo quod, tanquam cum Apostolo et abundare et penuriam pati scireti (32), licet in quibusdam necessitas vos urgeret, esse tamen cuiquam oneri noluistis, ne aliqui propter onus forsitan vos vitarent, quos vobis sufficit ad honorem nostrum et charissimi in Christo filii nostri Ottonis regis illustris in Romanorum imperatorem electi juxta votum vestrum et nostrum pariter induxisse. Cum igitur ad publicationem super eodem negotio faciendam solemniter processeritis, districte vobis per apostolica scripta mandamus atque præcipimus quatenus efficaciter insistentes incœpto, principes qui regi favent eidem in dilectione ac devotione ipsius fortius radicetis, et ad idem alios prudenter et efficaciter inducatis. Ut autem os iniqua loquentium penitus obstruatur, nec prævaleant maledicta quorumdam qui nos asserunt libertatem electionis adimere principibus voluisse, in auribus omnium verbis et scriptis sæpius inculcetis quod libertati eorum in hoc facto detulimus, et illæsam eam duximus conservandam. Non enim nos personam elegimus, sed electo ab eorum parte majori, etc., *ut in proxima præcedenti usque* finem tribuat exoptatum. Instate igitur, sicut de vestra discretione confidimus; nec deficiatis in aliquo, sed proficiatis potius, sollicite procurantes ut quod, faciente Domino, est feliciter inchoatum, felicius consummetur. Vos vero mercedem vestri laboris in Deo primum et in nobis ponite consequenter, qui meritis vestris, dante Domino, digna poterimus vicissitudine respondere. Ne autem vel retrahere manum ab aratro vel retro respicere vel ad propria negotio imperfecto redire necessitas vos compellat, si necesse fuerit, aliquam moderatam pecuniam pro expensis vestris mutuo recipere procuretis, quam nos congruo tempore persolvamus. In ferendis autem sententiis, præsertim excommunicationis et depositionis in magnas personas, cum non deceat nec expediat totam districtionem ecclesiasticam pariter exercere, vos volumus et mandamus cum multa procedere gravitate; non ut impunitam rebellium

---

(32) Vide infra epist. 84.

contumaciam dimittatis, sed ut quod ligandum fuerit tanto ligetur fortius quanto nervus ad hoc fuerit fortior exquisitus. Quod autem de venerabili fratre nostro archiepiscopo Maguntino tu, frater episcope, secundam formam mandati nostri fecisti, gratum et ratum nos noveris habuisse. Ad hoc, quoniam Warmatiensis episcopus, sicut ex litteris tuae fraternitatis accepimus, in sua contumacia perseverat, volumus et mandamus ut nisi commonitus ad mandatum tuum redierit, canonicis Warmatiensibus ex parte nostra districte præcipias ut personam idoneam sibi eligant in pastorem. Dignum est enim ut qui temere in alienam Ecclesiam se intrusit, et adhuc ei non desinit incubare, propria juxta sanctiones canonicas spolietur. De cætero, licet pro diversitate negotiorum vobis diverso modo scribamus, interdum severitate, lenitate nonnunquam, et mediocritate frequenter utentes, quia vos in cunctis cautos esse volumus et discretos, nolumus tamen ut de nostra benevolentia diffidatis, sed de gratiæ nostræ plenitudine confidentes, ad honorem apostolicæ sedis et nostrum de bono semper in melius procedere procuretis. Ut autem vos de iis quæ circa nos geruntur prospere reddamus certiores, pro certo noveritis quod nobilis vir Walterus comes Brenensis cum aliis fidelibus nostris de perfido Diupuldo et Marcualdi fautoribus jam secundo mirabiliter, faciente Domino, triumphavit, primo in Terra Laboris, et in Apulia consequenter (33); et præter strages hominum, hostium spolia, et recuperationes terrarum, multos cepit et magnos tam Teutonicos quam Latinos : ex quibus duos, quos tenet, exprimimus nominatim, Soffridum videlicet Diupuldi germanum, et Ottonem de Laviano, qui sanctæ memoriæ Albertum Leodiensem episcopum interfecit (34); et cum jam quasi totum regnum citra Pharum nostræ pareat voluntati, comes ipse de mandato nostro contra Marcualdum triumphaturus, auctore Domino, in Siciliam transfretabit. De urbe quoque scire vos volumus quod eam per Dei gratiam ad beneplacitum nostrum habemus. Unde si præfatus rex et sibi faventes perseverare curaverint, speramus in Domino quod non solum superari non poterit, verum etiam penitus prævalebit. Postremo vestræ discretioni mandamus ut sicut de nostra benignitate confiditis, omni gratia et timore postpositis, puram et plenam nobis scribatis, sive communiter sive specialiter scripseritis, veritatem, locum et tempus quo scribitis vestris litteris subscribentes, et, cum interdum quæ prius fiunt nobis ultimo porrigantur, ex subscriptione hujusmodi quæ priores et quæ posteriores, et ubi datæ fuerint, agnoscamus.

Datum Anagniæ.

LVII.

ILLUSTRI REGI OTTONI IN ROMANORUM REGEM ELECTO.

Non multum oportet mentis affectum oris officio explicare cum opera testimonium perhibent veritati,

(33) Vide Gesta Innoc. III, cap. 25.

et intentionem tanto expressius quanto verius manifestant. Unde cum quanta sinceritate in facto tuo duxerimus procedendum, quantam sollicitudinem et diligentiam in eo curaverimus adhibere, qualiter serenitati tuæ non jam occulte sed publice faveamus, quantumque per favorem nostrum negotium tuum restauratum fuerit et etiam prosperatum, celsitudo regalis, sicut credimus, plenius est experta. In multis enim non exspectavimus preces tuas, sed eas sæpius curavimus prævenire, ac ad exaltationem tuam nec pauca nec modica te tractavimus nesciente, de tua sinceritate sperantes quod ad honorem apostolicæ sedis et nostrum, sicut catholicus princeps, intendes et exaltationem Ecclesiæ totis viribus procurabis, utpote per quam post Deum te intelligis exaltatum. Monemus igitur serenitatem tuam et exhortamur attentius quatenus principaliter et præcipue spem tuam ponas in eo qui deponit de sede potentes, et humiles, sicut beata Virgo testatur, exaltat ; quoniam humilitatem tuam sua miseratione respiciet, et conteret inimici cervicem, et mittet auxilium de Sancto, et de Sion tuebitur causam tuam. In nobis quoque, qui vicem ejus, licet indigni, exercemus in terris, sine qualibet dubitatione confidas ; quoniam ex quo cœpimus, usque in finem auxilium tibi præstabimus et favorem, nec unquam reprobabimus, Domino concedente, quod semel noscimur approbasse. Nec aliquorum suggestio mentem tuam a suo statu dejiciat, aut animum tuum non solum credere sed etiam suspicari compellat quod in facto suo velimus ab incœpto desistere vel exhibitum tibi hactenus subtrahere vel negare favorem. Absit enim ut quod inter primitias tuæ promotionis non fecimus, nunc, cum negotium tuum roboratum est per Dei gratiam et favorem sedis apostolicæ, faciamus, et plantam quam irrigare cœpimus permittamus urere, cum ei Deus ex magna parte jam dederit incrementum. Sane ab initio nobilis vir dux Sueviæ favorem Ecclesiæ Romanæ quæsivit, pro quo institit obtinendo, confidens pro certo quod si habere gratiam sedis apostolicæ potuisset, non solummodo prævalere in eum, sed nec ante faciem ejus subsistere potuisses. Quia vero in facto tuo perseverantia opus habes, quæ in cunctis bonis operibus commendatur, oportet ut exhibeas te constantem, ne vel iniqui suggestione vel promissione perversa te molliant : quorum molimina contra te, si perstiteris fortiter, non poterunt prævalere. Principes etiam qui alteri parti favent sic debes ad tuam devotionem diligenter inducere ut eos qui tecum fuerant studeas tibi diligentius conservare. Cæterum licet in te strenuitatis virtutem plurimum commendemus, quia tamen audacia nonnunquam in principe solet esse damnosa si personam suam exponat improvide periculis et fortunæ, sicut nuper fuisses expertus nisi tibi manus Domini astitisset, personæ tuæ sollicite studeas præcavere, nec usque adeo sis prodigus vitæ tuæ ut qui victoriam

(34) Ibid., cap. 34.

velis morte mercari; cum noris, ut credimus, quod multi deficientibus viribus redierunt ad fraudes, et cum per potentiam nequeant, student saltem per nequitiam prævalere. Quamvis enim totum negotium tuum simul expedire non possis, non debes tamen usque adeo festinare ut personam tuam fortunæ committas, sed exspectare potius ut qui cœpit in te perficiat opus bonum, et qui honori tuo dedit principium, ipse quoque consummationem apponat. Quid autem pro te diversis scribamus personis tam ecclesiasticis quam mundanis, per ipsarum litterarum rescripta tuæ poterit serenitati patere. Monemus vero celsitudinem tuam et propensius exhortamur quatenus senatui populoque Romano, rectoribus Lombardiæ ac Tusciæ, singulis etiam civitatibus et baronibus, imo etiam archiepiscopis et episcopis, de tuo prospero statu frequenter litteras tuas studeas destinare, per quas eis bona promittas, et inimicorum tuorum confusionem exponas.

Datum Anagniæ.

LVIII.
TREVIRENSI ARCHIEPISCOPO ET SUFFRAGANEIS EJUS, ET UNIVERSO CLERO IN TREVIRENSI PROVINCIA CONSTITUTIS.

Etsi ægre tulerimus et moleste quod ex dissensione principum et imperium imperatore carebat et Ecclesia defensore, sustinuimus tamen diutius si principes ducti consilio saniori tam sibi quam universo populo Christiano melius providerent et sopita discordia concordarent. Verum cum exspectatio nostra obesse potius quam prodesse imperio videretur, ad concordiam eos per nostras duximus litteras commonendos. Sed quia nec commonitio valuit apud ipsos, consilium tandem nostrum eis per nuntium et litteras nostras curavimus aperire. Cæterum quoniam nec consilio acquiescere curaverunt venerabilem fratrem nostrum Prænestinum episcopum, apostolicæ sedis legatum, propter hoc præcipue in Teutoniam duximus destinandum : qui persona ducis Sueviæ propter causas sufficientes et multiplices reprobata, nos consentire in charissimum in Christo filium nostrum Ottonem regem illustrem in Romanorum imperatorem electum publice nuntiavit. Cum ergo nos eum receperimus jam in regem et ad coronam imperii congruo tempore disposuerimus evocare, universitati vestræ per apostolica scripta mandamus et in virtute obedientiæ districte præcipimus quatenus ei de cætero adhæreatis fideliter et potenter et tam potenter quam viriliter assistatis, non obstante juramento si quod ratione regni prædicto duci forsitan præstitistis, cum nos illud, eo reprobato, decreverimus non servandum. Nec vos moveant, etc., *in eumdem modum ut in littera præcedenti usque in finem. In eumdem modum Salzburgensi et suffraganeis ejus et universo clero in Salzburgensi provincia constitutis. In eumdem modum Magdeburgensi et suffraganeis ejus et universo clero in Magdeburgensi provincia constitutis. In eumdem modum Bremensi et suffraganeis ejus et universo clero in Bremensi provincia constitutis. In eumdem modum suffraganeis et canonicis Ecclesiæ Maguntinæ et universo clero in Maguntina provincia constitutis.*

LIX.
PATEBURNENSI EPISCOPO.

Gratum gerimus et acceptum et tuæ devotionis constantiam in Domino commendamus quod charissimo in Christo filio nostro illustri regi Ottoni in Romanorum imperatorem electo, quem nos recepimus jam in regem, et ad coronam imperii congruo tempore disposuimus evocare, fideliter et constanter adhæres, et ei auxilium tribuis et favorem. Super hoc ergo devotionem tuam prosequentes actionibus gratiarum, fraternitatem tuam monemus et exhortamur attentius et per apostolica tibi scripta mandamus quatenus eidem regi, nonobstante juramento si quod duci Sueviæ ratione regni forsitan præstitisti, cum nos illud, eo reprobato, decreverimus non servandum, viriliter et potenter assistas et universos consanguineos et amicos tuos ad ejus fidelitatem inducas, ita quod ex hoc gratiam nostram plenius merearis; sciturus quod sicuti prius quam ipsum acceperimus in regem, gratum reputavimus et acceptum si quis ei fideliter adhæreret; de cætero, præsertim in viris ecclesiasticis, non dimitteremus inultum si quis ei ipsi duceret opponendum. Non autem te moveant maledicta quorumdam, etc.

In eumdem modum episcopo Osnebruchensi, Monasteriensi, Trajectensi, Hildesemensi, Mindensi, ita quod unicuique seorsim. In eumdem modum abbati Uverdensi, abbati Sancti Cornelii, abbati Promiensi et præposito Bunnensi, ita quod unicuique seorsim. In eumdem fere modum Coloniensi archiepiscopo et suffraganeis ejus. In eumdem fere modum comiti Flandrensi ut episcopo Pateburnensi usque merearis. Non autem te moveant, etc. *In eumdem modum comiti Namurcensi, duci de Lembure, comiti de Loen, de Wassemberc, Waleranno, comiti de Hostaden, comiti de Aire, comiti de Sain, comiti de Eppesteim, comiti de Tikenburc, comiti de Cesselle, Hermanno de Lippe, comiti Hollandiæ, comiti de Boren, comiti de Los, comiti de Techeburg, comiti de Montana, Gul. fratri venerabili Siffrido archiepiscopo Maguntino. In eumdem modum nobili viro comiti de Viana, comiti de Arnesberc et comiti de Acen, ita quod unicuique seorsim.*

LX.
JOANNI ILLUSTRI ANGLORUM REGI.

Cum charissimus in Christo filius noster Philippus rex Francorum illustris non potuerit te absolvere a debito quo teneris inclyto regi Ottoni nepoti tuo in Romanorum imperatorem electo, quemadmodum nec ipse rex Otto te posset absolvere a debito quo teneris præfato regi Francorum, cum et ratio dictet et natura deposcat ut avunculus debeat subvenire nepoti, profecto juramentum quod eidem regi Francorum diceris præstitisse, ne videlicet subvenires prænominato regi nepoti tuo, debet illicitum judicari. Nos igitur et tuæ saluti et tuæ utilitati paterna volentes sollicitudine providere, quia secundum prophetam debemus dissolvere colligationes impietatis et fasciculos deprimentes, juramentum hujusmodi, quantum ad hunc spectat articulum, tam a te quam ab iis qui pro te taliter juraverunt decernimus non servandum, serenitati tuæ per apostolica scripta mandantes quatenus eo penitus nonobstante debitum illi subsidium et favorem impendas.

LXI.
LITTERÆ QUORUMDAM PRINCIPUM FAVENTIUM PARTI PHILIPPI.

Sanctissimo Patri ac domino INNOCENTIO sacrosanctæ Romanæ sedis summo et universali pontifici, Dei gratia Madeburgensis, Bremensis archiepiscopi; Warmatiensis, Pataviensis, Ratisponensis, Constantiensis, Augustensis, Ekstadensis, Havelbergensis, Brandeburgensis, Misnensis, Noemburgensis episcopi; Babenbergensis electus; Fuldensis, Herseveldensis, Campidonensis abbates, rex Bohemiæ, dux Zaringiæ et rector Burgundiæ, dux Saxoniæ, dux Austriæ et Stiriæ, dux Meraniæ, Turingiæ lantgravius, marchio Moraviæ orientalis, Misnensis, Brandeburgensis marchiones, de Orlamund, de Summersenberch, de Brenen, de Witin comites, salutem et debitam in Christo reverentiam.

Existimare non valet ratio, nec rudis simplicitas hoc potest credere, ut inde juris cujusque surgat turbatio ubi juris soliditas permansit hactenus inconvulsa. Quis tam duri etiam tamque perversi sensus existimet ut inde emanet superstitio ubi quiescere debet sanctitas? Divina enim ordinatione, non humano judicio, pie et salubriter est provisum ut in urbe Romana, ubi olim erat caput superstitionis, illic quiesceret caput sanctitatis; et suppliciter omnibus est orandum ut ad extremitatem non retrahatur principium, ne omega dicatur revolasse ad alpha. Non ergo sacrosanctæ Romanæ sedis sanctitas et cuncta pie fovens paternitas hoc sentire ullo modo nos permittit, ea quæ juri dissona et honestati contraria a domino Præstestino vestræ sanctitatis, ut ipse asserit, legato in Romanorum regis electione sunt indecenter nimium perpetrata, ut de vestræ miræ prudentiæ prodierint conscientia, nec sanctissimam sancti cœtus cardinalium credimus huc convenientiam (35) accessisse. Quis enim huic similem audivit audaciam? Quis verus accedere potest testis fore hactenus sic præsumptum, cum nec hoc testetur fabula, nec affirmet res gesta, nec cujusquam hoc codicis asseveret series? Ubinam legistis, o summi pontifices, ubi audistis, sancti patres, totius Ecclesiæ cardinales, antecessores vestros vel eorum missos Romanorum regum se electionibus immiscuisse, sic ut vel electorum personam gererent, vel ut cognitores electionis vires

trutinarent? Respondendi instantiam vos credimus non habere. In Romanorum enim electione pontificum hoc erat imperiali diademati reservatum ut eam Romanorum imperatorum auctoritate non accommodata ullatenus fieri non liceret (36). Imperialis vero munificentia, quæ cultum Dei semper ampliare studuit, et ejus Ecclesiam privilegiorum specialitate decorare curavit, hunc honoris titulum Dei Ecclesiæ reverenter remisit: quod constitutio primi Henrici evidenter explanat, cujus series hæc est: *Ut nullus missorum nostrorum cujuscunque impeditionis argumentum in electione Romani pontificis componere audeat omnino prohibemus* (37). Si laicalis simplicitas bonum quod de jure habuit reverenter contempsit, sanctitas pontificalis ad bonum quod nunquam habuit quomodo manum ponit? Sed cum vestræ sanctæ curiæ tanquam piæ matris nos tangat opprobrium, cum ad Romani imperii simus ascripti titulum, ejus injuriam cogimur non tacere. Vobis ergo suprascriptorum principum cum dolore aperit universitas quod Præstestinus episcopus in Romanorum regis electione contra omnem juris ordinem se ingessit, nec videre possumus cujus personam inculpabiliter se gerat. Gerit enim vel personam electoris, vel personam cognitoris. Si electoris, quomodo quæsivit opportunitatem qualiter arbitris absentibus mendacio veritatem et crimine virtutem mutaret? Quomodo enim ea pars principum quam numerus ampliat, quam dignitas effert, injuste nimium est contempta? Et si cognitoris, hanc gestare non potuit. Romanorum enim regis electio, si in se scissa fuerit, non est superior judex cujus ipsa sententia integranda, sed eligentium voluntate spontanea consuenda. Mediator enim Dei et hominum, homo Christus Jesus, actibus propriis et dignitatibus distinctis, officia potestatis utriusque discrevit; ut et Deo militans, minime se negotiis implicaret sæcularibus, ac vicissim non ille rebus divinis præsidere videretur qui esset negotiis sæcularibus implicatus. Sed si vos judicem confitemini, factum hoc excusationem habere non potest. Vestrum enim in vos possumus exerere gladium; quia absente alia parte, sententia a judice dicta nullam habeat firmitatem. (38) Quid ergo prædicti Præstestini sententia in Ottone firmare potuit, cum nihil ante in eo factum sit? Nam quid erit aut quas vires habere poterit quod ab iis fit quos tenuior compescit numerus, quos minor comitatur auctoritas, quod partis alterius reddit absentia vitiosum? Contra eum ergo qui talia operatus est minus decentia vester se rigor exerceat, sit in eum tamen pie sæviens disciplina. Vobis enim, Pater sanctissime, insinuare decrevimus quia electionis nostræ vota in serenissimum dominum nostrum Philippum Romanorum regem et semper Augustum una voce, uno consensu contulimus, hoc spondentes, hoc firmiter promittentes, quod a ve-

---

(35) Rainald. conniventiam.
(36) Vide lib. III Miscellaneor. nostr., pag. 490 t seqq.
(37) Apud Baron. ad an. 1014, 5, 7.
(38) Cap. *Absente* 3, q. 9. Vide Innoc. III, lib. , epist. 591.

stra et Romanæ sedis obedientia non recedet, et cum Deo et vobis sua devotio reddet acceptum, et filialis eum timor imbuet, et defensoris cum strenuitas commendabit. Unde petimus ut veniente tempore et loco, sicut vestri officii est, unctionis ipsi beneficium non negetis.

LXII.
NOBILI VIRO DUCI ZARINGIÆ.

(39) Venerabilem fratrem nostrum Salzburgensem archiepiscopum, et dilectum filium abbatem de Salem et nobilem virum marchionem orientalem quorumdam principum nuntios ad sedem apostolicam destinatos benigne recepimus, et eis benevolam duximus audientiam indulgendam. Litteras quoque quas per eos quidam nobiles principes destinarunt diligenter perlegi fecimus, et quæ continebantur in eis notavimus universa. Inter cætera vero quæ dicti principes per easdem nobis litteras intimarunt, hac præcipue objectione sunt usi, dicentes quod venerabilis frater noster Prænestinus episcopus, apostolicæ sedis legatus, aut electoris gessit aut cognitoris personam; si electoris, in alienam messem miserat falcem suam, et electioni se ingerens, principum derogaverat dignitati; si cognitoris, absente altera partium videtur perperam processisse, cum citata non fuerit, et ideo non debuerit contumax judicari. Verum nos, qui secundum apostolicæ servitutis officium sumus singulis in justitia debitores, sicut justitiam nostram ab aliis nolumus usurpari, sic jus principum nobis nolumus vindicare. Unde illis principibus jus et potestatem eligendi regem, in imperatorem postmodum promovendum, recognoscimus, ut debemus, ad quos de jure ac antiqua consuetudine noscitur pertinere; præsertim cum ad eos jus et potestas hujusmodi ab apostolica sede pervenerit, quæ Romanum imperium in persona magnifici Caroli a Græcis transtulit in Germanos. Sed et principes recognoscere debent, et utique recognoscunt quod jus et auctoritas examinandi personam electam in regem et promovendam in imperium ad nos spectat, qui eam inungimus, consecramus et coronamus. Est enim regulariter et generaliter observatum, ut ad eum examinatio personæ pertineat, ad quem impositio manus spectat. Nunquid enim si principes, non solum in discordia, sed etiam in concordia sacrilegum quemcunque vel excommunicatum in regem, tyrannum vel fatuum, hæreticum eligerent aut paganum, nos inungere, consecrare ac coronare hominem hujusmodi deberemus? Absit omnino!

Objectioni ergo principum respondentes asserimus quod legatus noster episcopus Prænestinus nec electoris gessit personam, juxta quod nobis per litteras suas quidam principum opponebant, utpote qui nec fecit aliquem eligi nec elegit, et sic electioni nequaquam se ingessit; nec cognitoris personam exhibuit, cum neutrius electionem, quoad factum eli-

gentium, confirmandam duxerit aut etiam infirmandam; et sic jus sibi principum nullatenus usurpavit, aut venit contra illud. Exercuit autem denuntiatoris officium; quia personam ducis ejusdem denuntiavit indignam, et personam regis ipsius denuntiavit idoneam quoad imperium obtinendum, non tam propter studia eligentium quam propter merita electorum; quamvis plures ex illis qui eligendi regem in imperatorem promovendum de jure ac consuetudine obtinent potestatem consensisse perhibeantur in ipsum regem Ottonem, et ex eo quod fautores Philippi, absentibus aliis et contemptis, ipsum eligere præsumpserunt, pateat eos perperam processisse; cum explorati sit juris quod electioni plus contemptus unius quam contradictio multorum obsistat. Unde quia privilegium meruerunt amittere qui permissa sibi abusi sunt potestate, videri non immerito potest quod, injuria hujusmodi nonobstante, cæteri uti potuerint jure suo. Et quoniam dux prædictus nec ubi debuit nec a quo debuit coronam et unctionem accepit, memoratus vero rex et ubi debuit, videlicet Aquisgrani, et a quo debuit, scilicet a venerabili fratre nostro Coloniensi archiepiscopo, recepit utrumque, nos utique non Philippum, sed Ottonem reputamus et nominamus regem, justitia exigente. In reprobatione vero præfati Philippi ducis Sueviæ, propter manifesta impedimenta personæ, non accusatione sed condemnatione potius fuit opus, quia non accusatione sed condemnatione indigent manifesta. Quod autem, cum in electione vota principum dividuntur, post admonitionem et exspectationem alteri partium favere possimus, maxime postquam a nobis unctio, consecratio et coronatio postulantur, sicut utraque pars a nobis multoties postulavit, ex jure patet pariter et exemplo. Nunquid enim si principes admoniti et exspectati vel non poterint vel noluerint convenire, apostolica sedes advocato et defensore carebit, eorumque culpa ipsi redundabit in pœnam? Sciunt autem principes, et tua nobilitas non ignorat quod cum Lotharius et Conradus in discordia fuissent electi, Romanus pontifex Lotharium coronavit, et imperium obtinuit coronatus, eodem Conrado tunc demum ad ejus gratiam redeunte.

Nos ergo per nuntios principum memoratos eos duximus commonendos ut, sicut nos a juris ipsorum cessamus injuria, sic ipsi contra jus nostrum se nequaquam injuriosos ostendant, sed a præfato duce justo quidem a nobis judicio reprobato recedant, et præfato regi Ottoni non abnuant adhærere; nisi tunc demum contra personam vel factum legitimum quid ab eis objectum fuerit et ostensum. Sunt enim notoria impedimenta ducis Sueviæ, scilicet excommunicatio publica, perjurium manifestum, et persecutio divulgata, quam progenitores ejus et ipse præsumpserunt in apostolicam sedem et alias Ecclesias exer-

---

(39) Cap. *Venerabilem*, De elect.

cere (40). Fuit enim a bonæ memoriæ Cœlestino papa prædecessore nostro propter invasionem et devastationem patrimonii beati Petri, commonitione sæpe præmissa, publice ac solemniter excommunicationis vinculo innodatus, cum in Tuscia moraretur : quod ipse postmodum recognovit, dum per nuntium suum ab ipso prædecessore nostro absolutionis beneficium postulavit, et postmodum a tunc Sutrino episcopo, quem cum abbate Sancti Anastasii pro liberatione venerabilis fratris nostri Salernitani archiepiscopi nos in Teutoniam miseramus, contra formam mandati nostri de facto solummodo, quia de jure non potuit, post suam electionem apud Warmatiam occulte se fecit absolvi. Unde patet quod fuerit excommunicatus electus, etc., *ut supra in eumdem modum quo scriptum est principibus Alemanniæ, usque* sua temeritate venire. Utrum vero dictum juramentum licitum fuerit an illicitum, et ideo servandum an non servandum exstiterit, nemo sane mentis ignorat ad nostrum judicium pertinere. Quod autem Philippus de genere persecutorum existat, principes non credimus dubitare, cum Henricus, etc., *in eumdem fere modum ut superius dictum est, usque* vivos in mare submergi, ad tuam et aliorum principum credimus audientiam pervenisse.

Insuper, si supradictus dux, quod absit ! imperium obtineret, libertas principum in electione periret, et imperii obtinendi de cætero cæteris fiducia tolleretur. Nam si prout olim Fredericus Conrado et Henricus postmodum Frederico, sic nunc vel Fredericus Philippo vel Philippus Henrico succederet, videretur imperium non ex electione sed ex successione deberi. Præterea cum multi principum ex imperio æque sint nobiles et potentes, in eorum præjudicium redundaret, si nonnisi de domo ducum Sueviæ videretur aliquis ad imperium assumendus. Cum ergo nos flecti a nostro proposito nulla penitus occasione possimus, sed in eo potius firmissime persistamus, et tu nobis sæpe per litteras tuas duxeris suggerendum ut eidem duci nullatenus faveremus, nobilitatem tuam monemus et exhortamur in Domino et per apostolica scripta mandamus quatenus, sicut de gratia nostra confidis, et nos de tua devotione speramus, de cætero a præfato duce Philippo recedas omnino, nonobstante juramento si quod ei ratione regni fecisti, cum eo quantum ad obtinendum imperium reprobato, juramentum hujusmodi non debeat observari. Prædicto vero regi Ottoni, quem nos, concedente Domino, ad coronam imperii disponimus evocare, patenter adhæreas et potenter, ut cum ei ad commonitionem nostram adhæseris, inter primos gratiam et benevolentiam ejus obtinere præcipue merearis : ad quod nos pro tuæ nobilitatis amore dabimus operam efficacem.

Datum Laterani.

---

(40) Vide supra epist. 21.

LXIII.

LITTERÆ REGIS FRANCORUM AD DOMINUM PAPAM.

Sanctissimo Patri et domino INNOCENTIO Dei gratia supremo pontifici, PHILIPPUS, eadem gratia Francorum rex, salutem et tam debitam quam devotam in Christo reverentiam.

Miramur plurimum ex eo quod vos regem Ottonem, qui, sicut vestra novit Paternitas, minus legitime electus est, tam per nuntios quam per legatos vestros modis omnibus in imperatorem nitimini promovere; præsertim cum ipse et omne genus suum regno Francorum manifesti semper exstiterint inimici. Præterea mirandum est quod, cum pluries nobis per litteras vestras mandaveritis quod vos et honorem nostrum nec non et regni nostri proficuum plurimum affectetis, vos hominem et ejus sequaces nobis et regno nostro inimicos super caput nostrum nitimini imponere et in imperium promovere, quamvis regnum Franciæ id erga sanctitatem vestram vel Ecclesiam Romanam nunquam meruerit. Verumtamen vestra noscat sanctitas quod hujusmodi promotio, quam non considerata ratione intenditis facere, non tantum in injuriam regni Francorum, verum etiam in omnium regum catholicorum ignominiam noscitur redundare. Præterea gravamina quæ vos nobis irrogastis æquanimiter sustinuimus; ista vero quæ ad detrimentum honoris nostri et regni nostri exhæredationem manifeste imminere videmus, nullatenus pateremur. Quod si in hujusmodi proposito vestro volueritis perseverare, nos ad id competens consilium pro loco et tempore curabimus adhibere. Insuper multoties vobis mandavimus et adhuc mandamus quod si forte de rege Philippo timetis ne aliquid contra Romanam Ecclesiam velit in posterum machinari, si ipsum in imperatorem contigerit promoveri, sciatis quod nos de nobis et de ipso et pro ipso vobis competentem cautionem super istis parati sumus præstare. Quod si nostro consilio super iis nollet acquiescere, auxilium nostrum et consilium eidem Philippo penitus denegaremus, imo potius ei nocumentum inferremus. Super prædictis autem charissimo consanguineo nostro marchioni Montisferrati ex parte nostra indubitanter credatis.

LXIV.

PHILIPPO ILLUSTRI REGI FRANCORUM.

Recepimus litteras quas regia nobis serenitas destinavit solitæ benignitatis affectu, et diligenter notavimus quid dilectus filius nobilis vir marchio Montisferrati ex parte tua nobis proposuit viva voce. Miramur autem non modicum et turbamur quod unquam de nobis regia serenitas cogitavit quod super caput ejus et regni Francorum vellemus imponere hominem inimicum, cum quatumcunque charissimum in Christo filium nostrum illustrem regem Ottonem in Romanorum imperatorem electum in Domino diligamus, quantumcunque ad exaltationem intendamus imperii, plus tamen circa te nostræ vigeat dilectionis affectus et incrementum regni Francorum ardentius affectemus, maxime te regnante, quem scimus in devotione sedis apostolicæ solidatum, utpote in qua illustris memoriæ Ludovico regi Francorum patri tuo hæreditario jure velut in regno succedis. Unde inter cæteros reges catholicos et principes Christianos serenitatem tuam prærogativa dilectionis amplectimur, et ad ea 'quæ honorem tuum et incrementum regni Francorum respiciunt propensius aspiramus; utpote in cujus exaltatione exaltari credimus apostolicam sedem, et in cujus depressione, quod absit! ipsam deprimi crederemus. Quod autem personam nobilis viri Philippi ducis Sueviæ reprobandam duximus quoad imperium obtinendum, regalis excellentia non miretur, cum impedimenta eidem obstantia sint quasi omnibus manifesta, et nulla possint tergiversatione celari, videlicet excommunicatio publica, perjurium manifestum et persecutio divulgata quam progenitores ejus et ipse præsumpserunt in apostolicam sedem et alias Ecclesias exercere. Fuit enim, etc., *in eumdem modum ut in ea quæ scribitur duci Zaringiæ, usque* (41) pervenisse. Ipse quoque Philippus degenerare se credens si minus perperam ageret quam egerant patres ejus et ejus mensuram in malitia non impleret, in apostolicæ sedis persecutione suæ promotionis primitias exsecravit, dum terra illa quam pater ejus et frater occupaverant non contentus, ad aliud patrimonium beati Petri, quod pacifice prædecessores nostri possederant, manus violentas extendit, et ducem Sueviæ ac Campaniæ scribere se præsumpsit, asserens quod usque ad portas urbis, ita quod in Trans Tiberim etiam, ducatus acceperat potestatem. Unde propter hoc a prædicto prædecessore nostro post frequentem commonitionem fuit excommunicationis sententia innodatus. Qualiter igitur Ecclesiam Romanam defenderet qui in ejus delectatur offensa? Qualiter eam tueretur ab aliis qui a seipso eam noluit esse tutam? Præterea si dux ipse, quod absit, imperium obtineret, etc., *in eumdem modum ut duci Zaringiæ, usque* assumendus. Cæterum regiæ celsitudinis litteræ continebant quod ne quid contra Romanam Ecclesiam Philippus machinaretur in posterum, de te pariter et de ipso et pro ipso etiam nobis paratus eras competenti cautione cavere. Sed qualiter illius possemus credere cautioni qui eorum tam moribus quam sanguine se exhibet successorem qui cautiones per se ipsos interdum et per principes suos prædecessoribus nostris aliquando præstitas non servarunt, nisi forte cum opportunitatem non habuere nocendi?

Quod autem eidem regi Ottoni favorem nostrum et apostolicæ sedis gratiam præstitimus et præstamus, ea præcipue factum noveris ratione quod cum duo simul imperatores esse non possint, et reprobato A prædicto duce Sueviæ, per nos creare tertium non possemus, personam regis ejusdem ad reprimendam reprobati malitiam nos opportuit approbare, tutius reputantes ante tempus occurrere quam remedium post causam quærere vulneratam. In approbatione vero, imo ante approbationem regis ipsius, tam regiæ serenitatis quam regni Francorum memores nos noveris exstitisse, cum ab eo tam per scripturam suam quam per proprium juramentum sufficientem receperimus cautionem ut super facto tuo consiliis nostris et monitis acquiescat. Præterea cum charissimo in Christo filio nostro Ludovico primogenito tuo, qui in regnum tibi, Domino faciente, succedet, proximæ affinitatis vinculo sit astrictus, et multis principibus tam consanguineis quam affinibus tuis tum consanguinitate tum affinitate conjunctus existat, promotionem ejus regno Francorum credimus expedire. Nec est de facili præsumendum quod pro charissimo in Christo filio nostro Joanne rege Anglorum illustri celsitudini regiæ aliquando se opponat, cum in suis necessitatibus eum sibi non senserit adjutorem, quare teneatur eum contra celsitudinem tuam in suis negotiis adjuvare, præsertim ex quo favore tuo senserit se juvari. Verum præter alias cautiones quas poteris ab illo recipere, Ecclesia Romana tam te quam regnum tuum semper faciet ab ipso securum, et ei, si, quod non credimus, malignari forte præsumpserit, juxta officii nostri debitum se opponet. Usque adeo enim regni Francorum diligimus libertatem ut non solummodo contra eum, sed contra omnem hominem qui illud molestare præsumeret, pro ejus immunitate staremus et ejus defenderemus pro viribus dignitatem. Rogamus igitur serenitatem regiam et exhortamur in Domino, et quasi pro munere postulamus quod cum prædicto rege Ottone amicitias statuas et firmes fœdera veræ pacis, ut ex favore tuo videatur tandem victoriam assecutus. Consideret apud se celsitudo regalis et deliberet cum viris prudentibus et discretis utrum honestati ac utilitati tuæ debeat expedire ut ei contra Romanam Ecclesiam regium favorem impendas qui, prout pro certo creditur et habetur, ad Romanum imperium non poterit pervenire, ac ei publice te opponas de cujus pro certo promotione speratur. Speramus enim in eo qui est in se sperantium fortitudo quod postquam principes de puritate intentionis nostræ ac propositi firmitate per venerabilem fratrem nostrum Salzburgensem archiepiscopum et dilectum filium abbatem de Salem et nobilem virum marchionem orientalem nuntios quorumdam ex eis ad nostram præsentiam destinatos redditi fuerint certiores, et de quibusdam quæ falso ipsis suggesta fuerant plenius intellexerint veritatem, juxta commonitionem nostram a prædicto duce recedent et eidem regi fideliter adhærebunt. Siquidem nuntiis ipsis respondimus in hæc verba, quia, secundum apostolicæ servitutis officium, sumus singulis in justitia

(41) Supra epist. 62.

debitores, etc., *in eumdem fere modum ut duci Zaringiæ, usque* non abnuunt adhærere. Quare sub illius fiduciæ puritate quam de regia serenitate concepimus cum instantia postulamus ut, nonobstante obligatione aliqua, cum accessorium tenere non debeat si non tenuerit principale, duci eidem auxilium subtrahas et favorem, et cum prædicto rege componas, et nunc cum tuo noscitur auxilio indigere, ipsum tibi et regno tuo constituas debitorem. Taliter autem super iis preces nostras exaudias sicut a nobis desideras in tuis precibus exaudiri.

Datum Laterani.

Sunt aliæ rationes quæ serenitatem tuam a favore Philippi retrahere satis debent et ad regis Ottonis auxilium invitare. Nosti enim quod si Philippus, quod absit! imperium obtineret, saltem occasione nepotis, cujus curam sibi vellet ratione sanguinis vindicare, regnum Siciliæ occuparet : quod nunc quoque per satellites suos invadere, sed in vacuum, machinatur. Quod si super hoc compleret (quod avertat Dominus !) votum suum, cum imperium ei virorum vires, regnum autem divitiarum copiam ministraret, in superbiam jam elatus aliud cogitaret, et regnum Francorum sibi disponeret subjugare, sicut olim, obtento regno prædicto, disposuerat frater ejus imperator Henricus, affirmans quod te de cætero ad fidelitatem sibi compelleret exhibendam. Ad audientiam quoque tuam credimus pervenisse quod serenitati tuæ in Lombardia paravit insidias de ultra marinis partibus redeunti. Cum ergo Dominus te de manu quærentis tuam animam liberarit, debes totis viribus præcavere ne te in priorem necessitatem inducas, neve frustra coneris reddere tigridem mansuetam. Unde tutius credimus ut eum cadere patiaris qui, si staret, statui tuo propositi fratrum non immemor invideret; et alieno eum ictu prosternas vel saltem posterni permittas, quem, si subsisteret et imperii monarchiam obtineret, non posses sine multo gravamine sustinere. Potes autem per regem Ottonem et hostem illum dejicere et ab eo nunc talia obtinere, quæ non posses ab ipso, postquam plenius invalesceret, impetrare. Unde festinatione credimus opus esse, cum ad promotionem ejus via sit paratissima et aperta. Ad hæc, serenitatem tuam nolumus ignorare quod super imperii Romani negotio quidquid nobiscum fecerit et pro nobis, ratum permanebit et firmum. Si quid autem faceret, et maxime contra nos, quam utilitatem et stabilitatem posset habere circumspectio regalis advertat. Præterea, sicut damnosum reputares et grave si Romanus pontifex contra regnum Francorum cuiquam et maxime imperatori faveret, ita grave nobis existeret et molestum, si rex Francorum cuiquam contra Romanam Ecclesiam, præsertim super imperio Romano, faveret. Absit igitur ut vel rex Francorum deserat unquam Romanam Ecclesiam, vel Ecclesia Romana desit unquam regno Francorum !

Datum Laterani.

LXV.

ILLUSTRI REGI OTTONI IN ROMANORUM IMPERATOREM ELECTO.

Quantum Deo debeas, quantumque sedi apostolicæ tenearis, si humiliter perscrutetur et diligentes inspiciat regia celsitudo, in ejus semper humiliabitur aspectu, qui exaltat humiles et potentes de sede deponit, et in timore Domini suæ dignitatis primitias solidabit, ut in eo ad regendum imperium spiritum sapientiæ et intellectus accipere mereatur (nam initium sapientiæ timor, intellectus bonus omnibus facientibus eum), apostolicæ vero sedi exhibebit in perpetuum sinceræ devotionis affectum, et ad defensionem ipsius potenter et prudenter intendet, utpote per quam præcipue, post divinæ gratiæ bonitatis, se imperio genitum recognoscet, et sic eam tam in religione fidei Christianæ quam honoris augmento suam confitebitur genitricem, utpote quæ de se dicere vere potest : *Ego plantavi, ego rigavi, et plantæ meæ dedit Deus incrementum* (*I Cor.* III). Sane propter dona naturæ quibus te Dominus, sicut accepimus, præ tuis participibus adornavit, propter munera gratiæ quæ in te copiosius et superabundantius benignus effudit, ad imperii Romani fastigium te vocare disposuit, ut per ipsum misericorditer et mirabiliter exaltatus, ad ea quæ sunt ejus intendas, quærens judicium, oppresso subveniens, pupillo judicans, defendens viduas, superborum colla conculcans, et ad vindictam malefactorum, laudem vero bonorum concessam tibi exerceas martialis gladii potestatem, Romanam autem Ecclesiam, quæ post Deum promotionis tuæ principium posuit, et in proximo, dante Domino, felicis manum consummationis apponet, tanto amplius venereris quanto exuberantem circa te gratiam beneficiorum, ipsius teneris gratius acceptare, ut cum se regia serenitas exhibuerit gratam, gratiam ex gratia mereatur. Ut autem celsitudini tuæ plenius pateat apostolicæ constantia firmitatis, et de ipsa non possis in posterum aliquatenus dubitare, quid nuper apud nos et a nobis sit gestum qualiter responsum quorumdam principum nuntiis, serenitati tuæ venerabilis frater noster archiepiscopus Maguntinus et nuntii tui plenius intimabunt. Cum ergo nos a proposito nostro non possimus aliquatenus revocari, licet multa nobis et magna promissa fuissent, et speremus quod multi principum, postquam per nuntios ipsos intentionis nostræ puritatem agnoverint et intellexerint firmitatem, ab eodem duce recedent et tibi fideliter adhærebunt, serenitatem tuam monemus et exhortamur attentius quatenus et tu constantiæ virtutem assumas, nec te circumveniri ab eis aliquatenus patiaris; quia, cum nos non potuerint ad suum consilium inclinare, te ac tuos aggredientur promissis, et quibuscunque modis poterunt circumvenire tentabunt. Unde propensiore benignitatis affectu studeas retinere quos habes, et modis quibus poteris alios ad favorem et obsequium tuum trahas.

Speramus en'm in Domino quod principibus qui sunt tecum in regia fidelitate solide persistentibus, in proximo imperii monarchiam juxta nostrum et tuum desiderium obtinebis. Nos autem præmissis iis omnibus quæ a regali magnificentia debent pro honorificentia Ecclesiæ Romanæ præmitti, ad coronam imperii te disponimus evocare. Tuum igitur erit procurare de cætero qualiter et quo tempore iis quæ diximus præmittenda præmissis ad apostolicam sedem, sicut oportet et expedit, coronandus accedas. Cæterum quam studiose negotium tuum apud charissimum in Christo filium nostrum Philippum illustrem regem Francorum promovere curemus, in proximo, dante Domino, desideratus declarabit affectus, de quo spem bonam concepimus ex litteris etiam quas rex ipse nuper nostro apostolatui destinavit. De tuorum autem successuum prosperitate, quam per regias nobis litteras intimasti, gaudemus; utpote qui felices eventus tuos quasi proprios reputamus, et in exaltatione tua Romanam Ecclesiam credimus exaltari.

Datum Laterani.

LXVI.

NOBILI VIRO DUCI BRABANTIÆ, ET UXORI EJUS.

(42) In iis quæ fratres nostri apostolicæ sedis legati statuunt, non auctoritate propria, sed nostra procedunt, a quibus vocantur in partem sollicitudinis et suæ legationis accipiunt potestatem. Unde tanto libentius institutis eorum robur apostolicæ confirmationis impendimus quanto magis ipsis in institutionis etiam actione non potestas propria', sed nostra potius auctoritas suffragatur. Cum ergo venerabilis frater noster Prænestinus episcopus apostolicæ sedis legatus, super matrimonio quod est inter charissimum in Christo filium nostrum illustrem regem Ottonem in Romanorum imperatorem electum, et charissimam in Christo filiam nostram natam vestram, Domino disponente, contractum, de speciali mandato sedis apostolicæ dispensarit propter multam utilitatem quæ ex hoc imperio noscitur proventura, nos dispensationem ipsam ratam habentes, auctoritate apostolica confirmamus, etc., *usque* communimus. Nulli, etc.

Datum Laterani.

LXVII.

COLONIENSI ARCHIEPISCOPO.

Expedit sæpius persecutionis ollam succendi, ut in fornace aurum et fides in persecutione probetur, et scoriam dividat ignis ab auro, et necessitas discernat a fidelibus infideles. Flagellis enim palea excutitur a frumento, quæ postmodum ab area per ventilabrum exsufflata, triticum congregatur in horrea observandum. Sane si non intervenisset necessitas, quæ adhuc pro parte noscitur imminere, nec in tantum tua paruisset puritas, nec usque adeo tua fuisset probitas approbata. Passus est igitur Dominus te tentari, ut faceret in tentatione proventum, et constantiam tuam omnibus demonstraret. Ecce etenim jam apparet quam sis Ecclesiæ Romanæ devotus, quam fidelis imperio, quam zelator honoris Coloniensis Ecclesiæ, cujus tueris potenter et viriliter libertatem, quam etiam in proposito tuo constans, cum quibusdam nutantibus dicaris inflexibilis et invariabilis permansisse. Siquidem tales decet esse columnas Ecclesiæ, tales pastores gregis Dominici, qui non vacillent in partes, sed immobiles potius persistentes, innitentes sibi superiores sustineant et inferiores defendant, nec fugiant viso lupo, sed opponant se potius ascendentibus ex adverso. Licet autem tuæ devotionis constantiam et fidei puritatem experti ad honorem tuum intenderimus et profectum, redeunte tamen dilecto filio Ægidio acolytho nostro, tanto amplius sumus ad tuam dilectionem inducti quanto de sinceritate tua ipse nos reddidit certiores; quamvis etsi ipse taceret, opera tamen tua perhiberent testimonium veritati. Ut igitur hostiæ caudam immoles et talarem cum Joseph tunicam induaris, ut perseveres in finem, ut quod laudabiliter incœpisti laudabilius valeas consummare, fraternitatem tuam monemus et exhortamur attentius et per apostolica tibi scripta mandamus quatenus charissimo in Christo filio nostro illustri regi Ottoni in Romanorum imperatorem electo, quem ad regnum post Dominum præcipue tu vocasti, fideliter et potenter assistas, et quoscunque poteris ad devotionem ejus et fidelitatem inducas. Ecce enim cito dabitur laboribus tuis finis, cito ei quem tu plantasti et nos rigamus dabit Dominus incrementum, et in eo tam te quam Coloniensem Ecclesiam misericorditer et mirabiliter exaltabit. Persistas igitur in incœpto, et alios ad perseverantiæ virtutem inducas; quoniam merebitur perseverantia vestra coronam, et nomen tibi comparabitur sempiternum. Tu ergo cum aliis taliter te accingas ut regem ipsum nobis, ut decet, opportuno tempore repræsentes; quatenus præmissis iis quæ solent et debent præmitti, nos eum in Romanum imperatorem auctore Domino, coronemus.

Datum Laterani, Nonis Aprilis.

LXVIII.

TREVIRENSI ARCHIEPISCOPO.

Exspectavimus hactenus exspectantes si forsan, beneplacito nostro per venerabilem fratrem nostrum Prænestinum episcopum, apostolicæ sedis legatum, plenius intellecto, charissimo in Christo filio nostro illustri regi Ottoni in Romanorum regem electo, maxime quia nobis ex generali debito et speciali juramento teneris, potenter et patenter adhærere jurares, et non ficte, sed vere potius præstares auxilium et favorem. Verum, sicuti accepimus, mandatum nostrum implere dissimulas, et oblitus proprii juramenti, quod juraveras exsequi vel differs nimium, vel omnino postponis. Monemus igitur fraternitatem tuam et exhortamur attentius et per

---

(42) Vide supra epist. 23, et infra epist. III, 128.

apostolica tibi scripta mandamus, et sub debito fidelitatis quo Ecclesiæ Romanæ teneris astrictus, et vinculo juramenti quod super hoc specialiter præstitisti, districte præcipimus quatenus eidem regi de cætero fideliter et constanter adhæreas et potenter et patenter assistas. Alioqui, noveris nos eidem legato per apostolica scripta mandasse ut te tanquam transgressorem proprii juramenti singulis diebus Dominicis et festivis, pulsatis campanis et candelis accensis, excommunicatum publice nuntiet et mandet ab omnibus arctius evitari. Hoc idem etiam venerabilibus fratribus nostris Coloniensi, Maguntino, Bisuntino, Remensi quoque ac Senonensi archiepiscopis districte præcipiendo mandamus. Quod si nec sic forsan mandatum curaveris apostolicum adimplere, securim poterit arbor sterilis non immerito formidare. Si vero elegeris potius obedire, te tanquam venerabilem fratrem nostrum et honorabile apostolicæ sedis membrum honorare curabimus et taliter studebimus confovere, quod lædere te non poterunt jacula quæ formidas.

Datum Laterani, vi Idus Novembris, anno quinto.

LXIX.
JOANNI REGI ANGLORUM ILLUSTRI.

Non debet alii debitum denegare qui ab aliis quod sibi debetur postulat exhiberi. Quoties autem tuæ serenitati scripserimus ut charissimo in Christo filio nostro illustri regi Ottoni in Romanorum imperatorem electo, nepoti tuo, ea quæ inclytæ recordationis Richardus rex Anglorum germanus tuus ei legaverat exhiberes, tua serenitas non ignorat. Quantum autem profecerimus per litteras super hoc toties replicatas, facti evidentia manifestat. Sane si quid tuo expediret honori debita meditatione pensares, non solum quæ ipsi ab alio sunt legata jamdudum ei sine diminutione qualibet solvere debuisses, sed efficax ei subsidium tam in personis quam rebus regaliter ministrare; cum credas, ut credimus, imo noris, ut novimus, aliquos contra eum, non in odium personæ, sed sanguinis, graviter commoveri, non tam ipsum quam te in eo, vel ipsum pro te lædere cupientes. Monemus igitur serenitatem regiam et exhortamur attentius quatenus nuntiis regis ejusdem legatum ipsum cum integritate persolvas, et cum nos ei jam publice favorem apostolicum impendamus, tu quoque in ejus auxilium potenter ac regaliter accingaris. Alioqui, districtionem quam venerabilis frater Cantuariensis archiepiscopus propter hoc duxerit exercendam, ratam haberi volumus et præcipimus inviolabiliter observari.

Datum Laterani, v Kal. Aprilis, anno quinto.

LXX.
SALSBURGENSI ARCHIEPISCOPO.

Quantam venerabilis frater noster Pataviensis episcopus invenerit gratiam in oculis nostris, cum in nostra esset præsentia constitutus, et quantum ei et Ecclesiæ suæ per auctoritatem sedis apostolicæ commodi provenerit et honoris, a sua tam cito non debuerat memoria excidisse. Sed cum eum inter alios prælatos Ecclesiæ membrum firmissimum crederemus et ad exsequenda mandata nostra promptum omnimodis invenire, dummodo ei constaret de nostræ beneplacito voluntatis, de ipso in contrarium sentire compellimur et aliud quam credimus cogitare. Poterat quidem satis sufficere quod ex quo sibi super imperii Romani negotio nostra innotuit intentio manifeste, non solum dispositioni nostræ acquiescere non curavit, verum etiam modis omnibus in contrarium est enisus, sicut effectus operis manifestat. Sed ipse nobis mala pro bonis retribuens, non solum se voluntati nostræ opponere attentavit; quin etiam longe ante quædam sinistra de nobis, super quibus per litteras suas, quas apud nos in testimonium facimus reservari, convinci poterit in nostra præsentia constitutus, scribere non expavit. Præterea cum idem episcopo sæpe dederimus in mandatis ut charissimo in Christo filio nostro illustri regi Hungariæ duo millia marcarum, quas eidem restituere procuraret, quibus pro Hierosolymitano itinere peragendo idem rex plurimum indigebat, ipse id non solum efficere non procuravit, sed nec etiam super eo dignatus est nobis litteris vel nuntiis respondere, patenter ostendens se mandati apostolici contemptorem.

Ad hæc, licet eidem fuerit ab apostolica sede præceptum ut pecuniam quam inique receperat pro redemptione inclytæ recordationis Ricardi regis Anglorum injustissime capti de Crucifici servitio redeuntis, cujus captores, detentores et fautores eorum Romana Ecclesia excommunicationis vinculo innodavit, restituere non differret, ipse tamen et animæ suæ salutem postponens, cui debuerat recepta taliter restituere per seipsum, et apostolica mandata replicata sæpius parvipendens, pecuniam ipsam restituere non curavit. Obtentu insuper litterarum falsarum, quas nullus sanæ mentis credere debuerat a nobis aliquatenus emanasse, prædictus episcopus cum Frisingensi et Heistetensi episcopis venerabilem fratrem nostrum Maguntinum archiepiscopum in favorem adversariorum suorum ad suam præsentiam citare præsumpsit, cum non debuerit aliquatenus ignorare quod quæ sunt judicio sedis apostolicæ terminata, supra quam non potest aliquis hominum judicare, non consueverunt postmodum alieno judicio retractari. Propter quod si vigeret in ipso illa discretio quæ deberet, saltem de litteris illis, debuerat dubitare quæ contra justitiam et formam sedis apostolicæ sapere dignoscuntur, et a nobis inquirere si ei et aliis esset per illas litteras procedendum; sed ad exsequenda justa et honesta mandata nostra, sicut operis exhibitione clarescit, tepidum se exhibet et remissum; ea vero per quæ posset aliquid in contemptum et detrimentum sedis apostolicæ attentari, pro posse satagit celeriter et efficaciter adimplere. Unde licet quidam de dictis excessibus sint adeo manifesti quod in præfatum Pataviensem episcopum possemus de jure graviter vindicare, volentes tamen benignius secum [sic] agere, salva sententia si quam tulit in eum venerabilis frater noster Prænestinus episcopus, apostolicæ sedis legatus, ut videamur rigorem mansuetudine temperare, eidem per scripta nostra districte præcipiendo mandamus ut, usque ad proximam Dominicam qua cantabitur *Lætare Hierusalem*, personaliter nostro se conspectui repræsentet, super præmissis omnibus et pluribus aliis plenarie responsurus. Alioquin, ex tunc se noverit ab officio pontificali et sacerdotali suspensum. Ideoque fraternitati tuæ per apostolica scripta mandamus et districte præcipimus quatenus litteras nostras, quas eidem Pataviensi dirigimus, ipsi faciens per tuos nuntios præsentari, si forte ipse quod mandamus non curaverit adimplere, tu eum ab officio pontificali et sacerdotali suspensum per universam Salzeburgensem provinciam nunties, et facias ipsam suspensionis sententiam per districtionem ecclesiasticam, appellatione remota, inviolabiliter observari. Qualiter autem in negotio ipso processeris, nobis non differas tuis litteris intimare.

Datum Velletri vi. Non. Octobr., pontificatus nostri anno quinto.

Scriptum est super hoc prædicto Pataviensi episcopo.

LXXI.

EPISCOPO LINGONENSI.

Quantum venerabili fratri nostro Bisuntino archiepiscopo gratiam impenderimus, cum olim in nostræ promotionis primordio ad sedem apostolicam accessisset, et qualiter ipsum in gratia et benedictione nostra, licet contra eum multa fuissent proposita, duxerimus ad suam Ecclesiam remittendum, si vir fidelis existeret, non potuisset tam celeriter oblivisci (43). Sed licet tam tempore felicis recordationis Cœlestini papæ prædecessoris nostri quam nostro proponerentur gravia et enormia, post suum tamen recessum a nobis deteriora de eo nostris auribus inculcantur, quæ nec possumus nec debemus sub silentio præterire. Præterea cum ab Ecclesia Romana, cui tenetur juramento fidelitatis astrictus, nulla debuerit ratione divertere vel ab ea quomodolibet dissentire, ipse, ex quo ei patenter innotuit super negotio imperii nostræ beneplacitum voluntatis, non solum se ipsi opponere non expavit, verum etiam nobilem virum Philippum ducem Sueviæ ad Burgundiam devastandam deduxit, et ipsum tanquam regem catholicum processionaliter in Ecclesia recipiens Bisuntina, ei fecit a suis tanquam legitimo regi honorem et reverentiam exhiberi. Nuntios insuper nostros et litteras in civitate ac terra sua capi permittit; et ipse, qui esse debuerat eorum defensor, factus est publicus inimicus. Cum igitur excessus hujusmodi nolimus relinquere impunitos, ne impunitas sua præsumptoribus transeat in exemplum, eidem archiepiscopo per scripta nostra districte præcipiendo mandamus ut, usque ad proximam Dominicam qua cantabitur *Lætare Hierusalem*, per se vel responsales idoneos ad præsentiam nostram accedere non postponat, suam ostensurus, si poterit innocentiam, vel nobis satisfactionem congruam impensurus. Alioquin, ex tunc se noverit ab officio pontificali suspensum, salva sententia si quam tulit in eum venerabilis frater noster Prænestinus episcopus, apostolicæ sedis legatus. Quocirca fraternitati tuæ per apostolica scripta mandamus et districte præcipimus quatenus nostras litteras, quas eidem Bisuntino dirigimus, per tuos eidem faciens nuntios præsentari, si forte ipse quæ mandamus neglexerit adimplere, tu eum suspensum per universam Bisuntinam provinciam publice nunties, et facias ipsam suspensionis sententiam per districtionem ecclesiasticam, appellatione remota, inviolabiliter observari.

Datum, *ut supra*, v Non. Octobris.

Scriptum est super hoc prædicto archiepiscopo juxta præmissam formam.

LXXII.

Cum ab illis apostolicæ sedi discrimen infertur qui ejus esse debuerant defensores et se, si necesse foret, exponere periculis et tormentis, in amaritudinem inducimur vehementem et ad vindictam non immerito commovemur, ut pro impunitate unius non assumant audaciam præsumptores, et fideles in devotione fortius animentur. Audivimus equidem, et non potuimus non mirari, quod venerabilis frater noster Spirensis episcopus, mandatis apostolicis inobediens et rebellis existens, dispositionem nostram impedire molitur et nobis omnimodis se opponit; præterea in duos decursoribus nostris manus per seipsum injiciens violentas, alterum eorum adhuc detinet carceralibus vinculis mancipatum, alium fecit ad suspendium, in contemptum Ecclesiæ Romanæ, deduci, qui quasi divino miraculo mortis dicitur periculum evitasse. Cum igitur hæc non sint a nobis sub silentio transeunda, quæ noscuntur in contemptum sedis apostolicæ attentata, eidem episcopo per scripta nostra districte præcipiendo mandamus ut, usque ad Dominicam qua cantabitur *Lætare Hierusalem* proximo venturam, per se vel responsales idoneos ad præsentiam nostram accedere non postponat, suam ostensurus, si poterit, innocentiam, vel, etc. *ut supra usque* impensurus. Alioquin, etc. *in eumdem fere modum ut in illis quæ mittuntur Lingonensi, usque* suspensum per universam provinciam Maguntinam, etc., *usque in finem*.

Datum, *ut supra*.

Scriptum est super hoc Spirensi episcopo.

LXXIII.

Tacti sumus dolore cordis intrinsecus et gravi mœrore turbati, quod, cum Magdeburgensis Ecclesia

---

(43) Vid. lib. I, epist. 277; lib. xiv, epist. 125, et lib. xvi, epist. 63, 158.

tanquam filia specialis sedi apostolicæ maxima semper fuerit dilectione conjuncta, et pro ipsa non dubitaverit labores subire pariter et expensas temporibus opportunis, et prædecessores Magdeburgensis archiepiscopi et ipse usque ad hæc tempora fideles eidem exstiterint et devoti, nunc ipse archiepiscopus ab ipsius devotione, qua de causa nescimus, dignoscitur declinasse, cum et ejus auctoritati, cui repugnare scelus est idololatriæ, non metuit obviare, ac legatis nostris, imo nobis ipsis, negligit obedire. Olim siquidem cum venerabilis frater noster Prænestinus episcopus, apostolicæ sedis legatus, suis nobis litteris intimasset quod cum ad suam ipsum convocasset præsentiam, idemque per nuntium proprium corporis infirmitatem allegans, se tunc a labore itineris excusasset, et hostilitatis impedimenta postmodum prætendisset iterum evocatus ab ipso, et sic nec primo nec secundo ad ejus præsentiam accedere procurasset, ac idem episcopus suo volens honori deferre, quod ei apud Corbeiam, quæ non multum distabat, occurreret, per suas ei litteras mandavisset et ipse personaliter accessisset Corbeiam, spe de suo adventu concepta, et quia ipse toties evocatus in ejus præsentia noluit comparere, tandem in ipsum velut in contumacem excommunicationis sententiam promulgasset, quam ipse nullatenus observavit, quoniam idem archiepiscopus per litteras suas apostolatui nostro suggessit quod cum propter prædictas causas se semel et iterum excusasset, ac postmodum ut Corbeiam accederet fuisset injunctum ei a præfato legato, quia locus ipse ad jurisdictionem hostium pertinebat, vel saltem hostes erant potentiores in eo, non ex contumacia, sed ex necessitate potius, videlicet causa metus, ad legatum ipsum illuc accedere non est ausus.

Et licet idem Magdeburgi suas litteras direxisset, ipse tamen prius quam litteras aperiret, Magdeburgensibus clericis convocatis ad sedem apostolicam appellavit, et postmodum, ut ejusdem legati deferret honori, litteras suas perlegit, nos volentes ejus fraternitati deferre, licet in ipsum potuissemus acrius inobedientiam vindicasse, eidem episcopo, quia nobis de ejus excommunicatione videbatur manifeste constare, sed utrum appellatio præcessisset aut etiam fuisset legitima non constabat, cum et apostolica sedes tales etiam absolvere consueverit ad cautelam, litteris nostris mandavimus ut idem episcopus vel per seipsum, si ejus secure se posset conspectui præsentare, vel per nuntium providum et discretum, recepta prius ab ipso quod mandatis nostris super iis pro quibus excommunicatus erat pareret juratoria cautione, ei beneficium absolutionis impenderet; ita tamen quod si, post appellationem ad nos legitime interpositam aut etiam alias minus juste, quod tamen vix credimus, excommunicatum ipsum fuisse constaret, ei mandatum non fieret, cum ipsum nollemus occasione hujusmodi gravare; alioquin super faciendo ei mandato nostræ exspectaretur beneplacitum voluntatis. Sed dictus archiepiscopus, sicut accepimus, favore nostræ benignitatis abusus, per duos clericellos antedicto legato fecit nostras litteras præsentari; et licet ipse paratus fuerit securum ei præstare conductum tam per charissimum in Christo filium nostrum Ottonem regem illustrem in Romanorum imperatorem electum quam per germanos suos et venerabilem fratrem nostrum Coloniensem archiepiscopum et alios viros idoneos, et per quatuor etiam dictas ei voluisset occurrere, ut ipse ei personaliter absolutionis beneficium exhiberet, ac ipsi etiam intimasset quod incontinenti vel quando placeret ad eum solemnes nuntios de suo latere destinaret, qui ipsum secundum formam mandati nostri a vinculo excommunicationis absolverent, dummodo ipse ad eumdem legatum aliquos de canonicis Ecclesiæ suæ vel alios discretos nuntios destinaret, quorum dictis fides posset merito adhiberi, quando ad ejus accedere præsentiam personaliter non valeret: idem tamen archiepiscopus hæc omnia parvipendens, nihil horum facere procuravit, sed post receptionem mandati nostri tractans ecclesiastica sacramenta, nequaquam a divinorum celebratione cessavit. Licet igitur præfatus archiepiscopus materiam nobis dederit præsumptionem suam severius castigandi, nos tamen volentes eam in spiritu mansuetudinis pertractare, non adhuc rigorem judicii exercere, eidem districte præcipiendo mandamus ut omni mora et excusatione postpositis ad præfatum legatum accedens, ab eo juxta formam mandati nostri beneficium absolutionis recipiat, et ei taliter satisfaciat super iis in quibus dignoscitur offendisse quod eum sibi reddat propitium et placatum, et ipse legatos sedis apostolicæ contemnere minime videatur. Quocirca fraternitati tuæ per apostolica scripta mandamus et districte præcipimus quatenus litteras nostras, quas ipsi Magdeburgensi dirigimus, eidem faciens per tuos nuntios præsentari, nisi ante receptionem litterarum nostrarum ipsum per antedictum legatum tibi constiterit absolutum, eum tandiu publice denunties excommunicationis vinculo irretitum et ab omnibus præcipias arctius evitari, suffraganeis quoque suis et aliis ei diœcesana lege subjectis auctoritate nostra sub excommunicationis interminatione prohibeas ne sibi [sic] exhibeant reverentiam vel honorem, donec per dictum legatum beneficium absolutionis recipiat, vel ad nostram accedat præsentiam absolvendus. Inquiras præterea diligenter si postquam præfati nuntii sui a præsentia nostra cum præfatis litteris redierunt, præsumpsit divina officia celebrare vel ecclesiastica conficere sacramenta; et quod inveneris, tuis nobis non differas litteris intimare, ut si ipsum constiterit contra ecclesiasticam disciplinam et claves Ecclesiæ attentasse, præsumptionem suam animadversione debita castigemus, et de vultu nostro judicium prodeat æquitatis.

Datum, *ut supra.*

Scriptum est ipsi archiepiscopo super hoc.

LXXIV.

Cum venerabilis frater noster Tarantasiensis archiepiscopus quod fieri sibi nollet aliis non debuerit irrogare, mirum satis ducimus et molestum quod falcem in messem alterius mittere non expavit et jus sibi alienum temeritate propria usurpare; cum etiam de sua præsumptione adeo magnum scandalum sit subortum quod nisi per sedem apostolicam, auctore Domino, sopiatur, ad totius orbis redundare poterit procul dubio detrimentum. Cum enim dubium non existat coronationem regum Alemannorum ad venerabilem fratrem nostrum Coloniensem archiepiscopum pertinere, nec ipse deliquerit quare sua meruerit dignitate privari, cum si etiam deliquisset, per eumdem Tarantasiensem archiepiscopum non erat suo jure privandus, cujus ipse jurisdictioni minime subjacebat, ipse maturitate pontificali neglecta, nec considerans quæ debebat, nobilem virum Philippum ducem Sueviæ in regem temere coronavit (quod nullus episcoporum vel archiepiscoporum Alemanniæ attentavit), et cum crederemus quod excessum suum recognosceret per seipsum et ad satisfaciendum nostro se conspectui præsentaret, diutius exspectatus ipse adhuc quasi sub latibulo delitescens, putavit forte quod prolixitate temporis excessus ejus a memoria nostra recederet, et sic ipse pœnam evaderet quam timebat, sicut ipsum convenit non attendens quod diuturnitas temporis non minuit peccata, sed auget. Nolentes igitur, sicut non debemus, quod de sua valeant gloriari malitia præsumptores, eidem Tarantasiensi archiepiscopo per scripta nostra districte præcipiendo mandamus ut, usque ad proximam Dominicam qua cantabitur *Lætare Hierusalem*, personaliter nostro se conspectui repræsentet, super præmissis omnibus et pluribus aliis plenarie responsurus. Alioquin, ex tunc se noverit ab officio pontificali et sacerdotali suspensum, salva sententia, si quam tulit in eum venerabilis frater noster episcopus Prænestinus, apostolicæ sedis legatus. Quocirca fraternitati tuæ per apostolica scripta mandamus et districte præcipimus quatenus litteras nostras, quas ipsi Tarantasiensi dirigimus, eidem faciens per tuos nuntios præsentari, si forte quod mandamus neglexerit adimplere, tu eum suspensum per Tarantasiensem provinciam publice nunties, et facias ipsam suspensionis sententiam per districtionem ecclesiasticam, appellatione remota, inviolabiliter observari.

Datum Velletri, *ut supra*.

Scriptum est eidem archiepiscopo super hoc.

LXXV.
TREVIRENSI ARCHIEPISCOPO.

Si gratiam quam tibi exhibuimus iis diebus recognosceres, ut deberes, nequaquam factis apostolicis te opponeres nec mandatis nostris aliquatenus obviares. Sed, ut videmus et rerum indicia manifestant, abuteris patientia nostra, et quæ tibi per gratiam sunt collata videris deducere in contemptum. Nos autem nolentes de cætero in patientia sustinere quæ in contemptum sedis apostolicæ attentantur, fraternitati tuæ per apostolica scripta mandamus et sub debito juramenti quo nobis teneris districte præcipimus quatenus charissimum in Christo filium nostrum illustrem regem Ottonem in Romanorum imperatorem electum sine difficultate qualibet in regem recipias, eique fideliter adhærendo, per te et suffraganeos tuos ac Ecclesiæ tuæ ministeriales potenter et patenter assistas, cum per eum te ac Ecclesiam tuam non lædi, sed juvari. Si vero, quod non credimus, hac vice mandatum nostrum adimplere neglexeris, pœna docente cognosces quam temerarium sit mandatis apostolicis obviare.

Datum Laterani, vi Idus Novembris, pontificatus nostri anno quinto.

LXXVI.
EPISCOPO PRÆNESTINO APOSTOLICÆ SEDIS LEGATO.

Supplicavit nobis archiepiscopus Trevirensis ut et cedendi licentiam præberemus. Licet autem eum et apostolicæ sedi minus devotum et Ecclesiæ suæ minus utilem cognoscamus, veremur tamen ne, si cesserit in hujus articulo tempestatis, Trevirensis Ecclesia non sine magno periculo dividatur, aut talis illi succedat qui magis nobis indevotus existat, nec nostrum velit propositum imitari. Tu ergo, sicut vir providus et fidelis, diligenter ac sollicite investiges an forte prædicta mala valeant præcaveri, et si pro certo cognoveris quod talis ei valeat sine divisione substitui qui nostrum debeat adimplere propositum et curam Ecclesiæ Trevirensis utiliter exercere, tu nostra fretus auctoritate licentiam sibi cedendi concedas, provisurus attentius ut malum non eveniat quod timemus et bonum proveniat quod optamus.

Datum Laterani, xvi Kal. Decembris, anno quinto.

LXXVII.
JURAMENTUM OTTONIS REGIS ILLUSTRIS IN ROMANORUM IMPERATOREM ELECTI.

Ego Otto, Dei gratia Romanorum rex et semper Augustus, tibi domino meo Innocentio papæ tuisque successoribus, et Ecclesiæ Romanæ spondeo, polliceor, promitto et juro quod omnes possessiones, honores et jura Romanæ Ecclesiæ pro posse meo bona fide protegam et servabo. Possessiones autem quas Ecclesia Romana recuperavit liberas et quietas sibi dimittam, et ipsam ad eas retinendas bona fide juvabo, quas autem nondum recuperavit, adjutor ero ad recuperandum, et recuperatarum secundum posse meum ero sine fraude defensor, et quæcunque ad manus meas devenient, sine difficultate restituere procurabo. Ad has pertinet tota terra quæ est a Radicofano usque Ceperanum, exarchatus Ravennæ, Pentapolis marchia, ducatus Spoletanus, terra comitissæ Mathildis, comitatus Brittenorii, cum aliis adjacentibus terris expressis in multis privilegiis imperatorum a tempore Lodoici. Has omnes pro posse meo restituam et quiete dimittam cum omni jurisdictione, districtu et honore suo.

Verumtamen cum ad recipiendam coronam imperii vel pro necessitatibus Ecclesiæ ab apostolica sede vocatus accessero, de mandato summi pontificis recipiam procurationes ab illis. Adjutor etiam ero ad retinendum et defendendum Ecclesiæ Romanæ regnum Siciliæ. Tibi etiam domino meo Innocentio papæ et successoribus tuis omnem obedientiam et honorificentiam exhibebo quam devoti et catholici imperatores consueverunt sedi apostolicæ exhibere. Stabo etiam ad consilium et arbitrium tuum de bonis consuetudinibus populo Romano servandis et exhibendis et de negotio societatis Tusciæ ac Lombardiæ. Similiter etiam consilio tuo et mandato parebo de pace vel concordia facienda inter me et Philippum regem Francorum. Et si propter negotium meum Romanam Ecclesiam oportuerit incurrere guerram, subveniam ei, sicut necessitas postulaverit, in expensis. Omnia vero prædicta tam juramento quam scripto firmabo cum imperii fuero coronam adeptus.

Actum Nuxiæ in Coloniensi diœcesi, anno incarnati Verbi 1201, vi Idus Junii, in præsentia Philippi notarii, Ægidii acolythi et Riccardi scriptoris præfati domini papæ.

LXXVIII.
COLONIENSI ARCHIEPISCOPO.

(44) Contumaciam Joannis archiepiscopi Trevirensis esse tibi credimus per ejus opera manifestam, qui prope positus jugiter intueris quod idem Joannes judicium Dei et Ecclesiæ non formidans, in contemptum apostolicæ sedis statuta nostra rebellione damnabili nititur impedire. Exspectabamus enim hactenus exspectantes ut rediret ad cor et secum pariter cogitaret quam graviter in transgressione juramenti quod nobis corporaliter præstitit, et oculos divinæ majestatis offenderit, et læserit famam suam; sed, ut manifeste videmus et rerum experimenta declarant, non solum excommunicationis sententiam qua tenetur contumaciter vilipendit, sed inebriatus calice iræ Dei, quod dolentes dicimus, se in laqueum desperationis mittens, cum burgensibus civitatis et quibusdam clericorum et ministerialium Trevirensis Ecclesiæ in nostram injuriam conjuravit, prævaricationem prævaricationi nequiter addens, ut si peccans peccatum ipsius, et existens in sordibus sordescat adhuc, donec de medio fiat juxta suorum exigentiam meritorum. Quia igitur in derogatione nostra tibi non est dubium derogari, fraternitati tuæ per apostolica scripta mandamus quatenus ad spiritualia Trevirensis Ecclesiæ, quæ in terra temporali tibi jurisdictione subjecta consistunt, tandiu nostra fretus auctoritate, appellatione remota, manus extendas, et de ipsis utiliter ordines et disponas, donec Trevirenses nobis rebelles exstiterint et ab Ecclesiæ gremio permanserint sequestrati : provisurus attentius ut in eos tanquam inimicos Ecclesiæ ac imperii, sedis apostolicæ matris tuæ, sicut devotus filius, injurias persequaris. Nos enim, nisi ad mandatum Ecclesiæ cum satisfactione debita revertantur, in eos manus nostras curabimus aggravare, et merito [poterunt] formidare ne sub jugo quod de collo Trevirensis Ecclesiæ misericorditer aliquando sedis apostolicæ manus excussit, eam sicut ingratam reducamus in proximo, spoliantes eam metropolitica dignitate ac restituentes eam Ecclesiæ cujus fuit.

Datum Laterani, xii Kal. Decembris.

LXXIX.
UNIVERSIS PRINCIPIBUS ALEMANNIÆ.

Scrutator renum et cordium Jesus Christus, cui nihil penitus est occultum, imo qui omnia novit antequam fiant, sicut nostri animi puritatem, et conscientia nobis est testis quod super negotio imperii pure processimus, nec in aliquo vel imperiali magnificentiæ vel nostræ derogare voluimus dignitati. Novimus enim quod imperium a Græcia in Germaniam per Romanam Ecclesiam pro sua fuerit defensione translatum; et ideo tanto amplius ad ejus exaltationem intendimus, quanto in eo Ecclesiam credimus potius exaltari, cum sciamus quod frequenter gladius spiritualis contemnitur si materiali gladio non juvatur. Novimus etiam quod multarum hæresum pravitates contra fidem catholicam se extollunt, et vulpes quæ in foveis suis suæ consueverant latebras confovere, in aperto jam vineam Domini Sabaoth demoliri nituntur, et non Philisthinorum messes sed nostras caudis colligatis adinvicem devastare. Unde tanto ardentius pacem affectamus imperii et optamus unitatem ipsius quanto per dissensionem vestram diutius hujusmodi vulpium captura differtur, et tantæ non tam injuriæ quam jacturæ ultio prolongatur. Verum dolemus non modicum et movemur quod litteræ nostræ, per quas vobis plenius nostræ mentis sinceritas patuisset, quorumdam astutia supprimuntur, et quod aliqui Ecclesiæ ac imperii concordiam odientes, scripta nostra sinistra interpretatione pervertunt, non attendentibus vobis quod eorum est quod male recitant, et non nostrum. Sane ad vestram potuit audientiam saltem per famam publicam pervenisse qualiter post exspectationem diutinam primo vos ad concordiam curaverimus invitare, qualiter secundo consilium nostrum fideliter vobis duxerimus exponendum, et studuerimus vos super his diligenter instruere quæ negotio congruere videbantur. Cæterum cum nec per commonitionem nec consilium aut instructionem in aliquo nos proficere vidissemus, nolentes ulterius sustinere jacturam Ecclesiæ, cum duobus simul non possemus favere ad imperium pariter obtinendum, et alter de electis vestris propter excommunicationem publicam et persecutionem vulgatam quam progenitores ejus et ipse in apostolicam sedem et Ecclesias non dubitaverant exercere, propter insolentiam etiam quam exercuerunt in principes et alios sibi subjectos, et ne libertas prin-

---

(44) Vide supra epist. 75, 76, et infra epist. 85.

cipum in imperatoris electione vilesceret si non per electionem sed successionem in filios transferri a patribus et in fratres a fratribus imperium videretur, et propter alias plurimas rationes non sit idoneus ut imperium debeat obtinere, in reliquum nos oportuit consentire, cum a quibusdam vestrum electus ubi debuit et a quo debuit fuerit coronatus, nec aliquid in personam objiceretur ipsius per quod esset merito reprobanda. Quia vero nec adhuc pax est imperio restituta, imo nunc etiam ex dissensione vestra læduntur pauperes et Ecclesiæ confunduntur, volentes his malis quantum honeste possumus obviare, universitatem vestram monemus et exhortamur attentius et per apostolica scripta mandamus quatenus, a festo Resurrectionis Dominicæ nunc primo venturo usque ad annum, treugas adinvicem ineatis, medio tempore de concordia pertractantes, et, si necesse fuerit, ad Romanam recurrentes Ecclesiam : quæ cum singulis vestrum in negotio singulari adesse desideret et prodesse, in hoc negotio, quod est vobis et ipsi commune, tanto libentius vobis communiter aderit quanto in pace imperii tranquillitatem quoque suam efficacius procurabit.

Datum Laterani.

LXXX.

COLONIENSI ARCHIEPISCOPO.

Licet de fraternitate tua diversi nobis per litteras et nuntios diversa sæpe significaverint et adversa, quia tamen ex divinæ paginæ didicimus lectione quod non omni spiritui est credendum, cum angelus Satanæ se interdum in lucis angelum transfiguret, non potuimus, sicut non debuimus, quidquam de te suspicari sinistri, cum fidem et devotionem tuam, constantiam et fortitudinem in multis fuerimus jam experti. Nam quis crederet sanæ mentis quod occasione contrahendæ affinitatis vel obligationis cujuslibet eum desereres et abjiceres quem creasti, et illi adhæreres pariter et faveres qui in Coloniensis Ecclesiæ ac tuæ personæ contemptum, ad quam specialiter inter reliquos principes electio regis spectat, per intrusionis vitium nomen sibi regium usurpavit, et in majus tui honoris dispendium et personæ despectum, cum tu solummodo reges in imperatores electos coronare debeas ex antiqua Coloniensis Ecclesiæ dignitate, per Tarantasiensem archiepiscopum imponi sibi fecit regium diadema ? Quis etiam crederet, cum hactenus pondus diei portaris et æstus, quod nunc labores et expensas velis amittere quas pro defensione charissimi in Christo filii nostri illustris regis Ottonis in Romanorum imperatorem electi et juris Coloniensis Ecclesiæ imo verius tui facti subisti ? Quis crederet ut cum apostolicæ sedis gratiam obtineas et favorem, et de imperatore futuro et præsumere valeas et sperare, ipso turpiter derelicto, illi turpius imo etiam perniciosius adhæreres cujus progenitores fere semper Coloniensem fuerunt Ecclesiam persecuti, sicque nostram indignationem incurreres, nec de alio, si in imperatorem promoveretur, forsitan aliqua posses ratione sperare ? Quis præsumeret ut cum pro tuenda Coloniensis Ecclesiæ dignitate ea feceris hactenus ad quæ nullus prædecessorum tuorum ausus fuerat aspirare, quod nunc maculam in gloria tua poneres, et retro respiceres, et opus manuum tuarum velles tam leviter abolere ? Quis præsumeret quod contra devotionem et obedientiam apostolicæ sedis, Coloniensis Ecclesiæ dignitatem pariter et honorem, fidelitatem et juramenta quæ prædicto regi sæpius præstitisti, tam leviter desisteres ab incœpto, et contra factum proprium qualibet facilitate venires ? Ad hoc quidem nec te inducere illud debet quod a quibusdam maliloquis in dispendium tuæ famæ confingitur, videlicet quod labores et expensas hujusmodi solus nequeas tolerare, cum pro tuenda Coloniensis Ecclesiæ dignitate non solum terrenam erogare substantiam, sed animam etiam ponere tenearis.

Præterea cum Ecclesia Romana tuum in hac parte judicium sit secuta, licet illud suum fecerit approbando, tibi est summopere præcavendum ne, si aliquid egeris per quod intelligat se delusam, illusionem hujusmodi non possit nec debeat æquanimiter sustinere. Nosse quoque te credimus sicut virum providum et discretum quod frustra formaretur concordia inter hominem et serpentem, cum male remuneret suos hospites serpens in gremio enutritus, nec sit facile nova in corde veteri meditari. Manet enim apud nobilem virum Philippum, ducem Sueviæ, alta mente repostum qualiter quasi solus impedieris promotionem ipsius et ipsum coegeris thesaurorum suorum copias in vacuum exhaurire, ac sua ipsum hactenus intentione frustraveris. Unde, licet forsan ex parte impedimenti materiam tolleres, quia tamen nec de ipsius pectore præcedentis repulsæ, quam valde injuriosam reputat, nec tantæ moræ memoriam aboleres, nec posses erogatam pecuniam restaurare, ipse sibi nec de damno nec de injuria crederet satisfactum, sed in te potius quidquid amodo ipsi sinistri contingeret vel contigit hactenus retorqueret ; et quamvis vasa iracundiæ suæ in te forsitan effundere non valeret, indignum tamen semper sui favoris gratia reputaret. Quia ergo plene de prudentia tua et discretione confidimus, et tam de constantia quam fidelitate speramus, nihil tale de te penitus suspicantes, fraternitatem tuam monemus et exhortamur attentius et per apostolica scripta sub obtentu gratiæ nostræ districte præcipiendo mandamus quatenus in tuæ mentis proposito perseverans, ad promotionem regis ipsius potenter intendas, nec patiaris plantam quam tu ipse plantasti per humoris defectum arescere, quam vales, si velis, uberius irrigare. Novimus enim quod tanta prudentia et potentia tuæ fraternitatis existit ut cum favore nostro, qui a multis sollicitudinibus expediti, expeditius et melius promotioni ejusdem regis intendere jam valemus, quod feliciter incœpisti, si plene velis, possis felicius consummare (45). Sane nosse te volumus quod damnatæ memoriæ Marcualdus, qui nos magis fraudibus quam viribus molestabat, Conradus dux olim Spoleti, qui ut in locum ejus succederet in Siciliam accedebat, Otto de Barenste, qui sanctæ memoriæ Leodiensem episcopum interfecit, et frater ipsius, dextera Domini faciente virtutem, miserabiliter exspirarunt. Unde cum in eorum decessu pars ipsorum sit pene penitus annullata, pro parte majori a sollicitudinibus regni Siciliæ liberati, super negotio imperii plenius intendemus (46). Nam etiam charissimo in Christo filio nostro Frederico illustri regi Siciliæ soror charissimi in Christo filii nostri illustris regis Aragonum est de mandato nostro et assensu suorum familiarium desponsata ; et nuntii sunt missi solemnes, qui non solum eam sed et matrem deducant, ut ipsa puerum nutriat et puellam. Cæterum tua fraternitas non ignorat quod cum multi archiepiscoporum et episcoporum fidem non teneant, juramenta non servent, et despiciant Petri claves, nobis suggeritur a plerisque ut propter hoc et alias multas necessitates Ecclesiæ generale concilium convocemus : quod si duxerimus convocandum, te personaliter volumus interesse. Te igitur super hoc sicut venerabilem fratrem et de quo plene confidimus, consulentes, volumus et mandamus ut tam de his quam de aliis quæ præmisimus nobis quam citius per fidelem nuntium et discretum non differas respondere.

Datum Laterani.

LXXXI.
LITTERÆ OTTONIS REGIS IN ROMANORUM IMPERATOREM ELECTI.

Venerabili in Christo Patri ac domino INNOCENTIO sacrosanctæ Romanæ Ecclesiæ summo pontifici OTTO, Dei gratia et sua Romanorum rex et semper Augustus, debitam subjectionem et reverentiam cum filiali dilectione.

Paternitati vestræ, Pater sancte, significamus quod Coloniensis Ecclesia Coloniensem archiepiscopum ita nobis in fidelitate alligavit quod ipsum nunquam firmiorem et stabiliorem habuimus quam nunc habemus; quia si a compromissione facta resilire vellet, non posset. Sciatis præterea quod nos cum charissimo avunculo nostro rege Angliæ sumus confœderati, ita quod ipse contra omnes homines in rebus et in pecunia nobis subvenire tenetur una cum regno suo, et nos ei, salvo honore et honestate Romanæ Ecclesiæ, cui nos et ipse nunquam deerimus. Tenetur enim avunculus noster cum rege Franciæ facere pacem, sicut et nos de mandato vestro tenemur. Alioquin, pacem et concordiam cum ipso non fecissemus, nisi nobis et Ecclesiæ Romanæ videremus expedire. Nihil etiam, teste legato, fecimus in præjudicium regis Franciæ. In spe sumus cujusdam magnæ nostræ promotionis ; de qua cum certificati fuerimus, quam Deo volente breviter sciemus, vobis tanquam Patri ac domino nostro significabimus ; et vos cum tota curia per Dei gratiam gaudebitis. Sciatis insuper certissime quod omnem promotionem nostram, post Deum, sanctitati vestræ recognoscimus, nuntios nostros, vos ad certificandum de statu nostro, vobis sæpius transmittimus ; sed si ad vos veniant ignoramus. Nos enim super omnia prosperum statum vestrum audire desideramus. Ea quæ scripsistis pro nobis in Teutoniam supplicamus ut idem faciatis in Italia.

LXXXII.
ILLUSTRI OTTONI REGI IN ROMANORUM IMPERATOREM ELECTO.

Non oportet ut animi puritatem, quam in promotionis tuæ negotio gessimus, litteris exprimamus, cum jam intentionem nostram opera manifestent, nec super his egemus testibus peregrinis quæ tua serenitas recognoscit. Novit enim celsitudo regalis quod post eum a quo est omnis potestas, cum sit Rex regum et Dominus dominantium, per nos vicarios ejus indignos tuæ promotionis initium felicem hactenus est sortita progressum, licet principium debile processus difficilis sit secutus. Unde regia serenitas non miretur si nondum juxta votum nostrum et suum cœptum est negotium consummatum, quia nihil repente fit summum, ipsumque negotium tam magnum existit quod in sæcularibus non est majus, et si ad hujus promotionis primitias et medii temporis obstacula respectus debitus habeatur, non sit modicum reputandum quod in tantum est per Dei gratiam prosperatum. Nos autem de tua prosperitate gaudemus, et successus tuos proprios reputamus ; utpote qui plantæ nostræ oblivisci non possumus, sed quam plantavimus et rigavimus, lætamur ab eo sine quo neque qui plantat neque qui rigat est aliquid plenius augmentari. Gaudemus etiam quod memor propriæ sponsionis, in forma pacis quam cum charissimo in Christo filio nostro Philippo illustri rege Francorum pacem, sicut et tu, ipse facere teneretur. Monemus igitur serenitatem tuam et exhortamur in Domino quatenus de tua promotione sollicitus, quæ ad eam spectare cognoveris, studeas efficaciter procurare. Specialiter autem tibi caveas ab insidiis malignorum, ne in personam tuam aliquid valeant machinari. Nos enim, quantum nobis permittit Dominus, ultra forte quam credas super promotionis tuæ negotio vigilamus, sperantes quod illud, dante Domino, desideratum celeriter consequetur effectum. De nobis autem nosse te volumus quod valemus per Dei gratiam et vigemus, et universa nobis, quantum tamen humana conditio patitur, pro voto succedunt.

Datum Laterani, Idibus Januarii.

---

(45) Vide lib. I, epist. 88, et *Gesta Innoc. III*, cap. 9.

(46) Vide infra epist. 111, et lib. V, epist. 50 et lib. II, epist. 4, 5.

LXXXIII.

(47) Perfidiam archiepiscopi Trevirensis vos non credimus ignorare : qui licet præter communis obedientiæ vinculum et juramentum fidelitatis quo Ecclesiæ Romanæ tenetur, nobis promiserit firmiter et juramento firmarit quod, super facto imperii, beneplacitum nostrum sine conditione qualibet sequeretur, quasi tamen hæc omnia parvipendens, non solum super hoc nostris hactenus noluit obedire mandatis, sed pro viribus restitit et resistit ne nostrum beneplacitum impleatur, latam etiam in se excommunicationis sententiam parvipendens ; nec credit suæ præsumptioni sufficere quod inobedientiæ reus, transgressor fidei et juramenti proprii violator effectus, contra id quod nobis firmiter repromisit, litteris suis patentibus super hoc apud nos in testimonium derelictis, venire præsumit, sed vos etiam, sicut accepimus, in testimonium invocat falsitatis, asserens quod personam charissimi in Christo filii nostri illustris regis Ottonis in Romanorum imperatorem electi exceperit cum juravit. Nos igitur ejus contumaciam attendentes, excommunicationis in ipsum sententiam duximus proferendam; sed ipse adhuc in sua contumacia perseverans, eam contemnere non veretur. Nolentes igitur temeritatem hujusmodi relinquere incorrectam, fraternitati vestræ per apostolica scripta mandamus et districte præcipimus quatenus excommunicatum eum singulis diebus Dominicis et festivis, pulsatis campanis et candelis accensis, publice nuntietis et per vestras faciatis diœceses sub solemnitate simili nuntiari ; ex parte nostra denuntiantes eidem quod nisi post denuntiationem nostram infra sex menses ad mandatum nostrum redierit humiliter et devote, ac sicut juramento tenetur, super facto imperii nostræ satisfecerit voluntati, ex tunc, convocato vicinorum episcoporum concilio, de consilio fratrum nostrorum depositionis in eum sententiam proferemus.

Datum Laterani, vi Kal. Martii, pontificatus nostri anno sexto.

LXXXIV.
PRÆNESTINO EPISCOPO APOSTOLICÆ SEDIS LEGATO

Recepimus litteras quas tua nobis fraternitas destinavit benignitate qua decuit, et diligenter notavimus quæ per eas apostolicis auribus intimasti. Gaudemus autem et fraternitatem tuam in Domino commendamus quod inter gentes prius incognitas et populos linguæ quam non noveras constitutus, talem te studes tam in verbis quam actibus exhibere ut videntes opera tua bona glorificent Patrem nostrum, a quo est omne datum optimum et donum omne perfectum, et nobis in actionibus gratiarum assurgant quod angelum pacis ad eos duximus destinandum. Unde, post eum qui dirigit gressus nostros, tuæ non modicum ascribimus probitati quod in tantum per Dei gratiam in manibus tuis negotium est imperii prosperatum, cum opere pariter et sermone charissimo in Christo filio nostro illustri regi Ottoni in Romanorum imperatorem electo favorem comparaveris plurimorum, apud quos et loquebatur lingua prudenter et sufficienter perorabat honestas. Gaudemus etiam quod, etsi necessitates nimias patiaris, quia tamen abundare, secundum Apostolum, et penuriam pati novisti, (48) noluisti cuiquam esse oneri, sed paucis contentus existens paupertatem quasi divitias reputasti. Nos autem fraternitati tuæ providere volentes, venerabiles fratres nostros episcopos et canonicos Metenses et Cameracenses et universos prælatos in Metensi et Cameracensi diœcesibus constitutos per nostras litteras increpamus super eo quod tibi, licet absenti, noluerunt in procurationibus subvenire ; quibus etiam districte præcipimus ut sive ad ipsos accesseris, sive alias fueris commoratus, procurationum subsidia ita liberaliter tibi studeant exhibere quod subsequens liberalitas culpam redimat præcedentem. Alioquin, sententia n quam in eos duxeris proferendam ratam nos scribimus habituros et facturos inviolabiliter observari. Generales etiam litteras super procurationibus exigendis tibi transmittimus : quas fine simili terminamus, legationis tuæ litteris innovatis. Scribimus etiam charissimo in Christo filio nostro illustri regi Danorum ut cum confœderationis inter eum et prædictum regem Ottonem initæ mediator et confirmator exstiteris, si propter hanc vel aliam causam te ad præsentiam ejus oportuerit proficisci, sicut legatum apostolicæ sedis te benigne recipiat et honorifice studeat pertractare, consiliis tuis et monitis acquiescens. Similes quoque litteras, imo efficaciores etiam venerabilibus fratribus nostris archiepiscopis et episcopis per Teutoniam constitutis sicut videre poteris, destinamus. Contra Trevirensem autem scribimus venerabilibus fratribus nostris archiepiscopis et episcopis per Teutoniam constitutis ut singulis diebus Dominicis et festivis, pulsatis campanis et candelis accensis, excommunicatum eum publice nuntient, et per diœceses suas sub solemnitate faciant similiter nuntiari ; ex parte nostra denuntiantes eidem quod, nisi post denuntiationem eorum infra sex menses ad mandatum nostrum redierit humiliter et devote, ac, sicut juramento tenetur, super facto imperii nostræ satisfecerit voluntati, ex tunc, convocato convicinorum episcoporum concilio, de consilio fratrum nostrorum depositionis in eum sententiam proferemus. Monemus igitur fraternitatem tuam et exhortamur attentius et per apostolica tibi scripta mandamus quatenus non deficias, sed proficias potius et ad promotionem negotii quod tuæ discretioni commisimus exsequendum sicut hactenus, imo fortius quam hactenus sicut de tua devotione speramus, intendas; quoniam, prout credimus, in brevi terminabitur labor tuus ad exaltationem sedis apostolicæ, augmentum imperii et tuæ fraternitatis honorem.

Datum Laterani, vi Kal. Martii, anno sexto.

(47) Vide supra epist 78.

(48) Vide supra epist. 56.

LXXXV.
UNIVERSIS TAM ECCLESIASTICIS QUAM SÆCULARIBUS PRINCIPIBUS ALEMANIÆ.

Cum Ecclesia Romana supra firmam petram a Christo sit petra fundata, sicut ipse testatur ad Petrum, *Super hanc petram ædificabo Ecclesiam meam* (*Matth.* xvi), non est de ipsius instabilitate temere præsumendum, quæ super ipso summo angulari lapide Christo Jesu ædificata, constans et immobilis perseverat. Cum enim fundamentum ejus positum sit præter quod aliud poni non potest, quod est Christus Jesus, et liquefacta terra, et omnibus habitantibus in eadem, ipsius columnas Dominus confirmarit, nec fluminum impetus, nec impulsus ventorum, nec pluviarum formidabit insultus; quoniam in illo est stabilitate perpetua solidata quem Jordanis conversus retrorsum expavit, qui imperat ventis et mari et pluviis ponit legem. Ipsa est etenim domus illa de qua Dominus in Evangelio protestatur : *Descendit pluvia, et venerunt flumina, et flaverunt venti, et irruerunt in domum illam, nec cecidit : fundata enim erat supra petram* (*Matth.* vii). Absit igitur ab ea nota cujuslibet levitatis, absit ut leviter revocet quod mature disponit, absit ut in seipsa infirma sit et vacillet, quæ si avorum fluctuent instituta, illa, cum expedit, concessa sibi cœlitus auctoritate confirmat. Petro enim et successoribus ejus principaliter intelligitur a Domino esse dictum : *Ego rogavi pro te, Petre, ut non deficiat fides tua; sed tu aliquando conversus, confirma fratres tuos* (*Luc.* xxii). Non igitur deficiet fides Petri, vel apostolicæ sedis auctoritas vacillabit; quoniam is qui se asserit orasse pro ea, in omnibus est pro sui reverentia, sicut testatur Apostolus, exauditus; qui licet corporalibus subtractus aspectibus in cœlum ascenderit sedens ad dexteram Dei Patris, Ecclesiam tamen orphanam non reliquit, quam potenter protegit et præsentialiter ipsam custodit. Nam ipsemet apostolis repromisit : *Ecce*, inquiens, *ego vobiscum sum omnibus diebus usque ad consummationem sæculi* (*Matth.* xxviii). De hujus ergo protectione secura et præsentia confortata dum habet, imo quoniam habet Dominum adjutorem, non timet quid faciat sibi homo, sciens quod portæ inferi adversus eam non poterunt prævalere, nec alius solvere quos ipsa ligarit vel ligare quos solverit tradita sibi a Domino potestate. Credi ergo non debet quod in se ipsa discors existat, cum eam sibi elegerit Dominus non habentem maculam neque rugam. Hæc est enim tunica inconsutilis desuper contexta per totum, quæ divisa non fuit etiam tempore passionis. Hæc est una columba, de qua legitur in Canticis canticorum ; *Una est columba mea, perfecta mea ; una est matri suæ, electa genitrici suæ* (*Cant.* vi). Hæc est unum ovile, de quo Dominus in Evangelio protestatur : *Fiet unum ovile et unus pastor* (*Joan.* x). Licet enim aliquando quidam conati sint illam dividere, ipsam tamen potius purgaverunt, cum, recedentibus tenebris, lucida tota remanserit non habens partem aliquam tenebrarum, de quibus Joannes Apostolus ait : *A nobis exierunt, sed non fuerunt ex nobis* (*I Joan.* ii). Miramur ergo non modicum et movemur quod pestilentes quidam filii tenebrarum, Satanæ discipuli, prænuntii Antichristi, nobis et Ecclesiæ Romanæ notam volunt impingere levitatis, tanquam quod cum multa gravitate statuimus velimus leviter revocare. Nec hoc solo contenti, moliuntur innuere, licet frustra, quod inter nos et fratres nostros zelus sit et contentio, nec sapiamus idem, sed in æmulatione et contentione ad ea quæ statuimus procedamus; cum tantus potius per Dei gratiam vigeat inter nos charitatis affectus et tam insolubile maneat vinculum unitatis ut sit nobis cor unum et anima una, secundum Psalmistam, ambulantibus in domo Domini cum consensu. Ipsi autem volentes auctoritati sedis apostolicæ derogare ac in dubium revocare quod fecimus, tam super imperii Romani negotio contra charissimum in Christo filium nostrum illustrem regem Ottonem in Romanorum imperatorem electum quam super facto Ecclesiæ Maguntinæ adversus venerabilem fratrem nostrum Siffridum archiepiscopum Maguntinum, falsas præsumpserunt litteras exhibere, volentes quosdam ex fratribus nostris a nobis discordes ostendere, ac sic animos vestros a consiliis nostris et monitis revocare. Verum mentita est iniquitas sibi, quia prævalere non potuit veritati figmentum, cum litterarum falsitas manifesta sit recte intuentibus per seipsam, cum nec litteræ quæ tanquam sub nomine nostro missæ fuerunt Pataviensi, Frisingensi et Eistensi episcopis præsentatæ, Ecclesiæ Romanæ stylum redoleant, nec illæ quæ dicuntur a quibusdam nostris fratribus destinatæ fratrum nostrorum sapiant gravitatem ; imo tanta sit inconcinnitas in utrisque ut nullus sanæ mentis de ipsis debuerit dubitare. Unde culpabiles se ostendunt qui earum procedere occasione præsumunt. Cum ergo nec super imperii Romani negotio nec super facto Ecclesiæ Maguntinæ a nostro velimus proposito declinare, universitatem vestram monemus et exhortamur attentius et per apostolica vobis scripta mandamus quatenus super utroque consiliis nostris et monitis intendatis: scituri pro certo quod non intendimus ad depressionem imperii, sicut mendaces aliqui mentiuntur, sed ad exaltationem ipsius propensius aspiramus.

Datum Laterani, Non. Aprilis.

LXXXVI.
LITTERÆ CARDINALIUM AD UNIVERSOS TAM ECCLESIASTICOS QUAM SÆCULARES PRINCIPES ALEMANNIÆ.

Tam super imperii Romani scissura quam super Ecclesiæ Maguntinæ discordia pio compassionis affectu dolemus, affectantes utriusque commodum et honorem. Cum autem et dominus papa nobiscum et nos cum ipso simus per Dei gratiam unanimes et concordes, quoniam ipse nos tanquam fratres et filios diligit et honorat, et nos eum tanquam patrem et dominum reveremur et veneramur, mirari cogimur et moveri quod quidam homines pestilentes, illius utique filii qui ab initio mendax fuit et in veritate non stetit, sub nomine ipsius domini papæ ac quorumdam ex nobis, tam super imperii Romani negotio contra illustrem regem Ottonem in Romanorum imperatorem electum quam Ecclesiæ Maguntinæ contra venerabilem fratrem nostrum Siffridum archiepiscopum Maguntinum, falsas præsumpserunt litteras exhibere, volentes super utroque negotio nos discordes ostendere, ut possent auctoritati sedis apostolicæ derogare. Quia vero Dominus Romanam Ecclesiam super firmam petram stabili soliditate fundavit, cujus idem ipse fundamentum est et fundator, frustra quis existimat ut ab iis quæ etiam multa disponit maturitate consilii profana facilitate recedat, præsertim hoc tempore quo, quantum hominibus est concessum, non impetu voluntatis effertur, sed motu dirigitur rationis. Ideoque reprehensibiles convincuntur qui litteris falsis utentes, apostolicum moliuntur impedire statutum; præsertim cum hujusmodi litteræ tam manifestam exprimant falsitatem ut nemo sanæ mentis super iis debuerit dubitare. Universitatem itaque vestram rogamus attentius et monemus quatenus tam de domino nostro summo pontifice quam nobis ipsis nihil velitis suspicari sinistri, nec credatis immissionibus quæ fiunt per angelos malos; sed salubribus Ecclesiæ Romanæ consiliis intendatis, quæ non ad depressionem imperii, sed ejus exaltationem intendit. Licet autem aliqui nostrum pro diversis Ecclesiæ necessitatibus sint absentes, quia tamen unum et idem eos novimus sentire nobiscum, has litteras cum sigillo omnium qui apud sedem apostolicam præsentes existimus sub universitatis nomine destinamus.

LXXXVII.
ARCHIEPISCOPIS, EPISCOPIS, RECTORIBUS, POTESTATIBUS, CONSULIBUS, MARCHIONIBUS, COMITIBUS ET ALIIS NOBILIBUS LOMBARDIÆ.

Inter activæ vitæ sollicitudines, quibus cum Martha jugiter occupamur, cura plurima satagentes, duo sunt quæ præcipua reputamus, utpote quæ angunt amplius mentem nostram, et familiarius tangunt Ecclesiam generalem, videlicet imperii Romani divisio et necessitas terræ sanctæ. Unde tanto super iis nobis est consultius procedendum, quanto majori egent gravitate consilii et ad plurium utilitatem pertinent si sollicite procurentur, et si fuerint negligenter omissa redundant in plurium læsionem. Licet igitur utrumque sic respiciat Romanam Ecclesiam ut totum tangat populum Christianum, quia tamen imperii Romani negotium specialiter ad statum pertinet Lombardiæ, per venerabiles fratres nostros Ferrariensem, Papiensem et Placentinum episcopos, qui nobis, nullo mediante, subjecti vinculo sunt fidelitatis astricti, consilium et auxilium vestrum duximus requirendum. Monemus igitur universitatem vestram et exhortamur attentius, et per apostolica vobis scripta mandamus quatenus cum ab eisdem episcopis fueritis evocati, ad eorum præsentiam accedentes, consilium et auxilium vestrum super prædictis articulis eis et nobis per eos fideliter exponatis : scituri pro certo quod cum opportunum videatur tempus adesse, non parcemus laboribus nec expensis quo minus opportune per nos et alios Ecclesiæ Romanæ devotos adjuti, utrumque, favente Deo, ad optatum perducamus effectum.

Datum Ferentini, XIII Kal. Augusti.

LXXXVIII.
FERRARIENSI, PAPIENSI ET PLACENTINO EPISCOPIS.

Inter activæ, etc., *usque* Lombardiæ, per vos, qui nobis nullo mediante subjecti vinculo estis fidelitatis astricti, et ob hoc apostolicæ sedis negotia fiducius vobis committimus exsequenda, consilium et auxilium venerabilium fratrum nostrorum archiepiscoporum et episcoporum et dilectorum filiorum rectorum, potestatum, consulum, marchionum, comitum et aliorum nobilium Lombardiæ duximus requirendum. Ideoque fraternitati vestræ per apostolica scripta mandamus et districte præcipimus quatenus eos ad locum idoneum convocantes, inquiratis et simul ab omnibus et seorsim a singulis, secrete tamen et caute, quid sentiant et quid velint super capitulis memoratis; et id nobis tam per vestras quam per eorum litteras fideliter intimetis, vestra quoque consilia subscribentes. Taliter autem mandatum apostolicum impleatis quod super hoc sollicitudinem vestram debeamus merito commendare.

LXXXIX.
POTESTATI ET CONSULIBUS MEDIOLANENSIBUS.

Cum super facto imperii jampridem noveritis mentem nostram et consilium vestrum nobis per litteras vestras duxeritis exponendum, miramur quod adesse nobis hactenus neglexistis; præsertim cum pro certo noveritis quod nobilis vir Philippus dux Sueviæ progenitorum suorum inhærens vestigiis, ad depressionem civitatis Mediolanensis intendat, et charissimus in Christo filius noster illustris rex Otto in Romanorum imperatorem electus, inclytæ recordationis Henrici ducis Saxoniæ patris sui, qui etiam contra mandatum imperii vestram dilexit pro viribus civitatem, sicut plenius id novistis, exempla secutus, ad honorem vestrum et augmentum aspiret. Non ergo deberetis finem negotii, quasi sedentes a longe, taciti exspectare, ne inde amittatis gratiam regis ipsius unde non possitis ducis benevolentiam obtinere, quodque rex vobis ad negligentiam, dux imputet ad vindictam, utpote qui vestram novit plenius voluntatem. Licet ergo super facto imperii venerabilium fratrum nostrorum archiepiscoporum et episcoporum, dilectorum quoque filiorum rectorum, potestatum, consulum, marchionum, comitum et aliorum nobilium Lombardiæ consilium et auxilium requiramus, vos tamen per speciales litteras, secreto tamen et caute, duximus visitandos, nobilitatem vestram monentes et exhortantes attentius et per apostolica vobis scripta mandantes quatenus taliter, cum possitis, hoc negotium dirigatis, quod ad honorem apostolicæ sedis et ter perseverans, ea semper efficias quæ ad honorem. vestræ civitatis augmentum nostrum et vestrum desiderium felicem exitum sortiatur : scituri pro certo quod cum tempus immineat opportunum, non parcemus laboribus nec expensis quo minus opportune per vos et alios Ecclesiæ devotos adjuti negotium ipsum, auctore Deo, ad optatum perducamus effectum.

XC.
SALZBURGENSI ARCHIEPISCOPO.

Ad usitatam fallendi speciem assueti fallaciæ recurrentes, quod viribus nequeunt, nituntur fraudibus obtinere, et falso astruunt quod vere nequeunt affirmare, auctoritatem sibi ex mendacio mendicantes. Verum quia frustra jacitur rete ante oculos pennatorum, prævalere non poterit falsitas apud eos qui veritatem diligentius investigant, nec robur ex fallacia sortietur qui cum fallere velit proximum, fallit potius semetipsum, quia cadent pariter figulus et figmentum. Sane ad nostram noveris audientiam pervenisse quod Sueviæ dux Philippus, ut corda principum charissimo in Christo filio nostro illustri regi Ottoni in Romanorum imperatorem electo faventium infirmaret, et ex simulato favore nostro robur aliquod obtineret, fecit per Teutoniam divulgari quod dilectum filium priorem Camaldulensem ad ejus præsentiam miseramus, eum ad coronam imperii evocantes. Cæterum, ut coram Deo sub testimonio conscientiæ nostræ loquamur, nec priorem prædictum nec alium ad ducem ipsum duximus destinandum; sed priorem eumdem ab eo missum recepimus offerentem plura et plurima referentem sub testimonio litterarum quas dux ipse sigillo fecerat aureo roborari (49); cumque idem prior ex ejus parte proponeret coram nobis quod paratus erat ad mandatum Ecclesiæ Romanæ redire, a nobis non potuit responsum aliud extorquere nisi quod cum redeuntibus ad Ecclesiæ gremium nolimus, aditum veniæ denegare, prompti eramus eum recipere sicut quemlibet pœnitentem. Monemus igitur fraternitatem tuam et exhortamur attentius et per apostolica tibi scripta mandamus quatenus quidquid malitiose fingatur, quæcunque immissiones per angelos malos fiant, non credas quod a constantia mentis nostræ tam leviter recedamus et quod velimus in duabus viis inæqualibus gressibus claudicare. Nullus ergo de nobis suspicetur hujusmodi levitatem, cum non fuerimus hactenus in proposito nostro leves, nec apostolica sedes, quæ in petræ illius est firmitate fundata de qua dicit Apostolus : *Petra autem erat Christus* (I *Cor.* x), quæ mature disposuit, de facili soleat revocare. Ad hæc, licet de te quædam nobis fuerint sinistre suggesta, nos tamen de tuæ devotionis constantia indubitatam fiduciam obtinentes, fidem suggestis nolumus adhibere ; fraternitati per apostolica scripta mandantes quatenus in fidelitate stabili-

et profectum ipsius debeant provenire, ut et nos commodis et augmentis tuis efficaciter intendere teneamur.

Datum Ferentini, v Idus Septembris.

XCI.
ILLUSTRI REGI OTTONI IN ROMANORUM IMPERATOREM ELECTO.

Ei qui mortificat et vivificat, deducit ad inferos et reducit, faciens in tentatione proventum, quas possumus gratiarum exsolvimus actiones quod non est oblitus inutilis servi sui, sed in veræ dilectionis indicium visitans visitavit nos, qui quos amat arguit et castigat, et in corporis ægritudine manum suam super nos aliquantulum aggravavit. Verum quoniam non vult mortem peccatoris, sed ut convertatur et vivat, morti nos tradere noluit; sed secundum multitudinem miserationum nostrarum [suarum] salvos nos faciens, alligavit contritiones nostras, et ægritudinem mitigavit, et flagellum quod super nos misericors et miserator induxit misericorditer relevans, adhuc nos Ecclesiæ suæ servitio reservavit; ita quod jam per ejus gratiam in bona sumus convalescentia constituti. Utinam autem virtutem ex infirmitate perficiat, ut præcedens infirmitas futuræ sit materia firmitatis; quatenus ex ipsa reddamur ægritudine fortiores, et cum imperfectum nostrum perfectius nunc et plenius agnoscamus, si quid possumus, si quid sumus aut scimus, si quid laudabiliter agimus, non nostris tribuamus meritis, sed ei potius ascribamus, scientes quod neque qui plantat neque qui rigat est aliquid, sed qui incrementum dat Deus. Si ergo tanto tempore serenitatem regiam distulimus visitare litteris, non moveatur aliquatenus aut miretur; cum satis nobis fuerit visitationis tempore in visitatorem intendere, nec visitati possemus de facili alios visitare. Inter ipsos autem doloris stimulos et infirmitatis augustias in eo qui consolatur nos in omni tribulatione nostra consolationem accepimus, et in ægritudinis tristitia sumus lætiores effecti quod lætos de tua serenitate audivimus rumores quod is qui visitat et facit redemptionem plebis suæ docuit manus tuas ad prælium et digitos instruxit ad bellum, infirmans arcum fortium qui in sua potentia confidebant, ut sic a facie tua fugerent quod nec congressum etiam exspectarent. Monemus igitur serenitatem regiam et exhortamur in Domino quatenus in eo qui est fortitudo nostra figas anchoram spei tuæ, nec tuæ industriæ imputes si quid tibi acciderit juxta votum, sed ei potius causam tuæ prosperitatis ascribas. De nobis autem sicut patre spirituali confidens, in omnibus quæ ad tui honoris spectaverint augmentum, consilium nostrum et auxilium confidenter exquiras, cum illud non tibi minus libenter impendere proponamus quam tibi necessarium aut voluntarium sit habere. Verum quoniam ad usitatam fallendi

---

(49) Vide Raynald. ad an. 1203, § 28.

speciem assueti fallaciæ recurrentes, quod viribus nequeunt, fraudibus obtinere nituntur, auctoritatem sibi ex mendacio mendicantes, sicut nostris auribus est intimatum, Sueviæ dux Philippus, etc., *ut in prima præcedenti* (50), *usque* pœnitentem. Hæc sicut scripsimus ita esse non dubites; nec credas si forsan immissiones, etc., *usque* claudicare, cum non fuerimus hactenus in proposito nostro leves, etc., *usque* revocare. Cadant igitur et cadent, Domino faciente, figulus et figmentum, veritas autem de die in diem amplius invalescet.

Datum.

XCII.
ARCHIEPISCOPIS, EPISCOPIS, ET ALIIS ECCLESIARUM PRÆLATIS, RECTORIBUS, POTESTATIBUS, CONSULIBUS, MARCHIONIBUS, COMITIBUS ET ALIIS NOBILIBUS CONSTITUTIS IN LOMBARDIA.

Novit scrutator renum et cordium Dominus Jesus Christus, cui omnium sunt cogitationes et intentiones apertæ, quod in facto imperii bono zelo processimus, id sollicite procurantes ut persona talis assumeretur ad illud quæ pacem Ecclesiæ ac imperii affectaret, et urbis honores diligeret, et servaret Italiæ totius ac Lombardiæ specialiter libertatem. Non enim, sicut pestilentes aliqui mentiuntur volentes inter Ecclesiam et imperium immortalis discordiæ materiam suscitare, ad imperii depressionem intendimus, sed incrementum ipsius potius affectamus; utpote per quod, si bene ordinatum fuerit, Ecclesiam defendendam credimus et in pluribus exaltandam. Nam etsi quidam imperatorum Romanam Ecclesiam, Lombardiam et universam Italiam graviter fuerint persecuti, sicut universitatis vestræ discretio bene novit, novimus tamen quod aliqui sunt sedem apostolicam venerati, ditantes et dotantes eamdem, amantes Italiam, et diligentes specialiter Lombardiam. Attendentes igitur olim quantum dispendium ex defensoris defectu pateretur Ecclesia quantumque incommodum ex imperatoris carentia sentiret religio Christiana, licet diutius exspectaverimus exspectantes si forsan principes vel per seipsos vel de consilio nostro finem imponerent tantis malis, quia tamen eos super his invenimus negligentes, paterna ipsos curavimus sollicitudine commonere ut Deum habentes præ oculis, et imperii zelantes honorem, ad provisionem ipsius melius intendere procurarent; ne vel dignitas annullaretur ipsius, vel libertas per eorum discordiam deperiret. Alioquin, quia mora trahebat periculum grave secum, nos quod expedire crederemus amplius procurantes, illi favorem apostolicum præstaremus quem crederemus majoribus studiis et meritis adjuvari.

Cum autem ad hujusmodi litteras, quas ad multos principum novimus pervenisse, nobis nec verbo fuisset nec facto responsum, audito quod quidam eorum ad commune colloquium disponerent convenire, per litteras nostras consilium nostrum eis duximus exponendum, super iis quæ necessaria videbantur eos diligentius instruentes. Cæterum cum nec sic potuissemus proficere apud eos, nolentes ulterius Ecclesiæ ac imperii dissimulare jacturam, non posuimus carnem brachium nostrum, nec acceptavimus vultum potentis; sed in eo ponentes spem nostram qui non est personarum acceptor, et qui David de postfetantes accepit pascere Jacob populum suum et Israel hæreditatem suam, pensavimus et examinavimus, quantum tamen de plano potuimus, studia eligentium, cum persona nobilis viri ducis Sueviæ nostrum noluerit super hoc subire judicium; et intelleximus quod licet major pars principum in electione ipsius ab initio convenisset, plures tamen ex iis ad quos imperatoris spectat electio convenerunt postmodum in charissimum in Christo filium nostrum illustrem Regem Ottonem; et quod ex eo quod fautores præfati Philippi, absentibus aliis et conptemptis, ipsum prius eligere præsumpserunt, patet eos perperam processisse, cum explorati sit juris quod electioni plus contemptus unius quam contradictio plurimum obsistat. Unde quia privilegium meruerunt amittere qui permissa sibi abusi sunt potestate, videri non immerito poterat quod injuria hujusmodi nonobstante cæteri prætacti uti potuerint jure suo. Præterea dux prædictus nec ubi debuit, nec a quo debuit, coronam et unctionem accepit. Memoratus vero rex et ubi debuit, videlicet Aquisgrani, et a quo debuit, scilicet a venerabili fratre nostro Coloniensi archiepiscopo, recepit utrumque. Insuper sufficienter examinavimus merita personarum, cum dubium non existat ad nos examinationem hujusmodi pertinere. Est etenim generaliter et particulariter observatum ut ad eum examinatio personæ pertineat, ad quem impositio manus spectat: quod et principes sine contradictione qualibet recognoscunt; sicut expresse per venerabilem fratrem nostrum Salzburgensem archiepiscopum et dilectum filium abbatem de Salem et nobilem virum marchionem orientalem legatos suos recognoverunt in nostra præsentia constitutos, etiam principes supradicto Philippo faventes. Quod autem cum in electione vota principum dividuntur, post admonitionem et exspectationem alteri partium favere possimus, maxime postquam a nobis unctio, consecratio, et coronatio postulatur, sicut utraque pars a nobis multoties postulavit, ex jure patet pariter et exemplo. Nunquid enim si principes admoniti et exspectati vel non potuerint vel noluerint convenire, apostolica sedes advocato et defensore carebit, eorumque culpa ipsi redundabit in pœnam? Præterea vestra, sicut credimus, universitas non ignorat quod cum Lotharius et Conradus in discordia fuissent electi, Romanus pontifex Lotharium coronavit, et imperium obtinuit coronatus, eodem

---
(50) Id est epist. 90

Conrado tunc demum ad gratiam redeunte. Sunt autem notoria impedimenta, quæ præfato duci ad suam promotionem obsistunt, videlicet excommunicatio publica, perjurium manifestum, et persecutio divulgata quem progenitores ejus et ipse præsumpserunt in apostolicam sedem et alios ecclesiasticos exercere. Unde videri non immerito poterat quod ad reprobationem ipsius non erat ordo judiciarius observandus, cum actione non indigent manifesta. Fuit enim, etc., *ut supra dc* (51) *impedimentis* (52). Qualiter Philippus excommunicatus fuerit et est, cum adhuc faveat Capparono, qui Marcualdo in malitia et excommunicatione successit, nec unquam fuerit absolutus, et quod venerit contra proprium juramentum, fuerit etiam de persecutorum genere oriundus, et est Ecclesiam persecutus, et qualiter libertas principum deperiret si ipsum eligerent, qualiter autem Fredericus et Henricus persecuti fuerint Lombardiam, qualiter eam subjicere voluerint servituti, qualiter Philippus ipse adhuc patrum suorum inhærens vestigiis, regnum Siciliæ nobis et etiam nepoti suo subtrahere moliatur, vestra, sicut credimus, universitas non ignorat. In persona vero regis Ottonis nihil impedimenti cognovimus quod promotioni ejus aliquatenus obviaret. Unde cum eum, licet sine vobis, pro vobis tamen receperimus jam in regem, et ei favorem apostolicum duxerimus impendendum, cujus pater pro Lombardia non solum odium imperatoris incurrit, sed suo etiam fuit patrimonio spoliatus, credebamus quod non solum consilium sed auxilium opportunum nobis ob favorem regis ipsius et ei ob reverentiam apostolicæ sedis et nostram potenter et viriliter impendere curaretis præsertim postquam exegimus a vobis utrumque ; cumque consilium non super iis quæ sunt præterita requiratur, sed trahatur interdum a præteritis ad futura, credebamus quod pensatis negotii circumstantiis et iis quæ jam fecimus super facto imperii plenius indagatis, qualiter ad promotionem ipsius procedendum esset in posterum nobis consulere curaretis et auxilium impertiri. Verum plerique vestrum in nullo nobis auxilium promittentes, consilium vix superficie tenus præbuerunt, quasi esset adhuc quod factum fuerat faciendum, aut vellemus quod cum multa maturitate fecimus ex multa levitate in dubium revocare. Sed forsan quia non intellexeratis negotii seriem, nec adhuc erat processus nostri veritas vobis nota, taliter per vestras litteras respondistis ? Sed non credebamus vobis ignotum quod jam erat in Teutonia divulgatum.

Monemus igitur universitatem vestram et exhortamur attentius et per apostolica scripta mandamus quatenus ob reverentiam apostolicæ sedis et nostram et propriæ libertatis obtentu quod omisistis hactenus sine dilatione qualibet suppleatis, et iis quæ jam fecimus plenius intellectis, qualiter in favorem regis ipsius debeamus procedere rescribentes, non solum consilium sed auxilium vestrum nobis efficaciter tribuatis, ut quod bene incœpimus, melius compleamus. Ecce etenim Dominus noster videtur approbasse consilium vel nobis illud misericorditer inspirasse, cum rex ipse de die in diem fiat seipso robustior, et regnum ejus jugiter roboretur, et debilitetur quotidie pars adversa, non tam humana manu quam divina dejecta. Cum enim hoc anno dux Sueviæ supradictus terram nobilis viri Langravii Thuringiæ fuisset ingressus et quamdam civitatem ipsius cum suis fautoribus obsideret (53), rex ipse, nutantibus etiam quibusdam ex suis, cum duce Bohemiæ et aliis qui auxiliabantur eidem in auxilium Langravii properans, obsidentes obsedit ; et faciente cum eo domino signum in bonum, Philippus de Turingia in Saxoniam ad majorem exercitum colligendum aufugit ; sed nec ibidem illum exspectare præsumpsit, imo ad civitatem, in qua sui obsidebantur occulte revertens, relicto exercitu et disperso, cum paucis in Sueviam latenter abscessit. Cæterum rex prædictus non paucis castris et terris quæ duci faverant potenter acceptis, in locis quæ ipse prius habuerat solemnes curias celebravit, tam a langravio quam duce Bohemiæ, quem ipsi regem appellant, et fratre ipsius marchione Moraviæ, a multis quoque comitibus Suppanis fidelitatis juramenta recepit, et eos de feudis suis solemniter juxta imperii consuetudinem investivit. Ne igitur, si finem exspectaveritis, veritatem negetis et *Nescio vos* (*Matth.* xxv) cum fatuis virginibus audiatis, præveniatis regem ipsum obsequio, et eum recipientes in regem auxilium ei tam utile quam efficax impendatis. Alioquin, dextra Domini faciente virtutem , et rex ipse promotionis suæ recipiet incrementum, et in proximo monarchiam imperii obtinebit ; sed vobis in nullo tenebitur, et nos vobis minus reputabimus debitores. Cum autem venerabilibus fratribus nostris Ferrariensi, Papiensi et Placentino episcopis, quibus etiam venerabilem fratrem nostrum Mantuanum episcopum sociamus, pro eo quod quæ in nostra præsentia constitutus a nobis audivit vobis poterit viva voce referre, negotium istud apud vos injunxerimus procurandum, volumus et mandamus ut per eos nobis plenius respondere curetis.

Datum Anagniæ, iii Idus Decembris.

XCIII.
EISDEM.

Cum per venerabiles fratres nostros Ferrariensem, Papiensem et Placentinum episcopos super facto imperii vos nuper duxerimus consulendos, quia de negotio ipso non eratis ad plenum instructi, minus sufficienter et plene per eosdem nobis episcopos respondistis. Ut igitur ex iis quæ acta sunt hactenus plenius formetis animi vestri motum et propositum vestrum melius vobis exponere valeatis, per litteras generales totam seriem hujus facti, quam scire vos expedit, vobis duximus exponendam.

---

(51) Id est epist. 29, 35.
(52) Vide Gesta Innoc. III, c. 56.

(53) Vide Godefrid. monach. Sancti Pantaleon. ad an. 1203.

Ideoque universitatem vestram monemus attentius et per apostolica vobis scripta mandamus quatenus cum prædictis episcopis, quibus etiam venerabilem fratrem nostrum Mantuanum episcopum duximus sociandum, utpote qui quæ a nobis audivit vobis plenius poterit viva voce referre, cum ab eis fueritis evocati, ad diem et locum quem vobis præfixerint accedentes, auxilium et consilium vestrum per eos et litteras vestras nobis plenius exponatis.

Datum Anagniæ, *ut supra.*

XCIV.
FERRARIENSI, PAPIENSI, PLACENTINO ET MANTUANO EPISCOPIS.

Cum per vos, fratres Ferrariensis, Papiensis et Placentinæ, venerabiles fratres nostros archiepiscopos, episcopos et dilectos filios abbates et alios Ecclesiarum prælatos, rectores quoque, potestates, consules, marchiones, comites et alios nobiles Lombardiæ super facto imperii duxerimus consulendos, etc., *in eumdem fere modum usque* exponendam. Quia vero tu, frater Mantuane, quæ a nobis audisti eis poteris viva voce referre, fraternitati vestræ per apostolica scripta mandamus quatenus prædictos omnes ad locum idoneum convocetis ; ubi præsentatis eis majoribus litteris et perlectis, tenorem earum ipsis diligentius exponatis, exigentes ab eis ut non solum consilium nobis tribuant, sed auxilium et favorem impendant, et super utroque per suas nos reddant litteras et nuntios certiores. Vos quoque per litteras vestras responsiones eorum nobis plenius intimetis.

Datum, *ut supra.*

XCV.
POTESTATI ET CONSILIARIIS MEDIOLANENSIBUS.

Nisi constantiam vestram et industriam novissemus, potuissemus non immerito commoveri quod super facto imperii, de quo tam vos quam alios Lombardos nuper duximus consulendos, ita summo tenus et superficie tenus respondistis ut videremini aliud sapere quam quod hactenus vos novimus sapuisse. Meminimus enim, nec credidimus vos oblitos, qualiter olim pro charissimo in Christo filio nostro illustri rege Ottone, in Romanorum imperatorem electo per litteras vestras, quarum inscriptum vobis sub bulla nostra mittimus interclusum, preces humiles porrexistis, inclytæ recordationis Henrici ducis Saxoniæ patris ejus beneficia recolentes. Sane cum consuetudinis vestræ fuerit ut quod fortiter inchoastis, fortius compleretis, miraremur non modicum si in ea promotione regis ipsius tepuissetis in aliquo vel propositum mutassetis, quoniam fortitudinis vestræ constantiæ plurimum mutabilitatis hujusmodi levitas derogaret. Monemus igitur discretionem vestram et exhortamur attentius et per apostolica vobis scripta mandamus quatenus sicut de vestra devotione confidimus, et vos de nostra dilectione speratis, non recedatis a constantia mentis vestræ; sed in bono proposito persistentes, in colloquio ad quod per venerabiles fratres nostros Ferrariensem, Mantuanum, Papiensem et Placentinum episcopos vos et Lombardos alios convocari mandamus, tale dare consilium et auxilium promittere procuretis quod cæteri exemplo vestro ad devotionem regis ipsius fortius inducantur, et consilium suum ex vestra responsione formantes polliceantur auxilium opportunum. Nec trepidetis ubi non est de cætero trepidandum, cum ipsius regis promotio optatum jugiter recipiat incrementum.

Datum, *ut supra.*

XCVI.
UNIVERSIS TAM ECCLESIASTICIS QUAM SÆCULARIBUS PRINCIPIBUS ALEMANNIÆ.

Quoniam diligentibus Deum omnia cooperantur in bonum, et divinæ voluntatis propositum quidam tunc amplius promovent dum illud se credunt fortius impedire, quosdam iniquitatis filios et falsitatis amicos, qui per mendacia concinnata divinæ dispositionis arbitrium in promotione charissimi in Christo filii nostri illustris regis Ottonis, in Romanorum imperatorem electi, retardare volebant, permisit Dominus in mendacio publice deprehendi ; ut cum mendaces apparerent in uno, demererentur in cæteris mendaciis suis fidem, nec favorem, quem mentiendo saltem indicare volebant, apud veritatis filios obtinerent. Ecce etenim ei qui quos amat arguit et castigat gratiarum exsolvimus actiones quod visitans visitavit nos et secundum multitudinem miserationum suarum nos propitius castigavit, sed morti non tradidit, imo qui percusserat, jam sanavit, et nostris contritionibus alligatis, plenius nos restituit sanitati. Crediderant autem quidam ex infirmitate nostra se nocendi materiam assumpsisse, ac nos mortuos mentientes, confinxerunt etiam quod nobis alius fuerat substitutus; quem, ut eorum crederetur amplius falsitati, vocavere pro sua voluntate Clementem ; cui etiam cudentes novam bullam et litteras componentes, substitutionem illius nisi sunt per Teutoniam divulgare. Sed benedictus Dominus Deus noster, quoniam non nobis sed sibi potius iniquitas est mentita, et qui paraverant proximo suo foveam, ipsi absque illo inciderunt in eam. Jam enim manifestatur illorum malitia et iniquitas publicatur qui contra regem eumdem sub fratrum nostrorum et contra venerabilem fratrem nostrum Maguntinum archiepiscopum sub nostro nomine litteras in falsitatis fabrica fabricarunt, sic nocere volentes illi ut nobis impingeretur vitium falsitatis. Cum igitur mendaces hujusmodi aperte toties sint mentiti et toties in suæ testimonium falsitatis litteris falsis usi, monemus universitatem vestram et exhortamur in Domino et per apostolica vobis scripta mandamus quatenus si similia forsan confingant de cætero, non credatis, nec moveamini per sermonem aut epistolam tanquam missam sub nostro nomine ad credendum quod usque adeo simus in proposito nostro leves ut quod mature disponimus leviter revocemus.

Datum Anagniæ, Idibus Decembris.

XCVII.
ILLUSTRI REGI DANORUM.

Sicut sibi spiritualis et materialis gladius mutuantur mutuæ subventionis auxilium, et vicissim communicant vires suas, ut defectus suos ope vicaria suppleant, et uterque alterius perficiat imperfectum, decet etiam ut sibi ad invicem suffragentur, et apud eos qui gladium spiritualem non timent, jus ipsius armis gladius materialis alleget, et spiritualis temporali, cum necesse fuerit, auctoritatis suæ robur impendat, et tribuat super iis quæ minus essent valida sine ipso valorem. Cum igitur charissimus in Christo filius noster illustris rex Otto, in Romanorum imperatorem electus, et fratres ipsius quasdam conventiones tecum iniisse noscantur et litteris propriis roborasse, ut dispositioni regiæ auctoritas pontificalis accedat, conventiones ipsas, sicut ad honorem tam Ecclesiæ quam imperii et utriusque partis utilitatem provide factæ sunt et ab utraque parte sponte receptæ, auctoritate apostolica confirmamus, etc. Nulli, etc.

Datum Anagniæ, xv Kal. Januarii.

In eumdem modum nobili viro langravio Turingiæ usque electus quasdam conventiones, etc., *usque quam imperii et ipsius regis utilitatem et tuam providentiam factæ sunt, etc., usque in finem.*

Datum Anagniæ, II Idus Decembris.

XCVIII.
NOBILI VIRO DUCI SAXONIÆ.

Cum finem rerum Providentia metiatur, et extendat sapiens suæ considerationis aciem ad futura, miramur non modicum et movemur quod cum te virum esse noverimus exercitatum in temporalibus et in aliis circumspectum, in facto imperii caligare videris et finem ejus improvidus exspectare. Sane cum Sueviæ dux Philippus propter impedimenta quæ in litteris generalibus, universis principibus destinatis, nos meminimus expressisse nec possit nec debeat ad imperii monarchiam pervenire, jugiterque deficiat in seipso, et pars ejus de die in diem amplius infirmetur, charissimus autem in Christo filius noster illustris rex Otto in Romanorum imperatorem electus vir sit industrius et idoneus ad imperium obtinendum, fiatque jugiter in seipso robustior et roboretur quotidie regnum ejus, non debueras tandiu incumbere baculo arundineo, qui manum perforat innitentis, sed illi potius adhærere columnæ quæ in petræ soliditate firmata nec pluviarum imbres, nec impetus fluminum, aut ventorum formidabit impulsus. Cum enim Dominus quod de ipsius regis promotione disposuerat ab æterno jam incœperit temporaliter explicare, ac beneplacitum suum certis ex quadam parte indiciis revelarit, cujusdam fatuitatis est species divinæ velle dispositioni resistere ac ejus omnipotentiæ obviare. Ecquid igitur exspectas adhuc, et non prævenis in benedictione dulcedinis regem ipsum, ut cum coronam acceperit de lapide pre-

tioso, circa te regiæ benevolentiæ dona diffundat et magnificet et inter se honorantes honoret? Sane prudentiam tuam non credimus ignorare quod si ultimus ad fidelitatem ejus venire volueris et post cæteros ejus gratiam obtinere, aut nullum aut difficilem invenies apud ipsum accessum, nec volet forsitan te rogatus recipere quem tu non recipis cum rogaris. Audisse namque te credimus ex evangelica lectione quod virgines quæ tunc tandem oleum emere voluerunt cum sponso fuerat occurrendum, quia cum aliis intrantibus ad nuptias non intraverunt, *Nescio vos* (*Matth.* xxv) audire meruerint novissime venientes, et clausa janua, omnis eis fuerit præclusus ingressus. Ne igitur nobilitati tuæ simile sic contingat, monemus et exhortamur attentius, consulimus, et per apostolica tibi scripta mandamus quatenus omni mora et difficultate cessante ad ejusdem regis fidelitatem accedas, et sic ejus obsequiis te addicas ut dilationem temporis fideli auxilio redimas, et devotionis constantia moræ dispendia recompenses; sciturus quod si nunc saltem audias et exaudias vocem nostram et consiliis acquiescas, apud regem ipsum interponemus efficaciter partes nostras ut te in gratiam regalem admittat et inter eos qui ei a principio astiterunt honoret.

Datum Anagniæ, Idibus Decembris.

In eumdem modum Bertoldo duci Zaringiæ, duci Moraviæ, comiti Barensi, duci Austriæ, duci Bavariæ, marchioni orientali, ita quod unicuique seorsum.

XCIX.
DUCI BRABANTIÆ.

Miramur non modicum et movemur si pro te ac in te illud probabile improbatur et generale illud exceptionem reciperet specialem quo diligere dicitur qui est pater. Ecce etenim charissimum in Christo filium nostrum illustrem regem Ottonem, in Romanorum imperatorem electum, nobilis mulieris filiæ tuæ sponsum (54), generum imo ea media natum tuum, in eo articulo reliquisse refereris cui eum sine te non debueras commisisse. Sane cum neque qui plantat, neque qui rigat, sit aliquid, et nonnisi qui legitime certaverit coronetur, non sufficit si plantasti hactenus et rigasti aliquandiu quod plantaras, nisi tandiu rigare studueris donec incrementum recipiat quod rigaras, et cum perseveraveris usque in finem, gloriam assequaris debitam pro labore. Debueras siquidem esse sollicitus ne pugnaret filius sine patre, ac sine te se dubio eventui bellorum committeret, qui, te præsente, securius potuisset hostiles acies impugnare. Verum etsi defecerit vel non profecerit saltem ei virtus hominum in quibus præcipue confidebat, ille tamen cum in necessitatis articulo non reliquit qui secundum Psalmistam in opportunitatibus est adjutor. Unde quia Dominum adjutorem habuit, non timuit, etsi relictus a suis, quid ei homo faceret inimicus. Vellemus autem ut

---

(54) Vide supr. epist. 68.

tropæum tecum de hostibus reportasset, nec tu dedisses tuam gloriam alienis, aut in laborem tuum alius introisset, et sic fovisses filii tui partem ut patri semper devotius subjaceret. Sed fueras forsan aliis occupatus, et privata necessitas ab ejus te subsidio revocavit, nec potueras simul intendere propriis et alterius negotia procurare, licet causam ejus reputare debueras tanquam tuam. Monemus igitur nobilitatem tuam et exhortamur attentius et per apostolica tibi scripta mandamus quatenus cum Dominus factum regis ipsius manuteneat, justitia exigente, ita ut jugiter fiat se ipso robustior et de die in diem roboretur amplius regnum ejus, in prosperis non relinquas quem fovisti hactenus in adversis, nec patiaris ut alius ponat principiis tuis finem et de labore tuo mercedis præmium assequatur. Cumque nos regem ipsum ad recipiendam imperii coronam vocabimus, eum in forti manu et extento brachio comiteris. Taliter igitur efficias quod monemus ut de fortitudine ac constantia tua merito commenderis, nec notam alicujus levitatis incurras, et cum in stadio cucurreris, cursus dimidies et termines ante metam.

Datum Anagniæ, II Idus Decembris.

C.
COLONIENSI ARCHIEPISCOPO.

Cum finis non pugna coronet, miramur non modicum et movemur quod, sicut a multis audivimus, maculam in gloria tua ponis, dum quod fovisti hactenus in sua promotione relinquis. Sane cum super facto charissimi in Christo filii nostri illustris regis Ottonis in Romanorum imperatorem electi dici et æstus pondus portaveris, et quem post Dominum solus creaveras manutenueris fere solus, non tam pro nobis et Ecclesia Romana quam pro te ac Ecclesia Coloniensi, dolemus quod in famæ tuæ ac ipsius utilitatis dispendium, cum proficere magis debueras, deficis, et meritum tui laboris amittis cum mercedem potueras obtinere. Scimus etenim, nec apud nos testibus ullis eges, quod promotionis ejusdem regis principium fueris, et quem plantaveras curaveris hactenus irrigare. Nunc autem, qua occasione nescimus, eum videris pene penitus reliquisse, ita ut jam sine te triumphet de hostibus eum quo potueras triumphasse; ac quia Deus in sui dispositione non fallitur, te quoque sub quadam dissimulationis specie tuum ei subtrahente favorem, de die in diem magis proficiat et amplius prosperetur; cujus prosperitas, si responderent ultima tua primis, tibi fuerat imputanda. Ne igitur perdas penitus meritum et impensam, fraternitati tuæ per apostolica scripta mandamus et districte præcipimus quatenus illum in fine non deseras quem in initio promovisti, nec des tuam gloriam alienis, aut teipsum efficias alienum ab eo quem quoad factum Imperii genuisti; sed cum eum ad recipiendam imperii coronam vocabimus, ipsum in forti manu et extento brachio comiteris. Alioquin non tam ei videris illusisse quam nobis. Ideoque, unde nostram merueras gratiam, indignationem incurreres, et pœnam reciperes unde præmium exspectabas, nec etiam, te cadente, illud ædificium rueret quod in apostolicæ sedis est fundamento firmatum. Quia sicut nisi Dominus ædificaverit domum, in vanum laborant qui ædificant eam, ita vacuabitur conatus eorum qui quod ipse construxit destruere moliuntur.

Datum, ut supra.

CI.
ILLUSTRI REGI DANORUM

L.cet charissimus in Christo filius noster illustris rex Otto, in Romanorum imperatorem electus, serenitati tuæ sit tam amicitia quam affinitate conjunctus, nihilominus tamen auxilium quod inter suæ promotionis primitias ei potenter et viriliter impendisti nobis reputamus impensum, et ad honorem tuum propter hoc specialiter intendimus et profectum. Nam quamvis ad favorem ipsius duplex, affinitatis videlicet et amicitiæ, ratio te inducat, ut tamen triplex funiculus non rumpatur, devotionis sinceritas, quam ad nos et Romanam Ecclesiam habere te credimus, prædictis accedens ei confert amplius firmamentum, cum sine conscientiæ læsione ac famæ dispendio favere valeas cui favemus. Super hoc igitur magnificentiam tuam prosequentes actionibus gratiarum, monemus et exhortamur in Domino quatenus de die in diem in ejusdem regis dilectione proficias, et tam potenter et efficaciter foveas et promoveas partem ejus, ut auxilio tuo et favore suffultus in brevi possit imperii monarchiam obtinere, sciturus quod reputabimus nobis ipsis impensum quidquid honoris et gratiæ ipsi duxeris impendendum.

Datum, ut supra.

CII.
SUPPANIS BOHEMIÆ.

Devotionem vestram in Domino commendamus quod, sicut veridica multorum relatione comperimus, venerabilem fratrem nostrum Prænestinum episcopum, apostolicæ sedis legatum, ob reverentiam Dei et nostram humiliter recepistis et curastis honorifice pertractare, ita quod ad commonitionem ejus, relictis uxoribus et filiis vestris, in forti manu et brachio extento cum domino vestro Bohemiam exeuntes, charissimo in Christo filio nostro illustri regi Ottoni, in Romanorum imperatorem electo, potenter et viriliter astitistis, in accessu autem vestro ei plurimum honoris accessit, cum congressum ejus ipsius fugerit inimicus, nec coram vobis ausus fuerit comparere, sed disparuerit potius et ad propria redierit, relicto exercitu et disperso. Super hoc igitur nobilitatem vestram prosequentes actionibus gratiarum, monemus et exhortamur attentius quatenus, sicut bene cœpistis, eidem regi de cætero fideliter et fortiter assistatis, et foveatis ac promoveatis taliter partem ejus quod ipsius negotium in brevi, dante Domino, feliciter consummetur. Nos enim reputabimus nobis ipsis impensum quidquid gratiæ et honoris ei duxeritis impendendum.

Datum, ut supra.

CIII.
ARCHIEPISCOPO SALZBURGENSI.

Cum ob reverentiam apostolicæ sedis et nostram charissimo in Christo filio nostro illustri regi Ottoni in Romanorum imperatorem electo curaveris adhærere, miramur quod, sicut nobis ex ejus est parte propositum, nec litteras ad eum nec nuntios destinasti; nec ipsi curasti aliter subvenire. Ne igitur fides sine operibus mortua videatur, fraternitati tuæ per apostolica scripta mandamus atque præcipimus quatenus eum de cætero non solum litteris et nuntiis visites, sed taliter in aliis etiam ei studeas subvenire quod in exhibitione operis tua ejus devotio plenius innotescat, et non videaris nos in eo et ipsum pro nobis tantum labiis honorare.

Datum, ut supra.

CIV.
PRÆNESTINO EPISCOPO APOSTOLICÆ SEDIS LEGATO.

Quanta sit obedientiæ virtus etsi ex sacræ paginæ didicerimus lectione, in te tamen jam apertius legimus et familiarius experimur. Dum etenim quantum negotium tuæ devotioni commisimus intuemur, et quantum onus tuis humeris duxerimus imponendum attendimus diligenter, agnoscimus quod gravitatem ejus tua devotio minuit, et molem oneris obedientia levigavit. Ecce etenim Romani imperii negotium, cui non potest præferri aliud in temporalibus vel conferri, sic Dominus in tua manu direxit ut, arcu fortium infirmato, infirmi robore sint accincti, et potente deposito, sit humilis exaltatus. Sollicitudinem ergo tuam in Domino commendantes et prosequentes actionibus gratiarum, monemus et exhortamur attentius et per apostolica tibi scripta mandamus quatenus non deficias, sed proficias potius, et sic cœptis insistas ut in brevi ad nos, dante Domino, cum palma victoriæ revertaris, et præsentis gratiam sentias qui absentia hactenus servivisti.

Datum Anagniæ, Idibus Decembris.

CV.
ILLUSTRI REGI OTTONI IN ROMANORUM IMPERATOREM ELECTO.

(55) Sinceræ intentionis affectum quem circa promotionem regiam habuimus hactenus et habemus explicare nos litteris non oportet, cum plenius hoc exponat effectus et fidelius interpretentur mentem nostram opera quam scripturæ. Sane præter opinionem plurium et multorum consilia suscepimus ab initio causam tuam, de cujus promotione omnes pene penitus desperabant, et studuimus efficaciter promovere, nec te in articulo illo reliquimus quo per obitum inclytæ recordationis Richardi regis Anglorum, avunculi tui, videbaris ab omnibus derelictus. Licet enim non defuerint qui multipliciter nos tentarent et muneribus et promissis nos vellent a favoris tui proposito revocare, nec prece tamen, nec pretio, nec minis, nec monitis potuerunt aliquatenus flectere mentem nostram quin de die in diem amplius in tua dilectione ferveret et ad electionem tuam propensius aspiraret. Quamvis autem neque qui plantat, neque qui rigat sit aliquid, sed qui incrementum dat Deus, gaudemus tamen in eo qui dat omnibus affluenter quia ei quod plantavimus et rigavimus incrementum benignus indulsit, ita ut sicut granum sinapis quod mulier in horto suo legitur seminasse, planta nostra in arborem magnam jam excreverit; in cujus ramis volucres cœli, dante Domino, in brevi sedebunt, et sub cujus umbra bestiæ terræ quiescent. Cum igitur Dominus dirigat gressus tuos et firmet de die in diem amplius regnum tuum, monemus serenitatem regiam et exhortamur in Domino quatenus cum tempus jam acceperis opportunum, opportune ac importune, vigilanter et incessanter insistas ut bonum principium finis optimus subsequatur, et optatum commune desiderium nostrum sortiatur effectum, foveas in dilectione ac devotione tua principes qui te fovent ut alios melius ad tuæ serenitatis favorem inducas, et dum principum tibi favor arridet, ad tuæ promotionis perfectionem intendas, nec negligas in aliquo factum tuum, sed omni diligentia studeas promovere. Sane speramus in eo qui est in se sperantium fortitudo quod si denuo profeceris sicut hoc anno diceris profecisse, non erit qui tuo profectui se opponat vel divinæ dispositioni resistat.

Datum Anagniæ, XVII Kal. Januarii, pontificatus nostri anno sexto.

CVI.
LITTERÆ OTTONIS REGIS.

Sanctissimo Patri ac domino INNOCENTIO Dei gratia sacrosanctæ Romanæ Ecclesiæ summo pontifici OTTO eadem gratia et sua Romanorum rex et semper Augustus salutem cum filiali dilectione.

Cum post Deum, Pater sancte, vos semper habeamus propitium et benignum, sicut exaltatio et sublimatio nostri honoris manifeste declarat, et honorem nobis divinitus collatum Deo et vobis semper velimus ascribere, cum in cinerem et favillam negotium nostrum redactum fuisset si manus vestra vel auctoritas beati Petri in partem nostram non declinasset, hoc semper præ oculis habebimus quoad usque vixerimus. Sane innotescere vobis cupimus quod status noster de die in diem prosperatur; et hoc non excellentiæ nostræ, sed Deo et vobis et Ecclesiæ Romanæ ascribimus. Regem Bohemiæ, Langravium Thuringiæ, marchionem Moraviæ per potentiam non habuimus, sed per magnam vestram sollicitudinem et frequentem; de quo non dubitamus, sed de die in diem super hoc magis certificamur (56). Curiam enim solemnem habuimus proxima quinta feria ante festum beati Martini; in qua multi principes imperii fuerunt, archiepiscopi, episcopi, duces, comites et alii quamplurimi nobiles. In ea vero talia sunt ordinata et statuta quæ scriptis com-

---

(55) Arnold. Lubec., lib. VII, cap. 4.

(56) Vide supra epist. 56.

mittere non audemus, sed latori præsentium dilecto et familiarissimo clerico nostro H. de Aquileia memoriter commendavimus, et ei firmiter sub obtentu gratiæ nostræ injunximus ut vobis omnia per ordinem referat. Firmiter enim credimus quod quod de nobis incœpistis infra paucos dies, hoc est, in Purificatione beatæ Mariæ, bono fine consummabitur. Principes enim superiores, videlicet archiepiscopus Salzburgensis cum suffraganeis suis, dux Austriæ cum nobilibus terræ suæ, et dux Bawariæ, terras eorum a nobis recipient et fidelitatem præstabunt, ita per Dei gratiam quod discordia in gratiam convertetur. Expedit enim vobis et nobis ut consilium vestrum et auxilium apponatis sicut videritis expedire. Rogamus igitur paternitatem vestram ut solito more benigne legationem nostram audiatis, et consilium vestrum, quod magnum est, apponatis, et latorem præsentium H. de Aquileia quam citius poteritis nobis transmittatis; quia in prædicta curia consilio vestro et auxilio una cum principibus imperii uti volumus, facturi quod nobis mandaveritis. Ea quæ lator præsentium super iis vobis dixerit indubitanter credatis. Prædicta curia erit apud Woldam. Dominus legatus non interfuit curiæ Susak, quia pro negotiis Ecclesiæ ac nostris ad partes ierat orientales.

CVII.
ILLUSTRI REGI OTTONI IN ROMANUM IMPERATOREM ELECTO.

Serenitatem tuam in Domino commendamus quod ingratitudinis vitium fugiens, et Ecclesiæ Romanæ beneficia recognoscens, nobis post dominum profectum suæ promotionis ascribit et per suas litteras confitetur quod negotium ejus redactum esset in cinerem et favillam nisi ei manus nostra et beati Petri auctoritas astitisset. Consideras enim tecum et diligenter attendis quod non labiis tantum te curaverimus honorare, sed in omnibus quæ ad promotionem tuam facere videbantur auctoritatem tibi præstitimus et favorem; dumque statum præsentem præterito confers, et utrumque altero diligenti meditatione metiris, et qualiter pars adversa, quæ in sua olim potentia confidebat, suis sit ex magna parte viribus enervata, consideras, intelligis quantum tibi per favorem apostolicæ sedis accesserit, quantumque factus sis de ipso robustior, et qualiter in promotione tua pars sit altera minorata; quæ per Dei gratiam, te proficiente, deficit, et te crescente, decrescit. Gaudemus etiam quod is cujus vices in terris, licet insufficientes, gerimus et ministerium exercemus, judicium nostrum videatur misericorditer approbasse, cum ei quod plantavimus et rigavimus dederit incrementum et daturus creditur in proximo ad perfectum. Verum non nostrum, sed suum potius judicium approbavit. Quoniam nos ejus exemplo super imperii Romani negotio non fuimus personarum aut munerum acceptores, nec potentem respeximus et despeximus impotentem; sed potente potius ob causas rationabiles et multiplices reprobato, elegimus et assumpsimus impotentem, ejus inhærentes vestigiis qui exaltat humiles et humiliat contumaces. Monemus igitur serenitatem regiam et exhortamur in Domino quatenus quanto Deus te amplius exaltarit, tanto magis in ejus humilies te conspectu elationem cordis fugiens et extollentiam oculorum, non solummodo apud Dominum, sed et apud imperii principes et pauperes quoslibet et minores. Beneficia quoque apostolicæ sedis assidua tecum meditatione recensens, eam, sicut debes, in capite venereris, et in membris honores; sciens quod caput membro gaudenti congaudet, et parti dolenti suum condolet universum. De nobis autem, quorum constantiam es expertus, si quid tibi fuerit sinistri suggestum, omnino non credas; sed puritatem nostram ex operibus nostris attendas, non credens sermonibus detractorum qui ad tuum potius detrimentum immissiones per malos angelos facere moliuntur; non tam ut tu contra sedem apostolicam movearis quam ut nostra circa te conscientia vulneretur. Cum autem Dominus tempus tibi concesserit opportunum, quo possis feliciter imponere laboribus tuis finem, vide ne in vacuum gratiam ejus accipias et accepto tempore negligas causam tuam; sed opportune ac importune insistas ut quod quæris invenias et accipias quod expetis et exoptas. Quia vero, sicut accepimus, in manu forti es Sueviam intraturus, volumus ut indemnitati Ecclesiarum et religiosorum locorum quantumcunque poteris studeas providere, cavens sollicite ne monasterium de Salem, in quo fratres Cisterciensis ordinis laudabiliter conversantur, destruatur occasione hujusmodi vel enormiter et graviter opprimatur. Cæterum quoniam, ut docet Apostolus, non omni spiritui est credendum, sed probandi sunt spiritus si ex Deo sint, cum frequenter angelus Satanæ transfiguret se in angelum lucis, et sæpe immissiones fiant per angelos malos, verentes ne fraudibus noceat qui viribus nocere non potest, super quibusdam quæ dilectus filius H. Aquilegensis nuntius tuus nobis proposuit ob cautelam nostram et commodum tuum ad præsens non duximus aliud respondendum nisi quod in omnibus te circumspectum exhibeas ac prudentem, nec verbis detinearis inanibus, ut cum tempus acceperis, oblata tibi temporis opportunitas dilabatur, aut circumveniaris fraudibus exquisitis, ut quos habes amittas, et quos habiturus fueras non acquiras.

Datum Anagniæ, VIII Kal. Februarii.

CVIII.
ARCHIEPISCOPIS, EPISCOPIS, ABBATIBUS, DUCIBUS, ET ALIIS PRINCIPIBUS CHARISSIMO IN CHRISTO FILIO NOSTRO ILLUSTRI REGI OTTONI IN ROMANORUM IMPERATOREM ELECTO FAVENTIBUS.

Solet esse tam messis quam vindemia cultori gratior post laborem, et non solum mercenarius finem sui operis præstolatur, sed et viri fortes habent menses vacuos, et dies sibi laboriosos enumerant, donec quod feliciter inchoaverunt felicius exsequantur. Sane summa intentionis finis operis esse debet, nec solet incipere sapiens quod nolit aut nequeat consummare, sciens quod finis non pugna coronat, et non qui cœperit, sed qui perseveraverit, salvus erit, nec currentes, sed percurrentes bravium apprehendant, aut coronentur qui nisi usque in finem legitime decertaverit. Siquidem cum ad promotionem charissimi in Christo filii nostri illustris regis Ottonis in Romanorum imperatorem electi tam in personis quam rebus plurimum laboraveritis hactenus, nec fuerit labor vester inanis, imo plantæ quam plantastis diligentius et rigastis dederit Dominus incrementum, ita ut maturitati proxima jam spondeat uberes fructus vobis, cavete ne in vacuum gratiam Dei recipiatis, sed eam potius tempore acceptetis accepto, et cum via vobis pateat et sit oblata facultas, quia semper nocuit differre paratis, non quæratis moras aut dilationes captetis, sed eis omnino postpositis, quod bene cœpistis, quantum permiserit Dominus, compleatis. Ecce enim regiones albent ad messem, ita ut nisi messor negligat messionem, sed falce se accingat potius ad metendum, metere non solum quæ seminaverat ipse possit, sed in aliorum intrare laborem et quæ alii seminaverant congregare. Monemus igitur universitatem vestram et exhortamur attentius et per apostolica vobis scripta mandamus quatenus ut finem de cætero tam vestris quam imperii laboribus imponatis, taliter vos accingere procuretis ut cum eum vocabimus ad coronam, nulla vos mora detineat quin in forti manu et brachio extento, prout videbitur expedire, ad nostram eum præsentiam honorifice adducatis, apostolicæ benedictionis gratiam et sacræ unctionis mysterium suscepturum. Taliter igitur exsequimini quod mandamus ut ea intentione vos ostendatis hactenus laborasse quod finem tantis imponeretis laboribus et digne reciperetis pro tanto et tam diutino labore mercedem.

Datum Anagniæ, ix Kal. Februarii.

In eumdem fere modum cantgravio Thuringiæ. In eumdem modum comiti palatino Rheni.

CIX.

ARCHIEPISCOPO MAGDEBURGENSI, SPIRITUM CONSILII SANIORIS.

In admirationem inducimur vehementem et non modico mœrore turbamur quod cum Magdeburgensis Ecclesia in magnæ necessitatis articulo, videlicet tempore schismatis, sinceritatem devotionis et constantiam fidei Ecclesiæ Romanæ servarit, et in eadem usque ad hæc tempora permanserit puritate, nunc, te faciente, quod dolentes referimus, obscuratum est aurum, mutatus est color optimus, et argentum tuum in scoriam est conversum, contra id quod de te hactenus putabamus. Inter cæteros etenim ecclesiasticos et sæculares imperii principes te credebamus Romanam Ecclesiam quodam modo specialius venerari et nos ipsos brachiis sincerioris charitatis amplecti et sic in apostolicæ sedis devotione firmiter permanere ut nec mors, nec gladius, nec fames, nec aliud te posset a charitate ipsius aliquatenus separare. Sperabamus siquidem quod sic nobis fideliter adhæreres quod velles cum triumphantibus triumphare, ac licet casum non posses formidare nobiscum, reputares tamen, si cum cadentibus caderes, gloriosum et beatum te crederes si persecutionem propter justitiam et obedientiam patereris. Sane advertere debuisses ne relicta obedientiæ semita, contra stimulum calcitrans, ad inobedientiæ devia declinares, cum obedientia præferatur victimis et idololatriæ inobedientia comparetur, dicente propheta : *Nunquid vult Dominus holocausta et victimas, et non potius ut obediatur voci ejus ? Melior est enim obedientia quam victimæ, et auscultare magis quam offerre adipem arietum ; quoniam peccatum ariolandi est repugnare, et quasi scelus idololatriæ, nolle acquiescere* (I Reg. xv). Legeras autem quod inobedientia de paradiso primum hominem expulit, et Saulem a regno dejecit. De Christo vero, quia factus est obediens Patri usque ad mortem, mortem autem crucis, in Apostolo novimus te legisse quod propter hoc Deus exaltavit illum, et donavit illi nomen quod est super omne nomen, ut in nomine Jesu omne genu flectatur cœlestium, terrestrium et infernorum, et omnis lingua confiteatur quoniam Dominus Jesus Christus in gloria est Dei Patris. Quia ergo scienti bonum, et non facienti, peccatum est illi, et servus sciens voluntatem domini sui, et non faciens, vapulabit multis, cum quam commendabile sit obedientiæ bonum et quam detestabile inobedientiæ vinculum ex divinæ paginæ didiceris lectione, veterem hominem cum actibus suis exuere debuisses et novum induere qui tibi et aliis reliquit exemplum ut sequamini vestigia ejus ; quatenus sicut ipse non solum obediens Deo Patri, sed Mariæ ac Joseph subditus fuisse describitur, sic et tu superioribus subditus non resisteres contumaciter, sed humiliter obedires ; ne si aliter ageres, pro pari crimine punireris non impariter cum Saule.

Licet autem inobedientiæ vitium potuissemus jampridem in te graviter vindicare, cum propter hoc per venerabilem fratrem nostrum Prænestinum episcopum, apostolicæ sedis legatum, qui quantus in Cisterciensi ordine fuerit, et quantum locum in Ecclesia meruerit obtinere, quantumque per injunctum ipsi legationis officium auctoritatis ei accesserit et honoris, te non credimus ignorare, fueris excommunicationis sententia innodatus, nec te propterea excommunicatum habueris, sed excommunicatus præsumpseris celebrare, nos tamen canis tuis et honestati parcentes, quantumcunque videremur derogare legato, licet id non faceremus animo derogandi, te fecimus a vinculo excommunicationis absolvi, credentes quod patientia nostra te ad pœnitentiam revocaret, nec gratiæ nostræ te de cætero exhiberes ingratum, sed gratias agens potius obedires. Verum, sicut opera tua testimonium perhibent veritati, factus est novissimus error tuus pejor priore, cum ex benignitate nostra sis amplius induratus, ita ut desipere videaris in senio qui tempore sapueras juventutis (57). Ecce etenim cum idem legatus, de quo fiducialiter gloriamur quod a muneribus excutit manus suas, et de quo vere dicere possumus : *Non fuit qui ditaverit Abraham* (Gen. xiv), tibi ex parte nostra sub debito juramento quod in tua nuper absolutione præstiteras districte præceperit, et nos etiam per litteras nostras dederimus in mandatis ut super imperii Romani negotio nostræ acquiesceres voluntati, et charissimo in Christo filio nostro illustri regi Ottoni, in Romanorum imperatorem electo, quem nos in regem suscepimus, tu quoque nobiscum eum in regem suscipiens, fideliter adhæreres, tu tamen nec ejus nec nostro mandato deferens, nec præstitum juramentum attendens, noluisti quod mandatum tibi fuerat adimplere ; imo cum propter hoc excommunicatum te renuntiaverit et perjurum, relaxasti contra eum et Romanam Ecclesiam linguam tuam, et nescimus cujus appellationis obtentu deferre sententiæ contempsisti, cum etiam in dubio debuisses viam eligere tutiorem, et donec res nostro diffiniretur judicio, sententiam observare.

An forte putas quod mandatum tibi factum fuerit contra Deum, aut in tali negotio, tanquam ad apostolicam sedem non spectet, nobis non debeas obedire? Certe multum desipis, si hoc sapis. Nam et nos homines sumus, et Deum cœli timemus, nec quidquam vellemus contra ipsum statuere aut supra nos aliquid arrogare. Quantum autem in hoc facto deliqueris, et quam merueris ex contumacia tanta pœnam, melius experireris in opere quam ex canonica teneas lectione, nisi adhuc, quantum possumus, tuæ vellemus honestati deferre; sed nisi deferentibus deferas, et deposito corde lapideo carneum cor assumas, et obedias voci nostræ, quanto differtur amplius, tanto gravius inferetur. Sane si fuissemus in facto imperii personarum aut munerum acceptores, si potentiam præposuissemus justitiæ, et pervertissemus judicium æquitatis, inobedientiam tuam vel dissimularemus omnino, vel saltem minus moleste ferremus. Verum cum personarum acceptione postposita, non attendentes vultum potentis, nec impotentis justitiam contemnentes, secuti fuerimus æquitatem, et jam Dominus judicium nostrum certis videatur indiciis approbasse, contumaciam tuam nec debemus nec volumus ulterius in patientia sustinere, cum secundum Apostolum parati simus inobedientiam omnem ulcisci, quam ex hoc et tu ipse amplius manifestas quod exspectatus diutius, licet promiseris, nullum tamen propter hoc miseris responsalem. Volentes autem adhuc, si possumus, te ad viam rectitudinis revocare, monemus et exhortamur attentius et per apostolica tibi scripta in virtute obedientiæ districte præcipiendo mandamus quatenus, omni excusatione cessante

(57) Vide supra epist. 56, 84.

A prædicto legato infra mensem post susceptionem præsentium plene satisfacias de injuriis irrogatis, et sicut idem tibi ex parte nostra præceperit, super facto imperii nostræ consentias et obedias voluntati ; præsertim cum idem rex sufficientem præstare velit super indemnitate Magdeburgensis Ecclesiæ cautionem. Alioquin noveris nos venerabilibus fratribus nostris Mindensi, Verdensi et Hildesemensi episcopis dedisse districtius in mandatis ut extunc te singulis diebus Dominicis et festivis, pulsatis campanis et candelis accensis, appellatione remota, excommunicatum publice nuntient, et per vicinas diœceses faciant sub solemnitate simili nuntiari, suffraganeis tuis et Magdeburgensi capitulo ex parte nostra in obedientiæ virtute mandantes ut inobedienti tibi nullam reverentiam prorsus impendant, nec te ut metropolitanum honorent, sed ut excommunicatum evitent. Quod si nec sic arbor tua fota stercoribus fructus protulerit requisitos, securim ad radicem ficulneæ infructuosæ ponemus, ut juxta proverbium veritatis, arbor quæ non fecerit fructum bonum, excidatur et mittatur in ignem.

CX.
EPISCOPO PATAVIENSI.

Non est tibi vel alii formidandum quod nos, qui debemus omnium jura tueri, velimus imperii Romani jura turbare, ne inde nascantur injuriæ unde jura nascuntur, cum illa simus mensura contenti quam Christus in Evangelio diffinivit. *Reddite*, inquit, *quæ sunt Cæsaris Cæsari, et quæ sunt Dei Deo* (Matth. xxii). Ne quis igitur æstimet quod contra jura imperii Romani aliquam nobis obligationem fecerimus aut etiam sponsionem, præsentes tibi litteras in testimonium duximus concedendas; in quibus scripturam illam quam ad tuam innocentiam ostendendam nobis dedisti de verbo ad verbum duximus adnotandam. *Ego... Pataviensis episcopus per hoc scriptum meo sigillo munitum profiteor et affirmo quod litteras illas in quibus quoddam capitulum continetur per quod clavibus Ecclesiæ, quas Deus beato Petro et successoribus ejus concessit, videtur aliquatenus derogari, nec legeram nec audieram antequam ad præsentiam domini papæ venissem, licet litteris illis meum sit sigillum appensum; quoniam minus caute vacuo pergameno meum jussi sigillum apponi, credens quod nihil in eo scribi deberet in derogationem ecclesiasticæ potestatis. Unde capitulum illud contra claves Ecclesiæ nec approbo nec defendo, sed corde credo et ore confiteor quod quidquid Romanus pontifex, qui est successor beati Petri et vicarius Jesu Christi, ex auctoritate ipsarum clavium ligaverit super terram, erit ligatum in cœlis, et quidquid solverit super terram, erit solutum in cœlis.*

Datum Laterani, xi Kal. Junii, anno septimo.

CXI.
NOBILI VIRO DUCI BRABANTIÆ.

(58) Olim, si bene recolimus, pro consummanda

(58) Vide supra epist. 60.

copula inter charissimum in Christo filium nostrum illustrem regem Ottonem in Romanorum imperatorem electum, et dilectam in Christo filiam [Mariam] natam tuam nobis humiliter supplicasti, ut dispensationem quam venerabilis frater noster Prænestinus episcopus, apostolicæ sedis legatus, de speciali mandato sedis apostolicæ fecerat inter ipsos auctoritate dignaremur apostolica confirmare. Cui petitioni, propter multam utilitatem quæ noscitur ex hoc imperio proventura, consensum præbuimus pariter et favorem. Nunc autem, quod grave gerimus et molestum, occasionibus frivolis adinventis ipsam eidem regi sponso suo tradere malitiose recusas, cum solemniter inter ipsos sponsalia sint contracta, et hinc inde tam per te quam per homines tuos præstito juramento firmata, illicitum habens, ut dicitur, cum nobili viro Philippo Sueviæ duce tractatum ut eam charissimo in Christo filio nostro Frederico, illustri regi Siciliæ, nepoti suo, copules in uxorem : quod utique tanto gravius reputamus quanto magis ex hoc et animæ tuæ periculum et famæ dispendium procuratur (59). Cum enim prædictus rex Siciliæ sororem charissimi in Christo filii nostri illustris regis Aragonum germanam, uxorem quondam illustris regis Hungariæ, accipere debeat in uxorem, et jam inter ipsos per dilectum filium Roffridum tituli Sanctorum Marcellini et Petri presbyterum cardinalem Casinensem abbatem, tunc apostolicæ sedis legatum, de mandato nostro, mediantibus et jurantibus familiaribus utriusque, sponsalia sint contracta, præter id quod dicta filia tua ipsum regem Siciliæ linea consanguinitatis attingit, quare non posset eidem matrimonio copulari, sustinere non possemus aliqua ratione ut contra hoc quod hinc etiam nobis approbantibus est firmatum temeritate qualibet veniretur. Nos autem, ne sanguis tuus de nostris manibus requiratur, qui tenemur ex injuncto nobis officio de salute animæ tuæ sollicite cogitare, nobilitati tuæ per apostolica scripta mandamus et in virtute Spiritus sancti districte præcipimus quatenus usus consilio saniori, eamdem filiam tuam prædicto regi sponso suo, sicut præstito juramento teneris, tradere non differas in uxorem, famæ tuæ consulens et saluti. Nos enim venerabilibus fratribus nostris Maguntino archiepiscopo et episcopo Cameracensi nostris damus litteras in mandatis ut si venerabilis frater noster Coloniensis archiepiscopus requisitus præfatam filiam tuam infra mensem noluerit coronare, ipsi vel eorum alter, si ambo nequeunt interesse, auctoritate nostra suffulti, eam, omni contradictione, occasione et appellatione cessante, coronent. Si vero, quod non credimus, aliud duceres faciendum, noveris quod in personam tuam, uxoris tuæ, ac terram tuæ dominationi subjectam ecclesiasticæ severitatis gladium exerceremus, cum propter similem culpam in quosdam reges et regna ecclesiasticam jam duxerimus sententiam proferendam, sicut tua nobilitas non ignorat. Præterea, quidquid de ipsa filia tua contra mandatum nostrum feceris in derogationem canonicæ sanctionis irritum decernimus et inane; prædicto Cameracensi episcopo et dilecto filio præposito Bunnensi et majori decano Coloniensi nostris dantes litteras in mandatis ut ea quæ præmisimus non differant publicare.

Datum Romæ apud Sanctum Petrum; vi Kal. Novembris, pontificatus nostri anno septimo.

CXII.
MAGUNTINO ARCHIEPISCOPO.

Cum propter defectum pallii, quod Placentinus tibi restituere noluerat, non modicum sustinueris detrimentum, et nos tuis profectibus intendentes, aliud tibi pallium per venerabilem fratrem nostrum Cameracensem episcopum et dilectum filium magistrum W. de Leicestria nuntium tuum duxerimus transmittendum, fraternitati tuæ per apostolica scripta mandamus quatenus eo utaris ad divini nominis gloriam, apostolicæ sedis honorem, salutem animæ tuæ, nec non utilitatem metropolis Maguntinæ. Monemus igitur fraternitatem tuam et exhortamur in Domino, per apostolica tibi scripta mandantes quatenus tam erga nos quam erga charissimum in Christo filium nostrum, illustrem regem Ottonem, in Romanorum imperatorem electum talem te studeas exhibere ut fidem et devotionem tuam magis et magis in opere comprobemus.

Datum Romæ apud Sanctum Petrum, vi Kal. Novembris.

CXIII.
MAGUNTINO ARCHIEPISCOPO, ET CAMERACENSI EPISCOPO, ET PRÆPOSITO BUNNENSI.

Cum ii qui olim nullam vel modicam nobis et apostolicæ sedi reverentiam et obedientiam exhibebant, Græci videlicet, Blachi, Bulgari et Armenii, nunc ad obedientiam nostram et devotionem apostolicæ sedis plene per Dei gratiam revertantur, ut sit unum ovile et unus pastor, dolemus plurimum et turbamur quod venerabilis frater noster Coloniensis archiepiscopus, qui videbatur esse nobis obediens et devotus, ab obedientia et devotione nostra declinat, cum præcepta nostra, quæ ipsi multoties iteravimus pro charissimo in Christo filio nostro illustri rege Ottone in Romanorum imperatorem electo, pertranseat aure surda, et, quod pejus est, ipsum pene penitus deseruisse videatur, quodque pessimum, in contrarium machinari. Hoc autem malum tam grave reputamus et grande quod ex eo, nisi quantocius corrigatur, Ecclesia Coloniensis et civitas irreparabile detrimentum incurrent, et ipse archiepiscopus, qui per hoc et famam ex toto corrumpit et etiam perdit omnino, nos et Romanam Ecclesiam in confusionem, si posset, induceret vehementem. Cum enim non ipse nostrum, sed nos ejus in hac parte fuerimus judicium imitati, et in favorem ejusdem regis ipse nos traxerit, non nos

---

(59) Vide supra epist. 80, et lib. ii, epist. 4, 134.

ipsum, si eum dimiserit sine nobis, quia nos eum nullatenus dimittemus, profecto tam ipsi quam nobis illud poterit non immerito coaptari : *Si cæcus cæcum duxerit, ambo in foveam cadunt* (*Matth.* xii). Sed si voluerit, potius ipse cæcus cadat in foveam quam nos, qui nolumus sequi cæcum, in foveam corruamus. Malentes igitur ut idem archiepiscopus per admonitionis vestræ studium a suo revocetur errore, discretioni vestræ per apostolica scripta mandamus et districte præcipimus quatenus ad Coloniensem Ecclesiam pariter accedentes, convocatis prioribus et aliis quos videritis convocandos coram eis dictum archiepiscopum monere diligentius et inducere procuretis, eidem ex parte nostra in virtute obedientiæ firmiter injungentes ut ab hoc errore, usus consilio saniore, penitus resipiscat, et ne omnino perdat operam et impensam, eidem regi, sicut præstito fidelitatis juramento tenetur, suum impendat auxilium et favorem, et alios ad devotionem et servitium ejus diligenter inducat; proponentes eidem quod si secus duxerit faciendum, in eam se difficultatem inducet de qua non facile poterit expediri. Si vero ad excusationem suam proposuerit coram vobis quod idem rex eum offenderit vel gravarit, ipsum cognita veritate ad satisfactionem ei debitam impendendam monere diligentius et inducere procuretis, et si necesse fuerit, auctoritate nostra cogatis ; cum etsi prædicto regi favere velimus, præfatum tamen archiepiscopum in suo cupiamus jure fovere. Alioquin veritatem diligenter examinatam per vestras nobis litteras appellatione cessante fideliter intimetis, ut per relationem vestram instructi, si prædictus archiepiscopus de inobedientiæ vitio, quod secundum prophetam idololatriæ comparatur, et juramenti transgressione, per quam juxta legem divinam in vanum assumitur nomen Dei, admirabilis apparuerit (60), securim ad radicem infructuosæ arboris apponamus, et cum stare non possit, apostolica falce succisa, in locum ipsius talem faciamus succrescere plantam quæ fructum suavitatis proferat et odoris. Sane nos eidem hac vice non scribimus; quia, cum super hoc ipsi multoties direxerimus scripta nostra, nihil aut parum profecimus apud ipsum, quia mandata nostra pariter et præcepta exaudire noluit toties iterata. Ideoque volumus et mandamus ut has litteras in omnium legi præsentia faciatis, et exhortemini clerum ac populum diligenter ne permittant ut Ecclesia Coloniensis et civitas, quæ inter universas Ecclesias et civitates regni Teutonici tam gloria quam magnificentia est sublimis, enormiter confundatur. Cæterum si dictus archiepiscopus maluerit nostris obedire mandatis quam in hujusmodi contumacia perdurare, ipsum de nostra reddatis gratia certiorem, ex parte nostra firmiter promittentes eidem quod ad honorem suum pariter et profectum taliter, dante Domino, intendemus quod de nostra poterit gratia merito gloriari. Unde ut nostrum sibi sentiat patrocinium aliquatenus non deesse, si forte contra dilectum filium nobilem virum Henricum comitem palatinum præfati regis germanum querelam intorserit coram vobis, vos auctoritate nostra suffulti quod justum fuerit appellatione postposita decernatis, et faciatis quod decreveritis per censuram ecclesiasticam firmiter observari. Quod si non omnes, etc., duo vestrum.

Datum Romæ apud Sanctum Petrum , iv Kal. Novemb.

CXIV.
AQUILEGENSI PATRIARCHÆ.

Cum in susceptione pallii præstiturus sis corporaliter juramentum quod nobis et successoribus nostris et Ecclesiæ Romæ fidelis et obediens semper existes, fraternitati tuæ per apostolica scripta mandamus et in virtute obedientiæ districte præcipimus quod post hujusmodi juramentum exhibitum et receptum patentes litteras tuo sigillo munitas apostolatui nostro transmittas, in quibus profitearis aperte quod ex debito præstiti juramenti tam super imperii Romani negotio quam etiam super aliis nobis secundum Deum obedire teneris, ut ii qui tam in Teutonia quia in Italia similem nobis professionem fecerunt, aut is qui pro eo quod talem facere noluit, meruit ab officio pontificali suspendi, non debeant contra nos scrupuloso corde moveri tanquam apud nos sit acceptio personarum, aut in manu nostra pondus et pondus quasi statera dolosa consistat. Alioquin propter inobedientiæ culpam, quæ secundum prophetam idololatriæ comparatur, ut de reatu perjurii taceamus , nisi feceris quod præcipimus infra mensem, et tunc usum pallei tibi noveris auctoritate apostolica interdictum.

CXV.
SALZBURGENSI ARCHIEPISCOPO.

Frustra jacitur rete ante oculos pennatorum, et durum est cuique contra stimulum calcitare. Nos enim Satanæ non ignoramus astutias, et prompti sumus inobedientiam omnem ulcisci. Dominus ergo sit nobis adjutor, non timebimus quid faciat nobis homo. Maledictus enim homo qui confidit in homine, aut qui carnem brachium suum ponit. Væ autem ingredienti terram duabus viis, quia nemo potest duobus dominis deservire. Monemus igitur fraternitatem tuam et exhortamur attentius, per apostolica tibi scripta mandantes quatenus sacrosanctam Romanam Ecclesiam matrem tuam de corde puro et conscientia bona et fide non ficta studeas venerari, pro certo cognoscens quod is qui supra se petram suam ædificavit Ecclesiam non permittet ut portæ inferi prævaleant contra eam juxta quod ipse testatur : *Descendit pluvia, venerunt flumina, flaverunt venti, et irruerunt in domum illam, et non cecidit. Erat enim supra petram fundata.* (*Matth.* vii). Quia vero semper diligit qui amicus est, et frater

---

(60) Id est culpabilis.

in necessitate probatur, tu, amabilis frater, tanquam aurum in fornace te proba; quamvis fornax nondum septuplum quæ succendi consueverat sit succensa, sed in proximo fulgura sint in pluviam convertenda.

Datum Romæ apud Sanctum Petrum, vii Idus Maii.

CXVI.
ARCHIEPISCOPO MAGUNTINO, EPISCOPO CAMERACENSI, ET SCHOLASTICO SANCTI GEREONIS COLONIENSIS.

(61) Ut Adolphus Coloniensis archiepiscopus incidat in foveam quam paravit et intret ipsius gladius in cor ejus, pertinax ipsius inobedientia, perjurium iteratum, et proditio divulgata deposcunt. Ipse etenim nec Deum timens, nec reveritus hominem, nec Coloniensis Ecclesiæ dignitatem attendens, in offensam Dei, Ecclesiæ Romanæ contemptum, et sedis suæ dispendium a se obedientiæ jugum excussit, juramentum semel et iterum præstitum violavit, et cum prodidit quem crearat. Sane cum olim charissimum in Christo filium nostrum illustrem regem Ottonem in Romanorum imperatorem electum coronasset in regem, et fidelitatis ei præstitisset juramentum, apud nos multipliciter institit ut eidem regi favorem apostolicum impenderes, ratum quod ipse fecerat haberemus. Cumque multiplicatis intercessionibus obtinuisset a nobis ut in favorem regis ipsius deferremus Ecclesiæ Coloniensis honori, cœpit postmodum in ejus devotione tepescere, ac manum suam ab aratro retrahens, occasiones frivolas invenire ne quod plantaverat irrigaret; quatenus cito aresceret planta ejus, cum sollicitudinem suam manus ei subtraheret plantatoris. Verum quia neque qui plantat neque qui rigat est aliquid, sed qui incrementum dat Deus, invaluit nihilominus per Dei gratiam novus palmes; et cum jam extenderet ramos suos et uberius pullularet, vidit plantator invidus et invidit, et quodammodo in ejus excidium conjuravit. Quia vero nihil est occultum quod non reveletur et absconditum quod non sciatur, sed testimonium veritatis, non potuit occultare diutius virus suum; quia nequam mentem iniqua operatio revelavit et arbor agnita est in fructu. Commonitus igitur et conventus iterum præstitit juramentum quod eumdem regem nunquam desereret nec in partem aliam declinaret; sed nec juramentum stabilire potuit mentem illam, quæ innatæ levitatis vitio fluctuabat. Nos autem, licet non de facili crederemus quod vir tanta præditus dignitate sic esset adversarius sibi ipsi ut quod fecerat intenderet annullare, ne quid tamen sollicitudini nostræ deesset, ad constantiam eum excitare volentes, et monitis et minis instituimus apud ipsum et sub quanta ei potuimus districtione præcepimus ut in ejusdem regis fidelitate persisteret et ad promotionem ipsius efficaciter aspiraret, cavens sollicite ne maledictionem pro benedictione reciperet si illusisse nobis tam turpiter probaretur. Ipse vero non attendens quod sicut obedientia victimis antefertur, sic inobedientia idololatriæ comparatur, obedientiæ lora disrumpens, inobedientiæ vitium non vitavit, sed contra præceptum nostrum et proprium juramentum, corruptus pecunia, sicut fertur, dominum suum temerarius prodidit, et conversus in arcum perversum, nobili viro Philippo duci Sueviæ contra eum impudenter adhæsit; ac ne quid ejus præsumptioni deesset, et ne culpa ejus aliquo possit velamine palliari, nuper Aquisgrani, ubi præfatum regem solemniter coronaverat, memoratum ducem publice coronavit, quamvis excommunicationis sententiam incurrisset, quam in ecclesia Beati Petri Coloniensis coram multitudine copiosa, ipso præsente ac gerente sacerdotalem stolam in collo et candelam accensam in manu, venerabilis frater noster Guillelmus Remensis archiepiscopus, tunc episcopus Prænestinus, apostolicæ sedis legatus, promulgaverat in eos qui a præfato rege recederent et parti alterius adhærerent.

Ut igitur Colonienses, qui noluerunt in malo caput languidum imitari, sed in ejusdem regis fidelitate perstiterunt firmius et persistunt, expurgato fermento veteri, quod voluit corrumpere totam massam, sint nova conspersio, sicut sunt azymi nihil corruptionis habentes, cum juxta canonicas sanctiones accusatione non egeant manifesta. Unde nos, ejus exemplo qui absens corpore, præsens autem spiritu, Corinthium damnavit absentem, potuissemus in eum sententiam promulgare, ad majorem tamen cautelam de consilio fratrum nostrorum et tam episcoporum quam aliorum plurium prælatorum discretioni vestræ per apostolica scripta mandamus et districte præcipimus quatenus cum apud vos sint ista luce clarius manifesta, dictum archiepiscopum, pulsatis campanis, et candelis accensis, singulis diebus Dominicis et festivis excommunicatum publice nuntietis et faciatis per omnes Colonienses ecclesias et vicinas diœceses sub solemnitate simili nuntiari, suffraganeos et omnes vassallos Coloniensis Ecclesiæ tam clericos quam laicos absolutos ab ejus obedientia nuntiantes. Quia vero si tantum scelus remaneret inultum, quivis de cætero posset impune inobedientiæ vitium, perjurii crimen, et proditionis facinus perpetrare, sub eadem vobis districtione præcipimus quatenus cum hæc in illo nulla possint tergiversatione celari, vos cum auctoritate nostra suffulti a pontificali officio, sublato cujuslibet contradictionis et appellationis obstaculo, deponatis, nisi forsan infra mensem post factam sibi denuntiationem a vobis ad sedem apostolicam personaliter accesserit indicandus (62) : his ad quos jus electionis noveritis pertinere auctoritate apostolica injungentes ut personam idoneam, quæ tanto congruat oneri et honori, canonice ac concorditer sibi eligant in pastorem. Quod si electionem contingeret aliqua forte, quod

---

(61) Arnoldus Lubec. lib. vii, cap. 3.
(62) Vide Godefrid. monach. Sancti Pantaleonis ad. an 1205.

absit! occasione differri, ne bona Coloniensis Ecclesiæ possint interim deperire, alicui personæ honestæ, providæ ac potenti committatis administrationem ipsius. Quia vero ejusdem Ecclesiæ tanto amplius zelamus honorem quanto clerum et populum ejus devotiores et firmiores sumus experti, ne unitatem ejus aliqua scissura corrumpat, si forsan ii ad quos spectat electio non potuerint convenire, præcipiatis eisdem ut in aliquos viros idoneos conferant vota sua; qui ad sedem apostolicam accedentes, cum consilio nostro, qui ad eorum concordiam, faciente Domino, dabimus operam efficacem, personam idoneam sibi eligant in prælatum. Quod si non omnes, etc.

Datum Romæ, III Idus Martii, pontificatus nostri anno octavo.

CXVII.
PRIORIBUS ET UNIVERSO CLERO ET POPULO COLONIENSIBUS.

Sinceritati devotionis et fidei quam ad charissimum in Christo filium nostrum illustrem regem Ottonem in Romanorum imperatorem electum, imo nos in eo habuistis hactenus et habetis in Domino congaudemus, et constantiam vestram prosequimur actionibus gratiarum; qui semper in eodem proposito persistentes, non novistis etiam vacillante capite vacillare. Potuisset quidem in aliis propheticum formidari : *Omne caput languidum, et omne cor mœrens, u planta pedis usque ad verticem non est in eo sanitas (Isai. 1).* Sed vos attendentes quod caput vestrum transferebatur in caudam, noluistis caudæ sequi mobilem levitatem, sed stabiles et immobiles permansistis. Voluerat quidem vetus illud fermentum inficere totam massam et vir unus confundere tam sublimem Ecclesiam et infamare tam nobilem civitatem; sed vos ejus fæcis immunes, azymi permansistis, nec conspersio vestra nova virus antiquæ fraudis admisit. Participavit forsan homo ille iniquitatis, archiepiscopus vester, aliquibus vestrum suæ proditionis consilium et perditionis propriæ propositum revelavit; sed in consensum ejus non venit anima vestra, nec potuit perfidiæ suæ pice vas inquinare sincerum, quia serpentis prudentiam, quæ in Evangelio commendatur, vox pulsat in vacuum incantantis. Licet autem nec divinæ reverentia majestatis, nec apostolicæ sedis auctoritas, nec religio juramenti tetigerit mentem ejus, utinam tamen dignitas Coloniensis Ecclesiæ ac immunitas civitatis ab hujusmodi eum proposito revocasset, ne vilem faceret in electione principis eamdem Ecclesiam, quæ inter alias fuerat hactenus gloriosa, et ne derogare juri suo imo ejusdem Ecclesiæ videretur, si quod ad tuendam dignitatem ejus prius provide fecerat proprio jure usus, in ejus tandem injuriam improvide condemnaret. Verum quia nihil satis festinatur animo cupienti, nec animus cupidi satiatur, nihil sibi sufficere reputans nisi pecuniam biberet quam avide sitiebat, contra mandatum nostrum sæpius iteratum et juramentum proprium primo præstitum et postea innovatum in infamiam vestram, quantum fuerat in eodem, et Coloniensis Ecclesiæ detrimentum obedientiæ jugo deposito, dominum suum temere prodidit, et adversario ejus impudenter adhærens, ne crimen ejus ulla possit tergiversatione celari, eum apud Aquisgranum publice coronavit. Nos igitur providere volentes ne homo qui non conveniat operibus et actibus vestris, vobis de cætero principetur in perniciem corporum et periculum animarum, sed a vobis vetus fermentum penitus expurgetur, vosque remaneatis azymi, sicut estis, de consilio fratrum nostrorum et tam episcoporum quam aliorum plurium prælatorum venerabilibus fratribus Maguntino archiepiscopo et episcopo Cameracensi et scholastico Sancti Gereonis Coloniensis dedimus in præceptis ut cum apud eos sint ista, etc., *in eumdem fere modum ut in alia usque in finem.* Monemus igitur universitatem vestram et hortamur in Domino et per apostolica vobis scripta mandamus quatenus eisdem archiepiscopo, episcopo et scholastico ad exsequendum mandata apostolica utiliter et humiliter assistatis, et in bono proposito persistentes, prædicto regi sicut hactenus, imo fortius quam hactenus præstetis auxilium et favorem, scituri quod nostra vobis gratia non deerit.

Datum, ut supra.

CXVIII.
ARCHIEPISCOPO MAGUNTINO, EPISCOPO CAMERACENSI, ET SCHOLASTICO SANCTI GEREONIS IN COLONIA.

Licet per alias litteras vobis dederimus in præceptis ut quia Coloniensis archiepiscopus sententiam excommunicationis incurrit, quam in Ecclesia Beati Petri Coloniæ coram multitudine copiosa, ipso præsente ac gerente sacerdotalem stolam in collo et candelam accensam in manu, venerabilis frater noster Guillelmus Remensis archiepiscopus, tunc Prænestinus episcopus, apostolicæ sedis legatus, promulgavit in eos qui a charissimo in Christo filio nostro illustri rege Ottone, in Romanorum imperatorem electo, recederent et parti alteri adhærerent, memoratum archiepiscopum, pulsatis campanis et candelis accensis, denuntiaretis excommunicationis vinculo innodatum, et faceretis per omnes Colonienses ecclesias et vicinas diœceses sub solemnitate simili nuntiari, suffraganeos et omnes vassallos Coloniensis Ecclesiæ tam clericos quam laicos absolutos ab ejus obedientia nuntiantes. Licet etiam vobis præceperimus districte ut, quia ejus inobedientia, perjurium et proditio sunt adeo manifesta, quod nulla possunt tergiversatione celari, vos eum auctoritate nostra suffulti, sublato cujuslibet contradictionis et appellationis obstaculo, a pontificali deponeretis officio, nisi forsan infra mensem post factam sibi denuntiationem a vobis ad sedem apostolicam personaliter accesserit judicandus, quia tamen vos ex vicinitate locorum et notitia personarum potestis plenius et perfectius rerum et temporum circumstantias indagare, præsentium vobis auctoritate concedimus quatenus diligenti et prudenti deliberatione præhabita, si vobis visum fuerit expedire, præfatum archiepiscopum monere diligentius et inducere procuretis ut ad fidelitatem charissimi in Christo filii nostri illustris regis Ottonis, in Romanorum imperatorem electi, humiliter revertatur infra tempus quod ei duxeritis præsigendum, et de fide servanda tantam ei exhibeat cautionem quod de levitate ipsius non possit in posterum dubitari, absolutionis beneficium ei secundum formam Ecclesiæ impensuri, salva super excessibus ejus canonica disciplina. Alioquin juxta formam præscriptam et in aliis litteris plenius vobis expressam procedere non tardetis. Quod si non omnes, etc.

Datum, etc.

CXIX.

UNIVERSIS TAM ECCLESIASTICIS QUAM SÆCULARIBUS PRINCIPIBUS ET ALIIS PER TEUTONIAM CONSTITUTIS CHARISSIMO IN CHRISTO FILIO NOSTRO ILLUSTRI REGI OTTONI, IN ROMANORUM IMPERATOREM ELECTO, FAVENTIBUS.

Non est amicus hominis, sed fortunæ, qui sicut arundo vento, sic fortuitis casibus agitatus, ei cui arridet in prosperis, deficit in adversis. Licet enim varii sint bellorum eventus, nec quod semper volvitur in eodem statu valeat permanere, non debent tamen viri constantes secundum varietates rerum labentium variari, sed stabiles potius permanere, scientes quod finis, non pugna coronat, et non qui cœperit, sed qui perseveraverit, salvus erit. Fides etenim in necessitate probatur, et constantia in adversitate clarescit; nec cui cum fortuna rotatur, constans debet aut stabilis appellari, aut dici fidelis qui fidem variat cum eventu. Unde miramur non modicum et movemur quod quidam principum, qui charissimo in Christo filio nostro illustri regi Ottoni, in Romanorum imperatorem electo, sponte hominium fecerant et fidelitatis juramenta præstiterant non coacti (63), ex eo quod nobilis vir dux Sueviæ visus est aliquantulum prosperari, contra honestatem propriam et fidem præstitam venientes, relicto eo cui prius adhæserant, ejus adversario adhæserunt, illis merito comparandi de quibus legimus in Psalmista: *Filii Ephrem intendentes arcum et mittentes sagittas conversi sunt in die belli (Psal.* LXXVII). Verum quanto detestamur amplius in talibus levitatem, tanto in vobis constantiam potius commendamus: qui cum eodem rege in suis tentationibus fideliter perstitistis, nec voluistis maculam in gloria vestra ponere ac juramenta propria violare. Super hoc ergo firmitatem vestram in Domino commendantes et prosequentes actionibus gratiarum, monemus universitatem vestram et exhortamur in Domino et per apostolica vobis scripta mandamus quatenus in bono proposito persistentes, eidem regi tanto fortius assistatis quanto auxilio vestro noscitur amplius indigere; scituri quod ex hoc vobis tanto magis constituetis nos in posterum debitores quanto sincerius diligimus regem ipsum et incrementum honoris ipsius sicut hactenus, imo magis quam hactenus, affectamus.

Datum, etc.

CXX.

MAGUNTINO ARCHIEPISCOPO, ET EPISCOPO HILDESEMENSI.

Suam apud nos charissimus in Christo filius noster illustris rex Otto, in Romanorum imperatorem electus, querimoniam destinavit quod cum nobilis vir Henricus palatinus Rheni fidelitatis ei præstiterit juramentum, contra factum suum venire non metuens, non solum servare contempsit quod ei sub jurisjurandi religione promisit, sed contra eum cum nobili viro Philippo duce Sueviæ conjuravit (64). Unde cum ad nos pertineat judicium juramenti, per nos sibi de eo justitiam petiit exhiberi. Cum igitur salutem nobilis ejusdem, de quo in novissimo districti examinis die tenebimur coram Deo reddere rationem, paterno desideremus affectu, fraternitati vestræ per apostolica scripta mandamus atque præcipimus quatenus eum ex parte nostra monere diligentius et inducere procuretis ut juramentum eidem regi præstitum, nonobstante juramento quod postmodum exhibuit contra illud, cum ex eo quod primum fuit licitum constet secundum illicitum exstitisse, de cætero servare procuret. Alioquin cum ad id per excommunicationem personæ et interdictum terræ sublato appellationis obstaculo compellatis, facturi utramque sententiam singulis diebus Dominicis et festivis, pulsatis campanis et candelis accensis, usque ad satisfactionem congruam firmiter observari.

CXXI.

NOBILI VIRO HENRICO PALATINO RHENI.

Ad infamiam nominis tui cedit et perpetuum tuæ posteritatis opprobrium quod charissimum in Christo filium nostrum illustrem regem Ottonem in Romanorum imperatorem electum fratrem tuum, vel nulla vel modica violentia interveniente, relinquens, nobili viro duci Sueviæ adhæsisti et quantum in te fuerat dejecisti eum quem erigere tenebaris. Sane suam ad nos idem rex querimoniam destinavit quod cum fidelitatis ei, etc., *ut supra usque* paterno desideremus affectu, nobilitatem tuam monemus et exhortamur attentius et per apostolica tibi scripta mandamus quatenus juramentum eidem regi præstitum, etc., *usque* servare procures. Alioquin noveris nos venerabilibus fratribus nostris Siffrido Maguntino archiepiscopo et episcopo Paderburnensi per apostolica scripta præcipiendo mandasse ut te ad id per excommunicationem personæ, etc., *usque in finem.*

Scriptum est nobili viro duci Brabantiæ in eumdem modum usque in Romanorum imperatorem electum, *cui filiam propriam desponsaverat in uxorem,* vel

(63) Vide Godefrid. monach. Sancti Pantaleonis ad an. 1205.

(64) Vide cap. *Novit,* De judiciis.

nulla, etc., *usque in finem.* Exsecutores dati sunt contra eum Leodiensis episcopus, major decanus et præpositus Sancti Gereonis Coloniensis.

CXXII.
NOBILI VIRO LANGRAVIO THURINGIÆ.

Quia liberæ voluntatis arbitrium quanto violentius quis flectere nititur, tanto amplius in puritate sui propositi confirmatur, non credimus quod violentia ducis Sueviæ tuam mutaverit voluntatem et animum variaverit, licet coactus fueris militare. Cum ergo, necessitate cessante, cessare soleat necessitatis effectus, monemus nobilitatem tuam et exhortamur attentius et per apostolica tibi scripta mandamus quatenus cum tempus acceperis, ad charissimi in Christo filii nostri illustris regis Ottonis, in Romanorum imperatorem electi, fidelitatis obsequium sine dilatione qualibet revertaris, et sic in ejus dilectione proficias ut in gratiam nostram proficere merearis.

Scriptum est in eumdem modum regi Bohemorum illustri.

CXXIII.
MAJORI DECANO ET SANCTORUM APOSTOLORUM ET SANCTI GEREONIS PRÆPOSITIS COLONIENSIBUS.

Ad nostram noveritis audientiam pervenisse quod Bruno Adolphi quondam Coloniensis archiepiscopi clericus, statutis sedis apostolicæ temerarie se opponens, dominum suum irreverenter induxit ut in charissimum in Christo filium nostrum illustrem regem Ottonem, in Romanorum imperatorem electum, crimen proditionis committeret et duci Sueviæ pertinaciter adhæreret; a quo, sicut dicitur, tanquam alius Judas in proditionis præmium pecuniam accipere non expavit. Ne igitur si post damnationem ejusdem archiepiscopi prædictus Bruno, qui damnationis causam præstitit, remanserit indemnatus, illud evangelicum fallere videatur, quo dicitur : *Si cæcus cæcum ducit, ambo in foveam cadunt* (Matth. xv), discretioni vestræ per apostolica scripta mandamus quatenus eum omnibus beneficiis suis sine spe restitutionis, appellatione remota, privetis, ea personis idoneis conferentes. Quod si non omnes, etc.

CXXIV.
EISDEM

Ad nostram audientiam noveritis pervenisse quod Sibod clericus, qui beneficium quoddam de manu charissimi in Christo filii nostri illustris regis Ottonis, in Romanorum imperatorem electi, receperat, et fidelitatis ei præstiterat juramentum, conversus in arcum perversum, contra proprium veniens juramentum, Sueviæ duci juravit, et ab eo prædictum beneficium recepit. Ipse quoque, dum venerabilis frater noster Cameracensis episcopus mandatis nostris insisteret exsequendis, ab eodem duce in diœcesim ejus legatione suscepta, bona ejusdem episcopi temere occupavit, vassallos ejus duci Sueviæ fidelitatem præstare compellens, fidelitate ipsius penitus abjurata. Quia vero tantæ præsumptionis excessum relinquere nolumus impunitum, discretioni vestræ per apostolica scripta mandamus quatenus inquisita super iis et cognita plenius veritate, eumdem Sibod ab omni officio sublato appellationis obstaculo deponatis, et omnibus eum beneficiis spoliantes, illa personis idoneis assignatis.

CXXV.
PADEBURNENSI EPISCOPO.

Quam detestabile sit crimen perjurii, Veteris Testamenti lectio manifestat. Nam cum præcepisset Dominus Israelitis ut universos habitores terræ quam eis promiserat, de ipsa delerent propter fœdus quod Josue cum Gabaonitis inivit circumventus, et juramentum quod principes multitudinis præstiterant eisdem incaute, Gabaonitæ mortis periculum evitarunt; licet interrogati si in terra quæ filiis Israel sorte debebatur forsitan habitarent, quia de terra longinqua venerant respondissent. Præterea quæ pœna mendacibus debeatur Ananiæ et Saphiræ mors subita profitetur : qui quoniam mentiti fuerant Spiritui sancto, a conspectu apostolorum principis, cujus sumus, licet immeriti, successores, mortui sunt educti. Cum ergo nulla vel modica distantia sit inter perjurium et mendacium sacerdotis, dicente Scriptura quod verba sacerdotis aut vera sunt aut sacrilega, debent ecclesiastici viri, et præsertim qui prælationum obtinent dignitates, reatum perjurii et crimen mendacii penitus evitare et sic fugere inconstantiæ levitatem ne... sit eis si terram duabus viis ingredi convincantur, et si culpam incurrerint, non effugiant disciplinam. Miramur igitur non modicum et movemur quod cum charissimo in Christo filio nostro illustri regi Ottoni, in Romanorum imperatorem electo, fidelitatis præstiteris juramentum, et ab eo de regalibus fueris investitus, postquam per venerabilem fratrem nostrum Siffridum Maguntinum archiepiscopum consecrationis beneficium suscepisti, tepuisti pene penitus circa eum, et ipsi tuæ devotionis obsequium subtraxisti. Ne igitur subditis tuis occasio fias similis levitatis, qui eis fortitudinis et constantiæ debes exempla præstare, fraternitatem tuam monemus et exhortamur attentius et per apostolica tibi scripta præcipiendo mandamus quatenus sic de cætero in ejus fidelitate persistas et sic ei patenter adhæreas et potenter quod præterita negligentia per subsequentem diligentiam expietur, nec tam cito incurrisse notam perjurii videaris, quia id non possemus æquanimiter tolerare.

Scriptum est abbati Corbeiensi in eumdem fere modum usque juramentum, *et ei a suæ promotionis initio auxilium præstiteris et favorem, nunc ultimo tepuisti pene penitus circa eum, etc., usque* expietur, *nec incurrisse notam perjurii, etc., usque ad finem.*

CXXVI.
ARCHIEPISCOPO TREVIRENSI.

Qualiter juramentum coram nobis præstitum et postmodum exhibitum in manibus legati nostri observaveris, ne dicamus violaveris, qualiter irrita feceris quæ de tuis labiis processerant, dum veniens contra propriam sponsionem, promissiones infregeris redactas in scriptis et sigilli proprii munimine roboratas, qualiter in obedientia et devotione non perstiteris, tua prudentia non ignorat. Nos autem, licet possemus ex iis tanquam notoriis, et quæ nulla poterant tergiversatione celari, canonicæ severitatis in te sententiam promulgare, credentes tamen quod patientia nostra te ad pœnitentiam revocaret, excessus tuos dissimulavimus hactenus et te duximus ex multa gratia supportandum. Verum quoniam secundum impœnitens cor tuum thesaurizas tibi iram in die iræ, ita ut superbia tua semper ascendat, nec adjicias ut conditionis propriæ recorderis, finaliter et peremptorie tibi scribimus, sub debito juramenti et quanta possumus districtione mandantes ut charissimo in Christo filio nostro illustri regi Ottoni in Romanorum imperatorem electo potenter adhæreas et patenter, per te ac tuos publice ipsi auxilium tribuens et favorem. Alioquin securim ad radicem arboris infructuosæ imo etiam perniciosæ ponemus, ne terram inutiliter occupet, et florentem vineam sterilitatis suæ umbra confundat. Quod si aliqui de Ecclesia Trevirensi favorem tibi præsumerent adhibere, præsumptionem eorum taliter puniremus quod eorum pœna multis proficeret ad cautelam; imo etsi tota Ecclesia Trevirensis in erroris tui defensione peccaret, nos in eam animadvertere curaremus, et honoris metropolitici dignitatem, quam per sedem est apostolicam assecuta, alias transferre propter ingratitudinis vitium cogeremur.

CXXVII.
PRÆPOSITO, ARCHIDIACONO, CANONICIS, ET MINISTERIALIBUS ECCLESIÆ TREVIRENSIS.

Inconstantiam et facilitatem, ne perjurium et infidelitatem dixerimus, archiepiscopi Trevirensis vobis credimus per ejus opera patuisse. Nos autem memores dilectionis antiquæ quam apostolica sedes exhibuit Ecclesiæ Trevirensi, pro cujus defensione interdum persecutiones etiam gravissimas est perpessa, et recolentes devotionem illam quam Ecclesia Trevirensis Ecclesiæ Romanæ solita fuerat exhibere usquemodo, mitius egimus contra eum, et ipsum duximus æquanimiter tolerandum, credentes quod patientia nostra eum ad pœnitentiam revocaret. Verum quoniam superbia ejus semper ascendit, ne videamur errorem ejus dissimulando fovere, similiter ei ac peremptorie scribimus, etc., *ut supra usque confundat*. Ideoque discretioni vestræ per apostolica scripta mandamus quatenus eumdem archiepiscopum ad mandatum apostolicum exsequendum diligentius moneatis, parati, cum super hoc secundo vobis scripserimus, quod mandavimus humiliter adimplere. Credimus enim et pro certo tenemus quod Ecclesia Trevirensis Ecclesiæ Romanæ matris et magistræ suæ dispositioni parebit, nec ejus obviabit aliquando institutis. Quod si forsan, quod non credimus, in erroris ejusdem archiepiscopi defensione peccaret, in eam animadvertere curaremus, et in pœnam ipsius honoris metropolitici, etc.

CXXVIII.
ILLUSTRI REGI OTTONI IN ROMANORUM IMPERATOREM ELECTO.

(65) Cum inter te ac dilectam in Christo filiam natam ducis Brabantiæ sponsalia fuerint approbante legato nostro contracta nostræ voluntatis existit ut quod initiatum est legitime, nisi per alium steterit, compleatur. Cum ergo puella ipsa ætati nubili sit vicina, monemus serenitatem tuam et exhortamur attentius quatenus usque ad nubilem ejus ætatem exspectes, et si pater ejus eam tibi tradere noluerit requisitus, extunc libere cui volueris, in Domino tamen, nubas.

CXXIX.
ILLUSTRI REGI ANGLORUM.

Quantum tuæ serenitatis excellentia honoris et exaltationis reciperet incrementum, si charissimi in Christo filii nostri illustris regis Ottonis in Romanorum imperatorem electi promotio felicem sortiretur eventum, si diligenter attendas, intelliges per teipsum, cum te latere non possit quod ei non solum adversarii sui potentia, sed et tuæ consanguinitatis respectus multiplicavit æmulos et hostes adauxit. Ne igitur ad onus sit ei potius quam honorem quod te proxima linea consanguinitatis attingit, non solum ex abundantia divitiarum tuarum ejus deberes indigentiæ providere, sed multa etiam tuæ necessitati subtrahere ut ejus necessitudinem sublevares. Cum ergo inclytæ recordationis Richardus, rex Angliæ, frater tuus ei certam legaverit pecuniæ quantitatem et tu illam te juraveris, sicut accepimus, soluturum, jurantibus tecum episcopis regni tui, rogamus serenitatem regiam et exhortamur attentius quatenus pecuniam ipsam eidem in multæ necessitatis articulo constituto persolvas, ne te ac nos in eam necessitatem inducas ut cum juxta petentibus favorem teneamur apostolicum impertiri, te ad solvendum debitum, quod non denegas te debere, cogere compellamur post commonitiones multoties iteratas, per quas te non potuimus hactenus emollire.

CXXX.
PRIORIBUS ET CAPELLANIS COLONIENSIBUS.

Quod Colonia sedis apostolicæ filia specialis existat et veteris sigilli scriptura testatur, et Coloniensium manifestat assertio, et evidentius omnibus opera profitentur. Ecce etenim, ut in devotione sedis apostolicæ civitas ipsa solidaretur ex toto, nec ex aliqua ulterius parte nutaret caput languidum et cor mœrens, quod ulceris sui sanie moliebatur inficere totum corpus, ut a planta pedis usque ad verticem nulla in eo sanitas remaneret, ad mandatum apostolicum excidistis a vobis, et virum idoneum et Ecclesiæ Romanæ devotum in caput vestrum hilariter assumpsistis, qui vobis concordaret operibus,

---

(65) Vide supra epist. 43, 66, 111.

et servaret corporis puritatem. Gaudemus igitur et congaudemus vobis in Domino et sinceritatem vestram prosequimur actionibus gratiarum quod expurgato fermento veteri, ne corrumperet totam massam, in azymis sinceritatis et veritatis vos ipsi azymi ambulatis, et in fidelitate charissimi in Christo filii nostri illustris regis Ottonis in Romanorum imperatorem electi de die in diem persistitis fortiores. Monemus igitur dilectionem vestram et exhortamur in Domino et sub quanta possumus benignitatis affectione mandamus quatenus in devotione nostra et fidelitate regis ipsius proficiatis jugiter, et sicut bene cœpistis, fideliter persistatis, nec impetum formidetis illius qui tanquam posset fluvium absorbere, vobis exsilium et depopulationem civitatis vestræ, licet frustra, minatur: cui resistite fortes in fide, constantiam vestram et fortitudinem urbis vestræ in hoc pariter ostendentes, et potissimum confidentes in eo qui projecit in mare currum et exercitum Pharaonis, et qui nunquam deserit de sua misericordia confidentes; nec exaltationem hostis vel extollentiam potius formidetis: quoniam omnis qui se exaltat, humiliabitur, et qui se humiliat exaltabitur, juxta testimonium Veritatis. Nos autem, qui puritatem vestram in multis hactenus et nunc præsertim in facto Adolphi quondam archiepiscopi vestri, nunc depositi, sumus evidenter experti, ad honorem et profectum tam Ecclesiæ quam civitatis vestræ, dante Domino, efficaciter intendem

Scriptum est in eumdem modum plebanis Coloniensibus. Item scabinis et universo populo Coloniensi.

CXXXI.
ILLUSTRI REGI ANGLORUM.

Quantum honoris et gloriæ quantumque fortitudinis et virtutis accresceret tibi et regno tuo, si charissimus in Christo filius noster illustris rex Otto serenissimus, nepos tuus, ad coronam imperii tuo suffragio perveniret, regalis prudentia non ignorat. Cum igitur eidem regi scripserimus ut ad hoc diligenter intendat, ad quod etiam nos intendimus diligenter, quoniam ex quo imperii coronam haberet, principes qui coronæ imperii tenentur astricti, ei tanquam Domino procul dubio adhærerent, serenitatem tuam rogamus, monemus, deposcimus et hortamur quatenus ei ad obtinendam coronam imperii, sicut charam habes gratiam divinam et nostram, et tuum diligis commodum et honorem, auxilium tribuas opportunum, de nostra circa ipsum gratia plena securus quod ad sublimationem ejus efficaciter aspiramus. Unde si ei curaveris non minutatim, ut hactenus, licet raro, sed simul et plene, prout decet et expedit, subvenire, negotium ejus non tam sibi quam tibi ad optatum perducetur effectum.

CXXXII.
EIDEM.

Cum charissimo in Christo filio nostro illustri regi Ottoni, nepoti tuo, tenearis magnifice subvenire, non solum ratione carnis et sanguinis, verum etiam consideratione commodi et honoris, quoniam si per tuæ subventionis auxilium idem rex, nepos tuus, ad coronam imperii perveniret, status utique regni tui robur susciperet et augmentum, plus utique quam oporteat litteris explicare miramur non modicum et movemur quod ei vel de tuo subvenire non curas, vel saltem de suo, videlicet quod ex testamento inclytæ recordationis Richardi regis, germani tui, sibi solvere sine dubitatione teneris. Volentes igitur tam tibi quam ipsi paterna sollicitudine providere, serenitatem tuam rogamus attentius et monemus, fideliter consulentes quatenus ei super his quæ prædictus rex frater tuus ei testamento legavit non differas ulterius satisfactionem debitam exhibere, ne per tuum defectum suus impediatur profectus; quatenus si per te fuerit adjutus, negotium ejus optatum sortiatur effectum.

Datum Romæ, apud Sanctum Petrum, XIII Kalend. Martii, pontificatus nostri anno octavo.

Scriptum est super hoc Heliensi, Dunelmensi et Wigorniensi episcopis. Cum charissimo, etc., *in eumdem fere modum, usque in finem.* Quocirca fraternitatem vestram rogamus et monemus attentius, per apostolica vobis scripta præcipiendo mandantes quatenus eumdem regem ad hoc moneatis prudenter et efficaciter inducatis. Et si forte per exhortationes vestras ad id induci nequiverit, vos eum per districtionem ecclesiasticam compellere non tardetis, non obstante compositione quæ facta est inter ipsos; præsertim cum in ea de relaxatione pecuniæ sibi testamento legatæ nulla mentio habeatur.

Datum Romæ.

Scriptum est super hoc in eumdem fere modum aliis episcopis et magnatibus regni Angliæ, ut ipsum regem ad hoc moneant et inducant, et ipsi etiam regi Ottoni, sicut habent charam gratiam divinam et domini papæ, ac regni sui diligunt commodum et honorem, studeant subvenire.

Datum, ut supra.

CXXXIII.
ILLUSTRI REGI OTTONI IN ROMANORUM IMPERATOREM ELECTO.

Venientem ad apostolicam sedem venerabilem fratrem nostrum Cameracensem episcopum benigne recepimus, et ea quæ nobis proposuit notavimus diligenter. Licet autem episcopus, cum ad te, Domino duce, redierit, non solum de proposito nostro, verum etiam de statu imperii te possit reddere certiorem, ut tamen interim nullius astuta malignitas circumvenire te possit, serenitatem tuam præsentibus litteris præmunimus, reddentes te de gratia nostra plene securum, quam velut columnam immobilem semper invariabilem comprobasti. Quocirca prudentiam tuam, cujus fortitudinem et constantiam apud nos idem episcopus multipliciter commendavit, monemus et exhortamur attentius quatenus nec adversitates te frangant, nec suggestiones seducant, quo minus ad sublimationem tuam prudenter intendas, ad quam nos intendimus diligenter, ut ad suscipiendam coronam imperii valeas feliciter pervenire.

Datum Romæ, etc.

CXXXIV.
EBORACENSI ARCHIEPISCOPO.

Si eximia facta progenitorum tuorum, quibus multimodæ laudis titulo renitebant, sedula meditatione discutias, si qualiter per insignia gesta suam dilataverint famam et regiæ domus ampliaverint decus subtiliter perscruteris, ad imitandum eos totis te convenit viribus laborare, ut per ostensionem operum sectator ipsorum merito comproberis. Nam arbor a fructu cognoscitur, et clarum hæredem opera clara depingunt. Cum itaque charissimus in Christo filius noster illustris rex Otto, nepos tuus, tuo et aliorum consanguineorum suorum adminiculo ad præsens indigeat, miramur non modicum et movemur quod ita tepidus et remissus hactenus exstitisti quod nullum vel modicum ei curasti subventionis vel favoris auxilium exhibere : cujus negotium si ad optatum perducatur effectum, quantum honoris et gloriæ tibi et charissimo in Christo filio nostro Joanni, regi Anglorum illustri, ac regno ejus accrescat, quantumque regalis regia super hoc facto debeat reflorere, non est opus litteris explicare; cum, si prudenter attendas, ipsa rei evidentia mentis oculis protinus enitescat. Illud enim inter cætera deberet te ad id inducere vehementer, quod si præfato regi in hujus temporis articulo adesse curaveris ac favorem tuum efficaciter impertiri, menti suæ inextricabiliter infigetur; quoniam in necessitate probatur amicus, et qui vere diligit, per experientiam operis comprobatur. Quocirca fraternitatem tuam rogamus, monemus attentius et per apostolica tibi scripta præcipiendo mandamus quatenus, sicut charam habes gratiam divinam et nostram, et proprium diligis commodum et honorem, præfato regi nepoti tuo opem efficacem impendas, et de tuis non prætermittas tam hilariter quam liberaliter subvenire, ut ejus honor in tuum cedat honorem, et ipsius profectus in tuam possit gloriam redundare.

Datum Romæ.

CXXXV.
BRUNONI ARCHIEPISCOPO, MAJORI DECANO ET MAGISTRO H. SCHOLASTICO SANCTI GEREONIS COLONIENSIS.

Cum inter cætera documenta fidei Christianæ nihil sit gloriosius quam fidem illibatam servare, miramur admodum nec immerito commovemur quod venerabilis frater noster Monasteriensis episcopus, de cujus meritis virtutis exempla deberent ad alios derivari, juramentum quod præstitit charissimo in Christo filio nostro illustri regi Ottoni in Romanorum imperatorem electo, quod ei potenter et patenter deberet adesse, dissimulare videtur, nec considerat quod si sal evanescit in ipso, ad nihilum valet ultra nisi ut foras mittatur et ab hominibus conculcetur, et si caput sit languidum, subjecta membra salutis propriæ reddat robore destituta. Volentes igitur quod ab eodem episcopo temere præsumptum est in melius emendari, mandamus quatenus eumdem episcopum ut, prætermissis quibuscunque obligationibus impietatis, ad servandum juramentum præfato regi exhibitum sollicitis monitis inducere studeatis. Quod si ad commonitionem vestram idem episcopus quod præmissum est adimplere forte noluerit, vos eum ad id per districtionem ecclesiasticam, sublato appellationis obstaculo, compellatis.

Datum, ut supra.

In eumdem modum scriptum est eisdem judicibus contra Osnaburgensem episcopum.

CXXXVI.
SCRIPTUM PHILIPPI AD DOMINUM PAPAM.

Scriptum est et multiplici utriusque Testamenti auctoritate posse probari credimus quoniam in manu Mediatoris Dei et hominum sunt omnium potestates et jura regnorum. Ipse enim altissimus Dominus et rex cœli et terræ, cui voluerit et quando voluerit dabit illud. Equidem ipse mutat regna, et transfert et curvat imperia. A plena notitia vestra, Pater sanctissime, minime credimus alienum quid factum sit Romano imperio divina permissione sic ab æterno provisum et præordinatum. Scit satis prudentia vestra qualiter post mortem dilecti Domini ac fratris nostri Henrici Romanorum imperatoris Augusti turbatum fuerit imperium, et multis turbationum incursibus non minus mirabiliter quam miserabiliter lacerari cœpit et agitari, et per omnes angulos et fines suos ita concuti ut a prudentibus non immerito desperari posset ipsum Romanum imperium diebus nostris in pristinum statum nunquam posse reformari, cum quilibet jam sine judice viveret et sine lege, et quidquid libitum foret, faceret pro motu et arbitrio suæ voluntatis. Nos inter hæc malorum initia, ut vobis constat, in Tuscia fuimus constituti, ab inde revertentes in Alemanniam non sine periculo et labore; et tunc totam Teutoniam minus bene dispositam reperimus et inordinatam. Qualiter demum, Pater reverende, nos animum concepimus ad obtinendum Romanum imperium per justam principum electionem cum pura simplicitate et simplici veritate sub testimonio illius qui secretorum scrutator est, et cui omnia nuda sunt et aperta, vobis duximus significandum, nihil falsitatis admiscentes, nec subtrahentes aliquid veritati. Sciat igitur vestra reverenda paternitas quod cum nos de partibus Tusciæ reversi fuissemus in Alemanniam, totam terram non minus turbatam invenimus quam mare ab omnibus ventis posset conturbari. Tunc nos omnes imperii principes, qui in diebus illis in Alemannia fuerant, (nam, ut scitis, quidam eorum transfretaverant) litteris et nuntiis nostris sollicitare cœpimus ut ipsi filio dilecti domini ac fratris nostri Henrici Romanorum imperatoris Augusti, quem jam eis in dominum ac regem elegerant, et cui juraverant fidelitatem, sicut ex juramento tenebantur, assisterent et ipsum vellent habere pro rege; et nos, tum quia de jure naturali et legali ad hoc tenebamur, tum etiam pro conservando honore imperii, onus tutelæ subire voluimus usque dum ipse puer ad eam perveniret ætatem quod ipse per se regere posset imperium et jura ejus requirere, ad quod nullum eorum prorsus potuimus inducere. Asserebant enim se ex electione illa quam in eum fecerant et ex præstito sibi sacramento non teneri. Nam affirmabant antequam ipse puer fuisset baptizatus hæc fuisse facta, et ideo nullius esse valoris. Dicebant ipsum puerum non sufficere ad regimen imperii, nec decere nec expedire ipsos principes et Romanum imperium sine domino fore et imperatore. Insuper allegabant ipsum puerum esse electum maxime pro summa patris potentia, et ut per hoc patri placere possent. Et sic nullo modo eos ad hoc potuimus inducere ut ipsi jam dictum puerum pro domino et rege vellent habere : ad quod nos, Deo teste, omni studio et omni ingenio fideliter laboravimus. Ipsi vero principes constanter alium regem sibi creare voluerunt, et diversi diversos. Quidam principum, de quibus vobis constat, ut credimus, cum duce Bertoldo Zaringiæ tractatum habere cœperunt ut ipsi eum in regem eligerent, pro quo ipse cum eis plusquam sex millia marcarum expendit : qui cum post multam hanc expensam in negotio processum optatum habere non posset, ipse tanto labori et futuris expensis se subtrahens, ab inceepto negotio conticuit. Tunc iidem principes cum duce Bernardo Saxoniæ consimilem cœperunt habere tractatum; et ipse de partibus Saxoniæ usque ad partes Rheni, videlicet Andernacum, venit sub hac spe quod ab eis eligi deberet in regem. Sed cum ipse, sicut vir prudens et circumspectus, videret hoc non posse fieri sine pecuniæ suæ maxima effusione, considerans etiam quod ipse depressus gravissima corporis sui gravitate tanto labori non sufficeret, se subtraxit ab eis ingeniose. Tunc quoque omnes principes Saxoniæ, Bawariæ, Austriæ, Olinæ, Carinthiæ, Civeniæ, Franconiæ et multi alii magnates et nobiles nobis consuluerunt ut nos laborare vellemus pro imperio; ad quod ipsi dicebant suum nobis velle præstare consilium et favorem. Nos tamen adhuc in tantum pro puero laboravimus, quod a multis principibus et fidelibus nostris ignominiose objectum est nos non audere recipere imperii dignitatem. Dicebant etiam iidem principes nullum alium principem sufficere ad sustinenda onera imperii vel in divitiis condigne posse responderi imperii dignitati. Vidimus etiam quod si nos non reciperemus imperium, talis debebat eligi cujus generatio ex summa antiquitate nostram exosam habebat generationem, et cum quo nos nunquam pacem et concordiam habere possemus.

His igitur omnibus inspectis et consideratis, animum ad hoc applicuimus ut nos per justam et concordem principum electionem imperium obtinere-mus. Dicimus hoc quoque in fide Jesu Christi, in qua salvari cupimus, quod hoc non fecimus ob alicujus honoris ambitionem, non ob fastum gloriæ et potentiæ, non ob aliquam rerum avaritiam. Pro his omnibus onus et laborem regiminis imperii nunquam affectassemus vel suscepissemus. Indubitanter enim credere potestis, imo vere scire quod tunc inter omnes principes imperii nullus nobis fuerit ditior, nullus potentior, nullus gloriosior. Habuimus enim amplissimas et diffusas possessiones, habuimus etiam castra plurima et fortissima et inexpugnabilia. Habuimus etiam tot ministeriales quod nos eos sub aliquo certo numero vix comprehendere potuimus. Habuimus castella, civitates, villas, burgenses ditissimos. Habuimus pecuniam multam nimis in auro et argento et in multis gemmis pretiosis. Habuimus etiam in potestate nostra sanctam crucem, lanceam, coronam, indumenta imperialia, et omnia insignia imperii. Benedixerat quoque nobis Deus in multis bonis, et crescere fecerat et auxerat domum nostram. Hæreditas etenim multa cecideret nobis in præclaris; ideoque necesse nobis non fuit ut nos ambitione laboraremus pro imperio obtinendo. Nullus in regem potuit eligi qui plus nostro non indigeret et voluntario obsequio quam nos ejus gratia et benevolentia videremur indigere. Nulla igitur ambitione, sed pro causis supradictis, nos in Romanorum regem eligi permisimus et consensimus in ea feria sexta quâ canitur : *Fac mecum, Domine, signum in bonum* (Psal. LXXXV). Fecit quoque nobis Deus signum in bono. Multi enim nos viderunt et oderunt, et confunduntur. In ipso quoque exordio electionis inter hoc in firmo habuimus proposito ut nos principaliter defensores essemus Ecclesiarum et restauratores, et ut cultum Dei et religionem Christianam pro posse nostro semper ampliaremus, et ut justitiam faceremus omnibus oppressis et injuriam patientibus, et ut dignis supplicio nunquam parceret oculus noster, juxta juris æquitatem et rigorem sub temperamento justitiæ et misericordiæ in omnibus negotiis nostris procedendo; sicque nos post ipsam electionem nostram per continuas decem septimanas sine contradictione fuimus in imperii quieta possessione. Medio quoque tempore cum maximo et gloriosissimo exercitu ad sedem Aquensem pro recipienda corona ire volentes, astutia et dolis adversariorum nostrorum circumventi, exercitum nostrum remisimus; accepto tamen prius ab eis sacramento quod etiam ipsi in nos vota sua deberent transfundere. Cumque nos ipsi sic decepissent, recepta multa pecunia a rege Angliæ, qua magni viri sæpe corrupti sunt, consanguineum nostrum dominum Oddonem comitem Pictaviæ elegerunt. Hæc de processu electionis nostræ in fide veritatis, licet, ut putamus, multoties vobis aliter suggestum sit, vera esse non dubitetis. Cæterum de domino Luipoldo hoc scitote. Contigit statim post mortem Conradi Maguntini archiepiscopi nos venisse Maguntiam et ejus interesse sepulturæ,

Et tunc concordi et unanimi electione cleri, accedentibus votis ministeralium et omnium eorum quorum intererat et assensu et mirabili clamore populi, ipse Luipoldus fuit electus, sic quod nobis præsentatus. Et quia nostrum non est discutere de episcoporum electione, tantummodo ut ipsa sit concors et unanimis, de regalibus eum investivimus.

Postmodum dominus Siffridus apud Pinguiam, ut vere putamus, a tribus vel ad plus a quatuor se permisit eligi. Sed cum vos a dilecto fideli nostro Waltero patriarcha Aquilegeusi et a latore præsentium venerabili priore [Camaldulensi] voluntatem vestram intelleximus, statim concepimus animum dimittendi Luipoldum ob honorem et reverentiam sanctitatis vestræ et ob dignitatem sacrosanctæ Romanæ Ecclesiæ, quam nos recognoscimus esse matrem et dominam omnium Ecclesiarum, et quam nos semper revereri volumus et honorare sicut matrem nostram catholicam et apostolicam, et pro posse et viribus nostris eam semper defendere volumus et efficaciter suæ intendere exaltationi. Ita quoque volumus dimittere Luipoldum ut et vos inspecto honore imperii, cujus exaltationi et honori vos tenemini, plenitudine auctoritatis quæ apud vos est dominum Siffridum cessare faciatis; et nos tunc ad voluntatem vestram et pro honore vestro ipsum dominum Siffridum in gratiam nostram recipiemus, quamvis in multis gravissime ipse nos offenderit, et vel in curia nostra honorifice tenebimus eum, vel de bonis nostris honestos redditus sibi assignabimus quousque nos provideamus ei in loco magnæ et onestæ dignitatis, accedente ad hoc auxilio vestro et apostolica auctoritate; quod, ut putamus, fieri posset in brevi. Ad hæc, sicut petistis, pro reverentia vestra, et licet nobis non multum esset honorificum vel expediens, inter nos et dominum Oddonem treugas libenter admisissemus, si præfati nuntii vestri usque ad eum pervenisse potuissent. Præterea pro reformanda pace et concordia inter vos et nos, inter sacerdotium et imperium, quam nos semper desideravimus, subjiciemus nos vestris cardinalibus et nostris principibus, qui tales sint qui, ut viri catholici, pacem et concordiam sine omni scrupulo dolositatis debeant affectare. Item si nos in aliquo vos vel sacrosanctam Romanam Ecclesiam offendisse videmur, nos ad satisfaciendum vobis supponimus nos vestris cardinalibus et nostris principibus, qui vobis et nobis et familiares sint, viri probati et perfecti. Si vero vos in aliquo nos vel imperium læsisse videmini, nos pro honore Domini nostri Iesu Christi, cujus vicem in terris geritis, et ob reverentiam beati Petri Principis apostolorum, cujus vicarius estis, et ob salutem nostram, conscientiæ vestræ super iis vos relinquimus. Cum enim nos pie credamus et ante passionem et post passionem Dominum nostrum Jesum Christum beato Petro apostolo claves regni cœlorum contulisse et tradidisse jus ligandi atque solvendi, scimus et protestamur quod vos, qui in locum suum cum plenitudine potestatis successistis, in hujusmodi articulis ab homine non estis judicandus, sed judicium vestrum soli Deo reservatur; cujus judicium et examen, quod sibi soli debetur, nobis non quærimus usurpare. Ad hæc, Pater sanctissime, quod nos putamur a quibuslam æmulis nostris fuisse excommunicationi innodati ab antecessore vestro, nunquam verum esse scitote; et tantum præsumimus de mira honestate vestra et prudentia quod si super hoc testimonium vestrum invocaremus, vos hujus rei diceretis nos esse innocentes: quod utique vere dicere possetis. Et utinam apud Ecclesiam triumphantem ab omni vinculo secretæ excommunicationis nos sciremus esse solutos, sicut apud Ecclesiam militantem, cujus nos membrum esse confidimus, vere scimus nos nullo modo unquam manifeste fuisse ligatos. Super omnibus autem aliis quæ nobis objicere decreveritis, sicut devotus filius vester obedienter nos discretioni et ordinationi vestræ submittemus. Confidimus quoque in Domino quod manifestata vobis tota veritate, et cum plene vobis constiterit quod multa falsa de nobis sæpissime vobis suggesta sunt, vos in intimis visceribus paternæ vestræ dilectionis nos colligendo, pio nos adhuc affectu diligere debeatis, et cum sciveritis obedientiam et devotionem nostram, quam nos vobis ut charissimo patri nostro spirituali cum omni humilitate procurabimus exhibere. Scimus quoque verissime quod in omni nostra tribulatione nunquam adhuc vos vel sacrosanctam Romanam Ecclesiam dictis vel factis offendimus: quod etiam, Deo dante, nunquam faciemus. Cæterum verbis latoris præsentium fidem firmam adhibere dignemini.

CXXXVII.
AQUILEGENSI PATRIARCHÆ.

Dignas fraternitati tuæ gratiarum referimus actiones quod, circa principem illum [Philippum] quem nosti, mandatum nostrum fideliter exsequi studuisti, credentes quod, quantum in te fuit, nihil apud eum omisisti de contingentibus, quamvis ex iis quæ tibi mandata fuerunt aliqua videaris apud alios omisisse. Responsionem autem ipsius gratam in multis habemus, tum quia sapit catholicam veritatem, tum quia piam devotionem ostendit. Verumtamen in facto Ecclesiæ Maguntinæ nec juste nec honeste respondit; quia, sicut ex ipsius scripto perpenditur manifeste, sic vult dimittere Liupoldum intrusum ut et nos Siffridum archiepiscopum faciamus omnino cessare: quod quam sit iniquum, frivolum et absurdum, tua, sicut credimus, fraternitas non ignorat.(66) Nos igitur postquam correctionem ipsius diutius expectavimus, cumque fecimus frequentius admoneri, super hoc, auctore Domino, procedimus sicut videbimus expedire. Illud autem habemus acceptum quod inter ipsum et adversarium suum treugas li-

---

(66) Vide epist., 126.

benter, ut asserit, admisisset, si ad illum nostri potuissent nuntii pervenisse. Cumque nos ad pacem imperii aspiremus, suggerimus alteri parti ut treugas non solum recipiat, sed exposcat, et tu, venerabilis frater in Christo, sicut pacis amator, suggeras principi memorato ut cum treugæ fuerint postulatæ, illas sine difficultate concedat; quatenus nos ex illis occasionem et materiam assumamus ad pacem imperii salubriter procurandam, quam utique toti orbi Christiano necessariam reputamus

Datum, etc.

CXXXVIII.
ILLUSTRI REGI OTTONI.

Noverit regalis prudentia quod nos patriarcham Aquilegensem ad Philippum ducem Sueviæ destinavimus, ut moneret illum ex parte nostra ne Luipuldum quondam Warmaciensem episcopum, Maguntinensem intrusum, damnatum et excommunicatum a nobis, foveret, sed ab ejus favore cessaret; alioqui post exspectationem et commonitionem procederemus in ipsum sicut ratio postularet. Eidem etiam patriarchæ dedimus in mandatis ut induceret ipsum ducem ad treuguas tecum et cum Coloniensibus componendas; quia, sicut venerabilis frater noster Cameracensis episcopus nobis suggessit, ipsæ treugæ, præsertim hoc tempore, necessariæ tibi forent. Philippus autem per litteras suas nobis in hæc verba respondit, quod licet nec honorificum nec expediens sibi esset, pro reverentia tamen nostra treuguas hilariter admisisset, si ad te nostri potuissent nuntii pervenisse. Monemus igitur celsitudinem tuam et exhortamur in Domino quatenus si tibi et parti tuæ videris expedire, significes illi quod ad mandatum nostrum treuguas recipere sis paratus, et si forsan ipse consenserit, ineas treuguas saltem unius anni cum ipso; ex quibus materiam assumentes nos, ad pacem imperii melius intendamus. Tu ergo de plenitudine gratiæ nostræ securus, prudenter et constanter agere non desistas, non acquiescens immissionibus quæ solent fieri per angelos malos.

Datum, etc.

CXXXIX.
SALZEBURGENSI ARCHIEPISCOPO.

Ad universa capitula quæ per tuas nobis litteras expressisti cogimur respondere, ne possimus de inconstantia vel duritia seu etiam injustitia reprehendi. Primum capitulum fuit ut tuis verbis utamur, quod multorum didicisti relatu, imo legatorum nostrorum tibi assertio patefecit, quod inter nos et Philippum medium constituimus patriarcham Aquilegensem verborum pacis et concordiæ portitorem. Ad hoc tibi veraciter respondemus quod etsi, quantum in nobis est, cum omnibus hominibus, juxta verbum Apostoli, pacem velimus habere, non tamen præfatum patriarcham ad Philippum ducem Sueviæ destinavimus ut inter nos et ipsum pacem tractaret, sed principaliter ut ipsum ex parte nostra moneret quatenus fovere desisteret Luipuldum Maguntinensem intrusum, damnatum et excommunicatum a nobis, et ab ejus favore cessaret; alioquin post exspectationem diutinam et commonitionem præmissam procederemus in ipsum prout canonica censura deposcit; secundario injungentes eidem ut præfatum ducem induceret quatenus cum rege Ottone treuguas iniret, per quas melius intendere possimus ad pacem imperii, quam utique affectamus. Si quis ergo jactavit contrarium ut de duobus prædictis unum extolleret et alterum infirmaret, mentita est iniquitas sibi, nec dolosa fallacia prævalere poterit simplici veritati. Secundum capitulum fuit, quod non sinit ratio nec discretionis patitur ordo ut, domino arma ponente, servus pugnam non deserat, sed gerat se, quod non decet, domino fortiorem. Et ad hoc tibi taliter respondemus, quod arma nostra, quæ non materialia sunt ab homine, sed spiritualia sunt ex Deo, nec hactenus deposuimus nec amodo deponemus, illo nos misericorditer protegente, qui si fuerit nobis adjutor, non timebimus quid faciat nobis homo. Non enim fortitudinem nostram ponimus in ensibus regis Ottonis, sed in clavibus Simonis Petri; cui Veritas ait, quæ mentiri non novit: *Tu es Petrus, et super hanc petram ædificabo Ecclesiam meam, et portæ inferi non prævalebunt adversus eam; et tibi dabo claves regni cœlorum* (*Matth.* XVI), etc. Illius enim, licet indigni, vicem gerimus et locum tenemus qui circa passionem audivit a Domino: *Satanas expetivit vos ut cribraret sicut triticum; sed ego pro te rogavi, Petre, ut non deficiat fides tua; et tu aliquando conversus confirma fratres tuos* (*Luc.* XXII). Videas ergo, frater, ne tu sis expetitus a Satana, ut sicut triticum ab illo cribreris; quia fides nostra non deficit, sed ad bonum et in bono te potius confirmamus, quamvis non tanta sit pugna de qua mentionem fecisti ut plusquam nimis oporteat te timere; quoniam etsi præfatum ducem personaliter non sequaris ad pugnam, in omnibus tamen aliis diceris efficaciter illi favere, nec ipse tantum desiderat corporale sibi juramentum præstari quantum acceptat fidele sibi obsequium exhiberi. Tertium vero capitulum fuit, quod repetitas sæpe preces recepimus ut dignaremur tibi obligationis vinculum relaxare quo nobis es in facto imperii obligatus. Sed et nos ad hoc tibi respondemus hoc modo, quod preces hujusmodi repetitæ non sunt ex illis de quibus Veritas ait; *Petite, et accipietis; quærite, et invenietis; pulsate, et aperietur vobis* (*Joan.* XVI). Utinam non sint ex illis de quibus Dominus ait: *Nescitis quid petatis* (*Matth.* XX). Quod sequens capitulum innuit, quo dixisti quod expediret tibi eo tendere quo jam omnium vota principum transierunt; et si plurium, non tamen omnium, et si voces, non tamen vota. Quod si vota etiam plurimorum, non sequeris, ait Dominus, turbam ad malum, putasne quod foveat pars illa justitiam, et custodiat honestatem? An oblitus es rationum quas a nobis audisti? Quidam autem, ut nosti, quia declinaverunt, jam inutiles facti sunt, et digna promeritis stipendia receperunt. Aliorum, etsi dilatum, non tamen est sublatum judicium; quia nisi cessaverit causa, non cessabit effectus. In quarto capitulo admiraris cur hoc tibi negetur quod legato nostro et legationis tempore licuit patriarchæ. Nos autem ex hoc capitulo admiramur amplius; tum quia super tali legatione te non decuit alicui æmulari, nec nobis tacite insultare quod talem præelegimus in hac legatione personam. Novit enim ille qui nihil ignorat quod nos proposueramus te illi collegam adjungere. Sed quia legatio non videbatur memorato principi favorabilis, nisi quatenus propter aliquos roborandos et alios infirmandos simulatorie gloriatur quod nos legationem mittamus ad ipsum, ut ab eo quæ pacis sunt requiramus, non detrahendo tibi, sed providendo, hujusmodi propositum mutavimus ad cautelam. Et si prædictus patriarcha, quem tu legatum nostrum appellas, contra primum et principale propositum nostrum aliquid egit, id ex nostra sibi concessione non licuit, sed illud ex sua temeritate forsitan attentavit. Ex quinto vero capitulo, quo dixisti quod hæc exempla et multa similia quæ in tua quotidie leguntur præsentia suadere tibi non possunt nec poterunt ut manus tuæ ad id se velint extendere quod nostra eis indulgentia non concessit, gratiarum tibi referimus actiones, commendantes in te prudentiam, devotionem, et fidem quod nullorum tibi exemplis persuaderi potest aut poterit quod manus tuas velis extendere ad id quod tibi non sit ex indulgentia nostra concessum. Præfers enim, ut debes, spiritualia temporalibus, et subjicis humana divinis, optimam partem eligens, quæ non auferetur a te. Oportet tamen nos aliquid per antiphoram respondere propter id quod de multis exemplis tangere voluisti, tanquam illud quod de Pabembergensi episcopo fecimus velis deducere in exemplum (67). Sed in veritate cognoscas quod non remisimus illi pœnam nisi postquam satisfecit de culpa. Nam plus obligavit se postmodum quam negavit primum. Sed mandatum facere sibi distulimus, cum in proximo debeat nostro se conspectui præsentare, pallium et privilegium recepturus. Ex prædictis itaque plene potes et plane nostram cognoscere voluntatem et intelligere quid agere debeas, quid vitare. Ponas igitur semper ante oculos mentis tuæ quod prædecessores tui Salzeburgenses archiepiscopi prædicantur fuisse viri religiosi, honesti, providi, fideles, veraces et fortes, ut eorum vestigia imiteris in merito quibus in officio successisti. Si vero pro pace imperii aliqui fuerint ad nostram præsentiam destinandi, gratum nobis existet si tu cum eis fueris destinatus.

Datum, etc.

CXL.

LITTERÆ PHILIPPI DUCIS SUEVIÆ.

Reverendo in Christo Patri domino INNOCENTIO, sacrosanctæ Romanæ Ecclesiæ summo pontifici, PHILIPPUS, Dei gratia Romanorum rex et semper Augustus, salutem et cum omni reverentia filialis dilectionis affectum.

Dilectum ac familiarem nostrum Wa.terum, venerabilem Aquilegensem patriarcham et præcipuum imperii principem, una quoque cum ipso alios fideles ac familiares nostros G. Burgeravium Magdeburgensem, Henricum de Smalinecht et Evihardum de Lurra præsentium latores, a latere nostro ad vestram destinavimus sanctitatem, quibus dedimus plenitudinem potestatis et auctoritatem omnimodam inter Ecclesiam et imperium et inter vos et nos pacem et concordiam reformare, et periculosam regni et sacerdotii scissuram feliciter restaurare. Prædictos itaque nuntios, quos ad tam excellens factum idoneos reputavimus, ad vos accedentes a vestra hilariter postulamus recipi paternitate; rogantes attentius et commonentes quatenus omnibus his quæ ex parte nostra prudentiæ vestræ intimaverint fidem et certitudinem dignemini adhibere. Ipsi enim a nostra sublimitate tali modo et eo fine recessere, quod sacrosancta Romana Ecclesia semper in nobis tanquam mater in filio sinceram dilectionem et debitam inveniet devotionem, dum tamen nos ejus et vestrum aliquando sentiamus affectum. Quæcunque etiam præfati nuntii nostri pro nobis polliciti fuerint, ut Romanæ Ecclesiæ benevolentiam habeamus et favorem, nos parati sumus gratanter eadem affectu prosequente complere et ipsorum ordinationem per omnia ratam habere et inconcussam.

CXLI

UNIVERSIS TAM ECCLESIASTICIS QUAM SÆCULARIBUS PRINCIPIBUS ALEMANNIÆ.

Ad designandam unitatis concordiam et concordiæ unitatem quæ inter regnum et sacerdotium esse debet, Moyses, in veteri lege, regnum sacerdotale prædixit, et Petrus, in nova, regale sacerdotium appellavit. Mediator quoque Dei et hominum Deus homo Christus Jesus per assumptæ carnis originem de regali simul et sacerdotali stirpe processit secundum ordinem Melchisedech, in æternum rex pariter et sacerdos, qui, secundum apostolum, assimilatus per omnia Dei Filio, rex Salem et sacerdos Altissimi legitur exstitisse. Hi sunt equidem duo gladii, de quibus Dominus satis esse respondit. Hæc sunt duæ speciosæ columnæ in templi porticu constitutæ, quas ambit linea duodecim cubitorum. Hæc sunt in firmamento cœli luminaria duo magna, quæ suis vicibus diem et noctem illustrant, videlicet pontificalis auctoritas et regalis potestas; quæ si concordi fuerint amicitia et amica concordia counitæ, profecto sol et luna in ordine suo stabunt. Utinam autem, sicut est vetus, sic esset inveterata scissura quæ tam in sacerdotio quam in regno, et in regno simul ac sacerdotio frequenter evenit, sicut non solum veteribus, sed et novis declaratur exemplis.

---

(67) Vide infra epist. 183, et lib. XII, epist. 118 et seqq.

Summo siquidem pontifici Aaron in ipso quasi principio Levitici sacerdotii Dathan et Abiron cum Core ac complicibus suis suscitaverunt scandalum et schisma moverunt. Regnum quoque primi regis Hebræorum Saulis juxta verbum Samuelis est scissum, inuncto in regem David filio Isai; ac demum post obitum Salomonis inter Roboam et Jeroboam divisum est regnum; fanoque pariter et altari constructis, duo sunt vituli aurei constituti, unus in Dan et alter in Bethel; et sic etiam sacerdotium est divisum. Modernis quoque temporibus divisum est simul regnum et sacerdotium, opposito contra Lotharium regem Conrado, et contra papam Innocentium Anacleto. Deinde regno in unitate manente, schisma divisit Ecclesiam, schismatico illo qui se Victorem dicebat Alexandrum catholicum impugnante. Nuper autem viris illustribus, Philippo videlicet et Ottone, ad invicem discordantibus, dum Ecclesia in unitate persisteret, imperium in scissura manebat. De qua profecto scissura quot incommoditates et mala, quot anxietates et pericula imminerent universo populo Christiano, nedum lingua referre, vix mente sufficimus cogitare. Ut enim effectus miseros seu potius miserabiles hujus causæ defectus a publicis calamitatibus ordiamur, hinc impeditur terræ sanctæ succursus, dum trucidantibus se invicem Christianis, sævientibus in eamdem Christi non resistitur inimicis; hinc iniquitas oritur, moritur justitia, pietas relegatur, evanescit religio, fides perit, hæreses invalescunt, vastantur segetes, fames inducitur, egestas augetur, committuntur incendia, sacrilegia fiunt, homicidia perpetrantur, truncantur homines, spoliantur viduæ, virgines corrumpuntur, opprimuntur pauperes, itinera obsidentur, et per malefaciendi licentiam, terra malefactoribus circumquaque repletur. Super quibus nos, ejus imitando vestigia qui omnium viscera in se gerens aiebat : *Quis scandalizatur et ego non uror* (II Cor. xi), paterno condolentes affectu, si forsan summi sacerdotis exemplo, qui reconciliatio factus est in tempore iracundiæ, hujusmodi possemus reconciliare scissuram, ad restaurandam concordiam in imperio et stabiliendam inter ipsum et Ecclesiam veram pacem diligens studium et operam impendimus efficacem, et ad hoc specialiter exsequendum venerabilem fratrem nostrum Hugolinum Ostiensem episcopum et dilectum filium Leonem tituli Sanctæ Crucis presbyterum cardinalem, apostolicæ sedis legatos, in Theutoniam destinamus. Quocirca universitati vestræ per apostolica scripta præcipiendo mandamus quatenus eorum salubribus monitis et mandatis humiliter intendentes, tales vos erga ipsos exhibere curetis, quod nos devotionem vestram debeamus merito commendare : scituri pro certo quod cum eos inter cæteros fratres nostros merito suæ probitatis specialiter diligamus, quod fuerit eis factum, reputabimus nobis impensum.

(68) Vide Arnold. Lubec. vii, c. 6.

CXLII.

PROCESSUS LEGATORUM APOSTOLICÆ SEDIS.

Hic fuit legatorum processus. Primo receperunt publice juramentum a Philippo duce Sueviæ quod pareret universis mandatis domini papæ super omnibus pro quibus erat excommunicatus, et sic eum secundum formam Ecclesiæ solemniter absolverunt (68). Secundo injunxerunt eidem ut dimitteret Brunonem Coloniensem archiepiscopum, quem in captione tenebat : quem libere absolutum assignavit cisdem ad sedem apostolicam perducendum. Tertio induxerunt illum ad hoc quod ipse accepit regalia, licet invitus, a Luipuldo Maguntino intruso, et idem intrusus spiritualia resignavit in manibus legatorum. Quarto apud ipsum obtinuerunt cum difficultate non parva ut permitteret Siffridum Maguntinum archiepiscopum per procuratorem suum in spiritualibus ministrare. Quinto fecerunt ipsum dimittere magnum exercitum quem congregaverat adversus regem Ottonem. Sexto bis eos ad colloquium perduxerunt tractantes cum ipsis de pace, quam cum consummare non possent, septimo statuerunt inter eos treugas unius anni ; et sic tractatum pacis redigentes in scriptis, ad sedem apostolicam redierunt cum nuntiis utriusque.

CXLIII.

PHILIPPO DUCI SUEVIÆ.

Postquam absolutionis gratiam per apostolicæ sedis legatos secundum formam Ecclesiæ percepisti, salutationis et benedictionis tibi litteras destinamus, gratias referentes super iis quæ ad exhortationem nostram prompta devotione fecisti. Sed et nos ad tuum honorem, quantum cum Deo possumus, promptam gerimus voluntatem, sicut dilectus filius frater S... lator præsentium, prior domus Camaldulensis, vir providus et honestus, tibi poterit viva voce fideliter intimare, et ea quæ de ore nostro veraciter intellexit ; serenitatem tuam rogantes et exhortantes in Domino quatenus ad pacem imperii reformandam diligenter intendas. Hæc breviter et simpliciter tibi scribimus, sicut expedire credimus, ad cautelam.

Datum Corneti, Kal. Novembris, pontificatus nostri anno decimo.

CXLIV.

HUGOLINO OSTIENSI EPISCOPO ET LEONI TITULI SANCTÆ CRUCIS PRESBYTERO CARDINALI APOSTOLICÆ SEDIS LEGATIS.

Licet Luipuldus episcopus vehementer offenderit, non solum apostolicam sedem, verum etiam Ecclesiam generalem, quia tamen redire volentibus nolumus aditum obserare, discretioni vestræ per apostolica scripta mandamus quatenus, recepto ab eo in publico clericorum et laicorum conventu corporaliter juramento quod universis mandatis nostris parebit super omnibus pro quibus excommunicatus existit, cum secundum formam Ecclesiæ absolvatis;

injungentes eidem ex parte nostra sub debito præstiti iuramenti, salvis aliis mandatis quæ sibi duxerimus facienda, ut ex tunc infra mensem iter arripiat ad sedem apostolicam veniendi, quod sine malitia prosequatur donec apostolico se conspectui repræsentet, recepturus et servaturus quæ sibi fuerint ab eadem sede mandata; ea conditione solemniter interjecta, ut si mandatum hujusmodi contempserit intra mensem implere, in excommunicationis sententiam relabatur et ab omnibus arctius evitetur; cum in eo sic flecti velimus nervum ecclesiasticæ disciplinæ ut tamen nullatenus dissolvatur. Credimus autem ei potius expedire ut ad præsentiam nostram absolvendus accedat.

Datum Corneti, *ut supra*.

CXLV.

EISDEM.

Licet Adolphus quondam Coloniensis archiepiscopus, etc., *ut supra, usque* dissolvatur. Provideatis autem prudenter et caute ne angelus Satanæ in lucis angelum se transformet, ut hujus absolutionis prætextu contra Coloniensem Ecclesiam malignetur.

Datum Corneti, *ut supra*.

CXLVI.

HUGOLINO OSTIENSI EPISCOPO ET LEONI TITULI SANCTÆ CRUCIS PRESBYTERO CARDINALI, APOSTOLICÆ SEDIS LEGATIS.

Recepimus litteras vestras, et quæ significastis per eas notavimus diligenter, discretioni vestræ breviter rescribentes quod ex quo princeps petit et rogat, subeatis laborem ad nostram præsentiam revertendi, monentes eumdem ut animum propensius inclinet ad pacem, quia longe majora de pace provenient quam flagitentur pro pace; nuntios autem dirigat providos et fideles quibus super iis quæ spectant ad pacem et voluntatem aperiat et tribuat potestatem; ad hoc ipsum alterum principem inducentes, ut utriusque nuntiis vobiscum præsentibus tractatus pacis possit habere progressum; qui ne valeat impediri, procuretis ut treugæ firmiter observentur. Ad plenariam vero liberationem venerabilis fratris nostri Brunonis Coloniensis archiepiscopi efficaciter intendatis, et committatis procurationem Ecclesiæ ac diœcesis Maguntinæ alicui viro provido et fideli, qui ad mandatum nostrum de procurationis officio debeat respondere, congruam redditurus tam de spiritualibus quam de temporalibus rationem; ut sic interim et necessitati Ecclesiæ consulatur et jus archiepiscopi conservetur, ita quod ad suffraganeos et eorum ecclesias se ipsius procuratio non extendat. De negotio vero Trajectensis episcopi nondum ad plenum deliberare potuimus propter absentiam creditorum; quos tamen in proximo exspectamus, et tunc remittemus cursorem pro eodem negotio destinatum.

CXLVII.

EISDEM.

Licet tractatus pacis nondum ex toto potuerit consummari, quia tamen per Dei gratiam et sollicitudinem vestram multum est in illo processum, discretionem vestram rogamus attentius et monemus, per apostolica vobis scripta mandantes quatenus ad bonum pacis adhuc propensius insistatis secundum formas quas vobis duximus præfigendas. Non est enim aliquatenus admirandum si tantum negotium tam cito consummari non potuit, quoniam et magnum ædificium non potest in brevi tempore ad consummationem perduci.

CXLVIII.

EISDEM.

Largitori omnium gratiarum grates referimus copiosas quod tantam vobis tribuit gratiæ largitatem ut injunctum vobis legationis officium onus non mediocre continentis prudenter et honeste geratis, sicut laudabile vobis testimonium perhibetur, et ipse rerum protestatur effectus. Licet autem hoc propter Dominum principaliter procuretis, quia tamen etiam propter nos specialiter vos id agere minime dubitamus, præter retributionem divinam, nostram quoque fiducialiter exspectetis, præsertim cum pro certo sciamus vos manus vestras ab omni turpi munere penitus excussisse. Ne vero super litteris illis quas nuntii vestri perdidisse dicuntur nimia vos sollicitudo conturbet, tenorem earum præsentibus vobis litteris mittimus interclusum, ut nullatenus doleatis si etiam ad manus principis eædem litteræ devenissent; cum in iis nihil reperiatur reprehensione dignum, sed laude, satisque per illas appareat quod non in duplicitate dolosa, sed in pura simplicitate procedimus, non declinantes ad dexteram vel sinistram. Vos igitur secundum tenorem hujusmodi procedatis quanto cautius videritis expedire, scientes quod nos ipsum venerabili fratri nostro Spirensi episcopo duximus intimandum, ut liberiorem super eo possitis habere processum. Quia vero super negotio regni Siciliæ nihil adhuc nobis rescribere procurastis, nolentes forsan illud litteris commendare, devotionem vestram monemus attentius quatenus super illo geratis sollicitudinem diligentem, nihil de contingentibus omittentes; ut cum, Deo duce, ad nostram præsentiam redieritis, super omnibus nos possitis reddere certiores.

CXLIX.

EISDEM.

Licet apud districtissimum judicem de nostris meritis diffidamus, de ipsius tamen benignissimi Patris pietate confidimus quod non secundum peccata nostra, sed secundum suam misericordiam nos respiciet propter nomen suum sanctum et gloriosum, quod invocatum est super nos, in illis præcipue quæ per vos sine ruga duplicitatis pura intentione tractamus. Illa quippe Veritatis promissio dicentis ad Simonem: *Tu es Petrus, et super hanc petram ædificabo Ecclesiam meam, et portæ inferi non prævalebunt adversus eam* (*Matth.* XVI), quasi firmissima spei anchora navem Ecclesiæ per pelagus hujus sæculi sic deducit ut nec demergatur in Scyllam, nec incidat in Charybdim, quantumlibet quatiatur interdum inter turbines et procellas. Ea igitur quæ nobis de perfido Waldemaro scripsistis, licet proposito vestro videantur adversa, speramus tamen in eo cui venti et mare obediunt imperanti quod prospera vobis fient et convertentur in bonum, quemcunque assumptum negotium exitum sortiatur. Unde spem in illo ponentes qui beatum Petrum ambulantem in fluctibus, ne mergeretur, erexit, dicens ad illum : *Modicæ fidei, quare dubitasti (Matth.* xiv), ut doceret indubitatam semper de ipso fidem esse tenendam, injunctum vobis legationis officium exsequamini, tam super hoc quam etiam super aliis, Domino inspirante, facturi quod ad honorem et profectum Ecclesiæ videritis expedire, illud semper habendo præ oculis quod Dominus discipulis suis ait: *Estote prudentes sicut serpentes, et simplices sicut columbæ (Matth.* x), quod et nos præ oculis habere studemus. Luipuldum vero noveritis apud Senas hostilibus actibus implicatum, ad nostram præsentiam non venisse; cujus insolentiam et stultitiam diligenter principi exponatis, vestrum nobis significaturi progressum quoties oportuerit, ut nostris instructi consiliis et exhortationibus roborati, securius procedatis ad ea quæ vobis frequenter occurrent.

CL.

ILLUSTRI REGI OTTONI IN AUGUSTUM ELECTO.

Litteras tuæ serenitatis accepimus, et quæ continebantur in eis notavimus diligenter, super eis opportuno tempore processuri sicut viderimus expedire. Quia vero adversarius tuus solemnes nuntios ad præsentiam nostram disposuit cum cardinalibus destinare, prudentiam tuam sollicitam reddimus et attentam ut et tu nuntios tuos providos et fideles mittere non omittas, ne tuum remaneat negotium indefensum; satisque poteris illis venerabilem fratrem nostrum Cameracensem episcopum in procuratione negotii sociare, quem profecto devotum tibi novimus et fidelem.

CLI

EIDEM.

Affectum dilectionis et gratiæ quem ad tuam regalem personam habuimus et habemus non oportet nos verbis exprimere, cum hactenus operibus expresserimus, et amodo etiam exprimere intendamus, in tantum ut nuntii partis adversæ publice conquerantur quod dominus eorum meliorem potuit tecum pro se quam possit nobiscum pro te compositionem inire. Quid autem tractatum sit et dispositum per nostros legatos et tuos nuntios in brevi tibi curabimus intimare, quorum adventum cum gaudio præstoleris.

CLII.

DOMINO PAPÆ.

Sanctissimo Patri suo et domino INNOCENTIO, divina providentia summo pontifici, HUGOLINUS, miseratione divina Ostiensis et Welletrensis episcopus, cum debita devotione salutem.

Cum essem Mantuæ, ibique dominum (69) cardinalem, corporis infirmitate gravatum per dies aliquot exspectassem, feria secunda proxima post festum apostolorum Petri et Pauli, de morte domini Philippi graves invaluere rumores; eademque die mercatores Placentini qui mercimoniis suis a comite Hugone de Monfort in ducatu Sueviæ fuerant spoliati, firmiter asserentes dominum Philippum a comite palatino Bavariæ nequiter interemptum, ad Curiensem episcopum et abbatem Sancti Galli a me super restitutione direptarum rerum commonitorias litteras impetrarunt. Viatores quoque et peregrini ac litteræ episcopi, decani et capituli Tridentini domino patriarchæ [Aquilegensi] etiam ejusdem rei seriem concorditer referentes, direptiones et prædæ, occupationes regalium quæ a comitibus et castellanis, sicut a multis dicebatur, cœperant exerceri, argumentum maleficii commissi validum inducebant. Tandem cum ad preces et instantiam domini patriarchæ et sociorum ipsius usque Veronam ivissem ut hujus rei cum ipsis certitudinem exspectarem, nuntius fratris Luipuldi Warmatiensis, qui ad ipsum Luipuldum quantum poterat properabat, de loco in quo facinus fuit commissum se venisse cum festinatione dicebat : qui coram patriarcha et sociis suis, me præsente, tristis casum tristem exposuit eo fere modo et ordine quo exprimebatur in litteris capituli Tridentini per cursorem proprium, quem illuc transmiseram, destinatis. Dixit enim quod Sabbato proximo ante festum Sancti Joannis Baptistæ, quo treugas interpositas dominus præviderat non sine alterius exterminio terminari, dominus Philippus cum paucis de familia sua, exercitu in campo dimisso, civitatem Papenbergensem intravit, eoque hora nona in palatio episcopi quiescente, dictus palatinus comes, cui dominus Philippus filiam dederat et abstulerat, cum duce Bawariæ et marchione Istriæ fratre ejusdem episcopi et aliis decem viris armatis palatium in quo dominus Philippus erat ingressus, (70) pulsansque ad ostium cameræ, more admittitur consueto; a quo cum dominus Philippus verba jucunda et jocularia, sicut consueverat, exspectaret, ille statim cultellum quo erat accinctus exeruit, et domino Philippo gladio ludere prohibenti respondit : *Non erit hic tibi ludus;* et incontinenti, Dei timore postposito, ipsum transfodit gladio, et Henrico (71) imperii senescalco facinus prohibere volenti lethale vulnus infligens, cum quem jam occiderat timens vivere jugulavit; et sic homicida fautorum suorum auxilio munitus exsiliit, ac piaculare flagitium, toto jam dissoluto exercitu, adhuc, sicut Domino placuit, exstitit impunitum. Officio igitur legationis injunctæ judicio divini numinis exspirante, ad vos cum festinatione regredior : a quo invitus, licet obedire non renuens, sum egressus.

---

(69) Leonem tit. S. Crucis.
(70) Vide Arnold. Lubec. lib. VII, c. 14.

(71) Vide Cæsar. Heisterb. lib. VI, c. 26.

CLIII.
ILLUSTRI REGI OTTONI IN ROMANORUM IMPERATOREM ELECTO.

Novit ille qui scrutator est cordium et cognitor secretorum quod personam tuam de corde puro et conscientia bona et fide non ficta diligimus et ad honorem et profectum tuum efficaciter aspiramus, sicut opera manifestant quæ pro te non dubitavimus exercere. Licet autem te deseruerint quasi solum amici pariter et propinqui, nos tamen in tua dilectione constantes, ea studio diligenti non destitimus operari quæ secundum tempus tibi credimus expedire, vigilantes pro te quando tu forsitan dormiebas; quinetiam propter te multa passi sumus adversa, quæ nec etiam tibi voluimus intimare cum adversitas te premebat. Quidam enim civium Romanorum adversarii tui corrupti pecunia gravem seditionem adversus nos commoverunt in urbe, consanguineis nostris multa damna et opprobria inferentes; nosque non sine multis et magnis expensis seditionem populi potuimus mitigare. Nunc autem adversario tuo sublato de medio, ne contra te alius suscitetur, quamvis nepos ipsius jam tibi adversarium se opponat, diligenti studio præcavemus, ad promotionem tuam efficaciter intendentes, sicut apostolica scripta testantur, quæ pro te diversis personis super variis articulis destinamus. Tu ergo, fili charissime, benignitatem et humilitatem cunctis ostendens, honorem et gratiam exhibeas universis, a sermonibus asperis et injuriosis operibus abstinendo; nec in concessionibus durus, nec in promissionibus sis avarus, fideliter tamen observans utrasque; quia non dabis unum pro mille, imo recipies plus quam mille pro uno. Principes quoque tam ecclesiasticos quam mundanos per idoneam cautionem de omni reddas indemnitate securos, ad gravitatem et consuetudinem regiam te informans. Personam vero tuam caute custodias, et torpore deposito, sollicitudinem geras in omnibus vigilantem. Si vero tibi videris expedire, ad consummationem matrimonii jam tractati (72) secure procedas; super quo nos matri puellæ, patriarchæ Aquilegensi, et Henrico de Calandrino, nec non et Henrico de Massech, nostras litteras destinamus. Super altero vero conjugio, si tibi et imperio expedire cognoveris, tuum nobis non differas beneplacitum intimare, de plenitudine gratiæ nostræ securus quod ad omnia quæ tibi noverimus profutura diligens studium impendemus et operam efficacem : sicut dilectus filius magister Henricus nuntius tuus regali prudentiæ poterit exponere viva voce, qui diligentiam et sollicitudinem nostram, propositum et affectum quem circa te gerimus, plenissime intellexit.

---

(72) Cum filia Philippi Beatrice. Vide infra epist. 169, 178. 181, 182.

CLIV.
ARCHIEPISCOPO ET EPISCOPIS SUFFRAGANEIS MAGDEBURGENSIS ECCLESIÆ.

Cum dissensionis materia quæ peccatis exigentibus hactenus in imperio pullulavit nimis damnosa fuerit, non tantum Romano imperio, verum etiam toti populo Christiano, nos, qui ad regimen universalis Ecclesiæ superna sumus dispositione vocati, diligenti debemus sollicitudine præcavere ne per alicujus insolentiam reviviscat quæ per divinum judicium est sublata, quamvis illud crudele facinus detestemur quod a filiis Belial nequiter est commissum. Quocirca fraternitati vestræ per apostolica scripta mandamus et in virtute obedientiæ districte præcipimus quatenus ad pacem imperii fideliter intendentes, nullatenus permittatis, quantum pro viribus impedire potestis, ut quisquam de novo eligatur in regem, ne fiat novissimus error pejor priore. Ut autem omnis tollatur occasio malignandi, nos tam vobis quam aliis archiepiscopis et episcopis sub interpositione anathematis auctoritate apostolica interdicimus ne quis alterum inungere vel coronare præsumat; ita ut ipso actu excommunicatus existat quicunque contra hoc apostolicum interdictum de novo præsumpserit impendere vel suscipere hujusmodi sacramentum; sciatque se dignitatis et ordinis periculum incursurum, si quis in hac parte præsumpserit nostrum violare mandatum.

In eumdem modum archiepiscopo et episcopis suffraganeis Ecclesiæ Maguntinæ. In eumdem modum archiepiscopo et episcopis suffraganeis Ecclesiæ Coloniensis. In eumdem modum archiepiscopo et episcopis suffraganeis Ecclesiæ Salzburgensis. In eumdem modum archiepiscopo et episcopis suffraganeis Ecclesiæ Trevirensis. In eumdem modum episcopis suffraganeis Ecclesiæ Bremensis. Item patriarchæ Aquilegensi et suffraganeis ejus.

CLV.
UNIVERSIS PRINCIPIBUS TAM ECCLESIASTICIS QUAM MUNDANIS IN TEUTONIA CONSTITUTIS.

Cum dissensionis materia, etc., *usque* Quocirca universitatem vestram rogandam duximus et monendam, per apostolica vobis scripta mandantes, et in remissionem peccaminum injungentes, quatenus ad pacem imperii fideliter intendatis, consentientes dispositioni divinæ, quæ circa charissimum in Christo filium nostrum illustrem regem Ottonem evidenter elucet, eique ad regendum imperium efficaciter assistatis ; ne si secus a quoquam damnabili fuerit occasione præsumptum, præter divinam offensam, apostolicam quoque censuram incurrat. Nos enim eidem regi, quem divino judicio credimus approbando, nostrum in hac parte judicium approbante, parati sumus ad honorem et exaltionem imperii favorem et auxilium impertiri, cum credamus quod et ipse ad honorem et exaltationem Ecclesiæ studium velit et operam adhibere; ita quod, eo faciente, qui est actor unitatis et pacis, diebus nostris utrumque per alterum optatum suscipiet incrementum.

CLVI.
ILLUSTRI REGI BOHEMIÆ

Sicut nuntiis et litteris tuis nobis multoties intimasti, ab obsequio charissimi in Christo filii nostri regis Ottonis illustris non voluntas, sed necessitas, te subduxit, integram ei fidem servans in pectore, quam non poteras in opere demonstrare. Cum ergo jam ipsa necessitas divino judicio sit sublata, excusationem honestam prætendere non valeres, si ei de cætero non impenderes auxilium et favorem. Tu ergo, filii charissime, divinæ dispositioni consentiens, quæ causam ipsius regis evidenti judicio approbavit, nostrum in hac parte judicium approbando, patenter et potenter eidem adhæreas, fidem ei præstitam conservans illæsam, ut per hoc divinam et apostolicam gratiam uberius merearis. Alioquin, præter divinam offensam, apostolicam quoque censuram incurreres, cum eidem regi nolimus in suo jure deesse, qui sumus omnibus in sua justitia debitores.

In eumdem modum nobili viro landgravio Thuringiæ. In eumdem modum duci Brabantiæ, principio sic mutato. Certa multorum relatione didicimus quod ab obsequio, etc. *In eumdem modum aliis principibus qui præfato regi aliquando adhæserunt.*

CLVII.
SALZBURGENSI ARCHIEPISCOPO.

Cum dissensionis materia, etc., *ut in alia, usque* sublata. Quocirca fraternitatem tuam rogandam duximus et monendam, per apostolica tibi scripta præcipiendo mandantes sub debito juramenti quo nobis in hac parte teneris, et in remissionem peccaminum injungentes, quatenus divinæ dispositioni consentiens, quæ circa charissimum in Christo filium nostrum illustrem regem Ottonem evidenter elucet, nostrum judicium approbando, ei patenter et potenter adhæreas, impendendo sibi auxilium et favorem, recepta tamen ab eo super indemnitate Salzburgensis Ecclesiæ idonea cautione. Alioquin, etc., *ut in alia.*

In eumdem modum Maguntino, Treverensi, Coloniensi et Magdeburgensi archiepiscopis, et episcopo Alberstadensi, ita quod unicuique seorsim. In eumdem fere modum judicibus, Scabinis, et civibus Coloniensibus. Certa multorum relatione didicimus, etc.

CLVIII.
NOBILI VIRO DUCI ZARINGIÆ.

Cum dissensionis materia, quæ peccatis exigentibus hactenus in imperio pullulavit, nimis damnosa fuerit, non ipsi tantum imperio, verum etiam toti populo Christiano, nos, qui ad regimen universalis Ecclesiæ superna sumus dispositione vocati, diligenti debemus sollicitudine præcavere ne, per alicujus insolentiam, reviviscat quæ per divinum judicium est sublata, crudele facinus detestantes quod pius animus perhorrescit. Quocirca nobilitatem tuam rogandam duximus et monendam, per apostolica tibi scripta mandantes quatenus divinæ dispositioni consentiens, quæ circa charissimum in Christo filium nostrum illustrem regem Ottonem evidenter elucet, nostrum in hac parte judicium approbando, ei patenter et potenter adhæreas, impendendo sibi auxilium et favorem, ut per hoc divinam et apostolicam gratiam uberius merearis. Alioquin, præter divinam offensam, apostolicam quoque censuram incurreres, cum eidem regi nolimus in suo jure deesse, qui sumus omnibus in sua justitia debitores.

In eumdem modum duci Moraviæ, duci Saxoniæ, duci Bawariæ, nobilibus viris vassallis ducatus, marchioni Misnensi, marchioni de Brandeburc, marchioni de Landesberc, duci Austriæ.

CLIX.
JOANNI ILLUSTRI REGI ANGLIÆ.

Ecce jam tempus advenit in quo, si charissimo in Christo filio nostro illustri regi Ottoni, nepoti tuo, curaveris magnifice subvenire, te ipsum magnificare valebis ultra quam expediat nunc litteris explicare. Cum igitur ad honorem et profectum tam ipsius regis quam tuum efficaciter aspiremus, serenitatem tuam monemus et exhortamur attentius, fideliter consulentes quatenus circa subventionem ipsius te nec durum exhibeas nec avarum, sed taliter et simul ac semel studeas subvenire, quod tuo accedente subsidio quod commode nunc prævalet expediri, per nostræ sollicitudinis studium feliciter consummetur.

CLX.
LITTERÆ OTTONIS REGIS, IN ROMANORUM IMPERATOREM ELECTI.

Reverendo in Christo Patri ac domino charissimo domino INNOCENTIO, Dei gratia sanctæ Romanæ sedis summo pontifici, OTTO, eadem gratia et sua Romanorum rex et semper Augustus, debitam subjectionem ac reverentiam cum filiali dilectione.

Quod hactenus fuimus; quod sumus aut erimus, quantum ad regni pertinet promotionem, totum vobis et Ecclesiæ Romanæ post Deum debentes, quod et gratantissime recognoscimus, pro omnibus vestræ gratiæ beneficiis uberrimas sanctitati vestræ referimus actiones, erga vos et omnes quibus bonum vultis exhibitam nobis benignitatem studiosissime semper merituri. Vestræ proinde paternitati attentissime supplicamus ut intuitu omnis devotionis nostræ et honoris Dei ac vestri ipsius, ac promotionis Ecclesiæ Romanæ respectu, ex quo misericordia Dei, ut speramus, consanguineo nostro sublato de medio, tempus vobis contulit faciendi, omne vestræ discretionis consilium et auxilium nostræ promotioni, quæ sine dubio vestra est, propensius impendatis. Scire præterea vos volumus quod archiepiscopus Magdeburgensis et Halvestadensis et Mindensis episcopi ad nostrum auxilium et servitium accesserunt. De duce Bernardo sciatis nuntios vestros eo die quo has litteras vobis destinavimus cum ipso fuisse, et eo usque cum ipso actum esse ut eum omnino speremus in nostra fidelitate et servitio permansurum. Frater noster palatinus comes Rheni, Deo gratias, ad nostram integre rediit charitatem; et ex quo mortuus fuit consanguineus noster, nobis etiam ignorantibus; nos in omnibus quibus promovere potuit non cessavit. Spirensis etiam episcopus nobis securitatem fecit et nostram per omnia studet utilitatem et honorem. Multi præterea episcopi, barones, abbates et castellani, et ministeriales tam in Suevia quam circa partes Rheni superiores et inferiores et alias in imperio constituti de suo nobis servitio et fidelitate scripserunt, et per fideles nuntios mandaverunt, sed pro angustia temporis et distantia locorum ad nos adhuc corporaliter accedere minime potuerunt. Orientales etiam principes diem quemdam, videlicet Nativitatem beatæ Virginis Wirceburch statuerunt, quasi de imperio ordinaturi; quo et alios principes venire hortati sunt, et nobis de die et loco mandaverunt. Consuetæ igitur benevolentiæ vestræ et in omnibus probatæ iterum devotissime supplicamus ut sicut nobis et vobis noveritis expedire, generaliter omnibus principibus, et specialiter ubi necesse vobis visum fuerit et utile, per bonos ac fideles nuntios vestros scribere dignemini, adjicientes preces, consilium et mandatum, bonam vestram voluntatem omnibus declarantes. Perutile autem nobis foret si hæc usque ad diem prænominatam efficere possetis. Archiepiscopos autem Maguntinum et Coloniensem ad nos quantocius redire faciatis. Civitatibus etiam Italiæ et Tusciæ de nobis scribite, laudantes eas quæ hactenus in nostra et vestra devotione permanserunt, et eas quæ hactenus nesciebant nos ad nostrum favorem exhortantes. Rogamus item ut, si de Ecclesia Bremensi et ejus electis vobis sive per regem Daciæ, sive per quemcunque mentio facta fuerit aut petitio, ejus negotii exsecutionem usque ad adventum nuntiorum nostrorum, quos vobis super eo idoneos quantocius mittemus, differatis; scientes pro certo quia secunda electio, sicut et prior, et contra Deum et contra jus et rationem facta est, et neutrius promotio vel vobis vel nobis noscitur expedire. Super omnia autem nos et causam nostram, imo vestram vestro subjicimus consilio et voluntati, certissimi ut quod paterne erga nos cœpistis, in quo bene hactenus perseverastis, ad laudem et gloriam Dei et Ecclesiæ Romanæ et utilitatem optime efficere debeatis.

CLXI.
ILLUSTRI REGI OTTONI IN ROMANORUM IMPERATOREM ELECTO.

Priusquam ad nos, fili charissime, post occasum Philippi, quondam ducis Sueviæ, quisquam ex parte tua nuntius cum litteris pervenisset, peregimus universa quæ postea nobis per tuas litteras postulasti: quin etiam scripsimus multis aliis prout imminenti negotio credidimus expedire, parati semper efficere quæ ad honorem et profectum tuum debeant redundare. Tu ergo de plenitudine gratiæ nostræ securus, non minus prudenti quam diligenti studio illa satagas procurare, quæ tuæ promotioni conveniunt et saluti, cum in verbis et operibus gravitatem exhibens et cautelam ut in nullo reprehensibilis merito judiceris.

Datum Soræ, XIII Kal. Septembris, pontificatus nostri anno undecimo.

CLXII.
EIDEM.

Licet, antequam ad nos per diversos nuntios tuæ litteræ pervenissent post occasum Philippi, omnia peregerimus quæ per easdem litteras postulasti, audito tamen quod principes Alemanniæ apud Wirceburch in Nativitate beatæ Mariæ debeant convenire de imperio tractaturi, protinus per nuntium nostrum cum tuo ad eos litteras apostolicas destinavimus quales promotioni tuæ credidimus opportunas, exsecutorem mandati nostri constituentes delectum Herbipolensem electum, de quo plenam fiduciam obtinemus. Tu ergo, fili charissime, de plenitudine gratiæ nostræ securus, talem te satagas exhibere, ut apud Deum et homines merito reputeris acceptus.

Datum Soræ, etc., *ut supra*.

CLXIII.
ARCHIEPISCOPO MAGDEBURGENSI.

Quod charissimo in Christo filio nostro illustri regi Ottoni in Romanorum imperatorem electo sine speciali mandato nostro tuum impendisti obsequium et favorem sicut idem rex per suas nobis litteras intimavit, eo præsertim intuitu quod id nostro reputas beneplacito fore gratum, fraternitatem tuam dignis prosequiamur actionibus gratiarum, tuam ex hoc certius cognoscentes et devotionis dulcedinem et fidei puritatem. Ut ergo quod laudabiliter incœpisti, laudabilius prosequaris, fraternitatem tuam rogamus attentius et monemus, per apostolica tibi scripta mandantes quatenus eidem regi potenter et prudenter inhærens, in omnibus et per omnia tuum ei præbeas auxilium et favorem, sciturus pro certo quod in nobis existet gratum plurimum et acceptum.

Datum Soræ, etc., *ut in alia*.

CLXIV.
HERBIPOLENSI ELECTO.

Cum principes Alemanniæ, sicut accepimus, apud Wirceburch in Nativitate beatæ Mariæ, tractaturi de imperio, debeant convenire, nos, qui de prudentia et devotione tua fiduciam gerimus pleniorem, per te verbum nostrum ad eos pro pace imperii volumus diligenter proponi et efficaciter promoveri. Quocirca discretionem tuam rogandam duximus et monendam, per apostolica tibi scripta præcipiendo mandantes quatenus, receptis litteris nostris, quas ad omnes principes Alemanniæ communiter destinamus, eas eisdem principibus ex parte nostra prudenter assignes, et ad promotionem charissimi in Christo filii nostri regis Ottonis illustris diligenter intendens, secundum tenorem litterarum ipsarum eosdem principes exhorteris ad nostrum beneplacitum exsequendum, prout melius tibi fuerit desuper inspiratum. Tu ergo, dilectissime fili, de cujus obedientia plene confidimus, mandatum apostolicum taliter exsequaris quod tuæ discretionis prudentia clareat in effectu, et nos devotionem tuam debeamus merito commendare.

Datum Soræ, etc., *ut supra*.

CLXV.
PHILIPPO ILLUSTRI REGI FRANCORUM.

Per tuas nobis litteras intimasti quod de Philippo, quondam duce Sueviæ, quem tu regem Romanorum appellas, conqueri merito poteras et debebas. Primo quidem, quia cum ipse in die Pentecostes Aquisgrani maneret, et abbas Castri-Nantonis amicus ac fidelis et quidam miles ligius homo tui fuissent ad Tres Reges in peregrinationem profecti, coram pluribus cum gaudio quasi dixit quod te confecerant Pictavenses comites Namurcii et Boloniæ, ac ducentos de melioribus militibus exercitus tui ceperant, comites vero Boloniæ et Hollandiæ occiderant : quod veluti de tuo gaudens infortunio publicabat. Secundo vero quia, cum ipse jurasset ac litteras suas patentes inde tibi dedisset quod te juvaret contra regem Ottonem, quem tu vocas quondam comitem Pictavensem, et quod sine tuo assensu cum ipso nunquam pacem iniret, demum sine assensu et voluntate tua pacem iniit cum eodem, sicut in veritate te asseris cognovisse. Tertio quoque, quia cum comes Barri dilectus et fidelis consanguineus tuus ducem Lotharingiæ infestaret, eumque in sua terra cepisset, tu præfato Philippo pacem de ipso duce pro memorato comite obtulisti, quæ modis omnibus ad ipsorum, videlicet Philippi et ducis, cedebat honorem, quemadmodum tibi et aliis pluribus videbatur: qui super hoc per litteras et nuntium suum indebite tibi respondens, ad aggrediendum prædictum comitem, precum tuarum immemor, exercitum jam citarat, sed, Domino permittente, in illo fuit itinere interfectus. Ad quæ tuæ serenitati duximus respondendum quod, licet inter eumdem Philippum et præfatum Ottonem pax non fuerit reformata, sed de ipsa reformanda tractatum, per hæc tamen intelligere potuisti quantam fidem habere de ipso valueris quantamque dilectionem in eo debueris constituere, illudque verum fuisse quod melius tibi erat, quemadmodum sæpius tibi scripsimus, nostris consiliis acquiescere quam Suevi fraudibus inhærere. Consequenter autem hanc causam odii quod erga te idem Philippus conceperat expressisti, videlicet quod cum sæpe te per litteras et nuntios requisisset ut haberes colloquium cum eodem, tu ejus nuntiis respondisti quod regni negotiis occupatus, colloquium habere non poteras cum ipso, nisi prius scires de quo et super quibus inter vos illud celebrari deberet.

Qui tibi pro ipso et per ipsum respondentes, dixerunt quod ipse volebat ut contra nos et Romanam Ecclesiam adhæreres eidem, ac decem millia marcarum a te mutuo postulabat. Et quia contra nos et Romanam Ecclesiam ad exemplum prædecessorum et progenitorum tuorum, qui fideles et devoti semper fuerunt Ecclesiæ, nec unquam pro imperatore vel aliquo alio defecerunt, illi adhærere nolebas, hujusmodi colloquium habuisti pro nullo, non etiam quia te non sustinere putabat quod ipse per injuriam comitem exhæredaret Barrensem. Sane quod de tuorum progenitorum religiosa devotione recenses, delectabiles nobis parit delicias audiendi. Fatemur equidem quod, inter cæteros mundi principes, antecessores et progenitores tui Romanam Ecclesiam, sicut et ipsi ab ea specialiter sunt dilecti, specialiter dilexerunt, nec eos ulla prosperitas vel adversitas ab ejus devotione subduxit. Unde tuam regalem prudentiam affectuosis prosequimur actionibus gratiarum quod paternæ fidei puritatem hæreditans, quantum ad hoc et contra Ecclesiam non favisti; licet apostolica sedes, quæ non ab homine constituta est, sed a Deo, confidens in ipso, non timeat quid homo sibi faciat contra Deum, quemadmodum ipsa dicit in psalmo : *In Deo sperabo, non timebo quid faciat mihi homo* (*Psal.* CXVII). Jesus Christus etenim fundamentum et fundator ipsius, supra se firmam petram tanta eam soliditate firmavit, ut nedum irruentia flumina seu etiam flantes venti, quinimo portæ inferi non prævaleant contra ipsam. Post hæc autem alium articulum addidisti, in quo Romana Ecclesia, sicut asseris, tibi totique regno tuo poterit subvenire ac progenitorum tuorum merita compensare. Nosse te quidem asseris quod Romana Ecclesia præfatum Ottonem, ut sæpe dictum Philippum posset deprimere, modis procurabat omnibus sublimare, attendens quod Fridericus pater et Henricus frater ejusdem Philippi multa mala ipsi Ecclesiæ irrogarant, et quoniam omnes filii præfati Friderici cesserunt in fata, nec aliquis de filiis ejus exstat qui possit ad imperium promoveri, nobis attentius supplicasti ne ipsum Ottonem ad imperium promovere vellemus, quia nepos est regis Anglorum, cum quo habes inimicitias capitales et qui te multoties per satellites suos procuravit occidi, ac idem Otto, cum olim comes Pictavensis existeret, terram tuam ecclesiasque combussit, et tibi ac terræ tuæ mala omnia quæ potuit irrogavit, nec aliquam inde satisfactionem impendit. Siquidem persecutio Friderici ab Ecclesia mente non excidit, quæ profecto, præter alia impedimenta quæ Philippo ad imperium obtinendum obstabant, non ex minima parte nos fecit ab ipsius declinare favore, Dei zelotis exemplo peccata patrum in filios usque in tertiam et quartam progeniem vindicantis in iis maxime qui oderunt eum, id est in illis qui contra ipsum paternum odium imitantur. Cæterum providentiam tuam in Domino commendamus quod ita piæ devotionis patrum tuorum memoria delectaris ut tamen impietatem detesteris illorum qui sunt Ecclesiam persecuti.

Sed cum Ludovicus illustris memoriæ pater tuus zelo ecclesiasticæ religionis accensus non dubitaverit se opponere Friderico, quando in schismate gemebat Ecclesia et imperium in unitate vigebat, quanto tu securius, factus robustior patre tuo, potuisti cessare a favore Philippi Suevi filii Friderici et fratris Henrici persecutorum Ecclesiæ, sæpe monitus et rorogatus a nobis, et maxime tempore quo schisma premebat imperium et unitas Ecclesiam extollebat, præsertim cum ille causam foveret iniquam. Unde cum tu ei duxeris adhærendum qui erat offensus et indevotus Ecclesiæ, habere pro indigno non debes si nos favimus in partem istius humilis ac devoti, cum tandem melius nos tibi cavere potuissemus ab isto quam tu cavere nobis potuisses ab illo ; eo quod utique nos in isto, tu vero nequaquam jurisdictionem haberes in illo. Præterea subjunxisti quod idem Otto nunquam posset in imperium sublimari quin in tuum ac regni et Ecclesiarum dispendium redundaret. Enimvero tanta devotione regnum tuum Ecclesiæ tantaque dilectione illa illi est connita ut neutri sine alterius læsione possit contingere detrimentum. Quod utique nos sollicite attendentes, non tua requisitione jamdudum, sed affectu quem circa te gerimus provocati, indemnitati tuæ ac regni tui super hoc curavimus præcavere, certa promissione ab eodem Ottone recepta sub aurea bulla scripto pariter et juramento firmata quod de pace vel concordia tecum componenda et observanda nostro per omnia parebit arbitrio et mandato ; sicut nuntii tui, quibus rescriptum ipsius ostendimus intuendum, tam de ipsa quam de aliis circumstantiis, de quibus contulimus cum eisdem, tuæ regali prudentiæ viva voce poterunt enarrare. Cum itaque videatur, rebus taliter se habentibus, expediat ut ad faciendum inter vos pacem et concordiam intendere debeamus, tu modum et formam pacis et concordiæ pertractandæ, si eam duxeris acceptandam, nobis poteris intimare ; nosque tua voluntate comperta, dante Deo, ad ipsam quanto certius, tanto efficacius procedemus. Præterea super eo quod de imperii civitatibus tuo regno vicinis per tuas nobis litteras suggessisti, tua regalis prudentia diligenter advertat utrum tibi vel tuo regno expediat ut ad res imperii manum mittas.

Datum Soræ, xv Kal. Octobris, pontificatus nostri anno undecimo.

CLXVI.
ADULPHO QUONDAM COLONIENSI ARCHIEPISCOPO.

Dilectum filium Hermannum presbyterum cum litteris tuis ad sedem apostolicam accedentem ea qua decuit benignitate suscepimus, et verbis ipsius benignam curavimus audientiam exhibere. Quod autem per ipsum et litteras tuas suppliciter postulasti ut quoniam propter hostiles incursus secure non potes, ut asseris, pro causa tua vel in persona propria vel per responsalem idoneum in nostra præsentia comparere, causam ipsam in regno Teutonico dignaremur personis idoneis delegare, diffinitiva nobis sententia reservata, salva justitia concedere non potuimus cum nostræ famæ ac propriæ conscientiæ puritate. Quia cum causa eadem utraque parte præsente esset citra litis contestationem in nostro auditorio ventilata, et quibusdam pro bono pacis provide ordinatis, utrique parti peremptorius terminus sit præfixus et ab utraque parte receptus, reliqua nunc absente ad petitionem alterius non decet aliquid immutari unde præjudicium ei et nobis posset opprobrium provenire; sed usque ad terminum constitutum et ultra etiam curabimus exspectare, processuri, auctore Domino, sicut fuerit procedendum. Credimus tamen quod utilitati tuæ potius expediret ut sub manu nostra te humiliare curares, quæ non solum fortis et potens, sed ampla etiam est et larga, de facili valens sic humiliare superbum sicut humilem exaltare ac singulis reddere secundum exigentiam meritorum, devotis et obedientibus gloriam, indevotis autem et inobedientibus pœnam, cum diversis modis in multis locis et variis causis nostrum possimus beneplacitum adimplere. Quapropter si nos in eo placare satageres in quo nos offendere attentasti, ut ad illius auxilium et favorem prompta devotione redires a cujus auxilio et favore indecoro spiritu recessisti, spes tibi non incerta daretur ut quo cecidisti resurgeres, et si non ad illum in quo alius est locatus, ad alium tamen gradum in quo alius est locandus, et nos interim faceremus tibi honorabiliter provideri ad nostrum et ipsius honorem efficaciter intendenti. Inspiret igitur cordi tuo ille qui ubi vult spirat spiritus veritatis, ut sanum amplectens consilium, animæ simul et corporis sine dubitatione salubre illud agere studeas per quod divinam et nostram gratiam merearis, pro certo confidens quod illius parati sumus vestigia imitari qui dicit : *Convertimini ad me, et ego convertar ad vos* (*Zach.* I). Alioquin, non nostræ duritiæ sed tuæ poteris imprudentiæ imputare, si novissima tua fient pejora prioribus, dum sanis consiliis refugis acquiescere ac justis persuasionibus consentire.

Datum Ferentini, x Kal. Novembris, pontificatus nostri anno undecimo.

CLXVII.
PATRIARCHÆ AQUILEGENSI.

Licet post necem illustris memoriæ Philippi ducis Sueviæ super negotio imperii beneplacitum nostrum tibi pluries curaverimus intimare, quia tamen iterato illud per nostras litteras tibi postulas aperiri, cum Ecclesiæ tuæ possit ex hoc dispendium imminere si nescias in quam partem debeas declinare, fraternitati tuæ præsentium insinuatione clarescat quod cum per Dei gratiam simus super petram solidam stabiliti, in eodem in quo et prius proposito permanemus. Quocirca fraternitatem tuam rogamus attentius et monemus, per apostolica tibi scripta mandantes quatenus charissimo in Christo filio nostro illustri regi Ottoni in Romanorum imperatorem electo adhæreas, eique assistas viriliter et potenter.

Datum Laterani, xiv Kal. Septembris, pontificatus nostri anno undecimo.

CLXVIII.
ILLUSTRI REGI OTTONI IN IMPERATOREM ROMANORUM ELECTO.

Licet per dilectum filium magistrum Henricum, Sancti Gereonis scolasticum, generales ad omnes principes et speciales ad multos jamdudum litteras direxerimus, quales tuæ promotioni novimus expedire, quia tamen postmodum quamplures eorum nos consulere curaverunt cui mallemus eos super imperio adhærere, quosdam per iterata scripta fuimus exhortati, videlicet Aquilegensem patriarcham, Magdeburgensem archiepiscopum, Adolfum quondam Coloniensem, Spirensem episcopum, regem Bohemiæ, Austriæ ac Zaringiæ duces et quosdam alios, ut tibi potenter faveant et patenter, in iis et aliis satagentes honorem tuum indefessa sollicitudine promovere. Quocirca serenitatem regiam monemus attentius et hortamur quatenus prima, media, et novissima tua bona soli Altissimo ascribendo, talem circa singula studeas te habere quod honoris tui processus, qui, operante divina gratia et nostra cooperante sollicitudine, prospere jam dirigitur, feliciter consummetur, de plenitudine gratiæ nostræ securus quod ad omnia quæ tibi noverimus expedire diligens studium impendemus et operam efficacem.

Datum Laterani, II Non. Decembris, pontificatus nostri anno undecimo.

CLXIX.
EIDEM.

(73) Cum de matrimonio contrahendo inter te ac primogenitam quondam Philippi ducis Sueviæ in nostra præsentia tractaretur, tuis et ipsius consentientibus nuntiis ita providimus, ut potestatem dispensandi super linea consanguinitatis, quæ te ac illam contingit, committeremus legatis qui erant in Teutoniam regressuri. Licet autem, eodem duce defuncto, dispensandi necessitas ex majori parte cessaverit, quia tamen adhuc ad illam aspiras, sicut per tuas nobis litteras intimasti, nos ex illa gratia speciali quam ad tuam regalem personam et habuimus et habemus, quod tunc circumspecta deliberatione providimus, etiam nunc provida circumspectione volumus adimplere, committendo legatis nostris duobus vel uni, quos aut quem ad præsentiam tuam pro negotiis Ecclesiæ ac imperii proposuimus destinare, ut si urgens necessitas vel evidens utilitas postulaverit, super hoc auctoritate nostra dispensent.

Datum Laterani, Non. Decembris, etc., *ut in alia*

CLXX.
SPIRENSI EPISCOPO.

Gratum gerimus et acceptum et tuam in Domino prudentiam commendamus quod pro reverentia beati Petri et nostra charissimo in Christo filio A nostro illustri regi Ottoni, in Romanorum imperatorem electo disposuisti firmiter adhærere ipsique imperialia insignia resignare. Super eo vero quod de conjugii conjuramento scripsisti, hoc tibi duximus rescribendum, quod per legatos nostros, quos disposuimus in Teutoniam destinare, tuæ fraternitati curabimus plenarie respondere, parati semper efficere quæ tibi proficiant ad commodum et honorem in devotione ac fidelitate sedis apostolicæ permanenti.

Datum Laterani, II Non. Decembris, pontificatus nostri anno undecimo.

CLXXI.
NOBILI VIRO DUCI ZARINGIÆ.

Ex affectu sinceræ dilectionis et gratiæ quem circa tuam personam gerimus provocamur ut, cum charissimus in Christo filius noster illustris rex Otto in imperatorem Romanorum electus magnifice jam procedat de corde puro, conscientia bona et fide non ficta, consilium tibi demus quatenus ei firmiter adhærendo, potenter sibi faveas et patenter; quoniam procul dubio tibi magis credimus expedire ut rei finem præveniens, non exspectans, nunc, antequam invalescat in toto, quasi ex discretionis proposito satagas id efficere quam demum, cum invaluisset omnino, in necessitatis articulo forsan idem cogereris implere. Credimus enim quod erga te taliter se habebit quod merito sibi poteris esse devotus, et nos, a quorum sanis consiliis deviaturus ipse non creditur ad tui dilectionem eum efficaciter inducemus.

Datum Laterani, Non. Decembris, etc., *ut supra.*

CLXXII.
CAMERACENSI EPISCOPO.

(74) Litteras tuas plenas exsultationis et gaudii paterna benignitate recepimus, per quas de promotione, quinimo quasi de confirmatione promotionis charissimi in Christo filii nostri illustris regis Ottonis, in Romanorum imperatorem electi, non solum desiderata nobis verum etiam insperata gaudia nuntiasti: illud in majori exsultatione ducentes quod, sicut per easdem litteras intelleximus, idem rex in virum quasi alterum immutatus, in justificationibus Domini magis solito delectatur. Sperantes igitur quod gratiæ nostræ non ingratus existas, quam circa te sinceram existere multis experimentis cognoscere potuisti, et quod præfatum regem inter præcipuos honoris sui fautores habere te deceat principalem, fraternitatem tuam monemus attentius et hortamur, per apostolica tibi scripta mandantes quatenus circa latus ejus studio sedulæ recordationis et exhortationis insistas ut in legem Domini suam dirigens voluntatem ac in ea nocte dieque meditans, cultui divino se sedulum, apostolicæ sedi devotum, et respicientium se quieti gerere procuret intentum; ita quod sollicitudo tua clareat in effectu

---

(73) Vide supra epist. 153, 178.
(74) Vide Godefrid. monach. Sancti Pantaleon. ad an. 1208-1209.

et nos eam dignis in Domino valeamus laudibus commendare.

Datum Laterani, Non. Decembris, etc., *ut supra.*

CLXXIII.
MAGDEBURGENSI ARCHIEPISCOPO.

Litteras tuas plenas exsultationis et gaudii paterna benignitate recepimus, per quas de promotione, quinimo quasi consummatione promotionis charissimi in Christo filii nostri illustris regis Ottonis in Romanorum imperatorem electi, non solum desiderata nobis verum etiam insperata gaudia nuntiasti. Sperantes igitur quod gratiæ nostræ non ingratus existas *ut in alia, usque* laudibus, commendare gratum et acceptum gerentes quod pro sedis apostolicæ reverentia eidem regi cæteris factus prævius adhæsisti.

Datum Laterani, etc., *ut in alia.*

In eumdem modum magistro Gerlando, *usque* cognoscere potuisti, devotionem tuam monemus attentius et hortamur, per apostolica tibi scripta mandantes quatenus, etc., *ut in alia, usque* commendare.

Datum, etc., *ut supra in alia.*

CLXXIV.
MAGISTRO HENRICO SCOLASTICO SANCTI GEREONIS.

Recepimus litteras plenas exsultationis et gaudii, per quas de promotione, quinimo, etc., *sicut in prima, usque* non solum desiderata nobis verum etiam insperata sunt gaudia nuntiata. Sperantes igitur quod etc., *sicut in prima, usque* laudibus commendare.

Datum Laterani, etc., *ut supra in aliis.*

CLXXV.
NOBILI VIRO DUCI AUSTRIÆ.

Nuntium et litteras tuas paterna benignitate recepimus; et cum inter alios principes personam tuam sincera diligamus in Domino charitate, petitionem tuam, in quantum honestas potuit gratiæ præstare favorem, curavimus exaudire. Tu ergo litteris quas super episcopatus negotio destinamus utaris (75), si videris expedire. Alioquin, cum pro causis imperii legatos ad partes illas mittere disponamus, dummodo status ejus taliter, sicut credimus, dirigatur quod eos oporteat destinari, si a te fuerit postulatum, exsecutionem eis prælibati negotii committemus, quemadmodum aliis qui dudum ob statum rerum in morte principis immutatum de arrepto legationis itinere recesserunt meminimus commisisse. Cæterum super eo quod nobis de negotio imperii tam per litteras quam nuntium intimasti, hoc tibi duximus respondendum, de corde puro, conscientia bona et fide non ficta tuæ prudentiæ consulentes quatenus cum charissimus in Christo filius noster illustris rex Otto, in Romanorum imperatorem electus magnifice procedere jam incœperit, potenter ei faveas et patenter; quia procul dubio tibi magis credimus expedire ut rei finem præveniens, etc., *ut supra epist.* 271, *usque* inducemus. Præterea memoratum nuntium latorem præsentium, dilectum filium G., clericum tuum nobilitati tuæ propensius commendamus qui, quantum in ipso fuit, nihil omisit de contingentibus super iis quæ apud nos ei commiseras promovenda, quinimo ad promotionem eorum fideliter instilit et prudenter.

Datum Laterani, *ut supra,* anno undecimo.

CLXXVI.
ILLUSTRI REGI BOHEMIÆ.

Super eo quod a nobis de negotio imperii per tuum nuntium et litteras requisisti, serenitati tuæ hoc duximus respondendum, de corde puro, conscientia bona et fide non ficta consilium tibi dantes quatenus cum charissimus in Christo filius noster illustris rex Otto in Romanorum imperatorem electus magnifice jam procedat, potenter ei faveas et patenter; quia procul dubio, etc., *ut in alia, usque* cogereris implere, præsertim cum adhuc ex juramento sibi præstito tenearis. Credimus enim quod erga te, etc., *usque* inducemus.

Datum Laterani, XI Idus Decembris, pontificatus nostri anno undecimo.

CLXXVII.
ILLUSRTI REGI OTTONI IN ROMANORUM IMPERATOREM ELECTO.

Jucundus tuorum nuntiorum adventus ita nos est in ea qua tenebamur ægritudinis molestia consolatus, ut ex gratis rumoribus quos de tuis successibus tulerunt quadam medicinali virtute nos fecerit de languoris doloribus in sanitatis gaudia respirare. Licet autem super negotiis pro quibus latores præsentium, viros utique providos et fideles, ad nostram præsentiam destinasti consueverint secundum morem antiquum, maxime pro petitione imperialis coronæ, magni principes ad sedem apostolicam destinari, quia tamen hoc fuit magis in modum consultationis quam petitionis propositum, et quod nondum est factum adhuc poterit fieri, nos, qui, ut tuo deferre possimus honori, hoc æquanimiter ferimus ex gratia speciali, auditis et intellectis petitionibus quas iidem nuntii tuo nobis nomine porrexerunt, super earum aliquibus litteras fieri mox præcepimus sicut novimus expedire, ac per legatos nostros, quos ad tuam regalem præsentiam evestigio destinamus, gratum responsum tibi cum Deo tam super negotio matrimonii (76) quam etiam super aliis impendemus, eos eos et ob hoc inter cætera specialiter providerimus destinandos ut ad negotii tui robur ipsi, qui vice nostra fungentur, circa singula quæ contingent auxilium tibi conferant opportunum, et ex eorum adventu honorificentia tibi **major** accrescat. Adeo namque tuum zelamur honorem ut honori nostro reputemus accrescere quidquid per nos tuo regali accrescit honori, firmam gerentes de tua serenitate fiduciam quod idipsum de nobis zelanter affectes.

---

(75) Vide lib. X, epist. 52.

(76) Vide supra epist. 153.

Datum Laterani, Non. Januarii, pontificatus nostri anno undecimo.

CLXXVIII.
EIDEM.

Cum olim ex officii nostri debito de pace in imperio reformanda sollicitudo nos indefessa pulsaret, de cujus scissura ipsi non tantum imperio, verum etiam orbi pene toti grave periculum imminebat, consilium nobis incidit ut per legatos nostros de matrimonio contrahendo inter te ac inclytæ recordationis Philippi ducis Sueviæ primogenitam tractaretur (77). Postmodum autem eodem duce a filio Belial nequiter interfecto, cum adhuc de scissuræ periculo non minus quam antea timeretur, tibi nostras litteras destinavimus ut ad confirmationem hujusmodi matrimonii secure procederes, si tibi cognosceres expedire. Interim autem cum jam, Domino imperante, ventis et mari tranquillitas redire cœpisset, et redeuntibus ad cor multis ac tibi fideliter adhærentibus, de pace spes firmior haberetur, per tuas a nobis litteras postulasti ut cum inter te et memoratam puellam linea consanguinitatis existeret, super vestro dispensare conjugio dignaremur. Cui nos meminimus respondisse quod licet necessitas dispensandi jam ex magna parte cessasset, super hoc tamen vicem nostram nostris eramus commissuri legatis, quos pro causis Ecclesiæ ac imperii disponebamus ad tuam præsentiam in proximo destinare. Quia igitur super dispensatione matrimonii prælibati, quod diceris jam jurasse, nobis iterum cum multa instantia supplicasti, forsan prudenter intelligens per præmissum consilium, in quo nulla de consanguinitatis linea mentio habebatur, non esse super consanguinitatis linea dispensatum, sed hoc tibi consultum ut ad matrimonii consummationem procederes legitime quidem, dispensatione videlicet præobtenta, ut sic et quantum ad conscientiam et quantum etiam ad Ecclesiam matrimonium ipsum legitimum haberetur, venerabili fratri nostro Hugolino Ostiensi episcopo et dilecto filio Leoni tituli Sanctæ Crucis presbytero cardinali, apostolicæ sedis legatis, dedimus in præceptis quatenus inquisita et cognita veritate, si urgens necessitas et evidens utilitas pro pace in imperio reformanda hujusmodi matrimonium contrahi postularint, ipsi auctoritate nostra suffulti super illo contrahendo dispensent. Nos autem quod ab eis super hoc provide factum fuerit ratum habebimus, et decernimus illud inviolabiliter observandum.

Datum Laterani, xv Kal. Februarii, etc., *ut in alia*.

CLXXIX.
EIDEM.

Benedictus Deus, qui per suam misericordiam ineffabilem nostrum circa te desiderium ex majori parte complevit, et sicut pro certo confidimus, non cessabit omnino donec adimpleat illud ex toto ad laudem et gloriam nominis sui, ad onorem et profectum tam Ecclesiæ quam imperii ac totius populi Christiani; quia, sicut veraciter intelleximus, cum sæcularis virtutis augmento, incrementum quoque spiritualis virtutis mirabiliter suscepisti, ut de te voce Dominica gloriari possimus quod invenimus virum secundum cor nostrum. Ecce, fili charissime, sic anima nostra conglutinata est animæ tuæ, sicque cor tuum compaginatum est cordi nostro, ut idem per omnia velle ac sentire credamur, quasi cor unum et anima una; ex quo quanta speretur utilitas proventura, nec calamus sufficit scribere, nec lingua referre, nec etiam animus cogitare. Nobis enim duobus regimen hujus sæculi principaliter est commissum : qui si unanimes fuerimus et concordes in bono, profecto, sicut propheta testatur, sol et luna in ordine suo stabunt, eruntque prava in directa et aspera fient plana, cum nobis duobus, favente Domino, nihil obsistere vel resistere possit, habentibus duos gladios, de quibus apostoli dixerunt ad Dominum : *Ecce gladii duo hic* (*Luc*. xxii); et de quibus Dominus respondit apostolis : *Satis est* (*ibid*.), quia nimirum pontificalis auctoritas et regalis potestas, ambæ videlicet in nobis supremæ, quæ per illos duos gladios designantur, plene sibi sufficiunt ad suum officium feliciter exsequendum, si utraque pars per reliquam fuerit potenter adjuta. Equidem sic expedit et oportet ut utraque per reliquam efficaciter adjuvetur, quatenus status mundi, qui superabundante malitia quasi versus est in ruinam, per nostræ sollicitudinis studium restauretur, resecatis vitiis et virtutibus propagatis. Unde jugi nobis est vigilantia providendum ne inimicus homo possit inter nos superseminare zizania, dissensionis scandalum vel suspicionis scrupulum ingerendo; quoniam ad hoc malum nequiter operandum multi procul dubio sunt parati, omnes videlicet qui mala vellent impune committere, quique desiderant in aqua turbata piscari : a quibus aurem tuam prorsus avertas. Pullulante namque discordia inter regnum et sacerdotium, utrumque pariter propter reliquum dissimulabat et sustinebat insolentiam malignorum : quibus concinnantibus dolum et acuentibus linguas ad malum, dissensionis materia suscipiebat jugiter incrementum in grande rerum dispendium et grave periculum animarum, utriusque profectu, scilicet tam regni quam sacerdotii, multipliciter impedito. Cum ergo per Dei gratiam vera pax et firma concordia inter Ecclesiam et imperium nunc existat, ad tollendam in posterum omnem dissensionis et suspicionis materiam quædam ad præsens a te, fili charissime, duximus postulanda, quæ utique debes sine difficultate concedere, utpote rationi consona et saluti; pro certo sperantes quod longe majora in futuro concedes, cum nihil unquam a te obtinere velimus nisi quod te deceat impertiri, tuum per omnia zelantes honorem et commodum procu-

---
(77) Vide supra epist. 153.

rantes. Ad ea igitur obtinenda et exsequenda, quantum cum Deo possumus, tam illa quæ nuper per tuos nuntios postulasti quam et alia quæ per teipsum duxeris postulanda venerabilem fratrem nostrum Hugolinum Ostiensem episcopum et dilectum filium Leonem tituli Sanctæ Crucis presbyterum cardinalem, apostolicæ sedis legatos, viros utique providos et honestos, quos inter cæteros fratres nostros speciali diligimus charitate, ad tuam præsentiam destinamus, serenitatem regiam rogantes attentius et monentes quatenus eos sicut personam nostram devote suscipias et benigne pertractes, ipsorum salubribus monitis et consiliis acquiescens, plenam de ipsis tanquam de nobis fiduciam obtinendo quoniam ad tuum commodum et honorem efficaciter aspirabunt. Ad hæc, regalem deposcimus excellentiam quatenus clericos et Ecclesias diligas et honores, manuteneas et defendas, ut devotus ac pius princeps in omnibus comproberis.

Datum Laterani, xvii Kal. Februarii, pontificatus nostri anno undecimo.

CLXXX.
ARCHIEPISCOPIS ET EPISCOPIS, ET DILECTIS FILIIS ABBATIBUS ET ALIIS ECCLESIARUM PRÆLATIS IN TEUTONIA CONSTITUTIS.

Cum acceptam angelus dudum phialam iracundiæ Dei plenam in populos Teutonicos effudisset, effusa est contentio super principes eorumdem; qui diuturnitate schismatis et hostilitate contriti, quasi de torculari suæ contribulationis expressum calicem iræ Dei profundum et latum non solum ipsi bibere, verum etiam aliis propinarunt. Dominus autem, qui cogitat consilium, non afflictionis, sed pacis, reprobans consilia principum, et cogitationes dissipans populorum, ab eis tandem discordiæ causam abstulit, ipsosque ad viam concordiæ revocavit. Quapropter nos, qui ex officii nostri debito ad hujusmodi scandalum removendum indefessa sollicitudine laboravimus, non possumus non gaudere quod fidelis Dominus sperantes in se tentari ultra quam possent sustinere non pertulit, et in ira misericordiæ memor factus flagellum dignæ suæ indignationis avertit, faciens ita multos ipsius disciplina proficere quod exercitatis per eam pacatum videtur fructum justitiæ reddidisse. Jam per Dei gratiam non pœnitet nos constanter cursum cœpti cucurrisse certaminis, jam feliciter Dominus labores nostri consummavit agonis, jam illa Gamalielis sententia nostrum probat a Domino processisse consilium, jam humana vis impedire non potuit cœlestis voluntatis effectum. Nam Altissimus id disposuit; et quis potuit interrumpere? Omnipotens hoc decrevit; et quis valuit immutare? Æmulabaris hactenus te ad invicem, Teutonia omnis, et in partes divisa, mutuis te animositatum tuarum simultatibus conterebas. Immisso namque desuper in te spiritu circumferebare vertiginis et erroris freno, quod juxta prophetam erat in maxillis populorum, abducta per graves circuitus ducebaris. Filii quippe tui fœdera fraterna dissolverant, et invidiæ sauciati livoribus sese passim alter alterutrum trucidabant. Vocaverat enim Dominus exercituum in te tempus in quo juxta vaticinium sancti viri vir non parceret fratri suo, et quasi carnem brachii sui unoquoque vorante, Manassen Ephraim, et Ephraim offenderet Manassen. Hinc igitur non tu sola, quinimo pene totus offendebatur populus Christianus, lugentibus equidem viis Sion, ideo quod non essent qui solemnitates Dominicas visitarent. Ora Deum canentium ex magna parte conclusa torpebant, cultuque divino per usum bellicum minorato, hostilibus impendebatur excubiis quod spiritualibus vigiliis debebatur. Denique terra sancta debita sibi et lugebat et luget suffragia defuisse; quæ pro peccatis nostris in extremam necessitatem perducta, operas et impensas quibus ipsa juvari potuerat in domesticæ cladis excidium frustra pertransisse deplorat. Ut de malis cæteris taceamus, quæ præter multiplicem desolationem regni dudum in seipso divisi universam quoque Dei Ecclesiam offendebant. Nos autem pericula tot et tanta videntes, nimiaque scandalizantium charitate perusti, duro compassionis eorum frixorio frigebamur; ac scientes opera justitiæ pacem esse, justitiæ non desuimus, donec Dominus de cœlo prospexit et multo a nobis studio procuratæ initia pacis dedit, potens adhuc in tantum eam sua gratia dilatare ut juxta prophetantis eloquium populus suus in pulchritudine pacis sedeat et plebs ejus in justitiæ tabernaculis ac requie opulenta quiescat. Quia igitur plagam quæ de novo circumligata est negligi non oportet, eo quod custodita potest ad perfectam sanitatem proficere, neglecta vero in deteriorem corruptelam redire, venerabilem fratrem nostrum Hugolinum Ostiensem episcopum et dilectum filium Leonem tituli Sanctæ Crucis presbyterum cardinalem, apostolicæ sedis legatos, viros utique providos et honestos, quos inter cæteros fratres nostros speciali charitate diligimus, ad partes ipsas duximus destinandos, qui more prudentium medicorum, prout quævis morbi cura poposcerit, vinum sciant et oleum superfundere, ac pace jam ex parte in imperio reformata, satagant unumquemque perfectius informare; commissa sibi pariter potestate dissipandi et evellendi, ædificandi nihilominus et plantandi quæ utrorumlibet horum opera noverint indigere. Quocirca universitatem vestram rogamus attentius et monemus, per apostolica vobis scripta præcipiendo mandantes quatenus eos, imo nos in ipsis, cum debito suscipientes honore, providis monitis et mandatis ipsorum efficaciter intendatis. Alioquin sententiam quam tulerint in rebelles ratam habebimus et usque ad satisfactionem condignam, auctore Domino, faciemus inviolabiliter observari.

Datum Laterani, xvii Kal. Februarii, anno undecimo.

CLXXXI.
ARCHIEPISCOPIS ET EPISCOPIS IN TEUTONIA CONSTITUTIS.

(78) Cum olim ex officii nostri debito de pace in imperio reformanda sollicitudo nos indefessa pulsaret, de cujus scissura ipsi non tantum imperio, verum etiam orbi pene toti grave periculum imminebat, consilium nobis incidit ut per legatos nostros de matrimonio contrahendo inter charissimum in Christo filium nostrum illustrem regem Ottonem in Romanorum imperatorem electum et inclytæ recordationis Philippi ducis Sueviæ primogenitam tractaretur. Postmodum autem eodem duce a filio Belial nequiter interfecto, cum adhuc de scissuræ periculo non minus quam antea timeretur, præfato regi nostras litteras destinavimus ut ad consummationem hujusmodi matrimonii secure procederet si sibi cognosceret expedire. Interim autem, cum jam, Domino imperante, ventis et mari tranquillitas redire coepisset, et redeuntibus ad cor multis ac eidem regi fideliter adhærentibus, de pace spes firmior haberetur, idem rex per suas a nobis litteras postulavit ut cum inter ipsum et memoratam puellam linea consanguinitatis existeret, super eorum dispensare conjugio dignaremur. Cui nos meminimus respondisse quod licet necessitas dispensandi jam ex magna parte cessasset, super hoc tamen vicem nostram nostris eramus commissuri legatis quos pro causis Ecclesiæ ac imperii disponebamus ad ejus præsentiam in proximo destinare. Quia igitur dictus rex super dispensatione matrimonii prælibati, quod dicitur jam jurasse, nobis iterum cum multa instantia supplicavit, forsan prudenter intelligens per præmissum consilium, in quo nulla de consanguinitatis linea mentio habebatur, non esse super consanguinitatis linea dispensatum sed hoc sibi consultum ut ad matrimonii consummationem procederet legitime quidem, dispensatione videlicet præobtenta, ut sic et quantum ad conscientiam et quantum etiam ad Ecclesiam matrimonium ipsum legitimum haberetur, venerabili fratri nostro Hugolino Ostiensi episcopo et dilecto filio Leoni tituli Sanctæ Crucis presbytero cardinali, apostolicæ sedis legatis, dedimus in præceptis ut inquisita et cognita veritate, si urgens necessitas et evidens utilitas pro pace in imperio reformanda hujusmodi matrimonium contrahi postularint, ipsi auctoritate nostra suffulti super illo contrahendo dispensent. Nos autem quod ab eis super hoc provide factum fuerit ratum habebimus, et decernimus illud inviolabiliter observandum.

Datum Laterani, xvii Kal. Februarii, pontificatus nostri anno undecimo.

CLXXXII.
HUGOLINO OSTIENSI EPISCOPO ET LEONI TITULI SANCTÆ CRUCIS PRESBYTERO CARDINALI APOSTOLICÆ SEDIS LEGATIS.

Cum olim ex officii nostri debito, etc., *in eumdem modum ut in alia usque* legitimum haberetur, discretioni vestræ per apostolica scripta præcipiendo mandamus quatenus, inquisita et cognita veritate, si urgens necessitas et evidens utilitas pro pace in imperio reformanda hujusmodi matrimonium contrahi postularint, vos auctoritate nostra suffulti super illo contrahendo dispensare curetis. Nos autem quod a vobis super hoc provide factum fuerit ratum habebimus, et decernimus illud inviolabiliter observandum.

Datum, *ut supra.*

CLXXXIII.
EISDEM.

(79) Plenam gerentes de vestra discretione fiduciam, negotium Papembergensis episcopi sub hac forma duximus committendum ut si super nece claræ memoriæ Philippi ducis Sueviæ, accusatore contra eum legitimo comparente, culpabilis coram vobis fuerit comprobatus, vos eum sublato cujuslibet contradictionis et appellationis obstaculo ab omni officio et beneficio ecclesiastico deponatis. Alioquin indicatis ei purgationem canonicam; in qua si forte defecerit eadem ipsum censura damnetis. Quod si legitime se purgaverit, denuntietis eum super objecto crimine penitus innocentem. Ante omnia providentes, ut si quid contra eum vel ejus Ecclesiam est perperam attentatum, in statum debitum revocetur.

Datum, *ut supra in altera.*

CLXXXIV.
MAGDEBURGENSI ARCHIEPISCOPO.

Firmam gerimus de tua sinceritate fiduciam ut nostrum desideres beneplacitum adimplere, cum et nos ad tuum profectum efficaciter intendamus. Quocirca fraternitatem tuam rogandam duximus et monendam, per apostolica tibi scripta mandantes quatenus ad ea feliciter promovenda quæ venerabilis frater noster Hugolinus Ostiensis episcopus et dilectus filius Leo, tituli Sanctæ Crucis presbyter cardinalis, apostolicæ sedis legati, tibi ex parte nostra suggesserint diligens studium et operam efficacem impendas; ita quod in iis tuam devotionem experti, grata tibi debeamus vicissitudine respondere.

Datum Laterani, xvii Kal. Februarii, pontificatus nostri anno undecimo.

CLXXXV.
POTESTATIBUS, CONSULIBUS, ET POPULIS CIVITATUM LOMBARDIÆ.

Quemadmodum vultis ut charissimus in Christo filius noster illustris rex Otto in Romanorum imperatorem electus jura vestra vobis integra et illæsa conservet, ita vos sibi debetis imperii jura illæsa et integra conservare : ad quæ utrinque servanda nos, qui summi Mediatoris, licet indigni, locum obtinemus in terris, tam ipsum quam vos debemus inducere studio diligenti. Cum igitur idem rex venerabilem fratrem nostrum Walterum

---

(78) Vide supra epist. 178.

(79) Vide supra epist. 139, et lib. ii, epist. 220.

patriarcham, Aquileiensem legatum, statuerit in Italia pro negotiis imperii procurandis, universitatem vestram rogandam duximus et monendam, per apostolica vobis scripta mandantes quatenus ei super iis quæ ad jus imperii pertinere noscuntur efficaciter intendatis, ut sicut pro ipso apud vos interponimus partes nostras, ita, si necessitas postulaverit, pro vobis apud ipsum partes nostras interponere debeamus.

Datum Laterani, v Kal. Martii, pontificatus nostri anno XII.

In eumdem modum potestatibus, consulibus et populis civitatum Tusciæ ad imperium pertinentium.

CLXXXVI.
WALTERO PATRIARCHÆ AQUELEGENSI.

Gratum gerimus et acceptum quod ad mandatum nostrum charissimo in Christo filio nostro illustri regi Ottoni in Romanorum imperatorem electo fideliter adhæsisti, quodque ad mandatum ipsius suscepisti legationem pro ipso in Italia exercendam, cum pro certo credamus quod hujusmodi legationis officium ad honorem et profectum tam Ecclesiæ quam imperii tanquam mediator idoneus intendas utiliter exercere. Ut autem id validius exsequaris, ecce juxta petitionem tuam scribimus potestatibus, consulibus et populis civitatum Lombardiæ ac Tusciæ ad imperium pertinentium prout magis vidimus expedire. Super eo vero quod de terra comittissæ Mathildis nobis per latorem præsentium intimasti, hoc tibi duximus respondendum, ut eam ex mandato prædicti regis repetas nomine nostro, et ad opus Ecclesiæ Romanæ recipias, si fuerit restituta, cum idem rex eam nobis recuperare promiserit, sicut apparet ex rescripto litterarum suarum, quarum tenorem præsenti pagina tibi mittimus interclusum : quem per omnia te volumus observare, ne contra promissum ipsius et contra jus nostrum te forte, quod absit ! venire contingat. Ego Otto, etc., *ut supra epist.* 86, *usque Ludovici.*

Datum Lateran, etc., *ut supra.*

CLXXXVII.
LITTERÆ REGIS OTTONIS ILLUSTRIS IN ROMANORUM IMPERATOREM ELECTI AD DOMINUM PAPAM.

Reverendo in Christo Patri domino INNOCENTIO sacrosanctæ Romanæ Ecclesiæ summo pontifici, OTTO Dei ac sui gratia Romanorum rex et semper Augustus, salutem et debitum filialis dilectionis affectum.

Nuntii nostri M. notarius noster et magister Hug. capellanus noster, quos ad vestram destinaveramus præsentiam, ad nos reversi, nobis intimarunt cum quanta ipsos receperitis alacritate, et quod exaltatio nostra et honoris nostri promotio, quam per eos intellexistis, et gaudium vobis multiplex generavit et de ægritudinis molestia, qua tenebamini, personam vestram ad pristinam reduxit sanitatem. Quapropter paternitati vestræ immensas exsolventes gratiarum actiones, scire vos volumus certissime quod optatos eventus nostros post Deum vobis ascribimus, et omnem gloriam qua divina nos dignata fuerit clementia sublimare cum Romana Ecclesia habere semper cupimus pro indiviso, non immerito perpendentes quod ipsa nullo unquam in tempore suum nobis subtraxerit auxilium et favorem. Siquidem vestræ sanctitati duximus intimandum a quibusdam veridica nos accepisse relatione quod filius imperatoris Henrici damnum et malum nobis velit, et ut nostram et imperii turbare valeat quietem, idem quoscunque potest et precibus et promissis ad hoc inducit et hortatur. Unde cum imperii tranquillitas et regiæ eminentiæ finalis promotio a vestra adhuc, sicut hactenus, prudentia pendere videatur, apostolatus vestri æquitatem omni precum instantia rogamus et monemus, supplicantes vobis quatenus præfato puero consilium et auxilium vestrum ad sua contra nos subtrahatis negotia, et ea quæ sibi ad præsens expedire possint, sicut de vobis confidimus, nullatenus faciatis, sicut nobis et vobis utile erit, usquedum, Deo auxiliante, nos ad partes Italiæ et ad vos veniamus, personaliter vobiscum collocuturi. Sicut enim hucusque in negotiis imperii per omnia vestris obtemperavimus consiliis et mandatis, sic quoque deinceps quæcunque jusseritis non recusabimus ; et si Deus aliquando optatæ præsentiæ vestræ copiam nobis dederit, nos juxta consilium vestrum pro communi commodo et pace Ecclesiæ cum sæpefato puero ad honorem imperii et ipsius componere curabimus utilitatem. Cætera præsentium labor dilectus filius familiaris notarius noster magister H. cujus dictis fidem adhibeatis indubitatam.

CLXXXVIII.
ILLUSTRI REGI OTTONI IN ROMANORUM IMPERATOREM ELECTO.

Cum charissimus in Christo filius noster Fredericus Siciliæ rex illustris tam ex paterna quam materna dispositione finali sit apostolicæ curæ ac tutelæ relictus, ipseque totum regnum Siciliæ a Romana teneat et recognoscat Ecclesia, sicut idem nobis, tanquam vassallus domino, ratione fidelitatis debet astringi, sic nos eidem, tanquam dominus vassallo, ratione legalitatis debemus adesse. Unde super iis quæ ad regnum ipsius pertinere noscuntur nec volumus nec debemus ei nostrum subtrahere auxilium vel favorem, cum secundum Apostolum omnibus simus in justitia debitores. Porro nec ipsi nec alii nostrum contra te disposuimus favorem vel auxilium impertiri, quem tantopere studuimus promovere ; cum pro certo speremus quod, sicut per tuas nobis litteras intimasti, tuos optatos eventus post Deum nobis ascribas, et omnem gloriam qua te divina dignata fuerit clementia sublimare cum Romana velis Ecclesia pro indiviso semper habere, absque dubio recognoscens quod deficientibus cæteris, ipsa tibi nunquam subtraxerit, sed suum semper intenderit auxilium et favorem. Receptis igitur et intellectis apicibus quos per dilectum filium latorem præsentium regalis nobis sublimitas destinavit, hoc tibi duximus rescribendum, quod de plenitudine gratiæ nostræ securus, de qua nec debuisti nec debes aliquatenus dubitare, tuam secundum Deum exerceas potestatem ; cum quo si corde puto recte processeris, ipse in viam salutis et pacis diriget gressus tuos.

Datum Laterani, vi Idus Martii, pontificatus nostri anno duodecimo.

CLXXXIX.
SACRAMENTUM FIDEI AB OTTONE EXHIBITUM.

In nomine sanctæ et individuæ Trinitatis. Otto quartus, divina favente clementia, Romanorum rex et semper Augustus. Recognoscentes ab eo nostræ promotionis donum misericorditer processisse a quo est omne datum optimum et omne donum perfectum, ipsum ejusque vicarium et sponsam ejus sanctam Ecclesiam disposuimus et decrevimus magnifice honorare, ut qui nobis in præsenti temporale contulit regnum, in futuro quoque tribuat sempiternum. Proinde vobis, revendissime Pater et domine, summe pontifex Innocenti, quos pro multis beneficiis nobis impensis sincerissimo veneramur affectu, vestrisque catholicis successoribus et Ecclesiæ Romanæ omnem obedientiam, honorificentiam et reverentiam semper humili corde ac devoto spiritu impendemus quam prædecessores nostri reges et imperatores catholici vestris antecessoribus impendisse noscuntur ; nihil ex iis volentes diminui, sed magis augeri, ut nostra devotio clarius enitescat. Illum igitur abolere volentes abusum quem interdum quidam prædecessorum nostrorum exercuisse dicuntur in electionibus prælatorum, concedimus et sancimus ut electiones prælatorum libere ac canonice fiant, quatenus ille præficiatur Ecclesiæ viduatæ quem totum capitulum vel major et sanior pars ipsius duxerit eligendum, dummodo nihil ei obstet de canonicis institutis. Appellationes autem in negotiis et causis ecclesiasticis ad apostolicam sedem libere fiant, eorumque prosecutionem sive processum nullus impedire præsumat. Illum quoque dimittimus et refutamus abusum quem in occupandis bonis decedentium prælatorum aut etiam Ecclesiarum vacantium nostri consueverunt antecessores committere pro motu propriæ voluntatis. Omnia vero spiritualia vobis et aliis Ecclesiarum prælatis relinquimus libere disponenda, ut quæ sunt Cæsaris Cæsari, et quæ sunt Dei Deo recta distributione reddantur. Super eradicando autem hæreticæ pravitatis errore auxilium dabimus et operam efficacem. Possessiones etiam quas Ecclesia Romana recuperavit ab antecessoribus nostris seu quibuslibet aliis ante detentas liberas et quietas sibi dimittimus, et ipsam ad eas retinendas bona fide promittimus adjuvare. Quas vero nondum recuperavit, ad recuperandum pro viribus erimus adjutores ; et quæcunque ad manus nostras devenient, sine difficultate ei restituere satagemus. Ad has pertinet tota terra quæ est a Radicofano usque Ceperanum, marchia Anconitana, ducatus Spoletanus, terra comitissæ Mathildis, comitatus Britennorii, exarchatus Ravennæ, Pentapolis, cum aliis adjacentibus terris expressis in multis privilegiis imperatorum et regum a tempore Ludovici, ut eas habeat Romana Ecclesia in perpetuum, cum omni jurisdictione, districtu, et honore suo. Verumtamen cum ad recipiendam coronam imperii vel pro necessitatibus Ecclesiæ ab apostolica sede vocati venerimus, de mandato summi pontificis recipiemus procurationes sive fodrum ab illis. Adjutores etiam erimus ab retinendum et defendendum Ecclesiæ Romanæ regnum Siciliæ ac cætera jura quæ ad eam pertinere noscuntur, tanquam devotus filius et catholicus princeps. Ut autem hæc omnia memorato sanctissimo Patri nostro Innocentio sacrosanctæ Romanæ Ecclesiæ summo pontifici ejusque successoribus per nos et nostros successores Romanos imperatores et reges observentur, firmaque et inconcussa semper permaneant, præsens privilegium conscriptum majestatis nostræ aurea bulla jussimus communiri.

SIGNUM DOMINI OTTONIS QUARTI ROMANORUM REGIS INVICTISSIMI.

Ego Conradus Spirensis episcopus vice domini Siffridi Maguntini archiepiscopi et totius Germaniæ archicancellarii, regalis aulæ cancellarius, recognovi.

Acta sunt hæc anno Dominicæ Incarnationis millesimo ducentesimo nono, indictione duodecima, regnante domino Ottone quarto Romanorum rege glorioso, anno regni ejus undecimo.

Datum apud Spiram, xi. Kalend. Aprilis.

CXC.
LITTERÆ OTTONIS REGIS AD DOMINUM PAPAM.

Reverendo in Christo domino et Patri suo dilectissimo Innocentio sacrosanctæ Romanæ Ecclesiæ summo pontifici, Otto Dei gratia Romanorum rex semper Augustus, salutem in Domino et totius filialis dilectionis plenitudinem.

Cum nos omnem honorem nostrum, quem obtinendo Romanum imperium, licet cum multo labore et sudore, post Deum vobis ascribimus, non immerito nobis de vobis est præsumendum et in sanctitate vestra est confidendum quod vos de omni prosperitate et salute nostra sub affectu paternæ dilectionis nobis congaudere debeatis. Significamus igitur vestræ sanctitati quod nos juxta honorem nostrum et imperii feliciter dispositis et ordinatis in Alemannia nostris et imperii negotiis, cum exercitu forti et glorioso montes magnos transivimus, et jam ad Padum transmeavimus, processuri ad vos ut recipiamus a manu vestra benedicta benedictionem et consecrationem diadematis imperialis. Receptis denique nuntiis vestris, quos ad nos transmiseratis, videlicet Andrea subdiacono et clerico vestro, et Thurando fratre hospitalis Sancti Joannis, auditis quoque omnibus iis quæ ipsi nobis ex parte vestra prudenter et discrete proposuerunt, et iis plene intellectis, habito consilio principum et fidelium nostrorum, nuntios nostros, honestos et solemnes latores præsentium, dilectos fideles nostros, videlicet Conradum Spirensem episcopum et regalis aulæ nostræ cancellarium, Cunradum Brixinensem episcopum, Joannem Cameracensem episcopum, et Henricum Mantuanum episcopum, et magistrum Henricum scholasticum Sancti Gereonis in Colonia, Gunzelinum seneschalcum nostrum, Cunonem camerarium nostrum, H. de Finabuche, viros utique providos et honestos, ad præsentiam vestræ sanctitatis duximus destinandos, verbum nostrum ad vos deferendum ipsis plenissime committentes. Mandamus igitur vobis et omni precum vos instantia rogamus ut vos iis omnibus fidem indubitatam adhibeatis quæ ipsi ex parte nostra vestræ proposuerint paternitati.

CXCI.
ILLUSTRI REGI OTTONI IN ROMANORUM IMPERATOREM ELECTO.

Quantum auxilii et favoris impenderimus tibi, charissime fili, ad imperium obtinendum totus pene orbis agnoscit, et opera protestantur quæ perhibent testimonium veritati, teste Veritate quæ dicit: *Arbor ex fructu cognoscitur* (Matth. XII), id est, charitas ab effectu. Licet ergo ferventes et efficaces fuerimus ad tuum promovendum honorem tam in principio quam in medio, longe tamen ferventiores et efficaciores esse desideramus in fine, ut ex omni parte cognoscas dilectionis affectum quam ad tuam regalem personam habemus; pro certo sperantes quod tu semper tantæ dilectionis memor existens, grata nobis curabis vicissitudine respondere; cum etsi tua nobis devotio valde sit necessaria, nostra tamen dilectio multum sit tibi omni tempore opportuna. Recepimus igitur honorabiles tuæ sublimitatis nuntios honorifice ac benigne. Quibus diligenter auditis, gratum solito more curavimus dare responsum. Ut autem intentionis nostræ propositum tibi plenius innotescat, mittimus ad tuam regalem præsentiam dilectos filios nobilem virum Petrum urbis præfectum et magistrum Philippum notarium nostrum; quibus fidem adhibeas super iis quæ tibi ex parte nostra duxerint proponenda, providens diligenter ut consilium nostrum exsequi non postponas.

CXCII.

Otto Dei gratia Romanorum rex et semper Augustus.

Notum fieri volumus universis præsentem paginam intuentibus quod nos juramenta securitatis venerabilibus Patribus nostris Innocentio papæ et cardinalibus sanctæ Romanæ Ecclesiæ et rerum ipsorum et totius populi Romani in coronatione nostra, illuc eundo, ibi stando, et inde redeundo, quæ principes, comites, barones, nobiles et alii imperii fideles de mandato nostro et in nostra fecerunt præsentia, rata habemus, et ea secundum quod in scripto distinctum, et bona fide utrinque est intellectum, nos observaturos promittimus, et firmiter et inviolabiliter faciemus observari.

Datum in castris in Montemalo, IV Non. Octob., indictione decima tertia.

CXCIII.
SUMMO PONTIFICI.

Reverendo in Christo domino et Patri suo sanctissimo Innocentio sacrosanctæ Romanæ Ecclesiæ summo pontifici, Otto Dei gratia Romanorum imperator semper Augustus, salutem et filialis dilectionis plenitudinem.

Desiderium nostrum jamdiu in corde nostro conceptum per misericordiam Dei et per gratiam vestram nunc est adimpletum, videlicet quod faciem vestram vidimus desideratam, et quod a manu vestra benedicta gloriose coronam suscepimus imperialem. Super quo et Deo et vobis, qui vicem ejus geritis, etsi non debitas, quas tamen possumus gratiarum exsolvimus actiones. Verum cum apud vos essemus et apud Viterbium et hic Romæ, tantum spatium temporis habere non potuimus quod nos super iis ad plenum vobis loqui non poteramus quæ honorem Dei et salutem sacrosanctæ Romanæ Ecclesiæ et quietem necessariam totius Ecclesiæ respicere viderentur. Summum igitur desiderium super iis loqui vobis habentes, mandamus vobis et humillima et devotissima vos precum rogamus instantia ut vos principaliter propter Deum et pro salute totius Ecclesiæ et populi Christiani in aliquo loco nobis et vobis congruo loqui nobis dignemini. Tantum enim desiderium est cordis nostri vobis loquendi quod antequam remaneat tam salubre negotium, quod provenire potest ad commodum et salutem universæ Dei Ecclesiæ, nos ipsum corpus nostrum periculo mortis supponere non formidamus, et sub periculo personæ nostræ ad vos urbem intrare decrevimus. Attendat tamen sanctitas vestra quod magnum periculum in introitu in urbem toti Ecclesiæ posset provenire.

CXCIV.
OTTONI ILLUSTRI ROMANORUM IMPERATORI SEMPER AUGUSTO.

Si commode posset fieri, procul dubio expediret ut ad invicem loqueremur; sicut tu ipse desideras, et nos etiam affectamus. Sed pensatis omnibus circumstantiis, non videmus qualiter hoc ad præsens commode valeat adimpleri propter multiplices causas, quarum aliquas per latorem præsentium magistrum Joannem capellanum tuum imperiali prudentiæ intimamus. Rogamus igitur et monemus tuam imperatoriam dignitatem quatenus hoc pro malo non habeas, cum non voluntatis affectus sed necessitatis articulus sit in causa. Verum quod per nos ipsos ad præsens personaliter effici nequit, per aliquem fidelem et providum internuntium poterit adimpleri, qui utriusque reportet ad alterum quantumlibet secretum mentis arcanum. De negotio vero terræ quod dilectus filius S. camerarius noster ex tua nobis parte proposuit, hoc tibi duximus respondendum, ut et tu modum excogites ad tuum et nostrum redundantem honorem, et nos excogitabimus modum ad tuum et nostrum commodum pertinentem.

Datum Laterani, v Idus Octobris, pontificatus nostri anno duodecimo.

APPENDIX AD REGESTA.

PRIMA COLLECTIO DECRETALIUM
INNOCENTII III

Ex tribus primis Regestorum ejus libris composita a RAINERIO diacono et monacho Pomposiano, nunc primum in lucem edita ex vetustissimo codice ms. S. Theodorici Remensis.

(Baluz. *Evist. Innocentii III*, t. I, p. 543.)

PRÆFATIO.

Venerabili viro, scientia et morum honestate præclaro, domino Jo. Dei gratia sacerdoti et monacho, reverendo domini papæ capellano, RAINERIUS diaconus et monachus Pomposianus, post secundos vitæ præsentis successus, æternæ felicitatis gaudium obtinere.

Cupientes nonnulli, qui de diversis et ultimis etiam mundi partibus ad apostolicam sedem accedunt, audire sapientiam nostri temporis Salomonis, nec non et multi alii honesti viri atque prudentes, qui nobiscum præsentialiter conversantur, justitias et judicia ipsius in scriptis habere, me vobiscum pariter suis precibus induxerunt ut aliquod temporis spatium aliis occupationibus meis subripiens, in eis ordinandis expenderem et in uno volumine sub certis titulis compilandis. Quorum votis, meæ conditionis considerans famulatum, sicut debui, tam devote quam humiliter obedivi, et ad laudem et gloriam nominis ejus, legentiumque profectum, quæque optima ex registris ejusdem, primi videlicet, secundi, et tertii anni, defloraus in hoc opusculo plenissima, quantum ad decretales et decreta pertinet, auctoritate congessi; licet quædam, quia diversos in se continens casus, intercidenda duxerim, ut sub competentibus sibi titulis locarentur. Ex sententiis autem et quibusdam epistolis partes illas quæ ad jus faciunt duntaxat accipiens, præmissis competenter aptavi; dictumque opusculum, quia plus cæteris institistis ut me, licet ægrotum, vix quiescere permiseritis, et arctioris mihi estis vinculo charitatis astrictus, vobis primo direxi. Titulos autem ejusdem sub uno aspectu locavi, ut ad inquisitionem cujuscunque rei quam continet aliquod videar compendium attulisse.

I *Si personæ divinæ proprium nomen possint habere.*
II. *Quod sacerdotium majus sit regno.*
III. *De primatu apostolicæ sedis.*
IV. *De electione et qualitate eligendorum.*
V *Ne translatio electorum in episcopos, post confirmationem, præter assensum Romani pontificis fiat.*
VI *Quod metropolitanus ex justa causa potest vices suas in consecratione episcopi suo suffraganeo delegare.*
VII. *Ne simplices sacerdotes quæ solis episcopis competunt ex consuetudine sibi usurpent.*
VIII. *Quod tempus suspensionis a sex mensibus per Lateranense concilium in ecclesiasticis beneficiis conferendis positis suppetat.*
IX. *De procurationibus non augmentandis.*
X. *De procurationibus legatorum apostolicæ sedis.*
XI. *De decimis.*
XII. *De nuntiis Hospitalariorum cruce falso signatis, et laicis qui officium prædicationis sibi usurpant.*
XIII. *De hæreticis et eis qui eos receptant.*
XIV. *De falsariis.*
XV. *De rescriptis et eorum interpretationibus.*
XVI. *De abrenuntiatione.*
XVII. *De circumventione.*
XVIII. *De his quæ vi metusve causa geruntur.*
XIX. *De licitis et illicitis juramentis.*
XX. *De notoriis et canonica purgatione.*
XXI. *De inquisitione culparum.*
XXII. *Quæ probationes in Simonia productæ recipiantur.*
XXIII. *De testibus ad exceptiones probandas et infamiam alicujus purgandam productis.*
XXIV. *De testibus ante litem contestatam productis et appellatione.*
XXV. *De crimine usurarum.*
XXVI. *De restitutione.*
XXVII. *Si quis deficiat in exceptione probanda.*
XXVIII. *Quod judiciarius vigor gratis sit omnibus exhibendus.*
XXIX. *De sententia et re judicata.*
XXX. *De sententia excommunicationis.*
XXXI. *De his qui excommunicati ad ecclesiasticos ordines promoventur.*
XXXII. *De his qui minores ordines et subdiaconatum vel duos sacros simul recipiunt.*
XXXIII. *De clericis qui favorem pugnantibus præstant et homicidiis sponte vel non sponte commissis.*
XXXIV. *De his qui ad ecclesiam confugiunt.*
XXXV. *Quod monasteria monachorum possint in canonicas regulares converti.*
XXXVI. *Si regulares ad sæculares ecclesias possint in prælatos assumi.*
XXXVII. *Quod canonici regulares ad religionem Hospitalariorum transire non possint.*
XXXVIII. *De veto et habitus susceptione.*
XXXIX. *De matrimonio.*
XL. *De legitimis filiis.*

TITULUS PRIMUS.

Si personæ divinæ proprium nomen possint habere.

INNOCENTIUS PAPA III PETRO COMPOSTELLANO ARCHI-EPISCOPO.

(1) Apostolicæ servitutis officium, quo sapientibus sumus et insipientibus debitores, usque adeo mentem nostram variis occupationibus aggravat, obtundit ingenium, et deprimit intellectum, ut vix consultationibus tuis, præsertim super tam subtili et sublimi materia, nos permiserit respondere. Verum quoniam illius charitatis sinceritas, qua te inter fratres et coepiscopos nostros speciali prærogativa diligimus, non permittit ut quidquam tuæ fraternitati negemus quod facturi essemus ad instantiam alicujus, quasi furantes horulas occupationibus ipsis, quæ nobis solito plus incumbunt, et otium utcunque captantes, ut non otiose tuas videamur litteras audivisse (quamvis in talibus, juxta verbum apostoli Jacobi admonentis ut cum quis indiget sapientia, postulet a Deo, qui dat omnibus affluenter et non improperat, et dabitur ei, magis recurrendum sit ad orationis suffragium quam ingenium rationis); quod nobis Dominus inspiravit tuis consultationibus respondemus. Credimus igitur hæc vocabula: *Pater et Filius et Spiritus sanctus*, non esse propria, sed communia, tanquam nomina relativa, personas utique appellantia, sed significantia nationes, quamvis ad interrogationem hujusmodi: *Quis genuit Filium? Pater* respondeatur; quia secundum theologicam disciplinam, per hanc interrogationem de propria qualitate non quæritur, sed de personali proprietate. Unde cum quæritur quis genuit Filium, Pater congrue respondetur; quia utique nomen personarum Patrem appellat, sed significat notionem quæ Patris personam distinguit. Habent enim singulæ facultates proprias rationes, nec in eis in uno modo significant nomina semper et verba, sicut tua fraternitas non ignorat: quæ non solum est in his sufficienter instructa, verum etiam alios sufficienter instruxit. Utrum autem personæ divinæ proprium nomen possint habere quæsivisti. Porro cum in persona divina non sit nisi relatio vel essentia, si persona divina proprium nomen haberet, illud utique relationem vel essentiam designaret. Si relationem, esset igitur relativum. Non ergo proprium, cum relativum proprium esse non possit. Si autem essentiam, esset ergo essentiale. Quocirca proprium non existeret, cum essentiale sit tribus commune. Sic ergo videtur quod nec natura nec natura divina proprium nomen possit habere. Sed cum proprium sit pronominis pro proprio nomine poni, et tam persona quam natura divina pronomine designetur, persona cum dicitur: *Ego hodie genui te* (Psal. II); natura, cum dicitur: *Ego sum qui sum* (Exod. III); profecto videtur quod proprium nomen possit habere, cum sit etiam res discreta. Ego vero solebam concedere, quando scholasticis studiis incumbebam, quod tam persona quam natura

A divina proprium nomen poterat habuisse. Nam eadem res, sive negotio sive natura dicatur, diversis modis significatur in Deo, nunc absolute, nunc respective. Sicut enim natura divina respective significatur hoc nomine: *Dominus*, sic notio relativa significaretur absolute nomine proprio, non tanquam personalis relatio, sed tanquam proprietas singularis. Illud itaque nomen proprium significaret quidem relationem, non tamen existeret relativum; quia non eam significaret respective, sed absolute. Si tamen dicatur quod nulla proprietas est in persona divina quæ non sit notio relativa, quod plerique non dicunt, asserentes præter relationes alias in personis divinis existere notiones, qui super hoc facilius responderent. Similis autem quæstio potest de hoc nomine, *persona*, moveri, secundum quod supponit hypostasim, non usiam. Sed simili quæstioni similis est solutio adhibenda. Porro cum tres dicantur esse notiones in Patre, videlicet innascibilitas, paternitas, inspiratio, non absurde posset inquiri quænam illarum significaret proprium nomen Patris quasi propria qualitate. Si tamen unam significaret earum, quæ non potius aliquam quæ est illa, cur etiam magis unam quam aliam, et utrum quamlibet significaret earum. Hujus autem quæstionis solutio pendet ex illa veteri quæstione qua dicitur utrum personales proprietates sint ipsæ personæ, utrumve tres tantum proprietates sint in tribus personis, aut etiam utrumque vel plures; et secundum diversitatem opinionum diversis modis hæc quæstio solvetur. Proprium quoque nomen essentiæ commune foret ad tria nomina propria personarum ab invicem remotiva, qua naturam rei natura nominis sequeretur, quæ res sit cum ipsa sit singularis, est tamen tribus personis communis.

Quæsisti præterea utrum proprium nomen filii conveniret homini qui est Christus, et utrum possit proprium nomen hominis illius inveniri, quasi datum ab ejus propria qualitate, quæ locum accidentis tenere videtur in Christo, cum et sine ipsa quandoque fuerit et cum ipsa, quamvis accidens vere non sit, cum ad quid soleat responderi, utrum etiam unum proprium nomen secundum unam naturam, et alterum secundum alteram, et tertium forte secundum utramque posset habere. Sed hujus quæstionis solutio maxime pendet ex illa difficili quæstione qua dicitur quid prædicet hoc nomen, *homo*, de Christo. Nam secundum illos qui dicunt quod ipsum de illo prædicat habitum, non posset proprium nomen habere quasi datum ex propria qualitate, cum secundum eorum sententiam ex anima et carne Christi nulla constet substantia vel persona, nec magis posset inveniri proprium nomen illius quod æquipolleret huic tertio: *Iste homo*, quam isti tertio, *Hic humanatus*, cum secundum eos alterum sit alterius æquipollens. Porro secundum illos qui dicunt quod hoc nomen, *homo*, de Christo prædicat speciem, ita quod Christus est duo, unum æternum

---

(1) Edita ab Ant. August. in Addendis ad tertiam Collect. decretal.

secundum divinam naturam, et aliud temporale secundum humanam, facile potest nomen illius hominis inveniri, nec esset super hoc difficile respondere. Cæterum illi qui dicunt quod hoc nomen, *homo*, de Christo revera secundum speciem prædicatur, ipse tamen Christus est unum solum, quia Verbum non hominem sed humanitatem assumpsit ut esset homo, difficilius huic quæstioni respondent. Unde posito quod hoc nomen, *Jesus*, sit proprium nomen illius hominis impositum ei ex sua propria qualitate, ut æquipolleat huic tertio, *iste homo*, coguntur concedere quod Jesus ab æterno fuit Deus, non tamen dictus ab æterno fuit Jesus. Et licet hoc nomen, *Jesus*, non sit accidentale, dicitur tamen ad similitudinem accidentis, quia natura nominis naturam rei, sicut prædiximus imitatur. Unde licet illa propria qualitas substantialis sit Christo, qui tamen Christus aliquando fuit cum illa, et aliquando sine illa, oportet in multis de illa tanquam esset accidentalis proprietas responderi. Posito igitur, gratia disputandi, nos ante tempus Incarnationis existere, cogimur quidem concedere quod Jesus erit et est, non tamen Jesus est et erit, neque Jesus est vel non est, sed non Jesus est. Nam hoc nomen, *Jesus*, supponit personam Filii, quæ semper est, ut æterna, et circa illam significat propriam hominis qualitatem, quæ non semper existit, ut res temporalis. Et ideo ratione personæ suppositæ, quæ semper existit, hæc propositio non est vera : *Jesus non est*. Sed et ratione significatæ qualitatis, quæ nondum existit, hæc similiter non est vera, *Jesus est*. Hanc tamen concedimus, *non Jesus est*, quia negatio præcedens exstinguit, secundum interposita separat. Et ideo concedimus exstincturam, sed separativam negamus. Nec est hæc propositio quasi vel positiva falsi, nugatoria, vel incongrua, *Jesus est vel non est*, sicut nec ista, *Antichristus est vel non est*, cum id proprii nominis proprietas non sustineat. De Antichristo tamen concedimus quod Antichristus non est. Sed de Jesu omnino negamus, cum persona quæ supponitur illo nomine sit, etsi proprietas quæ significatur illo nomine non existat. Verum hæc quæstio valde difficilis est, et inter theologicas quæstiones magis est disputabilis, hinc inde copiosas habens et validas rationes ; de qua non est ad præsens amplius prosequendum, cum nec de illa principaliter sit quæsitum. Licet autem hoc nomen, *Jesus*, secundum interpretationem ipsius videatur impositum ab effectu, quod angelus ostendit, cum ait : *Ipse enim salvum faciet populum suum a peccatis eorum* (*Matth.* 1), quia tamen evangelista testatur quod post dies octo, cum circumcideretur puer, vocatum est nomen ejus Jesus, quando solebat proprium nomen imponi, negari non debet quin ipsum sit proprium nomen illius, datum nihilominus ex propria qualitate, quod inveniri potest in multis exemplis circa liberales etiam facultates. Porro secundum naturam divinam filius proprium nomen non habet, nisi forsan haberet proprium nomen naturæ ; quod non esset proprium nomen personæ, cum ipsum tribus personis univoce conveniret. Sed in divina natura posset habere proprium nomen personæ, quod non significaret naturam, sed, ut prædictum est, notionem quasi propriam qualitatem. Et per hoc noveris quæstionem illam esse solutam, utrum videlicet unum nomen secundum unam naturam, et alterum secundum alteram, et tertium secundum utramque, possit habere ; licet hoc nomen, *Emmanuel*, quod interpretatur *nobiscum Deus*, secundum utramque naturam ei competere videatur. Sed hujusmodi nomina non tam pro impositione nominis improprii dici videntur quam pro appellatione vel interpretatione quæ nulli alii conveniret. Sicut autem plerisque videtur quod res extrapraedicamentales proprias qualitates non habent, quibus tamen plerumque propria nomina imponuntur, præsertim illi qui negant formas formis inesse, sic forsan et personæ divinæ propria nomina possent habere quæ distincte quidem et discrete appellarent ipsas personas, sed non significarent in eis proprias qualitates. Hæc ergo tibi scholastico more respondemus. Sed si oporteat nos more apostolico respondere, simplicius quidem sed cautius respondemus, quod humana mortalitas proprium nomen secundum proprietatem ipsius quod videlicet certum et determinatum tum exprimeret intellectum, non posse imponere Deo sive personæ sive naturæ divinæ, cum Deus tanquam incomprehensibilis et immensus non possit in hac mortali vita certa determinatione vel determinata certitudine comprehendi, cum quid non sit possit intelligi, sed quid sit non possit agnosci : sicut ipse dicit de se : *Non me videbit homo et vivet* (*Exod.* xxxiii). Et Joannes inquit de illo : *Deum nemo vidit unquam* (*Joan.* 1), quod non de corporali sed de intellectuali visione debet intelligi, cum nec in hac vita mortali nec in illa vita perenni Deus corporaliter videatur, quia non est corpus sed spiritus. Inhabitat enim lucem inaccessibilem. Et ideo investigator majestatis opprimetur a gloria, quantum accedit ad cor altum, et exaltabitur Deus. Quod bene significatum est Moysi, qui stans in petra vidit posteriora Domini transeuntis. Quia sicut homo visus a tergo scitur utique quod sit homo, sed quis homo nescitur, ita quidem quod Deus sit modo scimus, sed quid Deus sit ignoramus. Unde cum requisitus esset a Moyse quod est nomen ejus, respondit : *Ego sum qui sum. Sic dices filiis Israel : Qui est misit me ad vos. Hoc mihi nomen est in æternum* (*Exod.* iii), non propriam sed communem appellationem respondens, quæ tamen convenit ei soli secundum proprium vel appropriatum potius intellectum, qui solus essentialiter est, cui non est aliud esse quam quod est ipse. Non enim meminimus nos in divina Scriptura proprium nomen Dei legisse, nisi proprium forte dicatur quia non convenit alteri, juxta quem modum Deus proprium nomen habet, quod videlicet convenit ei soli, ut hoc nomen, *Adonay*, quod ipse se dicit Abraham,

Isaac et Jacob minime indicasse. Comprehensores autem, qui Deum facie ad faciem contemplantur, nominum significatione non indigent, quia rem ipsam pleno per se conspiciunt intellectu, cognoscentes sicut et cogniti sunt, non per verbum humanum instructi, sed per verbum divinum edocti, nec excitati per vocem, sed certificati per speciem, illa videlicet intellectuali specie visionis de qua Filius inquit ad Patrem : *Hæc est vita æterna, ut cognoscant te solum verum Deum et quem misisti Jesum Christum* (*Joan.* xvii). Quia igitur illud necesse non fuit, et nobis utile non fuisset, ideo propria nomina divinæ non sunt imposita majestati ; sed cùm pronomina de illa dicuntur, magis profecto dicuntur ad discretionem alterius quam ad determinationem ipsius ; cum juxta sapientiam cujusdam sapientis verior sit de cœlo negatio quam affirmatio. Sugas igitur mel de petra et oleum de saxo durissimo, semper habens nostri memoriam in tuis orationibus apud Deum.

TITULUS II.
Quod sacerdotium majus sit regno.
IDEM NUNTIIS DUCIS PHILIPPI.

In Genesi legimus quod Melchisedech fuit rex et sacerdos, sed rex Salem, et sacerdos Altissimi, civitatis videlicet rex, et Divinitatis sacerdos. Sane si distat inter civitatem et divinitatem, distat utique inter regem et sacerdotem. Nam etsi Melchisedech in figuram Christi præcesserit, quod habet in vestimento et in femore suo scriptum : *Rex regum et Dominus dominantium, sacerdos in æternum secundum ordinem Melchisedech* (*Psal.* cix), ad notandum concordiam quæ inter regnum et sacerdotium debet existere, propter quod et ipse Christus secundum naturam carnis assumptæ de stirpe regali pariter et sacerdotali descendit, ad notandum tamen præeminentiam quam sacerdotium habet ad regnum, cum Abraham rediret a cæde regum, dedit Melchisedech ex omnibus decimas, qui benedixit ei proferens panem et vinum. Erat enim sacerdos Altissimi. Dignior autem est qui decimas recipit quam qui tribuit, et minor qui benedicitur quam qui benedicit, juxta quod probat Apostolus, qui de hoc ipso loquitur dicens : *Sine ulla contradictione minus a meliore benedicitur* (*Hebr.* vii). Qui volens ostendere sacerdotium evangelicum dignius esse Levitico, probat illud per hoc quod Levi fuit in lumbis Abrahæ decimatus quando Abraham dedit decimam Melchisedech quasi minor majori. Licet autem tam reges quam sacerdotes ungantur ex lege divina, reges tamen unguntur a sacerdotibus, non sacerdotes a regibus. Minor est autem qui ungitur quam qui ungit, et dignior est ungens quam unctus. Propter quod et ipse Christus, cui dictum est per Prophetam : *Unxit te Deus, Deus tuus, oleo lætitiæ præ consortibus tuis* (*Psal.* xliv), Patrem ungentem asserit se uncto majorem. *Pater,* inquit, *major me est* (*Joan.* xiv). Nam Pater est ungens secundum quod Deus, Filius autem est unctus in quantum est homo. Qui cum in forma Dei esset, non rapinam arbitratus est esse se æqualem Deo, sed se exinanivit formam servi accipiens, in similitudinem hominum factus, et habitu inventus ut homo. Hinc est quod Deus sacerdotes vocavit deos, reges autem principes appellavit. *Diis,* inquit, *non detrahes, et principi populi tui non maledices* (*Exod.* xxii). Et servo qui maluerit remanere cum domino dicit ut offerat eum diis, id est sacerdotibus, et perforabit aurem ejus subula, et erit ei servus in sæculum. Sed et propter dignitatem officii sacerdos angelus appellatur, dicente Domino per prophetam : *Labia sacerdotis custodiunt scientiam, et legem requires ex ore ejus, quia angelus Dei est* (*Malach.* ii). Dictum est etiam, non a quolibet, sed a Deo, non cuilibet, sed prophetæ, non utique de semine regio, sed de sacerdotibus qui erant in Anathot : *Constitui te super gentes et regna, ut evellas et destruas, ædifices et plantes* (*Jer.* i). Simile dicitur Petro, sed excellentius. *Tu es,* inquit, *Petrus, et super hanc petram ædificabo Ecclesiam meam* ; et : *Quodcunque ligaveris super terram erit ligatum et in cœlis, et quodcunque solveris super terram, erit solutum et in cœlis* (*Matth.* xvi). Illi dictum est : *Constitui te super gentes et regna.* Isti dictum est : *Tu es Petrus,* etc. Illi dictum est : *Evellas,* etc. Isti dicitur : *Quodcunque ligaveris,* etc. Et quodcunque solveris, etc. Illi dictum est : *Ne timeas a facie eorum ; quia ego tecum sum, ut eruam te* (*Jer.* i). Isti dicitur : *Portæ inferi non prævalebunt adversus eam* (*Matth.* xvi). Principibus datur potestas in terris, sacerdotibus autem potestas tribuitur et in cœlis. Illis solummodo super corpora, istis etiam super animas. Unde quanto dignior est anima corpore, tanto dignius est sacerdotium quam sit regnum. Petro legitur vas ostensum quatuor linteis submissum de cœlo, in quo continebantur omnia animantia, volatilia, quadrupedia et reptilia, munda pariter et immunda; et dictum est ei : *Macta et manduca* (*Act.* x). Macta vitia et manduca virtutes. Macta errorem et manduca fidem, quasi evellas, ædifices, et plantes; quia singuli singulas habent provincias, et singuli reges singula regna. Sed Petrus, sicut plenitudine, sic et latitudine, præeminet universis ; quia vicarius est ejus cujus est terra et plenitudo ejus, orbis terrarum et universi qui habitant in ea. Porro sicut sacerdotium dignitate præcellit, sic et antiquitate præcedit. Utrumque, tam regnum quam sacerdotium, constitutum fuit in populo Dei; sed sacerdotium per ordinationem divinam, regnum autem per extorsionem humanam. De sacerdotio namque præcepit Dominus Moysi ; *Applica,* inquit, *ad me Aaron fratrem tuum et filios ejus de medio filiorum Israel, ut sacerdotio fungantur* (*Exod.* xxviii). De regno vero dicit Dominus Samueli : *Audi vocem populi petentis regem. Non enim te abjecerunt, sed me, ne regnem super eos* (*I Reg.* viii). Verum inter Moysem et Samuelem, inter Aaron primum sacerdotem et Saulem primum regem, fuerunt tempora judicum, in quibus multi anni fluxerunt. Ne quis autem objiciat quod etsi sacerdotium præcesserit regnum in populo Judæorum, regnum tamen præcessit sacerdotium in populo gentium (nam Belus cœpit primo regnare super Assyrios post turrem Babel et divisionem linguarum tempore Saruch proavi Abrahæ, cui Ninus filius ejus successit in regnum, qui civitatem magnam construxit, quam a suo nomine Ninivem appellavit. Sed et de Nemrod dicit Scriptura quod principium regni ejus existit Babylon), respondemus profecto, secundum fidem historiæ, quod et hos præcessit Noe, qui fuit rector arcæ, quasi sacerdos Ecclesiæ. Sed ne figuram pro veritate mendicare videamur, proponamus in medium quod Moyses de illo testatur: *Ædificavit*, inquit, *Noe altare Domino, et obtulit holocaustum super altare* (Gen. VIII). Sem quoque primogenitus ejus dicitur fuisse sacerdos, quem Judæi tradunt fuisse Melchisedech et vixisse usque ad tempora Abrahæ. De Cain quoque natus est Enoch, qui primus civitatem ædificavit. Sed de Seth natus est Enos, qui cœpit nomen Domini invocare. Sed utrumque præcessit Abel, qui obtulit de primogenitis gregis sui et de adipibus eorum munera Domino; et respexit Dominus ad Abel et ad munera ejus. Verum in regno et sacerdotio non solum causam institutionis sed et ordinem processus notare debemus. Contra utrumque siquidem in principio motum est scandalum et suscitatum est schisma. Contra sacerdotium Aaron schisma moverunt Chore, Dathan, et Abiron, cum complicibus suis; sed statim eos ultio divina damnavit, quia quosdam ignis, alios terra vivos absorbuit. Contra regnum autem Saulis schisma movit David, non tamen temeritate propria, sed auctoritate divina: qui licet diu fuerit Saulis persecutionem perpessus, demum tamen prævaluit, quia manus Domini erat cum illo. Quid est hoc quod schisma contra sacerdotium non prævaluit, sed succubuit, schisma vero motum contra regem non succubuit, sed prævaluit? Magnæ rei magnum est sacramentum, et forsitan instantis temporis est parabola. Sed aliud intendere videamus. Dicamus quod ideo schisma contra sacerdotium non prævaluit, quia sacerdotium institutum fuit per ordinationem divinam; schisma vero prævaluit contra regem, quia regnum fuit exortum ad petitionem humanam. Sacra vero Scriptura docente didicimus quia non est sapientia, non est consilium contra Deum. Cæterum tempore procedente divisum est simul regnum et sacerdotium. Nam post obitum Salomonis divisum est regnum, quia duæ tribus solummodo Roboam adhæserunt. Cæteræ vero tribus secutæ sunt Jeroboam. Sed qui pauciores obtinuit, ipse habuit Jerusalem sedem regiam, templum et sacerdotium. Reliqua autem, quoniam his omnibus caruit, etsi plures haberet, sicut regnum divisit, voluit etiam dividere sacerdotium; et fecit duos vitulos aureos, quorum unum in Dan, alterum in Bethel, fanumque construxit et ædificavit altare, constituens sacerdotes non de levitis. Venit propheta in sermone Domini, et Jeroboam stante super altare et thus jaciente, inter cætera dixit: *Hoc erit signum quod locutus est Dominus. Ecce altare scindetur, et effundetur cinis qui est in eo* (III Reg. XIII). Quod cum rex audisset, extendit manum, et ait: *Apprehendite eum* (ibid.). Et exaruit manus ejus, quam extenderat contra ipsum. Altare quoque scissum est, et effusus est cinis. Ecce statim a Deo vindicatum est schisma contra sacerdotium suscitatum, divisio vero regni permansit inter Judæam et Israel usque ad transmigrationem et captivitatem Judaicam. Porro quod accidit in veteri testamento, contigit in novo. Et ne longe petantur exempla, divisum est simul regnum et sacerdotium tempore Innocentii papæ et regis Lotharii. Contra Innocentium intrusus est Anacletus, contra Lotharium vero Conradus. Sed prævaluit uterque Catholicus, Innocentius videlicet et Lotharius, quoniam Innocentius coronavit Lotharium, et succubuit uterque schismaticus, Anacletus videlicet et Conradus, quia veritas præjudicat falsitati. Deinde schisma divisit Ecclesiam tempore Alexandri et imperium in unitate permansit tempore Frederici. Sed idem imperator, non ut defensor, sed ut persecutor Ecclesiæ, schisma fovit et favit schismaticis. Porro schisma periit cum schismaticis, et fomentum cum fautoribus est confusum. Nunc autem Ecclesia per Dei gratiam in unitate consistit, et imperium peccatis exigentibus est divisum. Verum Ecclesia non sic illi retribuit quemadmodum illud Ecclesiæ, quia super ejus divisione condolet et compatitur, pro eo maxime quod principes ejus maculam posuerunt in gloriam et infamiam in honorem, libertatem et dignitatem ipsius pariter confundentes. Verum ad apostolicam sedem jampridem fuerat recurrendum, ad quam negotium istud principaliter et finaliter dignoscitur pertinere; principaliter, quia ipsa transtulit imperium ab Oriente in Occidentem; finaliter, quia ipsa concedit coronam imperii.

IDEM ALEXIO CONSTANTINOPOLIS IMPERATORI.

(2) Solitæ benignitatis affectu recepimus litteras quas per dilectum filium J. archidiaconum Durachii, virum providum et fidelem, imperialis nobis excellentia destinavit, per quas intelleximus quod litteræ quas per dilectum filium J. capellanum nostrum tunc apostolicæ sedis legatum tibi transmisimus, imperio tuo præsentatæ fuerant et perlectæ. Mirata est imperialis sublimitas, sicut per easdem litteras nobis intimasti, quod te visi fuimus aliquantulum increpare, licet non increpandi animo sed affectu potius commovendi quod scripsimus meminerimus nos scripsisse. Huic autem tuæ admirationi non causam sed occasionem præbuit, sicut ex eisdem conjecimus litteris, quod legisti beatum Petrum apostolorum principem sic scripsisse: *Subjecti estote omni*

---

(2) Cap. 1 De major. et obed. in tertia Collect. et in Gestis Innoc. III.

humanæ creaturæ propter Deum, sive regi tanquam præcellenti, sive ducibus tanquam a Deo missis ad vindictam malefactorum, laudem vero bonorum (I Petr. II). Volens enim, de quo nos rationabilius admiramur, imperatoria celsitudo per hæc et alia quæ induxit imperium sacerdotio dignitate ac potestate præferre, ex auctoritate præmissa triplex trahere voluit argumentum : primum ex eo quod legitur, *subjecti estote*, secundum ex eo quod sequitur, *regi tanquam præcellenti*, tertium ex eo quod est subsequenter adjunctum, *ad vindictam malefactorum, laudem vero bonorum*. Per primum subesse sacerdotium, per secundum imperium præeminere, per tertium imperatores tam in sacerdotes quam in laicos jurisdictionem, imo etiam gladii potestatem accepisse præsumens. Cum enim et boni quidam sint sacerdotes, et quidam eorum malefactores existant, is qui secundum Apostolum gladium portat ad vindictam malefactorum, laudem vero bonorum, in malefacientes presbyteros excessus præsumptos ultore potest gladio vindicare, cum inter presbyteros et alios apostolus non distinguat. Verum si et personam loquentis et eorum ad quos loquebatur ac vim locutionis diligentius attendisses, scribentis non expressisses taliter intellectum. Scribebat enim apostolus subditis suis, et eos ad humilitatis meritum provocabat. Si enim per id quod dixit *subjecti estote*, sacerdotio imponere voluit jugum subjectionis et eis auctoritatem prælationis conferre quibus eos subjectos esse monebat, sequitur ex hoc quod etiam servus quilibet in sacerdotes imperium accepisset, cum dicatur *omni humanæ creaturæ*. Quod autem sequitur : *regi tanquam præcellenti*, non negamus quin præcellat in temporalibus imperator, illis duntaxat qui ab eo recipiunt temporalia. Sed pontifex in spiritualibus antecellit, quæ tanto sunt temporalibus digniora quanto corpori est anima præferenda. Licet nec simpliciter dictum fuerit, *subjecti estote*, sed additum *propter Deum;* nec pure scriptum sit : *regi præcellenti*, sed interpositum forsitan non sine causa sit *tanquam*. Quod autem sequitur : *ad vindictam malefactorum, laudem vero bonorum*, intelligendum non est quod rex vel imperator super omnes, et bonos et malos, gladii potestatem acceperit, sed in eos solummodo qui utentes gladio, ejus sunt jurisdictioni commissi, juxta quod Veritas ait : *Omnes qui acceperint gladium, gladio peribunt* (Matth. XXVI). Non enim potest aut debet quisquam servum alterius judicare, cum servus suo domino, secundum Apostolum, stet aut cadat. Ad id etiam induxisti quod, licet Moyses et Aaron secundum carnem fratres exstiterint, Moyses tamen princeps populi, et Aaron sacerdotii potestate præerat, et Jesus successor ipsius imperium in sacerdotes accepit. David quoque rex Abiathar pontifici præeminebat. Cæterum licet Moyses dux populi fuerit, fuit etiam et sacerdos, qui Aaron in sacerdotem unxit, et cui propheta sacerdotium recognoscens : *Moyses*, inquit, *et Aaron in sacerdotibus ejus* (Levit. VII). Quod vero de Jesu, id est Josue, ad commendandam prælationem ejus scripsisti, magis secundum spiritum quam litteram debet intelligi, quia, secundum Apostolum, *Littera occidit, spiritus autem vivificat* (II Cor. III), pro eo quod ipse veri Jesu figuram expressit, qui populum suum in terram promissionis induxit. David etiam, quamvis diadema regium obtineret, Abiathar sacerdoti non tam ex dignitate regia quam auctoritate prophetica imperabat. Verum quidquid olim fuerit in veteri testamento, nunc aliud est in novo, ex quo Christus factus est sacerdos in æternum secundum ordinem Melchisedech, qui se non ut rex, sed ut sacerdos in ara crucis obtulit Deo Patri, per quam genus redemit humanum, circa illum præcipue qui successor est apostoli Petri et vicarius Jesu Christi. Potuisses autem prærogativam sacerdotii ex eo intelligere potius quod dictum est, non a quolibet, sed a Deo, non regi, sed sacerdoti, nec de regia stirpe, sed de sacerdotali prosapia descendenti, de sacerdotibus videlicet qui erant in Anathot : *Ecce constitui te super gentes et regna, ut evellas et dissipes, ædifices et plantes* (Jer. I). Dictum est etiam in lege divina : *Diis non detrahes, et principem populi tui non maledices* (Exod. XXII), quæ sacerdotes regibus anteponens, istos deos et illos principes appellavit. Præterea nosse debueras quod fecit Deus duo magna luminaria in firmamento cœli, luminare majus ut præesset diei, et luminare minus ut præesset nocti, utrumque magnum, sed alterum majus, quia nomine cœli designatur Ecclesia, juxta quod Veritas ait : *Simile est regnum cœlorum homini patrifamilias, qui summo mane conduxit operarios in vineam suam* (Matth. XX). Per diem vero spiritualis accipitur, et per noctem carnalis, secundum propheticum testimonium : *Dies diei eructat verbum, et nox nocti judicat scientiam* (Psal. XVIII). Ad firmamentum igitur cœli, hoc est universalis Ecclesiæ, fecit Deus duo luminaria magna, id est duas magnas instituit dignitates, quæ sunt pontificalis auctoritas et regalis potestas. Sed illa quæ præest diebus, id est spiritualibus, major est; quæ vero noctibus, id est carnalibus, minor; ut quanta est inter solem et lunam, tanta inter pontifices et reges differentia cognoscatur (3). Hoc autem si prudenter attenderet imperatoria celsitudo, non faceret aut permitteret venerabilem fratrem patriarcham Constantinopolitanum, magnum quidem et honorabile membrum Ecclesiæ, juxta scabellum pedum suorum in sinistra parte sedere, cum alii reges et principes archiepiscopis et episcopis suis, sicut debent, reverenter assurgant et eis juxta se honorabilem sedem assignent. Nam et piissimus Constantinus quantum honoris exhibuerit sacerdotibus, tua, sicut credimus, prudentia non ignorat. Nos autem, etsi non increpando scripserimus, potuissemus

---

(3) Vide supra lib. I, epist. 401, et lib. II, epist. 294.

tamen rationabilius increpare, cum beatus Paulus apostolus episcopum instruens ad Timotheum scripsisse legatur: *Prædica verbum, insta opportune importune, argue, obsecra, increpa in omni patientia et doctrina* (*II Tim.* IV). Non enim os nostrum debet esse ligatum, sed patere debet ad omnes, ne secundum prophetam simus canes muti non valentes latrare. Unde correctio nostra tibi non debuit esse molesta, sed magis accepta; quia pater filium quem diligit corripit, et Deus quos amat arguit et castigat. Debitum igitur pastoralis officii exsequimur cum obsecramus, arguimus, increpamus, et non solum alios, sed imperatores et reges opportune et importune ad ea studeamus inducere quæ divinæ sunt placita majestati. Nobis enim in beato Petro sunt oves Christi commissæ, dicente Domino: *Pasce oves meas* (*Joan.* XXI), non distinguens inter has oves et alias, ut alienum a suo demonstraret ovili qui Petrum et successores ipsius magistros non recognosceret et pastores. Ut illud tanquam notissimum omittamus quod Dominus inquit ad Petrum et in Petro dixit ad successores ipsius: *Quodcunque ligaveris super terram*, etc. (*Matth.* XVI), nil excipiens qui dixit: *Quodcunque*. Verum his diutius insistere nolumus, ne vel contendere videamur vel in hujusmodi delectari, cum si gloriari expediat, non in honore sed onere, non in magnitudine sed sollicitudine sit potius gloriandum, cum et Apostolus in infirmitatibus glorietur. Novimus esse scriptum: *Omnis qui se exaltat humiliabitur*, etc. (*Luc.* XVIII.) Et iterum: *Quanto major es, humilia te in omnibus* (*Eccli.* III). Et alibi: *Deus superbis resistit, humilibus dat gloriam* (*Jacob.* IV). Propter quod exaltationem nostram in humilitate ponimus, et humilitatem nostram exaltationem maximam reputamus. Unde etiam servos, non solum Dei, sed et servorum Dei nos esse scribimus et fatemur, et tam sapientibus quam insipientibus secundum Apostolum debitores. Utrum autem imperatoriam excellentiam ad bonum et utile per litteras nostras duxerimus invitandam, utrum justa tibi suggesserimus et honesta, tua celsitudo discernat, cum nonnisi ad unitatem Ecclesiæ ac terræ Hierosolymitanæ subsidium nos te meminerimus invitasse. Inspiret igitur menti tuæ is qui ubi vult spirat, et qui habet corda principum in manu sua, ut consiliis nostris et monitis acquiescas et id agas quod ad honorem divini nominis et Christianæ religionis augmentum et salutem animæ tuæ merito deceat provenire. Nos autem, quidquid tu egeris, quod expedire noverimus faciemus. Utinam autem illum egregium prædecessorem tuum inclytæ recordationis Manuelem imperatorem satageres in devotione sedis apostolicæ verbis et operibus melius imitari, ut per ejus auxilium et consilium, sicut illi, sic tibi et imperio tuo melius proveniret, saltem amodo supplens quod hactenus neglexisti. Prædictus autem archidiaconus quod a nobis audivit excellentiæ tuæ poterit fideliter intimare.

(4) Lib. I, epist. 401.

IDEM NOBILIBUS VIRIS ACERBO PRIORI ET ALIIS RECTORIBUS TUSCIÆ ET DUCATUS.

(4) Sicut universitatis conditor Deus duo magna luminaria in firmamento cœli constituit, luminare majus ut præesset diei, et luminare minus ut præesset nocti, sic ad firmamentum universalis Ecclesiæ, quæ cœli nomine nuncupatur, duas magnas instituit dignitates majorem: quæ quasi diebus animabus præesset, et minorem, quæ quasi noctibus præesset corporibus, quæ sunt pontificalis auctoritas et regalis potestas. Porro sicut luna lumen suum a sole sortitur, quæ revera minor est illo quantitate simul et qualitate, situ pariter et effectu, sic regalis potestas ab auctoritate pontificali suæ sortitur dignitatis splendorem; cujus conspectui quanto magis inhæret, tanto majori lumine decoratur, et quo plus ab ejus elongatur aspectu, eo plus deficit in splendore. Utraque vero potestas sui primatus sedem in Italia meruit obtinere, quæ dispositione divina super universas provincias obtinuit principatum. Et ideo licet ad universas provincias nostræ provisionis aciem extendere debeamus, specialiter tamen Italiæ paterna nos convenit sollicitudine providere, in qua Christianæ religionis fundamentum existit, et per apostolicæ sedis primatum sacerdotii simul et regni præeminet principatus.

TITULUS III.
De primatu sedis apostolicæ.

IDEM PATRIARCHÆ CONSTANTINOPOLITANO.

(5) Apostolicæ sedis primatus, quem non homo sed Deus, imo verius Deus homo constituit, multis quidem et evangelicis et apostolicis testimoniis comprobatur, a quibus postmodum constitutiones canonicæ processerunt, concorditer asserentes sacrosanctam Romanam Ecclesiam in beato Petro apostolorum principe consecratam quasi magistram et matrem cæteris præeminere. Hic enim cum interrogant Domino quem homines dicerent esse Filium hominis, aliis opinionibus referentibus aliorum, ipse, velut verus inter cæteros primus, cum esse Christum Dei vivi Filium respondisset, audire promeruit: *Tu es Petrus, et super hanc petram ædificabo Ecclesiam meam* (*Matth.* XVI); et post pauca: *Tibi dabo claves regni cœlorum* (*ibid.*). Nam licet primum et præcipuum Ecclesiæ fundamentum sit unigenitus Dei Filius Jesus Christus, juxta quod dicit Apostolus: *Quia fundamentum positum est præter quod aliud poni non potest, quod est Christus Jesus* (*I Cor.* III), secundum tamen et secundarium Ecclesiæ fundamentum est Petrus, etsi non tempore primus, auctoritate tamen præcipuus inter cæteros; de quibus Paulus inquit apostolus: *Jam non estis hospites et advenæ, sed estis cives sanctorum et domestici Dei, superædificati super fundamentum apostolorum et prophetarum, ipso summo angulari lapide Christo Jesu* (*Ephes.* II). Quos et fundamenta esse in montibus sanctis David propheta testatur. Hujus etiam primatum Veritas

(5) Lib. II, epist. 209, et in Gestis Innocentii III.

per se ipsam expressit, cum inquit ad eum : *Tu vocaberis Cephas (Joan.* 1), quod etsi Petrus interpretatur, caput tamen exponitur; ut sicut caput inter cætera membra corporis, velut in quo viget plenitudo sensuum, obtinet principatum, sic Petrus inter apostolos, et successores ipsius inter universos Ecclesiarum prælatos, prærogativa præcelleret dignitatis; vocatis sic cæteris in partem sollicitud'ris ut nihil ei de potestatis plenitudine deperiret. Huic Dominus oves suas pascendas vocabulo tertio repetito commisit; ut alienus a grege Dominico censeretur qui cum etiam in successoribus suis noluerit habere pastorem. Non enim inter has oves et illas distinxit, sed simpliciter inquit : *Pasce oves meas (Joan.* xxi), ut omnes omnino intelligantur ei esse commissæ. Jacobus enim frater Domini, qui videbatur columna esse, Hierosolyma sola contentus, ut ibi semen fratris præmortui suscitaret ubi fuerat crucifixus, Petro non solum universam Ecclesiam sed totum reliquit sæculum gubernandum. Quod ex eo etiam evidenter apparet, quia cum Dominus apparuisset in littore discipulis navigantibus, sciens Petrus quod Dominus esset, se misit in mare, et aliis navigio venientibus, ipse sine beneficio navis ad Dominum festinavit. Cum enim mare mundum designet juxta verbum Psalmistæ dicentis : *Hoc mare magnum et spatiosum, illic reptilia quorum non est numerus (Psal.* ciii), per hoc quod Petrus se misit in mare, privilegium expressit pontificii singularis, per quod universum orbem susceperat gubernandum; cæteris apostolis vehiculo navis contentis, cum nulli eorum universus fuerit orbis commissus, sed singulis singulæ provinciæ vel Ecclesiæ potius deputatæ. Iterum etiam, ut se unicum Christi vicarium designaret, ad Dominum super aquas mirabiliter ambulantem et ipse super aquas maris mirabiliter ambulavit. Nam cum aquæ multæ sint populi multi, congregationes aquarum sint maria, per hoc quod Petrus super aquas maris incessit, super universos populos se potestatem accepisse monstravit. Pro eo Dominus se orasse fatetur inquiens in articulo passionis : *Ego pro te rogavi, Petre, ut non deficiat fides tua. Et tu aliquando conversus confirma fratres tuos (Luc.* xxii); ex hoc innuens manifeste quod successores ipsius a fide catholica nullo unquam tempore deviarent, sed revocarent magis alios, et confirmarent etiam hæsitantes; per hoc sic ei confirmandi alios potestatem indulgens ut aliis necessitatem imponeret obsequendi. Quod et tunc Petrus agere cœpit cum quibusdam ex discipulis abeuntibus retro, et *Durus est hic sermo (Joan.* vi) dicentibus, cum dixisset Jesus ad duodecim : *Nunquid et vos vultis abire (ibid.),* solus ipse respondit pro cæteris : *Domine, ad quem ibimus? verba vitæ æternæ habes,* etc. (*Ibid.*) Huic præterea dictum in Evangelio et audisti sæpius et legisti : *Quodcunque ligaveris super terram,* etc. (*Matth.* xvi). Quod si omnibus etiam apostolis simul dictum esse reperias, non tamen aliis sine ipso, sed ipsi sine aliis attributum esse recognosces ligandi et solvendi a Domino facultatem; ut quod non alii sine ipso, ipse sine aliis posset ex privilegio sibi collato a Domino concessa plenitudine potestatis. Ad quod nimirum videtur illud non incongrue pertinere quod ipse solus legitur interrogasse Jesum : *Si peccaverit in me frater meus, dimittam ei usque septies? (Matth.* xviii.) Et ei soli legitur Jesus respondisse : *Non dico tibi usque septies, sed usque septuagies septies (ibid.).* Quia profecto universitatis septenarius est numerus, eo quod omne tempus septenario dierum numero noscitur comprehendi. Septenarius ergo numerus in se ipsum multiplicatus, in hoc loco significat universa universorum peccata, quia solus Petrus potest non solum omnia sed omnium crimina relaxare. Demum post passionem suam Dominus Petro dixisse legitur : *Tu me sequere (Joan.* xxi); quod utique non tam de sequela perferendæ passionis quam creditæ dispensationis debet intelligi, cum et Andreas et quidam alii præter Petrum sicut Dominus fuerint crucifixi; sed solum Petrum substituit sibi Dominus et in officio vicarium et in magisterio successorem. Unde post ascensionem Domini Petrus, velut successor ipsius, regere cœpit Ecclesiam, ad complerdum duodenarium discipulorum numerum loco Judæ prævaricatoris ex verbis prophetæ alium instituens et faciens subrogari, et recepto Paracleto, discipulos non musto repletos, sed Spiritus sancti gratia illustratos, ex verbis Joelis apertius comprobavit. Hic pœnitentiam agere jussit, et baptizari credentes. Hic inter discipulos, curando claudum, primus fuit miraculum operatus; et in Ananiam et Saphiram uxorem ipsius tanquam primus et præcipuus inter eos, quia mentiti fuerant Spiritui sancto, mortis sententiam promulgavit. Hic Simoniacæ pestis radicem contra primitivam Ecclesiam pullulantem apostolica falce succidit, solus in Simonem Magum sententiam damnationis promulgans, licet non ei soli sed omnibus communiter pecuniam obtulisset. Ipse præterea cum in cum mentis cecidisset excessum, vidit cœlum apertum, et descendens vas quoddam, velut linteum magnum, quatuor initiis de cœlo in terram submitti, quia omnia quadrupedia et serpentia terræ ac cœli volatilia continebat, Et cum facta esset vox dicentis ad eum : *Surge, Petre, macta et manduca,* respondit : *Absit, Domine, quia, nunquam immunda et communia manducavi.* Et vox ad eum facta est secundo : *Quod Deus purificavit, tu ne commune dixeris (Act.* x). Per quod innuitur manifeste quod Petrus prælatus fuerit populis universis, cum vas illud orbem et universitas contentorum in eo universas significet tam Judæorum quam gentium nationes.

Qui licet postmodum ex revelatione divina ab Antiochia fuerit translatus ad Urbem, non tamen concessum sibi primatum deseruit, sed secum potius cathedræ transtulit principatum, cum Dominus eum nullatenus minorare voluerit quem Romæ præviderat martyrio coronandum. Sane cum ipse postmodum (imo Dominus potius, qui se in eo pati asseruit, *Venio*, dicens ad eum, *Romam iterum crucifigi*) Romanam Ecclesiam suo sanguine consecrasset, primatum cathedræ successori reliquit, totam in eo transferens plenitudinem potestatis. Pro patre siquidem nati sunt ei filii, quos Dominus constituit principes super omnem terram. Sane cum per navem Petri Ecclesia figuretur, tunc Petrus juxta præceptum Dominicum navem duxit in altum, laxans prædicationis retia in capturam, cum ibi posuit Ecclesiæ principatum ubi vigebat sæcularis potentiæ altitudo et imperialis monarchia residebat, cui fere singulæ nationes, sicut mari flumina, tributa solvebant certis temporibus constituta. Ipse quidem primus Judæos, ipse quoque primus gentiles post ascensionem Christi convertit ad fidem, ut super utrosque fideles se primatum accepisse monstraret, cum ipso die Pentecostes ad verbum exhortationis ipsius circiter tria millia Judæorum baptismi ceperint sacramentum, ac deinde Cornelium centurionem et suos quasi primitias gentium ad revelationem angelicam baptizavit. Cum autem inter apostolos ad consultationem credentium magis fieret conquisitio utrum oporteret circumcidi fideles et legem Mosaicam observari, Petrus principali fretus auctoritate respondit: *Quid tentatis Deum, imponere jugum super cervicem discipulorum, quod neque patres nostri neque nos portare potuimus? (Act.* xv.) Cujus sententiam subsecutus apostolicum super ipsa quæstione decretum Jacobus promulgavit. Paulus etiam postquam abiit in Arabiam, et iterum rediit in Damascum, deinde post tres annos rediit Jerosolymam, ut Petrum videret, cum eo Evangelium quod in gentibus prædicaverat collaturus, ne forte in vacuum curreret aut etiam cucurrisset: cui etiam singularis apostolatus privilegium recognoscens, antonomastice scribit de illo: *Qui operatus est Petro in apostolatum, operatus est et mihi inter gentes (Galat.* II). Ut autem quem Dominus cæteris præfecit privilegio dignitatis, præ cæteris quoque virtutis privilegio decoraret, tantam ei contulit potestatem, quod ad umbram ejus sanabantur infirmi ut in eo intelligatur esse completum quod Dominus dixerat: *Qui credit in me, opera quæ ego facio et ipse faciet, et majora horum faciet (Joan.* xiv). Hæc autem non idcirco præmisimus ut nos, qui ei, licet indigni, successimus in apostolatus officio, extra nos ambulare velimus in magnis aut super nos in mirabilibus exaltare, cum a Domino dictum esse noverimus: *Omnis qui se exaltat humiliabitur, et qui se humiliat exaltabitur (Luc.* xiv). Unde cum inter discipulos ejus quæstio de majoritate fuisset exorta, respondit: *Qui major est inter vos, erit omnium servus; et qui præcessor, tanquam ministrator (Marc.* x); seipsum in exemplo proponens, *quia Filius hominis non venit ministrari, sed ministrare (Matth.* xx). Propter quod et ipse Petrus aiebat: *Non quasi dominantes, sed forma facti gregis ex animo (I Petr.* v). Nam et alia dicit Scriptura: *Quanto major es, humilia te in* omnibus *(Eccli.* III). Et iterum: *Principem te constituerunt; noli extolli; esto in illis quasi unus ex illis. Deus enim superbis resistit, humilibus autem dat gratiam (Eccli.* xxxII). Sed quia per hæc et alia, sicut credimus, quæ tua non debet fraternitas ignorare, apostolicæ sedis magisterium recognoscens, eam super quibusdam dubitationum articulis consulere decrevisti; quod utique gratum gerimus et acceptum, et tuam exinde prudentiam commendamus; non quod extimemus nos quasi sufficientes ex nobis, sed nostra sufficentia ex Deo est, qui dat omnibus affluenter, et non improperat, qui linguas infantium facit disertas, et aperit ora mutorum.

Quæsivisti enim dubitans, et addiscere volens, qua ratione Romanam Ecclesiam unam et universalem in nostris litteris vocaremus, velut in quasdam species specialissimas jam divisam, cum et unus sit pastor et unum ovile, licet sub uno pastorum principe Christo plures sint constituti pastores. Nos autem inquisitioni tuæ taliter respondemus, quod Ecclesia duabus ex causis universalis vocatur. Intelligentia namque dictorum ex causis est assumenda dicendi, cum non res sermoni sed rei sit sermo subjectus. Dicitur enim universalis Ecclesia quæ de universis constat Ecclesiis, quæ Græco vocabulo catholica nominatur. Et secundum hanc acceptionem vocabuli Ecclesia Romana non est universalis Ecclesia, sed pars universalis Ecclesiæ, prima videlicet et præcipua, veluti caput in corpore; quoniam in ea plenitudo potestatis existit, ad cæteros autem pars aliqua plenitudinis derivatur. Et dicitur universalis Ecclesia illa una quæ sub se continet universas. Et secundum hanc nominis rationem Romana tantum Ecclesia universalis nuncupatur, quoniam ipsa sola singulari privilegio dignitatis cæteris est prælata; sicut et Deus universalis Dominus appellatur, non quasi jam divisus in species specialissimas aut etiam subalternas, sed quoniam universa sub ejus dominio continentur. Est enim una generalis Ecclesia, de qua Veritas inquit ad Petrum: *Tu es Petrus, et super hanc petram ædificabo Ecclesiam meam (Matth.* xvi). Et sunt multæ particulares Ecclesiæ, de quibus Apostolus ait: *Instantia mea quotidiana, sollicitudo omnium Ecclesiarum (II Cor.* xi). Ex omnibus una consistit, tanquam ex particularibus generalis; et una præeminet omnibus; quoniam, cum unum sit corpus Ecclesiæ, de quo dicit Apostolus: *Omnes unum corpus sumus in Christo (I Cor.* x), illa, velut caput, cæteris membris excellit. Quæsivisti etiam, et te asseruisti non modicum dubitare, cupiens addiscere causam, quam acceptabilem sine contradictione rationem habentem, cum David de Jerusalem dicat in psalmis matutinis: *Sion dicet: Homo et homo factus est in ea, et ipse fundavit eam Altissimus (Psal.* LXXXVI), utpote in qua Christus dignatus est conversari, prædicare pariter et docere, ac nostram operari salutem, in ea nostræ ponens fidei fundamentum, propter quod deberet mater merito nuncupari, cum ex ea doctrina processerit Salvatoris, cur mater omnium Ecclesiarum Ecclesia Romana dicatur , quæ a Jerosolymitana Ecclesia orthodoxæ fidei sacramenta recepit, cum Apostolus etiam inquiens se usque ad Illyricum Evangelium prædicasse, quod quasi a Jerusalem incœpit evidenter ostendat. Licet autem ex præmissis intelligatur et huic inquisitioni responsum, cum Ecclesia Romana mater dicatur, non ratione temporis, sed ratione potius dignitatis. Nam etsi secundum Joannem Andreas primus venerit ad fidem quam Petrus, prælatus est tamen Petrus Andreæ, cum et in apostolorum catalogo semper primus quasi præcipuus præmittatur; non quod Petrus sit prior tempore, sed potior dignitate, ad omnem tamen dubietatem tollendam tua fraternitas debet distinguere secundum diversas nominis rationes inter Romanam et Jerosolymitanam Ecclesiam, quod illa dicenda sit mater fidei, quoniam ab ea sacramenta fidei processerunt, ista vero dicenda sit mater fidelium, quoniam privilegio dignitatis universis fidelibus est prælata. Sicut etiam Synagoga mater dicitur Ecclesiæ, quoniam ipsa præcessit Ecclesiam, et Ecclesia processit ab ipsa (juxta quod eadem dicit in Canticis: *Filii matris meæ pugnaverunt adversum me ; rursumque paululum cum pertransissem, inveni quem diligit anima mea ; tenui eum, nec dimittam, donec introducam illum in domum matris meæ* [*Cant.* I]), nihilominus tamen Ecclesia mater est generalis, quæ novo semper fetu fecunda concipit, parit et nutrit. Concipit cathechizando quos instruit, parit baptizando quos abluit, nutrit communicando quos reficit. De qua Propheta dicit in psalmo : *Habitare facit sterilem in domo matrem filiorum lætantem* (*Psal.* CXII). Et alius item propheta : *Leva*, inquit, *in circuitu oculos tuos, et vide, omnes isti congregati venere tibi. Filii tui de longe venient, et filiæ tuæ de latere consurgent* (*Isai.* LX).

TITULUS IV.

De electione et qualitate eligendorum.

ARCHIDIACONO ET CAPITULO CAPUANIS.

(6) Cum olim nobis, etc. Cum ex utriusque partis assertione constaret interpositam fuisse appellationem canonicam, quando ne fieret electio nisi canonica secundum mandati nostri tenorem ad nostram fuit audientiam appellatum, videri poterat quod post eam medio tempore nihil debuerit innovari : unde talis electio judicanda erat irrita et inanis, utpote post appellationem canonice interpositam attentata. Sed econtra, cum appellatum fuisset, non ut nulla fieret electio, sed ut fieret canonica, si factum electionis fuit canonice subsecutum , non utique contra formam appellationis hujusmodi sed magis secundum eam videbatur esse processum. Et ideo licet post appellationem, non tamen fuit contra hanc electio celebrata, propter quod non erat aliquatenus irritanda. Nam cum duæ partes et amplius electioni consenserint et consentiant, licet cautum reperiatur in canone ut tunc alter de altera eligatur Ecclesia, cum nullus in propria repertus fuerit idoneus, quia tamen hoc in favorem introductum est clericorum, et cuique licet renuntiare juri quod pro se noscitur introductum, vos, qui duæ partes eratis et amplius, cum quod duæ partes capituli faciunt, totum facere doceatur, in hac parte juri quod pro vobis facere videbatur renuntiare potuistis et electionem de persona alterius Ecclesiæ celebrare, præsertim cum illud decretum locum videatur habere quando clericis renitentibus et invitis per alicujus violentiam potestatis extraneus ingeritur ex adverso (7) : propter quod sequitur in decreto , ut sit facultas clericis renitendi , si se viderint prægravari , et quos ingeri sibi viderint ex adverso, non timeant refutare. Præterea cum sedes apostolica caput omnium Ecclesiarum existat, et Romanus pontifex judex sit ordinarius singulorum, quando de ipsa quis assumitur in prælatum alterius, ei objici posse non videtur , propter capitis privilegium quod obtinet plenitudinem potestatis, quod de alia Ecclesia eligatur, cum a capite membra reputari non debeant aliena. Item cum post appellationem emissam, non ut fieret electio , quia talis appellatio nulla fuisset, sed ut fieret canonica, dictus archidiaconus Teatinus cum suis fautoribus chorum exiisset, et vos illos ut interessent electioni faciendæ vobiscum curassetis sollicite revocare, quoniam ad electionem faciendam accedere noluerunt, alienos se fecisse videntur : propter quod electioni a vobis concorditer celebratæ de jure non posse contradicere videbantur ; præsertim cum idem archidiaconus postea requisitus responderit quod in præsentia nostra vellet suum ei præbere consensum. Et ideo cum secundum statuta Lateranensis concilii, appellatione remota, semper id debeat prævalere quod a pluribus et sanioribus fuerit ordinatum, nisi forte a paucioribus et inferioribus aliquid rationabile fuerit objectum et ostensum , a vobis celebrata electio, tanquam a majori et saniori parte , non obstante contradictione et appellatione paucorum, debebat et poterat rationabiliter confirmari, cum id quod objectum exstitit et ostensum, rationibus præmissis appareat rationabile non fuisse.

His taliter allegatis, quanquam contra personam illius alterius quam elegistis nihil unquam dictum fuerit vel objectum , quia tamen verbum Apostoli dicentis : *Nemini cito manum imponas* (*I Tim.* V), debemus attendere diligenter , ad ea quæ circa personam inquirenda fuerant duximus ex officio nostro, sicut decuit, procedendum. Et quidem cum tria sint in persona electi præcipue requirenda, videlicet ætas legitima, morum honestas , et litteratura sufficiens, licet de honestate morum, tanquam ei qui nobiscum est aliquandiu laudabiliter conver-

(6) Lib. II, epist. 277, et tom. VI *Ital. sac.*, pag. 406.

(7) Cap. *Nullus*, dist. 61.

satus, possimus ipsi laudabile testimonium perhibere, illius quoque litteraturæ, licet non eminentis, tamen convenientis existat, ut pro defectu scientiæ (sicut plenius intelleximus ab his qui eam melius cognoverunt) ab electione non deberet excludi, de legitima tamen ætate plene scire non potuimus veritatem, de qua nec vos, ut accepimus, aliquid cogitastis, cum a multis cujus ætatis existeret curaverimus indagare, a nemine unquam audivimus quod annum ætatis trigesimum attigisset. Cum autem secundum prædicti statuta concilii nullus debeat in episcopum eligi qui trigesimum ætatis non egerit annum, licet senectus venerabilis sit non diuturna nec numero annorum computata, sed cani sint sensus hominis, et ætas senectutis vita immaculata; quia tamen post illa tria quæ Salomon asserit difficilia, quartum quasi reputat impossibile, viam videlicet viri in adolescentia sua, tanquam investigari non possit, nos Ecclesiæ pariter et personæ providere volentes, et tam rationes quam cautiones observare, habito super hoc cum fratribus nostris diligenti tractatu, quia propositum vestrum providum intelleximus, et ideo propter urgentem necessitatem et evidentem utilitatem Ecclesiæ Capuanæ, quam in hac parte potius approbavimus, volumus ipsum firmiter perdurare, præfatum subdiaconum nostrum de communi fratrum nostrorum consilio vobis in procuratorem concedimus, liberam administrationem ei tam in spiritualibus quam in temporalibus committentes.

IDEM ARCHIEPISCOPO CANTUARIENSI.

(8) Innotuit olim nobis tam per litteras tuas quam quorumdam suffraganeorum tuorum et dilectorum filiorum prioris et conventus Wigorniensis Ecclesiæ quod eadem Ecclesia destituta pastore, dicti prior et conventus dilectum filium magistrum Mag. Eboracensem archidiaconum in pastorem animarum suarum unanimiter elegerunt, et cum ejus tibi fuisset electio præsentata, confirmationem usque in adventum ipsius qui absens eligebatur et inscius distulisti: qui tandem, quod factum fuerat audito, ad præsentiam tuam devotus accessit, et præter opinionem omnium, qui nihil obstare credebant quin statim concors et canonica deberet electio confirmari, spontanea et secreta tibi confessione monstravit quod conscientia ejus aliquantisper ex natalibus esset læsa, et quod ad tantæ dignitatis apicem præter indulgentiam apostolicæ sedis nollet aliquatenus promoveri proposuit, etiamsi promoventem benignum et facilem inveniret. Tu autem, sicut vir providus et discretus, intellecta conscientia ejus, noluisti protinus ad confirmationem procedere; sed nobis et rei seriem intimasti per litteras tuas, et per eas ipsius magistri merita et scientiam commendasti. Capitulum autem ejusdem Ecclesiæ quare per te fuisset electionis ipsius confirmatio protelata se ignorare per litteras suas nobis transmissas exposuit, et eam penitus per sedem apostolicam confirmari, præsentato nobis electionis decreto subscriptionibus eligentium roborato. Quidam autem suffraganeorum tuorum, quod per litteras tuas videbaris obscure aliquantulum innuisse, per suas litteras in aliquibus expresserunt, asserentes eum filium fuisse cujusdam militis, et ab eo ex quadam ingenua et non conjugata susceptum. Interim vero idem magister ex insperato ad præsentiam nostram accessit, et ei quod nobis de nativitate ipsius per litteras aliquorum suffraganeorum tuorum fuerat intimatum adjecit quod nunquam pater ejus uxorem habuerat, sed matri ejus virginitatis florem præripuerat quasi furtim, et ipsa infra quadriennium a nativitate ipsius matrimonium non contraxit. Nos ergo cum fratribus nostris super hoc habito diligenti tractatu, relectis canonibus, quosdam invenimus qui non legitime genitos promoveri vetant ad officium pastorale, causam forte trahentes ex lege divina, per quam spurii et manseres usque in decimam generationem in Ecclesia Dei prohibentur intrare. Invenimus autem quosdam alios qui undecunque genitos non prohibent ad sacros ordines promoveri, dummodo sibi merita suffragentur, asserentes quod culpa parentum non est filiis imputanda.

Et ad hoc probandum inducunt quod Dominus Jesus non tantum ex alienigenis, sed etiam adulterinis voluit commistionibus nasci, qui est sacerdos in æternum secundum ordinem Melchisedech. Hi etiam divinæ Scripturæ videntur inniti, qua dicitur: *Filius non portabit iniquitatem patris*, etc. (*Ezech*, XVIII), et per quam antiquum videtur proverbium removeri, quo inter filios Israel dici solebat: *Patres comederunt uvam acerbam, et dentes filiorum obstupescunt* (*ibid*.). Quidam vero canones ad concordiam discordantia revocantes, repugnantiam canonum prædictorum sopire quodammodo videbantur, continentes quod illegitime geniti, si religiose fuerint aut in cœnobiis aut in canonicis conversati (9), a sacris ministeriis minime removentur. Et inter illegitime genitos quidam asserunt eos solos a sacris officiis prohibendos qui paternam incontinentiam imitantur. Et ii quoque videntur auctoritate divinæ legis inniti qua dicitur: *Ego sum Deus zelotes, visitans peccata patrum in filios usque in tertiam et quartam generationem in his qui oderunt me* (*Exod*. XX); quasi dicat, in his qui circa me paternum odium imitantur. Verum canon concilii Lateranensis a bonæ memoriæ Alexandro papa prædecessore nostro editus in synodo generali, primis concordans canonibus, non solum tales vetat in episcopos promoveri, verum etiam eligentibus certam pœnam infligit, imo ipso facto eamdem pœnam ipsos asserit incurrisse, ut secundum hoc canon esse latæ sententiæ videatur, cujus tenor talis est (10): *Ne videlicet quod de quibusdam pro necessitate temporis*

---

(8) Cap. 4 De elect. in tertia Collect.
(9) Dist. 56.
(10) Concil. Later. sub Alex. III, cap. 3.

factum est in exemplum trahatur a posteris, nullus in episcopum eligatur nisi qui de legitimo sit natus matrimonio; circa finem subjungens : *Clerici sane si contra formam istam quemquam elegerint, et eligendi tunc potestate privatos, et ab ecclesiasticis beneficiis triennio noverint se esse suspensos.* Sane prædictus canon, qui non per eum qui canones non nosset antiquos, sed per illum qui plene noverat canonicas sanctiones, in concilio multorum jurisperitorum est editus, et ipsius approbatione concilii roboratus, natis de non legitimo matrimonio omnem videtur in episcopos promovendi aditum exclusisse, cum id etiam ad consequentiam trahi prohibeat quod pro necessitate innuit prioribus temporibus esse factum, licet nihil aliud quam necessitas dispensantem ad dispensationem inducat. Præterea electionem talium innuit nullam esse, dum etiam pœnam statuit electorum, ut tunc eligendi se noverint potestate privatos, quod nihil esset si tunc non occurreret electio facienda : quod fieri non posset priori electione seu etiam nominatione durante. Ex quo patet electionem hujusmodi per ipsum canonem irritatam.

Quamvis autem etsi canon iste illegitime genitos fortius prosequatur, nobis tamen per eum adempta non fuerit dispensandi facultas, cum ea non fuerit prohibentis intentio, qui successoribus suis nullum potuit in hac parte præjudicium generare, pari post eum imo etiam eadem potestate functuris, cum non habeat imperium par in parem, sed ea tantum fuerit mens ipsius ut quia ex eo quod aliquando ex dispensatione pro necessitate temporis factum fuerat quidam gratiam in licentiam excedentes, et inde sumentes exemplum, se licite credebant eligere tales, et indifferenter hujusmodi eligebant, talia fieri prohiberet. Unde gravem electoribus pœnam inflixit. Deliberavimus tamen cum fratribus nostris utrum in tali casu et cum tali persona deberemus misericorditer dispensare vel juris potius servare rigorem. Invenimus enim a bonæ memoriæ Urbano papa prædecessore nostro in casu multo difficiliori cum Cenomanensi dispensatum electo, qui fuerat filius sacerdotis, et Legionensi episcopo, qui post consecrationem suam fuerat humiliter et sponte confessus quod fuisset ex matre non legitima procreatus quam pater ejus vivente uxore propria cognovisset. Sed idem Urbanus inhibuit ne id quasi pro regula in posterum ad consequentiam traheretur. Videbatur enim quod cum illegitime natis fuisset aliquandiu dispensatum, et ex certa causa forsan in posterum dispensandum, in hoc casu deberet celerius dispensatio indulgeri, illi personæ videlicet quæ minus imperfectionis, plus perfectionis habebat. Multa enim in hoc casu dispensationem inducere videbantur, litterarum scientia, morum honestas, vitæ virtus et fama personæ, multipliciter a quibusdam etiam ex fratribus nostris, qui eum in scholis cognoverant, approbatæ. Faciebant etiam ad id non modicum concors capituli Wigorniensis electio, petitio populi, assensus principis, votum tuum, suffraganeorum suffragia, et humilis devotio confitentis, qui sponte ac humiliter suum maluit confiteri defectum quam læsa conscientia thronum ascendere pastoralem. Habito igitur cum fratribus nostris super omnibus diligenti tractatu, intelligentes **Wigorniense** capitulum eumdem magistrum non humiliter postulasse, sed improvide potius elegisse, cum ad obtinendum dispensationis beneficium procedendum fuisset, non per electionem prohibitam, sed per postulationem permissam, electionem ipsam prædicti canonis auctoritate cassatam denuntiamus irritam et inanem, parcentes non modicum Wigorniensi capitulo quod eis nec pœnam infligimus expressam in canone supradicto nec probare cogimus innocentiam quam allegant. Et quamvis post cassationem hujusmodi nobis a multis fuerit humiliter supplicatum ut propter causas prædictas dignaremur cum eo misericorditer dispensare, cum ad dispensandum in talibus nullus se casus habilior posset offerre, quia tamen prædicto capitulo liberam facultatem eligendi vel postulandi volumus reservare, supplicationem hujusmodi, quæ nomine capituli non fiebat, cum non ad postulandam dispensationem sed petendam confirmationem ipsius fuissent capituli nuntii destinati, ad præsens non duximus admittendam, decernentes irritum et inane si quid super ordinatione ipsius episcopatus ante susceptionem litterarum nostrarum fuerit attentatum. Volumus igitur et mandamus quod per Cantuariensem provinciam ex parte nostra facias distinctius inhiberi, ne quod de multis in eadem provincia, quod sine pudore non dicimus, inordinate noscitur esse factum, de cætero contra formam præscriptam nullatenus attentetur. Sed si Wigorniense capitulum eumdem magistrum propter prærogativam meritorum ipsius duxerit postulandum, postulationem ipsius apostolicæ sedi præsentare procuret.

IDEM BISUNTINO ARCHIEPISCOPO ET SUFFRAGANEIS EJUS.

(11) Cum ad nostram nuper notitiam devenisset quod H. qui se pro abbate Luxoviensi gerebat, non ante fuerit monachus quam electus, nos attendentes quod contra regulares traditiones istud fuerit attentatum, cum nullus spem vel promissionem habens ut abbas fiat debeat monachari, electionem de ipso factam de consilio fratrum nostrorum curavimus irritare. Quocirca mandamus quod tam monachis quam aliis fidelibus monasterii memorati studeatis ex parte nostra districtius inhibere ne præfato H. ullam obedientiam vel reverentiam propter jam dictam electionem audeant exhibere. Et si quid in eodem monasterio disponendo perperam attentavit, nullius volumus habere robur firmitatis, sed penitus irritari.

(11) Lib. I, epist. 523.

IDEM ROTHOMAGENSI ARCHIEPISCOPO.

(12) Per nostras postulasti litteras edoceri utrum clericus aliquis ad vacantem Ecclesiam, in qua jus obtinet patronatus, seipsum, si idoneus est, valeat præsentare. Cum igitur nullus se ingerere debeat ad ecclesiasticæ prælationis officium, inquisitioni tuæ taliter respondemus quod nullus se possit ad personatum alicujus Ecclesiæ præsentare, quantumcunque idoneus sit, et quibuscunque studiis et meritis adjuvetur.

IDEM CAPITULO PENNENSI.

Quoniam electus a vobis ante confirmationem obtentam administrationi episcopatus se irreverenter immiscuit, et tam a clericis quam a laicis juramenta recepit, non attendens quod, secundum Apostolum, nemo sibi debeat honorem assumere, sed qui vocatur a Deo tanquam Aaron, nec donum scientiæ pontificis conveniens fuerat assecutus, cum juxta verbum Dominicum : *Qui fecerit et docuerit, magnus vocetur in regno cælorum* (Matth. v), postquam nobis eumdem præsentastis electum, sufficienti examinatione præmissa, electionem de ipso factam, exigente justitia, duximus irritandam.

TITULUS V.
Ne translatio electorum in episcopos, post confirmationem, præter assensum Romani pontificis fiat.

IDEM DECANO ET CAPITULO ANDEGAVENSI.

(13) Inter corporalia et spiritualia eam cognovimus existere differentiam, quod corporalia facilius destruuntur quam construantur, spiritualia vero facilius construuntur quam destruantur. Unde juxta canonicas sanctiones episcopus (14) solus honorem dare potest, solus auferre non potest. Episcopi quoque a metropolitanis suis munus consecrationis recipiunt, qui tamen non possunt nisi per Romani pontificis sententiam condemnari. Cum ergo fortius sit spirituale vinculum quam carnale, dubitari non debet quin omnipotens Deus spirituale conjugium quod est inter episcopum et ecclesiam suo tantum judicio reservaverit dissolvendum , qui dissolutionem carnalis conjugii quod est inter virum et feminam suo tantum judicio reservavit, præcipiens ut quod Deus conjunxit homo non separet. Non enim humana sed divina potius potestate conjugium spirituale dissolvitur cum per translationem vel depositionem aut etiam cessionem auctoritate Romani pontificis , quem constat esse vicarium Jesu Christi, episcopus ab Ecclesia removetur. Et ideo tria hæc quæ præmisimus , non tam constitutione canonica quam institutione divina soli sunt Romano pontifici reservata. Sicut autem episcopus consecratus sine licentia Romani pontificis suam non debet Ecclesiam derelinquere, sic et electus confirmatus præter ejus assensum suam deserere nequit Ecclesiam, cui est matrimonialiter alligatus, cum non debeat in dubium revocari quin post electionem et

A confirmationem canonicam inter personas eligentium et electi conjugium sit spirituale contractum : cui profecto episcopalis dignitas nil addit, cum quis episcopali præditus potestate , nullius tamen Ecclesiæ possit episcopus esse , quemadmodum de illo contingit qui oneri pontificali renuntiat, non honori. Unde cum non majus sit vinculum episcopi ad Ecclesiam quam electi, maxime cum fuerit confirmatus, imo idem penitus et non aliud, idem jus obtinet in utroque. Sicut ergo episcoporum translatio, vel etiam depositio sic et electorum cessio post confirmationem ratione spiritualis conjugii soli est Romano pontifici reservata. Licet usque ad tempora ista quod cautum fuerat de episcopis, expressum non fuerit de electis, propter expressam tamen similitudinem vel identitatem potius , nemini poterat videri dubium subtiliter intuenti, cum idem judicium de similibus sit habendum. Sed neque illud quod in canone legitur de electo, ut si ultra quinque menses per suam negligentiam reliquerit Ecclesiam viduatam (15), nec ibi nec alibi consecrationis donum percipiat , imo metropolitani sui cedat judicio , aliter intelligentibus poterat suffragari, cum non intelligatur Ecclesia viduata quasi sponsum non habeat , sed quia cum sponsus ejus nondum sit consecratus , adhuc quoad quædam quasi viri manet solatio destituta. Sicut juxta communem modum loquendi illa dicitur Ecclesia viduata quæ licet episcopum habeat , inutilem tamen perhibetur habere. Nec quod de cessione subsequitur, et statutum fuit ad pœnam , trahi debet ad gratiam ; ut sicut metropolitani judicio electus dejicitur, ita etiam ad aliam Ecclesiam possit transferri, præsertim cum nec sine auctoritate Romani Pontificis fiat cessio vel dejectio memorata, qui ut possent, ex canone illo , metropolitanis indulsit. Unde si circa translationem idem fieri voluisset quod de cessione duxerat, et de translatione poterat expressisse , et quod non est sanctorum Patrum decreto sancitum , superstitiosis non est adinventionibus præsumendum ; præsertim cum nunquam intelligatur prohibitum quod non invenitur expressum. Sane nos, etc.

IDEM BITURICENSI ARCHIEPISCOPO.

(16) Ne si universis universa licerent , par videretur in singulis juridictio singulorum , et ex hoc Petri navicula sine remige fluctuaret , Dominus noster eam ad similitudinem humani corporis figuravit, ponens Romanam Ecclesiam caput ejus, et ad suum et ipsius obsequium cæteras secundum varia officia dignitatum et pro membris adaptans, non ut omnia membra eumdem actum haberent, sed dum permanerent in unius corporis unitate, sic ad implendam legem Christi alter alterius onera supportaret ut capiti suo , in quo est plenitudo sensuum, suis vicibus deservirent, nec ejus sibi officium alicujus præsumptionis audacia usurparet. Hujus autem Domini et

---

(12) Lib. 1, epist. 264.
(13) Lib. 1, epist. 552.
(14) Cap. *Episcopus*, dist. 67.

(15) Vide lib. 1, epist. 447.
(16) Lib. 1, epist. 117.

magistri omnium magisterium sancti Patres diligentius attendentes majores Ecclesiæ causas, utpote cessiones episcoporum et sedium translationes, sine apostolicæ sedis licentia fieri vetuerunt; ut ea quæ sola obtinet plenitudinem potestatis de his disponeret, nec liceret alicui de episcopatu ad episcopatum sine ipsius auctoritate transire. Quod venerabilis frater noster Turonensis archiepiscopus minus quam honori suo expediret attendens, posuit sedem suam quodammodo ad aquilonem, et patris thalamum violavit, magistrum W. de Chimilegio, qui in Albricensi Ecclesia electus fuerat, et per metropolitanum suum postmodum confirmatus in ea diutius ministrarat, in Andegavensem Ecclesiam transferre præsumens et in ipsa episcopum præter auctoritatem sedis apostolicæ consecrare, cum dubium esse non debeat quod post electionem et confirmationem episcopatui Albricensi sacramentali conjugio fuerat alligatus, ac per hoc secundum Apostoli verbum quærere solutionem non debuit nisi tantum ab eo quem illius constat esse vicarium qui dicit in Evangelio: *Quod Deus conjunxit homo non separet* (*Matth.* XIX). Unde idem quoque magister de Chimeleio hujus non est credendus præsumptionis immunis, qui sponte passus est taliter se transferri. Ne igitur tanta præsumptio remaneat impunita, et ex hoc accrescat aliis audacia delinquendi, fraternitati tuæ per apostolica scripta mandamus quatenus licet hoc factum videatur esse notorium, quod etiam ipsius archiepiscopi nuntii non præsumpserunt in nostra præsentia diffiteri, ad abundantiorem tamen cautelam, inquisita diligentius veritate, si verum est quod asseritur, dictum archiepiscopum a confirmatione et consecratione episcoporum, memoratum vero W. a pontificalis officii exsecutione, donec super hoc aliud statuamus, omni contradictione et appellatione cessante, auctoritate nostra suspendas.

Inquiras præterea diligentius veritatem si venerabilis frater noster Rothomagensis archiepiscopus dictum W. ut sic transiret absolvit. Quamvis hoc ipsum non videatur aliqua posse tergiversatione celari, cum ipsius nobis litteræ fuerint præsentatæ, per quas cum liberum et absolutum ad regimen Andegavensis Ecclesiæ transmittebat. Et si præmissis veritas suffragatur, eumdem archiepiscopum pari pœna cum alio percellere non omittas, ne sit immunis a pœna qui non est alienus a culpa. Sicut enim aliorum jura volumus illibata servare, sic jura nostra nolumus violari, cum charitas exigat ordinata ut post Deum primo nos ipsos ac deinde proximos diligamus. Illud autem in defensionem erroris et excusationem excessus nemo debet inducere quod sanctæ memoriæ Pelagius papa constituit, inquiens inter cætera: *Si consecrandi episcopi negligentia* (17), *provenerit ut ultra tres menses Ecclesia viduata consistat, communione privetur quousque aut loco cedat aut consecrandum non differat se offer-* re. *Quod si ultra quinque menses per suam negligentiam retinuerit viduatam Ecclesiam, nec ibi nec alibi consecrationis donum percipiat, imo metropolitani sui judicio cedat.* Cum recte intelligenti dubium esse non debeat quin in alio casu loquatur, ne forte quod est statutum ad pœnam trahatur ad gratiam si per hoc metropolitano liceret eum quem electum in episcopum confirmaverat, ut ad majorem episcopatum transiret, absolvere. Sed et hujusmodi cessio, quæ potius est dicenda dejectio, non fit sine Romani pontificis concessa licentia, cujus fines nemini licet excedere, qui per illam constitutionem metropolitanis indulsit ut eos qui consecrari contempserint post præfinitum tempus ex illius constitutionis licentia possint dejicere, at nunquam de cætero valeant consecrari. Nec dicitur Ecclesia viduata quasi sponsum non habeat, sed quia cum sponsus ejus nondum fuerit consecratus, adhuc quoad quædam quasi viri manet solatio destituta. Ne vero novum aliquid statuere super hoc videamur, quod contra venerabilem fratrem nostrum patriarcham Antiochenum et L. Tripolitanum dictum episcopum in simili casu sedes statuit apostolica præsentibus litteris fideliter duximus exprimendum (18) : *Antiocheno patriarchæ. Cum ex illo generali privilegio quod beato Petro et per cum Ecclesiæ Romanæ Dominus noster indulsit canonica postmodum manaverint instituta continentia majores Ecclesiæ causas esse ad sedem apostolicam perferendas, ac per hoc translationes episcoporum, sicut depositiones eorum et sedium mutationes, ad summum apostolicæ sedis antistitem de jure pertineant, nec super his præter ejus assensum aliquid debeat attentari, miramur non modicum et movemur quod tu, prædecessoris tui exempla secutus, qui motu propriæ voluntatis Mamistanensem in Tharsensem dicitur transtulisse quondam Apamiensem electum in Tripolitanam ecclesiam transtulisti; nec tibi suffecit dicti prædecessoris tui præsumptionem solummodo imitari, imo etiam in injuriam nostram ipsius transgressus excessum, novo quodammodo promotionis genere parvificasti majorem, et magnum quodammodo minorasti, episcopare archiepiscopum, imo potius dearchiepiscopare præsumens, cum dictus prædecessor tuus dictum archiepiscopum de Tharsensi ecclesia in Ecclesiam transtulerit similis dignitatis. Licet enim dictus L. nondum fuisset in archiepiscopum consecratus, confirmationis tamen munus receperat, et archiepiscopalia, quantum ei licuerat, ministrarat; sicut ipsius relatione nobis innotuit, qui se Valeniensem episcopum, cum in nostra esset præsentia constitutus, asseruit confirmasse. Ne igitur perpetrandi similia cæteris audacia præbeatur, si tantus excessus relictus fuerit impunitus, te ab episcoporum confirmatione duximus suspendendum quousque super hoc aliud statuamus. L. dicto Tripolitano episcopo. Cum ex illo etc., ut supra usque movemur quod cum in Apamiensi Ecclesia in archiepiscopum fuisses electus, et confirmatione*

---

(17) Cap. *Quoniam*, dist. 100. (18) Lib. I, epist. 80.

suscepta, quantum tibi licuerat, archiepiscopalia ministrasses, sicut ex tua relatione innotuit, qui olim apud sedem apostolicam constitutus venerabilem fratrem nostrum Valentensem episcopum te confessus es confirmasse, in Tripolitanam te transferri fecisti, novo quodam promotionis genere non promotus, sed potius minoratus. Ne ergo perpetrandi similia cæteris audacia præbeatur, si tantus excessus fuerit impunitus, te ab exsecutione pontificalis officii duximus suspendendum donec super hoc aliud statuamus.

TITULUS VI.
Quod metropolitanus ex justa causa potest vices suas in consecratione episcopi suo suffraganeo delegare.

IDEM TURONENSI ARCHIEPISCOPO.

(19) Quod sedem apostolicam consulis super his quæ dubia tibi existunt, gratum gerimus et acceptum, et tua exinde fraternitas videtur merito commendanda, cum lex divinæ constitutionis eamdem sedem totius posuerit orbis terrarum magistram, ut quidquid dubitatur ab aliquo, ab ea tandem ejusdem ratio requiritur. Nos siquidem decrevisti provide consulendos utrum si forte aliqua infirmitate vel alia causa justa detentus aliquem suffraganeorum tuorum consecrare non posses, alicui coepiscoporum tuorum vices tuas licitum tibi committere esset, et utrum electus qui pro consecratione instaret, ab eo cui vices tuas taliter commisisses, deberet licite consecrari. In quo tale damus tuæ consultationi responsum, quod in tali articulo constituto et tuas vices, ut dictum est, committere tibi licet, et consecrandus debet munus consecrationis ab eo recipere cui eas duxeris committendas, dummodo Catholicus habeatur et impedimentum ex substractione gratiæ sedis apostolicæ non obsistat.

TITULUS VII.
Ne simplices sacerdotes quæ solis episcopis competunt ex consuetudine sibi usurpent.

IDEM VICARIO APUD CONSTANTINOPOLIM.

(20) Quanto de benignitate apostolicæ sedis locum obtines celsiorem, tanto tibi est sollicitius curandum ut te talem exhibeas in agendis, non declinans ad dexteram nec ad sinistram, quod non minus re quam nomine vices apostolicas gerere videaris. Pervenit sane ad audientiam nostram quod quidam simplices sacerdotes apud Constantinopolim ea sacramenta præsumunt fidelibus exhibere quæ ab apostolorum tempore rite fuerunt solis pontificibus reservata, ut est sacramentum confirmationis quod chrismando renatis soli debent episcopi per manus impositionem conferre, ad excusandas excusationes in peccatis et sui erroris fomentum solam consuetudinem prætendentes, cum diuturnitas temporis peccata non minuat sed augmentet, quæ tanto graviora existunt quanto infelicem animam diutius detinent alligatam. Volentes igitur hæc et alia quæ oculos divinæ majestatis offendunt de agro Dominico exstirpari, mandamus quatenus omnibus Latinis presbyteris apud Constantinopolim constitutis districte prohibeas ne talia de cætero sua temeritate præsumant, quæ licet non sint a fidelibus contemnenda, tutius est tamen ea sine periculo ex necessitate, quæ legem non habet, omittere, quam ab his quibus ea conferre non licet ex temeritate, quæ lege damnatur, non sine gravi periculo inaniter conferantur, cum umbra quædam ostendatur in opere, veritas autem non subeat in effectu.

TITULUS VIII.
Quod tempus suspensionis a sex mensibus per Lateranense concilium in ecclesiasticis beneficiis positis suppetat.

IDEM PR. SANCTÆ MARIÆ IN VIA LATA DIACONO CARDINALI, APOSTOLICÆ SEDIS LEGATO.

(21) Venientem ad apostolicam sedem venerabilem fratrem nostrum Eboracensem archiepiscopum benigne recepimus et multiplices curavimus querelas audire. Conquerebatur autem inter cætera quod cum ad eum in Eboracensi Ecclesia et in aliis suis collatio pertineat præbendarum, tempore suspensionis ipsius, et postmodum etiam quidam se præter ejus auctoritatem in ipsas intruserant, et in hoc et in aliis juri ejus non modicum derogant. Volentes igitur eidem archiepiscopo per tuæ sollicitudinis industriam provideri, de fratrum nostrorum consilio discretioni tuæ per apostolica scripta mandamus quatenus eos qui præbendas vel dignitates Eboracensis Ecclesiæ vel aliarum Ecclesiarum ad donationem ejus spectantes præter auctoritatem acceperunt ipsius, ad eas resignandas moneas diligentius et inducas, cum eas non possint salva conscientia detinere. Quod si monitis tuis acquiescere forte noluerint, eos ad id per excommunicationis sententiam et substractionem aliorum beneficiorum suorum non obstante confirmatione a sede apostolica obtenta sub forma communi quæ confirmat beneficia et præbendas sicut juste ac pacifice possidentur, appellatione remota compellas, nisi forsan aliqui præbendas ipsas vel speciali mandato apostolicæ sedis vel auctoritate Lateranensis concilii ab Eboracensi capitulo sint adepti; sic tamen ut tempus suspensionis in sex mensibus nullatenus computetur, cum illa Lateranensis concilii constitutio contra negligentes tantum et desides fuerit promulgata. Et ut si voluerit, non tamen valuerit, archiepiscopus ipse in conferendis præbendis uti propria potestate, a qua etsi fuerit sua culpa suspensus, non tamen ad ipsum capitulum ex illa culpa præbendarum erat donatio devoluta, sed ad illum tempore suspensionis ipsius præbendarum donatio pertinebat qui propter ejus negligentiam et desidiam poterat præbendas donare. Tempus etiam quo ad apostolicam sedem accessit, apud illam permansit, vel recessit ab ipsa, intra sex menses nullatenus computetur. Semestre quoque tempus, non a tempore vacationis præbendarum, sed notitiæ potius

---

(19) Lib. II, epist. 77.
(20) Lib. II, epist. 212.

(21) Lib. II, epist. 60.

ipsius archiepiscopi et commonitionis ad personam ejus a capitulo factæ, cum in privilegio quod a prædecessore nostro idem capitulum dicitur impetrasse fiat mentio de commonitione canonica præmittenda, volumus computari. Illud autem omnino frivolum reputamus, si qui forte se dicant ex donatione regia quasdam ex illis obtinuisse præbendis, quasi regalis sublimitas tempore suspensionis archiepiscopi præbendas ipsas sua potuerit auctoritate conferre.

IDEM EPISCOPO SANCTI ANDREÆ.

(22) Sicut nobis tua fraternitas intimavit, monachi quidam et canonici regulares Ecclesias quæ ad eorum præsentationem pertinent in tuo episcopatu habentes propriis usibus deputare nituntur, nec ibi volunt ad eas, cum vacaverunt, personas idoneas præsentare, quin potius occasione concessionis quorumdam episcoporum vicarios in eis pro sua instituunt et destituunt voluntate, admissos ita pensionibus onerantes quod nec Ecclesiis competenter possunt præ paupertate nimia deservire, nec episcopo in episcopalibus respondere, nec hospitalitatem, sicut convenit, transeuntibus impertiri. Nolentes autem ut status Ecclesiarum debitus et antiquus per alicujus insolentiam subvertatur, mandamus quatenus, nisi a jurisdictione tua exemptæ sint Ecclesiæ supradictæ, præmissos excessus studeas rationabiliter emendare; et nisi præfatæ personæ infra tempus in Lateranensi concilio constitutum ad vacantes Ecclesias tibi personas idoneas præsentarint, ex tunc tibi liceat appellatione remota in eisdem ordinare rectores, qui eis et præesse noverint et prodesse, ita quod ex hoc nullum patronis in posterum præjudicium generetur.

TITULUS IX.

De procurationibus non augmentandis.
IDEM ABBATI ET CONVENTUI BELLÆVILLÆ.

(23) Quanto Creatori nostro sub religionis habitu astricti estis devotius famulari, tanto sollicitius nos convenit providere ne per immoderati honoris gravitatem aliquatenus possit in vobis monastici profectus ordinis impediri. Accepimus autem, vobis significantibus, quod ab ipso domus vestræ fundationis exordio de fundatoris voluntate processit ut fratribus sancti Irenæi procurationem unam annis singulis liberaliter exhiberetis, cum terras vel redditus non teneatis ab eis propter quos hujusmodi procuratio ipsis debeat exhiberi. Verum tunc temporis propter fratrum et servientium paucitatem donum vestrum exhibita procuratio non gravabat, cum fines levium non excederet expensarum. Sed nunc tantum ibi excrevit numerus servitorum et fratrum quod ad faciendam procurationem vix modo quatuor marchæ sufficerent quæ pro una sufficienter fieri conuevit. Ut ergo per apostolicæ sollicitudinis curam vestris possit in parte ista gravaminibus provideri, auctoritate vobis præsentium indulgemus ne ultra primam mansuram in procuratione ipsius sitis ulterius prædictis fratribus obligati, sed expensis illis quæ sufficere consueverant sint contenti, nisi forte facultates Ecclesiæ vestræ in tantum excreverint quod sine gravamine, ampliato fratrum numero, ad solvendum debitum procurandi extendi possit quantitas expensarum.

IDEM ABBATI ET CONVENTUI......

(24) Cum ad quorumdam malitiam coercendum in concilio Lateranensi multa fuerit deliberatione statutum ut archiepiscopi, episcopi, archidiaconi etiam et decani certum evectionis numerum et personarum in Ecclesiarum visitationibus non excedant, quia, sicut audivimus, quidam ex prædictis personis id in Ecclesiis vestris nequaquam observant, super eo commoditati vestræ salubriter duximus providendum. Ideoque discretioni vestræ præsentium auctoritate concedimus ut si prænominatæ personæ numerum evectionis et personarum in concilio constitutum, cum Ecclesias visitant, excedere forte præsumpserint, et pro illis procurationem exegerint, liberum sit vobis auctoritate apostolica denegare. Et si propter hoc in ecclesias vestras vel clericos vestros aliquam sententiam promulgarint, ipsam auctoritate apostolica decernimus non tenere.

TITULUS X.

De procurationibus legatorum apostolicæ sedis.
IDEM PRIMICERIO ET CLERO MEDIOLANENSI.

(25) Cum instantia nostra quotidiana sit, secundum debitum apostolicæ servitutis, omnium Ecclesiarum sollicitudo continua, quoties ipsarum negotiis promovendis non possumus personaliter imminere, per fratres nostros ea expedire compellimur, quos a nostro latere destinamus, illius exemplum in hac parte secuti qui discipulis suis in mundum universum transmissis, ipse in medio terræ salutem fuit personaliter operatus. Hinc est quod cum nuper dilectum filium B. tituli Sancti Petri ad Vincula presbyterum cardinalem, apostolicæ sedis legatum, pro negotiis Ecclesiæ in Lombardiam duxerimus destinandum (26), et is vestram civitatem ingressus procurationes a vobis exigeret quæ consueverunt apostolicæ sedis legatis et nuntiis exhiberi, vos non attendentes quod dicitur ab Apostolo : *Si vobis spiritualia seminavimus, non est magnum si carnalia vestra metamus (I Cor. IX)*, ne vos ad onus procurationis arctaret, nisi a canonicis majoris ecclesiæ se faceret antea procurari, sedem apostolicam appellastis, et sicut idem cardinalis per suas nobis litteras intimavit, in aliis etiam non modicum injuriosi fuistis : propter quod dilecti filii præpositus Sancti Nazarii et A. canonicus Sancti Stephani syndici et procuratores vestri ad sedem apostolicam venientes

---

(22) Lib. II, epist. 5.
(23) Lib. II, epist. 135.
(24) Cap. *Cum ad quorumd.*, De excess. prælat.

(25) Lib. I, epist. 568.
(26) Vide lib. V De concordia sac. et imper., cap. 51, § 4 et seq.

ut super his statueremus ordinem et mensuram ex parte vestra suppliciter postulabant. Licet autem pro eo quod prædicto cardinali vel potius nobis in ipso contumaciter resistentes, juxta verbum Dominicum: *Qui vos recipit me recipit, et qui vos spernit me spernit* (*Luc.* x), necessaria denegastis, non pro vobis sed potius contra vos meruerunt exaudiri, quia tamen paternam affectionem, qua nobis est proprium de Romanæ sedis clementia misereri semper et parcere, offensi etiam deponere non valemus, de consilio fratrum nostrorum taliter in hujusmodi duximus respondendum, quod cum omnes Ecclesiæ legatis et nuntiis apostolicæ sedis procurationes impendere teneantur, ab eorum præstatione nullam prorsus habere volumus excusatam, nisi forte per speciale privilegium sedis apostolicæ, quod non credimus, sit exempta, etsi longissimo tempore procurationis obsequium non impenderit, cum in talibus præscriptio sibi locum nequeat vindicare, cum nos a provisione pastoralis sollicitudinis circa omnes Ecclesias nunquam omnino cessemus. Sane in his exigendis eum modum et ordinem volumus observari ut nulla ecclesia vel prælatus se indebite prægravari rationabiliter conqueratur. Si vero de communi collecta legatorum et nuntiorum nostrorum expensas duxeritis faciendas, quod vobis non duximus inhibendum, ex hoc nobis et nostris nullum præjudicium volumus generari quo minus possint a quocunque maluerint procurationes sibi debitas postulare, ita quod si exactus ultra suam gravatus fuerit facultatem, sibi ab aliis restauretur. Nuntiis tamen nostris in necessariis exhibendis pareat quicunque fuerit requisitus humiliter et devote, ita tamen quod in fraudem nil penitus attentetur, nec per communes ministros procurationis obsequium, si noluerint, recipere compellantur. Qui vero contumaciter eis duxerit resistendum, omni prorsus appellatione remota per ecclesiasticæ districtionis sententiam compescatur.

TITULUS XI.
De decimis.

IDEM SYDONIENSI, BERITENSI ET BIBLIENSI EPISCOPIS.

(27) Significavit nobis venerabilis frater noster Acconensis episcopus quod cum post recuperationem civitatis Acconensis ad inhabitandum in ea se contulissent quidam qui ante generalem occupationem terræ sanctæ in aliis civitatibus regni Jerosolymitani perpetuam elegerant mansionem et in ea residentiam fecerant aliquantam et adhuc etiam resideant in eadem, prælati prædictarum civitatum eos ad solvenda sibi ecclesiastica jura ecclesiastica districtione compellunt. Quia vero transgredi non debemus terminos a patribus nostris constitutos aut falcem in messem mittere alienam, mandamus quatenus prædictorum locorum prælatos ut sibi nullam in prædictos Acconenses habitatores jurisdictionem usurpent, nec ab eis temporalia exigant quibus spiritualia non ministrant, monitione præmissa districtione qua convenit compellatis; ita tamen quod si de agris in eorum parochia constitutis fructus percipiunt et in ultramarinis partibus ratione prædiorum decimæ persolvuntur, de ipsis eis decimas cum integritate persolvant.

IDEM VERCELLENSI EPISCOPO.

(28) Tua nobis fraternitas intimavit quod quidam laici tuæ diœcesis et alii plures episcopatuum adjacentium decimas Ecclesiis et clericis tuis perversis machinationibus subtrahere moliuntur, et conceptæ perversitatis audaciam non curant satisfactione debita emendare. Quidam enim ex eis semen et sumptus qui fuerint in agricultura primitus deducendos, et de residuis impendendam esse decimam asseverant; alii vero de portione fructuum quam a colonis accipiunt partem decimæ separantes, eam capellis suis vel aliis ecclesiis seu etiam pauperibus conferunt vel in usus alios pro sua voluntate convertunt. Nonnulli clericorum vitam tanquam abominabilem detestantes decimas eis ob hoc subtrahere non verentur. Quidam insuper asserentes se possessiones et omnia jura sua cum omni honore atque districto per imperialem concessionem adeptos, decimas sub hujusmodi generalitate detinere præsumunt. Occasione præterea veteris decimationis, quam asserunt sibi concessam, aliqui decimas novalium sibi non metuunt usurpare. Verum si ad eum a quo bona cuncta procedunt assertores hujusmodi debitum respectum haberent, jus ecclesiasticum diminuere non contenderent, nec decimas, quæ tributa sunt egentium animarum, præsumerent detinere. Cum enim Deus, cujus est terra et plenitudo ejus, orbis terrarum et universi qui habitant in ea, deterioris conditionis esse non debeat quam dominus temporalis, cujus statutum debitum de terris quas exhibet aliis excolendas, non quidem deductis sumptibus, aut semine separato, necessarium esse dignoscitur cum integritate persolvi, nimis profecto videtur iniquum si decimæ, quas Deus in signum universalis dominii sibi reddi præcepit suas esse decimas et primitias asseverans, occasione præmissa vel excogitata magis fraude diminui forte valerent. Cumque Deo debita sit solutio decimarum, in tantum ut ad eas clericis exhibendas, quibus eas ipse pro suo cultu concessit, laici, si moniti forte noluerint, ecclesiastica sint districtione cogendi, prætextu nequitiæ clericorum nequeunt eas aliis, nisi quibus ex mandato divino debentur, pro suæ voluntatis arbitrio erogare, cum nulli sit licitum aliena cuicunque concedere præter domini voluntatem, quanquam per sollicitudinem officii pastoralis clerici sint a sua nequitia coercendi. Et cum de cunctis omnino proventibus decimæ sint solvendæ, sicut colonus de parte fructuum quæ sibi remanet ratione culturæ, sic et dominus de portione quam percipit ratione terræ decimam reddere sine diminutione tenetur.

(27) Lib. i, epist. 516.

(28) Lib. ii, epist. 242.

Porro cum laicis nulla sit de spiritualibus rebus concedendi vel disponendi facultas attributa (29), imperialis concessio, quantumcumque generaliter fiat, neminem potest a solutione decimarum eximere, quæ divina constitutione debentur; nec occasione decimationis antiquæ, licet in feudum concessæ, decimæ sunt novalium usurpandæ; cum in talibus non sit extendenda licentia, sed potius restringenda.

IDEM PISTORIENSI EPISCOPO.

(30) A nobis tua fraternitas requisivit utrum ab illis exigere decimas debeas qui possessiones dant vel recipiunt ad afflictum, cum alii se conentur per alios excusare quo minus cogantur ad decimas persolvendas. Cum igitur quilibet decimas solvere teneatur, nisi a præstatione ipsarum specialiter sit exemptus, fraternitati tuæ duximus respondendum quod a dantibus possessiones et recipientibus ad afflictum de fructibus quos percipiunt decimæ sunt solvendæ, nisi ab eis aliquid ostendatur quare ab hujusmodi sint immunes.

IDEM EPISCOPO ABULENSI.

(31) Ex parte dilectorum filiorum capituli Abulensis fuit in audientia nostra querimonia recitata quod cum homines tuæ diœcesis in castris et in ipsa civitate morantes de tribus partibus frugum totius agriculturæ suæ, molendinorum etiam, et hortorum, et ruricolæ de quarta parte parochialibus ecclesiis, a quibus ecclesiastica percipiunt sacramenta, decimas solvere teneantur, licet ministri ecclesiarum ipsarum fere nullos habeant redditus, præter decimas, unde valeant sustentari, domini prædictorum hortorum et molendinorum ipsa tradunt Saracenis in grave detrimentum Ecclesiarum et præjudicium excolenda, qui nolunt Ecclesiis, sicut olim Christiani solebant, freti potentia et favore illorum a quibus illis excolenda traduntur, decimas exhibere. Volentes igitur ipsis Ecclesiis et earum ministris super hoc, prout convenit, providere, mandamus quatenus nisi Saraceni illi ad commonitionem tuam cum ea integritate qua Christiani solebant prædictas decimas Ecclesiis voluerint exhibere, eis facias communionem a Christianis super mercimoniis rerum venalium et aliis penitus denegari, Christianos illos, qui talibus contra formam apostolici mandati communicare præsumpserint, a sua præsumptione per censuram ecclesiasticam appellatione remota compescens.

IDEM R. ARCHIPRESBYTERO, R. MAGISTRO SCHOLARUM, ET P. DE VICO CANONICO SANCTI AUSTREGISILI BITURICENSIS.

(32) Cum apostolica sedes, cui licet immeriti præsidemus, universis per orbem Ecclesiis non humana sed divina sit institutione prælata, justum est et conveniens ut ad eam tanquam ad magistram et matrem super diversis juris articulis referantur du-biæ quæstiones, ut quæ jura constituit, eadem quoque jura distinguat; ne quæ diversa cernuntur, videantur adversa. Sane, sicut ex litteris vestris accepimus, cum ex una parte capitulum Sancti Stephani et capitulum de Salis, et ex alia monachi de Pratea, super decima quadam quam a monachis ipsis petebant in vestrum compromisissent arbitrium, et vos partibus convocatis cognosceritis de causa, monachi proponebant donationem ipsius decimæ sibi a quodam milite factam et venerabilis fratris nostri Bituricensis archiepiscopi diœcesani ejus accedente consensu confirmatam fuisse seque auctoritate Hieronymi munitos exstitisse, qui scribens ad Damasum (33), ait: *Si aliquando fuerint a laicis male detenta quæ divini juris esse noscuntur, et in usum transierint monachorum, episcopo tamen loci illius præbente consensu, constabunt eis omnia perpetua firmitate subnixa*. Econtrario pars allegabat adversa consensum episcopi sine cleri consensu minus sufficere, auctoritate Leonis papæ dicentis (34): *Ne quis episcopus de rebus Ecclesiæ quidquam donare vel commutare vel vendere audeat, nisi forte aliquid horum faciat ut meliora prospiciat, et cum totius cleri consensu atque tractatu ut eligat quod non sit dubium Ecclesiæ profuturum*. Quia vero super his auctoritatibus dubitantes sedem apostolicam consulere voluistis, humiliter inquirentes utrum quando decima possidetur a laico, si conferatur Ecclesiæ, ad confirmandam donationem consensus episcopi sine cleri consensu sufficiat, nos devotioni vestræ taliter respondemus, quod monendus est laicus qui decimam detinet ut eam restituat Ecclesiæ ad quam spectat. Quod si forsan induci nequiverit, et eam cum diœcesani consensu alteri Ecclesiæ assignarit, præsertim religioso conventui, constabit ipsa donatio perpetua firmitate subnixa. Auctoritates enim præmissæ, licet diversæ, non sunt tamen adversæ; cum aliud sit alienare quod ab Ecclesia possideatur, et aliud quod detinetur a laico ad usum ecclesiasticum revocare. In alienatione vero, juxta Leonis papæ decretum, consensus episcopi sine cleri consensu non sufficit. In revocatione autem, juxta responsum Hieronymi, sufficit consensus episcopi, cum per utrumque utilitati Ecclesiæ consulatur. Nam et in Lateranensi concilio (35) est inhibitum ne quælibet religiosa persona ecclesias et decima de manibus laicorum sine consensu episcoporum recipiat. Per quod recte datur intelligi quod sufficit consensus episcopi ut licitum sit Ecclesiæ decimam de manu recipere laicali. Hoc autem de his decimis intelligimus quæ fuerint in feudum concessæ.

IDEM ABBATI ET CONVENTUI LEUMENSI.

Exposuisti nobis tu, fili abbas, in nostra præsentia constitutus quod cum possessiones quædam ad tuum aliquando monasterium devolvuntur, quarum deci-

---

(29) Cap. *Tua*. 1, De judic., in tertia Collect.
(30) Lib. II, epist. 227.
(31) Lib. II, epist. 70.
(32) Lib. I, epist. 312.

(33) 16, q. 1, cap. *Quoniam*.
(34) 12, q. 2, cap. 52.
(35) Concil. Lateran. sub Alex. III, cap. 41.

mas milites et alii laici a diœcesanis episcopis vel ecclesiis in feodum tenent perpetuo possidendas, et vos eas propriis sumptibus et laboribus excolatis, illi qui decimas ipsas habere noscuntur in feodum, a vobis eas exigunt et extorquent contra privilegia pontificum Romanorum. Propter quod cupientes in ea qua decet viros religiosos tranquillitate vivere, non quæstionum tumultibus agitari, tu, fili abbas, pro monasterio tuo a nobis humiliter postulasti ut tibi daremus licentiam decimas a laicis redimendi, cum vix aut nunquam ad eos ad quos de jure pertinuerant valeant ulterius revocari : quibus et vos non tenemini decimas de terris illis exsolvere, cum vobis per privilegia Romanorum pontificum sit indultum ut de laboribus vestris, quos propriis manibus aut sumptibus colitis, nullus a vobis exigere decimas aut extorquere præsumat. Cum ergo petitionibus illis favor sit apostolicus exhibendus per quas nullus læditur et alteri subvenitur, nos tranquillitati vestræ paterna volentes sollicitudine providere, ut decimas quas laici taliter a vobis de possessionibus vestris exigunt et extorquent, sublato appellationis obstaculo redimere valeatis, devotioni vestræ auctoritate præsentium indulgemus ; ita tamen quod consueta servitia, quæ laici pro decimis illis Ecclesiis tenebantur impendere, occasione venditionis huiusmodi minime denegentur.

TITULUS XII.

De nuntiis Hospitalariorum cruce falso signatis, et laicis qui officium prædicationis sibi usurpant.

IDEM ARCHIEPISCOPO LUNDENSI.

(36) Tuarum nos tenor litterarum edocuit quod fratres hospitalis Sancti Joannis laici et illitterati ad partes illas mittuntur pro eleemosynis colligendis quas populus ex devotione pro sustentatione pauperum præfato loco mittere consuevit. Quia vero non sufficiunt per se loca omnia circuire, sibi clericos, sacerdotes, laicos etiam rudes, non religiosos, sed in nequitiis exercitatos, assumunt, eorum pectoribus crucis characterem imponentes. Quidam præterea cum uxoribus suis in domibus propriis commorantur ; quos eo quod eos de suis aliquid conferunt annuatim, ita emancipare contendunt ut aliis secundum leges terræ de sibi objectis respondere minime teneantur. Verum quia privilegium merentur amittere qui permissa sibi abutuntur potestate, mandamus quatenus si quos clericos aut sacerdotes seu laicos a prædictis fratribus pro colligendis eleemosynis cruce falso signatos inveneris, his a quibus missos ipsos fuisse constiterit, per totam provinciam tuam nostra fretus auctoritate exhortationis hujusmodi officium interdicas, missos, etiamsi laici fuerint, excommunicationis mucrone percellas ; si clerici vel presbyteri fuerint, ab officio beneficioque suspendas ; nulla prorsus privilegii beneficio vel apostolico remedio prævalente. Alios vero, quos ad respondendum aliis secundum leges terræ pro præmissa causa asserunt non teneri, nolumus excusari quin eos ad respondendum sublato appellationis impedimento compellas.

TITULUS XIII.

De hæreticis et eis qui eos receptant.

IDEM UNIVERSIS CHRISTI FIDELIBUS TAM IN URBE METENSI QUAM EJUS DIŒCESI CONSTITUTIS.

(37) Cum ex injuncto nobis apostolatus officio facti simus secundum Apostolum sapientibus et insipientibus debitores, pro universorum salute nos oportet esse sollicitos, ut et malos retrahamus a vitiis, et bonos in virtutibus foveamus. Tunc autem opus est discretione majori cum vitia sub specie virtutum occulte subintrant, et angelus Satanæ se in angelum lucis simulate transformat. Sane significavit nobis venerabilis frater noster Metensis episcopus per litteras suas quod tam in diœcesi quam in urbe Metensi laicorum et mulierum multitudo non modica tracta quodammodo desiderio Scripturarum, Evangelia, Epistolas Pauli, Psalterium, Morale Job, et plures alios libros sibi fecit in Gallico sermone transferri, translationi hujusmodi adeo libenter, utinam autem et prudenter intendens, ut secretis conventionibus talia inter se laici et mulieres eructare præsumant et sibi invicem prædicare, qui etiam aspernantur eorum consortium qui se similibus non immiscent ; et a se reputant alienos qui aures et animos talibus non apponunt : quos quum aliqui parochialium sacerdotum super his corripere voluissent, ipsi eis in faciem restiterunt, conantes rationem inducere de scripturis quod ab his non debent aliquatenus prohiberi. Quidam etiam ex eis simplicitatem sacerdotum suorum fastidiunt ; et cum ipsis per eos verbum salutis proponitur, se melius habere in libellis suis et prudentius se posse id eloqui submurmurant in occulto. Licet autem desiderium intelligendi divinas Scripturas et secundum eas studium adhortandi reprehendendum non sit, sed potius commendandum, in eo tamen apparent merito arguendi quod tales occulta conventicula celebrant, officium sibi prædicationis usurpant, sacerdotum simplicitatem eludunt, et eorum consortium aspernantur qui talibus non inhærent. Deus enim lux vera, quæ omnem hominem in hunc mundum venientem illuminat, in tantum odit opera tenebrarum ut apostolos suos in mundum universum prædicaturos Evangelium omni creaturæ missurus, eis aperte præceperit, dicens : *Quod dico vobis in tenebris, dicite in lumine, et quod in aure audilis, prædicate super tecta* (Matth. x) ; per hoc manifeste denuntians quod evangelica prædicatio non in occultis conventiculis, sicut hæretici faciunt, sed in ecclesiis juxta morem catholicum est publice proponenda. Nam juxta testimonium Veritatis, omnis qui male agit odit lucem, et ad lucem non venit, ne ejus opera arguantur. Qui autem facit veritatem, venit ad lucem, ut manifestentur opera ejus ; quia in

---

(36) Lib. I, epist. 450.

(37) Lib. II, epist. 141.

Deo sunt facta. Propter quod cum pontifex interrogasset Jesum de discipulis suis et de doctrina ejus, respondit : *Ego palam locutus sum mundo, ego semper docui in Synagogis et in templo, quo omnes Judæi conveniunt, et in occulto locutus sum nihil* (*Joan.* XVIII). Porro si quis objiciat quod juxta præceptum Dominicum non est sanctum dandum canibus, nec margaritæ mittendæ sunt ante porcos, cum et Christus ipse quidem non omnibus, sed solis apostolis dixerit : *Vobis datum est nosse mysterium regni Dei, cæteris autem in parabolis* (*Luc.* VIII), intelligat canes et porcos non eos esse qui Sanctum gratanter accipiunt et margaritas libenter acceptant, sed illos qui Sanctum dilacerant et margaritas contemnunt, quales sunt qui evangelica verba et ecclesiastica sacramenta non ut Catholici venerantur, sed abominantur potius ut hæretici, oblatrantes semper et blasphemantes ; quos Paulus apostolus post primam et secundam commonitionem docet esse vitandos. Arcana vero fidei sacramenta non sunt passim omnibus exponenda, cum non passim ab omnibus possint intelligi, sed eis tantum qui ea possunt fideliter concipere intellectu. Propter quod simplicioribus inquit Apostolus : *Quasi parvulis in Christo lac potum dedi vobis, non escam* (I *Cor.* III). Majorum est enim solidus cibus sicut aliis ipse dicebat : *Sapientiam loquimur inter perfectos. Inter vos autem nil judicavi me scire nisi Christum Jesum et hunc crucifixum* (I *Cor.* II). Tanta est enim divinæ Scripturæ profunditas ut non solum simplices et illitterati, sed etiam prudentes et docti, non sufficiant plene ad ipsius intelligentiam indagandam. Propter quod dicit Scriptura : *Quia multi defecerunt scrutantes scrutinio* (*Psal.* LXIII). Unde recte fuit olim in lege divina statutum ut bestia quæ montem tetigerit lapidetur, ne videlicet simplex aliquis et indoctus præsumat ad subtilitatem Scripturæ sacræ pertingere vel etiam aliis prædicare. Scriptum est enim : *Altiora te ne quæsieris* (*Eccle.* III). Propter quod dicit Apostolus : *Non plus sapere quam oportet sapere, sed sapere ad sobrietatem* (*Rom.* XII). Sicut enim multa sunt membra corporis, omnia vero membra non eumdem actum habent, ita multi sunt ordines in Ecclesia, sed non omnes idem habent officium ; quia secundum Apostolum, alios quidem Dominus dedit apostolos, alios prophetas, alios autem doctores, etc. Cum igitur ordo doctorum sit quasi præcipuus in Ecclesia, non debet sibi quisquam indifferenter prædicationis officium usurpare. Nam, secundum Apostolum, quomodo prædicabunt nisi mittantur. Et Veritas ipsa præcepit, dicens : *Rogate dominum messis ut mittat operarios in messem suam* (*Matth.* IX).

Quod si forte quis argute respondeat quod tales invisibiliter mittuntur a Deo, etsi non visibiliter mittantur ab homine, cum invisibilis missio multo sit dignior quam visibilis, et divina longe melior quam humana (unde Joannes Baptista non legitur missus ab homine, sed a Deo, sicut evangelista testatur : *Quia fuit homo missus a Deo cui nomen erat Joannes* [*Joan.* I]), potest et debet utique ratione prævia responderi quod cum Interior illa missio sit occulta, non sufficit cuiquam nude tantum asserere quod ipse sit missus a Deo, cum hoc quilibet hæreticus asseveret ; sed oportet ut astruat illam invisibilem missionem per operationem miraculi vel per Scripturæ testimonium speciale. Unde cum Dominus mittere vellet Moysem in Ægyptum ad filios Israel, ut crederetur ei quod mitteretur ab ipso, dedit ei signum ut converteret virgam in colubrum et colubrum iterum reformaret in virgam. Joannes quoque Baptista missionis suæ speciale testimonium protulit de Scriptura, respondens sacerdotibus et levitis qui missi fuerant ad interrogandum quis esset et qualiter baptizandi sibi officium assumpsisset : *Ego vox clamantis in deserto : Dirigite viam Domini, sicut dixit Isaias propheta* (ibid.). Non est ergo credendum ei qui se dicit missum a Deo, cum non sit missus ab homine, nisi de se speciale proferat testimonium de Scripturis vel evidens miraculum operetur. Nam et de his qui missi leguntur a Deo evangelista testatur quod ipsi profecti prædicaverunt ubique, Domino cooperante et sermonem confirmante sequentibus signis. Licet autem scientia valde sit necessaria sacerdotibus ad doctrinam, quia juxta verbum propheticum : *Labia sacerdotis custodiunt scientiam, et legem requirent ex ore ejus, quia angelus Domini exercituum est* (*Malach.* II), non est tamen simplicibus sacerdotibus etiam a scholasticis detrahendum, cum in eis sacerdotale ministerium debeat honorari. Propter quod Dominus in lege præcepit : *Diis non detrahes* (*Exod.* XXII), sacerdotes intelligens, qui propter excellentiam ordinis et officii dignitatem deorum nomine nuncupantur. Juxta quod alibi dicit de servo volente apud dominum remanere, ut dominus offerat eum diis. Cum enim juxta verbum Apostoli servus suo domino stet aut cadat, profecto sacerdos ab episcopo, cujus est correctioni subjectus, debet in mansuetudinis spiritu castigari, non autem a populo, cujus est correctioni præpositus, in spiritu superbiæ reprehendi ; cum juxta præceptum Domini pater et mater non debeant maledici, sed potius honorari : quod de spirituali patre multo fortius debet intelligi quam carnali. Nec quisquam suæ præsumptionis audaciam illo defendat exemplo, quod asina legitur reprehendisse prophetam, vel quod Dominus ait : *Quis ex vobis arguet me de peccato ? et si male locutus sum, testimonium perhibe de malo* (*Joan.* VIII), cum aliud sit fratrem in se peccantem occulte corrigere : (quod utique quicunque tenetur efficere secundum regulam evangelicam, in quo casu sane potest intelligi quod Balaam fuit correptus ab asina), et aliud patrem suum etiam delinquentem reprehendere manifeste ac præcipue fatuum pro simplici appellare : quod utique nulli licet secundum evangelicam veritatem. Nam qui etiam fratri suo dixerit fatue, reus erit gehennæ ignis. Rursus aliud est quod prælatus se sponte, de sua confisus innocentia, subditorum accusationi supponit (in quo casu præmissum Domini verbum debet intelligi), et aliud est quod subditus, non tam animo corripiendi quam detrahendi, exsurgit temerarius in prælatum, cum eum potius maneat necessitas obsequendi.

Quod si forte necessitas postularit ut sacerdos, tanquam inutilis aut indignus, a cura gregis debeat removeri, agendum est ordinate apud episcopum, ad cujus officium tam institutio quam destitutio sacerdotum noscitur pertinere. Illud autem, tanquam de supercilio Pharisæorum procedens, debet ab omnibus aspernari, quod tanquam ipsi soli sint justi, cæteros aspernantur; cum et hactenus ab initio nascentis Ecclesiæ multi fuerint viri sancti qui nec tales fuisse leguntur nec talibus adhæsisse, cum de novo tales surrexisse legantur, quod nisi contenti sint doceri potius quam docere, ad illos forsitan pertinebit quibus Dominus ait: *Nolite fieri plures magistri (Jac. III).* Nos ergo, filii, quia paterno vos affectu diligimus, nec sub prætextu veritatis in foveam decidatis erroris, et sub specie virtutum in laqueum vitiorum, mandamus quatenus ab his quæ superius reprehensibilia denotavimus et linguam et animum revocetis, fidem catholicam et regulam ecclesiasticam observantes, ne vos verbis fallacibus circumveniri vel etiam circumvenire contingat, quia nisi correctionem nostram et admonitionem paternam receperitis humiliter et devote, nos post oleum infundemus et vinum, severitatem ecclesiasticam apponentes; ut qui noluerint obedire spontanei, discant acquiescere vel inviti.

IDEM EPISCOPO ET CAPITULO METENSI.

(38) Sicut Ecclesiarum prælatis incumbit ad capiendum vulpes parvulas, quæ demoliri vineam Domini moliuntur, prudenter et diligenter intendere, sic est eis summopere præcavendum ne ante messem zizania colligantur, ne forsan cum eis triticum evellatur. Sane sicut non debet hæretica pravitas tolerari, sic enervari non debet religiosa simplicitas; ne vel patientia nostra hæreticis audaciam subministret, vel simplices impatientia nostra confundat, ut nobis diruptis convertantur in arcum perversum, et in hæreticos de simplicibus commutentur. Sane significasti nobis per litteras tuas quod tam in diœcesi quam in urbe Metensi, etc. *ut supra usque* in occulto. Quia vero in dubiis non est de facili sententia proferenda, cum quod vel iidem errent in fide, vel a doctrina discrepent salutari, nobis per tuas litteras, frater episcope, non duxeris exprimendum, cum opinionem et vitam eorum penitus ignoremus qui sacras Scripturas taliter transtulerunt, aut eorum qui docent taliter jam translatas, quorum neutrum potest fieri sine scientia litterarum, licet in his arguendi merito videantur

quod occulta conventicula celebrant, officium sibi, etc. *usque* non inhærent, mandamus quatenus eos commonere diligentius studeatis, rationibus et exhortationibus innitentes ut ab his in quibus apparent reprehensione notabiles omnino desistant, nec officium sibi vindicent alienum. Inquiratis etiam sollicite veritatem quis fuerit actor translationis illius, quæ intentio transferentis, quæ fides utentium, quæ causa docendi, si sedem apostolicam et catholicam Ecclesiam venerantur; ut super his et aliis quæ necessaria sunt ad indagandam plenius veritatem per litteras vestras sufficienter instructi quid statui debeat melius intelligere valeamus. Revocandi autem eos et convincendi secundum Scripturas super his quæ reprehensibilia denotavimus viam vobis in litteris quas communiter illis dirigimus aperimus.

IDEM CLERO ET POPULO VITERBIENSI.

(39) Vergentis in senium sæculi corruptelam non solum sapiunt elementa corrupta, sed et dignissima creaturarum ad imaginem et similitudinem condita conditoris, prælata privilegio dignitatis volucribus cœli et bestiis universæ terræ, testatur; nec tantum eo quasi deficiente jam deficit, sed inficit et inficitur scabra rubigine vetustatis. Peccat enim ad extremum homo miserrimus; et qui non potuit in sui et mundi creatione in paradiso persistere, circa sui et orbis dissolutionem degenerat, et pretii suæ redemptionis circa fines sæculorum oblitus, dum variis ac vanis quæstionum se nexibus ingerit, se ipsum laqueis suæ fraudis innectit, et incidit in foveam quam paravit. Ecce etenim inimico homine messi Dominicæ superseminante semen iniquum, segetes in zizania pullulant vel potius polluuntur, triticum arescit et evanescit in paleas, in flore tinea, et vulpes in fructu demoliri vineam Domini moliuntur. Nova siquidem sub Novo Testamento Achor progenies de Spoliis Jericho regulam auream palliolumque furantur, et Abiro, Dathan et Chore soboles detestanda novis thuribulis fermentatum thymiama novis voluit altaribus adolere, dum nox nocti scientiam indicat, dum cæcus præbet cæco ducatum, dum hæreses pullulant, et quem divinæ reddit hæreditatis expertem, suæ constituit hæreticus hæresis et damnationis hæredem. Hi sunt caupones qui aquam vino commiscent et virus draconis in aureo calice Babylonis propinant, habentes secundum Apostolum speciem pietatis, virtutem autem ejus penitus abnegantes. Licet autem circa vulpes hujusmodi parvulas, species quidem habentes diversas, sed caudas adinvicem colligatas, quia de vanitate conveniunt in idipsum, diversa prædecessorum nostrorum temporibus emanaverint instituta, nondum tamen usque adeo pestis potuit mortificari mortifera quin sicut cancer amplius serperet in occulto, et jam in aperto suæ virus iniquitatis effundat, dum palliata specie religionis et

(38) Lib. II, epist. 142.

(39) Lib. II, epist. 2.

multos decipit simplices, et quosdam seducit astutos, factus magister erroris qui non fuerat discipulus veritatis. Ne autem nos, qui licet circa horam undecimam, inter operarios tamen, imo super operarios vineæ Domini Sabaoth sumus a patrefamilias evangelico deputati, et quibus ex officio pastorali sunt oves Christi commissæ, nec capere vulpes demolientes vineam Domini nec arcere lupos ab ovibus videamur, et ob hoc merito vocari possimus canes muti non valentes latrare, ac perdamur cum malis agricolis, et mercenario comparemur, contra defensores, receptatores, fautores et credentes hæreticorum aliquid severius duximus statuendum; ut qui per se ad viam rectitudinis revocari non possunt, in suis saltem defensoribus et fautoribus ac etiam credentibus confundantur; et cum se viderint ab hominibus evitari, reconciliari desiderent unitati. De communi ergo fratrum nostrorum consilio, assensu quoque archiepiscoporum et episcoporum apud sedem apostolicam existentium, districtius inhibemus ne quis hæreticos receptare quomodolibet vel defendere aut ipsis favere vel credere quoquomodo præsumat; præsenti decreto firmiter statuentes ut si quis aliquid horum facere forte præsumpserit, nisi primo secundove commonitus a sua super hoc curaverit præsumptione cessare ipso jure sit factus infamis, nec ad publica officia vel consilia civitatum nec ad eligendos aliquos ad hujusmodi nec ad testimonium admittatur. Sit etiam intestabilis, nec ad hæreditatis successionem accedat. Nullus præterea ipsi cogatur super quocunque negotio respondere. Quod si forsan judex exstiterit, ejus sententiam nullam obtineat firmitatem, nec causæ aliquæ ad ejus audientiam perferantur. Si fuerit advocatus, ejus patrocinium nullatenus admittatur; si tabellio, instrumenta confecta per ipsum nullius penitus sint momenti, sed cum auctore damnato damnentur. In similibus etiam idem præcipimus observari. Si vero clericus fuerit, ab omni officio et beneficio deponatur; ut quo major est culpa, gravior exerceatur vindicta. Si quis autem tales, postquam ab Ecclesia fuerint denotati, contempserit evitare, anathematis se noverit sententiam incurrisse. In terris vero nostræ temporali jurisdictioni subjectis bona eorum statuimus publicari. Et in aliis idem fieri præcipimus per potestates et principes sæculares; quos ad id exsequendum, si forte negligentes existerent, per censuram ecclesiasticam appellatione postposita compelli volumus et mandamus. Nec ad eos bona ipsorum ulterius revertantur; nisi his ad cor redeuntibus et abnegantibus hæreticorum consortium aliquis voluerit misereri, ut temporalis saltem pœna corripiat quem spiritualis non corrigit disciplina. Cum enim, secundum legitimas sanctiones, reis læsæ majestatis punitis capite, bona confiscentur ipsorum, eorum filiis vita solummodo ex misericordia con-

(40) Lib. II, epist. 235

servata, quanto magis qui oberrantes in fide Domini Dei Filium Jesum Christum offendunt, a capite nostro, quod est Christus, ecclesiastica debent districtione præcidi et bonis temporibus spoliari, cum longe sit gravius æternam quam temporalem lædere majestatem. Nec hujus severitatis censuram orthodoxorum etiam exhæredatio filiorum quasi cujusdam miserationis prætextu debet ullatenus impedire, cum in multis casibus etiam secundum divinum judicium filii pro patribus temporaliter puniantur, et juxta canonicas sanctiones quandoque feratur ultio non solum in auctores scelerum sed et in progeniem damnatorum. Decernimus ergo,... nostræ inhibitionis et constitutionis, etc.

TITULUS XIV.
De falsariis.

IDEM REMENSI ARCHIEPISCOPO ET EJUS SUFFRAGANEIS.

(40) Dura sæpe mandata et institutiones interdum iniquas a sede apostolica emanare multi arguunt et mirantur, et in hoc ei culpam imponunt in quo sinceritas ejus culpæ prorsus ignara per innocentiam excusatur. Nos etenim circa negotia majora frequentius occupati, et curam universorum ex officio nostro gerentes, per quod sumus omnibus debitores cum omnibus apud nos instantibus incontinenti satisfacere non possimus, quidam, eo quod a semita justitiæ oberrantes, aut ultra quam permittit honestas suæ petitionis licentiam extendentes, exaudiri non possunt, in motum proprium voluntatis irrumpunt, et ad sua ingenia falsitatis et artes perditionis cum animi exquisita malitia recurrentes, per falsæ astutiam speciei candorem puritatis apostolicæ denigrare ac depravare nituntur. Ex cujus falsitatis ingenio quot et quanta mala proveniant, cum per eam et innocentes quandoque damnentur, et rei ab objectis criminibus absolvantur, nec non et apostolicæ sedis lædatur auctoritas, ipsa rei evidens malitia protestatur. Licet autem hujusmodi falsitas aliquandiu possit cum operibus tenebrarum abscondi, tamen quia per eam beatis apostolis specialiter infertur injuria, ille a quo in persona eorum Romana Ecclesia auctoritatem super universas ecclesias accepit (unde et bulla nostra, per quam totius Christianitatis negotia aguntur, capitum ipsorum charactère præsignatur) perniciem tanti sceleris non patitur in tantum præjudicium eorum diutius occultari. Accidit enim nuper in Urbe quod quidam hujusmodi falsitatis astutiam perniciosius exercentes in suis fuerunt iniquitatibus comprehensi, ita quod bullas tam sub nomine nostro quam bonæ memoriæ C. papæ prædecessoris nostri, quas falso confinxerant, et quamplures litteras bullis signatas eisdem invenimus apud eos. Nos autem honori Romanæ Ecclesiæ et utilitati omnium paterna volentes sollicitudine providere, de consilio fratrum nostrorum statuimus et sub excommunicationis pœna et suspensionis ordinis et beneficii districtius inhibemus ne

quis apud sedem apostolicam de cætero litteras nostras nisi a nobis vel de manibus illorum recipiat qui de mandato nostro sunt ad illud officium deputati. Si vero persona tantæ auctoritatis exstiterit ut deceat eum per nuntium litteras nostras recipere, nuntium ad cancellariam nostram vel ad nos ipsos mittat idoneum, per quem litteras apostolicas juxta formam præscriptam recipiat. Si quis autem in hac parte mandati nostri transgressor exstiterit, si laicus fuerit, excommunicationi subjaceat, si clericus, officii sui et beneficii suspensione damnetur. Verum quia, sicut a falsariis ipsis accepimus, tam ad partes vestras quam ad cæteras regiones per litteras transmissas ab eis suæ iniquitatis falsitas multipliciter est diffusa, fraternitati vestræ per apostolica scripta mandamus quatenus provinciale concilium evocetis, in quo solemniter et regulariter statuatis ut per singulas parochias publice proponatur quod si quis a sede apostolica litteras impetravit quarum tenor possit esse suspectus, et eis uti voluerit, ut statutam pœnam evadat, primo fiat collatio de falsa bulla cum vera, et si eam invenerit falsitate notandam, episcopo diœcesano, abbati, vel archidiacono loci easdem litteras non differat præsentare; qui veritate comperta illum qui tales litteras reportavit, si laicus est, excommunicationi subjiciat, si clericus, eum ab officio beneficioque suspendat. Ad hæc adjicientes statuimus ut generalem excommunicationis sententiam promulgetis, quam per singulas parochias faciatis frequentius innovari, quod si quis falsas litteras se cognoscit habere, intra xv dies litteras illas aut destruat aut resignet, si pœnam voluerit excommunicationis evadere, quam, nisi forsan in mortis articulo, sine speciali mandato nostro a quocunque nolumus relaxari; nec etiam, si præsumpta fuerit contra hoc absolutio, quidquam habeat firmitatis, ne forte post tempora nostra falsitas interim occultata cuiquam valeat præjudicium generare. Cæterum ad majorem illius notitiam falsitatis habendam, ut fieri possit bullæ falsæ cum vera collatio præsentibus litteris unam de bullis falsis cum vera bulla duximus apponendam, districtius injungentes ut quascunque litteras inveneritis hac vel alia falsitate notandas, si quid actum occasione illarum, appellatione postposita irritetis, ita quod hujusmodi falsitas nullo temporis spatio valeat excusari, et portitores earum tandiu faciatis sub arcta custodia detineri donec receperitis super hoc nostræ beneplacitum voluntatis.

IDEM ARCHIDIACONO ET CANONICIS MEDIOLANENSIBUS.

(41) Licet ad regimen apostolicæ sedis, quæ dante Domino universarum Ecclesiarum mater est et magistra, insufficientes nos vita et scientia reputemus, quantum tamen Dominus nobis sua miseratione concesserit, ab his proposuimus abstinere per quæ nobis possit merito derogari; quanquam ex infirmitatis humanæ defectu non sic formam perfectionis semper et in omnibus imitari possumus quin aliquid aliquando in nostris subrepat operibus quod minus circumspectæ providentiæ valeat imputari, quod tamen non ex industria vel conscientia certa, sed interdum ex ignorantia vel nimia occupatione contingit. Significastis siquidem nobis per litteras vestras quod cum quædam vobis fuissent litteræ præsentatæ, per quas vobis districte præcipere videbamur ut J. de Cimil. clericum ecclesiæ vestræ in canonicum reciperetis et fratrem, nec aliquem alium in canonicum vocaretis donec ipsæ præbendæ beneficium plenarie fuisset adeptus, earum tenore diligenter inspecto vix eas credidistis de nostra conscientia processisse, vel si etiam processerint, per nimiam importunitatem fuisse obtentas. Cæterum cum easdem litteras, sicut viri providi et discreti, ad nostram remisissetis præsentiam, ut ex earum inspectione plenius nosceremus utrum ex nostra conscientia processissent, plus in eis invenimus quam vestra fuisset in eis discretio suspicata. Nam licet in stylo dictaminis et forma scripturæ aliquantulum cœperimus dubitare, bullam tamen veram invenimus, quod primum nos in vehementem admirationem induxit, cum litteras ipsas sciremus de conscientia nostra nullatenus emanasse. Bullam igitur hinc inde diligentius intuentes, in superiori parte, qua filo adhæret, eam aliquantulum tumentem invenimus; et cum filum ex parte tumenti sine violentia qualibet attrahi fecissemus, bulla in filo altero remanente, filum ex parte illa fuit ab ipso sine qualibet difficultate avulsum; in cujus summitate adhuc etiam incisionis indicium apparebat, per quod liquido deprehendimus bullam ipsam ex aliis litteris extractam fuisse ac illis per vitium falsitatis insertam. Cum ergo tantus excessus relinqui non debeat impunitus, mandamus quatenus dictum J. nisi infra xx dies post harum susceptionem a vobis commonitus ad præsentiam nostram cum testimonio litterarum vestrarum satisfacturus accesserit, extunc ab omni ecclesiastico beneficio et clericali officio, sublato cujuslibet contradictionis et appellationis obstaculo, suspendatis; vel si beneficio caret, anathematis eum vinculo innodetis; cum ab hac culpa non de facili sit credendus immunis, cum nec per fratres nec per consanguineos nostros nos, licet sæpius rogatos, potuisset inducere ut super hoc nostras vobis litteras mitteremus. Ex quo fraudem auctoris, etsi principalis falsarius ipse non fuerit, sufficienter agnoscere potuisset præsertim cum eo tempore præsens fuisse dicatur quo contra falsarios publice constituimus, inter cætera, sub pœna excommunicationis firmiter inhibentes ne quis litteras apostolicas nisi de manu nostra vel bullatoris nostri reciperet, illis duntaxat exceptis quibus propter excellentiam dignitatis indulsimus ut per nuntios fideles et notos id ipsum possent efficere. Ut autem varietates hujusmodi falsitatis, quas hactenus deprehendimus,

---

(41) Lib. I, epist. 349.

vos ipsi de cætero deprehendere valeatis, eas vobis præsentibus litteris duximus exprimendas. Prima species falsitatis hæc est, ut falsa bulla litteris apponatur; secunda, ut filum de vera bulla extrahatur ex toto, et per aliud filum immissum falsis litteris inseratur; tertia, ut filum ab ea parte in qua charta plicatur incisum cum vera bulla falsis litteris inmittatur sub eadem plicatura cum filo similis canapis restauratum. Quarta, quod a superiore parte bullæ altera pars fili sub plumbo rescinditur, et per idem filum litteris falsis inserta reducitur infra plumbum. Quinta, cum litteris bullatis et redditis aliquid in eis per rasuram tenuem immittatur. Eos etiam a crimine falsitatis non reputamus immunes qui contra constitutionem nostram præmissam scienter litteras nostras nisi de nostra vel bullatoris nostri manu recipiunt. Eos quoque qui accedentes ad bullam falsas litteras caute projiciunt, ut de vera bulla cum aliis sigillentur. Sed hæ duæ species falsitatis non possunt facile deprehendi nisi vel in modo dictaminis vel in forma scripturæ, vel qualitate chartæ falsitas cognoscatur. In cæteris autem diligens indagator falsitatem poterit diligentius intueri, vel in adjunctione filorum, vel in collatione bullæ, vel motione, vel obtusione; præsertim si bulla non sit æqualis, sed alicubi magis sit tumida, alibi magis depressa.

IDEM ANTIBARENSI ARCHIEPISCOPO.

42) Quam gravi pœnæ subjaceat qui litteras apostolicas falsare non timent et veras a nobis impetratas litteras occultantes, falsis uti litteris non verentur, fraternitatem tuam credimus non latere. Ad audientiam siquidem nostram ex litteris charissimi in Christo filii nostri Wlcan. Diocliæ regis illustris, necnon et tenore litterarum tuarum quas dilecto filio J. capellano nostro apud Durachium direxisti, noveris pervenisse quod cum Dominicus quondam Suacensis episcopus, qui coram eodem capellano et dilecto filio S. subdiacono nostro tunc in partibus illis gerentibus legationis officium fuerat de homicidio accusatus, et in concilio apud Antibarim pontificalem resignaverat dignitatem, ad nostram olim præsentiam accessisset, a nobis rediens quasdam tibi litteras præsentavit, quas de verbo ad verbum in litteris jam dicto capellano J. ex parte tua directis perspeximus contineri, quibus sibi asserebat a nobis pontificale officium restitutum. Tu vero litteris illis fidem adhibens venerabilem fratrem nostrum G. quem in Suacensem episcopum electum canonice diceris consecrasse ab eadem ecclesia removisti, præfatio Dominico occasione litterarum falsarum, in ipsa Ecclesia restituto. Præfatus autem rex, sicut suis nobis litteris innotuit, non credens de nostra conscientia litteras illas emanasse, tam ipsum Dominicum quam præfatum episcopum nostro præcepit conspectui præsentari, humiliter petens rescripto apostolico edoceri quidquid duxerimus de ipso negotio statuendum. Nos vero rescriptum litterarum falsarum diligentius intuentes, in eis tam in continentia quam in dictamine manifeste deprehendimus falsitatem, ac in hoc sumus non modicum admirati quod tu tales litteras a nobis credideras emanasse, cum præsertim scire debeas sedem apostolicam in suis litteris consuetudinem hanc tenere ut universos patriarchas, archiepiscopos et episcopos fratres, cæteros autem, sive reges sint sive principes, vel alios homines cujuscunque ordinis filios in nostris litteris appellemus. Et cum uni tantum personæ litteræ apostolicæ diriguntur, nunquam ei loquimur in plurali, ut vos, sive vester, et similia in ipsis litteris apponantur. In falsis autem tibi litteris præsentatis in salutatione dilectus in Christo filius vocabaris, cum in omnibus litteris quas tibi aliquando transmisimus te videre potueris a nobis fratrem venerabilem appellatum. Propter quod sic te esse volumus in similibus circumspectum ut per falsas litteras nequeas denuo circumveniri vel falli; sed hic litteras apostolicas studeas diligentius intueri, tam in bulla quam in filo, tam etiam in charta quam in stylo, quod veras pro falsis vel falsas pro veris aliquo modo non admittas. Scire namque te volumus quod cum sæpefatus Dominicus olim ad apostolicam sedem accessisset, nos cum fratribus nostris examinantes diligentius causam ipsius, eum ad te cum nostris litteris duximus remittendum; quarum rescriptum nunc tibi sub bulla nostra mittimus introclusum. Sed ipse, tanquam homo iniquus, sicut ejus opera manifestant, veras litteras supprimens, quas ex benignitate sedis apostolicæ concesseramus eidem, falsas tibi non timuit litteras præsentare. Cæterum quia dignum est ut qui noluit benedictionem, prolongetur ab ea, et præfatus Suacensis episcopus non sine labore maximo se curavit nostro conspectui præsentare, prædicto Dominico, tanquam qui de sua justitia diffidebat, et remordebat eum prædictæ conscientia falsitatis, minime veniente, imo, licet, ut dicitur, iter arripuerit veniendi, ac promiserit se venturum, ad partes tamen Ungariæ se transtulit, ut nostram præsentiam declinaret, volentes et illum de sua præsumptione punire et sæpe nominato episcopo paterna pietate succurrere, fraternitati tuæ per apostolica scripta mandamus et districte præcipimus quatenus si forte occasione litterarum illarum in aliquo processisti, irritum denuntians penitus et inane, jam dictum D. si denuo venire ad partes illas præsumpserit, omni dilatione, occasione, et appellatione postposita in aliquo facias monasterio districti ordinis ad agendam pœnitentiam arcte recludi. Prænominatum autem G. episcopum, si præmissis veritas suffragatur, in suo loco et dignitate sublato contradictionis et appellationis obstaculo restituas et facias in episcopatu suo pacifice permanere, illos ecclesiastica districtione compescens qui se tibi duxerint temeritate qualibet opponendos.

(42) Cap. *Quam gravit.*, De falsariis, in tertia Collect.

Decretum ejusdem in constitutione Lateranensis palatii promulgatum.

(43) Ad falsariorum malitiam confutandam jam alia vice recolimus apostolicas litteras destinasse, in quibus falsitatis modos, ne quis se posset per ignorantiam excusare, meminimus plenius distinxisse. Quia vero nonnunquam evenit ut falsas litteras exhibentes, postquam super his fuerint redarguti, ad excusationem suam dicant se hujusmodi litteras per alios impetrasse, de communi fratrum nostrorum consilio duximus statuendum ut qui litteris nostris uti voluerint, eas prius examinent diligenter; quoniam si falsis litteris usos se dixerint ignoranter, eorum sera pœnitentia evitare nequibit pœnas inferius denotatas. Nos enim omnes falsarios, qui per se vel per alios vitium falsitatis exercent, cum fautoribus et defensoribus suis anathematis vinculis decrevimus innodatos, statuentes ut clerici qui falsarii fuerint deprehensi, per ecclesiasticum judicem degradati sæculari potestati tradantur secundum constitutiones canonicas puniendi, per quam et laici qui fuerint de falsitate convicti legitime puniantur. Qui vero sub nomine nostro litteris falsis utuntur, si clerici fuerint, officiis et beneficiis ecclesiasticis spolientur; si laici, tandiu maneant excommunicationi subjecti donec satisfaciant competenter; ita tamen ut in istis et in illis malitia gravius quam negligentia puniatur. Quod et de his qui falsas impetrant litteras statuimus observandum.

TITULUS XV.
De rescriptis et eorum interpretationibus.

IDEM UNIVERSIS ARCHIEPISCOPIS ET EPISCOPIS ET ALIIS ECCLESIARUM PRÆLATIS.

(44) Ne promotionis nostræ primitias Domino negaremus, qui ei universa opera nostra consecrare tenemur, statim post electionem nostram tam pauperum quam aliorum apud sedem apostolicam existentium petitionibus intendere cœpimus et eorum negotia promovere; ne si otio tanto tempore vacaremus, corpus et animus ex otiositate torperent. Verum quoniam insolitum fuit hactenus ut sub dimidia bulla ad tot et tam remotas provincias litteræ apostolicæ mitterentur, et ex hoc litteræ ipsæ diutius quam vellemus possent ex alicujus dubitatione suspendi, ut quorum interest parcamus laboribus et expensis, universas litteras quæ ab electionis nostræ die usque ab solemnitatem consecrationis sub bulla dimidia emanarunt, parem cum illis firmitatem obtinere decernimus quæ in bulla integra diriguntur.

IDEM MEDIOLANENSI ARCHIEPISCOPO.

(45) Cum adeo scripta sedis apostolicæ moderemur ut ex certa scientia nihil in eis faciamus apponi quod de jure debeat reprehendi, miramur non modicum et movemur quod quoties ad te vel ad aliquos tibi subjectos nostras litteras destinamus, te super eis mirari rescribis, ac si mandaremus aliquid inhonestum. Ideoque mandamus quatenus cum ad te vel ad tuos litteræ apostolicæ diriguntur, earum tenorem diligenter attendas, et quod mandatur in eis, dum tamen nec per suppressionem veritatis aut expressionem falsitatis obtentæ fuerint, facias effectui mancipari.

IDEM ELECTO, DECANO, ET MAGISTRO N. DE LEVENTIES CANONICO CAMERACENSI.

(46) Causam quæ inter Præmonstratensem et Pruniensem ecclesias super possessionibus de Anapia vertitur discretioni vestræ commisisse meminimus fine canonico terminandam. Sed quia in litteris illis animadvertimus fuisse insertum quod si alterutra partium legitime citata præsentiam vestram adire vel judicio parere contemneret, vos nihilominus præsentis partis probationes recipere et quantum de jure possetis in causæ cognitione ac decisione procedere minime tardaretis, nos volentes ut clausula illa, *quantum de jure poteritis*, quæ antequam de probationum receptione mentio fieret fuerat inserenda, clausulam illam de probationum receptione præcedat, discretioni vestræ per apostolica scripta mandamus quatenus ipsam intelligentes ibidem, in eadem causa juxta tenorem litterarum nostrarum procedere non tardetis, attente proviso ut si occasione clausulæ memoratæ aliquid constiterit in alterutrius partis præjudicium attentatum, id viribus decrevimus cariturum.

IDEM CLUNIENSI EPISCOPO.

(47) Cum M. Ferrariensis canonicus, etc. *Et infra :* Cum in constitutione prædicta et confirmatione sedis apostolicæ vel fuerit vel esse debuerit, sicut consuevit, expressum, *nisi in tantum excrescerent Ecclesiæ facultates quod pluribus possint sufficere competenter*, et cum idem canonici in derogationem suæ constitutionis ad vacaturas præbendas quatuor receperint ultra numerum constitutum, antiquis canonicis præbendas cum integritate percipientibus consuetas, superexcrescentes redditus prædictis canonicis appellatione remota facias assignari; ita tamen quod si ex eis pares cum aliis potuerint sortiri præbendas, quod super fuerit in communes canonicorum usus, sive ut prius statuerant, sive aliter prout melius videbitur convertatur, revocatis in irritum omnibus quæcunque ab alterutra partium in præjudicium alterius post motam quæstionem coram episcopo Ferrariensi circa præbendas vel possessiones fuerint innovata.

TITULUS XVI.
De abrenuntiatione.

IDEM SUFFREDO AUGUSTENSI PRÆPOSITO.

(48) Ex ore sedentis in throno, etc. *Et infra :*

---

(43) Cap. *Ad falsariorum*, De falsar., in tertia Collect.
(44) Lib. I, epist. 85.
(45) Lib. I, epist. 279.
(46) Lib. I, epist. 62.
(47) Lib. I, epist. 58.
(48) Lib. I, epist. 290. — Cap. *ex ore.*, De his quæ fi. a maj. par. capituli.

Quia B. de præpositura ipsa non fuit aliquatenus investitus, etsi mandatum fuerit ut de eadem investiretur, de qua etiamsi investitus fuisset, per hoc quod A. reverentiam exhibuit quæ debetur præposito, juri suo renuntiasse videtur; nos attendentes sibi de jure non potuisse competere ut per appellationem ob id interpositam communem ordinationem Ecclesiæ impediret, intelligentes etiam te a majori parte tam dignitate quam numero eorum quos jus eligendi constabat habere electum fuisse canonice in præpositum, electionem tuam auctoritate apostolica confirmamus.

IDEM ABBATI ET CONVENTUI DE PIGAVIA.

(49) Cum bonæ memoriæ Ce. papæ, etc. *Et infra*: Cum judices delegati partes ad suam præsentiam auctoritate apostolica evocassent, memoratus episcopus Mersburgensis delegatos ipsos suspectos sibi proposuit, et causas suspicionis multiplices assignavit. Consequenter etiam eorum volens judicium declinare, sedem apostolicam appellavit. Sed reversus postmodum, coram eisdem sacramentum calumniæ præstitit, testes produxit, petitis dilationibus et obtentis. Ipsi ergo judices procedentes in causa, auditis utriusque partis rationibus et plenius intellectis, gesta omnia sigillorum suorum munimine roborata ad sedem apostolicam destinarunt, terminum partibus imponentes quo recepturæ sententiam apostolico se conspectui personaliter præsentarent; ad quem tu personaliter accedens, episcopus pro se misit dilectos filios H. et B. responsales, qui gesta quæ delegati transmiserant nec publicari debere dicebant nec fidem eis penitus adhibendam, cum et a suspectis judicibus et post appellationem legitime interpositam recepta fuerint et descripta, parte tua contrarium postulante. Quia vero memoratus episcopus, eo quod juramentum præstitit de calumnia, et a delegatis inducias postulavit, et testes coram eis produxit, appellationi renuntiasse videtur, et eorum examini consensisse, nos habito fratrum consilio in præmissa incidenti quæstione interlocuti fuimus quod deberent quæ coram prædictis judicibus gesta fuerant publicari, ut secundum tenorem ipsorum nostra tandem sententia formaretur. *Et infra*: Quia tam per confessiones quam per attestationes constitit quod fide hinc inde data compromissum est in arbitrium archiepiscopi memorati Magdeburgensis, nos de consilio fratrum nostrorum ipsum arbitrium decrevimus observandum, illis duntaxat exceptis capitulis quæ contra libertatem ipsius monasterii et duarum capellarum ejusdem in arbitrio sunt expressa; cum etsi sponte volueris, de jure tamen nequiveris sine licentia Romani pontificis renuntiare privilegio vel indulgentiis libertatis quæ monasterium illud indicant ad jus et proprietatem Romanæ Ecclesiæ pertinere, præsertim cum in ultimæ commissionis litteris contineatur expressum quod prædecessor noster C. super renuntiatione a te super privilegio et aliis scriptis facta nullum tibi vel successoribus tuis aut etiam monasterio et duabus capellis de Pigavia præjudicium voluit generari.

TITULUS XVII.
De circumventis.

IDEM LUCENSI EPISCOPO ET ABBATI DE MOLON.

Cum illius vicem non suffragantibus meritis geramus in terris de cujus vultu prodit judicium et vident oculi æquitatem, etc. *Et infra*: Si vobis constiterit abbatem ipsum Cellæ-novæ ad sedem apostolicam, antequam episcopus in eum suspensionis et excommunicationis et in monasterium interdicti sententias tulerit, legitime appellasse vel esse a jurisdictione ipsius Auriensis episcopi exemptum, eo non obstante quod abbas ab episcopo, sicut dicitur, circumventus præter fratrum suorum consensum ei obedientiam repromisit, cum fraus et dolus ei patrocinari non debeant, sententias illas judicetis appellatione remota penitus non tenere. Alioquin faciatis eas per censuram ecclesiasticam inviolabiliter usque ad satisfactionem congruam observari. Quod si forte abbas ipse in exemptionis probatione defecerit, nec legitime se poterit præscriptione tueri, licet probet se ante dictas sententias appellasse, nihilominus tamen monasterium ipsum Auriensi judicetis Ecclesiæ subjacere, in cujus diœcesi est fundatum. Similiter eo in appellationis probatione deficiente, si vobis de exemptione vel legitima præscriptione constiterit, tam abbatem quam monasterium ab ejusdem episcopi et ecclesiæ ipsius super hoc impetitione penitus absolvatis.

IDEM ARCHIEPISCOPO ET PRÆPOSITO SANCTI ANDREÆ.

(50) Cum universorum fidelium ab ipso Domino Jesu Christo pastorali sit nobis cura commissa, sollicitudini nostræ dignoscitur expedire ut sic debeamus quoslibet in suis rationibus confovere quod aliorum jura in conspectu Ecclesiæ dispendium non sustineant, sed firma et illibata debeant permanere. Intelleximus siquidem dilecto filio G. canonico Sancti Joannis in Leodio referente quod cum et ipse et L. clericus, ducti quadam animi levitate, permutationem præbendarum suarum inter se tractare cœpissent, quia utilitatem utriusque imminere credebant, tandem idem L. clericus occasione dictæ permutationis, præbenda ejusdem G. quam in ecclesia Beatæ Mariæ Namurcensis habebat, cuidam suo consanguineo assignata, præbendam sancti Bartholomæi, quam sæpedicto G. promiserat, nequaquam voluit resignare; et sic idem G. (ut asserit) sua spe remansit omnino frustratus. Cum igitur deceptis et non decipientibus jura subveniant, fraus etiam et dolus nemini debet patrocinium impertiri, licet ipsi de se non possent ecclesiastica beneficia permutare, ut tamen simplicitati venia tribuatur, discretioni vestræ per apostolica scripta mandamus quatenus si vobis constiterit prætaxatum G. taliter fuisse

(49) Lib. 1, epist. 317, 318. — Cap. *Cum tempore*, De arbitris.

(50) Lib. 1, epist. 84.

deceptum, ab ipsa Namurcensi præbenda, quam diu dicitur possedisse, amoto consanguineo ipsius L. vel quolibet alio illicito detentore, eamdem sublato appellationis obstaculo G. faciatis restitui memorato, et eumdem ipsius pacifica possessione gaudere.

TITULUS XVIII.
De his quæ vi metusve causa geruntur.
IDEM DECANO ET SUBDECANO LINCOLNIENSI.

(51) Ad audientiam nostram dilecto filio magistro Ile. significante pervenit quod cum ecclesiam de Chevele auctoritate sedis apostolicæ canonice fuisset adeptus, et aliquandiu pacifice possedisset, gravissimo tandem regis metu quod eam resignaret jurare coactus, eam in eorum ad quos pertinebat manibus resignavit. Quia vero quæ vi metusve causa fiunt, carere debent robore firmitatis, mandamus quatenus si eumdem magistrum eo metu ad resignationem faciendam vobis constiterit fuisse coactum qui potuerit vel debuerit cadere in constantem, non obstante juramento prædicto, quo non ad repetendum sed ad resignandum solummodo tenebatur, præfatam ecclesiam ei per censuram ecclesiasticam sublato appellationis obstaculo restitui faciatis.

IDEM MASSILIENSI ET AGATENSI EPISCOPIS.

(52) Cum dilectus filius abbas de Ferendillo (53), etc. *Et infra :* Quia constitit nobis de voto emisso et præstito juramento a canonicis insularum quod regulam Cisterciensem observarent, non obstante violentia quæ proponebatur illata, cum neque metum mortis continuerit, neque corporis cruciatum, et ideo non debuerat cadere in constantes, nec obsistente dolo quo se proponebant fuisse seductos, cum talis dolus non tam ad circumventionem abbatis de Floreia quam ad fatuitatem eorum debeat retorqueri, super restitutione petita silentium de consilio fratrum nostrorum duximus eis sententialiter imponendum.

TITULUS XIX.
De licitis et illicitis juramentis.
IDEM HUGONI COMITI ET MARSUCTO PISANO CANONICO.

(54) Significante dilecto filio Rubeo cive Pisano ad nostram noveritis audientiam pervenisse quod cum domum suam cum horto Gal. Pisano civi pro CCLII libris pignori obligasset et promisisset, cautione præstita juramenti, quod nisi domum ipsam statuto inter eos termino recolligeret, eumdem creditorem ulterius super ea minime molestaret, infra statutum tempus per certum et fidelem nuntium pecuniam remisit, quam idem nuntius, infideliter agens, sicut ei injunctum fuerat, non persolvit. Cumque postmodum prædictus R. ab imperatore captus pariter et detentus multa pericula sustinuerit et labores, nec dicto G. satisfacere potuerit, ut debebat, nunc per Dei gratiam libertati pristinæ restitutus, paratus est pecuniam reddere creditori; licet ipse prorsus eam recusaret recipere, quia ei non eam statuto termino persolvit. Cum igitur pactum commissoriæ sit in pignoribus improbatum, et, quantum in eo fuit, prædictus R. juramenti debitum adimpleverit, cum per eum quem certum et fidelem nuntium sperabat pecuniam remiserit termino constituto, et dum in imperiali fuit captione detentus, satisfacere non potuerit creditori, devotioni vestræ præsentium auctoritate mandamus quatenus si præmissis veritas suffragatur, prædictum creditorem, ut sorte contentus existat, pensionibus præfati pignoris computatis in sortem, et domum ipsam et hortum præfato R. omni postposita dilatione resignet, per censuram ecclesiasticam pacto vel tali juramento nequaquam obstante, admonitione præmissa, sublato contradictionis et appellationis obstaculo, compellatis.

IDEM ARCHIEPISCOPO ARMERIENSI [Ameliensi episcopo].

(55) Sicut nostris est auribus intimatum, Ecclesia dudum Tudertina vacante, ipsius canonici et venerabilis frater noster episcopus videns quod cum eis, dum in minori esset officio constitutus, juramenta quædam in damnum episcopalis juris fecerunt prius quam de pontificis electione tractatus aliquis haberetur; quæ utrum servari debeant, cum ex eis præsertim contingeret episcopales redditus minorari, tanquam vir providus et discretus olim nos idem duxit episcopus consulendos. Nos ergo saluti ejus paterna volentes sollicitudine providere, pro juratione incauta imponi sibi fecimus pœnitentiam congruentem. Et nihilominus attendentes quod juramentum, non ut esset iniquitatis vinculum, fuerit institutum, et quod non juramenta sed perjuria potius sunt dicenda quæ contra ecclesiasticam utilitatem attentantur, fraternitati tuæ per apostolica scripta mandamus quatenus personaliter ad Ecclesiam Tudertinam accedens, quod in damnum episcopalis juris repereris taliter attentatum, nostra suffultus auctoritate in statum debitum appellatione remota reducas, faciens quod decreveris, etc.

IDEM ILLUSTRI REGI ARAGONUM.

(56) Ex tenore litterarum tuarum nobis innotuit quod quidam consiliarii tui, quin imo potius deceptores, tuum animum induxerunt ut jurares, irrequisito assensu populi, usque ad certum tempus patris tui conservare monetam, quæ tamen circa mortem ipsius fuerat legitimo pondere defraudata. Quoniam autem eadem moneta est adeo diminuta et minoris valoris effecta quod grave propter hoc in populo scandalum generatur, tu quod egeras indiscrete, discrete cupiens revocare, ac necessitati populi satisfacere, ab observatione juramenti præ-

---

(51) Lib. II, epist. 282.
(52) Lib. II, epist. 91.
(53) Leg. *Floreiæ.* Nam causa abbatis de Ferentillo exstat lib. I, epist. 377.
(54) Lib. I, epist. 33. — Cap. *Significante*, De pignorib.
(55) Cap. *Sicut nostris,* De Constitutionib. in tertia Collect.
(56) Lib. II, epist. 28.

dicti, ex quo tibi et regno tuo metuis grave periculum imminere, postulasti suppliciter a nobis absolvi. Super hoc vero diligens indagator veritate comperta potuisset facile intueri quod non tam erat absolutio necessaria quam interpretatio requirenda. Quoniam cum juramentum fecisti, monetam aut falsam aut legitimam esse credebas. Si falsam (quod de regia serenitate non credimus), juramentum fuisset illicitum et nullatenus observandum, et pro eo tibi esset pœnitentia injungenda, cum juramentum, ut esset iniquitatis vinculum, non fuerit institutum. Si vero ipsam legitimam esse credebas, juramentum licitum fuit, et usquequaque servandum. Et ut irreprehensibiliter observetur, consulimus et mandamus ut reprobata moneta quæ a legitimo pondere fuerat diminuta, alia sub nomine patris tui moneta cudatur, quam ad legitimam pondus reducas, secundum eum statum quem tempore patris tui habuerit meliorem, ita quod et antiqua moneta, quæ ab illo statu falsata non fuerat, cum ea pariter expendatur, per quod dispendium vitari possit et juramentum servari.

TITULUS XX.
De eodem et notoriis et canonica purgatione.

IDEM NEAPOLITANO ARCHIEPISCOPO.

(57) Ad nostram noveris audientiam venisse quod dudum a te quasi per extorsionem tale fuit præstitum juramentum quod in omni causa deberes ordinem judiciarium observare. Verum quoniam secundum traditiones canonicas manifesta accusatione non indigent nec in eis est ordo judiciarius observandus qui debet in aliis observari, neque tu, quando sub præmisso tenore jurasti, habebas in mente ut propterea venires contra canonicas sanctiones, alioquin non juramentum sed perjurium potius exstitisset, nec aliqua ratione servandum, nos juramentum tuum benignius volentes interpretari, ita quod consonet canonicis institutis, fraternitati tuæ auctoritate præsentium intimamus quod in manifestis et notoriis ratione juramenti præmissi non credimus te teneri servare subtilitatem ordinis judiciarii, quam in his non servari per omnia ipsa quoque juris ratio postulat et requirit. Unde videbitur, nec immerito, subtiliter intuenti de ordine judiciorum procedere ut in præmissis non per omnia ordo judiciarius observetur, quanquam et secundum approbatum intellectum Scripturæ divinæ recte possit intelligi quod jurasti tu in omnibus causis ordinem judiciarium observares, in illis videlicet in quibus est ordo judiciarius observandus. Sic ergo faciens et juramenti tenorem servabis, et instituta canonica non omittes.

IDEM C. QUONDAM HILDESEMENSI EPISCOPO.

(58) Miramur non modicum et non sine ratione movemur quod contra nos ausus es ponere os in cœlum, asserens quod contra te nec citatum nec convictum non fuerat sententia proferenda. Sed ecce in quo alterum judicas, te ipsum condemnas, cum tuum non fuerit de superiori temere judicare, et in eo quod excusationem tuam imo potius accusationem nostram allegas, tertium membrum omiseris, cum in manifestis non sit ordo judiciarius requirendus. Verum utrum excessus tuus fuerit manifestus, conscientiæ tuæ relinquimus discernendum, cum non potuerit esse occultum quod tam publice factum fuit et per totam Teotoniam publicum. Tu etiam confessus videris de crimine, cum in litteris ad nos directis, quas adhuc apud nos in testimonium reservamus, Herbipolensem te præsumpseris episcopum appellare.

IDEM ARCHIPRESBYTERO SANCTI ANDREÆ PALLIANENSIS.

(59) Quam sit grave crimen in clericis gloriari cum malefecerint et in rebus pessimis exsultare nullus sanæ mentis ignorat. Accepimus sane, quod non sine dolore referimus, quod cum Ricius de Serrone R. filiam suam cuidam Joanni nomine tradiderit in uxorem, Petrus diaconus ecclesiæ Sancti Petri, filius sacerdotis, non erubuit publice profiteri se prædictam feminam carnaliter cognovisse. Unde factum est quod prædictus vir ad propria eam remitteret cui fuerat matrimonialiter copulata. Quapropter per apostolica scripta mandamus quatenus si tibi constiterit de præmissis, omni contradictione et appellatione cessantibus præfatum ab officio et beneficio suspendere non postponas, compellens virum ut uxorem suam recipiat, eique sicut justum est officium exhibeat maritale.

IDEM EXONIENSI EPISCOPO.

(60) Tua nos duxit fraternitas consulendos si de clericis publice concubinas habentibus, qui quando conveniuntur a te, se esse concubinarios diffitentur, nec apparet contra eos legitimus accusator, credendum sit testimonio bonorum virorum inter quos vivere dignoscuntur. Nos igitur consultationi tuæ taliter respondemus, quod si crimen eorum ita publicum est ut merito debeat appellari notorium, in eo casu nec accusator nec testis est necessarius, cum hujusmodi crimen nulla possit tergiversatione celari. Si vero publicum est, non ex evidentia, sed ex fama, in eo casu ad condemnationem sola testimonia non sufficiunt, cum non sit testimoniis, sed testibus judicandum. Sed si de clericis illis talis habeatur suspicio ut ex ea scandalum in populo generetur, licet contra ipsos non apparuerit accusator, tu tamen eis canonicam potes purgationem indicere: quam si præstare noluerint, vel defecerint in præstanda, eos canonica poteris animadversione punire.

IDEM SENONENSI ARCHIEPISCOPO.

(61) Quoniam ex dictis testium nulla erat præsumptio contra decanum Nivernensem, utpote cum esset manifeste probatum eum familiaritatem ha-

(57) Lib. I, epist. 115.
(58) Vide lib. II, epist. 204.
(59) Lib. I, epist. 143.

(60) Lib. II, epist. 265.
(61) Lib. II, epist. 63.

reticorum non solum habuisse, sed etiam captasse scienter, cum publica etiam laboraret infamia, et tantum suscitatum esset scandalum contra ipsum quod non posset canonica purgatione deleri, nec ipsum absolvere, nec purgationem quam obtulerat ab initio, et tunc etiam offerebat, recipere noluisti, sed ipsum cum litteris tuis ad sedem duxisti apostolicam destinandum, intelligens quod ex concessa nobis plenitudine potestatis citra pœnam canonicam dispensare possumus et ultra eam rigorem severitatis attingere. Cæterum ei postmodum in nostra præsentia constituto communem audientiam in consistorio nostro concessimus, ubi se multipliciter nisus est excusare, illud præsertim allegans, quod cum non apparente accusatore legitimo purgationem offerret, testes contra eum non fuerunt aliquatenus admittendi. Nos igitur litterarum scientiam et honestatem morum in te pariter attendentes, licet ecclesiastica constitutio tales ab officio tantum usque ad purgationem canonicam doceat suspendendos, quod tamen etiam eum a beneficio propter immanitatem criminis, ut credimus, suspendisti, nolumus improbare; nec illud etiam propter causam improbamus eamdem; quod licet nullus contra eum accusator legitimus compareret, ad detergendam tamen hujus pestiferæ mortis imo mortiferæ pestis radicem, ex officio tuo fama publica deferente voluisti plenius inquirere veritatem. Attendentes autem vulgatam infamiam, grave scandalum et vehementem suspicionem ex testium dictis obortam, quia contra eumdem decanum facere videbantur, cum propter eorum quodlibet ei esset purgatio injungenda, et servantes et mollientes rigorem fratrum nostrorum archiepiscoporum et episcoporum apud sedem apostolicam existentium, purgationem quartædecimæ manus sui ordinis ei duximus injungendam. Ipsum igitur ad te cum litteris apostolicis remittentes, ut ibi purgaretur ubi noscitur infamatus, mandamus quatenus ascitis tecum Nivernensi et Parisiensi episcopis, indictam ei a nobis purgationem accipias, ita tamen ut qui ad ejus purgationem accesserint comprobandam, sint fide catholici, vita probati, qui conversationem et vitam ipsius non tam moderno tempore noverint quam transacto. Purgatione vero recepta, beneficium ei restituere non postponas, ne cogatur victus in cleri opprobrium mendicare. In pœnam autem familiaritatis illius quam cum hæreticis scienter habuisse dignoscitur, eum ab officio volumus manere suspensum, donec scandalum sopiatur; ita tamen ut publice familiaritatem hæreticorum abjuret. Præcipias insuper ipsi districte ut in prædicta et aliis villis circumpositis profiteatur et prædicet fidem catholicam, ac confundat et detestetur hæreticam pravitatem, sic deinceps vitam suam bonis adornans operibus ut infamia convertatur in famam, et omne scandalum et suspicio de catholicorum mentibus evellatur. Quod si forsan in purgatione defecerit, eum ecclesiasticæ districtionis mucrone percellas, et ab officio beneficioque deposito ad agendam pœnitentiam in arctum monasterium retrudere non omittas.

IDEM BISUNTIO ARCHIEPISCOPO.

(62) Licet in beato Petro apostolorum principe ligandi atque solvendi nobis a Domino sit attributa facultas, quam in subditis juxta eorum exigentiam meritorum exercere libere debeamus, exemplo tamen illius qui omnes salvat et neminem vult perire, libentius ad absolvendum intendimus quam ligandum, etsi nonnullæ sint culpæ in quibus est culpa relaxare vindictam. Sane cum olim ex litteris G. decani, C. cantoris Sancti Stephani, Joannis Salinensis, T. de Grahi, et plurium aliorum canonicorum Ecclesiæ Bisuntinæ ad apostolicæ sedis audientiam pervenisset te varia crimina commisisse, ac ab eis fuisse per easdem litteras super perjurio et crimine Simoniæ et incestu delatum, felicis recordationis C. papa prædecessor noster servata judiciaria gravitate tibi certum terminum assignavit quo, responsurus objectis, apostolico te conspectui præsentares. Cum autem tu juxta tenorem factæ tibi citationis ad sedem apostolicam accessisses, te et dilectis filiis Jo. et C. archidiaconis apud sedem apostolicam constitutis, exspectavimus aliquandiu si qui forsan contra te procederent, et quæ de te litteris intimaverant, proponerent in scribendo. Cæterum cum nec unus etiam appareret qui te impeteret de prædictis, ne aliquid de contingentibus omittere videremur, prædictis archidiaconis vocatis ad præsentiam nostram, et in nostra et fratrum nostrorum præsentia constitutis, quæsivimus diligenter si quid super prædictis adversus te pro se vel aliis proponere vellent, et quod scripserant, legitime demonstrare. Ipsi autem quod non proposito accusandi hoc scripserant responderunt; sed quia tu super quibusdam incorrigibilis videbaris, quædam de te sedi apostolicæ duxerant intimanda, sed nuntius qui pro litteris impetrandis accessit, mandati formam præsumpsit excedere. Nos igitur famæ tuæ consulere cupientes, dictis canonicis contra te super prædictis silentium duximus imponendum, ne te de certo eis super ipsis accusare liceat vel infamare, illius sequentes exemplum qui cum mulieri dixisset: *Nemo te condemnavit, mulier?* et illa: *Nemo, Domine. Nec ego*, inquit, *te condemnabo. Vade, jam amplius noli peccare* (*Joan.* VIII). Quia vero prædicti canonici citra vinculum inscriptionis desistere voluerunt, eis de juris permissione id non duximus imputandum. Ne autem in absolutione tua nimis procedere videamur, quamvis potius in odore bonæ opinionis coepiscoporum nostrorum quam eorum infamia delectemur, venerabili fratri nostro Cabilonensi episcopo et dilecto filio abbati

---

(62) Lib. 1, ep. 276.

de firmitate inquisitionem famæ tuæ duximus committendam.

TITULUS XXI.
De inquisitione culparum.

IDEM NEAPOLITANO ARCHIEPISCOPO ET C. SANCTI LAURENTII IN LUCINA PRESBYTERO CARDINALI APOSTOLICÆ SEDIS LEGATO.

(63) Nihil est pene quod magis debeat formidare prælatus quam vitium negligentiæ; quia, si juxta testimonium veritatis de omni verbo otioso in die judicii redditurus est rationem, quanto magis de omni bono neglecto, cum eum etiam qui opus Dei fecerit negligenter Scripturæ divinæ sententia maledicat? Heli namque summus sacerdos, licet in se ipso bonus existeret, quia tamen filiorum excessus efficaciter non corripuit, et in se pariter et in ipsis animadversionis divinæ vindictam excepit, dum filiis ejus in bello peremptis, ipse de sella corruens fractis cervicibus exspiravit. Ad corrigendum igitur subditorum excessus tanto diligentius debet prælatus assurgere quanto damnabilius correctionem eorum negligeret; contra quos, ut de notoriis excessibus taceatur, etsi tribus monitis procedere possit, per accusationem videlicet, denuntiationem et inquisitionem ipsorum; ut tamen in omnibus diligens adhibeatur cautela, sicut accusationem legitimam præcedere debet inscriptio, sic et denuntiationem charitativa correctio, et inquisitionem clamosa debet insinuatio prævenire *Descendam*, inquit Dominus, *et videbo utrum clamorem qui venit ad me, opere jam compleverint* (Gen. xviii). Tunc enim clamor pervenit ad prælatum, cum per publicam famam aut insinuationem frequentem subditorum sibi referuntur excessus; et tunc debet descendere et videre, id est, mittere et inquirere utrum clamorem veritas comitetur. Si autem juxta canonicas sanctiones, si quid de quocunque clerico ad aures prælati pervenerit quod eum juste possit offendere, non facile credere debet, nec ad vindictam eum res accendere debet incognita, sed coram Ecclesiæ suæ senioribus diligenter est veritas perscrutanda, ut si rei poposcerit qualitas, canonica districtio culpam feriat delinquentis, non tanquam idem sit auctor, accusator et judex, sed quasi fama deferente vel denuntiante clamore officii sui debitum exsequatur, eo semper adhibito moderamine, ut juxta formam judicii, sententiæ quoque forma dictetur.

IDEM CANTUARIENSI ARCHIEPISCOPO.

(64) Dilectus filius magister Andreas nuntius tuus pro parte tua fecit in audientia nostra proponi quod cum Cantuariensem diœcesim secundum consuetudinem prædecessorum tuorum visitas, ut quæ corrigenda sunt corrigas, et statuas quæ secundum Deum videris statuenda, in monasteriis et canonicis regularibus et religiosis locis pullulasse repereris Simoniacam pravitatem, ita ut in eis multi sint pretio recepti qui potius gratis recipi debuissent, imo etiam ad religionis observantiam invitari. Dubitas igitur utrum quia multitudo reperiatur in causa, severitati sit aliquid detrahendum, an in tales exercere debeas rigorem canonicæ disciplinæ. Nos igitur inquisitioni tuæ taliter respondemus, quod si adversus eos qui labe fuerint hujusmodi maculati accusatio coram te fuerit canonice instituta, postquam crimen ordine fuerit judiciario comprobatum, tam in dantes quam in recipientes canonicæ severitatis exerceas ultionem. Quod si de hoc tibi per solam inquisitionem constiterit, eos qui per Simoniacam pravitatem in locis talibus sunt recepti, ab illis amotos ad agendam pœnitentiam ad monasteria dirigas arctiora. Abbatibus autem, abbatissis, prioribus, prælatis quibuslibet, et officialibus eorumdem injungas pœnitentiam competentem, et donec illam peregerint, eos a sacrorum ordinum exsecutione suspendas. Studeas autem omnibus per Cantuariensem provinciam sub interminatione anathematis, auctoritate tam tua quam nostra, districtius inhibere ne talia præsumant ulterius attentare, sed illud duntaxat gratanter accipiant quod sine taxatione fuerit gratis oblatum, injungens episcopis ut hanc ipsam formam per suas diœceses studeant observare.

TITULUS XXII.
Quæ probationes in simonia productæ recipiantur.

IDEM PRIORI SANCTI VICTORIS, MAGISTRIS E. BONONIENSI ET VH. MEDIOCENSI CANONICIS.

(65) Licet Heli sacerdos in seipso, etc. *Et infra.* Cum igitur de abbate Pomposiano ea nobis frequenter insinuata fuissent quæ ab honestate regulari nimium dissonabant, inquisitionem eorum viris prudentibus commisimus faciendam; qui cum minime processissent, ad iteratum sæpe clamorem de communi fratrum nostrorum consilio citavimus ad præsentiam nostram abbatem et monachos, ut per nos ipsos causa morbi plenius inquisita, plagam ipsam melius curaremus. Eis igitur ad nostram præsentiam accedentibus, quidam ex monachis nobis ipsum abbatem de Simonia, perjurio, dilapidatione ac insufficientia detulerunt. Contra quos cum idem abbas exciperet quod denuntiationem hujusmodi fraterna correctio secundum regulam evangelicam non præcesserat, et idem constanter assererent quod correctionem hujusmodi præmisissent, licet ad id probandum duorum monachorum juramenta fuissent exhibita, quia tamen super hoc ipso necdum contendere desistebant, nos, ut prædiximus, frequentibus clamoribus excitati, ex officio nostro maluimus inquirere de præmissis, omnes omnino monachos, qui vel ipso vel cum contra ipsum abbatem accesserant, juramenti vinculo astringentes ut de propositis plene quam scirent exponerent veritatem; quorum depositiones in scriptis redactæ cum publicatæ fuissent, super illis cœperunt multipliciter disputare. Quia vero tum ex assertione monacho-

(63) Lib. II, cp. 260.
(64) Cap. *Dilectus*, De Simonia.

(65) Lib. II, epist. 260.

rum, tum ex abbatis confessione cognovimus quod idem abbas non modicam summam pecuniæ relictam a prædecessore suo totam expenderat, et in alia summa majori monasterium obligaverat, nos eum juxta canonicas et legitimas sanctiones propter has et alias præsumptiones quasi de dilapidatione suspectum ab administratione abbatiæ duximus suspendendum. Et quia per testes Simonia multis modis contra ipsum abbatem videbatur esse probata, ipse contra testes multas exceptiones proposuit, super quibus utrinque fuit multipliciter disputatum, aliis asserentibus in crimine Simoniæ, sicut in crimine læsæ majestatis, omnes indifferenter tam infames quam criminosos non solum ad accusandum sed ad testificandum etiam admittendos, cum ad instar publici criminis et læsæ majestatis procedat accusatio Simoniæ, multis super hoc et legibus et canonibus allegatis; aliis e contrario respondentibus quod licet hæc duo crimina quantum ad accusationem quasi paria judicentur, differunt tamen in multis, cum alia pœna in uno et alia pro altero inferatur, et inter personas accusatorum et testium sit utique distinguendum, cum non per accusatores sed testes crimina comprobantur, multis super hoc et rationibus et argumentis inductis. Ne vero vel innocentiæ puritas confusa succumbat, vel Simoniæ pravitas effugeret impunita, nos æquitate pensata, nec omnes exceptiones contra testes oppositas duximus admittendas, nec repellendas duximus universas, sed illas duntaxat probandas admisimus quæ forte probatæ non de zelo justitiæ, sed de malignitatis fomite procedere viderentur, conspirationes scilicet et inimicitias capitales. Cæteras autem exceptiones appositas, ut furti, adulterii et hujusmodi, propter immanitatem hæresis Simoniacæ, ad cujus comparationem omnia crimina quasi pro nihilo reputantur, duximus repellendas; quoniam etsi fidem testium debilitarent in aliquo, non tamen evacuarent ex toto; præsertim cum alia contigerit adminicula suffragari. Ad probandas ergo exceptiones admissas abbas quoddam protulit instrumentum, etc.

TITULUS XXIII.
De testibus et exceptionibus probandas et infamiam alicujus purgandam productis.

IDEM ARCHIEPISCOPO.

(66) De testibus qui ad exceptionem probandam a partibus inducuntur tua nos duxit fraternitas consulendos, utrum cogendi sint super principali etiam negotio ferre testimonium veritati, et an illi sint sicut cæteri testes examinandi districte qui ad purgandam alicujus infamiam inducuntur. Super hoc igitur fraternitatem tuam in Domino plurimum commendantes, quæ in dubiis apostolicæ sedis vult certificari rescripto, taliter ad proposita respondemus, quod si testes inducti jam sint ad exceptionem solummodo comprobandam, cum super ea tantum juraverint dicere veritatem, super principali non debent audiri nec cogi testimonium perhibere, utpote super quo deponerent non jurati. Si vero cum ad probandam exceptionem peremptoriam ab alterutra partium inducuntur, reliqua pars super principali etiam eos deponere forte petierit, et ut cogantur super toto negotio dicere veritatem, sacramento eos postulaverit obligari, ad id sunt sine dubitatione cogendi, nisi forsan sufficiens productio testium super principali facta jam fuerit, vel renuntiatum a partibus, vel depositiones testium fuerint publicatæ. Illi vero qui ad purgandam alicujus infamiam inducuntur, id solum tenentur juramento firmare, quod veritatem eum credant juramento dicere qui purgatur.

TITULUS XXIV.
De testibus ante litis contestationem productis et appellatione.

IDEM ABBATI SANCTI PROCULI ET MAGISTRO J. CANONICO BONONIENSI.

(67) Ad hoc Deus in apostolica sede nos constituit totius Ecclesiæ magistratum ut quia secundum Scripturæ sententiam fecit Deus hominem rectum, sed ipse se infinitis immiscuit quæstionibus, ad eam nodi quæstionum difficiles referantur, suo recto judicio dissolvendi. Ad apostolatus quippe nostri notitiam litterarum vestrarum insinuatione pervenit quod cum causa quæ inter B. et R. uxorem ejus vertitur a dilecto filio nostro G. Sanctæ Mariæ in Porticu diacono cardinale, tunc apostolicæ sedis legato, vobis commissa fuisset fine debito terminanda, viro ipso ad vos ad instantiam mulieris sæpius convocato, tandem R. patruum suum in causa ipsa coram vobis constituit responsalem. Qui assignata sibi die ut libello responderet uxoris (quo virum a separatione tori, et ut dotem suam reciperet, de adulterio accusabat), qui (patruus scilicet) donec advocatus ejus, qui absens erat, rediret, inducias postulavit. Quibus ad diem certam obtentis, iterum propter eamdem causam dilationes similes impetravit. Cum autem tertio dilationes hujusmodi cum instantia petens, obtinere non posset, publice proclamavit se nunquam coram vobis aliter responsurum, nec quod aliter vobis suam præsentiam exhiberet. Unde duobus fere mensibus sic impedito causæ principio et progressu, cum vobis dictus procurator illudere videretur, testes mulieris habito consilio recepistis, et allegationibus insuper præbuistis audientiam. Quo facto, dictus procurator ad præsentiam vestram accedens dixit se respondere paratum, velle negotio interesse. Qui sibi, die statuta, cum videretur libello de quo præmisimus responsurus, restitutionem uxoris ex parte viri prius fieri postulavit, et ne secus fieret, ad sedem apostolicam vocem appellationis emisit. Verum quia mulier ipsa dicebat se virum habere suspectum, vel quia in domo ejus coacta fuerat se adulteratam coram pluribus confiteri, vel quia me-

(66) Lib. I, epist. 513.

(67) Lib. I, epist. 362.

retricem publice detinebat, ex qua etiam prolem susceperat, sicut evidentia facti et fama viciniæ demonstrabat (super quo etiam testes produxerat, et alios parata erat ad hoc ipsum probandum inducere), ab ipso procuratore quæsistis an vellet de mulieris impunitate cavere. Qui dixit super hoc se de consilio responsurum. Sed ad diem statutam neque respondit, neque se vestro conspectui præsentavit. Quin etiam ad illum diem citatus se asseruit, nisi prius advocatus ejus rediret, nullatenus responsurum, sicut nuntius vester juramento firmavit. Unde iterum testes mulieris de prudentium virorum consilio recepistis, et attestationibus publicatis diligenter audistis quæ fuerunt ipsius nomine allegata. Quia vero cum de ferenda sententia cum jurisprudentibus tractaretis, diversorum invenistis diversa consilia (quibusdam dicentibus appellationi simpliciter deferendum, aliis autem appellationi deferendum non esse; nonnullis etiam asserentibus appellationem nullatenus tenuisse, cum mulier non sit viro restituenda suspecto, nisi de impunitate sufficienti præstita cautione), vos in tanta varietate nos consulere voluistis qualiter esset in hoc negotio procedendum. Nos ergo de fratrum nostrorum consilio consultationi vestræ taliter respondemus, quod licet ordo judiciarius in aliis controversiis observandus, in matrimonialibus causis non usquequaque servetur; quia tamen in præsenti negotio non est actum de fœdere matrimonii, sed de crimine adulterii, per quod ad separationem conjugum non ad conjunctionem intenditur, cum lite non contestata testes fuerint recepti, et attestationes publicatæ, sive deferendum sive non deferendum appellationi fuisset, non est ad diffinitivam sententiam procedendum, potuit tamen præfatus R. propter contumaciam excommunicationis vinculo innodari.

IDEM CONSTANTIENSI EPISCOPO.

(68) Quid ad consultationem quam, etc. *Et infra.* Si autem quod a nobis postulasti, utrum appellationi sit clerici deferendum qui purgationem indictam sibi per sententiam, et ad ipsius receptionem terminum competentem, puta viginti dies vel amplius sine contradictione recipiens, et ad diem veniens consequenter appellat, causam non exprimens appellandi, nec sit locus nisi suscipiendæ purgationi et exsecutioni sententiæ, a cujus latione ac purgatione injuncta ultra decennium dicitur effluxisse, taliter credimus respondendum, quod cum post viginti dierum spatium sententia in auctoritatem rei transeat judicatæ, qui ad provocationis subsidium infra id temporis non recurrit, appellandi sibi aditum denegavit, cum per hoc videatur per interpretationem juris latæ sententiæ paruisse, præsertim ubi causa non redditur appellandi: sed nec exsecutionem ipsius sententiæ ideo convenit retardari, licet ad hoc agendum quadrimestre tempus regulariter sit statutum, quia id arctari potest nonnunquam a sedente in medio et etiam prorogari; et quod ab initio sponte recepit terminum breviorem, imputare sibi potest et debet, cum ex hoc videatur amplioris beneficium contempsisse. Unde talis non audietur appellans, nisi adversus eum modus exsecutionis canonicus excedatur.

IDEM SANCTI AUGUSTINI ET SANCTI GREGORII PRIORIBUS CANTUARIENSIBUS.

(69) Dilecti filii J. et H. nuntii Ecclesiæ Cantuariensis nobis humiliter retulerunt quod cum pro causa quæ inter priorem et monachos et venerabilem fratrem nostrum Cantuariensem archiepiscopum vertitur, ab ipsis priore et monachis mitterentur, idem archiepiscopus post iter arreptum in eos excommunicationis sententiam promulgavit. Cum autem plus sit ad sedem apostolicam facto provocare quam verbo, et ipsis propter prædictam causam ad Romanam Ecclesiam venientibus intelligatur ad sedem apostolicam provocatum, mandamus quatenus si verum est quod asseritur, dictos J. et H. appellatione postposita denuntietis excommunicationis vinculo non teneri.

Ex decretis ejusdem.

Licet is cui causa committitur appellatione remota non possit eam alii sine provocationis obstaculo delegare, si tamen delegatus aut judex quisquam non tam cognitionem quam exsecutionem ad aliquem certum articulum alterum deputaverit, ab eo, nisi modum excedat, non liceat appellari, dummodo de partium deputetur vel recipiatur assensu. Quod si delegatus a nobis vel litis exordium, vel causæ finem, nedum totum negotium, ei duxerit committendum, ab ipso tanquam a judice licite provocetur, cum et lis ante judicem debeat contestari, et causa per judicium diffiniri.

TITULUS XXV.
DE OFFICIO JUDICIS DELEGATI.

(70) Sæpe contingit quod cum ad nostram audientiam appelletur, propter defectum partis alterius, neque per se neque per responsalem idoneum appellationem interpositam prosequentis, vel forsan ex malitia responsalis mandatum procuratorium occultantis, lites quæ de facili poterant terminari, remaneant indecisæ, cum frequenter juris quæstio moveatur cujus apud nos probationes necessariæ non existunt, et interdum etiam facti quæstio de levi posset partibus præsentibus comprobari. Unde licet in Lateranensi concilio fuerit constitutum ut si in quocunque negotio aliquis appellaverit, et eo qui appellatus fuerit veniente, qui appellavit venire neglexerit, competentem illi recompensationem faciat expensarum, ut hoc saltem timore deterritus in gravamen alterius non facile quis appellet. Quia tamen propter hoc quæstiones nihilominus prorogantur, volentes ut finis litibus imponatur, et ne fraus et dolus alicui suffragentur, de consilio fratrum nostrorum præsenti decreto statuimus ut si hujusmodi

(68) Lib. 1. ep. 545. — Cap. *Quod ad,* De sent. et re jud.

(69) Lib. 1, epist. 551.
(70) Cap. *Sæpe,* De appell.

appellatio vel a judice recepta, vel a parte fuerit approbata, post terminum appellationi praefixum, edicti peremptorii vires obtineat, ita videlicet ut ex tunc in absentem partem procedatur ac si peremptorie vocatus ad judicium exstitisset. Quod si forsan interposita provocatio malitiose recepta vel approbata non fuerit, cum constiterit legitime provocatum, nihilominus eam vigorem volumus obtinere. Salvis constitutionibus de provocationibus post sententiam promulgatis, quibus appellationes suas prosequi non curantibus post terminum appellationi prosequendae praefixum rata maneat sententia quae fuerat appellatione suspensa. Quidquid autem contra citationem peremptoriam posset ab absente proponi, adversus appellationem hujusmodi valeat allegari. Si quis autem terminum appellationis praeveniens tacita veritate litteras reportarit, et careat impetratis, et poenam contumaciae non evadat.

IDEM MAGISTRO APOLLINARI.

(71) Brevi sedem apostolicam sciscitatus es quaestione utrum ille qui jura alicujus Ecclesiae servare ac pro posse defendere juramento tenetur, si necessitate imminente sub debito juramenti ad hoc fuerit requisitus, et nolens hoc facere, ad sedem apostolicam duxerit appellandum, perjurii reatum incurrat. Nos autem quaestioni tuae taliter respondemus, quod in hoc articulo appellantem a perjurio talis appellatio non excusat; imo, nisi aliqua difficultas obsistat, propter quam non possit requisitus Ecclesiae subvenire, culpa perjurii potius irretitur.

TITULUS XXVI.
De crimine usurarum.

IDEM OMNIBUS PRAELATIS IN REGNO FRANCIAE CONSTITUTIS.

(72) Quam periculosum sit vitium usurarum discretionem vestram non credimus ignorare, cum praeter constitutiones canonicas quae in eorum odium emanarunt, per prophetam detur intelligi eos qui suam dant pecuniam ad usuram a tabernaculo Domini repellendos, et tam in Novo quam in Veteri Testamento prohibitae sint usurae, cum veritas ipsa praecipiat, *Mutuum date, nil inde sperantes* (*Luc.* VI), et per prophetam dicatur: *Usuram et omnem superabundantiam non accipias* (*Ezech.* XVIII). Inde est quod universitati vestrae mandamus quatenus manifestos usurarios, eos maxime quos usuris publice renuntiasse constiterit, cum aliquis eos convenerit de usuris, nullius permittatis appellationis subterfugio se tueri.

IDEM MUTINENSI EPISCOPO.

(73) Dudum ex parte tua recepimus quaestionem, quod quidam usurarii tuae dioecesis eos quibus dant pecuniam ad usuram praestare faciunt juramentum quod usuras non repetant, et super his quas solverint nullam moveant quaestionem. Nos igitur inquisitioni tuae taliter respondemus, ut usurarios ipsos monitione praemissa et per censuram ecclesiasticam appellatione remota compellas, ante usurarum solutionem, ab earum exactione desistere vel restituere ipsas postquam fuerint persolutae, ne de dolo et fraude sua contingat eos commodum reportare qui ad hoc praestari faciunt juramentum quod super usuris non valeant molestari.

IDEM NARBONENSI ARCHIEPISCOPO ET SUFFRAGANEIS EJUS.

(74) Post innumerabile, etc. *Et infra* : Judaeos ad remittendas Christianis usuras per principes et saecularem compelli praecipimus potestatem, et donec eis remiserint, ab universis Christi fidelibus tam in mercimoniis quam in aliis per excommunicationis sententiam eis jubemus communionem omnimodam denegari.

TITULUS XXVII.
De restitutione.

IDEM MEDIOLANENSI ARCHIEPISCOPO.

(75) Ad hoc unxit nos Deus, etc. *Et infra* : Dilectus filius abbas de Scocula postulabat a nobis ut sententiam restitutionis pro eo deberemus auctoritate apostolica confirmare, et possessione sibi cum fructibus restituta faceremus eum absque molestatione gaudere. Nos igitur intelligentes quod [Veronensis] venerabilis episcopus abbatem in possessionem causa rei servandae solummodo decrevisset induci, sicut erat consentaneum rationi, utpote coram quo super proprietate lis non fuerat commota, et quod per M. quondam archiepiscopum non stetisset quin satisfationem infra annum oblatam praestiterit et contumaciam, si qua praecesserit, expurgarit, attendentes etiam abbatem ipsum per subreptionem veritatis et falsitatis expressionem litteras a Bobiensi et [Ferrariensi episcopis impetrasse, petitionem ejus non esse admittendam respondemus et ipsum scriptis carere mandavimus quae per mendacium impetravit.

IDEM ARCHIPRESBYTERO ET CANONICIS SUTRINIS.

(76) Dilecti filii clerici conventualium ecclesiarum civitatis ejusdem apud nos suam de vobis deposuere querelam quod cum in episcoporum electionibus faciendis ipsi ac praedecessores eorum consueverint interesse, vos eis invitis, renitentibus, et exclusis ad faciendam electionem procedere praesumpsistis, quam ob hoc non confirmandam sed infirmandam potius asserebant. Partibus ergo, etc. Nos ergo auditis allegationibus et rationibus partium, et depositionibus ipsis diligenter inspectis, quoniam liquido deprehendimus testes vestros in perhibendis testimoniis varios extitisse atque adversus fidem attestationis suae coram dictis cardinalibus vacillasse, sicut ipsi nobis postea retulerunt et quod negotiationem quodam modo astruere satagebant, probare volentes jus electionis ita quidem ad se spectare quod ad adversarios minime pertineret; per testes vero partis adversae fuit suffi-

(71) Lib. I, epist. 589.
(72) Lib. I, epist. 399.
(73) Cap. *Tuas dudum*, De usuris.
(74) Cap. *Per miserabil.*, De usuris.
(75) Lib. I, epist. 37.
(76) Lib. II, epist. 283.

cienter ostensum quod in trium episcoporum electionibus, de quibus præmissum est, clerici præsentes adfuerunt et vocem habuerunt eligendi, præmissam electionem factam eis contradicentibus et exclusis decrevimus irritandam, clericos sæpedictos in eam quasi possessionem quam ante controversiam motam habuerant reducentes. Verum quoniam in quæstione prædicta quidquid juris utraque pars in electione habebat deductum in judicium videbatur, cum jure civili sit cautum id venire in judicium, non de quo actum est ut veniret, sed id non venire de quo nominatim actum est ne veniret, et secundum statuta canonica electiones episcoporum ad cathedralium ecclesiarum clericos regulariter pertinere noscuntur, nisi forte alibi secus obtineat de consuetudine speciali, nec ex eo quod clerici antedicti se inter eligentes Sutrinos episcopos probaverint tertio exstitisse, jus eligendi propter brevitatem temporis usque ad præscriptionem legitimam non producti sibi acquirere potuerunt, et actore non probante, qui convenitur, etsi nihil præstiterit, obtinebit, ab eorum impetitione super electionibus faciendis vos duximus absolvendos, prædictis ecclesiarum clericis super hoc silentium perpetuum imponentes.

IDEM CANONICIS BETHLEHEMITANIS.

(77) Cum super electione Bethlehemitanensi inter R. subdiaconum nostrum et P. canonicum sepulcri Dominici nuper in nostra præsentia quæstio verteretur, utroque se pro electo gerente, cum primus etiam a venerabili fratre nostro patriarcha Hierosolymitano fuerit confirmatus, alter vero favorem regium obtineret, eis dilectum filium P. basilicæ duodecim apostolorum, J. tituli Sancti Stephani in Cœlio monte presbyterum, et G. Sanctæ Mariæ in Porticu diaconum cardinales dedimus auditores, in quorum præsentia recepti utrinque testibus, et eorum depositionibus publicatis, quæ hinc inde allegata fuerunt nobis et fratribus nostris retulerunt fideliter et prudenter. Nos vero tam per relationes cardinalium quam per gesta de causæ meritis sufficienter instructi, communicato fratrum nostrorum consilio jam dictum subdiaconum nostrum, qui se probaverat per sæcularem potentiam spoliatum, restituendum decrevimus justitia mediante. Verum quoniam tam possessorium quam petitorium deductum fuerat in judicium, et tam restitutionis quam electionis quæstio plenius actitata, constitit nobis electionem utriusque minus canonicam exstitisse, cum judex de qua re cognoverit, et pronuntiare debeat juxta canonicas sanctiones, utramque duximus sententialiter irritandam. Cæterum quoniam W. canonicus Bethlehemitanensis fuit in jure confessus (78) quod pro præstando alterius electioni consensu quingentorum Saracenatorum obligationem receperat et promissum et mediator exstitit Simoniacæ pravitatis, nos intelligentes contractum hujusmodi continere Simoniacam pravitatem, quam persequi volumus, ut debemus, ipsum ab omni ordine clericali per diffinitivam sententiam duximus ab omni officio et beneficio ecclesiastico deponendum.

IDEM BURGENSI ET PALETENSI EPISCOPIS.

Olim nos dedisse meminimus in mandatis ut venerabilem fratrem nostrum Ovetensem episcopum ad debitam restitutionem partis Zamorensis diœcesis, quam tenebat, cum perceptis fructibus cogeretis, si dilectum filium fratrem Raynerium, priusquam super hoc mandatum apostolicum adimpleret, viam ingredi contingeret omnis carnis. Verum quia inanis est actio quam inopia debitoris excludit, mandamus quatenus non prius episcopum ipsum ad restitutionem fructuum compellatis quam ipse taliter fuerit restitutus ut restituere possit quod percepit de proventibus alienis.

IDEM NARNIENSI EPISCOPO.

(79) Dilectus filius abbas de Ferentillo conquerens de nobilibus viris dominis de Aravo suam proposuit quæstionem quod præfati nobiles, nulla requisitione præmissa, manu armata ad castra monasterii Ferentilli venientes in prædis animalium et damnis aliis usque ad cccc, vel Luc. damnificare dictum cœnobium præsumpserunt, de quibus justitiam sibi fieri postulabat. Cui citra litis contestationem sub forma exceptionis fuit ex adverso responsum quod per ipsius dolum et violentiam castrum sacratum amiserant, et in aliis multis usque centum marcas se spoliatos dicebant, petentes prius restitui quam ipsius petitionibus responderent. Verum ex parte abbatis fuit taliter replicatum, quod libello suo secundum regulam juris, qua dicitur ut qui prior appellat, prior agat, debebat primitus responderi, nec pro damnis illatis restitutio postulari, sed ad ea debebat actio competens intentari. Cæterum ex parte abbatis regulam introductam adversa pars in mutuis petitionibus locum habere dicebat, cum causæ vicissim tractatæ una postea sententia terminantur. Nos vero distinguendum esse putantes utrum spoliationis quæstio ab eisdem nobilibus sit objecta in modum actionis ad restitutionem petendam, an in forma exceptionis ad intentionem adversarii repellendam, cum ea in modum actionis proposita intelligantur diversæ petitiones sese minime contingentes, ac per hoc juxta regulam juris præmissam quæ prius esset proposita, prius foret tractanda, quanquam in idem judicium ambæ deductæ vicissimque tractatæ simul essent eadem sententia terminandæ. Sed quoniam illa quæstio fuit ab eisdem nobilibus tantum in modum exceptionis objecta, pronuntiavimus ut probationes eorum super ipsa exceptione primitus audirentur, et ea probata legitime non cogerentur abbati respondere super petitionibus memoratis donec restituerentur ab ipso, cum spoliatus spolia-

(77) Cap. *Cum super*, De cav. pass.
(78) Cap. 2, De confess.

(79) Lib. I, epist. 377.

tori non cogatur ante restitutionem ullatenus respondere. Spoliatione tamen in modum tantum exceptionis probata, non est per hoc restitutio facienda; quemadmodum cum in modum exceptionis aliquod testi crimen objicitur, ut sic a testimonio repellatur, etsi crimen contra eum civiliter probatum fuerit, non ideo sibi pœna infligitur ordinaria, sed ejus duntaxat testimonio non creditur, quod ea ratione contingit, quoniam in ipsum actio non procedit. Testes etiam quorum testimonium reprobatur, inter infames, quasi ex falso testimonio, non habentur.

TITULUS XXVIII.
Si quis deficiat in exceptione probanda.

(80) Finem litibus cupientes imponi, ne partes ultra modum graventur laboribus et expensis, præsertim cum de beneficiis et officiis ecclesiasticis litigatur, quæ sine dispendio diu vacare non possunt, præsenti decreto statuimus ut postquam intentionem suam altera pars fundaverit, si reliqua forte voluerit legitimam exceptionem opponere, quam nolit aut nequeat in continenti probare, quia frequenter ad impediendum vel differendum processum exceptiones hujusmodi per excogitatam malitiam opponuntur, ad solvendas alteri moderatas expensas ex tunc in judicio faciendas, cum acceptis induciis in probatione defecerit, condemnetur; et si solvendo non fuerit, alias secundum arbitrium discreti judicis puniatur; ut hoc saltem timore perterritus non facile quis in gravamen alterius falsas exceptiones opponat.

TITULUS XXIX.
Quod judiciarius vigor gratis sit omnibus exhibendus.

IDEM PRÆLATIS ET CLERICIS LOMBARDIÆ.

(81) Cum ab omni specie mala præcipiat Apostolus abstinere, nos, qui, licet indigni, constituti sumus a Deo super gentes et regna, ut juxta verbum propheticum evellamus et destruamus, ædificemus et plantemus, summopere debemus satagere quatenus evellamus vitia et plantemus virtutes, destruamus iniqua et ædificemus honesta, sicque nostra sollicitudine mediante prava transeant in directa, et aspera vertantur in plana. Licet autem hujus nostræ sollicitudinis labor generaliter debeat ad omnes extendi, quia sapientibus sumus et insipientibus debitores, specialiter tamen ad clericos, qui dormire debent a vitiis, ut sint pennæ columbæ deargentatæ, ne quid in illis appareat quod obfuscet candorem ecclesiasticæ puritatis. Sane ad audientiam apostolatus nostri multorum assertione pervenit quod cum ex delegatione nostra causas suscipitis pertractandas more sæcularium super decima litis, vel parte alia, pro diversa terrarum consuetudine, præter expensas victualium, cum litigantibus receptis pignoribus pro salario conventis, quæ postmodum usque ad solutionem pecuniæ, nolentibus etiam partibus, contenditis detinere, non attendentes quod ad hoc vobis et aliis clericis sunt ecclesiastici redditus deputati ut ex ipsis honeste vivere debeatis, ne vos oporteat ad temporalia lucra manus extendere vel ad iniqua munera oculos inclinare. Cum igitur opera vestra lucere debeant laicis in exemplum, nec vos deceat instar sæcularium ad temporale compendium juris occasionem arripere, universitati vestræ præcipiendo mandamus quatenus ab hujusmodi exactionibus de cætero abstinentes vigorem judiciarium gratis studeatis litigantibus impertiri, non obstante quod in fraudem a quibusdam proponitur quod id exigatur nomine assessorum, cum nec justum judicium judici vendere liceat, et venales sententiæ ipsis etiam sæcularibus legibus reprobentur.

TITULUS XXX.
De sententia et re judicata.

IDEM DECANO ET CANCELLARIO LAUDUNENSI.

(82) Sicut nobis vestris litteris intimastis, cum causa quæ inter H. subdiaconum et V. presbyterum super quicunque frumenti modiis vertebatur, qui dicebantur ipsi H. per annos singulos exsolvendi, ex delegatione nostra vobis commissa fuisset, et partibus in vestra præsentia constitutis idem H. restitutionem sibi fieri postularet, adversarius se ad hoc non teneri respondit, cum alia vice super hoc coram judice conventus fuerit et sententialiter absolutus: quod ostendere voluit duorum testimonio sacerdotum, ex quorum depositionibus vobis constitit quod magister A. ex parte venerabilis fratris nostri episcopi Laudunensis V. presbyterum per judicium absolvit ab impetitione subdiaconi memorati. Verum quia testimonium eorum quasi nude prolatum fuerat, ut de allegationibus et testibus quæ judicem movere solent ad sententiam proferendam nil se scire dixissent, variatum fuit inter jurisperitos a quibus consilium postulastis, aliis asserentibus tale testimonium non valere, aliis sentientibus quod valeret. Unde in hac ambiguitate quid tenendum sit sedem duxistis apostolicam consulendam. Cum vero in pluribus locis, in quibus copia prudentium habetur, id moris existat, ut causæ quæ judicem moveant non existimantur in sententiis proferendis, vobis taliter respondemus, quod cum ex depositionibus testium prædictorum constiterit vobis sententiam a judice suo fuisse prolatam, propter auctoritatem judiciariam præsumi debet omnia legitime processisse.

IDEM ABBATI SANCTI ZENONIS.

(83) Cum inter vos ex una parte, etc. *Et infra:* Quantum ad litigantes ipsos jus ex sententia factum fuit postquam in rem transiit judicatam, etiamsi contra jus constitutionis expresse lata non fuerit, veritate gestorum sermonibus prævalente, quæ præsumuntur rite per omnia celebrata.

---

(80) Cap. 5, De dolo et contum.
(81) Lib. I, epist. 376.

(82) Lib. II, epist. 48.
(83) Cap. 13, De sent. et re judic.

TITULUS XXXI.
De sententia excommunicationis.

IDEM ABBATI ET CONVENTUI SANCTI GERMANI ALTISIODORENSIS.

(84) Gravis ex parte vestra fuit in auditorio nostro querela proposita quod venerabilis frater noster Altisiodorensis episcopus et presbyteri ejusdem diœcesis homines vestros absque manifesta et rationabili causa, non servato juris ordine, excommunicationi subjiciunt pro suæ arbitrio voluntatis. Volentes igitur gravamini vestro paterna sollicitudine providere, si prædictus episcopus et presbyteri in homines vestros excommunicationis sententiam absque manifesta et rationabili causa et juris ordine non servato duxerint promulgandam, eam decernimus non tenere, et vos auctoritate apostolica divina eis officia celebretis.

IDEM ASSISINATENSI EPISCOPO.

(85) Sicut nobis tuis litteris intimasti, cum aliquos tuæ diœcesis clericos vel laicos culpis suis exigentibus excommunicationi supponis, ipsi postmodum ad te, nulla satisfactione præmissa, sine testimonialibus litteris redeuntes, dicunt se absolutionis beneficium recepisse. Quibus si credi debeat in hac parte, per nos instrui simpliciter postulasti, cum propter causam hujusmodi, sicut dicis, tuæ sententiæ a subditis contemnantur. Nolentes itaque malitiis hominum indulgere, fraternitati tuæ taliter respondemus, quod nisi excommunicati a te super absolutione sua litteras nostras vel illius cui vices nostras in hac parte commisimus reportarint, aut alio modo legitimo de illorum tibi absolutione constiterit, tu eorum absolutioni fide non habita, ipsos pro excommunicatis ut prius habeas et facias evitari.

IDEM ARCHIEPISCOPO, DECANO ET PRÆCENTORI LUGDUNENSI.

(86) Cum pro causa quæ inter dil. fil., etc. *Et infra*: Si vobis constiterit F. archidiaconum ob duplicem causam excommunicatum fuisse et expressisse tantum alteram in litteris quas super absolutione sua ab apostolica sede obtinuit, ipsum tanquam excommunicatum satisfacere Ecclesiæ suæ de altera, monitione præmissa, per censuram ecclesiasticam appellatione remota cogatis.

IDEM COLIMBRIENSI ET ALIIS EPISCOPIS PORTUGALENSIBUS.

(87) Cum in partibus vestris peccatis exigentibus sæpe contingat diversa loca interdicto supponi, quando generale vel particulare dici debeat interdictum, apud vos accepimus in dubium revocari, cum illi qui ab Ecclesia Romana decorari privilegio meruerint, videlicet ut cum generale interdictum terræ fuerit (88), liceat eis, clausis januis, non pulsatis campanis, exclusis excommunicatis et interdictis, suppressa voce, divina officia celebrare, a interdicto particulari se asserant non arctari, asserentes illud interdictum generale duntaxat quando regnum vel saltem provincia tota subditur interdicto. Propter quod et justitia sæpius deperit, et prælatorum sententiæ contemnuntur, cum in aliis interdictis promptius divina celebrent, et suspensis organis aliorum, ipsi pulsatis campanis et apertis januis quoslibet passim recipiant ad divina. Ne autem diversa interpretatio discordiæ causam inter vos ulterius et odii fomitem valeat ministrare, vel quod interdictum dici debeat generale amodo in dubium revocetur, significatione vobis præsentium intimamus quod cum in privilegio de regno vel provincia nihil expresse dicatur, nomine terræ non solum regnum vel provinciam intelligi volumus, verum etiam villam et castrum, ut et in his locum habeat quod de generali dicitur interdicto, videlicet ut cum villa vel castrum generali subjicitur interdicto, præscripta privilegii forma debeat observari.

IDEM NIDRONENSI [NIDROSIENSI] ARCHIEPISCOPO.

(89) Quod in dubiis nostro postulas certificari rescripto, ut juxta illud tuæ discretionis arbitrium modereris, fraternitatem tuam dignis in Domino laudibus commendamus. Sane consuluit nos tua fraternitas utrum altare in quo excommunicatus divina celebrare præsumpsit reconsecrari debeat, et an sit communicandum excommunicato qui quod staret mandato Ecclesiæ juratoriam præstitit cautionem, sed nondum absolutionis beneficium est adeptus, et si excommunicato communicare aliquis, et qui etiam teneatur. Quæsivisti etiam quæ pœna his fuerit injungenda qui excommunicatis volentes communicant, vel invitis. Ad hæc autem fraternitati tuæ taliter respondemus, quod nec altare in quo excommunicatus celebrat debet, nisi aliud interveniat, consecrari, nec excommunicato, licet quod stet mandato Ecclesiæ juramento firmarit, communicari debet, donec fuerit per Ecclesiam absolutus, alioquin post juramentum non esset absolutio necessaria. Utrum autem si absolutionis beneficium non contemptus religionis, sed articulus necessitatis excluserit, tali vel saltem in morte communicare sit licitum, quia minime per tuas litteras requisisti, ad præsens non duximus respondendum. Nullus autem omnino nominatim excommunicato scienter communicare tenetur, nisi quædam personæ quæ per illud Gregorii papæ capitulum *Quoniam multos* specialiter excusantur. Illi autem qui nominatim excommunicatis præsumptuose participant, præter personas dicto canone denotatas, nisi ab eorum participatione commoniti forte destiterint, excommunicationis sunt vinculo innodandi. Secus autem si ei scienter communicant qui cum participibus suis est vinculo excommunicationis sententialiter innoda-

---

(84) Vide Gesta abbatum S. Germani Altissiodor., c. 13.
(85) Lib. II, epist. 166.
(86) Cap. 27, *De sent. excomm.*
(87) Lib. I, epist. 534.
(88) Vide Baluzii notas ad concil. Narbon., an. 1090.
(89) Lib. I, epist. 381.

tus. Tunc enim et ipsi sententiam excommunicationis incurrunt. Altare vero in quo tabula cui consecrationis benedictio pontificali ministerio adhibetur, si mota fuerit vel enormiter fracta, debet non immerito consecrari. Nec negamus quin oleam non consecratum consecrato possit oleo commisceri. Clerici autem qui excommunicati, vel ab excommunicatis scienter ad ordines sunt promoti, debent ab ordine sic suscepto deponi.

IDEM DOCTORIBUS DECRETORUM BONONIENSIBUS.

(90) Inter alia quæ venerabilis frater noster Nidrosiensis archiepiscopus dudum apostolatui nostro proponi fecit humiliter consulendo, illud etiam, si bene meminimus, inquisivit, utrum excommunicato communicare quis et qui etiam teneantur. Cui super illo recolimus articulo respondisse quod nullus omnino nominatim excommunicato tenetur communicare scienter, nisi quædam personæ quæ per illud Gregorii papæ capitulum *Quoniam multos* specialiter excusantur. Verum ex hac nostra responsione magna quibusdam, sicut accepimus, exorta est occasio disputandi; aliis concedentibus quod excommunicato communicare tenentur personæ in prædicto capitulo nominatæ, præsertim quæ prius ad communicationem eorum ex debito tenebantur, aliis asserentibus eos excommunicatis communicare licite posse, si velint, non tamen ex hoc ex necessitate teneri. Ut igitur unde jus prodiit, interpretatio procedat, ambiguitatem hujusmodi taliter duximus absolvendam, cum quod quædam personæ in præmisso capitulo denotatæ illis in quos lata fuit excommunicationis sententia subsequenter ante prolationem ipsius obsequi tenerentur et familiariter adhærere, neque postmodum ad contrarium teneantur, cum adhuc ipsum debitum duret beneficio canonis id agente, priore non sunt obnoxietate solutæ, sed ad familiare tenentur obsequium, et ita per consequentiam ad communionem quoque tenentur, sine qua illud nequeunt exhibere. Id autem non ad omnes personas capituli credimus referendum, ut videlicet obnoxietati hujusmodi sint subjectæ, cum viatores, peregrini et mercatores a communione talium personarum, nisi articulus necessitatis immineat, debeant abstinere, sicut ejusdem canonis serie colligitur manifeste, sed ad illas duntaxat quæ talibus arctiori tenentur obnoxietate constrictæ, quibus tamen in his pro quibus sunt excommunicatione notatæ, ut in criminibus, communicare non debeant, sed ab eis penitus abstinere. Unde prudenter in præmissa consultatione respondemus, non omnes personas, sed quasdam, quæ per illum Gregorii papæ canonem specialiter excusantur, ad communionem hujusmodi præmisso modo teneri. Utrum autem et illæ personæ propter atrocitatem facinoris severius puniendi, a communione talium per excommunicationis sententiam debeant aliquando prohiberi, quia quæsitum non exstitit, responsum non fuit.

(90) Cap. 31, De sent. excom.

IDEM LAUR... EPISCOPO.

(91) Nuper a nobis tua fraternitas requisivit quid sit de illis laicis sentiendum qui clericos violenter, sine læsione tamen, in custodia detinent publica vel privata, vel etiam detrudunt in vincula, utrum in canonem latæ sententiæ incidant, ut ipso facto sint vinculo excommunicationis innodati, sicut illi qui manus in clericos injiciunt temere violentas, et utrum qui nominatim excommunicatis scienter communicant, absolvi ab excommunicatione possint per confessionem a simplici sacerdote, vel episcopi seu archipresbyteri sit ab eis absolutio expectanda. Nos igitur inquisitioni tuæ taliter duximus ex ordine respondendum, quod in primo consultationis articulo non credimus laicos pœnam excommunicationis evadere, quamvis eorum facto corporalis læsio non fuerit subsecuta, citra quam violentia sæpius circa clericos nequiter perpetratur. In secunda vero quæstione credimus distinguendum, an is qui nominatim excommunicato scienter communicat, in crimine communicet criminoso, ei consilium impendendo, auxilium vel favorem, aut alias in oratione, vel osculo, vel orando secum aut etiam comedendo. In primo quidem articulo, cum talis et communicet crimini et participet criminoso, ac per hoc ratione damnati criminis videatur in eumdem delinquere qui damnavit, ab ejus superiore merito delicti tunc erit absolutio requirenda, cum juxta canonicas sanctiones facientes et consentientes pari pœna plectantur. In secundo vero casu, a suo episcopo vel proprio sacerdote poterit absolutionis beneficium obtinere. Quamvis enim et tunc non judicis sed illius sententia excommunicato communicans sit ligatus, quia tamen conditor canonum solutionem ejus sibi specialiter non retinuit, eo ipso concessisse videtur aliis facultatem relaxandi. Is qui juxta primum modum excommunicato communicat, cum juramento debet absolvi. Qui vero juxta secundum modum illi participat, reconciliari poterit sine juratoria cautione. Verum si difficile sit ex aliqua justa causa quod ad ipsum excommunicatorem absolvendus accedat, concedimus indulgendo ut præstita juxta formam Ecclesiæ cautione quod excommunicatoris mandato parebit, a suo absolvatur episcopo vel proprio sacerdote.

IDEM SPIRENSI, ARGENTINENSI, ET WARMACIENSI EPISCOPIS.

Quantæ præsumptionis et temeritatis existat in rectores Ecclesiæ manus injicere violentas in Evangelio Dominus protestatur, qui se in ministris suis asserit, et in apostolorum principe alibi se perhibuit iterum crucifigi. Hoc etiam pœnæ qualitas manifeste declarat, cum excommunicationis in ipso actu feriat delinquentes, si non solum in fratres et coepiscopos nostros, sed et in minoris ordinis clericos violentiam præsumpserint operari. Ne autem solos violentiæ hujus actores aliquorum præsumptio

(91) Lib. II, epist. 66.

crederet taliter puniendos, facientes et consentientes pari poena canonica censura condemnat (92), eos etiam delinquentibus favere interpretans qui, cum possint, manifesto facinori desinunt obviare.

IDEM D. MAGISTRO SCHOLARUM ET WALDERTO CANONICO TARVISINO.

(93) Super eo quo nos vestra discretio requisivit, videlicet quid faciendum sit de his qui captioni bonæ memoriæ Belunensis episcopi, ex qua dignoscitur a quibusdam aliis crudelissime interemptus, se diabolico instinctu interfuisse fatentur, si ad Ecclesiam redire voluerint, in qua sint forma recipiendi ab ea, vobis taliter respondemus, quod cum tam enorme flagitium debita velimus severitate punire, ne facilitas veniæ incentivum præbeat delinquendi, si communioni fidelium reconciliari desiderant, ad sedem apostolicam veniant absolvendi, nisi forte articulus mortis immineat, vel hostilitas impediat capitalis: quibus in utroque casu, recepta secundum formam Ecclesiæ sufficientissima cautione quod vestris debeant obedire mandatis, absolutionis beneficium nostra auctoritate potestis impendere, ita tamen quod opportunitate recepta, suscepturi mandatum, ad sedem apostolicam accedere non postponant.

IDEM ABBATI SANCTI ANDREÆ.

(94) A nobis est sæpe quæsitum utrum si aliquis excommunicatus, in quo indicia fuerint pœnitentiæ manifesta, nec per eum steterit quo minus reconcilietur ecclesiasticæ unitati, non suscepto beneficio absolutionis decesserit, pro absoluto ab Ecclesia sit habendus et utrum pro tali recipienda sit eleemosyna, et a fidelibus sit orandum. Ut autem quod intendimus per suppositionem exempli apertius exprimamus, quidam presbyter et canonicus regularis, sicut per tuas nobis litteras intimasti, cum publica laboraret infamia quod ad quamdam conjugatam accederet, maritus ejusdem mulieris et consanguinei ejus in eum manus injecerunt temere violentas: propter quod per episcopum denuntiati sunt excommunicationis sententiæ subjacere. Verum ipsi postmodum ad eumdem episcopum accedentes, præstito in manibus ejus quod parerent judicio Ecclesiæ corporaliter juramento, in mandatis receperunt ab ipso quod propter hoc apostolico se conspectui præsentarent. Cumque unus illorum se ad iter accingeret veniendi, a quibusdam suis æmulis est peremptus et extra cœmeterium Ecclesiæ tumulatus. Et licet contra interfectores amici et consanguinei interfecti graviter sint commoti, eis tamen omnem rancorem remitterent et offensam, dummodo interfecti cadaver traderetur ecclesiasticæ sepulturæ. Videretur igitur forsan in hoc casu quibusdam quod cum sacramentum non necessitatis articulus sed contemptus religionis excludat, et judicium Ecclesiæ divi-

(92) Dist. 83, c. *Error.*
(93) Vide lib. II, ep. 27.

num debeat judicium imitari, cum etiam in interfecto prædicto manifesta pœnitentiæ signa præcesserint, et propter hoc absolutus apud Deum esse credatur, absolutus ab Ecclesia sit habendus. Sed e contrario, cum ex sola culpa ligetur quis, quoad Deum, apud triumphalem Ecclesiam, ex sola sententia ligetur, quoad hominem, apud Ecclesiam militantem, quando vinculum culpæ remittitur, absolvitur apud Deum, sed apud homines non absolvitur nisi quando vinculum sententiæ relaxatur. Alioquin Ecclesiæ absolutio nullatenus necessaria videretur, si in sola cordis contritione præter sacerdotale officium rigor relaxetur ecclesiasticæ disciplinæ. Nos igitur consultationi tuæ de consilio fratrum nostrorum breviter respondemus, quod judicium Dei veritati, quæ nec fallit nec fallitur, semper innititur; judicium autem Ecclesiæ nonnunquam opinionem prosequitur, quam et fallere sæpe contingit et falli, et propter quod contingit interdum ut qui ligatus est apud Deum, absolutus apud Ecclesiam sit, et qui liber est apud Deum, ecclesiastica sit sententia innodatus. Vinculum ergo, quo peccator ligatus est apud Deum, in culpæ remissione dissolvitur. Illud autem quo ligatus est apud Ecclesiam, cum sententia remittitur, relaxatur: quod in suscitatione Lazari sermo evangelicus manifestat, quem prius Dominus suscitavit, et apostolis præcepit postmodum solvere suscitatum. Unde quantumcunque prædictus se, juramento præstito quod Ecclesiæ mandato pareret, humiliare curaverit, quantumcunque in eo pœnitentiæ signa præcesserint, quia tamen morte præventus absolutionis non potuit beneficium obtinere, quamvis apud Deum absolutus fuisse credatur, nondum tamen habendus est absolutus apud Ecclesiam. Potest tamen et debet ei Ecclesiæ beneficio subveniri; sicut cum de ipsius viventis pœnitentia per evidentia signa constiterit, defuncto etiam absolutionis beneficium impendatur. Nec obstat quod Ecclesiæ legitur attributa potestas ligandi ac solvendi homines super terram, tanquam non possit solvere et ligare sub terra sepultos, et quod legitur ne communicetur mortuo cui non est communicatum et vivo; cum etsi communicatum non fuerit, communicandum tamen illi fuisset, quem non contemptus religionis sed necessitatis articulus impedivit, et in certis casibus a canonibus denotatis ligasse legatur Ecclesia mortuos et solvisse. Ut autem in uno pariter eodemque negotio et servemus rigorem et mansuetudinem ostendamus, statuimus ut illius mortui absolutio a sede apostolica requiratur, qui, cum viveret, ab apostolica sede fuerat absolvendus. Aliorum autem absolutionem ex præmissa causa cæteris indulgemus a quibus, cum viverent, fuerant absolvendi. Absolutionis autem forma servetur, ut fiat cum pœnitentiali psalmo et tam oratione Dominica quam alia consueta. Hæredes tamen ipsius ad satisfactionem faciendam pro ipso, si commoniti parere

(94) Lib. II, epist. 61.

noluerint, per districtionem ecclesiasticam compellantur.

TITULUS XXXII.
De his qui excommunicati ad ecclesiasticos ordines promoventur.

IDEM EPISCOPO SANCTI ANDREÆ.

Significante venerabili fratre nostro Andegavensi episcopo per litteras suas nos accepisse cognoscas quod cum R. clericus natione Scotus in sua diœcesi maneret gratia studiorum, in præterita Quadragesima ordinationi suæ, licet sub interminatione anathematis esset inhibitum quod ad eam non accederet ignotus aliquis vel etiam non vocatus, ingerere se præsumpsit tam inopia consilii quam lubrico minoris ætatis deceptus, et ita in subdiaconum est promotus. Cumque per ejusdem clerici confessionem lacrymabilem ad ipsius et dilecti filii P. Sanctæ Mariæ in Via lata diaconi cardinalis, tunc apostolicæ sedis legati, notitiam quæ præmisimus pervenissent, præfatus episcopus de mandato ipsius cardinalis eum a vinculo excommunicationis absolvit, sicut suis nobis litteris intimavit, quærens quid esset super hujusmodi faciendum. Nos igitur simplicitatem clerici attendentes, fraternitati tuæ per apostolica scripta duximus intimandum quoniam si quod in te deliquit se faciendo per alium in subdiaconum ordinari, ei duxeris remittendum, nisi aliud quid obsistat canonicum, et in ordine suscepto de mansuetudine ministrare poterit et ad alios etiam promoveri.

EJUSDEM.

(95) Cum illorum absolutio qui pro violenta manuum injectione in clericos labem excommunicationis incurrunt, præterquam in quibusdam casibus a prædecessoribus nostris exceptis, sedi duntaxat apostolicæ reservetur, nonnulli ecclesiasticam negligentes sententiam in excommunicatione positi ecclesiasticos ordines accipere non formidant. Quid autem fieri debeat de hujusmodi, apostolicum sæpius oraculum imploratur. Circa quos credimus, sicut reperitur in subditis, distinguendum, quod tales vel sciunt excommunicationis sententia se irretitos, vel non recolunt factum pro quo in canonem latæ sententiæ inciderunt, vel factum quidem scientes, juris ignari, nesciunt inde se teneri. Primos, si fuerint sæculares, a subreptis ordinibus censemus in perpetuum deponendos. In reliquis casibus tam archiepiscopi quam episcopi absque mandato sedis apostolicæ speciali dispensandi facultatem se noverint non habere, quibus est etiam absoluto talium interdicta, et majora intelligantur illis prohibita quibus vetita sunt minora. Poterunt tamen hæc Romani pontificis auribus intimari, ut ab eo secundum rigorem vel æquitatem responsum prodeat, prout sua discretio viderit faciendum. Quod si claustrales hujusmodi fuerint, licet a bonæ memoriæ Alexandro papa prædecessore nostro fuerit constitutum quod monachi et canonici regulares, quocunque modo se in claustro percusserint, non sint ad apostolicam sedem mittendi, sed secundum providentiam et discretionem abbatis disciplinæ subdantur, et si abbatis discretio ad eorum correptionem non sufficit, providentia est diœcesani episcopi adhibenda, et alibi dicat quod de sæculo fugientes, qui religionis habitum in monasterio receperunt, et inter cætera postmodum confitentur se tale commississe delictum per quod ipso actu excommunicationis sententiam incurrerunt, sine licentia Romani pontificis abbas nec potest nec debet absolvere, quamvis præsumptionem delinquentium debita possit animadversione punire. Nos tamen in religionis favorem, ut evagandi materia subtrahatur, uberiorem eis gratiam exhibere volentes, quod etiam talibus absolutionis beneficium valeant impertiri, eorum abbatibus indulgemus, nisi excessus ipsorum exstiterit difficilis et enormis, utpote si ad mutilationem membri vel effusionem sanguinis est processum, aut in episcopum vel abbatem violenta sit manus injecta, cum excessus tales et similes sine scandalo nequeant præteriri. Si vero claustralis aliquis in religiosam personam alterius claustri manus injecerit violentas, per abbatem proprium et ejus qui passus est injuriam absolvatur. Quod si clericum percusserit sæcularem, nonnisi per apostolicam sedem, ut scandalum evitetur, absolutionis poterit gratiam promereri. Si autem et hos ad ordines promoveri contingat, juxta præmissam districtionem, qui scienter in contemptum ecclesiasticæ disciplinæ se fecerint ordinari, ab exsecutione suscepti officii decernimus manere suspensos. Circa reliquos vero facti memoriam vel juris peritiam non habentes, monasteriorum utilitate pensata, post injunctam regularem pœnitentiam et peractam, abbates ipsorum poterunt dispensare, nisi grave fuerit et notabile factum, aut is qui fecit adultus fuerit et discretus, ut violenter et valde contra oblivionem vel ignorantiam præsumatur. Præcipimus autem abbatibus ut formam istam diligenter observent, ne privilegium mereantur amittere si concessa sibi abusi fuerint potestate.

TITULUS XXXIII
De his qui minores ordines et subdiaconatum vel duos sacros ordines simul recipiunt.

IDEM EPISCOPO... ET ABBATI SANCTÆ LEUCADIÆ.

Accedens ad præsentiam nostram dilectus filius D. pauper sacerdos sua nobis insinuatione monstravit quod cum primos quatuor ordines et subdiaconatum a bonæ memoriæ Exoniensi episcopo insimul recepisset, et postmodum, eo defuncto, a successore ipsius in diaconum fuisset promotus, ac demum ipso defuncto, a venerabili fratre nostro Exoniensi episcopo fuerit in presbyterum ordinatus, quia eidem episcopo fuit quorumdam relatione suggestum ipsos præfatos quatuor ordines et subdiaco-

(95) Cap. 32, De sent. exc.

natum insimul recepisse, cum officio beneficioque privavit, licet dilectus filius P. capellanus Sanctæ Mariæ de Barrinovo in præsentia tua, frater episcope, testimonium perhibuerit quod tot simul idem sacerdos recepit ordines, de ordinatoris sui beneplacito processisse. Cum igitur in hoc præfatus sacerdos dignoscatur potius ex ignorantia quam astutia deliquisse, præsertim cum ordinator suus eidem insimul duxerit tot ordines conferendos, et secundum apostolum facilius consequi valeat indulgentiam quoniam ignoranter deliquit, discretioni vestræ per apostolica scripta mandamus quatenus præfato presbytero, si verum est quod proponitur, officium beneficiumque faciatis restitui, nec permittatis propter hoc a quoquam molestatione indebita fatigari.

IDEM Æ. MUTINENSI EPISCOPO ET MAGISTRO UB. THEOLOGO SUBDIACONO NOSTRO MODIOCENSI CANONICO.

(96) Litteras vestras recepimus responsivas super inordinata ordinatione A. Imolensis electi, quem G. Bononiensis episcopus præcedenti Sabbato in diaconum, et sequenti Dominica continuato jejunio in presbyterum ordinavit : in quo quantum uterque deliquerit, evidenter intelligit qui prudenter attendit. Si enim utrumque ordinem eodem die illi conferri non licuit, pari non licuit ratione unum ordinem uno die et alterum altero jejunio continuato conferri; cum propter continuationem jejunii fi - ctione canonica, sive mane diei Dominicæ trahatur ad Sabbatum, sive vespere Sabbati ad diem Dominicam referatur, profecto mane cum vespera, seu vespera cum mane, ad eumdem diem pertinere dicetur. Nam si, quantum ad hunc necessitatis articulum pertinet, mane ad unum diem, et vespere referretur ad alterum, cur esset continuatio jejunii necessaria, cum et Sabbato ante cœnam et Dominica ante prandium intelligamus esse jejunii? Ne autem si factum hujusmodi sub silentio transiremus, id alii licitum reputantes similia facere attentarent, et sic facti perversitas traheretur a posteris in exemplum, præfatum Bononiensem episcopum, ut puniatur in quo deliquit, a collatione diaconii scilicet et presbyterii, alterum vero ab executione sacerdotalis officii volumus manere suspensos, donec de ipsis aliter disponamus. Ut igitur mandatum apostolicum debitum consequatur effectum, per apostolica scripta mandamus quatenus quæ præmissa sunt faciatis tam ipsis episcopis quam per Bononiensem et Imolensem diœceses publicari.

TITULUS XXXIV.
De his qui favorem præstant pugnantibus, et homicidiis sponte vel non sponte commissis.

IDEM NIDROSIENSI ARCHIEPISCOPO.

(97) Quod in dubiis, etc. *Et infra* : Sane consuluit nos tua fraternitas quid de presbyteris sit agendum qui gubernant naves ad pugnam, et his qui alios

(96) Cap. 13, De temp. ordin.
(97) Lib. 1, epist. 381.

incitant, sed non pugnant. Ad hæc fraternitati tuæ taliter respondemus, quod quia tam sacerdotes qui gubernant naves ad pugnam, quam qui personaliter exercent pugnæ conflictum, et hi qui alios incitant ad pugnandum, enormiter peccant, de rigore canonico credemus deponendos.

IDEM ARCHIEPISCOPO ET ARCHIDIACONO SENONENSI.

Exposuit nobis dilectus filius M. presbyter de Stabulis quod cum olim invitatus a quibusdam pueris de manu unius illorum arcum receperit et sagittam, et eam dirigere voluerit in arborem quæ obstabat, manu errante, sagitta eadem discurrens per aerem puerum quemdam valde distantem modicum vulneravit in capite, propter quod idem puer postmodum creditur expirasse. Quod cum idem presbyter bonæ memoriæ G. prædecessori tuo, frater archiepiscope, sponte curasset humiliter confiteri, ipse pœnitentiam et confessionem ipsius attendens, super beneficio ecclesiæ de Stabulis, quam in archidiaconatu tuo, fili archidiacone, adeptus fuerat, misericorditer dispensavit ut ipsum quoad viveret possideret, mandans eidem ut ad sedem apostolicam accederet mandatis super officio apostolicis pariturus. Quia vero in hoc non ex voluntate, sicut asserit, sed casu deliquit, discretioni vestræ per apostolica scripta mandamus quatenus si verum est quod asseritur, factam cum eo misericordiam attendentes, quod a dicto archiepiscopo factum est ratum habentes et firmum, eum super beneficio prædicto propter hoc nullatenus molestetis aut patiamini ab aliis molestari.

IDEM LINCOLNIENSI EPISCOPO.

(98) Dilectus filius A. capellanus in nostra præsentia constitutus sua nobis confessione monstravit quod, cum quadam corporis molestia gravaretur, ita quod somni et cibi desiderium raptum videretur ab eo, ut comedendi appetitum aliquantulum excitaret, equum quem nutrierat ascendit : qui cum non plene pareret habenis, sed præter sessoris arbitrium suis calcibus lasciviret, ipse, ut ejus refrenaret impetum, et freno vim intulit, et equum calcaribus stimulavit, cumque fracto freno equus quasi proprio relictus arbitrio curreret festinanter, ei mulier quædam veniens ex obliquo et infantulum bajulans obviavit; in quam equus irruens, procul projecto sessore, puerum prædictum oppressit, et capellanus ipse ex repentino casu vix mortis periculum evitavit; sed ad ultimum convalescens, divina celebrare postmodum non præsumpsit. Quia vero nobis non constitit de præmissis, fraternitati tuæ per apostolica scripta mandamus quatenus super his inquiras diligentius veritatem, et si rem inveneris taliter processisse, cum idem capellanus nec voluntate nec actu homicidium perpetraverit, nec dederit operam illicitæ rei, non impedias quo minus divina possit officia celebrare.

(98) Cap. 13, De homic.

IDEM PADUANO EPISCOPO.

(99) Significasti nobis per litteras tuas quod cum H. clericus cum archipresbytero Sancti Fidantii equitaret, equus cui insidebat tam se quam ipsum projecit in aquam. Unde clericus ipsum graviter calcaribus stimulavit. Equus vero, ut litterarum tuarum verbis utamur, cum exstiterit bucca durus, præter voluntatem sessoris raptus in cursum et male parens habenis, quamdam mulierem, quam obviam habuit, ex improviso pedibus interfecit. Cumque nos ab eodem clerico fecissemus inquiri utrum equi vitium prius scivisset, illud se asseruit ignorasse. Ideoque fraternitati tuæ per apostolica scripta mandamus quatenus inquiras super his diligentius veritatem, et si rem inveneris taliter processisse, ad majorem cautelam injungas eidem clerico pœnitentiam competentem : qua peracta, nequaquam impedias quominus et in susceptis ministret ordinibus et ad majores valeat promoveri.

IDEM METENSI EPISCOPO.

(100) Ex litteris tuæ fraternitatis accepimus quod cum lator præsentium N. presbyter fenum vellet de curru deponere, perticam superius alligatam, cum neminem circa currum videret, projecit in terram, et cum feno insisteret deponendo, quidam prope ipsum accedens puerum quemdam juxta currum reperit semivivum, in quo præter modicum livoris in fronte nihil invenire potuit læsionis. Nos autem ab eodem quæsivimus sacerdote si priusquam dejiceret perticam, circumspexisset sollicite an esset aliquis juxta currum : qui quod diligenter circumspexisset asseruit, sed quod vidisset aliquem denegavit. Ad te igitur remittentes eumdem, fraternitati tuæ per apostolica scripta mandamus quatenus si res ita se habet, nisi contra eumdem presbyterum grave scandalum sit exortum, vel tanta laborat infamia quod, deficiente accusatore, oportet ei canonicam purgationem indici, ipsum libere permittas exsequi officium sacerdotis.

IDEM OSCENSI ET TYRASONENSI EPISCOPIS.

Diaconus et monachus Sancti Joannis de Pinna sua nobis insinuatione [monstravit] quod cum in sæculari adhuc habitu constitutum in ecclesia de Rigulo quoddam beneficium obtinentem abbas ipsius Ecclesiæ illum eodem beneficio spoliasset, cognati et amici ejus abbati sæpius supplicarunt ut beneficium restitueret memoratum : quo nolente ipsorum precibus acquiescere, irati plurimum et commoti, nocte quadam in domo diaconi convenerunt, et cœna facta dixerunt quod vindictam volebant sumere de abbate. Inhibiti autem expresse a diacono ne abbatem occiderent vel aliquid ei facerent unde ordinis sui discrimen incurrerent et animæ detrimentum, in eum nihilominus irruerunt, et plagis impositis abierunt semivivo relicto, unde post dies aliquot spiritum exhalavit. Ab illo autem tempore usque hodie prædictus diaconus de eo quod contigerat tristis effectus, ab administratione cessavit, et nondum expleto biennio habitum induit monachalem. Unde a nobis petiit suppliciter edoceri utrum posset in officio diaconi ministrare, et si hoc ei liceret, an posset ad majorem promoveri. Licet autem, si præmissis veritas suffragatur, præfatus diaconus super abbatis interitu non videatur fuisse culpabilis, quia tamen bonarum mentium est culpam agnoscere ubi culpa non est, quod ab administratione officii se propria voluntate suspendit vel habitum regularem [induit] sibi non ad peccatum ascribimus, sed ad meritum reputamus. Quocirca fraternitati vestræ per apostolica scripta mandamus quatenus, si præmissa noveritis veritate subnixa, sæpedictum diaconum non solum in diaconatus officio ministrare, sed etiam ad ordinem presbyteratus ascendere, si aliud canonicum non obstiterit, liberam concedatis auctoritate apostolica facultatem ; præsertim, si super hoc non fuerit respersus infamia, cum ei non debeat imputari quod contra prohibitionem ejus expressam , eo causam vel occasionem non dante, ausu sacrilego proponitur a consanguineis attentatum, divina Scriptura testante quod anima quæ peccaverit ipsa morietur, filius non portabit iniquitatem patris, neque pater iniquitatem filii, quamvis hoc ipsum verius ad æternam quam ad temporalem referatur vindictam.

IDEM RECTORI, JUDICIBUS, CONSULIBUS ET POPULO BENEVENTANO.

Cum impunitas scelerum parere consueverit audaciam delinquendi, sic malefactorum excessus animadversione sunt debita puniendi ut et ipsi pœniteant de commissis, et cæteri qui audierint, suam a consimilibus metu pœnæ retrahant voluntatem. Licet enim ex apostolicæ servitutis officio sollicitudo nobis immineat generalis, de illis tamen qui spiritualiter et temporaliter nostræ sunt juridictioni subjecti nos oportet sollicitius cogitare ; quatenus sub nostro regimine boni digna recipiant præmia meritorum, et malos debitæ ultionis pœna castiget. Audivimus equidem, et non potuimus non moveri, quod G. filius R. civis Beneventani diabolico inebriatus veneno, Dei et nostro timore postposito, et honore civitatis Beneventanæ abjecto, I. D. S. dum consulatus fungeretur officio interfecit, et pater ac frater interfectoris, qui tam atroci sceleri personaliter interfuisse dicuntur, licet in præsentia vestra se nostro juraverint conspectui præsentare, ad nos tamen, sicut credimus, non venerunt, imo tam prædictus homicida quam ipsi in civitate Beneventana non metuunt, sicut audivimus, commorari. Volentes igitur ut malefactorem prædictum et fautores ipsius debita pœna percellat, et civitas Beneventana similem in posterum valeat evitare jacturam, præsentium auctoritate statuimus ut memoratus homicida de cætero Beneventanam civitatem non audeat

(99) Cap. 56 eod.

(100) Cap. 14 eod.

introire, nec hæreditatis paternæ percipiat aliquam portionem; imo pars ejus, si patrem præmori forte contigerit, ad opus curiæ reservetur, nec unquam in eadem civitate prævaleat aliquod officium gerere dignitatis, nisi forte fuerit illi concessum ex indulgentia sedis apostolicæ generali. Hoc etiam de futuris temporibus decrevimus observandum de illis qui judices, consules regalenses, vel alios ministeriales curiæ vulnerare aut interficere qualibet temeritate præsument. Patrem autem et fratrem homicidæ jam dicti tandiu extra civitatem vestram præcipimus permanere donec ad præsentiam nostram accedant et ad vos cum litterarum nostrarum testimonio revertantur.

TITULUS XXXV.
De his qui ad ecclesiam confugiunt.
IDEM REGI CORRACIÆ.

(101) Inter alia quæ nobis regalis prudentia suis litteris intimavit, quid de illis fieri debeat qui maleficia perpetrantes confugiunt ad ecclesias, ut pro reverentia loci sacri debitas pœnas valeant evitare, sollicite requisivit. Nos ergo tuis inquisitionibus respondentes juxta sacrorum canonum instituta et traditiones legum civilium, ita duximus in hujusmodi distinguendum, quod confugiens ad ecclesiam vel liber vel servus existit. Si liber, quantumcumque gravia maleficia perpetrarit, non est violenter ab ecclesiis extrahendus, nec inde donari debet ad mortem et pœnam, sed rectores ecclesiarum obtinere vitam et membra (102), super eo tamen quod inique fecit est legitime componendum. Et hoc verum, nisi publicus latro fuerit vel nocturnus populator agrorum, dum itinera frequentata et in publica strata obsidet aggressionis insidiis, pro facinoris magnitudine, cum et communem utilitatem impediat et nocere omnibus moliatur, ab ecclesia extrahi potest, impunitate non præstita, secundum canonicas sanctiones. Si vero servus fuerit qui confugit ad ecclesiam (103), postquam de impunitate sua dominus ejus clericis juramentum præstiterit, ad servitium domini sui redire compellitur et invitus, alioquin a domino poterit occupari. Tu ergo, fili charissime, cum in regno tuo aliquid horum contigerit, juxta præmissam distinctionem sic procedere studeas quod honor Ecclesiarum et emunitas servetur illæsa, et malignandi facultas pravæ voluntatis hominibus auferatur.

TITULUS XXXVI.
Quod monasteria monachorum possint in canonicos regulares converti.
IDEM COLOCENSI ARCHIEPISCOPO.

Cum nobis, licet immeritis, in apostolicæ sedis specula consistentibus sit universarum Ecclesiarum sollicitudo commissa, de statu illarum sollicitudinem nos convenit gerere diligentem et providere attente ut per fratres et coepiscopos nostros, cum non possimus ubique nostram præsentiam corporaliter ex-

(101) Cap. 7, De imm. eccl.
(102) Lib. v Capitular., c. 135, et Addit. iii, c. 30.

hibere, possint in melius reformari. Ex parte siquidem tua nostris est auribus intimatum quod cum bonæ memoriæ An. antecessor tuus monasterium Sancti Stephani protomartyris situm in loco qui dicitur Keu concessisset fratribus Sancti Abraham de valle Ebron, monachis nigri ordinis propter dissolutionem suam inde remotis, et iidem fratres Sancti Abraham bona ejus dilapidando, et ducendo vitam nimium dissolutam, ipsum deduxissent ad nimiam paupertatem, bonæ memoriæ C. papa prædecessor noster in eo etiam tibi dedimus in mandatis ut restitutioni ejusdem monasterii provideres, tuo committentes arbitrio utrum prædicti fratres Sancti Abrahæ tolerandi, an monachi nigri essent in ipso monasterio reducendi. Tu vero, sicut accepimus, fratres Sancti Abraham propter dissolutionem suam inde penitus abjecisti, et nos per petitionem tuam duxisti super provisione ipsius monasterii requirendos. Ideoque mandamus quatenus si per monachos Ecclesiam illam videris reformari non posse, in ipsa Ecclesia canonicos instituas regulares, qui secundum regulam beati Augustini devotum ibi Domino famulatum impendant, et per eorum religionem locus ipse in melius tuo faciente reformetur.

TITULUS XXXVII.
Si regulares ad sæculares ecclesias possint in prælatos assumi.
IDEM UBALDO PLEBANO SANCTI GAVINI

(104) Quod Dei timorem præ oculis habeas ex fructibus tuis colligitur evidenter, cum opera quæ facis testimonium perhibeant veritati. Unde tuum propositum in Domino commendamus. Sane, sicut jamdudum auribus nostris insonuit, quondam desiderans ad frugem vitæ melioris transire, officium plebani resignans, coram fratribus Sancti Victoris Bononiensis promissionem de tua conversione fecisti, neque professionem solemnem emittens, neque habitum religionis assumens. Sed nobilis vir comes Albertus et parochiani plebis ejusdem attendentes te laudabiliter præfuisse, ac de recessu tuo eidem loco jacturam non modicam imminere, desiderium tuum hactenus retardarunt, a venerabili fratre nostro Florentino episcopo impetrantes ut ministrares ibidem. Hoc etiam dilectus filius noster P. basilicæ Duodecim Apostolorum presbyter cardinalis, tunc apostolicæ sedis legatus, pensata utilitate plebis proponitur annuisse: quod jam dicti comes et populus a nobis ratum haberi suppliciter postularunt; præsertim cum de licentia prioris Sancti Victoris Bononiensis dignoscaris hactenus id fecisse. Licet autem in Lateranensi concilio de monachis caveatur ne singuli per villas et oppida seu per quascunque parochiales ponantur ecclesias, sed in majori conventu aut cum aliquibus fratribus maneant, ne soli inter sæculares homines spiritualium hostium conflictum exspectent, Salomone dicente:

(103) Concil. Aurelian. i, c. 3.
(104) Cap. 5, De statu monach.

Væ soli; quia si ceciderit, non est qui sublevet eum (Eccle. IV), quia tamen istud de canonicis regularibus specialiter non cavetur, qui etsi a sanctorum monachorum consortio non putentur sejuncti, regulæ tamen inserviunt laxiori, et per antiquos canones etiam monachi possunt ad parochialium ecclesiarum regimen in presbyteros ordinari, ex quo debent prædicationis officium, quod privilegiatum est, exercere, sic annuendum duximus postulatis, ut plebani exercens officium, si commode fieri poterit, unum canonicum regularem tecum habeas ad cautelam, cujus in his quæ Dei sunt et regularis observantiæ tam consortio quam solatio perfruaris.

TITULUS XXXVIII.
Quod canonici regulares ad religionem hospitalariorum transire non possint.

IDEM CI. LUBUSSENSI EPISCOPO.

Referente dilecto filio fratre V. hospitalario nostro est apostolatui reseratum quod cum a tempore juventutis suæ secundum institutiones canonicorum regularium Aurowasiensis Ecclesiæ beati Augustini regulam professus fuisset, et in ea ultra decennium permanens, sacros ordines usque ad sacerdotium suscepisset, juventute postmodum impellente, curiositate potius quam religionis amore devictus, terram Hierosolymitanam et alias videre desiderans, ab abbate suo non tam voluntariam sub eadem conditione licentiam obtinuit quam extortam ut si bonæ memoriæ Alexandrum papam prædecessorem nostrum inveniret in viam, causam itineris sibi exponeret, et juxta mandatum vel procederet vel rediret. Verum ipse, neglecta conditione, procedens suscepit habitum hospitalis, in cujus servitio usque ad hæc tempora fideliter laboravit. Sed cum ordo præmissus districtioris sit observantiæ quam secundus, prudenter attendens quod de laxiore ascendendum sit ad ordinem arctiorem, non autem de arctiore ad laxiorem sit ratione aliqua descendendum, ad se, Domino inspirante, reversus, ad bonum redire desiderat quod dimisit. Cum itaque non mediocriter delinquat qui minus bonum majori bono præponit, fraternitati tuæ per apostolica scripta mandamus quatenus, inquisita super præmissis diligentius veritate, si rem inveneris ita esse, præfato fratri V. licentiam auctoritate apostolica præbeas ad primum ordinem redeundi.

TITULUS XXXIX.
De voto et habitus susceptione.

IDEM ACONENSI EPISCOPO.

(105) Sicut nobis est ex parte tua propositum, quidam clericus cum ægritudine nimia laboraret, quasi de morte securus, et de recuperanda sospitate desperans, habitum canonicorum regularium petiit et accepit, ea in susceptione habitus exprimens ac promittens quæ solent in hujusmodi repromitti. Sed nec ad Ecclesiam transiit, utpote infirmitate gravatus, nec bonis suis uti cessavit. Postmodum vero sospitate suscepta, post quindecim annos et ultra, videntibus et scientibus venerabili fratre nostro archiepiscopo et dilecto filio priore et canonicis Ecclesiæ Nazarensis, a quibus habitum susceperat regularem, tu, licet eo tempore quo habitum susceperat, in Ecclesia Nazarena prioris sollicitudinem exerceres, immemor eorum quæ facta fuerant circa ipsum, in Aronensem eum canonicum suscepisti. Quia vero quid super hoc facere debeas, per nostras expostulas litteras edoceri, fraternitati tuæ duximus respondendum, quod si regularem habitum se postulante suscepit et ad observationem religionis canonicæ sua se professione ligavit, ad resumendum habitum ecclesiastica est districtione cogendus, cum quod tanto tempore extra canonicam mansit, non in excusationem ejus, sed in majoris transgressionis augmentum merito valeat allegari.

IDEM EPISCOPO ET CAPITULO TRAGURIENSI.

(106) Sicut tenor vestrarum litterarum nobis aperuit, cum P. lator præsentium in sacerdotali esset officio constitutus, et tanta rerum temporalium indigentia laboraret quod nec sibi nec suis progenitoribus seu fratribus in necessitatibus propriis posset aliquatenus providere, proprii corporis laboribus et maris periculis multis se non dubitavit exponere, ut de suo labore et acquisitione honesta suam et suorum posset indigentiam relevare. Contigit autem post hæc quod ipse longe a vestra civitate consistens tam gravi cœpit ægritudine laborare quod extra se positus desperaret de vita præsenti; et cum in tali esset articulo constitutus, a quodam simplici monacho indutus fuit habitu monachali, et ad monasterium deportatus. Deinde, paucis diebus elapsis, cum jam esset in principio suæ convalescentiæ, deposuit habitum, et de licentia ejusdem loci abbatis monasterium reliquit; et cupiens progenitorum indigentiis subvenire, a vobis suppliciter postulavit ut, sicut prius, posset in sacerdotali officio ministrare et vobiscum pariter conversari. Quid autem super his vobis fuerit faciendum sacro apostolicæ sedis oraculo humiliter petiistis edoceri. Nos igitur vestræ consultationi taliter duximus respondendum, quod licet ista duo inter se repugnantia videantur, ut scilicet quisquam sit extra se positus, et de præsenti vita desperet, si tamen eo tempore quo positus extra mentem asseritur, indutus fuit habitu monachali, cum alienatus non sentiat, ac per hoc non valeat consentire, presbyterum præfatum denuntietis ab observatione monastici ordinis absolutum, nisi postquam mentis suæ factus est compos, voluntate spontanea professionem fecerit monachalem.

IDEM PISANO ARCHIEPISCOPO.

(107) Ad apostolicam sedem, quæ, disponente Domino, cunctorum fidelium est magistra, super diversis articulis quæstiones dubiæ referuntur, ut quod ab ea fuerit super earum solutione responsum,

---

(105) Lib. I, epist. 517.
(106) Lib. I, epist. 36.
(107) Lib. I, epist. 455.

indubitanter ab omnibus teneatur. Ex parte siquidem tua tales nuper suscepimus quæstiones, quod cum monachum fieri ante unius anni probationem regularis institutio interdicat, monachi et moniales in tua diœcesi constituti tam clericos quam laicos utriusque sexus, sanos pariter et infirmos, religionis habitum volentes assumere, nutu etiam aliquo profitentes, interdum absque omni professione recipiunt, quandoque professionem illico facientes. Unde multa mala noscuntur sæpius provenire, cum infirmi ad monasterium jam translati et emissa professione, postquam de infirmitatibus convaluerint, habitum religionis abjiciant, et ad propria revertantur. Contingit etiam tales in propriis domibus remanere, cum monachi per eos, dum vivunt, nolunt sua monasteria prægravari. Sani etiam sic absque probatione recepti retro aspicientes, matrimonia contrahunt, rejecto habitu regulari; de quibus si habitum religionis assument ante unius anni probationem vel temporis competentis, utrum facta professione a talibus vel omissa, debeant monachi reputari, et si conjugatus converti desiderans sit recipiendus in monachum nisi uxor perpetuam continentiam repromittat, certificari a sede apostolica postulasti. Nos ergo quæstionibus tuis taliter ex ordine respondemus, quod licet tempus probationis a sanctis Patribus sit indultum, non solum in favorem conversi, sed etiam monasterii, ut et ille asperitates istius et istud mores illius valeat experiri, quod utrinque diligenter est observandum, præsertim cum ab utroque de reliquo certa notitia non habetur, quia tamen ante tempus probationis regulariter præfinitum is qui converti desiderat, habitum recipit et professionem emittit, abbate per se vel per alium professionem recipiente monasticam et monachalem habitum concedente, uterque renuntiare videtur ei quod pro se noscitur introductum, obligetur quidem per professionem emissam pariter et acceptam ad observantiam regularem, et vere monachus est censendus, quia multa fieri prohibentur: quæ, si facta fuerint, obtinent firmitatem. Prohibendum est tamen abbatibus ne passim ante tempus probationis quoslibet ad professionem recipiant, et si contra formam præscriptam quoslibet indiscrete receperint, animadversione sunt debita corrigendi, cum in subsidium fragilitatis humanæ spatium probationis sit regulariter institutum. Cum autem vir et uxor una caro sint per copulam conjugalem effecti, nec una pars converti possit ad Deum et altera in sæculo remanere, profecto non est alter conjugum recipiendus ad observantiam regularem nisi reliquus perpetuam continentiam repromittat, vitam quoque debeat mutare, nisi forte ejus sit ætatis ut sine suspicione incontinentiæ valeat remanere.

IDEM ABBATI DE FLORE.

(108) Porrectum nobis ex parte tua petitorium continebat quod I. canonicus Acheruntinus infirmitate gravatus votum ut fieret monachus se asseruit emisisse: unde metuens ne voto decederet non completo, junctis manibus tibi se reddidit in monachum et in fratrem; alii quoque in absentia tua sese in manibus sacerdotum monachos se fieri devoventes, sani facti ad vomitum redierunt; et cum familiares monasterii tui antea exstitissent, quia non fuerunt ad antiquam familiaritatem admissi, adversarii facti sunt pro amicis. Utrum ergo talia facta dissimulare valeas, ne fiant deteriores, an compellendi sint ad complenda promissa, per nos postulas edoceri. Nos ergo inquisitioni tuæ taliter respondemus, quod cum monachum faciat non habitus, sed professio regularis, ex quo a convertendo votum emittitur et recipitur ab abbate, ut talis fiat monachus et reddat Domino quod promisit, erit utique non immerito compellendus.

IDEM ULIXBONENSI ET COLIMBRIENSI EPISCOPIS.

(109) Insinuante V. nobili muliere nostro est apostolatui reservatum quod dudum puella et in annis teneris constituta M. Sacracii accepit in virum: post cujus obitum a quibusdam curialibus fuit regi Legionensi pro relictæ copula supplicatum. Quod dum ad consanguineorum ejus notitiam devenisset, ut maritum acciperet, ei sub attestatione regia suggesserunt. Ipsa vero quod tunc nollet nubere protestante, consilium accepit ab eis quod votum emitteret castitatis. Hoc autem in manibus cujusdam de fratribus Sancti Augustini eo fecit adjecto tenore, ut in domo propria cum omni sua substantia remaneret. Sane in ejusdem ordinis habitu biennio post mansit, licet id se invitam fecisse et coactam asserat tam metu regio quam parentum. Post hæc eidem regi quæ fecerat indicavit. Quod approbans vetuit ne quis ea nolente domum intraret ipsius vel exinde aliquid asportaret. Interim vero tempore modico elabente, P. curialis regias litteras secum portans, et F. Farnandi, dictæ mulieris domum intrantes, ut ipse P. vi saltem eam duceret in uxorem, acceperunt ab ipsa quod si eam idem P. duceret, ipsius manibus interiret. Post hæc vero, dimissis domo et omnibus quæ habebat, in domo cujusdam Judæi per tres, in ecclesia vero Sanctæ Mariæ de Ociga per sex latitans septimanas, ita quod exinde propter necessitates humanas egredi non auderet; tandem se coactam videns et omnibus destitutam, et attendens nihilominus quod invita votum emiserat, eo dimisso de parentum consilio P. Michaelis publice fuit matrimonialiter copulata, de quo quatuor sustulit filios tempore procedente. Verum quia salutem animæ omnibus desiderat anteferre, ac metuens quod hujusmodi conjunctio licita non existat, quid super his tenere debeat, edoceri responso nostro suppliciter postulavit. Nos ergo attendentes quod in emissione voti quod præstitit nulla vel modica coactio adfuisset, quam patientia et perseverantia se-

(108) Cap. 13 De regul.

(109) Lib. II, epist. 232.

quentis temporis penitus promulgavit, et quod sequens conjunctio potius iniqua fuit et violenter extorta, mandamus quatenus, si præmissis veritas suffragatur, præfatam feminam ad male dimissum religionis habitum resumendum et servandum quod vovit monere ac inducere procuretis, et si opus fuerit, per censuram ecclesiasticam coercere.

IDEM CANTUARIENSI ARCHIEPISCOPO.

(110) Quod super his sedem apostolicam consulere decrevisti quorum exsecutio spectat ad officium pastorale, fraternitatem tuam in Domino commendamus, sperantes quod per responsionem nostram instructus ea diligentius exsequaris. Quæsisti sane de his qui, pro succursu terræ sanctæ signo crucis assumpto, propter infirmitatem vel paupertatem aut aliam justam causam votum peregrinationis non possunt utiliter adimplere, quid tibi sit faciendum, cum per apostolica scripta sine distinctione receperis in mandatis ut eos qui signum crucis assumptum abjecerunt, ad resumptionem ipsius et exsecutionem voti per censuram ecclesiasticam appellatione remota compelleres, non obstante aliqua indulgentia, si forte a prædecessore nostro fuerat impetrata. Nos autem inquisitioni tuæ taliter respondemus, quod debiles et inopes magis illuc in defectum quam ad profectum accedunt, cum isti pugnare non possint et illi mendicare cogantur, nisi forte sint nobiles et magnates qui suis secum expensis bellatores adducunt, vel artifices et agricolæ, qui de laboribus suis sibi possunt acquirere necessaria et terræ subsidia ministrare, quamvis non multi talium propter brevitatem possessionum et paucitatem inhabitantium ibi sint opportuni. Unde credimus distinguendum inter illos qui temporalem et eos qui perpetuam impedimenti causam creduntur habere, quod primis est indulgenda dilatio, secundis autem est redemptio injungenda, ac rerum facultate pensata, quas possunt aut quas facturi essent expensas, personarum præterea recompensato labore, in subsidium terræ sanctæ transmittant, exsequentes per alios quod per se nequeunt adimplere. Rursus inter illos, qui pro defensione terræ sanctæ votum peregrinationis emittunt, et eos, quibus pro satisfactione suorum criminum iter peregrinationis injungitur, credimus distinguendum. Quocirca primos plus terræ sanctæ succursus, et circa secundos plus labor itineris, secundum intentionem voventis vel pœnitentis, debet attendi. Unde, si quis hoc modo voventium est inutilis ad pugnandum, quamvis habilis ad eundum, melius est redimere votum quam expensas consumere: quod et de pœnitente qui, propter debilitatem non potest iter injunctæ peregrinationis implere, sane valet intelligi; non autem de illo qui, quamvis sit impotens ad bellandum, potens est tamen ad eundum. Super his autem diligens est adhibenda discretio, ne quid prece vel pretio, amore vel odio, sive occasione quacunque contra salutem animæ vel utilitatem terræ quomodolibet attentetur. Unde per viros religiosos et probos dispensationem hujusmodi volumus provideri. De mulieribus autem hoc credimus observandum, ut quæ remanere noluerint, viros suos sequantur euntes; cæteræ vero, nisi forte sint divites, quæ secum in suis expensis possint ducere bellatores, votum redimant quod voverunt, aliis ad terræ sanctæ subsidium singulis secundum proprias facultates diligenter inductis.

(111) Quæsisti præterea quid agere debeas circa illos qui dicentes se ab apostolica sede redire, super absolutione sua ignota cardinalium sigilla reportant, cum eis super impedimentis expositis, non fuisset de levi credendum. Ad quod fraternitati tuæ taliter duximus respondendum, quod cum nos, si quando talibus litteras apostolicas indulgemus, illis qui personas et facultates eorum plenius cognoverint scribamus ut super impedimentis expositis, inquisita diligentius veritate, statuant circa illos quod animarum saluti et succursui terræ sanctæ magis noverint expedire, attentius providentes, sicut superius continetur, ne quid in fraudem voti fallaciter confingatur, si tales per veritatis suppressionem aut falsitatis expressionem litteras non solum cardinalium sed et nostras, nec solum dubias, sed et certas constiterit impetrasse, carere volumus impetratis, et eis in nullo prorsus obstantibus ad exsecutionem vel redemptionem voti compelli præcipimus, appellatione remota, sicut superius est expressum.

TITULUS XL.
De matrimonio.
IDEM PARISIENSI EPISCOPO.

Cum omnia orta occidant et aucta senescant, ne operum Domini primitiæ penitus deperirent, posuit Deus sementem juxta species suas in aliquibus creatorum, ut quæ super cursum temporis deficerent in seipsis, in sua semente proficerent, et in reparatione sui generis uberius prosilirent. Sic etiam, ne homo ad imaginem Dei factus, et tam volucribus cœli quam piscibus maris et universis animantibus quæ moventur super terram munere divino prælatus, in sterilem cinerem sterilis ipse rediret, formata muliere in auxilium ejus de latere dormientis audivit: *Crescite et multiplicate et replete terram* (Gen. 1). Cum ergo extunc Adæ posteritas sibi invicem jungi consueverit fœdere nuptiali, usque adeo in hoc ipsi comparata est etiam post lapsum parentis dextera Conditoris ut, juxta illud evangelicum : *Quod Deus conjunxit homo non separet* (*Matth.* XIX), non humanæ adinventioni, sed divinæ auctoritati potius ascribatur matrimonii sacramentum. Propter quod licet inter homines contrahatur, significatur tamen in Christo conjunctio Ecclesiæ et animæ fidelis ad Christum juxta illud Apostoli : *Hoc autem dico magnum sacramentum in Christo et in Ecclesia* (*Ephes.* v). Unde quantum in nobis est Ecclesiæ filiis debemus summo studio præcavere ne, si quis impie agens

---

(110) Cap. 8, De voto et vo. red.

(111) Cap. 7, De fide instrum.

in seipsum partem sui corporis, quia scindere eam omnino non potest, a se forsan avellere attentarit, animam suam divinæ bonitatis amplexibus efficiat alienam, et propter hoc totam Ecclesiam tanto amplius sibi reddat offensam quanto providum minus figuram desponsationis ejus ad Christum, quantum etiam in ipso fuerit, maculaverit. Hæc autem non ad instructionem, etc.

IDEM FERENTINO EPISCOPO.

(112) Sicut ex litteris tuæ fraternitatis accepimus, cum L. parochianus tuus P. mulierem se ducturam in conjugem in manu patris ejus P. jurantis quod eam ipsi traderet in uxorem, proprio juramento firmarit, nec per virum steterit, sed per mulierem potius, quo minus matrimonialis inter eos solemnitas sit secuta, quatuor postmodum vel quinque annis elapsis, idem L. G. mulierem per verba de præsenti, ut ejus consanguinei asserunt, desponsavit. Propter quod frater prædictæ P. suam deposuit in tua præsentia quæstionem. Quia vero quid super his agendum sit nostro postulas responso doceri, fraternitati tuæ taliter respondemus, quod si tibi constiterit quod idem L. P. mulierem per verba de futuro, G. vero per verba desponsaverit de præsenti, imposita ei pœnitentia competenti, quia primam fidem irritam fecit, nisi forsan juramento certum terminum infra quem dictam P. duceret in uxorem præfixerit, nec per eum steterit quin ad statutum terminum matrimonium consummaret, secundum contractum legitimum judices, et ad illud servandum eum, si opus fuerit, ecclesiastica districtione compellas, nisi forsan aliud quid obstiterit quod ipsum debeat impedire. Quod si forte per verba de futuro sponsalitia cum utraque contraxit, juramentum primum, sicut licite factum est, ipsum servare compellas, de secundo ei pœnitentiam injuncturus. Quod si de his tibi non constat ad plenum, tandiu adhuc cognoscas de causa donec super his sufficientius instruaris. Quod enim in attestationibus quas ad sedem apostolicam destinasti de compaternitate habetur, non facit ad causam, cum neuter contrahentium sit illa persona : qua mediante, inter parentes eorum compaternitas est contracta.

IDEM MARSICANO EPISCOPO.

(113) Significasti nobis per litteras tuas quod cum B. vir O. mulierem prius carnaliter cognitam desponsasset, eam postmodum non cognovit, imo ipsa ad partes alias transeunte, sibi aliam copulavit, ex qua filias et filios jam suscepit. Verum, quia eadem O. ad te reversa, vel virum ipsum sibi restitui postulat, vel dari licentiam contrahendi, et tu quid super his fieri debeat nostris quæris litteris edoceri, fraternitati tuæ taliter respondemus, quod si dictus vir eam desponsavit per verba de præsenti, ad ipsam cogendus est de jure redire. Quod si forsan in desponsatione ipsius verbis usus est de futuro, imposita utique pœnitentia de fide mentita, mulieri eidem nubendi cui voluerit in Domino liberam tribuas facultatem.

IDEM MUTINENSI EPISCOPO.

(114) Ex parte tua recepimus quod de consuetudine diu in Mutinensi obtinuit civitate ut si quis jurasset aliquam, et citra carnis copulam desponsasset, si consequenter desponsasset aliam, et etiam cognovisset, primo cognita adjudicaretur viro, non quæ prius exstitit desponsata. Ne vero turpis sit pars quæ suo non congruit universo, et Ecclesia Mutinensis teneat humiliter et observet quod beati Petri sedem et suam metropolim sequi viderit et docere, in matrimoniis de cætero contrahendis illud te volumus observare, ut postquam inter personas legitimas consensus mutuus intervenerit de præsenti, qui sufficit in talibus juxta canonicas sanctiones, et si solus defuerit, cætera etiam cum ipso coitu celebrata frustrantur ; et si personæ junctæ legitime cum aliis postea de facto contrahant, quod prius de jure factum fuerit, non poterit irritari.

IDEM MADEBURGENSI EPISCOPO.

(115) Discretionem tuam in Domino commendamus quod in his quæ dubia reputas vel obscura sedem consulis apostolicam, ut in eis de cætero ipsius auctoritate procedas. Sane in audientia nostra fuit ex parte tua propositum quod quidam vir cum muliere quadam legitime per verba de præsenti contraxit, quam postmodum a se incognitam cuidam consanguineo suo tradidit in quantum poterat renitentem. Ille vero cum ipsa, licet invita, matrimonii solemnia celebravit. Sed mulier, quam citius fuit reddita liberati, aufugit ab eo, et se priori viro vel priorem sibi restitui cum instantia postulavit. Nos igitur inquisitioni tuæ taliter respondemus, quod et viro pro tam turpi facinore quam gravis est pœnitentia injungenda, et mulier ipsa propter publicam honestatem est commonenda sollicite ut nec primum repetat, cujus consanguineus eam, licet invitam, cognovit, nec redeat ad secundum, cui non potest præter reatum adulterii commisceri, sed in continentia maneat donec prior fuerit viam universæ carnis ingressus. Quod si forsan ad id induci nequiverit, vir prior redire cogatur ad ipsam et maritali eam affectione tractare, cum adulterium ei non possit objicere qui eam adulterandam tradidit, præsertim invitam. Nam, etsi secundum evangelicam veritatem nunquam nisi propter causam fornicationis aut vir uxorem aut uxor possit dimittere virum, non tamen semper propter eamdem causam vel uxor virum vel vir dimittere valeat uxorem, cum possit exceptione vel replicatione legitima impediri. Sed nec affinitas, quæ post contractum legitimum inter virum et uxorem inique contrahitur, ei debet officere quæ hujus iniquitatis particeps non existit, cum suo jure non debeat sine culpa sua privari. Quan-

---

(112) Lib. i, epist. 29.
(113) Lib. i, epist. 48.

(114) Cap. *Tuas*, De spon. duo.
(115) Cap. 6, De eo qui cognov.

quam a quodam praedecessorum nostrorum dicatur in simili casu fuisse distinctum, utrum videlicet adulterium vel incestum manifestum fuerit an occultum, aliis asserentibus inter gradum proximum vel remotum esse potius distinguendum (116).

IDEM ARELATENSI ARCHIEPISCOPO.

(117) Cum apud sedem apostolicam, cui, licet immeriti, praesidemus, totius ecclesiasticae disciplinae resideat magistratus, dignum est et consonum rationi ut quoties circa negotia varia et diversa quidquam dubitationis emerserit, ad ipsius judicium recurratur : quae, disponente Domino, inter omnes Ecclesias obtinere meruit principatum. Sane consuluisti nos per nuntios et litteras tuas utrum mutus et surdus alicui possit matrimonialiter copulari. Ad quod fraternitati tuae taliter respondemus, quod cum prohibitorium sit edictum de matrimonio contrahendo, ut quidquid non prohibetur, per consequentiam admittatur, et sufficiat ad matrimonium solus consensus eorum de quorum quarumque conjunctionibus agitur, videtur quod si talis velit contrahere, sibi non possit vel debeat denegari quod cum verbis non possint, signis valeant declarare.

IDEM VIVARIENSI EPISCOPO.

Accedens ad praesentiam nostram B. mulier latrix praesentium sua nobis insinuatione monstravit quod cum N. viro legitime conjuncta in lapsum carnis, instigante diabolo, incidisset, tandem quod neuter eorum repeteret alterum mutuo jurarunt, et licet ipsa continentiam observarit, vir tamen ejus nequaquam voluit continere. Quocirca fraternitati tuae per apostolica scripta mandamus quatenus nisi commoniti continentiam curaverint observare, tu, si res ita se habet, praefatum virum ut eam recipiat et maritali affectione pertractet monitione praemissa per censuram ecclesiasticam, appellatione remota, compellas, cum nec adulterium ei possit adulter opponere, nec etiam juramentum obsistat quod de non repetendo, non autem de non recipiendo, praestitum fuisse narratur.

IDEM NITINIENSI EPISCOPO.

(118) Constitutus in praesentia nostra Hugo Vitalis lator praesentium humillima nobis insinuatione monstravit quod, cum esset in acolythatus ordine constitutus, quamdam puellam R. nomine in facie Ecclesiae duxit uxorem, cumque aliquandiu cohabitassent insimul, et ipse eam carnaliter cognovisset, orta discordia inter eum et amicos puellae coram te [habito] diligenti tractatu, praedicta puella fuit cuidam alii Vitali nomine copulata, et tu memoratum Hugonem usque ad gradum sacerdotii ordinasti, et eidem Ecclesiam concessisti. Cum autem eum sua conscientia remorderet, et de consilio quorumdam religiosorum habitum Cisterciensis ordinis assumpsisset, tandem N. abbati suo omnia praedicta revelavit : qui eum commonuit diligenter ut super hoc saluti suae animae provideret. Ideoque fraternitati tuae per apostolica scripta mandamus quatenus, si res ita se habet, praedictam R. ut recedat a praefato Vitali, cui per adulterium est conjuncta, nec praescriptum monachum impetat quo minus regulare votum valeat adimplere, per censuram ecclesiasticam sublato appellationis obstaculo cogere non omittas.

IDEM MANUANENSI EPISCOPO ET ARCHIDIACONO BANGORANENSI.

Postulavit a nobis dilectus filius princeps Norwaliae ut de concessione nostra sibi liceret filiam dilecti filii principis insularum subarrhatam ab ipso accipere in uxorem, nonobstante quod patruo ejus eadem infra nubiles annos exstitit desponsata, cum tamen a neutro traducta fuisset. Verum, quoniam nobis constare non potuit cujus aetatis puella tempore subarrhationis vel desponsationis exstiterit, et cui antea fuerit, puta nepoti vel patruo, desponsata, cum secundum diversitates factorum jura etiam sint diversa, in hujusmodi certum non potuimus dare responsum, quoniam juxta canonicas sanctiones in rebus ambiguis non est absolutum judicium proferendum. Quocirca, mandamus quatenus sollicite 'nquiratis utrum puella septennium non attigerit quando subarrhata exstitit a nepote vel patruo desponsata. In utroque namque istorum casuum, quia tam subarrhatio quam desponsatio de jure non tenuit, quae non potest septennium praevenire, quod factum est a patruo primo vel postea non obstante, nisi aliud quid impediat, puella eadem legitime contrahere poterit cum nepote. Si vero tam subarrhationis quam desponsationis tempore septennis exstitit vel majoris aetatis, cum extunc incipiant placere sponsalia, si praecessit desponsatio patrui, non potuit contrahere cum nepote; quoniam secundum traditiones et observantias regulares nullus potest sponsam consanguinei sui accipere in uxorem, et ii duo casus non ad imparia judicantur. Si autem subarrhatio facta cum nepote praecessit, quod secutum fuit postea non tenente, cum per secundam factam non potuerit primum dissolvi, quod quantum ad sponsalia sortitum fuerit firmitatem, volentibus personis principalibus matrimonium inter eos poterit consummari. Si vero nepos eam ante septennium subarrhavit, et patruus in septennio vel post septennium desponsavit, idem nepos eam propter rationem praemissam ducere non poterit in uxorem. Sin vice versa, eam sibi legitime poterit.

IDEM CONRADO ET PETRO QUONDAM FILIIS MALEBRAC.

(119) Ad dissolvendum quod factum fuit inter I. filium nobilis viri L. de Monumento et S. filiam quondam Matthaei de Fortibrachio super matrimonio contrahendo, accusatione super consanguinitate proposita, et tam ex parte juvenis quam ex parte puellae consanguinitatis gradibus computatis, cum eam velletis idoneis testibus comprobare, de con-

---

(116) Cap. *Super eo*, De consang.
(117) Lib. I, epist. 333.
(118) Cap. 5, De conv. conjug.
(119) Lib. I, epist. 325.

silio fratrum nostrorum pronuntiavimus inter dictos juvenem et puellam nec matrimonium nec sponsalia fuisse contracta, cum constet puellam nondum ad septennium pervenisse. Quocirca nec accusatio locum habebat, cum non esset quod posset legitime accusari : denuntiari non poterat consanguinitas ut interdiceretur matrimonium contrahendum.

IDEM MENFICENSI EPISCOPO.

Aliquo dubitationis scrupulo emergente, ea quæ incerta videntur sancti Patres ad sedis apostolicæ decreverunt oraculum perferenda. Quorum siquidem vestigia laudabiliter imitatus, a nobis inquirere studuisti utrum inter duos parochianos tuos matrimonium quod, puella probante, infra nubiles annos se ductam a viro fuisse, de consilio dilecti filii P. Sanctæ Mariæ in via lata diaconi cardinalis, tunc apostolicæ sedis legati, per divortii sententiam diremisti, possis redintegrare licenter, cum eadem puella jam nubilem ætatem attingens consensum adhibeat, et nullus ex eis ad alia vota se duxerit transferendum. Ad quod tibi taliter respondemus, quod nisi aliam causam rationabilem intervenire cognoveris, securus ad copulam ipsius matrimonii tibi patet absque aliqua dubitatione processus.

IDEM ROSAN. ARCHIEPISCOPO.

(120) Quod super his articulis qui tibi aliquam dubitationem inducunt nostrum ducis consilium requirendum, et ad ea exsequenda quæ officium postulant pastorale, apostolicæ sedis procuras auxilium invocare, sollicitudinem tuam dignis in Domino laudibus commendamus, et postulationibus tuis grato animo respondemus. Significasti siquidem nobis quod in diœcesi tua pater et filius matrem et filiam, duo cognati duas cognatas, avunculus et nepos duas sorores ducunt in conjugium. Super quo taliter tibi duximus respondendum, quod licet omnes consanguinei viri sint affines uxoris, et omnes consanguinei uxoris affines sint viri, inter consanguineos tamen viri et consanguineos uxoris ex eorumdem, viri videlicet et uxoris conjugio nulla prorsus affinitas est contracta propter quam inter eos matrimonium debeat impediri.

IDEM FERRARIENSI EPISCOPO.

(121) Quanto te novimus in canonico jure peritum, tanto fraternitatem tuam amplius in Domino commendamus quod in dubiis quæstionum articulis ad apostolicam sedem recurris, quæ, disponente Domino, cunctorum fidelium mater est et magistra, ut opinio, quam in eis quondam habueras, dum alios canonici juris peritiam edoceres, vel corrigatur per sedem apostolicam vel probetur. Sane tua nobis fraternitas suis litteris intimavit quod altero conjugum ad hæresim transeunte, qui relinquitur ad secunda vota transire desiderat et filios procreare : quod utrum possit fieri de jure, per easdem nos duxisti litteras consulendos, Nos igitur consultationi tuæ de communi fratrum nostrorum consilio respondentes, distinguimus, licet quidam prædecessorum nostrorum sensisse aliter videantur, an ex duobus infidelibus alter ad fidem catholicam convertatur, vel ex duobus fidelibus alter labatur in hæresim vel decidat in gentilitatis errorem. Si enim alter infidelium conjugum ad fidem catholicam convertatur, altero vel nullo modo vel saltem non absque blasphemia divini nominis, vel ut eum pertrahat ad mortale peccatum, ei cohabitare volente, qui relinquitur ad secunda, si voluerit, vota transibit. Et in hoc casu intelligimus quod dicit Apostolus (122) : *Si infidelis discedit, discedat ; frater enim et soror non est servituti subjectus in hujusmodi* (I Cor. VII), et canonem in quo dicitur quod contumelia Creatoris solvit jus matrimonii circa eum qui relinquitur. Si ergo alter fidelium conjugum vel labatur in hæresim vel transeat ad gentilitatis errorem, non credimus quod in hoc casu is qui relinquitur, vivente altero, possit ad secundas nuptias convolare, licet in hoc casu major appareat contumelia Creatoris. Nam si matrimonium verum, quod inter fideles existat non tamen est ratum, inter fideles autem verum quidem et ratum existit, quod sacramentum fidei, quod semel admissum nunquam amittitur, ratum efficit conjugii sacramentum, ut ipsum in conjugibus, illo durante, perduret. Nec obstat quod a quibusdam forsan objicitur, quod infidelis relictus non debeat suo jure sine culpa privari, cum in multis casibus hoc contingat, ut si alter conjugum incidatur. Per hanc autem responsionem quorumdam malitiæ obviatur qui in odium conjugum, vel quando sibi invicem displicerent, si eas possent in tali casu dimittere, simularent hæresim ut ipsi a conjugibus nubentibus resilirent. Per hanc ipsam responsionem illa solvitur quæstio, qua quæritur utrum ad eum qui vel ab hæresi vel ab infidelitate revertitur, is qui permansit in fide redire cogatur.

IDEM LIVONIENSI EPISCOPO ET EIS QUI CUM IPSO SUNT FRATRIBUS.

(123) Deus, qui Ecclesiam suam nova semper, etc. *Et infra.* Quia vero in matrimoniis contrahendis dispar est ritus eorum a nostro, cum in consanguinitate vel affinitate distinctionem canonicam non attendant, et relictas fratrum indistincte sibi consueverint copulare, ne propter hoc a bono proposito, sicut hactenus, retrahantur, cum nec quidam eorum voluerint credere nisi relictas fratrum eorum pateremur retinere, nec vos eos, nisi tales dimitterent, recipere volueritis ad baptisma, propter novitatem et infirmitatem gentis ejusdem concedimus ut matrimoniis contractis cum relictis fratrum utantur, si tamen fratribus decedentibus sine prole, ut defuncti semen juxta legem Mosaicam suscitarent, cum talibus contraxerunt, ne tales sibi de cætero,

---

(120) Lib. II, epist. 261.
(121) Lib. II, epist. 50.
(122) Cap. *Si infidelis*, 28, q. 2.

(123) Cap. *Deus qui* De divor. et cap. 6, De vit. et hon.

postquam ad fidem venerint, copulent prohibentes. Ad hæc, sanctæ memoriæ beati Gregorii papæ prædecessoris nostris adhærentes vestigiis, ne populus Livoniensis a bono quod cœpit austeriora metuendo recedat, ut in quarta et ulterius generatione matrimonium contrahant donec in fide plenius solidentur, cum eis auctoritate apostolica dispensamus, non ea intentione concedentes hoc ipsis ut postquam firma radice in fide fuerint solidati, talibus conjungantur. Nam secundum Apostoli verbum : *Lac dedi vobis potum, non escam (I Cor.* III), illis modo, non posteris temporibus tenenda concessimus, ne, quod absit ! exuratur bonum quod adhuc est infirma radice plantatum, sed firmetur potius et usque ad perfectionem fideliter conservetur. Cum autem sacramentum conjugii apud fideles et infideles, etc. *Et infra decretum* gaudeamus *usque* crimina dimittuntur. Cæterum, cum pœnitentia non tam secundum quantitatem excessus quam pœnitentis contritionem et discreti sacerdotis sit arbitrium moderanda, pensata qualitate personæ super fornicatione, adulterio, homicidio et aliis criminibus, consideratis circumstantiis omnibus, et præsertim novitate Livoniensis Ecclesiæ, competentem pœnitentiam delinquentibus injungatis, prout saluti eorum videritis expedire. Apostoli autem vestigiis inhærentes dicentis, ut prædiximus : *Lac dedi vobis potum, non escam,* paulatim, eos instructis in fide, confessionis formam, orationem Dominicam et Symbolum ipsum sollicitius edocentes. Interim tamen corporis et sanguinis Dominici sacramentum ●●● fonte baptismatis consuetis festivitatibus ● mortis articulo tribuatis.

IDEM TIBERIADENSI EPISCOPO.

(124) Gaudemus in Domino et in potentia virtutis ejus, et Patri luminum, a quo est omne datum optimum et omne donum perfectum, uberes gratiarum exsolvimus actiones quod, sicut nobis tuis litteris intimasti, diebus istis novissimis, ille, qui non vult mortem peccatoris, sed ut convertatur et vivat, quod ad fidem Christianam venirent multorum paganorum cordibus inspiravit. Et, quoniam uxores acceperant in secundo, tertio, vel ulteriore gradu sibi convinctas, utrum sic conjuncti debeant post conversionem suam insimul remanere vel ab invicem separari, edoceri per rescriptum apostolicum postulasti. Super quo fraternitati tuæ taliter respondemus, quod cum sacramentum conjugii apud infideles existat, quemadmodum ostendit Apostolus, dicens : *Si quis frater infidelem habet uxorem, et hæc consentit habitare cum illo, non dimittat illam (I Cor.* VII), et in præmissis gradibus a paganis quoad eos licite sit contractum, qui in constitutionibus canonicis non arctantur. (Quid enim ad nos, secundum eumdem Apostolum, de his qui foris sunt judicare ?) in favorem præsertim Christianæ religionis et fidei, a cujus perceptione per **uxores** deseri se timentes viri pos-

sent facile revocari, fideles hujusmodi matrimonialiter copulati libere possunt et licite remanere conjuncti, cum per sacramentum baptismi non solvantur conjugia, sed crimina dimittantur. Et, quoniam pagani circa plures insimul feminas affectum dividunt conjugalem, utrum post conversionem omnes, vel quam ex omnibus retinere valeant, non immerito dubitatur. Quia vero tam patriarchæ quam alii viri justi ante legem pariter et post legem multas uxores insimul habuisse leguntur, nec contrarium apparet in Evangelio vel lege præceptum, neque pagani subjiciuntur institutis canonicis post inventis, quemadmodum est præmissum, videtur quod et nunc juxta ritum suum licite contrahant cum diversis, quorum conjunctiones legitimas unda sacri baptismatis non dissolvit, et ita patriarcharum exemplo ad fidem Christi pagani conversi conjugiorum pluralitate gaudebunt. Verum absonum hoc videtur et inimicum fidei Christianæ, cum ab initio una costa in unam feminam sit conversa, et Scriptura divina testetur quod : *Propter hoc relinquet homo patrem et matrem et adhærebit uxori suæ, et erunt duo in carne una (Gen.* II). Non dicit *tres* vel *plures,* sed *duo.* Nec dicit, *adhærebit uxoribus,* sed *uxori.* Unde Lamech, qui plures simul uxores legitur habuisse, reprehenditur in Scripturis eo quod ipse primus reprobandam bigamiæ speciem introduxit. Licet autem de hujusmodi non quæsieris, volentes tamen tam te quam alios super his etiam reddere certiores, et quod veritas prævaleat falsitati, sine dubitatione qualibet protestamur quod nulli unquam licuit plures insimul uxores habere, nisi cui divina fuit revelatione concessum : quæ mos quandoque interdum etiam fas censetur, per quam sicut Jacob a mendacio, Israelitæ a furto, et Samson ab homicidio, sic et isti ab adulterio excusantur. Sane juridica hæc sententia probatur etiam testimonio Veritatis in Evangelio protestantis : *Quicunque dimiserit uxorem suam nisi ob fornicationem, et aliam duxerit, mœchatur (Matth.* XIX). Sic ergo , uxore dimissa, duci alia de jure non potest. Fortius etiam ipsa retenta. Per quod evidenter apparet pluralitatem in utroque sexu, cum non ad imparia judicentur, circa matrimonium reprobandam. Cæterum, prolem de hujusmodi conjunctionibus natam, quæ secundum opinionem eorum matrimoniali contrahuntur affectu, post fidem receptam, utilitate publica suadente, legitimam volumus reputari (125). Qui vero secundum ritum suum legitimam repudiavit uxorem, cum tale repudium Veritas in Evangelio reprobaverit, nunquam, ea vivente, aliam licite poterit, etiam ad fidem Christi conversus, habere, nisi post conversionem ipsius illa renuat habitare cum ipso, aut etiamsi consentiat, non tamen absque contumelia Creatoris, vel ut eum pertrahat ad mortale peccatum : in quo casu restitutionem petenti, quamvis de injusta spoliatione constaret, restitutio negare-

(124) Cap. 8. De divor.

(125) Cap. 15. Qui filii sint legit.

tur; quia secundum Apostolum frater aut soror non est in hujusmodi servituti subjectus. Quod si conversum ad fidem et illa conversa sequatur antequam propter causas prædictas legitimus ille ducat uxorem, eam recipere compelletur. Et quamvis, secundum evangelicam veritatem, qui duxerit dimissam mœchetur, non tamen dimissor poterit opponere fornicationem dimissæ, pro eo quod nupserit alii post repudium, nisi alias fuerit fornicata.

TITULUS XLI.
De legitimis filiis.
IDEM OVETENSI ET BURGENSI EPISCOPIS.

Ad nostram noveris audientiam pervenisse quod... quondam pater dilecti filii.. archidiaconi Ovetensis matrem ejus, quæ uxor consanguinei sui exstiterat tertio sibi gradu consanguinitatis conjuncti, solemniter duxit et publice in uxorem, et eam maritali affectu cognoscens, ipsum qui modo est archidiaconus et quosdam alios genuit antequam inter eos esset divortii sententia promulgata. Verum, quoniam viro et femina sublatis de medio, ignoratur si scienter conjuncti fuerint vel ignoranter, idem archidiaconus dubitat, tanquam homo providus et discretus, ne sibi ex hoc possit in posterum præjudicium circa spiritualia vel temporalia generari. Nos igitur eidem archidiacono benignitate paterna providere volentes, fraternitati vestræ per apostolica scripta mandamus quatenus, si præmissis veritas suffragatur, non obstante quod de ignorantia est præmissum, ei auctoritate nostra suscipiendi sacros ordines concedatis liberam facultatem, cum alias idoneus censeatur.

IDEM EPISCOPO ET ARCHIDIACONO LEMONEONENSI.

Justus laicus cum labore maximo ad præsentiam nostram accedens humiliter coram nobis exposuit quod cum P. Perches ex concubina sua per simplicis fornicationis amplexum filias suscepisset, tandem eamdem concubinam ad commonitionem Ecclesiæ sibi matrimonio copulavit; sed quidam, ut eas ab hæreditate possent excludere, minus legitimas reputant, eo quod ante matrimonium sunt susceptæ. Quia igitur proles hoc modo suscepta sacris constitutionibus legitima judicatur, cum favore sequentis matrimonii excusetur, discretioni vestræ per apostolica scripta mandamus quatenus dictas filias, cujus alteram præfatus W. sibi legitime copulavit uxorem, tanquam legitimas auctoritate nostra per censuram ecclesiasticam monitione præmissa, nisi aliud rationabiliter obstet, faciatis ad hæreditatem admitti, et nullam super hoc permittatis molestationem indebitam sustinere.

IDEM YDRONTINO ARCHIEPISCOPO

(126) Per tuas nobis litteras intimasti quod Racd. a Ceresia ex muliere quadam, quam secundum opinionem majoris partis viciniæ in concubinam habebat, prole suscepta, et quamdam prius, et aliam, ea defuncta, duxit uxorem, et ea ex qua susceperat prolem, virum sibi alium copulavit. Processu vero temporis idem R. in præsentia multorum firmavit proprio juramento quod eam quam habere visus fuerat concubinam, prius affidaverat in uxorem quam ex ea filiam genuisset, et cum post juramentum illud per sex annos et ultra vixisset, dum ageret in extremis, eum quem ex ipsa susceperat, filium legitimum appellavit, instituit in testamento. Cum autem tuæ fuisset inquisitioni et decisioni commissum an filius sic susceptus legitimus esset hæres ipsius R. et ad ejusdem patrimonium admittendus, tu, præter id quod ex quadam decretali bonæ memoriæ Alexandri papæ prædecessoris nostri standum esse super hoc verbo viri et mulieris credebas, testes a filio ejusdem R. productos provide suscepisti, quibus legitime comprobavit dictum R. matrem suam in capella Sancti Sergii affidasse: propter quod cum ipsius R. hæredem esse legitimum judicasti. Nos igitur, attendentes quod plus est quod i........te agitur quam quod simulate concipitur, ... dictus R. quam ea, quam ut concubinam ha........m ad alia vota transivit, videatur ex ipso facto quod matrimonium inter eos fuerit denegasse, quia tamen desponsatio per testes legitimos comprobata eos matrimonialiter fuisse conjunctos ostendit, sive desponsatio ipsa fuerit de præsenti, ut per consensum legitimum et verbis de præsenti expressum, sive de futuro, ut per sequentem carnis copulam matrimonium inter eos fuerit celebratum, non tam decretali dicti prædecessoris nostri, quæ in casu dissimili loquitur, quam inductis probationibus innitentes, te processisse legitime respondemus, et sententiam tuam auctoritate apostolica confirmamus, et præsentis scripti patrocinio communimus, auctoritate tibi præsentium injungentes ut sententiam facias monitione præmissa per censuram ecclesiasticam inviolabiliter observari.

(126) Lib. I., epist. 322.

ELENCHUS

Epistolarum decretalium Innocentii III quæ relatæ sunt in corpus juris canonici.

A

Abbate. *De verbor. signific.* Lib. 13, epist. 53.
Accedens. *De crim. falsi.* Lib. 1, epist. 456.
Accedentes. *De præscript.* Lib. 1, epist. 569.
Accepimus. *De purg. canon.* Lib. 16, epist. 158.
Ad apostolicam. *De regular.* Lib. 1, epist. 455.
Ad audientiam. *De his quævi me. ca. fiunt.* Lib. 2, epist. 282.
Ad audientiam. *De jurejurando.* In tertia collectione. Lib. 1, epist. 556
Ad aures. *De pœnis.* Lib. 1, epist. 57.
Ad dissolvendum. *De despons. impub.* Lib. 1, epist. 525.
Ad falsariorum. *De falsariis.* In tertia collectione. Collectio Rainerii, tit. 14.
Ad hoc Deus. *Ut li. non contest.* Lib. 1, epist. 362.
Ad hoc unxit. *De sequest. possess.* Lib. 1, epist. 37.
Ad nostram. *De consuetud.* Lib. 1, epist. 571.
Ad nostram. *De jurejur.* Lib. 1, epist. 413.
Ad petitionem. *De accusat.* Lib. 13, epist. 1.
Ad reprimendam. *De off. ordinarii.* Lib. 1, epist. 228.
A multis. *De æt. et qual. ord.* Lib. 10, epist. 164.
A nobis. *De decimis.* Lib. 2, epist. 229.
A nobis. *De sent. excomm.* Lib. 2, epist. 61.

B

Bonæ memoriæ. *De electione.* Lib. 2, epist. 14.
Brevi. *De jurejur.* Lib. 1, epist. 389.

C

Causam. *De renuntiat.* In tertia collectione tit. 1, epist. 503.
Causam quæ. *De rescriptis.* Lib. [illegible]
Causam. *De sent. et re judic.* Lib. [illegible]
Consequenter. *De clerico excom*[illegible] 62.
Constitutis. *De testibus.* Lib. 16, e[illegible]
Constitutus. *De convers. conjug.* Collectio Rainerii, tit. 40.
Constitutus. *De rescriptis.* Lib. 1, epist. 358.
Contingit. *De sent. excomm.* Lib. 13, epist. 202.
Cum ab omui. *De vita et hon cler.* Lib. 1, epist. 376.
Cum adeo. *De rescriptis.* Lib. 1, epist. 279.
Cum ad monasterium. *De statu monachor.* Lib. 5, epist. 82.
Cum ad nostram *De electione.* Lib. 1, epist. 525.
Cum ad nostram. *De institut.* Lib. 10, epist. 80.
Cum ad quorumdam. *De excess. prælat.* Lib. 1, epist. 110. Lib. 10, epist. 88, et collectio Rainerii, tit. 9.
Cum a nobis. *De testibus.* Lib. 1, epist. 256.
Cum apostolica. *De his quæ fi. a prœl.* Lib. 1, epist. 513.
Cum apud sedem. *De spons. et matrim.* Lib. 1, epist. 533.
Cum causa. *De off. jud. deleg.* Lib. 1, epist. 392.
Cum contingat. *De æt. et qual. ordin.* Lib. 13, epist. 127.
Cum contingat. *De causa possess.* Ibid.
Cum contingat. *De rescriptis.* Ibid.
Cum dilecta. *De rescriptis.* Lib. 11, epist. 263.
Cum dilecti. *De arbitris.* Lib. 10, epist. 31.
Cum dilecti. *De can. possess.* Lib. 10, epist. 31.
Cum dilecti. *De electione.* Lib. 11, epist. 43.
Cum dilecti. *De fide instrum.* Lib. 10, epist. 51.
Cum dilecti. *De purg. canon.* Lib. 10, epist. 188.
Cum dilectus. *De accusat.* Lib. 10, epist. 58.
Cum dilectus. *De consuetud.* Lib. 11, epist. 205.
Cum dilectus. *De his quæ vi metusve.* Lib. 2, epist. 91.
Cum dilectus. *De ord. condit.* Lib. 1, epist. 377.
Cum dilectus. *De purg. canon.* Lib. 15, epist. 12.
Cum dilectus. *De success. ab intestato.* Lib. 1, epist. 217.
Cum Ecclesia. *De causa possess.* Lib. 2, epist. 283.
Cum ecclesiasticæ. *De exceptionibus.* Lib. 1, epist. 59.
Cum ex illo. *De translat. episcopi.* Lib. 1, epist. 50.
Cum ex injuncto. *De hæreticis.* Lib. 2, epist. 111.
Cum ex injuncto. *De novi op. nuntiat.* Lib. 1, epist. 432.
Cum I, et A. *De sent. et re jud.* Lib. 11, epist. 276.
Cum illius. *De sent. et re jud.* Lib. 1, epist. 109.
Cum illorum. *De sent. excomm.* Collectio Rainerii, tit. 52.
Cum in diœcesi. *De usuris.* Lib. 10, epist. 61.
Cum in jure. *De electione.* lib. 11, epist. 176.
Cum in jure. *De off. jud. deleg.* Ibid.
Cum in partibus. *De verb. signific.* Lib. 1, epist. 554.
Cum in præsentia. *De sent. et re jud.* Lib. 14, epist. 13.
Cum instantia. *De censibus.* Lib. 1, epist. 568.
Cum inter. *De electione.* lib. 2, epist. 30.
Cum inter. *De electione.* Lib. 2, epist. 190.
Cum inter. *De sent. et re jud.* Collectio Rainerii, tit. 30.
Cum in tua. *De decimis.* Lib. 13, epist. 184.
Cum in tua. *De sponsalibus.* Lib. 13, epist. 184.
Cum in tua. *De testibus.* Ibid.
Cum in tua. *Qui matr. acc. possint.* Ibid.
Cum M. Ferrariensis. *De constitut.* Lib. 1, epist. 98.
Cum Marthæ. *De celebr. miss.* Lib. 5, epist. 121.
Cum nobis. *De electione.* Lib. 2, epist. 277.
Cum non liceat. *De præscript.* Lib. 2, epist. 150.
Cum olim. *De arbitris.* Lib. 11, epist. 146.
Cum olim. *De consuetud.* Lib. 11, epist. 248.
Cum olim. *De dolo. et contum.* Lib. 1, epist. 364.
Cum olim. *De off. jud. deleg.* Lib. 11, epist. 265.
Cum olim. *De præscript.* Lib. 11, epist. 167.
Cum olim. *De privileg.* Lib. 2, epist. 79.
Cum olim. *De sent. et re jud.* Lib. 1, epist. 267.
Cum olim. *De verb. signif.* Lib. 10, epist. 58.
Cum omnes. *De constitut.* Lib. 1, epist. 192.
Cum pro causa. *De sent. excomm.* Collectio Rainerii, tit. 31.
Cum propter. *De jure patron.* Lib. 1, epist. 521.
Cum pro quæstione. *De conc. præb.* Lib. 5, epist. 71.
Cum secundum. *De præbendis.* In tertia collectione. Lib. 1, epist. 414.
Cum secundum. *De præbendis* Lib. 1, epist. 76.
Cum super. *De causa poss.* Collectio Rainerii, tit. 27
Cum super. *De off. jud. deleg.* Lib. 2, epist. 58.
Cum tempore. *De arbitris.* Lib. 1, epist. 317.
Cum tibi. *De testam.* Lib. 5, epist. 39.
Cum tibi. *De verb. signif.* Ibid.
Cum venerabilis. *De consuetud.* Lib. 11, epist. 73.
Cum venerabilis. *De relig. dom.* Lib. 12, epist. 95.
Cum venisset. *De sacr. unct.* Gesta Innoc. III, cap. 76.
Cum universorum. *De rer. permut.* Lib. 1, epist. 84.

D

De homine. *De celebr. miss.* Lib 11, epist. 146.
De infidelibus. *De cons. et affin.* Lib. 1, epist 514.
De monialibus. *De sent. excomm.* Lib. 5, epist. 1.
De testibus. *De testib.* Lib. 1, epist. 256.
Deus qui. *De divortio.* Collectio Rainerii, tit. 40.
Deus qui. *De vit. et hon. clericor.* Ibid.
Dilecti filii. *De appell.* Lib. 1, epist. 551.
Dilecto filio. *De appellat.* Lib. 10, epist. 189.
Dilecto filio. *De præbend.* Lib. 13, epist. 72.
Dilecto filio. *De suppl. negl. prælat.* Lib. 13, epist. 137.
Dilecto filio. *De testib.* Lib. 11, epist. 255.
Dilectus. *De concess. præb.* Lib. 11, epist. 107.
Dilectus. *De pœnis.* Lib. 13, epist. 196.
Dilectus. *De Simonia.* Collectio Rainerii, tit. 21.
Dilectus. *De temp. ordin.* Lib. 13, epist. 195.
Dilectus. *De homicidio.* Collectio Rainerii, tit. 31.
Discretionem. *De eo qui cognovit.* Collectio Rainerii, tit. 40.
Duo simul. *De off. ordinarii.* Lib. 1, epist. 515.
Dura sæpe. *De falsariis.* Lib. 1, epist. 255.

E

Ecclesia. *De constitut.* Lib. 2, epist. 239.
Edoceri. *De rescriptis.* Lib. 11, epist. 3.
Eo libentius. *De serv. non ordin.* Lib. 10, epist. 73.

Etsi necesse. *De donat. int. vir. et uxor.* Lib. 2, epist. 75.
Ex conscientia. *De crim. falsi.* Lib. 1, epist. 404.
Ex litterarum. *De auctor. et usu pallii.* Lib. 12, epist. 18.
Ex litteris. *De consuetud.* Lib. 1, epist. 422.
Ex litteris. *De excess. prælat.* Lib. 11, epist. 187.
Ex litteris. *De homicidio.* Collectio Rainerii tit. 34.
Ex litteris. *De jurejurando.* Lib. 11, epist. 274.
Ex litteris. *De off. jud. deleg.* Lib. 10, epist. 178.
Ex ore. *De his quæ fi. a maj. par. capituli.* Lib. 1, epist. 290.
Ex parte. *De appellat.* Lib. 5, epist. 22.
Ex parte. *De corp. vitiatis.* Lib. 1, epist. 19.
Ex parte. *De feudis.* Lib. 11, epist. 165.
Ex parte. *De his quæ fi. a maj. par. Capituli.* Lib. 1, epist. 259.
Ex parte. *De privilegiis.* Appendix libri 11, pag. 295.
Ex parte. *De restit. spoliat.* Lib. 11, epist. 206.
Ex parte. *De tempor. ordin.* Lib. 1, epist. 232.
Exposuisti. *De regularib.* Lib. 5, epist. 10.
Exposuisti. *De corp. vitiatis.* Lib. 1, epist. 507.
Ex tenore *De concess. præb.* Lib. 11, epist. 188.
Ex tenore. *De consanguinitate. In quarta collectione.* Lib. 12, epist. 61.

F

Finem litibus. *De dolo et contum.* Collectio Rainerii, tit. 28.

G

Gaudemus. *De divortio.* Collectio Rainerii, tit. 40.

I

Innotuit. *De electione. In tertia collectione.* Collectio Rainerii, tit. 4.
In quadam. *De celebr. Miss.* Lib. 12, epist. 7.
Inquisitioni *De sent. excomm.* Lib. 11, epist. 269.
Inquisitionis. *De accusat.* Lib. 15, epist. 191.
Insinuante. *Qui cler. vel voventes.* Lib. 2, epist. 232.
In tantum. *De Simonia.* Lib. 2, epist. 104.
Intelleximus. *De adulter.* Lib. 11, epist. 70.
Intelleximus. *De æt. qual. et ord. præfic.* Lib. 13, epist. 4.
Inter alia. *De immun. Eccles.* Collectio Rainerii, tit. 53.
Inter alia. *De sent. excomm.* Collectio Rainerii, tit. 31,
Inter corporalia. *De translat.* Lib. 1, epist. 552.
Inter dilectos. *De donationib.* Lib. 11, epist. 270.
Inter dilectos. *De excess. prælat.* Lib. 11, epist. 264.
Inter dilectos. *De fide instrum.* Lib. 2, epist. 57.
Inter monasterium. *De sent. et re jud.* Lib. 2, epist. 81.
Inter opera. *De sponsalib.* Lib. 1, epist. 112.
Inter quatuor. *De cler. non resid.* Gesta Innoc. III, cap. 102.
Inter quatuor. *De cler. peregrinis.* Ibid.
Inter quatuor. *De major et obed.* Ibid.
Inter quatuor. *De relig. domib.* Ibid.
Inter sollicitudines. *De purg. canon.* Lib. 2, epist. 63.

L

Licet. *De accusat.* Lib. 1, epist. 277.
Licet. *De falsariis.* Lib. 1, epist. 349.
Licet. *De off. jud. ord.* Lib. 10, epist. 171.
Licet. *De off. legati.* Lib. 5, epist. 67.
Licet. *De regularib.* Lib. 11, epist. 178.
Licet. *De translat.* Lib. 2, epist. 278.
Licet Heli. *De Simonia.* Lib. 2, epist. 260.
Licet undique. *De off. jud. deleg.* Lib. 11, epist. 271.
Ligneis. *De consec. eccles.* Lib. 13, epist. 166.
Litteras. *De temp. ordin.* Collectio Rainerii tit. 33.

M

Magnæ. *De voto et voti red.* Lib. 1, epist. 69.

N

Nova quædam. *De pænit.* Lib. 13, epist. 187.
Novimus. *De verb. signific.* Lib. 11, epist. 257.
Nuper. *De sent. excomm.* Lib. 2, epist. 66.

O

Oblatæ. *De appellat.* Lib. 12, epist. 81.
Officii. *De electione.* Lib. 11, epist. 262.
Officii. *De pænit.* Ibid.
Officii. *De sent. excomm.* Ibid.
Officii. *De testamentis.* Ibid.
Olim. *De rescriptis.* Lib. 13, epist. 6.
Olim. *De restit. spoliat.* Lib. 1, epist. 259.
Olim inter. *De restit. spoliat.* Lib. 5, epist. 100.

P

Pastoralis. *De causa possess.* Lib. 5, epist. 40.
Per nostras. *De jure patron.* Lib. 1, epist. 264.
Per tuas. *Qui fil. si. legitimi.* Lib. 1, epist. 522.
Per venerabilem. *Qui fil. si. legitimi.* Lib. 5, epist. 128.
Petiistis. *De privilegiis.* Lib. 15, epist. 162.
Petrus Diaconus. *De homicidio.* Lib. 1, epist. 325.
Plerumque. *De rescriptis.* Lib. 11, epist. 275.
Porrectum. *De regularib.* Lib. 1, epist. 524.
Possessiones. *De reb. Eccl. alien.* Lib. 1, epist. 106.
Post electionem. *De concess. præb.* Lib. 5, epist. 55
Post miserabilem. *De usuris.* Collectio Rainerii tit. 26.
Post translationem. *De renuntiat.* Lib. 11, epist. 249.
Postulasti. *De foro compet.* Lib. 16, epist. 26.
Postulasti. *De homicidio.* Ibid.
Postulasti. *De Judæis.* Lib. 15, epist. 118.
Postulasti. *De jure patron.* Lib. 11, epist. 258.
Postulasti. *De rescriptis.* Lib. 16, epist. 165.
Postulatis. *De concess. præb.* Lib. 14, epist. 140.
Proposuisti. *De consecr. Eccles.* Lib. 10, epist. 75
Proposuit. *De concess. præb.* Lib. 1, epist. 127.

Q

Quæ in Ecclesiarum. *De constitut.* Lib. 2, epist. 7.
Quæsivisti. *De sent. excommunicationis. In quarta collectione.* Lib. 16, epist. 118.
Qualiter. *De cler. non resident.* Lib. 5, epist. 16.
Qualiter. *De electione.* Lib. 2, epist. 185.
Quam gravi. *De falsariis. In tertia collectione.* Collectio Rainerii tit. 14.
Quam perniciosum. *De usuris.* Lib. 1, epist. 299.
Quam sit grave. *De excess. prælat.* Lib 1, epist. 145.
Quamvis ad abolendam. *De Simonia. In secunda collectione.* Lib. 1, epist. 261.
Quanto. *De censibus.* Lib. 1, epist. 155.
Quanto. *De consuetud.* Lib. 2, epist. 212.
Quanto. *De divortiis.* Lib. 2, epist. 50.
Quanto. *De jurejur.* Lib. 2, epist. 28.
Quanto. *De off. ordinarii.* Lib. 1, epist. 80.
Quanto. *De translat episcopi.* Lib. 1, epist. 335.
Quemadmodum. *De jurejur.* Lib. 10, epist. 114.
Quia circa. *De bigamis.* Lib. 16, epist. 118.
Quia ■■■■ *consang. et affin.* Ibid.
Qui ■■■■■■■ *privilegiis.* Ibid
Qu■■■■■■■■ *De verb. signific.* Lib. 10, epist. 110.
Quo■■■■■■■■■em. *De sent. et re judicata.* Collectio R■■■■■■ 24.
Quod Dei. *De statu monachor.* Collectio Rainerii, tit. 37.
Quod in dubiis. *De dedic. eccles.* Lib. 1, epist. 581.
Quod in dubiis. *De pœnis.* Ibid.
Quod in dubiis. *De renuntiat.* Ibid.
Quod in dubiis. *De sent. excomm.* Ibid.
Quod sedem. *De off. ordinarii.* Lib. 2, epist. 77.
Quod super. *De fide instrum.* Collectio Rainerii, tit. 39.
Quod super. *De voto et voti red.* Ibid.
Quod super iis. *De consang. et affin.* Lib. 2, epist. 261.
Quoniam. *Ut lite non contestata.* Lib. 11, epist. 266.

R

Ranutius. *De sent. et re judic.* Lib., 10, epist., 123.
Requisisti. *De testam.* Lib. 11, epist. 262.
Responso. *De sent. et excomm.* Lib. 11, epist. 267.

S

Sicut. *De suppl. negl. prælat.* Lib. 2, epist. 5.
Sicut. *Ne clerici* etc. Lib. 14, epist. 129.
Sicut ex litterarum. *De homicidio.* Lib. 14, epist. 107.
Sicut ex litteris. *De spons. et matrim.* Lib. 1, epist. 29.
Sicut nobis. *De regularib.* Lib. 1, epist. 517.
Sicut nobis. *De sent. et re judic.* Lib. 2, epist. 48.
Sicut nobis. *De sent. excomm.* Lib. 2, epist. 166.
Sicut nostris. *De constitutionibus. In tertia collectione.* Collectio Rainerii tit. 19.
Sicut tenor. *De regularib.* Lib. 1, epist. 56.
Sicut his. *De Simonia.* Lib. 2, epist. 172.
Significante. *De pignorib.* Lib. 1, epist. 55.
Significasti. *De homicidio.* Lib. 12, epist. 59.
Significasti. *De homicidio.* Collectio Rainerii tit. 34.
Significasti. *De off. archidiac.* Lib. 1, epist. 183.
Significasti. *De sponsal. et matrim.* Lib. 1, epist. 48.
Significastis. *De eo qui du. in matrim.* Lib 1, epist. 102.

Significavit. *De testibus.* Lib. 12, epist. 12.
Si vere. *De sent. et excomm.* Gesta Innoc. III. cap. 87.
Solitæ. *De major. et obed.* Gesta Innoc. III. cap. 63. et collectio Rainerii tit. 2.
Sollicitudinem. *De appellat.* Lib. 10, epist. 165.
Suam nobis. *De Simonia.* Lib. 1, epist. 220.
Super eo. *De censibus.* Lib. 10, epist. 76.
Super quibusdam. *De verb. signif.* Lib. 12, epist. 154.
Suscitata. *De in int. restitut.* Lib. 13, epist. 60

T

Tua fraternitas. *De adulter.* Lib. 11, epist. 101.
Tuæ fraternitatis. *De cler. non resident.* Lib. 10, epist. 61.
Tua nobis. *De decimis,* Lib. 2, epist. 242.
Tua nos. *De consang. et affin.* Lib. 14, epist. 159.
Tua nos. *De cognat. spirit.* Lib. 5, epist. 7.
Tua nos *De cohabit. cler. et mulier.* Lib. 2, epist. 63.
Tua nos. *De Simonia.* Lib. 10, epist. 169.
Tuam in Domino. *De tempor. ordin.* Lib. 11, epist. 273.
Tuam non credimus. *In quinta compilat. lib.* 2, *tit.* 5, *cap.* 1. Appendix libri 16, pag. 845.
Tuarum. *De privilegiis.* Lib. 1, epist. 450.

Tuas dudum. *De sponsa duorum.* Collectio Rainerii tit. 40.
Tuas dudum. *De usuris.* Collectio Rainerii tit. 26.
Tuis quæstionibus *De præbendis.* Lib. 11, epist. 46.
Tuis quæstionibus. *De testibus,* Ibid.

U

Ut nostrum. *De appellat.* Lib. 1, epist. 368.
Ut nostrum. *De off. archidiac.* Ibid.
Ut nostrum. *Ut eccles. beneficia.* Ibid.

V

Vacante. *De præbendis.* Lib. 16, epist. 166.
Venerabilem. *De electione.* Registr. de negotio imperii, epist. 62.
Venerabili. *De verb. signific.* Lib. 1, epist. 222.
Veniens. *De accusat.* Lib. 5, epist. 28.
Veniens. *De cognat. spirit.* Lib. 1, epist. 580.
Veniens *De conn. conjugat.* Lib. 12, epist. 15.
Veniens. *De eo qui duxit.* Lib. 11, epist. 277.I
Veniens. *De jurejur.* Lib. 1, epist. 387.
Veniens. *De præscript.* Lib. 15, epist. 7.
Veniens. *Qui matrim. accus.* Lib. 5, epist. 51.
Vergentis. *De hæreticis.* Lib. 2, epist. 1.
Volens. *De purific. post part.* Lib. 1, epist. 363.

ORDO RERUM

QUÆ IN HOC TOMO CONTINENTUR.

INNOCENTIUS III ROMANUS PONTIFEX.

REGESTORUM SIVE EPISTOLARUM LIBER DUODECIMUS.

— *Pontificatus anno* XII, *Christi* 1209.
I. — Abbati Sancti Theodorici Re[mensi]s et decano et cantori Majoris ecclesiæ [de] conflagratione ecclesiæ Rhodimontis. 9
II. — Patriarchæ Aquilegensi et [...]no. — De libera peregrinatione ad loca sanc[ta]. 11
III. — Clericis et laicis peregrinis [in Can]dida civitate Cretæ morantibus. — De eodem argumento. 12
IV. — Nobili viro Henrico comiti Maltæ. — De negotio Cretæ et de laudibus ejusdem Henrici. 12
V. — Nobili Ricardo germano nostro Sorano comiti. — Ei confirmat castrum Soranum. 13
VI. — Archiepiscopo et abbati Sancti Stephani et priori Sancti Theodori Januensis. — Scribitur eis pro ecclesia S. Mariæ de Castelio. 14
VII. — Ferrariensi episcopo. — Respondet ad ejus consulta. 15
VIII. — Patriarchæ Hierosolymitano apostolicæ sedis legato. — De translatione episcopi Yporiensis ad patriarchatum Antiochenum. 18
IX. — Cisterciensi, de Firmitate, de Pontiniaco, de Claravalle, de Morimundo, et universis Cisterciensis ordinis abbatibus. — De hegotio interdicti Anglicani. 19
X. — Londoniensi, Eliensi et Wigorniensi episcopis. — De eadem re. 21
XI. — Roifrido, tituli Sanctorum Marcellini et Petri, presbytero cardinali, Casmensi abbati, et magistro Roberto de Alberto. — Committitur eis causa quædam Marsicana. 22
XII. — Nicolao Alexandrino patriarchæ. — Littera consolatoria scribitur 23
XIII. — Episcopo Pataviensi, et abbati de Bovingardenherg Paviensis diœcesis. — De eo qui monachus factus est consensu uxoris 24
XIV. — Hubaldo archiepiscopo Ravennati. — De correctione monasterii S. Adelberti. 24
XV. — Abbati de Tilieto. — Eum hortatur ut electioni de se factæ consentiat. 25
XVI. — Episcopo et archidiacono Cumanis. — De dissolvendo matrimonio cujusdam. 29
XVII. — Archiepiscopo sanctæ R. E. cardinali et capitulo Mediolanensi. — De negotio Durandi de Osca et sociorum suorum. 29
XVIII. — Petro Compostellano archiepiscopo. — Conceditur ei ut pallio uti possit extra provinciam. 30

XIX. — Frisiensi episcopo, et præposito et decano Mosburgensi Frisiensis diœcesis. — De homicidio casuali. 30
XX. — Claromontensi episcopo. — Utrum liceat bona sua dare Ecclesiæ pro beneficio obtinendo. 31
XXI. — Hugoni abbati ecclesiæ Sanctæ Mariæ de Gedderwrde ejusque fratribus tam præsentibus quam futuris canonicam vitam professis in perpetuum. — De confirmatione privilegiorum. 31
XXII. — Joanni de Dominico Judici Sabinensi. — Ut testes examinet in quadam causa. 33
XXIII. — Asculano Rapo Iano et Lavellino episcopis. — De accusatione adversus episcopum Potentinum. 33
XXIV. — Ratisponensi episcopo. — De reformandis abusibus in clero. 35
XXV. — Eidem. — De clericis non residentibus. 35
XXVI. — Abbati et conventui Sancti Medardi Suessionensis. — Ut puerum quemdam ad monasterium admittant. 35
XXVII. — Illustri regi Franciæ. — De succursu Terræ Sanctæ. 36
XXVIII. — Patriarchæ Jerosolymitano et magistris Hospitalis ac Templi. — Mittitur eis pecunia. 37
XXIX. — Joanni abbati S. Bertini, etc. — Hanc epistolam ex notis chronologicis libro II restituimus. Est nunc in hoc libro ordine 58 *bis*. 58
XXX. — Miloni subdiacono. — Dispensatur cum eo super defectu natalium. 38
XXXI. — Hugoni de Sadurano rectori ecclesiæ de Volobrica. — Suscipitur sub protectione apostolicæ sedis. 59
XXXII. — Archiepiscopo et capitulo Strigoniensi. Confirmatur eis donatio facta a rege Hungariæ. 39
XXXIII. — Abbati et conventui Sancti Bertini. De electione abbatis Alciaciensis. 40
XXXIV. — Episcopo Sancti Andreæ. — De testibus admittendis in accusatione matrimonii. 43
XXXV. — Nobili viro E. comiti Irsuto. — Suscipitur sub protectione apostolicæ sedis. 44
XXXVI. — Meldensi episcopo et archidiacono Parisiensi. — Eis committitur causa camerarii Carnotensis. 45
XXXVII. — Igniacensi et Claravallis abbatibus Cisterciensis ordinis, Remensis et Laudunensis diœcesum, et decano Remensi. — Adversus iniquas excommunicationes. 46
XXXVIII. — Decano et magistris R. et P. canonicis Antiochenis, et universis clericis in castro Cursarii commorantibus. — Ut patriarcham suum suscipiant reverenter. 46
XXXIX. — Nobili viro comiti Tripolitano — Ut patriarcham Antiochenum habeat commendatum. 48

XL. — Decano et capitulo Bituricensi. — De electione archiepiscopi Bituricensis. 48

XLI. — Archipresbytero et capitulo Garganicæ ecclesiæ. — Ut Bartholomæum recipiant in canonicum. 49

XLII. — Joanni Strigoniensi archiepiscopo et successoribus ejus canonice substituendis in perpetuum.—De confirmatione privilegiorum. 50

XLIII. —Archiepiscopo et capitulo Strigoniensi. — De eadem re. 51

XLIV. — Episcopo et magistris P. Circatori Majoris Ecclesiæ et canonico Sancti Salvatoris Metensis.—Ut J. monachum cogant ad monasterium suum redire. 52

XLV.— Illustri regi Armeniæ.—Persuadetur ut treugas ineat cum comite Tripolitano. 54

XLVI. — Abbati et conventui Sancti Benedicti Floriacensis. — Ut bona alienata revocare possint. 56

XLVII. — Eisdem. — Confirmatur compositio facta cum archiepiscopo Senonensi. 57

XLVIII. — Abbati et fratribus Sancti Benedicti super Ligerim. —Confirmatur eis quoddam privilegium Alexandri papæ. 57

XLIX. — Eisdem. — Ut Burgenses suos non deprimant onere servitutis. 58

L. — Abbati Sancti Benedicti Floriacensis. —De limitatione parochiæ de Villari. 58

LI.—Abbati et conventui Beati Germani Autissiodorensis. — Ut liceat illis revocare bona alienata. 58

LII. — Abbati et conventui Sancti Benedicti Floriacensis. — Ne Ecclesiæ illorum possint interdici vel excommunicari. 59

LIII. — Episcopo, et Stephano canonico, et Joanni archipresbytero Sancti Joannis Sutrinensis. — Confirmatur sententia quædam lata pro ipsis. 59

LIV. — Archidiacono et W. et R. primiceriis Civitensibus. — Confirmatur sententia quædam. 60

LV. —Consulibus et civibus Januensibus. — Ut treugas ineant cum Pisanis. 61

LVI. — Stephano, Cantuariensi archiepiscopo, S. R. E. cardinali. — De electione episcopi Lincolniensis. 62

LVII. — Episcopo et abbati Sancti Vedasti Atrebatensis. — De excommunicatione regis Angliæ. 64

LVIII. — Ad"'. 64

LIX. — Abbati Sanctæ Trinitatis de Maloleone. — Irregularem esse qui alium lethaliter percussit. 64

LX. — Fratri Astorgio monacho de Manso Adæ Cisterciensis ordinis. — De monacho qui medicinam exercuit. 66

LXI. — Priori S. Honorati Arelatensis. — De causa quadam matrimoniali. 66

LXII. — Scholastico Bremensi. — Ei confirmatur sua scholastria. 68

LXIII. — Illustri regi Ottoni in Romanorum imperatorem electo. —Adversus Waldemarum episcopum Sleswicensem. 69

LXIV. — Episcopo Concordiensi. — Ut admittat cessionem episcopi Tervisini. 71

LXV. —Capitulo Tervisino. — De eadem re. 72

LXVI. — Terraconensi archiepiscopo et suffraganeis ejus. — De negotio Durandi de Osca. 73

LXVII. — Narbonensi archiepiscopo et suffraganeis ejus. — De eadem re. 73

LXVIII. — Terraconensi archiepiscopo et suffraganeis ejus. — Super eodem. 74

LXIX. — Durando de Osca et fratribus ejus reconciliatis ecclesiasticæ unitati. 75

LXX. —Præposito et capitulo Sancti Michaelis de Buccalconis Constantinopolitan. — Suscipiuntur sub protectione sedis apostolicæ. 77

LXXI. — Willelmo de Ultraportu presbytero. — Confirmatur sibi beneficium. 77

LXXII. — Præposito et capitulo Sanctæ Mariæ de Blakerna Constantinopolitan.—Suscipiuntur sub protectione apostolicæ sedis. 78

LXXIII. — Archiepiscopo et maiori præposito et capitulo Maguntinensi.—Ut Petrum Viterb. inducant in possessionem præbendæ Mogunt. 78

LXXIV. — Custodi Moguntinensi, et præposito et decano Pinguensi Maguntinensis diœcesis. — De eadem re. 79

LXXV. — Illustri regi Ottoni in Romanorum imperatorem electo. — De peregrinis liberandis. 80

LXXVI. — Patriarchæ Aquileiensi. — De eadem re. 81

LXXVII. — Cremonensi et aliis episcopis in quorum diœcesibus peregrini redeuntes de transmarinis partibus detinentur. — De eadem re. 81

LXXVIII. — Illustri regi Ottoni in Romanorum imperatorem electo. — Commendat civitatem Florentinam. 82

LXXIX. — Patriarchæ Constantinopolitano. — Super injectione manuum violenta. 83

LXXX. — Potestati et populo Urbevetano salutem et spiritum consilii sanioris. — Redarguuntur de præsumptione. 84

LXXXI. — Abbati Sancti Felicis, et G. de Bagnolo canonico Bononiensi. — Respondetur ad eorum consulta. 84

LXXXII. — Abbati et monachis Sancti Benedicti supra Padum — Super electione, visitatione et correctione. 86

LXXXIII. — Nobili viro Petro duci et populo Venetorum. — Monet eos ut redeant ad obsequium. 88

LXXXIV. — Guidoni subdiacono et capellano nostro. — Confirmatur ei ecclesia S. Laurentii. 89

LXXXV. —Cephaludensi episcopo. — Dantur ei quædam monita. 90

PROCESSUS NEGOTII RAIMUNDI COMITIS TOLOSANI.

Cap. I. —Prima obligatio comitis facta apud Valentiam 90

§. Cap. II. — Forma juramenti comitis. 90

Cap. III. — Mandata ante absolutionem. 91

Cap. IV. — Mandata post absolutionem. 91

Cap. V. — Juramenta consulum. 92

Cap. VI. — Hæc est indulgentia. 93

Cap. VII. — Forma pacis. 94

Cap. VIII. — Juramentum quod præstiterunt custodes castrorum. 94

Cap. IX. — Juramentum pro principibus cruce signatis et exercitu. 95

Cap. X. — Juramentum baronum. 95

Cap. XI. — Præcepta baronum. 96

Cap. XII. — Obligatio castrorum baronum. 96

Cap. XIII. — Eadem obligatio pro aliis baronibus. 96

Cap. XIV. — Mandatum episcopis factum. 97

LXXXVI. — Archiepiscopis et episcopis et abbatibus et aliis ecclesiarum prælatis et universis personis ecclesiasticis quibus hoc scriptum ab apostolica sedis legatis fuerit exhibitum. — De subsidio præstando cruce signatis. 97

LXXXVII. — Regensi episcopo, et abbati Cisterciensi, et magistro Miloni notario nostro, apostolicæ sedis legatis — De eodem argumento. 98

LXXXVIII. — Universis fidelibus constitutis in terris nobilium adversus Provinciales hæreticos sunt cruce signatis. — De eadem materia. 99

L... — ...tro Miloni notario nostro apostolicæ sedis ...tur ei ut cœptum negotium persequatur. 100

XC. — ...R. comiti Tolosano. — Hortatur eum ut persev... no. 100

XCI. — Stephano Cantuariensi archiepiscopo, S. R. E. cardinali. — De electione episcopi Lincolniensis. 101

XCII. — Abbati et conventui Farsensi. — Absolvuntur ab impetiti ne episcopi Sabinensis. 101

XCIII. — Eisdem. — De eadem re. 103

XCIV. — Paduano et Ceneteusi episcopis, et abbati Sancti Martini de Colle Cenetensis diœcesis. — Scribitur pro archiepiscopo Duraciensi. 105

XCV. — Albaniensi episcopo. — De eadem re. 106

XCVI. — Nobili viro Michaëlio Cuminiano Romaniæ. — Super eadem materia. 106

XCVII. — Abbati Sancti Petri de Lingrariga, et archidiacono Duraciensi. — De eadem re. 107

XCVIII. —Martino abbati et fratribus monasterii Sanctæ Mariæ de Serena. — De revocatione alienationum. 107

XCIX. — Episcopo et F. et V. archidiaconis Salamantinis. —Confirmatur sententia lata pro monasterio Colimbriensi. 110

C. — Canonicis regularibus ecclesiæ Beati Petri de Torgatona. — De canonicis instituendis in ecclesiis parochialibus. 113

CI. — Soffrido Pistoriensi, episcopo, ejusque successoribus canonice substituendis in perpetuum. — De confirmatione privilegiorum. 113

CII. —Lundensi archiepiscopo. — De conversione Finlandæ. 116

CIII. — Illustri regi Daciæ. — Suadetur ut pugnet adversus paganos. 116

CIV. — Ottoni, illustri Romanorum imperatori semper Augusto. — De eodem argumento. 117

CV. — Litteræ missæ domino papæ.—De negotio Terræ Sanctæ. 118

CVI. — Litteræ magistri Milonis missæ ad dominum papam. — De negotio fidei in Provincia. 124

CVII. — Domino papæ. — Super facto comitis Tolosani. 126

Forma juramenti baronum, civitatum, aliorum locorum domino papæ danda. 127

CVIII. — Domino papæ. — De victoria habita contra hæreticos. 137
CIX. — Domino papæ. — De expugnatione hæreticorum. 141
CX. — Adulpho quondam Coloniensi archiepiscopo. — Confirmatur ei pensio 250 marcarum. 142
CXI. — Priori et fratribus Jerosolymitani hospitalis Sancti Ægidii. — Confirmatur eis donatio facta a comite Forcalcariensi. 143
CXII — Nobili viro Poncio Lugdunensi. — Datur ei facultas conferendi decimas. 146
CXIII. — Constantinopolitano patriarchæ. — Ut quendam canonicum recipi faciat. 147
CXIV. — Varissiensi Thebano, et Larissensi archiepiscopis. — De fidelitate præstanda imperatori. 147
CXV. — Archiepiscopo Varissiensi, et episcopo Solimbriensi, et decano Sanctæ Mariæ de Blakerna Constantinopolitano. — De præpositis ab imperatore constitutis. 147
CXVI. — Patriarchæ Constantinopolitano. — De eadem re. 148
CXVII. — Eidem. — Non licere patriarchæ unire sedes episcopales. 148
CXVIII. — Ottoni illustri Romanorum imperatori semper Augusto. — De negotio episcopi Bambergensis. 149
CXIX. — Moguntino archiepiscopo, et episcopo Herbipolensi, et abbati Fuldensi Herbipolensis diœcesis. — De eadem re. 150
CXX. — Salzburgensi archiepiscopo. — De eadem re. 150
CXXI — Nobili viro duci Austriæ. — De eadem re. 151
CXXII. —Nobili viro Simoni de Monteforti, comiti Lecestriæ, vicecomiti Biterrensi. — Confirmatur ei omnia facta per legatos sedis apostolicæ. 151
CXXIII. — Nobili viro de Monteforti. — Respondet epistolæ 109. 152
CXXIV. — Ottoni illustri Romanorum imperatori semper Augusto. — Ut opem ferat Simoni de Monteforti. 153
CXXV. — Illustri regi Aragonum. — De eadem re. 154
CXXVI. — Abbatibus et aliis ecclesiarum prælatis in partibus Narbonensibus, Biterrensibus, Tolosanis et Albigensibus constitutis. — De bonis hæreticorum confiscatis. 154
CXXVII — Abbati Sancti Victoris, et Sanctæ Genovefæ et Sancti Victoris prioribus Parisiensibus. — Ut tueantur Robertum Malivicini. 155
CXXVIII. — Eidem. — De simili argumento. 156
CXXIX. — Nobilibus viris baronibus et aliis qui cum nobili viro Simone de Monteforti crucesignatorum exercitu remanserunt. — Inducuntur ut assistant Simoni de Monteforti. 156
CXXX. — Abbati et priori Sancti Victoris, et priori Sanctæ Genovefæ Parisiensis. — De eleemosynis concessis piis locis. 156
CXXXI. — Abbati Cisterciensi apostolicæ sedis legato. — De quodam privilegio concesso R. Malovicino. 157
CXXXII. — Abbati de Vallibus Cisterciensis ordinis. — Ut accedat ad Simonem de Monteforti. 157
CXXXIII. — Nobili viro Roberto de Malovicino, matri et uxori ejus. — Ejusdem argumenti cum epistola 130. 157
CXXXIV. — Monialibus Parrasii Cisterciensis ordinis. — Ejusdem argumenti. 157
CXXXV. — Galtero presbytero ecclesiæ de Corneron. — De eodem argumento. 158
CXXXVI. — Arelatensi archiepiscopo et suffraganeis ejus. — De negotio hæreticorum. 158
CXXXVII. — Consulibus Arelatensibus. — Super exstirpatione hæreticorum. 160
CXXXVIII. — Episcopo Segundino. — Indicitur ei purgatio super quodam facinore. 160
CXXXIX. — Episcopo Segobiensi, et Palentino electo, et archidiacono Septempulbicensi Segobiensis diœcesis. — De eadem re. 162
CXL. — Constantinopolitano patriarchæ. — Cassatur promissio facta Venetis. 162
CXLI. — Eidem. — De decimis solvendis. 163
CXLII. — Eidem — Arma non esse tribuenda infidelibus. 165
CLIII. — Eidem. — De exemptione archiepiscopi Patracensis. 165
CXLIV. — Archiepiscopo Eracliensi et Salimbriensi episcopo, et decano de Blakerna Constantinopolitano. — Lis committitur executio cujusdam sententiæ. 164
CXLV. — Eidem. — de monasteriis patriarchalibus. 164
CXLVI. — Archiepiscopo et decano et P. de Lagerio canonico Remensi. — Exsecutoria super quadam ecclesia 164
CXLVII. — Fulconi priori et conventui Sancti Martini de Campis Parisiensis. — Adjudicatur eis medietas proventuum Ecclesiæ S. Jacobi de Carnificeria. 166
CXLVIII. — Decano Atrebatensi — Respondetur ad ejus consulta. 169
CXLIX. — Capitulo Tullensi. — De electione episcopi. 169
CL. — Catalaunensi episcopo, et de Insula Cisterciensis et Flabonimontis Præmonstratensis ordinum abbatibus Tullensis diœcesis. — Ejusdem argumenti cum superiore. 170
CLI. — Judicibus, consulibus, et universo populo Beneventano. — Eis confirmatur remissio fiddautiarum. 171
CLII. — Narbonensi et Arelatensi archiepiscopis. — De negotio comitis Tolosani. 171
CLIII. — Episcopo Regensi, et magistro Theodisio Januensi canonico. — Super eodem. 173
CLIV. — Nobili viro R. comiti Tolosano. — Declarantur quidam articuli mandatorum Milonis. 173
CLV. — Fragmentum. 174
CLVI. — Cisterciensi abbati apostolicæ sedis legato. — Ut absolvat cives Tolosanos a censuris. 174
CLVII. — Illustribus regibus et principibus et universis Dei fidelibus regno Daciæ circumpositis Catholicam servantibus unitatem. — Rex Daniæ suscipitur sub protectione sedis apostolicæ. 176
CLVIII. — Bono Senensi episcopo ejusque successoribus canonice substituendis in perpetuum. — De confirmatione privilegiorum. 177
CLIX. — Ranerio plebano plebis de Lornano. — Suscipitur sub protectione sedis apostolicæ. 178
CLX. — Eidem. — Super eodem. 179
CLXI. — Presbytero Dietajuvæ rectori ecclesiæ Sancti Pauli. — De confirmatione privilegiorum. 179
CLXII. — Spinello rectori ecclesiæ Sancti Georgii Senensis. — Confirmatur sententia episcopi Senensis. 179
CLXIII. — Eidem. — Ejusdem argumenti. 180
CLXIV. — Guidoni rectori ecclesiæ Sancti Matthæi Senensis. — De confirmatione privilegiorum. 180
CLXV. — Joanni rectori ecclesiæ Sancti Andreæ Senensis. — Ei confirmatur collatio ipsius Ecclesiæ. 180
CLXVI. — Priori monasterii de Hikelinge, ejusque fratribus tam præsentibus quam futuris regularem vitam professis in perpetuum. — De confirmatione privilegiorum. 181
CLXVII. — Priorissæ ac monialibus de Campesseia. — Ejusdem argumenti. 183
CLXVIII. — Argennensi episcopo. — Super facto comitis Tolosani. 183
CLXIX. — Eidem. — Qui sint dicendi hæretici. 183
CLXX. — Archiepiscopo et Sancti Andreæ et Sancti Severini decanis Burdegalensibus. — Scribitur ei pro episcopo Agennensi. 184
CLXXI. — Eidem. — De eadem re. 184
CLXXII. — Episcopo Vasatensi, et priori Sancti Macharii et archidiacono Vesalmensi Bur egalensis et Agennensis diœcesum. — Ut hæretici priventur terris quas tenent ab Ecclesia. 185
CLXXIII. — Agennensi episcopo. — Ejusdem argumenti cum epistola 170. 185
CLXXIV. — Capitulo ecclesiæ Sancti Caprasii Agennensis. 185
CLXXV. — Capitulo ecclesiæ de Manso. — Super eodem. 186
CLXXVI. — Priori Medicini Cluniacensis ordinis. — Super eodem. 186
CLXXVII. — Episcopo et S. de Aunes archidiacono Oscensibus, et decano Tirasonensi. — De electione episcopi Pampilonensis. 186
APPENDIX LIBRI DUODECIMI.
CLXXVIII. — Episcopo Regensi, Cisterciensi abbati, et magistro Mioni, apostolicæ sedis legatis. — Eis committitur tutela civium Montispessulani. 187
CLXXIX. — Michaeli abbati Sancti Michaelis de Verruca, ejusque fratribus tam præsentibus quam futuris regularem vitam professis in perpetuum. — De confirmatione privilegiorum. 187
CLXXX. — Dilectis filiis doctoribus et universis scholaribus Parisiensibus. — Confirmat eorum statuta. 190
CLXXXI. — Bartholomæo episcopo Theatino, ejusque successoribus canonice substituendis in perpetuum. — De confirmatione privilegiorum. 191
CLXXXII. — Roffrido, tituli Sanctorum Marcellini et Petri presbytero cardinali, abbati Casinensi. — Dantur ei quædam monita. 195

LIBER DECIMUS TERTIUS. — *Pontificatus anno* XIII, *Christi* 1210.

I. — Silvanectensi episcopo, et abbati Latiniacensi Parisiensis diœcesis, et decano Silvanectensi. — Committitur eis causa abbatis Corbeiensis. 193

II. — Sancti Petri Latiniacensis et Caroli-Loci abbatibus Parisiensis et Silvanectensis diœcesum, et decano Silvanectensi. — De eodem argumento. 198

III. — Episcopo et decano et R. de Sancto Medardo canonico Ilvanectensibus. — De eodem negotio. 198

IV. — R. abbati Sancti Martini Laudunensis Præmonstratensis ordinis. — Ut monasterii sui sollicitam curam gerat. 198

V. — Roderico Toletano archiepiscopo Hispaniarum primati, ejusque successoribus canonice substituendis in perpetuum — De confirmatione privilegiorum. 199

VI. — Archiepiscopo Atheniensi, et Thermopilensi et Sidoniensi episcopis. — Ut Ecclesia Corinthiensis reducatur ad ritum Latinorum. 201

VII. — Episcopo Vincentensi. — De exemptione monasterii. 202

VIII. — Abbati et monachis Rotonensibus. — Super eodem. 204

IX. — Capitulo Toletano. — Ut procuratorem sui subdiaconi mittant in possessionem canonicatus. 204

X. — Hispano ecclesiæ Toletanæ decano. — Super eodem. 205

XI. — Fernando Gondisalvi magistro militiæ Beati Jacobi, ejusque fratribus clericis et laicis tam præsentibus quam futuris communem vitam professis in perpetuum. — De confirmatione privilegiorum. 205

XII. — Cenadiensi episcopo, et abbati de Cikedor Quinqueecclesiensis diœcesis. — Scribitur pro episcopo Quinqueecclesiensi. 211

XIII. — Archiepiscopo Neopatrensi, et Termopiensi episcopo, et electo Avelelensi. — De electione archiepiscopi Thessalonicensis 213

XIV. — R. et A. Atheniensibus et magistro G. Dimicensi canonicis. — De congrua portione canonicorum Thebanorum. 215

XV. — Thebano archiepiscopo. Mandatur ei ne vexet canonicos. 216

XVI. — Atheniensi archiepiscopo et suffraganeis ejus. — Ut Latinis det proprios sacerdotes. 216

XVII. — Præceptori et fratribus Hospitalis Sancti Samsonis Constantinopolitani. — Confirmat dona facta ab imperatore. 217

XVIII. — Patriarchæ Constantinopolitano. — De ordinandis ex omni natione. 217

XIX. — Decano de Blakerna, et magistris P. Montiniaco cantori et G. canonico Sancti Pauli Constantinopolitanis. — Super eodem. 219

XX. — Joanni Turonensi archiepiscopo. — Confirmatur compositio facta inter archiepiscopum Turon. et abbatem Cormaria. 219

XXI. — Abbati de Sichem Halberstatensis diœcesis et Maiori decano Halberstatensi. — Committitur eis postulatio marchionis Brandeburg. 220

XXII. — Missino fundatori et fratribus leprosorum de Missino. — Recipiuntur sub protectione sedis apostolicæ. 221

XXIII. — Electo et capitulo Coronensi. — Confirmat remissionem crusticæ. 221

XXIV. — Patracensi archiepiscopo, et episcopo Motonensi, et Coronensi electo. — Scribitur adversus quosdam præsumptores. 222

XXV. — Thesaurario Thebano, et R. Atheniensi et T. Thebano canonicis. — De archidiaconatu Andrevillensi. 222

XXVI. — Universis Latinis episcopis in Achaia constitutis. — Ut contenti sint suis terminis. 225

XXVII. — Prælatis ecclesiarum in Achaia constitutis. — Ne quis ex omnicetur ex levi causa. 225

XXVIII. — Thesaurario, et Terrico et W. de Mirabello canonicis Thebanis. — Confirmatur statutum de institutione personatuum. 225

XXIX. — Oddoni Patracensi, et Terrico et W. de Mirabello canonicis Thebanis. — De consecratione episcopi Amiclensis. 224

XXX. — Eisdem. — Super eodem. 224

XXXI. — Antipolitano episcopo. — Confirmatur concordia inita inter ipsum et abbatem Lirinensem. 224

XXXII. — Abbati et monachis Lirinensibus. — Super eodem. 226

XXXIII. — Mariæ quondam Constantinopolitanæ imperatrici illustri. — Confirmat donationem propter nuptias. 226

XXXIV. — Eidem. — Confirmat donationem factam ab imperatore. 227

XXXV. — Hemanveli interpreti M. quondam Constantinopolitani imperatoris illustris. — Confirmatur ei donatio facta ab imperatore. 227

XXXVI. — Abbati et conventui Acapni. — Suscipitur sub protectione sedis apostolicæ. 227

XXXVII. — Heracliensi archiepiscopo, et Cardicensi et Termopilensi episcopis. — Maria imper. suscipitur sub protectione sedis apostolicæ. 228

XXXVIII. — Eisdem. — De eadem re. 228

XXXIX. — Eisdem. — De libertate monasteriorum regalium. 228

XL. — Eisdem. — De custodia monasteriorum Montis-Sancti. 229

XLI. — Termopilensi et Cardicensi episcopis. — De libertate cleri. 229

XLII. — Eisdem — Ut archiepiscopus Larissenus desistat ab indebitis exactionibus. 230

XLIII. — Abbati Sancti Ambrosii, et archidiacono Mediolanensi. — Ut relaxent interdictum Pergamense. 230

XLIV. — Episcopo Galipolensi, et Sanctæ Sophiæ ac de Blakerna decanis Constantinopolitanis. — Pro clero Constantinop. adversus patriarcham. 231

XLV. — Morello Tullensi canonico. — Confirmatur ei præbenda. 231

XLVI. — Capitulo Tullensi. — Super eodem. 233

XLVII. — Neopatrensi archiepiscopo, et episcopo Cithoniensi, et Avelensi electo. — Confirmatur sententia quædam. 234

XLVIII. — Donato Cassellensi archiepiscopo, ejusque successoribus canonice substituendis in perpetuum. — Recipiuntur sub protectione sedis apostolicæ. 234

XLIX. — Magistro Nicolao Misnensi et Burcardo Wrcinensi canonicis. — Committitur eis quædam causa. 235

L. — Nobili Mulieri A. sorori nobilis viri marchionis Misnensis. — De causa divortii cum rege Bohemiæ. 235

LI. — Ranulpho priori et conventui hospitalis Sancti Thomæ martyris et Beati Antonii abbatis de Porta Mileti de Cadomo tam præsentibus quam futuris regularem vitam professis in perpetuum. — De confirmatione privilegiorum. 242

LII. — R. de Sourebi clerico. — Ei confirmatur præbenda Eboracensis. 244

LIII. — Albano Ferentinati episcopo. — Conceditur quidam locus pro construendo molendino. 245

LIV. — Niciensi episcopo, et Lirinensi Claustrali et de Mogenis prioribus Antipolitanæ diœcesis. — Ut mulierem quamdam ad maritum suum redire cogant. 245

LV. — Monachis Sancti Juliani, et... personæ ecclesiæ Sancti Dionysii de Ambasia. — Confirmatur quædam compositio. 246

LVI. — Canonicis Sancti Florentini. — Super eodem. 247

LVII. — Episcopo et magistro Flo. archidiacono Zamorensi et abbati de Morerola diœcesis Zamorensis. — Committit inquisitionem super excessibus canonicorum Portugalensium. 248

LVIII. — Burgensi episcopo. — De libertate monasterii Oniensis. 249

LIX. — Zamorensi et Legionensi episcopis. — De eadem re. 252

LX. — Zamorensi episcopo et magistris Mauritio archidiacono Toletano et Michaeli canonico Segobiensi. — De eadem re. 252

LXI. — Eisdem. — De negotio capellæ S. Mariæ de Castro Soris. 252

LXII. — Eisdem. — De causa monasterii de Ortega. 254

LXIII. — Archiepiscopo et suffraganeis Ecclesiæ Narbonensis. — De negotio Durandi de Osca. 256

LXIV. — Priori et capitulo Beatæ Mariæ de Salis Bituricensis. — Confirmat statuta ecclesiæ de Salis. 257

LXV. — Illustri regi Danorum. — Recipitur sub protectione sedis apostolicæ. 258

LXVI. — Illustri reginæ Francorum. — De causa divortii. 258

LXVII. — Eboracensi archiepiscopo. — De negotio Eboracensi. 259

LXVIII. — Episcopo, et abbati Sancti Joannis in Vineis et decano Suessionensi. — Eis committitur causa præbendæ Casletensis. 260

LXIX. — Fratribus monasterii Oniensis. — Confirmat concordia facta inter episcopum Burgens. et monasterium Oniense. 262

LXX. — Episcopo Zamorensi, et Mauricio archidiacono

Toletano, et magistro Michaeli canonico Segobiensi. — De recipiendis testibus super præscriptione. 262

LXXI. — Aurelianensi episcopo, et Eleemosynæ Cisterciensis et Bonævallis abbatibus. — De electione abbatissæ S. Aviti. 263

LXXII. — Herveo Trecensi episcopo. — De quadam præbenda Trecensi. 264

LXXIII. — Episcopo, et I. archidiacono, et magistro N. de Duaco canonico Catalaunensi. — De eadem re. 267

LXXIV. — Roffensi et Saresberiensi episcopis. — De dotalitio B. reginæ Anglorum. 268

LXXV. — Episcopo, et magistro Florentio archidiacono Zamorensi, et abbati de Morerola Zamorensis diœcesis. — Scribitur pro episcopo Portugalensi. 270

LXXVI. — Portugalensi episcopo. — De eadem re. 272

LXXVII. — Durando de Osca, et Willelmo de S. Antonino, eorumque fratribus in fide Catholica permanentibus. — De negotio Durandi de Osca et sociorum. 274

LXXVIII. — Archiepiscopo et suffraganeis Terraconensis ecclesiæ. — De eadem re. 274

LXXIX. — Priori et canonicis Sanctæ Catharinæ Waterfordensis. — Recipiuntur sub protectione apostolicæ sedis. 275

LXXX. — Hugoni Raymundi canonico Ebredunensi. — Absolvitur ab impetitione cujusdam mulieris. 276

LXXXI. — Roberto abbati monasterii Sancti Martini Troarnensis, ejusque fratribus tam præsentibus quam futuris, regularem vitam professis in perpetuum. — Recipiuntur sub protectione sedis aposto.icæ. 277

LXXXII. — Gneznensi archiepiscopo et universis suffraganeis ejus. — De statuto quodam facto a duce Poloniæ. 279

LXXXIII. — Frederico illustri regi Siciliæ. — Ut Cathan, episcopum recipiat in gratiam. 280

LXXXIV. — Constantiæ illustri reginæ Siciliæ. — De donatione ei facta propter nuptias. 281

LXXXV. — Turonensi et Burdegalensi archiepiscopis, et episcopo Pictavensi. — Redditur pristinus status presbytero pœnitenti. 282

LXXXVI. — Nobili viro Simoni de Monteforti, comiti Lecesiriæ vicecomiti Biterrensi et Carcassonensi. — Confirmat ei civitatem Albiensem. 282

LXXXVII. — Regensi episcopo et abbati Cisterciensi apostolicæ sedis legatis. — Eis committit vices suas in causa fidei. 283

LXXXVIII. — Eisdem. — Eis committitur accusatio adversus archiepiscopos. 283

LXXXIX. — Archiepiscopo Strigoniensi. — De ecclesia constituenda in fundo Romanæ Ecclesiæ. 284

XC. — Abbati et conventui Sancti Germani de Pratis Parisiensis. — De muris urbis Paris. 284

XCI. — Eisdem. — Confirmatur eis privilegium Lucii papæ. 285

XCII. — Sanctæ Mariæ Dolensis et Sancti Joannis Angeliacensis abbatibus Bituricensis et Xanctonensis diœcesum, et archidiacono Bituricensi. — Scribitur adversus episcopum Pictavensem. 285

XCIII. — Eisdem. — Adversus eumdem episcopum. 287

XCIV. — Universis archiepiscopis et episcopis ad quos litteræ istæ pervenerint. — De negotio Valdensium conversorum. 289

XCV. Decano et canonicis Waterforden. — Recipiuntur sub protectione sedis apostolicæ. 293

XCVI. — Abbati Sanctæ Mariæ Rotundæ. — Pineta ei adjudicantur. 293

XCVII. — Episcopo Cardicensi. — Recipitur sub protectione sedis apostolicæ. 293

XCVIII. — Illustri Constantinopolitano imperatori. — De libera potestate testandi in favorem ecclesiarum. 296

XCIX. — Eidem. — De restitutione ablatorum facienda ecclesiis. 296

C. — Eidem. — De eodem argumento. 297

CI. — Archiepiscopo Neopatrensi et priori Sancti Demetrii Thessalonicensis et procuratori episcopatus Dimicensis. — Scribitur pro episcopo Cardicensi. 297

CII. — Archiepiscopo Neopatrensi, et episcopo Davaliensi, et Avalonensi electo. — Ut bona ablata restituantur Ecclesiis. 298

CIII. — Archiepiscopo Neopatrensi et Nazorescensi et Citrensi electis. — Scribitur pro archiepiscopo Larissensi. 299

CIV. — Sydoniensi et Cardicensi episcopis, et electo Nazorescensi. — Ut Dimicensis episcopus ad Ecclesiam suam redire cogatur. 299

CV. — Nobilibus viris comestabulo Romaniæ, W. de Larissa, domino de Arniro, et domino de Valestino, et aliis baronibus ac militibus provinciæ Larissenæ. — Scribitur eis ut restituant bona Ecclesiæ Larissenæ. 300

CVI. — Archiepiscopo Larisseno. — Ut sublevet paupertatem episcopi Cardicensis. 300

CVII. — Comestabulo Romaniæ, domino de Armiro, A. de Placrio, et aliis baronibus et populis Latinis et Græcis in Cardicensi diœcesi constitutis. — Scribitur pro eodem. 300

CVIII. — Illustri Constantinopolitano imperatori. — De ablatis restituendis episcopo Citrensi. 301

CIX. — Episcopo Sidoniensi, et electo Nazorescensi, et procuratori Dimicensi. — De ablatis restituendis ecclesiæ Cardicensi. 301

CX. — Archiepiscopo Thebano, et Davaliensi et Sydoniensi episcopis. — De libera potestate testandi in favorem Ecclesiarum. 302

CXI. — Sydoniensi et Cardicensi episcopis, et electo Nazorescensi. — De ablatis restituendis Ecclesiæ Citrensi. 302

CXII. — Archiepiscopo Neopatrensi, et episcopo Davaliensi, et electo Citrensi. — De decimis solvendis. 302

CXIII. — Archiepiscopo Neopatrensi et priori Sancti Demetrii Thessalonicensis, et procuratori episcopatus Dimicensis. 303

CXIV. — Cardicensi, Synodiensi et Termopilensi episcopis. — De subjectione monasterii de Sciro. 303

CXV. — Illustri Constantinopolitano imperatori. — De eadem re. 303

CXVI. — Archiepiscopo Neopatrensi, et episcopo Sidoniensi, et electo Nazorescensi. 304

CXVII. — Illustri Constantinopolitano imperatori. — De tuitione episcopi Cardicensis. 304

CXVIII. — Salzburgensi et Magdeburgensis archiepiscopis et abbati de Pigavia Merseburgensis diœcesis. — De matrimonio filiæ marchionis Misnensis. 305

CXIX. — Magistro et fratribus Jerosolymitani hospitalis. — Confirmat donationem factam a rege Armeniæ. 305

CXX. — Archiepiscopo Neopatrensi, et priori Sancti Demetrii Thessalonicensis, et procuratori episcopatus Dimicensis. — Committitur causa episcopi Cardicensis adversus Hospitalarios. 307

CXXI — Mabiliæ mulieri Januensi. — Ut fructus pignoris in sortem computentur. 308

CXXII. — Catholico, archiepiscopis et episcopis per Armeniam constitutis. — Datur eis privilegium. 310

CXXIII. — Episcopo Cremonensi. — De controversia pro principatu Antiocheno. 310

CXXIV. — Universis abbatibus Nigri ordinis per Rothomagensem provinciam constitutis. — De capitulo celebrando semel in anno. 312

CXXV. — Magistro et fratribus hospitalis Teutonicorum Acconensi. — Ne alba pallia deferant. 312

CXXVI. — Super eodem. 313

CXXVII. — Rothomagensi archiepiscopo. — Respondet ad ejus consulta. 313

CXXVIII. — Gnesnensi archiepiscopo. — De Prussis noviter conversis. 315

CXXIX. — Joanni episcopo Albanensi. — Confirmat quamdam sententiam. 316

CXXX. — Episcopo Parisiensi. — Ut præbenda reservata conferatur consanguineo papæ. 317

CXXXI. — Magistro Peregrino capellano nostro. — Super eodem. 518

CXXXII. — Turonensi archiepiscopo, et episcopo Engolismensi, et abbati Gratiæ Dei Cisterciensis ordinis. — Scribitur adversus canonicos Cellenses. 318

CXXXIII. — Petro Nigro canonico Sancti Ursini Bituricensi. — Recipitur sub protectione sedis apostolicæ. 520

CXXXIV. — Novariensi electo. — De causa episcopi Albiganensis. 320

CXXXV. — Archiepiscopo et capitulo Magdeburgensi. — Confirmatur quædam concordia. 322

CXXXVI. — Atheniensi et Neopatrensi archiepiscopis, et episcopo Davaliensi. — Scribitur pro Templariis. 323

CXXXVII. — Eisdem. — De eodem argumento. 324

CXXXVIII. — De electione archiepiscopi Thebani. 324

CXXXIX. — Castoriensi et Zaratensi episcopis Ecclesiæ Thebanæ suffraganeis. — Ut electo Thebano obedientiam præstent. 325

CXL. — Priori Sancti Joannis in Monte Bononiensi, et Archipresbytero de Campo Gallano Mutinensis diœcesis,

et G. doctori decretorum Bononiæ commoranti. — Adversus abbatem Sancti Bartholomæi Ferrariensis. 525.
CXLI. — Al. Rigensi ep scopo. — Confirmatur quædam compositio. 526
CXLII. — Wolcuino magistro et fratribus militiæ Christi in Livonia constitutis. — Super eodem. 527
CXLIII. — Magistro et fratribus militiæ Templi. — Confirmatur eis ecclesia data a legato. 527
CXLIV. — Eisdem. — Confirmat diversas possessiones. 528
CXLV. — Eisdem — De eodem argumento. 528
CXLVI. — Eisdem. — Ejusdem argumenti. 528
CXLVII. — Fratribus militiæ Templi in Romania. — Confirmat donationem Viridarii. 529
CXLVIII. — Eisdem. — Confirmat donum Pasalani. 529
CXLIX. — Eisdem. — Confirmat donum Paliopolis. 529
CL. — Eisdem. — Confirmat casale Laffustan. 530
CLI. — Termopilensi episcopo, et electo Citrensi, et priori Sancti Demetrii Thessalonicensis. — Scribitur pro Templariis adversus episcopum Citoniensem. 530
CLII. — Larisseno et Neopatrensi archiepiscopis, et electo Citrensi. — Pro iisdem adversus marchionissam Montisferrati. 530
CLIII. — Davaliensi et Zaratoriensi episcopis, et electo Nazorescensi. — Pro iisdem adversus dominum Nigripontis. 531
CLIV. — Archiepiscopo Neopatrensi et episcopo Davaliensi, et Nazorescensi electo. — Pro iisdem. 531
CLV. — Cardicensi et Davaliensi episcopis, et electo Zaratoriensi. — De causa Templariorum cum archiepiscopo Patracensi. 531
CLVI. — Eisdem. — Ejusdem argumenti. 532
CLVII. — Episcopo et cantori Zamorensi, et abbati de Morerola diœcesis Zamorensis. — Confirmatur electio cantoris. 533
CLVIII. — Midnensi electo, et abbati Lesburnensi Monasterien i diœcesis, et custodi Monasteriensi — De translatione episcopi Osnaburgensis. 534
CLIX. — Archiepiscopo Patracensi. — Ut canonicos S. Ruffi instituat in ecclesia Patracensi. 536
CLX. — Abbati et conventui Sancti Ruffi — Super eodem. 537
CLXI. — Archiepiscopo Larisseno, et episcopo Cithoniensi. — Contra nobiles Achaiæ detinentes bona ecclesiastica. 538
CLXII. — Eisdem. — Super eodem. 539
CLXIII. — Eisdem. — Ejusdem argumenti. 539
CLXIV. — Eisdem. — Super eodem. 540
CLXV. — Archiepiscopo Patracensi. — Ejusdem argumenti cum epistola 165. 540
CLXVI. — Decano, archidiacono de Leseo, et magistro Hugoni canonico Cabilonensi. — De libero accessu laicorum ad ordinem Cisterciensem. 541
CLXVII. — Patracensi archiepiscopo. — De sustentatione ballivi. 541
CLXVIII. — Abbati et conventui Altæcumbæ. — De monachis mittendis ad archiepiscopum Patracensem. 541
CLXIX. — Nobili viro Gaverido principi Achaiæ. — De munienda ecclesia Patracensi. 542
CLXX. — Larisseno archiepiscopo, et episcopo Cithoniensi. — Ut archiepiscopus Patracensis fruatur terra de Larsa. 542
CLXXI. — Eisdem. — De satisfactione facienda archiepiscopo Patracensi. 543
CLXXII. — Eisdem. — De reverentia exhibenda prælatis. 543
CLXXIII. — Eisdem. — Ut possessiones restituantur Ecclesiæ Patracensi. 543
CLXXIV. — Monothonensi et Amicliensi episcopis. — De piis legatis Ecclesiæ Patracensis. 544
CLXXV. — De Claromarisco et De Longovillari episcopis Cisterciensis ordinis, et decano Mosteroli, Morinensis et Ambianensis-diœcesum. — De reformatione monasterii S. Judoci. 544
CLXXVI. — Abbati et conventui monasterii Sanctæ Mariæ de Carrazeto Cisterciensis ordinis. — Confirmat concessionem regis Legionensis. 545
CLXXVII. — Adulpho quondam Coloniensi archiepiscopo. — Conceduntur ei quædam gratiæ. 546
CLXXVIII. — Magistris Palmario et Ricardo canonicis Lucanis. — De presbytero contra sententiam latam tergiversante. 547
CLXXIX. — Compostellano archiepiscopo. — De reducendis monialibus in monasterium de Lorbano. 548
CLXXX. — Nobili mulieri Blanchæ comitissæ Cam-

paniæ. — Confirmatur compositio facta cum rege. 550
CLXXXI. — Episcopo Tiburtino. — Quod filius censendus est quem pater et mater publice recognoverint. 550
CLXXXII. — Abbati Sancti Victoris, cancellario, et decano Sancti Marcelli Parisiensis.—Confirmatur epistola 147; libri xii. 551
CLXXXIII. — Archiepiscopis et episcopis per Hispaniam constitutis. — De subsidio præstando regibus adversus Saracenos. 553
CLXXXIV. — Constantinopolitano patriarchæ. — Ne Græci faveant Michalicio. 553
CLXXXV. — Salimbriensi episcopo, et Sanctæ Mariæ de Blakerna et Sancti Georgii de Mangonia decanis Constantinopolitanis. — De unione Ecclesiæ Medensis cum Verisiensi. 555
CLXXXVI. — Salimbrensi episcopo. — De dividendis proventibus ecclesiasticis. 555
CLXXXVII. — Palentino et Burgensi episcopis, et abbati de morimundo Cisterciensis ordinis. 556
CLXXXVIII. — Nobili viro comiti Tolosano. — Ut hæreticos de terris suis ejiciat. 556
CLXXXIX. — Nobili viro Simoni comiti Leicestriæ, domino Montisfortis.— Ut censum exigat apostolicæ sedi debitum. 557
CXC. — Philippo illustri regi Francorum. — Ut regalia restituat episcopis Aurelian. et Autissiodorensi. 557
CXCI. — Archiepiscopo et suffraganeis Ecclesiæ senonensis.— Super eodem. 559
CXCII. — Atheniensi, Neopatrensi, et Sarisseno archiepiscopis, et Davaliensi, Sermopilensi, Avalonensi, Sydoniensi, Gastoriensi, et Zaratoriensi episcopis, et Thebano, Citrensi, Nasorescensi, et Valacensi electis. — De resignationibus ecclesiarum factis per nobiles Thessalonicenses. 560
CXCIII. — S. G. potestati, conciliariis, et universo populo Pisanis. — Ne Ottoni imperatori excommunicato dent favorem. 560
CXCIV. — Gimmundo militi Alatrino. — Clerici defuncti patrimonium pertinet ad ejus hæredes. 562
CXCV. — Loaniensi et Findarensi episcopis, et abbati de Magio Limiricensis Diœcesis. — Cassat electionem episcopi Ymilicensis. 563
CXCVI. — Episcopo et Gervasio archidiacono Suessionensi, et abbati Vallis-Claræ Cisterciensis ordinis Laudunensis diœcesis. — Prorumpens contra judicem arbitrio superioris punitur. 566
CXCVII. — Priori et fratribus Sanctorum Quatuor Coronatorum. — Confirmatur concordia. 567
CXCVIII. — Magistro et fratribus militiæ Templi in Hungaria constitutis. — Confirmatur commutatio. 568
CXCIX. — Eisdem. — Confirmantur eis donationes factæ a rege Hungariæ. 568
CC. — Abbati et conventui Simigiensi. — Recipiuntur sub protectione B. Petri. 568
CCI. — Magistro Petro Boiol canonico Lemovicensi. — Confirmatur ei præbenda. 569
CCII. — Magistro Andreæ scriptori nostro canonico Lemovicensi. Super eodem. 571
CCIII. — Abbati et conventui Sancti Stephani Divionensis Lingonensis diœcesis. — Adversus Herveum canonicum Divionensem. 571
CCIV. — Abbati et conventui Sancti Berbini. — Nihil esse dandum pro benedictione abbatum. 572
CCV. — Eisdem. — Ne beneficia non vacantia promittantur. 572
CCVI. — Eisdem. — Confirmat quasdam possessiones. 573
CCVII. — Universis monachis obedientiarum monasterii Saxivivi. — De reformatione monasterii ejusdem. 573
CCVIII. — Abbati de Bievallis Cisterciencis ordinis Eboracensis diœcesis, et decano et thesaurario Eboracensibus. — Ecclesia quædam deputatur usibus hospitalitatis. 574
CCIX. — Morinensi episcopo, et Morinensi et Sancti Audomari Morinensis diœcesis Decanis. — De congrua portione danda capellanis. 575
APPENDIX LIBRI TERTII DECIMI.
CCX. — Archiepiscopo Ravennatensi et suffraganeis ejus. — Adversus Ottonem imper. 575
CCXI. — Autissiodorensi episcopo. — De erectione novarum parochiarum. 576
Guillielmi, Autissiodorensis episcopi, epistola ad omnes fideles. 577
LIBER DECIMUS QUARTUS. — Pontificatus anno IV, Christi 1211.
I. — Episcopo Basiliensi, et de Luzila et de Tannibach

QUÆ IN HOC TOMO CONTINENTUR.

abbatibus Cisterciensis ordinis, Constantiensis et Basiliensis diœcesum. — Confirmat electionem præpositi Constantiensis. 377
II. — Waltero præposito Constantiensi. — Super eodem. 379
III. — Archiepiscopo Toletano et Tirasonensi, Colimbriensi, et Zamorensi episcopis. — De subsidio præstando regibus adversus Saracenos. 379
IV. — Aldefonso illustri regi Castellæ. — Super eodem. 380
V. — Primogenito Charissimi in Christo filii nostri A. illustris regis Castellæ. — Super eodem. 381
VI. — Abbati ecclesiæ sanctæ Crucis sitæ super fluvium Angliæ juxta oppidum ejusdem nominis, ejusque fratribus tam præsentibus quam futuris regularem vitam professis in perpetuum. — De confirmatione privilegiorum. 381
VII. — Raynaldo Brancaleoni Sitino. — Recipitur sub protectione beati Petri. 382
VIII. — Illustri regi Portugalensi. Redarguitur de quibusdam excessibus. 383
IX. — Compostellano archiepiscopo. — Super eodem. 385
X. — Eidem. — De negotio episcopi Colimbriensis cum Egitaniensi. 386
XI. — Archiepiscopo et suffraganeis ecclesiæ Senonensis. — De clericis promotis ab episcopis non suis. 587
XII. — Abbatissæ et monialibus Aurigmacensibus. — Ne beneficia non vacantia promittantur. 388
XIII. — Henrico electo Sancti Stephani Herbipolensis. — Ejus electio confirmatur. 388
XIV. — Ratisponensi episcopo, et de Sancto Emmeranno Ratisponensi et Prweningensi Ratisponensis diœcesis abbatibus. — Super eodem. 390
XV. — Archiepiscopo Senonensi, et Nivernensi episcopo, et magistro Roberto de Corzon canonico Parisiensi. — De presbytero Lingonensi accusato de hæresi. 391
XVI. — Magistro Giliberto canonico sanctorum apostolorum Constantinopolitano. — Confirmatur ei præbenda. 392
XVII. — A. canonico Sanctæ Sophiæ Constantinopolitano. — De eodem argumento. 592
XVIII. — Hugoni abbati monasterii Sancti Salvatoris Karrofensi, ejusque Fratribus tam præsentibus quam futuris regularem vitam professis in perpetuum. — De confirmatione privilegiorum. 592
XIX. — Hugoni abbati et conventui Karrofensi. — De electione abbatis Andrensis. 395
XX. — Fratribus militiæ Templi Sancti Philippi de Plano Auximanæ diœcesis. — De concordia inter episcopum et Templarios Auximanos. 397
XXI. — Cantori, magistro, E. de Hennin. et Ber. Pediargenti canonicis Atrebatensibus. — De quadam præbenda Ariensi. 399
XXII. — Abbati et conventui Fossænovæ. — Confirmatur compositio facta cum Pipernensibus. 401
XXIII. — Priori et conventui Andrensi. — De fidejussione vetita monachis. 402
XXIV. — Eisdem. — Ut eis liceat divina officia celebrare tempore interdicti. 403
XXV. — Abbati et conventui Sancti Auberti Cameracensis. — Confirmat eorum possessiones. 404
XXVI. — Abbati et conventui Sancti Quintini Belvacensis. — Ne beneficia non vacantia promittantur. 404
XXVII. — Abbati et conventui Sancti Eligii Noviomensis. — Super eodem. 404
XXVIII. — Petro illustri regi Aragonum. — Revocat donationes ab eo factas in minori ætate. 404
XXIX. — Episcopo Lingonensi et nobili viro duci Burgundiæ. — De reformatione monasterii S. Benigni Divionensis. 405
XXX. — Lingonensi episcopo. — Super eodem. 407
XXXI. — Magistro Nicolao Misnensis et Arnaldo de Stendal Halbestatensis diœcesis canonicis. — Ejusdem argumenti cum epistola 49 libri xiii. 407
XXXII. — Auxitano archiepiscopo. — Ut cedat oneri episcopali. 408
XXXIII. — Super eodem. 409
XXXIV. — Uticensi episcopo apostolicæ sedis legato. — De electione episcopi Carcassonensis. 409
XXXV. — Uticensi episcopo et abbati Cisterciensi apostolicæ sedis legatis. — Ut comitatum Melgoriensem recipiant. 410
XXXVI. — Arelatensi archiepiscopo et suffraganeis ejus. — De sententia lata contra comitem Tolosanum. 410
XXXVII. — Eisdem. — Super eodem. 411

XXXVIII. — Vivariensi episcopc. — Super eodem. 411
XXXIX. — Uticensi episcopo et abbati Cisterciensi apostolicæ sedis legatis. — Ne indebita pedagia exigantur 411
XL. — Eisdem. — De sententia lata contra Roncelinum. 411
XLI. — Capitulo ecclesiæ Romanensis. — Confirmantur eis regalia dona. 411
XLII. — Eisdem. — Confirmantur eorum statuta. 412
XLIII. — Gneznensi archiepiscopo. — De confirmatione privilegiorum. 412
XLIV. — Episcopo quondam Halberstatensi, et abbati de Sichem. — Scribitur ei pro archiepiscopo Gneznensi. 415
XLV. — Abbatissæ Auregniacensi. — Ne monasterium temere excommunicetur. 413
XLVI. — Abbatissæ ac conventui Auregniacensi. — Ne quid exigatur pro benedictione abbatissæ, etc. 414
XLVII. — Abbati et conventui Sancti Quintini Belvacensis. — De electione abbatis. 414
XLVIII. — Episcopo Brixinensi, et Aquilegensi decano, et magistro Hug. canonico Ratisponensi. — De causa capituli Gurcensis. 415
XLIX. — Abbati et conventui monasterii Cauriensis. — Recipiuntur sub protectione apostolicæ sedis. 416
L. — Sororibus de Murcedo. — Confirmatur quoddam statutum. 416
LI. — Nobili viro Wladislao nato quondam Nobilis viri Oddonis ducis Poloniæ. — Recipitur sub protectione beati Petri. 416
LII. — Archiepiscopo Senonensi et suffraganeis ejus. — De negotio episcoporum Aurelianensis et Autissiodorensis. 417
LIII. — Turritano archiepiscopo. — Datur episcopo Sorrano facultas cedendi. 421
LIV. — Abbati et conventui Reomensi. — Adversus exactiones episcoporum. 421
LV. — Abbati Theologi, et priori Cisterciensi. — De reformatione monasterii Reomensis. 421
LVI. — Sanctæ columbæ Senonensis et Sancti Germani Autissiodorensis abbatibus, et decano Autissiodorensi. — Ejusdem argumenti cum epistola 54. 422
LVII. — Toletano archiepiscopo. — Excusat quod non possit de primatia judicare. 423
LVIII. — Illustri regi Portugaliæ. — Confirmat ejus testamentum. 423
LIX. — Sancio illustri regi Portugalensi. — Super eodem et aliis. 424
LX. — Compostellano archiepiscopo, et Bracarensi electo, et Zamorensi episcopo. — Ut faciant observari testamentum regis. 425
LXI. — Guidoni abbati monasterii Sancti Joannis Reomensis, ejusque fratribus tam præsentibus quam futuris regularem vitam professis in perpetumm. — De confirmatione privilegiorum. 425
LXII. — Guidoni abbati monasterii Sancti Michaelis de Tornodoro, ejusque fratribus tam præsentibus quam futuris regularem vitam professis in perpetuum. — Super eodem. 427
LXIII. — Electo et clero Laudunensi. — De non temere excommunicando. 429
LXIV. — Patriarchæ Jerosolymitano apostolicæ sedis legato. — De excommunicatione regis Armeniæ. 430
LXV. — Patriarchæ Antiocheno. — De eadem re. 431
LXVI. — Joanni regi Jerosolymitano illustri. — Super eodem. 432
LXVII. — Decano et conventui Casinensi. — De electione abbatis Casinensis. 432
LXVIII. — Illustri regi Avoguiæ. — Hortatur ad defensionem terræ sanctæ. 433
LXIX. — Nobili viro soldano de Alapia, ad veritatis pervenire notitiam, et in ea salubriter permanere. — Commendat ei patriarcham Antiochenum. 434
LXX. — Petro patriarchæ Antiocheno. — Ut duas præbendas creare possit in sua Ecclesia. 434
LXXI. — Eidem. — De processionibus dandis in emphyteosin. 435
LXXII. — Eidem. — Hortatur eum ad constantiam. 435
LXXIII. — Nidrosiensi archiepiscopo et suffraganeis ejus. — Super dissensione de regno Norwegiæ. 436
LXXIV. — Neapolitano archiepiscopo. — Quid liceat tempore interdicti. 437
LXXV. — Cyrino scriniario Urbis. — Ne gravetur ab aliquo ob acta rupta jussu papæ. 438

LXXVI. — Cremonensi episcopo, et Albanensi electo apostolicæ sedis legato, nec non et abbati de Columba.— Ut Ferrariensi Ecclesiæ idoneum pastorem præficiant. 458

LXXVII. — Archiepiscopo Ravennati. — Ut castrum Argentæ custodiat. 439

LXXVIII. — Albanensi electo apostolicæ sedis legato. — De excommunicatione Ottonis imperatoris 459

LXXIX. — Potestati et populo Bononiensi, spiritum consilii sanioris. — Ut relinquant partes Ottonis. 440

LXXX. — Albanensi electo, apostolicæ sedis legato. — De ædificatione castri Ferrariæ. 440

LXXXI. — Episcopo Capdaquensi, et abbati Cavensi Salernitanæ diœcesis. — De electione episcopi Policastrensis. 440

LXXXII. — Episcopo Uticensi apostolicæ sedis legato, et P. de Monte Lauro Aquensi archidiacono, et magistro Thedisio nuntio nostro canonico Januensi. — De reformatione monasterii Massiliensis. 443

LXXXIII. — Priori Sancti Hilarii de Cella, et B. Sancti Petri et magistro Stephano Gaschet Sanctæ Mariæ Majoris canonicis Pictavensibus. — De quodam recipiendo in canonicum. 445

LXXXIV. — Andreæ illustri regi Ungariæ. — De discordia inter ecclesias Strigoniensem et Colocensem. 447

LXXXV. — Ultrasilvano episcopo — Confirmatur electio præpositi Scibiniensis. 448

LXXXVI. — Nobili viro Petro Anibaldi senescalco nostro. — Concedit ei dominium et regimen castri Corani. 448

LXXXVII. — Hugoni abbati et conventui Majoris Monasterii Turonensis. — Confirmat eis monasterium Fontis Giardi. 449

LXXXVIII. — Episcopo et decano et cantori Andegavensibus. — Super eodem. 451

LXXXIX. — Henrico Gneznensi archiepiscopo. — De electione episcopi Poznaniensis. 451

XC. — Episcopo Salimbriensi, et Varisiensi electo, et Theoderico canonico Constantinopolitano. — Confirmatur electio episcopi Nicomediensis. 453

XCI. — Fratribus militiæ templi de Aventino. — Confirmatur quædam transactio. 455

XCII. — Abbati et monachis Criptæ Ferratæ. — Super eodem. 456

XCIII. — Patriarchæ Gradensi, et episcopo Castellano. — De electione episcopi Durachiensis. 456

XCIV. — Archiepiscopo Heracliensi, et decano Sanctorum Quadraginta Constantinopolitano — De abbatis Ecclesiæ et Sophiæ restituendis. 456

XCV. — Ebredunensi archiepiscopo, et Uticensi apostolicæ sedis legato et Regensi episcopis.—De absolutione Roncelini. 457

XCVI. — Pisano archiepiscopo super eodem. 458

XCVII. — Capitulo Sanctæ Sophiæ, ac universis prælatis ecclesiarum ecclesiarum Constantinopolitanarum. — De electione patriarchæ Constantinopolitani. 459

XCVIII. — Episcopo Zaratoniensi et decano Thebano, et cantori Davaliensi.—Delegat inquisitionem contra episcopum Neopatrensem. 460

XCIX. — Abbati et conventui de Flore. — Confirmatur eis Ecclesia Calabromariæ. 461

C. — Archiepiscopo et decano et cantori Cusentinis. — Super eodem. 461

CI. — Nobili viro C. judici Turritano. — Adversus Ottonem imper. Siciliæ inhiantem. 465

CII. — Turritano et Arborensi archiepiscopis. — Quod consilium tribuant judici Calaritano. 465

CIII — Turritano archiepiscopo. — De matrimonio ejusdem judicis. 465

CIV. — Hierosolymitano patriarchæ apostolicæ sedis legato. — De causa comestabuli regni Cypri. 466

CV. — Patriarchæ Antiocheno. — De revocanda uxore O. de Impera. 466

CVI. — Priori et fratribus Sancti Bartholomæi de Trisulio Carthusiensis ordinis tam præsentibus quam futuris eremeticam vitam professis in perpetuum. — De confirmatione privilegiorum. 468

CVII. — Priori et fratribus Carthusiensibus. — De presbytero qui causavit aborsum. 469

CVIII. — Universis archiepiscopis et episcopis ad quos litteræ istæ pervenerint. — De terminandis pacifice litibus Carthusiensium et Cisterciensium. 469

CIX. — Charissimo in Christo filio nostro Henrico illustri Constantinopolitano imperatori.—Ut castrum de Situm restituat Templariis. 470

CX. — Thebano capitulo. — Confirmat remissionem crusticæ. 470

CXI. — Archiepiscopo et dilectis filiis decano et T. canonico Thebanis. — Ejusdem argumenti cum epistola 153 libri xiii. 471

CXII. — Avelonensi episcopo, et dilecto filio thesaurario et T. canonico Thebanis. — Confirmatur compositio facta inter archiepiscopum et capitulum Atheniense. 471

CXIII. — Archipresbytero Sancti Laurentii, abbati Sancti Gemini et Sanctæ Mariæ Novæ et Sancti Angeli de Spata, Sancti Stephani de Platea Fraianorum.— Confirmatur eis relaxatio procurationum. 472

CXIV. — Abbati Sancti Stephani Bononiensis, et magistro Gregorio decretorum doctori Bononiæ commoranti. — Ut suspendant episcopum Alexandrinum. 472

CXV. — Nobili mulieri filiæ Sanchi quondam regis Portugalensis. — Recipitur sub protectione sedis apostolicæ. 475

CXVI. — Archiepiscopo Compostellano, et Ulixbonensi et Egitaniensi episcopis. — Super eodem. 474

CXVII. — Nobilibus mulieribus Tarasiæ reginæ et S. filiabus S. quondam regis Portugalensis. — Super eodem. 474

CXVIII. — Compostellano archiepiscopo, et Zamorensi et Astoricensi episcopis. — De eodem. 475

CXIX. — Priori et conventui Sancti Vincentii Ulixbonensis. — Confirmatur compositio facta cum episcopo Ulixbonensi. 475

CXX. — Abbati, superiori et sacristæ Allobatiæ Ulixbonensis diœcesis. — Super eodem. 475

CXXI. — Lundensis archiepiscopo et episcopo Rigensi. — De dispensatione obtenta per falsitatem. 476

CXXII. — Cæsaraugustano et Tyrasonensi episcopis, et R. Lain archidiacono Jaccensi Oscensis diœcesis. — De electione episcopi Pampilonensis. 476

CXXIII. — Episcopo et dilectis filiis abbati Sancti Victoris et cancellario Parisiensi. — Scribitur pro monachis Vezeliacensibus. 478

CXXIV. — Episcopo, et dilectis filiis abbati Sancti Lupi, et decano Trecensi. — Pro iisdem. 479

CXXV. — Gebennensi episcopo, et dilectis filiis abbati de Abundantia et priori de Condamina Gebennensis diœcesis. — Committitur eis inquisitio contra archiepiscopum Bisuntinum. 479

CXXVI. — Episcopo et dilectis filiis abbati Sancti Victoris, et magistro Roberto de Corzon canonico Parisiensi. — Scribitur pro monachis Vezeliacensibus. 481

CXXVII.—Senonensi archiepiscopo et suffraganeis ejus. — Super eodem. 484

CXXVIII. — Archiepiscopo Senonensi, et episcopo et dilecto filio decano Trecensi — De negotio episcopi Aurelian. et camerarii regis. 485

CXXIX. — Episcopo Esculano. — Ne clerici sint tabelliones. 486

CXXX. — Albanensi electo, apostolicæ sedis legato. — Ut juniores canonici cogi possint ad fortiorem gradum. 487

CXXXI. — Illustri regi Francorum. — De libertate testandi in favorem ecclesiarum. 487

CXXXII.—Abbati et conventui Sancti Germani de Pratis Parisiensi. — Confirmatur quædam sententia lata pro eis. 488

CXXXIII. — Magistro Roberto de Corzon canonico Parisiensi et conjudicibus suis. — Dantur induciæ ad exsecutionem voti. 493

CXXXIV. — Hierosolymitano patriarchæ apostolicæ sedis legato. — De electione archiepiscopi Nicosiensis. 494

CXXXV. — Abbati et conventui Sancti Vedasti Atrebatensis. — Confirmatur quædam compositio. 494

CXXXVI. — Præposito ecclesiæ Sancti Evasii de Casali, ejusque fratribus tam præsentibus quam futuris regularem vitam professis in perpetuum. — De confirmatione privilegiorum. 495

CXXXVII. — Capitulo Sancti Evasii de Casali. — De subjectione Ecclesiæ Pacilianensis. 496

CXXXVIII. — Episcopo et custodi Argentinensi. — Ne vulgaria judicia exerceantur a presbyteris. 502

CXXXIX. — P. præposito Ebredunensi subdiacono nostro. — Recipitur sub protectione B. Petri. 502

CXL. — P. subdiacono nostro præposito, et capitule Ebredunensi. — De supplenda negligentia prælatorum. 505

CXLI. — Abbati et conventui Corbeiensi.—Confirmatur quædam sententia. 505

CXLII. — Universis episcopis in quorum episcopatibus malefactores Corbeiensis monasterii commorantur. — Adversus malefactores monasterii Corbeiensis. 504

CXLIII. — Abbati et conventui Sancti Maglorii Parisiensis. — Ne quid exigatur pro installatione abbatis. 504

CXLIV. — Priori Grandimontensi. — Confirmantur quædam statuta. 504
CXLV. — Priori et conventui Grandimontensi. — Super reformatione ejusdem monasterii. 505
CXLVI. — Patriarchæ Alexandrino. — Consolatur captivos Christianos. 506
CXLVII. — Patriarchæ Hierosolymitano apostolicæ sedis legato. — De commutatione captivorum. 507
CXLVIII. — Universis captivis in Alexandria et Babylonia constitutis. — Super eodem. 509
CXLIX. — Magistro et fratribus militiæ Christi in Riga. — Differt erectionem episcopalis sedis. 509
CL. — Abbati Sancti Victoris Parisiensis. — Interpretatur quoddam privilegium eidem abbati concessum. 510
CLI. — Decano et capitulo Beati Aniani. — Quis residere censendus sit. 510
CLII. — Abbati Sancti Salvatoris de Breda Gerundensis diœcesis, et magistris Vitali subdiacono nostro et Arnaldo canonicis Ilerdensibus. — Delegat correctionem monasterii S. Cucufatis. 511
CLIII. — Electo et præposito Colocensibus. — Confirmatur electio præpositi Cibiniensis. 513
CLIV. — Illustri regi Castellæ. — Consolatur eum in tribulatione sua, et dat indulgentias. 513
CLV. — Senonensi archiepiscopo et suffraganeis ejus. — Super eodem. 514
CLVI. — Illustri regi Hungariæ. — De concordia inter Ecclesias Strigoniensem et Colocensem. 515
CLVII. — Sanctæ Genovefæ Parisiensis et Boni Radii Cisterciensis ordinis diœcesis Autissiodorensis abbatibus, et decano Aurelianensi. — De quadam venditione infirmanda vel confirmanda. 518
CLVIII. — Aurelianensi et Autissiodorensi episcopis et magistro W. de Viennæ canonico Autissiodorensi. — Beneficiorum superfluitas damnata. 520
CLIX. — Gebennensi episcopo. — Respondet ad ejus consulta. 520
CLX. — Episcopo et dilectis filiis et canonicis Parmensibus. — De præbenda collationi papæ reservata. 523
APPENDIX LIBRI DECIMI QUARTI.
CLXI. — Hugoni priori et conventui Andrensi. — Ut beneficia non vacantia non promittantur. 523
CLXII. — Eisdem. — Confirmat quamdam redemptionem reddituum ecclesiasticorum. 523
CLXIII. — Philippo illustri regi Franciæ. — De negotio comitis Tolosani. 524
CLXIV. — Decano et capitulo capellæ ducis Divionensis. — Confirmantur eis bona concessa a duce Burgundiæ. 525
CLXV. — Joanni abbati et conventui Sancti Pauli. — De confirmatione privilegiorum. 527
APPENDIX AD LIBRUM XIV. 529
Epistolæ Innocentii in causa Brochardi de Avenis. 529
LIBER DECIMUS QUINTUS. — Pontificatus anno XV, Christi 1212.
I. — Capitulo Lingonensi. — De revocandis possessionibus alienatis. 539
II. — Eisdem. — De electione decani. 541
III. — Magdeburgensi et Maguntino archiepiscopis, et eorum suffraganeis. — Contra Waldemarum intrusum Bremensem. 541
IV. — Episcopo et capitulo Pictavensi. — Confirmatur quædam concordia. 542
V. — Electo et monachis Sanctæ Mariæ de Peroallo. — Recipiuntur sub protectione B. Petri. 544
VI. — G. de Vallibus, magistro G. et P. de Fimiis canonicis Laudunensibus. — Quod clausula Si est ita ad omnia rescripti refertur. 544
VII. — Colocensi electo, et Soksardiensi et de Sekudwor Cisterciensis ordinis abbatibus Quinqueeclesiensis diœcesis — Dirimit litem inter episcopum Vesprimiensem et abbatem S. Martini. 545
VIII. — Priori et fratribus de Balneolis. — Confirmat eorum bona. 548
IX. — Episcopo Magalonensi. — Ut de terris in comitatu Melgorii cognoscat. 549
X. — Abbati et priori Sancti Victoris et magistro G. Cornuto canonico Parisiensi. — De corpore B. Lupi archiepiscopi Senonensis. 549
XI. — Morimontensi et Sancti Stephani Divionensis abbatibus Lingonensis diœcesis, et Majori archidiacono Lingonensi. — Ut cognoscant de falsitate litterarum. 550
XII. — R. de Bellovidere Camerario et S. de Berov. et S. de Burgo Guarin. canonicis Carnotensibus. — De interdicto prolato ab episcopo Aureliauensi. 550
XIII. — Potestati Ortanensi. — Contra nobilem quemdam detinentem castra Ecclesiæ. 552
XIV. — Lundensi archiepiscopo apostolicæ sedis legato.

— Constituitur legatus apostolicæ sedis. 552
XV. — Toletano et Compostellano archiepiscopis. — De bello adversus Saracenos. 553
XVI. — Petro abbati monasterii Sancti Angeli quod situm est in suburbio Pistoriensi, ejusque fratribus tam præsentibus quam futuris regularem vitam professis in perpetuum. — De confirmatione privilegiorum. 554
XVII. — Episcopo Lingonensi, et abbati Villariensi Metensis diœcesis, magistro N. canonico Virdunensi. — De quadam præbenda Metensi. 555
XVIII. — G. Thessalonicensi archiepiscopo ejusque successoribus canonice substituendis in perpetuum. — Eum constituit primatem et legatum sedis apostolicæ. 555
XIX. — Episcopo Havelbergensi, et de Sichem et de Lapide Sancti Michaelis Cisterciensis ordinis abbatibus Alberstatensis diœcesis. — De restitutione præbendæ. 558
XX. — Maguntinensi et Magdeburgensi archiepiscopis apostolicæ sedis legatis. — De conservandis beneficiis eorum qui ab Ottone recedunt. 559
XXI — Nobili viro Gaufridi de villa Arduini principi Achaiæ. — Scribitur pro canonicis ecclesiæ Patracensis. 559
XXII. — Eidem. — De possessionibus restituendis Ecclesiæ Landrevillensi. 560
XXIII. — Capitulo Piverensi. — De quadam præbenda. 561
XXIV. — A. illustri regi Portugalensi et hæredibus ejus in perpetuum. — Recipitur sub protectione sedis apostolicæ. 562
XXV. — Nobili viro Guidoni de Polenta. — Recipitur sub protectione B. Petri. 563
XXVI. — Thebano archiepiscopo. — De sublevanda paupertate episcopi Zaratoniensis. 564
XXVII. — Nobili viro M. Domino de Gravia. — Ut quosdam malefactores corrigat. 564
XXVIII. — Archiepiscopo et capitulo Thebanis. — De non recipiendis excommunicatis. 564
XXIX. — Episcopo, decano, et cantori Davaliensibus. — Ut quisque finibus suis sit contentus. 565
XXX. — Archiepiscopo Thessalonicensi, et electo Delniciacensi, et thesaurario Sancti Demetrii Thessalonicensi. — Delegat cognitionem de injectione manuum violenta. 565
XXXI. — Episcopo Tavrinensi, et præposito Sancti Gaudentii Novariensis. — Cassat Ottonis imp. sententiam in episcopum Cumanum. 566
XXXII. — Abbati monasterii Sancti Severini, ejusque fratribus tam præsentibus quam futuris regularem vitam professis in perpetuum. — De confirmatione privilegiorum. 566
XXXIII. — Salimbriensi episcopo. — Ut exhibeat sacramenta ecclesiastica quibusdam exemptis. 568
XXXIV. — Decano et capitulo Sancti Macuti de Barro. — Recipiuntur sub protectione B. Petri. 568
XXXV. — Præposito, custodi, et scholastico Monasteriensibus. — De electione præpositi Bunnensis. 568
XXXVI. — Archidiacono Papiensi. — Ne judices ab Ottone dati procedant. 569
XXXVII. — Abbati de Nonantula Mutinensis diœcesis. — Confirmat reservationem vacaturæ præbendæ. 569
XXXVIII. — Episcopo et capitulo Xanctonensibus. — De quadam præbenda Xanctonensi. 570
XXXIX. — Archiepiscopo Senonensi. — Scribitur pro episcopis Aurelianensi et Autissiodorensi. 570
XL. — Philippo illustri regi Francorum. — Ejusdem argumenti cum superiore. 571
XLI. — Archidiacono, succentori et magistro R. de Remis canonicis parisiensibus. — De jure patronatus Ecclesiæ de Sanctis. 574
XLII. — Thessalonicensi archiepiscopo. — Dimitriacensis electus absolvitur a vinculo. 575
XLIII. — Capitulo Panormitano. — De electione episcopi. 575
XLIV. — Atheniensi et Thebano archiepiscopis, et decano de Thebis. — Ut ablata restituantur Ecclesiæ Motoniensi. 576
XLV. — Bituricensi archiepiscopo. — Adversus episcopum Burdegalensem. 576
XLVI. — Episcopo Mothoniensi. — De residentia canonicorum. 578
XLVII. — Archiepiscopo Patracensi, et episcopo Amiclensi. — Adversus decanum Mothoniensem. 579
XLVIII. — Archiepiscopo et B. archidiacono, P. cantori Thessalonicensibus. — De causa Ecclesiæ Calidoniensis. 579
XLIX. — Archiepiscopo Arelatensi, et Sancti Ægidii et Psalmodii abbatibus Nemausensis diœcesis. — De ele-

ctione abbatis Sancti Victoris Massiliensis. 580
L. — Philippensi archiepiscopo. — De revocandis alienationibus. 581
LI. — Balduino archidiacono Thessalonicensi. — Ei confirmat archidiaconatum. 582
LII. — Radulpho Thesaurario Citrensi. — Ei confirmat thesaurariam. 582
LIII. — Archiepiscopo Thebano et Davaliensi episcopo, et decano Davaliensi. — Ut abbates Græci obediant archiepiscopo Corinthiensi. 582
LIV. — Clero et populo Nazarocensi. — Ut obediant episcopo Sidoniensi. 582
LV. — Joan. episcopo Mothoniensi, ejusque successoribus canonice substituendis in perpetuum. — Recipitur sub protectione sedis apostolicæ. 583
LVI. — Willelmo Philippensi archiepiscopo, ejusque successoribus canonice substituendis in perpetuum. — Recipitur sub protectione sedis apostolicæ. 584
LVII. — Arnulfo Sarrensi archiepiscopo, ejusque successoribus canonice substituendis in perpetuum. — Recipitur sub protectione sedis apostolicæ. 585
LVIII. — Gualtero Corinthiensi archiepiscopo, ejusque successoribus canonice substituendis in perpetuum. — Recipitur sub protectione sedis apostolicæ. 586
LIX. — Jacobo archidiacono Corinthiensi. — Confirmat ei archidiaconatum. 587
LX. — Thebano archiepiscopo et Zaratoniensi et Davaliensi episcopis. — Committitur eis quædam causa. 588
LXI. — Archiepiscopo Patracensi et Amiclensi episcopo. — Ut suffraganei Corinthienses obediant suo archiepiscopo. 588
LXII. — Capitulo Corinthiensi. — Ut obediant archiepiscopo suo. 588
LXIII. — Episcopo de Jacintho. — Ut obediat eidem archiepiscopo. 589
LXIV. — Episcopo Cephaloniæ. — Super eodem. 589
LXV. — Nobili viro Gaufrido de Villa Arduini. — Ut restituat bona Ecclesiæ Corinthiensi. 590
LXVI. — Nobili viro O. de Rocca. — De eodem. 590
LXVII. — Sanctæ Mariæ in Regula et Sancti Pauli ab batibus et præposito Imolensi. — Judices sæculares non posse cognoscere de decimis. 590
LXVIII. — Abbati et fratribus Sanctæ Mariæ de Parvo Ponte Brundusin. Præmonstratensis ordinis. — Confirmat donationem eis factam. 591
LXIX. — Thessalonicensi et Philippensi archiepiscopis, et episcopo Sithoniensi. — Scribitur pro episcopo Cardicensi. 591
LXX. — Abbati et fratribus de Locedio. — Restituitur eis quædam possessio. 594
LXXI. — Nobili viro Gaufrido de Villa Arduini principi Achaiæ. — Ejusdem argumenti cum epistola 69. 595
LXXII — Archiepiscopo Larisseno. — Ecclesia Dimitriac. commendatur episcopo Cardicensi. 596
LXXIII. — Archiepiscopo Larisseno, et episcopo Sithoniensi et archidiacono Termopilensi. — Adversus archiepiscopum Patracensem. 596
LXXIV. — Illustri Constantinopolitano imperatori. — Ne foveat excommunicatos. 597
LXXV. — Archiepiscopo Thessalonicensi, et Cardicensi et Sithoniensi episcopis. — De restituendis abbatiis et aliis. 597
LXXVI. — Cardicensi et Sithoniensi episcopis et archidiacono Davaliensi. — De libertate testandi in favorem Ecclesiarum. 597
LXXVII. — Archiepiscopo Thebano, et Davaliensi et Zaratoniensi episcopis. — De thesauro Ecclesiæ Corinthiensis. 598
LXXVIII. — Episcopo, decano et archidiacono Davaliensibus. — Ut de pecunia episcopo credita cognoscant. 598
LXXIX. — Amatæ abbatissæ monasterii Sanctæ Mariæ et Sanctorum Matthæi apostoli et Antonii in loco qui dicitur Fonsadlumum in Escuiana diœcesi constituti, ejusque sororibus tam præsentibus quam futuris regularem vitam professis in perpetuum. — De confirmatione privilegiorum. 599
LXXX. — Thessalonicensi et Philippensi archiepiscopis, et episcopo Sithoniensi. — Ejusdem argumenti cum epistola 69. 600
LXXXI. — Abbati Sancti Pauli. — De divisione parochiarum. 600
LXXXII. — Helenensi episcopo. — De negotio jurandi de Osca et sociorum. 601
LXXXIII. — Episcopo, et abbati Sancti Victoris, et cancellario Parisiensi. — Scribitur pro comite Nivernensi. 602

LXXXIV. — Episcopo Ariminensi — Statuta Othonis decernuntur irrita. 603
LXXXV. — Eidem. — Ejusdem argumenti cum superiore. 603
LXXXVI. — Priori et capitulo Dominici Sepulcri Jerosolymitani. — Confirmatur quædam compositio. 603
LXXXVII. — Decano, thesaurario, et magistro scholarum Nivernensibus. — De procuratione quæ debetur pro visitatione. 605
LXXXVIII. — Bituricensi archiepiscopo. — De congrua portione presbyterorum parochialium. 606
LXXXIX. — Abbati de Maceneira Visiensis diœcesis, cantori et P. Roderici canonico Colimbriensibus. — De remotione abbatis. 607
XC. — Massiliensi episcopo. — De negotio Durandi de Osca et sociorum. 607
XCI. — Durando de Osca et Durando de Naiaco. — Super eodem. 607
XCII. — Illustri regi Aragonensi. — De eodem. 608
XCIII. — Narbonensi archiepiscopo et episcopo Uticensi apostolicæ sedis legatis. — Super eodem. 608
XCIV. — Januensi archiepiscopo et suffraganeis ejus. — Super eodem. 608
XCV. — Sancti Martini Canonicensis [leg. Canigonen.] et Sanctæ Mariæ Electensis abbatibus, et W. decano in Confluenti, Narbonensis et Helenensis diœcesum. — De decimis tribuendis hospitali. 609
XCVI. — Durando de Osca, et Durando de Naiaco, Guillelmo Sancti Antonini, Jo. Narbonensi, et B. Biterrensi, et aliis pauperibus Catholicis. — Recipiuntur sub protectione sedis apostolicæ. 609
XCVII. — Episcopo et capitulo Petragoricensi. — Ut J. de Veteri Morolio in canonicum recipiant. 609
XCVIII. — Landon. Collis de Medio et G. filio ejus. — Profertur sententia pro eis. 610
XCIX. — Nobilibus viris R. et A. de Canosa. — Ut monasterium S. Angeli restituatur Cruciferis. 612
C. — Archiepiscopo Atheniensi. — De non temere excommunicando. 612
CI. — Eidem. — Ut ducere possit eam quam prius cognovit per adulterium. 613
CII. — Raimundo Uticensi episcopo et Narbonensi electo apostolicæ sedis legatis. — De negotio comitis Tolosani. 613
CIII. — Militibus et populo castri Melgorii. — Hortatur eos ad obedientiam. 614
CIV. — Mariæ illustri reginæ Aragonensi et hominibus Montispessulani. — De dominio Montispessulani. 615
CV. — Archiepiscopo Tarantasiensi, et episcopo Gebennensi, et abbati Sancti Mauritii de Cablasio. — De pravis moribus monachorum Montis Jovis. 615
CVI. — Philippo illustri regi Francorum. — De divortio Philippi regis. 617
CVII. — Fratri Guarino. — Super eodem. 618
CVIII. — Philippo illustri regi Francorum. — De negotio episcoporum Aurelianensis et Autissiodorensis. 619
CIX. — Autissiodorensi et Aurelianensi episcopis. — Super eodem. 620
CX. — Baiocensi et Constantiensi episcopis, et abbati de Persenia. — De removendis episcopo et priore Ecclesiæ Sagiensis. 620
CXI. — Bernardo abbati monasterii Sancti Petri Psalmodiensis, ejusque fratribus tam præsentibus quam futuris regularem vitam professis in perpetuum. — De confirmatione privilegiorum. 620
CXII. — Episcopo, et abbati Sancti Joannis, et archidiacono Parmensibus. — De electione archiepiscopi Mediolanensis. 622
CXIII. — Archiepiscopis et episcopis per regnum Franciæ constitutis. — De concubinariis absolvendis. 623
CXIV. — Nobili viro Jacobo consobrino et mareschalco nostro. — Conceditur ei in feudum quoddam castrum Ecclesiæ Romanæ. 624
CXV. — Episcopo Murano. — Scribitur adversus episcopum Mellensem. 625
CXVI. — Lugdunensi archiepiscopo. — Nemo cogi debet invitus ad monachatum. 627
CXVII. — G. abbati monasterii Sancti Angeli de Plano Firmanæ diœcesis. — Eum restituit suæ abbatiæ. 628
CXVIII. — Lingonensi episcopo. — Respondetur ad ejus consulta. 630
CXIX. — Decano, et magistro Henrico canonico Trecensibus, et thesaurario Villæ Mauri Trecensis diœcesis. — Adversus monachos S. Germani Autissiodorensis. 631
CXX. — Abbati Sancti Cosmæ de Vicovario, ejusque

fratribus tam præsentibus quam futuris regularem vitam professis in perpetuum. — Recipiuntur sub protectione sedis apostolicæ. 633
CXXI. — Glasguensi et Brechinensi episcopis. — De electione episcopi Dunkeldensis. 634
CXXII. — Populo Mediolanensi, spiritum consilii sanioris. — Adversus Ottonem imperatorem. 635
CXXIII. — Trecensi episcopo, et abbati Clarevallensi Cisterciensis ordinis Lingonensis diœcesis, et magistro Henrico canonico Trecensi. — De negotio episcoporum Aurelianensis et Autissiodorensis. 635
CXXIV. — Atrebatensi episcopo. — Ejusdem argumenti cum epistola 63 libri xiv. 636
CXXV. — Nobili viro W. militi de Tigne. — De jure patronatus. 637
CXXVI.— Bituricensi archiepiscopo. — De jurisdictione ecclesiastica burgi Dolensis. 639
CXXVII. — Archiepiscopo Bituricensi, et episcopo Lemovicensi, et abbati Dalonensi Cisterciensis ordinis Lemovicensis diœcesis. — De electione abbatis Tutellensis. 643
CXXVIII. — Angelo abbati et conventui Sancti Alexii de Urbe. — Confirmat illis vineas montis Aventini. 643
CXXIX. — Magistro et fratribus militiæ Templi. — De violenta manuum injectione in clericos. 643
CXXX. — Bituricensi archiepiscopo. — Adversus archiepiscopum Burdegalensem. 644
CXXXI. — Fratribus Jerosolymitani hospitalis et militiæ Templi in Remensi diœcesi constitutis. — Ne interdictos vel excommunicatos tradant sepulturæ 645
CXXXII. — Rodulpho presbytero. — Dantur ei monita. 645
CXXXIII. — Fratribus Hierosolymitani hospitalis in Hibernia constitutis. 646
CXXXIV. — Joanni Redostonensi episcopo. — De Græco episcopo ad Ecclesiæ unitatem reverso. 647
CXXXV. — Eidem. — Ut Græcos hortetur ad unitatem Ecclesiæ. 647
CXXXVI. — Boianensi episcopo. — De quodam instrumento corroso. 647
CXXXVII. — Bernardo primo et fratribus ejus. — Forma religionis quam tenent describitur. 648
CXXXVIII. — Populo Alexandrino, spiritum consilii sanioris. — Ut ab Ottone imperatore recedant. 650
CXXXIX. — Cremonensi episcopo apostolicæ sedis legato. — Confirmat depositionem episcopi Vicentini. 650
CXL. — Episcopo Aurasicensi. — Delegat causam matrimonii mulieris bigamæ. 651
CXLI. — Norwicensi in Hibernia commoranti, Cluanfertensi et Enactunensi episcopis. — Adversus episcopum Waterfordensem. 652
CXLII. — Cremonensi et Vercellensi episcopis apostolicæ sedis legatis, et Reginensi electo. — Ut Brixiensis episcopus ad cessionem cogatur. 656
CXLIII. — Abbati monasterii Sanctæ Mariæ Dolensis, ejusque fratribus tam præsentibus quam futuris regularem vitam professis in perpetuum. — De confirmatione privilegiorum. 657
CXLIV. — Trecensi et Meldensi episcopis, et abbati Latiniacensi Parisiensis diœcesis. — Confirmatur sententia lata contra Gaufridum priorem de Charit_le. 662
CXLV. — Astoricensi episcopo et Palentinensi electo. — Ut partibus assignent terminum competentem. 667
CXLVI. — Episcopo Cremonensi. — De negotio Bernardi primi et sociorum. 667
CXLVII. — Universis abbatibus in generali Cisterciensi capitulo constitutis. — De libera prædicatione verbi Dei in Prussia. 668
CXLVIII. — Nobilibus viris ducibus Poloniæ et Pomeraniæ. — De eadem re. 670
CXLIX. — Cameracensi episcopo. — De decimis Ecclesiæ constituendis. 670
CL. — Episcopo et decano et cantori Atrebatensibus. — Causæ cognitionem ad eos remittit. 671
CLI. — Præposito Sancti Laurentii Laudensis et I. et A. canonicis de Cavennacho diœcesis Laudensis. — Ut excommunicationis sententiæ mandentur executioni. 672
CLII. — Priori et conventui Lateranensi. — De limitibus Ecclesiæ Lateranensis. 673
CLIII. — Magistro Maximo notario nostro. — Ut possit absolvere excommunicatos. 674
CLIV. — Universo clero Constantinopolitano. — Ut pareant notario legato apostolico. 674
CLV. — Illustri Constantinopolitano imperatori. — Ei commendat eumdem notarium. 675

CLVI. — Magistro Maximo notario nostro. — De electione patriarchæ Constantinopolitani. 675
CLVII. — Abbati et conventui monasterii Sancti Michaelis Clusini. — Confirmatur quædam unio. 682
CLVIII. — Rainerio militi de Vico. — Remittitur ei infamia. 684
CLIX. — Episcopo et P. et A. archidiaconis Auriensibus. — Eis committitur quædam causa. 684
CLX. — Abbati de Tilieto. — Albiganenses reverentiam exhibeant archiepiscopo Januensi. 687
CLXI. — Xantonensi episcopo, et priori Sulbisiensi Xantonensis diœcesis. — De ordinanda ecclesia Sulbisiensi. 687
CLXII. — Episcopo et capitulo Tripolitanis. — Respondet ad eorum consulta. 688
CLXIII. — Eisdem. — De stato numero canonicorum. 688
CLXIV. — Sidoniensi et Accorensi episcopis, et thesaurario Acconensi. — De eadem re. 689
CLXV. — Leonardo presbytero de Sancto Elia et fratribus ejus. — Confirmat immunitatem. 689
CLXVI. — Archiepiscopo et capitulo Bisuntinensibus. — Respondet ad eorum consulta. 690
CLXVII. — Nobili viro Simoni de Monteforti comiti Leicestriæ et vicecomiti Biterrensi. — Ut P. Marcum cancellariæ suæ præficere possit. 690
CLXVIII. — Narbonensi archiepiscopo et episcopo Uticensi apostolicæ sedis legatis. — Commendat eis eumdem Marcum. 691
CLXIX. — Universis prælatis Ecclesiarum Ecclesiæ Romanæ censualium per Narbonensem, Arelatensem, Aquensem, et Ebredunensem provincias, et Albiensem, Rutenensem, Caturcensem, et Agennensem diœceses constitutis. — De eadem re. 692
CLXX. — Narbonensi archiepiscopo apostolicæ sedis legato et suffraganeis ejus. — Super eodem. 692
CLXXI. — Nobili viro Simoni de Monteforti comiti Leicestriæ, vicecomiti Biterrensi. — Super munus ejus. 693
CLXXII. — Totius provinciæ et Montispessulani, Sancti Ægidii, et Arelatensis domorum militiæ Templi magistris. — Ut pecuniam apostolicam tradant thesaurario templi Paris. 693
CLXXIII. — Magalonensi episcopo. — De comitatu Meigorii. 695
CLXXIV. — Raymundo et Heliæ de Caturcio. — Ejusdem argumenti cum epistola 171 sup. 694
CLXXV. — Magistro Petro Marco subdiacono nostro. — Super eodem. 694
CLXXVI. — Narbonensi archiepiscopo et episcopo Uticensi apostolicæ sedis legatis. — De censu Simonis de Monteforti. 694
CLXXVII. — Episcopo Gebennensi. — Eum transfert ad Ecclesiam Ebredunensem. 694
CLXXVIII. — Gebennensi episcopo in archiepiscopum Ebredunensem electo. — De stato numero canonicorum. 695
CLXXIX. — Capitulo, clero et populo Trojanis. — De electione episcopi Trojani. 696
CLXXX. — Clero et populo Foietanis. — Super eodem. 696
CLXXXI. — Patriarchæ Antiocheno. — De querelis adversus eum excitatis. 697
Indicitur supplicatio generalis. 698
CLXXXII. — Domino papæ. — De bello Saracenico in Hispania. 699
CLXXXIII. — Illustri regi Castellæ. — Respondet epistolæ superiori. 703
CLXXXIV. — Episcopo Beliacensi — Respondet ad ejus consulta. 704
CLXXXV. — Patriarchæ Jerosolymitano apostolicæ sedis legato. — Quod indulgentia sit stricto modo accipienda. 706
CLXXXVI. — Episcopo Pictavensi. — Eum hortatur ad emendationem. 707
CLXXXVII. — Conrado Metensi episcopo, imperialis, aulæ cancellario. — Conceduntur sibi plura privilegia. 709
CLXXXVIII. — Nobilibus viris Viviano, Gaillardo, et aliis dominis Scuriensis castri. — Eis concedit multa privilegia. 709
CLXXXIX. — Consulibus et populo Mediolanensibus, spiritum consilii sanioris. — Redarguuntur de quibusdam excessibus. 710
CXC. — Episcopo Parmensi. — Dispensat super cognatione. 713
CXCI. — Episcopo Gebennensi, et Viennensi sacristæ. — Respondet ad eorum consulta. 713

CXCII. — Episcopo et abbati Sancti Vedasti Atrebatensis, et magistro H. de Atrebato canonico Atrebatensi. — Confirmatur quædam sententia. 717
CXCIII. — Pruliacensi Cisterciensis ordinis et Sanctæ Columbæ et Sancti Satyri abbatibus Senonensis et Bituricensis diœcesum. — Ejusdem argumenti cum epistola 144. 718
CXCIV. — Nobili mulieri Mathildæ, quondam uxori Philippi, comitis Flandrensis. — Jus patronatus concedit, præbendarum collationem negat. 722
CXCV. — Episcopo Tervisino. — Ei concedit administrationem temporalium 723
CXCVI. — Abbati Sancti Remigii, H. archidiacono et magistro G. canonico Remensibus. — De electione episcopi Virdunensis. 723
CXCVII. — Magistro Maximo notario nostro, et Venturæ thesaurario Veronensi, subdiaconis nostris, et primicerio Gradensi. — De negotio episcopi Tervisini. 726
CXCVIII. — Pistoriensi episcopo. — Confirmat consuetudinem quamdam Ecclesiæ Pisanæ. 728
CXCIX. — Episcopo Meldensi, Sancti Pharonis Meldensis et de Latiniaco Parisiensis diœcesum abbatibus. — Adversus fraudem Crucesignatorum. 729
CC. — Archidiacono Grandensi, et archipresbytero Capitis Ageris Clugiensis diœcesis. — Ei confirmatur plebanatus de Rivoalto. 730
CCI. — Abbati Sancti Felicis et archipresbytero Capitis Ageris Torcellanæ et Clugiensis diœcesum. — Similis argumenti. 730
CCII. — Morinensi episcopo. — Adversus eos qui abutuntur privilegio clericali. 731
CCIII. — Abbati et priori Cisterciensibus, et decano capellæ ducis Divionensis, Cabilonensis et Lingonensis diœcesum. — Scribitur pro decano Divionensi. 732
CCIV. — Illustri regi Cypri. — De electione episcopi Nicosiensis. 733
CCV. — Ep'scopo et priori Sancti Petri et archidiacono Matisconensibus. — Scribitur pro decano Divionensi. 734
CCVI. — Capitulo Nicosiensi. — Ejusdem argumenti cum epistola 204. 734
CCVII. — Patriarchæ et capitulo, Antiochenis. — Ne quid exigatur pro confirmatione electionis. 735
CCVIII. — Illustri regi Cypri. — Ut a Christianorum oppugnatione desistat. 736
CCIX. — Magistro et fratribus militiæ Templi. — De eadem re. 737
CCX. — Patriarchæ Jerosolymitano apostolicæ sedis legato et suffraganeis ejus. — Ut populos in regis fide confirment. 738
CCXI. — Illustri regi Jerosolymitano. — Hortatur eum ad defensionem terræ sanctæ. 738
CCXII. — Archiepiscopo Narbonensi apostolicæ sedis legato, et episcopo Regensi, et magistro Thedisio canonico Januensi. — De reconciliatione comitis Tolosani. 739
CCXIII. — Nobili viro Simoni comiti Montisfortis. — Ut restituat ablata vassallis regis Aragonum. 741
CCXIV. — Nobili viro Simoni comiti Montisfortis. — Ut regi Aragonum faciat homagium de civitate Carcassonensi. 743
CCXV. — Archiepiscopo Narbonensi apostolicæ sedis legato. — Commendatur ei negotium fidei adversus Saracenos. 744
CCXVI. — Magistris Lamberto et Jacobo de Lauduno et Jacobo de Maideires canonicis Virdunensibus. — De portione congrua presbyterorum parochialium. 745
CCXVII. — Bertholdo archidiacono et Arnulfo et Auberto canonicis Metensibus. — Ejusdem argumenti. 746
CCXVIII. — Episcopo Glascuensi. — De clericis promotis ab episcopis non suis. 746
CCXIX. — Nobili viro comiti Tripolitano. — De electione abbatis Sancti Pauli Antiocheni. 747
CCXX. — N. abbati et conventui Saxivivi. — Confirmat quoddam arbitrium. 747
CCXXI. — Mariæ illustri reginæ Aragonum. — De causa divortii. 749
CCXXII. — Litteræ ad dominum papam missæ per Petrum Bermundi dominum de Andusia. — De negotio comitis Tolosani. 751
CCXXIII. — Vercellensi episcopo apostolicæ sedis legato, et archidiacono Pergamensi. — Adversus quemdam falsis litteris utentem. 755
CCXXIV. — Andreæ illustri regi Hungariæ. — Dantur ei induciæ ad solvendum votum. 757
CCXXV. — Eidem. — De negotio episcopi Bambergensis. 757

CCXXVI. — Maguntinensi archiepiscopo apostolicæ sedis legato. — Ei dat certa mandata. 757
CCXXVII. — Episcopo et decano et cantori Parisiensibus. — De relaxando interdicto capellæ regiæ. 758
CCXXVIII. — Sancti Joannis Angeliacensis et Sancti Florentii Salmurieusis abbatibus Xantonensis et Andegavensis diœcesum, et magistro Stephano decano Sancti Hilarii Pictavensis. — Varia litis implicitæ capita decidit. 758
CCXXIX. — Capitulo Beati Martini Turonensis. — De immunitate monasterii Bellimontis. 764
CCXXX. — Senonensi, Rotomagensi, Turonensi, et Burdegalensi archiepiscopis, et eorum suffraganeis. — Scribitur pro monasterio Vindocinensi. 766
CCXXXI. — Abbati monasterii Sanctæ Mariæ Silvæ Majoris, ejusque fratribus tam præsentibus quam futuris regularem vitam professis in perpetuum. — De confirmatione privilegiorum. 767
CCXXXII. — Abbati Anianensi. — De relevanda paupertate monasterii. 770
CCXXXIII. — Cantuariensi archiepiscopo S. R. E. cardinali et coepiscopis suis cum ipso pariter exsulantibus. — Eos consolatur in afflictione. 771
CCXXXIV. — Joanni illustri regi Angliæ, spiritum consilii sanioris. — De negotio archiepiscopi Cantuariensis. 772
Pacis et reconciliationis leges. 774
CCXXXV. — Capitulo Melphiensi. — Ut alium episcopum eligant. 777
CCXXXVI. — Stephano Cantuariensi archiepiscopo, S. R.E. cardinali, Willelmo Londoniensi, Eustachio Eliensi, Aigidio Herefordensi et Huberto Lincolniensi episcopis — Pacta iniqua denuntiat irrita. 780
CCXXXVII. — Eisdem. — De negotio archiepiscopi Cantuariensis. 780
CCXXXVIII. — Eisdem. — Super eodem. 781
CCXXXIX. — Eisdem. — Super eodem. 781
CCXL. — Episcopo Magalonensi. — De erigendis novis parochiis. 782
LIBER DECIMUS SEXTUS. — Pontificatus anno XVI, Christi 1213.
I. — Zamorensi et Portugalensi episcopis, et magistro Florentio archidiacono Zamorensi. — De limitatione episcopatuum Egitan et Colimbriensis. 782
II. — Regi Armeniæ. — Eum redarguit de quibusdam excessibus. 784
III. — Remensi archiepiscopo et suffraganeis ejus. — De coercenda jurandi temeritate. 786
IV. — Episcopo Florentino, et priori Camaldulensi et magistro B. plebano castri Florentini. — De electione præpositi Aretini. 787
V. — Archiepiscopo Burdegalensi, et episcopo Agennensi, et abbati Clariacensi Agennensis diœcesis. — Adversus archiepiscopum Auxitanum. 789
VI. — Universis abbatibus et prioribus Cluniacensis ordinis ad generale capitulum convenientibus. — Hortatur eos ad meliorem frugem. 791
VII. — Patriarchæ Hierosolymitano apostolicæ sedis legato. — De causa regis Armeniæ. 792
VIII. — Episcopo Liciensi, et priori Sanctæ Mariæ Roccæ Maturæ Hydruntinensis. — De quodam monacho recipiendo. 793
IX. — Capitulo Suessionensi. — De redemptione decimarum. 793
X. — Lundensi archiepiscopo apostolicæ sedis legato — Adversus quemdam falsum legatum. 794
XI. — Veglensi episcopo. — De modo procurationis episcopalis. 794
XII. — Decano Sancti Hilarii, et Sancti Petri et Sancti Hilarii subdecanis Pictaviensibus. — Adversus episcopum Pictaviensem. 795
XIII. — Priori Sanctæ Radegundis Pictaviensis — Eum fovet in causa sua. 798
XIV. — Episcopo Heredefordensi. — Ne beneficia dentur eis qui sunt sufficienter beneficiati. 800
XV. — Episcopo Cremonensi apostolicæ sedis legato. — Ecclesia Vicentina committitur electo Reginensi. 800
XVI. — Electo Reginensi et priori Sancti Georgii in Bradia Veronensis diœcesis, et Venturæ subdiacono nostro canonico Veronensi. — De correctione monasterii de Vangaditia. 801
XVII. — Archiepiscopo Senonensi, et episcopo Nivernensi, et decano Sereberiensi docenti Parisius sacram paginam. — De quodam canonico Lingonensi suspecto de hæresi. 804
XVIII. — Episcopo Argentinensi, et abbati de Bongarten et priori de Salem Argentinensis et Constantiensis diœcesum. — De electione abbatissæ Buchaugiepsis. 803

XIX. — Patriarchæ Gradensi, et episcopo Castellano.— Adversus episcopum Tervisinum. 804
XX. — Archipresbytero de Gravalona Novariensis diœcesis. — De interdicti sententia relaxanda. 807
XXI. — Archiepiscopo Salzeburgensi, et Salzeburgensi et de Rerththersgadme Salzeburgensis diœcesis præpositis. — Eis committitur quædam causa. 807
XXII. — Nobili viro comiti Nivernensi, spiritum consilii sanioris. — De causa monasterii Vezeliacensis cum comite Nivernensi. 810
XXIII. — Archiepiscopo et abbati Sancti Pauli Narbonensis, et priori Fontisfrigidi, Narbonensis diœcesis. — Adversus homines Montispessulani. 811
XXIV. — Marbarchæ et de Salem abbatibus Basiliensis et Constantiensis diœcesum, et H. cellerario Basiliensi.— Quod spoliatus restituendus est ante judicium. 812
XXV. — Abbati et conventui Vindocinensibus.—Laudat reformationis propositum. 814
XXVI. — Sleswicensi episcopo. — Rescribit ad ejus consulta. 815
XXVII. — Episcopo et capitulo Massiliensi. — Ut mandatario apostolico assignent præbendam. 816
XXVIII. — Universis Christi fidelibus per Maguntinensem provinciam constitutis. — De negotio Terræ Sanctæ. 817
XXIX. — De Salem et P. quondam de Novocastro abbatibus, et decano Spirensi, et præposito Augustensi, exsecutoribus. — Super eodem. 822
XXX. — Archiepiscopo et episcopis, abbatibus prioribus per Viennensem provinciam constitutis. — Indictio concilii generalis. 823
XXXI. — Archiepiscopis, episcopis, abbatibus, prioribus, cæterisque clericis per regnum Franciæ constitutis. — Super eodem. 827
XXXII.—Roberto tituli Sancti Stephani in Cœlio Monte presbytero cardinali apostolicæ sedis legato. — Super eodem. 827
XXXIII. — Illustri regi Francorum. — Et commendat legatum apostolicum. 827
XXXIV. — Patriarchæ Alexandrino. — Consolatur eum et invitat ad concilium. 828
XXXV. — Duci et populo Venetorum. — De negotio Terræ Sanctæ. 830
XXXVI. — Alberto Jerosolymitano patriarchæ apostolicæ sedis legato. — De negotio Terræ Sanctæ, et ut accedat ad concilium generale. 830
XXXVII. — Nobili viro Saphildino soldano Damasci et Babyloniæ, timorem divini nominis et amorem.—Ejusdem fere argumenti cum superiore. 831
XXXVIII. — Abbati de Bazaco Xantonensis diœcesis, et Eliæ de Græcia Engolismensi canonico. — De collatione præbendarum. 832
DE NEGOTIO COMITUM TOLOSÆ, CONVENARUM FUXI ET GASTONIS DE BEARNO.
XXXIX. — De negotio comitis Tolosani. 833
XL. — De eadem re. 835
XLI. — Super eodem. 836
XLII. — Epistola prælatorum qui fuerunt in concilio apud Vaurum, ad Innocentium. 839
XLIII. — Ut abstineant a defensione hæreticorum. 842
XLIV. — Ut deleat reliquias hæreticorum. 843
XLV. — De negotio comitis Tolosani. 844
XLVI. — De absolutione comitis Tolosani. 844
XLVII. — De juramento comitis Tolosani. 845
Consulum Tolosæ juramentum. 846
Professio comitis Fuxensis. 847
Professio comitis Convenarum. 848
Professio Gastonis de Bearno. 848
XLVIII — Illustri regi Aragonensi. — Suadetur ut faveat hæreticis. 849
XLIX. — De Refloriis et de Palmi abbatibus, et priori de Refloriis, Bracarensis et Tudensis diœcesum. — De sepeliendo excommunicato qui pœnitentiæ signa dederat. 852
L. — Archiepiscopo Maguntinensi apostolicæ sedis legato. — De negotio episcopi Herbipolensis. 853
LI.—Novariensi capitulo. — De electione episcopi Novariensis. 854
LII. — De Spina et de Ursaria abbatibus Placentinensis et Auriensis diœcesum. — De absolutione regis Portugaliæ. 855
LIII. — Abbati de Carraria Paduanæ diœcesis, et archipresbytero Paduano. — Adversus impetrantem rescriptum per obreptionem. 856
LIV. — Electo et capitulo Laudunensibus. — Ut fructus præbendæ conferant consanguineo papæ. 857
LV. — Nobili viro Raimundo Pelet — De comitatu Melgorii. 857
LVI. — Archiepiscopo Remensi. — De relaxanda sententia excommunicationis. 857
LVII. — Archidiacono præposito, et H. de Novavilla canonico Ambianensibus. — De absolutione Majoris et Juratorum Laudunensium. 858
LVIII. — Capitulo Alexandrino. — Confirmat sententiam legatorum. 859
LIX. — Engolismensi episcopo. — Ut pauperi diacono beneficium assignet. 860
LX. — Decano et capitulo Eboracensibus. — Ejusdem argumenti cum epistola 54. 860
LXI. — Abbati et conventui Nonantulanis. — De confirmatione privilegiorum. 861
LXII. — Waradiensi et Nitriensi episcopis, et abbati de Egris Cenadiensis diœcesis. — Ut dirimant controversiam super decimis. 865
LXIII. — Episcopo Lingonensi, et abbati Morimundensi Lingonensis diœcesis. — Canonica purgatio indicitur archiepiscopo Bisuntino. 866
LXIV. — Abbati Sancti Florentii Salmuriensis. — De primatia Bituricensi. 866
LXV. — Episcopis per Burdegalensem provinciam constitutis. — De eadem re. 867
LXVI. — Abbati de Mellio Pataviensis diœcesis et præposito Sanctæ Crucis Augustensis. — De institutione episcopatus in insula Chiemensi. 868
LXVII. — Præposito et fratribus Montis Jovis. — Confirmat eis domus Vallis Ursariensis. 869
LXVIII. — Præposito et capitulo Gurcensibus. — Confirmat quamdam permutationem. 869
LXIX. — Conrado episcopo quondam Halverstadensi et abbati de Sichem, et præposito de Hildeburgeroden Halverstadensis diœcesis. — De concessione præbendæ. 870
LXX. — Abbati de Piguavia Mersburgensis diœcesis, et præposito Magdeburgensi. — Adversus episcopum Hildeshemensem. 871
LXXI. — Eisdem. — Adversus episcopum Halberstatensem. 872
LXXII. — Præposito et capitulo Brivatensibus.—Decidit litem quam ipsi habebant cum episcopo Claromontensi. 873
LXXIII. — Præposito et capitulo ecclesiæ Sancti Juliani Brivatensis tam præsentibus quam futuris in perpetuum. — De confirmatione privilegiorum. 874
LXXIV. — Sti. magistro scholarum Brivatensi. — Dispensat super defectu natalium. 875
LXXV. — Archiepiscopo et capitulo Compostellanis. — De collatione præbendæ. 875
LXXVI. — Litteræ regis Angliæ. — Approbat conditiones absolutionis. 876
LXXVII. — Litteræ regis Angliæ. — Super eodem. 878
LXXVIII. — Litteræ regis Angliæ ad dominum papam. — Super eodem. 881
LXXIX. — Illustri regi Angliæ. — Respondet epistolæ superiori. 881
LXXX. — Archiepiscopo et episcopis, abbatibus, prioribus et aliis ecclesiarum prælatis per Angliam constitutis. — De eadem re, et de legatione episcopi Tusculani. 882
LXXXI. — Cantuariensi archiepiscopo S. R. E. cardinali et coepiscopis suis. — De eadem re. 883
LXXXII. — Comitibus, baronibus, aliisque magnatibus per Angliam constitutis. —Ejusdem argumenti cum superioribus. 884
LXXXIII. — Illustri regi Francorum. — De eadem re. 884
LXXXIV. — Archiepiscopo Senonensi. — De Judæo ad fidem Christi converso. 885
LXXXV. — Monachis Cisterciensis ordinis et hospitalariis Quinqueeclesiensis diœcesis. — De immunitate decimarum. 886
LXXXVI. — Præposito et canonicis Sanctæ Mariæ in Vineis Januensibus. — Confirmat illis parochiam. 887
LXXXVII. — Petro illustri regi Aragonensium.—Confirmat privilegium ab Urbano II, concessum. 888
LXXXVIII. — Episcopo Cameracensi. — Dispensat super defectu natalium. 889
LXXXIX. — Stephano Cantuariensi archiepiscopo S. R. E. cardinali. — De legatione episcopi Tusculani. 890
XC. — Patriarchæ Hierosolymitano apostolicæ sedis legato. — Ne quid exigatur pro religionis ingressu. 890
XCI. — Nobili viro Petro Ziani duci Venetorum.—Respondet ad varia ejus postulata. 891
XCII. — Patracensi archiepiscopo. — Scribit pro episcopo Cefalonensi. 893
XCIII.—Gebunnensi electo. — De voto reddendo 893

XCIV. — Episcopo Narniensi. — Non valere sententias latas a judicibus excommunicatis. 894
XCV. — Potestati et populo Viterbiensibus. — Confirmat eis quamdam immunitatem. 894
XCVI. — Archipresbytero et clericis ecclesiæ Sanctæ Cæciliæ Transtiberinæ. — Eos absolvit a petitione quadam pecuniaria. 895
XCVII. — Episcopo, archidiacono, et cantori Davaliensibus. — De electione episcopi, Nazaroscensis. 897
XCVIII. — Episcopo Amyclensi, electo Kernicensi, et priori Patracensi. — De retractanda sententia interdicti. 898
XCIX. — Abbati et conventui de Valle Sancti Petri Cisterciensis ordinis. — Committitur ei exsecutio cujusdam sententiæ. 899
C. — Abbati et conventui de Alba Cisterciensis ordinis. — Confirmantur eis quædam possessiones. 899
CI. — Præposito Ferrariensi. — Eum admonet sui officii. 900
CII. — Nobili viro marchioni Estensi. — De Marchia Anconitana revocanda. 900
CIII. — Archiepiscopo, judicibus et consulibus Beneventanis. — De negotio Thomasii de Aquino. 900
CIV. — Illustri Constantinopolitano imperatori. — Ei commendat legatum. 901
CV. — Universis archiepiscopis, et episcopis, abbatibus, prioribus, et aliis ecclesiarum prælatis per Constantinopolitanum imperium constitutis. — Super eodem. 902
CVI. — Gaufrido principi Achaiæ. — Super eodem. 903
CVII. — H. langravio Thoringiæ. — Ei justitiam promittit. 904
CVIII. — C. decano Spirensi. — Respondet ad ejus consulta. 904
CIX. — Decano et capitulo Spirensibus — Approbat quamdam commutationem. 905
CX. — Gregorio Sancti Theodori diacono cardinali apostolicæ sedis legato. — Transfert archiepiscopum Barensem ad ecclesiam Panormitanam. 906
CXI. — Episcopo Ratisponensi. — De numero evectionum. 906
CXII. — Albanensi episcopo apostolicæ sedis legato. — De electione patriarchæ Constantinop. 907
CXIII. — Priori et conventui Camaldulensibus. — De reformatione monasterii de Vandagitia. 908
CXIV. — Nobili viro comiti Guidoni spiritum consilii sanioris. — Ut a Camaldulensium injuriis abstineat. 909
CXV. — Episcopo et capitulo Cardicensibus. — Confirmat quamdam compositionem. 910
CXVI. — Episcopo Narniensi. — Ejusdem fere argumenti cum epistola 94. 913
CXVII. — Patriarchæ Gradensi. — Commendat marchionem Estensem. 913
CXVIII. — Archiepiscopo Lundensi apostolicæ sedis legato. — Respondet ad ejus consulta. 914
CXIX. — Abbati priori, et custodi Sancti Nicolai Rigensis diœcesis. — Ut causæ sibi commissæ diligenter intendant. 916
CXX. — Archiepiscopo, decano, et præposito Lundensibus. — De institutione novi episcopatus in Livonia. 917
CXXI. — Abbati, priori, et cellario de Monte Sancti Nicolai Rigensis diœcesis. — Ut protegant neophytos. 918
CXXII. — Abbati de Gothlanda, et de Northlanda, et de Sutherlanda præpositis Lundensis diœcesis. — Dantur conservatores fratribus militiæ Christi. 918
CXXIII. — Magistro et fratribus militiæ Christi in Livonia constitutis. — Confirmat eis possessiones. 919
CXXIV. — Universis Christi fidelibus per Saxoniam constitutis. — Quod subvenient episcopo Estiensi prædicanti fidem. 919
CXXV. — Episcopo Monasteriensi. — Recipitur sub protectione sedis apostolicæ. 920
CXXVI. — Abbatibus, archidiaconis, decanis, prioribus, et aliis ecclesiarum prælatis per Saxoniam constitutis. — Eis commendat episcopum Estiensem. 920
CXXVII. — Episcopo Estiensi. — Confirmat ejus ordinationem. 921
CXXVIII. — Dilectis filiis militibus Christi in Livonia. — Eis commendat eumdem episcopum. 921
CXXIX. — Episcopo Estiensi. — Eximitur a jurisdictione metropolitani. 922
CXXX. — Joanni illustri regi Anglorum. — Ejusdem argumenti cum epistola 78. 922
CXXXI — Joanni illustri Anglorum regi, ejusque de sua uxore liberis hæredibus in perpetuum. — Ejusdem argumenti cum epistola 70. 925

CXXXII. — Dublinensi archiepiscopo et Norwicien-i et Wintoniensi episropis, et nobilibus viris Guillelmo Saresberiensi, G. filio Petri Essexiæ, B. Boloniæ, R. Cestriæ, W. Vuaranniæ, W. Marescallo Pembrociæ, R Li Bigot Norfolciæ, W. Arundeli, Guillelmo de Ferr. et sacro Wintoniæ comitibus, et R. filio Rogeri; W. Brigerte, R. de Ros G. filio Baufredi, R de Mortuomari, P. filio Heberti, et W. de Albiniaco. — De eadem re. 925
CXXXIII.— Nicolao Tusculano episcopo, apostolicæ sedis legato. — De absolutione regis Angl. 926
CXXXIV.— Eidem. — De eadem re. 926
CXXXV. — Archiepiscopo et episcopis et nobilibus viris baronibus, militibus, nec non et universis populis per Angliam et Walliam constitutis. — Super eodem. 926
CXXXVI. — Roberto tituli Sancti Stephani in Cælio Monte presbytero cardinali aposto icæ sedis legato. — Super eodem. 927
CXXXVII.— Nicolao Tusculano episcopo, apostolicæ sedis legato. — Super eodem. 927
CXXXVIII. — Eidem. — Super eodem. 928
CXXXIX. — Neapolitano archiepiscopo. — De accusatione adversus archiepiscopum Surrentinum. 928
CXL. — Episcopo Taurinensi. — Ut recipiat cessionem episcopi Aquensis. 932
CXLI. — Capitulo Mediolanensi. — Dat eis archiepiscopum. 952
CXLII. — Priori et conventui Farsentibus. — De electione abbatis. 953
CXLIII. — C. Ferrariensi præposito. — Constituitur rector massæ Ficaroli. 954
CXLIV. — Abbati Sancti Petri Altissiodorensis, decano Trecensi et sacristæ Altissiodorensi.— Ut cives Senonenses satisfaciant Ecclesiæ. 954
CXLV. — De Claro Marisco et de Longovillari abbatibus, et decano Christianitatis de Musterolo, Morinensis et Ambianensis diœcesum. —De reformatione monasterii S. Judoci. 956
CXLVI. — Willelmo abbati Gemblacensis monasterii, ejusque fratribus tam præsentibus quam futuris religiosam vitam professis in perpetuum. — De confirmatione privilegiorum. 957
CXLVII. — Episcopo et archipresbytero et B. canouico Florentinis. — Scribitur pro judice Calaritano. 959
CXLVIII. — Abbati Sancti Mauricii Agaunensis Sedunensis diœcesis. — De diacono promoto extra tempora. 959
CXLIX. — Episcopo Suessionensi, abbati Longipontis Cisterciensis ordinis Suessionensis diœcesis, et G. decano Suessionensi.— De negotio comitatus Campaniæ et Bræi. 940
CL. — Patriarchæ Jerosolymitano apostolicæ sedis legato, et Tyrenensi archiepiscopo. — De matrimonio Erardi de Brena. 941
CLI. — Nobili mulieri Blanchæ, comitissæ Campaniæ, ac Theobaldo nato ejus. — Ejusdem argumenti cum epistola 149. 942
CLII. — Magistro Radulpho clerico — Confirmatur sententia lata pro eo. 943
CLIII. — Archiepiscopo Toletano. — De diœcesibus recuperatis a Christianis. 943
CLIV. — Nobili viro Herveo comiti et Mathildi uxori ejus comitissæ Nivernensi. — Dispensat super cognatione. 943
CLV. — Decano et capitulo Eboracensibus. — De electione episcopi. 944
CLVI. — Joanni canonico Sancti Petri Leodiensis — Ei adjudicat præbendam. 945
CLVII. — Magistro et fratribus hospitalis Teutonicorum. — Decimas illis donatas confirmat. 945
CLVIII. — Lingonensi episcopo, et abbati Morimundensi Cisterciensis ordinis Lingonensis diœcesis. — De purgatione canonica archiepiscopi Bisuntini. 945
CLIX. — Abbati et conventui Virziliacensi. — Approbat concordiam initam cum comite Nivernensi. 946
CLX.— Capitulo Tervisino.—De negotio episcopi Tervisini. 948
CLXI. — Archiepiscopo Strigoniensi et universis episcopis in Hungaria constitutis. — Adversus eos qui manus injiciunt in clericos. 950
CLXII. — Albanensi episcopo apostolicæ sedis legato. — Scribitur pro monasterio de Chortato. 951
CLXIII. — Episcopo et capitulo Massiliensibus. — Ut præbendam assignent Raimundo scriptori. 952
CLXIV. — Nicolao Tusculano episcopo apostolicæ sedis legato. — De relaxando interdicto Angliæ. 955
CLXV. — Episcopo Wratislaviensi. — Vicaria perpetua est beneficium. 934
CLXVI. — Eidem. — Sectio præbendarum quomodo in-

telligatur vetita. 954

CLXVII. — Ebrodunensi, Arelatensi, Aquensi, et Narbonensi archiepiscopis, et eorum suffraganeis, et abbatibus, prioribus, decanis, archidiaconis, et aliis ecclesiarum prælatis in Ebrodunensi, Arelatensi Aquensi, et Narbonensi provinciis constitutis. — Eis commendat legatum. 955

CLXVIII. — Sancti Athanasii cæterisque abbatibus et monachis Montis-Sancti. — Recipiuntur sub protectione sedis apostolicæ. 956

CLXIX. — Præposito et capitulo Sanctæ Mariæ in Vineis, Januensibus. — Eis conservat jura parochialia. 958

CLXX. — Petro Sanctæ Mariæ in Aquiro diacono cardinali apostolicæ sedis legato. — De vicecomitatu Nemausensi. 958

CLXXI. — Eidem. — De absolutione quorumdam nobilium. 958

CLXXII. — Petro Sanctæ Mariæ in Aquiro diacono cardinali apostolicæ sedis legato. — De absolutione Tolosanorum. 959

CLXXIII. — Nicolao Tusculano episcopo apostolicæ sedis legato, et P. subdiacono et familiari nostro. — De denario B. Petri in Anglia 960

CLXXIV. — Tusculano episcopo apostolicæ sedis legato, et Norwicensi et Wintoniensi episcopis. — Scribitur pro Richardo de Marisco. 961

CLXXV. — Tusculano episcopo apostolicæ sedis legato. — Super eodem. 961

CLXXVI. — Richardo de Marisco archidiacono Northumbriæ. — Recipitur sub protectione B. Petri. 962

CLXXVII. — Patriarchæ et capitulo Antiochenis. — De præbenda quadam Antiochena. 962

CLXXVIII. — Grimaldo et sociis suis crucesignatis. — Ut votum suum exsequantur. 962

CLXXIX. — Nobili viro duci et consiliariis Venetorum. — Ut navigia commodent crucesignatis. 963

CLXXX. — Archiepiscopis et episcopis per Lombardiam et Tusciam constitutis. — Super eodem. 964

CLXXXI. — Archiepiscopo Lundensi apostolicæ sedis legato. — Ut veniat ad concilium generale. 965

CLXXXII. — Rigensi episcopo. — Quod Ecclesia Rigensis nulli metropolitano est subjecta. 966

APPENDIX LIBRI DECIMI SEXTI.

CLXXXIII. — Sancti Petri de Monasterio et de Chantila prioribus Bituricensis et Nivernensis diœcesum, et thesaurario Nivernensi. — De subjectione monasterii Menatensis. 965

CLXXXIV. — Archiepiscopo Ravennati, et episcopo Cremonensi. — Ut Bononiensem episcopum compellant ad cessionem. 966

CI.XXXV. — Roberto tituli Sancti Stephani in Cœlio-Monte presbytero cardinali, apostolicæ sedis legato. — Scribitur pro comitissa Campaniæ. 967

Epistola Honorii III, in qua continetur compositio cujus mentio fit supra epist. 98, nunc primum edita ex veteri codice ms. bibliothecæ Colbertinæ. 968

De controversia de comitatibus Campaniæ et Briæ inter Blancham eorumdem comitatuum comitissam filiumque ejus Theobaldum ex una parte, et Erardum de Brena uxoremque ejus Philippam ex alia parte. 971

I — Epistola Innocentii III de vetitis nuptiis Erardi et Philippæ. 973

II. — Ejusdem epistola ad archiepiscopum Cæsariensem ut prædicta inhibitio publicetur in regno Hierosolymitano. 974

III. — Quod Gaufridus thesaurarius domus Temp.i accepit litteras domini papæ super negotio domini Erardi de Brena et dominæ Philippæ filiæ Henrici quondam comitis Trecensis, quas reddidit patriarchæ Hierosolymitano et archiepiscopo Tyrenensi. 975

IV. — Ludovicus primogenitus Philippi regis Francorum significat regi Jerusalem quod comes Theobaldus non debet trahi in causam de terra patris sui, donec impleverit viginti unum annos. 975

V. — Litteræ Philippi regis Francorum de eadem re ad papam Innocentium. 976

VI. — Innocentii III epistola qua excommunicari mandat fautores et coadjutores Erardi de Brena et Philippæ ejus uxoris. 976

VII. — Scribitur prælatis Franciæ ut Erardum a sua præsumptione compescant. 978

VIII. — Mandatur ut comitissa et Erardus Romam veniant aut mittant. 978

IX. — Testimonium receptum ab abbatibus Arremarensis monasterii et Quinciaci et Vallislucentis super linea consanguinitatis inter Erardum et Philippam. 979

X. — Testimonium Roberti cardinalis de eadem re. 979

XI. — Litteræ ejusdem de incestuoso matrimonio comitis Henrici. 980

XII. — Abbas Phulliaci fecit hujusmodi inquestam super parentela inter Erardum et Philippam filiam comitis Henrici. 981

XIII. — Inhibitio Honorii papæ III facta contra Erardum de Brena et Philippam uxorem. 982

XIV. — Prohibet papa ne regina Cypri audiatur in causa successionis donec probetur esse legitima. 984

XV. — Ad Philippum regem, ne audiat in causa successionis donec terminetur causa natalium reginæ Cypri. 985

XVI. — Ludovico regi, ne ipsos audiat in causa successionis donec terminetur causa natalium. 985

XVII. — Charta Erardi de Brena qualiter quitavit Theobaldo comiti Campaniæ et rectis hæredibus ejus quidquid clamabat ex parte Philippæ uxoris suæ in comitatibus Campaniæ et Briæ. 986

XVIII. — Litteræ ejusdem Erardi et Philippæ ejus uxoris, quibus promittunt sigillare ad voluntatem patriarchæ Hierosolymitani pacem et concordiam factam inter ipsos comitissam et filium. 987

XIX. — Confirmatio pacis initæ inter partes supradictas 988

XX. — Litteræ reginæ Cypri de renuntiatione comitatuum Campaniæ et Briæ. 988

XXI. — Litteræ Ludovici regis de renuntiatione reginæ Cypri. 991

EXCERPTA DE REBUS GALLICIS. 992

REGISTRUM DOMINI INNOCENTII III SUPER NEGOTIO ROMANI IMPERII.

I. — Archiepiscopo Moguntino, episcopo Sabinensi. — De electione imperatoris. 995

II. — Universis tam ecclesiasticis quam sæcularibus principibus Alemanniæ. — De eodem argumento. 997

III. — Litteræ regis Ottonis ad D. papam. 999

IV. — Litteræ regis Angliæ. 1000

V. — Litteræ regis Angliæ. 1001

VI. — Litteræ Joannis Ruscæ Mediolanensis potestatis. 1002

VII. — Litteræ Balduini comitis Flandriæ et Hanoviæ et marchionis Namurciæ. 1003

VIII. — Litteræ A. comitis de Dachsburg et Metensis. 1003

IX. — Litteræ Coloniensis archiepiscopi. 1003

X. — Litteræ principum ac baronum Alemanniæ clericorum et laicorum. 1004

XI. — Coloniensi archiepiscopo. 1006

XII. — Litteræ Phi.ippi. 1007

XIII. — Litteræ Philippi regis Francorum. 1007

XIV. — Litteræ principum Alemanniæ. 1008

XV. — Principibus Alemanniæ. 1010

XVI. — Coloniensi archiepiscopo. 1011

XVII. — Litteræ Philippi ducis Sueviæ. 1012

XVIII. — Responsio domini papæ facta nuntiis Philippi in consistorio. 1012

XIX. — Litteræ Ottonis regis. 1015

XX. — Litteræ Ottonis regis. 1016

XXI. — Universis tam ecclesiasticis quam sæcularibus principibus Alemanniæ. 1019

XXII. — Maguntino archiepiscopo, episcopo Sabinensi. 1021

XXIII. — Nobili viro duci Brabantiæ et uxori ejus. 1022

XXIV. — Principibus Alemanniæ. 1022

XXV. — Episcopo Ostiensi apostolicæ sedis legato. 1023

XXVI. — Trevirensi archiepiscopo. 1023

XXVII. — Maguntino archiepiscopo, episcopo Sabinensi. 1023

XXVIII. — Illustri regi Anglorum. 1024

XXIX. — Deliberato domini papæ Innocentii super facto imperii de tribus electis. 1025

XXX. — Coloniensi archiepiscopo et suffraganeis ejus, et nobilibus viris principibus in Coloniensi provincia constitutis. 1031

XXXI. — Universis tam ecclesiasticis quam sæcularibus principibus Alemanniæ. 1033

XXXII. — Illustri regi Ottoni in Romanorum imperatore electo. 1034

XXXIII. — Universis tam ecclesiasticis quam sæcularibus principibus Alemanniæ. 1036

XXXIV. — Electo et capitulo Hildesemensi. 1041

XXXV. — Nobili viro Alberto comiti de Thaisburg. 1041

XXXVI. — Nobili viro comiti de Vianna. 1042

XXXVII. — Nobili viro Guarnero de Bolland. 1043

XXXVIII. — Magdeburgensi archiepiscopo 1043
XXXIX. — Coloniensi archiepiscopo. 1043
XL. — Nobili viro duci Brabantiæ. 1044
XLI. — Henrico comiti Palatino Rheni. 1044
XLII. — Patriarchæ Aquileiensi. 1045
XLIII. — Duci Zaringiæ. 1045
XLIV. — Duci Bohemiæ. 1046
XLV. — Argentinensi episcopo. 1046
XLVI. — Archiepiscopis, episcopis, prioribus, et aliis ecclesiarum prælatis. 1047
XLVII. — Illustri regi Francorum. 1048
XLVIII. — Ostiensi episcopo, apostolicæ sedis legato. 1049
XLIX. — Illustri regi Anglorum. 1050
L. — Regi Francorum. 1051
LI. — Litteræ episcopi Prænestini domino papæ. 1051
LII. — Litteræ magistri Philippi notarii domino papæ 1053
LIII. — Litteræ regis Ottonis. 1054
LIV. — Litteræ ejusdem ad dominum papam. 1055
LV. — Coloniensi archiepiscopo. 1055
LVI. — Episcopo Prænestino apostolicæ sedis legato, magistro Philippo notario, et Ægidio acolytho nostro. 1058
LVII. — Illustri regi Ottoni in Romanorum rege electo. 1059
LVIII. — Trevirensi archiepiscopo et suffraganeis ejus, et universo clero in Trevirensi provincia constitutis. 1061
LIX. — Paderburnensi episcopo. 1062
LX. — Joanni illustri Anglorum regi. 1062
LXI. — Litteræ quorumdam principum faventium parti Philippi. 1063
LXII. — Nobili viro duci Zaringiæ. 1065
LXIII. — Litteræ regis Francorum ad dominum papam. 1068
LXIV. — Philippo illustri regi Francorum. 1068
LXV. — Illustri regi Ottoni in Romanorum imperatorem electo. 1072
LXVI. — Nobili viro duci Brabantiæ et uxori ejus. 1073
LXVII. — Coloniensi archiepiscopo. 1073
LXVIII. — Trevirensi archiepiscopo. 1074
LXIX. — Joanni regi Anglorum illustri. 1075
LXX. — Salzburgensi archiepiscopo. 1075
LXXI. — Episcopo Lingonensi. 1077
LXXII. — Ad"". 1078
LXXIII. — Ad"". 1078
LXXIV. — Ad"". 1081
LXXV. — Trevirensi archiepiscopo. 1081
LXXVI. — Episcopo Prænestino apostolicæ sedis legato. 1082
LXXVII. — Juramentum Ottonis regis illustris in Romanorum imperatorem electi. 1082
LXXVIII. — Coloniensi archiepiscopo. 1083
LXXIX. — Universis principibus Alemanniæ. 1084
LXXX. — Coloniensi archiepiscopo. 1085
LXXXI. — Litteræ Ottonis regis in Romanorum imperatorem electi. 1087
LXXXII. — Illustri Ottoni regi in Romanorum imperatorem electo. 1088
LXXXIII. — Ad"". 1088
LXXXIV. — Prænestino episcopo apostolicæ sedis legato. 1089
LXXXV. — Universis tam ecclesiasticis quam sæcularibus principibus Alemanniæ. 1091
LXXXVI. — Litteræ cardinalium ad universos tam ecclesiasticos quam sæculares principes Alemanniæ. 1092
LXXXVII. — Archiepiscopis, episcopis, rectoribus, potestatibus, consulibus, marchionibus, comitibus et aliis nobilibus Lombardiæ. 1093
LXXXVIII. — Ferrariensi, Papiensi et Placentino episcopis. 1094
LXXXIX. — Potestati et consulibus Mediolanensibus. 1094
XC. — Salzburgensi archiepiscopo. 1095
XCI. — Illustri regi Ottoni in Romanorum imperatorem electo. 1096
XCII. — Archiepiscopis, episcopis, et aliis ecclesiarum prælatis, rectoribus, potestatibus, consulibus, marchionibus, comitibus et aliis nobilibus constitutis in Lombardia 1097
XCIII. — Eisdem. 1100
XCIV. — Ferrariensi, Papiensi, Placentino et Mantuano episcopis. 1101
XCV. — Potestati et consiliariis Mediolanensibus. 1101
XCVI. — Universis tam ecclesiasticis quam sæculari

bus principibus Alemanniæ. 1102
XCVII. — Illustri regi Danorum. 1103
XCVIII. — Nobili viro duci Saxoniæ. 1103
XCIX. — Duci Brabantiæ. 1104
C. — Coloniensi archiepiscopo. 1105
CI. — Illustri regi Danorum. 1106
CII. — Suppanis Bohemiæ. 1106
CIII. — Archiepiscopo Salzburgensi. 1107
CIV. — Prænestino episcopo apostolicæ sedis legato. 1107
CV. — Illustri regi Ottoni in Romanorum imperatorem electo. 1107
CVI. — Litteræ Ottonis regis. 1108
CVII. — Illustri regi Ottoni in Romanorum imperatorem electo. 1109
CVIII. — Archiepiscopis, episcopis, abbatibus, ducibus, et aliis principibus charissimo in Christo filio nostro illustri regi Ottoni, in Romanorum imperatorem electo, faventibus. 1110
CIX. — Archiepiscopo Magdeburgensi, spiritum consilii sanioris. 1111
CX. — Episcopo Pataviensi. 1114
CXI. — Nobili viro duci Brabantiæ. 1114
CXII. — Maguntino archiepiscopo. 1116
CXIII. — Maguntino archiepiscopo, et Cameracensi episcopo, et præposito Bunnensi. 1116
CXIV. — Aquileiensi patriarchæ. 1118
CXV. — Salzburgensi archiepiscopo. 1118
CXVI. — Archiepiscopo Maguntino, episcopo Cameracensi, et scholastico sancti Gereonis Coloniensis. 1119
CXVII. — Prioribus et universo clero et populo Coloniensibus. 1121
CXVIII. — Archiepiscopo Maguntino, episcopo Cameracensi, et scholastico Sancti Gereonis in Colonia. 1122
CXIX. — Universis tam ecclesiasticis quam sæcularibus principibus et aliis per Teutoniam constitutis, charissimo in Christo filio nostro illustri regi Ottoni, in Romanorum imperatorem electo, faventibus. 1123
CXX. — Maguntino archiepiscopo, et episcopo Hildesemensi. 1124
CXXI. — Nobili viro Henrico Palatino Rheni. 1124
CXXII. — Nobili viro Landgravio Thuringiæ. 1125
CXXIII. — Majori decano et sanctorum apostolorum et Sancti Gereonis præpositis Coloniensibus. 1125
CXXIV. — Eisdem. 1125
CXXV. — Paderburnensi episcopo. 1126
CXXVI. — Archiepiscopo Trevirensi. 1126
CXXVII. — Præposito, archidiacono, canonicis, et ministerialibus ecclesiæ Trevirensis. 1127
CXXVIII. — Illustri regi Ottoni in Romanorum imperatorem electo. 1128
CXXIX. — Illustri regi Anglorum. 1128
CXXX. — Prioribus et capellanis Coloniensibus. 1128
CXXXI. — Illustri regi Anglorum. 1129
CXXXII. — Eidem. 1129
CXXXIII. — Illustri regi Ottoni in Romanorum imperatorem electo. 1130
CXXXIV. — Eboracensi archiepiscopo. 1131
CXXXV. — Brunoni archiepiscopo, majori decano et magistro H. scholastico Sancti Gereonis Coloniensis. 1131
CXXXVI. — Scriptum Philippi ad dominum papam. 1132
CXXXVII. — Aquileiensi patriarchæ. 1136
CXXXVIII. — Illustri regi Ottoni. 1137
CXXXIX. — Salzburgensi archiepiscopo. 1137
CXL. — Litteræ Philippi ducis Sueviæ. 1139
CXLI. — Universis tam ecclesiasticis quam sæcularibus principibus Alemanniæ. 1140
CXLII. — Processus legatorum apostolicæ sedis. 1142
CXLIII. — Philippo duci Sueviæ. 1142
CXLIV. — Hugolino Ostiensi episcopo, et Leoni tituli Sanctæ Crucis presbytero cardinali apostolicæ sedis legatis. 1142
CXLV. — eisdem. 1143
CXLVI. — Hugolino Ostiensi episcopo et Leoni tituli Sanctæ Crucis presbytero cardinali apostolicæ sedis legatis. 1143
CXLVII. — Eisdem. 1143
CXLVIII. — Eisdem. 1144
CXLIX. — Eisdem. 1144
CL. — Illustri regi Ottoni in Augustum electo. 1145
CLI. — Eidem. 1145
CLII. — Domino papæ. 1145
CLIII. — Illustri regi Ottoni in Romanorum imperatorem electo. 1147
CLIV. — Archiepiscopo et episcopis suffraganeis Magdeburgensis ecclesiæ. 1148

CLV. — Universis principibus tam ecclesiasticis quam mundanis in Teutonia constitutis. 1148
CLVI. — Illustri regi Bohemiæ. 1149
CLVII. — Salzburgensi archiepiscopo. 1149
CLVIII. — Nobili viro duci Zaringiæ. 1149
CLIX. — Joanni illustri regi Angliæ. 1150
CLX. — Litteræ Ottonis regis in Romanorum imperatorem electi. 1150
CLXI. — Illustri regi Ottoni in Romanorum imperatorem electo. 1151
CLXII. — Eidem. 1152
CLXIII. — Archiepiscopo Magdeburgensi. 1152
CLXIV. — Herbipolensi electo. 1152
CLXV. — Philippo illustri regi Francorum. 1153
CLXVI. — Adulpho quondam Coloniensi archiepiscopo. 1155
CLXVII. — Patriarchæ Aquileiensi. 1156
CLXVIII. — Illustri regi Ottoni in imperatorem Romanorum electo. 1157
CLXIX. — Eidem. 1157
CLXX. — Spirensi episcopo. 1157
CLXXI. — Nobili viro duci Zaringiæ. 1158
CLXXII. — Cameracensi episcopo. 1158
CLXXIII. — Magdeburgensi archiepiscopo. 1159
CLXXIV. — Magistro Henrico scholastico Sancti Gereonis. 1159
CLXXV. — Nobili viro duci Austriæ. 1159
CLXXVI. — Illustri regi Bohemiæ. 1160
CLXXVII. — Illustri regi Ottoni in Romanorum imperatorem electo. 1160
CLXXVIII. — Eidem. 1161
CLXXIX. — Eidem. 1161
CLXXX. — Archiepiscopis et episcopis et dilectis filiis abbatibus et aliis ecclesiarum prælatis in Teutonia constitutis. 1163
CLXXXI. — Archiepiscopis et episcopis in Teutonia constitutis. 1163
CLXXXII. — Hugolino Ostiensi episcopo, et Leoni tituli Sanctæ Crucis presbytero cardinali apostolicæ sedis legatis. 1165
CLXXXIII. — Eisdem. 1166
CLXXXIV. — Magdeburgensi archiepiscopo. 1166
CLXXXV. — Potestatibus, consulibus, et populis civitatum Lombardiæ. 1166
CLXXXVI. — Waltero patriarchæ Aquileiensi. 1167
CLXXXVII. — Litteræ regis Ottonis illustris in Romanorum imperatorem electi ad dominum papam. 1167
CLXXXVIII. — Illustri regi Ottoni in Romanorum imperatorem electo. 1168
CLXXXIX. — Sacramentum fidei ab Ottone exhibitum. 1169
CXC. — Litteræ Ottonis regis ad dominum papam. 1170
CXCI. — Illustri regi Ottoni in Romanorum imperatorem electo. 1171
CXCII — Litteræ Ottonis imperatoris. 1171
CXCIII. — Summo pontifici. 1172
CXCIV. — Ottoni illustri Romanorum imperatori semper Augusto. 1172

APPENDIX AD REGESTA.
Prima collectio Decretalium Innocentii III ex tribus primis regestorum ejus libris, composita a Rainerio diacono et monacho Pomposiano, nunc primum in lucem edita ex vetustissimo codice ms. S. Theodorici Remensis. 1173
Præfatio. 1173
Tit. I. — Si personæ divinæ proprium nomen possint habere. — Innocentius papa III Petro Compostellano archiepiscopo. 1175
Tit. II. — Quod sacerdotium majus sit regno. — Idem nuntiis ducis Philippi. 1179
Idem Alexio Constantinopolis imperatori. 1182
Idem nobilibus viris acerbo priori et aliis rectoribus Tusciæ et ducatus. 1186
Tit. III. — De primatu sedis apostolicæ. — Idem patriarchæ Constantinopolitano. 1186
Tit. IV. — De electione et qualitate eligendorum. — Archidiacono et capitulo Capuanis. 1191
Idem archiepiscopo Cantuariensi. 1193
Idem Bisuntino archiepiscopo et suffraganeis ejus. 1196
Idem capitulo Pennensi. 1197
Tit. V. — Ne translato electorum in episcopos, post confirmationem, præter assensum Romani pontificis fiat. — Idem decano et capitulo Andegavensi. 1197
Idem Bituricensi archiepiscopo. 1200
Tit. VI. — Quod metropolitanus ex justa causa potest vices suas in consecratione episcopi suo suffraganeo delegare. — Idem Turonensi archiepiscopo. 1201
Tit. VII. — Ne simplices sacerdotes quæ solis episcopis competunt ex consuetudine sibi usurpent. — Idem vicario apud Constantinopolim. 1201
Tit. VIII. — Quod tempus suspensionis a VI mensibus per Lateranense consilium in ecclesiasticis beneficiis positis suppetat. — Idem Pe. Sanctæ Mariæ in Via Lata diacono cardinali, apostolicæ sedis legato. 1202
Idem episcopo Sancti Andreæ. 1203
Tit. IX. — De procurationibus non augmentandis. — Idem abbati et conventui Bellævillæ. 1203
Idem abbati et conventui. 1204
Tit. X. — De procurationibus legatorum apostolicæ sedis. — Idem primicerio et clero Mediolanensi. 1204
Tit. XI. — De decimis. — Idem Sydoniensi, Beritensi et Bibliensi episcopis. 1205
Idem Vercellensi episcopo. 1206
Idem Pistoriensi episcopo. 1207
Idem episcopo Abuiensi. 1207
Idem R. Archipresbytero, R. magistro scholarum, et P. de Vico canonico Sancti Austregisili Bituricensis. 1207
Idem abbati et conventui Leumensi. 1208
Tit. XII. — De nuntiis Hospitalariorum cruce falso signatis, et laicis qui officium prædicationis sibi usurpant. — Idem archiepiscopo Lundensi. 1209
Tit. XIII. — De hæreticis et eis qui eos receptant. — Idem universis Christi fidelibus tam in urbe Metensi quam ejus diœcesi constitutis. 1210
Idem episcopo et capitulo Metensi. 1213
Idem clero et populo Viterbiensi. 1214
Tit. XIV. — De falsariis. — Idem Remensi archiepiscopo et ejus suffraganeis. 1216
Idem archidiacono et canonicis Mediolanensibus. 1217
Idem Antibanensi archiepiscopo. 1219
Decretum ejusdem in constitutione Lateranensis palatii promulgatum. 1221
Tit. XV. — De rescriptis et eorum interpretationibus. — Idem universis archiepiscopis et episcopis et aliis ecclesiarum prælatis. 1221
Idem Mediolanensi archiepiscopo. 1221
Idem electo, decano, et magistro N. de Leventies, canonico Cameracensi. 1222
Idem Cluniensi episcopo. 1222
Tit. XVI. — De abrenuntiatione. — Idem Suffredo Augustensi præposito. 1222
Idem abbati et conventui de Pigavia. 1223
Tit. XVII. — De circumventis. — Idem Lucensi episcopo et abbati de Molon. 1223
Eidem archiepiscopo et præposito Sancti Andreæ. 1224
Tit. XVIII. — De his quæ vi, metusque causa geruntur. — Idem decano et subdecano Lincolniensi. 1225
Idem Massiliensi et Agathensi episcopis. 1225
Tit. XIX — De licitis et illicitis juramentis. — Idem Hugoni comiti et Marsueto Pisano canonico. 1225
Idem archiepiscopo Armeriensi. [Ameliensi episcopo.] 1226
Idem illustri regi Aragonum. 1226
Tit. XX. — De eodem et notoriis et canonica purgatione. — Idem Neapolitano archiepiscopo. 1227
Idem. C. quondam Hildeshemensi episcopo. 1227
Idem archipresbytero Sancti Andreæ Pallianensis. 1228
Idem Exoniensi episcopo. 1228
Idem Senonensi archiepiscopo. 1228
Idem Bisuntino episcopo. 1230
Tit. XXI. — De inquisitione culparum. — Idem Neapolitano archiepiscopo et C. Sancti Laurentii in Lucina presbytero cardinali apostolicæ sedis legato. 1231
Idem Cantuariensi archiepiscopo. 1231
Tit. XXII. — Quæ probationes in Simonia productæ recipiantur. — Idem priori Sancti Victoris, magistris E. Bononiensi et Vh. Mediocensi canonicis. 1232
Tit. XXIII. — De testibus ad acceptiones probandas et infamiam alicujus purgandam productis. — Idem archiepiscopo. 1233
Tit. XXIV. — De testibus ante litis contestationem productis et appellatione. — Idem abbati Sancti Proculi et magistro J. canonico Bononiensi. 1234
Idem Constantiensi episcopo. 1235
Idem Sancti Augustini et Sancti Gregorii prioribus Cantuariensibus. 1236
Ex decretis ejusdem. 1236
Tit. XXV. — De officio judicis delegati. 1236
Idem magistro Apollinari. 1237
Tit. XXVI. — De crimine usurarum. — Idem omnibus prælatis in regno Franciæ constitutis. 1237

Idem Mutinensi episcopo. 1237
Idem Narbonensi archiepiscopo et suffraganeis ejus. 1238

TIT. XXVII. — De restitutione. — Idem Mediolanensi archiepiscopo. 1238
Idem archipresbytero et canonicis Sutrinis. 1238
Idem canonicis Bethlehemitanis. 1239
Idem Burgensi et Paletensi episcopis 1240
Idem Narniensi episcopo. 1240

TIT. XXVIII. — Si quis deficiat in exceptione probanda. 1241

TIT. XXIX. — Quod judiciarius vigor gratis sit omnibus exhibendus. — Idem prælatis et clericis Lombardiæ. 1241

TIT. XXX. — De sententia et re judicata. — Idem decano et cancellario Landunensi. 1242
Idem abbati Sancti Zenonis. 1242

TIT. XXXI. — De sententia excommunicationis. — Idem abbati et conventui Sancti Germani Altisiodorensis. 1243
Idem Assisinatensi episcopo. 1243
Idem archiepiscopo, decano et præcentori Lugdunensi. 1243
Idem Colimbriensi et aliis episcopis Portugalensibus. 1243
Idem Vidronensi [Vidrosiensi] archiepiscopo. 1244
Idem doctoribus decretorum Bononiensibus. 1245
Idem Laur... episcopo. 1246
Idem Spirensi, Argentinensi, et Wormatiensi episcopis. 1246
Idem B. magistro scholarum et Walberto canonico Tarvisino. 1247
Idem abbati Sancti Andreæ. 1247

TIT. XXXII. — De his qui excommunicati ad ecclesiasticos ordines promoventur. — Idem episcopo Sancti Andreæ. 1249
Ejusdem. 1249

TIT. XXXIII. — De his qui minores ordines et subdiaconatum vel duos sacros ordines simul recipiunt. — Idem episcopo... et abbati Sanctæ Leucadiæ. 1250
Idem Æ. Mutinensi episcopo et magistro Ub. theologo subdiacono nostro Modiocensi canonico. 1251

TIT. XXXIV. — De his qui favorem præstant pugnantibus et homicidiis sponte vel non sponte commissis. — Idem archiepiscopo archidiacono Senonensi. 1252
Idem Lincolniensi episcopo. 1252

Idem Paduano episcopo. 1252
Idem Metensi episcopo. 1253
Idem Oscensi et Tyrasonensi episcopis. 1253
Idem rectori, judicibus, consulibus et populo Beneventano. 1254

TIT. XXXV. — De his qui ad ecclesiam confugiunt. — Idem regi Corragiæ. 1255

TIT. XXXVI. — Quod monasteria monachorum possint in canonicos regulares converti. — Idem Colossensi archiepiscopo. 1255

TIT. XXXVII. — Si regulares ad sæculares ecclesias possint in prælatos assumi. — Idem Ubaldo plebano Sancti Gavini. 1256

TIT. XXXVIII. — Quod canonici regulares ad religionem Hospitalariorum transire non possint. — Idem Ci. Lubussensi episcopo 1257

TIT. XXXIX. — De voto et habitus susceptione. — Idem Aconensi episcopo. 1257
Idem episcopo et capitulo Traguriensi. 1258
Idem Pisano archiepiscopo. 1258
Idem abbati de Flore. 1259
Idem Ulixbonensi et Colimbriensi episcopis. 1260
Idem Cantuariensi archiepiscopo. 1261

TIT. XL. — De matrimonio. — Idem Parisiensi episcopo. 1262
Idem Ferentino episcopo. 1263
Idem Marsicano episcopo. 1263
Idem Mutinensi episcopo. 1264
Idem Magdeburgensi episcopo. 1264
Idem Arelatensi archiepiscopo. 1265
Idem Vivariensi episcopo. 1265
Idem Nitiniensi episcopo. 1265
Idem Manuanensi episcopo et archidiacono Bangoranensi. 1266
Idem Conrado et Petro quondam filiis Malebrac. 1266
Idem Melficensi episcopo. 1267
Idem Rosan. archiepiscopo. 1267
Idem Ferrariensi episcopo. 1267
Idem Livoniensi episcopo et eis qui cum ipso sunt fratribus. 1268
Idem Tiberiadensi episcopo. 1269

TIT. XLI. — De legitimis filiis. — Idem Ovetensi et Burgensi episcopis. 1271
Idem episcopo et archidiacono Lemoneonensi. 1271
Idem Ydrontino archiepiscopo. 1272

ELENCHUS EPISTOLARUM DECRETALIUM INNOCENTII III quæ relatæ sunt in corpus juris canonici. 1273

FINIS TOMI DU CENTESIMI DECIMI SEXTI.

Ex typis L. MIGNE, au Petit-Montrouge.

www.ingramcontent.com/pod-product-compliance
Lightning Source LLC
Chambersburg PA
CBHW050327240426

43673CB00042B/1564